WOLFGANG SUPPAN

BLASMUSIK
IN
BADEN

Geschichte und Gegenwart einer traditionsreichen
Blasmusiklandschaft

Mit 990 Abbildungen, davon 28 in Farbe

MUSIKVERLAG FRITZ SCHULZ

FREIBURG IM BREISGAU
1983

ISBN 3-923058-02-0
Printed in Germany / Imprimé en Allemagne
Gesamtherstellung im Druckhaus Rombach+Co GmbH, Freiburg im Breisgau

Buchumschlag nach einer Urkunde des Oberbadischen Musikvereins-Verbandes aus dem Jahre 1914

Inhaltsverzeichnis

Geleitwort

Das vorliegende Badische Blasmusik-Buch des Bundes Deutscher Blasmusikverbände stellt eine Dokumentation und Würdigung des traditionsreichen Blasmusikwesens in Nord- und Südbaden vor. In ansprechender Weise werden die geschichtlichen Wurzeln der Blasmusik aufbereitet, die über das Mittelalter zurückführen zu Zeugnissen germanischer und römischer Signalmusik am Oberrhein.

Vom Oberrhein, dem Bodensee und Schwarzwald gingen auch die ersten Impulse aus, die dann in der zweiten Hälfte des 19. Jahrhunderts zu den ersten regionalen Vereinigungen von Blaskapellen im deutschsprachigen Raum – Breisgau, Markgräflerland und Hegau – führten. Heute gehören in den badischen Landesteilen Baden-Württembergs 40 000 Mitglieder den rund 900 Musikkapellen an, die stolz sind auf ihre reiche, dem geistlichen und weltlichen Brauchtum verbundene Tradition.

Ich begrüße es vor allem, daß die Mitgliedskapellen des Bundes Deutscher Blasmusikverbände in bewußter kultureller Verantwortung ihr Augenmerk darauf legen, die Blasmusik immer stärker an die Jugend heranzuführen.

In diesem Sinne ist das vorliegende Werk auch eine Würdigung der Geschichte und Gegenwart einer verantwortungsbewußten Kulturarbeit, der sich die badischen Blasmusikverbände in besonderer Weise verpflichtet fühlen. Ich empfehle diese Dokumentation und Würdigung des traditionsreichen Blasmusikwesens in Nord- und Südbaden zugleich als Zeugnis geistlichen und weltlichen Brauchtums dem Interesse einer breiten Öffentlichkeit!

Stuttgart, im Dezember 1982

Lothar Späth
Ministerpräsident des Landes Baden-Württemberg

Vorwort

In zweifacher Verantwortung darf ich dieses Badische Blasmusikbuch miteinleiten:

1. Als Regierungspräsident des Regierungsbezirkes Freiburg im Breisgau weiß ich um die kommunalpolitische Bedeutung der Vereine, vor allem der Blaskapellen, die freiwillig eine öffentliche Aufgabe erfüllen. Ein Gemeinwesen funktioniert dann und seine Bewohner fühlen sich dann darin wohl, wenn die sozialen Strukturen ausgewogen und gemeinschaftsfördernde Kräfte sinnvoll tätig sind. Musik zählt neben dem Sport in der sogenannten Freizeitgesellschaft unserer Jahrzehnte zu jenen Kräften, die in hohem Maße schichtenübergreifend, alt und jung vereinend, Randgruppen integrierend und damit gemeinschaftsbildend wirken. Bei aller Freiheit, die eine demokratische Ordnung zu gewähren hat, ist daher die Koordinierung privater und staatlicher Initiativen in diesem Bereich notwendig; denn Musik kann – das wußte bereits der griechische Philosoph Platon und das erleben wir heute an den Gesängen der Protestgruppen – sowohl kulturstabilisierend wie kulturzerstörend, menschenbildend wie verletzend sein. Das ist der Grund dafür, warum mir an der gründlichen Führung und vielseitigen pädagogischen Ausbildung der jungen Menschen liegt, die heute innerhalb der Blaskapellen lernen, sich in die Gemeinschaft eigenverantwortlich einzufügen und zu bewähren.

2. Als neuer, am 9. Oktober 1982 gewählter Präsident des Bundes Deutscher Blasmusikverbände habe ich es mir zur Aufgabe gemacht, dem Blasmusikwesen jenen Platz im öffentlichen und musikalischen Leben zu sichern, der ihm kraft seiner gesellschaftspolitischen und kulturellen Bedeutung zukommt. Dieses Buch erhält seinen Wert dadurch, daß es in möglicher Vollständigkeit Auskunft gibt über die historische Entwicklung und über die vielfältigen musikalischen und gemeindlichen Aufgaben der Blaskapellen. Im Dokumentationsteil werden alle aktiven Mitglieder jeder Blaskapelle namentlich genannt und damit sowohl geehrt wie bedankt. Und daraus sollte weiter die Einsicht wachsen, an einer stolzen Tradition mitzubauen. Allen jenen, die bisher abseits standen oder gar mit Mißtrauen auf die Blaskapellen herabsahen (Bund der Steuerzahler: »Wer auf die Pauke hauen will, soll das selbst bezahlen!«), mögen Texte und Bilder dieses Buches eine gerechte Einschätzung des Phänomens Blasmusik erlauben.

Die Vorarbeiten für dieses Badische Blasmusikbuch fielen in die Zeit der Präsidentschaft meines Vorgängers im Bund Deutscher Blasmusikverbände, Landrat a. D. Walter Schäfer. Ich bin froh darüber, dieses sein Werk weiterführen und vollenden zu können. Mein Dank gilt allen jenen, die zur Gestaltung des Bandes beigetragen haben oder durch ihren Einsatz die Materialien dafür herbeischaffen halfen. Daß die badische Seite des Südweststaates, in der mehr als achthundert Blaskapellen dem Bund Deutscher Blaskapellen angehören, mit dieser Publikation vorangeht, hat seinen Grund darin, daß hier eine lange und spezifisch geprägte Überlieferung gegeben ist, die nicht unbedingt in die heutigen politischen Grenzen zu zwängen wäre. Wenn andere Landesteile oder Bundesländer unserem Anstoß folgen, so wird die Bundesrepublik Deutschland – ebenso wie Österreich – in absehbarer Zeit eine umfassende Darstellung des traditionsreichen und soziologisch wirkungsvollen Blasmusikgeschehens erhalten.

Freiburg im Breisgau, im Januar 1983

Norbert Nothhelfer

Dr. Norbert Nothhelfer

Einleitung

Die Neuordnung der Bundesrepublik Deutschland mit der Zusammenführung von Baden, Württemberg und Hohenzollern zum »Südweststaat« im Jahr 1951 hat ebensowenig wie die Veränderung der städtischen und dörflichen Strukturen durch die Gemeindereform der sechziger und siebziger Jahre die traditionell gewachsenen Werte und Verhaltensformen der Menschen bestimmter Landschaften verändern können. Im Gegenteil: Je größer die politischen Einheiten werden, bis hin zu einem denkbaren vereinten Europa, um so stärker sind die volkstümlichen Besonderheiten, das Heimatbewußtsein der überschaubaren ethnischen Gruppen in den Vordergrund gerückt. Würde man diese Entwicklung nicht fördern und stärken, so ergäbe sich ein lebensferner, von vornherein totgeborener Völkerbrei.

Eingedenk dieser Tatsache, hat landeskundliche Geschichtsforschung in den letzten Jahren sich wieder verstärkt älteren kulturellen und politischen Einheiten zugewandt, um jahrhundertelang Zusammengehöriges, Zusammengewachsenes in seiner Besonderheit darzustellen. Die Abteilung »Badenia« des Freiburger Rombach-Centers bezeugt dies auch für unser Land. Baden meint dabei etwa den Bereich der heutigen Regierungsbezirke Freiburg im Breisgau und Karlsruhe, die Landschaft vom Bodensee und Hochrhein im Süden bis zum Main und in die Gegend des Odenwaldes und des Baulandes im Norden, vom Rhein im Westen bis zu den Ausläufern des Schwarzwaldes und der Baar im Osten. In den Stürmen der Völkerwanderung hatten sich die Alemannen hier niedergelassen, um nach keltischer Besiedlung und römischer kriegerischer Inbesitznahme sich politisch zu organisieren. Im Verlauf des 11. Jahrhunderts gewinnt am Oberrhein die vom mittleren Neckar stammende Grafenfamilie der Bertolde, später Herzöge von Zähringen genannt, an Bedeutung. 1078 erfolgt die Teilung des Geschlechtes in einen markgräflichen und in einen herzoglichen Zweig. Hermann I. wird zum Ahnherrn der »markgräfler« Linie, die in Baden bis 1918 regieren sollte.

Seit dem 12. Jahrhundert mehrten die badischen Zähringer durch geschickte Heiraten und Ankäufe konsequent ihren Besitz und teilten ihr Land 1535 schließlich in die Markgrafschaften Baden-Baden und Baden-Durlach. 1701 kommt die Ortenau zu Baden, 1706 wird, nach dem Bau des neuen Schlosses, die Regierung der Markgrafschaft Baden-Baden nach Rastatt verlegt. Karl Friedrich von Baden-Durlach vereinigt 1771 die seit 1515/1535 getrennten Landesteile wieder unter einer Hand. In den Jahren 1803, 1805, nach dem Frieden von Preßburg, und schließlich 1806 durch den Abschluß des Rheinbundvertrages in Verbindung mit der Verehelichung des Erbprinzen Karl mit Napoleons Adoptivtochter Stephanie Beauharnais vergrößert sich das Land u. a. um die Gebiete des Hochstiftes Konstanz, um die rechtsrheinischen Gebiete der Hochstifte Basel, Speyer und Straßburg, die Herrschaft Lahr, die Reichsstädte Überlingen, Pfullendorf, Gengenbach, Biberach, Wimpfen, Offenburg, Zell am Harmersbach, die kurpfälzischen Ämter Heidelberg, Bretten und Ladenburg mit den Städten Heidelberg und Mannheim, den größten Teil des Breisgaues, die Stadt Konstanz, das Fürstentum Fürstenberg, das Johannitergroßpriorat Heitersheim, die Grafschaft Tengen, die Landgrafschaft Klettgau und das Fürstentum Leiningen. Markgraf Karl Friedrich nahm 1803 den Titel Kurfürst an und wurde 1806 Großherzog. Ihm folgten die Großherzöge Karl (1811–1818), Ludwig (1818–1830) und Leopold (1830–1852), in dessen bürgerfreundlicher und liberaler Regierungszeit revolutionäre Unruhen in Baden um sich griffen. 1851 kam es überdies zum sogenannten Kirchenstreit zwischen der Regierung und dem Erzbischof von Freiburg, der 1859 zwar durch eine Konvention mit dem Heiligen Stuhl beendigt werden sollte. Ein Jahr später wurde diese Konvention jedoch infolge eines Kammerbeschlusses der Regierung gekündigt, der Streit flammte neu auf und ging schließlich in den allgemeinen »Kulturkampf« über. 1866 stand Baden im Krieg gegen die Preußen auf seiten Österreichs, schloß sich danach aber eng an Preußen an. 1918 verzichtete der Großherzog auf den Thron, Baden wurde Freistaat, 1933 unter einem Reichsstatthalter, 1945 zum einen Teil der französischen, zum andern Teil der amerikanischen Besatzungszone zugeschlagen.

Soviel zur Geschichte jener Landschaft, von der in diesem Buch die Rede sein wird.

Nun zum Thema Blasmusik: Bildzeugnisse und episch-sagenhafte Überlieferungen bezeugen es ebenso wie archäologische Ausgrabungen von Horn- und Luren-Instrumenten, daß Kelten und Germanen eine besondere Vorliebe für Blasinstrumente entwickelt hatten. In den Auseinandersetzungen zwischen Römern und Alemannen, u. a. im Bericht über die große Alemannenschlacht des Jahres 357 bei Straßburg, ist von der vielfältigen Verwendung der Heerhörner die Rede. Die mittelalterlichen Konzile in Konstanz und Basel vereinten Tausende von Spielleuten an einem Ort – man möchte in diesem Zusammenhang geradezu von Vorläufern eines Bundes- oder Verbandsmusikfestes unserer Zeit sprechen! In Riegel am Kaiserstuhl kam es im 15. Jahrhundert zur Gründung der größten Pfeifer-Bruderschaft des damaligen Deutschen Reiches: ein Zusammenschluß der seßhaft und damit organisierbar, überschaubar, nach Jahrhunderten der Ehrlosigkeit rechtsfähig gewordenen Spielleute. Wieder denkt man dabei an einen Vorläufer unserer heutigen Blasmusikverbände. An den Renaissance- und Barockhöfen in Heidelberg, Mannheim, Karlsruhe fand die kunstvolle Polyphonie Einzug – und da bereiteten sich wichtige Neuerungen der abendländischen Musikgeschichte vor: etwa das »Mannheimer Crescendo« als eine Vorbedingung für die Hochblüte der Musik zur Zeit der Wiener Klassik eines Joseph Haydn und Wolfgang Amadeus Mozart, vor allem aber wirkten dort die Mitglieder der Familie Stamitz, die das Klarinettenspiel zu einer ersten Blüte führten; oder die Entfaltung des Bläserspiels am Karlsruhe-Durlacher Hof mit Komponisten wie Johann Melchior Molter. Die Affinität der Menschen zum Blasinstrumentenklang setzte sich fort in den frühen Zeugnissen über »türkische Musik« in den Städten um den Bodensee und entlang des Rheins. Hier, 1892 im Breisgau und Markgräfler Land, 1893 im Hegau, fanden sich erstmals im deutschsprachigen Raum Blaskapellen zu Verbänden zusammen, um damit die Grundlagen der Organisation des Blasmusikwesens und die Basis für den heutigen Bund Deutscher Blasmusikverbände zu schaffen.

Eine solche Tradition verpflichtet, sowohl in bezug auf die musikalische und kulturpolitische Arbeit wie deren theoretische Fundierung. Blasorchester und vor allem Jugendgruppen aus dem Bereich des Bundes Deutscher Blasmusikverbände haben bei nationalen und internationalen Wettbewerben hervorragende Leistungen gezeigt. In eigener Verantwortung hat der Bund 1973 die Herausgabe des »Lexikons des Blasmusikwesens« beschlossen, und auch der Auftrag für die Edition dieses Buches darf als eine Pioniertat bezeichnet werden: Handelt es sich doch um die erste in dieser Form erscheinende Blasmusikgeschichte und Dokumentation in der Bundesrepublik Deutschland.

Die Vorarbeiten für dieses Buch bedurften umfangreicher Quellen- und Literaturstudien; denn die landeskundliche Musikforschung hat sich kaum des Themas angenommen. Seit der Gründung der Internationalen Gesellschaft zur Erforschung und Förderung der Blasmusik im Jahre 1974, an der der Bund Deutscher Blasmusikverbände nicht unbeteiligt war, zeichnet sich in dieser Hinsicht eine Wende ab. Es bedarf heute keiner besonderen Begründung mehr dafür, daß Forscher sich mit einer Materie befassen, die außerhalb der konventionellen, sogenannten »hochkulturellen« Erscheinungen liegt; zumal gerade in diesem Bereich über den musikwissenschaftlichen Ansatz hinaus allgemeine Probleme menschlichen Wohlbefindens (der Anthropologie) und des Funktionierens gesellschaftlich-politischer Strukturen (der Soziologie) angesprochen sind. Musik ist – im Bereich lebendiger Blasmusikentfaltung – nicht eine Kunst um der Kunst willen (L'art pour l'art), sondern geradezu Gebrauchsgegenstand der mit ihr befaßten Menschen geworden: Und keine Institution des öffentlichen oder privaten Musiklebens bringt heute mehr junge Menschen zu aktivem Musizieren als die Blaskapellen in Stadt und Land. Der damit verbundene pädagogische Auftrag wird verantwortungsbewußt erfüllt.

Wenn dabei alle Bereiche und alle Gattungen der Musik mit einbezogen werden, so ist dies ein Zeugnis für die große Breite unseres Wirkens. Wie in »alten Zeiten«, als das bürgerliche Konzertleben sich entfaltete, als Beethoven, Franz Schubert, Karl Maria von Weber, Robert Schumann, Richard Wagner, Anton Bruckner ihre Werke schufen, so gibt es heute in den Konzerten unserer Blasorchester nicht die Begrenzung auf bestimmte Bereiche der musikalischen Komposition oder die Trennung zwischen E-(Ernster) und U-(Unterhaltungs-)Musik: Blicken wir uns Programme leistungsfähiger Orchester an, so stehen dort Werke originaler Blasmusik, von der »Perkeo-Suite« und der »Burgmusik« Hermann Grabners bis zu Avantgarde-Kompositionen wie der »Pittsburgh-Ouvertüre« von Krzysztof Penderecki, neben Bearbeitungen barocker Bläserstücke und klassischer Meisterwerke, Werke der heiteren Bierzeltliteratur neben feierlich-festlicher Marschmusik. Und das alles gehört in sinnvoller Weise zu einer Musizierform, die ihre Wurzeln in den »Alta musica«-Bläserensembles der Renaissance hat, in einer Freiluft- und militärischen Signalmusik, die heute auch den Konzertsaal sich zu erobern vermochte.

Das Sprichwort von den Büchern, die ihre Geschichte hätten, ist auch im vorliegenden Fall zu zitieren. Seit Erich Egg und Wolfgang Pfaundler im Jahr 1979 das großartige Tiroler Blasmusikbuch publizierten, geisterte der Plan eines entsprechenden badischen Buches in den Gesprächen des Geschäftsführenden Präsidiums des Bundes Deutscher Blasmusikverbände herum. Für und Gegen wurden gewissenhaft erwogen, und erst als sich Präsident Walter Schäfer voll hinter die Idee stellte, ja geradezu dieses Buch zum Abschluß seiner überaus erfolgreichen Präsidentenjahre als eine Art von Vermächtnis den Blasmusikern im Lande hinterlassen wollte, da entschlossen sich mehr und mehr Verbandspräsidenten, ihre Zustimmung zu erteilen. So kam es Ende 1981 zu Vertragsabschlüssen mit der Münchner Niederlassung des Verlages Molden einerseits und mit dem Autor andererseits. Der Konkurs des Molden-Unternehmens stellte den Bund vor neue Probleme. Wenn das Buch doch zeitgerecht erscheinen konnte, so ist dies in erster Linie dem raschen Handeln des Verlegers Klaus Schulz zu danken, der ohne zu zögern die Bedingungen des Molden-Verlages übernahm und damit ein gewaltiges finanzielles Risiko seinem Verlag aufbürdete. Klaus Schulz hat darüber hinaus in seinem Haus in Freiburg-Tiengen nicht allein den Dokumentationsteil dieses Buches druckfertig gemacht, er hat dem Autor überdies bei der Materialbeschaffung in vielfältiger Weise geholfen. Als »Historiker des Bundes Deutscher Blasmusikverbände« sei Walter Fauler genannt und für mannigfachen Rat aufrichtig bedankt.

Der Dank des Autors gilt in erster Linie dem nunmehrigen Ehrenpräsidenten des Bundes Deutscher Blasmusikverbände, Herrn Landrat a. D. Walter Schäfer, sowie seinem Nachfolger, Herrn Regierungspräsidenten Dr. Norbert Nothhelfer, der 1982 mit Elan alle Verbindlichkeiten und Aufgaben seines Vorgängers übernommen hat. Der Kreis der Mitarbeiter im Gesamtpräsidium des Bundes Deutscher Blasmusikverbände, alle Herren Verbandspräsidenten mit ihren Mitarbeitern, schließlich die Vorstände und Schriftführer der im Dokumentationsteil vertretenen Vereine haben jenes Material geliefert, das für die Darstellung der Geschichte des Blasmusikwesens im Lande Baden seit dem Beginn des 19. Jahrhunderts die Voraussetzung schuf. Ihnen allen habe ich zu danken, soweit dies mit Worten möglich erscheint. Wenn nicht alles von dem abgedruckt oder erwähnt werden konnte, was eingesandt wurde, dann liegt dies am begrenzten Umfang des historischen Teiles dieser Schrift. Weitere Forschung wird davon jedoch Kenntnis nehmen.

Kollegen und Freunde in wissenschaftlichen Instituten, Bibliotheken und Archiven haben ebenfalls wesentlich dazu beigetragen, das Buch in dieser Form, vor allem mit seiner reichlichen Bebilderung, herauszugeben zu können. Ich nenne gerne: Direktion und Mitarbeiter des Augustinermuseums in Freiburg im Breisgau; Musikverlag Georg Bauer, Karlsruhe; Herrn Dr. Walter Biber, Bern; den Blasmusikverband Baden-Württemberg mit den Kreisverbänden Bodensee, Freudenstadt, Rottweil-Tuttlingen, Rhein-Neckar und Sigmaringen; meinen langjährigen Kollegen am Deutschen Volksliedarchiv in Freiburg im Breisgau, Prof. Dr. Rolf-Wilhelm Brednich, jetzt Direktor des Seminars für Volkskunde an der Universität Göttingen; Herrn Musikdirektor Heinrich Braun, Radolfzell; Herrn Leo Bürkle, Bohlsbach; Herrn Ernst W. Buser, Binningen; Herrn Prof. Dr. Ludwig Finscher, Direktor des Musikwissenschaftlichen Seminars der Universität Heidelberg; Herrn Herbert Neundorf vom Verband Südwestdeutscher Fanfarenzüge, Wiesloch; Herrn Oberstaatsarchivrat Dr. John mit den Mitarbeitern im Generallandesarchiv in Karlsruhe; Herrn Dr. John Henry van der Meer im Germanischen Nationalmuseum in Nürnberg; Herrn Karl Gratz in Überlingen; Musikverlag Wilhelm Halter, Karlsruhe; Herrn Fritz Hörter, Karlsruhe; Herrn Prof. Dr. Friedrich Hodick, Wien; Herrn Univ.-Ass. Dr. W. Hofmeister vom Institut für Germanistik der Universität Graz; Herrn Kurt Janetzky, Wiesloch; Herrn Bernhard Köppel, Rheinfelden; Herrn Gunter Joppig, Hittbergen; Herrn Gerhard Linder von den evangelischen Posaunenchören in Baden; Herrn Dr. Borgert vom Bundesarchiv/Militärarchiv in Freiburg im Breisgau; Herrn Dr. Bernhard Oeschger von der Badischen Landesstelle für Volkskunde in Freiburg im Breisgau; Herrn OTL Herbert Russek vom Luftwaffenmusikkorps 2 in Karlsruhe; Herrn Dr. Hans Schadek im Stadtarchiv Freiburg im Breisgau; Herrn Hans Schleicher, Villingen; Herrn Willy Schütz-Erb in Obersasbach; Herrn Alfred Steiert, Lahr; Herrn Dr. Wolfgang Stülpnagel, Freiburg im Breisgau; Herrn Dr. Niemeyer im Wehrgeschichtlichen Museum, Schloß Rastatt; Herrn Dr. Ing. Hans-Joachim Winter, Kierspe; Herrn Dr. Hans Witte, früher Freiburg, jetzt Osnabrück.

Bei allen meinen Buch- und Aufsatzveröffentlichungen hatte ich in den letzten Jahren ebenso wie im vorliegenden Fall überdies zu danken: Meinen Mitarbeitern im Institut für Musikethnologie an der Hochschule für Musik und darstellende Kunst in Graz, Herrn Assistenten Dr. Alois Mauerhofer für das Herbeischaffen der Literatur und Frau Irmgard Schüssler für die verläßliche Reinschrift des Manuskriptes.

Die Manuskriptgestaltung mußte mit 30. November

1982 abgeschlossen werden, um die Reinschrift bis Ende Januar 1983 bewerkstelligen zu können. Nach dem 1. Dezember 1982 eingehende Archivalien konnten daher nur in seltenen Fällen noch eingearbeitet werden.

Ein Wort abschließend dazu, warum jemand, der außerhalb der Grenzen Badens tätig – und der zudem nicht badischer, sondern steirischer Abstammung ist, sich des Themas angenommen hat. Der Autor möchte dieses Buch als Dank an jene Landschaft verstanden wissen, in der er mit seiner Familie entscheidende und schöne Jahre seiner Entwicklung, von 1961 bis 1974, verbringen durfte und die ihm zur Heimat geworden ist; nicht zur »zweiten« Heimat, wie der übliche Spruch manchmal lautet, sondern schlichtweg und vollumfänglich »zur Heimat«. Und wo er daher auch gerne die Bitte erfüllt hat, über die Zeit der Freiburger Jahre hinaus dem Bund Deutscher Blasmusikverbände als Vorsitzender des Jugendbeirates zur Verfügung zu stehen. Eine Widmung könnte in diesem Sinne etwa so lauten:

Allen Freunden und Kollegen, die ich im und durch den Bund Deutscher Blasmusikverbände kennen und schätzen lernen durfte, darüber hinaus den Menschen in unserer langjährigen unmittelbaren Lebenswelt im sonnigen Rebland zwischen Freiburg und Breisach, am Kaiserstuhl und Tuniberg.

Man möge mir verzeihen, wenn in einer solchen Formulierung auch starke emotionale Kräfte mitschwingen ...

Wolfgang Suppan

I. Kelten – Römer – Alemannen

Die erste Spur eines Menschen in Europa findet sich auf badischem Boden. Es handelt sich um den gut erhaltenen Unterkiefer des sogenannten Homo Heidelbergensis aus der ersten Zwischeneiszeit (540 000 bis 480 000 v. Chr.), in Mauer bei Heidelberg im Jahr 1907 in 24 m Tiefe in der Sand- und Schotterfüllung einer vorzeitlichen Neckarschleife entdeckt. Einige hunderttausend Jahre vergehen, ehe wir in der dritten Eiszeit, der Riß-Eiszeit (um 240 000 bis 130 000 v. Chr.), erneut auf Zeugnisse menschlicher Entwicklung stoßen. Und erst in der letzten Zwischeneiszeit (130 000 bis 115 000 v. Chr.) ist mit Sicherheit eine einheitliche Menschenrasse festzustellen, die mit bescheidenen geistigen Kräften ihre Existenz zu sichern verstand. Der 1856 im Neandertal bei Düsseldorf gefundene sogenannte »Neandertaler« ist Prototyp dafür. Auf badischem Gebiet weisen Grabungen bei Wyhlen am Dinkelberg und bei Murg in der Gegend um Säckingen auf seine Anwesenheit hin. Die Zeugnisse dieser ältesten Menschheitskultur verlieren sich während der letzten Eiszeit (120 000–10 000 v. Chr.).

Dafür begegnen wir bald nach dem Höhepunkt der letzten Eiszeit, etwa um 70 000 v. Chr., in Mittel- und Westeuropa einer neuen, hochwüchsigen Rasse, die möglicherweise aus dem Osten zugewandert ist. Mit dieser »Urrasse des heutigen Europäers«[1], dem nach seinem Hauptfundort in Frankreich so benannten Cro-Magnon-Menschen, beginnt eine neue Epoche in der Geschichte der europäischen Menschheit.

Die ur- und frühgeschichtlichen Menschen haben den Schwarzwald ebenso gemieden wie die feuchten Niederungen der Rheinebenen. An den Hügeln der Vorbergzone und an den leichten Erhebungen diesseits und jenseits des Rheins lassen sich jedoch Spuren vorgeschichtlicher Rastplätze der Jäger- und Sammlergruppen nachweisen. In der ausklingenden Würmeiszeit, als im Vorfeld der Gletscher die Tundra sich in der Rheinebene ausbreitete und eine entsprechende Tierwelt sich einstellte, legten Rentierjäger während der altsteinzeitlichen Epoche des Magdalénien (etwa 20 000–8 500 v. Chr.) am Südende des Tunibergs – dort wo heute die Erentrudiskapelle rheinaufwärts bis nach Basel und links und rechts bis zu den Höhen des Schwarzwaldes und der Vogesen blickt – einen Wohnplatz an. Der große Silexreichtum der Fundschicht bezeugt, daß die Jäger längere Zeit an diesem vor Hochwasser ge-schützten Platz am Fuße des Kapellenberges verweilten. Im Jahr 1914 wurde diese erste urgeschichtliche Freilandsiedlung in Mitteleuropa entdeckt. Weitere oberrheinische Stationen der Rentierjäger fixierten Archäologen in Höhlen, und zwar am Ölberg bei Freiburg, in Schweizersbild bei Schaffhausen, im Keßlerloch bei Thayngen und Petersfelsen bei Engen. Besonders reich ist die Ausbeute in der Höhle vom Petersfels, wo u. a. Signalpfeifen aus Rentierknöchelchen und sogenannte Loch- oder Kommandostäbe geborgen werden konnten. Berthold Sütterlin bezeichnet die Loch- und Kommandostäbe als Attribute des heil- und zauberkräftigen Medizinmannes; die Vergleichende Musikwissenschaft wird dabei an die im kultischen Bereich noch heute bei Naturvölkern benutzten Schwirrhölzer denken.

In den folgenden Jahrtausenden, in der Mittel- und Jungsteinzeit, über die Pfahlbaukulturen des Bodenseeraumes, die Michelsberger Kultur um etwa 1800 v. Chr. bis zu den Schnurkeramikern und in die Bronze- (1800–1200 v. Chr.) und Eisenzeit (nach 1200 v. Chr.), häufen sich Funde auf badischem Boden.

Im 6. Jahrhundert v. Chr. gehört Südwestdeutschland zusammen mit dem Schweizer Mittelland und Ostfrankreich dem Kerngebiet des Westhallstattkreises zu. Es werden befestigte Höhensiedlungen angelegt, die wirtschaftliche und soziale Situation der Menschen verbessert sich und eine reiche Führungsschicht tritt in Beziehung zu den klassischen Hochkulturen des Mittelmeergebietes. In dieser »Frühform europäischer Einheit«, wie man die Hallstattzeit genannt hat, entstehen Burgen, »von denen etliche den Namen ›Fürstensitze‹ mit Sicherheit verdienen. Ihre systematische Erforschung steht aber noch ganz in den Anfängen.«[2] Umfangreiche Ausgrabungen, die einen repräsentativen Teil eines solchen Siedlungsareals erfassen, konnten bisher nur im Bereich der Heuneburg bei Beuren an der oberen Donau durchgeführt werden.

Vom Leben der Menschen damals vermitteln die sogenannten »Fürstengräber« spärliche Andeutungen: Der Tote wird in einer Holzbohlenkammer mit Wagen und Pferdegeschirr, mit Bronzegefäßen und manchmal auch mit goldenem Schmuck beigesetzt. Darüber erhebt sich ein mächtiger Hügel. Vom Tübinger Archäologen Wolfgang Kimmig stammt die Landkarte (S. 15, unten rechts), in der die Fundorte

*Abb. 1: Hallstattzeitlicher
Panflöten-Spieler, um 500 v. Chr.*

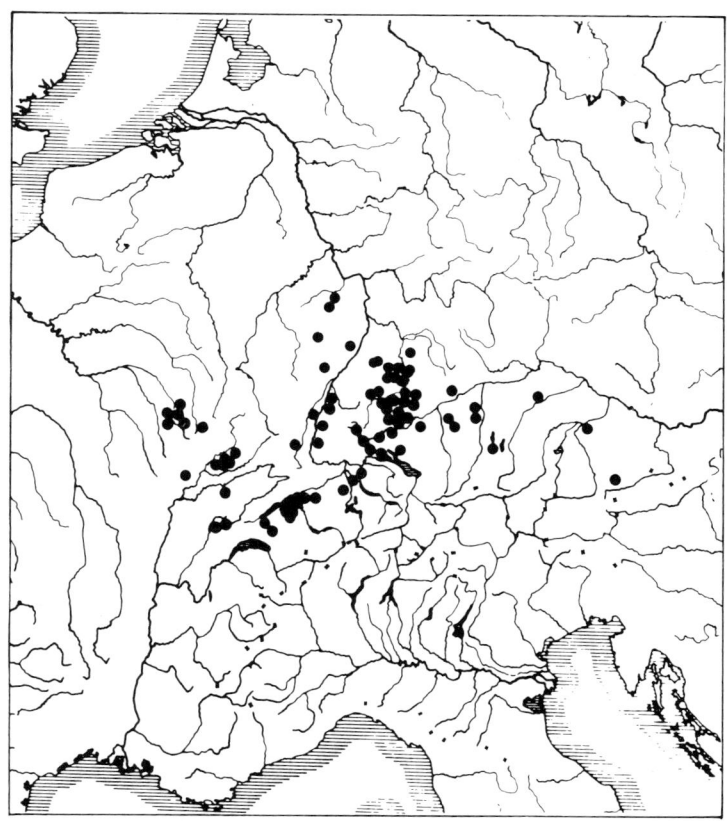

der Westhallstattzeit eingetragen
sind. Daran zeigt sich deutlich,
wie sehr diese Westhallstattzeit im
Bereich des späteren Landes Baden einen kulturellen Schwerpunkt ausgeprägt hat[3].

In allen menschlichen Kulturen,
von denen wir Kenntnis haben, ist
Musik Bestandteil wesentlicher
Vollzüge des täglichen Lebens, in
die Kult- und Zauberhandlung integriert, den Schamanen, Medizin-
männern, Heilkundigen vorbehalten, Prestigeobjekt von Häuptlin-
gen und Fürsten. Zwar gaben die

bisherigen Ausgrabungen westhallstättischer Fürstengräber keine Klangwerkzeuge frei.[4] Doch mag es erlaubt sein, den Gebrauch von Musik bei den Hallstatt-Menschen aus Funden in anderen Landstrichen zu bezeugen. Otto Seewald hat in der ostalpinen Hallstattkultur mehrere Lyrendarstellungen nachgewiesen, aus denen hervorgeht, daß das Instrument bei Bestattungszeremonien eine Rolle gespielt hat.[5] Als Blasinstrument des Hallstattmenschen ist die Panflöte auf einer Situla aus Bronzeblech aus der Zeit um 500 v. Chr. aus Vače in Slowenien bezeugt: Und zwar im Zusammenhang mit einem Opfermahl.[6] Unter den Beigaben der Brandgräber Nr. 465 und 469 in Hallstatt im Salzkammergut befand sich neben Waffen und Werkzeugen, die offensichtlich zu einem Krieger gehörten, ein »trompetenförmiger Tutulus« aus Bronze, wohl ein Schall- und Signalinstrument.

Im Bereich der westlichen Hallstattkultur tritt während des sechsten vorchristlichen Jahrhunderts die neue keltische Religion mit der ihr eigenen politischen und Sozialstruktur in das Blickfeld der Geschichte. Hier formierten sich die Wanderzüge der Kelten nach Süden und Osten. Manche Forscher schreiben daher der westlichen Hallstattkultur bereits »keltische« Züge zu. »Die Blüte der befestigten ›Fürstensitze‹ dauerte noch bis weit ins 5. Jahrhundert hinein an. Der genaue Zeitpunkt der Auflassung oder gewaltsamen Zerstörung ist selbst bei der Heuneburg umstritten, bei den anderen nur grob zu schätzen. Er muß irgendwann zwischen 450 und 400 v. Chr. liegen . . . In diesem Ereignis dokumentiert sich das Ende einer glanzvollen Epoche – glanzvoll allerdings nur für die Herrschenden, die ihren Reichtum auf Kosten der Bauern, Hirten und Handwerker anhäuften.«[7] Die Kelten selbst haben keine Schriftquellen hinterlassen, ihre Barden tradierten die Geschichte des Volkes mündlich, in Epen.[8] Archäologische Bodenfunde und die Chroniken griechischer und römischer Autoren berichten jedoch von den Wanderungen und von den Eroberungszügen der Kelten bis vor Rom und vor Delphi. »In Mitteleuropa selbst wurde das 4. Jahrhundert v. Chr. eine Periode der sozialen Stabilisierung. Beherrschende Höhensiedlungen mit übermäßig reichen Gräbern fehlen, kleine Weiler bestimmen das Bild. Die sozialen Unterschiede scheinen gering gewesen zu sein . . . Eine durch das Kriegertum bestimmte Gesellschaft auf der Grundlage eines perso-

nengebundenen Gefolgschaftswesens zeichnet sich ab – ein soziales Entwicklungsstadium, wie es gerade für Wanderungszeiten charakteristisch zu sein scheint.«[9] Besonders stark vom Umbruch und von den Abwanderungen waren Landschaften betroffen, in denen sich die konservative Spät-Hallstattkultur des 5. Jahrhunderts erhalten hatte, eben Ostfrankreich, Südwestdeutschland und Südbayern. Die neue Kultur der Kelten aber erweist sich als Mischkultur, in der eigene Elemente sich mit oberitalienischen, etruskisch-hellenistischen Mustern vermengt haben.
Eine Landkarte vermag uns zu zeigen, wie am Ende des 2. Jahrhunderts v. Chr. die Grenzen des keltischen Territoriums in Europa verliefen. Als bedeutende Siedlungen der Kelten sind darin Breisach und Altenburg-Rheinau eingetragen:[10]

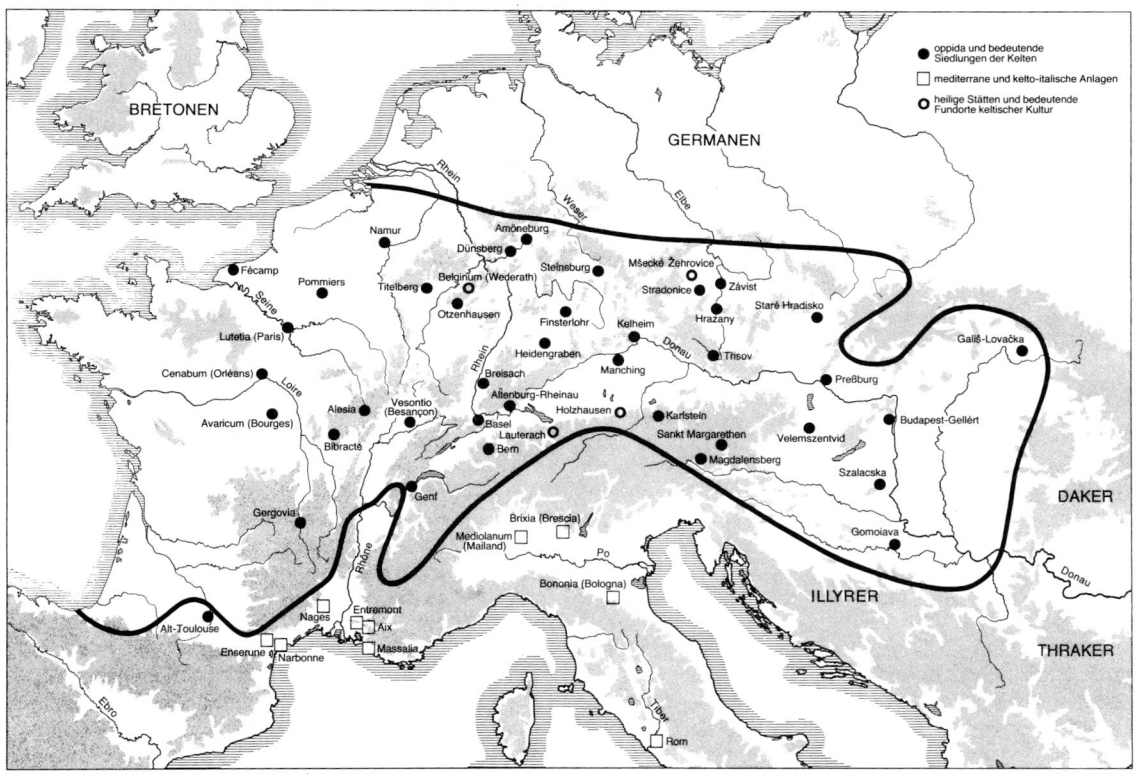

Das wichtigste Zeugnis keltischer Religion ist der sogenannte Silberkessel von Gundestrup in Dänemark. »Er steht in der Tradition der Götterdarstellungen der Latène-Zeit und leitete zugleich über zu dem religiösen Synkretismus, der die römische Zeit in Gallien und anderwärts kennzeichnet.«[11] Es ist für den Musikforscher bedeutsam, daß ein Musikinstrument – nämlich die hochaufragende, mit einem

Tierkopf als Schallbecher versehene »Carnyx« – im Zentrum der Darstellung steht (Abb. 2). Gezeigt wird eine Läuterungsszene des Heeres. Der Ritus soll die Verbindung zwischen der Welt der Lebenden und der Welt der Toten symbolisieren. Krieger marschieren auf. Menschen werden geopfert. Ein noch mit Wurzeln und Blättern versehener Baum wird umhergetragen und in einen Schacht geworfen. Der Klang der Instrumente verschafft den Priestern die Möglichkeit, mit außerirdischen Wesen, mit Göttern zu korrespondieren. Die Seele des geopferten Menschen vermag sich aus dem Diesseits zu lösen und zu den Dämonen aufzusteigen, um bei diesen für das Wohlergehen, für Kriegsglück der Gruppe zu bitten. Die sogenannten »Viereckschanzen« im süddeutschen Raum mit ihren tiefen Schächten sind archäologische Zeugnisse solcher »Gottesdienste«.

Noch eine zweite Musikdarstellung soll die Verwendung von Blasinstrumenten in der keltischen Zeit illustrieren. In Bormio am Stilfser Joch erhielt sich ein Relief aus Serpentin aus der Zeit 450–350 v. Chr. Es wurde 1944 beim Abbruch eines Hauses gefunden. Zwei Figuren sind in diesem Bruchstück eines Frieses abgebildet: links ein Hornbläser, mit kurzem Überwurf, knappem Rock, Sandalen (oder Stiefeln?), Oberarmring und einem Messer am Gürtel. Die rechte Figur wird von Fachkennern als Götterstatue gedeutet, mit einem gehörnten Helm von etruskisch-alpiner Art und mit einem Schild in Tierfellform. »Sehr wahrscheinlich handelt es sich um die Darstellung einer Kultszene mit einer Götterstatue . . . Der Fundort, rund 1200 m hoch gelegen, läßt unbedingt an einen Zusammenhang mit den noch 200 m höher austretenden heißen Quellen denken, also an ein Quellheiligtum, wo einer oder mehrere Götter verehrt wurden.«[12] Also auch hier wieder Musik nicht als freie Kunst oder Unterhaltung sondern als Bestandteil einer kultischen Szene.

Während die römische Kultur am Höhepunkt ihrer Entwicklung stand, Dichter und Denker, Künstler und Chronisten Vergangenheit und Gegenwart des römischen Weltreiches dokumentierten, traten die germanischen Völker erst zögernd in den Blickwinkel der Geschichte. Zum Teil in Abwehr der Kelten-Einfälle, später in ihrem Expansionsdrang, waren die Römer über die Alpen nach Gallien und in Siedlungsgebiete der Kelten und Germanen vorgedrungen. 113 v. Chr. kam es zu den ersten Zusammenstößen zwischen Römern und Germanen, nach 58 v. Chr. erfolgte die Unterwerfung der Stämme zu beiden Seiten des Rheins und 15–9 v. Chr. die Sicherung der Donaulinie. Die Schlacht im Teutoburger Wald, in der 9 n. Chr. Armin der Cherusker die Römer besiegte, leitete eine Umkehr ein. Die Römer errichteten den Limes, den die Alemannen 258 zu

Abb. 3: Keltischer (etruskisch-alpiner) Hornbläser (links), 450–350 v. Chr. Rechts eine Götterfigur (Quellheiliger?).

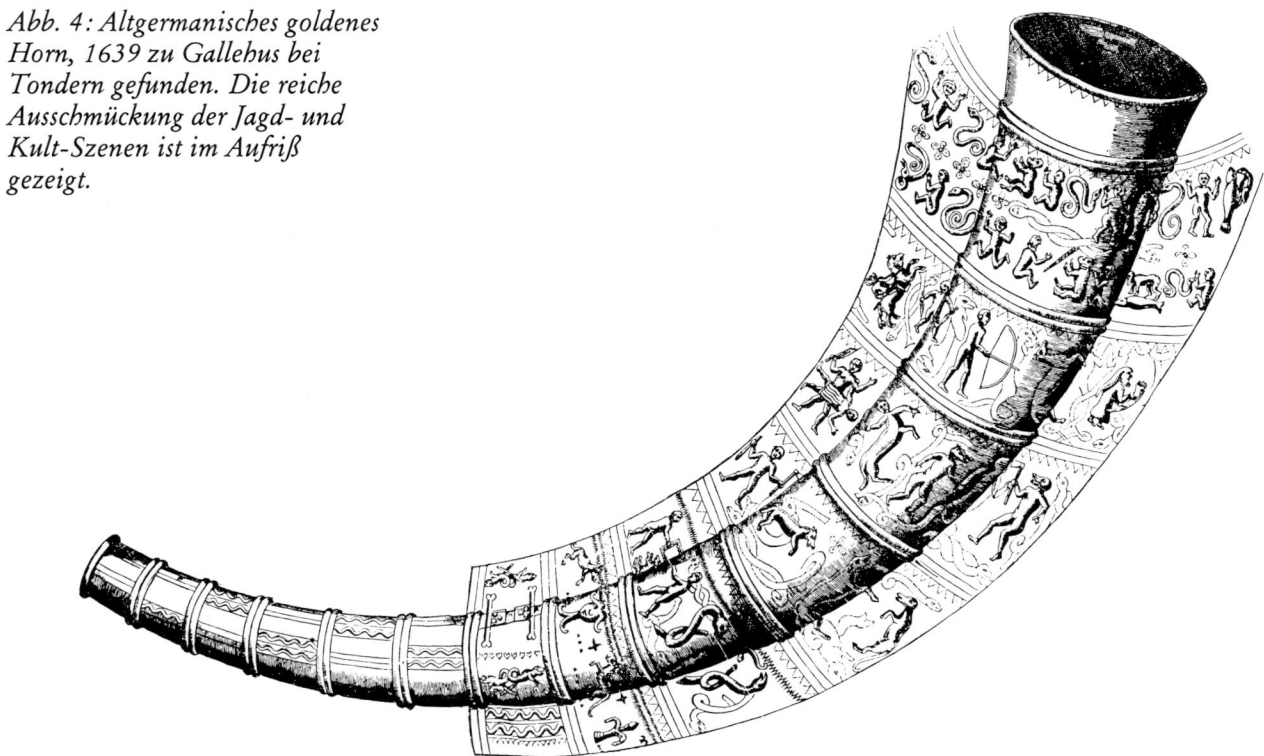

Abb. 4: Altgermanisches goldenes Horn, 1639 zu Gallehus bei Tondern gefunden. Die reiche Ausschmückung der Jagd- und Kult-Szenen ist im Aufriß gezeigt.

durchbrechen vermochten. Der Einfall der Hunnen führte nach 375 schließlich zur Völkerwanderung und – seit dem 3. Jahrhundert – zur Bildung germanischer Großstämme: Der Alemannen, der Franken und der Sachsen. In den Jahren 486/87 kam es zur Gründung des Fränkischen Reiches, in dem unter den Karolingern fast alle westgermanischen Stämme sich vereinten.

Doch sollte man die Geschichte jener Zeit nicht allein als eine Folge von Kriegszügen und Unterdrükkungen interpretieren. Die Menschen einer Kultur lernen jeweils von den Menschen anderer Kulturen. Verhaltensformen verzahnen sich ineinander. Ebenso wie die Keltische Kultur trotz römischer Überschichtung bis in die Zeit der alemannischen Landnahme herein wirksam blieb, ebenso war das Verhältnis zwischen den seit dem 4. Jahrhundert am Oberrhein siedelnden Alemannen und den Römern nicht allein von Feindseligkeiten bestimmt. »Zwischen dem Alamannenfürsten Vadomar, der in der oberen Rheinebene, in der Gegend der Rauriker saß, und den Römern bestand zeitweise freundschaftlicher Verkehr. Gerade für den Breisgau gilt die Katastrophentheorie, daß die Germanen aller römischen Kultur rechts des Rheins ein gewaltsames und plötzliches Ende bereitet hätten, vielleicht weniger als für die anderen Gegenden Deutschlands. Die Alamannen verursachten auch nicht den römischen Rückzug vom Rhein. Der wurde in Rom selbst beschlossen. Als die am Rhein stehenden Truppen zur Verteidigung der Weltstadt gegen die in Italien streifenden Scharen der Goten, Vandalen und anderer Ostgermanen benötigt wurden, berief der Oberbefehlshaber Stilicho die Truppe von der Rheingrenze ab. Wie sich die Briten in unserem Jahrhundert aus Indien und anderen überseeischen Gebieten kampflos zurückzogen in der Erkenntnis, daß ihre Herrschaft dort ein Anachronismus geworden war, so gaben die Römer ihre Garnisonen am Rhein auf.«[13]

Lange Jahre herrschte in der Philologie und in der Musikwissenschaft eine völlig falsche Vorstellung vom Musikleben der Römer. Es galt als ein Sammelbecken von griechischer und etruskischer, von gallischer und langobardischer, von byzantinischer und arabischer, von ägyptischer, syrischer, spanischer, britannischer Musik. Rom hätte danach bestenfalls eine Mittlerrolle eingenommen, ja sogar die griechische Musik verdorben.

W. Christ sprach von einer »niedrigen Bildung der Römer in Gesang und Musik« und nahm an, daß »ein kunstvoller, reich entwickelter Gesang im römischen Theater überhaupt kaum gehört wurde«[14].

Abb. 5: Die Feldzeichen und Musikinstrumente der römischen Militärmusik (links) und der deutschen Söldnerheere des 16. Jahrhunderts (rechts), wie sie Wilhelm Dillich in seiner 1589 in Frankfurt erschienenen »Kriegs-Schule« darstellt. So wie bei den Römern »Litui« und »Buccina« als Signalinstrumente der Fußtruppen verwendet wurden, so gehörten im deutschen Heer Pfeifer und Landsknecht-Trommler zusammen (die beiden oberen Darstellungen). Den berittenen Truppen ordneten die Römer »Tubae« und »Cornua« zu, die Deutschen Trompeten und Pauken (unten).

Erst in den fünfziger Jahren unseres Jahrhunderts begann jene ernsthafte Beschäftigung mit den Quellen, die zu einer völligen Neubewertung der musikalischen Verhaltensformen und des Bildes vom Musikleben in der römischen Gesellschaft führte. Mit Günther Willes im Jahr 1967 erschienenen Buch »Musica romana« liegt nun eine umfangreiche Darstellung vor, die erkennen läßt, daß es »im alten Rom, abgesehen von dem traditionellen und sprichwörtlichen Verbot des der Würde in der Öffentlichkeit abträglichen Singens und Tanzens auf dem Forum, kaum ein Lebensgebiet gegeben hat, in dem die Musik keinen Platz gefunden hätte. Angefangen vom vielgestaltigen kultischen Leben in den langen Jahrhunderten der römischen Geschichte, in der die Kultmusik die Stufenleiter von der magischen zur ästhetischen Stufe erstieg und ihren Höhepunkt im Säkularlied des Horaz fand, bis zu den primär militärischen Zwecken in der Kriegführung, angefangen vom täglichen Privat- und Arbeitsleben der Römer bis hin zu den öffentlichen Theateraufführungen und Festspielen, angefangen vom unscheinbarsten Sklaven bis hin zum ersten Mann des Reichs, angefangen von der praktischen Musikübung in derart vielfältiger Gestalt bis zu den Reflexionen der Bildungstheoretiker wäre ein Leben in Rom ohne die verschiedensten Formen der Beschäftigung mit der Musik nicht zu denken.«[15]

Und dieses vielfältige, alle Schichten der Gesellschaft und alle Bereiche des Lebens erfassende Musikleben blieb auch in den eroberten und besetzten Provinzen nördlich der Alpen selbstverständlicher Bestandteil des Lebensstils des Römers. Zudem hatten sich zwar in Rom selbst verschiedenste Nationalmusiken zu einem Konglomerat vermischt, darüber hinaus aber haben die Römer »auch ihrerseits durchaus als musikalische Kulturträger in die Welt ausgestrahlt, und Köpfe wie Horaz, Nero und Ambrosius sind bei aller sonstigen Verschiedenheit ihrer Persönlichkeiten selbstschöpferisch tätige Musiker gewesen ... Es gab einen urtümlichen römischen Eigenbesitz in der Musik, der als volkstümliche Grundlage aller höheren Musikkultur unverändert lebendig blieb.«[16]

Da es militärische Einheiten waren, die in fremde Länder vordrangen, darf man davon ausgehen, daß zunächst in den römischen Garnisonen am Rhein diese militärische Signalmusik ihre Funktion erfüllte. Doch ermöglichten die Bauweisen der Instrumente und forderten die Neigungen der Spieler und Zuhörer die Ausbildung eines Repertoires an Musikstücken, die das politische Leben begleiteten und regelten. Wo Niederlassungen gegründet wurden,

da entfaltete sich kultisches Leben mit dem dazugehörigen musikalischen Zeremoniell. In den Landhäusern der Mittel- und Oberschicht weisen Bodenmosaike auf im Mythos begründete künstlerische Musikproduktionen hin. Im Römisch-Germanischen Museum in Köln ist ein solches Mosaik zu bewundern, das eine römische Satyrfamilie abbildet, wobei die Mänade auf dem Doppelaulos bläst. Ähnliche bacchische Szenen mit aulosblasenden Mänaden und syrinxblasenden Pan-Figuren sind vielfach in Silberteller eingraviert worden.

Im römischen Heer fanden vier Metallblasinstrumente Verwendung: Tuba, Lituus, Cornu und Bucina. Tuba und Cornu ertönten in der Schlacht, die Bucina im Lager und der Lituus wohl bei der Reiterei. Unter der Tuba der Römer versteht man ein langgestrecktes, sich leicht konisch erweiterndes Metallrohr aus Bronze oder Eisen, gut 1 m lang, mit einem aufgesetzten Schallstück aus Knochen oder Horn. Der Tuba nahe verwandt ist der Lituus, ebenfalls aus einer langen, geraden Röhre hergestellt, aber am Ende hakenartig zum Schallbecher umgebogen. Tuba und Lituus sind von den Etruskern übernommen worden, also nicht römische Eigenentwicklungen. Das Cornu ist wie das natürliche Tierhorn gebogen. Die Bucina besaß eine rückläufig gekrümmte Form. Alle diese Instrumente sind auch im Gebiet des Bodensees, des Ober- und Mittelrheins entweder im Original oder auf Bildzeugnissen nachweisbar. Im Marstempel zu Klein-Winternheim wurde eine vollständige Tuba gefunden, 1,80 m lang und aus Eisenblech.[17] Lituusfunde sind u. a. aus der Gegend von Düsseldorf, Flörsheim a. M., Mainz und Wiesbaden bekannt geworden. Am häufigsten wird das Horn dargestellt. Die Bucina oder Reitertrompete zeigt das Grabrelief des Reiters Andes aus Mainz sowie ein Grabstein des Rheinischen Landesmuseums in Bonn. Neben der Aufgabe, Signale zu übermitteln, kommt diesen Blasinstrumenten im Krieg auch die Funktion zu, den Gegner zu verwirren und zu erschrecken. Die vor Arminius fliehenden Römer retteten sich vor der völligen Vernichtung dadurch, daß die Befehlshaber ein trochäisches Stück blasen ließen, so daß die Germanen meinten, den Verfolgten rücke eine Abteilung im Sturmschritt zu Hilfe. Noch im Mittelalter sollte das »Lärmblasen« mit möglichst vielen und starken Blasinstrumenten dem Gegner eine zahlenmäßig starke Einheit vortäuschen.

Als Wilhelm Dillich im Jahr 1589 in Frankfurt seine »Kriegs-Schule« zum Druck brachte, da stellte er das militärische Signalwesen der Römer seinen Zeitgenossen als Vorbild vor:[18]

Die Signa aber dienen theils zum Gesichte/theils dem Gehör/und kan man sie also nennen Signa inservientia & auditui & visui. Signa auditus aber nenne ich allhier Classicum, Clamorem seu Barritum & auditus Tesseram, deren und anderer folgenden Wörter Erklärungen allbereit im zweyten Buche dieses zweyten Theils beygefüget worden. Classicum war bey denen Römern und Alten/ wann alle signa militaria den Soldaten zum Treffen ermahneten/und Tubicines und Cornicines (waren deren Alten Kriegs-Spiele) zugleich auffbliesen und sich hören liessen/und war also Classicum ineundæpugnæ signum. Es ward aber dasselbe bey denen Römern verrichtet per Tubas, Cornua, Lituos & Buccinas. Tubæ (A) waren gemacht auß Ertz in Form wie die Figur außweiset. Cornua (B) sind Anfangs auß Büffel- oder auß grossen Ochsen-Hörner zugerichtet worden/ hiernacher aber auß Ertze. Litui (C) gaben einen scharffen Thon von sich/waren nicht gantz strack/sondern theils gekrümmet/und bey denen Reutern im Brauche/wie Tuba bey dem Fußvolcke. Buccina (D) war auch exære zugerichtet/ und an Form gantz in sich gekrümmet.

Von Tympanis oder Trummeln findet man bey denen Römern zwar wenig/sind aber bey denen Parthis und Indis sehr im Brauch gewesen. Darumb schreibet Suidas von Indianern also: Indi tubis non utuntur, sed pro iis flagella, quæ excutiunt in aërem, & tympana item horribilem bombum emittentia: Die Indianer bedienen sich keiner Posaunen/haben aber an deren Statt gewisse Peitschen/wormit sie durch die Lufft streichen/ und darmit ein Gethön erwecken/darneben aber führen sie auff ihre Art/und im zweyten Buch beschriebene/zubereitete Trummeln/welche ein grausames Brummen von sich hören lassen. So haben die Galli neben ihren tubis auch die tympana geschlagen.

Der Alten Teutschen auditus signa aber waren dero Gallorum tubis ähnlich: Und saget darumb Diodorus: Tubis utuntur peculiari suo more barbaricis. His inflatis horridum bellicoque terrori convenientem sonum edunt: Welcher will/daß die uhralte Teutsche von denen Barbarn entlehnte und auff ihre sonderbare Art zubereitete Posaunen oder dergleichen Instrumenten zu Kriegs-Zeiten bey Händen gehabt/welche/wann man sie geblasen/einen solchen Klang gegeben/welcher/ wie zu Kriegs-Zeiten gebräuchlich/Furcht und Schrecken verursachen können.

Auch dies mag als Beweis dafür gelten, daß römischer Musikgebrauch und römisches Musikverständnis in die Kultur des europäischen Abendlandes hineinwirkten.

Felszeichnungen, archäologische Ausgrabungen, spärliche Texte bei den römischen Schriftstellern und rezente Traditionen vermitteln Hinweise darauf, wann und zu welchem Zweck die Germanen gesungen und musiziert haben. »Dabei ist für unser Gebiet ganz auffallend das Vorwalten hornartiger Blaswerkzeuge, gegen die alle anderen Gattungen zurücktreten. Daß ihr Urahn im natürlichen Kuhhorn zu suchen ist, lehrt ein solches im vorgeschichtlichen Latdorfer Hügel bei Bernburg. Eine höhere Entwicklungsstufe zeigt Metallbeschläge und Tragringe, schließlich wird das ganze Horn (berühmter Fund aus dem Moor von Tetorow, jetzt Schwerin) in Bronze gegossen oder gar – wie die schon im 17. Jahrhundert beschriebenen, nachmals verschollenen Hörner von Gallehus bei Tondern aus nachchristlicher Zeit – in Gold mit reichem Bilder- und Runenschmuck hergestellt, offenbar als Prunkgerät eines großen Häuptlings.«[19] Man geht daher nicht fehl, das Horn als das möglicherweise wichtigste Musikinstrument der Germanen anzusprechen. Auf römischen Münzen und Triumphzügen begegnen Hörner neben langen, geraden Trompeten als Beutestücke.

Ammianus Marcellinus berichtet über die große Alemannenschlacht des Jahres 357 bei Straßburg, daß dabei die Heerhörner der Germanen in mannigfacher Verwendung erklangen. Aus den karolingischen Pfalzen ertönte ihr Ruf weithin über den Rhein in die Lager der römischen Legionen.

Dem heutigen, aus Holz gefertigten Alphorn entsprachen möglicherweise die von Tacitus erwähnten »cornua alpina« der südgermanischen Bergbewohner. Daß solche »Alphörner« nicht etwa der Unterhaltung dienten, sondern in kultischer, politischer Funktion angeblasen wurden, bezeugt ein Bericht aus Südtirol. Was dort im Jahre 397 n. Chr. drei christlichen Missionaren geschah, mag typisch sein für weite Gebiete Mitteleuropas. Heiden opferten um einer guten Ernte willen ihren Göttern. Sie waren von einer Tuba (Rindentrompete, Alphorn?) zusammengerufen worden und umschritten ihre Felder. Auch an der neuerbauten christlichen Kirche kam die Gruppe singend vorbei; der Chronist spricht in diesem Zusammenhang von »Geheul«. Die Heiden zwingen einige der Ihren, die sich zum Christentum bekehrt hatten, den alten Göttern zu opfern: Dies erscheint ihnen die Voraussetzung für eine gute Ernte und für das Wohlergehen der Gemeinschaft. Daraufhin überstürzen sich die Ereignisse. Der älteste der drei anwesenden Missionare wird mit Beilen erschlagen, während man mit der Tuba durchdringend auf ihn einbläst. Hier liegt zweifellos ein zauberischer Schallritus vor, der Ton des Instruments soll das Unheil »wegblasen«, so wie

– nach Meinung der inneralpinen Bergbewohner – der Ton des Alphorns in der Abenddämmerung die Dämonen der Nacht zu verscheuchen vermag – oder wie von den Schellen verschiedener Gestalten der schwäbisch-alemannischen Fasnet ein Lärmzauber ausgeht, der die bösen Geister des Winters fliehen macht. Auch im Nonsberger Märtyrerbericht treffen wir auf jene Schelle, die einem der toten Missionare um den Hals gehängt wird, während man ihn an den Füßen über die Feldwege schleift. Schließlich kommt es zur Verbrennung der Leiber der fremden Missionare, wobei erneut Gesänge und Hirtenrufe erklingen: kaum ein Ausdruck gesteigerter Lebensfreude, sondern brauchtümliches Jauchzen während des Sterbens, wie es aus dem alemannischen Siedlungsraum in Vorarlberg noch im vorigen Jahrhundert berichtet wird.[20]

»Die Nonsberger Märtyrerberichte werfen Licht auf die Mittel einstiger Volksmusik ... Da ist die ›Tuba‹, welche mit eindringlicher Lautstärke das Unheil vertreibt und andererseits die Gemeinde zum Ritus zusammenruft; sie bläst kultische Musik und erregt die kriegerischen Männer zu Kampf und Aufruhr. Das ist das ›tintinabulum‹ (Glöckchen oder Schelle), den Tieren nützlich, also auch schon als Herdgeläut gebräuchlich und zugleich, an Tieren und Menschen, magisch wirksam. Da ist der Gesang: rauh, heulend, schauerlich gellend in den Ohren der Fremden, aber wohl auch von den ›Singenden‹ so gemeint, wenn sie das Schauerliche im Numinosen beschwören wollen. Die Sphäre der Furcht und des Grauens in der archaischen Religiosität und Musik steht so im Vordergrund jener Berichte. Ihre magische Wirklichkeit wird bezeugt und ihre Zugehörigkeit zu den Ernstfällen des Lebens: zu Krieg, Gericht und Tod.«[21]

In den Protokollen der deutschen Synoden und Kapitularien des Mittelalters spiegelt sich die Auseinandersetzung zwischen den überlieferten heidnisch-germanischen Bräuchen und der neuen christlichen

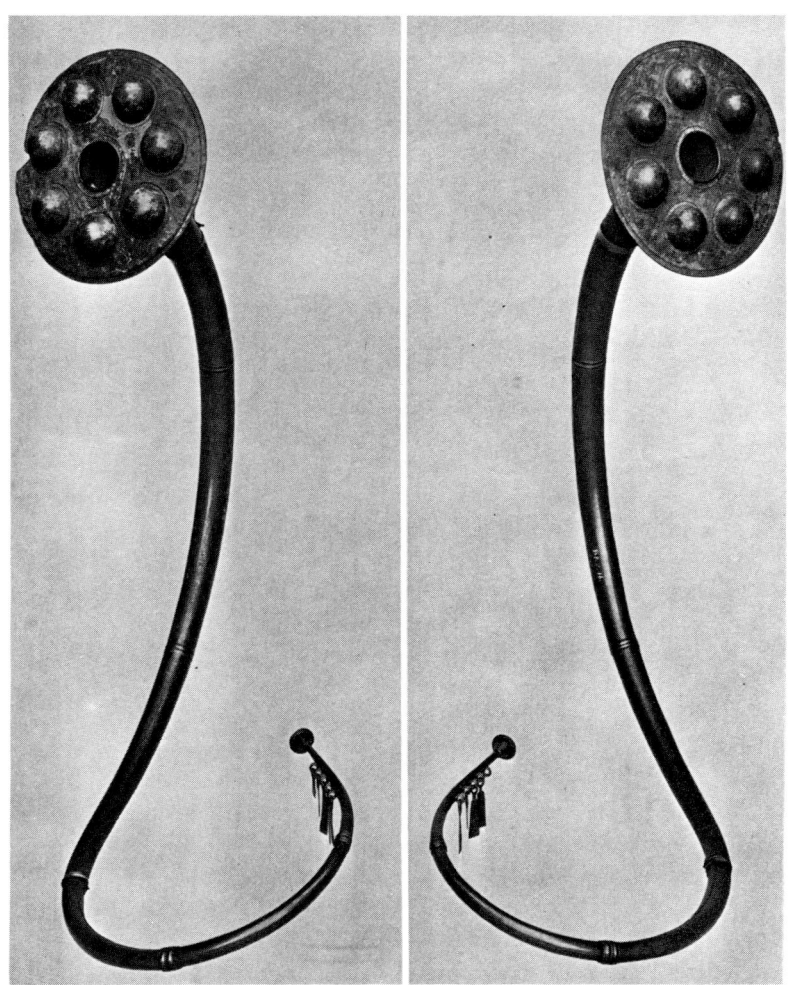

Abb. 6: Bronze-Luren, wie sie bei den Germanen erzeugt und – offensichtlich paarweise – zu kultischen und militärischen Zwecken angeblasen wurden.

Abb. 7: Römische Satyrfamilie, die Mänade (links im Bild) mit einem Doppelaulos. Ausschnitt aus dem Kölner Dionysos-Mosaik, um 200 n. Chr.

Weltanschauung. Vor allem im Zusammenhang mit dem Totenbrauchtum hatte bereits Papst Gregor III. um 737 allen Grund, den Bischöfen in Bayern und Alemannien zu schreiben, Totenopfer mit den dazugehörigen Totenklagen und Musikzauber zu meiden. Im August 829 wandten sich die Bischöfe in einer Eingabe an Ludwig den Frommen: Christen müßten sich vor den unzüchtigen und schimpflichen Gesängen hüten, nach Möglichkeit sollten solche Gesänge nicht in unmittelbarer Nähe der Kirchen erklingen. Die Synode von Friaul spricht 796 oder 797 von Unterhaltungen bei weltlichen Gesängen oder ausgelassener und zügelloser Freude bei Lauten-, Flötenspiel und ähnlichen Belustigungen. Nach Regino, um 906, sollten sich selbst Priester verantworten (offensichtlich gab es Gründe, dies besonders zu betonen), ob sie wohl energisch genug jene teuflischen Lieder verbieten würden, die der gemeine Pöbel zu nächtlicher Stunde über Tote zu singen pflegte.[22]

In der Heldensage wird das Horn ebenso mit Eigennamen angesprochen wie etwa das Pferd, das heißt: menschenähnlich vorgestellt. Edle Hörner gehören zu den sagenumwobenen Königshorten der Völkerwanderungszeit, noch heute besitzen die Domschätze zu Prag und Aachen herrliche »Olifante« aus Elfenbein mit Jagddarstellungen. Ein angelsächsisches Horn des 8. Jahrhunderts stellt Hornbläser mit fast mannslangen Instrumenten dar. In der Rolandsage und im »König Rother« wird die unglaubliche Reichweite des Horntones gerühmt. Das germanische Gegenstück zur keltischen Carnyx ist die Lure, ein bis zu 3 m langes, nur wenig sich erweiterndes und verschieden gewundenes Blasrohr mit an der Mündung aufgesetzter Schallscheibe, deren Verzierungen und Ornamente die kultisch-politische Bindung des Instrumentes bezeugen. Obgleich die Luren zumeist paarweise aufgefunden wurden, ist doch nur ein tonverstärkendes gleichzeitiges oder ein Echo-Blasen denkbar, keinesfalls eine Zweistimmigkeit. Ein professioneller Bläser unserer Zeit vermag auf solchen Instrumenten bis zu zweiundzwanzig Obertöne anzublasen; alte Urkunden lassen jedoch den Schluß zu, daß Lurenbläser einst diesen Tonumfang ihrer Instrumente nicht zu nutzen verstanden oder (aus kultischen Gründen) nicht nutzen durften. Die Römer kannten mehrtönige Tubasignale; als diese seit den Tagen des Honorius auch von Germanen wiedergegeben werden sollten, vermochten die Bläser nicht alle jeweils erforderlichen Töne zu erzeugen, weshalb der Feldherr, um die dadurch während des Gefechtes entstandene Verwirrung zu steuern, Angriff und Rückzug durch verschiedene Blechhörner befehlen ließ.[23]

Aber alles, was wir an Zeugnissen aus vor- und frühgeschichtlicher Musik kennen, was Griechen und Römer über ihr eigenes Musikleben und über das der Kelten und Germanen berichten, vermittelt uns doch keinen Eindruck von der klingenden Musik jener Völker und Zeiten. Eine römische Tuba oder ein altgermanisches Horn kann man zwar heute noch anblasen, aber ob vor zweitausend Jahren dieselben Vorstellungen über Tonbildung geherrscht haben mögen wie heute, das ist durch keinen Beweis zu bestätigen oder zu verneinen. »Die im engeren Sinne germanisch-nordisch zu nennenden Blasinstrumente, die Bronzeluren, Kuh- und Metallhörner bis hinauf zu den elfenbeinernen Olifanten der Karolingerzeit sind verstummt. Alles, was z. B. über Luren-Mehrstimmigkeit gesagt und geschrieben wurde, ist bloßes Fabelwerk; schon der Rückschluß vom möglichen auf den wirklich gebräuchlichen Tonumfang eines Blasinstruments ist nach Ausweis musikethnologischer Erfahrungen – z. B. am Rindentrompetenmelos verschiedener europäischer Völker – unzulässig. Nur ein sehr allgemeiner Sachverhält läßt sich den ältesten Fund- und Bildzeugnissen wohl entnehmen: die altgermanische Vorliebe für den Blasklang.«[24] Wie Germanen einst musiziert und gesungen haben, das läßt sich im besten Fall aus der in Reliktgebieten des europäischen Nordens und des alemannischen Siedlungsgebietes tradierten Volksmusik rekonstruieren.

Werner Danckerts Zusammenstellung einschlägiger Aufzeichnungen beschränkt sich jedoch auf Vokalmusik. Und in jenen abgelegenen und abgeschlossenen Siedlungsgebieten, die beweisbar Gesangstraditionen der Germanen bis in die Gegenwart hinein mündlich tradiert haben, ich meine die Färinger in ihrer Inselwelt im Nordatlantik, die das Nibelungenepos noch heute singen und tanzen, oder die Gottscheer, bei denen das Kudrun-Epos bis in die dreißiger Jahre unseres Jahrhunderts hinein noch lebte – dort beschränkte sich die Musikpflege auf vokale Formen.[25] Epen und historische Lieder sind mit Lyren-, Harfen-, Gitarren-, Lauten-, Zither-Instrumenten begleitet worden; aus einem Alemannengrab des 4. bis 7. nachchristlichen Jahrhunderts gibt es ein solches Saiteninstrument.[26] Das Spiel auf Blasinstrumenten unterliegt jedoch anderen Gesetzen: Vergleichsmaterial dafür wird eher in den Alphornrufen und Segen des alemannisch besiedelten westalpinen Raumes zu finden sein.[27]

1 B. SÜTTERLIN, Geschichte Badens I. Frühzeit und Mittelalter, Karlsruhe ²1968, S. 20, mit weiteren Hinweisen und umfassenden Literaturangaben; H. WITTE, Der Tuniberg – Landschaft und Siedlung, in: Ein Berg verändert sein Antlitz. Zum Tuniberg-Richtfest 1970, hg. von W. SUPPAN, Tiengen bei Freiburg 1970, S. 11.

2 I.-H. FREY, Der Westhallstattkreis im 6. Jahrhundert v. Chr., in: Die Hallstattkultur. Frühform europäischer Einheit. Katalog der Landesausstellung 1980 in Schloß Lamberg/Steyr, Linz 1980, S. 81.

3 W. KIMMIG, Die Heuneburg an der oberen Donau. Führer zu vor- und frühgeschichtlichen Denkmälern in Württemberg und Hohenzollern 1, Stuttgart 1968; ders. und E. GERSBACH, Die Grabungen auf der Heuneburg 1966–1969, in: Germania 49, 1971, S. 21 ff.

4 Dazu grundsätzlich: A. SCHNEIDER, Die Megalithkulturen in Westeuropa, eine Quelle zur Frühgeschichte der Musik?, in: Studia Musicologica 15, 1973, S. 205–223; ders., Analogie und Rekonstruktion. Wege zur Erforschung der Ur- und Frühgeschichte der Musik, in: 400 Jahre Kurfürst-Salentin-Gymnasium Andernach, 1973, S. 51–63; ders., Möglichkeiten der paläoorganologischen Forschung, in: Studia instrumentorum musicae popularis 4, 1976, S. 88–94; ders., Hirtenkulturen als Forschungsproblem der Ethnologie und Musikethnologie, in: Kongreß-Bericht der Karpaten-Kommission, Bratislava 1980, S. 261–275.

5 O. SEEWALD, Die Lyrendarstellungen der ostalpinen Hallstattkultur, in: Festschrift Alfred Orel, hg. von H. FEDERHOFER, Wien-Wiesbaden 1960, S. 159–171.

6 Die Hallstattkultur ... wie Anm. 2, Ausstellungsstück 15.4, S. 253.

7 L. PAULI, Das keltische Mitteleuropa vom 6. bis zum 2. Jahrhundert v. Chr., in: Die Kelten in Mitteleuropa, Ausstellungs-Katalog Hallein 1980, Salzburg 1980, S. 29 f.

8 Über die keltischen Barden, ihr reiches Repertoire und das Nachleben dieser hohen Kunst vgl. W. SUPPAN, Keltische Musik – was blieb davon, in: Szene-Magazin, Beilage zu den Salzburger Nachrichten anläßlich der Kelten-Ausstellung in Hallein, 1980; nochmals abgedruckt in DB 30, 1980, S. 232.

9 L. PAULI, wie Anm. 7, S. 34.

10 Ebda., S. 38, nach V. KRUTA.

11 J.-J. HATT, Eine Interpretation der Bilder und Szenen auf dem Silberkessel von Gundestrup, ebd., S. 68.

12 Ebda., S. 208–210.

13 G. HASELIER, Geschichte der Stadt Breisach am Rhein, 1. Halbband, Breisach 1969, S. 40, mit einer vorzüglichen Zusammenfassung der Geschichte der Kelten- und Römerzeit am Oberrhein.

14 W. CHRIST, Metrik der Griechen und Römer, Leipzig ²1879, S. 607 und 679.

15 G. WILLE, Musica romana. Die Bedeutung der Musik im Leben der Römer, Amsterdam 1967, S. 717.

16 Ebda., S. 718 f.

17 H. NELSBACH, 2000jähriges Musikland am Rhein, in: Die Musik 31, 1938/39, S. 513–517; F. BEHN, Musikleben im Altertum und frühen Mittelalter, Stuttgart 1954.

18 W. DILLICH, Kriegs-Schule, Frankfurt 1589, Band 2, S. 266.

19 H. J. MOSER, Tönende Volksaltertümer, Berlin 1935, S. 67. – Vgl. dazu W. NIEMEYER, Artikel »Germanische Musik« in: Die Musik in Geschichte und Gegenwart 4, 1955, Sp. 1809–1819.

20 W. SUPPAN, Bürgerliches und bäuerliches Musizieren in

Mittelalter und früher Neuzeit, in: Musikgeschichte Österreichs I, Graz u. a. 1977, S. 143 f.

21 W. WIORA, Zur Frühgeschichte der Musik in den Alpenländern, Basel 1949, S. 8–11.

22 W. SUPPAN, Volksmusik in den Protokollen deutscher Synoden und Kapitularien des Mittelalters, in: Historische Volksmusikforschung = Kongreß-Bericht Kazimierz Dolny, Krakau 1979, S. 201–220.

23 H. J. MOSER, Tönende Volksaltertümer . . ., S. 67–70.

24 W. DANCKERT, Die ältesten Spuren germanischer Volksmusik, in: Zeitschrift für Volkskunde 48, 1939, S. 138.

25 W. SUPPAN, Musikethnologische Forschungen auf den Färöer-Inseln, in: Acta musicologica 49, 1977, S. 49–68; R. W. BREDNICH und W. SUPPAN, Gottscheer Volkslieder, Gesamtausgabe, Band 1, Mainz 1969, Band 2, ebda. 1972, Band 3, ebda. 1983; Band 4 in Vorb.

26 Abgebildet bei H. J. MOSER, Tönende Volksaltertümer, Berlin 1935, Tafel IV, vor S. 33; s. auch BASER, S. 22 f.

27 B. (BACHMANN-)GEISER, Das Alphorn in der Schweiz, Schweizer Heimatbücher 177/178, Bern 1976.

II. Weltliche und geistliche Musik des Mittelalters

Seit dem 17. Jahrhundert ist es in der Geschichtsschreibung allgemein üblich geworden, die zwischen der Antike und deren Wiederentdeckung liegende Zeitspanne mit dem Begriff »Mittelalter« zu umschreiben. Zunächst als »dunkle«, »finstere« Übergangszeit bewertet: etwa vom Mailänder Toleranzedikt 313, dem Ende des weströmischen Reiches 476 und der Völkerwanderungszeit – bis zum Fall Konstantinopels im Jahr 1453 (oder der Entdeckung Amerikas 1492 oder dem Beginn der Reformation 1517), stellt es sich in jüngster Zeit immer mehr als jene aus der Einheit geistlicher und weltlicher Macht kraftschöpfende Epoche dar, in der die Wurzeln der europäisch-abendländischen Kultur fest verankert werden konnten. Dem dynamischen Charakter dieser Jahrhunderte wird erst die neueste historische Literatur gerecht. Kirchliche Organisation und weltliche Feudalstruktur sind als Spiegelbild himmlischer Ordnung konzipiert. Musik ist integrierender Bestandteil diesseitigen und jenseitigen menschlichen/himmlischen oder höllischen Zusammenlebens[1]. Als Abbild der Harmonie des Universums (Musica mundana) und weil sie das Leib-Seele-Verhältnis zu regeln versteht (Musica humana), kommt der Musica usualis und instrumentalis, der gebrauchten und hörbaren Musik politisch-sakrale Bedeutung zu. Und darin ist letztlich die Begründung dafür zu suchen, daß Spielleute, die die Musik der Allgemeinheit zugänglich machen oder die sie in profaner, heidnisch-obszöner Umgebung erklingen lassen, im Ansehen so tief stehen oder gar der Verfolgung sich aussetzen.

»Varende und andere ehrlose liute«
Spielleute in der mittelalterlichen Gesellschaft

Als musikalisches Bindeglied zwischen althochdeutscher und frühmittelhochdeutscher Zeit einerseits und der neuen, um die Mitte des 12. Jahrhunderts unter romanischem Einfluß sich bildenden Kultur andererseits tritt der fahrende Spielmann in unser Blickfeld. Doch handelt es sich hierbei keinesfalls um einen einheitlichen Berufsstand. Da ist einmal der aus dem römischen Mimus hervorgegangene »Jongleur«, der die leichte, zirkusartige Seite der von den Spielleuten gebotenen Unterhaltung vertritt; er begegnet auf deutschem Boden seit dem 9. Jahrhundert und ist bis zum 12. Jahrhundert in allen deutschsprachigen Ländern im Rahmen von Volksfesten aller Art, bei Kirchweihen und bei brauchtümlich-geselligen Anlässen eine allbekannte Erscheinung. Unter diesen fahrenden Musikern, Tänzern, Gauklern und Possenreißern finden sich Personen niederer und höherer Abstammung, solche von lauterer und verbrecherischer Gesinnung, mit einem Wirkungskreis, der sich auf sämtliche Lebensräume und Situationen ihrer Zeit erstreckt. Könige und Bischöfe, Bürger und Mönche, Bauern und Wegelagerer zählen zu ihrem Publikum. Fahrende Sänger waren nicht nur die Neuigkeitskrämer, die lebendige Tages- und Regenbogenpresse in den Burger und Klöstern, Städten und Dörfern, sondern sie leisteten auch gute Dienste als Führer, Boten und Spione.

Eben deshalb, weil diese »zusammengewürfelten

Abb. 7a: Seit dem 13. Jahrhundert beschützt der Engel mit der Tuba des Heiles (Tuba salutaris) auf dem Turm des Freiburger Münsters symbolisch die Bewohner der Stadt.

»Kämpfer und deren Kinder, Spielleute und alle die unehrlich geboren seyen, die seyn rechtlos«. Ihre Kinder durften kein ehrbares Handwerk erlernen. Der Sohn, der gegen den Willen seines Vaters Spielmann wurde, ward enterbt. Schloß sich ein Kleriker den Spielleuten an, so verlor er nach Ablauf eines Jahres die Priesterwürde. Vor Gericht konnten Fahrende nicht als Zeugen aussagen. Das bedeutet: Spielleute waren ehrlos vor der öffentlichen Meinung und rechtlos vor dem Gesetz. Der Stadtrat von Straßburg verordnete im Jahr 1411, daß man »alle luderer, spiler« ohne weiteres ergreifen und so durchprügeln solle, »das inen weger wer su hettent den tag vergeben gearbeitet«. Auch die Straßburger Bischöfe ermahnten ihre Geistlichen immer wieder (1252, 1306, 1310, 1345 und 1349 bestätigen dies Urkunden), nicht mit den Fahrenden sich abzugeben. In dem um 1200 verfaßten zweiten Stadtrecht von Straßburg sind es vier Artikel, die auf die Spielleute Bezug nehmen (in deutscher Übersetzung):

40. Wenn Herren in das Haus eines unserer Mitbürger kommen, und wenn während dieser Zeit ein Fahrender in diesem Hause speist, so hat der Hausherr ein Pfund zu zahlen, ausgenommen wenn der Fahrende aus der Provinz in die Stadt in Begleitung der Gäste gekommen ist.

47. Bei dem Hochzeitsschmaus dürfen nicht mehr als acht Männer und acht Frauen aus der beiderseitigen Verwandtschaft anwesend sein, ebenso vier fahrende Männer und keine fahrenden Weiber.

48. Wer mehr Männer, Frauen und Fahrende duldet, oder erlaubt, daß man Ringe als Geschenke gebe, der wird während eines Monats über eine Meile weit aus der Stadt verbannt und darf erst wieder zurückkehren, wenn er an die Richter 5 Pfund Geldstrafe gezahlt hat.

49. Wenn aber ein fahrender Mann oder ein fahrendes Weib sich erfrecht, ungeladen an einer Mahlzeit bei jemandem teilzunehmen, so muß der Gastgeber zur Strafe 10 sols geben und die Gerichtsdiener nehmen dem Fahrenden die Kleider weg[2].

Mit solchen, in der Regel von der Kirche initiierten Verordnungen sollte nicht unterschiedslos jeder Spielmann bestraft werden, sondern es ging um die sittliche Gefährdung, die offensichtlich mit dem Musizieren, Tanzen, Possenreißen verbunden war, und es ging darum, daß die Fahrenden sich jeder Einordnung in ein Gemeinwesen entziehen konnten.

Eine andere Gruppe, ein gleichsam höherer Stand der berufsmäßigen Sänger, setzt die Tradition der germanischen »Scop« fort. Ihnen begegnen wir auf Schlössern und Burgen als Unterhalter und Beglei-

Kinder der Landstraße« zu jedem Spiel bereit waren, standen sie trotz der Freude, die sie zu bereiten vermochten, und trotz aller guten Dienste, die man von ihnen erwarten durfte, in allgemeiner Verachtung. Die Urkunden nennen sie in der Regel »varende und andere ehrlose onechte liute«. Der »Sachsenspiegel« (um 1220 – 1235) betont ausdrücklich:

Abb. 8: Mittelalterliche Spielleute mit König David auf einer Kirchentreppe. Die Miniatur findet sich in einem Brevier der Königin Isabella von Spanien aus der Zeit um 1480. Eine Szene, die man sich auch in Freiburg oder Breisach, in Konstanz oder Heidelberg vorstellen könnte. (London, British Museum, MS Add. 18851, fol. 184 v.)

ter höfischer Gesellschaften. In ihren Liedern werden epische, lyrische, ethisch-religiöse, aber auch weltlich-belustigende Stoffe behandelt; hier lebt zudem die Heldensage.

Abb. 9: Peter von Hagenbach feiert im Schloß zu Breisach Fasnet. Aus der Reimchronik über Peter von Hagenbach, zweite Hälfte des 15. Jahrhunderts.

»*Mein Trompetenschal bringt Freudt oder Trüebsal in Ewigkeit*« *(Bleibacher Totentanz)*
Totentanzdarstellungen am Oberrhein

Kult und Musik bilden eine untrennbare Einheit. Wir kennen kein Volk dieser Erde, das sich nicht des Klanges bedienen würde, wenn irrealen, außerirdischen Mächten, Dämonen und Göttern geopfert wird; denn (so heißt es noch heute bei Naturvölkern) »Musik ist die Sprache der Götter«. Nur wer Musik versteht, kann sich mit Göttern verständigen. Vor allem in den entscheidenden Stationen des menschlichen Lebens, Geburt, Initiationsritus,

Hochzeit und Tod, spielt die Musik eine tief im Glauben an außerirdische Kräfte verwurzelte Rolle[7]. Die Bewohner des Südtiroler Nonsberges bliesen, wie im vorangegangenen Kapitel erwähnt, auf die getöteten Missionare ein, um den Ablösungsprozeß der Seele von dem Körper zu befördern, um sich vor der herumirrenden und eventuell Schaden verursachenden Seele zu schützen. Ein Glaube, der in der Totenglocke der katholischen Kirche bis in die Gegenwart herein unterschwellig wirksam ist. In den Texten und bildlichen Darstellungen des mittelalterlichen Totentanzes ist der Spielmann und sind dessen einst gebräuchliche Musikinstrumente daher integrierendes Element.

Als Quelle für das spielmännische Musikinstrumentarium in unserem Land kommen die Bilderfolgen in Basel und in den von Basel aus beeinflußten Kirchen und Beinhäusern am Oberrhein in Frage. In der Grundidee des Totentanzes, daß nämlich alle Menschen, ob arm oder reich, ob Papst oder Kaiser oder Bauer, das gleiche Schicksal erleiden würden, ist der Spielmann als derjenige bezeichnet, der die Musik zum Tanz macht.

Text aus dem 15. Jahrhundert

Tod:
Stoß in din pfiff her pfiffer
du must danzen den vezer [?],
Ich pfiff dir in rechtem moß
Als ob du werst des keisers gnos.

Spielmann:
Ich hab gepfiffen mengen Reigen
Bede pfaffen und leigen.
Nun moß ich an den Jomer dantz
Das nimpt mir mut und froude gantz.

Tod:
Was wölln wir für ein Täntzle haben,
Den Bettler oder schwarzen Knaben:
Mein Kilbehans [Kilbe = Kirchweih],
    Spiel wär nit gantz
Wärst du auch nicht an diesem Tantz.

Spielmann:
Kein Kilb war mir Wegs halb zu weit,
Davon ich nicht hab bracht mein Beut:
Nun ists aus, weg muß ich mit Noht,
Die Pfeiff' ist g'fallen mir in Koht.

»Der Tod erinnert den Spielmann zunächst daran, daß er sich doch so gut auf Tanz und Musik verstehe und auch die Fähigkeit habe, seine Zuhörer mit

30

Späßen zu unterhalten. Drum sollte er auch jetzt den anderen Teilnehmern zeigen, wie man tanze. Widerrede nütze ihm nichts, denn er, der Tod, sei hier der Meister. Der Spielmann antwortet seinerseits, zu einem solchen Tanz habe niemand besondere Lust, und auch er nehme nur widerwillig daran teil. Nichts Schwereres gebe es, als den Tod. Seine Fidel habe er in Erwartung des Kommenden ›unter die Bank‹, das heißt weggelegt. Nie mehr werde er, als nunmehr Todgeweihter, zu einem Saltarello oder zu welchem Tanz auch immer aufspielen. Statt dessen müsse er dem Tod gehorchen und auf dessen Geheiß jenen unbekannten Tanz tanzen, den er ›nicht auswendig weiß‹. Diese Verse enthalten eine Fülle interessanter Einzelheiten, die ein lebendiges Bild spielmännischer Praktiken vermitteln. Der Spielmann ist Anführer und Ordner von Tänzen, Tanzlehrer und Choreograph in einem. Er ist Instrumentalist, aber auch Spaßmacher. Sein Hauptinstrument ist die ›vielle‹. Aber auch Blasinstrumente beherrscht er. Darauf deutet die Verbalform ›corneray‹ (von ›cor‹ – Horn, oder auch ›cornet‹ – Zink oder Schalmei). Zu seinem Repertoire gehören mancherlei Tänze. Ausdrücklich genannt wird der Saltarello, ein schneller Sprungtanz im Dreiertakt. Die Angaben sind andererseits so allgemein gehalten, daß sie keine Anhaltspunkte für eine genauere zeitliche Fixierung liefern; sie passen ebensogut ins ausgehende 14., wie ins beginnende 15. Jahrhundert«[4].

In den beiden Totentänzen in Basel: (1) im Dominikanerkloster, um 1445; Fragmente davon im Historischen Museum, Basel, (2) in Kleinbasel, Dominikanerkloster Klingental, Totentanzfresken im westlichen und nördlichen Flügel des Kreuzganges, 2. Hälfte des 15. Jahrhunderts, zerstört, – sowie in der Totentanzdarstellung im Heidelberger Blockbuch (Fragment eines um 1465 in Basel gefertigten Holztafeldruckes), ist die Zahl der Stände gegenüber dem lateinischen Grundtext stark vermehrt und die städtisch-ständische Gliederung der damaligen Gesellschaft besonders getreu eingefangen. Doch beschränkt sich das gezeigte Musikinstrumentarium auf wenige Blas- und Schlaginstrumente. In der älteren Baseler Bilderfolge hat der Tod in sechs von 39 Fällen ein Instrument, und zwar ohne daß der Text davon spricht. In der Szene mit dem Papst widerspricht der Text sogar der Abbildung; denn der Vers mahnt: »Her Bapst Merck uff der pfiffen ton!«, während die Szene den Papst mit der Pauke bzw. mit dem Totenkopf als Instrument des Todes zeigt. Es handelt sich demnach um folgende Verbindungen:

Päuklein (Totenkopf als Pauke)	Papst
Schwegelpfeife	Kaiser, Arzt, Schultheiß
Trompete	König
Große Trommel	Vogt

Im Heidelberger Blockbuch von 1465 verschiebt sich die Relation etwas, in acht von 24 Szenen trägt der Tod ein Musikinstrument:

Zwei Päuklein	Papst
Krummer Zink	Kardinal
Dudelsack	Bischof
Jägerhorn	Jurist
Horn	Chorherr
Trommel	Kaufmann
Schalmei	Krüppel/Bettler
Trompete	Koch

Eine einheitliche Zuordnung von Ständen und Musikinstrumenten ist auch hier nicht erkennbar.

Zu Beginn des 16. Jahrhunderts verändert und vergrößert sich das Instrumentarium in den Totentanzdarstellungen ganz wesentlich. In der in der Fürstlich Fürstenbergischen Hofbibliothek zu Donaueschingen aufbewahrten »Handschrift Zimmern«, um 1520, von Wilhelm Wernher von Zimmern eigenhändig angefertigt, ist dem Tod in 29 von insgesamt 38 Paaren ein Musikinstrument zugeordnet:

Trompete mit Papstwappen	Papst
Trumscheit	Kardinal
Dudelsack mit 2 Bordunpfeifen	Bischof
Harfe	Domherr
Fidel ohne Wirbelplatte	Offizial
Portativ	Pfarrer
Triangel mit 3 Ringen	Kaplan
Platerspiel	Abt
Schwegel und Trommel	Guter Mönch
Harfe, verformt	Böser Mönch
Dudelsack mit 2 Bordunpfeifen	Bruder
Laute	Nonne
Hackbrett ohne Klöppel	Meister (Doktor) von Paris
Schellenpritsche	Arzt
Trompete mit Reichsadler	Kaiser
Schwegel und Trommel	König (von Frankreich)
Zink oder Horn	Herzog

Abb. 10–17: Die berühmten oberrheinischen Totentänze enthalten das gesamte Musikinstrumentarium des Hohen und Späten Mittelalters. Die hier wiedergegebenen Abbildungen sind einem Sammelband entnommen, den Graf Wilhelm Wernher von Zimmern um 1520 geschrieben und gezeichnet hat (F. F. Hofbibliothek Donaueschingen).

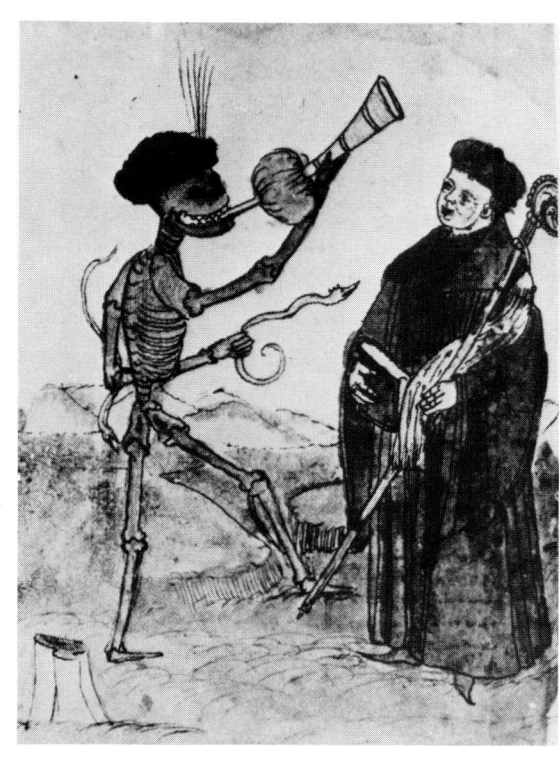
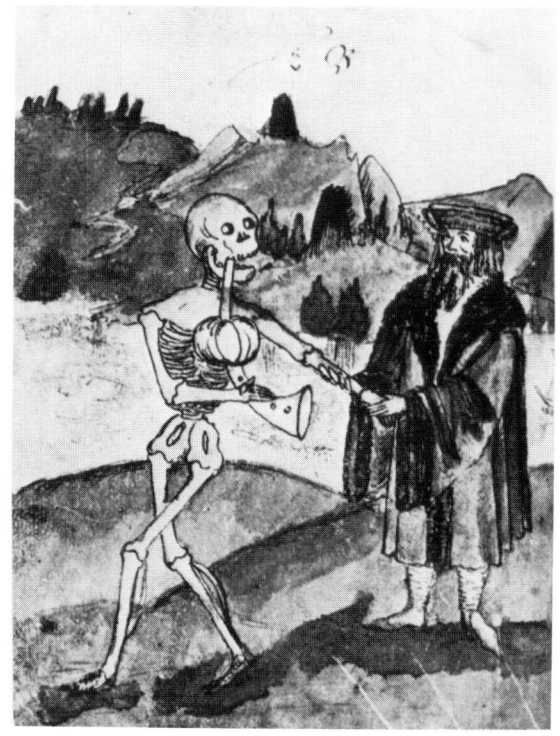

Laute	Graf (von Zimmern)
Zither	Junker
Platerspiel, verformt	Bürgermeister
(Löcher in der Stürze)	
Gitarre oder Quinterne	Ratsherr
Trumscheit	Fürsprech
Horn (groß)	Bürger
Dudelsack mit	Bürgerin
2 Bordunpfeifen	
Schießbogen/Fidel	Jüngling
Flasche/Laute	Wirt
Trumscheit als Waffe	Handwerker
Trumscheit als Waffe	Spieler
Horn (groß)	Ungenannte Stände

Wilhelm Wernher von Zimmern, 1485 in Meßkirch geboren, am württembergischen Hof erzogen, studierte Theologie in Tübingen und Freiburg, wandte sich aber dann, als seine Bemühungen um Domherrenpfründe in Konstanz und Straßburg erfolglos blieben, weltlichen Diensten zu. Er wurde 1510 Hofrichter in Rottweil, 1529 Beisitzer beim Reichskammergericht in Speyer, 1538 in den Reichsgrafenstand erhoben. Nachdem er 1554 aus kaiserlichen Diensten ausschied, lebte er zurückgezogen, jedoch als ambitionierter Sammler von Büchern, Kunstschätzen und Antiquitäten bis zu seinem zwischen 1570 und 1575 erfolgten Tod in Herrenzimmern. Der Totentanz bildet den Schluß des ersten Teiles der Handschrift, der spätmittelalterliche Traktate der Buß- und Sterbeliteratur enthält. Werden am Text die schriftstellerischen Ambitionen des Grafen deutlich, man kann von einer mittelrheinischen Bearbeitung sprechen, so hat er die Totentanzbilder offensichtlich sehr getreu nach Vorlagen aus dem 15. Jahrhundert kopiert. Im »ganzen ist der verbindliche Formenkanon spätgotischer Buchillustration nicht verlassen, was den Totentanz für uns zu einer besonders wertvollen Quelle macht, da in ihm, zumindest indirekt, eine vollständige Bilderserie des 15. Jahrhunderts bewahrt ist«[5]. Dies gilt, trotz gelegentlicher Bemühungen um Modernisierung, vor allem der Kleidung, auch für die dargestellten Musikinstrumente.

Als späten Nachfahren der mittelalterlichen Totentanz-Darstellungen dürfen wir in der Beinhauskapelle von Bleibach im Breisgau einen 1723 entstandenen Totentanz bewundern. Ein Schulmeister soll, mündlicher Überlieferung zufolge, den Text verfaßt haben, als Maler vermutet man den damaligen Ortspfarrer, einen Pater des Stiftes Waldkirch. Die Szene mit der Eingangsmusik ist oberhalb des eigentlichen Totentanzes gesondert abgebildet. Der Text befindet sich über den einzelnen Figuren. Der Tanz umfaßt 33 Stände. Das Instrumentenmotiv erscheint nur noch zweimal, beim Spielmann und beim alten Mann. Beide greifen bekannte Vorbilder auf: Die Spielmannsszene geht auf das ältere Basler Fresko zurück, die Szene mit dem alten Mann lehnt sich eng an Holbeins Ausführung an. Der Tod geleitet sein Opfer mit Musik zum bereits ausgehobenen Grab. Während das Instrument bei Holbein als Psalterium zu erkennen ist, spricht der Bleibacher Text von einem Hackbrett:

Auffm hackbrett dir ein Täntzlein mach,
Springst nit hoch, gehest doch nur g'mach.
Das du bist alt, gar woll betracht,
Du stirbst jetz gern, wirst nur veracht.

Möglicherweise ein Hinweis darauf, daß in der ersten Hälfte des 18. Jahrhunderts das Hackbrett in dieser Gegend zu den verbreiteten Volksmusikinstrumenten gehörte.

Fassen wir zusammen, so können wir sagen, daß die mittelalterlichen Totentanzdarstellungen uns nicht allein Denken und Fühlen der Menschen jener Zeit nahebringen und daß sie zur Erkenntnis des Wesens des Spielmannes beitragen, sondern daß darüber hinaus das geläufige Musikinstrumentarium jener Zeit dokumentiert erscheint. Spielleute zählen – und darin liegt ihre hohe Bedeutung – zu den Hauptträgern der mittelalterlichen Musikkultur. Wenn vor dem Zeitalter des Buchdrucks die europäische Kultur zu einer Einheit zusammenschmelzen konnte, dann darf auch der erhebliche Beitrag nicht vergessen werden, den die fahrenden Musiker als Übermittler von Nachrichten und damit der eben erwachenden »abendländischen« Gesinnung dafür geleistet haben[6].

»Ich singe und solte weinen . . .« (Walther von Breisach)
Von Minne- und Meistersängern

»Das Königliche Liederbuch des deutschen Minnesangs« nennt Ewald Jammers die Große Heidelberger Liederhandschrift, in der gegen 1330 alles das eingetragen wurde, was an bedeutenden Leistungen einer vergehenden Epoche überliefernswert erschien[7]. Obzwar in dieser Quelle Musiknoten fehlen, wird doch aus Bildzeugnissen und literarischen Hinweisen deutlich, daß die Dichtungen der Minnesänger nicht etwa gesprochen sondern in epenoder liedhafter Gestaltung vorgetragen wurden, daß dazu jeweils ein Kreis von Spielleuten die Begleitung besorgte. Heinrich Frauenlob wird umgeben von seinen Spielleuten dargestellt. Als Knappe Hugo von Montforts schrieb Bürk Mangolt die Liedertexte seines Herrn nieder und vertonte sie. Im Gefolge Ulrich von Lichtensteins, gestorben 1275/76, das ihn auf seinen abenteuerlichen Reisen begleitete, befanden sich »fidelaer«, deren »saiten warn gezogen ho« und »Busuner di bliesen so ein sueze wis mit schalle ho«. Auch Hörner, Schalmeien und Spielleute mit Einhandtrommel und (Holer-)Flöte werden genannt. Dies alles bestätigt, daß Saiten- und Blasinstrumente ebenso wie Schlaginstrumente für die repräsentative »Verpackung« der Gesänge unentbehrlich erschienen. Was weiter rechtfertigt, auch dort instrumentale Begleitung anzunehmen, wo diese nicht besonders gefordert oder erwähnt wird; denn Selbstverständlichkeiten bedurften keiner Wiederholung.

Noch Heinrich Besseler meinte in seiner »Musik des Mittelalters und der Renaissance«, daß in der Praxis der europäischen Troubadours und Minnesänger arabischer Einfluß unwahrscheinlich sei. Heute weiß man, daß bei der Entfaltung spanischer und französischer und in der weiteren Folge deutscher Liebeslyrik des Mittelalters die arabische Gesangs- und Lautenspielkunst Pate gestanden hat. Auch die kulturellen Ost-West-Begegnungen im Verlauf der Kreuzzüge führten zu Übernahmen orientalischer Musikstile und Musikinstrumente in die beginnende abendländische Kulturentfaltung. Die entscheidende ideologische Prägung erfuhr der Minnesang aus dem Standesbewußtsein der aristokratischen Gesellschaft, als Ideal ritterlicher Lebenshaltung, in der sich strenge Konventionen mit der Freude an der dichterischen Kraft starker Persönlichkeiten verbinden konnten. »In diesem geistigen Raum, wo Musik und Poesie zur fröhlichen Wissenschaft heranwuchsen, konnte sich das Genie der großen Trobadors auswirken, mochten sie der Herrenklasse entstammen oder aus der Unterschicht aufgestiegen sein«[8]. Im deutschen Raum verband sich das französische Vorbild besonders stark mit einheimischen Spielmannstraditionen.

Schlagen wir die Große Heidelberger Liederhandschrift auf, »so blickt uns gleich zu Anfang ein eigenartiges Bild entgegen: auf breitem Thronsitz ein königlicher Mann in reichem Gewande, den Fehmantel um die Schultern, auf dem Haupte, dessen scharfgeschnittenes Angesicht ein kurzer, geteilter Vollbart ziert, dessen dichte Locken die Schultern nicht berühren, die zackige Krone. Die Rechte trägt das Zepter, die Linke aber ein großes nach außen umgebogenes Spruchband ... So sitzt der ritterliche

Fürst gebietend auf dem Throne, ein ›Wortzeichen‹ dessen, was die Liederhandschrift bietet, ein Fürst, ein Ritter und ein Dichter zugleich, denn dies will das Spruchband besagen. Er ist ... Kaiser Heinrich VI., der Staufer, ... der Sproß des an hervorragenden, eigenartigen Menschen und an Schicksalen reichsten Kaiserhauses des mittelalterlichen Deutschlands. Er eröffnet die glänzende Reihe der Liederdichter, der Minnesinger des 12., 13. und 14. Jahrhunderts, welche die Große Heidelberger Liederhandschrift in Bild und Lied uns vorführt – ein farbenreiches, eindrucksvolles Bild«. Es folgen »Künig Chuonrat der junge«, der unglückliche, 1268 hingerichtete Urenkel des Kaisers. Sodann König Wenzel II. von Böhmen, Heinrich IV. von Breslau, und »so noch viele Fürsten und Herren im Turnier und Gefecht, bei Belagerung und Verteidigung von Burg und Stadt, bei der Jagd auf Haar- und Federwild, beim Fischfang, zu Fuß, zu Schiff, zu Roß, bei der Belehnung, bei fröhlichem Gelage, bei Musik, Tanz und Spiel, und besonders vereint mit der Geliebten in den mannigfaltigsten Darstellungen«[9]. Nach dem gesellschaftlichen Rang der handelnden Personen wohlgeordnet, erzählen die Bilder wahre oder erfundene Erlebnisse: Spiegelbilder damaligen aristokratischen und Spielmannslebens, in denen die Zeit der Pilgerreisen und Kreuzzüge, der gotischen Dome und Burgen, eben ritterlichen Lebens und Treibens lebendig wird.

Auch Baden hatte Anteil an diesem Geschehen. Ob einer der ältesten Minnesänger, der von Kürnberg, dem Breisgau zugesprochen werden dürfte, weil eine Burg Kürnberg bei dem alten Bad Kirnhalde in der Nähe von Bleichheim zu lokalisieren ist und weil dort im 11. Jahrhundert ein Burkhart von Kürnberg beurkundet ist, wird von der Fachwelt bestritten. Eher könnte Hartmann von Aue dem Breisgau entstammen: doch fand sich bislang unter dem zähringischen Dienstmannengeschlecht der Herren von Aue keiner namens Hartmann.

Einen interessanten Hinweis auf den badischen Raum vermittelt der Spruchdichter Spervogel, ein vielgewanderter fahrender Sänger, vermutlich aus alemannischem Siedlungsgebiet, der gegen Ende des 12. Jahrhunderts seine Söhne belehrt, daß ihnen kein Korn und kein Wein wachse, daß er ihnen weder Lehen noch Eigengut zeigen könne und daß sie auf die Gnade Gottes und auf die Milde reicher Herren angewiesen seien. Er rühmt in diesem Zusammenhang Frute von Dänemark, Walther von Hausen, Heinrich von Giebichstein, einen von Staufen und besonders Wernhart, der auf Steinsberg saß und der, als er kaum auf dieser Welt geboren wor-

Abb. 18: Der Minnesänger »von Sunegge« auf der Jagd. Aus der Großen Heidelberger Liederhandschrift, der sogenannten »Manessischen«, gegen 1330.

den, all sein Gut verteilt habe wie der milde Rüdeger von Bechelaren, der Held aus dem Nibelungenlied. Einer aus dieser Reihe, Wernhart von Steinsberg, saß ohne Zweifel auf der stolzen Burg gleichen Namens bei Weiler, in der Nähe des durch seine alte adelige Benediktinerabtei bekannten badischen Städtchens Sinsheim an der Elsenz. Wenn Spervogel dessen Großzügigkeit und Milde besonders herausstreicht, so darf diese weit ins Land schauende Burg, die man den Kompaß auf dem Kraichgau nannte, wohl als Sammelpunkt von Minnesängern und Spielleuten angesehen werden[10]. Spervogel erwähnt aber auch einen von Staufen, möglicherweise Konrad von Hohenstaufen, der auf der alten Burg auf dem Jettenbühl bei Heidelberg saß; 1195 starb er zu Heidelberg.

Kaum etwas ist vom Hofe der Markgrafen von Baden bekannt, »so gern wir uns in ein sangesfrohes Ritterleben hineindenken möchten, wenn wir auf der stolzen Burg Hohenbaden rasten und der laue Frühlingswind die Äolsharfen ihre dunklen Weisen summen läßt, während im Westen über der herrlichen Rheinebene die Abendglut steht«[11]. Einer der Dienstmannen der Markgrafen von Baden, Egenolf von Staufenberg, erzählte um 1300 das anmutige Gedicht von Peter von Staufenberg und der Meerfee[12]. Dagegen ging es auf dem trotzigen Schloß im Breisgau ob der jungen Stadt Freiburg, wo die Zähringer saßen, nachweislich lustiger zu. 1216, so wird berichtet, kam des Herzogs Neffe, seiner Schwester und des Grafen von Urach Sohn, der Abt des nahen Zisterzienserklosters Tennenbach, von Rom zurück, wo er sich alte Rechte hatte erneuern und neue gewähren lassen. Von Bertold V. in das Freiburger Schloß eingeladen, fand er diesen mit Rittern und Dienstleuten in heiterster Stimmung. Einige vertrieben sich die Zeit beim Würfelspiel, andere tanzten den Reihen und sangen zu Instrumentalbegleitung. Der geistliche Herr mahnte daraufhin, die weltliche Lust nicht zuungunsten der ewigen Freude zu bevorzugen, worauf der herzogliche Oheim den jungen Mann davonjagte und schwur, daß er ihn über den Burgfelsen würde herabgestürzt haben, wäre er nicht seiner Schwester Sohn. Das Bild Bertolds V. wird ergänzt durch Schriften Rudolf von Ems', denen zufolge Bertold von Herboldsheim für den Herzog eine Dichtung über Alexander den Großen verfaßt und der thurgauische Dichter Wetzel der zweiten Gattin Bertolds V., Clemende mit Namen, ein Margaretenleben gewidmet hätte.

Aus nachzähringischer Zeit kennen wir drei Dichter aus dem Breisgau: (1) Der von Buchheim, der auf der Tiefburg in der March saß, die später der Rektor der Freiburger Universität und Kanzler Herzog Sigismunds von Österreich, Ritter Konrad Stürtzel, innehatte. Die Herren von Buchheim waren Dienstmannen der Grafen von Freiburg. (2) Meister Walther, Schulmeister zunächst in Breisach, später in Freiburg, der 1256 beim Verkauf der Burg Tunsel an die Grafen von Freiburg als Zeuge auftritt. Im Jahr 1303 verliert sich seine Spur. Leider ist es nicht möglich, die klingende Wirklichkeit jener Zeit heute lebendig werden zu lassen. Wie damals Minnelieder gesungen und von Musikinstrumenten begleitet wurden, erschien so selbstverständlich, daß niemand eine Musiknotenschrift dafür zu erfinden brauchte. Der Text jenes Liedes, aus dem die Überschrift für dieses Kapitel entnommen ist, möge jedoch im Original und in hochdeutscher Übertragung einen Eindruck von der Poesie des 13. Jahrhunderts am Oberrhein vermitteln[13]:

1. Ich singe und solte weinen,
den tugenthaften ritters lîp,
daz niht mîns sanges meinen
dich kan gemanen, werdez wîp.
Noch hoere wîsen rât:
der tac ûf gât
und lât diu naht ir vinster varwe als ie;
vil schône wîp, bewar,
daz er wol gevar,
der gar an mîne huote sich verlie.

2. Des wahters clagesingen
mit jâmer in ir herze brach,
dâ von ein misselingen
an lieben fröuden ir geschach.
Ir leides hûsgenôz,
der trehene vlôz,
begôz ir beider wengel dô vil gar.
Si sprach: friunt, herre mîn,
wie sol ich dîn
nu sîn verweiset, aller saelden bar!

3. Der wahter sanc aber lûte
mit zorne und doch in friundes clage:
swâ liep betagt bî trûte,
dâ kumet der merkaere sage.
Ein herze in fröden hô
sol minnen sô,
daz frô der nâch diu liebe und lang bestê.
Wirt si der huote erkant
sô wirt zehant
gesant ir wunne in lange wernde wê.

4. Sins lebens küneginne
der ritter nâhe an sich twanc,
dâ schuof diu werde minne
von beiden süezen umbevanc.
Ein lieber nâher smuc,
ir mündel druc,
ein fluc ir herzen an einander dâ
tet kunt ir minne gir,
si im, er ir:
an dir mîn leben lît, niut anderswâ.

5. Von den gelieben beiden
wart dâ mit willen, unbegert
ein jâmerlîchez scheiden;
dem ritter und der frouwen wert
ir wunneclîch gemach
daz scheiden brach
und jach in wandelunge liep in leit.
Ir herzen wehsel wart
dâ niht gespart.
Diu vart alsô geschach, der tac zuoschreit.

1. »Ich singe und sollte doch eher um den tugendsamen Ritter weinen, weil (die Bedeutung) mein(es) Sang(es) dich, edle Frau, nicht zu mahnen vermag. Höre doch noch auf diesen weisen Rat: Der Tag bricht an, und wie immer läßt die Nacht von ihrer finsteren Farbe ab. Sorge dafür, schönste Frau, daß er, der sich ganz auf meine Wache verlassen hat, unbeschadet Abschied nimmt«.

2. Der Klagegesang des Wächters brach schmerzvoll in ihr Herz ein und verdarb ihr die süßen Freuden. Ein Tränenstrom, der »Hausgenosse« ihres Leides, begoß beiden die Wangen. Sie sprach: »Geliebter, mein Herr, wie verwaist muß ich nun ohne dich sein, frei von allem Glück«!

3. Der Wächter sang abermals laut und voll Zorn, aber dennoch als freundschaftliche »Klage« gemeint: »Wo der Geliebte bis in den Tag hinein bei seinem Liebchen bleibt, dort kommt es zum Gerede der Aufpasser. Ein in Freuden hoch stehendes Herz soll so lieben, daß die Liebe auch danach noch froh und lange bestehen bleibt. Wird sich diese aber der Bewachung bewußt, so wird ihre Lust sogleich in lange anhaltende Schmerzen verwandelt«.

4. Der Ritter drückte die »Königin seines Lebens« [seiner Liebe, Hs.C] ganz nahe an sich. Die edle Liebe bewirkte so bei beiden eine süße Umarmung. Ein zartes nahes Aneinanderschmiegen, ein Druck ihrer Münder, ein Zucken Ihrer Herzen zueinander hin gaben das Verlangen ihrer Liebe kund. Sie zu ihm und er zu ihr: »Von dir ganz allein hängt mein Leben ab«!

5. Da kam es zwischen beiden Liebenden ganz gegen ihren Willen zu einem schmerzvollen Abschied. Dem Ritter und der edlen Frau zerstörte der Abschied ihre behagliche Ruhe und verkündete ihnen die Wandlung von Liebe zu Leid. Es unterblieb ein Tausch ihrer Herzen nicht. So (auf solche Weise) brach er auf, während der Tag voranschritt.

(3) Brunwart von Auggen, ein hochbergischer Dienstmann, der aber ebenfalls in einem Vertrauensverhältnis zu den Grafen von Freiburg stand. Man darf daher annehmen, daß auch unter den Uracher Grafen, den Nachfolgern der Zähringer Herzoge, die Dicht- und Sangeskunst auf dem Schloß zu Freiburg blühte.

Starke Ausstrahlungskraft auf den badischen Raum entfaltete die Stadt Basel mit ihrem Bischofssitz. Dort dichtete »Her Flek der guote Kuonrat« im ersten Viertel des 13. Jahrhunderts seine anmutige Liebesgeschichte von Flore und Blanscheflur, dort wirkten auch Goeli, der Nachahmer Neidharts, weiters Herr Pfeffel (Henricus Pfeffeli), vor allem aber Konrad von Würzburg, der am 31. August 1287 in Basel verstorben und in der Marien-Magdalenenkapelle des Münsters begraben ist: Ein fruchtbarer Dichter, dem wir neben Erzählungen auch Frühlings- und Winterlieder, Wächterlieder, Leiche und Sprüche verdanken. Dem Kreis um Konrad gehörte Walther von Klingen zu, der von der Burg Altenklingen bei Marstetten am Ottenberg im Thurgau stammte; er unterstützte Rudolf von Habsburg im Krieg gegen Ottokar von Böhmen. Seine Tochter Klara wurde die Gattin des Markgrafen Hesso von Baden.

Einen herausragenden Kreis gelehrter und dichtender Persönlichkeiten wußte Heinrich von Klingenberg, seit 1293 Bischof in Konstanz, um sich zu versammeln. Meister Johans Hadlaub, der Züricher Sänger, berichtet von ihm, daß er »Weise und Wort« verstünde, also sang und dichtete, sein Beistand, sein Rat und seine Kunst seien vollkommen. Aber auch im Zusammenhang mit der Sammlung von Liedern, sowie mit der Entstehung von Liederhandschriften (Manesse, Große Heidelberger, Weingartner) wird Heinrich genannt.

Es fällt schwer im Bodenseeraum, dieser alten Kultur- und Kontaktlandschaft, die Anteile der einzelnen Geschlechter und Landschaften auseinanderzuhalten! Konstanz auf der einen Seite, die Reichenau eingebettet in die Seelandschaft, das berühmte Stift St. Gallen im Süden (Hugo von Trimberg berichtet vom dortigen Abt Bertold von Falkenstein, daß er die schönsten Tagelieder gedichtet hätte), Hohenems auf der österreichischen Seite, die Heimat des Rudolf von Ems, wo einst die Nibelungenhandschrift aufbewahrt wurde ... »Wer da weiß, welch uralte Kultur auf dieses deutschen Sees Ufern entsproß, blühte und Früchte trug, wer die ganze Lieblichkeit und Anmut dieser Landschaft einmal erfaßt hat, der mag wohl mit Hadlaub ausrufen: hier muß edeln Sanges Stamm und Wurzel sein!«[14].

Am badischen Bodenseeufer liegt der Burghof bei Wallhausen am Überlinger See. Dort zeugen die Trümmer der Burg der Herren von Tettingen, eines Reichenauer und Konstanzer Dienstmannengeschlechts, von vergangenen glänzenden Zeiten. Heinrich von Tettingen unterzeichnete dort zusammen mit dem Minnesinger Walther von Klingen und mit Berthold Steinmar eine Urkunde. Derselbe oder ein anderer Heinrich von Tettingen wird 1295 (nochmals) genannt. Von ihm sind uns zwei Lieder überliefert. Auf der nahen Mainau begründete 1293 Hugo von Langenstein, der Dichter der heiligen Martina, eine Komturei des Deutschordenshauses. Hugo kam von Langenstein bei Eigeltingen im früheren Kreis Stockach. Zusammen mit seinem Vater Arnold und seinen Brüdern war er in den Deutschen Orden eingetreten und hatte diesem alle seine Lehen und Eigen, darunter die Mainau vermacht.

Weiter in den Hegau hinein gelangen wir auf dem Besuch bei einem anderen badischen Dichter-Sänger: Es ist Konrad von Stoffeln, der von einer der drei den Berg von Hohenstoffeln krönenden Burgen stammt. 1279 erscheint sein Name als Domherr in Straßburg. Er verarbeitete in seinem Gauriel von Muntabel spanische Vorlagen.

Eine weitaus stärkere künstlerische Potenz begegnet uns in Burkart von Hohenfels, dessen Burgturm am Überlinger See bei Sipplingen aufragt. »Wieder gelangen wir mit ihm in die Gesellschaft der Hohenstaufen, denn Burkart mit seinem Bruder Walther und dem schwäbischen Minnesinger Gottfried von Neifen waren Vertraute des unglücklichen Sohnes Friedrichs II., Heinrichs VII. Unmittelbar im zeitlichen Anschluß an die großen Minneliederdichter, besonders an Wolfram und Neidhart, erhebt auch Burkart von Hohenfels seine Stimme, und es muß ihm auch neben seinen großen Vorgängern ein ehrenvoller Platz zugestanden werden. Mit Wolfram teilt er den Bilderreichtum und die Dunkelheit der Sprache, mit Neidhart die bewegte Form und die Neigung zu bäuerlichem Sang und Tanz«[15]. Nur aus der Literatur kennen wir einen anderen Bodenseedichter, Absolon, ein Dienstmann der Grafen von Heiligenberg zu Weildorf beim Kloster Salem. Sein von Rudolf von Ems hochgelobtes Gedicht über Friedrich I. ist in den Stürmen der Zeit verloren gegangen. Ins Donaugebiet führt der Name Hug von Werbenwag (Werenwaag), gegenüber dem steilaufragenden Schloß Wildenstein gelegen. Die von ihm überlieferten fünf Lieder bezeugen, daß ihm »eine reiche Abwechslung der Töne zur Verfügung stand«[16].

»Ohne Zweifel hat uns diese Wanderung durch die

Abb. 19: Der Minnesänger Heinrich Frauenlob mit seinen Spielleuten. Wir erkennen Trommel, Flöte, Schalmei, Fiedeln, Psalterium und Sackpfeife. Aus der Großen Heidelberger Liederhandschrift des 14. Jahrhunderts (Heidelberg, Pal. germ. 848).

ritterliche Dichtung des Mittelalters in Baden eine ganze Reihe anziehender Bilder gezeigt. Ihr Hauptgewinn ist wohl der Blick in die Kultur des Adels von Stadt und Land. Gehört auch keiner der großen Dichter in diesen Kreis, so fehlt doch einigen von denen, die diesem Gebiete sicher zuzusprechen sind, nicht Kunst und Eigenart. Das badische Land war im Mittelalter ein Gewirr der verschiedenartig-

sten Herrschaften. Was diese größeren und kleineren Hofhaltungen für Kunst und Wissenschaft waren, können wir vielfach nur vermuten. Anders wird es erst im 15. Jahrhundert, als uns am Heidelberger Hofe die Pfalzgräfin Mechthild mit ihrem Bruder Philipp dem Aufrichtigen entgegentritt, als sie durch ihre erste Heirat mit Graf Ludwig dem Älteren von Württemberg ihre Neigung zu den schönen Künsten an den württembergischen Hof und durch ihre zweite Heirat mit Erzherzog Albrecht VI. von Österreich an den vorderösterreichischen Hof verpflanzt und so den Zeitgenossen ein Wiederaufleben der alten Pracht der sangesfrohen Höfe von Eisenach und Wien bietet. Zwei blühende Hochschulen, die zu Tübingen und die zu Freiburg im Breisgau, sind durch ihre Anregung oder doch Mitwirkung entstanden ... Pfälzische und schwäbische, fränkische und alemannische Grundstoffe sind in der früheren und späteren Dichtung des Landes Baden als treibende Kräfte vorhanden. Da ist von besonderer Bedeutung, wenn wir von den letzten Jahrzehnten des zwölften Jahrhunderts an den Einfluß der Hohenstaufen so in der Pfalz wie im badischen Oberland vorfinden. Hätten unter diesem Einfluß die trefflichen Eigenschaften der Pfälzer wie der Alemannen Jahrhunderte hindurch sich mischen können, so wäre das Bild, das uns der Minnesang, die Kunstliederdichtung des Mittelalters, in Baden bietet, wohl großartiger an Zeichnung und Farbe geworden«[17].

Nicht unerwähnt sollte in einer Zusammenfassung der Geschichte des Minnesanges im Lande Baden bleiben, daß Oswald von Wolkenstein, dessen Leben und Wirken das Abendrot des Minnesanges bezeichnet, den deutschen Südwesten mit »tichten, singen mangerlei« durchwanderte, am Konstanzer Konzil mit der westlichen Polyphonie vertraut wurde, die er neben dem Münch von Salzburg als einer der ersten im mitteleuropäischen Raum pflegte, und dem Heidelberger Kurfürsten Ludwig dem Bärtigen mit zwei Gesängen huldigte: »Gen Haidelberg reit ich zu meinem Herren reich« und »Ich rüm dich Haidelberg« (ein Dank dafür, daß ihm ein glücklicher Zufall es vergönnt hatte, in der Kammer des Fürsten zu übernachten). Sein Konstanzlied »O wunnikliches paradis« wird von Anton Schwob als »Kontrapunkt zum Zerfall aristokratischer Herrschafts- und Lebensformen« gedeutet: Oswald wollte offensichtlich mit diesem Lied »aktive Adelspolitik« betreiben[18]. Realer Hintergrund des Liedes ist nach übereinstimmender Meinung der Altgermanisten der Streit zwischen den Konstanzer Geschlechtern und Zünften, der im Winter 1430/31 von König Sigismund persönlich geschlichtet werden mußte. Seit der Mitte des 14. Jahrhunderts revoltierten im Bodenseeraum immer wieder in leidenschaftlicher Form nichtpatrizische Stadtbewohner gegen die traditionelle Machtstellung der Geschlechter. In den Städten um den See hatte sich eine aristokratische Herrschaftsordnung durchgesetzt, von der alle politische Macht ausging: die Be-

setzung des Stadtrats und leitender Ämter lag beim Patriziat, einer aus reichen Großkaufleuten, ehemaligen bischöflichen Dienstadeligen und in die Stadt gezogenen Landadeligen zusammengewachsenen Gruppe. Dagegen hatte der zahlenmäßig weit überwiegende Teil der Bewohner, Handwerker, Gewerbetreibende, Bauern, Winzer, Lohnarbeiter und Gesinde, zwar die Pflicht zur Steuerleistung und zum militärischen Dienst, aber kein politisches Mitspracherecht.

Im ersten Aufstand gegen die adeligen Geschlechter erreichten die Konstanzer Handwerker und Gewerbeleute 1342 die Erlaubnis, sich in 19 Zünften organisieren zu dürfen. Der zweite Aufstand im Jahr 1370 führte dazu, daß sich der Konstanzer Rat anfort aus 70 patrizischen und 70 zünftigen Mitgliedern zusammensetzen sollte. Im Aufstand von 1389 erreichten die Zünfte im Rat eine Zweidrittelmehrheit. Der vierte Konstanzer Zunftaufstand, 1428 bis 1430, hängt mit den Nachwehen des Konstanzer Konzils zusammen. Konnten die adeligen Mitglieder die während des Konzils geknüpften auswärtigen Verbindungen finanziell einträglich nutzen, so fielen die meisten Mitglieder der Zünfte nach 1418 in den rauhen Alltag zurück, die Regression führte zu Unzufriedenheit. Schließlich mußte König Sigismund am 21. November 1430 von Überlingen aus die Konstanzer Wirren selbst zu schlichten beginnen. Am 13. Dezember 1430 fand dort vor zahlreichen Zeugen die endgültige Beilegung des Konflikts statt. Unter den Überbringern des königlichen Schiedsspruches an den Konstanzer Rat befand sich auch Oswald von Wolkenstein. König Sigismund begab sich am Tag vor dem Heiligen Abend selbst nach Konstanz, wo die Festtage zur Jahreswende mit großem Aufwand gefeiert wurden. Für den 8. Januar des folgenden Jahres ließ der König durch den Konstanzer Rat zu einem Tanzfest einladen, und diese Veranstaltung – nicht als Unterhaltung sondern als Demonstration adeliger Art – mag der Anlaß für Oswald von Wolkensteins Lied »O wunnikliches paradis« geworden sein. »Wer die Konstanzer Geschichte heute rückblickend betrachtet, wird zugeben, daß der allmähliche Zerfall aristokratischer Herrschafts- und Gesellschaftsformen, der die spätmittelalterliche Epoche im allgemeinen kennzeichnet, dort tatsächlich durch den Überlinger Schiedsspruch König Sigismunds für einige Zeit aufgehalten wurde. Oswald von Wolkenstein, dessen politische Bestrebungen lebenslang der Wahrung feudaler Herrschaftsstrukturen und adeliger Gesellschaftsformen galten, hat sein aktuelles Sieges-, Preis- und Warnlied ›O wunnikliches paradis‹

von seiner Warte besehen zu Recht gesungen«[19]. Möglicherweise bezeichnet diese Interpretation von Oswalds »Konstanzlied« auch eine grundsätzliche Trendwende in der »germanistischen« Betrachtung mittelalterlicher Lyrik. Die Idee einer zweckfreien Kunst war damals noch nicht erfunden, daher wird man über Strukturuntersuchungen hinaus jeweils nach dem geistlich- oder weltlich-politischen Hintergrund der Epen/Lieder und Gedichte fragen dürfen[20].

Schließlich ein kurzer Hinweis auf Walther von der Vogelweide, den bedeutendsten deutschen Minnesänger, der von sich sagt:

> »Ich hân gemerket von der Seine unz an die Muore, von dem Pfâde unz an die Traben erkenne ich al ir fuore ...«

(Ich bin gewandert von der Seine bis zur Mur, vom Po bis zur Trave ...): Geographische Angaben, in deren Schnittpunkt die Landschaft vom Bodensee rheinabwärts über Basel, Freiburg bis Heidelberg liegt.

An den Minnesang, die Sangspruchdichter des 12., 13. und 14. Jahrhunderts – in der Regel fahrende Berufsdichter – knüpfen seit dem beginnenden 14. Jahrhundert die städtischen Meistersinger an; meist Handwerker, für die die dichterische Tätigkeit Nebenbeschäftigung blieb. Die letzten Minnesänger werden zu den Vorbildern, den »alten Meistern«, der Meistersänger, seit Frauenlob 1310 in Mainz die erste »Dichterschule« begründet hat. In zunftmäßig organisierten Vereinigungen, den sogenannten »Singschulen«, von Liebhabern der Dicht- und Singkunst ausgeübt, an statutenmäßig fixierte Schulordnungen gebunden, im poetisch-kompositorischen Vorgang durch Gesetze (Tabulaturen) bestimmt, einer Zensur unterworfen: Damit setzt sich der Meistersang bewußt von populären Formen musikalisch-dichterischer Unterhaltung ab. Lieder, wie sie »nachts auf den Gassen« gesungen werden, sind in den Singschulen verpönt, desgleichen Instrumentalmusik.

Im Bereich Badens bestand nur eine solche Meistersingerschule, und zwar zwischen 1513 und 1672 in Freiburg. Der Stiftungsbrief enthält 19 »Artickel der Singer«, in denen die für die »Bruderschaft des Gesanges« (der Brüder und Schwestern!) verbindlichen Regeln formuliert sind: Hauptzweck des Singens sei das Lob Gottes, die Tröstung der Seelen und die Abhaltung der Menschen von Gotteslästerung, Spiel und anderer weltlicher Üppigkeit. Überhaupt »soll alles geistlicherweiß uff diser Schuel gehalten werden«. Diese prononziert geistliche Orientierung der Freiburger Schule verschafft ihr eine Sonderstellung unter allen deutschen Singschulen. Obgleich gewisse freimaurerische Gepflogenheiten im Ritus der Freiburger an geheime Kultgesellschaften erinnern, sollten doch »zwen gelert Mann« aus ihren Reihen, also zwei Priester, die die Heilige Schrift in kirchlicher Auffassung autoritativ vertreten können, als Merker bei den Sitzungen vertreten sein, zu denen »Doctores, Priester und Rathsherren« freien Eintritt haben. An Urkunden aus dem Wirken der Freiburger Meistersinger sind von Interesse: Die Eingabe beim Stadtrat wegen einer Komödienaufführung im Jahr 1593, das Einladungsschreiben zu einem Meistersingen im Jahr 1630 sowie das Verzeichnis der Einkünfte und Gerätschaften von 1651, das genaue Angaben über die Ausstattungsstücke des Gemerks, des Singstuhls, die Aushängetafeln, Schulbrief und Schulordnung enthält. Als 1672 die Jesuiten im Gefolge der Gegenreformation das Unterrichts- und Theaterwesen der Stadt Freiburg übernahmen, fand die Singschule ihr Ende.

Einige Namen von Freiburger Meistersingern sind uns überliefert: Peter Sprung, Michel Punt, Jakob Rumel, Rudolf Balduff, Ludwig Würtzburger und Heinrich Wisslandt, alle Gründer und Mitglieder des Stifterkollegiums von 1513; im 15. Jahrhundert tritt uns Veith Weber entgegen, 1593 war Melcher Blankh Singer-Bruderschafts-Meister, im 17. Jahrhundert wirkte Hans Jakob Ulrich dort. Nicht ohne Einfluß von seiten Freiburgs her und auch in der theologischen Orientierung von dort bestimmt, kam es 1546 durch Jörg Wickram in Colmar zur Gründung einer Meistersingerschule[21].

In der Spätphase des Meistergesanges öffneten sich die Schulen mehr und mehr der städtischen Gesellschaft gegenüber, schließlich wurden Meistersingerlieder sogar auf Flugschriften verbreitet, die Geistlichen Spiele eines Hans Sachs wurden zu »Volksschauspielen«. Das bedeutendste Denkmal aber im Bereich der Kunst hat den Meistersingern Richard Wagner mit seiner großen Oper »Die Meistersinger von Nürnberg« gesetzt[22].

Das war ein »pfiffen vnd prosunen«
Etwa 1700 Spielleute trafen sich 1414 bis 1418 beim
Konzil in Konstanz

Auf den Spuren einer keltischen Siedlung entstand
um 300 n. Chr. am westlichen Ufer des Bodensees
ein römisches Kastell, das nach Kaiser Constantius
Chlorus (+ 306) den Namen Constantia erhielt.
Die Völkerwanderung brachte Alemannen in diesen
Siedlungsraum. Im Zuge der Christianisierung der
Landstriche nördlich der Alpen wurde Konstanz zu
Ende des 6. Jahrhunderts bereits Bischofssitz – und
zusammen mit den Klöstern Reichenau und St. Gallen Zentrum der Missionierung des schwäbisch-ale-
mannisches Raumes. 1193 befreite sich die Stadt
von der bischöflichen Oberhoheit. In der anfort
Freien Reichsstadt wirkte um 1300 mit Heinzelin
ein weithin geachteter Vertreter des Minnesangs.
Um 1310 erfolgte hier – so dürfen wir annehmen –
die Niederschrift eines der interessantesten Zeugnisse des höfischen Minnesangs, die Weingartner Liederhandschrift, in deren Anhang die Minnelehre des
Johannes von Konstanz enthalten ist. Seit dem ausgehenden 14. Jahrhundert lassen sich in Konstanz
Spielleute im Dienst des Bischofs nachweisen, während die Stadt selbst seit 1417 Trompeter und seit
dem Ende des 15. Jahrhunderts Stadtpfeifer besoldete[23].
Höhepunkt des spätmittelalterlichen Lebens der damals 6000 bis 7000 Einwohner zählenden Freien
Reichsstadt sollte das Konzil von Konstanz werden.
Der als Papst nicht zählende weil später zum Ab-
danken gezwungene Johannes XXIII. und König
Sigismund hatten es für den 1. November des Jahres
1414 nach Konstanz einberufen. »Die Blicke der
abendländischen Christenheit richteten sich erwartungsvoll nach Konstanz, erhoffte man doch von
der dort tagenden Kirchenversammlung die Beseiti-
gung des Schismas – drei Päpste, Gregor XII., Benedikt XIII. und Johannes XXIII., stritten sich um
das höchste Amt der Kirche –, ferner die innere Reform der Kirche sowie die Verurteilung der Irrleh-
ren. Für dreieinhalb Jahre wurde die Bodenseestadt
zum geistigen Zentrum der abendländischen Welt.
Hunderte von Bischöfen, von Gelehrten, über dreißig Kardinäle, zahlreiche Fürsten, Gesandte aus
ganz Europa, auch aus dem Orient, aus Afrika und
Asien kamen hier zusammen ... Darüber hinaus
brachten die von König Sigismund 1415 und 1417
in Konstanz abgehaltenen Reichstage weitere Gäste
in die Stadt«[24]. Weltliche und geistliche Macht aber
repräsentierten jene Sänger und Instrumentalisten,
die im Gefolge der Fürsten reisten; überall dort, wo

sich Menschen trafen, fehlten Spielleute nicht. Diese
Begegnung von Musikern aus den verschiedensten
Teilen Europas konnte für die weitere Entwicklung
der abendländischen Musik nicht ohne Folgen bleiben.
Uns interessiert nun weniger die Ausgestaltung
geistlicher Ereignisse und Feste etwa durch die
ebenfalls in Konstanz anwesenden päpstlichen Sänger, die sowohl den Gottesdienst gestalteten wie das
Auftreten des Papstes in der Versammlung und in
der Öffentlichkeit, bei Prozessionen und wenn
Johannes XXIII. vom Erker der Konstanzer Bi-
schofspfalz herab dem Volk den Segen erteilte umrahmten, – sondern wir wollen uns an die Spuren
der Instrumentalisten und Spielleute halten. In der
Chronik des Konstanzers Ulrich Richental, eines
Augenzeugen der damaligen Ereignisse, finden sich
mehrfach Hinweise darauf. In der ersten Phase des
Konzils, bis Mitte März 1415, sollen 45 Herolde
und 346 »pfifer, prussuner und spillüt und ir
knecht« nach Konstanz gekommen sein. Ein anderer Geschichtsschreiber, Reinbold Slecht, verzeichnet für den selben Zeitraum 420 »ioculatores,
hystriones fistulatores cum eorum consoladibus«.
Zwischen Ostern und Pfingsten 1415 werden 320
»ioculatores und fistulatores« gezählt. Für die gesamte Zeit des Konzils nimmt Richental die Anwesenheit von 24 königlichen Herolden mit ihren
Knechten sowie 1700 »Prusuner, pfifer, fidler und
allerlay spillüt« in Konstanz an: Eine gewaltige Zahl
für damalige Verhältnisse, die die Bedeutung des
Ereignisses verdeutlicht. Die alten Schriften bezeichnen übrigens Posaunisten und Trompeter unterschiedslos als »prusuner« (Posauner), während
die Holzbläser gemeinhin als »pfifer« oder »fistulatores« (Pfeifer) eingestuft werden. Das Wort »tuba«
dient analog dazu als Sammelbegriff für Posaune
und Trompete, das Wort »fistula« für alle Holzblasinstrumente.
Nicht allein der Papst hatte seine Kapelle mitge-
bracht, auch König Sigismund ließ sich – als Symbol
seines Standes und seiner Macht – von Herolden,
Posaunern, Pfeifern und Spielleuten begleiten. Dies
geht aus einer Rechnung hervor, derzufolge die
königlichen Musiker am 23. Januar 1415 vom Rat
der Stadt Konstanz beschenkt worden seien. Im Juli
1415 erhielten dieselben Herolde und Spielleute aus
der kurialen Kasse zwölf Gulden ausbezahlt. Einer
der fünf Herolde und Posauner König Sigismunds,
Paulus Romrich (Rumerich), empfing am 27. Dezember 1413 das Dekret seiner Ernennung zum
König aller Herolde und Trabanten im Römischen
Reich. Mit dieser Ernennung war das freie Verfü-

Abb. 20–22: Der Papst und der König, die Repräsentanten geistlicher und weltlicher Macht, bedurften der Musiker als Symbol ihres Standes und ihres Ansehens. Der Konstanzer Ulrich Richental zeichnete einige der Instrumentalisten, die mit ihren Herren zum Konzil 1414 bis 1418 in die Stadt am Bodensee gekommen waren.

Abb. 21

gungsrecht über alle ihm übergebenen Geschenke sowie die Befreiung von allen Zöllen verbunden. Romich stand noch 1424 als Herold im Dienst des Königs. Hohes Ansehen am königlichen Hof kam auch dem aragonischen Hofnarren Antonio Tallander alias Mossén Borra zu, der seit 1416 im Dienste des Königs stand und der 1418 in einem Brief behauptete: »Jo tinch barber e scuders, trompetas, ministrers, qui son IX. rossin«. Je nach Ansehen und Macht umgaben sich die in Konstanz anwesenden Fürsten mit mehr oder weniger Musikern: Königin Barbara, die Gemahlin Sigismunds, hielt sechs Posauner und Pfeifer in ihren Diensten. Von den Pfeifern, Trompetern und Posaunern Herzogs Friedrich IV. von Österreich aus Innsbruck wird berichtet, daß sie in der Konzilsstadt »stärkste Musik« gemacht hätten. Herzog Ludwig III. von Bayern aus Heidelberg, Herzog Ludwig von Bayern aus Ingolstadt, Herzog Karl von Lothringen, Herzog Ludwig von Sachsen, Herzog Ludwig von Brieg, Markgraf Friedrich von Brandenburg, Markgraf Friedrich der Ältere von Meißen und Markgraf Bernhard I. von Baden zierten sich ebenfalls mit Musikern. Markgraf Bernhard I. hatte bereits 1404 in dem Franzosen Pietre Frochain (Fauhain) einen bedeutenden Trompeter in seinen Diensten. Im Januar

1415 zog die englische Gesandtschaft mit vier Trompetern in Konstanz ein. Besonders beachtet aber wurden die drei Posauner und vier Pfeifer im Gefolge des Earl of Warwick, Richard Beauchamp. Von diesen drei Posaunern berichtet der Chronist Richental, sie »prusonettend überainander mit dry stimmen, als man gewonlich singet«, das heißt: es handelte sich bei den Darbietungen dieser Gruppe um kunstvolle Mehrstimmigkeit, wie sie offensichtlich in dieser Zeit von Bläsern kaum dargeboten werden konnte. Auf dem Weg nach Konstanz hatte der Earl of Warwick übrigens mit seinem prächtigen Gefolge bei der Krönung Sigismunds am 8. November 1414 in Aachen bereits großes Aufsehen erregt. Aufgabe der Trompeter war es, bei der Ankunft eines Fürsten oder einer Gesandtschaft vorauszureiten und die entsprechende »heraldische« Musik erklingen zu lassen. Mit den Pfeifern zusammen spielten die Posauner bei königlichen und fürstlichen Umritten in der Stadt und bei den mit großem äußeren Glanz verbundenen Belehnungen durch den König. Dabei kam es, um Macht und Herrlichkeit zu zeigen und einer Rechtshandlung Gültigkeit zu verschaffen, darauf an, möglichst lautstarke Musik zu machen. Bereits 1310, bei der Belehnung Johanns mit dem Königreich Böhmen, berichtet ein

44

Zisterzienser aus Speyer, er sei bei seinem Gebet im Dom plötzlich aufgeschreckt worden. »Ein furchtbares Getöse von großer Heftigkeit erfüllte mich mit Angst, es war wie ein starker Donner ... wie das Stürzen von Bäumen und Häusern, wie das Zusammenschlagen von Waffen ... Gleichsam vom Himmel kommend wiederholte sich der Lärm und die furchtbare Stimme vom Rufen der jubilierenden Volksscharen und dem Spiel aller Arten von Musikinstrumenten«. Die Neugier hatte die Andacht des Chronisten zunichte gemacht, daher erklimmt er einen Holzstoß und erkennt nun die Ursache des furchtbaren Getöses: Der junge Böhmerkönig kommt mit seinem Gefolge heran, um sein Königreich aus der Hand des Vaters, Heinrichs VII., entgegenzunehmen, der im Atrium in vollem Ornat thront[25].

Ähnliches wird aus Konstanz berichtet, als Friedrich von Zollern von Sigismund mit der Mark Brandenburg belehnt wird: Alle in der Stadt versammelten Trompeter und Pfeifer begleiten Friedrich bei seinem Umritt durch die Stadt, und unmittelbar nach dem Belehnungsakt, »do viengen all pfiffer und prosoner an pfiffen und prosunen, so strencklich, das nieman sin aigen wort wol hören mocht«. Die Posauner verkündeten zudem Festlichkeiten und leiteten die Veröffentlichung aller Neuigkeiten ein. Als die Florentiner Geldwechsler das Johannesfest in Konstanz feiern, da schmücken sie die Kirche mit kostbaren Tüchern, grünen Zweigen und dem Wappen von Florenz, schicken einen Ausrufer mit fünf Trompeten durch die Stadt, um die Bevölkerung einzuladen. »Und giengen in nach dry pfiffer und pfiften zů den prosonern«. Die Umrahmung der häufig stattfindenden Turniere, geistlicher und weltlicher Spiele, aber auch das sogenannte »Tischblasen« – ein »verdauungsförderndes« Musizieren während der Mahlzeiten, gehörten zu den Aufgaben der Musiker. Den Abbildungen in der Chronik Richentals ist zu entnehmen, daß die Musiker Businen und lange, S-förmig gebogene Trompeten benutzten, an denen die Wappen der Fürsten und Herren angebracht waren. Bei den Pfeifern handelte es sich um Schalmei- und Bomhart-Bläser; einmal findet sich auch ein Dudelsack.

Zu den außermusikalischen Aufgaben der Musiker gehörten Spionagedienste im Krieg, sie erfüllten auf Reisen eine Art Beschützerfunktion, besorgten die Quartiere, konnten aber auch – was in Konstanz bezeugt ist – ihre Herren vertreten, indem sie »der fürsten und herren waupen anschlůgen und ir lob uß saitend«.

Abb. 22

Wie bereits erwähnt, erhielt die Stadt Konstanz für die Verdienste um das Konzil sowie für die Hilfe im Appenzeller Krieg von König Sigismund am 20. Oktober des Jahres 1417 das Recht verliehen, Trompeter anzustellen. Eingebettet in ein Bündel von Privilegien, die an Bürgermeister, Rat und Bürger sowie deren Nachkommen feierlich übergeben wurden, heißt es da:

daß der bisher übliche Jahrmarkt als Messe bezeichnet wird unter Wahrung aller Rechte und Freiheiten des bisherigen Jahrmarktes,
daß sie »mit rotem wachs alle ire brive furbaßmere versigeln mogen.
Item das sy, so sy zuvelde ligen oder suß wo sy wollen, trumpeter halden und haben mogen.
Item und das sy uff ir und der stat Costenz banyr eynen roten swantz setzen machen und das also zu velde und wo sy wollen furen mogen on hindernuß, ansprüche und irrung aller lute«,
daß der Reichsvogt zu Konstanz die Hochgerichtsbarkeit über Petershausen ausübt,
daß der Stadt die ihr zustehenden Steuern erhalten bleiben. Allen jenen, die gegen das den Konstanzern verliehene Privileg aber verstoßen sollten und die Stadt in der Ausübung dieser ihr verliehenen Rechte hindern wollten, denen droht der Verlust der Hilfe von Kaiser und Reich sowie eine Buße von 25 Mark lötigen Goldes[26].

Die Bedeutung von Konstanz als geistiges Zentrum des Bodensees und des südwestdeutschen Raumes bleibt über die Jahre des Konzils hinweg jedoch aufrecht[27]. Die oftmaligen Besuche deutscher Kaiser und Könige führten zu Festlichkeiten, die einer repräsentativen musikalischen Umrahmung bedurften. Der Ruf der Konstanzer Domkantorei drang bis nach Italien: Herzog Ercole I. von Ferrara erbat sich im Jahr 1471 für seine Hofkapelle den Sänger Martinus. Zu Beginn des 16. Jahrhunderts ergab sich eine enge Verbindung zur Kantorei Kaiser Maximilians I., die die Jahre von 1507 bis 1509 in der Stadt am Bodensee verbrachte. Heinrich Isaac schuf hier Teile des »Choralis Constantinus« im Auftrag des Konstanzer Domkapitels. Während der Wirren der Reformation emigrierte das Domkapitel, die Domkantorei übersiedelte 1527 nach Überlingen, 1542 nach Radolfzell, um 1549 wieder nach Konstanz zurückzukehren, nachdem die Stadt gewaltsam gegenreformiert worden war. Damals verlor Konstanz seine Reichsfreiheit und sank zu einer vorderösterreichischen Provinzstadt herab. Die Konstanzer Bischöfe verlegten nach 1526 ihre Residenz nach Meersburg, wo sie seit den letzten Jahrzehnten des 16. Jahrhunderts wieder eine Hofkapelle sich hielten.

Ein »Kunigrich varender Lute«
Die Pfeiferbruderschaft zu Riegel

Seit dem 13. Jahrhundert mehren sich Berichte darüber, daß fahrende Spielleute seßhaft wurden, sich damit einer geistlichen oder weltlichen Herrschaft unterordneten, ein »ordentliches« Leben zu führen begannen – und so die Voraussetzungen dafür schufen, als geachtete Bürger des mittelalterlichen Gemeinwesens Anerkennung zu finden. Es ging ja – wie Kenner der Situation in jüngster Zeit immer stärker betonen – bei der Qualifikation des Spielmannes als eines Recht- und Ehrlosen nicht um die Verurteilung des Musikanten schlechthin, es handelte sich vielmehr um die unstete Lebensweise des Spielmannes, der durch sein »Herumtreiben« der obrigkeitlichen Aufsicht sich entzog, und um das, was er durch sein Spiel an Freizügigkeiten, gott- und ehrlosen Verhaltensformen provozierte. Wer aber seßhaft wurde, der mußte seinen Wirkungsbereich, sein Revier absichern, um als »professioneller« oder zumindest »halbprofessioneller« Musiker sein Brot verdienen zu können. Gerichtsakten berichten immer häufiger von Streitigkeiten zwischen seßhaft gewordenen Musikern oder zwischen jenen und den (Noch-)Fahrenden, zwischen städtischen und ländlichen Musikanten. Das waren die Ansatzpunkte dafür, daß die seßhaft gewordenen Spielleute schließlich in Musikerorganisationen, in zunftähnlichen Bruderschaften sich zusammenschlossen. Zu den ältesten bislang bekannt gewordenen ständischen Zusammenschlüssen dieser Art zählt die 1288 in Wien »zur Verehrung Gottes durch ihre Kunst« in der Pfarrkirche zu St. Michael und unter dem Schutz des Heiligen Nikolaus begründete »St. Nicolai-Bruderschaft«. Seit 1354 übte Ritter Peter von Eberstorff als angesehener weltlicher Vogt die Schirmherrschaft über diese aus. In seine Amtszeit, bis 1376, fällt die Errichtung eines obersten Spielgrafenamtes, aus dem später weitere Spielgrafenämter in österreichischen Ländern sich entwickeln. 1355 ernannte Kaiser Karl IV. zu Mainz seinen Fiedler Johannes zum »rex omnium histriorum cujuscumque artis in omnibus et singulis regnis«. Zwischen 1396 und 1399 ließ Hermann, der Trompeter des Herzogs Leopold IV. von Österreich und »rex joculatorum in dyocesi basiliensi constitutorum« einen Altar zu Alt-Thann im Ober-Elsaß errichten, und zwar »una cum confratribus suis fraternitatis jam dictorum joculatorum«. Diese Bruderschaft der Spielleute des Bistums Basel, zu welchem damals das gesamte Ober-Elsaß gehörte, stand offensichtlich längst unter dem Schutz und der Gerichtsbar-

Abb. 23: Narren unter Engeln und Heiligen . . . Für die Dome und Stiftskirchen entlang des Rheins sind närrische Kobolde an Portalen und Türmen, an Kanzeln und Taufbecken geradezu charakteristisch. Unsere Fotografie zeigt Tiermusikanten im spätgotischen Chorgestühl des Münsters zu Breisach.

keit der Herren von Rappolstein; denn in der ältesten überlieferten elsässischen Pfeiferurkunde aus der Zeit um 1400 heißt es, daß Schmassmann von Rappolstein seinen Pfeifer Henselin zum Pfeiferkönig über das »Künigreich Varender Lüte zwischen hagenawer Vorste vnd der Byrse, dem Ryne vnd der Virste« ernannt habe – und daß dieses Königreich bereits seinem 1398 verstorbenen Vater Bruno und dessen Vorfahren gehört hätte, »so lange als nieman verdencket«[28]. Man darf daher eine Gründungszeit in der ersten Hälfte des 14. Jahrhunderts annehmen. Diese Datierung stützt zudem ein Brief vom 28. August 1461 an den Bischof von Basel, Johann V., in dem Wilhelm I. von Rappolstein die Erneuerung des Kommunionsrechtes für die elsässischen Pfeifer verlangt. Im Brief wird darauf hingewiesen, daß die Bruderschaft zu Weiler im Weilertal ihren Anfang genommen hätte, dann nach Schlettstadt gezogen sei, um schließlich in »Rappoltsweiler« endgültig sich niederzulassen. Weiler stand bis 1314 unter österreichischer Herrschaft, durch den Besitzwechsel mag es notwendig geworden sein, spätestens im letztgenannten Jahr den Sitz der Pfeifer-Bruderschaft in einen anderen Ort – eben Schlettstadt – zu verlegen. Die Pfeifer-Bruderschaft zu Rappoltsweiler stand unter dem Schutz des höchsten weltlichen Herrn, nämlich des Kaisers, der sie als Reichslehen vergab. Ihr Einflußbereich erstreckte sich auf die Diözese

Basel. Entscheidend für den gesellschaftlichen Rang, den Spielleute schließlich zuerkannt erhielten, wurden die von Erfolg gekrönten Bemühungen Schmassmanns I. von Rappolstein, während der Zeit des Konzils in Basel (1431 – 1437) durch Kardinal Julian Cesarini, genannt Sancti Angeli, für die Mitglieder der Bruderschaft die Erlaubnis zum Empfang der Heiligen Sakramente zu erwirken. Von nun an durften die elsässischen Pfeiferbrüder »ir kirchliche rechte vnd das heylige sacrament . . . wie andern kristenluten« in Anspruch nehmen, man gestand ihnen zu, an Ostern, nach reumütig abgelegter Beichte »das würdigist sacrament des allerheiligsten Fronleichnams Christi zu empfangen«, allerdings nur unter der Bedingung, daß sie jeweils vierzehn Tage vor und nach dem Fest sich der Ausübung ihres Handwerks enthalten würden!

Zeitlich später und wohl als rechtsrheinisches Gegenstück zu der elsässischen Pfeifer-Bruderschaft in Weiler/Schlettstadt/Rappoltsweiler kam es in Riegel am Kaiserstuhl zur Gründung einer Pfeifer-Bruderschaft für den Bereich der Diözesen Konstanz und Straßburg, flächenmäßig die größte des damaligen Reiches. Unter den Archivalien des Erzbischöflichen Archivs zu Freiburg findet sich ein Konzeptbuch des Konstanzer Generalvikars in geistlichen Dingen aus den Jahren 1440 bis 1470 mit den beiden ältesten Hinweisen auf die Riegeler Gründung. Die Urkunden bezeugen, daß die Mitglieder der Marienbruderschaft zu Riegel von dem schon genannten päpstlichen Legaten Kardinal Julian das Privileg erhalten hätten, die Heiligen Sakramente zu empfangen, wenn – wie in Rappoltsweiler – zunächst reumütig gebeichtet und zudem die zweiwöchige »musiklose« Frist vor und nach dem Empfang der Sakramente eingehalten worden wäre. 1436 übergab die Pfeiferbruderschaft zu Riegel dem Dechanten zu Endingen eine finanzielle Zuwendung, um bestimmte geistliche Privilegien sich zu bewahren. Der Dechant besorgte die Konfirmationsurkunde, wies aber nicht eigens darauf hin, daß es sich um eine Pfeifer-Bruderschaft handle, weshalb die Pfeifer auf Ausstellung einer korrekten Urkunde klagten[29].

Eine dritte Urkunde über den Bestand der Riegeler Pfeiferbrüder enthält u. a. deren Statuten. Am 7. April 1458 bestätigte damit Ulrich V. von Württemberg (der Vielgeliebte) die Rechte und Pflichten der seßhaft gewordenen Spielleute, und zwar in der Form, wie Kardinal Julian Cesarini und Bischof Heinrich von Konstanz diese einst genehmigt hatten:

> »Samstag vor dem Sonntag als man in der heiligen kirchen singt Misericordia Domini nach der gepurt Christi als man zahlt viertzehn hundert fünfftzig vnd acht Jahr . . . Als vor etlr. Zit der Erwirdigist . . . Herr Julian Cardinal in tutschen Landen durch gewalt vnd In namen unsers allerheiligsten Vatters babst Eugenien . . . die Trompeter, Pfiffer, Lutenschleher vnd spillut In dem bistumbe Strassburg vnd Constens vnder sunder derselben spillut Bruderschafft zu Riegel Im brissgow vnd anderswo mit besundern gnaden vnd freyheiten begabt vnd fürsehen hat, vnd andern das sie zu zimlr. Zit nach Ordnung der heiligen Kirchen mögen nemen vnd empfahen das wurdist Sakerment der allerheiligsten Fron Lichnams Christ vnsers erlösers, wie dann die Bulle und Brieff daruber sagent das eigenlichen begriffen sollichs dann durch den Erwürdigen In Gott Vatter Vnsern Lieben Herrn vnd gevatter Herrn Heinrichen Bischoff zu Constentz confirmiert vnd bestettigt, ist nach lut desselben vidimus. Also haben nun derselben trompeter, Pfiffer, Lutenschlager vnd spillut etc. furgenomen Ihr bruderschafft, in der ere der Hochgelobten hymelkungin vnd Jungfroven der Mutter aller Gnaden vnser lieben Frowen sant Maria jörl. uff einen tag zu Stutgarten zu halten«»[30].

Graf Ulrich hebt demnach zunächst hervor, wie es zu den Privilegien gekommen sei, um danach seinerseits die Bestätigung vorzunehmen und die Fortführung der Rechte zu garantieren. »Man ersieht aus den Statuten, daß es den Musikanten nicht allein darum ging, einen mächtigen Herren zum Beschützer zu haben und eine Besserung und Sicherung ihrer Gerichtsverfassung zu erstreben, sondern

Abb. 24: »Tischblasen« im geistlichen Kontext. Episode aus der Vita des heiligen Fridolin, Relieftafel aus Holz, Säckingen, 15. Jahrhundert.

Abb. 25: Spätmittelalterlich-höfische Tanzszene. Die Geschichte von Salome und Johannes dem Täufer gibt dem Maler (I. van Meckenem, vor 1450–1503) die Möglichkeit, das höfische Treiben seiner Zeit darzustellen. Die Paare tanzen zum Klang von krummen Zinken, Einhandflöte mit Trommel und Zugposaune. Basel, Kupferstichkabinett der Öffentlichen Kunstsammlung.

vor allem um den Zweck, aus dem sittenlosen Zustand herauszukommen, der ja eine Ursache ihrer Ehrlosigkeit war« (W. Fauler, S. 32). Dafür sprechen u. a. folgende Artikel der Statuten: »Es soll keiner in der Bruderschaft eine Frau haben oder mit sich führen, die Geld und Nahrung mit Sünden verdienet«, oder: »Es soll keiner wuchern bei den Spielen, noch würfeln, und wer mit Frauen öffentlich und unehelich beginge, der steht der Bruderschaft zur Strafe«. Kein Bruderschaftsmitglied dürfte einem Juden dienen. Der Jahrtag zu Stuttgart, den Ulrich V. angeordnet hatte, sollte zugleich dem Gottesdienst wie dem Gericht dienen. Alljährlich stand die Wahl eines »Oberen« oder »Meisters« an, dem die »Zwölfer« als unmittelbare Ratgeber dienten.

Am 11. September 1458 meldet Engelhart von Blumenecke dem Wilhelm von Rappolstein, daß er das von diesem an die Meister und Pfeifer in Riegel gesandte Schreiben erhalten habe und akzeptiere, »daß sie mit der Elsässischen bruderschaft einen reciprocirlichen rechtens sich unterredet und dahin vereinbaret, dass, wann Breissgauer spilleuthe oder varende leuthe in das Elsass kommen, sie selbiger bruderschaft, die Elsässer aber auch hinwieder, so

sie in dem Breissgau sind, selbiger bruderschafft dienen sollen«[31]. Ein reges Hin und Her zwischen dem Elsaß und dem Breisgau, den Diözesen Basel, Straßburg und Konstanz ist damit auch für jene Spielleute bezeugt, die sich als »brave Bürger« einen festen Wohnsitz und damit die Mitgliedschaft in einer doch sehr stark christlich orientierten Bruderschaft erworben hatten.

Bis zum Ende des 18. Jahrhunderts, in die Zeit der Aufklärung, blieb die Pfeifer-Bruderschaft zu Riegel aktiv. Bis dahin hielten die Spielleute alljährlich ihr Treffen in Gestalt eines vielbesuchten Jahrmarktes an Michaeli in Riegel ab. Eine Riegeler Dorfordnung aus dem Jahr 1484 kannte bereits dieses »spil zu Sankt Michels«, an dem die Musiker »vierthalben Guldin« an Gebühren entrichteten. Doch bis in das 20. Jahrhundert herein lebten die alten Melodien in der Erinnerung des Volkes weiter: Als der um die Wiedererweckung des alten Turmblasens hochverdiente Berliner Posaunist und Kammervirtuose Ludwig Plaß im Jahr 1913 durch den Reichsverband deutscher Städte eine Rundfrage nach alten Türmersignalen und sonstigen, meist der Vergessenheit anheimgefallenen Tonwahrzeichen, veranstaltete, da kam auch aus Rappoltsweiler im Elsaß eine

Antwort. Alte Musikanten erinnerten sich dort an den Beginn einer Aufmarschmelodie, die jahrhundertelang am 8. September, anläßlich des Pfeifertages, erklungen war[32]:

Zusammenfassend darf man sagen, daß die Pfeiferbruderschaften ein »instrumentales« Gegenstück zu den städtisch-handwerklichen Meistersingern waren, über deren innere Organisation und musikalische Aufgaben und Rituale man offensichtlich noch viel zu wenig weiß.

1 R. HAMMERSTEIN, Die Musik der Engel. Untersuchungen zur Musikanschauung des Mittelalters, Bern und München 1962; ders., Diabolus in Musica. Studien zur Ikonographie der Musik im Mittelalter, ebda. 1974.
2 VOGELEIS, S. 41f.
3 Darüber ausführlich W. SUPPAN, Anthropologie der Musik, Mainz 1983, Verlag Schott.
4 R. HAMMERSTEIN, Tanz und Musik des Todes. Die mittelalterlichen Totentänze und ihr Nachleben, Bern und München 1980, S. 101; weitere einschlägige Quellen zum Totentanz sind – soweit nicht anders angegeben – diesem Buch entnommen.
5 R. HAMMERSTEIN, Tanz und Musik . ., S. 210.
6 W. SALMEN, Der fahrende Musiker im europäischen Mittelalter, Kassel 1960; W. SUPPAN, Bürgerliches und bäuerliches Musizieren in Mittelalter und früher Neuzeit, in: Musikgeschichte Österreichs I, Graz u. a. 1977, S. 147 – 151.
7 E. JAMMERS, Das Königliche Liederbuch des deutschen Minnesangs, Heidelberg 1965.
8 H. BESSELER, Musik des Mittelalters und der Renaissance, Potsdam 1931, S. 105f.
9 F. PFAFF, Der Minnesang im Lande Baden, Heidelberg 1908 (= Neujahrsblätter der Badischen Historischen Kommission 11), die beiden Zitate S. III und IV. – Die folgenden Daten sind, soweit nicht anders vermerkt, diesen Untersuchungen entnommen.
10 F. PFAFF, Die Burg Steinsberg bei Sinsheim und der Spruchdichter Spervogel, in: Zeitschrift für die Geschichte des Oberrheins, NF 5, S. 75 – 117. – Zu Hartmann von Aue vgl. A. MERKLE, Um die Heimat Hartmanns von Aue, in: Badische Heimat 54, 1974, S. 1 – 16.
11 F. PFAFF, Der Minnesang . . ., S. XII.
12 Zwei altdeutsche Rittermären, hg. von E. SCHRÖDER, Berlin 1894.
13 Die Übersetzung verdanke ich Herrn Univ.-Ass. Dr. W. HOFMEISTER (über Vermittlung von Herrn Prof. Dr. Anton SCHWOB), Institut für Germanistik der Universität Graz, der mich auch auf den Artikel »Walther von Breisach« von H. REUSCHEL im alten »Verfasserlexikon« sowie auf K. PREISENDANZ, Die badischen Minnesänger, in: Baden 1, 1949, S. 9f.; C. VON KRAUS, Deutsche Liederdichter des 13. Jahrhunderts 1, 1952, S. 575–581; A. SCHLAGETER, Untersuchungen über die liedhaften Zusammenhänge in der nachwalth. Spruchdichtung, mschr. Diss. Freiburg 1953, S. 270 – 288 und 313f. verwies.
14 F. PFAFF, Der Minnesang . . ., S. XVIII.
15 Ebda., S. XIXf.
16 Ebda., S. 66.
17 Ebda., S. XXf.
18 A. SCHWOB, Das Konstanzlied ›O wunnikliches paradis‹ (Kl. 98) als Kontrapunkt zum Zerfall aristokratischer Herrschafts- und Lebensformen, in: Jahrbuch der Oswald von Wolkenstein-Gesellschaft, hg. von H.-D. MÜCK und U. MÜLLER, Band 1, 1980/81, S. 223 – 238.
19 Ebda., S. 237.
20 W. SUPPAN, Anthropologie der Musik, Mainz 1983.
21 W. NAGEL, Studien zur Geschichte der Meistersänger, Langensalza 1909 (Musikalisches Magazin 27), S. 104 – 110; B. NAGEL, Meistersang, Stuttgart 1962 (Sammlung Metzler M 12), S. 35 – 37, mit weiterer Literatur–Hinweisen; H. BRUNNER, Die alten Meister. Studien zur Überlieferung und Rezeption der mittelhochdeutschen Sangspruchdichter, München 1975; A. E. HARTER-BÖHM, Zur Musikgeschichte der Stadt Freiburg i. Br. um 1500, Freiburg 1968, S. 18 – 30.
22 K. MEY, Der Meistergesang in Geschichte und Kunst, Leipzig 1901.
23 M. SCHULER, Artikel »Konstanz«, in: Die Musik in Geschichte und Gegenwart 16, 1979, Sp. 1022 – 1025.
24 M. SCHULER, Die Musik in Konstanz während des Konzils 1414–1418, in: Acta musicologica 38, 1966, S. 150 – 168, Zitat S. 150f.; die folgende Darstellung bezieht sich – soweit nicht anders angegeben – auf diesen Aufsatz.
25 S. ŽAK, Musik als ›Ehr und Zier‹ im mittelalterlichen Reich. Studien zur Musik im höfischen Leben, Recht und Zeremoniell, Neuss 1979, S. 12.
26 Generallandesarchiv Karlsruhe, Sign. D 599, 1417; Regesta imperii XI, S. 639.
27 Darüber u. a. O. ZUR NEDDEN, Zur Musikgeschichte von Konstanz um 1500, in: Zeitschrift für Musikwissenschaft 12, 1929/30, S. 449 – 458.
28 Diese und weitere Daten zu der elsässischen Pfeifer-Bruderschaft entnehme ich VOGELEIS, S. 411 – 436 u. ö.
29 A. SCHULTE, Die Pfeiferbruderschaft zu Riegel im Breisgau, in: Zeitschrift für die Geschichte des Oberrheins, Freiburg 1887; W. FAULER, Die Pfeiferbruderschaft zu Riegel im Breisgau (vor 1436 – 1780), in: DB 20, 1970, S. 31f.
30 SITTARD, Zur Geschichte der Musik und des Theaters am Württembergischen Hof, Band 1, Stuttgart 1890, S. 321.
31 VOGELEIS, S. 105.
32 Abgedruckt nach H. J. MOSER, Tönende Volksaltertümer, Berlin 1935, S. 19.

III. Zentren fürstlicher und städtischer Musikpflege in Renaissance und Barock

Im 15 und 16. Jahrhundert wurden als »Kapellen« jene Körperschaften von Personen bezeichnet, die für die Durchführung der Gottesdienste gebraucht wurden[1]. Neben den Geistlichen und Kapelldienern gehörten damals nur die Sänger und Organisten zur Kapelle, nicht aber die Instrumentalisten. Päpste und Kaiser, Könige und Bischöfe unterhielten Hofkapellen, an deren Spitze eine geistliche Person stand. Das Geltungs- und Repräsentationsbedürfnis einzelner Herrscher verleitete jedoch zu einer immer reicheren Ausgestaltung der Gottesdienste, so daß neben den Mitgliedern der eigentlichen (Hof-) Kapellen die Zahl der fest angestellten und fallweise hinzugezogenen Hofinstrumentalisten wuchs. Italien führte im letzten Drittel des 15. Jahrhunderts diese Entwicklung an. Das Musikwesen an den größeren Kirchen und an den Höfen der Renaissancefürsten in Mailand, Florenz, Ferrara, Mantua und Parma bot einheimischen Musikern, aber auch solchen aus Frankreich und aus den Niederlanden reichste Entfaltungsmöglichkeiten. »Der Aufstieg Italiens zur ersten europäischen Musiknation ist eng mit dem Aufstieg der Instrumentalmusik verknüpft. Instrumentisten und Kapellsänger bildeten allmählich eine so feste Einheit, daß man den gesamten vokal-instrumentalen Klangkörper als ›Cappella‹ bezeichnete«[2].

Zeitlich verzögert griff diese Entwicklung auch auf Deutschland über. Italienische Instrumentalisten verdrängten seit der zweiten Hälfte des 16. Jahrhunderts die bis dahin bestimmenden niederländischen Meister aus den führenden Positionen an deutschen Fürstenhöfen. Zu den Aufgaben der Hofmusiker gehörte von nun an neben dem Kirchendienst das Aufwarten bei der Tafel; darüber hinaus aber die Begleitung aller nur denkbaren festlichen Anlässe des höfischen Lebens: Krönungen und Hochzeiten, Reichstage, Trauerfeiern, Geburtstage und Kindstaufen, Ritter- und Reiterspiele, Turniere, Jagden, Bälle, Ballette, Tänze, Maskeraden, Feuerwerke und Wasserspiele, Sieges- und Friedensfeiern, Prozessionen, Ausfahrten mit Wagen und Schlitten, Ordensfeste und ähnliche Zusammenkünfte der Fürsten.

Neben der Figuralmusik der Saiten- und Tasteninstrumente, der Zinkenisten, Posaunisten, Krummhorn- und Pommerbläser entfalteten Trompeter ihr spezifisches Brauchtum. Detlev Altenburg teilt das Repertoire der Hoftrompeter in drei Gruppen: »1. Stücke, die vom Trompeterkorps allein nach einer gegebenen Improvisationsvorlage improvisiert wurden sowie feststehende Signale des höfischen Zeremoniells, 2. Stücke, die zu einem bestimmten Anlaß des höfischen Zeremoniells für das Trompeterkorps allein oder für das Trompeterkorps und eines oder beide der anderen höfischen Musikkollegien komponiert wurden und die für einen bestimmten Zeitraum in das ständige Repertoire übergingen, 3. Stücke, die im Druck verbreitet waren und in das Repertoire eines Hoftrompeterkorps übernommen wurden«[3]. Einblick in das Programm einstimmiger und mehrstimmiger improvisierter Trompetenmusik um 1600 vermitteln die beiden von Georg Schünemann edierten Trompetenbücher von Magnus Thomsen (1598) und Hendrich Lübeck (um 1600) sowie die von Edward Tarr herausgegebene »Tutta l'arte della Trombetta« des bayerischen Oberhoftrompeters Cesare Bendinelli (1614)[4]. Vergleicht man die drei genannten Quellen, so ergibt sich, daß Sonaten weitaus im Vordergrund stehen, während Signale nur noch eine untergeordnete Rolle spielen:

Thomsen	Lübeck	Bendinelli
281 Sonaten	202	332
24 Aufzüge	24	–
13 Toccaten	–	27
7 Signale	8	10
– Ricercari	–	27
6 Sersseneden	–	2 (Sarasinetten)
2 Psalmen	–	–

Mit dem beginnenden Barock verschob sich im 17. Jahrhundert der Schwerpunkt des höfischen Musiklebens auf das Musiktheater, auf Gesang und auf das von den Streichern dominierte Orchester. Die italienische Oper hielt an vielen deutschen Höfen Einzug, und damit überstieg das Ansehen der Opernsänger und Sängerinnen bald das der Instrumentalvirtuosen. Die Fürsten wetteiferten darin, die angesehendsten italienischen Sänger und Kapellmeister zu gewinnen. »War die Kapelle einst die ›Hüterin der Heiligtümer‹ gewesen, denen sich auch der

Landesherr unterworfen hatte, so wurde sie jetzt zum Prunkstück in der Hand des absolutistischen, selbstherrlichen Fürsten. Statt der Kapellsänger hielt man sich Gesangsvirtuosen, Kastraten und Primadonnen. Die Instrumentalisten, die einst die Gesangsstimme gestützt und ergänzt hatten, waren zu einem selbständigen Klangkörper geworden, der sich zum modernen Orchester entwickelte«[5].

Doch ebenso wie Jahrhunderte zuvor der adelige Minnesang im städtischen Meistersang seine Fortsetzung und Institutionalisierung gefunden hatte, so übernimmt nun das Bürgertum der Städte höfisches Instrumentalmusik-Zeremoniell und führt es in entsprechend modifizierter Form weiter. Symbolisierte das Hoftrompeterkorps zunächst das Ansehen und die Würde eines Fürsten, so repräsentiert anfort die Stadtpfeiferei das Ansehen, die herrschaftliche Macht und den Wohlstand einer Stadt und ihrer Obrigkeit. »Des Rates Trompeter bzw. Pfeifer wurden in den Städten bei allen Amtshandlungen und festlichen Anlässen ebenso unentbehrlich wie die Trompeterkorps an den Höfen, und die selbstbewußten Bürger der aufblühenden Städte setzten ihren Ehrgeiz darein, sich wie die Fürsten zu Tisch blasen zu lassen und zum Klang von Trompeten, Schalmeien, Zinken und Posaunen zu tanzen. Treffend beschreibt 1752 der Reichshofrat von Senckenberg diese noch bis in das 18. Jahrhundert hinein allgemein gehegte Vorliebe für die Musik der Bläser: ›Keine Gesellschaft in Teutschland, sie mochte Nahmen haben wie sie wolte, kunte einen publiquen Actum ohne Pfeiffer und Trompeter thun, und gienge dieses bey allen publiquen Actibus nicht anderst, von dem Reichs-Tag an biß auf den geringsten Handwercks-Aufzug‹«[6].

Baden-Baden – Rastatt

Schon zu Beginn des 15. Jahrhunderts versuchten die Zähringer die nahe ihrem Schloß zu Baden-Baden gelegene Pfarrkirche in eine Kollegiatskirche mit einem Kantor und mit Sängerknaben umzuwandeln. Doch erst im Jahr 1453, kurz vor der Übernahme der Regierung durch Karl I. (1453 – 1475), konnte Markgraf Jakob I. den Plan verwirklichen, wobei die Verordnungen von der älteren Stiftskirche in Ettlingen, an denen Kantoren bereits die gregorianischen Gesänge pflegten, übernommen wurden. Als Kantoren wirkten in Baden-Baden kunstsinnige und gelehrte Kleriker, zunächst Kantor Wolff, später Kanzler Adam Frey, der als Erzieher der Markgrafensöhne diese nach Italien beglei-

tete. Im Jahr 1473, nach dem Reichstag zu Augsburg, reiste Kaiser Friedrich III. mit großem Gefolge und Musikern über Baden-Baden, wo er Fürstentag hielt und sich zugleich einer Badekur unterzog, nach Speyer und Trier. Wie damals sich das sogenannte Tischblasen vollzog, lernen wir aus der Speyerischen Chronik: »Item als man den letzten gang nach dem essen ginge, so stunden 10 trumpter im sale und trumpten, darnach 3 trumpter, 4 pfiffer, 2 prusuner, darnach 3 mit luten und darnach 3 mit gygen«: Eine respektable musikalische Präsentation, in der der Bläserklang bei weitem dominierte[7].

In der Hofordnung des Markgrafen Christoph I. von Baden für seinen Sohn wird unter dem Hofgesinde u. a. ein »Matheus trompter« genannt. Markgraf Philipp I. umgab sich mit Humanisten, beschränkte – im Sinne Luthers – das Zelebrieren der Messe auf die Sonn- und Feiertage und schaffte Prozessionen ganz ab; evangelische Gesangbücher dienten als Grundlage des allgemeinen Gesanges. Zugleich aber ergab sich durch die Heirat seiner Tochter Jakobäa mit Herzog Wilhelm IV. von Bayern eine wichtige dynastische Verbindung zum katholischen bayerischen Hof, an dem damals kein geringerer als Orlando di Lasso wirkte. Kompositionen dieses niederländischen Meisters gelangten in der Folgezeit nach Baden-Baden. Im Jahr 1533 erfolgte die Spaltung der Markgrafschaft in zwei Linien. Der protestantische Markgraf Ernst, der als junger Prinz im Gefolge Maximilians I. die Orgelkunst Paul Hofhaimers hatte schätzen gelernt, residierte fortan in Pforzheim, wohin er den bedeutenden Organisten Leonhard Kleber berief.

Philipp II. von Baden-Baden, im Jahr 1571 als kaum Dreizehnjähriger mündig erklärt, hielt sich zunächst zur Vervollständigung seiner Erziehung in München auf und studierte anschließend in Ingolstadt (1573/74). Auf die frühzeitige musikalische Bildung des Fürsten deutet der Satz in den Instruktionen der Vormünder, nämlich Markgräfin Jakobäa von Baden und Herzog Albrecht V. von Bayern, an den Hofmeister und Präceptor in Ingolstadt: »Das singen, lautten vnd Chitara schlagen soll man sein gl. in albegen etwas eine halbe oder gantze stundt nach Tisch lernen lassen«. Im Jahr 1580 tritt der junge Markgraf selbständig die Regierung seiner Lande an. Während der kurzen Zeit seiner Regierung – er sollte bereits 1588 im Alter von 29 Jahren sterben – entfaltet er, beeinflußt von der Kunstpflege am Münchener Hof sowie von mehreren Reisen nach Italien und in die Niederlande, in Baden-Baden ein erstaunlich vielfältiges kulturelles Leben. Als Erbauer des neuen Schlosses, als Sammler kostbarer Gemälde, Gold- und Silbergeräte, als Fürst mit starken historischen Interessen – und nicht zuletzt als Förderer einer prächtigen Hofkapelle ging sein Wirken in die badische Geschichte ein. An die Spitze der Hofkapelle stellte Philipp II. Francesco Guami, um 1544 in Lucca geboren, 1568 bis 1580 Posaunist in der Münchener Hofkapelle.

Ein Inventar der im Jahr 1582 in Baden-Baden vorhandenen Musikalien bezeugt das reiche, auf der Höhe der Zeit stehende Musikleben des Hofes. An der Spitze der Komponisten steht Orlando di Lasso. Mit jeweils mehreren Kompositionen begegnen uns Alexander Uttendal, Antonius Scandellus, Jacobus Meilandus, Leonhard Lechner, Gallus Dreßler, Ivo de Vento, Michael Tonsor und Joachim a Bruck. Neben den geistlichen Vokalwerken enthält das Repertoire verschiedene Sammlungen deutscher und ausländischer Instrumental-»däntz«, so die durch Crispinum Scharpfenberg zu Breslau herausgegebene Sammlung deutscher, polnischer und anderer Tänze. Vor allem aber interessieren uns die im Inventar genannten Musikinstrumente; denn daraus wird das starke Übergewicht der Blasinstrumente deutlich. Es gibt drei große und vier kleine »oktavpusaunen«, sechs kleine einfache Posaunen; an Flöten neun »columnae«, vier »helfenbainen«, 21 »puchspaumen« und zwölf weitere »Fledten«, weiter sechzig »Zwerckpfeiffen«, 17 Krummhörner, 24 Rauschpfeifen, 17 »pomhardten«, 2 Schalmeien, 28 »corneten«. Daneben nehmen sich die einzelnen Tasten-, Zupf- und Streichinstrumente recht bescheiden aus. 1582 erscheint Philipp II. zudem als Widmungsträger des »New Lauttenbuch auf 6 und 7 Chorseyten« des bedeutenden Lautenisten Giulio Cesare Barbetta; das Buch wurde bei Bernhard Jodin in Straßburg gedruckt und mehrfach neu aufgelegt. In der Widmung gibt sich der Baden-Badener Hofmusiker Barbetta als Paduaner zu erkennen. Auch sein letztes nachweisbares Werk aus dem Jahr 1603 widmete er einem alemannischen Adeligen: »ad molto magnifico et generoso Signore Baldassara di Vvens nobile Alemanno».

Mit Philipp II. erlebte die Renaissance im Lande Baden ihren Höhepunkt. Der Tod des Markgrafen im Jahr 1588 führte zur Auflösung der Hofkapelle. »Bereits unter seinem Nachfolger, dem als leichtsinnig bekannten Eduard Fortunat, sollten Land und Kunst in schwere Bedrängnis geraten. Die Hofratsprotokolle von 1591 berichten zwar von einer Neuanstellung der ehemaligen Kantoreimitglieder Christoph Feuchtner und Niclaus Falkensin, zu denen noch der von München zugezogene Wilhelm Burkart kommt, jedoch mit der Vertröstung auf Ver-

pflichtung weiterer Musikanten in späterer Zeit«[8]. Im Jahr 1594 besetzte Markgraf Ernst von Baden-Durlach die an den Rand des wirtschaftlichen Ruins gebrachte Markgrafschaft und entließ den Rest der Sänger und Musiker. Francesco Guami war bereits 1588 in seine Heimat Italien zurückgekehrt, um dort als maestro an der Kirche S. Marciliano in Venedig, später in Udine und zuletzt – bis zu seinem Tod im Jahr 1601 – in Lucca zu wirken.

In Baden-Baden bestimmte nun Durlachs protestantisch-asketische Haltung das kirchliche Leben. In der Stiftskirche fanden seit 1604 sowohl evangelische wie katholische Gottesdienste statt, doch ohne die unter Philipp II. übliche musikalische Prachtentfaltung, ohne Figuralmusik mit Instrumenten. Erst mit der Gründung des Jesuitenkollegs durch den heimgekehrten Markgrafen Wilhelm von Baden-Baden, 1622, erklang auch wieder festliche Musik bei den Hochämtern.

Bei der Hochzeit des in Emmendingen residierenden Markgrafen Jakob III. im Jahr 1584 wirkte die Stuttgarter Hofkapelle mit Ludwig Daser mit. Aus dieser Hofkapelle übernahm Jakob III. für seinen vermutlich sehr klein gehaltenen Hofstaat den Trompeter Wilhelm Sigel und den »Geiger und Musicus« Christoph Paul von Erfurdt. Jakob III. starb 1590. Sein in Hochberg residierender Nachfolger zog 1598 mit 218 Hofangehörigen, 4 Trompetern und 7 Musikanten zur Hechinger Hochzeit, bei der der Sigmaringer Kapellmeister Melchior Schramm Musiker der Münchener Hofkapelle mit Ferdinand, dem Sohn Orlando di Lassos, leitete[9].

Seit 1604 Gesamtherrscher aller badischen Länder, beteiligte sich Markgraf Georg Friedrich 1609 an der Stuttgarter Hochzeit mit 400 Begleitern, sechs Musikern und zehn Trompetern. Nach der Schlacht bei Nördlingen mußte der Markgraf nach Straßburg fliehen, wobei ihn der »Musicus und Silberkämmerer« Josef Eger sowie der Trompeter Conradt Fischbach begleiteten. Erst 1651 kehrte der Hof von Basel, wohin er aus Straßburg 1642 übersiedelt war, nach Durlach zurück.

Nach den häuslichen Zwistigkeiten und Kriegen, die im Gefolge der Reformation die beiden Markgrafschaften zu Gegnern hatten werden lassen, kam es unter dem bejahrten Markgrafen Wilhelm endlich zur Wiederversöhnung zwischen Baden-Baden und Baden-Durlach und damit zu einer längeren Periode des Friedens. In diese Zeit fallen die ersten Hinweise auf musikalisch-theatralische Unterhaltungen, wie sie an den anderen deutschen Höfen jener Zeit unter französischem oder italienischem Einfluß üblich waren. 1657 ist in Baden-Baden die

Aufführung eines Balletts nachweisbar, das beim Besuch des Durlacher Prinzen Friedrich »angestellt und gehalten« wurde und einen Teil der Fastnachtsfreuden bildete. Zu diesem Zweck errichtete man im Schloß ein eigenes »Theatrum«. Tanzmeister Giolet studierte die Aufführung mit den Damen und Herren der Hofgesellschaft ein. Ähnlichen Charakter hatte wohl das Ballett »Sieg der Liebe gegen das Unglück«, das für die Fastenzeit 1666 von dem Tanzmeister de la Chausée »componirt«, das heißt in Szene gesetzt wurde. Ein weiteres Ballett ist aus dem Jahr 1669 erhalten: »Le Fruit de l'Orangier oder Pomerantzen-Frucht«, das zu Ehren der Pfalzgräfin Maria, einer geborenen Prinzessin von Oranien, am 4. März gespielt wurde. Aufzüge, Tänze und Gesänge wechselten in diesen Produktionen in unterhaltsamer und besinnlicher Weise. Französische Titel und Ballettmeister verraten die Herkunft dieser Mode: In Paris hatte der Erbprinz Ferdinand Maximilian den Zauber der französischen Kultur auf sich wirken lassen, sich von dort eine Gattin geholt und in Baden-Baden dem französischen Geschmack gehuldigt[10]. Als Jagdgast am kurpfälzischen Hof zu Heidelberg verunglückte der Erbprinz jedoch in jungen Jahren.

Als Ludwig Wilhelm nach dem Tod des Großvaters im Jahr 1677 die Regierungsgeschäfte übernahm, neigte sich die Periode des Friedens dem Ende zu. Für einige Zeit, während die Franzosen das Land ausplünderten, hatten die Musen zu schweigen. Ludwig Wilhelm stand für Kaiser und Reich im Krieg und ehelichte 1690 zu Raudnitz in Böhmen Franziska Sibylla Augusta, die geistvolle und schöne Tochter des letzten Herzogs von Sachsen-Lauenburg. Gegen Ende des Jahrhunderts, nach den Ryßwicker Verhandlungen, konnte sich der Markgraf endlich um sein Land kümmern, er zog mit der jungen Gattin in Baden ein und begann mit dem Bau des prächtigen Rastatter Schlosses. In die böhmische Zeit zurück reichen vermutlich die Beziehungen, die zur Berufung Johann Caspar Ferdinand Fischers als Hofkapellmeister nach Rastatt führten. Im Jahr 1695 war in Augsburg Fischers bekanntestes Suitenwerk »Le Journal du printems« im Druck erschienen, das neben starken französischen Einflüssen durchaus deutsche Züge erkennen läßt; die Sammlung ist dem Markgrafen gewidmet, dem er mit einigen Stücken, wie der »Marche« und dem »Air des Combattans« seine besondere Huldigung entgegenbringt.

1707 starb Markgraf Ludwig Wilhelm. Sein Sohn Ludwig Georg gelangte zunächst unter der Vormundschaft seiner Mutter zur Regierung, deren künstlerische Neigungen durch den Bau des Lustschlosses Favorite und die Veranstaltung musikalisch-theatralischer Feste besonders deutlich wird. Gedruckte Textbücher bezeugen die Veranstaltung solcher Produktionen im Jahr 1718, als sowohl der Geburtstag der Markgräfin durch ein »Huldigungsfest der Zeit« als auch der des jungen Markgrafen Ludwig Georg mit »Meleagers Gelübd-mäßiges Ehren-Feuer-Opffer zu Versöhnung Dianae ... von dero Hoch-Fürstlichen Hoff-Capelle höchst-freudigist angezündet und Gesungener begangen« wurden. Zum »Einführungsfeste« der Schwarzenbergischen Prinzessin Maria Anna als »Markgräfliche Gemahlin« Ludwig Georgs wurde 1721 auf Befehl Sibyllas das Singspiel »Vergnügte Ehe – Liebe in hochbeglücktester Wiederkunfft Ancaeens zu seiner Ehe – Verlobten Alcathoe« aufgeführt. Die Musik dazu schrieb »H. J. C. Fischern, Derzeit Hochfürstl. Baaden-Baadischer Hof-Capell-Maistern«, der die »Sing-Wort durchgehend, sowohl zu denen Arien, als Gespräche, und Täntzen, sinnreich in die Music gesetzt« hatte. Fischer wirkte demnach am Badener Hof nicht allein als Instrumentalist, sondern auch als Opernkomponist.

Im Jahr 1727 übernahm Ludwig Georg die Regierung des Landes. Die unsicheren politischen Verhältnisse schränkten in den folgenden Jahren die Festlichkeiten bei Hof ein. Aus einzelnen Berichten wissen wir aber um die weitere Tätigkeit Fischers und seiner Hofkapelle: So besorgte er am 11. Januar 1729 im Bankettsaal des wiedererrichteten Schlosses zu Ettlingen die Tafelmusik mit der chinesisch kostümierten Hofkapelle. Fischer stirbt 1746 in Rastatt. Sein Nachfolger wird der bisherige Konzertmeister Zwiewelhoffer, während Volpert als Konzertmeister vorrückt. In einer Instruktion aus dem Jahr 1747 wird dem Kapellmeister die Leitung der Kirchen- und Tafelmusik an hohen Festtagen, dem Konzertmeister die Leitung der »ordinari Tafel-, Hof- und Ball Music« übertragen.

1749 kommt es zu Streitigkeiten zwischen Kapellmeister, Konzertmeister und den Hoftrompetern. Den Trompetern wird befohlen, »zu expedirung dieses oder jener Concerts, Symphonien oder eines anderen dergl. Musicalischen Stücks« pünktlich und ohne Widerrede zu erscheinen. Wenige Jahre später, 1753, sieht sich sogar der Markgraf selbst veranlaßt, in dieser Hinsicht die Musiker scharf zu ermahnen.

Auf den Markgrafen Ludwig Georg folgt 1761 dessen jüngerer Bruder August Georg in der Regierung, ein in den fünfziger Jahren stehender, »menschenfreundlicher Herr, von künstlerischen

Neigungen«, der in erster Linie die Ausgestaltung des Rastatter Schlosses im Auge hatte. Aber auch der Hofmusik schenkte er besondere Aufmerksamkeit. Aus dem Besoldungsetat von 1763 wird der nicht unbeträchtliche Personalstand deutlich:

Kapellmeister Joseph Ullbrecht
Waldhornist Starck
Jakob Ulbrecht
Hofmusiker Krauß, Lorentz, Hammer, Bicquot
Konzertmeister Schmittbaur
Reiff, Tenorist Dersch, Musicus Haller, Musicus Dauber, Häffner, Hüttisch, Küpferer (Klipfele), Küstner

Eine vollständige Aufzählung des Personals bringt der »Staats- und Addresse-Kalender« von 1764:

Kapellmeister Joseph Ullbrecht
Konzertmeister Joseph Aloysius Schmittbaur
Sopranisten: Carolina Ullbrechtin, Maria Anna Schwoboda, Ludgardis Ullbrechtin, Martin Lorentz
Contraaltisten: Maria Eva Ansion, Kunigunda Krausin
Tenorist: Franciscus Dersch
Violinisten: Andreas Hamer, Jacobus Tauber, Franciscus Picquot, Franciscus Haller, Hermann Poxleidner, Thadäus Höffelmeyer, Melchior Eigler
Waldhornisten: Jacob Ullbrecht, Heinrich Stark, Georg Häfner, Franz Hüttisch
Hautboisten: Ludwig Küstner, Georg Klipfele
Hof-Organist: Philipp Joseph Frick
Alto-Violinist: Michael Krauß
Violoncellist: Petrus Hauck
Fagottisten: Anton Schütz, Franz Wägel (Woeggel)
Contra-Bassisten: Joseph Reiff, Joseph Peteritzky
Hoftrompeter: Christoph Emmert, Joseph Moser, Sebastian Wägel, Martin Stegmayer
Hofpauker: Franz Anton Höffelmeyer

Kurz danach wird der Waldhornist Georg Jörger zusätzlich aufgenommen.

Die Liste bezeugt, daß Ullbrecht nach dem Tod Zwiewelhoffers die Kapellmeisterstelle übertragen erhielt, währen als Ullbrechts Nachfolger im Konzertmeisteramt Schmittbaur fungierte. Zahlenmäßig konnte diese Rastatter Hofkapelle zwar nicht mit den großen Kapellen der damaligen Zeit konkurrieren, der zugleich am Durlacher Hof wieder aufblühenden Musikpflege erschien sie jedoch bedeutend überlegen.

Doch Rastatts Blüte sollte abermals nur von kurzer Dauer sein. August Georg starb am 21. Oktober 1771, die Rastatter Hofhaltung wurde aufgelöst.

Karl Friedrich – aus der Durlacher Linie – wurde auch Herr von Baden-Baden. Ein Teil der Rastatter Hofkapelle fand zwar später am Karlsruher Hof eine neue Anstellung, der Großteil der Musiker aber wurde entlassen oder pensioniert. Die gesamte Theatergarderobe ging durch Kauf in den Besitz des vormaligen Baden-Badischen Ballettmeisters Curoni über.

Nach der Vereinigung der beiden Markgrafschaften hielt Ludwig Georgs unverehelichte Tochter, die Prinzessin Elisabeth, vorübergehend in Freiburg eine Hauskapelle, die aus folgenden Mitgliedern bestand:

Direktor: Gäring, Waldhorn und Geige
Musiker: Tyri, Klarinette; Kirrstein, Bassetthorn en premier und Klarinette; Czerny, Bassetthorn en Basse und Fagott; Matauschek, Fagott und Bassetthorn en second

und einen guten Ruf genoß: Ein Bläserquintett, das in der Entwicklung zwischen Alta-Ensemble und Harmonie-Besetzung steht und das erneut die Vorliebe jener badischen Fürstengeneration für die Bläsermusik bezeugt.

Durlach

Die ersten Versuche musikdramatischer Aufführungen am Baden-Durlachischen Hof dürften in die Regierungszeit des Markgrafen Friedrich VI. fallen. In Paris ausgebildet und dem französischen Geschmack verbunden, seit 1659 an der Regierung, widmete er seine Kraft dem wirtschaftlichen Aufbau und der politischen Konsolidierung des Landes. Doch zeigen sich dabei auch Ansätze zu geistig-künstlerischen Interessen. Die im Krieg zerstörten Schlösser von Hochberg und Karlsburg wurden wieder aufgebaut, Gemälde-, Altertums- und Münzsammlungen angelegt. Als im August 1666 Markgraf Albrecht von Brandenburg mit seiner Gemahlin in Karlsburg weilte, kam es dort zur Aufführung des Tanzspiels »Glück und Tugend«. Anläßlich der Vermählung des Erbprinzen Friedrich Magnus mit Prinzessin Auguste Maria von Schleswig-Holstein erklang im Mai 1670 »Der Liebestriumph«, ein Stück, das aus Gesängen und Entréen bestand und den Fürsten Welpho, die Prinzessin Hildegard, sowie Götter, Göttinnen, allegorische Figuren und einzelne Volksstämme auf die Bühne brachte. Als Tanzmeister wirkte in beiden Aufführungen Monsieur de Champ.

Das höfische Leben unter Markgraf Friedrich VII. Magnus litt unter den Unbillen der Zeit. Was im

Dreißigjährigen Krieg nicht vernichtet worden war, fiel nun den Zerstörungen der Réunionskriege, des orleansischen Feldzuges, der spanischen Erbfolgekriege zum Opfer. Durlach wurde zerstört. Friedrich Magnus suchte Zuflucht im Schloß zu Grötzingen, das er erst 1699 mit der notdürftig hergerichteten Karlsburg in Durlach wieder vertauschen konnte. An eine geordnete Musikpflege war unter diesen Umständen nicht zu denken. Nur vereinzelt wird von Aufführungen berichtet, wie 1684 der »sich selbst besiegende Scipio«, offensichtlich eine richtige Oper, oder 1694 und 1695 mit einem Ballett auf »des durchlauchtigsten Fürsten Friedrich Magnus . . . Geburtstag« und der »Kleinen Jäger- und Schäferlust«. In beiden Fällen werden Konzerteinlagen der Hofkapelle erwähnt. Erst 1698 erfolgte durch die Aufnahme der Hoboisten Johann Martin Dentzinger (Brintzinger?), Johann Rehfuß und Johann Peter Mühle eine wesentliche Verstärkung des Orchesters. Vor 1708 leitete Enoch Blinzig die Hofkapelle im Durlacher Schloß. Unsicher ist dagegen das Wirken eines Kapellmeisters namens Christoph Anschütz.

Erst als Karl Wilhelm im Jahr 1709 zur Regierung kommt, bessern sich die Zeiten. Der weltgewandte, in Lausanne und Genf sowie an der Universität in Utrecht ausgebildete Herrscher verehelicht sich im Juni 1697 in Basel, der langjährigen Zufluchtsstätte der Durlacher Markgrafen, mit der württembergischen Prinzessin Magdalena Wilhelmine. Die verwandtschaftliche Beziehung sollte ebenso wie die spätere Freundschaft mit Bayreuth und Ansbach für die einheimische Musikpflege von Wichtigkeit werden. Die Friedensschlüsse zu Rastatt und Baden im Aargau im Jahr 1714 leiteten eine ruhige Zeit ein. Bei aller Sparsamkeit, die dem Markgrafen Karl Wilhelm nachgesagt wird, gestaltete er doch das Hofleben nach französischer Art reichlich aus. Die Erbauung des Lustschlosses Karlsruhe fällt in seine Zeit. »Nur an der Beschränkung der vorhandenen Mittel dürfte es gelegen haben, wenn der Karlsruher Hof trotzdem mit den fürstlichen Residenzen jener Zeit an Glanz, Pracht und Verschwendung nicht recht wetteifern konnte« (L. Schiedermair).

1712 treffen venezianische Künstler ein, das Kapellmeisteramt wird zwischen dem wieder zurückgekehrten Blinzig und dem Italiener Giuseppe Boniventi geteilt. Als Hof-Hautboisten werden eingestellt: Jeremias Schmeltzer, Christian Schmid, Johann Matthäus Schwartz, Theodor Schwartzkopf, Hieronymus Schmid, Conrad Orth, Martin Brintzinger und Lorenz Engelhard, zu denen sich im März des folgenden Jahres eine von dem Bayreuthischen Geheimrat von Stein empfohlene »in 7 Personen bestehende Bande Hautboisten« gesellt: Sigmund Böhringer aus Bohnland in Franken, Johann Erhard Spörl aus Hof, Johann Brandt aus Bayreuth, Johann Zechgruber aus Bayreuth, Johann Stefan Grobmüller aus Selb im Voigtlande, Johann Georg Maltzer aus Bayreuth und Johann Heinrich Klepper aus Gera. Zugleich finden folgende Trompeter Aufnahme am Hof: Christoph Osswald, Johann Burckhard Osswald (beide aus Ansbach), Johannes Sivert aus Sachsen. Aus Basel werden neue Instrumente beschafft. Die acht Hoboisten hatten bei den höfischen Musikaufführungen mitzuwirken, sich aber zudem am Kopieren »deutscher und italienischer Stimmen« zu beteiligen. Die jungen Bayreuther Hautboisten sollten »in der Music als Hautbois, Flöte, Violin und andern Wald-Horn Instrumenten mit ohnermüdetem Fleiß exercieren«, worin sie Blinzig und andere Hofmusiker ohne Entgelt zu überwachen hatten. Bedurfte man eines größeren Orchesters, so wurden musikkundige Lakaien herangezogen.

Von Interesse ist, daß unter Karl Wilhelm zwar italienische Musiker in der Mehrzahl dienen, daß daneben aber doch ein beachtlicher Stand deutscher Namen in wichtigen Funktionen in Erscheinung tritt. Im Bestand von 1715/16 und auch später werden übrigens die Bayreuther Hautboisten stets extra ausgewiesen; offensichtlich hatte diese vorzüglich aus Bläsern bestehende (Militär-) Kapelle auch besondere Aufgaben im höfischen und militärischen Zeremoniell zu erfüllen.

Um 1719 nimmt der Einfluß der Italiener erneut zu. Am 4. August 1722 beklagt sich Johann Philipp Käfer darüber, daß in den letzten drei Jahren »mich unsere Herren Italiener zu Keiner (neuen Oper) gelangen lassen«. Doch scheinen da persönliche Gründe mit im Spiel gewesen zu sein, da zur gleichen Zeit sogar mit Reinhard Keiser über eine Übersiedlung nach Durlach verhandelt wird. 1721 trifft Keiser in Durlach ein, wo seine Oper »Tomyris« zur Aufführung gelangt. 1719 begegnen wir überdies einem jungen Musiker, der das musikalische Leben des Hofes später entscheidend mitprägen sollte: nämlich Johann Melchior Molter. Er wird 1719 vom Fürsten nach Venedig geschickt, um dort »in der Music mit Erlernung der Italienischen Manier, auch anderer Vortheil und Handgriffe, sich mehrers zu habilitieren«. 1720 überreicht Molter von Venedig aus Karl Wilhelm sechs neue Concerti und bittet zugleich, weitere Studien in Rom anschließen zu dürfen.

1722 kehrte Molter als Hofkapellmeister nach Durlach zurück, um dieses Amt bis 1733 zu versehen. Zwischen 1726 und 1733 traten als Trompeter in die Kapelle ein: Johann Georg Schemes aus Hanau, Johann Andreas Scozniovky aus dem Nassauischen, Zacharias Beswillibald aus Ansbach, Johann Hartmann Oßwaldt von Ansbach, Johann Burckhardt Pfeiffer aus Abstatt in Franken; als Oboisten: Johann Georg Rittershoffer, Georg Michael Wegelin, sowie die sieben »Bayreuther Hautboisten«, nämlich Johann Georg Dietrich Bob (Popp), Johann Friedrich Gretsch, Johann Georg Rimmler, Christian Friedrich Graßold, Johann Reisch, Johann Matthias Vogelsteller und Johann Heinrich Kern, ferner Fritz Benda und Christian Andreas Gebhardt.

Vor allem aber stand Durlach in der Pflege der Oper auf der Höhe der Zeit. Bis zu sieben verschiedene Opern kamen in manchen Jahren zur Aufführung. Als Schauplatz diente zunächst die Karlsburg in Durlach, später, nach der Anlage der »Carlsruhe«, das dortige Schloß. 1733 unterbrach der Krieg um die polnische Königswahl diese Blüte des Kunstlebens. Der Markgraf übersiedelte nach Basel, die Markgräfin blieb zwar »zum Troste der geängsteten Einwohner« im Lande, entließ jedoch beinahe den gesamten Hofstaat. Als kranker Mann kehrte der Markgraf 1736 nach Baden zurück. Ein Besoldungsbuch aus dem Jahr 1738 zählt folgende Mitglieder der Hofmusik auf:

Konzertmeister Bodinus
Kammerdiener und Musikus Schmelzer
Kammerdiener Dill
Eberhard
Hofmusikus und Bassist Thiel
Hofmusikus Hengel, Gebhardt, Menßinger
Hofpauker Bitsche
Trompeter Pfeiffer, Oßwald, Carl Pfeiffer, Matthäus Eyring
Lakai und Hoforganist Schwab
Hautboisten und Lakaien Röslin, Trost, Tritz, Kühndorf, Rittershofer, Neumann, Reisch, Kern, Roth, Spörl.

Mit diesem stark reduzierten Personal konnten Opern nicht mehr dargeboten werden. Die Durlacher deutsche Oper hatte damit zu bestehen aufgehört. Karl Wilhelm starb am 12. Mai 1738, er wurde in seiner Gründung Karlsruhe beerdigt. »Länger als an anderen Höfen jener Zeit hatte sich in Durlach die deutsche Oper bis in die dreißiger Jahre des 18. Jahrhunderts hinein gehalten. Die Frage, ob sie hier noch länger eine Pflegestätte finden oder durch die sich damals in Deutschland immer mehr ausdehnende italienische Kunst verdrängt werden sollte, kam infolge des Ablebens ihres Stifters nicht zur

Entscheidung und wurde unter der neuen Regentschaft auch nicht aufgeworfen« (L. Schiedermair).

Für den minderjährigen Enkel Karl Friedrich führte die verwitwete Markgräfin Magdalena Wilhelmine die Vormundschaft, unterstützt vom Markgraf Karl August, der nach ihrem Tod im Jahr 1742 an ihre Stelle in der vormundschaftlichen Regierung trat. Magdalena Wilhelmine stand der Oper fern. Erst nach ihrem Tod begegnen wir neuen Ansätzen zum Aufbau einer Hofkapelle. Unterm 17. Februar 1743 wird Molter erneut als Kapellmeister an den Durlacher Hof verpflichtet, mit dem Auftrag, nicht allein die Hofmusik zu leiten sondern auch die Jugend des Gymnasiums in der Musik zu unterrichten.

Dies sollte sich jedoch in dem Augenblick ändern, da Karl Friedrich Ende 1746 selbst in die Regierungsverantwortung eintrat. Bereits am 9. März 1747 verfügte er die Errichtung der Kapelle.

Karlsruhe

Am 17. Juni 1715 hatte Karl Wilhelm, Markgraf von Baden-Durlach, den Grundstein zu seinem neuen Schloß Karlsruhe gelegt: Eine fürstliche Laune, die zu einer Stadtgründung führte, »die zu den originellsten der neueren Zeit gehört«[11]. Unter Markgraf Karl Friedrich und dessen geistvoller und anmutiger Gattin Karoline Luise, einer hessischen Prinzessin, entfaltete sich in den sechziger und siebziger Jahren hier ein reges geistiges Leben. Der Plan der Gründung einer Universität Karlsruhe wird erwogen, gelehrte und schöngeistige Unternehmungen finden Verwirklichung, eine Reihe glänzender Namen, unter ihnen Herder und Goethe, Gluck und Klopstock, Jung-Stilling und Johann Peter Hebel, geben der Stadt ihr Gepräge[12]. Reformen in der Landwirtschaft, die Einführung der Industrie, Bemühungen um die Hebung des geistigen, sittlichen und religiösen Zustandes des Volkes kennzeichnen diese Periode.

Als schließlich im Jahr 1771 durch den Tod August Georgs von Baden-Baden die beiden Markgrafschaften nach jahrhundertelanger Trennung wieder vereint werden konnten, kündigte sich für das badische Land eine Zeit der Konsolidierung an. Der alte und zugleich neue Hofkapellmeister Molter fand bei Amtsantritt vier Hofmusikbedienstete und fünf Hoftrompeter vor: Burckhardt, Ludwig und Carl Pfeifer, Heinrich Oßwald und Matthias Eyringer. Molter legte daher einen Plan zur Errichtung einer zwar nicht allzu großen, jedoch »wohl eingerichteten Capelle« vor, der die Zustimmung des Regenten fand. Die Kosten für die Hofkapelle wurden mit 6776 fl. veranschlagt. Der Aufbau erscheint spätestens 1763 abgeschlossen; von da an gibt es nur noch leichtere Veränderungen. Der »Staats- und Addresse Calender« auf das Jahr 1763 zeigt folgende Mitglieder der Karlsruher Hofmusik an:

Kapellmeister Johann Melchior Molter

Geiger Ludwig Kauz, Hiacyntho Sciatti, Carl August Pfeifer

Waldhornisten Antoni Mocker, Johann Bernhard Pompeati

Querflötist Johann Reusch

Violoncellist Johann Gottlieb Bendorf

Clavicinist und Hoforganist Johann Georg Cramer

Fagottist Philipp Müller

Oboist Johann David Neuman

Trompeter Johann Hartman Oswald, Carl und Friedrich Pfeifer, Johann Martin Eyring, Johann Dietrich Schneeberger

Hofpauker Carl Ludwig

Jagdwaldhornisten Maximilian Friedrich Nast und Andreas Ehrenfried Forstmeier

Der Zahl der Instrumentalisten nach erschien damit beinahe jene Stärke erreicht, die die Kapelle unter Karl Wilhelms Regierung aufwies[13].

Abb. 26: Beginn des 3. Satzes des Konzertes in A-Dur für Klarinette (in D), Streicher und Cembalo von Johann Melchior Molter, der führenden Persönlichkeit in der Durlacher Hofkapelle in der ersten Hälfte des 18. Jahrhunderts.

Molters musikgeschichtliche Bedeutung liegt in seiner Konzentration auf die Instrumentalmusik. Neben Ouvertüren und Sinfonien für festliche Anlässe bevorzugte er kleine bis kleinste Besetzungen, Concertinos, Sonaten und Trios. Das mag damit zusammenhängen, daß der Schloßumbau zur Zeit seines Wirkens in Karlsruhe größere Aufführungen nicht zuließ, daß man daher mit Tafelmusiken häufig ins alte Durlacher Schloß auswich. Dafür brachte Molter interessante Abwechslung in der Auswahl der Instrumente. Er gilt neben Chr. Graupner, C. Fr. Fasch und Johann Sebastian Bach als einer der wenigen Komponisten seiner Zeit, die »sich um eine Erneuerung der instrumentalen Klangsprache bemüht haben«. Wieweit die Vorliebe des Fürsten dazu beitrug – oder wieweit eben das Können seiner Musiker, die jeweils mehrere Instrumente beherrschten, ihn zu solchen Experimenten anregte, läßt sich bei der gegenwärtigen Kenntnis seines Schaffens nicht mit Sicherheit sagen. Wohl aber weist der Karlsruher Notenbestand ein deutliches Schwergewicht im Bereich des Querflöten-Spiels (Triosonaten, Quartette) auf. Auch damals weitgehend aus der Mode gekommene Flöteninstrumente, wie Flauto dolce, Flauto traverso d'amore, werden von Molter noch verwendet. Zugleich aber gehörte er zu den ersten Tonsetzern, die sich der neu aufkommenden Klarinette zuwandten.

Im Jahr 1730 kam der Flötist J. Reusch aus Ansbach nach Karlsruhe, wo er sich der Klarinette annahm und bald eine für die damalige Zeit erstaunliche Virtuosität auf diesem Instrument entwickelte. Für ihn komponierte Molter vier Klarinetten-Konzerte, die zu den ersten ihrer Gattung zählen. Es handelte sich wohl um Zweiklappen-Klarinetten in D, deren Eignung für Tonentfaltung und virtuose Geläufigkeit damals erkannt wurde. In der Form sind die Solo-Konzerte Molters dem spätbarocken Concerto grosso verpflichtet, in der Spieltechnik orientieren sie sich an Vivaldi und Tartini. Molter wußte überdies die kleinere Schalmeiform (Chalumeau) von der »einer langen Hautbois« ähnlichen Klarinette zu unterscheiden. Neben den Klarinetten-Konzerten sind von Molter Konzerte für paarig besetzte Chalumeau überliefert.

Die Entwicklung des solistischen Klarinettenspiels geht von Molter aus und führt über den Mannheimer Stamitz zu Wolfgang Amadeus Mozart. Die Neuausgabe der vier Klarinetten-Konzerte Molters im »Erbe deutscher Musik«, aber auch die Neu-Edition seiner drei Konzerte für vier Flöten wirft »ein neues, vorteilhaftes Licht auf die badisch-durlachische Instrumentalmusik im 18. Jahrhundert und auf

ihren Leiter Molter, als einen durchaus originellen und oft eigene, neue Wege einschlagenden Komponisten jener Übergangsepoche vom Barock zur Klassik« (F. Längin). Molters Werke werden zum überwiegenden Teil in der Badischen Landesbibliothek in Karlsruhe verwahrt[14].

Ein Wechsel an der Spitze der Hofkapelle wird erst notwendig, als Molter am 12. Januar 1765 stirbt. Am 3. Januar 1766 rückt Sciatti in die erledigte Kapellmeisterstelle ein. Den Konzertmeisterposten erhält Carl August Pfeifer. Als Flautotraversist tritt 1765 Johann Gottlieb Escher aus Maulbronn an die Stelle des ausgeschiedenen Mocker.

Das Jahr 1771 brachte die schon erwähnte Vereinigung der beiden Markgrafschaften, damit eine ansehnliche Vergrößerung des Landes und wichtige Reformen, unter denen die Aufhebung der Leibeigenschaft besonders ins Auge fällt. Das größere Land ermöglicht die Wahl größerer Ziele. Und dazu gehörte auch die Vergrößerung der Hofkapelle: Eine Reihe ehemaliger Baden-Badener Musiker wurde in den Karlsruher Hofdienst übernommen, u. a. Kapellmeister Schmittbaur, die Hoboisten und Klarinettisten Küstner und Klipfele, der Fagottist Franz Woeggel und die Waldhornisten Häfner und Hüttisch. Von 1772 bis 1775 zeigte die Hofkapelle in Karlsruhe demnach folgenden ansehnlichen Stand:

Kapellmeister Hyacintho Sciatti
Konzertmeister Joseph Aloys Schmittbaur
Sopranist Martin Lorenz
Tenorist Ignaz Thau
Geiger Ludwig Kautz, Christian Gottlieb Escher, Johann Friedrich Backof, Maximilian Friedrich Nast, Andreas Ehrenfried Forstmeier, Andreas Hammerer, Hermann Boxleidner, Michael Wöggel
Bratscher Johann Georg Cramer, Andreas Ehrenfried, Forstmeier (wie oben), Nicolaus Friedrich Busch
Violonist Johann Dietrich Schneeberger
Querflötist Johann Reusch
Oboisten und Klarinettisten Johann Reusch (wie oben), Ludwig Küstner, Georg Klipfele
Fagottisten Philipp Müller, Franciscus Wöggel
Waldhornisten Heinrich Bernhard Pompeati, Georg Häfner, Franz Hüttisch
Clavicinist Johann Georg Cramer, zugleich Hoforganist
Trompeter Johann Martin Euring, Friedrich Pfeifer, Johann Dietrich Schneeberger
Hofpauker Carl Ludwig
In dieser Liste fällt auf, daß die neuen Hofmusiker

weit höhere Gagen bezogen, demnach offensichtlich Pensionen des Rastatter Hofes zusätzlich angewiesen erhielten.

Sciatti stirbt am Weihnachtstag 1776. Die Direktion der Karlsruher Hofkapelle wird 1777 Josef Aloys Schmittbaur übertragen, der das musikalische Geschehen der folgenden Jahrzehnte und bis in den Beginn des 19. Jahrhunderts herein entscheidend prägen sollte[15]. Schmittbaur genoß in der damaligen Musikwelt hohes Ansehen. Christian Daniel Fr. Schubart schreibt etwa über ihn: ». . . Doch war die Ehre, dieses Orchester in Aufnahme zu bringen, einem Deutschen vorbehalten, und dieser Deutsche ist der jetzige Capellmeister Schmittbaur. Er gehört unter die vorzüglichsten Komponisten unseres Vaterlandes, und erst jetzt sieht man, was die Welt schon längst an ihm hatte. Seine zu Cöln aufgeführten Kirchenstücke sind voll Verstand und Kunsteinsicht. Er bearbeitet die Fuge gründlich, nur künstelt er zu sehr an seinen Modulationen. Seine deutschen Kantaten sind zum Teil vortrefflich. Seine Arien sind trefflich zur Gesangsübung, weil sie schwer sind und von neuen Modulationen strotzen. Dieser Meister hat auch sehr viel im Kammerstyle gearbeitet, immer gut und hörbar . . . Schmittbaur, der nicht genug bekannte, nicht genug gepriesene Schmittbaur, gibt 10stimmige Sinfonien heraus – herrlich, exklamiert ein Kenner, der sie im Manuscript sah«. Der Stand der Hofkapellmitglieder aus dem Jahr 1793 zeigt – verglichen mit den Orchestern Molters oder Sciattis – bereits die Entwicklung zum vollen klassischen Orchester, in dem die Streicher zahlenmäßig die Bläser zu übertreffen beginnen.

Ein Wort zum Komponisten Schmittbaur, dessen Werke in verschiedenen Bibliotheken Europas verstreut vorliegen. Er gilt als respektabler Kirchenkomponist, dessen Orgelwerke, »in denen sich kontrapunktische Arbeit mit der melodischen Empfindsamkeit, aber auch fast romantischem Klangempfinden vereinigt«, ebenso wie manche Kammermusik- und Klavierstücke überzeitliche Beachtung verdienen[16]. Unter den Orchesterwerken interessieren uns besonders sechs für den Trompeter Woeggel geschaffene Trompetenkonzerte. Die Quartette zeigen eine originelle, wohl (wie auch bei Molter) mit der Vorliebe des Fürsten zusammenhängende Besetzung, nämlich Flöte, 2 Violinen und Violoncello. Darin deutet sich – vor Josef Haydn – bereits die von dem Wiener Meister entwickelte thematische Verarbeitung im Quartettspiel an.

Ende 1804 trat Schmittbaur in den Ruhestand, nach vollendetem 86. Lebensjahr! Zu seinem Nachfolger wurde der seit 1803 in der badischen Hofkapelle tätige Johann Evangelist Brandl (1760 – 1837) bestellt. – Doch damit ist bereits das 19. Jahrhundert erreicht. Markgraf Karl Friedrich wird zunächst Kurfürst und 1806 schließlich Großherzog. Der damit verbundene dreifache Landzuwachs führt zu einem sprunghaften Anwachsen der Stadt Karlsruhe. Damit waren zugleich die materiellen Voraussetzungen für die Errichtung eines Hoftheaters gegeben, das 1806 bis 1808 von F. Weinbrenner im klassizistischen Stil erbaut wurde.

»Wenn wir die Oper der badischen Höfe von der Mitte des 17. Jahrhunderts bis zur Begründung des Großherzogtums kurz überblicken, so bietet sich uns das Bild einer Entwicklung, die meist im Zusammenhang mit jener der musikdramatischen Kunst an den anderen deutschen Höfen erfolgte, verschiedentlich aber auch eigene Wege ging. Wir sehen hinter die Kulissen kleinerer Operninstitute jener Zeit, begegnen aber auch Namen von mehr als lokaler Bedeutung. Die deutsche Operngeschichte des 17. und 18. Jahrhunderts wird durch eine Reihe neuer, charakteristischer Züge ergänzt. Neben der Pflege der ausländischen, zeitweise im besonderen französischen Kunst tritt vornehmlich in Karlsruhe eine solche der nationalen Oper zutage, die dem Durlacher Hofe durch das ganze 18. Jahrhundert ein besonderes Gepräge verleiht und ihn häufig in Gegensatz zu zahlreichen anderen größeren und kleineren deutschen Höfen stellt. Mit den großen Zentren des musikalischen Lebens in Deutschland im 17. und 18. Jahrhundert konnten sich die badischen Höfe gewiß nicht messen, wohl aber bildeten sie für die musikalische Kultur jener Zeit wichtige Stützpunkte und hinterließen den Großherzögen auf dem Gebiete der musikalischen Kunst ein wertvolles Erbe« (L. Schiedermair).

Abb. 27: Nicht allein das Klarinettenspiel, auch das Querflötenspiel scheint am Karlsruher Hof gepflegt worden zu sein. Die Badische Landesbibliothek verwahrt u. a. zahlreiche Trio-Sonaten für Flöte, Viola und Violoncello von Amandus Ivanschiz, der um die Mitte des 18. Jahrhunderts lebte – und offensichtlich Beziehungen zum Karlsruher Hof unterhielt. – Unsere Abbildung zeigt das Titelblatt und den Beginn der Flötenstimme einer solchen Trio-Sonate.

Heidelberg

Nach Prag und Wien, wo in den Jahren 1348 und 1365 Hohe Schulen gegründet worden waren, kam es in Heidelberg im Jahr 1386 durch Pfalzgraf Ruprecht I. zur Stiftung einer Universität, – der ersten im Westen des deutschen Sprachraumes. In dem 1196 als Lehen der Bischöfe von Worms genannten Heidelberg bestand vermutlich seit 1346 eine »Sängerei«, das heißt eine aus Klerikern bestehende Hofkapelle. Um 1450 zollt der Meistersänger Michael Beheim in einem Reimgedicht auf Kurfürst Friedrich I. dem Sängerchor und der Kapelle besonderes Lob. Blättern wir in den Matrikeln der Universität, so begegnen uns seit der ersten Hälfte des 15. Jahrhunderts zahlreiche Akademiker, die zugleich als Sänger in der Hofkapelle mitwirkten. 1406 wird der Speyrer Vikar Nykolaus Beabronner aus München als »Cantor domini regis« – nämlich König Ruprechts von der Pfalz – bezeichnet. 1416 folgen vier »chorales« aus Mosbach, Worms, Würzburg und Amorbach. Die Heidelberger Hofkapellisten begrüßten 1414 König Sigismund mit dem Hymnus »Advenisti desiderabilis« und begleiteten ihn im festlichen Zug in die Heiliggeistkirche. Der in den Niederlanden ausgebildete, auch als Arzt und Dichter geschätzte Johannes von Soest wird 1472 als Sängermeister angestellt. Er hinterließ musikalisch ergiebige Traktate, darunter die später verlorengegangene »Musica subalterna«. Sein Schüler Sebastian Virdung, Verfasser der »Musica getutscht« (Basel 1511), gehörte von 1500 bis mindestens 1511 der Heidelberger Hofkapelle an. Unter Philipp dem Aufrichtigen (1576 – 1508) treffen wir mit Johann von Dalberg, Rudolf Agricola, Conrad Celtis und Johann Reuchlin namhafte Humanisten in der Stadt und als Lehrer an der Universität. Seit 1513 lebte in Heidelberg Laurentius Lemlin, der spätere Kapellmeister und Lehrer der »Heidelberger Liedmeister« Jobst von Brandt, Caspar Othmayr und Georg Forster[17].

Handschriften aus den Jahren 1533 und 1544 erlauben Einblick in die Tradition der Heidelberger Hofkapelle und bezeugen immerhin einen Notenbestand von mehr als dreitausend Stücken, vorwiegend niederländischer und französischer Herkunft. Die päpstliche Bulle vom 25. April 1550 bestätigt, daß unter den Kurfürsten Ludwig V. und Friedrich II. zwölf Berufssänger und die entsprechende Anzahl von Kapellknaben der Kapelle angehörten. Hohes Niveau erreichte diese Kapelle dann unter dem Kurfürsten Ottheinrich (1556 – 1559), dessen Vorliebe für die Instrumentalmusik wohl zu manchen Umschichtungen innerhalb der Kapelle geführt haben mag. Friedrich III. (1559 – 1576) dagegen bekannte sich zur calvinischen Lehre und löste die Kapelle auf, die sein lutherischer Nachfolger Ludwig VI. in beschränktem Umfang wieder einrichtete. Die Personalaufstellung aus dem Jahr 1579 bezeugt ein Soll von einem Hoftrompeter, zehn Sängern, einem Organisten, drei Instrumentalisten und elf Trompetern. Johann Knöfl stand als Kapellmeister 1580/81 dieser Gruppe vor. Mit Andreas Raselius erscheint 1600 bis 1602 ein bedeutender Meister seiner Zeit als Kapellmeister; seit 1581 in Heidelberg bezeugt, dann Kantor in Regensburg, veröffentlichte er zahlreiche Kompositionen. »Es scheint, daß die Hofkapelle unter Friedrich III. eine der glänzendsten ihrer Zeit war; der Dreißigjährige Krieg bereitete ihr am kurpfälzischen Hof ein Ende« (S. Hermelink). Heidelbergs Eroberer Tilly schickte die kostbare Biblioteca Palatina als Kriegsbeute nach Rom, die Große Heidelberger Liederhandschrift überlebte glücklicherweise in Frankreich; doch der Großteil der Instrumente und Noten verbrannte.

Im Jahr 1648 kehrte Kurfürst Karl Ludwig nach Heidelberg zurück, um die verödete Pfalz langsam wieder aufzubauen. An die Einrichtung einer Hofkapelle war zunächst nicht zu denken. Bei der Kindstaufe der Liselotte von der Pfalz und beim Besuch des Herzogs von Württemberg mit vielen »frembden Herrschaften und hohen persohnen« mußte der Türmer aus Speyer mit seinen Gesellen zum Tanz aufspielen. Als Organist der Heiliggeistkirche und Musiklehrer der Liselotte wirkte seit 1657 Johann Andreas Keller in Heidelberg. 1680 erhielt er das Amt eines »Director musicae bei Hoff« und wurde damit der letzte Heidelberger Kapellmeister an der seit 1667 wieder bestehenden Hofkapelle. Unter seiner Direktion kam 1682 eine Schäferfreude zur Aufführung, wobei die Hofgesellschaft kostümiert als Winter-, Frühlings-, Sommer- und Herbstschäfer in das Schäferhaus einzog. Das Textbuch vermerkt, daß dabei die Musik in vier Chöre zerteilt wurde: Den Winter stellten die Violinen dar, den Frühling die Flöten, den Sommer die Sänger und den Herbst die Schalmeien. Bei der folgenden »Vermählung Cupidinis und Psychen« gab es ebenfalls eine »Musik von Violinen, Zinken, Posaunen, Schalmeien und Vocalstimmen auf vier Chören gemacht«[18].

Nach dem Tod des Kurfürsten Karl (1685) fiel die Rheinpfalz an die katholische Linie Pfalz-Neuburg; Kurfürst Philipp Wilhelm (1685 – 1690) residierte mit eigener Hofkapelle in Düsseldorf, kam jedoch

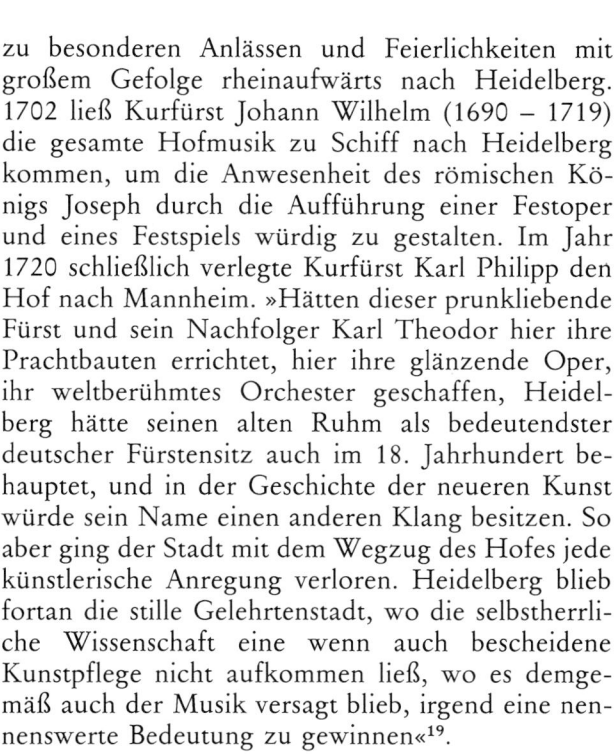

Abb. 28 und 29: Grabsteine zweier Heidelberger Hoftrompeter, links für Hans Hoffmann aus dem Jahr 1582, rechts für Wolf Ernst Colba aus der 1. Hälfte des 17. Jahrhunderts.

zu besonderen Anlässen und Feierlichkeiten mit großem Gefolge rheinaufwärts nach Heidelberg. 1702 ließ Kurfürst Johann Wilhelm (1690 – 1719) die gesamte Hofmusik zu Schiff nach Heidelberg kommen, um die Anwesenheit des römischen Königs Joseph durch die Aufführung einer Festoper und eines Festspiels würdig zu gestalten. Im Jahr 1720 schließlich verlegte Kurfürst Karl Philipp den Hof nach Mannheim. »Hätten dieser prunkliebende Fürst und sein Nachfolger Karl Theodor hier ihre Prachtbauten errichtet, hier ihre glänzende Oper, ihr weltberühmtes Orchester geschaffen, Heidelberg hätte seinen alten Ruhm als bedeutendster deutscher Fürstensitz auch im 18. Jahrhundert behauptet, und in der Geschichte der neueren Kunst würde sein Name einen anderen Klang besitzen. So aber ging der Stadt mit dem Wegzug des Hofes jede künstlerische Anregung verloren. Heidelberg blieb fortan die stille Gelehrtenstadt, wo die selbstherrliche Wissenschaft eine wenn auch bescheidene Kunstpflege nicht aufkommen ließ, wo es demgemäß auch der Musik versagt blieb, irgend eine nennenswerte Bedeutung zu gewinnen«[19].

Mannheim

An der Stelle einer dörflichen Siedlung an der Mündung des Neckars in den Rhein entstand 1606/07 zurzeit der Regierung des Kurfürsten Friedrich IV. von der Pfalz die Festungsstadt Mannheim mit dem heute noch charakteristischen, durch sogenannte Quadrate gekennzeichneten Stadtkern. 1622 zerstörte Tilly Teile der Stadt mit den Festungswerken. Die durch Karl Ludwig mühsam neu aufgebaute Festung und Stadt wurde jedoch 1689, im Orléansschen Erbfolgekrieg, erneut dem Erdboden gleichgemacht. Nur zögernd erhob sich nach dem Frieden von Rijswijk im Jahr 1697 das neue Mannheim aus Schutt und Asche.
Die unverhoffte Erhebung Mannheims zur kurpfälzischen Residenz durch Karl Philipp (1716 – 1742) im Jahr 1720 bewirkte rege Bautätigkeit, in deren Mittelpunkt mit dem neuen Schloß die größte barocke Schloßanlage Deutschlands stand. Fehlten zunächst zwar entsprechende Räumlichkeiten, um große Opern darstellen zu können, so vermochten die aus Neuenburg und aus Düsseldorf mitgebrach-

ten Hofkapellisten doch Serenaden und Kantaten, Oratorien, Pastoralopern und Kammermusik reichlich zu pflegen. Als Kapellmeister und Komponisten sind Johann Hugo Wilderer und Jakob Greber, als Konzertmeister Gottfried Finger sowie Carlo Luigi Pietro Grua d. Ä. und d. J. und Vinzenz Paulus Grua besonders hervorgetreten. Für die Pflege der Kirchenmusik und der vom Hof mitgestalteten Feste der Jesuiten standen seit 1720 die mit dem alten Rathaus verbundene »vorläufige Hofkirche« und später die neue Schloßkirche zur Verfügung. 1733 legte Karl Philipp den Grundstein zur Jesuitenkirche, eine der mächtigsten barocken Kirchenbauten Südwestdeutschlands, die jedoch erst unter Karl Theodor (1743 – 1778) im Jahr 1760 eingeweiht

Abb. 30: Der von der Philosophischen Fakultät der Universität Heidelberg anläßlich der Vermählung Kurfürst Friedrichs V. mit Elisabeth Stuart errichtete Triumphbogen, 1613. Auf dem Balkon des Triumphbogens ist ein Teil der fürstlichen Instrumentalisten zu sehen.

werden sollte. Dieser kunstsinnige Fürst schuf jenes »Paradies der Tonkünstler« (F. H. Jacobi) – und stellte so Mannheim in die erste Reihe europäischer Musikzentren[20].

Christian Friedrich Daniel Schubart rühmte das außergewöhnlich starke und gut besetzte Orchester, wie es »kein Orchester in der Welt zuvor« gegeben hätte. Charles Burney verglich den Klangkörper mit einer Armee von Generälen, »gleich geschickt, einen Plan zu einer Schlacht zu entwerfen als darin zu fechten«. In der Musikwelt erkannte man schon im 18. Jahrhundert die Bedeutung dieser neuen Entwicklung für die europäisch-abendländische Musikgeschichte und sprach von der »Mannheimer Schule«.

Den Grundstock des Orchesters Karl Theodors bildeten die Hofmusiker Karl Philipps und deren nachwachsende Söhne. Europäische Bedeutung erlangte die Mannheimer Hofmusik jedoch durch jene Musiker, die aus den österreichischen Erblanden neu gewonnen werden konnten. In erster Linie muß da Johann Stamitz genannt werden, 1717 in Deutschbrod im Böhmischen geboren, seit 1741 in Mannheim, wo er 1745 Konzertmeister und Musikdirektor wurde sowie mit 900 Gulden in der Besoldungsliste weitaus an der Spitze aller Hofmusiker stand. Einen Ruf nach Stuttgart lehnte er 1748 ab. Als Orchestererzieher wie als Komponist stand Stamitz damals auf dem Höhepunkt seines Ruhmes. »Das Abwechslungsreiche, Farbige, Überraschende im Mannheimer Orchesterstil hing engstens mit dem neuen Kompositionsstil zusammen, der den Forderungen des bürgerlichen Konzertsaales entsprach, dessen Entwicklung in dieser Epoche ihren Anfang nimmt und die Stamitz selbst in den Konzerten des Pariser Mäzens (im Gegensatz zum konservativen Concert spirituel) bestätigt fand; im fortschrittlichen Mannheim war viel vom Pariser Geiste zu spüren. Auf instrumentalem Gebiet hat Stamitz vor allem die Erweiterung der Orchesterfarben gepflegt; Hörner und Klarinetten spielen bei ihm erstmals eine wesentliche Rolle. Die Instrumentierung ist auf stetige Abwechslung in Farben gestellt und dient daneben einer außerordentlich lebendigen, oft überraschenden Dynamik. Die neue Kompositionsmethode mit den ersten Anzeichen klassischer thematischer Arbeit, das neue Klangideal, dem das Cembalo fremd war, und die z. T. den harmonischen Hintergrund gebenden Bläser machen den Basso continuo überflüssig«[21]. Kein Wunder, daß Mannheim zu einer Art Wallfahrtsort für alle führenden Musiker jener Zeit wurde, daß selbst Mozart sich 1777/78 dort einfand und Anregung empfing. Mannheim wurde mit Johann Stamitz zum Wegbereiter der klassischen Epoche in der Musik. Gilt Karlsruhe mit Molter als die Wiege des solistischen Klarinettenspiels, so darf Mannheim mit Stamitz das Verdienst für sich in Anspruch nehmen, für die Verbreitung des Klarinettenspiels entscheidende Impulse vermittelt zu haben. Spätestens seit 1758 gehörten zwei Klarinettisten dem Mannheimer Orchester an. Peter Gradenwitz verdanken wir den Hinweis auf ein Klarinetten-Konzert in der Thurn-und-Taxischen Hofbibliothek zu Regensburg, das Johann Stamitz zugeschrieben werden kann. Neben den Molter-Konzerten eines der ältesten Werke dieser Gattung, geschrieben für B-Klarinette mit Begleitung eines Streichorchesters – und (so Gradenwitz) musikalisch höher einzuschätzen als die vielen Konzerte des Sohnes Karl Stamitz (1745 – 1801). Karl Stamitz hat wenigstens elf Klarinetten-Konzerte hinterlassen, dazu zwei Doppelkonzerte, eines für zwei Klarinetten und eines für Klarinette und Fagott. »Stamitz benutzt die Klarinette vor allem als Gesangsinstrument und läßt die virtuose Seite meistens zugunsten ausdrucksvoller Melodik zurücktreten. Die technischen Anforderungen an den Spieler sind also zumeist wenig anspruchsvoll, doch war ja dem Solisten in der freien Kadenz genügend Möglichkeit zur Entfaltung seiner Virtuosität geboten. Der obere Grenzton der Solostimme liegt meistens bei d^3 und e^3, wohl nur in den – vermutlich in den seltensten Fällen vom Komponisten geschriebenen – Kadenzen wird auch f^3 und g^3 verlangt. Das tiefe Register benutzt Stamitz, wie es schon Faber in seiner Messe von 1720 getan hatte, mit Vorliebe für Akkordfiguren. Die bei der Klarinette so besonders wirkungsvolle Gegenüberstellung der verschiedenen Register nutzt er durch weite Sprünge im Melodiebogen der Klarinette und durch Wiederholung einer zuerst im tieferen Register gegebenen Passage in der höheren Lage aus«[22].

Auch in der Kammermusik tritt die Klarinette nun in den Vordergrund, wenn wir an die drei Quartettserien von Karl Stamitz für Klarinette, Violine, Bratsche und Violoncello denken.

Zeitlich neben und nach Johann Stamitz, der 1757 in Mannheim starb, prägten die Mannheimer Hofkapelle vor allem Fr. X. Richter, 1747 bis 1768 in Mannheim tätig; Ignaz Holzbauer, 1753 aus Stuttgart nach Mannheim berufen und dort bis 1778, also bis zum Ende jener Glanzzeit unter Karl Theodor, als Hofkapellmeister aktiv; A. Filtz, der 1754 als Hofcellist nach Mannheim kam; und nicht zuletzt der Italiener A. Toeschi (seit 1742) und I. Danzi (seit 1754). In Mannheim selbst wuchsen in jener

Zeit Musiker heran, die zum Teil am Ort blieben, zum Teil aber auch in anderen Hofkapellen führende Positionen übernehmen sollten. Wir nennen die Konzertmeister Chr. Cannabich, C. G. Toeschi, weiters J. Ritschel, Fr. Beck, E. Eichner, die beiden Stamitz-Söhne Karl und Anton. Von den Bläsern erregten Aufsehen der Flötist J. B. Wenling, die Oboisten Friedrich Ramm und Ludwig August Lebrun, die Klarinettisten-Familie Tausch, die Waldhornistenfamilien Dimmler und Lang. Den Schlußpunkt unter diese Reihe glänzender Namen setzte Abbé G. J. Vogler, der 1775 als Vizekapellmeister die sogenannte »Mannheimer Tonschule« begründete, wohl die erste deutsche Musikhochschule, aus der u. a. P. Winter, J. M. Kraus, B. A. Weber, P. Ritter und Fr. Danzi hervorgingen.

Im Vordergrund des höfischen Musiklebens, das sich im Winter in Mannheim, im Sommer in Schwetzingen[23], seltener in der Residenz der Kurfürstin in Oggersheim abspielte, stand naturgemäß das Musiktheater mit Opera seria, Opera buffa, Ballett und Pantomime. Alles, was an zeitgenössischen Komponisten überregionalen Ruhm sich erworben hatte, fand da Pflege und Beachtung, so um 1770 auch Grétry und J. Christian Bach. Zu den selbstverständlichen Aufgaben der Hofkapelle gehörten die musikalische Gestaltung der Gottesdienste sowie Aufführungen von Oratorien, wobei offensichtlich die Musik so sehr im Mittelpunkt stand, daß Wieland nach einer Christmette in der Schloßkirche im Jahr 1777 notierte: »Ich wollte lieber ein paar Finger als die Christmette in der Hofkirche zu Mannheim verlieren; das ist mir eine fête, die über alle fêten und Opern geht«. Ehe die allgemeine Bach-Händel-Renaissance in Deutschland einsetzte, sind Werke dieser beiden Meister bereits durch Johann Stamitz in Mannheim studiert worden. »Den größten Einfluß übte Mannheim jedoch durch Spielkultur und Komposition auf die Instrumentalmusik aus. Die Mannheimer Schule förderte zwar die Solotechnik . . ., wirkte aber besonders nachhaltig auf die zeitgenössische Orchesterpraxis ein. Das Mannheimer Orchester fiel schon durch seine Besetzung auf: zweimal zehn Violinen, je vier Bratschen, Violoncelli und Kontrabässe, paarige Bläser (Flöten, Oboen, Klarinetten, Fagotte, Waldhörner, Trompeten) mit Pauken. Neu war die Disziplin dieses Orchesters. Einheitliche Bogenführung, präzise Artikulation und schärfste Konzentration auf die Winke des leitenden Konzertmeisters machten aus dem Mannheimer Orchester einen einheitlichen Klangkörper, der es vermochte, in einzigartiger Weise dynamische Schattierungen auszuführen«[24].

Jäh wurde diese Glanzzeit Mannheims abgebrochen, als Karl Theodor 1778 nach München übersiedelte, um dort die Krone Bayerns zu tragen. Als Abschiedsgeschenk an Mannheim hinterließ der Fürst das Nationaltheater, 1776 erbaut, mit der Gründung einer vom Hof weitgehend unabhängigen Nationalbühne im Jahr 1778. Wolfgang Heribert von Dalberg vermochte als Intendant dieses Theaters das Schwergewicht vom Musiktheater weg auf das Schauspiel zu lenken, um für Mannheim eine Blütezeit der klassischen Schauspielkunst zu retten. Der Rest der in Mannheim verbliebenen Hofmusiker (I. Holzbauer, I. Fränzel, P. Ritter u. a.) gründete zusammen mit Musikliebhabern aller Stände 1779 die sogenannten »Liebhaberkonzerte« – und leitete damit unmittelbar zur Bürgerlichen Musikkultur des 19. Jahrhunderts über.

Freiburg im Breisgau

»Ego Conradus, in loco mei proprii juris scl Friburg forum constitui« – Ich, Konrad, habe an einem Ort meines Eigentums, d. h. zu Freiburg, einen Markt errichtet: Damit beurkundet Herzog Konrad von Zähringen (1122 – 1152) im Jahr 1122 die Gründung Freiburgs im Breisgau. Die Stadt entstand unterhalb des Schloßbergs, auf dem eine 1091 erstmalig erwähnte befestigte Burg der neue Herrensitz des Geschlechts geworden war. Die großzügig angelegte Zähringer-Gründung sollte in erster Linie eine Handelsstadt werden, die für Freiburg gewonnenen Kaufleute erhielten – nach dem Vorbild des Kölner Stadtrechtes – daher ungewöhnliche Privilegien zugebilligt. »Für die freiheitliche Entwicklung der bürgerlichen Selbstverwaltung wurde Freiburg vorbildlich, und nicht weniger als 34 Städte des Südwestens übernahmen im Lauf der Zeit sein Recht«[25].

Freiburg wurde noch im Verlauf des 12. Jahrhunderts ummauert. Damals entstanden das Schwaben- und das Martinstor, die noch heute zu bewundern sind, sowie das Lehener-, Prediger und Christophtor. Den lebendigen Bestandteil solcher Befestigungen bildeten die Türmer oder Stadt-Turner, denen Bewachungs- und Signaldienste (mit Trompeten, Hörnern) aufgetragen waren. Die Freiburger Stadtsiegel von 1230 – 1253 und 1245 zeigen sowohl Türme wie Stadt-Turner mit ihren Musikinstrumenten und bezeugen somit, daß »die Einschätzung des Hörner- oder Trompetenblasens als einen rechtlich bedeutsamen Vorgang für die Stadt in Deutschland eine ältere Tradition hat, als es die

schriftliche Überlieferung erkennen läßt«[26]. Seit 1416 gibt es schriftliche Berichte über die städtischen Münsterturmwächter und ihre musikalische Funktion, die sich ebenso auf die Musik bei den Festen der Stadt und der Universität wie auf die Mitwirkung bei den Passionsspielen erstreckte. In der ältesten Freiburger Niederschrift eines solchen Spiels von 1599 sind zwei Textstellen enthalten, die die Beteiligung von Posaunen und Trompeten bezeugen, und ein Ratsprotokoll von 1598 vermerkt die Belohnung zweier Türmer für ihr Blasen beim »jüngst gehaltenen Spiel«[27].

Freiburg blieb eine Bürgerstadt, allerdings mit besonderer kultureller Gewichtung durch die Universität. Eine fürstliche Hofhaltung mit dazugehöriger Hofkapelle konnte sich jedoch hier nicht entfalten. Auf den Minnesang in der Burg der Zähringer wie auf die Freiburger Meistersingerschule wurde bereits im vorstehenden Kapitel aufmerksam gemacht. 1498 hielt Kaiser Maximilian I. Reichstag in Freiburg. Zwei der glanzvollsten Hofkapellen des damaligen Reichs fanden sich aus diesem Anlaß in der Stadt ein: Die kaiserliche und die sächsisch-kurfürstliche Friedrichs des Weisen. In Freiburg unterzeichnete Maximilian am 20. Juli 1498 jenen Erlaß, mit dem seine bestehende Hofkapelle nach dem Vorbild niederländisch-burgundischer Hofkapellen neu gestaltet werden sollte. Maximilian hatte an den Fürstenhöfen der Niederlande, der Heimat seiner ersten Gemahlin Maria von Burgund, das »brabantisch discantieren« kennen und lieben gelernt, und so wollte er nun auch in seiner unmittelbaren Umgebung durch Musik seine Pracht und Herrlichkeit genießen und bezeugen. Möglicherweise fand sich damals der weitberühmte Komponist und Organist Paul Hofhaimer ebenfalls in Freiburg ein, diente er doch in jenen Jahren am sächsischen Hof Friedrichs des Weisen.

»Das rege musikalische Treiben, das bei diesem glänzenden Fürsten- und Musikertreffen in der Stadt Freiburg geherrscht hatte, hinterließ merkwürdigerweise in den einheimischen Bürgerkreisen keine Spuren«[28].

1456 erfolgte die Gründung der Universität Freiburg, in den folgenden Jahrhunderten geistiges Zentrum des deutschen Südwestens, an der die Lehre von der Musik und ihren Wirkungen auf den Menschen dem damaligen Wissensverständnis gemäß einen gebührenden Platz einnahm. Hier lehrte u. a. 1460 bis 1470 Konrad von Zabern, in dessen »Novellus musicae artis tractatus« die »Musica plana« dargestellt wird. Die Studierenden wohnten damals gemeinsam und nach verbindlicher Ordnung in Bursen. Da gab es zunächst die Pfauenburse, gegen Ende des 15. Jahrhunderts entstand die Adlerburse, die zum eigentlichen Schauplatz akademischen Lebens wurden, in denen Vorlesungen, Disputationen, aber auch Feste mit Schmaus, Tanz, Musik und Spiel stattfanden. Als im 16. Jahrhundert die vorhandenen Bursen nicht mehr allen Studierenden Platz zu bieten vermochten, lockerte sich der Bursenzwang. Adelige und Patriziersöhne mieteten sich eigene Wohnungen oder lebten in den Häusern ihrer Professoren. Zwei solcher »Pensionen« entwickelten sich zu Treffpunkten bekannter Musiker und Musikliebhaber: Einmal das Haus des Rechtsgelehrten Ulrich Zäsi, genannt Zasius, in der »vorderen Wolfshöhle«, zum andern das des bekannten Hu-

manisten und Musiktheoretikers Heinrich Loriti, genannt Glareanus, in der Nähe des Predigerklosters.

Ulrich Zäsi, 1461 in Konstanz geboren, erhielt 1506 die ordentliche Professur für römisches Recht. Er liebte Geselligkeit und den Umgang mit gebildeten Freunden. Durch seinen Lieblingsschüler Friedrich Amerbach, in Amorbach im Odenwald geboren, wandten sich im zweiten Jahrzehnt des 16. Jahrhunderts im Hause Zasius' die Disputationen vor allem der Musik zu! Die Briefe des alternden Zasius an den seit 1519 nicht mehr in Freiburg lebenden Amerbach, sind ein rührendes Zeugnis der väterlichen Liebe zu dem begabten Schüler. Dem Kreis um Zasius gehörten in Freiburg zudem der Konstanzer

Abb. 31: Stadt-Türmer auf dem Siegel der Stadt Freiburg im Breisgau im 13. Jahrhundert sowie auf Flugschriften des 16. und 17. Jahrhunderts (ohne Orts-, Jahres- und Druckerangaben).

67

Johannes Zwick, als Dichter oberalemannischer Kirchenlieder in die Geschichte eingegangen, sowie Thomas Blarer, der Bruder des Konstanzer Reformators Ambrosius Blarer, an. Vor allem aber bereicherten drei weithin geschätzte Musiker jener Zeit die Runde, nämlich Sixtus Dietrich, Hans Kotter und Hans Hußler.

In den musikalischen Unterhaltungsstunden des Amerbachschen Kreises scheint auch die Instrumentalmusik nicht zu kurz gekommen zu sein. Darauf weist ein Brief vom 9. Oktober 1514 hin, den die Schwester Margarete an ihren Bruder Bonifacius richtete: »min lieber bruder, ich schick dir hie die zincken bi meister Luxen ... so het mir meister Brun geseit, des meister Lux abe wolt. So schick ich dir zwi pfiffen vnd die zincken«. Ein Inventar aus dem Jahr 1578 – Bonifacius war 1562 verstorben – verzeichnet u. a. »pfifen futer mit 5 pfifen und 5 klein deren einer mit silber«; zudem ist da von einer »Introductio geschriben uf pfifen« die Rede.

Ein weiterer Freiburger Studentenkreis hatte sich in den Zwanzigerjahren in der Adlerburse um Thomas Sporer geschart. Die Musikpflege galt dort vor allem dem mehrstimmigen Chorgesang. Doch Sporer sympathisierte mit der protestantischen Partei und verließ wohl deshalb Freiburg. An seiner Stelle brachte die Reformationsbewegung zwei musikalische Persönlichkeiten in die Stadt, nämlich Ottmar Nachtgall-Luscinius aus Augsburg und Heinrich Loriti-Glareanus aus Basel. Beide schätzten als Gegner der Reformation das Klima in der dank österreichischen Eingreifens dem alten Glauben treu gebliebenen Stadt Freiburg. Luscinius, ein gebürtiger Straßburger (1487), der u. a. in Heidelberg, Löwen, Padua und Wien studiert hatte, wurde danach Organist in Straßburg und Augsburg. Seit 1528 in Freiburg, schrieb er hier u. a. sein bedeutendes musiktheoretisches Werk »Musurgia, seu praxis musicae«. Der erste Teil der Schrift gilt in der Hauptsache als Übertragung von Sebastian Virdungs »Musica getutscht« (Basel 1511), des ältesten gedruckten Lehrbuches über Musikinstrumente, Instrumentalmusik und Tabulaturwesen, ohne eigene Gedanken zu verleugnen; der zweite Teil befaßt sich mit der Polyphonie, wobei Lehren seines Meisters Paul Hofhaimer formuliert werden. Luscinius zog sich aus dem gesellschaftlichen Leben der Stadt immer mehr zurück. Zuletzt lebte er in der Kartause am Johannisberg. Dem Kloster dort vermachte er bereits 1531 all sein Hab und Gut, darunter 290 Bücher. Er starb am 5. September 1537.

Dagegen liebte Heinrich Glarean Geselligkeit und einen diskussionswilligen Freundeskreis. 1488 in Mollis im Glarnerland geboren, Schüler des Humanisten Michael Röttli-Rubellus, absolvierte er 1510 die Universität Köln als Magister der freien Künste. Aus der Kölner Zeit datiert seine Freundschaft mit Johannes Cochlaeus, dem Verfasser des »Tetrachordum musices« von 1511. Im Rahmen des Kölner Reichstages von 1512 krönte Kaiser Maximilian den Glarean für ein auf den Kaiser verfaßtes Lobgedicht zum »Poeta laureatus«. 1514 begibt sich Glarean nach Basel, um dort in engen Kontakt zu Erasmus von Rotterdam zu treten. Dort entstand seine erste musiktheoretische Schrift »Isagoge in musicen«, 1516. Ein Jahr später finden wir Glarean in Paris, wo er »singend und studierend« (Brief an Erasmus) seine Zeit nutzt. Er kehrt 1520 nach Basel zurück und übersiedelt bald danach nach Freiburg, um die Lektur für Poetik zu übernehmen und – in diesem Zusammenhang – über die »ars musica« zu lesen. Glarean entfaltet in Freiburg eine weithin berühmte Wirksamkeit, sein geistvoller, lebendiger Vortrag zog zahlreiche Studenten an, so daß er oftmals in die Aula der Universität übersiedeln mußte. Seine Vorlesungen erstreckten sich auch auf praktische Musik. Da die altgriechische Dichtung ohne Melodie überliefert ist, bemühte man sich um die Erfindung neuer Melodien. Im Jahr 1551 berichtet ein Augenzeuge aus Freiburg: »Der alt Glarean hat fast die mehrsten Auditores, profitiert den Horatium und sang die Odas oder Carmina«. Neben der Lehrtätigkeit schreibt er Bücher, zusammen zweiundzwanzig allein in Freiburg, darunter als Frucht zwanzigjährigen Musikstudiums das »Dodekachordon« (1547 zu Basel gedruckt). Glarean erweitert das mittelalterliche System der acht Kirchentöne auf zwölf, wobei er sich zwar auf griechische musiktheoretische Schriften beruft, aber doch die Praxis seiner Zeit kodifiziert. In Glareans Freiburger Burse wechselten strenge Gelehrsamkeit und heitere Stunden bei Musik einander ab.

Man darf aus solchen Schilderungen schließen, daß Freiburg, obzwar nicht durch eine fürstliche Hofhaltung mit Musik der Renaissance verwöhnt, doch durch die Kreise der Humanisten wie Amerbach und Glarean an der Entwicklung der Musik Anteil nahm. Die Entfaltung der universitären Musikkultur neben der glanzvollen höfischen wurde durch die nun immer zahlreicher werdenden Notendrucke begünstigt. Das Bürgertum stand dem Treiben an der Universität offensichtlich fern. »Bei ihm scheint der musikalische Einfluß der Humanisten keine Früchte getragen zu haben« (Harter-Böhm, S. 91). Während die Nachlaßinventare der Professoren der Universität in der Regel sowohl praktische Musikwerke wie

Bücher über die Theorie der Musik enthalten, findet man bei den Bürgern keine Musikbücher und nur sehr selten eine Flöte oder eine Laute. »Das erklärt vielleicht auch, daß Freiburg nach dem Verblühen dieser humanistisch-bürgerlichen Musikkultur wieder für lange Zeit in seine alte musikalische Bedeutungslosigkeit zurücksank« (ebda.).

Auch die Geschichte der Kirchenmusik an den zahlreichen Freiburger Klöstern berichtet während des 17. und 18. Jahrhunderts nicht von außergewöhnlichen Ereignissen. Erst als im Jahr 1821 die ehemalige Pfarrkirche durch die Errichtung des Erzbistums Freiburg zur Metropolitankirche des Oberrheingebietes erhoben wurde, entfaltete das Domkapitel Initiativen in musikalischer Hinsicht. Aber damit ist zeitlich bereits jene Schwelle überschritten, in der Freiburgs Bürger sich in paramilitärischen Organisationen zusammenfanden und Bürgermilizen zunächst Pfeifer-Trommler-Korps, seit der Wende vom 18. zum 19. Jahrhundert Blaskapellen in Türkischer Besetzung gründeten.

Donaueschingen

Die ehemals Kloster-Reichenau'sche Besitzung Donaueschingen gelangte im Jahr 1488 an die Grafen Heinrich VII. und Wolfgang von Fürstenberg. Wolfgang empfing hier 1499 als Obersthofmeister König Maximilians seinen Herren, der an der Donauquelle Zelte und eine festliche Tafel aufgeschlagen hatte, mit lustigen Tänzen. Der Erbauer des alten Schlosses, Graf Heinrich VIII. von Fürstenberg (1559 – 1596), unterhielt eine Hofkantorei, an der Sänger und Musiker aus dem Rheinland sowie vom bayerischen Hof wirkten. Die von Meister Chrysostomus von Breisach erbaute Orgel schlug um 1590 Sebastian Hagen, der zuvor in Hechingen und danach in Zabern bezeugt ist.

Erst 1723 wurde Donaueschingen Residenz des 1716 gefürsteten Joseph Wilhelm Ernst von Fürstenberg aus der Stühlinger Linie. Seine Gattin Maria Anna Gräfin von Waldstein brachte nicht allein böhmische Besitzungen in die Ehe ein – sondern auch ein reiches böhmisch-musikalisches Erbe. Damals entstand das neue Schloß. 1744 fiel mit dem Aussterben der Meßkircher Linie weiteres Besitztum an die Donaueschinger. Die vereinigten Bibliotheken verzeichnen einen großen Schatz an Musikhandschriften und Büchern. Vor allem aber kam in diesen Jahren die böhmische Tradition der Harmoniemusiken nach Donaueschingen. Der Fürst ließ

eine solche Harmoniemusik mit je zwei Oboen, Hörnern und Fagotten für Jagd und Tafel einrichten. Fürst Joseph Wenzel, selbst ein ausgezeichneter Klavier- und Violoncello-Spieler, schuf sich eine eigene Hofkapelle, die seit 1762 der fürstliche Rat und Musikdirektor Franz Anton Martelli leitete. Der musikliebende Fürst zog mit seiner Hofkapelle auch zahlreiche reisende Virtuosen nach Donaueschingen, u. a. im Oktober 1766 Leopold Mozart mit den Kindern. Der zehnjährige Wolfgang Amadeus soll damals – zum allgemeinen Erstaunen – vor den Augen des Fürsten innerhalb kurzer Zeit eine Komposition für Violoncello niedergeschrieben haben. Das Autograph dieser Komposition ist jedoch später verloren gegangen. Die Verbindung zwischen dem Fürstenhaus und Mozart blieb aufrecht. 1771 sandte Leopold Mozart sechs Sinfonien nach Donaueschingen. Das 1784 baulich neugestaltete Hoftheater in Donaueschingen kann den Ruhm für sich in Anspruch nehmen, mit die frühesten deutschen Aufführungen Mozartscher Bühnenwerke veranstaltet zu haben. Noch im Jahr der Wiener »Figaro«-Uraufführung konnte man das Werk auch in Donaueschingen sehen. 1791 erfolgte hier die erste Aufführung von »Cosi fan tutti« in deutscher Sprache. Das dafür zur Verfügung stehende Orchester bestand 1790 aus 4 Violinen, je einem Violoncello und Kontrabaß, je zwei Flöten, Oboen, Klarinetten, Fagotten, Hörnern, Trompeten sowie Pauken.

Fürst Karl Egon II. berief 1817 den gebürtigen Meßkircher Komponisten Konradin Kreutzer an die Spitze des 28 Mitglieder umfassenden Hoforchesters. Kreutzer fühlte sich in den engen Verhältnissen der abgelegenen Stadt zwar nicht recht wohl, er trat die Stelle erst 1818 an – und verließ Donaueschingen bereits 1822 wieder. Trotzdem schreibt er, daß er in Donaueschingen »recht in der Musica schwimme«, daß unter Förderung des Fürsten alle Kapellmitglieder »von großem Eifer und Freude an der Kunst beseelt« seien und daß Fremde sich »über die Präcision und den großen Effect dieses kleinen Orchesters ganz erstaunt« äußerten. Für Kreutzer übernahm 1822 Johann Wenzel Kalliwoda die Hofkapellmeisterstelle. 1863 erfolgte die Auflösung des Orchesters. Kalliwoda starb im selben Jahr in Karlsruhe. Ein Denkmal im Schloßpark zu Donaueschingen erinnert an den verdienstvollen Musiker und Komponisten[29].

Wie die Darstellung des zivilen Blasmusikwesens im Bereich des Schwarzwaldes und der Baar zeigen wird, haben Donaueschinger Orchestermusiker die Entwicklung des zivilen Blasmusikwesens dort in vielfältiger Weise bereichert.

1 Dazu grundsätzlich F. BLUME, Artikel Renaissance in: MGG 11, 1963, Sp. 224 – 291; ders., Artikel Barock ebda. 1, 1949 – 51, Sp. 1275 – 1338; mit jeweils weiterführender Literatur.

2 M. RUHNKE, Artikel Kapelle in: MGG 7, 1958, Sp. 660. – Zur italienischen Bläsermusik vgl. W. MÜLLER-BLATTAU, Venezianische Bläsermusik. Kompositionsstil und Aufführungspraxis, in: AltaMus. 1 = Kongreß-Bericht Graz 1974, 1976, S. 23 – 29.

3 D. ALTENBURG, Zum Repertoire der Hoftrompeter im 17. und 18. Jahrhundert, in: AltaMus. 1, 1976, S. 47 – 60, Zitat S. 48.

4 G. SCHÜNEMANN (Hg.), Trompeterfanfaren, Sonaten und Feldstücke, Erbe deutscher Musik (Reichsdenkmale) 7, Kassel 1936; E. TARR (Hg.), Documenta musicologica 2/V, Kassel 1975.

5 M. RUHNKE, Artikel Kapelle in: MGG 7, 1958, Sp. 666.

6 D. ALTENBURG, Zum Repertoire der Türmer, Stadtpfeifer und Ratsmusiker im 17. und 18. Jahrhundert, in: AltaMus. 4, 1979, S. 9 – 32, Zitat S. 10f.

7 BASER, S. 73ff.

8 O. ZUR NEDDEN, Die Kantorei am Hofe des Markgrafen Philipp II. von Baden-Baden (1580 – 1588), in: Zeitschrift für Musikwissenschaft 17, 1929/30, S. 89 – 92, Zitat S. 92; ders., Quellen und Studien zur oberrheinischen Musikgeschichte im 15. und 16. Jahrhundert, Kassel 1931; E. STITZENBERGER, Grundlinien einer Geschichte der Tonkunst im Lande Baden, 1883.

9 BASER, S. 77f.

10 L. SCHIEDERMAIR, Die Oper an den badischen Höfen des 17. und 18. Jahrhunderts, in: Sammelbände der internationalen Musikgesellschaft 14, 1912/13, S. 191 – 207 u. ö.; ders., Zur Geschichte der frühdeutschen Oper, in: Jahrbuch Peters 17, 1910, Leipzig 1911, S. 29 – 43. Die in den folgenden Absätzen genannten Daten sind diesen Schriften entnommen worden.

11 F. WIELANDT, Erinnerungsmedaille auf die Grundsteinlegung des Karlsruher Schlosses, in: Badische Heimat 45, 1965, S. 25; vgl. auch K. EHRENBERG, Baugeschichte von Karlsruhe 1715 – 1870, Karlsruhe 1909; A. FISCHER, Karlsruhe. Der Neubau einer Barockstadt, München 1947.

12 F. BASER, Gluck und Klopstock am badischen Hofe, in: Badische Heimat 45, 1965, S. 90 – 92; ebda. weitere einschlägige Aufsätze; H. ROTT, Kunst und Künstler am Baden-Durlachischen Hofe, 1917.

13 Zum Folgenden vgl. auch B. FREUDENBERGER, Artikel Karlsruhe in: MGG 7, 1958, Sp. 695 – 705.

14 F. LÄNGIN, J. M. Molter, der Markgräflich Baden-Durlachische Kapellmeister und Hofkompositeur, in: Badische Heimat. Ekkhart 1965, S. 128 – 133; ders., Karlsruher Komponisten des 18. Jahrhunderts (Schweizelsperg, Käfer, Molter, Bodinus, Schwindl, Schmittbaur), in: Badische Heimat 45, 1965, S. 160 – 165; F. HERMANN, Artikel Molter in: MGG 9, 1961, Sp. 446ff. – Klarinetten-Konzerte des 18. Jahrhunderts. hg. von H. BECKER, Erbe Deutscher Musik 41. Abt. Orchestermusik 4, Wiesbaden 1957, mit den Klarinetten-Konzerten Molters in A-Dur, D-Dur, G-Dur und D-Dur; Drei Concerti für 4 Flöten und basso continuo, hg. von A. IMBESCHEID, Wien (1982), UE Nr. 16745.

15 K. F. LEUCHT, Die badische Hofmusik und ihr Reorganisator J. A. Schmittbaur, phil. Diss. Wien 1933; F. LÄNGIN, J. A. Schmittbaur. Der Markgräflich Badische Kapellmeister und Hofkompositeur (1718 – 1808), in: Badische Heimat. Ekkhart 1969, S. 161 – 168.

16 K. W. NIEMÖLLER, J. A. Schmittbaurs Werke und ihre Würdigung im 18. Jahrhundert, in: Festschrift K. G. Fellerer, Regensburg 1962, S. 377 – 390, Zitat S. 385.

17 S. HERMELINK, Artikel Heidelberg in: MGG 6, 1957, Sp. 24 – 33, mit weiterer Literatur; die Darstellung des Heidelberger Musiklebens ist, soweit nicht anders vermerkt, diesem Artikel entnommen.

18 BASER, S. 142f.

19 F. STEIN, Zur Geschichte der Musik in Heidelberg, phil. Diss. Heidelberg 1912, erweiterter Neudruck als Geschichte des Musikwesens in Heidelberg bis zum Ende des 18. Jahrhunderts, Heidelberg 1921, sowie in: Neues Archiv für die Geschichte der Stadt Heidelberg und der Kurpfalz 11, 1924, S. 1 – 151.

20 E. SCHMITT und J. TRÖLLER, Artikel Mannheim in: MGG 8, 1960, Sp. 1594 – 1601, mit weiterer Literatur; die folgende Darstellung stützt sich – soweit nicht anders vermerkt – auf diesen Artikel.

21 P. GRADENWITZ, Artikel Stamitz in: MGG 12, 1965, Sp. 1155.

22 O. KROLL, Die Klarinette. Ihre Geschichte, ihre Literatur, ihre großen Meister, bearb. von D. RIEHM, Kassel u. a. 1965, S. 37f.

23 L. FEHRLE-BURGER, Die barocke Opernwelt im Schwetzinger Schloß, in: Badische Heimat. Ekkhart 1973, S. 36 – 60.

24 E. SCHMITT, Artikel Mannheim in MGG 8, 1960, Sp. 1597.

25 B. SÜTTERLIN, Geschichte Badens I. Frühzeit und Mittelalter, Karlsruhe ²1968, S. 188.

26 S. ŽAK, Musik als »Ehr und Zier« im mittelalterlichen Reich. Studien zur Musik im höfischen Leben, Recht und Zeremoniell, Neuss 1979, S. 126, mit Abb. der beiden Freiburger Stadtsiegel; W. SALMEN, Der fahrende Musiker im europäischen Mittelalter, Kassel 1960, mit Hinweisen auf Freiburg, u. a. S. 143 und 176.

27 W. MICHAEL, Die Anfänge des Theaters in Freiburg, in: Zeitschrift der Gesellschaft für Beförderung der Geschichts-, Altertums- und Volkskunde von Freiburg 45, 1934.

28 A. E. HARTER-BÖHM, Zur Musikgeschichte der Stadt Freiburg im Breisgau um 1500, Freiburg 1968 (Veröffentlichungen aus dem Archiv der Stadt Freiburg i. Br. 10), S. 69, mit weiterer Literatur. Dieser Publikation sowie dem Artikel Freiburg i. Br. von H. HECKMANN in: MGG 4, 1955, S. 865 – 879, sind die weiteren Daten zur Musikgeschichte Freiburgs entnommen.

29 E. F. SCHMID, Ein schwäbisches Mozartbuch, Lorch-Stuttgart 1948, S. 138 – 146 und 416 – 421; ders., Artikel Donaueschingen in: MGG 3, 1954, Sp. 661 – 667, mit weiterer Literatur.

IV. Musik als Bestandteil militärischen und paramilitärischen Zeremoniells

Militärmusik hat drei Wurzeln: Sie soll (1) im Kriegsfall durch Feldgeschrei und »starke« Musik (Lärmblasen) militärische Kampfstärke ankünden/vortäuschen, den Gegner einschüchtern, sie soll (2) den Gleichschritt der Marschierenden ermöglichen, um Ordnung und Gemeinschaftsgeist (turgor vitalis) zu bewirken, und sie soll (3) in einer klingenden »Geheimsprache« und Heraldik Signale/Nachrichten übermitteln. Tacitus bezeugt die erstgenannte Form bei den Germanen. Von den Griechen und Römern ist bekannt, daß man – in Sparta – nach dem Flötenmusiktakt und dem Gesang der Truppe im Gleichschritt langsam dem Feind entgegenrückte; die Römer setzten Blasmusik in solcher Signalfunktion bei Massenbewegungen ein, die in geordneter Formation durchgeführt werden mußten, so bei Fest- und Triumphzügen oder Leichenbegängnissen. »Vor allem beim Heer, das bei den Römern bis aufs kleinste Detail durchorganisiert war, nahmen die Bläser (tubicines, cornicines) eine wichtige Stellung ein; sie besorgten mit ihren verschiedenen Blasinstrumenten nicht nur den genau vorgeschriebenen Signaldienst, sondern auch die Musik zum Exerzieren und Marschieren« (Walter Biber)[1].

In den ritterlichen Heeren des Mittelalters zählten Feldmusiker zur unabdingbar notwendigen Ausstattung. »Vermutlich bestanden neben der spärlich besetzten Signalmusik noch kleine Musikkorps von Pfeifern, Blechbläsern und Trommlern. Diese Musiker begleiteten die Truppe überall, spielten unterwegs und im Lager. Einige alte Landsknechtlieder erwähnen sie, doch ist es schwer nachzuweisen, in welcher Besetzung sie musizierten, ob sie einen geregelten Dienst bei der Truppe hatten und ob sie überhaupt Soldaten waren«[2]. Mit den stehenden Heeren des 16. Jahrhunderts beginnt die eigentliche Entwicklung der Militärmusik in ihrer bis ins beginnende 19. Jahrhundert gültigen Trennung in »Trompeter und Pauker« für die Reiterei und »Pfeifer und Trommler« für das Fußvolk. Auf die einen wie auf die andern weist Lienhart Fronsperger in seinem 1555 zu Frankfurt am Main erschienenen Werk »Fünff Bücher von Kriegsregiment« hin: Danach sollte sich bei jedem Reitergeschwader mindestens ein Feldtrompeter befinden. W. Dillich präzisiert: Das Reiterfähnlein hatte zweihundert Mann und drei Trompeter, die unmittelbar dem Hauptmann unterstellt waren und sich stets in seiner Nähe aufzuhalten hatten. Beim Aufmarsch marschierten sie an der Spitze des Geschwaders. »Wenn etwa Fürsten, Herren oder andere Potentaten in einem Feldzug sind, so pflegt man ihnen einen Heerpauker zuzustellen, dessen Dienstpflichten wie die des Trompeters« (Fronsperger). Und von den Trommlern und Pfeifern heißt es: »Under einem jeden Fändlin Knecht werden auch gehalten zum wenigsten zwey Spil, das ist zwen Trommelschlager und zwen Pfyffer«; ein Brauch, den Kaiser Maximilian schriftlich bestätigte[3].

Ein bislang kaum ausgewertetes Repertorium der militärischen Pfeifer- und Trommlermusik des 16. bis 18. Jahrhunderts findet sich in der 1784 entstandenen Handschrift 2573 der ehemaligen Großherzoglichen Hofbibliothek in Darmstadt (heute: Hessische Landes- und Hochschulbibliothek Mus. ms. 1225), das in erster Linie Armeemusik preußischer und hessischer Truppen enthält, darunter Kompositionen von Mitgliedern des großherzoglichen Hau-

Alt-Badische Pfeifermelodie

Durlacher Marsch

ses. Daneben sind Proben französischer, österreichischer, bayerischer, russischer, englischer, schweizerischer Militärmusik in diesem Konvolut verzeichnet. Zwei Stücke beziehen sich auf Baden: Nr. 91 ist mit »Alt Baaden« überschrieben – wurde demnach bereits im Jahr 1784 als altartig empfunden, Nr. 100 mit »March v. Durlach«. Jedoch sind beide Stücke nur einstimmig überliefert, die Notensysteme für die zweite Flötenstimme blieben jeweils frei (Notenbeispiele S. 71 und 72).

Dem Zeit seines Lebens für alles Militärische äußerst aufgeschlossenen Prinzen von Hessen-Darmstadt verdanken wir zudem »Militärische Observationen, so ich mir auf der Berliner Reise (1772) als Nachricht marquiret«. Danach bestand die Wache in Berlin aus einem Unteroffizier, vier Rotten Grenadieren, einem Trommler, zwei Pfeifern sowie aus drei Offizieren, 18 Rotten und Spielleuten der Garde-Musketiere. Die Umgliederung der Infanterie am 1. Juni 1792 sah für das 1. Bataillon Garde einen Regimentstambour, zwei Pfeifer bei der Flügel-Grenadier-Kompanie, einen Pfeifer bei der Leibkompagnie und 18 Tamboure vor, das zweite und dritte Bataillon Garde erhielten je einen Bataillonstambour, zwei Pfeifer und 18 Tamboure zugewiesen. Die Funktion der Tamboure als Befehlsübermittler im Gefecht ergibt sich aus einer Tagebuchaufzeichnung des damaligen Kronprinzen und späteren Königs Friedrich Wilhelm II. während der Kanonade von Valmy am 20. September 1792: »Wir waren noch nicht lange aufmarschiert, so wurden die Fahnen zum Avanciren vorgenommen, und die ganze Armee trat an. Da ich nirgend Marsch schlagen hörte, so befahl ich meinen Tambours zu schlagen, und gar nicht lange, so folgten alle Tambours in der ganzen Armee«[4].

In diesem Feldzug gegen Frankreich bewährten sich die seit 1788 bei der leichten Infanterie, den Fußjägern und Füsilieren also, eingeführten Hornsignale so vortrefflich, daß im Jahr 1793 in der gesamten Infanterie bei jedem Bataillon ein Trommler durch einen Hornisten ersetzt werden mußte. Ebenfalls in der Hessischen Landes- und Hochschulbibliothek Darmstadt (Hs. 2334) werden dazu die »Instructionen dem Hornisten betreffend welchen von nun an nach Sr. Majestät des Königs Befehl die Regimenter haben sollen« aufbewahrt: »1. Es muß der Hornist ein junger und meist sicherer Mensch sein so aus allen Tambours ausgesucht wird, 2. Er thut keine anderen Dienste mehr, und giebt seine Trommel ab. 3. So bald er von dem Staabs Hornisten frei gesprochen wird, muß er allemal mit der Wacht-Parade rauß marschiren, um denen Schützen, die Signale zu lernen, ein Officier per Bataillon und ein Unter-Officier per Compagnie müßen selbige alsdann führen . . .«[5]. In seinen Erinnerungen faßt der preußische Regiments-Tambour J. F. Dreyer die in vier Kriegen gewonnenen Erfahrungen so zusammen: »Die Trommel . . . hat bey ihrer Entstehung zwey Endzwecke gehabt: 1. Sie soll einen großen Lärm machen, um zu allarmiren, und Signale zu erteilen vom vor- und rückwärtsgehen. 2. Soll sie als kriegerische Musik das Herz zum Kampf erheben«[6]. Dies galt auch noch für den Krieg 1806 bis 1807, in dem die Regimenter »mit klingendem Spiel und flatternden Fahnen wie auf dem Exerzierplatz« vorrückten. Kein Geringerer als Gneisenau, der Verteidiger von Kolberg, erwähnt in einem Bericht an den König vom 14. Juni 1807 die folgende offensichtlich sehr wichtige Begebenheit: »Ein Grenadier-Tambour, dessen Compagnie eine Trommel fehlte, attakirte mit dem Spaten einen feindlichen Tambour, machte ihn gefangen und erbeutete seine Trommel«[7].

Die große Zeit der Tamboure endet 1807 mit dem Untergang der altpreußischen Armee. Als Befehlsübermittler stehen nun endgültig Hornisten zur Verfügung, die ihrerseits rund hundert Jahre später durch die Entwicklung technischer Nachrichtenübermittler verdrängt werden sollten.

Gegen Ende des 18. Jahrhunderts und vor allem in den längeren Friedensperioden des 19. Jahrhunderts machen sich in den Militärmusik-Einheiten einerseits Einflüsse der adeligen und bürgerlichen Harmoniebesetzungen bemerkbar, andererseits wurde das »Schlagzeug der eigentlichen Janitscharenmusik, bestehend aus großer Trommel, Triangel, Bekken und Schellenbaum geschlossen von der Heeresmusik adoptiert und offiziell anerkannt . . . Seit dieser Zeit (dem Ende des 18. Jahrhunderts) kann man also von einer etatsmäßigen türkischen Musik bei uns reden«[8]. Entscheidend für diese Entwicklung wurde das Repräsentationsbedürfnis und Prestigedenken der Regimentsinhaber, die von nun an mit möglichst zahlenstarken und musikalisch hervorstechenden Orchestern imponieren wollten – und die damit ihren Beitrag zum bürgerlichen Konzertgeschehen leisteten. Die Popularisierung der Werke der Komponistengenerationen von Mozart/Beethoven bis Richard Wagner in der Zeit vor Schallplatte, Rundfunk und Fernsehen hängt eng mit dem Wirken dieser Militärorchester zusammen. Seit der zweiten Hälfte des 19. Jahrhunderts bestehen in den einzelnen Heeren Vorschriften darüber, in welcher Besetzung und Stärke eine Militärblaskapelle auftreten dürfe. In der neueren Geschichte der Militärmusik wird diese als »Bindeglied zwischen Volk und Heer« gesehen, und um der jüngeren Generation zu gefallen, richtete die Bundeswehr der sechziger-siebziger Jahre sogar eine Big-Band ein[9].

Als ein Phänomen des Überganges von militärischen Einheiten zu zivilen Musikvereinen sind die in die Bürgermilitärkorps und Schützenkompanien integrierten Pfeifer- und Trommler-Gruppen zu nennen, die im 18. Jahrhundert an manchen Orten zu Spielmannszügen und kleineren Bläsergruppen erweitert wurden. Während etwa in Tirol die musikalische Seite dieser paramilitärischen Formationen gut bekannt ist[10], hat die landeskundliche Musikforschung in Baden davon kaum Kenntnis genommen. Aus einzelnen Urkunden lassen sich jedoch Hinweise auf die Wirksamkeit und Aufgabenstellung der Schützen herauslesen. Bereits im 16. Jahrhundert bestand in Schwarzach »Zum Schutz von Land und Leuten, sowie zur Verherrlichung weltlicher und kirchlicher Festlichkeiten« ein Schützenkorps, das mit dem zu Stollhofen eine Kompanie bildete, der in der Regel der markgräfliche Vogt oder Amtmann in Stolhofen als Hauptmann vorstand. In der klösterlichen Streif- und Sturmordnung von 1538 wird den Einwohnern zur Pflicht gemacht, Wehr und Waffen zu tragen gegen die Mordbrenner und anderes einfallendes Gesindel. Im Jahr 1554 verehrte Abt Martin den Schwarzacher Schützen vier Gulden »zu verkurzweilen aufs Schießen nach altem

Abb. 32–35: Uniformstudien badischer Soldaten zu Beginn des 19. Jahrhunderts, vorzüglich Trompeter, Hautboisten und Trommler.

Abb. 36: Das Freiburger Bürgerkorps in der ersten Hälfte des 19. Jahrhunderts.

Brauch«. Nach dem Dreißigjährigen Krieg (1616 – 1648) wird den Bürgern befohlen, »daß ein Jeder bis zur Schwarzacher Kirchweih sein Gewehr haben und bei der Musterung aufweisen solle«. Bei festlichen Gelegenheiten, wie Abtwahl, Anwesenheit fürstlicher Personen im Kloster, Fronleichnam, Kirchweih, hatten die Schwarzacher Schützen Parade zu machen und »mit Ober- und Untergewehr« Wache zu stehen. Bei der Verteidigung der Stolhofer-Bühler-Linie im Spanischen Erbfolgekrieg (1702 – 1714), der dem Lande Baden und seinem Regenten, dem Türkenlouis, so viel Schaden zufügte, war der Amtmann von Bühl, Johann Bernhard Weißbacher, Hauptmann der Schwarzacher Bürgermiliz[11]. In dieser Zeit bestanden von Basel bis Kehl zahlreiche Schützenkorps und Schützenvereine. In Niederhausen im Breisgau findet sich in den Gemeinderechnungen vom Jahr 1720 folgende Eintragung: »Den 19. Januar ist durch Herrn Vogt und ganzen Gericht der Schützen, weilen sie an ihrem Jahrtag (St. Sebastian) mit klingent Spill und fliegent Fannen zu forderst in der Kürchen, wie in der Schützenordnung vorgeschrieben, gehalten, also ist denselben erlaubt worden, zu verzehren 6 Batzen und 6 Pfennig«. Solche Schützenkompanien hatten die Aufgabe, gegen äußere und innere Feinde tätig zu werden. Dies erschien vor allem nach 1805 aktuell, als mit Unterstützung Napoleons das Badische Land

als neue politische Einheit entstanden war. Die damals geschaffenen Bezirksämter bemühten sich um die Gründung weiterer und die Verstärkung bestehender Schützenkorps. Amtmann Fauler in Oberkirch bemerkt 1819: »Erst vor Jahr und Tag ist das hiesige Schöne Bürger-Militär-Corps, so wie die Musik vermehrt worden. Es läßt sich statutenmäßig auch zu Streif- und anderen polizeilichen Diensten gebrauchen«. In Bonndorf und in Kandern regten die Bezirksämter Neugründungen an.

Von der Bläser-Alta zur Harmoniemusik

Im Umkreis adeliger Hofhaltung entsteht zur Zeit der Renaissance eine aus Schalmei, Bomhart und Posaune bestehende Bläserkapelle, die im Rahmen von Tänzen und Aufzügen gebraucht wird, aber auch das sogenannte »Tischblasen« besorgt. Um 1484 stoßen wir bei Johannes Tinctoris auf den Namen für diese Bläserkapelle: nämlich »alta (musica)«. Am burgundischen Hof unterschied man haute et basse musique, und zwar im Sinne der deutschen Bezeichnungen »stark« und »still«. Zu den »starken« Instrumenten zählten Trompeten, Posaunen, Schalmeien, Sackpfeifen, Hörner und Pauken, zu den »stillen« die Blockflöten, Lauten, Fideln, Harfen, – das eine eine Großraum- und Freiluftmusik, das andere intime Kammermusik. In Florenz setzte sich die Bläser-Alta um 1430 aus drei Schalmeien und Posaune zusammen. Im Triumphzug Kaiser Maximilians I. handelte es sich um eine Reiterkapelle mit 5 Schalmeien und 5 Posaunen, die auch »Burgundische Musik« benannt wurde[12]. In der allgemeinen Musikgeschichte, vor allem zur Zeit des Barock, verschwindet die Alta-Kapelle aus dem Blickfeld des Historikers; doch kann kein Zweifel darüber bestehen, daß das Ensemble weiter zu den Selbstverständlichkeiten adeliger und dann auch bürgerlicher Standesmusik gehörte.

Die in der zweiten Hälfte des 17. Jahrhunderts zunächst in Frankreich in Mode kommenden kleinen Ensembles der Gardetruppen zu Fuß, bestehend aus drei Oboen in verschiedenen Stimmlagen und Fagott, dürfen als Neuformierung der Bläser-Alta gedeutet werden. Die Neuerung ist Jean Baptist Lully, dem Maître de la Musique de la Famille Royale am Hof Ludwigs XIV., zu danken – und sie steht im Zusammenhang mit der allgemeinen Entwicklung der Instrumentalmusik und ihrem Trend zur Normalisierung. Die Suche nach neuen Klangidealen führt zur Verfeinerung der Blasinstrumente: Aus der Schalmei entwickelt sich die Oboe, aus dem Baß-Pommer das Fagott, aus der Trompe de chasse

das Waldhorn (freilich noch ohne Ventile). Das Pfeifer-Trommler- oder Trompeter-Pauker-Spiel genügte den neuen Vorstellungen prunkvoller Repräsentation nicht mehr. »Das Streben nach größerer Klanglichkeit in der Militär- und Marschmusik entsprach der barocken Geisteshaltung«[13]. Im Verlauf des 18. Jahrhunderts veränderten die Klarinetten nochmals das Klangbild dieser »Hautboisten-Ensembles« – eine Formation, die bald über Frankreich hinaus große Begeisterung weckte. Friedrich der Große soll den Ausspruch getan haben: »Mit einem guten Marsche meiner Hoboisten ist es mir ein wahres Vergnügen, mit Europa durch den Mund der Kanonen zu sprechen«.

Die neuen Miniatur-Regimentsmusikkorps inspirierten Komponisten des Hochbarock ebenso wie die junge Wiener Klassik. Zur Zeit Friedrichs des Großen entstanden der Dessauer, der Mollwitzer, der Hohenfriedberger und der Coburger Marsch. Die Söhne Johann Sebastian Bachs, Johann Christian und Carl Philipp Emanuel, bereicherten ebenso wie Josef Haydn und Wolfgang Amadeus Mozart das Repertoire kunstvoller Märsche[14]. Die nun übliche Besetzung: J. Chr. Bach schreibt seinen Regimentsmarsch des Prinzen Ernst für 2 Oboen, 2 Hörner und Fagott, führt unmittelbar zur klassi-

Abb. 37 (links): »Harmoniemusik« aus der Zeit um 1752. Die drei Oboisten, zwei Hornisten und zwei Fagottisten begleiten offensichtlich einen Trauerzug, da die Instrumente mit schwarzen Bändern versehen sind.

Abb. 38 (rechts): In der für das Christentum bedeutsamen Schlacht bei Mohács unterlag 1526 das ungarische Heer den Türken. In diesem Gemälde von der Schlacht sind sowohl auf ungarischer wie auf türkischer Seite Musiker zu erkennen. Bei den Ungarn links oben und unten Trompeter und Trommler, bei den Türken die volle Besetzung der »Türkischen Musik« mit Trompeten, Oboen, Becken und Trommeln (rechts oben).

schen Harmoniemusik in der Zusammensetzung: je zwei Flöten, Oboen, (Klarinetten,) Hörner und Fagotte. Je nach Zuordnung zu militärischen oder bürgerlichen Aufgabenstellungen, je nach preußischer oder österreichischer oder französisch-schweizerischer Terminologie spricht man von »Hautboisten-« (Oboisten-) Ensembles oder Harmoniemusiken/ Feldmusiken. Die Bezeichnung Hautboist (Oboist) wird um diese Zeit generell für alle Militärmusiker üblich.

Eine weitere entscheidende Neuerung zum Blasorchester hin tritt gegen Ende des 18. Jahrhunderts mit der chorischen Besetzung der Klarinetten uns entgegen; mit Posaunen und mit den Serpenten kommen neue Instrumente hinzu. Auch diese Besetzung erfährt ihre erste entscheidende Förderung im Frankreich der Revolutionsepoche. 1789 bestimmte der Generalstabsoffizier Bernhard Sarrette für das Musikkorps der Nationalgarde eine Stärke von 45 bis 50 Mann, »eine Spielformation, wie sie bis anhin nirgends anzutreffen war, ein wirksames ›Instrument‹ für die ›klingende‹ Propagierung der Parolen von Freiheit, Gleichheit und Brüderlichkeit. 1793 gründete Sarrette das ›Institut National de Musique‹, ein Konservatorium, das in erster Linie die Aufgabe hatte, französische Heeresmusiker auszubilden. So wurde Frankreich um diese Zeit zum führenden Land der Militärmusik. Zahlreiche revolu-

tionsfreundliche Komponisten wie Devienne, Jadin, Gebauer, Gossec, Méhul, Catel und Cherubini huldigten dem neuen Zeitgeist durch die Komposition von Harmoniemärschen und größeren in diesem Stil gehaltenen Werken« (Walter Biber)[15].

Das Badische Blasmusikwesen hat offensichtlich sowohl Einflüsse dieser Pariser wie auch der Wiener Entwicklung verarbeitet und Elemente beider »Schulen« ineinander verwoben. Der legendäre Pandurenoberst Franz von der Trenck gliederte 1741 seinem Pandurenkorps eine Türkische Musik an – und leitete damit eine neue Phase in der österreichischen und europäischen Militärmusik ein. Eine Mode, deren Wurzeln in der »wilden, lärmenden, mehr auf Tact als Melodie« achtenden Musik der Janitscharen liegen. Erst langsam, da Blasmusikforschung die regionalen Quellen aufarbeitet, fällt dazu auf, daß nicht um Wien, in Nieder-, Oberoder Innerösterreich die meisten Hinweise auf Türkische Musikkapellen auf uns gekommen sind, daß nicht ein Ost-West-Gefälle bemerkbar ist, – sondern daß dort, wo sich französischer und österreichischer Einfluß vermengen, nämlich in den vorderösterreichischen Besitzungen der Habsburger am Ober- und Hochrhein, im Schwarzwald und um den Bodensee die Türkischen Kapellen als Vorläufer ziviler Blaskapellen zeitlich früher als anderswo und zudem in ungewöhnlicher Dichte auftreten[16].

Die »wilde, lärmende« Musik der Türken

Während der Türkenkriege machte das Abendland Bekanntschaft mit einer Musik, die an Lautstärke und Kraft den militärischen Lärmbläsern der Christenheere offensichtlich überlegen erschien. In einem Gemälde von der Schlacht bei Mohács, in der 1526 das ungarische Heer von den Türken vernichtend geschlagen wurde, sieht man auf ungarischer Seite einige Trompeter und Pauker/Trommler, während auf türkischer Seite ein volles »Orchester« mit Trompeten, »schreienden« Oboen, Becken und Trommeln zu erkennen ist. Diese Musik sei so kriegerisch, daß sie selbst »feigen Seelen den Busen hebt«, schrieb Christian Friedrich Daniel Schubart in seinen 1806 in Wien gedruckten »Ideen zu einer Ästhetik der Tonkunst«, – um damit zugleich die damals modischen »Nachäffungen« dieser Musik durch europäische Komponisten lächerlich zu machen. Schon zur Zeit der Türkenkriege und bald danach zogen »Türkenbanden« durch deutsche Lande, wie der berühmte Stich von Melchior Lorich aus der Mitte des 16. Jahrhunderts zeigt (Wallraf-Richartz-Museum in Köln; abgedruckt bei Brixel-Suppan, S. 75). Im Jahr 1688 veröffentlichte Daniel Speer als Anhang zum »Dacianischen Simplicissimus aus Güntz« in Ungarn, auch »Türkisch-musicalischer Eulenspiegel« genannt, Bläsermusik im »türkischen Stil« (teilweise Neuausgabe bei Musica rara in London). Damals beginnt die Stilisierung und Einpassung einer exotischen Musik in das abendländische Musikverständnis und Klangideal; einer Musik, die noch von Salomon Schweigger um 1600 als »vnlieblich vnd vngeschickt Gethön, welches die Schäfer und Dorffgeiger weit mit Lieblichkeit übertreffen im Teutschland« geschildert wird, die »nur vngereimt laut, daß ein gantzes Feld davon erfüllt« ohne »Verstand oder Geschicklichkeit« erklingen würde[17].

Wie diese türkische Musik in das europäische Repertoire eingepaßt, mithilfe europäischer Notenschrift fixiert und auf die traditionellen Musikinstrumente dieses Kulturkreises zugeschnitten wurde, zeigt der »Marsch de Turque« in der oben schon genannten Darmstädter Sammlung »Streich vor die Pfeiffer« aus dem 18. Jahrhundert. Von zwei Flöten gespielt, hört sich die Melodie nicht anders an als etwa ein französischer oder russischer Pfeifer-Trommler-Marsch:

78

Abb. 39: Die Türkische Musik auf der großen Schützentafel im Rathaus zu Staufen im Breisgau (Markgräfler Musikverband), 1802.

Um 1780 zeichnete sich ein Höhepunkt in der musikalischen Türkenmode des Abendlandes ab. Selbst Klavier- und Orgelinstrumente wurden mit Trommel- oder Triangel-Zügen ausgestattet, Türkenoper und Allaturca-Stil erfaßten größere und kleinere Komponisten jener Jahrzehnte, von Gluck über Haydn und Mozart bis Beethoven (und letztlich Brahms). Beethovens »Türkischer Marsch« in dem Schauspiel »Die Ruinen von Athen« zeigt ebenso wie Mozarts entsprechende Komposition in der »Entführung aus dem Serail« die Charakteristika des Allaturka-Stils: Scharfe Vorschläge, unregelmäßige Periodenbildung, starker Schlagzeugeinsatz, hervorstechen des Becken-Glöckchen-(Schellenbaum-)Triangel-Klanges[18]. Der Versuch, diese Bläser- und Schlagzeugpraktiken auf die Klaviermusik zu übertragen, reduziert naturgemäß die Wirkung beträchtlich. Der großherzogliche Weimarer Musikdirektor Theodor Theuß hat im ersten Heft seiner »Sammlung leichter vierhändiger origineller National-Melodien und Nationaltänze verschiedener Nationen ... für Lehrer und Schüler bei Erlernung des Pianoforte so wie zur Unterhaltung für Geübtere zu gebrauchen« (»Der kleine reisende Musiker«) neben tiroler, schweizerischer, französischer, italienischer, spanischer, englischer, schwedischer, russischer, polnischer, ungarischer, hanakischer und savoyadischer Nationalmusik auch einen »Türkischen Janitscharenmarsch« für Klavier zu vier Händen gesetzt. Da dieses Zeugnis stilisierter türkischer Musik bislang von der Forschung nicht beachtet wurde, findet sich in diesem Buch (S. 81) ein Faksimile davon.

Die österreichischen Militärkapellen hatten schon zuvor die eine oder andere Anregung aus dem Spiel jener türkischen Kapellen empfangen und übernommen, die seit 1665 – dem Einzug des türkischen Großbotschafters in Wien – Diplomaten in westliche Hauptstädte begleiteten. Aus dem Jahr 1719 wird u. a. berichtet, daß am 8. August »der erste türkische Gesandte Ibrahim mit großem Gefolge und einem Korps türkischer Musik« in Wien eingetroffen sei[19]. Trotzdem sollte der Einmarsch Franz von der Trencks mit seiner türkischen Musikbande in der Besetzung 4 Schalmeien, 4 Zinken und 4 türkischen, nach unten erweiterten Trommeln, im Jahr 1741 in Wien die entscheidende Wende herbeiführen; sonst wäre das Ereignis nicht so außergewöhnlich gefeiert und verbreitet worden! Immer mehr Herrscher und Feldherren verschiedener europäischer Länder fanden an dieser Janitscharen- oder Türkischen Musik Gefallen und erweiterten ihre Militärmusik-Ensembles entsprechend.

In dem 1796 erschienenen »Jahrbuch der Tonkunst für Wien und Prag« wird noch zwischen Feldmusik (Harmoniemusik) und Türkischer Musik unterschieden: »Die Militärmusik ist entweder die gewöhnliche Feldmusik, oder die türkische Musik. Die Feldmusik, oder sogenannte Harmonie, welche man auch Bande nennt, besteht aus zwei Waldhörnern, zwei Fagotten und zwei Oboen; diese Instrumente kommen auch bei der türkischen Musik vor, wozu aber noch zwei Klarinetten, eine Trompete, ein Triangel, eine Oktavflöte und eine sehr große Trommel und ein Paar Cinellen gehören. Beim Aufziehen der Burgwache und der Hauptwache hört man die Feldmusik. Die türkische Musik wird in den Sommermonaten Abends bei schönem Wetter vor den Kasernen, bisweilen auch vor der Hauptwache gegeben. Das sämtliche Offizierskorps erhält das zur türkischen Musik gehörige Personale«. Dieses Zitat zeigt, daß man sich im letzten Jahrzehnt des 18. Jahrhunderts in Wien in einer Übergangsphase befand, in der das Repräsentationsbedürfnis des Offizierskorps für den Ausbau der Musik private Mittel einzusetzen bereit war, – während zur selben Zeit in Frankreich und auch in der von Frankreich beeinflußten Schweiz die Türkischen Musikkapellen ihren festen Platz im militärischen und paramilitärischen Zeremoniell einnahmen. Auch ein Indiz dafür, daß die Entwicklung nur teilweise von Wien ausging.

Verbreitung fand die Türkische Musik nicht allein im militärischen Bereich, sondern parallel dazu bei den paramilitärischen Formationen der ersten Hälfte des 19. Jahrhunderts. Die vielfach seit dem 16. Jahrhundert bestehenden Schützenkompanien gliederten statt der Pfeifer-Trommler-Gruppen ihren Formationen in der Regel Türkische Musikkapellen an. Die neu entstehenden Bürgermilizen der größeren und kleineren Städte orientierten sich am militärischen und militärmusikalischen Zeremoniell. Da es sich bei den Musikkapellen der Schützen und Bürgermilizen um direkte Vorläufer der zivilen Blaskapellen handelt, wird darüber im folgenden Kapitel dieses Buches im Zusammenhang mit dem Aufkommen des zivilen Blasmusikwesens gehandelt. An dieser Stelle möge jedoch eine chronologische Liste der Urkunden über Türkische Musik auf die dichte und zeitliche Verbreitung dieser Blasmusikformation in Alt-Baden hinweisen (in runden Klammern sind die Verbände des Bundes Deutscher Blasmusikverbände abgekürzt benannt):

1772 Badenweiler (Markgräfler)
1792 (bis um 1848) Staufen im Breisgau (ebda.)
1796 – 1820 Oppenau (Acher-Renchtal)

Abb. 40: »Türkischer Janitscharenmarsch«, für Klavier zu vier Händen bearbeitet und im »Kleinen reisenden Musiker« von Theodor Theuß in der ersten Hälfte des 19. Jahrhunderts abgedruckt.

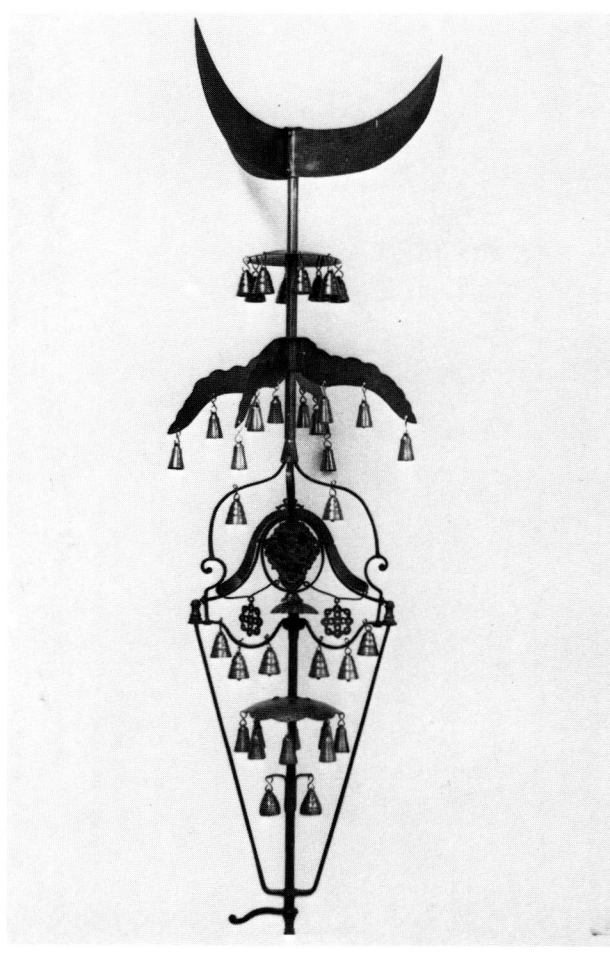

Abb. 41: Der Schellenbaum des Musikvereins Bermatingen (ehem. Blasmusikverband Bodensee-Linzgau)
trägt die Jahreszahl 1821. Auf der einen Seite findet
sich die Inschrift: »Für Religion und Bruderliebe, aufgerichtet in Bermatingen«, auf der anderen Seite das
Wappen des Großherzogtums Baden.

1799 – 1849 Stühlingen (Hochrhein)
1802 Zell am Harmersbach (Kinzigtal); Neudenau
      (Odenwald-Bauland)
1808 Achern (Acher-Renchtal)
1810 – 1842 Kirchhofen (Markgräfler)
1812 – 1855 Önsbach (Acher-Renchtal)
1816 – 1818 Überlingen (Bodensee)
1. Hälfte des 19. Jahrhunderts: Hüfingen (Schwarz-
      wald-Baar; bis 1848 und ab 1869); Hausach
      (Kinzigtal)
1817 – 1824 Schopfheim (Alemannischer)
1819 St. Peter im Schwarzwald (Oberbadischer);
      Schapbach (Kinzigtal)
1820 Elzach (Oberbadischer); Wyhl (Kaiserstuhl-
      Tuniberg)
1821 Bermatingen (Bodensee); Oberrotweil
      (Kaiserstuhl-Tuniberg)
1822/23 Waldshut (Hochrhein)
1822 Geisingen (Schwarzwald-Baar)
1825 Biengen (Markgräfler)
1826 Glottertal (Oberbadischer)
1827 Triberg (Schwarzwald-Baar)
1828 Bühl (Mittelbadischer)
1829 – 1842 Kenzingen (Oberbadischer)
vor 1833 Markdorf (Bodensee)
bis 1835 Ulm bei Oberkirch (Acher-Renchtal)
1838 Engen (Hegau)
1839 Weil am Rhein (Alemannischer)
vor und um 1840 Meßkirch (Bodensee)
1840 – 1848 Hecklingen (Oberbadischer)
1844 Renchen (Acher-Renchtal)
1844 – 1846 Herbolzheim (Oberbadischer)
1856 Ehingen (Hegau)
1858 Kappelrodeck (Acher-Renchtal); Tiengen
      (Hochrhein)
1866 Liptingen, Emmingen (Hegau)
1870 Oberwolfach (Kinzigtal)
1875 Lörrach (Alemannischer)

Diese – die gegenwärtige Quellenkenntnis wider-
spiegelnde und daher unvollkommene – Liste der
Türkischen Musikkapellen im Bereich Alt-Badens
bezeugt, daß »Janitscharenmusiken« nicht allein als
Bestandteil von Bürgerwehren gegründet wurden,
sondern daß auch private Initiative in kleinen Landgemeinden zu der damals modisch-neuen Musikgat-
tung führte. Aus dem Glottertal kennen wir in diesem Zusammenhang ein köstliches Zeugnis: Nach
Ausweis der »Pfarr Acta Glottertal, angefangen von
Pfarrer Wolf im Jahr 1821« hat im Jahr 1826 der
«Provisor Steurer eigenmächtig eine türkische Musik eingeführt«. Pfarrer Wolf erwirkte daraufhin eine obrigkeitliche Verfügung, die zum Verbot dieser
Musik führte. Dazu heißt es in den Acta: «Ich zog

mir eine ziemliche Partie Feinde und Verfolger zu als Weltdank: den alten und jungen Steurer nämlich samt seinen stolzen Anverwandten, die ihm gewogenen Vögte von Unter- und Föhrental und Ohrensbach, die Eltern und Geschwister derer, die bei der türkischen Dudelei angestellt waren«. Erst als Pfarrer Wolf im Jahr 1829 das Glottertal verlassen hatte, konnte die »Türkenmusik« sich voll entfalten[20].

Die Gründungen von zivilen Musikkapellen in Kleinstädten und Landgemeinden entsprechen der neuen, mit der Entfaltung des sogenannten »bürgerlichen Musikverständnisses« verbundenen Form des Musikgebrauches. Es ging dabei nicht um Musik als Bestandteil eines militärischen Zeremoniells sondern um schöngeistige, »ästhetische« Erbauung und Bildung, um die Freude am gemeinsamen Musizieren in der Gemeinschaft Gleichgesinnter und bei brauchtümlichen Anlässen wie Fronleichnam[21]. Sehen wir von der Ausnahmesituation im Glottertal ab, so förderten Pfarrherren in der Regel diese Musikvereinsgründungen[22]. Und zweitens zeigen die Jahreszahlen, daß mit dem Verbot der Bürgermilizen nach den 1848/49er-Wirren keinesfalls die damit verbundenen Türkischen Musikkapellen zu existieren aufhörten, – sondern eben in zivile und städtische, zuweilen an Freiwillige Feuerwehren gebundene Vereinigungen übergingen.

Wo von Türkischer Musik die Rede ist, wird man daher fachlich korrekt von Blaskapellen im zeitgenössischen Sinn sprechen dürfen. Darin hat unser Blasmusikwesen seine unmittelbaren historischen Entstehungsursachen.

Badische Regimenter und ihre Regimentskapellen

Die Militärmusik gehörte zu den militärischen Institutionen, die bei der heutigen Militärgeschichtsschreibung kaum Beachtung fänden. Dabei sollte gerade im Zusammenhang mit einer sozialgeschichtlich gewichteten Militärgeschichtsforschung auf die Betrachtung der Musik und ihrer Wirkungen (als »sympathischer Ausdruck« eines Heeres) nicht verzichtet werden: Damit beginnt V. Regling eine Rezension von Joachim Toeche-Mittlers Armeemarsch-Büchern[23]. In den letzten Jahrzehnten haben nun zwar die österreichische, die preußische, die schweizerische, die holländische, die belgische, die US-amerikanische Militärmusik Würdigung in Form von Fachbüchern und Aufsätzen erhalten[24]. Für die badischen Regimentskapellen aber gilt Reglings Aussage nach wie vor. Es kann daher nicht Aufgabe des Verfassers sein, in diesem Buch eine

Lücke zu füllen, die langwieriger militär- wie musikhistorischer Quellenstudien bedarf. Wohl aber soll auf die in einem Grenzland reichlich vertretenen Garnisonen diesseits und jenseits des Rheins hingewiesen werden, in denen Militärkapellen das kulturelle Leben bereicherten – und für die Entfaltung des zivilen Blasmusikwesens einen wichtigen Beitrag leisteten. Die Garnisonen im Elsaß werden deshalb mit einbezogen, weil dort ebenfalls badische Regimenter lagen und weil zudem die Militärkapellmeister und Musiker von dort auch im rechtsrheinischen Gebiet ihren Einfluß geltend machten.

Einsicht in die einschlägigen Akten des Generallandesarchivs in Karlsruhe macht deutlich, daß zurzeit des jungen Großherzogtums die militärmusikalische Entwicklung in Paris, Berlin oder Wien nicht aufgegriffen und kopiert wurde. Die Musikkapelle bei der Leib-Grenadier-Garde in Karlsruhe bestand noch 1830/32 aus den im vorigen Kapitel genannten »Bayreuther Hautboisten«, nämlich einem Kapellmeister namens Kies (Kiehs) und acht Hautboisten namens Beck, Senger, Schneider, Kipfer, Lieber, Wolf, Hunkler und Peitz sowie aus dem Regimentstambour Henne. Erst am 27. März 1833 setzte das Großherzogliche Staatsministerium die künftige Stärke der Militärmusik beim Grenadier-Bataillon des Leib-Infanterie-Regiments mit 12 Hoboisten 1. Klasse und mit 28 Hoboisten 2. Klasse fest, demnach zusammen vierzig Musiker, für das 1., 2., 3. und 4. Infanterie-Regiment sollten je zehn Hoboisten 1. Klasse und je 18 Hoboisten 2. Klasse verbindlich werden.

Umfangreiche Konvolute über die Entsendung einer Badischen Militärkapelle zur Weltausstellung in Paris im Jahr 1867, über die Militärkonzerte in Baden-Baden 1868, über die seit 1874 auch für badische Militärkapellmeister mögliche/vorgeschriebene Ausbildung zu Stabshoboisten in Berlin (1878 beendete der Hoboist Loewe vom 2. Badischen Grenadier-Regiment 110 diese Ausbildung mit Erfolg und kehrte als Stabshoboist zu seiner Truppe zurück), über die immer mehr den preußischen Vorstellungen angeglichenen Dienst- und Exerzier-Reglements für die verschiedenen Truppenteile, über das Aussehen des Schellenbaumes für das 9. Badische Infanterie-Regiment Nr. 170, schließlich über die Einführung der »Pariser Stimmung« bei Militärkapellen (A = 870 einfache Schwingungen pro Sekunde) im Jahr 1887 sind bislang im Generallandesarchiv in Karlsruhe nicht fachlich ausgewertet worden. Dieselbe Feststellung gilt für die Archivalien und Musikinstrumenten-Sammlungen des Wehrgeschichtlichen Museums in Rastatt.

Bei Ausbruch des Ersten Weltkrieges im Jahr 1914 befanden sich folgende Regimenter der »alten Armee« in badischen Garnisonen:

Karlsruhe
1. Badisches Leib-Grenadier-Regiment Nr. 109. – Als Präsentiermarsch diente der Armee-Marsch (AM) Nr. I, 68, »Der Rheinströmer«, arrangiert von Gustav Roßberg, als Parademarsch »Hoch Großherzog Friedrich« von Adolf Boettge.
1. Badisches Leib-Dragoner-Regiment Nr. 20. – Als Präsentiermarsch diente der AM III, 69, »Torgauer Parademarsch«, arrangiert von Fr. W. Voigt, als Parademarsch im Schritt der »Parademarsch« von Erbprinzessin Charlotte von Sachsen-Meiningen, als Parademarsch im Trab der »Russische Trabmarsch«.
1. Badisches Feldartillerie-Regiment Großherzog Nr. 14. – Als Präsentiermarsch diente AM III, 121, »Kavallerie-Präsentiermarsch« von Hermann Fischer, als Parademarsch im Schritt ebenfalls AM III, 121.
3. Badisches Feldartillerie-Regiment Nr. 50. – Als Präsentiermarsch diente AM III, 90, der »Erste Artilleriemarsch« aus dem 18. Jahrhundert, als Para-

demarsch im Schritt III, 57, der »Friedrich Wilhelm-Marsch« von Friedrich Wilhelm Ziegler, als Trabmarsch der »Fahnenmarsch der Guiden« und als Galopp-Marsch der »Marsch der alten Garde bei Leipzig«.

Rastatt
Füsilier-Regiment Fürst Karl Anton von Hohenzollern Nr. 40. – Als Präsentiermarsch diente AM I, 1a, der »Präsentiermarsch« von König Friedrich Wilhelm III., »Aus der Jugendzeit«, vor 1800 komponiert, als Parademarsch AM II, 161, der »Alexandermarsch« von Andreas Leonhardt.
2. Badisches Feldartillerie-Regiment Nr. 30. – Als Präsentiermarsch diente AM I, 27, »Der Coburger«, als Parademarsch im Schritt AM I, 7, der »Marsch 1. Bataillon Garde von 1806«.

Bruchsal
2. Badisches Dragoner-Regiment Nr. 21. – Als Präsentiermarsch diente AM III, 99, »Marsch des Hannoverschen Cambridge Dragoner Regiments, 1866«, als Parademarsch im Schritt ebenfalls AM III, 99, als Parademarsch im Trab aus »Stradella« von Friedrich von Flotow.

Abb. 42: Das verstärkte Musikkorps der badischen Leib-Grenadiere aus Karlsruhe beim Militärmusik-Wettstreit auf der Weltausstellung in Paris, 1867.

84

Abb. 43: Das Musikkorps des 8. Badischen Infanterie-Regiments 169 in Lahr, 1898.

Abb. 44: Musikkorps des Infanterie-Regiments Markgraf Ludwig Wilhelm (3. Badisches) Nr. 111 unter Musikmeister Max Langer beim Manöver in der Nähe von Hagenau im Elsaß, 1910.

Konstanz

6. Badisches Infanterie-Regiment Kaiser Friedrich III. Nr. 114. – Als Präsentiermarsch diente AM I, 1a (wie oben), als Parademarsch AM II, 198, der »Fridericus Rex-Grenadiermarsch« von Ferdinand Radeck.

Freiburg

5. Badisches Infanterie-Regiment Nr. 113. – Als Präsentiermarsch diente AM I, 1a (wie oben), als Parademarsch AM II, 126, der »Geschwindmarsch nach Motiven aus Quadrillen« von Johann Strauß-Vater (aus dessen Jubel- und Ferdinand-Quadrille).
5. Badisches Feldartillerie-Regiment Nr. 76. – Als Präsentiermarsch diente AM 1, 27, »Der Coburger«, als Parademarsch im Schritt AM III, 55, der »Parademarsch« der Erbprinzessin Charlotte von Sachsen-Meiningen, als Parademarsch im Trab der Heeresmarsch III 8, 3, der Trabmarsch aus der Oper »Martha« von Friedrich von Flotow, als Parademarsch im Galopp der Heeresmarsch III 8, 24, der Galoppmarsch aus der Oper »Robert der Teufel« von G. Meyerbeer.

Lahr

8. Badisches Infanterie-Regiment Nr. 169. – Als Präsentiermarsch diente AM I, 1a (wie oben), als Parademarsch AM II, 198, der »Fridericus Rex-Grenadiermarsch« von Ferdinand Radeck.
4. Badisches Feldartillerie-Regiment Nr. 66. – Als Präsentiermarsch diente AM III, 63, der »Parademarsch« von August Böhr, als Parademarsch im Schritt ebenfalls AM III, 63.

Offenburg

9. Badisches Infanterie-Regiment Nr. 170. – Als Präsentiermarsch diente AM I, 1a (wie oben), als Parademarsch AM II, 173, der »Helenenmarsch« von Friedrich Lübbert, 1857.

Kehl

Badisches Pionier-Bataillon Nr. 14. – Als Präsentiermarsch diente AM I, 1a (wie oben), als Parademarsch AM II, 126, der »Geschwindmarsch nach Motiven aus Quadrillen« von Johann Strauß-Vater.

Mannheim

2. Badisches Grenadier-Regiment Kaiser Wilhelm I., Nr. 110. – Als Präsentiermarsch diente AM II, 226, der »Hohenzollern-Marsch« von Otto Berger, als Parademarsch AM II, 126, der »Geschwind-

marsch nach Motiven aus Quadrillen« von Johann Strauß-Vater.

Badische Regimenter lagen zudem in:

Straßburg
Badisches Fußartillerie-Regiment Nr. 14. – Als Präsentiermarsch diente AM I, 1a (wie oben), als Parademarsch AM II, 113, der »Marsch 1837 aus Petersburg«.

Abb. 45: Eine kleine Auswahl aus den Baden und das benachbarte Elsaß betreffenden Anzeigen in der Deutschen Militär-Musiker-Zeitung, Berlin, 4. August 1911. – Die Ausschreibungen weisen darauf hin, daß bei den badischen Militärkapellen (ebenso wie bei den österreichischen) sowohl in Streicher- wie in Bläserbesetzung musiziert wurde.

Abb. 46 und 47: Zwei typische Konzertprogramme der Militärkapelle des 6. Badischen Infanterie-Regiments in Konstanz unter der Leitung von Konstantin Handloser, einmal mit Streichorchester-, das andere Mal mit Blasorchesterbesetzung. Handloser sah vor allem seine Aufgabe darin, zeitgenössische Komponisten zu fördern. Das Schaffen von Richard Strauss fand in Handloser einen besonderen Anwalt. Die »Don Juan«-Aufführung des Jahres 1901 ist übrigens im R.-Strauss-Verzeichnis Mueller von Asows nicht erfaßt.

Mülhausen/Elsaß
4. Badisches Infanterie-Regiment Prinz Wilhelm Nr. 112 – Als Präsentiermarsch diente AM I, 1a (wie oben), als Parademarsch AM II, 37, der »Marsch des Yorckschen Korps, 1813« von Ludwig van Beethoven.
7. Badisches Infanterie-Regiment Nr. 142. – Als Präsentiermarsch diente AM I, 1a (wie oben), als Parademarsch AM II, 173, der »Helenenmarsch« von Friedrich Lübbert.
3. Badisches Dragoner-Regiment Prinz Karl Nr. 22. – Als Präsentiermarsch diente der »Prinz Karl Dragoner-Marsch« von Max Claus, als Parademarsch im Schritt AM III, 60, der »Parademarsch in As-Dur« von Albert Lorenz, als Parademarsch im Trab der »Hamburger Traber-Club« und als Parademarsch im Galopp der Heeresmarsch III B, 37, der »Amazonenmarsch aus dem Ballett ›Fantaska‹« von Peter Ludwig Hertel.
Weitere Militärkapellen befanden sich bei verschiedenen Regimentern in Straßburg, Weißenburg/Elsaß, Zabern, Hagenau, Dieuze, St. Avold, Colmar, Neubreisach und Oberhofen/Elsaß.
Die Reichswehr (Stand von 1932) hatte zwei Bataillone des 14. (Badischen) Infanterie-Regiments Konstanz in Baden stationiert: das III. Bataillon in Kon-

stanz, mit dem Präsentiermarsch AM I, 108, dem »Givenchy-Marsch« von Arnold Rust, 1914, dem Parademarsch AM II, 45a, dem »Sedan-Marsch« von Carl Lange, 1818; das A-Bataillon in Donaueschingen, mit dem Präsentiermarsch AM I, 1d «Der Rheinströmer» aus der Zeit um 1750, und dem Parademarsch AM II, 37, dem »Marsch des Yorckschen Korps, 1813« von Ludwig van Beethoven.

Zu Beginn des Zweiten Weltkrieges lag das Infanterie-Regiment 75 mit dem 1. Bataillon in Villingen, mit dem 2. Bataillon in Donaueschingen und mit dem 3. Bataillon in Freiburg. Obermusikmeister war hier Friedrich Hodick, dem ich folgende »Erinnerungen« verdanke: »Mein Freiburger Baon hatte ein Musikkorps von 36 Mann und einen Spielmannszug von 12 Trommlern und Pfeifern. Die Trommeln waren ›kleine‹ und die Pfeifer hatten Piccoloflöten. Ich war als Obermusikmeister Chef aller drei Musiken. Die beiden anderen Baonsmusiken hatten 27 Musiker, aber keinen Spielmannszug, und wurden von einem Unteroffizier geführt. Soweit ich mich heute noch erinnern kann, spielten wir bei allen großen militärischen Feiern sowie bei den Platzkonzerten natürlich mit Blasorchester, dagegen bei Festlichkeiten im Stadtsaal sowie bei einigen Bällen als Salonorchester, also mit Streichern, einigen Bläsern, Schlagzeug und Klavier … Während des Krieges waren die Instrumente in Freiburg, die Musiker machten als Sanitäter Dienst. Nach dem Frankreichfeldzug, als unser Regiment an der schweizer Grenze lag, wurden die Instrumente geholt. Es war eine schöne und für die Musiker recht angenehme Zeit … Aber im März 1941 wurde das Regiment per Bahn nach Polen verlegt – und von da an war es mit dem Musizieren vorbei«[25].

Die Bundeswehr stationierte das Luftwaffenmusikkorps 2 in der Dragoner-Kaserne in Karlsruhe, dessen Militärkapelle 1956 bis 1971 von Berthold Meyer und seither von Herbert Russek geleitet wurde/wird.

Sehr bescheiden ist bisher unser Wissen von den badischen oder in Baden wirkenden Militärkapellmeistern der »alten Armee«. Folgende Namen begegnen uns:

ANKENBRAND, Friedrich, Militärkapellmeister in Offenburg von 1873 bis 1876.

BÄR, um 1916 Musikmeister beim 3. Lothringischen Feldartillerie-Regiment Nr. 69 in St. Avold im Elsaß.

BERNHAGEN, Walter, 1875 – 1957. Musikmeister beim 1. Garderegiment zu Fuß in Potsdam 1909 – 1912, anschließend bis 1919 beim 1. Badischen Leib-Grenadier-Regiment Nr. 109 in Karlsruhe;

Abb. 48: Adolf Boettge (1848–1913), 1871 bis 1911 Dirigent der Kapelle des Badischen Leib-Grenadier-Regiments Nr. 109 in Karlsruhe, als Komponist und Veranstalter historischer Konzerte die beherrschende Erscheinung unter den Badischen Militärkapellmeistern. Fotografie knapp vor 1913.

Obermusikmeister beim 3. Infanterie-Regiment Nr. 14 der Reichswehr in Konstanz. – Toeche–Mittler III, S. 252.

BOETTGE, Adolf, 1848 – 1913. Kapellmeister beim 1. Badischen Leibgrenadier-Regiment Nr. 109 in Karlsruhe, 1871 – 1912. Als Veranstalter historischer Militärmusik-Konzerte sowie als Komponist die überragende Erscheinung unter den badischen Militärkapellmeistern. – Toeche-Mittler II, S. 109, III, S. 198; Suppan.

BRÄUTIGAM, Ludwig, Kapellmeister beim 1. Badischen Leibgrenadier-Regiment Nr. 109 in Karlsruhe, um 1844.

Abb. 49 und 50: Historische Holzbläsergruppe und Historische Jagdmusik der badischen Leibgrenadiere um 1890.

BURG (BÜRG), Rudolf, Kapellmeister beim 1. Badischen Leibgrenadier-Regiment Nr. 109 in Karlsruhe von ca. 1863 bis 1870/71. Leitete die Badische Militärkapelle beim Militärmusikwettstreit 1867 in Paris. – Toeche-Mittler III, S. 253.

CLAUS, Max, 1856 – 1937. Obermusikmeister beim 3. Badischen Dragoner-Regiment Prinz Karl Nr. 22 in Mülhausen/Elsaß von 1890 bis 1921; danach in Erfurt. – Toeche-Mittler II, S. 145.

FINK, Max, 1865 – ?. Obermusikmeister beim 2. Ober-Elsäßischen Feldartillerie-Regiment Nr. 51 in Straßburg, 1899 – 1919. – Toeche-Mittler II, S. 146.

FRICK, Kapellmeister beim 1. Badischen Leibgrenadier-Regiment Nr. 109 in Karlsruhe, um 1857 bis um 1863.

FRIEDEMANN, Karl, 1862 – 1952. Kapellmeister beim 5. Badischen Infanterie-Regiment Nr. 113 in Freiburg von 1891 bis 1912, anschließend Direktor der Stadtmusik in Bern bis 1933. – Toeche-Mittler II, S. 18, 92 (Bild), 94, 120, III, S. 174, 190, 235; Suppan.

GRANTZAU, Kapellmeister beim 1. Badischen Feldartillerie-Regiment Nr. 14 in Karlsruhe.

HAEFELE, Karl, 1848 bis 1924. Kapellmeister beim 8. Württembergischen Infanterie-Regiment Nr. 126 in Straßburg von 1887 bis 1910. – Toeche-Mittler II, S. 147.

Hoch Großherzog Friedrich.
Armee-Parademarsch mit der Badischen Hymne (No 243)

Abb. 52: Beginn und Trio (mit der – alten – badischen Hymne) des Parade-Marsches des 1. Badischen Leib-Grenadier-Regiments Nr. 109 von Adolf Boettge.

Abb. 51: Die Badische Volkshymne von Ludwig Bräutigam, Kapellmeister im 1. Badischen Leibgrenadier-Regiment in Karlsruhe, 1844. Klaviersatz von Felix Mottl.

HÄUSER (HEUSER), Kapellmeister beim 3. Badischen Infanterie-Regiment Nr. 111 in Rastatt, um 1886.

HANDLOSER, Konstantin, 1847 – 1905. Seit 1872 Kapellmeister beim 6. Badischen Infanterie-Regiment Nr. 114 in Konstanz. Zugleich militärmusikalischer Sachberater in der schweizerischen Armee. – K. Dietrich, Zum Andenken an K. Handloser, in: Der Seehase, Konstanz 1935.

HEISIG, bis zum Ende des Ersten Weltkrieges Militärkapellmeister beim 2. Badischen Grenadier-Regiment Nr. 110 in Mannheim, danach Leiter der Badischen Polizeikapelle in Karlsruhe.

HÖPNER, Heinrich, 1851 – 1938. In Danzig, Grodno; dann Stabshornist beim Badischen Pionier-Bataillon Nr. 14 in Kehl von 1891 bis 1897 und Obermusikmeister beim 9. Badischen Infanterie-Regiment Nr. 170 in Offenburg von 1897 bis 1911. – Toeche-Mittler III, S. 258.

HONRATH, Albert, Kapellmeister an der Unteroffiziersschule in Ettenheim, um 1870.

HÜTTENRAUCH, Richard, 1886 – 1972. Musikmeister beim 8. Badischen Infanterie-Regiment Nr. 169 in Lahr von 1917 bis 1920; später Generalinspekteur der Militärkapellen in San Salvador, 1926 – 1936. – Toeche-Mittler III, S. 258.

Abb. 53: *Badische Militärkapelle, Aquarell eines anonymen Malers.*

HUSADEL, Hans-Felix, 1897 – 1964. Musikmeister beim 14. (Badischen) Infanterie-Regiment in Donaueschingen, dann Luftwaffen-Obermusikinspizient 1935 – 1945. – Toeche-Mittler II, S. 41, III, S. 35 und 104; Suppan.

KIES (KIEHS), um 1830/32 Kapellmeister beim Leibgrenadier-Regiment in Karlsruhe.

LACHNER, Direktor der »musikalischen Regiments-Truppe« beim benderischen k. k. Infanterie-Regiment in Freiburg 1790.

LANGER, Max, Musikmeister beim 3. Badischen Infanterie-Regiment Markgraf Ludwig Wilhelm Nr. 111, um 1910/11.

LOEWE, Stabshoboist beim 2. Badischen Grenadier-Regiment, seit 1878.

MIETUSCH, Emil, 1880 – ?, Musikmeister beim Infanterie-Regiment Nr. 60 in Weißenburg/Elsaß von 1910 bis 1919, dann Obermusikmeister in Detmold bis 1930. – Toeche-Mittler III, S. 262.

LIESE, Kapellmeister beim 1. Badischen Leib-Dragoner-Regiment Nr. 20 in Karlsruhe.

PARLOW, Albert, 1822 – 1888. Kapellmeister beim Infanterie-Regiment 34. »Dort bekommt er 1860 sein Musikkorps in Rastatt von 42 auf 62 Köpfe erhöht, um im benachbarten Baden-Baden die preußi-sche Militärmusik würdig zu vertreten. Es ist derselbe, der mit dieser Regimentsmusik im Mai 1864 auf dem Militärkapellen-Wettbewerb zu Lyon den ersten Preis macht vor England, Frankreich, Italien, Österreich, Rußland und Spanien, wofür er nach seiner Rückkehr in Baden-Baden aus der Hand seines Königs Wilhelm I. dessen Glückwunsch und das Allgemeine Ehrenzeichen erhält. Es ist derselbe, der nunmehr im folgenden Jahr mit seinem Musikkorps zu einem 14tägigen Gastspiel nach Paris eingeladen ist und von allen Seiten viel Beifall erntet, auch von Kaiser Napoleon III. persönlich . . . Es ist also ein vielseitiger Mann, von der Marine über die Infanterie zur Reiterei, und ein großer Künstler. Brahms lernte ihn in Baden-Baden kennen und überließ ihm die Instrumentation seiner Ungarischen Tänze 5, 6 und 11 bis 16« (Toeche-Mittler III, S. 155f.).

RADECKE, Militärkapellmeister (?) in Karlsruhe.

REITER, um 1864 Kapellmeister beim 2. Badischen Dragoner-Regiment Nr. 21 in Bruchsal.

ROSENBERGER, Fritz, Musikmeister beim 5. Badischen Feldartillerie-Regiment Nr. 76 in Freiburg. Komponierte das »Badener Kriegslied« für Singstimme und Klavier/Männerchor.

RUST, Arnold, 1867 – ?. Obermusikmeister beim 6.

Badischen Infanterie-Regiment Nr. 114 in Konstanz 1905 bis 1918. – Toeche-Mittler II, S. 55, 69 (Bild), III, S. 181.

SCHOTTE, Kapellmeister beim 3. Badischen Feldartillerie-Regiment Nr. 50 in Karlsruhe.

VIERTEL, Ernst, + 1950. Obermusikmeister beim Badischen Pionier-Bataillon Nr. 14 in Kehl, nach dem Ende des Ersten Weltkrieges als Kapellmeister ziviler Musikkapellen ebenda.

VOLLMER, Kapellmeister beim 2. Badischen Grenadier-Regiment Nr. 110 in Mannheim.

WOLF, Edgar, Kapellmeister beim 8. Badischen Infanterie-Regiment Nr. 169 in Lahr, 1898 bis um 1910. – Dazu berichtet Alfred Steiert aus Lahr: ». . . Ein Konzertprogramm aus den Jahren vor dem Ersten Weltkrieg soll genannt sein. Zur Eröffnung erklang ›Husarenfieber‹, ein Marsch von G. Pittrich. Es folgten die Ouvertüre zur Oper ›Zamba‹ von G. Herold, ›Aubade printainière‹ von P. Lacombe, die Große Fantasie aus der Oper ›Don Juan‹ von Mozart und zum Ausklang des ersten Konzertteils der Ballsirenen-Walzer aus der Operette ›Die lustige Witwe‹ von Lehár. Der zweite Konzertteil wurde mit der Ouvertüre zur Oper ›Die Wallfahrt nach Ploermel‹ von G. Meyerbeer eröffnet. Es folgte Eilenbergs ›Die beiden Nachtigallen am Mühlbach‹ und Richard Wagners Pilgerchor und Lied an den Abendstern aus der Oper ›Der Tannhäuser‹. Höhepunkt . . . war das von Musikmeister Edgar Wolf arrangierte ›Große Schlachtenpotpourri‹, mit dem der Krieg 1870/71 verherrlicht wurde. Für dieses Potpourri war eigens eine Erklärung beigegeben, um Verständnis für die Melodienfolge zu erreichen. Der Auftakt des vierteiligen Vortrags war folgenden Themen gewidmet: Dem Frieden und der folgenden Unruhe in den weltpolitischen Lagern, dann die französische Kriegserklärung und der Aufruf König Wilhelms an das Volk. Mit ›Ich hab' mich ergeben‹ wird des Vaterlands Einverständnis proklamiert und dann singen die einrückenden Reservi-

Abb. 54: Die Musikkapelle des 3. Kommandobataillons des Infanterie-Regiments Nr. 73 in Freiburg im November 1938 unter der Leitung von Obermusikmeister Friedrich Hodick. Das Bild zeigt die Kapelle beim Einholen der Rekruten von der Bahn.

Abb. 55: Das Musikkorps des Ersatz-Regiments 5 in Konstanz im Jahr 1942, geleitet von Korpsführer Stabsfeldwebel Bernhard Köppel.

sten der Landwehr ›Welche Lust, Soldat zu sein‹. Der zweite Teil des 1870/71-Potpourris stellt sich vor mit dem Lied ›Morgen marschieren wir‹. Der ›Generalmarsch‹ wird mit preußischen und sächsischen Signalen eingeleitet; es erklingt ›Es ist bestimmt in Gottes Rat‹ und schon pfeifen die Lokomotiven zur Abfahrt, und sie pfeifen ein zweites Mal bei der Ankunft an der Grenze. ›Die Wacht am Rhein‹ wird intoniert, dann überschreiten die Landser mit dem Marsch ›Heil unserem Großherzog‹ die französische Grenze«[26]. Ein solches Programm darf als charakteristisch für den Geschmack der damaligen Zeit angesehen werden.

1 W. BIBER, Die Marschmusik in der Schweiz, Zürich 1978, S. 1.
2 P. PANOFF, Militärmusik in Geschichte und Gegenwart, Berlin 1944, S. 41.
3 P. C. MARTEN, Die Musik der Spielleute des altpreußischen Heeres, Osnabrück 1976, mit weiteren Quellen- und Literaturangaben. – Vgl. auch F. DEISENROTH, Georg von Frundsberg und die Feldmusik seiner Zeit, in: Jahresbericht des Maristenkollegs Mindelheim 1977/78.
4 Militär-Wochenblatt Ausg. Nov.–Dez. 1846.
5 P. C. MARTEN, Die Musik der Spielleute . . ., a.a.O., S. 38.
6 J. F. DREYER, Leben und Thaten eines preußischen Regiments-Tambours, Breslau 1801, S. 51. – In diesem Zusammenhang sei auch an die mündlich tradierten Pfeifer- und Trommler-Stücke des Basler Morgenstreichs erinnert; dazu u. a. G. DUTHALER, Zum Signal, in: AltaMus. 4 = Kongreß-Bericht Uster 1977, S. 85 – 95, mit weiterer Literatur zu diesem Thema.
7 P. C. MARTEN, Die Musik der Spielleute . . . a.a.O., S. 44.
8 P. PANOFF, Militärmusik . . ., a.a.O., S. 97.
9 G. KANDLER, Die kulturelle Bedeutung der deutschen Militärmusik, Berlin o.J.; ders., Militärmusik heute. Der Standort der deutschen Militärmusik in historischer und systematischer Betrachtung, in: Soldat im Volk, Bonn 1957; ders., Artikel »Militärmusik« in: MGG 9, 1961, Sp. 305f. und 309 – 334. – Weitere einschlägige Literatur in SUPPAN, S. 81 – 95.
10 EGG-PFAUNDLER, S. 28ff. u. ö.
11 K. REINFRIED, in: Freiburger Diözesan-Archiv 20, 1889; zitiert nach W. FAULER, Die Schützen, die Bürgermilitärkorps und die Musikkapellen in Baden, in: DB 27, 1977, S. 103.
12 H. BESSELER, Artikel Alta musica in: MGG 1, Sp. 378f. – Eine ausführliche Darstellung dieser Entwicklung bietet D. WHITWELL, The Wind Band and Wind Ensemble before 1500, Northridge/California 1982.
13 W. BIBER, Die Marschmusik . . . a.a.O., S. 5.

14 Zusammenstellung der einschlägigen Werke bei D. Whitwell, A New History of Wind Music, Evanston, Ill./USA 1972; A. SUPPAN, Repertorium der Märsche für Blasorchester, Teil 1, Tutzing 1982 (AltaMus. 6); in der Publikationsreihe der Internationalen Gesellschaft zur Erforschung und Förderung der Blasmusik (AltaMus.) ist zudem die Mainzer Dissertation von A. HOFER über die Entwicklung des Marsches – mit einer Zusammenstellung historischer Märsche – in Vorb.

15 W. BIBER, Die Marschmusik . . ., a.a.O., S. 8f.; ders., Aus der Geschichte der Blasmusik in der Schweiz, in: AltaMus. 1 = Kongreß-Bericht Graz 1974, 1976, S. 135f. – D. WHIT-WELL, The Principal Band Appearance in the French Revolution, in: AltaMus. 4 = Kongreß-Bericht Uster 1977, 1979, S. 221 – 242; ders., Band Music of the French Revolution, Tutzing 1979 (AltaMus. 5), mit einem thematischen Katalog einschlägiger Revolutionsmusiken.

16 Erste Ergebnisse dazu bei E. SCHNEIDER, Die Entwicklung des Blasmusikwesens in Vorarlberg, in: AltaMus. 1 = Kongreß-Bericht Graz 1974, 1976, S. 151 – 153; ders., Schützenwesen und Blasmusik im Bodenseeraum, ebda. = Kongreß-Bericht Uster 1981, im Ersch.; sowie BRIXEL-SUPPAN, S. 75ff.

17 Zitiert nach G. ORANSAY, Von der Türcken Dölpischer Music, in: Die Volkskultur der südosteuropäischen Völker, München 1962 (Südosteuropa-Jahrbuch 6), S. 96 – 107.

18 Blasorchester-Bearbeitung des Türkischen Marsches von Beethoven von A. SUPPAN, Freiburg-Tiengen 1981, Verlag F. Schulz; zur Janitscharen-Musik Mozarts G. CROLL, in: Österreichische Musikzeitschrift 35, 1980, S. 351ff.; ders., Marsch der Janitscharen für neun Bläser und zwei Trommeln aus »Die Entführung aus dem Serail«, Kassel 1980, Bärenreiter; ders., Die Entführung aus dem Serail, Neue Mozart-Ausgabe II/5/12, ebda. 1982.

19 RAMEIS–BRIXEL, S. 22. – Vgl. überdies H. G. FARMER, Turkish Instruments of Music in the 17th Century, in: The Journal of the Royale Asiatic Society of Great Britain and Ireland for 1936, S. 1 – 43; ders., The Rise and Development of Military Music, London 1912; ders., Military Music, London 1950; H. STEKL, in: Haydn-Jahrbuch 10, Wien 1978, S. 164ff.; W. WÜNSCH, Zum Thema »Türkenoper und Allaturca-Stil«, in: Publikationen des Instituts für österreichische Kulturgeschichte, Eisenstadt, Band 2, S. 86 – 92.

20 Fs. Glottertal 1976.

21 E. PREUSSNER, Die bürgerliche Musikkultur, 1935, 2.

Abb. 56: Konzertante Blasmusik und Konzertsaalatmosphäre prägen auch die Konzerte der Bundeswehrkapellen. Auf unserem Bild: »Inspizierungskonzert« beim Luftwaffenmusikkorps 2 in Karlsruhe im Jahr 1973, es dirigiert Oberstleutnant Herbert Russek. Als Gäste in der ersten Reihe v. l. n. r.: Musikinspizient Oberst Masuhr, Oberbürgermeister Dullenkopf, Generalmajor Höffner.

Abb. 57: Das Luftwaffenmusikkorps 2 in Karlsruhe unter der Leitung von Oberstleutnant Herbert Russek, 1977, vor einem ausgemusterten Strahlflugzeug F-86 Super-Sabre.

Aufl. 1951. – Zur Ästhetik vgl. W. SUPPAN, Franz Liszt – zwischen Friedrich von Hausegger und Eduard Hanslick. Ausdrucks- contra Formästhetik, in: Studia musicologica 24, 1982, S. 113 – 131.

22 E. SCHNEIDER, Die Türkische Musik bei gottesdienstlichen Funktionen in Vorarlberg, in: AltaMus. 7 = Kongreß-Bericht Uster 1981, im Ersch.

23 V. REGLING, über TOECHE–MITTLER 1 und 2, in: Militärgeschichtliche Mitteilungen 2/1973, S. 223 – 227.

24 Neben den in diesem Kapitel bereits genannten Schriften: BRIXEL; J. ECKHARDT, Zivil- und Militärmusiker im Wilhelminischen Reich. Ein Beitrag zur Sozialgeschichte des Musikers in Deutschland, Regensburg 1978; in der Deutschen Gesellschaft für Heereskunde besteht ein Arbeitskreis Militärmusik, der regelmäßig Schriftenreihen und Tonband-Kassetten publiziert und von Dr.-Ing. Hans-Joachim WINTER (Fliederstraße 34, D 5883 Kierspe) geleitet wird. – R. VAN YPEREN, De Nederlandse Militaire Muziek, Bussum (1966); F. PIETERS, Van Trompetsignal tot Muziekkapel. Anderhalve eeuw militaire muziek in België, Kortrijk 1981; H. W. SCHWARTZ, Bands of America, New York 1975; R. F. CAMUS, Military Music of the American Revolution, Chapel Hill (University of North Carolina Press) 1976.

25 Prof. Dr. Friedrich HODICK, Brief vom 30. November 1982.

26 Alfred STEIERT, Brief vom 28. November 1982. – Zum Potpourri Edgar Wolfs vgl. E. BRIXEL, Tongemälde und Schlachtenmusiken. Ein militärmusikalisches Genre des 19. Jahrhunderts, in: AltaMus. 1 = Kongreß-Bericht Graz 1974, 1976, S. 273 – 290.

V. Die Entfaltung des zivilen Blasmusikwesens

In diesem Kapitel wird anhand der regionalen Gliederungen, das heißt: der Blasmusikverbände, dargestellt, seit wann und unter welchen Umständen, getragen von welchen Organisationen und Persönlichkeiten, sich die Blaskapellen in den heutigen Regierungsbezirken Nord- und Südbaden entfaltet haben. Zum Teil sind es Bergmusikanten (wie bei der Schmelzemusik von Badenweiler-Oberweiler), deren Wirksamkeit bereits im 16. Jahrhundert nachweisbar ist, zum Teil geistliche und weltliche Repräsentations- und Signalmusiker in städtischen und kirchlichen Diensten, die als Vorgänger der einen oder anderen Blaskapelle seit dem 17. und 18. Jahrhundert für die Zuerkennung der Pro-Musica-Plakette von Historikern aus alten Urkunden herausgelesen werden; wobei im einzelnen oft nicht zu prüfen ist, in welcher Art, mit welchen Musikinstrumenten der Gottesdienst verschönert oder die Fronleichnamsprozession begleitet wurde. Die obrigkeitliche Erlaubnis, seine Stadt mit Mauern und Türmen zu umgeben, führte zunächst zu der Notwendigkeit, Stadt-Turner (Türmer) anzustellen, in besonderen Fällen zudem Trompeter als »Ehr und Zier« des Gemeinwesens zu besolden – wie etwa 1417 in Konstanz, als der König selbst den Konstanzern dieses Privileg einräumte. Schließlich gehörten zu militärischen Einheiten stets Spielleute, Pfeifer und Trommler, die den Gleichschritt der marschierenden Truppe bewirkten, und Trompeter und Pauker, die der diffizileren Signalgebung und des Lärmblasens wegen die Truppe begleiteten. Überall in diesen Fällen handelt es sich primär um Gebrauchsmusik, dem außermusikalischen Zweck untergeordnet. Was nicht bedeutet, daß die einzelnen Musiker und Musikergruppen darüber hinaus an den Höfen, in den Städten, aber auch für die bäuerliche Bevölkerung des Landes zugleich zur Unterhaltung und zum Tanz aufspielen konnten.

Von Blasmusik im zeitgenössischen Sinn mag man dort sprechen, wo größere Ensembles in der spezifischen Besetzung mit Holz- und Blechblasinstrumenten und unter Einbeziehung des »türkischen« Schlagzeugs zusammengestellt werden: Dies trifft einerseits bei den riesigen »Klangkörpern« der Freiluftveranstaltungen der Französischen Revolution zu[1], andererseits bei den immer mehr vom Prestigedenken der Regimentsinhaber geprägten Militärblasorchester des österreichischen[2] und des preußischen Heeres[3]. Wer dabei von wem gelernt hat, darüber weiß musikwissenschaftliche Forschung noch zu wenig Bescheid. Sicher ist, daß das türkische Instrumentarium seit den Türkenkriegen in Europa bekannt war. Die Konstruktion der Holz- und Blechblasinstrumente aber mit Klappen und mit Ventilen zu chromatischen Instrumenten erfolgte parallel zu den Bemühungen um die Vervollkommnung des Blasorchesters seit den letzten Jahrzehnten des 18. Jahrhunderts. Das bedeutet: Erst die unzähligen Versuche in Paris, Berlin, Karlsruhe, Wien zwischen 1780 und 1840 führten zu jenen Instrumenten, die nach und nach die charakteristische Besetzung des heutigen Blasorchesters zu formen vermochten. Armeekapellmeister wie Wilhelm Wieprecht und Andreas Leonhardt trugen die Hauptlast und die Verantwortung für diese Entwicklung, die auch zu einer spezifischen Literatur sowohl im Marschmusik- wie im konzertanten Bereich führte.

Und da zivile Bürgerwehren und Bürgermilizen als Abbild militärischer Formationen organisiert wurden, bedurften sie auch der Militärmusik, sowohl im Bereich der Signal- und Marschmusik wie im Unterhaltungs- und Bildungssektor. Das beeindruckende Bild im Rathaus zu Staufen im Breisgau bezeugt im Jahr 1802 die Situation in dieser Übergangszeit vollumfänglich. Neben den älteren Spielgruppen hat da die Türkische Musik mit Holz- und Blechblasinstrumenten und mit dem Schellenbaum im Hintergrund Aufstellung genommen. Jede Formation ist ihrem Aufgabengebiet zugeordnet.

Von Überlingen und Markdorf am Bodensee, von Engen im Hegau, von Stühlingen im Hochrheingebiet, von Staufen, Kirchhofen und Schopfheim im Markgräflerland, von Hüfingen auf der Baar und Villingen, Geisingen, Triberg im Schwarzwald, von Löffingen im Hochschwarzwald, – über Waldkirch und Kenzingen im Oberbadischen und Wyhl am Kaiserstuhl bis nach Oppenau, Oberkirch und Renchen im Acher-Renchtal – bis Neudenau in den Odenwald reichen die Zeugnisse für Türkische Musikkapellen, die als Bestandteile der paramilitärischen Formationen in Stadt und Land eine vielseitige Aufgabe erfüllten. Mit Sicherheit kann man diese Türkischen Musikkapellen als Vorläufer unserer Blaskapellen angeben; denn im Instrumentarium und in der Literatur bahnt sich darin die kommunale und musikalische Wirkweise unseres Blasorchesters an. Mit den in die 1848er-Unruhen mehr oder weniger verwickelten Bürgermilizen kam es nach der Niederschlagung der Unruhen im badischen Land zur Auflösung dieser Musikkapellen. Doch in der Regel entstanden unmittelbar daraus neue, auf privater oder anderer städtischer Basis organisierte Musikergruppen, die durch die nun erlassenen Gesetze die Möglichkeit erhielten, sich als juridische Personen zu formieren, nach polizeilich genehmigten Statuten ein geordnetes (und beobachtbares) Vereinsleben zu entfalten. Das Freiwillige-Feuerwehrwesen blüht auf. Viele Musikkapellen finden darin Förderung und Schutz, um als halboffizielle Institutionen aus allgemeinen Förderungsmitteln einen Teil ihrer finanziellen Unkosten ersetzt zu bekommen. Schließlich führt der siegreich beendete Deutsch-Französische Krieg von 1870/71 zu einer Welle der Begeisterung, zu Festesfreude und zu einer langen Periode des Friedens und des Wohlstandes, in der sich die zivilen Musikkapellen konsolidieren, in der Besetzung und Literatur zwar weiter vom Militärmusikwesen abhängig bleiben, doch in ihren Städten und Dörfern zu jenen eigengeprägten, gesellschaftlich und landschaftlich bedingten Aufgaben finden, die noch heute gelten. Sosehr manche äußere Formen an das militärische Vorbild erinnern, sosehr wird zugleich deutlich, daß in bildungs- und kulturpolitischer Hinsicht die Wege sich getrennt haben.

In diese Phase der Selbstfindung in den siebziger und achtziger Jahren des vorigen Jahrhunderts fallen die ersten Bemühungen um regionale und überregionale Zusammenschlüsse. Das Sängerwesen und

Abb. 58: Noch im Jahr 1902 zeigte sich die Stadtkapelle Achern (Acher- und Renchtal-Musikverband) mit dem Schellenbaum in der Öffentlichkeit: Zeugnis dafür, wie lange die »Türkische Musik« im Badischen nachwirkte.

auch die Feuerwehren mochten dabei als Vorbilder dienen.

Vom Breisgau-Markgräfler und Höhgau-Musikverband zum Bund Deutscher Blasmusikverbände

Als erster Blasmusikverband im deutschen Sprachraum entstand im Jahr 1892 der Breisgau-Markgräfler Musikverband im Raume Emmendingen – Freiburg – Krozingen – Buggingen, der sich schließlich bis Offenburg hin ausbreitete. Ein Jahr später, jedoch unabhängig von der Breisgauer Gründung, fanden sich im westlichen Bodensee- und Hegau-Raum jene Kapellen zusammen, die 1886 am großen Feuerwehrfest in Engen im Hegau teilgenommen und dabei die Vorteile eines überregionalen Zusammenschlusses Gleichgesinnter kennengelernt hatten. In kurzen Abständen: 1898 im Raum Schwenningen-Villingen mit dem Badischen und Württembergischen Schwarzwaldgau, 1906 an der Dreiländerecke um Lörrach mit dem »Musikverband für das Oberrhein-, Wehra- und Wiesental« (heute: Alemannischer Musikverband), im Raume Achern – Renchen – Kehl – Rastatt mit dem Mittelbadischen Musikverband, folgten weitere Initiativen zu Verbandsgründungen. Das Entstehen und Aufkommen der einzelnen Verbände und der ihnen heute zugehörigen Mitgliedskapellen ist in den folgenen Abschnitten nachzulesen.

Bis zum Beginn des Ersten Weltkrieges versuchten die genannten Blasmusikverbände für sich allein die Interessen ihrer Mitgliedskapellen in der Öffentlichkeit und den politischen Instanzen gegenüber zu vertreten sowie das Bewußtsein der Zusammengehörigkeit im Rahmen von Verbandsmusikfesten, Gesamtchören, Wett- und Preisspielen zu festigen. In den zwanziger Jahren unseres Jahrhunderts entstanden diese Verbände zum Teil neu, zum Teil aber lösten sich aus ihnen weitere selbständige Einheiten heraus: 1920 um Waldshut der Hochrhein-Verband, 1921 der Markgräfler Musikverband, 1922 der Badische Bodensee- und der Kinzigtalmusikverband, 1925 der Hochschwarzwaldverband. Alle genannten Verbände schlossen sich 1926 zu einer Arbeitsgemeinschaft zusammen. Eingeladen von den Vorständen des Oberbadischen Musikvereinsverbandes, Oberlehrer Kilian Heitz aus Endingen am Kaiserstuhl, Bernhard Stelz aus Emmendingen und Wilhelm Reinhard aus Wolfenweiler bei Freiburg, trafen sich die Verbandspräsidenten am 19. September 1926 in Freiburg. Für den 5. Dezember d. J. konnte bereits die Gründungsversammlung nach Neustadt im Schwarzwald einberufen werden.

Kilian Heitz übernahm das Präsidentenamt. Die 1924 eingerichtete Oberbadische Musikzeitung sollte als Organ des neuen Bundes alle vierzehn Tage erscheinen.

Folgende Aufgaben stellte sich die Arbeitsgemeinschaft Oberbadischer Musikverbände in der Sitzung am 19. September 1926: »(1) Einheitliche Verbandssatzungen und möglichst gleiche Beiträge. (2) Abgrenzung der geographischen Grenze der einzelnen Verbandsgebiete. (3) Aufruf an diejenigen Vereine, welche noch keinem Verband angehören, sich dem Verbande ihres Gebietes anzuschließen. (4) Tritt ein Verein aus einem Verband aus, so darf er in den anderen Verband nur mit Zustimmung des ersteren Verbandes aufgenommen werden. Abtrünnige Vereine werden gegenseitig bekanntgegeben. (5) Beschaffung einheitlicher Anmeldebogen für die Aufnahme von Vereinen. (6) Vermittlung von Musikerstellen innerhalb der Vereine und Arbeitsbeschaffung für dieselben. (7) Vermittlung von Musikerausflügen mit möglichst Freiquartieren usf. (8) Einheitliches Arrangement der Verbandsmusikfeste, so daß unnötige Ausgaben vermieden werden. Austausch gemachter Erfahrungen. Angleichung der Einsatzgebühren und der Eintrittspreise zum Wettspiel. Gleichstellung aller Musikvereine bei den Verbandsmusikfesten innerhalb der Arbeitsgemeinschaft. Abweisung von Vereinen, welche im Verbandsgebiet ihren Sitz haben, jedoch keinem Verbande angeschlossen sind, und Abweisung abtrünniger Vereine, welche im Verruf stehen. (9) Aufstellung gemeinsamer Listen guter und geeigneter Selbstwahlstücke für Verbandsmusikfeste nach den einzelnen Klassen geordnet. (10) Namhaftmachung guter Preisrichter, welche mit dem Wesen und Fühlen der Dilettantenmusiker vertraut sind und die einzelnen Leistungen auch gefühlsmäßig bewerten können und richtige Kritik ohne scharfe Worte zu üben verstehen. Regelung der Honorierung der Preisrichter. (11) Einheitliche Berechnung der Punktzahlen nach dem deutschen System. (12) Beschaffung und gegenseitiger Austausch von Gesamtchören usw. (13) Bekanntgabe der einzelnen Termine für die Verbandsmusikfeste, damit dieselben zeitlich nicht zusammentreffen. – Die Verbände halten an ihrer Selbständigkeit fest und regeln ihre internen Arbeiten für sich. Die Arbeitsgemeinschaft wird ehrenamtlich verwaltet«[4].

Folgende Verbände begrüßten die Schaffung der »Arbeitsgemeinschaft Oberbadischer Musikverbände«, weil damit »für die einzelnen Musikvereine und deren Glieder eine segensreiche Einrichtung entstanden ist, welche zum weiteren Aufstieg und zu intensivster Pflege der Musik beitragen möge«:

Alemannischer Musikverband, Lörrach
Badischer Seegau-Musikverband, Owingen
Bezirksmusikverband »Oberrhein«, Waldshut
Gau der Landkapellen des badischen und württembergischen Schwarzwaldes, Schwenningen
Kinzigtalgau-Musikverband, Biberach
Mittelbadischer Musikgau-Verband, Muggensturm
Musikverband »Hochschwarzwald«, Neustadt
Oberbadischer Musikvereinsverband, Emmendingen
Verband der unteren Markgräfler Musikvereine, Bad Krozingen
Oberschwäbischer Musikverband, Aulendorf (Gastverband)
Hegau-Musikverband, Singen (mit Vorbehalt)

Diese Liste bezeugt zudem, welche Blasmusikverbände damals in Baden existierten.

Die Hauptversammlungen der folgenden Jahre in Lörrach (1927) und in Schwenningen (1928) führten zu einem Konsens über die zu formulierende Satzung, so daß 1929 in Waldshut und 1930 in Freiburg ein Beschluß darüber herbeigeführt und die endgültige Benennung der Arbeitsgemeinschaft in »Bund Südwestdeutscher Musikvereine« beschlossen werden konnte. Die Oberbadische Musikzeitung erhielt den Titel »Bundeszeitung«. Seit 1. Oktober 1928 gab es zudem einen Pauschalvertrag mit der STAGMA (der heutigen GEMA), der den einzelnen Vereinen die hohen Gebühren für einzelne Veranstaltungen ersparte und dafür jährliche Zahlungen je nach Kapellenstärke zwischen 7.50 und 30.– Reichsmark vorsah.

Am 17. August 1928 starb Kilian Heitz. An seine Stelle trat Adolf Kromer aus Freiburg. Emil Dörle schuf den Bundesfestmarsch Nr. 1, der beim ersten Bundesmusikfest im Jahr 1930 in Schwenningen zur Aufführung gelangen sollte. Doch die wirtschaftlich immer schwieriger werdenden Zeiten verhinderten dieses Fest. 1932 mußte sich der Bund überdies an das badische Ministerium des Inneren wenden, um die Bezirksämter zu veranlassen, bei der Prüfung der Gemeindevoranschläge die für die Musikkapellen vorgesehenen Zuschüsse nicht zu streichen und den Gemeinden Mittel zuzuführen, damit die Musikkapellen weiterhin ihren musikalisch-gesellschaftlichen Auftrag erfüllen könnten.

Das erste und einzige Bundesmusikfest vor dem Zweiten Weltkrieg erlebte 1933 die Stadt Freiburg im Breisgau. 115 Musikkapellen nahmen am Preis- und Wertungsspiel teil, im Universitätsstadion konnte endlich Dörles Festmarsch Nr. 1 als Gesamt-

10	Beethoven Ludwig van	Andante a. d. C-Moll-Sinfonie
		„Die Schlacht bei Vittoria", Sinfonie
		   1. Teil: Die Schlacht
		   2. Teil: Sieges-Sinfonie
		Aus der Pastoral-Sinfonie:
		   a) Lustiges Zusammensein der Landleute
		   b) Gewitter und Sturm

41	Dörle Emil	„Dianas Jagdzug" „Frühlingsboten" „Arbeit, Ehre, Vaterland!"
56	Friedemann Carl	„Der Geiger von Mittenwalde" „Minna von Barnhelm" „Zopf und Schwert" „Roland, der Waffenschmied" „Slavische Rhapsodie"
57	Fučik Julius	„Marinarella"
70	Halter H.	„Am goldenen Horn" Ouverture „Blütenfest" „ „Die Erlenkrone" „ „Zauber a. d. Märchenwelt" „

116	Liszt Franz	„Les Préludes", Sinf. Dichtung
		Ungarische Rhapsodien:
		   Nr. 1 in F-Dur (an Hans v. Bülow)
		   Nr. 2 in C-Moll (an Graf Teleoki)
		   Nr. 3 in D-Dur (an Graf Appony)
		   Nr. 5 in C-Moll (in memoriam an Gräfin Riviczky)
		   Nr. 6 in D-Dur Pesther Carneval (an H. W. Ernst)
		„Die Tellskapelle"

181	Wagner Richard	Vorspiel zu „Lohengrin" Vorspiel zu „Parsifal" Vorspiel zu „Meistersinger" Vorspiel zu „Tristan und Isolde" „Rienzi", Introduktion und Chor der Friedensboten „Rienzi" Ouverture „Tannhäuser" „

Abb. 59: Im Herbst 1929 erschien, herausgegeben vom Bund Südwestdeutscher Musikvereine mit dem Sitz in Freiburg, erstmals ein Verzeichnis von Musikstücken, die für Preisspiele geeignet sind. Neben Bearbeitungen von Werken großer Meister, die den Hauptanteil im Repertoire der Blaskapellen ausmachten, finden sich darin auch die ersten Originalkompositionen (Dörle, Friedemann, Fučik, Halter).

chor aufgeführt werden. In der Freiburger Festschrift von 1933 erscheint erstmals der Name Fritz Schulz, der seit 1. April 1931 nach Bedarf beim Präsidenten in Freiburg oder in der Geschäftsstelle in Emmendingen aushilfsweise beschäftigt war. Zum 1. Januar 1933 erfolgte seine Anstellung als Sekretär mit einem Monatsgehalt von 100 Reichsmark[5]. Folgende Mitgliedsverbände und Einzelmitglieder gehörten am 1. Januar 1933 dem Bund Südwestdeutscher Musikvereine an:

Extrablatt!

Ergebnisse über die Preisspiele vom 1. Bundesmusikfest in Freiburg i. Br. Pfingsten 1933

Kunststufe, 1. Abteilung:

Stadtkapelle Spaichingen, Württemberg Ia Preis mit 21³/₄ Punkten
Stadtkapelle Lahr i. B. Ia „ „ 25¹/₂ „
Musikges. •Harmonie• Biberist, Kt. Solothurn Ia „ „ 20¹/₄ „

Kunststufe, 2. Abteilung:

Stadtmusik Lörrach, Baden Ia Preis mit 18 Punkten
Stadtkapelle Achern, Baden Ia „ „ 20¹/₄ „
Musikverein Schörzingen bei Rottweil, Württ. Ia „ „ 25¹/₂ „
Stadtkapelle •Harmonie•, Kehl-Sundheim Ia „ „ 18 „
Stadtkapelle Stuttgart-Feuerbach Ia „ „ 18 „

Oberstufe, 1. Abteilung:

Stadtmusik Breisach am Rhein Ia Preis mit 21 Punkten
Musikverein Krozingen (Kapelle Schillinger), Baden
Ia Preis mit 20¹/₄ Punkten
Musikverein Sulz bei Lahr, Baden Ia „ „ 21³/₄ „
Musikgesellschaft •Harmonie•, Gerlafingen, Kt. Solothurn
Ia Preis mit 18³/₄ Punkten

Oberstufe, 2. Abteilung:

Musikverein Deißlingen, O.A. Rottweil Ia Preis mit 21 Punkten
Musikverein •Feuerwehr-Harmonie•, Wehr i. W.
Ia Preis mit 18³/₄ Punkten
Musikverein Lauffen bei Rottweil a. N. Ia „ „ 21 „
Stadt- und Feuerwehrkapelle Schiltach, Kinzigtal
Ia Preis mit 22¹/₂ Punkten
Musikverein Kirchzarten bei Freiburg Ia „ „ 18³/₄ „

Oberstufe, 3. Abteilung:

Musikverein Burladingen, Hohenzollern Ia Preis mit 22¹/₂ Punkten
Musikkapelle Kollnau, Amt Waldkirch, Bd. Ia „ „ 20¹/₄ „
Blasorchester Bad Dürrheim, Amt Villingen, Baden
Ia Preis mit 18 Punkten
Musikkapelle Unterharmersbach, Amt Offenburg
Ia Preis mit 19¹/₂ Punkten

Oberstufe, 4. Abteilung:

Musikverein Markdorf, Amt Ueberlingen, Bodensee
Ia Preis mit 20¹/₄ Punkten
Stadtmusik Neustadt, Schwarzwald Ia „ „ 18 „
Musikverein Allschwil bei Basel Ia „ „ 18³/₄ „
Stadtmusik Fridingen, bei Tuttlingen Ia „ „ 20¹/₄ „
Stadtkapelle Mühlheim a. D. bei Tuttlingen Ia „ „ 19¹/₂ „
Musikverein Dauchingen, Amt Villingen Ia „ „ 18 „

Oberstufe, 5. Abteilung:

Musikverein Andelfingen, O.A. Riedlingen, Württemberg
Ia Preis mit 22¹/₂ Punkten
Musikkapelle Sonthofen, Schwaben Ia „ „ 20¹/₄ „
Musikverein und Feuerwehrmusik Ebnet bei Freiburg
Ia Preis mit 21³/₄ Punkten
Musikverein Kurkapelle Schönwald, Amt Villingen Ia „ „ 21³/₄ „

Oberstufe, 6. Abteilung:

Stadtkapelle Altensteig, O.A. Nagold Ia Preis mit 21³/₄ Punkten
Musikverein Wyhlen, Amt Lörrach Ia „ „ 21³/₄ „
Stadtmusik Donaueschingen, Baden Ia „ „ 20¹/₄ „
Musikgesellschaft Pratteln, Schweiz Ia „ „ 18 „

Mittelstufe, 1. Abteilung:

Musikgesellschaft Döttingen, Kt. Aargau Ia Preis mit 26¹/₂ Punkten
Musikges. Neuhausen ob Eck, O.A. Tuttlingen Ia „ „ 29¹/₄ „
Musikverein Friesenheim bei Lahr Ia „ „ 27³/₄ „
Musikkapelle Grafenhausen bei Lahr, Bd. Ia „ „ 20¹/₄ „

Mittelstufe, 2. Abteilung:

Musikverein •Cäcilia•, Lützenhardt, O. A. Horb a. N.
Ia Preis mit 21³/₄ Punkten
Musikverein Heitersheim bei Freiburg Ia „ „ 23¹/₂ „
Musikverein Oberwihl, Amt Waldshut Ia „ „ 30 „
Stadtmusik Herbolzheim, A. Emmendingen, Baden
Ia Preis mit 24 Punkten
Musikverein Dätzingen, O.A. Leonberg, Württ. Ia „ „ 25¹/₂ „
Feuerwehrmusik Hügelheim bei Müllheim, Baden
Ia Preis mit 28¹/₂ Punkten
Musikverein Klein-Basel Ia „ „ 20¹/₄ „

Mittelstufe, 3. Abteilung:

Musikverein •Harmonie•, Horben b. Freiburg Ia Preis mit 29¹ Punkten
Musikverein Liptingen, Amt Stockach, Bad. Ib „ „ 40³/₄ „
Musikverein Kappel bei Freiburg Ia „ „ 21³/₄ „
Stadtmusik Endingen am Kaiserstuhl Ia „ „ 21 „

Musikverein Seebronn, O.A. Rottenburg Ia Preis mit 34 Punkten
Musikverein I. Krozingen bei Freiburg (Kapelle Schieß)
Ia Preis mit 29¹/₄ Punkten

Mittelstufe, 4. Abteilung:

Musikverein St. Georgen bei Freiburg Ia Preis mit 22¹/₂ Punkten
Musikverein Zimmern ob Rottweil, Württ. Ia „ „ 27¹/₂ „
Metallharmonie Birsfelden bei Basel Ia „ „ 26¹/₂ „
Musikverein Lehen bei Freiburg Ia „ „ 27¹/₂ „
Musikverein Oberwil bei Basel Ia „ „ 21³/₄ „
Musikverein Kirnbach, Amt Wolfach, Baden Ia „ „ 27¹/₂ „

Mittelstufe, 5. Abteilung:

Musikverein Stadtkapelle Besigheim, Württ. Ia Preis mit 24 Punkten
Musikverein Biberach, Amt Offenburg Ia „ „ 28 „
Musikverein Haiflingen, O.A. Rottenburg a.N. Ia „ „ 27 „
Feuerwehrkapelle Hinterzarten, A. Neustadt/Schw.
Ia Preis mit 19 Punkten
Musikverein Lehengericht, Amt Wolfach, Bd. Ia „ „ 24¹/₂ „
Musikverein Sexau, Amt Emmendingen, Bd. Ia „ „ 25¹/₂ „

Mittelstufe, 6. Abteilung:

Musikverein Erzingen, Amt Waldshut, Bd. Ia Preis mit 24³/₄ Punkten
Musikverein Bellingen bei Müllheim, Bd. Ia „ „ 27¹/₂ „
Feuerwehrmusik Minseln, A. Schopfh., Bd. Ia „ „ 26¹/₂ „
Musikgesellschaft •Harmonie•, Sempach, Kt. Luzern
Ia Preis mit 20 Punkten
Feuerwehrmusik Murg, Baden Ia „ „ 21³/₄ „

Mittelstufe, 7. Abteilung:

Musikverein Dormettingen, O.A. Rottweil Ia Preis mit 29 Punkten
Feuerwehrkapelle Todtmoos bei Schopfheim, Baden
a Preis mit 25¹/₂ Punkten
Musikverein Gündelwangen, Amt Neustadt Schw.
Ia Preis mit 20¹/₂ Punkten
Musikgesellschaft Füllinsdorf bei Basel Ia „ „ 26¹/₂ „
Musikverein Mariazell, Württemberg Ia „ „ 23³/₄ „
Musikverein Oeflingen, Ä. Säckingen, Bd. Ia „ „ 19 „
Musikverein •Konkordia•, Gurtweil, Amt Waldshut
Ia Preis mit 27³/₄ Punkten
Stadtkapelle Nagold, Württemberg Ia „ „ 19¹/₄ „

Unterstufe, 1. Abteilung:

Musikverein Hochdorf bei Freiburg Ia Preis mit 24 Punkten
Feuerwehrkapelle Tannheim, Amt Donaueschingen
Ia Preis mit 34 Punkten
Musikverein Heimbach b. Emmendingen, Bd. Ia „ „ 20³/₄ „
Musikverein Ettenheimmünster b. Lahr, Bd. Ia „ „ 34 „
Musikverein Schutterwald bei Offenburg Ia „ „ 24¹/₄ „
Musikkapelle Bischoffingen a. Kaiserstuhl Ia „ „ 26¹/₂ „

Unterstufe, 2. Abteilung:

Musikgesellschaft Lohn, Kt. Solothurn Ia Preis mit 25 Punkten
Musikverein Rietheim, O.A. Tuttlingen Ia „ „ 26 „
Musikkapelle Bühlingen bei Rottweil Ia „ „ 22 „
Musikgesellschaft Subingen, Kt. Solothurn Ia „ „ 21¹/₂ „
Musikverein Fischbach bei Villingen Ia „ „ 28¹/₂ „
Musikverein Ebringen bei Freiburg Ia „ „ 22³/₄ „
Musikvereinigung Neckarhausen b. Mannh. Ia „ „ 20¹/₄ „
Musikverein Umkirch bei Freiburg Ia „ „ 28¹/₄ „

Unterstufe, 3. Abteilung:

Musikverein Freiburg-Betzenhausen Ia Preis mit 21³/₄ Punkten
Feuerwehrkapelle Ihringen am Kaiserstuhl Ia „ „ 32³/₄ „
Musikverein Egringen bei Lörrach, Baden Ia „ „ 25¹/₂ „
Musikverein Schweighausen, A. Lahr, Bd. Ia „ „ 28¹/₄ „
Musikverein Bahlingen am Kaiserstuhl Ia „ „ 24³/₄ „

Unterstufe, 4. Abteilung:

Musikverein Oberhausen, A. Emmendingen Ia Preis mit 21¹/₄ Punkten
Musikverein Tunsel, Amt Staufen Ia „ „ 19³/₄ „
Musikverein Aufen bei Donaueschingen Ia „ „ 27¹/₂ „
Musikverein Schliengen, Amt Müllheim, Bd. Ia „ „ 21³/₄ „
Musikverein Bönnigheim, Württemberg Ia „ „ 21¹/₄ „
Musikverein Inzlingen, Amt Lörrach Ia „ „ 21 „

Unterstufe, 5. Abteilung:

Musikverein Dogern bei Waldshut Ia Preis mit 19¹/₂ Punkten
Musikverein •Harmonie•, Mauchen bei Stühlingen, Baden
Ia Preis mit 31¹/₄ Punkten
Musikkapelle Oberrotweil am Kaiserstuhl Ia „ „ 25¹/₄ „
Musikverein •Freudenklänge•, Gausbach, M..gtal, Baden
Ia Preis mit 26¹/₂ Punkten

Abb. 60: Die Ergebnisse der Preisspiele des 1. Bundesmusikfestes des Bundes Südwestdeutscher Musikverbände, 1933 in Freiburg im Breisgau.

Name des Verbandes	Sitz in	Vereine Mitgl.	Werbg.
1. Oberbadischer Musikvereinsverband	Freiburg/Breisgau	83	27
2. Alemannischer Musikvereinsverband	Lörrach	23	7
3. Musikvereinsverband »Hochschwarzwald«	Neustadt	24	4
4. Untermarkgräfler Musikvereinsverband	Bad Krozingen	22	10
5. Germanischer Musikvereinsverband	Schwenningen a. N.	20	1
6. Badischer Seegau-Musikvereinsverband	Owingen	27	27
7. Bezirks-Musiker-Verband »Oberrhein«	Waldshut	63	26
8. Heuberg-Baar-Musikvereinsverband	Deilingen	17	-
9. Württemberg-Badischer Musikvereinsverband	Neuhausen ob Eck	10	5
10. Gau der Musikkapellen des Acher- und Renchtales	Oberachern	26	–
11. Musikgau Hanauerland und Umgebung	Kehl-Sundheim	19	–
12. Kinzigtalgau bad. und württemberg. Musikvereine	Unterharmersbach	27	19
13. Musikvereinsverband »Wiesental«	Schönau	17	–
14. Musikvereinsverband »Alt Württemberg«	Feuerbach	23	48
15. Schwäb. Alb-Musikvereinsverband	Burladingen	20	26
16. Hardt-Musikvereinsverband	Karlsruhe-Daxlanden	22	25
17. Musikgau Zollern-Schalksburg	Truchtelfingen	17	1
18. Musikvereinsverband »Baar-Schwarzwald«	Donaueschingen	9	13
19. Musikvereinsverband »Iburg-Windeck«	Bühlertal	11	18
20. Murgtal-Musikgau	Ottenau	12	–
21. Musikvereinsverband »Neckar-Schwarzwald«	Seebronn	28	17
22. Musikvereinsverband »Oberer Neckargau«	Winzeln	9	2
23. Musikvereinsverband »Taunus-Gau«	Bad Homburg v. d. H.	5	3
24. Musikvereinsverband »Kurpfalz«	Mannheim	16	71
25. Musikvereinsverband »Nagold-Enz-Würm«	Calw	5	19

Einzelmitglieder:
die Stadtmusikvereine Dornstetten, Freudenstadt, Nagold, Schwenningen a. N. und Spaichingen; die Musikvereine Lützenhard und Wildberg.

In Werbung standen noch zwei Verbände, und zwar
Musikverband Bruhrain-Bruchsal
Musikverband Odenwald

Das Jahr 1933 ist geprägt durch die Machtübernahme Adolf Hitlers. Die Politik griff nun immer stärker in das Vereinswesen ein. Vor allem die Musik als Medium der Beeinflussung der Massen wirkungsvoll einzusetzen, bedurfte einer zentralen, von Berlin aus bestimmten Führung. Am 5. Dezember 1933 trafen sich die Vertreter des Bundes Südwestdeutscher Musikvereine und des Süddeutschen Musikerverbandes im Württembergischen Kultusministerium, um beide Organisationen der Reichsmusikkammer zur Verfügung zu stellen. Am 13. April 1934 traten die zwanzig Verbände der sogenannten »Volksmusik- und Instrumentalvereine« dem Reichsverband für Deutsche Volksmusik unter der Leitung von Max Burkhardt bei. Dies galt als mittelbare Mitgliedschaft in der Reichsmusikkammer, deren Präsident damals Richard Strauss war. »Der Reichsverband hatte die Volkstumsarbeit im Rahmen der Volksmusik zu fördern und zu pflegen und die Liebe zur Musik ins deutsche Volk hineinzutragen« (§ 2). Im Jahr 1935 erfolgte die Aufteilung der Südwestmark in 23 Gaue, damit hatten die Verbände endgültig zu existieren aufgehört. Die Bundeszeitung stellte ihr Erscheinen ein, dafür erhielten die Vereine die neugegründete Zeitschrift »Die Volksmusik« zugestellt. Die Fachschaft II – Blasmusikvereine veranstaltete 1937 das große »Fest der deutschen Volksmusik«, an dem in Karlsruhe 552 Musikkapellen teilnahmen. 1939 folgte ein zweites solches Fest in Freiburg, das jedoch nur 88 Vereine besuchten. 1939 gab Adolf Kromer die Landschaftsleitung der Blaskapellen Badens auf, da der Sitz nach Berlin verlegt wurde. Kromer starb im Januar 1945 in Kenzingen.

Abb. 61: Das Präsidium des Bundes Badischer Volksmusikverbände im Jahr 1952. Sitzend von links nach rechts: Belli, Huber, Schmidt, Rehm, Dörle, Schulz, Hartmann, Eich, Klinkmüller; stehend von links nach rechts: Witzenhausen, Schleicher, Bartelmess, Schmidt (Au), Rosa, Ellbogen, Grozinger, Sommer, Jäger, Hiss, Blum, Kreiner, Braun, Albrecht, Gratz, Nicol und Kraft.

Während nach Beendigung des Ersten Weltkrieges schon 1919 sich neues Leben in den Blasmusikvereinen und Verbänden regte, dauerte es nach dem Zweiten Weltkrieg mehrere Jahre, bis die Besatzungsmächte vereinsmäßige Zusammenschlüsse im Musikbereich erlaubten. Als erster Verband konnte 1949 der Hegau sich wieder sammeln. Ein Jahr später, am 29. Oktober 1950, trafen sich im Hotel »Schützen« in Donaueschingen unter der Leitung von Otto Kraus, Neustadt, folgende Verbandspräsidenten oder deren Stellvertreter, um den Bund Badischer Volksmusikverbände wieder ins Leben zu rufen: Emil Beuschel (Lörrach), Friedrich Schmidt (Oberachern), Karl Gratz (Überlingen), Adolf Haas (Wahlwies), Fritz Geppert (Hügelheim), Hans Schwarzkopf (Rastatt), Jakob Blum (Nimburg), Viktor Huber (Säckingen) und Hermann Schleicher (Villingen). Anwesend waren zudem Emil Dörle aus Freiburg und Richard Rehm aus Nenzingen, der das Protokoll führte. Zwölf Verbände demnach, die einstimmig eine eigene badische Organisation sowie

Emil Dörle zum ersten Präsidenten dieser Organisation wählten. Dörle nahm unter der Bedingung an, daß Fritz Schulz – wie 1931 bis 1939 – Geschäftsführer werden sollte. Zum 2. Präsidenten wählte die Versammlung Adolf Haas (Hegau) und zum Rechner Richard Rehm (Hegau). Den Musikausschuß bildeten gemeinsam die Herren Heinzelmann (Rielasingen), Meybrunn (Neustadt im Schwarzwald), Bartelmess (Hochrhein), Rosa (Oberkirch) und Hiss (Eichstetten). Staatspräsident Leo Wohleb stellte einen Betrag von 2000.– DM als Starthilfe zur Verfügung. Die seit 1949 bestehende Zeitschrift »Die Volksmusik« (Lörrach) wurde als Bundeszeitung anerkannt, jedoch ab Juni 1951 durch die »Allgemeine Volksmusik-Zeitung« ersetzt. In der ersten Ausgabe dieser Zeitschrift wird die neue Sprache eines Politikers deutlich, der öffentliches Interesse am Bestehen von Musikkapellen bekundet: «Freude an Musik und Gesang ist ein Erbgut des badischen Volkes. Und alle Vereinigungen, die sich in dieser Beziehung betätigen, dienen der Volkskultur, sie haben ein wohlbegründetes Anrecht auf Förderung durch die Landesregierung« (Leo Wohleb)[6]. Das ist eine andere Sprache als die der zwanziger Jahre, in denen die Musikkapellen als private Formen der Geselligkeit vom Staat kaum Hilfe erwarten durften.

Mehr als einhundert Kapellen nahmen am 1. Bundesmusikfest 1953 in Singen teil, dazu Gastkapellen aus Holland, aus Österreich und aus der Schweiz. 1953 erfolgte zudem die Umbenennung in Bund Deutscher Volksmusikverbände. Ein Jahr später legte Dörle sein Amt als Präsident des Bundes aus gesundheitlichen Gründen nieder. Bei der Hauptversammlung 1954 in Neustadt an der Weinstraße wurde der spätere Radolfzeller Bürgermeister Hermann Albrecht zum Präsidenten gewählt, ihm zur Seite standen als stellvertretende Präsidenten Edwin Hartmann (Neustadt an der Weinstraße) und Karl Gratz (Überlingen), als Bundesdirigent Hermann Freybott (Waldkirch). Seit 1955 gibt es das Amt des Bundesjugendleiters, das damals Rudolf Siebold vom Hochrhein-Verband übernahm. Infolge der Umbenennung in »Bund Deutscher Volksmusikverbände« 1953 stoßen nun weitere Verbände außerhalb des badischen Gebietes zum Bund: 1954 der Vorspessart-Verband, im Bayerischen gelegen; der Volksmusikverband Rhein-Main, Hessen; 1955 der Volksmusikverband Baden-Pfalz; 1956 die Volksmusikverbände Rhein-Hessen, Rhein-Nahe und Nahe-Hunsrück, der Bund Deutscher Volksmusiker, Essen. Im Jahr 1956 hatte der Bund mit 23 Mit-gliedsverbänden seinen höchsten Stand erreicht, er erstreckte sich über Teile der Bundesländer Baden-Württemberg, Bayern, Hessen, Rheinland-Pfalz und Nordrhein-Westfalen.

Als Hermann Freybott im Jahr 1956 als Militärkapellmeister zur Bundeswehr ging, übernahm Franz-Josef Meybrunn aus Neustadt im Schwarzwald das Amt des Bundesmusikdirektors. An ihm lag es, das zweite Bundesmusikfest 1958 in Karlsruhe musikalisch vorzubereiten und zu betreuen. 150 Musikkapellen beteiligten sich an dem Karlsruher Fest, das von Verbandspräsident Friedrich Hohn und seinem Stellvertreter Richard Felleisen die organisatorische Prägung erhielt[7].

Ein wichtiges Datum in der Geschichte der Blasmusik in der Bundesrepublik Deutschland ist der 16. Februar 1960: Damals schlossen sich die vier bundesdeutschen Blasmusikbünde, der Bund Deutscher Volksmusikverbände, der Deutsche Volksmusikerbund (mit dem Schwerpunkt in Württemberg), der Bayerische Volksmusikbund und der Bund Saarländischer Musikvereine zur »Arbeitsgemeinschaft Deutsche Blasmusik« zusammen. Die Arbeitsgemeinschaft verstand sich ihrerseits wieder als Teil der von Fritz Jöde in Hamburg begründeten »Arbeitsgemeinschaft der Volksmusikverbände«. Den Vorsitz in der letztgenannten Organisation übernimmt der Bundesminister für wissenschaftliche Forschung, Hans Lenz.

1963 ist das Jahr des 3. Bundesmusikfestes, das diesmal in Offenburg in Szene geht[8], Franz Josef Mey-

Abb. 62: Bundesmusik-direktor Hermann Freybott an der Spitze des Musik-vereins Au bei Freiburg (Oberbadischer Blasmusik-verband).

Abb. 63: Bundesmusikfest 1971 in Karlsruhe. Ministerpräsident Dr. Filbinger hält die Festansprache, Bundesmusikdirektor Rudolf Siebold dirigiert die Gesamtchöre. Ganz links der Präsident des Blasmusikverbandes Karlsruhe, Richard Felleisen, der die organisatorische Last des Festes trug.

brunn zieht sich vom Amt des Bundesmusikdirektors wieder zurück, um Hermann Freybott, der inzwischen nach Waldkirch zurückgekehrt war, zum zweiten Mal dieses Amt zu überlassen. 1966, bei der Hauptversammlung in Radolfzell, tritt Rudolf Siebold zurück, und Wolfgang Suppan wird Bundesjugendleiter. Ein Jahr später, bei der Hauptversammlung in Karlsruhe, verläßt Freybott endgültig den Bund (er stirbt 1976 in Waldkirch)[9]. Hans Nicol und Friedel Moritz verwalten das Amt kommissarisch, bis 1968 Rudolf Siebold zum Bundesmusikdirektor gewählt wird. Am 5. Januar 1968 erlag Hermann Albrecht unerwartet einem Herzinfarkt. In seine Amtszeit fiel u. a. die zwanzigfache Erhöhung der Landeszuschüsse, die Einbeziehung der Blasmusik in den Wettbewerb »Jugend musiziert«, die Gründung von etwa dreihundert Jugendkapellen.
Am 23. März 1968 konnte mit dem Kehler Landrat Walter Schäfer der dritte Präsident des Bundes Deutscher Volksmusikverbände gewählt werden. Unter Schäfer erfolgte – bei der Hauptversammlung

1968 in Breisach – die Umbenennung in »Bund Deutscher Blasmusikverbände«, womit jenes terminologisch unzutreffende Relikt »Volksmusik« aus der nationalsozialistischen Ära wieder beseitigt war. Zugleich gab Breisach 1968 den Startschuß für eine neue Veranstaltungsreihe des Bundes, die Internationalen Treffen von Jugendkapellen, die 1969 in Staufen im Breisgau beginnen sollten und in denen die Idee verwirklicht wurde, im Rahmen kleinerer, aber traditionsreicher alter Städte die besten Jugendkapellen aus den einzelnen Verbänden mit Jugendorchestern aus anderen Ländern in Kontakt zu bringen, um die pädagogisch sinnvolle Jugendarbeit des Bundes in der Öffentlichkeit bewußt zu machen. Nicht unerwähnt sollte in diesem Zusammenhang bleiben, daß Wolfgang Suppan von 1970 bis 1976 das instrumentale Amateurmusikwesen der Bundesrepublik Deutschland in der Arbeitsgemeinschaft Musikerziehung und Musikpflege des Deutschen Musikrates in Bonn-Bad Godesberg vertrat[10]. Eine weitere wichtige Einrichtung entstand in diesen Jahren. Die Chorvereinigungen erhielten für einhundertjährige aktive Tätigkeit die Zelter-Plakette. Nun sollten – von Bundespräsident Lübke gestiftet – auch die Blaskapellen eine adäquate Ehrung erfahren: die Pro-Musica-Plakette.

Inzwischen begannen die Vorbereitungen für das 4. Bundesmusikfest, das wieder vom Baden-Pfalz-Verband unter dem Präsidenten Richard Felleisen in Karlsruhe organisiert werden sollte. 206 Musikkapellen mit zusammen 7000 Musikern trafen sich vom 14. bis 16. Mai 1971 in Karlsruhe. Ministerpräsident Hans Filbinger betonte als Schirmherr das öffentliche Interesse an der Tätigkeit der Blasmusikvereine: »Immer wieder beeindruckt es mich, mit welcher Hingabe vielerorts auch heute noch, in unserer sonst so nüchternen und hektischen Gegenwart, eine volksnahe, lebensfrohe Musikkultur gepflegt wird ... Mit ihrem Wirken in den Musikvereinen widmen Sie sich einer sinnerfüllten Freizeitbeschäftigung, die einen echten Ausgleich zu den Belastungen des Berufsalltags schafft und mit der Sie sich selbst und anderen Freude und Entspannung schenken ... Sie tragen dadurch zur Bewahrung der kulturellen Vielfalt unserer deutschen Heimat bei und können wertvolle Bausteine sein für eine lebenskräftige, volksverwurzelte Demokratie«[11]. Die eindrucksvollen Gesamtchöre vor der Kulisse des Karlsruher Schlosses leitete Rudolf Siebold. Das Regierungspräsidium in Freiburg hatte 14 000.– DM für einen Komponisten-Wettbewerb zur Verfügung

gestellt und beteiligte sich mit 4000.– DM an den Zuschüssen für Auslandskapellen. Anläßlich der Hauptversammlung 1971 in Hinterzarten konnte Walter Schäfer dafür dem Regierungspräsidenten Hermann Person den Dank des Bundes aussprechen.

Im Jahr 1972, mit der Hauptversammlung in Oppenheim, an der u. a. der Landtagspräsident von Mainz, Johann Baptist Rösler, die Staatssekretärin im Kultusministerium, Frau Laurien, als Vertreterin des Kultusministeriums Rheinland-Pfalz, der ehemalige Familienminister Bruno Heck als Präsident der Arbeitsgemeinschaft der Volksmusikverbände teilnahmen, begannen die Versuche, die bundesdeutschen Blasmusikverbände zu einem bundesweiten Verband zu fusionieren. Darunter litt zweifellos die musikalische Arbeit. Am 26. September 1973 fand im Regierungspräsidium in Freiburg die offizielle Überreichung des »Lexikons des Blasmusikwesens« statt, das Wolfgang Suppan über Auftrag des Bundes Deutscher Blasmusikverbände im Verlag Fritz Schulz herausgegeben hatte. Als ein »würdiges Fest der Blasmusik« bezeichneten Persönlichkeiten des deutschen und österreichischen Musiklebens das 2. Internationale Jugendkapellen-Treffen vom 1. bis 3. Juni 1974 in Löffingen im Hochschwarzwald.

Doch mochte mancher damals nicht so recht froh werden; denn Fritz Schulz lag schwerkrank darnieder. Am 28. Juni 1974 verstarb er in seinem Heim in

Abb. 64: Internationales Treffen von Jugendkapellen in Löffingen/Schwarzwald. Der Vorsitzende des Jugendbeirates im Bund Deutscher Blasmusikverbände, Wolfgang Suppan, dirigiert die Gesamtchöre auf dem Hauptplatz.

Freiburg-Tiengen. Über das Leben und Wirken des Verlegers Fritz Schulz wird im folgenden Kapitel dieses Buches zu berichten sein. Hier nur der Hinweis darauf, daß er lebenslang in der Förderung der Amateurblasmusik »den Mittelpunkt seiner Lebenstätigkeit« (Eugen Faller in der Gedenkrede) sah. Seit 1930 im Verbandswesen tätig, hat er abseits von kommerziellen Erwägungen jene Komponisten in seinem Verlag versammelt, die dem Blasmusikwesen im Südwesten Deutschlands Eigenständigkeit und Ansehen in der Öffentlichkeit vermitteln konnten. Schließlich hat er als Schriftleiter der Bundeszeitschrift an die 10 000 Druckseiten redigiert, korrigiert – und eine Zeitschrift geschaffen, die über den Bund hinaus für die Entwicklung und Einschätzung des Blasmusikwesens in Mitteleuropa bedeutsam wurde[12].

Die 1972 begonnenen Fusionsgespräche zwischen den bundesdeutschen Blasmusikverbänden ließen 1976 auf ein – wie es den Anschein hatte – befriedigendes Ergebnis hoffen, so daß der Bund Deutscher Blasmusikverbände in der Hauptversammlung am 8. und 9. Oktober 1976 in Waldshut den Beschluß faßte, den Bund aufzulösen. Dieser Beschluß sollte dann in Kraft treten, wenn – vereinbarungsgemäß – auch der Deutsche Volksmusikerbund sich aufgelöst hätte und der Landesmusikverband Baden-Württemberg konstituiert sei. Zur Überraschung aller Beteiligten wurden diese Bedingungen nicht erfüllt. Der Bund Deutscher Blasmusikverbände blieb bestehen und entschloß sich daraufhin, wieder intensiv die eigenen Aufgaben im musikalischen und organisatorischen Bereich wahrzunehmen. Die Hauptversammlung 1977 in Breisach am Rhein war getragen von ehrlicher Aufbruchstimmung. Für Pfingsten 1978 wurde bereits das 3. Internationale Jugendkapellen-Treffen an Breisach vergeben. Dieses Fest trug erneut dazu bei, die Bedeutung der blasmusikalischen Jugenderziehung als Bestandteil der allgemeinen Musikpädagogik bewußt zu machen. Wie schon in Staufen, so konnten auch die Konzerte in Breisach zum Teil mitgeschnitten und auf einer Dokumentations-Schallplatte bewahrt werden. Im Rahmen des Breisacher Treffens wurden zudem erstmals die nach dem Vorbild des Österreichischen Blasmusikverbandes geschaffenen, jedoch auf die Situation der Blasmusikerziehung in der Bundesrepublik Deutschland zugeschnittenen »Jungmusiker-Leistungsabzeichen« vergeben, die heute (1983) bereits von mehreren tausend Mädchen und Burschen mit Stolz getragen werden: Ein deutlicher Beweis für das ehrliche, geradezu »elitär« zu nennende Leistungsdenken unserer Jugend.

Die Hauptversammlungen in Konstanz 1978, Ra-

Abb. 65: Regierungspräsident Person empfängt das Geschäftsführende Präsidium des Bundes Deutscher Blasmusikverbände am 9. Juni 1972 im Basler Hof zu Freiburg.

Abb. 66: *Leistungsfähige Blasorchester stellen sich in steigendem Maß in repräsentativer Umgebung, in den früher allein den Symphonischen Orchestern vorbehaltenen Konzertsälen und Opernhäusern vor. Auf unserem Bild die Stadt- und Bürgerwehrmusik Villingen (Blasmusikverband Schwarzwald-Baar) unter der Leitung von Rupert Binder während des Jahreskonzertes 1977 im Opern- und Schauspielhaus der Stadt Villingen-Schwenningen.*

Abb. 67: *Die Trachtenkapelle Niederrimsingen (Blasmusikverband Kaiserstuhl-Tuniberg) eröffnete 1971 mit einem Besuch in Zypern den deutsch-zyprischen Jugendaustausch. Präsident Makarios empfängt die Gruppe im Garten des erzbischöflichen Palais'.*

statt 1979 und Wolfach im Kinzigtal 1980 dienten der Vorbereitung des 5. Bundesmusikfestes, das vom 5. bis 8. Juni 1981 im Stadtbezirk Villingen der Stadt Villingen-Schwenningen ein starker Beweis für die organisatorische Kraft und für die musikalische Leistungsfähigkeit der Kapellen des Bundes Deutscher Blasmusikverbände werden sollte. Ministerpräsident Späth hatte »gern die Schirmherrschaft über das Bundesmusikfest 1981 übernommen, um damit auch in aller Öffentlichkeit deutlich zu machen, welche große Bedeutung in musikalischer, gesellschaftlicher und kultureller Sicht der Arbeit der Blasmusikverbände zukommt«[13]. Orchester aus der Tschechoslowakei, aus der Schweiz, aus Österreich und aus Südtirol schufen jenes internationale Flair, das ein solches Fest auszuzeichnen vermag. Als Vorsitzender des Musikbeirates leitete Friedel Moritz (seit 1976 in dieser Funktion) die Gesamtchöre. Die

Abb. 68 und 69: Verleihung der Pro Musica-Plakette durch Bundespräsident Carstens. Die Tuniberg-Trachtenkapelle Tiengen begrüßt das Staatsoberhaupt vor dem Opernhaus in Freiburg im Breisgau (oben). Bundespräsident Carstens zwischen BDB-Präsident Schäfer und BDB-Geschäftsführer Klaus Schulz, links neben Schulz Regierungspräsident Person.

weitere Arbeit des Präsidiums des Bundes Deutscher Blasmusikverbände spiegelt sich in den Protokollen der Hauptversammlungen 1981 in Kirchzarten im Breisgau, 1982 in Waldbronn bei Karlsruhe. Mit Regierungspräsident Norbert Nothhelfer trat bei der letztgenannten Hauptversammlung ein neuer Präsident an die Spitze des Bundes Deutscher Blasmusikverbände. Walter Schäfer, der bis 1978 die Arbeitsgemeinschaft Deutsche Blasmuik geleitet hatte und der seit 1977 den Vorsitz in der Arbeitsgemeinschaft der Volksmusikverbände führte, wurde zum Ehrenpräsidenten gewählt. Seit 1981 ist die »Bläserjugend des Bundes Deutscher Blasmusikverbände« als selbständige Einheit der Gesamtorganisation integriert.

Dieses Badische Blasmusikbuch und die Veranstaltung des 4. Internationalen Jugendkapellen-Treffens über Pfingsten 1983 in Kehl am Rhein bezeichnen den Willen aller Repräsentanten des Bundes, der weiteren Entwicklung der Blasmusik im südwest- und westdeutschen Raum jene organisatorische Hilfestellung zu bieten, die im gesellschaftlichen und musikalischen Bereich zu ihrem Ansehen beiträgt.

Dem Geschäftsführenden Präsidium des Bundes Deutscher Blasmusikverbände gehör(t)en seit 1950 folgende Persönlichkeiten an:

Präsidenten	Stellvertretende Präsidenten	Bundesmusikdirektoren (Vorsitzende des Musikbeirates)	Bundesjugendleiter (Vorsitzende des Jugendbeirates)	Rechner	Geschäftsführer
Emil Dörle (1950–1954)	Adolf Haas (1950–1954)	Heinzelmann Meybrunn Bartelmess Rosa und Hiss (1950–1954)		Richard Rehm (1950–1979)	Fritz Schulz (1950–1973)
Hermann Albrecht (1954–1968)	Edwin Hartmann (1954–1972)	Hermann Freybott (1954–1956 und 1963–1967)	Rudolf Siebold (1955–1966)		
	Karl Gratz (1954–1976)	Franz-Josef Meybrunn (1956–1963)			
	Wilhelm Straub (1959–1962)				
	Friedel Moritz (1962–1966)				
	Richard Felleisen (1966–1979)		Wolfgang Suppan (seit 1966)		
		Hans Nicol und Friedel Moritz (1967–1968, kommissarisch)			
Walter Schäfer (1968–1982)	Eugen Faller (seit 1968)				
	Edgar Voltz (1972–1976)	Rudolf Siebold (1968–1976)			Klaus Schulz (seit 1973)
	Ernst Lühmann (seit 1976)	Friedel Moritz (seit 1976)			
	Hans Seyser (1976–1982)			Rudolf Kuppel (1979–1980)	
	Fritz Hörter (seit 1980)			Ewald Schmid (seit 1980)	
Norbert Nothhelfer (seit 1982)	Ewald Merkle (seit 1982)				

Abb. 70: Ein Bild, das aus vielen ähnlichen Fotos ausgewählt wurde, weil hier deutlich wird, wie locker und wie heiter sich die Jugend, Mädchen ebenso wie Burschen, in den Blaskapellen die Musik erobert – und damit zugleich Verantwortung in der Gemeinschaft tragen lernt. Unsere Aufnahme zeigt die Holzbläser-Nachwuchsgruppe des Musikvereins »Harmonie« Balzhofen (Musikverband Mittelbaden).

Der Acher- und Renchtalmusikverband, gegründet 1928

Vertreter von fünfzehn Musikvereinen des 1906 gegründeten »Mittelbadischen Musikgaues« trafen sich am 18. November 1928 in Oberachern, um den »Gau der Landkapellen des Acher- und Renchtals« zu formieren. Die Wahlen ergaben folgendes Präsidium: Adolf Beck aus Oberachern wurde 1. Vorsitzender, Adolf Brunner aus Großweier 2. Vorsitzender. Friedrich Schmidt aus Oberachern Schriftführer, Konrad Eppel aus Kappelrodeck Kassier. Der neue Verband erfreute sich der besonderen Förderung des Pfarrers Nietz aus Mösbach. Der volksverbundene Priester und Dorfseelsorger leitete selbst eine Musikkapelle und trug durch seinen fachlichen Rat zum musikalischen Aufschwung der Verbandskapellen wesentlich bei. Die verhältnismäßig kleine Anzahl von Mitgliedsvereinen ermöglichte es dem Präsidium, vor allem die Kameradschaft zu pflegen. Man traf sich alljährlich bei Verbands- und Jubiläumsfestlichkeiten und begann mit der Abhaltung von Wertungsspielen. »Der neugegründete Gau ... erfreute sich seit seinen Gründungstagen stets einer harmonischen Eintracht in seinen Reihen. Hierdurch wurden schöne Erfolge und Fortschritte in unserer edlen Musikpflege erzielt«, konnte der Chronist schon bald mit Befriedigung vermerken[14]. Als in der Frühjahrs-Hauptversammlung am 25. März 1934 in Ulm bei Oberkirch Adolf Beck das

Amt des 1. Vorsitzenden zurücklegte, wurde Oberlehrer Sickinger aus Ottersweier zu dessen Nachfolger bestimmt. Doch schon wenige Monate später erfolgte durch die Reichsmusikkammer in Berlin die Neuordnung der sogenannten »Volksmusikverbände«. Musikdirektor Kern aus Achern erhielt den Auftrag, den Verband zu leiten. Die Protokollbücher brechen damit ab. So erhalten wir nur indirekt, über die Chroniken der Musikkapellen, Aufschluß über die Entwicklung des Blasmusikgeschehens im Bereich des Acher- und Renchtales. Bis auch diese Quellen schweigen, da der Zweite Weltkrieg immer mehr Musiker zu den Waffen führte. Ältere Musiker wurden damals wieder aktiv, um die Kapellen spielfähig zu erhalten. Doch seit 1942 stellten immer mehr Musikvereine ihre Tätigkeit ein.

Der Neubeginn nach 1945 hatte nicht nur darunter zu leiden, daß viele Musiker im Krieg geblieben waren, daß die Ausbildung des Nachwuchses lange Zeit hindurch nicht möglich war, daß Musikinstrumente und Notenmaterial fehlten – zudem suchte die Besatzungsmacht Vereins–Neugründungen nach Möglichkeit zu unterbinden. Die Militärregierung verlangte bei Wiedergründungen etwa die Vorlage der Satzungen in französischer Sprache und gab nur zögernd und nach langen Verhandlungen und Vorsprachen die Genehmigung zu neuer musikalischer Vereinsarbeit.

Die Idee, daß man gemeinsam stärker sei, führte am 5. März 1950 in Oberachern zur Wiedergründung des »Acher- und Renchtalmusikverbandes«, wobei die bereits 1928 formulierten Ziele freundschaftlicher Begegnung mit Hilfe der Musik, die fachliche Beratung der einzelnen Musikkapellen und ihre organisatorische Vertretung nach außen, vor allem die Erlangung eines günstigen GEMA-Vertrages, neuen Sinn erhalten sollten. Friedrich Schmidt aus Oberachern wurde zum 1. Verbandspräsidenten gewählt, Emil Haas aus Nußbach zu seinem Stellvertreter, Friedrich Müller aus Oberachern zum Schriftführer, Christian Schmieder aus Oberkirch zum Kassier. Das neu geschaffene Amt eines Verbandsdirigenten erfüllte als erster Franz Seiler aus Önsbach, dem Musikausschuß gehörten weiter Emil Rosa aus Oberkirch, Karl Sauer aus Großweier, Roman Schott aus Mösbach und Karl Mayer aus Bad Griesbach an.

Bereits im ersten Jahr des Wiederbestehens veranstaltete der Verband in Bad Peterstal – anläßlich der dortigen 85-jährigen Jubiläumsfeierlichkeiten – ein Wertungsspiel, 1951 folgte in Nußbach das erste Verbandsmusikfest, und zwar in Verbindung mit der 125-Jahrfeier des dortigen Musikvereins »Harmonie«. Wertungsspiel und Verbandsmusikfest trugen wesentlich zur Stärkung des Zusammengehörigkeitsgefühls bei, die in den dreißiger Jahren innerhalb des Verbandes stets gerühmte Freundschaft zwischen den Kapellen stellte sich wieder ein. Im Februar 1951 begann, geleitet von Musikdirektor Lehmann aus Offenburg, ein Dirigentenkurs, um auch von dieser Seite her zum musikalischen Aufschwung der Verbandskapellen beizutragen. Damals gehörten 35 Musikvereine dem Verband an. Früh erkannte die Verbandsführung zudem, daß das Wirken von Musikkapellen in Stadt und Land nicht allein Privatsache sein könnte, sondern in seiner kulturpolitischen Bedeutung zu bewerten und – von der öffentlichen Hand finanziell – zu fördern sei.

Im Jahr 1954 feierte der Acher- und Renchtalmusikverband in Oberkirch das 4. Verbandsmusikfest seit der Wiedergründung und zugleich das Jubiläum seines 25-jährigen Bestehens. 31 Kapellen des Verbandes beteiligten sich am Festzug und an den von dem neuen Verbandsdirigenten, Musikdirektor Rosa, geleiteten Gesamtchören: Der »Festlichen Musik« von Richard Wagner und dem Marsch »Bundestreue« von Emil Dörle. Dörle stand damals dem Bund Deutscher Volksmusikverbände als Präsident vor, dem der Acher- und Renchtalmusikverband seit 1951 angehörte, und hielt die Festansprache in Oberkirch. Aus gesundheitlichen Gründen gab Präsident Schmid im Dezember 1961 sein Amt ab.

Nach einer Übergangsphase, in der Emil Haas die Geschicke des Verbandes leitete, wurde am 11. März 1962 in Renchen Friedrich Schmidt zum Ehrenpräsidenten und Josef Grumer aus Appenweier zum Präsidenten gewählt. Bereits seit 1956 gab es mit Oskar Sauer einen eigenen Verbandsjugendleiter. Dem Verband gehören nun (1982) vierzig Musikkapellen der Region an: Innerhalb des Bundes Deutscher Blasmusikverbände eher eine der kleineren Einheiten, aber durch diese überschaubare Größe, die landschaftliche Geschlossenheit und die ökonomisch einheitliche Struktur in seinem Wirken für die Blasmusik überaus erfolgreich.

Im Verband sind sowohl Kapellen vereint, die auf eine lange und stolze Tradition bis in die zweite Hälfte des 18. Jahrhunderts zurückverweisen können, wie auch junge Orchester der letzten Nachkriegszeit. Die Liste der Gründungsdaten bezeugt dies:

1751 Ulm bei Oberkirch	1900 Ottenhöfen
1799 Oppenau	1903 Achern (Glashütte)
1810 Oberkirch	1907 Seebach
1813 Achern	1912 Bad Griesbach
1825 Nußbach	1914 Sasbach
1832 Lauf über Achern	1920 Stadelhofen,
1837 Renchen	Tiergarten
1840 Kappelrodeck	1921 Oberkirch-
1850 Mösbach	Haslach
1852 Önsbach	1922 Nesselried
1860 Urloffen	1923 Sasbachried
1863 Oberachern	1925 Gamshurst
1865 Bad Peterstal	1926 Erlach, Ödsbach
1866 Waldulm	1933 Obersasbach
1873 Großweier	1938 Bottenau
1878 Appenweier	1955 Furschenbach
1881 Sasbachwalden	1959 Ringelbach
1882 Fautenbach	1961 Butschbach-
1884 Lautenbach	Hesselbach
1896 Neusatz	1968 Transportbat. 861
1898 Zusenhofen	

Die genannten Gründungsdaten hängen vielfach mit Zufälligkeiten der Quellenüberlieferung und Quellenerschließung zusammen. Seit dem späten Mittelalter waren in einzelnen Orten Spielleute seßhaft geworden. Als Abbild adeliger und städtischer, im militärischen Bereich und in Schützenkompanien wirkender Spielgruppen entstanden daraus Bläsergruppen und schließlich Blasorchester. Doch wird man erst nach der Wende vom 18. zum 19. Jahrhundert von einem Blasorchester im heutigen Sinn sprechen können, und erst im Verlauf des 19. Jahrhunderts werden diese Musikkapellen zu eigenverwalteten Vereinen mit fester Satzung und behördlicher

Anerkennung. Diese Entwicklung ist an den Kapellen des Acher- und Renchtalmusikverbandes deutlich abzulesen. Die ältesten Zeugnisse über das Bestehen von Musikantengruppen, die als Vorläufer unserer Musikvereine in Frage kommen, reichen in die Mitte des 18. Jahrhunderts zurück. In Ulm bei Oberkirch, seit dem 7. Jahrhundert als Pfarre nachweisbar, im 18. Jahrhundert der Diözese Straßburg untergeordnet, findet sich im Pfarrarchiv folgender Beleg aus dem Jahr 1753:

»Herrn Schultheiß von Kappel, Heiligenpfleger zu Ullm, zahlt mir dato wegen einem Mittag Essen, so daß ich in ao 1752 In Festo Sancti Mauriti für die Musikanten bezahlt 1 Gulden 5 Batzen. Item zahlt er mir ebenmäßig wieder wegen einem besagten Mittag Essen so ich in ao 1753 in Festo Sancti Mauriti für die Musikanten bezahlt habe mit 2 Gulden und 5 Batzen, bescheinigt Ullm, den 14. November 1753 . . . – Test. Johann Georg Frotz, Schulmeiser allda«.

Nun geht aus dieser Urkunde zwar nicht eindeutig hervor, daß es sich um Ulmer Musikanten gehandelt haben mag. Doch lassen sich ähnliche Ausgaben in den Kirchenrechnungen der folgenden Jahrzehnte, seit 1789 im Zusammenhang mit dem Auftreten der Bürgerschützen, laufend nachweisen. Mündliche Tradition weiß überdies zu berichten, daß – möglicherweise durch Vermittlung der Pfarrherren – die Instrumente für die Musikanten aus Straßburg gekommen und daß die Gottesdienste in jener Zeit mit großer Pracht, mit Gesang und Musik, gefeiert worden seien. Die heutige Musikkapelle Ulm bei Oberkirch hat deshalb zurecht im Jahr 1972 das Jubiläumsfest des 220-jährigen Bestandes gefeiert. Nicht uninteressant ist auch die finanzielle Seite der damaligen Musikauftritte: Hatte man 1752 1 Gulden und 5 Batzen bezahlt, so erhöhte sich der Betrag ein Jahr später bereits auf 2 Gulden 5 Batzen. Am 23. Mai 1772 bestätigte eine Oberamtliche Verfügung die Auszahlung von zehn Gulden an die Bürgerschützen-Compagnie, das Grenadiercorps, die Musikanten und Sänger für die Teilnahme an der Fronleichnams-Prozession und am St. Mauritius-Fest. Später stieg die Summe auf vierzig Gulden an: Laufende Teuerungen also schon damals, in »der guten alten Zeit«. Um 1775 dirigierte der Lehrer Anton Blust die Kirchspielskapelle[15].

Der Übergang von einer losen Musikergruppe, die je nach Bedarf bei geistlichen Festlichkeiten und als Begleitung des Chores zum Einsatz kam, zu einer regelmäßig probenden Musikkapelle wird aus einem Bericht des Kapellmeisters Valentin Früh deutlich. Er berichtet, daß man ihm nach seiner Übersiedlung nach Ulm im Jahr 1835 die Leitung der Türkischen Musik übertragen hätte, die zuvor der Chordirigent Sales Blust – wohl als Anhängsel des Chores – dirigiert hätte. Frühs Bericht ist auch weiterhin aufschlußreich. Er gibt an, daß er die Kapelle bis 1852 unentgeltlich geleitet hätte. Lediglich für Schreibarbeiten erhielt er dann und wann eine Entschädigung. Nun möchte er für das Auftreten bei jeder Festlichkeit aus dem Heiligenfonds jährlich einen Betrag von acht Gulden. Auch müßte er sich laufend um neue Märsche bekümmern und diese für die Ulmer Musikanten umschreiben. Einem Bericht des Pfarrers Franz Xaver Ochs aus dem Jahr 1862 zufolge erhielt die Ulmer Kapelle jährlich 45 Gulden; sie sei damit weit besser dran als die Kapellen der Umgebung. Früh leitete bis 1880 die Ulmer Türkische Musik.

Auf die Entwicklung der Musikkapelle in Ulm bei Oberkirch wurde deshalb so ausführlich eingegangen, weil die Quellenlage da besonders günstig erscheint. Das heißt aber nicht, daß in anderen zentralen Orten, an denen geistliche oder weltliche Macht sich konzentrierte, nicht auch Musik eine bedeutende Rolle im gemeindlichen Leben gespielt hätte. In Oppenau bestand im 18. Jahrhundert eine Kirchspielkapelle, die Gottesdienste, Prozessionen und andere Freiluftveranstaltungen mitgestaltete. Die 1765 gegründete Bürgermiliz bedurfte mit Sicherheit der Pfeifer und Trommler. Daraus entstand zwischen 1796 und 1799 eine Türkische Musik, die sich 1824 von der vokalen und instrumentalen Kirchenmusik trennte. 1804 bestand die Kapelle noch aus etwa acht Mann, 1824 waren es bereits 35 Musiker: Das ist genau die Zeit, in der das Blasorchester mit eigenen Instrumenten in spezifischer Zusammensetzung und mit konzertanter Literatur sich entfalten konnte.

Die Oppenauer Türkische Musik berief sich 1820 ausdrücklich auf den kirchlich-öffentlichen Auftrag, den sie erfüllte – um beim »Großherzoglichen Badischen Oberamt in Oberkirch« eine finanzielle Unterstützung zu erbitten. Der Text dieses Ansuchens lautet:

»Es sind bereits schon 20 – 40 Jahre, daß die hiesige Gemeinde und das Kirchspiel eine Türkische Musik zur Verschönerung und Erhebung des Gottesdienstes errichtete. Seit dieser Zeit sind nur wenige Instrumente mehr zur Unterhaltung derselben durch die Gemeinden angeschafft worden. Da nun diese notwendige Musik sowohl an Instrumenten, als auch an Musikanten glänzend zu scheitern anfängt, weil man uns Musikfreunden schon seit einigen Jahren wenig mehr unterstützte, wo wir doch zu sagen

Abb. 71: Die Stadtkapelle Oppenau (Acher-Renchtalmusikverband) um 1890.

ohne auch nur eigenes Interesse dadurch zu haben, alles taten, und öfters von unserm Gelde zu Notwendigkeiten bedeutende Auslagen machen mußten, so geht unsere Bitte an Ein Wohllöbliches Oberamt, in unseren neu angefangenen Eifer zur Beförderung der Musik, und zwar ins Besondere zur Verehrung Gottes uns zu unterstützen. Wir hätten zu unserer Musik, da wir fast keine Baßinstrumente noch Posaunen haben, eine Baß-Posaune äußerst nothwendig. Und weil es der Wunsch sämtlicher Orts-Vorstände und Bürger wäre, daß die Musik wieder aufkäme, so sind wir angegangen worden, Ein Wohllöbliches Oberamt gehorsamst zu bitten, uns doch die Genehmigung gütigst zu erteilen, daß benannte Baß-Posaune, die gegen 30 fl zu stehen kommen wird, aus der Gemeindekasse angeschafft werden dürfte. Ein heiliger Eifer wird uns sämtliche Kirchengesellschaft beseelen und bald auf einen Grad von Vollkommenheit bringen; und umsomehr, da diese Gesellschaft großentheils aus Bürgern besteht, und H. Apotheker Huber kräftig mitwirken wird«[16]. Apotheker Ludwig Huber erscheint um 1821 als »Direktor« der Türkischen Musik. Der Antrag bezeugt, daß die damals neuentwickelten Musikinstrumente sehr rasch in die Musikkapellen Eingang gefunden haben. Waren die Instrumente der Ulmer in Straßburg gekauft und versorgt worden, so nennen die Oppenauer Quellen den Freiburger Instrumentenbauer Johann Nepomuk Erggelet. Ein treffliches Bild des Auftretens der Türkischen Musik anläßlich der Grundsteinlegung der heutigen Oppenauer Stadtpfarrkirche St. Johann am 17. Mai 1824 zeichnete Pfarrer Rapp: »Der Zeit war auch eingezogen in den Pfarrhof eine Schar Reisigen mit Schall von Trompeten, Zinken, Posaunen, herrlich Kriegsspiel und Feld Musik, ihren Hauptmann an der Spitze. Dies war aber lauter munter schön streitbar Jüngling aus dem Städtlein und den Talzinken mit großmächtig Bären-Mützen auf dem Kopf, gewaffnet mit blanken Büchsen und Säbel, mit stattlich Montierung ausgerüstet und bekleidet nach Art des Großherzogs Leibwach und fürnembst Soldatescä ... Die 35 Musikanten konnten's den ganzen Vormittag ohne waß zu sich zu nehmen wegen Anstrengung des Blasens nicht aushalten. Wurden daher in der ›Krone‹ regaliert« (= reichlich bewirtet). Um 1860 verliert sich die Bezeichnung Türkische Musik in Oppenau.

Wertvolle Einzelheiten über die Oppenauer Musik liefert der Anhang der Bürgermilitär-Ordnung vom Jahr 1824, enthaltend »die besonderen Gesetze und Bestimmung des Direktors der Türkisch Musik«:

»Actum Oppenau, den 27ten März 1824.
Da Franz Huber von hier als Kommandant von dem neu errichteten Militär erwählt wurde, hat sich die Musik-Gesellschaft versammelt und wün-

113

schen, um Ordnung zu erhalten, sich an den obengenannten Kommandant Franz Huber anzuschließen ...

Zum Hh. Kapellmeister unter sämtlicher Stadt-Musik (jedoch Kirchenmusik ausgenommen) wurde erwählt Hh. Knapps, Lehrer zu Ramsbach ... Bürgermilitär Ordnung, nebst den insbesondere folgenden Gesetze, verspricht d. Musikgesellschaft genau zu beobachten, als:

1. Im Dienst ist jedes Mitglied dem Direktor die schuldigste Achtung zu geben verbunden.
2. Muß jeder auf sein Instrument acht haben; sollte es aber ohne Schuld während seinem Dienst beschädigt werden, so wird dasselbe aus der Militär-Kasse oder Kirchspielskasse bezahlt werden; geschieht es aber außer Dienst, so muß derselbe es auf seine Kosten machen lassen ... dies geht nur die Stadt-Instrumente an, was im Einschluß ist.
3. Hat jeder auf die Musik-Stücke als Bücher acht zu haben; wird eines verloren, so hat der Betreffende den Abschreiberlohn zu bezahlen per Stück 2 kr.
4. Hat jeder bei der Musikprobe zu erscheinen, wie sie von der Direktion verlangt werden, einzeln oder alle, bei Strafe von 3 kr. ohne Entschuldigung.
5. Während der Zeit also Musik gemacht wird, ist alles Schwätzen verbothen.
6. Die zu machenden Stücke hat der Direktor zu bestimmen.
7. Alles Nebenblasen, ausgenommen wenn gestimmt wird, ist verbothen.
8. Wenn einer erscheint und hat seine Klappen an dem Instrument nicht in der Ordnung, wie auch Hornisten und alle Andern, wird um 12 kr. gestraft.
9. Alles Ausschwatzen aus der Gesellschaft ist verboten.
10. Dem Direktor keine Zurechtweisung in Uebel zu nehmen«[17].

Wie die einzelnen Kapellen damals sich im Schoß der Kirchenmusik entwickelten und langsam zu eigenständigen Klangkörpern wurden, bezeugen auch die Chroniken von Achern, Kappelrodeck, Renchen, Nußbach. Die Gemeinderechnungen von Kappelrodeck beurkunden für das Jahr 1792, daß damals die Musikanten aus dem Ort Renchen, und zwar anläßlich des Empfanges von Erzherzog Karl von Österreich, aufgespielt hätten. Im Zusammenhang mit dem Veteranen-Verein kam es in Kappelrodeck 1840 zur Gründung einer Musikkapelle. Die genaue Besetzung einer damaligen Türkischen Musik wird aus der Stiftung des Kappelrodecker »Ochsenwirtes« Johann Nepomuk Knapps deutlich, der auf eigene Kosten die Instrumente für eine »voll-

ständige türkische Blechmusik« beschaffen ließ: 3 Klarinetten, 2 Flügelhörner, 1 Tenorhorn, 2 Es-Trompeten, 2 Baßtrompeten, 1 Posaune, 1 Bombardon, 1 große Trommel mit Becken und Triangel. Außerdem ließ Knapps einen ehemaligen Militärmusiker vom 1. Leibgrenadier-Regiment und Hofmusiker des Landestheaters in Karlsruhe kommen, um die jungen Musiker anzulernen; er selbst, Knapps, übte sich im Blasen der Bombardons[18].

Die Vorläufer des heutigen Musikvereins Appenweier erlangten im 18. Jahrhundert solches Ansehen, daß Markgraf Ludwig von Baden sie oftmals in seine Residenz nach Rastatt oder in das Schloß Favorit einlud, um ihm dort zur Unterhaltung aufzuspielen. An Instrumenten werden erwähnt: Zwei »Marien-Trompeten«, eine »kleine Violine mit zwei B-Saiten und einem gespannten Pergament als Resonanzboden« sowie ein »Baßettel«. Leiter dieses Orchesters war der Lehrer und Organist Jakob Christopf Bell, dessen Enkel Johann Baptist einhundertundfünfzig Jahre später als Lehrer und Organist in Appenweier die Blaskapelle gründete. In Achern, das den vorderösterreichischen Besitzungen der Habsburger zugehörte, bestanden im 18. Jahrhundert rege Beziehungen zu Wien. So kam es auch, daß Bürgersöhne aus Achern in Wien Militärdienst leisteten. Um 1800 gehörten der spätere Ratschreiber von Achern, Weber, und der Schmiedgeselle Sebastian Ernst altösterreichischen Regimentskapellen an. Nach Rückkehr aus Wien begannen beide 1813 in Achern eine Türkische Musik aufzubauen[19].

In Oberachern erhielt der Löwenwirt Josef Armbruster an Fronleichnam 1807 neben den Verzehrkosten für Fahnenträger, Kirchenrüger, Ministranten, Böllerschützen auch 10 Gulden und 7 Kreutzer für Essen und Trinken der Musikanten[20]. In Nußbach ist eine Kirchspielkapelle erstmals 1828 bezeugt[21]. In Renchen rühmte man sich etwa um die selbe Zeit, u. a. ein Fagott und eine »Ophicleid« zu besitzen. Der Renchener Bürgerwehr war 1844 auch eine Türkische Musik angeschlossen[22].

Der Musikverein Önsbach feierte 1977 das 125-jährige Bestandsjubiläum. Doch hat inzwischen Pfarrer Weber in den Kirchenbüchern Nachschau gehalten und eine Fülle einschlägiger Daten seit dem Jahr 1752 entdeckt. Handelt es sich dabei zunächst um Mitteilungen über Musik-Ämter, so begegnen 1765 erstmals Fronleichnams-Musikanten; 1806 wird ein »Kalbfell für die Drumm der Gemeinde« angeschafft, 1812 eine »türkische Musik-Trommel« und eine Trompete, in den folgenden Jahren bis 1855 dann mehrmals Glöckchen für den Schellenbaum. Die Kapelle des Bürgermilitärs in Önsbach ist demnach in »türkischer« Besetzung aufgetreten. Nach den Wirren der 1848er-Revolution ging daraus die Musikkapelle hervor, die den Mitgliedern der Familie Seiler ihren Aufstieg verdankte[23]. Vielfach bestanden damals Kapellen kürzere Zeit, wurden aufgelöst, dann wieder gegründet, es konnte auch zu Rivalitäten zwischen Kapellen unterschiedlicher konfessioneller oder parteipolitischer Bindung kommen. In Fautenbach etwa bestand zwischen 1860 und 1880 eine Kapelle, dann folgte eine »kapellenlose« Zeit, in der die Musiker aus dem benachbarten Önsbach zum Christfest, zum Veteranenball und zum Großherzogstag nach Fautenbach kamen, um den Festen den notwendigen feierlichen Rahmen zu verleihen. Dies kränkte einige Fautenbacher, und so kam es 1892 zu einer Neugründung, wobei der »Wagen-Wirt« den jüngeren Musikern, die ihre Instrumente selbst kaufen mußten, finanziell unter die Arme griff. Der ehemalige Militärmusiker Eduard Retsch führte die Kapelle zu beachtlichen Leistungen[24].

In Lautenbach erließen die Gründer der Musikkapelle im Jahr 1884 äußerst strenge Regeln für die Mitglieder: Wer den Proben unentschuldigt fernblieb, mußte sich vor einem Gericht, nämlich dem Bürgermeisteramt in Lautenbach, verantworten; jedes Mitglied hatte sein Instrument selbst zu bezahlen; Entlassung aus dem Vertrag war nur bei Wegzug möglich – oder durch Vorlage eines amtsärztlichen Zeugnisses; wer den Vertrag brach, hatte 40 Mark Strafe zu zahlen; aktive Musiker hatten einmal pro Woche zu einer Probe zu erscheinen, Lehrlinge probten dreimal pro Woche[25]. In Nesselried kam es um 1900 im Zusammenhang mit dem Militär-Verein zur Gründung der Musikkapelle.

Auf sehr alte Spielmannstradition scheint die Gründung des Musikvereins in Ottenhöfen zurückzugehen. Der Hausname »Spielmanns« deutet darauf hin. In diesem Haus wuchs Andreas Zink auf, der als ein kleines, schmächtiges Männlein beschrieben wird, das die Klarinette zu spielen verstand. Man nannte ihn den »Andresli«, das »Spielmännli« oder »Pieberli«. Das Instrument hieß die »Gelrueb« (Gelbrübe = Karotte). »'s isch schi gsi, dä Andresli isch debi gsi mit sinere ›Gelrueb‹«, so sagte man, wenn irgendwo der Andreas zum Tanz aufgespielt hatte. In Seebach, Ottenhöfen, Furschenbach, selbst in Sasbachwalden und im Württembergischen erinnert man sich noch des Spielmannes, der bei Hochzeiten, Kindstaufen und allen möglichen Festlichkeiten Leben in die Gesellschaft zu bringen verstand. Der Volksmund dichtete von ihm:

»Spielmann du, du Rüpseli,
Spielmann du, du Zipfele,
Spielmann du, du kleine Krott,
So spielsch jetzt halt immerfort.«

Abb. 72: Die Stadtkapelle Oberkirch (Acher-Renchtal-Musikverband) um das Jahr 1900.

Abb. 73: Musikfest in Appen-
weier anläßlich des 150jähri-
gen Bestehens der dortigen
Musikkapelle und des 40jähri-
gen Jubiläums des Acher-
Renchtal-Musikverbandes am
7. Juli 1968.
Von links nach rechts:
Acher-Renchtal-Musik-
verbandspräsident Grumer,
BDB-Präsident Schäfer,
Landtagspräsident Wurz und
Ministerpräsident Filbinger.

Dem Andreas Zink gesellten sich in Ottenhöfen Ro-
muald Knapp und die beiden Schuhmachermeister
Basil Kuch und Anton Waltersbacher mit Baß,
Waldhorn und Trompete zu, und dieses Quartett
wurde schließlich zum Kern der Blaskapelle im
Ort[26].
Oftmals wuchsen neue Kapellen aus bereits bestehenden in Nachbarorten heraus: So gehörten Sebastian Grimmig und Josef Ruf der Kirchspielkapelle
Nußbach an, ehe sie sich 1898 an der Gründung des
Musikvereins »Harmonie« in Zusenhofen beteiligten[27]. In Sasbachwalden ist 1881 von einer Musikapelle die Rede, der dortige Unterlehrer Wilhelm
Decker leitete die Gruppe, in deren Repertoire neben zwei Märschen vorzüglich Tänze aufschienen.
Doch als Decker in die Schweiz auswanderte,
verliefen sich die Musiker wieder. Daß zur Fahnenweihe des Männergesangvereins »Hohenrode« in
Sasbachwalden im Jahr 1904 die Musik von Lauf
ausgeliehen werden mußte, verdroß manchen Bürger; und so schritt man mutig zur Neugründung der
Blaskapelle[28].
Für die Situation nach dem Ersten Weltkrieg wie
nach dem Zweiten Weltkrieg ist charakteristisch,
was der Chronist des Musikvereins Erlach vermerkt: »Im Jahre 1926 befaßte sich der hiesige Bürgersohn Anton Heiberger mit dem Gedanken, in
Erlach einen Musikverein zu gründen. Mit aus-
schlaggebend für seine Absicht war die Tatsache,
daß in sämtlichen Nachbargemeinden bereits Musikkapellen bestanden, die zur Verschönerung bei
weltlichen oder kirchlichen Festen der Gemeinde
verpflichtet werden mußten ... Ein hervorragendes
Konzert des Musikvereins Kehl (1926) weckte die
Begeisterung für die Blasmusik bei den Erlachern
vollends«[29]. Man wollte das dörfliche Leben selbst
gestalten und man hält sich an erfolgreiche Vorbilder. Auch in Stadelhofen 1920[30], – und schließlich
in Furschenbach 1955[31] werden ähnliche Beweg-
gründe ins Treffen geführt. Seit den sechziger Jahren verbreitet sich zudem vor allem in Fremdenverkehrsgebieten die Idee, den heimatlichen Dreiklang
von Landschaft, Brauchtum und Musik durch die
Tracht zu vervollkommnen. In Butschbach-Hesselbach, in Furschenbach, in Fautenbach, in Kappelrodeck, in Lautenbach, in Nußbach, in Oberachern, in
Önsbach, in Ottenhöfen, in Sasbachwalden usf.
werden auf der Basis alter Traditionen neue Trachten entworfen und die Musikkapellen damit in das
bunte Bild heimatlicher Folklore-Moden eingefügt.

Der Alemannische Musikverband, gegründet 1906

Der Alemannische Musikverband entstand 1906 im Dreiländereck Deutschland – Frankreich – Schweiz als »Musikverband für das Oberrhein-, Wehra- und Wiesental« anläßlich eines Musikfestes in Wiechs bei Schopfheim; seit 1925 trägt er die Bezeichnung »Alemannischer Musikverband«. Zu den verdienstvollen Männern der Gründerzeit zählen der ehemalige Bürgermeister von Rheinfelden, Rudolf Vogel, Julius Welte (Präsident von 1921 – 25), Franz Heinemann (1925 – 28), Albert Sütterlin (1929 – 34) sowie die Verbandsdirigenten Wilhelm Kaiser (bis 1914), Paul Kabisch (1923 – 31 und 1937 – 39), Fritz Köhn (bis 1934), Friedrich Beets (bis 1936). Am Beispiel Kandern: Dort fand vom 15. bis 17. Mai 1926 das 6. Verbandsmusikfest verbunden mit einem Preisspiel statt, sei die musikalische Situation des Verbandes in den zwanziger Jahren beleuchtet. Der Jury, die unter dem Vorsitz von Obermusikmeister a. D. Max Claus aus Erfurt stand und der Kapellmeister R. Schmidt aus Emmendingen und Kapellmeister E. Schmidtke aus Herisau in der Schweiz angehörten, stellten sich einundzwanzig Vereine; fünf davon aus dem Verbandsgebiet, die übrigen aus angrenzenden südbadischen und schweizerischen Verbänden. Die Berichte der Jury wurden im vollen Wortlaut veröffentlicht. Das Ergebnis zeigt, daß im Grunde dieselben Bewertungsrichtlinien galten, die auch heute noch bei Wertungsspielen angewendet werden. Allein in bezug auf die Literatur haben sich grundlegende Änderungen ergeben. Als einer der »ältesten Fachleute und Preisrichter« regt Claus an, künftig die einzelnen Stücke nach ihrem Schwierigkeitsgrad zu ordnen. Beim Preisspiel in Kandern hätte seiner Meinung nach die »Einteilung der Wettstücke in schwere, mittelschwere und leichte Kategorie ... ungefähr folgende sein müssen«:

a. I. Kategorie, schwer:
1 Fest-Ouvertüre . . . . Lortzing
2 mal Ouvertüre zur Oper »Nebucadnezar« . . . . Verdi
1 Ouvertüre zur Oper »Titus« . . . Mozart

b. II. Kategorie, mittelschwer:
1 Ouvertüre zum Volksfest »Berlin, wie es weint und lacht« . . . . Conradi
1 Ouvertüre zu »König Mydas« . . Eilenberg
1 Lustspiel-Ouvertüre . . . . Kèler-Bèla
1 Potpourri aus C.M.v. Webers »Freischütz« . . . . Fr. Meier

1 Potpourri aus Verdis »Troubadour« . . . . –

c. III. und IV. Kategorie, leicht und sehr leicht:
1 Ouvertüre »Die Liebe zur Kunst« . . . . M. Carl
1 Ouvertüre zum Volksfest . . . . M. Carl
1 Ouvertüre zur Oper »Demophor« . . . . Boieldieu
1 Ouvertüre zur Oper »Regina« . Rossini
1 Ouvertüre »Der Zweikampf« . . Zadrazil
1 Fest-Ouvertüre . . . . Bräutigam
1 Jubelfest-Ouvertüre . . . . Fink
1 Ouvertüre »Milanesse« . . . . . Baumann
3 mal Fest-Ouvertüre . . . . . . Kurt Schneider

Möglicherweise trug diese offene Kritik dazu bei, daß der Bund Südwestdeutscher Musikvereine in Freiburg im Breisgau im Herbst 1929 die erste »Selbstwahlliste« veröffentlichte. Doch zitieren wir weiter Claus: »Aus obiger Zusammenstellung ist ersichtlich, daß neben guter klassischer Musik viel zu viel Unbedeutendes vorgetragen wurde. Die 3. und 4. Kategorie bot zu wenig Abwechslung, da fast alle diese Stücke schon seit vielen Jahren in Konzerten und als Preisstücke oft und allerorts gespielt worden sind. Zu Wettspielen sollte diese Art Musikstücke nicht angemeldet bzw. von der Leitung tunlichst zurückgewiesen werden und zwar aus 3 Gründen: Erstens bedeutet es für die zahlreichen, gegen Eintrittsgeld zugelassenen Preisspielbesucher eine Zumutung, derart abgespielte Wertlosigkeiten mitanzuhören – noch dazu in solcher Anzahl. Zweitens müßte jeder Verein eine Ehre dareinsetzen, bei einem Wettspiel nur etwas wirklich Gediegenes und keinen Kitsch zu geben. Aus einem ähnlichen ideellen Grunde müßte der Verbandsleitung die Berechtigung zustehen, seichte Musik einfach zurückzuweisen. Das Ziel: ›Hebung der Volksmusik‹ wird durch nichtssagende, geist- und schwunglose Ouvertüren nicht gefördert. Aber auch Potpourris, alltägliche Tänze und Märsche entsprechen nicht der Bedeutung und dem Zwecke der Veranstaltung. Am besten geeignet sind klassische ältere oder im klassischen Stile gehaltene neuere Kompositionen, die ein in sich abgerundetes Ganzes darstellen, wie Ouvertüren aus Opern, evtl. aus Operetten, abgeschlossene Sätze aus Opern, Symphonien, Sonaten, große Festmärsche, klassische Tänze (Schubert, Weber, Joh. und Rich. Strauß, Brahms usw.) und Verwandtes ...«[32]. Die Aufgabestücke waren:

Prima Vista: Deutscher Walzer von L. van Beethoven

Stundenchor: Menuett aus der Fantasie op. 78 von Franz Schubert

Einstundenchor: »Ich weiß, daß mein Erlöser lebt«, Arie aus dem Messias von Händel

Vierwochenchor: Menuett aus der Sonate op. 49, Nr. 2 von L. van Beethoven

Aus solchen Berichten wird deutlich, wie sehr sich im Bereich der Literatur der Geschmack verändert hat, wie statt der Bearbeitungen klassischer Meisterwerke heute doch originale Blasmusik im Vordergrund steht.

Nach kriegsbedingter Unterbrechung erfolgte die Wiedergründung des Alemannischen Musikverbandes am 11. September 1949 in Binzen. Die Reihe der Nachkriegspräsidenten eröffnet Emil Beuschel aus Lörrach (bis 1951); ihm folgten Karl Braun aus Binzen (bis 1968) und Manfred Loritz aus Steinen. Für das musikalische Geschehen im Verband zeichne(te)n verantwortlich: Bernhard Köppel aus Rheinfelden (1949 – 61), Rudolf Kilchling aus Schopfheim (bis 1975) sowie Rudolf Wolpensinger aus Herten[33].

Die folgende nach Gründungsjahren chronologisch geordnete Liste der Verbandsvereine zeigt an, daß die Gründungen in diesem Verband zum weitaus überwiegenden Teil in die Zeit vor dem Ersten Weltkrieg fallen:

1814 Schopfheim	1887 Malsburg
1826 Nollingen	1881 Adelhausen
1838 Schönau	1894 Herten
1839 Weil am Rhein	1896 Grenzach
1844 Maulburg, Wyhlen	1898 Karsau
1845 Brombach, Zell	1899 Häg
1847 Todtnau	1900 Dossenbach, Mambach, Tegernau
1855 Hausen (Hebelmusik)	
1863 Atzenbach, Gersbach	1902 Wiechs
	1903 Lörrach
1864 Märkt	1904 Endenburg
1866 Wollbach	1905 Marzell, Rheinfelden
1873 Haagen	
1874 Gresgen, Höllstein	1906 Neuenweg
1875 Lörrach	1907 Istein
1876 Kandern	1908 Egringen, Geschwend, Haltingen, Präg
1877 Binzen, Steinen	
1878 Inzlingen	
1879 Wieslet	1909 Sallneck, Wies
1880 Hauingen	1910 Hausen (Musikges.)
1881 Raitbach	
1882 Fahrnau, Schlächtenhaus	1913 Utzenfeld

1919 Minseln, Efringen-Kirchen	1926 Todtnau-Brandenberg
1921 Todtnauberg	1927 Ehrsberg, Fröhnd
1922 Tannenkirch	1931 Langenau
1924 Wieden	1949 Rohmatt
1925 Degerfelden	1967 Aitern

Am Beginn geordneten Musizierens in Musikkapellen und später in Vereinen standen im Bereich des heutigen Alemannischen Musikverbandes nicht die Ausstrahlungszentren geistlicher oder weltlicher Macht, sondern einzelne seßhaft gewordene Musikanten, die nach Bedarf für Tanzmusik und Unterhaltung sorgten. Typisch dafür ist der Taglöhner Martin Sigrist in Nollingen, genannt der »Giegermarti«, der mit Geige und Klarinette bei allen lustigen Gelegenheiten gern gesehen ward. Der »Giegermarti«, 1784 geboren, hatte die »Ein-Mann-Unterhaltung« schließlich satt und begann 1826 seine Söhne Josef, Felix und Mathias sowie Felix und Johann Senger auf verschiedenen Holz- und Blechblasinstrumenten zu unterrichten, so daß das Sextett bald in der Gegend von Nollingen und vor allem in dem nahen Baselgebiet die Tanzböden beherrschte. Als 1852 der Giegermarti starb, übernahm Felix Senger die Leitung der Gruppe, um daraus bald ein richtiges Orchester zu machen. Die Jubiläumsfeier der fünfzigjährigen Wiederkehr der Schlacht bei Leipzig, 1863, und die Feiern anläßlich der Beendigung des Krieges 1870/71 boten dieser Kapelle die Möglichkeit, durch hervorragende Leistungen zu glänzen. Der Chronist beschreibt dies äußerst lebendig: »Nach Beendigung des 1870er Krieges wurde in Nollingen im März des Jahres 1871 das Friedensfest gefeiert. Auch die Schuljugend durfte daran teilnehmen. Vor dem Gasthaus zur Krone war ein Podium errichtet. Einzelne Schüler trugen auf das Friedensfest bezügliche Gedichte vor, welche von dem damaligen Hauptlehrer, Herrn Andreas Sickinger (hier 1869 – 1875), gewissenhaft eingeübt worden waren. Der hochwürdige Herr Pfarrer Samhaber hielt die Festrede. Alsdann wurden von einigen Männern patriotische Lieder vorgetragen. Die Schuljugend sang hierauf die ›Wacht am Rhein‹, und alle Anwesenden stimmten freudig ein. Daran schloß sich der Festzug: an der Spitze die Musik, dann die Schulkinder, das Festkomitee, die übrigen Festteilnehmer. Am Abend wurde auf dem schon erwähnten Fastnachtberg wieder ein großes Freudenfeuer angezündet. Mächtig erschollen vom Berge herunter mit Begleitung der Musik das Deutschland-Lied und ›Die Wacht am Rhein‹. Nach der Bergfeier war gemütliches Beisammensein im Gast-

Abb. 74: Die Freiwillige Feuerwehr Gersbach im Jahr 1871. In der vorderen Reihe, sitzend, die der Feuerwehr angeschlossene Musikkapelle (Alemannischer Musikverband).

haus zur Krone. Hierbei fand der Musikverein reichlich Gelegenheit, seine neu erwachte Lebenskraft zu bekunden«[34].

Solche Feiern wurden vor allem in jenen Orten bestaunt, in denen bis dahin keine Musikkapelle bestand. Und die Gründungswelle von Musikkapellen nach 1870/71 geht vorzüglich darauf zurück, daß dörfliche Feiern ohne Musik – nach Meinung der Bevölkerung – weitgehend repräsentativer Festlichkeit entbehrten.

Daß sich die Gründung eines Musikvereins in Binzen (1877) in ähnlicher Form wie in Nollingen entwickelt hat, bezeugen zwei alte Tanzhefte aus den Jahren 1835 und 1836, in Schweinsleder gebunden und mit dem Namen des Musikers Johannes Hagist versehen[35]. In Wollbach erhielt sich ein Stimmbuch aus dem Jahr 1839, einen Musikverein aber soll es dort erst seit 1866 geben[36]. Auf gesellschaftlich besonderer Ebene kam es in Schopfheim zur Gründung der Musikgesellschaft. Dort trafen sich seit etwa 1810 sechs Musikliebhaber aus dem Bürgertum: der Papierfabrikant Kolb, der Doktor Sievert, der Stadtschreiber Klein, der Dreikönigwirt Johann Caspar Marget, der Kaufmann Geiger und der Hüt-

teninspektor Herbster, letzterer aus Hausen, um gemeinsam zu musizieren. Am 11. Januar 1814 entstand daraus die Schopfheimer Musikgesellschaft, deren gehobene Ansprüche in den Statuten zum Ausdruck kommen: »Die Überzeugung, daß die Musik das reinste und edelste Vergnügen gewähre – ein Vergnügen, das einzig in seiner Art ist, – hat schon vor geraumer Zeit einige Liebhaber derselben veranlaßt, sich in einem freundschaftlichen Zirkel zu vereinigen und zur Unterhaltung sich mit Musik zu amüsieren. Die Mitglieder hatten die Gefälligkeit, andern Personen, die musikalische Instrumente spielen, den Zutritt in diesen Zirkel zu gestatten, wodurch die Zahl derselben merklich gewachsen ist, so daß man sich entschlossen hat, eine musikalische Gesellschaft zu bilden und diesem Zusammentreten jener Musikliebhaber mehr Regularität zu geben und überhaupt das Ganze in einem erhabenerem Gesichtspunkt aufzustellen«[37]. Nun folgen fünfzehn Punkte, in denen sehr sorgfältig die Aufgaben und Pflichten der Mitglieder formuliert sind. Der Aufnahmebetrag ist 5 Gulden 30 Kreuzer, es wird ein Mitgliedsbeitrag erhoben.

Schon daraus merkt man, etwa im Unterschied zu

Nollingen, daß andere gesellschaftliche Schichten und andere Intentionen der Schopfheimer Musikgesellschaft zugrunde liegen, es geht nicht um Spielen für andere (und um Geld), sondern es handelt sich um einen Zirkel feingeistiger Bürger. Man wird bezweifeln dürfen, daß es sich dabei um Blasmusik handelte, zumal es im Jahr 1814 in Schopfheim zur Gründung einer Türkischen Musik kam, die – ebenso wie die Musikgesellschaft – vom Handelsmann J. G. Geiger dirigiert wurde. Zwischen den beiden Klangkörpern bestanden rege Beziehungen, so daß davon auszugehen ist, daß die beiden Besetzungen sich gleichsam ergänzten. Die Musikgesellschaft wurde 1820, die Türkische Musik 1824 aufgelöst. Im Jahr 1827 kam es durch den Präzeptor der »Deutschen Schule«, Johann Jakob Geiler, zur Wiedergründung einer Musikkapelle.

Wieder anders stellt sich die Gründung der Musikkapelle in Schönau im Schwarzwald dar. In den dortigen Akten findet man unterm Jahr 1838 folgende Eintragung: »Es hat sich, wie bereits schon bekannt, in der Pfarrey Schönau eine Musikgesellschaft gebildet, welche den Zweck hat, allen Pfarrangehörigen, zunächst in der Kirche einen erbaulichen Gottesdienst, und wie auch andererseits Vergnügungen und Ermunterung zu verschaffen. Da aber natürlicherweise zur Ausführung dieses Vorhabens Unterstützung notwendig fällt, so werden die Pfarrangehörigen ersucht, durch milde Beiträge zur Anschaffung von Instrumenten diesem Vorhaben aufzuhelfen. Schönau, den 20ten August 1838. Der Vorstand dieses Vereins: gez. Eberenz«[38]. In den folgenden Jahren schweigen die Quellen, so daß über das weitere Fortkommen der Musikkapelle nichts zu sagen ist. Als jedoch im Jahr 1848 im Verlauf der politischen Unruhen württembergische Reichstruppen, für einige Zeit sogar der Generalstab mit einer vollständigen Regimentsmusik, in Schönau Quartier nahmen, da wirkte das Vorbild der Militärmusik so stark, daß man sogleich eine neue Blaskapelle in der Stadt zu gründen begann. Der erste Dirigent dieser neuen Kapelle, der Küfer Dominik Wetzel, war in seinen Wanderjahren u. a. in Wien gewesen und hatte sich dort für die Musik begeistern lassen. Er übertrug seine Begeisterung nun auf die Gründer der Schönauer Musikkapelle von 1848.

Geradezu spannend – und nicht ohne tragischen Beigeschmack liest sich die Entwicklung der heutigen Stadtmusik Weil am Rhein. Wer sich mit der Geschichte dieser zunächst Türkischen Musik befaßt, so bemerkt der Chronist, der »schreibt auch die Geschichte der Musikerfamilie Kaufmann, deren Haus an der Hauptstraße 57 im Jahre 1967 zum Abbruch freigegeben wurde. Drei Generationen dieser Familie schenkten Weil, vor allem aber auch in der Mitte des vorigen Jahrhunderts dem ganzen Markgräflerland genußreiche und fröhliche Stunden durch die Musik. Von dieser Stätte aus nahm die Musikpflege ihren Weg ins damalige Dorf Weil, ja auch in viele Orte des Markgräflerlandes und der benachbarten Schweiz. Hier empfingen Schüler und Musikanten aus den umliegenden Musikvereinen ihren ersten Unterricht, hier kauften sie ihre Instrumente oder ließen sie reparieren und nahmen jedesmal neue Anregungen mit in ihre Dörfer. Johann Jakob Kaufmann (1805 – 1878), sein Sohn Jakob Friedrich (1832 – 1919) und auch der Enkel Emil (1873 – 1954) dirigierten selbst so manchen Musik- und Gesangverein. Der Senior dieser Familie Johann Jakob Kaufmann, den man im ganzen Markgräflerland nur ›Vater Kaufmann‹ nannte, erlernte das Drechslerhandwerk. Besonders waren seine kunstvoll angefertigten Spinnräder im ganzen Umkreis des Markgräflerlandes und des Wiesentals bekannt. Ebenso bewundert wurde aber auch seine musikalische Begabung. Seine Liebe zur Musik war so groß, daß er seinen Beruf nur noch sporadisch ausübte. Als 10-jähriger fand er auf dem Heimweg von Basel ein Piccolo, das er mit heimnahm und zu spielen anfing. Schon mit 25 Jahren dirigierte er Vereine. Nach seinem im Jahr 1842 begonnenen Hausbuch hat er im Markgräflerland zahlreiche Musikvereine ins Leben gerufen und vielen Schülern Unterricht erteilt. Auch lieferte er den Vereinen gebrauchte und neue Instrumente, die er von Herrn Widmann aus Freiburg i. Br. bezog. Im Jahre 1851 schrieb er für die Reitschule in Lörrach die ersten Musikstücke. Seine Hauptbeschäftigung war Notenschreiben, Unterricht erteilen und Vereine dirigieren.«

Auf dem Friedhof zu Staufen werden heute noch die Gräber von fünf Weiler Musikanten betreut, die dort im Jahr 1848 unschuldige Opfer der revolutionären Umtriebe Struves geworden waren. Wie es dazu kam, schildert Johann Lukas Frey aus Weil: »Im April (1848), als die ersten Revolutionsstürme vorbei waren, wurde eine Centralgewalt gewählt und auf den 15. Mai zusammen gerufen. Es waren dies Abgeordnete aus allen deutschen Staaten, die Nationalversammlung, an deren Spitze Erzherzog Johann von Österreich als Reichsverweser stand. Hecker, Struve, Neff und andere Flüchtlinge hörten indessen nicht auf, das Volk aufzuhetzen ... so fiel Struve mit anderen Flüchtlingen am 21. September ins Oberland in Lörrach ein. Nun wurde zum be-

Abb. 75: Die »alte Grenzacher Musik«, in den sechziger bis neunziger Jahren des vorigen Jahrhunderts im südbadischen Raum und in der Schweiz äußerst beliebt. Aufnahme aus dem Jahr 1870. Ein Musikverein wurde in Grenzach 1896 gegründet (Alemannischer Musikverband).

Abb. 76: Der Musikverein Maulburg (Alemannischer Musikverband) aus dem Jahr 1898.

waffneten Kampfe aufgefordert, Kassen in Beschlag genommen. Am 22. September rief man die Bürgerwehr zusammen und am Nachmittag wurde abmarschiert, zuerst auf die Leopoldshöhe, von da nach Binzen, wo wir ins Quartier kamen und übernachteten. Am anderen Morgen wurde abmarschiert. Die Binzener, Eimeldinger, Märkter, Kirchner und Efringer mitgenommen, Welmlingen ebenfalls nach Schliengen. In Efringen kam mein Vater (1795 – 1877) und mehrere andere, deren Söhne dabei waren und wollten uns nach Hause nehmen, weil sie erfuhren, es sei schon Militär in der Nähe. Unser

Major Wolfinger gebot ihnen aber, sich zu entfernen oder sie würden auf der Stelle erschossen. Was sie sagen, sei nicht wahr, denn das Militär sei schon zur Republik übergegangen. In Karlsruhe sei das Schloß abgebrannt und der Großherzog sei geflohen. In Schliengen wurde dann wieder haltgemacht und im Baselstab einquartiert, wo die Binzener, hätten sich nicht die Weiler dareingemischt, unsern Major erschossen hätten. Wir hatten eine sehr schöne Blechmusik und zwei Tambouren und waren deswegen immer die ersten. In Müllheim wurden wir bei Blankenhorn, einem der reichsten im Oberland, einquartiert. Am andern Morgen (Sonntag) war auch Struve angekommen und um 4 Uhr schlugs Generalmarsch. Alles wurde auf dem Rathausplatz versammelt.

Struve war im Rathaus selbst und proklamierte auch dort die Revolution. Am Sonntag morgen, nachdem es die ganze Nacht gestürmt, wurde wieder mit Musik und Glockengeläute weitermarschiert. Struve und seine Frau ritten immer nebenher Heitersheim zu. Dann ging es nach Staufen dem Gebirge zu. Struve begab sich wieder ins Rathaus und wir stellten uns auf dem Marktplatz auf. Kaum als wir uns niedergelassen, gab es vor der Stadt erste Zusammentreffen zwischen den Truppen Heckers und den 800 Mann Infanterie, die General Hofmann v. Gayling kommandierte. Als die Revolutionäre unter Hecker und Struve sahen, daß alles verloren schien, flohen sie. Später wurden Struve, seine Frau und Blind in Wehr verhaftet. Auch wir flohen so schnell wir konnten durchs Münstertal Sulzburg zu. Nach dem Treffen in Staufen kam unser Fähndrich Georg Butz und Johann Friedrich Ludin in Gefangenschaft, zuerst nach Freiburg und später auf die Festung Rastatt. Johann Mehlin, Johann Georg Ludin, Wilhelm Röschard, Fridolin Welterlin, Johannes Scherer und Gottlieb Lienin, alles Musikanten, Michael Hütter, Tambour, waren in Staufen in einem Haus versteckt. Johann Mehlin und Gottlieb Lienin kamen jedoch mit einer fremden Feuerspritze glücklich aus der Stadt. Am Montag Mittag fiel ein Schuß aus demselben Haus, und es wurde sofort das ganze Haus durchsucht und wer gefunden, ohne Verhör erschossen, wobei auch unsere fünf Weiler Musikanten waren, welche die Dragoner schändlich zerhauen und dann von der Infanterie vollends getötet wurden. Sie ruhen sämtliche in einem Grabe auf dem Friedhof in Staufen«[39].

Gesang- und musikbegeisterte Bürger gründeten gemeinsam im Jahr 1844 in Wyhlen den »Gesang- und Musikverein«. Erst 1877 trennten sich die beiden Gruppen, die Blaskapelle wurde als »Feuerwehrmusik« weitergeführt[40]. Ebenfalls im Schoß der Feuerwehr kam es 1861 in Zell im Wiesental zur Gründung der Musikkapelle[41]. Berg- und Werkskapellen bestanden in Hausen und Kandern, wo die Feuerwehren 1865 und 1876 halfen, die versprengten Musiker wieder zu sammeln und neue auszubilden[42]. Es überrascht keinesfalls, daß in jenen Jahrzehnten so viele Musikkapellen den Freiwilligen Feuerwehren sich anschlossen: Bestand doch damit die Möglichkeit, einheitliche Uniformen zu erhalten und überdies indirekt beim Ankauf der Musikinstrumente unterstützt zu werden. Doch auch dies klappte nicht

immer, wie aus Atzenbach berichtet wird. Als der 1863 gegründete Verein in finanzielle Nöte geriet und sich an die Feuerwehr wandte, da erklärten sich zwar die Feuerwehrleute gern bereit, durch ein Kegelschieben die Kasse der Musik wieder aufzufüllen. Doch der Verwaltungsrat stellte die Bedingung, »daß sich alle Mitglieder der Musikgesellschaft ohne Ausnahme schriftlich als Feuerwehrmusik betrachten« müßten, was die Musiker allerdings »schweren Herzens und nur angesichts der finanziellen Notlage« akzeptierten[43].

Wovon ein Verein damals lebte, wird aus den erhaltenen Rechnungsbüchern des 1882 gegründeten Musikvereins Fahrnau ersichtlich: »Die Einnahmen, die der Verein durch die auswärtigen Auftritte erzielte, konnten sich sehen lassen: Pro Tanzabend 50 bis 100 Mark. Eine andere Einnahmequelle floß auch nicht gerade spärlich: Unentschuldigtes Wegbleiben von den Proben wurde bei einem Mitglied mit 5 Mark (!) bestraft ... ›sobald er aber ein ärztliches Zeugnis nachweist, daß er zum Blasen unfähig ist, wird ihm diese Strafe erlassen‹ ... 1886 wurde ein Musikant aus dem gleichen Grund zu 20 Mark verdonnert, zu bezahlen innerhalb von acht Tagen! 5 Mark Strafe erhielt ein Mitglied, weil er einem Gersbacher Musiker Noten überlassen hatte ... Der Austritt aus dem Verein kostete 10 Mark. Es sei denn, man legte ein ärztliches Zeugnis vor ... Veranstaltungen waren reichlich zu verzeichnen. Jährlich mindestens zwei Konzerte in Fahrnau, Besuch bei benachbarten Vereinen, Tanzmusik gegen Berechnung, Mitwirkung bei kirchlichen und vaterländischen Anlässen. Jährlich wird im Protokoll vermerkt, daß man anläßlich des Geburtstages Seiner Majestät des Kaisers, sowie Seiner Königlichen Hoheit des Großherzogs würdig aufspielte. Jährlich gab es mindestens zwei Ausflüge und Kegelnachmittage ... Die Zahl der aktiven Mitglieder war relativ gering. Während der ersten zwanzig Jahre meldet das Protokollbuch immer nur Zahlen von 14 bis höchstens 20 Aktiven. Passivmitglieder sind in dieser Zeit mit 70 bis 100 registriert«[44]. Nimmt man alle diese Daten zusammen, so ergeben die einzelnen Mosaiksteine doch ein gut erkennbares Bild der Blasmusik im 19. Jahrhundert. Wobei manches davon aktuell wie eh und je erscheint, einige Details aber doch unverständlich erscheinen: Etwa die Bestrafung eines Musikers, der Musiknoten einer anderen Kapelle (wohl zum Abschreiben) überlassen hatte. Damals hatten Kapellmeister und Musiker die Noten selbst zu schreiben, gedruckte Blasmusiknoten gab es kaum. Die einzelnen Stücke wurden überdies als persönliches Eigentum eines Dirigenten oder einer Kapelle betrachtet – und daher sorgsam gehütet.

Ein eher trübes Kapitel der Geschichte Badens wird in der Chronik des Musikvereins Karsau aufgeführt: Nach mündlichen Berichten älterer Leute hat Josef Rietschle vermerkt, daß in Karsau in der ersten Hälfte des 19. Jahrhunderts bereits einheimische Musiker bei Hochzeiten und Bürgerwehrversammlungen aufgespielt hätten. »Oft haben sich die Vorläufer des Musikvereins auch über den Rhein setzen lassen, um im Schiff in Ryburg und im Storchen in Rheinfelden zu spielen. Überliefert sind Musikanten namens Fritsche, Rietschle, Brombach, Fricker und Bannwarth. Dreizehnjährig spielte in der Kapelle um 1848, Ludwig Bannwarth, der nachmalige, hochverehrte Sängervater. Die von ihm gespielte Klarinette, die er übrigens auch dazu benützte, im Gesangverein als Dirigent die Lieder anzustimmen und eigene Kompositionen vorzuspielen, ist heute noch in Familienbesitz vorhanden«. 1848 gerieten die Karsauer in die Gefechte zwischen Freischaren Georg Herweghs und württembergischen Ulanan. Zwölf junge Leute, zumeist Musiker, mußten die Heimat verlassen, wurden in Festungshaft nach Rastatt gebracht oder wanderten nach den USA aus. »Den Karsauern erging es wie den Weiler Musikanten, die als Freischaren-Kapelle am 24. 9. 1848 auf dem Marktplatz in Staufen in Kampfhandlungen verwickelt waren. Sie lösten sich auf«. Erst im Jahr 1898 kam es in Karsau wieder zur Gründung eines Musikvereins[45].

Man sieht daraus, daß die Gründungsdaten der einzelnen Musikvereine keinesfalls besagen, daß erst ab diesem Datum im betreffenden Ort musiziert wurde. Musikvereine berufen sich bei Jubiläumsfeierlichkeiten manchmal auf die ältesten Zeugnisse irgendwelcher Musik im Ort, seien es Spielleute, kirchliche oder militärische Einheiten gewesen; andere Vereine wieder zählen von dem Jahr an, in dem eine offizielle Gründung vollzogen wurde. Letzteres trifft auch auf die Stadtmusik in Lörrach zu, die 1875 als Türkische Musik ihren geregelten Proben- und Konzertbetrieb begann. Der Chronist weist dabei aber mit Recht darauf hin, daß mehr als einhundert Jahre zuvor, nämlich bei der Bestätigung des Stadtrechtes im Jahr 1756 auf dem Schützenplatz vom »Schall der Trommeln« und vom »klingenden Spiel« der vorbeimarschierenden Stadt-Compagnie die Rede ist. Damals wurde die Stadt »durch gnädigst hohe Herrschaft mit einer Fahne und einer Trommel beschencket«. Eine Trommel, die die Stadt immer dann in Verwahrung nahm, wenn gerade keine Musikkapelle ihrer bedurfte, –

und die schließlich im Jahr 1875 der neuzugründenden Türkischen Musik als erstes Musikinstrument zur Verfügung stand. Die Trommel von 1756 ist zwar heute nicht mehr im Gebrauch, ziert jedoch als Relikt an »alte Zeiten« das Musikheim der Lörracher Stadtmusik. Zwischen 1765 und 1875 gab es »Stadtmusikanten«, die Grün und Silber als Uniform trugen und einmal im Jahr, an Großherzogs Geburtstag auf dem Marktplatz während der Parade der Stadtsoldaten ihr Repertoire zum Besten gaben. Im Jahr 1863 bestanden in Lörrach zwei Musikkapellen, die sogenannte »Harmonie-Musik« und die Blechmusik. 1865 wird zudem von einer Lörracher Fabrik-Feuerwehr-Musik berichtet. Ein großes Militärkonzert der Konstanzer Kapelle Ende Mai 1875 in Basel (es handelte sich um die Konstanzer Regiments-Kapelle unter C. Handloser) führte schließlich zur Gründung der Stadt-Musik Lörrach, die schon bald beachtliche Erfolge erzielen konnte. Der Dirigent einer durchziehenden Truppe wird abgeworben und mit der Leitung der Stadtmusik betraut: Es ist Josef Pletzer, der bis zu seinem Tod im Jahr 1915 in den Diensten der Stadt verblieben.

Mit Pletzer hat man in Lörrach einen guten Griff getan. Bald stellen sich die ersten Erfolge ein: »Bei einem Musikfest in Säckingen erhält die Stadtmusik bei starker Konkurrenz aus Baden und der Schweiz einen 4. Preis. Beim Musikfest in Riehen 1880 erringt sie in der 2. Kategorie den 1. Preis. Am 22. Juli 1883 holt sie sich beim Musikfest im schweizerischen Rheinfelden bei stärkster Konkurrenz den 1. Preis. Diese Nachricht verbreitet sich wie ein Lauffeuer in der Stadt, und als die Musiker ›Nachts 1/2 11 Uhr‹ heimkehren, wurden sie von einer ›vieltausendköpfigen Menge‹ vor dem Bahnhof als Sieger willkommen geheißen. Bürgermeister Grether, der mit dem gesamten Gemeinderat auf dem Bahnsteig steht, beglückwünscht sie im Namen der ganzen Stadt zu diesem Erfolg«[46]. So empfängt man heute Weltmeister oder Olympiasieger im Sport! – Ein Jahr danach erringt die Stadtmusik Lörrach in Schopfheim den 1. Preis in der 1. Wertungsklasse, um damit an der Spitze der Kapellen in dieser Region zu stehen. Vor allem im Kontakt und im Wettstreit mit Kapellen aus der Schweiz wächst damals das musikalische Niveau der Musikkapellen im Dreiländereck.

Auch die in der Zwischenkriegszeit gegründeten Musikkapellen sind oft älter, als es die offiziell angegebenen Gründungsdaten aussagen. Am 29. Januar 1922 fand in Todtnauberg die erste Versammlung des Musikvereins statt. Doch das Protokoll bezeugt, daß längst vorher Blasmusik im Ort üblich

war: Man kaufte nämlich die Instrumente für 100.-
Mark von der in früheren Jahren in Todtnauberg
bestehenden Musikkapelle[47]. Der 1922 gegründete
Musikverein Tannenkirch berichtet in seiner Chronik von einer Bergmannsmusik, die bestanden hat,
als im Tannenkircher und Hertinger Berg noch das
wertvolle Bohnerz abgebaut wurde. Musiker dieser
Bergkapelle sorgten für Tanzmusik bei allen Festlichkeiten. Aus dem Jahr 1893 liegt ein Kassabuch
vor, demzufolge eine Musikkapelle im Ort von Kapellmeister Johann Georg Heß aus Kandern geleitet
wurde. Anläßlich des Regierungsjubiläums Großherzogs Friedrich I. von Baden im Jahr 1902 trat die
Kapelle öffentlich auf[48].
Albert Amrein aus Degernfelden, der in der Stadtmusik Rheinfelden mitwirkte, gab zusammen mit
dem aus Adelhausen stammenden späteren Bürgermeister August Hohler und mit Willy Haßler aus
Ettenheim den Anstoß zur Gründung der Musikkapelle in seinem Heimatort. Karl Bernhard vom
Musikverein Nollingen wurde als Ausbilder und
Dirigent gewonnen, so daß seit 1925 eifrig geprobt
werden konnte[49]. Ebenso neues Gebiet wurde durch
die Gründung von Musikkapellen in Ehrsberg und
Fröhnd im Jahr 1927 erschlossen[50].
»In Wirklichkeit begann man mit dem Musizieren
im Jahr 1899. Im Volksmund ›Nudlermusik‹ genannt«: So beginnt die Chronik des 1949 (wieder)
gegründeten Musikvereins Rohmatt. 1899 bis 1904
bestand demnach in Rohmatt die erste Blaskapelle,
dann schloß man sich dem Musikverein Häg an.
1819 trennten sich beide Vereine wieder, und »Ende
des Jahres 1924 wurde es wegen einer privaten
Sache still um die Musik. Der Dirigent hörte auf,
und die Instrumente blieben in den Schränken liegen, bis 1949 Hermann Suppinger sie wieder zu-
sammenholte. Wie ein Wunder – kein einziges Instrument fehlte!«[51].
Solche Streiflichter auf die Geschichte einzelner
Vereine bezeugen das Auf und Ab der Amateurkapellen in Kleinstädten und Dörfern. Vor allem aber
wird daraus deutlich, wie es stets einzelne Persönlichkeiten sind, die über das Gedeihen oder über
den Niedergang eines Vereins entscheiden. Viele
Quellen sind vernichtet worden, manche haben sich
zufällig erhalten und sind von Heimatforschern der
landeskundlichen Musikforschung zugänglich gemacht worden. In diesem Buch ist deshalb nicht eine
umfassende und gleichmäßige Darstellung aller Einzelheiten möglich, sondern es geht eher darum,
interessante Details zu einem Gesamtbild zu formen, die vielfältigen Ausdrucksmöglichkeiten der
Blasmusik damit bewußt zu machen.

Der Badische Seegau-(Bodensee-Linzgau-)Musikver-band, 1922–1976

Der am 8. Oktober 1922 in Meersburg gegründete
Badische Seegau-Musikverband umfaßte »das Gebiet am Bodensee, soweit es die Landesfarben
›Gelb-Rot-Gelb‹ trug. Außerdem gehörten ihm einige Kapellen des Kreises Sigmaringen und die der
ehemaligen Kreise Meßkirch und Pfullendorf an, so
daß durch die Volksmusik eine Brücke vom Bodensee zum Donautal und zur Alb geschlagen war«[52].
Als Gründungspräsident leitete Friedrich Scherer,
Owingen, den Verband bis 1950, die musikalische
Betreuung lag zunächst in den Händen von Dr.
med. Rothemann aus Bodman, seit 1927 bei Fritz
Bischoff, dem Städtischen Kapellmeister in Überlingen. Mit etwa sechzig Mitgliedskapellen gehörte
der Badische Seegau-Musikverband zu den zahlen-
stärksten Verbänden des südwestdeutschen Raumes.
Bis zur zwangsweisen Überführung des Verbandes
in die Verwaltung der Reichsmusikkammer (1935)
fanden Verbandsmusikfeste in Ahausen (1924), Immenstaad (1926), Markdorf (1928), Überlingen
(1930), Mimmenhausen (1932) und Güttingen
(1934) statt.
Im Herbst 1949 trafen sich Vertreter dieses Verbandes, um über die Neugründung zu beraten, die am
25. Mai 1950 in Neufrach stattfinden sollte. Man
nannte sich nun »Bodensee-Linzgau-Musikver-
band«. Noch im gleichen Jahr kam es anläßlich des
75-jährigen Bestehens der Stadtkapelle Pfullendorf
zum ersten Verbandsmusikfest nach dem Zweiten
Weltkrieg. Der damalige badische Staatspräsident
Leo Wohleb zeichnete die Veranstaltung durch seine Anwesenheit aus. Im Oktober 1950 mußte Friedrich Scherer aus gesundheitlichen Gründen als Vorsitzender des Verbandes zurücktreten. Ihm folgte
Karl Gratz aus Überlingen. Der Verbandsdirigent
der Zwischenkriegszeit, Fritz Bischoff, lenkte die
musikalische Entwicklung des Verbandes bis 1958,
danach erfüllten Toni Haile aus Meersburg, Martin
Linke aus Konstanz und (seit 1969) Rudolf Siebold
aus Überlingen diese Funktion. Verbandsmusikfeste
folgten in Immenstaad (1951), Ludwigshafen
(1955), Herdwangen (1957), Überlingen (1959),
Meßkirch (1962), Hagnau (1964), Pfullendorf
(1968). In Neufrach feierte der Verband sein fünfzigjähriges Jubiläum und 1976 in Immenstaad sein
letztes Verbandsmusikfest. Internationale Anerkennung fand die Verbandsarbeit durch die seit 1955 in
Überlingen veranstalteten Konzerte der Bodenseeländer[53]. Im Zuge der Neuordnung regionaler politischer Einheiten im Südweststaat Baden-Württem-

berg kam es zum 31. Dezember 1976 zur Auflösung des Verbandes. Einige Vereine blieben bei Verbänden des Bundes Deutscher Blasmusikverbände, die Mehrzahl bildete jedoch zusammen mit den Vereinen des ehemaligen Bezirkes Allgäu-Bodensee den neuen »Blasmusikverband Bodenseekreis«. Präsident dieses neuen, dem Regierungspräsidium Tübingen zugeordneten Kreisverbandes ist Johannes Boedecker aus Meersburg, die Geschäfte des Verbandsdirigenten führt Rudi Seifert aus Berg. Die folgende Darstellung berücksichtigt jene Vereine, die vor der Kreisreform »badisch« waren (und von denen Unterlagen veröffentlicht oder vorgelegt wurden).

Vor den Revolutionsjahren 1848/49 treten folgende Musikkapellen – in der Regel innerhalb der Bürgermilizen und mit »Türkischer« Besetzung – in Erscheinung:

1784 Überlingen
1790 Sipplingen
um 1800 Markdorf
1800/01 Immenstaad
1814 Hagnau
1821 Bermatingen, Pfullendorf
1822 Mimmenhausen
1836 Denkingen
vor 1840 Meßkirch

Die ehemalige Freie Reichsstadt Überlingen besoldete seit dem 15. Jahrhundert Turmbläser, die am Wendelstein und am Oberen Tor ihren Dienst zu versehen hatten, darüber hinaus aber bei dem Mahl nach der Ratswahl und bei der Maiensuppe nach dem Maiengericht für den festlichen Rahmen sorgten. Das Stadtarchiv verwahrt von 1491 an Bestallungsurkunden solcher Trompeter. 1775 ist zudem von den städtischen Tambours die Rede. Blasmusik im modernen Sinn – nämlich eine Türkische Musik im Rahmen des Bürgermilitärs – ist seit 1816 bezeugt. Damals schrieb Josef Laut namens der »Music compagnie« an die Stadt u.a.: »Da Unterzeichneter sich auch ohnentgeltlich und blos zur Ehre für allhiesige Stadt die angestrebte Mühe giebt, allhiesige Bürger-Söhne in der Music nach Möglichkeit zu exerzieren . . .«. Berichte und Eingaben aus den folgenden Jahren ermöglichen uns Einblick in die (damals wie heute aktuelle) Auseinandersetzung um die Notwendigkeit der Blasmusik, um den Lärm, den Blasinstrumente etwa verursachen, so daß man die Abschaffung der Türkischen Musik und die Rückkehr zu den Streichinstrumenten fordert u. ä. Doch lassen wir den Chronisten berichten: Am 7. Dezember 1818 richtet der Vorsteher des Bezirksamts, Regierungsrat von Ehren, an den Magistrat folgende Beschwerde: »Es hat sich schon zum zweiten Mal der Fall ereignet, daß nicht nur die Türk'sche Music dahier, sondern auch die städtischen Tambours öffentlich ausgerückt sind, und durch ihren unerwarteten Lärm das Publicum mehr in Schrecken als in Verwunderung versetzt haben«. Mit Schreiben vom 18. Juni 1821 rechtfertigt sich die Kapelle: ». . . eine Reparatur der Instrumente ist ganz unmöglich, da dieselben ihre Stimmung verloren ha-

Abb. 77: Die Musikkapelle Immenstaad (Bodenseekreis) im Jahr 1901.

ben und den einmal ruinierten Blasinstrumenten nie wieder gegeben werden kann«. Von den Klarinetten hieß es, ». . . daß sie nur in höchster Noth noch tauglich sind«. Eine Auflage der Stadt, die Instrumente selbst zu beschaffen, beantworteten die Klarinettisten mit dem Einwand, daß sie dann lieber als Gemeine dem Bürgermilitär ihre Dienste widmen, als die Klarinetten selbst anzuschaffen. Damals waren es insgesamt 21 Musikanten, die jüngsten 15, die ältesten 42 Jahre alt. Aber schon hier gingen die Meinungen beim Publikum über Blas- oder Streichbesetzung bei Tanzveranstaltungen auseinander. Den ausschließlichen Anspruch der Musik des Bürgermilitärs beantwortete der Magistrat u. a. mit der Bemerkung: »Endlich ist das immerwährende Gelärme mit lauter blasenden Instrumenten den wenigsten Tanzliebhabern angenehm, sondern sie wünschen auch eine Abwechslung oder Milderung mit Saiteninstrumenten«. Doch auch zwischen Leistung und Gegenleistung von seiten der Stadt floß reichlich Wasser in den See, wie aus einer Eingabe der Kapelle vom 6. August 1822 hervorgeht. Mit der Zahlung für Zapfenstreich und Tagwache der auf den Mann entfallenden 24 Kreuzer war die Stadt seit 3 Jahren im Verzug, bis schließlich das Bezirksamt mit gerichtlicher Eintreibung der rückständigen Forderung gedroht hatte. Noch ein ander Mal, und zwar wegen des schlechten Probenbesuchs mußte das Bezirksamt um Hilfe angegangen werden; denn in dem Ersuchen hieß es, ». . . durch exekutive Mittel die Liebe zur Music zu entflammen«. Über den Unfrieden innerhalb der Kapelle zur damaligen Zeit lesen wir in einer Klageschrift, ». . . daß ein ungebildeter, übermütiger Bursche (Piccoloist) und eine alte Baßgeige einen solchen Zwiespalt unter den übrigen Leuten verursachte, daß keiner mehr neben dem andern in dem sonst so liebevollen Verein bleiben will«. Diese unbefriedigenden Verhältnisse zwangen schließlich 1825 zu einer Reform der Kapelle mit dem Vorschlag einer Reduzierung bis auf 12 Mann. Doch erst unterm 22. April 1824 trat eine Besserung ein, nachdem die Lässigkeit der Musiker unter Strafe gestellt war und die Autorität des Dirigenten entsprechende Unterstützung fand. Die endgültige Umbildung der Kapelle erfolgte aber erst am 20. März 1836, da seit dem 29. August 1835 das Bürgermilitärcorps samt der Musik als aufgelöst betrachtet worden war. Die Lösung des Problems lag in diesen kritischen Zeiten in Händen einer Militärkommission der Stadt. Zur Uniformierung der Kapelle nahm die Militärkommission folgenden Standpunkt ein: »Im übrigen ist man in Beziehung auf die Uniformen der Meinung, daß es große Engherzig-

keit verrät, wenn man die Entschließung bei einer Music mitzuwirken von einer neuen oder alten, feinen oder groben Uniform abhängig mache, wenn man dies nicht lieber der Eitelkeit zuzuhandeln will. Von jeher ist es Gebrauch gewesen, die Prozession am 16. Mai von Music begleitet zu sehen und auch dies Jahr erwartet man, wird keine Ausnahme stationiert werden. Jedoch haben die Musicer nur in Uniform zu erscheinen, sonst das Infanteriecorps sich auszurücken weigert«.

Die jüngere Geschichte der Stadtkapelle Überlingen ist geprägt durch das Wirken von Fritz Bischoff, der nach Militärmusikerjahren unter Bernhagen im Jahr 1925 nach Überlingen kam, um die Blaskapelle dort auf eine weithin beachtete musikalische Höhe zu führen. 1970 übernahm die musikalische Leitung des Orchesters Rudolf Siebold, der von Überlingen aus als Vorsitzender des Musikbeirates im Bund Deutscher Blasmusikverbände zugleich die Geschicke dieser Organisation mitbestimmte [54].

Zwar nicht als Stadt, aber doch als ein in die Geschichte des Bodenseeraumes vielfach eingebundenes Dorf, kann Sipplingen zunächst darauf hinweisen, daß der Minnesänger Burkhard von Hohenfels von der gleichnamigen Burg oberhalb des Ortes stammte. Bereits 1540 heißt es in einem Zinsbuch der Gemeinde Allensbach, daß etliche fünfzig von Sipplingen mit Pfeifen und Trommeln die Allensbacher am Seeufer abgeholt, zum Rathaus von Sipplingen geleitet und dort bewirtet hätten. Von 1790 an, da in den Kirchenrechnungen der Sipplinger St. Martins- und St. Georgskirche die Musikanten mit 2 Gulden und 8 Kreuzern bezahlt werden, ist die Geschichte der Musikkapelle Sipplingen lückenlos bis in die Gegenwart herein nachzuzeichnen. Im Jahr 1811 sind überdies erstmals die »Soldaten«, also Bürgermilitär, mit Musik genannt. Diese Bürgerwehr einschließlich der Musikkapelle nimmt im badischen Raum insofern eine Sonderstellung ein, als sich die Mitglieder an den revolutionären Umtrieben der Jahre 1848/49 nicht beteiligten sondern im Gegenteil durch ihre loyale Haltung dem Großherzog gegenüber auffielen. So kam es, daß die Sipplinger auch nach 1849 infolge eines besonders verbrieften Rechtes sich an der Bürgermiliz erfreuen durften [55].

In Markdorf finden sich die frühesten Hinweise auf Trommler und Pfeifer im Zusammenhang mit den Schützengesellschaften des 16. Jahrhunderts, genau in einer Stadtrechnung von 1563. Aus den Schützenkompanien entstand 1755 die »Bürger-Compagnie«, deren Musik seit dem beginnenden 19. Jahrhundert als »Türkische« bezeichnet wird. 1833

Abb. 78: Die Stadtkapelle Markdorf (Bodenseekreis) bei der Einweihung des Flugzeuges DO X am 17. November 1929 in Altenrhein. Dirigent Leo Bürkle bringt dabei den von ihm komponierten DO-X-Marsch zur Uraufführung.

übernimmt Oberlehrer Mayer die musikalische Leitung der Türkischen Musik, die damals 23 Mann umfaßte: 1 Piccoloflöte, 7 Klarinetten, 2 Fagotts, 1 Serpent, 1 Flügelhorn, 2 Trompeten, 4 Hörner, 2 Posaunen, je 1 große und kleine Trommel, 1 Bekken. In dieser Besetzung fällt zweifellos die starke Betonung der Holzblasinstrumente auf[56]. Das im 17. und 18. Jahrhundert dreigeteilte Immenstaad (die Fürstenberger aus der Grafschaft Heiligenberg, die Deutschordenskommende Mainau und das Kloster Weingarten hatten daran Rechte und jede der drei Herrschaften ihren eigenen Herrschaftsbürgermeister eingesetzt! – was dem 1976er Chronisten zu einem Vergleich mit Berlin seit 1945 verleitet) wurde 1803 badisch – und damit zu einer Gemeinde vereint. Doch zunächst ein bezeichnender Bericht aus dem Jahr 1796: Seit damals hatten Scharwächter die Aufgabe, »auf die Nachtwächter fleissig Aufsicht (zu) halten, damit die Nachtruhe auch ordentlich ausgeführt wird. Vor allem sind schlafende Nachtwächter sofort dem Rat zu melden«. Seit 1800/1801 besteht in Immenstaad eine Musikkapelle, die in einer Gemeinderechnung von 1810 als Bestandteil der Schützen-Compagnie beim Fronleichnamsfest belobt wird. Um 1825 leitete Michael Langenstein diese Kapelle. Nach 1849 werden die Bürgermilitär-Uniformen abgelegt und es bleibt unter der Leitung von Johann Baptist Berger bei einer zivilen Kapelle, die seit 1863 von Peter Buchstor (ein ehemaliger Konstanzer Militärmusiker unter

Handloser) sich musikalisch beachtlich zu steigern wußte. Eine Vereinsgründung erfolgte in Immenstaad im Jahr 1911[57].

Reich an interessanten Daten ist die Chronik des Musikvereins der Hansjakob-Gemeinde Hagnau am Bodensee. Als im Jahr 1784 der Salzburger Benediktiner Stampfer mit den Mönchen aus Weingarten zur Weinlese in Hagnau weilte, da konnte er Musikanten hören, »welche durch liebliche Instrumente diese Arbeit noch angenehmer machten«. In der ersten Hälfte des 19. Jahrhunderts bestand in Hagnau eine Bürgerwehr mit Musik. Pfarrer Hansjakob, 1869 bis 1884 in der Gemeinde, rühmt die Musikliebe der Hagnauer mehrmals. So schreibt er im Kapitel »Der Franzos« des Buches »Schneeballen, III. Reihe«: »Die Hangouer Kapelle war zu meiner Zeit berühmt. An ihrer Spitze stand Wilhelm, der Spiegler, einst Obertrompeter bei der Kavallerie und Solobläser erster Ordnung. Er hat einem Freund von mir, dem Major von Schilling, welchem die Kapellen einst vor meinem Pfarrhäuschen ein Ständchen brachte, so das Herz gerührt, daß er dem Wilhelm einen Taktstock aus Silber und Elfenbein machen ließ«. Und an anderer Stelle: »Viele Hagnauer hatten eine große musikalische Ader; eine brillante Dorfmusik existiert in Hange seit alten Zeiten und in der Kirche spielten zu meiner Zeit noch die alten Rebleute ›figurierte Messen‹ mit Hörnerklang und Trompetengeschmetter«. Ein Rebstück oberhalb des Dorfes trägt den Namen

»Bloserbichl«, benannt nach einem der Trompeter aus Spieglers Kapelle, der von dort aus seine Weisen über das Dorf erklingen ließ[58].

Einer der schönsten Schellenbäume, die ich kenne, ist in Bermatingen noch heute zu bewundern. Das Instrument trägt die Jahreszahl 1821 (Abb. 41, Seite 82). Damals hat es in der Gemeinde eine Türkische Kapelle gegeben, doch fielen alle Unterlagen über diese Kapelle und auch über spätere Musikergruppen einem Brand im Jahr 1906 zum Opfer. Man weiß noch, daß vor 1900 die Kapelle unter der Leitung von J. Brunner-Rist im Hause Obser-Rist die Proben abhielt. 1903 und 1910 wird über das Auftreten einer Musikkapelle in Bermatingen berichtet. Doch erst 1920 kam es unter dem Dirigenten J. Schmid zur offiziellen Gründung des Musikvereines[59]. In Meßkirch, wo 1780 der Komponist Conradin Kreutzer zur Welt gekommen war, wo die »von Zimmern« lebten und in ihren Sammlungen und Chroniken u. a. über das musikalische Leben der Landschaft zu berichten wußten – und wo schließlich das Geburtshaus des Philosophen Martin Heidegger steht, gab es in der ersten Hälfte des 19. Jahrhunderts ebenfalls die übliche Bürgermiliz mit einer Türkischen Musik, die um 1840 von Johann Füßinger (1815–1909) geleitet wurde. Aus dem »Schutz« der Bürgermiliz begab sich die Musikapelle in den siebziger Jahren »Unter die Fittiche« der Freiwilligen Feuerwehr (1862). Von 1895 bis 1930 unter der Leitung des Kirchenchordirigenten Chrysogon Kauth und danach unter Rudolf Walk genossen die Meßkircher Musiker hohes Ansehen[60].

Zwischen 1850 und dem Beginn des Ersten Weltkrieges liegt die wesentliche Gründungswelle der Musikkapellen auf ehemals badischer Seite des Bodenseekreises:

1850 Neufrach
1853 Frickingen
1854 Göggingen
1859 Aach-Linz
1860 Großschönach
1862 Lippertsreute
1863 Wald
1870 Heudorf
1872 Ahausen
1873 Rohrdorf
1882 Herdwangen, Kluftern
1886 Deggenhausen
1892 Owingen
1894 Mühlhofen, Wintersulgen
1897 Illmensee
1900 Menningen, Oberuhldingen
1902 Krumbach, Nesselwangen
1912 Burgweiler
1913 Roggenbeuren-Urnau

Die Musikkapelle Aach-Linz umrahmte am 12. Mai 1859 die Feierlichkeiten anläßlich der Grundsteinlegung der Kirche in Illmensee: das ist das erste Zeugnis für das Bestehen einer Musikkapelle in der Gemeinde, die sich in den folgenden Jahrzehnten rege am Musikgeschehen innerhalb und außerhalb der Gemeinde beteiligte und seit 1898 regelmäßig Subventionen durch die Gemeinde erhielt[61]. Im Jahre 1862 gründeten in Lippertsreute die Brüder Johann, Konrad, Matthäus und Martin Straub zusammen mit Fidelius und Hansjörg Hahn eine »Musikgesellschaft«. Als 1881 die Familie Ruther aus Altheim sich in der Gemeinde ansiedelte, stießen die Brüder Adolf, Johann, Xaver und Josef Ruther zu der Gruppe, und nun konnten unter der Leitung von Adolf Ruther bereits beachtliche Leistungen vollbracht werden. Da die Ruthers letztlich in der Kapelle »den Ton angaben«, erfolgte noch vor dem Ersten Weltkrieg die Umbenennung in »Ruthersche Musikkapelle, Lippertsreute«. Nach einer Krise der privaten Kapelle, entschloß man sich 1955 die Tradition der Straub-, Hahn- und Rutherschen Kapellen durch die Gründung eines Musikvereins zu bündeln und fortzuführen[62].

Die Gründungen jener Jahre waren in der Regel von privater Initiative getragen, wobei Feuerwehren dann und wann Hilfestellung leisteten[63]. An Nachzüglern – was die Gründungsdaten betrifft – stellen sich seit den zwanziger Jahren folgende Kapellen ein:

1921 Altheim–Ittendorf
1923 Rast
1924 Hödingen, Homberg,
1925 Riedheim
1927 Beuren, Weildorf
1929 Bonndorf
1943 Meersburg
1949 Sauldorf, Stetten
1955 Nußdorf

Es sind darunter Musikkapellen, die seit den sechziger Jahren unseres Jahrhunderts durch hervorragende Leistungen aufhorchen ließen. Erwähnt sei die Knabenmusik aus Meersburg, von Hermann Schröer gegründet und von Toni Haile weiter ausgebaut und viele Jahre musikalisch geleitet, die im süddeutschen Raum das Bewußtsein für hohes musikalisches Niveau und damit gesellschaftliche Anerkennung zu prägen verstand, in deren Reihen erstmals »Jugend musiziert«-Bundessieger aus dem Bereich des Blasmusikwesens auf sich selbst und damit auf die Gesamtheit der blasmusikalischen Jugenderziehung aufmerksam machen konnten.

Der Musikverband Hanauerland, 1928 - 1974

Im Jahr 1978 hätte der Musikverband Hanauerland sein fünfzigjähriges Jubiläum feiern können. Doch nach der Kreisreform in Baden-Württemberg und der damit verbundenen Auflösung des Kreises Kehl entschlossen sich auch die neunzehn Vereine des Hanauerlandes – damals der zahlenmäßig schwächste Verband im Bund Deutscher Blasmusikverbände – ihre Eigenständigkeit aufzugeben und sich dem Blasmusikverband Ortenau anzuschließen. Zur Gründung eines eigenen »Musikgaues Hanauerland und Umgebung« kam es im Jahr 1928 deshalb, weil der Oberbadische Musikvereinsverband mit dem Sitz in Freiburg zu viele Vereine zu betreuen hatte. Mitglieder aus dem oberbadischen und aus dem mittelbadischen Bereich wollten darüber hinaus der ethnischen Besonderheit und damit der kulturellen Eigenwertigkeit der Bevölkerung des Hanauerlandes durch eine selbständige Organisation gerecht werden. In allen Bereichen der Volkskultur, im Brauchtum, in der Tracht, im Tanz, im Volkslied, zeigt sich ja – wie u. a. der über Anregung von Walter Schäfer von Wilhelm Schadt herausgegebene Band der »Lieder des Hanauerlandes« (Kehl 1972) in eindringlicher Weise erahnen läßt – die besiedlungsgeschichtlich begründete Mentalität des Hanauers.

Erster Gaupräsident im Hanauerland wurde Emil Nückles, Kehl-Sundheim, der den Verband von 1928 bis zu seinem Tod im Jahr 1936 führte. Geprägt aber hat das Verbandsgeschehen der unvergeßliche Gustav Hanser aus Freistett, bis 1963 Präsident, 1968 verstorben. Ihm folgten Franz Heymann aus Auenheim, bis 1970, sowie Dr. Günter Nufer aus Kehl und Albert Heidt aus Auenheim. Die Reihe der Gau- bzw. Verbandsdirigenten eröffnete Obermusikmeister Ernst Viertel aus Kehl. Seine Arbeit führten Kurt Knispel aus Kehl, Peter Seeger aus Kehl und Franz Heymann aus Auenheim weiter. Das erste der Gaumusikfeste fand 1929 in Kork statt. Seit der Wiedergründung des Verbandes im Jahr 1950 bis zur Auflösung im Jahr 1974 gab es 23 weitere Gau- bzw. Verbandsmusikfeste. Wir nennen davon nur: Sand 1950, Leutesheim 1954, Freistett 1960, Auenheim 1961, Marlen 1966, Kehl-Sundheim 1971, Wagshurst 1973 und schließlich Leutesheim 1974, wo man – nicht ohne Wehmut – vom Hanauer-Verband Abschied nahm.

Im Schoß des Musikverbandes Hanauerland hat sich eine Institution entfaltet, die für den gesamten Bund Deutscher Blasmusikverbände richtungsweisend wurde: Die Blasmusikschule des Landkreises Kehl. Von Gustav Hanser und Franz Heymann konzipiert, von Walter Schäfer, damals Landrat in Kehl und seit 1968 Präsident des Bundes Deutscher Blasmusikverbände, organisatorisch und finanziell gefördert, diente sie als Modell für ähnliche Einrichtungen im südwestdeutschen Raum. Vor allem aber wurde dadurch bundesweit bewußt, daß Blasmusik doch Bestandteil musikpädagogischer und kultur-politischer Bemühungen sein kann/muß. Der Nachwuchs wurde in dieser Blasmusikschule fachlich zeitgemäß betreut und konnte im Jugendauswahlorchester zugleich mit den neuen Aufgaben, mit der neuen Literatur des Blasorchesters sich vertraut machen. Internationale Aufgaben, wie die Reise dieses Jugendauswahlorchesters im Rahmen des deutsch-zyprischen Jugendaustausches nach Zypern, dienten der offiziellen Vertretung deutscher Musikpädagogik im Ausland ebenso wie der Stärkung des Zusammengehörigkeitsgefühls der Jugendlichen im Dienste der Blasmusik.

Die historische Entwicklung der Blasmusik im Hanauerland wird anhand der einzelnen Vereinschroniken im Zusammenhang mit dem Blasmusikverband Ortenau dargestellt.

Der Hegau-Musikverband, gegründet 1893

Es mag kein Zufall sein, daß schon ein Jahr nach der Gründung des ersten Blasmusikverbandes im deutschen Raum, nämlich des Breisgau-Markgräfler Musikverbandes, im Jahr 1893 sich die Musikkapellen im Bereich des nordwestlichen Bodensee-Bereiches zum Höhgau- (Hegau-) Musikverband zusammenschlossen. Hatten doch gerade in dieser Landschaft, die nicht unwesentlich von der geistlichen Herrschaft des Bistums Konstanz und von einer Reihe kleinerer Adelssitze geprägt wurde, sehr früh Musikkapellen auf sich aufmerksam gemacht. Geistliche Herren, der Kleinadel und ein reiches Bürgertum entfalteten jenes Standeszeremoniell, jenes kirchliche und militärische Brauchtum, das der Musik bedurfte: Und als dessen Abbild sich das Leben in den »niederen« Gesellschaftsschichten vielfach entfaltete. Zusammenschluß bedeutete: (1) Sich gemeinsam für Ideale einzusetzen, um diese in der Öffentlichkeit bewußt zu machen, (2) in der Gemeinschaft Gleichgesinnter Bestätigung für sein Ideal zu finden. Gesangvereine, Feuerwehren hatten sich längst formiert. Die Musikgesellschaften in Ehingen, Nenzingen, Liptingen und Eigeltingen trafen sich erstmals 1857 in Eigeltingen zu einer Art Musikfest. Es gab einen Umzug durch das Dorf und abends ein Konzert. Als im Jahr 1886 der Höhgau-Feuerwehrbund in Engen ein großes Treffen veranstaltete, bei dem die »gaueigenen« Feuerwehrkapellen von Hilzingen, Rielasingen, Tuttlingen, Singen und Jestetten sowie die »gaufremden« Kapellen von Geisingen, Hüfingen, Eigeltingen, Donaueschingen, Volkertshausen, Stockach, Lenzkirch und ein zweiter Tuttlinger Verein mitwirkten, da geisterte wohl der Gedanke an einen Zusammenschluß der Musikkapellen der Region durch manches Musikergehirn [64]. Alle anwesenden Musiker zeigten sich von der Wirkung der Gesamtchöre begeistert. Es gab ein Preisspielen, wobei die Jury mit Kapellmeister Häuser vom Infanterie-Regiment 111 in Rastatt, Kapellmeister a.D. Kimmicher aus Freiburg und Oberlehrer Schrott aus Engen innerhalb der Mitglieder des Höhgau-Feuerwehrbundes folgende Reihung vornahmen: 1. Hilzingen, 2. Engen, 3. Rielasingen und 4. Singen. »Außer Gau« plazierten sich 1. Donaueschingen, 2. Lenzkirch, 3. Eigeltingen und 4. Geisingen. Es wurden silberne Pokale und Diplome vergeben [65].

Doch dauerte es weitere sieben Jahre, bis auf Anregung der Musikkapellen von Nenzingen und Volkertshausen und mit Beteiligung der Vereine aus Steißlingen, Eigeltingen und Aach am 10. Oktober 1893 in Nenzingen die Gründungsversammlung des »Höhgau Musikverbandes« stattfinden konnte. Die beiden entscheidenden Persönlichkeiten, die zur Gründung drängten, Martin Mayer aus Volkertshausen und Karl Günther aus Nenzingen, übernahmen im Präsidium wichtige Funktionen: Mayer wurde 1. Präsident, Günther Gaudirigent. Martin Mayer übte das Präsidentenamt nur ein Jahr lang aus. Dann folgten ihm Richard Läufle aus Volkertshausen (1894 - 1905), Josef Streit aus Rielasingen (1906 - 1920), Herr Riede aus Engen (1921) und Fr. Müller aus Singen (1922–1935). In der Liste der Gaudirigenten folgten auf Günther Herr Riede aus Engen (1901–1905), Otto Scholl aus Radolfzell (1906–1908), R. Friedemann aus Singen (1909–1910), Herr Wetzel aus Engen (1911–1913) und Herr Lücke aus Singen (1914–1935). Die konsequente Organisation des Verbandes verbunden mit erfolgreicher musikalischer Arbeit führten dazu, daß 1922 ein Musikfest in Neustadt im Schwarzwald abgehalten werden konnte und danach 14 Kapellen des südlichen Schwarzwaldbereiches dem Hegau-Musikverband sich anschlossen, so daß 1935 insgesamt 37 Vereine dem Verband angehörten.

Wie schon 1893, so war es nach dem Zweiten Weltkrieg wieder ein 10. Oktober, nämlich 1948, an dem die Wiedergründung des Hegau-Musikverbandes stattfinden konnte – und zwar zeitlich als erster Verband des späteren Bundes Deutscher Blasmusikverbände. 111 Vertreter von 27 Musikkapellen unterzeichneten 1948 in Steißlingen die Gründungsurkunde. Adolf Haas aus Wahlwies nahm die Wahl zum 1. Präsidenten, Ludwig Stock aus Singen die Wahl zum 1. Verbandsdirigenten an. Ersterem folgten 1959 Hans Seyser aus Rielasingen und 1982 Ewald Schmid aus Beuren, von Ludwig Stock übernahm Heinrich Braun aus Radolfzell im Jahr 1970 den »Verbandsdirigentenstab«. Seit 1965 gibt es einen Verbandsjugendleiter: Ein Amt, das Klemens Heberle aus Allmannsdorf bis 1970, Ewald Schmid aus Beuren bis 1982 und Klaus Steckeler aus Bodmann ausüben.

Der Hegau-Musikverband hat zudem stets Persönlichkeiten in das Präsidium des Bundes Deutscher Blasmusikverbände bzw. dessen Vorgänger-Organisationen entsandt. Richard Rehm aus Nenzingen wirkte als Protokollführer an der Gründung des Bundes Badischer Volksmusikverbände am 29. Oktober 1950 in Donaueschingen mit. Bis 1980 verwaltete er die Kasse des Bundes – und wurde dann zu dessen Ehrenmitglied ernannt. Ludwig Stock gehörte viele Jahre dem Musikbeirat des Bundes an. Hans Seyser wirkte 1976 bis 1982 als Stellvertreter Präsident Süd-Ost. Ewald Schmid gehört seit 1977 dem Jugendbeirat an; 1981 wurde ihm zudem die Kassaführung des Bundes Deutscher Blasmusikverbände übertragen. Die Satzungen sowie die Jugendordnung des Bundes erhielten von hier wesentliche Impulse. Dem Hegau-Musikverband gehören derzeit (1982) 89 Musikvereine an, die sich in regelmäßigen Abständen zu Verbandsmusikfesten, zumeist mit Wertungsspielen, treffen.

Besondere Verdienste hat sich der Hegau-Musikverband durch die Veranstaltung des ersten Bundesmusikfestes nach dem Zweiten Weltkrieg an Pfingsten 1953 in Singen am Hohentwiel erworben. Vom 29. Juli bis 5. August 1967 fand – ebenfalls in Singen – das 10. Internationale Landesverbandstreffen der Spielmanns- und Fanfarenzüge Baden-Württembergs statt, ausgerichtet von der Stadtmusik Singen mit Spielmannszug [66].

Zwölf Kapellen des Hegau Musikverbandes führen ihr Gründungsjahr in die Zeit vor der Revolution 1848 zurück:

1710 Bodman
1711 Stockach
1772 Radolfzell
1802 Öhningen
1820 Engen
1826 Wollmatingen

1828 Eigeltingen
1830 Hilzingen, Mühlingen
1834 Liptingen
1846 Hoppetenzell
1847 Gottmadingen

Dürfte man den jeweils quellenmäßig bezeugten Gründungsdaten und anderen Nachweisen über das Bestehen von (Blas-)Musikergruppen trauen, so hätten wir im Einzugsgebiet des Hegau-Musikverbandes einige der ältesten Musikkapellen Mitteleuropas vor uns. Bodmann feierte im Jahr 1966 das 250-jährige Bestehen seiner Musikkapelle und bezog sich dabei auf Akten des Landkapitels, Dekanat Stockach, Abteilung Kaplanei Bodman. Pfarrer Josef Kuss fand da folgenden Satz: ». . . die besondere Fortpflanzung der so löblichen, von deren Voreltern eingeführten Musik . . .«, den Johann Adam Baron von Bodman, der am 10. Januar 1700 mit Maria Anna Ehrentrudis, Baronesse von Kagenegg, getraut wurde, u. a. niedergeschrieben hatte. Pfarrer Kuss erwähnt zudem Akten des 18. und 19. Jahrhunderts, aus denen die kontinuierliche Ent-

wicklung einer Musikkapelle deutlich würde, die nicht im kirchlichen sondern allein im weltlichen Brauchtum des Dorfes eine Rolle spielte. Als 1831 das Pfarramt Bodman bei der Kirchenbehörde angeschwärzt wird, es habe die Musik in der Kirche auftreten lassen, da weist der Pfarrherr diese Anschuldigung entrüstet zurück: ». . . daß die Musik in die Kirche gekommen ist, ist eine recht niederträchtige Lüge«[67].

Radolfzell und Stockach führen die Geschichte ihrer Stadtkapellen ebenfalls bis in das 18. Jahrhundert zurück. Schon 1955 feierte Stockach das 180-jährige Bestandsjubiläum, Radolfzell folgte 1972 mit dem 200-Jahr-Jubiläum, das wären demnach Gründungsdaten um 1775 bzw. 1772. In Stockach reichen die Unterlagen über das Narrengericht, in dem stets auch Spielleute erwähnt werden, bis in die Zeit des Dreißigjährigen Krieges zurück. 1711 beurkunden die Gemeinderechnungen erstmals Zahlungen an eine Musikkapelle. 1775 wird von der Stadt der Musikus »Fischer« als Leiter der Musikergruppe angestellt und seit 1812 erscheint namentlich die

Abb. 79: Die Bürgerwehr von Konstanz besucht im Jahr 1845 mit dem Dampfboot »Stadt Konstanz« die Bürgergarde Radolfzell. Am Landungssteg ist deutlich die Musikkapelle Radolfzell zu erkennen.

1888

Abb. 80: Die Musikkapelle Mühlingen (Hegau-Musikverband) im Jahr 1888.

»Stockacher Musikgesellschaft«. Radolfzell beruft sich darauf, daß seit 1769 in den Stadtrechnungen jeweils finanzielle Mittel für einen Lehrer erscheinen, der junge Bürgersöhne im Gebrauch von Musikinstrumenten zu instruieren hatte. Die Repräsentationsmusik der Stadt aber besorgten damals weiterhin Stadt-Türmer und die Pfeifer und Trommler der städtischen Wachmannschaften. Nach Bedarf wirkten Musiker beim Gottesdienst in der Kirche und bei Prozessionen mit. Im weltlichen Bereich erscheinen Musiker beim »Nationalfeiertag« der Radolfzeller, dem sogenannten Hausherrenfest. Erst 1812, zusammen mit der Gründung eines Bürgerkorps, dürfte ein Musikzug entstanden sein. In den Statuten des 1829 reorganisierten Bürgermilitärs lesen wir konkret von der Musikkapelle als Bestandteil der Bürgerkompagnie. Seit 1818 begegnet im Zusammenhang mit dem Radolfzeller Musikleben der Name Johann Baptist Böhler. Er erhielt 1838 von der Stadt eine Remuneration für die Erteilung von Musikunterricht in der Bürgerkorps-Musik, er ist der erste namentlich bekannte Dirigent der Stadtmusik. Mehr als eintausend Schüler sollen im Verlauf der Jahre bei ihm das Musizieren gelernt haben[68].

Auf ältere Spielleute-Gruppen und Städtische Musikanten können auch Konstanz und Engen hinweisen. Der Stadt Konstanz verlieh König Sigismund im Jahr 1417 das Privileg, Trompeter anstellen zu dürfen, worauf an anderer Stelle dieses Buches bereits hingewiesen wurde. In den »Statuten und Ordnungen der Stadt Engen«, die Graf Heinrich von Lupfen im Jahr 1503 erließ, sind bei Hochzeiten in der Stadt jeweils die ortsansässigen Pfeifer gegen festen Tarif anzustellen. Städtische Urkunden bezeugen die Tätigkeit der Spielleute während des 16., 17. und 18. Jahrhunderts. Mit Beginn der Napoleonischen Kriege in den siebziger Jahren des 18. Jahrhunderts wurden auch in Engen und Umgebung Rekruten ausgehoben. Die Musik mußte den Rekruten vor ihrem Abschied zum Tanz aufspielen und sie dann nach Donaueschingen begleiten. Die Kosten dafür trug die Stadtkasse. Im zweiten Jahrzehnt des 19. Jahrhunderts scheint die entscheidende Erweiterung von kleinen Spielgruppen zu einer Blaskapelle geschehen zu sein; denn als der badische Großherzog Ludwig im September 1819 seine Lande bereiste, da kam er auch nach Engen, wo im Rahmen der Empfangsfeierlichkeiten die »große Musik« aufspielte. Neben den Pfeifer-Trommler-

132

Spielen der Bürgermiliz entstand die eigentliche »Musik«, die sich in Kirchen- und Stadtmusik gliederte. Diese unterstand gemeinschaftlich dem Pfarr- und Bürgermeisteramt, doch hatte jede Gruppe ihren eigenen Vorstand (Dirigenten). »Aufgabe der Direktion war es, für die Beschaffung der notwendigen Musikalien und Instrumente besorgt zu sein. Sofern diese aus der Stiftungs- oder Gemeindekasse bezahlt werden mußten, war hierfür die höhere Genehmigung einzuholen. Sie hatte ferner die zu veranstaltenden ›Musiken‹ zu bestimmen und ohne ihre Einwilligung durfte keine außergewöhnliche ›Musik‹ stattfinden, sofern das großherzogliche Bezirksamt von sich aus nichts anderes bestimmte bzw. eine ›Musik‹ anordnete. Die Direktion hatte weiter entstehende Mißhelligkeiten zu schlichten und fehlende Mitglieder zurechtzuweisen, wenn diese ihre Pflicht nicht erfüllten ... Vorstand der Stadtmusik war der ... provisorische Lehrer zu Neuhausen, Jakob Bader. Der Kapellmeister der Stadtmusik war zugleich Unterchorregent bei der Kirchenmusik, während ihm bei der Stadtmusik ein Unterkapellmeister beigegeben war, damals Jakob Heinemann«[69]. Nun folgen Vorschriften bezüglich der Verwendung und Instandhaltung der Musikinstrumente und Strafen bei Fernbleiben von den Proben. Obwohl alle Mitglieder der Musik diese Ordnung bei ihrem Eintritt eigenhändig zu unterzeichnen hatten, kam es doch laufend zu Verstößen. In Gegenwart des Dekans und Stadtpfarrers Jäger, des Bürgermeisters Michael Steyr und des Ratschreibers Lueger wurde am 20. Februar 1839 folgendes protokolliert: »Nachdem mehrere von denjenigen, welche sich neuerlich für den Musikunterricht verbindlich gemacht haben, nach Anzeige des Musikinstrukteurs Steigenberger wieder lau werden, so hat man sich veranlaßt gefunden, sämtliche, welche sich bisher zum Musikunterricht verpflichtet hatten, vorzuladen, mit ihnen über die Musikordnung zu verhandeln und sie auf diese durch Unterschrift zu verpflichten«. Der hier genannte Musiklehrer Johann Nepomuk Steigenberger stammte aus Prag, er war vor 1838 nach Engen gekommen und bestritt seinen Lebensunterhalt ausschließlich durch Musikunterricht. Am 16. März 1839 verfaßte er einen Brief an die Stadtväter, in dem er um eine jährliche Stiftung bat. Seinen Auftrag, Lektionen in »Türkischer Mußig« zu geben, könne er dann erfüllen, wenn er neben dem monatlichen Lehrgeld von 1 Gulden pro Musiker und freie Kosttage auch von der Stadt selbst einen gewissen Betrag erhalten würde. Doch der Gemeinderat lehnte ab, da die Wiedererrichtung der Musik ohne vorherige Rücksprache mit den Stadtvätern erfolgt und daher als Privatunternehmen zu betrachten sei. In dem Ansuchen wollte sich Steigenberger zudem verpflichten, »alle Harmonie- und türkischen Musikalien zu verschaffen«: Das bedeutet, daß er zwischen Harmonie- und Türkischer Besetzung unterschied, das eine nur als Ensemble von je zwei Flöten, Oboen, Hörnern und Fagotten (manchmal dazu Klarinetten), das andere aber als Blasorchester mit den charakteristischen Holz- und Blechbläserregistern sowie Schlagzeug. Offensichtlich wollte Steigenberger beide Arten von Musik in Engen pflegen. Doch die ablehnende Haltung des Gemeinderates veranlaßte ihn dazu, die Stadt wieder zu verlassen.

Solche Berichte sind kaum als Einzelfälle abzutun, sondern bezeichnend für die wirtschaftliche Stellung von Musikern und Musikkapellen in jener Zeit. In den zwanziger und dreißiger Jahren entstehen vereinzelt Musikkapellen im modernen Sinn (Türkische Besetzung). In Mühlingen brachte die Tiroler Weber-Familie Hofer die neue Idee in den Ort. Da es sich bei Mühlingen um vorderösterreichischen Besitz handelte und um das Jahr 1700 die Südtiroler Freiherren von Buol mit der Grundherrschaft betraut wurden, ergaben sich solche Umsiedlungen. Franz Sales Hofer leitete im Jahr 1830 die Musikkapelle in Mühlingen, die sich vorzüglich aus den Brüdern, Verwandten und drei Söhnen dieses Hofer zusammensetzte. Franz Sales Hofer spielte aber auch auf der Geige so faszinierend, daß man von ihm sagte, er könne »selle gut« geigen. Noch heute nennt man die Hofer-Familie, die gegenüber dem Rathaus wohnt, im Volksmund die »Selle-Geiger«. Nach dem Tod des F.S. Hofer im Jahr 1864 übernahm dessen Sohn Franz Sebastian die Leitung der Kapelle[70]. Das Entstehen der Musikkapelle in Liptingen ist besonders charakteristisch für Orte, in denen die Kirchenmusik blühte. Vor 1834 schlossen sich die Brüder Alois und Martin Mader mit einigen Gleichgesinnten zusammen, um eine Blaskapelle aus den Mitgliedern des Kirchenmusikvereins herauszulösen. Die von Alois Mader 1838 angefertigte Trommel sowie ein Schellenbaum haben sich bis heute erhalten. Im Jahr 1834 wirkte die Kapelle bereits erfolgreich bei der Grundsteinlegung der Kirche in Stockach mit, in den folgenden Jahren begleiteten die Musiker das Bürgermilitär bei allen öffentlichen Ausrückungen[71]. Um 1848 beginnt die erste große Gründungsphase von Musikkapellen auch im Bereich des heutigen Hegau-Musikverbandes:

1848 Ehingen	1854 Allensbach,
1851 Nenzingen	Schwandorf

1856 Steißlingen
1857 Volkertshausen
1860 Rielasingen
1862 Arlen
1864 Leipferdingen,
Randegg
1868 Aach
1870 Immendingen,
Ludwigshafen
1871 Dettingen-
Wallhausen,
Zizenhausen
1875 Reichenau
1880 Liggeringen
1881 Konstanz
1888 Dingelsdorf
1889 Wahlwies
1892 Wiechs a.R.
1895 Honstetten

1896 Rorgenwies
1897 Beuren an der
Aach, Orsingen
1898 Friedingen
1901 Riedöschingen,
Schienen
1902 Bietingen,
Raithaslach-
Münchhöf
1904 Bohlingen
1905 Böhringen,
Tengen
1908 Worblingen
1909 Güttingen,
Welschingen
1910 Liggersdorf
1911 Überlingen a.R.
1913 Bargen,
Anselfingen

Regierungstruppen und Revolutionäre bedienten sich der Musik als anfeuerndes Element und Vehikel der Reglementierung. Zurück blieb – nach Beendigung der Unruhen – die Freude am gemeinschaftlichen Musizieren in der Blaskapelle. In Ehingen schlugen die Wogen der Begeisterung über angeblich neu gewonnene Freiheiten im Jahr 1848 so hoch, daß man nach dem Vorbild von Engen eine Bürger-Militärmusik als Bestandteil der Bürgerwehr ins Leben rief. Das Ehinger Aufgebot schloß sich damals Heckers Freischaren an. In Kandern kam es zur Katastrophe. Von den hessischen Truppen zerstreut, kehrten die Ehinger ohne Waffen nach Hause zurück – wo inzwischen bayerische Besatzung sich einquartiert hatte. Indirekt, aus einem Gesuch der Stadtmusik in Engen, in dem darauf hingewiesen wird, daß die Nachbarorte Möhringen und Ehingen die Ausgaben für eine Musikkapelle nicht scheuen würden, erfahren wir 1857 vom weiteren Bestand der Ehinger Musikkapelle. Ein Jahr zuvor, 1856, berichtet die Chronik von der Erweiterung der bestehenden Musikkapelle zu einer Türkischen Musik; offensichtlich hat man damals erst ein vollständiges Schlagzeug mit Becken angeschafft[72].

In Öhningen entfaltete sich ein eigenständiges Musikleben im Schoß der Augustiner-Chorherrenpropstei. Die zum Teil von Patres geleitete »Klostermusik« führte 1802 zur Gründung eines Vereins zur Pflege der Musik. Wie und wann sich davon eine Blaskapelle abspaltete, läßt sich nicht angeben. Jedenfalls wird 1848 der Förster Martin Dieze als Tambour bei der Musikkapelle ausgewiesen. Als 1857 in Öhningen Rekruten ausgehoben wurden, da gab es Tanz und Heiterkeit; »denn der Tanz ist

jene Wunderpfeife, die unwiderstehlich anzieht«, heißt es in der Pfarrchronik[73]. Strenge Sitten herrschten in Gottmadingen, wo ebenfalls seit den 1848er-Jahren eine Musikkapelle florierte. Dem Reglement von 1875 folgend, hatte dort ein Passiv-Mitglied monatlich 10 Pfennige zu bezahlen. Dem beitragsfreien Aktiv-Mitglied drohte jedoch eine Strafe von 45 Reichsmark, sofern es vor Ablauf von drei Jahren seine musikalische Laufbahn beenden wollte. Der Aufstieg der Gottmadinger Kapelle ist untrennbar mit Leonhard Kupprian verbunden. Im Gemeindeleben äußerst aktiv, schloß er sich in den sechziger Jahren der Musikkapelle an, um nach einer Vereinskrise zu Beginn der siebziger Jahre die Kapelle mit zehn Mann neu aufzubauen. Die Brüder Handloser, der eine Kapellmeister beim Konstanzer Infanterie-Regiment 114, der andere Musiker in derselben Kapelle, halfen ihm dabei. Da es in dieser Zeit nicht allein um die Beschaffung von Musikinstrumenten und um die Ausbildung der Musiker ging, sondern darüber hinaus das Notenmaterial selbst hergestellt werden mußte (wobei entweder der Kapellmeister selbst zu komponieren und zu schreiben hatte – oder ein befreundeter Kapellmeister seine Noten zum Abschreiben verlieh), hatte Kupprian das Glück, von den Brüdern Handloser interessantes Notenmaterial mit beim Publikum beliebten Stücken zu erhalten: Eine Begünstigung, die in der Chronik besonders hervorgehoben wird. Um 1890 verstärkte Kupprian die Kapelle auf 15 Mann; für die damalige Zeit eine respektable Größe[74].

Nicht als »Ausbeuter«, wie heute manchmal dargestellt, sondern als Förderer des gesellschaftlich-geselligen Lebens in einer Dorfgemeinschaft bleibt Freiherr Roderich von Stotzingen im Gedächtnis der Steißlinger lebendig. Er hat 1856 die Gründung des Musikvereins durch Gewährung eines zinslosen Darlehens in der Höhe von 600 Gulden ermöglicht. Mit diesem Betrag konnten die Instrumente für die vierzehn Gründungsmitglieder des Musikvereins Steißlingen angeschafft werden. Noch im Gründungsjahr rückte die Kapelle erstmals aus. »Am Silvesterabend des Jahres 1856 wurde mit dem ersten Marsch ein Fackelzug mit Lampionbeleuchtung durchgeführt. Die vorhandenen alten Akten berichten von der großen Begeisterung und dem Jubel, mit welchem die Musikgesellschaft von seiten der Bevölkerung anläßlich des ersten Auftretens gefeiert wurde«[75].

Auch die Gründer des Musikvereins Volkertshausen bedurften 1857 eines Darlehens, um Instrumente anschaffen zu können. In diesem Fall sprangen die sogenannten Schweizer Weiber, Händlerinnen aus dem nahen Schweizerländle, mit unverzinslich überlassenen 300 Mark ein. Daß damals Bedarf nach einer Musikkapelle im Ort sich anmeldete, hängt mit dem Bau der Brink'schen Fabrik zusammen, die seit 1852 Arbeitsmöglichkeiten anbot und zahlreiche Menschen in den Ort strömen ließ. Auch hier übten die Musiker so fleißig, daß innerhalb eines Jahres – im Rahmen des Verena-Festes – der erste, vom Dirigenten Krieg komponierte Marsch erklingen konnte. Ein Marsch übrigens, der beim Jubiläumsfest 1932 die Zuhörer erneut begeisterte. Doch es gab bald nach der Gründung in Volkertshausen auch Ärger mit den Behörden. Der Gemeinde wurde unterm 28. und 30. April 1858 durch das Großherzogliche Bezirksamt in Stockach angezeigt, daß die Musikgesellschaft Volkertshausen »am vergangenen Sonntage mit einer Anzahl Schulkinder, welche dem Nachmittagsgottesdienst entlaufen sind, sich in Orsingen und Langenstein produziert hat und in Wirtshäusern sich aufhielt. Diese Auszüge können ferner nicht geduldet werden, da sie sowohl zu Unfugen Anlaß geben, als auch ungesetzlich sind«. Die Musikkapelle dürfe ihre Proben nicht in Wirtshäusern sondern nur in Privathäusern abhalten. Der Vorstand der Musikapelle beeilte sich danach, dem Bezirksamt »untertänigst« bekannt zu geben, daß »sämtliche Beteiligte ... sich unter Aufsicht und Befehl des Gemeinderates gestellt (hätten), welcher dafür Sorge tragen wird, daß nicht die geringste Unordnung und Gesetzwidrigkeit stattfinden wird«. Danach endlich, am 11. Oktober 1860, traf die amtliche Genehmigung zur Weiterführung der Musikgesellschaft in Volkertshausen ein[76].

Man sieht daraus, daß seit den Tagen des mittelalterlichen Spielmannes die Musik einerseits als unverzichtbare Dienerin des Staates und der Kirche gebraucht wird, daß aber andererseits darin auch die Idee der Befreiung aus solchen staatlichen Fesseln zum Durchbruch kommen kann.

In den sechziger Jahren folgten Musikvereins-Neugründungen in Rielasingen, Arlen, Leipferdingen und Randegg. Trat die Rielasinger Bürgerwehr im beginnenden 19. Jahrhundert mit Pfeifern und Trommlern auf, gab es um die Jahrhundertmitte im Dorf Tanzvergnügungen mit (einheimischen oder fremden?) Musikern, so ergriff um 1860 eine Gruppe von Bürgern die Initiative zur Gründung einer Musikkapelle. Zwei Jahre später entstand in der Nachbarortschaft Arlen eine Musikkapelle. Als sich dort kein Dirigent auftreiben ließ, schlossen sich die Kapellen von Rielasingen und Arlen zu einer »Musikgesellschaft« zusammen. »Doch wurde das gute Einvernehmen innerhalb der Kapelle gestört«,

schreibt der Arlener Chronist, »ist uns doch heute noch sehr gut in Erinnerung, daß in früheren Jahren jeden Herbst in den oberen Talwiesen zwischen den Jungmannschaften von Arlen und Rielasingen Schlachten ausgetragen wurden, die manchmal sehr ernsten Charakter annahmen ... Diese Feindschaft rührte vom gemeinsamen Kirchenbesuch in Rielasingen her. Arlen hatte lange Zeit keine eigene Pfarrei und gehörte bis 1806 zur Pfarre Ramsen, von da ab dann zu Rielasingen. Weil die Kirche in Rielasingen für beide Gemeinden bald zu klein wurde, verdrängte man die Arlener immer mehr und verärgerte sie damit. Der Erfolg war, daß sich die Jugend nach jedem Kirchenbesuch herumbalgte«. In den Jahren 1870/71 kam es zum Bruch, die Musikkapellen von Rielasingen und Arlen marschierten anfort getrennt[77].

Ebenso wie die Volkertshausener, so hatten auch die Zizenhausener ihre liebe Not mit der Behörde. Mit Begeisterung war man dort darangegangen, eine »Blechmusik« aufzubauen. Doch als man das erste Konzert im Nellenburger Boten vom 4. Januar 1862 ankündigte, da fällt dem pflichteifrigen Oberamtmann Hatz beim Großherzoglichen Bezirksamt in Stockach sogleich auf, daß es sich da offensichtlich um einen illegalen Verein handeln müßte. Den Bestimmungen des Vereins- und Versammlungsgesetzes von 1851 folgend, mußte für jede Vereinsgründung die obrigkeitliche Erlaubnis eingeholt werden, zudem konnten Veranstaltungen in der Öffentlichkeit nur nach vorheriger polizeilicher Genehmigung abgehalten werden. Am Dreikönigstag des Jahres 1862 ließ Oberamtmann Hatz daher aktenkundig werden: »Da die Blechmusik-Gesellschaft zu ihrem Bestand die polizeiliche Erlaubniß bisher nicht erhalten hat und auch nicht darum nachgesucht wurde, so ist Oberlehrer Winterhalter anzuweisen, umgehend die Statuten dieser Gesellschaft zur Prüfung und Genehmigung anher vorzulegen, widrigenfalls man sich veranlaßt sehen würde, nach den Bestimmungen über das Vereins- und Versammlungsgesetz einzuschreiten«. Einen Tag später, am 7. Januar 1862, bescheinigt Valentin Winterhalter auf dem Bürgermeisteramt zu Zizenhausen die Übernahme dieses Schreibens – und antwortet sogleich:

»1. Eine Gesellschaft mit festgesetzten Statuten bestand bisher unter meiner Vorstandschaft nicht. Die bisherigen Uebungen waren bloßer Musikunterricht und lediglich eine Probezeit um festzustellen, ob es möglich ist, eine Gesellschaft zu gründen, von der man mehr erwarten kann als gewöhnliche Tanzmusik (und um) festzustellen, ob ich mich ehrenhalber einer etwaigen Gesellschaft anschließen kann oder nicht. Ich habe mich hievon verläßiget und dem zu folge wird die Gesellschaft im Laufe dieser Woche wirklich gegründet und die Statuten werden (dem) Großh. Bez. Amte zur Durchsicht und Genehmigung unverweilt vorgelegt werden.

2. Um den Eltern und Verwandten der Musikanten zu zeigen, was wir in Zeit von einem Vierteljahr wirklich erlernt hatten, ordnete ich im Schulhause auf den 6. d.Mts. eine Aufführung an. Auf Ansuchen mehrerer Musikfreunde wurde dieselbe jedoch in hiesigem Bräuhause gehalten; ich glaubte hiewegen keinen Anstand nehmen zu dürfen, da solches von anderen Musikbanden hier öfters schon geschehen ist. Von einer öffentlichen Production ist selbstverständlich keine Rede gewesen, da solches mit Leuten, welche zum weitgrößten Theile noch nie Musik trieben und welche erst ein Vierteljahr Unterricht erhielten, eine reine Unmöglichkeit ist. Es wurde demgemäß auch kein Eintrittsgeld bestimmt. Von der im Nellenburger Boten erschienenen Anzeige war mir bis zum 6. d. Mts. nichts bekannt«. Winterhalter hielt Wort. Noch am Freitag derselben Woche, den 10. Januar 1862, wurde eine Gründungsversammlung abgehalten, am 12. d.M. gingen die Satzungen zusammen mit dem Ansuchen um Genehmigung der Vereinsgründung nach Stockach[78]. Oberlehrer Winterhalter zog 1865 als Hauptlehrer an die katholische Volksschule nach Rielasingen, wo er sich ebenfalls um die Musikkapelle Verdienste erworben hat.

Bei den Musikvereinsgründungen seit 1893 läßt sich der Einfluß des Höhgau-Musikverbandes bereits deutlich ablesen. In Beuren an der Aach, Orsingen und Friedingen nehmen die Gründungsschriften darauf Bezug. In Beuren ging die Initiative von dem Gesangvereinsvorstand Hermann Auer aus, der potentielle Mitglieder eines Musikvereines einlud. Mangels eines Gönners, erklärten sich die Gründer damit einverstanden, für eine Anleihe von 650 Mark gut zu stehen. Die Instrumente sollten für eine »mittelgroße Kapelle« und in »tiefer Stimmung« angeschafft werden. Daraus geht jedenfalls hervor, daß – möglicherweise unter dem Einfluß altösterreichischer Militärmusik – auch die sogenannte »hohe Stimmung« damals im Bodenseeraum im Gespräch war[79].

An dieser Stelle ist auf die Entwicklung des Musikvereins Nenzingen hinzuweisen. Obgleich um 1851 gegründet, entfaltete der Verein doch seine große Zeit einmal unter der Leitung von Karl Günther in den Jahren 1855 bis 1904 und zweitens durch die Persönlichkeit Richard Rehms, der den Dirigentenstab 1946 übernahm, um in schwieriger Zeit den musikalischen Neuaufbau zu leiten. Karl Günther, 1833 in Nenzingen geboren, einer der Gründer des Musikvereins Nenzingen, der den Militärdienst 1854/55 bei den Regimentskapellen in Karlsruhe und Freiburg absolvierte, stellte danach sein vielfältiges Können und Wissen in den Dienst seiner Heimatkapelle. Als 1. Gaudirigent des Hegau-Musikverbandes bereicherte er zugleich das musikalische Leben des gesamten Bodenseegebietes. Der auch als Bürgermeister von Nenzingen hochdekorierte Günther starb 1923 in Nenzingen. Einer seiner letzten Schüler aber war Richard Rehm, 1910 geboren, seit 1933 aktives Mitglied des Musikvereins Nenzingen, ebenso wie Günther in vielen Gemeinde-, Verbands- und Bundesfunktionen tätig, der während seiner siebenundzwanzigjährigen Dirigententätigkeit (bis 1972) den Verein zu glänzenden Leistungen führte[80]. Zwei Verbandsmusikfeste, 1950 und 1966, verdanken die Nenzinger dem vielseitigen Talent Rehms.

In organisatorischer wie in musikalischer Hinsicht ist das Leben der Amateurblasorchester geprägt durch ein ständiges Auf und Ab. Neue Kräfte treten hinzu, ältere verbrauchen sich. Die chronologisch nach Gründungsdaten geordnete Liste der Verbandsvereine zeigt zwischen 1900 und 1913 einige Neugründungen an[81], 1920 bis 1933 ist die Begeisterung nochmals groß, auch dort Musikkapellen einzurichten, wo bisher allein auswärtige Musiker für die Verschönerung dörflicher Feste sorgten.

1920 Weiterdingen, Mindersdorf, Winterspüren
1921 Markelfingen
1922 Allmannsdorf, Petershausen
1924 Wangen am See, Zoznegg
1925 Hattingen, Heudorf im Hegau, Arlen-Rielasingen (Instr.)
1926 Schlatt a.R., Watterdingen, Espasingen
1927 Mahlspüren
1928 Büßlingen
1930 Mühlhausen bei Engen
1932 Binningen, Gailingen
1933 Sentenhart
1935 Stahringen
1949 Horn-Gundholzen
1958 Engen (Fanfarenzug)
1959 Münchhöf, Schlatt u.K.
1960 Hemmenhofen
1962 Konstanz (JuOrch.), Arlen-Rielasingen (Fanfarenzug), Zimmerholz
1965 Bankholzen, Radolfzell (Jugendblasorch.)
1967 Kommingen
1969 Rielasingen-Worblingen (Musikschule)

Abb. 81: Der Musikverein Eigeltingen (Hegau-Musikverband) im Jahr 1910.

1971 Hausen a. d. A.
1975 Singen, Stockach (Jugendblasorch.)
1981 Singen (Musikschule)
Die Zeit nach dem Zweiten Weltkrieg erscheint geprägt von einer Konsolidierung der bestehenden Vereine, nur vereinzelt stoßen noch Neugründungen zum Verband. Ein Beispiel dafür: Der Musikverein Kommingen feierte 1969 sein Gründungsfest. In der zu diesem Anlaß gedruckten Festschrift erfahren wir, warum selbst im Zeitalter des Rundfunks, der Schallplatte und des Fernsehens noch aktives Musizieren in der Gemeinschaft aktuell bleibt: »Schon lange wurde es als ein Mangel empfunden, daß hier in unserem kleinen Dorf eine Einrichtung fehlte, die allein durch ihr Bestehen das dörfliche Leben aktivierte. Wohl existiert der Kirchenchor mit seinen 25 Mitgliedern, das sind immerhin zehn Prozent der Gesamtbevölkerung. Überall, wo und wann immer es möglich war, tat er sein Bestes ...
Mit dem Heranwachsen einer jungen Generation, verbunden mit einer größeren Weltoffenheit, schien man Ende 1963 damit rechnen zu können, daß der größte Teil der Bevölkerung die vorhandene Resignation überwinden und den herrschenden Zustand

ändern wollte. Die Meinung der Dorfbewohner zu dieser Zeit war in etwa folgende: 1. In Kommingen fehlt ein Verein, der durch seine Arbeit der dörflichen Gemeinschaft einen Auftrieb gibt. 2. Ein vielleicht zu gründender Verein sollte für die ganze Bevölkerung da sein. 3. Der Verein sollte sich kulturell betätigen. 4. Ein Chor oder eine Musikkapelle eigneten sich dazu am besten«[82]. Es blieb schließlich bei der Musikkapelle, die zum Gründungsfest 1969 bereits mit 36 aktiven Mitgliedern antrat.
Die besonders erfolgreiche Jugendarbeit, der Kontakt mit den Kreisjugendringen führte im Hegau-Musikverband nicht allein zu einer breiten Basis qualifizierter Mädchen und Burschen, die für den Weiterbestand der Blaskapellen sorgen. Regelmäßig stattfindende »Dirigenten-Kongresse« vermitteln neues Wissen und führen Nachwuchskräfte in das Dirigentenamt ein. Spitzenleistungen, wie die Auftritte der Jugendblasorchester von Radolfzell oder Konstanz, Bundessieger beim Wettbewerb »Jugend musiziert« aus Radolfzell, bestätigen den Verantwortlichen im Verbandspräsidium, auf dem rechten Weg zu sein.

Der Blasmusikverband Hochrhein, gegründet 1920

Der Blasmusikverband Hochrhein, am 3. Oktober 1920 im Gasthaus zum Wilden Mann in Waldshut als »Bezirksmusikverband Oberrhein« gegründet, ist im Kreis des Bundes Deutscher Blasmusikverbände zwar einer der jüngeren Verbände; doch gehören ihm Musikkapellen an, die weit in das 18. Jahrhundert zurückreichen. An der Gründungsversammlung nahmen 16 Vereine teil: die Stadtmusiken St. Blasien, Tiengen und Waldshut, die Musikvereine Aichen, Albbruck, Dogern, Griessen, Gurtweil, Geißlingen, Häusern, Horheim, Jestetten, Lottstetten, Oberlauchringen, Oberwihl und Unteralpfen. Erster Vorsitzender wurde Walter Kirchberg, erster Verbandsdirigent Albin König, beide aus Waldshut. Das erste Verbandsmusikfest mit Preisspiel fand bereits am 7. August 1921 in Waldshut statt. 1922 begann die Ära Ernst Bartelmeß, Waldshut, der bis 1967 als Verbandsdirigent das musikalische Geschehen des Verbandes lenken sollte. Überhaupt zeichnet sich der Verband durch eine außergewöhnliche Kontinuität in der Besetzung der einzelnen Funktionen aus. Präsident Kirchberg wirkte bis 1950, über volle dreißig Jahre; ihm folgten Viktor Huber, Obersäckingen (1950–1953), Rudolf Siebold, Unterlauchringen (1953–1970), und Harold Bäumle, Harpolingen (seit 1970). Als Verbandsdirigent ist seit 1967 Heinz Georg Linke aus Säckingen tätig, das 1957 neu errichtete Amt eines Verbandsjugendleiters erfüllt(e) bis 1971 Hermann Mayer aus Jestetten, seither Werner Thomann aus Erzingen.

Im Jahr 1928 gehörten bereits fünfzig Musikkapellen dem Oberrhein-Verband an, der seinerseits seit 1926 der Arbeitsgemeinschaft Badischer und Württembergischer Musikverbände und seit 1928 als Gründungsmitglied dem Bund südwestdeutscher Musikverbände angeschlossen war. Bis zur Überleitung in die Abteilung Volksmusik der Reichsmusikkammer (Fachgruppe II, Gau Baden) und damit zur gewaltsamen Auflösung des bisher bestehenden Zusammenschlusses in den Jahren 1935/36 kam es zu folgenden Verbandsmusikfesten:

2. Erzingen, 2. bis 4. Juni 1923
3. St. Blasien, 31. Mai und 1. Juni 1925
4. Harpolingen, 20. bis 22. Juli 1929
5. Jestetten, 11. bis 13. Juli 1931
6. Binzgen, 7. bis 9. Juli 1934
7. Stühlingen, 18. und 19. Juli 1934
8. Öflingen, 8. bis 10. Juni 1935
9. Waldshut, 18. und 19. Juli 1936

Am 26. Februar 1950 rief der inzwischen achtzigjährige Präsident Walter Kirchberg die Vereine zur Neugründung des Verbandes nach Waldshut, um damit seinen Auftrag zu erfüllen – und den wieder funktionsfähig gewordenen Verband in jüngere Hände zu legen.

Der Neuaufbau nach 1953 trägt die Handschrift Rudolf Siebolds, der vor allem in Zusammenarbeit mit dem Hochschulinstitut für Musik in Trossingen, mit den Komponisten Hermann Regner und Willy Schneider, später zudem mit Gerbert Mutter in St. Blasien für eine zeitgemäße musikalische Gewichtung Sorge trug. Siebold selbst schreibt in der Festschrift zum Verbandsmusikfest 1970 in Tiengen am Hochrhein darüber: »Die allgemeine Aufbauarbeit im Blasmusikwesen verlangt immer neue Impulse. Dabei schält sich vor allen Dingen das Literaturwesen und das Lehrgangswesen ganz besonders aus dem breiten Katalog der Tätigkeiten der Blasmusikvereine heraus. Um die Dirigenten mit den Literaturfragen vertraut zu machen, wurden viele Schulungen angesetzt ... Die bis 1953 fast ausschließlich gespielten Bearbeitungen von Opern- und Operettenmelodien wichen im Laufe der Jahre einer originalen neuzeitlichen Blasmusik. Dabei baute man ganz besonders auf der frühbarocken Bläsermusik auf. Es war ein großer Umbruch, der innerhalb des Verbandes stattgefunden hat ... Parallel dazu war in allen Jahren die Instrumentenfrage zu lösen. Die Vereine hatten zum Teil veraltete Instrumente ... In einer großen Instrumentenaktion, die sich nun schon über sieben Jahre erstreckt, sieht der Verband eine echte Mithilfe, ein besseres Klangbild bei den einzelnen Kapellen zu erreichen. Dirigentenschulungen und Jungbläserschulungswochen helfen langsam mit, ein besseres Niveau anzustreben«[83]. Zur Ehre der doch in der Regel eher traditionsverhafteten Blasmusiker muß gesagt werden, daß man Siebolds avantgardistische Ideen akzeptierte, zumal der Verbandspräsident als Dirigent des Blasorchesters in Unterlauchringen erfolgreich den neuen Weg vorzeigte. Unter Siebolds Leitung entfaltete sich der Blasmusikverband Hochrhein zu einem in musikalischer Hinsicht modern geführten Zusammenschluß von Blasorchestern.

Verbandsmusikfeste fanden 1951 in Säckingen und 1954 in Waldshut statt. Doch dann verlagerte sich in dem zahlenmäßig sehr starken, mehr als einhundert Mitgliedsvereine betreuenden Verband das musikalisch-gesellschaftliche Leben mehr in die von den acht Bezirken ausgerichteten Bezirksmusikfeste. Der Verband veranstaltete 1956 ein Verbandsfest in Tiengen, 1961 die Festlichen Bläsertage in Unterlauchringen und Säckingen, 1960 und 1964 Wertungsspiele in Murg und Schwörstadt, 1965 Jugendtreffen in Küssaburg und Säckingen, 1966 ein Kritikspiel in Bernau, 1967 in Waldshut das Willy-Schneider-Konzert. Verbandsmusikfeste folgten 1970 in Tiengen/Hochrhein und 1974 in Säckingen, wo seit einigen Jahren Wettbewerbe und Kurse für Nachwuchs-Trompeter internationale Atmosphäre entstehen lassen[84].

Die folgende Liste mit den Gründungsdaten der einzelnen Verbandskapellen zeigt an, in welchen Ballungszeiträumen und in welchen politischen Zusammenhängen die Blasmusik sich entwickelte:

1804 Stühlingen	1884 Brunnadern, Wutöschingen
1811 Säckingen	
1842 Urberg	1889 Eggingen
1853 Bettmaringen, Waldshut	1890 Rheinheim
	1891 Buch
1854 Untermettingen	1892 Unteralpfen
1856 Dangstetten	1893 Harpolingen
1857 Albbruck	1894 Ibach
1860 Rickenbach	1895 Öflingen, Todtmoos-Weg, Weizen
1861 Görwihl, Strittmatt, St. Blasien	
	1897 Schwörstadt
1862 Jestetten, Laufenburg/Bad., Mauchen	1900 Dillendorf, Hohentengen
	1904 Säckingen, (Streichorch.)
1863 Erzingen, Herrischried, Obersäckingen, Todtmoos	
	1905 Nöggenschwiel, Unterlauchringen
1864 Griessen, Riedern-Wald	1906 Bernau (Außertal)
1865 Tiengen/Hochrh.	1908 Aispel-Rohr
1869 Hasel	1908 Brenden, Hottingen
1870 Birkendorf	
1871 Binzgen, Geißlingen, Hochsal, Höchenschwand-Strittberg	1910 Lottstetten
	1912 Hartschwand-Rotzingen, Oberhof
	1913 Altenschwand, Oberwihl
1872 Dettighofen, Fützen, Gurtweil, Horheim	
	1920 Epfenhofen
1873 Weilheim	1921 Schwerzen, Willaringen
1875 Bernau, Grimmelshofen, Oberlauchringen, Wallbach	
	1922 Riedern-Bühl
	1923 Degernau
1876 Blumegg, Kadelburg, Menzenschwand, Murg	1924 Birndorf, Waldkirch-Gaiss
	1925 Lausheim, Niederhof, Niederwihl, Schachen
1877 Lottstetten, Ühlingen	
1878 Schwaningen	1928 Lembach
1880 Häusern	1929 Dettighofen
1882 Berau, Eberfingen, Lienheim	1930 Hogschür, Stetten

1932 St. Blasien (Streichorch.)	1958 Amrigschwand-Tiefenhäusern, Obermettingen, St. Blasien (Jugendkapelle)
1934 Hütten	
1935 Altenburg	
1954 Aichen	
1954 Rotzel	1959 Wehr/Baden
1955 Witznau	1965 Ober-Unterwangen

Vertraut man diesen Daten, dann wäre die Stadtmusik der ehemals vorderösterreichischen Stadt Waldshut nicht allein die älteste des Verbandes – sondern darüber hinaus eine der ältesten in Deutschland. Aus dem Jahr 1741 berichten darüber die Quellen: Damals empfing eine zwanzig Mann starke Kapelle mit »schöner Musik« die zur Abnahme des Huldigungseides auf »Ihre Majestät, die allergnädigste Königin und Erblandfürstin und Frauen Maria Theresia« angereiste landesfürstliche Kommission am unteren Tor und begleitete sie in das Quartier im Gasthof zum Rebstock. Am folgenden Tag, dem Huldigungstag, umrahmte die Musik den Gang der Kommission zur oberen Pfarrkirche, nach dem Hochamt auf dem Weg zum Rathaus, wo die Huldigung stattfand und anschließend bei der Tafel im »Rebstock«. Hier sollte es sich in der Tat um Freiluft- und Marschmusik gehandelt haben, wobei die Anzahl der Musiker auf eine erweiterte Harmonie-Besetzung hinweist. Für Musizieren bei den Gottesdiensten gewährte die Stadt Waldshut im Jahr 1755 den Musikanten 9 Gulden. Erst zu Beginn des 19. Jahrhunderts stoßen wir erneut auf uns interessierende Nachrichten; damals leitete Anton Stauber eine Kapelle, die neben den üblichen Harmonieinstrumenten auch einen »Halbmond« (Schellenbaum) benutzte. Wohl eine Vorläuferin jener Türkischen Musik, die 1822/23 neben der Kirchenmusik in Erscheinung trat, bei hohen geistlichen Festen aber die Kirchenmusik verstärkte, um »figurierte Messen« aufführen zu können. 1833 ist diese Kapelle in die uniformierte Bürgerwehr integriert. Die Mitglieder trugen blauen Rock, weiße Hose, Tschako und Säbel und unterstanden dem Bürgerwehrhauptmann; das Kapellmeisteramt erfüllte zunächst Andreas Karolin, seit 1846 J. B. Werner. In der Folge der Wirren der Revolution von 1848 kam es zur Auflösung der Bürgerwehr, das Musikkorps fand sich unter dem Namen »Städtischer Musikverein« wieder zusammen. – So wechseln die Namen und die Träger der Musikkapellen, ohne daß sich bei den Musikern selbst damit besondere Veränderungen ergeben hätten[85]. In Stühlingen weist die Gemeinderechnung für 1785 einen Betrag von 13 fl. 20 kr. aus, den die Musikanten und andere Kirchendiener für die Gestaltung des Fronleichnamsfestes erhalten hatten. 1794/95 kamen französische Truppen durch den Ort und nahmen alle Musikinstrumente mit, darunter sechs Streichinstrumente aus der Pfarrkirche. In das Jahr 1799 fällt der Beginn der Blaskapelle in Stühlingen, wie aus einem Brief des damaligen Fürstlich Fürstenbergischen Rates und Obervogtes Franz Anton Baur hervorgeht, der konkret von der Türkischen Musik berichtet. Einer Aufforderung, für den Ankauf weiterer Instrumente, wie Hörner und Trompeten, zu spenden darf entnommen werden, daß 1804 diese Kapelle bereits einen festen Platz im Gemeinschaftsleben erfüllte. Ehe Obervogt Baur als Hofrat nach Hüfingen versetzt wurde, erreichte er zudem noch die Anschaffung von Uniformen. Der neue Obervogt, Josef von Schwab, zeichnete sich durch die besondere Vorliebe für die Musik aus. Er entwarf den am 3. August 1806 von den Musikern unterzeichneten »Vorschlag zur Organisation der türkischen Musik«, die so hohen Quellenwert für die Erkenntnis der historischen Grundlagen unseres Blasmusikwesens hat, daß wir sie auszugsweise abdrucken:

»Es hat sich sowohl die hiesige löbl. Bürgerschaft durch ansehnliche Beiträge zur Anschaffung der Instrumente zur türkischen Musik verdient gemacht, und selbst von den hohen Stellen ist das löbliche Bestreben zur Organisation der Musik gutgeheißen und aus den Fabrikmitteln (gemeint ist der Zuschuß aus dem Kirchenfonds) ein Betrag bewilligt worden. Mein Herr Vorfahre der Herr Hofrat und Oberamtmann Baur hat durch viele Mühe und Anstrengung die Organisation sowie der Herr Leutnant Fredle (muß wohl Federle heißen) durch beyspiellose Geduld den Unterricht der Musikmitglieder besorgt, so daß in kurzer Zeit die hiesige türkische Musik zu einer solchen Vollkommenheit gebracht wurde, welche den Mitgliedern dieses löbl. Instituts den Beyfall der Bürgerschaft und der Nachbarschaft erwarb. Der Eifer, mit welchem die hiesigen Bürgersöhne ihre Ruhestunden zu dem angenehmen Unterhalt, der ihnen Nutzen und den Zuhörern Vergnügen verschaffte, wurde allgemein belobt, und ich habe selbst bey meinem Amtsantritte dahier mit Vergnügen die Fortschritte und die Harmonie der Mitglieder bewährt gefunden, die man mir in der Ferne schon angepriesen hat.

Seit einiger Zeit scheint aber der Eyfer erkaltet, die Eintracht der Mitglieder gestört, und die Uibung unterbrochen worden zu sein, die Hindernisse, welche die kriegerischen Zeitläufte der Fortsetzung des Instituts im Wege waren, sind mir zwar bekannt, hingegen habe ich auch mit Bedauern wahrgenommen, daß jene Eintracht der Mitglieder der Musik nicht mehr herrsche,

welche man vorhin so sehr an denselben belobte . . .

Die Hauptgegenstände, wenigstens soweit mir solche bekannt sind, lassen sich auf folgende Punkte zusammenfassen, worüber ich wünsche, daß die Musikmitglieder sich miteinander besprechen und vereinigen möchten. Es sind folgende: a. Organisation, b. Subordination, c. Uibung in der Harmonie und vollen Musik, d. Besorgung und Aufsicht über die Instrumente, e. und endlich Rechnung über die Einnahmen, der Geschenke, Trinkgelder und Dovceren (?), welche die zweckmäßige Verteilung der Gelder an die Mitglieder zur Folge hat. Ich will über jeden Gegenstand meine Neigung sagen, bitte aber zum Voraus die Musikmitglieder, es nicht als Anordnung oder Befehl anzusehen, es ist blos ein Entwurf, welchen ich durch ihre Beystimmung oder Abänderung künftig berichtigen und ihren Wünschen anpassen möchte.

Von der (a) Organisation. Jede Gesellschaft wähle sich zur Erhaltung der Ordnung einen Vorgesetzten, der die Leitung des Ganzen besorgt. Bei der Musik ist das der Kapellmeister. Die Obliegenheiten desselben zu bestimmen, insoweit sie die musikalischen Talente und die Kunst selbst betreffen, ist meine Sache nicht, insoweit aber der Kapellmeister das Haupt der Gesellschaft ist, glaube ich, daß demselben zu bestimmen zukomme, wann und wo die Musikversammlung gehalten werden solle, welche Stücke zu wählen und wer bey der einten oder andern Vereinigung zu erscheinen habe. Der Kapellmeister solle auf Jahre durch die Mehrheit der Stimmen gewählt und dem Amt vorgestellt werden. (b) Von der Subordination: Wenn der Kapellmeister das Haupt der Gesellschaft seyn soll, so glaube ich, daß die Mitglieder ihm nicht nur die erforderliche Achtung, sondern auch Gehorsam schuldig sind. Der Gehorsam besteht aber darin, ihm in Sachen die Musik betreffend zu folgen, nämlich: 1. zu erscheinen, wenn er es befiehlt; 2. nicht anzutreten ohne dem Kapellmeister die Ursachen anzugeben, der dann die weitere Meldung zu machen hat. 3. Solle der Kapellmeister durch die Mehrheit der Stimmen der Gesellschaft einen Rechnungsgeber wählen, welcher die Dovceren, die für die Musik fallen, in Einnahme bringt, dieselben alle halb Jahr vertheilt, denen jenigen aber, die in der Zwischenzeit ausgetretten, kein Theil ausgeschieden, und denjenigen, die sonst sowohl bey Proben, als wirklichen Ausführung nicht erscheinen, von jeder Abwesenheit ein verhältnismäßiger Abzug gemacht werden. 4. Wer von der Musik austritt, hat nach der hierzu erhaltenen Erlaubnis die Instrumente dem Kapellmeister einzuhändigen. 5. Der von der Musik ausgetrettene soll das Recht, die Musikuniform zu tragen, verlieren und wenigst

Abb. 82: Die Stadtmusik Waldshut (Blasmusikverband Hochrhein) mit dem Schellenbaum im Jahr 1864.

den grünen Kragen, und die Aufschläg abtrennen. 6. Wer bey der Musikaufführung nicht in Uniform erscheint, verfällt in die Strafe des Abzugs wie ein Abwesender. Bey Proben erscheint jeder wie er will. 7. Der zur Musik letzt Aufgenommene, nicht der jüngste im Alter, hat auf Geheiß des Kapellmeisters den übrigen Mitgliedern die Musik anzuzeigen. 8. Ein muthwillig ausgetrettenes Mitglied bezahlt nach Ermessen der Mehrheit der Stimmen zur Gesellschaftskasse wegen der Mühe, ein neues Subjekt unterrichten zu lassen, 3 Gulden. Außer der Austrettende hätte an seiner Stelle schon einen Nachfolger in seinem Instrument unterrichtet. 9. Jedes Mitglied ist schuldig, einem Lehrling, der Lust hat, die Anfangsgründe und Unterricht zu geben, hingegen bezieht der Lehrmeister das erste halbe Jahr den Dovceren-Antheil, statt dem Lehrling.
(c) Uibung: Dem Kapellmeister liegt ob, an Sonn- und Feyertagen abwechslungsweise Uibung, sowohl in der Harmonie als ganzen Musik zu veranstalten. Doch sollen die Mitglieder niemals über 1 Stunde lang aufgehalten werden. Wer sich vor der Uibung miteinand nothwendigen Geschäft bey dem Kapellmeister entschuldigen kann, wird in die Zahl der Abwesenden nicht eingeschrieben. Bey der wirklichen Musikaufführung hat aber keine Entschuldigung statt. (d) Besorgung der Instrumente: Dem Kapellmeister liegt ob, sowohl darauf zu sehen, daß die Instrumente nicht zerstreuet und nicht verderbt werden. Gegen die Zerstreuung derselben wird es am zweckmäßigsten seyn, wenn ein Verzeichnis der Instrumente und Besitzer derselben, aufgenommen und dieses von jedem Inhaber unterzeichnet wird, weil jeder Inhaber für das ihm anvertraute Instrument zu haften hat. Gegen die Verderbung der Instrumente ist die fleißige Besichtigung derselben bey den Proben und den Aufführungen nothwendig. Muthwillige Verderber haben auf eigene Kosten die Reparatur zu bestreiten. Zufällige Reparaturen werden aus der Musikkasse ersetzt. An keinem Instrument solle ohne Vorwissen des Kapellmeisters etwas abgeändert oder repariert werden. (e) Die Rechnungsführung: Bey der Musik ist nothwendige Gleichheit in der Vertheilung zu beobachten und um die nöthigen Reparaturen, auch Musikalienanschaffung bestreiten zu können. Der Rechnungsführer führt daher ein Tagebuch über die Einnahmen von Dovceren und Geschenken, welche für die Gesellschaft fallen, er führt ein Verzeichnis der ausbleibenden und solche wegen ihren Abzügen vorzumerken und er verzeichnet endlich die Ausgaben an Reparaturen und Anschaffungen. Doch hat er nicht anzuschaffen, ohne daß solches durch die Stimmen der Mehrheit der Musikmitglieder beschlossen wurde. Damit aber nebst dem gewöhnlichen Doucar auch ein freywilliger Beitrag von gesamter Bürgerschaft dahier zur Fortsetzung des Instituts gehalten werden, so hat die Gesellschaft am Cäcilientag in ganzer Versammlung durch die Stadt und das Dorf mit türkischer Musik zu marschieren, welches zur Dankbarkeit gegen die Unterstützer der Musik und auch darum geschieht, um solche zu ferneren Beyträgen aufzumuntern,

es hat daher an eben diesem Tage der Rechnungsgeber und Kapellmeister bey jedem Bürger herumzugehen, denselben für verflossene Beyträge und die erhaltenen Beyträge sogleich in ein Verzeichnis zur Rechnungseinnahme zu bringen ...

Zum Schlusse bitte ich diejenigen Mitglieder der türkischen Musik, denen vielleicht durch ein oder anderes Versehen eine Beleidigung zugienge, für das Vergangene alles zu vergessen und für die Zukunft sich der Gesellschaft wieder anzuschließen. Ich verspreche einem jeden nach meinen Kräften Unterstützung und Hilfe, sobald sie mir ihre Unzufriedenheit oder Klagen werden eröffnet haben, und ersuche sie samt und sonders in brüderlicher Eintracht und gesellschaftlicher Liebe einander zu begegnen, um dadurch Ehre der Gesellschaft und den Ruhm der Musik zu erhalten.

Stühlingen, den 3. August 1806   v. Schwab«[86].

Weitere Zeugnisse über das kontinuierliche Bestehen der Türkischen Musik in Stühlingen sind aus den Jahren 1824, 1849 – demnach über die Revolution hinweg – und 1853 uns überliefert. Unter dem Druck äußerer Bedingungen im »politischen Hexenkessel« oberes Wutachtal kam es zur Trennung der Musikkapelle in eine Stadt- und in eine Feuerwehrmusik, die jedoch nur wenige Jahre anhielt.

Auch Tiengen gehört zum Kreis jener traditionsreichen Städte in alter Kulturlandschaft um den Bodensee und am Ober- und Hochrhein, in denen Kelten, Römer, Alemannen ebenso ihre Spuren hinterließen wie fahrende Spielleute des Mittelalters, in denen Stadt-Türmer die klingende Heraldik des Gemeinwesens darstellten und als seßhafte Spielleute sowohl die geistliche Musik besorgten wie zum Tanz aufspielten. 1769 lesen wir in den Seckelamtsrechnungen von finanziellen Vergütungen an die Herren Musikanten, die an der Fronleichnams-Prozession teilgenommen hatten, seit 1790 sind kirchliche Musikanten regelmäßig bezeugt. Wann die Türkische Musik erstmals auftrat, liegt bislang im Dunkel der Geschichte. Doch fand ihr Spiel im Jahr 1852 hohes Lob, als der Erzbischof die Stadt besuchte: »Im feierlichen Zug nach der Kirche schritt auch das Musiccorps, das durch eine schöne Blechmusik, umgeben vom Fackelschein, die Herzen der Anwesenden zu freudigen und zugleich ehrfurchtsvollen und erhabenen Gefühlen stimmte«[87]. Im ständigen Auf und Ab, das die folgenden Jahrzehnte kennzeichnet, wechseln Erfolge bei Preisspielen in Schaffhausen (1875), Säckingen (1878), Laufenburg (1881) und beim Aargauer Musiktag (1885) mit Phasen des Niederganges; als die Stadt Zuschüsse

verweigerte, mußten 1877 die Instrumente zum Verkauf ausgeschrieben werden.

In der großen Trommel, die bei der Stadtmusik Säckingen noch bis vor wenigen Jahren in Gebrauch stand und die nun sorgfältig aufbewahrt wird, ist folgender Text eingetragen: »Diese Trommel gehört der Stadt Säckingen und wurde vom Trommelmacher in Basel mit Fell und Schnur für 2 Louisdor erkauft als Stefanie Napoleon Friedrich, als Landesfürstin ihre Staaten bereiste und man paradierte. Bescheinigt hiermit Säckingen, 20. September 1811. Saner zur Zeit Stadtrechner und Capellmeister«. Spätestens seit diesem Jahr 1811 besteht demnach in Säckingen eine Stadtmusik. In den dreißiger Jahren des vorigen Jahrhunderts erscheint dann – ähnlich wie in den anderen Städten des Hochrheins – diese Musikkapelle als Bestandteil des Bürgermilitär-Korps. In einem Verzeichnis von 1836 sind 42 Mitglieder des Korps benannt, die Musik wird mit 24 Mitgliedern ausgewiesen. Dem Kapellmeister, Chorregenten und Oberlehrer Haberer verdanken wir genauere Aufschlüsse über die Tätigkeit und die Situation dieser Musik im Jahr 1840. In einem Ansuchen an die Stadt finden sich folgende aufschlußreiche Passagen: »Bekannterdingen bin ich nicht obligat die hiesige Militärmusik zu instruiren und zu leiten, sondern es war bisher von mir nur Liebhaberey es zu thun und ich habe es auch gerne gethan und dazu – in der Hoffnung, daß man mein Bemühen nicht verkennen werde – so viele Mühe und Zeit verwendet, welche der löbliche Gemeinderath noch die Zöglinge zu bemeßen im Stande sind. Mein Anstellungs-Decret sagt nichts von Einrichtung und Erhaltung einer Bürgermilitärmusik, sondern bestimmt mir nur den Unterricht der Jugend und die Leitung des Kirchenchors. Ich darf mir auch schmeicheln, daß ich meine Aufgabe gelöst und in hiesiger Stadt eine gut eingreifende Kirchenmusik hergestellt habe, die vor allen benachbarten Städten den Vorzug verdient; auch hege ich die Hoffnung mir durch die fleißige Unterrichtung der Jugend in Musik und die schnellen Fortschritte, welche meine Zöglinge in derselben machten, die Zufriedenheit des hiesigen Gemeinraths, so wie der Eltern meiner Zöglinge erworben zu haben; täusche ich mich in meiner Ansicht, so tröste ich mich mit dem Bewußtsein mein Möglichstes in dieser Hinsicht zur Beförderung des allgemeinen Besten mitgewirkt zu haben, und überlasse die Beurtheilung den Kennern der Musik«. Die Stadtväter wissen um die Bedeutung ihrer Musik und protokollieren daher unterm 2. Oktober 1840: »Es läßt sich keineswegs verkennen, daß durch die Bürgermilitär-

142

Abb. 83: Die Stadtmusik Tiengen am Hochrhein (Blasmusikverband Hochrhein) im Jahr 1879.

Abb. 84: Der Musikverein »Waldeslust« Hottingen nimmt 1926 am Preiswettspiel in St. Blasien im Schwarzwald teil (Blasmusikverband Hochrhein).

musik jede kirchliche und auch andere Feierlichkeit erhöht und höheren Wert erhält; auch selbst für das Bürgermilitär ist diese bereits unentbehrlich. Die bisherigen Bemühungen und Leistungen der Bürgermilitärmusik verdienen allerdings volle Anerkennung, und da die Blechmusik ihres allgemeinen Beifalls wegen an vielen Orten eingeführt wird, so dürfte in mehrfacher Hinsicht dieses Ansuchen (um Beschaffung von 5 Blechinstrumenten) Berücksichtigung verdienen«. Trotzdem gab Haberer 1842 den Dirigentenstab an Eduard Bär weiter. Ein besonderes Lob erfuhren die Säckinger im Breisgauer Wochenblatt vom 16. Oktober 1843, wo es u.a. heißt, daß »selbst das entferntere Säckingen, dessen Musikgesellschaft unter einer gleich trefflichen Leitung steht wie die zu Lörrach«, die Teilnahme am Oberländer Gesangs- und Musikfest im Mai 1844 in Lörrach zugesagt habe.

Wie in anderen Städten, so wurden auch die Säckinger in politische Wirren verstrickt. Am 23. April 1846 kam es nachmittags vor dem Badwirtshaus zu einem Tumult. »Ruhig aus dem Schützenwirtshaus von der Deputiertenwahl heimkehrende Wahlmänner, die dort vorbeigehen mußten, wurden schändlich insultiert«. Hieran waren auch Mitglieder des Bürgercorps beteiligt. Die Blechmusikanten belebten die Szene »durch geblasene Charivari« (= Katzenmusik). Solch eine Unbotmäßigkeit konnte die gestrenge Obrigkeit nicht hinnehmen und so gebot denn das großherzogliche Bezirksamt, daß 9 Musikanten, darunter der Capellmeister Bär, die Musikinstrumente abzuliefern hatten. Nun, die Musikanten hatten auch ihren Stolz. Sämtliche Mitglieder der Blechmusik erschienen am 23. Mai 1846 nicht auf dem Bezirksamt, wohin sie vorgeladen waren, sondern vor dem versammelten Gemeinderat und erklärten, sie wollten sich dem amtlichen Befehl keineswegs widersetzen und auch auf dem Bezirksamt erscheinen. Was die Verabfolgung der Instrumente anbetreffe, hielten sie sich jedoch verpflichtet, diese dort abzugeben, von wo sie auch empfangen wurden, nämlich bei der Stadt. Der Rat der Stadt Säckingen beschloß am 28. Februar 1851, daß die Instrumente, »welche früher die Stadt für die Errichtung einer Blechmusik angeschafft hat und die nicht mehr gebraucht werden«, verkauft werden sollten. Doch die Prozession an »Fridolini« stand vor der Tür, und so verständigten sich Musiker und Stadtrat: Das bedeutete, es wurde weitermusiziert. Im Jahr 1854 erfolgte die offizielle Gründung des »Musikvereins Säckingen« mit eingetragenen Statuten[88]. War bisher von den größeren Städten der Hochrhein-Region die Rede, so sollte damit die Darstel-

lung nicht ungleich gewichtet werden (wenn auch durch die »Schriftgelehrten« in den Städten eher Quellenmaterial uns überliefert ist). Zu den kleinsten Gemeinden des Verbandes gehört Urberg, seit dem 11. Jahrhundert beurkundet, dem Benediktinerstift St. Blasien zugeordnet und durch Bergbau und Holzwirtschaft für dieses von wirtschaftlichem Interesse; um die Mitte des vorigen Jahrhunderts, als die ersten Spuren einer Musikkapelle dort sich zeigen, ein Ort mit etwa 350 Einwohnern. Pfarrer Häring soll 1818 die erste Musikkapelle ins Leben gerufen haben, und zwar zur Verschönerung des Gottesdienstes. Die Instrumente blieben Eigentum der Kirche. Im Jahr 1853 heißt es, daß den Sängern und Musikern in der Kirche eine Gebühr von je 2 Gulden bewilligt werde. Aus dem kirchlichen Verband lösten sich die Musiker erst heraus, als 1885 ein Militärverein gegründet wurde, der für seine regelmäßigen Veranstaltungen einer Blaskapelle bedurfte[89].

Die Blaskapelle in Rickenbach entstand 1860 als »Musikverein des Kirchspiels«, das Geld für die Instrumente wurde durch eine Haussammlung aufgebracht, so daß Dirigent Richard Klaus aus Säckingen bald mit den Proben beginnen konnte. 1875 und nochmals in den achtziger Jahren beteiligten sich die Rickenbacher an der Hotzenwald-Delegation nach Karlsruhe. Der »Glöcklebaum«, eine Stiftung des Großherzogs, zierte lange Zeit hindurch die Auftritte bei den traditionellen Josefsfesten in Hauenstein[90]. Zu den ältesten Kapellen des Hotzenwaldes zählen die 1861 gegründeten Gruppen aus Görwihl und Strittmatt. Im Waldshuter Albboten vom 13. September 1861 wird die »gut organisierte Blechmusik von Strittmatt« besonders erwähnt. Beide Kapellen, Görwihl und Strittmatt, haben sich heute der Pflege des heimatlichen Brauchtums verschrieben und treten in Tracht auf[91]. Der 1862 gegründete Musikverein Jestetten verdankt sein Entstehen dem Wirken des ehemaligen Konstanzer Militärmusikers E. Krieg, der als Schreiber beim Amtsgericht Jestetten eine Anstellung fand. Als zu Beginn der siebziger Jahre sowohl Feuerwehr als auch Musikkapelle tief verschuldet waren, kam es zur Zusammenlegung beider Vereine als Gemeinde-Institution; doch hätten sich die Musiker »stets dem Feuerwehrkommando zu unterwerfen und dieselben Pflichten und Verbindlichkeiten wie jeder Feuerwehrmann zu übernehmen«[92]. Auch in Griessen, wo es 1864 zur Gründung des Musikvereins kam, bildete die Beschaffung der Musikinstrumente das größte Problem. Schließlich erklärten sich die Gründungsmitglieder bereit, selbst für die Kosten aufzukommen. Instrumentenmacher Max Kenner aus Freiburg lieferte die Instrumente zum Preis von 200 Gulden, die in vierteljährlichen Raten zu 5 Gulden abbezahlt werden mußten [93].

In der Begeisterung über den gewonnenen Krieg entstanden in den siebziger Jahren zahlreiche Musikkapellen im Land. In Besetzung und Literatur, in der Uniformierung und straffen Organisation spiegeln diese Musikkapellen das Vorbild der Militärkapellen wider. Vielfach bestanden aber daneben kleinere Spielgruppen weiter, wie jene »Maidelibuebe« aus der Gegend des heutigen Amrigschwand. Von 1871 bis zum Beginn des Ersten Weltkrieges waren sie an allen Hochzeiten, Kindstaufen, an Fastnacht, Heugeiß, Chilbi und Hammeltanz zu finden, – und manch lustige Geschichte von diesen Ellmenegger Musikanten wird noch heute von Generation zu Generation weitererzählt [94]. Als Xaver Spiegelhalter 1874 von der Regimentsmusik des 6. badischen Infanterie-Regiments Nr. 114 in Konstanz in die Heimat entlassen wurde, gründete er in Bernau zusammen mit weiteren fünf musikbegeisterten Männern eine Musikgesellschaft [95]. Ebenso wie die Säckinger, so bewahren auch die Erzinger, deren Musikkapelle offiziell 1863 gegründet wurde, eine Trommel auf, die im Jahr 1823 hergestellt wurde. Mit dieser Trommel zogen im Jahr 1848 »die Erzinger Musikanten, ausgerüstet mit Schußwaffen, zusammen mit revolutionärem Bürgermilitär nach Kandern, um die heranrückenden preußischen Truppen, welche die Revolution niederschlugen, aufzuhalten. Die weinseligen Revoluzzer kamen jedoch dank vielfältiger Gasthaushalte zu spät zum Gefecht, nahmen vor den preußischen Truppen Reißaus und ließen die Trommel vor lauter Fluchteile zurück«. Beherzte Bürger holten die Trommel schließlich heim [96]. Auch um den Musikverein in Geißlingen ranken sich manche »revolutionäre Geschichten«, die schließlich dazu führten, daß mehrere Musikanten nach den USA auswanderten und dort eine neue Kapelle gründeten [97]. Der vielseitige musikalische Lehrer Michael Steurer aus dem Glottertal, der in den dreißiger Jahren des vorigen Jahrhunderts in Gurtweil den Kirchenchor dirigierte und eine Musikkapelle gründete, mit der er auch weltliche Feste und Tanzveranstaltungen bestritt, wurde 1844 nach Ehrenstetten versetzt, weil er bei der Fronleichnams-Prozession nicht mit dem Geistlichen und mit dem Kirchenchor sondern in Uniform mit der Musik des Bürgermilitärs marschierte [98]. Selbst von der Jugendkapelle ist im 19. Jahrhundert schon die Rede: In Horheim gründete Hauptlehrer Franz Xaver Schütz 1869 mit zehn Knaben eine solche [99].

Die beiden Weltkriege haben zwar tiefe Wunden hinterlassen, doch nicht allein die traditionellen Musikvereine entstanden jeweils wieder neu, es kam zudem zu Neugründungen. Der Wandel des gesellschaftlichen Ansehens und der Funktion der Musikkapellen in ihren Gemeinden zeigte sich auch im äußeren Bild: Von den Uniformen im militärischen Stil, von Feuerwehren und Bürgermilizen entlehnt, ging man nach dem Zweiten Weltkrieg zu lockeren Einheitskleidungen im modischen Schnitt über. In den Fremdenverkehrsgebieten des Schwarzwaldes aber trat die überlieferte Trachtenkleidung immer stärker in den Vordergrund. Im Repertoire verschwanden die Bearbeitungen klassischer Meisterwerke des 19. Jahrhunderts fast völlig, um einerseits einer konzertanten, originalen Blasmusik im Festsaal, zum anderen einer lockeren Unterhaltungs- und Folkloremusik Platz zu machen. Einzig der Marsch überlebte die jeweiligen Moden.

Der Blasmusikverband Hochschwarzwald, gegründet 1925

»Zur Förderung des musikalischen Lebens im Hochschwarzwald und zwecks gegenseitiger Unterstützung ist angeregt worden, alle Musikkapellen des Amtsbezirkes Neustadt und seiner Umgebung zu einer Organisation zusammenzuschließen. Zu diesem Zwecke soll am Sonntag, den 15. März 1925, nachmittags 3 Uhr im Saale des Hotels zur Krone in Neustadt eine Besprechung von Vertretern aller Kapellen stattfinden«: Mit diesem handschriftlich vervielfältigten Einladungsschreiben vom 1. März 1925 wurden die Kapellen der Hochschwarzwald-Region nach Neustadt gebeten, um dort über die Gründung eines neuen Blasmusikverbandes zu diskutieren. Was zunächst als Aussprache gedacht war, führte unter der Diskussionsleitung von Bürgermeister Pfister noch am selben Abend zur Gründung des »Musikverbandes Hochschwarzwald«, dem vierzehn Kapellen beitraten. Georg Sättele übernahm die Position des Vorsitzenden, der Neustädter Stadtmusikdirektor Alfred Ulbrich diejenige des Gaudirigenten. Bereits 1926 fand das 1. Verbandsmusikfest in Lenzkirch statt, 1927 folgte das zweite in Schluchsee, 1929 das dritte in Lenzkirch und 1931 das vierte in Neustadt im Schwarzwald. Eine Reihe, die nach der Wiedergründung des Verbandes mit einem neuen 1. Verbandsmusikfest vom 9. bis 11. Juni 1951 in Lenzkirch fortgesetzt wurde [100]. Weitere Verbandsmusikfeste fanden 1952 in Neustadt im Schwarzwald und 1954 in Löffingen statt. Doch dann verlagerte sich das musikalische Geschehen im Verband mehr und mehr auf Wertungs- und Kritikspiele, auf die Jugendausbildung – mit einer eigenen Kreismusikschule Hochschwarzwald. Willy Schneider und Hermann Regner nahmen von Trossingen aus bestimmenden Einfluß auf diese Entwicklung. Waldau gilt seit damals als Ort mit idealer Kursatmosphäre.

Die Geschicke des Verbandes leiteten seit der Wiedergründung: G. Herbrechtsmeier aus Neustadt im Schwarzwald, 1951, Hermann Albrecht, ebenda, seit 1952, im Jahr 1954 zum Präsidenten des Bundes Deutscher Blasmusikverbände gewählt; Alfred Schropp, Lenzkirch, seit 1955, Oskar Schwär, Hinterzarten, seit 1961, Anton Kleiser, Neustadt, seit 1966, und Bernhard Stegerer, Rötenbach, seit 1979. Eine ungewöhnliche Kontinuität ist im Amt des Verbandsdirigenten festzustellen: Franz Josef Meybrunn, der bereits 1935 zum Verbandsdirigenten gewählt wurde, erfüllte dieses Amt mit hoher Verantwortung bis zu seinem Tod am 15. März 1975. Auf ihn folgte Leopold Winterhalder.

Herausragendes Ereignis in der Geschichte des Verbandes war das 2. Internationale Jugendkapellen-Treffen des Bundes Deutscher Blasmusikverbände über Pfingsten 1974 in Löffingen.

Zu den Dienstleuten einer spätmittelalterlichen und frühneuzeitlichen Stadt, die mit Mauern umgeben war und deren Tore stets kontrolliert werden mußten, gehörten die Stadt-Turner (Türmer): Sie hatten das Herannahen von Freund und Feind sowie in der Stadt erkennbare Feuergefahr durch Trompeten- oder Hornsignale anzuzeigen. Wo nötig, versorgten die Stadt-Turner aber auch die Stadt mit festlicher und Tanzmusik (Hochzeiten). Löffingen, einst ein bedeutender Handelsplatz, bedurfte wohl sehr früh solcher Stadt-Turner. Möglicherweise handelt es sich demnach um solche vielseitig verwendbaren Musikanten, auf die sich das Gründungsjahr der Löffinger Stadtmusik bezieht. Im Jahr 1748 ist die Existenz eines aus Bläsern und Trommlern bestehenden Musikkorps bezeugt. Als aber 1763 ein gewisser Gebert sich um die Schulmeisterstelle in der Stadt bewarb, da vermerkte er u.a., daß sein Vater sich bereits vor vierzig Jahren in der »hiesigen Musik« habe gebrauchen lassen. Das würde bedeuten, daß in den zwanziger Jahren des 18. Jahrhunderts Stadt-Türmer bzw. Pfeifer- und Trommler-Gruppen im Zusammenhang mit paramilitärischen städtischen Einheiten das Bild Löffingens mitprägten. Während der napoleonischen Wirren kam es zur vorübergehenden Auflösung des Bürgermilitärs. Doch 1822 nahm die wiedererstandene Bürgerwehr

mit ihrem Musikkorps an der Fronleichnams-Prozession teil. Wenn 1829 lt. Rechnung für die Musik 24 Tschakos angeschafft wurden, so läßt sich daraus auch die Stärke des Ensembles erkennen. Im Jahr 1840 wählten vierzehn Musiker Ambros Schweikart zu ihrem Dirigenten, 1847 ist die Musikerzahl auf immerhin 37 angestiegen.

Die Revolution 1848 brachte dem aktiven Löffinger Bürgerkorps das Verbot ein, Uniformen wurden eingezogen, die Musik sollte schweigen. Doch die Musiker wußten sich zu helfen; sie traten künftig als Feuerwehrkapelle auf. Josef Gebert, 1848 zum Kapellmeister gewählt, leitete die Feuerwehrkapelle bis 1872; ihm folgten bis 1891 Karl Schuster und bis 1899 Mathias Sibold. Erst 1920 trennte sich die Kapelle von der Feuerwehr, um – bis heute – als Stadtmusik allen offiziellen Festlichkeiten den würdigen Rahmen zu verleihen [101].

Vergleichbare politische und gesellschaftliche Bedingungen wie in Löffingen bestanden auch in Bonndorf, wo seit dem ersten Jahrzehnt des 19. Jahrhunderts eine Bürgerwehr mit einer Pfeifer-Trommler-Gruppe nachweisbar ist. Da der Lehrer Hohnstätter seit 1805 konkret als »Dirigent« der Musikerschar angesprochen wird, darf man annehmen, daß es sich damals zudem um eine Harmonie- oder Türkische Musik handelte. 1815 verkaufte Hohnstätter ein Fagott und eine Posaune um 38 Gulden an die Gemeinde. Als er 1817 von Bonndorf nach Meersburg übersiedelte, blieb eine Kapelle mit 29 Mitgliedern zurück. Es fehlte offensichtlich an einem talentierten Nachfolger für Hohnstätter; denn 1825 beteiligten sich nur noch 23 und 1826 nur noch 18 Mitglieder des Musikkorps an der Fronleichnams-Prozession. Erst mit Lehrer Beck kam 1830 ein neuer, standfester Dirigent nach Bonndorf, der die Aufbauarbeit Hohnstätters fortzusetzen vermochte. Ihm folgte 1844 Unterlehrer Rebmann, der eine stattliche Anzahl von Blasinstrumenten (u.a. eine Flöte, je zwei Klarinetten und Waldhörner) übernehmen konnte. Doch stimmte er in der Beurteilung der politischen Lage mit dem Major Bekk vom Bürgermilitärkorps offensichtlich nicht überein, so daß es 1846 zum Bruch kam. Major Bekk hatte in patriotischem Überschwang neue Statuten ausgearbeitet, die dem Lehrer zu diktatorisch oder revolutionär erschienen; die 1848er Jahre warfen bereits ihre Schatten voraus. Jedenfalls unterschrieb Rebmann nicht, weshalb Major Bekk am 2. August 1846 öffentlich bekanntmachte: »1. Dem Lehrer Rebmann die Entlassung zu geben ..., 3. Zur Kapellmeisterwahl Tagfahrt auf Dienstag, den 4. 8. auf abends 8 Uhr aufs Rathaus anzuordnen«. Aber

Abb. 85: Die Stadtmusik Lenzkirch (Blasmusikverband Hochschwarzwald) um das Jahr 1870.

auch Oberlehrer Kriechle, der in Abwesenheit zum Kapellmeister gewählt worden war und zunächst zusagte, ahnte Unannehmlichkeiten – und schickte dem Major Bekk am 4. Mai 1847 die Kündigung. Schließlich erklärte sich Lehrer Belling bereit, den Taktstock über die 19 Mann starke Kapelle zu schwingen; die Gemeinde bewilligte ihm für seine Dirigententätigkeit im Jahr 1855 als Besoldung 16 Gulden. Die folgenden Jahre sind von vielfachen Dirigentenwechseln und Schwierigkeiten mit der Gemeindeverwaltung gekennzeichnet. Mit Oberlehrer Müller trat 1857 wieder eine Persönlichkeit an die Spitze der Stadtmusik, die sowohl Musiker wie Gemeindeväter zu beeindrucken verstand. Bis zu seinem Tod im Jahre 1873 leitete Müller die Kapelle. In die Zeit seines Wirkens fällt vor allem die großzügige, von der Gemeindeverwaltung finanziell geförderte Neuinstrumentierung.

Müllers Nachfolger hatte es schwer, die Kapelle auf diesem Niveau zu halten. Musiklehrer Krieg aus Furtwangen blieb nur wenige Jahre (bis 1877). Als Anton Gisinger die aus 19 Musikern bestehende Gruppe übernahm, da entstanden erneut Reibereien zwischen der Kapelle und dem Gemeinderat. Und als Mitglieder des Gemeinderates gar die Leistungen der Kapelle in der Öffentlichkeit herabsetzten, die Musiker beschimpften und bei der Bürgermeisterwahl zwar der Gesangverein, nicht aber die Musikkapelle durch eine Zeitungsanzeige eingeladen wurde, da entschloß man sich, das Musizieren einzustellen und die Instrumente auf dem Rathaus abzugeben. Der Gemeinderat sprach zwar am 10. März 1884 den Wunsch aus, »es wolle der Musikverein seine Übungen wie bisher fortsetzen, damit er erforderlichenfalls in der Lage ist, bei öffentlichen Anlässen mitwirken zu können«, aber diese Anweisung wurde eher lustlos befolgt. Erst Oberlehrer Zobel stellte das alte Respektverhältnis wieder her – und damit begann ein neuer Aufschwung[102].

In Unadingen kam es ebenfalls in der ersten Hälfte des 19. Jahrhunderts zur Gründung einer Musikkapelle: Doch kann die kleine Ortschaft im Umfeld von Löffingen nicht auf ältere Stadt- oder Militärmusiker-Traditionen verweisen. Sondern hier fügte es der Zufall, daß ein Mundelfinger Bürger, Johann Marx, der als Oboist in einer Militärkapelle Napoleons den Rußlandfeldzug heil überstanden hatte, im Jahr 1823 nach Unadingen heiratete, hier der Musik treu bleiben wollte und Mitglieder der Bürgerwehr dazu bewog, mit ihm gemeinsam eine Musikkapelle zu gründen. Als Gründungsdokument gilt ein vergilbter Zettel in der großen Trommel: »Diese große Trommel ist also verfertigt und zuweg gemacht worden von dem Schreinermeister Konrad Zolg. Unadingen, den 4. Mai 1828«. Marx leitete zudem den Kirchenchor und versah den Organistendienst. Die Kapelle gliederte sich 1862 in den Verband der Freiwilligen Feuerwehr ein. Nach dem Tod von Johann Marx im Jahr 1868 dirigierte sein

Sohn Konrad Marx das Orchester. Dieser wurde 1884 zum Bürgermeister gewählt und gab den Taktstock an Wilhelm Koßbiel weiter, dem 1893 bis 1912 Julius Rosenstiel folgte. Ein Sohn von Konrad Marx aber absolvierte die aktive Militärdienstzeit bei der Militärmusik in Durlach. Er kehrte 1912 als Dirigent nach Unadingen zurück. So wurde die Geschichte der Musikkapelle Unadingen von drei Generationen der »Marxe« geprägt. Das überlokale Ansehen der Kapelle ergibt sich u.a. daraus, daß der Baaremer Musikverband im Jahr 1928 sein Verbandsmusikfest in Unadingen abhält[103].

In Lenzkirch bestand in der ersten Hälfte des vorigen Jahrhunderts ein »Instrumental-Musikverein«: Das erfahren wir aus einem indirekten Zeugnis; denn am 17. Mai 1844 werden dem »Großherzoglich Bad. FF Wohllöblichem Bezirksamt« in Neustadt im Schwarzwald Statuten einer zu gründenden Musikkapelle zur Genehmigung vorgelegt, wobei das Begleitschreiben vermerkt, daß eine Blech-Harmonie-Musik deshalb ins Leben gerufen werden sollte, weil nach der Auflösung des Instrumental-Musikvereins »auch für musikalische Bildung und Unterhaltung« nichts mehr getan worden sei. Bei der Gründungsversammlung am 14. Juni 1844 in der Brauerei Villinger und Koch wird Paul Tritscheller zum Vorsitzenden und Bonifaz Villinger zum Dirigenten bestellt. Daß man in diesem Zusammenhang den Militärmusiker und Kapellmeister Eduard Zipfel aus Donaueschingen zum Ehrenmitglied ernennt, könnte darauf hinweisen, daß er sich um frühere Musikergruppen in Lenzkirch Verdienste erworben hätte[104].

In die Zeit zwischen 1851 und 1910 fällt die Gründung des Großteils der Musikkapellen des Hochschwarzwald-Verbandes:

1852 Neustadt i. Schw.	1884 Reiselfingen
1855 Gündelwangen	1886 Bachheim
1858 Ewattingen	1890 Saig
1863 Grafenhausen	1898 Kappel
1865 Breitnau	1900 Dittishausen,
1869 Wellendingen	Waldau
1872 Rötenbach	1901 Urach
1874 Hinterzarten	1905 Falkau
1877 Schluchsee	1906 Raitenbuch
1880 Eisenbach	1910 Glashütte
1882 St. Märgen	bei St. Märgen

Mit guten Gründen kann die Stadtmusik Neustadt im Schwarzwald darauf hinweisen, daß bereits seit 1787 in den Gemeinderechnungen regelmäßig zu Fronleichnam von finanziellen Zuwendungen an die Musiker die Rede ist – daß demnach längst vor der offiziellen Gründung und längst vor konkreten Ur-

kunden über die Tätigkeit einer Blaskapelle geistliche und weltliche Feierlichkeiten von Musikergruppen der Stadt verschönert wurden. Im Jahr 1852 heißt es in einer Eingabe an die Stadt: »Unter der tätigen und sachkundigen Leitung des Herrn Rehnert werden die Musiker mit der Zeit entsprechendes leisten ... Die Musik sollte gleichsam städtisches Gemeingut werden und sie solle mitwirken bei religiösen, politischen und bürgerlichen Festen«. Im Jahr 1859 gehören 22 Mann der Kapelle an, in diesem Jahr legte Dirigent Rehnert sein Amt nieder. Erst im Sommer 1860 trat mit Oberlehrer Karl Metzger ein neuer Dirigent an die Spitze der Kapelle. Die ständigen finanziellen Probleme suchte man 1863 dadurch zu beheben, daß alle Musiker der Feuerwehr beitraten und die Musik so die Bezeichnung »Feuerwehrkapelle« – mit allen wirtschaftlichen Vorteilen, die einer Feuerwehr zugestanden wurden – tragen durfte. Nur kurz, jedoch tiefgreifend erschien die Neuorganisation der Musik durch Leonhard Armbruster, ehemals Kapellmeister beim Badischen Jägerbataillon und nun Amtsdiener in Neustadt im Jahr 1880; doch schon ein Jahr später erfolgt die Versetzung Armbrusters nach Triberg. Nun begann eine eher unrühmliche Zeit, geprägt von mehreren Dirigentenwechseln, bis mit Alfred Ulbrich im Jahr 1904 ein initiativer Mann die musikalische Leitung der Stadtmusik übernehmen konnte. Unter seiner Leitung beteiligte sich die Stadtmusik vom 21. bis 23. Juni 1913 in Achern erstmals an einem »Wettspielen«. Mit dem Königslied aus »Sigurd Jorsalfar« konnte ein Ib-Preis erreicht werden; Anlaß genug, den heimkehrenden Musikern durch die Bevölkerung einen freudigen Empfang zu bereiten. Ulbrich starb 1927. Sein Nachfolger Albert Lühmann aus Freiburg verstand es, die Leistung der Stadtmusik auf hohem musikalischen Niveau zu halten. 1935 bis 1966 prägte die Persönlichkeit Franz Josef Meybrunns das musikalische Auftreten der Neustädter[105].

Die Gründungsberichte aus den Gemeinden des Hochschwarzwaldes gleichen sich vielfach. Auch die Trachtenkapelle Gündelwangen beginnt ihre Chronik damit, auf die um 1810 tätige Schützengesellschaft hinzuweisen. 1813 erhielt der Bierwirt Martin Maier aus der Gemeindekasse 4 Gulden und 48 Kreuzer, weil er an Fronleichnam an die Schützen und Musikanten Bier, Branntwein und Brot ausgegeben hatte. Unter den von der Gemeinde verwahrten Resten der 1815/17 aufgelösten Schützengesellschaft fanden sich »zwei Trommeln, ein Paar messingne Platten (Becken), ein Glöckle-Spiel und eine Dreyangel«. Im August 1833 ließ sich der »Musikant« Mathias Eggert aus Göschweiler in Gündelwangen nieder. Gemeinsam mit seiner Familie bewirtschaftete er ein kleines Taglöhnergut am oberen Sägenberg, später »'s Rechenmachers« genannt. Er versorgte – wohl mit der Geige – die Dorfbewohner mit der notwendigen Musik. Sein früher Tod im Jahr 1852 hinterließ eine Lücke, die acht junge Männer ausfüllen wollten, indem sie sich 1854/55 zu einer »Musikgesellschaft« zusammenschlossen, deren Dirigent der Lehrer Franz Sales Zobel wurde. 1874 fügte sich die Musikergruppe in den Verband der Feuerwehr ein[106]. Wenige Jahre später passierte etwa dasselbe in Ewattingen: Dort begannen 1858/59 fünf junge Burschen im Alter von fünfzehn bis sechzehn Jahren in der Besetzung Piston, Es-Klarinette, B-Horn, Es-Horn und Baß unter dem Dirigenten Hermann Keller mit musikalischen Übungen; 1869 erfolgte die Eingliederung in die örtliche Feuerwehr[107].

In Breitnau, wo 1864/65 sieben jungen Burschen sich aus eigener Tasche Instrumente anschafften und Sonntag für Sonntag zu dem auch als Komponist bekannt gewordenen Lehrer Braun über die Nessellachen hinunter nach Falkensteig zogen, entstand die Musikkapelle aufgrund privater Initiative. Die jungen Leute schrieben sich bei ihrem Lehrer die Noten selbst ab und traten seit 1865 vor allem bei Tanzveranstaltungen auf. Ehemalige Militärmusiker, wie der »Zimmerseppel«, nämlich Josef Kaltenbach, der beim 14. Pionier-Regiment in Kehl gedient hatte, von 1898 bis 1920, und Rudolf Ruf, der bei der Bataillonskapelle der 142er in Müllheim stationiert war, 1920 - 1951, führten die Kapelle zu stolzen Höhen: 1929 gab es beim Preisspielen in Lenzkirch mit der Ouvertüre zu Flotows »Martha« in der Oberstufe die Tagesbestleistung und als Ehrenpreis den »Trompeter von Säckingen«. Als eine der ersten Kapellen der Region kehrten die Breitnauer im Jahr 1961 zu traditionellen Trachten zurück, um damit ihre Aufgabe zur Bewahrung heimatlichen Brauchtums zu dokumentieren. Internationale Trachtenfeste führten 1970 und 1975 zahlreiche Kapellen des In- und Auslandes nach Breitnau[108].

Der Musikverein Wellendingen wurde am 1. August 1869 mit 24 aktiven Mitgliedern begründet. In den

Abb. 86: Die Musikkapelle Schluchsee (Blasmusikverband Hochschwarzwald).

uns überkommenen Statuten heißt es: »§ 1: Der Zweck des Vereins ist: Veredlung des Gemütes und Bildung des Gefühles für das Wahre, Schöne und Gute, Verherrlichung des Gottesdienstes und gesellige Unterhaltung durch Pflege und Ausübung von Musik«: Eine Formulierung, die zwar in der Sprache der Zeit antiquiert klingt, aber bis heute gültig die Idee gemeinsamen Musizierens in der Gemeinschaft zum Ausdruck bringt. Anläßlich der siegreichen Beendigung des 1870/71er Krieges zog die Musikkapelle von Wellendingen unter der Leitung von Lehrer Link, gefolgt von den Bewohnern des Ortes auf den Hardt-Berg, wo unter »freudigen Klängen ein riesiges Feuer« abgebrannt wurde. Damals gehörten der Musikkapelle 25 Aktive an, bei einer Gesamtbevölkerung von 355 Einwohnern ein sehr hoher Prozentsatz[109].

Nach Beendigung des Deutsch-französischen Krieges erhielten alle Gemeinden, die bis dahin keine Freiwillige Feuerwehr eingerichtet hatten, die Anweisung, dies nun nachzuholen. In Rötenbach erfolgte eine solche Gründung im Frühjahr 1872, wobei – laut Statuten – »die nötigen Hornisten« vom Verwaltungsrat ernannt werden sollten. Es gab damals in Rötenbach bereits eine Tanzkapelle unter der Leitung des Hafner-Lix. Zudem kehrten zwei Militärmusiker aus dem Krieg heim: Bertold Faller und Benedikt Winterhalder. An Tambouren werden genannt: Andreas Winterhalder und Johann Faller. Dieser Kern ruhte nicht eher, bis nicht eine »richtige« Musikkapelle daraus entstanden war. Bereits am 19. Januar 1873 heißt es in den Protokollen: »Die Anschaffung von Musikinstrumenten zur Errichtung einer Feuerwehrmusik im Betrag von 207 fl. 30 kr. hat die Corps-Kasse der Feuerwehr nicht nur erschöpft, sondern es ist noch die Zahlung des für die benannte Musik unentbehrlichen Bombardon im Rückstand, welcher die Summe von 54 fl. kostet. Wir finden uns daher genötigt, löbl. Gemeinderat zu ersuchen, obigen Betrag auf die Gemeindekasse übernehmen zu wollen. Wir bitten, uns baldgefälligst von dem Resultate unseres Gesuches in Kenntnis zu setzen«. Berthold Faller wurde ein gestrenger Dirigent – und so konnten die Dorfbewohner bald stolz auf »ihre« Musik sein[110].

Nachdem in Hinterzarten zunächst die Falkensteiger und Breitnauer für Blasmusik sorgten, gelang dem Hauptlehrer Nikolaus Hofstetter im Jahr 1873 die Gründung einer eigenen Kapelle. 25 Jahre lang leitete er die Kapelle und setzte fast sämtliche Musikstücke selbst. Aus dem Kirchenfondsbuch 1873/74 geht hervor, daß die Hinterzartener Kapelle im Jahr 1874 erstmals die Fronleichnams-Prozession im Ort mit Musik umrahmte. 1920 suchte auch diese Kapelle Schutz unter den Fittichen der Feuerwehr, 1956 erfolgte die Einkleidung in Tracht[111].

Schluchseer Wirte und Bürgermeister werden als treibende Kräfte genannt, als es um die Mitte des vorigen Jahrhunderts (mit Blick auf den erhofften Fremdenverkehr) darum ging, eine Blaskapelle zu gründen. Die »Danielmusik«, nach dem Gemeindehirten mit dem Vornamen Daniel benannt, florierte nur kurze Zeit. 1888 konnte der Spieluhrenfabrikant Sieber aus Lenzkirch dafür gewonnen werden, zwölf Mann in der Musik zu unterrichten und zu einem Klangkörper zu formen. 1902 bis 1923 trat die Kapelle als Feuerwehrmusik auf, 1927 feierte man in Schluchsee das zweite Verbandsmusikfest im Hochschwarzwald, an dem sich 22 Kapellen beteiligten. Auch hier erschien es sinnvoll, sich 1958 in überlieferte Trachten zu kleiden[112].

Seit 1875 bestand in Eisenbach eine Freiwillige Feuerwehr, in deren Schoß sich 1879/80 eine Musikkapelle bildete. Da einige Eisenbacher, wie Grieshaber, Hogg und Weißer, schon seit längerer Zeit in der Tanzmusik Rudenberg-Kleineisenbach musikalisches Können sich erworben hatten und mit Hauptlehrer Kienzler aus Schwärzenbach ein eifriger Dirigent gefunden werden konnte, ging es rasch bergauf mit den musikalischen Leistungen. 1882 bis 1907 leitete Rudolf Grieshaber die Kapelle, Notenmaterial konnte von Franz Meier aus Freiburg bezogen werden: Auf dieser Basis wurde beim Preisspielen im Jahr 1901 in Villingen ein vielgefeierter 2. Preis und dazu ein Trinkhorn als Ehrenpreis gewonnen. »Bei der Rückkehr aus Villingen wurde die Musik durch die Feuerwehr und die Einwohnerschaft auf das herzlichste empfangen. Dieser Erfolg stimmte freudig, und jedermann war stolz auf die Musik, welche es gewagt hatte, am Preiswettspiel teilzunehmen, um sich den ersten Lorbeer zu pflücken«, heißt es in der Dorfchronik. Auf Grieshaber folgte 1907 Heitzmann, der zweiundzwanzig Jahre hindurch die Musik auf beachtlicher musikalischer Höhe zu halten vermochte[113].

Die Entwicklung des kulturellen Lebens in St. Märgen ist durch das im Jahr 1118 gegründete Augustinerchorherrenkloster geprägt worden. In die vorderösterreichische Landschaft kamen im Verlauf der Jahrhunderte stets auch Handwerker aus Tirol, aus Nieder-, Ober- oder Innerösterreich. Einer davon könnte der »Hackbretterlenz« gewesen sein, mit vollem Namen Lorenz Frey, der als Schreiner auf einem Taglöhnerhof im Spirzental arbeitete und dort Hackbretter herstellte, die er in Bürger- und Bauernhäusern verkaufte. Einerseits von der Kir-

Abb. 87: Der Musikverein Rötenbach (Blasmusikverband Hochschwarzwald) im Jahr 1890.

chenmusik her, andererseits durch diese Hackbrett-Hausmusik, erschien der Boden zur Gründung einer Musikkapelle bereitet, die durch den Hauptlehrer Furtwängler im Jahr 1882 schließlich vollzogen werden konnte. Sieben Männer schlossen sich ihm sogleich an, 17 weitere folgten, so daß schon bald die ersten Versuche gemeinsamen Musizierens in die Öffentlichkeit drangen. Auf Furtwängler folgte 1896 Hauptlehrer Anton Katzenberger als Dirigent. Die Chronik der Kapelle erzählt von Erfolgen und Krisenzeiten. Seit 1978 ist sie als Trachtenkapelle im Vereinsregister eingetragen[114].

In Reiselfingen sorgte Rudolf Maier, Mitglied der Bataillons-Musik des Infanterie-Regiments 114 in Konstanz, für die Gründung und für den Aufbau des Musikvereins. 1884 bis 1921 leitete er mit Erfolg die Kapelle[115]. In Bachheim fanden sich am 16. Oktober 1886 folgende Einwohner zusammen, um die Musikkapelle zu gründen: Ambrosius Kuttruff, Violine (!); Benedikt Müller, Trompete; Karl Grieshaber, Es-Klarinette; Anton Fäßle, Horn 2 in B; Heinrich Trescher, (Tenor-)Horn 3 in B; Anton Reichhardt, Tenorhorn in B; Josef Kuttruff, Horn 2 in B; Anton Kuttruff, Trompete 2 in B; Emil Dröschle, Klarinette 2 in Es; Karl Kuttruff, Baß in Es; Johann Rösenstiel, Horn in B. Vier Kuttruffs also, die den »harten Kern« bildeten, und die es durchaus für angebracht hielten, auch eine Violine mit einzuschließen[116].

»Es war im Jahre 1890, im Winter, draußen im Schlaucherwald, als einige Holzmacher auf den Gedanken kamen, in Saig eine Musik zu gründen: Eduard Riesle, Rudolf Maier, Emil Steiert und Wilhelm Heitzmann. Riesle und Heitzmann hatten schon ein Instrument, eine Es- bzw. B-Klarinette, und musizierten für sich. Natürlich waren die Kenntnisse nicht groß. Der Entschluß der vier war gemacht, es gesellten sich noch zwei weitere dazu, Joseph Brugger und Theodor Keller. Der damalige Leiter der Lenzkircher Musik, Johann Baptist Siebler, gab ihnen Anleitungen und Aufschluß, welche Instrumente nötig seien, um einen geschlossenen Klangkörper zusammenzubekommen. Es spielten: Josef Brugger Trompete, Eduard Riesle B-Klarinette, Wilhelm Heitzmann Es-Klarinette, Emil Steiert B-Horn, Theodor Keller Es-Horn und Rudolf Maier Baß. Die Instrumente wurden bei der Firma Voigt in Markneukirchen gekauft, und zwar zahlte jeder sein Instrument aus der eigenen Tasche. Johann Baptist Siebler von Lenzkirch fing an, mit ihnen zu lernen und zu proben, er schrieb ihnen auch die Noten. Die Proben fanden teils in den Privatwohnungen oder in der Restauration Oele statt, wofür die Lehrlinge jedesmal 2 Mark aus der eigenen Tasche bezahlen mußten. Wie es aber so ist: Schon kam die Konkurrenz. Es bildete sich eine zweite Musik aus vier Mann, und zwar Johann Wunderle, Adolf Morath, Otto Maier und Oskar Morath. Aber schließlich siegte doch die Einsicht, daß ›Einigkeit stark macht‹, und so schlossen sich beide

151

Gruppen zusammen, es waren also zehn Musiker. 1890 nun wurde ein Verein gegründet mit dem Vorsitz von Paul Faller, der auch die Statuten zusammenstellte. Durch den Fleiß und das Interesse konnte die junge Kapelle im selben Jahr erstmalig öffentlich auftreten, und zwar bei der Fronleichnamsprozession... Schon in frühen Jahren war die Saiger Musik reiselustig, immer wieder spricht das Protokollbuch von größeren und kleineren Ausflügen, sie fuhren sogar bis hinauf nach Donaueschingen, und das waren in den damaligen Zeiten, als man nur Pferdefuhrwerke kannte, recht große Ausflüge«. Im Jahre 1903 übernahm Johann Wunderle den Dirigentenstab, den er bis 1948 (!) mit großem Erfolg behalten sollte[117].

Ehe im Jahr 1900 in Waldau die Musikkapelle gegründet wurde, musizierten und sangen einzelne Familien auf ihren entlegenen Bauernhöfen eifrig, um vor allem die langen Winterabende zu überbrükken; und auch die geistliche Musik kam nicht zu kurz. So berichtet der Abt Ignaz Speckle von St. Peter in seinen Memoiren unterm 10. April 1796: »In Waldau sang ich die Pfarrmesse, worunter die deutschen Lieder gesungen und mit Bassisten und Violinen begleitet wurden. Mittags baten die Musikanten um Erlaubnis, eine Tafelmusik zu machen, welche auch geschah mit ein paar Märschen, Menuetts und einigen Liedern«. Auf dem Hohle Graben gab es die »Doldenseppenmusik«, eine Familienkapelle, die bei Hochzeiten und Festen zum Tanz aufspielte, im »Bierhaus« pflegten die Gebrüder Steiert die Volksmusik mit Zither, Klavier, Geigen, Klarinetten und Flöten[118].

Je näher wir der Gegenwart kommen, um so eher gleichen sich die Gründungsprotokolle (1) in den einzelnen Zeitabschnitten vor dem Ersten Weltkrieg, (2) zwischen den beiden Kriegen – mit den vielfach auch in Musikkapellen aktualisierten politischen Problemen der Jahre seit 1933, und (3) bei einzelnen Nachzüglern nach 1950. Ein Hinweis aus der Chronik Blasiwald sei jedoch weitergegeben: Dort, auf der hinteren Sommerseite, gibt es den Flurnamen »Giigenescht«, wo ein Blasiwälder einst oft am Waldrand gesessen und seine Geige gespielt hatte. Im Jahr 1770 besaß ein Blasiwälder einen Paß, um damit in die nahe Schweiz reisen und mit Geigen und Glaswaren Handel treiben zu dürfen; möglicherweise der Hinweis auf eine Geigenbauwerkstätte in der Gemeinde[119]. Seit 1921 kam es zu folgenden Neugründungen:
1921 Altglashütten
1922 Friedenweiler-Rudenberg
1928 Blasiwald, Hammereisenbach, Rothaus

1929 Grünwald-Holzschlag
1933 Oberbränd, Neustadt i. Schw.,
	Streichorchester
1934 Göschweiler
1950 Titisee-Jostal
1958 Schollach

Für die Landschaft des Hochschwarzwaldes charakteristisch ist die starke Bindung der Kapellen an den Fremdenverkehr und (damit verbunden) die stärkere Hinwendung zu den überkommenen Trachten, die Verpflichtung, Heimatabende zu gestalten und dabei traditionelle Musik darzubieten. Daß aber daneben, vor allem durch das Wirken der Verbandsdirigenten Franz Josef Meybrunn und Leopold Winterhalder, auch die originale, symphonische Blasmusik der Gegenwart gepflegt wird, daß Jugendkapellen für den Nachwuchs sorgen – und daß in Waldau ein Zentrum für die Schulung von Dirigenten und Nachwuchsleuten besteht, das über die Verbandsgrenzen hinaus wirkt, gibt dem Hochschwarzwaldverband sein eigenes Gepräge. Seit 1981 veranstaltet der Bund Deutscher Blasmusikverbände in Waldau alljährlich in der Osterwoche einen Kurs zum Erwerb des Goldenen Jungmusiker-Leistungsabzeichens.

Der Blasmusikverband Kaiserstuhl-Tuniberg, gegründet 1956

Die Vereine des Blasmusikverbandes Kaiserstuhl-Tuniberg gehörten zunächst dem ältesten Blasmusikverband des deutschen Sprachraumes, dem 1892 gegründeten Breisgau-Markgräfler Musikverband an, aus dem der Oberbadische Volksmusik- (später: Blasmusik-) Verband »Breisgau« hervorging. Da sich im Raum zwischen Freiburg und Offenburg immer mehr Musikkapellen sammelten, der Verband daher eine zu große Anzahl von Kapellen zu betreuen hatte, kam es 1956 zu dessen Teilung – und damit zur Gründung des Blasmusikverbandes Kaiserstuhl-Tuniberg. Vier Präsidenten und fünf Verbandsdirigenten prägen bisher die Organisation und das musikalische Geschehen in diesem jungen Verband. Es sind dies (als Präsidenten): Gottfried Zimmerlin, Bötzingen, von 1956 bis 1960; Eugen Hiss, Eichstetten, von 1960 bis 1966; Ludwig König, Wyhl, von 1966 bis 1979; Theodor Landmann, Merdingen, seit 1979. Und als Verbandsdirigenten: Eugen Hiss, Eichstetten, von 1956 bis 1961, Hans Meybrunn, Hochdorf, von 1961 bis 1966, Wolfgang Suppan, Niederrimsingen, von 1966 bis 1973,

Michael Fröhlich, Oberbergen, von 1973 bis 1982, und Bernd Becker, Opfingen, seit 1982.

Zweimal hat der Bund Deutscher Blasmusikverbände im Verbandsbereich seine Jahreshauptversammlungen abgehalten: 1968 und 1977 jeweils in Breisach. In der geschichtsträchtigen Stadt am Rhein kam es zudem im Jahr 1968 zum Dritten Internationalen Jugendkapellen-Treffen des Bundes Deutscher Blasmusikverbände. Nach Verbandsmusikfesten des Oberbadischen Musikverbandes 1902 und 1926 in Endingen sowie 1927 in Breisach, veranstaltete der Blasmusikverband Kaiserstuhl-Tuniberg eigene Verbandsmusikfeste in Eichstetten (1961), Gottenheim (1967), Niederrimsingen (1969), Gündlingen (1975) und Ihringen (1980). Wertungs- und Kritikspiele, Jugendbegegnungen und »Spiel in kleinen Gruppen«-Wettbewerbe prägen die musikalische Arbeit des Verbandes.

Drei Städte mit großer historischer Tradition bestimmen die politische und kulturelle Entwicklung der Landschaft am Oberrhein zwischen Weisweil und Hartheim und um Kaiserstuhl und Tuniberg: (1) Breisach, die Kelten- und Römer-Siedlung, von der der Breisgau seinen Namen hat. Hier brachten militärische Einheiten, aber auch eine bürgerliche Mittelschicht um die Zeitenwende bereits das hochstehende römische Musikleben zur Blüte. Später, als »Schlüssel zum römischen Reich deutscher Nation«, hatte die hart umkämpfte Insel-Stadt fürstliche Hofkapellen zu Gast, im Münster erklangen die musikalischen Kunstwerke der Gotik, der burgundischen Schule und der Renaissance. Hof- und städtische Festlichkeiten zogen Spielleute aus aller Herren Länder in ihre Mauern. (2) Endingen, seit dem 8. Jahrhundert als befestigter Platz (oppidum) von Mauern umgeben und von Stadt-Türmern bewacht, im Mittelalter zeitweise reichsfreie Stadt, seit 1387 bei Österreich. Im Anschluß an die Judenverfolgungen des 15. und 16. Jahrhunderts fand am 24. April 1616 auf dem Marktplatz erstmals das »Endinger Judenspiel« statt: »Zuo Endingen ist ein statliche Comedia gehalten worden . . . derbey auch statliche instrumentalis und vocalis musica gehalten worden«, heißt es darüber in dem Tagebuch des Thomas Mallinger[120]. (3) Burkheim, von der Archäologie als einer der »aufschlußreichsten Fundplätze der gesamten oberrheinischen Urgeschichte« bezeichnet, seit 762 namentlich bezeugt, 1330 mit Stadtrechten ausgestattet, seit dem 15. Jahrhundert Sitz bedeutender Zünfte[121]. Lazarus von Schwendi, Diplomat im Dienst Kaiser Karls V., führte als Burgherr auf Burkheim die Stadt zu hohem Ansehen und zu wirtschaftlicher Blüte.

Es ist daher Geschmackssache, wann man den Beginn einer geordneten, städtisch oder vereinsmäßig organisierten Musikpflege in diesen Städten ansetzen möchte. Die Stadtmusik Endingen legt ihr Gründungsdatum in das Jahr 1753. Seit damals finden sich regelmäßig in den Archivalien der Stadt und in den Kirchenrechnungen Hinweise auf Musikanten, die bei den Patronatsfesten der St.-Jakobs- und St.-Martins-Kirchen für ihr Spiel eine Vergütung erhielten. 1762 zahlte die Stadt dem Lehrer Rieger sechs Gulden für die Leitung der Musik. In den folgenden Jahren erhielten die Musiker besondere Vorrechte zugesprochen, sie wurden von den Wacht- und Frondiensten befreit, bekamen extra Brot und Wein. Im Jahr 1845 betrug die Vergütung an den Dirigenten 44 Gulden, 1865 entschlossen sich die Stadtväter, statt der bis dahin üblichen Vorrechte und des Musikantentrunkes eine jährliche Geldvergütung einzusetzen. Liest man in der Chronik, daß 1845 immerhin 48 Aktive der Stadtmusik angehörten, so ersieht man daraus die große Bedeutung, die der Musik im städtischen Leben beigemessen wurde. Aber auch in musikalischer Hinsicht zeichnete sich der Klangkörper aus, er wurde zu Kurkonzerten nach Baden-Baden und Titisee eingeladen, errang 1898 beim Gaumusikfest in Kenzingen ein Trinkhorn und bei den folgenden Preisspielen des Oberbadischen Musikverbandes stets ehrende Auszeichnungen. Auf die Verbandsmusikfeste 1902 und 1926 in Endingen wurde bereits verwiesen[122].

In Breisach fand am 3. Juni 1777 die Grundsteinlegung »bey dem Theresianischen Neuen Gebau deren Kostgängerinnen« statt, und zwar in Anwesenheit zahlreichen Volkes und »unter erfreulichem Schall von Trompeten und Pauken«. Mit Datum vom 12. August 1803 wird bezeugt, daß eine Kirchenmusikvereinigung bestünde. Damals hat Bürgermeister Mietinger den Maurer Gervas Haury als Bürger angenommen und auf die »Herrenzunft« verwiesen, doch sollte er wegen seiner Chormusik vom Zunftdienst befreit bleiben. 1810 wird die Tätigkeit der Musikanten gewürdigt, die am Fest der Heiligen Gervasius und Protasius ebenso wie bei der Aushebung von Rekruten ausgerückt seien. Im Zusammenhang mit der Aufstellung von Schützenkompanie und Bürgerkorps fielen den Musikern neue Aufgaben zu. Den Ratsprotokollen zufolge, erschienen am 26. November 1819 Protas Brendel und Gervas Haury als Vertreter des Musikvereins, um die allerorts übliche »Remuneration aus der Stadtcasse« für die geleisteten Kirchen- und städtischen Dienste zu erbitten. Die Stadtväter verwiesen

Abb. 88: Der Stadtmu-
sikverein Breisach (Blas-
musikverband Kaiser-
stuhl-Tuniberg) anläßlich
der Festspiele im Jahr
1924.

auf die schlechte Finanzlage der Stadt, bewilligten aber doch 22 Gulden. Die seit Napoleon guten Beziehungen zu Frankreich drücken sich in einem Geschenk des königlich-französischen Kapitäns Imelin aus, der der Stadtmusik eine Tenorposaune für 33 Gulden verehrte. Der Stadtrat bedankte sich und wies den Oberlehrer Beck an, dafür Sorge zu tragen, daß ein »geeignetes Individuum hierbei verwendet und unterrichtet wurde«. Die politisch unsicheren und spannungsreichen Zeiten führten um die Mitte des 19. Jahrhunderts zur Gründung einer zweiten Breisacher Musikkapelle, doch 1897 vereinten sich beide Gruppen wieder – und es kam zur offiziellen Gründung der heutigen Stadtmusik. Die Aufbauarbeit sowohl nach dem Ersten wie nach dem Zweiten Weltkrieg ist mit dem Namen des Ersten Vorstandes Gervas Haury, verbunden, der von 1922 bis 1962 die Geschicke der Vereinigung umsichtig leitete[123].

Fronleichnams-Vergünstigungen und Patroziniums-Feste, bei denen »Musikanten im Hof paradieren und die Schützen feuern«, bezeugen das Bestehen der Musikkapelle in Burkheim seit 1820. Ein Jahr später tritt die Oberrotweiler Kapelle ins Licht der Geschichte, 1835 folgt Wyhl[124]. In Oberrotweil kam es am 21. November 1821 zur Gründung der Türkischen Musik. Um die Musikinstrumente anschaffen zu können, entschloß sich die Familie Landerer, ei-

ne »Matte« zu verkaufen – wofür der Pfarrer sich verpflichtete, alljährlich für die verstorbenen Angehörigen dieser Familie eine Messe zu lesen. »Seele und Motor der neugegründeten Musik war der damals erst 15jährige Johann Nepomuk Grab«. Neben der Türkischen Musik bestand im Ort eine »Geigermusik«. 1855 gab Johann Nepomuk Grab den Dirigentenstab seinem Sohn Wilhelm weiter[125]. Eine Türkische Musik ist auch in Wyhl bezeugt. In dem »Andenkungsprotokoll« über die Wahl von Johann Georg Röttele zum Vogt heißt es u.a.: »Am 26. Oktober (1820). . . verfügte sich der Herrn Oberamtmann Wetzel und Herr Actuar Wenz als Wahlcommission von Kenzingen hierher, um die Wahl vorzunehmen, vor der Ankunft der Wahl-Commission versammelten sich die ganze Bürgerschaft, auch die Musicanten mit der Türkischen Musik und die Schützenkompanie mit Trommel und Fahnen, auch eine Reiterei von 12 Ledigen und 5 Trompeter gingen der Wahl-Commission bis nach Endingen vor das Riegeler Tor hinaus entgegen, und haben dieselbe mit Trompeten-Schall durch die Stadt Endingen bis hierher zum Eingang des Dorfes begleitet. Bei der Ankunft der Wahl-Commission sind bei dem Eingang unseres Orts die mit der Türkischen Musik und das ganze Gericht und Schützen-Companie versammelt. Die Reiterei war hinten und vorwärts die Musicanten und Schützen auf beiden Seiten, sodaß die Wahl-Commission in einer Chaisen ganz in der Mitte eingeschlossen war, und so wurde die Begleitung mit Musicieren, die Wahl-Commission mit Nachsetzung anderer Bürger, Weibern und Kindern bis zur Stube ›Kronenwirtshaus‹ zahlreich begleitet . . .«. Der Ausgang der Wahl wird ebenfalls mit Musik und Gewehr-Salven gefeiert, und dann erfolgt der Auszug der Kommission. Das Freudenmahl dauert »mit Musizieren und Tanzen bis Morgens 2 Uhr«[126]. Diese köstliche Darstellung eines dörflichen Ereignisses aus dem Beginn des 19. Jahrhunderts mag auch für die Volkskunde dokumentarischen Charakter haben. Von 1960 bis zu seinem allzufrühen Tod im Jahr 1979 stand Ludwig König als Erster Vorsitzender der Musikkapelle Wyhl vor; ein Mann, dessen Tatkraft auch dem Blasmusikverband Kaiserstuhl-Tuniberg seit 1966 zugute kam. Die Gründungsdaten der weiteren Verbandsmitglieder liegen nach dem 1848er Einschnitt:

1863 Kiechlinsbergen	1887 Oberbergen
1864 Achkarren	1892 Buchheim
1865 Hochdorf,	1895 Hugstetten, Mengen
Munzingen	1900 Gündlingen,
1866 Hausen a.d.M.	Eichstetten, Riegel
1880 Ihringen	1903 Bahlingen, Tiengen
1881 Merdingen	1907 Umkirch
1882 Gottenheim	

Es sind die Weinorte um Kaiserstuhl und Tuniberg, die seit den sechziger Jahren des vorigen Jahrhunderts gesellschaftlich und wirtschaftlich emporstreben und die künftig nicht auf fremde Musikanten angewiesen sein möchten. Der Schuhmacher Rudolf Kölldorfer aus Kiechlinsbergen hatten in Rouffach im Elsaß gearbeitet und dort auch die Trompete spielen gelernt. In seine Heimatgemeinde zurückgekehrt, vermochte er 1863 Brüder, Verwandte und Altersgenossen für die Musik zu begeistern, so daß schon im Spätherbst 1863 eine dreizehn Mann starke Kapelle mit ihren ersten Tönen die Öffentlichkeit erfreute[127]. Die Nachbargemeinde Achkarren wollte da nicht zurückstehen, und so begann 1864 der dortige Lehrersohn Alfred Schub mit Musikunterricht und eifriger Probenarbeit; er leitete die Kapelle bis 1871. Danach übernahmen Klemens Strittmacher (bis 1893), Alban Schätzle (bis 1901), Xaver Probst (bis 1906) und Karl Schätzle (bis 1924) den Dirigentenstab in der Kapelle, die unter der Vorstandschaft von Alois Geppert in den sechziger Jahren sich in Tracht einkleidete und nun als Winzerkapelle auftritt[128]. Die Entstehungsgeschichten der folgenden Neugründungen gleichen sich. Bemerkenswertes Quellenmaterial fand sich in Mer-

dingen, das vom Freiburger Geschichtsschreiber Maldoner im Jahr 1754 als »eins von den größten Dörfern in Breysgau« bezeichnet wird. Archäologen konnten hier jungsteinzeitliche Anlagen und römische Villen freilegen. Am »Spirles Hägle« bestand im frühen Mittelalter eine Dorfanlage. In der berühmten spätbarocken Pfarrkirche (1738 - 1741) erklangen einst die Werke jener musikalischen Meister, die den Schöpfern der darin enthaltenen Kunstschätze entsprechen. In den Gemeinderechnungen erscheinen 1795/96 erste Hinweise auf Musikanten: »It: Einem Tambor Von Neyebaur, welcher unßer jungen Tambor underweißen mueßen Zahlt . . . an Corporis christi fest, das Mittag mal für schuel meister, Kirchen diener, und musicanten zuesamen 8 man . . .«. 1820/21 werden neuerlich Ausgaben für Kirchen und Schullehrer ausgewiesen. Der Musikverein Merdingen datiert jedoch sein Bestehen offiziell von 1880 an. Im Jahr 1878 war der ehemalige Militärmusiker Ludwig Karl (Louis) Blass in die Gemeinde gekommen und drängte auf die Gründung einer Musikkapelle. Die Proben wurden in der Ziegelhütte, zwischen Merdingen und Niederrimsingen gelegen, abgehalten. Die politische Entwicklung zu Ende des vorigen und bis in die dreißiger Jahre unseres Jahrhunderts herein, entzweite die Merdinger Musiker, so daß zeitweise »Schwarze« und »Rote« Musikkapellen sich nicht allein musikalisch konkurrierten. Außerdem bestand ein Krieger- und Veteranenverein, in dem die Veteranen und Reservisten sich trafen; im Rahmen dieser Vereinigung agierte zeitweise ein Militärmusikverein (auch Bataillons-/Regimentskapelle benannt). 1922 bis 1928 trafen sich diejenigen, die sich »mit Politik grundsätzlich nicht befassen wollten« im »Musikverein Merdingen – Kapelle Landmann«. Man sieht, ein vielfältiges, reiches musikalisches Geschehen, eingebunden in die politischen Wirren der Zeit, aber in jedem Fall von einer starken Liebe zur Musik geprägt. Der derzeitige Präsident des Blasmusikverbandes Kaiserstuhl-Tuniberg, Theodor Landmann, stand 1961 bis 1973 dem Musikverein Merdingen als 1. Vorstand vor[129].
In Gottenheim soll der Lehrer Johann Nepomuk Hagios schon um die Jahrhundertmitte sich um ein eigenständig-dörfliches Musikleben bemüht haben. Doch erst 1882 kam es zur Gründung einer Musik-Gesellschaft, die am 5. September 1895 bei der Eröffnung der Kaiserstuhlbahn vor »Seiner Königlichen Hoheit Großherzog Friedrich von Baden« sich produzierte. Wieweit die Musiker dieser Musik-Gesellschaft mit einer 1896 aufspielenden Kapelle des Militärvereins unter dem Dirigenten Nissel vom In-

fanterie-Regiment 142 in Neu-Breisach übereinstimmten, läßt sich anhand der vorliegenden Quellen nicht entscheiden [130]. Ebenfalls mit kirchlichen Erfordernissen und mit dem Militärverein hängt die Gründung der Musikkapelle in Oberbergen zusammen. Nach politischen Zwistigkeiten, auch hier gab es »rote« und »schwarze« Musikergruppen, und dem üblichen Auf und Ab bis in die sechziger Jahre unseres Jahrhunderts, begann die im musikalischen Sinn erfolgreichste Zeit der Oberbergener im Jahr 1969, da der junge Michael Fröhlich das Dirigentenamt übernahm. Bis 1982, da Fröhlich aus beruflichen Gründen wegziehen mußte, führte zielbewußte Jugendarbeit, mit herausragenden Erfolgen bei »Jugend musiziert«-Wettbewerben, zu einer Oberstufenreife, die sich bei Verbands- und Bundesmusikfesten bestätigte. Seit 1972 treten die Oberbergener als »Winzerkapelle« in Tracht auf [131]. Auch der Musikverein Hugstetten darf die größten Erfolge in seiner Vereinsgeschichte in den letzten Jahrzehnten verbuchen. Unter dem Dirigenten (und Verbandsjugendleiter) Frieder Stoll wurden ebenso wie in Oberbergen Jugendliche über das Bläserkammermusik-Spiel für den Einsatz in der aktiven Kapelle sinnvoll vorbereitet.

Mit dem Gründungsdatum der Musikkapelle Gündlingen, 1900, treten wir ins 20. Jahrhundert. Zwar hatten schon in den achtziger Jahren Max Käpple und Daniel Karle im Dorf und in der Umgebung, bis Opfingen und bis ins Elsaß, für Tanz- und Unterhaltungsmusik gesorgt, doch gelang es ihnen erst 1898/99, eine Gruppe junger Gündlinger für das Spiel in einer Musikkapelle zu begeistern. Der Militärverein bot der jungen Kapelle Unterstützung an – und erhielt dafür die bei Ausrückungen nötige musikalische Begleitung. Als erster Dirigent wirkte der Rheinwärter Bach aus Hartheim. Unteroffizier Richter von der Regimentsmusik 66 in Neu-Breisach (der mit dem Fahrrad zu den Proben nach Gündlingen kam) folgte ihm bereits nach wenigen Jahren. 1911 spielten die Gündlinger erstmals an der Niederrimsinger Chilbi bis in die Morgenstunden zum Tanz auf [132]. Ebenso wie in Gündlingen, so bestand auch in Eichstetten bereits um 1863 eine Kapelle, die jedoch erst 1900 in feste Formen gegossen wurde und die in den folgenden Jahrzehnten, vor allem durch die langjährige, musikalisch-niveauvolle Leitung von Eugen Hiß, Bürgermeister und Verbandspräsident, weithin Aufsehen erregte [133].

Die Musikkapelle Tiengen, die heutige »Tuniberg-Trachtenkapelle«, verdankt ihre ersten musikalischen Schritte Adolf Springbrunn vom Artillerie-Regiment 76 in Freiburg. Kontinuierliche Aufbaulei-

stung seit 1903, allerdings unterbrochen durch die beiden Weltkriege, führte die Kapelle unter der Leitung von Arnold Brunner seit 1976 zu beachtlichen, auch internationalen Erfolgen in Italien, Finnland, auf Island sowie in den USA und in Kanada [134]. In Umkirch findet sich unter den Vorläufern eines Musikvereins u.a. das Familien-Trio der Knolls, das zeitweise sich zu einer kleineren Kapelle im Rahmen des Kriegervereins erweiterte. Bei Hochzeiten spielte um 1903 eine Kapelle unter dem Geiger (!) Kitterer [135].

Der Prozentsatz der Kapellen, die nach dem Ersten und nach dem Zweiten Weltkrieg gegründet wurden, ist im Blasmusikverband Kaiserstuhl-Tuniberg verhältnismäßig groß. Vierzehn Vereine von 38, mehr als ein Drittel, verdanken ihre Gründung den politischen und wirtschaftlichen Verhältnissen seit den zwanziger Jahren:

1921 Opfingen	1927 Sasbach,
1922 Jechtingen	Oberrimsingen
1923 Forchheim,	1929 Holzhausen
Weisweil	1949 Waltershofen
1924 Bischoffingen	1950 Bötzingen
1925 Wasenweiler	1958 Neuershausen
1926 Königschaffhausen	1959 Niederrimsingen

Die Freude über das Ende eines schrecklichen Krieges, die auf die Wirtschaftskrise unbekümmert zusteuernde, musikalisch von dem Eindringen »moderner« Unterhaltungsmusikformen aus Amerika geprägte Zeit führt zu zehn neuen Musikkapellen im Verbandsbereich. Dabei zeigt sich vielfach, daß die einzelnen Vereine durchaus auf ältere Traditionen aufbauen können. In Jechtingen etwa bestand bereits 1887 eine Blaskapelle, die zeitweise beachtliche Leistungen bot und 1906 sich erstmals dem Fotografen stellte [136]. In Weisweil bestand bereits seit mindestens 1863 eine Kapelle, die die musikalische Gestaltung der »Wiswiler Kilbi« bestritt und die 1864 bei einem Pfingstritt urkundlich bezeugt ist. Der bekannte »Wiswiler Dreierlei«, bei dem nur ein Paar tanzen durfte, hatte den Musikanten stets große Einnahmen garantiert. Die Gründung des Musikvereins wird in Weisweil jedoch in das Jahr 1923 verlegt. Den Dirigentenstab übernahm der bereits seit 1897 aktive Ratsdiener Wilhelm Ehret, um bis zu seinem Tod am 5. Oktober 1947 der Kapelle musikalisch vorzustehen: Eine wahrlich lange Zeit ideellen Dienstes an der Dorfgemeinschaft [137]. In Bischoffingen legte eine Weinsammlung den Grundstock zur Gründung der Musikkapelle. Da der Herbst 1922 sehr gut ausgefallen war, kam die ansehnliche Menge von 920 Liter zustande, die in Geld umgesetzt und zum Ankauf der Instrumente bei der Firma Karl Lehnpfuhl in Freiburg verwendet wurden [138]. Ebenso wie die Weisweiler, so könnten auch die Musiker in Wasenweiler die Gründung ihrer Musikkapelle bereits in die sechziger Jahre des 18. Jahrhunderts legen: Damals und auch um 1890 sind Blasmusikergruppen in der Gemeinde bezeugt [139].

Wie schwierig doch die Geldentwertung und die unsicheren Zeiten den Entschluß zur Gründung einer Musikkapelle werden ließen, zeigt sich am Oberrimsinger Protokollbuch. Es heißt da u.a.: »Als am Ostermontag, dem 18. April 1927 der Musikverein Grunern mit seinen neuen Instrumenten hier mit einem Konzert aufwartete, reifte aus dem Gedanken ein Entschluß: hiesige junge Leute konnten sich entschließen, am darauffolgenden Sonntag, dem 24. April, die uns angebotenen (offensichtlich von den Grunernern abgelegten) Instrumente zu besichtigen. Zwar wurde von hiesigen Einwohnern vor einem solchen Schritt gewarnt, aber dem Vorhaben konnte kein Einhalten mehr geboten werden. Von einem festen Willen beseelt, wurde am 24. April die Reise nach Grunern unternommen. Etwa zehn hiesige

Bürgersöhne hatten sich Herrn Zollsekretär Schäfer angeschlossen und mit Fahrrädern den Weg angetreten. Auf dem Weg dorthin hat sich ein Fachmann auf dem Gebiet der Musik – ein Freund von Herrn Schäfer – angeschlossen und hat bei der Besichtigung den Ankauf der Instrumente empfohlen ... Laut Kaufvertrag wurden die Instrumente dann zum Preis von 500.– RM angekauft ... Ganz begeistert wurde die Heimreise angetreten. Sämtliche Instrumente wurden mitgenommen, und unterwegs wurde im Gasthaus ›Zum Löwen‹ in Staufen eingekehrt ... Nach einer kleinen Stärkung wurde freudig der Heimat entgegengefahren. Durch einen Umzug mit den gekauften Instrumenten durch alle Straßen des Dorfes wurde die hiesige Einwohnerschaft ganz überraschend in Kenntnis gesetzt, daß die zur Besichtigung geeilten Leute diesen Schritt – trotz Warnung – doch gewagt haben ...«. Zollsekretär Schäfer wurde bei der am 8. Mai 1927 durchgeführten Gründungsversammlung zum 1. Vorstand gewählt. Doch schon im Juli desselben Jahres erfolgte seine Versetzung nach Freiburg, und nun führte Georg Zeller († 1982) den Verein bis 1948 [140].

Abb. 89: Erinnerungsfoto der Feuerwehrkapelle Munzingen (Blasmusikverband Kaiserstuhl-Tuniberg), 1914 vor dem Gräflich Kageneckschen Schloß.

Abb. 90: Als jüngste Kapelle des Verbandes wurde 1959 die Musikkapelle (heute: Trachtenkapelle) Niederrimsingen (Blasmusikverband Kaiserstuhl-Tuniberg) gegründet. Das Bild zeigt die Niederrimsinger zusammen mit den Musikern der Patenkapelle Oberrimsingen, 1959.

Mit Waltershofen beginnt die Reihe jener Vereine, die nach dem Zweiten Weltkrieg die musikalische Arbeit aufnahmen. Im Oktober 1949 leitete der ehemalige Militärmusiker Hans Hollweck die ersten Proben. Instrumente versuchte man damals dadurch zu bekommen, daß Hollweck die Witwen seiner früheren Kollegen besuchte, um von ihnen die Instrumente zu einem günstigen Preis zu erbitten. Eine Anleihe von 1000,– Mark sorgte zusätzlich für die Grundausrüstung mit Instrumenten[141]. Niederrimsingen ist die jüngste Kapelle im Kreis des Blasmusikverbandes Kaiserstuhl-Tuniberg, wurde jedoch als erste des Verbandes im Jahr 1965 in eine bodenständige (erneuerte) Breisgauer Tracht eingekleidet. Der Baltendeutsche Walter Mertins hat dort zusammen mit dem Lehrer Reinholt Rogg (1959 bis 1963) und mit Wolfgang Suppan (1964 bis 1974) die entscheidenden Impulse vermittelt. Ein Internationales Treffen von Trachtenkapellen, an Pfingsten 1967 in Niederrimsingen durchgeführt, das Ver-

bandsmusikfest 1969, die schwedisch-deutsche Jugendbegegnung 1972, aber auch Reisen der Niederrimsinger im Auftrag des Bundesministeriums für Jugend, Familie und Sport 1971 nach Zypern, 1972 nach Schweden oder 1973 nach Island, USA und Kanada eröffneten dem Blasmusikwesen in einer kleinen, kaum achthundert Einwohner zählenden Gemeinde eine bis dahin kaum erahnte internationale Perspektive[142].

Die »große Zeit« der Musikkapelle Opfingen, 1921 gegründet, begann nach der Eingemeindung Opfingens in die Großstadt Freiburg, als 1975 Bernd Bekker die musikalische Leitung des Vereins übernahm und eine Jugendkapelle gründete. Die Jugendkapelle beteiligte sich 1979 am Jugendkritikspiel der Bläserjugend Baden-Württembergs in Ulm und erreichte beim Landesentscheid der Jugendkapellen in der Trossinger Bundesakademie den zweiten Preis. Auftritte in Innsbruck und Guildford (England) folgten[143].

Der Blasmusikverband Karlsruhe, gegründet 1927

Vorgänger des heutigen Blasmusikverbandes Karlsruhe sind der »Hardt-Musikvereinsverband« und der »Kraichgau-Musikverband«, beide im Jahr 1927 gegründet, die von den Präsidenten F. Weber und Karl Reichenbacher geleitet wurden. Das Amt eines Verbandsdirigenten erfüllte im Hardt-Musikvereinsverband F. Röth aus Mühlburg. Vom 5. bis 7. Juli 1937, in jener Zeit, da die einzelnen Vereine von den Gauen der Reichsmusikkammer betreut wurden, fand in Karlsruhe das »Fest der deutschen Volksmusik« statt, an dem sich 552 Kapellen am Festzug und 240 Kapellen am Wertungsspiel beteiligten. Der Neuaufbau der Verbandsarbeit begann nach dem Zweiten Weltkrieg im Jahr 1947. Friedrich Hohn rief damals die ehemaligen Hardt-Vereine zusammen, doch sollte der wiedergegründete Verband infolge der Zoneneinteilung dem »Süddeutschen Musikverband« in Aalen zugeordnet werden. Der Bezirk Karlsruhe veranstaltete deshalb eigene »Bezirksmusikfeste« in Weingarten (1948), Untergrombach (1949), Wöschbach (1951), Mörsch (1952) und Neureut (1953). Im Jahr 1954 entschlossen sich die 53 Vereine des Bezirkes Karlsruhe aus dem Süddeutschen Musikverband auszutreten, den Volksmusikverband Baden-Pfalz zu gründen, um 1955 dem Bund Deutscher Volksmusikverbände mit dem Sitz in Freiburg beizutreten.

Verbandsmusikfeste fanden 1955 in Grötzingen, 1957 in Ettlingen, 1960 in Bretten, 1963 in Kandel, 1968 in Durmersheim, 1973 in Weingarten und 1982 in Mörsch statt.

Infolge der politischen Neuordnungen im Südweststaat kam es im Jahr 1976 zur Auflösung des Volksmusikverbandes Baden-Pfalz. Die im Bundesland Rheinland-Pfalz beheimateten Vereine des Verbandes schlossen sich dem neugegründeten Landesverband der Blaskapellen in Rheinland-Pfalz an. Dafür erklärten sich 1977 die 36 Vereine des ehemaligen Kreises Bruchsal bereit, zum neuen Karlsruher Verband überzuwechseln. Dem Blasmusikverband Karlsruhe gehören damit 103 Mitgliedskapellen mit 5800 Musikerinnen und Musikern an.

Als Präsident des Verbandes folgte auf Friedrich Hohn im Jahr 1965 Richard Felleisen, Weingarten, dessen allzufrüher Tod im Jahr 1979 das Amt für Fritz Hörter, ebenfalls Weingarten, frei werden ließ. Bernhardt Streitel, der seit 1947 die Geschäfte des Verbandsdirigenten führte, gab diese 1977 an Béla Filipán, Karlsruhe, weiter. Im Bezirk Bruchsal konstituierte sich als Nachfolger des ehemaligen »Kraichgau-Verbandes« aufgrund der Initiative von Eugen Kuhn ein eigener Kreisverband der Blaskapellen. Kuhn führte den Verband bis 1968, es folgten ihm Eugen Stein aus Gondelsheim bis 1974 und Werner Kirn. Über die Höhepunkte des Verbandsgeschehens, die beiden Bundesmusikfeste 1958 und 1971, wurde bereits an anderer Stelle ausführlich berichtet[144]. Nicht unerwähnt soll die Ausrichtung des Festaktes zur Verleihung der Pro-Musica-Plaketten und der Zelter-Plaketten am 12. März 1972 im Badischen Staatstheater in Karlsruhe durch den Verband unter der Führung von Richard Felleisen bleiben[145]. Auch das große Alemannisch-pfälzische Trachtenfest des Jahres 1969 wäre nicht ohne ein gut funktionierendes Verbandsleben und eine für traditionelle Werte und für die Blasmusik begeisterte Bevölkerung in Karlsruhe möglich gewesen[146].

Betrachten wir die Gründungsdaten der Mitgliedsvereine im Blasmusikverband Karlsruhe, so fällt auf, daß die von den Vereinen angegebenen Jahreszahlen im Durchschnitt später liegen, als diejenigen vergleichbarer Verbände. Nur eine Kapelle (Bruchsal 1837) würde danach vor 1848 schon bestanden haben, drei weitere Kapellen würden vor dem Deutsch-Französischen Krieg von 1870/71 gegründet worden sein (Hockenheim 1862; Bretten 1863; Durmersheim 1868). Beinahe die Hälfte aller Gründungsdaten würde zwischen den beiden Weltkriegen liegen, und achtzehn Vereine wären erst nach dem Ende des Zweiten Weltkrieges entstanden. Ein solcher Durchschnitt wäre für den südwestdeutschen Raum keinesfalls typisch.

Es erhebt sich demnach die Frage, ob entweder die Quellen nicht entsprechend aufgearbeitet worden sind – oder ob die Interpretation der Quellen in anderer Art und Weise erfolgt. In der Regel beziehen Blaskapellen und die daraus entstandenen Musikvereine das Datum ihrer Gründung auf das erste Auftreten von Holz-Blechbläser-Gruppen (Harmoniemusik) oder Bläser-Schlagzeug-Gruppen (Türkische Musik) in ihrer Gemeinde. Bei Ausrückungen im Zusammenhang mit geistlichen (Fronleichnam) oder weltlichen Festlichkeiten (Schützen- oder Militärvereine) werden die Ausgaben für Musiker in kirchlichen oder gemeindlichen Rechnungsbüchern vermerkt – und diese Eintragungen in den Rechnungsbüchern bezeugen das Bestehen einer oft nur aus wenigen Musikern bestehenden »Freiluft«- und Marschmusik. Auch der für die Vergabe der Pro-Musica-Plaketten zuständige Fachausschuß anerkennt solche urkundlichen Nachweise. Demgegenüber liegen statutenmäßige Vereinsgründungen zumeist wesentlich später, da die gesetzlichen Bestimmungen dafür im Lande Baden erst seit den fünfziger Jahren des vorigen Jahrhunderts nach und nach geschaffen wurden.

Die Einsicht in Jubiläumsfestschriften zeigt nun, daß manche der von den Musikkapellen gemeldeten Gründungsdaten die Vorgeschichte des Vereins nicht berücksichtigt haben. Ettlingen gibt zum Beispiel das Jahr 1921 an. Bereits im Mittelalter mit Stadtrechten ausgestattet, hatte Ettlingen das Recht, Stadt-Türmer zu besolden. Als nach 1725 die Markgräfin Augusta Sibylla, die Gemahlin des Türkenlouis, im Ettlinger Schloß ihren Witwensitz aufschlug, stockte die Stadtgarde ihr Trommler-Korps von zwei auf vier Mann auf. Die Musiker der Rastatter Hofkapelle umrahmten unter der Leitung von Johann Kaspar Fischer besondere Festlichkeiten, wie jenen phantastisch gestalteten Geburtstag der Markgräfin am 11. Januar 1729, von dem das Volk noch lange zu erzählen wußte. Anläßlich der zweiten Vermählung des Markgrafen Ludwig Georgs mit Maria Josefa, der Tochter Kaiser Karls VII., im Jahr 1755 wurden sechs »Hautboisten« (Militärmusiker) von Rastatt nach Ettlingen beordert, um die städtische Infanterie standesgemäß zu begleiten. Im Jahr 1776 findet anläßlich der »Höchstglücklichen Entbindung der Gemahlin des Erbprinzen Carl Ludwigs mit zwei Prinzessinen« ein Dankgottesdienst statt, der von acht Musikanten umrahmt wird. Die Musiker spielten nach der kirchlichen Feier auch beim Volksfest auf dem »Hohen Rain« und erhielten dafür 3 Gulden. Anläßlich der Aufhebung der Leibeigenschaft durch den Markgrafen Carl Friedrich gab es eine Festlichkeit mit 16 Musikanten, die zusammen 6 Gulden erhielten. Ob es sich dabei um einheimische Musiker handelte, muß allerdings offen bleiben. Mit Sicherheit aber ist eine Ettlinger Musikkapelle im Jahr 1792 gegründet worden: In diesem Jahr kam es zur Aufstellung einer Landmiliz, die »zwei Pfeiffen, eine Disflöte, zwei Dishörner, ein Claronett und eine Secund Claronett« für ihre Musikkapelle anschaffte. Da die Entwicklung der Klarinette und des Klarinetten-Spiels mit dem Karlsruher Hof, vor allem mit dem dortigen Hofkapellmeister Molter in enger Verbindung steht, keinesfalls eine erstaunliche Besetzung.

Im Jahre 1820 leitete Schullehrer Scharpf die »Musikgesellschaft« in Ettlingen. Als am 13. Juni 1830 Großherzog Leopold mit seiner Gemahlin nach dem Regierungsantritt Ettlingen besuchte, da marschierten an der Spitze der von Florian Buhl angeführten Bürgergarde »in scharlachroten Uniformen, langen weißen Beinkleidern und hohen Tschakos« die Mu-

siker mit »ihren blasenden Instrumenten«. 1848 erfolgte auch in Ettlingen die behördliche Auflösung der Bürgergarde, worauf Oberlehrer Bell ersucht wurde, im neuzugründenden Musikkorps die Stelle des Kapellmeisters einzunehmen. 1862 bis 1872 leitete der Sohn eines Freiburger Militärmusikers, nämlich Franz Hiß, diese Stadtkapelle. Im Jahr 1870 erwuchs den Ettlinger Musikern allerdings eine übermächtige Konkurrenz. Die im Markgrafenschloß untergebrachte Unteroffiziersschule führte zur Stationierung einer Militärkapelle in der Stadt, die unter der Leitung von Albert Honrath und dessen Stellvertretern Carl Köppen und Gustav Krause die regelmäßigen Konzerte im Hirschgarten, im Hotel »Wilhelmshöhe« sowie in der näheren Umgebung von Ettlingen übernahm. Die Ettlinger Stadtkapelle aber verkümmerte daneben, 1890 gehörten ihr noch sechs Musiker an. 1898 bis 1903 bestand in der Stadt zudem eine von Carl Köppen geleitete Werkskapelle der Maschinenfabrik Lorenz. Ein neuer, entscheidender Anstoß zur Einrichtung einer städtischen Musikkapelle erfolgte 1897 von seiten der Freiwilligen Feuerwehr, die eine Sammlung veranstaltete, aus deren Erlös (939,50 Mark) Instrumente angeschafft werden konnten. Der Organist Franz Decker übernahm es, junge Leute im Alter von 15 bis 17 Jahren für diese Kapelle auszubilden. Aus der Feuerwehrkapelle ging 1902 der »Musikverein Ettlingen« hervor. Kriegs- und Nachkriegsjahre führten zu weiteren Veränderungen, zu Neu- und Wiedergründungen[147].

Die historische Entfaltung der Blasmusik in Ettlingen wurde deshalb so ausführlich dargestellt, um an einem Beispiel zu zeigen, daß die einseitige Beachtung von Vereins-Gründungsdaten die Entwicklungsgeschichte der Blasmusik in einer Stadt oder in einer Landschaft verzeichnen kann. Unter diesem Aspekt ist die folgende Liste der von den Vereinen selbst gemeldeten Gründungsdaten zu betrachten:

1837 Bruchsal	1893 Obergrombach
1861 Kirrlach	1896 Karlsruhe-Daxlanden, Zeutern
1862 Hockenheim	den, Zeutern
1863 Bretten	1897 Karlsruhe
1868 Durmersheim	(Harmonie)
1878 Hambrücken	1898 Büchenau, Gondelsheim, Odenheim, Weingarten
1885 Karlsruhe-Durlach	delsheim, Oden-
1886 Grötzingen, Malsch	heim, Weingarten
1888 Forst	1900 Sulzbach, Weiher
1889 Oberhausen-Rheinhausen	1901 Wöschbach
Rheinhausen	1902 Berghausen
1890 Untergrombach	1903 Spessart
1891 Heidelsheim	1904 Ittersbach
1892 Mörsch	1905 Ellmendingen

1906 Östringen	1925 Feldrennach	Die Musikkapelle Bretten verdankt ihr Entstehen dem musikliebenden Bürgermeister Johann Jakob Groll, der seit 1846 und über die Revolutionsjahre hinweg bis 1864 amtierte. Jedes aktive Mitglied mußte sich zunächst einer Prüfung unterziehen, eine Aufnahmegebühr von 2 Gulden und einen Monatsbeitrag von 12 Kreuzern erlegen. Damit verbunden war die Verpflichtung, die Proben pünktlich zu besuchen, die Stimmen zu Hause zu üben und wenn nötig auch »Nachhilfeunterricht« zu nehmen. Noten und Musikinstrumente wurden durch die Ausgaben von »Aktien« zu je 5 Gulden beschafft. An Großherzogs-Geburtstag 1863 konnten die Bewohner des Ortes erstmals die Klänge »ihrer« Musikkapelle bestaunen. 1880 erfolgte eine Neugründung unter dem Namen »Musikverein«, eine Knabenkapelle sollte auch künftig für Nachwuchs sorgen. 1887 fand man Feuerwehruniformen attraktiv (und schätzte zudem den damit verbundenen finanziellen Rückhalt) – und trat künftig als »Feuerwehrkapelle« auf [148]. Auch in Durmersheim entfaltete sich seit 1868 eine Blaskapelle im Schoß der Feuerwehr, doch musizierte zeitweise (seit den zwanziger Jahren unseres Jahrhunderts) daneben eine zweite Musikkapelle, nämlich die des Musikvereins »Lyra«. Erst mit der Wiedergründung des »Musikvereins 1868« im Jahre 1948 fanden die konkurrierenden Kapellen zusammen [149]. Dem Einfluß der beiden Militärmusiker Franz Josef Steinle und Dörner vom

1906 Östringen
1908 Graben
1911 Bruchhausen, Kronau
1912 Jöhlingen, Liedolsheim
1919 Söllingen, Tiefenbronn, Östringen
1920 Büchig, Busenbach, Etzenrot, Forchheim, Grünwettersbach, Huttenheim, Kleinsteinbach, Neuthard, Schöllbronn, Spöck
1921 Ettlingen, Karlsruhe-Knielingen, Langenalb, Ubstadt, Wössingen
1922 Karlsdorf, Neudorf, Wiesental
1923 Langenbrücken, Münzesheim, Reichenbach
1924 Burbach, Eggenstein, Neureut, Pfaffenrot, Wolfartsweier
1925 Blankenloch,

1925 Feldrennach
1926 Bauerbach, Karlsruhe-Rüppurr, Stupferich
1927 Eichelberg, Neuburgweier, Rheinhausen, Rußheim
1930 Menzingen, Oberöwisheim, Völkersbach
1931 Neuenbürg
1937 Flehingen
1941 Langensteinbach
1947 Mühlburg
1948 Landshausen
1949 Kürnbach, Stettfeld
1950 Herrenalb-Gaistal, Oberderdingen
1954 Ettlingenweier, Neibsheim
1956 Durlach-Aue, Oberweier, Unteröwisheim
1957 Spielberg
1958 Schielberg
1960 Helmsheim
1962 Karlsruhe (Post)
1965 Freiolsheim
1966 Auerbach

Abb. 91: In Durmersheim (Blasmusikverband Karlsruhe) verfaßte der Waldhorn-Wirt Wilhelm Heck im Jahr 1864 eine Posthornschule.

Dragonerregiment in Bruchsal verdankt die Musik-kapelle Kirrlach ihr Entstehen in den sechziger Jahren des vorigen Jahrhunderts. 1906 erfolgte die offizielle Gründung, nachdem das Bezirksamt in Bruchsal den Statuten zugestimmt hatte [150].

Je mehr wir uns dem Ende des 19. Jahrhunderts nähern, umso stärker werden die privaten Initiativen zur Gründung von Musikkapellen. Es sind nun nicht mehr Bürgermilizen, Veteranen- und Militärvereine, seltener Feuerwehren, die Marschmusik benötigen und daher den Anstoß zur Bildung von Blaskapellen geben. Beispiele dafür finden wir in Unter- und Obergrombach, wo der Dirigent Karl Stoll 1890 und 1893 die Musikkapellen aktivierte. In Untergrombach gewann die Blaskapelle im Jahr 1910 an Gewicht durch die Verschmelzung mit dem »Pfeiferclub« [151]. In Heidelsheim gebührt Martin Fuchs das Verdienst, die Blechmusik begründet und viele Jahre hindurch mit großer Aufopferung geleitet zu haben. Doch zählt die ehemalige Reichsstadt Heidelsheim zu jenen Orten, die seit dem 14. Jahrhundert ihre Pfeifergarde und ihre Stadt-Türmer unterhielten und in denen später Bürgerwehren sich bildeten [152]. In Mörsch fanden sich 1893 ehemalige Militärmusiker zusammen, um die Bevölkerung zur Gründung einer Musikkapelle zu ermuntern. Siebzig Bürger des Ortes traten am Gründungstag als passive Mitglieder dem neuen Verein bei. Hauptlehrer Schilling übernahm zur Beschaffung der Instrumente eine Bürgschaft über 500 Goldmark, um sechzehn Musiker sogleich anlernen zu können. Spannungen führten zur Trennung der Musikkapelle in die »Lyra« einerseits und den »Arbeitermusikerverein« andererseits. Erst 1930 versöhnte und vereinte man sich wieder [153]. Die Kapelle wird heute vom Vorsitzenden des Musikbeirates im Bund Deutscher Blasmusikverbände, Friedel Moritz, dirigiert. Der Name »Lyra« für einen Musikverein scheint in jenen Jahren besonders beliebt gewesen zu sein; denn er taucht – nun schon zum dritten Mal – bei der Musikkapelle Karlsruhe-Daxlanden auf, die aus einer losen Vereinigung von Blasmusikern sich im Jahr 1896 konstituierte [154]. In Zeutern konkurrierten in den sechziger Jahren des vorigen Jahrhunderts zwei Musikergruppen, die »Romb'sche« und die »Fotsch«-Kapelle, ehe es 1896 zur Gründung des Musikvereines kam [155].

Zur repräsentativen Kapelle Karlsruhes entfaltete sich die 1897 aus dem Arbeiterbildungsverein hervorgegangene »Harmonie«, deren musikalische und organisatorische Aufbauleistung mit dem Namen Karl Böhringer verbunden bleibt. Als im Jahr 1909 Hugo Rudolph als Dirigent gewonnen werden konnte, erreichte die »Harmonie« das Niveau einer »Kunststufenkapelle« und errang zahlreiche in- und ausländische Preise. Seit 1953 steht dem Orchester der Komponist Karl Pfortner als Dirigent vor [156].

Die Musikvereinsgründungen der folgenden Jahre in Büchenau, Gondelsheim und Weingarten (1898), in Sulzbach und Weiher (1900), Wöschbach (1901), Berghausen (1902), Spessart (1903), Ittersbach (1904) und Östringen (1906) sind durchweg von privater Initiative getragen [157]. Wobei allerdings zu sagen ist, daß sowohl in Spessart wie in Ittersbach vor den genannten Gründungsdaten Musikergruppen oder Kapellen bestanden haben. In Spessart weist die Chronik auf ein um 1787 bestehendes Sextett hin; Musiker aus Spessart, aus Schluttenbach und aus Schöllbronn trafen sich regelmäßig in der »Rose« in Spessart. Die Ittersbacher Festschrift zeigt nicht nur ein Notenblatt aus dem Jahre 1843, das ein einheimischer Meister damals in Neuenbürg abgeschrieben hat, aus derselben Zeit stammt auch eine Klarinette, die im Archiv des Musikvereins noch heute aufbewahrt wird. Allein mündliche Überlieferung weist darauf hin, daß in Liedolsheim um die Jahrhundertwende bereits eifrig musiziert worden sei. Der Musikverein entstand dort 1912 [158].

Die ungewöhnliche Welle von Gründungen in den zwanziger Jahren wurde oben angesprochen. Doch sollte man auch hier teilweise von Wieder-Gründungen sprechen. Der Musikverein Söllingen weist in seiner Chronik darauf hin, daß nach dem Deutsch-Französischen Krieg 1870/71 zahlreiche ausgediente Militärmusiker sich in der Gegend niedergelassen hätten. Noch heute seien im Vereinsarchiv Noten von einem Stabstrompeter Koch aus dem Jahr 1884 erhalten. Militärmusiker und Einheimische bildeten zusammen Gruppen, die für Tanz- und Unterhaltungsmusik an den Kirchweihfesten und bei Familienfeiern sorgten [159]. Der »Instrumental-Musikverein Grünwettersbach« erhielt 1971 die Pro-Musica-Plakette aufgrund der nachgewiesenen Tradition der Musikkapelle seit 1812. Alten Kirchbüchern ist zu entnehmen, daß damals Musikanten in den Wirtshäusern aufspielten und dadurch in Konflikt mit dem Pfarrer gerieten. Ähnliche Vorfälle wurden 1813 und 1814 vermerkt. Anläßlich der Friedensfeierlichkeiten im Jahr 1871 spielte die Blechmusik einen Choral und ein Vaterlandslied. Es handelte sich um die in den Albtaldörfern begehrte »Ruff-Kapelle«. Nach 1900 gab es im Dorf die »August Friebolin-Kapelle« und die »Karl Preiß-Kapelle«. Die Musiker der letztgenannten Kapellen versuchten zwar, ein Orchester zu gründen, doch blieben alle Versuche auf wenige Proben

Abb. 92: Fahnenweihe in Wöschbach (Blasmusikverband Karlsruhe) im Jahr 1906.

Abb. 93: Verbandsmusikfest des Blasmusikverbandes Karlsruhe am 12. und 13. Juni 1982 in Rheinstetten-Mörsch. Auf der Festwiese treffen sich die Kapellen zu den Gesamtchören, vorn links die Musikkapelle Záhoranka aus der Tschechoslowakei.

oder Auftritte beschränkt. Erst 1920 vermochte eine neue Generation die älteren Rivalitäten beiseite zu schieben[160]. In Wiesental bereiteten Lorenz Rolli und Andreas Wittmer in den ersten Jahrzehnten des 20. Jahrhunderts den Boden für die Gründung des Musikvereins »Harmonie«[161].

In Langenbrücken beschloß der Verwaltungsrat der Freiwilligen Feuerwehr im Jahr 1921 eine Musikkapelle ins Leben zu rufen. Interessant, wie man sich damals dort behalf: Da die Bauern in Langenbrükken vom Tabakanbau lebten, sammelten die Feuerwehrleute bei der Tabakabwaage und erhielten von den Bauern Büschel um Büschel, – bis letztlich aus dem Verkauf des gesammelten Tabaks ein Betrag von 1750.- Mark zustandekam, der zum Ankauf gebrauchter Instrumente ausreichte[162]. Auch in Burbach gelang es 1924 nicht ohne Darlehen und ohne Eigenbeteiligung der Musiker, die finanziellen Mittel für die Grundausstattung an Musikinstrumenten einzukaufen[163]. In Rußheim bestand um 1875 bereits eine Musikkapelle aus je zwei Klarinetten, Trompeten, Hörnern und einem Baß, die Dirigent Braun leitete, doch kam es erst 1927 zu einer offiziellen Musikvereinsgründung[164]. Blättern wir in den Vereinschroniken, so treffen wir auf Erscheinungen, die fast in allen Musikkapellen zu bestimmten Zeiten, verbunden mit bestimmten gesellschaftlichen und politischen Ereignissen eintreffen. In diesem Sinn gleichen sich die Gründungsberichte und Entwicklungen in Busenbach, Etzenrot, Kleinsteinbach, Neuthard und Spöck 1920[165], in Karlsruhe-Knielingen, Langenalb und Ubstadt im Jahr 1921[166] sowie in Karlsruhe-Rüppurr[167], aber auch in Menzingen und Oberöwisheim im Jahr 1930[168]. Manche

Vereinsgründung hat allerdings ihre Besonderheit. In Völkersbach etwa entstand 1928 ein Radsportverein. Doch nach dem ersten gesellschaftlichen Ereignis dieses neuen Vereins, einem »Maskenball«, stellte sich heraus, daß zwar schon mehr als vierzig Mitglieder sich für das Radfahren interessierten, daß aber ohne Musik die Sache doch nicht auf längere Zeit hin attraktiv sei. Und so bildete sich im Schoß des Radsportvereins eine Gruppe junger Männer, die zusammen musizieren wollten. Dirigent Ludwig Westermann aus Malsch begann 1930 mit der Probenarbeit, nachdem jeder Musiker 100.- RM eingezahlt hatte, ein Kredit von 2000.- RM zur Verfügung stand – sowie der noch sechs Mitglieder umfassende Gesangverein »Edelweiß« sich auflöste und das restliche Vereinsvermögen der Musikkapelle zur Verfügung stellte[169]. Daß in Neuenbürg vor dem vereinsmäßigen Zusammenschluß der Musiker zum »Musikverein« im Jahr 1931 bereits Musikergruppen aktiv waren, geht aus der (oben zitierten) Chronik der Musikkapelle Ittersbach hervor[170]. Der Musikverein Neibsheim, 1954 ins Vereinsregister eingetragen, kann eine Tradition zumindest bis in das Jahr 1920 zurück nachweisen[171]. Dagegen beackerten die treibenden Kräfte der Neugründungen in Unteröwisheim im Jahr 1956 wie in Schielberg im Jahr 1958 Neuland. In beiden Fällen bedurfte es idellen Einsatzes einzelner Persönlichkeiten, bei Schielberg allerdings im Rahmen der Freiwilligen Feuerwehr, um das Bewußtsein von der Notwendigkeit einer eigenen Musik in der Bevölkerung wachzurufen. In Unteröwisheim sei in diesem Zusammenhang Karl Trautmann genannt, in Schielberg A. Schwaab[172].

Abb. 94: Die Musikkapelle Weingarten (Blasmusikverband Karlsruhe) in den USA.

Der Musikverband Kinzigtal, gegründet 1922

Für den 22. September 1922 hatten Johann Herzog aus Aichhalden und Bürgermeister Wolber aus Schiltach zur Gründungsversammlung eines Musikverbandes im Kinzigtal eingeladen, wobei Wolber zum ersten Präsidenten gewählt wurde. 1925 folgte ihm in diesem Amt Fridolin Fleischmann aus Biberach, 1928 Sigmund Harter aus Unterharmersbach. 1935 kam es zur Überleitung des Musikverbandes Kinzigtal in die Fachschaft Volksmusik der Reichsmusikkammer, das Verbandsvermögen in der Höhe von 1051.99 RM wurde eingezogen. Wilhelm Braun aus Schiltach und Engelhart Belli aus Wolfach fungierten bis zum Ausbruch des Zweiten Weltkrieges als Bezirksleiter. In den zwanziger Jahren fanden Verbandsmusikfeste u.a. in Aichhalden (1923), Biberach (1924), Steinach (1926), Alpirsbach (1927) und Unterharmersbach (1929) statt.

Die Wiedergründung nach dem Ende des Zweiten Weltkrieges fand am 26. März 1950 in Haslach statt. Auf Nikolaus Nehling, der damals zum Verbandspräsidenten gewählt wurde, folgte bereits ein Jahr später Engelbert Belli. Der Musikbeirat setzte sich aus den Herren Eugen Lang, Wolfach, Wilhelm Dreher, Zell am Harmersbach, und Christian Friedrich Urspruch, Oberwolfach, zusammen. Das 1952 geschaffene Amt des Verbandsdirigenten nahm als erster Eugen Lang wahr; auf ihn folgten Willy Dreher, Zell am Harmersbach (bis 1958), Hans Hartwig, Gegengenbach (bis 1965), Hubert Fritsch, Oberharmersbach (bis 1977) und Günther Keller, Hausach. Für Engelbert Belli, der 1968 zum Ehrenpräsidenten des Kinzigtal-Verbandes gewählt wurde, übernahm dessen Sohn Helmut Belli das Präsidentenamt. Verbandsmusikfeste fanden statt in: Ortenberg 1951, Zell am Harmersbach 1952, Hornberg 1954, Kirnbach 1955, Gegenbach 1957, Zunsweier 1959, Ortenberg 1961, Schiltach 1964, Schenkenzell 1966, Fischerbach 1970, Ortenberg 1971, Nordrach 1972, Oberwolfach 1974, Schenkenzell 1975, Berghaupten 1976, Oberharmersbach 1977. Eine chronologisch nach den angegebenen Gründungsdaten geordnete Liste der Mitgliedskapellen des Musikverbandes Kinzigtal bezeugt zunächst einige Vereine, die als Anhängsel zu Bürger-Milizen (als Türkische Musikkapellen) in der ersten Hälfte des 19. Jahrhunderts in das Licht der Geschichte traten. Dann folgt – zwischen 1850 und dem Beginn des Ersten Weltkrieges – der überwiegende Teil aller Vereine der Region. Im Verhältnis dazu sind die jüngeren Vereine – seit 1919 – weitaus in der Minderzahl.

1781 Zell am Harmersbach	1894 Mühlenbach
um 1800 Haslach	1901 Biberach
1808 Wolfach	1902 Gutach
1811 Ortenberg	1903 Niederwasser
1818 Hausach, Schapbach	1905 Kirnbach
1824 Oberwolfach	1911 Prinzbach
1852 Oberharmersbach	1912 Lehengericht
1856 Gengenbach	1913 Welschensteinach
1873 Nordrach	1919 Fischerbach
1874 Schiltach	1920 Hofstetten
1875 Schenkenzell	1921 Kinzigtal
1876 Berghaupten	1924 Reichenbach bei Hornberg
um 1879 Hornberg	1925 Unterharmersbach
1881 Steinach	1950 Fussbach
1883 Ohlsbach	1951 Bad Rippoldsau
1892 Reichenbach bei Gengenbach	1952 Zunsweier

In Zell am Harmersbach und wohl auch in Haslach gehen die Anfänge einer Blaskapelle in das 18. Jahrhundert zurück. In einem Bericht aus Haslach heißt es u.a.: »Zu Anfang des 19. Jahrhunderts hatte Haslach ... zum Schutze des Vaterlandes eine Bürgergarde, bestehend aus Infanterie und Cavallerie. Bei den vorkommenden Festlichkeiten, weltlichen wie kirchlichen, wurde zur Verherrlichung des Festes ausgerückt. Die Infanterie hatte eine türkische Musikkapelle unter der Leitung des Läufers, genannt ›Lichtenläufer‹. Unter den Mitgliedern dieser Kapelle befand sich auch Lampert Fischinger, Schmied, bis er zum Militär gezogen wurde. Im Jahre 1836 erhielt er seinen Abschied und trat in die Musikkapelle ein. Im Jahre 1837 machte die Lahrer Cavallerie mit Musik einen Besuch in Haslach, wobei die Musik bei der ganzen Haslacher Bürgerschaft einen solchen Anklang fand, daß bei vielen sich der Wunsch regte, auch in Haslach eine Cavalleriemusik zu gründen. Lampert Fischinger wurde noch im gleichen Jahr zum Kapellmeister der Cavalleriemusik gewählt. Diese Musik bestand aus 8 Mitgliedern. Bemerkenswert ist, daß diese Cavalleriemusik lauter Schimmel geritten hat, welche die Bauern der umliegenden Dörfer zur Verfügung stellten. Die Bürgergarde von Haslach, sowie die beiden Musikkapellen existierten bis zum Jahre 1848. Das Bürgermilitär wurde unter den damaligen Zuständen aufgehoben, die beiden Kapellen miteinander vereint und unter dem Titel ›Stadtmusik‹ von Lambert Fischinger als Kapellmeister weitergeführt. Im Jahre 1849 bestand die Musik schon aus 24 Musikern. Im Jahre 1866 tauchte zum erstenmal der Name ›Bürgermusik‹ auf. Im Jahre 1880 wurde abermals eine Stadtmusik gegründet«[173].

In der alten Reichsstadt Zell am Harmersbach erhält 1768 der Unterlehrer Simon Lüstner, »ein Böhm aus Prag«, den Auftrag, die Jugend in der Instrumentalmusik zu unterrichten. 1781 gilt als Gründungsjahr der heutigen Stadtkapelle: Damals werden dem Zeller Provisor Mathias Bürdle für Musikunterricht und »somithin mehrerer Beförderung der hiesigen Wallfahrt zu seinem Lohn aus der Statt Caße 10 Gulden« bewilligt. Zugleich ersuchen die bürgerlichen Musikanten den Rat, »zum besten der Wallfahrt und um unter sich bessere Ordnung zu halten«, eine eigene Zunft gründen zu dürfen. Das älteste Dokument über das Bestehen einer Türkischen Musik in Zell a. H. stammt aus dem Jahr 1802, als die Stadt in den Besitz des Kurfürsten von Baden überging. Bürgermilitär mit Fahne und Türkischer Musik begrüßte die einrückende badische Kommission. 1828 schloß sich die Türkische Musik zu einem Verein zusammen und 1838 entstand neben dieser »Blaskapelle« ein weiterer Musikverein, der unter der Leitung von Bürgermeister Moßmann – offensichtlich mit Streichinstrumenten – sich der Pflege der Musik Mozarts und anderer Meister widmete. Der Türkischen Musik wird bestätigt, daß sie »auch eine musikalische Bildungsschule für hiesige Bürgersöhne (sei), da hierdurch einem Jeden Gelegenheit geboten wird, ein beliebiges Instrument unentgeltlich erlernen zu können. Zum andern zieht diese Musik, wenn sie sich in einem möglichst vollkommenen Zustand befindet, welcher Zustand aber nur durch sehr häufige Übungen erzweckt werden kann, an den hohen Festtagen viel Fremde in den Ort, was für jeden hiesigen Bürger von bedeutentem pecunieren Nutzen ist«. Bis 1879 ist von der Türkischen Musik die Rede, danach taucht der Name Stadtmusik auf[174].

Im Jahr 1890 entdeckte man in der Großen Trommel der Musikkapelle Ortenberg eine Urkunde, die bestätigt, daß im Jahr 1811 in der Gemeinde durch den musikliebenden Vogt Michael Kitiratschki Instrumente für die Gründung einer Musikkapelle gestiftet worden seien. Erst fünfzig Jahre später gibt es weitere Berichte über diese Kapelle, so daß auf ein kontinuierliches Vereinsleben geschlossen werden kann[175]. Reichlicher als in Ortenberg fließen die Quellen in Schapbach. Da fanden sich schon in den achtziger Jahren Musikliebhaber zusammen, um in der Kirche Instrumentalmusik zu praktizieren. Doch der Pfarrer Markus Brenner wollte nur Gesang mit Orgelbegleitung hören. Erst als im Jahr 1805 die Kirche umgebaut wurde und die Orgel für

einige Zeit ausfiel, durfte ein Quintett, bestehend aus den drei Armbruster-Söhnen sowie Michael Zanger und Andreas Lehmann, den Chor begleiten. Es mußte demnach erst Pfarrer Brenner sterben, was am 28. Juni 1818 geschah, damit am 6. August 1818 Fidel Armbruster aktiv werden konnte. Alle Musiker und Musikliebhaber wurden zusammengerufen, und bald musizierte man zu Zehnt. Ein Jahr später war dann auch der Nachwuchs so weit, um eine vollständige Türkische Feldmusik einzurichten. 1824 konnte ein eigenes Vereinslokal eingeweiht werden. Als jedoch Fidel Armbruster im Jahr 1837 starb, da begannen Rivalitäten innerhalb der Kapelle, so daß zeitweise zwei Kapellen nebeneinander in Schapbach auftraten[176].

Die Musikkapelle in Oberwolfach erhielt sowohl vom weltlichen Vogt, Lorenz Haas, wie vom geistlichen Herren ideelle und finanzielle Unterstützung, als Lehrer Conrad Müller im Jahr 1824 mit den Proben begann. Zwei Jahre später ließ man sich erstmals bei der Fronleichnams-Prozession hören (was verhältnismäßig lang erscheint, wenn man dies mit den Berichten von anderen Kapellen vergleicht, die zumeist schon nach wenigen Monaten in der Öffentlichkeit auftraten!). 1827 datiert sogar ein »Kreisdirektoral-Erlaß«, wonach die Oberwolfacher 11 Gulden »zur Unterhaltung der Instrumente des Musikvereins« erhalten sollten. Die Revolutions-Wirren der 1848er-Jahre führten zwar zur Auflösung der Bürger-Miliz, doch die Musikkapelle ließ sich davon nicht stören. Daß damals – wie heute – nicht alle Lehrer der Blasmusik gewogen waren, geht aus der Beschwerde des Lehrers Dilger hervor, die dieser 1870 dem Bezirksamt in Wolfach übermittelte, weil die Musikkapelle in der Schule ihre Proben abhielt: »Die hiesige Musik ist eine sogenannte Türkische Musik und eine solche macht, wie jedermann weiß, viel und großen Lärm . . . Ich habe drei Kinder, wovon das jüngste schon früh zu Bett gelegt werden muß, wird aber durch diesen Lärm aufgeweckt und kann oft die ganze Nacht nicht mehr zum Schlafen gebracht werden . . . Daß die Musikanten in obiger Beziehung auf den Lehrer und seine Familie gar keine Rücksicht nehmen, bezeugt die Nacht auf den 1. Mai, wo dieselben bis nachts 4 Uhr zechten, lärmten und tobten und nach 4 Uhr den Spektakel erneuerten«. Da der Lehrer zudem das »nervöse Kopfweh der Schwiegermutter« ins Treffen führen konnte, untersagte das Bezirksamt weitere Proben im Schulhaus[177].

Obgleich wir mit Oberharmersbach in die zweite Hälfte des vorigen Jahrhunderts schreiten, eine Zeit, in der die Bürger-Milizen in der Regel ihre

Abb. 95: Die Musikkapelle Biberach/Baden (Musikverband Kinzigtal) aus der Zeit um 1893.

Funktion und Berechtigung eingebüßt hatten, bleibt doch die Tradition so lebendig, daß die Oberharmersbacher noch heute den Titel »Miliz- und Trachtenkapelle« führen. Die Uniform der paramilitärischen Formation erhält Trachtencharakter. Dabei ist die Musikkapelle in Oberharmersbach keinesfalls als dienende Einheit einer anderen Organisation begründet worden. Im Gegenteil. Auf dem Hubhof einerseits und auf dem Jedensbachhof andererseits bildeten kinderreiche Familien mit ihren »Dienstvölkern« Blaskapellen, die bei allerlei Gelegenheiten in Wirtshäusern und bei Familienfesten aufspielten. Nach dem Krieg 1870/71 begann der Postkurier Benjamin Haaser, ein ehemaliger Militärtrompeter, mit dem Aufbau einer neuen Blaskapelle. In den achtziger Jahren machte die Spitzmusik im Dörfle von sich reden. Dann nahm sich der Lehrer Karl Wehrle der Musik an; seine »Dorfer Musik« zählte um die Jahrhundertwende 21 Mitglieder. Die jüngere Geschichte der Oberharmersbacher Miliz- und Trachtenkapelle ist durch das Auftreten in historischen Trachten und ein in zahlreichen Wertungsspielen bewährtes musikalisches Niveau geprägt[178].

Heinrich Hansjakob versetzt in seiner Erzählung vom »Vogt auf Mühlstein« das Auftreten der Nordracher Musikanten in das Jahr 1784: Damals feierten die Nordracher Kilbi mit einem Tanz in der Ratsstube. Mündliche Überlieferung weiß zu berichten, daß der Kaufmann Benjamin Spitzmüller um das Jahr 1872 erster Kapellmeister der Blaskapelle im Ort geworden sei. Nicht weniger als siebzehn Bürgersöhne meldeten sich damals, um unter Leitung Spitzmüllers mit der Probenarbeit zu beginnen. Und da alle mit Begeisterung bei der Sache waren, konnte man bald weltliche und geistliche Feste im Ort mit Musik umrahmen, aber auch, mit »Roß und Bernerwägele« reisend, in der Umgebung sein Können hören lassen. Als es Nachwuchsschwierigkeiten gab, übernahm im Jahr 1903 der damals junge Lehrer Heinrich Blattmann die Ausbildung junger Bürgersöhne. Bei der Grundsteinlegung zur neuen Pfarrkirche musizierten daher im Jahr 1904 zwei Kapellen, die alte und die junge Kapelle, nebeneinander, – woraus naturgemäß Rivalitäten entstanden[179]. Die Schiltacher Stadt- und Feuerwehrkapelle entwickelte sich 1873/74 aus dem Krieger- und Veteranenverein. Doch mochten die Musiker sich offensichtlich nicht gerne unterordnen; denn die Chronik berichtet mehrmals von Loslösungsbemühungen. 1882 fordert der Militärverein die Musiker auf, die Instrumente und Notenhefte zurückzugeben. Für 140 Mark kauften die Aichhaldener den gesamten Bestand. Nun sorgte – 1884 – die Feuerwehr für die Wiedergründung einer Musikkapelle. Aber da kam es dann wiederholt zu Reibereien mit dem Dirigenten. »Unser Dirigent zeigte wieder seine ganze Unfähigkeit und Widerspenstigkeit, so daß man nicht mehr zusammenarbeiten konnte«, lesen wir im Protokollbuch nach der Jahrhundertwende. Es muß sich wohl um Dirigent Mehnert aus Tübingen gehandelt haben, der trotz solcher Qualifikation von 1893 bis 1924 die Schiltacher führte [180]. Alte Bergmannstraditionen sind in Berghaupten lebendig geblieben, so daß ein Bild der 1876 gegründeten Musikkapelle des Ortes die Musiker in Bergmannstrachten zeigt [181].

Im Jahr 1981 feierte man in Steinach das einhundertjährige Bestehen der »Harmonie«. Doch gibt es eine Quittung aus dem Jahr 1831, aus der hervorgeht, daß damals eine Musikkapelle an Großherzogs Geburtstag aufgespielt hatte, und zudem ist das Notenbuch des Fabian Schöner erhalten, eines Steinacher Flügelhornisten, das um 1867 niedergeschrieben wurde (zum Zwecke des Mitmusizierens in einer Kapelle). 1881 fanden sich sechs Steinacher Bürger zusammen: Xaver Buchholz, Wendelin Kraier, Augustin Schultheiß, Georg Schmidt, Matthias Brucker und Xaver Schwendemann, der spätere Bürgermeister der Gemeinde. Karl Brucher aus Unterharmersbach konnte als Dirigent gewonnen werden; er legte den Weg zu den Proben nach Steinach zu Fuß zurück! Mit Hilfe eines Darlehens konnten Instrumente gekauft werden. Eine offizielle Vereinsgründung erfolgte jedoch erst 1895. Damals gehörten 18 Mitglieder der Kapelle an. Als Hauptlehrer Heitz die musikalische Leitung übernahm, wuchsen die musikalischen Ambitionen. Beim Preisspielen des Oberbadischen Musikverbandes in Endingen am Kaiserstuhl am 17. August 1902 beteiligte sich der Kinzigtäler Verein aus Steinach, um mit der Ouvertüre »Mignonette« einen dritten Preis zu erringen. Im Jahr 1926 feierten die Steinacher im Rahmen eines Gaumusikfestes ihr 45jähriges Bestandsjubiläum [182].

Die Gründung der Ohlsbacher Musikkapelle ist nicht unabhängig von der Erbauung der katholischen Pfarrkirche zu sehen: Ging es doch damals – 1883 – darum, die kirchlichen Feierlichkeiten würdig zu gestalten [183]. Die Ohlsbacher wiederum unternahmen 1892 einen Ausflug nach Durbach und kehrten auf der Rückfahrt in Reichenbach ein, um dem Holzhändler Philipp Braun ein Namenstags-Ständchen zu bringen. Braun stiftete den Ohlsbachern im Gasthof zur Stube einen Trunk, es wurde weiter musiziert . . . und dabei mag den Reichenbachern (bei Gengenbach) wohl die Idee gekommen sein, auch eine Musikkapelle zu gründen. Der Vorstand des Militärvereins, Max Beiser, beauftragte unmittelbar danach den musikbegeisterten Schneider Georg Bruder, junge Leute für die Gründung einer Musikkapelle anzuwerben. Beim Gengenbacher Dirigenten H. Friedmann wurde gemeinsam Unterricht genommen (für sechs Mark pro Probe!). Für den Ankauf der Instrumente mußten 550 Mark aufgenommen werden. Als im Jahr 1896 der erste Leiter der Kapelle, Georg Wußler, tödlich verunglückte, kam es zu einer Krise, die jedoch durch das Anlernen jüngerer Leute gemeistert werden konnte [184]. Auch in Mühlenbach erfolgte die Musikvereinsgründung mit Hilfe des Militärvereins, der die finanziellen Mittel für den Ankauf der Instrumente zur Verfügung stellte. Lehrer Laub aus Haslach leitete den musikalischen Aufbau [185].

Um 1880 bestand in Biberach/Baden eine sogenannte »alte Musik«, die bei allen privaten Anlässen, bei Hochzeiten, Tanzvergnügungen, Vereinsbällen, aber auch bei Kirchenfesten und vaterländischen Feiern mitwirkte. »Es war im Jahr 1901, als sich etliche junge Männer zusammenfanden, um eine Musikkapelle zu gründen. Anschluß an die damals bestehende Musik konnten sie nicht finden, da niemand den Lehrmeister machen konnte oder wollte. Der damalige Werkmeister aus der Krämerischen Zigarrenfabrik, Friedrich Schropp, selbst mit Leib und Seele Musiker, nahm sich der Sache an, und bald tönte aus jedem Haus Trompetenblasen und Posaunengeschmetter . . . Die Instrumente mußte jeder sich selbst beschaffen«. So wuchs langsam die neue Musik neben der »alten« heran, um seit 1908 allein das »Feld zu beherrschen« [186].

Wer Gutach hört, denkt an das Schwarzwälder Freilichtmuseum – und an die Trachtenkapelle. Leider fehlen aus älterer Zeit Quellen, die über Musiker oder Musikergruppen dort Auskunft geben würden. Einzig der Hinweis auf Pfarrer Eduard Lamerdin, der während seiner Dienstzeit von 1887 bis 1893 in Gutach einen Posaunenchor gegründet hatte, bestätigt, daß der Wunsch, im Jahr 1902 eine eigene Musikkapelle im Ort zu haben, nicht ganz ohne Tradition hervorbrach. Doch: »Nicht alle Bürger sahen im Musikverein einen Gewinn für das Dorf, vielmehr einen verlängerten Arm des Bösen, eine Aufmunterung zu gottloser Lustbarkeit und nicht

Abb. 96: Die Musikkapelle Hofstetten (Musikverband Kinzigtal) im Jahr 1920.

Abb. 97: Die Musikkapelle Kinzigtal (Musikverband Kinzigtal) im Jahr 1967.

zuletzt eine jugendliche Gruppe, die unter dem Vorwand der Musik sich alkoholischen Exzessen hingab. Ein Glück, daß die ›Obrigkeit‹, der damalige Bürgermeister Johannes Wöhrle, ein Freund und Förderer des Musikvereins war. Auch der vielseitige Pfarrer Nuzinger trug mit dazu bei, daß die Musikkapelle zu einem festen Bestandteil der Gutacher

wurde«. Dem Ortsfremden muß man dazu sagen, daß Gutach eine evangelische Gemeinde ist. Dirigent Gustav Ecker aus Hausach beschränkte das öffentliche Auftreten in der Regel auf Kaisers und Großherzogs Geburtstag sowie auf kirchliche Feste. Pfarrer Nuzinger schuf mit dem seit 1902 in Gutach abgehaltenen Ertedankfestzug eine weitere repräsentative Spielgelegenheit[187]. Ebenso wie in Gutach so ist auch in Kirnbach Blasmusik mit der Tracht verbunden. Zwar 1905 auf Anregung des Militärvereins gegründet, sodann musikalisch überdurchschnittlich gut geführt (beim ersten Verbandsmusikfest des Kinzig-Gauverbandes badischer und württembergischer Musikvereine am 20. Mai 1923 in Aichhalden konnte ein 1c-Preis errungen werden), – vor allem aber durch das erste Auftreten in Tracht beim Trachtenfest in Stuttgart 1925 (!), wußten die Kirnbacher Heimat und Volkstum mit musikalischen Ansprüchen zu verbinden. Nicht zuletzt trugen zu dieser Besinnung die langjährigen Dirigenten der Kirnbacher, Georg Breithaupt aus St. Georgen (1913–1936) und Engelbert Belli (1950–1966), bei[187].

Unmittelbar nach dem Ende des Ersten Weltkrieges konnten sich einige Gemeinden den zumeist lange gehegten Wunsch erfüllen, eine eigene Musikkapelle zu haben. In Kinzigtal, so berichtet der Chronist, »fand es der Militärverein (um die Jahrhundertwende schon) unerträglich, daß bei Anlässen wie Kaisers Geburtstag oder beim Geburtstag des Großherzogs keine Musik spielte«. Die Aufbruchstimmung der zwanziger Jahre führte zu den Neugründungen in Fischerbach (1919), in Hofstetten (1920), in Kinzigtal (1921), in Reichenbach bei Hornberg (1924) und in Unterharmersbach (1925). Von Vorteil mochte sein, daß damals Bestände der Militärkapellen günstig angeboten wurden oder »vergessene« Instrumente leicht zu beschaffen waren. Die Kinzigtäler etwa erstanden für 23 Mark aus Lauterbach einen »Riesenpacken verschiedener Musikwerke«, was in der damaligen »notenlosen Zeit« zweifellos von großer Wichtigkeit war. Sehr früh – ein Bild aus dem Jahr 1930 bezeugt es – traten auch die Kinzigtäler in heimatlicher Tracht auf[189].

In der nach Gründungsdaten geordneten Liste der Mitgliedskapellen des Musikverbandes Kinzigtal führt Fussbach die Neugründungen nach dem Zweiten Weltkrieg an. In Wirklichkeit gab es jedoch in dieser Gemeinde bereits um 1870 eine Blaskapelle. In den Protokollbüchern der Freiwilligen Feuerwehr Bermersbach ist zudem davon die Rede, daß die Fussbacher die Dreikönigs-Familienfeier in Bermersbach musikalisch umrahmten. Bis 1933 gibt es mehrere Zeugnisse für das Wirken dieser Fussbacher Musikkapelle. Den Wiederbeginn im Jahr 1950 verdankt die Kapelle Bernhard Bischler. Noten und Instrumente der alten Kapelle konnten zum Teil aufgefunden werden. Als Dirigent wirkt zunächst Hans Schuh aus Biberach, anschließend (bis 1957) Hans Hartwig aus Gengenbach[190].

Der Markgräfler Musikverband, gegründet 1921

Der Name »Markgräfler« erscheint bereits im Titel des ältesten Blasmusikverbandes im deutschsprachigen Raum, des »Breisgau-Markgräfler-Musikverbandes« von 1892, zu dessen Gründungsmitgliedern der Krozinger Arzt Dr. Albert Schelb gehörte. Nach dem Ende des Ersten Weltkrieges, als der Oberbadische Musikverband immer mehr Kapellen zu betreuen hatte und als zudem beim Verbandsmusikfest in Ettenheim im Jahr 1921 im Anschluß an das Preisspielen Spannungen auftraten, da kam es am 14. August 1921 in Buggingen zur Gründung eines »Unteren Markgräfler Musikverbandes«. Die Reihe der Präsidenten dieses Verbandes eröffnete Fritz Maier aus Buggingen (1921/22), gefolgt von Heinrich Tritschler aus Krozingen (1922–1929), Anton Münkel aus Schlatt (1929–1933), Karl Geiger aus Badenweiler-Oberweiler (1933–1935), Fritz Geppert aus Hügelheim (1950–1952), Leo Grozinger aus Neuenburg (1952–1970), Peter Steinbrecher aus Freiburg (1970–1977) und Hugo Neymeyer aus Bad Krozingen. Die Reihe der Verbandsdirigenten ist wesentlich kürzer, da Albin Felming aus Müllheim von 1921 bis 1952 dieses Amt erfüllte und danach Karl Zettelmayer aus Müllheim (bis 1974) und Otto Daiger aus Staufen-Grunern die musikalischen Geschicke des Verbandes leite(te)n.

Alljährlich wurden Verbandsmusikfeste abgehalten: 1922 in Krozingen, 1923 in Müllheim, 1924 in Untermünstertal, 1925 in Pfaffenweiler, 1926 in Grunern, 1927 in Hartheim, 1928 in Oberweiler-Badenweiler, 1929 in Buggingen und Hügelheim, 1930 in Krozingen, 1931 in Bellingen und 1932 in Wettelbrunn. Nach der kriegsbedingten Pause folgten weitere Verbandsmusikfeste u. a. 1951 in Grunern, 1952 in Staufen, 1954 in Schliengen, 1956 in Neuenburg, 1960 in Heitersheim, 1964 in Müllheim, 1966 in Grunern, 1969 in Müllheim, 1969 in Buggingen, 1976 in Wettelbrunn. Das Erste Internationale Jugendkapellentreffen des Bundes Deutscher Blasmusikverbände richtete im Jahr 1969 die Stadtmusik und Jugendkapelle Staufen im Breisgau aus. In einer Festschrift zum fünfzigjährigen Bestandsjubiläum des Markgräfler Musikverbandes im Jahre 1973 ist die Chronik dieses Verbandes von Walter Fauler in Bad Krozingen in mustergültiger Form erstellt worden[191].

Bereits im 19. Jahrhundert ist die Aufbauphase der Musikkapellen im Bereich des Markgräfler Musikverbandes so gut wie abgeschlossen. Die nach 1900 gegründeten Vereine lassen sich – mit wenigen Ausnahmen – ebenfalls in diese Zeit zurückführen.

1530 Badenweiler	1879 Buggingen,
1724 Staufen	Grißheim
1740 Kirchhofen	1885 Münstertal
1793 Heitersheim	1888 Bremgarten,
1812 Müllheim	Schliengen
1825 Biengen	1889 Eschbach
1826 Grunern	1892 Wolfenweiler-
1854 Tunsel	Schallstadt
1855 Ballrechten	1893 Auggen
1863 Neuenburg,	1910 Norsingen
Untermünstertal	1919 Offnadingen,
1864 Bad Krozingen	Schlatt
1865 Britzingen,	1920 Bad Bellingen
Ehrenstetten	1921 Feldberg, Feld-
1866 Wettelbrunn	kirch, Liel
1870 Hügelheim	1925 Obereggenen
1871 Sulzburg	1926 Steinenstadt
1877 Hartheim	1929 Zienken

Mit dem Gründungsjahr 1530 gibt die heutige Trachtenkapelle Badenweiler ein Datum an, das offensichtlich weit vor jener Zeit liegt, in der Blasorchester in der für uns charakteristischen Besetzung mit Holz- und Blechblasinstrumenten sowie mit Schlagzeug möglich erscheinen. Doch weiß man andererseits, daß in Bergbaugebieten Sonderentwicklungen von Bläser-Schlagzeug- oder Pfeifer-Trommler-Gruppen seit dem 16. Jahrhundert denkbar sind. Im Zusammenhang mit bergmännischem Zeremoniell, mit den großen Knappschaftsaufzügen, den Bergwerksfeiern, den Schwerttänzen, entstanden neue Formen des instrumentalen Zusammenspiels. Auch die sogenannten »Bergreihen«, wie sie auf Flugschriften oder in Georg Rhaws »Bicinien« von 1545 begegnen, gehören in diesen Umkreis. Als Wandermusikanten trugen arbeitslose Bergleute ihre Musik durch die Lande. Um 1701 ist von einer solchen wandernden Hoboistenmusik der Bergleute in Freiberg in Sachsen die Rede sowie davon, daß die Knappen sich selbst Violinen und Blasinstrumente bauten und »ohne Mühe jede Instrumentalmusik bestreiten« könnten[192].

Badenweiler ist nun nicht allein wegen seiner Thermalbäder seit den Zeiten der Römer bekannt sondern auch wegen des Bergbaues. Schon im 2. Jahrhundert n. Chr. errichteten die Römer im jetzigen Oberweiler, wo heute die Hasenburg steht, einen Schmelzofen. Im Jahr 1028 wird der Bergbau neuerlich in einer Kaiserurkunde erwähnt. Seit 1530 lassen sich im Zusammenhang mit den Hüttenleuten (Schmelzmännern) in Oberweiler Musikanten nachweisen; und zwar ging es darum, durch heftiges Lärmblasen und Trommeln die Wildschweine aus dem Rebgelände zu verjagen und gegen die

Jagdknechte zu treiben, die mit Speeren die Tiere zu erlegen suchten. 1560 erwirbt Hans Michel Grether aus Oberweiler ein Blasinstrument für »2 Blaphart Plapperli«. 1576 machten Pfeifer und Trommler eine »gar grueliche« Musik, als zwei Juden gehängt wurden. 1592 spielte die Schmelzemusik bei einer Hochzeit und erhält dafür zwei Wildschweinschinken. 1602 gab es einen außergewöhnlich guten Herbst, und so hatte die Schmelzemusik »gar strenge zu tun«, in allen Ortschaften für die nötige Festlichkeit und Tanzunterhaltung zu sorgen. 1633 schließlich wurde die Schmelzemusik zusammen mit dem Britzinger Fähnlein von kaiserlichen Truppen gefangengenommen und nach Breisach gebracht. 1680 erfolgte die Wahl von Heinrich Sehringer zum Vogt der Musik. Zugleich mit dem Neubeginn des Bergbaues im 18. Jahrhundert hören wir auch wieder von der Schmelzemusik. 1772 stattete Markgraf Karl Friedrich von Baden, dem die Herrschaft Badenweiler unterstand, die damals fünfzehn Mann starke Musikkapelle mit einer neuen Uniform aus, bestehend aus kurzem, schwarzem Rock mit silbernen Schnüren und Einfassungen, Tschakos und Arschleder. Zugleich erhielten die Musiker »türkische« Musikinstrumente und gehörten damit zu den ersten im badischen Bereich, die der neuen Türkenmode in der Militärmusik huldigen konnten. 1810 musizierten zwanzig Mann in der Schmelzemusik, bei festlichen Anlässen ritt der Musikvogt auf einem schön geschmückten Pferd der Kapelle voran. Die Kämpfe im Revolutionsjahr 1848 führten zum Stillstand des Bergbaues. Die Musiker spielten in der Musikkapelle Oberweiler weiter und schlossen sich 1864 der Feuerwehr an. 1935 erfolgte die Eingemeindung Oberweilers nach Badenweiler, seit 1956 tritt die Kapelle in Markgräfler Tracht auf[193].

Im Zusammenhang mit dieser wichtigen Quelle für das bergmännische Musikbrauchtum sei auch auf den Musikverein (Trachtenkapelle) Untermünstertal verwiesen. Als es dort im Jahr 1863 zur Gründung einer Musikkapelle kommen sollte, da wiesen Felizian Walter und Karl Schmidt darauf hin, daß »Unsere ziemlich starke Musik ... früher vom Badischen Bergwerk dahier unterhalten (wurde), was Musikalien und Instrumente betrifft, – da aber in der Neuzeit weder vom Bergwerk noch von der Gemeinde eine Unterstützung zufließt, so bilden wir aus dieser Ursache einen Verein ...« Nun reichen die Dokumente über eine Bergmusik im Untermünstertal zwar nicht – wie in Badenweiler-Oberweiler – in das 16. Jahrhundert zurück, da dieses Bergwerk nach langer Stillegung erst im Jahr 1809 wieder in Betrieb genommen wurde. Jedoch gibt es im Gemeindearchiv Zeugnisse, die seit dem Jahr 1811 das Bestehen einer Musikkapelle bestätigen. Vogt Mutterer weist in einem Schreiben am 23. November 1822 u. a. darauf hin, daß in der Gemeinde »notorisch gute Musiker vorhanden sind, die sich ein Vergnügen daraus machen, ohne irgend eine Belohnung junge Leute, mögen sie sein im Tale wer sie wollen, sowohl in Vokal- als Instrumental-Musik gründlich zu unterrichten. Die Gemeinde hat es gar nicht nötig, sich in Unkosten zu setzen, besonders weil in der Kirche selbst noch hinlänglich Instrumente vorhanden sind ... bei Auflösung des Stiftes St. Trudpert sind sämtliche Musikalien mit blasenden und anderen Instrumenten der Pfarrgemeinde überlassen worden«[194].

In dem ehemals vorderösterreichischen Staufen im Breisgau, als Faust-Stadt weithin bekannt, seit mindestens 1337 mit Stadtrechten versehen, trägt Stadtpfarrer Johann Baptist Roggenbach in den Kirchenfondsrechnungen von St. Martin, 1724, folgende Ausgabe ein: »Dem Josef Almendinger wegen den Musikanten 2 mal Brot und Wein laut Schein bezahlt 5 Gulden und 9 Batzen«. Jahr für Jahr erscheinen anfort ähnliche Ausgabenposten. 1762 gibt der Kirchenfonds »für Musikalien und Instrumente 11 Gulden und 56 Kreuzer« aus. Daß es sich dabei um Blasinstrumente handelt, geht aus den Beilagen zu den Kirchenrechnungen 1763 und 1764 hervor: »... daß ich zwei neue Mundstückle auf die Drommethen [Trompeten] und 2 Mundstückle auf die Waldhörner aufgebogen und abgenommen habe tut zusammen 1 Gulden und 2 Kreuzer und mehr dazu ein altes aufgesetztes geflickt habe mit 3 Kreuzer, das tut zusammen 1 Gulden 5 Kreuzer; Staufen den 20 Weinmonat 1764, Franz Antoni Hugard«. 1771 erhält der Buchbinder Georg Thomas Obergfell für das Einbinden von 11 Musikalien 3 Gulden und 9 Batzen.

Im Jahr 1792 wird in Staufen das Musikkorps dem Schützenkorps eingegliedert. An Fronleichnam erscheinen die Musiker erstmals in ihrer neuen bunten Uniform mit roten Röcken, die grün ausgeschlagen waren und mit einem roten und gelben Federbusch. Johann Weinmann hatte zur Anschaffung dieser Uniformen einen Betrag von 100 Gulden zur Verfügung gestellt. Unter dem Kapellmeister Josef Metzger, Färbermeister und Klarinettist, traten folgende Musiker an (lt. Stadtprotokollbuch):

» 1. Josef Mutterer, Seckler und Waldhornbläser
2. Josef Anton Stoll, Kupferschmied, ein Knabe, Waldhornbläser
3. Gervas Hirtz, Lehrer und Trompetist
4. Franz Dietz, Glaser und Bikolobläser

5. Josef Anton von Khuon, ein Knabe und Bikolobläser
6. Alois Binkert, Färber mit dem halben Mond [!]
7. Johann Georg Dietz, Küfer, mit der großen Trommel
8. Josef Maurer, ein Knabe, Clarinettist
9. Fiedl Dietz, Küfer und Tambur
10. Gaudenz Gallus, Beck und Tambur
11. Anton Dietz, Knopfmacher und Pfeifer
12. Alois Maurer, Seiler und Pfeifer.

Fagotbläser und Blatenschlager waren noch nicht besetzt.«

Die Liste ist deshalb so interessant, weil die in diesem Buch abgebildete Schützentafel aus dem Staufener Rathaus von 1802 (Abb. 39, S. 79) die genannten Männer zeigt. Zudem erfahren wir daraus, welche Berufe die Musiker ausübten, welche Besetzung genau gegeben war – und daß es sich um eine Türkische Musik – mit »halbem Mond« = Schellenbaum – und Blatenschlager (Beckenschläger) handelte. Daß die Verbindung des Musikkorps mit den Schützen zu manchen Unstimmigkeiten führte, zeigt ein Bericht Hugards aus dem Jahr 1820: »Bereits 29 Jahre kenne ich die hiesige Schützenmusik, im Jahre 1792 war ich als Klarinettist dabei und weiß, daß es unter Hauptmann Fischer und Kapellmeister Frey schon Auftritte gegeben hat, wegen einiger Musikanten, die immer ihre eigene Köpfe hatten und sich nie in die Ordnung fügen wollten«. Und dann verweist der Schreiber darauf, daß in Fällen solcher Disziplinlosigkeit in Freiburg die Schuldigen längst mit »Turm, Wasser und Brot« bestraft worden wären. 1813 begann Lehrer Kriechbaum mit dem Aufbau einer Knabenmusik. Von Kriechbaum heißt es aber auch: »Im Jahre 1814 hat der neue Kapellmeister die spitzige Grelle des Tones dem Musikkörper genommen und einen leichten reinstimmigen Ton gefunden; Fronleichnam und Annnatag sind die einzigen Tage, an denen das Musikchor mit der Prozession geht. Das Musikchor hat dabei zu sein, das ist schön, löblich und anständig, sowohl zur Ehre Gottes als auch der ganzen Stadt Staufen«.

Musikalische und gesellschaftliche Qualifikationen sind hier in trefflicher Formulierung vereint. 1831 wurde für das Musikchor ein »Serpent« angeschafft, ein eher seltenes Baßinstrument.

1843 bis 1848 gehörte die Musikkapelle dem Bürgermilitär an. Das führte zu Schwierigkeiten im Jahre 1848. Bei den Barrikadenkämpfen in Staufen fanden fünf Weiler Musiker den Tod. In den folgenden Jahrzehnten wechseln erfolgreiche mit weniger erfolgreichen Auftritten ab, oft beteiligte sich die Musikkapelle an Preis- und Wertungsspielen und er-

Abb. 98: Die Musikkapelle Bad Krozingen (Markgräfler Musikverband) um das Jahr 1900.

rang dabei schöne Erfolge, u. a. beim Bundesmusik-fest in Karlsruhe im Jahr 1958[195].

Kirchhofen, die Heimat des Schubert-Freundes Johann Baptist Jenger (1793–1856)[196], besaß seit 1740/41 eine Kirchen- und Wallfahrtsmusik, die der Lehrer Aurelius Gilli leitete. Gilli und sein gleichnamiger Sohn verstanden es, die musikalischen Leistungen der Kapelle auf solches Niveau zu heben, daß man selbst in Staufen und Freiburg darauf aufmerksam wurde. Von 1793 bis 1834 stand Anton Jenger, der Vater des Johann Baptist, der Kapelle vor. Unter seiner Direktion erfolgte 1810 die Umwandlung in eine Türkische Musik und in die Bürgermilitärkapelle. Die 1848er Unruhen gingen an den Kirchhofenern nicht spurlos vorüber, die Musikkapelle nannte sich nun »Bürgermusik« und trat 1869 der Feuerwehr bei. Und dabei blieb es bis 1960: In diesem Jahr erfolgte die Einkleidung in Tracht und die Umbenennung in »Feuerwehr- und Trachtenkapelle Kirchhofen«[197]. »Am 25. August 1793 am Fest des Heiligen Kirchenpatrons Wein gegeben 12 Schützen und 3 Musikanten...«, heißt es

in einer Rechnung des Schiffwirts Jakob Walz aus Heitersheim – und von daher datiert der Musikverein Heitersheim seine Entstehung. Es blieb jedoch nicht bei den drei Musikern. Landsturm und Bürgerkorps bedurften eines repräsentativen Musikkorps, und als gar im Jahre 1810 der Großherzog von Baden nach Heitersheim kam, um dem Ort die Stadtrechte zu verleihen, da wurden Schützenkorps und Musikkorps neu uniformiert. 1847 paradiert das Bürgermilitär mit Musik am Bahnhof, als die Eisenbahnlinie von Freiburg nach Schliengen eröffnet wird. Und 1848 kommt der Advokat Struve mit 3 000 Mann nach Heitersheim, um hier die Republik auszurufen. Doch der Spuk ist bald vorbei. Die Musiker beschränken sich danach wieder eher auf den Kirchendienst. Am 8. Dezember 1877 findet im Gasthaus zum Ochsen die Gründung des »Musikvereins Heitersheim« statt[198].

Die Einrichtung eines Musikkorps in Müllheim erfolgte aufgrund eines Stadtratsbeschlusses im Jahr 1812, »um sowohl dem Stadt-Militär, als auch der Kirche durch Musik mehr Ansehen und Erhebung zu verschaffen«. Die Stadt beschaffte demnach die Instrumente und ernannte den Musikus Sommerlat zum Dirigenten. Nach der Auflösung dieses Korps in der Folge der 1848er-Ereignisse erfolgte 1863 die formelle Gründung des Musikvereins Müllheim[199]. In der kleinen Gemeinde Biengen werden 1818 fünf Hoboisten (Bläser, Militärmusiker) benannt, die für ihr Spiel am Patrozinium und an Fronleichnam entlohnt wurden. Die Geschichte der Musikkapelle beginnt jedoch mit dem Jahr 1825, da der Grundherr Generalleutnant Friedrich Karl von Wangen eine Türkische Musik gründen ließ und zu diesem Zweck aus Österreich einen Bediensteten namens Lingen holte, »um als Lehrer und Dirigent der zu gründenden türkischen Musik tätig zu werden«[200]. Die Gründung der Musikkapelle in Grunern hängt offensichtlich damit zusammen, daß der Ort schon in der ersten Hälfte des 18. Jahrhunderts wegen seiner Mineralquelle als Kurort gerne aufgesucht wurde. Pfarrer Blasius Metzger gab den Anstoß zur Gründung und wurde 1826 der erste Dirigent der Kapelle, die vor allem den Kurgästen aufzuspielen hatte[201].

Es sei an dieser Stelle auf eine Besonderheit bei der Gründung von Musikkapellen hingewiesen: In der Begründung für das gemeinsame Musizieren in einer Blaskapelle wird nicht mehr, wie in früheren Zeiten, auf die Gebrauchsfunktion der Gruppe hingewiesen, sondern es hat sich nun die Idee der absoluten Musik, des »zweck-und interesselosen Wohlgefallens« (Kant) an der Musik in allen Kreisen der Bevölkerung durchgesetzt. Als Beispiel dafür der § 1 der Satzungen der 1865 gegründeten Stadtmusik Neuenburg in der Fassung von 1878: »Der Zweck des Vereins ist, durch den Vortrag gut ausgewählter Musikstücke den Sinn für das Schöne und Edle im Volke zu wecken und dasselbe hierdurch zu erheitern und zu unterhalten«. Das »Schöne und Edle« wird damit als absoluter Wert im kulturellen Bildungsprogramm gesehen. Deshalb bedarf es aber auch einer integren menschlichen Haltung, um in die Musikkapelle aufgenommen zu werden: Nur unbescholtene Personen, die das 14. Lebensjahr vollendet haben, können aktive Mitglieder werden. Wer dem Verein beitreten will, muß einen schriftlichen Antrag vorlegen, über den die Mitglieder in geheimer Abstimmung entscheiden. Spätestens 14 Tage danach hat der Antragsteller vom Ergebnis der Abstimmung unterrichtet zu werden. »Bevor öffentliche Vorträge, Conzerte, Tanz-, Fest- oder Trauermusik abgehalten werden darf, hat sich der Verein zu versammeln und wird fraglicher Anlaß nur mit Stimmenmehrheit der Abstimmung ausgeführt.

Kommt nun eine solche Aufführung zustande, so darf unter keinen Umständen sich ein Mitglied weigern, davon wegzubleiben«. Das heißt, innerhalb der aktiven Mitglieder herrscht eine klubähnliche Atmosphäre mit demokratischen Spielregeln. Wer eine Probe unentschuldigt versäumte, hatte 10 Pfennige zu zahlen. Die Statuten machen es den Vereinsmitgliedern aber auch zur Pflicht, sich taktvoll zu benehmen, Trunksucht, Streit und Schlägerei zu meiden. Wer dagegen verstieß, zahlte drei Mark. Bewußt wollte man sich damit von dem Verdikt freihalten, Blasmusiker würden eher des Bier- oder Weinkonsums als der Musik wegen sich zusammenfinden[202].

Das Muster einer Festschrift zum einhundertjährigen Jubiläum liegt aus Bad Krozingen vor. Zwar drucktechnisch nicht so aufwendig wie sonst in der Regel gestaltet, jedoch inhaltlich mit wissenschaftlicher Akribie formuliert und durch Dokumente angereichert (ohne Anzeigenteil!): So läßt sich nicht allein für alle Beteiligten und die eigene Gemeinde sondern für musikhistorische und volkskundliche Forschungen allgemein zeigen, wie und warum und mit welchem Ergebnis Blasmusik im gesellschaftlichen Leben einer Gemeinde bedeutsam erscheint. Die Musikgesellschaft Krozingen wurde 1864 gegründet, später in »Musikverein« und in »Feuerwehrmusik« umbenannt, in die Kapellen Rietsch und Schieß, den »Musikverein Krozingen« und die Kapelle Schillinger geteilt, 1947 zum »Musikverein Bad Krozingen«, und schließlich Gemeindekapelle, der im Zusammenhang mit dem Kurbetrieb mannigfache Aufgaben zufallen[203]. Als im Jahr 1863/64 die Schmelze in Oberweiler (Badenweiler) aufgelassen wurde, da traf dies auch viele Bewohner des benachbarten Britzingen hart. Die Männer waren nun arbeitslos, die Schmelzemusik der Bergleute hörte zu existieren auf. In dieser wirtschaftlich schwierigen Zeit entschlossen sich die aus Britzingen stammenden Musiker der Bergkapelle von Badenweiler-Oberweiler eine eigene Musikkapelle zu gründen. Dies geschah im Jahr 1865, Kapellmeister Rahm aus Badenweiler übernahm die musikalische, Gillmann Träris die organisatorische Leitung des jungen Vereins, der 1874 in den Britzinger Militärverein sich integrierte. Bei der Wiedergründung im Jahr 1919 stand der »Hirzenklub« Pate[204].

Eine Besonderheit ist auch aus Hügelheim zu berichten: Dort musizierte der Schreiner Johann Georg Heid (1817–1905) zusammen mit seinen drei Söhnen und fünf Töchtern auf Streichinstrumenten: Eine weit über das Dorf hinaus gesuchte Kapelle. Die »Heidenmusik« begleitete nach Bedarf auch den seit 1846 bestehenden örtlichen Gesangverein, den ebenfalls J. G. Heid dirigierte. Im Jahr 1880 kam es zu einer Ausweitung dieser Gruppierungen, es entstand der »Gesang- und Musikverein«. 1906 schließlich machte sich der Musikverein unter der Leitung von Rudolf Heid, dem jüngsten Sohn des J. G. Heid, selbständig[205].

Geradezu spannend liest sich die Chronik der Stadtmusik Sulzburg (und der Verfasser bedauert daher, an dieser Stelle nur allzu kurz daraus zitieren zu können). Im Jahr 1864 kam es in Sulzburg zur Gründung der Feuerwehr, die sich sogleich bereit erklärte, für die Errichtung einer Feuerwehrmusikkapelle die nötigen Geldmittel zu beschaffen. »Das Echo war groß, denn seit Jahren wünschte man sich in der Stadt nichts sehnlicher, als eine Musik«. Sogleich wurden Instrumente beschafft, der Sulzburger Bürger C. Fr. Sexauer gewährte der Feuerwehr ein Darlehen in der Höhe von 116,11 Gulden, damit Hauptlehrer Rahner sogleich mit der Ausbildung der Musiker und mit der Probenarbeit beginnen konnte. Da die Statuten jedoch »unbedingten Gehorsam gegenüber dem Musikdirektor und Einhaltung der von diesem festgesetzten Proben« vor-

sahen, kam es bald zu Meinungsverschiedenheiten. Zwei Musiker mußten ausgeschlossen werden, weil sie »die Einigkeit des Musikcorps in grober und roher Weise gestört« hatten. Trotzdem besserte sich die Situation nicht, und so legte Rahner 1867 den Dirigentenstab zurück. Hauptlehrer Budelich wurde nun beauftragt, für ein Jahresgehalt von 80 Gulden die Kapelle weiter zu führen und wöchentlich zwei Proben abzuhalten. Mißhelligkeiten und Uneinigkeit unter den Musikern hielten weiter an, so daß die Feuerwehr letztlich die Geduld verlor – und die Auflösung der Feuerwehrmusik bestimmte. Die Instrumente sollten bei den Musikern bleiben, soweit diese sich bereit erklärten, in einem sogleich zu gründenden Musikverein mitzuwirken. Diese Gründung erfolgte 1870. Nun schien es aufwärts zu gehen. 1879 wurde eine Fahne angeschafft und am 7. September im Rahmen eines Doppelfestes zusammen mit der Feuerwehr feierlich geweiht. Schon 1883 gab es erneut Spannungen, die Aktiven zeigten wenig Lust weiter zu musizieren, und so konnte der Verein trotz gemeindlichen Interesses weder leben noch sterben. Diese ungeklärte Situation sollte 1899 durch eine Neugründung des Musikvereins über-

Abb. 99: Der Musik- und Gesangverein Hügelheim (Markgräfler Musikverband) um 1905.

Reichsverband für Volksmusik
in der Reichsmusikkammer
Fachgruppe II Blaskapellen Baden

Berlin W 15,
Kaiserallee 212 · Fernruf: 24 45 43
Postscheck: Karlsruhe 348 83
Fachschaft Volksmusik in der Reichsmusikkammer
Gau Baden, Freiburg (Breisgau)

Reichsverband für Volksmusik, Berlin W 15, Kaiserallee 212

Feuerwehrkapelle Buggingen
Herrn Bürgermeister Schopferer

Buggingen /b. Freiburg - Baden

Kontoauszug
und Beitragsaufstellung

Berlin, 16.12.41

Mitgliedsnummer II/ Bd. 455
(In der Antwort bitte angeben)

			RM
Rückstände			
17 Mitglieder-Beiträge für das IV.u.I.-Vierteljahr 194 1/42	je 0.30	10.20
" " " " 194	je 0.30	
" " " " 194	je 0.30	
Stagma-Beiträge für die Zeit vom 1. 4. — 31. 3.	je 0.25	
Insgesamt	RM	10.20
Guthaben vom			
Sie haben zu zahlen:	RM	10.20

Die Beitragsaufstellung lautet im allgemeinen auf ein halbes Jahr. Die Beiträge können auch vierteljährlich gezahlt werden. Es ist darauf zu achten, daß der Beitrag für das laufende Vierteljahr stets im voraus entrichtet wird.
Beanstandungen haben spätestens 8 Tage nach Empfang der Aufstellung zu erfolgen. Auf dem Abschnitt der Zahlkarte sind Mitgliedsnummer u. Verwendungszweck anzugeben.

Abb. 100: Während der Zeit von 1935 bis 1945 waren die Musikvereine Badens direkt der Reichsmusikkammer in Berlin unterstellt und hatten – wie diese Rechnung an die Feuerwehrkapelle in Buggingen (Markgräfler Musikverband) zeigt – ihren Beitrag direkt nach Berlin zu überweisen.

spielt werden. Doch zeigen Protokolle der folgenden Jahrzehnte, daß Sulzburg offensichtlich ein »schwieriger Boden« sein mußte; eine Einschätzung, die erst in den Jahren seit der Wiedergründung 1947 an Gültigkeit verlor[206].

Hatte in Sulzburg die Stadtverwaltung höchstes Interesse am Bestehen der Musikkapelle und stellte immer wieder finanzielle Förderung in Aussicht, so war die Lage in Hartheim am Rhein gerade umgekehrt: »Unterzeichnete Musiker haben, da sie weder von seiten der Gemeinde noch von einer anderen Seite Unterstützung zu hoffen haben, sich entschlossen, in eigener Kraft ihr Vorhaben auszufüh-

ren und nach nachstehenden Statuten einen Verein zu gründen«, so lesen wir im Gründungsprotokoll vom 22. Juli 1877. Auch hier geht es »streng« zu: »Jedes Mitglied ist in Vereinssachen dem Vorstand unbedingten Gehorsam schuldig. Widersetzlichkeit oder Händelsucht wird nicht geduldet«. Kapellmeister ist der Flußwärter Lorenz Bach, ein ehemaliger Militärmusiker[207].

Der Ortschaft Buggingen kommt in der Geschichte des Markgräfler Musikverbandes deshalb besondere Bedeutung zu, weil hier im Jahr 1892 – im Rahmen eines Musikfestes – die formelle Gründung des »Breisgau-Markgräfler Musikvereinsverbandes«

vollzogen wurde, und weil überdies am 14. August 1921 hier der Markgräfler Musikverband das Licht der Welt erblickte. Fritz Maier, der seit 1912 den Musikverein Buggingen dirigierte, 1913 zudem zum ersten Vorstand gewählt wurde, gehörte zusammen mit Albin Fleming zu den treibenden Kräften eines eigenständigen »Unteren Markgräfler Musikvereinsverbandes«. Da seit 1924 in Buggingen Kalisalz gefördert wird und im Bergbau einerseits mehrere Musiker Beschäftigung finden, andererseits bergmännisches Brauchtum, wie Barbarafeiern, sich neu entfaltet, erhält die Kapelle im Jahr 1971 eine Bergmannsuniform[208]. Der Musikverein Eschbach entwickelte sich 1889 aus dem ehemaligen Vaterländischen Verein (Landwehr- und Reservistenverein), der eine eigene Pfeifer-und-Trommler-Abteilung unterhielt, die von einem Tambour(-Major) geleitet wurde[209].

Ein Musikverein besteht in Schliengen seit 1888, wobei bei der Gründung die Feuerwehr Pate stand. Doch fanden sich in älteren Urkunden des Ortes interessante Details zum Musikgeschehen. Am 25. August 1778 hatten die Untertanen der basel-fürstbischöflichen Herrschaft Schliengen dem neuen Landesherrn, Fürstbischof Friedrich Ludwig Franz von Wangen-Geroldseck, zu huldigen. Im Rahmen des Festaktes erscheinen »Musiker mit blasenden Instrumenten«. Aus den Gemeinderechnungen wird deutlich, daß dafür zu den einheimischen »Tambouren, Pfeiffern und Waldhörnerbläsern« Trompeter aus Basel und Neuenburg bezahlt werden mußten. 1802 gelangte Schliengen an Baden. Etwa zwanzig Jahre später kam es in Schliengen zu einem interessanten Rechtsakt, nämlich dem Umreiten der Gemarkung mit Musik, die zwischen den ledigen Paaren und den Verheirateten zu marschieren hatte. Es heißt, der »Bannritt« werde deshalb »für nötig und nützlich erachtet, auch wieder einmal, da es bereits schon zwanzig Jahre nicht mehr geschehen, um beyde Bänne zu reiten, um der jungen Bürgerschaft die Grenze und Grenzsteine bekannt zu machen«[210]. Der heutige Musikverein Wolfenweiler-Schallstadt begann im Jahr 1892 unter dem Vorsitzenden Karl Hilpert und unter der musikalischen Leitung von Franz Meier (bis 1914) als »Musikverein Wolfenweiler-Leutersberg« mit dem Probenbetrieb. Dirigent Meier sorgte von Anfang an dafür, daß bei höchster musikalischer Disziplin doch kameradschaftliches Einander-Verstehen einkehrte und daß musikalische Erfolge, wie die Teilnahme an den Preisspielen in Waldkirch, Kenzingen und Kollnau, die Freude an der Musik stärkten. 1906 richteten die Wolfenweiler-Leutersberger das 6. Verbands-

musikfest des Breisgau-Markgräfler Musikverbandes aus. Auf Meier folgte als Dirigent Emil Klinkmüller, der das hohe Niveau seines Vorgängers halten wollte und zu dem Zweck mit der Kapelle an den Preisspielen in Kirchzarten, Ebnet, Untermünstertal, Bad Krozingen, Emmendingen, Breisach und Kollnau teilnahm. Mit der Neugründung im Jahr 1946 erfolgte die Umbenennung in »Musikverein Wolfenweiler-Schallstadt«[211].

Unmittelbar nach dem Ende des Ersten Weltkrieges, 1919, kam es in Offnadingen und in Schlatt zu Musikvereinsgründungen. In Offnadingen drängte Josef Steinle, Trompeter bei der Schillinger-Kapelle in Krozingen, zur Gründung einer Blaskapelle, deren Leitung Hermann Schillinger übernehmen sollte[212]. In Schlatt führte Hauptlehrer Münkel als erster Vorsitzender den Verein mit Umsicht und Tatkraft. Als Dirigent konnte Arthur Schillinger aus Krozingen gewonnen werden, dessen Aufwendungen damals nicht mit Geld sondern mit Lebensmitteln abgegolten wurden. Trotzdem, so lesen wir in der Vereinschronik, »hat es nie eine Zeit gegeben, in der Musik und Gesang so gepflegt« worden wären wie in jenen beginnenden zwanziger Jahren, wo mit dem Schwinden der materiellen Werte ein Ausgleich im kulturellen Bereich gesucht und gefunden wurde[213]. Darin lag auch der Grund für weitere Musikvereinsgründungen im Markgräfler Land. 1920 folgte Bad Bellingen, wo der ehemalige Militärmusiker Bork elf junge, begeisterungsfähige Männer um sich sammelte[214]. Im Jahr 1921 meldeten sich drei neue Kapellen, in Feldberg[215], Liel und Feldkirch[216]. Allerdings kann Liel darauf hinweisen, daß im 18. Jahrhundert bereits die Lieler Bergknappen ihre Musikkapelle besaßen. Am Fest der heiligen Barbara versammelten sich die Knappen des Kanderner Bezirkes zu feierlichem Kirchgang in Liel, hernach gab's Tanz und Unterhaltung mit der Lieler Bergmusik. Der Schellenbaum dieser Kapelle trägt die Jahreszahl 1820. Lange stand er im Augustinermuseum in Freiburg, doch die Musikkapelle Liel hat ihn nun zurückerhalten und trägt ihn bei »allen festlichen Anlässen mit Stolz voran«[217]. Als dritte der Markgräfler Musikkapellen kleidete sich Steinenstadt im Jahr 1958 in eine traditionelle Tracht, um damit die Heimatverbundenheit des Blasmusikwesens auch äußerlich zu dokumentieren[218]. Schließlich ist auf Zienken zu verweisen, wo im Verband des 1927 gegründeten Schützenvereins sich 1929 eine Musikkapelle formierte, die Rudolf Kaltenbach als Vorstand und Edmund Pfeffer aus Grißheim als Dirigent betreuten[219].

Der Musikverband Mittelbaden, gegründet 1906

Im Jahr 1906 erfolgte in Achern die Gründung des Mittelbadischen Musikverbandes, der die Vereine des Raumes zwischen Oberkirch – Renchen – Kehl – Rastatt zusammenfaßte. Doch spalteten sich 1928 die um Kehl (Hanauerland) und im Acher-Renchtal gelegenen Vereine von diesem Mittelbadischen Blasmusikverband ab, um kleinere, überschaubare Einheiten zu bilden[220]. Im Bühlertal entstand damals der Yburg-Windeck-Verband, der dem Bund Südwestdeutscher Musikvereine sich anschloß. Zudem reichte der ehemalige Hardt-Musikverband in den Bereich des heutigen Musikverbandes Mittelbaden. Eingeladen von Hans Schwarzkopf, trafen sich die Vereine der Region am 15. Januar 1950 in der Museums-Gaststätte in Rastatt, um die Wiedergründung des Musikverbandes Mittelbaden zu vollziehen. Sechsundzwanzig Kapellen erklärten spontan ihren Beitritt und wählten H. Schwarzkopf zum Präsidenten und Alfons Kirsch sen. zum Verbandsdirigenten. Noch im selben Jahr schloß sich der Verband dem Bund Badischer Musikverbände in Freiburg an. Bereits 1951 löste Stabsmusikmeister a. D. Arthur Ellbogen, Baden-Baden, den bisherigen Verbandsdirigenten ab und begann mit Schulungskursen auf Verbandsebene. Das erste Verbandsmusikfest fand 1952 in Rastatt solchen Anklang, daß Ende dieses Jahres bereits 51 Musikkapellen im Musikverband Mittelbaden sich organisiert hatten. Die Jahreshauptversammlung 1952 wählte Willi Eich, Gaggenau, zum Präsidenten, doch schon 1956 erfolgte ein neuerlicher Wechsel in diesem Amt: Kurt Ehrlacher, Rastatt, trat an die Spitze des Verbandes. Beim 2. Verbandsmusikfest in Bietigheim, 1956, nahmen achtzehn Kapellen am Wertungsspiel teil.

Im März 1960 übernahm Klaus Volk, Baden-Baden, für den schwer erkrankten Präsidenten Ehrlacher die Führung der Verbandsgeschäfte, um 1963 zum Präsidenten gewählt zu werden. Es folgten ihm 1973 Herbert Knaupp, Rastatt, und 1976 Peter Brenner, Eichesheim-Illingen. Für die musikalische Arbeit im Verband zeichneten und zeichnen verantwortlich Obermusikmeister a. D. Erhart Baumheier, Baden-Baden, seit 1958, Musikmeister a. D. Alfons Kirsch jun., Ötigheim, seit 1966. Verbandsmusikfeste fanden in Bühl-Kappelwindeck 1961, Gaggenau-Ottenau 1965 (nachdem der Baden-Badener Oberbürgermeister wegen des mit einem Verbandsmusikfest verbundenen ruhestörenden Lärms sich gegen die Abhaltung in der Kurstadt ausgesprochen hatte!), Rastatt 1970 und Bühl 1975 statt. Dem Musikverband Mittelbaden gehören derzeit 66 Musikkapellen an, die zum Teil von Mitgliedern des Südwestfunkorchesters Baden-Baden betreut werden[221]. Naturgemäß sind es auch in diesem Verband die alten (Reichs-)Städte, denen einst das Privileg verliehen worden war, Trompeter oder Hornisten (als Stadt-Türmer, als klingende Heraldik) einzustellen, und in deren (para-)militärischen Einheiten sehr früh Spielmannsgruppen, Pfeifer-Trommler-, Harmonie- oder Türkische Musiken in Erscheinung traten. Bühl, Gaggenau, Gernsbach, Kuppenheim, Rastatt sind in diesem Zusammenhang zu nennen. Die Stadtkapelle Bühl etwa nennt als Gründungsjahr 1758. In Baden-Baden und Rastatt entfalteten zudem die badischen Fürsten ihre Hofhaltung, in deren Rahmen die Hohe Kunst blühte. Die Musikpflege »auf dem Lande« entwickelte sich im Ausstrahlungskreis solcher Zentren als Abbild fürstlicher oder städtischer Zeremonial-Musik.

Folgende Gründungsdaten liegen vor:

1811 Kappelwindeck	1913 Altschweier, Selbach
1830 Ottersweier	
1843 Forbach	1920 Baden-Baden-Oos, Gaggenau, Sulzbach
1851 Unzhurst	
1852 Steinbach	1921 Gausbach, Illingen, Sandweier, Staufenberg, Loffenau
1855 Bermersbach	
1862 Bühlertal	
1863 Gernsbach	
1877 Michelbach	1922 Au am Rhein, Haueneberstein, Ötigheim, Waldprechtsweier
1879 Hörden	
1886 Bad Rotenfels	
1891 Muggensturm	
1892 Obertsrot	1923 Baden-Baden-Balg, Sinzheim
1894 Baden-Lichtental	
1895 Ottenau-Gaggenau	1924 Hilpertsau, Langenbrand, Weisenbach, Lichtenau
1896 Baden-Baden-Geroldsau	
1900 Neuweier	1925 Iffezheim, Lautenbach, Ottersdorf, Wintersdorf
1901 Bietigheim, Hügelsheim	
1902 Kuppenheim, Rastatt, Schwarzach	1926 Balzhofen, Elchesheim
1904 Vimbuch	1928 Moos, Winden
1905 Bischweier, Oberweier	1951 Steinmauern
1906 Rauental	1952 Söllingen
1907 Plittersdorf	1953 Au im Murgtal
1909 Varnhalt	1954 Stollhofen
1911 Eisental	1955 Reichental
1912 Würmersheim	1957 Weitenung
	1968 Hundsbach

Abb. 101: Die Musik-kapelle Bermersbach (Musikverband Mittel-baden) im Jahr 1891.

Zu den ältesten »Landkapellen« des Gebietes zählt die von Kappelwindeck, spätestens seit dem Jahr 1811 spielten die Falk-Musikanten aus dem Ortsteil Riegel in dem Fürsten- und Modebad Hub den Kurgästen auf. Der Straßburger Patrizier Friedrich Kampmann hatte das Bad damals ausbauen lassen, die Kappelwindecker Tafel- und Tanzmusik gehörte zu den Attraktionen des Hubbades. Die Kappelwindecker Chronik weiß zu berichten, daß zu Beginn des 19. Jahrhunderts vier Blaskapellen im mittelbadischen Raum bestanden: Neben der Kappelwindecker die von Bühl, Kappelrodeck und Ottersweier. Großvater, Vater und Sohn Herminigild, bis 1865, anschließend der Lehrer Adam Linz genossen als Dirigenten hohes Ansehen, so daß die Gemeinde stets gern die nötige finanzielle Unterstützung beisteuerte. Einer der drei Gutmann-Kapellmeister, nämlich Richard, übte zugleich mit dem Dirigentenamt auch das des Bürgermeisters aus. 1911 feierte man das hundertjährige Bestehen im Rahmen eines Musikfestes, an dem dreißig Blaskapellen am Wertungsspiel teilnahmen – und die Stadtkapelle Schwenningen den ersten Preis errang. 2 700,– RM hatten Kappelwindecker Vereine und Bürger gespendet, um dieses Fest so glanzvoll gestalten zu können[222]. Alle Anzeichen deuten darauf hin, daß in Ottersweier bereits um 1830 eifrig musiziert wurde. Im nahen Hubbad gab es ein eigenes »Dantzhaus«, im Gasthof zum Ochsen traf sich die Jugend zu Tanz und Unterhaltung. Im nahen Baden-Baden bestritt die Kapelle gegen Ende des vorigen Jahrhunderts manches Kurkonzert. Doch um 1900 kam es zu Unstimmigkeiten zwischen den Musikern, man trennte sich in die Kögel- und in die Lorenz-Kapelle, bis 1907 Bernhard Lorenz als Dirigent die Musiker wieder vereinen und bis 1914 erfolgreich leiten konnte. 1923 schloß sich die Kapelle der Feuerwehr an, bis mit Rudi Flierl im Jahr 1975 ein Musiker des Schneebiegel-Ensembles die »Original Burg-Windeck-Musikanten« im modernen »Trachten-Look« und eigengeprägten »Sound« daraus macht[223]. Die Musikkapelle Forbach feierte das neunzigjährige Bestehen im Jahre 1933 mit einem »Gaufestkonzert«, an dem fünfzehn Kapellen teilnahmen. Die musikalische Leitung hatte Gau-Kapellmeister Ringleb. Angefangen hatte es in Forbach 1842 mit einer Blechmusik, der Louis Werner – wie man sich noch heute erzählt – »unerbittlich und streng« vorstand. Das Sextett erregte vor allem durch seine regelmäßigen Gastspiele im Schwabenland (auf der »Schwobekirwe«) – und die damit verbundenen lustigen Streiche Aufsehen. 1848/49 gab es dann einige Schwierigkeiten, doch schon 1850 fand man sich in alter Einigkeit wieder zusammen. Im Jahr 1880 entstand unter der Leitung von Ludwig Werner eine richtige Blaskapelle in Forbach[224].

Nicht anders als in Forbach vollzog sich die Entwicklung des Musiklebens in Bermersbach: Zunächst – spätestens seit 1855 – gab es eine kleinere Musikergruppe, die bei Hochzeiten und beim Patrozinium im Dorf, aber auch darüber hinaus nach Bedarf zum Tanz aufspielte. 1891 zeigt eine Fotografie, daß acht Musiker, zwei Holz- und sechs Blechbläser, unter einem Dirigenten ernsthaft »an die Arbeit« gingen. Alle Instrumente waren Eigentum der Musiker, jeder hatte bei seinem Eintritt in die Kapelle 5 Mark zu erlegen. Die Liste der Dirigenten führt Kaspar Rosenfelder an, ihm folgte Christian Jäger, Oboist im Infanterie-Regiment 111 in Rastatt, der einunddreißig Jahre hindurch die Kapelle leitete, um sie dann Georg Lohse, Kapellmeister im ehemaligen Füsilier-Regiment 40, weiter zu geben. Einer der Bermersbacher Musiker, Max Stößer, hat 1971 nach fünfzigjähriger aktiver Tätigkeit in der Kapelle, seine Erinnerungen niedergeschrieben. Unter Kapellmeister Jäger hatte Stößer im Jahr 1919 mit dem Musizieren begonnen. Dann kam Lohse, ein »Holzspezialist«, der die Kapelle mit einem Holzsatz ausstattete, der beim Preisspiel in Lichtental so rein und klar stimmte, daß die Preisrichter die Klarinetten untersuchten, ob da vielleicht besondere Hilfsklappen angebracht worden seien. In Durmersheim errangen die Bermersbacher mit einer Bearbeitung des Richard Wagner'schen »Lohengrin« einen 1 a-Preis, in Gaggenau mit einer »Tannhäuser«-Fantasie dieselbe Qualifikation. Eine Woche später versuchten sich die Bermersbacher mit demselben Stück bei einem Preisspiel in Freudenstadt. Allerdings mit geringerem Erfolg, da – wie Stößer berichtet – die Schwaben allen Kapellen, die aus dem Badischen gekommen waren, zehn Punkte abzogen. Das gab Ärger! Auf Lohse folgte Oskar Friedel aus Karlsruhe, der für das Preisspiel in Kuppenheim Beethovens »Egmont«-Ouvertüre sich vorgenommen hatte. Doch er erschien – wie die Preisrichter feststellten – der militärisch geschulten Kapelle in Bermersbach nicht gewachsen. – Gern würde der Autor aus diesen köstlichen Erinnerungen eines alten Bermersbacher Musikers mehr zitieren. Jedenfalls läßt sich daraus lernen, daß mehr Musikkapellen ihre altgedienten Musiker dazu ermuntern sollten, »Memoiren« niederzuschreiben[225].

Während in der ersten Hälfte des vorigen Jahrhunderts Bühlertäler Musikanten mit den Musikkapellen in Bühl oder Kappelwindeck musizierten, entschloß man sich auf Drängen von Unterlehrer Schüle im Jahr 1862 zur Gründung einer eigenen Kapelle. Als Schüle zu Beginn der siebziger Jahre nach Mannheim-Neckerau versetzt wurde, übernahm Matthias Rauber die musikalische Leitung der Kapelle (bis zu seinem Tod im Jahr 1905). Rauber versah den Postdienst von Bühlertal nach Bühl und hatte damals noch mit dem Posthorn auf dem Kutschbock seine Signale auszublasen. Raubers Unterrichtsmethode ist erwähnenswert: Die jungen Musiker, die aus Bühlertal und auch aus anderen Gemeinden zu ihm kamen, mußten während der Proben »sattangelegte Halstücher um die angestrengte Kehle binden, damit sie gesundheitlich keinen Schaden erlitten und keine dicken Hälse bekamen«[226]. Daß um 1870 sich in Hörden eine Blaskapelle erstmals hören ließ, erfuhr sogar der damals als Soldat in Frankreich kämpfende Vinzenz Schoch, der daraufhin u. a. nach Hause schrieb: »Werte Kameraden, das habe ich nicht gedacht, daß ihr es in Hörden noch so weit gebracht habt (nämlich eine Musikkapelle zu gründen). Habt ihr so vieles Geld, so schickt den armen Soldaten auch etwas ins Feld. Mit Grüßen . . .«[227].

Mit dem Musikverein Bad Rotenfels befinden wir uns in jener Gründungsperiode von Blaskapellen, die nach dem Deutsch-Französischen Krieg und bis zum Beginn des Ersten Weltkrieges in eine lange Phase des Friedens und des wirtschaftlichen Wohlstandes fällt. Im Jahr 1886 regte Brauereibesitzer Franz Anton Roth an, die bis dahin im Ort nur lose verbundenen Musiziergruppen in eine feste Bindung zu bringen. Die musikalische Leitung des Vereins übernahm Obermusikmeister Ruhmann, der vom ersten Auftritt der Kapelle zu Weihnachten 1886 bis zu seinem Tod im Jahr 1930 den Taktstock konsequent und mit Erfolg führte[228]. Im Jahr 1981 feierte Muggensturm sein neunzigjähriges Bestehen – und zugleich das siebzigjährige Dirigentenjubiläum von Alfons Kirsch sen. und jun. Ein wohl seltenes Zeugnis musikalischer Kontinuität, die sich in den Leistungen des Klangkörpers spiegelte. Im Verband des Musikvereins entfalteten sich immer wieder kleinere Spiel- und Tanzmusikgruppen, wie die Muggensturmer Musikanten unter der Leitung von Klaus Mitschele[229]. Am 3. November 1890 unterzeichneten zehn angehende Musiker in Anwesenheit des Bürgermeisters Fortenbacher, der die Unterschriften beglaubigte, einen Vertrag über ihre künftige Mitwirkung in der Musikkapelle Obertsrot. Mit diesem Vertrag verpflichteten sie sich zur regelmäßigen Teilnahme an Proben und Aufführungen, zur Bezahlung des noch festzusetzenden Betrages für die Instrumente, die Noten und den Dirigenten, schließlich zur »Befolgung der Befehle und Vorschriften des Dirigenten«[230]. Die Lichtentaler

Gesellenmusik stellte den Grundstock an Musikern bei der Gründung des Musikvereins Baden-Lichtental, den zunächst Militär- oder Kurorchestermusiker und in jüngerer Zeit Musiker des Südwestfunk-Orchesters in Baden-Baden betreuten – und der durch seine Verankerung im geselligen Leben des berühmten Kurortes manche wichtige Aufgabe zu erfüllen hat[231]. Eine Einschätzung, die ebenso für die 1900 gegründete Musikkapelle Neuweier gilt, die im Stadtkreis Baden-Baden wirkt[232].

In Bietigheim fanden sich versprengte Musiker 1901 zu einem Verein zusammen, doch führte der bei der Gründungsversammlung gefundene Name »Einigkeit« keinesfalls zu kameradschaftlicher Zusammenarbeit. Nach der Teilnahme am Preisspielen in Muggensturm spaltete sich die »Eintracht« von der »Einigkeit« ab, – so gab es anfort zwei Kapellen im Ort. Der Erste Weltkrieg beendete sowohl die Tätigkeit der einen wie der anderen Kapelle. 1919 entstand die Musikkapelle der Freiwilligen Feuerwehr, doch schon ein Jahr später führte die Initiative des jungen und dynamischen Kaplans Herberich erneut zur Gründung einer Konkurrenz-Kapelle, nämlich des katholischen Jugend- und Jungmännervereins. Aber es kommt noch besser: Um 1930 trennen sich die Musiker der Feuerwehrkapelle von ihren Schirmherren und nennen sich wieder »Einigkeit«. Als 1933 die katholische Kapelle zwangsweise aufgelöst wird, da wenden sich die Musiker der Feuerwehr zu – und so gibt es seit damals wieder eine Feuerwehrkapelle. Nur die Namen der Musiker haben gewechselt. Erst der Zweite Weltkrieg beendete die manchmal gesunde, manchmal aber auch nutzlose Konkurrenz zweier Kapellen in Bietigheim[233].

Das Kuppenheimer Schloß diente der markgräflichen Familie als Jagdsitz. An die Treibjagden schlossen sich festliche Gelage, bei denen neben Hofmusikern wohl auch einheimische Musikanten aufspielten. Besonders reizvolle Feste wußte Markgräfin Augusta Sibylla zu veranstalten. Anläßlich der glücklichen Rückkehr ihres zweiten Sohnes, Prinz August Georg, aus Italien gab es 1729 ein »chinesisches Fest«. Es begann mit einem Konzert. Während der Festtafel in der Eingangshalle spielten die Musiker in chinesischen Kostümen von der Galerie herunter. Da mochte es für den einen oder anderen Burschen schon Anregungen gegeben haben, den fürstlichen Musici nachzustreben. Seit 1780 unterrichtete der Lehrer Franz Josef Buchmeier in Kuppenheim nicht nur die Jugend im Lesen, Schreiben und Rechnen, er schlug dazu die Orgel und leitete die Kirchenmusik. Am 4. September 1810 nahm Großherzog Karl Friedrich an der Grundsteinle-

Abb. 102: Die Musikkapelle Kappelwindeck (Musikverband Mittelbaden) im Jahr 1911.

gung der neuen Kirche von Kuppenheim teil. Die Regimentsmusiker von Rastatt marschierten beim Festzug hinter den Sängerinnen. Auch solche Ereignisse scheinen die einheimischen Musiker beflügelt zu haben; denn zwei Jahre später erregen sie den Zorn des Pfarrherren. Als die Faschingsunterhaltung im Gasthaus zum Goldenen Engel gar zu heiter geriet und die Musikanten nicht um Null Uhr des Aschermittwochs ihre Produktion einstellten, da erschien der erboste Pfarr-Rektor im Tanzlokal und zerschlug »in gerechtem Zorn« mit seinem Stock die Musikinstrumente. Die Sache kam vor Gericht, und der Übeltäter erhielt eine Geldstrafe von 49 Gulden und 59 Kreuzern. 1850 schlossen sich drei Brüder Jörger, drei Brüder Braun und ein Eppele zu einer Blaskapelle in Kuppenheim zusammen, von der künftig oft die Rede ist. Zum Friedensfest 1871 gab es eine weitere neue Kapelle, 1880 bekümmerte sich der Militärmusiker Wilhelm Heß von den 111ern aus Rastatt um die Kuppenheimer Musizierwilligen. Der Militärmusiker Matthes fand demnach, als 1902 die Stadtkapelle Kuppenheim offiziell gegründet wurde, einen wohlbereiteten Boden vor[234]. Übrigens gibt auch die Stadtkapelle Rastatt 1902 als Gründungsjahr an[235].

Ebenso wie im Karlsruher Verband, so setzt auch im Musikverband Mittelbaden nach dem Ende des Ersten Weltkrieges eine Gründungswelle ein. Jahr für Jahr entstehen zwischen 1920 und 1926 neue Kapellen, die zwar zum Teil auf älteren Musikergruppen in den Gemeinden aufbauen, aber doch einen neuen Ansatz bilden. Sowohl in Balzhofen wie in Elchesheim, beide Kapellen konstituierten sich offiziell 1926, bestanden in der zweiten Hälfte des 19. Jahrhunderts schon Blaskapellen. In Balzhofen fanden sich unter Schuhmacher Albert Krampfert seit 1893 an die acht Musiker zusammen, um bei Familienfesten und kirchlichen Veranstaltungen aufzuspielen. In Elchesheim suchte der Bürgersohn Josef Heck seit den sechziger Jahren den entscheidenden Anstoß zur Gründung einer Blaskapelle zu geben. 1895 musizierten dort zwölf Mann unter der Leitung von Albert Herz[236]. Eine Dorfmusik Haueneberstein umrahmte das Freudenfest zum Ende des Deutsch-Französischen Krieges 1870/71. Lorenz Hertweck soll die Musik geleitet haben, die bei Prozessionen, Beerdigungen, Ständchen, Umzügen, weltlichen und kirchlichen Festen, aber auch als Tanzmusik an Fastnacht und zur Kirchweih sich entfaltete. Der heutige Musikverein Haueneberstein ist 1922 aus der sogenannten »Fröhlichen Zunft« hervorgegangen: Einer feucht-heiteren, im Jahr 1903 von den Reservisten des Jahrganges 1881 gegründeten gemütlichen Runde lediger Männer[237].

In den wirtschaftlich nicht rosigen zwanziger Jahren scheint doch das Bedürfnis nach Unterhaltung sehr groß gewesen zu sein. Sonst könnte man sich schwer vorstellen, wieviel Geld manche Leute opferten, um eine Musikkapelle gründen zu können. Zumeist mußten Darlehen aufgenommen werden. So streckte Friedrich Göhring bei der Gründungsversammlung des Musikvereins Lautenbach im Murgtal im Jahr 1925 einen Betrag von 915,– Reichsmark »zu einem mäßigen Zinssatz« vor, um damit im Musikhaus Badenia Willy Essbach in Rastatt die ersten vereinseigenen Instrumente kaufen zu können[238]. In Weitenung konnten 1927 zwar Musikinstrumente der bereits seit 1890 nachweisbaren Blechmusik und der »Walther-Kapelle« übernommen werden, trotzdem hatte anläßlich der Gründung jeder aktive Musiker 20 Mark einzuzahlen (damals ein hoher Betrag), die Gemeinde bewilligte 200,– Mark[239]. Wer

Abb. 103: Der Musikverein Hügelsheim (Musikverband Mittelbaden) im Jahr seines 50jährigen Jubiläums, 1951.

Ötigheim erwähnt, erinnert an die Volksschauspiele dort: Die 1922 gegründete Musikkapelle zeichnete sich vielfach durch die Mitwirkung bei diesen weithin bekannten Volkstheater-Veranstaltungen aus[240]. In Moos nahm Hermann Reith 700,– Reichsmark auf, um im Jahr 1928 mit der Ausbildungs- und Probenarbeit beginnen zu können. Der Musikverein-Trachtenkapelle Moos gehört heute zu jenen Kapellen des Musikverbandes Mittelbaden, die durch die Wiederbelebung überlieferter heimischer Tracht ihre Verbundenheit mit bodenständigen Traditionen zum Ausdruck bringen. Hier hat man nicht den Eindruck, daß Tracht als Bestandteil des Show-Geschäftes kommerziell genutzt wird[241].

Der Oberbadische Blasmusikverband »Breisgau«, gegründet 1892

Es heißt, Freunde Richard Wagners hätten im Jahr 1892 den ältesten der deutschen Blasmusikverbände, den Breisgau-Markgräfler-Musikverband, begründet. Eine solche Mitteilung überrascht keinesfalls. Hatte doch Richard Wagner eine sehr hohe Meinung von der musikalischen Leistungsstärke der Militärblasorchester, denen er – nicht zuletzt – die weite Verbreitung und Popularisierung seiner Werke verdankt. Aber auch im Repertoire der zivilen Blaskapellen in Stadt und Land nahmen Bearbeitungen Wagner'scher Werke großen Raum ein[242].

Der neue Verband stellte sich die Aufgabe, das musikalische Niveau der einzelnen Blaskapellen durch die Veranstaltung von Wettbewerben zu heben sowie Musikfeste zu veranstalten, die den Gleichklang der Ideen und damit der musikalisch-gesellschaftlichen Aufgaben aufzuzeigen vermochten. Vor allem die Gesamtchöre sollten es sein, »die das Herz ergreifen und die Mitwirkenden sowohl wie die Zuhörer voll zu befriedigen vermögen«, wie es wörtlich in der ältesten gedruckten »Festschrift« aus dem Jahr 1894 in Pfaffenweiler heißt. Der Breisgau-Markgräfler-Musikverband umfaßt geographisch das Gebiet von Emmendingen über Freiburg nach (Bad) Krozingen und Buggingen, zwischen dem Rhein und den Westabhängen des Schwarzwaldes gelegen. Fünf Männer sind mit der Gründung verbunden: Franz Meier, 1847 in Ulm bei Oberkirch geboren, Posaunist am Freiburger Stadt-Theater; Dr. Albert Schelb, Arzt in Krozingen; Otto Bartolmeß, Emmendingen; Sanitätsrat Müller, Kenzingen; Otto Häberle, Emmendingen. Dem Verband traten die Vereine der genannten Persönlichkeiten bei, dazu die Musikkapellen aus Endingen, Kollnau, Waldkirch, Staufen, Heitersheim und Pfaffenweiler. Jeder Dirigent hatte damals die Noten selbst zu schreiben, die meisten Kapellmeister verstanden zu komponieren und zu bearbeiten. Franz Meier erkannte hier eine Lücke, und so begann er unter den Pseudonymen »Walter«, »Kurt«, »Heim« und »Bräutigam« Musik für Blasorchester zu komponieren und zu bearbeiten, die durch den Druck weiter verbreitet wurde.

Das Verbandsgebiet vergrößerte sich laufend, die Zahl der Mitgliedsvereine nahm zu. Darunter litt jedoch die Betreuung der einzelnen Musikvereine. Aus dem Breisgau-Markgräfler-Musikverband lösten sich daher teilweise landschaftlich zusammengehörige Gruppierungen heraus: der Untere Markgräfler-Musikvereinsverband im Jahr 1921, der Acher- und Renchtal-Musikverband sowie die Musikgaue Hanauerland und Ortenau im Jahr 1928. Andere Vereine an der nördlichen Grenze orientierten sich nach Rastatt und Karlsruhe, wo der Yburg-Windeck- und der Hardt-Musikvereinsverband bestanden. Im Jahr 1932 gehörten dem Oberbadischen Musikvereinsverband 77 Musikvereine zwischen Heitersheim und Offenburg an. Innerhalb des Präsidiums dieses Verbandes keimten die Ideen zur Schaffung einer Arbeitsgemeinschaft aller Musikverbände, die 1928 zum Bund Südwestdeutscher Musikverbände führte. Seit 1924 erschien im Freiburger Raum eine Musikzeitung, die durch Schriftleiter Bernhard Stelz (Emmendingen) zur Bundeszeitung erweitert wurde[243].

Den Verband führten zunächst Gaupräsidenten, eine Funktion die von Dr. Albert Schelb, 1892–1896, Robert Stehle, Apotheker in Munzingen, bis 1899, und Sanitätsrat Dr. Julius Müller, Kenzingen, bis 1921, erfüllt wurde. Dann erfolgte die Umbenennung in Präsident: G. Ippig, Freiburg, bis 1924, Kilian Heitz, Endingen, bis 1928, Adolf Kromer, Freiburg, bis 1934; und nach der Zwangspause Jakob Blum, Nimburg, 1950–1956, Wilhelm Straub, Rechtsanwalt in Waldkirch, bis 1965, Eugen Faller, Kaufmann in Teningen, seit 1965. Für die musikalische Betreuung der Mitgliedskapellen zeichneten verantwortlich: Franz Meier, von der Gründung des Verbandes bis 1920 (Meier starb 1921); Emil Klinkmüller, Freiburg, bis 1926; Karl Schmidt, Emmendingen, bis 1935; Paul Wäldchen, Lahr, 1950 bis 1954; Gustav Kleinschmidt, Emmendingen, bis 1962 und nochmals 1967 bis 1972, Jakob Baumgartl, Freiburg 1962 bis 1967, Otfried Weis, Kollnau, seit 1972.

Nicht weniger als dreißig Verbandsmusikfeste wurden bis 1982 abgehalten. Die Aufzählung der Städte und Gemeinden mag den Einflußbereich dieses wichtigen Verbandes verdeutlichen: 1. Bad Krozingen, 1893; 2. Pfaffenweiler, 1894; 3. Emmendingen, 1895; 4. Waldkirch, 1896; 5. Kenzingen, 1898; 6. Wolfenweiler-Schallstadt, 1900; 7. Endingen, 1902; 8. Kollnau, 1905; 9. Heitersheim, 1908; 10. Reichenbach bei Lahr, 1911; 11. Kirchzarten, 1914; 12. Ettenheim, 1921; 13. Bad Krozingen, 1924; 14. Emmendingen, 1925; 15. Endingen, 1926; 16. Breisach, 1927; 17. Kenzingen, 1928; 18. Offenburg, 1929; 19. Lahr/Baden, 1931; 20. Emmendingen, 1951; 21. Reichenbach/Lahr (Nord) und 21. St. Georgen (Süd), 1955; 22. Windenreute, 1957; 23. Denzlingen, 1959; 24. Emmendingen, 1961; 25. Herbolzheim, 1967; 26. Teningen, 1969; 27. Gundelfingen, 1972; 28. Kirchzarten, 1975; 29. Kenzingen, 1978; 30. Bleibach, 1981.

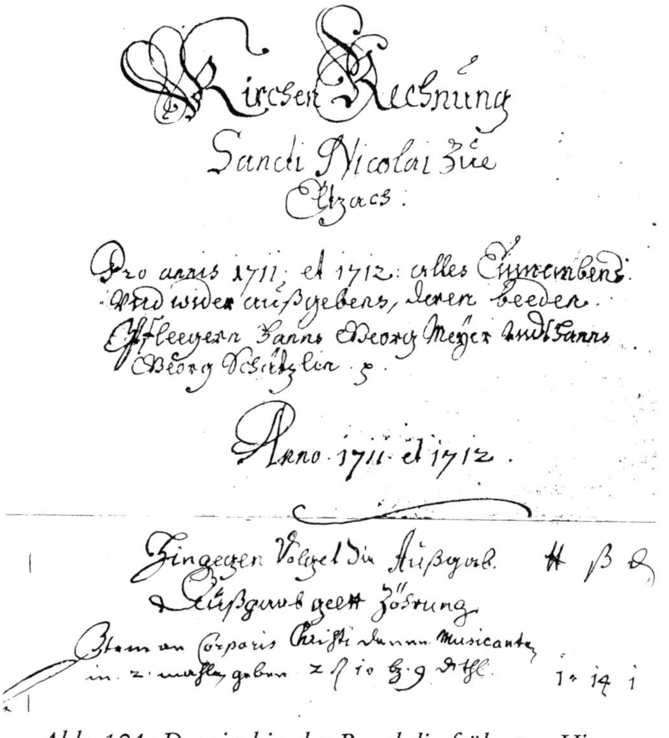

Abb. 104: Das sind in der Regel die frühesten Hinweise auf Musikanten in den Kleinstädten und Dörfern: ». . . an Corporis Christi denen Musicanten . . .«. An Fronleichnam werden bei der Prozession »Freiluft-Musiken« gebraucht und bezahlt. Im vorliegenden Fall handelt es sich um ein Faksimile aus den Kirchenrechnungen zu Elzach (Oberbadischer Blasmusikverband) aus dem Jahr 1711/12.

Nach kriegsbedingter Unterbrechung kam es am 8. Januar 1950 in Freiburg zur Wieder-Gründung des Oberbadischen Verbandes.. Der Einflußbereich reichte nun von Offenburg bis Wolfenweiler und von Breisach bis Kirchzarten-Buchenbach. Noch einmal lösten sich nun Verbände aus dem zu groß gewordenen Oberbadischen Verband heraus. 1956 entstanden der Kaiserstuhl-Tuniberg-Verband im Westen und der Ortenau-Verband um Offenburg im Norden. Eugen Faller, der im letztgenannten Jahr an die Spitze des nun wieder überschaubar gewordenen Oberbadischen Volksmusikverbandes »Breisgau« trat, wies bereits bei seiner Wahl auf die künftige Bedeutung der Jugendarbeit hin. Jungbläserwettbewerbe, wie der 1974 in Teningen, mit 86 Gruppen, oder in Kenzingen, 1976, mit 144 Gruppen mit etwa 500 Teilnehmern, vermochten vor der staunenden Öffentlichkeit zu zeigen, wie sehr die Jugend heute das Selbstmusizieren in der Gemeinschaft sucht, wie sehr dabei alte Vorurteile über die Blasmusik beiseite gelegt werden konnten – und wie sehr dabei (bei diesen Kammermusik-Wettbewerben ebenso wie bei den Kursen und Prüfungen zum Erwerb der Jungmusiker-Leistungsabzeichen) ein geradezu »elitär« zu nennendes Leistungsstreben sich bemerkbar macht.

Zentrum des Oberbadischen Blasmusikverbandes »Breisgau« ist die Stadt Freiburg. Eine Stadt, in der zahlreiche Blaskapellen tätig sind und wo im Jahr 1933 auch das erste Bundesmusikfest des Bundes Südwestdeutscher Musikverbände ein blasmusikbegeistertes Publikum anzusprechen wußte. Die Blasmusik – im weitesten Sinne – reicht hier bis in das Hohe Mittelalter zurück. Das Freiburger Stadtsiegel zeigt in den Jahren 1230–1253 einen Stadt-Türmer, der von einem der zinnenbewehrten Türme über die Stadt hin bläst, und auch der Tuba-Engel auf dem Freiburger Münster aus dem 13. Jahrhundert ist Zeuge für den Gebrauch von Blasinstrumenten in älteren Zeiten[244]. Freiburg war jedoch weder zur Zeit der Renaissance noch des Barocks Residenz einer fürstlichen Hofhaltung. Die Stadt hat im 18. und 19. Jahrhundert mit Sicherheit Bürgermilitär-Einheiten unterhalten, die Musik zum Marschieren und Repräsentieren benötigten (worauf in diesem Buch im Zusammenhang mit Staufen, Markgräfler Verband, hingewiesen wurde). Es hat sich hier studentisches Brauchtum mit Musik entfaltet. Ich erwähne dies, um nicht den Eindruck zu erwecken, daß Freiburg selbst erst sehr spät, nämlich seit 1896 – Gründungsjahr der Post-Kapelle – sich der Blasmusik geöffnet hätte, während die Kleinstädte und Dörfer im Umfeld von Freiburg kontinuierliche

Blasmusiktraditionen bis in die Mitte des 18. Jahrhunderts zurück nachweisen. Würde man in Freiburg ebenso verfahren wie in Elzach oder Waldkirch, um zwei Beispiele zu nennen: das heißt, die früheste Erwähnung von Musikern im Kirchendienst oder im städtischen Dienst als mögliche Gründung einer Blaskapelle auszugeben, so würde die folgende Liste mit den von den Musikvereinen angegebenen Entstehungsdaten selbstverständlich von Freiburg angeführt werden.

1754 Elzach	1882 Gutach »Gütermann«, Siegelau
1794 Pfaffenweiler	
1798 Untersimonswald	1885 Bleichheim, Oberprechtal
1810 St. Peter	
1812 Niederhausen	1887 Heuweiler
1825 Kirchzarten	1892 Sexau
1826 Glottertal, Oberhausen	1895 Yach
	1896 Freiburg-Post
1828 Kenzingen	1897 Bombach
1836 Waldkirch	1899 Biederbach
1843 Wittnau	1900 Sölden
1847 Herbolzheim	1902 Buchenbach, Freiburg-Zähringen, Teningen
1857 Suggental	
1860 Freiamt (-Allmendsberg) -Reichenbach	
	1903 Freiburg-Littenweiler
1861 Bleibach, Emmendingen, Niederwinden	1904 Freiamt-Mußbach, Hecklingen, Kappel bei Freiburg
1863 Bollschweil	1905 Eschbach bei Freiburg, Freiburg-St. Georgen, Köndringen, Mundingen
1864 Buchholz	
1866 Obersimonswald	
1871 Kollnau	
1872 Ottoschwanden	
1879 Denzlingen	1907 Windenreute
1880 Oberried, Oberwinden	1910 Wagenstadt
	1911 Horben
1881 Merzhausen	1912 Ebringen
	1913 St. Ulrich

Nach einzelnen Nachweisen im 18. Jahrhundert und verstreuten Gründungsdaten Türkischer Musikkapellen in der ersten Hälfte des 19. Jahrhunderts, zeigen sich weder nach 1848 noch nach dem Deutsch-Französischen Krieg von 1870/71 besonders hervorstechende Gründungsphasen, sondern der Schwerpunkt liegt in den Jahren zwischen 1900 bis 1905. Die Entwicklungskurven im Bodensee- und Hochrheinbereich und in den nördlichen Verbänden um Rastatt und Karlsruhe verlaufen anders, und nähern wir uns Heidelberg und der Mainlinie, so wird das Netz der Blaskapellen zudem weitmaschiger. Die Entfaltung des zivilen Blasmusikwesens im badischen Raum vollzog sich demnach vom Sü-

den her. Daran ändern einige besonders frühe, das heißt: besondere glückliche Zufallsfunde in dem einen oder anderen Verband nichts. Das Streben nach Pro-Musica-Plaketten hat zwar zu intensiven Suchaktionen geführt. Doch nicht in allen Pfarren haben sich die Kirchenrechnungen erhalten, und nur in wenigen Pfarren wurden sie bisher genau nach Ausgaben für – einheimische oder durchziehende, fremde – Musiker durchgesehen, Elzach ist da mit älteren Dokumenten besonders glücklich.

Der älteste Beleg über die berühmte Elzacher Fasnet ist zugleich ein Hinweis auf die einheimischen Musikanten in diesem Ort: »Erstlich ist an der jüngstverwichenen Fasnachtszeit der Herr Schultheiß am Fasnachtssonntag neben etlichen Studenten und lutterischen Mohlersgesellen mit den Spülleuten vermumbterweise in der Stadt öffentlich durch die Gaßen herumbgezogen und am folgenden Montag mit seinen Gesellen bis auf das Rathaus, allwo er sich schon vorher eingefunden hatte. Auch sind drei junge Burschen, wie es ihnen bei solcher Zeit (Fasnet) auch zugelassen, etwas geschwärzt, auf das Rathaus gekommen und haben sich ganz still bei den Spülleuten aufgehalten«: Damit erhoben Gegner des Stadtschultheisses Johann Georg Häberlin am 3. Mai 1670 gegen diesen Beschwerde. Doch ist dies kein Einzelbeleg. 1695 wird den Wirten verboten, an Sonn- und Feiertagen und erst recht nicht an Werktagen Spielleute im Haus zu haben. 1696 wird dieses Verbot dahingehend abgeändert, daß nur einer und der dritte Wirt am Sonntag Spielleute aufnehmen dürfte. Die Wirte sollten sich selbst um eine gerechte Reihenfolge bekümmern. Auch die Kirchweih soll jeweils nur bei einem Wirt gefeiert werden, und falls eine Hochzeit mit Musik und Tanz stattfinden würde, dürfte der entsprechende Wirt zwei Tage vorher keine Spielleute beschäftigen. Man sieht, es ging der Obrigkeit damals eher zu lustig zu. – 1711 beginnen in Elzach Hinweise auf Musikanten, die an Corporis Christi einen Umtrunk oder einen Geldbetrag erhalten. Als 1712 die Schulmeisterstelle neu vergeben werden soll, wird zur Bedingung gemacht, daß der Lehrer nicht allein die Orgel schlagen sondern auch Musikanten unterweisen könne. In den Verhandlungen mit der Kaiserin Maria Theresia 1756 wegen einer Zunftordnung, kommt auch die Rede auf die Lehrbuben, die durch die Musik nicht zu sehr in Anspruch genommen werden sollten. Man sieht, daß eifrige Archivstudien eine Fülle von Material zutage fördern (das an dieser Stelle nicht vollständig zitiert werden könnte). Für die Geschichte der Blasmusik bedeutsam erscheint jedoch der Hinweis auf die Türkische

Musik, die 1820 in Elzach erstmals und 1841 ein zweites Mal errichtet wurde. In einer Bürgerversammlung stimmten alle Anwesenden für den Plan. Eine Sammlung erbrachte 248,42 Gulden, mit denen beim Freiburger Instrumentenbauer J. Widmann folgende Instrumente angeschafft werden konnten:

3 B-Klarinetten mit 8 Klappen
3 B-Klarinetten mit 5 Klappen
2 Inf.-Waldhörner mit 7 Aufsätzen
1 Baß-Posaune
1 Englisch-Baßhorn
1 Ventil-Posthorn mit Einsatzbögen
1 Fagott mit 8 Klappen
1 Es-Piccolo mit 6 Klappen
1 F-Flöte mit 6 Klappen
1 Klappen-Flügelhorn
2 messingene Trommeln
2 Paar Schlegel hierzu

In dieser Liste spiegelt sich nicht allein die Vorstellung einer Türkischen Musik um 1820 mit sehr starkem Holzbläsersatz sondern auch die damalige Entwicklung des Instrumentenbaues, die Übergangsphase von Natur- zu Klappen- und Ventilblasinstrumenten. 1842 gehörten der Stadtmusik Elzach 42 Aktive an[245].

Mündlicher Überlieferung folgend, bringt man in Pfaffenweiler die Gründung der Musikkapelle mit den militärischen Ereignissen der achtziger und neunziger Jahre des 18. Jahrhunderts in Verbindung. Seit 1766 sind in den Gemeinde- und Kirchenrechnungen von Pfaffenweiler die Schützen erwähnt. Während der Koalitionskriege gehörten die Pfaffenweiler Schützen offensichtlich dem Staufener Bataillon des Kommandanten Lederle an, und damals soll innerhalb des Schützenkorps auch die Musik weiter ausgebaut worden sein. Bedenkt man, daß nach der französischen Revolution emigrierte Franzosentruppen im Breisgau und Markgräflerland einquartiert waren, daß dann die Revolutionsarmee des Generals Moreau im September 1793 Breisach in Brand geschossen und bis 1800 dem Breisgauer Landsturm manches Gefecht geliefert hatte, so kann man sich durchaus vorstellen, daß die im Schoß der Pariser Revolution entstandenen neuen Vorstellungen über die Zusammensetzung und den Gebrauch der Blasmusik auch im südbadischen Raum Spuren hinterlassen haben[246]. Möglicherweise vermag intensive Quellensuche diesen Verdacht zu erhärten. Namen einzelner Musiker, wie Karl, Johann und Clemens Hiß, sind aus der ersten Hälfte des 19. Jahrhunderts aus Pfaffenweiler überliefert. In den fünfziger Jahren konnte die Musik sogar »aufgestockt«

werden, und die Gemeinde beteiligte sich mit Genehmigung des Bezirksamtes Staufen finanziell an dieser Aufstockung. Im Jahr 1865 quittierte Georg Gutgsell als Bürger, Gemeinderechner und Vorstand des Musikvereins den Empfang der Zuschüsse. Die jüngere Geschichte der Blasmusik in Pfaffenweiler ist zunächst von Dirigentenpersönlichkeiten geprägt, wie den beiden Freiburger Militärmusikern Karl Friedemann und Emil Bührle, dann Franz Meier, dem ersten Verbandsdirigenten des Breisgau-Markgräfler-Musikvereinsverbandes. Im August 1967 trat die Kapelle erstmals als »Batzenberger Winzerkapelle« in ihrer nach altüberlieferten Mustern neugeschaffenen Tracht vor die Öffentlichkeit. Anläßlich des 185jährigen Bestandsjubiläums der Kapelle fand vom 13. bis 16. Juli 1979 in Pfaffenweiler das Breisgauer Kreistrachtenfest statt[247].

Die Chronik der Musikkapelle Untersimonswald weist ebenso wie Elzach auf Kirchenrechnungen hin, in denen seit 1798 Musikanten an Fronleichnam genannt werden; zudem wird (wie in Pfaffenweiler) im Zusammenhang mit Landsturmeinheiten und Franzosentruppen in den neunziger Jahren des 18. Jahrhunderts die Militärmusik erwähnt. Im Jahr 1834 schreibt Unterlehrer Beck im Namen der Musikkapelle an den Stiftungsvorstand in Untersimonswald: »Gehorsamste Bitte des Musikvereins dahier um einen Beitrag zum Ankauf von einigen Musikinstrumenten. Dem löbl. Stiftungsvorstand ist nicht unbekannt, wie sich dahier schon im Jahre 1831 ein Musikverein gebildet, und in welcher Absicht etwelche 30 junge Pfarrangehörige zusammen wirkten, um zur Verherrlichung des öffentlichen Gottesdienstes, besonders zur feierlichen Begehung des Fronleichnamsfestes nach Kräften beizutragen. Zur Erreichung dieses Zweckes scheuten wir manche damit verbundene Auslagen keineswegs, und wir haben bereits vom einem Großherzoglichen Regiment in Freiburg, das mehrere Instrumente zum Verkauf bot, für eine nicht unbedeutende Summe Ankauf gemacht... Damit konnten wir uns einige Zeit, aber nicht für immer zufrieden stellen, und wir sehen uns veranlaßt, dahin unsere gehorsamste Bitte zu stellen, daß uns aus Kirchenmitteln eine Summe von 70 fl. angewiesen werde, um einige neue Instrumente, z. B. 2 Cornu, 2 Clarinette, 2 Klapptrompeten anzuschaffen...« Der Stiftungsvorstand reicht das Schreiben an das Großherzogliche Wohllöbliche Bezirksamt in Waldkirch weiter und erwähnt in einem Begleitschreiben, daß bereits in den 1790er Jahren sowie 1818 und 1819 Klarinetten und Trompeten angeschafft worden seien. Waldkirch stimmt

Abb. 105: Der Musik-verein Kirchzarten (Oberbadischer Blas-musikverband) im Jahr 1871.

mit Brief vom 14. September 1834 zu und begründet diese Zustimmung u. a. damit, daß in »Simons-wald... sich eine lobenswerte Erkenntnis für Bildung der Jugend zur Musik (zeigt), welche alle Beachtung und Unterstützung verdient«. Eine sehr modern klingende Begründung für den Einsatz der Musik in der Pädagogik! Hier in Untersimonswald findet sich auch eine Bestätigung dafür, daß in der Entwicklung des badischen Blasmusikwesens nicht allein Harmonie- und Türkische Musik richtungsweisend waren, sondern daß französische Einflüsse sich mit einflochten: Als erster Dirigent der Kapelle wird nach den Kriegsjahren 1812/14 Anton Guth genannt, geboren am 12. Juni 1792 in Untersimonswald. Er erwarb seine musikalischen Kenntnisse beim Militär und zog nach Art eines Tambourmajors mit einem einhalb Meter langen Stock, der mit Schnüren und einem Faustgriff versehen war, der Kapelle voran: dabei verstand er es, den Tambourstock im Takt in die Höhe zu werfen und wieder aufzufangen. Auch äußerlich gab er sich mit seiner Uniform, mit dem Militärrock und mit der weißen Lederhose ganz nach Art napoleonischer Militärkapellmeister. Die Chronik der Musikkapelle Untersimonswald birgt noch eine Fülle musikhistorisch interessanter Details aus dem 19. Jahrhundert, aber auch Musiknoten bis in die Jahre um 1830 zurück finden sich in Untersimonswald[248].

Die heutige Trachtenkapelle St. Peter im Schwarzwald verdankt die Kenntnis ihres frühen Gründungsdatums dem »Nachtrag zum Testament« des Bartholomäus Saum aus dem Jahr 1868. Saum erinnert sich daran, daß nach Aufhebung des Klosters im Jahr 1806 die Kirchenmusik darniederlag. Einer der im Ort verbliebenen Geistlichen, Ulrich Rombach, begann nun junge Burschen und Mädchen für den »Kirchenchor« auszubilden. Aus der Sängerschar wurden später vier Jünglinge ausgewählt, die Unterricht auf Blasinstrumenten (Hörnern) erhielten. Diese vier Burschen, dazu Vikar Ulrich mit dem Fagott und ein alter Paukenschläger besorgten an Fronleichnam 1810 die Musik. Diese Musik scheint so anregend gewirkt zu haben, daß mit Hilfe zahlreicher Spenden weitere Instrumente angeschafft und junge Leute daran ausgebildet werden konnten. Im Jahr 1819 bestand eine 27 bis 30 Mann starke Türkische Musik in St. Peter[249]. 1870/71 wurde diese Musikkapelle dem Militärverein eingegliedert, seit 1975 erfüllt die Musikkapelle ihre Aufgabe im Fremdenverkehrsbereich in Tracht.
Die Geschichte der Musikkapelle Niederhausen am Rhein beginnt den Forschungen Faulers folgend im Jahr 1720, als den Schützen, »weilen sie an ihrem Jahrtag mit klingent Spill und fliegent Fannen zu forderst in der Kürchen, wie in der Schitzenordnung vorgeschrieben, gehalten« sechs Batzen und

Abb. 106: Die Musik-kapelle Glottertal (Ober-badischer Blasmusik-verband) um 1865/72.

sechs Pfennig zugebilligt wurden. Ähnliche Dokumente finden sich das 18. Jahrhundert über mehrmals. Nach 1805 wurden Niederhausener zum badischen Militär eingezogen und 1812 kamen einige
von ihnen mit Napoleon bis nach Moskau. Unter ihnen Josef Schindler, von dem man sagt, daß er bei
seiner Rückkehr über ein musikalisches Auftreten
am Zarenhof zu erzählen wußte. Wieweit sich bei
solchen Geschichten am Biertisch Dichtung mit
Wahrheit mischte, läßt sich nicht entscheiden. Fest
steht dagegen, daß Schindler nach seiner Rückkehr
in die Heimat der Musikkapelle in Niederhausen
wieder angehörte, die damals der Lehrer Augustin
Buselmeyer dirigierte. Ihm folgten weitere Lehrer:
Kaspar Armbruster (1837–1846), Brecht
(1847–1849), Konrad Hämmerle (1850–1860) und
Ferdinand Walch (1860–1878), die offensichtlich
ihr schmales Einkommen durch die Tätigkeit in der
Musikkapelle etwas aufzubessern vermochten. Die
kontinuierliche und erfolgreiche Wirksamkeit der
Niederhausener Kapelle ist bis in die Gegenwart
herein zu verfolgen[259].
Der älteste Bericht über das Bestehen einer einhei-
mischen Musikergruppe findet sich in Kirchzarten
in der Kirchgangs-Rechnung aus dem Jahr 1825:
»Erstlich an Fronleichnamstag für 26 Schützen und
4 Musigkanten für zwey Jahr 49 Gulden und 48
Kreuzer« bezahlt. Ebenso wie in St. Peter genügten

offensichtlich bei solcher Umzugsmusik vier Bläser.
Andererseits liegt gerade in jenen zwanziger Jahren
des vorigen Jahrhunderts der Gedanke an zahlenmäßig stärkere Musikkapellen in der Luft. Als 1828
Vikar Johann Baptist Dürr nach Kirchzarten kam,
da wuchs die Kapelle. 1829 quittierte der Freiburger
Instrumentenbauer Johann Nepomuk Erggelegt den
Betrag von 77 Gulden für die Lieferung von Blasinstrumenten. Als Tambour wird Andreas Haury genannt. Als Dürr im Jahr 1834 Kirchzarten verläßt,
da verlaufen sich auch die Musiker wieder, so daß
der neue Dirigent, Oberlehrer Anton Krieg, neun
Jahre später einen Teil der Instrumente erst suchen
lassen muß, um mit dem Neuaufbau beginnen zu
können. 1844 gab es wieder eine Fronleichnamsprozession mit Musik. Die Musiker zechten beim Kro-
nenwirt Bank für 61 Gulden und 25 Kreuzer, was
zu einer Rüge durch das »wohllöbliche großherzogliche Amtsrevisorat« führte. Der Gemeindeverwaltung wird mitgeteilt, »daß Schützen, Musikanten
und Sänger bedeutende Wirtszechen machen, welche unerlaubt sind und welche durchaus nicht mehr
vorkommen dürfen. Wenn sie bei der Abhör der
1845–1847er Rechnung wieder erscheinen, wird
man von amtswegen unnachsichtlich darauf bestehen, dieses zu streichen und dem Großherzoglichen
Landamt zum Einschreiten Anzeige erstatten«. Bis
in die sechziger Jahre sind es vor allem kirchliche

*Abb. 107: Die Musik-
kapelle Pfaffenweiler
(Oberbadischer Blas-
musikverband) mit dem
Schellenbaum.*

Dokumente, die das Bestehen der Kirchzartener Musikkapelle bezeugen, 1871 führt Musikdirektor Josef Pfaff dann die Kapelle der Feuerwehr zu. Am 12. Januar 1900 kam es zur Gründung des »Musikvereins Kirchzarten«, der in der Folge unter qualifizierten Dirigenten: Franz Meier aus Lahr (1900–1921), Adolf Kromer aus Freiburg (1921–1924), A. Witzmann (1925–1960) und Hans Meybrunn (seit 1960), im Verbandsleben eine führende Rolle spielte und bei Preis- und Wertungsspielen zu überzeugen wußte[251].

Gar heiter mutet die Geschichte heute an, die sich anno 1826 in Glottertal zutrug und die allen Beteiligten damals manche schlaflose Nacht gekostet haben mag. Provisor Steurer hatte »eigenmächig«, wie der Pfarrer Wolf schrieb, eine Türkische Musik eingeführt. Dem Pfarrer mißfiel die »türkische Dudelei«, wie er ebenfalls schrieb, sehr, und so erwirkte er ein obrigkeitliches Verbot. Es bestehen allerdings Anzeichen dafür, daß nach dem Weggang von Pfarrer Wolf im Jahr 1829 die Musik in der Öffentlichkeit erneut aktiv wurde. Das erste Bildzeugnis der Kapelle ist aus den Jahren zwischen 1865 und 1872 überliefert, 1881 umrahmte die Kapelle die Einweihungsfeierlichkeiten des neuen Schulhauses. Im Jahr 1911 spaltete sich die Musikkapelle in eine soge-

nannte »Stadtmusik« und in die Rohrer-Musik. Überdies bestand in Glottertal seit etwa 1880 die »Stöckle-Musik«, die vor allem bei Bauernhochzeiten zu finden war. Zeitlich früher als anderswo, stellten sich die Glottertäler der Fremdenverkehrswerbung zur Verfügung. 1938 konzertierten sie in England. Nach dem Zweiten Weltkrieg gab es Einladungen nach Basel, Genf, Biel in der Schweiz, nach Gelsenkirchen und Krefeld, 1973 eine weitere Englandreise, 1974 eine Fahrt ins österreichische Burgenland. Das Auftreten und die Erfolge der Glottertäler Trachtenkapelle wirkten zudem vorbildlich für die Entfaltung der Trachtenerneuerung seit den sechziger Jahren unseres Jahrhunderts im badischen Bereich[252].

1826, im selben Jahr, da im Glottertal die »türkische Dudelei« Anstoß erregte, ersuchte Oberlehrer Metzger in Oberhausen die Gemeindeverwaltung, finanzielle Mittel zur Anschaffung von Instrumenten und damit zur Vergrößerung der Musikkapelle zu bewilligen. Als erstes wurde eine Klappentrompete um 18 Gulden angekauft. Das Inventar der Kapelle umfaßte fünf Klarinetten, u. z. zwei davon in Dis, eine in B, zwei neue und zwei alte Kornetts, zwei Trompeten, eine Klappentrompete, zwei Posaunen (woran die Kirche Anteil hat), 1 Pikkolo, eine große Trommel. Man kann sich danach etwa vorstellen, welche Stärke die Kapelle damals hatte. 1833 erfolgte die Anschaffung eines Schellenbaumes, womit man wohl die Besetzung einer Türkischen Musik sich zum Vorbild nahm. In den achtziger Jahren des vorigen Jahrhunderts wird die Kapelle zum Teil als Feuerwehrmusik bezeichnet. Erst 1922 erfolgte die offizielle Vereinsgründung[253].

Musikanten und Spielleute sind seit 1741 in den Ratsprotokollbüchern der Stadt Kenzingen erwähnt. Für den 3. Oktober des genannten Jahres hatte Freiherr Ferdinand von Sickingen als Kommissär der Königin Maria Theresia, die 1740 die Thronfolge angetreten hatte, die landesfürstliche Erbhuldigung festgesetzt. Auf dem Zimmerplatz vor dem oberen Tor empfing ihn ein sechzig Mann starkes Kommando Kenzinger Bürger und übergab ihm die Torschlüssel. Am Tag darauf wurde die Kommission im Quartier im Pfarrhaus abgeholt, »bei Paradierung eines großen Ausschußes der allhiesigen Bürger und herrschaftlichen Untertanen, auch anwesender zierlicher Musik, im Gefolge der Stadtrat, der Herrschaft Kirnberg Deputierten, und allerseits Bürgerschaft in allhiesige Pfarrkirche begleitet, allwo ein zierlich musikalisches Hochamt abgesungen wurde«. Zweimal ist hier von »zierlicher« Musik die Rede, einmal im Freien, das andere Mal in der Kirche, so daß man annehmen möchte, dies sei ein Gegensatz zu dem Topos »mit fliegenden Fahnen und klingendem Spihl«, der im Zusammenhang mit Marschmusik, als man die Kommission aus der Stadt geleitete, angewandt wird. Dieser Topos wird 1750, bei der Neueinrichtung des Hochgerichts, und nochmals 1765, bei der Durchreise der Prinzessin von Baden-Baden gebraucht; wobei 1750 in diesem Zusammenhang von »Trommeln und Pfeifen« die Rede ist. Es dürfte sich bei der »zierlichen« Musik daher eher um Streichinstrumente handeln. Daß es in diesen Zeiten auch nicht so einfach möglich war, Tanzunterhaltungen zu besuchen, geht aus einem Protokoll des Jahres 1750 hervor. Einige Bürgersöhne wollten mit den Spielleuten und ihren Mädchen nach Nordweil, um dort zu tanzen. Doch erlaubte man ihnen das Tanzen dort nicht. So kehrten sie nach Kenzingen zurück, um im Freien zu tanzen und schließlich – weil Regen einsetzte – in der Kirche zu St. Peter einzukehren und »dem Vernehmen nach daselbsten ziemlich in ›convention exerciert‹«. Die Burschen wurden daraufhin zweimal 24 Stunden in den Turm gesteckt und den Mädchen wurde ein Verweis erteilt. 1767 ist erstmals der Name eines Lehrers bezeugt, nämlich Anton Wenz, der die Musik leitete. 1805 gelangt Kenzingen zu

Baden, das »Stadt Kenzingische Bürgercorps« wird aufgestellt und ihm eine Türkische Musik angeschlossen. Kapellmeister ist Anton Vicellio, es unterstehen ihm die Musiker Unterlehrer Rieg, Ferd. Dörenbacher, Johann Fehrenbach, Anton und Benedikt Rieg, Michael Lienemann und Konrad Becherer. 1825 kam Lehrer Johann Baptist Schüle nach Kenzingen, der den Auftrag erhielt, den Organistendienst und die Kapellmeisterstelle beim Stadtmusikkorps auszufüllen. Er begann sogleich mit der Vergrößerung der Kapelle, 1826 bestellte die Stadt dafür beim Freiburger Instrumentenbauer J. N. Erggelett weitere Musikinstrumente. Schüle leitete die Türkische Musik bis 1861. Im letztgenannten Jahr übernahm die Freiwillige Feuerwehr die Neuorganisation der Kapelle, die künftig nur mit Blechinstrumenten auftrat. Freiburger Militärmusiker erteilten Unterricht und lieferten zudem die (handgeschriebenen) Noten. An der Organisation des Blasmusikverbandswesens beteiligte sich Kenzingen von Anfang an. 1873 fand hier das erste überörtliche Blasmusikfest des Breisgaues statt, 1892 trat man dem Breisgau-Markgräfler-Musikvereinsverband bei[254].

Die ältesten Nachrichten über das Musikleben der Stadt Waldkirch betreffen die Musik im 1806 aufgehobenem Chorherrenstift St. Margareten. Nun übernahm die Bürgerschaft die feierliche Ausgestaltung der Gottesdienste, aus den Mitgliedern der alten Choralmusik bildete sich eine Figuralmusik, die dem Bürgermilitär angeschlossen wurde. Dirigent und Chorregent war um 1833 F. J. Herrmann. 1835 ersuchte das Bürgerkorps um einen Zuschuß von 400 fl., um Musikinstrumente anschaffen zu können. Als dies genehmigt wurde, konnte es 1836 zur Gründung der »Stadt- und Bürgermilitär-Musik Waldkirch« kommen, deren Leitung Carl Kienzle übernahm. 1848 erfolgte die Auflösung des Bürgermilitärs, die Kapelle aber nannte sich nun »Stadtmusik« und seit 1866 »Feuerwehrmusik«[255]. »Nicht des Tanzes wegen, sondern zur Verschönerung der kirchlichen Feiern« gründete Lehrer Klingler 1843 in Wittnau eine Musikkapelle, die älteste des Hexentales. 1857 gehörten dem Klangkörper 16 Mann an. Klingler hatte das Glück, von seinem ehemaligen Regimentschef Noten zu erhalten, die die Musiker selbst abzuschreiben hatten. Nachdem in den folgenden Jahren eifrig Instrumente gekauft oder erbettelt wurden, zeigt das Eingangsverzeichnis für 1844 u. a. eine große Trommel mit Bandolier und Schlägel, türkische Becken-Platten, ein Violon mit Mechanik, einen Schellenbaum, eine Ophikleide und eine Trompete mit drei Ventilen an. Dieses Instrumentarium zeigt an, daß die Türkenmode in Wittnau – verhältnismäßig spät, aber doch – Einzug hielt. Im Inventar von 1899 sind türkische Becken und Schellenbaum noch aufgeführt[256].

Die Stadtmusik Herbolzheim feierte im Jahr 1967 das 120jährige Bestehen, gibt demnach 1847 als Gründungsjahr an. Doch bezeugen Urkunden seit 1762 das Bestehen von Musikantengruppen und Schützenmusikern, die an kirchlichen Festtagen extra besoldet werden. 1838 tritt die Türkische Musik gar in einer Stärke von 45 Mann auf. Bis 1846 ist das Bestehen der Türkischen Musik in Herbolzheim bezeugt. Im folgenden Jahr kommt es zur Gründung des Musik-Vereins, dem die Stadt als Gründungsgeschenk eine große Trommel, zwei kleine Trommeln und einen Schellenbaum übergibt[257]. Damit ist in unserer Verbandschronik der Breisgauer Vereine das Revolutionsjahr 1848 erreicht, das die Entfaltung von Musikkapellen auf freier Basis vereinsrechtlich vorsieht. In Suggental gründet Hauptlehrer Gottfried Gaiser den Musikverein und bleibt vierundzwanzig Jahre lang dessen Dirigent[258]. Die Gründungsversammlung der Musikkapelle (heute Trachtenkapelle) Bleibach wählte am 25. Februar 1861 den Müller Karl Winterhalter zum Kapellmeister[259]. In der Stadt Emmendingen ersucht am 26. Dezember 1860 der Verwaltungsrat der Feuerwehr die Stadtverwaltung um »Genehmigung zur Errichtung einer Musik des Feuerwehrcorps«. Da in dem Schreiben zugleich gebeten wird, die Instrumente der ehemaligen Stadtmusik benutzen zu dürfen, so geht daraus hervor, daß die Geschichte der Blasmusik in der traditionsreichen Stadt längst vor 1860 begonnen hat. 1881 übernahm Franz Meier, dem wir schon mehrfach begegneten, die musikalische Leitung des Musikvereins, um diesen in den folgenden vierzig Jahren zu herausragenden Leistungen zu inspirieren. Es folgten auf Meier Karl Schmidt (bis 1937), Albert Lühmann (bis zu seinem Tod am 22. April 1950), Gustav Kleinschmidt (bis 1968) und Hermann Freybott[260].

Schon im Jahr 1827 – so steht es in den Gemeinderechnungen – haben Buchholzer Musikanten die Fronleichnamsprozession verschönert. »Mit Verwilligung des hiesigen Ortsgerichts« durften sie danach am Frühschoppen teilnehmen und erhielten jeder ein Maß Wein und für 4 Kreutzer Brot. So hatte alles seine Richtigkeit und man mußte nicht befürchten, wie in Kirchzarten (siehe oben), vom Revisor gerügt zu werden. Besonderes musikhistorisches Interesse darf unter den alten Musikalien im Archiv der Musikkapelle Buchholz ein altes handschriftliches Notenheft aus dem Besitz des ersten Kapellmeisters des Vereins, Franz Sales Brugger,

beanspruchen. Es enthält u. a. einen »Marsch der Freiwilligen in Freyburg« aus dem Jahr 1793. Brugger gab das Dirigentenamt im Jahr 1840 an Xaver Bechter weiter. 1864 stifteten die Buchholzer Jungfrauen dem Verein eine Fahne. 1906 trug man den alten Bechter mit verhangener Fahne zum Friedhof. Mit ihm, der im 86. Lebensjahr starb, hatten die Buchholzer »einen ihrer Treuesten verloren«. Nun folgte eine Zeit des Niederganges, bis 1919 mit August Herbstritt ein initiativer Vorstand und Dirigent einen neuen Anfang wagte. Hermann Rambach, Hermann Freybott (1948–1956) und Hubert Rambach trugen sich nun als erfolgreiche Dirigenten in die Chronik des Musikvereins Buchholz ein[261].

In Obersimonswald, Ottoschwanden, Oberried und Oberwinden verdanken die Musikkapellen ihr Entstehen privater Musizierfreude. Im zweitgenannten Ort hat der Waldhüter Matthias Heß schon um 1860 eine kleine Gruppe zusammengestellt. Das Musizieren, so heißt es in der Chronik Gottlieb Bühlers, sei damals so im Schwung gewesen, daß die Instrumente während der Zeit des Viehfütterns mit in den Futtergang genommen worden seien. Man habe sich auf die Krippe gesetzt und nach Herzenslust musiziert. »Alle Viecher haben das Musizieren gut vertragen, nur das Roß nicht, das ist kaputt gegangen!« Dann mußte Heß in den Krieg und lernte als Regimentsmusiker einiges dazu, so daß er 1872 an den Aufbau einer größeren Kapelle denken konnte. Oberried in traditionellen Trachten und Oberwinden bezeugen die starke Verankerung der Musikkapellen im dörflichen Leben[262].

Die große Zeit des Musikvereins Merzhausen, 1881 im unmittelbaren Einflußbereich der Stadt Freiburg begründet, beginnt in den sechziger Jahren unseres Jahrhunderts: Mit Willi Willmann als Dirigenten, mit den Vorständen Erich Echle, Max Meyer und Arnold Enzmann (seit 1969), mit der Gründung der Jugendkapelle im Jahr 1963 und den »Wochen der Volksmusik« in den Jahren 1966, 1968, 1970, 1973 und 1976. Vor allem die letztgenannten Veranstaltungen stellten Merzhausen in das Zentrum einer zeitgemäßen Blasmusikpflege. Die besten Kapellen des Breisgaues trafen sich hier, um Komponisten und neue Blasmusikliteratur vorzustellen. Die Jugendkapelle aber beteiligte sich an zahlreichen internationalen Veranstaltungen, 1966, 1970 und 1974 an den Weltmusikwettbewerben in Kerkrade in Holland, 1969 am 1. Internationalen Jugendkapellen-Treffen des Bundes Deutscher Blasmusikverbände in Staufen, 1971 am Internationalen Konzert der Bodenseeländer in Überlingen, 1972 am Schwedisch-deutschen Jugendkapellentreffen in Niederrimsingen, konzertierte 1972 in Berlin und 1976 in den USA. 1978 endete die Ära Willmann in Merzhausen[263]. In Gutach begann der 1882 begründete Musikverein »Eintracht« die Probenarbeit in der Besetzung: 5 Klarinetten, 2 Flöten, 4 Blechinstrumente, eine Zusammenstellung, die angesichts der damaligen Vorliebe für reine Blechkapellen eher ungewöhnlich erscheint. Man denkt an die »Harmoniemusiken« der frühen Wiener Klassik, die mit einer solchen Besetzung, vor allem ohne das »türkische« Schlagzeug sinngemäß wiedergegeben werden könnten. Die erste Fotografie der Kapelle aus dem Jahr 1889 zeigt jedoch bereits ein völlig anderes Verhältnis: Neben den verbliebenen vier Klarinetten finden sich nun neun Blechbläser in der Runde, von der Trompete bis zum tiefen Baß. Doch erst die Fotografie von 1893 zeigt zudem Große und Kleine Trommel und damit die endgültige Wende zur Marschmusik. 1905 kam es zur Vereinigung der Musikkapelle mit der Freiwilligen Feuerwehr, seit 1952 trägt das Orchester den Titel »Werkkapelle Gütermann Gutach«[264].

Genaue »Vorschriften und Pflichten über das Tragen der Uniform« sind aus Sexau überliefert, wo sich 1892 begeisterte junge Leute zu einer Musikkapelle zusammengefunden haben. Im Uniform-Reglement von 1929 heißt es u. a.: »Vom Verwaltungsrat wurde einstimmig der Beschluß gefaßt, Uniformen anzuschaffen mit folgenden Bedingungen: (1) Der Rock ist Eigentum des Vereines. (2) Die Mütze ist Eigentum des Vereines, muß aber vorläufig von jedem Musiker selbst angeschafft werden..., (3) Für die Hosen muß jeder Musiker selbst aufkommen... (4) Kragen und Krawatte müssen einheitlich sein... (5) Die Uniform wird bei sämtlichen Anlässen getragen, bei denen sich (die) Kapelle vollzählig beteiligt, auch bei Beerdigungen, ausgenommen bei Hochzeitsständchen... (6) Die Uniform ist von jedem Musiker wertvoll zu schützen... (7) Bis die Mützen und Hosen bezahlt sind, muß jeder ein ganzes Tanzgeld in die Musikerkasse einlegen... Sexau, den 12. Juli 1929. Gustav Wolfsperger. Schriftführer«[265]. Angeregt vom Spiel der Musikkapellen in den Nachbarorten, kam es 1900 in Sölden zur Gründung eines Musikvereins. Elf junge Männer unter der Leitung von Josef Gutgsell hatten sich ihre Instrumente allerdings aus eigenen Mitteln zu kaufen[266]. Die Kapellengründung in Bombach im Jahr 1897 ist mit dem Namen des Leinenwebers Longinus Schneider verbunden[267]. In Buchenbach gab es einen Militärmusikverein, den der Lehrer Lienhart dirigierte, im benachbarten Falkensteig bestand die sogenannte »Braunsche Musik«, ehe 1902 der Mu-

sikverein Buchenbach von Männern der Kirchspielgemeinden Buchenbach, Wagensteig, Unteribental und Falkensteig begründet wurde[268].

Daß die Musiker Leopold Ingold, Martin Groß, Michael Schneibel, Georg Froß und Wilhelm Heß am 31. Januar 1864 von den beiden Ortspolizisten »wegen unerlaubten Musizierens im Wirtshaus« angezeigt werden konnten und eine Strafe von je 30 Kreuzern zu zahlen hatten, bezeugt das Bestehen einer Teninger Musikkapelle bereits in den sechziger Jahren des vorigen Jahrhunderts. Die Gruppe spielte bei Hochzeiten und Kirchweihfesten, bei Kindstaufen und Rekrutentänzen, bei Bürgermeisterwahlen und Pfarrjubiläen. Im Jahr 1871, als man das erfolgreiche Ende eines Krieges feierte, da gab es auf Kosten der Gemeinde bereits für zehn Mann Essen und Trinken vom Löwenwirt; die Gruppe hatte sich demnach vergrößert. Im Verband des Soldaten- und Veteranenvereins erwuchs dieser Kapelle eine weitere Aufgabe, nämlich alljährlich an Großherzogs Geburtstag das Festbankett und den Kirchgang zu verschönern. Die Gründung des Musikvereins Teningen erfolgte schließlich 1902, und zwar zum Zweck der »Förderung der Musik und der geselligen Unterhaltung, Verschönerung der weltlichen und kirchlichen Feste«. Unbescholtene Männer und selbständige Frauen konnten Mitglieder werden. Das Amt des Dirigenten übernahm Kapellmeister Kitterer aus Emmendingen, der für jeden Probeabend 5 Mark erhalten sollte. Kitterer besorgte auch die Instrumente für einen Betrag von 708 Mark. Als sein Vertrag im Jahr 1907 auslief, wurde Wilhelm Engler aus Köndringen verpflichtet. Die Kapelle beteiligte sich rege am Verbandsgeschehen, besuchte laufend Preis- und Wertungsspiele und konnte unter den Dirigenten Engler (bis zu seinem tragischen Tod im Jahr 1955), Gustav Kleinschmidt († 2. Oktober 1972) und Udo Reinhardt (seit 1972) in musikalischer Hinsicht mit den Stadtkapellen des Breisgaues durchaus mithalten. Durch den 1. Vorstand der Kapelle, Eugen Faller, ist Teningen sowohl im Verbandspräsidium wie im Geschäftsführenden Präsidium des Bundes Deutscher Blasmusikverbände präsent[269].

Hecklingen zählt zu jenen – seltenen – Orten, in denen in der ersten Hälfte des 19. Jahrhunderts eine Türkische Musik nachweisbar ist. 48 Mann sollen damals ein beachtliches Orchester gebildet haben. Auch vom Schellenbaum ist die Rede – und von Tanzmusik im »Bären«, als die Schnellpost und die Holländischen Landholzfuhrwerke dort Station machten. In den Wirren der 1848er Revolution scheint diese Musik jedoch untergegangen zu sein;

PROGRAMM

zur Hauptaufführung des 4. Gau-Musik-Festes in Waldkirch
Sonntag den 14. Juni 1896, nachmittags ½ 2 Uhr beginnend.

I. Begrüssungsakt: a) Jugendmusik Waldkirch, Grosser Kriegsmarsch a. „Rienzi" von R. Wagner.
b) Begrüssung der Festgäste durch den Ehrenpräsidenten des Festausschusses.
c) Stadtmusik Waldkirch, Jubelouverture von Küstner.

II. Festrede: gehalten durch den Präsidenten des Verbandes.

III. Preis-Spielen:

A. Vereine im Gau:

1) L.-M. Oberhausen, Finale a. d. Op. „Dornröschen" v. Reinhardt.
2) „ Krotzingen, Militär-Ouverture „ Polischanzki.
3) „ Gutach, Melodiensträuschen a. „Fra Diavolo" „ Auber.
4) „ Wolfenweiler, Ouverture „Der Zauberer in Rom" „ Ebel.
5) „ Kollnau, Arie a. d. Op. „Ernani" „ Verdi.
6) „ Heitersheim, Fest-Ouverture „ Fr. Lachner.
7) „ Pfaffenweiler, Lustspiel-Ouverture „ Andrieh.
8) St.-M. Emmendingen, Fantasie aus Lohengrin „ Wagner.
9) „ Kenzingen, Ouverture „Der Zauberer in Rom" „ Ebel.

B. Vereine auser Gau:

10) L.-M. Gütenbach, Potpourri a. d. Op. Martha „ Flotow.
11) „ St. Georgen, Tonblumen-Potpourri „ Maier.
12) „ Katzensteig, Militär-Ouverture „ Polischanzki.
13) „ Siegelau, Tonblumen a. d. Op. „Traviata" „ Verdi.
14) „ Schonach, Fest-Ouverture „ Neumann.
15) „ Bleibach, Souvenier de Millöcker „ Fr. Maier.
16) „ Schönwald, Ouverture z. Op. Le. Ménétrier „ Villmars.
17) St.-M. Vöhrenbach, Divertissement aus Stradella „ Flotow.
18) „ St. Georgen, Ouverture z. Op. Dimivor „ Donizetti.

IV. Gesammt-Chöre: a. Festgruss-Marsch v. Reck, b. Niebelungen-Marsch v. Sonntag.

V. Preisvertheilung: Abends 6 Uhr.

Abb. 108: Programm eines Konzertes im Rahmen des 4. Gau-Musik-Festes des Breisgau-Markgräfler Musik-Verbandes am 14. Juni 1896 in Waldkirch.

denn in den siebziger Jahren wird von einer Neugründung berichtet. Im Jahr 1904 fand demnach bereits die dritte Gründung einer Musikkapelle in Hecklingen statt, wobei Vorstand Herr und Dirigent Ruf aus Kenzingen die Musikerschar zusammenhielten[270]. Am 31. Dezember 1905 lud der Eschbacher Schreiner Josef Tritschler in den Gasthof »Zum Löwen«, um die Gründung einer Musikkapelle anzuregen. 14 Bürger fanden sich dazu bereit, 52 Bürger traten dem neuen Verein als passive Mitglieder bei, und so stand dem Beginn unter dem Dirigenten M. Koch aus Freiburg-Littenweiler nichts mehr im Weg[271]. In Mundingen leitete Karl Schmidt aus Emmendingen den im Jahr 1905 neugegründeten Musikverein[272], in Horben, wo bereits zwischen 1870 und 1890 musiziert worden sein soll, dirigierte zunächst der Trompeter beim 5. Badischen Feldar-

tillerie-Regiment 76, Dorenberg, für einen Betrag von 6 Mark pro Probe der Kapelle[273]. Im altehrwürdigen Kloster St. Ulrich, 1087 gegründet, mag es im Mittelalter und in der Neuzeit manche Feste mit glanzvoller Musik gegeben haben. Die barocke Klosteranlage des 18. Jahrhunderts bezeugt den Kunstsinn der Patres, der sich mit Sicherheit auch auf die Musik erstreckte. Das Kloster fiel 1806 der Säkularisation zum Opfer. Ein Musikverein wurde im Ort allerdings erst 1912 gegründet, der seit 1954 durch sein Auftreten in erneuerter Schwarzwälder Tracht seine Verbundenheit mit Volkstum und Heimat bezeugt[274].

Noch ist über die Vereine in der Stadt Freiburg zu sprechen, die seit 1896 (Freiburg-Post) das städtische Musikleben bereichern und ihren Mitgliedern in der Vereinsamung der Städte gesellschaftlichen

193

Anschluß und Ansehen in der Öffentlichkeit ermöglichen. Dabei ist zwischen den Kapellen bestimmter Berufsgruppen, wie der 1896 gegründeten Postkapelle, den Kapellen des Deutschen Roten Kreuzes (1924 gegründet), der Eisenbahn (1931 gegründet) und Feuerwehr (1976 gegründet) einerseits und der Kapellen einzelner Ortsteile, die zum Teil zur Zeit der Gründung ihrer Kapellen noch selbständig waren, zu unterscheiden[275]. Bis in die Zeit um 1747 reicht die Tradition der St. Georgener zurück, in deren Archiv sich zudem Instrumente und Noten aus der ersten Hälfte des 19. Jahrhunderts finden. 1865 spaltete sich die Kapelle in den St. Georgener und in den Uffhausener Zweig. Zeitweise gab es sogar eine dritte Kapelle unter der Leitung von Lienhard Ehret, die mit Klarinetten und Streichinstrumenten besetzt war. Als Vereinsgründungsdatum geben die St. Georgener, heute »Musikkapelle Freiburg-St. Georgen«, das Jahr 1905 an[276]. In Zähringen, nach den Gründern der Stadt Freiburg, den Herzögen von Zähringen, benannt, fanden 1902 die Mitglieder des sogenannten »Wahrheitsvereines«, daß man eine eigene Musikkapelle haben sollte. So kam es zur Gründung[277]. Littenweiler, heute Sitz der Pädagogischen Hochschule Freiburg-Littenweiler, folgte ein Jahr später; doch gibt es eine Fotografie, auf der bereits im Jahr 1892 eine achtköpfige Feuerwehrkapelle vor dem Gasthaus zum Hirschen Aufstellung genommen hat[278]. Weitere Freiburger Kapellen entstanden zwischen den beiden Weltkriegen: Freiburg-Haslach 1921, Freiburg-Lehen 1922[279], und nach dem Zweiten Weltkrieg: Freiburg West 1956, der Freiburger Volksmusikverein 1963, das Erste Freiburger Jugendblasorchester 1974 sowie Freiburg-Landwasser 1976 (aus der Feuerwehrkapelle hervorgegangen, da die Zentrale der Feuerwehr nach Landwasser übersiedelt ist). Die von Hans Gillhaus und Siegfried Hauser geleiteten Gruppen des Freiburger Jugendblasorchester brachten durch ihre intensive Nachwuchspflege und durch hervorragende musikalische Leistungen ein »neues Klima« für Blasmusik in die städtische Musikszene[280].

Doch damit sind bereits die Jahre des Ersten und des Zweiten Weltkriegs übersprungen, und es steht der Abdruck der Gründungsdaten seit 1921 an:
1921 Katzenmoos, Prechtal
1922 Freiburg-Lehen, Vörstetten
1923 Ebnet
1924 Heimbach, Freiburg-Deutsches Rotes Kreuz
1925 Nordweil, Siensbach, Wittental
1927 Nimburg-Bottingen
1928 Malterdingen

1931 Freiburg-Eisenbahnkapelle
1932 Gundelfingen
1934 Au bei Freiburg, Kollmarsreute
1949 Reute
1956 Freiburg-West
1961 Maleck
1963 Freiburg-Volksmusikverein
1974 Freiburg-Haslach
1976 Freiburg-Landwasser

Schon einmal konnte darauf hingewiesen werden, daß eine Musikkapelle aus einem Radfahrverein sich entwickelte (Völkersbach, Blasmusikverband Karlsruhe). Dieselbe Situation stellte sich in Prechtal ein, wo der Radfahrverein »Concordia« 1921 eine Musikabteilung einrichtete. Doch die Zusammenarbeit klappte nicht immer gut, da in beiden Abteilungen doch unterschiedliche Ambitionen zum Durchbruch kamen. Wegen der schlechten Finanzlage forderte der Dirigent Reichert 1929 Naturalien als Lohn: Jede Woche hatte einer Butter, Eier mitzubringen, ein Klafter Holz und Kartoffeln wurden ihm nach Gutach zugestellt, Pferde und Wagen überließen Anton Läufer und Josef Becherer unentgeltlich[281]. Würde man eifrig Quellenstudien betreiben, so könnte man mit Sicherheit einen großen Teil der Neugründungen unseres Jahrhunderts als Wiedergründungen älterer Musikkapellen einstufen. In Vörstetten weiß mündliche Überlieferung von einer Kapelle, die um die Jahrhundertwende bestanden haben soll[282]. In Ebnet sollen sich bereits 1848 musikbegeisterte Männer zu einer Blaskapelle zusammengefunden haben[283]. In Nimburg-Bottingen weiß man von Musikern, die vor dem Ersten Weltkrieg eine Kapelle gebildet hatten. Bei der Gründung im Jahr 1927 wurden gebrauchte Instrumente vom Musikverein Eichstetten gekauft, die dafür notwendigen 300 Mark liehen drei Vorstandsmitglieder auf der Emmendinger Sparkasse sich aus[284]. In Heimbach, Siensbach und Gundelfingen ist bisher nichts von älteren Vorläufern der Musikvereine bekannt geworden[285].

Kurz ist die Liste der Neugründungen nach dem Zweiten Weltkrieg. Die Beliebtheit der Blasmusik im Breisgau hat offensichtlich dazu geführt, daß ein sehr engmaschiges Netz von Blaskapellen schon sehr früh sich über das Land ausgebreitet hat. In Reute, wo »der Wunsch der Bevölkerung nach einer Musikkapelle bis in die Zeit vor dem Ersten Weltkrieg zurückreichte«, kam es am 11. Dezember 1949 zur Gründung eines Musikvereins, der seit 1972 von Hartmut Braun gewissenhaft dirigiert wird[286]. Als »letzter« Verein – außerhalb der Stadt Freiburg – folgte 1961 die Musikkapelle in Maleck.

Der Blasmusikverband Odenwald-Bauland,
gegründet 1953

Am 11. Januar 1953 fand in Seckach im Odenwald die Gründungsversammlung des Volksmusikverbandes Odenwald-Bauland statt, der sich dem Bund Badischer Volksmusikverbände anschloß[287]. Überblickt man die Gründungsdaten der Mitgliedsvereine des heutigen Blasmusikverbandes Odenwald-Bauland, so kann man ermessen, welche wichtige Aufbauarbeit in diesem Teil des badischen Einzugsgebietes zunächst vom Gründungspräsidenten Karl Sommer, Seckach, und seit 1971 von seinem Nachfolger Franz Busch, Schweinberg, geleistet wurde; denn es handelte sich zweifellos um eine Landschaft, in der das Gesangsvereinswesen zwar seit der Mitte des vorigen Jahrhunderts in Blüte stand, wo aber nur vereinzelt Musikergruppen sich zu Blaskapellen vereinsmäßig zusammengeschlossen hatten. Die musikalische Leitung stand vor der schwierigen Aufgabe, sowohl den Sinn für das Blasorchester wie das Verständnis für die neuen Entwicklungen in der Blasmusikliteratur bewußt zu machen. Als Verbandsdirigenten wirkten Heinrich Schneider aus Walldürn, bis 1954, Johann Erlwein aus Neudenau, bis 1968, und Max Muschiol aus Limbach. Seit 1961 gehörte mit Rudi Imhof aus Königshofen ein Verbandsjugendleiter der Verbandsspitze an, dem 1982 Anton Renner aus Neudenau folgte.

Verbandsmusikfeste wurden u. a. abgehalten in: Billigheim 1955, Mosbach 1957, Hardheim 1960, Neckarsteinach 1962, Osterburken 1965, Sulzbach 1968, Seckach 1970, Hardheim 1973, Boxberg 1977, Gerlachsheim 1977, Limbach 1980, Hettingen 1982. Daneben gab es eigene Verbandsjugendmusikfeste in Boxberg 1973, Schweinberg 1974, Uissigheim 1975 und Limbach 1976 sowie Jugendkritikspiele in Mudau 1967, Osterburken 1979 und Königheim 1980. Demnach ein reichhaltiges Programm, das einem aufstrebenden Verband zur Ehre gereicht. Die Gründungsdaten der Verbandskapellen bezeugen die schon mehrmals konstatierte Süd-Nord-Entwicklung des Blasmusikwesens im badischen Bereich:

1740 Osterburken
1802 Neudenau
1835 Oberlauda
1839 Adelsheim
1855 Hüffenhardt, Gissigheim
1856 Gerlachsheim
1861 Eberstadt
1865 Limbach
1867 Weinheim/Bergstraße
1870 Wagenschwend
1871 Waldstetten
1872 Mudau
1881 Grünsfeld
1882 Hettingen
1886 Allfeld
1895 Oberwittstadt
1897 Höpfingen
1902 Unterwittighausen

Osterburken, einst römische Festung am Limes und – wie die gut erhaltenen Funde im Mithrasheiligtum zeigen – zugleich geistliches Zentrum dieses Raumes, dann von den Alemannen erobert, die damit den Rückzug der Römer aus den Gebieten östlich des Rheins einleiteten, von Kaiser Karl VI. im Jahr 1356 mit Stadtrechten ausgestattet, hat im Verlauf seiner historischen Entwicklung sowohl römisches wie germanisches und mittelalterliches-ritterliches Leben verspürt. In solchen politischen und kulturellen Zentren stand das Musikleben den übrigen Aktivitäten nicht nach, auch wenn wir darüber (weil Musik mit ihrem Erklingen verweht) bisher keine konkreten Urkunden besitzen. Dekan Heck hat jedoch die »Osterburckheimer Heiligen Rechnungen« und Verkündbücher durchgesehen und dabei folgende interessante Daten zur Vorgeschichte einer Musikkapelle in der Stadt aufgefunden: Anno 1663/64 erhalten die Spielleute, »welche Jahrs über in der Kirch bey ehrenden Gottesdienst an Hohenfesten aufgespielt« haben, einen Trunk. Für die Mitwirkung bei Prozessionen gibt es 1666/67, 1669/70, 1679/80 sowie 1690 bis 1710 alljährlich den üblichen Trunk und in der Regel 1 Gulden 20 Kreuzer. Da diese Eintragungen regelmäßig erfolgen, kann man davon ausgehen, daß eine festgefügte Musikergemeinschaft in Osterburken bestanden hat, die über den Kirchendienst hinaus wohl auch die städtische Repräsentationsmusik und die Tanzmusik zu bestreiten hatte. Ob es sich um die Stadt-Türmer handelte, also um städtische Bedienstete? Nach einer (möglicherweise quellenbedingten) Pause beginnen weitere auf Musiker bezugnehmende Eintragungen 1740: »Den Hoboisten und Singern damahlen. . .«. »Hoboisten«, so nannte man damals alle Militärmusiker – und demgemäß auch die Mitglieder paramilitärischer Formationen, wie Bürgergarde, Soldaten- und Veteranenvereine. 1745 zeigen sich Ansätze zu einem größeren Ensemble: Es heißt da, daß an Christi Himmelfahrt bei der Prozession »9 große musici und 2 kleine musici« mitgewirkt hätten. Das ist für die damalige Zeit bereits eine richtige Kapelle.

Eine weitere Lücke in den Urkunden tritt nun bis 1825 ein. Von da ab kennen wir sogar die Namen der Dirigenten, vielfach (ehemalige) Militärmusiker: 1825–35 Josef August Schwarz, 1835–1848 Oswald Hemberger, 1849–1870 Johann Anton Baumann, 1870–1872 Kaltenmaier, 1872–1877 Konrad, 1877–1888 Josef Anton Baumann (Sohn des obigen Johann Anton), 1888–1890 Julius Hofmann, 1890–1896 Pfleghaar, 1896–1904 Karl Baumann, 1904–1952 Johann Baumann (Enkel des obigen Johann Anton), 1952–1966 Alois Vogt, danach Johann Schmitt. Als Höhepunkt der frühen Jahre der Stadt- und Feuerwehrkapelle Osterburken wird das Empfangskonzert für Großherzog Friedrich I. im Jahr 1885 anläßlich der Gewerbeausstellung in Osterburken vermerkt, wobei S. M. der Großherzog der Kapelle und dem Dirigenten persönlich hohes Lob spendete. 1911 erfolgte die Vereinsgründung[288].

In Neudenau sind in Kirchenrechnungen 1747 und 1775 ebenfalls Musiker benannt, doch gibt es ein untrügliches Zeichen dafür, daß dort 1802 bereits eine Blaskapelle im modernen Sinn bestanden hat: Fridolin Mayer berichtet in seiner »Geschichte der Stadt Neudenau« von der in Blüte stehenden Türkischen Musik. Regelmäßige Berichte über das Bestehen einer Blaskapelle setzen bald nach 1848 ein. Im Jahr 1856 hat Musiklehrer Schwarz Unterricht im Gesang und auf Instrumenten erteilt, wofür die Stadt und vermögende Bürger finanziell aufkamen. 1887 bewilligt die Gemeinde einen Zuschuß für die Musikkapelle, da sie auf »Harmoniemusik in würdiger Weise« Wert legt. 1879 findet anläßlich der Hochzeit des deutschen Kaiserpaares in Neudenau ein Zapfenstreich statt. Nachdem aus »besseren Kreisen des hiesigen Publikums wiederholt der Wunsch ausgesprochen bzw. die Aufforderung gemacht wurde, einen Verein zu arrangieren, der sich zur Aufgabe macht, die Musik mit dem damit verbundenen Gesang im gesellschaftlichen Leben zu pflegen und zu fördern, entschloß sich die hiesige Musikkapelle, diesem Wunsch zu entsprechen und gründete am 14. Februar dieses Jahres (1909) den Musik-Verein Neudenau«, so schrieb Vorstand

Abb. 109: Die Musikkapelle Neudenau (Blasmusikverband Odenwald-Bauland) um das Jahr 1890.

Theodor Merckle an das Großherzogliche Amtsgericht nach Mosbach. Damit beginnt die offizielle Vereinsgeschichte in Neudenau[289].

Das Gerlachsteiner Kloster bildete über Jahrhunderte hinweg das geistige und geistliche Zentrum des mittleren Taubertales. Infolge Säkularisation im Jahr 1803 aufgelöst, übernahmen die Herren von Salm-Reiferscheidt den Besitz. Gemeindeakten bezeugen seit dem beginnenden 19. Jahrhundert eine blühende Kirchenmusikpflege, wobei sowohl Streich- wie auch Blasinstrumente (1809 und 1810 je ein Horn, 1815 ein paar »kurze Trompeten in D und C«, 1819 2 Fagotte) angeschafft wurden. Seit 1844 ist zudem von einem selbständigen Musikkorps die Rede, das anläßlich der Wahl eines Abgeordneten zur Deutschen Nationalversammlung 1848 aufspielte. 1875 wurde in den leerstehenden Räumen des ehemaligen Klosters eine Taubstummenanstalt errichtet, deren Lehrer anfort das kulturelle Leben des Ortes entscheidend bereicherten. Hier kam als Sohn des Direktors der Anstalt, Martin Stein, am 17. Dezember 1879 der spätere Generalmusikdirektor und Musikwissenschaftler Prof. Dr. Fritz Stein zur Welt[290]. Doch kehren wir zum Musikkorps zurück, das 1854 den Landesregenten Friedrich von Baden in Gerlachstein würdig empfing. Damals leitete Rektor Schäfer die aus 15 Musikern bestehende Kapelle. Seit 1856 erhielt er dafür ein jährliches Aversum von 50 Gulden. Ein Vertrag mit der Gemeindeverwaltung besagt, daß sich die Musikkapelle verpflichtete, alljährlich an Großherzogs-Geburtstag sowie an allen weltlichen Feierlichkeiten teilzunehmen. Als Dirigenten erscheinen in der Vereinschronik in den folgenden Jahrzehnten Lehrer Englert (1862–1880), Wilhelm Stumpf (1881–1888), Michael Fleuchaus (1891–1921), Bernhard Fleuchaus (1921–1928) und Karl Böhme (1929–1943)[291].

Vier Handwerker gründeten 1863 in Limbach die erste (vielleicht würden Quellenstudien erweisen, daß es doch ältere Musikergruppen im Ort gegeben hat?) Tanzmusikgruppe. Offensichtlich erwarteten sich Valentin Fritz, Gottfried Noe, Heinrich und Jakob Blatz davon zusätzlichen Verdienst. Erst später schlossen sich die »reicheren« und im gesellschaftlichen Ansehen höher stehenden Bauernsöhne dieser Kapelle an. 1881 spielten acht Limbacher unter dem Lehrer aus Schneeberg, 1884 lesen wir bereits von einer 12-Mann-Kapelle, die Lehrer Schleicher dirigierte – und so entfaltete sich langsam ein richtiges Orchester. Im Jahr 1904 kam es sogar zur Gründung einer zweiten Kapelle im Ort, die Sulzmann dirigierte. Doch 1911 vereinigten sich beide Kapellen. Ein ähnliches Bild nach dem Ende des Ersten Weltkrieges. Die Heimkehrer begannen unter der Leitung von Valentin Bräunig erneut zu musizieren, 1924 stellte Lehrer Mölbert eine zweite Kapelle zusammen. Beide vereinten sich 1926, und nun konnte Emil Pfetzer immerhin 23 Musiker zu einem Klangkörper entwickeln[292].

Um die Pro-Musica-Plakette zu erhalten, begannen in Adelsheim eifrige Quellenstudien, die immerhin bezeugen, daß bereits 1766, anläßlich der Grundsteinlegung der evangelischen Stadtkirche, »von Provisor Kubach eine Vocal- und Instrumental-Musik aufgeführt« wurde und »Zinken und Posaunen« dabei solange erklangen, bis »Alt und Jung gleichfalls mit dem Hammer auf den Grundstein geschlagen und für die Handwerksleute je nach Vermögen etwas auf den Teller gelegt hatte«. 1820 kam es in Adelsheim zur Gründung des »Bürgerlichen Schützenkorps«, dem bis zur Auflösung im Jahr 1848/49 eine Schützenkapelle angeschlossen war. 1839 beschaffte Musiklehrer Johann Reih für diese Schützenkapelle Musikinstrumente beim Instrumentenmacher David Gumprich in Karlsruhe. 1865 entstand die Feuerwehr – und damit eine Feuerwehrkapelle; denn Adelsheim sollte, wie es damals hieß, neben der »Turnermusik« eine zweite Blaskapelle in seinen Mauern besitzen. Die »Turnermusik« hatte nichts mit Sport zu tun, wie man vielleicht heute meinen möchte, sondern es handelte sich um die Stadt-Türmer, die »Turner« genannt wurden. Die Instrumente für die Feuerwehrmusik lieferte Instrumentenfabrikant Clemens Jacob in Möckmühl. Zehn Instrumente (1 C-Piston, 1 C-Flügelhorn, 2 F-Trompeten, 2 C-Althörner, 1 C-Bariton, 1 C-Bombardon, 1 B-Klarinette und 1 Es-Klarinette) kosteten damals 179 Gulden, die durch Sammlungen und Darlehen aufgebracht wurden. Daß auch der Musiklehrer Heinrich Götz aus Seckach ein verhältnismäßig hohes Honorar kassierte, geht aus dem Kassabuch des Jahres 1867 hervor; damals erhielt er 126 Gulden. Als die beiden Nachtwächter Fischer und Pfeifer sich der Kapelle anschließen wollten, da verlangte die Vorstandschaft zunächst ein »gemeinderäthliches Zeugniß . . ., daß sie den Übungsstunden der Musik unbeschadet ihres Dienstes als Nachtwächter ungehindert beiwohnen können«. Man sieht, die Adelsheimer waren vorsichtige Leute. Im Jahr 1903 kam es zur Neugründung von Feuerwehr und Feuerwehrmusikkapelle im Ort[293].

Der Musikverein »Eintracht« Wagenschwend gibt als Gründungsjahr 1928 an, doch weiß man aus verläßlicher mündlicher Überlieferung, daß bereits um 1870 eine Blaskapelle im Ort musizierte. Hatten die

Adelsheimer in den sechziger Jahren des vorigen Jahrhunderts für die Grundausstattung an Musikinstrumenten 179 Gulden hinlegen mußten, so benötigten die Wagenschwender in dem wirtschaftlich sehr schwierigen Jahr 1928 1 600 RM[294]. Das gleiche Bild in Waldstetten: 1871 bestand dort eine Musikgesellschaft, deren Auftreten zudem 1894 und 1899 bezeugt ist. 1921 kam es zur Gründung des Musikvereins[295]. In Mudau führte die Begeisterung über das glückliche Ende des Deutsch-Französischen Krieges und das Bedürfnis, in würdiger Form – eben mit Musik – die Feierlichkeiten zu gestalten, im Jahr 1872 zur Gründung der Blechmusik[296]. »Am 10. Dezember 1881 wurde hier die Wasserleitung in feierlicher Weise dem Betrieb übergeben. In Gegenwart des Oberamtmannes und vieler Bürgermeister der Umgebung wurde unter Vorantritt der Grünsfelder Musikkapelle die Wasserleitung von der Quellstube bis ins Dorf abgegangen und zum Schluß das Reservoir besichtigt«: Das ist bisher der erste konkrete Hinweis auf die Musikkapelle in Grünsfeld, die vor und nach dem Ersten Weltkrieg vor allen von ausgedienten Militärmusikern betreut wurde, um im Jahr 1924 vereinsrechtlich gegründet zu werden[297]. Lehrer standen als treibende Kräfte und Dirigenten am Beginn der Musikkapellen in Hettingen, 1882, und in Höpfingen, 1897. Im erstgenannten Ort war es Schulleiter Link, der bis 1905 an der Spitze der Kapelle stand, in Höpfingen Westermann[298]. Schließlich ist noch Oberwittstadt zu jenen Kapellen zu zählen, deren Vorgeschichte in die Zeit vor dem Ersten Weltkrieg zurückreicht. 1895 sollen sich dort sieben musikbegeisterte junge Männer zu einer Blaskapelle zusammengefunden haben, um 1898 bei der Einweihung des Kriegerdenkmals zum Gedenken an die 1870/71 gefallenen Mitbürger allgemein Anerkennung zu finden. Folgende Besetzung wird angegeben: 1 Klarinette, 2 Trompeten, 3 Hörner, 1 Baß. Neugründungen werden aus den Jahren 1903 und 1912 gemeldet. Die Eintragung ins Vereinsregister erfolgte 1964[299]. Nach dem Ende des Ersten Weltkriegs setzt die erste intensive Gründungsphase von Musikkapellen im Odenwald-Bauland ein:

1919 Stein am Kocher (-Neuenstadt)
1920 Heidersbach, Seckach
1921 Vilchband
1923 Dittwar, Königheim
1924 Billigheim
1925 Altheim, Distelhausen, Külsheim
1926 Bretzingen
1928 Krautheim
1930 Königshofen, Mosbach
1934 Ballenberg, Schloßau, Schweinberg
1935 Götzingen

Wie rasch die Aufbauarbeit in Stein am Kocher nach Kriegsende einsetzte, geht aus der Nachricht hervor, daß bereits an Weihnachten 1919 ein Theaterabend mit musikalischen Produktionen stattfinden konnte. Aus dem Gewinn dieser Veranstaltung sowie aus Spenden konnten neue Musikinstrumente angeschafft werden. Der Kauf eines Schellenbaumes bei der Fa. Ackermann und Lesser in Dresden, den Glasermeister Josef Schmelcher selbst abholte und der im Juni 1922 »mit abendlichem Fackelzug, Böllerschießen und Wecken mit Musik« eingeweiht wurde, läßt in diesem Zusammenhang bereits auf einigen »Luxus« schließen[300]. Auf Initiative des Militärvereins konstituierte sich 1926 die Musikkapelle Bretzingen, die 1954 schließlich Feuerwehrkapelle wurde[301].

In Seckach fand die Gründung des Blasmusikverbandes Odenwald-Bauland statt, hier darf demnach ein Zentrum der Blasmusikpflege in neuerer Zeit erwartet werden. Die musikalische Leitung der in den Jahren 1920/21 gegründeten Musikkapelle übernahm Miltärmusiker Strohmeyer aus Mosbach, und so konnte bereits am 20. Januar 1922, anläßlich des Patroziniums, die Kapelle erstmals an der Spitze der örtlichen Vereine und unter den Klängen des Torgauer- und des Finnländischen Reitermarsches die Bevölkerung erfreuen. Aus dieser Kapelle ging Karl Sommer hervor, der von 1922 bis 1943 und nochmals 1948 bis 1958 den Verein dirigierte und über alle Beschwernisse der Vorkriegs- und Kriegszeit hinweg führte. Der Dirigentenstab blieb in der Familie; seit 1956 leitete Manfred Sommer den Klangkörper. Für den Nachwuchs sorgt seit 1972 eine eigene Jugendkapelle[302]. In der Chronik der Stadtkapelle Krautheim/Jagst heißt es, daß eine »früher bestehende Dorfkapelle... sehr oft unter sich zerstritten (war) und überdies nur bei kirchlichen Prozessionen und seltenen gemeindlichen Veranstaltungen« auftrat. Daher gründete Gustav Meyer, der in der bekannten Kapelle Heckmann mitwirkte, im Jahr 1928 zum gemischten Chor auch einen Musikverein. Da die Stadt in finanziell schwieriger Zeit jede Hilfe verweigerte, mußten die Eltern der jungen Musiker sich privat um Instrumente bekümmern. Trotzdem erreichte die Kapelle bald eine Stärke von 42 Aktiven und wurde wegen ihres musikalisch hohen Niveaus weithin bestaunt. Am 31. August 1933 erfolgte die Absetzung von Kapellmeister Gustav Meyer. Alois Kuttner sollte die neue SA-Kapelle dirigieren. Doch die politischen Ereignisse und der Zweite Weltkrieg beendeten bald Zusammenkünfte

Abb. 110: Die Musikkapelle Oberwittstadt (Blasmusikverband Odenwald-Bauland) knapp vor dem Ersten Weltkrieg.

und Auftritte. Nach Kriegsende fiel Gustav Meyer die ehrenvolle Aufgabe zu, als Bürgermeister der Stadt den Neuaufbau zu leiten. Er beauftragte Alois Kuttner, die Kapelle in möglichst kurzer Zeit wieder spielfähig zu machen, was vorzüglich gelang. Nach dem frühen Tod Kuttners am 19. April 1964 leitete Franz Vogel die Kapelle bis 1973, worauf ihn Walter Schirmer ablöste[303].

In der Chronik des Musikvereins Königshofen heißt es, daß »die alte Stadtmusik« im Jahr 1929 aufgelöst worden sei, um am 27. November 1930 auf Initiative des Stadtpfarrers Maximilian Kölmel eine neue Kapelle zu gründen. Auch hier bestand demnach längst vor dem offiziellen Gründungstermin eine Musikkapelle. Doch bedarf es gewissenhafter Quellenstudien, um deren Geschichte aufzuhellen. Am Weißen Sonntag des Jahres 1931 rückte der neue Verein erstmals aus, und zwar mit 22 Musikern. Zunächst wechselten die Dirigenten sehr rasch, bis mit Karl Brader (1931 bis 1940) eine gewisse Kontinuität geschaffen werden konnte. Nur acht Instrumente überstanden den Zweiten Weltkrieg. Eine Haussammlung im Jahr 1947 brachte die finanziellen Mittel ein, um die alten Instrumente wieder spielfähig zu machen und einige neue anzuschaffen. Mit großer Ergriffenheit lauschte die Bevölkerung den ersten Klängen der wiedergegründeten Kapelle am Silvesterabend des Jahres 1947, wo vom Kirchturm herab das »Großer Gott, wir loben dich« erklang. Von 1947 bis 1951 leitete Adolf Michelbach die Kapelle, seither liegt das Amt des Dirigenten bei Rudi Imhof, der bei zahlreichen Wertungsspielen mit seinen Musikern hervorragende Plazierungen erreichte[304].

Mehr als ein Drittel der Mitgliedskapellen des Blasmusikverbandes Odenwald-Bauland entstand nach dem Zweiten Weltkrieg neu; man mag – wenn die Quellenlage nicht durch weitere Archivstudien und Funde sich verändern sollte – von der wichtigsten Gründungsphase der Musikkapellen in dieser Region sprechen:

1947 Dainbach, Dittigheim, Waldmühlbach
1948 Merchingen
1951 Boxberg-Umpfertal, Sulzbach
1952 Haßmersheim, Pülfringen
1953 Oberschefflenz, Ilmspan
1954 Uissigheim
1955 Gerichtstetten
1957 Neckarsteinach
1959 Blasorchester Vierburgenstadt Neckarsteinach (Mitglied im Hessischen Musikverband/ Bund Deutscher Blasmusikverbände)
1960 Unterschüpf
1963 Waldkatzenbach
1966 Hettigenbeuern
1968 Heinsheim
1969 Rinschheim
1970 Schefflenz (Jugendkapelle)
1974 Hainstadt
1976 Hüngheim, Schlierstadt (Jugendkapelle), Tauberbischofsheim-Hochhausen

Abb. 111: Jugend- und Schüler-kapellen prägen in zunehmen-dem Maß das Bild der Blas-musikszene. – Auf unserem Foto die Jugendkapelle Wald-brunn in der Feuerwehrkapelle Waldkatzenbach (Blasmusikverband Odenwald-Bauland) im Jahr 1982.

1977 Wittighausen (Jugendkapelle)
1979 Messelhausen
Möglicherweise hängen manche Vereinsgründungen dieser Jahre auch mit den Heimatvertriebenen zusammen, die aus ehemaligen deutschen Sprachinseln Osteuropas in den »Westen« gekommen waren und denen vor allem dann, wenn sie aus dem alt-österreichischen, speziell böhmischen Raum stammten, die Blasmusik als Bestandteil des Heimatgefühls vertraut war. Mit Hilfe der Blaskapellen gelang es diesen Neubürgern, sich in das gesellschaftliche Leben der neuen Umgebung zu integrieren[305]. Alle diese Kapellen tragen heute dazu bei, den Sinn für bodenständige Werte und regionale ethnische Traditionen zu bewahren. Eine Besonderheit sei noch erwähnt. In Neckarsteinach besteht seit 1957 der »Verein der Musikfreunde 1957 e. V.«, der dem Neubürger Anton Scharfenecker seine Gründung verdankt. Schon ein Jahr später konnte diese Kapelle dem damaligen Bundesaußenminister Heinrich von Brentano zu dessen 50. Geburtstag in Stallenkandel bei Waldmichelbach/Odenwald ein Ständchen darbieten. Doch 1959 löste sich eine Musikergruppe von dieser Kapelle los, um das Blasorchester »Vierburgenstadt Neckarsteinach« zu begründen. Während der 1957er Verein dem Blasmusikverband Odenwald-Bauland sich anschloß und damit nach Baden orientiert ist, gehört die Vierburgen-Kapelle dem Hessischen Musikverband an[306].

Der Blasmusikverband Ortenau, gegründet 1928/1956

Der 1892 gegründete Breisgau-Markgräfler Musikvereinsverband erstreckte sich zunächst von Offenburg im Norden bis in das Markgräflerland im Süden. Doch je mehr Vereine sich in dieser Organisation trafen, umso schwieriger wurde es, alle in der gleichen Weise zu betreuen. Deshalb trennte sich 1921 zunächst der Untere Markgräfler Musikvereinsverband von den Breisgauern. 1928 erfolgte eine weitere Teilung: Im Norden des Verbandsbereiches machten sich der Musikgau Hanauerland und Umgebung und der Acher- und Renchtal-Musikverband selbständig. Zugleich bildete eine Gruppe von Vereinen, u. a. Hofweier, Ottersweier, Unzhurst, Dörlinbach, Schutterwald, Ichenheim, Berghaupten, Offenburg und Zell-Weierbach, den sogenannten »Gau Ortenau«, der als unmittelbarer Vorläufer des Volksmusik- bzw. (seit 1965) des Blasmusikverbandes Ortenau anzusprechen ist. Auch 1956 kam die Wieder-Gründung nur mit Hilfe des Oberbadischen Volksmusikverbandes zustande, der zugleich den Kaiserstuhl-Tuniberg-Verband abgab. Andererseits konnte der Blasmusikverband Ortenau im Jahr 1974 dadurch sich vergrößern, daß die Vereine des Hanauerlandes sich ihm anschlossen.
Erster Präsident des Volksmusikverbandes Ortenau wurde Fritz Stelzer aus Offenburg, als Verbandsdirigenten standen ihm Arno Kuch aus Lahr und Al-

fred Möschle aus Niederschopfheim zur Seite. Bereits ein Jahr nach der Wiedergründung des Verbandes, vom 28. bis 30. September 1957, fand das erste Verbandsmusikfest in Offenburg statt, an dem in der Aufbruchstimmung jener Jahre 98 Musikkapellen teilnahmen. Es folgten Verbandsmusikfeste in Schutterwald 1960 und in Lahr 1961. Eine bemerkenswerte Aufbauarbeit, die durch die Vergabe des Bundesmusikfestes 1963 nach Offenburg belohnt werden sollte. Doch während der Vorbereitungen für diese Großveranstaltung starb Präsident Stelzer. Dr. Rieffert aus Lahr, der bisherige stellvertretende Verbands-Präsident, mußte kurzfristig die Führung der Geschäfte übernehmen und die örtliche Organisation des Bundesmusikfestes bewältigen. Rieffert erklärte sich jedoch bei der Jahresversammlung 1964 des Verbandes nicht bereit, das Präsidentenamt zu übernehmen. Eine zweite, außerordentliche Jahresversammlung mußte einberufen werden, bei der Rüdiger Hurrle zum Präsidenten gewählt wurde. Als Verbandsdirigenten wirk(t)en im Anschluß an Arno Kuch Karl Rombach aus Tutschfelden und Joachim Volk aus Lahr. Das 4. Verbandsmusikfest vereinte in Lahr erneut zahlreiche Verbandsvereine. Durbach 1969, Seelbach 1971 und Auenheim 1981 erklärten sich in den folgenden Jahren bereit, Verbandsmusikfeste auszurichten. Regelmäßige Jugendlager in Markelfingen am Bodensee, Wettbewerbe und Wertungsspiele, schließlich die Gründung der Ortenauer Bläserjugend im Jahr 1976 bezeugen die zukunftsorientierte Ausrichtung der Verbandspolitik. So mag es gelingen, »die Blasmusik als bedeutendste kulturelle und gemeinschaftsbildende Institution in unseren Gemeinden stets einer neuen Generation als Aufgabe zu übertragen«[307]. Das Vierte Internationale Jugendkapellen-Treffen des Bundes Deutscher Blasmusikverbände fand über Pfingsten 1983 in der Europastadt Kehl statt, der ideale Ort für eine deutsch-französische Begegnung der Jugend. Zugleich aber eine Reverenz an den Ehrenpräsidenten des Bundes Deutscher Blasmusikverbände, Walter Schäfer, der als Landrat in Kehl jene Blasmusikschule begründet hatte, die modellhaft zeigte, wie die blasmusikalische Ausbildung der Jugend Bestandteil der allgemeinen Musikpädagogik in der Bundesrepublik Deutschland sein konnte und kann.

Die in der folgenden Liste enthaltenen Gründungsdaten sind den in den Vereinschroniken enthaltenen Angaben angepaßt worden, entsprechen daher nicht immer den offiziellen Gründungsdaten im Dokumentationsteil dieses Buches[308]:

1. Hälfte 19. Jh.:
Ettenheim, Kehl, Lahr, Offenburg
1820 Kappel
1824 Grafenhausen
1826 Hofweier
1851 Ringsheim
1854 Rust
1864 Bohlsbach, Elgersweier
1865 Reichenbach
1868 Altdorf
1869 Durbach
1872 Seelbach
1873 Niederschopfheim, Wagshurst (H.)
1876 Rheinbischofsheim (H.)
1879 Ebersweier
1890 Schweighausen
1892 Ottenheim
1896 Kehl (Hanauer Musikverein, H.), Sulz
1898 Friesenheim, Mahlberg, Münchweier, Windschläg, Wittelbach
1900 Schuttertal
1901 Ichenheim, Kippenheim
1903 Ettenheimmünster, Kuhbach
1904 Oberschopfheim
1906 Goldscheuer, Langhurst, Leutes-

heim (H.), Marlen (H.), Meißenheim
1908 Dörlinbach, Kork (H.), Schuttern
1909 Heiligenzell, Kürzell
1910 Musikgesellschaft Höfen (besteht nicht mehr)
1911 Auenheim (H.), Kehl-Sundheim (H.)
1913 Bodersweier (H.), Rammersweier
1914 Lahr-Dinglingen
1920 Freistett (H.), Legelshurst (H.), Schutterwald
1923 Kippenheimweiler
1924 Altenheim, Schmieheim
1925 Griesheim, Oberweier, Sand (H.), Zell-Weierbach
1926 Diersheim (H.), Willstätt (H.)
1929 Allmannsweier
1930 Linx (H.)
1932 Diersburg
1933 Fessenbach
1953 Weier
1967 Lahr (Fa. Grohe), Wallburg
1970 Eckartsweier
1975 Lahr (Jugendmusikschule)
1981 Offenburg (Jugendblasorchester)

Kappel, ein kleines Fischerdorf am Rhein, besitzt seit 1820 eine Gemeindekapelle, die als die älteste Blaskapelle des Blasmusikverbandes Ortenau gilt. Das Gründungsprotokoll nennt siebzehn Männer, darunter zwei Bierbrauer, je einen Chirurgen, Schmied, Schuhmacher, »Öler«, Dreher, Sattler, Fischer, Wagner, mehrere Landwirte, demnach Leute aus verschiedenen Berufen und Gesellschaftsschichten, die unter der musikalischen Leitung von Unterlehrer Stolz die ersten Versuche in der Musik anstellten. Es scheint geklappt zu haben; denn 1824 erklärt sich Hauptlehrer Josef Beck persönlich bereit, die weitere musikalische Entwicklung der Musiker zu leiten. Beck komponierte zugleich, leitete die Kirchenmusik – und seiner Autorität ist es zu verdanken, daß die Kappeler beim badischen Verfassungsfest im Jahre 1843 selbst gegenüber den Kapellen aus größeren Orten, wie Ettenheim und Grafenhausen, würdig bestehen konnten. Die Versetzung Becks nach Mannheim führte zu mehreren Dirigentenwechseln, bis mit Josef Benz (1849–1862) eine geeignete Persönlichkeit für die Weiterführung der von Beck begonnenen Aufbauarbeit gefunden werden konnte. Nachfolger Benz' wurde Bäckermeister Cyprian Glück, unter dessen Leitung die Kapelle sich weithin Ansehen erwarb. 1863 bis 1865 spielten die Kappeler die Fronleichnamsprozession in der elsässischen Gemeinde Rheinau, und 1868 kam es in Kappel zu einem der ersten Musikfeste der Region, an dem sich die Kapellen aus Ettenheim, Herbolzheim, Ringsheim, Altdorf und Grafenhausen beteiligten. Aus dem Bericht über dieses Musikfest geht hervor, daß die Kapelle aus Altdorf nicht erst 1900 gegründet wurde (wie offiziell angegeben), sondern schon 1868 bestanden hat. Mit der

Gründung der Freiwilligen Feuerwehr in Kappel übernahm diese sieben Musiker der Gemeindekapelle. Daraus entwickelte sich die Feuerwehrmusik. Glück leitete noch die Festlichkeiten anläßlich der Friedensfeiern 1871 und anläßlich der Einweihung der Rheinbrücke in Kappel-Rheinau. Dann zog er sich zurück. Wie immer, wenn ein besonders erfolgreicher Dirigent die Kapelle abgibt, ist es schwierig, einen geeigneten Nachfolger zu finden; zumal es in der Folge zu einem »Musikwettstreit« zwischen Gemeinde- und Feuerwehrkapelle im Ort kam. Cyprian Glück konnte 1876 (bis 1896) für die Feuerwehrmusik gewonnen werden, Adolf Hund dirigierte 1872–1897 die Gemeindekapelle. Am Silvesterabend des Jahres 1900 vereinte man sich, um seither gemeinsam den Interessen der Gemeinde zu dienen[309].
Die Stadtkapelle Offenburg gibt 1849 als Gründungsjahr an, obgleich in der Chronik der Kapelle

Abb. 112: Die Musikkapelle Kappel (Blasmusikverband Ortenau) mit »türkischem« Schellenbaum am Bündelestag 1896. An diesem Tag (dem 2. Februar = Maria Lichtmeß) wechselten Knechte und Mägde ihre Arbeitsplätze – und da gab es ein kleines Dorffest.

Josef Koch aus Kehl von 1841 bis 1854 als Kapellmeister der Stadtmusik genannt wird. Neben dieser Stadtmusik hat es bis 1849 die Bürgermilitärmusik gegeben, deren letzte Kapellmeister, Josef Rombach aus Waldkirch, bis 1848, und Karl Josef Müller, 1848/49, ebenfalls namentlich bekannt sind. Der Chronist stellt demnach mit Recht fest: ». . . wenn wir beim 100-Jahrjubiläum um 1949 ganz genau hätten rechnen wollen, so würden wir gesehen haben, daß es mehr als 100 Jahre waren, auf die die Stadtkapelle zurückblicken konnte«[310]. In den Jahren 1871 bis 1872 werden in Offenburg zudem August Stigler von Kippenheim und von 1876 bis 1882 Franz Hund von Offenburg als Dirigenten der »Knabenmusik« genannt. In dieser Jugendkapelle bereitete sich der Nachwuchs nicht allein für die spätere Mitwirkung in der Stadtkapelle vor, es gab zeitweise in Offenburg noch eine »Offenburger Musikgesellschaft« und eine Feuerwehrkapelle. Aus der Reihe der in Offenburg tätigen Kapellmeister ragen hervor: Gustav Michl, der 1868 bis 1873 die Feuerwehrmusik und 1878 bis 1901 die Stadtmusik dirigierte, sowie Carl Isenmann. Im Bewerbungsschreiben Isenmanns, der nach dem Studium in München am Meininger Hoftheater als Musik- und Chordirektor seine erste Anstellung gefunden hatte, lesen wir: »Ich glaube. . ., daß es wieder an der Zeit wäre, namentlich bei der stets steigenden Bevölkerung Offenburgs, daß eine ständige zu allen Festlichkeiten verfügbare Musik errichtet würde, da es immer mehr ein dringendes Bedürfnis wird, wodurch dann immer wieder die Nachbildung junger talentvoller Leute, welche dem Leiter obläge, erfolgen würde« (Brief vom 29. März 1860). Isenmann (1837–1889) stammte aus der Gengenbacher Gegend. In den engen Verhältnissen Offenburgs hielt es ihn jedoch nur ein Jahr (1860/61). An weiteren Namen wären zu nennen: Der ehemalige Karlsruher Militärkapellmeister Friedrich Ankenbrand (1873–76), Carl Fink (1920–27), Karl Schlager (1928–33) und Militärkapellmeister Franz Lehmann, der 1947 nach Offenburg kam, um neben der Stadtkapelle auch die Leitung der Städtischen Musikschule zu übernehmen[311].

Ettenheim, seit 1221 mit Marktrechten ausgestattet, im 13. und 14. Jahrhundert im Besitz der Straßburger Bischöfe und von diesen zur Stadt erhoben, im Verlauf von Kriegshandlungen im Dreißigjährigen Krieg (1637) völlig zerstört, ist kulturhistorisch trächtiger Boden. Das – wie überall in den badischen Städten – auch in Ettenheim 1849 aufgelöste Bürgermilitärkorps bedurfte der Spielleute (Pfeifer und Trommler), möglicherweise auch einer Türkischen Musik. Doch ist in den Akten des Stadtarchivs darüber bisher nichts aufgefunden worden. Als die Ettenheimer am 18. März 1848 auf Leiterwagen zur großen Volksversammlung mit Hecker nach Offenburg fuhren, da begleiteten sie die Musiker aus Ettenheimweiler. Das Gründungsdatum der Stadtkapelle Ettenheim, 1852, stützt sich auf mündliche Überlieferung. Erst 1859 bis 1865 ist konkret von einem Musiklehrer Baptist Krampfert die Rede, der »für die Erteilung des Unterrichts in Blechmusik« honoriert wird. Von nun an mehren sich die Berichte über das Auftreten der Stadtkapelle bei weltlichen und geistlichen Anlässen. 1865 löst Anselm Spengler B. Krampfert als Leiter der städtischen Musik ab. Er dirigiert die Stadtkapelle noch, als 1892 die Gründungsversammlung des »Musikvereins« stattfindet. Am Aufbau des Musikverbandswesens im südwestdeutschen Raum hat Ettenheim wesentlichen Anteil. Vom 28. bis 30. Mai 1921 fand in der Stadt das 12. Oberbadische Musikverbandsfest mit Preisspielen statt[312].

Durbach, in die Westabhänge des Schwarzwaldes eingebettet, als Weinort berühmt, bestellte 1869 den Karlsruher Hofmusikus Bürk, um die neugegründete Musikkapelle zu einem Aushängeschild der Gemeinde zu machen. Die Gemeinde bewilligte dafür ein jährliches Honorar von 500 Gulden. Die Musiker hatten sich die Instrumente selbst zu kaufen und dem Hofmusikus zudem jede Unterrichtsstunde extra zu bezahlen. Doch scheint es dabei nicht ohne Probleme abgegangen zu sein; denn »Der unterzeichnete Hofmusikus Bürk aus Karlsruhe bevollmächtigt (am 30. September 1872) den Altbürgermeister und 1. Vorstand Johann Reichert in Durbach, seine Forderung von verschiedenen Personen für den im Jahr 1869/70 erteilten Musikunterricht gerichtlich zu betreiben und alles vorzunehmen, was zur Ertreibung dieser Forderung er für nötig erachtet«. 1873 verläßt Bürk den Ort, der schon genannte Johann Reichert übernimmt das Dirigentenamt. Daß man sich in Durbach in neuester Zeit für eine Tracht entschied, entspricht dem Charakter der Weinbaugemeinde[313]. In Lahr tummelten sich in der ersten Hälfte des 19. Jahrhunderts zwei Bürgermiliz-Korps, jedes wohl mit einer Musik versehen. Die Blech-Harmoniemusik, auch »Himmlische Musik« genannt, entstand 1871 aus dem Gesangverein »Liederkranz« heraus. Daneben gab es eine Feuerwehrkapelle[314]. Die Gründung einer Musikkapelle in Seelbach im Jahr 1872 hängt mit der Einrichtung der Feuerwehr im Ort zusammen[315]. In Niederschopfheim sind seit 1873 in den Gemeinderechnungen Nachweise über finanzielle Zuwendungen an den Musikdirigenten zu finden. 1909 erhielt der Verein eine offizielle Satzung, und seit den zwanziger Jahren unseres Jahrhunderts datiert der musikalische Aufschwung, der sich in den Erfolgen bei den Preisspielen in Herbolzheim, 1927, und Offenburg, 1929, widerspiegelt[316].

Im Hanauerland haben sich die Gesangvereine sehr früh vereinsmäßig organisiert, wogegen die Instrumentalmusik sich auf Tanzmusikgruppen und die Begleitung kirchlicher Chorvorträge beschränkte. Unter diesem Aspekt erscheinen die Gründungen in Wagshurst und Rheinbischofsheim in den siebziger Jahren verhältnismäßig früh. In Rheinbischofsheim stand der Männerchor Pate bei der Gründung der Musikkapelle[317]. Eine Sonderstellung nehmen die Städte ein, in denen Musikanten zum städtischen Personal zählten, vor allem dann, wenn die Stadtrechte in jene Zeiten zurückgehen, da Stadt-Tore bewacht und von den Stadt-Türmern die Signal- und Repräsentationsmusik, zumeist aber auch Tanzmusik besorgt wurde. Man kann demnach nicht davon ausgehen, daß die Kehler Stadtkapellen-Gründungen 1896 und 1911 gleichsam aus dem Nichts heraus erfolgt seien. Beide Kapellen haben jedoch bis zur Gegenwart in einem edlen Wettstreit und unter herausragenden Dirigentenpersönlichkeiten der jüngeren Geschichte der Stadt ein besonderes Gepräge verliehen. Den Hanauer Musikverein dirigierten u. a. Albert Schmitt, Albert Becker, Hermann Dietsche vor dem Ersten Weltkrieg, Hermann Gerhardt (1920–1937), der die »Hanauer« u. a. 1934 und 1937 zu den Funkausstellungen nach Berlin, 1936 zum Weltkongreß für Freizeit und Erholung nach Hamburg führte, Otto Friedrich, der den Neuaufbau nach dem Zweiten Weltkrieg leitete, Karl Heckmann, Franz Heymann und Etienne Sobczak aus Straßburg. Schon unmittelbar nach der Jahrhundertwende entschlossen sich die »Hanauer« zur Einkleidung in Hanauer Tracht – und gehörten damit zu den ersten »Trachtenkapellen« des deutschen Südwestens[318].

Die »Harmonie« Kehl-Sundheim begann 1922, zweimal wöchentlich, unter Militärmusiker Paul Nawroth vom 14. Artillerie-Musikkorps in Straßburg den Probenbetrieb. Auf Nawroth folgten 1919 Albert Schuhmacher und 1923 Obermusikmeister a. D. Ernst Viertel (früher Musikkorps der 14er-Pioniere in Kehl). Beim Bundesmusikfest in Freiburg, 1933, errang Viertel mit seinen Musikern für Tschaikowskijs »Ouvertüre 1812« und das Larghetto aus Beethovens 2. Symphonie die höchste Punkteanzahl, 1937 in Karlsruhe stellte sich derselbe Erfolg mit den »Meistersingern von Nürnberg« ein.

Bis zu seinem Tod am 9. März 1950, bereits mehr als achtzig Jahre alt, führte Viertel die »Harmonie« von Erfolg zu Erfolg. Erwin Berning, der nun den Dirigentenstab übernahm, brachte die neue, zeitgenössische Blasmusikliteratur nach Kehl. Mit Peter Seeger schließlich, selbst als Komponist einer der Pioniere originaler Blasmusikliteratur, begann der Durchbruch in eine neue Zeit, und da die Musiker willig auf diese Intentionen eingingen, blieben weitere beachtliche Erfolge nicht aus. Als Seeger Ende 1961 nach Mannheim übersiedeln mußte, führte Willy Schütz-Erb, ebenfalls kompositorisch tätig, den eingeschlagenen Weg konsequent weiter: Zum Nutzen für die Kapelle und für das Ansehen des Verbandes[319].

Knapp vor der Jahrhundertwende, 1898, setzt eine Musikvereins-Gründungswelle ein, die bis zum Beginn des Ersten Weltkrieges reicht. Einerseits hängt dies mit den Grundschullehrern zusammen, die die »Festesfreude« in den Orten allgemein »kanalisieren« wollten und zudem ein kleines Nebeneinkommen sich dadurch verschafften; andererseits sind es die staatlichen Vereinsgesetze, die aus losen Tanzmusikgruppen oder Kirchenmusikvereinigungen nun »eingetragene« Vereine entstehen ließen. Trotzdem kann man aus der Kenntnis der Entwicklung südlich und nördlich des Raumes Offenburg-Lahr-Kehl sagen, daß diese hauptsächliche Gründungsphase zwischen 1898 und 1914 hier im Verhältnis zu den südlicher gelegenen Verbänden etwa zwanzig Jahre später liegt, aber dafür eher einsetzt als in den nördlicheren Verbänden um Karlsruhe oder gar im Odenwald-Bauland und in der Pfalz. Die damals entwickelten und mit geringen Modifikationen von Ort zu Ort weitergereichten Statuten sehen in der Musik eine »freie Kunst«, die man erhalten und fördern müßte (kennen also nicht den Bildungs- und Gebrauchswert der Musik für den Menschen), und sie verfahren mit militärisch-preußischer Strenge – wie der Chronist von Mahlberg meint – mit ihren Mitgliedern. In den Orten selbst ging es wie eh und je bergauf oder bergab, und die Interessen der heimischen Geschäftreibenden standen im Vordergrund. Auch darüber lesen wir bei den Mahlbergern eine bezeichnende Episode: Im Jahr 1904 sah sich der Gastwirt »Zum Prinz« und Brauereibesitzer Hockenjos zum Austritt veranlaßt, einmal aus »moralischen« Gründen, die sich dann aber als handfest-kommerziell bestimmt herausstellen, weil nämlich zweitens die Musiker bei einer Fasnachtsveranstaltung in seinem Gasthof sich offensichtlich schlecht bewirtet fühlten – ihre Instrumente einpackten, um in Altdorf und danach in

Abb. 113: Der Musikverein
Ichenheim (Blasmusikverband
Ortenau) im Jahr 1926.

Orschweier weiter aufzuspielen. Bei der Verabschiedung ihres ersten Dirigenten, des Lahrer Militärmusikers Wohler, bemerkt der Kassaführer sarkastisch, daß die Kapelle für »nur 8,62 Mark« bewirtet wurde[320]. In Wittelbach heißt es dezidiert: »Geschehen Wittelbach, den 26. Dezember 1898. Am heutigen Tage begaben sich die Mitglieder des hier zu gründenden Musikvereins in's Gasthaus zur Krone, um ihre bisher eingeübten Stücke hören zu lassen, auf diese Weise die Anwesenden zu bewegen, dem zu gründenden Musikvereine beizutreten.« Es war demnach schon wesentliche Vorarbeit geleistet, ehe man zur öffentlichen Gründung schritt[321].

In Marlen und Meißenheim begann man etwa zugleich, im Jahr 1906, mit der Probenarbeit. Im erstgenannten Ort trafen sich die jungen Leute im Radfahrverein, und es entstand in dessen Schoß die Idee zur Musikvereinsgründung. Für den Dirigenten Cullmann von der Militärmusik des Pionier-Bataillons 14 in Kehl mußte jeder Musiker pro Probe 50 Pfennig mitbringen (und es gab anfangs drei Proben pro Woche!), dazu kamen die persönlichen Ausgaben für Instrumente und Noten. Die Musiker fuhren sogar nach Offenburg, um sich dort an einer Lotterie zu beteiligen. Ein eventueller Gewinn sollte in die Musikkasse kommen. Unter den gekauften Losen befand sich tatsächlich eines, das eine Kalbin einbrachte, die an Ort und Stelle für 300 Mark versteigert wurde. Damit wurden Schulden abgedeckt, Noten und Notenständer gekauft[322]. In Meißenheim leitete vor der Jahrhundertwende bereits Theobald Hockenjos eine Musikkapelle, ehe es 1906 zur Gründung kam. Heute treten die Meißen-

heimer in Hanauer Tracht auf[323]. Die Auenheimer, die ebenfalls auf Fotos aus dem letzten Jahrzehnt des vorigen Jahrhunderts verweisen, formten sich 1911 zu einem Verein. Ihre große Zeit aber begann unter Dirigent Karl Bobbe von 1919 bis 1939, an die Franz Heymann 1958 bis 1975 anzuknüpfen vermochte[324].

Das Netz an Musikkapellen, das die Landschaft überzieht, wird in den zwanziger Jahren engmaschiger. Gemeinden, die bislang mit losen Musikergruppen ausgekommen sind, bemühen sich nun ebenfalls um »richtige« Musikvereine. Der Musikverein Schutterwald beruft sich auf die »Musikgesellschaft Höfen«, deren Erbe er nach dem Ende des Ersten Weltkrieges antrat[325]. In Freistett fanden sich zu Beginn der zwanziger Jahre »arbeitslose« Militärmusiker ein, um an eine Tradition anzuknüpfen, die mündlicher Überlieferung zufolge bis in die sechziger Jahre des vorigen Jahrhunderts zurückreicht. Hier wirkte von 1927 bis 1945 Gustav Hanser, dem die Organisation des Hanauer Musikverbandes zu danken ist. Als Dirigent sorgte der ehemalige Militärmusiker Max Fischer aus Kehl von 1929 bis 1939 für das Ansehen des Orchesters, das nach dem Zweiten Weltkrieg zunächst Friedrich Volger sen. (bis 1950), anschließend Oskar und Karl Sauer leiteten[326]. »Bewußt hat sich der Hanauer Musik- und Trachtenverein der Pflege unseres kulturellen Erbes angenommen. Der Hanauer liebt seine Heimat. . . Diese innere Verbundenheit zum Land, zum Mitmenschen, zur Gemeinde drückt sich im Vereinsleben, in der Tracht, im Musizieren, beim Spielen aus«, so formulieren die Verantwortlichen für diesen Trachten- und Musikverein ihr Programm. 1925 wurde die Musikkapelle begründet, bereits seit 1928 zeigt man das Bekenntnis zu Tracht und Volkstum öffentlich[327]. Es fällt überhaupt auf, daß früher als in anderen Landschaften – und unbeeinflußt von kommerziellen und fremdenverkehrstechnischen Überlegungen, sich die Hanauer Musikkapellen der Tracht und dem Volkstanz zugewandt haben. Eine Ausnahme bildet Leutesheim, das weiter in Uniformen im militärischen Schnitt auftritt. Die Gründer dieser Kapelle ließen sich bereits 1906 erstmals fotografieren. Wichtige Gau- und Verbandsmusikfeste fanden hier statt: 1954, anläßlich des 30jährigen Stiftungsfestes der »Harmonie« Leutesheim, 1974, als der Musikverband Hanauerland bereits den Beschluß gefaßt hatte, sich dem Blasmusikverband Ortenau zu integrieren[328]. Seit 1921 regten sich in Diersheim Bestrebungen, innerhalb des Sportvereins (dem der ehemalige Militärmusiker Jakob Hauß vorstand) eine Musikkapelle zu gründen. Doch solange die beiden Abteilungen unter demselben Dach zusammenleben sollten, gab es Unstimmigkeiten, die erst durch Gründung des Musikvereins Diersheim im Jahr 1927 beseitigt zu werden vermochten[329]. Als letzter der Hanauer Vereine begann der Musikverein Linx im Jahr 1930 mit der Probenarbeit[330].

Im Jahr 1909 ließ der Musikverein Heiligenzell bei der Schlesischen Feuerversicherungs-Gesellschaft in Breslau folgende Instrumente versichern: 2 Trompeten à 38 Mark, 1 Flügelhorn um 36 Mark, 1 Tenor-

horn um 48 Mark, 1 Es-Althorn um 45 Mark, 1 Bariton um 56 Mark, 1 Baß um 92 Mark sowie Notenhefte um 20 Mark, zusammen 370 Mark. Eine für die damalige Zeit beachtenswerte Unternehmung. Nach dem Ende des Ersten Weltkrieges begann 1918 das Musikkorps Heiligenzell unter der Leitung von Lorenz Weis wieder aktiv zu werden, 1924 entschloß man sich zur Vereinsgründung[331]. In Hofweier gibt man als Gründungsjahr des Musikvereins 1924 an. Doch reichen die vorhandenen Urkunden aus den Jahren seit 1862 dafür aus, die Pro-Musica-Plakette zu beantragen; denn im Jahr 1862 bewilligte der Gemeinderat einen Zuschuß in der Höhe von 1500 Gulden zur Anschaffung neuer Musikinstrumente. Oberlehrer Philipp Jacob Schell leitete von 1862 bis 1898 die Kapelle, ihm folgte im Dirigentenamt Heinrich Schulz. 1910 spaltete sich die Kapelle in zwei miteinander rivalisierende Gruppen, denen der Erste Weltkrieg ein Ende bereitete. So konnte es 1924 zur gemeinsamen Wieder-Gründung kommen[332]. Die organisatorischen und musikalischen Schwerpunkte der einzelnen Kapellen liegen zumeist in unterschiedlichen Entwicklungsphasen. So möchte man im Zusammenhang mit Zell-Weierbach eher auf die allerjüngste Geschichte der seit 1958 in Tracht auftretenden Kapelle hinweisen, dirigiert von Arthur Weigel, Kurt Sauter (mit Fernsehauftritten im Süddeutschen Rundfunk und im »Blauen Bock« der ARD) und Georg Weyerer[333]. Als letzte Ortenauer Kapelle vor dem Zweiten Weltkrieg entsteht der Musikverein Fessenbach im Jahr 1933[334].

Abb. 114: Die Hanauer Trachtenkapelle Lichtenau (Blasmusikverband Ortenau) im Jahr 1958.

Der Blasmusikverband Schwarzwald-Baar,
gegründet 1898/1924/1932

Die Kapellen des badischen Schwarzwaldes gehörten vor dem Ersten Weltkrieg dem 1898 gegründeten Badischen und Württembergischen Schwarzwaldgau des Süddeutschen Musikverbandes an, über dessen letztes (8.) Musikfest am 12. Juli 1914 in Schwenningen die Süddeutsche Musiker-Zeitung ausführlich berichtete. Aus dem Bereich des heutigen Blasmusikverbandes Schwarzwald-Baar nahmen am Wettspiel teil: Schonach, Dauchingen, Donaueschingen, Deißlingen, Bad Dürrheim, St. Georgen im Schw., Vöhrenbach, Gütenbach. Auch Vereine des heutigen Hegau-Musikverbandes, wie Rielasingen, Rottweil, Aach, Volkertshausen, Böhringen, waren nach Schwennningen gekommen. Als Gauvorsitzende wirkten die Herren Redakteur Römer aus Singen und Schwarzwälder aus Heidenheim. »Die von ca. 500 Musikern vorgetragenen Gesamtchöre machten einen mächtigen Eindruck. Vorgetragen wurde (1) Festmarsch ›Treueschwur‹ von Kistler, (2) ›Kriegsfanfaren und Dankgebet‹ von Gottlöber, (3) ›Mit vereinten Kräften‹, Marsch von Dietrich. Die ganze Feier verlief in schönster Harmonie und war getragen von hohem idealem Geiste. Sie hat bei allen Beteiligten den besten Eindruck hinterlassen...«: Damit beschließt die Süddeutsche Musiker-Zeitung ihren Bericht aus Schwenningen. Im Anschluß daran folgt der Abdruck der Berichte der Wertungsrichter[335]. Die »Kriegsfanfaren« sollten allzubald Wirklichkeit werden. Jedenfalls hat der Erste Weltkrieg die weitere Entwicklung dieses Musikverbandes unterbrochen.

Im November 1920 fanden bei den Kapellen in Deißlingen, Laufen und auf dem Heuberg Gespräche über einen verbandsähnlichen Zusammenschluß der »Landvereine« statt. Für den 24. Juli 1921 lud Deißlingen zu einem Musikfest mit Wertungsspiel, jedoch ohne konkrete Ergebnisse. Zwei Jahre später versuchte Horgen einen neuerlichen Anlauf und schrieb ein Musikfest für die »geringen« Landkapellen aus, das am 3. Juni 1923 durch Obermeister Christian Schlenker, den Horgener Dirigenten, vorzüglich organisiert wurde. »Leider war bei dieser verheerenden Inflationswelle die Brücke noch nicht zu schlagen für einen endgültigen Freundschaftsbund innerhalb etlicher Nachbarkapellen. Doch im stillen glühte der Funke weiter bei allen in Horgen anwesenden Vereinen«. Nun ergriff Dauchingen die Initiative und sandte eine Einladung für den 3. Februar 1924 aus: An diesem Tag kam es zur Gründung des »Gaues der Landkapellen des badischen und württembergischen Schwarzwaldes«: Dauchingen, Dunningen, Horgen, Mariazell, Neuhausen, Niedereschach, Obereschach, Pfaffenweiler, Weilersbach und Zimmern unterzeichneten sogleich den Beitritt, Bad Dürrheim und Hausen folgten kurz danach. Die Wahl des Gaupräsidenten fiel auf Fritz Kayan aus Mönchweiler, Herr Rapp aus Schwenningen wurde Gaudirigent. Das erste Gaumusikfest sollte bereits vom 12. bis 14. Juli 1924 in Dauchingen stattfinden. Für 1925 erklärte sich Dunningen bereit, anläßlich seines 25jährigen Jubiläums, das 2. Gaumusikfest auszurichten, 1926 folgte Bad Dürrheim mit der dritten derartigen Veranstaltung, deren musikalische Leitung beim neuen Gaudirigenten J. Geiselmann lag[336].

Im Jahr 1932 kam es zu einer Neuorganisation des Blasmusikwesens in diesem Bereich. In Donaueschingen gründeten die Musikkapellen aus Aufen, Bachheim, Donaueschingen, Fürstenberg, Gutmadingen, Pfohren, Riedböhringen, Tannheim und Villingen (Harmonie) den Musikvereinsverband Baar-Schwarzwald, mit Stadtkapellmeister Otto Dietrich, Donaueschingen, als Präsidenten und mit Hermann Schleicher, Villingen, als stellvertretendem Präsidenten.

Nach kriegsbedingter Unterbrechung konnte der Blasmusikverband Schwarzwald-Baar im Jahr 1949 wieder aktiv werden. Bis zu seinem Tod im Jahr 1963 leitete Hermann Schleicher die Verbandsgeschicke, seither steht Ewald Merkle als Präsident an der Spitze der Organisation. Die musikalische Leitung des Verbandes teilten sich zunächst zwei Verbandsdirigenten. Im Kreis Donaueschingen wurden gewählt: 1949 Robert Schulze, Donaueschingen, 1956 Wilhelm Gramse, Vöhrenbach, 1961 Adolf Schmid, Bräunlingen, 1969 Ladislaus Murzko, Vöhrenbach, 1975 Wolfgang Kunzelmann, Villingen; im Kreis Villingen 1949 Franz Könitzer, 1955 Walter Graumann, beide Villingen, 1961 Paul Stange, 1968 Wolfgang Petzold, beide St. Georgen, 1971 Wolfgang Kunzelmann, 1975 Rupert Binder, Villingen. Das neue Amt eines Verbandsjugendleiters übernahmen 1956 Hans Schleicher und 1977 Rupert Binder, beide Villingen. Verbandsmusikfeste richteten aus: Villingen 1950, 1955 und 1962, Tennenbronn 1968, Brigachtal-Klengen 1976, Donaueschingen 1952, Schonach 1959, Hüfingen 1965, Blumberg 1972. Höhepunkt des Verbandsgeschehens aber sollte das Bundesmusikfest 1981 in Villingen werden.

Mehr als die Hälfte der Mitgliedsvereine des Blasmusikverbandes Schwarzwald-Baar gibt Gründungsdaten an, die vor Beginn des Ersten Weltkrieges liegen. In den relativ abgeschlossenen und einst im Winter zudem schwer zugänglichen Kleinstädten hat sich bereits im 18. Jahrhundert ein eigenständiges Kulturleben mit fest umrissenen geistlichen und weltlichen Aufgaben für die Musiker entfaltet. Hier entstanden mit Beginn des 19. Jahrhunderts als Bestandteil der Bürgermilizen neben den Spielleuten (den Pfeifern und Trommlern) ansehnliche Türkische Musikkapellen. In den strengen Wintermonaten, da die Bevölkerung vor allem mit Heimarbeit ein kärgliches Einkommen sich sicherte, gab es zudem in den kleinen und kleinsten Gemeinden Zeit für geselliges Beisammensein mit Musik. Viele dieser kleinen Musikergruppen wuchsen bereits im 19. Jahrhundert zu ansehnlichen Blaskapellen heran. Dieser südliche Teil des Schwarzwaldes und der Baar zählt daher zu den ältesten Blasmusiklandschaften des deutschen Sprachraumes. Die Gründungsdaten der einzelnen Musikkapellen bezeugen dies:

1631 Hüfingen	1869 Dauchingen
1769 Triberg	1874 St. Georgen im
1810 Bürgerwehr	Schwarzwald
Villingen	1879 Mönchweiler
1818 Vöhrenbach	1884 Tennenbronn
1822 Geisingen	(Frohsinn)
1824 Bräunlingen	1888 Weilersbach
1827 Donaueschingen	1889 Villingen
1835 Schönwald	(Stadtmusik)
1839 Schonach,	1891 Kappel,
Unterkirnach	Niedereschach
1850 Mundelfingen	1892 Deißlingen
1858 Tannheim	1893 Nußbach
1862 Wolterdingen	1896 Riedböhringen
1863 Bad Dürrheim,	1901 Hochemmingen
Gütenbach,	1903 Aulfingen
Randen	1908 Klengen
1865 Döggingen	1909 Tennenbronn
1867 Pfohren	(Harmonie)
1868 Furtwangen,	1912 Hausen vor Wald
Oberbaldingen	1914 Gremmelsbach

Während anderswo der Dreißigjährige Krieg heftig tobte, an der Wende von 1631 zu 1632, hatten die Hüfinger Muße, in der Kirche die Instrumentalmusik einzuführen. In dem Bestreben, den Gottesdienst feierlicher zu gestalten, entschloß man sich im Jahr 1758 laut Pfarr-Register sogar, neue Instrumente anzukaufen, »damit Gott besser und angenehmer gelobt werden könne mit Pauken und Saiten- und Pfeifenspiel«. Nun ist zwar daraus nicht das Bestehen einer Blaskapelle abzulesen, zumal die Musikin-

strumente jener Zeit ein solches Orchester auch nicht ermöglicht hätten. Doch zeigen die Akten eine kontinuierliche Entwicklung dieser primär geistlichen, aber zusammen mit dem Chor auch im weltlichen Bereich tätigen Musikergruppe, die zudem einträchtig ihre Cäciliengelder der Militär(musik)kasse zur Verfügung stellte, als Ende des Jahres 1804 für die Anschaffung von Notenmaterial und für Musikinstrumente gesammelt wurde. Auch das Oberamt trug sein Scherflein bei; denn die Hüfinger Bürgermilitär-Musik sollte »Auf das Frühjahr den Durchl. Prinzen, unseren gnädigsten Landesvater gebührend. . . empfangen«. Es handelt sich um den nachmaligen Fürsten Karl Egon II., der am 26. Mai 1805 an der Seite der Fürstin Elisabeth, seiner Mutter, als Achtjähriger seinen Einzug auf der Baar hielt. Dies ist zugleich die Gründung der Türkischen Musik, die von diesem Zeitpunkt an bis 1848 (Auflösung der Bürgermiliz) und nochmals 1855 und 1869 häufig in Quellen erscheint. Die Stadt hatte großes Interesse an dieser Blaskapelle, Instrumente und Notenmaterial wurden in der Regel durch die Gemeinde beschafft. Für ihr Auftreten im Rahmen städtischer Feste erhielten die Musiker gesondert Sold. Seit der Mitte des 18. Jahrhunderts bedurfte Hüfingen beim Fest des Stadtpatrons der Zünfte, des heiligen Jakob, keiner fremden Musiker in der Stadt. Aus Sicherheitsgründen hielt man solche Wandermusikanten von der Stadt fern, wie 1833 besonders betont wird.

Daß Musikinstrumente auch zu militärischen Beutegütern werden konnten, geht aus einem Bericht vom 1. Februar 1814 aus Hüfingen hervor. Das Zweite badische Landwehrbataillon lag den Winter über in Hüfingen. Nunmehr, im Endstadium der Befreiungskriege gegen Napoleon, wurde es in Richtung Frankreich in Marsch gesetzt. Major Pfnurr, der Kommandant der Truppe, befahl, die Musikinstrumente einzuziehen, die teils der Kirche, teils dem Bürger-Militärkorps gehörten. Die Bürgerschaft versuchte zwar, sich zu wehren; doch Pfnurr ließ einen Zug des Bataillons in Waffen antreten. Der Wert der Instrumente wird mit 66 Gulden angegeben. Erst zehn Jahre zuvor hatte der Villinger Instrumentenmacher Johann Huber zwei neue C-Klarinetten für 22 Gulden und zwei Oktavflöten für zusammen fünf Gulden und 30 Kreuzer geliefert. Eine Bezahlung für die »requirierten« Instrumente ist in Hüfingen trotz mancher Versuche nie eingetroffen.

Nach dem Ende des Ersten Weltkrieges ist die Hüfinger Kapelle in kurzer Zeit spielfähig; denn – wie Kapellmeister K. Dietrich aus Donaueschingen

Abb. 115: Die Stadtmusik
Furtwangen (Blasmusik-
verband Schwarzwald-Baar)
mit dem Schellenbaum
im Jahr 1883.

schreibt – ein »Aufhören der Musiktätigkeit entspre-
che nicht der Hüfinger Überlieferung und sei nicht
vereinbar mit den Interessen der Gemeinde. Hüfingen sei für die Musik auf der Baar und dem
Schwarzwald der geeignetste Boden«. 1923 bis 1935
leitet Polizeidiener Josef Kramer die Hüfinger Kapelle. In jene Zeit fällt die Organisation des 5. Baaremer Musikertages am 30. August 1930 in der
Stadt. 1969 kam es in Hüfingen zu einer Neuein-
kleidung der Kapelle, wobei mit nennenswerter Unterstützung der Stadt die traditionellen Miliz-Uni-
formen aus der Zeit vor 1848 wiederbelebt wurden[337].
Ebenso wie in Hüfingen liegen die Wurzeln einer
eigenständigen Musikpflege in Triberg im geistlichen Bereich. Im Jahr 1709 fand das Richtfest für
die Wallfahrtskirche und das Pfarrhaus statt, wobei
neben den Zimmerleuten und Maurern auch Musikanten zu bewirten waren. 1710 stellte Ferdinand
Herderer für die Musik vom 1. Januar bis 15. August insgesamt 28 Gulden in Rechnung; dabei handelte es sich eher um den Organisten als um einen
Turm- und Nachtwächter. Eine weltliche Musik,
ohne den Organisten, wird dezidiert 1769 genannt.

Bis 1804 erhielten diese weltlichen Musiker jährlich
10 Gulden und einen viermaligen Umtrunk. In ihr
Aufgabengebiet fällt die Verschönerung der Gottesdienste an den Festtagen und bei Prozessionen.
1825 ist der Schul- und Musiklehrer Anton Hettich
offensichtlich Leiter einer Kapelle, doch 1826, beim
großen Triberger Brand, vernichtet das Feuer alle
Instrumente und Noten. Unter der Leitung des siebenundzwanzigjährigen Triberger Bürgersohnes
Kasimir Holzmann, Lehrer und regens chori, nimmt
die »Türkenmusik« seit 1827 einen besonderen Aufschwung. Die Kapelle wird nun nach Art der Triberger Bürgerwehr mit weißen Hosen, blauem
Frack und Tschako ausgerüstet. 1848 marschiert die
Triberger Bürgerwehr unter klingendem Spiel nach
Karlsruhe – und damit der Katastrophe und Auflösung entgegen. Statt der »Türkenmusik« entsteht eine zivile Blaskapelle, die bis zum Tode Holzmanns
im Jahr 1861 erfolgreich bleibt. Doch dann beginnt
eine zwanzig Jahre dauernde Phase des Niederganges. 1881 gelingt es dem Steueraufseher Pracht, den
Musikverein neu zu gründen, es beginnen die regelmäßigen Kurkonzerte, man reist an den Bodensee,
nach Tirol und in die Schweiz. »Pracht hat es neben

der Pflege der Musik verstanden, die Musiker zusammenzuhalten. Wir denken gerne zurück an die unter seiner Leitung unternommenen Reisen...«, erinnert sich Josef Furtwängler an die damalige Zeit. Am Verbandsgeschehen beteiligt sich Triberg von Anfang an. 1931 findet in der Stadt der Musikertag des 1. Bezirkes des Süddeutschen Musikerverbandes statt[338].

Auf vorgeschichtlichem Siedlungsgebiet erhebt sich die ehemalige Reichs-, vorderösterreichische und Ackerbürgerstadt Villingen mit ihrem alten Stadtbild, den mittelalterlichen Kirchen, Türmen, Toren und Resten der Stadtmauer, einst Treffpunkt fahrender Spielleute. Hier hielten geistliche und weltliche Fürsten Hof, so daß die Bürger früh die jeweils modischen Musizierformen kennenlernen und nachahmen konnten. Eine solche Stadt vermochte nicht ohne Stadt-Türmer auszukommen, die überdies die Feste der Kirchen und des Stadtsenats umrahmten sowie bei Hochzeiten und anderen Familienfesten zum Tanz aufspielten. Seit 1774 bestand eine Bürgermiliz, wohl mit Pfeifern und Trommlern. 1810 entsteht das Bürgermilitär, dem eine »Türkische« Musik angeschlossen wird, die unter der Leitung des Chorregenten Dürr steht, 1821 folgt ihm Hauptlehrer Mayer und 1836 Josef Schleicher. Bis 1867 leitet Schleicher diese Kapelle, und es gelingt ihm auch, manche innerstädtische und überregionale politische Schwierigkeiten, wie die 1848er Jahre, zu überwinden. 1867 löst Schleicher die Kapelle auf. Hauptlehrer Albrecht wird beauftragt, für das Fronleichnamsfest eine neue Kapelle zu gründen, die 1868 ein Bruder des früheren Dirigenten, nämlich Johann Evangelist Schleicher, übernehmen sollte. Auflösungen und Wiedergründungen lösen sich anfort in rascher Folge ab, bis 1888 mit Musikdirektor Hermann Häberle ein städtischer Musikdirektor fest besoldet wird. So kann es 1889 zur Gründung der Stadtmusik Villingen kommen[339].

Seit 1818 erscheinen in den Rechnungsbüchern Vöhrenbachs städtische Musikanten, 1819 wirkt die Kapelle bei Gottesdiensten in der Kirche mit, und 1833 bezahlt die Stadt u. a. eine D-Klarinette mit Dis-Stück, 1 Pikkolo in D sowie die Reparatur der Großen Trommel. Johann Welte besorgt diese Instrumente in Freiburg. Der Name Welte weist auf die damals in Vöhrenbach blühende Musikwerkindustrie der Wellenberger, Welte, Heine, Heizmann, Imhof & Muckle hin, die als Pioniere des Orchestrionbaues in die Musikgeschichte eingegangen sind. Das Vorhandensein solcher Betriebe hat sich auf das Bestehen und auf das Niveau der Blaskapel-

len jedenfalls vorteilhaft ausgewirkt. Seit 1829 ist von der Bürgermilitärmusik die Rede, seit 1855 von der Bürgermusik, seit 1891 von der Musikgesellschaft, seit 1911 von der Stadt- und Feuerwehrkapelle: man sieht daraus, daß der Klangkörper sich den jeweiligen Bedürfnissen und Moden anzupassen wußte[340].

Mit Geisingen tritt eine weitere historische Stadt der Schwarzwald-Baar-Landschaft in unser Blickfeld. Bereits 1761 hatte dort Pfarrer Johannes Deil der Pfarrgemeinde seine Ersparnisse und vielerlei Musikalien und Musikinstrumente vermacht, 1803 honorierte die Stadt Musikanten und Sänger, 1805 empfing man Fürst Carl Egon von Fürstenberg und 1808 Großherzogin Stefanie mit Musik. Am 12. Oktober 1822 beurkunden 14 Musiker der Stadt zusammen mit Kapellmeister Wilhelm Eckhart, daß Instrumente und Noten-Material, darunter türkische Platten und Schellenhut, Walzer und Märsche aus eigenen Mitteln sowie aus Spenden von Freunden angeschafft worden seien, »und somit kein Mitglied oder sonst jemand einen besonderen Anspruch zu machen befugt seyn solle«. Im selben Jahr werden die ersten Statuten ausgefertigt. 1833 erhält die Kapelle eine neue »Mondour«, bestehend aus Frack, Tschako (mit Haarbuschen) und Fangschnur. Kapellmeister ist nun J. B. Dufner. 1843 gehören der Bürgerwehrmusik 7 Tambouren, 19 Musikanten, je ein Tambourmajor und ein Kapellmeister (Stoffler) an. Für die Stadtmusik konnten damals ein Schellenbaum, eine Ventiltrompete und etliche Musikalien angeschafft werden, um bei der Hochzeit des Fürstenpaares zu Fürstenberg in Donaueschingen die Stadt würdig zu repräsentieren. Zwischen 1907 und 1912 gab es in der Stadt eine »Rote« und eine »Schwarze« Musik[341].

Das Beispiel Schönwald bezeugt, daß auch in kleineren Gemeinden sehr früh, im vorliegenden Fall 1835 durch den Schulmeister Ludwig Mayer, Musikkapellen sich bildeten. Möglicherweise hat auch in Schönwald die Orchestrionfabrikation mit dazu beigetragen, den Sinn für gemeinschaftliches Musizieren, für die musikalische Gestaltung kirchlicher und politischer Feiern zu bilden. Orchestrionfabrikant Herkules Kern leitete 1872 bis 1882 die Kapelle[342]. Die Schönwalder treten heute ebenso wie die Schonacher als Kurkapelle auf. Im zweitgenannten Ort bezeugt der Musikvertrag vom 1. Juli 1839 die Gründung einer Musikkapelle, um »der Kunst des Musizierens zu huldigen«. 1883 bestand im Ort sogar eine Knabenkapelle, die Krieg aus Triberg leitete. Die jüngere Geschichte des Musikvereins-Kurkapelle Schonach ist geprägt von zwei überregionalen Veranstaltungen: Dem Musikertag des Bezirkes I, Abteilung Baden im Süddeutschen Musikerverband im Jahr 1923 und dem vierten Verbandswertungsspiel des Blasmusikverbandes Schwarzwald-Baar 1959[343]. Unterkirnach ist ein Beleg dafür, daß nicht allein in den Städten und innerhalb der Bürgermilizen Türkische Musikkapellen entstanden sind. 1839 gründete Hubert Blessing, ein Sohn des Musikwerkfabrikanten Jakob Blessing, die »Türkische Musik« und führte diese zu hohem Ansehen in und um Unterkirnach. Als Hubert Blessing 1866 unerwartet stirbt, folgt ihm der »Kleinfabrikant im Musikwerkbau« Lorenz Weißer als Kapellmeister, der ebenso wie seine Nachfolger Konstantin Weißer (bis 1884), Emil Weißer (bis 1885), Alfred Andris (bis 1888) und Rudolf Blessing, ein Sohn des Gründungskapellmeisters (bis 1897), Alfred Andris (bis 1905), Karl Moser (bis 1923), Wilhelm Moser (bis 1953) viel Geschick in der Leitung der Kapelle entwickelte, so daß die Unterkirnacher über alle politischen Wirrnisse hinweg ihre Kapelle bewundern konnten[344]. – Damit sind die Gründungen der vorrevolutionären Jahre bis 1848 hin abgeschlossen.

Mit 1849 beginnt eine neue Zeit. Die Gesellschaft ist mündig geworden, sich in Vereinen zu organisieren, die Musik ist nun nicht mehr den Militärvereinen zugeordnet, sondern Bestandteil der kleinstädtischen und dörflichen Geselligkeit, Treffpunkt der Menschen bestimmter Schichten der Bevölkerung. In Mundelfingen sind es 1849/50 die Bürgersöhne, die sich in der Stube des Storchenbauern und Wagners Konrad Glunk treffen, um fleißig zu proben und bei der »Chilbi 1850« erstmals selbst aufzuspielen[345]. In Tannheim finden sich 1858 Waldhüter Robert Weißer, Zimmermeister Dominikus Riegger, Schuhmacher Dominikus Wunderle, die Landwirte Leopold und Rudolf Neininger zusammen. Der von Jugend an blinde, aber hochmusikalische Weißer leitete die Kapelle bis 1862. 1866 erfolgte die Eingliederung der Kapelle in den Verband der Freiwilligen Feuerwehr. Unter den Kapellmeistern finden wir den Tannheimer Orgelbauer Konrad Keller, 1880 bis 1897[346]. In Wolterdingen förderte Bürgermeister Schwerzinger im Jahr 1862 den Zusammenschluß junger Männer zu einer Musikkapelle. 16 Aktivmitglieder unterschrieben die Statuten[347]. Auf einer der höchsten Erhebungen am Rande der Baar liegt das Dörfchen Randen. 1863 hat hier Thomas Schmid zusammen mit seinen sieben Brüdern eine Kapelle begründet und bis 1895 geleitet. Sein Nachfolger Martin Weh führte den Dirigentenstab bis zu seinem Tod im Jahr 1908. Während des Krieges, da die Instrumente offensichtlich nutzlos im

Ort aufbewahrt wurden, gründete Jakob Schneider eine Jugendkapelle. Nach dem Ende des Ersten Weltkrieges führte Joseph Weh die Kapelle zu beachtlichen musikalischen Erfolgen[348].

Nach dieser Gründungsphase kleinerer Landkapellen zurück zu größeren Gemeinden. Unter den Gründern der Musikkapelle Gütenbach finden sich drei Furtwängler, durchweg Neffen des Großvaters von Wilhelm Furtwängler, dem weltberühmten Dirigenten. Hermann Furtwängler dirigierte die Kapelle von 1863 bis 1880, ihm folgte Aron Mock, bis 1902. Unter dem Vorstand Edwin Furtwängler erfolgte im Jahre 1909 die Umwandlung der »Musikgesellschaft Frohsinn« in die »Feuerwehrmusik Gü-

Sonntag den 25. Juli 1920 nachmittags halb 3 Uhr im Spitalhof in Hüfingen.

Grosses Konzert
der vereinigten Kapellen
Musikverein Hausenvorwald
Stadtmusik Donaueschingen
und Stadtmusik Hüfingen
(Kapellmeister Dietrich.)

Vortragsfolge.

Musikverein Hausenvorwald.

1. Frisch voran, Marsch	.	Hagen
2. Ouverture zur Oper „Regina" . .	.	Rossini
3. Jndra, orientalische Fantasie . .	.	Claus
Stadtmusik Hüfingen.		
4. Auf hoher See, Walzer	.	Fink
5. Frühlings Einzug, Charakterstück .	.	Schaller
Stadtmusik Donaueschingen.		
6. Grosse Fantasie aus der Oper „Faust"	.	Gounod
7. Fackeltanz (B dur)	.	Meyerbeer
Vorträge der vereinigten Kapellen.		
1. Festouverture	.	Kessels
2. Kriegsfanfaren und Dankgebet . .	.	Gottlöber
3. Marsch der Priester und Arie aus der Oper „Die Zauberflöte"	.	Mozart
4. a. König Heinrichs Aufruf aus „Lohengrin"		Wagner
b. Walters Minnelied aus der Oper „Die Meistersinger"	.	Wagner
5. Gebet und Schlachtenhymne a. d. Op. „Rienzi"		Wagner
6. „Einigkeit macht stark" Marsch . .	.	Dietrich

Abb. 116: Typisches Blasorchesterkonzert aus den zwanziger Jahren: Bearbeitungen von Werken des 19. Jahrhunderts überwiegen.

tenbach«[349]. Im alten Solbad Dürrheim stand die 1863 von Hauptlehrer Wöhrle gegründete Blechmusik bald im Mittelpunkt des Kurbetriebes. Unmittelbar nach dem Ende des Deutsch-Französischen Krieges von 1870/71 fand die Kapelle bei der Feuerwehr Unterschlupf. Von dem für Amateurkapellen in jener Zeit charakteristischen Auf und Ab, den wechselnden Zuschüssen durch die Gemeinden geprägt, blieb auch die Bad Dürrheimer Kapelle nicht verschont. Musikalisch kam es zu einem beachtlichen Aufschwung, als Josef Geiselmann 1912 die Dirigentenstelle übernahm. Beim mittelbadischen Gaumusikfest in Achern wurde ein Ic-Preis errungen, vom Schwarzwaldgaumusikfest 1924 in St. Georgen kehrte man mit einem Ic-Preis und vom Gaumusikfest der Landkapellen des badischen und württembergischen Schwarzwaldes in Dauchingen mit einem Ia-Preis in der Oberstufe nach Hause zurück[350].

Hatten wir erfahren, daß die in den fünfziger und sechziger Jahren gegründeten Musikkapellen zu Beginn der siebziger Jahre sich zumeist den Feuerwehren integrierten, so entstehen nun im Schoß von Feuerwehren zahlreiche neue Kapellen. Ein Beispiel dafür ist Döggingen. 1870 konnten für die Anschaffung von Musikinstrumenten 30 Gulden aufgebracht werden, Johann Werner aus Bräunlingen begann mit dem Unterricht und mit der Probenarbeit[351]. Als 1871 der Militärmusiker Martin Fricker vom Feldartillerie-Regiment Nr. 14, wo er als Hornist diente, in seine Heimatgemeinde Pfohren zurückkam, führte er die seit 1866 zwar bestehende, aber kaum in Erscheinung getretene Feuerwehrkapelle des Ortes bald zu weithin geachteter Spielstärke[352]. Dasselbe Bild in Oberbaldingen: 1868 Gründung der Feuerwehr, deren Mitglieder bald weitere vereinsmäßig-gesellige Unterhaltung suchten und dazu einer Musikkapelle bedurften. Aus dem Jahr 1892 gibt es die älteste Fotografie dieser Kapelle[353].

Furtwangen gilt als Zentrum der Schwarzwälder Spieluhrenindustrie. Die Arbeit in diesem Beruf verlangte sowohl mechanische wie musikalische Begabung. Daher ist nicht anzunehmen, daß das offizielle Gründungsdatum der Stadtkapelle Furtwangen – nämlich 1868 – tatsächlich den Beginn einer Musikkapelle bezeichnet. Aber auch die ältesten Urkunden über das Bestehen einer Feuerwehrkapelle aus den Jahren 1863/64, die zunächst Karl Dufner, später Ludwig Ketterer dirigierte, bezeichnen nur das Zwischenstadium einer Entwicklung, die längst begonnen hatte. Der Uhrmacher und Komponist »kleinerer Stücke«, Engelbert Glaz, fand 1868 Gleichgesinnte, die mit ihm zusammen die Stadtka-

pelle Furtwangen begründen wollten: Der Glasschildmacher Emil Kreuzer als C-Flügelhornist, der Glasschildmacher Adelbert Heine auf dem Es-Piston, der Uhrmacher Josef Scherzinger auf der B-Trompete, der Orchestrionmacher Karl Zähringer auf dem B-Flügelhorn, der Glasschildmaler Roman Herrman auf dem B-Flügelhorn, der Fabrikant Felix Ketterer auf dem Es-Althorn, der Schreinermeister Ottmar Kreuzer auf dem Es-Althorn, der Gerbermeister Otto Winterhalder auf dem Es-Althorn, der Sparkassenrechner David Heine auf dem Tenorhorn, der Blechnermeister Wintermantel auf dem Tenorhorn, der Trompetenuhrenmacher Karl Bäuerle auf dem Bariton, der Orchestrionmacher Ernst Kuß auf dem Bariton, der Werkmeister Ferdinand Wehrle auf dem B-Althorn, der Schreiner Fidel Sigwarth auf dem B-Althorn, der Uhrkastenschreiner Gordian Kleiser auf der Es-Trompete, der Kussenbauer Anton Grieshaber auf der Es-Trompete, der Holzschildmaler Josef Thurner auf der Posaune, der Drechslermeister Urban Huber auf dem B-Baß, der Fabrikant Hektor Furtwängler auf dem B-Baß (ebenfalls ein Neffe des o. g. Furtwängler), der Steindrucker Sigmund Weber auf der Großen Trommel, der Schreinermeister Clemens Schuler als Beckenschläger und der Schüler Alfred Lamy auf der Kleinen Trommel. Diese Liste gibt sowohl über die genaue Besetzung einer vollständigen Blechblaskapelle um die damalige Zeit als auch über die berufsständische Zusammensetzung Auskunft. Es handelte sich keinesfalls um die »niederen Schichten« der Gesellschaft, wie oft behauptet wird, die aufgrund ihrer ökonomischen Misere in einer abgeschiedenen Kleinstadt sich zu gemeinsamem Musizieren trafen. Auf eine weitere Besonderheit kann Furtwangen verweisen: Hier richtete eine Kommission des Großherzoglichen Handelsministeriums 1868 eine »Kreismusikschule« ein, um – ebenso wie in Vöhrenbach und Unterkirnach – die musikalischen Kenntnisse der Musikwerkmacher zu vertiefen. In seltener Vollständigkeit und Gründlichkeit hat der Chronist der Stadtkapelle Furtwangen 1968 die Geschichte der Stadtkapelle dargestellt. Das darin abgedruckte Bild aus dem Jahr 1883 zeigt übrigens bereits die Verwendung von Holzblasinstrumenten, die im Gründungsprotokoll noch fehlen; andererseits aber ist der türkische Schellenbaum als Relikt aus der ersten Jahrhunderthälfte deutlich zu erkennen[354].

Wie zu Beginn dieses Kapitels über die Entwicklung des Blasmusikverbandes Schwarzwald-Baar gezeigt werden konnte, hat Dauchingen wesentlichen Anteil an der Verbandsgründung. Die Kapelle richtete

1924 das erste Gaumusikfest der Landkapellen des badischen und württembergischen Schwarzwaldes aus, und dieses Fest wirkte in seiner Ausstrahlungs- und gemeinschaftsbildenden Kraft weiter. Die Dirigenten der Kapelle verstanden es, das Interesse an hoher Musik in einer kleinen Landgemeinde zu wecken. 1928 beteiligte sich Dauchingen am Preisspielen in Kenzingen mit der Ouvertüre »Die Stumme von Portici« von Auber, 1929 in Offenburg mit Mozarts »Zauberflöten«-Ouvertüre, 1933 am Freiburger Bundesmusikfest mit Mozarts »Figaros Hochzeit«-Ouvertüre. Dirigent Johannes Rapp erhielt bei größter »Konkurrenz« durch ehrwürdige Stadt- und Militärkapellmeister von der Jury den »Dirigentenpreis« zuerkannt. »Zweifellos zählte Dauchingen mithin zu den besten Landkapellen der näheren Umgebung«[355].

In der Stadt des 1083 gegründeten Benediktinerklosters St. Georgen im Schwarzwald soll es – laut Chronik – seit 1867 eine Dorfmusik gegeben haben, der 1874 die offizielle Gründung einer Musikkapelle folgte. Seit 1890 berichten die Protokollbücher über die weitere Entwicklung dieser Kapelle, die unter dem Dirigenten Rudolf Bausch seit 1896 ihren musikalischen Aufschwung begann. »Erstmals besuchte man ein Musikfest in Wolterdingen. Mit einem Pferdefuhrwerk rollte eine fröhliche Schar erwartungsvoll über Stock und Stein gemächlich zu diesem ersten Preiswettspielen. . .«: Das war damals in der Tat eine andere Welt, in die man sich heute nur schwer hineindenken kann! Beim 2. Gaumusikfest in Villingen, 1902, gab es für die St. Georgener einen ehrenvollen und vielgefeierten 2. Platz[356].

In Mönchweiler brachten Kriegerverein und Feuerwehr im Jahr 1879 die finanziellen Mittel für die Gründung einer Musikkapelle auf. Die Geschichte der Musikkapelle ist mit der Familie Kayan verbunden, die bis in die zwanziger Jahre unseres Jahrhunderts herein den musikalischen Aufschwung der Kapelle mittrug. 1893 bis 1920 dirigierte Karl Friedrich Oehler die Kapelle, ihm folgte Fritz Kayan, der 1924 zum ersten Präsidenten des neugegründeten Gaues der Landkapellen des badischen und württembergischen Schwarzwaldes gewählt wurde[357].

Tennenbronn ist jener Ort im Schwarzwald, in dem heute zwei leistungsfähige Blasorchester nebeneinander bestehen: Der Musikverein »Frohsinn« und die »Harmonie«. Die erstgenannte Kapelle beruft sich auf die Gründung der »Musikgesellschaft Tennenbronn« im Jahr 1884, die Gründung der »Harmonie« kam am 5. Dezember 1909 im Gasthof »Zur Linde« zustande. Mitglied konnte »jeder unbescholtene Mann, der die Fähigkeit und Liebe zur Musik besitzt«, werden. Man hielt wöchentlich drei Proben (!) ab, um die Konkurrenz möglichst bald überflügeln zu können. Das 7. Verbandsmusikfest des Blasmusikverbandes Schwarzwald-Baar fand vom 8. bis 10. Juni 1968 in Tennenbronn statt, ausgerichtet vom Musikverein »Frohsinn«[358]. Die Stadtmusik Villingen verweist in ihrer Chronik zwar auf die Bürgerwehrkapelle, setzt den Beginn der eigenen Geschichte aber in das Wieder-Gründungsjahr 1889, da Hermann Häberle zum Stadtmusikdirektor bestellt wurde. 1902 und 1926 fanden in Villingen große Musikfeste statt, von Vorgänger-Verbänden des Blasmusikverbandes Schwarzwald-Baar veranstaltet. Die Verbandsmusikfeste 1950 und 1955 hatten demnach Tradition, auch wenn inzwischen ein zweiter repräsentativer Klangkörper, die im Jahr 1924 gegründete »Stadtharmonie«, an solchen Festen wesentlichen Anteil hatte. Von Villingen und seinen beiden großen Blasorchestern kann man nicht berichten, ohne auf die weiten Reisen hinzuweisen, in denen vor allem die »Stadtharmonie« deutsche Blasmusik im Ausland präsentierte. Erinnert sei an das Südtiroler Landesmusikfest 1966 in Meran und an die USA-Konzertreise im September 1971[359].

Der seit 1875 bestehende, jedoch 1892 offiziell gegründete Musikverein Deißlingen wartet mit einer Besonderheit auf: Er hat die kleinste Festschrift meiner Sammlung herausgegeben: Genau 73 × 53 mm im Format![360] An Kaisers Geburtstag trat die Kapelle in Riedböhringen 1897 erstmals auf[361]. Sechs Mann: Zwei Trompeter, zwei Tenorhornisten, 1 Es-Althorn und ein Baß, gründeten 1901 die Kapelle in Hochemmingen[362]. In Klengen bestand die Gruppe aus zwanzig jungen Burschen, nämlich denen der Burschenschaft »Einigkeit«, die am 2. Februar 1908 im »Ochsen« zu Beckhofen zusammensaßen, das von Kaufmann Karl Haas gestiftete Faß Bier gemeinsam tranken – und dabei den Musikverein gründeten. Erster Dirigent wurde August Litterst aus Wolterdingen. Bereits acht Tage später lieferte die Firma Rohland & Fuchs die Instrumente, am 10. Februar fand die erste Probe statt. So rasch konnte damals ein Plan in die Tat umgesetzt werden. Der Fleiß der einzelnen Musiker muß überdies beträchtlich gewesen sein; denn schon am 31. Mai desselben Jahres erfolgt das erste Auftreten: »Die Musik begleitete den Militärverein Klengen und tritt das erste Mal öffentlich auf. Im Saale des Gasthauses zum Löwen in Kirchdorf wird Platz und nachher am Festzug teilgenommen. Wirt Mauch stellt Bier und Vesper gratis. Es werden drei Märsche, zwei Konzertstücke und das Lied ›Heil dir im

Abb. 117:
Die Musikkapelle
»Frohsinn« Gütenbach
(Blasmusikverband
Schwarzwald-Baar)
im Jahr 1885.

Siegerkranz‹ gespielt. Großer allgemeiner Beifall und Anerkennung durch Ehrenvorstand Meier«: So lesen wir in der Chronik. So bescheiden sich dieser Beginn anhört, am 20. Mai 1934 holt sich der Verein beim Musikfest der Villinger »Harmonie« einen Ia-Preis[363]. In Hausen vor Wald leitete nach dem Ersten Weltkrieg Stadtkapellmeister Karl Dietrich aus Donaueschingen, ehemals Regimentsmusiker beim Infanterie-Regiment 114 in Konstanz, die Kapelle[364]. Knapp vor Beginn des Ersten Weltkrieges kam es in Gremmelsbach zu einer Kapellen-Gründung, seit 1968 tritt die Kapelle in Tracht auf[365].

Damit ist der größere Teil der historischen Entfaltung des Blasmusikwesens im Bereich des Blasmusikverbandes Schwarzwald-Baar dargestellt. Unmittelbar nach dem Ende des Ersten Weltkrieges, vor allem in den zwanziger Jahren, kommt es neben den zahlreichen Wieder-Gründungen auch zu einer Welle von Neu-Gründungen:

1919 Mariazell	1924 Gutmadingen
1920 Neuhausen	(Harmonie),
1921 Fürstenberg,	Schönenbach,
Neudingen	Villingen
1922 Obereschach	(Stadtharmonie)
1923 Rohrbach	

1925 Buchenberg,	1952 Unterbaldingen
Pfaffenweiler,	1954 Aasen
Sumpfohren	1955 Öfingen
1927 Langenschiltach	1959 Kirchen-Hausen
1928 Aufen, Fischbach,	1961 Grüningen
Sunthausen	1963 Achdorf
1931 Zimmern	1968 Gutmadingen
1939 Blumberg	(Donau-
1950 Schabenhausen	musikanten)
1951 Hondingen,	
Katzensteig	

»Blättert man die sechzigjährige Vereinsgeschichte des Musikvereins Mariazell durch, so kann man sich kaum vorstellen, wie ruhig es vor dem Jahr 1919 auf musikalischem Gebiet im Dorf gewesen sein muß. In einigen Häusern wurde zwar die Zither gespielt, doch beschränkte sich dieses Musizieren rein auf den eigenen Hausgebrauch. In der Kirche sang an hohen Festtagen der Kirchenchor. Doch widmete sich dieser fast ausschließlich dem kirchlichen Gesang«: In Mariazell hat die Blasmusik 1919 tatsächlich Neuland sich erschlossen. Die Kapelle bereicherte aber auch Feste in den Nachbarorten. Wüßte man nicht, daß in den beginnenden zwanziger Jahren die Inflation ihre Blüten trieb, dann würde man den Rechner für einen Fantasten

Abb. 118: Die Musik- und Trachtenkapelle Obereschach (Blasmusikverband Schwarzwald-Baar) im Jahr 1972.

oder Lügner halten: Er verzeichnete 1923 als Honorar für die Mitwirkung beim Radlerfest in Sulgen eine Einnahme von 300 000 Mark. Die Höhe der Spenden lag in diesem Jahr zwischen 50 000 und 200 000 Mark. Für ein Hochzeitsgeschenk eines Musikers gab man schließlich 3 Milliarden Mark aus! Doch nicht allein Unterhaltungsmusik machte die Mariazeller bekannt, beim Gaumusikfest in Aichhalden am 20. Mai 1923 erhielten sie vom Preisgericht einen Ib-Preis zuerkannt[366]. Neuhausen, das tausendjährige Dorf am Ostrand des Schwarzwaldes, soll ebenfalls erst 1920 mit Musik »versehen« worden sein: Fünf junge Männer fanden sich mit zwei Trompeten, je einem Es- und B-Horn sowie mit einem Baß zusammen, 1921 stießen Es-Klarinette, Bariton und ein zweites B-Horn hinzu, 1922 erfolgte die Aufnahme von einem Trompeter, einem Es-Hornisten und einem Großen Trommler: Mit dieser Gruppe konnten Münsterchorleiter Hauser aus Villingen und (seit 1924) Fritz Kayan aus

Mönchweiler ernsthaft zu arbeiten beginnen[367]. Der Landwirt Anton Gut und der Dirigent Max Sulzmann aus Hausen vor Wald gelten als treibende Kräfte einer Musikkapellen-Gründung in Fürstenberg, wo ebenso wie in Neudingen 1921 die ersten Blasmusik-Töne durch den Ort hallten[368].

Auch die Musikkapelle Obereschach nennt 1922 als ersten ihrer Dirigenten Fritz Kayan aus der Mönchweiler Musikerfamilie. Er vermittelte auch den Ankauf der alten Mönchweiler Musikinstrumente, mit denen nun die Obereschacher die ersten Erfolge feierten. Daß Kayan Mitte der zwanziger Jahre nach den USA auswanderte, bedeutete für viele Kapellen dieser Region einen großen Verlust. Wo Kayan wirkte, darf man mit einer soliden musikalischen Ausbildung und Disziplin rechnen. So konnten die folgenden Kapellmeister: Hermann Wolf (1924–28), Hermann Fischer (bis 1935), Heinrich Stumpf (bis 1938), Hermann Schleicher (bis 1954) und Hans Schleicher, den Verein auf solider Basis weiterführen. 1929 fand in Obereschach das Gaumusikfest der Landkapellen des badischen und württembergischen Schwarzwaldes statt. Seit 1966 tragen die Obereschacher mit Stolz ihre Baaremer Heimattracht[369]. Uhrenmacher bestimmten einst auch das Bild Rohrbachs, und weil die Erzeugung von Spieluhren musikalisches Talent erforderte, gab es im Ort manche Musikanten. In den letzten Jahrzehnten des 19. Jahrhunderts spielte der »Hummel-Pi« auf seiner Geige an langen und finsteren Winterabenden auf, dann gab es die »Xander-Musik« der Brüder Alexander und Leander Siedle, zwei Uhrenmacher: »Die machten noch lustige Musik, die konnten es«, erzählte eine achtzigjährige Frau nach dem Zweiten Weltkrieg. Der im Mai 1923 gegründeten Musikkapelle gehörten mehrere Hummel, Wehrle, Furtwängler an. Als Kapellmeister kam Wilhelm Krieg aus Furtwangen nach Rohrbach, doch schon 1924 folgte ihm Edmund Hummel (bis 1928 und nochmals 1930–32), Willy Hummel (1928–30), Hermann Moser (1932–46 und nochmals 1948–57), Karl Hummel (1946/47), Josef Hummel (1958–62), der Begründer der »Furtwanger Seppelemusik«, Reinhold Wehrle (1962–68) und Erich Wehrle[370].

Aus und neben dem Radsportverein entfaltete sich in Schönenbach die Musikkapelle, vom Uhrmacher Albert Kleiser auf der Geige, Fritz Schneider auf Flöte und Trompete sowie Josef Schneider vom »Lochhüsle« angeregt, vom Ortspfarrer wohlwollend gefördert[371]. Die Chronik des Musikvereins Buchenberg nennt Matthias Kieninger als Vereinsgründer[372]. Pfaffenweiler feierte 1975 das fünfzigjährige Bestehen mit einem weithin beachteten Musik- und Trachtenfest, nachdem die Kapelle 1973 in Tracht eingekleidet wurde. Mündlicher Tradition zufolge, läßt sich die Geschichte der Blasmusik in Pfaffenweiler jedoch bis in die 1870/71er-Jahre zurückverfolgen[373]. In Sumpfohren wird 1925, bei der Gründung einer Musikkapelle, Anton Gut aus Fürstenberg als Dirigent gewonnen. Wenn wir oben bemerkten, daß derselbe Gut in seiner Heimatgemeinde zwar an der Gründung der Kapelle beteiligt war, aber dort nicht die Leitung der Kapelle übernehmen wollte, dann zeigt sich das vielfach zu beobachtende Phänomen, daß Musiker der eigenen Kapelle oder aus dem eigenen Dorf bei ihren Freunden nicht den für die Leitung einer Kapelle nötigen Respekt erwarten können. In einer anderen Gemeinde jedoch stellt sich dieses Respektsverhältnis durchaus ein[374].

Der Verfasser dieses Buches kam im Winter 1961/62 mit Johannes Künzig, dem Freiburger Volkskundler, erstmals nach Langenschiltach, um dort alte Volkstänze für die Badische Landesstelle für Volkskunde aufzuzeichnen. In Langenschiltach, dem »Sibirien des Schwarzwaldes«, an der Wasserscheide von Rhein und Donau fast eintausend Meter hoch gelegen, haben sich die sogenannten »Zwiefachen« bis in die Gegenwart herein erhalten. Im »Posthof« des Ortes soll schon im Jahr 1490 eine ständige Hausmusik für die Unterhaltung der Gäste gesorgt haben, die Musikanten kamen aus Tennenbronn und St. Georgen. Mit der Reformation kehrten strengere Sitten ein. Die evangelischen Pfarrer verboten das Tanzen. Daraufhin beschwerte sich der Wirt Fleig von Mönchweiler beim Herzog von Württemberg, worauf der Jugend das Tanzen wieder erlaubt wurde. Doch die Pfarrer hielten sich nicht an das herzogliche Gebot. Daraufhin wurde erneut der Herzog mit der Angelegenheit befaßt, der die Tänze »von Oben herab« der Bevölkerung zugestand. Seit dieser Zeit – so geht die Überlieferung – würden die Schwarzwälder Tänze »Oberabtänze« heißen. Unter diesen »Oberabtänzen« finden sich nun auch »Zwiefache«, das sind taktwechselnde Tänze, wie sie vor allem im bayerisch-böhmischen Raum in großer Anzahl in mündlicher Tradition bis in das 20. Jahrhundert herein gepflegt wurden[375]. Die Musikkapelle und der heutige Trachtenmusikverein Langenschiltach sind dagegen verhältnismäßig jung, 1927 begründet, seit 1936 als Trachtenmusikverein geführt. Seit dieser Zeit trugen die Langenschiltacher die Tracht des Schwarzwaldes – auch im Dienste des Fremdenverkehrs – in viele Länder Europas, 1976 sogar nach Amerika[376].

Im Jahr 1928 kommt es noch zu drei Neugründungen. In Aufen stellt sich Ernst Marx vehement hinter den Plan, Karl Schäffner wird dort Dirigent; bereits 1933 tritt die Kapelle beim Bundesmusikfest in Freiburg mit achtbaren Leistungen in Erscheinung[377]. In Fischbach taten sich nach dem Besuch des Radfahrerfestes in Dauchingen vier junge Leute zusammen: Franz Weber als Dirigent, Alois Roth, Franz und Josef Stern, die in verhältnismäßig kurzer Zeit weitere Leute zu begeistern wußten und die Öffentlichkeit bereits in der Neujahrsnacht 1927/28 mit klingendem Spiel überraschten[378]. In Sumpfohren waren es acht Musikbegeisterte, die unter dem Dirigenten Anton Gut aus Fürstenberg die ersten Gehversuche in der Musik wagten[379]. Doch dann meldeten sich die Vorboten politischer Umwälzungen und des Krieges. Als Nachzügler der Gründungswelle der zwanziger Jahre erscheinen 1931 Zimmern und 1939 Blumberg. Der letztgenannte Ort vermochte 1972 die Organisation des 8. Verbandsmusikfestes des Blasmusikverbandes Schwarzwald-Baar hervorragend zu bewältigen[380].

Unter schwierigen Bedingungen begann Fritz Mutschler damit, im Jahr 1949 in Schabenhausen Freunde für die Idee zu gewinnen, eine Musikkapelle zu gründen. Da außer Mutschler und Kornelius Maier, der als Bassist bei der Nachbarkapelle in Kappel tätig war, niemand musikalische Vorkenntnisse hatte, begannen die Proben bei Zimmermeister Maier. Die Gründungsversammlung fand 1950 in der Werkstätte statt, nun konnte auch mit Walter Montag aus Neuhausen ein »richtiger« Dirigent gewonnen werden. Die Kosten für den Dirigenten, aber auch für die Instrumente und für die Noten, hatten alle Musiker selbst zu tragen. Bei jeder Probe wurde je Musiker ein Betrag von 50 Pfennig eingehoben. Als Montag den Dirigentenstab niederlegte, führte Josef Reiner die Kapelle weiter. 1959 verstarb Reiner. 1962 übernahm Wolfgang Kunzelmann aus Villingen die musikalische Leitung des Vereins. »Diesem Dirigenten hat die heutige Kapelle ihr Aufblühen, einen großen Teil ihres heutigen Könnens zu verdanken. Man half tatkräftig mit, das kulturelle Leben innerhalb des Ortes zu gestalten«. Die Einkleidung in Tracht erschien als logische Folge einer solchen Entwicklung[382].

Der wirtschaftliche Aufschwung setzte die späteren Neugründungen in eine bessere finanzielle Lage. In Hondingen stand eine Starthilfe der Gemeindeverwaltung zur Verfügung[382]. In Unterbaldingen – wo bereits 1935 ein erster Anlauf zur Gründung einer Musikkapelle unternommen worden war, half Bürgermeister Johann Mayer, so daß bereits sechs Wochen nach der Gründung, an Fastnacht 1952, der erste Auftritt erfolgen konnte. Alfons Huber führte den Taktstock[383]. Die Grüninger Feuerwehrkapelle feierte vom 8. bis 10. Juni 1963 ein beachtenswertes Gründungsfest. Als Dirigent konnte Kapellmeister Gerhard Brüssow aus Villingen gewonnen werden. Bereits zehn Jahre später hatte sich der Verein auch organisatorisch soweit gefestigt, daß ein Bezirksmusikfest in Grüningen abgehalten werden konnte, wobei Otto Kiefer als Festdirigent wirkte. Das Jubiläumskonzert am 25. April 1981 leitete Rudolf Glatz[384]. Als jüngste Kapelle des Blasmusikverbandes Schwarzwald-Baar konstituierten sich in Gutmadingen die Donaumusikanten: »In einer Zeit, in der fast alles in Frage gestellt ist, was bisher harmonisch gewachsen, in der nur von Reformen und Zentralismus die Rede ist... haben sich in unserer Gemeinde junge Menschen beiderlei Geschlechts zusammengefunden, um auf ihre Art gegen das Tun der älteren Generation zu demonstrieren. Sie haben dazu nicht die Straße, sondern das erhabene Reich der Töne gewählt...«[385]: So spricht Bürgermeister Ohnmacht in der Gründungsfestschrift offen aus, was in jenen Jahrzehnten nicht nur einfache Leute auf dem Lande bewegte – sondern auch ein Thema für gesellschafts- und kulturpolitische Diskussionen wurde: Warum die Jugend stärker als je zuvor und trotz aller Ablenkungen durch die Massenmedien und neue und allerneueste Moden, doch zu den angeblich so konservativen Blaskapellen drängt: Weil eben der Mensch nur in der überschaubaren Gemeinschaft der face-to-face-Gruppe, in der jeder jeden kennt, sich wohl zu fühlen vermag. Und die Blaskapellen waren und sind ein Ort der Begegnung für diejenigen, die in ihnen mitwirkten, – und sie waren und sind eine Einrichtung, die das Leben in der überschaubaren Gemeinschaft eines Dorfes, eines Stadtteiles lebenswert erscheinen läßt.

Blasmusik außerhalb des Bundes Deutscher Blasmusikverbände

Nicht alle, die im Landesteil Baden derzeit Blasmusik in Orchestern, Fanfarenzügen oder Posaunenchören machen, sind im Bund Deutscher Blasmusikverbände organisiert. An der Grenze zum württembergischen Landesteil überschneiden sich vielfach die Einflußbereiche von Bund Deutscher Blasmusikverbände und Blasmusikverband Baden-Württemberg. Das Schwergewicht des letztgenannten Verbandes liegt im württembergischen Landesteil, doch reichen die Kreisverbände Bodensee, Freudenstadt, Rottweil-Tuttlingen und Sigmaringen mit einzelnen Mitgliedsvereinen, der Kreisverband Rhein-Neckar beinahe ganz in die Landschaft des ehemaligen Großherzogtums Baden herein. Den »badischen« Vereinen der genannten Kreisverbände wurde ebenfalls die Möglichkeit geboten, sowohl im historischen wie im dokumentarischen Teil des vorliegenden Badischen Blasmusikbuches aufzuscheinen.

Seit achtundzwanzig Jahren besteht ein Verband Südwestdeutscher Fanfarenzüge, in dem derzeit fünfundvierzig Fanfarenzüge zusammengeschlossen sind. Der Verband ist – laut Satzung – »eine parteipolitisch und konfessionell neutrale und unabhängige Organisation... Aufgabe des Verbandes ist (a) die kameradschaftlichen Beziehungen der dem Verband angehörenden Fanfarenzüge tatkräftig zu unterstützen, (b) die Fanfarenmusik in der Pflege der historischen altdeutschen Fanfarenmusik zu beraten und zu fördern, (c) die Interessen der Fanfarenzüge wahrzunehmen und Behörden Anregungen und

Abb. 119: Die Stadtharmonie Villingen (Blasmusikverband Schwarzwald-Baar) bei der Steuben-Parade 1971 in New York.

Vorschläge zu unterbreiten«. Sitz des Verbandes ist Wiesloch.

Zu den aktivsten Fanfarenzügen des badischen Raumes zählt der Perkeo-Fanfarenzug in Heidelberg, im Jahre 1953 von der Perkeo-Gesellschaft Heidelberg e. V. 1907 begründet. Der erste Leiter des Fanfarenzuges, Kammermusiker Oskar Barth, formulierte seinen Auftrag und sein Ziel: »Als mir der ehrenvolle Auftrag zuteil wurde, für die Perkeo-Gesellschaft Heidelberg einen Fanfarenzug aufzubauen, war ich hocherfreut darüber, daß sich in Heidelberg Männer gefunden haben, die wie ich schon lange den Wunsch hegten, auch in unserer Stadt einen Fanfarenzug zu besitzen. Ich habe mir zum Ziel gesetzt, einen Fanfarenzug aufzuziehen, der seinesgleichen suchen soll. Diese Aufgabe ausführen zu können, mußten Männer mit fester Charaktereigenschaft gesucht werden, die sich stets gern mit Liebe und Seele dem Fanfarenzug verschrieben. Meine schönste Freude aber war, daß sich unter den vielen Gemeldeten liebe alte Kameraden befanden, die unbedingt verdienen, genannt zu werden. Es sind die folgenden Herren: Heinz Baus, Erich Ehmer, Herbert Neundorf, Helmut Horsch, Siegfried Peters, Oskar Stern, Karlheinz Steeg. Diesen Leuten haben wir es hauptsächlich zu verdanken, daß ich in der glücklichen Lage war, einen guten Stamm in kurzer Zeit aufzustellen.« Neben den nun schon traditionell gewordenen Aufgaben im Rahmen des Heidelberger Karnevals hat der Perkeo-Fanfarenzug sich sowohl älterer Trompetenliteratur zugewandt – im Rahmen der Ottheinrich-Ausstellung im Jahre 1956 erklangen im Königssaal des Schlosses kurpfälzische Fanfaren nach den Aufzeichnungen in Trompeterbüchern des 16. Jahrhunderts – wie durch weite Reisen nach Österreich, Frankreich, Italien und in die Schweiz internationale Kontakte geknüpft[386].

Im Bereich des ehemaligen Großherzogtums Baden gibt es zur Zeit 261 evangelische Posaunenchöre mit etwa 5500 Bläsern. Die Gründungsdaten gehen zurück in die achtziger Jahre des 19. Jahrhunderts: 1882 entstand die Brüdergemeinde Königsfeld, die zu den Herrenhuter Brüdern gehört, 1882 Hugsweiler, 1886 CVJM Heidelberg, 1888 Ispringen, 1890 Ittlingen, 1896 Blankenloch, Friedrichstal und Unteröwisheim. Diese evangelischen Posaunenchöre Badens stehen historisch in der Nachfolge der Pastoren Eduard Kuhlo und Johannes Kuhlo. Eduard Kuhlo begründete 1843 in Jöllenbeck in Westfalen den ersten Posaunenchor. Ebenso wie die Haut-

boisten-Ensembles des 18. und 19. Jahrhunderts sich nicht auf Oboen beschränkten, ebenso bestehen Posaunenchöre nicht allein aus Posaunen. Den Feld- und Hoftrompeter-Traditionen einerseits, den Stadtpfeifertraditionen andererseits folgend, spielt man mit Trompeten und Posaunen und allenfalls Pauken. Bis 1945 kam überdies des »Kuhlo-Horn«, ein Flügelhorn-Instrument, zum Einsatz, in den sechziger Jahren ging von Wilhelm Ehmann die Barockinstrumenten-Welle aus, die jedoch heute wieder abgeebbt ist[387].

1 D. WHITWELL, A New History of Wind Music, Evanston/USA 1972; ders., The Principal Band Appearence in the French Revolution, in: AltaMus. 4, 1979, S. 221–242; ders., Band Music of the French Revolution, Tutzing 1979 (Alta Mus. 5).
2 RAMEIS-BRIXEL; BRIXEL.
3 P. PANOFF, Militärmusik in Geschichte und Gegenwart, Berlin 1944.
4 Abgedruckt in der Oberbadischen Musikzeitung 3, Nr. 10, 1. Oktober 1926.
5 Fs. Freiburg im Breisgau 1933.
6 AVZ 1, 1951, S. 1.
7 Fs. Karlsruhe 1958.
8 Fs. Offenburg 1963.
9 DB 27, 1977, S. 8.
10 Vgl. dazu W. SUPPAN, Amateurmusik, in: In Sachen Musik, hg. von S. Abel-Struth u. a., Kassel 1977; abgedr. auch in: DB 25, 1975, S. 239–241.
11 Fs. Karlsruhe 1971.
12 DB 24, 1974, S. 146 f.
13 Fs. Villingen-Schwenningen 1981.
14 Fs. Renchen 1982; Fs. Appenweier 1968.
15 Fs. Ulm bei Oberkirch 1972.
16 Fs. Oppenau 1974, S. 14 f.
17 Fs. Oppenau 1929, S. 12–14.
18 Fs. Kappelrodeck 1957.
19 Fs. Appenweier 1968.
20 Fs. Oberachern 1963 und 1973.
21 Fs. Nußbach 1975.
22 Fs. Renchen 1982.
23 Fs. Önsbach 1952, 1977.
24 Fs. Fautenbach 1982.
25 Fs. Lautenbach 1959.
26 Fs. Ottenhöfen 1952 und 1975.
27 Fs. Zusenhofen 1973.
28 Fs. Sasbachwalden 1981.
29 Fs. Erlach 1976.
30 Fs. Stadelhofen 1970.
31 Fs. Furschenbach 1980.
32 Berichte des Preisgerichts über das 50jährige Jubiläum der Stadtmusik Kandern . . ., 1926.
33 Fs. Lörrach 1962.
34 Fs. Nollingen 1976.
35 Fs. Binzen 1977.
36 Fs. Wollbach 1966.
37 Fs. Schopfheim 1964 und 1974.
38 Fs. Schönau/Schwarzwald 1963.
39 Fs. Weil am Rhein 1979.
40 Fs. Wyhlen 1969.
41 Fs. Zell im Wiesental 1961.
42 Fs. Hebelmusik Hausen 1980; Kandern 1926.
43 Fs. Atzenbach 1974.
44 Fs. Fahrnau 1982.
45 Fs. Karsau 1973.
46 Fs. Lörrach 1975.
47 Fs. Todtnauberg 1971.
48 Fs. Tannenkirch 1972.
49 Fs. Degernfelden 1975.
50 Fs. Ehrsberg 1977; Fs. Fröhnd 1977.
51 Fs. Rohmatt 1974.
52 Fs. Ludwigshafen am Bodensee 1955; Fs. Neufrach 1972; Fs. Laimnau 1980.
53 Eine Zusammenstellung der Festschriften des Blasmusikverbandes Bodensee-Linzgau gibt W. FAULER in: DB 27, 1977, S. 103 f.
54 Fs. Überlingen 1959; über Siebold vgl. SUPPAN, S. 298 f.
55 Fs. Sipplingen 1973.
56 Fs. Markdorf 1969.
56 Fs. Immenstaad 1976.
58 Fs. Hagnau 1964.
59 Fs. Bermatingen 1970.
60 Fs. Meßkirch 1962.
61 Fs. Aach-Linz 1982.
62 Fs. Lippertsreute 1966.
63 Fs. Ahausen 1972; Fs. Rohrdorf 1958; Fs. Herdwangen 1957; Fs. Illmensee 1958; Fs. Nesselwangen 1977; Fs. Roggenbeuren-Urnau 1973.
64 W. FAULER, Die Blasmusikfestschriften des Hegau. Ein Beitrag zur Blasmusikgeschichte im Hegau, in: DB 20, 1970, S. 143 f.
65 Fs. Engen 1971.
66 Fs. Singen/Hohentwiel 1953, 1967, 1969; Fs. Jung-Musiker-Treffen des Hegau-Musik-Verbandes in Singen 1964.
67 Fs. Bodman 1966.
68 Fs. Radolfzell 1972.
69 Fs. Engen 1971.
70 Fs. Mühlingen 1980.
71 Fs. Liptingen 1974.
72 Fs. Ehingen 1973.
73 Fs. Öhningen 1958.
74 Fs. Gottmadingen 1972.
75 Fs. Steißlingen 1956.

76 Fs. Volkertshausen 1932, 1957, 1975.

77 Fs. Rielasingen 1952, 1970; Arlen 1962.

78 Fs. Zizenhausen 1971.

79 Fs. Beuren an der Aach 1972.

80 Fs. Nenzingen 1950, 1966, 1973, 1976.

81 Vgl. dazu Fs. Überlingen am Ried 1961.

82 Fs. Kommingen 1969; vgl. auch Fs. Markelfingen 1971; Fs. Sentenhart 1970.

83 Fs. Tiengen/Hochrhein 1970, S. 25–27.

84 Fs. Tiengen/Hochrhein 1956; Waldshut 1954. – Eine Ausstellung seltener und moderner Trompeten-Instrumente im »Trompeterschloß zu Säckingen« ergänzte die 1. Internationalen Trompeterwochen 1979; darüber K. JANETZKY, Die Trompete, in: Brass-Bulletin 29, 1980, S. 103–105.

85 Fs. Waldshut 1954, 1978.

86 Fs. Stühlingen 1974.

87 Fs. Tiengen/Hochrhein 1956, 1970.

88 Fs. Säckingen 1974.

89 Fs. Urberg 1967.

90 Fs. Rickenbach 1980.

91 Fs. Görwihl 1981.

92 Fs. Jestetten 1982.

93 Fs. Grießen 1964.

94 Fs. Amrigschwand-Tiefenhäusern 1966.

95 Fs. Bernau 1975.

96 Fs. Erzingen 1979.

97 Fs. Geißlingen 1971.

98 Fs. Gurtweil 1972.

99 Fs. Horheim 1972.

100 Fs. Lenzkirch 1951.

101 Fs. Löffingen 1970.

102 Fs. Bonndorf 1962.

103 Fs. Unadingen 1978.

104 Fs. Lenzkirch 1976.

105 Fs. Neustadt i. Schw. 1977.

106 Fs. Gündelwangen 1980.

107 Fs. Ewattingen 1958.

108 Fs. Breitnau 1965, 1970, 1975.

109 Fs. Wellendingen 1969.

110 Fs. Rötenbach 1973.

111 Fs. Hinterzarten 1974.

112 Fs. Schluchsee 1977.

113 Fs. Eisenbach 1980.

114 Fs. St. Märgen 1982.

115 Fs. Reiselfingen 1975.

116 Schriftl. Mitt. Bachheim 1982.

117 Fs. Saig 1965.

118 Fs. Waldau 1975.

119 Fs. Blasiwald 1974.

120 Fs. Amicitia-Kaiserstuhl 1845, Endingen 1970; K. KURRUS, Die Wappenscheiben am Rathaus zu Endingen, in: Schau-ins-Land 87, Freiburg 1969, S. 5–24.

121 400 Jahre Bauern- und Handwerkerzunft in Burkheim a. K., Fs. 1973.

122 Fs. Endingen 1926, 1953, 1978.

123 Fs. Breisach am Rhein 1953, 1967, 1973.

124 Fs. Burkheim 1970.

125 Fs. Oberrotweil 1971.

126 Fs. Wyhl 1965.

127 Fs. Kiechlinsbergen 1973.

128 Fs. Achkarren 1964.

129 Fs. Merdingen 1981.

130 Fs. Gottenheim 1977, 1982.

131 Fs. Oberbergen 1977.

132 Fs. Gündlingen 1975.

133 Fs. Eichstetten am Kaiserstuhl 1975.

134 Fs. Tiengen 1968, 1979.

135 Fs. Umkirch 1967, 1982.

136 Chronik der Gemeinde Jechtingen. Der Musikverein Jechtingen; Mitt. Musikverein Jechtingen 1982.

137 Fs. Weisweil 1963.

138 Fs. Bischoffingen 1974.

139 Fs. Wasenweiler 1965, 1975.

140 Fs. Oberrimsingen 1967, 1977.

141 Fs. Waltershofen 1975.

142 Fs. Niederrimsingen 1967, 1969.

143 Fs. Opfingen 1982.

144 Fs. Durmersheim 1968; Fs. Mörsch, 1982. – An dieser Stelle sei auch darauf hingewiesen, daß der Hardt-Musikvereinsverband bzw. der Blasmusikverband Karlsruhe seit den dreißiger Jahren eine eigene Verbands-Zeitschrift herausgibt.

145 Fs. Karlsruhe, Verleihung der Pro-Musica- und Zelter-Plakette, 1972.

146 Fs. Trachtenfest Karlsruhe 1969.

147 Fs. Ettlingen 1957.

148 Mschr. Chronik der Musikkapelle/Stadtkapelle Bretten, 1982.

149 Fs. Durmersheim 1958, 1968, 1978.

150 Fs. Kirrlach 1981.

151 Fs. Untergrombach 1980.

152 Mschr. Mitt. Stadtkapelle Heidelsheim, 1982.

153 Fs. Mörsch 1982.

154 Fs. Daxlanden 1981.

155 Fs. Zeutern 1980.

156 Fs. Karlsruhe »Harmonie« 1927.

157 Fs. Büchenau 1973; Fs. Gondelsheim 1973; Fs. Weingarten 1973; Fs. Sulzbach 1978; Fs. Weiher 1975; Fs. Wöschbach 1976; Fs. Berghausen 1977; Fs. Spessart 1978; Fs. Ittersbach 1979; Fs. Östringen 1981.

158 Fs. Liedolsheim 1912.

159 Fs. Söllingen 1979.

160 Fs. Grünwettersbach 1980.

161 Fs. Wiesental 1982.

162 Fs. Bad Schönborn-Langenbrücken 1973.

163 Fs. Burbach 1974.

164 Fs. Rußheim 1957, 1977.

165 Fs. Busenbach 1980; Fs. Etzenrot 1980; Fs. Kleinsteinbach 1980; Fs. Neuthard 1980; Fs. Spöck 1980.

166 Fs. Karlsruhe-Knielingen 1980; Fs. Langenalb 1981; Fs. Ubstadt 1981.

167 Fs. Karlsruhe-Rüppurr 1976.

168 Fs. Menzingen 1980; Fs. Oberöwisheim 1980.

169 Fs. Völkersbach 1980.

170 Fs. Neuenbürg 1981.

171 Fs. Neibsheim 1974.

172 Fs. Unteröwisheim 1956, 1981; Fs. Schielberg 1959.

173 Mschr. Mitt. Haslach i. K. 1982.

174 Fs. Zell a. H. 1981.

175 Fs. Ortenberg 1971.

176 Fs. Schapbach 1968.

177 Fs. Oberwolfach 1954, 1974.

178 Fs. Oberharmersbach 1953, 1977.

179 Fs. Nordrach 1963, 1972.

180 Fs. Schiltach 1974.

181 Fs. Berghaupten 1955, 1965.

182 Fs. Steinach 1926, 1981.

183 Fs. Ohlsbach 1973.

184 Fs. Reichenbach bei Gengenbach 1972.

185 Fs. Mühlenbach 1969.

186 Fs. Biberach/Baden 1962, 1976.

187 Fs. Gutach 1977.
188 Fs. Kirnbach 1980.
189 Fs. Fischerbach 1960, 1970; Fs. Hofstetten 1971; Fs. Kinzigtal 1981; Fs. Unterharmersbach 1970.
190 Fs. Fussbach 1975.
191 Fs. Untermünstertal 1973.
192 H. J. MOSER, Tönende Volksaltertümer, Berlin 1935, S. 115 ff.; vgl. auch A. DIECK, Die Wandermusikanten von Salzgitter, Göttingen 1962.
193 Fs. Oberweiler-Badenweiler 1928. – Mschr. Ms. Dr. Walter Fauler, Bad Krozingen vom 3.2.1969.
194 Fs. Untermünstertal 1971.
195 Fs. Staufen im Breisgau. Verleihung der Pro-Musica-Plakette, 1970.
196 W. SUPPAN, Steirisches Musiklexikon, Graz 1962–66, S. 263 f.; K. BECKER, J. B. Jenger. Ein Breisgauer Freund F. Schuberts, Bühl/Baden 1978.
197 Fs. Kirchhofen 1975.
198 Fs. Heitersheim 1968.
199 Fs. Müllheim 1962.
200 Fs. Biengen 1975.
201 Fs. Grunern 1966.
202 Fs. Neuenburg 1963.
203 Fs. Bad Krozingen 1930, 1966.
204 Fs. Britzingen 1970.
205 Fs. Hügelheim 1970.
206 Fs. Sulzburg 1972.
207 Fs. Hartheim 1957, 1968, 1977.
208 Fs. Buggingen 1965, 1979.
209 Fs. Eschbach 1969.
210 Fs. Schliengen 1978.
211 Fs. Wolfenweiler-Schallstadt 1967.
212 Fs. Offnadingen 1969.
213 Fs. Schlatt 1969.
214 Fs. Bad Bellingen 1970, 1980.
215 Fs. Feldberg 1971.
216 Fs. Feldkirch 1971, 1981.
217 Fs. Liel 1971.
218 Fs. Steinenstadt 1976.
219 Fs. Zienken 1979.
220 W. FAULER, Beitrag zur Geschichte und Organisation der Blasmusikverbände, in: DB 23, 1973, S. 125.
221 Fs. Bühl 1975.
222 Fs. Kappelwindeck 1971.
223 Fs. Ottersweier 1980.
224 Festblatt Forbach 1933; Fs. Forbach 1968.
225 Fs. Bermersbach 1966, 1972. – Mschr. Ms. Max Stößer, Bermersbach, Juni 1971.
226 Fs. Bühlertal 1962.
227 Fs. Hörden 1979.
228 Fs. (Bad) Rotenfels 1959, 1976.
229 Fs. Muggensturm 1981.
230 Fs. Obertsrot 1967, 1972.
231 Fs. Baden-Lichtental 1969.
232 Fs. Neuweier 1976.
233 Fs. Bietigheim 1976.
234 Fs. Kuppenheim 1977.
235 Fs. Rastatt 1970.
236 Fs. Balzhofen 1976; Fs. Elchesheim 1976.
237 Fs. Haueneberstein 1972, 1982.
238 Fs. Lautenbach 1975.
239 Fs. Weitenung 1977.
240 Fs. Ötigheim 1972.
241 Fs. Moos 1978.

242 W. SUPPAN, Blasorchesterbearbeitungen Richard Wagnerscher Werke, in: AltaMus. 8 = Kongreß-Bericht Graz 1983, im Druck.
243 W. FAULER, Beitrag zur Geschichte und Organisation der Blasmusikverbände, in: DB 23, 1973, S. 125 f.; Fs. Teningen 1969; Fs. Kirchzarten 1975; Fs. Bleibach 1981 (die beiden letztgenannten Festschriften mit ausführlicher Verbandschronik).
244 B. SCHWINEKÖPER, Zur Deutung des Freiburger Stadtsiegels. Ein Beitrag zur Erforschung der Symbolik von Königsfrieden und Königsbann, in: Schau-ins-Land 78, 1960, S. 3–41; S. ŽAK, Musik als ›Ehr und Zier‹ im mittelalterlichen Reich. Studien zur Musik im höfischen Leben, Recht und Zeremoniell, Neuss 1979, S. 125 f., Abb. 9.
245 Fs. Elzach 1979.
246 D. WHITWELL, Band Music of the French Revolution, Tutzing 1979 (AltaMus. 5).
247 Fs. Pfaffenweiler 1954, 1969.
248 Fs. Untersimonswald 1950.
249 H. BROMMER, Bartholomäus Saums Kirchenmusikstiftung und die Gründung des Kirchenchors und der Musikkapelle in St. Peter (Schwarzwald), in: Schau-ins-Land 87, Freiburg 1969, S. 55–59.
250 Fs. Niederhausen 1977.
251 Fs. Kirchzarten 1975.
252 Fs. Glottertal 1929, 1953, 1976.
253 Fs. Oberhausen 1952, 1962.
254 Fs. Kenzingen 1965, 1968, 1985.
255 Fs. Waldkirch 1936.
256 Fs. Wittnau 1953, 1968.
257 Fs. Herbolzheim 1967, 1972.
258 Fs. Suggental 1957, 1977.
259 Fs. Bleibach 1981.
260 Fs. Emmendingen 1961, 1971.
261 Fs. Buchholz 1964.
262 Fs. Obersimonswald 1966; Fs. Ottoschwanden 1962, 1972; Fs. Oberwinden 1980.
263 Fs. Merzhausen 1971, 1976, 1981; Woche der Volksmusik, Merzhausen 1966, 1968, 1970; 10 Jahre Jugendkapelle Merzhausen 1973.
264 Fs. Gutach 1932, 1957, 1982.
265 Fs. Sexau 1982.
266 Fs. Sölden 1970.
267 Fs. Bombach 1972.
268 Fs. Buchenbach 1962, 1977.
269 Fs. Teningen 1952, 1964, 1969, 1977.
270 Fs. Hecklingen 1979.
271 Fs. Eschbach 1980.
272 Fs. Mundingen 1966.
273 Fs. Horben 1971.
274 Fs. St. Ulrich 1973.
275 Fs. Postmusik Freiburg 1976; Fs. Sanitätskapelle Freiburg 1974; Fs. Eisenbahner-Musikverein Freiburg 1957, 1971.
276 Fs. Freiburg-St. Georgen 1970.
277 Fs. Freiburg-Zähringen 1952, 1972, 1977, 1982.
278 Fs. Freiburg-Littenweiler 1963, 1973.
279 Fs. Freiburg-Haslach 1961, 1971; Fs. Freiburg-Lehen 1962, 1973.
280 Fs. Freiburg-West 1981; 1979; Fs. Volksmusikverein Freiburg 1973; Fs. 1. Freiburger Jugendblasorchester 1979.
281 Fs. Prechtal 1971.
282 Fs. Vörstetten 1972.
283 Fs. Ebnet 1963, 1973.
284 Fs. Nimburg-Bottingen 1977.

285 Fs. Heimbach 1974; Fs. Siensbach 1975; Fs. Gundelfingen 1972.
286 Fs. Reute 1974.
287 Über die Gründungsversammlung wird in der AVZ 3, 1953, S. 5, 24 f. und 138 f. berichtet; dort ist auch die erste Satzung (S. 214–217) abgedruckt.
288 Fs. Osterburken 1952, 1970.
289 Fs. Neudenau 1979.
290 Vgl. Artikel »Stein« in: MGG 12, 1965, Sp. 1234–1236.
291 Fs. Gerlachsheim 1977.
292 Fs. Limbach 1963.
293 Fs. Adelsheim 1973.
294 Fs. Wagenschwend 1978.
295 Mschr. Mitt. Musikkapelle Waldstetten 1982.
296 Fs. Mudau 1972.
297 Fs. Grünsfeld 1974.
298 Fs. Hettingen 1982; Fs. Höpfingen 1972.
299 Mschr. Mitt. Musikverein Oberwittstadt 1982.
300 Fs. Stein am Kocher 1969, 1979.
301 Fs. Bretzingen 1976.
302 Fs. Seckach 1976.
303 Fs. Krautheim/Jagst 1978.
304 Fs. Königshofen 1970; Königshöfer Messe 1530–1980, Königshofen 1980, S. 180–188.
305 SUPPAN/ostdeutsche Musiker, S. 224–262.
306 Fs. Musikfreunde 1957 e. V. Neckarsteinach 1982; Fs. Blasorchester Vierburgenstadt Neckarsteinach 1969, 1974.
307 R. HURRLE, Zum Geleit, in: Fs. Auenheim 1981, S. 3.
308 (H.) = Ehemals Musikverband Hanauerland.
309 Fs. Kappel 1963, 1973.
310 Fs. Offenburg 1957, S. 16.
311 Fs. Offenburg 1949, 1957.
312 Fs. Ettenheim 1921, 1977.
313 Fs. Durbach 1969.
314 Fs. Lahr 1961, 1967.
315 Fs. Seelbach 1972.
316 Fs. Niederschopfheim 1981.
317 Fs. Rheinbischofsheim 1976.
318 Fs. Stadtkapelle Kehl/Hanauer Musikverein 1971.
319 Fs. »Harmonie« Kehl-Sundheim 1971.
320 Fs. Mahlberg 1973.
321 Fs. Wittelbach 1973.
322 Fs. Marlen 1966.
323 Fs. Meißenheim 1976.
324 Fs. Auenheim 1961, 1981.
325 Fs. Schutterwald 1970.
326 Fs. Freistett 1960.
327 Festblatt Sand 1975.
328 Fs. Leutesheim 1954, 1974.
329 Fs. Diersheim 1977.
330 Fs. Linx 1970.
331 Fs. Heiligenzell 1974.
332 Fs. Hofweier 1974.
333 Fs. Zell-Weierbach 1975.
334 Fs. Fessenbach 1973.
335 Süddeutsche Musiker-Zeitung 1914, Nr. 15, S. 4–6. – Das 2. Gaumusikfest hat 1902 in Villingen stattgefunden, das 3. 1903 in Tuttlingen.
336 Fs. Bad Dürrheim 1926.
337 Fs. Hüfingen 1956, 1981.
338 Fs. Triberg 1969.
339 Fs. Villingen, Stadtmusik 1964.
340 Fs. Vöhrenbach 1969.
341 Fs. Geisingen 1973.
342 Mschr. Mitt. Schönwald 1982.
343 Fs. Schonach 1959.
344 Fs. Unterkirnach 1964.
345 Fs. Mundelfingen 1955, 1975.
346 Mschr. Mitt. Tannheim 1982.
347 Fs. Wolterdingen 1962.
348 Fs. Randen 1963, 1970.
349 Fs. Gütenbach 1973.
350 Fs. Bad Dürrheim 1926.
351 Fs. Döggingen 1965, 1975.
352 Fs. Pfohren 1957, 1967.
353 Fs. Oberbaldingen 1976.
354 Fs. Furtwangen 1968.
355 Fs. Dauchingen 1924, 1969.
356 Fs. St. Georgen im Schwarzwald 1974.
357 Fs. Mönchweiler 1954; mschr. Mitt. der Kapelle 1982.
358 Fs. Musikverein »Frohsinn« Tennenbronn 1974, 1968; Fs. Musikverein »Harmonie« Tennenbronn 1969.
359 Fs. Stadtmusik Villingen 1964; Fs. (Stadt-)Harmonie Villingen 1950, 1955, 1964, 1971 (USA-Reise), 1974, 1977, Bundesmusikfest 1981.
360 Fs. Deißlingen 1952, 1967.
361 Fs. Riedböhringen 1971.
362 Mschr. Mitt. Hochemmingen 1982.
363 Fs. Klengen 1976.
364 Fs. Hausen vor Wald 1962.
365 Fs. Gremmelsbach 1964, 1974.
366 Fs. Mariazell 1969, 1979.
367 Fs. Neuhausen 1970.
368 Fs. Neudingen 1971; Fs. Fürstenberg 1971.
369 Fs. Obereschach 1972.
370 Fs. Rohrbach 1973.
371 Fs. Schönenbach 1974.
372 Fs. Buchenberg 1965, 1975.
373 Fs. Pfaffenweiler 1965, 1975.
374 Fs. Sumpfohren 1975.
375 F. HOERBURGER, Die Zwiefachen. Gestaltung und Umgestaltung der Tanzmelodien im nördlichen Altbayern, Berlin 1956.
376 Fs. Langenschiltach 1967, 1977.
377 Fs. Aufen 1968, 1978.
378 Fs. Fischbach 1968.
379 Fs. Sumpfohren 1975.
380 Fs. Blumberg 1972.
381 Fs. Schabenhausen 1975.
382 Fs. Hondingen 1966, 1972, 1976.
383 Fs. Unterbaldingen 1977.
384 Fs. Grüningen 1963, 1973.
385 Fs. Gutmadingen, Donaumusikanten 1970.
386 Fs. 20 Jahre Perkeo-Fanfarenzug Heidelberg 1973.
387 Mitt. Gerhard Linder, 75 Stutensee 1, vom 23. 12. 1982.

VI. Blasmusik – im Brauchtum verwurzelt

»Die Geschichte kennt keine Gesellschaft und keine Kultur ohne Musik. Musik ist also nicht nur ein ästhetisches Phänomen; sie gehört als konstitutiver Faktor zu einer humanen Lebenswelt« (Georg Picht)[1].

Seit Beginn der siebziger Jahre, konkret seit dem deutschen Historikertag 1971 verbreitet sich in den Geisteswissenschaften mehr und mehr die Einsicht, daß die Krise des Historismus allein durch die Einbeziehung anthropologischer Fragestellungen zu überwinden sei. In diesem Zusammenhang wendet sich musikwissenschaftliche Forschung verstärkt der Frage des Gebrauchswertes des Musizierens für die Gesellschaft und für den Menschen zu. Die Frage, wozu denn die Gesellschaft Musik brauchen, inwiefern diese dem Menschen dienen würde, ist im Deutschen Musikrat während der siebziger Jahre vorzüglich in dem Papier »Musik in der Planung der Städte« und durch den Heidelberger (Hinterzartener) Philosophen Georg Picht aktualisiert worden. Der ästhetische, schöngeistige Wert des Kunstwerkes bleibt unbestritten, dessen zweckfreier Genuß Freude und Entspannung verschafft, – daneben aber kann nicht unbeachtet bleiben, daß Musik im politischen und religiösen Kontext, als Hintergrundmusik und im Zusammenhang mit der Verwendung in (Heil-)Pädagogik und Medizin eine Wirkung ausübt, die für das Funktionieren einer Gesellschaft und für die Selbstverwirklichung des Menschen konstitutiv bleibt[2].

Blasmusik hat sich im mitteleuropäischen Traditionsraum nur in Einzelfällen aus der Gebundenheit an Brauchtum gelöst, und sie ist auch nicht zu einem »Gegenstand interesselosen Wohlgefallens« (Kant), zu einem reinen Kunstprodukt um seiner selbst willen (L'art pour l'art) geworden. Im Brauchtum verankert bleiben: Das bedeutete und bedeutet aber stets, gebraucht werden, um Gemeinschaftsleben zu ermöglichen, um den Menschen in einer Gemeinde, in einer Landschaft Daseinsberechtigung und Heimatbezug zu vermitteln – und um damit die Kultur dieser Gruppe zu begründen und zu kennzeichnen. Das gilt für die sogenannte E- (Ernste) wie für die U- (Unterhaltungs-)Musik. Zwei Schubfächer, die im Bereich der Blasmusik im Grunde nicht gelten können; denn jene Blasmusik, von der in diesem Buch die Rede ist und die seit der ersten

Hälfte des 19. Jahrhunderts im mitteleuropäischen Raum Süddeutschlands, Österreichs, der Schweiz und Südtirols eine eigengeprägte Tradition ausbildete, diese Blasmusik ist (1) Volksmusik, aber nicht in dem Sinn, daß man unter Volk nur die seelisch-gesellschaftlichen Grundschichten verstehen dürfte, sondern als eine Bildungsschichten und Stände übergreifende Tonsprache; sie ist (2) Kunstmusik, weil alle Strukturen und Aussagen sich darin artikulieren lassen, die hohem Kulturbewußtsein und hoher Kulturverantwortung entsprechen; sie ist (3) Ernste Musik, indem sie dem Menschen die Werte seines Lebens und Schaffens bewußt macht, und sie ist (4) Unterhaltungsmusik, in der Freude am Spielerisch-Heiteren, am naiven Sich-Geben und Bewegen zum Ausdruck kommt. Nur wer diese volle Wirklichkeit sieht, gewinnt Zugang zu einem Phänomen, dem im oben abgegrenzten geographischen Raum heute etwa 350 000 Musiker, darunter zwei Drittel unter 25 Jahre alt, freiwillig und in idealer Gesinnung zugetan sind[3].

»Bräuche sind als zeremonialisierte Formen Ausdrucksmöglichkeiten sozialer Organisation, und sie stützen zugleich deren innere Ordnung«, schreibt Herbert Schwedt in seiner Tübinger Dissertation, um daraus zu schließen, daß Informationen über das brauchtümliche Leben Auskunft geben würden über Formen und Antriebe des öffentlichen kulturellen Lebens in bäuerlichen Gemeinden. Jedoch wäre es unmöglich, »irgendeine verbindliche Aussage über das Leben in einer Landgemeinde ohne Berücksichtigung des Vereinswesens zu machen«[4]. Eine solche Einsicht sollte jedoch nicht auf bäuerliche Gemeinschaften beschränkt bleiben. Der Stadt-Land-Gegensatz ist weitgehend aufgehoben, dort wie da besteht und entsteht nach wie vor Brauchtum. Zwar nicht als etwas Starres, endgültig und einmalig Fixiertes, sondern als ständige Anpassung an neue, aus der Entwicklung von Kultur und Zivilisation sich ergebende Verhaltensformen. Der Brauchtumsquellen sind nach wie vor viele: »Etwa das Gefühl des Ausgesetztseins und der Wille zur Lebensbewältigung, welcher der Sicherheit der Form bedarf. Das Steigern des Lebens in gehobenen Augenblicken. Der Wunsch nach Selbstbestätigung und Selbstdarstellung, nach Rang und Rolle. Es braucht immer ein Du, an das es sich wendet. Sei es göttlicher Art, dessen Walten auch in der Natur gefühlt wird, sei es der Mitmensch. Und es verlangt eine Legitimation, die in Satzung und Bewährung liegt« (Richard Wolfram)[5]. Das ist eine umfassende und klare Formulierung, die über die soziale Begründung, wie sie die beiden Schweizer Volkskundler Paul Geiger und Richard Weiss geben (Brauch sei »eine Art zu handeln, die durch die Überlieferung in einer Gemeinschaft von Menschen als richtig und verpflichtend empfunden wird«), hinausgeht und anthropologisch begründbare Einsichten enthält[6].

Die Statistiken der Blaskapellen bezeugen, daß kaum Auftritte »in eigener Sache« stattfinden. In der Regel trifft man sich, um gemeindliche und kirchliche Ereignisse zu umrahmen, um Heimatabende und Kurkonzerte für Touristen mitzugestalten, um die Termine der übrigen Vereine einer Gemeinde festlich auszugestalten, um entscheidende Stationen eines Menschenlebens aus dem Alltäglichen herauszuheben: Geburt und Tod, Hochzeit und einen runden Geburtstag. Die öffentlichen Auftritte sind jedoch nur der nach außen hin sichtbare Teil des Wirkens einer Blaskapelle. Ein bis zwei Gesamtproben pro Woche, das bedeutet im Durchschnitt fünfzig bis achtzig Zusammenkünfte pro Jahr, in denen hart gearbeitet werden muß, bewirken zudem einen sozialpädagogisch bedeutsamen Effekt, weil nicht allein die Einheimischen oder Arrivierten hier Gemeinschaft pflegen und weil das gemeinsame Musizieren nicht allein dazu beiträgt, Jugend verantwortungsbewußt in diese Gemeinschaft einzuführen, sondern weil darüber hinaus in den fünfziger Jahren die Heimatvertriebenen[7], in jüngster Zeit Behinderte und Gastarbeiter die Möglichkeit vorfanden, sich zu integrieren, zu anerkannten Mitgliedern dieser Gemeinschaft zu werden[8].

Augenscheinlich wird dieses Zusammengehörigkeitsgefühl unter den Musikern bei familiären Ereignissen. Fotografien von Musikerhochzeiten bezeugen seit den achtziger Jahren des vorigen Jahrhunderts, daß neben der Verwandtschaft von Bräutigam und Braut die aktiven Mitglieder der Musikkapelle ebenfalls zur »Familie« gehören. Jede Art von Aufnahme in die Gemeinschaft: Geburt, Initiationsriten, wie Erstkommunion oder militärische Vereidigung, die Ankunft hochstehender geistlicher und weltlicher Persönlichkeiten, die Wahl eines neuen Gemeindeoberhauptes, die Weihe neuer Glocken, bedürfen ebenso wie jede Art von Abschied und Entlassung aus der Gemeinschaft der »klanglichen« Einbettungs- oder Ablösungsriten; als Beispiele für den zweiten Fall wären das Einrücken zum Militär, die im Badischen einst besonders häufig anzutreffende Auswanderung in osteuropäische Landschaften oder nach Amerika sowie Totenwache und Beerdigung zu nennen.

Folgen wir bei der Betrachtung des mit Musik und kultischem Lärm verbundenen Brauchgeschehens dem Kirchenjahr, so steht am Beginn des Advents das Fest der Heiligen Caecilia (22. November), der Schutzpatronin der Sänger und Musiker. Es hat sich in manchen Orten eingebürgert, in den Tagen um diesen Termin, vielfach am Vorabend des ersten Advent-Sonntags, ein Cäcilienkonzert zu veranstalten, mit dem Musikkapellen und/oder Chorvereinigungen die besinnliche Zeit des Jahres einleiten und zugleich einen musikalischen Leistungsnachweis ernster Natur erbringen. Musikkapellen, die statt des Cäcilienkonzertes zwischen Weihnachten und Neujahr einen Theater- und Konzertabend planen, dies gilt vor allem für kleinere und ländliche Gemeinden, sind in diesen Wochen mit doppelter Probenarbeit, sowohl im musikalischen wie im schauspielerischen Bereich, belastet.

Der Nikolausbrauch wird zwar nicht von der Musikkapelle getragen, doch ist auch er nicht ohne Klangzauber denkbar. Aus Pfaffenweiler im Markgräflerland berichtet der Chronist: »Ca. vier Wochen vor dem eigentlichen Nikolaustag – um am 6. Dezember fertig zu sein – beginnt die Nikolausgruppe durchs Dorf zu ziehen. Die Gruppe besteht aus zwei Personen, die als Bischöfe gekleidet sind, dem Teufel und dem Maulesel. Alle vier sind maskiert, der Teufel ist schwarz angezogen und führt eine Korbflasche und eine Gabel mit sich. Vom Hausherrn bekommt er den sog. ›Bichel‹ in die Korbflasche gefüllt, der gesammelt und dann später getrunken wird. Der Maulesel trägt auf seiner Hüfte ein waagrecht liegendes, leiterähnliches Gestell, auf dessen Hinterseite ›Senden‹ (Rebwellen) befestigt sind... Mit einer kleinen Glocke und dem Ruf ›Dürfen die Santiklausen reinkommen‹ wird um Einlaß in die Wohnstube gebeten. Beim bekannten Klang der Glocke wird jedes Kinderherz schon von einer fast unbändigen Angst erfüllt, und es ist bereit, alles zu tun, was verlangt wird... Falls ein störrisches Kind nicht betet oder sich bei der weiteren Prüfung herausstellt, daß das Kind das Jahr über sonst unartig war, wird es vom Teufel auf den Maulesel gesetzt, der dann mit ihm im ›Hofe herumgumpt‹. Manchmal wird auch noch Heu und eine Rübe für Ochs und Esel am Abend vorher vors Fenster gelegt, und am andern Morgen ist für Kinder das erste, nachzusehen, was der Nikolaus ›igstiert‹ hat[9]. Zum Klang der Glocke mischt sich im Odenwald-Bauland das Rasseln der Ketten des »Pelznickel«[10].

224

Abb. 120: Überlingen am Bodensee. Dankprozession mit den ersten Erntewagen, 1817. Unmittelbar vor den Erntewagen die Musikkapelle.

Ebenfalls aus Pfaffenweiler ist das weihnachtliche »Krippeli alöge« der Kinder überliefert, die von Haus zu Haus zogen und dabei Weihnachtslieder sangen. Heinrich Hansjakob beschreibt diesen einst allgemein üblichen Heischebrauch im Zusammenhang mit dem Dreikönigstag. Da jedoch die dabei aufgezeichneten und z. T. von Heinrich August Schaettgen veröffentlichten Lieder aus Haslach im Kinzigtal thematisch vor allem mit der Verkündigung der Hirten in der Heiligen Nacht zusammenhängen, haben wir einen zusammengehörigen Lied- und Brauchtumskomplex vor uns, der vom Advent bis zum Dreikönigstag reicht[11]. Heinrich Hansjakob erzählt: »Am Vorabend vor dem Dreikönigstag erschienen die ›heiligen drei Könige mit ihrem Stern‹... Drei Singknaben vom Kirchenchor, angetan mit Kronen und einem schneeweißen Hemdlein über ihrem ›Sonntagshäs‹. Der Stern aber bestund aus in Oel getränktem, weissem Papier, hatte vier mächtige ›Zinken‹, in seinem Herzen einen ›Lichtstumpen‹ aus der Kirche, ward von einem Nacht-

wächter getragen an einer großen Stange und mit einer Schnur in planetenförmige Bewegung gesetzt... Am äußersten Hause der Altstadt ward nun angefangen... Vor jedem Haus wurde ein Lied, und wenn im zweiten Stock eine zweite Familie wohnte, ein zweiter Sang losgelassen. Aus dem untern Stockwerke brachten die Kinder des Hauses in einem Papier eingewickelt die Sängergabe, und das war der innerste Kern des ganzen Königtums und der Sternen-Dreherei – die Leute im oberen Stockwerk brannten das Papier an und warfen die Kreuzer und Groschen wie Leuchtkugeln zu den Füßen der ›hl. Dreikönige‹...«[12]. Haslacher Lieder, wie »Ihr Hirten, erwacht vom Schlummer, habt acht!«, »Stille rings, da hallen Glocken durch die heil'ge Christusnacht«, »Ei, was hunderttausend Freuden«, »Ach, was für große Freude wir Hirten auf der Heide erfuhren heut«, »Ich lag in einer Nacht und schlief«, »Ei, Brüder, seht ihr nicht, wie plötzlich diese Felder und diese düstern Wälder bestrahlt ein neues Licht?«, sind alemannische Gegenstücke zu

225

Abb. 121 und 122: Musik spielt im Hochzeitsbrauchtum eine integrierende Rolle. Deshalb gehören – bei Musikerhochzeiten – die Musikkameraden gleichsam zur »Familie«. Im Jahr 1895 heiratet in Menzenschwand Benedikt Matt (oben), 1913 in Dingelsdorf Eugen Brachat (unten).

den bayrisch-österreichischen mundartlichen Hirtenliedern aus der volksbarocken Gegenreformation der zweiten Hälfte des 18. Jahrhunderts[13].

Auf alte Turner-Traditionen geht das Turmblasen an Weihnachten, Silvester oder Neujahr zurück, da von Stadt- oder Kirchtürmen herunter – aber auch um den auf dem Marktplatz vor dem Rathaus aufgestellten Lichterbaum herum – Bläsergruppen die traditionellen weihnachtlichen Weisen erklingen lassen. Eine Sonderform dieses Bläserbrauchtums hat sich in Villingen erhalten.

In Villingen erklingt der Kuhreihen in der Heiligen Nacht

Als die Pest im Südwesten Deutschlands wütete, da gelobten die Villinger für den Fall, daß ihre Viehbestände und sie selbst davon verschont bleiben würden, alljährlich in der Heiligen Nacht an besonders ausgezeichneten Orten ihrer Stadt den Kuhreihen zu blasen. »Der Viehbestand war der lebende Besitz, der Wohl und Wehe bewirkte, der den Tag mit Arbeit füllte, um den Sorge und Freude kreisten, und der Sinn für dieses Besitztum war eingebettet in die Gläubigkeit und das Vertrauen zu Gott, der darüber wachte und dem man seine Anliegen vertrauensvoll in die Hände legte... Dicht vor den Toren und den Ringmauern (Villingens) lagen die Weidegründe, die alljährlich von Mitte Mai bis Mitte Oktober befahren wurden. Für diesen Weidegang gliederte sich die Stadt in drei Bezirke oder, wie der Volksmund sich ausdrückte, in drei ›Striche‹... Die Vorsteher der einzelnen Bezirke waren die Hirtenmeister, die alljährlich neu gewählt wurden. Jeder Strich hatte einen eigenen Hirten oder Herter, und jeder Herter sammelte sein ihm zustehendes Vieh mit einem eigenen Horn. Zur Ausfahrt kamen Großvieh, Ziegen, Schweine und Gänse... Nur die Herter trugen das Herterhorn, die Geißhirten ein halblanges Blechhorn, die Sauhirten ein ›Kuhhorn‹ und die Herterbuben ein kurzes Blechhorn. Das Herterhorn unterschied sich schon durch seine Größe von den andern, gab dem Träger ein gewichtiges Ansehen und war wesentlich modulationsfähiger. Meist wurde es von den Hertern selbst aus Birkenrinde in einer durchschnittlichen Länge von etwa 1½ m hergestellt. Es verlief, hauptsächlich zu seinem Ende zu, in einer leichten Krümmung und verbreitete sich fast bis zum zweifachen Umfang an seiner Schallmündung. Ein einziges Stück aus der letzten Zeit des Weideganges ist uns aus der Familie des letzten Herters Seemann erhalten und befindet sich in der Städtischen Sammlung, von wo es bis vor kurzem zum Weihnachtsruf geholt werden durfte«[14].

Der heute noch geblasene Hornruf soll von den Franziskanern im Rietviertel eingeführt worden sein:

Die Melodie wird vom Herter an die fünfzig Mal an jedem Heiligen Abend geblasen. Er beginnt beim Friedhof um etwa 22.30 Uhr, um der Toten zu gedenken. Danach erklingt die Melodie an den historischen Stätten der Herter in der Stadt. Beim mitternächtlichen Glockenschlag auf dem Marktplatz endet die Runde. In neuerer Zeit, da die Stadt- und Bürgerwehrmusik Villingen den Brauch weiterträgt, versammeln sich die Musiker mit zahlreichen Zuhörern und Zuschauern auf dem Marktplatz, wo nach dem letzten Ton des Herterhorns von der Stadtmusik der Engelsreigen »Es kam die gnadenvolle Nacht« und »Stille Nacht, heilige Nacht« gespielt werden. Da die alten Holzhörner nicht mehr zu beschaffen waren, diente bis vor zwanzig Jahren eine Trompete als »Herterhorn«. Heute wird mit einem nach dem alten Vorbild rekonstruierten Herterhorn der Kuhreihen geblasen.

Die gegenwärtige Gestaltung des Villinger Kuhreihen-Blasens in der Heiligen Nacht soll auf die Errettung von einer Viehseuche im Jahr 1765 zurückgehen. Die einsichtigen Bewohner errichteten in der Nähe des Gottesackers Notställe, wohin sie das Vieh trieben. So konnte der Seuche Einhalt geboten werden. Im Jahr 1864 fand der letzte Viehaustrieb in Villingen statt. Die allgemeinen wirtschaftlichen Veränderungen erschlossen damals andere Erwerbsquellen. Von 1817 bis 1864 erfüllten die Brüder Seemann den Beruf und das Weihnachtsgelübde der Herter. Zeitweise soll der Kuhreihen der Herter aber auch das Engelamt am Weihnachtsmorgen in der Kirche nicht nur verschönt sondern kultisch besonders gewichtet haben. Vielleicht darf man darin eine Parallele zu den bayrisch-österreichischen Andachtsjodlern der Weihnachtsmette sehen. Von 1864 bis in die achtziger Jahre des vorigen Jahrhunderts ist der Schuhmacher Fridolin Hirth als Kuhreihen-Bläser bezeugt. Von ihm übernahmen der Hafner August Singer, der Lokomotivführer Albert Fischer und schließlich Vater und Sohn Fritz Rösch die Tradition.

Es fällt heute schwer zu erahnen, warum die Villin-

Abb. 123: An historischen und numinosen Plätzen der alten Freien Reichsstadt Villingen erklingt in der Heiligen Nacht das Herterhorn. Als der Brauch vor etwa zwanzig Jahren einzuschlafen drohte, stellte sich die Stadt- und Bürgerwehrmusik Villingen (Blasmusikverband Schwarzwald-Baar) als neuer Brauchträger ein.

ger einst durch verhältnismäßig einfache Hornklänge ihrem Retter danken wollten – und nicht durch die Stiftung einer Kirche oder Kapelle, durch ein kostbares Meßgerät oder eine Statue (Peststatuen sind in diesem Zusammenhang gerade im süddeutsch-österreichischen Raum äußerst häufig anzutreffen)? Doch scheint den Menschen einst die numinose, zauberische Kraft der Musik wohl bewußt gewesen zu sein, die zwischen dem realen Diesseits und dem irrealen, geglaubten Jenseits, nämlich der Welt der Götter, zu vermitteln vermochte[15]. Und diese Kraft wirkt unterbewußt weiter, wenn die Villinger in der Heiligen Nacht den Tönen des Herters lauschen und wenn überall in der Welt, wo Villinger wohnen, in der Christnacht die Gedanken um die einfachen, jedoch so geheimnisvollen Weisen des Herters kreisen, die »jetzt in der Erinnerung Heimat, Elternhaus und Jugendglück wieder verklärend heraufbeschwören. Trotz der gewandelten Lebensverhältnisse und veränderten äußeren Voraussetzungen ist die Unmittelbarkeit der Hingabe von der gleichen Impulsivkraft wie vor hundert Jahren« (Josef Liebermann).

Den Ausklang des alten und den Beginn des neuen Jahres besonders zu »feiern«, geht zumindest auf frühmittelalterliche Traditionen zurück. Im Jahr 742 bat Papst Zacharias den Heiligen Bonifaz, seinen Alemannen, Bayern und Franken die heidnischen Neujahrsumzüge mit Gesang zu verbieten. Zu Beginn des 11. Jahrhunderts zürnt Burchard von Worms in seinem Beichtspiegel: »Du hast Neujahr nach der Heiden Weise begangen, indem du mit Gesang und Tanz durch Flur und Straßen zogst«. In diesem Zusammenhang weist Hans Joachim Moser auf die »germanische Lust an jahreszeitlichen Maskenumzügen unter Gesang, Musik und Musiklärm« hin. Vor allem im Badischen veranstaltete man bereits an den drei im Heidentum heiligen Adventdonnerstagen Umzüge in Verkleidung, mit Peitschenknallen und Kuhglockengeläute[16].

Bruderschaften oder Bürgermilitärformationen haben in jüngerer Zeit das Neue Jahr »angeschossen«.

In Hagnau am Bodensee geschah dies unter Pfeifen- und Trommelmusik durch die Bruderschaft der Ledigen. Nach dem Gottesdienst überbrachte man dem Pfarrer die Neujahrsglückwünsche, wofür dieser einen Käsleib von 15 bis 20 Pfund spendete. Den steckten die Burschen auf eine Stange, an der oben ein rundes Brett befestigt war, und trugen ihn »mit vorgehenden Trummen und Pfeifen in Mäntel und Degen« durch das Dorf. Vor den Häusern der Honoratioren hielt der Zug an, um ein Lied zu singen. Mit den dabei eingesammelten Spenden veranstaltete die Gruppe ein Festmahl, zu dem alle Altersgenossen eingeladen wurden. Das Kästragen in Hagnau soll im Jahr 1798 zum letzten Mal begangen worden sein. – Im Breisgau und im Markgräflerland überreichen Gotti und Götti den Patenkindern Neujahrsbrezeln, in Limbach/Baden erhielten die Knaben eine Bretzel als Gebildbrot, die Mädchen eine »Boppe« (Puppe) aus Teig[17].

Abb. 124: Abschied vom Elternhaus, Gemälde von B. Vautier. – Ob die Braut das Elternhaus verläßt, ob ganze Familien einst in den europäischen Osten oder nach Amerika auswanderten: Stets ist die Musik mit dabei – und bleibt lebenslang Symbol der Heimat.

Abb. 125: Der Donau-eschinger Narrenmarsch.

Eine Symphonie brauchtümlichen Lärms: Fasnet im badisch-alemannischen Raum[18]

Sind die Zwölf Heiligen Nächte, die Rauh- oder Rauchnächte, zwischen Weihnachten und Dreikönig mit ihrer Vielfalt traditioneller Glaubensvorstellungen vorüber, so heißt es im Alemannischen »'s goht drgege!« – »Der Narr rührt ans Sach«, »Häs« und »Schemme« werden ausgepackt. Wenn heute im Badisch-Alemannischen vielfach bereits am 11. 11. um 11.11 Uhr (22.11 Uhr) die närrische Zeit eröffnet wird, so ist dies dem Einfluß des seinem Wesen nach anders gearteten Rheinischen Karnevals zuzuschreiben. Altüberlieferten Vorstellungen entspricht es dagegen in den Städten im Schwarzwald, auf der Baar sowie rheinaufwärts von Offenburg bis zum Bodensee die Fasnet so zu eröffnen, wie dies der Hüfinger Heimat- und Mundartdichter Gottfried Schafbuch darstellt: »Wenn in der Nacht des Dreikönigsfestes am letzten Vereinschristbaum die Lichter erloschen sind, dann legte der Kapellmeister von Hüfingen seinen Stadtmusikanten ein Notenblatt auf, das trotz der mannigfachen Dolken von Regen und Schnee alljährlich den gleichen Zauber verbreitete. Der Dirigent erhebt den Taktstock, und nun schmettern Posaunen und Trompeten, Klarinetten, Flöten und Hörner, Bässe, Pauken und Trommeln mit den Klängen des Hüfinger Narrenmarsches einen Aufruhr ohnegleichen in den Saal. Die Fasnetzeit ist angebrochen. Schon vom andern Tag ab treiben die Kinder, als Hexen vermummt, in den Gäßchen des Städtchens ihr mutwilliges Spiel. Der Hohe Elferrat tagt nun allwöchentlich in seiner Zunftstube, in Truhen und Schränken wird Umschau gehalten nach Fasnethäs«[19].

Besuchen wir – auf den Spuren von Johannes Künzig – die alten Narrenstädte, so führt der Weg von Elzach, wo mit den Schuddig die offensichtlich »urtümlichsten Fasnetgestalten unserer Landschaft« zu Hause sind, zum Bodensee, weiter über den Hegau und Linzgau zu den Städten am Oberlauf der Donau, auf die Baar, zu den Uhrmacherstädtchen Furtwangen und Triberg und schließlich in das zusammenhängende Fasnetgebiet im mittleren und unteren Kinzigtal.

In Elzach sind es die Schuddig, die mit ihren feuerroten Zottelgewändern, dem Schneckenhut und furchterregenden Masken durch die Straßen und von einem Gasthof zum andern tollen, hinter ihrer Maske knurren und schnalzen, wild springen und mit der »Saublodere« auf den Boden hauen oder mit der Streckschere »das Wibervolk« zwicken. Am Fasnetmontag vor Tagesgrauen schleichen sich die Taganrufer mit weißen Überwurfhemden und hohen Spitzhüten zum Ladhof am oberen Eingang des Städtchens. Sobald die Betzeitglocke verklungen ist, setzen die Schuddig ihre bis dahin auf der Brust hängende Maske auf. Unter Vorantritt des mit Laterne und Spiel ausgerüsteten Nachtwächters mit seinem Weib bewegt sich der von Fackeln gespenstisch erleuchtete Zug in den Ort, um den Tag anzurufen und Narrengericht zu halten. Ein alter Handwerkerbrauch spiegelt sich im Elzacher Bengelreiten: Der jüngst-verheiratete Ehemann muß auf zwei Stangen durch ein Spalier von Mädchen zu reiten versuchen, die mit Holzsäbeln den Mann von den Stangen zu stoßen versuchen. Dem Zug voran aber marschieren zwei Pfeifer, zu deren Weise immerzu gesungen wird: »Tri, tra, trallala, / Fall nit über de Bengel ra!«.

In Waldkirch bezeugen Gerichtsprotokolle ein reges Maskentreiben zu Beginn des 18. Jahrhunderts. Heute ist davon noch das »Schnurren« der Bajazze lebendig. Gruppen solcher Bajazze ziehen mit Hemdglonkern durch die Straßen, wobei »Klepperle« (Holzklappern – zwei flache Brettchen werden im Takt aufeinander geschlagen) und monotone Rufe: »Hoorig, hoorig... isch die Katz«, »Schleit-

Abb. 126: Fasnet in der traditionellen Bodenseestadt Überlingen. Rudolf Siebold (1924–1983), von 1968 bis 1976 Bundesmusikdirektor des Bundes Deutscher Blasmusikverbände, dirigiert in alter Schützenuniform die Stadtmusik.

heim denn, Schleitheim denn«, den akustischen Rahmen liefern.

In Stockach wird am Schmutzigen Donnerstag durch Hans Kuonis Zimmermannszunft der Narrenbaum gesetzt, eine 20–30 m lange Tanne, die man bis auf den Wipfel geschält und abgeästet hat. Die Stockacher Narrenzunft tritt zum Narrengericht zusammen, bei dem Gerichts-, Laufnarren und Narrenbüttel ihres Amtes walten und der Hofnarr Hans Kuoni von Stocken mit mittelalterlicher Schellenkappe einherstolziert. Angeblich hat der österreichische Erzherzog Leopold I. nach der Schlacht bei Morgarten, 1315, den Stockachern das Privileg zur Gründung der Narrenzunft verliehen. In Radolfzell beginnt die Fasnet am Schmutzigen Donnerstag mit dem Umzug der Schnitzweiber. Am Nachmittag holt man aus dem Stadtwald eine mächtige Fichte, die mit Lärm und Musik zum Marktplatz gebracht und als Narrenbaum aufgerichtet wird. Derselbe Brauch lebt auch noch in Überlingen und in Markdorf. In beiden Bodenseestädten haben die »Hänsele« das schreckhafte Aussehen völlig verloren. Ihr stilisiertes und verfeinertes Gewand wirkt eher vornehm, ein Fuchsschwanz ziert die Kapuze, das Gewand ist aus Tuchresten (Fleckle) zusammengenäht. Rätsel gibt nur die schwarze Tuchmaske auf, in der Augen- und Mundpartien durch Metallflitter betont werden, sowie der schwarzsamtene Rüssel. Johannes Künzig sieht darin Relikte von Verkleidungen der Pestbruderschaften des Mittelalters, zumal in der Schweiz und auch im Schwäbischen ähnliche Larven auftauchen, die als Bindeglieder zu den alten Funktionsmaskierungen namhaft zu machen wären. Das herausragende Ereignis der Überlinger Fasnet ist jedoch der Schwertletanz, seit 1646 von den in der Wolferzunft zusammengeschlossenen Rebleuten veranstaltet.

In Meersburg zieht der Schnabelgyri mit Vogelkopf und langem, spitzem Storchenschnabel durch die engen Gäßchen des Ortes, begleitet von Hänsele, die mit ihren Saublodere auf den Boden hauen, und Kindern, die immer ihr »Schnabelgyri, Schnabelgyri« rufen. In Pfullendorf tönen dem Besucher die Ohren vom Geklapper der Karbatschenschnellen. Dagegen scheint in Konstanz das ältere Fasnachttreiben durch die »Tanzwut« überwuchert worden zu sein. Einzig die Schüler ziehen am Abend des Schmutzigen Donnerstags als Hemdglonker durch die Straßen und vor die Wohnungen der Lehrer, begleitet vom üblichen Lärm und von eingelernten Sprüchen.

Im Hegau, in Singen und in Achdorf, treffen wir auf »De hoorig Bär«, eine im bäuerlichen Brauchtum des Winteraustreibens verwurzelte Gestalt in struppiger Roggenstrohhülle, mit einem derben Ast in der Hand und mit finster dreinschauender Maske. Der »Bär« wird von den »Blätzlebuebe« an Ketten oder Stricken gehalten und durch die Straßen getrieben. In Achdorf wurde früher das Strohgewand des Bären am Aschermittwoch verbrannt. In Laufenburg am Hochrhein verweist man auf das Jahr 1386: Als am St. Georgstag dieses Jahres der Graf von Laufenburg sein Erbe an Herzog Leopold verkaufen mußte, sandten die Laufenburger eine Abordnung der Fischer- und Stüdlerzunft (Flößerzunft) zur Huldigung des neuen Herren nach Brugg in die Schweiz. Sie erbaten sich vom Herzog eine neue Tracht – und erhielten bald darauf durch einen Kurier ein Paket überreicht. Die darin befindliche neue Tracht bestand aus einem Kleid mit lauter bunten, wie Fischschuppen übereinanderliegenden Läppchen. So kamen die Laufenburger zu ihrem Fasnet-Häs. Alle Fasnetumzüge werden in Laufenburg begleitet von der »Tschättermusik«, in der Topfdeckel, Eimer, Kuhschellen, Hörner, Pfeifen, Trommeln, ja sogar das mächtige Sägeblatt einer Kreissäge zum Klingen gebracht werden. Früher kam als Verstärkung der Laufenburger Tschättermusik auch noch die Tschätter- und Katzenmusik aus Großlaufenburg von der anderen Rheinseite. Der Fastnachtdienstag wird vom Umzug der Narronen mit Trommel und Fahne und dem anschließenden Narrolaufen beherrscht. Am Aschermittwoch schließlich wird der Strohmann brennend von der Rheinbrücke in den Fluß geworfen.

Die Waldshuter Fasnet erhält ihre Prägung durch die »Geltentrommler«. Hemdglonker, also Männer mit übergeworfenen weißen Hemden und weißen Zipfelmützen, haben sich umgestülpte Zuber (Gelten) umgehängt und trommeln darauf mit Kochlöffeln. Dieses Trommeln beginnt am Schmutzigen Donnerstag am Johannisplatz, es wird durch Trommler- und Pfeifergruppen verstärkt, dazu ertönen die Sprechchöre der Narronen. In Tiengen am Hochrhein bestimmen die »Blätzlihäs« das Straßenbild, in Säckingen sollte der Wanderer das »Böögverbrennen« nicht versäumen.

Zu den »bekanntesten und schönsten Typen der alemannisch-schwäbischen Fasnet in traditionsbewußten Bürgerstädten« zählen die Villinger Hansele. Bei aller Narrentollheit, herrscht in Villingen doch eine »zuchtvolle Ordnung«. Die im Jahr 1882 gegründete Villinger Narrenzunft bezieht sich auf eine Tradition, die urkundlich bis 1584 zurückzuführen ist. 2500 Mitglieder gehören ihr heute an, von denen ca. 1700 alljährlich aktiv »ins Häs« ge-

Abb. 127: Klangzauber – Schellen, Glöckchen, Rasseln schaffen eine Kommunikationsebene mit der Welt der Dämonen und Götter. Die Maskengestalten der alemannischen Fasnet werden zu Repräsentanten einer »Überwelt« und erfüllen damit ihre Aufgabe, ein gutes Jahr zu bringen. – Die Fotografie zeigt einen Villinger Narro (Schemme).

hen. Das Narrohäs ist aus weißem Drill genäht und mit verschiedenen Figuren bemalt, die den Kampf zwischen Winter und Frühling symbolisieren. Die Schemme (Maske) trägt die Kopfbilder von Hansele und Gretele sowie (germanische?) Runen, daran ist ein Fuchsschwanz befestigt. Auf ältere Vorstellungen von Klangmagie aber gehen die 30 bis 40 Pfund schweren, aus Bronze gegossenen, an Riemen kreuzweise über Brust und Rücken getragenen Schellen (Narrorollen) zurück, die beim Narrosprung zum Erklingen gebracht werden. Ebenso wie in Laufenburg gibt es seit 1872 in Villingen eine »Katzenmusik«, die mit allerlei Lärm- und Musikinstrumenten und in roter Katzenmusikuniform am Fasnacht-Montag von 4 Uhr morgens bis Tagesanbruch das Große Wecken durchführt. Zu den originellen Villinger Fasnetfiguren zählen überdies »Wuetschrenne« und »Butzesel«.

»Der Hüfinger Hansele ist von dem vornehmen Villinger Bruder nicht allzu verschieden: die freilich ungleich weniger kunstvolle ›Schemme‹ umrahmt nicht nur eine Perücke, sondern darüber ein buntes

Blumengebinde, der Schellen an nur zwei Riemen sind es weniger, und die Bemalung des Häs besteht hauptsächlich aus Laubwerk nebst einigen Figuren. Gelockt vom Äpfelkorb und Bierkrug aber umschwärmt eine tobende, schreiende, haschende Kinderschar die gebefreudige Hanselegruppe...« (J. Künzig). Auch die Donaueschinger und Bad Dürrheimer Hansele treten mit einem Henkelkorb auf. Der Bonndorfer Narrentyp aber, der »Pflumeschlucker«, geht angeblich auf eine wahre Begebenheit zurück, der zufolge die Bonndorfer die unreifen Pflaumen ganz schlucken wollten und diese ihnen zwischen Zähnen und Lippen stecken blieben...

In den beiden Uhrmacherstädtchen Furtwangen und Triberg treffen wir auf »Spättlehansele« und auf eigenartige Katzenmusiken.

Die nördliche Grenze der badisch-alemannischen Fasnet ist mit den Kinzigtalstädten erreicht. Sowohl in bezug auf zahlreiche Urkunden aus älterer Zeit wie auf die variantenreiche zeitgenössische Tradition darf dem ehemaligen fürstenbergischen Oberamtsstädtchen Wolfach eine Sonderstellung eingeräumt werden. Da gibt es Umzüge (Elfemessen, Nasenzug), das Narrenwecken (Wohlauf), die Geldbeutelwäsche und schließlich am Schellenmöndig (Montag) das traditionelle Fasnachtspiel, in dessen Rahmen die Altweibermühle einen besonderen Platz einnimmt[20]. »Das ›Lachend den andern die Wahrheit sagen dürfen‹ kommt schon in der Wolfacher Vorfasnet reichlich zu seinem Recht: einzeln und in Gruppen, zumeist irgendwie verkleidet, zieht man zum ›Schnurren‹ von Wirtschaft zu Wirtschaft, und da wird so mancherlei von dem, was ›gebosget‹ wurde, in Reimen und pantomimischen Szenen, oft als Moritat mit Musikbegleitung vorgetragen. Auch mehrere große Narrenversammlungen zwischen Dreikönig und der Fasnet, davon die letzte mit dem ›Wohlauf-Preissingen‹, geben dazu Gelegenheit« (J. Künzig). Am Schmutzigen Donnerstag beginnt die eigentliche Fasnet mit der »Elfemesse«, dem großen Narrenumzug. Voran die Schalknarren, die dem Zug mit Pritschen und Saublodere Platz schaffen; dann der Tambourmajor, die Trommler und die Stadtkapelle, die den Michelsmarsch spielen; dahinter Narren und Narresome. Höhepunkt der Wolfacher Fasnet aber bleibt der Wohlauf, das Taganrufen, zu dem man sich mit Laternen und Lärminstrumenten trifft und durch die Straßen des Ortes zieht. An verschiedenen Plätzen gebietet der Narrenvater mit der großen Schelle Ruhe, der Wohlauf erhebt sich, reibt sich die Augen und singt mit langgezogener, kräftiger Stimme:

Wohlauf, wohlauf,
Im Namen des Herrn Entechrist (Antichrist),
Der Narrotag erstanden ist.

Abb. 127a: Hahnentanz auf der Baar.

Der Tag fängt an zu leuchten,
Den Narro wie den Gescheiten,
Der Narrotag, der nie versagt.
Wünsch' allen Narro e guete Tag!

Unmittelbar danach beginnt der gewaltige Lärm von neuem[21].

In Haslach und in Zell am Harmersbach prägen Lärmumzüge, Fasnetmusik, verkleidete Gestalten, Schnurren sowie Fasnachtsstücke die närrischen Tage. Dagegen haben sich in der ehemals Freien Reichsstadt Gengenbach und in Offenburg die Hexen eingenistet. »Die Hexe, die über geheime Kräfte verfügt, die zaubern und verwandeln, vor allem aber auch Menschen, Vieh und Feldern schaden kann, ist nicht erst aus der mittelalterlichen Dämonologie der Kirche entstanden. . . sie ist vorchristlich und urtümlich« (J. Künzig). In Offenburg tummeln sich ganze Schwärme von Hexen durch die Straßen. Sie sind Bestandteil des Frühlingsbrauchtums. Wie stark der Hexenglaube gerade im Alemannischen einst verbreitet war, zeigen nicht allein die Berichte über Hexenprozesse und Verbrennungen, sondern auch die »überall noch umlaufenden und immer wieder aufflackernden Schrättel- und Hexengeschichten, die erzählt und geglaubt werden« (J. Künzig). Das Verbrennen der Hexen in Gestalt der Strohpuppe in den Narrenstädten bedeutet zugleich das Verbrennen des Winters.

Wo wir im Verlauf unserer Wanderung durch die historischen Narrenstädte des badischen Landes auch hinkamen, stets trafen wir auf jenen brauchtümlichen Lärm, der als Kindergeschrei, als Schellenzauber, als das Knallen der Saublodere und Peitschen, als Böllerschießen, als Katzenmusik mit allerlei Lärminstrumenten, schließlich als institutionalisierter Narrenmarsch die Fasnet vom Schmutzigen Donnerstag bis zum Aschermittwoch begleitet. Es ist an dieser Stelle nicht Platz dafür, eine Typologie dieser »Symphonie brauchtümlichen Lärms« und der dazugehörigen Musikinstrumente zu entwickeln[22]. Nur soviel sei gesagt, daß heute unterschiedliche Glaubensvorstellungen und Funktionen sich darin überkreuzen. Ebenso wie jeder Brauch eine Mixtur aus Ahnenverehrung, Fruchtbarkeitskult, männerbündisch-sozialem Geschehen in verschiedenen Stadien geschichtlicher Entwicklung darstellt, ebenso mischen sich im brauchtümlichen Lärm der Ausdruck der Freude mit dem Kennzeichen des Festlichen, Ehrung und Beifall mit Rüge. Dem Lärm wird geisterscheuchende und unheilabwehrende Wirkung zugeschrieben. Im Zusammenhang mit der Fasnet werden wir zudem an das »Wecken der schlafenden Naturkräfte« denken, dem die »Erweckung einer gesteigerten Seelenstimmung bis zur Ekstase« entspricht: Lärm und Musik als Kennzeichen des Irrealen, des Jenseitigen, als Abbild von Geisterstimmen. »Die Schwarzwälder Fasnachtsmasken tragen bis zu 30 kg Schellen umgehängt. . . wenn sie zu Hunderten in einer ganz bestimmten Schrittart beim Stadttor hereingehüpft kommen, erklingen bis zu 20 000 Schellen gleichzeitig. Dazu Peitschenknallen, eigene Laute, welche Narren ausstoßen, und die Musik mit dem Narrenmarsch; es ist unbeschreiblich. Mit solchem Maskenlärm und der dazugehörigen starken Bewegung verbindet sich wahrscheinlich ursprünglich der Gedanke eines Einströmens dieser Kraftentfaltung in das ganze Geschehen der Zeit, welche schon auf das nahende Wiedererwachen der Natur hin gerichtet ist. . . Zweifellos haben wir in diesem Gebaren aber auch ein Mittel zur Daseinsverwandlung der Träger selbst in der Ekstase vor uns. . . Nur als Repräsentanten einer Überwelt können sie auch die so oft bezeugte Aufgabe erfüllen, ein gutes Jahr zu bringen«[23].

Abb. 128: Der »Kuhhornist«, Anführer der »Tschättermusik« des Wolfacher »Wohlauf«, in den dreißiger Jahren.

Schibi, Schibo,
Wem soll die Schibe goh?

Wer je im alemannischen Siedlungsgebiet, vom Badischen bis hinunter nach Südtirol, das Scheibenschlagen am Funkensonntag miterleben durfte, wird Johannes Künzig zustimmen, daß in diesem Zusammenhang alemannisches Frühjahrsbrauchtum in seiner elementaren Kraft am intensivsten zu beobachten sei. »Wenn an diesem Tag, dem ersten Sonntag nach Fasnet, den man auch die ›Alte Fasnet‹ oder ›Burenfasnet‹ nennt, die Sonne untergegangen ist, erlebt das Alemannenland ein eigenartig schönes Schauspiel. Gewaltige Feuer lodern von den Bergen, diesseits und jenseits des Rheines, zum Himmel empor, und talwärts ziehen bald einzeln, bald zuhauf, kleine glutrote Scheiben ihre kühne Bahn«[24]. Im Badischen trifft man die Funkenfeuer besonders dicht im Breisgau und im Markgräflerland, aber auch in den Gegenden um Emmendingen, Müllheim und Lörrach, in den meisten Talorten des südlichen Schwarzwaldes, auf der Baar und um den Bodensee.

Während der Tage vor dem Funkensonntag ziehen die Burschen/Rekruten mit einem Wagen durch das Dorf und erbitten von Haus zu Haus Holz, in den Weinbaugebieten die sogenannten »Wellen«, Stroh, alte Besen und Körbe, aber auch Holzscheiter. Dabei wird immerzu gerufen:

Welle, Welle Strauh
Oder en alti Frau,
Oder en alte Filzhut,
Des isch alles zäume gut!

Am Vorabend des Funkensonntags wird das Sammelgut, oft mehrere Wagen voll, auf den Schibuck (Schibebuck) gebracht; doch empfiehlt es sich, eine Wache aufzustellen, da die Burschen der Nachbarorte danach trachten, den Holzstoß bereits in der Nacht vor dem Brauchtermin anzuzünden.

Am Funkensonntag selbst versammelt sich die Bevölkerung in der Nähe des Schibucks, auf dem zumeist schon ein Wachtfeuer brennt. Der Beginn der Zeremonie verrät die christliche Deutung: Während die Betglocken läuten, ziehen die Rekruten unter Beten des Englischen Grußes zum Feuer, an manchen Orten wird das Feuer zwei- bis dreimal betend umschritten, auf dem Neunlindenberg bei Elzach singt man zur Einleitung ein Marienlied, in Kirchzarten tragen die Burschen brennende Kerzen und beten ein »Gsetzli« des Rosenkranzes. Aus der Mitte des Holzstoßes, der danach entzunden wird, ragt manchmal eine brennende Strohhexe hervor, die im Nu vom Feuer verschlungen wird. »Jetz het

sie's verrisse«, heißt es dann – und die älteren Leute achten auf die Richtung des abziehenden Rauches; denn dahin würden im kommenden Jahr die Gewitter ziehen. Anschließend werden die handtellergroßen Scheiben auf die Schwingstöcke aufgesteckt und im Feuer angeglüht. Einzeln und feierlich treten die Burschen an die Schibebank, ein schräg auf zwei Pflöcken ruhendes Brett, um die erste Scheibe der Heiligen Dreifaltigkeit »zu schlagen«. Danach folgen die Ehrenscheiben für den Pfarrer, den Bürgermeister, den Lehrer. Doch bald überstürzen sich die Ereignisse, die Burschen schlagen ihrer Liebsten eine Scheibe (die unten am Hang klopfenden Herzens harrt, ob die Scheibe »nit vergrotet«, wenn »er« droben ruft »Schibi, Schibo, Wem soll die Schibe goh? / Die Schibe soll dem Anneli goh! Goht sie nit, so gilt sie nit«). Vermutliche und wirkliche Brautpaare werden ausgerufen, und dann folgen die Spottscheiben, ein fastnächtliches Rügen, in dem alle peinlichen, komischen oder seltsamen Ereignisse des abgelaufenen Jahres aufgesagt und kommentiert werden. An manchen Orten saust während des Scheibenschlagens ein schweres Wagenrad, in neuerer Zeit ein Autoreifen, in mächtigen Sprüngen brennend talwärts. Dort sammeln alt und jung zudem die angebrannten Scheiben: denn diese sollen (so sagt man in Niederrimsingen am Tuniberg) Glück bringen. Abschließend ziehen alle zusammen zum Küchleessen in die Wirtschaft.

Dem Scheibenschlagen am Funkensonntag entspricht im rheinfränkischen Siedlungsgebiet im Bereich des untern Neckars zwischen Eberbach und Heidelberg sowie im Odenwald das Führen der Feuerräder und das Abbrennen des Fastnachtsfeuers (allerdings zu einem anderen Brauchtermin, nämlich am Fastnachtsdienstag)[25].

Der seit dem ausgehenden 11. Jahrhundert bezeugte Brauch des Scheibenschlagens wurde in diesem Blasmusikbuch deshalb ausführlich dargestellt, weil an manchen Orten, in denen der Brauch ausgestorben war oder auszusterben drohte, die Musikkapellen als neue Brauchträger in Erscheinung traten/treten. Dies gilt etwa für die nun zu Freiburg gehörige Tuniberg-Gemeinde Tiengen und zum Teil auch für Heuweiler[26].

In den Wochen zwischen Aschermittwoch und Ostern treffen wir in den einzelnen Landschaften Badens auf weitere charakteristische Frühlingsbräuche, die in der Regel im Streit zwischen Sommer und Winter ihre Wurzeln haben. Wenn an Lätare, dem vierten Fastensonntag, das Evangelium erstmals auf das Osterfest hinweist, dann ist im pfälzischen, rhein- und ostfränkischen Siedlungsgebiet die Zeit für den »Sommertagszug« gekommen. Dieser Sommertagszug entspricht etwa dem alemannischen »Storchentag« in Haslach im Kinzigtal oder dem »Hißgier« und der »Uffertbrut« im Markgräflerland. Seit dem beginnenden 16. Jahrhundert weisen Urkunden auf diesen »Sommertag« hin. Lieselotte von der Pfalz schreibt, erfüllt von Sehnsucht nach der heimatlichen Pfalz, am 28. April 1696: »... möge man singen können, wie die Buben zu Heydelberg es thaten vom Berg herab, wen sie den Sommer und den Winter herumb führten«. Eine Mosbacher Stadtrechnung aus dem Jahr 1537 erläutert dazu: »Uff mitfasten aufgangen zwölf Schilling, als man den sumer wie von alters geholt. Ein Schilling den Knaben dises tags für pretzen«. »Im Streit- und Kampfgespräch treten sich Sommer und Winter gegenüber. Der Lärm, den die Jugend, nach Altersgruppen genau eingeteilt und mit den verschiedenen ›Katzenmusik‹-Instrumenten ausgerüstet, dabei macht, soll die alten, schädlichen und bösen Geister, die Nacht und Macht des Winters vertreiben, den Segen eines glücklichen Jahres für die Gemeinschaft bringen und den Frühling herbeiwünschen«[27]. Der Sommertagsstecken trägt Brezel und Ei, er wird mit bunten Bändern geziert. Von Heidelberg bis an die badisch-württembergisch-bayerische Dreiländerecke bei Ebenheid ist diese Tradition an Lätare lebendig. – Wie bei der alemannischen Fasnet, so treffen wir auch hier, im Pfälzischen und Fränkischen, auf brauchtümlichen Lärm, auf die »Katzenmusik«, wenn der Mensch irreale Wesen in sein Leben einbezieht.

Ein weiterer Höhepunkt des Frühlingsbrauchtums rankt sich um das Osterfest. Am Palmsonntag werden in den katholischen Gemeinden die mit reicher, oft von Dorf zu Dorf unterschiedlich geprägter Phantasie gestalteten Palmen geschmückt und geweiht. Jedes Kind möchte den schönsten – und (in manchen Gemeinden) den längsten Palmen zur Kirche tragen. Wer dort zuerst eintrifft, ist der »Reifenschmecker«, wer zuletzt ankommt, heißt »Palmesel«. Der Meßner hält eine Säge bereit, um jene Palmen zu kürzen, die nicht in die Kirche hineinpassen. Die geweihte Palme soll Unheil von Haus und Hof abwenden, sie bleibt bis zum Ostersamstag vor dem Haus oder im Haus, an einem Fenster oder an einer Dachluke sichtbar. Wer jedoch – in Niederrimsingen am Tuniberg – vergessen sollte, seinen »Palmen« an diesem Tag einzuziehen, der findet ihn am Ostersonntag-Morgen auf dem Baum vor dem Rathaus wieder – und braucht für den Spott nicht weiter zu sorgen. In evangelischen Gemeinden werden Palmbrezeln gebacken.

Für den Karfreitag gilt die alte Volksweisheit, »Wie man's anfängt, so muß man's treiben!«. Zauberkünste und Hexenglauben haben an diesem Tag besondere Bedeutung. Vor allem aber bleiben die Glocken still. Sie sind nach Rom geflogen, heißt es im

Abb. 129: Die Winzerkapelle Pfaffenweiler (Markgräfler Musikverband) in der Fasnet 1982.

Volksmund. Hölzerne Rätschen künden den Gottesdienst an. Am Karsamstag finden in katholischen Gemeinden Feuer- oder Scheiterweihe statt. Die Glocken lassen sich beim Gloria erstmals wieder hören, sie läuten die Fasten aus. Und nun ist auch wieder Festesfreude möglich, die Auferstehungsprozession wird von der Blaskapelle begleitet, Platzkonzerte, aber auch eigene »Osterkonzerte« stellen sich als neue Brauchtermine für die Blasorchester ein[28]. Frühmorgens am 1. Mai sammeln sich die Mitglieder der Blaskapellen, um das Mai-Wecken durchzuführen. Ein jüngerer Heischebrauch, der die Musikkasse wesentlich aufbessern soll. Die Qualität der Musik ist dabei nicht immer vollkommen; denn die Nacht zum ersten Mai gilt als ein besonders »numinoses« Datum, in der von der Jugend allerlei Unfug getrieben wird. Da kann es vorkommen, daß jüngere Musiker ohne eine Stunde Schlaf zum Instrument greifen – und das Mai-Wecken beginnen.

Fronleichnam ist für den Blasmusikforscher deshalb ein wichtiges Datum, weil im Zusammenhang mit der Fronleichnams-Prozession sehr früh Marschmusik benötigt und von der Kirche belohnt wurde. Ein Großteil der Musikkapellen des badischen Raumes findet in alten Kirchenrechnungen im Zusammenhang mit dem Corporis-Christi-Umzug die ältesten Dokumente über ihr Bestehen. Ein Beispiel dafür: In der Hansjakob-Gemeinde Hagnau am Bodensee heißt es in den Gemeinderechnungen zwischen 1809 und 1820: »Auf ständige Zehrungen dem Bürgermilitär und den Musikanten am Corporis Christi-Fest drei Gulden ausbezahlt«. Wie dies alles vor sich ging, darüber berichtet der badische Hofmaler Reinhard Sebastian Zimmermann (1815–1893) in seinen poetischen »Erinnerungen eines alten Malers« aus Hagnau, wo er 1815 bis 1830 seine Jugendjahre verbracht hatte: »Schon die Vorbereitungen dazu bildeten für uns Kinder ein fortlaufendes Fest, da kam das Exerzieren der ›Herrgotts-Soldaten‹ und die vielen Musikproben. Dann fing man an, in den Straßen Triumphbögen zu errichten und Altäre zu bauen, wozu wir Kinder große Massen Blumen herbeischleppten. Endlich am Vorabend ging man in den Wald, um kleine Bäumchen und Buchenäste zu holen, womit man die Straßen und Häuser, welche die Prozession passierte, besteckte,

Abb. 130: Fronleichnam in Hüfingen (Blasmusikverband Schwarzwald-Baar). Blumenteppiche markieren den Weg des Allerheiligsten. Schräg hinter dem Priester marschiert die Musikkapelle.

und schließlich bestreute man am frühen Morgen des Festes diese Straßen mit Gras und Blumen. Das Fest wurde eröffnet durch die Tagreveille, und nach und nach kamen die Soldaten zum Vorschein mit ihren blitzenden Gewehren und Säbeln. Da gab es freilich viel zu sehen; es war ein großer Jubel und das ganze Dorf prangte im Festgewand«[29].

Wer in Gemeinden, in denen heute historische Bürgerwehren bestehen, dem Fronleichnamsfest beiwohnt, wird kaum einen Unterschied zwischen 1820 und 1980 bemerken. Wie eh und je schreiten Schuljugend, paramilitärische Formationen und Musikkapelle dem Allerheiligsten voran, dessen Weg durch Blumenteppiche und geschmückte Straßen und Häuser bezeichnet ist. Die Bevölkerung folgt in langer Prozession dem Priester.

Mit dem Johannistag, der Sommersonnenwende, ist der längste Tag des Jahres erreicht – und es beginnt die Zeit der Ernte. »Doch stehen jetzt am Anfang des Hochsommers in unserem heimischen alemannisch-fränkischen Volkstumsgebiet noch einmal eine Nacht und ihr Tag, die alle Gefahren und Wunschträume und damit zugleich alles Brauchtum des sowohl fürchtenden wie gleichzeitig hoffenden Menschen in sich vereinen«[30]. Volkskundliche Forschung hat vielfach darauf hingewiesen, daß die Kirche von allem Anfang an den heidnischen Sommersonnwendkult in den Feiern des Johannistages aufsaugen wollte. Johannes wurde zum Wegbereiter des himmlischen Lichtes und christliches Sinnbild für den Mittag des kosmischen Jahres. Die während der Jahre 1933 bis 1945 mit den Sonnwendfeuern verbundene »germanische Volkstumsideologie« mit Gesang, Musik und Tanz hat allerdings den christlich gewendeten Volksbrauch ins Zwielicht gebracht. Doch kann man in den letzten Jahrzehnten wieder verstärkt »Johannesfierli« (wie vor dem Pallas der Staufener Burg) oder »Hanse-Füertle« (wie in Markdorf am Bodensee) oder »Johannisfeuer« der Landjugend (wie in St. Märgen im Hochschwarzwald) oder »G'hannesfeuer« in Steefeld bei Bruchsal unter der Leitung des Pfarrers über das Land leuchten sehen[31].

Musik- und Kirchweihfeste[32], Fremdenverkehrsveranstaltungen und Kurkonzerte prägen den Sommer-Alltag unserer Musikkapellen. Erntedankfeiern und Weinfeste führen in den Herbst. Dann folgen Allerheiligen, Allerseelen, Heldenehrungen, Wunschkonzerte: Und immer ist auch die Musik mitbeteiligt, ob sie zum Tanz aufspielt oder feierlich-gemessen Trauerfeiern umrahmt, ob es sich um ein festliches Konzert oder um folkloristische Heimatromatik für Kur- und Sommergäste handelt[33].

Bundes- und Verbandsmusikfeste der Blasmusiker haben ihr eigenes Ritual entwickelt, mit Vorbeimärschen an Ehrentribünen und Gesamtchören aller anwesenden Musiker, mit Ehrungen verdienter Funktionäre und Musiker. Diese machtvollen Demonstrationen in der Öffentlichkeit sollen die Stärke und Bedeutung des Blasmusikwesens darstellen und zugleich jedem einzelnen Teilnehmer einer solchen Veranstaltung das Gefühl vermitteln, Teil einer großen Schar Gleichgesinnter zu sein. Vor allem Gesamtchöre, wenn die Musikstücke klug ausgewählt wurden, können mit ihrem Klangvolumen begeistern. Wertungsspiele gehören – trotz aller Problematik einer nur bedingt objektiven Meßbarkeit von musikalischen Leistungen – zu jenen neuen Formen des Verbandslebens, die die Blasmusikbünde eingeführt haben: Zum Zwecke der Verbesserung des musikalischen Niveaus, des Kennenlernens neuer Blasorchesterwerke, denen ein vorbildliches kompositorisches Konzept unterstellt wird, und vor allem als ein »Druckmittel« für den Dirigenten, der im Hinblick auf eine solche musikalische Leistungsprüfung mehr und intensivere Probenarbeit fordern kann.

Großherzogs Geburtstag in Bühl anno 1828

Zu den festen Auftrittsterminen für die Blaskapellen zählen Staats- und Landesfeiertage, die ältere Jubiläen, wie Kaisers oder Großherzogs Geburtstag abgelöst haben. In vieler Hinsicht von Interesse ist ein Programm aus dem Jahre 1828, als am 22. und 23. November in Bühl (Mittelbadischer Musikverband) das »Secularfest Carl Friedrichs« gefeiert wurde. In zehn Paragraphen wird der Ablauf des Festes genau dargestellt:

In § 1 heißt es: »Den Geburtstag Carl Friedrichs, Samstag den 22ten, Morgens Früh 5 Uhr, verkündet eine dreimalige Abfeuerung sämtlichen Geschützes. Um 5 Uhr Abends wird das Fest während einer vollen Stunde eingeläutet, und von 10 zu 10 Minuten mit dem Geschütze gefeuert, sodann ein angemessenes Lied unter Begleitung von Blas-Instrumenten von einem auf dem Kranze des Kirchthurms befindlichen Chor gesungen. Um 6 Uhr werden, nach der ganzen Länge des Amtsbezirks, auf den benachbarten Bergen, und zwar auf dem Lililiberg, Büchelberg, Eichelbürkstein, Storenbergkopf, Ludikopf, Klozberg, Haardtberg, Omarskopf und Kroppenkopf, Freudenfeuer angezündet, welche bis 10 Uhr fortbrennen. Die alte Burg Windeck wird besonders beleuchtet, und von dieser aus geschehen die Signale, wenn die Freudenfeuer angezündet werden sollen. Durch die in den Straßen hinziehende türkische Musik wird dieser Abend beschlossen.«

§ 2 hält folgendes fest: »Sonntag den 23ten verkündet, Morgens Früh 5 Uhr, das Geläute aller Glocken, der Zug der türkischen Musik und das Abfeuern des Geschützes den festlichen Tag.«

§ 3: »Um 8 Uhr Morgens ruft die Bürgerglocke die sämtlichen Zünfte auf das Gemeinde-Haus, die Schuljugend versammelt sich eben so in den Schulstuben. Erstere ziehen, unter Vorantragung ihrer Fahnen, auf denen die Schilde jeder einzelnen Zunft befindlich, in unten bezeichneter Ordnung, je zwei und zwei, gegen das Amtshaus, wohin ihnen die Schuljugend folgt. Dort sind die Staatsdiener, das Ortsgericht, der Gemeinde-Ausschuß, so wie die Deputirten der sämtlichen Amtsorte, versammelt.«

§ 4: »Um neun Uhr wird sich der Zug von da aus nach folgender Ordnung in Bewegung setzen: 1. Die Musik; 2. Eine Abtheilung Bürgermilitär; 3. die Schulknaben; 4. die Schulmädchen; 5. zwölf weißgekleidete Mädchen mit Bändern von der Farbe unseres durchlauchtigsten Fürstenhauses geschmückt; drei andere in der Mitte führend, wovon eine das Bildniß Carl Friedrichs trägt, während die zwei übrigen einen Lorbeerkranz über dasselbe halten; 6. das Amtspersonale, mit den übrigen Staatsdienern und Angestellten; 7. die Deputirten der sämmtlichen Amtsgemeinden; 8. das Ortsgericht mit dem Bürger-Ausschuß; 9. die Zünfte, unter Vorantragung ihrer Fahnen, und angeführt von den Zunftmeistern, und zwar:

a) die Handelszunft, b) Müller und Bäcker, c) Metzger, d) Zimmerleute und Maurer, e) Schreiner, Schlosser, Glaser, Dreher, f) Schuhmacher, g) Schneider, h) Weber, Strumpfstricker, Strumpfweber, Hafner, i) Kiefer und Kübler, k) Schmiede, Wagner, Sattler, Seiler, Kupferschmiede, Blechner, Messerschmiede, l) Hutmacher, Färber, Gerber, m) Alle jene, die keiner der obengenannten Zünfte angehören. 10. die zweite Abtheilung des Bürgermilitärs.«

§ 5: »Sobald die bezeichneten drei Mädchen mit dem Bildnisse Carl Friedrichs vor dem Amtshause erscheinen, schließen die übrigen zwölf einen Kreiß um dasselbe; das Bürgermilitär präsentiert das Gewehr, und die Fahnen der sämmtlichen Zünfte senken sich. So wie hierauf der Lorbeerkranz über das Bildniß gehalten wird, bringt die anwesende Versammlung den Manen des unvergeßlichen Carl Friedrich ein dreimaliges Lebehoch, worauf der Zug

unter dem Geläute aller Glocken und dem Abfeuern der Böller sich in der angezeigten Ordnung nach der Kirche fortbewegt.«

§ 6: »Sobald der Zug beginnt, wird mit allen Glocken geläutet, von 5 zu 5 Minuten mit dem Geschütze gefeuert.«

§ 7: »In der Kirche angelangt, wird das Bildniß Carl Friedrichs in dem Chor aufgestellt, um welches die unter Nro. 5 besagten Mädchen einen Kreis bilden. Der feierliche Gottesdienst beginnt hierauf, mit einer vor dem landesherrlichen Dekan zu haltenden Predigt, nach welcher die Antwort Carl Friedrichs an die Dankadresse seiner Unterthanen nach erfolgter Aufhebung der Leibeigenschaft verlesen wird. Dieser folgt ein Hochamt, während welchem vierstimmige Kirchenlieder, unter Begleitung von Blasinstrumenten, gesungen werden. Nach Beendigung desselben wird das ›Herr Gott dich loben wir‹ angestimmt, worauf das unter Nro. 1 hier beigefügte Lied: ›Heil unserm Fürsten, Heil!‹ von einem vierstimmigen Chor, unter Begleitung von Blasinstrumenten, abgesungen wird. Wenn die kirchliche Feierlichkeit auf diese Weise geendigt ist, so begibt sich der Zug in der oben bezeichneten Ordnung wieder zum Amthause zurück, wo derselbe sodann auseinander geht.«

§ 8: »Die Staatsdiener versammeln sich hierauf mit der unterdessen sich einfindenden Geistlichkeit des Bezirks, so wie den Deputirten der Amtsgemeinden, dem hiesigen Ortsgericht und Bürgerausschuß, im Gasthause zum Raben, zu einem freundschaftlichen Mittagsmahle, bei welchem folgende Toasts ausgebracht werden: Dem Andenken Carl Friedrichs! Den sein Volk den Vater des Vaterlandes nannte. Seinem würdigen Sprößling, Ludwig! Dem Liebling seines Volkes. Dem gesamten großherzoglichen Hause. Das auf späteste Nachwelt zu Badens Glück fortblühen möge!« Und recht interessant ist auch der Nachsatz: »Während dieser Toaste wird das Geschütz abgefeuert, worauf das unter Nro. 2, hier beigedruckte Lied: ›Hoch töne Harfenklang‹ von der ganzen Gesellschaft gesungen wird. Die Zünfte vereinigen sich ebenfalls in ihren verschiedenen Zunftstuben zu freundlichen Mittagsmahlen.«

§ 9: »Abends wird der Kirchthurm, das Gemeindehaus, sowie die Hauptstraße illuminirt.«

§ 10: »Ein Ball im obengenannten Gasthause, so wie Tänze in allen übrigen Wirtshäusern, beschließen den festlichen Tag.«

Dem § 10 folgen die Liedtexte: »Heil unserm Fürsten« und »Hoch tön, wie Harfenklang«, beides Loblieder auf den verblichenen Landesfürsten und sein Haus[34].

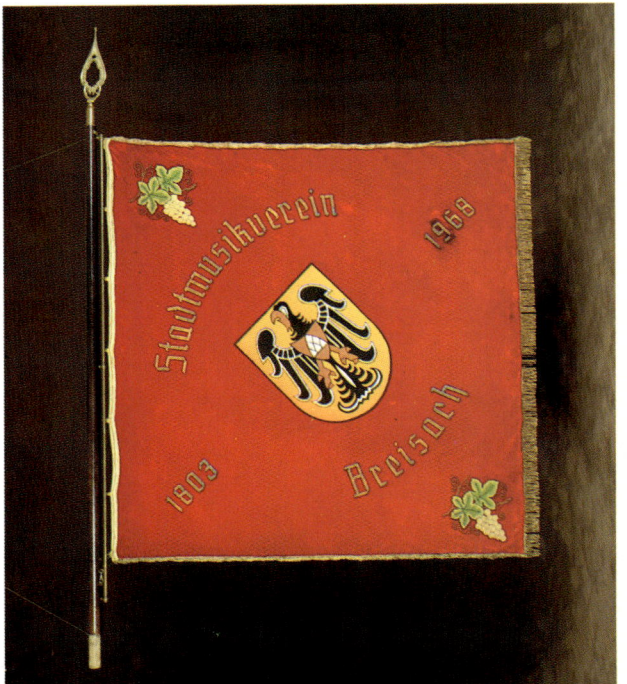

Abb. 131 und 132: Fahne des »Musik-Vereins zu Sulzburg« (Markgräfler Musikverband) aus dem Jahr 1879.

Abb. 133: Fahne der Stadtmusik Breisach aus dem Jahr 1968.

Abb. 134: Lorbeerkranz und Urkunde für den Musikverein Wolfenweiler-Leutersberg (heute Wolfenweiler-Schallstadt, Markgräfler Musikverband), errungen beim 2. Gaumusikfest des Breisgau-Markgräfler Musikvereinsverbandes am 4. Juni 1894 in Pfaffenweiler (Original im Gemeindearchiv Wolfenweiler bei Freiburg).

Abb. 135: Der Musik- und Trachtenverein Mönchweiler (Blasmusikverband Schwarzwald-Baar) beim Trachtentreffen in Villingen, 1915.

Zur Trachtenfrage

»Eine Volkstracht, wie wir sie heute haben, gab es im Mittelalter nicht. In Stadt und Land war man gleich gekleidet, nur Reichtum, Geschmack, Geschicklichkeit einer Näherin und andere Umstände brachten Verschiedenheiten im Ganzen, wie in einzelnen Zutaten... Von irgendeinem Mittelpunkt der Kultur aus verbreitete sich eine Kleidermode über ganz Europa. Sie blieb viel länger als unsere heutigen Moden, oft einige Jahrhunderte, und hatte somit Zeit sich auch beim Landvolk, das in solchen Entwicklungen langsamer ist als der hastig lebende Städter, einzubürgern... Zu Beginn der neuen Zeit fing man in den Städten an schneller zu leben als früher. Die Trachten wechselten nach kurzen Zeiträumen. Es war der Bauernbevölkerung auf dem Lande, die ihre Kleidung selbst herstellte oder durch Handwerker auf dem Dorfe und aus kleinen Städten anfertigen ließ, unmöglich, so schnell nachzukommen wie die Städter... Diese Gründe führten dazu, daß das Bauernvolk den raschen Modewechsel nicht mehr mitmachte; man hielt an irgendeiner Tracht fest... Erst von dieser Zeit an haben wir Volkstrachten«[35]. Trachten-Wiederbelebung oder Erneuerung bedeutet demnach stets Rückgriff auf irgendeine der älteren Kleidermoden einer Landschaft oder einer Zeit. Keinesfalls gibt es »die« Tracht des Breisgaues oder des Schwarzwaldes, des Hanauerlandes oder des Hotzenwaldes im Sinne einer uniformen, für alle Stände und Bildungsschichten gleichförmigen Kleidung.

Soweit die Musikkapellen des 19. Jahrhunderts nicht paramilitärischen Formationen oder Feuerwehren zugehörten, traten sie in der für eine Talschaft, für eine Landschaft und für eine bestimmte Zeit charakteristischen Tracht auf. Dabei ging es nicht um Normierung, um die möglichst einheitliche Gestaltung dieser Kleidung, sondern zeit- und landschaftstypische Erscheinungen spiegelten sich im Sonntags- oder im Arbeitskleid. Deutliche Beispiele dafür sind die Hochzeitsbilder aus den letzten Jahrzehnten des vorigen Jahrhunderts, in denen die Musiker allein durch ihr Instrument von den übrigen Hochzeitsgästen abstechen. Doch der Trend zur Uniformierung griff von den Militär- und Feuerwehrkapellen, von den Werks- und berufsständischen (Eisenbahn, Rotes Kreuz usf.) Kapellen auf die Landkapellen über. Oft übernahmen solche Kapellen abgetragene Uniformen staatlicher oder halbstaatlicher Organisationen, manchmal diente eine Militärmütze dazu, stellvertretend für die gesamte Uniform, die Zugehörigkeit der Musiker zur Kapelle anzudeuten. Ein gutes Beispiel dafür ist das Gründungsbild des heutigen Trachtenmusikvereins Langenschiltach (Blasmusikverband Schwarzwald-Baar) aus dem Jahr 1927, abgedruckt in der Festschrift dieser Kapelle aus dem Jahr 1977, S. 33.

Abb. 136: Die Musik-
kapelle Oberried
(Oberbadischer
Blasmusikverband)
im Jahr 1913.

Nur einzelne Kapellen hielten – aus finanziellen Gründen – an der Zivilkleidung fest, nur wenige Persönlichkeiten innerhalb des Blasmusikwesens verstanden sich bewußt auch als Bewahrer älterer Trachten. Dies gilt etwa für die Hebelmusik in Hausen im Wiesental, für die Miliz- und Trachtenkapelle Oberharmersbach, für die Trachtenkapellen Gutach, Altenheim, Waldulm und Glottertal. Der Unterschied zwischen den Trachtenbildern der Jahrhundertwende, der Zwischenkriegszeit und der Folklore-Mode der letzten Jahrzehnte ist insofern ins Auge springend, als – wie der Schriftführer der Trachtenkapelle Gutach 1968 im Rahmen einer Umfrage an badische Trachtenkapellen dem Autor mitteilte – die Gründungsmitglieder im Jahr 1902 »ohnehin Tracht trugen, die im Laufe der Jahre vervollständigt wurde«. Tracht wurde damals als das »normale«, in ständiger Entwicklung begriffene (Fest-)Kleid verstanden, während sie heute zu einer starren, fest-fixierten Uniform geworden ist, wobei ängstlich darauf geachtet wird, daß jedes Mitglied der Musikkapelle von den Schuhen bis zum Hutschmuck sich an das Vorgeschriebene hält.

In dieser Situation mag es sinnvoll sein, an die Worte des Volkskundlers Franz Lipp zu erinnern, denen zufolge Tracht nicht als etwas »ein für allemal Starres und Abgeschlossenes« angesehen werden sollte. »Im Gegenteil: sie ist ständig in Entwicklung begrif-

fen und paßt sich jeder Phase des Fortschrittes unter Beibehaltung eines traditionellen Kernes an. Man kann Tracht auch so auffassen: Tracht ist der sichtbare Ausdruck des inneren Wesens, – und wenn man gar für Wesen ›Gnade‹ einsetzt, so wäre Tracht eine Art Sakrament, ein Ausdruck der Begnadung oder Weihe, und zwar von Gnaden der Heimat, der Verbundenheit mit der Scholle und dem Stück Boden, in das man hineingeboren ist. Durch die Tracht empfängt unsere ganze Verbundenheit mit der Heimat eine Weihe, eine innere Bestätigung und Bekräftigung. Das gilt allgemein. Im besonderen aber für die Blasmusikkapellen: Musikkapellen in sinnvoller Tracht treten als Repräsentanten an die Stelle der gesamten kulturellen Tradition eines Ortes, einer Gemeinschaft. Eine Musikkapelle in sinnvoller Tracht übernimmt eine wichtige soziale und kulturelle Funktion, die ihr von keiner anderen Gemeinschaft abgenommen werden kann«[36].

Ein Geschmacks- und Gesinnungswandel in bezug auf die Einkleidung von Musikkapellen trat nach dem Zweiten Weltkrieg ein, möglicherweise nicht unbeeinflußt von den Heimatvertriebenen aus osteuropäisch-deutschen Siedlungsgebieten, die die Lücken in den Blaskapellen unseres Landes auffüllten. Schon 1947 kam es in Karlsruhe zur Gründung der Trachtenkapelle »Böhmerwald«. In den fünfziger Jahren folgten Trachteneinkleidungen in Bir-

Abb. 137: Auf der Europa-Messe in Straßburg. Junge Menschen diesseits und jenseits des Rheins mit Musikinstrumenten aus verschiedenen Kulturräumen treffen sich beim Musizieren.

Abb. 138: Die 1961 gegründete Musikkapelle Butschbach-Hesselbach (Acher-Renchtal-Musikverband) verstand sich von Anfang an als Bewahrer der Renchtäler Tracht, um auf diese Art das »wiedererwachte Selbstbewußtsein der jungen Bauern zu zeigen. Wir machen keine Show!« (Mitt. vom 9. Dezember 1967). Viele Kapellen des Schwarzwaldes haben sich von Bildschnitzern »Täfele« herstellen lassen; solche Zeugnisse der Volkskunst ersetzen Fahnen und Standarten.

kendorf, Görwihl im Hotzenwald, Hinterzarten, Meißenheim, Lautenbach, Lichtenau und Kinzigtal, wobei die o. g. Umfrage eindeutig erwies, daß alle diese Kapellen heute froh sind über ihre Entscheidung, daß sie nicht mehr zu Pseudo-Militäruniformen zurückkehren wollten und daß – vor allem in Fremdenverkehrsgemeinden – das Tragen der Tracht als Ausdruck eines starken Heimatbe-

wußtseins geschätzt und gewürdigt wird. In den sechziger Jahren folgen u. a. Butschbach-Hesselbach, Königshofen, Untersimonswald, Immenstaad, Mudau, Heinstetten, Menzenschwand, Niederrimsingen, Oberried, Ühlingen, die Stadt-Harmonie Villingen, Achkarren und Oberuhldingen. Nun tritt als weitere Begründung für die Einkleidung in erneuerte Trachten in Erscheinung: Man wird bestaunt, man kann internationale Kontakte sich erschließen, wird vielleicht sogar von Ministerien offiziell ins Ausland gesandt.

Doch diese Art von Trachten ist im Charakter von Uniformen nicht zu unterscheiden; denn es handelt sich um eine Einheitskleidung, die im Dorf nicht mehr getragen wird, in die man schlüpft, wenn man als Blasmusiker ausrückt. Das ist keine negative Wertung, sondern eine Feststellung, die zur Besinnung auf jenen Auftrag führen soll, den jede Musikkapelle mit der Einkleidung in Tracht freiwillig auf sich genommen hat. Daher kann es auch nicht gleichgültig sein, welche Musikliteratur von Kapellen in Tracht dargeboten wird. Johann Peter Hebel, ein großer Badener, sei da als Zeuge aufgerufen. Er deutet in einem Brief am 2. Mai 1812 an seine vertraute Freundin an, daß diejenigen Bauern auf dem Lande noch (nämlich 1812!) Tracht tragen würden, die sich ihr Selbstbewußtsein bewahrt hätten, die wüßten, was sich gehörte und was sie sich selbst schuldig seien. »Auf der anderen Seite legen diejenigen gerade die Tracht ab, denen dieser gesunde Stolz fehlt, ... (die) in untergeordneten Stellungen ihr Selbstbewußtsein verloren haben«[37].

Gibt es eine Badische Musik?

Die Frage, ob der Stammescharakter sich in der Musik der Menschen einer Landschaft widerspiegeln würde, diese Frage ist oft gestellt worden. Sie übt offensichtlich – wie Walter Salmen einmal betont hat[38] – großen Reiz vor allem auf solche Forscher aus, die sich der damit verbundenen methodischen Schwierigkeiten nicht bewußt sind. In der Tat hat Volksliedforschung zwar Ansätze zur Lösung der Frage geschaffen, im Bereich der Instrumentalmusik fehlen jedoch die Voraussetzungen dafür.

Eine weitere Frage wäre, wieweit Komponisten das Flair einer Landschaft intuitiv erfassen: Etwa Victor E. Nessler mit der Vertonung von Scheffels »Trompeter von Säckingen«. Eine Erfolgsoper ohnegleichen, die allein in Norddeutschland im Jahr 1888 über neunhundert Aufführungen erfuhr. Artur Nikisch komponierte daraus eine Orchesterfantasie über »Liebe und Trompetenblasen«, noch heute gehört »Behüt' dich Gott, es wär' so schön gewesen« zu den Erfolgsstücken jedes Trompeters, so daß es sicher einseitig wäre, Kurt Janetzkys Qualifikation: »gefühlsselige Trompeten- und Butzenscheiben-Ro-

Abb. 139: Die alte Riedtracht der Hanauer wurde 1925 von der Musikkapelle Altenheim (Blasmusikverband Ortenau) als Einheitskleidung gewählt und damit vor dem endgültigen Aussterben bewahrt.

244

Abb. 140: »Badische« Titel aus einem Freiburger Stimmbuch (1. Klarinette) aus den Jahren 1921–1926 (Geschenk von Herrn Michael Fröhlich, Freiburg, an das Blasmusikarchiv Pürgg).

mantik«, zu folgen[39]. Es handelt sich um Musik, die Fühlen und Denken weiter Bevölkerungskreise durchaus zum Ausdruck bringt. Oder die Operette »Schwarzwaldmädel« von Léon Jessel, in der die Trachten- und Folklore-Landschaft »Schwarzwald« den Vorstellungen der Besucher dieser Gegend gemäß eingefangen ist[40]. Steht etwa die »Suite aus dem Schwarzwald« von Viktor Hasselmann [41], die

Suite »Der deutsche Schwarzwald« von Hermann Ambrosius – oder die Blasmusikbearbeitung der von Johannes Künzig gesammelten Tänze aus Langenschiltach, Furtwangen, Siegelau der Mentalität der Menschen dieser Landschaft näher?[42] Wieweit setzen sich die von Hans Peter Reiner komponierten Badischen Weinlieder, für Blasmusik bearbeitet von Dieter Herborg[43], von den typischen Rheinliedern

245

Abb. 141: Autographe Skizzen zur Komposition »Attila« von Ernest Majo, 1969 durch die Erzählung der Attila-Sage im Weinkeller Otto Fischers in Niederrimsingen im Breisgau inspiriert.

des vorigen Jahrhunderts, ja bis in die zwanziger und dreißiger Jahre unseres Jahrhunderts herein, entnahmen mehr Stücke ihrer unmittelbaren Lebenswelt. Ein Freiburger Stimmbuch aus den Jahren 1921 bis 1926 enthält zum Beispiel folgende Titel: »Erinnerung an Günterstal«, »Die schöne Badenserin«, »Erinnerung an Umkirch«, »Umkircher Fahnenweih-Marsch«, »Kappler Walzer«, »Erinnerung an St. Blasien« und »Schwarzwälder Uhr-Polka« [44]: Damit hat ein Komponist aus dem Breisgau (E. Bührle?) seine unmittelbare Umwelt musikalisch porträtiert. Es wird notwendig sein, weitere Quellen dieser Art aufzuschließen, Instrumental- und Vokalmusik, mündlich tradierte und komponierte Musik miteinander zu vergleichen, um so zu denkbaren Wurzeln »badischen« Musikverständnisses zu gelangen[45].

Abb. 142: Autograph Dieter Herborgs: Bearbeitung der Badischen Weinlieder von H. P. Reiner für Blasorchester.

ab – und begründen eine badische Weinlied-Tradition? Hat Ernest Majo mit seiner symphonischen Dichtung »Attila«, 1969 in Niederrimsingen am Tuniberg skizziert, den Fasnetscherz und die Erzählung Otto Fischers »richtig« zum Erklingen gebracht? Das alles sind Fragen, die wohl aufgeworfen, die aber bei der gegenwärtigen Kenntnis der Quellenlage nicht beantwortet werden können. Als heimliche »Nationalhymne« Badens wird jedoch Emil Dörles Marsch »Hoch Badnerland« – mit dem Badner Lied im Trio – betrachtet.

Fest steht, daß die Internationalisierung und die Nivellierung der Blasmusikliteratur mit Hilfe des Notendruckes und großer Verlage landschaftliche Sondertraditionen einebnet. Die zumeist handgeschriebenen Stimmen oder Stimmbücher der Blasmusiker

1 Georg PICHT u. a., Musik in der Planung der Städte, in: Referate. Informationen Nr. 23, hg. vom Deutschen Musikrat, Bonn-Bad Godesberg 1973.
2 W. SUPPAN, Werkzeug – Kunstwerk – Ware. Prolegomena zu einer anthropologisch fundierten Musikwissenschaft, in: Musikethnologische Sammelbände 1, 1977, S. 9–20; ders., Amateurmusik, in: DB 25, 1975, S. 239–241, sowie in: In Sa-

chen Musik, hg. von S. ABEL-STRUTH u. a., Kassel 1977, S. 97–105; ders., Biologische und kulturelle Bedingungen des Musikgebrauchs, in: Universitas 37, 1982, S. 1279–1284; ders., Anthropologie der Musik, Mainz 1983.
3 Verf. übernimmt hier eigene Formulierungen aus BRIXEL-SUPPAN, S. 136. Hier ist bewußt nicht die »klassische« Volksmusik-Definition benutzt, wie ich sie an anderer Stelle

und auch im Zusammenhang mit Blasmusik anwende. Vgl. dazu W. SUPPAN, Volkslied. Seine Sammlung und Erforschung, Stuttgart 1966, 2. Aufl. 1977; ders., Vorrede zum Musikethnologischen Teil, in: Handbuch des Volksliedes, Band 2, München 1973, S. 379 ff.; ders., 1976, S. 72 f.; ders., Volksmusik – Blasmusik, in: AVZ 17, 1967, S. 193 f. – Unzutreffend ist die Etikettierung »Laienmusiker« für den Blasmusiker, da es sich in keinem Fall um Laien, d. h. um Leute, die nichts von Musik verstehen, handelt. Auch der Gegensatz Profi – Laie ist nicht anzuwenden, da heute in zunehmendem Maß Berufsmusiker als Dirigenten und Pädagogen in Blaskapellen tätig werden.

4 H. SCHWEDT, Kulturstile kleiner Gemeinden, Tübingen 1968 (Volksleben 21), S. 15–17.

5 R. WOLFRAM, Prinzipien und Probleme der Brauchtumsforschung, Wien 1972 (Österr. Akademie der Wissenschaften, phil.-hist. Klasse 278/2), S. 9.

6 P. GEIGER, Deutsches Volkstum in Sitte und Brauch, Berlin 1936, S. 3; R. WEISS, Volkskunde der Schweiz, Zürich 1946, S. 155. Dazu (mit badischen Beispielen) H. SCHMITT, Volksbrauch und Verein, in: Badische Heimat 54, 1974, S. 271–279.

7 Über die Ansiedlung Heimatvertriebener vgl. u. a. J. KÜNZIG, Ostbauern bei Offenburg und im Hanauerland, in: Alemannisches Jahrbuch 1957, S. 321–343.

8 Zu diesem Thema allgemein H. MOOG, Blasinstrumente bei Behinderten, Tutzing 1978 (AltaMus. 3).

9 Fs. Pfaffenweiler 1969, S. 39 f.

10 Fs. Limbach/Baden 1963, S. 67.

11 H. A. SCHAETTGEN, Neun alte volkstümliche Weihnachtslieder aus Haslach im Kinzigtal, Haslach i. K. 1906, mit einem Auszug aus H. HANSJAKOBS »Aus meiner Jugendzeit« sowie einem Vorwort des alemannischen Volksdichters.

12 H. HANSJAKOB, Aus meiner Jugendzeit. Erinnerungen, 15. Aufl., Freiburg 1967, S. 149–158; D.-R. MOSER, Liedimmanenz und Brauchgeschichte. Beiträge zur Frühgeschichte des Sternsingens, in: Forschungen und Berichte zur Volkskunde in Baden-Württemberg 1971–73, S. 105–133, mit weiterer Literatur und Überlieferungslisten, wobei allerdings die in Anm. 10 genannte Ausgabe Schaettgens zu ergänzen wäre.

13 W. SUPPAN, Volksliedmiszellen von der Pürgg/Steiermark, in: Jahrbuch für Volksliedforschung 10, 1965, S. 103–124, desgl. ebda. in Fs. Pürgg 1980, S. 34–48; ders., Gesungene geistliche Volkspoesie um die Geburt unseres Herrn und Erlösers Jesus Christus, in: DB 32, 1982, S. 287 f.

14 J. LIEBERMANN, Vom Kuhreihen in Villingen, seinen Weisen und seinen Texten, in: Badische Heimat 33, 1953, S. 339–343; Südkurier, 24. 12. 1977, Villingen-Schwenninger Nachrichten, Nr. 297, S. 17 f.

15 Zu diesem Thema W. SUPPAN, Kapitel »Musik und Kult«, in: ders., Anthropologie der Musik, Mainz 1983. – Beispiele für die »verzaubernde« Wirkung der Musik finden sich vorzüglich in Märchen und Sagen. Aus dem Badischen kennen wir u. a. die Erzählung von dem Spielmann, der in die Wolfsgrube fiel, abgedruckt in: Badisches Hausbuch, hg. von D. H. KLEIN, Freiburg 1980, S. 513–515.

16 H. J. MOSER, Tönende Volksaltertümer . . . , a.a.O., S. 176;

Abb. 143: Glockenweihe. Blasmusik verleiht der Feier Glanz und Würde.

W. SUPPAN, Volksmusik in den Protokollen deutscher Synoden und Kapitularien des Mittelalters, in: Historische Volksmusikforschung = Kongreß-Bericht Kazimierz Dolny/ Polen 1975, Krakau 1979, S. 201–220.

17 Fs. Hagnau 1964, S. 16; Fs. Limbach/Baden 1963, S. 67.

18 Ich schreibe bewußt »brauchtümlicher Lärm«, um den Gegensatz zum »funktions- und sinnlosen Lärm« mancher Formen avantgardistischer Musik deutlich zu machen. – Dazu u. a. G. PHILIPS, Über den Ursprung der Katzenmusiken, Freiburg i. Br. 1849; H. FEDERHOFER, Blasinstrumente und Bläsermusik in der Steiermark bis zum Ende des 18. Jahrhunderts, in: AltaMus. 1, 1976, S. 81, Anm. 85 (Über das »Lärmblasen«); A. SCHNEIDER, Charivari, in: Musikethnologische Sammelbände 7 = Historische Volksmusikforschung (Kongreß-Bericht Limassol/Zypern 1982), Graz, im Druck.

19 Zitiert nach J. KÜNZIG, Die alemannisch-schwäbische Fasnet, Freiburg (1950), S. 50; dieser Broschüre sowie H. E. BUSSE, Alemannische Volksfastnacht, in: Mein Heimatland 22, Heft 1/2, 1935, sind die folgenden allgemeinen Daten über die Fasnet entnommen. – Über die historischen Wurzeln Grundsätzliches bei H. MOSER, Städtische Fastnacht des Mittelalters. Masken zwischen Spiel und Ernst, Tübingen 1967.

20 F. SIMON und R.-W. BREDNICH, Die Altweibermühle in der Wolfacher Fastnacht, in: Publikationen zu wissenschaftlichen Filmen. Sektion Ethnologie, Serie 9, Nr. 3, Göttingen 1979; mit weiterer Literatur.

21 J. KRAUSBECK, Aus der Geschichte der Wolfacher Fasnet, in: Die Ortenau 35, 1955, S. 130–141, und 36, 1956, S. 55–62; ders., Wolfacher Fasnet in Geschichte und Dichtung. Kurze Geschichte der Fasnet. Fasnet-Lieder. Fasnet-Sprüche. Die Weibermühle von Tripstrill, Wolfach 1973; ders. und F. KNAUSS, Masken unserer Stadt, ebda. 1974.

22 W. SUPPAN, Artikel (Musik-)Instrument, in: Das große Lexikon der Musik 4, Freiburg 1981, S. 175–177.

23 R. WOLFRAM, Prinzipien und Probleme der Brauchtumsforschung, Wien 1972 (Österr. Akademie der Wissenschaften, phil.-hist. Klasse 278/2), S. 74 f. – Vgl. auch W. KUTTER, Schwäbisch-alemannische Fastnacht. Unter Mitwirkung von F. KNAUSS, Künzelsau, Thalwil und Salzburg 1976.

24 J. KÜNZIG, Die alemannisch-schwäbische Fasnet, Freiburg (1950), S. 77. – Vgl. auch F. LAMEY, Fastnachtsbräuche aus Bernau, in: F. PFAFF, Volkskunde im Breisgau, Freiburg 1906, S. 45–50; R.-W. BREDNICH, Beiträge zur Volkskultur, in: Ein Berg verändert sein Antlitz. Zum Tuniberg-Richtfest 1970, hg. von W. SUPPAN, Tiengen bei Freiburg 1970, S. 22 f.; P. HOLLENWEGER, Der Strauhbaschli. Brauchtum um das Fasnachtsfeuer im Markgräflerland, in: Badische Heimat, Ekkhart 1973, S. 173–175.

25 G. UMINGER, Altüberliefertes lebendiges Frühlingsbrauchtum in unserer Heimat, in: Badische Heimat 49, 1969, S. 21.

26 M. BELGRADER, Scheibenschlagen in Heuweiler (Baden). Zur Wiederbelebung eines Brauches, in: Jahrbuch für Volksliedforschung 27/28 = Röhrich-Festschrift, Berlin 1982, S. 364–370 (mit weiterer Literatur).

27 G. UMINGER, Altüberliefertes lebendiges Frühlingsbrauchtum . . ., a.a.O., S. 26; L. FEHRLE-BURGER, Frühlingsbräuche in unserem Land, ebda. 53, 1973, S. 145–158; H.-J. MOSER, Tönende Volksaltertümer, Berlin 1935, S. 210–212.

28 A. HISS, Allerlei Osterbräuche im Alemannenland, in: Badische Heimat 51, 1971, S. 233–235.

29 Fs. Hagnau 1964, S. 17.

30 G. UMINGER, Der Johannistag in Südwestdeutschland.

Jahrhundertealtes Brauchtum zur Sommersonnenwende, in: Badische Heimat 53, 1973, S. 291–304.

31 A. SPAMER, Sitte und Brauch, in: Handbuch der deutschen Volkskunde, hg. von W. PREßLER.

32 H. HEIMBERGER, Odenwälder Kirchweih im 16. Jahrhundert, in: Badische Heimat 49, 1969, S. 101–103.

33 W. SUPPAN, Was ist Folklore? Dargestellt am Verhältnis zwischen Hymnologie und Volksliedforschung, in: Musik und Altar 20, 1968, S. 62–69. Über neuere folkloristische Musikformen im Badischen vgl. H. LIXFELD, Sänger und Gemeindekultur im Schwarzwald. Kurt Kussi und das Trio ›Alt Zell‹ aus Zell am Harmersbach, in: Jahrbuch für Volksliedforschung 27/28 = Röhrich-Festschrift, Berlin 1982, S. 205–224.

34 Fs. Bühler Zwetschgenfest 1978, S. 63–67.

35 E. FEHRLE, Badische Volkskunde, Leipzig 1924, S. 167 f.

36 F. LIPP, Bedeutung der Tracht für das Wirken der Blasmusikkapellen, in: ÖB 14, 1966, S. 20–22 und 64–66; vgl. auch W. SUPPAN, Vom Sinn und von den Aufgaben einer Trachtenkapelle, in: AVZ 17, 1967, S. 55 f.; A. WEITNAUER, Trachtenerneuerung, in: Schönere Heimat 1972, S. 249–251; ders., Herkunft und Bedeutung der Trachtenfarben, in: AVZ 18, 1968, S. 104, aus ders., Vom Feigenblatt zur Schwabentracht, 2. Aufl., Kempten 1967.

37 Nach E. FEHRLE, Badische Volkskunde, Leipzig 1924, S. 180 f.

38 W. SALMEN, in: Die Musikforschung 8, 1955, S. 500–502 = Rezension des Buches von E. KLUSEN, Der Stammescharakter in den Weisen des neueren deutschen Volksliedes, 1953.

39 E. JANETZKY, Eine Ausstellung im Trompeterschloß zu Säckingen, in: Brass Bulletin 29, 1980, S. 103–105.

40 Blasorchesterbearbeitung von Willi LÖFFLER, Verlag Birnbach, Berlin 1974.

41 Math. Hohner AG, Musikverlag, Trossingen 1963; Edition Helbling, Zürich 1964.

42 »Zehn Tänze aus dem Schwarzwald«, für Blasorchester bearbeitet von Hans HARTWIG, Blasmusikverlag F. Schulz, Freiburg-Tiengen.

43 Gedruckt ebda.

44 Das Stimmbuch befindet sich als Geschenk von Michael FRÖHLICH, Freiburg, im Blasmusikarchiv Pürgg/Steiermark. – Zahlreiche Märsche – in der üblichen Marschform – sind badischen Gemeinden oder Themen gewidmet; doch lassen sich daraus keine Schlüsse auf landschaftliche Eigenarten ziehen; vgl. A. SUPPAN, Repertorium der Märsche für Blasorchester, Tutzing 1983 (AltaMus. 6).

45 Volksliedausgaben badischer Landschaften: A. BENDER, Oberschefflenzer Volkslieder, Karlsruhe 1902; J. Ph. GLOCK, Lieder und Sprüche aus dem Elsenztale, Bonn 1897; ders., Badischer Liederhort I: Die historischen Volkslieder des Großherzogtums Baden, Karlsruhe 1910; B. HOLZ, Alte Soldatenlieder, Karlsruhe 1925; J. KÜNZIG, Lieder der badischen Soldaten, Leipzig 1927; M. E. MARRIAGE, Volkslieder aus der badischen Pfalz, Halle 1902; O. MEISINGER, Volkskunde von Rappenau, Dortmund 1906; ders., Volkswörter und Volkslieder aus dem Wiesentale, Freiburg 1907; ders., Volkslieder aus dem badischen Oberlande, Heidelberg 1912; K. PECHER, Marschlieder des 5. Badischen Infanterie-Regiments Nr. 113 in Freiburg im Breisgau, in: Volkskunde im Breisgau, hg. von F. PFAFF, Freiburg 1906, S. 107–134; Lieder im Hanauerland, hg. von W. SCHADT, Kehl (1972); L. RÖHRICH, Singen und Sagen im Schwarzwald, in: Der Schwarzwald. Beiträge zur Landeskunde, Bühl/Baden 1980, S. 285–318.

VII. Komponisten – Interpreten – Verleger – Instrumentenbauer

(A) Komponisten, Interpreten und Verleger

Soweit nicht anders vermerkt, finden sich weitere Angaben über die genannten Persönlichkeiten in SUPPAN (Lexikon des Blasmusikwesens) und in SUPPAN/ostdeutsche Musiker, es wird daher an dieser Stelle auf Werk- und Literaturangaben verzichtet.

AMBROSIUS Hermann, * Hamburg, 25. Juli 1897. Studierte von 1921 bis 1924 bei Hans Pfitzner in Berlin. Seine technische Begabung führte ihn 1924 zum damals jungen Rundfunk. Nach dem Ende des Zweiten Weltkrieges ließ Ambrosius sich als Privatmusikerzieher in Engen im Hegau nieder. Für Blasorchester komponierte er u. a. »Festliches Vorspiel«, 1938, Verlag Erdmann; »Feierabend«, ebda. 1939; »Der deutsche Schwarzwald«, Suite, 1955, Ms.

APOSTEL Hans Erich, * Karlsruhe, 22. Januar 1901, † Wien, 30. November 1972. Er studierte in Karlsruhe sowie bei A. Schönberg und A. Berg in Wien, wo er als freischaffender Komponist lebte. Seine »Festliche Musik« für Blasorchester erschien im Verlag Doblinger.

ARENDT Joachim, * Klein-Ramsau, Ostpreußen, 20. September 1893. Stabsmusikmeister, seit 1945 Dirigent der Stadtmusik Ettlingen. Seine »Ouvertüre in f-Moll«, 1964, erschien im Verlag Bauer in Karlsruhe.

BAUER Georg, * Mannheim-Neckerau, 6. Juli 1914, † Stühlingen, 3. Juli 1980. Bauer studierte in Karlsruhe und wandte sich danach der Musikmeisterlaufbahn zu. 1949 gründete er in Karlsruhe einen Musikverlag, der vorzüglich Blasorchesterwerke aus dem Bereich gehobener Unterhaltungsmusik anbietet. Seit 1. Mai 1976 wird der Verlag als Kommanditgesellschaft geführt. Als Eigentümer erscheinen Frau Lilly Bauer und Sohn Hartmut Bauer.

BOHNE Hermann, * Leipzig, 1. Dezember 1879, † Konstanz, 12. März 1938. Bohne absolvierte das Musikstudium und die Musikverlegerlehre in Leipzig und ließ sich nach dem Ersten Weltkrieg in Konstanz nieder, um einen eigenen Musikverlag zu gründen. 1938 übernahm Frau Luise Bohne den Verlag, nach deren Tod im Jahr 1969 Frau Else Hack, geborene Bohne.

BUMMERL Franz, * Labant/Tschechoslowakei, 11. Januar 1927. Studierte in Prag und kam 1951 als Trompeter zum Südwestfunk-Tanzorchester Erwin Lehns. Volkstümliche Blasmusikkompositionen Bummerls erschienen im Verlag Halter in Karlsruhe.

ENDERS Anton, * Komotau, 30. März 1923. Studierte bei J. Haas und H. Rosbaud in München, um danach als Tonmeister beim Südwestfunk in Baden-Baden zu arbeiten. Seine Blasorchester-Kompositionen blieben bislang Manuskript.

DEGEN Helmut, * Aglasterhausen bei Heidelberg, 14. Januar 1911. Er studierte Musik und Musikwissenschaft in Bonn, nach pädagogischer Tätigkeit an verschiedenen Orten kam Degen 1954 als Professor an das Hochschulinstitut nach Trossingen.

DÖRLE Emil, * Herbolzheim bei Freiburg, 29. September 1886, † Freiburg, 24. Juni 1964. Hauptberuflich als Finanzbeamter tätig, widmete sich Dörle ehrenamtlich der Organisation des Blasmusikwesens. Seine Kompositionen – im Verlag Fritz Schulz gedruckt – sind vor allem den leistungsschwächeren Kapellen zugedacht.

FALKENBERG Leopold, * Karlsruhe, 10. November 1894. Er diente 1913 bis 1918 in der Kapelle des 1. Badischen Leibgrenadier-Regiments in Karlsruhe, um danach eine Reihe von Amateurblaskapellen zu betreuen. Von seinen Kompositionen erschien die lyrische Skizze »Glückliche Fahrt« bei Bauer in Karlsruhe.

FRÖHLICH Erich, * Freiburg im Breisgau, 13. Januar 1912. Er studierte in Freiburg, Berlin und Metz, um 1948 bis 1975 als Posaunist im Freiburger Philharmonischen Orchester und als Pädagoge an der Musikhochschule Freiburgs zu wirken. Daneben dirigierte er mehrere Amateurorchester und komponierte pädagogische Spielmusiken (im Verlag F. Schulz in Freiburg-Tiengen).

GENZMER Harald, * Blumenthal bei Bremen, 9. Februar 1909. Genzmer studierte u. a. bei Hindemith in Berlin. 1946 bis 1957 leitete er die Kompositionsklasse an der Musikhochschule Freiburg im Breisgau. Für Blasorchester schrieb er u. a. »Divertimento«, 1968.

HALTER Wilhelm, * Mosbach, Baden, 5. April 1874, † ebda., 4. September 1905. – Dessen Brüder Heinrich Halter, * Mosbach, 22. November 1879, † Karlsruhe, 31. Dezember 1967, und August Halter, * Mosbach, 6. Februar 1883, † Karlsruhe, 4. August 1956. – Sohn von Heinrich Halter: Bernhard Halter, * Karlsruhe, 22. März 1928. Im Jahr 1898 gründete Wilhelm Halter, damals Dirigent der Musikkapelle Mosbach in Baden, einen Musikverlag, den nach dem Tod des Gründers dessen Brüder Heinrich und August Halter weiterführten. Seit 1909 ist Karlsruhe Sitz des Verlages, der mit einem breitgefächerten Angebot, von der symphonischen Blasmusik bis zur leichten und schlagerbeeinflußten Unterhaltungsmusik, richtungsweisend für die Entwicklung der Blasmusik in Südwestdeutschland wurde. Alle Verlagsinhaber waren/sind praktisch-musikalisch und kompositorisch tätig.

HARTWIG Hans, * Neiße, Oberschlesien, 24. Februar 1917. Nach Militärmusiker- und Kapellmeisterjahren, u. a. in Konstanz, wirkte Hartwig nach dem Ende des Zweiten Weltkrieges an mehreren Theatern und beim Südwestfunk, ehe er die Musikdirektorstelle in Gengenbach (1953 – 1965) und anschließend in Weingarten bei Ravensburg übernahm. Hartwig komponierte zahlreiche Werke für Amateurblasorchester, vor allem im Bereich unterer und mittlerer Schwierigkeitsstufen.

HASSELMANN Viktor, * Sonneberg, Thüringen, 17. Juli 1904. Als Arrangeur und Musiker verschiedener Orchester lebte Hasselmann nach Abschluß der Musikstudien in Stuttgart in Berlin. Nach dem Ende des Zweiten Weltkrieges ließ er sich in Freiburg nieder, um hier als Pädagoge, Blasmusikdirigent und Komponist eine vielseitige Tätigkeit zu entfalten.

HEINL Otto, * Falkenau an der Eger, 6. September 1904, † Baden-Baden, 1976. Heinl war 1938 bis 1945 Mitglied der Tschechischen Philharmonie in Prag. 1947 trat er als Solo-Posaunist in das Orchester des Südwestfunks Baden-Baden ein, wo er bis zu seiner Pensionierung 1966 erfolgreich wirkte. Er leitete daneben mehrere Amateurblaskapellen und veröffentlichte volkstümliche Kompositionen im Verlag Halter in Karlsruhe.

HEKLER Fritz, * Bad Friedrichshall, 11. Mai 1908. Nach Musikstudien in Heidelberg, Karlsruhe und Trossingen ließ er sich in Heidelberg nieder, wo er den Schloß-Verlag gründete.

HUHN Hans Erich, * Wittingen, Hannover, 19. April 1912. Er studierte in Frankfurt und Würzburg, um die Berufslaufbahn 1937 in Lüdenscheid zu beginnen. Zugleich führte er den Musikverlag seines Vaters weiter und veröffentlichte seine ersten Kompositionen. Nach verschiedenen Engagements gründete er 1950 einen eigenen Musikverlag, der sich vorwiegend der Unterhaltungsmusik widmete. Sitz des Verlages wurde 1962 Haueneberstein/Baden-Baden.

JUNKERT Ludwig (Pseudonym: Ludo Altis), * Bruckenau, Rumänien, 21. Februar 1920. Nach Militärmusiker- und Unterhaltungsmusikerjahren übernahm Junkert 1960 die musikalische Leitung der Stadtkapelle Zell am Harmersbach. 1973 gründete er in Offenburg den Kontakt-Musikverlag, in dem er auch eigene Unterhaltungsstücke publizierte.

KLEIN Josef, * Lörrach, 8. Oktober 1951. Nach Abschluß der Pädagogischen Hochschule Lörrach ließ sich Klein als Musiklehrer in Wehr/Baden nieder. 1974 übernahm er die Direktion der Musikschule Steinen, daneben leitet er mehrere Amateurblasorchester und veröffentlicht bei Huhn Unterhaltungskompositionen.

KOLDITZ Hans, * Halle an der Saale, 26. August 1923. Nach Privatmusikunterricht in den Fächern Violine, Klavier, Klarinette und Musiktheorie besuchte Kolditz die Staatliche Hochschule für Musik in Leipzig (1940 bis 1942). Nach Kriegsdienst und Verwundung ließ er sich in Trier nieder, von wo er 1964 nach Karlsruhe übersiedelte, um seit 1968 im Verlag Halter als Blasmusikfachmann, Komponist und Arrangeur tätig zu sein.

Kontakt-Musikverlag, s. Ludwig Junkert.

KRAMER Georg, * Darmstadt, 8. Oktober 1890. Kramer wirkte als Hornist in verschiedenen Orchestern, ehe er sich 1946 in Waldshut niederließ. Einige seiner Blasorchesterkompositionen erschienen bei Halter und Schulz.

KREUTZER Konradin, * Meßkirch, Baden, 22. November 1780, † Riga, 14. Dezember 1849. Als

Schüler Albrechtsbergers in Wien hatte Kreutzer zunächst mit Singspielen, Opern, Orchester- und Kammermusikwerken Erfolg. 1812 wurde er Württembergischer Hofkapellmeister, 1816/17 lebte er in Schaffhausen, 1817 bis 1822 in Donaueschingen, danach zumeist in Wien. Als seine Tochter Cäcilie 1849 als Opernsängerin in Riga engagiert wurde, übersiedelte er dorthin. Von seinen Werken hat vor allem die Oper »Das Nachtlager von Granada« weite Verbreitung erfahren. Blasmusikbearbeitungen von Melodien aus dieser Oper sind noch heute auf dem Markt.

LEINERT Friedrich, * Oppeln, Schlesien, 10. Mai 1908, † Freiburg im Breisgau, 6. Mai 1975. Leinert studierte in Marburg, Dresden, Berlin und promovierte 1936 an der Universität zum Dr. phil. im Fach Musikwissenschaft. Nach 1945 lebte er in Marburg und Hannover. Sein »Symphonischer Prolog« für Blasorchester blieb ebenso wie die »Romanze für Horn und Blasorchester« ungedruckt.

LINKE Heinz-Georg, * Großschönau, Sachsen, 13. Dezember 1922. Studierte an der Hochschule für Musik und Theater in Dresden, u. a. bei Oskar Geier, Kurt Striegler und Karl Böhm; 1947 Staatsexamen. Nach Berufsjahren als Theaterkapellmeister in Schwerin und Weimar wurde Linke 1960 Städtischer Musikdirektor in Bad Säckingen, wo er die Jugendmusikschule mitbegründete und (seit 1966) leitet. Kompositionen von ihm erschienen in den Verlagen Halter, Karlsruhe, und Schulz, Freiburg.

LORITZ Albert, * Rot bei Laupheim, 13. November 1953. Er studierte Schulmusik, Komposition und Musikwissenschaft in Freiburg und ist hier als Pädagoge, Komponist und Blasorchesterdirigent tätig.

MEIER Franz, * Ulm-Renchen, Baden, 29. September 1847, † Freiburg im Breisgau, 15. Dezember 1921. Nach Militärmusikerjahren kam Meier 1867 als Posaunist in das Orchester des Freiburger Stadt-Theaters. Daneben leitete er u. a. die Blaskapellen in Emmendingen (1881 Stadtkapellmeister), Lahr (seit 1900 dass.), Kirchzarten, Heitersheim, Wolfenweiler-Schallstadt. Er zählte zu den Gründern des Breisgau-Markgräfler Musikverbandes im Jahr 1892 und komponierte zahlreiche Stücke für Blaskapellen.

MEYBRUNN Franz Josef (Pseudonym: Klaus Vorbach), * Hochdorf bei Freiburg, 28. Januar 1902, † Titisee-Neustadt, 15. März 1975. Nach Privatmusikunterricht in Freiburg wandte er sich als Musiker und Dirigent von Blaskapellen und Chören beruflich der Musik zu. 1935 bis 1967 erfüllte er das Amt des Städtischen Musikdirektors in Neustadt im Schwarzwald, daneben stand er zeitweise als Bundesmusikdirektor dem Bund Deutscher Blasmusikverbände zur Verfügung. Einige seiner Blasorchesterkompositionen erschienen bei Schulz in Freiburg-Tiengen: »Sinfonisches Vorspiel«, »Drei Bagatellen«, »Ballade für Trompete und Blasorchester«.

MOLTER Johann Melchior, * Tiefenort, Werra, 10. Februar 1696, † Karlsruhe, 12. Januar 1765. Als Hofkapellmeister am Karlsruher Hof hat sich Molter um die Entwicklung der Bläsermusik und Literatur besondere Verdienste erworben.

MORITZ Friedel, * Hanau am Main, 11. Februar 1918. Nach der Musikausbildung am Städtischen Konservatorium in Hanau und in Offenbach/Main (Orchestermusikerprüfung 1936) kam Moritz zu verschiedenen Musikkorps des RAD und der Wehrmacht und begann die Musikmeisterausbildung in Wien, Prag und Berlin. Die Entwicklung des Zweiten Weltkrieges verhinderte diesen Studienabschluß. Danach im Unterhaltungs- und Amateurmusikbereich tätig, wurde Moritz 1966 Verlagsleiter in Karlsruhe, wo er 1975 den »Neuen Blasmusikverlag« gründete. Seit 1977 ist er zudem Vorsitzender des Musikbeirates im Bund Deutscher Blasmusikverbände.

MORITZ Hans, * Karlsruhe, 7. März 1952. Nach privatem Musikstudium bildete sich Moritz an der Bundesakademie in Trossingen weiter. Seine ersten Blasorchesterkompositionen erschienen bei Huhn. 1977 gründete er ein Notensortiment, 1980 den Rheintal-Musikverlag in Rheinstetten. Dazu ist er als Pädagoge und Blasorchesterdirigent tätig.

MUTTER Gerbert, * St. Blasien im Schwarzwald, 21. August 1922. Mutter studierte in Trossingen, um anschließend (seit 1952) am Gymnasium und Internat »Stella silvae« in St. Blasien als Musiklehrer tätig zu sein und um (seit 1968) an der Pädagogischen Hochschule in Lörrach zu dozieren. Als Komponist von Blasorchester- und Chorwerken sucht Mutter eine neue, zeitgemäße Tonsprache.

NESSLER Viktor, E., * Schlettstadt, Elsaß, 28. Januar 1841, † Straßburg, 28. Mai 1890. Als Chordirektor am Leipziger Stadt-Theater schrieb Neßler u. a. die Oper »Der Trompeter von Säckingen« (1884), die Jahrzehnte hindurch zu den Repertoire-Stücken deutscher Opernhäuser gehörte. In Blasorchesterfassungen ist daraus vor allem das Lied »Behüt' dich Gott. . .« noch heute sehr verbreitet.

PFORTNER Karl, * Eger, Tschechoslowakei, 13. April 1920. Pfortner gehörte zunächst dem Militärmusikkorps in Ansbach an, ehe er – nach dem Ende des Zweiten Weltkrieges – beim Südwestfunk-Tanzorchester in Baden-Baden sich dem Unterhaltungs- und Showgeschäft in der Musik zuwandte. Seit 1953 leitet Pfortner die »Harmonie« Karlsruhe. Seine Kompositionen für Blasorchester sind der gehobenen Unterhaltungsmusik zuzurechnen, die trotz einer gleichsam »alt-österreichischen« Volkstümlichkeit doch den Sound jazzverwandter Musik nicht scheuen.

RAMBACH Hubert, * Waldkirch, 21. Juni 1922. Von Rambach, der in seiner Geburtsstadt lebt, er-

schienen Blasorchester-Märsche im Verlag Schulz, Freiburg-Tiengen.

REHFELD Kurt, * Aufhausen, Kreis Aalen, 14. Januar 1920. Er ist seit 1935 als Komponist, Arrangeur und Dirigent für Rundfunkanstalten und Schallplattenfirmen tätig, unterbrochen durch Kriegsdienst und Gefangenschaft 1939 bis 1947. Verschiedene Verlage veröffentlichten von ihm Werke der gehobenen Unterhaltungsmusik sowie Kompositionen für Bläser.

ROSENKRANZ Friedrich, * 1818, † Heidelberg, 1913. Nach Militärkapellmeisterjahren leitete Rosenkranz seit 1879 die Kurkapelle Bad Nauheim. Aus der Reihe seiner Kompositionen ist die Ouvertüre »Wallensteins Lager« lebendig geblieben.

SCHILLING Hans Ludwig, * Mayen in der Eifel, 9. März 1927. Schilling studierte seit 1947 in Freiburg, wo er 1957 auch zum Dr. phil. im Fach Musikwissenschaft promovierte. Als Pädagoge lebte er in Freiburg, wo er sowohl als Komponist wie als Schriftsteller auf sich aufmerksam machte. Als

Abb. 144: Das respektvoll-freundschaftliche Verhältnis zwischen Frankreich und der Bundesrepublik Deutschland dokumentiert sich auch in der Musik: Am 25. Oktober 1969 kam es im französischen Rheinpark an der Europabrücke Kehl–Straßburg zur Uraufführung des Tongemäldes »Europabrücke« von Willy Schütz-Erb. Der Komponist dirigiert die vereinten Musikkapellen der »Harmonie de l'électricité de Strasbourg« und der Stadtkapelle »Harmonie« Kehl-Sundheim (damals Musikverband Hanauerland).

Kompositionslehrer gehört er derzeit dem Lehrkörper des Nürnberger Konservatoriums an.

SCHÜTZ (Schütz-Erb), Willy, * Erbach, Westerwald, 28. April 1918. Schütz absolvierte die Musikmeisterausbildung in Berlin. Nach dem Ende des Zweiten Weltkrieges leitete er zunächst die Stadtkapelle Hachenburg, seit 1961 die Stadtkapellen Achern und Kehl-Sundheim. Aus der Reihe seiner Blasorchesterwerke nennen wir: »Europa-Brücke«, Tongemälde in vier Bildern, 1970, im Nobile-Verlag; »Hymne«, 1968, ebda.

SCHULZ Fritz, * Villingen, 2. Februar 1909, † Freiburg im Breisgau, 28. Juni 1974. – Dessen Sohn Klaus Schulz, * Freiburg im Breisgau, 27. November 1935. Fritz Schulz hat sich seit dem Ende der zwanziger Jahre bis zu seinem Tod für die Organisation des Blasmusikwesens engagiert. 1939 erwarb er den Verlag des Bundes südwestdeutscher Volksmusikverbände, um in kurzer Zeit die Entwicklung der originalen Blasmusik im südwestdeutschen Raum mitzubestimmen. 1950 stand er Pate bei der Neugründung des heutigen Bundes Deutscher Blasmusikverbände. Zu seinen Verlagskomponisten zählten Emil Dörle, Hans Hartwig, Edmund Löffler, Gustav Lotterer, Hellmut Haase-Altendorf, Franz Josef Meybrunn, Peter Seeger, Gerbert Mutter, Dieter Herborg, Ernest Majo. – Im Jahr 1973 übernahm Klaus Schulz den Verlag und die Geschäftsführung im Bund Deutscher Blasmusikverbände. Er baute vor allem die Reihe »Jugend musiziert« durch die Inverlagnahme von Werken angesehener deutscher, österreichischer, holländischer, tschechischer und ungarischer Komponisten weiter aus.

SEEGER Peter, * Berlin, 5. Januar 1919. Seeger studierte in Berlin. 1947 kam er als Direktor der Musikschule nach Offenburg, dirigierte die Stadtkapelle »Harmonie« Kehl-Sundheim, von wo er 1957 als Musikerzieher an die Heimschule Lender in Sasbach, Baden, und 1960 an das Johann-Sebastian-Bach-Gymnasium nach Mannheim geholt wurde. Als Komponist von Blasorchester- und Chorwerken befruchtete Seeger die Amateurmusik-Szene in vielfältiger Weise.

SIEBOLD Rudolf, * Zell i. W., Baden, 11. März 1924, † Überlingen, 4. Februar 1983. Siebold studierte Musik in Trossingen, leitete 1950 bis 1970 das Blasorchester Unterlauchringen, um 1970 als Städtischer Musikdirektor nach Überlingen zu

übersiedeln. Im Bund Deutscher Blasmusikverbände erfüllte er sowohl das Amt des Bundesjugendleiters wie das des Bundesmusikdirektors über viele Jahre. Kompositionen für Bläsergruppen erschienen im Verlag Schulz in Freiburg-Tiengen.

STEINBECK Heinrich, * Gödesdorf bei Hannover, 2. Mai 1884, † Arbon, Schweiz, 20. Juli 1967. Nach Abschluß der Musikstudien in Hannover und Schwerin wird er Kapellmeister in Karlsruhe und 1912 Leiter der Stadtmusik Arbon in der Schweiz. Viele seiner Kompositionen für Blasorchester wurden gedruckt.

STÜRMER Bruno, * Freiburg im Breisgau, 9. September 1892, † Bad Homburg, 19. Mai 1958. Stürmer studierte Musik in Karlsruhe und Heidelberg und wirkte anschließend als Kapellmeister und Chordirektor in Duisburg und Kassel, Erfurt und Düsseldorf. 1946 ließ er sich in Frankfurt nieder. Aus der Reihe seiner Bläserkompositionen nennen wir die »Tänzerische Spielmusik« für Blasorchester.

TUSCHLA Walter, * Glaselsdorf bei Zwittau, 24. März 1938. Tuschla studierte 1957 bis 1962 am Leopold Mozart-Konservatorium in Augsburg, Hauptfach Posaune, und wirkte danach in verschiedenen Orchestern in Augsburg und in Nürnberg. 1970 wandte er sich dem Amateurblasmusikwesen zu, zunächst in Weiler im Allgäu, seit 1975 im Badischen. 1975 bis 1981 Stadtkapellmeister in Oberkirch, seit 1977 musikalisch-pädagogischer Leiter der Musikschule Offenburg, Zweigstelle Oberkirch. Als Komponist und Arrangeur für zahlreiche Verlage tätig.

URBACH Ernst (Pseudonym: Ernst Rubach), * 19. März 1872, † St. Blasien im Schwarzwald, 8. Juni 1927. Unterhaltungsmusiker, der u. a. den Marsch »Per aspera ad astra« für Blasorchester schrieb.

VORBACH Klaus, s. Franz Josef Meybrunn.

WÄLDCHEN Paul, * Großosterhausen bei Eisleben, 20. Juli 1892, † Lahr, Baden, 13. August 1954. Wäldchen leitete 1936 bis zu seinem Tod die Stadtkapelle Lahr. Für Blasorchester schrieb er u. a. »Der Wüstenfuchs«, sinfonische Dichtung, sowie Märsche.

WEIGEL Helmut, * Schrobenhausen, 3. Februar 1917. Nach Musikstudien in Würzburg und Berlin begann Weigel als Theaterkapellmeister in München. 1955 bis 1958 leitete er die Stadtkapelle Rothenburg ob der Tauber, 1958 bis 1963 die Stadtkapelle Radolfzell, anschließend das Städtische Orchester Heidenheim. Für Blasorchester schrieb er Unterhaltungsstücke.

WITTMER Eberhard Ludwig, * Freiburg im Breisgau, 20. April 1905. Er studierte in seiner Geburtsstadt. Kompositionen Wittmers für Blasorchester erschienen im Verlag Schott in Mainz: »Sinfonische Musik«, »Suite«, »Feierlicher Aufruf und Marsch«, »Turmmusik« in fünf Sätzen; »Sarabande« (im Verlag Schulz, Freiburg).

(B) Holz- und Metallblasinstrumentenbauer

Eine zusammenfassende Darstellung des Blasinstrumentenbaues im Badischen fehlt bislang. Die Angaben im Langwill (s. Lit.) sind unvollkommen. Deshalb kann diese Zusammenstellung nur ein erster Versuch sein, Licht in eine von der Forschung vernachlässigte Sparte des Musiklebens zu bringen. Den Handwerkskammern in Freiburg, Karlsruhe und Konstanz danke ich für die Überlassung des Adressen-Materials. Die von den Handelskammern genannten Blasinstrumentenmacher wurden um Auskünfte über ihren Lebensweg und ihre Firma gebeten. Alle Personen, bei denen abschließend die Jahreszahl 1982 angegeben wird, haben meine Briefe nicht beantwortet.

ALBRECHT, Blasinstrumentenmacher in Freiburg, um 1890. – Langwill.

BAUER Karl Friedrich, Holzblasinstrumentenmacher in Merzhausen bei Freiburg, 1982.

BODEN R., Blasinstrumentenmacher in Baden-Baden, 1927 bis 1938. – Langwill.

BRAUN J. G., Blasinstrumentenmacher in Mannheim, geboren 1799, 1816 bis 1833 nachweisbar. – Langwill.

BRUNNER Armin, Metallblasinstrumentenmacher in Bruchsal, 1982.

DEIMER Karl, Blasinstrumentenbauer in Karlsruhe (1880 bis 1939). Übernahm 1907 die Fabrik für Blechblasinstrumente von R. E. Stark. Die Söhne Kurt (* 1911) und Walter (* 1914) führten den Betrieb weiter. – Langwill.

DICKHUT, Blasinstrumentenmacher in Mannheim, um 1812. – Langwill.

DINGER Karl, Holzblasinstrumentenmacher in Marxell-Schielberg, 1982.

EBERT, Blasinstrumentenmacher in Konstanz, o. J. – Langwill.

EGGER Joan, Blasinstrumentenmacher in Radolfzell, um 1716. – Langwill.

EISENMENGER, Blasinstrumentenbauer-Familie in Mannheim im 18. Jahrhundert. – Langwill.

ERAS Rudolf, Blasinstrumentenmacher in Kandern, o. J. – Langwill.

ERGELET (ERGGELET) Johann Nepomuk, Blasinstrumentenbauer in Freiburg (Sohn des Orgelbauers Johann Conrad Ergelet, 1746 – 1823?). 1826 liefert er Musikinstrumente an die Musikkapelle Oppenau, 1826 nach Kenzingen, 1829 nach Kirchzarten.

EHRHARD, Blasinstrumentenmacher in Karlsruhe, um 1815. – Langwill.

GILLHAUS Hans, Blasinstrumentenmacher in Freiburg, * Dortmund, 15. November 1935. Gillhaus absolvierte die Musikinstrumentenbauerlehre bei Josef Stark in Dortmund und legte 1960 die Meisterprüfung in Freiburg ab. Seit 1961 als Inhaber einer eigenen Firma in Freiburg tätig.

GREVE, Blasinstrumentenmacher in Mannheim, † 1830. – Langwill.

GREVE Carl F., Blasinstrumentenmacher in Karlsruhe, 1808 bis 1873. – Langwill.

GUMPRICH David, Musikinstrumentenmacher in Karlsruhe, lieferte 1839 Musikinstrumente an die Musikkapelle Adelshausen (Odenwald-Bauland).

HAMMIG Johannes, Holzblasinstrumentenmacher in Lahr (Freiburg). – Langwill; 1982.

HELWERT, Blasinstrumentenmacher in Heidelberg, o. J. – Langwill.

HERTENSTEIN H., Musikhaus, Metallblasinstrumentenmacher in Emmendingen, 1982.

HUBER Johann, Blasinstrumentenbauer in Villingen, lieferte 1804 Holzblasinstrumente an die Musikkapelle in Hüfingen.

KANITZ Hartmuth, Metallblasinstrumentenmachermeister in Donaueschingen, 1982.

KENNER Max, Instrumentenmacher in Freiburg, lieferte 1864 Musikinstrumente an die Musikkapellen in Griessen/Hochrhein und Krozingen, 1869 nach Gündelwangen/Hochschwarzwald und um 1892 nach Kenzingen.

KERN, Holzblasinstrumentenbau in Eigeltingen, 1982.

LAUBE, Blasinstrumentenmacher in Freiburg, o. J. – Langwill.

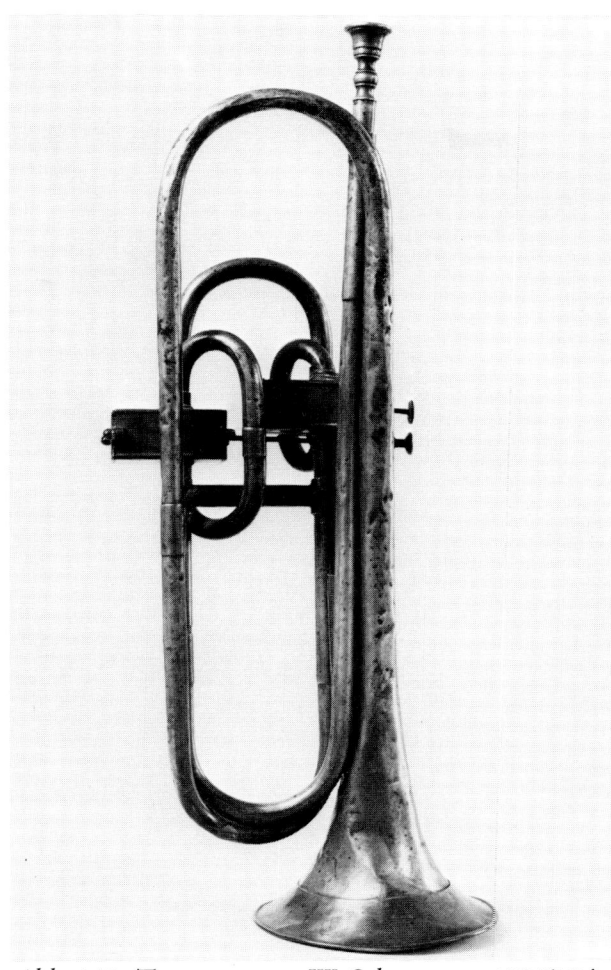

Abb. 145: Trompete, von W. Schuster um 1820/30 in Karlsruhe gebaut. Mit den »Kastenventilen« hat der Karlsruher Instrumentenbauer entscheidende Anregungen für die weitere Entwicklung der Ventiltrompeten geliefert. – Germanisches Nationalmuseum, Nürnberg, MIR 130.

LEMPFUHL, Instrumentenmacher in Freiburg, lieferte 1919 Musikinstrumente an die Musikkapelle Schlatt im Markgräflerland.

LINSIN Werner, Blasinstrumentenbauer in Rheinfelden/Baden. Linsin absolvierte die Lehre eines Blasinstrumentenbauers in der Firma Hug in Basel und legte 1962 in München die Meisterprüfung ab.

LÜTTKE Friedrich, Metallblasinstrumentenbauer in Volkertshausen, * Singen, 1954. Nach der Metallblasinstrumentenbauerlehre 1970 bis 1974 und Gesellenzeit legte er 1979 die Meisterprüfung ab. Seit 1982 ist Lüttke selbständiger Instrumentenbaumeister in Volkertshausen.

METZLER Martin, Blasinstrumentenmacher in Karlsruhe, um 1800. – Langwill.

MÜLLER G., Blasinstrumentenmacher in Mannheim, um 1830. – Langwill.

NAST Max. Friedrich, Blasinstrumentenmacher in Karlsruhe, um 1773. – Langwill.

PETZOLD Wolfgang, Holzblasinstrumentenmacher in St. Georgen im Schwarzwald, 1982.

RIETH Wolfgang, Holzblasinstrumentenbauer in Öhningen-Schienen, 1982.

SATTLER, C., Instrumentenmacher in Karlsruhe, um 1911.

SCHAILE, Musikhaus, Blasinstrumentenmacher in Karlsruhe, 1982.

SCHMID Georg, Metallblasinstrumentenbauer in Villingen-Schwenningen, 1982.

SCHMIDT Ernst, Blasinstrumentenmacher in Mannheim, um 1910. – Langwill.

SCHUSTER W., Blasinstrumentenmacher in Karlsruhe, um 1820 bis 1825. In der Geschichte des Trompetenbaues nimmt er deshalb eine besondere Stellung ein, weil er um 1820 als erster Instrumente mit Kastenventilen (s. Abb.) baute. – Langwill.

SINGER, Blasinstrumentenmacher in Karlsruhe im 19. Jahrhundert. – Langwill.

STARK R. E., Blasinstrumentenmacher in Karlsruhe, s. Karl Deimer. – Langwill.

STEIERT Peter, Metallblasinstrumenten- und Schlagzeugmachermeister in Freiburg, 1982.

SUM Karl, Instrumentenbauwerkstätte in Wolfach-Kirnbach, 1948 gegründet, auf Reparaturen sowie auf die Sonderanfertigung von Blasinstrumenten spezialisiert.

VOGEL Michael, Blasinstrumentenmacher in Karlsruhe, 1748 bis 1811. – Langwill.

WIDMANN Josef Ignaz, Blasinstrumentenmacher in Freiburg, lieferte 1820 Musikinstrumente nach Elzach, 1836 nach Kirchzarten und 1845 nach Kappel am Rhein. – Langwill.

WOHLRAB, Blasinstrumentenmacher in Heidelberg, o. J. – Langwill.

ZÖLLER Paul, Blasinstrumentenmacher in Emmendingen und in Freiburg, * Kaiserslautern, 16. Oktober 1878, † Freiburg, um 1965. Lebte von 1919 bis 1932 in Emmendingen, wo er um 1930/32 die Meisterprüfung für das Instrumentenmacherhandwerk ablegte, und übersiedelte anschließend nach Freiburg. – H. Heyde, Trompeten. Posaunen. Tuben, Leipzig 1980, S. 214.

Literatur und Abkürzungen

AVZ   Allgemeine Volksmusik-Zeitung, Monatsschrift, Jg. 1 – 19, Freiburg 1951 bis 1969. Unter dem Titel »Die Blasmusik« weiter geführt.

AltaMus.   Alta musica. Eine Publikationsreihe der Internationalen Gesellschaft zur Erforschung und Förderung der Blasmusik, Tutzing 1976 ff.

D. ALTENBURG, Zum Repertoire der Hoftrompeter im 17. und 18. Jahrhundert, in: AltaMus. 1, 1976, S. 47–60.

Ders., Zum Repertoire der Türmer, Stadtpfeifer und Ratsmusiker im 17. und 18. Jahrhundert, in: AltaMus. 4, 1979, S. 9–32.

Baser   F. BASER, Musikheimat Baden-Württemberg. Tausend Jahre Musikentwicklung, Freiburg 1963.

Ders., Gluck und Klopstock am badischen Hofe, in: Badische Heimat 45, 1965, S. 90–92.

B. BECKER, Blasmusik – ihre Vergangenheit, Gegenwart und Bedeutung für die Volksschule, Zulassungsarbeit für das Lehramt an Volksschulen, Freiburg 1968.

J. BECKER u. a., Badische Geschichte. Vom Großherzogtum bis zur Gegenwart, Stuttgart 1979.

K. BECKER, J. B. Jenger. Ein Breisgauer Freund F. Schuberts, Bühl/Baden 1978.

M. BELGRADER, Scheibenschlagen in Heuweiler (Baden). Zur Wiederbelebung eines Brauches, in: Jahrbuch für Volksliedforschung 27/28 = Röhrich-Festschrift, Berlin 1982, S. 364–370.

A. BENDER, Oberschefflenzer Volkslieder, Karlsruhe 1902.

Biber   W. BIBER u. a., Die Geschichte der Blasmusik im Kanton Uri, (Altdorf) 1981.

DB   Die Blasmusik. Monatsschrift (Fortsetzung der »Allgemeinen Volksmusik-Zeitung«), Freiburg im Breisgau.

BB   Brass Bulletin, hg. von J.-P. MATHEZ, 1 ff., Moudon/Schweiz 1971 ff.

W. BRAUN, Entwurf für eine Typologie der »Hautboisten«, in: Der Sozialstatus des Berufsmusikers vom 17. bis 19. Jahrhundert, hg. von W. Salmen, Kassel u. a. 1971, S. 43–63.

R.-W. BREDNICH, Beiträge zur Volkskultur, in: Ein Berg verändert sein Antlitz, hg. von W. SUPPAN, Tiengen bei Freiburg 1970, S. 16–24.

BRIXEL   E. BRIXEL u. a., Das ist Österreichs Militärmusik, Graz u. a. 1982.

BRIXEL-SUPPAN   Das große Steirische Blasmusikbuch, Wien u. a. 1981.

H. BROMMER, B. Saums Kirchenmusikstiftung und die Gründung des Kirchenchores und der Musikkapelle in St. Peter (Schwarzwald), in: Schau-ins-Land 87, Freiburg 1969, S. 55–59.

Bundeszeitung   Musikzeitung für Oberbaden. Monatsschrift für sämtliche musikfördernde Vereine, hg. vom Oberbadischen Musikvereinsverband, 1. Jg., 1924, Emmendingen (Freiburg), 1. Oktober 1924. – Ab 1. Mai 1925, 2. Jg., Nr. 5, unter dem Titel »Oberbadische Musikzeitung«. – Ab Februar 1929, 6. Jg., Nr. 2, unter dem Titel »Bundeszeitung. Amtliche Zeitschrift für den Gau Südwest«, ab Jg. 11, 1934, Nr. 5:... für die Landschaft Südwestmark. – Ab Mai 1935, 12. Jg., Nr. 5, unter dem Titel »Südwestdeutsche Volksmusik-Zeitung«.

L. DEGELE, Die Militärmusik. Ihr Werden und Wesen, ihre kulturelle und nationale Bedeutung, Wolfenbüttel 1937.

W. DEUTSCH, Das große Niederösterreichische Blasmusikbuch, Wien 1982.

Deutsche Armeemärsche, Band II, Parademärsche für Fußtruppen. Für Blasorchester bearbeitet von T. Grawert, O. Hackenberger und H. Schmidt. Neu bearbeitet von F. Deisenroth, Particell, Wiesbaden 1970.

Deutsche Heeresmärsche, Verzeichnis, 1. 8. 1933, Berlin 1933.

EGG-PFAUNDLER   E. EGG und W. PFAUNDLER, Das große Tiroler Blasmusikbuch, Wien u. a. 1979.

W. EHMANN, Musikalische Feiergestaltung II: Instrumentalmusik, Hamburg 1939.

Ders., Die bläsereigenen Satzpraktiken der älteren Blasmusik, in: Tagungsbericht der Betheler Bläsertage, Gütersloh 1949.

Ders., Tibilustrium. Das geistliche Blasen. Formen und Reformen, Kassel 1950.

Ders., J. Kuhlo, ein Spielmann Gottes, 2. Aufl., Witten 1956.

Ders., Das Bläserspiel, Kassel 1961.

E. FEHRLE, Badische Volkskunde, Leipzig 1924.

L. FEHRLE-BURGER, Die barocke Opernwelt im Schwetzinger Schloß, in: Badische Heimat. Ekkhart 1973, S. 36–60.

Fs.   Festschrift.

J. Ph. GLOCK, Badischer Liederhort, 1. Band: Die historischen Volkslieder des Großherzogtums Baden, Karlsruhe 1910.

R. HAMMERSTEIN, Die Musik der Engel. Untersuchungen zur Musikanschauung des Mittelalters, Bern und München 1962.

Ders., Diabolus in Musica. Studien zur Ikonographie der Musik im Mittelalter, ebda. 1974.

Ders., Tanz und Musik des Todes. Die mittelalterlichen Totentänze und ihr Nachleben, ebda. 1980.

A. E. HARTER-BÖHM, Zur Musikgeschichte der Stadt Freiburg im Breisgau um 1500, Freiburg 1968 (Veröffentlichungen aus dem Archiv der Stadt Freiburg 10).

G. HASELIER, Geschichte der Stadt Breisach am Rhein I, Breisach 1969.

F. HOERBURGER, Musica vulgaris, Erlangen 1966; s. auch AVZ 18, 1968, S. 121 f.

F. HOLLE, Das Selbstmusizieren in Dorf und Kleinstadt, in: Musikalische Zeitfragen, hg. von Walter Wiora, Band 2, 2. Aufl., Kassel 1958, S. 56–60.

E. A. HOLZ, The National Band Tournament of 1923 and its Bands, Diss. Univ. of Michigan 1960; s. auch JBR 3/1: 17.

K. HOLZMANN, Stellung und Aufgabe des bläserischen Musizierens im Gesamtgefüge unseres Musiklebens, in: Grundfragen des Bläserischen Musizierens der Jugend in unserer Zeit, hg. von STAPELBERG/SUPPAN, Trossingen 1966, S. 31 – 37; auch abgedr. in: Kontakte. Zeitschrift für Musik in der Jugend 1966, H. 3, S. 91–98.

E. JAMMERS, Das königliche Liederbuch des deutschen Minnesangs, Heidelberg 1965.

A. KALKBRENNER, W. Wieprecht, sein Leben und Wirken, Berlin 1882.

Ders., Die Organisation der Militärmusikchöre aller Länder, Hannover 1884.

Ders., Die Königlich-Preußischen Armeemärsche, Leipzig 1896.

Ders., Musikalische Studien und Skizzen, Berlin 1903.

G. KANDLER, Zur Geschichte der deutschen Soldatenmusik, in: Deutsche Soldatenkunde, hg. von B. Schwertfeger und E. O. Volkmann, Berlin 1937.

Ders., Zur Frage der Original-Werke und Bearbeitungen für Blasorchester, in: Völkische Musikerziehung, Leipzig 1940.

Ders., Die neue Instrumentalbesetzung der Luftwaffenmusik, in: Die Musik 33, 1940/41.

Ders., Militärmusik heute. Der Standort der deutschen Militärmusik in historischer und systematischer Betrachtung, in: Soldat im Volk, Bonn 1957.

Ders., Die kulturelle Bedeutung der deutschen Militärmusik, Berlin o. J.

Ders., Artikel Militärmusik in: MGG 9, 1961, Sp. 305 f. und 309–335.

G. KARSTÄDT, Artikel Blasmusik, in: MGG 1, 1949–51, Sp. 1906 bis 1918.

Ders., Die Verwendung der Hörner in der Jagdmusik, in: AltaMus. I, 1976.

G. KASTNER, Manuel général des Musique Militaire, Paris 1848.

D. H. KLEIN (Hg.), Badisches Hausbuch, Freiburg 1980.

J. KRAUSBECK, Wolfacher Fasnet in Geschichte und Dichtung, Wolfach 1973.

R. KUEN, Wie ich zur Blasmusik kam und was ich dabei erlebte, zugleich eine kurzgefaßte Chronik des Allgäu-Schwäbischen Musikbundes, Sulzburg, Allgäu 1961.

J. KÜNZIG, Lieder der badischen Soldaten, Leipzig 1927.

Ders., Kleine volkskundliche Beiträge aus fünf Jahrzehnten, Freiburg 1972.

Ders., Die alemannisch-schwäbische Fasnet, Freiburg 1950.

Ders., Ostbauern bei Offenburg und im Hanauerland, in: Alemannisches Jahrbuch 1957, S. 321–343.

W. KUTTER, Schwäbisch-alemannische Fastnacht, unter Mitwirkung von F. Knauss, Künzelsau u. a. 1976.

F. LÄNGIN, J. M. Molter, der Markgräflich Baden-Durlachische Kapellmeister und Hofkompositeur, in: Badische Heimat.

Ekkhart 1965, S. 128 – 133;

Ders., Karlsruher Komponisten des 18. Jahrhunderts, in: Badische Heimat 45, 1965, S. 160–165.

Ders., J. A. Schmittbaur. Der Markgräflich Badische Kapellmeister und Hofkompositeur (1718 – 1808), in: Badische Heimat. Ekkhart 1969, S. 161 – 168.

Landkreis Freiburg, hg. von Emil SCHILL u. a., Zell-Weierbach/Offenburg (1970).

L. G. LANGWILL, Index of Musical Wind Instrument Makers, 1960, 7. Auflage dzt. in Vorbereitung (London).

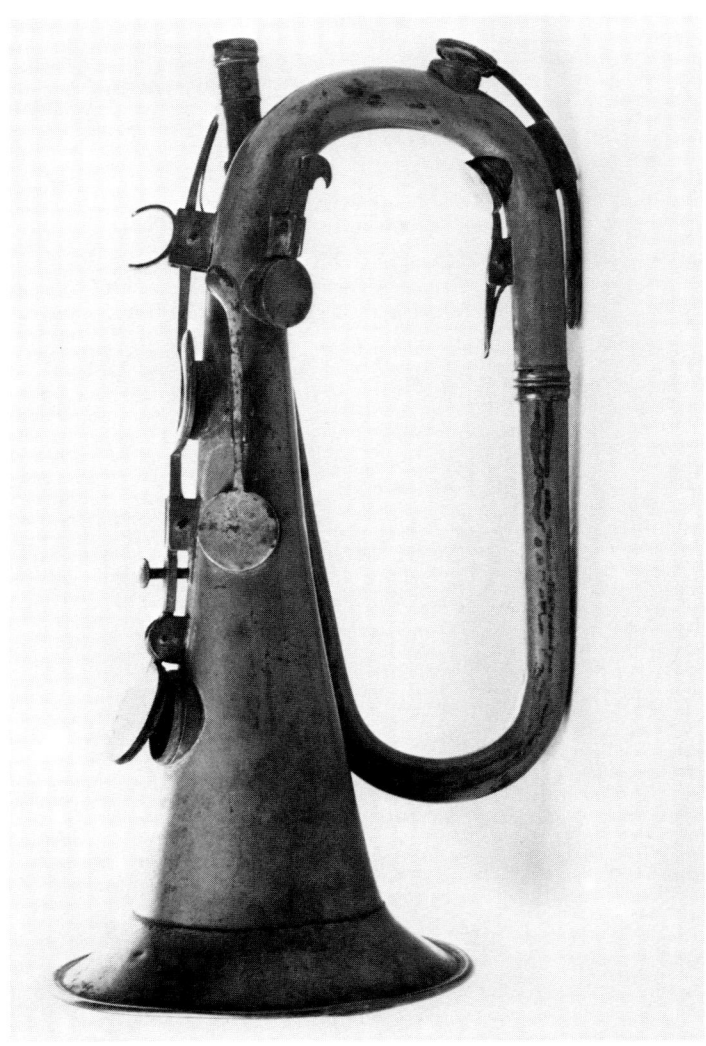

Abb. 146: Um 1850 in Süddeutsch-
land gebautes Klappen-Horn
(rechts) und die in der »Klapp-
Horn-Schule« von Noblet dafür
gegebenen Griffe (S. 259)
(Instrument im Germanischen
Nationalmuseum, Nürnberg,
MIR 56).

K. F. LEUCHT, Die badische Hofmusik und ihr Reorganisator J. A. Schmittbaur, phil. Diss. Wien 1933.

J. LIEBERMANN, Vom Kuhreihen in Villingen, seinen Weisen und seinen Texten, in: Badische Heimat 33, 1953, S. 339–343.

H. LIXFELD, Sänger und Gemeindekultur im Schwarzwald. Kurt Kussi und das Trio ›Alt Zell‹ aus Zell am Harmersbach, in: Jahrbuch für Volksliedforschung 27/28 = Röhrich-Festschrift, Berlin 1982, S. 205–224.

H. MOOG, Der Einsatz der Blechblasinstrumente in der Sonderpädagogik, in: AltaMus. I, 1976.

W. MÜLLER-BLATTAU, Venezianische Bläsermusik – Kompositionsstil und Aufführungspraxis, in: AltaMus. I, 1976.

A. MERKLE, Um die Heimat Hartmanns von Aue, in: Badische Heimat 54, 1974, S. 1–16.

F. METZ (Hg.), Vorderösterreich. Eine geschichtliche Landeskunde, Freiburg ²1967.

W. MICHAEL, Die Anfänge des Theaters in Freiburg, in: Zeitschrift der Gesellschaft für Beförderung der Geschichts-, Altertums- und Volkskunde von Freiburg 45, 1934.

MGG   Die Musik in Geschichte und Gegenwart, hg. von F. BLUME, Kassel u. a. 1949 ff.

H. MOSER, Städtische Fastnacht des Mittelalters. Masken zwischen Spiel und Ernst, Tübingen 1967.

Tablatur der Klapp-Hörner in B und Es.

Das Klapp-Horn in Es geht nur bis A und selbst diese letzte Note ist wenig gebräuchlich.

Die schwarzen Punkte bezeichnen die geschlossenen Klappen, die Nullen aber die geöffneten.

MOSER

H. J. MOSER, Musik-Lexikon, 4. Aufl. Hamburg 1955.

Ders., Tönende Volksaltertümer, Berlin 1935.

A. NAGELE, Das Südtiroler Blasmusikwesen, eine Statistik, in: Grundfragen des Bläserischen Musizierens der Jugend in unserer Zeit, hg. von STAPELBERG/SUPPAN, Trossingen 1966, S. 52–55.

Ders., Musikkapellen und Brauchtumspflege, in: ÖB 13, 1965.

O. ZUR NEDDEN, Die Kantorei am Hofe des Markgrafen Philipp II. von Baden-Baden (1580–1588), in: Zeitschrift für Musikwissenschaft 17, 1929/30, S. 89–92.

Ders., Zur Musikgeschichte von Konstanz um 1500, in: Zeitschrift für Musikwissenschaft 17, 1929/30, S. 449–458.

Ders., Quellen und Studien zur oberrheinischen Musikgeschichte im 15. und 16. Jahrhundert, Kassel 1931.

H. NELSBACH, 2000jähriges Musikland am Rhein, in: Die Musik 31, 1938/39, S. 513–517.

K. W. NIEMÖLLER, J. A. Schmittbaurs Werke und ihre Würdigung im 18. Jahrhundert, in: Festschrift für K. G. Fellerer, Regensburg 1962, S. 377–390.

ÖB   Österreichische Blasmusik, Fachzeitschrift des österreichischen Blasmusikverbandes, Jg. 1 ff., 1952 ff.

G. ORANSAY, Von der Türcken Dölpischer Music, in: Die Volkskulturen der südosteuropäischen Völker, München 1962, S. 96 ff. (Südosteuropa-Jahrbuch 6).

F. R. OVERTON, Der Zink, Mainz 1981.

P. PANOFF, Die Militärmusik in Geschichte und Gegenwart, Berlin 1938.

Ders., Das musikalische Erbe der Janitscharen, in: Atlantis-Zeitschrift 10, S. 634 ff.

F. PFAFF, Volkskunde im Breisgau, Freiburg 1906.

Ders., Der Minnesang im Lande Baden, Heidelberg 1908.

G. PICHT u. a, Musik in der Planung der Städte, in: Referate. Informationen Nr. 33, hg. vom Deutschen Musikrat, Bonn-Bad Godesberg 1973.

RAMEIS-BRIXEL   E. RAMEIS, Die österreichische Militärmusik von ihren Anfängen bis zum Jahre 1918, ergänzt und bearbeitet von Eugen BRIXEL, Tutzing 1976 (= AltaMus. II).

L. RÖHRICH, Singen und Sagen im Schwarzwald, in: Der Schwarzwald. Beiträge zur Landeskunde, Bühl/Baden 1980, S. 285–318.

P. RUHR, Der Blasmusiker. Studien zur Geschichte und Struktur der Blasmusik im südbadischen Raum, phil. Diss. Freiburg im Breisgau 1980.

W. SALMEN, Der fahrende Musiker im europäischen Mittelalter, Kassel 1960.

SBZ   Schweizerische Blasmusikzeitung.

W. SCHADT, Lieder im Hanauerland, Kehl 1972.

W. SCHÄFER, W. FAULER, K. SCHULZ, R. SIEBOLD, W. SUPPAN, E. VOLTZ, Bund Deutscher Blasmusikverbände, in: DB 25, 1975, S. 229–246.

H. A. SCHAETTGEN, Neun alte volkstümliche Weihnachtslieder aus Haslach im Kinzigtal, Haslach 1906.

L. SCHIEDERMAIR, Die Opern an den badischen Höfen des 17. und 18. Jahrhunderts, in: Sammelbände der internationalen Musikgesellschaft 14, 1912/13, S. 191–207 u. ö.

Ders., Zur Geschichte der frühdeutschen Oper, in: Jahrbuch Peters 17, 1910, Leipzig 1911, S. 29–43.

E. SCHNEIDER, Die Entwicklung des Blasmusikwesens in Vorarlberg, in: Montfort 1975, H. 1, S. 20–59, s. auch AltaMus. I, 1976, S. 145–173.

W. SCHNEIDER, Handbuch der Blasmusik. Ein Wegweiser für Bläser und Dirigenten, Mainz 1954.

Ders., Originale Blasmusik, in: Grundfragen des Bläserischen Musizierens der Ju-

gend in unserer Zeit, hg. von STAPELBERG/SUPPAN, Trossingen 1966, S. 38–44.

A. SCHULTE, Die Pfeiferbruderschaft zu Riegel i. Br., in: Zeitschrift für Gesch. Oberrhein 1887, NF. 2.

M. SCHULER, Die Musik in Konstanz während des Konzils 1414–1418, in: Acta musicologica 38, 1966, S. 150–168.

H. SCHULTZ (Hg.), Blasmusiken des 17./18. Jahrhunderts (= Reichsdenkmale, Band 14).

H. SCHWEDT, Kulturstile kleiner Gemeinden, Tübingen 1968 (= Volksleben 21).

B. SCHWINEKÖPER, Zur Deutung des Freiburger Stadtsiegels, in: Schau-ins-Land 78, 1980, S. 3–41.

A. SCHWOB, Das Konstanzlied ›O wunnikliches paradis‹ (Kl. 98) als Kontrapunkt zum Zerfall aristokratischer Herrschafts- und Lebensformen, in: Jahrbuch der Oswald von Wolkenstein-Gesellschaft I, 1980/81, S. 223–238.

F. SIMON und R.-W. BREDNICH, Die Altweibermühle in der Wolfacher Fastnacht, in: Publikationen zu wissenschaftlichen Filmen. Sektion Ethnologie, Serie 9, Nr. 3, Göttingen 1979.

F. STEIN, Zur Geschichte der Musik in Heidelberg, phil. Diss. Heidelberg 1912.

E. STITZENBERGER, Grundlinien einer Geschichte der Tonkunst im Lande Baden, 1883.

O. STOLLBERG, Die kirchliche Blasmusik im 15. und 16. Jahrhundert, ihre Pflege und ihre klangliche Entwicklung, phil. Diss. Erlangen 1942, mschr.

Ders., Blasmusik in der Kirche, in: Grundfragen des Bläserischen Musizierens der Jugend in unserer Zeit, hg. von Stapelberg/Suppan, Trossingen 1966, S. 62–74.

Ders., Die Blasmusik, ihr Verhältnis zu den Schulkantoreien im Reformationszeitalter, in AltaMus. I, 1976.

B. SÜTTERLIN, Geschichte Badens I. Frühzeit und Mittelalter, Karlsruhe ² 1968.

A. SUPPAN, Repertorium der Märsche für Blasorchester, Tutzing 1982 (AltaMus. 6).

SUPPAN   W. SUPPAN, Lexikon des Blasmusikwesens, Freiburg im Breisgau ²1976.

Ders., Das Blasorchester. Forschungsbericht und Forschungsaufgabe, in: AltaMus. I, 1976, S. 9–21.

Ders., Bürgerliches und bäuerliches Musizieren in Mittelalter und früher Neuzeit, in: Musikgeschichte Österreichs 1, Graz u. a. 1977, S. 143–172.

Ders., Amateurmusik, in: In Sachen Musik, hg. von S. Abel-Struth u. a., Kassel 1977, S. 97–105.

Ders., Blasorchesterbearbeitungen Liszt'scher Werke, in: Kongreß-Bericht Eisenstadt 1975 = Liszt-Studien I, Graz 1976 (Vorabdruck in DB 26, Mai – Juli 1976).

Ders., Werke von Richard Strauss in Bearbeitungen für Blasorchester, in: Hoerburger-Festschrift = Neue ethnologische Forschungen, Laaber 1977, S. 61–70.

Ders., (Hg.), Ein Berg verändert sein Antlitz. Zum Tuniberg-Richtfest 1970, Tiengen bei Freiburg 1970.

Ders., Werkzeug – Kunstwerk – Ware. Prolegomena zu einer anthropologisch fundierten Musikwissenschaft, in: Musikethnologische Sammelbände 1, 1977, S. 9–20.

Ders., Biologische und kulturelle Bedingungen des Musikgebrauches, in: Universitas 37, 1982, S. 1279–1284.

Ders., Anthropologie der Musik, Mainz 1983.

SUPPAN/ ostdeutsche Musiker   Ders., Der Anteil ostdeutscher Musiker am Neuaufbau des Blasmusikwesens in der Bundesrepublik Deutschland, in: Jahrbuch für ostdeutsche Volkskunde 20, 1977, S. 244–262.

SV   Südtiroler Volkskultur, Monatsschrift, bis Jg. 5, 1953 unter dem Titel »Die Volksmusik«; neuerdings »Tiroler Volkskultur«.

F. THELEN, Die Blasmusikverbände – ihre Aufgaben und Ziele: in: Grundfragen des bläserischen Musizierens der Jugend in unserer Zeit, hg. von Stapelberg/Suppan, Trossingen 1966, S. 6–13.

Ders., W. Schneider-Monographie, in: AltaMus. I, 1976.

G. THOURET (Hg.), Führer durch die Fachausstellung der deutschen Militärmusik, Wien 1982.

TOECHE-MITTLER   J. TOECHE-MITTLER, Armeemärsche. Eine historische Plauderei zwischen Regi-

mentsmusiken und Trompeterkorps rund um die deutsche Marschmusik, Neckargmünd, Band 1, 1966, Band 2, 1971, Band 3, 1975.

G. UMINGER, Altüberliefertes lebendiges Frühlingsbrauchtum in unserer Heimat, in: Badische Heimat 49, 1969.

Ders., Der Johannistag in Südwestdeutschland, in: Badische Heimat 53, 1973, S. 291–304.

G. VEIT, Die Blasmusik. Studie über die geschichtliche Entwicklung der geblasenen Musik, Bozen 1972.

M. VOGEL, Die Intonation der Blechbläser, Düsseldorf 1961 (= Orpheus 1).

Ders., Die enharmonische Trompete, in: Das Orchester 12, 1964, Heft 2.

Ders., Blechblasinstrumente in reiner Stimmung, in: Grundfragen des Bläserischen Musizierens der Jugend in unserer Zeit, hg. von Stapelberg/Suppan, Trossingen 1966, S. 56–61.

VOGELEIS   M. VOGELEIS, Quellen und Bausteine zu einer Geschichte der Musik und des Theaters im Elsaß 500–1800, Straßburg 1911.

G. WALSER, Römische und gallische Militärmusik, in: Festschrift Arnold Geering zum 70. Geburtstag, Bern 1972, S. 231–239.

D. WHITWELL, Band Music of the French Revolution, Tutzing 1979 (= AltaMus. 5).

W. WIEPRECHT, Die Militärmusik und die militärische Organisation eines Kriegsheeres, Berlin 1885.

Ders., Königlich-Preußische Armeemärsche (neu instrumentiert), Berlin o. J.

Wieprechts Schriften, Berlin 1867.

S. ŽAK, Musik als ›Ehr und Zier‹ im mittelalterlichen Reich, Neuss 1979.

O. ZURMÜHLE, Der Blasmusik-Dirigent. Ein Leitfaden für die praktische und theoretische Ausbildung des Blasmusik-Dirigenten, Adliswil bei Zürich 1950, ²1959.

Bildnachweis:

Musikverein Au: 62. – Augustinermuseum Freiburg: 32–36, 127a. – Musikverein Bermatingen: 41. – Prof. Dr. Rolf Wilhelm Brednich, Göttingen – Pfaffenweiler: 23, 129. – MD Heinrich Braun, Radolfzell: 79. – Stadtmusikverein Breisach (Aufn. Paul Schnebelt): 133. – Leo Bürkle, Bohlsbach: 78. – Rainer Cimander, Freiburg-Tiengen: 68, 69. – Dr. Zoltán Falvy, Budapest: 38. – Prof. Dr. Ludwig Finscher, Heidelberg: 28, 29. – Stadtarchiv Freiburg: 31. – Madeleine Hager, Freiburg: S. 8. – Foto-Hasenfratz, Hüfingen: 130. – Generallandesarchiv Karlsruhe: 27. – Germanisches Nationalmuseum, Nürnberg: 145, 146. – Prof. Dr. Friedrich Hodick, Wien: 54. – Fritz Hörter, Weingarten: 63. – Dr. Georg Knop, Sulzburg: 131, 132. – Bernhard Köppel, Rheinfelden: 55. – Ludwig Müller, Karlsbad: S. 267. – Herbert Neundorf, Perkeo-Fanfarenzug Heidelberg: 28, 29. – OTL Herbert Russek, Karlsruhe: 56, 57. – Willi Schütz-Erb, Obersasbach: 144. – Klaus Schulz, Freiburg-Tiengen: 65. – Rudolf Siebold (†), Überlingen: 120. – Rathaus Staufen (Aufn.: Rainer Cimander): 39. – Alfred Steiert, Lahr (Aufn. Photo-Pfeiffer, Lahr): 43. – Studio B, Freiburg: 134. – Peter-Michael Suppan (†), Graz: 64, 137. – Wehrgeschichtliches Museum, Schloß Rastatt: 42, 46, 47, 49–51, 53. – Dr. Ing. Hans-Joachim Winter, Kierspe: 44, 48. – Dr. Hans Witte, Osnabrück: 97, 138.
Die nicht bezeichneten Abbildungen zur allgemeinen Geschichte der Blasmusik entstammen dem Archiv des Verfassers. Die Bilder der Musikkapellen wurden von den jeweiligen Vereinen eingesandt. Zudem wird auf die entsprechenden Literatur-Angaben verwiesen.

DOKUMENTATIONSTEIL

Die Verbände und Vereine des
Bundes Deutscher Blasmusikverbände
in Baden

Das Badische Blasmusikbuch: Ein stolzer Abschluß meiner Präsidentschaft

Als Verwaltungsjurist, Landrat des Kreises Kehl und von 1968 bis 1982 Präsident des Bundes Deutscher Blasmusikverbände habe ich die Entfaltung des Blasmusikwesens in Deutschland seit den dreißiger Jahren zunächst mit Interesse verfolgt, seit den fünfziger Jahren aber aktiv mitgestalten dürfen. Meine Generation hat im gesellschafts- und kulturpolitischen Bereich eine Entwicklung miterlebt, die in jeder Hinsicht eine stürmische zu nennen ist. Das Musizieren in Amateurmusikvereinen blieb davon nicht ausgeschlossen. Dieses Buch nun gibt mir Gelegenheit, einige – wie mir scheint – wichtige Gedanken auszusprechen, die sich in den langen Jahren meines Wirkens für die Blasmusik bei mir eingestellt haben.

Zwar reichen die Wurzeln des Blasmusikwesens weit in die Geschichte unseres Landes zurück. Die Tradition einzelner Musikkapellen in Baden setzt bereits im 16. Jahrhundert ein. Doch mag man von Blasorchestern im zeitgemäßen Sinn erst seit den Türkischen Kapellen der Bürgermilizen in der ersten Hälfte des 19. Jahrhunderts sprechen. Nach den Wirren der 1848er Revolution vermochten zivile Blaskapellen sich vereinsmäßig zu organisieren. Früher als in anderen deutschsprachigen Landschaften, nämlich seit 1892, haben sich von Karlsruhe rheinaufwärts bis zum Bodensee die Blaskapellen zu Verbänden zusammengeschlossen, in denen Zusammengehörigkeitsgefühl und kulturpolitische Präsenz zugleich von Bedeutung erschienen. Ein entscheidender Wandel im gesellschaftlichen Ansehen und im musikalischen Ausdruck trat nach dem Ende des Zweiten Weltkrieges ein. Weil Musik und Sport zu den wichtigsten Freizeitbeschäftigungen des Menschen zählen, erfuhr private Initiative in verstärktem Maß staatliche Förderung. An diesem Prozeß, der dazu führte, dies allgemein bewußt werden zu lassen, habe ich wesentlichen Anteil genommen. Die von mir ideell und finanziell geförderte Blasmusikschule des Kreises Kehl hat einerseits bei meinen Landratskollegen und in Stuttgarter Ministerien Aufsehen erregt, andererseits im damals aufstrebenden Musikschulwesen der Bundesrepublik Deutschland gezeigt, daß neben den Streich- und Tasteninstrumenten der Unterricht auf Blasinstrumenten aufgrund seiner gruppenbildenden Funktion mehr als bisher angeboten werden müßte. So kam es zur Integration der blasmusikalischen Erziehung in die allgemeine Musikpädagogik, so etablierten sich Blaskapellen als wesentlicher Bestandteil des allgemeinen Musiklebens – und (nicht zuletzt): So konnten von seiten der Mitarbeiter im Geschäftsführenden Präsidium des Bundes Deutscher Blasmusikverbände auch wichtige kulturpolitische Ideen in die Arbeit des Deutschen Musikrates in Bonn eingebracht werden.

Mein besonderes Interesse galt stets der Jugend. Nie zuvor hatte es einen ähnlichen Zustrom von Jungen und Mädchen zu den Blaskapellen gegeben: Eine erfreuliche Entwicklung, die uns allen zugleich hohe Verantwortung für die Jugend übertrug.

Als Präsident des Bundes Deutscher Blasmusikverbände sah ich meine Aufgabe aber auch darin, alle Gleichgesinnten an einen Tisch zu bringen, sich »mit einer Zunge« den politischen Instanzen gegenüber zu artikulieren. Dies geschah in der 1950 gegründeten Arbeitsgemeinschaft Deutsche Blasmusik, deren letzter Präsident – bis zur Überführung in die Bundesvereinigung Deutscher Blas- und Volksmusikverbände im Jahre 1978 – ich zu sein die Ehre hatte. Seit dem Abgang von Bundesminister a. D. Dr. Bruno Heck im Jahr 1977 stehe ich zudem der ebenfalls 1950 gegründeten Arbeitsgemeinschaft der Volksmusikverbände vor, die ihren Sitz in Trossingen hat. Während dieser meiner Präsidentschaft kam es durch den Bundespräsidenten zur Stiftung der Pro-Musica-Plakette für jene Vereinigungen, die vor hundert und mehr Jahren gegründet worden sind und die seither aktiv im gemeindlichen Leben mitgewirkt haben. Mehr als dreihundert Anträge für die Vergabe dieser Auszeichnung sind bis zur Stunde durch meine Hände gegangen. Ein wahrhaft stolzes Zeugnis für die Wirkweise unserer Blasmusik-Amateure, die nie ausschließlich aus privatem Ehrgeiz oder Geltungsbedürfnis, sondern stets zum Wohle eines Gemeinwesens Opfer bringen.

Ich möchte diese Ausführungen nicht beschließen, ohne daran zu erinnern, daß der Bund Deutscher Blasmusikverbände nun zum zweiten Mal eine Aufgabe übernimmt, die weit über seinen eigentlichen Aufgabenbereich hinausgeht. Unsere Risikobereitschaft und allgemeine Verantwortung im Dienste der gesamten deutschen Blasmusik fand bereits in der Herausgabe des »Lexikons des Blasmusikwesens« im Jahr 1973 ihren Ausdruck. Der damalige Regierungspräsident Dr. Hermann Person vom Regierungspräsidium in

Freiburg hat uns ermuntert und gefördert, der Vorsitzende des Jugendbeirates im Bund Deutscher Blasmusikverbände, Univ.-Prof. Dr. Wolfgang Suppan, hatte die Arbeit der Manuskriptgestaltung übernommen, beim Verlag Fritz Schulz in Freiburg-Tiengen lag die verlegerische Betreuung. Allen Unkenrufen zum Trotz wurde das Lexikon ein weltweiter Erfolg. Bereits 1976 erschien davon eine zweite Auflage.

Nun ist es beinahe dasselbe Team, das sich für ein Badisches Blasmusikbuch stark macht. Mein Dank gilt daher den eben genannten Mitarbeitern ebenso wie allen übrigen Kollegen und Freunden im Präsidium des Bundes Deutscher Blasmusikverbände. Und ich wünsche meinem Nachfolger, Herrn Regierungspräsidenten Dr. Nothhelfer, daß er mit diesem Buch das Ansehen des Blasmusikwesens in der Öffentlichkeit wird weiter festigen können. Ich bin fest davon überzeugt, daß spätere Generationen uns diesen Einsatz danken werden.

Die Edition des Badischen Blasmusikbuches sehe ich als den krönenden Abschluß meiner vierzehnjährigen Präsidentschaft im Bund Deutscher Blasmusikverbände. – Das Vorwort zur 1. Auflage des »Lexikons des Blasmusikwesens« konnte ich mit »Kehl am Rhein, Weihnacht 1972« datieren und unterzeichnen. Genau zehn Jahre später schreibe ich diese Zeilen hin . . .

Kehl am Rhein, Weihnacht 1982

Walter Schäfer
Landrat a. D.

Ehrenpräsident des Bundes Deutscher
Blasmusikverbände

Bund Deutscher Blasmusikverbände e. V.

Präsident: Dr. Norbert Nothhelfer, Regierungspräsident

Stellv. Präsidenten:
Süd-West: Eugen Faller
Süd-Ost: Ewald Merkle
Nord-Ost: Fritz Hörter
Nord-West: Ernst Lühman

Vorsitzender des Musikbeirates: Friedel Moritz
Stellvertreter: Prof. Dr. Wolfgang Suppan

Vorsitzender des Jugendbeirates: Prof. Dr. Wolfgang Suppan
Stellvertreter: Friedel Moritz
Geschäftsführer und Gema-Sachbearbeiter: Klaus Schulz
Rechner: Ewald Schmid

Ehrenpräsidenten
Emil Dörle † 1964 (1950–1954)
Hermann Albrecht † 1968 (1954–1968)
Walter Schäfer, Landrat a. D. (1968–1982)

Ehrenmitglieder:
Fritz Schulz † 1974 (1950–73)
Richard Rehm (1950–1980)
Rudolf Siebold † 1983 (1955–1976)

Musikbeirat:
Referat I (Schulungen und Lehrgänge): Heinrich Braun
Referat II (Literatur): Heinz-Georg Linke
Referat III (Wertungsrichter): Otfried Weis

Jugendbeirat:
Referat I (Bläserjugend): Ewald Schmid
Referat II (Jugendwettbewerbe): Michael Fröhlich
Referat III (Kurswesen): Hanspeter Rinklin

Sitzend von links nach rechts: Fritz Hörter, Ewald Merkle, Dr. Norbert Nothhelfer, Walter Schäfer, Eugen Faller, Ernst Lühmann
Stehend: Klaus Schulz, Ewald Schmid, Friedel Moritz, Prof. Dr. Wolfgang Suppan, Rudolf Siebold (†1983).

Dem BUND DEUTSCHER BLASMUSIKVERBÄNDE e.V. (BDB)
gehören folgende Mitgliedsverbände an (Stand 1. Januar 1983):

Acher-Renchtal-Musikverband e.V.	40	Mitgliedsvereine
Alemannischer Musikverband e.V.	63	Mitgliedsvereine
Hegau-Musikverband 1893 e.V.	89	Mitgliedsvereine
Blasmusikverband Hochrhein e.V.	103	Mitgliedsvereine
Blasmusikverband Hochschwarzwald e.V.	36	Mitgliedsvereine
Blasmusikverband Kaiserstuhl-Tuniberg e.V.	37	Mitgliedsvereine
Blasmusikverband Karlsruhe e.V.	102	Mitgliedsvereine
Musikverband Kinzigtal	34	Mitgliedsvereine
Markgräfler Musikverband	36	Mitgliedsvereine
Musikverband Mittelbaden e.V.	66	Mitgliedsvereine
Oberbadischer Blasmusikverband »Breisgau« e.V.	75	Mitgliedsvereine
Blasmusikverband Odenwald-Bauland	62	Mitgliedsvereine
Blasmusikverband Ortenau e. V.	71	Mitgliedsvereine
Blasmusikverband Schwarzwald-Baar	64	Mitgliedsvereine
Landesmusikverband Hessen (L.M.H.)	80	Mitgliedsvereine
Blasmusikverband Nordrhein-Westfalen e. V.	16	Mitgliedsvereine
Blasmusikverband Vorspessart	33	Mitgliedsvereine
17 Verbände	1 007	Mitgliedsvereine

*hinter dem Gründungsjahr = Pro-musica-Plakette erhalten

Acher-Renchtal-Musikverband e.V.

Das Präsidium

1. Präsident: Josef Grumer
2. Präsident: Albert Seifermann
Verbandsdirigent: Walter Tuschla
Verbandsjugendleiter: Oskar Sauer
Geschäftsführer: Klaus Kiefer
Rechner: Adolf Schneider
Pressereferent: Wolfgang Löhnig

Beisitzer:
Werner Horn, Bernhard Lepold, Alois Oberle,
Manfred Ziegler
Ehrenmitglieder:
Oskar Sauer, Emil Rosa, Emil Haas

Der Verband hat 40 Mitgliedsvereine.
Zum Verband gehört noch der Musikverein Sasbachried.

Sitzend von links nach rechts: Walter Tuschla, Josef Grumer, Albert Seifermann. Stehend von links nach rechts: Alois Oberle, Oskar Sauer, Manfred Ziegler, Klaus Kiefer, Wolfgang Löhnig, Bernhard Lepold, Werner Horn, Adolf Schneider

Stadtkapelle Achern 1813 e.V.

Gründungsjahr:	1813*
1. Vorsitzender:	Siegfried Bank
Stellv. Vorsitzender:	Egon Springmann
Schriftführer:	Otto Madlinger jr.
Rechner:	Günter Butz
Beirat:	
Ausschußmitglieder:	Otto Brendel
	Albert Debacher
	Erich Debacher
	Georg Halter
	Heinz Langer
	Ernst Vollmer
	Julius Zeller
Dirigent:	Rudolf Heidler
Vizedirigent:	Raimund Haas
Notenwart:	Arnold Kraus
Instrumentenwart:	Egon Springmann
Ehrenvorsitzender:	Horst Deufel

Ehrenmitglieder: Bertold Bruder, Franz Fischer, Josef Hauser, Willi Knittel, Josef Lohmüller, Otto Madlinger sen., Friedrich Schemel, Fritz Weber
Aktive: Bäuerle Oliver, Klarinette (1977); Berdon Uwe, Trompete (1971); Bruder Christian, Klarinette (1970); Butz Günter, Trompete (1970); Dankwarth Michael, Klarinette (1974); Deufel Peter, Trompete (1970); Distelzweig Willi, Tenorhorn (1980); Dober Werner, Trompete (1960); Fahrner Bruno, Klarinette (1958); Federle Adelgunde, Klarinette (1976); Furtwängler Wolfgang, Horn (1982); Haas Dr. Raimund, Klarinette (1960); Hahne Kurt, Flügelhorn (1956); Halter Uwe, Saxophon (1970); Harter Heinz, Tenorhorn (1981); Helbig Kurt, Trompete (1980); Huber Johann, Bariton (1973); Hund Fritz, Tuba (1957); Keller Stephan, Trompete (1979); Kistner Heinrich, Posaune (1948); Kraus Arnold, Flügelhorn (1957); Kraus Markus, Schlagzeug (1981); Lehmann Michael, Horn (1976); Leser Peter, Trompete (1975); Madlinger Bernhard, Schlagzeug (1973); Madlinger Otto sen., Pauken (1935); Madlinger Otto jun., Schlagzeug (1957); Merz Christina, Flöte (1981); Merz Joachim, Klarinette (1981); Merz Michael, Trompete (1979); Merz Peter, Schlagzeug/Lyra (1979); Rapp Karl, Klarinette (1978); Reinschmitt Heinz, Posaune (1961); Reinschmitt Thomas, Posaune (1974); Renje Christoph, Klarinette (1979); Sackmann Andreas, Schlagzeug (1982); Schemel Friedrich, Horn (1951); Schindler Christoph, Posaune (1979); Schindler Silver, Flügelhorn (1976); Springmann Egon, Klarinette (1948); Springmann Renate, Flöte (1980); Stahlberger Gerhard, Trompete (1976); Stahlberger Helmut, Bariton (1979); Stahlberger Werner, Tenorhorn (1948); Stinus Harald, Klarinette (1981); Vogt Bernd, Flügelhorn (1979); Weber Jürgen, Tenorhorn (1966); Weber Mathias, Tuba (1982); Wehrle Richard, Klarinette (1981); Zuleg Thomas, Flügelhorn (1976)

Werkkapelle Glashütte Achern

Gründungsjahr:	1903
1. Vorsitzender:	Ludwig Schmitt
Stellv. Vorsitzender	
Schriftführer	
Rechner:	Rolf True
Dirigent:	Willy Schütz, MD
Notenwart:	Gerhard Burgert

Aktive: Braun Günter, Bariton (1975); Bruder Berthold, Tuba (1928); Burgert Gerhard, Flügelhorn (1951); Eckenfels Ludwig, Bariton (1948); Haas Raimund, Klarinette (1965); Herr Herbert, Tenorhorn (1952); Hunkler Josef, Tenorhorn (1950); Jörger Leonhard, Trompete (1964); Kistner Heini, Posaune (1946); Klumpp Otmar, Horn (1949); Knittel Willi, Posaune (1938); Lehmann Albrecht, Posaune (1975); Schindler Friedrich, Flügelhorn (1935); Schmitt Fritz, Tuba (1947); Schmitt Ludwig, Flügelhorn (1947); Schweißgut Stefan, Klarinette (1948); Seiler Wilfried, Klarinette (1938); Sester Willi, gr. Trommel (1953); Springmann Egon, Klarinette (1947); Springmann Renate, Flöte (1980); Strack Richard, Tuba (1975); True Rolf, Trompete (1949); Weber Heinz, Horn (1939)

Blasmusikkapelle Transportbataillon 861 Achern

Gründungsjahr:	1968
1. Vorsitzender:	Major Böhmig
Dirigent:	Gefreiter Dreher

Die Militärmusikkapelle des Transportbataillon 861 in Achern/Baden

Seit 1968 gibt es in der großen Kreisstadt Achern eine Blasmusikkapelle besonderer Art. Unter persönlichem Einsatz des damaligen Kommandeurs des ehem. schweren Transportbataillons 932, Herrn Oberstleutnant Schalck entstand ein Musikkörper, der in seiner besten Besetzung an die Leistungen der professionellen Bundeswehr-Musikkorps herankam. Im und nach Dienst übten und probten die Soldaten unter wechselnder Stabführung des Gefr. Geiger, des SU Kraus, OFw Stoller, SU Schäfer und OFw Heiß mit Hingabe und Begeisterung insbesondere Militärmusikstücke. Noch heute spielen musikbegeisterte junge Wehrpflichtige aus dem Ortenaukreis in Uniform auf Veranstaltungen der Bundeswehr oder der zivilen Vereine. Zwar liegt der Auftrag des Transportbataillons 861 auf anderem Gebiet, aber so der jetzige Dirigent Gefr. Dreher aus Oppenau: „Es tut gut, auch während der Wehrdienstzeit der Blasmusik nachgehen zu können".

Musikverein Bad Griesbach e.V.

Gründungsjahr:	1912
1. Vorsitzender:	Werner Schmiederer
Stellv. Vorsitzender:	Konrad Bächle
Schriftführer:	Ernst Zimmermann
Rechner:	Karl Bächle
Stellv. Rechner:	Herbert Maier
Beirat:	Josef Bächle
	Franz Kimmig
	Martin Kimmig
	Herbert Vogt
Dirigent:	Anton Gieringer
Vizedirigent/ Jugendleiter:	Ludwig Gieringer
Notenwart:	Markus Müller
Instrumentenwart:	Werner Schmiederer
Ehrendirigent:	Emil Rosa
Ehrenmitglieder:	Josef Doll
	Emil Bächle I
	Emil Bächle II

Aktive: Armbruster Hansjörg, Tenorhorn (1982); Bächle Emil, Flügelhorn (1946); Bächle Josef, Klarinette (1963); Bächle Karl, Flügelhorn (1965); Bächle Konrad, Horn (1953); Bächle Manfred, Klarinette (1959); Bohnert Holger, Schlagzeug (1981); Bruder Horst, Posaune (1954); Bruder Willi, Tuba (1959); Dieterle Meinrad, Tuba (1965); Doll Ekkehard, Tenorhorn (1979); Doll Markus, Flöte (1975); Erdrich Emil, Trompete (1972); Faißt Karl, Flügelhorn (1950); Gieringer Ludwig, Trompete (1948); Gieringer Ludwig, Klarinette (1953); Gieringer Stefan, Klarinette (1976); Hoferer Dieter, Tenorhorn (1959); Hoferer Karl-Josef, Trompete (1967); Huber Josef, Schlagzeug (1977); Kessler Ludwig, Horn (1965); Kimmig Ludwig, Tenorhorn (1968); Kimmig Martin, Posaune (1963); Maier Herbert, Tenorhorn (1950); Müller Christian, Klarinette (1975); Müller Herbert, Bariton (1953); Müller Hubert, Posaune (1975); Müller Johannes, Trompete (1972); Müller Josef, Klarinette/Schlagzeug (1953); Müller Josef, Horn (1965); Müller Josef, Posaune (1975); Müller Markus, Tenorhorn (1980); Müller Martin, Bariton (1975); Müller Michael, Klarinette (1975); Schmid Alfons, Tuba (1977); Schmid Karl, Trompete (1953); Schmid Roland, Saxophon (1970); Schmiederer Hermann, Klarinette (1967); Schmiederer Werner, Flügelhorn (1946); Vogler Karl-Josef, Klarinette (1967); Zimmermann Ernst, Schlagzeug (1955); Zimmermann Hubert, Saxophon (1972).

Musikverein Appenweier e.V.

Gründungsjahr:	1878*
1. Vorsitzender:	Josef Grumer I
Stellv. Vorsitzender:	Josef Huber
Schriftführer:	Hans-Peter Wiedemer
Rechner:	Richard Huber
Beirat (Aktiva):	Walter Föll
	Wolfgang Huschle
	Wolfgang Kornmeier
	Rolf Lambart
	Heinz Sauer
	Martin Vollmer
Beirat (Passiva):	Franz Bollack
	Josef Grumer II
	Adolf Gutmann
	Alfons Kornmeier
	Hermann Kornmeier
	Michael Stettenbenz
	Wilfried Wiedemer
Dirigent:	Jürgen Ramin
Vizedirigent/	
Jugendleiter:	Franz Boschert

Aktive: Armbruster Klaus, Flügelhorn (1971); Bell Thomas, Flügelhorn (1979); Benz Henry, Schlagzeug (1982); Biegger Siegfried, Flügelhorn (1961); Böhly Jürgen, Trompete (1964); Böhly Paul, Tenorhorn (1950); Boschert Franz, Klarinette (1959); Brudy Gernot, Trompete (1964); Brudy Hermann, Klarinette (1966); Brudy Ignaz, Horn (1948); Brudy Jürgen, Horn (1981); Brudy Konrad, Klarinette (1979); Caricci Christian, Klarinette (1976); Deichelbohrer Heinz, Klarinette (1971); Dreier Johannes, Klarinette (1971); Dreier Patrick, Flügelhorn (1976); Fischer Bernd, Posaune (1971); Flötzer Peter, Klarinette (1971); Föll Bernd, Schlagzeug (1974); Föll Heinz, Flügelhorn (1966); Foll Manfred, Flügelhorn (1976); Föll Oskar, Trompete (1955); Föll Rudi, Tuba (1948); Föll Rüdiger, Schlagzeug (1980); Föll Walter, Trompete (1959); Gempler Otmar, gr. Trommel (1947); Grumer Werner, Klarinette (1964); Huber Gerd, Bariton (1971); Huber Josef, Posaune (1947); Huber Klaus, Tuba (1964); Huber Wolfgang, Posaune (1971); Huschle Hartmut, Flöte (1964); Huschle Wolfgang, Posaune (1964); Kiefer Klaus, Tenorhorn (1964); König Rudolf, Trompete (1979); Kohler Karl, Horn (1952); Kornmeier Bernhard, Posaune (1964); Kornmeier Hans, Klarinette (1946); Kornmeier Hans-Georg, Klarinette (1971); Kornmeier Hans-Martin, Schlagzeug (1976); Kornmeier Jörg, Posaune (1981); Kornmeier Jürgen, Flügelhorn (1979); Kornmeier Karl-Heinz, Posaune (1971); Kornmeier Martin, Klarinette (1971); Kornmeier Thomas, Klarinette (1976); Kornmeier Wilfried, Klarinette (1964); Kornmeier Wolfgang, Flügelhorn (1962); Lambart Rolf, Tenorhorn (1946); Lohmele Hugo, Schlagzeug (1952); Maier Achim, Flöte (1976); Meier Rupert, Tenorhorn (1964); Müller Michael, Klarinette (1976); Nock Werner, Tenorhorn (1972); Oberle Peter, Klarinette (1948); Riebs Stefan, Posaune (1981); Sauer Franz-Michael, Tenorhorn (1959); Sauer Heinz, Flügelhorn (1956); Sauer Joachim, Horn (1972); Schnurr Albin, Tuba (1946); Schnurr Alexander, Trompete (1979); Siedler Gottfried, Schlagzeug (1948); Stettenbenz Siegfried, Flöte (1971); Vollmer Alfred, Trompete (1950); Vollmer Martin, Trompete (1971); Vollmer Stefan, Tenorhorn (1976); Vollmer Walter, Trompete (1979); Wagner Klaus-Dieter, Tuba (1971); Wiedemer Armin, Posaune (1976); Wiedemer Berthold, Horn (1957); Wiedemer Hans-Peter, Bariton (1964); Wiedemer Ralf, Posaune (1981); Wiedemer Stefan, Trompete (1976)

Jugendkapelle des Musikvereins Appenweier
mit Verwaltungsrat

Zöglinge: Brudy Jochen (1982); El-Azzawi Alexander (1982); Föll Robert (1982); Götz Stefan (1982); Grumer Patrick (1982); Herter Thomas (1982); Kränzle Herbert (1982); Mayer Michael (1982); Ochs Stefan (1982); Sauer Ralph (1982); Schramm André (1982); Seitel Holger (1982); Souillard Alain (1982); Vollmer Marcus (1982); Weber Andreas (1982); Wiedemer Christoph (1982); Wiedemer Stefan-Marcus (1982)

Musik- und Milizkapelle Bad Peterstal

Gründungsjahr:	1865*
1. Vorsitzender:	Kurt Simoneit
Stellv. Vorsitzender:	Manfred Huber
Schriftführer:	Herwig Boschert
Rechner:	Ernst Streif
Vorstandschafts-mitglieder:	Karl Braun
	Hermann Huber
	Herbert Waidele
	Franz Zimmermann
Dirigent:	Franz Huber
Jugendleiter:	Franz Huber
Notenwart:	Rudolf Huber
Ehrenvorsitzender:	Kurt Ritter

Aktive: Bächle Helmut, Pauken (1963); Boschert Gebhard, kl. Trommel (1938); Boschert Herwig, Flügelhorn (1960); Braun Karl, Saxophon (1956); Gmeiner Stefan, Tuba (1971); Gutmann Wolfgang, gr. Trommel (1966); Held Winfried, Tenorhorn (1968); Hermann Clemens, Flöte (1979); Huber Dieter, Klarinette (1951); Huber Franz, Posaune (1970); Huber Hermann, Klarinette (1945); Huber Josef, Tenorhorn (1955); Huber Manfred, Klarinette (1950); Huber Richard, Flügelhorn (1974); Huber Robert, Saxophon (1969); Huber Rudolf, Trompete (1961); Huber Wolfgang, Trompete (1967); Ilg Andreas, Trompete (1958); Kessler Ludwig, Tuba (1965); Kessler Ludwig, Flügelhorn (1938); Kimmig Adolf, Posaune (1951); Kimmig Ludwig, Posaune (1969); Knopf Ekkehard, Horn (1956); Maier Edmund, Tuba (1934); Müller Herbert, Trompete (1974); Müller Hermann, Posaune (1962); Müller Michael, Bariton (1966); Munzert Benno, Klarinette (1972); Munzert Rüdiger, Horn (1950); Nock Klaus, Trompete (1963); Nock Michael, Posaune (1972); Noll Bernhard, Tenorhorn (1967); Ritter Kurt, Flügelhorn (1941); Schmiederer Franz, Flöte (1958); Simoneit Kurt, Klarinette (1958); Streif Ernst, Tenorhorn (1961); Waidele Clemens, Flöte (1979); Waidele Herbert, Klarinette (1962); Waidele Josef, Klarinette (1950); Waidele Rolf, Trompete (1970); Waidele Thomas, Tuba (1972); Zimmermann Erich, Klarinette (1972); Zimmermann Franz, Klarinette (1951)
Zöglinge: Doll Manfred, Posaune (1981); Huber Alexander, Flügelhorn (1982); Huber Michael, Flügelhorn (1982); Huber Roman, Trompete (1980); Kimmig Lothar, Flügelhorn (1982); Maier Albrecht, Klarinette (1979); Maier Reinhard, Klarinette (1980); Serrer Klaus, kl. Trommel (1981); Streck Ernst, kl. Trommel (1981)

Musikverein Bottenau e.V.

Gründungsjahr:	1938
1. Vorsitzender:	Hermann Bigott
Stellv. Vorsitzender:	Alfred Kornmayer
Schriftführer:	Karl Bähr
Stellv. Schriftführer:	Josef Kornmayer
Rechner:	Wendelin Bigott
Beirat:	Josef Braun
	Leopold Danner
	Ludwig Huber
	Anton Müller
	Ludwig Müller
	Robert Nicolai
	Herbert Stamm
	Edgar Thurner
Dirigent:	Fritz Söllner
Vizedirigent:	Heinrich Kiefer
Jugendleiter:	Fritz Söllner
Notenwart:	Heinrich Kiefer
Ehrenvorsitzender:	Josef Braun sen.
Ehrendirigent:	Wilhelm Boschert

Aktive: Bähr Erich, Schlagzeug (1973); Bähr Gerhard, Trompete (1972); Bähr Karl, Tenorhorn (1966); Bähr Wendelin, Tuba (1968); Benz Josef, Horn (1952); Bigott Beate, Flöte (1977); Bigott Franz, Trompete (1960); Bigott Hugo, Flügelhorn (1966); Börsig Georg, Horn (1977); Braun Wendelin, Klarinette (1958); Danner Bernd, Flügelhorn (1972); Danner Heinrich, Tenorhorn (1969); Danner Josef, Trompete (1972); Danner Leopold, Tuba (1952); Gass Volker, Klarinette/Saxophon (1975); Hildenbrand Joachim, Posaune (1975); Hubert Konrad, Tenorhorn (1975); Huber Ludwig, Horn (1948); Huber Ludwig, Flügelhorn (1972); Huber Martin, Klarinette/Saxophon (1977); Kiefer Heinrich, Trompete (1945); Kiefer Josef, Trompete (1954); Kiefer Josef, Tenorhorn (1951); Kornmayer Alfred, Klarinette (1946); Kornmayer Gerd, Posaune (1975); Kornmayer Gisela, Flöte (1977); Kornmayer Josef, Tenorhorn (1947); Kornmayer Ursula, Klarinette (1972); Männle Franz, Posaune (1977); Müller Anton, Flügelhorn (1958); Müller Georg, Klarinette (1977); Müller Ludwig, Tenorhorn (1956); Müller Ludwig, Flügelhorn (1958); Nicolai Christine, Klarinette (1977); Nicolai Jürgen, Bariton (1972); Obrecht Hermann, Flügelhorn (1952); Sester Elfriede, Klarinette/Saxophon (1972); Sester Martin, Klarinette (1975); Stamm Ute, Klarinette (1975); Streif Berthold, Klarinette (1975); Thurner Edgar, Klarinette/Saxophon (1960); Thurner Felix, Trompete (1966); Vogt Wendelin, Trompete (1975); Walter Robert, Schlagzeug (1959)
Zöglinge: Bigott Roland (1982); Danner Helmut (1981); Huber Josef (1981); Müller Wilfried (1981); Sester Karin (1981)

Trachtenkapelle
Butschbach-Hesselbach e.V.

Gründungsjahr:	1961
1. Vorsitzender:	Franz Huber
Stellv. Vorsitzender:	Hermann Ruf
Schriftführer:	Anton Huber
Rechner:	Maria Doll
Beirat:	Hermann Huber
	Zyriak Huber
	Walter Lepold
	Ludwig Sester
	Norbert Walter
Dirigent:	Oskar Sauer
Vizedirigent:	Willi Langenecker
Jugendleiter:	Oskar Sauer
Ehrenvorsitzender:	Walter Lepold

Aktive: Boschert Achim, Trompete (1975); Doll Edgar, Tenorhorn (1961); Fies Georg, Klarinette (1970); Ganter Josef, Tenorhorn (1970); Goeckel Heinrich, Oboe (1982); Huber Anton, Posaune (1961); Huber Bernhard, Tuba (1973); Huber Erich, Horn (1975); Huber Franz, gr. Trommel (1961); Huber Hermann, Klarinette (1961); Huber Josef, Flügelhorn (1973); Huber Josef, Bariton (1970); Huber Karl, Trompete (1970); Huber Markus, Flügelhorn (1961); Huber Rainer, Flügelhorn (1975); Huschle Georg, Tuba (1968); Kirschner Harald, Tenorhorn (1979); Langenecker Norbert, Klarinette (1973); Langenecker Willi, Trompete (1961); Lepold Walter, Lyra (1966); Müller Stefan, Tenorhorn (1981); Nock Hermann, kl. Trommel (1962); Ruf Franz Anton, Tuba (1961); Ruf Hermann, Klarinette (1961); Sester Friedrich, Tenorhorn (1966); Sester Georg, Klarinette (1979); Sester Josef, Posaune (1979); Sester Josef, Tenorhorn (1968); Sester Ludwig, Horn (1966); Sester Mathias, Horn (1970); Vogt Martin, Posaune (1975); Weber Hans, Posaune (1961); Walter Heinrich, Trompete (1975); Walter Martin, Flügelhorn (1975)
Zöglinge: Huber Richard, Tenorhorn (1980); Kimmig Klaus, Trompete (1980); Ruf Maria, Klarinette (1980); Ruf Rita, Klarinette (1980); Vogt Bernd, kl. Trommel (1980); Walter Bernhard, Flügelhorn (1980)

Musikverein Erlach e.V.

Gründungsjahr:	1926
1. Vorsitzender:	Albert Kraus
Stellv. Vorsitzender:	Erwin Schindler
Schriftführer:	Herbert König
Rechner:	Peter Sauer
Beirat:	Leopold Busam
	Eugen König
	Egon Schindler
	Friedrich Schindler
Dirigent:	Walter Seiler
Vizedirigent:	Richard Klemenz
Jugendleiter:	Albert Kraus
Notenwart:	Edmund Kraus
Instrumentenwart:	Werner Frizenschaf
Ehrendirigent:	Walter Seiler
Ehrenvorsitzende:	Eugen König
	Franz Riehle

Aktive: Bimmerle Andreas, Trompete (1980); Busam Egon, Bariton (1975); Busam Leopold, Tenorhorn (1947); Eckenfels Heinrich, Posaune (1951); Eckenfels Ludwig, Bariton (1949); Eckenfels Roland, Tuba (1975); Frizenschaf Manfred, Horn (1958); Frizenschaf Werner, Flügelhorn (1963); Klemenz Richard, Tenorhorn (1951); Klemenz Roswitha, Klarinette (1977); Klemenz Thomas, Trompete (1975); König Eugen, kl. Trommel (1936); König Herbert, Flügelhorn (1970); Kräßig Edwin, Trompete (1980); Kraus Albert, Tenorhorn (1949); Kraus Albrecht, Posaune (1977); Kraus Edmund, Klarinette (1958); Kraus Hubert, Flügelhorn (1970); Kraus Ralf, Tenorhorn (1980); Kraus Walter, Tuba (1958); Männle Bernhard, Schlagzeug (1980); Männle Konrad, Posaune (1977); Merkle Christine, Klarinette (1975); Riehle Otto, gr. Trommel (1949); Sauer Peter, Trompete (1955); Seebacher Jürgen, Klarinette (1975); Schemel Hans-Peter, Tuba (1980); Schindler Egon, Klarinette (1955); Schindler Erwin, Trompete (1958); Schindler Friedrich, Flügelhorn (1936); Schindler Theo, Horn (1951); Spinner Reinhold, Flügelhorn (1970); Veit Josef, Tenorhorn (1963); Vollmer Harald, Posaune (1980); Walz Heinz, Klarinette (1947)

Musikverein Fautenbach e.V.

Gründungsjahr:	1892
1. Vorsitzender:	Alois Späth
Stellv. Vorsitzender:	Anton Siefermann
Schriftführer:	Wolfgang Mark
Rechner:	Karl Lorenz
Beirat:	Manfred Burgert
	Adalbert Burst
	Wendelin Sucher
Dirigent:	Friedbert Seiler
Jugendleiter:	Friedbert Seiler
Notenwart:	Richard Sucher
Instrumentenwart:	Richard Sucher
Ehrenvorsitzender:	Franz Herr

Aktive: Armbruster Alfons, Bariton (1981); Armbruster Georg, Tuba (1980); Armbruster Hubert, Posaune (1970); Bürger Roland, Flügelhorn (1974); Burgert Andrea, Saxophon/Klarinette (1975); Burgert Gerhard, Bariton (1951); Burgert Manfred, Flügelhorn (1968); Burst Adalbert, Posaune (1952); Burst Roland, Trompete (1982); Droll Gerhard, Klarinette (1950); Droll Joachim, Trompete (1975); Droll Luzia, Flügelhorn (1975); Ganter Hubertus, Trompete (1982); Hodapp Josef, Tuba (1965); Hodapp Rainer, Flügelhorn (1977); Hodapp Roswitha, Klarinette (1967); Huschka Ursula, Posaune (1977); Jäger Wilfried, Horn (1982); Köhler Werner, gr. Trommel (1957); Lorenz Herbert, Posaune (1977); Lorenz Karl, Trompete (1968); Manz Arnold, Trompete (1975); Manz Doris, Klarinette (1981); Manz Erwin, Tuba (1953); Manz Hubert, Posaune (1977); Manz Ludwig, Klarinette (1947); Manz Monika, Horn (1969); Mark Wolfgang, Flügelhorn (1970); Retsch Andreas, Saxophon/Trompete (1955); Schneider Anja, Klarinette (1981); Schweißgut Stefan, Klarinette (1948); Schweizer Andreas, Flügelhorn (1976); Schweizer Willi, Tenorhorn (1933); Siefermann Anton, Saxophon (1965); Späth Alois, Tenorhorn (1946); Späth Dietmar, Schlagzeug (1976); Späth Heiner, Pauken (1971); Sucher Franz, Horn (1965); Sucher Richard, Tenorhorn (1971); Tschan Michael, Tenorhorn (1982); Weber Rudolf, Tenorhorn (1954)
Zöglinge: Armbruster Alfons, Bariton (1980); Armbruster Georg, Tuba (1980); Burst Roland, Trompete (1980); Ganter Hubertus, Trompete (1980); Herr Christine, Klarinette (1982); Jäger Markus, Posaune (1982); Jäger Wilfried, Horn (1980); Manz Doris, Klarinette (1980); Retsch Günter, Klarinette (1981); Retsch Harald, Trompete (1981); Schneider Anja, Klarinette (1980); Scigliano Caterina, Klarinette (1981); Schweizer Marc, Klarinette (1981); Späth Dietmar, Schlagzeug (1980); Tschan Michael, Tenorhorn (1980); Weber Karin, Klarinette (1980)

Dorfmusik Furschenbach e.V.

Gründungsjahr:	1955
1. Vorsitzender:	Richard Decker
Stellv. Vorsitzender:	Martin Benz
Schriftführer:	Herbert Walter
Rechner:	Karl Steimle
Beirat:	Reinhard Decker
	Anton Faist
	Monika Faist
Dirigent:	Hans Decker
Notenwart:	Reinhard Decker
Ehrendirigent:	Heinz van Hemert
Ehrenvorsitzender:	Josef Faißt

Aktive: Benz Martin, Horn (1972); Bohnert Alois, Horn (1972); Bohnert Carola, Klarinette (1977); Decker Felix, Klarinette (1977); Decker Hans, Klarinette (1956); Decker Manfred, Klarinette (1974); Decker Reinhard, Posaune (1977); Decker Richard, Tuba (1955); Decker Siegfried, Posaune (1955); Faisst Josef, Tenorhorn (1955); Faisst Karl, Trompete (1977); Faist Anton, Tuba (1955); Faist Jürgen, Klarinette (1977); Faist Ludwig, Klarinette (1977); Faist Monika, Klarinette (1977); Fischer Andreas, Tenorhorn (1965); Glaser Raimund, Trompete (1974); Hausmann Karl, Flügelhorn (1955); Nock Bernhard, Bariton (1956); Rösch Rudolf, Flügelhorn (1960); Rohrer Gisela, Klarinette (1977); Rohrer Hans, Flügelhorn (1972); Roth Gerhard, gr. Trommel (1957); Schmälzle Hans, Klarinette (1969); Schmälzle Karl, Tenorhorn (1959); Schmälzle Klaus, kl. Trommel (1958); Schneider Herbert, Posaune (1965); Schneider Johannes, Flügelhorn (1977); Schneider Leo, Tenorhorn (1958); Schneider Markus, Trompete (1977); Steimle Helmut, Klarinette (1966); Steimle Karl, Trompete (1965)
Zöglinge: Faist Klaus, Horn (1980); Schmälzle Bernhard, Flügelhorn (1980)

Musikverein Gamshurst e.V.

Gründungsjahr:	1925
1. Vorsitzender:	Franz Frietsch
Stellv. Vorsitzender:	Leonhard Jörger
Schriftführerin:	Marianne Federle
Rechner:	Willi Federle
Beirat:	Leonhard Brunner
	Hubert Früh
	Artur Gartner
	Richard Renner
Dirigent:	Hans Kuhn
Vizedirigent:	Josef Federle
Jugendleiter:	Ludwig Schmitt
Notenwart:	Gerhard Federle
Instrumentenwart:	Hubert Früh

Aktive: Braun Artur, Tenorhorn (1947); Braun Günter, Tenorhorn (1975); Braun Reinhard, Bariton (1979); Braun Walter, Saxophon (1962); Brunner Eugen, kl. Trommel (1969); Brunner Leonhard, Posaune (1975); Bühler Andreas, Flügelhorn (1975); Bühler Annette, Klarinette (1980); Federle Anton, Horn (1953); Federle Gerhard, Tenorhorn (1975); Federle Josef, Klarinette (1932); Federle Marianne, Klarinette (1975); Federle Wille, Klarinette (1962); Früh Hubert, Tenorhorn (1958); Gartner Artur, Tenorhorn (1962); Gartner Udo, Flügelhorn (1983); Hauser Elmar, Horn (1981); Hauser Jürgen, Tuba (1977); Huber Wolfgang, Tuba (1976); Jörger Frank, Klarinette (1983); Jörger Joachim, Trompete (1976); Jörger Karl, gr. Trommel (1946); Jörger Leonhard, Trompete (1965); Jörger Lothar, Posaune (1976); Kaltenbach Karl, Trompete (1969); Lehmann Albrecht, Posaune (1975); Lehmann Lothar, Tenorhorn (1979); Lehmann Mathias, Trompete (1981); Löffler Helmut, Tuba (1983); Lorenz Günter, Posaune (1981); Madlinger Rolf, Trompete (1983); Meyer Markus, gr. Trommel (1981); Meyer Petra, Saxophon (1976); Renner Elmar, Posaune (1976); Renner Richard, Klarinette (1958); Serr Bernd, Horn (1979); Serr Helmut, Trompete (1979); Schanz Gerhard, Horn (1975); Schanz Ludwig, Trompete (1947); Schmitt Fritz, Tuba (1947); Schmitt Gudrun, Saxophon (1980); Schmitt Günter, Flügelhorn (1976); Schmitt Ludwig, Flügelhorn (1947); Schmitt Susanne, Flügelhorn (1977); Schuh Elke, Flöte (1980); Schuh Inge, Klarinette (1979); Strack Richard, Tuba (1975); Walter Franz, Posaune (1959).
Zöglinge: Baumert Christian, Klarinette (1978); Baumert Mathias, Klarinette (1978); Federle Andreas, Tenorhorn (1981); Jülg Martin, Klarinette (1978); Lehmann Otmar, Klarinette (1980); Schuh Konrad, Flügelhorn (1981).

Musikverein „Harmonie" Großweier e.V.

Gründungsjahr:	1873*
1. Vorsitzender:	Siegfried Früh
Stellv. Vorsitzender:	Jürgen Riecke
Schriftführer:	Siegfried Peter
Rechner:	Werner Stüber
Beirat:	Artur Behrle
	Gerhard Seiler
	Hubert Stüber
Dirigent:	Karl Müller
Vizedirigent:	Herbert Bühler
Jugendleiter:	Heinz Schmidt
Notenwart:	Hans Peter Stüber
Ehrenvorsitzender:	Leo Hiegert

Aktive: Baro Gerold, Horn (1959); Behrle Rolf, Klarinette (1955); Braun Sigrid, Flügelhorn (1972); Bühler Herbert, Posaune (1955); Decker Erich, Flügelhorn (1974); Deichelbohrer Hermann, Tuba (1952); Federle Albrecht, Flügelhorn (1972); Frank Pirmin, Posaune (1958); Früh Richard, Horn (1945); Früh Thomas, Flügelhorn (1974); Hodapp Artur, Tuba (1946); Hodapp Matthias, Tenorhorn (1972); Huber Helmut, Posaune (1970); Huber Martin, gr. Trommel (1971); Müller Heidi, Klarinette (1970); Müller Irene, Klarinette (1973); Müller Leopold, Horn (1953); Ohnemus Manfred, Tuba (1977); Peter Siegfried, Klarinette (1970); Richter Dietmar, Saxophon (1965); Riecke Jürgen, Schlagzeug (1951); Schmidt Hans, Saxophon (1970); Schmidt Heinz, Trompete (1965); Siehl Bernd, Saxophon (1974); Siehl Reinhard, Trompete (1970); Skerra Reinhold, Trompete (1970); Stüber Hubert, Bariton (1947); Stüber Werner, Tenorhorn (1965); Vogt Josef, Tenorhorn (1962); Weber Helmut, Lyra (1968).
Zöglinge: Brecht Volker, Flügelhorn (1970); Bühler Karl, Flügelhorn (1970); Decker Albrecht, Klarinette (1980); Decker Hubert, Trompete (1980); Federle Sandra, Trompete (1980); Hollerbaum Eva, Klarinette (1974); Kropp Martin, Trompete (1980); Müller Reinhold, Schlagzeug (1979); Stüber Hans-Peter, Klarinette (1980); Stüber Roland, Posaune (1980).

Musikverein-Trachtenkapelle Kappelrodeck e.V.

Gründungsjahr:	1840*
1. Vorsitzender:	Oskar Bauer
Stellv. Vorsitzender:	Gebhard Schneider
Schriftführer:	Gerhard Hog
Kassier:	Markus Schneider
	Emil Adler
Beirat:	Robert Baßler
	Hubert Bürk
	Edwin Fischer
	Ernst Frisch
	Franz Hund
	Otmar Hund
	Otmar Köninger
	Fritz Maier
	Herold Roser
	Robert Sehlinger
	Hermann Storz
Dirigent:	Fredy Weber
Vizedirigent:	Edwin Fischer

Stellv. Vizedirigent: Richard Fallert; Notenwart: Otmar Hund; Instrumentenwart: Hermann Storz
Aktive: Bäuerle Hubert, Posaune (1975); Bäuerle Martin, Tuba (1975); Bäuerle Theo, Flügelhorn (1959); Baßler Klaus, Posaune (1977); Baßler Robert, Tenorhorn (1956); Baßler Thomas, Tenorhorn (1977); Böhlert Josef, Horn (1956); Bohnert Franz, Trompete (1974); Bohnert Wilhelm, Horn (1956); Bürk Hermann, Tenorhorn (1949); Bürk Hubert, Klarinette (1974); Bürk Stefan, Klarinette (1974); Doll Norbert, Trompete (1975); Fackler Guido, Klarinette (1974); Fallert Michael, Trompete (1978); Fallert Richard, Trompete (1956); Fischer Hubert, Klarinette/Flügelhorn (1969); Gaiser Bernd, kl. Trommel (1975); Gaiser Bernhard, Tuba (1958); Hodapp Roland, Klarinette (1974); Hog Gerhard, Flügelhorn (1956); Huber Albert, Schellenbaum (1977); Hund Franz, Tuba (1967); Hund Otmar, Horn (1953); Klär Stefan, Tenorhorn (1974); Köninger Franz, Flügelhorn (1977); Köninger Klaus, Horn (1976); Köninger Martin, Flügelhorn (1969); Köninger Otmar, Flügelhorn (1970); Kremser Manfred, kl. Trommel (1969); Lamm Markus, Trompete (1978); Lettner Franz, Klarinette (1970); Maier Fritz, Lyra/Pauken (1963); Maier Theo, Flöte (1970); Moritz Thomas, Posaune (1978); Roser Herold, Tuba (1948); Schmiederer Christian, Klarinette (1979); Schmiederer Rolf, Trompete (1977); Schneider Gebhard, gr. Trommel (1953); Schneider Hans, Bariton (1959); Schneider Hubert, Trompete (1967); Schneider Jochen, Klarinette (1979); Schneider Markus, Saxophon (1964); Schneider Robert, Posaune (1974); Schnurr Albert, Flügelhorn (1953); Schwab Gerhard, Saxophon (1952); Sehlinger Robert, Tenorhorn (1952); Storz Hermann, Bariton (1957); Storz Otto, Horn (1967); Strack Roland, Trompete (1967); Vogel Klaus, Klarinette (1962); Wechinger Herbert, Saxophon (1966); Zink Peter, Trompete (1974)
Zöglinge: Arndt Armin, Klarinette (1980); Barth Christian, Trompete (1979); Bürk Frank, Klarinette (1980); Hog Volker, Posaune (1980); Huber Bernd, Trompete (1980); Huber Mathias, Trompete (1979); Masin Roland, Flöte (1980); Oberle Frank, Posaune (1980); Schneider Ralf, Klarinette (1979); Schwendemann Thomas, Trompete (1980); Weber Jelka, Flöte (1980); Weber Jens, Tuba (1980); Wild Marco, Klarinette (1980); Wild Michael, Klarinette (1980)

Musikverein e.V. Lauf „Laufbachmusikanten"

Gründungsjahr:	Musikkapelle 1832*
	Musikverein 1907
1. Vorsitzender:	Walter Zimmer
Stellv. Vorsitzender:	Hermann Zink
Schriftführer:	Rudi Kurz
Rechner:	Albert Seifermann jun.
Beirat:	Leonhard Ams
	Franz Dinger
	Hermann Dinger
	Manfred Dinger
	Werner Frietsch
	Franz Herrmann
	Erwin Klumpp I
	Erwin Klumpp II
	Wilhelm Kurz
	Josef Raab sen.
	Artur Reinbold
	Franz Zimmer
Dirigent:	Helmut Böcker

Vizedirigent: Josef Raab sen.; Jugendleiter: Reinhold Strauß; Notenwart: Manfred Zink; Instrumentenwart: Erwin Klumpp; Ehrendirigent: Leonhard Zimmer; Ehrenmitglieder: Karl Braxmeier, Hermann Futterer, Alfons Klumpp, Heinrich Mundinger
Aktive: Ams Leonhard, gr. Trommel (1972); Bäuerle Klaus, Klarinette (1978); Baumann Georg, Klarinette (1980); Baumann Matthias, Flügelhorn (1977); Baumann Werner, Trompete (1978); Dinger Michael, Posaune (1968); Dinger Wolfgang, Bariton (1978); Doninger Siegfried, Flügelhorn (1973); Doninger Willi, Klarinette (1973); Falk Mario, Posaune (1980); Feurer Klaus, Trompete (1978); Frietsch Werner, Horn (1958); Kist Daniel, Tenorhorn (1980); Kist Harald, Bariton (1978); Klumpp Erwin, Horn (1947); Klumpp Erwin, Klarinette (1952); Klumpp Martin, Flügelhorn (1972); Klumpp Thomas, Trompete (1972); Klumpp Wolfgang, Schlagzeug (1976); Kurz Bernhard, Klarinette (1968); Kurz Rudi, Tuba (1962); Lang Volker, Tenorhorn (1980); Raab Josef, Flügelhorn (1947); Raab Josef, Tenorhorn (1968); Rapp Jürgen, Klarinette (1978); Schuster Andreas, Horn (1976); Seifermann Albert, Tuba (1947); Seifermann Albert, Flügelhorn (1962); Seifermann Konrad, Tuba (1968); Serr Georg, Trompete (1973); Serr Karl, Tenorhorn (1951); Strauß Reinhold, Tuba (1961); Zimmer Klaus, Posaune (1978); Zink Hermann, Klarinette (1947); Zink Manfred, Klarinette (1968); Zink Michael, Lyra (1978)

Trachtenkapelle Lautenbach e.V.

Gründungsjahr:	1884
1. Vorsitzender:	Bernhard Lepold
Stellv. Vorsitzende:	Ludwig Kohler
	Franz Schnurr
Schriftführer:	Martin Schäck
Rechner:	Reinhard Boschert
Beirat:	Richard Bißdorf
	Bernd Leopold
	Gerhard Schmälzle
	Ernst Vogt
Dirigent:	Oskar Sauer
Vizedirigent:	Ludwig Kimmig
Jugendleiter:	Franz Rendler
	Bernd Leopold
	Hubert Vogt
Notenwart:	Gregor Müller
Instrumentenwart:	Hubert Busam
Fahnenträger:	Andreas Gieringer
Dirigent der	
Jugendkapelle:	Bernd Leopold

Ehrenmitglieder: Albert Lepold, Josef Müller, Theodor Streif, Klemens Vogt

Aktive: Bähr Bernhard, gr. Trommel (1963); Boschert Ralph, Trompete (1974); Boschert Reinhard, Flügelhorn (1968); Bühler Karl, Klarinette (1967); Busam Hubert, Trompete (1971); Doll Werner, Trompete (1978); Erdrich Jürgen, Tenorhorn (1976); Huber Franz-Josef, Tuba (1967); Huber Hans-Frieder, Posaune (1971); Kiefer Klaus, Tenorhorn (1976); Kimmig Ludwig, Tenorhorn (1951); Kohler Andrea, Klarinette (1976); Kohler Ludwig, Trompete (1955); Latt Georg, Posaune (1963); Leopold Bernd, Klarinette (1974); Leopold Hansjörg, Horn (1971); Leopold Marianne, Klarinette (1976); Leopold Markus, Schlagzeug (1978Lepold Bernhard, Saxophon (1955); Lepold Rolf, kl. Trommel (1974);); Meier Regina, Flöte (1972); Menne Katrin, Klarinette (1978); Müller Gerhard, Horn (1976); Müller Gregor, Trompete (1978); Müller Rudolf, Flügelhorn (1976); Rendler Franz, Klarinette (1956); Rendler Gabriele, Flöte (1976); Rendler Wilhelm, Tenorhorn (1954); Schäck Martin, Flügelhorn (1978); Schlager Josef, Tuba (1951); Schlager Klaus, Posaune (1974); Schmälzle Dieter, Horn (1973); Schmälzle Gerhard, Klarinette (1963); Schnurr Franz, Trompete (1962); Schnurr Gebhard, Klarinette (1968); Schweiß Franz, Klarinette (1971); Schweiß Ludwig, Saxophon (1956); Streif Josef, Tuba (1962); Vogt Ernst, Flügelhorn (1962); Vogt Hubert, Posaune (1974); Vogt Markus, Tenorhorn (1976); Vogt Michael, Trompete (1978); Zimmermann Berthold, Klarinette (1962); Zimmermann Franz, Klarinette (1962)

Jugendkapelle: Doll Werner, Trompete (1978); Erdrich Jürgen, Tenorhorn (1976); Huber Alexandra, Klarinette (1981); Huber Hubert, Trompete (1981); Langeneckert Daniel, Klarinette (1981); Leopold Markus, Schlagzeug (1978); Müller Gregor, Trompete (1978); Rendler Bernhard, Tenorhorn (1978); Rendler Gabriele, Flöte (1976); Rendler Martin, Horn (1981); Schäck Martin, Flügelhorn (1978); Schäck Ursula, Flügelhorn (1981); Vogt Klaus, Flügelhorn (1981); Vogt Markus, Tenorhorn (1976); Vogt Michael, Trompete (1978)

Musikverein „Harmonie" Mösbach e.V.

Gründungsjahr:	1850*
1. Vorsitzender:	Ernst Schott
Stellv. Vorsitzender:	Gerhard Klumpp
Schriftführer:	Walter Sutterer
Rechner:	Walter Schott
Beirat (Aktiva):	Heinz Betsch
	Richard Burkart
	Alfons Doll
	Werner Doll
Beirat (Passiva):	Bruno Fröhlich
	Paul Huber
	Ernst Schott
	Josef Wilhelm
Dirigent:	Bruno Fröhlich
Vizedirigent:	Ernst Schott
Notenwart:	Bernhard Huber

Aktive: Betsch Heinz, Trompete (1958); Bohnert Hermann, Posaune (1977); Burkart Richard, Trompete (1974); Burkart Thomas, Posaune (1971); Decker Franz, Flügelhorn (1952); Decker Rupert, Tenorhorn (1949); Doll Alfons, Bariton/Posaune (1977); Doll Emil, Posaune (1947); Doll Werner, Tuba (1964); Finkenbeiner Edwin, Flügelhorn (1981); Fischer Karl, Klarinette (1953); Fischer Klaus, Schlagzeug (1964); Huber Bernhard, Klarinette (1974); Huber Lothar, Horn (1947); Huber Werner, Klarinette (1974); Klumpp Gerhard, Trompete (1964); Klumpp Helmut, Tenorhorn (1964); Klumpp Otmar, Horn (1949); Panther Karl, Tenorhorn (1949); Panther Martin, Bariton (1977); Schott Ernst, Klarinette/Saxophon (1947); Schott Walter, Flügelhorn (1949); Schwenk Max, Horn (1949); Sester Willi, gr. Trommel (1953); Springmann Helmut, Horn (1964); Stech Alois, Tuba (1961); Stech Bruno, Flügelhorn (1955); Sutterer Walter, Klarinette/Saxophon (1971); Weber Willi, Trompete (1961); Wilhelm Bruno, Klarinette/Saxophon (1974); Wilhelm Rupert, Klarinette (1947)

Zöglinge: Brommer Hans-Jürgen, Klarinette (1980); Klumpp Hermann, Trompete (1980); Kramer Michael, Trompete (1980); Schott Bianca, Flöte (1980); Stech Karl-Heinz, Flügelhorn (1980); Wilhelm Sylvia, Flöte (1980)

Musikverein Nesselried e.V.

Gründungsjahr:	1922
1. Vorsitzender:	Ludwig Vollmer
Stellv. Vorsitzender:	Anton Harter
Schriftführer:	Richard Vogt
Stellv. Schriftführer:	Georg Vollmer
Rechner:	Karl Männle
Beirat (Aktiva):	Gerhard Dreier
	Hermann Hurst
	Edmund Lehmann
	Karl Männle
	Robert Sauer
	Richard Vogt
Beirat (Passiva):	Willi Braun
	Heinrich Huber
	Heinrich Noll
	Willi Vogt
Dirigent:	Franz Schindler
Vizedirigent/	
Jugendleiter:	Hermann Hurst
Notenwart:	Anselm Kiefer
Ehrendirigent:	Willi Kirpes

Aktive: Benz Josef, Posaune (1972); Bross Markus, Posaune (1978); Dreier Gerhard, Posaune (1956); Harter Anton, Horn (1962); Hils Klaus, Schlagzeug (1964); Hurst Armin, Klarinette (1978); Hurst Hermann, Trompete (1947); Hurst Otmar, Klarinette (1978); Hurst Wilfried, Klarinette (1972); Kiefer Anselm, Klarinette (1972); Kiefer Bertold, Klarinette (1950); Lehmann Edmund, Tenorhorn (1947); Lehmann Thomas, Tenorhorn (1972); Lott Richard, Tenorhorn (1962); Männle Alfons, Klarinette (1960); Männle Ferdinand, Horn (1978); Männle Karl, Tenorhorn (1947); Männle Tobias, Klarinette (1972); Meel Gernold, Trompete (1968); Meidinger Heinrich, Trompete (1972); Palmer Siegfried, Flügelhorn (1954); Proboscht Ulrich, Flügelhorn (1978); Retsch Theodor, Tuba (1948); Sauer Klaus, Flügelhorn (1972); Sauer Robert, Flügelhorn (1952); Szcech Heinrich, Tuba (1978); Vanderlieb Herbert, Flügelhorn (1962); Vogt Jürgen, Klarinette (1978); Vogt Martin, Posaune (1978); Vogt Richard, Schlagzeug (1961); Vollmer Georg, Klarinette (1972); Vollmer Ludwig jun., Schlagzeug (1978)

Zöglinge: Benz Achim, Posaune (1982); Benz Albin, Klarinette (1982); Benz Armin, Horn (1982); Breithaupt Patrick, Trompete (1982); Bruder Johannes, Trompete (1982); Huber Klaus, Horn (1982); Kamm Stefan, Trompete (1982); Männle Mathias, Tuba (1982); Männle Stefan, Horn (1982); Meidinger Ralf, Bariton (1982); Palmer Frank, Flügelhorn (1982); Sauer Alois, Tenorhorn (1982); Vanderlieb Stefan, Tenorhorn (1982); Vollmer Bruno, Tenorhorn (1982); Vollmer Franz, Flügelhorn (1982)

Musikverein „Grüne Jäger" e.V. Neusatz

Gründungsjahr:	1896
1. Vorsitzender:	Albert Seifermann
Stellv. Vorsitzender:	Helmut Krampfert
Schriftführer:	Siegfried Faller
Rechner:	Gerhard Karcher
Stellv. Rechner:	Alfred Hörth jr.
Beirat:	Manfred Frietsch
	Fritz Glaser
	Robert Kist
	Josef Seifermann
Dirigent:	Heinz Osygus
Vizedirigent und	
Jugendleiter:	Wolfgang Broß
Instrumentenwart:	Rolf Rauber
Ehrendirigent:	Friedrich Kist

Aktive: Bäuerle Heinrich, Klarinette (1929); Birk Thomas, Klarinette (1978); Bohnert Wolfgang, Trompete (1970); Broß Adrian, Tenorhorn (1976); Broß Jochen, Klarinette (1977); Broß Tobias, Trompete (1978); Broß Wolfgang, Flügelhorn (1970); Egner Peter, Trompete (1977); Ernst Jochen, Flügelhorn (1973); Faller Siegfried, Klarinette (1952); Frietsch Manfred, Tenorhorn (1964); Gauss Stefan, Klarinette (1978); Giuriato Joachim, Trompete (1977); Glaser Fritz, Posaune (1954); Hörth Alfred sen., Flügelhorn (1947); Hörth Alfred jun., Horn (1970); Hörth Arnold, Tenorhorn (1958); Hörth Franz, Tenorhorn (1946); Hörth Siegfried, Schlagzeug (1947); Horcher Adolf, Flügelhorn (1976); Horcher Friedrich, Bariton (1940); Ihle Boris, Klarinette (1978); Karcher Gerhard, Tuba (1970); Kern Werner, Tuba (1952); Kist Franz, Posaune (1946); Kist Hans-Jörg, Trompete (1978); Kist Herbert, Trompete (1965); Krampfert Helmut, Tuba (1966); Rauber Rolf, Bariton (1960); Schaufler Reinhard, Posaune (1950); Schaufler Rudi, Horn (1952); Schmid Bernd, Flügelhorn (1965); Schnotalla Birgit, Klarinette (1978); Schnotalla Udo, Klarinette (1978); Seifermann Josef, Tuba (1966); Strominski Siegfried, Schlagzeug (1972); Zimmer Robert, Schlagzeug (1944); Zimmermann August, Schlagzeug

Musikverein „Harmonie" Nußbach e.V.

Gründungsjahr:	1825*
1. Vorsitzender:	Karl Kasper
Stellv. Vorsitzende:	Helmut Benz
	Konrad Busam
Schriftführer:	Josef Kasper
Rechner:	Klaus-Dieter Sauer
Beirat (Aktiva):	Gerhard Benz
	Karl Haas
	Martin Kempf
	Josef Kirn
	Karl Rinschler
	Helmut Welle
Beirat (Passiva):	Alois Baudendistel
	Josef Busam
	Franz Müller
Dirigent:	Alfred Huber
Vizedirigent und Jugendleiter:	Reinhard Obert
Ehrenvorsitzende:	Emil Haas
	Alfons Koger

Aktive: Benz Gerhard, Horn (1949); Benz Helmut, Tenorhorn (1952); Busam Anton, Posaune (1952); Busam Fridolin, Trompete (1961); Busam Karlheinz, Posaune (1982); Busam Konrad, Bariton (1961); Doll Erwin, Flügelhorn (1952); Doll Gustav, Tenorhorn (1947); Doll Wolfgang, Flügelhorn (1977); Engelhardt Eugen, Trompete (1957); Fies Robert, Trompete (1977); Freudenmann Karl, Schlagzeug (1952); Haas Berthold, Tuba (1976); Haas Joachim, Klarinette (1977); Haas Karl, Posaune (1975); Haas Theodor, Tuba (1951); Just Albert, Posaune (1976); Just Heinrich, Klarinette (1964); Just Hermann, Klarinette (1977); Kasper Josef, Horn (1959); Kasper Karl, Tuba (1949); Kasper Klaus, Flöte (1976); Kasper Peter, Klarinette (1980); Kempf Martin, Flügelhorn (1961); Kirn Josef, Horn (1961); Koger Wilfried, Posaune (1964); Lebfromm Reinhard, Klarinette (1979); Meister Franz, Trompete (1978); Müller Horst, Klarinette (1952); Müller Joachim, Schlagzeug (1979); Müller Karl, Schlagzeug (1948); Nock Lothar, Klarinette (1964); Obert Karl, Tenorhorn (1946); Obert Reinhard, Flügelhorn (1971); Rinschler Karl, Klarinette (1947); Sauer Klaus-Dieter, Klarinette (1970); Springmann Franz sen., Posaune (1952); Springmann Franz jun., Posaune (1981); Traier Hubert, Klarinette (1961); Vetter Franz, Trompete (1978); Welle Christoph, Flügelhorn (1977); Welle Helmut, Flügelhorn (1952); Welle Johannes, Flöte (1977).

Musikverein „Harmonie" Oberachern e.V.

Gründungsjahr:	1863*
1. Vorsitzender:	Volker Reith
Stellv. Vorsitzender:	Alfred Schneider
Schriftführer:	Rudolf Bohnert
Rechner:	Doris Hermann
Beirat (Aktiva):	Josef Bross
	Georg Bauerndistel
	Paul Graf
	Martin Schneider
Beirat (Passiva):	Albert Baudendistel
	Klaus Dreis
	Friedrich Müller
	Alfred Reim
	Franz Stockinger
	Bernhard Tisch
Jugendvertreter:	Karl Früh
Dirigent:	Kurt Schütz
Vizedirigent:	Josef Bross
Jugendleiter:	Paul Graf

Notenwart: Walter Ernst; Instrumentenwart: Gunter Klippe

Aktive: Bauer Erich, Flügelhorn (1963); Bauerndistel Georg, Horn (1949); Bohnert Klaus, Klarinette (1974); Bohnert Michael, Posaune (1971); Bohnert Rudolf, Tenorhorn (1951); Bross Josef, Bariton (1949); Bross Martin, Bariton (1973); Bross Waltraud, Klarinette (1974); Dinger Klaus, Trompete (1967); Ernst Walter, Tuba (1950); Früh Karl, Flügelhorn (1974); Gembler Werner, Tuba (1979); Graf Angelika, Trompete (1975); Graf Herbert, Flügelhorn (1949); Graf Ignaz, Tenorhorn (1947); Graf Karl, Flügelhorn (1955); Graf Paul, Flügelhorn (1955); Graf Wolfgang, Tenorhorn (1974); Hermann Doris, Klarinette (1977); Hoffmann Siegfried, Horn (1962); Hund Erwin, Schlagzeug (1949); Hund Peter, Flügelhorn (1979); Jäger Wolfgang, Horn (1978); Kininger Wolfgang, Tuba (1977); Klippe Eugen, Trompete (1972); Klippe Gunter, Trompete (1954); Klippe Rainer, Klarinette (1980); Klumpp Hermann, Tuba (1951); Kölsch Kurt, Klarinette (1955); Köppel Dieter, Schlagzeug (1982); Köppel Gerhard, Tenorhorn (1950); Maier Achim, Flügelhorn (1979); Merkle Martin, Klarinette (1977); Müller Karl, Posaune (1951); Quast Bernd, Klarinette (1977); Reith Harald, Schlagzeug (1982); Reith Volker, Schlagzeug (1959); Rest Marcus, Horn (1981); Rest Oliver, Trompete (1977); Rösch Roswitha, Klarinette (1981); Schmidt Hermann, Klarinette (1955); Schmidt Rainer, Schlagzeug (1975); Schneider Alfred, Posaune (1952); Schneider Karin, Flöte (1981); Schneider Martin, Flügelhorn (1974); Strübel Norbert, Klarinette (1979); Vogt Albert, Posaune (1956); Vogt Alexander, Posaune (1978); Vogt Bernd, Bariton (1981); Vogt Ralf, Tenorhorn (1978); Vogt Xaver, Schlagzeug (1934); Wolf Siegfried, Horn (1964).
Zöglinge: Dinger Jürgen, Flügelhorn (1980); Früh Georg, Trompete (1976); Hermann Andreas, Trompete (1981); Huber Rainer, Trompete (1978); Nüssel Volker, Flügelhorn (1981); Panter Michael, Trompete (1979); Ronecker Christoph, Klarinette (1982); Ronecker Michael, Klarinette (1981); Tisch Florian, Trompete (1980); Vogt Marcus, Klarinette (1982).

Stadtkapelle Oberkirch

Gründungsjahr:	1810*
1. Vorsitzender:	Hans Hildenbrand
Stellv. Vorsitzender:	Albert Huber
Schriftführer:	Barbara Basler
Rechner:	Berthold Müller
Beirat:	Richard Büttner
	Johannes Heigele
Jugendvertreter:	Stefan Boschert
Dirigent:	Stadtkapellmeister
	Hansjörg Stürzel
Vizedirigenten:	Oskar Sauer
	Fritz Söllner
Jugendleiter:	Franz Lang
Notenwart:	Edgar Basler
Stellv. Notenwart:	Josef Ganter
Instrumentenwart:	Hansjörg Stürzel
Ehrendirigent:	Emil Rosa MD i. R.

Aktive: Bähr Wendelin, Tuba (1967); Basler Barbara, Klarinette (1977); Basler Edgar, Klarinette (1970); Bellack Manfred, Saxophon (1965); Bentrup Markus, Saxophon (1980); Bohnert Bertold, Trompete (1977); Bohnert Franz, Klarinette (1977); Boschert Franz, Schlagzeug (1952); Boschert Hubert, Trompete (1953); Boschert Josef, Tenorhorn (1950); Boschert Stefan, Klarinette (1977); Büttner Richard, Flöte (1951); Busam Manfred, Posaune (1981); Busam Willi, Posaune (1951); Dittrich Daniel, Schlagzeug (1980); Erdrich Peter, Saxophon (1979); Fies Philipp, Trompete (1977); Fischer Karl-Friedrich, Saxophon (1974); Friedmann Peter, Saxophon (1971); Friedmann Thomas, Trompete (1980); Ganter Josef, Tenorhorn (1951); Haas Lothar, Bariton (1973); Haas Otto, Tenorhorn (1950); Heigele Johannes, Saxophon (1976); Hildenbrand Hans, Horn (1963); Hildenbrand Manfred, Flügelhorn (1969); Hildenbrand Peter, Klarinette (1957); Huber Albert, Klarinette (1947); Huber Josef, Tuba (1981); Huber Rainer, Flügelhorn (1976); Huber Thomas, Tuba (1968); Karkutsch Thilo, Trompete (1959); Kiefer Heinrich, Trompete (1945); Kimmig Erwin, Tenorhorn (1957); Kirschner Harald, Bariton (1978); Lamm Christian, Klarinette (1980); Lang Franz, Flügelhorn (1951); Lienhard Rudi, Bariton (1973); Mayer Martin, Klarinette (1966); Mayer Xaver, Horn (1949); Meier Josef, Posaune (1970); Müller Peter, Schlagzeug (1982); Müller Stefan, Horn (1980); Munz Harald, Trompete (1979); Nelles Christian, Posaune (1980); Oberle Gerhard, Flügelhorn (1969); Preiss Gerhard, Tuba (1982); Reckert Alfred, Posaune (1951); Rombach Bernhard, Klarinette (1971); Rosa Mario, Pauken (1933); Sauer Oskar, Pauken (1957); Schneider Thomas, Schlagzeug (1978); Schweiger Ulrich, Flöte (1979); Seidler Michael, Horn (1981); Seidler Thomas, Tenorhorn (1979); Söllner Fritz, Trompete (1967); Späth Martin, Klarinette (1977); Trayer Mathias, Horn (1980); Vogt Andreas, Klarinette (1977); Vogt Gebhard, Flügelhorn (1956); Weidner Martin, Klarinette (1977); Zimmermann Wolfram, Tuba (1982).
Zöglinge: Danner Klaus, Flügelhorn (1981); Fies Stefani, Waldhorn (1981); Heuberger Georg, Trompete (1981); Kraus Peter, Trompete (1981); Pfisterer Andreas, Saxophon (1981); Schmid Manfred, Trompete (1981); Steglich Rainer, Trompete (1981); Streif Alexander, Trompete (1981)
Zöglinge zur Zeit im Elementarunterricht: Bähr Martin, Busam Karl-Heinz, Ganter Annette, Ganter Christian, Gersbacher Frank, Kiefer Christian, Spissinger Nicole, Trayer Patric, Vogt Joachim, Vogt Stefan, Weber Gundula, Wolf Steffen, Wolff Christian.

Musikverein u. Trachtenkapelle „Harmonie" Oberkirch-Haslach e.V.

Gründungsjahr:	1921
1. Vorsitzender:	Martin Graf
Stellv. Vorsitzender:	Theo Hund
Schriftführer:	Irene Bohnert
Rechner:	Gerhard Hund
Beirat:	Alfred Knapps
	Werner Maihoff
	Ferdinand Schindler
	Alois Spraul
Dirigent:	Hans Kornmeier
Vizedirigent:	Fritz Graf
Jugendleiter:	Artur Spraul
Notenwarte:	Wilfried Hund
	Alexander Spraul
Ehrenvorsitzender:	Josef Allgeier †

Aktive: Allgeier Erwin, Tenorhorn (1959); Allgeier Rudi, Trompete (1957); Allgeier Ulrich, Posaune (1970); Baudendistel Gerhard, gr. Trommel (1976); Bohnert Alois, Trompete (1947); Bohnert Andrea, Klarinette (1979); Bohnert Artur, Tenorhorn (1956); Bohnert Erich, Horn (1949); Bohnert Franz, Flügelhorn (1961); Bohnert Irene, Flöte (1973); Bohnert Thomas, Tenorhorn (1979); Ell Manfred, Schlagzeug (1968); Graf Fritz, Flügelhorn (1947); Graf Hubert, Klarinette (1970); Graf Martin, Klarinette (1968); Graf Ursula, Klarinette (1981); Heiberger Werner, Trompete (1976); Hund Albert, Flügelhorn (1948); Hund Edmund, Horn (1979); Hund Friedrich, Horn (1976); Hund Gerhard, Klarinette (1968); Hund Gisela, Flöte (1979); Hund Iris, Klarinette (1976); Hund Manfred, Bariton (1970); Hund Martin, Tenorhorn (1973); Hund Paul, Posaune (1948); Hund Richard, Tenorhorn (1947); Hund Theo, Klarinette (1970); Hund Wilfried, Trompete (1970); Knapps Alfred, Tuba (1948); Knapps Ilona, Klarinette (1979); Knapps Rainer, Trompete (1976); Krässig Karl-Heinz, Klarinette (1976); Maihoff Klaus-Dieter, Flügelhorn (1976); Maihoff Werner, Tuba (1961); Mayer Hubert, Flügelhorn (1973); Mayer Volker, Trompete (1970); Rösch Fritz, Flügelhorn (1970); Schindler Ferdi, Trompete (1956); Schindler Franz, Trompete (1970); Schindler Meinrad, Trompete (1979); Spraul Alexander, Posaune (1979); Spraul Alois, Horn (1973); Spraul Andreas, Flügelhorn (1973); Spraul Artur, Posaune (1973); Spraul Erich, Klarinette (1947); Spraul Günter, Schlagzeug (1979); Spraul Hubert, Tuba (1976); Stephan Günter, Bariton (1969); Stephan Helmut, Klarinette (1979); Wilhelm Manfred, Tenorhorn (1954)

Musikverein-Trachtenkapelle Obersasbach e.V.

Gründungsjahr:	1933
1. Vorsitzender:	Adelbert Striebel
Stellv. Vorsitzender:	Karl Lang
Schriftführer:	Alfred Gros
Rechner:	Wilfried Graf
Beirat:	Albert Doll
	Franz Dresel
	Wilfried Graf
	Alfred Gros
	Johannes Ringwald
	Karl Steimle
	Franz Striebel
	Lorenz Zink
Dirigent:	Gerhard Schmälzle
Vizedirigent:	Franz Höß
Jugendleiter:	Gerhard Schmälzle
Notenwart:	Adelbert Striebel
Instrumentenwart:	Karl Steimle

Aktive: Baumann Herbert, Tuba (1947); Baumann Richard, Tenorhorn (1977); Bele Janez, Flügelhorn (1979); Braxmeier Roland, Tenorhorn (1977); Bruder August, Bariton (1938); Bruder Claudia, Klarinette (1979); Bruder Hermann, Saxophon (1967); Bruder Konrad, Saxophon (1976); Dinger Albert, Tuba (1954); Doll Erich, Saxophon (1963); Dresel Franz, Posaune (1951); Fischer Claudia, Trompete (1979); Fischer Detlef, Posaune (1980); Graf Franz, Trompete (1967); Graf Wilfried, Klarinette (1965); Gros Alfred, gr. Trommel (1965); Guggenbühler Ernst, Klarinette (1953); Guggenbühler Frank, Flügelhorn (1981); Höß Franz, Trompete (1947); Höß Richard, Trompete (1976); Huber Klaus, Posaune (1980); Hug Anton, Klarinette (1970); Kurz Alois, Posaune (1947); Kurz Christoph, Horn (1980); Lamm Franz, Klarinette (1979); Lamm Konrad, Tenorhorn (1977); Lang Karl, Tuba (1963); Lehmann Franz, Tenorhorn (1963); Lettner August, Klarinette (1949); Panther Bernd, Tuba (1963); Ringwald Arnold, Flügelhorn (1970); Ringwald Hubert, Klarinette (1978); Ringwald Johannes, Trompete (1974); Ringwald Josef, Flügelhorn (1951); Ringwald Konrad, Schlagzeug (1980); Ringwald Thomas, Horn (1977); Seifermann Gerhard, Trompete (1977); Seifermann Josef, Horn (1947); Seifermann Klaus, Saxophon (1977); Seifermann Thomas, Bariton (1979); Sester Werner, Posaune (1963); Steimle Karl, Tenorhorn (1963); Striebel Adelbert, Posaune (1963); Striebel Albert, Flügelhorn (1965); Striebel Hermann, Horn (1951); Ziegler Doris, Trompete (1979); Zink Hubert, Horn (1966); Zink Lorenz, Saxophon (1947); Zink Thomas, Flügelhorn (1976)
Zöglinge: Bauer Leonhard, Tenorhorn (1981); Bauer Richard, Flügelhorn (1981); Baumann Franz, Trompete (1981); Bele Albina, Flügelhorn (1981); Doninger Joachim, Klarinette (1981); Graf Thomas, Klarinette (1981); Guggenbühler Marion, Klarinette (1981); Hollerbaum Heike, Klarinette (1981); Lang Andreas, Flöte (1981); Lang Markus, Trompete (1981); Lehmann Günter, Tenorhorn (1981); Lehmann Susanne, Klarinette (1981); Ringwald Helga, Flöte (1981); Ringwald Pia, Flöte (1981); Seifermann Bernd, Schlagzeug (1981); Straub Birgit, Klarinette (1981); Straub Gerold, Tenorhorn (1981)

Trachtenkapelle Ödsbach e.V.

Gründungsjahr:	1926
1. Vorsitzender:	Klemens Wiegele
Stellv. Vorsitzender:	Walter Haas
Schriftführer:	Hermann Vogt
Rechner:	Georg Geiler
Dirigent:	Walter Tuschla
Vizedirigenten:	Georg Kaltenbronn
	Petra Tuschla

Aktive: Birk Erich, Trompete (1952); Bürg Waldemar, Klarinette (1955); Geiler Georg, Posaune (1963); Gieringer Herbert, Trompete (1977); Gieringer Karl, Klarinette (1974); Haas Anton, Tuba (1969); Haas Walter, Tuba (1965); Halter Georg, Flügelhorn (1963); Halter Hermann, Flügelhorn (1977); Huber Erich, Flöte (1977); Huber Georg, Tuba (1968); Huber Gerhard, Klarinette (1977); Huber Hermann, Trompete (1974); Huber Jakob, Tenorhorn (1952); Huber Josef, Horn (1974); Huber Karl, Posaune (1974); Huber Klemens, Tenorhorn (1949); Huber Klemens, Tuba (1977); Huber Klemens, Horn (1977); Huber Martin, Flöte (1977); Huber Michael, Tenorhorn (1959); Kaltenbronn Georg, Klarinette (1955); Kaltenbronn Michael, Flügelhorn (1959); Kiefer Bernd, Posaune (1974); Kimmig Hermann, Trompete (1969); Kimmig Hubert, kl. Trommel (1968); Laufer Ludwig, Tenorhorn (1949); Müller Andreas, Klarinette (1951); Schnurr Martin, Trompete (1971); Schweiger Jakob, Klarinette (1965); Schweiß Josef, Klarinette (1977); Sester Josef, Tenorhorn (1962); Sester Zyriak, Trompete (1969); Spinner Josef, Bariton (1949); Spinner Josef, Posaune (1977); Sturm Josef, Flügelhorn (1969); Sturm Zyriak, Flügelhorn (1949); Tuschla Petra, Flöte (1977); Vogt Hermann, Tenorhorn (1974); Vogt Karl, gr. Trommel (1959); Welle Andreas, Horn (1955); Wiegele Karl, Flügelhorn (1965); Wiegele Klemens, Horn (1952)

Musikverein Önsbach e.V.

Gründungsjahr:	1852*
1. Vorsitzender:	Josef Reichert
Stellv. Vorsitzender:	Heinz Weber
Schriftführer:	Edmund Weber
Protokoll-Führer:	Willi Harter
Rechner:	Josef Riegelsberger
Beirat:	August Hodapp
	Willi Künstel
	Arno Weber
	Fred Weber
Jugendvertreter:	Mathias Weber
Dirigent:	Otmar Wendling
Vizedirigent:	Friedbert Seiler
Jugendleiter:	Friedhelm Schemel
Notenwart:	Winfried Bär
Instrumentenwart:	Herbert Herr
Ehrenvorsitzender:	Hermann Ell

Aktive: Bär Alois, Tenorhorn (1950); Bär Christa, Klarinette (1960); Bär Hannelore, Lyra (1961); Bär Hans-Peter, Trompete (1977); Bär Mario, Flöte (1980); Bär Rainer, Klarinette (1977); Bär Ralf, Klarinette (1979); Bär Winfried, Klarinette/Saxophon (1954); Boschert Martin, Trompete (1978); Görmann Peter, Klarinette (1980); Harter Bernd, Trompete (1977); Harter Erich, Klarinette (1952); Harter Roland, Schlagzeug (1976); Harter Willi, Klarinette (1952); Herr Dietmar, Tenorhorn (1976); Herr Fritz, Flügelhorn (1947); Herr Herbert, Bariton (1952); Herr Josef, Tenorhorn (1931); Hodapp August, Horn (1939); Huber Thomas, Trompete (1975); Künstel Willi, Schlagzeug (1974); Meier Jens, Trompete (1980); Reichert Hubert, Klarinette (1981); Riegelsberger Josef, Tuba (1939); Sauer Uwe, Klarinette (1976); Schemel Beate, Klarinette (1969); Schemel Friedhelm, Flügelhorn (1964); Schemel Herbert, Horn (1948); Schemel Kunibert, Tenorhorn (1979); Schemel Manfred, Tuba (1976); Schemel Siegfried, Tenorhorn (1959); Schindler Bernhard, Tuba (1959); Schindler Daniel, Flügelhorn (1979); Schindler Rainer, Flügelhorn (1977); Seiler Friedbert, Klarinette/Saxophon (1961); Seiler Wilfried, Klarinette (1935); Serr Walter, Posaune (1976); Spengler Jürgen, Posaune (1975); Spengler Klaus-Dieter, Tenorhorn (1976); Spengler Willi, Tenorhorn (1952); Springmann Bernd, Flügelhorn (1976); Weber Albin, Posaune (1976); Weber Alfred, Flügelhorn (1940); Weber Arno, Trompete (1967); Weber Bernd, Flügelhorn (1970); Weber Christian, Horn (1976); Weber Edmund, Klarinette/Saxophon (1963); Weber Fred, Trompete (1970); Weber Heinz, gr. Trommel (1939); Weber Kilian, Klarinette (1979); Weber Kuno, Trompete (1976); Weber Mathias, Tuba (1976)
Zöglinge: Bär Rainer, Horn (1981); Boschert Silvia, Klarinette (1981); Lott Andrea, Klarinette (1981); Schemel Annette, Klarinette (1981); Seiler Claudia, Klarinette (1981); Weber Karola, Klarinette (1981); Weber Wolfgang, Trompete (1982); Zink Heiko, Trompete (1982); Zink Werner, Posaune (1981)

Stadt- und Kirchspielskapelle Oppenau

Gründungsjahr:	1799*
1. Vorsitzender:	Otto Walther
Stellv. Vorsitzender:	Manfred Ziegler
Schriftführer:	Albert Schweiger
Rechner:	Siegfried Wild
Beirat:	Josef Eisele
	Franz Erdrich
	Franz Haas
	Karl Hodapp
	Heinz Schmidt
	Otto Streck jun.
Dirigent:	Siegfried Börsig
Vizedirigent:	Manfred Ziegler
Jugendleiter:	Siegfried Börsig
Notenwart:	Otto Streck jun.

Aktive: Bächle Meinolf, Klarinette (1942); Birk Heinrich, Horn (1941); Birk Xaver, Flügelhorn (1961); Bitsch Andrea, Saxophon (1974); Börsig Hans, Posaune (1957); Börsig Stephan, Trompete (1976); Braun Hermann, Trompete (1974); Braun Klaus, Tuba (1974); Bruder Otto, Posaune (1973); Döttling Wolfgang, Trompete (1969); Doll Peter, Tenorhorn (1979); Dreher Franz, Flügelhorn (1969); Eisele Josef, Flügelhorn (1941); Felder Klaus, Trompete (1974); Fischer Christoph, Trompete (1974); Fischer Ulrike, Klarinette (1982); Friedmann Philipp, Flügelhorn (1979); Groth Günther, Trompete (1977); Groth Wolfgang, Flügelhorn (1972); Haas Franz, Tuba (1951); Haas Reiner, Trompete (1978); Hodapp Albrecht sen., Tenorhorn (1943); Hodapp Albrecht jun., Tenorhorn (1972); Hodapp Gustav, Oboe (1952); Huber Erich, Horn (1943); Huber Franz, Tuba (1960); Huber Friedrich, Posaune (1963); Huber Klaus, Klarinette (1981); Huber Stephan, Horn (1975); Huber Thomas, Saxophon (1973); Jankowiak Horst, Posaune (1978); Jankowiak Uwe, Tuba (1974); Konrad Markus, Bariton (1976); Maier Astrid, Oboe (1978); Muckenhirn Rita, Klarinette (1978); Müller Dieter, Posaune (1978); Müller Michael, Klarinette (1974); Rendler Renate, Flöte (1980); Sester André, Tenorhorn (1974); Schmidt Heinz, Bariton (1959); Schmidt Werner, Saxophon (1942); Schmolling Manuela, Flöte (1978); Schönweiß Christine, Klarinette (1978); Schönweiß Hannelore, Flöte (1972); Schwarz Otto, Schlagzeug (1960); Schweiger Albert, Klarinette (1957); Spinner Christoph, Schlagzeug (1972); Spinner Franz, Flügelhorn (1959); Spinner Manfred, Pauken (1955); Streck Otto sen., Klarinette (1929); Streck Otto jun., Flöte (1959); Wild Siegfried, Trompete (1979); Ziegler Manfred, Klarinette (1949); Ziegler Michael, Klarinette (1973); Ziegler Wolfgang, Trompete (1975)

Kurkapelle Ottenhöfen 1900 e.V.

Gründungsjahr:	1900
1. Vorsitzender:	Werner Horn
Stellv. Vorsitzender:	Kurt Kiesel
Schriftführer:	Christoph Kimmig
Rechner:	Helmut Baßler
Beirat:	Hans-Peter Baßler
	Kurt Hock
	Karl-Jürgen Kiesel
	Werner Schnurr
Dirigent:	MD Willy Schütz
Vizedirigent/	
Jugendleiter:	Kurt Kiesel
Notenwart/	
Instrumentenwart:	Dietmar Bohnert

Aktive: Armbruster Karl, Posaune (1960); Bäuerle Stefan, Trompete (1975); Basler Bernd, Flügelhorn (1960); Baßler Hans-Peter, Tuba (1961); Baßler Helmut, Tuba (1962); Baßler Martin, Saxophon (1967); Baßler Theo, Tenorhorn (1972); Bohnert Dietmar, Flügelhorn (1954); Bohnert Frank, Saxophon (1975); Bohnert Heinz, Klarinette (1960); Bühler Lioba, Klarinette (1981); Fischer Hans, Trompete (1960); Fischer Karl-Heinz, Klarinette (1967); Fischer Thomas, Trompete (1975); Funke Günter, kl. Trommel (1934); Gottmann Edmund, Horn (1955); Harter Konrad, Tenorhorn (1962); Hock Kurt, Trompete (1967); Horn Werner, Posaune (1950); Käshammer Josua, Trompete (1975); Käshammer Klaus, Horn (1975); Kern Thomas, Posaune (1975); Kiesel Karl-Jürgen, Trompete (1969); Kiesel Kurt, Bariton (1962); Kimmig Christoph, Lyra/Pauken (1975); Merz Martin, gr. Trommel (1969); Meyer Josef, Trompete (1972); Müller Christian, Trompete (1975); Oberle Alois, Trompete (1975); Oberle Günter, Horn (1953); Sackmann Kletus, Flügelhorn (1975); Schmälzle Heiko, Flügelhorn (1975); Schmelzle Peter, Trompete (1960); Schmitt Johann, Posaune (1960); Schmitt Markus, Trompete (1975); Schnurr Michael, Flügelhorn (1969); Schnurr Rudolf, Bariton (1969); Schnurr Werner, Klarinette (1967); Springmann Michael, Saxophon/Schlagzeug (1975); Steimle Alois, Tenorhorn (1935); Steimle Gerd, Tenorhorn (1972); Steimle Hansjörg, Saxophon (1975); Steimle Hermann, Flügelhorn (1972); Waltersbacher Hubert, Klarinette (1975); Wimmer Thomas, Trompete (1972)
Zöglinge: Baßler Bernd, Trompete (1980); Bohnert Jürgen, Klarinette (1980); Bohnert Markus, Klarinette (1980); Geisert Reinhard, Tenorhorn (1980); Harter Dieter, Posaune (1980); Herrmann Andreas, Klarinette (1980); Hock Jörg-Michael, Klarinette (1980); Horn Bernd, Flöte (1980); Jörger Gregor, Trompete (1980); Kimmig Clemens, Trompete (1980); Knapp Axel, Tenorhorn (1980); Knapp Thomas, Posaune (1980); Müller Daniel, Klarinette (1980); Schmälzle Jürgen, Posaune (1980); Schmälzle Rolf, Tenorhorn (1980); Spinner Daniel, Klarinette (1980); Spinner Michael, Horn (1980); Steimle Rolf, Klarinette (1980); Zink Mathias, Trompete (1980)

Stadtkapelle Renchen 1886 e.V.

Gründungsjahr:	1886 des Vereins
	1837* der Stadtkapelle
1. Vorsitzender:	Klaus Hodapp
Stellv. Vorsitzender:	Robert Brandstetter
Schriftführer:	Johann Bürkel
Rechner:	Manfred Krieg
Beirat (Aktiva):	Gerd Beese
	Wilfried Beese
	Kunibert Hagel
	Manfred Huber
	Albrecht Reith
Beirat (Passiva):	Heinrich Behrle
	Reinhold Berger
	Robert Kirn
	Walter Rafalski
	Leo Spinner
	Ludwig Weber
Dirigent:	Gerhard Ott
Vizedirigent:	Robert Brandstetter

Notenwarte: Bernd Hodapp, Klaus Beese; Instrumentenwart: Manfred Huber; Ehrenvorsitzender: Horst Murrack; Ehrenmitglieder: Theodor Brandstetter, Karl Honauer, Friedrich Schütterle
Aktive: Barth Horst, Klarinette (1950); Beese Gerd, Schlagzeug (1950); Beese Klaus, Trompete (1970); Beese Wilfried, Tuba (1962); Behrle Erich, Tenorhorn (1948); Birk Karl, Schlagzeug (1948); Boschert Johann, Flügelhorn (1950); Boschert Wilfried, Tenorhorn (1962); Brandstetter Robert, Flügelhorn (1963); Burkart Berthold, Posaune (1970); Burkart Josef, Tuba (1948); Burkart Roland, Klarinette (1973); Eckstein Engelbert, Flügelhorn (1965); Engelberg Ralf, Bariton (1978); Frietsch Karl-Heinz, Flügelhorn (1950); Hagel Kunibert, Klarinette (1963); Hodapp Bernd, Tenorhorn (1958); Hodapp Klaus, Klarinette (1957); Huber Bernd, Tenorhorn (1950); Klehenz Karin, Klarinette (1978); Kornmeier Michael, Flügelhorn (1978); Krieg Manfred, Klarinette (1950); Krieg Matthias, Posaune (1978); Lehmann Wendelin, Posaune (1926); Meier Antje, Klarinette (1978); Meier Jens, Trompete (1978); Pracht Markus, Klarinette (1973); Reith Albrecht, Trompete (1966); Sauer Christian, Tuba (1973); Schmiederer Klaus, Flügelhorn (1973); Seebacher Pirmin, Klarinette (1973); Utmalleki Rainer, Trompete (1978); Weber Egon, Trompete (1950); Weinz Volker, Trompete (1978)
Zöglinge: Brose Hans-Peter, Klarinette (1981); Hodapp Marco, Schlagzeug (1981)

Trachtenkapelle Ringelbach

Gründungsjahr:	1959
1. Vorsitzender:	Ernst Frammelsberger
Stellv. Vorsitzender:	Josef Sauer
Schriftführer:	Martin Mayer
Stellv. Schriftführer:	Ernst Frammelsberger
Rechner:	Eugen Schwendemann
Stellv. Rechner:	Adolf Huber
Beirat:	Albert Ebert
	Gebhard Frammelsberger
	Alfons Huber
	Erwin Sauer
	Horst Steigerwald
Dirigent:	Berthold Nell
Vizedirigent:	Martin Mayer
Jugendleiter:	Gebhard Frammelsberger
	Martin Mayer
Notenwarte:	Eugen Schwendemann jun.
	Thomas Treyer
Instrumentenwart:	Josef Sauer

Aktive: Bähr Gerhard, Posaune (1978); Bähr Hubert, Klarinette (1978); Bähr Josef, Tenorhorn (1978); Baier Francis, Tenorhorn (1982); Baier Horst, Flöte (1980); Böhm Frank, Flügelhorn (1978); Busam Karlheinz, Tenorhorn (1970); Decker Bernhard, Tenorhorn (1978); Decker Werner, Posaune (1982); Ebert Albert, Tenorhorn (1966); Ebert Hans, Tuba (1979); Ebert Ralf, Trompete (1978); Fischer Oliver, Klarinette (1978); Fischer Peter, Trompete (1963); Frammelsberger Gebhard, Trompete (1968); Frammelsberger Jürgen, Trompete (1975); Frammelsberger Reinhard, Klarinette (1970); Frammelsberger Torsten, Horn (1982); Hirt Georg, Trompete (1978); Hirt Monika, Flöte (1978); Höffinghoff Markus, Schlagzeug (1978); Huber Alfons, Klarinette (1966); Huber Hans, Flügelhorn (1960); Huber Michael, Trompete (1982); Huber Ulricke, Klarinette (1978); Huber Willi, Flügelhorn (1966); Hurst Manfred, Posaune (1978); Jülg Ludwig, Tuba (1976); Jülg Thomas, Flügelhorn (1975); Knapps Georg, Horn (1978); Mayer Martin, Klarinette (1967); Mayer Uta, Klarinette (1978); Meier Jochen, Trompete (1978); Meier Ralf, Klarinette (1978); Meier Susi, Klarinette (1978); Nell Holger, Schlagzeug (1976); Nell Knut, Posaune (1978); Ruf Karl-Heinz, Posaune (1970); Sauer Bruno, Klarinette (1970); Sauer Erwin, Schlagzeug (1960); Sauer Ingrid, Klarinette (1978); Sauer Josef, Tenorhorn (1959); Sauer Martin, Klarinette (1975); Sauer Monika, Klarinette (1975); Sauer Rainer, Horn (1978); Schroer Hubert, Tuba (1975); Schroer Martin, Flügelhorn (1975); Schwendemann Dieter, Tenorhorn (1975); Schwendemann Eugen, Schlagzeug (1976); Schwendemann Eugen jun., Trompete (1978); Treyer Josef, Horn (1959); Treyer Josef jun., Posaune (1978); Treyer Thomas, Tenorhorn (1978); Vollmer Herbert, Flügelhorn (1978); Vollmer Karl, Flügelhorn (1970); Zerbian Holger, Schlagzeug (1982); Zerbian Kerstin Flöte (1978)

Musikverein „Harmonie" e.V. – Trachtenkapelle Sasbach

Gründungsjahr:	1914
1. Vorsitzender:	Josef Langenbacher
Stellv. Vorsitzender:	Rudolf Vierling
Schriftführer:	Ulrike Vierling
Rechner:	Paul Anselment
Beirat:	Ludwig Anselment
	Petra Anselment
	Hermann Ernst
	Franz-Josef Hauser
	Peter Hug
	Siegfried Wittenauer
Dirigent:	Heiner Borsdorf
Vizedirigent:	Josef Striebel
Jugendleiter:	Alois Riehle
Notenwart:	Herbert Ketterer
Instrumentenwart:	Alexander Zink
Ehrenvorsitzender:	Karl Hönig

Aktive: Abele Ludwig, Posaune (1962); Anselment Ludwig, Trompete (1951); Anselment Paul, Flügelhorn (1956); Anselment Petra, Klarinette (1977); Anselment Thomas, Trompete (1980); Baumann Konrad, Posaune (1968); Bühler Ambros, Klarinette (1978); Bühler Carola, Flöte (1979); Bühler Michael, Klarinette (1968); Doll Klaus, Klarinette (1973); Doll Renate, Klarinette (1977); Ernst Hermann, Tenorhorn (1951); Ernst Paul, Horn (1951); Ernst Rolf, Tuba (1978); Fischer Klaus, Tenorhorn (1976); Friedmann Klaus, Posaune (1976); Grühl Gabriele, Trompete (1980); Grühl Hans-Jürgen, Bariton (1977); Grühl Michael, Flügelhorn (1980); Hacker Hans-Peter, Trompete (1982); Hauser Brigitta, Klarinette (1978); Hauser Franz-Josef, Flügelhorn (1962); Hönig Josef, Schlagzeug (1961); Hollerbaum Georg, Flügelhorn (1975); Hollerbaum Wolfgang, Tenorhorn (1968); Hug Axel, Tuba (1980); Hug Peter, Flügelhorn (1978); Kraus Bernd, Klarinette (1979); Ketterer Herbert, Trompete (1977); Ketterer Michael, Posaune (1976); Langenbacher Martin, Trompete (1975); Meier Manfred, Bariton (1965); Riehle Alois, Tenorhorn (1951); Riehle Cäzilia, Flügelhorn (1974); Riehle Karl, Horn (1947); Rudolph Petra, Flöte/Pikkolo (1979); Scheurer Susanne, Flöte (1979); Schnurr Bernd, Posaune (1976); Schnurr Siegfried, Tenorhorn (1964); Striebel Josef, Trompete (1968); Tolle Klaus, Tenorhorn (1978); Vierling Roland, Tuba (1968); Vierling Rudolf, Klarinette/Saxophon (1950); Vierling Ulricke, Klarinette (1978); Wiegert Klaus, Posaune (1976); Wittenauer Siegfried, Klarinette (1963); Zink Alexander, Horn (1947); Zink Thomas, Klarinette (1979)

Trachtenkapelle Sasbachwalden e.V.

Gründungsjahr:	1881*
1. Vorsitzender:	Alois Oberle
Stellv. Vorsitzender:	Richard Bohnert
Schriftführer:	Bruno Spinner
Stellv. Schriftführer:	Eugen Oberle
Rechner:	Konrad Vierthaler
Beirat:	Klaus Berger
	Georg Bohnert
	Günther Müller
	Franz Schaufler
Dirigent:	Werner Schulze
Vizedirigent:	Günther Hodapp
Jugendleiter:	Bernd Fischer
Notenwart:	Michael Trapp
Instrumentenwart:	Erich Huber

Aktive: Berger Alexander, Flöte (1974); Berger Franz, Posaune (1979); Berger Klaus, Klarinette (1965); Bohnert Ewald, Bariton (1960); Bohnert Georg, Posaune (1979); Bohnert Karl-Heinz, Tenorhorn (1957); Bohnert Richard, Klarinette (1960); Bohnert Thomas, Tenorhorn (1981); Bruder Franz, Tenorhorn (1981); Bruder Markus, Trompete (1981); Bürk Hubert, Flügelhorn (1981); Doll Andreas, Trompete (1981); Doll Willi, Flügelhorn (1969); Fallert Werner, Tenorhorn (1974); Fischer Bernd, Trompete (1957); Fischer Thomas, Flügelhorn (1981); Heitzmann Erich, gr. Trommel (1962); Hodapp Günther, Klarinette (1949); Huber Andreas, Horn (1955); Huber Erich, Posaune (1957); Huber Martin, Flügelhorn (1981); Huber Ulrike, Flöte (1981); Lorenz Alfred, Tuba (1979); Manz Franz, Bariton (1955); Müller Günther, Xylophon (1965); Müller Herbert, Flügelhorn (1952); Müller Karlheinz, Flügelhorn (1981); Nesselbosch Alfons, Flügelhorn (1954); Oberle Alois, Klarinette (1949); Oberle Eugen, Klarinette (1973); Oberle Sylvia, E-Baß (1979); Pfeifer Valentin, Tuba (1949); Rösch Christian, kl. Trommel (1974); Rosenacker Richard, Tenorhorn (1981); Rummel Franz, Klarinette (1950); Schaufler Franz, Klarinette (1974); Scheidegg Christian, Trompete (1974); Schneider Heinrich, Tenorhorn (1965); Schneider Markus, Tuba (1981); Schneider Martin, Posaune (1965); Spinner Helmut, Tuba (1955); Straub Konrad, Posaune (1973); Straub Manfred, Tuba (1969); Trapp Michael, Klarinette (1974); Vierthaler Konrad, Flügelhorn (1969); Zink Bettina, Klarinette (1981)

Musikverein Seebach e.V.

Gründungsjahr:	1907
1. Vorsitzender:	Alfons Maier
Stellv. Vorsitzender:	Wendelin Hils
Schriftführer:	Johanna Schneider
Rechner:	Herbert Lehnerer
Beirat:	Kurt Bohnert
	Eugen Maier
	Thomas Schmälzle
	Gebhard Schneider
	Reiner Schnurr
Dirigent:	Franz Lamm
Vizedirigent:	Alfons Maier
Jugendleiter:	Franz Lamm
Notenwart:	Gebhard Schneider
Ehrenmitglieder:	Erich Bäuerle
	Rudolf Bohnert
	Paul Gaiser
	Hermann Kern
	Bertold Schneider

Aktive: Bohnert Kurt, Tenorhorn (1953); Breig Dietmar, Trompete (1978); Decker Martin, Trompete (1978); Fallert Martin, Klarinette (1969); Fischer Matthias, Klarinette (1978); Fischer Robert, Horn (1950); Graf Frank, Schlagzeug (1978); Hils Bernd, Tenorhorn (1961); Hils Wendelin, Klarinette (1969); Huber Alois, Bariton (1960); Huber Alois, Flügelhorn (1972); Huber Franz, Tuba (1969); Lehnerer Herbert, Flügelhorn (1948); Lehnerer Rainer, Orgel/Lyra (1973); Maier Alfons, Klarinette (1952); Maier Anette, Flöte (1978); Maier Axel, Posaune (1978); Maier Bernhard, Tuba (1957); Maier Eugen, Bariton (1969); Maier Holger, Klarinette (1978); Maier Michaela, Flöte (1978); Marx Hannes, Tuba (1980); Marx Markus, Posaune (1978); Sackmann Erasmus, Flügelhorn (1978); Schmälzle Hans Jürgen, Bariton (1979); Schmälzle Thomas, gr. Trommel (1974); Schneider Fridolin, Trompete (1974); Schneider Gebhard, Trompete (1961); Schneider Johanna, Klarinette (1969); Schneider Richard, Trompete (1961); Schnurr Ewald, Flügelhorn (1948); Schnurr Hans Jürgen, Tenorhorn (1978); Schnurr Herbert, Horn (1969); Schnurr Martin, Flügelhorn (1969); Schnurr Reiner, Tenorhorn (1961); Schnurr Viktor, Posaune (1978); Schnurr Werner, Posaune (1961); Schnurr Wolfram, Flügelhorn (1978); Späth Heinrich, Schlagzeug (1967); Springmann Fritz, Klarinette (1961); Stutz Rudi, Tenorhorn (1953)
Jugendkapelle: Armbruster Ralf, Tuba (1980); Bohnert Arno, Trompete (1980); Hils Martin, Flügelhorn (1980); Kern Stefanie, Klarinette (1980); Maier Doris, Klarinette (1981); Maier Karin, Orgel/Lyra (1981); Maier Stefan, Klarinette (1978); Schnurr Ursula, Klarinette (1978)

Musikverein-Trachtenkapelle Stadelhofen

Gründungsjahr:	1920
1. Vorsitzender:	Ludwig Ell
Stellv. Vorsitzender:	Heinrich Ell
Schriftführer:	Bruno Grimmig
Rechner:	Ottmar Schindler
Stellv. Rechner:	Hermann Ganter
Beirat:	Siegfried Ell
	Ewald Hund
	Walter Hund
	Willi Hund
	Lothar Kirn
	Josef König
Dirigent:	Berthold Nell
Vizedirigent/	
Jugendleiter:	Heinz Ehret
Notenwarte:	Jürgen Ell
	Gebhard Schindler
Instrumentenwart:	Heinz Ehret

Aktive: Boschert Franz, Horn (1959); Distelzweig Konrad, Flügelhorn (1951); Distelzweig Pirmin, Trompete (1974); Ehret Heinz, Trompete (1966); Ell Harry, Tenorhorn (1981); Ell Heinrich, Tenorhorn (1959); Ell Jürgen, Tenorhorn (1981); Ell Ludwig, Horn (1955); Ell Richard sen., Posaune (1959); Ell Richard jun., Trompete (1981); Ell Siegfried, Klarinette (1955); Ell Wilfried, Flügelhorn (1953); Ernst Bernd, Flügelhorn (1981); Ernst Johannes, Trompete (1981); Ernst Theo, Schlagzeug (1965); Ganter Hermann, Posaune (1959); Grimmig Bruno, Klarinette (1965); Grimmig Helmut, Trompete (1981); Hodapp Christian, Posaune (1981); Hodapp Hugo, Saxophon (1953); Hodapp Siegbert, Posaune (1981); Hodapp Wilfried, Flügelhorn (1947); Huber Marcus, Trompete (1981); Huber Martin, Posaune (1974); Hund Ewald, Flügelhorn/Trompete (1973); Hund Konrad, Tuba (1951); Hund Martin, Tenorhorn (1974); Kirn Lothar, Bariton (1966); König Josef, Saxophon (1949); König Karl, Bariton (1974); Messmer Hermann, Tuba (1965); Nell Holger, Schlagzeug (1972); Nell Knut, Tuba (1981); Reininger Alexander, Klarinette (1981); Schadt Günter, Saxophon (1955); Scheidler Willi, Tuba (1954); Schindler Bernd, Trompete (1974); Schindler Franz, Horn (1947); Schindler Gebhard, Flöte (1974); Schindler Konrad, Klarinette (1974); Schindler Ottmar, Trompete (1966); Schwenk Thomas, Klarinette (1981); Seebacher Hans-Jürgen, Schlagzeug (1966); Vogt Gerhard, Posaune (1953); Vogt Helmut, Trompete (1981); Vogt Klaus, Horn (1966); Walter Edmund, Saxophon/Xylophon (1969); Walter Klaus, Klarinette (1975); Zerrer Werner, Klarinette (1981); Zimmerer Alfred, Tenorhorn (1965); Zimmerer Rainer, Klarinette (1974)

Musikverein „Frohsinn" Tiergarten e.V.

Gründungsjahr:	1920
1. Vorsitzender:	Franz Müller
Stellv. Vorsitzender:	Wilhelm Fischer
Schriftführer:	Paul Walz
Rechner:	Andreas Kimmig
Beisitzer:	Georg Ebert
	Gottfried Fritsch
	Karl Huber
	Fritz Müller
Dirigent:	Gerhard Ruf
Notenwart:	Georg Ebert
Ehrendirigent:	Walter Seiler
Ehrenvorsitzender:	Adolf Wiegert
Ehrenmitglieder:	Wilhelm Heiberger
	Franz Kohler

Aktive: Basler Karl sen., Horn (1948); Basler Karl jun., Horn (1967); Busam Siegfried, Posaune (1976); Ebert Georg, Klarinette (1939); Ebert Herbert, Posaune (1967); Fischer Josef, Tenorhorn (1976); Fischer Ulrike, Trompete (1980); Fischer Wilhelm, Tuba (1946); Fritsch Franz, Flügelhorn (1976); Fritsch Gottfried, Klarinette (1948); Heiberger Franz, Trompete (1967); Hildenbrand Klaus, Flügelhorn (1980); Huber Bernd, Trompete (1976); Huber Hermann, Bariton (1966); Huber Josef, Posaune (1964); Huber Karl sen., Tenorhorn (1946); Huber Karl jun., Trompete (1967); Hüger Hermann, Tenorhorn (1959); Hüger Willi, Posaune (1964); Jülg Erwin, Tenorhorn (1953); Kimmig Andreas sen., Flügelhorn (1964); Kimmig Andreas jun., Klarinette (1976); Kimmig Bernd, Flügelhorn (1980); Müller Bernhard, Trompete (1976); Müller Franz, Schlagzeug (1959); Müller Friedrich, Klarinette (1948); Müller Joachim, Horn (1964); Niedermeier Claudia, Klarinette (1976); Nock Lothar, Klarinette; Ruf Herbert, Tenorhorn (1954); Ruf Karl, gr. Trommel (1956); Sauer Manfred, Trompete (1980); Schaub Alois, Tuba (1953); Schaub Bettina, Flöte (1976); Seebacher Josef, Flügelhorn (1946); Walz Claudia, Klarinette (1976); Walz Paul, Bariton (1954); Wiegert Hermann, Flügelhorn (1956); Winkler Otto, Flöte (1967); Ziegler Gerhard, Flügelhorn (1966)

Musikverein Ulm e.V.

Gründungsjahr:	1752*
1. Vorsitzender:	Willi Bohnert
Stellv. Vorsitzender:	Edmund Bürk
Schriftführer:	Valentin Meier
Rechner:	Martin Koller
Beirat (Aktiva):	Reinhold Schindler
	Wolfgang Seiler
Beirat (Passiva):	Karl Birk
	Paul Ruch
Dirigent:	Leo Kammerer
Vizedirigent:	Manfred Bergmeier
Jugendleiter:	Bernhard Meier
Notenwarte:	Hansi Streif
	Wilfried Kirn
Instrumentenwart:	Ernst Meier

Aktive: Bär Gottfried, Tuba (1957); Baudendistel Markus, Trompete (1982); Baudendistel Willi, Posaune (1956); Bergmeier Dirk, Klarinette (1982); Bergmeier Manfred, Posaune (1952); Bohnert Mathias, Tenorhorn (1971); Bohnert Moritz, gr. Trommel (1949); Bohnert Willi, Tuba (1963); Bürk Edmund, Tenorhorn (1955); Busam Martin, Klarinette (1981); Distelzweig Heinz, Posaune (1971); Ganter Robert, Klarinette (1971); Heinrich Ernst, Flügelhorn (1977); Heinrich Jürgen, Trompete (1982); Kirn Wilfried, Klarinette (1976); Knapp Dominik, Klarinette (1982); Koller Martin, Tuba (1971); Kupferer Josef, Klarinette (1951); Kupferer Martin, Klarinette (1976); Kutz Erich, Posaune (1963); Kutz Eugen, Saxophon (1982); Meier Bernhard, Horn (1976); Meier Bruno, Flöte (1972); Meier Fritz, Tenorhorn (1971); Meier Georg, Trompete (1963); Meier Heinrich, Klarinette (1962); Meier Helmut, Flügelhorn (1971); Meier Herbert, Posaune (1956); Meier Josef, Posaune (1970); Meier Karl, Bariton (1959); Meier Manfred I, Lyra (1976); Meier Manfred II, Flügelhorn (1982); Meier Valentin, Trompete (1971); Meier Walter, Tenorhorn (1947); Merz Waldemar, Horn (1952); Schindler Reinhold, Flügelhorn (1971); Schmälzle Andreas, Klarinette (1980); Schmälzle Gebhard, Trompete (1976); Schneider Rolf, Flöte (1979); Schnurr Gerhard, Horn (1982); Schott Franz, Tenorhorn (1982); Seiler Karl-Heinz, Trompete (1959); Seiler Wolfgang, Klarinette/Saxophon (1962); Serrer Otmar, Trompete (1971); Spraul Adolf, Flügelhorn (1948); Spraul Martin, Flügelhorn (1976); Spraul Mathias, Tuba (1982); Streif Hansi, Saxophon (1976); Treyer Daniel, Flügelhorn (1976); Vollmer Peter, Schlagzeug (1971)
Zöglinge: Bär Oliver, Flöte (1982); Kupferer Rainer, Flöte (1982); Merz Karlheinz, Horn (1982); Schaub Daniel, Trompete (1979)

Musikverein der Meerrettichgemeinde Urloffen e.V.

Gründungsjahr:	1860*
1. Vorsitzender:	Fridolin Schmidt
Stellv. Vorsitzender:	Klaus Sauer
Schriftführer:	Heinz Kohler
Rechner:	Theodor Wiedemer
Stellv. Rechner:	Herbert Berger
Beirat (Aktiva):	Wilfried Kranz
	Achim Lerch
	Joachim Ringler
	Reinhard Schneider
	Alfred Vollmer
	Roland Zerrer
Beirat (Passiva):	Konrad Armbruster
	Karl Busam
	Karl Haas
	Gregor Hollstein
	Karl Mittenmüller
	Manfred Schmidt

Dirigent: Franz Fehrenbach; Vizedirigent: Roland Zerrer; Jugendleiter: Josef Kopp; Notenwart: Stefan Kopp; Instrumentenwart: Thomas Otteni; Ehrenvorsitzender: Franz Zerrer
Aktive: Borho Lothar, Klarinette (1972); Federer Anton, gr. Trommel (1948); Fund Willi, Lyra (1946); Harter Ralf, Schlagzeug (1972); Herdt Ulrich, Trompete (1968); Holstein Markus, Klarinette (1980); Kiefer Reiner, Schlagzeug (1961); Kössel Ute, Klarinette (1977); Kohler Heinz, Flöte (1963); Kopp Josef, Trompete (1975); Kopp Kai, Klarinette (1977); Kopp Stefan, Posaune (1977); Kranz Ralf, Flügelhorn (1977); Kranz Wilfried, Tuba (1962); Lerch Achim, Trompete (1972); Otteni Edmund, Tenorhorn (1954); Otteni Thomas, Tenorhorn (1972); Otto Martin, Posaune (1968); Ringler Joachim, Bariton (1972); Ross Hugo, Tuba (1946); Sauer Bernd, Trompete (1977); Sauer Egon, Tenorhorn (1949); Sauer Klaus, Klarinette (1956); Sauer Klaus, Tenorhorn (1973); Sauer Ludwig, Flügelhorn (1954); Sauer Michael, Posaune (1977); Sauer Thomas, Posaune (1977); Schmidt Wolfgang, Posaune (1972); Schneider Hubert, Posaune (1977); Schneider Lothar, Flügelhorn (1975); Schneider Reinhard, Tenorhorn (1953); Scholz Kurt, Posaune (1977); Scholz Manfred, Flügelhorn (1958); Scholz Norbert, Tuba (1958); Trautmann Christoph, Klarinette (1977); Trautmann Martin, Trompete (1977); Vogt Gerhard, Horn (1968); Vogt Josef, Horn (1937); Vollmer Alfred, Bariton (1949); Weinacker Georg, Flügelhorn (1977); Werner Franz, Tuba (1980); Wiedemer Norbert, Flügelhorn (1962); Zerrer Roland, Bariton (1962)
Zöglinge: Armbruster Klaus, Tenorhorn (1980); Boschert Michael, Klarinette (1980); Braun Michael, Klarinette (1980); Bürkel Raimund, Horn (1980); Dobschat Christian, Klarinette (1980); Doll Stefan, Trompete (1980); Fröhlich Ralf, Flügelhorn (1980); Hertwig Michael, Trompete (1980); Hollstein Steffen, Klarinette (1981); Hodapp Holger, Klarinette (1980); Kiefer Jürgen, Trompete (1980); Kiefer Stefan, Klarinette (1980); Köhli Frank, Klarinette (1980); Kranz Matthias, Tenorhorn (1980); Kraus Jürgen, Trompete (1980); Kron Ottmar, Klarinette (1980); Roth Bernd, Posaune (1980); Sauer Stefan, Flügelhorn (1980); Schmidt Gebhard, Trompete (1980); Siefert Frank, Klarinette (1980); Trautmann Matthias, Horn (1980); Vallendor Philipp, Flöte (1980); Wipfel Ingo, Klarinette (1980)

Trachtenkapelle Waldulm e.V.

Gründungsjahr:	1866*
1. Vorsitzender:	Karl Hodapp
Stellv. Vorsitzender:	Alfred Bähr
Schriftführer:	Gebhard Fischer
Rechner:	Eugen Finner
Beirat:	Manfred Fischer
	Bernhard Lamm
	Josef Maier
	Manfred Müller
	Fritz Zink
Dirigent:	Kurt Schütz
Vizedirigent:	Thomas Vogel
Jugendleiter:	Kurt Schütz
Notenwart:	Fritz Zink
Ehrenvorsitzender:	August Huber
Ehrendirigent:	Kurt Geiser
Ehrenmitglieder:	Siegfried Fischer
	Josef Jülg

Aktive: Bähr Alfred, Klarinette (1958); Blust Franz Josef, Horn (1974); Doll Klaus, Trompete (1966); Falk Hubert, Posaune (1979); Finner Angelika, Flöte (1974); Finner Michael, Klarinette (1974); Fischer Edmund, Klarinette (1958); Fischer Gaby, Flöte (1976); Fischer Gebhard, Klarinette (1975); Fischer Manfred, Klarinette (1955); Frascoia Franco, Trompete (1975); Gieringer Gottfried, Posaune (1974); Hillbrecht Peter, Trompete (1971); Hillbrecht Willi, Schlagzeug (1947); Hodapp Karl, Tenorhorn (1955); Hodapp Klaus, Trompete (1982); Hodapp Martin, Bariton (1974); Hodapp Wilhelm, Tuba (1947); Hodapp Viktor, Tenorhorn (1982); Huber Erich, kl. Trommel (1957); Hund Georg, Tenorhorn (1974); Köninger Hubert, Flügelhorn (1974); Kohler Franz, Bariton (1950); Künstel Franz, Posaune (1960); Lamm Bernhard, Flügelhorn (1971); Lamm Hubert, Trompete (1974); Lamm Martin, Tenorhorn (1974); Maier Josef, Flügelhorn (1960); Maier Rudi, Flügelhorn (1956); Maier Walter, Horn (1960); Müller Manfred, Klarinette (1975); Pfeifer Thomas, Trompete (1975); Schneider Josef, Klarinette (1946); Schnurr Paul, Trompete (1956); Schütz Karin, Flöte (1974); Siefermann Alfred, Klarinette (1946); Springmann Gerhard, Trompete (1955); Springmann Robert, Tuba (1960); Vogel Thomas, Trompete (1974); Wiegert Thomas, kl. Trommel (1974); Zink Fritz, Horn (1950); Zink Heinz, Posaune (1974)
Zöglinge: Finner Thomas, Klarinette (1978); Hund Frank, Tenorhorn (1979); Hund Markus, Klarinette (1979); Knapp Jürgen, Trompete (1979)

Musikverein „Harmonie" e.V. Oberkirch-Zusenhofen

Gründungsjahr:	1898
1. Vorsitzender:	Günther Ernst
Stellv. Vorsitzender:	Hermann Ruf
Schriftführer:	Hubert Stephan
Rechner:	Willi Huschle
Beirat:	Otto Benz
	Hans Bohe
	Richard Bohnert
	Willi Bott
	Egon Ernst
	Gerhard Ruf
Dirigent:	Günter Wolf
Vizedirigent:	Gerhard Ruf
Jugendleiter:	Hermann Ruf
Notenwart:	Jutta Huschle
Instrumentenwart:	Hermann Ruf
Ehrenvorsitzender:	Karl Schwarz
Ehrendirigent:	Hermann Brüstle

Aktive: Beck Dieter, Horn (1976); Benz Otto, Tenorhorn (1965); Bohe Hans, Tenorhorn (1952); Bohnert Richard, Klarinette (1954); Ebert Josef, Tuba (1950); Eckenfels Manfred, Flügelhorn (1982); Ernst Günther, Flügelhorn (1952); Ernst Klaus, Tenorhorn (1982); Ernst Reiner, Trompete (1976); Feger Hermann, Flügelhorn (1968); Feger Reinhard, Tenorhorn (1982); Fieß Friedrich, Klarinette (1965); Fieß Karl-Heinz, Flügelhorn (1967); Fieß Willi, Bariton (1946); Frei Paul, Posaune (1965); Gutzeit Hans Peter, Schlagzeug (1976); Hipp Hans, Schlagzeug (1950); Hollestelle Rainer, Tenorhorn (1982); Huschle Alfred, Bariton (1957); Huschle Jutta, Klarinette (1971); Huschle Walter, Klarinette (1952); Huschle Willi, Posaune (1952); Pfaff Bernd, Trompete (1979); Pfaff Karin, Klarinette (1971); Ruf Erich, Horn (1946); Ruf Gerhard, Trompete (1952); Ruf Hermann, Trompete (1966); Ruf Josef, Posaune (1945); Ruf Klaus Dieter, Flügelhorn (1968); Scheibel Herbert, Tuba (1957); Schirmer Adolf, Tuba (1952); Schmalz Klaus, Posaune (1954); Schwarz Roland, Klarinette (1961); Stephan Hubert, Klarinette (1952); Stephan Reiner, Trompete (1976); Strauß Manuela, Klarinette (1982); Strauß Wilfried, Tenorhorn (1965); Vogt Josef, Horn (1954)

Alemannischer Musikverband e.V.

Das Präsidium

1. Präsident: Manfred Loritz
Stellv. Präsident: Erwin Decker
Verbandsdirigent: Rudolf Wolpensinger
Verbandsjugendleiter: Rainer Hug
Schriftführer: Gert Lützelschwab
Kassier: Rudolf Knittel
Pressewart: Willi Oser

Ehrenpräsident: Karl Braun († 1982)
Ehrendirigent: Rudolf Kilchling

Bezirksvorsitzende:
Bezirk I   Gottfried Zumkeller
Bezirk II   Willi Giesel

Bezirk III Manfred Vollmer
Bezirk IV   Karl Vollmer
Bezirk V   Gerold Vollherbst

Der Verband hat 63 Mitgliedsvereine.
Zum Verband gehören noch die Vereine Binzen, Efringen-Kirchen, Hausen (Musikgesellschaft), Höllstein, Inzlingen, Lörrach (Stadtmusik), Lörrach (Spielmannszug), Präg, Raitbach, Schopfheim, Todtnau, Wiechs und Zell.

Von links nach rechts: Rudolf Wolpensinger, Willi Giesel, Karl Vollmer, Willi Oser, Rudolf Kilchling, Gert Lützelschwab, Manfred Loritz, Rainer Hug, Rudolf Knittel, Erwin Decker, Gerold Vollherbst, Gottfried Zumkeller, Manfred Vollmer

Musikverein Adelhausen e.V.

Gründungsjahr:	1891
1. Vorsitzender:	Manfred Kessler
Stellv. Vorsitzender:	Erich Rütschle
Schriftführer:	Gerhard Mack
Rechner:	Horst Kähny
Beirat:	Angela Dorn
	Helmut Hohler
	Rudi Kähny
	Eugen Sutter
Dirigent:	Heinz Benz
Notenwart:	Eugen Sutter
Instrumentenwart:	Hanspeter Sutter

Aktive: Dorn Angela, Klarinette (1972); Frech Erich, Klarinette (1967); Fröhle Franz, Horn (1947); Hohler Andrea, Trompete (1979); Hohler Cornelia, Klarinette (1979); Hohler Gabi, Trompete (1975); Hohler Helmut, Klarinette (1967); Hohler Martina, Flügelhorn (1979); Hohler Ottmar, Tenorhorn (1967); Hohler Werner, Klarinette (1947); Hüglin Gerd, Posaune (1970); Kähni Andrea, Klarinette (1979); Kähni Silvia, Horn (1979); Kähny Christof, Klarinette (1975); Kähny Horst, gr. Trommel (1947); Kähny Martina, Trompete (1979); Kähny Rudolf, Tuba (1952); Kähny Thomas, Tenorhorn (1979); Kessler Manfred, Posaune (1963); Kessler Norbert, Tuba (1947); Kessler Thomas, Tenorhorn (1970); Keßler Walter, Bariton (1948); Kuder Björn, Bariton (1979); Mack Gerhard, Flügelhorn (1963); Maier Andreas, Trompete (1975); Maier Michael, Flügelhorn (1979); Rach Alfred, Klarinette (1952); Rach Josef, Flügelhorn (1947); Räuber Alfred, Klarinette (1958); Räuber Petra, Flöte (1975); Reinle Alois, Horn (1947); Renk Hermann, Tuba (1979); Rütschle Erich, Posaune (1970); Rütschle Josef, Horn (1975); Sänger Heike, Flöte (1981); Schöpflin Dietmar, Flügelhorn (1970); Streule Lucia, Klarinette (1979); Sutter Eugen, Flügelhorn (1967); Sutter Hans-Friedrich, Trompete (1947); Sutter Hanspeter, Flügelhorn (1963); Sutter Hubert, Posaune (1952); Sutter Johannes, Trompete (1979); Trüby Martin, Schlagzeug (1975); Wiedmann Monika, Tenorhorn (1975); Woldrich Anja, Trompete (1979); Woldrich Melanie, Klarinette (1979)
Zöglinge: Brunner Udo, Tenorhorn (1981); Hahn Petra, Klarinette (1981); Heitz Andreas, Klarinette (1981); Kobier Evelin, Klarinette (1981); Rach Rudolf, Horn (1981); Renk Birgit, Tenorhorn (1981); Sailer Markus, kl. Trommel (1981); Wernet Ralf, Tenorhorn (1981); Woldrich Thilo, Trompete (1981)

Trachtenkapelle Aitern e.V.

Gründungsjahr:	1967
1. Vorsitzender:	Jürgen Kiefer
Stellv. Vorsitzender:	Lothar Kohler
Schriftführer:	Hermann Kiefer
Rechner:	Rolf Asal
Beirat:	Peter Pfefferle
	Siegfried Mayer
Dirigent:	Fridolin Behringer

Aktive: Asal Birgit, Flügelhorn (1978); Asal Rolf, Posaune (1972); Becker Hanspeter, Trompete (1967); Behringer Bruno, Bariton (1975); Behringer Georg, Tenorhorn (1978); Behringer Hubert, Tenorhorn (1975); Behringer Johannes, Bariton (1978); Behringer Katja, Trompete (1978); Jost Bernhard, Posaune (1981); Kiefer Franziska, Klarinette (1982); Kiefer Gabi, Klarinette (1978); Kiefer Gerd, Saxophon (1967); Kiefer Hermann, gr. Trommel (1969); Kiefer Irmgard, Saxophon (1975); Kiefer Jürgen, Posaune (1967); Kiefer Leo, Tuba (1967); Kiefer Mathias, Klarinette (1975); Kiefer Winfried, Horn (1967); Kohler Lothar, Trompete (1975); Laile Walter, Tuba (1975); Lais Petra, Klarinette (1978); Matt Anke, Klarinette (1978); Mayer Hanne, Trompete (1978); Mayer Kurt, Trompete (1978); Pfefferle Christine, Klarinette (1978); Pfefferle Peter, kl. Trommel (1967); Pfefferle Wolfgang, Trompete (1978); Schelshorn Barbara, Klarinette (1978); Schelshorn Reinhard, Flügelhorn (1975); Schelshorn Walter, Flügelhorn (1975); Schiel Emil, Klarinette (1975); Siegel Günther, Tenorhorn (1973); Steiger Thomas, Trompete (1975); Straub Peter, Flügelhorn (1978); Thoma Michaela, Klarinette (1978); Walliser Helmut, Flügelhorn (1975)

Musikverein Atzenbach 1863 e.V.

Gründungsjahr:	1863*
1. Vorsitzender:	Siegfried Kiefer
Stellv. Vorsitzender:	Günter Schmider
Schriftführer:	Anton Maier
Vereinssekretär:	Michael Fischer
Rechner:	Manfred Strohm
Beirat (Aktiva):	Alfred Kiefer
Beirat (Passiva):	Karl Schleith
Jugendsprecher:	Dieter Maier
Dirigent:	Klaus Ruch
Vizedirigent:	Günter Schmider
Notenwart:	Rainer Maier
Instrumentenwart:	Felix Lederer
Präsident:	Bgm. Bernhard Lederer
Ehrenpräsident:	Bgm. a. D. Otto Maier
Ehrenmitglieder:	Heinrich Achstaller
	Felix Lederer
	Alfred Schmider
	Anton Sprich

Aktive: Baumgartner Daniel, Flöte (1981); Fechtig Karlheinz, Tuba (1969); Fischer Michael, Bariton (1973); Götz Ernst, Horn (1953); Götz Raimund, Tenorhorn (1977); Kiefer Alfred, Tenorhorn (1961); Kiefer Peter, Flügelhorn (1968); Kiefer Siegfried, Flügelhorn (1962); Kiefer Thomas, Trompete (1973); Lederer Felix, Horn (1950); Maier Anton, Posaune (1975); Maier Dieter, Klarinette (1973); Maier Ottmar, Posaune (1971); Maier Rainer, Flügelhorn (1971); Maier Rolf, Bariton (1959); Schleith Karlheinz, Schlagzeug (1963); Schleith Winfried, Trompete (1971); Schmider Alfred, gr. Trommel (1949); Schmider Günter, Trompete (1961); Sprich Kurt, Klarinette (1957); Strohm Manfred, Klarinette (1971)
Zöglinge: Fritz Dieter, Tenorhorn (1981); Hiller Stefanie, Klarinette (1982); Maier Andreas, Flügelhorn (1981); Maier Ralf, Flügelhorn (1981); Matt Alexandra, Flöte (1982); Ruch Bernd, Trompete (1981); Wuchner Bernd, Flügelhorn (1981); Wuchner Sabine, Klarinette (1981)

Musikverein Brombach e.V.

Gründungsjahr:	1845*
1. Vorsitzender:	Herbert Gerbel
Stellv. Vorsitzender:	Hanspeter Weiss
Schriftführer:	Walter Gerbel
Rechner:	Peter Roßkopf
Beirat:	Agnes Oßwald
	Gerhard Oßwald
	Herbert Schmidt
	Fritz Wiesner
Dirigent:	Rainer Hug
Jugendleiter:	Thomas Waldhecker

Aktive: Anwand Bert, Klarinette (1979); Bauer Martin, Posaune (1979); Billmann Marion, Klarinette (1979); Bischoff Katharina, Klarinette (1979); Dieslin Achim, Trompete (1981); Dörflinger Daniela, Klarinette (1979); Gais Thomas, Klarinette (1979); Gais Markus, Trompete (1979); Garni Karlheinz, Saxophon (1979); Gentner René, Tuba (1979); Gerbel Herbert, Tenorhorn (1963); Holzhüter Frank, Tenorhorn (1979); Ischier Daniela, Klarinette (1979); Kiefer Annette, Klarinette (1981); Lützel Werner, Horn (1979); Mattern Heiko, Trompete (1979); Neu Patricia, Klarinette (1982); Oßwald Claudia, Flöte (1979); Oßwald Gerhard, Tenorhorn (1963); Oßwald Regina, Saxophon (1979); Ott Mathias, Trompete (1981); Roßkopf Jörg, Klarinette (1981); Roßkopf Ute, Klarinette (1981); Salacz Philipp, Schlagzeug (1979); Schmidtchen Gabriela, Flöte (1979); Schmidtchen Susi, Klarinette (1981); Schamberger Petra, Flöte (1982); Straub René, Saxophon (1981); Trinler Lothar, Tenorhorn (1981); Waldhecker Thomas, Tuba (1972); Weber Dieter, Posaune (1979); Weiß Sabine, Klarinette (1979)

Musikverein Degerfelden e.V.

Gründungsjahr:	1925
1. Vorsitzender:	Rudolf Grether
Stellv. Vorsitzender:	Dietmar Hässler
Schriftführer:	Thomas Birlin
Stellv. Schriftführer:	Britta Doleske
Rechner:	Wolfgang Poiger
Stellv. Rechner:	Horst Hohler
Beisitzer (Aktiva):	Josef Meier
	Gustav Sütterlin
	Hermann Teske
Beisitzer (Passiva):	Hans Fischer
	Herbert Moriz
	Xaver Rohrer
Jugendausschuß:	Adolf Amrein
	Johann Fischer
	Rudolf Grether
	Wolfgang Poiger
	Rainer Rütschlin
	Werner Scheuzger

Musikbeirat: Norbert Hässler, Oswin Kaiser, Rainer Rütschlin, Gustav Sütterlin; Dirigent: Werner Scheuzger; Vize-Dirigent: Norbert Hässler; Jugendleiter: Adolf Amrein; Notenwart/Instrumentenwart: Oswin Kaiser, Josef Meier; Ehrendirigent: Emil Brunner

Aktive: Amrein Adolf, Klarinette (1961); Amrein Dirk, Tenorhorn (1977); Amrein Frank, Flügelhorn (1977); Birlin Thomas, Flügelhorn (1964); Braun Urban, Posaune (1981); Brugger Roland, Klarinette (1950); Dietsche Andrea, Klarinette (1979); Doleske Britta, Flöte (1980); Fischer Hannes, Tenorhorn (1980); Fischer Heidi, Klarinette (1980); Fritz Robert, Posaune (1981); Fuchs Franz, Trompete (1958); Fuchs Rudi, Trompete (1950); Grether Rudolf, Flöte (1960); Hässler Dietmar, Tenorhorn (1971); Hässler Norbert, Flügelhorn (1947); Hässler Peter, Klarinette (1967); Hohler Horst, gr. Trommel (1954); Hohler Stephan, kl. Trommel (1980); Kaiser Oswin, Horn (1960); Meier Josef, Tenorhorn (1967); Merkt Kaspar, Tuba (1952); Poiger Wolfgang, Trompete (1967); Rütschlin Rainer, Tenorhorn (1967); Schmitt Petra, Klarinette (1980); Schwander Alfred, Klarinette (1959); Süßmann Christa, Flügelhorn (1980); Sütterlin Gustav, Posaune (1958); Teske Hermann, Horn (1952); Wehinger Elke, Klarinette (1981)
Jugendkapelle: Attenhauser Angela, Klarinette (1980); Brugger Claudia, Klarinette (1980); Elsner Ute, Flöte (1980); Garcia Manuel, Trompete (1977); Grießbaum Andreas, Tenorhorn (1977); Jehle Bettina, Klarinette (1979); Kurt Christian, Klarinette (1978); Kurt Hans-Joachim, Tenorhorn (1978); Langenbacher Gernod, Flöte (1979); Lukasch Dirk, Trompete (1979); Müller Patrick, Flügelhorn (1979); Schwander Stephan, Tenorhorn (1978); Stöcklin Martina, Klarinette (1979); Teske Harald, Posaune (1978)
Zöglinge (in theoretischer Ausbildung): Amrein Adolf; Bartels Daniel (1981); Fröhle Harald (1981); Grether Rudolf; Hässler Dietmar; Kaiser Evelyn (1981); Kaiser Jochen (1981); Kukla Michael (1979); Poiger Wolfgang; Rau Britta (1979); Rütschlin Rainer; Scheuzger Werner; Süßmann Olivia (1981); Stübe Dirk (1979)

Musikverein Dossenbach

Gründungsjahr:	1900
1. Vorsitzender:	Walter Schönauer
Stellv. Vorsitzender:	Rudolf Bühler
Schriftführer:	Rolf Bühler
Stellv. Schriftführer:	Harald Schär
Rechner:	Adolf Urich
Stellv. Rechner:	Rolf Gentner
Beirat:	Alfred Asal
	Wilhelm Gentner sen.
	Artur Meyer
	Wilhelm Schär
	Julius Schönauer
	Kurt Vollmer
Dirigent:	Emil Volz
Vizedirigent/	
Jugendleiter:	Wilhelm Schär
Notenwart:	Rudolf Schär
Instrumentenwart:	Jürgen Schär

Aktive: Asal Markus, Trompete (1980); Asal Reinhard, Trompete (1975); Baratti Gerhard, Klarinette (1969); Baratti Sylvia, Klarinette (1974); Bauknecht Erich, Horn (1974); Bauknecht Klaus, Posaune (1972); Bauknecht Walter, Bariton (1959); Bühler Gerd, Flügelhorn (1981); Bühler Rolf, Tuba (1955); Bühler Rudolf, Tuba (1955); Bühler Walter, Horn (1969); Bührer Ralf, Trompete (1980); Dauenhauer Kurt, Tenorhorn (1956); Emmenecker Martin, Klarinette (1980); Fingerlin Eugen, gr. Trommel (1948); Fingerlin Friederich, Tenorhorn (1981); Fingerlin Gerd, Flügelhorn (1952); Fingerlin Ulrich, Tenorhorn (1980); Gentner Anneliese, Klarinette (1974); Gentner Rolf, Klarinette (1975); Kaufmann Walter, Trompete (1964); Keller Horst, Klarinette (1954); Keller Kurt, Posaune (1948); Meyer Artur, Tenorhorn (1938); Meyer Bernd, Bariton (1981); Meyer Günter, Flügelhorn (1969); Meyer Jürgen, Tenorhorn (1978); Schär Harald, Flügelhorn (1979); Schär Jürgen, Trompete (1973); Schär Rudolf, kleine Trommel (1959); Schär Wilhelm, Flügelhorn (1938); Schönauer Walter, Trompete (1948); Sorgnitt Armin, Klarinette (1979); Urich Adolf, Flügelhorn (1959); Vollmer Kurt, Horn (1967); Vollmer Rolf, Tenorhorn (1981); Volz Joachim, Trompete (1978); Zanger Adelbert, Klarinette (1952); Zanger Peter, Posaune (1974)
Zöglinge: Bühler Albert, Klarinette (1981); Meyer Dieter, Trompete (1981); Schär Martin, Flügelhorn (1981)

Musikverein Egringen e.V.

Gründungsjahr:	1908
1. Vorsitzender:	Wolfgang Meier
Stellv. Vorsitzender:	Heinz Wenk
Protokollführer:	Waldemar Meier
Schriftführer:	Thomas Sehringer
Rechner:	Hans Gräßlin
Beisitzer (Aktiva):	Hermann Frey
	Fritz Jost
Beisitzer (Passiva):	Hermann Gerdesmeier
	Max Gütlin
Dirigent:	Siegfried Wenk
Jugendleiter:	Klaus Fischer
Notenwart:	Sabine Wenk
Instrumentenwart:	Siegfried Wenk
Ehrendirigent:	Emil Schuler

Aktive: Aberer Hans-Dieter, Klarinette (1979); Becherer Markus, Klarinette (1977); Braun Felix, Klarinette (1951); Brenneisen Gerhard, Tenorhorn (1946); Brenneisen Rudolf, Cornet (1966); Brunner Felix, Saxophon (1977); Brunner Rolf, Cornet (1975); Bühler Erich, Saxophon (1960); Bühler Hansjörg, Saxophon (1974); Bürgin Andreas, Horn (1981); Bürgin Karlfrieder, Saxophon (1966); Eckert Sabine, Klarinette (1980); Enderlin Max, Horn (1946); Fehse Joachim, Flöte (1976); Fischer Friedrich, Bariton (1947); Fischer Klaus, Klarinette (1974); Fischer Rolf, Saxophon (1980); Frey Hermann, Tuba (1967); Frey Martin, Tenorhorn (1975); Fünfschilling Karlfrieder, Tenorhorn (1970); Gräßlin Adolf, kl. Trommel (1947); Gräßlin Frank, Flügelhorn (1979); Gräßlin Hans, Horn (1961); Gütlin Jochen, kl. Trommel (1980); Hagin Andreas, Klarinette (1979); Hennig Jürgen, Tuba (1979); Jahn Bernhard, Trompete (1969); Jost Fritz, Schlagzeug (1968); Lenz Astrid, Horn (1977); Meier Andreas, Klarinette (1979); Meier Martin, Tenorhorn (1979); Meier Waldemar, Klarinette (1954); Meier Wolfgang, Tuba (1968); Müller Anita, Flöte (1979); Müller Herbert, Flügelhorn (1950); Müller Klaus, Cornet (1979); Müller Rudolf, Tuba (1977); Schopferer Reinhard, Tenorhorn (1963); Sehringer Hans, Flügelhorn (1950); Sehringer Thomas, Trompete (1970); Sieglin Helmut, Klarinette (1950); Sutter Helmut, Flügelhorn (1961); Uhlmann Max, Horn (1951); Walser Erwin, gr. Trommel (1946); Walser Gustav, Posaune (1957); Walser Jochen, Trompete (1979); Wenk Heinz, Posaune (1956); Wenk Sabine, Saxophon (1977); Wenk Siegfried, Posaune (1974); Wölfle Jürgen, Cornet (1980); Zoller Dirk, Horn (1979)
Zöglinge: Braun Frank, Klarinette (1981); Braun Mark, Klarinette (1981); Brunner Andreas, Flügelhorn (1981); Fischer Thomas, Posaune (1981); Langguth Else, Klarinette (1981); Sätzler Martin, Klarinette (1981); Spohn Hermann, Posaune (1981); Wölfle Manfred, Flügelhorn (1981)

Musikverein Ehrsberg e.V.

Gründungsjahr:	1927
1. Vorsitzender:	Franz Maier jun.
Stellv. Vorsitzender:	Rudolf Langendorf
Schriftführer:	Erwin Maier
Rechner:	Manfred Rümmele
Beirat:	Walter Heizmann
	Lothar Langendorf
	Elmar Maier
	Franz Suppinger
Dirigent:	Karl Seger
Vizedirigent:	Rudolf Langendorf
Notenwart/	
Instrumentenwart:	Artur Suppinger
Ehrendirigent:	Karl Seger
Ehrenmitglieder:	Josef Gersbacher
	Erich Kaufmehl
	Franz Maier sen.
	Oskar Maier
	Max Muckenhirn
Ehrenpräsident:	Leo Spitz
Präsident:	Bgm. Franz Zettler

Aktive: Baier Barbara, Flügelhorn (1981); Frank Brigitte, kl. Trommel (1981); Frank Monika, Klarinette (1981); Frank Siegfried, kl. Trommel (1947); Gersbacher Martin, Horn (1981); Heizmann Helga, Flügelhorn (1981); Heizmann Walter, Tuba (1968); Jaschke Andreas, Tenorhorn (1981); Jaschke Christel, Klarinette (1981); Jaschke Felix, Trompete (1973); Kaufmehl Christof, Tenorhorn (1973); Katzer Frederike, Klarinette (1981); Langendorf Lothar, Trompete (1967); Langendorf Rudolf, Flügelhorn (1967); Maier Elmar, Posaune (1973); Maier Erwin, Tenorhorn (1967); Maier Franz, Posaune (1958); Maier Martin, Klarinette (1973); Muckenhirn Dieter, Posaune (1967); Muckenhirn Josef, Klarinette (1951); Muckenhirn Max, Flügelhorn (1939); Philipp Ernst-Josef, Tuba (1981); Rümmele Andreas, Trompete (1981); Rümmele Manfred, Klarinette (1959); Seger Helmut, Klarinette (1958); Seger Peter, Trompete (1981); Suppinger Artur, Bariton (1951); Suppinger Franz, Horn (1947); Suppinger Kurt, Flügelhorn (1973); Suppinger Renate, Klarinette (1981); Völz Erwin, gr. Trommel (1982); Zettler Alois, Tuba (1951); Zettler Andreas, Tenorhorn (1981); Zettler Johannes, Tenorhorn (1973)

Musikverein Endenburg e.V.

Gründungsjahr:	1904
1. Vorsitzender:	Heinrich Läuger
Stellv. Vorsitzender:	Alfred Kühndorf
Schriftführer:	Rudolf Forsthuber
Rechner:	Günter Bauer
Beirat (Aktiva):	Heinz Bauer
	Karl Schleith
Beirat (Passiva):	Walter Würger
Dirigent:	Eugen Mors
Vizedirigent:	Alfred Kühndorf
Jugendleiter:	Heinrich Kühndorf
Notenwart/	
Instrumentenwart:	Eugen Reif

Aktive: Andris Gerd, Trompete (1977); Asal Adolf, gr. Trommel (1965); Asal Gerhard, Klarinette (1950); Bauer Emil, Horn (1946); Bauer Gerhard, Tenorhorn (1970); Bauer Günter, Flügelhorn (1965); Bauer Heinz, Bariton (1972); Frick Siegfried, Klarinette (1977); Forsthuber Rudolf, Klarinette (1963); Fünfschilling Karlheinz, kl. Trommel (1970); Giesin Walter, Flügelhorn (1964); Kühndorf Alfred, Posaune (1947); Kühndorf Heinrich, Fagott (1974); Kuttler Manfred, Horn (1950); Läuger Heinrich, Trompete (1955); Leonhardt Friedrich, Tuba (1977); Oßwald Martin, Tuba (1977); Oßwald Richard, Tenorhorn (1955); Reif Eugen, Posaune (1964); Reif Friedrich, Tenorhorn (1939); Ruf Klaus, Klarinette (1977); Schleith Karl, Trompete (1946); Schultheiß Dieter, Flügelhorn (1977); Trefzer Walter, Horn (1977)
Zöglinge: Asal Bernhard, Flügelhorn (1979); Dörflinger Martin, Trompete (1979); Falkenberg Frank, Bariton (1979); Fünfschilling Andreas, Posaune (1979); Kuttler Achim, Posaune (1979)

Musikverein Fahrnau e.V.

Gründungsjahr:	1882*
1. Vorsitzender:	Hans Trefzer
Stellv. Vorsitzender:	Hermann Nickel
Schriftführer:	Hans Wohlschlag
Rechner:	Hermann Weber
Beirat:	Jakob Drumm
	Karl-August Grether
	Guntram Halter
	Ernst Kellmayer
	Hermann Kunzelmann
	Helmut Lenz
	Wolfgang Philipp
	Karl Wagner
Dirigent:	Bernhard Köppel
Vizedirigent:	Hans Trefzer
Jugendleiter:	Ernst Kneusslin
Notenwart:	Horst Ewert
Instrumentenwart:	Karl-Heinz Leber
Ehrendirigent:	Ernst Schneider
Ehrenvorstand:	Reinhard Gerwig

Aktive: Andreatta Daniel, kl. Trommel (1980); Bäckert Christian, Klarinette (1975); Balzer Ingo, Oboe (1981); Bieg Bettina, Saxophon (1975); Birkel Martin, Klarinette (1978); Blank Manfred, gr. Trommel (1979); Brändle Jürgen, Saxophon (1975); Brutschin Alfred, Posaune (1948); Brutschin Holger, Bariton (1975); Brutschin Martin, Klarinette (1978); Brutschin Stefan, Trompete (1979); Brutschin Walter, Tenorhorn (1957); Brutschin Wolfgang, Flügelhorn (1977); Doehring Bärbel, Saxophon (1977); Doehring Horst, Tenorhorn (1953); Drumm Roland, kl. Trommel (1971); Ebert Beate, Klarinette (1981); Ewert Horst, Saxophon (1977); Ewert Volker, Trompete (1977); Faas Eberhardt, Flöte (1981); Gries Gerhard, Klarinette (1953); Halter Guntram, Posaune (1959); Kneusslin Ernst, Klarinette (1946); Kunzelmann Heinz, Tuba (1960); Leber Karl-Heinz, Horn (1946); Leber Roland, Tenorhorn (1971); Otto Ullrich, Klarinette (1978); Philipp Wolfgang, Klarinette (1974); Roser Helmut, Tuba (1942); Ruhnau Hans, Tuba (1957); Schmidtner Carola, Klarinette (1980); Siegel Gerhard, Posaune (1953); Trefzer Hans, Saxophon (1949); Trefzer Holger, Flügelhorn (1975); Trefzer Jürgen, Flügelhorn (1979); Wagner Fritz, Posaune (1942); Wagner Harald, Flügelhorn (1968); Wagner Karl, Pauken/Schlagzeug (1948); Wagner Martina, Flöte (1975); Wagner Sylvia, kl. Trommel (1979); Weber Hermann, Klarinette (1940); Wohlschlag Bernd, Trompete (1964); Wohlschlag Hans, Flügelhorn (1956); Wüst Armin, Trompete (1978); Zeh Andreas, Trompete (1977)
Zöglinge: Bernauer Andreas, Posaune (1981); Ermler Andreas, Trompete (1981); Kneusslin Michael, Klarinette (1981); Müller Marcus, Saxophon (1981); Schmidtner Andreas, Trompete (1981); Schneider Fred, Schlagzeug (1980)

Musikverein Fröhnd e.V.

Gründungsjahr:	1927
1. Vorsitzender:	Konrad Diewald
Stellv. Vorsitzender:	Hansjörg Böhler
Schriftführer:	Eberhard Böhler
Rechner:	Hansjörg Helmchen
Beirat (Aktiva):	Norbert Keller
	Walter Waßmer
Beirat (Passiva):	Otto Kiefer
	Heinrich Wuchner
Dirigent:	Werner Keller
Vizedirigent/	
Jugendleiter:	Hansjörg Böhler
Notenwart:	Alfred Wetzel
Instrumentenwart:	Norbert Marterer

Aktive: Böhler Eberhard, Sousaphon (1964); Böhler Hansjörg, Tenorhorn (1964); Brehm Helmut, Tuba (1964); Bündtner Leopold, Bariton (1950); Bündtner Martin, Bariton (1975); Bündtner Wolfgang, Flügelhorn (1978); Diewald Hubert, kl. Trommel (1977); Diewald Konrad, Trompete (1962); Gersbacher Peter, Trompete (1978); Helmchen Hansjörg, Flügelhorn (1964); Hettich Patrick, kl. Trommel (1981); Keller Andrea, Klarinette (1976); Keller Barbara, Saxophon (1976); Keller Helmut, Klarinette (1953); Keller Markus, Klarinette (1978); Keller Norbert, Posaune (1964); Kiefer Günter, Flügelhorn (1970); Kiefer Harald, Posaune (1978); Kiefer Karlheinz, Posaune (1975); Kiefer Thomas, Horn (1975); Langendorf Manfred, Posaune (1978); Langendorf Stefan, Horn (1978); Marterer Andreas, Trompete (1978); Marterer Ingrid, Klarinette (1976); Marterer Norbert, gr. Trommel (1972); Marterer Paul, Tenorhorn (1954); Marterer Roland, Tuba (1975); Payer Josef, Tenorhorn (1978); Rümmele Franz, Klarinette (1964); Schlegel Manfred, Flügelhorn (1978); Schmidt Astrid, Klarinette (1976); Schmidt Thomas, Saxophon (1976); Steinebrunner Oskar, Trompete (1974); Waßmer Norbert, Flügelhorn (1975); Waßmer Walter, Horn (1952); Wetzel Alfred, Saxophon (1970); Wetzel Karl-Pius, Klarinette (1970); Zimmermann Georg, Trompete (1975)
Zöglinge: Diewald Georg, Klarinette (1981); Keller Birgit, Klarinette (1981); Keller Susanne, Klarinette (1981); Keller Thomas, Klarinette (1981); Marterer Anette, Klarinette (1981); Stiegeler Bernhard, Trompete (1981); Wassmer Barbara, Trompete (1981); Wuchner Gudrun, Klarinette (1981); Zimmermann Anja, Trompete (1981)

Musikverein „Harmonie" Gersbach

Gründungsjahr:	1863*
1. Vorsitzender:	Friedrich Blum
Stellv. Vorsitzender:	Herbert Weniger
Schriftführer:	Hermann Schmidt
Stellv. Schriftführer:	Klaus Sutter
Rechner:	Willi Sutter
Stellv. Rechner:	Fritz Bechtel
Beirat:	Rolf Deiss
	Herbert Schmidt
Dirigent:	Rolf Keser
Notenwart:	Susanne Stark
Ehrendirigenten:	Adolf Blum
	Reinhard Deiss

Aktive: Bechtel Fritz, Tuba (1946); Blum Friedrich, Bariton (1960); Blum Hans, gr. Trommel (1975); Deiss Andreas, Flügelhorn (1977); Deiss Dieter, Flügelhorn (1977); Deiss Eugen, Trompete (1977); Deiss Ewald, Tenorhorn (1974); Deiss Stefan, Klarinette (1974); Greiner Joachim, Trompete (1973); Greiner Martin, Klarinette (1974); Greiner Remo, Trompete (1973); Matje Ralf, Horn (1974); Meier Sandra, Klarinette (1978); Milde Christina, Klarinette (1978); Mürset Jean-Jaques, kl. Trommel (1974); Pflüger Kurt, Flügelhorn (1968); Schmidt Herbert, Horn (1955); Schmidt Hermann, Klarinette (1963); Stark Susanne, Klarinette (1978); Sutter Alfred, Bariton (1929); Sutter Klaus, Posaune (1963); Sutter Willi, Tuba (1969); Weniger Herbert, Tenorhorn (1936); Zimmermann Mathias, Klarinette (1980)
Zöglinge: Danieli Karl, Tenorhorn (1982); Deiss Heike, Klarinette (1980); Forsthuber Elisabeth, Klarinette (1981); Forsthuber Evelyn, Klarinette (1981); Rehm Mike, Trompete (1982); Schmidt Erika, Klarinette (1981); Schwald Johannes, Tenorhorn (1981); Zahn Dirk, Trompete (1981)

Musikverein Geschwend e.V.

Gründungsjahr:	1908
1. Vorsitzender:	Dieter Volk
Stellv. Vorsitzender:	Albin Steinebrunner
Schriftführer:	Paul Böhler
Rechner:	Hermann Suhm
Beirat (Aktiva):	Gerlinde Böhler
Beirat (Passiva):	Rolf Asal
	Josef Volk
Jugendsprecher:	Klaus Schmid
Dirigent:	Anselm Steiger
Vizedirigent:	Erich Steiger
Notenwart:	Thomas Maier
Instrumentenwarte:	Martin Büsch
	Albin Steinebrunner

Aktive: Bay Angelika, Klarinette (1975); Bay Harald, Horn (1975); Bay Heinz, Horn (1948); Böhler Dieter, Tenorhorn (1975); Böhler Gerlinde, Klarinette (1971); Böhler Markus, Trompete (1975); Böhler Paul, Trompete (1948); Büsch Martin, Saxophon (1975); Johannes Heinrich, Flöte (1977); Lais Claudia, Saxophon (1975); Lais Gerhard, Posaune (1949); Lais Siegfried, Tenorhorn (1962); Maier Arnold, kl. Trommel (1974); Maier Thomas, Flöte (1975); Nebelung Günter, Flügelhorn (1971); Oberle Bernhard, Posaune (1962); Pfefferle Klaus, Horn (1966); Ruf Erich, Posaune (1973); Ruf Martin, Flügelhorn (1973); Rümmele Bertram, Bariton (1975); Schmid Heinrich, Bariton (1951); Schmid Klaus, Tenorhorn (1974); Schmid Rainer, Trompete (1976); Seger Helmut, gr. Trommel (1967); Steiger Andrea, Klarinette (1975); Steiger Erich, Trompete (1955); Steiger Gerd, Flügelhorn (1975); Steinebrunner Albin, Tuba (1963); Suhm Hermann, Saxophon (1948); Surmann Jörg, Klarinette (1975); Volk Dieter, Tuba (1963); Waßmer Adolf, Tuba (1938); Waßmer Erika, Klarinette (1971); Zimmermann Helga, Klarinette (1971); Zimmermann Johanna, Klarinette (1973); Zimmermann Karl-Heinz, Flügelhorn (1966)
Zöglinge: Bay Carola, Tenorhorn (1980); Böhler Bernd, Tenorhorn (1980); Böhler Martina, Klarinette (1980); Lais Otmar, Posaune (1980); Mähling Rita, Klarinette (1980); Maier Christine, Klarinette (1980); Ruf Michaela, Flöte (1980); Schmid Urs, Posaune (1980); Seger Bruno, Trompete (1980); Seger Edgar, Trompete (1980); Steiger Christian, Flügelhorn (1980); Volk Daniela, Flöte (1980)

Musikverein Grenzach e.V.

Gründungsjahr:	1896
1. Vorsitzender:	Manfred Frank
Stellv. Vorsitzender:	Werner Nübling
Schriftführer:	Karl-Heinz Sutter
Rechner:	Max Wenk
Beisitzer (Passiva):	Josef Berger
	Ernst Nübling
Dirigent:	Hans-Peter Brenneisen
Vizedirigent:	Ernst Althun
Jugendleiter:	Werner Nübling
Notenwart:	Edgar Stüber
Instrumentenwart:	Michael Rainer
Ehrenvorsitzender:	Ernst Althun

Aktive: Althun Ernst, Tenorhorn (1939); Anna Erwin, Tenorhorn (1963); Baumgartner Michael, Posaune (1980); Böhler Tino, Flügelhorn (1977); Brenneisen Claudia, Klarinette (1976); Busam Bernd, Trompete (1977); Busam Ralf, kl. Trommel (1979); Buschkowski Heinz, Horn (1974); Dietrich Robert, Klarinette (1978); Dullenbacher Edgar, Saxophon (1977); Eisner Uwe, kl. Trommel (1975); Frank Manfred, Tuba (1963); Ganter Hans-Dieter, Saxophon (1976); Gerspach Günter, Saxophon (1955); Hafner Oliver, Tenorhorn (1982); Hanselmann Ernst, Tuba (1953); Hanselmann Rene, Saxophon (1972); Issler Horst, Bariton (1939); Köberlin Fabian, Flügelhorn (1979); Lederer Hans, Pauken (1947); Markwart Elke, Klarinette (1979); Muser Jürgen, Flügelhorn (1977); Nübling Werner, Trompete (1966); Rainer sen. Michael, Tenorhorn (1975); Rainer jun. Michael, Klarinette (1977); Reinauer Kerstin, Klarinette (1982); Schramm Winfried, Posaune (1973); Schwarzbauer Alexander, Tenorhorn (1980); Septinus Waldemar, Trompete (1980); Spielmann Petra, Klarinette (1978); Sporrer Angela, Klarinette (1978); Strozzi Daniel, Posaune (1981); Strozzi Ilde, Klarinette (1982); Strütt Reiner, Klarinette (1977); Stüber Edgar, Flügelhorn (1977); Stüber Walter, Flügelhorn (1956); Sutter Karl-Heinz, Klarinette (1959); Tretter Martin, gr. Trommel (1971); Turski Horst, Horn (1977); Villwock Heiko, Flügelhorn (1982); Vogt Bernhard, Posaune (1981); Wenk Max, Bariton (1960)

Musikverein Gresgen e.V.

Gründungsjahr:	1874*
1. Vorsitzender:	Günter Wagner
Stellv. Vorsitzender:	Erwin Vollmer
Schriftführer:	Kurt Weiß
Protokollführer:	Fritz Schleith
Rechner:	Herbert Vollmer
Beirat:	Hanspeter Heitzmann
	Hanspeter Wagner
	Willi Schöne
	Helmut Wagner
Dirigent:	Max Lehmann
Vizedirigent:	Gerhard Heitzmann
Notenwart:	Heinz Wagner
Ehrendirigent:	Fridolin Schneider

Aktive: Eichin Adolf, Trompete (1953); Eichin Andreas, Pauken (1975); Eichin Christoph, Tenorhorn (1980); Eichin Ernst, Trompete (1949); Eichin Heinz, Posaune (1980); Eichin Rolf, Horn (1960); Eichin Uli, Tenorhorn (1976); Giesin Hansjörg, Klarinette (1973); Giesin Helmut, gr. Trommel (1956); Grether Andreas, Klarinette (1976); Grether Joachim, Tenorhorn (1976); Grether Jürgen, Flügelhorn (1980); Grether Klaus, Klarinette (1966); Grether Kurt, Posaune (1949); Grether Peter, Flügelhorn (1980); Grether Rolf, Tuba (1952); Heitzmann Adolf, Tenorhorn (1958); Heitzmann Gerhard, Klarinette (1966); Heitzmann Hanspeter, Bariton (1969); Kaiser Fritz, Flügelhorn (1945); Kaiser Roland, Tuba (1970); Kling Thomas, Trompete (1980); Leonhard Holger, Flügelhorn (1976); Meier Erich, Klarinette (1973); Meier Ernst, Trompete (1975); Meier Heinz, Horn (1975); Schleith Fritz, Tuba (1953); Schleith Manfred, Horn (1969); Schmittel Frank, Flügelhorn (1976); Schmittel Günter, Trompete (1975); Schöne Norbert, Flügelhorn (1973); Schultheiß Klaus, Tenorhorn (1973); Vollmer Erwin, Horn (1962); Vollmer Herbert, Klarinette (1953); Wagner Günter, Posaune (1958); Wagner Hanspeter, Trompete (1962); Wagner Heinz, Tuba (1953); Wagner Michael, Flügelhorn (1976); Wagner Siegfried, kl. Trommel (1970); Weinstein Karl, Klarinette (1976); Weiß Kurt, Posaune (1955)

Feuerwehrmusik Haagen e.V.

Gründungsjahr:	1873*
1. Vorsitzender:	Manfred Vollmer
Stellv. Vorsitzender:	Karl-Frieder Reichhelm
Schriftführer:	Karl Dießlin
Rechner:	Jürgen Heitz
Beirat:	Karl Fimpel
	Richard Schlozer
Dirigent:	Manfred Tröndlin
Vizedirigent:	Manfred Vollmer
Jugendleiter:	Roland König
Notenwart:	Kurt Blum
Instrumentenwart:	Kurt Zeiher

Aktive: Blum Kurt, Tuba (1948); Bronner Manfred, Tenorhorn (1970); Bühler Max, Flügelhorn (1948); Bühler Siegfried, Flügelhorn (1970); Dießlin Karl, Saxophon (1978); Ehret Jörg, kl. Trommel (1976); Fimpel Karl, Posaune (1964); Gottstein Fritz, Horn (1953); Greiner Axel, Trompete (1976); Hallbauer Wolfram, Klarinette (1983); Haps Andre, Klarinette (1983); Heitz Jürgen, Klarinette (1964); Heitz Ralf, Trompete (1983); Kanzinger Michael, Schlagzeug (1976); Kirchner Franz, gr. Trommel (1948); Koch Markus, Flöte (1983); König Roland, Flügelhorn (1976); König Siegfried, Klarinette (1983); Läufer Ullrich, Tuba (1976); Leisinger Hansjürgen, Klarinette (1983); Munz Jörg, Posaune (1977); Munz Marcel, Trompete (1978); Neu Volker, Saxophon (1983); Reinhardt Hermann, Posaune (1971); Rotzler Frank, Klarinette (1983); Rotzler Renè, Horn (1983); Rösch Hartmut, Tuba (1983); Schaub Hans, Bariton (1948); Vollmer Dieter, Saxophon (1975); Vollmer Ingo, Klarinette (1983); Vollmer Manfred, Klarinette (1964); Zeiher Kurt, Tenorhorn (1948)

Trachtenkapelle Häg

Gründungsjahr:	1899
1. Vorsitzender:	Werner Waßmer
Stellv. Vorsitzender:	Arnold Zettler
Schriftführer:	Karl Wetzel
Rechner:	Leo Waßmer
Beirat:	Kurt Köpfer
	Werner Köpfer
	Alfons Rümmele
	Heinz Schäuble
	Franz Spitz
	Siegfried Wetzel
	Bernhard Zettler
Dirigent:	Robert Faller
Vizedirigent:	Bernhard Zettler
Notenwart:	Siegfried Wetzel
Präsident:	Franz Zettler, Bgm.

Aktive: Albrecht Hermann, Horn (1979); Asal Hans, Tuba (1959); Asal Meinrad, Flügelhorn (1976); Faller Elmar, Trompete (1981); Faller Helmut, Tenorhorn (1976); Faller Martin, Posaune (1974); Graß Reinhard, Flügelhorn (1970); Hierholzer Dieter, Flügelhorn (1981); Hierholzer Thomas, Klarinette (1981); Kiefer Alfons, Horn (1981); Köpfer Adolf, Trompete (1976); Köpfer Bernhard, Bariton (1970); Köpfer Kurt, Schlagzeug (1947); Köpfer Werner, Tenorhorn (1945); Rümmele Alfons, Flügelhorn (1945); Rümmele Klaus, Flügelhorn (1970); Seger Edwin, Trompete (1965); Schäuble Eugen, Klarinette (1952); Schäuble Heinz, Tenorhorn (1952); Schmidt Andreas, Trompete (1979); Schneider Kurt, Klarinette (1979); Schneider Robert, Klarinette (1979); Spitz Franz, Klarinette (1960); Völz Walter, Tuba (1981); Waßmer Bruno, Horn (1970); Waßmer Christoph, Klarinette (1979); Waßmer Emil, Horn (1960); Waßmer Ernst, Schlagzeug (1965); Waßmer Leo, Klarinette (1945); Waßmer Roland, Bariton (1974); Waßmer Werner, Posaune (1962); Wetzel Karl, Klarinette (1952); Wetzel Siegfried, Posaune (1959); Zettler Albert, Klarinette (1979); Zettler Arnold, Tuba (1947); Zettler Bernhard, Klarinette (1970)

Musikverein Haltingen 1908 e.V.

Gründungsjahr:	1908
1. Vorsitzender:	Detlev Schmidt
Stellv. Vorsitzender:	Hans Schmidhauser
Schriftführer:	Udo Spitz
Kassier:	Michael Lang
Stellv. Kassier:	Franz Gamp
Beirat (Aktiva):	Susanne Dörflinger
	Alexander Renkert
Beirat (Passiva):	Frieder Däublin
	Fritz Homberger
	Peter Klepp
Dirigent:	Franz Staudner
Vizedirigent:	Arthur Honold
Notenwart:	Walter Soder
Stellv. Notenwart:	Bernd Argast
Instrumentenwart:	Willi Greiner
Gerätewart:	Heinrich Grumber
Uniformwart:	Heinz Honold

Aktive: Argast Bernd, Klarinette (1978); Birkel Ulrich, Bariton (1981); Bräuning Beate, Saxophon (1981); Däublin Markus, Trompete (1973); Däublin Thomas, Flügelhorn (1973); Dörflinger Susanne, Flügelhorn (1980); Eble Peter, Klarinette (1972); Ernst Andrea, Flöte (1978); Feyrer Michael, Tenorhorn (1978); Gamp Uli, Horn (1978); Greiner Karl, Saxophon (1963); Greiner Willi, Flügelhorn (1963); Grumber Heinerich, Posaune (1971); Grumer Andrea, Klarinette (1980); Hoch Christian, Klarinette (1980); Honold Arthur, Saxophon (1926); Honold Heinz, Saxophon (1951); Kasper Heiner, Flügelhorn (1973); Lang Michael, Posaune (1965); Mumm Heinz, Schlagzeug (1970); Palermo Antonio, Trompete (1975); Pasquinelli Silvio, Schlagzeug (1979); Renkert Alexander, Flügelhorn (1972); Renkert Bernd, Klarinette (1978); Rümmele Martin, Horn (1978); Schmidhauser Hans, Tuba (1949); Schmidhauser Helga, Tenorhorn (1981); Schmidhauser Thomas, Klarinette (1972); Schmidt Detlev, Saxophon (1971); Schmidt Horst, Trompete (1967); Schöpflin Anita, Klarinette (1979); Soder Walter, Posaune (1971); Spitz Udo, Klarinette (1965); Tröstl Mathias, Tenorhorn (1972); Turski Horst, Horn (1955); Wendle Hanspeter, Klarinette (1972); Wittner Andreas, Klarinette (1978)
Jugendkapelle: Argast Bernd, Klarinette (1978); Bräuning Beate, Saxophon (1981); Bräuning Jörg, Trompete (1980); Brecko Lydia, Klarinette (1981); Dörflinger Susanne, Cornet (1980); Feyrer Michael, Tenorhorn (1978); Gamp Uli, Horn (1978); Groeger Kay, Tenorhorn (1978); Grumer Andrea, Klarinette (1980); Jäger Ralf, Trompete (1980); Kasper Heiner, Flügelhorn (1973); Menter Christian, Trompete (1978); Menter Markus, Trompete (1978); Renkert Bernd, Klarinette (1978); Rümmele Martin, Horn (1978); Schmidhauser Helga, Tenorhorn (1981); Schmidhauser Thomas, Klarinette (1972); Schöpflin Anita, Klarinette (1979); Schöpflin Monika, Saxophon (1980); Tröstl Mathias, Tenorhorn (1972); Wittner Andreas, Klarinette (1978)
Zöglinge: Burda Clemens, Trompete (1981); Fischer Armin, Klarinette (1981); Fuchs Andre, Trompete (1981); Marks Sandra, Klarinette (1981); Marks Tanja, Klarinette (1981); Riesterer Frank, Trompete (1981); Sexauer Claudia, Klarinette (1982)

Musikverein Hauingen 1880 e.V.

Gründungsjahr:	1880*
1. Vorsitzender:	Karlfriedrich Nägelin
Stellv. Vorsitzender:	Rolf Tröndlin
Schriftführer:	Walter Gentner
Stellv. Schriftführer:	Robert Schambach
Rechner:	Max Tröndlin
Beirat:	Josef Anetzeder
	Walter Schuldt
	Harald Urban
	Egon Weichenhain
	Heinz Wetzel
Jugendvertreter:	Wolfgang Walther
Dirigent:	Renatus Vogt
Vizedirigent:	Rolf Tröndlin
Notenwart:	Norbert Kunz
Ehrenvorsitzender:	Gustav Rübin

Aktive: Anetzeder Josef, Klarinette (1968); Anetzeder Peter, Posaune (1976); Bauer Heinz sen., Saxophon (1980); Bauer Heinz jun., Saxophon (1978); Brombacher Hanspeter, Tuba (1974); Brombacher Jörg, Schlagzeug (1977); Karle Günter, Tenorhorn (1946); Knittel Siegfried, Horn (1965); Kottke Bernd, Cornet (1981); Kunz Adolf, Pauken (1944); Kunz Norbert, Saxophon (1968); Langenbacher Reiner, Cornet (1982); Mendel Thomas, Klarinette (1978); Möhring Martin, Klarinette (1978); Nass Adolf, Tenorhorn (1957); Nägelin Karl-Friedrich, Horn (1965); Öschger Thomas, Klarinette (1957); Öschger Werner, Trompete (1953); Renk Günter, Klarinette (1976); Richardt Mario, Cornet (1973); Riesterer Bernhard, Trompete (1953); Rübin Gustav, Klarinette (1928); Schneider Siegfried, Bariton (1982); Schober Siegmund, Saxophon (1972); Schuldt Walter, Klarinette (1979); Sehringer Uli, Trompete (1974); Tröndlin Bernd, Flöte (1977); Tröndlin Christof, Schlagzeug (1982); Tröndlin Manfred, Tuba (1956); Tröndlin Max, Klarinette (1956); Tröndlin Rolf, Cornet (1946); Tröndlin Ulrich, Tuba (1981); Urban Harald, Schlagzeug (1970); Voglsang Thomas, Tuba (1975); Walther Wolfgang, Posaune (1974); Weichenhain Egon, Schlagzeug (1964); Wetzel Heinz, Posaune (1946); Wittich Werner, Trompete (1977).

Hebelmusik Hausen 1855 e.V.

Gründungsjahr:	1855*
1. Vorsitzender:	Ernst Weiss
Stellv. Vorsitzender:	Dieter Klaus
Schriftführer:	Michael Brugger
Stellv. Schriftführer:	Jürgen Brunner
Rechner:	Dieter Brunner
Stellv. Rechner:	Karl-Heinz Kiefer
Beirat (Aktiva):	Rolf Brutschin
	Heidi Bürgelin
	Walter Greiner
	Jochen Schult
Beirat (Passiva):	Wilhelm Brendlin
	Fritz Lenz
	Willi Riemann
	Franz Zipser
Dirigent:	Paul Fischer
Vizedirigent:	Walter Greiner II
Notenwart:	Frank Thamm
Instrumentenwart:	Werner Dörflinger
Präsident:	Ernst Hug

Aktive: Bieri Ralf, Flügelhorn (1981); Brugger Gerhard, Flügelhorn (1950); Brugger Mario, Klarinette (1982); Brugger Michael, Flügelhorn (1971); Brunner Dieter, Saxophon (1952); Brunner Jürgen, Posaune (1971); Brunner Klaus, Posaune (1982); Brutschin Rolf, Bariton (1966); Büchele Heinz, Tenorhorn (1976); Bühler Alfred, Saxophon (1954); Bürgelin Heidi, Saxophon (1977); Dörflinger Gudrun, Trompete (1981); Dörflinger Werner, Posaune (1946); Fechtig Joachim, Schlagzeug (1982); Fechtig Karl-Heinz, Tuba (1982); Fechtig Stefan, Trompete (1982); Gessner Roland, Klarinette (1976); Greiner Arnold, Klarinette (1982); Greiner Günter, Saxophon (1970); Greiner Walter I, Tuba (1946); Greiner Walter II, Trompete (1954); Herzog Andreas, Flügelhorn (1976); Herzog Rainer, Trompete (1976); Hils Gerhard, Posaune (1946); Hug Claudia, Flöte (1982); Hug Robert, Tuba (1922); Hug Thomas, Tenorhorn (1979); Keller Armin, Klarinette (1981); Keller Björn, Klarinette (1982); Keller Hans, Klarinette (1948); Kiefer Erich, gr. Trommel (1955); Kiefer Karl-Heinz, Flügelhorn (1969); Klaus Dieter, Klarinette (1968); Lauber Helmut, Trompete (1971); Metzger Hans-Peter, Pauken (1962); Nikolai Andrea, Klarinette (1982); Nikolai Oliver, Flügelhorn (1979); Ostertag Hans, Trompete (1970); Paul Andreas, Tenorhorn (1981); Rehm Wolfgang, Saxophon (1975); Schröter Thomas, Tenorhorn (1976); Schult Jochen, Tuba (1979); Steinebrunner Roland, Tenorhorn (1979); Stiegeler Hans, Flöte (1961); Thamm Frank, Schlagzeug (1979); Thamm Gabi, Klarinette (1982); Thamm Peter, Trompete (1979); Thum Jörg, Schlagzeug (1976); Weiss Ernst, Tenorhorn (1949); Wetzel Harald, Klarinette (1971); Zipser Wolfgang, Klarinette (1971).

Musikverein e.V. Herten

Gründungsjahr:	1894
1. Vorsitzender:	Siegfried Tröndle
Stellv. Vorsitzender:	Eugen Mehlin
Schriftführer:	Heiner Sälinger
Stellv. Schriftführer:	Siegfried Wiesmann
Rechner:	Paul Philipp
Stellv. Rechner:	Wilhelm Brugger
Beirat:	Gustav Amrein
	Heinz Asal
	Werner Hansel
	Günter Übelin
	Paul Winkler
	Franz Witzig
Dirigent:	Rudolf Wolpensinger
Vizedirigent/	
Jugendleiter:	Egon Wolpensinger
Notenwarte:	Adolf Häbig
	Horst Häbig
	Jürgen Pabst
Instrumentenwart:	Werner Hansel
Ehrenvorsitzender:	Berthold Degen

Aktive: Baum Dietmar, Klarinette (1978); Bieger Dietmar, Klarinette (1966); Brugger Wilhelm, Klarinette (1949); Degen Thomas, Trompete (1973); Gerspach Stephan, Posaune (1978); Gerspach Ute, Flöte (1977); Gerspach Walter, Horn (1945); Gerspacher Nastia, Flöte (1980); Häbig Adolf, Tenorhorn (1948); Häbig Horst, Flügelhorn (1962); Häbig Lucia, Klarinette (1973); Häbig Markus, Klarinette (1981); Häbig Werner, Klarinette (1954); Hansel Werner, Horn (1954); Jülle Karl-Frieder, Posaune (1981); Kern Benno, Horn (1959); Krupke Andreas, Klarinette (1978); Mehlin Eugen, Tuba (1945); Oldsen Björn, Posaune (1978); Pabst Jürgen, Bariton (1973); Philipp Martin, Flügelhorn (1975); Philipp Paul, Bariton (1962); Sälinger Heiner, Flügelhorn (1954); Schaufler Roland, Klarinette (1951); Schmidt Harald, Schlagzeug (1979); Schwöble Helmut, Tuba (1971); Thomann Andreas, Schlagzeug (1978); Tröndle Siegfried, Tuba (1971); Übelin Günther, Trompete (1966); Wiesmann Christian, Klarinette (1978); Wiesmann Siegfried, Trompete (1962); Wittmer Hans, Posaune (1948); Witzig Franz, Flöte (1949); Wolpensinger Bernd, Flügelhorn (1978); Wolpensinger Egon, Klarinette (1949); Wolpensinger Helmut, Posaune (1966); Wolpensinger Marc, Trompete (1978); Wolpensinger Ralph, Klarinette (1976); Wolpensinger Werner, Tenorhorn (1951); Wunderle Fritz, Schlagzeug (1949); Zillgen Michael, Trompete (1981)
Zöglinge: Berger Stephan, Tenorhorn (1981); Brombach Armin, Trompete (1981); Boccando Andree, Trompete (1981); Boccando Genoveva, Flöte (1981); Bohrmann Andreas, Schlagzeug (1981); Bohrmann Silke, Klarinette (1981); Hamacher Anja, Flöte (1981); Hamacher Melanie, Flöte (1981); Kowatzki Bernd, Schlagzeug (1981); Kowatzki Klaus, Schlagzeug (1981); Lang Petra, Klarinette (1981); Lanske Jochen, Klarinette (1981); Lewald Heidi, Flöte (1981); Metzger Oliver, Klarinette (1981); Muchala Andreas, Posaune (1981); Neumann Henning, Trompete (1981); Neuschütz Frank, Schlagzeug (1981); Oschwald Caston, Flöte (1981); Oschwald Marc, Flöte (1981); Oswald Ralph, Flügelhorn (1981); Philipp Angelika, Flöte (1981); Philipp Monika, Flöte (1981); Philipp Renate, Trompete (1981); Rohwaeder Martin, Posaune (1981); Schelb Ralph, Klarinette (1981); Trumpf Stephan, Klarinette (1981); Uhlenberg Rolf, Bariton (1981); Witzig Dieter, Tenorhorn (1981); Wolpensinger Elke, Klarinette (1981); Wolpensinger Holger, Tenorhorn (1981); Wolpensinger Martin, Bariton (1981); Wolpensinger Sven, Trompete (1981); Zehnter Tanja, Klarinette (1981)

Musikverein „Rheinlust" Istein e.V.

Gründungsjahr:	1907
1. Vorsitzender:	Kurt Müller
Stellv. Vorsitzender:	Dieter Schillinger
Schriftführer:	Michael Schittenhelm
Stellv. Schriftführer:	Roland Grässlin
Rechner:	Roland Schröder
Stellv. Rechner:	Walter Schmid
Jugendbeisitzer:	Martin Heinen
Dirigent:	Paul Fischer
Vizedirigent/	
Jugendleiter:	Willi Jourdan
Notenwart:	Eduard Wunderlin
Instrumentenwart:	Johannes Krieg
Fahnenträger:	Walter Schmid

Aktive: Baumann Martina, Flöte (1980); Bley Ellen, Klarinette (1975); Böhler Martin, Klarinette (1980); Böhler Thomas, Posaune (1981); Bräunlin Bernd, Tuba (1980); Daniel, de Ramon, kl. Trommel (1974); Ernst Rudi, Tenorhorn (1976); Flury Markus, Tuba (1979); Fröhle Clauce, Trompete (1981); Grässlin Roland, Schlagzeug (1976); Gündner Konrad, Posaune (1948); Gündner Wolfgang, Tenorhorn (1974); Heinen Martin, Posaune (1974); Heinen Susanne, Klarinette (1976); Hoffmann Rolf, Saxophon (1981); Janke Peter, Posaune (1976); Jourdan Daniel, Flügelhorn (1981); Jourdan Heinrich, Saxophon (1951); Jourdan Matthias, Schlagzeug (1978); Jourdan Regina, Saxophon (1979); Jourdan Stephan, Trompete (1980); Jourdan Willi, Klarinette (1949); Kaiser Pia, Klarinette (1981); Kaiser Ralf, Trompete (1979); Kalchschmid Dano, Trompete (1981); Krieg Johannes, Tenorhorn (1969); Maurer Klaus, Klarinette (1980); Mouttet Bruno, Tenorhorn (1938); Mörgelin Matthias, Klarinette (1982); Müller Kurt, Tuba (1960); Ruch Josef, Trompete (1931); Schillinger Dieter, Trompete (1959); Schillinger Sandra, Flöte (1982); Schittenhelm Michael (1970); Schmid Franz, Trompete (1978); Schmid Hans, Horn (1968); Schmid Robert, Flügelhorn (1948); Schröder Christian, Flügelhorn (1974); Schröder Roland, Saxophon (1970); Schurk Holger, Klarinette (1982); Sillmann Christian, Tenorhorn (1976); Stächele Birger, Klarinette (1982); Stächelin Siegfried, Klarinette (1958); Straub Anja, Klarinette (1980); Trimpin Arnold, Saxophon (1962); Trimpin Karl, Horn (1933); Trimpin Otmar, Horn (1966); Weber Martin, Flügelhorn (1980); Wunderlin Eduard, Schlagzeug (1954); Wunderlin Helmut, Tuba (1968); Zimmer Irina, Flöte (1980); Zimmermann Martin, Flügelhorn (1975)
Zöglinge: Brändlin Sven, Trompete (1980); Hafner Marion, Klarinette (1982); Heine Nathalie, Klarinette (1982); Hofmann Jörg, Trompete (1980); Huser Thomas, Tenorhorn (1979); Kirn Holger, Schlagzeug (1981); Schillinger Jörg, Schlagzeug (1981); Schillinger Sandra, Flöte (1980); Schirmer Katja, Klarinette (1982); Schröder Petra, Klarinette (1982)

Stadtmusik Kandern 1876 e.V.

Gründungsjahr:	1876*
1. Vorsitzender:	Bernhard Winterhalter
Stellv. Vorsitzender:	Günter Meier
Schriftführer:	Gunter Katrinski
Rechner:	Hermann Tanner
Beisitzer (Aktiva):	Karl Bürgin
	Heinz Hinte
Beisitzer (Passiva):	Kurt Lais
	Paul Winterhalter
Dirigent:	Thomas Wengert
Vizedirigent:	Hermann Tanner
Jugendleiter:	Thomas Wengert
Notenwarte:	Hans Schweinlin
	Günther Kohlmeier
Instrumentenwarte:	Rainer Weber
	Achim Lais
Ehrenvorstand:	Fritz Grether
Ehrendirigent:	Emil Asal,
	Stadtkapellmeister

Aktive: Beck Ernst-Frieder, Horn (1958); Brock Markus, Klarinette (1976); Bürgin Karl, Tenorhorn (1948); Bürgin Petra, Flöte (1979); Doerr Oliver, Klarinette (1976); Eichin Peter, Flügelhorn (1972); Geiser Siegfried, Flügelhorn (1975); Hellstern Dirk, Klarinette (1978); Hinte Heinz, Posaune (1947); Katrinski Gunter, Trompete (1961); Kleiser Manfred, Bariton (1978); Kohlmeier Günther, Klarinette (1964); Kraus Uwe, Klarinette (1979); Kühndorf Heinrich, Tuba (1980); Kuttler Norbert, Flügelhorn (1979); Lais Achim, Schlagzeug (1972); Lais Arthur, Posaune (1933); Lais Ralph, Posaune (1977); Meier Günter, Trompete (1968); Osswald Siegfried, Bariton (1969); Rist Arthur, Tenorhorn (1930); Schallschmidt Fritz, Tuba (1933); Schlegel Thomas, Trompete (1978); Schweinlin Hans, Flöte/Pikkolo (1962); Staible Georg-Frieder, Tenorhorn (1950); Tanner Bernd, Posaune (1980); Tanner Hermann, Klarinette/Saxophon (1950); Tanner Katja, Flöte (1980); Waslowski Andreas, Klarinette (1975); Weber Helmut, Klarinette (1950); Weber Jürgen, Flügelhorn (1972); Weber Rainer, Horn (1958); Winterhalter Bernhard, Klarinette/Saxophon (1963); Zanger Alfred, Schlagzeug (1950); Zeller Barbara, Klarinette (1980)
Zöglinge: Klatt Rüdiger, Klarinette (1980); Mayer Andreas, Trompete (1982); Mayer Markus, Klarinette (1980); Memminger Felix, Trompete (1979); Müller Alexander, Tenorhorn (1981); Müller Christine, Trompete (1981); Sütterlin Petra, Klarinette (1981); Tröndlin Markus, Trompete (1979); Tröndlin Michaela, Klarinette (1979)

Musikverein Karsau e.V.

Gründungsjahr:	1898
1. Vorsitzender:	Gottfried Zumkeller
Stellv. Vorsitzender:	Dieter Ruf
Schriftführer:	Hubert Schmidt
Rechner:	Willi Mahler
Beirat:	Hubert Pfister
	Kurt Rietschle
Dirigent:	Hans-Peter Brenneisen
Vizedirigent:	Erwin Lademann
Jugendleiter:	Gustav Dresel
Notenwart:	Hans Volz
Instrumentenwart:	Fritz Lutz

Aktive: Bär Helmut, Trompete (1968); Blüny Karl-Heinz, Tenorhorn (1978); Brugger Martina, Flöte (1978); Czenskovsky, von Petra, Klarinette (1980); Dresel Gustav, Klarinette (1965); Eckstein Ernst, Trompete (1972); Fakler Jörg, Klarinette (1978); Faller Franz, Tuba (1982); Fingerlin Albert, Tenorhorn (1968); Herzog Herbert, Schlagzeug (1964); Kaiser Martin, Flügelhorn (1972); Kaiser Stefan, Klarinette (1978); Krier Johann, Klarinette (1974); Kubiaczyk Walter, Trompete (1964); Lademann Enrico, Flügelhorn (1978); Lademann Erwin, Flügelhorn (1957); Lademann Rene, Flügelhorn (1978); Lutz Fritz, Bariton (1955); Mahler Willi sen., Tuba (1952); Mahler Willi jun., Klarinette (1978); Nann Eugen, Tuba (1952); Neri Reiner, Flügelhorn (1972); Pfister Hubert, Trompete (1968); Kramp Manfred, Schlagzeug (1978); Rietschle Kurt, Tenorhorn (1951); Rosenberger Engelbert, Klarinette (1978); Ruf Dieter, Horn (1968); Ruf Klaus, Bariton (1972); Schmidt Christine, Klarinette (1980); Schmidt Günter, Klarinette (1980); Schmidt Hubert, Posaune (1960); Schretzmann Elke, Klarinette (1978); Schretzmann Ingrid, Klarinette (1978); Storf Helmut, Schlagzeug (1948); Vollmer Kurt, Klarinette (1972); Volz Hans, Posaune (1975); Wegener Kurt, Klarinette (1951); Zumkeller Gottfried, Flöte (1948); Zumkeller Thomas, Flügelhorn (1978)
Zöglinge: Bassini Klaus, Klarinette (1980); Dresel Ingo, Flügelhorn (1980); Dresel Jörg, Schlagzeug (1980); Fakler Jochen, Trompete (1980); Kaiser Thomas, Posaune (1980); Lörtz Claudia, Flügelhorn (1980); Maier Martina, Klarinette (1980); Nann Beate, Klarinette (1980); Lutz Uwe, Flügelhorn (1980); Rietschle Edgar, Flügelhorn (1980); Storf Reiner, Schlagzeug (1980); Zumkeller Ute, Klarinette (1980)

Musikverein Langenau 1931 e.V.

Gründungsjahr:	1931
1. Vorsitzender:	Hans Weinbrechtinger
Stellv. Vorsitzender:	Hanspeter Roser
Schriftführer:	Petra Schmitt
Rechner:	Angelika Trefzer
Beisitzer (Aktiva):	Hermann Schmitt
	Dietmar Zielich
Beisitzer (Passiva):	Lothar Lutz
	Philipp Trefzer
Dirigent:	Walter Greiner
Jugendleiter:	Peter Geißler
Notenwart/	
Instrumentenwart:	Ernst Roser

Aktive: Dörflinger Birgit, Klarinette (1976); Dörflinger Helmut, Posaune (1952); Freimuth Beate, Trompete (1973); Grether Karl, Tenorhorn (1976); Kiefer Karlheinz, Flügelhorn (1975); Kuhny Hans, Trompete (1973); Lauber Helmut, Trompete (1979); Lehmann Karin, Saxophon (1976); Lutz Pia, Klarinette (1978); Maier Peter, Tenorhorn (1955); Meier Josef, Tenorhorn (1979); Osswald Klaus, Flügelhorn (1966); Ostertag Hans, Flügelhorn (1975); Oswald Werner, Klarinette (1981); Räuber Lutz, Schlagzeug (1976); Räuber Udo, Schlagzeug (1969); Roser Ernst, Klarinette (1931); Roser Hanspeter, Trompete (1963); Roser Heinz, gr. Trommel (1975); Schmitt Gabriele, Trompete (1978); Schmitt Hermann, Bariton (1948); Schmitt Petra, Klarinette (1971); Schmitt Thomas, Tenorhorn (1972); Schulz Elke, Klarinette (1978); Stofer Albert, Tuba (1936); Trefzer Angelika, Klarinette (1978); Wassmer Angela, Trompete (1972); Wassmer Hans, Tuba (1948); Weinbrechtinger Hans, Posaune (1960); Würger Bernd, Tenorhorn (1952); Zielich Dietmar, Horn (1956); Zillger Achim, Flügelhorn (1973)
Zöglinge: Clissa Conny, Flöte (1978); Günther Claudia, Flöte (1982); Kamann Birgit, Klarinette (1980); Kamann Petra, Trompete (1982); König Marco, Trompete (1980); Lehmann Markus, Trompete (1976); Merten Nicole, Klarinette (1982); Räuber Rüdiger, Schlagzeug (1978); Schön Denis, Trompete (1982); Schulz Anette, Saxophon (1976); Schulz Karin, Klarinette (1980); Spitz Birthe, Klarinette (1980); Stofer Albert, Tuba (1980); Vollmer Birgit, Trompete (1982); Walter Jutta, Klarinette (1982); Wassmer Britta, Klarinette (1976); Weinbrechtinger Sandra, Klarinette (1982); Würger Britta, Saxophon (1976); Zillger Angela, Trompete (1982); Zillger Gisela, Klarinette (1976); Zillger Jörn, Klarinette (1980); Zillger Sabine, Klarinette (1980)

Musikverein Märkt e.V.

Gründungsjahr:	1964
1. Vorsitzender:	Horst Jackermeier
Stellv. Vorsitzender:	Kurt Zimmermann
Schriftführer:	Regina Rinkes
Stellv. Schriftführer:	Heike Meier
Kassier:	Gerd Gründel
Stellv. Kassier:	Michael Wechlin
Beirat (Aktiva):	Heinrich Huber
Beirat (Passiva):	Karl Pradler sen.
	Albert Rung
Dirigent:	Werner Lehmann
Vizedirigent:	Frieder Behringer
Jugendleiter:	Josef Rinkes
	Karlfrieder Bee
Notenwart:	Helmut Rinkes
Pressewart/	
Instrumentenwart:	Markus Jackermeier
Vereinsdiener:	Rolf Jackermeier
	Frank Gründel

Aktive: Barnowski Günter, Tenorhorn (1978); Barnowski Sylvia, Flügelhorn (1978); Bee Karlfrieder, Saxophon (1981); Behringer Frieder, Flügelhorn (1973); Benz Birgitta, Horn (1978); Burkheiser Ortwin, Flöte (1981); Faubel Petra, Klarinette (1976); Grieß Stefan, Bariton (1976); Gründel Beate, Klarinette (1978); Gründel Frank, Bariton (1978); Gründel Gerd, Tuba (1967); Güthlin Hanspeter, Trompete (1973); Huber Heinrich, Klarinette (1964); Hügel Rolf, Tenorhorn (1973); Jackermeier Horst, gr. Trommel (1964); Jackermeier Markus, Tenorhorn (1973); Jackermeier Rolf, kl. Trommel (1976); Jackermeier Uwe, Tenorhorn (1973); Jakob Dieter, Flügelhorn (1973); Lang Michael, Posaune (1972); Maier Daniel, Klarinette (1978); Meier Heike, Klarinette (1978); Meier Klaus, Trompete (1978); Meier Oliver, Saxophon (1978); Mumm Heinz, Schlagzeug (1973); Pasquinelli Silvio, kl. Trommel (1974), Pradler Karl, Posaune (1964); Reißenweber Patrizia, Klarinette (1976); Reißenweber Silke, Trompete (1978); Rinkes Helmut, Trompete (1969); Rinkes Regina, Klarinette (1970); Rinkes Susanne, Klarinette (1978); Rinkes Thomas, Trompete (1976); Roßhart Lukas, Saxophon (1978); Rudloff Dieter, Trompete (1978); Rung Petra, Trompete (1978); Schlag Ottmar, Posaune (1973); Spielmann Walter, Flügelhorn (1964); Vollmer Werner, Saxophon/Posaune (1966); Wechlin Michael, Tuba (1973); Zimmermann Kurt, Flügelhorn (1969)

Musikverein Malsburg 1887 e.V.

Gründungsjahr:	1887
1. Vorsitzender:	Dieter Schwald
Stellv. Vorsitzender:	Hermann Oßwald
Schriftführer:	Grete Schwald
Rechner:	Ernst Oßwald
Beisitzer (Aktiva):	Karl Kaufmann
	Werner Oßwald
Beisitzer (Passiva):	Heinrich Stahlschmidt
Jugendvertreter:	Armin Oßwald
Dirigent:	Karl Kaufmann
Vizedirigent:	Walter Martin
Notenwart:	Hans-Jürgen Schindler
Instrumentenwart:	Matthias Wehrlin
Ehrenvorsitzende:	Otto Brombacher
	Heinz Brombacher

Aktive: Anlauf Andreas, Klarinette (1978); Baumgartner Dieter, Posaune (1975); Benischke Heinz-Dieter, Tuba (1968); Bigalke Manfred, Bariton (1952); Brauneis Hans-Peter, Flügelhorn (1979); Brodwolf Oliver, Trompete (1975); Brombacher Heinz, Tenorhorn (1947); Brombacher Werner, Tuba (1964); Dörflinger Petra, Klarinette (1979); Hemmer Rainer, Trompete (1978); Keim Jürgen, Trompete (1979); Könninger Petra, Klarinette (1975); Lais Thomas, Posaune (1975); Martin Walter, Klarinette (1969); Oßwald Armin, Flügelhorn (1974); Oßwald Ernst, Posaune (1927); Oßwald Gerhard, Horn (1962); Oßwald Gudrun, Trompete (1972); Oßwald Heidi, Trompete (1974); Oßwald Hermann, Schlagzeug (1970); Oßwald Uwe, Flügelhorn (1978); Oßwald Werner, Tenorhorn (1964); Schäfer Karl-Friedrich, Horn (1947); Schindler Hans-Jürgen, Posaune (1971); Schleith Burkhard, Flügelhorn (1977); Schwald Dieter Schlagzeug (1966); Schwald Grete, Klarinette/Saxophon (1975); Stammler Anita, Klarinette (1974); Wagner Monika, Flöte (1979); Weber Andreas, Flügelhorn (1968); Wehrlin Matthias, Klarinette/Saxophon (1970)

Feuerwehrmusik Mambach e.V.

Gründungsjahr:	1900
1. Vorsitzender:	Rudolf Störk
Stellv. Vorsitzender:	Manfred Dietsche
Schriftführer:	Karlheinz Ruf
Stellv. Schriftführer:	Markus Gerspacher
Rechner:	Heinz-Dieter Ruf
Stellv. Rechner:	Günter Hierholzer
Dirigent:	Heinrich Stein
Vizedirigent/	
Jugendleiter:	Klaus Kaiser
Notenwart:	Gotthardt Dietsche
	Artur Frank
Instrumentenwart:	Albert Dietsche
Ehrendirigent:	Rudolf Kilchling
Ehrenvorsitzende:	Franz Dietsche
	Albert Seger
Ehrenmitglieder:	Erwin Decker
	Alfred Frank
	Otto Speck

Beirat: Manfred Achstaller, Erwin Decker, Albert Dietsche, Gotthardt Dietsche, Alfred Frank, Arthur Frank, Armin Hierholzer, Kurt Hierholzer, Klaus Kaiser, Hans Motsch, Kurt Ruf, Albert Seger, Erwin Seger, Wilhelm Seger, Otto Speck, Fritz Walz
Aktive: Achstaller Manfred, Saxophon (1964); Decker Einar, Bariton (1964); Decker Wilfried, Bariton (1964); Dietsche Albert, Trompete (1947); Dietsche Bettina, Klarinette (1979); Dietsche Gotthardt, Saxophon (1964); Dietsche Manfred, Posaune (1953); Frank Alfred, Tenorhorn (1938); Frank Artur, Posaune (1964); Frank Pius, Tuba (1947); Gerspacher Markus, Flügelhorn (1974); Gerspacher Ute, Klarinette (1979); Hierholzer Andreas, Trompete (1979); Hierholzer Armin, kl. Trommel (1974); Hierholzer Franz, Tuba (1974); Hierholzer Günter, Tenorhorn (1970); Hierholzer Kurt, Saxophon (1952); Hierholzer Marlies, Flöte (1979); Kaiser Klaus, Klarinette (1958); Motsch Hans, Klarinette (1951); Motsch Ingo, Klarinette (1976); Maier Josef, Flügelhorn (1964); Radtke Alfred, gr. Trommel (1958); Ruf Bruno, Tuba (1964); Ruf Gerhard, Klarinette (1964); Ruf Heinz-Dieter, Trompete (1961); Ruf Karlheinz, Tenorhorn (1964); Ruf Kurt, Tuba (1958); Seger Erwin, Klarinette (1952); Seger Wilhelm, gr. Trommel (1947); Seger Wolfgang, Flügelhorn (1964); Störk Bettina, Klarinette (1979); Störk Joachim, Flöte (1976); Störk Rudolf, Tenorhorn (1957); Walz Claudia, Horn (1979); Walz Fritz, Horn (1949); Weide Günter, kl. Trommel (1970); Wetzel Wolfgang, Trompete (1976); Wiezel Edgar, Klarinette (1976); Wiezel Rolf, Trompete (1976)
Zöglinge: Rudigier Petra, Klarinette (1981); Siebold Klaus, Posaune (1981); Soukup Michael, Saxophon (1981); Wetzel Petra, Klarinette (1981)

Trachtenkapelle Musikverein „Edelweiß" Marzell

Gründungsjahr:	1905
1. Vorsitzender:	Hans-Werner Kilchling
Stellv. Vorsitzender:	Artur Schwald
Schriftführer:	Manfred Brombacher
Rechner:	Walter Schneider
Stellv. Rechner:	Jochen Trefzer
Beirat:	Ernst Huber
	Helmut Wegel
Dirigent:	Andreas Weber
Vizedirigent:	Rolf Güdemann
Notenwart:	Andreas Ernst
Ehrenvorsitzender:	Hermann Schwarz

Aktive: Biersack Carola, Klarinette (1978); Dörflinger Iris, Klarinette (1978); Enßle Günther, Posaune (1958); Ernst Andreas, Tenorhorn (1978); Ernst Ralf, Trompete (1978); Güdemann Rolf, Bariton (1961); Kiefer Walter, Tenorhorn (1952); Kilchling Hans-Werner, Flügelhorn (1961); Scheer Herbert, Tenorhorn (1961); Scheer Siegrun, Horn (1978); Scheer Ute, Flöte (1978); Schneider Ralf, Posaune (1978); Schneider Walter, Tenorhorn (1952); Schwald Artur, gr. Trommel (1949); Schwald Klaus, Trompete (1976); Schwarz Adolf, Tuba (1950); Schwarz Heike, Klarinette (1978); Schwarz Hermann jun., Bariton (1972); Schwarz Klaus, Trompete (1972); Trefzer Jochen, Schlagzeug (1972); Trefzer Jürgen, Tuba (1958); Trefzer Otmar, Klarinette (1972); Trefzer Werner, Tuba (1982); Wegel Helmut, Flügelhorn (1953)

Musikverein Maulburg 1844 e.V.

Gründungsjahr:	1844*
1. Vorsitzender:	Hanspeter Schöpflin
Stellv. Vorsitzender:	Gerhard Schmidt
Schriftführer:	Heinz Sänger
Protokollführer:	René Tscheulin
Rechner:	Helmut Bühler
Beirat (Aktiva):	Horst Leber
	Werner Sänger
Beirat (Passiva):	Artur Asal
	Werner Brunner
Dirigent:	Heinz Benz
Vizedirigent:	Bernhard Ritter
Jugendleiter:	René Tscheulin
Notenwarte:	Gerd Benz
	Manfred Mencarelli
Instrumentenwart:	Fridolin Mutter
Präsident:	Ernst Schwald
Ehrendirigent:	Albert Knie

Aktive: Ade Kurt, Flügelhorn (1954); Beck Detlef, Tenorhorn (1979); Benz Gerd, Tenorhorn (1978); Deusch Guido, Klarinette (1981); Deusch Michael, kl. Trommel (1980); Giaisi Gioachino, Trompete (1971); Grether Markus, Klarinette (1981); Heitz Horst, Horn (1953); Junker Heinz, Posaune (1960); Leber Horst, Horn (1965); Mencarelli Manfred, Trompete (1981); Mutter Fridolin, Horn (1960); Pflüger Peter, Klarinette (1979); Ritter Bernhard, Bariton (1981); Roser Monika, Klarinette (1982); Sänger Georg, gr. Trommel (1960); Sänger Heinz, Klarinette (1963); Sänger Hermann, Tuba (1942); Sänger Rudi, Posaune (1971); Sänger Susanne, Flügelhorn (1981); Sänger Werner, Posaune (1962); Schmidt Gerhard, Tuba (1971); Schöpflin Hanspeter, Bariton (1944); Schuldt Heinrich, Tuba (1943); Specht Fabian, Saxophon (1982); Sütterlin Markus, Klarinette (1978); Tscheulin René, Klarinette (1971); Weber Andreas, Flügelhorn (1978); Wehrer Max, Flügelhorn (1942); Wehrer Robert, Flügelhorn (1943); Weßbecher Angelika, Saxophon (1982)
Zöglinge: Bühler Helmut, Trompete (1982); Bühler Thomas, Trompete (1981); Lörracher Jörg, Trompete (1981); Manea Claus, Klarinette (1981); Mattäs Ralf, Trompete (1982); Ritter Markus, Tenorhorn (1981); Ritter Verena, Flöte (1981); Thoma Oliver, Klarinette (1981); Uttner Norbert, Trompete (1982); Weber Thomas, Flügelhorn (1981)

Musikverein Minseln e.V.

Gründungsjahr:	1919
1. Vorsitzender:	Paul Klein
Stellv. Vorsitzender:	Klaus Hunzinger
Schriftführer:	Heidi Hotz
Rechner:	Walter Vogel
Beisitzer (Aktiva:	Josef Ebner
	Stefan Hunzinger
Beisitzer (Passiva):	Erwin Schütz
	Paul Renz
Dirigent:	Edgar Maier
Vizedirigent:	Rolf Hässle
Jugendleiter:	Klaus Hunzinger
Notenwart:	Traugott Steiner
Instrumentenwart:	Günter Kaiser
Präsident:	Hermann Voegele
	Ortsvorsteher
Ehrendirigent:	Anton Markoni

Aktive: Amann Georg, Trompete (1974); Bannwarth Peter, Klarinette (1976); Bernbach Eugen, Tuba (1971); Brombacher Stephan, Klarinette (1972); Detterbeck Dieter, Schlagzeug (1976); Detterbeck Peter, Klarinette/Saxophon (1971); Ebner Josef, Bariton (1950); Fischer Jürgen, Horn (1976); Hässle Heinz, Flügelhorn (1971); Hässle Rolf, Trompete (1971); Haller Dieter, Flügelhorn (1976); Hilbel Emil, Horn (1962); Hilbel Martin, Trompete (1976); Hotz Heidi, Klarinette (1971); Hunzinger Klaus, Klarinette/Saxophon (1964); Hunzinger Stefan, Klarinette/Saxophon (1977); Kaiser Günter, Trompete (1976); Klein Paul, Tuba (1948); Lützelschwab Gert, Klarinette/Saxophon (1955); Maier Bernhard, Posaune (1955); Maier Bruno, Horn (1971); Maier Ines, Flöte (1980); Maier Reinhard, Tenorhorn (1952); Maier Thomas, Klarinette (1972); Schütz Heike, Klarinette (1972); Schweikert Matthias, Flöte/Pikkolo (1976); Sibold Erhard, Trompete (1965); Steiner Franz, Tenorhorn (1950); Steiner Rudibert, Tuba (1964); Steiner Traugott, Posaune (1948); Trüby Lothar, Flügelhorn (1952); Trüby Rainer, Trompete (1976); Vogel Walter, Flügelhorn (1959); Vosseler Konrad, Schlagzeug (1978)
Jugendkapelle: Bernauer Susanne, Klarinette (1980); Ebner Beate, Klarinette (1980); Faschian Oliver, Tenorhorn (1980); Gregor Kirsten, Fagott (1980); Gregor Silke, Klarinette (1980); Hilbel Andreas, Posaune (1980); Hirt Sven, Schlagzeug (1980); Hronec Adam, Posaune (1980); Kautzmann Andrea, Flöte (1980); Kramb Daniel, Schlagzeug (1981); Krebs Holger, Flügelhorn (1980); Krebs Tanja, Flügelhorn (1980); Markoni Viola, Klarinette (1980); Reschke Georg, Trompete (1980); Suhr Manuela, Klarinette (1980); Zumkeller Jeanette, Trompete (1980)
Zöglinge: Bollinger Daniel, Trompete (1982); Drießnack Nicole, Klarinette (1982); Hirt Markus, Posaune (1982); Kaiser Claudia, Klarinette (1982); Lützelschwab Karin, Klarinette (1982); Lützelschwab Petra, Flöte (1982); Roccio Susanne, Klarinette (1982); Rosenmerkel Thomas, Flöte (1982); Rosshart Isabell, Flöte (1982); Rotter Sabine, Klarinette (1982); Sahner Christian, Posaune (1982); Schütz Stefanie, Klarinette (1982); Suhr Stefan, Posaune (1982); Trefzer Tanja, Klarinette (1982); Zumkeller Daniela, Trompete (1982)

Musikverein Neuenweg e.V.

Gründungsjahr:	1906
1. Vorsitzender:	Herbert Leisinger
Stellv. Vorsitzender:	Werner Schwald
Schriftführer:	Dieter Vollmer
Rechner:	Bettina Leisinger
Beirat:	Heinz Senn
	Wolfgang Rützler
	Dieter Zäh
Dirigent/	
Jugendleiter:	Karl Vollmer
Notenwart/	
Instrumentenwart:	Hanspeter Burgert

Aktive: Asal Erwin, Horn (1954); Asal Heinz, Tuba (1956); Asal Martina, Klarinette (1975); Breh Horst, Klarinette (1970); Burgert Hanspeter, Flügelhorn (1959); Dießlin Michael, Horn (1975); Ebert Jürgen, Tuba (1959); Glagau Thomas, Flügelhorn (1975); Grether Martin, Trompete (1975); Kiefer Bernd, Tenorhorn (1975); Leisinger Bettina, Klarinette (1975); Leisinger Elke, Klarinette (1978); Leisinger Helmut, Flügelhorn (1950); Leisinger Herbert, Flügelhorn (1948); Leisinger Jochen, Trompete (1975); Mölbert Christian, Trompete (1970); Mogel Achim, Trompete (1970); Rützler Hans-Günther, Bariton (1959); Rützler Hanspeter, Posaune (1968); Rützler Werner, Tuba (1975); Rützler Wolfgang, Flügelhorn (1970); Schwald Werner, Tenorhorn (1970); Senn Hansjörg, Trompete (1970); Senn Heinz, Tenorhorn (1953); Senn Helmut, Tenorhorn (1970); Senn Martin, Horn (1970); Senn Wolfgang, Posaune (1970); Vollmer Dieter, Posaune (1970); Vollmer Doris, Saxophon (1970); Walter Hans, Saxophon (1959); Weidner Gerold, Schlagzeug (1970); Wenning Rainer, Saxophon (1959); Zäh Andreas, Schlagzeug (1970); Zäh Dieter, Klarinette (1959); Zäh Dietmar, Horn (1970); Zäh Erich, Posaune (1950); Zäh Uwe, Bariton (1970)

Musikverein Nollingen e.V.

Gründungsjahr:	1826*
1. Vorsitzender:	Werner Merkt
Stellv. Vorsitzender:	Pasquale Trotta
Schriftführer:	Marcel Hein
Stellv. Schriftführer:	Hubert Neu
Rechner:	Erich Stocker
Stellv. Rechner:	Gebhard Fuhrler
Beirat:	Ernst Fuhrler
	Hubert Goldemann
	Klaus Käfer
	Kaspar Merkt
Dirigent:	Bernhard Köppel,
	Stadtkapellmeister i.R.
Vizedirigent/	
Jugendleiter:	Willi Meier
Notenwarte:	Peter Brugger
	Roland Helde
	Reinhard Neu
Instrumentenwart:	Rudolf Schlageter
Ehrendirigent:	Bernhard Köppel
Fähnrich:	Gerold Zumkeller

Aktive: Andree Friedhelm, Tenorhorn (1965); Brugger Norbert, Tenorhorn (1974); Brugger Peter, Horn (1968); Bruttel Markus, Trompete (1976); Escher Wilfried, Klarinette (1977); Fratzer Ulrich, Saxophon (1978); Fuchs Rudi, Trompete (1974); Fuhrler Gebhard, Flügelhorn (1968); Fuhrler Hans, Tuba (1945); Fuhrler Herbert, Klarinette (1958); Goldemann Hubert, Klarinette (1952); Griesbaum Günter, Tenorhorn (1978); Heiler Jürgen, Schlagzeug (1981); Hein Marcel, Klarinette (1973); Helde Roland, Posaune (1968); Jehle Heinz, Saxophon (1981); Kaister Adelbert, Flöte (1936); Kefer Kurt, Saxophon (1956); Langendorf Harald, Flügelhorn (1974); Lützelschwab Christoph, Trompete (1976); Markoni Gert, Trompete (1976); Merkt Andreas, Flügelhorn (1976); Merkt Kaspar, Tuba (1949); Merkt Werner, Tenorhorn (1954); Neu Eugen, Klarinette (1947); Neu Hubert, Flügelhorn (1965); Neu Reiner, Klarinette (1974); Rau Sigrid, Klarinette (1976); Rau Thomas, Trompete (1976); Roniger Hermann, Horn (1947); Sailer Wolfgang, Flügelhorn (1973); Schapfl Andre, Trompete (1981); Schlageter Rudi, Tenorhorn (1965); Schnitzer Dorothea, Klarinette (1977); Senger Bernhard, Schlagzeug (1969); Spitz Edmund, Posaune (1959); Stocker Erich, Posaune (1945); Streule Anton, Saxophon (1949); Streule Rudi, Schlagzeug (1976); Trotta Pasquale, Tuba (1975); Urich Werner, Saxophon (1981); Zumkeller Martin, Saxophon (1965); Zumkeller Otto, Horn (1967).
Jugendliche: Goldemann Martin, Klarinette (1978); Günter Wilfried, Schlagzeug (1977); Gutmann Alexander, Klarinette (1981); Hügel Christian, Posaune (1979); Krämer Holger, Klarinette (1979); Krämer Ralf, Klarinette (1979); Lipp Christoph, Flügelhorn (1978); Lipp Daniel, Trompete (1980); Lipp Simone, Klarinette (1980); Manzke Andreas, Tenorhorn (1979); Menendes Alberto, Klarinette (1980); Merkt Harald, Schlagzeug (1975); Pflüger Marion, Klarinette (1980); Streule Wolfgang, Flügelhorn (1981); Trotta Stefan, Schlagzeug (1977); Weber Ralf, Schlagzeug (1977); Zöhner René, Klarinette (1980).

Musikverein Rohmatt

Gründungsjahr:	1949
1. Vorsitzender:	Albert Beckert
Schriftführer:	Rudolf Lederer
Rechner:	Walter Rümmele
Beirat:	Lambert Berger
	Gerhard Wassmer
	Thomas Wassmer
Dirigent:	Karl Seger
Vizedirigent:	Oswald Lederer
Jugendleiter:	Oswald Lederer
	Cornelia Nägele
Notenwart:	Oswald Lederer
Instrumentenwart:	Rainer Beckert
Präsident:	Bgm. Franz Zettler
Gründungs-	
mitglieder:	Walter Rümmele
	Otto Sutter
	Alfred Wassmer

Aktive: Albrecht Andrea, Klarinette (1972); Albrecht Herbert, Tenorhorn (1964); Beckert Albert, Flügelhorn (1962); Beckert Rainer, Bariton (1969); Beckert Sabine, Klarinette (1972); Berger Ernst, Tuba (1975); Berger Lambert, Tenorhorn (1976); Hein Erich, Schlagzeug (1965); Hornsteiner Stefan, Klarinette (1978); Kiefer Arthur, Flügelhorn (1976); Kiefer Hanspeter, Trompete (1976); Kiefer Ingrid, Klarinette (1972); Kiefer Josef, Flügelhorn (1962); Kiefer Manfred, Posaune (1969); Kiefer Martin, Trompete (1978); Kiefer Rainer, Flügelhorn (1978); Kiefer Siegfried, Horn (1960); Kiefer Thomas, Flügelhorn (1972); Lederer Oswald, Trompete (1965); Lederer Rudolf, Tenorhorn (1965); Nägele Cornelia, Klarinette (1972); Phillipp Heinz, Schlagzeug (1968); Rümmele Armin, Klarinette (1976); Rümmele Walter, Posaune (1949); Strütt Adolf, Tuba (1952); Sutter Otto, Posaune (1949); Wassmer Alfred, Tenorhorn (1949); Wassmer Gerhard, Horn (1963); Wassmer Thomas, Horn (1972).

Stadtmusik Rheinfelden (Bd.) e.V.

Gründungsjahr:	1905
1. Vorsitzender:	Helmut Hanser
Stellv. Vorsitzender:	Wolf-Bernd Etter
Schriftführer:	Wolfgang Spitznagel
Rechner:	Norbert Schmid
Beirat:	Wolfgang Gottstein
	Fridolin März
	Kurt Roniger
	Fritz Schäuble
	Robert Schmalzbauer
	Wolfgang Veith
Dirigent:	Werner Linsin
Jugendleiter:	Willy Meier
Notenwarte:	Christof Selz
	Manfred Brugger
Instrumentenwart:	Wolfgang Meier
Uniform- und	
Kostümwart:	Wolfgang Veith
Präsident:	Obgm. Herbert King
Ehrenvorsitzender:	Franz Schillinger
Ehrendirigent:	Bernhard Köppel

Aktive: Adler Max, Klarinette (1947); Baumgartner Edmund, Bariton (1969); Binczyk Andreas, Posaune (1978); Brugger Manfred, Flügelhorn (1970); Döbele Thomas, Trompete (1977); Döring Peter, Tuba (1976); Etter Wolf-Bernd, Kl. Trommel (1966); Felber Markus, Klarinette (1978); Goldmann Karl, Flügelhorn (1972); Gottstein Wolfgang, Klarinette (1970); Hanser Eckhart, Klarinette (1973); Hanser Frank, Trompete (1980); Hanser Helmut, Posaune (1948); Hauck Thomas, Flügelhorn (1980); Haupt Hartmut, Posaune (1980); Hessler Welf, Klarinette (1982); Hilpert Hanspeter, Flöte/Pikkolo (1976); Huber Michael, Trompete (1982); Hüttner Herbert, Pauken (1979); Kiener Dieter, Trompete (1979); Kocinski Thomas, Bariton (1978); Lenz Erwin, Saxophon (1980); Linsin Edmund, Flügelhorn (1947); Linsin Peter, Klarinette (1980); Linsin Thomas, Trompete (1973); Linsin Wolfgang, Trompete (1980); Lütte Rolf, Posaune (1976); März Norbert, Klarinette (1977); Maier Rainer, Flöte/Pikkolo (1980); Meier Dieter, Saxophon (1975); Meier Karl-Heinz, Tuba (1969); Meier Willy, Tenorhorn (1947); Meier Wolfgang, Schlagzeug (1977); Müller Martin, Trompete (1980); Oswald Günther, Flügelhorn (1969); Polster Klaus, kl. Trommel (1981); Rösch Manfred, Saxophon (1978); Roniger Kurt, Horn (1977); Rütschlin Daniel, Schlagzeug (1982); Rütschlin Roland, Posaune (1959); Rütschlin Rudolf, Tuba (1968); Ruta Michael, Tenorhorn (1980); Schärer Susanne, Flöte (1982); Schäuble Klaus, Tenorhorn (1976); Schillinger Thomas, Tenorhorn (1978); Schmalzbauer Robert, Schlagzeug (1967); Schmid Norbert, Klarinette (1970); Schumacher Michael, Klarinette (1982); Selz Christof, Klarinette (1979); Selz Markus, Saxophon (1980); Spettl Jörg, Tenorhorn (1979); Spitznagel Wolfgang, Flügelhorn (1972); Stemmer Anton, Horn (1951); Strecker Rolf, Trompete (1980); Trefzer Wilfried, Tenorhorn (1970); Veith Wolfgang, Trompete (1955); Wieber Michael, Horn (1982)

Jugendkapelle: Berger Andrea, Klarinette (1982); Bieling Peter, Trompete (1979); Bruttel Gerhard, Tenorhorn (1978); Bruttel Markus, Trompete (1978); Burger Dirk, Posaune (1979); Eckert Andreas, Trompete (1979); Eckert Birgitt, Klarinette (1982); Escher Minfried, Klarinette (1977); Goldemann Martin, Klarinette (1978); Grießbaum Günter, Tenorhorn (1978); Gutmann Daniel, Tenorhorn (1979); Haller Frank, Klarinette (1980); Heubüschl Jürgen, Trompete (1980); Hildenbrand Axel, kl. Trommel (1981); Hildenbrand Markus, Trompete (1978); Hügel Christian, Posaune (1979); Junker Markus, Klarinette (1981); Kern Michael, Posaune (1981); Krämer Ralf, Klarinette (1981); Krause Patrick, kl. Trommel (1981); Krebs Alexander, Horn (1980); Linsin Martina, Flöte (1981); Lipp Christof, Flügelhorn (1978); Lipp Daniel, Trompete (1979); Lipp Simone, Klarinette (1981); Maier Jürgen, Flöte (1982); Maier Stefan, Trompete (1980); Manzke Andreas, Tenorhorn (1979); Mebes Michael, Horn (1978); Menendez Alberto, Klarinette (1982); Merkt Andreas, Flügelhorn (1979); Merkt Harald, Schlagzeug (1979); Müller Cornelia, Klarinette (1981); Müller Thorsten, Klarinette (1982); Pairan Oliver, Tenorhorn (1981); Puchtler Oliver, Posaune (1981); Ratzel Andreas, Tuba (1981); Rau Stefan, Klarinette (1977); Rucks Martin, Horn (1979); Scheyka Christian, Klarinette (1982); Schonhardt Jürgen, Klarinette (1977); Schretzmann Elke, Saxophon (1981); Siebold Patricia, Flöte (1981); Simon Jochen, Posaune (1981); Streule Wolfgang, Flügelhorn (1982); Strittmatter Peter, Flügelhorn (1979); Trotta Stefan, gr. Trommel (1982); Wendt Wolfgang, Flöte/Pikkolo (1974); Wieber Stefan, Klarinette (1981); Zährl Jörg, Tenorhorn (1979)

Musikverein Sallneck e.V.

Gründungsjahr:	1909
1. Vorsitzender:	Horst Wagner
Stellv. Vorsitzender:	Heinz Trefzer
Schriftführer:	Werner Grether
Rechner:	Willi Friedlin
Stellv. Rechner:	Wilfried Vollmer
Beirat (Aktiva):	Hans-Peter Senn
	Erwin Schlageter
Beirat (Passiva):	Rudolf Friedlin
Jugendvertreter:	Ingrid Bahr
	Thomas Tüchert
Dirigent:	Emil Schuler
Vizedirigent:	Horst Wagner
Jugendleiter:	Emil Schuler
Notenwarte:	Monika Oßwald
	Kurt Kindorf
Instrumentenwart:	Max Schultheiß

Aktive: Bahr Ingrid, Trompete (1981); Bechtel Angelika, Trompete (1978); Büche Antonia, Horn (1978); Dreher jun. Fritz, Bariton (1972); Dreher Gerd, Tuba (1961); Dreher Gerhard, Trompete (1964); Dreher Günter, Horn (1961); Fiabane Horst, Posaune (1968); Fiabane Siegfried, Klarinette (1964); Friedlin Klaus, Tenorhorn (1964); Friedlin Sigrid, Flügelhorn (1972); Friedlin Willi, Horn (1968); Gardin Waltraud, Trompete (1976); Grether Thomas, Klarinette (1977); Grether Werner, Tenorhorn (1961); Kindorf Kurt, Flügelhorn (1968); Kropf Reiner, Tenorhorn (1978); Leisinger Margrit, Flügelhorn (1978); Oßwald Günter, kl. Trommel (1968); Oßwald Ingrid, Trompete (1972); Oßwald Monika, Flügelhorn (1972); Oßwald Walter, Tuba (1964); Probst Karlheinz, gr. Trommel (1979); Schlageter Erwin, Horn (1961); Schultheiss Max, Trompete (1953); Senn Hans-Peter, Klarinette (1968); Siegle Jürgen, Flügelhorn (1968); Trefzer Heinz, Bariton (1961); Tüchert Thomas, Posaune (1976); Vogt Herbert, Flügelhorn (1976); Vogt Irmgard, Klarinette (1976); Vogt Walter, Tuba (1953); Vollmer Wilfried, Klarinette (1954); Wagner Horst, Tenorhorn (1961); Wissner Winfried, Posaune (1979)

Musikverein Schlächtenhaus-Hofen e.V.

Gründungsjahr: 1882*
1. Vorsitzender: Erich Genshirt
Stellv. Vorsitzender: Heinz Roßkopf
Schriftführer: Heinz Schleith
Rechner: Walter Läuger jun.
Beirat: Rainer Benz
Karlheinz Schlozer
Dirigent: Rainer Amann
Notenwart/
Instrumentenwart: Bernd Roßkopf
Ehrendirigent: Eugen Mors

Aktive: Baier Rolf, Tuba (1968); Benz Rainer, Bariton (1966); Brendle Günter, Klarinette (1972); Brombacher Joachim, Flügelhorn (1961); Brombacher Karl, Horn (1948); Friedlin Dietmar, Flügelhorn (1978); Friedlin Manfred, Horn (1951); Genshirt Erich, gr. Trommel (1951); Hügel Jörg, Trompete (1978); Kleine-Kappenberg Dietmar, Bariton (1979); Kuttler Gerd, Trompete (1970); Kuttler Norbert, Flügelhorn (1972); Kuttler Uli, Klarinette (1978); Läuger Herbert, Bariton (1966); Läuger Ursula, Klarinette (1971); Läuger Walter jun., Flügelhorn (1966); Lau Sven, Flügelhorn (1979); Leisinger Georg, Tenorhorn (1969); Roßkopf Bernd, Flügelhorn (1972); Roßkopf Heidi, Klarinette (1971); Roßkopf Heinz, Bariton (1951); Schleith Heinz, Klarinette (1966); Schleith Lothar, Schlagzeug (1978); Schlozer Armin, Klarinette (1978); Schlozer Karl, Posaune (1949); Schlozer Karlheinz, Trompete (1969); Schlozer Willi, Tuba (1936); Schlozer Wolfgang, Posaune (1966); Senn Lothar, Bariton (1978); Vollmer Horst, Klarinette (1966); Würger Berthold, Trompete (1978); Würger Gerd, Tenorhorn (1972); Würger Harald, Klarinette (1970); Würger Max, Tuba (1928)

Stadtmusikverein e.V. Schönau

Gründungsjahr: 1838*
1. Vorsitzender: Rainer Ruch
Stellv. Vorsitzender: Achill Wetzel
Schriftführer: Ulrich Wetzel
Stellv. Schriftführer: Thomas Kiefer
Rechner: Wolfgang Schleith
Stellv. Rechner: Rainer Ruch
Beirat (Aktiva): Eckhard Schelb
Beirat (Passiva): Richard Wetzel
Dirigent: Heinrich Stein
Vizedirigent: Josef Nutto
Jugendleiter: Helge Bismanns
Notenwart: Jürgen Wetzel
Instrumentenwart: Heinz Wetzel
Präsident: Bgm. Richard Böhler
Ehrendirigent: Josef Wetzel

Ehrenmitglieder: Heinrich Adam, Heinrich Held, Josef Nutto, Josef Riedl, Eugen Ruch, Josef Steinebrunner, Ludwig Steinebrunner, Achill Wetzel, Heinz Wetzel, Rudolf Wetzel; Pressewart: Thomas Kiefer
Aktive: Adam Heinrich, Posaune (1948); Adam Jürgen, Klarinette (1976); Asal Eberhard, Trompete (1977); Baumann Markus, Flügelhorn (1980); Bismanns Helge, Klarinette (1974); Brodbeck Robert, Bariton (1977); Faschian Richard, Schlagzeug (1981); Frässle Nicole, Klarinette (1980); Frässle Sabine, Klarinette (1980); Gassmann Hans, Posaune (1975); Hierholzer Karl, Saxophon (1967); Kiefer Thomas, Flügelhorn (1966); Nutto Joachim, Klarinette (1974); Nutto Josef, Flügelhorn (1948); Portmann Martin, Klarinette (1974); Riedl Josef, Tenorhorn (1936); Ruch Andreas, Bariton (1974); Ruch Burkhard, Tuba (1977); Ruch Eugen, Schlagzeug (1934); Ruch Ewald, Horn (1978); Ruch Rainer, Tenorhorn (1966); Rübsam Werner, Trompete (1960); Schelshorn Claudia, Klarinette (1977); Schelshorn Thomas, Trompete (1974); Schelb Eckhard, Posaune (1969); Schleith Wolfgang, Sousaphon (1953); Schwaab Billfried, Klarinette (1979); Steinebrunner Ludwig, Sousaphon (1948); Steinebrunner Marlene, Klarinette (1976); Strohmaier Stefan, Flügelhorn (1974); Strohmeier Rainer, Saxophon (1966); Wetzel Achill, Horn (1956); Wetzel Andreas, Tenorhorn (1977); Wetzel Heinz, Klarinette (1948); Wetzel Hubert, Schlagzeug (1948); Wetzel Jürgen, Trompete (1974); Wetzel Monika, Klarinette (1981); Wetzel Rudolf, Saxophon (1953); Wetzel Ulrich, Saxophon (1974)
Zöglinge: Böhler Martin, Tenorhorn (1979); Held Franziska, Flöte (1979); Leute Kornelia, Flöte (1979); Meder Hubert, Tenorhorn (1979); Parthey Knuth, Klarinette (1977); Pfefferle Birgit, Flöte (1978); Schäuble Kathrin, Klarinette (1979); Schelshorn Rolf, Posaune (1979); Schelshorn Thomas, Schlagzeug (1974); Schröder Kornelia, Klarinette (1979); Schröder Jürgen, Tenorhorn (1979); Seger Klaus, Trompete (1979); Seger Wolfgang, Posaune (1979); Siegel Heike, Flöte (1979); Wetzel Martin, Klarinette (1979)

Musikverein Steinen

Gründungsjahr:	1877*
1. Vorsitzender:	Manfred Loritz
Stellv. Vorsitzender:	Alfred Schwarzwälder
Schriftführer:	Walter Dörflinger
Rechner:	Hans Däuber
Beirat:	Hans-Jürgen Diesslin
	Max Haberbusch
	Stefan Richert
Dirigent:	Emil Asal
Vizedirigent:	Heinrich Schlachter
Notenwart:	Dieter Asal
Ehrenvorsitzender:	Karl Dörflinger

Aktive: Adelbrecht Lucien, Klarinette (1946); Adelbrecht Norbert, Flügelhorn (1970); Adelbrecht Rainer, Klarinette (1970); Adelbrecht Roger, Trompete (1980); Asal Dieter, Klarinette (1969); Däuber Hans, Tuba (1951); Däuber Susi, Flöte (1978); Diesslin Achim, Trompete (1980); Diesslin Hans-Jürgen, Saxophon (1976); Dörflinger Karl, Klarinette (1923); Dörflinger Martin, Posaune (1977); Dörflinger Walter, Posaune (1953); Göttl Hannes, Schlagzeug (1974); Haberbusch Harald, Schlagzeug (1947); Hüttlin Heinz, Pauken (1982); Kapfer Martin, Saxophon (1976); Kasten Detlef, Tenorhorn (1980); Loritz Hartmut, Klarinette (1976); Loritz Manfred, Klarinette (1946); Muser Gerhard, Flügelhorn (1946); Nestle Dieter, Trompete (1965); Ott Mathias, Trompete (1980); Richert Stefan, Klarinette (1964); Richwalzky Hans-Dieter, Tenorhorn (1969); Richwalzky Jakob, Horn (1950); Richwalzky Roland, Trompete (1967); Richwalzky Samuel, Horn (1950); Rotzinger Gerd, Flügelhorn (1980); Schlachter Heinrich, Posaune (1932); Schwarzwälder Alfred, Bariton (1953); Schwarzwälder Wolfgang, Klarinette (1976); Stocker Manfred, Horn (1963); Stöckle Mathias, Klarinette (1976); Theiler Hanspeter, kl. Trommel (1982); Theiler Winfried, Tuba (1970); Trinler Lothar, Tenorhorn (1980); Ueckert Hartmut, Trompete (1978); Ueckert Hermann, Tuba (1951); Ueckert Norman, Flügelhorn (1978); Wassmer Ludwig, Posaune (1979); Weis Berthold, Klarinette (1976); Zimmermann Ernst, Tenorhorn (1953); Zimmermann Mathias, Saxophon (1976); Zimmermann Stefan, Trompete (1976)

Musikverein Tannenkirch e.V.

Gründungsjahr:	1922
1. Vorsitzender:	Robert Hagin
Stellv. Vorsitzender:	Karlfrieder Pfändler
Schriftführer:	Karlheinz Flöscher
Rechner:	Fritz Liebert
Beirat:	Karlfrieder Boch
	Ernst Gerwig
	Max Höferlin
	Kurt Schmidhauser
Dirigent:	Franz Staudner
Vizedirigent:	Fritz Stammler
Notenwart:	Rolf Sütterlin
Instrumentenwart:	Jürgen Medam

Aktive: Boch Karlfrieder, Horn (1964); Braun Jürgen, Posaune (1976); Flöscher Alfred, Flügelhorn (1947); Flöscher Angela, Klarinette (1981); Flöscher Karlheinz, Flügelhorn (1967); Frey Martina, Klarinette (1981); Frey Sonja, Trompete (1981); Hagin Robert, Trompete (1971); Kromer Helmut, Horn (1979); Kuhn Fritz, kl. Trommel (1932); Kuhn Rainer, Trompete (1964); Lang Martin, Tenorhorn (1979); Liebert Fritz, Saxophon (1965); Ludin Birgit, Klarinette (1976); Medam Jürgen, Posaune (1973); Meyer Karin, Klarinette (1979); Oßwald Claudia, Klarinette (1981); Pfändler Karlfrieder, Saxophon (1967); Roßkopf Alfred, Flügelhorn (1950); Schmidhauser Elke, Trompete (1979); Schmidhauser Kurt, Tuba (1954); Schmidt Horst, Trompete (1956); Schmiedlin Dietmar, Klarinette (1973); Schmiedlin Georg, gr. Trommel (1949); Schmiedlin Gerhard, Saxophon (1971); Stammler Fritz, Bariton (1949); Stanko Ralf, Flügelhorn (1976); Stanko Uwe, kl. Trommel (1981); Sütterlin Rolf, Tuba (1973); Urich Thomas, Horn (1979); Weber Andreas, Tenorhorn (1976); Weber Martina, Klarinette (1979); Weber Peter, Tenorhorn (1981); Weiß Walter, Posaune (1967)
Zöglinge: Boch Roland, Klarinette (1981); Dunke Frank, Klarinette (1981); Frey Dietmar, Tenorhorn (1981); Frey Wolfgang, Horn (1981); Sütterlin Andreas, Tenorhorn (1981); Weber Michael, Klarinette (1981); Werz Markus, Horn (1981); Ziegler Dirk, Trompete (1981)

Musikverein Tegernau e.V. 1900

Gründungsjahr:	1900
1. Vorsitzender:	Gerhard Bauer
Stellv. Vorsitzender:	Hartwig Maier
Schriftführer:	Fritz Kallfass
Rechner:	Dieter Wagner
Beirat:	Klaus Friedlin
	Werner Reiss
	Gaby Wagner
	Gerhard Wagner
Dirigent:	Günther Enssle
Vizedirigent:	Dieter Wagner
Jugendleiter:	Fritz Kallfass
Notenwart:	Erwin Dörflinger
Ehrenvorsitzender:	Erwin Dörflinger
Ehrenmitglieder:	Hans Gutmann
	Ernst Heitzmann
	Josef Kirschner
	Hermann Wagner

Aktive: Bauer Ernst, Tuba (1963); Bauer Gerhard, Tuba (1955); Beier Monika, Klarinette (1972); Dörflinger Erwin, Bariton (1947); Giudice del Ciro, Flügelhorn (1978); Friedlin Klaus, Bariton (1970); Hügel Bärbel, Klarinette (1976); Imm Alexandra, Klarinette (1976); Imm Simone, Flügelhorn (1976); Kallfass Christel, Klarinette (1972); Kallfass Ernst, Flügelhorn (1963); Kallfass Fritz, Tenorhorn (1955); Kallfass Otto, Horn (1976); Kallfass Walter, Horn (1963); Kirschner Jutta, Flöte (1976); Maier Hartwig, Schlagzeug/Pauken (1955); Pfeifer Aneliese, Klarinette (1976); Reiss Doris, Trompete (1976); Reiss Sabine, Klarinette (1976); Schwarz Klaus, Trompete (1975); Senn Rolf, Trompete (1972); Süpfle Rolf, Posaune (1972); Süpfle Susanne, Flöte/Pikkolo (1976); Trefzer Ernst, Schlagzeug (1973); Trefzer Jochen, Schlagzeug (1976); Wagner Dieter, Trompete (1955); Wagner Gaby, Klarinette (1972); Wagner Gerhard, Flügelhorn (1963); Wagner Horst, Posaune (1972); Wagner Peter, Tenorhorn (1972)
Zöglinge: Bauer Michael, Posaune (1981); Bauer Rainer, Flügelhorn (1981); Görres Klaus, Tuba (1981); Kallfass Anette, Klarinette (1981); Kallfass Sonja, Flöte (1981); Meier Anja, Klarinette (1981); Wagner Heike, Klarinette (1981)

Musikverein Todtnau-Brandenberg

Gründungsjahr:	1926
1. Vorsitzender:	Arthur Kunz
Stellv. Vorsitzender:	Rudolf Huber
Schriftführer:	Günter Kunz
Rechner:	Martin Knotz
Beirat:	Bernhard Burget
	Christoph Strohmaier
	Franz Wagner
Dirigent:	Willi Beckert
Vizedirigent:	Heinz Eckert
Jugendleiter:	Michael Maier
Notenwart:	Andrea Fertl

Aktive: Beckert Bernhard, Bariton (1957); Beckert Elke, Klarinette (1982); Beckert Michael, Bariton (1980); Beckert Ute, Klarinette (1982); Beckert Werner, Tuba (1947); Binder Heidi, Klarinette (1982); Binder Ralph, Horn (1977); Burget Bernhard, Saxophon (1972); Burget Klemens, Trompete (1981); Eckert Heinz, Saxophon (1957); Fertl Andrea, Flöte (1980); Huber Rudolf, Schlagzeug (1954); Kessler Hubert, Posaune (1970); Knotz Christine, Saxophon (1982); Knotz Joachim, Horn (1974); Knotz Martin, Flügelhorn (1974); Knotz Stefan, Klarinette (1980); Kunz Arthur, Schlagzeug (1960); Kunz Günter, Tenorhorn (1965); Löffelmann Edgar, Tenorhorn (1982); Maier Michael, Flügelhorn (1972); Maier Robert, Trompete (1981); Maier Walter, Trompete (1977); Melch Egon, Tuba (1976); Melch Jürgen, Posaune (1972); Melch Richard, Horn (1977); Müller Roger, Flügelhorn (1981); Stolzenburg Heinz, Posaune (1982); Strohmaier Christoph, Tuba (1977); Wagner Erich, Klarinette (1980); Wagner Franz, Klarinette (1977); Wagner Kurt, Flügelhorn (1974); Wagner Lothar, Flügelhorn (1976); Wagner Walter, Trompete (1972); Walleser Roland, Klarinette (1980)

Trachtenkapelle Todtnauberg e.V.

Gründungsjahr:	1921
1. Vorsitzender:	Herbert Rotzinger
Stellv. Vorsitzender:	Otmar Kiefer
Schriftführer:	Kurt Mühl
Rechner:	Gerhard Klingele
Beirat:	Gusti Schneider
	Anselm Zipfel
Dirigent:	Gerhard Schreiber
Vizedirigent:	Alfred Kaiser
Jugendleiter:	Erwin Schubnell
Notenwart/	
Instrumentenwart:	Werner Mühl

Aktive: Bickel Andreas, Flügelhorn (1974); Boch Alfred, gr. Trommel (1954); Born Christof, Trompete (1979); Born Claudia, Klarinette (1979); Brender Manfred, Trompete (1979); Brender Maria, Klarinette (1979); Dietsche Mathias, kl. Trommel (1974); Dietsche Norbert, kl. Trommel (1950); Dietsche Petra, Klarinette (1979); Gutmann Otto, Trompete (1959); Kaiser Alfred, Flügelhorn (1961); Kiefer Otmar, Klarinette (1972); Klingele Berthold, Flügelhorn (1979); Klingele Gerhard, Klarinette (1954); Mühl Georg, Klarinette (1979); Mühl Helmut, Bariton (1979); Mühl Jürgen, Tenorhorn (1979); Mühl Kurt, Horn (1958); Mühl Werner, Klarinette (1954); Rotzinger Claudia, Klarinette (1974); Rotzinger Herbert, Posaune (1954); Rotzinger Markus, Tuba (1967); Rotzinger Urban, Tenorhorn (1967); Rotzinger Walburga, Klarinette (1974); Schneider Andrea, Klarinette (1979); Schneider Axel, Bariton (1979); Schneider Gusti, Trompete (1950); Schneider Jörg, Posaune (1974); Schneider Mathias, Trompete (1979); Schneider Michael, Trompete (1979); Schreiber Manuela, Klarinette (1979); Schubnell Clemens, Flügelhorn (1979); Schubnell Erwin, Bariton (1960); Sütterlin Richard, Horn (1967); Wunderle Johannes, Flügelhorn (1974); Wunderle Martin, Tuba (1979); Zipfel Anselm, Tuba (1974); Zipfel Pius, Tenorhorn (1974).

Musikverein Utzenfeld e.V.

Gründungsjahr:	1913
1. Vorsitzender:	Frank Nopper
Stellv. Vorsitzender:	Reinhard Marterer
Schriftführer:	Lothar Lais
Rechner:	Adolf Lais
Beirat:	Horst Butz
	Gerd Prutscher
Dirigent:	Josef Nutto
Vizedirigent:	Lothar Lais
Jugendleiter:	Roland Butz
Notenwart:	Patrick Herzog
Ehrenvorsitzender:	Karl Steck
Gründungsmitglied:	Fritz Prutscher
Ehrenmitglieder:	Horst Butz
	Adolf Lais
	Heinrich Prutscher
	Willi Steinebrunner
	Manfred Strohmaier
	Gerhard Wetzel

Aktive: Burgert Franz, Tuba (1982); Butz Bernd, Trompete (1980); Butz Horst, Klarinette (1953); Butz Jürgen, Klarinette (1980); Butz Martin, Posaune (1977); Butz Roland, Tenorhorn (1963); Diemer Christof, Klarinette (1975); Diemer Clemens, Klarinette (1979); Diemer Elisabeth, Klarinette (1978); Diemer Ulrich, Horn (1980); Gerspacher Horst, Posaune (1969); Ginsky Borris, Klarinette (1974); Gutmann Georg, Flügelhorn (1980); Herzog Gudrun, Klarinette (1980); Herzog Patrick, Trompete (1978); Kaiser Peter, Tenorhorn (1979); Kaiser Thomas, kl. Trommel (1973); Ladeck Gottfried, gr. Trommel (1981); Lais Adolf, Horn (1953); Lais Ingrid, Klarinette (1975); Lais Lothar, Tenorhorn (1974); Lais Manfred, Trompete (1980); Marterer Reinhard, Posaune (1973); Nopper Armin, Flügelhorn (1980); Nopper Frank, Flügelhorn (1957); Plönich Ewald, Posaune (1975); Prutscher Gerd, Tenorhorn (1974); Seger Ralf, Tenorhorn (1976); Steinebrunner Albert, Bariton (1959); Steinebrunner Bernd, Tuba (1980); Steinebrunner Willi, Flügelhorn (1951); Strohmaier Andrea, Flöte (1981); Strohmaier Manfred, Horn (1953); Strohmaier Peter, Horn (1978); Strohmaier Ulrike, Flöte (1978); Wetzel Rolf, Flügelhorn (1979); Wietzel Martin, Tuba (1979).
Zöglinge: Nopper Stefan, Flügelhorn (1981); Rümmele Petra, Flöte (1982); Wietzel Anja, Klarinette (1982); Wietzel Patrizia, Klarinette (1982).

Stadtmusik
Weil am Rhein e.V. 1839

Gründungsjahr:	1839*
1. Vorsitzender:	Heinz Osswald
Stellv. Vorsitzender:	Kurt Lais
Schriftführer:	Friedrich Schäfer
Stellv. Schriftführer:	Erich Steinebrunner
Rechner:	Erwin Hermann
Beirat (Aktiva):	Hans Kreutner
Beirat (Passiva):	Reinhard Gärtner
	Herbert Guggenbühler
	Paul Ziegler
Dirigent:	MD Dieter Fahrner
Vizedirigent:	Karl Kaufmann
Jugendleiter:	Günter Müller
Notenwarte:	Josef Büchle
	Thomas Welzbacher
Instrumentenwart:	Ulrich Hammler
Ehrenbeisitzer:	Willi Reiss

Aktive: Adam Jürgen, E-Gitarre (1982); Anlicker Siegfried, Tuba (1981); Biechele Thomas, Schlagzeug (1982); Blum Sabrina, Klarinette (1982); Böheim Rainer, Posaune (1982); Boller Gerald, Saxophon (1978); Büchle Josef, Tuba (1977); Bürgin Klaus, Tenorhorn (1980); Burde Martina, Klarinette (1981); Burkheiser Ortwin, Flöte (1980); Fackler Antje, Flöte (1981); Fahrner Ellen, Flöte (1980); Genter Peter, Flügelhorn (1979); Goehlke Joachim, Posaune (1979); Goldschmidt Daniel, Trompete (1981); Hagenbach Rainer, Trompete (1981); Hammler Ulrich, Tenorhorn (1969); Heer Udo, Trompete (1977); Hermann Erwin, Tuba (1953); Kaufmann Karl, Trompete (1946); Kreutner Hans, Tenorhorn (1954); Krompholz Brita, Klarinette (1978); Kühnle Raymond, Flügelhorn (1981); Läuger Uwe, E-Gitarre (1981); Lais Fritz, Schlagzeug (1979); Lais Kurt, Flügelhorn (1949); Lang Eugen, Tuba (1946); Lonhard Kurt, Klarinette (1948); Mattmüller Irene, Trompete (1979); Messerli Esther, Flöte (1982); Michler Sabine, Flöte (1981); Moser Michael, Saxophon (1979); Müller Christine, Klarinette (1978); Müller Günter, Trompete (1972); Olivieri Guiseppe, Saxophon (1970); Osswald Heinz, Klarinette (1949); Osswald Karlheinz, E-Piano (1981); Präg Horst, Posaune (1951); Reinbold Rène, Schlagzeug (1979); Rhein Fritz, Bariton (1954); Rosemann Frank, Schlagzeug (1982); Schlageter Robert, Trompete (1981); Schrötel Michael, Tenorhorn (1981); Senf Eva-Maria, Klarinette (1981); Senf Joachim, Trompete (1981); Senf Ulrich, E-Gitarre (1981); Sohlnauer Uwe, E-Gitarre (1981); Sontheimer Hubert, Klarinette (1975); Steinebrunner Erich, Klarinette (1972); Strübin Bernd, Saxophon (1957); Tüxen Rainer, Oboe (1968); Weber Fritz, Klarinette (1967); Weber Rainer, Posaune (1981); Weiß Heinz, Horn (1947); Welzbacher Thomas, Horn (1977); Zipfel Markus, Schlagzeug (1981)

Bergmannskapelle Wieden

Gründungsjahr:	1924
1. Vorsitzender:	Josef Lais
Stellv. Vorsitzender:	Emil Sprich
Schriftführer:	Wolfgang Dietsche
Rechner:	Manfred Behringer
Beirat:	Albert Walleser
	Franz Walleser
Dirigent:	Fridolin Asal
Vizedirigent:	Hubert Behringer
Jugendleiter:	Klaus Dietsche
	Berthold Klingele
Ehrendirigent:	Alfred Klingele
Ehrenvorsitzender:	Alois Laile

Aktive: Asal Stefan, Flügelhorn (1973); Beckert Alfred, Horn (1965); Behringer Artur, Trompete (1953); Behringer Bernhard, Tenorhorn (1973); Behringer Eduard, Posaune (1965); Behringer Erwin, Tuba (1942); Behringer Hubert, Klarinette (1965); Behringer Manfred, Flügelhorn (1970); Behringer Markus, Klarinette (1973); Dietsche Emil, Posaune (1950); Dietsche Georg, Flügelhorn (1973); Dietsche Klaus, Trompete (1973); Dietsche Wolfgang, Tenorhorn (1973); Fertl Beate, Klarinette (1973); Fertl Erich, kl. Trommel (1950); Fertl Hansjörg, Flügelhorn (1973); Gutmann Hugo, Posaune (1946); Kimmig Martin, Tuba (1970); Klingele Alfons, Horn (1946); Klingele Berthold, Tenorhorn (1965); Laile Hubert, Tuba (1965); Laile Wolfgang, Trompete (1965); Lais Josef, Flügelhorn (1958); Pfändler Albert, Bariton (1950); Pfändler Norbert, Tenorhorn (1965); Rombach Adolf, Trompete (1965); Sprich Emil, gr. Trommel (1955); Walleser Franz, Klarinette (1942); Walleser Herbert, Klarinette (1970)
Zöglinge: Asal Andreas, Trompete (1979); Asal Birgit, Klarinette (1979); Asal Christian, Tenorhorn (1979); Asal Norbert, Tenorhorn (1982); Asal Thomas, Flügelhorn (1982); Behringer Andreas, Trompete (1982); Behringer Christof, Trompete (1982); Behringer Eva, Klarinette (1979); Behringer Thomas, Horn (1979); Dietsche Barbara, Klarinette (1979); Dietsche Ewald, Klarinette (1979); Fertl Anita, Klarinette (1979); Gramespacher Ingrid, Klarinette (1979); Kimmig Anita, Klarinette (1979); Kimmig Rainer, Klarinette (1979); Klingele Günter, Trompete (1982); Klingele Martin, Trompete (1979); Klingele Paul, Trompete (1979); Laile Rolf, Flügelhorn (1979); Lais Martin, Trompete (1982); Sprich Elmar, Trompete (1982); Stahl Michael, Trompete (1979)

Musikverein „Freundschaft" Wies e.V.

Gründungsjahr:	1909
1. Vorsitzender:	Heinz Gsellinger
Stellv. Vorsitzender:	Rudi Schneider
Schriftführer:	Hans-Dieter Kilchling
	Dieter Rebel
Rechner:	Fritz Steinebrunner
Beirat (Aktiva):	Willi Hasler
	Joachim Oßwald
Beirat (Passiva):	Heiner Brunner
	Fritz Schneider
Dirigent:	Heinrich Kühndorf
Vizedirigent/ Jugendleiter/ Notenwart:	Bruno Brendlin
Ehrendirigenten:	Günther Rebel
	Adolf Seider
	Karl Vollmer
Ehrenmitglied:	Hans Seider

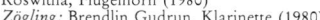

Aktive: Bächtle Ursel, Trompete (1982); Brendlin Bruno, Tenorhorn (1974); Dörflinger Hans, Tenorhorn (1965); Ehrmann Roland, Flügelhorn (1974); Gaedicke Gitta, Trompete (1981); Gaedicke Maritta, Klarinette (1979); Giesin Franz, Klarinette (1979); Giesin Klaus, Flügelhorn (1974); Giesin Rolf, gr. Trommel (1974); Gsellinger Heinz, Tenorhorn (1972); Gümpel Gerd, Posaune (1979); Hasler Willi, Tuba (1961); Kilchling Hans-Dieter, Trompete (1966); Kilchling Rolf, Tenorhorn (1979); Kuttler Roland, Flügelhorn (1974); Oßwald Joachim, Posaune (1966); Oßwald Ulrike, Trompete (1982); Rebel Dieter, Flügelhorn (1965); Ritter Martin, Trompete (1974); Schneider Rudi, Tenorhorn (1973); Steinebrunner Fritz, Tuba (1968); Steinebrunner Ingrid, Klarinette (1979); Strütt Roswitha, Flügelhorn (1980)
Zögling: Brendlin Gudrun, Klarinette (1980)

Musikverein Wieslet e.V.

Gründungsjahr:	1879
1. Vorsitzender:	Jürgen Strittmatter
Stellv. Vorsitzender:	Heinrich Tschira
Schriftführer:	Ursula Schleith
Rechner:	Birgit Dörflinger
Beirat (Aktiva):	Hans Schleith
	Birgit Tschira
Beirat (Passiva):	Karl Streich
	Karl Tscheulin
Dirigent:	Rainer Hug
Jugendleiter:	Fritz Schleith
Notenwart:	Frank Strittmatter
Instrumentenwart:	Werner Oßwald
Ehrendirigent:	Ernst Kallfaß
Ehrenvorsitzende:	Karl Fauth
	Edwin Sütterlin

Aktive: Biechele Gerd, Posaune (1981); Butz Albert, Gitarre (1981); Dörflinger Birgit, Saxophon (1977); Frey Gerhard, Trompete (1979); Friedlin Heinz, Tenorhorn (1982); Geiger Angelika, Trompete (1974); Gerbel Herbert, Tenorhorn (1979); Gerstner Kirsten, Klarinette (1980); Hug, Andrea, Klarinette (1979); Kallfass Walter, Tenorhorn (1982); Kallfass Wolfgang, Trompete (1953); Klipfel Petra, Klarinette (1979); Leder Stefan, Trompete (1980); Lutz Pia, Klarinette (1982); Oßwald Gerhard, Tenorhorn (1979); Oßwald Klaus, Flügelhorn (1960); Oßwald Lars, Saxophon (1981); Oßwald Werner, Tuba (1955); Schaffrinna Andreas, Posaune (1979); Schleith Fritz, Bariton (1970); Schleith Hans, Tenorhorn (1946); Schleith Ursula, Saxophon (1969); Schmidt Bianca, Flöte (1981); Streich Christine, Klarinette (1973); Streich Evelyne, Flöte (1980); Strittmatter Frank, Schlagzeug (1974); Strittmatter Jürgen, Saxophon (1969); Strittmatter Rainer, Sousaphon (1975); Sütterlin Michael, Posaune (1975); Tschira Birgit, Klarinette (1970); Tschira Heinrich, Flügelhorn (1947); Völz Ralf, gr. Trommel (1981); Vogt Petra, Flügelhorn (1977); Wagner Elke, Klarinette (1974); Wagner Renate, Klarinette (1976); Wagner Ute, Klarinette (1979); Waldhecker Thomas, Tuba (1979); Zillger Achim, Trompete (1981)

Musikverein Wollbach 1866

Gründungsjahr:	1866*
1. Vorsitzender:	Karl Reinacher
Stellv. Vorsitzender:	Karlfrieder Enderlin
Schriftführer:	Werner van Linn
Stellv. Schriftführer:	Susanne Meier
Rechner:	Rolf Sütterlin
Stellv. Rechner:	Erwin Bürgin
Beirat:	Kurt Änis
	Erwin Greßlin
	Georg Meier
	Ernst Montiegel
Dirigent:	Ulrich Winzer
Vizedirigent:	Rolf Sütterlin
Notenwarte:	Doris Reinacher
	Heidi Breitenstein
Instrumentenwart:	Frieder Hering

Aktive: Argast Christian, Schlagzeug (1976); Blum Rudolf, kl. Trommel (1947); Braun Erwin, gr. Trommel (1949); Braun Manfred, Flügelhorn (1971); Breitenstein Heidi, Horn (1975); Bürgin Erwin, Saxophon (1958); Enderlin Albert, Bariton (1935); Enderlin Andreas, Klarinette (1980); Enderlin Karlfrieder, Saxophon (1964); Glünkin Günter, Klarinette (1981); Grenacher Annette, Saxophon (1981); Grenacher Gerhard, Trompete (1953); Greßlin Dieter, Trompete (1974); Greßlin Ewald, Posaune (1975); Greßlin Fritz, Posaune (1952); Groß Andreas, Tuba (1947); Günther Thomas, Flügelhorn (1980); Hering Frieder, Tenorhorn (1975); Jakobi Helmut, Trompete (1964); Kreiter Erwin, Klarinette (1947); Kromer Karin, Klarinette (1977); Kromer Max, Horn (1947); Krug Bernd, Saxophon (1964); Linn, van Werner, Tenorhorn (1964); Meier Georg, Flügelhorn (1950); Meier Susanne, Klarinette (1976); Montiegel Ernst, Flügelhorn (1964); Reinacher Doris, Klarinette (1977); Reinacher Frank, Trompete (1980); Reinacher Hans, Tuba (1964); Reinacher Karl, Tenorhorn (1953); Reinacher Yvonne, Klarinette (1980); Sütterlin Rolf, Klarinette (1950); Sütterlin Sabine, Saxophon (1977); Winter Hans, Horn (1947)
Zöglinge: Bronner Esther, Flügelhorn (1982); Graeb Susanne, Flöte (1982); Heckel Anja, Trompete (1982); Henschel Annette, Trompete (1982); Kreiter Renate, Klarinette (1982); Lindemann Doris, Trompete (1982); Stern Nicole, Trompete (1982); Strohmeier Peter, Schlagzeug (1982); Vetter Dietmar, Posaune (1980); Weber Martina, Horn (1981); Winter Andreas, Tenorhorn (1982)

Musikverein Wyhlen 1844 e.V.

Gründungsjahr:	1844*
1. Vorsitzender:	Walter Brender
Stellv. Vorsitzender:	Martin Weis
Schriftführer:	Hanspeter Vögele
Rechner:	Gerolf Kock
Stellv. Rechner:	Kurt Rütschlin
Beirat:	Christel Bahner
	Ewald Ebner
	Adolf Gampp
	Hansjörg Gerspach
	Ulrich Gerspach
	Ernst Kaltenbach
	Hermann Kock
	Werner Krettler
	Paul Lazurka
	Kurt Lindau
	Albert Motsch
	Kurt Rütschlin
	Franz Schlachter
	Fritz Schweinlin
	Hermann Weiss

Dirigent: René Candoni; Vizedirigent: Fritz Brunner; Jugendleiter: August Gerspach; Notenwarte: Peter Nönninger, Claudia Grimm; Instrumentenwart: Hans Marx; Fähnrich: Kurt Vogler
Aktive: Andlauer Berthold, Cornet (1949); Bahner Christel, Klarinette (1974); Bahner Günter, Schlagzeug (1974); Bahner Klaus, Trompete (1974); Bieger Wolfgang, Posaune (1978); Brand Uwe, Posaune (1981); Brender Doris, Flöte (1978); Brender Walter, Klarinette (1944); Brunner Fritz, Cornet (1949); Buchmann Boris, Flöte (1977); Ebner Ewald, Tuba (1949); Gampp Adolf, Tuba (1975); Gerspach August, Klarinette (1935); Gerspach Hansjörg, Klarinette (1955); Gerspach Ralph, Cornet (1968); Gerspach Ulrich, Saxophon (1973); Grimm Andreas, Tenorhorn (1976); Grimm Claudia, Klarinette (1976); Grimm Helmut, Tuba (1952); Grimm Susi, Klarinette (1982); Grimm Werner, Tenorhorn (1951); Haas Gerold, Trompete (1975); Hässler Ingrid, Flöte (1979); Hässler Jürgen, Klarinette (1975); Hartwich Georg, Horn (1966); Heggenberger Elvira, Klarinette (1974); Henzler Annette, Klarinette (1974); Henzler Karl, Tuba (1949); Issler Reiner, Trompete (1973); Kaiser Erhard, Saxophon (1974); Katrinski Hartmut, Klarinette (1975); Kaufmann Hans, Posaune (1972); Kirn Andrea, Flöte (1980); Kleissner Hans, Bariton (1969); Kraft Andreas, Trompete (1976); Krink Olaf, Tenorhorn (1981); Kuttler Andreas, Cornet (1973); Kuttler Franz, Klarinette (1973); Kuttler Rosita, Horn (1976); Kuttler Willy, Horn (1949); Laule Bernd, Klarinette (1976); Laule Ursula, Flöte (1979); Lazurka Paul, Posaune (1949); Lazurka Udo, Klarinette (1981); Lindau Kurt, Klarinette (1966); Marx Hans, Klarinette (1950); Mond Norbert, Saxophon (1979); Müller Karl, Cornet (1938); Müller Walter, Tenorhorn (1966); Nönninger Gerald, Trompete (1979); Nönninger Peter, Horn (1956); Pfeifle Doris, Klarinette (1981); Reiger Knut, Horn (1955); Reiser Markus, Saxophon (1976); Rietsch Anette, Klarinette (1981); Rütschlin Kurt, gr. Trommel (1944); Rütschlin Wolfgang, Saxophon (1968); Schlachter Franz, Tenorhorn (1949); Steinebrunner Klaus, Trompete (1973); Weis Martin, Posaune (1976); Weiss Ralph, Trompete (1981); Wiedmer Arthur, kl. Trommel (1980); Wolf Jochen, Trompete (1967)

Hegau-Musikverband 1893 e.V.

Das Präsidium

Ehrenpräsident: Hans Seyser
Ehrendirigent: Ludwig Stock

1. Präsident: Ewald Schmid
Stellv. Präsident Nord: Xaver Greutter
Stellv. Präsident Süd: Herbert Schuhmacher
Verbandsdirigent: Heinrich Braun
Stellv. Verbandsdirigent: Kurt Fehrenbach
Verbandsjugendleiter: Klaus Steckeler
Geschäftsführer und Gema-Sachbearbeiter: Ulrich Kiecza
Schriftführer: Karl Maurer
Kassier: Josef Läufle

Bezirksvorsitzende:
Bezirk 1 (Hohentwiel) Johann Stocker
Bezirk 2 (Grenzland) Robert Schuler
Bezirk 3 (Randen) Meinrad Böhler
Bezirk 4 (Schienerberg) Ulrich Kiecza

Bezirk 5 (Bodanrück) Reinhold Schöller
Bezirk 6 (Hohenhöwen) Peter Schmitt
Bezirk 7 (Aachtal) Wilhelm Rampf
Bezirk 8 (Homburg) Xaver Greutter
Bezirk 9 (Nellenburg) Raimund Kratzer

Der Verband hat 89 Mitgliedsvereine.
Zum Verband gehören noch die Vereine Bietingen, Rielasingen-Worblingen (Musikschule) und Singen (Musikschule).

Von links nach rechts: Herbert Schuhmacher, Ludwig Stock, Klaus Steckeler, Heinrich Braun, Xaver Greutter, Hans Seyser, Ulrich Kiecza, Karl Maurer, Kurt Fehrenbach, Ewald Schmid, Josef Läufle

Stadtmusik Aach e.V.

Gründungsjahr:	1868*
1. Vorsitzender:	Alfred Geigges
Stellv. Vorsitzender:	Alfred Wenger
Schriftführer:	Reinhold Brückner
Rechner:	Richard Kämpf
Beirat:	Alfons Bausch
	Erwin Blum
	Günther Blum
	Helmut Braun
	Leo Bucher
	Andreas Gihr
	Klaus Huber
	Andrea Stern
	Karl Zimmermann
Dirigent:	Günter Rimmele
Vizedirigent:	Josef Läufle
Jugendleiter:	Günther Blum
Ehrendirigent:	Josef Läufle

Aktive: Baur Eugen, Klarinette (1953); Bausch Alfons, Saxophon/Klarinette (1960); Blum Erwin, Tuba (1947); Blum Günther, Bariton (1972); Blum Horst, Horn (1978); Braun Andreas, Saxophon/Klarinette (1977); Braun Annette, Flöte (1978); Braun Helmut, Tenorhorn (1951); Bretz Hans-Peter, Schlagzeug (1976); Breuer Dirk, Klarinette (1982); Brückner Reinhold, Flügelhorn (1978); Bucher Leo, Saxophon/Klarinette (1948); Chrobog Christian, Flügelhorn (1980); Chrobog Michael, Trompete (1978); Emhardt Jürgen, Flügelhorn (1982); Figlestahler Joachim, Klarinette (1981); Gabele Ekkehard, Flügelhorn (1982); Geigges Alfred, Horn (1948); Gihr Andreas, Saxophon/Klarinette (1962); Gnirs Jürgen, Bariton (1978); Gnirs Siegfried, Trompete (1969); Gräble Benno, Horn (1980); Huber Klaus, Posaune (1971); Jäger Nikolaus, Tuba (1957); Jäger Winfried, Trompete (1971); Kämpf Richard, Posaune (1965); Kiefer Holger, Trompete (1981); Läufle Josef, Lyra (1936); Maier Bernd, Klarinette (1972); Maier Martin, Schlagzeug (1976); Menzer Christian, Klarinette (1977); Menzer Eugen, Tuba (1950); Mohr Heike, Klarinette (1982); Mühlenfeld Stefan, Trompete (1982); Neidhart Matthias, Trompete (1982); Rimmele Bertram, Trompete (1975); Rimmele Enrico, Tenorhorn (1980); Rimmele Michele, Schlagzeug (1982); Rimmele Thomas, Klarinette (1974); Schmid Josef, Schlagzeug (1971); Schroff Rolf, Trompete (1982); Stern Andrea, Flöte (1974); Streim Ragy, Flügelhorn (1978); Thurner Otto, Klarinette (1959); Weiß Harald, Tenorhorn (1982); Wenger Alfred, Flügelhorn (1954); Würmle Philipp, Posaune (1952); Zimmermann Jürgen, Klarinette (1977); Zimmermann Karl, Schlagzeug (1954); Zimmermann Udo, Flügelhorn (1982); Zumkeller Heinz, Tenorhorn (1971)

Musikverein Allensbach e.V.

Gründungsjahr:	1854
1. Vorsitzender:	Max Lehner
Stellv. Vorsitzender:	Wolfgang Hölzle
Schriftführer:	Josef Mahlbacher
Rechner:	Julius Böhler
Stellv. Rechner:	Peter Lorenz
Beirat:	Stefan Egenhofer
	Josef Höfler
	Burkart Holzhauer
	Berndt Maurer
	Roland Schmidt
	Erich Sumser
	Ernst Wagner
	Alfred Waidele
Dirigent:	Kurt Baumgärtner
Vizedirigent:	Alfred Waidele
Jugendleiter:	Berndt Maurer
Notenwart:	Günter Karrer
Instrumentenwart:	Josef Höfler
Präsident:	Bgm. Hermann Brunner

Aktive: Adam Georg, Trompete (1964); Bautze Gerhard, Saxophon (1981); Bautze Manfred, Flöte/Pikkolo (1976); Beck Monika, Flöte (1982); Benz Andreas, Flügelhorn (1979); Duttle Walter, Tuba (1950); Greuther Mathias, Klarinette (1981); Hagmüller Helmut, Schlagzeug (1966); Heller Jörn, Trompete (1981); Helmlinger Jürgen, Flügelhorn (1982); Holzhauer Klaus, Tenorhorn (1979); Höfler Andreas, Posaune (1964); Höfler Josef, Tenorhorn (1964); Hölzle Jürgen, Flügelhorn (1977); Hölzle Silvia, Flöte (1981); Hölzle Wolfgang, Posaune (1978); Kaiser Thomas, Tuba (1980); Karrer Günter, Trompete (1979); Kinninger Alfred, Tenorhorn (1956); Klement Gisbert, Klarinette (1952); Klement Uwe, Tenorhorn (1979); Krieger Christof, Flügelhorn (1979); Lehner Thomas, Posaune (1981); Lehner Ulrike, Klarinette (1980); Mahlbacher Josef, Klarinette (1964); Maurer Berndt, Klarinette (1965); Motz Willi, Tuba (1948); Rady Dirk, Posaune (1981); Schmidt Uwe, Trompete (1979); Schmitz Peter, Trompete (1981); Stefan Anton, Tenorhorn (1963); Waidele Alfred, Tenorhorn (1947); Waidele Herbert, Horn (1977); Waidele Martin, Posaune (1979); Wegener Jan, Saxophon (1981); Weltin Bernhard, Flügelhorn (1966)
Zöglinge: Benz Peter, Klarinette (1981); Böhe Dirk, Trompete (1981); Egenhofer Gabriele, Klarinette (1981); Egenhofer Markus, Trompete (1981); Egenhofer Ulrich, Trompete (1981); Himmelsbach Thomas, Trompete (1981); Karrer Dieter, Trompete (1981); Lehner Elke, Trompete (1982); Locher Hans, Trompete (1982); Schwarz Stefan, Klarinette (1981); Schwenger Martin, Schlagzeug (1982); Waidele Christian, Klarinette (1981); Wendlandt Christian, Klarinette (1982); Wendlandt Michael, Klarinette (1982)

Musikverein Allmannsdorf e.V.

Gründungsjahr:	1922
1. Vorsitzender:	Willi Scheideck
Stellv. Vorsitzender:	Willy Schlegel
Schriftführer:	Werner Böhrer
Rechner:	Manfred Miller
Beirat (Aktiva):	Jürgen Hotz
	Thomas Kinder
	Dieter Stärk
	Gerhard Winder
Beirat (Passiva):	Kaspar Frank
Dirigent:	Werner Merk
Notenwart:	Jürgen Hotz
Instrumentenwart:	Dieter Stärk

Aktive: Biehler David, Trompete (1977); Böhrer Helmut, Trompete (1971); Braun Rudolf, Horn (1979); Briel, von Helmut, Flügelhorn (1966); Briemle Werner, Posaune (1982); Brodmann Christian, Bariton (1977); Brodmann Ralph, Klarinette (1977); Brunner Peter, Saxophon (1979); Eisenbarth Hermann, Tuba (1960); Gabler Albert, Klarinette (1960); Halder Ewald, Schlagzeug (1952); Hotz Jürgen, Tenorhorn (1977); Huber Klaus, Schlagzeug (1979); Kinder Thomas, Klarinette (1971); Liehner Christoph, Posaune (1972); Liehner Thomas, Trompete (1972); Merk Frank, Trompete (1975); Merk Peter, Klarinette (1977); Merk Sandra, Flöte (1977); Meyer Dietmar, Trompete (1981); Meyer Elmar, Posaune (1977); Meyer Heinz, Horn (1965); Miller Jürgen, Klarinette (1971); Ott Andreas, Fagott (1981); Ott Stefan, Flöte (1974); Panek Franz, Flügelhorn (1979); Rösch Edelbert, Tenorhorn (1977); Romer Kurt, Tuba (1952); Rometsch Walter, Klarinette (1977); Sandmann Artur, Flügelhorn (1960); Schaich Thomas, Klarinette (1977); Scheideck Andreas, Tenorhorn (1972); Scheideck Bernhard, Trompete (1972); Scheideck Willi, Tenorhorn (1950); Stärk Dieter, Posaune (1978); Wagner Anselm, Klarinette (1977); Weber Thomas, Saxophon (1974); Weidele Alfred, Posaune (1972); Winder Gerhard, Trompete (1966); Winder Karl, Tenorhorn (1949)
Zöglinge: Guldin Dierk, Klarinette (1977); Meid Stefan, Trompete (1977); Ott Norbert, Trompete (1977); Rösch Jürgen, Trompete (1977); Schmid Martin, Klarinette (1979); Vayhinger Christoph, Klarinette (1977)

Musikverein Anselfingen

Gründungsjahr:	1913
1. Vorsitzender:	Paul Engesser
Stellv. Vorsitzender:	Kurt Sprenger
Schriftführer:	Wilfried Brucker
Rechner:	Rolf Gommeringer
Beirat (Aktiva):	Alfred Sprenger
	Egon Sprenger
Beirat (Passiva):	Otto Futterer
	Karl Häusler
Dirigent:	Manfred Wolfhard
Vizedirigent:	Wilfried Brucker
Jugendleiter:	Emil Veit
Notenwart:	Gerhard Winterhalder
Instrumentenwart:	Winfried Paul
Ehrendirigent:	Paul Wittke

Aktive: Bäurle Eugen, Flügelhorn (1948); Bräuning Armin, Tenorhorn (1974); Brucker Wilfried, Klarinette (1952); Engesser Edgar, Posaune (1962); Engesser Paul, Posaune (1958); Ensle Klaus, Tenorhorn (1963); Futterer Johann, Tenorhorn (1964); Gommeringer Rolf, Schlagzeug (1968); Kunz Josef, Klarinette (1948); Lickert Thomas, Klarinette (1978); Müller Hermann, Tuba (1976); Paul Winfried, Horn (1948); Sprenger Alfred, Tenorhorn (1947); Sprenger Dietmar, Trompete (1975); Sprenger Egon, Flügelhorn (1948); Sprenger Kurt, Tuba (1952); Sprenger Manfred, Trompete (1953); Sprenger Michael, Schlagzeug (1979); Sprenger Siegfried, Horn (1960); Sprenger Wolfgang, Flügelhorn (1975); Veit Emil, Flügelhorn (1973); Veit Georg, Klarinette (1973); Vogt Reinhard, Bariton (1975); Winterhalder Gerhard, Klarinette (1964)

Musikverein Arlen e.V.

Gründungsjahr:	1862*
1. Vorsitzender:	Paul Traub
Stellv. Vorsitzender:	Kurt Heyna
Schriftführer:	Franz Balderer
Kassier:	Gustav Fröhlich
Beirat (Aktiva):	Paul Barth
	Herwig Beck
	Volkmar Fröhlich
	Elmar Gut
	Karl Löffler
	Siegfried Kuner
Beirat (Passiva):	Rudolf Auer sen.
	Otto Hug
	Oskar Müller
	Hans Politz
	Doris Wunderlich
Dirigent:	Alexander Beck
Vizedirigent/	
Jugendleiter:	Albert Raible

Notenwart/Instrumentenwart: Siegfried Kuner; Ehrenvorsitzender: Hans Seyser; Ehrendirigent: Albert Raible
Aktive: Auer Annette, Klarinette (1982); Barth Christine, Klarinette (1982); Barth Helmut, Flügelhorn (1950); Barth Paul, Schlagzeug (1950); Bechtinger Elke, Saxophon (1982); Beck Herwig, Saxophon/E-Baß (1964); Büchel Andrea, Saxophon (1970); Büchel Bernd, Posaune (1978); Ehinger Georg, Tenorhorn (1961); Fröhlich Heidi, Saxophon (1964); Fröhlich Volkmar, Saxophon (1961); Gierke Peter sen., Becken (1966); Gierke Peter jun., Klarinette (1974); Gut Elmar, Bariton (1963); Harder Ralf, Tenorhorn (1982); Heyna Klaus, Trompete (1975); Heyna Kurt, Posaune (1950); Heyna Sybille, Klarinette (1975); Hirling Kerstin, Saxophon (1982); Hug Harald, Klarinette (1975); Karler Erwin, Saxophon (1981); Kuner Siegfried, Klarinette/Saxophon (1950); Kurreck Fritz, Trompete (1961); Löffler Karl, Trompete (1950); Raible Albert, Klarinette (1926); Mayer Margit, Klarinette (1982); Schmid Jochen, Trompete (1976); Schmid Volker, Trompete (1976); Schneble Herbert, Posaune (1950); Vallentin Karlheinz, Klarinette (1978)
Jugendkapelle: Altmann Edgar, Klarinette (1977); Bechtinger Peter, Tenorhorn (1977); Binnig Stefan, Saxophon (1977); Böhm Bettina, Klarinette (1977); Böhm Ralf, Klarinette (1977); Dietrich Frank, Schlagzeug (1977); Dor Christian, Trompete (1977); Gierke Ute, Klarinette (1977); Harder Michaela, Klarinette (1977); Hirling Jan, Tenorhorn (1977); Janowicz Michael, Saxophon (1977); Kempter Markus, Trompete (1977); Kuner Norbert, Trompete (1981); Manuth Verena, Klarinette (1977); Mastrocola Alexander, Tuba (1977); Mastrocola Angela, Klarinette (1977); Meucht Stefanie, Klarinette (1977); Meucht Wolfgang, Schlagzeug (1977); Narr Thomas, Schlagzeug (1977); Politz Axel, Posaune (1977); Rau Iris, Klarinette (1977); Schneble Ulrike, Klarinette (1977); Schneider Hanspeter, Flügelhorn (1977); Schumpp Harald, Saxophon (1977); Schwark Jens, Flügelhorn (1977); Schwark Tanja, Klarinette (1981); Voellner Jörg, Klarinette (1977); Volkert Ingo, Klarinette (1977); Wunderlich Martin, Saxophon (1981); Wunderlich Michael, Trompete (1977)

Musikverein 1965 Bankholzen e.V.

Gründungsjahr:	1965
1. Vorsitzender:	Gustav Paul
Stellv. Vorsitzender:	Gerd Bodenmüller
Schriftführer:	Ida Pfeifer
Rechner:	Horst Ehrat
Beirat:	Artur Fritz
	Ewald Gnädinger
	Alois Pfeifer
	Reinhold Stoffel
Dirigent:	Albert Siegwarth
Jugendleiter:	Inge Karler
	Andreas Pfeifer
Notenwart:	Otto Graf
Instrumentenwart:	August Bölli

Aktive: Bodenmüller Gerd, Tenorhorn (1965); Bölli August, Bariton (1965); Bölli Heinz, Flügelhorn (1965); Christ Rositta, Trompete (1976); Dummel Doris, Klarinette (1972); Ehrat Horst, Flügelhorn (1965); Fredeke Elfrun, Klarinette (1972); Fritz Artur, Tenorhorn (1965); Graf Otto, Horn (1965); Grauer Jakob, Posaune (1965); Huber Walter, Bariton (1976); Hufnagel Ingrid, Trompete (1978); Karler Claudia, Klarinette (1972); Karler Inge, Klarinette (1970); Kolb Rolf, Trompete (1972); Maier Gerlinde, Flügelhorn (1977); Pfeifer Alois, Tuba (1965); Pfeifer Andreas, Posaune (1972); Pfeifer Anton, Schlagzeug (1965); Pfeifer Dietmar, Trompete (1972); Pfeifer Ida, Flöte (1970); Städele Helmut, Horn (1968); Trötschler Blasius, Tuba (1965); Trötschler Joachim, Schlagzeug (1978)

Musikverein Bargen

Gründungsjahr:	1913
1. Vorsitzender:	Peter Schmitt
Stellv. Vorsitzender:	Bernd Distel
Schriftführer:	Wilmar Mayer
Rechner:	Werner Sterk
Beirat (Aktiva):	Manfred Distel
	Reinhard Weckerle
Beirat (Passiva):	Gerhard Gmeinder
	Otto Schatz
	Karl Weckerle
Dirigent:	Heinrich Burger
Vizedirigent:	Manfred Distel
Notenwart:	Roland Weckerle
Instrumentenwart:	Friedrich Tec

Aktive: Bohnenstengel Klaus, Trompete (1977); Braun Horst, Horn (1973); Braun Konrad, Trompete (1977); Braun Lioba, Klarinette (1977); Burger Andreas, Trompete (1978); Burger Marianne, Klarinette (1978); Dietrich Harald, kl. Trommel (1977); Distel Bernd, Flügelhorn (1965); Distel Manfred, Tenorhorn (1965); Gansohr Barbara, Klarinette (1979); Mayer Jürgen, Flügelhorn (1978); Mayer Lothar, gr. Trommel (1973); Mayer Wilmar, Posaune (1973); Schmidt Friedolin, Tuba (1977); Sterk Werner, Tenorhorn (1965); Tec Friedrich, Horn (1965); Uhler Walter, Bariton (1950); Weckerle Reinhard, Tuba (1965); Weckerle Roland, Trompete (1970); Winter Georg, Flügelhorn (1960)
Zöglinge: Braun Susanne, Klarinette (1981); Kentischer Joachim, Bariton (1981); Müller Markus, Flügelhorn (1981); Schilling Margit, Klarinette (1981); Schilling Wolfgang, Flügelhorn (1981); Schmitt Gabriele, Klarinette (1981); Uhler Bettina, Klarinette (1981)

Musikverein „Harmonie" e.V. Beuren a. d. Aach

Gründungsjahr:	1897
1. Vorsitzender:	Ewald Schmid
Stellv. Vorsitzender:	Wolfgang Werkmeister
Schriftführer:	Walter Veser
Rechner:	Franz Schädler
Stellv. Rechner:	Johann Werkmeister
Beirat (Aktiva):	Bruno Frick
	Ulrich Frick
	Otmar Krug
Beirat (Passiva):	Otto Brütsch
	Klaus Roth
Dirigent:	Alfred Schädler
Vizedirigent:	Bruno Frick
Instrumentenwart:	Dieter Wagner
Präsident:	Richard Auer
Fähnrich:	Johann Werkmeister
Ehrendirigent:	Ernst Kenzler

Aktive: Baumann Dietmar, Klarinette (1978); Brütsch Bettina, Klarinette (1978); Brütsch Günter, kl. Trommel (1972); Brütsch Karin, Klarinette (1972); Einsiedler Stephan, Trompete (1978); Einsiedler Thomas, Flügelhorn (1978); Feuerstein Armin, Trompete (1974); Feuerstein Manfred, Tenorhorn (1978); Feuerstein Thomas, Posaune (1972); Frick Bruno, Posaune (1972); Frick Friedbert, Posaune (1978); Frick Günter, Trompete (1972); Frick Ulrich, Flügelhorn (1968); Gaßner Josef, Tuba (1969); Geigges Wilfried, Tenorhorn (1968); Gerth Klaus, Flügelhorn (1974); Haungs Bernfried, Posaune (1978); Hauser Hannelore, Flöte (1978); Hepfer Herbert, Saxophon (1974); Kenzler Ekkehard, Tenorhorn (1974); Koger Harald, Trompete (1972); Krug Otmar, Trompete (1972); Masser Angelika, Flöte (1972); Masser Georg, Klarinette (1964); Oexle Heinz, Horn (1978); Roth Hubert, Horn (1972); Roth Mathias, Bariton (1974); Rötzer Andreas, Tenorhorn (1978); Schädler Bruno, Tenorhorn (1953); Schädler Dirk, Klarinette (1975); Scheu Adolf, Tuba (1950); Scheu August, Posaune (1954); Scheu Carmen, Klarinette (1978); Schmid Barbara, Klarinette (1978); Schmid Carmen, Klarinette (1978); Schulze Bernd, Bariton (1978); Stark Ewald, Tuba (1953); Stark Siegfried, gr. Trommel (1953); Stark Simon, Klarinette (1978); Stief Claudius, Flügelhorn (1978); Stief Constanze, Klarinette (1978); Szabo Armin, Trompete (1978); Szabo Irina, Klarinette (1978); Szabo Jutta, Flöte (1978); Veser Walter, Saxophon (1968); Wagner Dieter, Tuba (1972); Wagner Wolfgang, Saxophon (1952); Wahl Johann, Flügelhorn (1964); Werkmeister Wolfgang, Schlagzeug (1969); Wurstbaur Michael, Schlagzeug (1982); Zimmermann Rudolf, Horn (1950)

Musikverein Binningen e.V.

Gründungsjahr:	1932
1. Vorsitzender:	Werner Merkt
Stellv. Vorsitzender:	Karl Schwert
Schriftführer:	Karl Kaier
Stellv. Schriftführer:	Bertram Maier
Rechner:	Bernhard Schwegler
Stellv. Rechner:	Günter Volz
Beirat:	Adolf Rösch
	Adolf Seiler
	Karl Weingärtner
	Fritz Wittmer
Dirigent:	Richard Hunger
Vizedirigent:	Alfred Schwert
Jugendleiter:	Marie-Luise Wittmer
Notenwart:	Kurt Weingärtner
Instrumentenwart:	Heinrich Maus
Ehrenvorsitzende:	Albert Fluck
	Konrad Maier

Aktive: Graf Andreas, Trompete (1977); Graf Bettina, Klarinette (1973); Honold Friedhelm, Tuba (1973); Jäkle Andrea, Klarinette (1977); Maier Bertram, Flügelhorn (1973); Maier Daniel, Posaune (1977); Maus Georg, Schlagzeug (1970); Maus Heinrich, Bariton (1948); Merkt Herbert, Tenorhorn (1967); Merkt Rainer, Trompete (1977); Merkt Ursula, Flöte (1973); Müller Thomas, Tenorhorn (1979); Nägele Bernd, Horn (1979); Nägele Manfred, Posaune (1979); Oßwald Ilona, Klarinette (1973); Rösch Rainer, kl. Trommel (1979); Sailer Antje, Klarinette (1979); Sailer Barbara, Klarinette (1977); Sailer Markus, Bariton (1973); Sailer Sabina, Trompete (1973); Sailer Walter, Horn (1979); Schwegler Bernhard, Flügelhorn (1964); Schwegler Karl, Tuba (1964); Schwert Alfred, Flügelhorn (1948); Schwert Cordula, Klarinette (1979); Schwert Franz, Horn (1956); Schwert Karl, Posaune (1951); Trautwein Ute, Klarinette (1977); Volz Günter, Flügelhorn (1963); Weingärtner Kurt, Tuba (1960); Wittmer Artur, Flügelhorn (1973); Wittmer Fritz, gr. Trommel (1948); Wittmer Marie-Luise, Klarinette (1973); Zimmermann Franz, Trompete (1968); Weingärtner Karl, Tenorhorn (1932)
Zöglinge: Bandemehr Daniel, Tenorhorn (1981); Bucher Ulrike, Horn (1981); Sailer Gerlinde, Klarinette (1981); Schuhwerk Uwe, Trompete (1981); Schwert Martin, Trompete (1981); Ullmann Rainer, Trompete (1981); Völkl Tanja, Flöte (1981); Wittmer Gisela, Flöte (1981)

Musikkapelle Bodman

Gründungsjahr:	1710*
1. Vorsitzender:	Edgar Müller
Stellv. Vorsitzender:	Edelbert Schwarz
Schriftführer:	Alexander Tkacz
Rechner:	Paul Koch
Beirat:	Udo Bentele
	Lucia Koch
	Willi Müller
	Martin Niratschker
	Paul Schatz
Dirigent:	Willi Ledergerber
Vizedirigent:	Andreas Lempp
Jugendleiter:	Willi Ledergerber
Ehrenvorsitzender:	Willi Müller

Aktive: Bentele Udo, gr. Trommel (1962); Glöckler Günter, Flügelhorn (1982); Glöckler Roland, Trompete (1982); Gocz Roland, Trompete (1982); Gutmann Silke, Flöte (1980); Koch Andreas, Posaune (1980); Koch Bernhorst, Horn (1982); Koch Claudia, Klarinette (1982); Koch Gerhard, Posaune (1951); Koch Lucia, Flügelhorn (1980); Koch Martina, Saxophon (1980); Koch Michael, Klarinette (1980); Koch Paul, Tenorhorn (1951); Koch Roland, Horn (1982); Kraus Andreas, Parade Drums (1977); Kraus Bernhard, Flügelhorn (1980); Kraus Hubert, Becken (1970); Kraus Ralf, Trompete (1982); Ledergerber Edgar, Saxophon (1974); Lehmann Wolfram, Klarinette (1969); Lempp Andreas, Tenorhorn (1962); Lempp Erich, Tuba (1963); Müller Alexander, Posaune (1963); Müller Andrea, Saxophon (1980); Müller Edgar, Bariton (1956); Müller Jochen, Tenorhorn (1982); Müller Willi, Posaune (1948); Munding Bernd, Trompete (1971); Nieratschker Martin, Saxophon (1978); Schatz Bernhard, Tenorhorn (1967); Schatz Otmar, Trompete (1980); Schatz Paul, Flügelhorn (1948); Schwarz Engelbert, Schlagzeug (1953); Tkacz Alexander, Tuba (1963); Wagner Peter, Tuba (1957); Wagner Rainer, Flügelhorn (1982); Wiedmann Markus, Flügelhorn (1982); Wiedmann Tom, Klarinette (1982); Zimmermann Eva, Klarinette (1982); Zimmermann Peter, Flöte (1980)

Musikverein Böhringen 1905 e.V.

Gründungsjahr:	1905
1. Vorsitzender:	Bernhard Ruf
Stellv. Vorsitzender:	Alfred Dickert
Schriftführer:	Albrecht Uhl
Rechner:	Rudolf Deuser
Beirat (Aktiva):	Alfred Erne
	Willi Fischer
	Rudolf Hubenschmid
	Hans Huber
	Erwin Kleißler
Beirat (Passiva):	Manfred Bohl
	Hans Schmidt
	Artur Stemmer
	Karl Wallraff
Dirigent:	Werner Kleißler
Vizedirigent/	
Jugendleiter:	Ernst Schafhäutle
Notenwart:	Rudolf Hubenschmid
Ehrenvorsitzende:	Adolf Baumann
	Walter Schmid
Ehrendirigent:	Ernst Kutt

Aktive: Deuser Rudolf, Tuba (1954); Dickert Alfred, Flügelhorn (1956); Diehl Markus, Horn (1976); Erne Alfred, Trompete (1948); Fischer Joachim, Posaune (1980); Fischer Willi, Flügelhorn (1971); Helmlinger Dietmar, Flöte (1956); Honz Erich, Schlagzeug (1961); Honz Thomas, Klarinette (1973); Hubenschmid Rudolf, Posaune (1977); Huber Hans, Bariton (1946); Huber Hans-Jörg, Posaune (1977); Jauch Rudolf, Klarinette (1948); Kalms Gabi, Klarinette (1980); Kern Harald, Saxophon (1973); Kleißler Erwin, Klarinette (1924); Kleißler Karin, Klarinette (1980); Kleißler Rolf, Trompete (1981); Konzept Birgit, Horn (1982); Kutt Fritz, Klarinette (1924); Lingg Peter, Trompete (1981); Neidhart Edwin, Klarinette (1948); Pfeiffer Siegfried, kl. Trommel (1965); Räffle Jürgen, Trompete (1968); Riegger Kurt, Saxophon (1976); Ruf Alexander, Klarinette (1976); Ruf Bernhard, Tenorhorn (1953); Schafhäutle Dieter, Tenorhorn (1980); Schafhäutle Ernst, Flügelhorn (1976); Schafhäutle Klaus, Bariton (1970); Schafheitle Isolde, Klarinette (1980); Scheidemann Ute, Tenorhorn (1980); Schellinger Markus, Tenorhorn (1982); Schmid Walter, Klarinette (1936); Schmidt Joachim, Klarinette (1977); Schmidt Monika, Flöte/Pikkolo (1980); Schoch Fritz, Tuba (1928); Schönbucher Renate, Flöte/Lyra (1982); Schwanz Gudrun, Klarinette (1980); Schwanz Karl, Flügelhorn (1981); Schwanz Rudolf, Posaune (1950); Stemmer Mathias, Saxophon (1977); Straub Markus, Posaune (1980); Tress Werner, Orgel/Trompete (1962); Uhl Albrecht, Tuba (1969); Uhl Martin, Schlagzeug (1953); Wannenmacher Emil, Horn (1926); Weber Alfred, Trompete (1972); Winter Rainer, Tuba (1982)
Jugendliche: Bohner Rainer, Klarinette (1977); Bürgel Kirstin, Klarinette (1981); Dickert Yvonne, Saxophon (1977); Duttle Andreas, Klarinette (1981); Engelmann Susanne, Klarinette (1978); Göde Thomas, Posaune (1981); Gronmeyer Robert, Klarinette (1981); Janus Udo, Klarinette (1981); Kähl Silke, Trompete (1981); Knöpfle Monika, Trompete (1981); Königsmann Elke, Trompete (1981); Konzept Barbara, Flöte (1977); Lingg Gabriele, Saxophon (1977); Moosbrugger Markus, Trompete (1981); Rudolf Axel, Trompete (1977); Ruf Ute, Trompete (1981); Ruh Manuela, Klarinette (1981); Ruh Petra, Posaune (1981); Sauer Torsten, Schlagzeug (1974); Schafheitle Evi, Klarinette (1977); Schweitzer Frank, Trompete (1981); Specker Viola, Flöte (1977); Stemmer Elke, Flöte (1977); Stemmer Jutta, Horn (1977); Storz Katja, Saxophon (1977); Straub Siegfried, Schlagzeug (1981); Uhl Angelika, Schlagzeug (1981)

Musikverein Bohlingen e.V.

Gründungsjahr:	1904
1. Vorsitzender:	Anton Riedmann
Stellv. Vorsitzende:	Alfons Sterk
	Roland Isele
Schriftführer:	Birgit Arnold
Rechner:	Josef Urner
Beirat:	Claudia Bölli
	Karl Hiest
	Franz Maucher
	Roland Schoch
Dirigent:	Klaus Dietz
Vizedirigent:	Ernst Waldraff
Ehrendirigent:	Martin Künz

Aktive: Arnold Birgit, Klarinette (1974); Arnold Thomas, Trompete (1976); Arnold Wolfgang, Klarinette (1974); Bölle Richard, Klarinette (1976); Bölli Claudia, Klarinette (1974); Bölli Karl, Tuba (1947); Bohner Sonja, Saxophon (1979); Dold Helmut, Tenorhorn (1974); Fahrner Thomas, Trompete (1976); Gamp Gabriel, Tenorhorn (1980); Graf Reinhold, Trompete (1976); Hiest Karl, Horn (1951); Jankowski Jürgen, Schlagzeug (1969); Isele Leo, Trompete (1976); Isele Roland, Klarinette (1963); Krotz Josef, Tuba (1947); Krotz Richard, Posaune (1976); Matt Helmut, Schlagzeug (1976); Matt Roland, Klarinette (1976); Maucher Franz, Saxophon (1954); Maurer Manfred, Trompete (1954); Müller Bernhard, Klarinette (1968); Müller Berthold, Bariton (1974); Müller Elfriede, Flügelhorn (1976); Müller Gerhard, Klarinette (1954); Müller Johanna, Klarinette (1974); Müller Karl, Tuba (1969); Müller Stefan, Horn (1950); Raffler Ludwig, Klarinette (1976); Riedmann Anton, Saxophon (1947); Riedmann Berthold, Tenorhorn (1976); Ruof Egbert, Flügelhorn (1976); Ruof Franz, Tenorhorn (1947); Ruof Günter, Flügelhorn (1976); Schoch Roland, Posaune (1976); Schoch Werner, Posaune (1976); Siegwarth Monika, Klarinette (1976); Sproll Erich, Saxophon (1956); Sterk Alfons, Tenorhorn (1947); Sterk Michael, Trompete (1976); Urner Wilfried, Trompete (1974); Waldraff Ernst, Flügelhorn (1947); Waldraff Klaus, Trompete (1976); Waldraff Otto, Flügelhorn (1974); Wehrle Alfons, Posaune (1955); Weißhaar Martin, Flügelhorn (1964); Zimmermann Christa, Horn (1976); Zimmermann Johanna, Flügelhorn (1976)
Zöglinge: Bölli Thomas, Tenorhorn (1982); Bölli Wolfgang, Klarinette (1982); Bohner Egbert, Tenorhorn (1982); Jankowski Roland, Trompete (1982); Koch Reinhold, Schlagzeug (1982); Koch Roy, Klarinette (1982); Kuppel Edgar, Trompete (1982); Matt Klaus, Trompete (1982); Matt Reinhard, Lyra (1982); Meieru Antonio, Schlagzeug (1982); Müller Manfred, Horn (1982); Müller Roland, Klarinette (1982)

Musikverein „Harmonie" Büßlingen e.V.

Gründungsjahr:	1928
1. Vorsitzender:	Udo Klopfer
Stellv. Vorsitzender:	Josef Ritzi
Schriftführer:	Robert Schwarz
Rechner:	Elmar Speinle
Dirigent:	Robert Huber
Vizedirigent:	Anton Ritter
Jugendleiter/	
Ausbilder:	Hans-Peter Huber
	Robert Huber
Notenwarte:	Erhard Giner
	Dietmar Zimmermann
Instrumentenwarte:	Hermann Ritter
	Dietmar Zimmermann
Ehrendirigent:	Erwin Heinzelmann
Ehrenvorsitzender:	Edwin Moser
	Altbürgermeister

Ausschußmitglieder (Aktiva): Erhard Giner, Andreas Lauber, Helmut Lauber, Lucia Moser, Ludwig Schneider, Hermann Ritter; (Passiva): Bertold Vestner, Friedrich Vestner, Heinrich Weh, Karl Zimmermann (Ortsvorsteher)

Aktive: Barth Horst, Posaune (1976); Giner Erhard, Tuba (1949); Göpfert Wolfgang, Trompete (1979); Huber Hans-Peter, Klarinette/Saxophon (1980); Huber Jörg, Posaune (1980); Klopfer Ingbert, Posaune (1970); Klopfer Udo, Posaune (1970); Klopfer Wernfried, Posaune (1976); Klopfer Wolfgang, Klarinette (1970); Koch Daniel, Horn (1979); Kümmerle Klaus, Trompete (1979); Lauber Andreas, Klarinette (1949); Lauber Armin, Trompete (1975); Lauber Bruno, Flügelhorn (1975); Lauber Cornelia, Klarinette (1977); Lauber Helmut, Tuba (1975); Maier Werner, Flügelhorn (1954); Moser Lucia, Klarinette/Saxophon (1971); Moser Robert, Tenorhorn (1948); Müller Herbert, Horn (1981); Ritter Alfons, Tenorhorn (1975); Ritter Anton, Posaune (1949); Ritter Berthold, Klarinette (1952); Ritter Guido, Trompete (1971); Ritter Hermann, Flügelhorn (1932); Ritter Martin, Tuba (1951); Ritter Martina, Klarinette (1977); Ritter Rupert, Klarinette (1935); Ritter Walter, Klarinette (1975); Ritzi Erhard, Flügelhorn (1975); Ritzi Josef, Tenorhorn (1964); Ritzi Klaus, Tenorhorn (1979); Ritzi Martin, Saxophon (1980); Ritzi Peter, Horn (1975); Schneider Ludwig, Flügelhorn (1948); Schneider Manfred, Trompete (1975); Schwarz Christoph, kl. Trommel (1979); Schwarz Robert, gr. Trommel (1976); Speinle Elmar, Trompete (1966); Vestner Fritz, Trompete (1975); Vestner Theopont, Tenorhorn (1975); Zimmermann Dietmar, Tenorhorn (1971)
Zöglinge: Gräber Andreas, Klarinette (1981); Jahns Markus, Trompete (1981); Kläui Christine, Klarinette (1981); Kläui Uli, Trompete (1981); Maier Andreas, Flügelhorn (1981); Moser Edwin, Posaune (1981); Moser Stefan, Tenorhorn (1981); Ritter Jürgen, Horn (1981); Ritter Thomas, Trompete (1981); Spälte Thomas, Flügelhorn (1981); Weh Thomas, Klarinette (1981); Zimmermann Christian, Klarinette (1981); Zimmermann Irene, Klarinette (1981)

Musikverein Dettingen-Wallhausen

Gründungsjahr:	1871*
1. Vorsitzender:	Rainer Kutter
Stellv. Vorsitzender:	Urban Hierling
Schriftführer:	Bruno Okle
Rechner:	Josef Okle
Beirat:	Alwin Demmler
	Wielfried Gieß
	Ludwig Heckler
	Heinz Vogel
Dirigent:	Urban Hierling
Vizedirigent:	Peter Wahl
Notenwart:	Lutz Döppner
Ehrenmitglieder:	Johann Fischer
	Puis Gieß
	Albin Kramer
	Lothar Rechner
	Karl Romer
	Ignaz Schulter
	Fritz Weißhaupt

Aktive: Binder Uwe, Posaune (1981); Brugger Christoph, Trompete (1981); Burger Klaus, Bariton (1974); Döppner Elmar, Posaune (1977); Döppner Lutz, Trompete (1974); Fischer Erika, Horn (1977); Flaig Werner, Tenorhorn (1977); Grunert Egbert, Tenorhorn (1977); Gudmann Elke, Flöte (1982); Heckler Ludwig, Schlagzeug (1958); Heckler Peter, kl. Trommel (1979); Hierling Friedhelm, Flügelhorn (1977); Keller Meinrad, Tuba (1968); Kutter Judith, Flöte (1977); Kutter Oliver, Posaune (1977); Kutter Rainer, Trompete (1954); Maurer Hubert, Tuba (1968); Maus Armin, Saxophon (1981); Okle Bruno, Flügelhorn (1962); Oswald Barbara, Flöte (1977); Oswald Thomas, Trompete (1977); Pister Reinhard, Tenorhorn (1960); Räuber Martin, Flügelhorn (1977); Renner Günter, Trompete (1959); Strobel Jürgen, Flügelhorn (1977); Thurn Christian, Klarinette (1979); Vogel Heinz, Klarinette (1968); Vogel Herbert, Flügelhorn (1977); Vogel Josef, Saxophon (1948); Wahl Peter, Posaune (1974); Wahl Ulrich, Posaune (1977); Wahl Ursula, Flöte (1977); Waldraff Heinrich, Tenorhorn (1977); Waldraff Kurt, Lyra (1974); Waldraff Uwe, Klarinette (1974)

Musikverein Dingelsdorf e.V.

Gründungsjahr:	1888
1. Vorsitzender:	Bernhard Mauz
Stellv. Vorsitzender:	Leopold Baumann
Schriftführer:	Angelika Romer
Rechner:	Wolfgang Bauer
Beirat:	Helmut Baumann
	Hubert Baumann
	Erich Kinzel
	Bruno Messmer
	Paul Wilhelm
Dirigent:	Helmut Baumann
Vizedirigent/ Jugendleiter:	Gerhard Danzeisen
Notenwart:	Hubert Thiedmann
Instrumentenwart:	Peter Zwick

Aktive: Bauer Wolfgang, Posaune (1964); Baumann Silvia, Klarinette (1977); Baumann Ute, Klarinette (1977); Danzeisen Gerhard, Flügelhorn (1956); Jekal Sabine, Klarinette (1977); Kegel Fritz, kl. Trommel (1951); Mauz Bernhard, Trompete (1964); Mauz Joachim, Flügelhorn (1977); Mauz Thomas, Horn (1971); Messmer Bruno, Posaune (1951); Messmer Edmund, Trompete (1947); Messmer Eugen, Bariton (1956); Pister Dieter, Tuba (1969); Pister Stefan, Flügelhorn (1962); Renz Christian, Bariton (1977); Renz Erwin, Tuba (1951); Renz Philipp, Tenorhorn (1969); Romer Angelika, Klarinette (1971); Romer Fridolin, Saxophon (1951); Romer Helmut, Saxophon (1969); Romer Josef, Saxophon (1960); Romer Roland, Flügelhorn (1977); Scherrer Alois, kl. Trommel (1979); Schulz Susanne, Klarinette (1977); Thiedmann Josef, gr. Trommel (1951); Thiedmann Klaus, Klarinette (1969); Tiedmann Hubert, Tenorhorn (1977); Uricher Cornelia, Klarinette (1977); Zwick Peter, Posaune (1974)
Zöglinge: Baumann Peter, Tenorhorn (1979); Bruns Dirk, Klarinette (1979); Danzeisen Nadja, Flöte (1981); Grözinger Petra, Trompete (1981); Hamm Andreas, Trompete (1979); Hamm Clemens, Tenorhorn (1979); Huber Thomas, Trompete (1981); Kegel Tobias, Trompete (1979); Kudermann Petra, Flügelhorn (1981); Ladeck Katja, Flügelhorn (1981); Ladeck Martina, Saxophon (1979); Maier Christian, Klarinette (1979); Messmer Bettina, Klarinette (1981); Messmer Klaus, Bariton (1981); Müller Hansjörg, Trompete (1979); Müller Harald, Klarinette (1979); Moser Markus, Posaune (1979); Reiter Kerstin, Klarinette (1981); Renz Bernhard, Posaune (1981); Renz Manfred, Posaune (1979); Romer Martin, Horn (1981); Scherrer Detlef, Tenorhorn (1979); Scherrer Volker, Posaune (1981); Schöbel Anja, Trompete (1981); Schroff Markus, Trompete (1981); Stader Roland, Trompete (1981)

Musikkapelle Ehingen e.V.

Gründungsjahr:	1848*
1. Vorsitzender:	Walter Schätzle
Stellv. Vorsitzender:	Egon Martin
Schriftführer:	Günter Wenger
Rechner:	Franz Wiedenmaier
Beirat:	Horst Jedel
	Eugen Wenger
Dirigent:	Edwin Häufle
Vizedirigent:	Manfred Wenger
Notenwart:	Edwin Schoch
Ehrendirigent:	Franz Weingärtner
Ehrenvorsitzende:	Josef Weggler
	Alfred Martin

Aktive: Andelfinger Walter, Tenorhorn (1976); Andelfinger Werner, Klarinette (1972); Beck Andreas, Klarinette (1978); Bucher Erwin, Flügelhorn (1967); Gebhardt Ralf, Klarinette (1978); Häufle Erwin, Tenorhorn (1976); Häufle Marlies, Flügelhorn (1978); Häufle Oswin, Trompete (1976); Henninger Edwin, Tenorhorn (1978); Huber Günther, Klarinette (1953); Jedel Carola, Klarinette (1976); Jedel Horst, Tuba (1948); Küchler Erwin, Tuba (1966); Küchler Martin, Posaune (1978); Küchler Rainer, Horn (1978); Küchler Reinhold, Trompete (1964); Küchler Robert, Posaune (1951); Maier Walter, Horn (1970); Martin Egon, Posaune (1964); Merk Anette, Klarinette (1978); Merk Siegfried, Bariton (1964); Niestroy Ernst, gr. Trommel (1972); Niestroy Norbert, kl. Trommel (1972); Öxle Jürgen, Flöte (1978); Öxle Karl, Klarinette (1949); Schädler Werner, Posaune (1965); Schätzle Walter, Klarinette (1958); Schoch Edwin, Tenorhorn (1972); Schoch Franz, Flügelhorn (1976); Schoch Harald, Klarinette (1972); Schoch Paul, Bariton (1948); Schütz Harald, Flügelhorn (1972); Schütz Manfred, Trompete (1972); Schwegler Jürgen, Trompete (1976); Utz Stefan, Horn (1965); Wenger Eugen, Flügelhorn (1953); Wenger Günter, Flügelhorn (1970); Wenger Manfred, Trompete (1965); Wiedenmaier Franz, Tuba (1948); Wiedenmaier Kurt, Flügelhorn (1972); Wiedenmaier Rolf, Horn (1976)
Zöglinge: Beccara Anke, Klarinette (1981); Beising Frank, Flügelhorn (1981); Diefenbacher Thomas, Posaune (1981); Gebhardt Christine, Flügelhorn (1981); Kilian Karin, Klarinette (1981); Küchler Beate, Klarinette (1981); Küchler Brigitte, Klarinette (1981); Leibhammer Uwe, Schlagzeug (1981); Maier Jürgen, Klarinette (1981); Öxle Armin, Trompete (1981); Reinhard Matthias, Trompete (1981); Stocker Birgit, Flöte (1981); Utz Michaela, Trompete (1981); Wenger Doris, Flügelhorn (1981); Wiedenmaier Ulrike, Klarinette (1981); Zepf Anette, Klarinette (1981).

Musikverein Eigeltingen e.V.

Gründungsjahr:	1828*
1. Vorsitzender:	Berthold Lattner
Stellv. Vorsitzender:	Michael Thoma
Schriftführer:	Armin Martin
Rechner:	Walter Wissler
Beirat:	Anton Gommeringer
	Ernst Kleiner
	Wolfgang Martin
	Sigrun Müller
	Stefan Stemmer
	Fritz Winter
	Alfred Wissler
Dirigent:	Ernst Martin
Vizedirigent:	Stefan Stemmer
Jugendleiter:	Fridolin Stöckle
Ehrenvorsitzender:	Friedrich Winter
Ehrendirigent:	Ernst Martin
Fähnrich:	Reinhold Bächler

Aktive: Bächler Beat, Tenorhorn (1972); Bächler Jolanda, Flöte (1976); Bächler Urs, Trompete (1981); Bäuerle Maritta, Flöte (1976); Bauer Helmut, Tuba (1976); Bauer Ruth, Klarinette (1976); Engesser Thomas, Flügelhorn (1959); Gommeringer Anton, Tuba (1950); Gommeringer Hubert, Posaune (1976); Hengge Marlies, Klarinette (1976); Hini Margot, Klarinette (1975); Kleiner Ernst, Bariton (1951); Kleiner Ulrike, Klarinette (1976); Knisel Erwin, Tuba (1959); Lattner Berthold, Trompete (1959); Löffler Bernhard, Klarinette (1976); Löffler Peter, Posaune (1976); Martin Armin, Klarinette (1972); Martin Carola, Horn (1975); Martin Helmut, Tenorhorn (1976); Martin Sigrid, Flügelhorn (1976); Martin Sonja, Trompete (1976); Martin Theo, Flügelhorn (1955); Martin Wolfgang, Flügelhorn (1952); Martin Xaver, Schlagzeug (1972); Müller Armin, Flügelhorn (1982); Müller Hubert, Trompete (1972); Müller Josef, gr. Trommel (1959); Müller Patrick, Posaune (1976); Müller Sigrun, Flöte (1971); Roth Christoph, Schlagzeug (1982); Roth Johann, Trompete (1970); Sauter Egon, Flügelhorn (1956); Schöttke Helmut, Posaune (1956); Schwanz Markus, Bariton (1976); Stemmer Dieter, Trompete (1981); Stemmer Stefan, Klarinette (1973); Stöckle Franz, Flügelhorn (1976); Stöckle Fridolin, Horn (1976); Thoma Michael, Tuba (1971); Treß Axel, Tenorhorn (1975); Treß Hans-Peter, Klarinette (1976); Weininger Petra, Klarinette (1976); Winter Bruno, Horn (1952); Winter Fritz, Horn (1959); Winter Gerhard, Schlagzeug (1976); Wissler Alfred, Tenorhorn (1956); Wissler Walter, Klarinette (1959)
Zöglinge: d'Agostino Marco, Klarinette (1981); Hahn Andrea, Klarinette (1981); Hahn Isolde, Klarinette (1981); Ipsen Andrea, Klarinette (1980); Kern Michael, Klarinette (1981); Kleiner Stefan, Flügelhorn (1980); Köpf Michael, Posaune (1981); Lattner Sven, Trompete (1980); Martin Ekkehard, Flügelhorn (1981); Martin Joachim, Klarinette (1981); Martin Monika, Klarinette (1980); Martin Ralf, Trompete (1981); Martin Susi, Flöte (1980); Sörensen Klaus, Klarinette (1981); Winter Joachim, Posaune (1981); Winter Jürgen, Klarinette (1980); Winter Marlies, Klarinette (1980); Wissler Bianca, Klarinette (1980); Wissler Martina, Trompete (1980)

Stadtmusik Engen

Gründungsjahr:	1820*
1. Vorsitzender:	Norbert Heil
Stellv. Vorsitzender:	Karl Mayer
Schriftführer:	Erich Lohrer
Rechner:	Hans-Peter Röttele
Beirat:	Ursula Faller
	Josef Kühnapfel
	Klaus Martin
	Hinrich Wilkens
Dirigent:	Ulrich Hiller
Vizedirigent:	Norbert Heil
Jugendleiter:	Andreas Witzleb
Notenwart:	Hans-Joachim Englisch
Instrumentenwart:	Berndt Schädler

Aktive: Bergau Ronni, Klarinette (1977); Braun Erich, Tenorhorn (1952); Bruder Max, Klarinette (1971); Elsner Jürgen, Klarinette (1979); Engesser Ulrike, Klarinette (1980); Englisch Hans-Joachim, Flügelhorn (1955); Gaiser Karl-Heinz, Bariton (1970); Graf Karl-Heinz, Trompete (1970); Gruber Werner, Horn (1951); Habel Rainer, Schlagzeug (1969); Häberle Inge, Klarinette (1973); Hauf Manfred, Klarinette (1975); Heil Norbert, Klarinette (1947); Heil Oliver, Trompete (1974); Heil Susanne, Klarinette (1975); Heil Ulrike, Flöte (1973); Kaiser Klaus, Posaune (1974); Kamenzin Berthold, Flügelhorn (1952); Kamenzin Heinz, Posaune (1974); Kamenzin Peter, Flügelhorn (1971); Kern Bernd, Tenorhorn (1967); Kern Winfried, Horn (1978); Kloos Lothar, Tenorhorn (1947); Knechtle Manfred, Posaune (1958); Knechtle Peter, Klarinette (1974); Knechtle Rolf, Posaune (1974); Kühnapfel Gabi, Klarinette (1977); Kunz Petra, Klarinette (1980); Leible Karl, Trompete (1949); Lohrer Erich, Posaune (1949); Martin Klaus, Trompete (1970); Mayer Heinrich, Klarinette (1949); Mayer Joachim, Klarinette (1978); Mayer Karl, Flügelhorn (1970); Moser Verena, Flöte (1973); Röttele Hans-Peter, Saxophon (1968); Sattler Roman, Klarinette (1975); Schädler Bernd, Saxophon (1980); Schwanz Regina, Saxophon (1975); Schwanz Ulrike, Saxophon (1975); Stocker Franz, Horn (1951); Wilkens Hinrich, Trompete (1954); Witzleb Andreas, Klarinette (1968); Wolf Anton, Tuba (1976); Wolf Klaus, Horn (1976); Wolf Martin, Schlagzeug (1982)
Jugendkapelle: Braun Martha, Flöte (1981); Egner Christoph, Klarinette (1977); Faller Richard, Trompete (1973); Fink Sabine, Klarinette (1979); Gattenlöhner Stefan, Trompete (1976); Gebhard Heike, Flöte (1981); Henninger Ilona, Flöte (1981); Heuser Ingo, Horn (1979); Heuser Peter, Trompete (1977); Hildebrand Bernd, Tenorhorn (1977); Hiller Dagmar, Klarinette (1982); Hiller Elke, Pauken (1982); Hörtner Matthias, Tenorhorn (1977); Kerschbaumer Gabi, Flöte (1981); Kohler Hubert, Schlagzeug (1976); Kraft Corinna, Flöte (1981); Kraft Michael, Trompete (1977); Küchler Christoph, Trompete (1974); Kühnapfel Petra, Flöte (1978); Messmer Thomas, Trompete (1980); Merz Heike, Saxophon (1976); Moser Georg, Horn (1977); Reuss Christina, Flöte (1981); Rottinger Jens, Klarinette (1981); Schwehr Ingo, Klarinette (1981)

Historischer Fanfarenzug Engen

Gründungsjahr:	1958
1. Vorsitzender:	Dieter Martin
Stellv. Vorsitzender:	Siegfried Rzepka
Schriftführer:	Klaus Schwenninger
Kassier:	Siegfried Rzepka
Beirat:	Max Mahler
	Werner Nutz
Dirigent:	Willi Schadow
Vizedirigent:	Dietmar Goecke
Notenwart:	Gerhard Fessler
Instrumentenwart:	Harald Kefer

Aktive: Allenstein Dieter, gr. Trommel (1976); Anhorn Bernd, Fanfare (1975); Bürßner Rainer, Fanfare (1980); Dühning Gerd, Fanfare (1971); Fehringer Winfried, Fanfare (1974); Goecke Dietmar, Marschtrommel (1958); Hoffmann Bernd, gr. Trommel (1971); Hoffmann Kurt, Marschtrommel (1958); Kirchmann Roland, Fanfare (1974); Kopp Jochen, Fanfare (1961); Kreulach Joachim, Fanfare (1975); Küttner Armin, Lyra (1980); Küttner Markus, Fanfare (1974); Mahler Max, Fanfare (1958); Maier Karl-Heinz, Fanfare (1962); Martin Dieter, Marschtrommel (1975); Nutz Werner, Fanfare (1971); Ohm Willi, Fanfare (1962); Perrey Harald, Fanfare (1974); Rzepka Siegfried, Fanfare (1962); Schäfer Dietmar, Pauken (1958); Scheerer Helmut, Fanfare (1977); Schneider Wolfgang, Fanfare (1976); Schwarzfischer Rolf, Fanfare (1980); Schwenninger Klaus, Marschtrommel (1975); Steinhaus Peter, Fanfare (1976)
Zöglinge: Brütsch Richard, Fanfare (1980); Bürßner Werner, Marschtrommel (1980); Fessler Gerhard, Fanfare (1980); Fromm James, Fanfare (1981); Geier Manfred, gr. Trommel (1981); Harter Peter, Marschtrommel (1980); Heizmann Jürgen, Fanfare (1981); Kefer Harald, Fanfare (1980); Mademann Waldemar, gr. Trommel (1980); Maier Daniel, gr. Trommel (1981); Nutz Willi, Marschtrommel (1980); Reuter Gerhard, Fanfare (1980); Schwarzfischer Udo, Fanfare (1980); Sommer Christoph, Fanfare (1980)

Musikverein Espasingen

Gründungsjahr:	1926
1. Vorsizender:	Karl Bumler
Stellv. Vorsitzender:	Günter Maurer
Schriftführer:	Karl-Heinz Stecher
Rechner:	Rainer Handloser
Beirat:	August Kuppel
	Thomas Kuppel
	Franz Mayer,
	Eduard Schwald
	Berthold Senger
Dirigent:	Hubert Gnädinger
Jugendleiter:	Walter Bernhardt
Notenwart:	Wolfgang Schmid
Ehrendirigent:	Ferdinand Feindler

Aktive: Auer Joachim, Posaune (1973); Bauknecht Hermann, Bariton (1975); Bernhart Oswald, Flügelhorn (1964); Bernhardt Walter, Schlagzeug (1965); Bumler Angela, Flöte (1975); Bumler Hubert, Tuba (1975); Bumler Karl, Saxophon (1951); Essen, von Axel, Trompete (1975); Feindler Claudia, Trompete (1977); Feindler Kornelia, Klarinette (1975); Feindler Markus, Tenorhorn (1973); Fischer Oliver, Schlagzeug (1980); Grabowski Stefan, Tenorhorn (1975); Handloser Rainer, Saxophon (1964); Kempter Erika, Klarinette (1975); Kuppel Ekkehard, Tuba (1975); Kuppel Georg, Trompete (1973); Kuppel Hubert, Saxphon (1973); Kuppel Stefan, Flügelhorn (1975); Kuppel Thomas, Posaune (1973); Maurer Anita, Klarinette (1973); Maurer Christine, Flöte (1975); Maurer Günter, Schlagzeug (1962); Maurer Josef, Flügelhorn (1948); Maurer Simon, Klarinette (1977); Maurer Veronika, Klarinette (1973); Mayer Franz, Flügelhorn (1953); Merk Alexander, Tenorhorn (1975); Merk Hans, Bariton (1972); Ruther Roland, Bariton (1966); Schatz Alfons, Tenorhorn (1966); Schmid Wolfgang, Posaune (1955); Schröter Achim, Schlagzeug (1975); Seeberger Andrea, Klarinette (1975); Seeberger Gerhard, Klarinette (1975); Senger Berthold, Flügelhorn (1964); Senger Dietmar, Bariton (1968); Stecher Karl-Heinz, Horn (1959); Traber Ralf, Trompete (1975); Vogt Tanja, Klarinette (1980); Weil Arno, Klarinette (1975); Weil Frank, Flöte (1975)
Zöglinge: Bader Christian, Tuba (1980); Bernhardt Elke, Klarinette (1980); Braun Guido, Trompete (1980); Grabowski Jürgen, Horn (1980); Jerg Michael, Flügelhorn (1980); Jerg Thomas, Klarinette (1980); Kempter Elke, Klarinette (1980); Maurer Jürgen, Trompete (1980); Schnell Alexander, Flügelhorn (1980); Schwärmer Michael, Trompete (1980); Seeberger Simone, Flöte (1980); Stecher Thomas, Klarinette (1980); Vazquez Manuela, Klarinette (1980); Vazquez Susanne, Flöte (1980)

Musikverein Friedingen e.V.

Gründungsjahr:	1898
1. Vorsitzender:	Paul Mayer
Stellv. Vorsitzender:	Norbert Guenin
Schriftführer:	Gerda Mengis
Stellv. Schriftführer:	Hadwig Brusberg
Rechner:	Manfred Hubenschmid
Stellv. Rechner:	Josef Hirt
Beirat:	Manfred Bolduan
	Rudi Heinzle
	Franz Lukenich
	Manfred Neidhart
	Arnold Schmidt
	Markus Sick
	Pirmin Werkmeister
	Siegfried Zimmermann
Dirigent:	Hans-Peter Spiri
Vizedirigent:	Norbert Guenin
Jugendleiter:	Rüdiger Pflughaupt
Notenwart:	Markus Sick
Instrumentenwart:	Manfred Neidhart
Ehrendirigent:	Albert Stotz

Aktive: Bader Manfred, Schlagzeug (1974); Bader Martin, Flügelhorn (1978); Bader Peter, Trompete (1978); Bader Werner, Saxophon (1974); Bechler Adelbert, Tenorhorn (1969); Bechler Armin, Bariton (1974); Bechler Wolfgang, Flügelhorn (1969); Beha Klaus, Trompete (1977); Bolduan Manfred, Trompete (1966); Brusberg Angela, Klarinette (1970); Brusberg Hadwig, Klarinette (1970); Brusberg Irene, Trompete (1976); Brusberg Karin, Klarinette (1976); Fahr Uwe, Tenorhorn (1964); Glaw Thomas, Klarinette (1974); Glaw Wolfgang, Flügelhorn (1967); Guenin Norbert, Klarinette (1963); Handloser Andreas, Horn (1974); Heim Helmut, Posaune (1978); Heinzle Rudi, Tuba (1956); Henke Markus, Flügelhorn (1973); Hölzle Roland, Posaune (1974); Koppenhöfer Jürgen, Trompete (1974); Koppenhöfer Ralf, Tenorhorn (1980); Lukenich Franz, Trompete (1966); Lukenich Karin, Trompete (1972); Mayer Christine, Klarinette (1978); Mayer Ingrid, Klarinette (1976); Mayer Thomas, Flügelhorn (1974); Mayer Volker, Trompete (1978); Mengis Ragnar, Klarinette (1976); Meroth Ingo, Trompete (1974); Müller Werner, Saxophon (1963); Neidhart Karl-Heinz, Schlagzeug (1963); Neidhart Manfred, Horn (1963); Niederberger Elmar, Flügelhorn (1974); Niederberger Klaus, Schlagzeug (1981); Pflughaupt Rüdiger, Saxophon (1970); Puchta Stefan, Trompete (1978); Salewski Thomas, Schlagzeug (1978); Sauter Yvonne, Klarinette (1978); Schmidt Andrea, Klarinette (1970); Sick Markus, Tuba (1963); Ströhle Winfried, Bariton (1978); Werkmeister Pirmin, Posaune (1957); Werkmeister Thomas, Posaune (1978); Zahn Monika, Saxophon (1972); Zimmermann Iris, Klarinette (1978)
Zöglinge: Baumann Fredd, Trompete (1980); Bechler Jürgen, Trompete (1980); Beha Carmen, Klarinette (1980); Gerth Bettina, Klarinette (1980); Kerle Evelyn, Klarinette (1980); Matern Heike, Flöte (1980); Mayer Michael, Trompete (1980); Scholz Sylvana, Flöte (1980); Spiri Diana, Klarinette (1980); Zimmermann Heike, Klarinette (1980)

Musikverein Gailingen e.V.

Gründungsjahr:	1932
1. Vorsitzender:	Bruno Grötzinger
Stellv. Vorsitzender:	Hermann Schneble
Schriftführer:	Heinz Schneble
Protokollführer:	Stefan Auer
Rechner:	Erich Unger
Beirat:	Romano Auer
	Detlef Girres
	Bernhard Held
	Siegfried Rudolf
	Josef Unger
Dirigent:	Kurt Unger
Vizedirigent:	Josef Unger
Jugendleiter:	Kurt Unger
Notenwart:	Klaus Schneble
Instrumentenwart:	Hans-Peter Auer
Präsident:	Walter Mack
Ehrenvorsitzender:	Stefan Hany

Aktive: Auer Egon, Tuba (1949); Auer Franz-Josef, Posaune (1971); Auer Hans-Peter, Horn (1981); Auer Leo, Flöte (1937); Auer Raimund, Flügelhorn (1975); Auer Romano, Tuba (1971); Auer Stefan, Schlagzeug (1949); Bössler Stefan, Trompete (1977); Bössler Thomas, Klarinette (1976); Fischer Wolfgang, Posaune (1948); Frasch Thomas, Trompete (1976); Gansser Herbert, Tenorhorn (1972); Grötzinger Bruno, Flügelhorn (1965); Hany Leopold, Trompete (1956); Held Bernhard, Tenorhorn (1975); Hunger Monika, Klarinette (1977); Hunger Sylvia, Klarinette (1977); Knorr Wilfried, Trompete (1982); Kranz Joachim, Flügelhorn (1972); Maier Claudi, Klarinette (1963); Martin Markus, Tenorhorn (1976); Merkel Joachim, Flügelhorn (1978); Opitz Peter, Schlagzeug (1970); Ott Oliver, Horn (1976); Panzer Heike, Klarinette (1975); Plumari Josef, Trompete (1970); Rothmund Martin, Trompete (1977); Rudolf Siegfried, Tuba (1952); Schätzle Henry, Klarinette (1974); Schneble Heinz, Posaune (1965); Schneble Hermann, Klarinette (1948); Schneble Hermann, Horn (1935); Schneble Klaus, Horn (1970); Schneble Otto, Tenorhorn (1945); Schneble Patric, Flöte (1977); Schneble Werner, Tenorhorn (1942); Schreiber Michael, Posaune (1978); Straub Reinhilde, Klarinette (1975); Unger Erich, Flügelhorn (1938); Unger Jörg, Klarinette (1972); Unger Josef, Tenorhorn (1935); Unger Uwe, Klarinette (1971); Wöhrstein Roman, Klarinette (1978); Wolf Karlheinz, Posaune (1962)
Zöglinge: Barth Alexandra, Klarinette (1980); Ege Jenny, Klarinette (1980); Herzog Monika, Flöte (1980); Kahlert Michael, Tenorhorn (1980); Merkel Achim, Flügelhorn (1977); Oexle Ralf, Tuba (1977); Plumari Domenico, Tenorhorn (1977); Rönsch Markus, Flügelhorn (1975); Sienel Ingbert, Horn (1978); Schreiber Christian, Horn (1976); Schreiber Martina, Flöte (1980); Wöhrstein Roman, Schlagzeug (1975); Zylla Sven, Tenorhorn (1980); Zylla Dirk, Trompete (1980)

Musikverein Gottmadingen e.V.

Gründungsjahr:	1847*
1. Vorsitzender:	Fritz Rudolf
Stellv. Vorsitzender:	Harald Wildi
Protokollführer:	Rolf Köhler
Rechner:	Herbert König
Stellv. Rechner:	Ulrike Kraus
	Daniel Zanei
Beirat:	Guido Fernekes
	Franz Frey
	Robert Fröhlich
	Manfred Graf
	Heinz Löchle
	Werner Schmidt
	Horst Schneck
	Emil Seubert
Vizedirigent:	Herbert Spieß
Jugendleiter:	Hubert Eger
Notenwarte:	Karl Emminger
	Rolf Köhler
Instrumentenwart:	Oskar Gassner

Präsident: Felix Conrady; Ehrenpräsident: Josef Emminger; Ehrendirigent: Erwin Heinzelmann
Aktive: Baumann Klaus, Trompete (1961); Befurt Volker, Flügelhorn (1980); Eger Hubert, Flügelhorn (1947); Emminger Karl, Klarinette (1972); Faller Dieter, Trompete (1979); Fischer Peter, Tuba (1975); Fischer Thomas, Tenorhorn (1974); Frey Franz, Trompete (1949); Frey Ursula, Flöte (1981); Fröhlich Robert, Tuba (1958); Gassner Oskar, Trompete (1943); Gassner Peter, Tenorhorn (1968); Gietl Monika, Horn (1979); Gigl Bernhard, Posaune (1980); Gomez Louis, Klarinette (1965); Grüninger Michael, Klarinette (1981); Handloser Gerhard, Tuba (1958); Hanke Thomas, Schlagzeug (1982); Heinzelmann Harald, Klarinette (1957); Hügle Armin, Oboe (1975); Klopfer Wolfgang, Horn (1954); Köhler Rolf, Tuba (1966); König Herbert, Klarinette (1958); Kraus Ulrike, Flöte (1977); Krech Barbara, Flöte (1975); Löchle Artur, Bariton (1943); Löchle Heinz, Schlagzeug (1959); Mühlbauer Andrea, Klarinette (1979); Rudolf Fritz, Bariton (1947); Rudolf Michael, Trompete (1979); Ruh Alfred, Tenorhorn (1980); Sauter Roland, Posaune (1954); Schildbach Wolfgang, Klarinette (1950); Schmidt Hans, Horn (1958); Schmidt Werner, Horn (1952); Schrul Ralf, Schlagzeug (1979); Seiler Hans, Flügelhorn (1967); Spieß Herbert, Tenorhorn (1947); Steiert Joachim, Klarinette (1979); Stelzle Michael, Posaune (1981); Wagner Günter, Klarinette (1960); Wiedemer Hermann, Tuba (1964); Wiedemer Ute, Flöte (1975); Wildi Harald, Trompete (1963); Zanei Daniel, Flügelhorn (1979)
Jugendkapelle: Baumann Gerald, Oboe (1981); Baumann Susanne, Klarinette (1981); Bölli Christian, Saxophon (1975); Bölli Martina, Flöte (1979); Bruderhofer Elke, Klarinette (1979); Burger Mathias, Posaune (1981); Dammbach Petra, Flöte (1978); Eger Alexander, Tenorhorn (1981); Frey Christian, Trompete (1979); Frey Joachim, Bariton (1978); Groschke Heike, Klarinette (1981); Hägele Roswitha, Trompete (1980); Hänsler Claudia, Klarinette (1981); Handloser Stefan, Flügelhorn (1981); Hitzler Martin, Horn (1977); Hochhausen Beate, Klarinette (1979); Horn Edgar, Flügelhorn (1980); Huonker Heike, Klarinette (1978); Irsiegler Johannes, Klarinette (1977); Klammer Birgit, Klarinette (1978); Kleinhenz Iris, Klarinette (1980); Klopfer Susanne, Flügelhorn (1979); Müller Gerd, Klarinette (1981); Poguntke Axel, Flügelhorn (1981); Rudolf Armin, Klarinette (1978); Rutschmann Volker, Trompete (1980); Schaff Walter, Trompete (1977); Schildbach Frank, Schlagzeug (1977); Schmidt Stefan, Flöte (1978); Schmidt Yvonne, Klarinette (1981); Schneck Markus, Trompete (1975); Schuwerk Hansjörg, Klarinette (1981); Steinmann Sonja, Klarinette (1981); Stelzle Ekkehard, Trompete (1981); Wagner Réne, Flügelhorn (1977); Weckerle Isabella, Klarinette (1978); Wellm Christine, Klarinette (1980); Wellm Iris, Klarinette (1980); Wolf Stefanie, Flöte (1980); Wolf Thomas, Oboe (1980); Zimmermann Claudia, Flöte (1979)

Musikverein Güttingen e.V.

Gründungsjahr:	1909
1. Vorsitzender:	Manfred Bohl
Stellv. Vorsitzender:	Joachim Beck
Schriftführer:	Siegfried Will
Kassier:	Rainer Herget
Stellv. Kassier:	Reinhold Hertkorn
Beirat:	Gerd Baumgärtner
	Willi Bohl
	Reinhard Braun
	Karl Jäkle
	Manfred Merk
	Paul Nägele
	Friedhelm Niewöhner
Dirigent:	Horst Zander
Vizedirigent:	Herbert Gorber
Jugendleiter/	
Notenwart:	Reinhard Braun
Instrumentenwart:	Willi Bohl
Fahnenträger:	Ewald Bohl

Ehrenmitglieder: Erich Bohl, Ludwig Fendrich, Hans Maier, Josef Nägele, Josef Schädler, Josef Stocker
Aktive: Baumgärtner Gerd, Tuba (1970); Beck Joachim, Bariton (1968); Bohl Andreas, Tuba (1977); Bohl Ewald, Posaune (1966); Bohl Manfred, Schlagzeug (1964); Bohl Thea, Flöte (1980); Bohl Willi, Posaune (1966); Braun Reinhard, Flügelhorn (1977); Fuhrmann Axel, Tuba (1975); Fuhrmann Michael, Klarinette (1971); Gorber Herbert, Klarinette (1981); Graf Arno, Horn (1976); Herget Rainer, Trompete (1963); Honsel Gerold, Horn (1975); Horber Edwin, Horn (1948); Hügle Ernst, Schlagzeug (1955); Keller Frank, Posaune (1981); Keller Rolf, Bariton (1975); Keller Volker, Klarinette (1971); Maier Stefan, Trompete (1974); Merk Manfred, Tenorhorn (1955); Nägele Hans, Flügelhorn (1956); Nägele Reinhold, Flügelhorn (1968); Niewöhner Friedhelm, Flügelhorn (1975); Niewöhner Martin, Lyra (1975); Roth Udo, Tenorhorn (1981); Stocker Harald, Tenorhorn (1975); Watz Adam, Klarinette (1982); Westphal Wolfgang, Schlagzeug (1975); Will Mathias, Trompete (1981); Will Thomas, Klarinette (1974)
Zöglinge: Adam Robert, Posaune (1980); Bohl Andreas, Trompete (1980); Horber Simon, Klarinette (1980); Knam Evelyn, Klarinette (1980); Knam Joachim, Tenorhorn (1980); Maier Christiane, Klarinette (1980); Merk Alexandra, Klarinette (1980); Stocker Norbert, Trompete (1980); Wetzel Frank, Flügelhorn (1980)

Musikverein Hattingen e.V.

Gründungsjahr:	1925
1. Vorsitzender:	Helmut Letzgus
Stellv. Vorsitzender:	Karl Preis
Schriftführer:	Peter Kaiser
Stellv. Schriftführer:	Hubert Hensler
Rechner:	Albert Denzel
Stellv. Rechner:	Hubert Hensler
Beirat:	Johann Bohnert
	Manfred Gabele
	Eugen Hensler
	Egon Honold
	Hermann Lohrer
	Franz Münzer
	Gebhard Schmid
	Severin Sterk
Dirigent:	Manfred Gabele
Vizedirigent:	Franz Münzer
Jugendleiter:	Eugen Hensler
Notenwart:	Hermann Lohrer
Instrumentenwart:	Karl Preis

Aktive: Bohnert Gerold, Tuba (1972); Denzel Albert, Tenorhorn (1949); Denzel Arno, Tenorhorn (1972); Federle Thomas, Trompete (1976); Gassner Andreas, Horn (1976); Gilly Karl-Heinz, Flügelhorn (1976); Ginter Gerhard, Tenorhorn (1972); Heinemann Mario, Trompete (1978); Heinemann Ralf, Tenorhorn (1978); Hensler Bernhard, Trommel (1972); Hensler Eugen, Posaune (1963); Hensler Herbert, Tenorhorn (1975); Hensler Hubert, Flügelhorn (1960); Hensler Josef, Flügelhorn (1960); Honold Erich, Trompete (1965); Kaiser Peter, Trompete (1963); Kaufmann Ewald, Tuba (1970); Leiber Horst, Saxophon (1963); Lohrer Bernhard, Klarinette (1963); Lohrer Dietmar, Posaune (1972); Lohrer Hermann, Bariton (1953); Lohrer Theo, Trompete (1976); Münzer Franz, Horn (1963); Münzer Helmar, Trompete (1965); Münzer Pia, Tenorhorn (1973); Preis Hubert, Posaune (1963); Preis Karl, Posaune (1949); Preis Maria, Klarinette (1976); Schmid Gebhard, Bariton (1972); Schmid Lothar, Horn (1976); Schmid Werner, Tuba (1963); Speck Harald, Klarinette (1972); Sterk Otto, Klarinette (1963)

Musikverein Hausen a. d. Aach e.V.

Gründungsjahr:	1971
1. Vorsitzender:	Johann Stocker
Stellv. Vorsitzender:	Thomas Stocker
Schriftführer:	Sharon Kyncl
Rechner:	Wolfgang Remmling
Beisitzer (Aktiva):	Karl Böhler
	Harald Leidolt
	Hermann Wick
Beisitzer (Passiva):	Alfred Breh
	Werner Meitz
	Oskar Wick
Dirigent:	Wilfried Künz
Instrumentenwart:	Jürgen Stocker

Aktive: Benz Ulrich, Bariton (1971); Birkner Gangolf, Tuba (1977); Böhler Karl, Flügelhorn (1971); Buchegger Erwin, gr. Trommel (1971); Frick Jürgen, kl. Trommel (1979); Graf Bettina, Trompete (1982); Harder Ursula, Klarinette (1975); Haug Lucia, Klarinette (1975); Keller Albert, Posaune (1971); Künz Ingo, Posaune (1979); Künz Monika, Klarinette (1980); Kyncl Christa, Klarinette (1979); Kyncl Sharon, Klarinette (1974); Laible Thomas, Tenorhorn (1980); Leidolt Harald, Trompete (1971); Meitz Manuela, Saxophon (1975); Pelz Christian, Trompete (1980); Remmling Wolfgang, Posaune (1971); Schwarz Hans, Trompete (1971); Schweizer Markus, Posaune (1975); Schweizer Norbert, Saxophon (1971); Stocker Andreas, Trompete (1981); Stocker Joachim, Trompete (1974); Stocker Josef, Flügelhorn (1971); Stocker Jürgen, Flügelhorn (1975); Stocker Thomas, Flügelhorn (1975); Wick Alexander, Posaune (1979); Wick Alfons, Tenorhorn (1971); Wick Andreas, Tenorhorn (1978); Wick Hermann, Tuba (1974); Wick Josef, Tuba (1971); Wick Karina, Klarinette (1975); Wick Markus, Bariton (1976)

Bürgerkapelle Hemmenhofen e.V.

Gründungsjahr:	1960
1. Vorsitzender:	Johann Leverenz
Stellv. Vorsitzender:	Willy Strodbeck
Schriftführer:	Erich Emmerich
Rechner:	Friedbert Schmal
Beirat:	Otto Rössler
	Bruno Ruf
	Albert Veit
	Werner Wittig
Dirigent:	Willi Karstens
Vizedirigent:	Gerhard Weiermann
Jugendleiter:	Rudolf Buck

Aktive: Bruttel Hans Uli, Bariton (1960); Bruttel Hermann, kl. Trommel (1962); Buck Rudolf, Trompete (1967); Dieze Konrad, Saxophon/Klarinette (1960); Emmerich Berthold, Flügelhorn (1974); Emmerich Birgitta, Klarinette (1974); Fröhlich Harry, Flügelhorn (1974); Fröhlich Walter, Tuba (1960); Fröhlich Wolfgang, Flügelhorn (1964); Griß Joachim, Klarinette (1960); Heinrich Gerhard, gr. Trommel (1960); Heinrich Manfred, Horn (1976); Heinrich Norbert, Posaune (1960); Heinrich Uwe, Posaune (1976); Hofer Alois, Tuba (1960); Hofer Klaus, Trompete (1976); Leverenz Johann, Posaune (1960); Riedmann Christine, Klarinette (1976); Riedmann Udo, kl. Trommel (1979); Rössler Manuela, Flügelhorn (1979); Ruf Bruno, Tenorhorn (1960); Schmal Friedbert, Horn (1960); Schmid Bettina, Saxophon/Klarinette (1974); Schmid Willi, Trompete (1967); Weiermann Gerhard, Trompete (1980); Weiermann Martin, Trompete (1979); Weiermann Roland, Trompete (1979); Weiermann Ursula, Saxophon/Klarinette (1979); Weiermann Veronika, Flöte/Klarinette (1980); Wittig Werner, Tenorhorn (1960); Zinko Stanko, Bariton (1974).

Musikverein Heudorf

Gründungsjahr:	1925
1. Vorsitzender:	Blasius Fuchs
Stellv. Vorsitzender:	Konstantin Leber
Schriftführer:	Roswitha Roth
Rechner:	Roland Müller
Beirat:	Kurt Jäger
	Arthur Roth
	Gottfried Roth
Dirigent:	Werner Roth
Vizedirigent:	Klaus Bauer
Jugendleiter:	Wolfgang Kramer
Notenwart:	Rainer Müller
Instrumentenwart:	Gottfried Roth

Aktive: Bauer Klaus, Klarinette (1968); Fuchs Barbara, Saxophon (1973); Fuchs Erhard, Trompete (1970); Fuchs Gerhard, Flügelhorn (1969); Heim Herbert, Tuba (1963); Kempter Jutta, Klarinette (1970); Kramer Wolfgang, Tenorhorn (1970); Leber Konstantin, Tenorhorn (1960); Müller Petra, Flügelhorn (1970); Müller Rainer, Trompete (1970); Müller Roland, Flügelhorn (1964); Roth Gebhard, Posaune (1957); Roth Gottfried, Tenorhorn (1960); Roth Karin, Flügelhorn (1970); Roth Norbert, Posaune (1973); Roth Roswitha, Flügelhorn (1970); Schuster Achim, Horn (1975); Thum Bernd, kl. Trommel (1973); Thum Fritz, gr. Trommel (1958); Uebelen Frank, Trompete (1974).
Jugendliche: Jäger Christine, Klarinette (1978); Jäger Michaela, Klarinette (1978); Jäger Ruth, Flügelhorn (1978); Jäger Ute, Klarinette (1978); Jäger Veronika, Klarinette (1978); Knittel Leif, Trompete (1978); Kramer Manfred, Tenorhorn (1978); Kurtz Markus, Posaune (1978); Kurz Martina, Klarinette (1978); Müller Christa, Saxophon (1982); Renner Sigrid, Flügelhorn (1978); Roth Armin, Bariton (1978); Roth Christine, Klarinette (1978); Roth Martin, Tuba (1978); Schuster Diana, Klarinette (1978).

Musikverein Hilzingen e.V.

Gründungsjahr:	1830*
1. Vorsitzender:	Volker Homburger
Stellv. Vorsitzender:	Hubert Mattis
Schriftführer:	Walter Hägele
Kassier:	Edmund Kessinger
Stellv. Kassier:	Johann Buchmann
Beisitzer (Aktiva):	Heinz Häringer
	Franz Hogg
	Otto Riede
Beisitzer (Passiva):	Dr. Wolf-Dieter Gulden
	Ernst Hägele
Elternbeirat:	Karl Riesterer
Dirigent:	Kurt Sickinger
Vizedirigent:	Lothar Hengge
Jugendleiter:	Alfons Rötzer
Instrumentenwart/	
Zeugwart:	Franz Hogg
Präsident:	Karl-Friedrich Osann
Ehrenvorsitzender:	Robert Steppacher
Ehrendirigent:	Fritz Zahn

Aktive: Baumert Joachim, Horn (1973); Baumert Regina, Flöte (1975); Baumert Thomas, Trompete (1972); Eichhorn Ronald, Klarinette (1978); Frey Guido, Klarinette (1978); Gänsler Martin, Tenorhorn (1979); Graf Gustaf, Tenorhorn (1955); Graf Thomas, Tenorhorn (1967); Hägele Reinhold, Posaune (1963); Hägele Walter, Tenorhorn (1965); Häringer Günter, Trompete (1975); Häringer Heinz, Trompete (1952); Hengge Gerhard, Horn (1977); Hengge Lothar, Tuba (1971); Hirt Uwe, Flügelhorn (1974); Höfler Ekkehard, Posaune (1968); Hogg Franz, Flügelhorn (1967); Hogg Roland, Flügelhorn (1971); Homburger Volker, Posaune (1964); Hug Beate, Flöte (1980); Ittner Achim, Trompete (1975); Ittner Roland, Klarinette (1972); Jentner Bernhard, Flöte (1966); Jentner Rainer, Klarinette (1971); Kessinger Edmund, Klarinette (1952); Kübler Bertold, Klarinette (1951); Küchler Harald, Bariton (1971); Kühne Reimund, Posaune (1961); Kühne Roland, Tuba (1966); Ladwig Uwe, Klarinette (1975); Löffler Reinhard, Flügelhorn (1968); Mattis Hubert, Posaune (1978); Mengeu Günter, Flöte (1964); Müller Peter, Horn (1964); Müller Wolfgang, Posaune (1972); Oelke Albert, Horn (1967); Oelke Jürgen, Trompete (1967); Oßwald Rainer, Klarinette (1967); Reichle Adelbert, Posaune (1963); Riede Otto, Klarinette (1964); Riesterer Hubert, Klarinette (1970); Rötzer Alfons, Horn (1976); Romminger Peter, Klarinette (1968); Ruh Helga, Klarinette (1973); Schmidle Manfred, Schlagzeug (1961); Schmidle Peter, Klarinette (1978); Schmidt Gerhard, gr. Trommel (1961); Schoch Rudolf, Flügelhorn (1957); Sickinger Vera, Flöte (1980); Tschacher Günter, Flügelhorn (1973); Tschacher Joachim, Klarinette (1967); Volk Bernhard, Klarinette (1976); Wittmer Iris, Klarinette (1975); Zöller Karl, Tenorhorn (1982)
Jugendkapelle: Christian Stefan, Klarinette (1980); Dietrich Kosmas, Tenorhorn (1979); Fehr Harald, Trompete (1981); Häringer Jürgen, Flügelhorn (1979); Häringer Karin, Klarinette (1980); Hengge Armin, Klarinette (1975); Huber Michael, Flügelhorn (1979); Hug Norbert, Trompete (1982); Hugger Elisabeth, Klarinette (1980); Kessinger Markus, Tuba (1979); Kreisel Markus, Klarinette (1980); Küchler Edgar, Trompete (1976); Maier Manfred, Trompete (1978); Miller Thomas, Tuba (1976); Pfister Elmar, Klarinette (1977); Riede Michael, Flügelhorn (1981); Schmidt Andreas, Flügelhorn (1979); Schmidt Uwe, Tenorhorn (1979); Vetter Andreas, Trompete (1977)
Zöglinge: Buchmann Andreas, Tenorhorn (1981); Fischer Georg, Tuba (1982); Graf Volker, Bariton (1982); Gulden Eva, Klarinette (1982); Hägele Andreas, Flügelhorn (1980); Hägele Tobias, Flügelhorn (1980); Löble Isolde, Klarinette (1981); Miller Sabine, Klarinette (1980); Sander Heike, Klarinette (1980); Schmidt Ira, Flöte (1981)

Musikverein Honstetten

Gründungsjahr:	1895
1. Vorsitzender:	Werner Fürst
Stellv. Vorsitzender:	Klaus Bach
Schriftführer:	Gertrud Braun
Rechner:	Helmut Bach
Stellv. Rechner:	Bernd Keller
Beirat:	Ludwig Bach
	Gerhard Müllerleile
	Kurt Riegger
	Leo Schacher
	Fritz Thum
	Manfred Thum
	Peter Thum
	Horst Wolpert
Dirigent:	Wolfgang Braun
Vizedirigent/	
Jugendleiter:	Ulrich Bach
Notenwart:	Markus Knecht
Ehrendirigent:	Johann Braun

Aktive: Amann Ralf, Trompete (1971); Bach Albin, Tuba (1949); Bach Alfons, Flügelhorn (1970); Bach Claudia, Flöte (1971); Bach Helmut, Saxophon (1968); Bach Herbert, Posaune (1968); Bach Klaus, Klarinette (1970); Bach Regina, Trompete (1974); Bach Silvia, Klarinette (1974); Bach Ulrich, Tenorhorn (1970); Bach Winfried, Klarinette (1957); Braun Andrea, Klarinette (1974); Braun Cornelia, Trompete (1974); Braun Gertrud, Klarinette (1974); Braun Klaus, Horn (1974); Braun Luzia, Klarinette (1974); Braun Michael, Flügelhorn (1974); Braun Norbert, Tenorhorn (1970); Braun Renate, Saxophon (1974); Braun Siegfried, Saxophon (1949); Braun Stefan, Flügelhorn (1974); Braun Wolfgang, Trompete (1974); Fürst Werner, Horn (1969); Geigges Ilse, Saxophon (1974); Geigges Karl-Heinz, Tenorhorn (1962); Gremminger Joachim, Horn (1974); Hermann Günther, Tenorhorn (1982); Keller Bernd, Tuba (1974); Knecht Markus, Schlagzeug (1974); Lang Ulrika, Klarinette (1970); Leible Jürgen, Trompete (1980); Müllerleile Anita, Flügelhorn (1974); Müllerleile Gerhard, Tenorhorn (1970); Pfanner Manfred, Flügelhorn (1974); Riegger Ingrid, Flöte (1971); Riegger Kurt, Bariton (1952); Schacher Edeltraud, Klarinette (1974); Schacher Leo, Tenorhorn (1949); Thum Manfred, Trompete (1957); Thum Peter, Tuba (1970)
Zöglinge: Bach Andreas, Bariton (1980); Bach Angelika, Klarinette (1980); Bach Gerold, Trompete (1980); Bach Siegbert, Flügelhorn (1980); Bach Ulrike, Klarinette (1980); Braun Anja, Klarinette (1980); Braun Armin, Bariton (1980); Braun Margit, Klarinette (1980); Braun Sabine, Klarinette (1980); Braun Ursula, Klarinette (1980); Braun Uwe, Flöte (1980); Fischer Cordula, Klarinette (1980); Gremminger Karin, Klarinette (1980); Joos Iris, Trompete (1980); Kempe Sonja, Klarinette (1980); Schacher Josef, Tenorhorn (1980); Schafhäutle Rainer, Trompete (1980); Schafhäutle Roland, Flügelhorn (1980); Thum Gabriele, Klarinette (1980); Thum Martina, Trompete (1980)

Musikverein Hoppetenzell 1846 e.V.

Gründungsjahr:	1846*
1. Vorsitzender:	Hans Liepic
Stellv. Vorsitzender:	Kurt Grömminger
Schriftführer:	Heidi Schanz
Rechner:	Werner Bach
Beirat (Aktiva):	Lothar Fuchs
	Burkhard Grömminger
	Johann Herzog
Beirat (Passiva):	Roland Jerg
	Herbert Hoffmann
	Manfred Maier
Dirigent:	Wolfgang Kuolt
Ehrendirigent:	Franz Menzer

Aktive: Bach Armin, Flügelhorn (1978); Bach Werner, Tuba (1949); Bechler Willi, Horn (1951); Brunner Armin, Flügelhorn (1978); Fuchs Angelika, Flügelhorn (1967); Fuchs Franz, Flügelhorn (1949); Fuchs Lothar, Tenorhorn (1962); Fuchs Werner, Bariton (1960); Grömminger Burkhard, Klarinette (1966); Grömminger Fritz, gr. Trommel (1972); Grömminger Karl, Klarinette (1949); Grömminger Kurt, Trompete (1962); Herzog Franz, Tuba (1949); Herzog Helmut, Tenorhorn (1958); Herzog Johann, Bariton (1949); Herzog Otto, Klarinette (1951); Liepic Gerda, Trompete (1975); Liepic Hans, Posaune (1954); Liepic Peter, Posaune (1972); Reiter Fritz, Trompete (1949); Schanz Heidi, Flügelhorn (1975)
Zöglinge: Brandys Alexander, Posaune (1981); Deyer Andreas, Klarinette (1981); Egger Berthold, Posaune (1981); Maier Tobias, Trompete (1981); Mühlherr Vera, Flöte (1981); Schneble Michael, kl. Trommel (1981); Spranger Esther, Flöte (1981); Winter Heidi, Flöte (1981); Zanner Ralf, Saxophon (1981)

Musikverein Horn-Gundholzen e.V.

Gründungsjahr:	1949
1. Vorsitzender:	Hans-Peter Graf
Stellv. Vorsitzender:	Walter Riedmüller
Schriftführer:	Gottfried Martin
Rechner:	Rudi Kleemann
Beirat:	Karl Amann
	Klaus Engelmann
	Helmut Graf
	Josef Honsel
	Erich Lang
Dirigent:	Alfred Bitter
Vizedirigent:	Walter Riedmüller
Jugendleiter:	Alfred Bitter
Notenwart:	Gottfried Martin
Instrumentenwart:	Wolfgang Amann
Ehrenvorsitzende:	Johann Graf
	Stefan Ruhland

Aktive: Amann Wolfgang, Flügelhorn (1970); Auer Franz, Trompete (1974); Auer Hans, Flügelhorn (1949); Boni, de Christoph, Klarinette (1978); Brügel Ewald, Posaune (1963); Brügel Ruppert, Tenorhorn (1963); Bruttel Albert, Horn (1949); Bruttel Andreas, Trompete (1974); Bruttel Ingrid, Klarinette (1972); Bruttel Herbert, Bariton (1974); Bruttel Kurt, Tenorhorn (1974); Bruttel Susanne, Klarinette (1978); Caks Werner, Posaune (1963); Engelmann Hermann, Posaune (1974); Engelmann Wolfgang, Flügelhorn (1974); Graf Andreas, Trompete (1978); Graf Annette, Klarinette (1978); Graf Helmut, Tenorhorn (1950); Graf Irene, Klarinette (1972); Graf Peter, Klarinette (1959); Graf Thomas, Trompete (1978); Honsel Josef, Horn (1962); Kuhn Horst, Posaune (1952); Lang Erich, Schlagzeug (1956); Lang Harald, Flügelhorn (1978); Lang Helmut, Trompete (1954); Martin Gottfried, Tuba (1949); Riedmüller Walter, Tuba (1957); Ruhland Wolfgang, Flügelhorn (1966); Sabia Angela, Klarinette (1981); Scheu Albert, Trompete (1974); Sprissler Arnold, Klarinette (1956); Stoffel Günter, Bariton (1963); Utz Hans-Peter, Tenorhorn (1974)

Gemeinde-Musikkapelle Immendingen

Gründungsjahr:	1870*
1. Vorsitzender:	Bgm. Helmut Mahler
Geschäftsführender Vorsitzender:	Hermann Anders
Stellv. geschäftsf. Vorsitzender:	Isidor Zeller
Schriftführer:	Hermann Anders
Rechner:	Walter-Robert Birk
Ausschußmitglieder:	Roland Abert
	Hubert Ganter
	Hans-Dieter Hienerwadel
	Walter Kostanzer
	Isidor Zeller
Dirigent:	Prof. Dr. Hans-Walter Berg
Vizedirigenten:	Isidor Zeller
	Hubert Rapp
Jugendleiter:	Walter-Robert Birk
	Isidor Zeller

Notenwarte: Otmar Glöckler, Sybille Lehmann; Instrumentenwart: Hermann Anders
Aktive: Abert Roland, Tuba (1976); Abert Sabine, Klarinette (1977); Anders Hermann, Saxophon (1961); Birk Olaf, Flöte (1977); Birk Ralf, Schlagzeug (1976); Birk Walter, Klarinette (1945); Eißler Horst, Tuba (1954); Frank Edwin, Posaune (1981); Fürderer Rainer, Tenorhorn (1977); Fürderer Volker, Flügelhorn (1977); Ganter Hubert, Schlagzeug (1956); Glöckler Otmar, Horn (1933); Gums Stephan, Saxophon (1976); Hienerwadel Hans-Dieter, Bariton (1958); Kentischer Reinhold, Flügelhorn (1980); Kostanzer Walter, Posaune (1946); Lehmann Brigitte, Trompete (1977); Lehmann Petra, Klarinette (1977); Lehmann Sybille, Saxophon (1977); Mayer Siegfried, Trompete (1970); Messmer Eugen, Horn (1946); Rabold Emil, Bariton (1961); Rapp Beate, Klarinette (1977); Rapp Christine, Klarinette (1976); Rapp Hubert, Posaune (1948); Roesger Michael, Saxophon (1967); Schoner Norbert, Klarinette (1973); Schuler Mechthild, Saxophon (1977); Stolz Hans-Jürgen, Tenorhorn (1970); Theel Dieter, Horn (1977); Ukas Roland, Posaune (1968); Weh Bernhard, Flügelhorn (1945); Widmann Harold, Trompete (1949); Zazyck Berthold, Tuba (1976); Zazyck Elisabeth, Flügelhorn (1977); Zeller Isidor, Trompete (1970)
Zöglinge: Abert Jochen, Trompete (1981); Abert Stefan, Trompete (1981); Bender Christoph, Trompete (1981); Bender Regina, Klarinette (1981); Brodhag Albert, Flügelhorn (1981); Brodhag Maria, Klarinette (1981); Bürsner Mathias, Trompete (1981); Bürsner Simone, Klarinette (1981); Elsäßer Andreas, Trompete (1981); Kostanzer Sandra, Flöte (1981); Löllmann Pit, Tuba (1981); Ratti Kirstin, Flöte (1981); Volkmer Klaus, Trompete (1981); Zeller Gerhard, Flügelhorn (1981)

Musikverein Kommingen e.V.

Gründungsjahr:	1967
1. Vorsitzender:	Paul Kramer
Stellv. Vorsitzender:	August Rösch
Schriftführer:	Hermann Sauter
Rechner:	Hermann Zeller
Beirat (Aktiva):	Ernst Fluck
	Ludwig Sauter
Beirat (Passiva):	Viktor Giner
	Egolf Strickfaden
Jugendvertreter:	Joachim Sauter
Dirigent:	Berthold Sauter
Vizedirigent/ Jugendleiter:	Raimund Zeller
Notenwart:	Christoff Rösch
Ehrenvorsitzender:	Alfred Sauter

Aktive: Dieter Klaus, Trompete (1964); Fischer Clemens, Trompete (1976); Fischer Manfred, Posaune (1964); Fluck Ernst, Tenorhorn (1964); Fluck Regina, Klarinette (1976); Fluck Thomas, Horn (1976); Grüninger Eduard, Posaune (1964); Heer Heinz, Horn (1976); Müller Dieter, Posaune (1979); Müller Peter, Flügelhorn (1976); Rösch August, gr. Trommel (1969); Rösch Christoff, Flügelhorn (1976); Rösch Manfred, Horn (1976); Sauter Andrea, Klarinette (1976); Sauter Ewald, Bariton (1964); Sauter Hermann, Flügelhorn (1964); Sauter Joachim, Flügelhorn (1976); Sauter Ludwig, Tenorhorn (1964); Sauter Michael, Schlagzeug (1976); Sauter Sonja, Klarinette (1976); Sauter Werner, Tuba (1964); Scheu Karl, Trompete (1976); Scheu Martin, Klarinette (1976); Scheu Otto, Tuba (1964); Scheu Siegfried, Klarinette (1964); Zeller Alfons, Flügelhorn (1970); Zeller Alfred, Tuba (1964); Zeller Armin, Klarinette (1970); Zeller Astrid, Klarinette (1974); Zeller Hermann, Tenorhorn (1964); Zeller Jürgen, Klarinette (1974); Zeller Markus, Trompete (1974); Zeller Raimund, Flügelhorn (1974); Zeller Ralf, Klarinette (1976); Zeller Thomas, Bariton (1970)

333

Stadtkapelle Konstanz

Gründungsjahr:	1881
Verwaltung:	Kulturamt der Stadt Konstanz
Rechner:	Markus Betz
Dirigent:	MD Douglas Bostock
Notenwart:	Markus Schillinger
Instrumentenwart:	Andreas Scheideck

Aktive: Bautze Manfred, Flöte/Pikkolo (1979); Benke Hans-Joachim, Flöte/Pikkolo (1979); Betz Markus, Euphonium (1966); Dickgiesser Adolf, Klarinette (1978); Eberl Gerhard, Schlagzeug (1982); Eiden Andreas, Cornet (1981); Eisenbarth Hermann, Tuba (1981); Gaier Almut, Flöte (1981); Grundler Gerhard, Horn (1974); Hanzo Ellen, Klarinette (1981); Holtmaier Stephan, Horn (1981); Huber Klaus, Schlagzeug (1981); Hundertpfund Stefan, Posaune (1980); Kleiber Alexander, Trompete (1982); Läufer Konstantin, Klarinette (1982); Lehmann Wolfram, Klarinette (1980); Maier Josef, Euphonium (1969); Maisch Michael, Cornet (1970); Martin Christoph, Trompete (1977); Martin Karl-Heinz, Posaune (1981); Maurer Berndt, Klarinette (1981); May Patricia, Klarinette (1982); Merk Peter, Klarinette (1982); Merk Werner, Saxophon (1981); Mesnjak Eduard, Saxophon (1982); Miller Jürgen, Klarinette (1978); Mors Konrad, Klarinette (1980); Ott Andreas, Fagott (1982); Panek Franz, Cornet (1982); Rambach André, Klarinette (1978); Saier Joachim, Posaune (1980); Schäfer Thomas, Tuba (1981); Schaer Armin, Tuba (1981); Scheideck Andreas, Euphonium (1974); Scheideck Bernhard, Trompete (1978); Schillinger Markus, Klarinette (1978); Schmid Ernst, Fagott (1981); Schmiederer Rainer, Cornet (1979); Sernatinger Markus, Horn (1981); Stehle Roland, Horn (1966); Vix Andreas, Trompete (1981); Wagner Anselm, Klarinette (1981); Weber Kai, Saxophon (1978); Wunsch Hans-Peter, Klarinette (1981)

Jugendblasorchester Konstanz

Gründungsjahr:	1962
Verwaltung:	Kulturamt der Stadt Konstanz
Dirigent:	MD Douglas Bostock
Dirigent: (Vorkapelle):	Stephan Heilmann
Notenwart:	Walter Rometsch
Förderkeis des Jugendblasorchesters	
Präsident:	Rudolf Santo
Schriftführerin:	Gerda Merk

Aktive des Jugendblasorchesters: Aschenbrenner Christian, Trompete (1982); Asmuss Stephan, Klarinette (1981); Bäumler Norbert, Klarinette (1983); Benke Hans-Joachim, Flöte/Pikkolo (1977); Bernhardt Martin, Klarinette (1977); Biehler David, Trompete (1981); Brodmann Christian, Euphonium (1979); Brodmann Ralph, Klarinette (1981); Dierig Sven, Kontrabaß (1981); Eberl Gerhard, Schlagzeug (1981); Eiden Andreas, Cornet (1977); Gaier Almut, Flöte (1980); Glatz Joachim, Horn (1977); Glatz Markus, Euphonium (1977); Gulden Dirk, Klarinette (1983); Hanzo Matthias, Horn (1977); Holtmaier Stefan, Horn (1980); Huber Jürgen, Posaune (1980); Huber Klaus, Schlagzeug (1980); Hug Heralt, Klarinette (1981); Jochims Silke, Posaune (1981); John Sibyille, Flöte (1981); Karl Armin, Klarinette (1981); Kedves Alexandra, Flöte (1981); Kraus Marcel, Posaune (1976); Krienitz Udo, Posaune (1981); Läufer Konstantin, Klarinette (1981); Lehn Hans-Jörg, Klarinette (1981); Lehn Joachim, Trompete (1981); Luft Margit, Flöte (1982); Maisch Michael, Trompete/Cornet (1977); Martin Christoph, Trompete (1977); May Patricia, Klarinette (1979); Merk Peter, Klarinette (1979); Merk Sandra, Flöte (1979); Mesnjak Eduard, Saxophon (1977); Mors Konrad, Klarinette (1974); Mussler Sebastian, Tuba (1982); Ott Andreas, Fagott (1980); Rambach André, Oboe (1974); Reimann Christoph, Klarinette (1982); Riedle Gernot, Flöte (1979); Riedle Markus, Klarinette (1981); Romer Winfried, Posaune (1981); Rometsch Walter, Klarinette (1981); Röck Jürgen, Tuba (1981); Rösler Ursula, Flöte (1983); Rüben Yvonne, Horn (1981); Saier Joachim, Posaune (1977); Schaer Armin, Tuba (1962); Schäfer Thomas, Tuba (1977); Schatch Thomas, Klarinette (1982); Schillinger Markus, Klarinette (1962); Schmidt-Greulich Markus, Klarinette (1981); Schmiederer Rainer, Flügelhorn (1975); Schneider Philip, Klarinette (1979); Schwarz Eric, Trompete (1981); Sernatinger Manfred, Klarinette (1981); Sernatinger Markus, Horn (1980); Strobel Michael, Schlagzeug (1981); Ulardt von Joachim, Saxophon (1977); Vix Andreas, Trompete (1977); Wilkens Bettina, Klarinette (1981); Wolf Günther, Euphonium (1981); Wolf Michael, Trompete (1981); Wunsch Hans-Peter, Klarinette (1976)

Vorkapelle Konstanz: Asmus Silke, Trompete (1981); Borchardt Frank, Posaune (1981); Brüderle Günter, Euphonium (1983); Brunner Jürgen, Posaune (1982); Brunner Markus, Trompete (1981); Dotzer Johannes, Klarinette (1980); Engelberg Thomas, Flöte (1981); Faisst Uwe, Schlagzeug (1981); Fast Alexander, Trompete (1981); Fehrenbach Thomas, Trompete (1981); Felsberg Marco, Flöte (1981); Frangenheim Dominik, Posaune (1981); Fröhlich Sabine, Klarinette (1980); Gartmann Daniel, Trompete (1982); Gaumann Antje, Flöte (1981); Göhring Udo, Euphonium (1981); Harder Jan, Trompete (1982); Helbich Oliver, Posaune (1980); Helbich Thomas, Trompete (1981); Jakobs Andreas, Trompete (1981); Kaibach Robert, Saxophon (1981); Krautter Michael, Horn (1983); Kumm Benjamin, Tuba (1982); Kumm Nicole, Klarinette (1982); Lehmann Anja, Trompete (1983); Loescher Dirk, Trompete (1983); Meid Stephan, Trompete (1980); Mohntau Stephan, Euphonium (1981); Mors Elmar, Klarinette (1981); Ott Norbert, Horn (1981); Plattner Florian, Schlagzeug (1981); Pohle Lars, Euphonium (1981); Püschel Hannes, Klarinette (1981); Rambach Stephan, Klarinette (1981); Rösch Jürgen, Trompete (1981); Rombach Peter, Trompete (1981); Schaffer Delia, Klarinette (1981); Schatz Ulrike, Klarinette (1982); Schmid Martin, Klarinette (1981); Schröter Ralf, Trompete (1981); Schwarz Tina, Flöte (1981); Seidemann Bernd, Saxophon (1981); Spengler Thomas, Klarinette (1981); Sperandio Axel, Posaune (1981); Stehle Monika, Klarinette (1981); Strobel Michael, Schlagzeug (1981); Thomas Wiebke, Oboe (1983)

Musikverein Konstanz-Wollmatingen 1826 e.V.

Gründungsjahr:	1826*
1. Vorsitzender:	Reinhold Haag
Stellv. Vorsitzender:	Rolf Weber
Schriftführer:	Wilhelm Fischer
Stellv. Schriftführer:	Herbert Weiss
Rechner:	Karl Schreiner
Stellv. Rechner:	Adelbert Hummel
Beirat:	Harald Kessler
	Jürgen Schmidt
	Bruno Schroff
	Erich Strohmeier
Dirigent:	Bernd Egi
Vizedirigent:	Rolf Weber
Jugendleiter:	Gebhard Joos
Notenwart:	Jürgen Schmidt
Instrumentenwart:	Erich Strohmeier
Ehrenpräsident:	Arnold Stadelhofer

Ehrenvorsitzende: Karl Maurer, Reinhold Schöller
Aktive: Auer Christine, Klarinette (1978); Bauer Andreas, Trompete/E-Baß (1964); Brombacher Jürgen, Klarinette/Saxophon (1980); Bühler Wilfried, Tenorhorn (1950); Burger Cornelia, Flöte (1978); Deggelmann Martin, Horn (1979); Deggelmann Thomas, Tenorhorn (1981); Erny Harald, Klarinette (1976); Fischer Markus, Posaune (1975); Fischer Peter, Trompete (1976); Grötsch Jürgen, E-Gitarre/E-Baß (1979); Grunau Winfried, Tuba (1956); Haag Reinhold, Tuba (1976); Haag Ulrike, Klarinette (1978); Herrenknecht Georg, Fagott (1980); Herrenknecht Jutta, Flöte (1980); Horn Berthold, Klarinette/Saxophon (1976); Horn Sepp, Horn (1976); Horn Wolfgang, Schlagzeug/Pauken (1977); Huff Martin, Flügelhorn (1974); Hummel Adelbert, Posaune (1947); Hummel Gerd, Klarinette/Saxophon (1979); Hummel Günther, Tuba (1976); Joos Gebhard, Flöte (1976); Kamphorst Tjerd, Horn (1980); Kessler Markus, Flügelhorn (1975); Mölter Günther, Flügelhorn (1980); Mönch Thomas, Flügelhorn (1975); Mog Armin, Posaune (1980); Mog Gottfried, Tenorhorn (1931); Neumann Michael, Saxophon (1980); Ochs Ralf, Horn (1979); Riedl Volker, Flügelhorn (1975); Riedle Gebhard, Tenorhorn (1956); Riedle Rudolf, Posaune (1956); Rösler Ursula, Flöte (1980); Romer Dietmar, Oboe (1979); Romer Erich, Posaune (1956); Romer Klaus, Saxophon (1959); Schmidt Jürgen, gr. Trommel (1964); Schreiner Karl, Tuba (1948); Schreiner Thomas, Trompete (1978); Schroff Günter, Schlagzeug (1975); Senn Andreas, Trompete (1977); Siebert Werner, Tenorhorn (1980); Stadelhofer Thomas, Tuba (1979); Strang Rainer, Lyra/Schlagzeug (1980); Strohmeier Erich, Posaune/Tuba (1948); Strohmeier Gerhard, Trompete (1978); Waller Karl-Heinz, Klarinette (1980); Weber Harald, Trompete (1981); Weber Rolf, Saxophon (1975); Weinbrenner Walter, Klarinette/Saxophon (1957); Weiss Ute, Klarinette (1977); Zahn Erich, Tenorhorn (1981); Zeitter Rolf, Trompete (1956); Zeller Thomas, Klarinette (1979)
Jugendkapelle: Auer Jürgen, Flügelhorn (1978); Baier Frank, Tenorhorn (1979); Burger Birgit, Klarinette (1978); Dannenhauer Jörg, Klarinette (1981); Dannenhauer Michael, Posaune (1981); Deggelmann Thomas, Bariton (1979); Dormann Bettina, Klarinette (1981); Glückler Ingo, Trompete (1981); Grunau Andrea, Klarinette (1981); Hamann Stefan, Klarinette (1981); Löchle Ingrid, Flöte (1979); Löchle Rainer, Tuba (1979); Mrochen Katharina, Klarinette (1981); Müssig Andreas, Schlagzeug (1981); Muffler Susen, Flöte (1981); Pohl Peter, Klarinette (1981); Riedle Reinhard, Posaune (1980); Rösler Julia, Klarinette (1980); Romer Margit, Klarinette (1979); Sauer Joachim, Trompete (1979); Schippers Stefan, Schlagzeug (1981); Schippers Thorsten, Saxophon (1981); Strang Rainer, Oboe/Lyra (1979); Weinbrenner Michael, Klarinette (1980); Westfeld Pancho, Tenorhorn (1980)

Musikverein „Polyhymnia" Leipferdingen e.V.

Gründungsjahr:	1864*
1. Vorsitzender:	Artur Müller
Stellv. Vorsitzender:	Herbert Fluck
Schriftführer:	Eberhard Schrott
Rechner:	Werner Biehler
Stellv. Rechner:	Wilhelm Biehler
Beirat:	Siegfried Feucht
	Wilfried Hall
	Ernst Huber
	Hartmut Huber
Dirigent:	Heribert Riedmüller
Notenwarte:	Horst Biehler
	Robert Biehler
Instrumentenwart:	Herbert Fluck
Ehrenvorsitzender:	Josef Weh

Aktive: Bertsche Reiner, Tenorhorn (1974); Biehler Gerold, Posaune (1974); Biehler Horst, Klarinette (1974); Biehler Robert, Klarinette (1974); Biehler Werner, Klarinette (1947); Biehler Wilhelm, Posaune (1946); Biehler Wolfgang, kl. Trommel (1973); Feucht Gerhard, Flöte (1974); Fluck Artur, Flügelhorn (1954); Fluck Egon, Posaune (1957); Fluck Herbert, Tenorhorn (1966); Fluck Rudolf, Horn (1954); Frank Edgar, Bariton (1974); Frank Harry, Tuba (1974); Frank Hubert, Tenorhorn (1933); Frank Johann, Horn (1968); Frank Leonhard, Tuba (1947); Frank Lothar, Flügelhorn (1968); Frank Pirmin, Trompete (1970); Frank Reinhard, Posaune (1947); Frank Werner, kl. Trommel (1978); Hafen Norbert, Klarinette (1974); Hall Wilfried, Klarinette (1947); Heizmann Werner, Klarinette (1954); Hornung Berthold, Flügelhorn (1970); Huber Ernst, Flügelhorn (1966); Huber Jakob, Tenorhorn (1930); Maus Friedhelm, Flügelhorn (1970); Maus Lothar, Posaune (1970); Müller Albert, Tenorhorn (1970); Rieder Erhard, Flügelhorn (1976); Schrott Eberhard, Klarinette (1974); Speck Artur, Flöte (1947); Speck Dietmar, Trompete (1974); Speck Ernst, Horn (1946); Speck Reinhard, Trompete (1947); Stihl Michael, Klarinette (1974); Straub Reinhard, Flügelhorn (1976); Weh Anton, Tuba (1925); Weh Erwin, Tenorhorn (1933); Weh Siegfried, gr. Trommel (1954)
Zöglinge: Bertsche Werner, Bariton (1978); Bertsche Wolfgang, Trompete (1978); Biehler Elmar, Klarinette (1978); Eckstein Lucia, Klarinette (1978); Eckstein Veronika, Klarinette (1978); Fluck Wolfgang, Posaune (1978); Frank Armin, Flügelhorn (1978); Gönner Ronald, Tenorhorn (1978); Hornung Alfred, Tuba (1978); Weh Helmar, Flügelhorn (1978); Weh Holger, Flügelhorn (1978); Weh Ingbert, Klarinette (1978); Weh Ralf, Horn (1978); Weh Wolfgang, Flügelhorn (1978)

Musikverein Liggeringen e.V.

Gründungsjahr:	1880*
1. Vorsitzender:	Hermann Leiz
Stellv. Vorsitzender:	Volker Pitzke
Schriftführer:	Herbert Bader
Rechner:	Reinhardt Meyle sen.
Beirat:	Emil Bader
	Christoph Braun
	Willi Mautz
	Edgar Schmidt
Dirigent:	Reinhardt Meyle jun.
Jugendleiter:	Hermann Leiz
	Volker Pitzke
Notenwart:	Hermann Bader

Aktive: Bader Andreas, Horn (1981); Bader Herbert, Horn (1955); Bader Hermann, Flügelhorn (1951); Bader Michael, Tenorhorn (1981); Bottlang Willi, Posaune (1954); Braun Christoph, Saxophon (1964); Braun Ursula, Klarinette (1970); Gramund Robert, Tenorhorn (1929); Hagmüller Franz, Cornet (1977); Hagmüller Martin, Tuba (1981); Keller Franz, Schlagzeug (1951); Keller Monika, Trompete (1979); Keller Winfried, Flügelhorn (1981); Leitz Fabian, Trompete (1981); Leiz Gerda, Klarinette (1977); Leiz Hermann, Tenorhorn (1966); Leiz Otto, Tenorhorn (1935); Mautz Klaus, Bariton (1978); Mautz Willi, Saxophon (1954); Meyle Reinhardt sen., Lyra (1924); Pitzke Helena, Klarinette (1970); Pitzke Volker, Posaune (1975); Salmonat Ewald, Trompete (1970); Salmonat Helmut, Klarinette (1970); Sam Stephan, Klarinette (1981); Seeberger Günther, gr. Trommel (1964); Seeberger Ralf, Trompete (1981); Straub Erwin, Bariton (1964); Straub Eugen, Tuba (1964); Weber Karl, Klarinette (1951)
Zöglinge: Bottlang Holger, Flügelhorn (1981); Leitz Raimund, Flügelhorn (1981); Raggenbach Manfred, Posaune (1981); Seeberger Harald, Cornet (1981); Weidele Alexander, Posaune (1981)

Musikverein Liggersdorf

Gründungsjahr:	1910
1. Vorsitzender:	Erwin Moser
Stellv. Vorsitzender:	Johann Muffler
Schriftführer:	Luzia Müller
Rechner:	Theodor Haidlauf
Beirat:	Karola Effinger
	Siegfried Mühlherr
	Isidor Müller
Dirigent:	Arthur Rigger
Notenwart:	Sigmar Moser

Aktive: Benkler Harald, Trompete (1979); Effinger Ewald, Trompete (1979); Effinger Karola, Klarinette (1976); Effinger Roland, gr. Trommel (1976); Freudemann Johann, Posaune (1947); Gross Martin, Flügelhorn (1972); Gross Michael, Flügelhorn (1972); Haak Marianne, Saxophon (1979); Hahn Adolf, Posaune (1972); Haidlauf Erika, Klarinette (1979); Haidlauf Otmar, Tuba (1947); Haidlauf Theodor, Horn (1955); Kopp Monika, Klarinette (1979); Löffler Meinrad, Flügelhorn (1972); Löffler Werner, Saxophon (1979); Lohr Franz, Bariton (1947); Lohr Herbert, Trompete (1976); Lorenz Lucia, Saxophon (1972); Moll Anita, Klarinette (1976); Moll Peter, Trompete (1976); Moser Erwin, Tuba (1947); Moser Sigmar, Flügelhorn (1979); Moser Sylvia, Klarinette (1976); Mühlherr Siegfried, Flügelhorn (1964); Müller Heidi, Klarinette (1979); Müller Isidor, Tuba (1951); Müller Luzia, Klarinette (1972); Muffler Johann, Tenorhorn (1947); Muffler Markus, Tenorhorn (1976); Nipp Erich, Tenorhorn (1960); Rettig Beate, Saxophon (1979); Reutebuch Clemens, Tuba (1976); Reutebuch Otto, Bariton (1947); Schmid Karl, kl. Trommel (1972); Schüle Marcus, Trompete (1979)

Musikverein Liptingen e.V.

Gründungsjahr:	1834*
1. Vorsitzender:	Helmut Mader
Stellv. Vorsitzender:	Berthold Kupferschmid
Schriftführer:	Egon Kupferschmid
Rechner:	Manfred Renner
Beirat:	Erwin Breinlinger
	Wolfgang Breinlinger
	Thomas Renner
Dirigent:	Anton Gassner
Vizedirigent/	
Jugendleiter:	Klaus Ackermann
Notenwarte:	Günter Bambusch
	Thomas Renner
Instrumentenwart:	Wolfgang Breinlinger
Ehrenvorsitzender:	Franz Kirchmann
Fähnrich:	Gustav Schwab

Aktive: Ackermann Klaus, Klarinette (1962); Bambusch Anton, Tuba (1949); Bambusch Günter, Trompete (1972); Baur Thomas, Klarinette (1979); Bertsche Bernhard, Posaune (1951); Bosch Rudolf, Tenorhorn (1972); Breinlinger Erwin, Posaune (1966); Breinlinger Wolfgang, Tenorhorn (1962); Gassner Beate, Klarinette (1976); Gassner Doris, Klarinette (1976); Haase Helmut, Posaune (1965); Keller Ernst, Flügelhorn (1947); Keller Udo, Trompete (1972); Klöck Klaus, gr. Trommel (1970); Klöck Wolfgang, Tuba (1962); Kupferschmid Alfred, kl. Trommel (1972); Kupferschmid Berthold, Tenorhorn (1972); Kupferschmid Egon, Bariton (1962); Kupferschmid Erwin, Tenorhorn (1938); Kupferschmid Hubert, Flügelhorn (1972); Mader Helmut, Saxophon (1951); Mader Oskar, Lyra (1950); Mader Stefan, Posaune (1982); Mader Wolfgang, Klarinette (1972); Maier Rudolf, Flügelhorn (1949); Müller Otto, Tuba (1950); Renner Erich, Flügelhorn (1972); Renner Manfred, Tenorhorn (1965); Renner Margit, Klarinette (1976); Renner Martin, kl. Trommel (1980); Renner Thomas, Flügelhorn (1972); Rentschler Frank, Trompete (1976); Schindler Richard, Trompete (1962); Schmitz Christina, Klarinette (1979); Schmitz Gerd, Flügelhorn (1972); Schmitz Regina, Trompete (1979); Schnell Sonja, Klarinette (1979); Storz Tina, Flügelhorn (1979); Truckenbrod Bernd, Bariton (1979); Truckenbrod Edwin, Bariton (1972); Wehner Heinz, Flügelhorn (1979)
Zöglinge: Amann Alexander, Flügelhorn (1982); Amann Jürgen, Trompete (1982); Barthelmes Thorsten, Horn (1982); Bertsche Simone, Horn (1982); Daus Gunar, Horn (1982); Gassner Markus, Flügelhorn (1982); Endres Roland, Tuba (1982); Futterknecht Markus, Klarinette (1982); Klöck Esther, Klarinette (1982); Knopf Manuela, Klarinette (1982); Königsmann Martina, Trompete (1982); Maier Rudi, Trompete (1982); Müller Michael, Tenorhorn (1982); Renner Peter, Tenorhorn (1982); Rentschler Anja, Klarinette (1982); Schindler Carmen, Klarinette (1982); Schindler Gerhald, Klarinette (1982); Storz Heike, Klarinette (1982); Storz Martin, Flügelhorn (1982)

Musikverein Ludwigshafen e.V.

Gründungsjahr:	1870
1. Vorsitzender:	Hermann Rothenburger
Stellv. Vorsitzender:	Bernhard Hock
Schriftführer:	Willi Ehmann
Rechner:	Helmut Stoffel
Beirat:	Rainer Ehmann
	Willi Karle
	Theo Lindenmayer
	Albrecht Rothenburger
	Ignaz Strobel
Dirigent:	Emil Renner
Vizedirigent:	Rainer Ehmann
Jugendleiter/	
Notenwart:	Fritz Kratzer
Instrumentenwart:	Willi Ehmann

Aktive: Auer Matthias, Klarinette (1977); Beirer Alexander, Posaune (1977); Beirer Hermann, Posaune (1949); Beirer Jürgen, Trompete (1977); Benter Arno, Tuba (1977); Blender Fritz, Bariton (1961); Ehmann Dietmar, Saxophon (1972); Ehmann Rainer, Flügelhorn (1966); Ehmann Willi, Trompete (1949); Eppler Reinhard, Tenorhorn (1967); Eppler Wilfried, Horn (1961); Esslinger Fritz, Horn (1955); Hahn Josef, Posaune (1962); Hecht Klaus, Horn (1955); Heckeler Bruno, Schlagzeug (1969); Heckeler Jörg, Posaune (1977); Heckeler Werner, Tuba (1960); Hock Bernhard, Sousaphon (1955); Hock Christine, Klarinette (1977); Hock Michaela, Trompete (1977); Ill Elmar, Trompete (1949); Karle Andreas, Trompete (1972); Karle Fritz, Saxophon (1948); Karle Gabriele, Flöte (1972); Karle Josefa, Klarinette (1977); Karle Siegfried, Tenorhorn (1956); Kaupert Werner, Bariton (1957); Keller Gerd, Flöte (1956); Keller Hans-Dieter, Posaune (1964); Keller Karl, Klarinette (1926); Kratzer Fritz, Flügelhorn (1947); Lindenmayer Ewald, Sousaphon (1954); Lindenmayer Theo, Saxophon (1963); Maurer Ralf, Flügelhorn (1977); Mellert Klauspeter, Flöte (1969); Mellert Simone, Flöte (1977); Moser Heinz, Flügelhorn (1949); Peternell Christoph, Klarinette (1977); Rothenburger Albrecht, Klarinette (1963); Rothenburger Hermann, Klarinette (1956); Rothenburger Karlheinz, Trompete (1977); Schacher Tobias, Trompete (1977); Schilling Willi, Trompete (1967); Stoffel Carola, Saxophon (1977); Stoffel Gabi, Saxophon (1977); Stoffel Helmut, Saxophon (1949); Strobel Edelbert, Tuba (1948); Strobel Ignaz, Tenorhorn (1965); Strobel Peter, Flügelhorn (1972); Thum Silke, Flügelhorn (1977); Thum Wolfram, Posaune (1977); Trisner Andreas, Posaune (1974); Wegele Kurt, Posaune (1952); Weiß Günter, Schlagzeug (1977); Weiß Otmar, Schlagzeug (1954); Wester Rainer, Klarinette (1957)

Musikverein Mahlspüren

Gründungsjahr:	1927
1. Vorsitzender:	Rolf Geiger
Stellv. Vorsitzender:	Ernst Manogg
Schriftführer:	Franz Fecht
Rechner:	Dieter Bitschnau
Beirat (Aktiva):	Karl Fecht
	Hans Knapp
	Kurt Renner
	Lothar Ruf
Beirat (Passiva):	Ottmar Bischoff
	Ernst Schönenberger
	Karl Zwanziger
Dirigent:	Hans Knapp
Vizedirigent:	Gerhard Mayer
Jugendleiter:	Lothar Ruf
Notenwart:	Gertrud Endres
Instrumentenwart:	Andreas Fecht

Aktive: Baschnagel Heiko, Horn (1974); Baschnagel Klaus-Peter, Flügelhorn (1982); Bischoff Edeltraud, Klarinette (1974); Bischoff Elmar, Trompete (1974); Bischoff Karl-Heinz, Flügelhorn (1980); Bischoff Ursula, Klarinette (1979); Bitschnau Dieter, Trompete (1957); Bohner Hans-Peter, Trompete (1970); Bohner Reinhold, Horn (1963); Endres Gertrud, Flöte (1981); Endres Otto, Trompete (1981); Fecht Andreas, Klarinette (1974); Fecht Franz, Tenorhorn (1957); Fecht Karl, Schlagzeug (1949); Fecht Michael, Flügelhorn (1970); Fecht Ralf, Posaune (1982); Fuchs Günther, Tuba (1970); Geiger Christian, Trompete (1982); Geiger Martin, Tenorhorn (1974); Geiger Rolf, Klarinette (1953); Haffenegger Helga, Flöte (1974); Knapp Andreas, Tenorhorn (1980); Knapp Berthold, Tenorhorn (1981); Knapp Renate, Klarinette (1979); Käppeler Theodor, Trompete (1974); Kamenzin Roland, Schlagzeug (1964); Keller Thomas, Posaune (1974); Kratzer Günter, Tenorhorn (1974); Kratzer Roland, Posaune (1974); Kempter Albert, Tenorhorn (1953); Lohr Wolfgang, Trompete (1974); Manogg Ottmar, Tenorhorn (1970); Mayer Gerhard, Klarinette (1969); Renner Karl-Heinz, Horn (1967); Renner Kurt, Flügelhorn (1957); Ruf Lothar, Flügelhorn (1970); Schönenberger Hubert, Tenorhorn (1982); Wiest Harald, Tuba (1970); Zwanziger Andrea, Klarinette (1982)

Musikverein Markelfingen

Gründungsjahr:	1921
1. Vorsitzender:	Stefan Neumeir
Stellv. Vorsitzender:	Josef Christ
Schriftführer:	Rolf Ehinger
Rechner:	Jürgen Rebert
Beirat (Aktiva):	Walter Ehinger
	Aloisia Hurt
	Werner Kratzer
	Vinzenz Repnik
Beirat (Passiva):	Hubert Blum
	Alfred Rauch
	Kurt Rotmund
	Berthold Ruther
Dirigent:	Adolf Hurt
Notenwarte:	Winfried Graf
	Martin Petrich
Ehrenvorsitzender:	Josef Ehinger

Aktive: Baka Hans, Trompete (1982); Blum Andreas, Trompete (1977); Braig Simone, Klarinette (1980); Deufel Gabriel, Saxophon (1982); Ehinger Gerhard, Tuba (1962); Ehinger Josef, Tenorhorn (1934); Ehinger Rolf, E-Baß (1976); Golombowski Veronika, Trompete (1982); Graf Winfried, Posaune (1977); Haselberger Christine, Klarinette (1980); Haselberger Nikolaus, Flöte (1980); Hirling Kirsten, Klarinette (1982); Holl Gerd, Trompete (1982); Hurt Aloisia, Klarinette (1970); Hurt Elisabeth, Klarinette (1977); Hurt Johannes, Flügelhorn (1970); Joos Christof, Flügelhorn (1981); Joos Meinrad, Posaune (1981); Joos Monika, Klarinette (1973); Knie Angelika, Flöte (1982); Kratzer Bernhard, Trompete (1974); Kratzer Monika, Klarinette (1977); Kratzer Werner, Bariton (1956); Krauter Birgit, Klarinette (1980); Neumeir Stefan, Tuba (1976); Petrich Martin, Flügelhorn (1976); Rauch Kuno, Trompete (1973); Rauch Stefan, Posaune (1977); Rauser Tobias, Flügelhorn (1976); Ritsche Jürgen, Trompete (1975); Ruther Markus, Posaune (1982); Ruther Thilo, Schlagzeug (1980); Sahler Wilhelm, Posaune (1977); Schrodi Uwe, Tenorhorn (1981); Schrodi Walter, Tenorhorn (1967); Vogt Ilse, Klarinette (1977)

Bauernkapelle Mindersdorf e.V.

Gründungsjahr:	1920
1. Vorsitzender:	Klaus Fetscher
Stellv. Vorsitzender:	Bruno Buhl
Schriftführer:	Siegfried Fetscher
Stellv. Schriftführer:	Franz Kamenzin
Rechner:	Manfred Hipp
Beirat:	Jürgen Waibel
Dirigent:	Hermann Reichle
Vizedirigent:	Walter Schafheutle
Jugendleiter:	Arthur Rigger

Aktive: Arnold Anton, Tenorhorn/Posaune (1978); Bach Ulrich, Tenorhorn/Posaune (1979); Beumer Norbert, Tenorhorn/Posaune (1974); Brucker Josef, Flügelhorn/E-Baß (1978); Buhl Bruno, Tenorhorn/Posaune (1964); Fetscher Klaus, Posaune (1964); Fetscher Siegfried, Klarinette/Saxophon (1973); Gäng Karl-Josef, Posaune/Orgel (1973); Hegge Ewald, Trompete/Schlagzeug (1973); Hipp Manfred, Schlagzeug (1967); Kamenzin Franz, Klarinette/Saxophon (1978); Keller Rüdiger, Tuba (1968); Mühlherr Siegfried, Flügelhorn (1981); Offner Siegfried, Trompete (1978); Reichle Hermann, Posaune/Bariton (1946); Rettig Klaus, Klarinette/Saxophon (1963); Rigger Arthur, Trompete (1979); Schafheutle Walter, Tenorhorn/Posaune (1972); Schreiber Manfred, Flügelhorn (1964)
Zöglinge: Geng Joachim, Trompete (1979); Heim Eugen, Posaune (1979); Heim Wilma, Saxophon (1979); Jamrog Rolf, Posaune (1979); Keller Ernst, Horn (1979); Roder Gabi, Klarinette (1979); Roder Thomas, Klarinette (1979); Stadler Erika, Klarinette (1979); Stadler Otmar, Trompete (1979)

Musikverein Mühlhausen e.V.

Gründungsjahr:	1930
1. Vorsitzender:	Erwin Stengele
Stellv. Vorsitzender:	Werner Graf
Schriftführer/	
Rechner:	Meinrad Schellhammer
Beirat (Aktiva):	Walter Faaß
	Joachim Inholz
	Erwin Schellhammer
Beirat (Passiva):	Alfons Hable
	Rolf Küster
Dirigent:	Erwin Schürmeister
Ehrendirigent:	Franz Graf

Aktive: Biethinger Michael, Trompete (1973); Bohnenstengel Helmut, Schlagzeug (1961); Bohnenstengel Roland, Horn (1964); Deuer Heinrich, Flügelhorn (1958); Deuer Johannes, Tenorhorn (1976); Deuer Kurt, Flügelhorn (1969); Deuer Peter, Posaune (1973); Deuer Rainer, Tenorhorn (1964); Faaß Walter, Klarinette (1946); Faaß Werner, Klarinette (1964); Fedder Jens, Klarinette (1980); Fedder Siegfried, Klarinette (1980); Gehri Helmut, Flügelhorn (1973); Gehri Manfred, Klarinette (1969); Graf Franz, Horn (1930); Graf Klaus, Flöte (1967); Graf Werner, Flügelhorn (1964); Hägele Theo, Klarinette (1973); Inholz Joachim, Posaune (1973); Kempf Stephan, Flügelhorn (1976); Kentischer Bernhard, Klarinette (1976); Kentischer Martin, Klarinette (1976); Kienzler Ralf, Trompete (1974); Kowahl Christian, Trompete (1979); Kowahl Olaf, Posaune (1979); Menges Raymond, Trompete (1978); Roll Heinz, Posaune (1973); Sauter Wolfram, Trompete (1979); Schaffranek Wolfgang, Posaune (1980); Schellhammer Berthold, Tuba (1976); Schellhammer Erwin, Tuba (1947); Schellhammer Jörg, Trompete (1979); Schellhammer Manfred, Tuba (1964); Schellhammer Meinrad, Flügelhorn (1951); Schellhammer Peter, Schlagzeug (1979); Schellhammer Udo, Flöte (1979); Schellhammer Walter, Tenorhorn (1964); Schmal Ernst, Bariton (1965); Schmid Markus, Flöte (1976); Schroff Harald, Schlagzeug (1980); Schroff Jochen, Posaune (1979); Schwanz Hugo, Posaune (1952); Schwoerer Axel, Posaune (1979); Schwoerer Simon, Tuba (1949); Sproll Andreas, Klarinette (1973); Stengele Jürgen, Horn (1973); Stengele Thomas, Klarinette (1979); Störk Karl, Klarinette (1949); Wittling Thomas, Klarinette (1973)
Zöglinge: Bohnenstengel Sandra, Schlagzeug (1980); Braunbard Michael, Trompete (1980); Buhrow Elke, Klarinette (1980); Deuer Christine, Klarinette (1980); Deuer Manuela, Flöte (1980); Dietrich Barbara, Flöte (1980); Fedder Ilka, Klarinette (1981); Fluck Gabriele, Flöte (1980); Hauck Dieter, Klarinette (1980); Hauck Ralf, Klarinette (1980); Heilmann Irina, Flöte (1980); Keller Christine, Flöte (1980); Kowahl Siglinde, Klarinette (1980); Laskowski Sigrid, Klarinette (1980); Lott Gabriele, Saxophon (1980); Menges Diana, Saxophon (1980); Pfeiffer Klaus, Saxophon (1980); Scholl Alexandra, Schlagzeug/Lyra (1980); Schroff Bettina, Flöte (1980); Schroff Georg, Tenorhorn (1980); Stengele Carmen, Flügelhorn (1980); Welter Katja, Schlagzeug/Lyra (1980); Wittling Mario, Oboe (1982)

Musikverein Mühlingen 1830 e.V.

Gründungsjahr:	1830*
1. Vorsitzender:	Albert Steinmann
Stellv. Vorsitzender:	Wolfgang Kuolt
Schriftführer:	Emil Messmer
Rechner:	Karl Schwarz
Beirat (Aktiva):	Ewald Hofer
	Karl-Heinz Kuolt
	Alfred Romahn
Beirat (Passiva):	Rupert Häusler
	Gottfried Winkler
Dirigent:	Alfred Wegmann
Vizedirigent/	
Jugendleiter:	Wolfgang Kuolt
Notenwart:	Friedrich Heim
Instrumentenwart:	Julius Schwarz
Vereinsdiener:	Karl-Heinz Kuolt

Aktive: Binder Reinhold, Horn (1978); Buhl Peter, Flügelhorn (1947); Häusler Elmar, Klarinette (1966); Heim Friedrich, Posaune (1974); Heim Martin, Posaune (1968); Hofer Alfons, Tenorhorn (1976); Hofer II Andreas, Trompete (1955); Hofer Ewald, Tuba (1947); Hofer Georg, Trompete (1974); Hofer II Josef, Klarinette (1947); Hofer Rainer, Posaune (1976); Honold Klaus, Horn (1968); Honold Walter, kl. Trommel (1974); Jäger Hans-Peter, Trompete (1968); Klotz Kurt, gr. Trommel (1976); Kuolt Karl-Heinz, Klarinette (1968); Kuolt Wolfgang, Klarinette (1966); Renner Franz, Trompete (1976); Renner Rolf, Tenorhorn (1957); Romahn Alfred, Flügelhorn (1951); Romahn Markus, Flügelhorn (1974); Romahn Thomas, Klarinette (1978); Sauter Egon, Tenorhorn (1978); Sauter Wilhelm, Becken (1955); Schafheutle Franz, Bariton (1974); Schwarz Julius, Tuba (1960); Steidle Martin, Horn (1976); Steinmann Klaus, Tenorhorn (1968); Traber Martin, Posaune (1978); Wegmann Günter, Trompete (1976); Wegmann Konrad, Tenorhorn (1953); Wegmann Markus, Flügelhorn (1974); Wegmann Paul, Tenorhorn (1976)
Zöglinge: Croener Christoph, Trompete (1980); Heim Martha, Klarinette (1980); Ippendorf Patrick, Trompete (1980); Kästle Roland, Klarinette (1980); Kibler Jürgen, Tenorhorn (1980); Renner Elke, Klarinette (1980); Sauter Thomas, Trompete (1980); Wegmann Berthold, Flügelhorn (1980); Wegmann Inge, Trompete (1980); Weh Martin, Flügelhorn (1980)

Fanfarenzug Münchhöf e.V.

Gründungsjahr:	1959
1. Vorsitzender:	Emil Rimmele
Stellv. Vorsitzender:	Friedrich Müller
Schriftführer:	Josef Löffler
Rechner:	Bernhard Stocker
Beirat:	Franz Reichle
	Burkard Stocker
Dirigent:	Helmut Bacher
Vizedirigent:	Bernhard Stocker
Jugendleiter:	Gerhard Ruß
Ehrendirigent:	Wolfgang Leidolt

Aktive: Bacher Manfred, Fanfare (1967); Bayer Thomas, Fanfare (1979); Dreher Karl, Fanfare (1970); Fecht Elvira, Fanfare (1977); Fuchs Joachim, Fanfare (1979); Lehmann Herbert, Landsknechttrommel (1959); Löffler Josef, Landsknechttrommel (1964); Martin Frank, Landsknechttrommel (1980); Müller Friedrich, Fanfare (1964); Rauch Karl-Willi, Fanfare (1972); Rauch Reinhard, Fanfare (1969); Rauch Siegfried, Fanfare (1964); Reichle Bruno, Fanfare/Trompete (1972); Reichle Carola, Marschtrommel (1977); Reichle Franz, Fanfare/Trompete (1960); Rimmele Beate, Fanfare (1971); Rimmele Emil, Landsknechttrommel (1959); Rimmele Ute, Fanfare (1972); Rohde Jochen, Landsknechttrommel (1980); Ruß Gerhard, Fanfare (1971); Schroff Franz, Fanfare (1962); Stocker Bernhard, Marschtrommel (1964); Stocker Burkard, Fanfare (1966); Stocker Manuela, Fanfare (1972); Stocker Rita, Marschtrommel (1969); Zoller Klemens, Marschtrommel (1979); Zumkeller Franz, Fanfare (1977); Zumkeller Günter, Becken (1975); Zumkeller Heidi, Marschtrommel (1977)
Zöglinge: Lehmann Bettina, Fanfare (1981); Reichle Sandra, Fanfare (1981)

Musikverein Nenzingen 1851 e.V.

Gründungsjahr:	1851*
1. Vorsitzender:	Xaver Greutter
Stellv. Vorsitzender:	Hans Mathis
Schriftführer:	Klaus Bold
Rechner:	Otmar Schwanz
Beirat (Aktiva):	Fritz Auer
	Walter Bayer
	Otmar Brecht
	Leo Gaupp
	Egon Heppeler
	Thomas Martin
	Dietmar Stengele
	Hans Volk
Beirat (Passiva):	Kurt Stehle
Dirigent:	Roland Rehm
Vizedirigent:	Hans Volk
Jugendleiter:	Dietmar Stengele
Notenwart:	Josef Veit
Instrumentenwarte:	Walter Bayer
	Hans Volk

Ehrenvorsitzender: Walter Bayer; Ehrendirigent: Richard Rehm
Aktive: Auer Fritz, Tuba (1950); Baur Jürgen, Schlagzeug (1974); Bayer Hubert, Tenorhorn (1971); Bayer Rudolf, Tenorhorn (1973); Bayer Walter, Tuba (1947); Berkefeld Julia, Flöte (1967); Bold Fritz, Saxophon (1947); Bold Klaus, Schlagzeug (1972); Brecht Daniela, Trompete (1981); Brecht Otmar, Klarinette (1950); Feucht Lothar, Tenorhorn (1973); Gaupp Claudia, Flügelhorn (1981); Gaupp Leo, Flügelhorn (1950); Grimm Gerhard, Trompete (1981); Häußler Sonja, Klarinette (1981); Hauber Christina, Klarinette (1981); Heppeler Egon, Horn (1947); Jonetzek Alexander, Flügelhorn (1981); Joos Hermann, Schlagzeug (1973); Knobelspies Franz, Horn (1965); Knoop Heike, Klarinette (1981); König Peter, Tenorhorn (1981); Martin Thomas, Flügelhorn (1973); Mathis Hans, Posaune (1955); Muffler Martin, Posaune (1974); Orsinger Ernst, Trompete (1967); Rehm Frank, Flügelhorn (1981); Rehm Marion, Klarinette (1981); Rehm Otto, Trompete (1947); Rehm Rainer, Posaune (1979); Schacher Wilfried, Tuba (1947); Schlatterer Heinz, Flügelhorn (1958); Schwanz Michael, Trompete (1981); Schwanz Otmar, Trompete (1962); Schwanz Thomas, Flöte (1981); Seliger Andrea, Klarinette (1981); Seliger Gerhard, Saxophon (1981); Seliger Ludwig, Tenorhorn (1950); Seliger Richard, Saxophon (1950); Stehle Klemens, Horn (1950); Stengele Dietmar, Trompete (1973); Stengele Wolfgang, Klarinette (1981); Stetter Toni, Saxophon (1981); Veit Josef, Klarinette (1955); Volk Hans, Klarinette (1947); Walter Heike, Klarinette (1981); Wurst Gerd, Tenorhorn (1973)
Zöglinge: Auer Klaus, Horn; Auer Thomas, Trompete; Bold Joachim, Trompete; Hinderegger Stefan, Schlagzeug; Hinz Stefan, Schlagzeug; Lindemann Isabell, Flöte; Mathis Roland, Trompete; Mayer Mathias, Flügelhorn; Rothmund Frank, Posaune; Ruf Markus, Trompete; Schlatterer Mathias, Klarinette; Schröder Michael, Trompete; Seliger Stefan, Tenorhorn; Stengele Martin, Klarinette; Veit Martina, Klarinette; Zörlein Martin, Trompete

Musikverein Öhningen 1802 e.V.

Gründungsjahr:	1802*
1. Vorsitzender:	Hugo Zimmermann
Stellv. Vorsitzender:	Erwin Zimmermann
Schriftführer:	Hermann Dosch
Rechner:	Hans-Hermann Engelhardt
Beirat:	Wilfried Braun
	Herbert Körnchen
Dirigent:	Albert Raible
Vizedirigent:	Otto Hess
Jugendleiter:	Petra Löble
	Albert Raible
Notenwart:	Andrea Braun
Instrumentenwart:	Hans Löble
Zeugwart:	Hubert Wieser

Aktive: Braun Albrecht, Bariton (1976); Braun Andrea, Trompete (1976); Braun Wilfried, Tuba (1976); Brügel Alois, Trompete (1950); Brügel Helga, Trompete (1972); Dosch Hermann, Bariton (1959); Dürr Hans, Flügelhorn (1972); Dürr Karl, Schlagzeug (1947); Engelhardt Hans-Hermann, Saxophon (1972); Frütsche Gerhard, Posaune (1948); Frütsche Peter, Schlagzeug (1965); Frütsche Rainer, Bariton (1972); Henkel Ernst, Posaune (1964); Hess Frank, Flügelhorn (1972); Hess Otto, Flügelhorn (1947); Hess Thomas, Tenorhorn (1972); Heyna Klaus, Trompete (1981); Heyna Sybille, Klarinette (1981); Juchter Christine, Klarinette (1976); Kiecza Ulrich, Klarinette (1959); Laier Andrea, Saxophon (1972); Löble Hans, Sousaphon (1950); Löble Petra, Tenorhorn (1976); Löble Ursula, Lyra (1975); Massler Horst, Posaune (1956); Renner Susanne, Klarinette (1976); Ruf Roland, Saxophon (1972); Sieber Manfred, Klarinette (1956); Schäuble Karl, Tenorhorn (1959); Schmidt Rolf, Flügelhorn (1976); Schultheiß Jürgen, Schlagzeug (1981); Voigt Holger, Flügelhorn (1976); Welte Siegfried, Flügelhorn (1968); Wieser Hubert, Posaune (1968); Zimmermann Erwin, Tenorhorn (1964); Zimmermann Ilse, Klarinette (1974)
Zöglinge: Bitter Andreas, Saxophon (1981); Braun Petra, Klarinette (1981); Dosch Frank, Flügelhorn (1981); Engelhardt Markus, Tenorhorn (1981); Gerstlauer Oliver, Tenorhorn (1981); Hirt Angela, Trompete (1981); Kohlmeier Thorsten, Saxophon (1981); Löble Daniel, Trompete (1981); Maßler Edelgard, Klarinette (1981); Neureither Detlef, Bariton (1981); Schäuble Axel, Flügelhorn (1981); Schäuble Katja, Klarinette (1981); Schmidt Marianne, Klarinette (1981); Schmidt Roland, Posaune (1981); Sieber Armin, Tenorhorn (1981); Sieber Uwe, Trompete (1981)

Musikverein Orsingen e.V.

Gründungsjahr:	1897
1. Vorsitzender:	Helmut Stemmer
Stellv. Vorsitzender:	Georg Stemmer
Schriftführer:	Rolf Joos
Rechner:	Stefan Trunz
Beirat (Aktiva):	Otto Buhl
	Paul Gaißer
Beirat (Passiva):	Anton Fritschi
	Philipp Roth
Dirigent:	Hermann Buhl
Vizedirigent:	Günther Zimmermann
Notenwart/	
Zeugwart/	
Instrumentenwart:	Wolfgang Geiger
Ehrenvorsitzender:	Hermann Fritschi I
Ehrendirigent:	Willi Kessing
Fähnrich:	Klemens Schenk

Aktive: Briel, von Fritz, Tenorhorn (1959); Buhl Otto, Klarinette (1955); Buhl Thomas, Saxophon (1980); Fritschi Andreas, Horn (1980); Fritschi Fritz, Flöte (1967); Fritschi Gebhard, Flügelhorn (1980); Fritschi Ralf, Saxophon (1982); Gaißer Bruno, Tenorhorn (1972); Gaißer Paul, Tuba (1972); Gallenschütz Franz, gr. Trommel (1967); Geiger Wolfgang, Flügelhorn (1960); Gnirß Karl, Tenorhorn (1967); Harder Stefan, Bariton (1959); Hübschle Paul, Tuba (1959); Joos Paul, Horn (1967); Joos Rolf, Klarinette (1972); Kienle Steffen, Schlagzeug (1981); Kraft Carola, Trompete (1980); Lehmann Rolf, Posaune (1959); Mauch Daniela, Klarinette (1980); Mauch Michael, Klarinette (1980); Mehltretter Fritz, Trompete (1958); Roth Philipp II, Saxophon (1967); Schmid Christoph, Horn (1980); Schmid Dietmar, Klarinette (1980); Schmid Hubert, Tenorhorn (1946); Schmid Karin, Klarinette (1976); Schmid Manfred, Flügelhorn (1976); Schmid Norbert, Posaune (1980); Schmid Wilhelm, Flügelhorn (1951); Stemmer Bernhard, Posaune (1982); Stemmer Dieter, Trompete (1976); Stemmer Georg, Trompete (1967); Stemmer Martin, Saxophon (1980); Streicher Martin, Flügelhorn (1976); Trunz Stefan, Tuba (1958); Zeiher Friedbert, Posaune (1976); Zeiher Martin, Posaune (1982); Zeiher Sonja, Klarinette (1976); Zimmermann Gerhard, Klarinette (1967); Zimmermann Günther, Tenorhorn (1976); Zimmermann Martin, Trompete (1980)

Musikverein „Eintracht" Petershausen e.V.

Gründungsjahr:	1922
1. Vorsizender:	Emil Schrodin
Stellv. Vorsitzender:	Georg Jonetzek
Schriftführer:	Wolfgang Betz
Rechner:	Peter Kohn
Beirat (Aktiva):	Josef Maier, Korpsführer
	Roland Saile, Sachwart
	Claudius Wochner
Beirat (Passiva):	Johann Löffler
Jugendvertreter:	Günther Metzger
Dirigent:	Werner Behm
Vizedirigent:	Wolfgang Betz
Jugendleiter:	Günther Metzger
Notenwart:	Claudius Wochner
Instrumentenwart:	Roland Saile

Aktive: Betz Markus, Tenorhorn (1949); Betz Wolfgang, Posaune (1956); Brunner Barbara, Klarinette (1975); Brunner Edgar, Flügelhorn (1977); Brunner Ursula, Klarinette (1977); Filleböck Hans, Trompete (1977); Günther Anni, Klarinette (1964); Kaiser Robert, Trompete (1982); Kohn Peter, Trompete (1952); Kraus Marcel, Posaune (1982); Maier Josef, Bariton (1948); Mauberger Siegfried, Schlagzeug (1964); Metzger Günther, Flügelhorn (1980); Ristic Dieter, Trompete (1981); Saile Roland, Klarinette (1980); Weber Michael, Schlagzeug (1982); Wieland Hermann, Tuba (1956); Wochner Claudius, Tenorhorn (1972); Zachenbacher Bruno, Tuba (1981); Zachenbacher Gerd, Posaune (1977)

Stadtkapelle Radolfzell

Gründungsjahr:	1772*
1. Vorsitzender:	Gerhard Haberstock
Stellv. Vorsitzender:	Erich Auer
Schriftführer:	Bernd Bosch
Rechner:	Josef Jauch
Stellv. Rechner:	Traudel Mayer
Beirat:	Manfred Bender
	Alexander Bührer
	Hansjörg Diez
	Traudel Mayer
	Wolfgang Riester
	Werner Schuhwerk
Dirigenten:	Klaus Steckeler
	Heinrich Braun

Aktive: Arnold Ekkehard, Flügelhorn (1980); Auer Erich, Saxophon (1951); Baumgartner Dietmar, Trompete (1970); Bender Jörg, Klarinette (1980); Bender Manfred, Tenorhorn (1956); Biesinger Ralf, Schlagzeug (1981); Bommer Andrée, Klarinette (1980); Bosch Bernd, Tuba (1970); Bosch Klaus, Cornet (1975); Brall Arne, Trompete (1980); Bührer Alexander, Saxophon (1971); Deufel Andrea, Flöte (1977); Deufel Thomas, Pikkolo/Flöte (1979); Diez Hansjörg, Fagott (1968); Ebersbach Thomas, Tuba (1980); Gräble Karin, Klarinette (1977); Haberstock Gerhard, Trompete (1968); Hässler Michael, Tenorhorn (1979); Hage Waltraud, Klarinette (1979); Hagmüller Franz, Cornet (1980); Hartmann Rainer, Schlagzeug (1981); Honz Margarete, Posaune (1976); Horber Brigitte, Flöte (1980); Hurt Aloisia, Klarinette (1977); Hurt Johannes, Flügelhorn (1975); Issovits Vera, Saxophon (1977); Jauch Josef, Oboe (1948); Joos Herbert, Posaune (1979); Joos Monika, Klarinette (1979); Kache Gabriele, Flöte (1980); Kache Horst, Saxophon (1957); Kiefer Michael, Oboe (1979); Kille Ulrike, Tenorhorn (1977); Knie Angelika, Flöte (1978); Mayer Traudel, Klarinette (1969); Meinolph Regina, Klarinette (1979); Moser Stefan, Posaune (1982); Neumeier Stefan, Tuba (1979); Rauch Kuno, Trompete (1979); Riester Wolfgang, Bariton (1967); Rigling Dieter, Schlagzeug (1968); Rihm Bernd, Horn (1971); Rimmele Axel, Trompete (1975); Roeske Ralf, Klarinette (1971); Schäuble Wolfgang, Tuba (1980); Schaub Siegfried, Schlagzeug (1975); Schmal Ansgar, Klarinette (1982); Schmal Zeno, Horn (1979); Schuhwerk Roland, Cornet (1980); Schuhwerk Werner, Tenorhorn (1972); Solf Hanspeter, Posaune (1968); Stoffel Martin, Klarinette (1979); Stoffel Suso, Horn (1977); Uhl Josef, Posaune (1952); Vogt Ilse, Klarinette (1980); Wernert Katharina, Flöte (1979); Zdych Lucian, Cornet (1982)

Jugendblasorchester Radolfzell

Gründungsjahr:	1965
Elternbeiratsvorsitzender:	Helene Schuhwerk
Stellvertreter:	Adolf Diehl
Schriftführung:	Städt. Musikschule Radolfzell
Rechner:	Josef Jauch
Dirigenten:	Heinrich Braun
	Klaus Steckeler

Aktive: Apel Rainer, Klarinette (1978); Auer Carmen, Flöte (1976); Bender Bernd, Tuba (1979); Benz Andreas, Flügelhorn (1981); von Bodman Johannes, Trompete (1980); Bohle Simone, Klarinette (1979); Boos Christian, Klarinette (1979); Boos Martin, Flügelhorn (1979); Braun Christian, Horn (1981); Breig Gaby, Klarinette (1980); Brüstle Peter, Becken (1981); Bucher Franziska, Kontrabaß (1982); Burger Marc, Cornet (1979); Burger Ulrich, Tuba (1979); Burmeister Jürgen, Tenorhorn (1979); Deufel Gabriel, Saxophon (1979); Deufel Martin, kl. Trommel (1981); Diehl Markus, Horn (1977); Eisele Thomas, Flügelhorn (1975); Eisermann Claudius, Trompete (1980); Eßig Martina, Klarinette (1975); Fischer Bernd, Posaune (1979); Fischer Elke, Klarinette (1981); Fischer Stefan, Klarinette (1979); Gentile Anton, Posaune (1982); Halter Susanne, Klarinette (1979); Hauser Ruth, Flöte (1976); Hein Christian, Saxophon (1981); Hurt Elisabeth, Klarinette (1978); Issovits Anja, Klarinette (1980); Jäger Thomas, Trompete (1979); Jauch Bernadette, Kontrabaß (1979); Jauch Zeno, Bariton (1980); Jerger Christoph, Bariton (1980); Jerger Harald, Saxophon (1979); Joos Christoph, Flügelhorn (1980); Joos Meinrad, Posaune (1979); Jurenka Frithjof, Fagott (1977); Jurenka Gunter, Tuba (1979); Kache Christoph, Trompete (1979); Kauter Thomas, Trompete (1976); Kratzer Monika, Klarinette (1978); Krauter Birgit, Klarinette (1979); Lachawietz Petra, Flöte (1980); May Peter, Schlagzeug (1975); Müller Axel, Klarinette (1981); Müller Ulrich, Pauken (1979); Nobs Roland, Klarinette (1979); Pokorski Christian, Flöte (1980); Prien Olaf, Trompete (1980); Riegger Franco, Cornet (1981); Rimmele Anita, Klarinette (1979); Roller Elke, Glockenspiel/Xylophon (1981); Rothenberger Carmen, Klarinette (1982); Ruther Tilo, Schlagzeug (1981); Schäfle Thomas, gr. Trommel (1979); Schäfle Ulrike, Saxophon (1981); Schäuble Martin, Horn (1977); Schäuble Thomas, Posaune (1982); Schäuble Ulrike, Fagott (1979); Scherer Karen, Flöte (1980); Schille Hildegard, Flöte (1977); Schrodi Uwe, Tenorhorn (1980); Schuhwerk Helga, Horn (1979); Schuhwerk Martina, Horn (1979); Schulz Petra, Flöte (1981); Sigmund Jörg, Posaune (1981); Späth Thomas, Trompete (1979); Stump Elisabeth, Klarinette (1980); Uhl Andreas, Flügelhorn (1976); Vogler Benno, Cornet (1981); Vogler Bodo, Cornet (1981); Weber Andrea, Klarinette (1981); Wehrle Clemens, Horn (1981); Wolter Andrea, Flöte (1980); Zdych Lucian, Cornet (1979)

Musikverein Raithaslach-Münchhöf e.V.

Gründungsjahr:	1902
1. Vorsitzender:	Fritz Maier
Stellv. Vorsitzender:	Ludwig Brecht
Schriftführer:	Helmut Kessler
Rechner:	Edmund Bludau
Dirigent:	Helmut Baur
Vizedirigent/ Jugendleiter:	Edgar Müller
Notenwart:	Cordula Bludau
Ehrenvorsitzender:	Franz Manogg
Ehrendirigent:	Karl Baur

Aktive: Baur Manfred, Saxophon (1967); Baur Petra, Klarinette (1982); Bludau Cordula, Trompete (1979); Bludau Edmund, Schlagzeug (1955); Fuchs Rainer, Tenorhorn (1966); Ganter Ottmar, Saxophon (1972); Grüble Heidrun, Klarinette (1982); Grüble Walter, Flügelhorn (1960); Heppeler Angelika, Flöte (1979); Joos Helmut, Klarinette (1972); Kabisreiter Klaus, Posaune (1982); Kaupert Eva, Flügelhorn (1979); Kaupert Paul, Posaune (1954); Keller Heinrich, Tenorhorn (1962); Kempter Erich, Posaune (1953); Kempter Monika, Klarinette (1982); Kempter Rita, Klarinette (1972); Kempter Siegfried, Trompete (1976); Kempter Werner, Schlagzeug (1979); Kessler Helmut, Flügelhorn (1955); Kessler Ilona, Klarinette (1979); Lach Walter, Posaune (1972); Lach Wilfried, Tenorhorn (1976); Maier Franz, Horn (1949); Maier Walter, Horn (1982); Manogg Bruno, Tenorhorn (1952); Manogg Heidi, Klarinette (1979); Manogg Karin, Flöte (1982); Manogg Ute, Klarinette (1976); Marber Helga, Flöte (1975); Müller Bernhard, Tenorhorn (1976); Müller Bernhard, Trompete (1982); Müller Edgar, Tuba (1976); Müller Wolfgang, Saxophon (1981); Rampf Dieter, Tuba (1962); Rampf Herbert, Flügelhorn (1962); Renner Doris, Flügelhorn (1979); Renner Hermann, Tenorhorn (1953); Renner Josef, Trompete (1955); Renner Jürgen, Horn (1982); Renner Paul, Tuba (1973); Renner Siegfried, Tenorhorn (1982); Schmal Paul, Tenorhorn (1967); Spallek Helmut, Saxophon (1982); Spallek Reinhold, Trompete (1976)

Musikverein Randegg e.V.

Gründungsjahr:	1864*
1. Vorsitzender:	Günter Stransky
Stellv. Vorsitzender:	Klaus Speicher
Schriftführer:	Siegfried Friese
Rechner:	Konrad Handloser
Beirat (Aktiva):	Hans Allgeyer
	Ewald Schuhwerk
	Anton Speicher
	Arthur Zimmermann
Beirat (Passiva):	Anton Frei
	Walter Frei
	Alfred Friese
Dirigent:	Josef Höliner
Vizedirigent:	Ewald Schuhwerk
Jugendleiter:	Astrid Stephan
Notenwart:	Ewald Schuhwerk
Instrumentenwart:	Klaus Speicher
Ehrenvorsitzende:	Anton Frei
	Bruno Oppe

Aktive: Allgeyer Hans, gr. Trommel (1972); Auer Hermann J., Saxophon (1961); Auer Konrad, Tuba (1954); Breinlinger Horst, Tenorhorn (1980); Breinlinger Silvia, Flöte (1981); Friese Siegfried, Posaune (1970); Handloser Andreas, Trompete (1978); Handloser Anton, Trompete (1971); Handloser Konrad, Horn (1946); Nohl Ewald, Tenorhorn (1950); Schatz Kurt, Tuba (1962); Schirmeister Karl, Tenorhorn (1969); Schuhwerk Arnold, Klarinette (1978); Schuhwerk Ewald, Trompete (1954); Schuhwerk Franz, Flügelhorn (1946); Sepp Beate, Klarinette (1974); Sepp Dietmar, Flügelhorn (1978); Sepp Jürgen, Flügelhorn (1977); Skrabl Juliane, Klarinette (1978); Speicher Ambros, Bariton (1959); Speicher Anton, Flügelhorn (1957); Speicher Harald, Posaune (1978); Speicher Markus, Klarinette (1978); Speicher Nikolaus, Posaune (1957); Speicher Wolfgang, Tenorhorn (1978); Stephan Astrid, Trompete (1971); Unger Thomas, Tenorhorn (1979); Zimmermann Artur, Posaune (1960)
Zöglinge: Frei Angelika, Klarinette (1982); Sixta Peter, Trompete (1982); Speicher Silvia, Klarinette (1982); Wittmer Manuela, Klarinette (1982); Wittmer Markus, Schlagzeug (1982)

Bürgermusikverein Reichenau

Gründungsjahr:	1738 Bürgermusik
	1875 Bürgermusikverein
1. Vorsitzender:	Pirmin Honsell
Stellv. Vorsitzender:	Klaus Böhler
Schriftführer:	Adolf Stöfler
Rechner:	Bertram Wehrle
Beirat:	Walter Blum
	Walter Blum
	Karl Deggelmann
	Kurt Fehrenbach
	Theodor Glönkler
	Gerhard Kunkel
Revisoren:	Markus Böhler
	Remigius Krämer
Dirigent:	Gerhard Kunkel
Jugendleiter:	Kurt Fehrenbach
Ehrendirigent:	Franz Wurz

Aktive: Acker Markus, Klarinette (1982); Bärthele Emanuel, Horn (1978); Bernhard Karl, Flöte (1951); Blum Andreas, Klarinette (1972); Blum Helmut, Trompete (1934); Böhler Gottfried, Tenorhorn (1957); Böhler Klaus, Klarinette/Saxophon (1965); Deggelmann Friedbert, Tenorhorn (1976); Deggelmann Karl, Klarinette (1947); Deggelmann Karl, Trompete (1971); Deggelmann Martin, Tenorhorn (1982); Dummel Wolfgang, Schlagzeug (1978); Englmeier Alois, Posaune (1973); Fehrenbach Kurt, Trompete (1949); Gasser Edmund, Klarinette/Saxophon/Fagott (1946); Gasser Isidor, Posaune (1934); Gasser Konrad, Horn (1938); Geisert Bernhard, Posaune (1973); Hafner Martin, Trompete (1981); Halbherr Georg, Horn (1954); Heckmann Emil, Posaune (1964); Honsell Hans, Tuba (1964); Honsell Pirmin, Bariton (1934); Huber Max, Horn (1959); Junghänel Udo, Posaune (1964); Keller Alfons, Posaune (1954); Keller Brigitte, Flöte (1979); Keller Hans, Posaune (1973); Koch Bernfried, Horn (1971); Koch Karl, Tuba (1946); Koch Karl-Heinz, Posaune (1978); Koch Michael, Tuba (1977); Krämer Manfred, Flügelhorn (1972); Krämer Remigius, Flügelhorn (1948); Krämer Roland, Klarinette (1948); Müller Berno, Trompete (1976); Müller Edgar, Klarinette (1975); Müller Ewald, Flügelhorn (1961); Müller Walter, Bariton (1955); Penzkofer Alfons, Trompete (1975); Penzkofer Martin, Trompete (1974); Ruf Karl, Oboe (1937); Schmidt Hubert, Flügelhorn (1978); Spicker Markus, Trompete/Horn/Saxophon (1965); Stöffler Adolf, Klarinette (1947); Uricher Elmar, Tenorhorn (1982); Wedelich Hans, Schlagzeug/Pauken (1963); Wedelich Johann, Schlagzeug (1934); Wedelich Stefan, Klarinette/Saxophon (1962); Wedelich Thomas, Schlagzeug (1975); Wehrle Bernhard, Trompete (1965); Wehrle Bertram, Klarinette (1951); Welte Arnold, Klarinette (1946); Welte Hubert, Bariton (1978); Wurz Franz, Flügelhorn (1965)

Musikverein Riedöschingen e.V.

Gründungsjahr:	1901
1. Vorsitzender:	Walter Bumiller
Stellv. Vorsitzender:	Ludwig Effinger
Schriftführer:	Vitus Noe
Rechner:	Heinz Reichle
Beirat:	Marion Benker
	Lothar Büttner
	Thomas Mettler
	Herbert Schey
	Thomas Schöndienst
Dirigent/	
Jugendleiter:	Bernhard Reiske
Notenwart:	Marion Benker
Instrumentenwart:	Ludwig Effinger

Aktive: Bäurer Anja, Klarinette (1979); Benker Andreas, Trompete (1975); Benker Marion, Saxophon (1973); Böhler Jeanette, Flügelhorn (1979); Büttner Lothar, Saxophon/Klarinette (1971); Bumiller Walter, Bariton (1955); Dörr Franz, Flügelhorn (1975); Effinger Ludwig, Tuba (1971); Effinger Meta, Flöte (1973); Hahn Birgitt, Klarinette (1979); Haug Dieter, Tenorhorn (1977); Hertz Dagmar, Klarinette (1975); Keller Bernhard, Flügelhorn (1977); Keller Brigitte, Klarinette (1977); Keller Ottmar, Tenorhorn (1975); Kristiani Sandra, Klarinette (1980); Kurz Christian, Flügelhorn (1977); Kurz Ingfried, Trompete (1976); Kurz Michaela, Flöte (1978); Kurz Regina, Klarinette (1979); Mettler Klaus, Schlagzeug (1975); Mettler Thomas, Trompete (1973); Noe Bernhard, Posaune (1975); Noe Vitus, Posaune (1946); Reichle Heinz, Tuba (1958); Schey Herbert, Saxophon/Klarinette (1951); Schey Roland, Schlagzeug (1979); Scheyer Daniela, Klarinette (1980); Schöndienst Thomas, Saxophon/Klarinette (1975); Schorpp Birgitt, Flöte (1980); Schorpp Friedhelm, Horn (1975); Sehr Susanne, Klarinette (1976); Semmling Birgitt, Klarinette (1980); Speck Manuela, Klarinette (1976); Zeller Elvira, Klarinette (1978); Zeller Engelbert, Flügelhorn (1975); Zeller Luzia, Klarinette (1977)

Musikverein Rielasingen e.V.

Gründungsjahr:	1860*
1. Vorsitzender:	Willi Hoch
Stellv. Vorsitzender:	Günter Künz
Schriftführer:	Gerd Polkowski
Rechner:	Herbert Baum
Verwaltungsrat:	Franz Goldate
	Harry Schädler
	Josef Schoch
	Fritz Stoll
Musikerausschuß:	Anton Fuchs
	Josef Fürst
	Michael Hoch
	Bernd Huber
	Manfred Roos
	Hermann Sieger
Dirigent:	Bruno Schnetz
Notenwarte:	Karl Mayer
	Martin Wutschke
Instrumentenwart:	Helmut Mentzel
Ehrenvorsitzender:	Alfred Haas, Bgm. a. D.

Aktive: Baum Jürgen, Klarinette (1979); Baum Reiner, Schlagzeug (1979); Bernmeister Edith, Klarinette (1979); Bohner Eckbert, Tuba (1957); Bohner Gerold, Klarinette (1957); Büchel Bernd, Posaune (1970); Busshart Barbara, Klarinette (1979); Elsässer Rolf, Klarinette (1975); Falk Marina, Klarinette (1979); Fuchs Anton, Trompete (1957); Fürst Josef, Schlagzeug (1946); Galster Josef, Tuba (1949); Geier Carmen, Klarinette (1979); Greiner-Perth Andrea, Klarinette (1979); Guth Christoph, Trompete (1979); Harder Thomas, Posaune (1970); Hoch Michael, Horn (1977); Huber Bernd, Trompete (1975); Huy-Prech Fritz, Tenorhorn (1965); Kühne Rainer, Bariton (1971); Künz Günter, Tuba (1968); Künz Wolfgang, Trompete (1971); Marquart Ulrike, Flügelhorn (1979); Mayer Karl, Flügelhorn (1975); Mayer Manfred, Horn (1977); Mentzel Helmut, Klarinette (1971); Polkowski Gerd, Posaune (1968); Roos Manfred, Flügelhorn (1957); Roschanski Paul, Klarinette (1981); Ruof Andreas, Flügelhorn (1981); Schilling Willi, Tenorhorn (1954); Schoch Roland, Trompete (1981); Sieger Hermann, Klarinette (1954); Sontheimer Günter, Flügelhorn (1981); Spothelfer Lothar, Horn (1977); Waldmann Jürgen, Tenorhorn (1979); Wutschke Martin, Bariton (1976); Wutschke Mechthilde, Flöte (1976)

Instrumentalverein Rielasingen-Arlen e.V.

Gründungsjahr:	1925
1. Vorsitzender:	Rolf Trautwein
Stellv. Vorsitzender:	Hermann Ley
Schriftführer:	Helmut Gülpers
Stellv. Schriftführer:	Heidi Fröhlich
Kassier:	Walter Herz
Beirat:	Frieder Blum
	Hans Böhm
	Hartmut Brückner
	Hans Ehrlich
	Heidi Fröhlich
	Volkmar Fröhlich
Dirigent:	Alex Beck
Vizedirigent:	Helmut Gülpers
Jugendleiter:	Rolf Trautwein
Notenwart:	Alex Beck
Instrumentenwart:	Volkmar Fröhlich
Musikführer:	Hans Spieß

Aktive: Baum Stefan, Klavier (1978); Beck Herwig, Gitarre (1972); Blum Frieder, Akkordeon (1972); Böhm Hans, Geige (1948); Fröhlich Heidi, Saxophon (1972); Fröhlich Volkmar, Saxophon (1972); Gnon Norbert, Trompete (1981); Gülpers Helmut, Geige (1958); Hug Harald, Saxophon (1972); König Josef, Trompete (1978); Kugler Mathias, Geige (1963); Kuner Siegfried, Saxophon (1972); Ley Hermann, Geige (1948); Seibod Erhard, Posaune (1956); Singer Rolf, Geige (1960); Spieß Hans, Geige (1954); Trautwein Rolf, Geige (1948)
Zöglinge: Böhm Bettina, Klavier (1979); Böhm Ralf, Klarinette (1980); Blum Marc, Gitarre (1979); Ley Joachim, Trompete (1979); Trautwein Silke, Klavier (1981); Trautwein Heike, Klavier (1981)

Fanfarenzug Rielasingen-Arlen e.V.

Gründungsjahr:	1962
1. Vorsitzender:	Franz Frank
Stellv. Vorsitzender:	Edgar Maier
Schriftführer:	Hubert Thanner
Stellv. Schriftführer:	Albert Landsperger
Rechner:	Reinhard Edel
Stellv. Rechner:	Jörg Leschinski
Beirat:	Helmut Koch
	Volker Schnetz
Dirigent:	Gerald Gmeinwieser
Vizedirigent:	Reinhold Bach
Jugendleiter:	Michael Benitz
Instrumentenwart:	Edgar Maier

Aktive: Bach Reinhold, Fanfare (1964); Bachmaier Ernst, Landsknechttrommel (1968); Benitz Michael, Marschtrommel (1975); Deufel Dietmar, Fanfare (1975); Edel Reinhard, Fanfare (1971); Ehinger Ottmar, Fanfare (1970); Frank Franz, Fanfare (1963); Gassmann Michael, Fanfare (1975); Gierke Markus, Marschtrommel (1975); Gierke Ralf, Fanfare (1978); Hany Georg, Fanfare (1975); Isele Paul, Fanfare (1962); Koch Helmut, Landsknechttrommel (1964); Landsperger Albert, Becken (1964); Leschinski Jörg, Marschtrommel (1974); Leschinski Thomas, Fanfare (1978); Maier Edgar, Fanfare (1972); Mayer Alfred, Fanfare (1973); Mayer Berthold, Landsknechttrommel (1975); Mastrocola Robert, Fanfare (1975); Menzel Werner, Landsknechttrommel (1963); Rohr Günter, Fanfare (1962); Schnetz Edgar, Becken (1964); Schnetz Volker, Fanfare (1975); Seyser Klaus, Fanfare (1962); Späht Rainer, Fanfare (1975); Stoll Heinz, Fanfare (1965); Thanner Hubert, Fanfare (1964); Ueltzhöffer Bernd, Marschtrommel (1962)

Musikverein Rorgenwies 1896 e.V.

Gründungsjahr:	1896
1. Vorsitzender:	Edgar Gommeringer
Stellv. Vorsitzender:	Albert Bludau
Schriftführer:	Jürgen Boldt
Rechner:	Manfred Schwanz
Beirat:	Helmut Ilg sen.
	Sigfried Rauch
	Roland Riedmüller
	Herbert Truckenbrot
Dirigent:	Paul Nowatzki
Vizedirigent:	Helmut Ilg sen.
Jugendleiter/ Notenwart/ Instrumentenwart:	Edgar Gommeringer
Ehrenvorsitzender:	Karl Jäger
Ehrendirigent:	Helmut Ilg sen.

Aktive: Beyl Peter, Saxophon (1976); Boldt Jürgen, Tenorhorn (1974); Bludau Albert, Schlagzeug (1977); Bludau Markus, Flügelhorn (1976); Bludau Rainer, Tenorhorn (1976); Dammbacher Anja, Saxophon (1976); Eisenhardt Ingrid, Trompete (1974); Eisenhardt Petra, Flügelhorn (1976); Felgenhauer Markus, kl. Trommel (1976); Gommeringer Axel, Tenorhorn (1976); Gommeringer Edgar, Tenorhorn/Bariton (1963); Gommeringer Gerd, Flügelhorn (1976); Gommeringer Kurt, Trompete (1976); Gommeringer Oswin, Trompete (1974); Gommeringer Volker, Trompete (1976); Joos Ingolf, Saxophon (1976); Joos Karl Hans, Tuba (1953); Schwanz Manfred, Tuba (1974); Schwanz Ursula, Klarinette (1974); Tobian Markus, Flügelhorn (1976); Truckenbrot Herbert, Klarinette (1953)
Zöglinge: Beyl Michaela, Flügelhorn (1979); Gommeringer Andrea, Saxophon (1979); Gommeringer Manuela, Klarinette (1979); Joos Jutta, Klarinette (1980); Joos Petra, Flügelhorn (1979); Kaufmann Jürgen, Tenorhorn/Bariton (1979); Kaufmann Klaus, Trompete (1979); Reutebuch Irene, Klarinette (1979); Schwanz Cornelia, Klarinette (1979); Tobian Ulli, Tenorhorn (1979)

Musikverein Schienen e.V.

Gründungsjahr:	1901
1. Vorsitzender:	Hans-Georg Litterst
Stellv. Vorsitzender:	Rudi Kern
Schriftführer:	Franz Konz
Rechner:	Reinhard Lammer
Beirat:	Rudi Kern
	Adalbert Köpfler
	Kurt Lammer
	Reinhard Lammer
	Bruno Wieland
	Kuno Wieland
	Rolf Wieland
Dirigent:	Kuno Wieland
Vizedirigent:	Kurt Lammer
Jugendleiter:	Ralf Köpfler
	Kurt Lammer

Aktive: Bohner Ralf, Trompete (1979); Braun Wilfried, Tuba (1958); Büche Jürgen, Horn (1979); Büche Norbert, Horn (1979); Glaw Rainer, Trompete (1981); Grundler Alfred, Klarinette (1974); Kern Rudi, Klarinette (1967); Köpfler Adalbert, Schlagzeug (1947); Köpfler Ralf, Saxophon (1974); Köpfler Sabine, Flügelhorn (1976); Konz Christian, Flügelhorn (1976); Konz Karl, Klarinette (1951); Kraus Matthias, Flügelhorn (1976); Kuppel Ralf, Trompete (1979); Lammer Kurt, Flügelhorn (1967); Lammer Reinhard, Klarinette (1967); Maier Clemens, Tenorhorn (1976); Menzer Jürgen, Posaune (1974); Menzer Reinhard, Tenorhorn (1947); Moser Hermann, Tuba (1947); Nägele Klaus, Klarinette (1979); Pieper Peter, Bariton (1967); Senn Karl-Heinz, Trompete (1979); Spengler Eugen, Flügelhorn (1954); Steinebrunner Werner, Horn (1951); Strassner Franz, Trompete (1976); Strassner Rochus, Horn (1976); Tröndle Christine, Klarinette (1979); Wahl Roland, Trompete (1976); Weißmann Joachim, Tuba (1976); Weißmann Rupert, Tenorhorn (1951); Wiedenbach Albin, Posaune (1958); Wiedenbach Andrea, Klarinette (1979); Wiedenbach Bruno, Flügelhorn (1958); Wiedenbach Daniel, Trompete (1979); Wiedenbach Fritz, Trompete (1979); Wiedenbach Jochen, Bariton (1979); Wiedenbach Klaus, Trompete (1979); Wiedenmaier Brigitte, Saxophon (1976); Wiedenmaier Rosmarie, Klarinette (1976); Wieland Bernadette, Flöte (1976); Wieland Bruno, Tenorhorn (1951); Wieland Harald, Klarinette (1967); Wieland Kuno jun., Saxophon (1976); Wieland Rolf, Trompete (1967)

Musikverein Schlatt am Randen e.V.

Gründungsjahr:	1926
1. Vorsitzender:	Albert Geiger
Stellv. Vorsitzender:	Eugen Sauter
Schriftführer:	Roland Greuter
Rechner:	Hans Geiger
Beirat:	Ernst Jäckle
	Berthold Stauder
Dirigent:	Josef Stärk
Vizedirigent/	
Jugendleiter/	
Notenwart:	Berthold Stauder
Ehrendirigent:	Edwin Stauder

Aktive: Geiger Albert, Tuba (1950); Geiger Manfred, Tenorhorn (1955); Geiger Manuela, Trompete (1974); Geiger Markus, Flügelhorn (1974); Geiger Peter, Tenorhorn (1980); Greuter Roland, Horn (1963); Greuter Roswitha, Klarinette (1974); Greuter Veronika, Klarinette (1974); Hertrich Udo, Trompete (1980); Jäckle Bernhard, gr. Trommel (1956); Jäckle Martin, Tenorhorn (1980); Jäckle Paul, Trompete (1963); Lehmann Rainer, Trompete (1980); Lohner Achim, Trompete (1967); Lohner Birgit, Trompete (1974); Moser Walter, Horn (1958); Müller Johann, Bariton (1963); Sailer Lukas, Tuba (1933); Sailer Petra, Klarinette (1974); Schuck Bruno, Flügelhorn (1964); Stärk Armin, Schlagzeug (1980); Stark Josef, Flügelhorn (1958); Stauder Berthold, Klarinette (1965); Stauder Karl, Bariton (1963); Zipperer Alfons, Posaune (1974)

Musikverein
Schlatt unter Krähen e.V.

Gründungsjahr:	1959
1. Vorsitzender:	Kurt Vogler
Stellv. Vorsitzender:	Dieter Berchtold
Schriftführer:	Wolfgang Weber
Rechner:	Eugen Bach
Beisitzer (Aktiva):	Jochen Krieg
	Hans-Jürgen Stauch
Beisitzer (Passiva):	Wilhelm Oexle
	Walter Steiner
Dirigent:	Helmut Weber
Vizedirigent:	Helmut Schneider
Notenwart:	Bruno Hilpert
Instrumentenwart:	Hanspeter Schneider

Aktive: Bautz Berthold, Klarinette (1979); Berchtold Dieter, Posaune (1959); Berchtold Harald, Posaune (1976); Bölle Heike, Klarinette (1976); Bölle Jürgen, Trompete (1972); Gollrad Kornelius, gr. Trommel (1964); Haselbeck Jörg, Schlagzeug (1972); Haselbeck Josef, Tuba (1959); Haug Christian, Tenorhorn (1976); Haug Doris, Flügelhorn (1972); Haug Jürgen, Flügelhorn (1976); Haus Andreas, Schlagzeug (1972); Heizmann Fritz, Bariton (1959); Heizmann Isolde, Klarinette (1976); Heizmann Roland, Flügelhorn (1968); Heizmann Veronika, Flügelhorn (1976); Herzog Bruno, Tenorhorn (1959); Herzog Josef, Tuba (1961); Herzog Siegfried, Flügelhorn (1968); Hilpert Bruno, Horn (1961); Jeschke Uwe, Tenorhorn (1976); Krieg Jochen, Klarinette (1972); Kuppel Hans-Joachim, Flöte (1972); Moßbrugger Franz, Horn (1964); Müller Karlheinz, Trompete (1961); Santalucia Rosanna, Flügelhorn (1976); Schneider Hanspeter, Flügelhorn (1964); Schneider Helmut, Trompete (1960); Stauch Hans-Jürgen, Tenorhorn (1968); Steiner Otto, Klarinette (1968); Steiner Ursula, Klarinette (1972); Steiner Werner, Posaune (1976); Vögele Elvira, Flöte (1976); Vogler Kurt, Posaune (1961); Weber Wolfgang, Trompete (1965); Zyplies Michael, Trompete (1976)

Musikverein Schwandorf e.V.

Gründungsjahr:	1854*
1. Vorsitzender:	Johannes Steppacher
Stellv. Vorsitzender:	Heinrich Bruch
Schriftführer:	Albert Reutebuch
Rechner:	Franz Oswald jr.
Dirigent:	Bruno Kohler
Vizedirigent:	Hubert Lehn
Jugendleiter:	Hubert Lehn
	Walter Muttscheller
Notenwart:	Dieter Kempter
Instrumentenwart:	Hubert Lehn
Ehrenvorsitzender:	Konrad Steppacher
Ehrendirigent:	Friedrich Schafheitle

Aktive: Amann Dietmar, Trompete (1974); Bruch Heinrich, Schlagzeug (1967); Bruggner Karl Emil, Flügelhorn (1959); Ehinger Ewald, Tuba (1968); Fecht Ludwig, Flügelhorn (1976); Jäger Konrad, Posaune (1976); Jäger Rainer, Trompete (1976); Jäger Winfried, kl. Trommel (1976); Kabisreiter Norbert, Horn (1976); Kempter Dieter, Posaune (1968); Kolodziej Regina, Klarinette (1973); Lehn Hubert, Flügelhorn (1968); Martin Hans-Joachim, Flügelhorn (1971); Müller Karl, Posaune (1952); Müller Ulrike, Klarinette (1973); Muttscheller Walter, Bariton (1968); Oswald Franz jun., Tenorhorn (1968); Rauhut Armin, Trompete (1976); Rauhut Joachim, Flügelhorn (1976); Reutebuch Albert, Bariton (1976); Reutebuch Johann, Trompete (1976); Reutebuch Klaus, Tuba (1976); Rösch Wilhelm, kl. Trommel (1976); Roth Ellen, Klarinette (1973); Roth Markus, Tenorhorn (1976); Roth Otto, Horn (1958); Steppacher Gabi, Klarinette (1973); Steppacher Johannes, Trompete (1966); Stump Albrecht, Flügelhorn (1976); Stump Regina, Klarinette (1973)
Zöglinge: Bruggner Iris, Flügelhorn (1978); Burchert Volker, Posaune (1978); Fischer Mathias, Tenorhorn (1978); Gitschier Renate, Klarinette (1978); Jäger Armin, Horn (1978); Kästle Armin, Flügelhorn (1978); Kellhofer Marianne, Klarinette (1978); Koch Dietmar, Tenorhorn (1978); Müller Friedbert, Trompete (1978); Muttscheller Joachim, Trompete (1978); Roth Ralf, Horn (1978); Schneider Heiner, Tenorhorn (1978); Stark Bianca, Klarinette (1978); Winter Karin, Klarinette (1978)

Musikkapelle Sentenhart

Gründungsjahr:	1933
1. Vorsitzender:	Franz Will
Stellv. Vorsitzender:	Josef Brucker
Schriftführer:	Ernst Forster
Rechner:	Ernst Forster
Dirigent:	Eugen Reutebuch
Vizedirigent/	
Jugendleiter:	Josef Brucker

Aktive: Binder Andreas, Horn (1949); Binder Christine, Klarinette (1976); Binder Martin, Tenorhorn (1976); Bolz Erwin, Horn (1961); Brucker Josef, Flügelhorn (1971); Forster Ernst, Schlagzeug (1954); Hafner Gerold, Flügelhorn (1978); Müller Eduard, Posaune (1947); Nusser Johann, Klarinette (1947); Reutebuch Eugen, Klarinette (1962); Stadler Christoph, Trompete (1978); Stauß Hubert, Tenorhorn (1978); Stauß Richard, Schlagzeug (1952); Störk Joachim, Tenorhorn (1978); Stoll Albert, Posaune (1981); Will Franz, Trompete (1947); Will Helmut, Tuba (1949); Will Manfred, Trompete (1968); Will Rosa, Klarinette (1976); Will Ulrike, Saxophon (1978)
Zöglinge: Dockweiler Silke, Klarinette (1981); Hafner Edmund, Trompete (1981); Scharfenberger Regina, Trompete (1981); Steinmann Manfred, Tenorhorn (1981); Wildmann Günther, Trompete (1981); Wildmann Sabine, Klarinette (1981); Will Bernd, Tenorhorn (1981)

Blasorchester der Stadt Singen e.V.

Gründungsjahr:	1975
1. Vorsitzender:	Wolfgang Wüst
Stellv. Vorsitzender:	Rudolf Thiel
Schriftführer:	Reinhard Binder
Rechner:	Jürgen Oschwald
Beirat:	Josef Ebi
	Gisela Fels
	Erwin Neidhart
	Walter Neidhart
	Erich Sohst
	Arnold Stadelhofer
	Gerhard Thiel
	Kurt Wäschle
Dirigent:	Josef Schwartz
Vizedirigent:	Hans Schädler
Notenwart:	Josef Ebi
Instrumentenwart:	Gerhard Thiel
Ehrenvorsitzender:	Arnold Stadelhofer

Aktive: Auer Edith, Klarinette; Aurentino Alonso, Klarinette; Bechtold Bettina, Flöte; Biehler Jürgen, Klarinette; Binder Reinhard, Trompete; Block Franz, Tenorhorn; Block Waltraud, Klarinette; Bohlinger Monika, Klarinette; Braun Dieter, Fagott; Braun Otger, Flöte; Breinlinger Sylvia, Flöte; Bücheler Claudia, Flöte; Bücheler Martina, Oboe; Donner Alfred, Flöte; Falk Jürgen, Posaune; Fels Gisela, Klarinette; Frank Werner, Flügelhorn; Gomille Anton, Trompete; Gomille Ingrid, Klarinette; Graf Fritz, Tenorhorn; Graf Konrad, Pauken/Vibraphon; Groß Michael, Saxophon; Herz Anita, Klarinette; Hönle Peter, Percusion; Hoffmann Uwe, Flügelhorn; Huber Mathias, Posaune; Huber Ralph, Tenorhorn; Juddat Peter, Saxophon; Jung Klaus, Tuba; Kaufmann Peter, Posaune; Kienzler Emil, Tuba; Kienzler Johann, Tenorhorn; Kühn Dietmar, Tuba; Lehmann Peter, Flügelhorn; Meder Armin, Klarinette; Miller Marianne, Flügelhorn; Müller Arne, Bariton/Posaune; Müller Holger, Trompete; Neidhart Walter, Flügelhorn; Oschwald Jürgen, kl. Trommel; Popp Karl, Saxophon; Roll Rolf, Bariton; Schädler Hans, Klarinette; Schulz Dagmar, Fagott; Schönle Markus, Trompete; Siegel Sylvia, Flöte; Sohst Werner, gr. Trommel; Stadelhofer Markus, Trompete; Thiel Gerhard, Klarinette; Thiel Rudolf, Tuba; Wäschle Jutta, Klarinette; Wäschle Peter, Saxophon; Waldvogel Michael, Posaune; Waldvogel Thomas, Saxophon; Wenger Rainer, E-Baß/Streichbaß; Wirth Günter, Trompete; Würmle Philipp, Posaune; Wüst Wolfgang, Schlagzeug; Zinsmayer Karin, Klarinette; Zöller Werner, Flügelhorn;

Musikverein Stahringen 1935 e.V.

Gründungsjahr:	1935
1. Vorsitzender:	Johann Schmid
Stellv. Vorsitzender:	Georg Forster
Schriftführer:	Karl Haltmeyer
Rechner:	Siegfried König
Beirat:	Günter Birr
	Herbert Speck
Dirigent:	Johannes Wilhelm
Vizedirigent/	
Jugendleiter:	Rolf Haltmeyer
Notenwart:	Ulrich Vogel
Instrumentenwart:	Walter Haltmeyer
Ehrenvorsitzender:	Georg Forster sen.
Ehrendirigent:	Ernst Ellenson
Ehrenmitglieder:	Ulrich Hügle
	Ludwig König
	Pirmin Schmid

Aktive: Birr Elmar, Klarinette (1971); Braun Werner, Tenorhorn (1965); Forster Georg, Klarinette (1966); Forster Jürgen, Horn (1971); Guhrenz Armin, Posaune (1971); Haltmeyer Karl, Klarinette (1947); Haltmeyer Mathias, Schlagzeug (1978); Haltmeyer Regina, Trompete (1979); Haltmeyer Rolf, Flügelhorn (1972); Haltmeyer Walter, Tenorhorn (1954); Hirling Michael, Posaune (1971); Josef Helmut, Tuba (1966); Kehrer Heinz, Trompete (1969); König Siegfried, Tuba (1952); Lamprecht Stefan, Bariton (1966); Merk Dietmar, Tenorhorn (1972); Sauter Bruno, Posaune (1979); Schmid Johann, Posaune (1960); Scholz Andreas, Flügelhorn (1974); Städele Wilfried, Posaune (1960); Stumpf Siegfried, Klarinette (1965); Vogel Ulrich, Klarinette (1978); Weber Sigmund, Tuba (1966); Wenz Helga, Flöte (1981); Zimmermann Heinz, Trompete (1975); Zimmermann Johann, Flügelhorn (1947); Zimmermann Wilma, Trompete (1971)

Musikverein Steißlingen e.V.

Gründungsjahr:	1856*
1. Vorsitzender:	Edgar Streit
Stellv. Vorsitzender:	Albrecht Zimmermann
Schriftführer:	Volker Zimmermann
Rechner:	Edwin Schaumburg
Beirat:	Ernst Biedermann
	Horst Degen
	Helmut Gaisser
	Rudi Hirling
	Herbert Maier
	Simbert Maier
	Adelbert Muschani
	Roland Schacher
Dirigent:	Dieter Schwelling
Vizedirigent:	Manfred Horber
Notenwart:	Rainer Zimmermann
Ehrenvorstand:	August Schacher
Ehrendirigent:	Walter Breinlinger
Fähnrich:	Horst Degen

Aktive: Bauer Stefan, Klarinette/Oboe (1981); Biedermann Ernst, Tuba (1978); Bollin Nicole, Klarinette (1981); Braun Thomas, Trompete (1978); Breinlinger Alex, gr. Trommel (1949); Breinlinger Jürgen, gr./kl. Trommel (1978); Bühler Siegfried, Tenorhorn (1979); Ehrenbach Maria, Klarinette (1981); Engelberg Klaus, Posaune (1976); Engelberg Thomas, Tuba (1979); Fehrle Bernhard, Horn (1979); Fischer Markus, Flöte (1979); Forster Michael, Trompete (1978); Häberlein Hans Martin, Flügelhorn (1978); Hirling Cornelia, Flöte/Pikkolo (1976); Hirling Joachim, Klarinette (1976); Hölzle Reinhold, Tenorhorn (1981); Horber Manfred, Klarinette/Saxophon (1960); Jägg Michael, Trompete (1979); Klotz Otto, Tenorhorn (1976); Klotz Renate, Klarinette (1979); Kornmayer Gerhard, Klarinette/Saxophon (1973); Kornmayer Karin, Klarinette (1976); Kornmaier Walter, Klarinette (1963); Kuppel Stefan, Trompete (1978); Löhle Irmgard, Flöte (1976); Maier Andreas, Tuba (1979); Maier Bruno, Schlagzeug (1978); Maier Jürgen, Flügelhorn (1979); Maier Reinhold, Flügelhorn (1976); Maier Simbert, Flügelhorn (1952); Maier Wolfgang, Flügelhorn (1976); Mayer Klaus, Tuba (1962); Meyer Hans-Joachim, Posaune (1976); Muschani Adelbert, Posaune (1958); Nägele Manfred, Klarinette (1956); Rappenecker Cornelia, Klarinette (1976); Sättele Gabriele, Klarinette (1979); Sättele Hubert, Saxophon (1969); Schacher Roland, Posaune (1952); Schaumburg Edwin, Posaune (1969); Scherr Ralf, Klarinette (1981); Schirmer Klaus, Posaune (1958); Schlosser Bertram, Klarinette (1981); Schwarz Wolfgang, Flügelhorn (1960); Schwelling Susanne, Klarinette/Oboe (1981); Singer Hans, Tenorhorn (1960); Singer Paul, Tuba (1963); Stengele Ewald, Flügelhorn (1955); Stengele Johann, Tuba (1955); Straub Helmut, Saxophon (1959); Streit Albert, Bariton (1955); Streit Hugo, Trompete (1958); Wellmann Axel, Trompete (1979); Zerweck Martin, Trompete (1980); Zimmermann Albrecht, Klarinette (1950); Zimmermann Arnold, Tenorhorn (1976); Zimmermann Rainer, Klarinette (1976); Zimmermann Reinhold, Horn (1976); Zimmermann Roland, Klarinette (1969); Zimmermann Volker, Bariton (1976)

Musikverein Stadtkapelle Stockach e.V.

Gründungsjahr:	1711*
1. Vorsitzender:	Willi Kempter
Stellv. Vorsitzender:	Norbert Kästle
Schriftführer:	Helmut Kempter
Rechner:	Armin Fischer
Stellv. Rechner:	Helmut Czymmeck
Beirat:	Edgar Felgenhauer
	Georg Hoch
	Stefan Leute
	Ewald Menzer
	Horst Veser
	Maria Voßbeck
	Helga Wamsler
	Erich Zeilfelder
Dirigent:	Josef Thomann
Vizedirigent:	Egon Weber
Jugendleiter:	Horst Veser
Instrumentenwart:	Anton Eberle
Ehrendirigent:	Edwin Gommeringer

Aktive: Bäumer Ingrid, Klarinette (1970); Bäumer Margarete, Klarinette (1970); Bernhard Helmut, Sousaphon (1960); van Bevern Heinrich, Bariton (1952); Burg Roland, Saxophon (1953); Eberle Anton, Trompete (1956); Felgenhauer Edgar, gr. Trommel (1951); Felgenhauer Herbert, gr. Trommel (1972); Fischer Armin, Posaune (1956); Fuchs Ludolf, Posaune (1965); Gnirss Markus, Trompete (1978); Huber Thomas, Flöte (1970); Ill Edwin, Flügelhorn (1973); Isele Cornelia, Klarinette (1974); Kästle Norbert, Klarinette (1968); Keller Bertram, Horn (1971); Kempter Heidi, Klarinette (1978); Kuntz Ewald, Posaune (1956); Laible Sieglinde, Saxophon (1965); Leute Stefan, Tenorhorn (1965); Lock Carola, Flöte (1966); Löwenstrom Michael, Trompete (1976); Maier Oswald, Trompete (1964); Maier Wolfgang, Tenorhorn (1965); Mathes Walter, Saxophon (1958); Menzer Ewald, Schlagzeug (1974); Menzer Karl, Trompete (1948); Menzer Werner, Flügelhorn (1965); Muffler Bernhard, Klarinette (1974); Römer Günter, Trompete (1955); Schweizer Wilhelm, Tuba (1967); Veser Walter, Tuba (1974); Voßbeck Matthias, Posaune (1978); Weber Egon, Saxophon (1953); Zimmermann Franz, Flügelhorn (1972)

Jugendblasorchester der Stadtkapelle Stockach

Jugendblasorchester: Bernhard Heike, Flöte (1979); Bernhard Markus, Trompete (1979); Bühler Martin, Posaune (1974); Dorner Frank, Flügelhorn (1980); Flühs Andreas, Trompete (1975); Fürst Iris, Flöte (1979); Greiner Gabi, Klarinette (1979); Gruber Annemarie, Flöte (1979); Haaf Corinna, Flügelhorn (1976); Heim Wilma, Saxophon (1980); Hertle Andreas, Posaune (1981); Hertle Angelika, Flöte (1979); Isele Peter, Tenorhorn (1975); Junginger Ralf, Trompete (1980); Kaschny Martin, Horn (1976); Keller Bertram, Schlagzeug (1972); Keller Urban, Trompete (1980); Kempter Sabine, Saxophon (1979); Küntz Hartmut, Schlagzeug (1980); Lehmann Dieter, Klarinette (1974); Leutner Stefan, Flöte (1979); Mäder Dietmar, Trompete (1980); Maier Thomas, Trompete (1976); Meurer Sascha, Trompete (1980); Oßwald Bernd, Trompete (1979); Oßwald Michael, Tuba (1974); Reinl Ingo, Saxophon (1979); Schuler Hubert, Trompete (1980); Schweitzer Dietmar, Trompete (1979); Sedlatschek Ester, Klarinette (1979); Stellbrink Beate, Klarinette (1979); Stetter Ekkehard, Klarinette (1979); Thomann Evelyn, Posaune (1978); Thomann Jens, Schlagzeug (1980); Thomann Marina, Saxophon (1974); Unger Priska, Flöte (1979); Velten Günther, Horn (1976); Veser Markus, Bariton (1977); Wamsler Angelika, Flöte (1979); Zeilfelder Thomas, Saxophon (1978); Zimmermann Günter, Flügelhorn (1980); Zimmermann Richard, Tenorhorn (1977)

Stadtkapelle Tengen e.V.

Gründungsjahr:	1905
1. Vorsitzender:	Alfons Eck
Stellv. Vorsitzender:	Franz Sauter
Schriftführer:	Fritz Weckerle
Rechner:	Albert Zeller
Stellv. Rechner:	Thomas Zeller
Beirat (Aktiva):	Stefan Eichkorn
	Kuno Eisenmann
	Hermann Schätzele
	Bernhard Wesle
Beirat (Passiva):	Otto Brändle
	Konstantin Frank
	Kurt Rösch
	Otto Weber
Jugendvertreter:	Edwin Keller
Sach- und Eigentumsverwalter:	Wolfgang Veit
Dirigent:	Erwin Kornmayer
Vizedirigent:	Hermann Schätzle
Jugendleiter:	Otto Sauter

Ehrenvorsitzender: Karl Eisenmann; Ehrendirigent: Erwin Kornmayer; Ehrenmitglieder: Werner Bollin, Lothar Dietrich, Kuno Eisenmann, Otto Elsässer, Berthold Keller, Franz Keller, Hugo Ritter, Paul Rösch, Hermann Schätzle, Karl Stihl, August Veit, Eugen Weckerle, Konrad Welte, Albert Zeller, Rolf Zeller
Aktive: Bollin Werner, Posaune (1954); Brehm Werner, Klarinette (1971); Dietrich Lothar, Horn (1952); Eichkorn Stefan, Klarinette (1968); Eisenmann Bernhard, Schlagzeug (1974); Eisenmann Kuno, Klarinette (1952); Eisenmann Sylvia, Klarinette (1976); Häusler Henri, Schlagzeug (1973); Keller Bernhard, Posaune (1978); Keller Christoph, Tenorhorn (1979); Keller Edwin, Posaune (1980); Keller Franz, Horn (1954); Keller Friedhelm, Klarinette (1980); Keller Martin, Klarinette (1957); Köberlin Ingrid, Klarinette (1979); Köberlin Ursula, Klarinette (1979); Maier Otto, Klarinette (1976); Maier Roland, Flöte (1979); Messmer Rudolf, Klarinette (1979); Müller Rudolf, Trompete (1974); Nägele Walter, Horn (1980); Reisinger Alois, Flügelhorn (1979); Rothfelder Georg, Flügelhorn (1976); Sauter Bernd, Trompete (1979); Sauter Franz, Tenorhorn (1948); Sauter Otto, Trompete (1971); Sauter Uwe, Trompete (1979); Schätzle Hermann, Flügelhorn (1952); Schätzle Marlen, Flöte (1980); Stark Philipp, Flügelhorn (1975); Stihl Albert, Bariton (1966); Stihl Karl, Tuba (1953); Stihl Oskar, Flügelhorn (1969); Veit Wolfgang, Tuba (1973); Weber Gerhard, Schlagzeug (1979); Weber Jürgen, Horn (1980); Weckerle Fritz, Posaune (1964); Welte Konrad, Schlagzeug (1955); Wesle Bernhard, Flöte (1974); Wezstein Benno, Tenorhorn (1980); Zeller Albert, Tenorhorn (1948); Zeller Franz-Josef, Tenorhorn (1979); Zeller Fred, Tuba (1978); Zeller Rainer, Trompete (1979); Zeller Rolf, Klarinette (1952); Zeller Thomas, Bariton (1975)
Zöglinge: Alt Detlef, Schlagzeug (1980); Gilly Hans-Peter, Flügelhorn (1980); Gilly Roland, Trompete (1980); Keller Willi, Posaune (1980); Maier Klaus, Posaune (1980); Nägele Manfred, Trompete (1980); Zeller Christian, Klarinette (1980)

Musikverein Überlingen am Ried e.V.

Gründungsjahr:	1911
1. Vorsitzender:	Herbert Brutscher
Stellv. Vorsitzender:	Hubert Gnädig
Schriftführer:	Peter Engelmann
Stellv. Schriftführer:	Kurt Scheffold
Rechner:	Erwin Jäckle
Stellv. Rechner:	Wolfgang Bader
Verwaltungsräte (Aktiva):	Oskar Brutscher
	Herbert Koch
	Winfried Fendrich
(Passiva):	Ewald Erne
	Willi Kapitel
	Emil Wackershauser
Dirigent:	Josef Scheu
Notenwart:	Harald Kucharz
Ehrendirigenten:	Ewald Flad
	Ludwig Stock
Ehrenvorsitzende:	Hermann Brutscher
	Wilhelm Moser

Aktive: Bader Wolfgang, Saxophon (1975); Brutscher Erich, Tenorhorn (1956); Brutscher Herbert, Posaune (1948); Brutscher Oskar, Horn (1948); Engelmann Helmut, Flügelhorn (1977); Engelmann Peter, Schlagzeug (1979); Fendrich Winfried, Schlagzeug (1972); Flad Christa, Klarinette (1974); Flad Ewald, Trompete (1953); Flad Hubert, Saxophon (1976); Flad Siegfried, Horn (1978); Gnädig Hubert, Trompete (1972); Handloser Thomas, Tenorhorn (1982); Hermann Renate, Klarinette (1981); Huber Matthias, Klarinette (1980); Huber Thomas, Klarinette (1976); Jäckle Erwin, Posaune (1962); Kapitel Andrea, Klarinette (1980); Koch Herbert, Tenorhorn (1958); Koppenhagen Klaus, Saxophon (1982); Kucharz Harald, Trompete (1980); Läufle Josef, Flügelhorn (1979); Maurer Cordula, Flöte (1981); Moser Hubert, Tenorhorn (1970); Moser Rolf, Tuba (1954); Scheffold Kurt, Schlagzeug (1977); Scheu Andrea, Tenorhorn (1982); Scheu Matthias, Tuba (1977); Scheu Ulrika, Klarinette (1978); Schneckenburger Gerhard, Trompete (1980); Schröder Jürgen, Klarinette (1977); Straub Robert, Flügelhorn (1981); Wackershauser Beate, Flöte (1981); Waibel Thomas, Tenorhorn (1977)
Zöglinge: Blass Jürgen, Schlagzeug (1980); Brockhaus Florian, Klarinette (1980); Brutscher Andrea, Horn (1980); Brutscher Günther, Posaune (1980); Engelmann Claudia, Klarinette (1980); Frei Rene, Saxophon (1980); Huber Susanne, Trompete (1978); Wagner Robert, Posaune (1980); Waibel Christian, Flügelhorn (1978); Ziegler Andrea, Klarinette (1980)

Musikverein 1857 Volkertshausen e.V.

Gründungsjahr:	1857*
1. Vorsitzender:	Emil Steiner
Stellv. Vorsitzender:	Bernhard Schädler
Schriftführer:	Günter Feininger
Rechner:	Roland Leiber
Rechner Orch.-Gruppe:	Edmund Greuter
Beirat:	Erwin Greuter
	Franz Pogerth
	Wilfried Schmid
	Heinrich Stärk
	Franz Zepf
Dirigent:	Friedrich Lüttke
Dirigent Orch.-Gruppe:	Josef Leder
Jugendleiter:	Friedrich Lüttke
Notenwart:	Markus Sturm
Instrumentenwart:	Friedrich Lüttke
Fähnrich:	Franz Zepf

Aktive: Abrell Bernd, Tuba (1982); Beschle Thomas, Flügelhorn (1976); Binder Joachim, Trompete (1982); Briel Mischa, Klarinette (1977); Bunk Rolf, Trompete (1956); Feininger Günter, gr. Trommel (1964); Forschner Michael, Horn (1975); Forschner Sylke, Klarinette (1977); Greuter Erwin, Klarinette (1968); Greuter Roland, Klarinette (1976); Helmlinger Gerhard, Trompete (1963); Helmlinger Manfred, Posaune (1974); Hermerschmidt Bodo, Trompete (1975); Kaupp Rupert, Trompete (1977); Kruskop Carola, Flöte (1981); Kruskop Isabell, Flöte (1982); Messmer Helmut, Saxophon/Klarinette (1975); Messmer Rudi, Flöte (1981); Möhrle Mathias, Trompete (1982); Münzer Karl, Horn (1952); Muffler Günter, Trompete (1974); Spiri Günter, Posaune (1974); Szentmihalyi Volker, Bariton (1976); Schädler Bernhard, Bariton (1965); Schädler Edelbert, Horn (1947); Schädler Klaus, Flügelhorn (1977); Schamberger Roland, Horn (1982); Schamberger Sabine, Horn (1982); Schmal Oswin, Klarinette/Saxophon (1965); Schneider Jörg, Klarinette (1977); Schneider Lothar, Tenorhorn (1975); Stärk Hans-Jörg, Klarinette (1962); Steiner Emil, Klarinette (1951); Steiner Klaus, Tuba (1973); Sturm Roland, Tuba (1973); Sturm Helmut, Tenorhorn (1947); Sturm Markus, Tuba (1971); Sturm Reiner, Klarinette (1977); Vigh Bettina, Saxophon/Klarinette (1977); Würmle Roland, kl. Trommel/Schlagzeug (1980); Zepf Angelika, Klarinette (1977); Zwick Gerhard, Tenorhorn (1977); Zwick Harald, Trompete (1982)
Orchestergruppe (gegründet 1957): Bunk Rolf, Trompete (1957); Greuter Edmund, Saxophon (1957); Greuter Erwin, E-Baß (1968); Greuter Roland, Klarinette/Saxophon (1976); Greuter Walter, Klarinette/Saxophon (1957); Kruskop Carola, Flöte (1957); Leder Josef, Violine (1957); Muffler Günter, Trompete (1974); Muffler Max, Klavier (1957); Spiri Günter, Posaune (1974); Schmal Oswin, Klarinette/Saxophon (1965); Störk Hermann, Violine (1957); Tröster Gerhard, Schlagzeug (1957)
Zöglinge: Hahn Jürgen, Klarinette (1979); Hahn Michaela, Klarinette (1979); Kongehl Tobias, Klarinette (1980); Nuber Sigrun, Klarinette (1982); Schellhammer Ralf, Posaune (1981)

Musikverein Wahlwies e.V.

Gründungsjahr:	1889
1. Vorsitzender:	Kurt Ellensohn
Stellv. Vorsitzender:	Otto Bregenzer
Schriftführer:	Franz Buhl
Rechner:	Heidrun Kuppel
Beirat (Aktiva):	Bruno Kuppel
	Rolf Mauch
	Werner Wochner
Beirat (Passiva):	Hans Koch
	Artur Lempp
Dirigent:	Herbert Haas
Notenwart:	Andreas Lempp
Ehrendirigent:	Xaver Wegmann
	Walter Breinlinger †

Aktive: Bredel Stefan, Tenorhorn (1981); Bregenzer Gottfried, Tenorhorn (1976); Bregenzer Josef, Horn (1976); Bregenzer Otto, Tenorhorn (1947); Bühler Elmar, Trompete (1976); Buhl Franz, Cornet (1969); Ellensohn Kurt, Klarinette (1955); Ellensohn Volker, Klarinette (1980); Ersing Sybille, Klarinette (1979); Fritschi Alexander, Klarinette (1979); Hermann Norbert, Trompete (1976); Hoffmann Swen, Trompete (1979); Jerg Dieter, Horn (1979); Jerg Winfried, Trompete (1979); Klaiber Manfred, Saxophon (1963); Kramer Andreas, Flügelhorn (1979); Kramer Karl-Heinz, Posaune (1979); Kramer Thomas, Posaune (1976); Kramer Walter, Saxophon (1961); Kuppel Bruno, Tuba (1946); Kuppel Hans-Jürgen, Klarinette (1980); Kuppel Heidrun, Saxophon (1976); Kuppel Margot, Klarinette (1976); Kuri Hubert, gr. Trommel (1973); Laicher Alfons, Horn (1979); Lempp Andreas, Klarinette (1976); Maier Engelbert, Posaune (1969); Maier Roland, Tuba (1973); Mauch Erika, Klarinette (1976); Mauch Rolf, Posaune (1976); Mauch Winfried, Trompete (1976); Mayer Karl-Otto, Cornet (1963); Müller Marcus, Schlagzeug (1973); Müller Margit, Flöte (1976); Müller Markus, Posaune (1973); Reichle Hermann, Saxophon (1973); Renner Birgitte, Klarinette (1979); Reule Andrea, Klarinette (1979); Reule Jutta, Flöte (1979); Schatz Albert, Tenorhorn (1963); Schatz Hans, Flügelhorn (1961); Schatz Hubert, Flügelhorn (1975); Schatz Melanie, Klarinette (1979); Schwarz Rudi, Tuba (1952); Waibel Franz, Trompete (1973); Wegmann Rudi, Bariton (1973); Wehrle Hubert, Lyra (1971); Wilde Andrea, Flöte (1979); Wochner Claudia, Klarinette (1979); Wochner Werner, Posaune (1948)
Zöglinge: Buhl Gudrun, Trompete (1982); Ellensohn Christoph, Klarinette (1982); Heirler Curt, Klarinette (1982); Helmlinger Andreas, Schlagzeug (1982); Hemann Klaus, Klarinette (1982); Kuppel Claudia, Klarinette (1982); Kuppel Oliver, Klarinette (1982); Kuppel Sylvia, Klarinette (1982); Kuri Martin, Trompete (1982); Kuri Raimund, Trompete (1982); Laicher Gebhard, Horn (1982); Nowak Bianca, Klarinette (1982); Renner Cordula, Flöte (1982); Renner Karl-Heinz, Trompete (1982); Renner Wolfram, Horn (1982); Reule Michaela, Klarinette (1982); Reule Walter, Klarinette (1982); Ritter Gaby, Klarinette (1982); Sauter Ralf, Klarinette (1982); Sauter Udo, Klarinette (1982); Schatz Anja, Klarinette (1982); Schatz Vera, Klarinette (1982)

Musikverein
Wangen am Untersee e.V.

Gründungsjahr:	1924
1. Vorsitzender:	Wolfgang Renz
Stellv. Vorsitzender:	Reinhold Ruhland
Schriftführer:	Reinhold Trüb
Rechner:	Franz Löble
Beirat (Aktiva):	Josef Denz
	Hans Kampfl
Jugendsprecher:	Beate Müller
	Christof Schweizer
Beirat (Passiva):	Friedrich Löble
	Josef Schweizer
Dirigent:	Erwin Lippmann
Vizedirigent/	
Jugendleiter:	Johannes Wilhelm
Notenwart/	
Instrumentenwart:	Hans Kampfl
Ehrenvorsitzende:	Max Schnur sen.
	Ernst Trüb jun.
	Josef Riether †

Aktive: Denz Josef, Trompete (1946); Dietrich Josef, Tuba (1946); Hangarter Franz, Tenorhorn (1946); Hangarter Gerhard, Posaune (1975); Hangarter Josef, Tuba (1946); Hangarter Martin, Tenorhorn (1975); Jetter Martin, Horn (1975); Kampfl Hans, Flügelhorn (1957); Löble Frank, Schlagzeug (1975); Müller Beate, Klarinette (1971); Renz Wolfgang, Bariton (1961); Ruhland Alban, Tenorhorn (1970); Ruhland Armin, Posaune (1971); Ruhland Michael, Klarinette (1975); Ruhland Reinhold, Posaune (1967); Schneble Peter, Trompete (1975); Schweizer Bernd, Trompete (1967); Schweizer Christof, Flügelhorn (1975); Trüb Ernst, Flügelhorn/Schlagzeug (1953); Trüb Peter, Klarinette (1975); Trüb Reinhold, Tenorhorn (1962); Wilhelm Johannes, Klarinette (1973)

Musikverein
Watterdingen-Weil e.V.

Gründungsjahr:	1926
1. Vorsitzender:	Helmut Frank
Stellv. Vorsitzender:	Rupert Frank
Schriftführer:	Rupert Keller
Rechner:	Konrad Preter
Beirat:	Alfon Feucht
	Günter Gruber
	Wendelin Gschlecht
	Hans Hügle
	August Messmer
	Martin Schmid
Dirigent:	Paul Wittke
Vizedirigent:	Albert Frank
Jugendleiter:	Ernst Nutz
Notenwart:	Siegfried Messmer
Ehrenvorsitzender:	Vinzenz Messmer

Aktive: Ergler Albert, Trompete (1953); Ergler Manfred, Trompete (1972); Feucht Ewald, Horn (1972); Finus Wendelin, Tuba (1966); Frank Albert, Trompete (1956); Frank Hans Peter, Klarinette (1972); Frank Helmut, Klarinette (1955); Frank Konrad, Tenorhorn (1966); Frank Konrad, Tenorhorn (1972); Frank Michael, Klarinette (1972); Frank Rupert, Bariton (1953); Gruber Günter, Tenorhorn (1963); Isak Josef, Horn (1963); Isak Josef, Tuba (1956); Keller Albert, Posaune (1951); Keller Robert, Klarinette (1968); Keller Rupert, Klarinette (1956); Maier Günter, Tenorhorn (1972); Maier Klaus, Posaune (1972); Messmer Andrea, Klarinette (1973); Messmer August, Tuba (1948); Messmer Bernd, Posaune (1967); Messmer Berthold, Klarinette (1973); Messmer Erich, Bariton (1948); Messmer Franz, kl. Trommel (1948); Messmer Hans Peter, Flügelhorn (1972); Messmer Josef, Posaune (1968); Messmer Karl, Klarinette (1968); Messmer Viktor, Klarinette (1951); Nutz Ernst, gr. Trommel (1949); Nutz Ferdinand, Flügelhorn (1969); Preter Harald, Flügelhorn (1956); Preter Konrad, Horn (1968); Preter Konrad, Klarinette (1960); Wesle Alfred, Klarinette (1973); Zepf Hans Leo, Trompete (1963)

Musikverein Weiterdingen e.V.

Gründungsjahr:	1920
1. Vorsitzender:	Klaus Burger
Stellv. Vorsitzender:	Egon Britsch
Schriftführer:	Ernst Kästle
Rechner:	Franz Greuter
Stellv. Rechner:	Rupert Stamm
Beirat:	Albert Britsch
	Hans Fichter
	Eugen Greuter
	Hans Mayer
	Fridolin Risch
	Alfred Wick
Dirigent:	Horst Dietz
Vizedirigent:	Rainer Gölz
Jugendleiter/	
Notenwart/	
Instrumentenwart:	Karl Leiber
Ehrendirigent:	Fritz Dreher

Aktive: Britsch Doris, Klarinette (1975); Britsch Egon, gr. Trommel (1957); Fichtner Hans, Posaune (1958); Fluck Josef, Horn (1956); Gölz Rainer, Klarinette/Saxophon (1965); Greuter Franz, Trompete (1952); Greuter Gerhard, Trompete (1975); Greuter Markus, Flügelhorn (1975); Jeck Andreas, Trompete (1980); Jeck Joachim, Horn (1975); Kästle Ernst, Posaune (1972); Kaiser Eva, Trompete (1975); Keller Alois, Flügelhorn (1975); Keller Martin, Tenorhorn (1975); Leibach Armin, Posaune (1975); Leiber Angelika, Klarinette (1975); Leiber Karl, Trompete (1975); Leiber Sigrid, Klarinette (1978); Martin Roland, Bariton (1975); Mayer Hans, Tuba (1968); Mohr Klaus, Flügelhorn (1977); Mohr Rainer, Flügelhorn (1965); Mohr Wolfgang, Tuba (1977); Puchstein Andreas, Posaune (1981); Reithinger Armin, kl. Trommel (1975); Reithinger Egon, Horn (1982); Riedinger Andreas, Tenorhorn (1978); Schmid Edwin, Trompete (1975); Schmid Manfred, Klarinette/Saxophon (1972); Schmid Markus, Bariton (1978); Schmid Reinhold, Klarinette (1972); Wick Alfred, Bariton (1956); Wick Gerald, Schlagzeug (1975); Wick Reinhold, Tuba (1957); Wick Roland, Posaune (1975)

Zöglinge: Albrecht Michael, Klarinette (1981); Albrecht Thomas, Horn (1981); Born Deyan, Klarinette (1981); Britsch Sandra, Flöte (1981); Britsch Stefan, Trompete (1981); Brütsch Thomas, Flügelhorn (1981); Burger Thomas, Schlagzeug (1981); Dosch Michael, Klarinette (1981); Fichtner Hanspeter, Tenorhorn (1981); Franke Thomas, Klarinette (1981); Greuter Erwin, Klarinette (1981); Leibach Sabine, Flöte (1981); Mohr Christoph, Klarinette (1981); Weck Michael, Schlagzeug (1981); Wick Markus, Flügelhorn (1981); Wick Ulrike, Klarinette (1981)

Musikverein Welschingen e.V.

Gründungsjahr:	1909
1. Vorsitzender:	Ludwig Häusle
Stellv. Vorsitzender:	Heinz Schwarz
Schriftführer:	Ingolf Hohlwegler
Rechner:	Wilhelm Stark
Beirat (Aktiva):	Helmut Meßmer
	Adalbert Sauter
	Josef Wikenhauser
Beirat (Passiva):	Emil Heiß
	Ludwig Honold
	Martin Kohler
	Willi Sauter
Dirigent:	Harald Ehing
Vizedirigent:	Berthold Leiber
Ehrendirigent:	Hugo Wenger
Ehrenmitglieder:	Anton Ehing
	Karl Ehing
	Anton Honold
	Kaspar Kohler
	Ludwig Leiber

Eugen Münzer, Johann Schoch, Heinrich Schwarz, Jakob Stark, Arnold Wikenhauser, Leo Wikenhauser, Erhard Wenger

Aktive: Bach Ernst, Saxophon (1961); Bauhofer Josef, Flügelhorn (1965); Bezikofer Franz, Posaune (1977); Brecht Heinz, Posaune (1957); Ehing Gerd, Posaune (1958); Ehing Harry, Horn (1978); Häusle Ludwig, Trompete (1933); Heiß Reiner, Klarinette (1975); Hertrich Thomas, Tenorhorn (1977); Hohlwegler Ekkehard, Trompete (1971); Hohlwegler Ingolf, Trompete (1971); Holl Walter, Saxophon (1949); Keller Bernd, Klarinette (1978); Keller Reiner, Trompete (1980); Kohler Oswald, Trompete (1975); Leiber Berthold, Tenorhorn (1971); Leiber Heinrich, Tenorhorn (1948); Limberger Edgar, Klarinette (1975); Meßmer Christoph, Schlagzeug (1975); Meßmer Günther, Trompete (1980); Meßmer Helmut, Flügelhorn (1954); Meßmer Joachim, Klarinette (1975); Meßmer Kurt, Saxophon (1950); Meßmer Rainer, Flügelhorn (1978); Millinger Erich, Saxophon (1954); Millinger Norbert, Saxophon (1978); Reithinger Klaus, Flügelhorn (1971); Rothe Frank, Tenorhorn (1978); Rothe Kurt, Tenorhorn (1965); Sauter Adalbert, Horn (1954); Sauter Bernd, Trompete (1978); Sauter Jörg, Klarinette (1978); Schoch Helmut, Posaune (1958); Stark Stefan, Tenorhorn (1975); Stark Wilhelm, Tuba (1958); Stocker Christoph, Trompete (1975); Stotz Lothar, Flügelhorn (1975); Stotz Wolfgang, Trompete (1978); Völlinger Georg, Trompete (1980); Wenger Eduard, Klarinette (1961); Wenger Egbert, Tuba (1975); Wenger Helmut, Tenorhorn (1954); Wenger Ludwig, Trompete (1971); Wenger Manfred, Klarinette (1978); Wenger Martin, Tuba (1949); Wikenhauser Josef, Flügelhorn (1971); Wikenhauser Rainer, Trompete (1978); Wikenhauser Thomas, Flügelhorn (1971)

Musikverein „Freude der Musik" Wiechs am Randen e.V.

Gründungsjahr:	1892
1. Vorsitzender:	Meinrad Böhler
Stellv. Vorsitzender:	Gerhard Schala
Schriftführer:	Rudolf Stihl
Rechner:	Winfried Winter
Stellv. Rechner:	Armin Winter
Beisitzer (Aktiva):	Karlheinz Hofgärtner
	Reinhard Müller
Beisitzer (Passiva):	Johann Maier
	Josef Stihl
Dirigent:	Heinrich Schala
Vizedirigent:	Gerhard Schala
Jugendleiter:	Susanne Schala
Notenwart:	Regina Röger

Aktive: Bittlingmeier Erich, Posaune (1971); Böhler Meinrad, Tenorhorn (1946); Bollin Markus, Flügelhorn (1971); Hofgärtner Karlheinz, Flügelhorn (1967); Hofgärtner Xaver, Flügelhorn (1951); Keller Hermann, Schlagzeug (1976); Köhler Roswitha, Klarinette (1976); Leichenauer Ewald, Posaune (1968); Leichenauer Otto, Bariton (1967); Müller Manfred, Schlagzeug (1978); Müller Reinhard, Tenorhorn (1971); Röger Regina, Klarinette (1976); Schala Gerhard, Trompete (1955); Schala Joachim, Trompete (1976); Schala Susanne, Klarinette (1976); Schilling Doris, Trompete (1976); Stihl Gerhard, Klarinette (1975); Stihl Herbert, Trompete (1971); Stihl Rudolf, Klarinette (1971); Tribelhorn Günther, Trompete (1976); Winter Anneliese, Klarinette (1976); Winter Armin, Tenorhorn (1971); Winter Winfried, Tuba (1951); Zurrin Bruno, Tenorhorn (1976)
Zöglinge: Bach Joachim, Flügelhorn (1979); Böhm Michael, Tuba (1979); Heim Markus, Posaune (1979); Leichenauer Thomas, Flöte (1979); Schala Tania, Flöte (1979); Schilling Otmar, Tenorhorn (1979); Schlenker Ulrike, Saxophon (1979); Sutter Helmut, Saxophon (1979); Weber Doris, Klarinette (1979); Weber Günther, Bariton (1979)

Musikverein Winterspüren e.V.

Gründungsjahr:	1920
1. Vorsitzender:	Alois Schäfer
Stellv. Vorsitzender:	Vinzenz Lehn
Schriftführer:	Christa Rinderle
Rechner:	Fritz Specht
Beirat (Aktiva):	Manfred Buhl
	Joachim Lorenz
	Olaf Patzke
	Edmund Sauter
Beirat (Passiva):	Fritz Bischoff
	Karl Joos
	Franz Kempter
	Hermann Kempter
	August Steinmann
Dirigent:	Josef Kammel
Vizedirigent:	Franz Moll
Jugendleiter:	Josef Kammel

Aktive: Aeukens Klaus, Klarinette (1973); Bihl Armin, Trompete (1980); Bischoff Edgar, Horn (1979); Buhl Klaus, Tuba (1969); Buhl Manfred, Tuba (1963); Dallath Hubert, Trompete (1971); Dreher Margita, Klarinette (1980); Eisenhart Egbert, Saxophon (1982); Haug Fritz, Posaune (1973); Joos Petra, Klarinette (1980); Joos Susanne, Klarinette (1980); Kammel Herbert, Saxophon (1965); Kaut Werner, Schlagzeug (1957); Keller Annemarie, Posaune (1980); Keller Gerd, Tuba (1978); Keller Ralf, Tuba (1980); Kempter Andrea, Saxophon (1981); Kempter Angela, Flöte (1980); Kempter Elvira, Saxophon (1980); Kempter Fritz, Posaune (1966); Kempter Herbert, Tenorhorn (1980); Kempter Ulrike, Klarinette (1980); Lange Christine, Klarinette (1980); Lange Karin, Klarinette (1980); Lange Petra, Tenorhorn (1980); Lehn Ingrid, Klarinette (1973); Lehn Ursula, Klarinette (1973); Leitz Petra, Klarinette (1980); Lorenz Joachim, Trompete (1971); Lorenz Renate, Saxophon (1981); Lorenz Thomas, Saxophon (1981); Maier Harald, Trompete (1978); Maier Inge, Klarinette (1980); Maier Renate, Saxophon (1981); Maier Sabine, Klarinette (1981); Moll Bernd, Trompete (1980); Moll Franz, Flügelhorn (1956); Muffler Karl, Bariton (1953); Muffler Rupert, Tenorhorn (1920); Patzke Olaf, Tenorhorn (1969); Rehbein Beate, Saxophon (1980); Riegger Diana, Flöte (1982); Rinderle Christa, Klarinette (1969); Sauter Edmund, Flügelhorn (1963); Sauter Karl, Flügelhorn (1967); Schäfer Alois, Horn (1952); Schäfer Herbert, Bariton (1973); Schliek Frank, Bariton (1980); Schmid Helmut, Schlagzeug (1965); Schnopp Lorenz, Tenorhorn (1962); Thum Frank, Horn (1980); Winkler Rainer, Horn (1979); Winkler Regina, Flügelhorn (1980)
Zöglinge: Keller Christina, Klarinette (1981); Kempter Martina, Trompete (1981); Lange Claudia, Klarinette (1981); Lange Sabine, Klarinette (1981); Schäfer Thomas, Trompete (1981); Tuppy Martin, Trompete (1981); Wesner Edmund, Posaune (1981); Wesner Mathias, Tenorhorn (1981)

Musikverein Worblingen e.V.

Gründungsjahr:	1908
1. Vorsitzender:	Herbert Schuhmacher
Stellv. Vorsitzender:	Ernst Gnädinger
Schriftführer:	Hans Gertis
Rechner:	Edwin Klotz
Beirat:	Hermann Auer
	Alex Bär
	Herbert Heim
	Reinhold Pfluger
	Herbert Renner
	Walter Zindl
Dirigent:	Edmund Zinsmayer
Vizedirigent:	Herbert Heim
Jugendleiter:	Klaus Bronner
Notenwart:	Herbert Heim
Instrumentenwart:	Ernst Gnädinger

Aktive: Altmann Richard, Tenorhorn (1969); Anderlik Olaf, Tenorhorn (1977); Auer Hermann, Flügelhorn (1949); Auer Jutta, Flöte (1976); Auer Paul-Josef, Trompete (1977); Bär Alex, Trompete (1966); Baron Silvester, Saxophon (1977); Bertsche Thomas, Horn (1972); Billinger Gerhard, Posaune (1963); Billinger Klaus, Trompete (1965); Birr Jutta, Klarinette (1975); Bronner Klaus, Saxophon (1969); Dilger Franz, Saxophon (1977); Elmanowski Joachim, Horn (1977); Gertis Hans, gr. Trommel (1969); Gnädinger Ernst, Klarinette (1962); Gonser Axel, Saxophon (1969); Gonser Jürgen, Flügelhorn (1975); Graf Sonja, Klarinette (1977); Heim Herbert, Flügelhorn (1966); Heim Sigwart, Tenorhorn (1972); Kautz Jürgen, Trompete (1977); Kircher Christine, Klarinette (1977); Kissmehl Karl-Heinz, Posaune (1957); Kissmehl Roland, Klarinette (1971); Klimke Uwe, Flügelhorn (1977); Klotz Edwin, Tuba (1977); Manok Michael, Schlagzeug (1975); Merk Heidrun, Klarinette (1975); Merk Sandra, Flöte (1977); Müller Renate, Tenorhorn (1977); Pfluger Angela, Flöte (1977); Pfluger Uschi, Flöte (1977); Renner Herbert, Tuba (1965); Restle Cordula, Klarinette (1971); Roncoroni Cordula, Klarinette (1975); Roncoroni Helmut, Tuba (1946); Schätzle Birgit, Klarinette (1977); Schmid Michael, Trompete (1972); Schmid Patrik, Flügelhorn (1972); Schnell Günter, Saxophon (1977); Schnell Walter, Pauken (1976); Schnurr Uwe, Klarinette (1971); Schwanz Hugo, Posaune (1952); Wieland Manfred, Tuba (1975); Zimmermann Markus, Klarinette (1971); Zinsmayer Karin, Klarinette (1977); Zinsmayer Ursula, Klarinette (1973)
Zöglinge: Auer Matthias, Tenorhorn (1981); Auer Rainer, Trompete (1981); Bienok Raphael, Flügelhorn (1981); Breinlinger Heike, Flöte (1981); Brückner Tobias, Horn (1981); Dürnholz Michael, Trompete (1981); Fluck Michael, Posaune (1981); Greising Heidrun, Klarinette (1977); Hamm Stefan, Horn (1981); Hornsteiner Robert, Posaune (1981); Kiefer Alexander, Klarinette (1981); Kirchner Markus, Tenorhorn (1981); Krotz Dietmar, Tenorhorn (1981); Manok Christian, Flügelhorn (1981); Martin Michael, Tenorhorn (1981); Schuhmacher Simon, Posaune (1981); Schwetlik Uwe, Klarinette (1977); Wolf Thilo, Klarinette (1981)

Musikverein Zimmerholz e.V.

Gründungsjahr:	1962
1. Vorsitzender:	Kurt Fluk
Stellv. Vorsitzender:	Paul Limberger
Schriftführer:	Ernst Nopper
Rechner:	Arnold Zirell
Beirat:	Berthold Gebhart
	Herbert Gebhart
	Otto Graf
Dirigent:	Erich Kähler
Vizedirigent:	Erwin Gebhart
Jugendleiter:	Thomas Schwanz
Notenwart:	Gustav Fluk

Aktive: Bausch Bernhard, Bariton (1962); Bayer Claudia, Trompete (1980); Bayer Friedbert, Horn (1979); Bayer Gerold, Saxophon (1976); Bayer Rolf, Trompete (1980); Fluk Gustav, Flügelhorn (1968); Fluk Jürgen, Tenorhorn (1979); Fluk Werner, Tenorhorn (1970); Gebhart Erwin, Trompete (1966); Gebhart Georg, Tuba (1978); Gebhart Karin, Klarinette (1978); Gebhart Markus, Flügelhorn (1977); Häusle Wolfgang, Trompete (1973); Hinze Klaus, Saxophon (1977); Limberger Christian, Flügelhorn (1979); Limberger Paul, Tuba (1962); Matt Christine, Klarinette (1977); Matt Martin, Trompete (1978); Rauser Marion, Saxophon (1976); Seidler Harald, Schlagzeug (1973); Seidler Jutta, Klarinette (1980); Schlude Michael, Posaune (1977); Schwanz Thomas, Bariton (1975); Zimmermann Bernd, Flügelhorn (1977); Zimmermann Bettina, Klarinette (1978)
Zöglinge: Speck Uwe, Tenorhorn (1982); Zirell Ralf, Tenorhorn (1982)

Musikverein Zizenhausen

Gründungsjahr:	1871*
1. Vorsitzender:	Kurt Merz
Stellv. Vorsitzender:	Karl-Heinz Auer
Schriftführer:	Arnold Merz
Rechner:	Helmar Wahl
Beirat:	Manfred Grömminger
	Alfons Klink
	Marina Martin
	Fritz Matt
	Fritz Michel
	Josef Mühlherr
	Xaver Schacher
	Elmar Vogler
Dirigent:	Karl Grömminger
Vizedirigent:	Bernd Kamenzin
Jugendleiter/	
Instrumentenwart:	Kurt Grömminger

Aktive: Bastong Claudia, Flöte (1978); Boschenrieder Hans-Peter, Trompete (1975); Boschenrieder Jutta, Klarinette (1975); Boschenrieder Michael, Horn (1975); Bühler Oskar, Saxophon (1970); Fischer Berthold, Klarinette (1970); Fischer Harald, Schlagzeug (1980); Flieder Winfried, Saxophon (1976); Frey Michael, Schlagzeug (1975); Fürst Guido, Flügelhorn (1970); Grömminger Kurt, Klarinette (1949); Heim Ilona, Flügelhorn (1975); Kamenzin Albrecht, Trompete (1970); Kamenzin Bernd, Tenorhorn (1966); Martin Anita, Flöte (1975); Martin Marina, Flügelhorn (1975); Matt Birgit, Klarinette (1975); Merz Arnold, Klarinette (1969); Michel Birgit, Klarinette (1978); Michel Dirk, Posaune (1975); Michel Fritz, Posaune (1953); Niesenhaus Thomas, Tuba (1974); Sainer Roland, Horn (1975); Schuhmacher Gabi, Saxophon (1975); Specht Otto, Horn (1954); Vogler Elmar, Saxophon (1971); Wahl Harald, Tuba (1971); Wahl Helmar, Trompete (1970)
Zöglinge: Abel Elke, Trompete (1981); Buchholz Manuela, Klarinette (1981); Flieder Brigitte, Trompete (1981); Frey Gabriele, Trompete (1981); Hanser Rolf, Tenorhorn (1981); Junginger Corinna, Saxophon (1981); Katz Jutta, Klarinette (1981); Matt Martina, Schlagzeug (1981); Palesano Angela, Flügelhorn (1981); Pfeiffer Martina, Klarinette (1981); Specht Dagmar, Klarinette (1981); Specht Sigrid, Klarinette (1981)

Musikverein Zoznegg e.V.

Gründungsjahr:	1924
1. Vorsitzender:	Dieter Renner
Stellv. Vorsitzender:	Raimund Kratzer
Schriftführer:	Manfred Aicheler
Kassier:	Günter Kempter
Beirat (Aktiva):	Adolf Böttinger
	Klaus Hengherr
Beirat (Passiva):	Johann Kempter V
	Hermann Schmid II
Dirigent:	Alfred Wegmann
Jugendleiter:	Berthold Kempter
Notenwart:	Cornelia Aicheler
Instrumentenwart:	Leo Aicheler
Ehrenvorsitzender:	Hans Fröhlich

Aktive: Aicheler Cornelia, Flöte (1972); Aicheler Leo, Tuba (1952); Aicheler Manfred, Tenorhorn (1971); Auer Wilfried, Saxophon/Klarinette (1972); Böttinger Adolf, Horn (1952); Braun Jürgen, Tenorhorn (1979); Futterknecht Rolf, Bariton (1972); Hahn Jürgen, Horn (1972); Hengherr Günther, Flügelhorn (1962); Hengherr Klaus, Trompete (1971); Kempter Bertold, Klarinette (1968); Kempter Gerold, Bariton (1979); Kempter Günter, Posaune (1962); Kempter Ingo, Trompete (1979); Kempter Leopold, Klarinette (1948); Kratzer Raimund, Klarinette (1968); Renner Dieter, Trompete (1971); Renner Jürgen, Flügelhorn (1979); Rettig Karl-Heinz, Schlagzeug (1978); Schroff Peter, Flügelhorn (1968); Schweizer Hans-Peter, Flügelhorn (1972); Schweizer Michael, Flügelhorn (1979); Weh Armin, Posaune (1972); Weh Herbert, Tuba (1962); Weh Martin, Trompete (1981); Winkler Joachim, Trompete (1979)
Zöglinge: Auer Barbara, Klarinette (1982); Bludau Karin, Klarinette (1982); Hofmeister Sandra, Tenorhorn (1982); Keller Thorsten, Trompete (1982); Kempter Michaela, Klarinette (1982); Renz Martina, Klarinette (1982); Sonntag Helena, Posaune/Klarinette (1982); Uhl Christoph, Posaune (1982); Uhl Michaela, Flöte (1982)

Blasmusikverband Hochrhein e.V.

Das Präsidium

1. Präsident: Harold Bäumle
Vizepräsident: Franz Brädler
Verbandsdirigent Heinz Georg Linke
Verbandsjugendleiter: Werner Thomann
Schriftführer: Albert Böhler
Kassier: Albert Hausy

Bezirksvorsitzende (Verbandsausschuß):
Bezirk I   Otto Schultis
Bezirk II   Otto Marder
Bezirk III   Albert Spitznagel
Bezirk IV   August Kaiser
Bezirk V   Johann Flum
Bezirk VI   Kurt Maier
Bezirk VII   Hans Ebner
Bezirk VIII Alfons Tröndle

Ehrenpräsident: Rudolf Siebold († 1983)
Ehrenverbandskapellmeister: Ernst Bartelmess († 1972)
Ehrenmitglieder: Rudolf Siebold († 1983), Adolf Amann,
Harold Bäumle, Otto Berchtold, Johann Flum, Albert
Käser, August Kaiser, Heinz Georg Linke, Otto Marder,
Martin Schneider, Walter Thoß
Träger des Bundesverdienstkreuzes: Otto Marder, Martin
Schneider, Rudolf Siebold († 1983)

Bezirksdirigenten (Musikausschuß):
Otto Berchtold
Erhard Kaiser
Klaus Dreher
Adolf Amann
Rolf Schmidt
Paul Urich
Roland Bäumle
Viktor Frei

Der Verband hat 103 Mitgliedsvereine.
Zum Verband gehören noch die Musikvereine Fützen, Hasel, Hogschür, Streichorchester Bad Säckingen, Albtal-Immen-
eich, Stadtkapelle St. Blasien, Todtmoos, Spielmannszug Waldshut und Dorfmusik Klettgau-Rechberg.

Von links nach rechts: Johann Flum, Albert Hausy, Heinz Georg Linke, Albert Böhler, Werner Thomann, Harold Bäumle.

Musikverein Aichen e.V.

Gründungsjahr:	1953
1. Vorsitzender:	Kurt Jehle
Stellv. Vorsitzender:	Erich Isele
Schriftführerin:	Brigitte Schultis
Rechner:	Georg Isele
Beirat:	Emil Bank
	Sebastian Ebi
	Josef Genswein
Dirigent:	Otto Schultis
Vizedirigent/ Jugendleiter:	Sebastian Ebi
Notenwart/ Instrumentenwart:	Emil Bank
Ehrenvorsitzender:	Eugen Hilpert
Ehrenmitglieder:	Augustin Boll
	Lukas Ebi
	Sebastian Ebi
	Peter Fritz
	Herbert Gisy
	Arnold Hilpert
	Kurt Jehle
	Hans Nagel

Aktive: Bank Bertram, Horn (1979); Bank Emil, Klarinette (1970); Bank Hedwig, Klarinette (1970); Bank Robert, Tenorhorn (1979); Baumgartner Georg, Flügelhorn (1970); Baumgartner Kurt, Klarinette (1979); Boll Augustin, Tenorhorn (1953); Boll Manfred, Posaune (1979); Boll Otmar, Trompete (1965); Boll Peter, Trompete (1979); Ebi Karin, Saxophon (1979); Ebi Lukas, Bariton (1953); Ebi Martin, Posaune (1965); Ebi Rainer, Flügelhorn (1979); Ebi Sebastian, Schlagzeug (1953); Fritz Hubert, Flügelhorn (1970); Fritz Klaus, Klarinette (1979); Genswein Erich, Tuba (1965); Genswein Josef, Klarinette (1970); Hilpert Arnold, Posaune (1954); Hilpert Bernhard, Tuba (1979); Hilpert Wolfgang, Tenorhorn (1979); Isele Clemens, Schlagzeug (1979); Isele Erich, Horn (1966); Isele Georg, Tenorhorn (1970); Isele Herbert, Posaune (1966); Isele Hubert, Klarinette (1979); Isele Johannes, Saxophon (1970); Jehle Kurt, Flügelhorn (1955); Kessler Hartmut, Flügelhorn (1979); Kessler Magdalena, Trompete (1980); Kessler Martina, Trompete (1980); Lehmann Joachim, Tuba (1970); Lehmann Ruth, Klarinette (1981); Lehmann Thomas, Tenorhorn (1970); Maier Anita, Klarinette (1981); Maier Thomas, Trompete (1970); Mohr Regina, Saxophon (1979); Schultis Brigitte, Klarinette (1970); Vocke Steffen, Trompete (1979); Völkle Bernhard, Schlagzeug (1979)
Zöglinge: Bachmann Matthias, Tenorhorn (1980); Boll Martin, Trompete (1980); Ebi Lothar, Posaune (1980); Gisy Michael, Trompete (1980); Hilpert Priska, Klarinette (1980); Isele Bernd, Flügelhorn (1980); Isele Gerold, Horn (1980); Jehle Carola, Flöte (1980); Mohr Elke, Flöte (1980); Vocke Bernd, Flügelhorn (1980)

Musikverein Aispel-Rohr e.V.

Gründungsjahr:	1907
1. Vorsitzender:	Thomas Senn
Stellv. Vorsitzender:	Fridolin Welte
Schriftführerin:	Roswitha Bauknecht
Stellv. Schriftführer:	Ewald Flum
Rechner:	Hubert Bächle
Stellv. Rechner:	Erhard Senn
Beirat:	Peter Bauknecht
	Hubert Senn
Dirigent:	Hugo Bauknecht
Vizedirigent:	Martina Bauknecht
Jugendleiter:	Hugo Bauknecht
Notenwarte:	Barbara Ebner
	Ursula Schlosser
Instrumentenwart:	Franz Baumgartner
Ehrenvorstand:	Hans Dieterle

Aktive: Bächle Hubert, Bariton (1965); Bauknecht Dieter, Saxophon (1970); Bauknecht Martina, Tenorhorn (1976); Bauknecht Otmar, Bariton (1976); Bauknecht Peter, Tuba (1951); Bauknecht Roswitha, Saxophon (1972); Baumgartner Franz, Klarinette (1947); Ebner Angelika, Flügelhorn (1976); Ebner Barbara, Flügelhorn (1973); Ebner Heinrich, Posaune (1951); Ebner Roswitha, Klarinette (1976); Flum Ewald, Flügelhorn (1967); Gantert Irene, Klarinette (1976); Ganzmann Konrad, Trompete (1967); Huber Karin, Flöte (1976); Huber Werner, Tenorhorn (1951); Jäger Manuela, Trompete (1976); Jäger Petra, Klarinette (1976); Jehle Bernhard, Posaune (1970); Jehle Christa, Klarinette (1976); Jehle Wilhelm, Schlagzeug (1960); Kaiser Herbert, Trompete (1973); Kaiser Thomas, Horn (1973); Kaiser Waltraud, Flügelhorn (1970); Keller Claudia, Trompete (1976); Keller Siegfried, Posaune (1976); Küpfer Oswald, Schlagzeug (1970); Küpfer Pius, Lyra (1964); Küpfer Sonja, Trompete (1976); Maier Lothar, Flügelhorn (1970); Nußbaumer Petra, Trompete (1976); Schlosser Bernhard, Horn (1956); Schlosser Ursula, Trompete (1970); Senn Christine, Flügelhorn (1976); Senn Edgar, Tuba (1976); Senn Erhard, Trompete (1967); Senn Gabi, Posaune (1970); Senn Gaby, Klarinette (1973); Senn Hubert, Trompete (1955); Senn Roland, Schlagzeug (1976); Senn Thomas, Tenorhorn (1970); Senn Werner, Bariton (1962); Welte Franz, Horn (1964); Welte Fridolin, Tuba (1955); Welte Hubert, Posaune (1970)
Zöglinge: Bauknecht Tanja, Klarinette (1982); Bauknecht Thomas, Flügelhorn (1982); Bellhouse Kareen, Trompete (1982); Dieterle Gerlinde, Klarinette (1982); Ebner Josef, Tenorhorn (1982); Ebner Peter, Flügelhorn (1982); Ebner Siegfried, Klarinette (1982); Grimm Ulrike, Trompete (1982); Hilpert Tanja, Klarinette (1982); Huber Markus, Tenorhorn (1982); Huber Sabine, Trompete (1982); Jehle Markus, Posaune (1982); Küpfer Marianne, Klarinette (1982); Matt Ralf, Klarinette (1982); Mülhaupt Ralf, Klarinette (1982); Müller Jürgen, Posaune (1982); Pfeifer Georg, Flügelhorn (1982); Pfeifer Sabine, Trompete (1982); Pilichewicz Birgit, Klarinette (1982); Schäfer Sigrid, Flöte (1982); Schlosser Beate, Trompete (1982); Senn Petra, Trompete (1982); Senn Winfried, Tenorhorn (1982); Welte Mathias, Trompete (1982)

Blasorchester Albbruck e.V.

Gründungsjahr:	1857*
1. Vorsitzender:	Hubert Fehrenbach
Stellv. Vorsitzender:	Otmar Frommherz
Schriftführer:	Fridolin Werne
Protokollführer:	Felix Mularczyk
Rechner:	Hilmar Wurow
Beirat:	Bernhard Friedmann
	Hartmut Tröndle
Dirigent:	Karl-Otto Kaltenbacher
Vizedirigenten:	Erich Ebner
	Andreas Wieser
Jugendleiter:	Ernst Danner
Notenwart:	Albert Maier
Instrumentenwart:	Otmar Frommherz
Ehrendirigent:	Paul Hauser

Ehrenmitglieder: Erich Ebner, Albert Kern, Franz Leber, Johann Rotzinger, Max Schmidt sen., Kurt Tröndle, Willi Tröndle, Helmut Walz
Aktive: Albicker Clemens, Tenorhorn (1975); Alle Anselm, Klarinette (1975); Alle Ronald, Klarinette (1975); Buck Manfred, Posaune (1948); Danner Ernst, Posaune (1957); Ebner Erich, Trompete (1941); Ebner Helmut, Tuba (1951); Ebner Rainer, Saxophon (1970); Fehrenbach Hubert, Horn (1956); Flender Uwe, Saxophon (1975); Friedmann Bernhard, Tenorhorn (1948); Frommherz Otmar, Flügelhorn (1948); Ganzmann Heinrich, Flügelhorn/Pauken (1943); Haselwander Norbert, Posaune (1975); Hermann Georg, Flöte (1975); Hofmann Karl, Tuba (1956); Hofmann Werner, Tuba (1951); Kaiser Dieter, Schlagzeug (1975); Klimchen Roland, Trompete (1975); Maier Albert, Trompete (1970); Matt Siegfried, Klarinette (1970); Mularczyk Felix, Horn (1959); Mularczyk Ralf, Klarinette (1975); Peter Günter, Flöte/Pikkolo (1964); Rotzinger Herbert, Tuba (1975); Rotzinger Johann, gr. Trommel (1942); Rudigier Jürgen, Posaune (1970); Rueb Hartmut, Trompete (1956); Schmidt Herbert, Posaune (1975); Schmidt Heino, Tenorhorn (1975); Stippel Thomas, Tenorhorn (1975); Trefzer Thomas, Posaune (1975); Tröndle Friedhelm, Saxophon (1964); Tröndle Hartmut, Flügelhorn (1964); Tröndle Kurt, Klarinette (1934); Tröndle Lothar, Saxophon (1966); Walz Helmut, Bariton (1934); Werne Fridolin, Trompete (1966); Wieser Andreas, Klarinette (1970); Witt Alfred, Trompete (1975); Witt Markus, Klarinette (1975); Wurow Hilmar, Flügelhorn (1956)
Zöglinge: Buck Roman, Posaune (1978); Buhl Michael, Trompete (1978); Flender Kai, Trompete (1978); Harsch Frank, Klarinette (1978); Kaiser Jürgen, Klarinette (1978); Kaiser Martin, Trompete (1978); Rotzinger Klaus, Trompete (1978); Rotzinger Werner, Trompete (1978); Schmitt Rainer, Klarinette (1978); Tröndle Lorenz, Flügelhorn (1978); Wehrle Markus, Posaune (1978); Wehrle Wolfgang, Tenorhorn (1978)

Musikverein Altenburg

Gründungsjahr:	1935
1. Vorsitzender:	Manfred Streit
Stellv. Vorsitzender:	Reimund Müller
Schriftführer:	Herbert Meier
Rechner:	Alfred Wipf
Beirat:	Erich Haist
	Sigrid Steger
	Julius Wipf
Dirigent:	Urban Heine
Vizedirigent:	Herbert Meier
Jugendleiter:	Reimund Müller
	Manfred Streit
Notenwarte:	Markus Binkert
	Roman Streit
Instrumentenwart:	Erich Haist

Aktive: Abert Alexander, Saxophon (1980); Altenburger Beatrice, Klarinette (1977); Altenburger Ekkehard, kl. Trommel (1981); Barbera Guiseppe, Saxophon (1979); Binkert Erwin, Posaune (1977); Binkert Markus, Klarinette (1980); Böhmdörfer Richard, Bariton (1976); Haist Erich, Posaune (1957); Heine Ludwig, Tuba (1950); Heine Martin, Posaune (1977); Heine Peter, Tenorhorn (1972); Lutterschmid Urs, Flügelhorn (1972); Mändli Willi, Flügelhorn (1949); Marklowski Susanne, Klarinette (1977); Meier Herbert, Trompete (1959); Müller Berthold, Flügelhorn (1968); Müller Konrad, Tuba (1945); Müller Reimund, Flügelhorn (1968); Ossovsky Marlies, Klarinette (1977); Stark Emil, Tenorhorn (1937); Steger-Marklowski Sigrid, Saxophon (1973); Strauss Günther sen., gr. Trommel (1981); Strauss Günther jun., kl. Trommel (1979); Strauss Karin, Horn (1980); Streit Manfred, Klarinette (1957); Streit Roman, Klarinette (1980); Wipf Alfred, Trompete (1968); Wipf Andreas, Saxophon (1968); Wipf Bernd, Trompete (1977); Wipf Julius, Horn (1935)

Musikverein Altenschwand e.V.

Gründungsjahr:	1913
1. Vorsitzender:	Franz Kohlbrenner
Stellv. Vorsitzender:	Eduard Rünzi
Schriftführerin:	Ingrid Völkle
Rechner:	Manfred Vogt
Beirat:	Klaus Metzner
	Reinhold Schmidt
Dirigent:	Leopold Völkle
Vizedirigent:	Karlheinz Rünzi
Jugendleiter:	Ingo Schmidt
Notenwart/	
Instrumentenwart:	Leopold Völkle
Präsident:	Bürgermeister Thoma
Ehrendirigent:	Martin Schneider

Aktive: Baier Ludwig, Schlagzeug (1977); Braun Ralf, Trompete (1980); Gottstein Robert, Horn (1980); Gündner Renate, Flöte (1982); Kammerer Alfons, Klarinette (1967); Kohlbrenner Franz, Klarinette (1946); Kohlbrenner Waltraud, Klarinette (1981); Merkle Susanne, Klarinette (1980); Metzner Elvira, Trompete (1978); Metzner Klaus, Posaune (1974); Mutter Andrea, Klarinette (1981); Rosteck Günter, Klarinette (1981); Rünzi Eduard, Tuba (1963); Rünzi Ingeborg, Klarinette (1972); Rünzi Karlheinz, Flügelhorn (1974); Rünzi Klaus, Flügelhorn (1980); Rünzi Manfred, Flügelhorn (1977); Schmidt Ingo, Flügelhorn (1977); Schmidt Lothar, Tuba (1974); Schmidt Reinhold, Bariton (1970); Schmidt Roland, Tenorhorn (1972); Schmidtle Winnfried, Tuba (1981); Schneider Thomas, Flügelhorn (1981); Strittmatter Lothar, Posaune (1978); Sutter Peter, Horn (1977); Sutter Rolf, Posaune (1980); Völkle Ingrid, Flöte (1977); Vogt Hermann, Horn (1974); Vogt Klaus, Trompete (1972); Vogt Manfred, Tenorhorn (1970); Waßmer Rainer, Trompete (1970)

Trachtenkapelle Amrigschwand-Tiefenhäusern

Gründungsjahr:	1958
1. Vorsitzender:	Helmut Dietsche
Stellv. Vorsitzender:	Theo Berger
Schriftführer:	Karl Mutter
Stellv. Schriftführerin:	Manuela Hug
Rechner:	Gerhard Freudig
Stellv. Rechner:	Siegfried Vogelbacher
Beirat:	Arne Baireuther
	Konrad Baumgartner
	Martin Baumgartner
	Ernst Behringer
	Bernhard Ebner
	Herbert Ebner
	Gerhard Freudig
	Karl Mutter
	Walter Rueb
	Siegfried Vogelbacher
Dirigent:	Adolf Baumgartner
Vizedirigent:	Thomas Villinger

Jugendleiter: Martin Baumgartner, Herbert Ebner; Notenwarte: Arne Baireuther, Ernst Behringer; Instrumentenwart: Walter Rueb; Propagandisten: Günther Berger, Bernhard Karthan
Aktive: Baireuther Anja, Schlagzeug (1979); Baireuther Arne, Flügelhorn (1975); Baumgartner Erwin, gr. Trommel (1958); Baumgartner Konrad, Bariton (1947); Baumgartner Margot, Saxophon (1975); Baumgartner Martin, Saxophon (1975); Baumgartner Rainer, Trompete (1979); Baumgartner Thomas, Klarinette (1979); Behringer Ernst, Trompete (1970); Berger Günther, Posaune (1975); Berger Patricia, Saxophon (1975); Berger Theo, Horn (1958); Bergmann Rainer, Schlagzeug (1979); Dietsche Helmut, Tenorhorn (1970); Dischinger Anita, Klarinette (1979); Ebner Anton, Flügelhorn (1979); Ebner Bernhard, Posaune (1975); Ebner Herbert, Trompete (1975); Ebner Lothar, Trompete (1979); Ebner Monika, Saxophon (1975); Freitag Dagmar, Flöte (1979); Freudig Gerhard, Tenorhorn (1967); Frommherz Andrea, Klarinette (1979); Gaßner Klaus, Tuba (1979); Gutmann Andrea, Trompete (1979); Gutmann Corina, Saxophon (1975); Gutmann Heike, Klarinette (1979); Gutmann Willi, Flügelhorn (1979); Höfler Alfred, Posaune (1970); Hug Carola, Tenorhorn (1979); Hug Manuela, Klarinette (1975); Karthan Bernhard, Horn (1975); Mutter Karl, Tuba (1958); Nägele Willibald, Flügelhorn (1979); Rueb Walter, Flügelhorn (1967); Schmidt Bettina, Klarinette (1979); Schmidt Wolfgang, Tenorhorn (1975); Thoma Alfred, Posaune (1970); Thoma Beate, Flöte (1979); Villinger Thomas, Posaune (1970); Vogelbacher Siegfried, Trompete (1975); Welte Leo, Klarinette (1970)

Stadtmusik Bad Säckingen

Gründungsjahr:	1811*
1. Vorsitzender:	Bringfried Hess
Stellv. Vorsitzender:	Peter Strittmatter
Schriftführer:	Wilfried Kirstein
Protokollführer:	Hugo Glaisner
Rechner:	Kurt Maier
Beirat:	Rainer Urich
	Rüdiger Schmidt
	Hans-Peter Strittmatter
Jugendvertreter:	Bernd Maier
Dirigent:	Heinz Georg Linke
Vizedirigent:	Andreas Linke
Notenwart:	Max Kürz
Instrumentenwart:	Emil Thoma
Präsident:	Bürgermeister
	Dr. Günther Nufer
Fähnrich:	Egon Claaßen

Aktive: Amrein Guido, Flügelhorn (1981); Baumgartner Josef, Schlagzeug (1934); Behsen Kerstin, Oboe (1982); Butz Carlotte, Klarinette (1977); Eschbach Peter, Saxophon/Klarinette (1976); Fischer Patric, Flügelhorn (1978); Freudenreich Andreas, Flöte (1982); Glaisner Hugo, Klarinette (1969); Glaisner Roswitha, Flöte (1978); Glockner Hans, Horn (1948); Glockner Karl, Horn (1944); Graff Antje, Flöte (1979); Grass Egon, Saxophon/Klarinette (1970); Gutmann Dorothea, Flöte (1975); Hess Bringfried, Tuba (1943); Hess Ernst, Klarinette (1973); Hoffmann Uwe, Posaune (1982); Huber Klaus, Klarinette (1970); Jehle Willibald, Tenorhorn (1956); Jendryssek Hans-Joachim, Saxophon/Klarinette (1969); Kaiser Edgar, Trompete (1980); Kirstein Wilfried, Saxophon/Klarinette (1959); Ladig Burkhard, Posaune (1959); Linke Andreas, Flöte (1967); Linke Frank, Horn (1970); Maier Bernd, Tuba (1978); Maier Kurt, Tuba (1943); Mayer Monika, Flöte (1975); Müller Karl-Heinz, Trompete (1967); Naumann Olav, Klarinette (1978); Pelzer Herbert, Trompete (1981); Rapp Heinrich, Bariton (1943); Rudigier Roland, Klarinette (1981); Schmid Günter, Schlagzeug (1975); Schmid Norbert, Posaune (1976); Schmidt Rüdiger, Klarinette (1958); Schneider Norbert, Flügelhorn (1970); Schneider Walter, Tenorhorn (1958); Scholz Rudolf, Schlagzeug (1959); Stephan Ronald, Klarinette (1977); Stolz Matthias, Trompete (1977); Strittmatter Gerd, Posaune (1970); Strittmatter Hans-Peter, Posaune (1962); Strittmatter Joachim, Trompete (1978); Strittmatter Peter, Flügelhorn (1966); Thoma Emil, Flügelhorn (1943); Trzebitzky Christof, Klarinette (1970); Trzebitzky Elisabeth, Flöte (1978); Urich Rainer, Tenorhorn (1960); Weiss Markus, Klarinette (1978); Weiss Peter, Posaune (1975); Wernle Andreas, Schlagzeug (1974); Wissler Eugen, Trompete (1980)
Jugendliche: Butz Mathias, Posaune (1976); Butz Rainer, Schlagzeug (1978); Enderle Andreas, Trompete (1977); Fuhrmann Alexander, Posaune (1979); Glaisner Joachim, Posaune (1977); Glockner Christoph, Tenorhorn (1980); Habermann Beate, Flöte (1976); Hurst Guido, Tenorhorn (1978); Josef Anni, Klarinette (1978); Klink Roland, Trompete (1978); Nagel Oliver, Klarinette (1978); Neher Johannes, Schlagzeug (1974); Pelzer Klaus, Schlagzeug (1980); Rufle Bernd, Trompete (1975); Schneider Michael, Trompete (1977); Sigwarth Heiko, Horn (1977); Sigwarth Regina, Klarinette (1978)

Trachtenkapelle Berau e.V.

Gründungsjahr:	1882*
1. Vorsitzender:	Hansjörg Bachmann
Stellv. Vorsitzender:	Gerhard Fechtig
Schriftführer:	Benedikt Isele
Rechner:	Kurt Schwilski
Beirat:	Peter Böhler
	Hans Moosmann
Dirigent:	Josef Maier
Vizedirigent/	
Jugendleiter:	Andreas Isele
Notenwart/	
Instrumentenwart:	Josef Bächle
Präsident:	Emil Beck
Ehrenmitglied:	Rudolf Siebold †

Aktive: Bachmann Hans, Horn (1960); Bachmann Hansjörg, Flügelhorn (1956); Bächle Alois, gr. Trommel (1948); Bächle Josef, Flügelhorn (1948); Bächle Martin, Bariton (1974); Baumgartner Erich, Flügelhorn (1958); Beck Gerhard, Tenorhorn (1964); Böhler Peter, Klarinette (1974); Böhler Reinhold, Schlagzeug (1974); Böhler Wolfgang, Posaune (1974); Braun Hans, Saxophon (1974); Bucher Werner, Klarinette (1964); Fechtig Gerhard, Saxophon (1964); Fechtig Karlheinz, Horn (1970); Isele Andreas, Tenorhorn (1974); Isele Benedikt, Tenorhorn (1955); Jehle Dieter, Tuba (1961); Jordan Heinerich, Horn (1961); Maier Bernhard, Tuba (1964); Maier Eugen, Trompete (1955); Maier Konrad, Tenorhorn (1948); Maier Martin, Flügelhorn (1956); Moser Andrea, Klarinette (1974); Moser Christine, Klarinette (1974); Schäuble Michael, Saxophon (1974); Schwilski Kurt, Posaune (1953); Strittmatter Siegfried, Flügelhorn (1974); Strobel Rolf, Flügelhorn (1974); Strobel Uwe, Trompete (1974); Tröndle Mathias, Bariton (1974); Wiedner Klaus, Bariton (1974); Wiedner Peter, Horn (1974)
Zöglinge: Altenburg Gudrun, Klarinette (1981); Bachmann Silke, Klarinette (1981); Bächle Hubert, Bariton (1981); Bächle Jürgen, Bariton (1981); Bär Antonius, Klarinette (1981); Böhler Anette, Klarinette (1981); Böhler Stefan, Trompete (1981); Böhler Thomas, Posaune (1981); Brutschin Manfred, Tenorhorn (1981); Brutschin Peter, Posaune (1981); Fechtig Martin, Schlagzeug (1981); Gänswein Markus, Tenorhorn (1981); Heizmann Mario, Horn (1981); Hierholzer Ulrike, Trompete (1981); Hindsches Ralf, Klarinette (1981); Isele Eva-Maria, Klarinette (1981); Isele Patrick, Klarinette (1981); Jordan Bernhard, Trompete (1981); Kilian Rolf, Flügelhorn (1981); Kilian Wolfgang, gr. Trommel (1981); Maier Waldburga, Trompete (1981); Moosmann Andreas, Tuba (1981); Moosmann Michael, Flügelhorn (1981); Schwilski Bettina, Klarinette (1981); Schwilski Dirk, Tenorhorn (1981); Studinger Mischa, Flöte (1981); Tröndle Dirk, Flügelhorn (1981); Weiß Alexander, Posaune (1981); Zumpe Harald, Horn (1981)

Musikverein Bernau e.V.

Gründungsjahr:	1875*
1. Vorsitzender:	Hans Albiez
Stellv. Vorsitzender:	Oskar Baur
Schriftführer:	Robert Baur
Rechner:	Artur Schweizer
Beirat:	Roswitha Kaiser
	Egon Köpfer
	Siegfried Köpfer
	Hans Lauther
	Michael Schmid
	Ernst Thoma
	Max Wasmer
Dirigent:	Rolf Schmidt
Vizedirigent:	Uli Schmidt
Jugendleiter:	Rolf Schmidt
Notenwarte:	Markus Maier
	Uli Schmidt
Instrumentenwart:	Wolfgang Köpfer
Präsident:	Bgm. Albert Schmidt
Ehrendirigent:	Ernst Baur sen.
Chronist:	Leo Schmidt

Aktive: Albiez Hans, Trompete (1948); Albiez Tanja, Saxophon (1977); Baur Edwin, Flügelhorn (1967); Baur Ernst, Tenorhorn (1957); Baur Fritz, Saxophon (1964); Baur Oskar, Posaune (1964); Baur Robert, Bariton (1957); Fritz Petra, Flügelhorn (1974); Haas Christine, Klarinette (1974); Honl Edmund, Posaune (1969); Kaiser Christine, Saxophon (1974); Kaiser Claudia, Flügelhorn (1974); Kaiser Martina, Klarinette (1974); Kaiser Roswitha, Flügelhorn (1974); Kiefer Rudolf, Trompete (1978); Köpfer Bernhard, kl. Trommel (1968); Köpfer Egon, Klarinette (1949); Köpfer Johannes, Trompete (1970); Köpfer Siegfried, Tuba (1969); Köpfer Wolfgang, Flügelhorn (1957); Kolacewitz Axel, Trompete (1975); Lauther Hans, Klarinette (1964); Maier Angelika, Klarinette (1969); Maier Bruno, Posaune (1969); Maier Edwin, Posaune (1946); Maier Markus, Tenorhorn (1974); Moraske Peter, Horn (1974); Schelshorn Gerhard, Horn (1957); Schelshorn Manfred, Bariton (1974); Schmid Michael, kl. Trommel (1977); Schmidt Anton, Klarinette (1976); Schmidt Beatrix, Flöte (1977); Schmidt Heinz, Tuba (1957); Schmidt Leo, Bariton (1930); Schmidt Rudolf, Horn (1974); Schmidt Ulrich, Flöte (1968); Schön Manfred, Trompete (1967); Schweizer Artur, Flügelhorn (1948); Schweizer Elvira, Klarinette (1969); Schweizer Franz, gr. Trommel (1947); Schweizer Franziska, Posaune (1974); Spiegelhalter Ernst, Horn (1954); Spitz Monika, Saxophon (1977); Spitz Stefan, Flügelhorn (1974); Stoll Theo, Saxophon (1969); Thoma Ernst, Klarinette (1957); Volk Max, Lyra/Pauken (1957); Wasmer Andrea, Klarinette (1974); Wasmer Georg, Tenorhorn (1969); Wasmer Guido, Trompete (1974); Wasmer Max, Tuba (1957); Wasmer Michael, Horn (1974); Wasmer Siegfried, Becken (1970)

Jugendkapelle: Baur Bernhard, Posaune (1977); Baur Hubert, Tenorhorn (1979); Böhler Andrea, Trompete (1979); Broggle Monita, Trompete (1979); Frey Renate, Klarinette (1979); Fritz Ilona, Flöte (1979); Janssen Petra, Horn (1978); Kaiser Markus, kl. Trommel (1979); Kaiser Michael, Trompete (1979); Klingele Andreas, Bariton (1977); Köhler Myriam, Flöte (1979); Maier Albin, kl. Trommel (1979); Maier Regina, Flöte (1977); Mayer Eva, Klarinette (1979); Mayer Klaus, Klarinette (1979); Mayer Ute, Flöte (1979); Pfefferle Irene, Tenorhorn (1979); Schelshorn Karin, Flügelhorn (1977); Schmid Heidrun, Klarinette (1979); Schmidt Berthold, Tenorhorn (1977); Schmidt Jutta, Klarinette (1977); Schmidt Petra, Trompete (1979); Schmidt Reinhold, Posaune (1977); Schmidt Stefanie, Klarinette (1977); Schön Jürgen, Saxophon (1979); Schweizer Christine, Flöte (1977); Schweizer Matthias, Tuba (1977); Seefried Markus, Trompete (1977); Wasmer Anette, Klarinette (1979); Wasmer Armin, Saxophon (1977); Wasmer Joachim, Posaune (1977); Wasmer Silvia, Saxophon (1979)

Musikverein „Echo" Bettmaringen

Gründungsjahr:	1853*
1. Vorsitzender:	Hermann Majocko
Stellv. Vorsitzender:	Ernst Kaiser
Schriftführerin:	Gudrun Heer
Rechner:	Raimund Boll
Beirat:	Friedrich Kech
	Werner Senn
Dirigent:	Hans Rudi Otteny
Jugendleiter:	Andreas Heer
	Susanne Heer
	Artur Vogt
Notenwart:	Andreas Heer
Instrumentenwart:	Armin Albrecht
Ehrendirigent:	Franz Boll

Ehrenmitglieder: Rudolf Boll, Josef Heer, Oswald Heer, Albert Isele, Alois Mayer, Alfons Preiser, Werner Senn, Paul Vogt

Aktive: Albrecht Armin, Posaune (1980); Boll Friedrich, Tenorhorn (1966); Boll Karlheinz, Tenorhorn (1979); Boll Raimund, Horn (1973); Boll Rudolf, Posaune (1947); Eichkorn Annemarie, Flöte (1980); Götz Mechthilde, Flügelhorn (1970); Heer Andreas, Trompete (1972); Heer Gudrun, Trompete (1973); Heer Oswald, Horn (1947); Heer Susanne, Saxophon (1979); Hotz Ulrich, Trompete (1979); Kaiser Andreas, Tuba (1979); Kaiser Egon, Bariton (1966); Kaiser Ernst, Klarinette (1962); Kech Andrea, Flöte (1980); Kech Beate, Klarinette (1977); Kech Friedrich, Tenorhorn (1966); Kech Günther, Schlagzeug (1975); Kech Jürgen, Schlagzeug (1980); Majocko Hermann, Trompete (1959); Meister Eberhard, Klarinette (1979); Pöhl Josef, gr. Trommel (1973); Rogg Helmut, Tuba (1966); Senn Andreas, Flügelhorn (1973); Senn Werner, Flügelhorn (1952); Vogt Artur, Flügelhorn (1973); Vogt Paul, Flügelhorn (1952); Zolg Dieter, Trompete (1979)

Zöglinge: Blenk Michael, Klarinette (1979); Bölle Paul, Flügelhorn (1979); Bölle Thomas, Posaune (1979); Eichkorn Carola, Klarinette (1979); Heer Ute, Klarinette (1979); Hotz Bernhard, Trompete (1979); Kaiser Angelika, Klarinette (1979); Kaiser Markus, Flügelhorn (1979); Kaiser Matthias, Flügelhorn (1979); Kech Günther, Tenorhorn (1979); Kech Sandra, Klarinette (1979); Keßler Manfred, Trompete (1979); Keßler Ursula, Klarinette (1979); Preiser Paul, Tenorhorn (1979); Senn Achim, Trompete (1979); Vogt Cornelia, Klarinette (1979); Vogt Matthias, Flügelhorn (1979)

Musikverein-Trachtenkapelle Bernau-Außertal e.V.

Gründungsjahr:	1906
1. Vorsitzender:	Lothar Köpfer
Stellv. Vorsitzender:	Joachim Kaiser
Schriftführer:	Edwin Baur
Rechner:	Alfons Mutter
Beirat:	Siegfried Kaiser
	Rudolf Köpfer
	Gustav Mutter
	Angela Schlageter
	Walter Strohmeier
	Helmut Valentini
Dirigent:	René Zulauf
Vizedirigent/ Jugendleiter:	Albert Baur
Notenwarte:	Edgar Köpfer
	Christoph Maier
Instrumentenwart:	Siegfried Maier

Aktive: Baur Edwin, Flügelhorn (1963); Baur Erwin, Posaune (1960); Baur Hans, Tenorhorn (1963); Baur Markus, Schlagzeug (1982); Baur Martina, Flöte (1982); Baur Peter, Klarinette (1971); Baur Pia, Klarinette (1973); Baur Walter, Bariton (1969); Bregger Cornelius, Schlagzeug (1982); Bregger Margarethe, Klarinette (1982); Damjanov Petra, Klarinette (1982); Ernst Claudia, Trompete (1982); Ernst Dieter, Trompete (1970); Ernst Ralf, Posaune (1976); Finkbeiner Sabine, Trompete (1982); Hilpert Harald, Tenorhorn (1978); Jauch Thomas, Posaune (1970); Kaiser Elvira, Klarinette (1982); Kaiser Joachim, Horn (1970); Kaiser Siegfried, Schlagzeug (1964); Kaiser Walter, Trompete (1963); Klingele Doris, Klarinette (1982); Köpfer Edgar, Posaune (1970); Köpfer Lothar, Horn (1970); Köpfer Rudolf, Tuba (1959); Kohlbrenner Heinz, Posaune (1973); Kohlbrenner Rudolf, Flügelhorn (1976); Maier Christoph, Horn (1969); Maier Franz, Klarinette (1956); Maier Siegfried, Horn (1969); Mutter Alfons, Bariton (1949); Mutter Gustav, Klarinette (1951); Mutter Sabine, Klarinette (1982); Mutterer Astrid, Flöte (1982); Sailer Eduard, Schlagzeug (1971); Sailer Gerhard, Klarinette (1960); Sailer Manuela, Trompete (1982); Sailer Siegfried, gr. Trommel (1963); Schlageter Angela, Klarinette (1976); Spiegelhalter Fritz, Saxophon (1954); Spitz Bernadette, Klarinette (1979); Spitz Manfred, Klarinette (1979); Strittmatter Alexander, Pauken (1979); Strittmatter Rainer, Flügelhorn (1979); Strohmeier Walter, Trompete (1970); Thoma Barbara, Saxophon (1982); Thoma Winfried, Tenorhorn (1976); Valentini Helmut, Klarinette (1963); Varady Jakob, Tuba (1970)
Zöglinge: Baur Heike, Flöte (1979); Baur Ralf, Flügelhorn (1981); Booz Alexandra, Klarinette (1981); Damjanov Boris, Saxophon (1981); Emler Daniela, Klarinette (1981); Finkbeiner Martina, Trompete (1981); Fritz Gisela, Flöte (1981); Greiner Jürgen, Tenorhorn (1981); Keßler Stefanie, Saxophon (1981); Klingele Yvonne, Flügelhorn (1981); Köpfer Daniel, Trompete (1981); Köpfer Markus, Bariton (1981); Köpfer Norbert, Posaune (1981); Köpfer Silke, Klarinette (1981); Kufner Markus, Schlagzeug (1981); Landwehr Achim, Flöte (1981); Landwehr Frank, Posaune (1981); Maier Stefan, Horn (1981); Merz Annette, Klarinette (1981); Schmid Thomas, Trompete (1981); Schmidt Astrid, Klarinette (1981); Spiegelhalter Andrea, Klarinette (1981); Spiegelhalter Sabine, Klarinette (1981); Spiegelhalter Thomas, Schlagzeug (1981); Steiger Heike, Klarinette (1981); Thoma Cornelia, Flügelhorn (1981); Wasmer Felix, Tenorhorn (1981); Weißenberger Kerstin, Flöte (1981)

Musikverein Binzgen e.V.

Gründungsjahr:	1871*
1. Vorsitzender:	Hermann Bächle
Stellv. Vorsitzender:	Peter Eschbach
Schriftführer:	Bernhard Jehle
Rechner:	Bernhard Bächle
Beirat:	Werner Rümmele
	Konrad Schäuble
Dirigent:	Norbert Schmid
Vizedirigent:	Herbert Siebold
Notenwart:	Peter Jehle
Ehrenvorsitzender:	Ernst Jehle

Aktive: Bächle Alois, gr. Trommel (1948); Bächle Bernhard, Flügelhorn (1973); Bächle Hermann, Bariton (1969); Bäumle Udo, Tenorhorn (1975); Böhler Martin, Trompete (1978); Böhler Pius, Flügelhorn (1948); Döbele August, Horn (1947); Eisele Andreas, Schlagzeug (1978); Ekert Rudolf, Klarinette (1948); Elender Peter, Posaune (1977); Eschbach Peter, Saxophon (1966); Gersbach Helmut, Flügelhorn (1967); Grimm Karl-Heinz, Trompete (1978); Jehle Bernhard, Klarinette (1973); Jehle Ernst, Klarinette (1947); Jehle Peter, Tenorhorn (1973); Merz Dietmar, Klarinette (1967); Rümmele Werner, Tuba (1957); Schlageter Dieter, Saxophon (1960); Schulz Rudolf, Horn (1978); Siebold Herbert, Posaune (1968); Thoma Wolfgang, Trompete (1960); Werner Wolfgang, Tenorhorn (1967)
Zöglinge: Bächle Josef, Tuba (1980); Bäumle Wolfgang, Posaune (1980); Daniels Stefan, Klarinette (1982); Frey Veronika, Trompete (1980); Huber Elke, Klarinette (1980); Meier Manuela, Klarinette (1980); Rinberger Manfred, Horn (1980); Rinberger Silvia, Klarinette (1980); Schmid Stefan, Posaune (1980); Ücker Sabine, Trompete (1980)

Trachtenkapelle Birkendorf e.V.

Gründungsjahr:	1870*
1. Vorsitzender:	Hansjörg Dörflinger
Stellv. Vorsitzender:	Markus Hirzle
Schriftführer:	Ernst Albrecht
Rechner:	Arnold Rheiner
Beirat:	Otto Albrecht
	Wilhelm Albrecht
	Willi Schnitzer
	Heinz Straub
	Werner Ziller
Dirigent:	Erich Philipp
Vizedirigent/	
Jugendleiter:	Hansjörg Hirzle
Notenwart:	Dieter Probst
Instrumentenwart:	Michael Kromer
Ehrenvorsitzender:	Eugen Kaiser
Ehrendirigent:	Richard Rebmann

Aktive: Albrecht Ernst, Flügelhorn (1967); Albrecht Otto, Posaune (1967); Albrecht Wilhelm, Tuba (1935); Blatter Michael, Klarinette (1972); Buchmann Hubert, Flügelhorn (1981); Buchmann Klaus, Tenorhorn (1981); Dörflinger Christoph, Klarinette (1981); Dörflinger Hansjörg, Klarinette (1954); Fechtig Christiane, Saxophon (1977); Fechtig Joachim, Bariton (1976); Fechtig Jürgen, Flügelhorn (1977); Frommherz Bruno, Piston (1954); Hirzle Hansjörg, Schlagzeug (1972); Hirzle Karl, Bariton (1947); Hirzle Markus, Tenorhorn (1972); Hirzle Mathias, Tenorhorn (1977); Kaiser Helmut, Flügelhorn (1962); Krieger Joachim, Trompete (1981); Kromer Michael, Trompete (1972); Probst Dieter, Bariton (1981); Probst Martin, Trompete (1981); Rebmann Viktor, Trompete (1972); Rheiner Arnold, gr. Trommel (1935); Schnitzer Thomas, Tuba (1972); Schnitzer Willi, Tuba (1950); Schwarz Hans, Posaune (1947); Schwarz Johannes, Klarinette (1981); Schwarz Norbert, Piston (1972); Straub Heinz, Horn (1962); Stulz Bernhard, Klarinette (1971); Stulz Johannes, Flügelhorn (1972); Ziller Werner, Posaune (1967)
Zöglinge: Beck Christel, Klarinette (1982); Beck Evi, Trompete (1982); Blatter Elke, Klarinette (1982); Blatter Klaus, Saxophon (1982); Blatter Markus, Flügelhorn (1982); Blatter Sabine, Flöte (1982); Buchmann Manuela, Klarinette (1982); Dörflinger Manuel, Trompete (1982); Fechtig Stephanie, Flöte (1982); Frommherz Michael, Flügelhorn (1982); Hirzle Alexander, Saxophon (1982); Rebmann Mathias, Flügelhorn (1982); Reichardt Anja, Klarinette (1982); Zens Silvia, Trompete (1982)

Musikverein Birndorf e.V.

Gründungsjahr:	1924
1. Vorsitzender:	Ferdinand Müller
Stellv. Vorsitzender:	Franz Leber
Schriftführer:	Peter Gäng
Stellv.	
Schriftführerin:	Iris Ebner
Rechner:	Bernhard Bächle
Beirat:	Fridolin Binkert
	Johann Böhler
	Anita Brudsche
Dirigent/	
Jugendleiter:	Wolfgang Weber
Notenwart:	Thomas Eckert
Instrumentenwarte:	Fridolin Binkert
	Siegfried Vögele
Ehrenvorsitzende:	Josef Ebner sen.
	Emil Zimmermann

Aktive: Bächle Bernhard, Horn (1973); Bächle Josef, Flügelhorn (1977); Bächle Klaus, Klarinette (1981); Bächle Konrad, Klarinette (1981); Binkert Fridolin, Saxophon (1957); Binkert Konrad, Pauken (1960); Binkert Mathias, Tenorhorn (1981); Böhler Johann, Tenorhorn (1955); Brudsche Anita, Klarinette (1973); Brudsche Manfred, Klarinette (1977); Ebner Cornelius, Horn (1981); Ebner Dietrich, Trompete (1975); Ebner Emil, Tuba (1939); Ebner Georg, Trompete (1978); Ebner Georg, Trompete (1981); Ebner Iris, Trompete (1973); Eckert Otmar, Posaune (1973); Eckert Thomas, Saxophon (1977); Gäng Bernhard, Trompete (1981); Gäng Peter, Bariton (1973); Gäng Raimund, Horn (1949); Gäng Roland, Flügelhorn (1981); Gäng Werner, Saxophon (1973); Leber Franz, Tuba (1972); Morath Ralf, Klarinette (1981); Müller Ferdinand, Posaune (1964); Rehm Andreas, kl. Trommel (1982); Rehm Dieter, Flügelhorn (1954); Rehm Sabine, Klarinette (1982); Schäuble Andreas, Klarinette (1978); Schäuble Mathias, Horn (1974); Schlachter Bruno, Trompete (1977); Schlachter Claus, Tuba (1973); Schlachter Philipp, Flügelhorn (1978); Schlageter Thea, Flöte (1973); Vögele Alois, Schlagzeug (1972); Vögele Franz, Tenorhorn (1953); Vögele Siegfried, Posaune (1973); Zimmermann Emil, gr. Trommel (1935)
Zöglinge: Binkert Rainer, Klarinette; Binkert Uwe, Klarinette; Böhler Lothar, Flügelhorn; Böhler Thomas, Posaune; Ebner Günter, Flügelhorn; Hilpert Johannes, Flügelhorn

Musikverein Blumegg

Gründungsjahr:	1876
1. Vorsitzender:	Hubert Burger
Stellv. Vorsitzender:	Dieter Kiel
Schriftführerin:	Antje Baumann
Rechner:	Karl Eichkorn
Beirat:	Hartmut Rendler
Dirigent:	Karl Friedrich
Notenwart:	Kurt Korhummel
Ehrenvorsitzender:	Josef Vetter
Ehrendirigent:	Bernhard Scheu
Ehrenmitglieder:	Alfons Brem
	Karl Burger
	Ernst Friedrich
	Johann Kiel
	Josef Merkt
	August Rendler
	Alfons Scheu
	Ewald Schillinger
	Josef Stritt

Aktive: Baumann Antje, Klarinette (1977); Baumann Norbert, kl. Trommel (1981); Baumann Ralf, kl. Trommel (1981); Baumann Ronald, Tenorhorn (1977); Bausch Werner, Tuba (1959); Burger Christian, Trompete (1981); Burger Hubert, Flügelhorn (1954); Duttlinger Michael, Tenorhorn (1981); Eichkorn Karl, Tenorhorn (1954); Frey Herbert, Klarinette (1981); Friedrich Edgar, Saxophon (1981); Friedrich Herbert, Tenorhorn (1963); Kech Berthold, Horn (1981); Kech Mechthild, Klarinette (1981); Kiel Dieter, Trompete (1970); Kiel Edmund, Trompete (1977); Korhummel Kurt, Klarinette (1970); Müller Gerd, Flügelhorn (1977); Müller Theo, Flügelhorn (1970); Müller Werner, gr. Trommel (1977); Rendler Hartmut, Klarinette (1977); Rendler Joachim, Saxophon (1977); Rendler Judith, Klarinette (1981); Rendler Uli, Tenorhorn (1977); Schillinger Ewald, Posaune (1966); Vetter Robert, Tuba (1970); Werschler Ludwig, Flügelhorn (1963)
Zöglinge: Müller Bertram, Posaune (1982); Müller Günter, Posaune (1982)

Trachtenkapelle Brenden e.V.

Gründungsjahr:	1908
1. Vorsitzender:	Willi Isele
Stellv. Vorsitzender:	Siegfried Eckert
Schriftführer:	Paul Jäger
Rechner:	Helmut Ebner
Beirat:	Hildegard Alex
	Josef Morath
Dirigent:	Adolf Isele
Notenwart:	Werner Isele
Ehrenvorsitzender:	August Ebner
Ehrendirigent:	Franz Bockstaller

Aktive: Alex Hildegard, Klarinette (1977); Bernauer Jürgen, kl. Trommel (1978); Bernauer Wolfgang, Trompete (1975); Bockstaller Walter, Posaune (1952); Brüderle Willi, Tenorhorn (1958); Ebner Emil, Horn (1958); Ebner Helmut, Flügelhorn (1956); Eckert Robert, Klarinette (1977); Eckert Siegfried, Trompete (1970); Isele Bernhard, Tenorhorn (1977); Isele Otmar, Trompete (1975); Isele Werner, Flügelhorn (1977); Isele Willi, Tenorhorn (1955); Jäger Paul, Klarinette (1977); Köpfler Xaver, Tenorhorn (1975); Maier Franz, gr. Trommel (1963); Maier Paul, Tuba (1963); Morath Horst, Posaune (1963); Morath Josef, Tenorhorn (1968); Seiler Peter, Flügelhorn (1975); Weber Artur, Tuba (1975)
Zöglinge: Alex Andreas, Trompete (1982); Bockstaller Gerhard, Posaune (1982); Bockstaller Otmar, Flügelhorn (1982); Ebner Mathias, Flügelhorn (1982); Ebner Michael, Flügelhorn (1982); Ebner Roland, Horn (1982); Isele Manfred, Tenorhorn (1982)

Musikverein Brunnadern-Remetschwiel

Gründungsjahr:	1884
1. Vorsitzender:	Karl-Heinz Mutter
Stellv. Vorsitzender:	Martin Höfler
Schriftführerin:	Helga Bächle
Rechner:	Gerhard Baumgartner
Beirat:	Alfred Denz
	Axel Ebner
	Fritz Schlachter
Jugendvertretung:	Eleonore Höfler
Dirigent:	Adelbert Trötschler
Vizedirigent:	Martin Gutmann
Jugendleiter:	Adelbert Trötschler
Notenwart:	Herbert Ganzmann
Instrumentenwart:	Axel Ebner
Ehrendirigent:	Franz Rogg

Aktive: Bächle Helga, Saxophon (1976); Baumgartner Cornelia, Trompete (1978); Baumgartner Gerhard, Trompete (1951); Baumgartner Heidi, Flügelhorn (1978); Baumgartner Rolf, Trompete (1973); Denz Alfred, Bariton (1953); Denz Joachim, Tuba (1978); Denz Simone, Klarinette (1978); Denz Stefanie, Klarinette (1978); Ebner Axel, Klarinette (1968); Feldmann Rosi, Flügelhorn (1978); Ganzmann Herbert, Posaune (1976); Gutmann Franz, Schlagzeug (1958); Gutmann Martin, Posaune (1976); Hansen Klaus, Schlagzeug (1978); Hansen Siegfried, Schlagzeug (1958); Höfler Eleonore, Flöte (1978); Höfler Lothar, Trompete (1973); Höfler Martin, Tuba (1968); Hupfer Birgit, Klarinette (1978); Hupfer Ralf, Horn (1976); Kaiser Anja, Klarinette (1978); Keller Andrea, Flügelhorn (1978); Keller Günter, Trompete (1968); Keller Wilfried, Flügelhorn (1976); Mutter Doris, Klarinette (1973); Mutter Karl-Heinz, Flügelhorn (1970); Nägele Jürgen, Horn (1978); Oberle Franz, Tenorhorn (1953); Oberle Gerda, Trompete (1978); Oberle Petra, Trompete (1978); Raufer Hannelore, Tenorhorn (1978); Raufer Norbert, Posaune (1978); Schlachter Andreas, Trompete (1976); Schlachter Fritz, Posaune (1953); Schlachter Gerda, Bariton (1978); Schlachter Jutta, Klarinette (1978); Schlachter Thomas, Tuba (1976); Thoma Rita, Horn (1978); Trötschler Ludwig, Posaune (1973); Zanotti Eva, Klarinette (1978); Zanotti Lothar, Saxophon (1976); Zimmermann Bernhard, Tenorhorn (1973)
Zöglinge: Ebi Michael, Klarinette (1982); Feldmann Anette, Flügelhorn (1982); Freitag Susanne, Klarinette (1982); Gamp Claudia, Klarinette (1982); Hansen Rainer, Trompete (1982); Kaiser Stefan, Trompete (1982); Keller Markus, Posaune (1982); Ney Klaus, Trompete (1982); Ney Thomas, Posaune (1982); Oberle Freddy, Tenorhorn (1982); Oberle Heidi, Flügelhorn (1982); Oberle Klaus-Peter, Trompete (1982); Pfeifer Carola, Flügelhorn (1982); Pfeifer Mathias, Klarinette (1982); Pfeifer Roland, Klarinette (1982); Raufer Peter, Posaune (1982); Stark Volker, Flügelhorn (1982); Thoma Hubert, Posaune (1982); Zimmermann Elisabeth, Klarinette (1982); Zimmermann Markus, Tenorhorn (1982)

Trachtenkapelle Buch

Gründungsjahr:	1891
1. Vorsitzender:	Andreas Eckert
Stellv. Vorsitzender:	Reinhold Bauer
Schriftführer:	Fridolin Ebner
Stellv. Schriftführerin:	Brigitte Mutter
Rechner:	Edmund Schäfer
Beirat:	Dietmar Boll
	Roman Eckert
	Walter Maier
	Josef Weiß
Dirigent:	Hugo Ebner
Vizedirigent/ Jugendleiter:	Helmut Pfeiffer
Notenwart:	Peter Weiß
Instrumentenwarte:	Norbert Ebner
	Fritz Ganter
Ehrenvorstand:	Karl Vogelbacher

Ehrenmitglieder: Reinhold Bauer, Helmut Dannenberger, Alois Ebner, Franz Ebner, Franz Ebner (Buch), Hugo Ebner, Alfred Eckert, Bernhard Eckert, Franz Eckert, Konrad Eckert, Edwin Leber, Albert Maier, Alois Maier, Ernst Nußbaumer, Manfred Rahmel, Friedrich Vochatzer, Alfred Vogelbacher, Josef Weiß, Alois Winkler
Aktive: Bauer Dietmar, Posaune (1980); Bauer Reinhold, Bariton (1957); Bauer Reinhold, Tenorhorn (1978); Bögle Mathias, Posaune (1980); Boll Dietmar, Posaune (1978); Dannenberger Helmut, Trompete (1957); Dannenberger Reinhold, Klarinette (1980); Ebner Alois, Horn (1949); Ebner Fridolin, Flügelhorn (1978); Ebner Heinrich, Flügelhorn (1963); Ebner Norbert, Saxophon (1970); Ebner Severin, Klarinette (1981); Ebner Thomas, Saxophon (1973); Ebner Ulrich, Horn (1978); Eckert Alfred, Tuba (1956); Eckert Andreas, Flügelhorn (1970); Eckert Anette, Klarinette (1978); Eckert Dieter, Tenorhorn (1959); Eckert Roman, Posaune (1959); Eckert Siegbert, Bariton (1970); Ganter Fritz, Horn (1965); Holzapfel Andreas, Tenorhorn (1979); Indlekofer Manfred, Tuba (1963); Kaiser Heinz, Horn (1959); Leber Thomas, Horn (1970); Lott Beate, Klarinette (1981); Maier Bernadette, Klarinette (1978); Maier Walter, Trompete (1968); Mutter Brigitte, Klarinette (1970); Nußbaumer Erhard, Trompete (1978); Nußbaumer Herbert, Trompete (1968); Pfeiffer Helmut, Trompete (1968); Rahmel Dietmar, Flügelhorn (1978); Rahmel Manfred, Schlagzeug (1951); Rudigier Petra, Klarinette (1981); Schäfer Edmund, Trompete (1959); Scherer Michael, Schlagzeug (1980); Schmidle Karl-Heinz, Saxophon (1970); Schupp Daniel, Klarinette (1980); Siebold Klaus, Posaune (1980); Vogelbacher Elke, Klarinette (1981); Vogelbacher Gerhard, Horn (1963); Vogelbacher Meinrad, Tuba (1972); Weiss Herbert, Tenorhorn (1980); Weiss Josef, Tuba (1949); Weiss Peter, Klarinette (1972); Winkler Josef, Flügelhorn (1973)

Trachtenkapelle Dachsberg

Gründungsjahr:	1919
1. Vorsizender:	Josef Zipfel
Stellv. Vorsitzender:	Thomas Vogelbacher
Schriftführer:	Gerhard Kaiser
Stellv. Schriftführerin:	Dagmar Behringer
Rechner:	Martin Kaiser
Beirat:	Hansjörg Bär
	Helmut Bromberger
Dirigent:	Josef Schlegel
Vizedirigent/ Jugendleiter:	Thomas Vogelbacher
Notenwarte:	Gerhard Behringer
	Manuela Thoma

Ehrenmitglieder: Helmut Bromberger, Egon Ebner, Alfred Kaiser, August Schäuble, Emil Schlegel sen., Emil Schlegel jun., Hermann Schlegel, Josef Schlegel
Aktive: Albietz Reinhold, Flügelhorn (1978); Albietz Rolf, Klarinette (1974); Bär Hans-Jörg, Tuba (1971); Behringer Dagmar, Klarinette (1978); Behringer Gerhard, Trompete (1978); Behringer Helga, Klarinette (1978); Behringer Roland, Bariton (1974); Bromberger Helmut, Horn (1958); Denz Christa, Horn (1974); Denz Hansi, Posaune (1974); Huber Manfred, Tenorhorn (1978); Huber Otto, Trompete (1974); Kaiser Eduard, Schlagzeug (1971); Kaiser Gerhard, Posaune (1974); Kaiser Ingrid, Horn (1978); Kaiser Martin, Schlagzeug (1978); Kohlbrenner Rudolf, Tenorhorn (1978); Schlegel Andreas, Klarinette/Saxophon (1978); Schlegel Johannes, Klarinette/Saxophon (1978); Schlegel Josef, Flügelhorn (1974); Thoma Manuela, Flügelhorn (1978); Vogelbacher Thomas, Klarinette/Saxophon (1978); Zipfel Josef, Flügelhorn (1971); Zipfel Otto, Trompete (1974)

Musikverein Dangstetten e.V.

Gründungsjahr:	1856*
1. Vorsitzender:	Hubert Mayer
Stellv. Vorsitzender:	Ernst Mülhaupt
Schriftführer:	Hermann Amann
Stellv. Schriftführerin:	Ursula Schnitzler
Rechner:	Karl-Heinz Ritter
Stellv. Rechner:	Werner Leute
Beirat:	Robert Hugel
	Jürgen Jehle
	Harald Mülhaupt
	Norbert Mülhaupt
	Martina Muffler
	Fritz Steinle
Dirigent:	Alfons Widmer
Vizedirigent/ Jugendleiter:	Egon Mülhaupt
Notenwart:	Stefan Ritter
Instrumentenwart:	Heinz Mathis

Ehrendirigenten: Oskar Weißenberger, Arthur Zollinger; Ehrenmitglieder: Hermann Amann, Konrad Banholzer, August Gehringer, Ernst Klauser, Emil Leute, Manfred Maier, Gustav Mathis, Karl Mathis, Hermann Maurer, Alois Mayer, Ernst Mülhaupt, Josef Müller, Werner Ritter, Karl Roder, Hans Schleicher, Josef Teufel
Aktive: Amann Hermann, Horn (1949); Banholzer Christoph, Schlagzeug (1980); Banholzer Konrad, Tuba (1957); Gisy Priska, Klarinette (1976); Granacher Marion, Klarinette (1974); Hass Beatrix, Trompete (1976); Hugel Robert, Trompete (1973); Illmann Rainer, Posaune (1973); Jehle Jürgen, Posaune (1968); Kessler Bernd, Tenorhorn (1969); Köpfler Michael, Horn (1973); Lehmann Karl-Heinz, Schlagzeug (1976); Leute Martin, Trompete (1974); Leute Werner, Posaune (1969); Mathis Alfons, Trompete (1960); Mathis Heinz, Flügelhorn (1968); Mayer Hubert, Tenorhorn (1968); Meier Gerold, Posaune (1976); Mülhaupt Egon, Saxophon (1968); Mülhaupt Ernst, Flügelhorn (1946); Mülhaupt Harald, Tuba (1969); Mülhaupt Michael, Horn (1973); Mülhaupt Norbert, Tuba (1962); Mülhaupt Ralf, Flügelhorn (1973); Muffler Martina, Klarinette (1976); Neubert Matthias, Schlagzeug (1980); Ritter Gottfried, Schlagzeug (1969); Ritter Karl-Heinz, Flügelhorn (1964); Ritter Stefan, Tenorhorn (1974); Ritter Werner, Saxophon (1953); Rotzinger Martin, Tenorhorn (1976); Schnitzler Ursula, Klarinette (1969); Spörndle Roland, Trompete (1969); Stein Daniel, Tenorhorn (1973); Steinle Fritz, Trompete (1968); Stoll Werner, Saxophon (1966); Zerweck Sabine, Klarinette (1974)
Zöglinge: Beck Monika, Klarinette (1981); Beck Stephan, Trompete (1981); Beck Ute, Flöte (1980); Feser Thomas, Klarinette (1981); Gisy Claudia, Klarinette (1980); Granacher Markus, Horn (1980); Hilpert Bernadette, Trompete (1981); Hilpert Gunnar, Trompete (1980); Kaiser Rudolf, Trompete (1980); Köpfler Markus, Posaune (1980); Köpfler Mathias, Posaune (1980); Mathis Brigitte, Klarinette (1981); Mathis Robert, Schlagzeug (1980); Mayer Anette, Klarinette (1980); Mülhaupt Andreas, Tenorhorn (1980); Mülhaupt Klaus, Flügelhorn (1980); Preiser Roswitha, Posaune (1980); Rotzinger Ursula, Flöte (1980); Ruf Regina, Trompete (1980); Spörndle Andreas, Saxophon (1980); Trapp Alexander, Flügelhorn (1980); Über Manuel, Trompete (1981)

Musikverein Degernau e.V.

Gründungsjahr:	1923
1. Vorsitzender:	Wolfgang Noll
Stellv. Vorsitzender:	Silvio Preiser
Schriftführerin:	Claudia Mühlhaupt
Rechner:	Othmar Rombach
Beirat:	Heinz Budde
	Fritz Keller
	Walter Metzler
	Edgar Stoll
	Klaus Stoll
Dirigent:	Reinhard Rombach
Notenwart:	Heinz Schmidt

Aktive: Budde Alexandra, Klarinette (1981); Budde Heinz, Tenorhorn (1953); Budde Jürgen, Trompete (1976); Budde Petra, Klarinette (1981); Gäng Martin, Trompete (1974); Gehrmann Karin, Horn (1982); Gertis Alfred, Posaune (1976); Indlekofer Ursula, Klarinette (1981); Kathaldi Carlo, Trompete (1981); Klowski Martin, Horn (1974); Klowski Reinhard, Flügelhorn (1974); Maier Thomas, Posaune (1982); Mayer Anette, Klarinette (1981); Mühlhaupt Claudia, Klarinette (1974); Müller Irina, Saxophon (1982); Noll Wolfgang, Schlagzeug (1978); Preiser Marco, Saxophon (1981); Preiser Sandra, Klarinette (1981); Preiser Silvio, Saxophon (1972); Rombach Othmar, Tenorhorn (1971); Sauter Detlef, Trompete (1981); Sauter Gerhart, Klarinette (1981); Schmidt Heinz, Bariton (1955); Störk Jürgen, Schlagzeug (1982); Stoll Edgar, Tuba (1947); Stoll Elmar, Horn (1976); Stoll Franz, Schlagzeug (1982); Stoll Helmut, Flügelhorn (1953); Stoll Helmut, Posaune (1974); Stoll Klaus, Trompete (1971); Stoll Reimund, Tuba (1964); Trippel Albert, Flügelhorn (1974); Weißenberger Doris, Flügelhorn (1981)

Musikverein Dettighofen

Gründungsjahr:	1872*
1. Vorsitzender:	Artur Hartmann
Stellv. Vorsitzender:	Egon Wassmer
Schriftführerin:	Elisabeth Bercher
Rechner:	Peter Tseritsoglou
Beirat:	Angelika Hauser
	Elmar Indlekofer
	Alfons Mülhaupt
	Hermann Mülhaupt
Dirigent:	Werner Thomann
Vizedirigenten:	Adalbert Hauser
	Egon Wassmer
Jugendleiter:	Rolf Russi
	Egon Wassmer
Notenwart:	Alexander Häring
Instrumentenwart:	Otto Bernhard
Ehrendirigent:	Heinrich von Roth

Aktive: Bercher Elisabeth, Bariton (1978); Bercher Josef, Bariton (1973); Bercher Willi, Posaune (1951); Bernhard Adolf, Horn (1947); Bernhard Otto, gr. Trommel (1970); Glattfelder Markus, Klarinette (1978); Glattfelder Susann, Klarinette (1978); Häring Alexander, Flügelhorn (1978); Häring Ulli, Tenorhorn (1946); Häring Ute, Schlagzeug (1978); Hartmann Artur, Flügelhorn (1958); Hauser Adalbert, Tuba (1937); Hauser Angelika, Klarinette (1970); Hauser Franz Josef, Tuba (1978); Hauser Ulli, Posaune/Lyra (1970); Hauser Winfried, Schlagzeug (1977); Indlekofer Elmar, Tenorhorn (1958); Leber Christine, Saxophon (1978); Leber Edeltraud, Saxophon (1978); Leber Eugen, Horn (1947); Maier Norbert, Flügelhorn (1982); Mülhaupt Alfons, Trompete (1958); Mülhaupt Hermann, Posaune (1966); Neukom Armin, Trompete (1978); Probst Franz, Tuba (1937); Probst Karl, Posaune (1973); Russi Rolf, Trompete (1977); Schaub Christel, Horn (1978); Schaub Markus, Klarinette (1978); Tseritsoglou Peter, Tenorhorn (1961); Wassmer Egon, Flügelhorn (1966)
Zöglinge: Baumgartner Gerhard, Flügelhorn (1981); Bernhard Horst, Flügelhorn (1981); Fischer Sandra, Flöte (1981); Häring Anja, Klarinette (1981); Hartmann Daniel, Klarinette (1981); Indlekofer Peter, Klarinette (1981); Leber Gabi, Klarinette (1981); Mülhaupt Andreas, Trompete (1981); Mülhaupt Michael, Klarinette (1981); Russi Mathias, Trompete (1981); Schaub Regina, Klarinette (1981); Schaub Sonja, Klarinette (1981); Simmler Bernd, Posaune (1981); Tseritsoglou Manuela, Klarinette (1981)

Feuerwehrkapelle Dillendorf

Gründungsjahr:	1929
1. Vorsitzender:	Werner Weltis
Stellv. Vorsitzender:	Werner Blattert
Schriftführer:	Johannes Dietsche
Rechner:	Wilfried Dietsche
Stellv. Rechner:	Klaus-Peter Morath
Beirat:	Gottfried Dietsche II
	Thomas Engler
	Manfred Gantert
Dirigent:	Gerhard Studinger
Vizedirigent:	Gottfried Eichkorn
Jugendleiter:	Thomas Engler
Notenwart:	Andrea Gantert
Instrumentenwart:	Gottfried Dietsche II
Ehrendirigent:	Edwin Burger

Aktive: Amann Veronika, Klarinette (1976); Bernhart Klaus, Posaune (1978); Blattert Werner, Trompete (1967); Dietsche Armin, Flügelhorn (1978); Dietsche Arno, Flügelhorn (1981); Dietsche Cordula, Flöte (1978); Dietsche Eugen, Tuba (1947); Dietsche Eva, Flöte (1978); Dietsche Gottfried I, Tenorhorn (1949); Dietsche Gottfried II, Flügelhorn (1964); Dietsche Harald, Horn (1973); Dietsche Johannes, Klarinette (1973); Dietsche Rainer, Saxophon (1973); Dietsche Roland, Tenorhorn (1978); Dietsche Siegfried, Tenorhorn (1958); Dietsche Wilfried, Posaune (1976); Eichkorn Dieter, Saxophon (1978); Eichkorn Gottfried, Bariton (1947); Engler Thomas, Bariton (1978); Gantert Andrea, Flöte (1978); Gantert Manfred, Flügelhorn (1958); Gantert Volker, Klarinette (1981); Hogg Erich, gr. Trommel (1976); Kaiser Martin, kl. Trommel (1973); Maier Markus, Trompete (1978); Morath Klaus-Peter, Klarinette (1978); Preuß Andreas, Klarinette (1981); Rendler Karl, Horn (1949); Rendler Rita, Klarinette (1976); Weltis Christa, Trompete (1981); Weltis Werner, Tuba (1954)

Blasorchester Dogern e.V.

Gründungsjahr:	1900
1. Vorsitzender:	Wilhelm Ebner
Stellv. Vorsitzender:	Heinz Francois
Schriftführerin:	Johanna Leber
Stellv. Schriftführerin:	Ursula Böhler
Rechner:	Peter Winkler
Beirat:	Otto Arzner
	Albert Böhler
	Peter Eckert
	Enrico Miech
Dirigent:	Franz Riede
Notenwart:	Albert Böhler
Instrumentenwart:	Paul Eckert
Ehrendirigenten:	Helmut Klenner
	Leo Tröndle

Aktive: Albiez Hanspeter, Posaune (1975); Arzner Otto, Tenorhorn (1969); Blunck Holger, Trompete (1979); Böhler Albert, Saxophon (1969); Böhler Ursula, Saxophon (1973); Brödlin Franz, Saxophon (1958); Brunner Bernhard, Horn (1978); Ebi Ernst, Flügelhorn (1947); Ebner Gabi, Flöte/Pikkolo (1978); Ebner Wilhelm, Klarinette (1963); Eckert Paul, Flügelhorn (1973); Eckert Peter, gr. Trommel (1949); Eckert Richard, Saxophon (1972); Fässle Roland, Tenorhorn (1972); Fischer Karin, Klarinette (1973); Francois Heinz, Bariton (1963); Frommherz Rita, Flöte (1978); Gehringer Andrea, Flügelhorn (1973); Gertis Hanspeter, Posaune (1973); Gertis Paul, Posaune (1949); Lang Dietmar, Trompete (1981); Leber Johanna, Klarinette (1973); Lichtsteiner Rudolf, Flügelhorn (1975); Metzinger Astrid, Klarinette (1972); Metzinger Ralph, Posaune (1978); Metzinger Virginia, Trompete (1975); Miech Enrico, Saxophon (1975); Möllmann Jürgen, Trompete (1975); Nöltner Wallburga, Klarinette (1973); Probst Stefan, Schlagzeug (1973); Riede Franz, Saxophon (1963); Rupp Gebhard, Tenorhorn (1975); Schonhardt Ingeborg, Trompete (1975); Schweitzer Joachim, Saxophon (1978); Tröndle Sonja, Klarinette (1978); Wagner Franz, Tuba (1969); Wagner Sonja, Klarinette/Lyra (1972); Werne Alfons, Horn (1950); Winkler Peter, Tuba (1969); Zuk Franz, Trompete (1963)
Zöglinge: Baldischwieler Thomas, kl. Trommel (1982); Ebner Britta, Klarinette (1980); Francois Sandra, Flügelhorn (1980); Gisy Hans-Werner, Trompete (1980); Gisy Stefan, Trompete (1980); Häring Ulrike, Trompete (1980); Haferkorn Pia, Flöte (1980); Lang Hans-Peter, kl. Trommel (1982); Schweitzer Stefan, Klarinette (1980); Stüber Richard, Horn (1982); Tröndle Luzia, Flöte (1982); Tröndle Martin, Klarinette (1980); Tröndle Ulrich, Klarinette (1982); Weber Alexander, Klarinette (1980)

Musikverein Eberfingen e.V.

Gründungsjahr:	1862*
1. Vorsitzender:	Johann Gantert
Stellv. Vorsitzender:	Karl Eisele
Schriftführer:	Bruno Blatter
Rechner:	Roman Armbruster
Beirat:	Joseph Eisele
	Adolf Nägele
	Gerhard Schönle
	Manfred Stoll
Dirigent:	Stefan Hägele
Vizedirigent/ Jugendleiter:	Gerhard Blatter
Ehrenvorsitzender:	Bernhard von Schneyder

Aktive: Armbruster Hermann, Trompete (1963); Armbruster Hubert, Tenorhorn (1975); Armbruster Roman, Flügelhorn (1963); Blatter Bruno, Flügelhorn (1970); Blatter Elmar, Flügelhorn (1975); Blatter Gerhard, Tenorhorn (1975); Blatter Manfred, Tenorhorn (1970); Blatter Rolph, Flügelhorn (1979); Eisele Joseph, gr. Trommel (1968); Eisele Karl, Tuba (1957); Gantert Johann, Trompete (1933); Gantert Johannes, Saxophon (1970); Grieser Meinrad, Posaune (1963); Löhle Wolfgang, Flügelhorn (1975); Maier Angelika, Flügelhorn (1979); Markert Herbert, Schlagzeug (1979); Nägele Adolf, Tuba (1950); Raufer Otmar, Horn (1975); Raufer Sigried, Flügelhorn (1979); Schanz Claus, Posaune (1963); Schanz Manfred, Tenorhorn (1979); Schneider Claudia, Flügelhorn (1979); Schneyder von, Manuela, Horn (1979); Schönle Gerhard, Bariton (1962); Stoll Manfred, Trompete (1951); Vollmer Dietmar, Trompete (1979); Vollmer Herbert, Flügelhorn (1968)
Zöglinge: Armbruster Daniel, Trompete (1982); Armbruster Michael, kl. Trommel (1982); Bantle Maria, Trompete (1982); Eisele Andreas, Bariton (1982); Eisele Thomas, Trompete (1982); Gantert Claudia, Trompete (1982); Jehle Bruno, Klarinette (1982); Jehle Sonja, Klarinette (1982); Raufer Edgar, Horn (1982); Schanz Birgit, Klarinette (1982); Schanz Edwin, Tenorhorn (1982); Schanz Heidi, Trompete (1982); Schanzkowski Helga, Klarinette (1982); Schneider Andreas, Flügelhorn (1982); Seeberger Andrea, Flügelhorn (1982)

Musikverein Eggingen

Gründungsjahr:	1889
1. Vorsitzender:	Alfons Güntert
Stellv. Vorsitzender:	Rolf Albicker
Schriftführer:	Bernhard Neuburger
Rechner:	Werner Albicker
Stellv. Rechner:	Willi Sackmann
Beirat:	Kuno Amann
	Manfred Ebi
	Martin Ebi
	Klaus Eichin
	Karl Hofacker
	Gerhard Hotz
	Klaus Mayer
	Julius Rohr
Dirigent:	Klaus Dreher
Vizedirigent:	Julius Rohr
Jugendleiter:	Martin Ebi
Notenwart:	Manfred Ebi
Instrumentenwart:	Gerhard Hotz
Ehrenvorsitzender:	Emil Schmutz

Aktive: Albicker Hugo, Tuba (1948); Albicker Karl, Klarinette (1965); Albicker Kurt, Trompete (1974); Albicker Manfred, Flügelhorn (1978); Albicker Rolf, Flügelhorn (1974); Albicker Werner, Horn (1954); Amann Kuno, Posaune (1977); Bauknecht Irma, Klarinette (1979); Büche Erich, Horn (1959); Dreher Norbert, Saxophon (1978); Ebi Dietmar, Bariton (1979); Ebi Elvira, Klarinette (1979); Ebi Jürgen, Saxophon (1978); Ebi Manfred, Posaune (1961); Ebi Martin, Trompete (1956); Eichin Klaus, Saxophon (1959); Eichin Thomas, Schlagzeug (1978); Fischer Horst, Trompete (1978); Fritz Peter, Klarinette (1976); Güntert Alfons, Tenorhorn (1961); Güntert Brigitte, Trompete (1978); Güntert Konrad, Klarinette (1972); Güntert Rita, Saxophon (1976); Güntert Roland, Flügelhorn (1968); Hofacker Karl, Posaune (1949); Hotz Gerhard, Bariton (1968); Malzacher Konrad, Saxophon (1982); Mayer Klaus, Posaune (1978); Mayer Martina, Trompete (1979); Neuburger Bernhard, Saxophon (1968); Rohr Julius, Klarinette (1936); Sackmann Anette, Klarinette (1978); Sackmann Willi, Tenorhorn (1952); Schanz Bernadette, Flöte (1979); Schanz Claudia, Horn (1978); Schanz Georg, Klarinette (1978); Schanz Gerald, Trompete (1979); Schanz Margaritta, Klarinette (1978); Schanz Norbert, Flügelhorn (1978); Schanz Pia, Trompete (1979); Schlageter Hans-Günter, Trompete (1982); Schmutz Emil, Tuba (1948); Waldkircher Johann, Horn (1948); Waldkircher Johannes, Bariton (1978); Weißenberger Franz, Schlagzeug (1979); Zimmermann Eugen, Schlagzeug (1978)

Musikverein Epfenhofen
Kommental-Musikanten

Gründungsjahr:	1920
1. Vorsitzender:	Fridolin Fluck
Stellv. Vorsitzender:	Edwin Fluck
Schriftführer:	Günter Kaiser
Rechner:	Adolf Leingruber
Stellv. Rechner:	Viktor Fluck
Kassenprüfer:	Günter Kaiser
	Regina Schuck
Dirigent:	Georg Rösch
Vizedirigenten:	Günter Kaiser
	Wilfried Rösch
Jugendleiter:	Wilfried Rösch
Notenwart/	
Instrumentenwart:	Ottmar Brutsche
Ehrendirigent:	Rudolf Fluck

Ehrenmitglieder: Adolf Kaiser, Josef Leingruber, Eduard Merk, Ferdinand Merk, Fritz Merk, Hermann Merk, Xaver Merk, Anton Rösch II, Hermann Schmied, Rudolf Wullich
Aktive: Braun Michael, Tenorhorn (1972); Brutsche Adrian, Flügelhorn (1975); Brutsche Lothar, Tenorhorn (1972); Brutsche Ottmar, Tuba (1950); Brutsche Robert, Schlagzeug (1950); Brutsche Stefan, Flügelhorn (1975); Engelbert Jürgen, Posaune (1975); Fluck Andreas, Tenorhorn (1972); Fluck Edwin, Tenorhorn (1958); Fluck Fridolin, Flügelhorn (1958); Fluck Jürgen, Klarinette (1972); Fluck Rudolf, Trompete (1972); Fluck Viktor, Tuba (1950); Haiz Thomas, Trompete (1975); Kaiser Günter, Klarinette (1958); Leingruber Adolf, Tuba (1970); Leingruber Elisabeth, Flöte (1975); Leingruber Reinhard, Flügelhorn (1958); Leingruber Siegfried, Klarinette (1933); Merk Harald, Posaune (1972); Merk Heinz, Flügelhorn (1975); Rösch Claudia, Klarinette (1972); Rösch Cornelia, Pikkolo (1972); Rösch Markus, Tenorhorn (1975); Rösch Wilfried, Tenorhorn (1972); Schuck Bruno, Flügelhorn (1970); Schuck Regina, Klarinette (1972); Siebler Ulrike, Klarinette (1975); Wegener Norbert, Posaune (1972); Weh Helmut, Flügelhorn (1970); Zimmermann Ingo, Schlagzeug (1980)
Zöglinge: Braun Manfred, Tenorhorn (1980); Brugger Jürgen, Flügelhorn (1980); Fluck Heike, Klarinette (1980); Fluck Oliver, Flügelhorn (1980); Klein Oliver, Tenorhorn (1980); Merk Herbert, Posaune (1980); Schuck Maria, Klarinette (1980); Siebler Roland, Trompete (1980); Weber Karl-Heinz, Flügelhorn (1980); Wipf Eva, Trompete (1980)

Musikverein Erzingen e.V.

Gründungsjahr:	1863*
1. Vorsitzender:	Hansjörg Weissenberger
Stellv. Vorsitzender:	Franz Braun
Schriftführerin:	Gabi Malzacher
Rechner:	Heinrich Weissenberger
Beirat:	Wolfgang Siebler
	Josef Stoll
	Peter Weissenberger
	Klemens Zimmermann
Dirigent:	Klaus Dreher
Vizedirigent:	Josef Stoll
Notenwart:	Karlheinz Weissenberger
Instrumentenwart:	Franz Indlekofer
Ehrenvorsitzender:	Fritz Roth

Aktive: Bader Markus, Klarinette (1981); Bächle Andreas, Horn (1956); Braun Franz Josef, Posaune (1977); Burger Hildegard, Posaune (1980); Dörflinger Hugo, Horn (1980); Dörflinger Ulrich, Klarinette (1981); Dreher Christine, Flöte (1979); Dreher Norbert, Saxophon (1973); Gamp Rudolf, Flügelhorn (1950); Graf Johann, Horn (1961); Heide Erhard, Klarinette (1970); Hofacker Thomas, Klarinette (1980); Huber Axel, Trompete (1970); Huber Walter, Bariton (1951); Indlekofer Albert, gr. Trommel (1970); Indlekofer Franz, Posaune (1957); Indlekofer Max, Pauken (1954); Indlekofer Willi, Horn (1978); Lüber Werner, Trompete (1982); Malzacher Gabi, Saxophon (1973); Malzacher Konrad, Saxophon (1972); Netzhammer Cornelia, Horn (1980); Netzhammer Daniel, Trompete (1976); Netzhammer Marcell, Saxophon (1973); Nusshardt Andreas, Flügelhorn (1981); Person Ulrike, Flöte (1973); Roth Fritz, Tuba (1938); Schlageter Hans-Günter, Flügelhorn (1978); Siebler Wolfgang, Trompete (1963); Stoll Arnold, Tuba (1951); Stoll Josef, Trompete (1950); Stoll Reinhold, Trompete (1979); Weissenberger Elmar, Tuba (1952); Weissenberger Erich, Tuba (1947); Weissenberger Franz, Schlagzeug (1977); Weissenberger Gabi, Klarinette (1981); Weissenberger Hansjörg, Klarinette (1970); Weissenberger Herbert, Bariton (1957); Weissenberger Karl-Heinz, Tenorhorn (1973); Weissenberger Peter, Saxophon (1973); Winter Franz, Posaune (1970); Winter Ilona, Klarinette (1979); Zimmermann Clemens, Klarinette (1949); Zimmermann Günter, Flügelhorn (1978)
Zöglinge: Beckert Frank, Trompete (1979); Breitmeier Marion, Klarinette (1979); Burkhardt Nikolai, Klarinette (1979); Ehlert Karsten, Klarinette (1979); Esser Ralf, Tenorhorn (1979); Huber Michaela, Klarinette (1979); Lehmann Heiko, Tenorhorn (1979); Müller Anja, Klarinette (1979); Netzhammer Michael, Posaune (1979); Vogelbacher Nicola, Klarinette (1979); Zimmermann Christian, Klarinette (1979)
Zöglinge in theoretischer Ausbildung: Amodio Mario (1982); Dolderer Mathias (1982); Domenico Laeasfia (1982); Indlekofer Eugen (1982); Indlekofer Katharina (1982); Kratzer Iris (1982); Lacarpina Lorenzo (1982); Laurent Gudrun (1982); Liening Petra (1982); Lining Christiane (1982); Reitebuch Corina (1982); Schäfer Manuela (1982); Weissenberger Andre (1982); Weissenberger Daniel (1982); Weissenberger Markus (1982); Wipf Petra (1982)

Musikverein
Gaiss-Waldkirch e.V.

Gründungsjahr:	1924
1. Vorsitzender:	Josef Kaiser
Stellv. Vorsitzender:	Walter Amann
Schriftführer:	Karl-Heinz Roka
Rechner:	Otto Störkle
Beisitzer (Aktiva):	Erwin Kaiser
	Klaus Kaiser
	Otmar Schuler
Beisitzer (Passiva):	Ernst Flügel
	Heinz Rüd
Dirigent:	Bernhard Basler
Notenwart:	Manfred Granacher
Instrumentenwart:	Martin Basler
Ehrendirigenten:	Bernhard Amann
	Heinz Weran

Aktive: Amann Michael, Flügelhorn (1977); Amann Walter, Tenorhorn (1964); Auer Edgar, Flügelhorn (1970); Auer Joachim, Flügelhorn (1977); Basler Martin, Tenorhorn (1964); Birkenberger Hansjörg, Flügelhorn (1974); Birkenberger Markus, Flügelhorn (1981); Birkenberger Regina, Klarinette (1977); Brunner Andreas, Tenorhorn (1981); Brunner Christian, Trompete (1981); Denz Claudia, Trompete (1979); Ebner Rafael, Flügelhorn (1982); Eckert Manfred, Tuba (1956); Flügel Ulrike, Trompete (1979); Granacher Bernhard, Trompete (1977); Granacher Franz, Posaune (1977); Granacher Karlheinz, Trompete (1980); Granacher Lucia, Klarinette (1981); Granacher Manfred, Posaune (1977); Granacher Silvia, Klarinette (1977); Kaiser Erwin, Horn (1961); Kaiser Gerhard, Tenorhorn (1964); Kaiser Josef, kl. Trommel (1970); Kaiser Klaus, Trompete (1970); Maier Hubert, Trompete (1981); Maier Johannes, Tenorhorn (1981); Nußbaumer Robert, Tenorhorn (1979); Reichmann Alfons, Trompete (1977); Roka Karl-Heinz, Bariton (1970); Schmid Birgit, Klarinette (1977); Schmid Franz, Tuba (1950); Schuler Otmar, gr. Trommel (1956); Störkle Otto, Flügelhorn (1964); Studinger Brunhilde, Flügelhorn (1981); Tröndle Stefan, Posaune (1970)

Musikverein Geißlingen e.V.

Gründungsjahr:	1871*
1. Vorsitzender:	Werner Mayer
Stellv. Vorsitzender:	Günter Mülhaupt
Schriftführer:	Albert Vonderach
Rechner:	Stefan Mülhaupt
Beirat:	Oswald Binkert
	Bernd Grießer
	Stefan Mack
	Paul Mülhaupt
	Norbert Schmid
Dirigent:	Bernhard Friedrich
Vizedirigent:	Werner Hauser
Notenwart:	Oswald Binkert
Instrumentenwart:	Paul Mülhaupt
Fähnrich:	Bernd Ebner

Aktive: Bächle Franz, Tuba (1957); Binkert Oswald, Tenorhorn (1965); Engler Horst, Flügelhorn/Lyra (1957); Grießer Bernd, Saxophon/Klarinette (1972); Grießer Manfred, Klarinette (1980); Grießer Walter, Bariton (1965); Grießer Wolfgang, Flügelhorn (1976); Hauke Lothar, kl. Trommel (1974); Hauke Peter, Klarinette (1980); Hauser Thomas, Tenorhorn (1980); Hauser Werner, Trompete (1950); Holle Iris, Flöte (1982); Mack Stefan, Posaune (1968); Magerl Ernst, gr. Trommel (1947); Magerl Wilfried, kl. Trommel (1980); Mayer Werner, Saxophon/Klarinette (1957); Mülhaupt Armin, Klarinette (1976); Mülhaupt Günter, Saxophon/Klarinette (1972); Mülhaupt Jürgen, Klarinette (1976); Mülhaupt Paul, Posaune (1965); Mülhaupt Simone, Klarinette (1980); Mülhaupt Stefan, Flügelhorn (1965); Mülhaupt Werner, Tuba (1965); Nägele Brigitte, Klarinette (1980); Rotzinger Fritz, Horn (1947); Rotzinger Otmar, Bariton (1980); Rutschmann Armin, Trompete (1980); Rutschmann Elmar, Posaune (1952); Rutschmann Norbert, Trompete (1972); Rutschmann Walter, Tenorhorn (1952); Rutschmann Werner, Flügelhorn (1947); Scheuble Thomas, Trompete (1976); Schilling Carmen, Flöte (1980); Schilling Eugen, Tenorhorn (1965); Schmid Christine, Klarinette (1980); Schmid Franz, Bariton (1952); Schmid Karlheinz, Horn (1976); Schmid Norbert, Klarinette (1980); Schmid Petra, Schlagzeug/Akkordeon (1978); Simon Ute, Flöte (1982); Strittmatter Roland, Trompete (1976); Vonderach Albert, Flügelhorn (1968)

Hotzenwald-Bauernkapelle Görwihl

Gründungsjahr:	1861
1. Vorsitzender:	Werner Gerspach
Stellv. Vorsitzender:	Rolf Fricker
Schriftführerin:	Cornelia Flum
Rechner:	Walter Maier
Beirat:	Fritz Baldischwieler
	Christoph Kaiser
Dirigent:	Franz Scheuble
Jugendleiter:	Alexander Mutter
Notenwarte:	Rita Maier
	Stefan Schmidt
Instrumentenwart:	Fritz Baldischwieler
Ehrenvorsitzender:	Franz Huber
Ehrendirigent:	Josef Kaiser
Ehrenmitglieder:	Ernst Fricker
	Joseph Hoggenmüller
	Max Huber
	Rudolf Maier
	Arnold Mutter

Aktive: Bär Kurt, Saxophon (1951); Bär Manfred, Klarinette (1955); Baldischwieler Fritz, Bariton (1950); Baldischwieler Karl, Klarinette (1976); Ebi Heiner, Schlagzeug (1964); Ebi Helmut, Tenorhorn (1958); Elsesser Franz, Posaune (1964); Flum Bruno, Bariton (1966); Flum Cornelia, Flügelhorn (1976); Flum Michael, Posaune (1976); Fricker Rolf, Flügelhorn (1960); Gerspach Werner, Trompete (1964); Höfler Anette, Klarinette (1976); Höfler Karin, Klarinette (1980); Huber Franz, Horn (1932); Huber Johannes, Klarinette (1971); Huber Thomas, Horn (1976); Kaiser Christoph, Trompete (1964); Lobmüller Walter, Tuba (1965); Maier Barbara, Klarinette (1976); Maier Bernhard, Flügelhorn (1964); Maier Carl, Horn (1965); Maier Karl, Posaune (1971); Maier Markus, Horn (1976); Maier Rita, Flügelhorn (1976); Maier Walter, Klarinette (1971); Matt Manfred, Flügelhorn (1951); Matt Werner, Posaune (1958); Mutter Alexander, Trompete (1976); Oßwald Horst, Posaune (1958); Rudigier Herbert, Trompete (1971); Rünzi Peter, Trompete (1976); Rünzi Rudi, Trompete (1976); Schauer Mathias, Tenorhorn (1976); Scheuble Bertram, Saxophon (1971); Scheuble Konrad, Klarinette (1967); Scheuble Marika, Klarinette (1980); Scheuble Thomas, Klarinette (1976); Schmidt Stefan, Horn (1976); Strittmatter Heinz, Tuba (1967); Strittmatter Ingrid, Saxophon (1976); Strittmatter Karl, Flügelhorn (1971)

Musikverein Griessen e.V.

Gründungsjahr:	1864*
1. Vorsitzender:	Josef Isele
Stellv. Vorsitzender:	Hermann Weber
Schriftführer:	Heinz Spitznagel
Rechner:	Winfrid Hermle
Beirat:	Helmut Isele
	Karl Schilling
	Walter Schilling
Dirigent:	Ulrich Schilling
Vizedirigent:	Ernst Schilling
Jugendleiter:	Wolfgang Todt
Notenwart:	Martin Banholzer
Instrumentenwart:	Walter Schilling
Ehrenvorsitzender:	Albert Spitznagel
Ehrendirigent:	Hermann Willmann

Aktive: Aich Markus, Klarinette (1981); Anders Michael, Trompete (1978); Ast Reinhold, Trompete (1978); Banholzer Bernhard, Klarinette (1978); Banholzer Erich, Klarinette (1952); Banholzer Martin, Flügelhorn (1978); Boll Walter, Klarinette (1978); Grießer Beate, Klarinette (1982); Harscher Karl, Klarinette (1969); Hehs Christian, Trompete (1975); Hermle Winfrid, Bariton (1970); Hog Irene, Klarinette (1982); Isele Helmut, Tuba (1957); Isele Josef, Tuba (1965); Isele Klaus, gr. Trommel (1957); Isele Markus, Trompete (1982); Koch Jürgen, kl. Trommel (1978); Kuhnert Daniela, Flöte (1981); Kuhnert Thomas, Klarinette (1982); Mühlhaupt Christel, Klarinette (1982); Müller Werner, Trompete (1957); Reichle Fritz, Tenorhorn (1978); Sänger Christina, Klarinette (1982); Sänger Manuela, Saxophon (1982); Sapadi Armin, Flügelhorn (1978); Schilling Bernd, Saxophon (1978); Schilling Betina, Flöte (1981); Schilling Christian, Saxophon (1978); Schilling Christian, Flügelhorn (1982); Schilling Ernst, Saxophon (1952); Schilling Erwin, Posaune (1954); Schilling Franz, Posaune (1961); Schilling Fritz, Tuba (1961); Schilling Gabi, Klarinette (1982); Schilling Karl, Horn (1948); Schilling Klaus, Tenorhorn (1978); Schilling Oskar, kl. Trommel (1952); Schilling Robert, Klarinette (1969); Schilling Roland, Flügelhorn (1982); Schilling Sybille, Klarinette (1982); Schilling Walter, Tenorhorn (1965); Spitznagel Heinz, Flügelhorn (1965); Spitznagel Leopold, Horn (1948); Spitznagel Otto, Horn (1961); Spörndle Heinz, Horn (1957); Stoll Hubert, Klarinette (1975); Stoll Michael, Tenorhorn (1982); Stoll Walter, Bariton (1957); Stump Hermann, Flügelhorn (1982); Todt Wolfgang, Posaune (1975); Weber Heidi, Klarinette (1982); Weber Hermann, Saxophon (1952); Weber Manfred, Posaune (1978); Weber Roland, Trompete (1978)

Musikverein Grimmelshofen

Gründungsjahr:	1875
1. Vorsitzender:	Gerhard Kehl
Stellv. Vorsitzender:	Artur Götz
Schriftführer:	Andreas Harder
Rechner:	Oskar Kaiser
Dirigent:	Helmut Held
Vizedirigent:	Viktor Harder
Notenwart:	Markus Blattert
Ehrenmitglieder:	Edwin Burger
	Heinrich Burger
	Heinrich Duttlinger
	Hermann Duttlinger
	Gottlieb Kehl
	Karl Müller

Aktive: Blattert Markus, Flügelhorn (1976); Blattert Ulrich, Horn (1962); Burger Edmund, Trompete (1976); Burger Elke, Klarinette (1976); Burger Karl, Flügelhorn (1949); Dößerich Karl, Tenorhorn (1958); Duttlinger Martin, Flügelhorn (1968); Gisy Erich, Tuba (1968); Gisy Hubert, Flügelhorn (1976); Götz Artur, Tuba (1946); Harder Andreas, Trompete (1976); Harder Michael, Tenorhorn (1968); Harder Viktor, Klarinette (1968); Huber Erich, gr. Trommel (1968); Hurrle Armin, Tenorhorn (1976); Hurrle Waldefried, Trompete (1968); Kaiser Anton, Klarinette (1949); Kaiser Oskar, Flügelhorn (1958); Kehl Gerhard, kl. Trommel (1969); Lossau Horst, Saxophon (1962); Müller Martin, Horn (1968); Ölsner Michael, Trompete (1976); Ölsner Monika, Klarinette (1976); Stich Arnfried, Saxophon (1968)
Zöglinge: Burger Markus, Tenorhorn (1980); Harder Heike, Klarinette (1980); Harder Oliver, Trompete (1980)

Musikverein Gurtweil e.V.

Gründungsjahr:	1872*
1. Vorsitzender:	Werner Jäger
Stellv. Vorsitzender:	Gerhard Muschau
Schriftführer:	Arthur Jäger
Stellv. Schriftführer:	Bernhard Tröndle
Rechner:	Herbert Hilpert
Stellv. Rechner:	Lothar Kassner
Beirat:	Walter Duttlinger
	Stefan Granacher
	Maria Müller
	Robert Müller
Dirigent:	Robert Müller
Vizedirigent:	Berthold Genswein
Jugendleiter:	Roland Rudigier
Notenwarte:	Matthäus Jehle
	Ulrich Müller
Instrumentenwart:	Stefan Granacher

Aktive: Cigolla Reinhard, Saxophon (1981); Duttlinger Walter, Posaune (1969); Gamp Alois, Flügelhorn (1961); Gamp Bruno, Horn (1948); Gantert Walter, Horn (1970); Genswein Alfred, gr. Trommel (1951); Genswein Berthold, Trompete (1977); Granacher Georg, Horn (1977); Granacher Hans, Klarinette (1961); Granacher Harald, Tenorhorn (1982); Granacher Jakob, Posaune (1961); Granacher Peter, Posaune (1951); Granacher Stefan, Trompete (1957); Güntert Karl, Horn (1951); Hauser Carolin, Klarinette (1977); Heimberger Georg, Flügelhorn (1981); Hilpert Herbert, Horn (1953); Jäger Arthur, Tuba (1961); Jäger Markus, Tenorhorn (1982); Jäger Werner, Tuba (1953); Jehle Bärbel, Tenorhorn (1977); Jehle Markus, Klarinette (1977); Jehle Martin, Tenorhorn (1969); Jehle Matthäus, Klarinette (1982); Kassner Lothar, Trompete (1970); Küpfer Adolf, Tenorhorn (1948); Küpfer Manfred, Tenorhorn (1977); Müller Alfons, Flügelhorn (1977); Müller Bernhard, Flügelhorn (1981); Müller Maria, Klarinette (1977); Müller Ulrich, Posaune (1982); Muschau Gerhard, Saxophon (1970); Rebholz Andreas, Flügelhorn (1982); Rombach Klaus, Trompete (1969); Scheffel Walter, Tuba (1981); Scheuble Alfred, Klarinette (1961); Steinhauser Josef, Tuba (1961); Tröndle Augustin, Pauken (1969); Tröndle Bernhard, Saxophon (1977); Tröndle Helmut, Tenorhorn (1953); Tröndle Joachim, Trompete (1977); Weigel Volker, Posaune (1981)
Jugendkapelle: Bartholomä Christoph, Tenorhorn (1979); Bartholomä Hubertus, Horn (1979); Bauer Robert, Flügelhorn (1979); Duttlinger Daniel, kl. Trommel (1978); Gamp Stefan, Horn (1979); Genswein Roland, Trompete (1977); Genswein Silvia, Klarinette (1979); Granacher Dietmar, Flügelhorn (1979); Granacher Rainer, Trompete (1979); Hilpert Gudrun, Klarinette (1977); Hoffmann Andreas, Tenorhorn (1977); Jäger Michael, Posaune (1979); Kassner Christian, Trompete (1977); Marder Hansjörg, Klarinette (1977); Müller Hubert, Klarinette (1977); Müller Kurt, Trompete (1977); Müller Manfred, Klarinette (1977); Sperling Carsten, Tuba (1979)

Musikverein-Trachtenkapelle Häusern

Gründungsjahr:	1880*
1. Vorsitzender:	Alexander Arzet
Stellv. Vorsitzender:	Engelbert Feser
Schriftführerin:	Birgit Arzet
Rechner:	Karin Nuber
Beirat (Aktiva):	Albert Kaiser
	Kurt Kaiser
	Gerd Zumkeller
Beirat (Passiva):	Siegfried Ganzmann
	Hubert Kaiser
	Fritz Tritschler
Jugendvertreter:	Hans-Peter Fromm
Dirigent:	Georg Settele
Vizedirigent:	Alexander Arzet
Ehrenpräsident:	Bruno Gutmann
Ehrenmitglied:	Alfred Winterhalter

Aktive: Andris Johannes, Tuba (1976); Arzet Alexander, Trompete (1969); Arzet Birgit, Klarinette (1971); Bernauer Andreas, Flügelhorn (1979); Böhler Hans-Joachim, Schlagzeug (1973); Böhler Bettina, Klarinette (1981); Böhler Christoph, Horn (1979); Böhler Hans, Schlagzeug (1948); Böhler Otto, Tuba (1953); Brunner Gustav, Posaune (1937); Feser Engelbert, Tuba (1971); Fromm Bernd, Horn (1979); Fromm Bernhard, Flügelhorn (1957); Fromm Hans-Peter, Flügelhorn (1976); Fromm Thomas, Tenorhorn (1975); Ganzmann Frieder, Tenorhorn (1971); Hirt Walter, Tenorhorn (1970); Kaiser Albert, Bariton (1969); Kaiser Anneliese, Klarinette (1969); Kaiser Kurt, Horn (1958); Kaiser Stefan, Trompete (1975); Krex Doris, Schlagzeug (1971); Merz Bernd, Flügelhorn (1979); Neißer Jutta, Klarinette (1979); Nuber Hans-Peter, Flügelhorn (1969); Nuber Karin, Klarinette (1979); Settele Claudia, Flöte (1971); Settele Eveline, Klarinette (1973); Schlageter Bernd, Klarinette (1976); Schmidt Frank, Trompete (1979); Schmidt Helmut, Klarinette (1952); Schmidt Silvia, Klarinette (1981); Schmidt Thomas, Trompete (1976); Schneider Rita, Schlagzeug (1971); Schupp Matthias, Posaune (1979); Schwinkendorf Rainer, Posaune (1979); Wilms Norbert, Schlagzeug (1982); Zumkeller Gerd, Tuba (1969); Zumkeller Michael, Trompete (1976)
Zöglinge: Bayer Renate, Klarinette (1980); Bernauer Jochen, Trompete (1980); Böhler Matthias, Flügelhorn (1980); Böhler René, Tenorhorn (1980); Böhler Uli, Flügelhorn (1980); Fromm Annemarie, Flügelhorn (1980); Fromm Brigitte, Trompete (1980); Fromm Regina, Klarinette (1980); Kaiser Stefan, Trompete (1980); Merz Annette, Klarinette (1980); Mutter Gabi, Klarinette (1980)

Musikverein Harpolingen e.V.

Gründungsjahr:	1893
1. Vorsitzender:	Walter Bächle
Stellv. Vorsitzender:	Hubert Bächle
Schriftführerin:	Marita Vökt
Stellv. Schriftführerin:	Brigitte Bartl
Rechner:	Karl-Heinz Huber
Stellv. Rechner:	Roland Weber
Dirigent/ Jugendleiter:	Alois Bächle
Notenwarte:	Erfried Bäumle
	Michael Bäumle
Ehrendirigent:	Roland Bäumle
Ehrenmitglieder:	Adolf Bäumle
	Bruno Bäumle
	Gotthold Bäumle, Ortsv.
	Harold Bäumle
	Roland Bäumle
	Kurt Baumgartner
	Max Baumgartner

Alois Schanz, Martin Vökt, Walter Vökt; Fähnrich: Horst-Dieter Jäger (1962)
Aktive: Arzner Claudia, Klarinette (1977); Bächle Adolf, Bariton (1960); Bächle Helmut, Tuba (1968); Bächle Hubert, Posaune (1968); Bächle Norbert, Tenorhorn (1977); Bächle Ursula, Klarinette (1977); Bächle Walter, Tuba (1954); Bäumle Erfried, Flügelhorn (1977); Bäumle Michael, Saxophon (1977); Bartl Brigitte, Horn (1977); Bartl Cornelia, Klarinette (1968); Bartl Herbert, Posaune (1965); Baumgartner Peter, Posaune (1968); Brenner Traugott, Trompete (1960); Gerspach Karl, Tenorhorn (1963); Gerspach Walter, Flügelhorn (1963); Huber Karl-Heinz, Trompete (1968); Huber Reinhard, Flügelhorn (1977); Langendorf Reiner, Horn (1977); Lütte Renate, Klarinette (1981); Malzacher Stephan, Horn (1977); Müller Roland, Trompete (1966); Rufle Werner, Horn (1952); Saller Andreas, kl. Trommel (1977); Vökt Irmgard, Klarinette (1977); Vökt Marita, Klarinette (1968); Weber Roland, gr. Trommel (1981); Wuchner Bernhard, Klarinette (1982); Wuchner Petra, Flöte (1981)

Trachtenkapelle Hartschwand-Rotzingen

Gründungsjahr:	1912
1. Vorsitzender:	Siegfried Kaiser
Stellv. Vorsitzender:	Günter Strittmatter
Schriftführer:	Roland Kaiser
Rechner:	Thomas Gerspacher
Dirigent/ Jugendleiter:	Herbert Nägele
Notenwarte:	Thomas Spitz
	Gabriele Zumkeller
Instrumentenwart:	Herbert Eckert
Ehrenvorsitzender:	Ludwig Kaiser
Ehrenmitglieder:	Hermann Bär
	Otto Bär
	Eugen Eckert
	Fritz Eckert
	Ludwig Kaiser
	Josef Kohlbrenner
	Rudolf Maleri
	Herbert Spitz

Aktive: Berger Georg, Klarinette (1982); Berger Joachim, Klarinette (1981); Berger Manuela, Horn (1981); Brotz Peter, Posaune (1975); Eckert Harald, Horn (1982); Eckert Helga, Horn (1976); Eckert Herbert, Trompete (1975); Eckert Hermine, Klarinette (1976); Eckert Michael, Tenorhorn (1982); Gerspacher Thomas, Tuba (1975); Kaiser Erhard, Posaune (1975); Kaiser Klaus, Schlagzeug (1969); Kaiser Roland, Tenorhorn (1968); Kaiser Siegfried, Tuba (1968); Kumle Rolf, Trompete (1977); Nägele Reinhold, Bariton (1974); Spitz Thomas, Flügelhorn (1975); Spitz Wolfgang, Flügelhorn (1974); Strittmatter Günter, gr. Trommel (1979); Zumkeller Gabriele, Flügelhorn (1981)

Trachtenkapelle Herrischried

Gründungsjahr:	1863*
1. Vorsitzender:	Herbert Huber
Stellv. Vorsitzender:	Bernhard Morath
Schriftführerin:	Karin Schneider
Rechner:	Kurt Wassmer
Beisitzer (Aktiva):	Max Gottstein
	Johann Matt
	Rupert Schneider
	Helga Stoll
Beisitzer (Passiva):	Hans Herb
Dirigent:	Werner Stoll
Vizedirigenten:	Günter Kaiser
	Rupert Schneider

Aktive: Biehler Willi, Flügelhorn (1955); Böhler Gaby, Flügelhorn (1981); Fräßle Wolfgang, Saxophon (1961); Gottstein Franz, Bariton (1946); Gottstein Manfred, Schlagzeug (1975); Gottstein Max, gr. Trommel (1967); Gottstein Rudi, Posaune (1977); Grieshaber Gerhard, Trompete (1972); Hauber Fritz, Klarinette (1972); Herb Martin, Becken (1978); Herb Stephan, Trompete (1981); Huber Herbert, Saxophon (1964); Kaiser Andrea, Horn (1982); Kaiser Günter, Trompete (1972); Kaiser Roland, Tenorhorn (1977); Kaiser Werner, Bariton (1948); Landis Klaus, Tenorhorn (1979); Matt Franz, Bariton (1930); Matt Helga, Klarinette (1981); Matt Johann, Horn (1964); Matt Margot, Klarinette (1981); Morath Bernhard, Tuba (1975); Schneider Bernhard, Posaune (1972); Schneider Erika, Klarinette (1977); Schneider Harald, Posaune (1981); Schneider Karin, Flöte (1977); Schneider Rupert, Flügelhorn (1972); Schneider Siegfried, Horn (1975); Schneider Zeno, Tuba (1946); Stoll Helga, Flügelhorn (1977); Stoll Helmut, Klarinette (1972); Stoll Petra, Klarinette (1977); Stoll Rainer, Saxophon (1975); Stoll Walter, Tenorhorn (1975); Sturm Wolfgang, Klarinette (1971); Wassmer Elvira, Klarinette (1981); Wassmer Kurt, Trompete (1955); Wehrle Rudolf, Horn (1948); Zumkeller Franz, Tuba (1951)
Zöglinge: Dannenberger Dietmar, Flügelhorn (1980); Herb Ingrid, Posaune (1981); Heßler Peter, Posaune (1981); Kocum Andrea, Klarinette (1981); Schäuble Bärbel, Flöte (1980); Schmidtke Elke, Klarinette (1980); Schneider Albert, Tenorhorn (1980); Schneider Herbert, Horn (1980); Wagner Markus, Tenorhorn (1980)

Musikverein Hochsal e.V.

Gründungsjahr:	1871*
1. Vorsitzender:	Helmut Küpfer
Stellv. Vorsitzender:	Lothar Tröndle
Schriftführer:	Otmar Siebold
Stellv. Schriftführerin:	Angelika Küpfer
Rechner:	Gerhard Tröndle
Beirat:	Alfons Hierholzer
	Roland Metzger
	Bernhard Waßmer
Dirigent:	Rudolf Küpfer
Vizedirigent:	Alfons Hierholzer
Instrumentenwart:	Gerhard Kaiser

Aktive: Albiez Christine, Flügelhorn (1980); Amann Thorsten, Horn (1980); Baier Egon, Tuba (1973); De Bizemont Christine, Klarinette (1980); Boll Günter, Schlagzeug (1976); Burger Rudolf, Trompete (1977); Cuppuleri Andreas, gr. Trommel (1980); Deiser Robert, Tenorhorn (1975); Ebner Harald, Posaune (1975); Ebner Thomas, Posaune (1980); Engelsmann Heinrich, Horn (1951); Engelsmann Jochen, Trompete (1980); Engelsmann Jürgen, Tenorhorn (1980); Engelsmann Thomas, Flügelhorn (1980); Hämmerle Stefan, Trompete (1975); Hess Harald, Saxophon (1980); Hierholzer Alfons, Trompete (1970); Kaiser Gerhard, Flügelhorn (1973); Kammerer Helmut, Posaune (1951); Küpfer Helmut, Horn (1947); Metzger Roland, Bariton (1973); Mosch Willi, Klarinette (1975); Öschger Heinrich, Flügelhorn (1975); Rotzinger Lothar, Tenorhorn (1978); Sibold Christian, Saxophon (1979); Siebold Otmar, Klarinette (1955); Stenzel Hans, kl. Trommel (1952); Stenzel Werner, Flügelhorn (1970); Tröndle Eric, kl. Trommel (1981); Tröndle Erich, Posaune (1969); Tröndle Gerhard, Horn (1968); Tröndle Leo, Bariton (1975); Tröndle Lothar, Posaune (1951); Tröndle Manfred, Trompete (1980); Tröndle Maria, Klarinette (1975); Tröndle Wilfried, Saxophon (1974); Waßmer Bernhard, Tuba (1951); Waßmer Ruth, Klarinette (1980); Wiesmann Rainer, Tuba (1973)
Zögling: Engelsmann Ulrike, Flöte (1981)

Trachtenkapelle Höchenschwand e.V.

Gründungsjahr:	1871*
1. Vorsitzender:	Hanspeter Ebner
Stellv. Vorsitzender:	Matthäus Schäuble jun.
Schriftführerin:	Ursula Jäger
Stellv. Schriftführer:	Bernd Huschens
Rechner:	Walter Geng
Beirat:	Roland Kunkelmann
	Karl Neumann
Dirigent:	Werner Huber
Vizedirigent/ Notenwart:	Karl Neumann
Jugendleiter:	Konrad Fehrenbach
Instrumentenwart:	Roland Kunkelmann
Ehrenvorstand:	Oskar Ebi
Ehrendirigent:	Alfons Huber
Ehrenmitglieder:	Fritz Baumgartner
	August Probst

Aktive: Baldischweiler Kurt, Trompete (1967); Baumgartner Susanne, Klarinette (1982); Dietsche Cornelia, Klarinette (1976); Ebner Hanspeter, Posaune (1963); Ebner Werner, Posaune (1961); Fehrenbach Beate, Klarinette/Saxophon (1976); Fehrenbach Konrad, Flügelhorn (1972); Fehrenbach Rudi, Tenorhorn (1972); Geiß Dagmar, Trompete (1976); Geiß Gabriele, Flügelhorn (1979); Geng Karin, Horn (1979); Geng Michael, Trompete (1979); Geng Petra, Flöte (1979); Geng Thomas, Flügelhorn (1982); Geng Ulrike, Klarinette (1982); Geng Walter, Klarinette (1955); Hansmann Franz, Tuba (1972); Huber Bernd, Tenorhorn (1979); Huber Karin, Horn (1979); Huber Lothar, Trompete (1967); Huschens Bernd, Schlagzeug (1982); Jäger Ursula, Trompete (1976); Kaiser Alfred, Flügelhorn (1955); Kaiser Hubert, Tuba (1979); Kaiser Julius, Trompete (1967); Kaiser Oskar, Bariton (1947); Kefer Monika, Klarinette (1979); Keller Thomas, Flügelhorn (1982); Kellner Ludwig, Tenorhorn (1972); Kunkelmann Christian, Trompete (1982); Kunkelmann Roland, Tuba (1958); Looß Karlheinz, Schlagzeug (1972); Looß Martina, Flöte (1979); Meyer Andrea, Klarinette (1976); Neumann Birgit, Saxophon/Klarinette (1972); Neumann Karl, Klarinette (1958); Schäuble Marianne, Flöte (1976); Schäuble Matthäus, Flügelhorn (1971); Schäuble Walter, Tenorhorn (1967); Schwarzenhölzer Gabi, Schlagzeug (1979); Trambow Uwe, Schlagzeug (1981); Zumkeller Martin, Trompete (1982)
Zöglinge: Geng Christine, Flöte (1981); Kefer Albert, Posaune (1981); Kefer Bernhard, Posaune (1981); Regele Ulrike, Flöte (1981)

Musikverein Hohentengen e.V.

Gründungsjahr:	1900
1. Vorsitzender:	Franz Brädler
Stellv. Vorsitzender:	Ivo Rábl
Schriftführer:	Martin Etspüler
Stellv. Schriftführer:	Bernhard Uhl
Rechner:	Herbert Fuchs
Beirat (Aktiva):	Karl Amann
	Franz Fuchs
Beirat (Passiva):	Ellen Lischer
Dirigent:	Richard Blatter
Vizedirigent:	Elmar Maier
Jugendleiter:	Amandus Gäng
Notenwart:	Christian Burkhard
Instrumentenwart:	Hermann Kaiser
Ehrendirigent:	Paul Hauser

Aktive: Amann Karl, Tuba (1952); Becker Tamara, Trompete (1982); Boller Alfons, Posaune (1976); Boller Ewald, gr. Trommel (1957); Boller Georg, Trompete (1982); Boller Kuno sen., Horn (1946); Boller Kuno jun., Saxophon (1972); Brädler Franz, Tuba (1965); Braun Bernd, Posaune (1978); Braun Ewald, Trompete (1978); Braun Jörg, Bariton (1978); Burkhard Christian, Trompete (1979); Etspüler Martin, Posaune (1966); Etspüler Paul, Flöte/Klarinette (1966); Fuchs Franz, Trompete (1946); Fuchs Herbert sen., Tenorhorn (1946); Fuchs Herbert jun., Trompete (1972); Gäng Amandus, Posaune (1978); Gäng Birgit, Tenorhorn (1982); Ganz Beate, Klarinette (1982); Ganz Carsten, Flügelhorn (1981); Hartel Michael, Flügelhorn (1982); Hauser Ulrike, Klarinette (1982); Heger Rudolf, Flügelhorn (1979); Hofmann Günter, Saxophon (1968); Kaiser Hermann, kl. Trommel (1953); Kaiser Petra, Klarinette (1982); Kopp Norbert, Klarinette (1978); Maier Elmar, Flügelhorn (1954); Maier Willi, Tenorhorn (1965); Meier Willi, Horn (1972); Morath Markus, Trompete (1982); Morath Sonja, Klarinette (1978); Rábl Ivo, Pauken (1977); Schäfer Gerhard, Horn (1970); Scheuble Albert, Tuba (1946); Scheuble Doris, Klarinette (1982); Schilling Stephan, Trompete (1982); Stoll Udo, Saxophon (1972); Thoma Jürgen, Horn (1972); Thoma Kerstin, Klarinette (1982); Thoma Werner, Saxophon (1972); Uhl Bernhard, Klarinette (1966); Wagner Christina, Trompete (1982); Wagner Richard, Flügelhorn (1946); Wedekind Urs, Klarinette (1982); Weidner Carsten, Flügelhorn (1979); Wincek Max, Klarinette (1981)

Musikverein Harmonie Horheim e.V.

Gründungsjahr:	1872*
1. Vorsitzender:	Arthur Simon
Stellv. Vorsitzender:	Fritz Gebhardt
Schriftführer:	Lothar Albicker
Rechner:	Erich Baumgartner
Beirat:	Theo Büche
	Gerold Faller
	Walter Indlekofer
	Johann Lüber
	Alfred Maier
	Manfred Schaaf
	Willi Schalk
	Kurt Weißenberger
Dirigent/	
Jugendleiter:	Johann Lüber
Vizedirigent:	Theo Büche
Notenwarte:	Andreas Hausy
	Claudia Hausy
Instrumentenwart:	Manfred Schaaf

Aktive: Adrion Eddi, Horn (1982); Albicker Lothar, Posaune (1977); Baumgartner Erich, Klarinette (1953); Borrmann Bernd, Klarinette (1977); Büche Petra, Klarinette (1977); Büche Rainer, Flügelhorn (1977); Büche Theo, Tenorhorn (1946); Faller Gerold, Trompete (1959); Frommherz Friedrich, Flügelhorn (1946); Gebhardt Fritz, gr. Trommel (1946); Genswein Lothar, kl. Trommel (1981); Hauser Willi, Tenorhorn (1947); Hausy Emil, Klarinette (1953); Hayden Thomas, Posaune (1977); Henninger Peter, Bariton (1975); Indlekofer Helmut, Horn (1964); Indlekofer Herbert, Flügelhorn (1959); Indlekofer Walter, Flügelhorn (1959); Lienemann Alfons, Tuba (1947); Lienemann Elmar, Tuba (1977); Macho Stefan, Trompete (1953); Maier Alfred, Horn (1946); Maier Andreas, Trompete (1975); Müller Martin, Tuba (1964); Mutter Wolfgang, Trompete (1977); Preiser Kurt, Bariton (1947); Rudigier Karl-Heinz, Klarinette (1959); Rudigier Thomas, Trompete (1977); Ruppaner Hans, Tenorhorn (1946); Ruppaner Stefan, Flöte/Pikkolo (1975); Schaaf Manfred, Posaune (1959); Schalk Willi, Trompete (1946); Schmid Anton, Horn (1953); Schmidle Herbert, Flügelhorn (1946); Schmidle Wolfgang, Flöte (1977); Simon Arthur, Horn (1964); Simon Erwin, Bariton (1964); Sporer Werner, Klarinette (1972); Strittmatter Herbert, Posaune (1959); Walde August, Horn (1946); Walde Martin, Klarinette (1936); Weißenberger Egon, Flügelhorn (1947); Weißenberger Kurt, Posaune (1959); Weißenberger Thomas, kl. Trommel (1981)
Jugendliche: Brand Bettina, Flöte (1979); Büche Klaus, Flügelhorn (1979); Büche Thomas, Tenorhorn (1979); Döbele Elke, Trompete (1979); Ebner Matthias, Flügelhorn (1979); Griebel Petra, Klarinette (1979); Hausy Andreas, Trompete (1979); Hausy Claudia, Klarinette (1978); Hayden Michael, Posaune (1979); Heft Guido, Saxophon (1979); Kwassni Anja, Klarinette (1979); Lüber Sylvia, Klarinette (1979); Maier Sabine, Klarinette (1979); Meister Daniel, Posaune (1979); Meister Elke, Trompete (1979); Pankratz Anita, Flöte (1979); Pilser Roswitha, Tenorhorn (1979); Poc Peter, Tenorhorn (1979); Preiser Ingrid, Klarinette (1979); Schäfer Ursula, Klarinette (1979); Schmidt Kerstin, Flügelhorn (1979); Schmidt Michael, Bariton (1979); Simon Birgit, Klarinette (1979); Utz Dietmar, Trompete (1979); Utz Thomas, Klarinette (1979); Vogelbacher Gabi, Klarinette (1979)

Musikverein „Waldeslust" Hottingen e.V.

Gründungsjahr:	1908
1. Vorsitzender:	Günter Baier
Stellv. Vorsitzender:	Manfred Gerspach
Schriftführer:	Kurt Gersbach
Stellv. Schriftführer:	Rolf Strittmatter
Rechner:	Edwin Strittmatter
Beirat:	Alois Schlachter
	Rolf Strittmatter
Dirigent:	Manfred Zäpf
Jugendleiter:	Hugo Becker
	Fritz Lehmann
Notenwart:	Ursula Strittmatter
Ehrenvorsitzender:	Alfred Strittmatter

Aktive: Allgaier Andreas, Trompete (1978); Baier Günter, Schlagzeug (1965); Bartholome Martin, Tuba (1956); Burger Reinhard, Tenorhorn (1977); Gersbach Kurt, Flügelhorn (1962); Gerspach Manfred, Tenorhorn (1951); Knab Anita, Klarinette (1977); Kohlbrenner Heinz, Schlagzeug (1956); Kohlbrenner Roland, Flügelhorn (1977); Kohlbrenner Thomas, Horn (1977); Lehmann Fritz, Trompete (1973); Matt Gerhard, Tenorhorn (1977); Schlachter Alois, Tenorhorn (1959); Schlachter Rolf, Flügelhorn (1977); Stich Heidrun, Klarinette (1977); Stoll Erich, Schlagzeug (1950); Stoll Helmut, Posaune (1960); Strittmatter Albert, Klarinette (1920); Strittmatter Alfons, Tuba (1962); Strittmatter Alfred, Klarinette (1925); Strittmatter Berthold, Horn (1962); Strittmatter Edwin, Tenorhorn (1948); Strittmatter Rainer, Horn (1977); Strittmatter Rolf, Trompete (1973); Strittmatter Ursula, Saxophon (1973); Zäpf Gerhard, Posaune (1960).
Zöglinge: Albiez Claudia, Klarinette (1981); Albiez Hans-Jörg, Trompete (1981); Frohmüller Michael, Klarinette (1981); Hesse Tamara, Klarinette (1981); Huber Andreas, Flügelhorn (1981); Kohlbrenner Heidi, Klarinette (1981); Landgraf Alexandra, Klarinette (1981); Matt Ewald, Posaune (1981); Matt Ulrike, Klarinette (1981); Mutter Diana, Klarinette (1981); Ramsteck Sacha, Flügelhorn (1981); Schlachter Bettina, Klarinette (1981); Schlachter Wolfgang, Trompete (1981); Ücker Sabine, Klarinette (1981); Winger Ruth, Saxophon (1981).

Musikverein „Heimatklang" Hütten

Gründungsjahr:	1934
1. Vorsitzender:	Alfred Wagner
Stellv. Vorsitzender:	Reinhard Metzger
Schriftführer:	Manfred Metzger
Rechner:	Alois Völkle
Beirat:	Fridolin Metzger
Dirigent:	Josef Metzger
Vizedirigent:	Fridolin Metzger
Jugendleiter:	Peter Metzger
Notenwart:	Georg Metzger
Instrumentenwart:	Reinhard Metzger
Ehrendirigenten:	Josef Metzger
	Martin Schneider
Ehrenmitglied:	Fridolin Metzger

Aktive: Albiez Albert, Tenorhorn (1960); Eckert Martina, Trompete (1980); Esch Bernd, Flügelhorn (1975); Esch Heike, Klarinette (1980); Kiefer Bernhard, Flügelhorn (1980); Kiefer Gisela, Klarinette (1980); Kiefer Siegfried, Tenorhorn (1980); Kohlbrenner Franz, Horn (1980); Lauber Bernhard, Flügelhorn (1980); Lauber Norbert, Flügelhorn (1980); Lauber Rainer, Flügelhorn (1980); Lauber Roland, Trompete (1980); Maier Manfred, Trompete (1972); Maier Silvia, Klarinette (1980); Metzger Anton, Tenorhorn (1958); Metzger Fridolin, Klarinette (1942); Metzger Georg, Tuba (1974); Metzger Lothar, Flügelhorn (1970); Metzger Manfred, Klarinette (1969); Metzger Peter, Bariton (1978); Metzger Reinhard, Trompete (1969); Mutter Helmut, kl. Trommel (1954); Mutter Manfred, Horn (1980); Strittmatter Cornelia, Klarinette (1980); Thoma Fridolin, Saxophon (1973); Thoma Otto, Tenorhorn (1970); Völkle Alois, gr. Trommel (1951); Wagner Alfred, Tuba (1945); Wagner Hubert, Klarinette (1980); Wagner Markus, Posaune (1980); Zimmermann Barbara, Klarinette (1981).

Musikverein Ibach e.V. (Trachtenkapelle Ibach-Wittenschwand)

Gründungsjahr:	1894
1. Vorsitzender:	Otto Kaiser
Stellv. Vorsitzender:	Artur Thoma
Schriftführer:	Albert Herr
Rechner:	Edgar Blasi
Beisitzer:	Rolf Kaiser
	Thomas Morath
Dirigent:	Georg Schlegel
Notenwart:	Michael Schlegel
Instrumentenwart:	Klaus Kaiser
Täfeleträger:	Bernd Albiez

Aktive: Albiez Georg, gr. Trommel (1966); Albiez Werner, Posaune (1963); Behringer Gaby, Flöte (1977); Blasi Edgar, Bariton (1966); Blasi Lothar, Schlagzeug (1975); Böhler Bernhard, Horn (1970); Frommherz Bernhard, Tenorhorn (1975); Herr Albert, Tenorhorn (1958); Herr Manuela, Klarinette (1977); Herr Mechthild, Klarinette (1980); Höfler Renate, Klarinette (1980); Höfler Waltraud, Klarinette (1980); Kaiser Beatrix, Flügelhorn (1977); Kaiser Klaus, Trompete (1966); Kaiser Lorenz, Bariton (1980); Kaiser Otto, Horn (1960); Kaiser Petra, Klarinette (1977); Kaiser Rolf, Trompete (1977); Köpfer Stefan, Schlagzeug (1977); Kramer Eugen, Tenorhorn (1946); Maier Johannes, Trompete (1970); Matt Kurt, Saxophon (1966); Moll Martin, Flügelhorn (1980); Moll Thomas, Trompete (1980); Morath Thomas, Flügelhorn (1975); Mutter Siegfried, Flügelhorn (1977); Riehm Klaus, Bariton (1958); Schlegel Andreas, Tuba (1975); Schlegel Herbert, Flügelhorn (1970); Schlegel Michael, Saxophon/Pikkolo (1975); Schlegel Silvia, Klarinette (1980); Stich Claudia, Saxophon (1977); Stich Heike, Saxophon (1977); Stich Otmar, Tenorhorn (1970); Strittmatter Joachim, Tuba (1975); Thoma Artur, Posaune (1958); Thoma Carmen, Klarinette (1980); Weber Frank, Tenorhorn (1980); Weber Lothar, Tuba (1966); Weber Viola, Klarinette (1980)

Musikverein Jestetten e.V.

Gründungsjahr:	1862
1. Vorsitzender:	Edwin Sigg
Stellv. Vorsitzender:	Benedikt Sigg
Schriftführer:	Werner Schaaf
Protokollführerin:	Vroni Sigg
Rechner:	Klaus Fetzer
Stellv. Rechner:	Heinrich Vetter
Beirat:	Herbert Schlude
	Robert Weber
Jugendvertreterin:	Elvira Kaier
Dirigent:	Werner Gerber
Vizedirigent:	Vroni Sigg
Notenwarte:	Helmut Sigg
	Karin Sigg
Instrumentenwart:	Ulrich Niederhauser

Aktive: Abend Walter, Horn (1946); Auf der Maur Bruno, Saxophon (1962); Bomans Daniela, Flöte (1981); Dörflinger Gabi, Klarinette (1977); Enderli Martin, Saxophon (1980); Fetzer Klaus, Trompete (1966); Fischer Eugen, Posaune (1957); Fritz Walter, Trompete (1946); Früh Stefan, Klarinette (1981); Hämmerle Kurt, Trompete (1962); Heinemann Roland, Posaune (1980); Herz Anette, Saxophon (1977); Hosp Georg, Schlagzeug (1946); Hosp Ulrich, Saxophon (1976); Jehle Urs, Flügelhorn (1978); Kaier Elvira, Schlagzeug (1977); Kappel Hans, Tuba (1965); Kappel Sandra, Flöte (1979); Keller Theo, Bariton (1938); Kessler Herbert, Flügelhorn (1971); Kessler Theo, Tuba (1972); Kettner Armin, Flügelhorn (1972); Knapp Uli, Klarinette (1972); Kupferschmid Anja, Klarinette (1978); Marder Artur, Posaune (1958); Mauch Hartmut, Tuba (1959); Niederhauser Ulrich, Bariton (1972); Röhm Isabel, Trompete (1978); Ruppender Irmhilde, Flöte (1975); Schaaf Christof, Trompete (1978); Schaaf Marco, Schlagzeug (1976); Schaaf Siegfried, Flügelhorn (1951); Schaaf Sonja, Klarinette (1980); Schaaf Werner, Flügelhorn (1962); Schallert Ulrike, Klarinette (1977); Schlude Evelin, Flöte (1981); Schlude Helmut, Pauken (1978); Schlude Herbert, Tuba (1964); Schlude Jürgen, Flügelhorn (1977); Schlude Manfred, Posaune (1978); Sigg Benedikt, Posaune (1953); Sigg Brigitte, Klarinette (1977); Sigg Edwin, Tenorhorn (1953); Sigg Helmut, Schlagzeug (1978); Sigg Karin, Klarinette (1977); Sigg Vroni, Klarinette (1976); Steger Markus, Saxophon (1972); Truzzi Hugo, Flöte (1946); Vetter Heinrich, Horn (1953); Viel Gilbert, Klarinette (1981); Weber Robert, Tenorhorn (1964); Weissenberger Karl, Klarinette (1957)
Zöglinge: Fricker Gudrun, Trompete (1980); Fricker Irmgard, Klarinette (1980); Mauch Silvia, Trompete (1980); Richter Andreas, Trompete (1980)

Musikverein Kadelburg e.V.

Gründungsjahr:	1876*
1. Vorsitzender:	Hubert Herrmann
Stellv. Vorsitzender:	Lothar Preis
Schriftführer:	Hans Preis
Rechner:	Emil Hegmann
Beirat:	Elke Bercher
	Erwin Groß
	Manfred Huber
	Günter Senn
	Hans-Jörg Stöckl
Dirigent:	Peter Wiedemeier
Vizedirigent:	Herbert Hegmann
Notenwart:	Jürgen Wenzel
Instrumentenwart:	Lothar Preis
Ehrendirigent:	Arthur Zollinger

Aktive: Amann Martin, Trompete (1975); Arndt Manuela, Klarinette (1981); Bercher Elke, Flöte (1977); Bercher Fredy, Horn (1949); Bercher Gerd, Saxophon (1973); Eichin Fritz, gr. Trommel (1977); Groß Dietmar, Trompete (1980); Groß Erwin, Bariton (1956); Groß Martina, Flügelhorn (1981); Groß Willi, Horn (1946); Hässig Thomas, Flügelhorn (1977); Hegmann Emil, Horn (1950); Hegmann Friedrich, Tuba (1952); Hegmann Herbert, Flügelhorn (1958); Hegmann Petra, Klarinette (1975); Herrmann Hubert, Trompete (1969); Huber Diane, Tenorhorn (1981); Huber Freddy, Tenorhorn (1975); Huber Manfred, Tenorhorn (1950); Huber Petra, Horn (1981); Kenne Rainer, Tenorhorn (1977); König Hans-Jörg, Schlagzeug (1966); Küpfer Edwin, Trompete (1969); Küpfer Egon, Tuba (1965); Leber Michael, Flügelhorn (1981); Linsin Bruno, Trompete (1965); Maier Hans, Saxophon (1971); Preis Bernhard, Posaune (1979); Preis Hans, Tenorhorn (1962); Preis Lothar, Posaune (1968); Preis Rolf, Posaune (1981); Preis Verena, Flöte (1980); Probst Helge, Horn (1981); Roder Heinrich, Tuba (1968); Ruf Karin, Tenorhorn (1979); Schmidt Bärbel, Klarinette (1975); Schume Michael, Trompete (1981); Senf Berthold, Flügelhorn (1981); Senf Michael, Trompete (1981); Senn Christine, Klarinette (1977); Senn Günter, Flügelhorn (1955); Senn Thomas, Saxophon (1975); Stöckl Hans-Jörg, Tuba (1980); Tritschler Dieter, Trompete (1981); Tritschler Manfred, Klarinette (1954); Tröndle Alfons, Flügelhorn (1949); Urban Klaus, Trompete (1979); Wenzel Jürgen, Klarinette (1980); Wenzel Werner, Horn (1956); Wieser Ute, Horn (1981)

Stadt- und Feuerwehrmusik Laufenburg e.V.

Gründungsjahr:	1862*
1. Vorsitzender:	Horst Baumgartner
Stellv. Vorsitzender:	Bernhard Pfister
Schriftführerin:	Andrea Huber
Rechner:	Gertrud Berger
Beirat:	Manfred Geretzky
	Peter Rudigier
	Albrecht Voigt
Dirigent:	Peter Frässle
Vizedirigent:	Jürgen Kollakowski
Notenwart:	Andreas Voigt
Instrumentenwart:	Peter Rudigier
Ehrenvorsitzender:	Emil Morath

Aktive: Bächle Stefanie, Trompete (1979); Baumgartner Frank, Schlagzeug (1978); Baumgartner Horst, Tenorhorn (1956); Baumgartner Ralf, Posaune (1974); Berger Gertrud, Horn (1967); Eschbach Markus, Flügelhorn (1976); Fogarizzu Mario, Trompete (1974); Frässle Claudia, Klarinette (1978); Gamp Josef, Trompete (1976); Gamp Mathias, Bariton (1978); Gamp Susanne, Klarinette (1979); Gamp Thomas, Posaune (1976); Geretzky Manfred, Trompete (1972); Gersbach Helmut, Flügelhorn (1969); Huber Andrea, Klarinette (1972); Janssen Karin, Klarinette (1972); Kessler Wolfgang, Tuba (1976); Knab Beate, Flügelhorn (1979); Kollakowski Jürgen, Flügelhorn (1968); Kumle Elvira, Klarinette (1979); Meier Wilhelm, Tuba (1941); Oeschger Walter, Klarinette (1940); Pfister Bernhard, Posaune (1968); Pfister Georg, Bariton (1979); Pfister Paul, Posaune (1947); Pfohl Josef, gr. Trommel (1931); Renner Armin, Klarinette (1953); Rudigier Hermann, Tenorhorn (1946); Rudigier Peter, Trompete (1968); Rudloff Thomas, Tenorhorn (1976); Schäuble Ulrike, Klarinette (1976); Serazio Meinrad, Tuba (1961); Stöcker Veronika, Klarinette (1979); Uecker Heinz, Klarinette (1940); Voigt Albrecht, Trompete (1972); Voigt Andreas, Klarinette (1974); Weber Bernhard, Horn (1940)
Zöglinge: Brockmann Andreas, Flügelhorn (1981); Haas Frank, Horn (1979); Mösler Andreas, Schlagzeug (1981); Mösler Sigrid, Flöte (1981); Mösler Stefan, Posaune (1981); Mutter Andrea, Klarinette (1981); Nann Petra, Klarinette (1981); Nann Sabine, Flöte (1981); Rotzinger Frank, kl. Trommel (1981); Schäuble Christine, Trompete (1981); Tolksdorf Ralf, Tenorhorn (1979)

Musikverein Lausheim e.V.

Gründungsjahr:	1925
1. Vorsitzender:	Peter Scherble
Stellv. Vorsitzender:	Rudolf Kaiser
Schriftführer:	Franz Brunner
Rechner:	Edwin Kech
Beirat:	Karl Brugger
	Erwin Stritt
	Franz Stritt
Jugendvertreter:	Thomas Boma
Dirigent:	Willi Graf
Vizedirigent/	
Notenwart:	Rudolf Kaiser
Ehrenvorsitzender:	Fidel Keller †
Ehrendirigent:	Adolf Held †

Aktive: Baumann Robert, Posaune (1977); Boma Max, Flügelhorn (1945); Boma Thomas, Flügelhorn (1977); Boma Ulrike, Flöte (1982); Brugger Helmar, Trompete (1970); Brugger Hildegard, Klarinette (1978); Brunner Franz, Klarinette (1970); Graf Joachim, Flügelhorn (1982); Gschwind Paul, Tuba (1965); Held Adolf, Tuba (1955); Kaiser Helmut, Saxophon (1974); Kaiser Rudolf, Posaune (1968); Kech Edwin, gr. Trommel (1958); Kech Josef, Posaune (1949); Keller Gottfried, Trompete (1974); Korhummel Hubert, Posaune (1982); Maier Gerlinde, Klarinette (1982); Müller Margrit, Flöte (1982); Probst Arnold, Saxophon (1970); Probst Uli, Flügelhorn (1978); Reichle Karl, Klarinette (1946); Reichle Richard, Tenorhorn (1974); Rendler Benedikt, Horn (1945); Rendler Werner, Horn (1957); Scherble Martin, Trompete (1982); Scherble Norbert, Horn (1977); Scherble Peter, Bariton (1958); Scherble Otto, Tenorhorn (1945); Scherzinger Peter, Tenorhorn (1974); Stadler Reinhold, Tenorhorn (1969); Stritt Adolf, Trompete (1965); Stritt Erwin, kl. Trommel (1969); Stritt Günter, Trompete (1977); Vogelbacher Alfred, Klarinette (1947); Vogelbacher Heidi, Flöte (1982); Vogelbacher Werner, Klarinette (1975); Wenzel Dirk, Saxophon (1982); Zimmermann Claudia, Klarinette (1982); Zimmermann Thomas, Tenorhorn (1982)

Musikverein „Harmonie" Lembach

Gründungsjahr:	1928
1. Vorsitzender:	Heinz Maier
Stellv. Vorsitzender:	Cornel Güntert
Schriftführerin:	Silvia Geng
Rechner:	Regina Geng
Beirat:	Edmund Blattert
	Regina Geng
	Silvia Geng
	Cornel Güntert
	Heinz Maier
	Hans Ulrich Schäuble
	Christian Troll
Dirigent:	Edmund Blattert
Vizedirigent:	Christian Troll

Aktive: Asal Jürgen, Schlagzeug (1982); Blattert Andreas, Tenorhorn (1981); Blattert Gudrun, Klarinette (1978); Blattert Margot, Trompete (1978); Blattert Philipp, Trompete (1978); Duttlinger Bernhard, Tuba (1982); Duttlinger Gabriele, Klarinette (1982); Duttlinger Hugo, Tenorhorn (1951); Duttlinger Norbert, Horn (1973); Geng Claudia, Horn (1981); Geng Petra, Trompete (1978); Geng Regina, Flügelhorn (1978); Geng Silvia, Klarinette (1978); Güntert Cornel, Trompete (1973); Güntert Erich, Tuba (1946); Lang Martin, Tenorhorn (1980); Maier Heinz, Horn (1951); Rüd Enrico, Tenorhorn (1978); Schäuble Hans Ulrich, Flügelhorn (1973); Schey Artur, Schlagzeug (1951); Schey Markus, Schlagzeug (1981); Troll Christian, Flügelhorn (1973); Troll Erwin, Flügelhorn (1973); Wiest Birgit, Trompete (1982); Woll Dagmar, Flügelhorn (1982); Woll Eduard, Flügelhorn (1982)

Musikverein Lienheim

Gründungsjahr:	1882
1. Vorsitzender:	Kurt Sutter
Stellv. Vorsitzender:	Lothar Bernauer
Schriftführer:	Kurt Boller
Rechner:	Kurt Lüber
Beirat:	Arno Kutt
	Josef Sutter
Dirigent:	Günther Zimmermann
Vizedirigent/	
Jugendleiter/	
Notenwart:	Berthold Scheuble
Instrumentenwart:	Andreas Scheuble
Ehrenvorsitzender:	Walter Stark

Aktive: Bernauer Lothar, Bariton (1973); Boller Christian, Trompete (1978); Boller Kurt, Klarinette (1973); Boller-Berger Christian, Flügelhorn (1978); Brenninger Harald, Trompete (1978); Krug Martin, Tenorhorn (1982); Kutt Arno, Horn (1953); Kutt Lothar, Posaune (1948); Lüber Kurt, Tuba (1950); Scheuble Andreas, Klarinette (1978); Scheuble Berthold, Flügelhorn (1962); Scheuble Franz, Horn (1962); Scheuble Maria, Klarinette (1978); Scheuble Otmar, Tuba (1965); Schmieg Bruno, Posaune (1982); Schmieg Manfred, Trompete (1957); Stark Gottfried, Trompete (1973); Stark Sabine, Klarinette (1978); Stark Walter, gr. Trommel (1947); Stoll Jürgen, Bariton (1978); Sutter Eugen, Becken (1950); Sutter Franz, Tenorhorn (1978); Sutter Georg, Bariton (1982); Sutter Gerhard, Flügelhorn (1982); Sutter Josef, Flügelhorn (1949); Sutter Katharina, Flügelhorn (1982); Sutter Kurt, kl. Trommel (1961); Weidner Emil, Posaune (1965); Zimmer Friedhelm, Trompete (1978)

Musikverein „Harmonie" Lottstetten

Gründungsjahr:	1877*
1. Vorsitzender:	Walter Rehm
Stellv. Vorsitzender:	Karlheinz Abend
Schriftführerin:	Barbara Homlicher
Rechner:	Alfred Güntert
Beirat:	Willi Heckel
	Gerhard Homlicher
	Werner Huber
	Joachim Michels
	Kurt Rehm
	Jörg Wagner
Dirigent:	Ernst Baschnagel
Vizedirigent:	Eugen Straub
Notenwart/	
Instrumentenwart:	Barbara Rehm
Ehrenbeisitzer:	August Kübler
Fähnrich:	Max Kübler

Aktive: Abend Karlheinz, Tuba (1961); Albiez Josef, Tenorhorn (1931); Baumann Sabine, Klarinette (1980); Bölle Cornelia, Klarinette (1981); Bölle Erwin, Tenorhorn (1955); Bölle Hans, Posaune (1980); Glatt Kurt, Saxophon (1946); Griesser Peter, Trompete (1980); Häring Daniel, Tenorhorn (1981); Häring Kerstin, Saxophon (1980); Hartmannsgruber Josef, Klarinette (1946); Heckel Willi, Becken (1977); Henes Andreas, kl. Trommel (1980); Henes Fred, Tuba (1957); Homlicher Anneliese, Klarinette (1976); Homlicher Barbara, Flöte (1975); Homlicher Christian, Trompete (1982); Homlicher Gerhard, Posaune (1958); Huber Werner, Posaune (1957); Kleinschnitz Susanne, Flöte (1980); Kunz Artur, Tenorhorn (1932); Meier Wolfgang, Horn (1946); Merkt Anita, Flügelhorn (1978); Merkt Hubert, Klarinette (1946); Meyer Walter, Posaune (1980); Michels Joachim, Tenorhorn (1979); Rehm Barbara, Klarinette (1974); Rehm Kurt, Bariton (1955); Rehm Markus, Flügelhorn (1981); Rehm Patricia, Klarinette (1976); Rehm Urban, Tenorhorn (1981); Rehm Walter, Saxophon (1955); Roder Heinz, gr. Trommel (1946); Russ Bernd, Klarinette (1980); Schaub Hans-Werner, Tuba (1948); Schupp Daniel, Flügelhorn (1981); Schupp Jürgen, Trompete (1978); Straub Eugen, Flügelhorn (1965); Vetter Lisbeth, Flöte (1980); Wagner Jörg, Saxophon (1961); Würthenberger Eveline, Flöte (1980)

Musikverein Luttingen e.V.

Gründungsjahr:	1910
1. Vorsitzender:	Robert Waßmer
Stellv. Vorsitzender:	Hermann Weimer
Schriftführer:	Karl Eschbach
Rechner:	Josef Hauser
Stellv. Rechner:	Andreas Troll
Beirat:	Erich Eckert
	Karl Mutter
	Stefan Schäuble
Dirigent:	Werner Andris
Notenwart:	Silvia Troll
Instrumentenwart:	Erich Eckert
Präsident:	Jakob Eschbach

Aktive: Bär Friedrich, Bariton (1952); Balbierz Joseph, Tenorhorn (1980); Denz Albert, Trompete (1982); Denz Gerhard, Posaune (1978); Eckert Erich, Saxophon (1949); Eckert Ursula, Flöte (1979); Eschbach Arnold, Posaune (1978); Eschbach Erwin, Horn (1972); Eschbach Helmut, Tuba (1949); Eschbach Karl, Trompete (1966); Eschbach Peter, Schlagzeug (1976); Eschbach Petra, Klarinette (1973); Güntert Silvia, Klarinette/Saxophon (1976); Hauser Josef, Saxophon/Tenorhorn (1966); Lamade Thomas, Posaune (1976); Makowka Ursula, Klarinette (1982); Mutter Karl, Bariton (1963); Rinaldi Andreas, Flügelhorn (1982); Ruch Manfred, Tenorhorn (1957); Schäuble Stefan, Trompete (1976); Schrenk Manfred, Flügelhorn (1982); Studinger Heidi, Klarinette/Saxophon (1973); Troll Andreas, Flügelhorn (1978); Troll Silvia, Flügelhorn (1978); Troll Thomas, Tuba (1978); Waßmer Robert, gr. Trommel (1972); Weber Peter, Schlagzeug (1980); Weimer Dieter, Trompete (1982); Weimer Hermann, Trompete (1969); Wieland Rolf, Trompete (1980); Willi Hans, Posaune (1979)
Zöglinge: Eschbach Harald, Flügelhorn (1978); Güntert Werner, Horn (1979); Licata Walter, Klarinette (1982); Makowka Cornelia, Klarinette (1978); Mutter Tanja, Klarinette (1982); Rinaldi Nicola, Klarinette (1980); Ruch Thomas, Klarinette (1980); Schaar Susanne, Klarinette (1980); Tröndle Anja, Klarinette (1982); Tröndle Werner, Horn (1980); Weimer Achim, Flügelhorn (1979)

Musikverein „Harmonie" Mauchen e.V.

Gründungsjahr:	1862*
1. Vorsitzender:	Hansjörg Kramer
Stellv. Vorsitzender:	Hermann Keßler
Schriftführerin:	Marianne Basler
Rechner:	Karl Rebmann
	Willi Rebmann
Beirat:	Josef Hotz
	Alfred Morath
Dirigent:	Walter Binkert
Jugendleiter:	Volker Korhummel
Notenwarte:	Heidrun Jäger
	Marianne Keßler
Instrumentenwart:	Armin Künze
Ehrenvorsitzender:	Alfons Hotz
Protokollführer:	Arno Jäger

Aktive: Basler Josef, gr. Trommel (1934); Basler Marianne, kl. Trommel (1981); Blatter Artur, Klarinette (1964); Blatter Friederich, Horn (1934); Güntert Engelbert, Trompete (1982); Güntert Konrad, Klarinette (1956); Güntert Roswitha, Saxophon (1980); Hotz Alfons, Horn (1938); Hotz Josef, Flügelhorn (1952); Hotz Jürgen, Horn (1980); Hotz Viola, Saxophon (1980); Jäger Arno, Saxophon (1978); Jäger Hans, Flügelhorn (1952); Jäger Heidrun, Flöte (1980); Kaiser Hansjörg, Posaune (1980); Kehl Gerd, Trompete (1980); Kessler Marita, kl. Trommel (1980); Keßler Hermann, Flügelhorn (1952); Keßler Marianne, Flöte (1980); Keßler Sabina, Trompete (1980); Keßler Sylvia, Klarinette (1980); Korhummel Volker, Tuba (1980); Kramer Hansjörg, Klarinette (1964); Künze Armin, Bariton (1961); Morath Alfred, Klarinette (1959); Rebmann Bernhard, Saxophon (1971); Rebmann Karl, Klarinette (1964); Rebmann Willi, Tenorhorn (1978); Seiler Bernhard, Tenorhorn (1952)

Musikverein Menzenschwand e.V.

Gründungsjahr:	1876*
1. Vorsitzender:	Rupert Rogg
Stellv. Vorsitzender:	Paul Kaiser
Schriftführerin:	Monika Schlageter
Rechner:	Dieter Kaiser
Dirigent:	Ewald Kaiser
Vizedirigent:	Roland Schäuble
Notenwarte:	Hansi Dietsche
	Michael Ehlert
	Günter Koch
	Bernhard Schlegel
Instrumentenwart:	Günter Spitz
Ehrenvorstand:	Hans Maier
Ehrendirigent:	Siegfried Wild

Aktive: Baur Ralf, Flügelhorn (1982); Baur Wolfgang, Schlagzeug (1978); Dietsche Hans-Joachim, Flügelhorn (1979); Dietsche Lorenz, Bariton (1958); Dietsche Lorenz jun., Posaune (1982); Ehlert Michael, Bariton (1979); Gfrörer Joachim, Horn (1979); Götz Stefan, Tenorhorn (1982); Höfler Andreas, Tenorhorn (1979); Höfler Karl, Tuba (1946); Kaiser Andrea, Flöte/Pikkolo (1978); Kaiser Benno, Trompete (1982); Kaiser Carina, Trompete (1973); Kaiser Christoph, Tenorhorn (1982); Kaiser Dieter, Klarinette (1958); Kaiser Doris, Klarinette (1982); Kaiser Günter, Tuba (1973); Kaiser Joachim, Saxophon (1975); Kaiser Jutta, Klarinette (1982); Kaiser Klaus, Saxophon (1982); Kaiser Paul, Klarinette (1946); Kistler Antje, Trompete (1982); Koch Günter, Posaune (1946); Lorenz Gerhard, Posaune (1958); Maier Claudia, Klarinette (1982); Maier Erich, Klarinette (1946); Maier Hans Otto, Flügelhorn (1954); Maier Jörg, Tenorhorn (1982); Maier Rolf, Flügelhorn (1979); Manns Peter, Lyra/Xylophon (1968); Mayer Andreas, Klarinette (1982); Mayer Karin, Klarinette (1982); Rogg Beate, Klarinette (1982); Rogg Rudolf, Tenorhorn (1953); Rogg Rupert, Saxophon (1964); Rohrer Sabine, Klarinette (1982); Rupp Manfred, gr. Trommel (1979); Schäuble Armin, Tuba (1982); Schäuble Roland, Flügelhorn (1973); Schlageter Gerlinde, Trompete (1973); Schlageter Heike, Trompete (1982); Schlageter Monika, Klarinette (1973); Schlegel Andreas, Horn (1975); Schlegel Bernhard, Horn (1979); Spitz Andreas, Flügelhorn (1982); Spitz Christian, Flöte/Pikkolo (1978); Spitz Gerda, Klarinette (1982); Spitz Günter, Horn (1958); Spitz Harald, Tuba (1968); Spitz Michael, Horn (1979); Spitz Ulrich, Posaune (1977); Wild Burkhard, Saxophon (1975); Wild Egon, Trompete (1978); Wild Elmar, Trompete (1979); Wild Norman, Trompete (1979)

Feuerwehrmusik Murg e.V.

Gründungsjahr:	1876*
1. Vorsitzender:	Peter Langer
Stellv. Vorsitzender:	Bernd Döbele
Schriftführer:	Edgar Ebner
Kassier:	Karlheinz Döbele
Beisitzer (Aktiva):	Hans Ebner
	Wolfgang Kaiser
Beisitzer (Passiva):	Eugen Böhler
	Herbert Ebner
Dirigent:	Dieter Krüsch
Vizedirigenten:	Thomas Hilbert
	Dieter Kaiser
Jugendleiterin:	Gislinde Döbele
Notenwart:	Sigrid Löffler
Instrumentenwart:	Walter Döbele
Ehrenvorsitzender:	Hans Ebner
Ehrendirigent:	Bruno Gutmann

Aktive: Döbele Bernd, Posaune (1966); Döbele Gislinde, Klarinette/Saxophon (1964); Döbele Hans, Klarinette/Saxophon (1969); Döbele Karlheinz, Bariton (1965); Döbele Salomé, Klarinette (1973); Döbele Silvia, Flöte/Pikkolo/Saxophon (1973); Döbele Walter, Trompete (1964); Ebner Edgar, Flügelhorn (1971); Ebner Hans, Klarinette (1952); Ebner Michael, Flöte/Pikkolo (1982); Fuchs Patric, Klarinette (1982); Harter Rolf, Trompete (1982); Hilbert Andrea, Klarinette (1980); Hilbert Bernhard, Tuba (1956); Hilbert Thomas, Trompete (1975); Kaiser Dieter, Tenorhorn (1973); Kaiser Wolfgang, Posaune (1974); Keller Rolf, Posaune (1981); Langer Peter, Tuba (1966); Löffler Sigrid, Klarinette (1977); Maier Rolf, Schlagzeug (1981); Malzacher Klaus, Schlagzeug (1975); Matheis Ute, Horn (1979); Mosch Judith, Klarinette/Saxophon (1981); Mosch Martin, Flügelhorn (1979); Mosch Wolfgang, Schlagzeug (1979); Moser Rita, Klarinette (1982); Moser Stefan, Posaune (1981); Sommer Christian, Tenorhorn (1979); Süthering Dietmar, Tenorhorn (1979); Vökt Christine, Klarinette (1982); Vökt Hannelore, Flöte (1979)
Zöglinge: Frei Hans-Jürgen, Klarinette (1980); Gäng Andreas, Klarinette (1981); Kaiser Alexandra, Trompete (1981); Kaiser Stephanie, Flügelhorn (1981); Kopp Claudia, Klarinette (1981); Laule Christiane, Flöte (1980); Maltry Birgit, Trompete (1981); Matt Johannes, Posaune (1979); Merkle Klaus, Flügelhorn (1977); Moser Roswitha, Trompete (1980); Schlageter Anke, Klarinette (1980); Schmidt Ulrike, Horn (1980); Schuster Diana, Trompete (1981); Schuster Kerstin, Flügelhorn (1981); Singler Nicole, Horn (1980); Singler Roland, Trompete (1977); Sommer Elke, Trompete (1981); Spielmann Thomas, Trompete (1980); Wichmann Frank, Trompete (1981); Würtenberger Stefan, Trompete (1981)

Musikverein Niederhof e.V.

Gründungsjahr:	1925
1. Vorsitzender:	Bernhard Rünzi
Stellv. Vorsitzender:	Peter Graß
Schriftführer:	Hans Schmid
Rechner:	Gerhard Ruf
Beirat:	Erhard Kammerer
	Adolf Oeschger
	Leo Oeschger
	Paul Schmidle
Dirigent:	Heinz Georg Linke
Vizedirigent:	Karl-Otto Kaltenbacher
Jugendleiter:	Dirk Mutter
Notenwart:	Monika Schneider
Instrumentenwart:	Walter Strittmatter

Aktive: Bilawsky Gabi, Klarinette (1981); Brutsche Fritz, Tuba (1955); Brutsche Jürgen, Flügelhorn (1978); Brutsche Wolfgang, Horn (1980); Engelsmann Sabine, Klarinette (1981); Flum Ralf, Bariton (1980); Graß Egon, Saxophon (1936); Graß Peter, Saxophon (1966); Herzmoneit Rolf, gr. Trommel (1981); Kaltenbacher Karl-Otto, Saxophon (1962); Kammerer Anette, Klarinette (1972); Kammerer Erhard, Tenorhorn (1972); Kammerer Stefan, Horn (1978); Kurz Veronika, Klarinette (1976); Lauber Bernhard, Posaune (1972); Meier Rolf, Tenorhorn (1979); Mutter Dirk, Schlagzeug (1978); Oeschger Adolf, Tenorhorn (1965); Rünzi Bernhard, Posaune (1965); Ruf Gerhard, Horn (1951); Ruf Josef, Flöte/Pikkolo (1951); Ruf Michael, Posaune (1980); Ruf Silvia, Klarinette (1980); Ruf Wolfgang, Posaune (1980); Schmid Günter, Schlagzeug (1972); Schmid Hans, Tuba (1955); Schneider Monika, Klarinette (1980); Schneider Paul, Trompete (1980); Schroeder Karin, Trompete (1976); Straßer Jürgen, Trompete (1972); Strittmatter Walter, Flügelhorn (1962)

Trachtenkapelle Niederwihl e.V.

Gründungsjahr:	1925
1. Vorsitzender:	Gregor Kaiser
Stellv. Vorsitzender:	Franz Maise
Schriftführer:	Roland Matt
Rechner:	Hubert Ullrich
Beirat:	Andreas Breineder
	Egon Kowalenko
	Lothar Scheuble
	Hubert Schrieder
	Hugo Schrieder
	Siegbert Schrieder
Dirigent:	Emil Ebers
Vizedirigent:	Klaus Siebold
Notenwart:	Hannelore Kowalenko
Instrumentenwart:	Joachim Trabold
Ehrendirigent:	Ernst Jehle
Ehrenmitglieder:	Hermann Eckert
	Fritz Huber
	Ludwig Joos
Fahnenträger:	Hermann Eckert

Aktive: Baumgartner Christian, Trompete (1982); Breineder Andreas, Trompete (1978); Dannenberger Armin, Tuba (1981); Dannenberger Gregor, Bariton (1975); Dannenberger Johannes, Tenorhorn (1973); Flum Peter, Trompete (1982); Flum Susanne, Klarinette (1982); Gerspach Niclaus, Posaune (1982); Gerspach Urs, Tenorhorn (1982); Huber Werner, Horn (1958); Jehle Albert, Schlagzeug (1946); Jehle Johanna, Klarinette (1978); Jehle Regina, Klarinette (1975); Kaiser Gregor, Tuba (1946); Keller Wilma, Klarinette (1982); Köpfler Bruno, Posaune (1980); Kowalenko Claudia, Horn (1973); Kowalenko Egon, Schlagzeug (1967); Kowalenko Guido, Tenorhorn (1967); Kowalenko Hannelore, Flügelhorn (1973); Kunzelmann Hennie, Klarinette (1975); Lüttin Werner, Trompete (1970); Maindroud Pierre, Lyra (1977); Maise Franz, Bariton (1975); Matt Roland, Flügelhorn (1966); Scheuble Lothar, Tuba (1966); Schrieder Annette, Trompete (1978); Schrieder Bernd, Flügelhorn (1978); Schrieder Hubert, Posaune (1953); Schrieder Hugo, Klarinette (1933); Schrieder Otto, Flügelhorn (1952); Schrieder Renate, Klarinette (1978); Schrieder Siegbert, Posaune (1973); Siebold Klaus, Posaune (1970); Siegwart Nicol, Flügelhorn (1982); Siegwart Silke, Flügelhorn (1982); Trabold Joachim, Flügelhorn (1973); Ullrich Hubert, kl. Trommel (1955); Villinger Bernhard, Trompete (1978); Zimmermann Thomas, Tenorhorn (1975)

Trachtenkapelle Nöggenschwiel e.V.

Gründungsjahr:	1905
1. Vorsitzender:	Hubert Tröndle
Stellv. Vorsitzender:	Martin Walde
Schriftführer:	Otto Leber
Rechner:	Gerhard Presch
Beirat:	Lothar Bächle
	Adelbert Boll
	Paul Leber
Dirigent:	Bernhard Bergmann
Vizedirigent:	Paul Leber
Instrumentenwart:	Erich Boll

Aktive: Bächle Doris, Klarinette (1981); Bächle Egon, Posaune (1981); Bächle Lothar, Flügelhorn (1973); Bächle Reinhold, Tuba (1977); Bächle Ulrike, Tenorhorn (1974); Bergmann Andreas, Tenorhorn (1981); Bergmann Brigitte, kl. Trommel (1981); Böhler Robert, Trompete (1981); Böhler Uwe, Trompete (1981); Boll Adelbert, Bariton (1967); Boll Erich, Tenorhorn (1981); Ebi Markus, Trompete (1981); Ebner Werner, Horn (1981); Jehle Andreas, Flügelhorn (1981); Leber Kornelia, Klarinette (1974); Leber Otto, Schlagzeug (1967); Leber Paul, Klarinette (1974); Leber Sibylle, Trompete (1981); Oberle Bernhard, Tenorhorn (1973); Presch Gerhard, gr. Trommel (1970); Probst Bernhard, Tenorhorn (1974); Schäfer Dieter, Trompete (1973); Schäfer Hubert, Posaune (1981); Schäfer Werner, Tuba (1967); Tröndle Andrea, Klarinette (1974); Tröndle Bernhard, Saxophon (1973); Tröndle Hubert, Flügelhorn (1967); Tröndle Lothar, Flügelhorn (1972); Tröndle Stephanie, Klarinette (1981); Trötschler Bernhard, Saxophon (1974); Walde Martin, Tenorhorn (1947); Walde Thomas, Posaune (1981)
Zöglinge: Bächle Ralf, Flügelhorn (1980); Geng Martin, Trompete (1980); Geng Tobias, Trompete (1980); Oberle Martin, Trompete (1980); Presch Andreas, Klarinette (1980); Presch Georg, Klarinette (1980); Strittmatter Thomas, Flügelhorn (1980)

Musikverein Oberhof e.V

Gründungsjahr:	1912
1. Vorsitzender:	Werner Speck
Stellv. Vorsitzender:	Rolf Meier
Schriftführer:	Rainer Oeschger
Stellv. Schriftführer:	Ulrich Baehr
Rechner:	Walter Sautermeister
Stellv. Rechner:	Lothar Matt
Beisitzer (Aktiva):	Günter Behringer
	Herbert Thoma
Beisitzer (Passiva):	Heinrich Eckert
	Reinhard Müller
Dirigent:	Ottmar Fleck
Vizedirigent:	Richard Huber
Jugendleiter:	Rolf Schmidle
Ehrenvorsitzender:	Wilhelm Matt

Aktive: Bahr Ulrich, Posaune (1972); Behringer Günter, Trompete (1972); Behringer Oswin, Tuba (1973); Fleck Herbert, Trompete (1980); Fuchs Angela, Klarinette (1981); Fuchs Reinhard, Posaune (1982); Fuchs Siegfried, Tenorhorn (1981); Fuchs Thomas, Klarinette (1981); Graß Manfred, Trompete (1969); Huber Richard, Saxophon (1971); Lüttin Thomas, Schlagzeug (1980); Malzacher Arnold, Saxophon (1975); Matt Edmund, Trompete (1962); Matt Hans, Flügelhorn (1956); Matt Lothar, Bariton (1965); Matt Wilhelm, Klarinette (1948); Meier Fridolin, Flügelhorn (1977); Meier Marika, Klarinette (1981); Meier Rolf, Bariton (1973); Neuhaus Rene, Saxophon (1982); Oeschger Rainer, Bariton (1980); Rünzi Bernhard, Posaune (1977); Sautermeister Walter, Horn (1972); Schäuble Dieter, Schlagzeug (1975); Schmidle Rolf, Posaune (1979); Schmidle Wolfgang, Tenorhorn (1975); Speck Werner, Flöte/Pikkolo (1973); Thoma Herbert, Flügelhorn (1977)
Zöglinge: Huber Birgit, Klarinette (1979); Huber Thomas, Horn (1979); Malzacher Armin, Tenorhorn (1980); Malzacher Astrid, Klarinette (1979); Matt Viola, Klarinette (1980); Meier Marion, Klarinette (1980); Mohr Gertrud, Flöte (1980)

Musikverein
Oberlauchringen e.V.

Gründungsjahr:	1875
1. Vorsitzender:	Franz Flügel
Stellv. Vorsitzender:	Erich Grimmeisen
Schriftführer:	Viktor Frey jun.
Rechner:	Erich Grießer
Beirat:	Werner Herzog
	Klaus-Peter Kaufmann
	Bernd Ringgeler
	Adolf Schäuble
	Karl Stärk
Dirigent:	Viktor Frey sen.
Vizedirigent:	Viktor Frey jun.
Notenwart:	Heike Frey
Instrumentenwarte:	Hansjörg Frey
	Norbert Geng
Ehrenvorsitzender:	Karl Stärk sen.

Aktive: Bergdorf Rolf, Klarinette (1982); Bühler Christian, kl. Trommel (1981); Eichkorn Thomas, Klarinette (1982); Feucht Emil, Tenorhorn (1970); Flügel Franz, Horn (1947); Flügel Manfred, Saxophon (1970); Fox Erwin, Saxophon (1955); Frey Christof, Trompete (1981); Frey Eugen, Trompete (1937); Frey Gerold, Flügelhorn (1980); Frey Hansjörg, Trompete (1959); Frey Heike, Flöte (1981); Frey Helmut, Klarinette (1956); Frey Viktor jun., Flügelhorn (1952); Gäng Klaus, Horn (1973); Geng Jürgen, Klarinette (1982); Geng Norbert, Klarinette (1977); Geng Rainer, Trompete (1979); Grießer Erich, Klarinette (1947); Grimmeisen Erich, Tuba (1959); Hartmann Ernst, Tenorhorn (1947); Hartmann Peter, Trompete (1971); Hausy Udo, Trompete (1981); Hermann Andreas, Klarinette (1977); Herzog Jakob, Tenorhorn (1970); Herzog Werner, Posaune (1966); Höhl Elmar, Klarinette (1982); Kaiser Bernhard, Flügelhorn (1973); Kaiser Jürgen, Klarinette (1977); Kaufmann Klaus-Peter, Tenorhorn (1965); Keller Detlef, Bariton (1981); Kuner Rainer, Saxophon (1977); Kunz Martin, kl. Trommel (1978); Leute Dieter, Tuba (1981); Loll Bernhard, Horn (1981); Ludin Andreas, Posaune (1977); Moser Rolf, kl. Trommel (1971); Moser Rudolf, gr. Trommel (1946); Muttscheller Rasmus, Trompete (1977); Pfau Klaus, Klarinette (1982); Ringgeler Bernd, Bariton (1966); Röhrig Jürgen, Klarinette (1973); Roland Uwe, Trompete (1981); Schäfer Karl, Saxophon (1981); Schäfer Ulrich, Flügelhorn (1980); Schäuble Adolf, Posaune (1949); Schendel Jürgen, Posaune (1982); Schmidt Herbert, Tuba (1956); Schneider Gottfried, Flügelhorn (1977); Schneider Rudolf, Horn (1977); Schülke Christof, Trompete (1981); Schwab Karl, Tenorhorn (1973); Stärk Karl, Trompete (1965); Strobel Hans-Peter, Flügelhorn (1975); Tröndle Paul, Tuba (1976); Utz Fritz, Flügelhorn (1961); Wurster Joachim, kl. Trommel (1977)

Trachtenkapelle Obermettingen

Gründungsjahr:	1958
1. Vorsitzender:	Albert Ebi
Stellv. Vorsitzender:	Hermann Güntert
Schriftführer:	Robert Güntert
Rechner:	Georg Kohler
Beirat:	Ernst Malzacher
	Siegfried Malzacher
Dirigent:	Egon Brogle
Vizedirigent/	
Jugendleiter:	Georg Kohler
Notenwart:	Michael Matt
Instrumentenwart:	Josef Böhler

Aktive: Andres Franz, Horn (1972); Apelhans Roland, Trompete (1974); Böhler Benno, Tenorhorn (1958); Böhler Josef, Tenorhorn (1958); Böhler Josef, gr. Trommel (1965); Brogle Andreas, Trompete (1980); Brogle Paul, Tuba (1958); Ebi Albert, Flügelhorn (1958); Gantert Petra, Klarinette (1974); Gantert Roland, Flügelhorn (1980); Güntert Engelbert, Trompete (1965); Güntert Hansjörg, Flügelhorn (1974); Güntert Hermann, Tenorhorn (1958); Güntert Hugo, Horn (1958); Güntert Karl, Klarinette (1971); Güntert Kurt, Tuba (1967); Güntert Martin, Klarinette (1958); Güntert Peter, Klarinette (1980); Güntert Robert, Bariton (1980); Güntert Susanne, kl. Trommel (1980); Kaiser Klaus, Flügelhorn (1967); Kohler Georg, Klarinette (1967); Kohler Harald, Klarinette (1980); Kohler Martin, Posaune (1974); Malzacher Horst, Posaune (1971); Malzacher Siegfried, Tuba (1965); Malzacher Thomas, Tenorhorn (1971); Matt Michael, Trompete (1971); Nüesch Hansjörg, Gitarre (1973); Wehrle Traugott, Orgel (1973); Zeitler Karlheinz, Horn (1974)
Zöglinge: Böhler Stefan, Tenorhorn (1982); Brogle Manuela, Flöte (1982); Ebi Norbert, Flügelhorn (1982); Ebi Thomas, Trompete (1982); Güntert Linda, Klarinette (1982); Güntert Markus, Trompete (1982); Güntert Stefan, Klarinette (1982)

Musikverein Obersäckingen e.V.

Gründungsjahr:	1863*
1. Vorsitzender:	Ewald Mutter
Stellv. Vorsitzender:	Gebhard Schlageter
Schriftführer:	Wolfgang Baier
Rechner:	Siegfried Baumgartner
Ausschußmitglieder:	Fredy Fleck
	Martin Hausin
	Günter Kownatzki
	Beate Schneider
Dirigent:	Heinz Georg Linke
Vizedirigent/	
Jugendleiter:	Karl Huber
Notenwart:	Lothar Wassmer
Instrumentenwart:	Otto Gassmann
Fähnrich:	Alfons Döbele

Aktive: Albiez Wolfgang, Tuba (1963); Baier Wolfgang, Trompete (1963); Böhler Günter, Posaune (1966); Böhler Kurt, Trompete (1958); Döbele Cornelia, Klarinette (1980); Fleck Fredy, Klarinette (1973); Fleck Martina, Klarinette (1973); Gassmann Otto, Flügelhorn (1957); Hausin Erhard, Horn (1943); Hausin Frank, Schlagzeug (1978); Hausin Martin, Tenorhorn (1958); Hausin Meinrad, Horn (1954); Hausin Robert, Trompete (1980); Holzendorf Klaus, Flügelhorn (1969); Huber Karl, Klarinette (1966); Kaiser Winfried, Tenorhorn (1980); Kownatzki Gaby, Klarinette (1972); Kownatzki Günter, gr. Trommel (1960); Kownatzki Werner, Klarinette (1958); Lange Günter, Trompete (1973); Lauber Otto, Bariton (1947); Mutter Ewald, Klarinette (1958); Mutter Siegmund, Tenorhorn (1936); Schäfer Armin, Posaune (1980); Schäfer Jörg, Klarinette (1980); Schlageter Gebhard, Klarinette (1950); Schneider Beate, Flöte (1973); Siegemund Josef, Posaune (1973); Süsslin Günter, Posaune (1980); Wassmer Lothar, Tuba (1969); Wick Reinhold, Klarinette (1976)

Musikverein „Eintracht" Ober-Unterwangen e.V.

Gründungsjahr:	1965
1. Vorsitzender:	Helmut Kaiser
Stellv. Vorsitzender:	Wendelin Braun
Schriftführerin:	Irene Waidelich
Rechner:	Wilfried Otteny
Beirat:	Gottfried Keller
	Dieter Kromer
	Erich Preiser
Dirigent/	
Jugendleiter:	Engelbert Siebler
Notenwart:	Bernhard Müller
Ehrenvorsitzender:	August Kaiser
Ehrendirigent:	Edwin Burger

Aktive: Aicheler Günter, Trompete (1977); Amann Michael, Saxophon (1969); Amann Peter, Horn (1973); Blatter Joachim, Trompete (1977); Braun Andreas, Posaune (1970); Braun Wendelin, Flügelhorn (1965); Büche Franz-Josef, Horn (1965); Eichkorn Norbert, Saxophon (1968); Fischer Marita, Klarinette (1975); Fischer Martin, gr. Trommel (1977); Fischer Walter, Tenorhorn (1973); Geng Monika, Klarinette (1979); Güntert Bruno, Klarinette (1968); Kaiser Christa, Klarinette (1973); Kaiser Helmut, Posaune (1965); Kaiser Luitgard, Klarinette (1979); Kaiser Matthias, Tenorhorn (1977); Kaiser Wilfried, Tenorhorn (1973); Keller Gottfried, Flügelhorn (1965); Kromer Dieter, Tenorhorn (1968); Müller Bernhard, Trompete (1975); Müller Franz, Tuba (1965); Müller Hubert, Posaune (1973); Otteny Frank, Flügelhorn (1973); Otteny Hans-Rudi, Saxophon (1965); Otteny Martina, Klarinette (1973); Otteny Simone, Klarinette (1979); Otteny Wilfried, Tenorhorn (1968); Preiser Doris, Flöte (1979); Preiser Erich, Tuba (1965); Preiser Reinhold, Posaune (1977); Preiser Thomas, Flöte (1973); Schlatter Manfred, Tenorhorn (1969); Sibler Christoph, Trompete (1968); Siebler Brigitte, Klarinette (1975); Siebler Rainer, Trompete (1977); Siebler Sigfried, Tenorhorn (1968); Waidelich Hugo, Flügelhorn (1975); Waidelich Irene, Schlagzeug (1975); Waidelich Isolde, Saxophon (1979); Weidner Ute, Klarinette (1979); Wildemann Gerhard, Klarinette (1968); Zolg Walter, Klarinette (1973); Zoller Albert, Trompete (1977); Zoller Felix, Trompete (1969)

Musikverein Oberwihl

Gründungsjahr:	1913
1. Vorsitzender:	Josef Winker
Stellv. Vorsitzender:	Siegfried Baier
Schriftführerin:	Monika Baier
Stellv. Schriftführerin:	Carola Ulrich
Rechner:	Lothar Maier
Stellv. Rechner:	Ernst Humburger
Beirat:	Pirmin Drescher
	Petra Schöneck
Dirigent:	Hugo Becker
Vizedirigent:	Walter Lobmüller
Jugendleiter:	Hans-Peter Bauer
Notenwarte:	Beate Mutter
	Ulrike Siebold
Instrumentenwart:	Paul Mutter

Aktive: Baier Monika, Klarinette (1972); Baier Siegfried, Horn (1968); Bauer Hans-Peter, Trompete (1976); Drescher Pirmin, Tenorhorn (1976); Ebi Martina, Trompete (1976); Eckert Beate, Posaune (1976); Eckert Isabella, Klarinette (1976); Engelsmann Ulrich, Trompete (1976); Frommherz Stefan, Horn (1972); Humburger Ernst, Tuba (1958); Humburger Mathias, Posaune (1980); Humburger Thomas, Schlagzeug (1976); Kammerer Helmut, Trompete (1976); Lehmann Josef, Trompete (1974); Lobmüller Walter, Tenorhorn (1974); Lüttin Birgit, Flügelhorn (1976); Lüttin Jürgen, Flügelhorn (1976); Maier Lothar, Tuba (1974); Mutter Beate, Klarinette (1976); Mutter Johann, Bariton (1946); Mutter Paul, Tuba (1948); Schlachter Christine, Posaune (1976); Schöneck Petra, Posaune (1976); Siebold Ulrike, Klarinette (1976); Ulrich Carola, Flügelhorn (1976); Winker Christine, Tenorhorn (1976); Winker Josef, gr. Trommel (1977)

Musikverein Öflingen

Gründungsjahr:	1895
1. Vorsitzender:	Waldemar Urich
Stellv. Vorsitzender:	Rainer Seitz
Schriftführer:	Willi Matt
Stellv. Schriftführer:	Rolf Thomann
Rechner:	Pius Wunderle
Stellv. Rechner:	Wolfgang Morath
Beirat:	Lothar Klausmann
	Roland Trimpin
Dirigent:	Paul Urich
Vizedirigent:	Werner Klausmann
Jugendleiter:	Karl-Heinz Thomann
Notenwarte:	Jürgen Güll
	Rüdiger Pogalzki
Instrumentenwart:	Roland Trimpin
Präsident:	Helmut Huber
Ehrenvorsitzender:	Hugo Thomann

Aktive: Alletsee Stephan, Trompete (1970); Bäumle Jürgen, Trompete (1976); Baumbach Kai Uwe, Trompete (1976); Bausch Egon, Bariton (1980); Böhler Hans Peter, Tuba (1964); Gnädinger Rudolf, Klarinette (1967); Gröning Dietmar, Tuba (1976); Güll Jürgen, Flügelhorn (1976); Heike Gabi, Klarinette (1973); Heike Lothar, Posaune (1970); Huber Franz, Horn (1926); Kaiser Hartmut, Horn (1967); Klausmann Georg, Klarinette (1973); Klausmann Gerhard, Tuba (1954); Klausmann Lothar, Flügelhorn (1959); Klausmann Werner, Trompete (1970); Kühne Dora, Klarinette (1974); Lüber Roland, Flügelhorn (1970); Matt Willi, Posaune (1959); Meier Uli, Schlagzeug (1976); Morath Wolfgang, Klarinette (1956); Obrist Bettina, Klarinette (1973); Obrist Uschi, Flügelhorn (1976); Pogalzki Ralf, Flöte (1973); Pogalzki Rüdiger, Tenorhorn (1970); Raiff Wolfgang, Horn (1976); Schmucker Clemens, Flügelhorn (1971); Schmucker Ute, Flöte (1973); Seitz Rainer, Horn (1967); Thomann Andrea, Flöte (1973); Thomann Claudia, Klarinette (1973); Thomann Horst, Posaune (1950); Thomann Hugo, Flöte (1933); Thomann Jürgen, Trompete (1976); Thomann Karl-Heinz, Trompete (1970); Thomann Rolf, Klarinette (1950); Trimpin Roland, Bariton (1967); Urich Helmut, Tuba (1970); Urich Waldemar, Tenorhorn (1954); Wunderle Edwin, Schlagzeug (1946); Wunderle Peter, Trompete (1970); Wunderle Pius, gr. Trommel (1946)
Jugendkapelle: Backschat Helmut, Tenorhorn (1976); Baumgartner Gerhard, Posaune (1976); Eckert Susanne, Klarinette (1976); Gallmann Jürgen, Trompete (1978); Gallmann Rolf, Klarinette (1976); Güll Marion, Klarinette (1978); Huber Mathias, Posaune (1976); Michels Dirk, Trompete (1976); Pogalzki Uwe, Klarinette (1976); Raiff Clemens, Schlagzeug (1976); Raiff Ulrike, Klarinette (1978); Schmucker Claudia, Klarinette (1976); Senger Inge, Klarinette (1980); Urich Dieter, Schlagzeug (1979); Urich Markus, Posaune (1976); Urich Robert, Trompete (1979); Weiß Bernhard, Flügelhorn (1976); Weißenberger Andreas, Tenorhorn (1976); Wunderle Rainer, Tenorhorn (1976)
Zöglinge: Andročec Ingrid, Klarinette (1980); Andročec Irena, Klarinette (1980); Bocklitz Andreas, Flügelhorn (1980); Ducke Sabine, Flöte (1980); Felix Brigitte, Flöte (1980); Hinnenberger Bertram, Trompete (1980); Hinnenberger Patrik, Flügelhorn (1980); Huber Ralf, Trompete (1980); Kollmannthaler Elke, Klarinette (1980); Kusserow Norbert, Trompete (1980); Müller Peter, Tuba (1980); Neef Sylvia, Klarinette (1980); Richter Martina, Flöte (1980); Schrumpf Andreas, Posaune (1980); Thomann Andreas, Tenorhorn (1980); Thomann Beatric, Trompete (1980); Thomann Siegrid, Posaune (1980); Tschirwitz Jochen, Trompete (1981); Urich Markus, Trompete (1980); Urich Sabine, Flügelhorn (1980)

Musikverein Rheinheim e.V.

Gründungsjahr:	1890
1. Vorsitzender:	Philipp Hansmann
Stellv. Vorsitzender:	Franz Kromer
Schriftführer:	Hugo Schweizer
Stellv. Schriftführer:	Andreas Tröndle
Rechner:	Johanna Ebel
Beirat:	Siegfried Ehret
	Mathias Leute
	Siegfried Morath
Dirigent:	Peter Hoffarth
Jugendleiter:	Franz Kromer
Notenwart:	Armin Patrzek
Instrumentenwart:	Udo Barabas
Ehrenvorsitzender:	Theodor Morath
Ehrendirigent:	Oskar Weißenberger

Aktive: Amann Andreas, Flügelhorn (1977); Amann Werner, Flügelhorn (1951); Barabas Edgar, Schlagzeug (1975); Barabas Jürgen, Tuba (1975); Barabas Udo, Tuba (1971); Binner Karin, Flügelhorn (1981); Ebel Johanna, Flöte (1975); Ehret Siegfried, Horn (1960); Eschbach Bernhard, Klarinette (1975); Eschbach Jürgen, Posaune (1975); Eschbach Rudolf, Posaune (1954); Gais Markus, Trompete (1981); Geiler Thomas, Trompete (1977); Gerspacher Christian, Trompete (1981); Gerspacher Xaver, Posaune (1981); Graf Peter, Klarinette (1981); Hansmann Marlene, Klarinette (1981); Hansmann Philipp, gr. Trommel (1960); Hansmann Ulrike, Klarinette (1981); Hermann Astrid, Trompete (1981); Hermann Conrad, Saxophon (1975); Hermann Priska, Horn (1975); Hoffarth Jörg, Klarinette (1981); Hoffarth Ralf, Flügelhorn (1981); Hoffarth Ute, Flöte (1975); Ips Friederike, Flöte (1981); Jährling Dieter, Pauken (1977); Jährling Sabine, Klarinette (1981); Karlsch Helmut, Trompete (1977); Karlsch Marianne, Klarinette (1981); Karlsch Peter, Bariton (1977); Kromer Franz, Bariton (1954); Küpfer Claudia, Flügelhorn (1975); Küpfer Ines, Posaune (1981); Leute Hermann, Horn (1946); Leute Mathias, Tenorhorn (1975); Mörbt Joachim, Trompete (1977); Morath Siegfried, Tuba (1965); Muffler Leo, Tenorhorn (1954); Patrzek Armin, Posaune (1975); Schönborn Andreas, Trompete (1975); Schönborn Sabine, Trompete (1981); Schweizer Christine, Klarinette (1981); Schweizer Hugo, Horn (1954); Stech Hans-Joachim, Klarinette (1978); Stieber Petra, Trompete (1981); Thoma Robert, Tenorhorn (1982); Tritschler Regina, Klarinette (1975); Tröndle Andreas, Tenorhorn (1975); Tröndle Diana, Klarinette (1975); Tröndle Xaver, Flügelhorn (1975); Velten Martina, Flöte (1981); Velten Urban, Trompete (1981); Volk Martin, Trompete (1970); Weißenberger Oliver, Trompete (1981); Wohllaib Rolf, Posaune (1975);
Zöglinge: Allgeier Cordula, Schlagzeug (1981); Barth Susanne, Klarinette (1982); Ehret Michaela, Klarinette (1981); Eschbach Sigrid, Klarinette (1981); Gaus Daniela, Klarinette (1981); Geiler Yvonne, Trompete (1981); Huber Heike, Klarinette (1981); Jährling Petra, Schlagzeug (1981); Krischka Sven, Trompete (1981); Küpfer Julia, Flügelhorn (1981); Marohn Christina, Klarinette (1981); Palla Christine, Klarinette (1981); Wohllaib Klaus, Flügelhorn (1981)

Musikverein-Trachtenkapelle Rickenbach e.V.

Gründungsjahr:	1860*
1. Vorsitzender:	Josef Schlachter
Stellv. Vorsitzender:	Rainer Schmid
Schriftführerin:	Eva-Maria Kaiser
Rechner:	Klaus Keller
Stellv. Rechner:	Harald Kaiser
Beirat:	Paul Keller
	Egon Schneider
	Horst Vogt
Jugendvertreter:	Martina Becker
	Michaela Vogt
Dirigent:	Klaus Leisinger
Vizedirigenten:	Hugo Becker
	Hans Lauber
Jugendleiter:	Hugo Becker
	Hans Lauber
	Klaus Leisinger
	Josef Schlachter

Notenwarte: Georg Hollinger, Alexander Schlachter; Instrumentenwart: Josef Schlachter; Präsident: Bürgermeister Fridolin Thoma; Ehrendirigent: Hans Lauber
Aktive: Bartholome Rudolf, Posaune (1972); Becker Hugo, Klarinette/Saxophon (1963); Becker Martina, Klarinette/Saxophon (1974); Bernauer Karin, Klarinette/Saxophon (1974); Bernauer Karl, Bariton (1956); Bernauer Peter, Trompete (1974); Disdarewic Hans, Horn (1978); Disdarewic Martina, Klarinette (1978); Flum Torben, Klarinette (1978); Heim Carsten, Klarinette (1976); Hollinger Georg, Klarinette (1978); Hollinger Josef, Bariton (1974); Hollinger Lioba, Klarinette/Saxophon (1974); Hoss Ulf, Klarinette (1978); Jehle Petra, Klarinette (1978); Jehle Rudolf, Tuba (1946); Käser Christian, Flügelhorn (1978); Käser Manfred, Flügelhorn (1974); Kaiser Eva-Maria, Klarinette/Saxophon (1974); Kaiser Harald, Klarinette (1974); Keller Klaus, Flügelhorn (1972); Keller Paul, Posaune (1964); Lauber Johann, gr. Trommel (1946); Matt Johann, Tenorhorn (1978); Müller Bruno, kl. Trommel (1966); Pfister Michael, Schlagzeug (1972); Radovanic Josef, Trompete (1972); Reis Wolfgang, Horn (1978); Rieger Rolf, Horn (1974); Risterer Roland, Trompete (1978); Schäuble Johann, Tuba (1947); Schlachter Alexander, Trompete/Klarinette (1978); Schlachter Josef, Trompete/Tenorhorn (1959); Schmid Rainer, Posaune (1970); Schmidt Michael, Klarinette (1974); Schneider Egon, Tuba (1972); Schneider Werner, Flügelhorn (1964); Vogt Cornelia, Klarinette (1978); Vogt Georg, Klarinette (1978); Vogt Horst, Trompete (1974); Vogt Michaela, Klarinette (1978); Vogt Roland, Flügelhorn (1978); Wagner Stefan, Schlagzeug (1980); Wagner Thomas, Flügelhorn (1980); Winger Klaus, Horn (1974); Zipfel Karlheinz, Flügelhorn (1974)

Musikverein Riedern-Bühl

Gründungsjahr:	1922
1. Vorsitzender:	Egon Peter
Stellv. Vorsitzender:	Werner Kaiser
Schriftführerin:	Christine Mayer
Rechner:	Alfred Mayer
Beirat:	Siegfried Kaiser
	Wilfried Spitznagel
	Helma Weissenberger
Dirigent:	Roland Rudigier
Vizedirigent:	Gottfried Weissenberger
Notenwart:	Sabine Peter
Instrumentenwart:	Josef Griesser

Aktive: Christoph Hans-Rudi, Schlagzeug (1978); Griesser Elke, Klarinette (1981); Griesser Harry, Trompete (1978); Griesser Johann, Horn (1955); Griesser Josef, Bariton (1948); Griesser Thomas, Trompete (1978); Griesser Walter, Trompete (1948); Griesser Xaver, Tuba (1948); Kaiser Alexander, Flügelhorn (1981); Kaiser Carmen, Klarinette (1981); Kaiser Martin, Posaune (1979); Kaiser Siegfried, Flügelhorn (1978); Kaiser Silvia, Trompete (1981); Kaiser Thomas, Trompete (1978); Kaiser Werner, Horn (1961); Kaschel Peter, Flügelhorn (1979); Mayer Alfred, Posaune (1961); Mayer Christine, Klarinette (1978); Mayer Christoph, Trompete (1981); Mayer Hannelore, Horn (1979); Mayer Otto, Posaune (1981); Peter Egon, Tenorhorn (1955); Peter Franz, Tuba (1948); Peter Sabine, Klarinette (1979); Ritzmann Helmut, Klarinette (1936); Ritzmann Othmar, Schlagzeug (1955); Rothmund Markus, Horn (1978); Spitznagel Iris, Klarinette (1981); Spitznagel Petra, Klarinette (1981); Spitznagel Wilfried, Saxophon (1955); Weissenberger Gottfried, Posaune (1976); Weissenberger Helma, Saxophon (1969); Weissenberger Medard, Tenorhorn (1978); Weissenberger Oswald, Horn (1936); Weissenberger Otto, Flügelhorn (1948)
Zöglinge: Griesser Ulrike, Schlagzeug (1981); Hirz Tanja, Klarinette (1981); Huber Sandra, Klarinette (1981); Kaiser Corinna, Trompete (1981); Kaiser Timo, Trompete (1981); Kaschel Andreas, Klarinette (1981); Kieliszek Sepp, Schlagzeug (1981); Mayer Andrea, Klarinette (1981); Mayer Karl, Posaune (1981); Peter Doris, Klarinette (1981); Peter Robert, Tenorhorn (1981)

Musikverein Riedern am Wald e.V.

Gründungsjahr:	1864*
1. Vorsitzender:	Hubert Morath
Stellv. Vorsitzender:	Paul Morath
Schriftführerin:	Ulrike Gisi
Rechner:	Robert Böhler
Beirat:	Lothar Bächle
	Gerhard Grüsser
	Rita Kessler
	Detmar Rhode
Dirigent:	Paul Maurer
Notenwart:	Rita Kessler
Instrumentenwart:	Lothar Bächle
Ehrenvorsitzender:	Albert Gänswein
Ehrendirigent:	Stefan Gantert

Aktive: Albrecht Martina, Klarinette (1978); Bächle Lothar, Klarinette (1967); Bartmann Norbert, Posaune (1975); Blatter Friedhelm, Tenorhorn (1978); Böhler Robert, gr. Trommel (1954); Boll Georg, Tuba (1962); Bucher Beate, Klarinette (1978); Bucher Johanna, Klarinette (1978); Enderle Alfred, Trompete (1978); Gänswein Albert, Bariton (1938); Gänswein Helmut, Flügelhorn (1975); Gänswein Reinhard, kl. Trommel (1968); Gantert Engelbert, Posaune (1962); Gisi Helga, Flöte (1978); Gisi Martin, Trompete (1978); Gisi Ulrike, Flöte (1978); Gromann Bruno, kl. Trommel (1978); Grüsser Gerhard, Flöte (1976); Isele Lothar, Horn (1978); Keller Martina, Flöte (1978); Kessler Rita, Trompete (1978); Klafki Heiko, Trompete (1978); Maurer Andreas, Bariton (1968); Metzler Martin, Trompete (1978); Morath Hubert, Tuba (1957); Morath Paul, Flügelhorn (1964); Pfleghaar Thomas, Flügelhorn (1969); Probst Edgar, Flügelhorn (1967); Rhode Detmar, Tenorhorn (1952); Staller Susanne, Klarinette (1978); Stiegeler Alexandra, Klarinette (1978)

Musikverein Rotzel e.V.

Gründungsjahr:	1954
1. Vorsitzender:	Gerhard Kaiser
Stellv. Vorsitzender:	Horst Thoma
Schriftführer:	Otmar Thoma
Stellv. Schriftführerin:	Gisela Eckert
Rechner:	Karl Baldischwieler
Beisitzer (Aktiva):	Hans-Dieter Tabbert
	Albert Wenk
Beisitzer (Passiva):	Peter Kluge
Jugendvertrauensmann:	Manfred Klingele
Dirigent:	Hans Tabbert
Vizedirigenten/ Jugendleiter:	Martin Kluge
	Hans-Dieter Tabbert
Notenwart:	Bärbel Vlk-Zipfel
Instrumentenwart:	Helmut Wenk
Ehrenvorsitzender:	Alfred Wenk
Ehrendirigent:	Albin Albiez

Aktive: Baldischwieler Karl, Klarinette (1965); Braunagel Bettina, Klarinette (1978); Ebner Monika, Klarinette (1978); Eckert Gisela, Flügelhorn (1975); Kaiser Margot, Flöte (1978); Kaltenbacher Gerhard, Posaune (1980); Klingele Manfred, Saxophon (1979); Kluge Georg, Tenorhorn (1975); Kluge Martin, Tenorhorn (1975); Knab Horst, kl. Trommel (1975); Knab Josef, Schlagzeug (1979); Knab Karlheinz, Trompete (1975); Knab Klaus, Trompete (1970); Langendorf Fridolin, Horn (1956); Langendorf Gerhard, Horn (1975); Langendorf Manfred, Posaune (1978); Langendorf Werner, Trompete (1978); Lehmann Armin, Saxophon (1977); Lehmann Ludwig, Tenorhorn (1954); Tabbert Hans-Dieter, Saxophon (1975); Thoma Günter, Saxophon (1979); Thoma Horst, Saxophon (1957); Thoma Otmar, Tuba (1960); Tröndle Helga, Trompete (1975); Tröndle Thomas, gr. Trommel (1975); Vlk-Zipfel Bärbel, Klarinette (1975); Walter Angelika, Klarinette (1975); Wenk Albert, Horn (1975); Wenk Helmut, Klarinette (1954); Wenk Thomas, Horn (1978); Zipfel Adolf, Flügelhorn (1954); Zipfel Birgit, Lyra (1981)
Zöglinge: Kaiser Anette, Trompete (1981); Kaiser Cornelia, Flügelhorn (1981); Kaiser Daniel, Flügelhorn (1981); Knab Angelika, Trompete (1981); Matt Heike, Tenorhorn (1981); Sibold Martina, Flügelhorn (1981); Werne Manuela, Lyra (1981); Zimmermann Armin, Posaune (1981)

STR-Combo St. Blasien

Gründungsjahr:	1932
1. Vorsitzender:	Adolf Winter
Dirigent:	Adolf Winter

Aktive: Benz Karl Ernst, Trompete (1948); Defrenne Bernd, Schlagzeug (1974); Kaiser Eugen, Saxophon/Violine (1932); Perner Herbert, Klavier/Violine/Akkordeon (1971); Rieple Christine, Saxophon (1972); Rieple Josef, Saxophon/Klarinette (1950); Spitz Bernd, Gitarre (1977); Wenzinger Robert, Saxophon/Klarinette (1932); Winter Adolf, Akkordeon (1952)

Jugendkapelle e.V. St. Blasien

Gründungsjahr:	1958
1. Vorsitzender:	Hermann Brugger
Stellv. Vorsitzender:	Eleonore Neiss
Schriftführerin:	Monika Platz
Rechner:	Günter Urbanczyk
Beirat:	Rudolf Kaiser
	Rosel Rieple
	Emil Schwer
Dirigent:	Werner Schönwolf
Notenwart:	Armin Kaiser
Ehrendirigent:	Willi Einschütz

Aktive: Alfänger Anne-Gret, Horn (1975); Becker Martin, Flöte (1978); Behringer Eva-Maria, Flöte (1981); Benz Brigitte, Klarinette (1977); Bräntner Gabriele, Klarinette (1980); Defrenne Frank, Schlagzeug (1980); Defrenne Monja, Trompete (1980); Endres Claudia, Flöte (1981); Flügel Andrea, Klarinette (1981); Grass Betina, Flügelhorn (1980); Grass Jan, Flügelhorn (1980); Haine Bernd, Klarinette (1977); Hess Axel, Posaune (1981); Hess Cornelia, Horn (1978); Hilgert Annette, Klarinette (1978); Hoba Sabine, Tenorhorn (1979); Höfele Edgar, Posaune (1972); Isele Andrea, Trompete (1978); Kaiser Armin, Bariton (1977); Kaiser Gerhard, Tuba (1976); Kaiser Hanspeter, Flügelhorn (1977); Kaiser Klaus, Tenorhorn (1976); Kaiser Wolfgang, Tenorhorn (1975); Kaiser Wolfgang, Tuba (1976); Kunzmann Oliver, Trompete (1980); Längin Klaus, Horn (1980); Lauinger Bernhard, Posaune (1976); Mayer Jürgen, Trompete (1981); Meyer Martin, Flügelhorn (1981); Mittermaier Lotar, Posaune (1976); Müller Martin, Trompete (1974); Neiss Wolfgang, Schlagzeug (1968); Ott Christine, Klarinette (1981); Ott Gabriele, Klarinette (1980); Platz Christine, Lyra (1978); Platz Elke, Flügelhorn (1978); Schaum Andreas, Saxophon (1979); Schmidle Ulrike, Klarinette (1981); Schmidt Albrecht, Posaune (1981); Schönwolf Jochen, Trompete (1978); Schönwolf Stefan, Trompete (1976); Schwer Andreas, Tuba (1980); Spitz Birgitt, Trompete (1978); Spitz Margret, Klarinette (1977); Stein Gabriele, Klarinette (1980); Trötschler Stefan, Tenorhorn (1981)

Musikverein Schachen e.V.

Gründungsjahr:	1925
1. Vorsitzender:	Otto Strittmatter
Stellv. Vorsitzender:	Herbert Huber
Schriftführerin:	Gaby Gäng
Rechner:	Karl Böhler
Beirat:	Walter Ebner
	Egon Gäng
Dirigent:	Jürgen Stenzel
Vizedirigent:	Peter Strittmatter
Jugendleiter:	Jürgen Stenzel
Notenwart:	Elke Arzner
Instrumentenwart:	Herbert Ebi
Ehrendirigent:	Josef Zimmermann
Ehrenmitglieder:	Franz Albiez
	Eugen Ebi
	Fritz Gaßmann †
	Engelbert Knab
Protokollführer:	Peter Strittmatter

Aktive: Arzner Andrea, Saxophon (1973); Arzner Elke, Klarinette (1979); Arzner Peter sen., gr. Trommel (1947); Arzner Peter jun., Flügelhorn (1973); Arzner Siegbert, Horn (1979); Brüstle Egon, Bariton (1979); Brüstle Franz, Horn (1973); Brunner Adolf, Saxophon (1949); Brunner Dietmar, Flügelhorn (1973); Ebi Herbert, Klarinette (1969); Ebner Alois, Flügelhorn (1947); Ebner Anita, Klarinette (1973); Ebner Myrta, Klarinette (1973); Ebner Walter, Trompete (1969); Enderle Hugo, Trompete (1947); Enderle Oswald, Posaune (1973); Gäng Anita, Tenorhorn (1979); Gäng Egon, Posaune (1955); Gäng Gaby, Trompete (1979); Gässler Dieter, Lyra (1978); Gerspacher Paul, Tenorhorn (1973); Gerteiser Heinz, Trompete (1973); Gerteiser Otto, Posaune (1947); Haus Franz, Tuba (1941); Huber Herbert, Tuba (1969); Huber Paul, Horn (1969); Klinke Klaus, Klarinette (1979); Köpfler Margot, Trompete (1979); Preiser Andreas, Saxophon (1976); Preiser Markus, kl. Trommel (1978); Preiser Reinhold, Posaune (1955); Rathberger Andrea, Flöte (1979); Rüde Ewald, Horn (1952); Schlosser Alois, Tuba (1955); Schlosser Hansjörg, Flügelhorn (1979); Strittmatter Birgit, Flöte (1979); Strittmatter Otto, Bariton (1952); Strittmatter Peter, Tenorhorn (1955); Strittmatter Susanne, Klarinette (1979)
Zöglinge: Arzner Joachim, Flügelhorn (1980); Böhler Diana, Klarinette (1980); Brenner Kerstin, Trompete (1980); Büchele Anita, Trompete (1980); Gäng Christian, Posaune (1980); Gaßmann Doris, Klarinette (1980); Knab Sandra, Klarinette (1980); Kretschmar Axel, Tenorhorn (1980); Ruch Michael, Flügelhorn (1980); Schlosser Ralf, Klarinette (1980); Zimmermann Christine, Klarinette (1980)

Musikverein „Frohsinn" Schwaningen

Gründungsjahr:	1878*
1. Vorsitzender:	Anton Marber
Stellv. Vorsitzender:	Harald Burger
Schriftführerin:	Bettina Maier
Rechner:	Gebhard Wührl
Beirat:	Werner Schmutz
Jugendvertreter:	Werner Güntert
Dirigent:	Edwin Burger
Ehrendirigent:	Bruno Stadler

Aktive: Bermann Rolf, Tenorhorn (1949); Burger Harald, Posaune (1969); Güntert Werner, Horn (1974); Hauser Oswald, Trompete (1974); Hauser Rudolf, gr. Trommel (1956); Kech Margot, Klarinette (1977); Kech Sonja, Schlagzeug (1973); Limberger Elisabeth, Klarinette (1979); Maier Bettina, Klarinette (1974); Maier Egon, Saxophon (1955); Maier Gustav sen., Bariton (1947); Maier Gustav jun., Flügelhorn (1971); Maier Helmar, Trompete (1977); Marber Anton, Flügelhorn (1964); Rendler Georg, Horn (1975); Schmutz Bruno, Flügelhorn (1949); Schmutz Werner, Tuba (1968); Wührl Gebhard, Posaune (1970)
Zöglinge: Kurt Oliver, Flügelhorn (1979); Lang Udo, Trompete (1979); Maier Anja, Klarinette (1979); Maier Birgit, Klarinette (1980); Maier Christine, Klarinette (1979); Maier Norbert, Trompete (1979); Sarnov Angelika, Klarinette (1979); Schwarz Dieter, Tenorhorn (1980)

Musikverein Schwerzen e.V.

Gründungsjahr:	1921
1. Vorsitzender:	Bernhard Seiberle
Stellv. Vorsitzender:	Ludwig Bartl
Schriftführerin:	Herta Kessler
Kassier:	Erich Manz
Beirat:	Josef Ganzmann
	Pirmin Kessler
	Manfred Schwarz
	Wolfgang Strittmatter
	Arnold Wiederkehr
Dirigent:	Helmut Klenner
Vizedirigent:	Heinz Kessler
Jugendleiter:	Helmut Klenner
Notenwarte:	Andres Kessler
	Michael Wiederkehr
Ehrendirigent:	Helmut Klenner

Ehrenmitglieder (Aktiva): Bernhard Jehle, Gerwin Kessler, Heinz Kessler, Egon Lachemann, Erich Manz, Manfred Reckermann, Arnold Wiederkehr, Herbert Zimmermann;
Ehrenmitglieder (Passiva): Armin Albicker, Adolf Billich, Josef Rieger, Wilfried Zimmermann
Aktive: Bartl Franz, Flügelhorn (1976); Bartl Ludwig, Flügelhorn (1973); Billich Heiner, Klarinette (1982); Ganzmann Josef, Horn (1960); Jehle Adrian, kl. Trommel (1980); Jehle Bernhard, Bariton (1953); Jehle Petra, Klarinette (1982); Kessler Andres, Trompete (1974); Kessler Bertram, kl. Trommel (1980); Kessler Clemens, Saxophon (1980); Kessler Ewald, Horn (1980); Kessler Gerwin, Klarinette (1949); Kessler Heinz, Tenorhorn (1948); Kessler Herta, Flöte (1974); Kessler Martin, Saxophon (1976); Kessler Pirmin, Flügelhorn (1976); Kessler Richard, Posaune (1976); Kessler Roswitha, Flöte (1982); Kessler Wolfgang, Trompete (1980); Lachemann Egon, Tenorhorn (1953); Manz Erich, Flügelhorn (1953); Manz Ewald, Posaune (1982); Muschak Daniela, Klarinette (1982); Reckermann Manfred, Tuba (1955); Schätz Siegfried, Trompete (1980); Schwarz Manfred, Posaune (1967); Seiberle Bernhard, Posaune (1974); Simon Martin, Tenorhorn (1980); Stocker Günter, Saxophon (1967); Strittmatter Wolfgang, gr. Trommel (1967); Weissenberger Martina, Klarinette (1982); Wiederkehr Andreas, Posaune (1982); Wiederkehr Arnold, Tuba (1950); Wiederkehr Klaus, Klarinette (1976); Wiederkehr Martin, Klarinette (1982); Wiederkehr Michael, Trompete (1980); Zimmermann Bernhard, Flügelhorn (1982); Zimmermann Herbert, Trompete (1954); Zimmermann Thomas, Klarinette (1980)
Zöglinge: Billich Elke, Klarinette (1981); Billich Eugen, Flügelhorn (1981); Billich Gabi, Klarinette (1981); Fahrner Michael, Flügelhorn (1981); Gerspach Claudia, Klarinette (1981); Gerspach Eberhard, kl. Trommel (1981); Lachemann Udo, Posaune (1981); Manz Christof, Tenorhorn (1981); Messmer Agnes, Klarinette (1981); Porstner Carmen, Klarinette (1981); Reckermann Mathias, Tenorhorn (1981); Schätz Beate, Trompete (1981); Schepers Thomas, Trompete (1981); Wiederkehr Ursula, Klarinette (1981)

Musikverein Schwörstadt e.V.

Gründungsjahr:	1897
1. Vorsitzender:	Albert Witzig
Stellv. Vorsitzender:	Wolfgang Winkler
Schriftführerin:	Petra Probst
Rechner:	Jürgen Endler
Beirat:	Walter Eckert
	Herbert Endler
	Heinrich Keser
	Karl Mutter
	Peter Winkler
Dirigent:	Klaus Hoffarth
Vizedirigent:	Joachim Hoffarth
Jugendleiter:	Klaus Hoffarth
	Wolfgang Winkler
Notenwart:	Klaus Vogt
Instrumentenwart:	Norbert Brugger
Ehrenvorsitzender:	Albert Keser II

Aktive: Bannwarth Michael, Flöte (1980); Behringer Gabriele, Tenorhorn (1980); Behringer Marion, Flügelhorn (1980); Brugger Norbert, Trompete (1972); Burkart Andreas, Tuba (1982); Burkart Edgar, Klarinette (1972); Eckert Andreas, Tenorhorn (1982); Eckert Walter, Posaune (1954); Eckert Wolfgang, Posaune (1979); Endler Herbert, Klarinette (1956); Endler Jürgen, Schlagzeug (1970); Endler Ralf, Trompete (1980); Ernst Walter, Tuba (1980); Fabricatore Giro, Trompete (1975); Faller Rainer, Klarinette (1975); Frank Hermann, Flügelhorn (1954); Frederich Hubert, Trompete (1975); Frederich Stefan, Becken (1975); Heitz Alfred, Horn (1948); Hoffarth Dirk, Flügelhorn (1980); Hoffarth Ingo, Klarinette (1982); Hoffarth Joachim, Posaune (1959); Hohler Stephan, Klarinette (1980); Hugenschmidt Hans, Klarinette (1972); Hugenschmidt Theo, Flöte (1949); Karle Günter, Tenorhorn (1975); Karle Wolfgang, Horn (1975); Keser Gregor, Horn (1959); Keser Heinrich, Flügelhorn (1963); Keser Klaus, Klarinette (1954); Keser Michael, Flügelhorn (1975); Kipf Mathias, Flügelhorn (1980); Krippner Markus, Klarinette (1982); Mutter Karl, Tuba (1961); Probst Ingo, Trompete (1975); Probst Petra, Tenorhorn (1975); Rüttnauer Ralf, Trompete (1980); Schlageter Thomas, Klarinette (1980); Schmidt Christoph, kl. Trommel (1975); Schmidt Norbert, Horn (1954); Schmidt Stephanie, Klarinette (1982); Thomann Martin, Bariton (1954); Thomann Peter, Posaune (1949); Vogt Bernhard, Posaune (1972); Vogt Klaus, Klarinette (1972); Weber Dieter, Horn (1975); Weber Rainer, Klarinette (1972); Wiedemann Georg, gr. Trommel (1960); Winkler Claudia, Horn (1982); Winkler Peter, Bariton (1975); Winkler Wolfgang, Trompete (1971); Witzig Albert, Pauken (1975)

Zöglinge: Amrein Wolfgang, Trompete (1980); Bannwarth Carmen, Klarinette (1981); Bannwarth Corinna, Klarinette (1981); Burkart Andreas, Tuba/Posaune (1980); Burkart Markus, Tenorhorn (1980); Decher Daniela, Flöte (1981); Eckert Jörg, Trompete (1980); Ernst Carmen, Flügelhorn (1980); Ferraro Claudio, Klarinette (1980); Frank Judith, Trompete (1981); Gentner Mark, Schlagzeug (1980); Himmelsbach Regina, Tenorhorn (1980); Jung Jean Cloude, Tenorhorn (1981); Kipf Thomas, Flügelhorn (1980); Mang Andreas, Klarinette (1980); Marra Martin, Trompete (1981); Östringer Andrea, Flügelhorn (1980); Ottenbreit Bernhard, Klarinette (1930); Schiessl Peter, Bariton/Posaune (1980); Schmidt Benedikt, Klarinette (1979); Schwemmle Andrea, Klarinette (1980)

Musikverein Stetten-Bergöschingen

Gründungsjahr:	1930
1. Vorsitzender:	Gottlieb Hupfer
Stellv. Vorsitzender:	Franz Schäuble
Schriftführer:	Paul Meier
Stellv. Schriftführerin:	Gabi Stoeckl
Rechner:	Franz Riedmüller
Dirigent:	Bernhard Etspüler
Vizedirigent:	Ernst Baumgartner
Jugendleiter:	Gerhard Bachmann
Notenwart:	Lothar Burkhard-Wehrle
Instrumentenwart:	Josef Baumgartner
Ehrenvorsitzender:	Altbürgermeister Otto Meier (Gründungsmitglied)

Aktive: Bachmann Gerhard, Klarinette (1977); Baumgartner Ernst, Klarinette (1953); Baumgartner Josef, Tuba (1955); Blatter Roland, Saxophon (1968); Burkhard Alfons, Tenorhorn (1968); Burkhard-Wehrle Lothar, Flügelhorn (1968); Etspüler Franz, gr. Trommel (1982); Hack Michael, Saxophon (1977); Hack Rainer, Trompete (1977); Hupfer Armin, Horn (1977); Hupfer Gottlieb, Tenorhorn (1967); Kübler Andreas, Trompete (1977); Kübler Bruno, Horn (1955); Maier Rudolf, Flügelhorn (1977); Meier Günther, gr. Trommel (1981); Meier Günther, Becken (1982); Meier Hermann, Tuba (1961); Meier Klaus, Trompete (1977); Meier Paul, Saxophon (1964); Philipp Wolfgang, Flügelhorn (1977); Riedmüller Franz, kl. Trommel (1964); Riedmüller Friederike, Klarinette (1977); Riedmüller Otmar, Flügelhorn (1964); Schäuble Erika, Klarinette (1977); Schäuble Franz, Tenorhorn (1968); Schilling Karl, Tuba (1976); Stoeckl Gabriele, Klarinette (1977); Weihrauch Heinz, Klarinette (1968)

Trachtenkapelle Strittmatt e.V.

Gründungsjahr:	1861*
1. Vorsitzender:	Eugen Kaiser
Stellv. Vorsitzender:	Berthold Schmidt
Schriftführerin:	Susanne Gottstein
Rechner:	Helmut Wasmer
Beirat:	Franz Eckert
	Heinrich Kaiser
	Rolf Schneider
Dirigent:	Diethelm Ernst
Jugendleiter:	Ulrich Wasmer
Notenwart:	Robert Kaiser
Instrumentenwart:	Helmut Schneider

Aktive: Albiez Leo, Posaune (1974); Eckert Franz, Tuba (1971); Eckert Hubert, Tenorhorn (1974); Eckert Kurt, Flügelhorn (1978); Ernst Peter, Tenorhorn (1961); Gottstein Martin, Tenorhorn (1974); Gottstein Peter, Trompete (1978); Gottstein Susanne, Tenorhorn (1973); Kaiser Eugen, Saxophon (1971); Kaiser Heinrich, Flügelhorn (1948); Kaiser Robert, Klarinette (1974); König Heinrich, Tenorhorn (1974); Matt Erika, Horn (1973); Matt Franz-Josef, Trompete (1968); Matt Georg, Bariton (1974); Matt Roland, Trompete (1978); Preiser Hubert, Flügelhorn (1978); Schlegel Josef, gr. Trommel (1966); Schmidt Berthold, Posaune (1971); Schneider Helmut, Schlagzeug (1971); Schneider Rolf, Tuba (1946); Schneider Walter, Klarinette (1974); Stoll Christoph, Flügelhorn (1978); Stoll Thomas, Trompete (1974); Wasmer Helmut, Flügelhorn (1951); Wasmer Jürgen, Trompete (1978); Wasmer Ulrich, Saxophon (1974)
Zöglinge: Ernst Andreas, Tenorhorn (1981); Ernst Birgit, Klarinette (1981); Ernst Peter, Bariton (1981); Kaiser Thomas, Posaune (1981); Matt Georg, Trompete (1981); Schlachter Christiane, Klarinette (1981); Schlegel Dietmar, Flügelhorn (1981); Schlegel Markus, Trompete (1981); Strittmatter Thomas, Flügelhorn (1981); Wasmer Angelika, Klarinette (1981)

Stadtmusik Stühlingen e.V.

Gründungsjahr:	1804*
1. Vorsitzender:	Wilfried Amann
Stellv. Vorsitzender:	Josef Würth
Schriftführerin:	Elisabeth Limberger
Rechner:	Konrad Würth
Beirat:	Rolf-Dieter Harder
	Peter Reimann
	Josef Tröndle
Dirigent:	Adolf Amann
Vizedirigent:	Karl Kienzle
Jugendleiter:	Hans-Peter Hupfer
Notenwart:	Elisabeth Limberger
Instrumentenwart:	Walter Mahler
Uniformwart:	Rolf-Dieter Harder
Ehrendirigent:	Willi Schüle

Aktive: Adam Joachim, Trompete (1977); Amann Bertram, Posaune (1971); Amann Heinrich, Pauken/Becken (1930); Amann Wilfried, Tuba (1964); Bermann Bettina, kl. Trommel (1981); Bermann Rolf, Tenorhorn (1949); Böhler Ludwig, Tuba (1949); Buttle Urs, Flügelhorn (1979); Hägele Cornelia, Klarinette (1978); Hägele Michael, Trompete (1977); Harder Rolf-Dieter, Schlagzeug (1967); Hotz Friedrich, Tenorhorn (1982); Hupfer Ferdinand, Trompete (1976); Hupfer Hans-Peter, Posaune (1976); Kienzle Karl, Trompete (1949); Klösel Engelbert, Klarinette (1976); Krichbaum Horst, Klarinette (1949); Kunst Daniel, Horn (1979); Leiner Dietrich, Flügelhorn (1978); Limberger Bernhard, Tenorhorn (1967); Limberger Elisabeth, Klarinette (1967); Limberger Reinhold, Klarinette (1978); Limberger Wendelin, Horn (1976); Mahler Jürgen, Flügelhorn (1976); Mahler Walter, Posaune (1967); Marber Anton, Flügelhorn (1980); Mayer Susanne, Saxophon (1979); Oberist Britta, Klarinette (1977); Oberist Gudrun, Saxophon (1978); Ötteny Hans-Rudi, Saxophon (1982); Pfeiffer Ute, Klarinette (1979); Reimann Peter, Horn (1964); Schey Manfred, Saxophon (1981); Willin Simone, Flöte (1976); Willin Stefanie, Klarinette (1978); Würth Christa, Flöte/Pikkolo (1976); Würth Ditmar, Bariton (1979); Würth Egon, Bariton (1949); Würth Gabriele, Klarinette (1978); Würth Helmut, Tuba (1976); Würth Josef, gr. Trommel (1949); Würth Konrad, Klarinette (1949); Würth Marianne, Saxophon (1976)
Zöglinge: Bermann Wolfgang, Trompete (1981); Böhler Klaus, Flügelhorn (1981); Buttle Stephanie, Klarinette (1981); Eichkorn Frank, Trompete (1981); Fechir Daniela, Klarinette (1981); Gross Thomas, Trompete (1981); Hupfer Georg, Posaune (1981); Kaufmann Harald, Posaune (1981); Kemmerich Florian, Trompete (1981); Kemmerich Katrin, Klarinette (1981); Kienzle Claudia, Trompete (1981); Limberger Rita, Flügelhorn (1981); Reimann Petra, Klarinette (1981); Rösch Alexander, Flügelhorn (1981); Schwilski Silvia, Flöte (1981); Stoll Oliver, Tenorhorn (1981); Würth Urs, Klarinette (1981)

Stadtmusik Tiengen e.V.

Gründungsjahr:	1865*
1. Vorsitzender:	Hubert Binninger
Stellv. Vorsitzender:	Günter Zettler
Schriftführer:	Axel Vökt
Stellv. Schriftführer:	Rainer Nordmann
Rechner:	Wilhelm Meier
Beirat:	Kurt Böhler
	Franz Jehle
	Manfred Kaiser
Dirigent:	Aribert Huscher
Vizedirigent:	Paul Kwast
Jugendleiter:	Horst Schunke
Notenwart:	Astrid Krämling
Instrumentenwart:	Robert Kaiser
Ehrenvorsitzender:	Emil Böhler
Ehrendirigent:	Helmut Klenner

Ehrenmitglieder: Josef Binninger, Walter Duttlinger, Arnold Flügel, Egon Fürderer, Fritz Hußendörfer, Oskar Jehle, Erich Müller, Otto Schneider

Aktive: Agster Karl, Tenorhorn (1946); Agster Werner, Schlagzeug (1978); Bähr Bärbel, Flöte (1978); Bäumle Jürgen, Bariton (1978); Bäumle Silvia, Flügelhorn (1978); Bertrams Ulrich, Saxophon (1978); Binninger Hubert, Flügelhorn (1964); Böhler Kurt, Klarinette (1956); Boger Thomas, Klarinette (1978); Cigolla Martin, Trompete (1978); Deck Gregor, Saxophon (1980); Fischer Thomas, Horn (1977); Friese Ben, Trompete (1976); Grethler Dieter, Bariton (1960); Hautmann Ralf, Schlagzeug (1981); Hörr Werner, Trompete (1982); Hupfer Thomas, Tenorhorn (1978); Jahnke Klaus, Flügelhorn (1982); Jehle Franz, Posaune (1960); Kaiser Manfred, Posaune (1978); Kaiser Robert, Trompete/Flügelhorn (1978); Krämling Astrid, Saxophon (1970); Kromer Andreas, Flügelhorn (1978); Kwast Paul, Flügelhorn (1927); Maurer Maritta, Klarinette (1970); Meder Regina, Klarinette (1981); Meier Wilhelm, Klarinette (1953); Mücke Adelhaid, Klarinette (1978); Mühlbauer Hildrun, Posaune (1982); Müller Siegfried, Horn (1953); Nordmann Rainer, Tuba (1969); Papidocha Bernd, Trompete (1978); Pöthke Wolfgang, Saxophon (1974); Preiser Martin, Becken (1967); Ronchetti Carlo, Tuba (1978); Schindler Beate, Horn (1978); Schreiber Klaus, Klarinette (1958); Siebler Heidi, Klarinette (1978); Steck Jürgen, Tenorhorn (1978); Steinegger Egon, Tuba (1942); Stoll Georg, Tenorhorn (1968); Vogel Georg, Trompete (1977); Vökt Axel, Trompete (1977); Wichmann Norbert, Trompete (1970); Wingerning Ralf, Klarinette (1975); Witzigmann Bernd, Posaune (1978); Zettler Günter, Posaune (1960).

Jugendkapelle: Asmus Lars, Flügelhorn (1982); Aude Jaqueline, Klarinette (1982); Bähr Martin, Horn (1979); Bähr Ursula, Horn (1979); Bannholzer Jürgen, Klarinette (1982); Bäumle Ralf, Klarinette (1980); Christian Hans-Jochen, Flügelhorn (1979); Cigolla Eva, Saxophon (1982); Dörflinger Thomas, Tuba (1978); Flügel Jürgen, Trompete (1982); Gampp Andrea, Klarinette (1980); Gehringer Andreas, Klarinette (1982); Heim Peter, Trompete (1981); Huber Jürgen, Klarinette (1982); Huber Peter, Saxophon (1982); Kaiser Kurt, Saxophon (1982); Kaiser Robert, Flügelhorn (1978); Knörzer Heidi, Klarinette (1982); Maier Andreas, Flügelhorn (1978); Maier Mathias, Trompete (1980); Maschefski Astrid, Klarinette (1982); Mühlbauer Volker, Tenorhorn (1981); Mutscheller Maren, Klarinette (1982); Schmider Ralf, Horn (1982); Schneider Falko, Trompete (1980); Schwab Harald, Schlagzeug (1982); Siebold Ursula, Klarinette (1978); Söffge Christoph, Klarinette (1982); Strittmatter Thomas, Posaune (1980); Suckau Dirk, Schlagzeug (1980); Suckau Iris, Flöte (1980).

Musikverein Todtmoos-Weg e.V.

Gründungsjahr:	1895
1. Vorsitzender:	Otto Maier
Stellv. Vorsitzender:	Wolfgang Steinebrunner
Schriftführer:	Herbert Kiefer
Rechner:	Richard Lehner
Dirigent/	
Jugendleiter:	Peter Gailer
Notenwart:	Georg Maier
Instrumentenwart:	Josef Kiefer

Aktive: Baumgartner Rita, Trompete (1974); Höfler Birgit, Trompete (1978); Höfler Christian, Trompete (1982); Kaiser Lothar, Flügelhorn (1982); Kaiser Roland, Flügelhorn (1958); Kiefer Alfred, Posaune (1955); Kiefer Brigitte, Klarinette (1978); Kiefer Herbert, Flügelhorn (1971); Kiefer Josef, Tenorhorn (1930); Kiefer Martin, Posaune (1974); Klingele Dagmar, Klarinette (1974); Klingele Heinz, Trompete (1957); Lehner Richard, Schlagzeug (1979); Maier Angelika, Klarinette (1978); Maier Georg, Klarinette/Saxophon (1974); Maier Johann, Flügelhorn (1960); Maier Monika, Klarinette/Saxophon (1974); Maier Otto, Tuba (1956); Müller Ludwig, Tenorhorn (1974); Rummel Edgar, Klarinette/Saxophon (1978); Rummel Josef, Tuba (1957); Schwald Andreas, Flügelhorn (1978); Schwald Gerhard, Klarinette (1982); Schwald Siegfried, Horn (1959); Schwald Werner, Tenorhorn (1978); Steinebrunner Armin, Klarinette (1982); Steinebrunner Jürgen, Trompete (1978); Steinebrunner Sabine, Trompete (1982); Steinebrunner Wolfgang, Klarinette/Saxophon (1955); Zimmermann Günther, Klarinette (1978); Zimmermann Hans-Peter, Horn (1964); Zimmermann Herbert, Posaune (1967); Zimmermann Rainer, Bariton (1964).

Trachtenkapelle Ühlingen

Gründungsjahr:	1877*
1. Vorsitzender:	Albin Oberle
Stellv. Vorsitzender:	Helmut Probst
Schriftführer:	Paul Gänswein
Rechner:	Kurt Probst
Beirat:	Georg Albicker
	Hermann Banholzer
	Werner Gänswein
	Paul Probst
	Ralf Stehle
Dirigent:	Helmut Bär
Vizedirigent/	
Jugendleiter:	Egon Mülhaupt
Notenwart:	Iris Bär
Instrumentenwart:	Georg Albicker

Aktive: Albicker Dieter, Klarinette (1978); Albicker Georg, Horn (1953); Bär Christine, Klarinette (1978); Bär Iris, Klarinette (1974); Banholzer Birgitt, Klarinette (1978); Banholzer Claudia, Klarinette (1978); Banholzer Hermann, Trompete (1954); Banholzer Joachim, Flügelhorn (1974); Baschnagel Heidi, Bariton (1974); Buchmüller Gabi, Klarinette (1974); Buchmüller Georg, Tenorhorn (1973); Buchmüller Josef, Posaune (1941); Gänswein Paul, Flügelhorn (1972); Gänswein Thomas, Flügelhorn (1974); Gänswein Werner, Horn (1974); Gantert Eberhard, Tuba (1954); Gisy Otmar, Horn (1972); Jacoby Alexander, Trompete (1978); Jacoby Markus, Trompete (1978); Jäger Horst, Flügelhorn (1972); Kessler Peter, Bariton (1971); Lechleiter Joachim, Tenorhorn (1974); Lechleiter Kurt, kl. Trommel (1978); Leloneck Dieter, kl. Trommel (1972); Maier Heidi, Klarinette (1978); Mauch Christian, Tenorhorn (1978); Mülhaupt Egon, Klarinette (1969); Oberle Albin, Posaune (1961); Oberle Jürgen, Bariton (1978); Oberle Jutta, Klarinette (1972); Preiser Fritz, Tuba (1972); Probst Helmut, gr. Trommel (1954); Probst Kurt, Klarinette (1954); Probst Paul, Posaune (1954); Probst Roland, Trompete (1974)

Musikverein „Harmonie" e.V. Unteralpfen

Gründungsjahr:	1892
1. Vorsitzender:	Georg Baumgartner
Stellv. Vorsitzender:	Franz Bayer
Schriftführer:	Albert Mutter
Rechner:	Otto Marder jun.
Beirat:	Klaus Albiez
Dirigent:	Erhard Kaiser
Vizedirigent:	Karl Kunzelmann
Jugendausbildung:	Mechthild Kaster
	Thomas Kraemer
	Karl Kunzelmann
Notenwart/	
Instrumentenwart:	Gerhard Kuttruff
Fahnenträger:	Franz Poleiner
Ehrenvorstand:	Otto Marder sen.

Ehrenmitglieder: Otto Dörflinger, Erhard Kaiser, Oskar Kunzelmann, Albert Mutter, Emil Schäuble, Leopold Schäuble
Aktive: Albiez Klaus, Trompete (1972); Baumgartner Georg, Flügelhorn (1963); Bayer Franz, Tuba (1963); Gertis Walter, Posaune (1972); Grieb Andreas, Horn (1972); Gritsch Günter, Flügelhorn (1970); Heim Margarete, Klarinette (1972); Hoppe Harald, Saxophon (1980); Hoppe Markus, Bariton (1974); Hug Dieter, Horn (1980); Kaiser Dieter, Trompete (1980); Kaiser Kurt, Schlagzeug (1976); Kaster Mechthild, Schlagzeug (1972); Kraemer Dietmar, Trompete (1974); Kraemer Thomas, Saxophon (1972); Kunzelmann Karl, Tenorhorn (1970); Kunzelmann Oskar, Horn (1950); Kunzelmann Peter, Tuba (1972); Kuttruff Gerhard, Posaune (1963); Leber Andreas, Saxophon (1980); Leber Franz, Posaune (1980); Leber Martin, Klarinette (1974); Lenz Volker, Trompete (1980); Marder Edmund, Tenorhorn (1963); Marder Otto jun., Becken (1977); Moser Alfons, Tuba (1972); Moser Daniel, Posaune (1980); Moser Rainer, Klarinette (1974); Mutter Albert, Tenorhorn (1945); Mutter Fritz, Flügelhorn (1972); Nägele Bernadette, Klarinette (1972); Reinhard Klaus, Tenorhorn (1980); Reinhard Martin, Flügelhorn (1980); Rüde Karl, Flügelhorn (1972); Schäuble Irmgard, Trompete (1972); Schäuble Josef, Tenorhorn (1972); Schäuble Leopold, Trompete (1945); Siebold Harald, Saxophon (1980); Studinger Roland, Schlagzeug (1963); Wieland Andreas, Tenorhorn (1980)

Blasorchester
Unterlauchringen e.V.

Gründungsjahr:	1905
1. Vorsitzender:	Helmut Beiser
Stellv. Vorsitzender:	Erich Baldischwieler
Schriftführer:	Klaus Walter
Rechner:	Günther Weissenrieder
Beirat:	Dieter Asprion
	Werner Hupfer
	Hubert Kaiser
	Artur Weber
Dirigent:	Anton Hirzle
Vizedirigent:	Artur Weber
Notenwart:	Roland Edinger
Instrumentenwart:	Erich Baldischwieler
Ehrendirigent:	Rudolf Siebold †

Aktive: Asprion Dieter, Posaune (1973); Asprion Stefan, Horn (1982); Bär Doris, Flöte (1976); Bär Ewald, Flöte (1967); Baldischwieler Bernd, Schlagzeug (1978); Baldischwieler Erich, gr. Trommel/Pauken (1949); Beiser Erich, Saxophon (1958); Beiser Helmut, Trompete (1956); Beiser Jutta, Klarinette (1981); Beiser Thomas, Trompete (1978); Dick Günther, Trompete/E-Baß (1977); Edinger Andrea, Klarinette (1981); Edinger Roland, Flügelhorn (1973); Flum Georg, Tenorhorn (1978); Flum Paul, Tenorhorn (1957); Gümpel Lothar, Saxophon (1977); Haberer Werner, Trompete (1977); Heinrich Axel, Trompete (1982); Heitzmann Martin, Trompete (1982); Hierholzer Sabine, Klarinette (1981); Hierholzer Thomas, Klarinette (1977); Hogg Jürgen, Trompete (1978); Huber Heike, Flügelhorn (1981); Hupfer Werner, Trompete (1973); Jehle Franz, Tuba (1981); Kaiser Huber, Saxophon (1961); Lampart Clemens, Posaune (1973); Merz Klaus, Flügelhorn (1982); Merz Theo, Flügelhorn/Orgel (1977); Müller Rainer, Saxophon (1982); Reupert Karen, Flöte (1976); Schröder Ursula, Klarinette (1976); Spatz Andrea, Klarinette (1981); Spatz Walter, Saxophon (1954); Steffen Michael, Horn (1977); Stich Franz, Bariton (1972); Thoma Franz, Posaune (1967); Volks Stephan, Posaune (1981); Volks Thomas, Klarinette (1981); Walter Klaus, Horn (1974); Waßmer Jürgen, Saxophon (1982); Weber Artur, Klarinette/E-Gitarre (1965); Weber Eugen, Tuba (1936); Weber Hans-Peter, Klarinette (1969); Weber Heidrun, Klarinette (1977); Weber Michael, Flügelhorn (1977); Weber Wolfgang, Klarinette (1967); Weissenrieder Günther, Tuba (1951); Zaremba Roland, Klarinette (1977)

Musikverein „Eintracht" e.V.
1854 Untermettingen

Gründungsjahr:	1854*
1. Vorsitzender:	Herbert Bichlmeier
Stellv. Vorsitzender:	Walter Grambach
Schriftführerin:	Luzia Limberger
Rechner:	Silvia Kastner
Beirat:	Ferdinand Albicker
	Helmut Böhler
	Jürgen Grambach
	Rudolf Kromer
Dirigent/	
Jugendleiter:	Rudolf Strittmatter
Notenwart:	Waltraud Lüber
Instrumentenwart:	Herbert Bichlmeier

Aktive: Albicker Ferdinand, Klarinette (1946); Albicker Inge, Flöte/Pikkolo (1973); Albiez Lydia, Klarinette (1981); Albiez Ulrike, Klarinette (1981); Bächle Michael, Trompete (1981); Bächle Peter, Trompete (1953); Banholzer Joachim, Bariton (1973); Bichlmeier Andrea, Flöte/Pikkolo (1981); Bichlmeier Herbert, Flügelhorn (1962); Blatter Albert, Posaune (1968); Böhler Helmut, Horn (1966); Bullinger Gaby, Klarinette (1982); Bullinger Michael, Horn (1981); Eckert Peter, Tuba (1981); Eichkorn Klaus, Posaune (1962); Erne Heinz, gr. Trommel (1962); Fiebelkorn Arno, Flügelhorn (1981); Ganter Helmut, Tuba (1981); Ganter Otmar, Tuba (1978); Gantert Karlheinz, Posaune (1981); Gisy Albert, Tuba (1953); Gisy Margit, Flöte (1981); Grambach Jürgen, Tenorhorn (1973); Grambach Stefan, Bariton (1946); Grambach Walter, Saxophon (1951); Kastner Silvia, Klarinette (1973); Kessler Margot, Trompete (1978); Kromer Rudolf, Horn (1962); Lehmann Johann, Klarinette (1978); Limberger Luzia, Saxophon (1973); Lüber Günter, Trompete (1981); Lüber Thomas, Saxophon (1973); Lüber Waltraud, Klarinette (1978); Maier Martin, Flügelhorn (1981); Seebacher Josef, Flügelhorn (1966); Werner Ute, Saxophon (1981)

Musikverein Urberg e.V.

Gründungsjahr:	1842*
1. Vorsitzender:	Peter Stich
Stellv. Vorsitzender:	Klaus Hackmann
Schriftführerin:	Heidi Böhler
Stellv. Schriftführerin:	Ruth Büchele
Rechner:	Willi Büchele
Stellv. Rechner:	Ingo Hättich
Beirat:	Hermann Albiez
	Hubert Albiez
	Walter Stich
Dirigent:	Günter Böhler
Vizedirigent:	Karl Helmut Haselwander
Notenwart:	Hubert Albiez
Ehrenvorsitzender:	Ernst Albiez

Aktive: Albiez Hubert, Saxophon (1969); Albiez Inge, Saxophon (1976); Albiez Monika, Klarinette (1973); Ascheraden Christoph, Tuba (1977); Böhler Heidi, Saxophon (1976); Büchele Rolf, Posaune (1980); Büchele Ruth, Saxophon (1976); Büchele Willi, Tenorhorn (1976); Ebner Andreas, Trompete (1980); Ebner Dagobert, Trompete (1973); Ebner Hubert, Bariton (1980); Ebner Lothar, Flügelhorn (1980); Grethler Astrid, Klarinette (1976); Hackmann Marc, Schlagzeug (1980); Hackmann Michael, Horn (1980); Hättich Ingo, Posaune (1973); Haselwander Anita, Klarinette (1980); Haselwander Joachim, Flügelhorn (1980); Haselwander Karl Helmut, Flügelhorn (1973); Haselwander Martina, Klarinette (1980); Haselwander Renate, Klarinette (1980); Haselwander Richard, Trompete (1976); Haselwander Wolfgang, Horn (1977); Herr Erwin, Horn (1973); Jurisch Richard, Posaune (1969); Löb Monika, Klarinette (1980); Maier Rupert, Schlagzeug (1970); Malzacher Brigitte, Bariton (1976); Malzacher Klaus, Tenorhorn (1969); Müller Hans-Peter, Schlagzeug (1969); Müller Karl-Josef, Flügelhorn (1980); Öcknick Elisabeth, Klarinette (1980); Schlegel Monika, Flöte (1976); Stich Peter, Tenorhorn (1964); Stich Walter, Tuba (1964)
Zöglinge: Ebner Claudia, Trompete (1981); Haselwander Gudrun, Klarinette (1981); Haselwander Herbert, Tenorhorn (1981); Löb Angelika, Klarinette (1981); Pätzolt Holger, Flügelhorn (1981); Schäfer Ingeborg, Klarinette (1981); Stich Marcus, Flügelhorn (1981); Stich Tanja, Klarinette (1981)

Stadtmusik Waldshut e.V.

Gründungsjahr:	1753*
1. Vorsitzender:	Werner Hofmaier
Stellv. Vorsitzender:	Peter Fleck
Schriftführerin:	Christiane Hofmaier
Protokollführer:	Nikolaus Efinger
Rechner:	Irene Weis
Stellv. Rechner:	Klaus Teufel
Beirat (Aktiva):	Joachim Ebi
	Erwin Hug
	Mathias Kaiser
	Alfred Kramer
	Jürgen Pfeiffer
	Alfred Ühlein
Beirat (Passiva):	Hans Weis
Dirigent:	Rudolf Wolpensinger
Vizedirigent:	Klaus Teufel
Jugendleiter/ Notenwart:	Alfred Kramer
Instrumentenwarte:	Jürgen Pfeifer
	Alfred Ühlein
Ehrendirigent:	Adalbert Muhs

Aktive: Adlung Christian, Saxophon (1973); Arp Günter, Schlagzeug (1967); Bachmann Bernhard, Tenorhorn (1977); Ebi Fritz, Tenorhorn (1977); Ebi Joachim, Horn (1970); Ebi Konrad, Tenorhorn (1973); Ebi Walburga, Klarinette (1977); Eckert Marlies, Flöte (1970); Efinger Nikolaus, Flügelhorn (1966); Fischer Axel, Flügelhorn (1971); Fleck Markus, Flügelhorn (1978); Fleck Peter, Schlagzeug (1977); Fleck Thomas, Posaune (1973); Greunke Kurt, Klarinette (1974); Haselwander Manfred, Posaune (1971); Haselwander Peter, Trompete (1971); Hofmaier Christiane, Saxophon (1971); Hofmaier Werner, Klarinette (1961); Hug Erwin, Schlagzeug (1964); Kaiser Erika, Klarinette (1971); Kaiser Mathias, Flügelhorn (1980); Kallmann Franz, Tuba (1961); Kirchgässner Mathias, Flügelhorn (1980); Knab Oliver, Klarinette (1978); Kramer Alfred, Bariton (1967); Kuttruff Wolfgang, Posaune (1978); Liebetanz Georg, Horn (1973); Mitschker Hubert, Trompete (1978); Mutter Roland, Tuba (1978); Pfeifer Jürgen, Posaune (1959); Preiser Daniel, Trompete (1978); Preiser Eva, Klarinette (1978); Preiser Klaus, Trompete (1978); Reck Peter, Trompete (1971); Ruf Sabine, Flöte (1975); Schneider Horst, Saxophon (1955); Schnurrenberger Axel, Klarinette (1978); Teufel Klaus, Flöte (1971); Teufel Margarete, Schlagzeug (1982); Teufel Siegfried, Flügelhorn (1969); Ühlein Alfred, Tuba (1966); Villringer Martin, Schlagzeug (1978); Walde Helmut, Tuba (1967); Weis Irene, Flöte (1969); Weiss Andrea, Klarinette (1973); Wolpensinger Marc, Trompete (1980); Wolpensinger Ralph, Klarinette (1977); Zimmermann Andreas, Schlagzeug (1968)
Zöglinge: Behrend Martina, Klarinette (1981); Butz Alexander, Horn (1977); Dietrich Markus, Flügelhorn (1978); Dietsche Beate, Klarinette (1981); Hederer Susanne, Flöte (1981); Jordans Michael, Klarinette (1981); Liebetanz Peter, Trompete (1978); Maier Uwe, Flügelhorn (1981); Mayer Karin, Klarinette (1981); Nüßle Uwe, Saxophon (1981); Schäuble Hans Peter, Trompete (1977); Schäuble Mathias, Posaune (1980); Straub Andreas, Trompete (1981); Weh Hans Jürgen, Tenorhorn (1977); Weiss Jürgen, Trompete (1978); Völk Susanne, Klarinette (1981)

Musikverein Wallbach e.V.

Gründungsjahr:	1875*
1. Vorsitzender:	Erich Thomann
Stellv. Vorsitzender:	Wilfried Booz
Schriftführer:	Siegmund Wunderle
Rechner:	Walter Wunderle
Stellv. Rechner:	Otmar Bäumle
Beirat:	Armin Müller
	Robert Wassmer
	Konrad Wunderle
Dirigent:	Peter Fräßle
Vizedirigent:	Heinz Thomann
Jugendleiter:	Armin Müller
	Heinz Thomann
Notenwart:	Thomas Thomann
Instrumentenwart:	Manfred Stiemer
Ehrenvorstand:	Ernst Thomann

Aktive: Bäumle Klaus, Tuba (1963); Bäumle Otmar, Tenorhorn (1966); Böhler Markus, Trompete (1980); Booz Wilfried, Tuba (1973); Both Waldemar, Posaune (1959); Flohr René, Saxophon (1981); Holl Beate, Klarinette (1979); Holl Ernst, Posaune (1963); Holl Jutta, Saxophon (1981); Jendrysek Hans, Saxophon (1975); Müller Armin, Trompete (1963); Reindl Günter, Tenorhorn (1981); Richter Peter, Klarinette (1980); Richter Uli, Klarinette (1980); Rünzi Arton, Schlagzeug (1965); Schmidt Andreas, Saxophon (1980); Schwab Thomas, Flügelhorn (1981); Stiemer Manfred, Flügelhorn (1952); Thomann Erich, gr. Trommel (1946); Thomann Heinz, Klarinette (1964); Thomann Jürgen, Posaune (1981); Thomann Karl, Saxophon (1982); Thomann Martina, Flöte (1980); Thomann Thomas, Flügelhorn (1974); Thomann Werner, Trompete (1978); Trüby Andrea, Klarinette (1982); Wassmer Jürgen, Bariton (1975); Wassmer Robert, Saxophon (1981); Weiss Karina, Bariton (1980); Wunderle Josef, Klarinette (1977); Wunderle Konrad, Horn (1951); Wunderle Siegmund, Klarinette (1979)
Zöglinge: Beck Wolfgang, Flügelhorn (1980); Birlin Holger, Tenorhorn (1981); Both Michael, Klarinette (1981); Flohr Michael, Trompete (1980); Keser Achim, Flügelhorn (1981); Kremer Beatrix, Klarinette (1980); Probst Harald, Trompete (1980); Thomann Oliver, Klarinette (1981); Trüby Uli, Trompete (1980); Weber Urs, Trompete (1981); Wunderle Friderike, Klarinette (1981); Wunderle Klaus, Flügelhorn (1981)

Stadtmusik Wehr 1859 e.V.

Gründungsjahr:	1859*
1. Vorsitzender:	Ernst Nickel
Stellv. Vorsitzender:	Hans Witulski
Schriftführer:	Ralf Sickinger
Rechner:	Herbert Handwerker
Stellv. Rechner:	Bernhard Fuchs
Beirat (Aktiva):	Rolf Keser
	Holger Theiler
Beirat (Passiva):	Martin Güdemann
	Karl Lüttner
Dirigent:	Emil Volz
Vizedirigent:	Hans Witulski
Jugendleiter:	Heinz Blum
Notenwarte:	Gerhard Reichert
	Thomas Strittmatter
Instrumentenwarte:	Mathias Kolofrat
	Thomas Lörracher
	Norbert Schmitz
Präsident:	Bürgermeister
	Otto Wucherer

Aktive: Bader Harald, Saxophon (1976); Berger Bertold, Tenorhorn (1974); Bernhardt Thomas, Trompete (1976); Blum Heinz, Trompete (1967); Brigante Mario, Flügelhorn (1974); Brugger Petra, Trompete (1976); Büche Thomas, Klarinette (1974); Dieterle Paul, Posaune (1976); Ebner Lucia, Klarinette (1976); Ebner Ulrich, Klarinette (1976); Feuchtmann Ruth, Klarinette (1976); Fien Helmut, gr. Trommel (1976); Fuchs Bernhard, Trompete (1967); Gallmann Heinz, Tuba (1967); Gallmann Ludwig, Flügelhorn (1976); Gallmann Waltraud, Klarinette (1980); Gamp Christiane, Flügelhorn (1976); Geiger Sven, Horn (1976); Genter Friedhild, Klarinette (1976); Guth Andrea, Posaune (1976); Handwerker Herbert, Posaune (1955); Harant Josef, Tuba (1976); Jurkiewicz Ulrich, Klarinette (1976); Keller Peter, Trompete (1974); Keser Rolf, Tenorhorn (1963); Kohlbrenner Bernd, Klarinette (1976); Kolofrat Mathias, Horn (1974); Kramer Rene, gr. Trommel (1974); Leisinger Klaus, Posaune (1956); Lörracher Thomas, Flügelhorn (1974); Mulflur Felix, Bariton (1972); Mulflur Ralf, Trompete (1976); Multner Klaus, Trompete (1972); Nehls Hans-Jürgen, Saxophon (1976); Nickel Ernst, Posaune (1967); Recke Hardy, Posaune (1972); Reichert Gerhard, Sousaphon (1974); Reiniger Martina, Klarinette (1976); Scheb Christian, Flügelhorn (1976); Schlachter Ralf, Horn (1972); Schmid Hubert, Bariton (1974); Schmitz Konrad, Pauken (1974); Schmitz Norbert, Flügelhorn (1972); Schünke Henning, Posaune (1974); Sickinger Ralf, Flöte (1972); Steinbauer Bruno, Saxophon (1972); Stratz Beate, Klarinette (1976); Strittmatter Thomas, Saxophon (1974); Theiler Holger, Tuba (1963); Trefzger Beate, Klarinette (1976); Uhlin Rainer, Flöte (1976); Vogt Heiner, Tenorhorn (1970); Volz Joachim, Schlagzeug (1974); Volz Roland, Flügelhorn (1972); Witulski Hans, Klarinette (1957)
Jugendkapelle: Albiez Axel, Horn (1980); Benkert Andrea, Klarinette (1980); Bernhardt Peter, Saxophon (1980); Büche Rachel, Flöte (1976); Czutka Michael, Flügelhorn (1980); Debus Thomas, Trompete (1980); De Marco Antonio, Tenorhorn (1980); Eckert Winfried, Tuba (1976); Eckert Wolfgang, Horn (1976); Ernst Thomas, Klarinette (1980); Fuchs Alexandra, Klarinette (1980); Gentner Martin, Tenorhorn (1980); Gruber Christiane, Flöte (1980); Güdemann Herta, Klarinette (1980); Gutmann Wilfried, Flügelhorn (1980); Handwerker Claudia, Klarinette (1980); Hannemann Sonja, Klarinette (1980); Hemberger Thomas, Klarinette (1980); Herr Sabine, Klarinette (1980); Jurkiewicz Stefan, Klarinette (1980); Kaufmann Beate, Klarinette (1976); Kiefer Wolfgang, Klarinette (1980); Klostermann Markus, Tenorhorn (1976); Kuhne Beate, Klarinette (1980); Kuhne Gerhard, Klarinette (1976); Kunz Olaf, Trompete (1980); Lörracher Sabine, Flöte (1980); Lüttner Michael, Posaune (1976); Mayer Albert, Horn (1980); Nadler Udo, Trompete (1980); Schlachter Andreas, Trompete (1980); Schlachter Harald, Tuba (1976); Schmid Rainer, Flügelhorn (1980); Schmidt Marion, Flöte (1980); Schmidt Michael, Klarinette (1980); Schmitz Konrad, Schlagzeug (1974); Senn Günter, Tenorhorn (1976); Sukenik Ralf, Schlagzeug (1976); Volz Thomas, Klarinette (1980)

Musikverein Weilheim e.V.

Gründungsjahr:	1873*
1. Vorsitzender:	Alois Boll
Stellv. Vorsitzender:	Werner Gerteis
Schriftführerin:	Marlies Zurin
Protokollführerin:	Marina Gamp
Rechner:	Egon Hilpert
Beirat:	Bernhard Bächle
	Herbert Flum
Dirigent:	Stefan Oberst
Vizedirigent:	Egon Hilpert
Jugendleiter:	Bernhard Bächle
	Herbert Flum
	Egon Hilpert
	Stefan Oberst
	Wolfgang Oberst
Notenwart:	Dietmar Huber
Instrumentenwart:	Walter Villinger
Ehrenvorsitzender:	Josef Ebi

Aktive: Bächle Bernhard, Tuba (1973); Bächle Lothar, Horn (1978); Boll Alois, Flügelhorn (1968); Boll Ingrid, Flügelhorn (1978); Boll Werner, Bariton (1970); Flum Daniela, Flöte (1978); Flum Herbert, Trompete (1963); Gamp Martina, Klarinette (1973); Gamp Norbert, Klarinette (1973); Gampp Manfred, Tenorhorn (1968); Gampp Rudolf, Bariton (1968); Gerteis Werner, Horn (1952); Götte Hubert, Tenorhorn (1978); Heimpel Thomas, Posaune (1978); Hermann Roland, Posaune (1968); Hilpert Antonia, Klarinette (1978); Hilpert Egon, Klarinette (1952); Hilpert Sigmar, Flügelhorn (1978); Hiss Detlef, Posaune (1978); Hiss Gerd, Tuba (1970); Huber Dietmar, Trompete (1978); Huber Herbert, Flöte (1952); Huber Otmar, Schlagzeug (1971); Hug Lothar, Klarinette (1956); Knuth Elvira, Klarinette (1978); Marder Christel, Klarinette (1978); Marder Manfred, Tenorhorn (1973); Oberst Thomas, Schlagzeug (1978); Oberst Wolfgang, Posaune (1973); Tröndle Uli, Schlagzeug (1978); Villinger Walter, Tuba (1949); Zurin Marlies, Flöte (1978)
Zöglinge: Albrecht Sigrid, Klarinette (1981); Boll Doris, Flügelhorn (1981); Gamp Heidrun, Tenorhorn (1981); Gamp Oliver, Tenorhorn (1981); Gerteis Andrea, Klarinette (1981); Gerteis Claudia, Klarinette (1981); Götte Antje, Trompete (1981); Götte Christoph, Bariton (1981); Hilpert Gerald, Horn (1981); Hilpert Gerlinde, Trompete (1981); Hilpert Tanja, Trompete (1981); Hilpert Ursula, Trompete (1981); Huber Axel, Flügelhorn (1981); Huber Klaus, Posaune (1981); Huber Ralf, Posaune (1981); Pinto Marianne, Flügelhorn (1981); Prothmann Joachim, Tenorhorn (1981)

Musikverein Weizen e.V.

Gründungsjahr:	1895
1. Vorsitzender:	Roland Schelble
Stellv. Vorsitzender:	Herbert Eigenstetter
Schriftführerin:	Marlene Hamburger
Rechner:	Markus Güntert
Beirat:	Wilhelm Hamburger
	Rudolf Müller
Dirigent:	Robert Schalk

Aktive: Buntru Kurt, Flöte (1974); Buntru Rudolf, Trompete (1974); Eggi Joachim, Bariton (1978); Eggi Johann, Saxophon (1980); Eigenstetter Arnold, Posaune (1970); Eigenstetter Herbert, Trompete (1970); Eigenstetter Klaus, Tuba (1960); Fauser Rüdiger, Flöte (1978); Fischer Bernd, Klarinette (1950); Fischer Gabi, Saxophon (1974); Gäng Otto, Posaune (1951); Geng Karl, kl. Trommel (1954); Geng Rainer, Bariton (1970); Güntert Karin, Klarinette (1978); Güntert Konrad, Tuba (1953); Güntert Markus, Flügelhorn (1974); Güntert Martin, gr. Trommel (1951); Hamburger Gottfried, Flügelhorn (1934); Hamburger Hans-Jörg, Tenorhorn (1974); Hamburger Hermann, Flügelhorn (1970); Hamburger Konrad, Tenorhorn (1966); Hamburger Marlene, Klarinette (1970); Heine Horst, Tenorhorn (1953); Isele Kurt, Horn (1960); Kech Felix, Tenorhorn (1951); Plitz Ralf, Trompete (1978); Preiser Andreas, Flügelhorn (1978); Roberts Simon, Posaune (1978); Schelble Roland, Flügelhorn (1966); Schelble Rolf, Posaune (1966); Scheunemann Hermann-Josef, Schlagzeug (1970); Schneyder, von, Daniela, Klarinette (1978); Stoll Manfred, Trompete (1951)

Musikverein „Alpenblick" e.V. Willaringen

Gründungsjahr:	1921
1. Vorsitzender:	Johann Werner
Stellv. Vorsitzender:	Fridolin Lang
Schriftführer:	Josef Lütte
Rechner:	Johann Baumgartner
Beirat:	Lothar Bächle
	Josef Rufle
Dirigent:	Josef Klein
Vizedirigent/	
Jugendleiter:	Hubert Ücker
Notenwart:	Helmut Werner
Instrumentenwart:	Fritz Keller
Ehrendirigent:	Theodor Thoma

Aktive: Albiez Clemens, gr. Trommel (1956); Albiez Thomas, Bariton (1976); Bachmann Hedwig, Klarinette (1978); Bachmann Sonja, Klarinette (1978); Bächle Lothar, Posaune (1977); Bäumle Rudolf, Flügelhorn (1965); Baumgartner Johann, Tuba (1976); Baumgartner Karin, Trompete (1977); Berger-Preiser Hildegard, Klarinette (1978); Ceband Bernhard, Flügelhorn (1970); Egle Rudolf, kl. Trommel (1963); Hottinger Hermann sen., Tuba (1948); Hottinger Hermann jun., Posaune (1976); Hottinger Joachim, Flügelhorn (1976); Hottinger Wilhelm, Trompete (1970); Keller Fritz, Flügelhorn (1967); Klein Gisela, Saxophon (1975); Lang Bernhard, Flügelhorn (1969); Lang Fridolin, Posaune (1967); Lütte Franz-Josef, Saxophon (1976); Lütte Josef, Saxophon (1938); Lütte Norbert, Tenorhorn (1976); Matt-Werner Karin, Klarinette (1976); Preiser Anneliese, Klarinette (1978); Preiser Erika, Klarinette (1978); Ringel Christine, Flöte (1981); Ringel Elke, Klarinette (1977); Ringel Heike, Klarinette (1977); Rufle Josef, Sousaphon (1977); Schneider Johannes, kl. Trommel (1978); Schneider Robert, Trompete (1950); Schneider Rolf, Tenorhorn (1977); Thoma Theodor, Tenorhorn (1926); Ücker Fridolin, Tenorhorn (1949); Ücker Hubert, Trompete (1976); Ücker Werner, Tenorhorn (1978); Wassmer Jürgen, Tenorhorn (1977); Werner Erwin, Trompete (1976); Werner Helmut, Saxophon (1954); Werner Johann, Horn (1950); Werner Wilfried, Trompete (1976); Zimmermann Manfred, Horn (1970); Zimmermann Peter, Horn (1978); Zimmermann Stefan, kl. Trommel (1978); Zimmermann Wolfgang, Flügelhorn (1969)
Zöglinge: Albiez Axel, Piston (1980); Albiez Holger, Horn (1980); Albiez Silvia, Klarinette (1980); Albiez Volker, Klarinette (1980); Bächle Thomas, Klarinette (1980); Schmidt Thomas, Posaune (1980); Ücker Marianne, Klarinette (1980); Ücker Monika, Klarinette (1981); Walter Michael, Trompete (1980); Werner Monika, Klarinette (1980); Wittmann Torsten, Posaune (1980)

Musikverein Wutöschingen e.V.

Gründungsjahr:	1884
1. Vorsitzender:	Albert Hausy
Stellv. Vorsitzender:	Klaus Büche
Schriftführer:	Roland Hausy
Protokollführer:	Ludwig Schmutz
Rechner:	Ernst Büche
Beirat:	Christina Goldstein
	Ewald Hausy
	Manfred Mahler
	Herbert Maier
	Helmut Preiser
	Georg Stoll
Dirigent:	Werner Thomann
Notenwart:	Ewald Hausy
Instrumentenwart:	Albert Hausy
Ehrendirigent:	Otto Stärk

Ehrenmitglieder: Luitpold Goldstein, Josef Maier, Heinrich Stoll, Siegfried Stoll, Karl Windler, Fridolin Würth
Aktive: Albrecht Karl-Heinz, Horn (1954); Bächle Petra, Klarinette (1981); Blatter Beatrix, Flöte (1980); Blatter Clemens, Saxophon (1980); Büche Ernst, Saxophon (1962); Büche Klaus, Tuba (1962); Büche Lorenz, Bariton (1962); Buri Dietmar, Flügelhorn (1979); Bury Ulrich, Schlagzeug (1979); Duttlinger Jürgen, Flügelhorn (1980); Ebner Christian, Tuba (1980); Ebner Richard, Posaune (1979); Ebner Stephan, Saxophon (1979); Goldstein Christina, Trompete (1979); Goldstein Johann, gr. Trommel (1948); Goldstein Kornelia, Trompete (1980); Goldstein Marita, Flöte (1972); Hausy Albert, Tenorhorn (1951); Hausy Ewald, Tuba (1953); Hausy Jutta, Flöte (1981); Hausy Patricia, Klarinette (1978); Hausy Roger, Trompete (1981); Hausy Roland, Trompete (1962); Huber Korina, Klarinette (1981); Indlekofer Claus, Posaune (1981); Indlekofer Günther, Tenorhorn (1981); Kaiser Astrit, Saxophon (1972); Knorr Regina, Flöte (1981); Mahler Manfred, Flügelhorn (1951); Maier Silvia, Klarinette (1981); Maier Brigitta, Klarinette (1980); Maier Herbert, Posaune (1948); Malnati Berthold, Percussion (1981); Malnati Ralf, Trompete (1981); Matuschek Gabi, Klarinette (1980); Morath Bernhard, Horn (1980); Morath Winfried, Bariton (1979); Preiser Helmut, Flügelhorn (1948); Preiser Hubert, Posaune (1978); Preiser Manfred, Flügelhorn (1972); Rebmann Gerald, Trompete (1980); Rudigier Roland, Klarinette (1974); Schmutz Ludwig, Horn (1962); Stoll Georg, Flügelhorn (1979); Stoll Gerhard, Klarinette (1948); Stoll Sigrid, Klarinette (1980); Süß Gottlieb, Klarinette (1946)
Zöglinge: Bächle Thomas, Trompete (1981); Baumgartner Peter, Flügelhorn (1981); Büche Markus, Tenorhorn (1981); Bury Regina, Klarinette (1981); Dohse Bodo, Tenorhorn (1981); Hausy Carmen, Klarinette (1981); Kaiser Wolfgang, Trompete (1981); Malnati Bernd, Flügelhorn (1981); Malnati Franziska, Klarinette (1981); Malnati Luitgard, Trompete (1981); Malnati Sylvia, Klarinette (1981); Morath Sabine, Klarinette (1981); Preiser Roland, Tenorhorn (1981); Rogg Dietmar, Trompete (1981); Stoll Heiner, Tenorhorn (1981); Süß Michael, Flügelhorn (1981); Süß Sabine, Flöte (1981); Thomann Alexander, Schlagzeug (1981); Triebs Volker, Trompete (1981); Triebs Wolfgang, Klarinette (1981); Weißenberger Thomas, Flügelhorn (1981)

Blasmusikverband Hochschwarzwald e.V.

Das Präsidium

Ehrenpräsident: Anton Kleiser († 1983)
Ehrendirigent: Franz Josef Meybrunn († 1975)

1. Präsident: Bernhard Stegerer
Stellv. Präsident: Franz Boll
Verbandsdirigent: Leopold Winterhalder
Verbandsjugendleiter: Oswald Hasenfratz
Geschäftsführer: Josef Weiß
Kassier: Otto Winterhalder

Der Verband hat 36 Mitgliedsvereine.
Zum Verband gehört noch das Streichorchester Neustadt.

Von links nach rechts: Oswald Hasenfratz, Franz Boll, Leopold Winterhalder, Anton Kleiser († 1983), Josef Weiß, Bernhard Stegerer, Otto Winterhalder

Musikverein u. Trachtenkapelle Altglashütten e.V.

Gründungsjahr:	1921
1. Vorsitzender:	Ulrich Paschke
Stellv. Vorsitzender:	Günter Mahler
Schriftführer:	Franz Lickert
Rechner:	Herbert Wissler
Beirat:	Paul Faller
	Erich Gauwitz
	Otto Schindler
	Georg Schwörer
Dirigent:	Herbert Laubis
Vizedirigent:	Christiane Kern
Jugendleiter:	Peter Gauwitz
Ehrenmitglieder:	Anton Fitz
	Anton Kleiser
	Erwin Pfalzer

Aktive: Dreher Anton, Tenorhorn (1977); Dreher Erwin, Tenorhorn (1960); Gauwitz Erich, Posaune (1956); Gauwitz Peter, Flügelhorn (1973); Isele Karl, Schlagzeug (1954); Jakob Andreas, Flügelhorn (1974); Jakob Günter, Klarinette (1956); Kern Christiane, Trompete (1975); Kiefer Bruno, Posaune (1972); Klose Hildegard, Klarinette (1972); Klose Inge, Klarinette (1972); Klumpp Herbert, Horn (1968); König Hubert, Tenorhorn (1963); König Thomas, Klarinette (1979); Laubis Annette, Klarinette (1979); Laubis Matthias, Schlagzeug (1979); Laubis Winfried, Flügelhorn (1967); Mahler Günter, Bariton (1956); Mahler Wolfgang, Tenorhorn (1979); Paschke Stephan, Tenorhorn (1974); Pfaff Thomas, Tuba (1956); Schmidt Angelika, Klarinette (1972); Schuler Helmut, Flügelhorn (1953); Schwörer Georg, Posaune (1962); Steurenthaler Thomas, Klarinette (1979); Vogt Hermann, Tenorhorn (1951); Vogt Matthias, Trompete (1979); Wissler Michael, Horn (1974).
Zöglinge: Dreher Simone, Trompete (1981); Holzhauer Christoph, Klarinette (1981); König Markus, Trompete (1981); Mahler Elmar, Klarinette (1981); Wissler Werner, Trompete (1981)

Musikverein Bachheim

Gründungsjahr:	1886
1. Vorsitzender:	Berthold Meister
Stellv. Vorsitzender:	Bruno Messmer
Schriftführer:	Manfred Kuttruff
Rechner:	Egon Kuttruff
Beirat:	Josef Feser
	Thomas Feser
	Franz de Rosso
	Bernhard Scherzinger
Dirigent:	Oskar Kramer
Vizedirigent:	Wolfgang Kaltenbrunn
Notenwart:	Regina Messmer

Aktive: Bretzke Jürgen, Tenorhorn (1977); de Rosso Franz, Klarinette (1954); Faller Peter, Flügelhorn (1981); Feser Josef, gr. Trommel (1953); Feser Richard, Tenorhorn (1981); Feser Thomas, Posaune (1977); Frei Achim, kl. Trommel (1981); Frei Heiko, Trompete (1981); Frei Pia, Klarinette (1981); Ganter Winfried, Tuba (1965); Kaltenbrunn Wolfgang, Flöte (1968); Knebel Brunhilde, Klarinette (1981); Kuttruff Egon, Klarinette (1973); Kuttruff Manfred, Saxophon (1964); Maier Marion, Klarinette (1981); Meister Berthold, Klarinette (1964); Messmer Bruno, Tenorhorn (1965); Messmer Regina, Flügelhorn (1974); Rohr Johann, Horn (1969); Scherzinger Bernhard, Flügelhorn (1953); Scherzinger Michael, Horn (1977); Schwörer Walter, Trompete (1977); Stegerer Andreas, Flügelhorn (1981); Stegerer Michael, Flügelhorn (1981); Steidle Klaus, Bariton (1977); Streit Ferdinand, Trompete (1977); Stürmer Bernhard, kl. Trommel (1981).
Zöglinge: Feser Daniela, Klarinette (1981); Herre Patrik, Flügelhorn (1981); Koßbiel Anette, Klarinette (1981); Safert Alf, Flügelhorn (1981); Safert Anke, Klarinette (1981)

Musikverein Blasiwald e.V.

Gründungsjahr:	1928
1. Vorsitzender:	Erwin Maurer
Stellv. Vorsitzender:	Bernhard Schwarz
Schriftführer:	Karl Stemmer
Rechner:	Helmuth Mayer
Beirat:	Otto Blust
	Hermann Schlageter
	Gerold Schnee
Jugendvertreter:	Thomas Kaiser
Dirigent:	Manfred Mayer
Vizedirigent:	Helmut Mayer
Jugendleiter/	
Notenwart:	Manfred Mayer
Instrumentenwart:	Thomas Kaiser
Ehrenvorsitzender:	Linus Fischer
Ehrendirigent:	Albert Mayer

Aktive: Fischer Ingrid, Klarinette (1973); Götte Bernhard, Horn (1947); Hug Gerlinde, Trompete (1969); Isele Karl, Tenorhorn (1963); Kaiser Thomas, Flügelhorn (1969); Mayer Bruno, Tuba (1956); Mayer Helmuth, Trompete (1967); Mayer Klaus, Tuba (1969); Modispacher Klaus Georg, Posaune (1969); Müller Thomas, Flügelhorn (1974); Nägele Karin, Klarinette (1973); Schätzle Hermann, Tenorhorn (1959); Schlageter Angelika, Klarinette/Saxophon (1969); Schlageter Ernst, Bariton (1949); Schlageter Ingrid, Klarinette (1973); Schlageter Paul, Tenorhorn (1972); Schwarz Bernhard, Pauken (1975); Stemmer Klaus, Flügelhorn (1975); Strittmatter Richard, Flügelhorn (1962); Zwicker Paul, Flügelhorn (1949); Zwicker Petra, Klarinette (1972)
Zöglinge: Götte Edeltraud, Trompete (1977); Kaiser Manuela, Trompete (1977); Schäfer Lucia, Klarinette (1981); Schäfer Martha, Horn (1981); Schätzle Rosemarie, Bariton (1977); Schätzle Sigrid, Bariton (1977); Schlageter Anke, Trompete (1981); Schlageter Cristine, Klarinette (1981); Schlageter Stefan, Posaune (1981); Schlageter Ulricke, Horn (1981); Schwarz Berthold, Posaune (1981); Stemmer Jörg, Klarinette (1977)

Stadtmusik Bonndorf e.V.

Gründungsjahr:	1812*
1. Vorsitzender:	Ewald Löffler
Stellv. Vorsitzender:	Gerhard Schüle
Schriftführer:	Bernhard Podeswa
Rechner:	Bernhard Stritt
Beirat:	Hans Beha
	Rudi Santo
	Sibylle Vesenmayer
	Edgar Wietschorke
	Armin Winterhalder
Dirigent:	Emil Lienert
Vizedirigent:	Werner Wietschorke
Notenwart:	Bernhard Podeswa

Aktive: Albert Walburga, Flöte (1981); Bader Karl-Heinz, Flügelhorn (1969); Beha Eva-Maria, Flöte (1978); Beha Hans, Saxophon (1963); Beha Ilka, Klarinette (1974); Beyer Karl, Posaune (1981); Biehler Hagen, Klarinette (1975); Blattert Jürgen, Trompete (1979); Büche Clemens, Tenorhorn (1979); Dreher Christine, Flöte (1979); Feger Jürgen, Klarinette (1975); Feger Martina, Flügelhorn (1978); Feger Sabine, Klarinette (1979); Görner Renate, Klarinette (1978); Götz Meinrad, Schlagzeug (1973); Kalinasch Beate, Flöte (1974); Kalinasch Bruno, Trompete (1969); Ketterer Armin, Schlagzeug (1974); Lienert Ruth, Trompete (1974); Löffler Ewald, Flügelhorn (1961); Maier Bettina, Flöte (1979); Müller Hartmut, Flügelhorn (1978); Pfaff Michael, Tenorhorn (1978); Preiser Doris, Flöte (1977); Preiser Egon, Tuba (1954); Preiser Monika, Klarinette (1977); Podeswa Bernhard, Posaune (1971); Reinwand Martina, Saxophon (1977); Rheiner Marion, Klarinette (1975); Santo Rudi, Tuba (1975); Schäuble Bernhard, Tuba (1981); Schäuble Helma, Saxophon (1977); Schäuble Jochem, Trompete (1977); Schnurr Beate, Trompete (1981); Schüle Gerhard, Schlagzeug (1954); Stöckle Franz, Trompete (1979); Stritt Bernhard, Tenorhorn (1962); Thoma Gerda, Klarinette (1974); Uez Albert, Klarinette; Vesenmeyer Sabine, Saxophon (1979); Vesenmeyer Sibille, Klarinette (1977); Wietschorke Edgar, Saxophon (1967); Wietschorke Doris, Flöte (1974); Wietschorke Günter, Klarinette (1970); Wietschorke Werner, Posaune (1945); Wietschorke Wolfgang, Saxophon (1970); Winterhalder Armin, Flügelhorn (1960); Woll Anette, Klarinette (1974); Woll Jutta, Flügelhorn (1978)
Zöglinge: Albert Siegmund, Saxophon (1979); Brogle Jürgen, Trompete (1979); Joos Frank, Schlagzeug (1979); Kalinasch Lothar, Trompete (1979); Maier Ulrike, Klarinette (1979); Peter Robert, Posaune (1979); Pfeiffer Mathias, Posaune (1979); Preiser Günter, Posaune (1979); Schätzle Martina, Klarinette (1979); Tröndle Ralf, Trompete (1979)

Musikverein/Trachtenkapelle Breitnau

Gründungsjahr:	1865*
1. Vorsitzender:	Paul Winterhalder
Stellv. Vorsitzender:	Gotthard Zähringer
Schriftführer:	Klaus Simon
Rechner:	Siegfried Wehrle
Beirat (Aktiva):	Franz Helmle
	Adolf Mark
	Adolf Riesterer
	Adolf Schurt
Beirat (Passiva):	Bernhard Faller
	Josef Hog
	Erich Waldvogel, Bgm.
Dirigent:	Josef Hummel
Vizedirigent:	Klaus Simon
Notenwart/	
Instrumentenwart:	Franz Schuler
Ehrendirigent:	Ernst Kern

Aktive: Bettinger Reiner, Flügelhorn (1964); Faller Angela, Saxophon (1979); Faller Edelbert, Tenorhorn (1955); Faller Franz, Tuba (1953); Helmle Franz, Tenorhorn (1964); Hog Alfred, Horn (1967); Hug Bernhard, Trompete (1979); Hug Helmut, Klarinette (1956); Hug Regina, Saxophon (1980); Hug Stefan, Trompete (1980); Ketterer Albert, Becken (1962); Ketterer Bernhard, Horn (1967); Ketterer Daniela, Horn (1980); Ketterer Franz, Tenorhorn (1947); Ketterer Franz-Josef, Flügelhorn (1970); Ketterer Manuela, Klarinette (1980); Ketterer Thomas, Trompete (1980); Kleiser Bernhard, Posaune (1970); Mark Adolf, Posaune (1971); Mark Hermann, Tenorhorn (1979); Mark Richard, Flügelhorn (1979); Mayer Josef, kl. Trommel (1966); Riesterer Adolf, Bariton (1953); Riesterer Regina, Trompete (1971); Schuler Franz, Posaune (1955); Schurt Adolf, Tuba (1945); Schurt Mechthild, Klarinette (1979); Simon Jürgen, Saxophon (1971); Simon Klaus, Klarinette (1970); Trefzer Ewald, Klarinette (1971); Waldvogel Helmut, Flügelhorn (1970); Waldvogel Oskar, gr. Trommel (1936); Wehrle August, Horn (1950); Wehrle Edwin, Klarinette (1980); Wehrle Siegfried, Klarinette (1956); Winterhalder Paul, Posaune (1952); Winterhalder Sabine, Flöte (1978); Zähringer Gotthard, Tuba (1956); Zähringer Markus, Flügelhorn (1980)
Zöglinge: Gerwin Michael, kl. Trommel (1981); Hug Bettina, Klarinette (1981); Ketterer Marianne, Saxophon (1981); Ketterer Martina, Klarinette (1981); Kienzler Markus, Trompete (1981); Ruf Carola, Flöte (1982); Ruf Rolf, kl. Trommel (1982); Wehrle Edgar, Klarinette (1981); Wehrle Pirmin, Flügelhorn (1981); Zähringer Stefan, Trompete (1981)

Musikverein Dittishausen e.V.

Gründungsjahr:	1900
1. Vorsitzender:	Werner Koch
Stellv. Vorsitzender:	Siegfried Welte
Schriftführer:	Otto Bourgoin
Stellv.	
Schriftführerin:	Cornelia Merz
Rechner:	Joachim Maier
Beirat:	Kurt Bächle
	Max Rudigier
Dirigent:	Ewald Hepting
Vizedirigent:	Eugen Maier
Jugendleiter:	Ewald Hepting
Notenwart/	
Instrumentenwart:	Jürgen Beck

Aktive: Bächle Carola, Klarinette (1979); Bächle Hermann, Tenorhorn (1952); Bächle Kurt, gr. Trommel (1966); Bächle Thomas, Posaune (1977); Baumann Armin, Trompete (1968); Beck Jürgen, gr. Trommel/Becken (1970); Bourgoin Marion, Flöte (1978); Bourgoin Otto, kl. Trommel (1961); Hasenfratz Susanne, kl. Trommel (1971); Hepting Petra, Klarinette (1979); Herberger Ernst, Posaune (1972); Herberger Jürgen, Horn (1979); Herberger Thomas, Flügelhorn (1976); Koch Volker, Horn (1977); Koch Werner, Trompete (1954); Laufer Joachim, Trompete (1972); Maier Eugen, Klarinette (1947); Maier Joachim, Saxophon (1965); Merk Walter, Tuba (1952); Merz Cornelia, Saxophon (1972); Schelb Ludwig, Tuba (1980); Schropp Axel, Bariton (1968); Schürmann Ingrid, Klarinette (1977); Seltzer Ulrike, Saxophon (1978); Tröndle Peter, Tenorhorn (1977); Tröndle Siegfried, Flügelhorn (1967); Welte Siegfried, Tenorhorn (1963)
Zöglinge: Koch Norbert, Flügelhorn (1980); Maier Rita, Klarinette (1980); Maier Ruth, Klarinette (1980); Ortmann Michaela, Klarinette (1980); Rieple Melanie, Flöte (1980); Rokoschoski Karl-Heinz, Tenorhorn (1980); Rokoschoski Martin, Flügelhorn (1980)

Musikverein Eisenbach e.V.

Gründungsjahr:	1880*
1. Vorsitzender:	Reinhard Heizmann
Stellv. Vorsitzender:	Jürgen Ruth
Schriftführer:	Josef Kopp
Rechner:	Manfred Waldvogel
Beirat:	Pirmin Peghini
	Rudolf Tröndle
	Irmgard Zipfel
Dirigent:	Manfred Beha
Vizedirigent:	Manfred Waldvogel
Notenwart:	Alexander Sigwart

Aktive: Arzner Johanna, Klarinette (1979); Beha Rainer, kl. Trommel (1976); Bliestle Alexandra, Trompete (1979); Bliestle Rainer, kl. Trommel (1978); Bliestle Rudolf, Flügelhorn (1951); Bräutigam Rüdiger, Klarinette (1975); Bühler Wolfram, Klarinette (1981); Burghard Andreas, Trompete (1981); Dossenberger Thomas, Klarinette (1981); Dossenberger Walter, Tuba (1976); Duttlinger Claudia, Flöte (1977); Fechti Erich, Horn (1979); Fechti Friedrich, Tuba (1949); Gentili Luigi, gr. Trommel (1969); Grambach Paul, Horn (1949); Grode Claudia, Flöte (1977); Grode Werner, Lyra (1979); Hall Beatrice Klarinette (1981); Hall Markus, Flügelhorn (1977); Heckmeier Michael, Saxophon (1980); Heizmann Matthias, Flöte (1979); Heizmann Reinhard, Posaune (1967); Hercher Rainer, Trompete (1981); Huggle Marianne, Flöte (1979); Kirner Klaus, Klarinette (1978); Kleiser Berthold, Trompete (1975); Knöpfle Alfred, Posaune (1958); Knöpfle Franz, Tuba (1975); Knöpfle Richard, Horn (1955); Koch Jochen, Saxophon (1975); Kopp Josef, Posaune (1974); Kramer Dirk, Horn (1979); Lickert Kuno, Horn (1948); Ott Bettina, Klarinette (1978); Peghini Claudia, Klarinette (1979); Peghini Erwin, Klarinette (1972); Peghini Peter, Klarinette (1971); Peghini Pirmin, Flügelhorn (1958); Raufer Rolf, Tuba (1975); Rohrer Carmen, Klarinette (1980); Rosenstiel Claudia, Saxophon (1975); Ruth Jürgen, Saxophon (1972); Scapin Daniela, Klarinette (1979); Scapin Markus, Trompete (1979); Scharbach Andrea, Pauken (1979); Scherzinger Alfons, Klarinette (1962); Sigwart Alexander, Trompete (1967); Tröndle Rudolf, Flügelhorn (1975); Waldvogel Manfred, Tenorhorn (1972); Weber Jürgen, Posaune (1975); Weber Karl, Trompete (1952); Weißer Karl, Bariton (1955); Weißer Markus, Horn (1981); Welte Hartmut, Tenorhorn (1975); Willmann Erich, Saxophon (1956); Willmann Sibylle, Klarinette (1978); Willmann Thomas, Trompete (1978); Zipfel Andreas, Klarinette (1976); Zipfel Irmgard, Klarinette (1976)

Musikverein Ewattingen e.V.

Gründungsjahr:	1858*
1. Vorsitzender:	Rudolf Scheuble
Stellv. Vorsitzender:	Eduard Zimmermann
Schriftführer:	Michael Keller
Rechner:	Claudia Zimmermann
Beirat:	Roland Baumgärtner
	Hans-Jürgen Nowakowski
	Hans-Otto Scheuble
Dirigent:	Franz-Josef Scheuble
Ehrendirigent:	August Scheuble

Aktive: Baumgärtner Gerhard, Trompete (1975); Baumgärtner Roland, Flügelhorn (1972); Benz Dirk, Tenorhorn (1976); Burger Andreas, Trompete (1975); Burger Armin, Posaune (1975); Burger Erwin, Trompete (1949); Burger Ferdinand, Flügelhorn (1946); Dörflinger Achim, Trompete (1975); Dörflinger Fritz, Klarinette (1959); Färber Norbert, Tenorhorn (1972); Grüninger Hermann, Horn (1953); Grüninger Markus, Bariton (1975); Güntert Adolf, Tuba (1947); Hampel Markus, Trompete (1976); Harder Josef, Horn (1959); Intlekofer Thomas, Klarinette (1976); Intlekofer Wolfgang, Klarinette (1976); Keller Michael, Flügelhorn (1972); Meister Gottfried, Flügelhorn (1975); Meister Johann, Klarinette (1965); Müller Günter, Klarinette (1975); Nowakowski Hans-Jürgen, kl. Trommel (1972); Obergfell Ludwig, Tuba (1972); Otteny Ernst, Tenorhorn (1965); Otteny Werner, Tenorhorn (1975); Rothmund Werner, Bariton (1968); Scheuble Clemens, Flügelhorn (1975); Scheuble Hans-Otto, Klarinette (1965); Scheuble Rudolf, Klarinette (1959); Schmidt Günter, Horn (1975); Stritt Konrad, Horn (1975); Stritt Markus, Trompete (1975); Stucke Thomas, Trompete (1975); Vetter Karl-Heinz, gr. Trommel (1968); Zimmermann Eduard, Posaune (1965)

Trachtenkapelle
Falkau/Raitenbuch

Gründungsjahr:	1906
1. Vorsitzender:	Hansjörg Schelb (Falkau)
	Werner Kienzler
	(Raitenbuch)
Stellv. Vorsitzender:	Arthur Maus (Falkau)
Schriftführer:	Ursula Senn (Falkau)
	Thomas Braxmaier
	(Raitenbuch)
Rechner:	Günter Schmidt (Falkau)
	Helen Feser (Raitenbuch)
Dirigent:	Paul Feser
Vizedirigent:	Peter Kern
Jugendleiter:	Paul Feser

Aktive: Böhringer Wolfgang, Posaune (1972); Braxmaier Axel, Flügelhorn (1979); Braxmaier Thomas, Klarinette (1979); Dörflinger Hubert, Bariton (1980); Dörflinger Mathias, Flügelhorn (1980); Feser Paul, Tenorhorn (1955); Feser Ursula, Flügelhorn (1979); Hauck Reland, Klarinette (1960); Kern Hannelore, kl. Trommel (1963); Kern Peter, Flügelhorn (1957); Kienzler Werner, Tuba (1958); Marwitz Johannes, Klarinette (1979); Maus Arthur, gr. Trommel (1957); Meier Walter, Klarinette (1932); Reister Fritz, kl. Trommel (1979); Steiert Andreas, Tenorhorn (1975); Willmann Pirmin, Tenorhorn (1980); Wohllaib Hans, Posaune (1966)

Musikverein
Friedenweiler-Rudenberg e.V.

Gründungsjahr:	1922
1. Vorsitzender:	Hubert Knöpfle
Stellv. Vorsitzender:	Egon Furtwängler
Schriftführer:	Karl Löffler
Rechner:	Otto Schwörer
Stellv. Rechner:	Paul Winterhalder
Beirat (Aktiva):	Adelbert Winterhalder
Beirat (Passiva):	Josef Straub
Dirigent:	Walter Knöpfle
Vizedirigent:	Wilhelm Winterhalder jun.
Jugendleiter:	Jürgen Schwörer
Instrumentenwart:	Franz Kleiser
Ehrenvorsitzender:	Josef Schwörer
Ehrendirigent:	Stefan Heizmann
Ehrenmitglied:	Otto Schwörer

Aktive: Baiker Peter, Posaune (1979); Fischer Georg, Tuba (1980); Furtwängler Egon, gr. Trommel (1940); Furtwängler Jutta, Saxophon (1974); Hercher Arthur, Tuba (1959); Hercher Günter, Horn (1979); Hofmeier Rudolf, Bariton (1966); Jocher Beate, Klarinette (1974); Katla Judith, Saxophon (1970); Kleiser Alois, Pauken (1947); Kleiser Franz, Trompete (1960); Knöpfle Cornelia, Klarinette (1980); Knöpfle Hubert, Klarinette (1959); Knöpfle Petra, Trompete (1981); Knöpfle Silvia, Klarinette (1980); Löffler Karl, Tuba (1972); Mariani Rudolf, Posaune (1979); Schwörer Josef, Klarinette (1924); Schwörer Jürgen, Flügelhorn (1974); Spitzner Thomas, Klarinette (1980); Waldvogel Monika, Klarinette (1976); Wilde Gerson, Flügelhorn (1978); Wilde Wolfgang, Horn (1974); Willmann Herbert, Bariton (1974); Willmann Johannes, kl. Trommel (1981); Willmann Otto, Becken (1947); Willmann Werner, Tenorhorn (1959); Winterhalder Adelbert, Klarinette (1957); Winterhalder Alfred, Flügelhorn (1970); Winterhalder Heide, Saxophon (1979); Winterhalder Hubert, Tenorhorn (1974); Winterhalder Monika, Klarinette (1974); Winterhalder Wilhelm sen., Flügelhorn (1947); Winterhalder Wilhelm jun., Trompete (1974); Zimmermann Ingrid, Flöte (1979)
Zöglinge: Beha Andreas, Posaune (1981); Beha Thomas, Posaune (1981); Borrmann Mathias, Posaune (1981); Breidel Margot, Flöte (1981); Höll Diana, Flöte (1980); Kleiser Alexander, Trompete (1981); Knöpfle Anette, Klarinette (1980); Waldvogel Hartmut, Tenorhorn (1981); Willmann Helmut, Tenorhorn (1981); Willmann Roland, Klarinette (1980); Zimmermann Ulrich, Klarinette (1980)

Musik- und Trachtenkapelle Göschweiler e.V.

Gründungsjahr:	1934
1. Vorsitzender:	Helmut Agostini
Stellv. Vorsitzender:	Werner Schonhardt
Schriftführerin:	Petra Schonhardt
Rechner:	Gottfried Bernauer
Beirat:	Herbert Bölle
	Rolf Bölle
	Johann Kessler
Dirigent:	Oswald Hasenfratz
Vizedirigent:	Franz Gromann
Jugendleiter:	Klaus Kessler
Notenwart:	Rudolf Heer
Ehrendirigent:	Rupert Hepting

Aktive: Agostini Helmut, gr. Trommel (1946); Agostini Karl-Heinz, Horn (1975); Albert Willibald, Trompete (1975); Baader Siegfried, Horn (1948); Bernauer Gottfried, Klarinette (1976); Bölle Herbert, Klarinette (1957); Bölle Markus, kl. Trommel/Trompete (1979); Bölle Rolf, Trompete (1952); Bölle Volker, Klarinette (1976); Dresel Martin, Trompete (1976); Eggert Dieter, Klarinette (1970); Frey Joachim, Tuba (1960); Ganter Walter, Tuba (1957); Gromann Franz, Klarinette (1957); Heer Bernhard, Trompete (1976); Heer Rudolf, Bariton (1948); Kessler Alfons, Trompete (1946); Kessler Hermann, Horn (1964); Kessler Johann, Flügelhorn (1950); Kessler Klaus, Flügelhorn (1968); Kessler Regina, Flöte (1976); Maier Klaus, Posaune (1975); Mayer Ewald, Tenorhorn (1976); Raufer Gerhard, Flügelhorn (1960); Schiesel Ernst, Horn (1934); Schiesel Rolf, Flügelhorn (1975); Schonhardt Petra, Klarinette (1971); Schonhardt Werner, gr. Trommel (1971); Schuler Günter, Tenorhorn (1976); Vetter Bettina, Klarinette (1976); Vetter Sylvia, Klarinette (1976); Wehrle Josef, Posaune (1957); Wehrle Marianne, Flöte (1976); Wehrle Wolfgang, Bariton (1975)
Zöglinge: Agostini Sonja, Klarinette (1980); Eggert Heidi, Klarinette (1980); Frey Monika, Klarinette (1980); Grosser Erwin, Tenorhorn (1980); Happle Beate, Klarinette (1980); Hasenfratz Andrea, Flöte (1980); Hasenfratz Werner, Flügelhorn (1980); Hensler Michaela, Klarinette (1980); Hummel Martin, kl. Trommel (1980); Raufer Michael, Trompete (1980); Raufer Tanja, Klarinette (1980); Wehrle Wilfried, Tenorhorn (1980); Werne Iris, Klarinette (1980); Werne Karin, Klarinette (1980)

Musikverein Grafenhausen e.V.

Gründungsjahr:	1863*
1. Vorsitzender:	Franz Boll
Stellv. Vorsitzender:	Otto Morath
Schriftführer:	Martin Bienek
Rechner:	Regina Seidler
Beirat:	Thomas Albiez
	Fridolin Gatti
	Lothar Jäger
	Barbara Maier
	Artur Pfeiffer
	Egon Selb
Dirigent:	Bernhard Seidler
Vizedirigent/	
Jugendleiter:	Robert Seidler
Notenwart/	
Instrumentenwart:	Artur Pfeiffer
Ehrendirigent:	Franz Pfeiffer

Aktive: Albiez Thomas, Lyra (1981); Bienek Johannes, Bariton (1974); Bienek Klaus, Trompete (1974); Bienek Martin, Flügelhorn (1969); Boll Franz, gr. Trommel (1964); Boll Ruth, Flügelhorn (1974); Buck Frank, Trompete (1974); Buck Jeanette, Klarinette (1974); Gänswein Norbert, Posaune (1961); Gatti Alfons, Tuba (1963); Gatti August, Saxophon (1961); Gatti Fridolin, Saxophon (1961); Gatti Josef, Trompete (1967); Heer Erwin, Horn (1969); Isele Birgit, Flügelhorn (1974); Jäger Anita, Klarinette (1974); Jäger Dietmar, kl. Trommel (1974); Jäger Lothar, Trompete (1967); Kaiser Gerhard, Posaune (1948); Lenz Helmut, Posaune (1969); Lenz Karin, Klarinette (1974); Maier Carola, Flöte (1974); Maier Norbert, Flügelhorn (1969); Maier Wilfried, Klarinette (1965); Malzner Ewald, Saxophon (1946); Meyer Franz, Posaune (1958); Meyer Werner, Tenorhorn (1953); Morath Otto, Horn (1948); Pfeiffer Artur, Tenorhorn (1947); Ried Angelika, Saxophon (1974); Schäuble Andreas, Posaune (1974); Schlatter Bernhard, Tuba (1967); Schlatter Philipp, Tuba (1974); Schlegel Konrad, Horn (1952); Seidler Georg, Tenorhorn (1969); Seidler Hans-Peter, kl. Trommel (1967); Seidler Heinrich, Flügelhorn (1963); Seidler Michael, Klarinette (1969); Seidler Regina, Klarinette (1969); Seidler Robert, Trompete (1963); Selb Christian, Posaune (1974); Selb Egon, Bariton (1967); Stork Rupert, Klarinette (1969); Stritt Josef, Trompete (1961); Stritt Michael, Flügelhorn (1974); Strittmatter Otmar, Tenorhorn (1974); Tritschler Betina, Klarinette (1974); Tritschler Joachim, Bariton (1974); Tröndle Thomas, Trompete (1974)

Blaskapelle Grünwald-Holzschlag

Gründungsjahr:	1929
1. Vorsitzender:	Wolfgang Fehrenbach
Stellv. Vorsitzender:	Werner Scheu
Schriftführerin:	Ingrid Böhler
Rechner:	Bernhard Feser
Beirat:	Alfred Fehrenbach
	Hubert Kessler
Jugendvertreter:	Bernhard Ebner
Dirigent:	Heinrich Scheu
Vizedirigent/	
Jugendleiter:	Werner Scheu

Aktive: Böhler Ingrid, Klarinette (1976); Böhler Martin, Klarinette (1981); Ebner Albert, Tenorhorn (1973); Ebner Bernhard, Klarinette/Posaune (1973); Faller Gerhard, Tuba (1955); Fehrenbach Wolfgang, Bariton (1960); Feser Bernhard, Horn (1948); Feser Hubertus, Schlagzeug (1979); Kessler Hubert, Flügelhorn (1960); Kessler Jürgen, Klarinette (1981); Kessler Werner, Flügelhorn (1979); Kiefl Angelika, Klarinette (1981); Sandmann Gerhard, Trompete (1981); Scheu Andreas, Trompete (1973); Scheu Renate, Flügelhorn (1976); Scheu Werner, Tenorhorn (1969); Scheu Wolfgang, Klarinette (1976); Schuppler Heinz, gr. Trommel (1979)
Zöglinge: Faller Bernd, Posaune (1980); Faller Monika, Trompete (1980); Kiefl Annette, Trompete (1980)

Trachtenkapelle Gündelwangen e.V.

Gründungsjahr:	1855*
1. Vorsitzender:	Norbert Fehrenbach
Stellv. Vorsitzender:	Hartmut Neipp
Schriftführerin:	Andrea Hug
Rechner:	Hubert Haury
Beirat:	Hilmar Faller
	Manfred Weiler
Jugendvertreter:	Richard Hofmeier
Dirigent:	Winfried Rombach
Vizedirigent:	Thomas Tröndle
Notenwarte:	Erika Merz
	Gabi Werne
Ehrenvorsitzender:	Ernst Weiler

Aktive: Faller Hilmar, Klarinette (1955); Fehrenbach Elke, Klarinette (1977); Fehrenbach Norbert, Tuba (1951); Fehrenbach Silke, Flöte (1982); Fischer Beate, Flöte (1982); Gremmelspacher Andrea, Klarinette (1974); Haberstroh Stefan, kl. Trommel (1982); Haury Hubert, Tuba (1970); Hofmeier Richard, Bariton (1973); Hug Andrea, Klarinette (1973); Hug Diana, Flöte (1974); Klein Edeltraud, Trompete (1975); Löffler Manfred, Posaune (1982); Manke Dorit, Klarinette (1978); Marder Raimund, Horn (1976); Merz Erika, Klarinette (1972); Neipp Hartmut, gr. Trommel (1972); Riesle Hans-Peter, Flügelhorn (1978); Rombach Armin, Lyra (1979); Rombach Daniel, Horn (1982); Rombach Frank, Flügelhorn (1977); Rombach Markus, Saxophon (1978); Schaller Klaus, Horn (1972); Schübel Hermann, Saxophon (1970); Schuler Eduard, Trompete (1969); Schuler Gerhard, Trompete (1967); Sigwart Ernst, Tenorhorn (1957); Sigwart Werner, Tuba (1972); Spengler Frank, Tenorhorn (1976); Tröndle Michael, Bariton (1970); Tröndle Thomas, Trompete (1972); Waldvogel Ernst, Saxophon (1969); Weiler Manfred, Flügelhorn (1962); Weiler Norbert, Flügelhorn (1966); Werne Gabi, Klarinette (1973); Werne Lothar, kl. Trommel (1970); Werne Ruth, Klarinette (1976); Wissler Markus, Trompete (1972); Wissler Thomas, kl. Trommel (1977)

Musikverein Hammereisenbach e.V.

Gründungsjahr:	1928
1. Vorsitzender:	Berthold Elsässer
Stellv. Vorsitzender:	Hans Benz
Schriftführer:	Erich Ketterer
Rechner:	Rolf Ketterer
Stellv. Rechner:	Gerd Dufner
Beirat (Aktiva):	Georg Ketterer
	Bernhard Stritt
Beirat (Passiva):	Manfred Hornstein
	Fritz Rösch
Dirigent:	Lothar Mai
Vizedirigent:	Josef Willmann
Jugendleiter:	Barbara Schwörer
Notenwart:	Helmut Mai
Instrumentenwart:	Hans Tschutschentaler

Aktive: Baier Günter, Posaune (1974); Benz Carmen, Klarinette (1980); Benz Hans, Tuba (1968); Demattio Peter, Horn (1980); Demattio Thomas, Trompete (1974); Frank Arnold, Posaune (1981); Kaltenbach Armin, Tenorhorn (1976); Kaltenbach Bernd, Horn (1980); Ketterer Erich, Flügelhorn (1936); Ketterer Georg, Tenorhorn (1931); Ketterer Rolf, Flügelhorn (1963); Kienzler Lothar, Tenorhorn (1979); King Helmut, gr. Trommel (1963); King Jürgen, kl. Trommel (1978); King Richard, Flügelhorn (1976); King Sonja, Klarinette (1970); Kleiser Otmar, Klarinette (1947); Knöpfle Peter, Posaune (1976); Mai Helmut, Bariton (1975); Mai Robert, Flügelhorn (1974); Nock Günter, Tenorhorn (1974); Nock Wolfgang, Tuba (1981); Schwörer Barbara, Klarinette (1976); Stritt Bernhard, Trompete (1965); Waibel Michael, Tuba (1975); Willmann Josef, Trompete (1968); Winterhalder Brigitte, Klarinette (1975); Winterhalder Carola, Trompete (1976)
Zöglinge: Bröde Bernd, Flügelhorn (1980); Kaltenbach Martin, Klarinette (1980); Kienzler Harald, Trompete (1980); Schuler Sven, Klarinette (1980); Wehrle Ralf, Flöte (1980)

Trachtenkapelle Hinterzarten

Gründungsjahr:	1874*
1. Vorsitzender:	Franz Ganter
Stellv. Vorsitzende:	Erich Hug
	Albert Tröscher
Schriftführer:	Siegfried Faller
Rechner:	Karl Mellert
Beirat:	Thomas Beha
	Paul Böhringer
	Albert Feser
	Meinrad Hofmeier
	Alfred Riesterer
	Otmar Winterhalder
Dirigent:	Walter Schreier
Vizedirigent:	Alfred Winterhalder
Jugendleiter:	Ursula Lickert
Notenwart:	Max Lickert
Instrumentenwart:	Konrad Tröscher
Ehrenvorsitzender:	Oskar Schwär

Aktive: Beha Thomas, Bariton (1972); Bertleff Dieter, Tenorhorn (1973); Birkenberger Klaus, Klarinette (1942); Böhringer Paul, Bariton (1967); Böhringer Rudolf, Klarinette (1975); Faller Oskar, Klarinette (1968); Faller Siegfried, Klarinette/Saxophon (1960); Fehrenbach Lothar, Trompete (1975); Fehrenbach Oskar, kl. Trommel (1964); Fehrenbach Siegfried, Klarinette/Saxophon (1964); Feser Albert, Tenorhorn (1949); Feser Manfred, Tenorhorn (1975); Feser Oskar, Horn (1969); Frei Karin, Klarinette (1979); Freytag Felix, Tuba (1975); Ganter Franz, Tuba (1942); Ganter Oswald, Klarinette (1968); Gutzweiler Peter, gr. Trommel (1980); Hofmeier Meinrad, Trompete (1967); Hug Erich, Klarinette (1942); Kern Wilfried, Horn (1975); Kramer Uwe, Posaune (1973); Lickert Max, Posaune (1958); Lickert Ursula, Flöte/Pikkolo (1968); Mellert Karl, Klarinette (1926); Riesterer Alfred, Flügelhorn (1952); Schelb Eugen, Flügelhorn (1952); Schmidle Harald, Flügelhorn (1975); Steiert Franz, Posaune (1955); Steiert Paul, Horn (1975); Steiert Rainer, Tuba (1973); Tröscher Albert, Klarinette (1940); Tröscher Konrad, Trompete (1950); Tröscher Renate, Klarinette (1975); Tröscher Verena, Klarinette (1975); Winterhalder Albert, gr. Trommel (1949); Winterhalder Alfred, Klarinette (1955); Winterhalder Claudia, Klarinette (1972); Winterhalder Engelbert, Tenorhorn (1942); Winterhalder Franz, Tuba (1949); Winterhalder Franz-Richard, Flügelhorn (1968); Winterhalder Lothar, Flügelhorn (1973); Winterhalder Otmar, Tenorhorn (1965); Winterhalder Sylvia, Klarinette/Saxophon (1968)
Zöglinge: Faller Christine, Klarinette (1979); Jung Karsten, Klarinette (1979); Jung Sven, Trompete (1982); Metzler Petra, Flöte (1979); Riesle Michael, Trompete (1978); Riesterer Gabriele, Klarinette (1979); Völkle Jürgen, Posaune (1981); Winterhalder Sylvia, Klarinette (1979)

Musikverein Kappel/Schwarzwald e.V.

Gründungsjahr:	1898
1. Vorsitzender:	Franz Wehrle
Stellv. Vorsitzender:	Adolf Pfisterer
Schriftführer:	Willibald Duttlinger
Rechner:	Alfred Mantel
Beirat:	Kurt Herrmann
	Armin Intlekofer
	Helmut Winker
	Walter Winterhalder
Dirigent:	Robert Nobs
Vizedirigent:	Albert Welte
Ehrenvorsitzender:	August Gfell
Ehrenmitglieder:	Alfred Mantel
	Alfred Schneider
	Oskar Schneider
	Franz Schurt
	Josef Steiert
	Alfred Welte

Aktive: Drescher Klaus, Klarinette (1970); Duttlinger Angela, Flöte (1980); Duttlinger Willibald, Horn (1959); Fürderer Sabine, Flöte (1980); Gfell Josef, Flügelhorn (1965); Groß Richard, Tuba (1965); Groß Veronika, Saxophon (1980); Groß Werner, Tenorhorn (1968); Haury Berthold, Trompete (1965); Haury Werner, Schlagzeug (1968); Herrmann Kurt, Trompete (1959); Intlekofer Armin, Flügelhorn (1977); Intlekofer Christine, Flöte (1980); Klein Ingeborg, Klarinette (1982); König Johann, Schlagzeug (1965); Kühnemund Axel, Trompete (1977); Kühnemund Klaus, Schlagzeug (1979); Kühnemund Ralf, Tenorhorn (1979); Löffler Heiner, Trompete (1977); Mantel Wolfgang, Trompete (1973); Nobs Wolfgang, Klarinette (1969); Pfisterer Adolf, Flügelhorn (1954); Pfisterer Roland, Flügelhorn (1973); Schlegel Eugen, Horn (1968); Schmid Claudia, Flöte (1980); Schmid Cornelia, Posaune (1979); Schmid Günter, Klarinette (1974); Schneider Edgar, Flügelhorn (1973); Schupp Ernst, Klarinette (1973); Schurt Karin, Klarinette (1977); Schurt Hannes, Flügelhorn (1977); Schurt Stefan, Flügelhorn (1977); Sigwarth Franz, Saxophon (1960); Sigwarth Harald, Tenorhorn (1979); Sigwarth Petra, Klarinette (1974); Wehrle Erich, Tenorhorn (1977); Wehrle Ernst, Saxophon (1965); Wehrle Franz, Bariton (1965); Wehrle Gerhard, Horn (1952); Wehrle Hans-Peter, Klarinette (1970); Welte Albert, Trompete (1948); Welte Jürgen, Trompete (1977); Welte Martina, Flöte (1973); Winker Helmut, Tenorhorn (1954); Winker Markus, Tenorhorn (1977); Winterhalder Gerlinde, Trompete (1973); Winterhalder Herbert, Posaune (1977); Winterhalder Paul, Tuba (1973); Winterhalder Roger, Bariton (1979); Winterhalder Walter, Klarinette (1974)
Zöglinge: Brugger Wolfgang, Posaune (1982); Doorentz Dieter, Cornet (1982); Doorentz Jan, Trompete (1982); Schlegel Bianca, Klarinette (1982); Schlegel Lucia, Saxophon (1968); Sedlak Martin, Trompete (1982); Sedlak Tanja, Klarinette (1982); Seifert Erik, Trompete (1982); Welte Daniela, Trompete (1982)

Stadtmusik Lenzkirch e.V.

Gründungsjahr:	1851*
1. Vorsitzender:	Albert Reich
Stellv. Vorsitzender:	Walter Matt
Schriftführer:	Martin Keßler
Rechner:	Ernst Lehmann
Stellv. Rechner:	Susanne Zähringer
Beirat:	Klaus Denzinger
	Viktor Dietsche
	Walter Dietsche
	Alfred Modispacher
	Bernd Schätzle
Dirigent:	Herbert Binninger
Vizedirigent:	Andreas Schellbach
Jugendleiter:	Herbert Binninger
Notenwart:	Bernhard Eichkorn
Instrumentenwart:	Ernst Bäuerle
Ehrenvorsitzende:	Alban Knaus
	Walter Dietsche
Ehrendirigent:	Alfred Modispacher

Aktive: Albrecht Karl, Posaune (1956); Bäuerle Ernst, Bariton (1971); Bischoff Christian, Trompete (1977); Bischoff Claus, Lyra; Booz Martin, Trompete (1975); Dietsche Uwe, Posaune (1978); Dietsche Walter, Posaune (1945); Eichkorn Bernhard, Flügelhorn; Faller Peter, Saxophon (1975); Faller Willi, Klarinette (1959); Friedrich Achim, Saxophon (1973); Friedrich Mathias, Trompete (1973); Fürderer Georg, Trompete (1973); Fürderer Harald, Posaune (1973); Grüninger Gerd, Horn (1977); Grüninger Werner, Trompete (1977); Imhof Johannes, Klarinette (1972); Karcher Andreas, Trompete (1973); Keßler Alfons, Tenorhorn (1946); Keßler Martin, Tenorhorn (1972); Laubis Markus, Trompete (1971); Lehmann Anita, Klarinette (1977); Lehmann Ernst, Posaune (1956); Marder Frank, Flügelhorn (1977); Matt Sabine, Klarinette (1977); Matt Walter, Bariton (1959); Pfaff Marcel, Tuba (1973); Preiser Fredi, Flügelhorn (1973); Reich Albert, Flügelhorn (1947); Reich Karlheinz, Trompete (1972); Reich Volker, Trompete (1973); Rombach Jürgen, Saxophon (1973); Ruff Roland, Klarinette (1971); Schellbach Andreas, Klarinette (1971); Schellbach Ernst, Klarinette (1947); Schellbach Martin, Saxophon (1975); Schropp Franz-Josef, Schlagzeug (1962); Schropp Georg, Sousaphon (1963); Straub Helmut, Sousaphon (1956); Treffeisen Egon, Horn; Vogelbacher Andrea, Klarinette (1973); Vogelbacher Ingrid, Schlagzeug (1975); Wössner Armin, Flügelhorn (1977); Zähringer Susanne, Flöte (1975); Zipfel Richard, Schlagzeug (1950)

Stadtmusik Löffingen

Gründungsjahr:	1720*
1. Vorsitzender:	Hans Kaufmann
Stellv. Vorsitzender:	Lothar Zepf
Schriftführer:	Ferdinand Hasenfratz
Rechner:	Ferdinand Beck
Beirat:	Lothar Baader
	Edwin Kuttruff
	Karlheinz Reichenbach
Dirigent:	Musikdirektor
	Artur Grübel

Aktive: Adrion Bernhard, Schlagzeug (1960); Baader Lothar, Klarinette (1966); Bausch Ralf, Horn (1970); Beck Ferdinand, Tenorhorn (1970); Beha Hermann, gr. Trommel (1954); Benz Franz, Klarinette (1968); Benz Friedolin, Tenorhorn (1975); Benz Konrad, Tuba (1971); Benz Priska, Flöte/Pikkolo (1974); Benz Thomas, Horn (1977); Binder Karl, Posaune (1975); Birkenberger Patrik, Schlagzeug (1977); Bölle Heike, Klarinette (1979); Braunigger Roland, Klarinette (1980); Dieterle Rolf, Posaune (1961); Egle Klaus, Flügelhorn (1970); Egle Sven, Trommel (1977); Fehrenbach Axel, Trommel (1974); Fehrenbach Pia, Klarinette (1977); Feser Walter, Bariton (1977); Finkbeiner Birgit, Klarinette (1980); Gäng Elvira, Klarinette (1975); Gauger Dieter, Horn (1954); Gauger Jürgen, Horn (1980); Guth Christian, Pauken (1977); Hasenfratz Dietmar, Trompete (1980); Hasenfratz Ferdinand, Saxophon (1947); Heiler Adolf, Tuba (1954); Heiler Rudolf, Tenorhorn (1975); Heiler Ute, Saxophon (1977); Heiler Wolfgang, Schlagzeug (1973); Heizmann Eugen, Lyra (1964); Hryzuniak Reinhold, Flügelhorn (1965); Huber Rainer, Klarinette (1976); Kaufmann Hans, Bariton (1947); Keller Ulrich, Posaune (1970); Keller Wolfgang, Tenorhorn (1973); Köpfler Georg, Flügelhorn (1973); Köpfler Herbert, Posaune (1976); Köpfler Lioba, Klarinette (1979); Körner Carola, Klarinette (1974); Kuttruff Alexandra, Saxophon (1980); Kuttruff Edwin, Trommel (1977); Kuttruff Joe, Trommel (1977); Kuttruff Petra, Flöte (1980); Kuttruff Ralf, Klarinette (1979); Maier Johann, Trommel (1968); Maier Roland, Trompete (1970); Müller Walter, Becken (1952); Nickel Sabine, Flöte (1980); Peghini Leane, Flöte/Pikkolo (1977); Reichenbach Karlheinz, Klarinette (1965); Rheiner Ulrike, Klarinette (1973); Riedlinger Rolf, Saxophon (1977); Schmid Manfred, Klarinette (1970); Schwanz Evelin, Schlagzeug (1977); Schwanz Manuela, Klarinette (1973); Straub Jutta, Flöte/Pikkolo (1971); Straub Thomas, Posaune (1972); Vogt Roland, Schlagzeug (1973); Wehrle Martina, Klarinette (1980); Wolber Paul, Trompete (1975); Zepf Jürgen, Saxophon (1966); Zepf Lothar, Flügelhorn (1947); Zepf Rainer, Trompete (1977); Zepf Vroni, Saxophon (1972); Zepf Waldemar, Trompete (1947); Zimmermann Ingrid, Flöte/Pikkolo (1981); Zimmermann Regina, Klarinette (1970)

Musikverein Oberbränd e.V.

Gründungsjahr:	1933
1. Vorsitzender:	Horst Grenzemann
Stellv. Vorsitzender:	Siegfried Müller
Schriftführer:	Paul Tritschler
Rechner:	Paul Tritschler
Beirat:	Otmar Demattio
	Manfred Fischer
	Wolfgang Schwörer
	Franz Sigwart II
Dirigent:	Johann Pfaff
Vizedirigent:	Horst Grenzemann
Jugendleiter:	Johann Pfaff
Notenwart:	Herbert Waldvogel
Instrumentenwart:	Siegfried Müller
Ehrendirigent:	Josef Fürderer

Aktive: Bergmaier Herbert, Horn (1956); Demattio Otmar, Bariton (1946); Duffner Franz, Trompete (1981); Fehrenbach Artur, Posaune (1956); Fehrenbach Thomas, Klarinette (1972); Fürderer Ernst, Saxophon (1964); Grenzemann Horst, Klarinette (1969); Grenzemann Peter, Klarinette (1981); Grenzemann Viktoria, Flöte/Pikkolo (1979); Hercher Helga, Saxophon (1972); Hercher Otmar, Tuba (1972); Kaltenbrunner Andrea, Trompete (1981); Kirner Joachim, Posaune (1976); Müller Harald, Bariton (1981); Müller Siegfried, kl. Trommel (1962); Müller Uwe, Trompete (1976); Pfaff Gabriele, Klarinette (1981); Pfaff Manfred, Tuba (1981); Pfaff Sylvia, Klarinette (1976); Pfaff Wolfgang, Flügelhorn (1976); Scapin Patrizia, Klarinette (1982); Sigwart Adolf, Saxophon (1946); Sigwart Franz, gr. Trommel (1954); Waldvogel Carmen, Saxophon (1981); Waldvogel Herbert, Tenorhorn (1972); Welte Claudia, Flöte/Pikkolo (1975); Winterhalder Annette, Klarinette (1981); Winterhalder Kurt, Flügelhorn (1958); Winterhalder Thomas, Flügelhorn (1981); Winterhalder Walter, Posaune (1981)

Stadtmusik Neustadt

Gründungsjahr:	1852*
1. Vorsitzender:	Hans-Dieter Ficht
Stellv. Vorsitzender:	Klaus Maier
Schriftführer:	Bernhard Wangler
Rechner:	Eugen Ketterer
Beirat:	Edwin Albrecht
	Uschi Kistler
	Wolfgang Nobs
	Klaus Seidler
	Fritz Spießmacher
	Jürgen Stemmer
Dirigent:	Robert Mayr
Vizedirigent:	Werner Vogt
Jugendleiter:	Albert Cottel
Notenwart:	Klaus Nobs
Instrumentenwart:	Rüdiger Skomrock
Ehrenpräsident:	Anton Kleiser
Ehrenvorsitzender:	Bürgermeister
	Martin Lindler

Ehrenmitglieder: Wilhelm Bauer, Albert Cottel, Wilhelm Hug, Anton Maier, Karl Mellert, Julius Pfeffer, Bürgermeister
Aktive: Albrecht Edwin, Saxophon (1951); Bach Hans-Christel, Tenorhorn (1951); Beese Dagmar, Flöte (1975); Beha Petra, Flöte (1972); Cottel Albert, Trompete (1924); Ebner Roland, Flügelhorn (1957); Egner Herbert, Tuba (1960); Ehlert Peter, Horn (1975); Ertle Stefanie, Posaune (1973); Fehrenbach Manfred, Flügelhorn (1967); Ficht Hans-Dieter, Trompete (1963); Frei Volker, Saxophon (1971); Götz Iris, Saxophon (1972); Güntert Petra, Klarinette (1978); Guth Horst, Horn (1968); Hauser Michael, Klarinette (1971); Heitz Hubert, Posaune (1951); Hipfel Joachim, Oboe (1971); Hitz Julian, Saxophon (1973); Hönes Fritz, gr. Trommel (1959); Isele Manfred, Cornet (1951); Jourdan Ursula, Klarinette (1969); Kaiser Gabriele, Klarinette (1975); Ketterer Erwin, Posaune (1969); Ketterer Eugen, Tenorhorn (1964); Ketterer Franz, Saxophon (1968); Kistler Uschi, Klarinette (1973); Kleiser Ingrid, Klarinette (1975); Kohler Dietmar, Klarinette (1967); Ludin Christoph, Klarinette (1976); Maier Klaus, Flügelhorn (1965); Nobs Klaus, Klarinette (1969); Nobs Robert, Saxophon (1937); Nobs Wolfgang, Klarinette (1970); Schartel Werner, Bariton (1972); Schilling Rainer, Flügelhorn (1972); Schmid Iris, Trompete (1974); Schwald Manfred, Flügelhorn (1948); Seidler Klaus, Tenorhorn (1961); Skomrock Rüdiger, Tuba (1978); Spießmacher Fritz, Posaune (1946); Spießmacher Horst, Horn (1951); Stemmer Herbert, kl. Trommel (1953); Stemmer Jürgen, Schlagzeug (1973); Stripp Siegfried, Tuba (1960); Trescher Hermann, Tuba (1980); Trescher Waltraud, Trompete (1980); Tröndle Sonja, Klarinette (1971); Vogelbacher Thomas, Bariton (1975); Vogt Werner, Trompete (1977); Wangler Bernhard, Tenorhorn (1967); Weiß Andrea, Posaune (1971); Weiß Beate, Klarinette (1971); Weiß Josef, Horn (1962); Weißer Christiane, Flöte (1974); Willmann Inge, Flöte (1975); Winterhalder Marianne, Klarinette (1974)
Jugendkapelle: Bach Alexander, Trompete (1976); Bach Stefan, Tenorhorn (1979); Böhler Gunnar, Klarinette (1975); Büche Ralf, Trompete (1976); Cubicciotte Salvatore, Bariton (1980); Engesser Heike, Flöte (1982); Ganz Diana, Klarinette (1981); Götz Clemens, Tuba (1976); Hauser Matthias, Klarinette (1975); Heitz Iris, Flügelhorn (1976); Heitz Petra, Posaune (1976); Held Bernd, Klarinette (1976); Herbner Volker, Klarinette (1981); Kaltenbach Doris, Saxophon (1979); Kaltenbrunn Angela, Klarinette (1976); Ketterer Markus, Tenorhorn (1981); Ketterer Michael, Klarinette (1981); Ketterer Ulrike, Flöte (1978); Klumpp Andre, Trompete (1980); Kopp Arndt, Klarinette (1981); Kraus Karl-Hermann, Posaune (1980); Kraus Matthias, Bariton (1980); Lickert Armin, Klarinette (1981); Lindler Markus, Klarinette (1981); Maier Thomas, Tenorhorn (1981); Nobs Matthias, Horn (1977); Potowski Sabine, Trompete (1980); Schmidle Lothar, Flöte (1982); Schwarz Markus, Horn (1980); Schwörer Carolin, Flöte (1981); Spießmacher Martin, Tenorhorn (1976); Stehle Simon, Flügelhorn (1981); Stehle Tanja, Saxophon (1980); Straub Rafael, Trompete (1979); Striebel Eva-Maria, Klarinette (1981); Stritt Anja, Klarinette (1978); Tritschler Daniel, Flügelhorn (1980); Tritschler Markus, Posaune (1978); Vogelbacher Manuela, Trompete (1979); Wagner Markus, Bariton (1980); Waldvogel Monika, Klarinette (1976); Weber Rainer, Trompete (1980); Weiß Christine, Klarinette (1977); Weißer Marc, Schlagzeug (1979); Wilde Sabine, Klarinette (1981); Winterhalder Sibylle, Flöte (1977)

Musikverein Harmonie Reiselfingen e.V.

Gründungsjahr:	1884
1. Vorsitzender:	Bertold Müller
Stellv. Vorsitzender:	Emil Frei
Schriftführer:	Thomas Kaltenbrunn
Rechner:	Werner Diesperger
Beisitzer:	Franz Gottwalt
	Waldemar Werne
Kämmerer:	Franz-Josef Mayer
Dirigent:	Roland Vogt
Jugendleiter:	Edeltraud Neumann
Instrumentenwart:	Wolfgang Werne

Aktive: Bausch Otmar, Posaune (1965); Biehler Roland, Horn (1979); Diesperger Werner, Klarinette (1965); Duttlinger Josef, Bariton (1965); Engesser Alois, kl. Trommel (1976); Engesser Otto, kl. Trommel (1956); Engesser Thomas, Posaune (1979); Frei Emil, Trompete (1964); Fuß Klaus, Trompete (1971); Götz Helga, Klarinette (1976); Gottwalt Franz, Flügelhorn (1961); Gottwalt Michaela, Flügelhorn (1979); Happle Cornelia, Trompete (1979); Hinterseh Armin, Klarinette (1976); Hinterseh Benedikt, Posaune (1979); Hinterseh Martina, Trompete (1979); Hinterseh Sigrid, Trompete (1979); Kaltenbrunn Edmund, Klarinette (1975); Kaltenbrunn Friedhelm, Flöte (1974); Kaltenbrunn Guido, Klarinette (1979); Kaltenbrunn Rita, Klarinette (1976); Kaltenbrunn Thomas, gr. Trommel (1963); Ketterer Lioba, Trompete (1979); Langenbacher Fridolin, Trompete (1965); Mayer Eugen, Tuba (1946); Mayer Franz-Josef, Flügelhorn (1964); Mayer Karl-Heinz, Tuba (1969); Mayer Martin, Klarinette (1971); Mayer Robert, Tenorhorn (1971); Messerschmid Rudi, Klarinette (1964); Müller Bertold, Flügelhorn/Lyra (1971); Neumann Edeltraud, Klarinette (1972); Rokoschoski Kurt, Tenorhorn (1971); Vogt Marina, Flügelhorn (1979); Werne Ewald, Tenorhorn (1956); Werne Kurt, Flügelhorn (1976); Werne Waldemar, Posaune (1964); Werne Wolfgang, Tenorhorn (1964)
Zöglinge: Engesser Regina, Flöte (1982); Ketterer Birgit, Klarinette (1982); Schmidt Andrea, Klarinette (1982); Schmidt Martina, Klarinette (1982); Vogt Simone, Klarinette (1982); Werne Marika, Klarinette (1982)

Musikverein Rötenbach e.V.

Gründungsjahr:	1872*
1. Vorsitzender:	Oskar Bier
Stellv. Vorsitzender:	Manfred Disch
Dritter Vorsitzender:	Thomas Glunk
Schriftführerin:	Anita Wölfle
Rechner:	Alois Obert
Jugendvertreter:	Leodegar Knöpfle
	Marianne Rohrer
Dirigent:	Clemens Knöpfle
Vizedirigent/	
Jugendleiter:	Christian Knöpfle
	Clemens Knöpfle
Notenwart:	Andrea Knöpfle
Instrumentenwart:	Hubert Maier
Ehrenvorsitzender:	Bernhard Stegerer

Aktive: Benz Adolf, Horn (1962); Bier Oskar, Posaune (1963); Disch Manfred, Flügelhorn (1950); Frei Hugo, Saxophon (1968); Ganter Paul, Horn (1959); Glunk Bruno, Posaune (1976); Glunk Karl, kl. Trommel (1949); Glunk Thomas, Tuba (1973); Groß Rudolf, Tenorhorn (1976); Hasenfratz Armin, kl. Trommel (1981); Heitzmann Gerhard, Flügelhorn (1959); Hensler Robert, Klarinette (1978); Kaltenbach Marianne, Klarinette (1974); Kamradt Frank, Flöte (1976); Klausmann Alfred, Tenorhorn (1975); Klausmann Hubert, Trompete (1975); Knöpfle Alfons, Tuba (1949); Knöpfle Andrea, Klarinette (1974); Knöpfle Christian, Posaune (1968); Knöpfle Elfriede, Saxophon (1972); Knöpfle Leodegar, Flügelhorn (1968); Knöpfle Lothar, Horn (1968); Kopp Beate, Klarinette (1974); Maier Hubert, Tuba (1962); Maier Lioba, Saxophon (1968); Müller Hans-Jörg, Klarinette/Lyra (1972); Müller Konrad, gr. Trommel (1967); Müller Paul, Klarinette (1976); Obert Alois, Trompete (1959); Pfaff Beate, Saxophon (1975); Ratzer Franz, Trompete (1950); Rohrer Marianne, Klarinette (1970); Romey Edgar, Trompete (1979); Rothfuß Armin, Flügelhorn (1975); Schwörer Martina, Klarinette (1972); Stegerer Bernhard, Tenorhorn (1948); Stegerer Egon, Tenorhorn (1949); Stegerer Franz, kl. Trommel/Pauken (1979); Stegerer Pia, Trompete (1976); Thoma Johannes, Trompete (1970); Wilde Johannes, kl. Trommel (1981); Wölfle Anita, Klarinette (1974)

Musikverein Rothaus

Gründungsjahr:	1928
1. Vorsitzender:	Otto Booz
Stellv. Vorsitzender:	Paul Betz
Schriftführer:	Andreas Strittmatter
Rechner:	Walter Sibold
Beirat:	Karl-Günter Haaben
	Thomas Kunselmann
	Ludwig Speck
Dirigent:	Winfried Rombach
Vizedirigent:	Peter Gatti
Jugendleiter:	Thomas Kunselmann
Notenwart:	Rolf Schilling
Ehrenvorsitzender:	Hans Pfender

Aktive: Betz Paul, Posaune (1965); Betz Petra, Trompete (1978); Booz Otto, Trompete (1947); Burger Ernst, Schlagzeug (1947); Gampp Albert, Tenorhorn (1947); Gatti Peter, Flügelhorn (1954); Hofmaier Heinz, gr. Trommel (1979); Hofmaier Horst, Flügelhorn (1980); Huber Josef, Tenorhorn (1960); Kunselmann Thomas, Tenorhorn (1978); Kunselmann Ulrike, Flöte (1980); Rombach Armin, Schlagzeug (1978); Rombach Daniel, Horn (1981); Rombach Frank, Trompete (1978); Rombach Markus, Klarinette (1978); Schäuble Artur, Klarinette (1947); Schilling Rolf, Horn (1960); Sibold Martina, Flügelhorn (1978); Sibold Sandra, Klarinette (1980); Sibold Walter, Posaune (1965); Strittmatter Andreas, Tuba (1970); Strittmatter Markus, Bariton (1978); Tröndle Lothar, Klarinette (1978); Verini Alfred, Tuba (1947); Verini Andrea, Klarinette (1980); Württenberger Bettina, Klarinette (1980); Württenberger Martin, Schlagzeug (1980)
Zöglinge: Jäger Anita, Klarinette (1980); Jäger Büla, Klarinette (1980); Kleiber Manuela, Klarinette (1980); Pederiva Adrian, Trompete (1981); Pederiva China, Klarinette (1980)

Musikverein Saig e.V.

Gründungsjahr:	1890
1. Vorsitzender:	Rudolf Meyer
Stellv. Vorsitzender:	Klaus Kleiser
Schriftführerin:	Mechtild Ebner
Rechner:	Kuno Hensler
Beirat:	Ulrich Feser
	Peter Maier
Ausschußmitglieder:	Robert Fieg
	Werner Morath
	Linus Wangler
	Hermann Willmann
Dirigent:	Götz Ertlz
Vizedirigent/ Notenwart:	Peter Hofer
Instrumentenwart:	Werner Morath
Ehrenvorsitzender:	Gottfried Schurt
Ehrendirigent:	Ludwig Rombach
Ehrenmitglieder:	Adolf Maier
	Adolf Morath
	Guido Wangler
	Franz Wunderle

Aktive: Bartberger Franz, Posaune (1962); Bartberger Helmut, Trompete (1962); Beuth Astrit, Klarinette (1982); Bruckert Christoph, Klarinette (1980); Brugger Romanus, Trompete (1978); Dowhaniuk Michael, kl. Trommel (1976); Dresel Roland, Klarinette/Saxophon (1977); Ebner Mechthild, Flügelhorn (1973); Feser Alois, Tuba (1950); Feser Arnold, Flügelhorn (1973); Feser Pius, Klarinette (1980); Feser Reinhard, Trompete (1978); Feser Ulrich, Bariton (1973); Fieg Helga, Flöte (1980); Fieg Petra, Trompete (1976); Fieg Robert, Klarinette (1955); Hensler Kuno, gr. Trommel (1955); Hofer Peter, Becken (1949); Hofer Thomas, Trompete (1976); Ketterer Josef, Klarinette (1958); Ketterer Sabine, Klarinette/Saxophon (1976); Kleiser Klaus, Flügelhorn (1961); Kleiser Regina, Klarinette/Saxophon (1976); Kleiser Veronika, Flöte (1980); Kretzing Karin, Flöte (1976); Mahler Ingrid, Flöte (1976); Maier Gerhard, Tenorhorn (1962); Maier Marianne, Klarinette/Saxophon (1973); Maier Peter, Saxophon (1952); Maier Reinhold, Trompete (1973); Morath Werner, Tenorhorn (1970); Quindt Walburga, Saxophon (1980); Schreiber Katja, Flöte (1980); Wangler Andreas, kl. Trommel (1976); Wangler Claudia, Klarinette (1976); Wangler Linus, Tuba (1955); Wangler Matthias, Tenorhorn (1976); Willmann Hermann, Klarinette (1973); Zähringer Julika, Flöte (1980)
Zöglinge: Beuth Peter, Posaune (1982); Ebner Klaus, Posaune (1982); Eisele Thomas, kl. Trommel (1980); Hermann Gottfried, Tenorhorn (1982); Ketterer Jutta, Klarinette (1982); Ketterer Markus, Posaune (1982); Kleiser Jutta, Klarinette (1982); Kleiser Michael, Flügelhorn (1982); Mesenholl Nicole, Klarinette (1982); Morath Andreas, Trompete (1980); Preisendanz Andreas, Posaune (1982); Wangler Jürgen, Trompete (1980); Wangler Heiko, Tenorhorn (1980); Wurm Karin, Klarinette (1982)

Trachtenkapelle St. Märgen e.V.

Gründungsjahr:	1882*
1. Vorsitzender:	Ernst Hermann
Stellv. Vorsitzender:	Wilfried Riessle
Schriftführer:	Oskar Hermann
Stellv. Schriftführer:	Oskar Willmann
Rechner:	Robert Wehrle
Pressewart:	Rita Hermann
Beirat:	Fridolin Faller
	Klaus Saier
	Theodor Willmann
Dirigent:	Dr. Hartmut Braun
Vizedirigent/ Jugendausbilder:	Helmut Hermann
Notenwart:	Oskar Willmann
Ehrendirigent:	Karl Schuler

Aktive: Faller Fridolin, Bariton (1957); Faller Oskar, Becken (1961); Fehrenbach Bernhard, Horn (1973); Heilbock Wolfgang, Tenorhorn (1973); Hermann Ernst, Klarinette (1938); Hermann Helmut, Flügelhorn (1969); Hermann Kl.-Martin, Tenorhorn (1979); Hermann Oskar, gr. Trommel (1953); Hermann Rita, Flöte (1973); Hermann Walter, Klarinette (1969); Herrmann Harald, Flügelhorn (1979); Herrmann Manfred, Trompete (1979); Hog Johannes, Trompete (1979); Hog Veronika, Klarinette (1979); Ketterer Adolf, Flügelhorn (1970); Ketterer Bernhard, Posaune (1973); Ketterer Berthold, Klarinette (1977); Kleiser Lukas, Tuba (1975); Löffler Hansjörg, kl. Trommel (1965); Löffler Oskar, Horn (1957); Löffler Wolfgang, Posaune (1979); Riessle Alfred, Tuba (1979); Riessle Wilfried, Tuba (1969); Saier Fridolin, Posaune (1979); Saier Klaus, Tenorhorn (1977); Schlegel Alfred, Flügelhorn (1973); Schlegel Bernhard, Trompete (1973); Schlegel Karl, Horn (1979); Schuler Georg, Flügelhorn (1979); Schuler Maritta, Klarinette (1973); Waldvogel Willi, Posaune (1969); Wehrle Agnes, Flöte (1979); Wehrle Bernhard, Bariton (1979); Wehrle Georg, Flügelhorn (1979); Wehrle Hubert, Trompete (1979); Wehrle Robert, Klarinette (1954); Wehrle Rosmarie, Flöte (1979); Wehrle Sabine, Klarinette (1979); Willmann Martina, Klarinette (1979); Willmann Oskar, Tenorhorn (1955); Willmann Theodor, Trompete (1957); Willmann Thomas, Trompete (1979)

Trachtenkapelle
St. Märgen – Glashütte e.V.

Gründungsjahr:	1910
1. Vorsitzender:	Robert Burger
Stellv. Vorsitzender:	Wilfried Löffler
Schriftführer:	Karl-Josef Brugger
Rechner:	Albert Rießle
Beirat (Aktiva):	Alfred Löffler
	Adolf Schwär
Beirat (Passiva):	Amandus Hermann
	Josef Bammert
Dirigent:	Alfred Brugger
Vizedirigent:	Hans-Peter Pfaff
Jugendleiter:	Alfred Brugger
	Manfred Schwär
Notenwart:	Ernst Rießle
Instrumentenwart:	Hans-Peter Pfaff
Ehrendirigent:	Karl Brugger

Aktive: Brugger Karl-Josef, Flügelhorn (1973); Burger Robert, Trompete (1949); Fischer Helmut, Klarinette (1973); Fischer Johann, Klarinette (1956); Fischer Otmar, Trompete (1967); Hermann Bernhard, Bariton (1949); Hermann Hubert, Bariton (1973); Kaltenbach Heinrich, Klarinette (1979); Kaltenbach Hermann, Tuba (1949); Kaltenbach Reinhold, Tenorhorn (1968); Löffler Alfred, Tuba (1952); Löffler Bernhard, kl. Trommel (1979); Löffler Hans-Gerd, Klarinette (1973); Löffler Klaus, Trompete (1973); Löffler Wilfried, Tenorhorn (1973); Löffler Wolfgang, Tenorhorn (1973); Pfaff Adolf, Tenorhorn (1949); Pfaff Hans-Peter, Tuba (1967); Rießle Albert, Horn (1952); Rießle Ernst, Horn (1967); Rießle Hansjörg, Posaune (1967); Rießle Leo, Horn (1973); Schirmaier Hans-Gerd, Flügelhorn (1959); Schwär Adolf, Klarinette (1949); Schwär August, Posaune (1949); Schwär Manfred, Klarinette (1973); Schwär Siegfried, Posaune (1967); Schwär Theodor, Flügelhorn (1959); Schwär Wolfgang, Posaune (1968); Trenkle Stefan, gr. Trommel (1939)
Zöglinge: Brugger Ulrich, Flügelhorn (1979); Fischer Jürgen, Klarinette (1979); Ganter Gabriele, Flöte (1979); Ganter Klaus, Trompete (1981); Kaltenbach Gabriele, Klarinette (1979); Kirner Angelika, Klarinette (1981); Rießle Martin, Trompete (1979); Schirmaier Ina, Flöte (1979); Schwär Hansjörg, Klarinette (1979)

Musikverein-Trachtenkapelle
Schluchsee e.V.

Gründungsjahr:	1877*
1. Vorsitzender:	Gerhard Bunse
Stellv. Vorsitzender:	Rainer Booz
Schriftführer:	Karl Dober
Rechner:	Klaus Urban
Beirat:	Karl Behringer
	Max Beringer
	Herbert Hug
	Josef Leberer
	Oskar Wochner
	Otto Zumkeller
Dirigent:	Helmut Steinert
Vizedirigent:	Klaus Urban
Notenwart/	
Instrumentenwart:	Helmut Steinert

Aktive: Behringer Andreas, Horn (1958); Booz Armin, Horn (1982); Booz Bernhard, Tenorhorn (1950); Booz Heike, Flügelhorn (1982); Booz Oskar, Posaune (1967); Booz Rainer, Flügelhorn (1973); Braun Andrea, Flöte (1982); Bunse Gerhard, Tenorhorn (1967); Dober Karl, Tuba (1945); Eckerle Bernd, kl. Trommel (1982); Eckerle Manfred, Trompete (1978); Faller Uwe, Flügelhorn (1978); Hilpert Egon, Tenorhorn (1931); Isele Christine, Klarinette (1981); Isele Norbert, Klarinette (1973); Isele Rudolf, Trompete (1978); Käfer Martin, Trompete (1972); Kaiser Walter, Posaune (1951); Kaltenbach Klaus, Klarinette (1967); Kandler Axel, Flügelhorn (1974); Kandler Detlef, Flügelhorn (1974); Kandler Franz, Flügelhorn (1978); Kandler Karl Heinz, Tenorhorn (1974); Keller Ernst, Trompete (1982); Keller Paul, Tuba (1946); Kiefer Andreas, Klarinette (1981); Killig Peter, Flügelhorn (1980); Kohler Martin, Flügelhorn (1982); Krpoun Ilona, Flöte (1982); Mahler Fritz, Flügelhorn (1935); Mayer Bruno, Tuba (1980); Merz Thomas, Klarinette (1980); Rogg Manfred, Tenorhorn (1967); Rudigier Otmar, Lyra (1959); Stahlwitz Detlef, Klarinette (1980); Steinhauer Karl, gr. Trommel (1966); Steinhauer Simone, Klarinette (1981); Urban Klaus, Klarinette (1961); Wegner Thomas, kl. Trommel (1980); Wochner Walter, Klarinette (1973); Wursthorn Hans Peter, Tenorhorn (1980); Zimmermann Monika, Posaune (1982); Zimmermann Peter, Bariton (1958); Zipfel Richard, Trompete (1958); Zolg Sabine, Posaune (1982)

Musikverein Schollach e.V.

Gründungsjahr:	1958
1. Vorsitzender:	Erhard Pfaff
Stellv. Vorsitzender:	Erich Winterer
Schriftführer:	Peter Kleiser
Rechner:	Manfred Knöpfle
Beirat (Aktiva):	Rudolf Ambs
Beirat (Passiva):	Wilhelm Knöpfle
Dirigent:	Wolfgang Weißer
Jugendausbilder:	Hermann Eckert
	Kurt Winterhalder
Notenwart:	Emil Weißer
Ehrenvorsitzender:	Landolin Fischer
Ehrendirigent:	Stefan Heizmann

Aktive: Ambs Rudolf, kl. Trommel (1957); Berger Klaus, Klarinette (1959); Eckert Hermann, Flügelhorn (1957); Fischer Reinhard, Flügelhorn (1976); Fischer Reinhilde, Klarinette (1978); Heizmann Alexander, Klarinette (1978); Heizmann Ewald, Horn (1956); Heizmann Rudolf, Tuba (1957); Hoch Burghard, Klarinette (1978); Hoch Elmar, Tuba (1975); Kleiser Bruno, Bariton (1957); Kleiser Gerhard, Trompete (1957); Kleiser Hubert, Tenorhorn (1970); Kleiser Peter, Posaune (1976); Knöpfle Josef, Trompete (1971); Knöpfle Karola, Klarinette (1979); Knöpfle Manfred, Tenorhorn (1970); Knöpfle Paul, gr. Trommel (1957); Laule Siegfried, Klarinette (1975); Pfaff Erhard, Posaune (1972); Scherzinger Erwin, Posaune (1966); Schuler Eugen, Horn (1975); Schuler Franz, Trompete (1955); Schuler Franz, Horn (1969); Schuler Heinrich, Trompete (1976); Schuler Klaus, Horn (1977); Schuler Kurt, Trompete (1969); Schuler Michael, Flügelhorn (1979); Schuler Otmar, Tuba (1955); Schuler Roland, Horn (1979); Schuler Thomas, Bariton (1975); Walcvogel Ernst, Tenorhorn (1956); Weißer Emil, Flügelhorn (1957); Winterer Erich, Klarinette (1956); Winterhalder Klaus, Horn (1963); Winterhalder Kurt, Klarinette (1959); Winterhalder Lothar, Horn (1977)

Musikverein Titisee – Jostal e.V.

Gründungsjahr:	1890/1950
1. Vorsitzender:	Hans Schmider
Stellv. Vorsitzender:	Clemens Hermann
Schriftführer:	Walter Disch
Rechner:	Hermann Müller
Beirat:	Heinz Bach
	Walter Franz
	Alfred Laubis
	Karl Löffler
	Willi Stahl
Jugendvertreter:	Angelika Beha
	Markus Ketterer
Dirigent:	Franz Rombach
Vizedirigent:	Adolf Faller
Jugendleiter:	Christoph Hermann
	Hermann Löffler
	Otmar Löffler
Notenwart:	Christoph Hermann
Instrumentenwart:	Albert Ketterer

Aktive: Bach Klaus, Tuba (1958); Bach Wolfgang, Horn (1978); Beha Angelika, Klarinette (1974); Beha Clemens, Flügelhorn (1974); Beha Franz, Posaune (1950); Böhringer Karl, Flügelhorn (1974); Dahringer Andrea, Klarinette (1978); Disch Walter, Schlagzeug (1962); Dörr Marina, Tenorhorn (1978); Dörr Regina, Trompete (1978); Faller Adolf, Posaune (1940); Faller Roland, Horn (1978); Frank Gerhard, Trompete (1968); Hanser Michaela, Flöte (1979); Hermann Christoph, Klarinette (1973); Hermann Clemens, Trompete (1973); Hermann Irena, Klarinette (1973); Hofmeier Hermann, Horn (1971); Ketterer Albert, Tenorhorn (1974); Ketterer Franziska, Klarinette (1974); Ketterer Günther, Trompete (1974); Ketterer Josef, Posaune (1952); Ketterer Markus, Flügelhorn (1974); Laubis Alfred, Tenorhorn (1950); Laubis Ursula, Klarinette (1978); Löffler Ewald, Bariton (1974); Löffler Franz, Klarinette (1971); Löffler Friedrich, Klarinette (1971); Löffler Hermann, Tenorhorn (1971); Löffler Karl, kl. Trommel (1950); Löffler Otmar, Posaune (1974); Löffler Rudolf, Trompete (1974); Müller Hermann, Becken (1952); Tritschler Arthur, Horn (1974); Waldvogel Bernhard, gr. Trommel (1952); Willmann Elisabeth, Klarinette (1979); Winterhalder Marion, Flöte (1978)
Zöglinge: Beha Harald, Posaune (1978); Hermann Gudrun, Klarinette (1978); Hofmeier Thomas, Tenorhorn (1978); Ketterer Klaus, Tenorhorn (1978); Ketterer Markus, Flügelhorn (1978); Ketterer Paul, Tuba (1978); Knörzer Helmut, Schlagzeug (1978); Kreuz Reinhard, Flügelhorn (1978); Maier Anita, Klarinette (1978); Maier Hubert, Posaune (1978); Rees Axel, Trompete (1980); Tritschler Arnold, Horn (1978); Tritschler Dieter, Flügelhorn (1978); Willmann Brigitte, Horn (1980)

Musikverein „Harmonie"
Unadingen e.V.

Gründungsjahr:	1828*
1. Vorsitzender:	Hugo Ketterer, Ortsvorsteher
Stellv. Vorsitzender:	Walter Hasenfratz
Schriftführer:	Bruno Wiehl
Rechner:	Alfons Oschwald
Beirat:	Benno Ketterer Kuno Oschwald
Dirigent:	Karl Thoma
Vizedirigent:	Heinz Wagschal
Jugendleiter:	Siegfried Engesser
Notenwart:	Stefan Wolf
Instrumentenwart:	Benno Ketterer
Ehrenvorsitzender:	Johann Marx
Ehrendirigent:	Hans Ketterer

Ehrenmitglieder: Robert Bausch, Hubert Happle, Emil Marx, Josef Marx, Albert Meßmer, Erich Rothweiler, Wilhelm Sättele, Wilhelm Thoma, Willi Wanot
Aktive: Engesser Albert, Tenorhorn (1974); Engesser Johann, Schlagzeug (1945); Engesser Josef, Flügelhorn (1948); Engesser Jürgen, Klarinette (1972); Engesser Leonhard, Schlagzeug (1977); Engesser Siegfried, Bariton (1976); Fürderer Manfred, Horn (1974); Happle Bernhard, Tuba (1976); Happle Rosa, Klarinette (1974); Happle Wolfgang, Tenorhorn (1950); Hasenfratz Karl-Friedrich, Saxophon (1968); Hasenfratz Walter, Bariton (1956); Hauser Roman, Posaune (1967); Ketterer Balduin, Saxophon (1972); Ketterer Benno, Trompete (1968); Ketterer Bernadette, Klarinette (1976); Ketterer Hubert, Flügelhorn (1945); Ketterer Hugo, Tuba (1945); Ketterer Leopold, Saxophon (1974); Ketterer Siegfried, Saxophon (1974); Kramer Siegfried, Lyra (1967); Kraut Hans, Klarinette (1967); Marx Ekkehard, Klarinette (1953); Marx Konrad, Saxophon (1964); Marx Sabine, Klarinette (1976); Meßmer Monika, Klarinette (1976); Meßmer Peter, Tenorhorn (1976); Müller Karl, Schlagzeug (1945); Oschwald Alfons, Posaune (1968); Oschwald Felix, Schlagzeug (1972); Oschwald Kuno, Flügelhorn (1968); Oschwald Michael, Tenorhorn (1976); Oschwald Ulrich, Klarinette (1972); Oschwald Willibald, Posaune (1967); Pangritz Petra, Klarinette (1976); Pangritz Uwe, Posaune (1976); Sättele Johann, Klarinette (1953); Schmidt Margot, Klarinette (1976); Pikkolo (1968); Stefan Wilfried, Flügelhorn (1968); Unold Hermann, Posaune (1976); Unold Irene, Klarinette (1974); Unold Josef, Posaune (1945); Wagschal Alexandra, Klarinette (1976); Wagschal Heinz, Tuba (1950); Wenzinger Hugo, Klarinette (1972); Wiehl Bruno, Flügelhorn (1960); Wolf Karl-Heinz, Horn (1976); Wolf Stefan, Schlagzeug (1972)
Zöglinge: Engesser Sabine, Flöte (1979); Föhrenbach Marianne, Klarinette (1979); Happle Thomas, Tenorhorn (1979); Ketterer Eugen, Flügelhorn (1979); Ketterer Ferdinand, Trompete (1979); Ketterer Hubert, Horn (1979); Ketterer Josefa, Klarinette (1979); Koßbiel Johann, Tuba (1979); Marx Roland, Trompete (1979); Meßmer Franz, Tenorhorn (1979); Meßmer Ursula, Klarinette (1979); Schmidt Siegfried, Horn (1979); Thoma Joachim, Trompete (1979); Wagschal Stefanie, Klarinette (1979); Wiehl Brigitte, Klarinette (1979); Wiehl Marion, Klarinette (1979)

Musikverein
Urach im Schwarzwald e.V.

Gründungsjahr:	1901
1. Vorsitzender:	Otto Muckle
Stellv. Vorsitzender:	Ernst Frank
Schriftführer:	Wilfried Kienzler
Rechner:	Helmut Weißer
Stellv. Rechner:	Wolfgang Muckle
Ausschußmitglied (Aktiva):	Siegfried Kienzler
Ausschußmitglied (Passiva):	Karl Maier
Dirigent:	Bruno Maier
Vizedirigent:	Kurt Frank
Jugendleiter/ Notenwart:	Bruno Maier
Instrumentenwart:	Herbert Maier

Aktive: Bärmann Fritz, Tenorhorn (1945); Dorer Bernhard, Horn (1957); Dorer Hubert, Klarinette (1976); Frank Ernst, Bariton (1949); Frank Helmut, Bariton (1972); Frank Kurt, Flügelhorn (1954); Frank Werner, Trompete (1975); Hättich Reinhard, Schlagzeug (1969); Heizmann Wilhelm, Posaune (1970); Kienzler Bernhard, Flügelhorn (1975); Kienzler Manfred, Posaune (1969); Kienzler Peter, Klarinette (1972); Kienzler Petra, Klarinette (1981); Kienzler Reinhard, Trompete (1975); Kienzler Siegfried, Tuba (1955); Kienzler Wilfried, Horn (1969); Kuß Bernhard, Horn (1964); Maier Herbert, Klarinette (1969); Maier Karl, Klarinette (1975); Maier Thomas, Trompete (1975); Maier Werner, gr. Trommel (1975); Muckle Otto, Tuba (1938); Pfaff Reinhard, Posaune (1969); Rißler Ulrike, Klarinette (1980); Weißer Helmut, Klarinette (1952); Weißer Kurt, Trompete (1975); Weißer Reinhold, Trompete (1975); Widmann Harald, Flügelhorn (1972); Widmann Herbert, Flügelhorn (1972); Widmann Maria, Klarinette (1975); Willmann Alfred, Tenorhorn (1957); Willmann Johann, Posaune (1961); Willmann Rudolf, Tuba (1961); Willmann Wolfgang, Tenorhorn (1972)

Musikverein Waldau e.V.

Gründungsjahr:	1900
1. Vorsizender:	Klaus Fehrenbach
Stellv. Vorsizender:	Oskar Schmitt
Schriftführer:	Ernst Wursthorn
Rechner:	Fritz Winterhalder
Beirat:	Otto Ganter
	Hubert Schmitt
	Egon Schwär
	Richard Wehrle
Dirigent:	Leopold Winterhalder
Vizedirigent:	Leonhard Schmitt
Jugendleiter:	Stefan Schwär
Notenwart:	Hubert Winterhalder
Instrumentenwart:	Otto Winterhalder

Aktive: Beha Franz-Josef, Klarinette (1975); Beha Hubert, Klarinette (1975); Beha Roswitha, kl. Trommel (1978); Fehrenbach Klaus, Klarinette (1971); Ganter Thomas, Posaune (1978); Harder Siegfried sen., Tenorhorn (1952); Harder Siegfried jun., Tenorhorn (1975); Ketterer Karl, Posaune (1960); Kreuz Alfons, Posaune (1930); Löffler Eugen, Horn (1975); Löffler Gisela, Flöte (1975); Löffler Siegfried, Klarinette (1979); Maier Agnes, kl. Trommel (1978); Maier Karl-Georg, Klarinette (1979); Maier Veronika, Saxophon (1979); Rombach Harald, Horn (1979); Rombach Hubert, Horn (1979); Rombach Peter, Trompete (1978); Schmitt Gisela, Klarinette (1975); Schmitt Hubert, Saxophon (1960); Schmitt Leonhard, Saxophon (1968); Schmitt Oskar, Klarinette (1956); Schwab Franz, Klarinette (1930); Schwär Gabi, Saxophon (1979); Schwär Stefan, Horn (1952); Spiegelhalter Eduard, Flügelhorn (1975); Spiegelhalter Eugen, Klarinette (1979); Waldvogel Edelbert, Flügelhorn (1978); Waldvogel Lothar, Bariton (1980); Wehrle Alfons, Tuba (1952); Wehrle Paul, Tuba (1960); Wehrle Richard, Tuba (1960); Willmann Hubert, Tenorhorn (1975); Winterhalder Fritz, Trompete (1936); Winterhalder Gerhard, Flügelhorn (1971); Winterhalder Hubert, Trompete (1975); Winterhalder Leopold jun., Trompete (1975); Winterhalder Otto, Flügelhorn (1936); Wursthorn Ernst, gr. Trommel (1954); Wursthorn Martina, Flöte (1978)

Feuerwehrkapelle Wellendingen e.V.

Gründungsjahr:	1869*
1. Vorsitzender:	Josef Kromer
Stellv. Vorsitzender:	Anton Blattert
Schriftführerin:	Angelika Egi
Rechner:	Gerhard Dietsche
Beirat:	Ruth Albert
	Wolfgang Amann
	Roland Krones
Dirigent:	Josef Brogle
Vizedirigent:	Heinz Schanz
Instrumentenwart:	Roland Krones
Ehrendirigent:	Heinrich Messerschmid
Ehrenmitglieder:	Anton Bernhart
	Hermann Bernhart
	Fritz Blattert
	Ernst Dilger
	Johann Dilger
	Josef Kromer
	Josef Schanz

Aktive: Albert Angelika, Klarinette (1981); Albert Ruth, Saxophon (1974); Amann Harald, Horn (1977); Amann Harry, Posaune (1981); Amann Sabine, Trompete (1981); Amann Wolfgang, Trompete (1966); Behringer Daniel, Flügelhorn (1977); Behringer Uli, kl. Trommel (1968); Beringer Hannelore, Klarinette (1981); Beringer Klaus, Bariton (1974); Bernhart Adelbert, Trommel (1962); Bernhart Holger, Klarinette (1975); Bernhart Martin, Flügelhorn (1968); Bernhart Oswald, Tenorhorn (1960); Bernhart Wolfram, kl. Trommel (1981); Blattert Anton, Tuba (1968); Blattert Ernst, Tenorhorn (1957); Dietsche Arnold, Posaune (1977); Dietsche Gerhard, Bariton (1968); Dietsche Georg, Posaune (1968); Dietsche Gotthard, Tenorhorn (1960); Dietsche Monika, Klarinette (1974); Dietsche Trudbert, Tuba (1974); Dilger Andreas, Flügelhorn (1981); Dilger Doris, Flöte (1974); Dilger Josef, Horn (1955); Dilger Regina, Trompete (1977); Egi Angelika, Saxophon (1976); Egi Thomas, Posaune (1977); Eichkorn Heinrich, Trommel (1949); Fechtig Bernhard, Trompete (1955); Fechtig Eckhard, Klarinette (1977); Fechtig Georg, Flügelhorn (1981); Fechtig Norbert, Saxophon (1981); Gampp Elmar, Trompete (1981); Gampp Markus, Flügelhorn (1977); Geng Gabi, Klarinette (1974); Geng Hans-Peter, Flügelhorn (1977); Geng Joachim, Trompete (1974); Kromer Claudia, Klarinette (1981); Kromer Herbert, Klarinette (1967); Kromer Irmtraud, Klarinette (1981); Kromer Josef, Tenorhorn (1955); Kromer Norbert, Flügelhorn (1967); Krones Roland, Horn (1977); Messerschmidt Georg, Flügelhorn (1968); Ruf Thomas, Posaune (1977); Schanz Anton, Tuba (1955); Schanz Günter, Trompete (1981); Schanz Heinz, Flügelhorn (1957); Schanz Horst, Trompete (1981)

Blasmusikverband Kaiserstuhl-Tuniberg e.V.

Das Präsidium

Ehrenpräsident: Eugen Hiss († 1983)

1. Präsident: Theodor Landmann
Stellv. Präsident: Ludwig Kleiser
Verbandsdirigent: Bernd Becker
Verbandsjugendleiter: Frieder Stoll
Schriftführer: Hans-Dieter Wenzlaw
Kassier: Georg Opitz

Bezirksobmänner:
Bezirk Nord: Klaus Wissert
Bezirk Süd: Manfred Meihofer

Bezirk Ost: Josef Gastaldo
Bezirk West: Gerhard Gut

Der Verband hat 37 Mitgliedsvereine.

Von links nach rechts: Gerhard Gut, Georg Opitz, Hans-Dieter Wenzlaw, Ludwig Kleiser, Theodor Landmann, Frieder Stoll, Michael Fröhlich (Verbandsdirigent bis 1982), Klaus Wissert, Manfred Meihofer, Josef Gastaldo

Kaiserstühler Trachtenkapelle Achkarren a.K. e.V.

Gründungsjahr:	1864
1. Vorsitzender:	Alfred Willistein
Stellv. Vorsitzender:	Erhard Kind
Schriftführerin:	Martina Fessinger
Rechner:	Richard Kunzelmann
Beirat (Aktiva):	Gerhard Fichter
	Robert Kunzelmann
	Lukas Kunzelmann
	Klemens Kunzelmann
	Xaver Scherer sen.
	Gerhard Schür
Beirat (Passiva):	Walter Fichter
	Edgar Scherer
Jugendsprecher:	Friedbert Werz
Jugendvertreter:	Gerhard Fichter
Dirigent:	Paul Poteczin
Notenwart:	Christina Geppert
Ehrenvorsitzende:	Albert Geppert
	Alois Geppert sen.
Standartenträger:	Walter Fichter

Aktive: Engist Angelika, Saxophon (1977); Engist Patrick, Saxophon (1975); Engist Thomas, Horn (1976); Fessinger Georg, Trompete (1976); Fessinger Martina, Klarinette (1976); Fichter Gerhard, Horn (1948); Fichter Thomas, Trompete (1975); Fischer Georg, Trompete (1968); Geppert Alois jun., Klarinette (1976); Geppert Christina, Klarinette (1976); Geppert Josef, Trompete (1976); Geppert Willi, Trompete (1973); Graner Alexander, Tenorhorn (1977); Graner Otmar, kl. Trommel (1976); Helde Thomas, Trompete (1976); Herr Thomas, Trompete (1976); Herr Wolfgang, Saxophon (1978); Herzig Rebecca, Flöte (1976); Holzer Gerold, Saxophon (1975); Isele Annette, Klarinette (1976); Isele Matthias, Tuba (1975); Isele Philip, Lyra (1975); Isele Thomas, Klarinette (1974); Kind Bernhard, Schlagzeug (1954); Kind Erhard, Bariton (1952); Kind Simon, Saxophon (1975); Kunzelmann Jochen, Trompete (1978); Kunzelmann Klemens, Tenorhorn (1956); Kunzelmann Lukas, Klarinette (1968); Kunzelmann Richard, Tuba (1961); Kunzelmann Robert, Tenorhorn (1968); Kunzelmann Sigrid, Flöte (1976); Kunzelmann Willi, Klarinette (1948); Rinker Andreas, Posaune (1975); Rinker Oliver, Klarinette (1974); Scherer Alois, Schlagzeug (1949); Scherer Bruno, Posaune (1974); Scherer Josef, Schlagzeug (1976); Scherer Marika, Klarinette (1978); Scherer Xaver sen., Flügelhorn (1949); Scherer Xaver jun., Klarinette (1973); Schmidt Roswitha, Klarinette (1976); Schür Alfred, Trompete (1968); Schür Gerd, Tenorhorn (1968); Schür Gerhard, Tenorhorn (1947); Schür Sigmund, Trompete (1976); Werz Friedbert, Tuba (1976); Werz Karl, Tenorhorn (1976); Wihler Thomas, Posaune (1968); Willistein Alfred, Klarinette (1946); Willistein Michael, Posaune (1976)
Jugendorchester: Engist Bernd, Trompete (1979); Engist Georg, Flöte (1978); Engist Matthias, Trompete (1976); Engist Yvonne, Flöte (1978); Fessinger Dagmar, Klarinette (1978); Fichter Harald, Posaune (1976); Fichter Stefan, Klarinette (1976); Fischer Sandra, Horn (1980); Isele Martin, Klarinette (1976); Kiefer Linus, Trompete (1978); Kunz Werner, Posaune (1976); Rinker Miriam, Flöte (1976); Schätzle Dietmar, Posaune (1979); Scherer Stefan, Klarinette (1979); Wiebeck Jörg, Klarinette (1980); Willistein Carmen, Klarinette (1976)

Musikverein Bahlingen e.V.

Gründungsjahr:	1903
1. Vorsitzender:	Heinz Fleck
Stellv. Vorsitzender:	Alfred Kaufmann
Schriftführer:	Rolf Ehret
Rechner:	Werner Schaur
Beirat:	Harald Adler
	Albert Rinklin
	Gerhard Schmidt
	August Trautwein
	August Zimmermann
Dirigent:	Ernst Dittmann
Notenwart:	Jürgen Häßig
Ehrenvorsitzender:	Alfred Krumm

Aktive: Adler Fritz, Tenorhorn (1946); Adler Harald, kl. Trommel (1959); Adler Herbert, Klarinette (1960); Adler Werner, Klarinette (1946); Crocoll Ulrich, Klarinette (1968); D'Agostino Peter, Klarinette (1977); D'Agostino Ute, Klarinette (1980); Ehret Rolf, Klarinette (1951); Fleck Heinz, Tuba (1953); Frey Fritz, Flügelhorn (1963); Häßig Jürgen, Trompete (1978); Kaufmann Alfred, Posaune (1967); Kaufmann Stefan, Horn (1980); Koch Ute, Klarinette (1980); Krumm Alfred, Bariton (1946); Krumm Armin, Tenorhorn (1973); Maraun Anke, Flöte (1980); Maraun Norbert, Horn (1975); Meier Willi, Trompete (1968); Rinklin Albert, Tuba (1969); Schaur Günter, Horn (1967); Schaur Werner, Bariton (1967); Schmidt Gerhard, Trompete (1958); Schmidt Walter, Flügelhorn (1973); Schneider Bernd, Klarinette (1980); Simone Lothar, Flügelhorn (1978); Sommer Fritz, Tenorhorn (1961); Vogelbach Paul, Posaune (1968); Weiler Ernst, gr. Trommel (1946); Würstlin Gerald, Tenorhorn (1981); Würstlin Klaus, Flügelhorn (1973); Zimmermann Karl, Trompete (1960)

Musikverein Bischoffingen e.V.

Gründungsjahr:	1924
1. Vorsitzender:	Eckart Rieflin
Stellv. Vorsitzender:	Werner Sexauer
Schriftführer:	Hans Gabriel
Rechner:	Richard Weber
Beirat:	Karl Baumer
	Wilfried Baumer
	Heinz Bossert
	Joachim Klaus
	Hans Schmidt
	Karl Schneider
	Walter Sexauer
Dirigent:	Adelbert Scherle
Vizedirigent:	Karl Schneider
Jugendleiter:	Adelbert Scherle
Notenwarte:	Jürgen Buchmüller
	Fritz Ritzmann
Instrumentenwart:	Werner Sexauer
Ehren-	
vorstandsmitglied:	Walter Sexauer

Aktive: Baer Jutta, Klarinette (1977); Baumer Kurt, Bariton (1952); Baumer Liane, Flöte (1977); Baumer Wilfried, Klarinette (1952); Bohn Bertram, Flügelhorn (1981); Brand Manfred, Bariton (1960); Brombacher Fritz, Tuba (1958); Buchmüller Jürgen, Klarinette (1977); Buchmüller Rolf, Flügelhorn (1976); Fesenmeier Bärbel, Klarinette (1977); Fesenmeier Klaus, Tenorhorn (1977); Flösch Bernhard, Trompete (1974); Gabriel Hans, Horn (1966); Göring Egon, Klarinette (1966); Göring Jost, Tuba (1969); Hiss Rudolf, Posaune (1949); Huber Sabine, Klarinette (1977); Klaus Andrea, Klarinette (1974); Klaus Joachim, Flügelhorn (1973); Klaus Richard, Klarinette (1946); Räuber Jörg, Flügelhorn (1979); Rieflin Norbert, Posaune (1970); Rieflin Werner, Tenorhorn (1947); Rinker Fritz, Horn (1946); Ritzmann Fritz, Trompete (1974); Schmidlin Elke, Klarinette (1974); Schmidlin Helmut, kl. Trommel (1974); Schmidlin Otto, gr. Trommel (1963); Schmidt Ralf, Trompete (1979); Schneider Christiane, Flöte (1978); Schneider Hubert, Flügelhorn (1967); Schneider Karl, Klarinette (1949); Schneider Otto, Trompete (1974); Schönstein Patricia, Klarinette (1979); Schönstein Thomas, Trompete (1977); Sexauer Peter, Horn (1957); Sexauer Werner, Trompete (1962); Weber Richard, Tenorhorn (1974); Weber Wolfgang, Tuba (1958); Wiedemann Frank, Flügelhorn (1976)
Zöglinge: Di Milia Leonardo, Trompete (1978); Huber Werner, Trompete (1982); Klaus Alexander, Trompete (1982); Merkle Hartmut, Horn (1978); Rieflin Beate, Flöte (1982); Rieflin Corina, Flöte (1982); Schneider Gabi, Flöte (1982); Schneider Gerald, Klarinette (1982); Schönstein Tino, Posaune (1981); Weber Oliver, Flügelhorn (1982)

Musikverein Bötzingen e.V.

Gründungsjahr:	1950
1. Vorsitzender:	Gustav Meier
Stellv. Vorsitzender:	Wilhelm Scheppele
Schriftführer:	Karl Scheppele
Rechner:	Gustav Brenn
Beirat (Aktiva):	Otto Brenn
	Hans Zimmerlin
Beirat (Passiva):	Severin Ambs
	Ludwig Belle
	Alfred Brodbeck
	Wilhelm Stein
Jugendvertreter:	Willi Lay
Dirigent:	Wolfgang Kümmerle
Vizedirigent:	Gustav Meier
Notenwart:	Walter Grün
Ehrendirigent:	Eugen Hiß
Ehrenvorsitzender:	Heinrich Schönberger

Aktive: Adler Werner, Horn (1950); Bodyneck Anton, Flügelhorn (1970); Brenn Gustav, Horn (1962); Brenn Karl, Klarinette (1955); Brenn Otto, Flügelhorn (1956); Bühler Susanne, Klarinette (1980); Dier August, Tuba (1962); Dufner Josef, Horn (1955); Fichter Emil, Klarinette/Saxophon (1950); Franzen Stefan, Flügelhorn (1951); Grün Jürgen, Flügelhorn (1974); Grün Karl, Horn (1970); Grün Walter, Bariton (1950); Hiß Gustav, Trompete (1962); Höfflin Emil, Tenorhorn (1960); Höfflin Günter, Trompete (1969); Höfflin Sonja, Flöte (1978); Jenne Rudolf, Flügelhorn (1950); Kanzinger Birgit, Klarinette (1980); Knappe Roland, Trompete (1970); Lay Willi, kl. Trommel (1963); Meier Bärbel, Flöte (1974); Meier Gustav, Tenorhorn (1951); Meier Karin, Flöte (1980); Meier Roland, Posaune (1979); Meier Walter, Trompete (1969); Scheppele Gerlinde, Flöte (1976); Scheppele Karl, Tuba (1951); Scheppele Wilhelm, Trompete (1950); Schmidt Dagmar, Klarinette (1980); Schmidt Dietmar, kl. Trommel (1974); Schmidt Harald, Posaune (1971); Schmidt Helmut, Klarinette (1950); Schnaiter Evi, Klarinette (1976); Schönberger Albert sen., Tuba (1950); Schönberger Albert jun., Saxophon (1981); Schönberger Bruno, Klarinette/Saxophon (1970); Stählin Bernd, Posaune (1974); Stein Harald, Trompete (1974); Stein Max, Klarinette (1952); Wiedensohler Sabine, Klarinette (1980); Zimmerlin Bernd, Posaune (1973); Zimmerlin Hans, gr. Trommel (1951); Zimmerlin Herbert, Tenorhorn (1974); Zimmerlin Jürgen, Trompete (1973)
Zöglinge: Feix Joachim, Tenorhorn (1981); Hauser Jürgen, Trompete (1981); Scheppele Wolfgang, Trompete (1981); Schulz Christian, Trompete (1981)

Stadtmusikverein Breisach e.V.

Gründungsjahr:	1803
1. Vorsitzender:	Siegfried Schmidt
Stellv. Vorsitzender:	Ralf Probst
Schriftführerin:	Teja Winterhalter
Rechner:	Paul Schnebelt
Beirat:	Bettina Bitsch
	Ute Dilger
	Dieter Kreutner
	Karl-Heinz Probst
	Thomas Schweizer
	Richard Schweizer
Dirigent:	Alfred Wohlhüter
Vizedirigent:	Ralf Probst
Jugendleiter:	Ingrid Karle
Notenwart:	Peter Glockner
Instrumentenwart:	Gernot Wehrle

Aktive: Bauer Bernhard, Tenorhorn (1982); Bechtel Daniel, Trompete (1978); Bergmann Angelika, Klarinette (1968); Bienroth Gunther, Klarinette (1977); Bitsch Bettina, Klarinette (1971); Blasy Alfred, Flügelhorn (1961); Dilger Ute, Klarinette (1968); Dufner Paul, Saxophon (1952); Eiche Pius, Posaune (1977); Feistel Detlef, Saxophon (1973); Fuchs Armin, Flügelhorn (1981); Fuchs Iris, Klarinette (1978); Fuchs Rudolf, Tuba (1954); Glockner Peter, Klarinette (1973); Glockner Ute, Klarinette (1973); Grabowski Andreas, Trompete (1978); Grabowski Matthias, Horn (1975); Guy Werner, Saxophon (1968); Hämmerle Ralf, Flügelhorn (1979); Herde Siegfried, Klarinette (1979); Hippach Caroline, Klarinette (1975); Jalsovec Stefan, Posaune (1978); Kaiser Christian, Trompete (1973); Kaiser Patricia, Klarinette (1975); Karle Eric, Schlagzeug (1973); Karle Ingrid, Klarinette (1973); Karrer Manuela, Horn (1981); Kullrich Markus, Tuba (1973); Kullrich Roland, Schlagzeug (1961); Kuny Elke, Horn (1978); Kuny Iris, Bariton (1973); Löbell Heidrun, Oboe (1980); Lutz Sebastian, Flügelhorn (1979); Meyer Ruth, Flöte (1977); Müller Carsten, Klarinette (1978); Otto Winfried, Flügelhorn (1975); Probst Ralf, Trompete (1973); Schächtele Martina, Klarinette (1979); Schnebelt Barbara, Flöte (1978); Schnebelt Klaus-Dieter, Flöte (1964); Schnebelt Martin, Saxophon (1971); Schnebelt Stefan, Tuba (1973); Schrambke Renate, Flöte (1981); Schweizer Elvira, Klarinette (1973); Schweizer Richard, Tenorhorn (1947); Schweizer Thomas, Tenorhorn (1973); Siebler Josef, Tenorhorn (1973); Siebler Rudolf sen., Tenorhorn (1973); Siebler Rudolf jun., Horn (1977); Spitznagel Bernd, Bariton (1961); Spitznagel Josef, Trompete (1928); Stehlin Erich, Posaune (1946); Tröller Bernhard, Horn (1961); Uhl Michael, Pauken/gr. Trommel (1977); Walther Jürgen, Posaune (1971); Walther Kurt, Horn (1938); Weber Jörg, Trompete (1973); Wehrle Gernot, Klarinette/Saxophon (1934); Wehrle Uwe, Klarinette (1974); Weiss Johannes, Klarinette (1979); Wenzlaw Hans-Dieter, Horn (1961); Willig Konrad, Posaune (1952); Winterhalter Roland, Flügelhorn (1979); Zöllner Lothar, Posaune (1973).

Musikverein Buchheim e.V.

Gründungsjahr:	1892
1. Vorsitzender:	Walter Geiger
Stellv. Vorsitzender:	Edgar Rudmann
Schriftführer:	Manfred Mösinger
Rechner:	Leopold Quennet
Beirat:	Georg Germer
	Klaus Hog
	Franz Imm
	Hermann Kiefer
	Alfred Krepper
	Michael Steiert
	Franz Wiloth
Dirigent:	Karl Rombach
Vizedirigent:	Alfred Krepper
Jugendleiter:	Michael Steiert
Notenwart:	Franz Wiloth

Aktive: Baumgärtner Johannes, Schlagzeug (1978); Ehret Michael, Klarinette (1976); Gebhard Adolf, Horn (1933); Grüßinger Susanne, Flöte/Pikkolo (1977); Hank Bernhard, Flügelhorn (1966); Hog Klaus, Tenorhorn (1963); Hog Peter, Posaune (1981); Jörger Bernhard, Tenorhorn (1979); Kaliner Rudolf, Trompete (1970); Kirchem Anke, Klarinette (1981); Kranzer Michael, Klarinette (1976); Krepper Alfred, Tenorhorn (1947); Kreutz Claus, Trompete (1977); Kühnle Harald, Schlagzeug (1979); Kümmerle Wolfgang, Tuba (1972); Lips Patricia, Klarinette (1979); Mösinger Manfred, Sousaphon (1970); Rudmann Edgar, Klarinette/Saxophon (1962); Schill Friedbert, Horn (1971); Schoenawa Andreas, Trompete (1979); Steiert Andreas, Trompete (1979); Steiert Anita, Horn (1981); Steiert Karl, Horn (1949); Steiert Michael, Posaune (1977); Steiert Monika, Flöte (1979); Stocker Franz-Josef, Klarinette/Saxophon (1973); Sutter Stefan, Klarinette (1952); Wilfert Heike, Trompete (1979); Willm Thomas, Trompete (1979); Wiloth Franz, Flügelhorn (1952); Winterhalter Hubert, Posaune (1979).
Zöglinge: Kurbjuhn Manuela, Klarinette (1981); Steiert Gerda, Trompete (1980).

Stadtkapelle Burkheim e.V.

Gründungsjahr:	1820*
1. Vorsitzender:	Walter Schreck
Stellv. Vorsitzender:	Gerd Geiser
Schriftführer:	Werner Geiser
Rechner:	Erhard Schneider
Stellv. Rechner:	Paul Scheffel
Beirat:	Angelika Bohn
	Josef Probst
	Paul Scheffel
	Helmut Stritt
	Fritz Tanneberger
	Wolfgang Thoma
Dirigent:	Paul Poteczin
Vizedirigent:	Fritz Tanneberger
Jugendleiter:	Paul Poteczin
	Otmar Zwigart
Notenwarte:	Christa Bohn
	Anke Geiser
Ehrendirigent:	Fritz Tanneberger

Aktive: Bohn Angelika, Klarinette (1973); Bohn Christa, Klarinette (1979); Ewald Armin, kl. Trommel (1972); Faller Christof, Klarinette (1976); Faller Markus, Tenorhorn (1976); Faller Martina, Klarinette (1978); Gassmann Bernd, Posaune (1977); Geiser Anke, Klarinette (1979); Geiser Gerd, Tenorhorn (1976); Geiser Werner, Trompete (1968); Hertweck Ralf, Klarinette (1980); Jäger Dieter, Trompete (1974); Probst Angelika, Saxophon (1971); Probst Eckhart, Tuba (1973); Probst Frank, Flügelhorn (1982); Probst Paul, Tuba (1948); Probst Rolf, Tuba (1955); Ritzenthaler Gernot, Flügelhorn (1981); Ritzenthaler Iris, Flöte (1971); Sichler Karl-Heinz, Saxophon (1956); Scheffel Paul, Saxophon (1975); Schies Christine, Horn (1981); Schies Wolfgang, Trompete (1975); Schmidt Edi, Tenorhorn (1948); Schmidt Günter, Tenorhorn (1950); Schmidt Regina, Klarinette (1979); Schmidt Tino, Trompete (1976); Schneider Erhard, Posaune (1961); Schreck Eva-Maria, Klarinette (1976); Schreck Walter, Posaune (1948); Stritt Helmut, Tenorhorn (1955); Stritt Martin, Flügelhorn (1980); Tanneberger Fritz, Bariton (1948); Thoma Axel, Trompete (1976); Thoma Ewald, Schlagzeug (1972); Thoma Wolfgang, Flügelhorn (1968); Trinkler Eveline, Horn (1980); Trinkler Uwe, Tenorhorn (1976); Trogus Christian, Schlagzeug (1981); Trogus Roland, Flügelhorn (1976); Vogginger Christian, Tuba (1977); Vogginger Hermann, Klarinette (1972); Vogginger Mathias, Klarinette (1980); Weber Anton, Saxophon (1970); Weber Peter, Flügelhorn (1972).
Zöglinge: Blum Arne, Klarinette (1981); Blum Christoph, Klarinette (1981); Bohn Benno, Trompete (1981); Bohn Klaus, Trompete (1981); Calma Toni, kl. Trommel (1981); Geiser Diana, Flöte (1981); Hahn Clemens, Trompete (1981); Hertweck Carmin, Tenorhorn (1981); Krumm Thomas, Posaune (1981); Oberkirch Heike, Klarinette (1981); Probst Carola, Flöte (1981); Probst Christiane, Saxophon (1981); Rieger Jürgen, Posaune (1981); Scheffel Alexander, Trompete (1981); Schies Andreas, Posaune (1981); Schies Silke, Klarinette (1981); Schmidlin Michael, Tenorhorn (1981); Schmidt Frank, Trompete (1982); Schreck Stefan, Posaune (1981); Stritt Ralf, Trompete (1981); Thoma Annette, Klarinette (1981); Trogus Frank, Trompete (1981)

Musikverein Eichstetten e.V.

Gründungsjahr:	1900
1. Vorsitzender:	Gustav Berger
Stellv. Vorsitzender:	Richard Schmidt
Schriftführer:	Albert Frei
Rechner:	Ewald Bär
Beirat:	Karl Danzeisen
	Walter Danzeisen
	Walter Groß
	Gustav Hess
	Richard Hornecker
	Karl Meier
	Adolf Rinklin
	Gerhard Trautwein
Dirigent:	Eugen Hiß
Vizedirigent:	Walter Hiß
Notenwart:	Klaus Hornecker
Ehrenvorsitzende:	Wilhelm Höfflin
	Karl Meier
	Karl Trautwein

Aktive: Ackermann Ursula, Flöte (1979); Bär Ewald, Flügelhorn (1968); Bär Karl, Horn (1975); Bär Walter, Tenorhorn (1968); Berger Gustav, Tenorhorn (1966); Danzeisen Erwin, Flügelhorn (1968); Danzeisen Karl, Posaune (1954); Danzeisen Manfred, Flügelhorn (1979); Danzeisen Roland, Trompete (1979); Danzeisen Walter, Schlagzeug (1965); Frei Albert, Klarinette (1970); Geymeier Rüdiger, Bariton (1971); Groß Christel, Tenorhorn (1979); Groß Gertrud, Klarinette (1979); Groß Reinhard, kl. Trommel (1954); Groß Walter, Tenorhorn (1949); Haug Helmut, Tuba (1966); Hess Thomas, Klarinette (1979); Hiß Karl, Tuba (1952); Hiß Walter, Saxophon (1963); Höfflin Karl, Klarinette (1950); Hornecker Albert, Horn (1948); Hornecker Klaus, Horn (1979); Hornecker Richard, Horn (1951); Hörsch Alfred, Tuba (1966); Kaiser Werner, Flöte (1970); Klein Georg, Trompete (1979); Köbelin Albert, Trompete (1951); Meier Albert, Posaune (1975); Meier Erwin, Tuba (1971); Meier Gerhard, Flügelhorn (1979); Meier Heinrich, Trompete (1975); Meier Karl, Flügelhorn (1956); Meier Roland, Posaune (1979); Meier Walter, Trompete (1965); Schadt Fritz, gr. Trommel (1965); Scherzer Rolf, Trompete (1979); Schmidt Richard, Saxophon (1964); Schöpflin Manfred, Flügelhorn (1979); Schöpflin Robert, Flöte/Pikkolo (1955); Trautwein Karl, Bariton (1956); Trautwein Karl-Heinz, Lyra (1969); Wagner Fritz, Klarinette (1950); Weishaar Karl-Heinz, Klarinette (1975); Wiedemann Fritz, Horn (1968); Wiedemann Walter, Klarinette (1949)
Zöglinge: Baudy Alexander, Saxophon; Bury Ute, Klarinette; Danzeisen Marianne, Trompete; Danzeisen Stephan, Posaune; Hurst Ute, Klarinette; Köbelin Arndt, Trompete; Löffel Joachim, Flügelhorn; Meier Günther, Flügelhorn; Pfister Patricia, Klarinette; Rinklin Christa, Klarinette; Schmidt Stephan, Flügelhorn; Weiß Andrea, Klarinette.

Stadtmusik Endingen

Gründungsjahr:	1753*
1. Vorsitzender:	Karl Fuchs
2. Vorsitzender:	Bernd Meyer
Schriftführer:	Walter Hügel
Rechner:	Günther Weise
Beirat:	Klaus Burger
	Wolfgang Kind
	Manfred Löffler
	Hubert Lubig
	Lothar Meyer
	Klaus Zipse
Dirigent:	Hans Meybrunn
Vizedirigent/	
Jugendleiter:	Otto Meyer
Notenwart:	Franz Meyer
Requisitenwart:	Klaus Wissert
Präsident:	Helmut Eitenbenz,
	Bürgermeister

Aktive: Bannwarth Armin, Posaune (1977); Biechele Franz, Horn (1976); Burger Klaus, Schlagzeug (1970); Feiner Karl, Tuba (1955); Fuchs Karl, Klarinette (1959); Herold Friedolin, Horn (1976); Hertenstein Heinz, Tenorhorn (1952); Hügel Felix, Tuba (1960); Hügel Kurt, Posaune (1966); Hügel Walter, Saxophon (1958); Kaltenbach Michael, Klarinette (1981); Kind Wolfgang, Klarinette (1960); Kindler Jürgen, Klarinette (1973); Klipfel Mathias, Posaune (1980); Kunkel Roland, Trompete (1974); Löffler Manfred, Klarinette (1973); Löffler Otto, Posaune (1948); Lubig Hubert, Trompete (1966); Meyer Bernd, Trompete (1960); Meyer Franz sen., Tenorhorn (1940); Meyer Franz jun., Horn (1965); Meyer Gerd, Tenorhorn (1974); Meyer Lothar, Tenorhorn (1965); Meyer Otto, Saxophon (1948); Nikola Fritz, Posaune (1955); Richert Harald, Klarinette (1974); Ruh Johannes, Posaune (1974); Ruh Oswald, Saxophon (1952); Ruh Simone, Klarinette (1974); Schätzle Leopold, Trompete (1978); Schmieder Rolf, Klarinette (1981); Schnurr Uwe, Klarinette (1974); Schnurr Volker, Klarinette (1950); Stertz Hans, Flügelhorn (1955); Stertz Norbert, Flügelhorn (1975); Stocker Beate, Flöte (1978); Stocker Franz, gr. Trommel (1951); Stocker Paul, Flöte (1950); Ströbel Emil, Flügelhorn (1942); Ströbel Winfried, Flügelhorn (1977); Vogelbacher Jürgen, Trompete (1980); Weinmann Paul, Pauken/Becken (1951); Weise Günther, Klarinette (1961); Willmann Uwe, Klarinette (1977); Wissert Klaus, Flöte/Pikkolo (1948); Wissert Peter, Trompete (1972); Zipse Klaus, Tuba (1958)

Musikverein Forchheim e.V.

Gründungsjahr:	1923
1. Vorsitzender:	Otto Biehle jun.
Stellv. Vorsitzender:	Erhard Gerber
Schriftführer:	Rudolf Weinmann
Rechner:	Edmund Weis
Beirat:	Reinhard Biehle
	Rudi Binder
	Fritz Futterer
Dirigent:	Ernst Dittmann
Notenwart:	Andreas Frei

Aktive: Biehle Otto, Tuba (1961); Biehle Reinhard, Klarinette (1966); Binder Franz, kl. Trommel (1971); Binder Otmar, Trompete (1976); Binder Rolf, Tuba (1964); Binder Roman, Posaune (1976); Binder Rudi, Klarinette (1964); Binder Sabine, Klarinette (1980); Erb Gerhard, Flügelhorn (1972); Erb Wolfgang, Posaune (1976); Fehr Werner, Trompete (1961); Frei Andreas, Tenorhorn (1963); Futterer Christoph, Bariton (1976); Futterer Fritz, Tenorhorn (1960); Futterer Gerhard, Horn (1962); Futterer Michael, Tuba (1977); Futterer Werner, Flügelhorn (1957); Gerber Bernhard, Posaune (1971); Gerber Erhard, Tenorhorn (1959); Gerber Hartmut, Trompete (1971); Gerber Heinz, Bariton (1955); Gerber Irene, Klarinette (1979); Goldmann Carola, Klarinette (1980); Joseph Christoph, Tenorhorn (1979); Joseph Tobias, Klarinette (1977); Kuri Norbert, Trompete (1973); Schieble Thomas, Klarinette (1978); Weinmann Berthold, Flügelhorn (1979); Weinmann Herbert, Bariton (1968); Weinmann Rudolf, Trompete (1966); Weis Edmund, Horn (1965); Weis Manfred, Flügelhorn (1971)
Zöglinge: Hugo Frank, Posaune (1982); Haberstroh Otmar, Posaune (1982); Schieble Jürgen, kl. Trommel (1982)

Musikverein
Freiburg-Hochdorf e.V.

Gründungsjahr:	1865
1. Vorsitzender:	Adelbert Heim
Stellv. Vorsitzender:	Oskar Fehrenbach
Schriftführer:	Edmund Metzger
Rechner:	Ewald Fehrenbach
Beirat:	Peter Blattmann
	Hermann Gaymann
	Artur Göhlich
	Herbert Metzger
	Edwin Scherzinger
	Artur Stritt
	Thomas Stritt
	Helmut Ullrich
Dirigent:	Richard Mitternacht
Vizedirigent:	Heinz Hamm
Notenwart:	Rudi Leisinger
Instrumentenwart:	Herbert Metzger

Aktive: Birmelin Anton, Klarinette (1947); Blattmann Peter, Tuba (1972); Boesen Michael, Trompete (1978); Eckert Tanja, Horn (1980); Fehrenbach Beate, Flöte (1979); Fehrenbach Ewald, Trompete (1949); Fehrenbach Gudrun, Flügelhorn (1979); Fehrenbach Oskar, Tenorhorn (1947); Fürderer Christoph, Bariton (1978); Grohm Peter, E-Baß (1981); Grüßinger Martin, Schlagzeug (1978); Hamm Heinz, Flügelhorn (1955); Hamm Rainer, Saxophon (1977); Heim Adelbert, Posaune (1951); Kapp Barbara, Horn (1972); Kümmerle Almuth, Klarinette (1977); Kümmerle Michael, Klarinette (1969); Leisinger Rudi, Klarinette (1956); Metzger Edmund, Klarinette (1956); Metzger Herbert, Klarinette (1947); Metzger Manfred, Trompete (1955); Mitternacht Ilona, Klarinette (1980); Oberkirch Johanna, Horn (1980); Ritter Dietmar, Schlagzeug (1979); Ritter Ottmar, Horn (1952); Schätzle Martin, Tuba (1947); Schätzle Roland, Saxophon (1977); Scherzinger Edwin, Tenorhorn (1969); Stritt Thomas, Flügelhorn (1972); Wehrle Carola, Flügelhorn (1980); Winterhalter Michaele, Saxophon (1978); Winterhalter Stefan, Klarinette (1982)

Musikverein
Freiburg-Waltershofen e.V.

Gründungsjahr:	1949
1. Vorsitzender:	Willi Hänsler
Stellv. Vorsitzender:	Norbert Dettinger
Schriftführer:	Norbert Dangel
Rechner:	Clemens Hug
Beirat:	Dominikus Allgeier
	Lothar Belledin
	Uwe Bochnig
	Kurt Gasser
	Willi Hänsler II
	Veronika Stork
Dirigent:	Lothar Hollweger
Vizedirigent:	Dominikus Allgeier
Jugendleiter:	Willi Hänsler II
Notenwart/	
Instrumentenwart:	Dominikus Allgeier
Ehrenvorsitzender:	Josef Hug

Aktive: Allgeier Angelika, Klarinette (1978); Allgeier Dominikus, Trompete (1949); Allgeier Richard, Tenorhorn (1949); Bechthold Karl, Klarinette (1977); Belledin Lothar, Flügelhorn (1967); Blattmann Joachim, Posaune (1969); Bochnig Uwe, Tenorhorn (1973); Brunner Franziska, Schlagzeug (1981); Dangel Norbert, Flügelhorn (1959); Dettinger Norbert, Tenorhorn (1961); Diringer Arnold, Tuba (1949); Döbele Anton, Posaune (1969); Dörflinger Georg, Schlagzeug (1975); Gasser Kurt, Klarinette (1949); Glöckler Dietmar, Tenorhorn (1978); Glöckler Rolf, Trompete (1967); Hänsler Barbara, Klarinette (1976); Hänsler Eva-Maria, Flügelhorn (1977); Hänsler Jürgen, Tenorhorn (1978); Hänsler Willi I, Klarinette (1949); Hänsler Willi II, Klarinette (1953); Hodapp Katrin, Klarinette (1978); Hodapp Walter, Trompete (1949); Hug Clemens, Flügelhorn (1969); Kutz Thomas, Trompete (1969); Lais Thomas, Horn (1982); Mäder Bernd, Horn (1969); Riesterer Ewald, Tuba (1982); Siebler Christine, Klarinette (1977); Siebler Hansjörg, Tenorhorn (1949); Stöckle Eugen, Schlagzeug (1981); Stork Veronika, Klarinette (1976); Vitt Matthias, Trompete (1977); Vötsch Sandra, Klarinette (1977)
Zöglinge: Dangel Dietmar, Horn (1980); Dettinger Felicitas, Trompete (1980); Enulat Silke, Flöte (1982); Glöckler Ingeborg, Flöte (1982); Hänsler Michaela, Flöte (1982); Heitzler Bernd (1981); Heitzler Frank (1981); Hirschle Christian, Horn (1980); Hodapp Alexander, Tenorhorn (1981); Landmann Jürgen, Flügelhorn (1981); Landmann Karin, Flöte (1981); Vitt Angela, Flöte (1982)

Musikverein Gottenheim e.V.

Gründungsjahr:	1882*
1. Vorsitzender:	Albert Remensperger
Stellv. Vorsitzender:	Felix Hunn
Schriftführer:	Dagobert Stöhr
Rechner:	Alfons Schwenninger
Beirat (Aktiva):	Joachim Maurer
	Viola Möhrle
	Peter Schwenninger
	Helmut Werber
Beirat (Passiva):	Fritz Kanzinger
	Willi Schätzle
	Lothar Schmidle
Dirigent:	Eduard Schleith
Vizedirigent:	Oswald Hess
Notenwart:	Heidrun Maurer
Instrumentenwart:	Felix Hunn
Ehrenvorsitzender:	Eugen Zeissler

Aktive: Baldinger Stefan, Bariton (1946); Dangel Lothar, Klarinette (1965); Dangel Rainer, Trompete (1969); Dankert Gerd, Trompete (1976); Dellenbach Joachim, Posaune (1976); Dörflinger Martina, Trompete (1976); Fischer Andrea, Klarinette (1976); Hartenbach Otto, Horn (1953); Hertweck Alfons, Flügelhorn (1965); Hess Karl, Trompete (1931); Hess Oswald, Posaune (1958); Hunn Felix, Tuba (1958); Hunn Otto, kl. Trommel (1965); Hunn Rudi, Tenorhorn (1965); Hunn Theo, Tenorhorn (1953); Hunn Wilfried, Bariton (1947); Lips Kurt, gr. Trommel (1953); Maurer Heidrun, Klarinette (1974); Maurer Josef, Trompete (1965); Maurer Joachim, Horn (1976); Möhrle Silvia, Flöte (1976); Möhrle Viola, Klarinette (1976); Rambach Peter, Trompete (1976); Risch Petra, Klarinette (1976); Schlatter Lothar, Horn (1976); Schlitter Peter, Flügelhorn (1976); Schmidle Bettina, Klarinette (1976); Schmidle Stefan, Tuba (1960); Schott Rolf, Klarinette (1970); Schwenninger Alfred, Tenorhorn (1959); Schwenninger Peter, Flügelhorn (1958); Schwenninger Stefan, Trompete (1965); Werber Helmut, Klarinette (1953); Wiloth Klaus, Posaune (1976)
Zöglinge: Dörflinger Ulrike, Klarinette (1979); Herburger Andreas, Flügelhorn (1979); Maier Petra, Klarinette (1979); Streicher Doris, Klarinette (1979); Schwenninger Matthias, Bariton (1979)

Musikverein Gündlingen e.V.

Gründungsjahr:	1900
1. Vorsitzender:	Bruno Wiedensohler
Stellv. Vorsitzender:	Reinhard Jöhle
Schriftführerin:	Annegret Glockner
Rechner:	Helmut Karle
Beirat (Aktiva):	Manfred Binz
	Gebhard Ehret
	Gottfried Ehret
	Jürgen Faber
	Paul Fieglestahler
	Theodor Karle
	Joachim Köbele
Beirat (Passiva):	Hans Brommer
Dirigent:	Adelbert Scherle
Notenwarte:	Manfred Binz
	Uwe Fritz
Instrumentenwart:	Gebhard Ehret
Ehrenvorstand:	Theodor Karle

Ehrenmitglieder: Albert Schächtele, Alois Schächtele, Johann Schächtele, Max Wolf, Hans Wottle
Aktive: Binz Manfred, Saxophon (1964); Ehret Gebhard, Tuba (1958); Ehret Gottfried, Tuba (1949); Ehret Markus, Tenorhorn (1974); Ehret Peter, Posaune (1972); Faber Axel, Klarinette (1980); Faber Jürgen, Saxophon (1973); Fieglestahler Paul, Horn (1960); Fritz Uwe, Trompete (1975); Fuchs Joachim, Saxophon (1973); Gampp Hubert, Trompete (1970); Gampp Werner, Saxophon (1973); Glockner Jürgen, Trompete (1975); Glockner Karl-Heinz, Flügelhorn (1964); Glockner Martin, Tuba (1974); Gräbling Markus, Flügelhorn (1972); Günter Brigitte, Klarinette (1968); Herzig Cornelia, Klarinette (1972); Herzig Elfriede, Klarinette (1968); Herzig Ruth, Klarinette (1972); Hiss Jürgen, Posaune (1980); Holzer Adrian, Schlagzeug (1978); Jöhle Josef, Horn (1960); Jöhle Klaus, Trompete (1974); Jöhle Reinhard, Saxophon (1960); Karle Helmut, Schlagzeug (1955); Karle Lydia, Horn (1968); Karle Theodor, Posaune (1935); Karle Wolfgang, Posaune (1978); Köbele Joachim, Posaune (1972); Landmann Renate, Klarinette (1976); Landmann Uwe, Flügelhorn (1976); Löffler Elisabeth, Saxophon (1976); Mogel Rolf, Klarinette (1974); Neuschulz Sonja, Klarinette (1980); Pollex Udo, Tenorhorn (1976); Rein Ferdinand, Flöte (1970); Schächtele Eberhard, Tenorhorn (1968); Schächtele Edgar, Horn (1968); Schächtele Edwin, Klarinette (1965); Schächtele Ulrike, Flöte (1978); Schätzle Ditmar, Tenorhorn (1978); Schätzle Leo, Tenorhorn (1958); Schmid Alexandra, Flöte (1981); Schmidt Klaus, Tuba (1970); Schwanda Andreas, Flügelhorn (1972); Wehrle Christiane, Flöte (1981); Wolf Josef, Klarinette (1965); Wolf Lothar, Flügelhorn (1972); Wiedensohler Alfred, Trompete (1947); Wiedensohler Bruno, Schlagzeug (1954)
Zöglinge: Bernauer Carmen, Klarinette (1982); Binz Thomas, Trompete (1982); Eggle Heike, Klarinette (1982); Fritz Ingo, Klarinette (1981); Fritz Martin, Trompete (1981); Glockner Rainer, Flügelhorn (1981); Hiss Jürgen, Posaune (1981); Jöhle Clemens, Horn (1981); Jöhle Martina, Klarinette (1981); Jöhle Stefan, Trompete (1981); Maitz Andreas, Saxophon (1981); Müller Alexander, Flügelhorn (1982); Tröndle Katja, Trompete (1981); Wolf Birgit, Klarinette (1982)

Musikverein Hausen e.V.

Gründungsjahr:	1866*
1. Vorsitzender:	Alfred Faller
Stellv. Vorsitzender:	Reinhard Dienger
Schriftführer:	Franz Bohrer
Rechner:	Gerhard Faller
Beirat:	Hans Dröge
	Dieter Schmidthäußler
	Albert Schnurr
	Bruno Wenz
Dirigent:	Karl Schuppe
Jugendleiter:	Bernhard Schnurr
Notenwart:	Lucia Faller
Instrumentenwart:	Eugen Wehrle

Aktive: Biermann Cornelia, Flöte (1978); Bohrer Eugen, Tenorhorn (1946); Bohrer Franz, Tenorhorn (1965); Bohrer Freddy, Tuba (1972); Dienger Eva, Klarinette (1981); Dienger Reinhard, Horn (1949); Dröge Petra, Trompete (1980); Faller Alfred, Tuba (1951); Faller Andrea, Klarinette (1976); Faller Erich, Tuba (1964); Faller Gerhard, Posaune (1969); Faller Lucia, Klarinette (1976); Faller Reinhard, Posaune (1969); Fliegauf Daniela, Klarinette (1981); Fliegauf Linus, Horn (1950); Fliegauf Markus, Trompete (1980); Fliegauf Wilfried, Flügelhorn (1980); Gehri Hubert, Tenorhorn (1975); Gehri Rainer, Tenorhorn (1978); Jäcksch Hella, Flöte (1980); Krieger Ulrich, Saxophon (1976); Kuhn Winfried, Saxophon (1976); Liedtke Kerstin, Trompete (1980); Lob Peter, Flügelhorn (1978); Möllinger Ernst, Flügelhorn (1963); Müller Achim, Trompete (1976); Müller Bettina, Flöte (1978); Nudischer Markus, Tenorhorn (1978); Pfefferle Harald, Trompete (1978); Ruf Patrick, Trompete (1978); Ruf Sven, Schlagzeug (1981); Ruh Franz, Horn (1969); Schittenhelm Jürgen, Bariton (1976); Schittenhelm Nicoletta, Trompete (1980); Schmidthäußler Michael, Horn (1978); Schnurr Albert, Flügelhorn (1947); Schnurr Bernhard, Saxophon (1971); Schnurr Norbert, Flügelhorn (1972); Schwarz Gerhard, gr. Trommel (1969); Striewe Hans, Posaune (1978); Sulzberger Stefan, Posaune (1977); Wehrle Eugen, Bariton (1951); Wehrle Otmar, Flügelhorn (1978); Wenz Bruno, Klarinette (1963)

Musikverein Holzhausen e.V.

Gründungsjahr:	1929
1. Vorsitzender:	Bernhard Gutmann
Stellv. Vorsitzender:	Hermann Gutmann
Schriftführer:	Fridolin Hilzinger
Rechner:	Walter Gebhard
Beirat:	Heinz Gutmann
	Paul Gutmann
	Josef Heidiri
	Oskar Hettich
	Wolfgang Köpfer
	Rudolf Mörder
	Johann Schinzig
	Werner Siegel
	Alois Unmüßig
	Eugen Unmüßig
Dirigent:	Raphael Vosseler
Vizedirigent:	Karl-Heinz Klotz
Jugendleiter:	Paul Gutmann
Notenwart:	Andreas Hettich

Aktive: Elble Georg, Posaune (1981); Fehrenbach Helmut, Flügelhorn (1947); Gebhard Alfons, Tenorhorn (1947); Gebhard Elke, Klarinette (1978); Gebhard Mathias, Trompete (1951); Gutmann Alois, Trompete (1975); Gutmann Ferdinand, Flügelhorn (1954); Gutmann Hermann, Klarinette (1947); Gutmann Paul, Klarinette (1971); Gutmann Waltraud, Flöte (1972); Hettich Andreas, Posaune (1976); Hettich Hubert, Schlagzeug (1978); Klotz Günter, Flügelhorn (1976); Klotz Karl-Heinz, Posaune (1962); Köpfer Rolf, Flügelhorn (1975); Köpfer Wolfgang, Tuba (1954); Kritsolis Faxula, Trompete (1978); Kritsolis Thomas, Schlagzeug (1978); Licht Anton, Tuba (1949); Licht Ulrika, Klarinette (1979); Mörder Josef, Klarinette (1950); Mörder Rudolf, Flügelhorn (1973); Rösch-Köpfer Susanne, Klarinette (1972); Schlegel Karin, Trompete (1977); Seebacher Wolfgang, Flügelhorn (1982); Schweizer Bruno, Horn (1980); Schweizer Konrad, Tenorhorn (1947); Schweizer Luzia, Klarinette (1976); Schweizer Martin, Trompete (1980); Schweizer Otto, Horn (1952); Siegel Alexandra, Klarinette (1978); Siegel Monika, Klarinette (1975); Zipfel Richard, Klarinette (1978)
Zöglinge: Ganter Anette, Flöte (1982); Gebhard Anja, Horn (1980); Geißlinger Tatjana, Klarinette (1981); Gutmann Ottmar, Posaune (1980); Schinzig Ingeborg, Klarinette (1980); Schubnell Peter, Trompete (1981); Schweizer Andrea, Klarinette (1982); Schweizer Wilma, Klarinette (1982); Thron Nadja, Flöte (1982); Unmüßig Elfriede, Klarinette (1979)

Musikverein Hugstetten e.V.

Gründungsjahr:	1895
1. Vorsitzender:	Manfred Schulz
Stellv. Vorsitzender:	Walter Brüderle
Schriftführerin:	Manuela Rees
Rechner:	Jutta Scherer
Beirat:	Rudi Friedrich
	Dr. Joachim Frowein
	Walter Hunn
	Fritz Richert
	Horst Rombach
	Josef Strecker
	Siegfried Winter
Dirigent:	Frieder Stoll
Jugendleiter:	Fritz Richert
Notenwart:	Heribert Meßmer
Instrumentenwart:	Gottfried Hunn
Ehrenvorsitzender:	Rudolf Hofmayer
Ehrenmusiker:	Kurt Rösch

Aktive: Bartsch Harald, Klarinette (1979); Blattmann Egon, Schlagzeug (1979); Ehrhard Jörg, Klarinette (1980); Fehrenbach Markus, Trompete (1976); Franke Dirk, Trompete (1979); Friedrich Edwin, Trompete (1971); Friedrich Karl-Josef, Klarinette (1954); Friedrich Rudi, Horn (1951); Gloderer Bruno, Tuba (1978); Gloderer Herbert, Klarinette (1953); Hellstab Jürgen, Horn (1972); Hess Bernd, Trompete (1950); Hollerbach Friederike, Flöte/Pikkolo (1973); Hunn Gottfried, Klarinette/Saxophon (1968); Hunn Walter, Tenorhorn (1967); Kalchtaler Torsten, Tenorhorn (1982); Karnatzki Malte, Trompete (1979); Lang Michaela, Flöte (1978); Meßmer Heribert, Trompete (1960); Metzger Beate, Flöte (1975); Rees Manuela, Klarinette (1978); Richert Harald, Horn (1978); Rombach Horst, Klarinette (1980); Schäfle Dorothée, Flöte (1979); Schäfle Ute, Flöte/Pikkolo (1975); Scherer Dietmar, Klarinette (1978); Scherer Engelbert, Klarinette (1954); Scherer Jutta, Klarinette (1976); Schöpflin Katja, Pauken (1980); Strecker Josef, Tenorhorn (1948); Trefzer Helmar, Tuba (1974); Trick Siegfried, Schlagzeug (1973)
Jugendkapelle: Birner Jürgen, Posaune (1982); Friedrich Maurus, Trompete (1980); Frowein Wanda, Klarinette (1980); Hoffmann Peer, Klarinette (1980); Hollerbach Barbara, Klarinette (1980); Karnatzki Jan-Oliver, Trompete (1979); Murer Thomas, Tuba (1980); Rombach Michael, Klarinette (1980); Rombach Monika, Flöte (1980); Schulz Christiane, Klarinette (1980); Schweikert Christian, Klarinette (1979); Schweikert Stefan, Trompete (1978); Trefzer Martin, Trompete (1979); Trick Dominik, Trompete (1981); Weigelt Harald, Klarinette (1980); Winter Stefanie, Klarinette (1980); Wolbeck Dirk, Trompete (1980); Wurch Alexander, Posaune (1981)

Musikverein Ihringen e.V.

Gründungsjahr:	1880*
1. Vorsitzender:	Adolf Laufer
Stellv. Vorsitzender:	Hans Gutknecht
Schriftführer:	Werner Göpfert
Rechner:	Erich Koch
Stellv. Rechner:	Eberhard Luibrand
Dirigent:	Ludwig Laberer
Vizedirigent:	Hans Gutknecht
Jugendleiter:	Ludwig Laberer
Jugendbetreuung:	Erwin Großklaus
Notenwart:	Friedhilde Mattmüller
Instrumentenwart:	Helmut Mattmüller
Ehrenvorsitzende:	Wilhelm Bühler
	Johann Mattmüller
Ehrenmitglieder:	Hans Gutknecht
	Gottfried Hurter
	Ernst Jakob
	Otto Jakob
	Otto Waibel
	Théo Schuehmacher

Beirat: Arthur Köbele, Hans Bury, Helmut Rieger, Arthur Hohwieler, Gottfried Hurter, Helmut Mattmüller, Friedhilde Mattmüller, Friedhelm Schneider, Erwin Großklaus
Aktive: Augele Rolf, Posaune (1972); Boll Martin, gr. Trommel (1979); Bühler Bruno, Tenorhorn (1978); Bühler Sabine, Klarinette (1978); Burtsche Christiane, Flöte (1976); Burtsche Tobias, Posaune (1977); Düringer Jürgen, Flügelhorn (1975); Ehlert Bettina, Saxophon (1978); Ehlert Ralph, Tenorhorn (1978); Flubacher Jürgen, Tuba (1978); Gibson Gerd, Klarinette (1974); Göpfert Albert, Tenorhorn (1953); Göpfert Sonja, Klarinette (1979); Göpfert Werner, Posaune (1955); Großklaus Erwin, Posaune (1973); Gutknecht Hans, Flügelhorn (1942); Gutknecht Karin, Flügelhorn (1977); Gutknecht Jürgen, Klarinette (1972); Gutknecht Lothar, kl. Trommel (1978); Hohwieler Eberhard, Saxophon (1968); Hohwieler Gerold, Flügelhorn (1968); Hohwieler Hansjörg, Klarinette (1974); Hohwieler Manfred, Posaune (1966); Hohwieler Richard, Bariton (1963); Hurter Gottfried, Tuba (1949); Jakob Roland, Trompete (1978); Karle Andreas, Horn (1974); Klank Ines, Klarinette (1977); Klein Hartmut, Tuba (1973); Kühnle Ralph, Flügelhorn (1978); Kusche Bernhard, Posaune (1979); Kusche Cornelia, Klarinette (1973); Lay Martin, Trompete (1976); Lemke Karl, Klarinette (1965); Mattmüller Friedhilde, Flöte (1972); Mattmüller Gerhard, Klarinette (1962); Mattmüller Helmut, kl. Trommel (1962); Mattmüller Otto, Horn (1953); Meier Marlene, Flöte (1976); Rieger Nicole, Saxophon (1978); Rieger Ulrike, Flöte (1976); Rinker Thomas, Tenorhorn (1974); Schillinger Elke, Saxophon (1978); Schillinger Hans, Tenorhorn (1974); Schillinger Thomas, Tenorhorn (1953); Schneider Anette, Klarinette (1978); Schneider Bernd, Trompete (1976); Schneider Friedhelm, Tenorhorn (1953); Schneider Kurt, Trompete (1955); Schneider Susanne, Saxophon (1966); Sommer Manuela, Flügelhorn (1978); Tribess Dietmar, Trompete (1973); Tribess Elke, Klarinette (1978)
Zöglinge: Beier Michael, Trompete (1981); Bühler Roland, Trompete (1981); Dietl Manuela, Klarinette (1981); Geisert Bernd, Trompete (1981); Göpfert Andrea, Klarinette (1981); Göpfert Sabine, Klarinette (1981); Göpfert Uwe, Trompete (1981); Jakob Daniela, Trompete (1981); Kiss Alexandra, Klarinette (1981); Klein Elisabeth, Flöte (1981); Kocher Dagmar, Flöte (1981); Meier Ines, Flöte (1981); Mitternacht Rainer, Trompete (1981); Pross Dieter, Trompete (1981); Schillinger Katja, Saxophon (1981)

Winzerkapelle Jechtingen e.V.

Gründungsjahr:	1922
1. Vorsitzender:	Karl Ehrlacher
Stellv. Vorsitzender:	Artur Gass
Schriftführerin:	Sigrid Bohn
Rechner:	Stefan Amann
Beirat:	Erwin Bohn
	Rainer Gass
	Werner Schüber
Dirigent:	Josef Bohny
Vizedirigent:	Erwin Bohn
Jugendleiter:	Werner Schüber
Notenwart:	Dietmar Bohn
Instrumentenwart:	Michael Helde

Aktive: Amann Stefan, Tuba (1976); Beck Jochen, Flöte (1979); Beck Oswald, Saxophon (1964); Beck Rainer, Flügelhorn (1979); Bohn Dietmar, Horn (1978); Bohn Erwin, Tenorhorn (1948); Bohn Klaus, Flügelhorn (1960); Bohn Sigrid, Tenorhorn (1976); Bohny Erwin, Saxophon (1958); Bohny Jutta, Flöte (1976); Bohny Rainer, Trompete (1976); Breden Heinz, Flügelhorn (1973); Domke Bernhard, Trompete (1979); Ehrlacher Elvira, Klarinette (1973); Ehrlacher Franz, Tuba (1948); Ehrlacher Heinz, Bariton (1973); Ehrlacher Karl, Posaune (1970); Flamm Armin, Trompete (1976); Gass Artur, Tenorhorn (1948); Gass Elke, Tenorhorn (1980); Gass Heinz, Horn (1958); Gass Jochen, Trompete (1975); Gass Rainer, Saxophon (1970); Häfele Werner, Klarinette (1970); Helde Achim, Saxophon (1978); Helde Edith, Klarinette (1978); Helde Egon, Posaune (1952); Helde Erich, Horn (1948); Helde Jutta, Klarinette (1982); Helde Michael, Klarinette (1975); Helger Daniel, Flügelhorn (1978); Helger Josef, Posaune (1947); Kiesewetter Hannes, Trompete (1973); Möhle Petra, Klarinette (1982); Oberkirch Herbert, Trompete (1967); Pfrengle Herbert, Trompete (1958); Röttele Fritz, Klarinette (1955); Schüber Ernst, gr. Trommel (1948); Schüber Heini, kl. Trommel (1977); Schüber Oswin, Flöte (1979); Schüber Werner, Trompete (1973); Weinzierl Oliver, Flügelhorn (1979)

Musikverein Kiechlinsbergen

Gründungsjahr:	1863*
1. Vorsitzender:	Alfons Späth
Stellv. Vorsitzender:	Franz Zwigard
Schriftführer:	Walter Mutschler
Rechner:	Wolfgang Nadler
Beirat:	Bernhard Fischer
	Bernhard Reppig
	Alfred Vogel
	Richard Vogel
	Edgar Wiedemann
Dirigent:	Ludwig Kraus
Jugendleiter:	Walter Mutschler
Notenwart:	Franz Nadler

Ehrenmitglieder: Herbert Baumann, Karl-Friedrich Ens, Hubert Ens, Richard Ens, Alfred Friedrich, Richard Friedrich, Manfred Kiefer, Eduard Köllhofer, Adolf Meyer
Aktive: Baumann Franz, Tuba (1979); Baumann Wilfried, Tenorhorn (1953); Ens Hans, Trompete (1970); Ens Peter, Tuba (1960); Fischer Bernhard, Tenorhorn (1963); Köllhofer August, Trompete (1953); Köllhofer Wolfgang, Flügelhorn (1979); Landerer Richard, gr. Trommel (1964); Meyer Bruno, Klarinette (1979); Meyer Egon, Horn (1970); Meyer Erwin, Horn (1949); Meyer Herbert, Klarinette (1963); Mutschler Walter, Saxophon (1963); Nadler Franz, Posaune (1970); Nadler Wolfgang, Flügelhorn (1960); Nutto Walter, Tenorhorn (1975); Reppig Bernhard, Posaune (1948); Reppig Karl, Posaune (1973); Ruesch Alfred, Tuba (1953); Ruesch Franz, Trompete (1973); Ruesch Gottfried, Flügelhorn (1975); Ruesch Klaus, Flügelhorn (1979); Schott Herrmann, Tenorhorn (1973); Späth Alfons, Tuba (1953); Späth Andreas, Klarinette (1979); Späth Karl, Klarinette (1956); Späth Roland, Klarinette (1975); Späth Thomas, Saxophon (1975); Späth Werner, Horn (1975); Ströbel Clemens, Flügelhorn (1973); Vogel Alfred, Bariton (1950); Vogel Berthold, Posaune (1960); Vogel Jürgen, Trompete (1979); Vogel Matthias, Tenorhorn (1979); Vogel Otto, Tenorhorn (1970); Vogel Richard, kl. Trommel (1968); Wiedemann Bernhard, Flügelhorn (1956); Wiedemann Edgar, Klarinette (1959); Wiedemann Gerhard, Trompete (1979); Wiedemann Walter, Flügelhorn (1948); Winterhalter Ernst, Klarinette (1956); Zwigard Franz, Trompete (1956)
Zöglinge: Baumann Paul, Tenorhorn (1981); Köllhofer Gerd, Klarinette (1981); Rombach Christian, Klarinette (1981); Ruesch Arno, Tenorhorn (1981); Ruesch Walter, Trompete (1981); Schöchlin Armin, Klarinette (1981); Späth Edgar, Klarinette (1981); Späth Günther, Tenorhorn (1981); Vogel Bernd, Trompete (1981); Wiedemann Frank, Trompete (1981); Zwigard Ralf, Trompete (1981)

Musikverein Königschaffhausen e.V.

Gründungsjahr:	1926
1. Vorsitzender:	Helmut Staiblin
Stellv. Vorsitzender:	Walter Brand
Schriftführer:	Roland Sexauer
Rechner:	Heinrich Bury
Beirat:	Arnold Birmelin
	Gottfried Henninger
Dirigent:	Edgar Götze
Vizedirigent:	Gerhard Staiblin
Notenwart:	Roland Brand
Ehrenvorstand:	Eduard Bury

Aktive: Beck Joachim, Flügelhorn (1977); Birmelin Arnold, Tuba (1952); Birmelin Heinz, Klarinette (1973); Birmelin Kurt, Horn (1973); Birmelin Wilfried, Tenorhorn (1953); Bolz Manfred, Posaune (1958); Brand Monika, Trompete (1978); Brand Roland, Horn (1963); Brand Walter, Pauken (1958); Bury Armin, Posaune (1973); Bury Eduard, Flügelhorn (1926); Bury Edwin, Klarinette (1973); Bury Egon, Trompete (1966); Bury Heinrich, Tuba (1952); Ehret Edwin, Flügelhorn (1973); Fesenmeier Andreas, Horn (1977); Futterer Ottmar, Posaune (1973); Henninger Ewald, Bariton (1956); Henninger Manfred, Schlagzeug (1977); Hirzler Andreas, Bariton (1977); Hirzler Klaus, Tuba (1977); Hiß Adolf, Schlagzeug (1952); Hiß Arnold, Trompete (1956); Hiß Bernd, Posaune (1973); Hofer Hermann, Klarinette (1963); Hofert Karin, Flügelhorn (1977); Hofert Klaus, Klarinette (1973); Hüglin Hermann, Klarinette (1952); Hüglin Werner, Klarinette (1954); Jenne Walter, Trompete (1973); Leibbrand Dieter, Tenorhorn (1979); Meyer Gernot, Klarinette (1977); Reinacher Hilger, Klarinette (1977); Schneider Rolf, Tenorhorn (1973); Sexauer Harald, Tenorhorn (1977); Sexauer Leonhard, Posaune (1977); Sexauer Roland, Tenorhorn (1958); Sillmann Bernd, Flügelhorn (1968); Staiblin Gerhard, Tenorhorn (1963); Staiblin Helmut, Flügelhorn (1952); Staiblin Jasmin, Flöte (1977); Staiblin Marika, Flöte (1977); Vetter Ralf, Horn (1975); Vetter Thea, Klarinette (1977)

Musikverein Mengen e.V.

Gründungsjahr:	1895
1. Vorsitzender:	Ernst Oettle
Stellv. Vorsitzender:	Erich Bronner
Schriftführer:	Helmut Oettle
Rechner:	Astrid Smolarek
Beirat:	Heinz Fiand
	Helmut Horchler
	Hans-Jörg Pfeiffer
	Fritz Reinhardt
Dirigent:	Hans-Jürgen Mertha
Vizedirigent:	Robert Oettle
Jugendleiter:	Alfred Krumm
Notenwart:	Werner Christen
Ehrendirigent:	Fritz Stäublin

Aktive: Beha Thomas, Flügelhorn (1978); Bernauer Franz, Tenorhorn (1976); Bronner Erich, Posaune (1947); Christen Gustav, Trompete (1977); Christen Werner, Posaune (1966); Daum Arno, Flügelhorn (1978); Daum Günther, Posaune (1979); Eckert Norbert, Flügelhorn (1979); Engler Wolfgang, Trompete (1978); Fiand Heinz, Tuba (1965); Fiand Klaus, Schlagzeug (1979); Geigele Jürgen, Klarinette (1979); Geigele Ruth, Klarinette (1975); Geigele Wilhelm, Horn (1953); Grieshaber Norbert, Tenorhorn (1965); Gugel Heinz, Tuba (1947); Gugel Otmar, Horn (1965); Gunzenhauser Wolfgang, Tenorhorn (1979); Horchler Evi, Klarinette (1979); Horchler Helmut, Posaune (1979); Horchler Mike, Trompete (1979); Kiechle Karl, Horn (1947); Knittel Waldemar, Tenorhorn (1979); Kromer Dieter, Schlagzeug (1975); Krumm Jürgen, Flügelhorn (1973); Kunz Wilhelm, Becken (1973); Müller Michael, Tuba (1973); Müller Rolf, Klarinette (1979); Oettle Helmut, Klarinette (1965); Oettle Robert, Klarinette (1935); Pfeiffer Hans-Jörg, Trompete (1975); Reinhard Fritz, Bariton (1953); Riedel Ernst, Trompete (1947); Schweizer Sabine, Flöte (1979)
Zöglinge: Giese Bernd, Flügelhorn (1980); Gugel Heike, Flügelhorn (1981); Kromer Jürgen, Trompete (1979); Maassen Alexander, Trompete (1979); Oettle Katja, Klarinette (1980); Rombach Peter, Klarinette (1981); Rombach Wolfgang, Klarinette (1981); Schmidt Georg, Tenorhorn (1979); Schmidt Stefan, Posaune (1979); Schmelzle Ulrike, Flöte (1981); Strohmeier Jürgen, Trompete (1979)

Musikverein Merdingen e.V.

Gründungsjahr:	1881*
1. Vorsitzender:	Horst Herbstreit
Stellv. Vorsitzender:	Ewald Hintereck
Schriftführer:	Josef Maier
Rechner:	Oswald Landmann
Beirat:	Paul Dörflinger
	Alfred Ehret
	Edgar Schnurr
	Paul Schopp
	Herbert Selinger
	Paul Süßle
	Walter Weis
	Paul Wochner
	Willi Wochner
Dirigent:	Otto-Georg Widmann
Notenwart:	Raphaela Ehret
Instrumentenwart:	Edgar Schnurr
Ehrenvorsitzender:	Theodor Landmann

Aktive: Bärmann Markus, Klarinette (1976); Baldinger Thomas, Flügelhorn (1965); Bennebach Ralf, Bariton (1974); Berger Clemens, Horn (1972); Bergmann Angelika, Klarinette (1968); Brucher Doris, Klarinette (1964); Disch Engelbert, Flügelhorn (1956); Dörflinger Paul, Flügelhorn (1965); Ehret Alfred, Tenorhorn (1961); Ehret Bernhard, kl. Trommel (1971); Ehret Ingrid, Klarinette (1971); Ehret Raphaela, Klarinette (1974); Escher Eckart, Bariton (1965); Häfele Thomas, Flügelhorn (1975); Herbstreit Horst, Tenorhorn (1956); Herbstreit Uwe, Klarinette (1976); Hintereck Ewald, Trompete (1952); Hintereck Wendelin, Bariton (1958); Hofert Martina, Flügelhorn (1975); Keller Klaus, gr. Trommel (1958); Kreis Daniela, Klarinette (1975); Landmann Tobias, Trompete (1971); Lemke Magdalena, Klarinette (1971); Lemke Roland, Trompete (1972); Maier Josef, Posaune (1965); Mutter Franz, Trompete (1950); Mutter Peter, Trompete (1978); Mutter Ursula, Klarinette (1972); Rinderle Elke, Klarinette (1975); Saladin Alois, Posaune (1966); Schächtele Christine, Horn (1975); Schächtele Markus, Horn (1972); Schächtele Wolfgang, Tuba (1979); Schäfer Annkathrin, Flöte (1974); Schnurr Edgar, Horn (1966); Schnurr Markus, Klarinette (1976); Selinger Arnold, Tuba (1950); Selinger Christel, Flügelhorn (1979); Selinger Claudia, Flöte (1971); Selinger Gudrun, Horn (1971); Selinger Martin, Flügelhorn (1978); Selinger Mathias, Posaune (1973); Selinger Siegfried, Posaune (1974); Selinger Wolfgang, Trompete (1974); Süßle Eberhard, Trompete (1968); Weis Ernst, kl. Trommel (1952); Weis Renate, Tenorhorn (1974); Weis Ute, Trompete (1974); Weis Walter, Tuba (1950); Wochner Gerhard, Flügelhorn (1956); Wochner Willi, Horn (1956)
Zöglinge: Schätzle Harald, Trompete (1980); Schnurr Mathias, Klarinette (1980); Selinger Bernd, Tuba (1980); Selinger Sylvia, Klarinette (1980); Süßle Marietta, Klarinette (1980); Wochner Jörg, Flügelhorn (1980); Wochner Martin, Trompete (1980)

Winzerkapelle Munzingen e.V.

Gründungsjahr:	1865*
1. Vorsitzender:	Bernhard Held
Stellv. Vorsitzender:	Ewald Scherer
Schriftführerin:	Heike Müller
Rechner:	Isolde Schildecker
Stellv. Rechner:	Martin Reichenbach
Beirat:	Karl-Heinz Gühr
	Rudolf Schopp
	Ernst Suppinger
Beisitzer:	Max Freund
	Wulf Wihler
Dirigent:	Albert Schreiner
Ehrenvorsitzende:	Herrmann Lang
	Ernst Suppinger

Aktive: Bächle Winfried, Flügelhorn (1972); Baumann Edwin, Flügelhorn (1979); Braun Jürgen, Flügelhorn (1972); Dörffler Christiane, Klarinette (1979); Dörffler Johannes, Klarinette (1981); Dörffler Michael, Flügelhorn (1979); Ebert Thorsten, Tenorhorn (1977); Fischer Lothar, Tuba (1972); Gühr Karl-Heinz, Tenorhorn (1964); Held Bernhard, Tuba (1964); Jeder Hansjörg, Trompete (1976); Jeder Heike, Flöte (1981); Kirchner Josef, Posaune (1959); Lang Andreas, Klarinette (1977); Lang Johannes, Klarinette/Saxophon (1977); Lang Meinrad, Horn (1973); Luhr Fridolin, Tenorhorn (1979); Luhr Georg, Horn (1979); Merk Cäcilia, Flöte (1981); Michel Monica, Klarinette (1979); Müller Heike, Klarinette (1977); Osburg Harald, Klarinette (1977); Reichenbach Martin, Posaune (1977); Rieß Erich, Trompete (1975); Scherer Ewald, Bariton (1961); Schildecker Armin, Flügelhorn (1977); Schildecker Christian, Schlagzeug (1981); Schildecker Ernst, Tenorhorn (1979); Schildecker Isolde, Klarinette (1977); Schmid Max, Schlagzeug (1945); Schopp Rudolf, Trompete (1954); Schweizer Ulrich, Horn (1979); Suppinger Ernst, Tenorhorn/Saxophon (1947); Vogt Herrmann, Tuba (1946); Vorgrimmler Klaus, Schlagzeug (1972)
Zöglinge: Braun Martin, Trompete (1980); Held Reinhard, Trompete (1980); Luhr Georg, Posaune (1980); Merk Alexander, Schlagzeug (1980); Michel Marcus, Trompete (1980); Ott Armin, Trompete (1980); Schopp Ferdinand, Klarinette (1980); Schweizer Berthold, Trompete (1980); Streicher Heiko, Trompete (1980); Suppinger Elke, Klarinette (1980)

Musikverein Neuershausen e.V.

Gründungsjahr:	1958
1. Vorsitzender:	Rudolf Scherzinger
Stellv. Vorsitzender:	Mathias Gebhard
Schriftführer:	Siegfried Gass
Rechner:	Robert Bohn
Beirat:	Bruno Erne
	Adelbert Kremp
	Peter Kügler
	Karl Zipfel
Dirigent:	Werner Streicher
Jugendleiter:	Ludwig Hügle
Notenwart:	Hubert Seiferling
Instrumentenwart:	Mathias Gebhard

Aktive: Birmele Hans-Otto, Trompete (1975); Blum Sylvia, Klarinette (1973); Diener Heike, Klarinette (1974); Faller Stefan, Klarinette (1975); Fechtig Harald, Tuba (1974); Fürderer Kurt, Schlagzeug (1979); Gass Siegfried, Posaune (1975); Gebhard Matthias, Flügelhorn (1960); Gutmann Alois, Trompete (1980); Gutmann Ferdinand, Flügelhorn (1965); Gutmann Hermann, Klarinette (1965); Gutmann Hubert, Flügelhorn (1979); Gutmann Markus, Klarinette (1977); Kremp Adelbert, Tenorhorn (1958); Kremp Klemens, Klarinette (1958); Rombach Horst, Klarinette (1974); Roth Erwin, Bariton (1959); Scherzinger Heike, Flöte (1979); Scherzinger Robert, Tuba (1959); Scherzinger Rudolf, Posaune (1958); Seiferling Hubert, Horn (1979); Seiler Bernhard, Klarinette (1958); Steiert Wolfgang, Trompete (1971); Wünsch Herbert, Horn (1958); Ziegler Günther, Tenorhorn (1979); Ziegler Philipp, Posaune (1958)

Trachtenkapelle Niederrimsingen e.V.

Gründungsjahr:	1959
1. Vorsitzender:	Meinrad Gippert
Stellv. Vorsitzender:	Willy Bernhard
Schriftführer:	Michael Gippert
Rechner:	Franz Fuchs
Dirigent:	Sebastian Meusert
Jugendleiter/	
Notenwart/	
Instrumentenwart:	Alex Wirth
Ehrenvorsitzende:	Joseph Fischer
	Walter Mertins
Ehrendirigent:	Prof. Dr.
	Wolfgang Suppan

Aktive: Bucher Anette, Klarinette (1981); Bucher Bernhard, Trompete (1967); Bucher Karl, Trompete (1973); Duffner Helmut, Tuba (1981); Ehret Adolf, Saxophon (1959); Ehret Karl, Horn (1973); Federer Bernhard, Bariton (1960); Federer Hansjörg, Flügelhorn (1977); Federer Lorenz, Tenorhorn (1959); Federer Vera, Horn (1974); Federer Wolfgang, Klarinette (1977); Fischer Birgit, Klarinette (1980); Fischer Ernst, Saxophon (1959); Fischer Heinz, Flügelhorn (1959); Fischer Klaus, Trompete (1981); Fischer Paul, Bariton (1959); Fischer Silke, Pikkolo (1979); Fuchs Franz, Posaune (1959); Gippert Andreas, Schlagzeug (1979); Gippert Martina, Flügelhorn (1973); Gippert Meinrad, Tenorhorn (1959); Gippert Michael, Schlagzeug (1974); Glas Bruno, Tenorhorn (1980); Gutsell Bernd, Klarinette (1969); Gutsell Werner, Klarinette (1969); Ingold Bettina, Horn (1973); Kallfaß Eckhard, Trompete (1981); Kern Alfons, Posaune (1973); Kern Harald, Klarinette (1976); Kern Norbert, Trompete (1973); Kistner Karl, Tenorhorn (1959); Littner Beatrix, Klarinette/Flöte (1979); Littner Karlheinz, Klarinette (1974); Littner Martin, Becken (1980); Littner Ute, Klarinette (1977); Meier Anita, Flügelhorn (1973); Meier Norbert, Posaune (1980); Mutschler Arno, Trompete (1977); Müller Alois, Trompete (1965); Müller Christa, Trompete (1976); Müller Ingeborg, Klarinette (1981); Müller Marita, Trompete (1976); Meusert Gertrud, gr. Trommel (1980); Rommler Martin, Horn (1959); Schächtele Clemens, Horn (1981); Willy Bernhard, Tuba (1965); Willy Erich, Tuba (1962); Wirth Alex, Flügelhorn (1964); Wirth Mathias, Posaune (1978); Wirth Ulrike, Klarinette (1978)

Winzerkapelle Oberbergen e.V.

Gründungsjahr:	1887
1. Vorsitzender:	Gerhard Gut
Stellv. Vorsizender:	Karl Essig
Schriftführer:	Thomas Schätzle
Rechner:	Bernward Baumgartner
Beirat:	Norbert Bruder
	Hans Gut
Dirigent:	Michael Fröhlich
Vizedirigent:	Gregor Schätzle
Notenwart:	Hansjörg Baumgartner

Aktive: Baumer Michaela, Klarinette (1975); Baumer Walter, Flügelhorn (1959); Baumgartner Alfred, Posaune (1975); Baumgartner Bernward, Posaune (1950); Baumgartner Hansjörg, Saxophon (1971); Baumgartner Martin, Tenorhorn (1971); Beck Isabella, Flöte (1981); Beck Ralph, Saxophon (1972); Benthlin Franziska, Flöte (1973); Bruder Norbert, Tuba (1972); Burkart Albert, Horn (1969); Burkart Dietmar, Trompete (1975); Burkart Franz, Tuba (1947); Ernst Edgar, Trompete (1975); Essig Karl, Trompete (1968); Fröhlich Petra, Flöte (1975); Geppert Joachim, Trompete (1970); Geppert Josef, Tenorhorn (1948); Geppert Jutta, Klarinette (1975); Gerig Moritz, Klarinette (1969); Gut Alfred, Klarinette (1970); Gut Gerhard, Saxophon (1955); Gut Moritz, Flügelhorn (1966); Gut Paul, Klarinette (1972); Gut Peter, Horn (1977); Keller Evelyn, Trompete (1975); Keller Felix, Tenorhorn (1951); Keller Rainer, Trompete (1970); König Herbert, Posaune (1969); König Marion, Klarinette (1977); König Peter, Trompete (1969); Müller Rolf, Horn (1977); Ruf Sebastian, kl. Trommel (1977); Ruf Stefan, Klarinette (1972); Saumer Anja, Flöte (1977); Schätzle Christian G. S., Klarinette (1969); Schätzle Eberhard, Tenorhorn (1947); Schätzle Gregor, Bariton (1947); Schätzle Moritz, Posaune (1972); Schätzle Thomas, Trompete (1966); Scherzinger Christoph, Horn (1976); Scherzinger Thomas, Posaune (1971); Schneider Alexander, Bariton (1977); Schneider Edmund, Tuba (1947); Schneider Emil, Tuba (1966); Schneider Gerhard, Horn (1959); Schneider Horst, Schlagzeug (1972); Schneider Rainer, Trompete (1977); Schneider Severin, Trompete (1970); Schupp Hans-Peter, Klarinette (1956); Schupp Wolfgang, Trompete (1977); Segebarth Dietmar, Tenorhorn (1975); Strub Manuela, Klarinette (1975); Strub Rudolf, gr. Trommel (1947); Teschner Andreas, Flöte (1978)
Zöglinge: Baumer Horst, Flügelhorn (1980); Baumgartner Markus, Horn (1980); Gut Heidi, Flöte (1980); Gut Thomas, Horn (1980); Haumesser Marco, Trompete (1980); Ipser Frank, Klarinette (1980); König Frank, Klarinette (1980); Ruf Fabian, Flöte (1980); Schätzle Christian E. S., Klarinette (1980); Segebarth Alexander, Klarinette (1980); Seiter Mirijam, Flöte (1980); Strub Bernd, Schlagzeug (1977); Weis Michael, Flügelhorn (1980)

Musikverein Oberrimsingen e.V.

Gründungsjahr:	1927
1. Vorsitzender:	Eugen Lorenz
Stellv. Vorsitzender:	Josef Hensle
Schriftführer:	Hermann Wolf
Rechner:	Josef Leberer
Beirat (Aktiva):	Bernhard Mangold
	Hermann Spitzer
	Hermann Weismann
Beirat (Passiva):	Hugo Ott
	Georg Ott
	Pius Zeller
Dirigent:	Alfred Wohlhüter
Vizedirigent:	Eugen Lorenz
Jugendleiter:	Klaus Schwab
	Alfons Zeller
Notenwart:	Bernhard Schwab
Instrumentenwart:	Hermann Ott
Ehrenvorsitzender:	Georg Zeller
Ehrendirigent:	Friedrich Stäublin

Ehrenmitglieder: Adolf Dockweiler, Alfons Faller, Albin Fuchs, Axel Hackenjos, Alfred Heim, Josef Hensle sen., Alois Herzig, Erich Kiehn, Johann Klingler, Alfons Müller, Johann Müller, Alfons Ott, Georg Ott, Gottfried Ott, Hugo Ott, Oskar Ott, Alfred Schmidt, Xaver Thoman, Franz Vögele, Adolf Weismann, Pius Zeller
Aktive: Daul Michael, Trompete (1981); Faller Bernd, Tenorhorn (1980); Fuchs Albin, Flügelhorn (1945); Gretzmaier Alois, Bariton (1982); Gretzmaier Pius, Flügelhorn (1978); Heim Bernhard, Trompete (1976); Hensle Josef, Tenorhorn (1952); Herzig Engelbert, Klarinette (1977); Joos Bernhard, Trompete (1972); Joos Rudi, Flügelhorn (1972); Kern Matthias, Posaune (1980); Leberer Josef, Klarinette (1969); Lorenz Eberhard, Saxophon (1976); Lorenz Eugen, Tuba (1973); Mangold Bernhard, Flügelhorn (1963); Mangold Erwin, Horn (1961); Mangold Pius, Horn (1969); Merkel Stefan, Saxophon (1972); Müller Bernd, Tuba (1979); Müller Hansjörg, Posaune (1955); Müller Martin, Flügelhorn (1977); Müller Thomas, Saxophon (1972); Müller Wolfgang, Flügelhorn (1974); Neubauer Adolf, Tuba (1980); Ott Hermann, Posaune (1972); Ott Klaus, Trompete (1972); Schillinger Markus, Posaune (1980); Schüler Roland, Trompete (1981); Schwab Bernhard, Saxophon (1969); Schwab Klaus, kl. Trommel (1967); Selinger Gebhard, Klarinette (1979); Spitzer Hermann, Tuba (1969); Weismann Alois, Posaune (1972); Weismann Berthold, Klarinette (1976); Weismann Franz, Horn (1953); Weismann Georg, Flöte (1975); Weismann Heidi, Klarinette (1975); Weismann Hermann, Bariton (1953); Weismann Jürgen, Tenorhorn (1978); Weismann Klaus, Klarinette (1972); Weismann Ludwig, Klarinette (1952); Weismann Manfred, Klarinette (1979); Weismann Martin, Klarinette (1980); Weismann Roland, kl. Trommel (1978); Weismann Thomas, Klarinette (1972); Wolf Hermann, Saxophon (1955); Wolf Stefan, gr. Trommel (1962); Zeller Alfons, Tenorhorn (1972); Zeller Johanna, Flöte (1975); Zeller Klemens, Horn (1973)

Winzerkapelle Oberrotweil e.V.

Gründungsjahr:	1821*
1. Vorsitzender:	Ludwig Kleiser
Stellv. Vorsitzender:	Horst Bitzenhofer
Schriftführer:	Hans Burghart
Rechner:	Max Sacherer
Beirat (Aktiva):	Hubert Fischer
	Otto Ihle
	Otto Schätzle
Beirat (Passiva):	Otto Bitzenhofer
	Hermann Grab
	Herbert Krause
	Fritz Sacherer
	Albert Schwab
	Karl Vögtle
	Paul Wehrle
Dirigent:	Norbert Voll
Vizedirigent:	Walter Kreiner
Jugendleiter:	Martin Wellenreiter
Notenwarte:	Renate Sacherer
	Martin Wellenreiter

Instrumentenwart: Horst Bitzenhofer; Ehrendirigent: Walter Kreiner; Ehrenvorstand: Alfred Fleischer
Aktive: Bitzenhofer Harald, Saxophon (1976); Bitzenhofer Herbert, Tenorhorn (1954); Bitzenhofer Horst, Posaune (1950); Bitzenhofer Marianne, Trompete (1976); Bowe Anton, kl. Trommel (1961); Brunner Martina, Flöte (1976); Brunner Michael, Flügelhorn (1971); Burghart Elke, Klarinette (1976); Burghart Franz, Klarinette (1961); Burghart Hans, Posaune (1961); Burghart Hubert, Trompete (1957); Burghart Peter, Flügelhorn (1956); Burghart Rolf, Trompete (1976); Dägele Günter, Klarinette (1961); Dägele Martin, gr. Trommel (1971); Dägele Richard, Trompete (1947); Durm Max, Flügelhorn (1952); Fischer Hubert, Flügelhorn (1961); Galli Anton, Trompete (1963); Geiser Artur, Flügelhorn (1982); Güntert Ralf, kl. Trommel (1979); Heinzelmann Hans, Posaune (1952); Herger Martin, Klarinette (1976); Hinterseh Frank, Klarinette (1979); Ihle Otto, Tuba (1952); Ihle Priska, Klarinette (1976); Imbery Klaus, Lyra (1976); Imbery Rolf, Posaune (1976); Kleiser Ludwig, Tenorhorn (1954); Kleiser Matthäus, Saxophon (1976); Kreiner Bernhard, Klarinette (1961); Kreiner Walter, Klarinette (1929); Kugler Uli, Flügelhorn (1971); Meyer Armin, Tuba (1947); Meyer Dietmar, Tenorhorn (1976); Noth Wilhelm, gr. Trommel (1947); Papenfuß Martin, Klarinette (1971); Polzin Martin, Saxophon (1976); Reber Stephan, Saxophon (1976); Rehmann Jochen, Trompete (1977); Rotzoll Joachim, Flügelhorn (1977); Sacherer Fritz, Posaune (1979); Sacherer Hubert, Horn (1976); Sacherer Max, Horn (1956); Sacherer Renate, Klarinette (1976); Schätzle Otto, Trompete (1923); Scherer Eduard, Bariton (1961); Scherer Robert, Tenorhorn (1947); Schneider Karlheinz, Tenorhorn (1976); Senn Roland, Tuba (1961); Wellenreiter Erwin, Klarinette (1947); Wellenreiter Martin, Bariton/Schlagzeug (1971); Wintermantel Achim, Tenorhorn (1971); Wintermantel Otto, Horn (1947); Wintermantel Rolf, Trompete (1971); Wolf Jürgen, Horn (1971)

Musikverein Opfingen e.V.

Gründungsjahr:	1921
1. Vorsitzender:	Rolf Müller
Stellv. Vorsitzender:	Gerd Reinert
Schriftführerin:	Petra Hanser
Rechner:	Walter Preis
Beirat:	Wolfgang Gutekunst
	Karl Lörch
	Karlheinz Münch
	Otto Schmidt
	Herbert Schütt
	Kurt Weis
Dirigent:	Bernd Becker
Vizedirigent:	Otto Schmidt
Jugendleiter:	Birgit Althauser
	Andreas Hanser
	Thomas Lörch
Notenwart:	Birgit Althauser
Instrumentenwart:	Karlheinz Münch
Präsident:	Rudolf Höfflin
Ehrenvorsitzender:	Otto Pfistner

Aktive: Althauser Birgit, Klarinette (1974); Althauser Uwe, Trompete (1974); Bader Manfred, Posaune (1976); Bader Monika, Klarinette (1976); Danzeisen Arthur, Tenorhorn (1971); Danzeisen Karl, gr. Trommel (1951); Dick Manfred, Saxophon (1967); Dick Rolf, Klarinette (1948); Dietsche Dagmar, Flöte (1977); Dumont Bodo, Klarinette (1978); Eisenmann Beate, Flöte/Pikkolo (1977); Faschon Martin, Horn (1979); Faschon Thomas, Horn (1979); Fünfgelt Monika, Klarinette (1978); Fünfgelt Reinhard, Tenorhorn (1976); Fünfgelt Rudolf, Posaune (1951); Gerspacher Helmut, Tuba (1980); Groß Jürgen, Posaune (1976); Gutekunst Jörgfrieder, Trompete (1961); Gutekunst Mathias, Flügelhorn (1978); Gutekunst Wolfgang, Tenorhorn (1961); Hanser Andreas, Schlagzeug (1977); Hanser Petra, Trompete (1976); Hassler Uwe, Bariton (1974); Heizmann Susanne, Trompete (1976); Hofmann Thomas, Flügelhorn (1974); Jepp Manfred, Saxophon (1961); Kappeler Günter, Flügelhorn (1967); Linser Karlheinz, Posaune (1953); Lörch Elke, Klarinette (1976); Lörch Thomas, Flügelhorn (1972); Müller Heinrich, Trompete (1948); Müller Rolf, Tuba (1962); Münch Karlheinz, Posaune (1970); Preis Walter, Horn (1948); Reinert Gerd, Saxophon (1970); Reinert Hans, Horn (1958); Roser Andrea, Saxophon (1974); Roser Heike, Klarinette (1974); Sutter René, Klarinette (1976); Schmidt Otto, Trompete (1980); Schneider Christine, Klarinette (1976); Schütt Bernd, Tuba (1978); Schütt Eugen, Tenorhorn (1976); Stiewe Claudia, Saxophon (1980); Stiewe Marion, Klarinette (1977); Wagner Richard, Bariton (1964); Walter Anja, Trompete (1978); Walter Hubert, Saxophon (1978); Walter Kurt, Flügelhorn (1961); Weber Hubert, Posaune (1971); Würmlin Birgit, Saxophon (1974)
Jugendkapelle: Becker Stefan, Schlagzeug (1980); Bembenek Sandra, Klarinette (1980); Daskalakis Michael, Klarinette (1980); Dick Silvia, Klarinette (1980); Dumont Bettina, Flöte (1979); Eisenmann Heike, Oboe (1980); Gerspacher Sandra, Klarinette (1979); Hassler Uwe, Tenorhorn (1974); Heß Beate, Klarinette (1980); Linser Armin, Trompete (1978); Linser Rainer, Flügelhorn (1978); Linser Werner, Tenorhorn (1977); Meinke Martin, Saxophon (1981); Müller Daniela, Flöte (1980); Mutschler Birgit, Klarinette (1980); Schillinger Thomas, Klarinette (1980); Schneider Markus, Tenorhorn (1978); Walz Rüdiger, Trompete (1980)
Zöglinge: Argast Anne, Klarinette (1982); Bauer Melanie, Flöte (1982); Biemel Nicole, Klarinette (1982); Biemel Oliver, Saxophon (1982); Bienz Angelika, Posaune (1982); Bock Andrea, Flöte (1980); Daskalakis Angela, Flöte (1982); Faschon Christian, Trompete (1980); Frick Isabell, Klarinette (1980); Gerspacher Tobias, Posaune (1981); Grimm Alexander, Trompete (1982); Huber Claudia, Horn (1981); Jepp Martina, Posaune (1981); Linser Tanja, Klarinette (1982); Mackensen Elke, Trompete (1980); Marini Daniela, Klarinette (1982); Meinke Petra, Klarinette (1982); Müller Silke, Klarinette (1980); Niesen Sibylle, Flöte (1982); Rang Catrin, Horn (1982); Schillinger Michael, Horn (1981); Spittler Nicole, Klarinette (1982); Walter Tanja, Saxophon (1982); Voigtmann Petra, Klarinette (1981)

Musikverein Riegel e.V.

Gründungsjahr:	1900
1. Vorsitzender:	Georg Opitz
Stellv. Vorsitzender:	Ernst Friedrich
Schriftführerin:	Rita Fuchs
Stellv. Schriftführer:	Heinrich Wagner
Rechner:	Erich Kaiser
Stellv. Rechner:	Alfred Ernst
Beirat:	Albert Haberer
	Erich Ringswald
Dirigent:	Hans-Jörg Schmieder
Vizedirigent:	Axel Ringswald

Aktive: Bär Matthias, Horn (1978); Borchert Rainer, Trompete (1975); Brenn Stefan, Tuba (1976); Bühler Wolfgang, Posaune (1979); Burtsche Jürgen, Klarinette (1981); Burtsche Silke, Klarinette (1981); Ernst Alfred, Klarinette (1954); Fischer Michael, Klarinette (1980); Fischer Stefan, Tenorhorn (1977); Friedrich Ernst, Tuba (1946); Friedrich Horst, Flügelhorn (1975); Gerber Christoph, Flügelhorn (1980); Groh Michael, Klarinette (1975); Haberer Albert, Flügelhorn (1964); Hassler Heike, Flöte (1977); Hassler Uwe, Tenorhorn (1971); Himmelsbach Thomas, Flügelhorn (1972); Kaiser Antje, Klarinette (1978); Kaiser Erich, Tenorhorn (1977); Kern Wolfram, Tuba (1967); Langenbach Katharina, Horn (1978); Löffel Rudi, Tenorhorn (1950); Mössner Wolfgang, Tenorhorn (1967); Opitz Georg, Trompete (1952); Rieder Michael, Schlagzeug (1978); Ringswald Axel, Klarinette (1974); Staiblin Heike, Klarinette (1979); Steurer Klaus, Trompete (1977); Stübbe Ingo, Schlagzeug (1977); Stübbe Petra, Trompete (1975); Tiemer Hardy, Flügelhorn (1971); Wagner Hans, Posaune (1963); Wagner Heinrich, Klarinette (1971); Wagner Norbert, Posaune (1977); Weinzierl Jürgen, Flügelhorn (1976); Wössner Christian, Posaune (1977)
Zöglinge: Borchert Sabine, Klarinette (1981); Bosch Anita, Horn (1981); Fröhlich Annerose, Flöte (1981); Joseph Jutta, Klarinette (1981); Leppert Susanne, Trompete (1981); Mordhorst Katja, Klarinette (1981)

Musikverein Sasbach e.V.

Gründungsjahr:	1927
1. Vorsitzender:	Gottfried Wachtmeister
Stellv. Vorsitzender:	Helmut Kamenisch
Schriftführer:	Martin Kamenisch
Stellv. Schriftführer:	Uwe Wachtmeister
Rechner:	Bernd Jehle
Stellv. Rechner:	Gottfried Wachtmeister
Beirat:	Georg Barleon
	Erich Beck
	Leo Bitsch
	Werner Mildebrath
	Leo Ringswald
	Linus Schwörer
	Helmut Sexauer
Dirigent:	Sepp Bohny
Vizedirigent:	Gottfried Wachtmeister
Jugendleiter:	Helmut Kamenisch
Notenwart:	Uwe Wachtmeister

Aktive: Barleon Georg, Posaune (1962); Beck Bruno, Flügelhorn (1976); Beck Erich, kl. Trommel (1961); Beck Veronika, Klarinette (1982); Birkle Axel, Klarinette (1981); Bitsch Leo, Horn (1961); Bitsch Marianne, Klarinette (1975); Bitsch Martina, Klarinette (1976); Bleier Martin, Trompete (1981); Bohny Christian, Trompete (1981); Dinger Peter, Horn (1976); Dinger Walter, Horn (1958); Dräger Uwe, Trompete (1979); Eberenz Klaus, Tenorhorn (1977); Fischer Alfons, Tenorhorn (1972); Fischer Bernd, Klarinette (1979); Fischer Gaby, Flöte (1975); Fränkel Jochen, Flügelhorn (1981); Fränkel Karlheinz, Flügelhorn (1958); Fränkel Marco, Flügelhorn (1981); Friderich Martin, Tuba (1979); Ganter Arnold, Saxophon (1961); Ganter Stefan, Klarinette (1981); Heitzmann Karlheinz, Trompete (1981); Helbling Jürgen, Flöte (1981); Helbling Julia, Klarinette (1978); Helbling Reinhold, kl. Trommel (1981); Helbling Ulrich, Trompete (1981); Jehle Bernd, Tuba (1958); Jehle Jürgen, Klarinette (1976); Jehle Michael, kl. Trommel (1978); Jehle Peter, Trompete (1981); Jehle Sabine, Flöte (1976); Jenne Manuela, Klarinette (1981); Kamenisch Helmut, Tenorhorn (1953); Kamenisch Martin, Tenorhorn (1970); König Patrick, Trompete (1976); Langenbacher Anita, Klarinette (1981); Metzger Frank, Flügelhorn (1981); Ringswald Leo, Trompete (1962); Ringswald Paul, Posaune (1953); Röttele Anja, Klarinette (1979); Röttele Carola, Flöte (1979); Röttele Franz, Horn (1953); Röttele Sabine, Flöte (1979); Schmidt Stefan, Tuba (1976); Schneider Erich, Trompete (1962); Schneider Lothar, Klarinette (1947); Seeberger Bernhard, gr. Trommel (1976); Stegle Werner, Posaune (1979); Wachtmeister Gottfried, Saxophon (1954); Wachtmeister Roland, Trompete (1977); Wachtmeister Uwe, Saxophon (1975); Wachtmeister Volker, Saxophon (1979)

Tuniberg-Trachtenkapelle Tiengen e.V.
Jugendkapelle Tiengen e.V.

Gründungsjahr:	1903
1. Vorsitzender:	Horst Jenne (Tr.K.)
	Markus Probst (J.K.)
Stellv. Vorsitzender:	Adolf Mössner (Tr.K.)
	Thomas Kobe (J.K.)
Schriftführer:	Helmut Lasch (Tr.K.)
	Gabi Meihofer (J.K.)
Rechner:	Fritz Lörch (Tr.K.)
	Achim Schäfholz (J.K.)
Dirigent:	Arnold Brunner
Vizedirigent:	Hans Herr
Ehrendirigenten:	Leopold Rees
	Hans Textor
Ehrenmitglieder:	Luise Althauser
	Gustav Gottschalk
	Otto König

Beirat (Tr.K.): Willi Frey, Gustav Gottschalk, Helmut Gottschalk, Anton Kohler, Manfred Meihofer, Heinrich Rupp, Norbert Schächtele, Herbert Schlatter; Beirat (J.K.): Jürgen Eberlin, Alfred Fränzle, Jürgen Hassler, Ralph Jenne, Cornelia Roether, Klaus Schulz

Aktive: Eberlin Jürgen, Saxophon (1974); Eberlin Karin, Klarinette (1979); Fränzle Alfred, Tuba (1977); Freyer Judith, Flöte (1978); Gottschalk Angelika, Klarinette (1975); Gottschalk Bernd, Trompete (1975); Gottschalk Dieter, Tuba (1957); Gottschalk Helmut, Trompete (1961); Hassler Jürgen, Posaune (1974); Hauri Petra, Flöte (1978); Hirschmann Claudia, Flöte (1978); Jenne Horst, Klarinette (1956); Jenne Ralph, Bariton (1974); Jenne Sabine, Flöte (1975); Kampmann Gerd, Saxophon (1967); Kampmann Sigrid, Trompete (1971); Kobe Thomas, Posaune (1974); Meihofer Gabi, Klarinette (1975); Meihofer Jutta, Trompete (1971); Meihofer Manfred, Bariton (1948); Meihofer Monika, Klarinette (1975); Mössner Adolf, Tenorhorn (1971); Mössner Ulrike, Klarinette (1974); Ohlrogge Ursula, Flöte (1978); Probst Markus, Tenorhorn (1971); Probst Thomas, Tuba (1971); Renkert Frank, Trompete (1977); Renkert Matthias, Tenorhorn (1977); Renkert Trudel, Klarinette (1969); Roether Christoph, Flügelhorn (1976); Roether Claudia, Klarinette (1977); Roether Cornelia, Flöte (1975); Rossel Achim, Trompete (1977); Rupp Heinrich, Flügelhorn (1969); Schächtele Norbert, Flügelhorn (1968); Schäfholz Achim, Klarinette (1974); Schäfholz Arno, Posaune (1968); Schäfholz Elvira, Klarinette (1979); Schmidt Karsten, Schlagzeug (1980); Schmidt Martin, Flügelhorn (1978); Schüler Ralph, Trompete (1974); Schüler Thomas, Posaune (1974); Schulz Carmen, Saxophon (1975); Simon Erwin, Horn (1954); Simon Jörg, Flügelhorn (1976); Sumpf Regine, Klarinette (1957); Stowasser Katrin, Flöte (1978); Textor Fritz, Horn (1971); Wilson Helen, Flöte (1981); Wohlgemuth Peter, Schlagzeug (1970)
Zöglinge: Kobe Dietmar, Flügelhorn (1981); Lörch Wolfgang, Trompete (1982); Menz Monika, Klarinette (1981); Molk Frank, Trompete (1982); Schlatter Hubert, Flügelhorn (1982); Schüler Eric, Trompete (1981)

Musikverein Umkirch e.V.

Gründungsjahr:	1907/1865*
1. Vorsitzender:	Josef Gastaldo
Stellv. Vorsitzender:	Fritz Grafmüller
Schriftführer:	Erich Röchert
Rechner:	Leo Risch
Beirat:	Klaus Fuchs
	Werner Graner
	Hubert Hank
	Ernst Knoll
	Hubert Wangler
	Willi Wolber
Dirigent:	John Carter
Vizedirigent:	Viktor Heitzler
Jugendleiter:	Clemens Gastaldo
Notenwarte:	Esther Danner
	Peter Wolber
Instrumentenwart:	Viktor Heitzler

Aktive: Beiler Jürgen, Trompete (1979); Coelho Margarida, Flöte (1978); Coelho Teresa, Klarinette (1978); Danner Blandine, Flügelhorn (1979); Danner Esther, Klarinette (1975); Danner Lukas, Klarinette (1978); Dietz Roland, Tuba (1975); Feger Patricia, Klarinette (1978); Feger Werner, Horn (1950); Fischer Karin, Klarinette (1978); Frieder Markus, Trompete (1980); Fuchs Frank, Tenorhorn (1975); Gastaldo Beatrix, Flöte (1977); Gastaldo Clemens, Trompete (1972); Gastaldo Josef, Bariton (1946); Grafmüller Fritz, Horn (1947); Graner Werner, Schlagzeug (1947); Hank Andreas, Trompete (1969); Hank Hubert, Tuba (1950); Hank Joachim, Flügelhorn (1972); Heitzler Bertold, Tenorhorn (1966); Heitzler Karl, Tenorhorn (1946); Heitzler Michael, Klarinette (1975); Heitzler Viktor, Klarinette (1957); Hirzle Andrea, Flöte (1979); Hügele Georg, Horn (1948); Kappeler Peter, Horn (1980); Kirchner Manfred, Flügelhorn (1955); Klott Bernd, Bariton (1967); Kuschel Andreas, Posaune (1976); Mühl Alfred, Klarinette (1952); Müller Arno, Flügelhorn (1975); Risch Wolfgang, Klarinette (1972); Röchert Erich, Schlagzeug (1978); Schröckert Bodo, Trompete (1979); Sutter Barbara, Klarinette (1978); Sutter Georg, Klarinette (1957); Wangler Hubert, Posaune (1947); Wolber Peter, Klarinette (1975); Zeller Martin, Posaune (1980)
Zöglinge: Bruggner Stefan, Horn (1982); Chamier, von Carola, Flöte (1981); Halbich Ulricke, Trompete (1982); Kraus Petra, Horn (1981); Mohr Daniela, Klarinette (1981); Wangler Sonja, Flöte (1981); Wehrle Tatjana, Klarinette (1981)

Kaiserstühler Winzerkapelle Wasenweiler

Gründungsjahr:	1925
1. Vorsitzender:	Manfred Brucker
Stellv. Vorsitzender:	Ernst Flubacher
Schriftführer:	Eugen Werner
Rechner:	Peter Briem
Beirat:	Bernd Fritsch
	Ingrid Lemke
	Alex Mayer
	Erich Sauerburger
Dirigent:	Ludwig Laberer
Vizedirigent:	Eugen Werner
Jugendleiter:	Peter Werner

Aktive: Brucker Elke, Pikkolo/Flöte (1975); Brucker Manfred, Tenorhorn (1956); Flubacher Christian, Trompete (1961); Isele Ewald, Trompete (1953); Isele Germann, Tenorhorn (1963); Isele Herbert, kl. Trommel (1959); Isele Karl, Tuba (1953); Isele Petra, Klarinette (1975); Isele Sabine, Klarinette (1975); Isele Toni, Tenorhorn (1975); Knöpfler Franz, Posaune (1955); Lemke Ingrid, Klarinette (1969); Laberer Christian, kl. Trommel (1973); Mutter Alfred, Tenorhorn (1969); Mutter Arnold, Flügelhorn (1955); Mutter Edgar, gr. Trommel (1969); Mutter Engelbert, Tenorhorn (1973); Mutter Gabi, Klarinette (1975); Mutter Klaus, Flügelhorn (1973); Mutter Manfred, Trompete (1973); Mutter Max, Bariton (1951); Mutter Otmar, Trompete (1950); Selinger Alois, Klarinette (1947); Selinger Ralf, Flügelhorn (1969); Sauerburger Karin, Klarinette (1975); Rudmann Susanne, Flöte (1979); Werner Eugen, Posaune (1945); Werner Jutta, Klarinette (1979); Werner Peter, Tuba (1969); Rein Andreas, Tenorhorn (1979)
Zöglinge: Amreihn Nadja, Klarinette (1979); Isele Alwin, Trompete (1979); Isele Arniko, Trompete (1982); Isele Markus, Posaune (1982); Isele Stefan, kl. Trommel (1979); Isele Thomas, Flügelhorn (1982); Knöpfler Günter, Klarinette (1982); Knöpfler Michaela, Klarinette (1982); Mutter Melanie, Klarinette (1982); Rudmann Ralf, Trompete (1979); Saffran Axel, Trompete (1979); Sauerburger Klaus, Saxophon (1982); Schmiedel Michael, Klarinette (1979); Schmiedel Werner, Trompete (1979); Vögele Reinhard, Trompete (1982)

Musikverein Weisweil e.V.

Gründungsjahr:	1863*
1. Vorsitzender:	Karl Nicola
Stellv. Vorsitzender:	Hanspeter Matthis
Schriftführer:	Rudi Stöcklin
Rechner:	Walter Ehret
Beirat:	Willi Ehret
	Gerhard Henninger
	Ekkehard Mertens
	Ernst Stöcklin
	Walter Stöcklin I
	Walter Stöcklin II
	Richard Wäldin
Dirigent:	Georg Graf
Vizedirigent:	Walter Stöcklin I
Jugendleiter:	Georg Graf
Notenwart:	Willi Kromer
Instrumentenwart:	Walter Stöcklin I
Ehrenvorsitzender:	Hermann Gräßlin
Ehrendirigent:	Jakob Blum

Aktive: Buchmüller Heinrich, Flügelhorn (1948); Buchmüller Martina, Klarinette (1971); Dubec Wolfgang, Schlagzeug (1971); Ehret Annemarie, Saxophon (1979); Ehret Cäcilia, Tenorhorn (1979); Ehret Elke, Klarinette (1977); Ehret Siegfried, Horn (1952); Ehret Sigrid, Klarinette (1970); Ehret Walter, Klarinette (1949); Ehret Willi, Tenorhorn (1948); Ehret Wolfgang, Tenorhorn (1977); Ehrler Gerd, Posaune (1975); Ehrler Jürgen, Flügelhorn (1972); Grässlin Wilfried, Tenorhorn (1952); Graf Peter, Trompete (1968); Graf Susanne, Klarinette (1973); Haag Marina, Trompete (1970); Hanselmann Angelika, Klarinette (1970); Henninger Gerhard, Tuba (1952); Henninger Heike, Flügelhorn (1977); Hirzler Adalbert, Posaune (1961); Karcher Werner, Saxophon (1960); Klank Beate, Klarinette (1977); Klank Harald, Schlagzeug (1977); Klank Joachim, Trompete (1977); Kromer Willi, Flügelhorn (1967); Krumm Heinz, Klarinette (1970); Kunzie Bernd, Saxophon (1971); Leibbrand Dieter, Tenorhorn (1980); Mertens Ekkehardt, Tenorhorn (1976); Nicola Klaus-Dieter, Schlagzeug (1977); Nicola Sabine, Saxophon (1977); Nübling Heidi, Flügelhorn (1977); Nübling Petra, Klarinette (1977); Schäfer Christine, Klarinette (1977); Schäfer Hannes, Klarinette (1970); Schäfer Wilfried, Flügelhorn (1970); Schikulla Monika, Klarinette (1971); Stöcklin Bernd, Tenorhorn (1973); Stöcklin Ernst, Klarinette (1936); Stöcklin Gisela, Klarinette (1970); Stöcklin Rudi, Saxophon (1960); Stöcklin Walter, Trompete (1948); Stöcklin Walter, Klarinette (1953); Wäldin Frank, Posaune (1975); Wäldin Fritz, Posaune (1955); Wäldin Katja, Flöte (1975); Wäldin Richard, Posaune (1949)
Zöglinge: Ehret Karlheinz, Klarinette (1977); Ehret Thomas, Flügelhorn (1979); Fritschle Claudia, Tenorhorn (1979); Grässlin Gabriele, Flügelhorn (1977); Grässlin Inge, Klarinette (1977); Grässlin Markus, Horn (1977); Haag Mario, Horn (1979); Harguth Eric, Tuba (1979); Hüglin Ulrike, Flügelhorn (1979); Karcher Doris, Flügelhorn (1979); Klank Sandra, Horn (1979); Martens Sabine, Klarinette (1979); Nickola Andrea, Horn (1979); Nickola Emil, Tuba (1977); Raith Jochen, Flügelhorn (1977); Stöcklin Oliver, Flügelhorn (1977)

Musikverein Wyhl e.V.

Gründungsjahr:	1835
1. Vorsitzender:	Roland Busch
Stellv. Vorsitzender:	Gerhard Seiter
Schriftführerin:	Ulrike Fischer
Rechner:	Thomas Mamier
Beirat:	Silvio Feiner
	Heinz König
	Regina Leber
	Siegfried Mamier
	Werner Müßle
	Bernhard Ritter
	Alfred Schwörer
	Paul Schwörer
	Karl Villing
	Wolfgang Zimmer
Dirigent:	Werner Erhart
Vizedirigent:	Alfred Schwörer
Jugendleiter:	Manfred Mamier
	Bernhard Ritter
	Alfred Schwörer

Notenwart: Alfred Bleier; Instrumentenwart: Alfred Schwörer; Ehrendirigent: Johann Hirz

Aktive: Adler Ralf, Tenorhorn (1978); Bleier Alfred, Saxophon (1977); Blum Dieter, Trompete (1972); Blum Otto, Tuba (1957); Bruder Thomas, Klarinette (1980); Busch Roland, Trompete (1967); Diekele Roland, Flügelhorn (1972); Dirr Martin, Trompete (1980); Feiner Silvio, Posaune (1971); Fischer Armin, Klarinette (1972); Fischer Ulrike, Klarinette (1972); Flamm Thomas, Horn (1980); Göhler Michael, Klarinette (1980); Herb Daniel, Klarinette (1973); Herb Walter, Saxophon (1946); Hirz Michaela, Klarinette (1980); Hoffmann Christophe, kl. Trommel (1982); Hohwiehler Dieter, Tenorhorn (1972); Hug Herbert, Posaune (1972); Hug Max, Horn (1972); Klär Rainer, Tuba (1974); König Hans-Peter, Trompete (1972); König Heinz, Klarinette (1957); König Reinhard, Tuba (1963); Krella Jürgen, Klarinette (1980); Kromer Manfred, Flügelhorn (1972); Leber Regina, Klarinette (1972); Mamier Manfred, Flügelhorn (1970); Mamier Thomas, Posaune (1970); Müßle Bernhard, Horn (1973); Müßle Udo, Klarinette (1974); Müßle Werner, Horn (1973); Riesterer Dirk, Flügelhorn (1978); Ritter Andreas, Trompete (1975); Ritter Bernhard, Flügelhorn (1971); Schweitzer Jürgen, Trompete (1977); Schweizer Johann, Posaune (1946); Schweizer Peter, Tenorhorn (1972); Schwörer Hubert, Tenorhorn (1975); Schwörer Jürgen, Tenorhorn (1975); Schwörer Paul, Saxophon (1967); Schwörer Thomas, Tuba (1972); Schwörer Werner, Tenorhorn (1971); Seiter Anton, gr. Trommel (1946); Seiter Bernd, Klarinette (1967); Seiter Gerhard, Saxophon (1963); Seiter Thomas, Klarinette (1972); Zimmer Wolfgang, Tenorhorn (1968); Ziser Lothar, Klarinette (1972); Ziser Reinhard, kl. Trommel (1971); Ziser Walter, Posaune (1982)

Blasmusikverband Karlsruhe e.V.

Das Präsidium

Beisitzer: Josef Schlütter, Karl Heinz Debatin

1. Präsident: Fritz Hörter
Stellv. Präsident: Dieter Brake
Verbandsdirigent: Karl Pfortner
Stellv. Verbandsdirigent: Horst Meissner
Verbandsjugendleiter: Michael Weber
Stellv. Verbandsjugendleiter: Siegfried Lepp
Protokollführer: Hermann Haas
Schriftleiter: Ludwig Müller
Kassier: Karl Scholl

Bezirksvorsitzende:
Bezirk »Albtal« Erich Müller
Bezirk »Bruchsal« Walter Herzog
Bezirk »Hardt« Leo Freidel
Bezirk »Kraichgau-Bretten« Hans-Jürgen Kuper

Bezirk »Obere Hardt« Rudi Becker
Bezirk »Pfinz« Otmar Bittner
Bezirk »Stadtbezirk Karlsruhe« Engelbert Abendschön

Der Verband hat 102 Mitgliedsvereine.
Zum Verband gehören noch die Musikvereine Blankenloch, Stupferich, Stadtkapelle Bruchsal, Philippsburg, Münzesheim, Oberderdingen, Bürgerwehr Ettlingen, Albgau Ettlingen.

1. Reihe von links nach rechts: Siegfried Lepp, Walter Herzog, Fritz Hörter, Hermann Haas, Rudi Becker; 2. Reihe: Leo Freidel, Engelbert Abendschön, Karl Heinz Debatin, Dieter Brake, Michael Weber, Horst Meissner; 3. Reihe: Hans-Jürgen Kuper, Josef Schlütter, Erich Müller, Otmar Bittner, Ludwig Müller.

Musikverein 1966 Auerbach

Gründungsjahr:	1966
1. Vorsitzender:	Fritz Mangler
Stellv. Vorsitzender:	Wolfram Kohl
Schriftführer:	Rolf-Dieter Guthmann
Rechner:	Edgar Huck
Beirat:	Fritz Hörmann
	Klaus Kraut
	Günter Pfeiffer
	Ellen Schäfer
	Johannes Schuppert
Dirigent:	Kurt Hochschild
Jugendleiter:	Christina Hartmann
	Angelika Pitz
Notenwarte:	Brigitte Hetzel
	Johannes Schuppert
Instrumentenwart:	Wolfram Kohl

Aktive: Allion Jochen, Trompete (1975); Bodemer Volker, Trompete (1974); Bollig Armin, Posaune (1975); Daubenmaier Manuela, Flügelhorn (1975); Deeg Dieter, Posaune (1966); Guthmann Edgar, Tenorhorn (1966); Guthmann Rolf-Dieter, Pauken (1966); Hartmann Christina, Flöte (1975); Hetzel Brigitte, Trompete (1977); Hetzel Carola, Flügelhorn (1973); Hetzel Petra, Flügelhorn (1974); Hörmann Freddy, Tenorhorn (1966); Hübner Bernd, Tenorhorn (1980); Kohl Wolfram, Tenorhorn (1970); Kunz Andrea, Flügelhorn (1969); Lorenz Monika, Klarinette (1971); Lorenz Volker, Horn (1974); Mangler Fritz, Tuba (1966); Ochs Elke, Flöte (1978); Pitz Angelika, Klarinette (1973); Pitz Ignaz, Flügelhorn (1968); Schuppert Heinz, Posaune (1966); Schuppert Johannes, Tuba (1969); Stutz Christel, Klarinette (1981); Stutz Willibald, Posaune (1979); Verardi Giafranco, Tuba (1975); Verardi Marco, Schlagzeug (1977); Wegener Daniela, Trompete (1975)
Jugendkapelle: Augustin Inge, Tenorhorn (1981); Augustin Juliane, Schlagzeug (1981); Bauer Tamara, Tenorhorn (1981); Biebl Markus, Trompete (1981); Bodemer Karin, Klarinette (1981); Bossert Gerd, Tenorhorn (1981); Bürkle Manuela, Trompete (1981); Bürkle Sandra, Klarinette (1981); Burger Thomas, Schlagzeug (1981); Häge Uwe, Schlagzeug (1981); Heiß Linda, Klarinette (1981); Hofmeister Stefan, Klarinette (1981); Huck Thomas, Trompete (1981); Klemmer Peter, Trompete (1981); Kotter Mark, Tenorhorn (1981); Mangler Sabine, Trompete (1981); Meinzinger Michaela, Klarinette (1981); Müller Peter, Klarinette (1981); Müller Susanne, Klarinette (1981); Ochs Roger, Horn (1981); Schnell Christina, Klarinette (1981); Schweickhardt Cornelia, Trompete (1981); Stutz Joachim, Flügelhorn (1981); Stutz Martin, Klarinette (1981); Wirth Andreas, Posaune (1981)

Musikverein
Bad Herrenalb-Gaistal e.V.

Gründungsjahr:	1950
1. Vorsitzender:	Karl Kirn
Stellv. Vorsitzender:	Werner Weiss
Schriftführer:	Willi Knappe
Rechner:	Emil Schumacher
Beirat:	Erich Dietz
	Fritz Keller
	Karl Keller
	Karl-Heinz König
	Manfred König
	Walter Pfeiffer
	Heinz Schumacher
Dirigent:	Bela Filipan
Vizedirigent/	
Notenwart:	Gerhard Wetzel
Instrumentenwart:	Dieter Wetzel

Aktive: Bender Achim, Saxophon (1980); Burkhardt Heinz, Trompete (1971); Fauth Ute, Klarinette (1970); Keller Andreas, Flügelhorn (1974); Keller Gerhard, Schlagzeug (1967); Keller Jürgen, Tenorhorn (1970); Keller Karl, Flügelhorn (1950); Keller Martin, Horn (1981); Keller Uwe, Klarinette (1974); Knappe Wilfried, Trompete (1963); König Manfred, Trompete (1967); König Mathias, Trompete (1981); König Reinhard, Flügelhorn (1967); König Stefan, Horn (1980); Lenk Jürgen, Klarinette (1980); Lenk Peter, Trompete (1980); Nofer Karl, Tuba (1970); Pfeiffer Gerhard, Tuba (1963); Pfeiffer Helga, Trompete (1967); Pfeiffer Walter, Tenorhorn (1963); Schrafft Michaela, Klarinette (1980); Schumacher Beate, Klarinette (1974); Schumacher Harald, Schlagzeug (1978); Schumacher Heinz, Flügelhorn (1950); Schumacher Horst, Tenorhorn (1952); Schumacher Volker, Schlagzeug (1970); Siegrist Gerhard, Flügelhorn (1964); Steudinger Heinz, Flügelhorn (1963); Störner Ilona, Klarinette (1980); Tummescheit Klaus, Trompete (1980); Vischer Achim, Horn (1980); Walther Guido, Trompete (1963); Weiss Peter, Tenorhorn (1970); Weissinger Armin, Horn (1980); Weissinger Martin, Bariton (1974); Weissinger Michael, Tuba (1974); Weissinger Susanne, Saxophon (1979); Weissinger Walter, Posaune (1973); Wetzel Andrea, Saxophon (1970); Wetzel Dieter, Saxophon (1966); Wetzel Gerhard, Flügelhorn (1970); Wick Gustav, Horn (1963); Wick Martin, Tenorhorn (1978)

Musikverein „Harmonie" Bauerbach

Gründungsjahr:	1926
1. Vorsitzender:	Karl Stäb
Stellv. Vorsitzender:	Alfred Zugelder
Schriftführer:	Alfons Schneider
Rechner:	Alex Dickemann
Beirat:	Lothar Albert
	Herbert Göpferich
	Jürgen Göpferich
	Helmut Lohner
	Herbert Lohner
	Alfred Metzner
	Helmut Müller
Dirigent:	Werner Kirn
Vizedirigent/ Jugendleiter:	Wilfried Dickemann
Notenwart:	Herbert Lohner
Instrumentenwart:	Helmut Müller
Ehrenvorsitzende:	Otto Bechtold
	Heinrich Genannt

Aktive: Aigenmann Manfred, Tenorhorn (1978); Albert Georg, Bariton (1973); Albert Josef, Flügelhorn (1973); Albert Lothar, Tenorhorn (1965); Bechtold Erich, Trompete/Lyra (1959); Bechtold Gisbert, Saxophon (1965); Bechtold Gunter, Trompete (1973); Becker Hubert, Horn (1975); Dickemann Alex, Tenorhorn (1954); Dickemann Beate, Klarinette (1973); Dickemann Dieter, Trompete (1959); Dickemann Hartmut, Klarinette (1973); Dickemann Kurt, Tuba (1959); Dickemann Wilfried, Flügelhorn (1959); Frank Christoph, Schlagzeug (1976); Göpferich Jochen, Trompete (1973); Göpferich Jürgen, Posaune (1973); Haggenmüller Arno, Klarinette (1973); Hausner Thomas, Flügelhorn (1973); Heiss Achim, Tenorhorn (1975); Hess Uwe, Trompete (1975); Hollerbach Udo, Horn (1973); Jenner Guido, Posaune (1973); Kehrer Thomas, Tenorhorn (1973); Kirn Jürgen, Trompete (1975); Klostermann Rainer, Trompete (1973); Lautenschläger Georg, Trompete (1968); Lohner Herbert, Schlagzeug (1967); Müller Dietmar, Posaune (1973); Müller Gundula, Flöte (1973); Müller Harald, Bariton (1973); Müller Helmut, Tuba (1953); Müller Iris, Flöte (1973); Müller Martin, Schlagzeug (1973); Müller Reinhold, Flügelhorn (1959); Oster Hendrik, Flügelhorn (1959); Reinhardt Wolfgang, Klarinette (1978); Rück Josef, Trompete (1973); Rück Reinhard, Flügelhorn (1973); Rück Wolfgang, Flügelhorn (1971); Schmitt Ulrike, Klarinette (1973); Schneider Alfons, Posaune (1959); Servay Michaela, Flöte (1976); Steiner Jürgen, Trompete (1975); Zugelder Alfred, Klarinette (1965).
Zöglinge: Dickemann Birgit, Flöte (1980); Drapal Tanja, Klarinette (1980); Fischer Jürgen, Klarinette (1980); Frank Daniela, Flöte (1980); Göpferich Elke, Klarinette (1980); Göpferich Peter, Flügelhorn (1980); Hausner Mike, Trompete (1980); Müller Carmen, Klarinette (1980); Müller Heiko, Klarinette (1980); Müller Thorsten, Posaune (1980); Oster Patricia, Flöte (1980); Schmidt Dominik, Trompete (1980); Steiner Peter, Trompete (1980).
Jugendkapelle: Bechtold Senta, Trompete (1976); Dickemann Alexandra, Flöte (1976); Dickemann Bettina, Klarinette (1976); Dickemann Udo, Flügelhorn (1976); Fischer Gerd, Klarinette (1976); Frank Matthias, Klarinette (1977); Göpferich Alexander, Flügelhorn (1976); Göpferich Brigitte, Flöte (1976); Göpferich Simone, Klarinette (1976); Hauser Bernd, Trompete (1976); Hauser Gunter, Posaune (1976); Hess Axel, Posaune (1976); Judt Andreas, Trompete (1976); Kehrer Joachim, Tenorhorn (1976); Kehrer Oliver, Flügelhorn (1976); Lohner Robert, Posaune (1973); Maierhöfer Andreas, Horn (1976); Metzner Axel, Flügelhorn (1976); Müller Anja, Klarinette (1976); Müller Anke, Flöte (1976); Müller Regina, Klarinette (1976); Müller Yvonne, Klarinette (1976); Oster Alexander, Tuba (1976); Oster Tobias, Tenorhorn (1976); Panhölzl Uwe, Bariton (1976); Rück Ulrich, Trompete (1976); Schuster Ulrich, Posaune (1976); Servay Simone, Flöte (1976); Weber Markus, Horn (1976).

Musikverein „Freundschaft" Berghausen

Gründungsjahr:	1902
1. Vorsitzender:	Emil Hehr
Stellv. Vorsitzender:	Werner Jock
Schriftführer:	Wilfred Bitzer
Stellv. Schriftführer:	Robert Doll
Rechner:	Erich Bitzer
Stellv. Rechner:	Robert Doll
Beirat:	Wolfgang Bauer
	Vincenz Geber
	Heinz Ludwig
	Peter Reeb
	Helmut Schwenker
	Meinhard Weber
Dirigent:	Werner Jock
Vizedirigenten:	Wolfgang Bauer
	Rudi Jock
	Michael Löffel
Jugendleiter:	Jürgen Ludwig

Notenwart/Instrumentenwart: Heinz Ludwig; Ehrendirigent: Ernst Jockers
Aktive: Bauer Wolfgang, Tenorhorn (1972); Bauernsachs Irene, Klarinette (1977); Berggötz Bernd, Horn (1976); Berggötz Brigitte, Flügelhorn (1976); Berggötz Jürgen, Bariton (1976); Bierhalter Dagmar, Klarinette (1972); Bitzer Wilfred, Trompete (1958); Diehm Volker, Tuba (1976); Doll Ralf, Klarinette (1974); Doll Wolfgang, Horn (1972); Geber Vincenz, Flügelhorn (1958); Graf Michael, Klarinette (1972); Gröger Mathias, Tenorhorn (1974); Hehr Joachim, Posaune (1972); Hufnagel Dieter, Bariton (1973); Jock Rudi, Flügelhorn (1958); Jock Werner, Tenorhorn (1958); Löffel Karin, Flügelhorn (1978); Löffel Michael, Trompete (1972); Ludwig Heinz, Klarinette (1953); Ludwig Jürgen, Schlagzeug (1972); Schweitzer Frieder, Tenorhorn (1975); Schwenker Helmut, Tuba (1975); Schwenker Jörg, Trompete (1974); Schwenker Tilo, Posaune (1972); Seiter Heiner, Flügelhorn (1958); Stier Martin, Trompete (1974); Wagner Michael, Tenorhorn (1972); Wagner Ralf, Schlagzeug (1974); Weber Meinhard, Klarinette (1971); Weiß Jürgen, Tuba (1972); Weiß Klaus, Posaune (1965); Wenz Willi, Trompete (1972); Zind Rüdiger, Trompete (1968).
Jugendkapelle: Arheidt Dirk, Trompete (1980); Bauer Elvira, Horn (1980); Becker Andreas, Trompete (1978); Becker Thomas, Klarinette (1978); Benner Uwe, Klarinette (1980); Beranek Stefanie, Flöte (1980); Endres Tobias, Schlagzeug (1980); Geber Bettina, Flöte (1977); Geiger Oliver, Trompete (1980); Gröger Stefan, Tenorhorn (1979); Hüttner Thomas, Schlagzeug (1978); Hufnagel Annette, Trompete (1978); Lammer Thorsten, Horn (1976); Lutz Heike, Flöte (1977); Mehring Günter, Klarinette (1978); Mehring Martin, Klarinette (1978); Mußnug Sabine, Klarinette (1980); Raupp Angelika, Klarinette (1980); Raupp Christa, Klarinette (1980); Ruf Michael, Bariton (1980); Seiter Manuela, Trompete (1980); Urban Frank, Posaune (1976); Weisser Christine, Flöte (1981); Zind Oliver, Trompete (1975).

Musikverein-Stadtkapelle Bretten e.V.

Gründungsjahr:	1863*
1. Vorsitzender:	Werner Sailer
Stellv. Vorsitzender:	Werner Keck
Schriftführer:	Thomas Zürner
Rechner:	Hans Senel
Beirat:	Fritz Bernhard
	Fritz Bissinger
	Hans-Jörg Blank
	Axel Harsch
	Franz Kecskemeti
Dirigent:	Adolf Ludwig
Vizedirigent:	Helmut Hroß
Jugendleiter (Big-Band):	Ladislaus Kahn
Notenwart:	Adolf Bürgstein
Instrumentenwart:	Franz Hagenmüller
Ehrenvorsitzender:	Erwin Schmidt

Aktive: Arnold Heinz, Streichbaß; Attig Gisela, Flöte; Autenrieth Margot, Lyra (1972); Autenrieth Thomas, Trompete (1971); Autenrieth Ulrich, Schlagzeug (1971); Autenrieth Werner, Pauken (1971); Beier Gottfried, Klarinette/Violine (1922); Bernhard Fritz, Tenorhorn (1950); Betsche Hubert, Tuba (1950); Bissinger Fritz, Trompete (1948); Blank Hans-Jörg, E-Piano/Cello; Blank Thorsten, E-Baß; Blum Wolfgang, Flügelhorn (1950); Böhm Hans, Flügelhorn (1945); Böhm Norbert, Tenorhorn/Trompete (1971); Böhm Rudi, Horn (1945); Bondiek Franz, Violine; Bürgstein Adolf, Klarinette/Saxophon (1957); Fingler Michael, Saxophon (1961); Fischer Franz, Posaune (1953); Fülberth Wilhelm, Violine; Gropp Thomas, Tenorhorn (1971); Hagenmüller Franz, Horn (1939); Harsch Axel, Klarinette/Saxophon (1971); Hausner Oswald, Trompete (1959); Heidelberger Josef, Piano; Hocke Andreas, Flöte (1971); Hroß Helmut, Klarinette/Saxophon (1947); Hroß Peter, Saxophon (1974); Hroß Ute, Klarinette/Piano (1971); Huber Markus, Saxophon (1975); Jauch Manfred, Tenorhorn (1974); Kabelka Hans, Violine; Kecskemeti Franz, Tenorhorn (1962); Kahn Ladislaus, Violine; Kleinhans Manfred, Tuba (1957); Knauer Frank, Saxophon (1975); Konanz Holger, Klarinette (1975); Konanz Oliver, Flöte (1975); Kuch Jochen, Saxophon (1975); Leonhard Bernd, Klarinette (1975); Leonhard Günter, Posaune; Mitzel Adolf, Horn (1974); Ohmacht Walter, Bariton (1957); Rausch Christine, Flöte (1974); Reinacher Anke, Saxophon (1975); Reinacher Ingrid, E-Piano; Reinacher Nils, Saxophon (1975); Riegler Albert, Schlagzeug (1937); Rupp Alfons, Tuba (1950); Schinko Herbert, Tenorhorn (1971); Schneider Ralf, Flügelhorn (1971); Schopper Heike, Flöte (1975); Schopper Michael, Posaune (1975); Senel Hans, Violine; Springer Hans, Flügelhorn/Trompete (1954); Springer Reinhold, Trompete (1963); Sulzer Otto, Posaune (1976); Tillich Klaus, Klarinette (1981); Veit Alfred, Posaune (1951); Veit Armin, Horn/Trompete (1971); Veith Otto, Flügelhorn (1955); Weber Ewald, Saxophon (1967); Wolf Oliver, Klarinette (1975); Zailer Oswald, Flügelhorn (1961); Zickwolf Yvonne, Trompete (1971); Zürner Thomas, Tuba/Trompete (1971)
Zöglinge: Boch Stefanie, Klarinette (1982); Böckle Marc, Schlagzeug (1982); Dewald Beate, Flöte (1982); Drabek Steffen, Klarinette (1982); Fuchs Michaela, Trompete (1982); Gallo Nada, Klarinette (1982); Gropp Annette, Flöte (1982); Hocke Petra, Flöte (1982); Hörandl Martin, Trompete (1982); Köhrer Martin, Tenorhorn (1982); Korell Manuela, Trompete (1982); Leonhard Silke, Flöte (1982); Letz Sibylle, Flöte (1982); Mayer Ute, Flöte (1982); Müller Michael, Trompete (1982); Prohaska Mathias, Posaune (1982); Rudolf Holger, Trompete (1982); Steinhilper Rico, Trompete (1982); Witting Jens, Trompete (1982); Zickwolf Axel, Trompete (1982); Zonsius Yasmin, Trompete (1982)

SPORTHALLE BRUCHHAUSEN

Musikverein Bruchhausen

Gründungsjahr:	1911
1. Vorsitzender:	Bernhard Heinzler
Stellv. Vorsitzender:	Josef Müller II
Schriftführer:	Hans Vetter jun.
Stellv. Schriftführer:	Rudolf Kölmel
Rechner:	Georg Oelschleger
Unterkassier:	Hans Vetter sen.
Beirat:	Klaus-Dieter Becker
	Christian Jung
	Rudi Kiefer
	Siegward Kiefer
	Rolf Müller
	Gerhard Ritzhaupt
	Johannes Schröder
	Roland Siffermann
Dirigent:	Bernhard Streitel
Vizedirigent/ Jugendleiter:	Franz Günter
Notenwart:	Stefan Schröder
Instrumentenwart:	Bernhard Klein

Musikervorstand: Bernhard Klein; Stellv. Musikervorstand: Gerhard Steinbach; Kassenrevisoren: Erich Blessing, Josef Müller I
Aktive: Becker Klaus-Dieter, Flügelhorn (1968); Elter Anton, Klarinette (1975); Günter Franz, Klarinette (1925); Heinzler Bernhard, Trompete (1951); Heuer Eckhard, Flügelhorn (1977); Hoffmann Franz, Trompete (1951); Hoffmann Thomas, Trompete (1975); Kiefer Friedbert, Klarinette (1962); Kiefer Rudi, Flügelhorn (1959); Kiefer Siegward, Tenorhorn (1968); Klein Bernhard, Bariton (1972); Klein Karl, Tenorhorn (1948); Klein Peter, Tenorhorn (1968); Kühn Manfred, Tuba (1951); Meder Karl-Heinz, Tuba (1975); Mohr Guido, Trompete (1975); Müller Josef I, Klarinette (1933); Müller Josef II, Flügelhorn (1948); Müller Rolf, Schlagzeug (1980); Rast Willi, Tuba (1965); Reuter Fritz, Flügelhorn (1938); Sattler Jürgen, Klarinette (1972); Schröder Stefan, Horn (1972); Steinbach Gerhard, Trompete (1980); Stemmler Ralf, Trompete (1975); Vetter Hans sen., Tuba (1952); Vetter Hans jun., Posaune (1972); Vogel Albert, Klarinette (1958); Zimmermann Markus, Flügelhorn (1975)

Musikverein 1837 Bruchsal e.V.

Gründungsjahr:	1837*
1. Vorsitzender:	Dipl. Ing. Eduard Holoch
Stellv. Vorsitzender:	Rainer Bohn
2. Vorsitzender:	Peter Metzka
Schriftführer:	Ingeburg Bohn
Kassier:	Helga Langrock
Beirat:	Raimund Glastetter
	Carin Thömen
Jugendsprecher:	Andrea Domes
Dirigent:	Herbert Menrath
Jugendleiter:	Susanne Schwan
Notenwart:	Robert Gutekunst
Instrumentenwart:	Annemarie Mohr
Ehrenkonzertmeister und Ehrenbeisitzer:	Egon Müller
Konzertmeister:	Ernst Langrock

Aktive: Binger Gerhard, Violine (1969); Bischke Waldemar, Klarinette (1971); Bohn Ingeburg, Violine (1971); Bohn Rainer, Violine (1970); Bollheimer Frank, Horn (1979); Bollheimer Peter, Fagott (1979); Brecht Jürgen, Violine (1971); Dieffenbacher Beate, Flöte (1981); Domes Andrea, Flöte (1978); Eberle Walter, Violine (1975); Eise Kordula, Cello (1971); Geyer Willi, Violine (1974); Glastetter Raimund, Klarinette (1978); Gutekunst Robert, Violine (1946); Hammer Ralph, Violine/Kontrabaß (1979); Hammer Wolfgang, Kontrabaß (1965); Hamminger Beatrice, Violine (1975); Heintzen Martin, Horn (1979); Hintermayer Christine, Flöte (1981); Kaltenhäuser Ursula, Violine (1981); Klitsch August, Posaune (1947); Klose Meike, Flöte (1981); Köhler Walter, Fagott (1973); Kohler Ulrich, Violine (1975); Krieger Doris, Cello (1973); Kunz Peter, Pauken (1972); Kunz Ulrich, Pauken (1976); Langrock Ernst, Violine (1966); Langrock Helga, Violine (1967); Mayer Helmut, Klarinette (1979); Menrath Markus, Viola (1976); Metzka Peter, Violine (1968); Mohr Annemarie, Cello (1950); Müller Wilhelm, Oboe (1972); Nagel Peter, Klarinette (1978); Reuland Edith, Violine (1974); Sauter Sieglinde, Oboe (1976); Schittenhelm Anke, Violine (1976); Schwan Susanne, Violine (1977); Schwaninger Bernhard, Trompete (1977); Seideneck Karl, Violine (1975); Stecher Monika, Oboe (1979); Thömen Carin, Violine (1970); Thome Konrad, Kontrabaß (1976); Wähner Brita, Cello (1981); Weiß Joachim, Viola (1973); Zwecker Otto, Trompete (1974)

Musikverein 1898 Büchenau e.V.

Gründungsjahr:	1898
1. Vorsitzender:	Franz Wüstl
Stellv. Vorsitzender:	Karl Heinz Borutta
Schriftführer:	Bertram Zimmermann
Rechner:	Herbert Hablowetz
Beirat:	Harald Erdel
	Paul Hellriegel
	Helmut Henecka
	Freddy Neff
	Alois Rapp
	Franz Robl
	Heinz Schwandner
	Josef Schwandner
	Pius Zimmermann
Dirigent:	Rudi Liebgott
Vizedirigent:	Herrmann Hellriegel
Jugendleiter:	Reinhard Geißler
Notenwart:	Norbert Abele
Instrumentenwart:	Bertram Zimmermann

Aktive: Abele Norbert, Tenorhorn (1974); Baumgärtner Günter, Flügelhorn (1963); Baumgärtner Roland, Tenorhorn (1962); Benz Heiner, Saxophon (1977); Bischoff Christian, Trompete (1974); Borutta Karl Heinz, Bariton (1962); Erdel Harald, Tenorhorn (1967); Geißler Reinhard, Trompete (1968); Glagau Jochen, Tenorhorn (1974); Götz Wolfgang, Bariton (1978); Hablowetz Sonja, Klarinette (1977); Hellriegel Herrmann, Trompete (1963); Hellriegel Paul, Klarinette (1948); Henecka Bertram, Posaune (1974); Henecka Helmut, Tuba (1961); Kämmer Harald, Trompete (1974); Knoch Klaus Dieter, Tenorhorn (1977); Knoch Werner, Saxophon (1950); Lauber Andrea, Klarinette (1977); Laubscher Dietmar, Flügelhorn (1974); Laubscher Margit, Klarinette (1977); Neff Freddy, Schlagzeug (1974); Rapp Jürgen, Tuba (1974); Reineck Dieter, Posaune (1958); Robl Elke, Posaune (1974); Rohrer Richard, Saxophon (1957); Rzehorz Bernhard, Flügelhorn (1979); Schneider Karl Heinz, Posaune (1962); Schwandner Heinz, Posaune (1950); Schwandner Josef, Trompete (1962); Schwandner Roland, Schlagzeug (1974); Schwandner Wolfgang, Schlagzeug (1974); Süß Walter, Flügelhorn (1974); Veith Bertram, Posaune (1974); Weih Josef, Posaune (1964); Zimmermann Alfons, Klarinette (1948); Zimmermann Bertram, Klarinette (1953)
Zöglinge: Allgeier Christian, Klarinette (1980); Bergmaier Dirk, Posaune (1980); Glagau Stephan, Klarinette (1980); Neff Thomas, Tenorhorn (1980); Rosenthal Anja, Klarinette (1980); Speck Dietmar, Flügelhorn (1978); Süß Claudia, Klarinette (1980); Willenberg Dirk, Tenorhorn (1979); Zimmermann Ulrich, Posaune (1980)

Musikverein Büchig e.V.

Gründungsjahr:	1920
1. Vorsitzender:	Ulfried Jaedtka
Stellv. Vorsitzender:	Rolf Morast
Schriftführerin:	Diana Zoz
Rechner:	Hermann Dörr
Beirat (Aktiva):	Günter Hagmann
	Walter Schneider
Beirat (Passiva):	Alfred Kilian
	Heinrich Weingärtner
Dirigent:	Siegfried Schneider
Vizedirigent:	Josef Schroepfer
Jugendleiter:	Wolfgang Effenberger
Notenwarte:	Markus Morast
	Bernhard Strauß
Vergnügungsaus-schuß:	Manfred Gerweck
	Norbert Kehrer
	Horst Schwab
	Xaver Stibich
Musikervorstand:	Josef Schroepfer
Vereinsdiener:	Heinrich Veit

Aktive: Braun Eberhard, Tenorhorn (1968); Dörr Klaus, Trompete (1975); Effenberger Wolfgang, Klarinette (1972); Gerweck Manfred, Posaune (1949); Gerweck Markus, Posaune (1975); Hagmann Günter, Klarinette (1964); Hagmann Lothar, Trompete (1968); Hagmann Walter, Posaune (1960); Hipp Alexander, Klarinette (1972); Hipp Birgit, Klarinette (1975); Hipp Markus, Schlagzeug (1975); Hipp Michael, Trompete (1977); Hoffmann Helmut, Klarinette (1960); Janson Bernd, Tenorhorn (1975); Morast Markus, Tenorhorn (1975); Raimann Dieter, Tuba (1980); Schleifer Eduard, Flügelhorn (1950); Schleifer Friedbert, Trompete (1967); Schneider Georg, Schlagzeug (1972); Schneider Walter, Tuba (1960); Schröpfer Josef, Trompete (1973); Schwab Elke, Klarinette (1975); Stippich Xaver, Flügelhorn (1963); Strauß Ambros, Flügelhorn (1946); Strauß Bernhard, Tenorhorn (1972); Strauß Martina, Klarinette (1977); Veit Günter, Horn (1975); Winzig Ralf, Saxophon (1973); Zoz Diana, Saxophon (1980)

Musikverein „Harmonie" Burbach

Gründungsjahr:	1924
1. Vorsitzender:	Hubert Schneider
Stellv. Vorsitzender:	Norbert Bauer
Schriftführer:	Volker Beran
Rechner:	Heinz Vielsäcker
Beirat:	Franz Eisele
	Leonhard Hucker
	Reinhold Kunz
	Helmut Masino
	Eugen Ochs
	Roland Rabold
	Josef Schmidsfeld
Dirigent:	Ivan Cepple
Vizedirigent:	Suitbert Kunz
Jugendleiter:	Hans Richard Axtmann
	Gerhard Bauer
Musiker-Ehrenvorstand:	Josef Kunz V

Aktive: Abend Dieter, Trompete (1965); Axtmann Hans-Richard, Saxophon (1965); Axtmann Thomas, Tenorhorn (1970); Axtmann Wolfgang, Klarinette (1965); Bauer Emil, Tuba (1946); Bauer Gerhard, Trompete (1975); Bauer Norbert, Klarinette (1967); Beran Volker, Flöte (1976); Daum Bruno, Tenorhorn (1952); Eisele Alexander, Flügelhorn (1970); Eisele Andreas, Trompete (1973); Eisele Franz, Flügelhorn (1961); Eisele Horst, Flügelhorn (1970); Eisele Josef, Tenorhorn (1961); Eisele Michaela, Klarinette (1976); Hucker Anton, Klarinette (1967); Kratz Wendelin, Trompete/Horn (1946); Kunz Gerhard, Posaune (1959); Kunz Hans-Günther, Tuba (1970); Kunz Manfred, Tenorhorn (1975); Kunz Rudi, Tuba (1950); Kunz Suitbert, Klarinette (1957); Masino Helmut, Posaune (1961); Masino Wolfgang, Posaune (1954); Ochs Eugen, Klarinette (1963); Rabold Roland, Flügelhorn (1965); Sarbacher Martina, Klarinette (1979); Schroth Sibylle, Klarinette (1976); Siegwart Ludwig, Flügelhorn (1952); Vielsäcker Heinz, Bariton (1952); Vielsäcker Heribert, kl. Trommel (1970); Vielsäcker Ludwig, gr. Trommel (1950); Weingärtner Jutta, Klarinette (1979)
Jugendliche: Abend Harald, Horn (1975); Axtmann Marcus, Flügelhorn (1975); Eisele Michael, Trompete (1975); Hucker Martin, Tenorhorn (1975); Jaborek Dirk, Trompete (1981); Kunz Birgit, Pauken (1981); Kunz Helene, kl. Trommel (1981); Kunz Manuela, Klarinette (1981); Mayer Sabine, Klarinette (1981); Schmidsfeld Joachim, Flügelhorn (1975); Wagner Rainer, Tenorhorn (1981)

Musikverein „Edelweiß" e.V. Busenbach

Gründungsjahr:	1920
1. Vorsitzender:	Wolfgang Reiser
Stellv. Vorsitzender:	Carlo Weber
Schriftführer:	Horst Vogel
Rechner:	Walter Trautmann
Beirat:	Heinrich Anderer
	Bernhard Becker
	Günter Lauinger
	Gerhard Liebich
	Ernst Neumann
	Volker Reiser
	Franz Schauer
	Ernst Schwarz
Dirigent:	Bela Filipan
Jugendleiter:	Günter Lauinger
Notenwart:	Peter Vogel
Instrumentenwart:	Richard Reiser

Aktive: Anderer Bernd, Klarinette (1975); Anderer Heinrich, Pauken (1952); Anderer Ronald, Flügelhorn (1968); Becker Bernhard, Schlagzeug (1960); Becker Egon, Flügelhorn (1945); Becker Heinrich, Flügelhorn (1960); Becker Manfred, Tuba (1952); Becker Norbert, Klarinette (1975); Deger Alois, Glockenspiel (1933); Deger Josef, Posaune (1945); Deger Paul, Klarinette (1957); Eisenlöffel Heinrich, Klarinette (1932); Findling Achim, Klarinette (1975); Grösser Georg, Trompete (1935); Hunzelmann Herbert, Horn (1960); Hunzelmann Klaus, Klarinette (1975); Hutschreuther Stefan, Klarinette (1975); Lauinger Günter, Trompete (1967); Liebich Gerhard, Bariton (1961); Lorenz Bernhard, Tenorhorn (1975); Lorenz Günter, Tuba (1975); Müller Bernd, Klarinette (1973); Müller Fritz, Posaune (1960); Müller Uwe, Tenorhorn (1975); Mulas Uli, Tenorhorn (1973); Rabold Theo, Trompete (1967); Rapp Reinhold, Tuba (1960); Reiser Harald, Trompete (1968); Reiser Hartwig, Posaune (1975); Reiser Jürgen, Horn (1967); Reiser Richard, Horn (1964); Reiser Uli, Flöte (1975); Reiser Volker, Trompete (1977); Rudolf Eugen, Trompete (1958); Schottmüller Ewald, Tenorhorn (1948); Schottmüller Konrad, Tenorhorn (1959); Seiberlich Theo, Tenorhorn (1945); Seiberlich Wolfgang, Horn (1948); Steppe Ewald, Posaune (1957); Steppe Georg, Flügelhorn (1955); Steppe Pius, Schlagzeug (1961); Szabadics Rolf, Flügelhorn (1975); Trautmann Elisabeth, Posaune (1975); Trautmann Hildegard, Flöte (1975); Trautmann Monika, Flügelhorn (1975); Vogel Gunter, Schlagzeug (1975); Vogel Horst, Posaune (1960); Vogel Matthias, Trompete (1975); Vogel Peter, Trompete (1955); Weber Bernhard, Horn (1955); Weber Carlo, Flöte (1966); Weber Gottfried, Tuba (1946); Weber Konrad, Tuba (1955); Weber Ralf, Bariton (1975); Werner Klaus, Klarinette (1977)
Jugendkapelle: Anderer Wolfgang, Tuba (1981); Bastian Claudia, Flöte (1981); Buth Martin, Trompete (1981); Engel Claudia, Tenorhorn (1981); Engel Gisela, Posaune (1981); Engel Kristian, Trompete (1981); Fody Harald, Posaune (1981); Keil Julia, Klarinette (1981); Kratz Norbert, Klarinette (1981); Krause Ingo, Klarinette (1981); Liebich Isabell, Tenorhorn (1981); Rapp Holger, Horn (1981); Reiser Klaus, Trompete (1981); Rudolf Thomas, Trompete (1981); Steppe Frank, Trompete (1981); Trautmann Ulrike, Klarinette (1981); Tuchscherer Steffen, Klarinette (1981); Weber Gabriele, Klarinette (1981); Weber Stefan, Klarinette (1981); Weber Verena, Flöte (1981); Wolf Christian, Horn (1981)

Musikverein 1885 Durlach e.V.

Gründungsjahr:	1885
1. Vorsitzender:	Klaus Gehrlein
Stellv. Vorsitzender:	Gerhard Bierhalter
Schriftführer:	Otto Strauß
Rechner:	Klaus Ostermeyer
Stellv. Rechner:	Ernst Kutschbach
Beirat:	Hans-Dieter Geist
	Johann Haring
	Wilhelm Huber
	Joachim Meier
	Willi Müller
	Peter Reuter
Dirigent:	Willi Müller
Vizedirigent:	Klaus Ostermeyer
Jugendleiter:	Jürgen Heiß
Notenwart:	Josef Wagner
Instrumentenwart:	Roland Becker
Ehrenvorsitzender:	Gerhard Mohaupt

Aktive: Albert Georg, Tenorhorn (1926); Becker Raimund, Trompete (1971); Becker Roland, Posaune (1971); Bergien Wilfried, Trompete (1960); Bierhalter Gerhard, Trompete (1972); Braun Peter, Klarinette (1982); Fuchs Thomas, Schlagzeug (1979); Gamroth Richard, Klarinette (1974); Gehrlein Andrea, Klarinette (1979); Gehrlein Klaus, Horn (1978); Gehrlein Thomas, Bariton (1978); Geist Hans-Dieter, Klarinette (1960); Grieb Kurt, Bariton (1978); Haring Johann, Tenorhorn (1970); Heiß Jürgen, Klarinette (1971); Hochschild Kurt, Schlagzeug (1937); Hölzer Wilhelm, Flügelhorn (1970); Holzhauser Alfons, Klarinette (1948); Holzhauser Thomas, Klarinette (1978); Huber Ernst, Trompete (1946); Huber Wilhelm, Posaune (1925); Kaiser Dieter, Posaune (1980); Kessler Michael, Flügelhorn (1979); Kneissl Thomas, Trompete (1979); Kuhlmann Dirk, Tuba (1979); Meier Joachim, Tuba (1971); Nowy Manfred, Klarinette (1981); Ossowsky Thomas, Posaune (1978); Ostermeyer Klaus, Trompete (1960); Ostermeyer Rüdiger, Horn (1980); Rudolf Alexander, Tenorhorn (1979); Schreiner Mark, Flügelhorn (1979); Schulz Anne, Horn (1978); Smasal Bernd, Trompete (1981); Wagner Josef, Flöte (1955); Weiler Michael, Tuba (1981); Windheim Anton, Schlagzeug (1976); Wolf Marie-Louise, Flöte (1979); Ziegfeld Olaf, Tuba (1979); Ziegler Karl, Flügelhorn (1958)
Jugendkapelle: Behrens Jörg, Klarinette (1979); Blos Alexander, Tenorhorn (1980); Böck Norbert, Klarinette (1979); Bräckle Thomas, Flöte (1979); Bronner Clemens, Trompete (1980); Daum Martin, Posaune (1982); Ehlermann Philipp, Trompete (1979); Ehlermann Ulrich, Klarinette (1981); Gamroth Renate, Klarinette (1979); Herkert Ingo, Posaune (1979); Hirsch Holger, Trompete (1979); Jourdan Claudia, Tenorhorn (1979); Jourdan Thomas, Bariton (1979); Kallenbach Ingo, Klarinette (1978); Kappler Dirk, Schlagzeug (1982); König Tanja, Trompete (1979); Müller Heiko, Schlagzeug (1980); Nagel Michael, Horn (1979); Reuter Stephan, Klarinette (1979); Rieger Franz, Klarinette (1978); Ries Ralph, Klarinette (1978); Schulz Tilmann, Posaune (1979); Stoffel Oliver, Klarinette (1979); Unser Andreas, Klarinette (1979); Wieland Martin, Trompete (1980); Witzens Mathias, Klarinette (1979); Zilly Barbara, Klarinette (1979)

Musikverein 1956
Durlach-Aue e.V.

Gründungsjahr:	1956
1. Vorsitzender:	Roland Kirschenmann
Stellv. Vorsitzender:	Rolf Hüttner
Schriftführer:	Annemarie Kirschenmann
Stellv. Schriftführer:	Gisela Hüttner
Rechner:	Karl Walter
Stellv. Rechner:	Berthold Klotz
Beirat:	Charlotte Egartter
	Karl Mall
Dirigent:	Fritz Wurm
Vizedirigent:	Roland Eberhardt
Jugendleiter:	Roland Meule
Notenwart:	Wolfgang Breuer
Instrumentenwart:	Jürgen Rausch

Aktive: Brandt Mathias, Klarinette (1979); Breuer Wolfgang, Klarinette (1972); Eberhardt Roland, Flügelhorn (1956); Esaias Heinz, Trompete (1972); Esaias Thomas, Tenorhorn (1973); Hajny Claus, Posaune (1966); Haring Josef, Tenorhorn (1958); Kauffeld Andrea, Klarinette (1973); Kern Michael, Flügelhorn (1970); Klotz Berthold, Tenorhorn (1973); Klotz Hermann, Flügelhorn (1973); Länge Claudia, Saxophon (1976); Mall Karl, Horn (1959); Meule Roland, Tenorhorn (1966); Nürnberger Joachim, Trompete (1970); Oeder Walter, Horn (1973); Oeder Werner, Tenorhorn (1971); Pitzal Rüdiger, Trompete (1982); Rausch Jürgen, Trompete (1970); Rausch Wilfried, Schlagzeug (1976); Rettkowski Thomas, Schlagzeug (1976); Rozovski Karl, Tuba (1975); Schneider Jürgen, Flügelhorn (1972)
Zöglinge: Bojano Walter, Trompete (1978); Rettkowski Ralf, Trompete (1976); Rittershofer Dean, Saxophon (1979); Rittershofer Frank, Trompete (1979); Schaber Eric, Trompete (1979)

Musikverein 1868
Durmersheim e.V.

Gründungsjahr:	1868*
1. Vorsitzender:	Robert Kary
Stellv. Vorsitzender:	Rolf Ell
Schriftführerin:	Gertrud Kary
Rechner:	Wolfgang Klett
Dirigent:	Otto Moritz
Vizedirigent/	
Jugendleiter:	Herbert Heck
Notenwart:	Hermann Koch
Ehrenvorsitzender:	Fritz Haitz
Musikervorstand:	Gerhard Brunner II

Beirat: Gerhard Brunner, Rudolf Dunz, Artur Ell, Heinrich Fick, Alois Heck, Herbert Heck, Anton Kary, Gerhard Kary, Hans-Peter Ketzel, Albert Kiefer, Helmut Kistner, Hermann Koch, Josef Manz, Heinz Mischkale, Werner Möhrle, Günter Püschel, Heinrich Ruff, Oskar Stürmlinger
Aktive: Anhäuser Ralf, Flöte (1973); Brunner Anton, Saxophon (1930); Brunner Gerhard I, Horn (1938); Brunner Gerhard II, Tenorhorn (1952); Brunner Otto, Trompete (1930); Brunner Wolfgang, Klarinette (1963); Buchmüller Helmut, Trompete (1957); Dunz Thomas, Trompete (1969); Eichler Anton, Saxophon (1957); Ell Franz, Flöte (1959); Ell Jürgen, Tenorhorn (1969); Fick Heini, Posaune (1948); Fütterer Uli, Horn (1969); Gressel Otto, Tuba (1930); Haitz Dieter, Flügelhorn (1969); Haitz Karl, Tuba (1969); Heck Herbert, Flügelhorn (1957); Herz Adolf, Klarinette (1938); Hildebrand Dieter, Klarinette (1969); Hildebrand Volker, Flöte (1969); Jung Walter, Saxophon (1948); Kary Gerhard, Flügelhorn (1948); Kary Robert, Tuba (1954); Ketzel Hans-Peter, Schlagzeug (1960); Ketzel Hermann, Saxophon (1930); Kiefer Albert, Horn (1963); Klett Wolfgang, Tenorhorn (1963); Koch Hermann, Flügelhorn (1957); Koffler Christian, Trompete (1973); Koffler Harald, Klarinette (1965); Landhäuser Klaus, Trompete (1969); Manz Helmut, Posaune (1930); Manz Josef I, Klarinette (1938); Martin David, Tenorhorn (1921); Martin Jörg, Horn (1969); Martin Michael, Flügelhorn (1963); Moritz Reinhold, Tenorhorn (1969); Naber Rolf, Trompete (1981); Polevka Martin, Trompete (1973); Polevka Thomas, Trompete (1973); Rapp Albrecht, Tuba (1981); Rinderle Eugen, Trompete (1977); Schlager Albert, Bariton (1963); Schlager Bernd, Trompete (1978); Schlager Günter, Schlagzeug (1948); Schorpp Hans, Flügelhorn (1957); Schorpp Hermann, Posaune (1930); Schorpp Otto, Tenorhorn (1926); Stürmlinger Oskar, Horn (1948); Tritsch Josef, Trompete (1926); Tritsch Josef, Posaune (1963); Vögele Wilhelm, Tenorhorn (1924)
Zöglinge: Bauch Markus, Tenorhorn (1980); Beyerle Thomas, Klarinette (1978); Ehrentraut Markus, Tenorhorn (1980); Ehrentraut Martin, Schlagzeug (1981); Ernst Frank, Schlagzeug (1981); Faisz Thomas, Klarinette (1978); Haselbach Dieter, Klarinette (1978); Huber Thomas, Schlagzeug (1981); Jung Mathias, Klarinette (1978); Klein Frank, Klarinette (1978); Koch Karl, Posaune (1981); Kohm Andreas, Klarinette (1978); Krody Thomas, Klarinette (1978); Matt Patrick, Posaune (1981); Parello Carmelo, Posaune (1981); de Pascalis Frank, Tenorhorn (1980); Peter Holger, Tenorhorn (1980); Plevano Sandro, Posaune (1981); Schlag Stefan, Tenorhorn (1980); Schlick Stefan, Klarinette (1978); Schorpp Ralf, Klarinette (1978); Schwaiger Stephan, Schlagzeug (1981); Temesberger Stefan, Klarinette (1978); Teske Frank, Tenorhorn (1980); Tritsch Herbert, Klarinette (1978); Westmeier Tobias, Posaune (1981)

Musikverein „Lyra" Eggenstein e.V.

Gründungsjahr:	1924
1. Vorsitzender:	Willi Stern
Stellv. Vorsitzender:	Klaus Melter
Schriftführer:	Herbert Martin
Rechner:	Erich Westenfelder
Beirat:	Franzisco Garduno
	Erhard Hötzel
	Kurt Kiefer
	Heinz Knobloch
	Albert Ratzel
Dirigent:	Christian Karbiner
Jugendleiter:	Kurt Schlenker
	Joachim Schwartz
Notenwart:	Dieter Modes

Aktive: Backenstoß Günther, Horn (1958); Funk Rainer, Posaune (1982); Garduno Franzisco, Schlagzeug (1977); Glutsch Rolf, Klarinette (1961); Haas Kurt, Tenorhorn (1948); Hauf Herbert, Tenorhorn (1965); Hauf Martin, Trompete (1971); Hecker Hardy, Flügelhorn (1971); Hermann Rolf, Posaune (1971); Hötzel Erhard, Trompete (1948); Huber Erich, Bariton (1956); Kiefer Helmut, Tuba (1952); Krause Günter, Posaune (1970); Langanke Bernd, Klarinette (1970); Lipsky Herbert, Trompete (1968); Meisinger Armin, Horn (1969); Melter Klaus, Trompete (1948); Modes Dieter, Trompete (1977); Nothelfer Veronika, Klarinette (1978); Scheuermann Rolf, Horn (1980); Schlenker Kurt, Tenorhorn (1948); Schlenker Reinhard, Klarinette (1952); Schmitt Hans-Jürgen, Flügelhorn (1968); Schnürer Bernd, Klarinette (1969); Schnürer Udo, Trompete (1973); Schuardt Franz, Tuba (1981); Schwartz Joachim, Saxophon (1976); Stern Klaus, E-Baß (1976); Wolters Piet, Tenorhorn (1978)
Jugendliche: Backenstoß Beate, Klarinette (1982); Backenstoß Frank, Tuba (1982); Balogh Gabor, Klarinette (1976); Bolz Ralf, Saxophon (1976); Eckert Attila, Posaune (1976); Eckert Gunter, Klarinette (1976); Fucec Markus, Flügelhorn (1982); Haase Eric, Posaune (1982); Hansel Andreas, Trompete (1976); Hauf Thomas, Trompete (1976); Heyl Martin, Horn (1982); Heyl Rolf, Trompete (1976); Kast Ulrike, Flöte (1982); Kiefer Kerstin, Klarinette (1976); Knobloch Peter, Klarinette (1982); Kuch Günter, Tenorhorn (1982); Maier Mathias, Tenorhorn (1976); Martin Diana, Flöte (1980); Müller Mathias, Tenorhorn (1982); Muser Markus, Horn (1982); Muser Michael, Bariton (1982); Roth Heike, Orgel (1977); Schlenker Bärbel, Saxophon (1976); Schlenker Heiko, Saxophon (1976); Schlenker Karin, Flöte (1980); Schlenker Simone, Glockenspiel (1976); Schwartz Robert, Schlagzeug (1982); Seeburger Ralf, Klarinette (1982); Stadler Klaus, Flügelhorn (1976); Stern Thomas, Schlagzeug (1976); Stögbauer Karl-Heinz, Klarinette (1976); Tabery Uwe, Schlagzeug (1976)

Musikverein Eichelberg

Gründungsjahr:	1927
1. Vorsitzender:	Wendelin Fersching
Stellv. Vorsitzender:	Josef Boppel
Schriftführer:	Josef Wormer
Rechner:	Rolf Boppel
Dirigent:	Peter Götzen
Vizedirigent:	Thomas Fersching
Notenwart:	Otto Breitschopf
Ehrenvorsitzender:	Jakob Emmerich
Ehrenmitglied:	Artur Boppel
Ehrendirigent:	Norbert Burry

Beirat: Otto Bauer, Heinz Boppel, Fridolin Emmerich, Albert Mildenberger, Albert Müller, Artur Münch, Josef Porscha, Angelika Sieger, Herbert Sieger, Lothar Sieger, Roland Sieger, Volker Sieger, Manfred Utz, Joachim Wormer
Aktive: Bauer Alfred, Tenorhorn (1971); Bauer Ottmar, Posaune (1967); Bauer Peter, kl. Trommel (1978); Boppel Bettina, Klarinette (1978); Boppel Heinz, Tuba (1946); Breitschopf Anette, Klarinette (1978); Breitschopf Otto, Tenorhorn (1978); Burry Hertha, Saxophon (1968); Emmerich Fridolin, Tenorhorn (1946); Ferching Eckhard, Flügelhorn (1959); Fersching Meinrad, Klarinette (1971); Fersching Thomas, Tenorhorn (1959); Götzen Bettina, Flöte (1980); Götzen Peter, Trompete (1960); Müller Albert, Klarinette (1947); Müller Horst, Horn (1949); Riddinger Hans-Georg, Horn (1982); Sieger Angelika, Saxophon (1967); Sieger Herbert, Posaune (1959); Sieger Lothar, Tuba (1959); Sieger Roland, Flügelhorn (1959); Sieger Volker, Trompete (1971); Sylvester Gerhard, Trommel (1973); Utz Corina, Klarinette (1978); Wormer Joachim, Trompete (1978); Zorn Joachim, Tenorhorn (1974)

Musikverein Ellmendingen

Gründungsjahr:	1905
1. Vorsitzender:	Reinhard Schroth
Stellv. Vorsitzender:	Hugo Friedrich
Schriftführer:	Frank Kern
Rechner:	Walter Mayer
Beirat:	Rudi Augenstein
	Wolfgang Augenstein
	Ludwig Oswald
	Klaus Schick
	Sigmar Schroth
	Timo Schroth
	Franz Selig
Dirigent:	Bernhard Volk
Vizedirigent/	
Jugendleiter:	Walter Mayer
Notenwart:	Bruno Deeg

Aktive: Augenstein Axel, Trompete (1972); Augenstein Jürgen, Trompete (1970); Behner Peter, gr. Trommel (1960); Behner Rainer, Flügelhorn (1964); Daiminger Uwe, Flügelhorn (1972); Deeg Bruno, Flügelhorn (1944); Deeg Dieter, Posaune (1976); Fauth Marco, Trompete (1979); Friedrich Hugo, Schlagzeug (1953); Haas Joachim, Posaune (1979); Haas Katja, Klarinette (1980); Kern Frank, Tenorhorn (1975); Kögel Anja, Klarinette (1980); Kohtz Peter, Klarinette (1976); Kronenwett Eveline, Klarinette (1968); Kuhnle Heinz, Klarinette (1948); Leicht Tanja, Trompete (1979); Marten Jochen, Flügelhorn (1979); Marten Marko, Trompete (1979); Mayer Elke, Klarinette (1973); Mayer Walter, Tuba (1973); Oswald Ludwig, Tuba (1961); Schick Klaus, Tenorhorn (1954); Schick Stefan, Flügelhorn (1979); Schick Ute, Klarinette (1980); Schlittenhardt Willy, Horn (1964); Schroth Peter, Trompete (1979); Schroth Reinhard, kl. Trommel (1949); Schroth Sigmar, Horn (1968); Schroth Timo, Klarinette (1973); Schroth Uwe, Posaune (1973); Selig Werner, Tenorhorn (1968); Strickerodt Manfred, Horn (1955); Strickerodt Marco, Tenorhorn (1980)

Musikverein Ettlingen e.V.

Gründungsjahr:	1921
1. Vorsitzender:	Walter Gremsperger
Stellv. Vorsitzender:	Reinhard Engel
Schriftführer:	Paul Roskos
Rechner:	Franz Kiefer
Beirat:	Adolf Brock
	Max Diebold
	Martin Lauinger
	Wolfgang Masino
	Siegfried Richter
	Karl Still
	Berndt Weise
Dirigent:	Bela Filipan
Jugendleiter:	Peter Agel
Notenwart:	Alois Agel
Instrumentenwart:	Harald Stauß

Aktive: Agel Alois sen., Tenorhorn (1923); Agel Alois jun., Flügelhorn (1941); Agel Peter, Bariton (1963); Arndt Hans-Jürg, Posaune (1980); Behnke Helmut, Posaune (1978); Berg Mathias, Trompete (1970); Brock Adolf, Tuba (1951); Diebold Karl, Flügelhorn (1924); Engel Reinhard, Trompete (1964); Gremsperger Walter, Schlagzeug (1975); Heine Walter, Flöte (1926); Kiefer Karl Heinz, Klarinette (1973); Kirchenbauer Herbert, Horn (1952); Klein Josef, Schlagzeug (1930); Klein Roland, Flügelhorn (1963); Masino Reinhard, Horn; Masino Siegbert, Klarinette (1973); Masino Uli, Klarinette (1979); Masino Wolfgang, Klarinette (1950); Mußler Steffen, Klarinette (1980); Mußler Walter, Trompete (1947); Nießner Hermann, Posaune (1955); Polz Jürgen, Trompete (1973); Roskos Andreas, Horn (1973); Stauß Harald, Trompete (1973); Weise Bernd, Tuba (1977); Wrana Karl, Flügelhorn (1919)
Zöglinge: Baader Engelbert, Trompete (1980); Buck Marco, Klarinette (1980); Deger Claus, Trompete (1980); Deger Ilona, Klarinette (1980); Dilger Hans, Trompete (1980); Gremsperger Stephan, Trompete (1980); Großkinsky Ralf, Trompete (1980); Mackert Alexander, Klarinette (1980); Meinzer Harald, Klarinette (1980); Muth Holger, Klarinette (1980); Polz Thomas, Trompete (1980); Taglang Petern, Flöte (1980)

Musikverein Ettlingenweier

Gründungsjahr:	1954
1. Vorsitzender:	Helmut Stopper
Stellv. Vorsitzende:	Helga Spitzner
Schriftführerin:	Ingrid Klein
Stellv. Schriftführer:	Johann Melcher
Rechner:	Siegfried Waidner
Stellv. Rechner:	Reinhard Görig
Beirat:	Herbert Müller
	Karl Ochs
	Josef Revfi
	Hartmut Rübel
Dirigent:	Karl Rothfuß
Vizedirigent:	Josef Revfi
Jugendleiter:	Arno Klein
	Ingrid Klein
Notenwart:	Egon Prestel
Instrumentenwart:	Johann Melcher

Aktive: Biro Laslo, Klarinette (1978); Ehninger Günther, Posaune (1974); Ernst Ottmar, Tenorhorn (1954); Flassak Diana, Klarinette (1980); Flassak Siegfried, Flügelhorn (1954); Gnielinski Bettina, Flöte (1981); Gnielinski Stefan, Klarinette (1978); Görig Emil, Schlagzeug (1957); Görig Kurt, Flügelhorn (1959); Görig Reinhard, Trompete (1954); Graf Herbert, Tenorhorn (1954); Günther Franz, Tuba (1956); Günther Otto, Klarinette (1956); Hans Dorothe, Flöte (1981); Hermann Hans-Jürgen, Bariton (1967); Kappenberger Bernd, Klarinette (1967); Kessler Thomas, Schlagzeug (1972); Klein Arno, Posaune (1976); Klein Ingrid, Horn (1976); Klein Josef, Pauken/Lyra/Schlagzeug (1968); Klein Nicole, Flöte (1981); Lumpp Edgar, Bariton (1954); Lumpp Paul, Tuba (1955); Melcher Johann, Klarinette (1954); Ochs Karl, Bariton (1961); Prestel Egon, Trompete (1967); Reis Rudi, Trompete (1968); Revfi Josef, Trompete (1954); Rübel Hartmut, Trompete (1967); Schmidt Michael, Tenorhorn (1970); Schmith Richard, Posaune (1954); Schneider Fritz, Bariton (1954); Schneider Mathias, Flügelhorn (1970); Schneider Volker, Klarinette (1978); Siegel Gerhard, Horn (1959); Weingärtner Jürgen, Horn (1967); Weingärtner Wolfgang, Posaune (1967); Werner Max, Klarinette (1979).
Zöglinge: Biro Susanne, Klarinette (1981); Ebach Susanne, Klarinette (1981); Gänßmantel Heiko, Schlagzeug (1981); Gondorf Alexander, Klarinette (1981); Härtweg Jan, Trompete (1981); Kaiser Klemens, Klarinette (1981); Kessler Alexander, Tenorhorn (1981); Kessler Manuela, Klarinette (1981); Stehle Rene, Trompete (1981); Thiel Florian, Trompete (1982); Thiel Frank, Trompete (1981); Werner Jörg, Trompete (1981).

Musikverein „Harmonie" Etzenrot

Gründungsjahr:	1920
1. Vorsitzender:	Karl Haussmann
Stellv. Vorsitzender:	Andreas Melischko
Schriftführer:	Günter Metz
Stellv. Schriftführer:	Jürgen Lemmer
Rechner:	Christian Kress
Beirat:	Franz Kunz
	Hans Müller
	Uli Stefansky
	Hermann Störr
	Jacob Störr
	Hans Tisch
Dirigent:	Karl Pfortner
Vizedirigent:	Adalbert Becker
Jugendleiter:	Josef Manz
Notenwart:	Ralf Wittmann
Ehrenvorsitzender:	Stephan Schneider
Musikervorstand:	Herbert Knösel

Aktive: Anderer Georg, Flügelhorn (1975); Axtmann Ralf, Posaune (1981); Becker Adalbert, Klarinette (1940); Becker Raimund, Trompete (1979); Becker Thomas, Trompete (1980); Bergien Wilfried, Flügelhorn (1967); Breinlinger Josef, Posaune (1955); Hotz Kurt, Klarinette (1971); Klein Josef, Pauken (1979); Knösel Herbert, Trompete (1978); Lang Hermann, Trompete (1956); Laufen Heidrun, Klarinette (1981); Manz Josef, Klarinette (1959); Müller Erich, Horn (1956); Müller Ewald, Tuba (1956); Oberacker Manfred, Klarinette (1967); Ochs Gerhard, Trompete (1971); Posselt Roland, Horn (1965); Posselt Walter, Schlagzeug (1979); Rabold Günter, Horn (1971); Rabold Walter, Horn (1945); Reiser Franz, Schlagzeug (1951); Reiser Klaus, Klarinette (1981); Scherer Klaus, Tuba (1971); Schmith Richard, Posaune (1968); Schneider Hermann, Bariton (1964); Schultheiss Hans-Peter, Posaune (1963); Stadelmann Heidi, Flügelhorn (1982); Stefansky Uli, Klarinette (1976); Störr Hermann, Flügelhorn (1946); Störr Jakob, Flügelhorn (1950); Völlmer Heinrich, Posaune (1979); Wittmann Ralf, Klarinette (1974).

Musikverein „Harmonie" Feldrennach e.V.

Gründungsjahr:	1925
1. Vorsitzender:	Herbert Gemeinder
Stellv. Vorsitzender:	Heinz Schönthaler
Schriftführer:	Martin Haffner
Stellv. Schriftführer:	Joachim Scheffler
Hauptkassier:	Werner Stoll
Unterkassier:	Günter Mauer
Ausschußmitglieder:	Heinz Augenstein
	Heinz Fauth
	Rolf Ganzhorn
	Klaus Kern
	Rudi Rapp
	Joachim Scheffler
	Dieter Wacker
	Werner Wacker
Dirigent:	Ernst Schornstein
Vizedirigent/ Jugendleiter:	Rudi Rapp
Notenwart:	Otto Mitschele
Ehrendirigent:	Heinz Habig

Aktive: Armbruster Kai, Horn (1976); Armbruster Martin, Tenorhorn (1976); Armbruster Thomas, Flügelhorn (1976); Augenstein Axel, Horn (1976); Augenstein Heinz, Tenorhorn (1973); Barth Michael, Trommel (1979); Fauth Achim, Horn (1973); Fauth Heinz, Trompete (1975); Fauth Michaela, Flöte (1979); Fauth Norbert, Horn (1973); Fauth Walter, Tuba (1973); Finger Stephan, Posaune (1978); Gauss Silvia, Klarinette (1978); Gemeinder Bernd, Posaune (1978); Gemeinder Harald, Klarinette (1975); Großmann Jürgen, Trompete (1976); Haffner Martin, Becken/Trommel (1966); Hartmann Frank, Klarinette (1975); Hoermann Wilfried, Tenorhorn (1965); Laupp Achim, Tuba (1977); Mangler Klaus, Pauken/Lyra (1975); Mauer Günter, Flügelhorn (1965); Mitschele Otto, Tenorhorn (1948); Pick Uwe, Trommel (1977); Pick Volker, Flügelhorn (1976); Rapp Rudi, Trompete (1969); Reiter Thomas, Trompete (1976); Riegsinger Gerhard, Tuba (1949); Scheffler Joachim, Tuba (1965); Schönthaler Adolf, gr. Trommel (1972); Schönthaler Michael, Klarinette (1975); Stoll Frank, Posaune (1978); Stoll Werner, Bariton (1960); Wacker Dieter, Flügelhorn (1952); Wacker Manfred, Klarinette (1974); Wacker Pia, Klarinette (1977); Wacker Rüdiger, Trompete (1976); Wagner Reinhard, Klarinette (1978); Zimmermann Doris, Trompete (1973)

Feuerwehrkapelle Flehingen

Gründungsjahr:	1937
1. Vorsitzender:	Ewald Lingenfelser
Stellv. Vorsitzender:	Leo Mühln
Schriftführer:	Gunter Schorle
Stellv. Schriftführerin:	Ilona Hufnagel
Rechner:	Edgar Kugler
Beirat:	Gerd Bitterich
	Michael Blankenhorn
	Günter Paulus
	Werner Raab
	Heinz Schlehuber
	Heidi Uhrich
Dirigent:	Ewald Lingenfelser
Vizedirigent:	Heinz Schlehuber
Jugendleiter:	Mathias Bieg
	Werner Raab
Notenwarte:	Hertwig Pfersching
	Maria Rübenacker
Ehrendirigent:	Otto Steidle

Aktive: Antoni Wolfgang, Flügelhorn (1968); Barth Hans, Schlagzeug (1973); Bieg Mathias, Klarinette (1977); Bitterich Gerd, Trompete (1968); Blankenhorn Gabriel, Tuba (1968); Blankenhorn Michael, Tenorhorn (1969); Deris Karl, Klarinette (1966); Dörner Edgar, Schlagzeug (1970); Dörner Klaus, Horn (1968); Dworak Wolfram, Trompete (1968); Epp Alfred, Saxophon (1964); Feldmann Anskar, Posaune (1975); Fleischmann Heike, Klarinette (1977); Günzer Herbert, Posaune (1968); Günzer Rudi, Horn (1968); Hirsch Armin, Posaune (1968); Hufnagel Ilona, Klarinette (1968); Hufnagel Walter, Klarinette (1968); Kirchgeßner Helmut, Flügelhorn (1953); Kugler Edgar, Tenorhorn (1957); Kugler Sigried, Flügelhorn (1975); Lieb Bernd, Tuba (1977); Lieb Wolfgang, Tenorhorn (1977); Maierhofer Werner, Flügelhorn (1962); Mühln Alfred, Schlagzeug (1959); Mühln Leo, Tenorhorn (1968); Müller Willi, Tenorhorn (1948); Ohnimus Kurt, Horn (1950); Paulus Günter, Flügelhorn (1965); Paulus Rolf, Schlagzeug (1976); Pfersching Hertwig, Flügelhorn (1968); Pfersching Margit, Trompete (1977); Pücher Wilfried, Saxophon (1968); Raab Werner, Trompete (1965); Rübenacker Gerhard, Flügelhorn (1970); Rübenacker Maria, Klarinette (1976); Schlehuber Heinz, Posaune (1958); Schneefeld Holger, Tuba (1977); Schorle Gunter, Tenorhorn (1959); Steidle Franz, Tuba (1957); Strohmeier Ulrich, Klarinette (1977); Uhrich Heidi, Klarinette (1968); Uhrich Wilfried, Trompete (1968); Woll Kurt, Schlagzeug (1976)
Jugendkapelle: Bindschädel Eric, Trompete (1978); Blankenhorn Guido, Posaune (1977); Bretl Wolfgang, Flügelhorn (1978); Bühler Anja, Flöte (1977); Dörner Manfred, Flügelhorn (1978); Fleischmann Bernd, Horn (1977); Hecker Andrea, Klarinette (1977); Heitlinger Berthold, Flügelhorn (1977); Heitlinger Petra, Tenorhorn (1977); Hensel Peter, Schlagzeug (1977); Kirchgeßner Markus, Tuba (1977); Kliem Harald, Trompete (1977); Markowetz Thomas, Klarinette (1978); Pfersching Bernd, Tenorhorn (1977); Pfersching Ralf, Flügelhorn (1978); Schneefeld Heiko, Horn (1977); Singer Stefan, Tenorhorn (1978); Springer Rita, Klarinette (1979); Steidle Angelika, Klarinette (1977); Striegel Gabriel, Schlagzeug (1977); Weber Mathias, Trompete (1977); Woll Andrea, Klarinette (1977)

Musikverein „Harmonie" Forchheim e.V.

Gründungsjahr:	1920
1. Vorsitzender:	Erich Becker
Stellv. Vorsitzender:	Ernst Heil
Schriftführer:	Frank Günter
Stellv. Schriftführerin:	Marianne Burkart
Rechner:	Franz Gindner
Beirat:	Josef Burkart
	Josef Eberl
	Franz Hauser
	Urban Heil
	Kurt Helfer
	Egon Kästel
	Andreas Karle
	Georg Peter
	Otto Reger
	Hans Schmied
	Viola Winter
Dirigent:	Johannes Landhäußer

Jugendleiter: Hans Kästel; Notenwart: Andreas Karle; Ehrenvorsitzender: Berthold Leibold; Musikvorstand: Georg Kästel

Aktive: Banet Alfons, Tenorhorn (1960); Becker Erich, Tenorhorn (1948); Bertsch Rudi, Horn (1981); Burkart Marianne, Klarinette (1972); Eberl Edmund, Tenorhorn (1980); Gindner Herbert, Tenorhorn (1960); Gramlich Anton, Trompete (1958); Grüßinger Horst, Bariton (1972); Guba Oliver, Trompete (1972); Günter Frank, Trompete (1972); Heil Urban, Tuba (1924); Helfer Christa, Trompete (1974); Jörs Gudrun, Klarinette (1972); Kästel Georg, Posaune (1972); Kästel Hans, Tuba (1949); Karle Andreas, Posaune (1976); Leibold Alfred, Klarinette (1929); Lorenz Lothar, Saxophon (1982); Martin Cornelia, Flöte (1980); Martin Rolf, Trompete (1963); Peter Georg, Trompete (1949); Schmied Hans, Schlagzeug (1960); Sic Margit, Klarinette (1972); Winter Viola, Saxophon (1980); Wittek Walter, Klarinette (1960)

Jugendkapelle: Essig Robert, Orgel (1982); Essig Sobios, Saxophon (1981); Heil Dietmar, Trompete (1976); Heil Herbert, Tuba (1976); Helfer Dagmar, Saxophon/Klarinette (1977); Hoepfler Andreas, Klarinette (1980); Kalt Wolfgang, E-Gitarre (1982); Kistner Rony, Trompete (1975); Landhäußer Christof, Klarinette (1981); Landhäußer Judith, Klarinette (1982); Leih Dirk, Tenorhorn (1976); Müller Marco, kl. Trommel (1980); Mund Heiko, Klarinette (1980); Neu Brigitte, Flöte (1981); Repple Mathias, E-Gitarre (1982); Schopp Jochen, Trompete (1977); Schopp Simone, Flöte (1981); Schwarz Werner, Schlagzeug (1981); Walter Lorenz, Trompete (1976); Walter Veronika, Klarinette (1979); Welker Matthias, Schlagzeug (1979)

Musikverein 1888 e.V. Forst

Gründungsjahr:	1888
1. Vorsitzender:	Konrad Wiedemann
Stellv. Vorsitzender:	Michael Krämer
Schriftführer:	Helmut Schnepf
Rechner:	Dieter Süß
Unterkassier:	Jakob Debre
Beisitzer (Aktiva):	Edgar Böser
	Bernhard Geiger
	Karlheinz Graf
	Gudrun Hoffmann
	Walter Mohr
	Albert Weindel
Beisitzer (Passiva):	Kurt Bohn
	Rolf Braun
	Johann Huber
	Herbert Mitschke
	Bernhard Mohr
	Theo Wiedemann
Dirigent:	Theo Soder
Vizedirigent:	Ernst Wiedemann

Jugendleiter: Helmut Schnepf; Notenwart: Karlheinz Graf; Instrumentenwart: Edgar Böser; Ehrenvorsitzender: Alois Etzkorn; Ehrendirigent: Bernhard Bender; Ehrenmusiker: Wilhelm Veith

Aktive: Bacher Sabine, Klarinette (1977); Bender Bernhard, Horn (1935); Bender Dirk, Klarinette (1977); Bender Erich, Horn (1952); Bender Frank, Flöte (1980); Bender Thomas, Schlagzeug (1975); Berg Thorsten, Flügelhorn (1978); Blumhofer Alfons, Tenorhorn (1953); Blumhofer Franz, Flügelhorn (1948); Blumhofer Richard, Flügelhorn (1946); Böser Edgar, Trompete (1953); Debre Hansgeorg, Tuba (1960); Dietrich Hartmut, Tuba (1976); Fischer Franz, Trompete (1967); Gäng Brigitte, Flöte (1980); Gäng Thomas, Trompete (1978); Geiger Bernhard, Saxophon (1971); Graf Karlheinz, Tuba (1972); Heller Christian, Flügelhorn (1980); Heller Heiko, Tenorhorn (1980); Hoffmann Gudrun, Klarinette (1977); Hoffmann Gustav, Bariton (1950); Huber Martina, Klarinette (1977); Huber Walter, Posaune (1954); Kappenstein Bernd, Posaune (1971); Kappenstein Fritz, Trompete (1971); Köhler Theo, Saxophon (1965); Köhler Thomas, Klarinette (1974); Kretzler Heinrich, Posaune (1953); Kritzer Petra, Klarinette (1977); Krumpach Bernd, Flügelhorn (1968); Lamelli Heinz, Klarinette (1968); Lilienweiß Jürgen, Posaune (1980); Mahl Ewald, Tenorhorn (1980); Maier Anja, Flöte (1980); Misch Thomas, Schlagzeug (1982); Mohr Klaus, Saxophon (1974); Mohr Walter, Tenorhorn (1946); Müller Arthur, Posaune (1971); Müller Michael, Klarinette (1978); Pfeifer Jürgen, Klarinette (1982); Schäfer Volker, Horn (1974); Schrag Anette, Klarinette (1977); Soder Peter, Trompete (1972); Süß Dieter, Tenorhorn (1963); Veith Wilhelm, Schlagzeug (1933); Weindel Albert, Saxophon (1946); Weindel Udo, Saxophon (1981); Wiedemann Daniele, Klarinette (1972); Wiedemann Erhard, Horn (1953); Wiedemann Ernst, Trompete (1960); Wiedemann Konrad, gr. Trommel (1953); Wiedemann Manfred, Klarinette (1961)

Musikverein „Harmonie" Freiolsheim e.V.

Gründungsjahr:	1965
1. Vorsitzender:	Kurt Gräßle
Stellv. Vorsitzender:	Oskar Bauer
Schriftführer:	Herbert Glasstetter
Stellv. Schriftführer:	Gerhard Bauer
Rechner:	Albert Essig
Stellv. Rechner:	Dieter Abendschön
Beirat:	Manfred Essig
	Siegfried Glasstetter
	Johann Götz
	Bernhard Meier
	Herbert Reiter
	Roland Reiter
	Peter Wurst
Dirigent:	Werner Bertsch
Notenwart:	Klaus Meier
Instrumentenwart:	Klaus Bauer

Aktive: Abendschön Dieter, Klarinette (1974); Abendschön Lothar, Klarinette (1968); Bauer Gerhard, Posaune (1964); Bauer Hans-Jürgen, Klarinette (1968); Bauer Klaus, Tuba (1964); Bauer Oskar, Flügelhorn (1963); Bauer Wolfgang, Schlagzeug (1976); Dannenmaier Walter, Trompete (1963); Dollinger Werner, Klarinette (1963); Dreixler Jürgen, Tuba (1976); Essig Albert, Horn (1965); Essig Manfred, Schlagzeug (1963); Glasstetter Herbert, Saxophon (1964); Götz Heiko, Flöte (1976); Gräßle Eugen, Horn (1964); Gräßle Konrad, Horn (1968); Kohl Horst, Flügelhorn (1980); Kohl Werner, Flügelhorn (1968); Kunz Robert, Trompete (1963); Meier Bernhard, Klarinette (1972); Meier Klaus, Posaune (1975); Müller Raimund, Trompete (1974); Reiter Herbert, Flügelhorn (1963); Reiter Paula, Gesang (1981); Reiter Roland, Posaune (1963); Wurst Peter, Tenorhorn (1980); Zimmermann Bernd, Schlagzeug (1976); Zimmermann Günter, Tenorhorn (1972); Zimmermann Jürgen, Trompete (1966); Zimmermann Walter, Tenorhorn (1963); Zimmermann Wilfried, Bariton (1963)
Zöglinge: Essig Martin, Klarinette (1980); Schröder Ferdinand, Posaune (1980); Schröder Ralf, Trompete (1980)

Musikverein „Harmonie" e.V. Gondelsheim

Gründungsjahr:	1898
1. Vorsitzender:	Dieter Widmann
Stellv. Vorsitzender:	Anton Zuber
Schriftführer:	Gerhard Huber
Rechner:	Erich Ratzel
Beirat (Aktiva):	Alois Genzer
	Bernd Huber
	Helmut Martin
	Reinhold Rusnak
	Andreas Schmidt
	Rainer Steinbach
	Herbert Widmann
Beirat (Passiva):	Heinz Hiller
	Günter Schäfer
	Klaus Weingärtner
Dirigent:	Erwin Jahl
Vizedirigent:	Andreas Schmidt
Jugendleiter:	Evelyn Fuchs
	Herbert Widmann

Notenwart: Rainer Steinbach; Instrumentenwart: Andreas Schmidt
Aktive: Dast Karin, Flügelhorn (1976); Deininger Ralf, Klarinette (1976); Fuchs Evelyn, Trompete (1973); Gesell Michael, Trompete (1976); Heck Sandra, Klarinette (1976); Fürbaß Petra, Klarinette (1972); Huber Bernd, Tenorhorn (1972); Huber Gerhard, Tenorhorn (1964); Huber Heinz, Tuba (1957); Leicht Peter, Posaune (1958); Lepp Thomas, Trompete (1970); Martin Erich, Tuba (1947); Martin Helmut, Tuba (1966); Milling Matthias, Schlagzeug (1976); Rätz Reinhard, Horn (1947); Ries Reinhard, Tuba (1947); Rusnak Reinhold, Flügelhorn (1958); Rusnak Ulrike, Flügelhorn (1976); Schmidt Andreas, Flügelhorn (1958); Schmidt Franz, Tenorhorn (1945); Schmidt Franz, Klarinette (1952); Schmidt Thomas, Saxophon (1976); Sohn Gundrun, Trompete (1976); Sohn Jürgen, Bariton (1973); Steinbach Rainer, Posaune (1957); Walz Andrea, Trompete (1976); Walz Karl, Schlagzeug (1973); Widmann Birgit, Flöte (1976); Widmann Dieter, Saxophon (1952); Widmann Heike, Saxophon (1976); Widmann Helmut, Flügelhorn (1958); Widmann Herbert, Bariton (1947); Widmann Monika, Klarinette (1976); Widmann Jochen, Schlagzeug (1976); Zuber Anton, Posaune (1947)
Zöglinge: Abend Sabine, Klarinette (1980); Ania Christina, Trompete (1980); Ania Susi, Klarinette (1980); Gantner Heike, Flügelhorn (1980); Göbel Andrea, Klarinette (1982); Leidl Peter, Flügelhorn (1980); Lindner Birgit, Klarinette (1980); Milling Alexandra, Klarinette (1980); Rumez Sabine, Tenorhorn (1980); Rusnak Roland, Schlagzeug (1980); Rusnak Yvonne, Klarinette (1980); Sitzler Holger, Klarinette (1980); Widmann Frank, Horn (1980); Widmann Günter, Tenorhorn (1980); Widmann Thomas, Trompete (1980)

Musikverein Graben 1908 e.V.

Gründungsjahr:	1908
1. Vorsitzender:	Bruno Krotz
Stellv. Vorsitzender:	Jakob Will
Schriftführer:	Emil Köhler
Stellv. Schriftführer:	Bruno Krotz
Rechner:	Reinhold Lofink
Stellv. Rechner:	Kathi Lofink
Beirat:	Wolfgang Bickel
	Werner Debatin
	Günter Krebs
	Martin Walzer
Dirigent:	Heinz Kögel
Vizedirigent:	Egon Krotz
Jugendleiter:	Gabi Kawik
Notenwart:	Karin Nagel
Instrumentenwart:	Karl Süß
Ehrenvorsitzender:	Dieter Brake
Ehrendirigent:	Robert Spaderna
Musikervorstand:	Rainer Kirchhart

Aktive: Amberger Walter, Tuba (1967); Amberger Wilfried, Klarinette (1974); Bickel Helmut, Posaune (1954); Bickel Wolfgang, Flügelhorn (1976); Bogner Wolfgang, Klarinette (1976); Debatin Werner, Schlagzeug (1973); Fischer Uwe, Saxophon (1971); Hanke Horst, Tenorhorn (1958); Hartkorn Fritz, Trompete (1948); Heil Roland, Flügelhorn (1967); Hüttner Ralf, Trompete (1980); Jägel Jochen, Tenorhorn (1978); Kammerer Fritz, Flügelhorn (1976); Kammerer Stefan, Fagott (1982); Kawik Gabi, Klarinette (1978); Kierdorf Andreas, Klarinette (1977); Kierdorf Ulrich, Klarinette (1977); Kirchhart Rainer, Posaune (1959); Krotz Bruno, Trompete (1948); Krotz Egon, Flöte (1952); Kurz Markus, Klarinette (1977); Lofink Reinhold, Tuba (1962); Metzger Walter, Tuba (1980); Nagel Karin, Klarinette (1973); Nagel Petra, Klarinette (1980); Nossek Ralf, Trompete (1979); Pfirrmann Bernd, Saxophon (1970); Römer Theo, Saxophon (1981); Rösch Dieter, Trompete (1978); Roth Robert, Flöte/Akkordeon (1978); Schönung Helmut, Tenorhorn (1958); Schwarz Hanjo, Schlagzeug (1973); Süß Karl, Bariton (1948); Völler Klaus, Saxophon (1978); Völler Peter, Flügelhorn (1978); Wächter Gerhard, Klarinette (1972); Will Jakob, Schlagzeug (1978); Zimmermann Jürgen, Tenorhorn (1962); Zimmermann Walter, Posaune (1948)
Zöglinge: Freisinger Torsten, Trompete (1980); Herzog Ralf, Trompete (1980); Lofink Mario, Trompete (1980); Müller Petra, Trompete (1980); Völler Anja, Flöte (1980); Weishäupe Jan, Trompete (1980)

Musikverein 1886 Grötzingen e.V.

Gründungsjahr:	1886
1. Vorsitzender:	Hans Dopf
Stellv. Vorsitzender:	Siegbert Dahn
Schriftführerin:	Gudrun Grieb
Stellv. Schriftführerin:	Angela Bader
Rechner:	Olaf Ziegfeld
Dirigent:	Willi Pontz
Vizedirigent:	Karl-Heinz Blattner
Jugendleiter:	Veit Bader
Notenwarte:	Kurt Grieb
	Werner Kraus
Instrumentenwarte:	Karl-Heinz Blattner
	Werner Wagner
Ehrendirigent:	Emil Dopf
Musikobmann:	Anita Gengel
	Walter Doll
Pressewart:	Claudia Wächter
Frauenvorstand:	Gerda Dopf
Protokollführer:	Werner Grunau

Beirat: Willi Fischer, Franz Happ, Norbert Hoffmann, Wolfgang Metzger, Otto Reinacher, Werner Sautner, Beate Schnäbele, Herbert Unger, Günter Volz, Bruno Walther, Wolfgang Walther
Aktive: Adaci Ferdinand, Tuba (1969); Bader Veit, Klarinette (1966); Becker Franz, Tenorhorn (1976); Blattner Karl-Heinz, Tenorhorn (1964); Bürk Peter, Posaune (1980); Dahn Siegbert, Tenorhorn (1952); Doll Walter, Schlagzeug (1973); Dopf Artur, Posaune (1926); Dopf Hans, Tenorhorn (1948); Ewald Reiner, Flügelhorn (1967); Gengel Anita, Saxophon (1960); Grieb Gudrun, Schlagzeug (1966); Grieb Kurt, Tenorhorn (1957); Grunau Silke, Klarinette (1976); Hölzer Wilhelm, Flügelhorn (1980); Holzhauser Alfons, Klarinette (1959); Holzhauser Thomas, Saxophon (1975); Jahn Franziska, Flöte (1979); Jahn Markus, Tuba (1976); Jüttner Brigitte, Klarinette (1976); Kraus Martin, Trompete (1975); Kraus Werner, Flügelhorn (1975); Kunau Stefanie, Klarinette (1976); Lehrmann Harald, Trompete (1966); Maier Martin, Klarinette (1976); Metzger Wolfgang, Trompete (1962); Pontz Mathias, Horn (1980); Reinacher Otto, Schlagzeug (1968); Rembold Bernhard, Flügelhorn (1980); Siegele Herbert, Tuba (1951); Stutz Beate, Horn (1976); Stutz Ralf, Trompete (1976); Teutsch Silke, Klarinette (1967); Unger Herbert, Trompete (1956); Wächter Angelika, Klarinette (1976); Wächter Claudia, Klarinette (1967); Wächter Emil, Saxophon (1926); Wagner Beate, Klarinette (1976); Wagner Herbert, Tenorhorn (1967); Wagner Werner, Trompete (1976); Walther Wolfgang, Tenorhorn (1956); Weingärtner Helge, Flügelhorn (1976); Weisinger Hans-Jürgen, Klarinette (1966)
Jugendliche: Becker Manuela, Klarinette (1981); Endres Michael, Flöte (1981); Feyer Oliver, Trompete (1981); Flöss Andreas, Flöte (1981); Flöss Stefanie, Flöte (1981); Grube Katja, Flöte (1982); Habelitz Miriam, Flöte (1982); Habelitz Oliver, Flöte (1982); Happ Jasmin, Flöte (1982); Hoffmann Berenike, Flöte (1981); Jahn Martina, Klarinette (1982); Köpke Sabine, Flöte (1981); Köster Kristina, Flöte (1982); Kunzmann Katja, Flöte (1982); Kunzmann Michaela, Flöte (1982); Lassmann Imme, Flöte (1982); Lorenz Angela, Flöte (1982); Metzger Denis, Flöte (1981); Moritz Alexandra, Klarinette (1981); Mues Susanne, Flöte (1982); Neu Natascha-Petra, Flöte (1981); Schäufele Gabriele, Flöte (1982); Scheidt Patrick, Klarinette (1981); Scheidt Rüdiger, Trompete (1981); Schleicher Ute, Flöte (1981); Vögeler Heinz, Trompete (1981); Wagner Bettina, Klarinette (1981); Walschburger Nicole, Flöte (1981); Walther Katja, Klarinette (1981); Walther Stefanie, Flöte (1982); Wenzel Diana, Flöte (1981); Winterhoff Anja, Flöte (1981); Zülske Michaela, Flöte (1982)

Instrumental-Musikverein Grünwettersbach e.V.

Gründungsjahr:	um 1820*
1. Vorsitzender:	Werner Steinbrunn
Stellv. Vorsitzender:	Ewald Eiermann
Schriftführerin:	Inge Supper
Stellv. Schriftführer:	Alfred Münch
Rechner:	Detlef Schulze
Stellv. Rechner:	Horst Freiburger
Dirigent:	Anton Jubl
Vizedirigent:	Christian Karbiner
Jugendleiter:	Kurt Steinbrunn
Notenwart:	Uwe Grüner
Instrumentenwart:	Wolfgang Schulze
Ehrenvorsitzender:	Otto Hutmacher

Beirat: Uwe Göbel, Uwe Grüner, Herbert Karbiner, Anita Nießner, Gerd Puritscher, Wolfgang Schulze, Kurt Steinbrunn, Alfons Weidhofer
Aktive: Becht Michael, Tenorhorn (1976); Becht Wolfgang, Flügelhorn (1971); Berger Helmut, Tuba (1952); Berger-Meinzer Carola, Klarinette (1966); Blombach Michael, Posaune (1974); Börner Frank, Saxophon (1961); Brecht Rolf, Trompete (1976); Brenk Jürgen, Schlagzeug (1976); Bugger Gertrud, Saxophon (1978); Eble Birgit, Klarinette (1971); Eiermann Ewald, Tuba (1958); Freiburger Armin, Trompete (1966); Freiburger Horst Flügelhorn (1945); Freiburger Rolf, Posaune (1946); Freiburger-Hermann Petra, Klarinette (1966); Fröhlich Horst, Pauken (1956); Gartner Gerhard, Trompete (1976); Göbel Peter, Klarinette (1978); Göbel Uwe, Klarinette (1974); Grüner Friedrich, Schlagzeug (1959); Grüner Uwe, Tenorhorn (1966); Heck Martina, Klarinette (1978); Herdle Klaus, Tuba (1976); Hermann Jürgen, Flügelhorn (1965); Hunzelmann Anton, Klarinette/Saxophon (1933); Hunzelmann Georg, Klarinette (1958); Jubl Jürgen, Posaune/Bariton (1971); Jungbauer Anton, Tuba (1949); Karbiner Christian, Flöte (1958); Karbiner Herbert, Horn (1962); Link Bruno, Trompete (1945); Link Michael, Posaune (1971); Link Roland, Klarinette (1954); Link Volkmar, Posaune (1950); Link Wilhelm, Klarinette (1956); Löffler Jürgen, Tuba (1966); Münch Alfred, Horn (1960); Nießner Anita, Klarinette (1971); Prohaska Klaus, Horn (1966); Puritscher Gerd, Trompete (1971); Puritscher Robert, Klarinette (1949); Raupp Heinz, Tenorhorn (1949); Reck Günter, Posaune (1970); Schäfer Andrea, Klarinette (1979); Schäfer Jürgen, Schlagzeug (1974); Schneider Helmut, Trompete (1956); Schulze Detlef, Saxophon (1970); Schulze Dietmar, Klarinette (1971); Schulze Michael, Trompete (1971); Schulze Wolfgang, Trompete (1953); Simon Helmut, Flügelhorn (1958); Steinbrunn Jürgen, Tenorhorn (1974); Steinbrunn Kurt, Bariton (1956); Steinbrunn Werner, Tenorhorn (1950); Supper Axel, Flügelhorn (1972); Supper Julius, Flügelhorn (1946); Supper Wolfgang, Bariton (1974); Weidhofer Gabriele, Flöte (1974)

Musikverein 1878 Hambrücken

Gründungsjahr:	1878*
1. Vorsitzender:	Karl-Heinz Debatin
Stellv. Vorsitzender:	Werner Spranz
Schriftführer:	Kurt Köhler
Rechner:	Kunibert Kretzler
Beirat:	Markus Debatin
	Johann Drexler
	Gabriel Göckel
	Hermann Krämer
	Gerd Krempel
	Alfons Rudolph
	Julius Rudolph
	Vitus Steidle
Dirigent:	Erhard Pflug
Vizedirigent/ Jugendleiter:	Oskar Stark
Notenwarte:	Rudi Debatin
	Sigrid Debatin
Instrumentenwart:	Rudolf Drexler
Ehrenvorsitzender:	Herbert Debatin

Ehrenmitglieder: Otto Debatin, Johann Drexler, Pfarrer Emil Gindele, Gabriel Göckel, Eugen Köhler, Hermann Krämer, Markus Krämer, Thomas Krämer, Trudbert Krämer, Martin Notheisen, Walter Reuter, Alfons Rudolph, Josef Rudolph, Julius Rudolph, Vitus Steidle, Adolf Wunderlich
Aktive: Baron Mathias, Flügelhorn (1976); Baron Viola, Flöte (1976); Blümle Peter, Schlagzeug (1981); Bohn Lothar, Saxophon (1978); Brenner Irene, Klarinette (1975); Brenner Klaus, Trompete (1976); Debatin Alban, Trompete (1946); Debatin Annemy, Oboe (1975); Debatin Karl-Heinz, Tuba (1961); Debatin Konrad, Tuba (1951); Debatin Markus, Horn (1969); Debatin Reiner, Trompete (1969); Debatin Rudi, Flöte (1969); Debatin Sigrid, Flöte (1969); Drexler Franz, Klarinette (1949); Drexler Karl, Tuba (1969); Grub Jürgen, Bariton (1976); Grub Sebastian, Posaune (1961); Helker Franz-Uwe, Trompete (1978); Köhler Kurt, Bariton (1961); Köhler Leopold, Klarinette (1962); Krämer Rudolf, Flügelhorn (1946); Krämer Sabine, Klarinette (1979); Krämer Ulrike, Klarinette (1977); Krämer Uwe, Schlagzeug (1976); Krämer Walter, Tenorhorn (1969); Krämer Wendelin, Horn (1956); Krempel Gerd, Posaune (1977); Kretzler Kunibert, Tenorhorn (1951); Kretzler Thomas, Schlagzeug (1976); Moritz Meinrad, Trompete (1969); Notheisen Emil, Bariton (1956); Notheisen Roland, Horn (1976); Notheisen Thomas, Trompete (1976); Pflug Herwig, Posaune (1954); Rudolph Alfons, Flügelhorn (1945); Rudolph Julius, Tenorhorn (1928); Rupp Ludwig, Klarinette (1962); Schmidt Andreas, Saxophon (1976); Schneider Josef, Schlagzeug (1962); Simianer Michael, Trompete (1976); Soder Gerald, Trompete (1977); Soder Karl, Klarinette (1953); Spranz Monika, Trompete (1981); Spranz Werner, Tuba (1979); Stark Oskar, Saxophon (1961); Striegel Roland, Posaune (1970); Veith Klaus, Schlagzeug (1981); Vena Antero, Saxophon (1980); Wermuth Gabi, Klarinette (1976)
Zöglinge: Bachert Melanie, Klarinette (1979); Baron Sylvia, Flöte (1981); Böser Ludwina, Klarinette (1981); Bohn Susanne, Trompete (1981); Debatin Brigitte, Klarinette (1981); Debatin Timo, Flügelhorn (1981); Decker Barbara, Flöte (1982); Drexler Bernhard, Tenorhorn (1981); Fröber Claudia, Klarinette (1981); Fröber Roland, Trompete (1981); Göckel Jürgen, Klarinette (1981); Hartmann Rolf, Tenorhorn (1981); Hotel Johann, Posaune (1981); Huber Anja, Horn (1981); Huber Susanne, Trompete (1981); Knodel Karsten, Flügelhorn (1981); Köhler Hagen, Flügelhorn (1981); Krämer Tatjana, Trompete (1981); Kurz Bernhard, Flügelhorn (1981); Kurz Mathias, Posaune (1981); Mattes Jörg, Trompete (1981); Moritz Mario, Trompete (1981); Notheisen Martina, Klarinette (1981); Notheisen Sabine, Klarinette (1981); Raab Anette, Horn (1982); Raab Diana, Trompete (1981); Roll Werner, Klarinette (1981); Rupp Andrea, Klarinette (1981); Sand Christa, Klarinette (1981); Seipel Frank, Trompete (1981); Simianer Christine, Klarinette (1979); Steidle Hermann-Josef, Trompete (1981); Wermuth Wolfgang, Posaune (1981)

Stadtkapelle Heidelsheim e.V.

Gründungsjahr:	1891
1. Vorsitzender:	Ernst A. Wulf
Stellv. Vorsitzender:	Werner Schroth
Schriftführer:	Ellen Stumpf
Rechner:	Melanie Mayer
Beitragskassier:	Eduard Moser
Beirat:	Bodo Jahnke
	Klaus Kalsow
	Eduard Mosler
	Fritz Weschenfelder
Dirigent:	Klaus Stohner
Vizedirigent/	
Jugendleiter:	Ulrich Röschl
Notenwart:	Klaus Kalsow
Instrumentenwart:	Alfred Doll
Musikervorstand:	Karl Heinz Doll

Aktive: Albrecht Dieter, Posaune (1982); Albrecht Horst, Posaune (1957); Albrecht Peter, Trompete (1980); Doll Alfred, Tuba (1957); Doll Karl-Heinz, Bariton (1972); Doll Roland, Klarinette (1978); Geiselhardt Klaus, Posaune (1967); Hübl Roland, Schlagzeug (1966); Jahnke Bodo, Trompete (1967); Kalsow Klaus, Tenorhorn (1968); Lichtner Helmut, Tenorhorn (1953); Lichtner Rolf, Klarinette (1976); Meyer Helmut, Klarinette (1976); Röschl Frank, Trompete (1976); Röschl Ulrich, Flügelhorn (1965); Rohrer Richard, Saxophon (1980); Rohrer Werner, Posaune (1981); Schroth Werner, Schlagzeug (1954); Stumpf Ellen, Klarinette (1972); Zimmermann Holger, Flügelhorn (1972); Zimmermann Thomas, Klarinette (1980)
Zöglinge: Bartsch Claudia, Klarinette (1980); Bauer Gerd, Schlagzeug (1980); Braun Peter, Klarinette (1982); Fuchs Mathias, Schlagzeug (1982); Gierig Frank, Schlagzeug (1982); Gramlich Oliver, Klarinette (1980); Grün Michael, Trompete (1980); Kramer Thomas, Flügelhorn (1981); Kratzmeier Heike, Klarinette (1980); Kraut Birgit, Klarinette (1980); Manz Roman, Klarinette (1982); Rehm Michael, Schlagzeug (1982); Rommel Uwe, Flügelhorn (1980); Saurer Wolfgang, Trompete (1981); Schimmelpfennig Klaus, Flügelhorn (1982); Schimmelpfennig Ralf, Trompete (1982); Schlindwein Frank, Schlagzeug (1982); Schrumpf Thomas, Klarinette (1982); Schrumpf Ulrike, Klarinette (1982); Steiert Oliver, Trompete (1981); Tischler Erik, Flügelhorn (1982)

Musikverein Helmsheim e.V.

Gründungsjahr:	1958
1. Vorsitzender:	Erich Schwedes
Stellv. Vorsitzender:	Albert Bucher
Schriftführer:	Günther Böser
Rechner:	Erhard Dummler
Beirat:	Richard Bucher
	Alwin Dolak
	Berthold Huber
	Magnus Schühly
Dirigent:	Helmut Hahn
Vizedirigent/	
Jugendleiter:	Uwe Hähnle
Notenwart:	Joachim Willy
Instrumentenwart:	Karl-Heinz Los
Ehrenvorsitzender:	Josef Schwarz
Musikervorstand:	Karl-Heinz Los

Aktive: Adam Jürgen, Posaune (1975); Baumgärtner Arno, Saxophon (1981); Böser Günther, Klarinette (1965); Böser Manfred, Saxophon (1981); Bucher Albert, Bariton (1959); Bucher Gert, Trompete (1972); Bucher Joachim, Tenorhorn (1975); Bucher Sabine, Saxophon (1975); Dolak Alwin, Flügelhorn (1967); Dummler Erhard, Horn (1965); Eißler Achim, Schlagzeug (1976); Eißler Annette, Flügelhorn (1979); Eißler Richard, Tuba (1958); Eißler Thomas, Bariton (1976); Gretter Rainer, Posaune (1976); Häfele Helmut, Tuba (1969); Hähnle Ulrike, Klarinette (1975); Hähnle Uwe, Trompete (1969); Hahn Karin, Flöte (1981); Hannich Gabi, Flügelhorn (1979); Huber Berthold, Tenorhorn (1967); Huber Jürgen, Posaune (1975); Kolewe Klaus, Tenorhorn (1969); Lang Anke, Klarinette (1980); Los Karl-Heinz, Schlagzeug (1967); Los Michael, Saxophon (1977); Ostheimer Adam, Horn (1959); Reinelt Karl, Trompete (1976); Schühly Harald, Flügelhorn (1972); Schwedes Rainer, Posaune (1972); Sieg Michael, Klarinette (1980); Specht Erich, Horn (1960); Willy Joachim, Saxophon (1972)
Zöglinge: Brenner Marion, Flöte (1980); Brenner Jochen, Trompete (1980); Lamadé Edda, Flöte (1980); Mathias Michaela, Klarinette (1981); Weinert Anja, Klarinette (1981); Zeh Ilona, Klarinette (1981)

Orchesterverein-Stadtkapelle Hockenheim e.V.

Gründungsjahr:	1862*
1. Vorsitzender:	Bernhard Fuchs
Stellv. Vorsitzender:	Herbert Müller
Schriftführer:	Willi Heilmann
Rechner:	Wilhelm Eustachi
Stellv. Rechner:	Werner Eichhorn
Dirigent:	Werner Plum
Vizedirigent:	Karl Eustachi
Jugendleiter:	Heini Gimbel
Notenwart:	Ralf Krippschock
Ehrendirigenten:	Erich Gutschmidt
	Josef Walter

Beirat: Herbert Bayer, Peter Brandenburger, Heinrich Christ, Siegfried Eberwein, Karl Götzmann, Werner Hoffmann, Georg Müller, Horst Scharmacher, Herbert Spatz
Aktive: Adolf Rainer, Tuba (1978); Auer Ralf, Trompete (1982); Bayer Herbert, Klarinette (1950); Bierlein Franz, Horn (1959); Brandenburger Peter, Klarinette (1932); Dorn Horst, Trompete (1970); Eberwein Siegfried, Bariton (1955); Eichhorn Steffi, Flöte (1979); Engelhardt Doris, Flöte (1982); Eustachi Karl, Flöte (1936); Eustachi Wilhelm, Klarinette (1967); Frank Bernhard, Bariton (1980); Frank Oliver, Trompete (1981); Fuchs Bernhard, Klarinette (1946); Gimbel Heini, Trompete (1959); Götzmann Christine, Flöte (1979); Götzmann Jochen, Schlagzeug (1981); Götzmann Karl, Trompete (1979); Grübel Otto, Posaune (1979); Heilmann Willi, Schlagzeug (1972); Herr Stefan, Horn (1978); Hoffmann Wolfgang, Trompete (1976); Hornung Mathias, Klarinette (1979); Kammer Hermann, Klarinette (1953); Keller Friedbert, Klarinette (1946); Koch Gabi, Flöte (1977); Krippschock Ralf, Posaune (1979); Leiser Theo, Klarinette (1948); Leitl Rainer, Trompete (1979); Mahler Rüdiger, Trompete (1979); Müller Werner, Schlagzeug (1954); Offenloch Bernhard, Tenorhorn (1970); Pieper Stefan, Schlagzeug (1978); Reiss Josef, Saxophon (1959); Scharmacher Thomas, Tenorhorn (1979); Schlampp Helmut, Tuba (1950); Sessler Peter, Posaune (1960); Stohner Jürgen, Klarinette (1978); Sturm Andreas, Trompete (1977); Wörner Fritz, Tenorhorn (1926); Wohlfarth Walter, Posaune (1980)
Jugendkapelle: Albert Thomas, Tenorhorn (1980); Anselment Achim, Tenorhorn (1978); Berlinghof Thomas, Posaune (1979); Binder Carmen, Klarinette (1979); Christ Gabriele, Klarinette (1978); Eberle Holger, Trompete (1978); Feder Susanne, Klarinette (1978); Frank Hari, Trompete (1978); Franke Franz, Posaune (1978); Gimbel Sandra, Trompete (1978); Hagmann Martine, Flöte (1980); Hemberger Rüdiger, Trompete (1978); Hemberger Silke, Klarinette (1979); Huber Martin, Tenorhorn (1979); Hummel Clemens, Trompete (1979); Iscan Göbcan, Trompete (1978); Kammer Michael, Trompete (1978); Kraus Stefan, Klarinette (1980); Kübeck Martin, Trompete (1980); Landerer Mathias, Trompete (1979); Lansche Ina, Klarinette (1979); Lansche Uwe, Posaune (1979); Leuckert Pascal, Trompete (1980); Möbius Anette, Klarinette (1979); Möbius Henry, Bariton (1980); Rausch Markus, Tenorhorn (1978); Reiss Anja, Horn (1979); Reiss Martin, Trompete (1980); Siebert Stefan, Trompete (1978); Specht Frank, Bariton (1980); Sturm Michael, Horn (1978); Tengler Nicole, Klarinette (1979); Vestris Emanuel, Schlagzeug (1979); Wagner Markus, Bariton (1980); Weber Axel, Flöte (1979); Zahn Heidi, Flöte (1979)

Musikverein 1960 e.V. Hohenwettersbach

Gründungsjahr:	1960
1. Vorsitzender:	Hans Morlock
Stellv. Vorsitzender:	Roland Boch
Schriftführer:	Günther Neubauer
Rechner:	Albert Hermann
Beirat:	Edelhard Gold
	Walter Klauke
	Michael Schlütter
	Siegmund Springmann
Dirigent:	Bernhard Volk
Vizedirigent:	Nikolaus Groh
Jugendleiter:	Reinhard Scherl
Notenwart:	Jochen Schäfer
Instrumentenwart:	Gerhard Woditschka
Musikervorstand:	Reinhold Lust

Aktive: Appel Beate, Horn (1976); Appel Bernhard, Klarinette (1971); Benz Rolf, Tuba (1963); Boch Roland, Trompete (1961); Bronner Michael, Schlagzeug (1971); Geiger Michael, Trompete (1971); Geiger Roland, Posaune (1965); Groh Nikolaus, Flügelhorn (1960); Huber Andreas, Klarinette (1976); Huber Bernhard, Klarinette (1976); Klein Ralf, Klarinette (1979); Knäble Wolfgang, Horn (1965); Kuppinger Bettina, Trompete (1976); Lust Reinhold, Bariton (1965); Merkle Gerd, Trompete (1976); Merklinger Edwin, Tuba (1965); Neubauer Günther, Flügelhorn (1963); Schäfer Jochen, Flügelhorn (1971); Scherl Reinhard, Klarinette (1971); Schlütter Michael, Posaune (1971); Schlütter Stefan, Schlagzeug (1971); Springmann Siegmund, Tenorhorn (1963); Struck Bernd, Posaune (1976); Wallrabe Bettina, Flöte (1977); Woditschka Bernd, Klarinette (1979); Woditschka Gerhard, Trompete (1974); Zechiel Peter, Flügelhorn (1980)

Musikverein Feuerwehrkapelle Huttenheim e.V.

Gründungsjahr:	1920
1. Vorsitzender:	Kurt Baader
Stellv. Vorsitzender:	Rainer Gerweck
Schriftführerin:	Brunhilde Debatin
Rechner:	Ewald Gänßmantel
Beirat:	Axel Bauer
	Herbert Müller
Dirigent:	Julius Weick
Vizedirigent:	Kurt Baader
Jugendleiter:	Axel Bauer
Notenwart/	
Instrumentenwart:	Günther Baader
Ehrendirigent:	Valentin Kilbertus

Aktive: Baader Günther, Saxophon (1964); Baader Hannelore, Saxophon (1979); Baader Kurt, Saxophon (1962); Barth Hermann, Tuba (1957); Barth Hermann, Trompete (1964); Barth Roland, Trompete (1974); Bauer Axel, Tuba (1974); Bierlein Heinrich, Flügelhorn (1952); Bierlein Katja, Klarinette (1973); Bitmann Günther, Saxophon (1980); Debatin Brunhilde, Klarinette (1966); Gänßmantel Ewald, Flügelhorn (1964); Gerweck Marianne, Tenorhorn (1964); Gerweck Rainer, Bariton (1964); Heller Nikolaus, Tenorhorn (1955); Hildenbrand Silvia, Flügelhorn (1964); Jungkind Josef, Posaune (1946); Laitenberger Heidrun, Saxophon (1975); Manducic Richard, Trompete (1980); Romstein Hans, Flöte (1970); Schmidt Ludwig, Schlagzeug (1973); Schopf Marianne, Flügelhorn (1980); Vetter Friedbert, Klarinette (1964); Zimmermann Doris, Posaune (1975); Zimmermann Klaus, Bariton (1973)
Jugendkapelle: Bachert Karin, Tenorhorn (1975); Bauer Guido, Tenorhorn (1980); Bauer Kyra, Klarinette (1975); Böttker Arne, Posaune (1976); Czerny Sonja, Klarinette (1975); Damm Karin, Flügelhorn (1973); Decker Beate, Klarinette (1973); Engelhardt Christian, Posaune (1980); Göpfrich Inge, Saxophon (1976); Herzog Tanja, Flügelhorn (1980); Jungkind Christa, Klarinette (1981); Körber Sabine, Klarinette (1977); Laitenberger Karin, Klarinette (1975); La Russa Steven, Trompete (1976); La Russa Verena, Klarinette (1980); Mittelstädt Anne Katrin, Flöte (1979); Mittelstädt Susanne, Trompete (1980); Müller Jens, Tenorhorn (1976); Munzinger Jochen, Schlagzeug (1979); Otterbeck Ute, Horn (1978); Prestel Heike, Klarinette (1976); Reuter Rike, Klarinette (1977); Schmidt Katja, Trompete (1978); Schmidt Matthias, Schlagzeug (1973); Schmidt Peter, Tenorhorn (1981); Schmitteckert Bernd, Posaune (1981); Schubert Sandra, Klarinette (1980); Schumacher Jürgen, Trompete (1976); Schwab Gabi, Flügelhorn (1973); Vogelmann Carmen, Horn (1977); Weick Andrea, Horn (1978); Weick Constanze, Trompete (1978); Weick Susanne, Klarinette (1979); Wittemann Birgit, Flügelhorn (1973); Wittemann Heike, Flügelhorn (1973); Wittemann Norbert, Trompete (1977); Wölk Dagmar, Tenorhorn (1974); Wölk Monika, Flügelhorn (1977); Wolf Ulrike, Horn (1977)

Musikverein „Edelweiß" Ittersbach e.V.

Gründungsjahr:	1904
1. Vorsitzender:	Horst Rittmann
Stellv. Vorsitzender:	Roland Niebergall
Schriftführerin:	Inge Feiler
Rechner:	Egon Dietz
Beirat:	Günther Becker
	Dieter Dann
	Anja Rittmann
	Erwin Schneider
	Thomas Schneider
Dirigent:	Alfred Graf
Vizedirigent:	Gerald Mohr
Jugendleiter:	Klaus Rittmann
Notenwart:	Roger Becker
Instrumentenwart:	Rainer Becker
Ehrendirigenten:	Heinrich Dietz
	Stefan Schäfer

Aktive: Ahr Andreas, Tenorhorn (1969); Ahr Karl, Tenorhorn (1953); Axtmann Michael, Horn (1978); Becker Günther, Saxophon (1959); Becker Manfred, Flügelhorn (1961); Becker Marco, Schlagzeug (1978); Becker Roger, Posaune (1969); Christoph Rainer, Tuba (1964); Dann Dieter, Schlagzeug (1959); Dann Jane, Trompete (1975); Dann Norbert, Flügelhorn (1959); Dann Ulli, Trompete (1975); Dann Wilfried, Horn (1956); Dietz Egon, Tenorhorn (1959); Feiler Inge, Klarinette (1964); Fundinger Helmut, Schlagzeug (1972); Gegenheimer Kurt, Saxophon (1952); Gegenheimer Mareike, Klarinette (1974); Hablitz Ulla, Flügelhorn (1969); Hamberger Martin, Posaune (1978); Intress Joachim, Klarinette (1977); Kappler Herbert, Flügelhorn (1954); Kern Karin, Klarinette (1978); Kirchenbauer Andreas, Klarinette (1974); Mohr Dietmar, Flügelhorn (1959); Mohr Gerald, Trompete (1964); Niebergall Roland, Horn (1964); Rittmann Anja, Klarinette (1969); Rittmann Judith, Flügelhorn (1974); Rittmann Klaus, Tuba (1953); Schäfer Stefan, Posaune (1949); Schneider Erwin, Tenorhorn (1947); Schneider Thomas, Klarinette (1975); Stadler Thomas, Flügelhorn (1974); Sulzmann Hubert, Flöte (1980); Sulzmann Ursula, Klarinette (1964); Tief Tatjana, Klarinette (1978)
Zöglinge: Axtmann Olaf, Schlagzeug (1978); Becker Katja, Trompete (1978); Becker Oliver, Tenorhorn (1978); Brack Carmen, Flöte (1980); Geisert Sandra, Trompete (1978); Hablitz Stefanie, Posaune (1980); Intress Eike, Tenorhorn (1980); Intress Hartmut, Tuba (1978); Kern Petra, Trompete (1979); Kirchenbauer Thomas, Tenorhorn (1978); Schmidt Martin, Tenorhorn (1980); Seidl Michael, Flügelhorn (1980); Stadler Marco, Flügelhorn (1979); Steiner Alexandra, Klarinette (1980)

Feuerwehrkapelle Jöhlingen

Gründungsjahr:	1912
1. Vorsitzender:	Norbert Buchholz
Stellv. Vorsitzender:	Erich Dietzel
Schriftführer:	Thomas Schwarz
Rechner:	Walter Oberle
Beirat:	Uwe Bauhöfer
	Stefan Meizinger
	Ulrich Pfund
	Wolfgang Schaier
	Heinz Silvery
	Roland Silvery
Dirigent:	Bernhard Herdt
Vizedirigent/	
Jugendleiter:	Norbert Buchholz
Notenwart:	Lothar Klink
Instrumentenwart:	Walter Oberle

Aktive: Albrecht Thomas, gr. Trommel (1977); Albrecht Willi, Tenorhorn (1976); Aydt Mathias, Posaune (1975); Bach Rolf, Bariton (1972); Balle Roland, Klarinette (1978); Bauhöfer Uwe, Tenorhorn (1978); Bohmüller Wolfgang, Klarinette (1959); Buchholz Norbert, Trompete (1955); Burgey Alexander, Klarinette (1975); Butzke Klaus, Tenorhorn (1982); Butzke Thomas, Tenorhorn (1982); Daum Bernhard, Trompete (1975); Dehm Jürgen, Klarinette (1975); Dehm Reinhold, Horn (1962); Dietzel Erich, Horn (1972); Dörr Thomas, Flügelhorn (1975); Fischer Frank, Posaune (1978); Fischer Michael, Klarinette (1978); Gern Rüdiger, Klarinette (1970); Gretz Lothar, Trompete (1974); Haumann Alois, Flügelhorn (1975); Käfer Ulrich, Flügelhorn (1981); Klink Lothar, Trompete (1974); Kuhn Thomas, Tenorhorn (1970); Leberer Dietmar, Klarinette (1975); Maier Ute, Klarinette (1981); Meizinger Stefan, Posaune (1952); Müller Werner, Bariton (1954); Oberle Thomas, Flügelhorn (1975); Oberle Walter, Flügelhorn (1952); Paul Michael, Klarinette (1975); Pfund Ulrich, Tuba (1959); Ruppert Adolf, Horn (1975); Schaier Wolfgang, Horn (1949); Schell Arno, Tuba (1976); Schell Bernd, Klarinette (1949); Schuster Franz, Tuba (1966); Schwarz Thomas, Klarinette (1971); Silvery Heinz, Schlagzeug (1967); Silvery Roland, Flügelhorn (1971); Szczygiel Frank, Trompete (1978); Vaahs Tilo, Flügelhorn (1971); Wimmer Norbert, Klarinette (1978)

Musikverein Karlsdorf 1922 e.V.

Gründungsjahr:	1922
1. Vorsitzender:	Edgar Luft
Stellv. Vorsitzender:	Heinrich Geißler
Schriftführer:	Hermann Schlindwein
Rechner:	Manfred Hörner
Beirat:	Hermann Bugger
	Alfred Ebert
	Walter Heneka
	Walter Lackus
	Gebhard Lautenschläger
	Alois Riffel
	Fridolin Rodi
	Dieter Schlindwein
	Manfred Schlindwein
	Theofried Schmitt
	Fritz Weschenfelder
	Heinrich Weschenfelder
	Reinhard Zimmermann
Dirigent:	Adolf Kuppinger
Vizedirigent:	Jürgen Luft

Jugendleiter: Reinhard Cap; Notenwart: Richard Weschenfelder; Instrumentenwart: Josef Herzog; Ehrendirigent: Karl Mergenthaler
Aktive: Arbogast Bernhard, Tenorhorn (1971); Baumgärtner Sandra, Trompete (1975); Berghöfer Peter, Trompete (1975); Bugger Hermann, Flügelhorn (1946); Cap Reinhard, Posaune (1975); Ebert Alfred, Trompete (1958); Eßwein Walter, Tuba (1956); Fohler Claudia, Flöte (1971); Fohler Matthias, Klarinette (1981); Herzog Josef, Schlagzeug (1952); Hochheimer Anja, Klarinette (1982); Hochheimer Claudia, Klarinette (1975); Huber Gudrun, Klarinette (1971); Jerabeck Anton, Tuba (1952); Klein Karl, Klarinette (1952); Klein Michael, Klarinette (1975); Lackus Walter, Horn (1958); Lautenschläger Gebhard, Horn (1946); Luft Edgar, Saxophon (1955); Luft Jürgen, Oboe (1971); Meger Sieglinde, Klarinette (1971); Metz Horst, Posaune (1958); Müller Andrea, Trompete (1975); Pflaum Helmut, Posaune (1963); Riffel Alois, Flügelhorn (1949); Riffel Bernhard, Posaune (1967); Riffel Ewald, Klarinette (1967); Riffel Heinz, Pauken (1948); Riffel Helmut, Flöte (1956); Riffel Otto, Flügelhorn (1950); Riffel Rüdiger, Klarinette (1975); Riffel Wolfgang, Tuba (1971); Schalk Arne, Horn (1975); Schalk Gerda, Klarinette (1975); Schlindwein Alexander, Tenorhorn (1971); Schlindwein Edmund, Tuba (1977); Schlindwein Helmut, Posaune (1946); Schlindwein Hermann, Schlagzeug (1968); Schlindwein Kurt, Schlagzeug (1946); Schlindwein Silke, Flöte (1975); Schmitt Gabi, Trompete (1975); Schmitt Theofried, Trompete (1947); Tonka Martin, Tenorhorn (1949); Weschenfelder Richard, Flügelhorn (1967); Zimmermann Reinhard, Bariton (1962)
Zöglinge: Geißler Iris, Trompete (1981); Günter Stephan, Schlagzeug (1982); Hodolic Jaroslav, Klarinette (1982); Hodolic Samuel, Klarinette (1982); Heilmann Frank, Klarinette (1981); Henninger Sandra, Trompete (1982); Herberger Peter, Flügelhorn (1981); Herling Patrik, Flügelhorn (1981); Huber Daniela, Trompete (1982); Klein Elke, Klarinette (1981); Klein Rüdiger, Schlagzeug (1982); Lindenfelser Jürgen, Posaune (1981); Prestel Marianne, Flöte (1981); Riffel Jörg, Flügelhorn (1982); Riffel Oliver, Schlagzeug (1981); Riffel Sigrid, Trompete (1981); Röder Miriam, Klarinette (1982); Röhling Petra, Trompete (1981); Schalk Udo, Tenorhorn (1981); Scherer Iris, Klarinette (1981); Schlindwein Jutta, Klarinette (1981); Tonka Evelyn, Flöte (1981); Weschenfelder Uwe, Saxophon (1982)

Musikverein „Harmonie" Karlsruhe

Gründungsjahr:	1897
1. Vorsitzender:	Willy Wichmann
Stellv. Vorsitzender:	Karl Schlipf
Schriftführer:	Karl Fink
Rechner:	Ernst Thiemecke
Beirat:	Alfred Becker
	Dr. Heinz Ehret
Dirigent:	Karl Pfortner
Vizedirigent:	Bernhard Streitel
Notenwarte:	Adalbert Becker
	Horst Wegner

Aktive: Becker Adalbert, Klarinette (1964); Beilicke Hermann, Flöte (1965); Benkewitz Fritz, Klarinette (1980); Bierhalter Dagmar, Klarinette (1980); Braun Peter, Klarinette (1981); Butsch Paul, Tenorhorn (1976); Butsch Wolfgang, Tenorhorn (1979); Doll Rolf, Klarinette (1981); Doll Wolfgang, Horn (1981); Dr. Ehret Heinz, Klarinette (1975); Fink Karl, Trompete (1949); Fitterer Walter, Posaune (1979); Franz Gernot, Tenorhorn (1972); Gamroth Richard, Klarinette (1975); Haas Kurt, Bariton (1962); Hampel Albert, Posaune (1981); Hauser Herbert, Tuba (1982); Heinz Franz, Horn (1965); Heller Reinhold, Schlagzeug (1971); Hoke Erich, Tuba (1971); Horn Achim, Klarinette (1977); Jok Rudi, Flügelhorn (1981); Kodlinski Fritz, Posaune (1954); Kolowrat Alfred, Schlagzeug (1979); Langenmaier Monika, Flöte (1981); Lichtenwalter Hugo, Tuba (1966); Martin Günter, Klarinette (1981); Masino Wolfgang, Klarinette (1967); Michel Dietmar, Trompete (1976); Morsch August, Schlagzeug (1948); Müller Uwe, Klarinette (1981); Ott Willy, Flügelhorn (1981); Paha Thomas, Posaune (1975); Pascale Eliseo, Horn (1977); Pietsch Karin, Flöte (1978); Rothfuss Karl, Trompete (1955); Schappals Gerhard, Trompete (1980); Schlipf Karl, Flügelhorn (1960); Schmidt Stefan sen., Klarinette (1922); Schmidt Stefan jun., Klarinette (1970); Schmutzer Raimund, Posaune (1971); Schubart Martin, Schlagzeug (1976); Streitel Bernhard, Flügelhorn (1938); Dr. Thalmann Alfred, Oboe (1979); Thiemecke Ernst, Oboe (1961); Völkel Horst, Tuba (1981); Völkel Wolfgang, Trompete (1977); Wegner Horst, Trompete (1977); Wichmann Willy, Klarinette (1955)

Postkapelle Karlsruhe

Gründungsjahr:	1962
1. Vorsitzender:	Hans Engelhardt
Stellv. Vorsitzender:	Reinhold Martinkowitsch
Schriftführer:	Wilfried Bitzer
Rechner:	Herbert Brossart
Stellv. Rechner:	Wilfried Bohn
Beirat:	Uwe Helker
	Jürgen Kunzmann
	Otto Schneider
	Horst Staath
	Walter Zachmann
	Ingbert Zinn
Dirigent:	Werner Stüber
Vizedirigent:	Gunther Rieck
Notenwarte:	Volker Gallion
	Reiner Seitz

Aktive: Balzer Norbert, Schlagzeug; Becker Günter, Saxophon; Bitzer Wilfred, Trompete; Bohn Wilfried, Trompete; Brossart Herbert, Trompete; Bühler Gerhard, Posaune; Efimor Michaela, Klarinette; Gallion Volker, Trompete; Geißer Manfred, Tenorhorn; Hähnle Uwe, Flügelhorn; Hambsch Bertram, Saxophon; Helker Uwe, Trompete; Herzog Peter, Tuba; Karst Otto, Horn; Klein Bernhard, Tenorhorn; Kral Franz, Schlagzeug; Krebs Frank, Trompete; Kühn Wolfgang, Saxophon; Kunzmann Jürgen, Horn; Ludmann Dieter, Tenorhorn; Martinkowitsch Reinhold, Saxophon; Maucher Manfred, Horn; Michels Werner, Klarinette; Müller Martin, Schlagzeug; Pontes Karl, Tenorhorn; Preissler Ute, Tenorhorn; Rau Jörg, Trompete; Reichenbacher Günter, Klarinette; Rieck Gunter, Flügelhorn; Schäfer Otmar, Horn; Schlittenhardt Jürgen, Tuba; Schneider Eduard, Tuba; Schneider Otto, Posaune; Seitz Reiner, Tuba; Staath Horst, Posaune; Stephansky Ulrich, Klarinette; Wagner Ralf, Schlagzeug; Walz Rainer, Flügelhorn; Weiß Siegbert, Posaune; Zachmann Walter, Posaune; Zinn Ingbert, Trompete;

Musikverein 1896
Karlsruhe-Daxlanden e.V.

Gründungsjahr:	1896
1. Vorsitzender:	Karl Kies
Stellv. Vorsitzender:	Hellmuth Beck
Schriftführer:	Klaus Hunzinger
Rechner:	Manfred Fellhauer
Stellv. Rechner:	Karl Fleig
Beirat:	Peter Hunzinger
	Stefan Kirchenbauer
	Ingeborg Stein
	Helmut Zachmann
Dirigent:	Ernst Engelhardt
Vizedirigent:	Michael Weber
Jugendleiter:	Jürgen Hespeler
Notenwart:	Thomas Mußler
Instrumentenwart:	Jürgen Hespeler
Ehrenvorsitzender:	Heinrich Speck

Aktive: Albert Helmut, Schlagzeug (1974); Beck Hellmuth, Trompete (1948); Biganzoli Joachim, Posaune (1975); Böckle Bernd, Flügelhorn (1968); Braun Holger, Klarinette (1979); Dannenmaier Ulrich, Trompete (1974); Dier Marliese, Klarinette (1977); Dolenga Hans, Flügelhorn (1956); Fellhauer Manfred, Trompete (1956); Fischer Stefan, Klarinette (1974); Fohrner Mathias, Trompete (1980); Gagel Walter, Posaune (1978); Hartmann Thomas, Flügelhorn (1970); Herbert Helmut, Posaune (1959); Hespeler Jürgen, Posaune (1973); Hill Andreas, Klarinette (1978); Hill Wolfgang, Flügelhorn (1978); Hunzinger Klaus, Klarinette (1970); Hunzinger Peter, Trompete (1966); Ingram Gary, Tuba (1978); Kies Volker, Flügelhorn (1972); Kirchenbauer Stefan, Horn (1972); Klingler Martin, Posaune (1978); Kober Franz, Horn (1925); Koch Willi, Horn (1925); Kroboth Angelika, Flöte (1979); Lauber Hubert, Tenorhorn (1967); Legeland Paul, Klarinette (1978); Mangold Hans Peter, Klarinette (1977); Meister Rosemarie, Flöte (1980); Menzel Bruno, Oboe (1981); Mitschele Jürgen, Klarinette (1973); Müller Andreas, Flügelhorn (1977); Mußler Thomas, Tenorhorn (1972); Nordbloem Bert, Tuba (1978); Rastetter Roland, Tenorhorn (1954); Rothweiler Christoph, Flöte (1979); Sambas Harald, Bariton (1971); Schitteck Lutz, Klarinette (1979); Schwall Volker, Schlagzeug (1980); Speck Jürgen, Tenorhorn (1961); Stähle Joachim, Klarinette (1979); Supper Stefan, Tenorhorn (1978); Weber Michael, Bariton (1966); Weber Sybille, Klarinette (1969); Zänker Jürgen, Tuba (1963)

Musikverein
Karlsruhe-Knielingen e.V.

Gründungsjahr:	1921
1. Vorsitzender:	Helmut Raih
Stellv. Vorsitzender:	Karl-Heinz Bayerl
Schriftführer:	Eckehard Reichmann
Rechner:	Günther Holstein
Beirat:	Horst Bechtold
	Bruno Möhler
	Hans-Joachim Rohn
	Arnold Schuler
	Rolf Speck
Dirigent:	Adrian Robert Heller
Vizedirigent:	Werner Egen
Jugendleiter:	Daniel Dosedal
Notenwart:	Klaus Nitzsche
Instrumentenwart:	Ingo Heinz
Ehrenvorsitzender:	Richard Linder
Musikervorstand:	Klaus Buchmüller
Stellv.	
Musikervorstand:	Willi Meinzer

Aktive: Banser Erhard, Posaune (1981); Bayerl Karl-Heinz, Schlagzeug (1967); Bechtold Horst, Tenorhorn (1951); Bechtold Klaus, Klarinette (1974); Buchmüller Klaus, Trompete (1958); Dohm Günther, Klarinette (1963); Dosedal Daniel, Klarinette (1972); Egen Werner, Flügelhorn (1932); Heinz Ingo, Flügelhorn (1958); Hemeter Günther, Trompete (1949); Hesselschwerdt Horst, Flügelhorn (1948); Hock Herbert, Flügelhorn (1954); Holstein Günter, Horn (1958); Kiefer Hans-Werner, Tuba (1962); Meinzer Willi, Schlagzeug (1970); Nitzsche Klaus, Bariton (1953); Ohmer Karl, Tuba (1948); Ohmer Willi, Schlagzeug (1948); Pfitzner Götz, Tuba (1978); Preissler Ute, Tenorhorn (1974); Raih Helmut, Tenorhorn (1959); Reichmann Eckehard, Tuba (1963); Rockenberger Theo, Horn (1955); Rohn Hans-Joachim, Posaune (1970); Schuler Arnold, Tenorhorn (1962); Speck Axel, Horn (1970); Wälde Günther, Tenorhorn (1971); Weingärtner Thomas, Bariton (1975); Weiß Stefan, Tuba (1964); Wurster Fritz, Posaune (1964); Zimmermann Elke, Klarinette (1976).
Jugendkapelle: Bartolie Josef, Klarinette (1978); Bechtold Dieter, Flügelhorn (1978); Eschner Karina, Klarinette (1982); Hahn Thomas, Trompete (1978); Hartmann Michael, Trompete (1978); Hemeter Tatjana, Klarinette (1979); Jestedt Carmen, Horn (1982); Knott Daniela, Klarinette (1981); Koch Peter, Posaune (1979); Koch Ulrich, Klarinette (1979); Linder Marion, Klarinette (1979); Münkel Jens, Tenorhorn (1978); Münkel Kristin, Klarinette (1978); Nitzsche Silke, Flöte (1979); Rink Christian, Flügelhorn (1978); Rockenberger Peter, Flügelhorn (1978); Schlindwein Ingeborg, Horn (1981); Schneider Christoph, Tenorhorn (1981); Schneider Markus, Posaune (1981); Schreck Claudia, Klarinette (1982); Siegel Michael, Trompete (1978); Stolberg Silke, Klarinette (1978); Weingärtner Petra, Schlagzeug (1975); Zimmermann Udo, Flöte (1978)

Musikverein „Harmonie"
Karlsruhe-Rüppurr e.V.

Gründungsjahr:	1926
1. Vorsitzender:	Friedrich Stoll
Stellv. Vorsitzender:	Hans-Dieter Bergmann
Schriftführer:	Hans-Joachim Klinn
Stellv. Schriftführer:	Rudolf Rapp
Kassier:	Karl Westermann
Beirat:	Horst Supper
Dirigent:	Franz Brückner
Notenwart:	Rudolf Rapp
Ehrenvorsitzender:	Willi Schlotzer
Musikervorstand:	Volker Haas

Aktive: Bergmann Christian, Schlagzeug (1980); Bergmann Hans-Dieter, Schlagzeug (1964); Binder Manfred, Posaune (1952); Brommer Wolfgang, Posaune (1966); Brückner Franz, Trompete/Flügelhorn (1974); Brylla Oskar, Posaune/Kontrabaß (1972); Butsch Paul, Tenorhorn/Schlagzeug (1952); Butsch Werner, Tenorhorn (1952); Butsch Wolfgang, Tenorhorn (1977); Ernst Andreas, Flöte/Pikkolo (1977); Ernst Manfred, Bariton/Trompete (1952); Eyring Dietmar, Klarinette (1970); Groh Lutz, Fagott (1981); Haas Volker, Tuba/Posaune/Akkordeon (1968); Hör Manfred, Klarinette/Saxophon (1956); Hoffmann Herbert, Trompete (1982); Klein Robert, Schlagzeug/Lyra/Pauken (1978); Klinn Hans-Joachim, Trompete/Flügelhorn (1976); Lenz Herbert, Trompete (1973); Mackert Gerhard, Horn (1977); Masino Leo, Trompete/Flügelhorn (1973); Müller Hubert, Klarinette/Saxophon (1950); Müller Uwe, Klarinette/Saxophon (1978); Ott Willy, Flügelhorn (1957); Rapp Helmut, Klarinette/Saxophon (1969); Rapp Rudolf, Klarinette (1951); Ratzel Roland, Schlagzeug/Pauken (1981); Rupp Willi, Trompete (1947); Schmidt Gerald, Posaune (1956); Schmitt Bernd, Klarinette (1979); Schultheiß Hans-Peter, Posaune/Trompete (1976); Schuster Tobias, Flöte (1982); Spang Rainer, Klarinette/Saxophon (1971); Staub Hans, Flügelhorn (1955); Stoll Friedrich, Trompete (1950); Stoll Gerald, Trompete (1982); Westermann Karl, Tuba (1950)

Musikverein „Einheit" e.V.
Karlsruhe-Wolfartsweier

Gründungsjahr:	1924
1. Vorsitzender:	Heinz Wackenhut
Stellv. Vorsitzender:	Roland Ringwald
Schriftführer:	Rolf Kuppinger
Rechner:	Heinrich Postweiler
Beirat:	Alwin Frank
	Reinhold Hoffmann
	Jakob Jaki
	Kurt Langenbein
	Heinz Münchgesang
	Reinhard Schäfer
	Prof. Helmut Voss
Dirigent:	Gerhard Münchgesang
Vizedirigent:	Alwin Frank
Jugendleiter:	Jakob Jaki

Aktive: Augustin Roland, Bariton (1971); Becker Gerhard, Tenorhorn (1967); Becker Günter, Klarinette (1950); Becker Martin, Posaune (1970); Becker Reiner, Horn (1974); Becker Sabine, Klarinette (1974); Berggötz Uwe, Schlagzeug (1977); Faas Wolfgang, Schlagzeug (1952); Fischer Frank, Klarinette (1973); Frank Alwin, Trompete (1960); Frank Werner, Tenorhorn (1956); Hemmerich Rüdiger, Saxophon (1955); Henkenhaf Petra, Klarinette (1970); Hoffmann Reinhold, Flügelhorn (1970); Jaki Hubert, Saxophon (1974); Jaki Jakob, Saxophon (1948); Kappler Jörg, Schlagzeug (1970); Knauer Jürgen, Schlagzeug (1971); Knauer Markus, Flügelhorn (1977); Knauer Reiner, Flügelhorn (1974); Kraut Wolfgang, Klarinette (1960); Kuppinger Jürgen, Flügelhorn (1974); Langenbein Bernd, Flügelhorn (1961); Langenbein Kurt, Trompete (1948); Litzau Roy, Tenorhorn (1974); Mössinger Rolf, Saxophon (1967); Morlock Bernd, Trompete (1970); Münchgesang Dietrich, Horn (1960); Münchgesang Gerhard, Trompete (1952); Münchgesang Heinz, Flügelhorn (1961); Münchgesang Uta, Flöte (1967); Münchgesang Walter, Horn (1961); Piske Gerhard, Posaune (1961); Postweiler Egon, Posaune (1970); Ringwald Alexander, Bariton (1970); Ringwald Roland, Posaune (1948); Schäfer Reinhard, Tuba (1949); Schengel Alexander, Schlagzeug (1980); Stroh Michaela, Klarinette (1974); Supper Carola, Klarinette (1974); Supper Reinhard, Tuba (1949); Supper Ursula, Klarinette (1970); Voss Mabel, Klarinette (1974); Voss Stefan, Trompete (1974); Voucko Arndt, Horn (1977); Wackenhut Gerhard, Posaune (1970); Wackenhut Heinz, Tuba (1948); Wackenhut Rolf, Klarinette (1953); Wackenhut Ute, Klarinette (1974); Wurm Fritz, Saxophon (1955); Zechiel Gerhard, Tenorhorn (1952)
Jugendkapelle: Bartel Tanja, Klarinette (1981); Becker Dirk, Saxophon (1981); Becker Eva, Flöte (1981); Bivona Katharina, Klarinette (1981); Braunnagel Ulrike, Klarinette (1981); Busch Helmut, Tenorhorn (1981); Busch Karin, Flügelhorn (1981); Busch Marianne, Klarinette (1981); Frank Alexandra, Trompete (1981); Haschek Angelika, Klarinette (1981); Heger Mathias, Trompete (1981); Heinze Torsten, Posaune (1981); Hemmerich Daniela, Flöte (1981); Hoffmann Tobias, Trompete (1981); Jaki Susanne, Saxophon (1979); Klenert Andreas, Klarinette (1979); Kohl Oliver, Klarinette (1979); Kraut Petra, Klarinette (1981); Langenbein Daniel, Trompete (1981); Lietzau René, Posaune (1979); Lingenberg Bettina, Flöte (1981); Mangler Andreas, Saxophon (1981); Mauritz Melanie, Klarinette (1981); Milbich Sonja, Klarinette (1979); Mössinger Willi, Trompete (1979); Morlock Martin, Horn (1981); Müller Petra, Klarinette (1981); Otteavano Silke, Klarinette (1981); Rapp Michael, Horn (1981); Rieder Patrik, Flügelhorn (1981); Romatschke Victoria, Klarinette (1975); Ubbelohde Jens, Klarinette (1981); Weible Stefan, Klarinette (1981); Zechiel Peter, Flügelhorn (1975); Zirra Stefan, Trompete (1979)

Musikverein und Feuerwehrkapelle e.V. Kirrlach

Gründungsjahr:	1906
1. Vorsitzender:	Herbert Wirth
Stellv. Vorsitzender:	Heinz Schneider
Schriftführer:	Helmut Maier
Kassier:	August Haag
Beirat:	Erwin Beigel
	Alfred Ertelt
	Walter Heiler
	Karl-Heinz Schuldt
	Johann Senger
	Albrecht Würges
Dirigent:	Manfred Walter
Vizedirigent:	Rainer Senger
Jugendleiter:	Thomas Wirth
Notenwart:	Thomas Müller
Ehrenvorsitzende:	August Müller
	Ernst Oechsler

Aktive: Beigel Erwin, Trompete (1950); Decker Erwin, Schlagzeug (1974); Dresel Günter, Saxophon (1952); Ertelt Alfred, Trompete (1970); Fessler Robert, Trompete (1967); Haag August, Tenorhorn (1965); Haag Franz, Tenorhorn (1957); Hauer Bernd, Trompete (1970); Heiler Erwin, Trompete (1970); Heiler Ludwig, Posaune (1979); Kamuf Valentin, Posaune (1950); Keilbach Günter, Trompete (1970); Larwa Alois, Saxophon (1961); Lehn Johann, Oboe (1949); Maier Helmut, Trompete (1957); Müller Bernhard, Klarinette (1970); Müller Thomas, Klarinette (1970); Oechsler Peter, Klarinette (1957); Schmitteckert Bernd, Trompete (1976); Schmitteckert Hugo, Fagott (1957); Schneider Heinz, Tuba (1957); Schuhmacher Heinz, Bariton/E-Baß (1955); Schuhmacher Otti, Klarinette (1976); Schuldt Karl-Heinz, Tuba (1960); Senger Carmen, Flöte (1970); Senger Johann, Saxophon (1948); Senger Rainer, Klarinette/Orgel (1965); Stassen Alois, Klarinette (1950); Stassen Birgit, Flöte (1976); Sturm Ludwig, Schlagzeug (1952); Thomé Klaus, Trompete (1979); Tittmann Alfred, Tenorhorn (1965); Tittmann Johann, Saxophon (1970); Tittmann Karl-Heinz, Tenorhorn (1965); Vogelbacher Stefan, Schlagzeug (1974); Wirth Herbert, Posaune (1969); Wirth Thomas, Posaune (1979); Würges Peter, Tenorhorn (1968)
Zöglinge: Baumann Rolf, Trompete (1980); Berlinghof Stefan, Klarinette (1980); Debré Jürgen, Trompete (1980); Grimm Michael, Schlagzeug (1980); Haag Andreas, Klarinette (1977); Haag Marion, Flöte (1980); Heger Frank, Schlagzeug (1980); Heiler Günter, Trompete (1980); Heiler Michael, Klarinette (1980); Herzog Tanja, Klarinette (1980); Hoffner Petra, Klarinette (1980); Huber Rüdiger, Trompete (1980); Kamuf Tatjana, Flöte (1980); Kremer Maxime, Klavier (1980); Löhlein Markus, Schlagzeug (1980); Müller Gabriele, Klavier (1980); Müller Klaus, Klarinette (1980); Müller Rüdiger, Klarinette (1980); Schuhmacher Iris, Klarinette (1980); Stassen Willi, Klarinette (1979); Vogelbacher Christian, Trompete (1979); Wirth Christine, Klarinette (1980); Wirth Heike, Klavier (1980)

Musikverein Kleinsteinbach

Gründungsjahr:	1920
1. Vorsitzender:	Emil Dörfler
Stellv. Vorsitzender:	Jürgen Bauer
Schriftführer:	Gerhard Zanner
Stellv. Schriftführerin:	Sabine Katzik
Rechner:	Dieter Krauß
Stellv. Rechner:	Alfred Kummer
Beirat:	Sabine Höpfinger
	Heiko Owczarek
	Christina Reiling
	Rudi Weber
	Klaus Wilser
Dirigent:	Werner Armbruster
Vizedirigent:	Hans Dörfler
Jugendleiter:	Klaus Frey
	Peter Owczarek
	Heinz Schardoussin
Notenwarte:	Walter Dolatschek
	Walter Katzik
Instrumentenwart:	Gerhard Faas

Aktive: Bauer Jürgen, Tenorhorn (1960); Bauer Peter, Flügelhorn (1965); Braun Jürgen, Posaune (1980); Brückel Achim, Klarinette (1973); Brückel Ralf, Flügelhorn (1973); Dörfler Hans, Posaune (1965); Dolatschek Günter, Trompete (1970); Faas Gerhard, Klarinette (1969); Frey Klaus, Schlagzeug (1954); Grimsel Paul, Bariton (1960); Katzik Sabine, Klarinette (1973); Katzik Walter, Flügelhorn (1973); Kirchenbauer Petra, Trompete (1976); Läpple Monika, Klarinette (1973); Müller Heinz, Saxophon (1970); Owczarek Heiko, Trompete (1973); Owczarek Peter, Schlagzeug (1974); Reiling Christina, Klarinette (1976); Schardoussin Heinz, Tuba (1980); Staudner Franz, Tuba (1963); Stucky Herbert, Klarinette (1963); Weber Rudi, Posaune (1960); Zanner Gerhard, Flügelhorn (1974)
Zöglinge: Bönisch Anja, Flöte (1980); Chardoussin Manuela, Flügelhorn (1980); Dworschak Ralf, Schlagzeug (1980); Frey Stefan, Schlagzeug (1980); Garcia Jose, Posaune (1980); Gollmer Ulrike, Flöte (1981); Heidt Thomas, Flügelhorn (1980); Höpfinger Sabine, Klarinette (1980); Hoffmann Martina, Klarinette (1980); Krauß Annette, Flöte (1980); Legler Jürgen, Piston (1980); Leutmann Ralf, Trompete (1981); Mößner Carmen, Flügelhorn (1980); Mühlböck Brigitte, Klarinette (1980); Plotzitzka Gudrun, Flöte (1981); Reuter Oliver, Schlagzeug (1981); Schwarz Sandra, Klarinette (1981); Vogel Andrea, Trompete (1980); Wilser Klaus, Posaune (1980)

Musikverein „Harmonie" Kronau 1911 e.V.

Gründungsjahr:	1911
1. Vorsitzender:	Alois Hees
Stellv. Vorsitzender:	Josef Wittek
Schriftführerin:	Helga Moch
Rechner:	Anton Dammert
Beisitzer (Aktiva):	Dieter Frank
	Ludwig Moch
	Ludwig Stellberger
Beisitzer (Passiva):	Alfred Fuchs
	Harald Zimmernann
	Heinrich Zimmermann
Dirigent:	Rolf Holzer
Jugendleiter:	Hildegard Fuchs
Notenwarte:	Michael Ritschel
	Theo Ritschel
Instrumentenwarte:	Theo Ritschel
	Karl Stassen
Ehrenvorsitzender:	Bürgermeister a. D.
	Robert Zimmermann

Aktive: Bös Bernd, Klarinette (1977); Bös Walter, Tenorhorn (1966); Braunecker Monika, Klarinette (1974); Dammert Petra, Klarinette (1981); Dickemann Rüdiger, Trompete (1979); Förderer Ludwig, Posaune (1950); Frank Dieter, Trompete (1973); Frank Jürgen, Flügelhorn (1977); Fried Daniela, Trompete (1977); Fuchs Gerda, Flöte (1977); Fuchs Hildegard, Saxophon (1977); Fuchs Karl, Posaune (1970); Ginser Klaus, Tenorhorn (1962); Göttling Roswitha, Flöte (1977); Götzmann Volker, Flügelhorn (1977); Hartmann Dagmar, Flöte (1979); Hess Jürgen, Klarinette (1966); Hess Klaus, Tuba (1968); Himmelsbach Günter, Saxophon (1964); Himmelsbach Josef, Tuba (1925); Hochadel Bernd, Horn (1977); Holzer Claudia, Klarinette (1979); Holzer Rolf, Posaune (1979); Holzer Wolfgang, Schlagzeug (1979); Just Jürgen, Schlagzeug (1979); Just Kurt, Schlagzeug (1968); Just Simon, Horn (1953); Kehrer Burkhard, Trompete (1960); Lichter Ute, Trompete (1979); Mackfeld Uwe, Horn (1977); Mächtel Holger, Schlagzeug (1979); Moch Gertrud, Trompete (1975); Moch Helga, Klarinette (1971); Moch Ludwig, Tenorhorn (1972); Ramp Gerd, Klarinette (1977); Ritschel Andreas, Tenorhorn (1979); Ritschel Michael, Trompete (1977); Ritschel Theodor, Posaune (1950); Schroff Oskar, Horn (1976); Stassen Jürgen, Klarinette (1974); Stassen Karl, Saxophon/Klarinette (1950); Stellberger Birgit, Flöte (1977); Stellberger Ludwig, Flöte (1952); Sturm Peter, Tuba (1969); Veit Heinrich, Trompete (1949); Walter Joachim, Klarinette (1976); Wittek Gerhard, Tenorhorn (1968); Wittek Josef, Posaune (1965); Wolf Gerhard, Saxophon (1973); Zimmermann Theodor, Tuba (1970); Zimmermann Volker, Trompete (1974)

Musikverein Kürnbach e.V.

Gründungsjahr:	1948
1. Vorsitzender:	Roland Wißmann
Stellv. Vorsitzende:	Karl-Heinz Brüstle
	Rolf Klein
Schriftführer:	Hans Altenstrasser
Kassier:	Heinrich Raubinger
Dirigent:	Winfried Nies
Vizedirigenten:	Hubert Bubenitschek
	Claus Heim
Jugendleiter:	Daniel Meinzinger
	Brigitte Nies
Notenwarte:	Harald Mayer
	Joachim Meissner
	Ingo Schuhmacher
	Roland Siewert
Instrumentenwarte:	Matthias Czemmel
	Winfried Nies
Uniformwart:	Hedwig Bouc
Ehrenvorsitzender:	Hermann Knauß
Vergnügungswart:	Gerhard Späth

Ausschußmitglieder: Gisela Altenstrasser, Heinz Barthlott, Ernst Brüstle, Kurt Haag, Rudolf Hautzinger, Erna Heim, Ernst Knopp, Ferdinand Knopp, Gerlinde Mayer, Elsa Schmid, Günter Simmel, Ingrid Simmel, Josef Sokopp, Horst Weiß, Sieglinde Wißmann; Kassenprüfer: Dieter Haag, Bernhard Schumbera
Aktive: Altenstrasser Axel, Trompete (1974); Bauer Klaus, Flügelhorn (1976); Braun Eberhard, Tenorhorn (1980); Bross Jutta, Trompete (1976); Brüstle Karl-Heinz, Tenorhorn/Posaune (1969); Bubenitschek Hubert, Trompete (1969); Bubenitschek Ingrid, Klarinette (1969); Czemmel Bruno, Klarinette/Saxophon (1961); Czemmel Matthias, Klarinette/Saxophon (1939); Dülk Elisabeth, Flügelhorn (1967); Haag Andrea, Klarinette (1967); Haag Dieter, Horn (1975); Haag Walter, Horn (1965); Hautzinger Monika, Klarinette/Saxophon (1974); Heim Claus, Trompete (1956); Heim Oliver, Horn/Trompete (1977); Hofbauer Walter, Klarinette (1956); Klein Rolf, Tenorhorn (1949); Kreis Andrea, Klarinette (1974); Kreis Jürgen, Trompete/Schlagzeug (1969); de Marco Jürgen, Tuba (1982); de Marco Peter, Klarinette (1980); Martsch Dieter, Tuba (1967); Mayer Harald, Flügelhorn (1965); Meinzinger Gabriele, Flöte (1978); Meinzinger Peter, Trompete (1974); Meissner Joachim, Flügelhorn (1971); Meissner Klaus, Klarinette/Saxophon (1971); Morast Markus, Bariton (1982); Mück Cordula, Flöte (1979); Nies Barbara, Klarinette (1974); Nies Brigitte, Klarinette (1974); Nies Herbert, Schlagzeug (1977); Nies Markus, Klarinette/Saxophon (1969); Nies Thomas, Schlagzeug (1971); Nies Winfried, Tuba (1967); Popp Christiane, Flöte (1979); Raubinger Heinrich, Tenorhorn (1970); Ruf Alfred, Posaune (1982); Schmid Helma, Klarinette (1967); Schmidt Anja, Trompete (1976); Schuhmacher Ingo, Saxophon (1974); Schuster Oswald, Flügelhorn (1974); Siewert Roland, Posaune/Tenorhorn (1969); Späth Gerhard, Tuba (1947); Strack Thomas, Klarinette (1977); Ulbert Alfred, Tuba (1967); Ulbert Beate, Flöte (1974); Winterle Frank, Trompete/Horn (1976); Wißmann Birgit, Klarinette/Saxophon (1971)
Jugendkapelle: Bauer Thomas, Tenorhorn (1977); Bippes Diana, Tenorhorn (1980); Boger Nadja, Klarinette (1981); Czech Uwe, Klarinette (1979); Hagenbucher Susanne, Klarinette (1981); Heim Thilo, Schlagzeug (1980); Kern Sabine, Klarinette (1981); Kern Susanne, Klarinette (1981); Krimmel Stephanie, Posaune (1981); Lind Sven, Posaune (1982); Mayer Stephanie, Trompete (1981); Mayer Sven, Trompete (1979); Rischl Josef, Trompete (1979); Rössler Frank, Trompete (1979); Sattler Sabine, Klarinette (1979); Schaaf Sonja, Flöte (1978); Schäfer Iris, Klarinette (1979); Schmidt Ina, Klarinette (1980); Siewert Christiane, Trompete (1981); Simmel Heike, Tenorhorn (1980); Weiß Michael, Tenorhorn (1979); Wißmann Heike, Tenorhorn (1979)

Musikverein Landshausen e.V.

Gründungsjahr:	1948
1. Vorsitzender:	Hans Beichl
Stellv. Vorsitzender:	Martin Blösch
Schriftführer:	Paul Bodenseh
Rechner:	Bernhard Dischinger
Beirat:	Eugen Blösch
	Ludwig Bodenseh
	Franz Rossel
Dirigent:	Rupert Hering
Dirigent (Schülerkapelle):	Peter Schuster
Jugendleiter:	Klaus Bodenseh
Ehrenvorsitzender:	Philipp Imhof

Aktive: Banghard Gerhard, Trompete (1953); Beichl Hans, Flügelhorn (1960); Berg Josef, Tenorhorn (1948); Berg Martin, Schlagzeug (1968); Berg Peter, Tenorhorn (1975); Blösch Eugen, Klarinette (1949); Blösch Martin, Tenorhorn (1957); Bodenseh Klaus, Tenorhorn (1975); Bodenseh Ludwig, Posaune (1948); Bodenseh Paul, Flügelhorn (1968); Buckel Rainer, Klarinette (1975); Buckel Wilfried, Klarinette (1968); Dischinger Bernhard, Horn (1960); Henrich Emil, Tenorhorn (1949); Hering Heinz, Horn (1952); Hering Klaus, Posaune (1968); Hering Klaus, Tenorhorn (1975); Hering Paul, Tenorhorn (1968); Hering Rupert, Trompete (1948); Imhof Fridolin, Tenorhorn (1960); Jarosch Herbert, Flügelhorn (1968); Karl Winfried, Klarinette (1949); Kopp Hermann, Tuba (1960); Leipert Leander, Trompete (1975); Mader Reinhold, Flügelhorn (1975); Mayer Helmut, Klarinette (1960); Mayer Robert, Schlagzeug (1952); Rebel Alois, Tuba (1960); Rebel Siegfried, Posaune (1968); Rossel Franz, Tenorhorn (1960); Schuster Peter, Trompete (1966)
Schülerkapelle: Beichl Markus, Tuba (1980); Dischinger Sandra, Tenorhorn (1980); Franke Michael, Flügelhorn (1980); Franke Sieglinde, Klarinette (1980); Heidelberger Heike, Flügelhorn (1980); Hering Gerhard, Flügelhorn (1980); Imhof Marion, Flügelhorn (1980); Imhof Petra, Klarinette (1980); Imhof Rüdiger, Klarinette (1980); Kretzler Timo, Tenorhorn (1980); Leipert Gunther, Posaune (1980); Prions Rolf, Posaune (1980); Rebel Isolde, Tenorhorn (1980); Strunk Thorsten, Tenorhorn (1980); Wurdinger Claudia, Flöte (1980)

Musikverein Langenalb

Gründungsjahr:	1921
1. Vorsitzender:	Wolfgang Kalbrunner
Stellv. Vorsitzender:	Horst Weber
Schriftführer:	Karl Heinz Weber
Kassier:	Erwin Finter
Stellv. Kassier:	Udo Bertsch
Ausschußmitglieder:	Heinz Weber
	Willi Weber
	Edgar Weidner
Dirigent:	Gernot Kaiser
Vizedirigent:	Wolfgang Kalbrunner
Jugendleiter:	Karlheinz Pfeiffer
Notenwart:	Lothar Weber
Instrumentenwart:	Claus Prigge
Ehrendirigent:	Waldemar Müller

Aktive: Bertsch Udo, Tenorhorn (1969); Geisert Artur, Tenorhorn (1950); Jäck Heinz, Horn (1956); Jäck Ralf, Horn (1975); Kalbrunner Simone, Flöte (1976); Kalbrunner Tanja, Klarinette (1977); Kalbrunner Wolfgang, Trompete (1952); Pfeiffer Karlheinz, Flügelhorn (1969); Pfrommer Manfred, Bariton (1949); Prigge Claus, Trompete (1966); Sarkani Josef, Trompete (1978); Schifferle Beate, Klarinette (1978); Schifferle Michaele, Flügelhorn (1979); Uhrig Willi, Tuba (1954). Umstadt Regina, Klarinette (1978); Weber Fritz, Tenorhorn (1955); Weber Heinz, Flügelhorn (1951); Weber Herbert, Trompete (1962); Weber Horst, Schlagzeug (1952); Weber Karl Heinz, Flügelhorn (1950); Weber Lothar, Tenorhorn (1966); Weber Willi, Tuba (1954); Weiß Uwe, Saxophon (1974)
Zöglinge: Bürck Carina, Klarinette (1982); Bürck Tanja, Klarinette (1982); Burmeister Jasmin, Klarinette (1980); Burmeister Liane, Klarinette (1980); Epperlein Jan, Flügelhorn (1980); Epperlein Klaus, Flöte (1980); Fauth Andreas, Trompete (1982); Fischer Sabine, Klarinette (1980); Frey Andrea, Klarinette (1980); Karcher Stefan, Tenorhorn (1980); Karcher Uwe, Trompete (1980); Kladmik Roman, Tenorhorn (1982); Krell Anja, Trompete (1982); Krell Christiane, Horn (1982); Nagel Kai, Klarinette (1980); Sacher Mathias, Tenorhorn (1982); Schifferle Heike, Klarinette (1980); Schleicher Heiko, Flöte (1980); Uhrig Anja, Flügelhorn (1980); Urbach Sara, Klarinette (1980); Weidner Petra, Trompete (1982)

Musikverein Langenbrücken e.V.

Gründungsjahr:	1923
1. Vorsitzender:	Erich Mayer
Stellv. Vorsitzender:	Manfred Heidt
Schriftführerin:	Edith Meid
Rechner:	Gerhard Häfner
Beirat:	Heinrich Bös
	Wilhelm Bös
	Ingwald Brentle
	Gerhard Dumm
	Robert Ganninger
	Irmhild Just
	Manfred Meid
	Hermann Schäfer
Dirigent:	Wolfgang Bugger
Vizedirigent:	Günter Stark
Jugendleiter:	Ingwald Brentle
	Gerhard Dumm
Notenwart:	Rüdiger Bös
Instrumentenwart:	Herbert Bellm
Musikervorstand:	Franz Meid

Aktive: Becker Felicitas, Saxophon (1977); Bellem Jürgen, Trompete (1977); Bellm Herbert, Posaune (1958); Börsch Birgit, Flöte (1977); Bös Rüdiger, Saxophon (1977); Bräutigam Günter, Tenorhorn (1956); Dammert Wolfgang, Trompete (1958); Dickgießer Sabine, Flöte (1977); Dumm Tatjana, Saxophon (1977); Duwald Günter, Flügelhorn (1974); Engler Gerhard, Saxophon (1977); Fank Doris, Klarinette (1977); Fank Monika, Klarinette (1977); Gerber Manfred, Posaune (1974); Groß Stefan, Saxophon (1977); Gütle Wolfgang, Tenorhorn (1979); Häfner Waldemar, Flügelhorn (1977); Hausknecht Anneliese, Klarinette (1977); Hausknecht Emmerich, Horn (1948); Hausknecht Rudolf, Flügelhorn (1968); Hoffmann Josef, Tenorhorn (1958); Hofmeister Rainer, Klarinette (1981); Just Bernhard, Tenorhorn (1974); König Uschi, Klarinette (1977); Köpp Rudolf, Trompete (1970); Köpp Werner, Trompete (1971); Lang Alfred, Saxophon (1977); Lang Berthold, Trompete (1964); Lang Gerlinde, Klarinette (1977); Lang Rudolf, Flügelhorn (1965); Meid Andrea, Klarinette (1977); Meid Franz, Tuba (1958); Rother Jürgen, Saxophon (1970); Sandhöfer Hans, Tuba (1953); Scheuring Hans-Peter, Tenorhorn (1982); Schubach Bernd, Schlagzeug (1979); Stark Berthold, Trompete (1964); Stark Günther, Klarinette (1956); Walter Franz, Trompete (1982); Winter Arnold, Tuba (1949); Woll Guido, Tenorhorn (1977); Zimmermann Ernst, Schlagzeug (1969)
Zöglinge: Bellem Harald, Schlagzeug (1980); Böttger Elke, Flöte (1980); Brentle Jan, Trompete (1980); Brentle Stefan, Posaune (1980); Dumm Heike, Klarinette (1980); Dumm Michael, Saxophon (1980); Duwald Wolfgang, Schlagzeug (1980); Grupp Martina, Flöte (1980); Just Christine, Flöte (1980); Krause Nicole, Klarinette (1980); Mayer Andrea, Klarinette (1980); Mayer Michael, Trompete (1980); Meid Holger, Klarinette (1980); Meid Judith, Klarinette (1980); Simonis Thomas, Schlagzeug (1980); Walter Norbert, Posaune (1982)

Musikverein „Lyra" Langensteinbach

Gründungsjahr:	1941
1. Vorsitzender:	Otto Becker
2. Vorsitzender:	Ludwig Müller
Schriftführer:	Karl Maiter
Rechner:	Heinz Knodel
Dirigent:	Valentin Heiler
Vizedirigent:	Bruno Sautner
Jugendleiter:	Heinrich Brauchler
Notenwart:	Frank Konzelmann
Instrumentenwart:	Horst Maier
Ehrenvorsitzender:	Otto Schroth
Ehrendirigent:	Mattias Taller

Beirat: Hermann Dambacher, Karl Denninger, Walter Gellner, Franz Grill, Frank Hering, Karl Knab, Ludwig Müller, Fritz Rössler, Manfred Schäfer, Dieter Schmidt, Stefan Selinger, Herbert Vogt
Aktive: Becker Otto, Posaune (1953); Beneter Michael, Flügelhorn (1979); Bugger Artur, Saxophon (1979); Charchidi Josef, Horn (1979); Dambacher Hermann, Bariton (1953); Görke Kerstin, Flöte (1979); Grill Franz, Posaune (1958); Gruner Emil, Trompete (1979); Hemmerich Erich, Posaune (1966); Hemmerich Kurt, Tuba (1953); Heck Markus, Tenorhorn (1979); Hehn Albert, Schlagzeug (1981); Hehn Anette, Flügelhorn (1977); Horgos Mathias, Tenorhorn (1953); Jestadt Georg, Klarinette (1977); Konzelmann Frank, Schlagzeug (1977); Konzelmann Michael, Klarinette (1979); Krämer Ingo, Klarinette (1979); Kreid Günter, Trompete (1969); Löhle Heinrich, Tuba (1982); Müller Achim, Trompete (1966); Müller Ludwig, Horn (1969); Rau Michael, Trompete (1979); Reinelt Sabine, Flöte (1979); Reinelt Stefan, Schlagzeug (1979); Sautner Bruno, Flügelhorn (1969); Sautner Hans, Tuba (1954); Sautner Hans-Peter, Klarinette (1979); Sautner Julius, Tenorhorn (1953); Sautner Michael, Tenorhorn (1979); Schäfer Klaus, Klarinette (1966); Schäfer Manfred, Klarinette (1968); Schäfer Roland, Klarinette (1972); Schäfer Willi, Horn (1953); Schmidt Anette, Klarinette (1979); Schmidt Horst, Tenorhorn (1982); Schöpfle Volker, Trompete (1979); Steiner Bernd, Flügelhorn (1981)
Zöglinge: Angst Robert, Tenorhorn (1980); Bader Markus, Posaune (1982); Gohla Andreas, Klarinette (1981); Gohla Martin, Trompete (1981); Gruber Roberto, Trompete (1982); Haas Thomas, Schlagzeug (1981); Knab Kristel, Klarinette (1981); Kratz Britta, Klarinette (1981); Lepschy Markus, Posaune (1982); Lepschy Stefan, Horn (1982); Mildenberger Markus, Posaune (1982); Nagel Ingo, Klarinette (1981); Ott Achim, Flöte (1982)

Musikverein
Liedolsheim 1912 e.V.

Gründungsjahr:	1912
1. Vorsitzender:	Gunter Bolz
Stellv. Vorsitzender:	Willi Haushalter
Schriftführer:	Manfred Oberacker
Stellv. Schriftführer:	Hans Schuardt
Rechner:	Rüdiger Jahnke
Stellv. Rechner:	Rolf Seith
Beirat (Aktiva):	Horst Bolz
	Philipp Falkenstein
	Rudi Winter
Beirat (Passiva):	Günter Meinzer
	Rolf Seith
	Silvester Tennek
Dirigent:	Traugott Kosian
Vizedirigent/	
Jugendleiter:	Egon Meinzer
Notenwart:	Hans Schuardt
Instrumentenwart:	Franz Kral

Ehrenvorsitzender: Richard Winter; Musikervorstand: Siegfried Seitz; Ehrenmitglieder: Gustav Bolz, P. de Esch, Philipp Falkenstein, Paul Golombeck, Berta Herbst, Kurt Mahler, Otto Oberacker, Aloisia Rippel, Albert Roth, August Roth, Emil Roth I, Emil Roth II, Emil-Heinrich Roth, Helmut Roth, Walter Roth, Heinrich Schirach, Fritz Seitz, Karl-Gustav Seitz, Oskar Seitz, Rudolf Stanko, Heinrich Trinkaus

Aktive: Bohner Herbert, Posaune (1957); Bolz Frank, Tenorhorn (1977); Bolz Gunter, Posaune (1956); Bolz Horst, Tenorhorn (1954); Ehringer Manuela, Flügelhorn (1976); Falkenstein Philipp, Klarinette/Saxophon (1955); Gamer Bruno, Trompete (1949); Gehrlein Botho, Flügelhorn (1975); Göbelbecker Armin, Tuba (1959); Groß Willi, Trompete (1970); Hörner Hans, Klarinette/Saxophon (1952); Jahnke Rüdiger, Bariton (1977); Klimm Michael, Trompete (1977); Kral Franz, Schlagzeug (1954); Kubach Timo, Schlagzeug (1977); Leiner Klaus-Dieter, Horn (1980); Meinzer Egon, Tenorhorn (1952); Meinzer Harald, Posaune (1969); Oberacker Manfred, Tenorhorn (1973); Richelsen Kai, Posaune (1981); Roth August, Tenorhorn (1926); Roth Meinhard, Tenorhorn (1981); Schiffmacher Horst, Klarinette/Saxophon (1956); Schiffmacher Uta, Klarinette (1979); Schuardt Franz, Tuba (1967); Schuardt Hans, Flügelhorn (1960); Seitz Fritz, Flügelhorn (1952); Seitz Reiner, Tuba (1969); Seitz Siegfried, Trompete (1969); Wächter Roland, Bariton (1969); Wenz Rudolf, Schlagzeug (1956); Winter Rudi, Trompete (1965); Zimmermann Gerhard, Klarinette/Saxophon (1958)
Jugendkapelle und Zöglinge: Biber Harald, Horn (1982); Bolz Sandra, Klarinette (1979); Czemmel Thomas, Klarinette (1981); Göbelbecker Antje, Klarinette (1980); Harant Sandra, Flöte (1979); Haring Stefan, Klarinette (1979); Heinz Albrecht, Trompete (1979); Hoffmann Anja, Flöte (1980); Klimm Andreas, Trompete (1979); Maag Oliver, Trompete (1979); Metzmeier Michael, Tenorhorn (1981); Metzmeier Thomas, Tuba (1980); Müller Carmen, Klarinette (1979); Oberle Silke, Flöte (1979); Ratzel Dirk, Klarinette (1979); Ratzel Susanne, Klarinette (1981); Richelsen Anke, Klarinette (1979); Richelsen Frank, Posaune (1979); Roth Alexandra, Flöte (1980); Schöneck Tobias, Bariton (1979); Schuardt Tamara, Klarinette (1980); Seiler Martina, Flöte (1981); Westenfelder Andreas, Tenorhorn (1979); Wurz Ralf, Horn (1981); Zimmermann Beate, Klarinette (1979)

Musikverein „Harmonie"
Linkenheim-Hochstetten e.V.

Gründungsjahr:	1921
1. Vorsitzender:	Helmut Lang
Stellv. Vorsitzender:	Rolf Thürer
Schriftführerin:	Ilse Marie Krauth
Kassier:	Hans Polz
Ausschußmitglieder:	Fredy Erkens
	Siegfried Frech
	Günther Mehret
	Josef Polz
	Dietrich Schmitt
	Karlheinz Wagner
Dirigent:	Norbert Köhly
Jugendleiter:	Peter Oberhagemann
Stellv. Jugendleiter:	Franz Grall
Musikvorstand:	Rolf Thürer jun.

Aktive: Auken, van Petra, Klarinette (1977); Dietrich Georg, Trompete (1950); Frech Siegfried, Posaune (1958); Geres Jakob, Tuba (1952); Grall Franz, Posaune (1955); Haller Siegfried, Flügelhorn (1958); Köhler Gerhard, Klarinette (1980); Meinzer Gerd, Tenorhorn (1972); Meinzer Heinrich, Tenorhorn (1956); Oberhagemann Peter, Trompete (1957); Polz Geza, Klarinette (1953); Polz Hans, Trompete (1958); Polz Otto, Posaune (1958); Ritz Hardy, Tenorhorn (1971); Thürer Rolf jun., Trompete (1965); Wagner Karlheinz, Tuba (1958)
Jugendkapelle: Banschbach Christian, Trompete (1977); Burgstahler Jörg, Schlagzeug (1979); Burgstahler Markus, Trompete (1978); Flörsheimer Andrea, Klarinette (1977); Franz Stefan, Tenorhorn (1976); Fröhlich Martin, Trompete (1977); Fürniss Clemens, Klarinette (1975); Fürniss Frank, Trompete (1976); Fürniss Gerold, Tenorhorn (1976); Fürniss Rigo, Saxophon (1975); Fürniss Thomas, Baßgitarre (1980); Funk Sabine, Flöte (1977); Hagen Sibylle, Klarinette (1977); Heinz Irmela, Klarinette (1977); Hellgardt Klaus, Trompete (1976); Hellgardt Sabine, Posaune (1978); Herr Jochen, Trompete (1979); Joss Sven, Trompete (1979); Kolb Steffen, Klarinette/Saxophon (1975); Krauledat Jutta, Flöte (1977); Krauth Monika, Klarinette (1978); Kronenwett Klaus, Trompete (1977); Meinzer Stefan, Tenorhorn (1976); Münzel Petra, Klarinette (1979); Nees Uwe, Trompete (1978); Oberhagemann Claus, Saxophon (1977); Oberhagemann Jürgen, Schlagzeug (1977); Pollanz Cornelia, Flöte (1977); Pollanz Katja, Klarinette (1979); Ritschel Sandra, Klarinette (1979); Walter Gerd, Saxophon (1977)

Musikverein Malsch e.V.

Gründungsjahr:	1886
1. Vorsitzender:	Franz Hitscherich
Stellv. Vorsitzender:	Karl Hertweck
Schriftführer:	Michael Graf
Stellv. Schriftführerin:	Vera Bertsch
Rechner:	Bruno Reichert
Stellv. Rechner:	Walter Hornung
1. Beisitzer:	Karl Grässer
2. Beisitzer:	Gerd Männer
Dirigent:	Albert Oberle
Vizedirigent:	Gerd Männer
Jugendleiter/ Notenwart:	Karl Kunz
Instrumentenwart:	Robert Dufner
Ehrenmitglieder:	Johannes Kastner
	Alfons Lang
	Sebastian Lang
	Ignatz Reichert
	Josef Stippig
	Franz Wilfinger

Aktive: Adam Hubert, Tenorhorn (1975); Belzer Hans, Tuba (1967); Bertsch Vera, Flöte (1972); Dittrich Horst, Tuba (1978); Dufner Robert, Posaune (1955); Gerber Michael, Klarinette (1975); Grässer Hans, Tenorhorn (1971); Graf Michael, Trompete (1971); Gros Katja, Flöte (1980); Heck Erich, Flügelhorn (1974); Heinrich Holger, Schlagzeug (1981); Hertweck Karl, Bariton (1966); Hirschfeld Hermann, Tenorhorn (1961); Hitscherich Franz, Posaune (1961); Hitscherich Karl, Tenorhorn (1959); Holl Andreas, Schlagzeug (1981); Honheiser Helmut, Flügelhorn (1961); Jirikowsky Andreas, Posaune (1978); Kaltner Wolfgang, Posaune (1975); Kastner Helmut, Trompete (1955); Kastner Johannes, Tenorhorn (1928); Kastner Thomas, Trompete (1975); Kistner Rolf, Flügelhorn (1967); Koch Michael, Trompete (1975); Kreid Wolfgang, Tenorhorn (1975); Kunz Hubert, Tenorhorn (1961); Kunz Karl, Klarinette (1953); Kunz Karlheinz, Klarinette (1982); Laible Theodor, Klarinette (1975); Maag Erich, Flügelhorn (1975); Männer Gerd, Posaune (1967); Maisch Arno, Tenorhorn (1975); Oberle Horst, Tuba (1971); Reichert Bruno, Klarinette (1961); Reichert Georg, Bariton (1975); Rieger Willi, Flügelhorn (1955); Schindler Andreas, Schlagzeug (1981); Sickler Klaus-Dieter, Tuba (1975); Wagner Joachim, Schlagzeug (1979); Weber Gesine, Flöte (1977); Würth Bernhard, Klarinette (1975); Zimmer Helmut, Trompete (1967).
Jugendkapelle: Bohner Alexander, Trompete (1980); Breinling Frank, Klarinette (1981); Dufner Claudia, Flöte (1980); Ecker Katja, Trompete (1980); Gräfinger Markus, Klarinette (1980); Heinrich Carmen, Klarinette (1980); Höhnke Kai, Klarinette (1980); Hoffart Heidi, Klarinette (1980); Kastner Petra, Flöte (1980); Knam Andreas, Klarinette (1980); Knam Jürgen, Horn (1980); Muck Marcus, Trompete (1980); Roos Michael, Trompete (1980); Weber Meike, Flöte (1980); Wilking Sabine, Flöte (1980)

Musikverein 1930 e.V. Menzingen

Gründungsjahr:	1930
1. Vorsitzender:	Harald Hausknecht
Stellv. Vorsitzender:	Hans Eichinger
Schriftführer:	Stefan Baumann
Rechner:	Friedbert Wössner
Beirat (Aktiva):	Edgar Holler
	Karl Jerzsabek
Beirat (Passiva):	Albert Bürkle
	Johann Hausknecht
	Günter Weikum
	Hans Zeller
Dirigent:	Erich Keibl
Vizedirigent/ Jugendleiter:	Ferdinand Messner
Notenwart:	Hans-Peter Hofmann
Instrumentenwart:	Anton Heuschmidt sen.
Ehrenvorsitzender:	Gerhard Hantl

Aktive: Ackermann Dirk, Horn (1979); Ackermann Ralf, Posaune (1979); Bahm Herbert, Flügelhorn (1948); Baumann Andreas, Flügelhorn (1975); Baumann Lorenz, Horn (1957); Baumann Stefan, Tenorhorn (1957); Bürkle Elvira, Klarinette (1977); Bürkle Gerald, Trompete (1975); Bürkle Klaus, Trompete (1955); Dworschak Alfred, Horn (1950); Dworschak Ralf, Schlagzeug (1975); Eichinger Gerhard, Schlagzeug (1976); Eichinger Michael, Flügelhorn (1975); Eichinger Udo, Klarinette (1975); Fühl Peter, Tuba (1975); Hantl Gerhard, Trompete (1948); Hantl Wolfgang, Saxophon (1968); Hausknecht Andreas, Tenorhorn (1980); Hausknecht Harald, Tuba (1968); Hausknecht Siegfried, Bariton (1968); Hess Gabriele, Klarinette (1973); Hess Heiko, Flügelhorn (1979); Heuschmidt Anton sen., Tenorhorn (1950); Heuschmidt Anton jun., Tuba (1965); Heuschmidt Martin, Tenorhorn (1977); Hofmann Hans-Peter, Flügelhorn (1964); Hofmann Rolf, Klarinette (1970); Holler Edgar, Trompete (1964); Jerzsabek Ilona, Saxophon (1977); Jerzsabek Karl, Saxophon (1968); Klinger Georg, Klarinette (1964); Leschinger Werner, Saxophon (1964); Messner Ferdinand, Flügelhorn (1963); Sorrentino Francesco, Saxophon (1968); Stahl Norbert, Saxophon (1979); Stather Otto, Schlagzeug (1961); Weikum Anette, Saxophon (1979); Weikum Petra, Klarinette (1971); Weikum Volker, Posaune (1975); Wössner Friedbert, Tenorhorn (1950); Wössner Gunter, Trompete (1979).
Zöglinge: Knopf Ulrike, Flöte (1981); Neudeck Thomas, Flöte (1981); Vogel Oliver, Flöte (1981)

Musikverein „Eintracht" Mingolsheim e.V.

Gründungsjahr:	1921
1. Vorsitzender:	Friedrich Heinzmann
Stellv. Vorsitzender:	Hubert Walther
Schriftführer:	Paul Biedermann
Rechner:	Reinhard Dammert
Beirat (Aktiva):	Bernhard Hendel
	Thomas Liebscher
	Theo Wallburg
Beirat (Passiva):	Karlheinz Braun
	Franz Lang
	Helmut Schimmel
Jugendvertreter:	Wolfgang Seitz
Dirigent:	Jürgen Rother
Vizedirigent:	Gerhard Greulich
Jugendleiter:	Hans Mayer
Notenwart:	Angelika Falk
Instrumentenwart:	Johann Kempf
Kassenprüfer:	Hugo Dammert
	Karl Falk

Aktive: Biedermann Paul, Posaune (1978); Boersch Detlef, Schlagzeug (1982); Buchmüller Claus, Flöte (1974); Buchmüller Gerhard, Horn (1972); Falk Angelika, Klarinette (1972); Falk Karl, Tenorhorn (1952); Falk Simone, Klarinette (1981); Greulich Gerhard, Flügelhorn (1962); Haag Thomas, Schlagzeug (1975); Heinzmann Wolfgang, Klarinette (1975); Hendel Bernhard, Tenorhorn (1971); Holweck Alfred, Tenorhorn (1965); Kempf Albert, Tuba (1967); Kempf Johann, Bariton (1956); Kretzler Günther, Trompete (1975); Lang Ellen, Klarinette (1971); Lang Thomas, Flügelhorn (1972); Liebscher Thomas, Klarinette (1971); Mayer Hans, Trompete (1972); Ördung Jürgen, Trompete (1972); Ruth Gabi, Klarinette (1979); Schanzenbach Albert, Trompete (1962); Schwab Karlheinz, Trompete (1966); Schwedes Matthias, Posaune (1972); Seitz Eugenie, Flöte (1979); Seitz Wolfgang, Flügelhorn (1975); Sterzenbach Jürgen, Horn (1980); Sterzenbach Raimund, Schlagzeug (1972); Strauch Wolfgang, Flügelhorn (1976); Wallburg Theo, Tuba (1952); Walther Hubert, Posaune (1967); Zwaschka Robert, Flügelhorn (1972)
Zöglinge: Bender Rainer, Schlagzeug (1981); Dammert Tobias, Trompete (1981); Gratz Sandra, Klarinette (1981); Ruth Sabine, Trompete (1981); Schmitthäuser Viola, Klarinette (1981); Wagner Tobias, Saxophon (1981); Willhauck Birgit, Klarinette (1981)

Musikverein 1892 Mörsch

Gründungsjahr:	1892
1. Vorsitzender:	Gerhard Sattler
Stellv. Vorsitzender:	Heinz Herr
Schriftführer:	Friedrich Licht
Rechner:	Karl Rastetter
Beirat:	Hermann Heil
	Franz Hertzsch
	Franz Neu II
	Manfred Neu II
	Kurt Schilling
	Gebhard Würz
Dirigent:	Friedel Moritz
Vizedirigent:	Theo Rihm
Jugendleiter:	Franz Hertzsch
Notenwart:	Bernhard Kunz
Instrumentenwart:	Franz Hertzsch
Musikervorstand:	Heinz Herr

Aktive: Ball Linus, Klarinette (1930); Bitterwolf Frank, Trompete (1974); Burkart Gustav, Horn (1930); Burkart Kurt, Tenorhorn (1952); Ehrly Andrea, Flöte (1980); Fitterer Erhard, Bariton (1966); Fitterer Hermann, Tuba (1962); Fitterer Walter, gr. Trommel (1951); Fröhlich Richard, Flöte (1949); Gerstner Albrecht, Tuba (1974); Gerstner Felix, Klarinette (1974); Gerstner Markus, Bariton (1958); Grüßinger Karl-Heinz, Posaune (1955); Heidler Horst, Posaune (1958); Heil Hermann, Tenorhorn (1958); Herr Heinz, Tenorhorn (1953); Hertweck Tobias, Trompete (1974); Hertzsch Franz, Tuba (1958); Holzmann Heike, Flöte (1974); Kastner Theo, Klarinette (1951); Knäbel Bernfried, Bariton (1974); Koch Michaela, Klarinette (1974); Krög Erwin, Trompete (1962); Kunz Bernhard, Klarinette (1972); Kunz Günter, Posaune (1974); Markowsky Rüdiger, kl. Trommel (1969); Melcher Helmut, Posaune (1961); Müller Adolf, kl. Trommel (1930); Müller Arnold, Flügelhorn (1962); Müller Elmar, Horn (1961); Müller Hermann, Saxophon (1953); Neu Franz I, Saxophon (1947); Neu Franz II, Klarinette (1958); Neu Gebhard, gr. Trommel (1967); Neu Karl-Josef, Flügelhorn (1963); Neu Manfred I, Trompete (1952); Neu Manfred II, Flügelhorn (1963); Rihm Josef, Posaune (1949); Rihm Lothar, Tuba (1958); Rihm Mario, Tenorhorn (1974); Rihm Theo, Saxophon (1948); Rimmelspacher Norbert, Trompete (1974); Rüster Ramon, Tenorhorn (1974); Schilling Franz, Trompete (1974); Schmoranz Manfred, Flügelhorn (1974); Winter Artur, Klarinette (1969); Winter Wolfgang, Klarinette (1969); Würz Gebhard, Horn (1959); Würz Raimund, Flügelhorn (1974)
Jugendkapelle und Zöglinge: Bieber Bernd, Posaune (1974); Bieber Frank, gr. Trommel (1974); Bieber Ralph, Klarinette (1974); Bogenschütz Roland, Trompete (1979); Burkart Holger, Horn (1980); Burkart Joachim, Klarinette (1974); Burkart Jörg, Posaune (1982); Fuchs Thorsten, Flügelhorn (1981); Grüßinger Heiko, Posaune (1980); Herr Alexander, Trompete (1981); Holzmann Ruth, Klarinette (1978); Kary Susanne, Flöte (1982); Kastner Michel, kl. Trommel (1982); Koffler Martin, Posaune (1982); Kühn Bruno, Tenorhorn (1980); Kunz Andreas, Trompete (1978); Lagaly Stefan, Posaune (1978); Melcher Kai-Oliver, Flügelhorn (1982); Neu Alexander, Schlagzeug (1980); Rihm Klaus, Schlagzeug (1981); Rimmelspacher Alexandra, Klarinette (1982); Rimmelspacher Roland, kl. Trommel (1975); Rogulis Willi, Horn (1978); Sattler Kerstin, Klarinette (1982); Schanz Michael, Trompete (1982); Schimmel Michael, Schlagzeug (1980); Schorb Alexander, Tenorhorn (1982); Schorpp Jürgen, Flöte (1981); Seethaler Bernd, Trompete (1981); Stähle Frank, Trommel (1982); Vasi Angelo, Klarinette (1982); Vasi Guiseppe, Trompete (1979)

Bläserchor
St. Peter u. Paul Mühlburg e.V.

Gründungsjahr:	1947
1. Vorsitzender:	Werner Maisch
Stellv. Vorsitzende:	Otto Emnet
	Reiner Stiegeler
Schriftführerin:	Gisela Zeißler
Rechner:	Kurt Werling
Beirat:	Hans Drathschmidt
	Johanna Müller
	Josef Schocher
	Kurt Schorb
	Rudolf Zeißler
Dirigent:	Friedel Moritz
Vizedirigent:	Gunter Rieck
Jugendleiter:	Joachim Ecke
Notenwart/	
Instrumentenwarte:	Achim Gorenflo
	Petra Hasselberg
	Egon Rudolph
	Peter Schuler

Bernd Stiegeler, Gerd Stiegeler; Präsident: Stadtpfarrer Michael Lerchenmüller; Ehrenpräsident: Geistl. Rat Pfarrer Carl Degler; Ehrendirigent: Günter Kraut; Ehrenmitglieder: Alfons Deck, Franz Meisel

Aktive: Abendschön Klaus, Trompete (1951); Amend Rainer, Klarinette (1956); Bisle Sabine, Klarinette (1980); Drathschmidt Frank, Trompete (1977); Drathschmidt Thomas, Trompete (1977); Ecke Joachim, Klarinette (1972); Engel Jürgen, Saxophon (1980); Fabacher Bernd, Flügelhorn (1980); Gorenflo Achim, Schlagzeug/Posaune (1978); Grich Manfred, Posaune (1973); Haluza Melanie, Klarinette (1980); Hartmann Rainer, Schlagzeug (1979); Hasselberg Petra, Horn (1970); Huntgeburth Hilger, Klarinette (1981); Huntgeburth Martina, Flöte (1980); Jooß Martin, Tenorhorn (1974); Keller Georgina, Horn (1971); Kolowrat Franz, Schlagzeug (1963); Kotulla Mathias, Saxophon (1968); Krüger Thomas, Tenorhorn (1978); Kühl Joachim, Flügelhorn (1976); Kunz Mathias, Tenorhorn (1973); Lüdecke Günter, Schlagzeug/Orgel (1961); Machauer Andreas, Trompete (1971); Maisch Klaus, Tuba (1975); Maisch Michael, Trompete (1974); Maisch Werner, Lyra/Harmonika (1957); Moosig Klaus, Tuba (1979); Müller Stefan, Pauken (1979); Oser Daniela, Klarinette (1978); Rieck Gunter, Flügelhorn (1969); Rieck Helga, Flöte (1974); Rudolph Egon, Tenorhorn (1950); Schlecht Bettina, Horn (1977); Schlecht Franziska, Klarinette (1977); Schlecht Rudolf, Tuba (1962); Schocher Thorsten, Flügelhorn (1976); Schorm Angelika, Saxophon/Klarinette (1979); Schuler Peter, Klarinette/Pikkolo (1973); Seidl Michael, Tuba (1980); Stegmaier Claudius, Klarinette (1980); Stiegeler Bernd, Posaune (1979); Stiegeler Gerd, Bariton (1976); Stiegeler Reiner, Saxophon (1971); Stiegeler Wolfgang, Posaune (1976); Treml Christine, Klarinette (1978); Urban Bernd, Klarinette (1976); Werling Christiane, Klarinette (1976); Werling Kurt, Saxophon/Flügelhorn (1947); Zeißler Gisela, Klarinette (1968); Zeißler Rudolf, Flügelhorn (1965); Zieger Patrizia, Klarinette (1980); Ziegler Karl, Flügelhorn (1971)

Musikverein Neibsheim e.V.

Gründungsjahr:	1954
1. Vorsitzender:	Reinhard Martin
Stellv. Vorsitzender:	Bernd Schönleber
Schriftführer:	Rolf Wittmann
Rechner:	Gerhard Weinkötz
Beirat:	Peter Haag
	Georg Hauck
	Hans Jung
	Franz Martin
	Heinz Martin
	Hans-Josef Schröer
	Hermann Specht
	Erich Strobel
	Helmut Weinkötz
Dirigent:	Dieter Disegna
Vizedirigent/	
Jugendleiter:	Reinhard Martin
Notenwart:	Bernhard Hauk
Instrumentenwart:	Reinhard Martin
Musikervorstand:	Hermann Specht

Aktive: Disegna Sabine, Saxophon (1980); Frank Ewald, Tenorhorn (1968); Frank Josef, Schlagzeug (1964); Frank Meinrad, Posaune (1971); Frank Petra, Flöte (1975); Gerweck Hermann, Tuba (1958); Gerweck Hubert, Schlagzeug (1971); Göpfrich Lorenz, Tuba (1954); Göpfrich Roland, Flügelhorn (1975); Haag Peter, Flügelhorn (1965); Hauck Bernhard, Tenorhorn (1963); Hauck Edgar, Posaune (1954); Hauck Georg, Tenorhorn (1971); Hauk Manfred, Flügelhorn (1969); Heck Rudi, Saxophon (1958); Jung Manfred, Tuba (1965); Koch Leonhard, Trompete (1964); Köpp Michael, Schlagzeug (1975); Kratzmeier Michael, Saxophon (1971); Kritzer Joachim, Saxophon (1975); Martin Heinz, Klarinette (1958); Martin Ralf, Trompete (1975); Martin Reinhard, Horn (1953); Martin Thomas, Horn (1975); Mittmann Anke, Flöte (1980); Nöltner Emil, Trompete (1968); Rebel Bernhard, Flügelhorn (1975); Schäfer Helge, Horn (1980); Schönleber Jürgen, Trompete (1980); Schröer Hans-Josef, Klarinette (1962); Schwager Michael, Tuba (1971); Singer Waldemar, Trompete (1953); Specht Hermann, Tenorhorn (1953); Weinkötz Gerhard, Posaune (1965); Weinkötz Helmut, Klarinette (1958); Westermann Bernhard, Horn (1975); Westermann Doris, Klarinette (1975); Westermann Karl-Josef, Tenorhorn (1964); Westermann Rita, Klarinette (1971); Westermann Ursula, Klarinette (1975); Wittmann Rolf, Saxophon (1963); Zapp Ulrich, Klarinette (1980)
Jugendkapelle: Bornhäuser Klaus, Posaune (1980); Gerweck Oliver, Schlagzeug (1981); Gruber Johanna, Klarinette (1980); Hauck Brigitte, Flügelhorn (1980); Hauck Regina, Klarinette (1980); Jung Berthold, Posaune (1980); Klein Barbara, Flöte (1980); Kratzmeier Elvira, Klarinette (1980); Kratzmeier Gerd, Trompete (1980); Kratzmeier Ulrike, Klarinette (1980); Martin Alexandra, Horn (1980); Martin Heiko, Flügelhorn (1980); Martin Ilona, Klarinette (1980); Martin Melanie, Trompete (1980); Mindler Eva-Maria, Flöte (1980); Rebel Heidrun, Klarinette (1980); Roos Uli, Tenorhorn (1980); Schmitt Gunther, Schlagzeug (1982); Schneider Jutta, Klarinette (1980); Schönleber Sabine, Klarinette (1980); Veit Ralf, Tuba (1980); Westermann Armin, Bariton (1980); Westermann Claudia, Klarinette (1980); Westermann Hans, Flügelhorn (1980)

Musikverein Neuburgweier

Gründungsjahr:	1927
1. Vorsitzender:	Adolf Neu
Stellv. Vorsitzender:	Rudi Becker
Schriftführer:	Werner Eich
Kassier:	Franz Kastner
Beirat:	Günther Hettel
	Bernhard Schof
	Klaus Schwarz
	Otto Walter
	Bernhard Wüst
Dirigent:	Herbert Berg
Vizedirigent:	Adolf Neu
Jugendleiter:	Günther Hettel
Notenwart:	Werner Eich

Aktive: Bachmann Harald, Flügelhorn (1967); Bauer Erwin, Tuba (1932); Becker Norbert, Posaune (1975); Bodrogi Andree, Schlagzeug (1975); Cornelius Torsten, Trompete (1975); Diel Wolfgang, Trompete (1966); Eich Werner, Klarinette (1947); Geiger Thomas, Trompete (1975); Gepperth Josef, Klarinette (1961); Hettel Andreas, Posaune (1980); Hettel Joachim, Klarinette (1980); Kastner Felizia, Klarinette (1975); Kastner Uwe, Klarinette (1975); Kastner Wolfgang, Flügelhorn (1975); Klein Thomas, Schlagzeug (1975); Kornmüller Jürgen, Schlagzeug (1975); Kurcz Josef, Trompete (1961); Maier Hans-Peter, Tenorhorn (1948); Maier Marianne, Flöte (1980); Müller Peter, Schlagzeug (1975); Neu Adolf, Flügelhorn (1947); Neu Harald, Tenorhorn (1975); Neu Matthias, Klarinette (1980); Preger Wolfgang, Trompete (1965); Ret Peter, Klarinette (1954); Schlund Kurt, Tuba (1955); Schof Bernhard, Flügelhorn (1947); Schuler Manfred, Tuba (1975); Schwarz Klaus, Tenorhorn (1975); Stolz Michael, Klarinette (1975); Walter Otto, Posaune (1952); Wüst Bernhard, Posaune (1959); Wüst Kurt, Tenorhorn (1958)
Zöglinge: Becker Klaus, Trompete (1981); Becker Lothar, Tenorhorn (1981); Becker Norbert, Trompete (1981); von Berg Holger, Klarinette (1980); Bohse Martin, Posaune (1980); Jourdan Manfred, Tenorhorn (1981); Kornmüller Wolfgang, Trompete (1980); Rastetter Heinz, Tenorhorn (1980); Schilling Rainer, Schlagzeug (1982); Schilling Thomas, Tuba (1983); Seyfried Frank, Trompete (1980); Walter Bernd, Schlagzeug (1982)

Musikverein „Concordia" Neudorf e.V.

Gründungsjahr:	1922
1. Vorsitzender:	Günter Gumb
Stellv. Vorsitzender:	Rudi Wittemann
Schriftführer:	Rüdiger Notheisen
Rechner:	Gerhard Heil
Beirat (Aktiva):	Gerhard Baumann,
	Georg Debatin,
	Franz Heilig
	Peter Heilig
	Reiner Heilig
	Bernd Wickenhäuser
Beirat (Passiva):	Bernhard Decker
	Trudpert Heil
	Markus Herzog
	Gregor Krämer
	Karl Schäfer
	Helmut Weber
	Hilde Weber
Dirigent:	Heinz Habig

Vizedirigent: Helmut Seider; Jugendleiter: Oskar Stark; Notenwart: Klaus Debatin; Instrumentenwart: Bernhard Heil; Ehrenvorsitzende: Alois Kohl, Josef Leber
Aktive: Baumann Gerhard, Saxophon (1962); Brecht Günter, Tenorhorn (1953); Brecht Günter jun., Flügelhorn (1975); Brecht Rolf, Trompete (1962); Brecht Walter, Flügelhorn (1959); Debatin Bernd, Posaune (1970); Debatin Georg, Flöte (1967); Debatin Ilona, Flöte (1970); Debatin Klaus, Saxophon (1970); Debatin Waldfried, Saxophon (1947); Debatin Wendelin, Posaune (1951); Decker Josef, Posaune (1960); Decker Klaus-Dieter, Trompete (1973); Decker Mario, Flügelhorn (1982); Decker Volker, Klarinette (1973); Drasl Gotthard, Trompete (1970); Eberhard Frank, Saxophon (1967); Haag Gerhard, Horn (1967); Haag Heinz, Posaune (1959); Heil Bernhard, Schlagzeug (1975); Heil Gerhard, Klarinette (1952); Heil Matthias, Klarinette (1978); Heilig Bernd, Saxophon (1975); Heilig Franz, Tenorhorn (1952); Heilig Günter, Klarinette (1952); Heilig Josef, Trompete (1947); Heilig Peter, Tuba (1962); Herzog Peter, Tuba (1962); Krämer Konrad, Posaune (1970); Kugler Joachim, Posaune (1975); Notheisen Rüdiger, Klarinette (1967); Pauli Andreas, Klarinette (1971); Prestel Manfred, Trompete (1970); Reißfelder Barbara, Klarinette (1975); Schäfer Karl, Schlagzeug (1957); Schmidt Hans Josef, Posaune (1967); Schuardt Franz, Tuba (1981); Schumacher Otmar, Klarinette (1952); Seider Helmut, Horn (1952); Seider Herbert, Tenorhorn (1957); Süß Albert, Flügelhorn (1970); Stassen Roland, Trompete (1967); Weiß Christl, Saxophon (1970); Wenz Ulrich, Schlagzeug (1979); Wickenhäuser Bernd, Flügelhorn (1967); Wickenhäuser Lothar, Tenorhorn (1950); Wittemann Peter, Schlagzeug (1981)
Jugendkapelle: Baader Tobias, Trompete (1979); Brecht Heidi, Klarinette (1979); Gumb Bettina, Flöte (1979); Herzog Ute, Flöte (1979); Layher Thomas, Tenorhorn (1979); Petrinec Thomas, Schlagzeug (1979); Weick Wolfgang, Horn (1979); Wintruff Ingo, Klarinette (1979)
Zöglinge (in theoretischer Ausbildung seit 1982): Baumann Daniel; Blümle Michaele; Catanzariti Maria; Decker Andre; Decker Kerstin; Fillinger Heidrun; Heil Natja; Herzog Carmen; Herzog Mario; Jäckle Matthias; Kammerer Anja; Machauer Thomas; Matt Simone; Neeb Manuela; Neeb Marion; Notheis Manuela; Stark Marco; Wickenhäuser Nicole

Musikverein e.V. 1931 Neuenbürg

Gründungsjahr:	1931
1. Vorsitzender:	Günter Frank
Stellv. Vorsitzender:	Friedbert Keller
Schriftführerin:	Renate Weis
Rechner:	Wilhelm Weis
Beirat:	Willi Götzl
	Karl Lotter
	Ludwig Rühle
	Werner Wacker
Dirigent:	Friedrich Zorn
Vizedirigent/ Jugendleiter:	Mathias Frank
Notenwart:	Ulrich Frank
Ehrenvorsitzender:	Leonhard Zorn

Ehrenmitglieder: Franz Barth, Johann Dengel, Helmut Frank, Johann Frank, Hermann Hubbuch, Josef Hubbuch, Karl Hubbuch, Willi Hubbuch, Sebastian Keller, Ludwig Röderer, Josef Weis
Aktive: Barth Alfred, Schlagzeug (1948); Bauer Ottmar, Posaune (1968); Frank Bernhard, Saxophon (1965); Frank Eugen, Tuba (1965); Frank Günter, Horn (1947); Frank Hans, Horn (1957); Frank Mathias, Tenorhorn (1969); Frank Ulrich, Tuba (1969); Hotz Anton, Posaune (1972); Hotz Roland, Posaune (1974); Hotz Volker, Trompete (1976); Hubbuch Marianne, Saxophon (1975); Hubbuch Beate, Klarinette (1970); Hubbuch Willi, Tenorhorn (1931); Keller Edgar, Trompete (1970); Keller Friedbert, Posaune (1957); Keller Guido, Schlagzeug (1974); Lotter Karl, Trompete (1979); Nadberezny Ilse, Saxophon (1965); Schultheis Jörg, Trompete (1976); Wacker Werner, Saxophon (1965); Weis Dieter, Klarinette (1963); Weis Joachim, Schlagzeug (1968); Weis Jürgen, Klarinette (1972); Weis Renate, Klarinette (1965); Weis Wilhelm, Saxophon (1949); Zorn Christian, Trompete (1972); Zorn Meinrad, Bariton (1972)
Zöglinge: Frank Horst, Tenorhorn (1978); Frank Oliver, Klarinette (1978); Frank Severin, Trompete (1978); Frank Timo, Trompete (1978); Hubbuch Bruno, Schlagzeug (1980); Keller Hartmut, Klarinette (1980); Keller Klaus, Trompete (1982); Keller Petra, Klarinette (1980); Maier Melanie, Klarinette (1978); Oestreicher Hubert, Klarinette (1978); Oestreicher Sybille, Klarinette (1980)

Musikverein Neureut e.V.

Gründungsjahr:	1924
1. Vorsitzender:	Walter Nagel
Stellv. Vorsitzender:	Siegfried Knaupp
Schriftführer/ Rechner:	Heinz Nagel
Beirat:	Wilfried Grether
	Günter Skrotzky
	Lothar Stolz
	Mathias Westergom
Dirigent:	Heinrich Weyh
Vizedirigent:	Manfred Knaupp
Jugendleiter:	Bernd Nachtigall
Notenwart/ Instrumentenwart:	Karl Heinel

Aktive: Egen Werner, Flügelhorn (1969); Eisler Hans-Joachim, Trompete (1977); Eisler Ralf, Klarinette/Saxophon (1977); Grether Wilfried, Tenorhorn (1954); Griesbeck Karl-Heinz, Trompete (1977); Häffner Klaus, Flügelhorn (1977); Häffner Peter, Tuba (1977); Heinel Karl, Tuba (1961); Held Joachim, Tenorhorn (1977); Jajn Ulli, Trompete (1977); Knaupp Manfred, Klarinette/Saxophon (1946); Knaupp Siegfried, Flügelhorn (1947); Knobloch Karl-Heinz, Klarinette (1961); König Erich, Posaune (1961); Lange Peter, Klarinette/Saxophon (1974); Lange Thomas, Klarinette/Saxophon (1974); Linder Wilhelm, Flügelhorn (1976); Mayer Klaus, Horn (1977); Meinzer Adolf, Horn (1927); Meinzer Werner, Tenorhorn (1961); Meinzinger Ralf, Posaune (1977); Nachtigall Bernd, Klarinette/Saxophon (1977); Nagel Ralf, Trompete (1975); Nagel Walter, Klarinette (1953); Pados Mathias, Klarinette (1954); Prost Stefan, Schlagzeug (1961); Richter Klaus, Trompete (1961); Rink Roland, Klarinette (1961); Schempp Dieter, Tenorhorn (1961); Schempp Thomas, Tenorhorn (1977); Schliski Martin, Flügelhorn (1977); Schmidt Thomas, Trompete (1977); Schreiber Heini, Tenorhorn (1946); Schreiber Manfred, Posaune (1954); Stolz Lothar, Tenorhorn (1954); Strotzky Gerd, Tuba (1972); Strotzky Günter, Horn (1964); Weick Alfred, Flügelhorn (1961); Westergom Mathias, Klarinette/Saxophon (1954); Westergom Michael, Flügelhorn (1977); Winkler Klaus, Klarinette (1980); Winter Horst, Klarinette (1977)

Musikverein 1920 e.V. Neuthard

Gründungsjahr:	1920
1. Vorsitzender:	Richard Schäfer
Stellv. Vorsitzende:	Adam Emling
	Bernhard Heneka
	Franz Kurali
Rechner:	Jürgen Zeh
Beitragskassier:	Jörg Baumgärtner
Dirigent:	Wolfgang Wittke
Vizedirigent/	
Jugendleiter:	Walter Baumgärtner
Notenwarte:	Burkhard Baumgärtner
	Peter Münch
Instrumentenwart:	Thilo Kistner
Ehrenvorsitzender:	Richard Krieger
Ehrendirigent:	Anton Kratzmeier

Beirat: Eduard Baumgärtner, Hartmut Baumgärtner, Kunibert Baumgärtner, Ludwig Baumgärtner, Otto Baumgärtner, Sigrid Biesecker, Erhard Bohn, Erich Held, Edgar Kistner, Theo Knopf, Wendelin Kretzler, Roland Krieger, Emil Weinmann, Horst Wilker.
Aktive: Bacher Roland, Horn (1960); Baumgärtner Burkkard, Flügelhorn (1972); Baumgärtner Dieter, Trompete (1968); Baumgärtner Eduard, Saxophon (1947); Baumgärtner Helmut, Saxophon (1972); Baumgärtner Jörg, Flöte (1977); Baumgärtner Judith, Klarinette (1977); Baumgärtner Kunibert, Klarinette (1951); Baumgärtner Manfred, Flügelhorn (1947); Baumgärtner Siegfried, Saxophon (1972); Baumgärtner Ulrich, Tenorhorn (1972); Baumgärtner Walter, Flügelhorn (1947); Biesecker Sigrid, Trompete (1972); Bohn Erhard, Klarinette (1960); Brunner Albrecht, Schlagzeug (1947); Brunner Franco, Trompete (1972); Brunner Roland, Saxophon (1969); Brunner Walter I, Posaune (1947); Brunner Walter II, Saxophon (1966); Emling Adam, Tuba (1959); Erdel Ewald, Posaune (1948); Eßwein Elke, Klarinette (1977); Eßwein Sigrid, Flöte (1977); Geißler Gerald, Posaune (1977); Große Christian, Klarinette (1980); Haag Klaus, Tenorhorn (1981); Heeger Wilfried, Trompete (1982); Held Erich, Flügelhorn (1953); Heneka Bernhard, Klarinette (1959); Kistner Anja, Flöte (1977); Kistner Edgar, Schlagzeug (1972); Kistner Thilo, Posaune (1972); Knoch Erich, Posaune (1981); Knopf Theo, Flügelhorn (1952); Köcher Sabine, Klarinette (1981); Krieger Roland, Klarinette (1968); Krutina Joachim, Trompete (1982); Laibach Herbert, Horn (1963); Münch Erich, Tenorhorn (1948); Münch Harald, Bariton (1972); Münch Peter, Horn (1972); Münch Rolf, Schlagzeug/Pauken (1974); Münch Walter, Bariton (1952); Schäfer Albrecht, Trompete (1953); Schäfer Gerhard, Tenorhorn (1972); Schäfer Sigmund, Saxophon (1969); Schindwein Brigitte, Klarinette (1972); Storck Klaus, Trompete (1976); Storck Norbert, Tenorhorn (1952); Storck Walter, Tenorhorn (1960); Theil Guido, Horn (1977); Thomas Andreas, Tuba (1978); Thomas Christiane, Saxophon (1978); Vetter Heidrun, Horn (1972); Vetter Martin, Saxophon (1978); Vetter Norbert, Tuba (1972); Weinmann Emil, Tuba (1947); Weis Jürgen, Saxophon (1976); Wickenhäuser Heinrich, Klarinette (1959); Wilker Maren, Saxophon (1977); Wolbert Peter, Klarinette (1981); Zeh Jürgen, Trompete (1980).

Musikverein „Eintracht" e.V. Obergrombach

Gründungsjahr:	1893
1. Vorsitzender:	Peter Adam
Stellv. Vorsitzender:	Engelbert Janzer
Schriftführer:	Klaus Kehrwecker
Stellv. Schriftführer:	Peter Schönherr
Rechner:	Werner Butterer
Beisitzer (Aktiva):	Michael Butterer
	Werner Goldade
	Wolfgang Heneka
	Peter Krämer
	Roland Morlock
	Wolfgang Morlock
Beisitzer (Passiva):	Klaus Hannich
	Anton Neuberth
	Gustav Willy
Dirigent:	Siegfried Lepp
Vizedirigent:	Werner Goldade

Notenwarte: Elmar Degen, Franz Hochstein, Rolf Janzer; Ehrendirigent: Walter Eustachi
Aktive: Adam Felix, Posaune (1963); Adam Ralf, Posaune (1974); Adam Reinhard, Trompete (1970); Becker Walter, Horn (1966); Bopp Klaus, Klarinette (1971); Butterer Michael, Tenorhorn (1974); Butterer Rudi, Klarinette (1949); Butterer Simon, Flügelhorn (1958); Butterer Werner, Tenorhorn (1963); Degen Elmar, Klarinette (1974); Doneit Götz, Flügelhorn (1974); Emmerich Rudolf, Schlagzeug (1978); Eustachi Walter, Horn (1921); Fink Ernst, Trompete (1970); Frank Elisabeth, Klarinette (1974); Frank Karl-Heinz, Tenorhorn (1974); Frauenschuh Michael, Schlagzeug (1978); Gaag Karl-Heinz, Flügelhorn (1970); Gaag Willi, Tuba (1954); Glatzel Thomas, Klarinette (1974); Goldade Werner, Flügelhorn (1963); Hannich Felix, Posaune (1974); Hardock Harald, Flügelhorn (1970); Hardock Rolf, Flügelhorn (1974); Heneka Wolfgang, Bariton (1963); Hochstein Andreas, Klarinette (1974); Hochstein Franz, Klarinette (1949); Hochstein Markus, Flügelhorn (1974); Janzer Engelbert, Klarinette (1949); Janzer Heinrich, Lyra/Pauken (1964); Janzer Jürgen, Klarinette (1977); Janzer Peter, Trompete (1974); Janzer Reinhard, Flügelhorn (1970); Janzer Rolf, Trompete (1970); Kehrwecker Egbert, Horn (1974); Kehrwecker Klaus, Schlagzeug (1974); Konrad Joachim, Posaune (1974); Krämer Klaus, Trompete (1963); Krämer Peter, Tenorhorn (1958); Lauber Heinz, Tuba (1974); Lauber Rainer, Posaune (1974); Lechner Felix, Tenorhorn (1974); Lindenfelser Dietmar, Horn (1974); Lindenfelser Klaus, Horn (1974); Lindenfelser Peter, Trompete (1970); Lindenfelser Uwe, Flügelhorn (1974); Lumpp Kirstin, Flöte (1977); Maier Uwe, Klarinette (1980); Morlock Alexander, Schlagzeug (1974); Morlock Matthias, Trompete (1974); Morlock Roland, Flügelhorn (1958); Morlock Wolfgang, Trompete (1949); Müller Klaus, Tuba (1958); Ritter Bernhard, Flügelhorn (1980); Ritter Ernst, Posaune (1977); Ritter Felix, Tenorhorn (1970); Ritter Franz, Posaune (1970); Rohrpasser Michael, Saxophon (1971); Schäfer Thomas, Klarinette (1977); Schön Alexander, Trompete (1974); Schön Andreas, Schlagzeug (1978); Schott Bernd, Saxophon (1963); Siegrist Heike, Flöte (1977); Speck Achim, Trompete (1974); Speck Andreas, Tenorhorn (1974); Speck Klaus, Klarinette (1974); Wilhelm Manfred, Bariton (1955); Wilhelm Steffen, Trompete (1977); Wilhelm Ulrike, Flöte (1977); Wolf Richard, Horn (1949); Zöller Torsten, Flügelhorn (1978).

Musikvereinigung Oberhausen

Gründungsjahr:	1889
1. Vorsitzender:	Walter Hambsch
Stellv. Vorsitzender:	Norbert Horn
Schriftführer:	Paul Müller
Rechner:	Gerhard Bäcker
Beisitzer:	Klaus Baumann
	Gundolf Bühler
	Rainer Kraus
	Herbert Sturm
Dirigent:	Ursula Bräutigam
Vizedirigent:	Paul Börzel
Jugendleiter:	Thomas Weber
Notenwarte:	Paul Börzel
	Konrad Machauer
	Karl Schneider
Instrumentenwart:	Werner Franke

Aktive: Adler Hans, Schlagzeug (1974); Adler Norbert, Flöte (1970); Adler Walfried, Tenorhorn (1952); Börzel Paul, Flügelhorn (1964); Börzel Walter, Saxophon (1949); Ehringer Fridolin, Tenorhorn (1930); Ehringer Heinrich, Tuba (1952); Fank Robert, Klarinette (1964); Franke Werner, Tenorhorn (1959); Freiseis Rudi, Horn (1952); Hambsch Michael, Trompete (1979); Horn Norbert, Klarinette (1964); Korn Josef, Flügelhorn (1970); Korn Klaus, Posaune (1970); Korn Roland, Posaune (1964); Machauer Konrad, Tuba (1954); Mösch Ulrike, Klarinette (1975); Mühlinghaus Rainer, Trompete (1961); Müller Roland, Trompete (1970); Müller Siegfried, Klarinette (1970); Nissel Karl-Martin, Bariton (1970); Rolli Armin, Flügelhorn (1980); Scheurer Henry, Trompete (1978); Scheurer Rüdiger, Tenorhorn (1978); Schmidt Rüdiger, Trompete (1975); Schneider Karl, Horn (1933); Spröhnle Hans, Klarinette (1972); Spröhnle Leander, Tenorhorn (1975); Sturm Josef, Posaune (1970); Waibel Angelika, Flöte (1977); Weber Thomas, Trompete (1975)

Musikverein Oberöwisheim 1930 e.V.

Gründungsjahr:	1930
1. Vorsitzender:	Bernhard de Bortoli
Stellv. Vorsitzender:	Egon Stöhr
Schriftführerin:	Liane Kleiber
Stellv. Schriftführerin:	Rita Rauch
Rechner:	Günter Böß
Stellv. Rechner:	Fritz Fessler
	Franz Locher
Beirat:	Rudolf Bannholzer
	Heinz Bauer
	Manfred Bauer
	Wolfgang Kunz
	Walter Schieß
	Josef Stiller
	Alfons Weiß
	Julius Zimmermann
Dirigent:	Michael Ruf
Jugendleiter:	Horst Hagendorn
Notenwart:	Thomas Loes

Aktive: Barnschein Andrea, Klarinette (1982); Bauer Heinz, Tenorhorn (1950); Bauer Karin, Saxophon (1975); Böser Enrico, Posaune (1973); Böser Siegbert, Posaune (1950); Böß Günter, Posaune (1956); Böß Martina, Flöte (1973); Däschner Hans-Jürgen, Trompete (1978); Däschner Ulrich, Flügelhorn (1975); Hagendorn Horst, Horn (1950); Hagendorn Sandra, Klarinette (1978); Haubrich Martin, Flügelhorn (1970); Hörburger Bronja, Klarinette (1982); Hörburger Heiko, Trompete (1982); Keller Melitta, Saxophon (1975); Keller Walter, Flügelhorn (1958); Kleiber Liane, Klarinette (1973); Kleiber Roland, Schlagzeug (1981); Klitsch Reinhold, Tuba (1967); Knorr Susanne, Flöte (1975); Köhler Frank, Schlagzeug (1981); Krutina Joachim, Trompete (1970); Künkel Bernhard, Klarinette (1958); Kunz Rolf, Saxophon (1956); Kunz Wolfgang, Trompete (1958); Locher Franz, Bariton (1958); Locher Gabriel, Tuba (1958); Loes Thomas, Horn (1973); Neff Claudia, Klarinette (1982); Neißl Katja, Klarinette (1978); Oßfeld Friedbert, Trompete (1970); Rauch Rita, Klarinette (1970); Reichenbach Hermann, Saxophon (1929); Schneckenburger Raimund, Trompete (1975); Schneckenburger Max, Tenorhorn (1951); Stöhr Egon, Flügelhorn (1955); Streckert Wolfgang, Klarinette (1982); Wallburg Claudia, Saxophon (1978); Wallburg Martina, Klarinette (1970); Wallisch Dagmar, Klarinette (1978); Weiß Alfons, Tenorhorn (1947); Weiß Armin, Trompete (1973); Weiß Erhard, Tenorhorn (1970); Weiß Ulrich, Bariton (1973); Wiedemann Wolfgang, Tuba (1982); Zimmermann Ester, Flöte (1978); Zimmermann Julius, Posaune (1954); Zimmermann Uwe, Posaune (1970); Zoz Martin, Klarinette (1978)

Musikverein Oberweier

Gründungsjahr:	1956
1. Vorsitzender:	Albert Lorenz
Stellv. Vorsitzender:	Florian Jörger
Schriftführer:	Peter Berkner
Rechner:	Manfred Dürr
Stellv. Rechner:	Horst Beck
Beirat (Aktiva):	Gerfried Anger
	Ralf Gaukel
	Norbert Heinzler
Beirat (Passiva):	Horst Beck
	Günter Goldschmidt
	Peter Schorpp
Dirigent:	Willi Müller
Vizedirigent:	Hermann Tullius
Jugendleiter:	Norbert Weber
Stellv. Jugendleiter:	Gerhard Dürr
Notenwart:	Hermann Tullius
Instrumentenwart:	Willi Dürr
Musikervorstand:	Hermann Tullius
Stellv. Musikervorstand:	Rolf Strobel

Aktive: Anger Gerfried, Tenorhorn (1971); Berkner Peter, Tuba (1975); Dürr Gerhard, Flügelhorn (1971); Dürr Manfred, Tuba (1957); Dürr Willi, Flügelhorn (1956); Faißt Carsten, Posaune (1976); Faißt Dirk, Klarinette (1977); Gaukel Ralf, kl. Trommel (1973); Gehrlein Andrea, Klarinette (1981); Gehrlein Thomas, Bariton (1981); Günther Peter, Bariton (1977); Heinzler Norbert, Klarinette (1961); Kühn Martin, Posaune (1977); Kühn Wolfgang, Klarinette (1971); Lumpp Andreas, Horn (1976); Lumpp Arno, Klarinette (1975); Maisch Holger, Horn (1976); Maisch Thomas, Horn (1977); Matuly Franz, Klarinette (1956); Rübel Albert, gr. Trommel (1961); Schorpp Christina, Klarinette (1977); Schorpp Regina, Klarinette (1977); Seemann Christian, Flügelhorn (1976); Seemann Gereon, Klarinette (1975); Sendelbach Dietmar, Trompete (1981); Strobel Rolf, Trompete (1961); Tullius Alexander, Klarinette (1977); Tullius Hermann, Tenorhorn (1956); Weber Achim, Posaune (1977); Weber August, Posaune (1956); Weber Norbert, Trompete (1975); Weber Thomas, Flügelhorn (1971); Wendy Bernhard, Bariton (1971); Zinn Ingbert, Trompete (1961).
Zöglinge: Bürklin Thomas, Klarinette (1980); Dürr Leonhard, Flügelhorn (1980); Geiger Thomas, Trompete (1980); Lampart Markus, Klarinette (1980); Maisch Hans-Peter, Klarinette (1980); Vilringer Holger, Trompete (1982); Vilringer Patrick, Trompete (1982); Weber Peter, Klarinette (1980).

Musikverein Odenheim e.V.

Gründungsjahr:	1898
1. Vorsitzender:	Otto Pfeiffer
Stellv. Vorsitzender:	Ludwig Friedrich
Schriftführer:	Hermann Bloch
Rechner:	Alfred Köstel
Beirat:	Hans Friedrich
	Peter Hirt
	Alfred Kessler
	Josef Köstel
	Hermann Lanz
	Gerhard Stricker
	Werner Vogel
Dirigent:	Erich Keibl
Vizedirigent:	Karl-Heinz Köstel
Jugendleiter:	Martin Scheuring
Notenwarte:	Emil Weiss
	Peter Weiss
Instrumentenwart:	Klaus Würtz

Aktive: Angermeier Susanne, Klarinette (1975); Bacher Gaby, Klarinette (1971); Bacher Karl-Heinz, Schlagzeug (1972); Bacher Martina, Klarinette (1975); Becker Iris, Klarinette (1979); Blesinger Sonja, Klarinette (1979); Bloch Hermann, Klarinette (1966); Bloch Holger, Klarinette (1979); Dinnebier Ingo, Klarinette (1975); Eitzenhöfer Ute, Klarinette (1979); Frank Anja, Klarinette (1980); Frank Jürgen, Saxophon (1979); Frenzl Karin, Klarinette (1975); Friedrich Hans, Trompete (1967); Grub Willi, Horn (1979); Hirt Peter, Posaune (1958); Karch Edgar, Tuba (1972); Kessler Alfred, Posaune (1957); Kessler Gerhard, Flügelhorn (1968); Klotz Hermann, Flügelhorn (1970); Knorr Hans-Joachim, Schlagzeug (1972); Köstel Alfred, Tuba (1963); Köstel Hans-Peter, Flöte (1970); Köstel Karl-Heinz, Trompete (1969); Köstel Peter, Trompete (1979); Kornelius Manfred, Tenorhorn (1951); Lampert Andy, Saxophon (1975); Lanz Rüdiger, Saxophon (1975); Lanz Petra, Trompete (1975); Maurer Michael, Tenorhorn (1981); Morstadt Guido, Trompete (1980); Rauch Egon, Trompete (1971); Ries Edgar, Tenorhorn (1972); Rink Gerd, Flügelhorn (1969); Schäfer Karl, Tuba (1967); Scheuring Markus, Trompete (1979); Scheuring Martin, Saxophon (1968); Schwarz Karl, Schlagzeug (1973); Sieber Franz, Flügelhorn (1947); Stricker Michael, Trompete (1979); Turay Jürgen, Tuba (1975); Turay Michael, Saxophon (1974); Vogel Otto, Klarinette (1947); Vogel Werner, Trompete (1967); Weber Hermann, Flügelhorn (1966); Weiss Emil, Horn (1952); Weiss Peter, Klarinette (1975); Würtz Günter, Flügelhorn (1975); Würtz Klaus, Tenorhorn (1972); Wüstum Hermann, Horn (1967); Zahn Klaus, Posaune (1967); Zimmermann Elke, Trompete (1979); Zimmermann Uwe, Saxophon (1975).
Zöglinge (in theoretischer Ausbildung seit 1982): Blank Michael; Dezenter Andrea; Dezenter Sabine; Figueiredo Augusto; Frank Wolfgang; Knorr Bernd; Lampert Martin; Maier Monika; Mannsperger Oliver; Reder Ina; Santos Manuel; Schön Karolina; Schramek Silke; Seitz Martin; Senn Jürgen; da Silva Carlos; Trappberger Andreas; Vogel Sonja; Weiß Jürgen; Zimmermann Dieter

Musikverein 1906 e.V. Östringen

Gründungsjahr:	1906
1. Vorsitzender:	Robert Hammer
Stellv. Vorsitzender:	Josef Hoffmann
Schriftführer:	Bruno Goor
Rechner:	Ludwig Baumann
Beirat:	Otto Ahl
	Mathias Becker
	Alfred Buchmüller
	Manfred Fellhauer
	Alfons Holzinger
	Johann König
	Peter Pfeifer
	Helmut Pohl
	Walter Wüst
Dirigent:	Manfred Keller
Vizedirigent/ Jugendleiter/ Notenwart/ Instrumentenwart:	Manfred Fellhauer

Aktive: Barth Thomas, Trompete (1977); Becker Mathias, Trompete (1976); Burkard Rüdiger, Pauken (1974); Burkard Willi, Klarinette (1952); Fellhauer Claudia, Flöte (1977); Fellhauer Felix, Trompete (1972); Fellhauer Horst, Horn (1966); Fellhauer Manfred, Trompete (1963); Fellhauer Peter, Klarinette (1968); Fellhauer Ralf, Tuba (1970); Fellhauer Stefan, Horn (1977); Fellhauer Ulrich, Trompete (1971); Förderer Jürgen, Klarinette (1972); Förderer Klaus, Posaune (1975); Gärtner Christian, Klarinette (1978); Gärtner Mathias, Bariton (1978); Geiger Clemens, Horn (1976); Geiger Edgar, gr. Trommel (1980); Geiger Karl-Heinz, Klarinette (1974); Goor Bruno, Posaune (1967); Gramlich Olav, Oboe (1981); Gramlich Thomas, Trompete (1976); Häfner Willfried, Horn (1967); Hammer Robert, Tenorhorn (1948); Hoffmann Joachim, Klarinette (1972); Karl Annerose, Klarinette (1968); Kister Evelyne, Flöte (1968); Kleinlagel Stefan, Schlagzeug (1975); Knebel Klaus, Tuba (1972); König Johann, Tenorhorn (1948); Ohrner Jürgen, Posaune (1971); Pfeifer Peter, Trompete (1968); Pikal Claudia, Flöte (1981); Pohl Helmut, Posaune (1972); Rachel Konstantin, Klarinette (1978); Reich Axel, Posaune (1979); Reich Hartmut, Trompete (1982); Rest Rainer, Tenorhorn (1978); Ringer Markus, Klarinette (1973); Ringer Tom, Trompete (1974); Schwarz Jürgen, Trompete (1972); Seiferling Monika, Oboe (1982); Wüst Ulrike, Flöte (1980); Wüst Walter, Posaune (1951); Zacherle Christian, Trompete (1979)

Musikverein „Lyra" Reichenbach

Gründungsjahr:	1923
1. Vorsitzender:	Werner Liebler
Stellv. Vorsitzender:	Peter Backes
Schriftführer:	Karl Becker
Rechner:	Emil Becker
Dirigent:	Walter Jaekel
Vizedirigenten:	Bernd Baral
	Werner Taller
Jugendleiter:	Bernd Baral
	Manfred Hübscher
Notenwarte:	Daniel Schwab
	Siegmund Schwab
Instrumentenwart:	Günter Geisert
Ehrenvorstand:	Jakob Kraft
Ehren-Musikervorstand:	Karl Müller
Musikervorstand:	Wilhelm Weckenmann
Stellv. Musikervorstand:	Jürgen Geisert

Beirat: Helmut Becker, Günter Geisert, Hubert Krämer, Josef Kraft, Willi Kraft, Hans Panny, Albert Schwab, Gerhard Strack, Mathias Taller, Willi Vogel, Wilhelm Weckenmann, Heinrich Wojke
Aktive: Baral Bernd, Flügelhorn (1963); Becker Helmut, Klarinette (1948); Becker Jonny, Horn (1979); Becker Karl, Klarinette (1951); Becker Karl, Klarinette/Saxophon (1974); Becker Karlheinz, Flöte (1975); Becker Luzian, Klarinette (1976); Becker Markus, Schlagzeug (1980); Becker Mathias, Posaune (1975); Bertelmann Dieter, Posaune (1967); Bollian Werner, Tenorhorn (1956); Durm Friedrich, Horn (1963); Endres Michael, Trompete (1975); Essig Erich, Flügelhorn (1946); Essig Winfried, Klarinette/Saxophon (1969); Föhrenbacher Joachim, Flügelhorn (1969); Frank Josef, Bariton (1969); Geisert Günter, Schlagzeug (1969); Geisert Jürgen, Klarinette/Saxophon (1969); Geisert Martin, Flügelhorn (1975); Gut Stefan, Horn (1975); Horatschek Bernhard, Trompete (1975); Horsch Alexander, Tenorhorn (1969); Kluge Gebhard, Flügelhorn (1969); Kluge Hubert, Tuba (1971); Kraft Josef, Posaune (1955); Kunz Herbert, Pauken (1937); Kunz Thomas, Flügelhorn (1975); Liebler Norbert, Posaune (1967); Liebler Werner, Posaune (1948); Mandl Karl, Flügelhorn (1971); Masino Willibald, Klarinette/Saxophon (1964); Mees Hans-Jürgen, Klarinette (1975); Ochs Erwin, Tenorhorn (1948); Ochs Siegfried, Klarinette/Saxophon (1973); Ochs Wilhelm, Tenorhorn (1929); Ochs Wolfgang, Klarinette/Saxophon (1969); Panny Hans, Tuba (1960); Schmich Gerald, Trompete (1971); Schwab Daniel, Tenorhorn (1969); Schwab Friedrich, Tuba (1963); Schwab Siegmund, Trompete (1970); Taller Martin, Klarinette/Saxophon (1969); Taller Mathias, Bariton (1950); Taller Thomas, Trompete (1975); Taller Werner, Tuba/E-Baß (1968); Thimm Eduard, Klarinette (1970); Vogel Willi, Tenorhorn (1964); Weckenmann Wilhelm, Schlagzeug (1960)
Jugendkapelle: Auer Alexander, Horn (1980); Auer Stefan, Klarinette (1980); Baral Beate, Klarinette (1980); Barbuto Ivan, Horn (1980); Becker Alexander, Flöte (1980); Becker Andrea, Flöte (1980); Becker Daniel, Trompete (1980); Becker Karl, Tenorhorn (1980); Becker Lothar, Tenorhorn (1980); Bonitz Jochen, Flöte (1980); Brennfleck Silke, Klarinette (1980); Dreher Michael, Flügelhorn (1980); Kraft Silvia, Klarinette (1980); Lenze Martin, Posaune (1980); Lenze Michael, Flügelhorn (1980); Lossau Harald, Bariton (1980); Lutz Rene, Horn (1980); Müller Andreas, Flügelhorn (1980); Schall Andreas, Posaune (1980); Schall Robert, Tuba (1980); Schwab Achim, Schlagzeug (1980); Schwab Anja, Flöte (1980); Stack Mathias, Tenorhorn (1980); Weber Holger, Trompete (1980)

Musikverein „Edelweiß" Pfaffenrot

Gründungsjahr:	1924
1. Vorsitzender:	Edgar Kunz
Stellv. Vorsitzender:	Klaus Obreiter
Schriftführer:	Ernst Heller
Rechner:	Josef Benz
Dirigent:	Eugen Schiel
Vizedirigent:	Dieter Siegwart
Jugendleiter:	Gernot Franz
Notenwarte:	Peter Schottmüller
	Martin Wagner
Instrumentenwarte:	Heinz Becht
	Markus Benz
Ehrenbezirks-vorsitzender:	Altbürgermeister Ignaz Weingärtner

Beirat: Heinz Becht, Markus Benz, Severin Benz, Werner Benz, Manfred Daum, Artur Dittler, Adam Heller, Benno Kunz, Alfred Rayling, Edmund Schottmüller, Dieter Siegwart, Werner Weingärtner
Aktive: Axtmann Erwin, Klarinette/Saxophon (1947); Axtmann Frank, Flügelhorn (1973); Axtmann Kurt, Fagott (1958); Becht Eugen, Tenorhorn (1947); Becht Georg, Oboe (1971); Becht Heinz, Klarinette/Saxophon (1971); Becht Helmut, Tuba (1950); Becht Markus, Klarinette (1976); Becht Matthias, Bariton (1976); Benz Alfons, Posaune (1973); Benz Markus, Trompete (1967); Blöth Adelbert, Tenorhorn (1959); Gieger Günter, Klarinette (1953); Heller Ernst, Posaune (1960); Heller Winfried, Trompete (1967); Hucker Günter, Flügelhorn (1974); Kunz Benno, Klarinette (1953); Kunz Bernhard I, Tuba/E-Baß (1959); Kunz Bernhard II, Trompete (1967); Kunz Edgar, Oboe (1958); Kunz Eugen, Trompete (1954); Kunz Franz, Klarinette (1976); Kunz Heinz, Bariton (1971); Kunz Jürgen, Tenorhorn (1979); Kunz Michael, Trompete (1971); Kunz Robert, Tuba (1973); Lutz Rudi, Schlagzeug (1949); Mohr Harald, Horn (1974); Mohr Helmut, Horn (1974); Niederle Otto, Horn (1960); Obreiter Eberhard, Klarinette (1976); Obreiter Klaus, Fagott/Saxophon (1953); Obreiter Rüdiger, Klarinette (1953); Prahm Dirk, Klarinette (1976); Rayling Helmut, Flöte (1958); Schaar Stefan, Klarinette (1958); Schaar Thomas, Trompete (1979); Schneider Eduard, Tuba (1967); Schottmüller Edmund, Klarinette/Saxophon (1947); Schottmüller Peter, Tenorhorn (1971); Schottmüller Walter, Flügelhorn (1953); Schottmüller Willi, Posaune (1951); Schubert Heinrich, Flügelhorn (1949); Schwab Günter, Horn (1961); Schwab Werner, Tenorhorn (1960); Seethaler Heribert, Horn (1967); Siegwart Andreas, Flöte/Saxophon (1974); Siegwart Dieter, Trompete (1947); Siegwart Waldemar, Posaune (1949); Sussmann Alexander, Bariton (1925); Sussmann Reinhard, Klarinette/Saxophon (1958); Wagner Ernst, Klarinette (1956); Wagner Harald, Schlagzeug (1976); Wagner Martin, Flöte/Pikkolo (1974); Wagner Norbert, Klarinette (1976); Weingärtner Ulrich, Flügelhorn (1960); Weingärtner Werner, Flügelhorn (1953).

Jugendblasorchester Pfaffenrot

Jugendkapelle: Axtmann Inge, Klarinette (1981); Axtmann Thorsten, Schlagzeug (1981); Bauer Andreas, Trompete (1981); Bauer Gabriele, Klarinette (1981); Becht Michael, Schlagzeug (1981); Becht Thorsten, Tenorhorn (1981); Benz Anita, Tenorhorn (1981); Benz Elke, Klarinette (1981); Dittler Bernd, Trompete (1981); Dittler Carmen, Flöte (1981); Franz Regina, Trompete (1981); Franz Stefan, Bariton (1981); Gressel Martina, Flügelhorn (1981); Heckmann Jens, Posaune (1981); Heller Alexander, Trompete (1981); Jasin Goran, Posaune (1981); König Andreas, Klarinette (1981); König Marco, Klarinette (1981); Kunz Dana, Flöte (1981); Kunz Georg, Flügelhorn (1981); Kunz Markus, Flügelhorn (1981); Kunz Michael, Schlagzeug (1981); Kunz Sigrid, Horn (1981); Kunz Sylvia, Flügelhorn (1981); Landrock Alexander, Klarinette (1981); Lehmann Michael, Trompete (1981); Mayerl Claudia, Klarinette (1981); Mayerl Michaela, Flügelhorn (1981); Niederle Michael, Tuba (1981); Obreiter Doris, Flöte (1981); Püttner Alexander, Klarinette (1981); Püttner Andreas, Trompete (1981); Püttner Thomas, Tenorhorn (1981); Rausch Henning, Tuba (1981); Rayling Anja, Klarinette (1981); Sarbacher Korinna, Trompete (1981); Schaar André, Horn (1981); Schaar Thomas, Trompete (1981); Schottmüller Günter, Posaune (1981); Schottmüller Martina, Flöte (1981); Schritz Christine, Horn (1981); Schwab Bernd, Schlagzeug (1981); Schwab Daniela, Klarinette (1981); Siegwart Holger, Klarinette (1981); Siegwart Michael, Schlagzeug (1981); Speigel Achim, Flügelhorn (1981); Stamm Gunter, Tenorhorn (1981); Steiner Sonja, Klarinette (1981); Stoll Frank, Posaune (1981); Vogel Heike, Klarinette (1981); Wagner Eva, Klarinette (1981); Wala Cornelia, Klarinette (1981); Wohlbold Anke, Flöte (1981)

Musikverein "Einigkeit" Rheinhausen

Gründungsjahr:	1927
1. Vorsitzender:	Klaus Brand
Stellv. Vorsitzender:	Michael Seifert
Schriftführer:	Anton Schuhmacher
Stellv. Schriftführer:	Helmut Hambsch
Rechner:	Peter Brand
Stellv. Rechner:	Michael Seifert
Dirigent:	Julius Brand
Vizedirigent:	Helmut Hambsch
Jugendleiter:	Helmut Hambsch
	Josef Hambsch
Ehrenvorsitzender:	Friedlieb Hambsch

Beirat: Sabine Brand, Egon Ehringer, Paul Ehringer, Theo Ehringer, Friedlieb Hambsch, Helmut Hambsch, Josef Hambsch, Walter Hofmann, Karl-Heinz Horn, Reinhard Keilbach, Andreas Martin, August Sorg, Stefan Tagscherer

Aktive: Blattner Thomas, Klarinette (1978); Bory Jean-Louis, Trompete (1979); Brand Anton, Horn (1951); Brand Christian, Flöte/Pikkolo (1976); Brand Jürgen, Flöte/Pikkolo (1976); Brand Klaus, Bariton (1956); Brand Martin I, Tenorhorn (1977); Brand Martin II, Tenorhorn (1977); Brand Michael, Trompete (1974); Brand Rudi, Tenorhorn (1947); Brand Sabine, Klarinette (1973); Brand Stefan, Schlagzeug (1974); Brand Wendelin, Flügelhorn (1957); Bundschuh Mario, Tenorhorn (1977); Bundschuh Walter, Horn (1974); Dau Holger, Trompete (1977); Dossinger Annette, Klarinette (1975); Dossinger Walfried, Tenorhorn (1967); Ehringer Karl-Peter, Klarinette (1974); Ehringer Theo, Klarinette (1966); Etzkorn Peter, Flügelhorn (1977); Etzkorn Ute, Flügelhorn (1974); Faller Josef, Saxophon (1967); Gutting Andrea, Flügelhorn (1977); Hambsch Alfred, Schlagzeug/Xylophon (1972); Hambsch Helmut, Trompete/Saxophon/Klarinette (1965); Hambsch Josef, Trompete (1966); Hambsch Michael, Flügelhorn (1974); Hambsch Uwe, Trompete (1977); Hambsch Wilfried, Posaune (1976); Hofmann Walter, Tuba (1953); Katzenmaier Paul, Posaune (1974); Katzenmaier Rudi, Tuba (1957); Kirrmaier Manfred, Posaune (1953); Kullmann Hubert, Posaune (1974); Kullmann Reinhold, Posaune (1974); Kullmann Rita, Klarinette (1976); Lindemann Matthias, Trompete (1977); Martin Andreas, Horn (1966); Müller Heinz, Saxophon (1981); Sorg August, Saxophon/Klarinette (1947); Tagscherer Petra, Klarinette (1977); Walter Harald, Schlagzeug (1979)
Zöglinge: Feuerstein Jutta, Klarinette (1979); Reif Oliver, Schlagzeug (1979)
Blockflötengruppe: Baumann Andrea (1982); Brand Nicole (1981); Brecht Daniela (1979); Göbel Tanja (1981); Hahn Sonja (1981); Hambsch Melanie (1982); Hambsch Yvonne (1982); Kammerer Jochen (1982); Klein Sandra (1982); Klein Wolfgang (1981); Noack Nora (1981); Ofer Patricia (1982); Richter Timo (1982); Scheurer Janine (1981); Scheurer Sabine (1979); Schlamp Sandra (1980); Schuhmacher Anja (1980); Seifert Elvira (1980); Stork Anja (1980); Tischmaier Lucia (1982); Walschburger Olaf (1982); Ziehn Diana (1981); Zimmermann Thilo (1981)

Musikverein "Harmonie" Rußheim e.V.

Gründungsjahr:	1927
1. Vorsitzender:	Walter Maier
Stellv. Vorsitzender:	Gerhard Haas
Schriftführer:	Ulrich Hager
Rechner:	Ludwig Hager
Beirat:	Erwin Häffner
	Albert Hager
	Gerhard Koch
	Fritz Rieth
	Karl Schmidt
	Roland Schneider
	Hans-Dieter Zwecker
Dirigent:	Ivan Ceple
Vizedirigent:	Konrad Soucek
Jugendleiter:	Theo Schmidt
Notenwart:	Konrad Soucek
Instrumentenwart:	Walter Hager
Ehrenvorsitzende:	Hugo Reinacher
	Oskar Schmidt

Aktive: Forster Heinrich, Flügelhorn (1958); Gantner Hans, Schlagzeug (1969); Geiß Thorsten, Klarinette (1967); Häffner Erwin, Tenorhorn (1980); Hager Rolf, Klarinette (1974); Hager Walter, Klarinette (1969); Klein Sabine, Klarinette (1979); Koch Jörg, Tenorhorn (1977); Köhler Gerhard, Klarinette (1952); Kraus Hans-Uwe, Posaune (1968); Maier Walter, Trompete (1958); Oberacker Kurt, Schlagzeug (1977); Porsche Willy, Klarinette (1975); Reinacher Hermann, Schlagzeug (1926); Reinacher Manfred, Trompete (1973); Reinacher Roland, Flügelhorn (1948); Schmid Regina, Klarinette (1976); Schmidt Karl, Tuba (1956); Schmidt Klaus, Tenorhorn (1956); Schmidt Theo, Horn (1957); Schneider Gerhard, Flügelhorn (1960); Schneider Hermann, Tenorhorn (1960); Schneider Roland, Bariton (1969); Schönhof Bruno, Percussion (1982); Schröder Sonja, Klarinette (1976); Schwartz Jürgen, Trompete (1978); Seith Corinna, Klarinette (1976); Soucek Konrad, Klarinette (1951); Wagner Harry, Posaune (1974); Werner Ralph, Horn (1977); Zwecker Ralf, Trompete (1967)
Jugendkapelle und Zöglinge: Belz Simone, Saxophon (1979); Bergdolt Marco, Horn (1981); Engelhardt Birgit, Klarinette (1980); Friedel Dagmar, Posaune (1980); Grimm Katja, Flöte (1980); Haas Martina, Trompete (1980); Hacker Daniela, Flöte (1981); Hager Tamara, Posaune (1980); Heger Bettina, Klarinette (1979); Hoks Peter, Klarinette (1976); Klein Alexandra, Flöte (1980); Körber Steffen (1982); Lehmann Petra, Trompete (1979); Lehnert Simone, Saxophon (1979); Leidig Andreas, Klarinette (1980); Nies Marion, Flöte (1981); Oberacker Nicole, Trompete (1979); Öhlbach Nicole, Horn (1981); Raupp Daniela, Klarinette (1979); Rösch Sabine, Klarinette (1980); Schönbrunn Christiane, Saxophon (1975); Schröder Anke, Klarinette (1980); Thiele Sabine, Klarinette (1979); Uram Silvia, Klarinette (1980); Wächter Melanie, Klarinette (1979); Weinberg Christian, Bariton (1978); Werner Daniela, Klarinette (1980); Werner Nicole, Klarinette (1980)

Feuerwehrkapelle Schielberg e.V.

Gründungsjahr: 1958
1. Vorsitzender: Manfred Reichert
Stellv. Vorsitzender: Gerhard Maucher
Schriftführer: Egon Maucher
Rechner: Horst Wagner
Jugendvertreter: Sigmund Fluderer
                             Thomas Fenz
                             Georg Reichert
                             Ulrike Sahrbacher
Dirigent: Robert Reiter
Vizedirigent: Horst Wagner
Jugendleiter: Rolf Benz
Notenwart: Daniel Sarbacher
Instrumentenwarte: Dieter Benz
                             Hartmut Reichert
Musikervorstand: Michael Wagner
Kassenprüfer: Otto Baldinus
                             Walter Lux
Fähnrich: Jürgen Kolarsch
Fahnenbegleiter: Manfred Axtmann
                             Wolfgang Fleig

Beirat: Kurt Eckert, Hermann Jäger, Egbert Mohr, Rudi Reichert, Karl Schneider, Heinz Wagner
Aktive: Axtmann Alfons, Flügelhorn (1958); Axtmann Gebhard, Trompete (1971); Bär Ulrich, Klarinette (1970); Baldinus Otto, Klarinette (1958); Becht Harald, Trompete (1968); Becht Markus, Posaune (1981); Benz Dieter, Flügelhorn (1973); Benz Rolf, Klarinette (1971); Binkert Birgitta, Flügelhorn (1977); Christle German, Bariton (1969); Christle Susanne, Horn (1971); Fenz Thomas, Tenorhorn (1980); Fluderer Gerold, Tuba (1971); Fluderer Petra, Flügelhorn (1971); Fluderer Sigmund, Trompete (1980); Fluderer Sonja, Horn (1971); Jäger Hermann, Trompete (1959); Jäger Werner, Bariton (1970); Kern Dorothea, Flöte (1980); Kern Hans, Flöte (1980); Kopf Reinhard, Tuba (1964); Kunz Thomas, Posaune (1971); Lux Walter, Posaune (1969); Maucher Bernhard, Posaune (1961); Maucher Egon, Horn (1958); Maucher Joachim, Tenorhorn (1969); Maucher Manfred, Horn (1969); Mohr Egbert, Tenorhorn (1958); Mohr Frank, Tenorhorn (1974); Rabolt Michael, kl. Trommel (1971); Reichert Angelika, Horn (1968); Reichert Hartmut, Klarinette (1958); Reichert Heiko, Posaune (1980); Reichert Manfred, Flügelhorn (1958); Reichert Stefanie, Klarinette (1971); Reiter Wolfgang, Trompete (1976); Sahrbacher Ulrike, Klarinette (1977); Sarbacher Daniel, Klarinette (1971); Sarbacher Harald, Posaune (1979); Schmitt Manfred, Tuba (1958); Schmitt Thomas, Trompete (1979); Schüßler Wolfgang, Tuba (1968); Speck Bernhard, Flügelhorn (1978); Speck Markus, Flügelhorn (1969); Speck Martin, Trompete (1974); Vorbach Günter, gr. Trommel (1981); Wagner Herold, Klarinette (1964); Wagner Horst, Klarinette (1958); Wagner Michael, Horn (1968); Wagner Stefan, Flügelhorn (1978); Walzer Berthold, Posaune (1966); Weis Rainer, Schlagzeug (1968)
Jugendkapelle und Zöglinge: Axtmann Peter, Flügelhorn (1980); Axtmann Ralf, Posaune (1980); Binkert Rosina, Flügelhorn (1979); Glaser Andreas, Posaune (1981); Göschel Mathias, Klarinette (1980); Gruhlke Axel, Klarinette (1981); Kern Thomas, Klarinette (1980); Kern Ulrike, Klarinette (1981); Maucher Iris, Klarinette (1979); Maucher Peter, Tenorhorn (1981); Maucher Stefan, kl. Trommel (1981); Reichert Georg, Horn (1981); Sarbacher Andrea, Klarinette (1977); Sarbacher Silke, Klarinette (1981); Schaar Jochen, Tenorhorn (1980); Wagner Michael, Flügelhorn (1980); Walzer Anja, Klarinette (1981); Zell Markus, Klarinette (1982)

Musikverein „Lyra" Schöllbronn

Gründungsjahr: 1920
1. Vorsitzender: Herbert Bansbach
Stellv. Vorsitzender: Heinrich Neumaier
Schriftführer: Elias Neumaier
Rechner: Herbert Baumgärtner
Beirat: Egon Daferner
                             Gebhard Eisele
                             Hugo Kunz
                             Anton Lauinger
                             Kurt Nimand
                             Leo Ochs
                             Pius Ochs
                             Jürgen Wipfler
Dirigent: Trudbert Wipfler
Vizedirigent: Josef Lang
Jugendleiter: Jürgen Wipfler
Notenwart: Anselm Ochs
Instrumentenwart: Heinrich Neumaier
Musikervorstand: Franz Käss

Aktive: Bayerhof Wolfgang, Tuba; Eisele Gebhard, Bariton (1961); Eswein Fritz, Tenorhorn (1956); Gumpl Franz, Schlagzeug (1956); Käss Bettina, Trommel (1979); Käss Franz, Tenorhorn (1956); Käss Klaus, Flügelhorn (1973); Kiefer Mathias, Trompete (1980); Kunz Henry, Flöte (1979); Kunz Kurt, Flügelhorn (1948); Kunz Oskar, Tuba (1956); Kunz Winfried, Posaune (1970); Kutschbach Ernst, Klarinette (1974); Lang Josef, Trompete (1952); Lauinger Karl, Bariton (1974); Lelewel Eckhart, Flügelhorn (1980); Maisch Anja, Flöte (1980); Maisch Klaus, Klarinette (1980); Maisch Tobias, Posaune (1980); Mesarosch Jahn, Trommel (1974); Neumaier Elias, Tuba; Neumaier Heinrich, Klarinette (1956); Ochs Anselm, Posaune (1954); Ochs Jürgen, Flügelhorn (1974); Ochs Leo, Posaune (1947); Ochs Pius, Horn (1952); Ochs Volker, Trompete (1972); Ochs Willi, Tenorhorn (1948); Seefried Jürgen, Klarinette; Tiller Dieter, Trompete (1976); Weiler Uwe, Trompete (1974); Wipfler Jürgen, Klarinette (1969)
Jugendkapelle: Both Katja, Klarinette (1980); Eswein Iris, Klarinette (1980); Förderer Marion, Flöte (1980); Förderer Thomas, Schlagzeug (1981); Gumpl Jürgen, Posaune (1980); Hagemann Stefan, Trompete (1980); Herz Daniel, Schlagzeug (1980); Hohenadel Armin, Flügelhorn (1980); Jahn Jürgen, Klarinette (1981); Kuhlmann Wolfgang, Posaune (1980); Kunz Christoph, Flügelhorn (1980); Kunz Vera, Klarinette (1980); Lautensack Ulrich, Klarinette (1980); Neumaier Jochen, Flügelhorn (1981); Neumaier Tobias, Tenorhorn (1980); Neumeister Steffen, Flöte (1980); Ochs Alexander, Horn (1980); Ochs Bettina, Klarinette (1980); Ochs Klaus, Trompete (1980); Plehn Harald, Klarinette (1980); Ring Clemens, Schlagzeug (1980); Schröder Claudia, Klarinette (1980); Schröder Michael, Tenorhorn (1980); Then Petula, Klarinette (1980); Wipfler Klaus, Trompete (1980)

Musikverein Söllingen e.V.

Gründungsjahr:	1919
1. Vorsitzender:	Reinhold Martinkowitsch
Stellv. Vorsitzender:	Rudi Granget
Schriftführer:	Reinhard Weiß
Stellv. Schriftführer:	Edmund Weiß
Kassier:	Arthur Cee
Stellv. Kassier:	Fritz Zilly
Dirigent:	Werner Michels
Vizedirigent:	Martin Wenz
Jugendleiter:	Rudi Granget
	Martin Wenz
Notenwarte:	Martin Girrbach
	Peter Kraft
	Frank Wenz
Instrumentenwart/ Ehrenvorsitzender:	Mathias Poslovski

Beirat: Richard Barth, Heinz Brede, Hans Daubenberger, Georg Gerhoff, Karl Heinz Gick, Lothar Ludwig, Gerhard Mall, Herbert Reif, Walter Repple, Klaus Roßwag, Willi Schmidt, Günther Walz, Martin Wenz

Aktive: Appich Achim, Flügelhorn (1976); Becker Dieter, Posaune (1969); Beeh Frank, Trompete (1976); Daubenberger Bernd, Klarinette/Saxophon (1970); Gebert Holger, Posaune (1976); Gerhoff Bernd, Posaune (1970); Gick Beate, Klarinette (1976); Girrbach Klaus, Tuba (1974); Girrbach Martin, Trompete (1970); Hattemer Dieter, Tuba (1979); Hattemer Jürgen, Flügelhorn (1976); Heidt Axel, Trompete (1975); Kraft Peter, Klarinette (1976); Krasting Andreas, Posaune (1976); Krasting Benjamin, Horn (1976); Kußmaul Frank, Horn (1976); Ludwig Wolfgang, Trompete (1974); Mall Gerhard, Tenorhorn (1963); Mall Peter, Horn (1963); Martinkowitsch Reinhold, Klarinette/Saxophon (1963); Mauer Jutta, Klarinette (1976); Mauer Sabine, Klarinette (1976); Melcheritz Diana, Klarinette (1971); Poslovski Harald, Schlagzeug (1970); Reif Thomas, Tenorhorn (1974); Roßwag Günther, Trompete (1970); Schäfer Gerhard, Klarinette/Saxophon (1970); Schmidt Karin, Klarinette (1971); Schmitt Harald, Tenorhorn (1979); Taubenrauch Jürgen, Posaune (1970); Wagner Kurt, Flügelhorn (1963); Walz Rainer, Flügelhorn (1974); Wenz Frank, Trompete (1974); Wenz Martin, Flügelhorn (1970); Würz Bernd, Bariton (1970)

Schülerkapelle: Appich Dirk, Trompete (1980); Binkert Heidi, Klarinette (1979); Binkert Ralf, Trompete (1980); Brost Jörg, Trompete (1980); Cee Kerstin, Trompete (1981); Giacomelli Marc, Trompete (1980); Gockel Tilo, Trompete (1980); Granget Frank, Schlagzeug (1979); Haller Anette, Klarinette (1980); Kirchenbauer Markus, Klarinette (1979); Kirchenbauer Stefan, Klarinette (1979); Koch Daniela, Klarinette (1980); König Andreas, Klarinette (1980); Kübler Sandra, Klarinette (1979); Kußmaul Silke, Klarinette (1980); Lud Manuela, Klarinette (1980); Mall Jürgen, Tenorhorn (1980); Peters Joachim, Trompete (1981); Rapp Ines, Klarinette (1980); Reichenbacher Frank, Klarinette (1980); Reif Mathias, Tenorhorn (1980); Repple Frank, Trompete (1980); Roser Jürgen, Trompete (1981); Roßwag Anke, Trompete (1980); Roßwag Hans-Dieter, Trompete (1980); Schell Martina, Tenorhorn (1980); Schmidt Dirk, Tenorhorn (1980); Schmidt Mathias, Trompete (1980); Schreiber Dirk, Flügelhorn (1980); Schuck Sabine, Trompete (1980); Seegelken Iris, Trompete (1980); Stach Alexander, Schlagzeug (1980); Steiner Mathias, Posaune (1981); Telakinski Simone, Trompete (1982); Wenz Jörg, Bariton (1980); Wenz Marco, Trompete (1981); Wenz Sandra, Flügelhorn (1980); Winzinger Mathias, Klarinette (1980); Zilly Sabine, Trompete (1980)

Musikverein Stettfeld

Gründungsjahr:	1949
1. Vorsitzender:	Alfons Woll
Stellv. Vorsitzender:	Helmut Bürk
Schriftführer:	Klaus Herzog
Kassier:	Rainer Brand
Stellv. Kassier:	Hubert Brand
Dirigent:	Willi Burkard
Vizedirigent:	Bernhard Raab
Jugendleiter:	Susanne Hochadel
	Walter Moch
Notenwarte:	Ulrich Ampssler
	Thomas Mönig
	Jürgen Müller
Instrumentenwarte:	Richard Herzog
	Hermann Hochadel
Ehrendirigent:	Bernhard Bender

Beirat (Aktiva): Toni Bersch, Richard Herzog, Hermann Hochadel, Alfred Moch, Theobald Stegmaier, Engelbert Theilacker; Beirat (Passiva): Edmund Ganninger, Alex Konrad, Joachim Kuhn, Heinz Layer, Wendelin Raab, Alfons Zimmermann

Aktive: Ampssler Konrad, Posaune (1971); Ampssler Martin, Trompete (1977); Ampssler Ulrich, Horn (1976); Bender Uwe, Trompete (1977); Bergsch Toni, Tuba (1971); Böser Rüdiger, Posaune (1978); Brand Hubert, Flöte (1976); Bürk Helmut, Tuba (1956); Bürk Volker, Trompete (1978); Edinger Ludwig, Klarinette (1975); Ellmauer Ingrid, Horn (1981); Gärtner Jürgen, Saxophon (1972); Häusle Harald, Trompete (1978); Hammer Alexander, Trompete (1978); Herzog Claudia, Klarinette (1978); Herzog Klaus, Saxophon (1971); Herzog Richard, Klarinette (1955); Herzog Ulrike, Flöte (1978); Herzog Walter, Lyra (1970); Hochadel Hermann, Posaune (1956); Hochadel Jürgen, Trompete (1982); Hochadel Petra, Klarinette (1978); Hochadel Susanne, Klarinette (1978); Holl Jochen, Trompete (1981); Just Bernhard, Bariton (1963); Knöferle Helga, Klarinette (1982); Konrad Mathias, Trompete (1981); Kreischer Sigrid, Horn (1981); Kreischer Ute, Klarinette (1978); Kreischer Wolfgang, Tenorhorn (1961); Krug Wolfgang, Horn (1978); Michenfelder Günter, Trompete (1978); Moch Alfred, Trompete (1950); Moch Herbert, Klarinette (1977); Moch Walter, Saxophon (1975); Mönig Thomas, Klarinette (1975); Mönig Wolfgang, Schlagzeug (1965); Müller Jürgen, Saxophon (1976); Obermayer Oskar, Tenorhorn (1949); Raab Bernhard, Saxophon (1968); Raab Hubert, Klarinette (1982); Rumpf Martina, Trompete (1981); Schäfer Uwe, Klarinette (1977); Schlenther Guido, Trompete (1981); Simonis Gerd, Tuba (1978); Stegmaier Theobald, gr. Trommel (1949); Theilacker Dieter, Trompete (1977); Theilacker Engelbert, Tenorhorn (1949); Weber Claudia, Klarinette (1981); Wolf Jürgen, Trompete (1977); Woll Christine, Flöte (1978); Woll Heinz, Trompete (1956); Woll Michaele, Flöte (1981); Zimmermann Bernhard, Klarinette (1972); Zimmermann Thomas, Trompete (1981)

Zöglinge: Bürk Rüdiger, Schlagzeug (1981); Hochadel Jürgen, Trompete (1981); Kuhn Markus, Schlagzeug (1981)

Musikverein „Frohsinn" Spessart e.V.

Gründungsjahr:	1903
1. Vorsitzender:	Bernd Heiser
Stellv. Vorsitzender:	Josef Weber
Schriftführer:	Franz Klimmek
Stellv. Schriftführer:	Hubert Weber
Rechner:	Georg Goll
Stellv. Rechner:	Manfred Kunz
Dirigent:	Hugo Braun
Vizedirigent:	Martin Leicht
Jugendleiter:	Josef Schottmüller
Notenwart:	Martina Kraft
Instrumentenwarte:	Josef Weber
	Thomas Weber
Ehrendirigent:	Heinz Habig

Beirat: Berthold Fang, Ernst Kraft, Franz Kraft, Hugo Kraft, Alfons Lauinger, Martin Leicht, Josef Ochs, Norbert Sayer, Martin Vogel, Adelbert Waldmann, Adolf Weber, Ernst Weber, Hubert Weber
Aktive: Beckert Joachim, Trompete (1973); Goll Bernd, Trompete (1973); Goll Georg, Posaune (1953); Goll Konrad, Tuba (1953); Günter Albrecht, Klarinette/Saxophon (1959); Habig Kurt, Flügelhorn (1947); Heiser Andreas, Klarinette/Saxophon (1976); Herold Axel, Tenorhorn (1973); Herold Jörg, Horn (1977); Hofgesang Anton, Tuba (1950); Hotz Kurt, Klarinette/Saxophon (1979); Hübner Jürgen, Trompete (1982); Kistner Franz, Trompete (1964); Kistner Jürgen, Schlagzeug (1977); Kistner Rainer, Klarinette (1977); Knörr Rudolf, Klarinette (1947); Kraft Annette, Klarinette (1977); Kraft Ernst, Tuba (1958); Kraft Franz, Tenorhorn (1975); Kraft Heribert, Klarinette (1977); Kraft Hubert, Posaune (1959); Kraft Martina, Flügelhorn (1975); Kunz Klaus, Posaune (1976); Kunz Manfred, Tenorhorn (1960); Kunz Sigmund, Posaune (1953); Lauinger Heinz, Klarinette (1969); Lauinger Monika, Flöte (1977); Leicht Martin, Lyra/Flöte (1972); Leicht Wilhelm, Tuba (1969); Mai Helmut, Schlagzeug (1950); Mai Thomas, Schlagzeug (1977); Ochs Dieter, Klarinette (1977); Ochs Günter, Klarinette/Saxophon (1969); Ochs Volker, Klarinette (1969); Pils Alois, Flügelhorn (1953); Sayer Norbert, Trompete (1966); Scherhaufer Otto, Trompete (1950); Vogel Norbert, Posaune (1972); Weber Alfred, Schlagzeug (1951); Weber Bernd, Tenorhorn (1967); Weber Emil, Tenorhorn (1950); Weber Ernst, Bariton (1948); Weber Heinz, Pauken (1961); Weber Herbert, Flügelhorn (1958); Weber Heribert, Flügelhorn (1973); Weber Hubert, Horn (1968); Weber Johannes, Horn (1958); Weber Josef, Horn (1949); Weber Norbert, Klarinette/Saxophon (1966); Weber Silvia, Klarinette/Saxophon (1976); Weber Thomas, Klarinette/Saxophon (1973); Weingärtner Horst, Klarinette (1973)
Jugendkapelle: Bannholzer Achim, Klarinette (1979); Bayer Peter, Horn (1979); Burger Frank, Klarinette (1979); Clev Esther, Klarinette (1979); Doll Frank, Posaune (1979); Ernst Andreas, Bariton (1979); Ernst Martin, Posaune (1979); Eswein Marion, Flöte (1979); Fertitta Marco, Posaune (1979); Frank Roland, Tuba (1979); Gartner Angelika, Klarinette (1979); Gegenheimer Corinna, Klarinette (1979); Goll Gerold, Posaune (1979); Goll Rainer, Trompete (1979); Günter Armin, Klarinette (1982); Häffner Barbara, Tenorhorn (1979); Häffner Diana, Trompete (1979); Heiser Mathias, Klarinette (1979); Kraft Edmund, Horn (1979); Kull Peter, Horn (1979); Lauinger Andreas, Trompete (1980); Leicht Andreas, Tenorhorn (1979); Mai Marko, Klarinette (1979); Merklinger Harald, Schlagzeug (1979); Ochs Claudia, Flöte (1979); Pils Michael, Klarinette (1979); Pils Volker, Tuba (1980); Rieger Steffen, Tuba (1979); Schottmüller Patrick, Trompete (1982); Schottmüller Ute, Klarinette (1979); Schreck Torsten, Tenorhorn (1979); Schwab Rainer, Trompete (1979); Schwark Michael, Flügelhorn (1979); Tschepke Irving, Flügelhorn (1979); Tschepke Norman, Flügelhorn (1979); Tschepke Patrick, Schlagzeug (1979); Weber Andrea, Tenorhorn (1979); Weber Bernd, Flügelhorn (1980); Weber Gabriele, Klarinette (1980); Weber Jürgen, Tenorhorn (1979); Weber Matthias, Posaune (1979); Weber Ralf, Klarinette (1981); Weber Sabine, Horn (1979); Weichinger Josef, Flügelhorn (1979); Weichinger Ruth, Klarinette (1979); Weingärtner Heinz, Trompete (1979)

Musikverein „Harmonie" Spöck

Gründungsjahr:	1920
1. Vorsitzender:	Friedrich Knecht
Stellv. Vorsitzender:	Horst Paulus
Schriftführer:	Rolf Stober
Rechner:	Hans Peter LaCroix
Beirat:	Franz Bendel
	Michael Epli
	Sabine Gretschmann
	Karl Hartmann
	Wolfgang Hoffmann
	Roland Roller
Dirigent:	Kurt Hochschild
Vizedirigent:	Michael Epli
Jugendleiter:	Anni LaCroix
Notenwart:	Michael Scherb
Instrumentenwart:	Fritz Müller

Aktive: Bendel Franz, Klarinette (1972); Butzer Norbert, Posaune (1970); Butzer Rolf, Tuba (1963); Epli Michael, Tenorhorn (1952); Epli Norbert, Flügelhorn (1974); Gretschmann Sabine, Flügelhorn (1974); Gruber Helmut, Tuba (1946); Gruber Theo, Trompete (1946); Hölssig Peter, Trompete (1978); Hoffmann Birgitta, Klarinette (1978); Hoffmann Wolfgang, Posaune (1950); Hofheinz Bernd, Flügelhorn (1970); Klein Peter, Saxophon (1970); Knecht Markus, Saxophon (1973); Kühner Joachim, Trompete (1970); Müller Fritz, Klarinette (1978); Müller Rüdiger, Klarinette (1981); Murr Uwe, Schlagzeug (1970); Paulus Horst, Trompete (1978); Paulus Willi, Flügelhorn (1948); Rau Michael, Schlagzeug (1978); Scherb Michael, Tenorhorn (1978); Siedentopp Hans Peter, Trompete (1973); Stober Rolf, Tenorhorn (1970); Stoeß Christian, Posaune (1981); Süss Karl Heinz, Horn (1949)
Zöglinge: Beyer Jürgen, Trompete (1980); Beyer Wolfgang, Trompete (1980); Castaldo Nino, Saxophon (1980); La Croix Annette, Trompete (1980); Marten Sybille, Flöte (1980); Münch Marion, Flöte (1980); Nonnenmacher Andreas, Schlagzeug (1980); Raupp Frank, Schlagzeug (1980); Schuster Tanja, Klarinette (1980); van der Sluis Raymond, Saxophon (1980); van der Sluis Ruby, Flügelhorn (1980); Süss Frank, Posaune (1980)

Musikverein „Eintracht" Spielberg

Gründungsjahr:	1957
1. Vorsitzender:	Erich Müller
Stellv. Vorsitzender:	Walter Ruder
Schriftführer:	Hans Mangler
Rechner:	Karl Ott
Beirat:	Gerhard Mangler
	Karl Schäfer
	Werner Stoiber
Dirigent (Seniorenorchester):	Heinz Habig
Dirigent (Jugendorchester):	Willy Paul
Vizedirigent:	Karl Schäfer
Jugendleiter:	Achim Höfel
	Ute Schäfer
Notenwart:	Hans Mangler
Instrumentenwart:	Karl Schäfer

Aktive: Becker Joachim, Tenorhorn (1974); Eicheldinger Martina, Klarinette (1970); Gerstner Alexander, Bariton (1979); Greul Andreas, Tuba (1974); Habig Arthur, Horn (1919); Haydu Josef, Flügelhorn (1958); Höfel Achim, Tenorhorn (1974); Höfel Rüdiger, kl. Trommel (1975); Karcher Joachim, Klarinette (1975); Kies Frank, Flügelhorn (1974); Kühn Mathias, Posaune (1979); Mangler Hans, Flügelhorn (1963); Mangler Jürgen, Trompete (1974); Mössner Achim, gr. Trommel (1974); Mössner Gerhard, Flügelhorn (1969); Müller Alfred, Horn (1963); Müller Bertram, Klarinette (1971); Müller Erich, Bariton (1957); Müller Friedhelm, Trompete (1970); Müller Günter, Trompete (1965); Müller Hubert, Posaune (1970); Ott Frank, Horn (1977); Ottenschläger Berthold, Klarinette (1965); Ottenschläger Rolf, Pauken (1972); Pestel Andreas, Horn (1974); Rau Joachim, Trompete (1974); Rau Jörg, Trompete (1974); Reinau Thorsten, Trompete (1976); Roth Karlheinz, Klarinette (1969); Ruder Jürgen, Tuba (1969); Ruder Peter, Klarinette (1969); Schäfer Annette, Klarinette (1974); Schäfer Karl, Tenorhorn (1953); Schäfer Ute, Klarinette (1974); Schmitt Frank, Tuba (1978); Strobel Robert, Posaune (1974); Walter Ralf, Trompete (1977); Weiss Wilfried, Schlagzeug (1974)
Jugendkapelle: Bayurin Elisabeth, Klarinette (1979); Bayurin Daniel, Tenorhorn (1979); Canu Alexandra, Klarinette (1981); Canu Patrizia, Klarinette (1978); Karcher Rolf, Schlagzeug (1977); Keck Michael, Flügelhorn (1978); Kies Frank, Flügelhorn (1974); Mangler Thomas, Trompete (1979); Müller Claudia, Klarinette (1978); Mössner Achim, Schlagzeug (1974); Pagel Bernd, Trompete (1977); Rabold Sabine, Klarinette (1980); Rathfelder Marion, Klarinette (1978); Schlotzer Gaby, Klarinette (1977); Strobel Jakob, Flügelhorn (1976); Strobel Katy, Flöte (1977); Vogel Thomas, Tenorhorn (1978); Reinau Thorsten, Trompete (1976); Zanon Marlene, Klarinette (1980)

Musikverein Sulzbach e.V.

Gründungsjahr:	1900
1. Vorsitzender:	Heinz Semling
Stellv. Vorsitzender:	Otto Hess
Schriftführer:	Richard Günter
Rechner:	Josef Weber
Beirat:	Wolfgang Geßler
	Otto Gingelmaier
	Walter Hopf
	Herbert Kastner
	Gisbert Lehre
	Herbert Rull
	Lothar Schauer
	Josef Schneider
Dirigent:	Hans Kühn
Vizedirigent:	Ferdinand Schneider
Notenwart:	Oskar Heinzler
Musikerausschuß:	Richard Günter
	Oskar Heinzler
	Adolf Kastner
	Ferdinand Schneider

Helmut Weber; Ehrenvorsitzender im Musikerausschuß: Josef Lumpp
Aktive: Eder Herbert, Bariton (1959); Eder Rudolf, Horn (1954); Fitterer Konrad, Tuba (1948); Gräßer Karl-Heinz, Tenorhorn (1980); Günter Emil, Pauken (1948); Günter Helmut, Lyra (1948); Günter Norbert, kl. Trommel (1959); Günter Otto, Tenorhorn (1929); Günter Richard, Klarinette (1949); Günter Waldemar, Klarinette (1954); Heinzler Erhard, Trompete (1969); Heinzler Oskar, Posaune (1945); Jörger Axel, Klarinette (1976); Jörger Frank, Posaune (1976); Kastner Adolf, Trompete (1971); Kunz Erich, Flügelhorn (1955); Lumpp Alfons, Klarinette (1954); Lumpp Emil, Trompete (1959); Lumpp Reinhard, kl. Trommel (1980); Lumpp Rudolf, Trompete (1948); Merz Gunter, Tenorhorn (1976); Merz Uwe, Tuba (1976); Schneider Ferdinand, Flügelhorn (1949); Schneider Gernot, Flöte (1976); Schneider Josef, Tenorhorn (1945); Schneider Kurt, Horn (1946); Speck Emil, gr. Trommel (1949); Walter Ralf, Horn (1976); Weber Helmut, Flügelhorn (1954)
Jugendkapelle: Büchler Christian, Posaune (1980); Colmelet Christian, Posaune (1980); Eisinger Jörg, Trompete (1980); Gilde Martin, Tenorhorn (1980); Günter Karsten, Posaune (1980); Günter Robert, Klarinette (1980); Hopf Volker, Klarinette (1980); Kastner Martin, Tenorhorn (1980); Kastner Michael, Trompete (1980); Koch Michael, Klarinette (1980); Lumpp Armin, Tenorhorn (1980); Lumpp Sylvia, Klarinette (1980); Lumpp Volker, Trompete (1980); Maisch Roland, Klarinette (1980); Merkel Fabian, Flügelhorn (1980); Müller Christina, Trompete (1980); Rubel Markus, Horn (1980); Schneider Dirk, Tenorhorn (1980); Schneider Jörg, Tuba (1980); Schneider Rüdiger, Trompete (1980)

Musikverein Tiefenbach e.V.

Gründungsjahr:	1919
1. Vorsitzender:	Alfred Reiser
Stellv. Vorsitzender:	Herbert Röderer
Schriftführer:	Alfons Emmerich
Rechner:	Günther Hoffmann
Beirat:	Fritz Heidelberger
	Anton Heitlinger
	Otto Heitlinger
	Erwin Lampert
	Eugen Mildenberger
	Siegfried Schnepf
	Werner Wagner
Dirigent:	Volker Steiger
Vizedirigent:	Edwin Steiger
Jugendleiter:	Matthias Röderer
Ehrendirigent:	Edwin Steiger

Ehrenmitglieder: Alois Emmerich, Albin Heidelberger, Anton Heitlinger, Karl Heitlinger, Rudolf Kempf, Wilhelm Philipp
Aktive: Bahner Gerd, Trompete (1946); Bohner Rolf, Tuba (1975); Emmerich Alfons, Tenorhorn (1963); Emmerich Helmut, Klarinette (1962); Emmerich Richard, Horn (1978); Emmerich Werner, Trompete (1968); Heidelberger Fritz, Tenorhorn (1956); Heitlinger Andreas, Schlagzeug (1975); Hoffmann Werner, Horn (1977); Kempf Bernd, Posaune (1975); Lehr Rudi, Klarinette (1956); Mahovsky Rainer, Trompete (1968); Mildenberger Eugen, Tuba (1962); Mildenberger Thomas, Trompete (1975); Nautscher Werner, Horn (1968); Ochs Fridolin, Flöte (1962); Ochs Reinhard, Trompete (1975); Petschenka Edwin, Posaune (1981); Reiser Hubert, Tenorhorn (1956); Reiser Richard, Trompete (1956); Reiser Wolfgang, Klarinette (1962); Ries Reinhold, Trompete (1968); Röderer Herbert, Tenorhorn (1981); Röderer Matthias, Tenorhorn (1978); Schnepf Siegfried, Flügelhorn (1956); Stather Otto, kl. Trommel (1946); Steiger Matthias, Trompete (1975); Steiger Volker, Trompete (1968); Vetter Michael, Tenorhorn (1975); Wagner Dietmar, Klarinette (1975)
Zöglinge in theoretischer Ausbildung: Bodensee Sandra (1982); Emmerich Maria (1982); Emmerich Tanja (1982); Hoffmann Walter (1982); Kittel Andreas (1982); Kittel Harald (1982); Philipp Klaus (1982); Philipp Michael (1982); Reiser Christopher (1982); Reiser Daniela (1982); Ullmann Marco (1982); Vetter Elke (1982); Wettstein Sylvia (1982)

Musikverein „Echo" 1921 Ubstadt e.V.

Gründungsjahr:	1921
1. Vorsitzender:	Otto Brecht
Stellv. Vorsitzender:	Kurt Fuchs
Schriftführer:	Andrea Gärtner
Rechner:	Alois Baumann
Beisitzer:	Bruno Brecht
	Richard Dittrich
	Siegfried Erhard
	Bernhard Hochadel
	Matthias Hönig
	Rainer Oberheid
	Johann Richter
	Burkhard Rohr
	Ernst Ziener
Dirigent:	Erich Eiser
Vizedirigent:	Erich Tauer
Jugendleiter:	Thomas Frank
	Wolfgang Oßfeld

Notenwarte: Josef Dörner, Karl Paxian; Instrumentenwarte: Karl-Heinz Keilholz, Rainer Keilholz; Ehrendirigent: Bernhard Bender; Pressewart: Günter Lehanka; Vergnügungsausschuß: Michael Baumann, Johann Blankenhorn, Michael Locher, Johann Paxian, Valentin Schmidt
Aktive: Baumann Matthias, Saxophon (1961); Baumstark Barbara, Flöte (1980); Beissmann Roland, Horn (1980); Beissmann Ronny, Posaune (1979); Blankenhorn Johann, Saxophon (1955); Böser Monika, Klarinette (1966); Brecht Otto, Tuba (1953); Brecht Ute, Klarinette (1975); Dörner Josef, Klarinette (1979); Dutzi Ilona, Flöte (1978); Dutzi Ulrike, Klarinette (1977); Erhard Thomas, Tenorhorn (1979); Fels Alexander, Klarinette (1981); Frank Thomas, Trompete (1975); Freier Hans-Peter, Tenorhorn (1979); Freier Klaus, kl. Trommel (1980); Fuchs Kurt, Tuba (1972); Gärtner Andrea, Horn (1978); Gsell Robert, Flügelhorn (1955); Harlacher Helmut, Horn (1975); Harlacher Hermann, Bariton (1974); Hochadel Michael, Tenorhorn (1980); Keilholz Frank, Klarinette (1979); Keilholz Karl-Heinz, Flügelhorn (1955); Keilholz Rainer, Trompete (1977); Klinger Wendelin, Posaune (1954); Konrad André, Horn (1982); Konrad Bernd, Trompete (1977); Kubik Walter, Tuba (1964); Küstner Sabine, Klarinette (1982); Lanz Rudi, Saxophon (1962); Lehanka Günter, Tuba (1964); Oberheid Bettina, Klarinette (1979); Oßfeld Günter, Trompete (1967); Oßfeld Wolfgang, Tenorhorn (1978); Paxian Johann, kl. Trommel (1957); Paxian Karl, Saxophon (1955); Schenk Karl, Flügelhorn (1981); Schmidt Raimund, Klarinette (1964); Schmitt Thomas, Trompete (1976); Schöninger Kurt, Klarinette (1982); Schrag Andreas, Bariton (1975); Schrag Joachim, Posaune (1974); Straus Emil, Horn (1967); Stricker Otto, Posaune (1958); Tauer Erich, Flügelhorn (1958); Tauer Franz, Tuba (1960); Tauer Thomas, Klarinette (1973); Weih Klaus-Martin, Trompete (1979); Weiler Angelika, Tamburin (1980); Weiler Hermann, Klarinette (1973); Weiler Josef, gr. Trommel (1950); Ziener Susanne, Flöte (1980); Zink Willi, Saxophon (1964)

Musikverein Harmonie 1890 e.V. Untergrombach

Gründungsjahr:	1890
1. Vorsitzender:	Erich Lobeck
Stellv. Vorsitzender:	Paul Vogt
Schriftführer:	Julius Machauer
Rechner:	Klaus Pfund
Beirat:	Andreas Heinzl
	Franz Heinzl
	Karl Klotz
	Dieter Raupp
	Leopold Soder
	Willi Stoll
	Siegfried Tröndle
Dirigent:	Erich Keibl
Vizedirigent:	Paul Vogt
Jugendleiter:	Willi Stoll
Notenwarte:	Klaus Pfund
	Dieter Raupp

Aktive: Baier Steffen, Klarinette (1981); Dahmann Andreas, Trompete (1981); Dantes Alois, Tuba (1981); Dworschak Rainer, Flügelhorn (1977); Fetzner Roland, Schlagzeug (1977); Frank Claudia, Trompete (1982); Frank Hartmut, Klarinette (1979); Habermann Petra, Klarinette (1981); Habermann Stephan, Trompete (1981); Hartmann Erich, Horn (1970); Hartmann Thomas, Posaune (1981); Hartmann Werner, Bariton (1968); Heinzl Alexander, Klarinette (1977); Heinzl Andreas, Tenorhorn (1977); Heinzl Franz, Flügelhorn (1974); Heinzl Tatjana, Flügelhorn (1980); Heneka Erich, Trompete (1972); Jaria Christian, Klarinette (1981); Klotz Christian, Klarinette (1979); Klotz Ralf, Flügelhorn (1977); Klotz Simone, Klarinette (1979); Lechner Helmut, Trompete (1981); Lechner Silke, Trompete (1980); Machauer Ralf, Trompete (1979); Pfund Klaus, Flügelhorn (1974); Raupp Andreas, Posaune (1977); Raupp Dieter, Horn (1960); Schleicher Michael, Klarinette (1977); Schmitt Andreas, Posaune (1981); Schmitt Anton, Tenorhorn (1981); Schreibmayer Franz, Klarinette (1956); Schreibmayer Michael, Saxophon (1979); Schreibmayer Simone, Klarinette (1979); Stauch Tina, Klarinette (1981); Stelzer Martin, Saxophon (1979); Stelzer Volker, Posaune (1981); Stoll Willi, Flügelhorn (1968); Tröndle Siegfried, Schlagzeug (1964); Vogt Andreas, Trompete (1977); Vogt Anton, Flügelhorn (1950); Vogt Paul, Tenorhorn (1947); Weiss Hermann, Tuba (1960)

Musikverein Unteröwisheim 1956 e.V.

Gründungsjahr:	1956
1. Vorsitzender:	Hans-Jürgen Kuper
Stellv. Vorsitzender:	Dieter Kimmich
Schriftführer:	Werner Pallast
Rechner:	Herbert Glock
Stellv. Rechner:	Hermann Holzer
Dirigent:	Willi Ehringer
Vizedirigent:	Dieter Kimmich
Jugendleiter/	
Notenwart:	Uwe Deuchler
Instrumentenwarte:	Edwin Dietz
	Michael Zimmermann
Ehrenvorsitzender:	Georg Diener
Ehrenmitglieder:	Hermann Becker
	Oswald Karl

Beirat: Siegbert Bornhäuser, Bernd Bürkle, Uwe Deuchler, Edwin Dietz, Helmut Feil, Arthur Kunz, Heiko Lautenschläger, Werner Mäule, Rudolf Metzger, Marianne Müller, Edmund Oberst, Siegfried Oberst, Max Paulus; Wirtschaftsausschuß Frauengruppe: Hildegard Dietz, Brunhilde Fritsch, Martha Kuper, Waltraud Pfuhl
Aktive: Bernhard Britta, Klarinette (1981); Bornhäuser Petra, Klarinette (1970); de Bortoli Christine, Klarinette (1978); Bürkle Bernd, Trompete (1967); Bürkle Margit, Saxophon (1972); Deuchler Frank, Tenorhorn (1978); Deuchler Uwe, Posaune (1970); Dieterle Karin, Trompete (1978); Dietz Edwin, Tuba (1956); Dietz Stefanie, Klarinette (1981); Englert Anja, Flöte (1981); Feil Volker, Trompete (1970); Fritsch Heini, Posaune (1956); Glock Heidelinde, Klarinette (1970); Holzer Hermann, Tenorhorn (1981); Kimmich Adelheid, Klarinette (1962); Kimmich Bernd, Posaune (1981); Kimmich Dieter, Trompete (1960); Kimmich Uwe, Tuba (1968); Kuper Michael, Schlagzeug (1978); Lautenschläger Heiko, Trompete (1970); Metzger Rudolf, Tuba (1956); Oberst Ilona, Trompete (1970); Oberst Jürgen, Schlagzeug (1980); Pfuhl Wolfgang, Tenorhorn (1960); Stiel Joachim, Trompete (1978); Stiel Mathias, Tenorhorn (1978); Zimmermann Diana, Trompete (1978); Zimmermann Michael, Tenorhorn (1970); Zisel Danja, Posaune (1978); Zisel Karina, Klarinette (1978); Zumbach Sybille, Klarinette (1981)
Zöglinge: Bernhard Clarissa, Tenorhorn (1980); Dieterle Brigitte, Klarinette (1980); Hoffmann Stefan, Tenorhorn (1980); Kuper Ulrike, Klarinette (1980); de Vincentis Anna Maria, Tenorhorn (1980); de Vincentis Umberto, Tenorhorn (1980)

Musikverein
„Harmonie" Völkersbach e.V.

Gründungsjahr:	1930
1. Vorsitzender:	Willi Endisch
Stellv. Vorsitzender:	Siegfried Heid
Schriftführerin:	Carmen Negriolli
Rechner:	Ewald Geiger
Dirigent:	Oskar Weigl
Vizedirigent:	Helmut Daum
Jugendleiter:	Bertram Papst
Notenwarte:	Alexander Daum
	Volker Daum
Instrumentenwarte:	Ernst Koch
	Edmund Wipfler

Verwaltungsmitglieder: Michael Berendsen, Klaus Braun, Walter Daum, Raimund Fritz, Klaus Hennhöfer, Edgar Mauderer, Karl-Heinz Müller, Felix Ochs, Helmut Ochs, Richard Ochs, Robert Ochs, Bertram Papst, Reinhold Schlötterer
Aktive: Adam Helmut, Horn (1981); Belzer Jürgen, Trompete (1970); Belzer Manfred, Posaune (1970); Braun Klaus, Klarinette (1975); Daum Alexander, Klarinette (1975); Daum Heike, Flöte (1976); Daum Helmut, Flügelhorn (1947); Daum Volker, Trompete (1974); Daum Walter, Klarinette (1949); Förderer Detlef, Flügelhorn (1976); Förderer Yvonne, Flöte (1976); Fritz Klaus, Saxophon (1958); Fritz Markus, Trompete (1976); Geiger Ewald, Posaune (1955); Glasstetter Ralf, Posaune (1976); Gräßer Bernd, Schlagzeug (1974); Gräßer Hartmut, Saxophon (1970); Heid Siegfried, Tuba (1951); Heid Volker, Tuba (1976); Heidler Peter, Schlagzeug (1971); Hennhöfer Klaus, Saxophon (1959); Hennhöfer Robert, Tuba (1960); Herm Alexander, Flügelhorn (1976); Herm Horst, Trompete (1952); Herm Konrad, Klarinette (1964); Hruby Heinz, Schlagzeug (1976); Koch Ernst, Horn (1957); Koch Herbert, Klarinette (1946); Koch Klaus, Tenorhorn (1971); Mauderer Heiko, Trompete (1976); Merklinger Otmar, Saxophon (1952); Merklinger Valentin, Tenorhorn (1949); Obert Theo, Trompete (1952); Ochs Helmut, Tenorhorn (1964); Ochs Jürgen, Flügelhorn (1967); Ochs Thomas, Klarinette (1973); Ochs Ulrich, Saxophon (1972); Papst Bertram, E-Baß (1972); Rabold Volker, Posaune (1954); Rall Günter, Klarinette (1979); Schlötterer Andreas, Bariton (1976); Speck Jürgen, Tuba (1979); Stingl Siegfried, Tenorhorn (1964); Wipfler Alfred, Flügelhorn (1976); Wipfler Bernhard, Tenorhorn (1954); Wipfler David, Tenorhorn (1976); Wipfler Edmund, Posaune (1957); Wipfler Siegfried, Flügelhorn (1957)

Musikverein Weiher e.V.

Gründungsjahr:	1900
1. Vorsitzender:	Heinz Stevens
Stellv. Vorsitzender:	Lothar Becker
Schriftführer:	Robert Holzer
Rechner:	Franz Landkammer
Beirat (Aktiva):	Alfred Becker
	Karl-Heinz Geiß
	Wolfgang Holzer
Beirat (Passiva):	Hermann Becker
	Alois Gärtner
	Erich Hoffmann
	Herbert Holzer
	Paul Lang
	Wendelin Meister
	Werner Schroff
	Otto Weiß
	Bruno Westermann
	Paul Wippel
Dirigent:	Rolf Holzer
Vizedirigent:	Lothar Becker

Jugendleiter: Elisabeth Etzkorn; Notenwarte: Karl-Heinz Gärtner, Klaus Kneller; Instrumentenwart: Karl Landkammer; Ehrenvorsitzender: Franz Becker; Ehrendirigent: Arno Jablonski; Ehrenmitglieder: August Hochadel, Oskar Kleiser, Gregor Simon
Aktive: Bader Karl, Bariton (1966); Barth Thomas, Horn (1980); Becker Alfred, Klarinette (1963); Becker Barbara, Saxophon (1974); Becker Jürgen, Schlagzeug (1982); Becker Karola, Klarinette (1976); Becker Lothar, Trompete (1965); Becker Ulrika, Flöte (1974); Bellm Matthias, Posaune (1980); Bonert Stefan, Trompete (1977); Braungart Ralf, Posaune (1972); Czink Heimo, Trompete (1979); Etzkorn Elisabeth, Flöte (1976); Gärtner Jürgen, Horn (1967); Gärtner Karl-Heinz, Saxophon (1974); Gärtner Rüdiger, Trompete (1976); Gärtner Vera, Flöte (1981); Geiß Karl-Heinz, Tuba (1960); Götz Norbert, Tenorhorn (1966); Gutting Jürgen, Posaune (1978); Heneka Matthias, Trompete (1976); Herzog Erich, Schlagzeug (1952); Herzog Jutta, Klarinette (1974); Herzog Ralf, Trompete (1978); Hochadel Karl, Saxophon (1953); Holzer Claudia, Klarinette (1978); Holzer Claudia, Flügelhorn (1977); Holzer Klaus-Dieter, Saxophon (1967); Holzer Lothar, Klarinette (1969); Holzer Robert, Flügelhorn (1967); Holzer Wolfgang, Tuba (1964); Holzer Wolfgang, Schlagzeug (1978); Kleiser Karola, Klarinette (1980); Kleiser Rüdiger, Posaune (1979); Knapp Manuela, Flügelhorn (1979); Knapp Marina, Klarinette (1976); Kneller Klaus, Trompete (1976); Landkammer Franz, Flügelhorn (1940); Landkammer Josef, Tenorhorn (1965); Lang Bruno, Tuba (1954); Lang Marion, Klarinette (1979); Mackert Regina, Klarinette (1982); Meid Karl, Tenorhorn (1967); Prestel Karl, Posaune (1950); Prestel Lore, Klarinette (1978); Prestel Matthias, Trompete (1978); Schäfer Thomas, Posaune (1976); Schroff Hans, Saxophon (1950); Schroff Irena, Saxophon (1974); Stadler Klaus-Dieter, Trompete (1974); Stadler Michael, Trompete (1978); Steffens Jörg, Schlagzeug (1982); Stevens Heinz, Tuba (1966); Stritzky Armin, Horn (1977); Walther Jens, Schlagzeug (1978); Wippel Doris, Klarinette (1974); Zimmermann Ulrike, Klarinette (1976)
Zöglinge: Becker Silvia, Klarinette (1982); Beyer Lothar, Trompete (1980); Blantz Georg, Klarinette (1982); Blantz Roland, Posaune (1982); Brenner Katja, Klarinette (1982); Ketzler Anke, Klarinette (1981); Rauscher Stephan, Tenorhorn (1982); Rauscher Xavier, Flügelhorn (1982); Stevens Günther, Tenorhorn (1982)

Musikverein
Weingarten (Baden) e.V.

Gründungsjahr:	1898
1. Vorsitzender:	Martin Dichiser
Stellv. Vorsitzender:	Fritz Hörter
Schriftführer:	Dieter Horn
Rechner:	Walfried Sebold
Dirigent:	Karl Rothfuß
Vizedirigent/ Jugendleiter:	Siegfried Lepp
Notenwart:	Erich Felleisen

Beirat: Roland Amann, Robert Arheit, Erich Felleisen, Ewald Gablenz, Fritz Hauswirth, Bärbel Kinschert, Siegfried Lepp, Jörg Meyer, Dieter Rauch, Peter Reichert, Erwin Schrimpf, Fritz Sütsch
Aktive: Amann Roland, Tuba (1968); Arheit Robert, Tuba (1954); Bergmann Bernd, Schlagzeug (1968); Dichiser Martin, Posaune (1954); Dubronner Andrea, Klarinette (1972); Dürr Rudi, Tuba (1948); Felleisen Doris, Flöte (1972); Felleisen Erich, Horn (1968); Frank Winfried, Tuba (1968); Gröbel Volker, Horn (1972); Hampel Andrea, Klarinette (1973); Hartmann Erich, Horn (1950); Hill Wolfgang, Tenorhorn (1966); Hörter Fritz, Tenorhorn (1967); Hörter Jörg, Flöte (1973); Horn Dieter, Bariton (1964); Horn Herbert, Flügelhorn (1949); Horn Siegfried, kl. Trommel (1971); Kärcher Walter, Klarinette (1949); Kinschert Bärbel, Klarinette (1968); Knobloch Sylvia, Klarinette (1973); Lepp Siegfried, Trompete (1954); Lepp Thomas, Flügelhorn (1972); Link Harald, kl. Trommel (1970); Maier Ute, Klarinette (1972); Martin Peter, Saxophon (1976); Merkhoffer Josef, Flügelhorn (1954); Meyer Jörg, Tuba (1980); Müller Hans-Jürgen, gr. Trommel (1972); von der Pfordten Dietrich, Trompete (1978); Reichert Peter, Tenorhorn (1954); Reichert Reinhard, Tenorhorn (1964); Ritter Klaus, Klarinette (1972); Ritter Robby, Klarinette (1970); Schaufelberger Richard, Klarinette (1964); Schlimm Fritz, Flügelhorn (1954); Schöffler Joachim, Posaune (1977); Schöffler Otto, Posaune (1949); Schrimpf Erwin, Trompete (1964); Schrimpf Walter, Tenorhorn (1970); Sebold Christel, Klarinette (1976); Sebold Norbert, Trompete (1968); Senger Josef, Posaune (1964); Spohrer Peter, Tuba (1972); Töpfer Andreas, Posaune (1972); Weiß Klaus, Flügelhorn (1970); Wöhrl Hans, Klarinette (1958); Zippelius Petra, Klarinette (1972); Zohner Rudi, Flügelhorn (1966)

Musikverein Weingarten (Bd.)
Jugendkapelle

Aktive: Anderl Simone, Klarinette (1977); Balduf Jens, Tenorhorn (1976); Beiwinkler Uwe, Flügelhorn (1978); Bögi Christian, Flügelhorn (1982); Brutzer Uwe, Tenorhorn (1982); Dichiser Anja, Klarinette (1982); Emmerich Michael, Schlagzeug (1982); Fischer Thomas, Trompete (1972); Görner Mathias, Tuba (1972); Gröbel Ralf, Saxophon (1972); Hartkorn Patricia, Flügelhorn (1972); Hartmann Jens, Flöte (1977); Harff Katrin, Saxophon (1982); Kinschert Beate, Klarinette (1982); Knobloch Jörg, Horn (1973); Laub Ulrich, Flügelhorn (1982); Lauber Heinz, Tuba (1982); Lepp Sabine, Saxophon (1982); Lewald Stefan, Flügelhorn (1972); Lichter Clemens, Trompete (1973); Martin Jürgen, Posaune (1975); Martin Yvonne, Klarinette (1982); Nagel Elisabeth, Klarinette (1972); Preisner Martina, Saxophon (1982); Pappert Markus, Tenorhorn (1982); Paustian Bettina, Klarinette (1982); Reichert Frank, Trompete (1982); Reichert Heike, Klarinette (1973); Reichert Martin, Tenorhorn (1982); Rögener Jörg, Flöte (1977); Salcher Susanne, Klarinette (1977); Sauff Dieter, Trompete (1976); Schrimpf Thomas, Klarinette (1982); Senger Norbert, Saxophon (1972); Siegele Robert, Trompete (1973); Tanko Andreas, Tenorhorn (1982); Töpfer Roland, Posaune (1975); Trautwein Andrea, Flöte (1982); Vaas Eric, Saxophon (1982); Wickert Hannes, kl. Trommel (1982); Wurth Bettina, kl. Trommel (1982)

Musikverein „Harmonie" e.V. 1922 Wiesental

Gründungsjahr:	1922
1. Vorsitzender:	Roland Keller
Stellv. Vorsitzender:	Herbert Mahl
Schriftführer:	Josef Korn
Stellv. Schriftführer:	Rüdiger Kögel
Kassier:	Oskar Hasselbach
Beitragskassier:	Hans Würges
Beisitzer (Aktiva):	Rudolf Machauer
	Günter Mahl
	Michael Kretzler
	Peter Schamoti
Beisitzer (Passiva):	Rolf Blümle
	Wolfgang Day
	Fridolin Kreuzer
	Ludwig Mahl
	Theo Weick
Dirigent:	Manfred Keller
Vizedirigent:	Roland Keller

Jugendleiter: Helmut Schönecker; Stellv. Jugendleiter: Ursula Bräutigam; Notenwarte: Ralf Kurz, Alfred Lehn, Kurt Oßwald; Instrumentenwarte: Heinrich Adler, Walter Amann; Ehrendirigent: Adolf Kuppinger; Musikervorstand: Egon Burkard; Kassenprüfer: Alfons Bub, Adam Haag, Ewald Käpplein
Aktive: Adler Heinrich, Trompete (1955); Amann Helmut, Klarinette (1953); Amann Walter, Horn (1949); Blümle Julius, Horn (1935); Bräutigam Michaela, Trompete (1978); Bräutigam Ursula, Klarinette (1965); Burkard Egon, Posaune (1966); Dischinger Ute, Flöte (1976); Freidel Gabriele, Flöte (1974); Freidel Klaus, Trompete (1981); Gross Thomas, Saxophon (1971); Hambsch Helmut, Tenorhorn (1965); Keller Klaus, Schlagzeug (1975); Keller Lioba, Oboe (1965); Keller Roland, Trompete (1956); Keller Sabine, Flöte (1979); Knebel Monika, Klarinette (1972); Kögel Rüdiger, Flügelhorn (1968); Korn Josef, Tuba (1962); Kremer Ulrike, Flügelhorn (1976); Kretzler Michael, Schlagzeug (1974); Kurz Ralph, Trompete (1975); Lehn Alfred, Klarinette (1978); Machauer Rudolf, Flügelhorn (1961); Mahl Carola, Klarinette (1976); Mahl Günther, Flügelhorn (1951); Mahl Herbert, Tuba (1966); Mahl Susanne, Oboe (1974); Matthes Winfried, Posaune (1980); Mayer Rolf, Flöte (1956); Oßwald Kurt, Horn (1970); Rolli Rolf, Schlagzeug (1977); Rolli Werner, Flügelhorn (1952); Rother Jürgen, Saxophon (1976); Rother Wolfgang, Horn (1973); Ruf Alfred, Posaune (1975); Schamoti Peter, Flügelhorn (1970); Schönecker Helmut, Klarinette (1971); Schönecker Rolf, Saxophon (1970); Schulreich Günter, Schlagzeug (1977); Seider Dieter, Tenorhorn (1971); Spranz Werner, Tuba (1979); Stang Josef, Posaune (1951); Wermuth Gabriele, Klarinette (1979); Wermuth Hugo, Tuba (1956); Wermuth Roland, Posaune (1956); Winkler Hans-Georg, Schlagzeug (1977); Zeller Heiko, Tenorhorn (1978)
Jugendkapelle: Adler Ingo, Blockflöte (1980); Brand Michaela, Flöte (1981); Brecht Karin, Blockflöte (1981); Fasthuber Yvonne, Blockflöte (1981); Geider Heiko, Trompete (1978); Haut Frauke, Blockflöte (1979); Heiler Sabine, Blockflöte (1980); Heißler Ulrich, Trompete (1980); Herzog Heidi, Klarinette (1981); Kammerzelt Tobias, Blockflöte (1980); Keller Natalie, Blockflöte (1979); Kettenmann Markus, Blockflöte (1979); Kettenmann Peter, Blockflöte (1979); Kopp Steffen, Blockflöte (1981); Kopp Sven, Trompete (1981); Kreuzer Sandra, Saxophon (1980); Mahl Alexandra, Oboe (1980); Mail Christina, Blockflöte (1980); Mak Ines, Blockflöte (1979); Marquetant Nicole, Klarinette (1981); Marx Leticia, Blockflöte (1979); Mazza Franca, Blockflöte (1980); Ries Thomas, Flöte (1980); Schneider Bianca, Blockflöte (1979); Weick Dominik, Blockflöte (1980); Wermuth Birgit, Klarinette (1979); Weser Christoph, Blockflöte (1981); Zimmermann Diana, Flöte (1981)

Musikverein Wössingen 1921 e.V.

Gründungsjahr:	1921
1. Vorsitzender:	Adam Schmalz
Stellv. Vorsitzender:	Helmut Redemann
Schriftführer:	Siegfried Schneider
Rechner:	Richard Ehrenfeuchter
Beirat:	Rolf Bach
	Günter Helfrich
	Bernd Redemann
	Herbert Schneider
	Gerhard Stein
	Emil Wetzel
	Bernd Wiltschko
Dirigent:	Siegfried Lepp
Vizedirigent:	Siegfried Schneider
Notenwart:	Bernd Wiltschko
Instrumentenwart:	Rolf Bach
Musikervorstand:	Dieter Wiltschko

Aktive: Aydt Mathias, Posaune (1979); Bach Rolf, Bariton (1950); Bau Michael, Posaune (1974); Bornhardt Klaus, gr. Trommel (1974); Goppelsröder Friedbert, Posaune (1974); Goppelsröder Maritta, Klarinette (1967); Haug Erwin, Trompete (1968); Kinsch Thomas, Klarinette (1974); Kohnle Uwe, Tenorhorn (1968); Krug Jürgen, Tenorhorn (1965); Lepp Thomas, Flügelhorn (1979); Link Inge, Klarinette (1968); Mussong Bernhard, Horn (1965); Obermeier Jochen, Flügelhorn (1974); Pfatteicher Axel, Klarinette (1974); Pfatteicher Peter, Flügelhorn (1974); Redemann Bernd, Klarinette (1974); Redemann Helmut, Trompete (1951); Redemann Tilo, Trompete (1974); Römer Theo, Saxophon (1979); Schell Arno, Tuba (1965); Schillinger Axel, kl. Trommel (1977); Schmalz Adam, Flügelhorn (1955); Schmalz Thomas, Trompete (1974); Schneider Siegfried, Tenorhorn (1968); Silvery Roland, Flügelhorn (1976); Speck Joachim, Tenorhorn (1974); Wiltschko Bernd, Tenorhorn (1974); Wiltschko Dieter, Klarinette (1974); Wiltschko Manfred, Pauken (1974)
Jugendkapelle: Dietrich Peter, Flügelhorn (1979); Jaki Alexander, Posaune (1979); Jaki Mathias, Tenorhorn (1979); Kaiser Alexander, Posaune (1979); Mensinger Sven, Tenorhorn (1979); Pohl Oliver, Schlagzeug (1979); Redemann Nicole, Klarinette (1979); Schulz Andreas, Trompete (1979); Speck Gabi, Klarinette (1979); Veith Michael, Trompete (1979); Weiler Sabine, Flügelhorn (1979); Weiler Susanne, Klarinette (1979)

Musikverein „Frohsinn" 1901 e.V. Wöschbach

Gründungsjahr:	1901
1. Vorsitzender:	Otmar Bittner
Stellv. Vorsitzender:	Hans-Dieter Wiergowski
Schriftführer:	Horst Ripp
Rechner:	Hans Beran
Stellv. Rechner:	Franz Geist
Dirigent:	Ernst Schornstein
Vizedirigent/ Jugendleiter:	Karl Daferner
Notenwart:	Andreas Daferner
Instrumentenwart:	Andreas Ripp
Kleiderwarte:	Elke Friedrich
	Gabi Welte
Ehrenvorsitzender:	Josef Dehm
Ehrendirigent:	Hans Martini
Ausbilder:	Klaus Dopf
	Gebhard Wippert

Beirat: Karl Daferner, Klaus Dopf, Elke Friedrich, Isedor Happ, Dieter Hirn, Karlheinz Nobis, Willi Rebmann, Gabi Welte, Hans Welte, Gebhard Wippert
Aktive: Beran Hans, Klarinette (1960); Bittner Otmar, Posaune (1955); Daferner Andreas, Klarinette (1972); Daferner Frank, Schlagzeug (1976); Daferner Helge, Schlagzeug (1970); Daferner Judith, Saxophon (1977); Daferner Jürgen, Flöte (1973); Daferner Karl, Klarinette (1947); Dopf Bernd, Tenorhorn (1976); Dopf Klaus, Tuba (1974); Friedrich Elke, Klarinette (1971); Friedrich Willi, Flügelhorn (1960); Geist Franz, Horn (1970); Habermann Mathias jun., Tuba (1952); Habermann Norbert, Trompete (1970); Hirn Andrea, Flügelhorn (1971); Hirn Oliver, Horn (1974); Hirn Petra, Trompete (1970); Hurst André, Posaune (1970); Hurst Andreas, Horn (1974); Hurst Elke, Flöte (1973); Konrad Bernhard, Posaune (1970); Konrad Erhard, Tenorhorn (1962); Konrad Horst, Horn (1972); Kuhn Bernhard, Trompete (1982); Mezö Andrea, Klarinette (1970); Nobis Wolfgang, Tenorhorn (1970); Pötschke Dirk, Schlagzeug (1977); Pötschke Iris, Saxophon (1976); Ripp Andreas, Trompete (1974); Ripp Horst, Tuba (1962); Ripp Sylvia, Saxophon (1970); Ripp Thomas, Tenorhorn (1970); Sausen Michael, Trompete (1970); Seetaler Peter, Posaune (1973); Unger Andrea, Schlagzeug (1972); Unger Michael, Saxophon (1977); Volk Uwe, Klarinette (1970); Wachter Michael, Flügelhorn (1973); Weingärtner Artur, Trompete (1960); Weingärtner Eugen, Flügelhorn (1948); Weingärtner Gabi, Flügelhorn (1974); Welte Gabi, Klarinette (1971); Wiergowski Winfried, Tenorhorn (1974); Wippert Gebhard, Tenorhorn (1952)
Jugendkapelle: Bohlender Susanne, Klarinette (1977); Daferner Roman, Klarinette (1980); Dopf Erich, Trompete (1977); Habermann Silke, Trompete (1977); Harich Birgit, Klarinette (1980); Klingenstein Petra, Flöte (1980); Konrad Cornelia, Klarinette (1980); Krüger Patrick, Flügelhorn (1980); Laible Anja, Trompete (1980); Laux Markus, Schlagzeug (1980); Lebtig Heidrun, Flügelhorn (1980); Lebtig Helga, Horn (1980); Lipp Gunther, Klarinette (1980); Oberle Gebhard, Posaune (1980); Özbakir Attila, Tenorhorn (1980); Özbakir Ayhan, Schlagzeug (1980); Rühl Jens, Klarinette (1980); Stark Steffen, Trompete (1980); Wachter Michael, Klarinette (1980); Weis Stefan, Trompete (1980); Weitzenegger Ute, Trompete (1977); Wiergowski Michael, Tenorhorn (1977); Wolf Tobias, Tenorhorn (1980)

Musikverein Zeutern e.V.

Gründungsjahr:	1896
1. Vorsitzender:	Dr. Friedrich Hirsch
Stellv. Vorsitzender:	Hans-Peter Zimmerer
Schriftführer:	Gebhard Reiser
Rechner:	Norbert Schlichter
Beirat:	Oswald Dreher
	Heinz Dutzi
	Martin Dutzi
	Josef Geiß
	Artur Leiser
	Dieter Locher
	Jürgen Neuner
	Ludwig Schmitt
Dirigent:	Theo Soder
Vizedirigent:	Hans-Peter Zimmerer
Jugendleiter:	Georg Hasenfus
	Günter Heinisch
Notenwart:	Bertram Hambsch
Instrumentenwart:	Rainer Supper

Aktive: Ay Georg, Klarinette (1951); Dreher Oswald, Saxophon (1948); Dreher Volker, Saxophon (1976); Dutzi Bernd, Saxophon (1964); Dutzi Heinz, Schlagzeug (1951); Dutzi Martin, Bariton (1961); Dutzi Paul, Klarinette (1930); Ebelle Karin, Trompete (1976); Eisert Elke, Flügelhorn (1976); Förderer Monika, Klarinette (1976); Gärtner Bernhard, Flügelhorn (1978); Geiß Josef, Tenorhorn (1961); Graf Karl-Heinz, Tuba (1979); Hambsch Bertram, Saxophon (1964); Hasenfus Georg, Trompete (1966); Heinisch Günter, Trompete (1967); Hirsch Elke, Flöte (1980); Hirsch Friedrich, Posaune (1979); Hirsch Günter, Tenorhorn (1978); Hirsch Hans-Walter, Saxophon (1969); Hirsch Reinhold, Trompete (1972); Keller Hans-Peter, Posaune (1976); Keller Rüdiger, Schlagzeug (1976); Kling Ilka, Klarinette (1977); Kneller Daniela, Klarinette (1977); Kunz Ludwig, Tenorhorn (1924); Leiser Artur, Tuba (1965); Locher Dieter, Flügelhorn (1978); Maier Daniela, Klarinette (1977); Mayer Rainer, Klarinette (1979); Neuner Jürgen, Tenorhorn (1976); Reichert Bernd, Flügelhorn (1961); Reiser Gebhard, Klarinette (1957); Reiser Gunter, Tenorhorn (1976); Reiser Hans, Posaune (1951); Schlichter Norbert, Flügelhorn (1967); Schroff Edgar, Trompete (1964); Schroff Gerhard, Klarinette (1976); Schroff Thorsten, Klarinette (1972); Simianer Klaus, Trompete (1978); Stier Bernhard, Posaune (1968); Stier Volker, Posaune (1978); Supper Rainer, Tuba (1960); Widak Daniela, Klarinette (1977); Zimmerer Hans-Peter, Flügelhorn (1957); Zimmerer Ulrike, Flöte (1979); Zimmermann Rüdiger, Saxophon (1976)
Zöglinge: Cullik Frank, Trompete (1980); Cullik Ingo, Saxophon (1979); Dutzi Andrea, Flügelhorn (1979); Dutzi Frank, Horn (1980); Dutzi Tobias, Tenorhorn (1982); Frank Silke, Trompete (1979); Heckert Michael, Horn (1982); Holzwarth Michael, Trompete (1979); Kessler Rüdiger, Posaune (1979); Knaus Frank-Bernhard, Klarinette (1980); Mayer Norbert, Trompete (1979); Mpizanis Otto, Schlagzeug (1979); Reiser Norbert, Flügelhorn (1979); Schmitt Ulrike, Saxophon (1982); Schroff Clemens, Tenorhorn (1979); Schroff Katja, Saxophon (1980); Schroff Mathias, Flöte (1982); Streicher Volker, Trompete (1979)

Musikverband Kinzigtal

Das Präsidium

Ehrenpräsident: Engelbert Belli († 1969)

1. Präsident: Helmut Belli
Stellv. Präsident: Otto Wußler
Verbandsdirigent: Günther Keller
Stellv. Verbandsdirigent: Heinrich Krämer
Verbandsjugendleiter: Gerhard Lehmann
Schriftführer/Pressewart: Gotthard Müller
Kassier: Heribert Kuderer

Der Verband hat 34 Mitgliedsvereine.
Zum Verband gehören noch die Vereine Fussbach und Mühlenbach.

Von links nach rechts: Heinrich Krämer, Günther Keller, Helmut Belli, Otto Wußler, Gotthard Müller, Heribert Kuderer, Gerhard Lehmann

Blas- und Trachtenkapelle Bad Rippoldsau

Gründungsjahr:	1952
1. Vorsitzender:	Walter Bächle
Stellv. Vorsitzender:	Manfred Müller
Schriftführer:	Franz Schmid
Rechner:	Gerhard Decker
Beirat:	Alfred Hermann
	Albert Schmid
	Edgar Schmid
	Waldemar Schmid
Dirigent:	Bruno Schillinger
Vizedirigent:	Martin Schoch
Jugendleiter:	Bruno Schillinger
Notenwart:	Bernhard Müller
Ehrenmitglieder:	Lorenz Schillinger
	Eduard Schmid
	Adolf Schoch

Aktive: Bächle Walter, Tenorhorn (1952); Beck Eugen, Klarinette (1956); Decker Gerhard, Posaune (1952); Hermann Alfred, gr. Trommel (1954); Hermann Arnold, Tuba (1972); Hornung Ute, Flöte (1980); Müller Albrecht, Flügelhorn (1952); Müller Bernhard, Posaune (1956); Müller Karl, Tenorhorn (1952); Müller Manfred, Flügelhorn (1959); Schmid Albert, Tenorhorn (1952); Schmid Albert, Tenorhorn (1954); Schmid Albert, Flügelhorn (1980); Schmid Edgar, Klarinette (1969); Schmid Eduard, Tuba (1952); Schmid Frank, Saxophon (1980); Schmid Franz, Flügelhorn (1954); Schmid Franz, Trompete (1956); Schmid Franz, Klarinette (1965); Schmid Gottfried, Tenorhorn (1966); Schmid Philipp, Tuba (1959); Schmid Roland, Klarinette (1968); Schmid Rolf, kl. Trommel (1953); Schmid Rudolf, Trompete (1960); Schmid Waldemar, Posaune (1980); Schmid Walter, Horn (1952); Schoch Albert, Tenorhorn (1952); Schoch Anton, Horn (1954); Schoch Martin, Bariton (1968); Schremp Hubert, Trompete (1967).
Jugendliche: Decker Wolfgang, Posaune (1980); Schillinger Brigitte, Flöte (1980); Schmid Stefan, Horn (1980); Schoch Horst, Trompete (1980); Schoch Norbert, Horn (1980)
Zöglinge: Beck Betina, Klarinette; Hornung Annette, Klarinette; Hornung Christel, Klarinette; König Daniel, Klarinette; Schmid Silvia, Flöte; Schmid Thomas, Trompete

Musik- und Trachtenkapelle Berghaupten e.V. „Schwarzwälder Blasorchester"

Gründungsjahr:	um 1875*
1. Vorsitzender:	Albert Roth
Stellv. Vorsitzender:	Reinhard Lienhard
Schriftführer:	Günter Peters
Stellv. Schriftführer:	Albrecht Geppert
Rechner:	Rainer Kranz
Stellv. Rechner:	Werner Brüderle
Dirigent:	MD Dieter Fahrner
Vizedirigenten:	Franz Huber
	Reinhard Lienhard
Jugendleiter:	Roland Bührer
Notenwarte:	Franz Berger
	Jürgen Geiger
	Manfred Schappacher
Instrumentenwart:	Werner Brüderle
Ehrenvorsitzender:	Adolf Lienhard

Beirat: Franz Berger, Richard Brüderle, Helmut Geppert, Franz Huber, Nello Meier, Gerhard Peters, Manfred Schappacher, Erika Schreiner, Josef Schreiner, Gerhard Stöhr
Aktive: Armbruster Eva Maria, Klarinette (1979); Armbruster Rolf, Klarinette (1979); Barth Edgar, Klarinette (1974); Beck Franz, Horn (1948); Benz Gisbert, Trompete (1961); Benz Hubert, Posaune (1962); Benz Karlheinz, Schlagzeug (1977); Benz Rolf, Posaune (1956); Berger Axel, Bariton (1979); Berger Franz, Flügelhorn/Trompete (1947); Berger Thomas, Klarinette/Saxophon (1970); Bross Bernhard, Trompete (1974); Brüderle Gerhard, Tenorhorn (1948); Brüderle Richard, Klarinette (1928); Brüderle Werner, Trompete (1957); Bühler Thomas, Trompete (1974); Bührer Achim, Schlagzeug (1980); Bührer Roland, Tuba (1956); Derdau Chris, Flügelhorn/Trompete (1964); Ebner Bernhard, Flügelhorn (1974); Fahrner Ellen, Flöte (1969); Frey Adolf, Flügelhorn (1952); Gause Klaus, Schlagzeug (1974); Geiger Jürgen, Klarinette (1970); Geppert Albrecht, Tenorhorn (1948); Geppert Helmut, Klarinette/Saxophon (1961); Geppert Herbert, Trompete (1967); Gillmeister Petra, Klarinette (1974); Harter Heribert, Horn (1949); Herrmann Martin, E-Gitarre (1977); Hilberer Manfred, Tuba (1957); Huber Franz, Trompete (1956); Kirstein Kerstin, Klarinette (1979); Kranz Alexander, Trompete (1977); Lang Heike, Klarinette (1978); Lang Norbert, Tuba/E-Piano (1976); Lang Silvia, Klarinette (1979); Latussek Gerhard, Bariton (1974); Lehmann Klaus, Trompete (1977); Lienhard Elke, Flöte (1981); Lienhard Reinhard, Klarinette/Saxophon (1956); Mathis Gudrun, Klarinette (1978); Mathis Helmut, Tenorhorn (1967); Mathis Wieland, Tuba (1967); Meier Nello, E-Baß (1977); Nagel Peter, Schlagzeug (1974); Peters Andreas, Trompete (1974); Peters Gerhard, Posaune (1967); Peters Günter, Posaune (1952); Peters Zeno, Klarinette (1979); Pfaff Christine, Flöte (1979); Pfaff Gustl, E-Gitarre (1977); Riehle Richard, Tenorhorn (1949); Rombach Alfred, Horn (1975); Roth Albert, Flügelhorn/Trompete (1949); Roth Marion, Klarinette (1977); Rueß Heinz, Schlagzeug (1978); Schappacher Hubert, Horn (1977); Schappacher Manfred, Klarinette/Saxophon (1974); Schilli Sigrit, Klarinette (1974); Schilli Stefan, Klarinette (1974); Schreiner Erika, Klarinette (1974); Schreiner Josef, Klarinette (1940); Stöhr Gerhard, Klarinette/Saxophon (1961); Vetter Werner, Flügelhorn (1974); Walter Christian, Klarinette/Saxophon (1974); Walter Karlheinz, Klarinette (1977); Walter Ottmar, Schlagzeug (1967); Wild Wolfgang, Trompete (1974); Zapf Helmut, Posaune (1974)
Zöglinge: Berger Frank, Trompete (1979); Bischler Peter, Trompete (1982); Brüderle Alexandra, Klarinette (1981); Ehreiser Volker, Klarinette (1979); Hertle Michael, Schlagzeug (1982); Huber Björn, Trompete (1982); Huber Melanie, Klarinette (1981); Huber Ralf, Trompete (1982); Hutter Manuela, Klarinette (1981); Lay Daniel, Klarinette (1981); Meier Katja, Flöte (1982); Meyle Marietta, Klarinette (1982); Mörtel Alexandra, Flöte (1981); Müller Ralf, Trompete (1981); Schappacher Ulrich, Trompete (1981); Steiner Alexandra, Flöte (1982); Steinmann Frank, Horn (1982); Steinmann Jörg, Posaune (1982)

Musik- u. Trachtenkapelle, Blasorchester Biberach e.V.

Gründungsjahr:	1893
1. Vorsitzender:	Fridolin Mäntele
Stellv. Vorsitzender:	Manfred Stern
Schriftführerin:	Bärbel Kornmayer
Rechner:	Kurt Schwendemann
Stellv. Rechner:	Hubert Gissler
Beirat:	Alfons Dürrholder
	Heinrich Giesler
	Harald Herde
	Werner Witschel
Dirigent:	Reinhard Lienhard
Jugendleiter:	Harald Herde
Notenwarte:	Manfred Herde
	Franz Mäntele

Aktive: Armbruster Johannes, Trompete (1978); Armbruster Jutta, Flöte (1981); Bächle Joachim, Klarinette (1975); Bohnert Hubert, Tuba (1962); Bohnert Markus, Trompete (1974); Breig Hubert, Posaune (1974); Breig Kurt, Klarinette (1969); Buchholz Udo, Klarinette (1973); Dürrholder Alfons, Flügelhorn/Trompete (1952); Dürrholder Guido, Tenorhorn (1971); Dürrholder Manfred, Tenorhorn (1971); Dürrholder Simon, Posaune (1948); Fässler Ulrich, Horn (1973); Gaiser Uwe, Klarinette (1973); Gießler Heinrich, Trompete (1957); Gießler Sigrid, Klarinette (1979); Gissler Hubert, kl. Trommel/Becken (1963); Gißler Rolf, Schlagzeug (1981); Grimm Hans, Tuba (1973); Gutmann Manfred, Saxophon/E-Piano (1979); Herde Alexander, Flöte/Saxophon (1977); Herde Harald, Trompete (1971); Herde Herbert, gr. Trommel (1951); Herde Manfred, Schlagzeug (1971); Hiemenz Uwe, Flügelhorn/Trompete (1979); Huber Ludwig, Horn (1947); Isenmann Rolf, Flügelhorn/Schlagzeug (1979); Jehle Reinhold, Flügelhorn/Trompete (1967); Kasper Martin, Klarinette/Saxophon (1971); Kauffmann Peter Lyra/Pauken (1966); Kürner Jürgen, Bariton (1978); Kürner Thomas, Tenorhorn (1978); Mäntele Franz, Klarinette/Saxophon (1971); Mäntele Germana, Flöte/Pikkolo (1979); Marx Martin, Trompete (1974); Marx Roland, Bariton (1975); Millinger Josef, Horn (1950); Moser Robert, Posaune (1978); Müller Markus, Tenorhorn (1971); Rietsche Peter, Klarinette (1973); Ringwald Jürgen, Posaune (1974); Schilli Alexander, Flöte/Saxophon (1972); Schilli Bernd, Klarinette/Saxophon (1972); Schüle Hubert, Klarinette/Saxophon (1977); Schwörer Wolfgang, Klarinette (1977); Stern Manfred, Tenorhorn/Posaune (1959); Thom Bernd, Flügelhorn/Trompete (1965); Weisser Heinz, Klarinette/Saxophon (1950); Weisser Jürgen, Klarinette (1978); Welte Josef, Tuba (1962); Welte Lorenz, Horn (1971); Witschel Viktor, Posaune (1959); Witschel Werner, Trompete/Flügelhorn (1965)
Zöglinge: Berger Thomas, Klarinette (1981); Buchholz Dietmar, Trompete (1982); Echle Christian, Trompete (1981); Eckermann Stefan, Klarinette (1981); Fautz Rudolf, Klarinette (1981); Hug Ralf, Trompete (1981); Schmeißer Ronald, Klarinette (1981); Schwendemann Dietmar, Trompete (1981); Stern Daniela, Flöte (1982)

Musikkapelle „Harmonie" Fischerbach e.V.

Gründungsjahr:	1919
1. Vorsitzender:	Erich Braig
Stellv. Vorsitzender:	Franz Schätzle
Schriftführer:	August Geiger
Rechner:	Paul Summ
Beirat:	Eugen Allgaier
	Peter Eble
	Werner Kohmann
	Ulrich Schmid
Dirigent:	Franz Summ
Vizedirigent:	Hansjörg Wichmann
Jugendleiter:	Franz Summ
Ehrenvorsitzender:	Georg Schmid

Aktive: Allgaier Eugen, Tenorhorn (1948); Bächle Harald, Horn (1970); Bächle Norbert, Horn (1977); Braig Alfred, Horn (1950); Braig Edwin, Flügelhorn (1970); Braig Erich, Flügelhorn (1950); Braig Günter, Trompete (1970); Braig Jürgen, Schlagzeug (1970); Eble Michael, Flöte (1977); Eble Peter, Trompete (1961); Eble Reinhard, Klarinette (1977); Damm Martin, Tenorhorn (1977); Eisenmann Hugo, Tuba (1938); Geiger August, kl. Trommel (1941); Heimann Martin, Bariton (1970); Heimann Ulrich, Trompete (1977); Heizmann Johann, gr. Trommel (1942); Heizmann Jürgen, Horn (1977); Keller Erik, Posaune (1977); Kohmann Werner, Posaune (1949); Kohmann Werner jun., Klarinette (1977); Mayer Franz, Posaune (1948); Mayer Hans Georg, Trompete (1977); Müller Ulrich, Flügelhorn (1977); Neumaier Andreas, Flügelhorn (1948); Neumaier Werner, Trompete (1977); Pfaff Wilhelm, Horn (1948); Räpple Anton, Horn (1948); Schätzle Franz, Posaune (1952); Schätzle Pirmin, Tenorhorn (1970); Schätzle Richard, Tuba (1955); Schätzle Wilhelm, Tenorhorn (1961); Schmid Alfons, Tuba (1952); Schmid Erwin, Tuba (1977); Schmid Franz, Flöte (1961); Schmid Georg, Klarinette (1923); Schmid Georg, Klarinette (1977); Schmid Josef, Horn (1955); Schmid Klaus, Klarinette (1970); Schmid Reinhard, Saxophon (1961); Schmid Theodor, Flügelhorn (1955); Schmid Ulrich, Horn (1962); Schmid Wilhelm, Klarinette (1937); Summ Bernhard, Saxophon (1970); Summ Franz, Posaune (1970); Summ Karl, Saxophon (1941); Summ Paul, Klarinette (1948); Wichmann Hansjörg, Saxophon (1954)

Stadtkapelle Gengenbach e.V.

Gründungsjahr:	1856*
1. Vorsitzender:	Josef Gmeiner
Stellv. Vorsitzender:	Herbert Sester
Schriftführer:	Eberhard Köhler
Rechner:	Berthold Rösch
Beirat:	Manfred Hug
	Heike Prinz
	Bernd Ruf
Dirigent/	
Jugendleiter:	Gerhard Geng
Notenwart:	Martin Klaschka

Aktive: Bahr Josef, Tenorhorn (1946); Beck Sandra, Klarinette (1979); Bildstein Helmut, Horn (1946); Blum Klaus, Trompete (1976); Bruder Achim, Horn (1975); Bruder Horst, Horn (1953); Burkhard Klaus, Flügelhorn (1969); Cona Christina, Klarinette (1973); Eiselt Stefan, Flügelhorn (1967); Faißt Bernd, Flügelhorn (1968); Faißt Dieter, Klarinette/Saxophon (1973); Ficht Hubert, Posaune (1954); Ficht Jürgen, Posaune (1973); Fuggenthaler Jürgen, Tuba (1977); Fuggenthaler Rainer, Tenorhorn (1977); Geisler Thomas, Klarinette/Saxophon (1977); Geng Gabi, Flöte/Pikkolo (1978); Gißler Armin, Schlagzeug (1974); Gißler Astrid, Klarinette (1978); Gißler Britta, Flöte (1979); Gmeiner Gerd, Tenorhorn (1953); Gmeiner Josef, Posaune (1933); Gmeiner Werner, Posaune (1958); Grieshaber Josef, Horn (1946); Häberlein Jürgen, Klarinette (1978); Häberlein Rainer, Trompete (1978); Hartmann Piter, Posaune (1976); Heinzelmann Bernd, Bariton (1950); Huber Petra, Klarinette/Saxophon (1971); Hug Berthold, Klarinette/Saxophon (1968); Hug Hildegard, Klarinette (1974); Hug Manfred, Tuba (1967); Hug Reinhard, Flügelhorn (1969); Keller Armin, Flöte (1979); Keller Patrick, Klarinette/Saxophon (1978); Klaschka Martin, Tenorhorn (1971); Kleis Peter, Tenorhorn (1975); Köhler Eberhard, Klarinette/Saxophon (1970); Köhninger Richard, Klarinette/Saxophon (1953); Krämer Stephanie, Klarinette (1979); Lappat Werner, Schlagzeug (1979); Lehmann Christof, Klarinette (1978); Mann Harald, Trompete (1979); Mößel Heinz, Flügelhorn (1946); Montalti Patricia, Klarinette (1979); Neumann Bernhard, Posaune (1975); Neumann Olaf, Trompete (1976); Peter Irene, Klarinette (1979); Prinz Heike, Klarinette (1976); Radtke Martina, Klarinette (1979); Rank Gabriele, Klarinette (1979); Rehm Claudia, Klarinette (1979); Rösch Berthold, Flügelhorn (1956); Rösch Norbert, Tuba (1980); Ruck Dieter, Schlagzeug (1965); Ruck Klaus, Schlagzeug (1946); Ruf Bernd, Klarinette/Saxophon (1979); Schmider Wolfgang, Trompete (1975); Schößler Armin, Trompete (1975); Sester Gebhard, Posaune (1963); Sester Herbert, Bariton (1957); Späth Cordula, Klarinette (1979); Suhm Raimund, Klarinette (1946); Vandrey Gabi, Klarinette (1977); Vandrey Kurt, Posaune (1970); Wagner Christoph, Horn (1977); Wagner Dominik, Schlagzeug (1977); Walter Josef, Schlagzeug (1980); Werner Thorsten, Klarinette (1980); Wußler Emil, Tuba (1933); Wußler Peter, Klarinette (1958); Wußler Robert, Tuba (1946)

Musikkapelle e.V.
Gengenbach-Reichenbach

Gründungsjahr:	1892
1. Vorsitzender:	Otto Wußler
Stellv. Vorsitzender:	Gerhard Roth
Schriftführer:	Franz Suhm
Kassier:	Josef Suhm
Dirigent:	Rudi Fischer
Vizedirigent:	Josef Oehler

Aktive: Adam Berthold, Tuba (1965); Amann Peter, Trompete (1972); Armbruster Hansjörg, Horn/Pauken (1962); Beiner Kurt, Klarinette (1977); Benz Josef, Tuba (1972); Boschert Klaus, Posaune (1977); Boschert Paul, Trompete (1952); Boschert Rudolf, Trompete (1978); Braun Heinz, Klarinette (1968); Braun Hubert, Tenorhorn (1965); Buß Josef, Klarinette (1961); Echtle Hubert, Posaune (1977); Göppert Wilhelm, Tenorhorn (1965); Harter Bernhard, Trompete (1968); Harter Bernhard, Trompete (1977); Harter Ernst, Flügelhorn (1977); Harter Eugen, Horn (1960); Harter Franz, Tenorhorn (1961); Harter Konrad, Flügelhorn (1959); Harter Norbert, Tenorhorn (1968); Hoferer Manfred, Klarinette (1972); Huber Klemens, Posaune (1954); Lehmann Jürgen, Klarinette (1977); Lienhard Otto, Posaune (1959); Oehler Josef, Klarinette (1961); Roth Gerhard, kl. Trommel (1955); Schüle Konrad, Trompete (1965); Sester Severin, Bariton (1962); Späth Werner, Flügelhorn (1977); Stern Alfred, Posaune (1949); Stern Hans-Peter, Flügelhorn (1965); Stern Josef, gr. Trommel (1948); Stern Jürgen, Klarinette (1977); Stern Klaus, Saxophon (1965); Stern Robert, Klarinette (1955); Suhm Alfred, Bariton (1955); Suhm Alfred, Klarinette (1971); Suhm Franz, Klarinette (1961); Suhm Josef, Tuba (1951); Suhm Rainer, Klarinette (1977); Weber Baptist, Tenorhorn (1948); Wußler Albert, Tuba (1972); Wußler Christoph, Posaune (1977); Wußler Erhard, Horn (1972); Wußler Manfred, Klarinette (1959); Wußler Norbert, Flügelhorn (1962); Zimmermann Doris, Flöte (1977); Zimmermann Hermann, Horn (1954)

Trachtenkapelle Gutach (Schwarzwaldbahn) e.V.

Gründungsjahr:	1902
1. Vorsitzender:	Karl-Friedrich Aberle
Stellv. Vorsitzender:	Fritz Brüstle
Schriftführer:	Werner Aberle
Rechner:	Erich Mellert
Beirat:	Ansgar Barth
	Hans Baumann
	Helmut Blum
	Berthold Breithaupt
	Gabriele Kaltenbach
	Hedwig Kaltenbach
	Herbert Oehler
	Hans Wälde
Dirigent:	Erich Kopp
Vizedirigent/ Jugendleiter:	Hans-Günther Brohammer
Notenwart/ Instrumentenwart:	Gebhard Becherer

Aktive: Aberle Karl-Friedrich, Tuba (1951); Aberle Walter, Flügelhorn (1966); Aberle Werner, Flügelhorn (1966); Barth Clemens, Tenorhorn (1980); Baumann Hans, kl. Trommel (1955); Becherer Gebhard, Horn (1961); Blum Helmut, Klarinette (1967); Breithaupt Berthold, Klarinette (1956); Breithaupt Fritz, Horn (1957); Breithaupt Hans, Klarinette (1925); Breithaupt Hans, Trompete (1971); Brüstle Dieter, Klarinette (1978); Brüstle Fritz, Klarinette (1949); Brüstle Jürgen, Tenorhorn (1960); Griessbaum Michael, Horn (1978); Haas Georg, Klarinette (1976); Heidig Fritz, Flügelhorn (1963); Hund Rainer, Schlagzeug (1977); Joos Werner, Klarinette (1961); Kaltenbach Hansjakob, Flöte (1963); Kech Hans, Klarinette (1968); Kech Hermann, Flügelhorn (1969); Kenngott Thomas, Klarinette (1977); Kenngott Werner, Klarinette (1967); Mellert Erich, Horn (1949); Mellert Wolfgang, Tenorhorn (1978); Moser Edgar, Posaune (1951); Moser Hans, Trompete (1957); Moser Jakob, Flügelhorn (1927); Oehler Herbert, Posaune (1949); Ruf Ernst, Trompete (1967); Spathelf Heiner, gr. Trommel (1961); Wälde Hans-Peter, Horn (1968); Wälde Rolf, Tenorhorn (1971); Wöhrle Arno, Posaune (1967); Wöhrle Hans-Peter, Tenorhorn (1980); Zwick Hans-Peter, Tenorhorn (1973).

Stadtkapelle Haslach im Kinzigtal

Gründungsjahr:	um 1800
1. Vorsitzender:	Josef Offenburger
Stellv. Vorsitzender/ Schriftführer:	Wilfried Hansmann
Stellv. Schriftführer:	Fritz Göhringer
Rechner:	Günter Stöhr
Beirat:	Arnold Gutmann
	Herbert Neumaier
	Michael Schmider
	Joachim Stöhr
Vizedirigent:	Josef Offenburger
Notenwart:	Wolfgang Obert
Instrumentenwart:	Paul Storz
Ehrendirigent:	Stadtmusikdirektor a. D. Nikolaus Nehlig

Aktive: Brucher Berthold, Posaune (1952); Edelmann Ralf, Schlagzeug (1981); Falk Beate, Flöte (1977); Fuchs Reinhold, Flügelhorn (1975); Fus Konrad, Flügelhorn (1952); Göhringer Andrea, Flöte (1977); Göhringer Fritz sen., Saxophon (1925); Göhringer Fritz jun., Klarinette (1960); Göhringer Manfred, Saxophon (1955); Göhringer Michael, Klarinette (1977); Gutmann Arnold, Tenorhorn (1961); Gutmann Hans, Klarinette (1963); Gutmann Peter, Klarinette (1970); Gutmann Rainer, Flügelhorn (1958); Hansmann Wilfried, Tuba/E-Baß (1958); Hansmann Wilhelm, Fagott (1923); Kicherer Kurt, Tenorhorn (1956); Kornmaier Heinz, Klarinette (1952); Krämer Lucia, Flöte (1981); Krämer Paul, Trompete (1961); Lauinger Jürgen, Flügelhorn (1981); Matt Bruno, Posaune (1967); Matt Claus, Saxophon (1955); Matt Helmut, Klarinette (1940); Matt Paul, Posaune (1940); Matt Steffen, Schlagzeug (1981); Moser Frank, Tuba (1978); Neumaier Herbert, Tuba (1963); Neumaier Jürgen, Trompete (1981); Neumaier Markus, Bariton (1981); Neumaier Stefan, Trompete (1981); Nold Axel, Posaune (1978); Obert Wolfgang, Klarinette (1952); Offenburger Josef, Flügelhorn (1940); Papirniyk Rolf, Saxophon/Tenorhorn (1952); Psak Klaus, Trompete (1958); Riedel-Seifert Stefan, Klarinette (1977); Sahl Bernhard, Trompete (1940); Schätzle Eugen, Horn (1955); Schmider Christoph, Klarinette (1978); Schmider Eva, Klarinette (1978); Schmider Michael, Horn (1978); Schmieder August, Posaune (1952); Semling Richard, Trompete (1938); Stöhr Günter, Flöte/Saxophon (1952); Stöhr Joachim, Klarinette (1973); Stöhr Peter, Flöte (1970); Storz Paul, Horn (1960); Weber Johann, Schlagzeug (1958); Wössner Bernd, Klarinette (1978).
Zöglinge: Allgaier Jörg, Flöte (1979); Blum Robert, Klarinette (1978); Deblitz Jürgen, Trompete (1977); Isenmann Andreas, Klarinette (1981); Isenmann Jürgen, Horn (1981); Krämer Bernd, Klarinette (1979); Matt Alexander, Tenorhorn (1980); Moser Klaus, Bariton (1979); Neumaier Friedrich, Tenorhorn (1977); Neumaier Volker, Klarinette (1981); Ravanelli Stefan, Trompete (1981); Sahl Frank, Trompete (1982); Schaettgen Matthias, kl. Trommel (1981); Schätzle Dirk, Horn (1980); Wild Doris, Klarinette (1979).

Stadt- und
Feuerwehrkapelle Hausach

Gründungsjahr:	1818*
1. Vorsitzender:	Manfred Kienzle
Geschäftsführer:	Josef Keller
Schriftführer:	Bernhard Zefferer
Rechner:	Norbert Seeholzer
Beirat:	Erich Matt
	Siegfried Schmidt
	Norbert Seeholzer
	Klaus Sum
Dirigent:	Günther Keller
Vizedirigent:	Eugen Jehle
Jugendleiter:	Günther Keller
Zeugwart:	Hermann Faißt

Aktive: Baumann Ralph, Klarinette (1974); Benz Ludwig, Horn (1955); Blase Reiner, Tuba (1973); Breithaupt Ernst, Tenorhorn (1968); Brüschke Karsten, Posaune (1977); Disselhoff Jan-Peter, Flügelhorn (1974); Dorner Franz, Tenorhorn (1967); Eisenmann Georg, Flöte (1978); Eisenmann Harald, Klarinette (1976); Faisst Hermann, Tenorhorn (1933); Gebert Gerhard, Schlagzeug (1970); Grießbaum Reiner, Trompete (1971); Gutmann Martin, Trompete (1977); Hiemer Alexander, Flügelhorn (1979); Himmelspach Mathias, Klarinette (1979); Jehle Eugen, Flügelhorn (1945); Jehle Max, Schlagzeug (1973); Kamm Gerhard, Trompete (1955); Keil Ralph-Jürgen, Klarinette (1978); Keller Fritz, Horn (1933); Keller Josef, Flügelhorn (1962); Kudermann Bruno, Posaune (1978); Kudermann Erwin, Pauken/Lyra (1950); Laun Wilhelm, Klarinette (1948); Lehmann Günther, Tuba (1978); Lehmann Manuel, Posaune (1977); Leibing Ottokar, Klarinette (1959); Matt Hans-Peter, Posaune (1977); Meyer Reinhard, Trompete (1979); Neumaier Reinhard, Klarinette (1969); Oberfell Konrad, Flügelhorn (1959); Pfaff Reinhard, Klarinette (1978); Policicchio Guido, Schlagzeug (1976); Räpple Norbert, Tenorhorn (1962); Rauber Ernst, Posaune (1973); Rauber Hubert, Posaune (1973); Rauber Martin, Tuba (1972); Schätzle Christoph, Tenorhorn (1979); Schmid Franz, Saxophon (1964); Schmid Rüdiger, Trompete (1976); Schmidt Siegfried, Horn (1945); Schneider Jürgen, Saxophon (1971); Sczendzyna Horst, Trompete (1956); Seeger Paul, Saxophon (1951); Seeholzer Franz, Flöte (1964); Seeholzer Norbert, Tuba (1946); Seitz Andreas, Trompete (1974); Spinner Johannes, Tenorhorn (1973); Stahl Georg, Klarinette (1975); Sum Klaus, Bariton (1952); Sum Klaus, Klarinette (1971); Wassner Jürgen, Flügelhorn (1961); Weiß Rüdiger, Horn (1978); Welle Reinhard, Trompete (1965); Winterer Hermann, Flöte/Pikkolo (1971); Zefferer Bernhard, Klarinette (1965)

Musikkapelle Hofstetten

Gründungsjahr:	1920
1. Vorsitzender:	Xaver Neumaier
Stellv. Vorsitzender:	Heinrich Uhl
Schriftführer:	Erwin Neumaier
Rechner:	Hermann Brosamer
Beirat:	Xaver Brosamer
	Josef Huber
	Walter Ostrowski
Dirigent:	Heinrich Krämer
Vizedirigent/	
Jugendleiter:	Werner Giesler
Notenwart:	Wolfgang Ronecker

Aktive: Allgaier Albert, Tuba (1947); Allgaier Xaver, Tuba (1938); Brosamer Hermann, Trompete (1962); Brosamer Manfred, Klarinette (1968); Brosamer Michael, Bariton (1978); Brucker Albert, Klarinette (1968); Brucker Franz, Klarinette (1978); Brucker Heinrich, Horn (1962); Dold Gerhard, Klarinette (1973); Dold Manfred, Klarinette (1978); Dold Werner, Klarinette (1978); Dorer Siegfried, Flügelhorn (1962); Giesler Josef, Trompete (1938); Giesler Werner, Schlagzeug (1968); Huber Josef, Posaune (1949); Kaspar Bernhard, Tuba (1973); Kaspar Heinrich, Klarinette/Saxophon (1962); Kaspar Hermann, Tenorhorn (1968); Kaspar Wendelin, Bariton (1968); Ketterer Hermann, Horn (1956); Kockelkorn Hanspeter, Tuba (1978); Kornmaier Jürgen, Schlagzeug (1979); Krämer Alfred, Schlagzeug (1973); Krämer Georg, Klarinette/Saxophon (1962); Krämer Norbert, Schlagzeug (1979); Krämer Rudi, Posaune (1971); Läufer Landolin, Tuba (1957); Neumaier Ansgar, Klarinette (1973); Neumaier Erwin, Klarinette/Saxophon (1952); Neumaier Erwin, Flügelhorn (1968); Neumaier Josef, Horn (1946); Neumaier Markus, Klarinette (1978); Neumaier Patrick, Tenorhorn (1978); Neumaier Werner, Trompete (1968); Neumaier Xaver, Horn (1952); Neumaier Xaver, Horn (1968); Neumaier Xaver, Flügelhorn (1948); Obert Albert, Flöte (1962); Ostrowski Harald, Klarinette (1973); Ostrowski Walter, Horn (1960); Rachl Markus, Flöte (1978); Ronecker Wolfgang, Klarinette/Saxophon (1958); Ruf Albert, Klarinette (1946); Schmidt Franz, Klarinette (1974); Stockburger Hermann, Trompete (1973); Suhm Anton, Klarinette/Saxophon (1962); Uhl Franz, Posaune (1946); Uhl Heinrich, Posaune (1962); Vollmer Erich, Flügelhorn (1973); Witt Gerhard, Trompete (1968); Wordl Christian, Trompete (1978); Wordl Oliver, Klarinette (1978)

Stadtkapelle Hornberg

Gründungsjahr: 1879*
1. Vorsitzender: Hans-Peter Zühlke
Stellv. Vorsitzender: Hans-Peter Hippler
Schriftführerin: Christa Blum
Rechnerin: Martina Lauble
Ausschußmitglieder: Siegbert Aberle
(2. Notenwart)
Werner Dilger
(3. Notenwart)
Jakob Schondelmaier
(Kammerwart)
Dirigent: Franz Kienzle
Vizedirigent: Werner Blum
Jugendleiterin: Andrea Dilger
Notenwart: Werner Blum

Aktive: Aberle Siegbert, Posaune (1958); Armbruster Iris, Klarinette (1979); Assmus Sabine, Tenorhorn (1979); Bächle Brigitte, Klarinette (1974); Baier Heinz, Tenorhorn (1959); Benzing Frank, Horn (1978); Bisch Martina, Saxophon (1977); Blum Christa, Saxophon (1966); Blum Werner, Trompete (1962); Brohammer Manfred, Tenorhorn (1968); Brohammer Werner, Schlagzeug (1979); De la Corde Juan Franco, Trompete (1975); Dilger Andrea, Klarinette (1968); Dilger Werner, Posaune (1972); Eichkorn Heidi, Klarinette (1977); Faist Ursula, Klarinette (1958); Giardini Peter, Bariton (1979); Griesbaum Michael, Flügelhorn (1974); Gronert Ruth, Saxophon (1965); Haas Reiner, Tenorhorn (1972); Heitzmann Gabi, Klarinette (1975); Hippler Hans-Peter, Flügelhorn (1966); Hug Heidi, Klarinette (1966); Kienzle Michael, Tenorhorn (1978); Kienzler Dieter, Trompete (1977); Kienzler Elke, Flöte (1979); Krüger Hans-Peter, Tenorhorn (1969); Lauble Martina, Flöte (1968); Laun Jürgen, Klarinette (1962); Laun Roland, Schlagzeug (1968); Mosmanr Karl-Heinz, Flügelhorn (1980); Neuss Eberhard, Klarinette (1970); Presti Josef, Tenorhorn (1979); Rosenfelder Claudia, Saxophon (1979); Sanchez Alfredo, Trompete (1978); Schlemmer Heinrich, Schlagzeug (1962); Schneider Kurt, Horn (1977); Schondelmaier Jakob, Tuba (1950); Seckinger Katrin, Saxophon (1977); Seckinger Pia, Klarinette (1977); Stehle Ute, Saxophon (1975); Wagner Rolf, Tuba (1953); Wagner Ulrich, Saxophon (1970); Werner Wolfgang, Tuba (1963); Wöhrle Doris, Flügelhorn (1979); Wörner Martin, Posaune (1979); Zühlke Hans-Peter, Saxophon (1962)

Trachtenkapelle Kinzigtal e.V.

Gründungsjahr: 1921
1. Vorsitzender: Karl Hettig
Stellv. Vorsitzender: Heinrich Schillinger
Schriftführer: Heinz Dieterle
Rechner: Reinhold Stehle
Beirat: Hans Heizmann
Josef Kimmig
Erwin Schanz
Horst Wigant
Dirigent: Eugen Jehle
Notenwart: Michael Heizmann
Instrumentenwart: Georg Hilberer
Ehrenvorsitzender: Raimund Schmider

Aktive: Allgaier Alfred, Tuba (1946); Allgaier Erwin, Posaune (1979); Dieterle Andreas, Posaune (1981); Dieterle Heinz, Klarinette (1967); Frick Ewald, Tuba (1953); Graf Hans-Jürgen, Trompete (1959); Graf Wolfgang, Bariton (1960); Haas Gustav, Tenorhorn (1979); Hacker Hans, kl. Trommel (1979); Harter Thomas, Flügelhorn (1979); Heizmann Andreas, Trompete (1967); Heizmann Franz, Trompete (1959); Heizmann Hans, Flügelhorn (1957); Heizmann Heinrich, Klarinette (1957); Heizmann Michael, Posaune (1979); Heizmann Thomas, Klarinette (1960); Hilberer Erwin, Flügelhorn (1963); Hilberer Erwin, Tenorhorn (1946); Hilberer Franz, Horn (1946); Hilberer Georg, Trompete (1979); Hilberer Manfred, Flügelhorn (1968); Kern Josef, Posaune (1935); Kimmig Josef, Posaune (1955); Rauber Günter, Flügelhorn (1968); Schillinger Edgar, Schlagzeug (1976); Schillinger Heinrich, Flöte (1965); Schillinger Jürgen, Klarinette (1979); Schillinger Karl-Heinz, Tenorhorn (1955); Schillinger Norbert, Saxophon (1949); Schmider Josef, Horn (1973); Schmidtke Martin, Horn (1979); Stehle Berthold, Bariton (1981); Stehle Reinhold, Tenorhorn (1968); Vetterer Egon, Klarinette (1976); Wigant Bernd, Klarinette (1963); Wigant Helmar, Klarinette (1955); Wigant Horst, Trompete (1953)
Zöglinge: Heizmann Jürgen, Klarinette (1981); Müller Dietmar, kl. Trommel (1981); Müller Uwe, Horn (1981); Schillinger Bernd, Klarinette (1981); Schmider Markus, Horn (1981); Zühlke Christian, kl. Trommel (1981)

Musikverein-Trachtenkapelle Kirnbach

Gründungsjahr:	1905
1. Vorsitzender:	Hans Eßlinger
Stellv. Vorsitzender:	Walter Wöhrle
Schriftführer:	Jakob Wöhrle
Rechner:	Fritz Faißt
Beirat:	Jakob Faißt
	Karl Kaspar
	Manfred Martin
	Christian Moser
	Hans Rök
	Adolf Springmann
	Hans Wöhrle
Dirigent:	Hans Schneider
Vizedirigent:	Karlheinz Sum
Jugendleiter:	Karl Wöhrle
Notenwart:	Hans Epting
Instrumentenwart:	Karlheinz Eßlinger
Ehrenvorsitzende:	Jakob Faißt
	Johannes Keck

Ehrenmitglieder: Johann Georg Epting, Matthias Schondelmaier, Jakob Schondelmaier, Jakob Wöhrle, Johannes Wöhrle
Aktive: Brüschke Detlef, Schlagzeug (1978); Brüstle Karl-Ernst, Tuba (1977); Epting Bernfried, Klarinette (1977); Epting Hans, Klarinette (1950); Epting Sabine, Klarinette (1975); Erker Gerhard, Tenorhorn (1962); Eßlinger Hans, Klarinette (1956); Eßlinger Karlheinz, Klarinette (1962); Faißt Fritz, Posaune (1948); Gorenflo Frank, Tenorhorn (1975); Gorenflo Heinz, Tenorhorn (1974); Gorenflo Silvia, Tenorhorn (1975); Hildbrand Gerhard, Horn (1972); Hildbrand Jakob, Horn (1972); Kaspar Karl, Tuba (1951); Kaspar Rolf, Tuba (1967); Kiefer Harald, Klarinette (1975); Kiefer Ralf, Bariton (1975); Martin Manfred, Flügelhorn (1962); Moser Andrea, Klarinette (1976); Moser Robert, Horn (1969); Moser Winfried, Posaune (1976); Pacholek Klaus, Trompete (1975); Schneider Axel, Flügelhorn (1975); Schneider Rolf, Bariton (1975); Springmann Adolf, Klarinette (1970); Springmann Karin, Flöte (1978); Springmann Reiner, Flügelhorn (1972); Sum Karl, Tuba (1935); Sum Karlheinz, Trompete (1956); Valentin Bernd, Posaune (1977); Weinzierle Waltraud, Trompete (1967); Wöhrle Christian, Schlagzeug (1939); Wöhrle Claudia, Klarinette (1975); Wöhrle Günter, Posaune (1975); Wöhrle Hans, Posaune (1946); Wöhrle Hansjürgen, Posaune (1972); Wöhrle Helmut, Tenorhorn (1962); Wöhrle Jakob, Schlagzeug (1956); Wöhrle Klaus, Flügelhorn (1975); Wöhrle Rolf, Trompete (1975); Wöhrle Walter, Horn (1956); Wolber Anita, Klarinette (1975)

Musikverein/Trachtenkapelle Lehengericht

Gründungsjahr:	1912
1. Vorsitzender:	Arthur Schrempp
Stellv. Vorsitzender:	Albert Brüstle
Schriftführer:	Hans Armbruster
Rechner:	Matthias Bühler
Geschäftsführer:	Heinz Pfaff
Beirat:	Georg Bühler
	Manfred Bühler
	Gotthilf Finkbeiner
	Herbert Kupsch
	Fritz Sum
	Karl Wöhrle
	Georg Wolber
Dirigent:	Klaus Dietrich
Vizedirigent:	Gotthilf Finkbeiner
Notenwart:	Willi Brüstle
Ehrenvorsitzende:	Gustav Kramer
	Andreas Wolber
Ehrendirigent:	Rolf Hartmann †

Aktive: Armbruster Werner, Flügelhorn (1960); Brüstle Albert, Flügelhorn (1963); Brüstle Willi, Horn (1967); Bühler Georg, gr. Trommel (1957); Bühler Harry, Bariton (1976); Bühler Manfred, Posaune (1968); Broghammer Christian, Klarinette (1982); Broghammer Stefan, Tenorhorn (1982); Finkbeiner Armin, kl. Trommel (1978); Finkbeiner Gotthilf, Klarinette (1946); Grap Martin, Flügelhorn (1982); Hübner Walter, Saxophon (1958); Kamm Gerhard, Tenorhorn (1982); Moser Herbert, Tenorhorn (1957); Sauerbrunn Michael, Saxophon (1982); Schmalz Wilhelm, Klarinette (1963); Schnell Norbert, Horn/Lyra (1982); Schrempp Arthur, Tuba (1968); Schulz Dieter, Saxophon (1968); Schwenk Karlheinz, Tenorhorn (1962); Seith Harald, Trompete (1975); Sum Erwin, Tuba (1956); Sum Friedrich, Posaune (1949); Sum Gerhard, Posaune (1981); Wolber Georg, Klarinette (1956); Wolber Jochen, Trompete (1982)

Trachtenkapelle „Harmonie" e.V. Mühlenbach

Gründungsjahr:	1894
1. Vorsitzender:	Franz Brucker
Stellv. Vorsitzender:	Fritz Maier
Schriftführer:	Bernd Schwendemann
Stellv. Schriftführer:	Jürgen Brucker
Vereinschronik:	Fridolin Ringwald
Rechner:	Albert Neumaier
Stellv. Rechner:	Augustin Schätzle
Beirat:	Josef Burger
	Konrad Grießbaum
	Lorenz Keller
	Dietmar Ribar
Dirigent:	Paul Neumaier
Vizedirigent:	Eduard Neumaier

Aktive: Alender Ulrike, Flöte (1971); Brucker Andreas, kl. Trommel (1940); Brucker Bruno, Posaune (1976); Brucker Franz, Klarinette (1950); Brucker Jürgen, Lyra/Flügelhorn/Pauken (1976); Bührer Karl, Posaune (1957); Burger Josef, Trompete (1951); Dold Adelheid, Klarinette (1971); Grießbaum Konrad, Flügelhorn (1958); Grießbaum Mathias, Posaune (1976); Hansmann Albrecht, Klarinette (1963); Heitzmann Rolf-Dieter, Flügelhorn (1958); Hoch August, Tenorhorn (1963); Keller Alexander, Bariton (1976); Keller Günter, Trompete (1956); Keller Hans-Peter, Trompete (1976); Keller Lorenz, Tuba (1963); Keller Paul, Tenorhorn (1971); Klausmann Franz, Bariton (1940); Kolinski Andreas, Trompete (1976); Kornmeier Josef, Horn (1951); Maier Albert, Klarinette (1956); Maier Edi, Posaune (1976); Maier Fritz, Posaune (1958); Maier Gerhard, Flügelhorn (1976); Maier Lucia, Klarinette (1971); Matt Augustin, Horn (1948); Müller Markus, Horn (1976); Müller Paul, Flügelhorn (1976); Müller Rudolf, Flügelhorn (1949); Müller Stefan, kl. Trommel (1976); Neumaier Albert, Horn (1963); Neumaier Alois, Trompete (1976); Neumaier Eduard, Tenorhorn (1950); Neumaier Josef, Tuba (1971); Neumaier Paul, Klarinette (1940); Neumaier Peter, Klarinette (1976); Neumaier Thomas, Tenorhorn (1976); Ribar Dietmar, Trompete (1976); Ringwald Bernhard, Klarinette (1963); Ringwald Fridolin, Klarinette (1938); Schätzle Augustin, Posaune (1963); Schmid Franz-Josef, Schlagzeug (1963); Schmider Hermann, Flügelhorn (1976); Schwab Konrad, Tuba (1958); Schwendemann Bernd, Trompete (1971); Streif Josef, Tuba (1940); Sum Roswitha, Klarinette (1971); Uhl Gerhard, Tenorhorn (1977); Vollmer Josef, Horn (1948); Waldmann Otto, Flügelhorn (1953); Walter Xaver, Klarinette (1940)
Zöglinge: Brucker Klaus, Klarinette (1980); Brucker Ralph, Klarinette (1980); Grießbaum Wolfgang, Flöte (1980); Maier Christian, Klarinette (1980); Müller Klaus, Klarinette (1980); Müller Stefan, Klarinette (1980); Neumaier Manfred, Klarinette (1980); Walter Franz, Klarinette (1980)

Musikverein-Trachtenkapelle Niederwasser e.V.

Gründungsjahr:	1903
1. Vorsitzender:	Erich Läufer
Stellv. Vorsitzender:	Helmut Lauble
Schriftführer:	Klaus Lauble
Rechner:	Lucia Hummel
Beirat:	Herbert Hock
	Horst Hummel
	Gebhard Läufer
	Erwin Leisinger
	Martin Schwer
	Norbert Schwer
Dirigent:	Helmut Braun
Vizedirigent:	Gerhard Hock
Ehrendirigent:	Damian Dold

Aktive: Bächle Gerhard, Flügelhorn (1974); Blessing Beate, Trompete (1980); Braun Helmut, Trompete (1950); Braun Monika, Klarinette (1980); Disch Albert, Flügelhorn (1955); Dold Angelika, Flügelhorn (1980); Dorer Augustin, Tenorhorn (1953); Dorer Claudia, Flöte (1980); Duffner Manfred, Saxophon (1972); Duffner Siegfried, Schlagzeug (1971); Gießler Bernadette, Klarinette (1980); Gießler Josef, Klarinette (1950); Hock Gerhard, Posaune (1961); Hock Herbert, Flügelhorn (1963); Hummel Eugen, Bariton (1972); Hummel Horst, Flügelhorn (1958); Kahl Helmut, Bariton (1967); Kaltenbach Barbara, Flügelhorn (1980); Kaltenbach Erich, Flügelhorn (1967); Kaltenbach Franz-Josef, Bariton (1980); Kaltenbach Michael, Bariton (1980); Kern Irma, Flügelhorn (1980); Kienzler Gebhard, Klarinette (1976); Kienzler Rupert, Klarinette (1976); Klausmann Peter, Horn (1976); Läufer Andreas, Klarinette (1976); Läufer Cordula, Klarinette (1980); Läufer Erich, Horn (1945); Läufer Hubert, kl. Trommel (1977); Läufer Joachim, Saxophon (1972); Läufer Karl-Georg, Posaune (1977); Läufer Wilfried, Posaune (1967); Lauble Claudia, Horn (1980); Lauble Helmut, Trompete (1965); Lauble Herbert, Tuba (1953); Lauble Klaus, Horn (1960); Maier Hubert, Saxophon (1969); Rall Franz, Trompete (1972); Rall Ottmar, Tenorhorn (1972); Schuster Karin, kl. Trommel (1980); Schuster Monika, Trompete (1980); Schwer Bärbel, Klarinette (1980); Schwer Martin, Tuba (1973); Schwer Nikolaus, Tenorhorn (1962); Stauss Rainer, Trompete (1977); Streif Gerlinde, Horn (1980); Streif Markus, Tuba (1980)
Zöglinge: Dold Andreas, Klarinette (1980); Dold Klaus, Flügelhorn (1980); Dold Susanne, Trompete (1980); Dorer Herbert, Klarinette (1980); Hock Andrea, Klarinette (1980); Moosmann Doris, Trompete (1980); Rall Robert, Posaune (1980); Schwer Bernhard, Tenorhorn (1980); Schwer Markus, Posaune (1980); Streif Ulrike, Trompete (1980)

Trachtenkapelle Nordrach

Gründungsjahr:	1873*
1. Vorsitzender:	Harald König
Stellv. Vorsitzender:	Hermann Schöner
Schriftführer:	Johannes Braun
Stellv. Schriftführer:	Harald König
Rechner:	Klaus Spitzmüller
Ausschußmitglieder:	Siegfried Boschert
	Herbert Echtle
	Ludwig Junker
	Arnold Merz
Dirigent:	MD Ludwig Junkert
Vizedirigent:	Markus Gießler
Jugendleiter:	Harald König
Notenwarte:	Kurt Spitzmüller
	Bernd Vollmer
Ehrenvorstand:	Ludwig Bächle
Ehrendirigent:	Heinrich Kopietz

Aktive: Bildstein Herbert, Horn (1960); Boschert Franz, Flügelhorn (1954); Boschert Siegfried, Flügelhorn (1976); Boschert Siegfried II, gr. Trommel (1954); Braun Johannes, Trompete (1970); Braun Thomas, Posaune (1980); Echtle Herbert, Tenorhorn (1947); Echtle Reinhard, Flügelhorn (1955); Fehrenbacher Berthold, Tenorhorn (1950); Fehrenbacher Ulrich, Klarinette (1980); Hoferer Ansgar, Schlagzeug/Klarinette/Saxophon (1980); Junker Ludwig, Trompete (1948); Gießler Marianne, Trompete (1980); Gießler Markus, Saxophon/Schlagzeug (1971); Gießler Tino, Posaune (1972); Himmelsbach Lucia, Klarinette (1980); Huber Hubert, Bariton (1967); Isenmann Burkhard, Klarinette/Saxophon (1967); König Harald, Horn/Lyra (1977); Körnle Christian, Trompete (1980); Körnle Erich, Horn (1953); Laifer Josef, Flöte/Saxophon (1953); Lehmann Manfred, Trompete (1980); Lehmann Markus, Trompete (1980); Meier Gabriele, Flöte (1980); Merz Arnold, Trompete (1950); Muser Ludwig, Trompete (1980); Neumeier Klaus, Posaune (1966); Öhler Irmgard, Klarinette (1980); Öhler Siegbert, Klarinette (1966); Repple Edgar, Trompete (1980); Repple Wolfgang, Klarinette (1980); Schätzle Leo, Posaune (1956); Schnurr Hans-Peter, Tenorhorn (1980); Schöner Günter, Klarinette (1980); Schöner Hermann, Tuba (1954); Schöner Tanja, Klarinette (1980); Schwarz Georg, Horn (1954); Spitzmüller Heinz, Flöte/Saxophon (1973); Spitzmüller Hubert, Tuba (1947); Spitzmüller Klaus, Saxophon (1971); Spitzmüller Kurt, Posaune (1972); Vollmer Bernd, Tuba (1965); Vollmer Bernd, Schlagzeug (1970); Vollmer Herbert, Horn (1969); Zimmerer Daniel, Trompete (1980); Zimmerer Marianne, Klarinette (1980)
Zöglinge: Bildstein Belinda, Klarinette (1981); Brucher Elfriede, Klarinette (1981); Hacker Frauke, Klarinette (1981); Maulbetsch Manuela, Klarinette (1981); Robertz Dagmar, Flöte (1980); Robertz Horst, Klarinette (1980); Spitzmüller Bettina, Klarinette (1981); Vollmer Eva-Lena, Klarinette (1981)

Miliz- und Trachtenkapelle e.V. Oberharmersbach

Gründungsjahr:	1852*
1. Vorsitzender:	Alfred Schmieder
Stellv. Vorsitzender:	Hubert Müller
Schriftführer:	Severin Isenmann
Rechner:	Franz Herrmann
Beirat:	Jürgen Armbruster
	Franz Bleier
	Ewald Glatz
	Wilhelm Haas
	Nepomuk Lehmann
	Otmar Ritter
	August Schmider
	Hermann Schöpf
Dirigent:	Hubert Fritsch
Vizedirigent:	Hubert Müller
Jugendleiter:	Wilhelm Roser
Notenwart:	Herbert Schneider

Aktive: Armbruster Jürgen, Posaune (1973); Bleier Franz, Flöte (1963); Bleier Manfred, Klarinette (1974); Bleier Wilhelm, Trompete (1968); Bohn Boris, Tuba (1979); Bohn Markus, Flügelhorn (1981); Boschert Günter, Klarinette (1974); Breig Daniel, Trompete (1981); Bruder Martin, Horn (1977); Bruder Meinrad, Horn (1971); Bruder Robert, Posaune (1976); Echle Klaus, Flügelhorn (1976); Echle Markus, Klarinette (1982); Fritsch Josef, Trompete (1960); Frey Johannes, Klarinette (1976); Frey Klaus, Klarinette (1976); Glatz Ewald, Tuba (1973); Haas Hubert, Horn (1980); Haas Wilhelm, Tenorhorn (1949); Herrmann Achim, Posaune (1981); Herrmann Franz, Klarinette (1952); Herrmann Markus, Klarinette (1976); Huber Felix, Trompete (1980); Huber Hans-Jörg, Flügelhorn (1981); Huber Helmut, Tenorhorn (1973); Hug Hubert, Klarinette (1967); Isenmann Herbert, Tuba (1980); Isenmann Severin, Tuba (1952); Jilg Claus, Schlagzeug (1971); Jilg Landolin, Trompete (1968); Kälble Thomas, Klarinette (1982); Killig Erich, Tuba (1961); Killig Franz, Tenorhorn (1980); Killig Lothar, Trompete (1980); Kornmayer Harald, Posaune (1982); Lehmann Albert, Klarinette (1949); Lehmann Albert, Posaune (1974); Lehmann Arno, Klarinette (1977); Lehmann Bernhard, Flöte (1975); Lehmann Gottfried, Klarinette (1977); Lehmann Hans, Trompete (1979); Lehmann Jakob, Tenorhorn (1976); Lehmann Ludwig, Tenorhorn (1979); Lehmann Nepomuk, Bariton (1968); Lehmann Stefan, Lyra (1981); Lehmann Thomas, Flügelhorn (1965); Leopold Armin, Klarinette (1974); Leopold Martin, Trompete (1976); Leopold Ralf, Flügelhorn (1980); Mark Michael, Posaune (1974); Müller Hubert, Tenorhorn (1960); Pfundstein Alfred, kl. Trommel (1955); Pfundstein Edmund, Tenorhorn (1960); Pfundstein Emil, Tuba (1964); Pfundstein Norbert, Trompete (1981); Rauber Hans-Josef, Tenorhorn (1976); Roth Dietmar, Flügelhorn (1969); Schmieder Alfred, gr. Trommel (1948); Schmider August, Flügelhorn (1954); Schnaiter Jürgen, Flügelhorn (1976); Schneider Anton, Klarinette (1961); Schneider Gallus, Horn (1967); Schneider Herbert, Horn (1967); Schülle Oskar, Posaune (1947); Schwarz Holger, Klarinette (1981); Sum Bruno, Horn (1976); Zeferer Jürgen, Horn (1980)
Zöglinge: Bohn Heiko, Klarinette (1980); Haag Mario, Saxophon (1980); Harter Rolf, Tenorhorn (1979); Hug Andreas, Flöte (1982); Kasper Andreas, Flöte (1982); Lehmann Germanus, Klarinette (1979); Lehmann Günther, Posaune (1979); Lemke Oliver, Klarinette (1981); Pfundstein Reiner, Tenorhorn (1979)

Musikkapelle Oberwolfach

Gründungsjahr:	1824*
1. Vorsitzender:	Helmut Armbruster
Stellv. Vorsitzender:	Otto Echle
Chronist:	Wilhelm Hacker
Rechner:	Reinhard Echle
Beirat:	Bernhard Beitz
	Winfried Echle
	Meinhard Gebert
Dirigent:	Heinz Mößel
Vizedirigent:	Ludwig Armbruster
Notenwarte:	Erwin Bonath
	Hans Ulrich Bonath

Aktive: Armbruster Bruno, Klarinette/Saxophon (1956); Armbruster Hans, Tuba (1967); Armbruster Helmut, gr. Trommel (1970); Armbruster Ludwig, Klarinette/Saxophon (1978); Beitz Bernhard, Schlagzeug (1968); Bonath Egon, Tuba (1977); Bonath Erwin, Posaune (1975); Bonath Hans-Ulrich, Posaune (1974); Dattenberg Hans Jürgen, Flügelhorn (1976); Dieterle Werner, Trompete (1977); Dieterle Wolfgang, Trompete (1977); Echle Otto, Bariton (1934); Echle Reinhard, Trompete (1963); Echle Ulrich, Trompete (1977); Echle Winfried, Bariton (1963); Fritsch Ernst, Posaune (1947); Fritsch Werner, Klarinette (1978); Gebert Meinhard, Flügelhorn (1946); Haas Martin, Tenorhorn (1971); Hacker Wilhelm, Tenorhorn (1939); Heizmann Heiko, Trompete (1977); Heizmann Markus, Posaune (1979); Lauble Stefan, Tenorhorn (1978); Leist Michael, Klarinette (1963); Rauber Gottfried, Klarinette (1967); Rauber Hans-Jürgen, Flöte (1979); Rauber Klaus, Trompete (1978); Rothinger Heike, Klarinette (1976); Rothinger Martin, Flügelhorn (1976); Schacher Udo, Klarinette (1978); Schmid Gustav, Flügelhorn (1967); Schmidtke Hubertus, Tuba (1974); Schuler Heinz, Saxophon (1966); Spinner Albert, Pauken (1951); Spinner Markus, Posaune (1979); Sum Bernhard, Trompete (1975); Sum Johannes, Horn (1978); Sum Jürgen, Saxophon (1978); Weiß Herbert, Flügelhorn (1977); Wolber Swen, Horn (1980)

Musikverein Ohlsbach e.V.

Gründungsjahr:	1883*
1. Vorsitzender:	Karl Breitenreuter
Stellv. Vorsitzender:	Hermann Huber
Schriftführer:	Helmut Beck
Geschäftsführer:	Emil Benz
Rechner:	Willi Huber
Dirigent:	Winfried Göhring
Vizedirigent:	Eugen Bruder
Chorleiter:	Otto Hetzel
Notenwart:	Erwin Breselge
Ehrenvorsitzender:	Fridolin Huber
Verwaltungsrat	
(Aktiva):	Helmut Beck
	Emil Benz
	Karl Breitenreuter
	Erwin Breselge
	Winfried Göhring
	Otto Hetzel
	Hermann Huber
	Willi Huber

Karl Imhof, Benno Rösch; Verwaltungsrat (Passiva): Ernst Bruder, Hubert Bruder, Fridolin Huber, Hermann Huber, Alois Martin, Manfred Marx, Franz Vogt, Heinrich Wußler, Wilfried Wußler
Aktive: Bächle Klaus, Trompete (1972); Bächle Martin, Flügelhorn (1972); Bächle Ortfried, Bariton (1973); Basler Thomas, Schlagzeug (1972); Baumann Dietmar, Klarinette (1973); Beck Helmut, Flügelhorn (1963); Benz Alfred, Tenorhorn (1963); Benz Emil, Horn (1963); Bischler Gerhard, Tuba (1950); Bischler Lucia, Klarinette (1973); Bischler Wilfried, Trompete (1972); Breitenreuter Heike, Klarinette (1976); Breitenreuter Jürgen, Trompete (1973); Breitenreuter Karl, Posaune (1950); Breselge Erwin, Tuba (1954); Bruder Eugen, Flöte (1957); Bruder Franz-Richard, Saxophon (1979); Bruder Helmut, Klarinette/Fagott (1965); Bruder Markus, Klarinette (1978); Bruder Stephan, Saxophon (1979); Echle Karl-Heinz, Posaune (1979); Flach Gerhard, Schlagzeug (1970); Fischer Albert, Flügelhorn (1963); Frei Norbert, Saxophon (1977); Gauglitz Christian, Trompete (1962); Geiger Peter, Saxophon (1957); Göhring Gerold, Klarinette (1977); Hetzel Otto, Flügelhorn (1950); Hoferer Karl, Klarinette (1973); Huber Albert, Horn (1955); Huber Armin, Trompete (1979); Huber Günter, Trompete (1979); Huber Hermann, Tenorhorn (1949); Huber Thilo, Flöte (1975); Huber Willi, Horn (1948); Imhof Karl, Posaune (1969); Kiefer Richard, Bariton (1963); Knuth Bodo, Tuba (1962); Kuderer Wolfgang, Posaune (1973); Kuhn Claus-Thomas, Saxophon (1976); Marsch Volker, Klarinette (1974); Möschle Harald, Schlagzeug (1975); Rösch Benno, Klarinette (1973); Rösch Christof, Klarinette (1976); Roth Daniel, Klarinette (1977); Spitzmüller Werner, Trompete (1973); Wussler Willi, Tuba (1957)
Zöglinge: Bruder Sabine, Klarinette (1979); Hoferer Robert, Klarinette (1979); Wagner Ute, Klarinette (1980)

Musikverein Ortenberg e.V.

Gründungsjahr:	Musikkapelle 1811
	Musikverein 1927
1. Vorstand:	Peter Münchenbach
2. Vorstand:	Erich Kühne
Schriftführer:	Klaus Kühne
Kassier:	Franz Joggerst
Beirat (Aktiva):	Hans Frei
	Alexander Riehle
	Herbert Vollmer
	Hubert Vollmer
	Thomas Vollmer
Beirat (Passiva):	Hubert Bürkle
	Emil Friedmann
Jugendvertreter:	Bernhard Ruf
Dirigent:	Kurt Sauter
Vize-Dirigent:	Emil Riehle
Dirigent/	
Jugendkapelle:	Gerhard Herp
Notenwart:	Hermann Riehle

Aktive: Bächle Richard, Klarinette (1956); Berg Andreas, Klarinette (1977); Berg Erich, Schlagzeug (1957); Berg Josef, Klarinette (1951); Buchert Hugo, Klarinette (1951); Bürkle Adolf, Tuba (1927); Bürkle Franz, Horn (1953); Conzelmann Norbert, Horn (1970); Frei Hans, Posaune (1966); Hager Konrad, Posaune (1956); Harter Klaus, Flügelhorn (1972); Herp Günter, Trompete (1966); Herp Heinrich, Flügelhorn (1964); Herp Martin, Trompete (1972); Herp Peter, Trompete (1953); Huber Martin, Klarinette (1977); Huber Peter, Klarinette (1958); Isenecker Friedrich, Tenorhorn (1947); Jäger Manfred, Trompete (1977); Jäger Reinhard, Trompete (1972); Jäger Werner, Klarinette (1977); Joggerst Franz, Flügelhorn (1946); Joggerst Hermann, Trompete (1977); Kaiser Josef, Schlagzeug (1946); Kiefer Heinrich, Bariton (1970); Kühne Erich, Klarinette (1946); Kühne Klaus, Trompete (1953); Lange Klaus, Posaune (1977); Mayer Jürgen, Tenorhorn (1977); Monschein Jürgen, Horn (1977); Münchenbach Alfons, Klarinette (1949); Münchenbach Klaus, Horn (1970); Münchenbach Stefan, Klarinette (1981); Riehle Alexander, Tenorhorn (1946); Riehle Emil, Klarinette (1964); Riehle Franz, Lyra (1935); Riehle Hermann I, Horn (1925); Riehle Hermann II, Klarinette (1964); Riehle Konrad, Tuba (1964); Riehle Martin, Klarinette (1972); Riehle Wilfried, Tuba (1972); Ruf Bernhard, Posaune (1972); Ruf Manfred, Bariton (1977); Vollmer Albert, Flügelhorn (1977); Vollmer Christof, Klarinette (1981); Vollmer Franz I, Bariton (1946); Vollmer Franz II, Flügelhorn (1947); Vollmer Herbert, Tuba (1946); Vollmer Hubert, Tuba (1946); Vollmer Klaus-Wilhelm, Tenorhorn (1977); Vollmer Markus, Flöte (1977); Vollmer Stefan, Flügelhorn (1977); Vollmer Thomas, Posaune (1970); Vollmer Wolfgang, Trompete (1977); Wagner Axel, Schlagzeug (1977)

Musikverein Prinzbach-Schönberg e.V.

Gründungsjahr:	1911
1. Vorsitzender:	Josef Schöner
Stellv. Vorsitzender:	Wilhelm Eble
Schriftführer:	Alfred Weber
Rechner:	Franz Schmidt
Beirat:	Moritz Engel
	Franz Herrmann
	Josef Himmelsbach
	Ludwig Kopf
	Anton Müller
	Alfred Rehm
	Augustin Schmider
	Josef Schrempp
	Bernhard Weber
Dirigent/	
Notenwart:	Ludwig Stenzel
Ehrenvorsitzender:	Anton Beck

Aktive: Beck Klaus, Tenorhorn (1979); Beck Konrad, Tenorhorn (1953); Christ Wilhelm, Flügelhorn (1964); Eble Sonja, Klarinette (1979); Eble Wilhelm, Tenorhorn (1956); Echle Bernhard, Flügelhorn (1974); Engel Moritz, gr. Trommel (1949); Herrmann Franz, Trompete (1947); Himmelsbach Franz, Bariton (1974); Kopf Ludwig, Tenorhorn (1979); Krämer Friedrich, Posaune (1964); Kuhn Martin, kl. Trommel (1964); Leopold Thomas, kl. Trommel (1979); Leopold Wolfgang, Horn (1979); Müller Anton, Klarinette (1974); Rehm Alfred, Horn (1956); Rehm Alfred, Klarinette (1979); Rehm Gisela, Saxophon/Klarinette (1979); Rehm Ludwig, Horn (1953); Rehm Michaela, Flöte (1982); Rehm Tekla, Klarinette (1979); Roser Anton, Tenorhorn (1979); Roser Eugen, Klarinette (1979); Roser Friedrich, Klarinette (1974); Roser Gerhard, Flügelhorn (1969); Schäfer Josef, Flügelhorn (1964); Schmider Augustin, Tuba (1948); Schmider Christoph, Posaune (1979); Schmidt Konrad, Flügelhorn (1979); Schöner Gerhard, Klarinette (1969); Schöner Josef, Trompete (1974); Schrempp Hubert, Klarinette/Saxophon (1964); Schrempp Josef, Saxophon (1964); Schrempp Ludwig, Posaune (1951); Volk Karin, Klarinette/Saxophon (1979); Weber Alfred, Bariton (1961); Weber Bernhard, Tuba (1956); Weber Eduard, Tuba (1979); Weber Hubert, Posaune (1964); Welte Alfons, Trompete (1974); Wußler Bernd, Flügelhorn (1979)

Musik- und Trachtenverein Reichenbach

Gründungsjahr:	1924
1. Vorsitzender:	Horst Staiger
Stellv. Vorsitzender:	Hans-Jürgen Lehmann
Schriftführer:	Johann Bader
Stellv. Schriftführerin:	Hildegard Bader
Rechner:	Waltraud Brüstle
Stellv. Rechner:	Friedrich Staiger
Dirigent:	Wilhelm Epting
Vizedirigent:	Christian Brüstle
Jugendleiter:	Wilhelm Epting
Notenwart:	Walter Eichkorn
Instrumentenwart:	Hans-Jürgen Lehmann
Ehrenvorsitzender:	Christian Lauble
Ehrendirigent:	Christian Brüstle
Vortänzer, Trachtengruppe:	Hans Wälde
Stellv. Vortänzer:	Hans Haas

Beirat (Aktiva): Ernst Haas, Christian Lehmann, Gerda Lehmann; Beirat (Passiva): Artur Fleig sen., Christian Jäckle, Fritz Lehmann sen.
Aktive: Bader Gottfried, Tuba (1965); Bader Johann, Tenorhorn (1963); Brohammer Helmut, Bariton (1974); Brüstle Christian, Posaune/Lyra (1935); Brüstle Waltraud, Klarinette/Saxophon (1974); Eichkorn Walter, gr. Trommel (1974); Epting Christian sen., Posaune (1954); Epting Christian jun., Tenorhorn (1977); Epting Helmut I, Flügelhorn (1968); Epting Helmut II, Flügelhorn (1977); Epting Martin, Trompete (1974); Epting Wilhelm, Flügelhorn (1961); Haas Ernst, Horn (1955); Haas Siegfried, Horn (1978); Krüger Heinrich, Tenorhorn (1952); Lauble Christian, Horn (1924); Lauble Klaus, Tenorhorn (1979); Lehmann Angelika, Trompete (1979); Lehmann Christian, Bariton (1974); Lehmann Hans-Jürgen, Tuba (1972); Lehmann Hermann, Klarinette (1977); Lehmann Martina, Klarinette/Saxophon (1979); Lehmann Thomas, Tenorhorn (1979); Lehmann Winfried, Flügelhorn (1979); Staiger Friedrich, Klarinette (1948); Staiger Hans, Klarinette/Saxophon (1974); Staiger Horst, Schlagzeug (1968); Wälde Hans, Posaune (1948); Wöhrle Gudrun, Klarinette (1974); Wöhrle Hans jr. I, Trompete (1968); Wöhrle Hans jr. II, Flügelhorn (1968); Wöhrle Traudel, Trompete (1977)
Trachtentanzgruppe: Bottin Anne (1977); Eichkorn Walter (1974); Haas Hans (1979); Haas Hans-Helmut (1979); Haas Ingrid (1977); Haas Karin (1979); Haas Martin (1977); Haas Walter (1979); Hildbrand Christa (1974); Hildbrand Hans (1966); Jäckle Monika (1979); Lauble Gerhard (1978); Lauble Helga (1979); Lehmann Angelika (1979); Lehmann Gerda (1970); Lehmann Hans (1960); Lehmann Inge (1974); Lehmann Martina (1979); Lehmann Thomas (1979); Lehmann Winfried (1979); Lehmann Willi (1970); Nock Walter (1979); Obergfell Albert (1977); Schneider Christa (1977); Schneider Hans (1978); Schneider Heidrun (1977); Schneider Karl-Heinz (1977); Schneider Waltraud (1979); Wälde Hans (1960); Wälde Hilde (1960); Wälde Veronika (1978); Wälde Waltraud (1977); Wöhrle Bärbel (1976); Wolber Doris (1980)
Zöglinge: Bader Monika, Trompete (1982); Deusch Joachim, Tenorhorn (1982); Epting Frank, Trompete (1982); Haas Hans-Helmut, Schlagzeug (1982); Heinzmann Thomas, Tenorhorn (1982); Jäckle Manfred, Trompete (1982); Schneider Bernd, Tenorhorn (1982); Schneider Hans, Trompete (1982); Schneider Karl-Heinz, Tuba (1982); Schneider Werner, Tenorhorn (1982); Schumann Bernd, Trompete (1982); Schumann Silvia, Trompete (1982); Staiger Harald, Klarinette (1982); Wolber Herbert, Tenorhorn (1982)

Musikverein „Harmonie" Schapbach e.V.

Gründungsjahr:	1818*
1. Vorsitzender:	Hubert Dieterle
Stellv. Vorsitzender:	Siegfried Decker
Schriftführer:	Reinhold Waidele
Rechner:	Hermann Schnurr
Beirat:	Erwin Heinrich
	Martin Heizmann
	Roland Schillinger
	Willi Waidele
	Siegfried Weis
Dirigent:	Günter Belli
Jugendleiter:	Erwin Heinrich
Notenwart:	Willi Waidele
Instrumentenwart:	Erich Börsig
Ehrenvorsitzender:	Karl Waidele
Ehrendirigent:	Albert Waidele

Aktive: Armbruster Adolf, Horn (1964); Armbruster Albert, Bariton (1966); Armbruster Ernst, Tenorhorn (1955); Armbruster Ewald, Schlagzeug (1969); Bächle Werner, Trompete (1952); Belli Ingrid, Flöte (1960); Börsig Erich, Tuba (1957); Brüstle Kai-Uwe, Flöte (1975); Decker Siegfried, Saxophon (1960); Dieterle Christine, Klarinette (1977); Dieterle Friedbert, Schlagzeug (1980); Dieterle Hans, Trompete (1965); Dieterle Helga, Saxophon (1975); Dieterle Helmut, Tuba (1947); Dieterle Hubert, Tenorhorn (1948); Dreher Albert, Klarinette (1960); Harter Carsten, Schlagzeug (1980); Heinrich Erwin, Saxophon (1970); Heizmann Erich, Klarinette (1960); Heizmann Martin, Trompete (1967); Hoferer Günter, Klarinette (1975); Huber Alexandra, Trompete (1975); Lauble Walter, Flügelhorn (1956); Leuthner Cornelia, Flöte (1975); Leuthner Ulrike, Saxophon (1975); Meier Klemens, Trompete (1965); Müller Brigitte, Trompete (1977); Müller Clemens, Posaune (1976); Otto Kurt, Klarinette (1964); Rueb Konrad, Posaune (1977); Schillinger Roland, Saxophon (1969); Schmieder Albert, Horn (1948); Schmieder Ernst, Schlagzeug (1940); Schmieder Hans, Bariton (1940); Schmieder Harald, Trompete (1977); Schmieder Herbert, Schlagzeug (1980); Schmieder Hermann, Tenorhorn (1964); Schmieder Johannes, Flügelhorn (1964); Schmieder Klaus, Posaune (1975); Schmieder Martin, Flügelhorn (1975); Schnurr Georg, Flügelhorn (1975); Schnurr Guido, Schlagzeug (1980); Schnurr Hermann, Horn (1942); Waidele Albert, Tenorhorn (1946); Waidele Bernhard, Posaune (1964); Waidele Berthold, Klarinette (1954); Waidele Heinrich, Saxophon (1975); Waidele Reinhold, Trompete (1965); Waidele Willi, Flügelhorn (1940); Weis Hans-Peter, Klarinette (1975); Weis Hermann, Horn (1955); Weis Siegfried, Klarinette (1955)
Zöglinge: Armbruster Joachim, Posaune (1981); Börsig Jörg, Posaune (1981); Brüstle Patricia, Flöte (1981); Faist Friederike, Flöte (1981); Künstle Michael, Tenorhorn (1981); Schmieder Kurt, Posaune (1981); Waidele Christian, Posaune (1981); Waidele Hubert, Tenorhorn (1981)

Musikverein Schenkenzell e.V.

Gründungsjahr:	1875
1. Vorsitzender:	Otto Sum
Stellv. Vorsitzender:	Gotthilf Doll
Schriftführer:	Albert Kinle
Rechner:	Hans Schmider
Beirat:	Edgar Doll
	Edwin Harter
	Michael Harter
	Franz Heckhausen
	Gerhard Lehmann
	Hubert Vollmer
Dirigent:	Otto Stoll
Vizedirigent:	Hubert Armbruster
Jugendleiter:	Gerhard Lehmann
Notenwart:	Heribert Maulbetsch
Ehrenmitglieder:	Alfons Doll
	Emil Gebele
	Rudolf Haaser
	Anton Harter
	Augustin Schmider

Aktive: Armbruster Hubert, gr. Trommel (1953); Armbruster Manfred, Flügelhorn (1966); Armbruster Udo, Klarinette (1966); Armbruster Ulrich, Horn (1977); Benz Helmut, Tuba (1977); Breithaupt Franz, Horn (1964); Bühler Roland, Flöte (1977); Doll Edgar, Trompete (1966); Doll Eugen, Tuba (1966); Doll Gotthilf, Tuba (1935); Doll Roland, Flügelhorn (1966); Faißt Karl, Trompete (1972); Gebele Ludwig, Klarinette (1958); Göhring Andreas, Klarinette (1977); Gruber Matthias, Trompete (1977); Hägele Wolfgang, Tenorhorn (1977); Harter Edwin, Horn (1970); Harter Karlheinz, Tuba (1970); Harter Klaus, Flügelhorn (1977); Harter Michael, Bariton (1970); Harter Willi, Horn (1960); Heckhausen Franz, Pauken/Klarinette (1966); Heizmann Roland, Trompete (1975); Kinle Albert, Tenorhorn (1941); Kinle Josef, Tenorhorn (1951); Kinle Ludwig, Klarinette (1953); Kinle Manfred, Trompete (1970); Lehmann Gerhard, Flöte (1966); Lehmann Josef, Tenorhorn (1943); Lehmann Thomas, Klarinette (1977); Maulbetsch Heribert, Posaune (1966); Oberföll Annerose, Lyra/Klarinette (1977); Oberföll Manfred, Posaune (1968); Schillinger Karl, Tuba (1957); Schillinger Willy, Bariton (1977); Schmider Bernhard, Flügelhorn (1977); Schmider Hans, Klarinette (1947); Schmider Klaus, Klarinette (1975); Schwarzwälder Heinz, Tenorhorn (1960); Sum Otto, Flügelhorn (1949); Sum Werner, Posaune (1977); Thiel Armin, Tenorhorn (1969); Vollmer Hubert, kl. Trommel (1955); Wöhrle Dieter, Posaune (1977); Wössner Rudolf, Klarinette (1957)

Stadt- und Feuerwehrkapelle Schiltach

Gründungsjahr:	1874*
1. Vorsitzender:	Gerhard Köpfer
Stellv. Vorsitzender:	Hermann Brede
Schriftführer:	Josef Schmieder
Rechner:	Karl Schmieder
Beirat:	Wilhelm Bächle
	Franz Bruckner
	Alois Mantel
Dirigent:	Heinz Hoffmann
Vizedirigent:	Karl Schmieder
Jugendleiter:	Heinz Hoffmann
Notenwart:	Martin Schmieder
Instrumentenwart:	Alois Mantel
Ehrenvorsitzende:	Adolf Fremd
	Adolf Trautwein

Aktive: Bächle Franz, Posaune (1930); Bächle Jürgen, Schlagzeug (1977); Bächle Wilhelm, Saxophon (1958); Becht Wilhelm, Saxophon (1933); Brede Hermann, Tuba (1980); Bruckner Franz, Tuba (1965); Bühler Georg, Posaune (1981); Bühler Klaus, Horn (1980); Bühler Hubert, Saxophon (1977); Bühler Werner, Horn (1977); Engelberg Daniel, Trompete (1980); Esslinger Fritz, Tenorhorn (1974); Fichter Karl, Tenorhorn (1942); Fieser Hansi, Tenorhorn (1974); Finkbeiner Bianka, Klarinette (1975); Fleckenstein Horst, Saxophon (1974); Fleckenstein Jürgen, Saxophon (1976); Fremd Jürgen, Klarinette (1966); Haberer Jürgen, Horn (1977); Haberer Karl, Horn (1971); Harter Egon, Posaune (1974); Harter Heike, Klarinette (1974); Harter Kai-Volker, Schlagzeug (1977); Harter Markus, Flöte (1980); Heinzelmann Dieter, Posaune (1970); Kirgus Anita, Klarinette (1974); Kücherer Michael, Klarinette (1981); Lainer Michael, Tuba (1975); Leigart Erich, Trompete (1958); Mantel Alois, Trompete (1968); Mantel Franz, Flügelhorn (1974); Popp Klemens, Klarinette (1981); Sautter Thomas, Flügelhorn (1976); Schmieder Bernd, Trompete (1969); Schmieder Josef, Tenorhorn (1942); Schmieder Karl, Flügelhorn (1942); Schmieder Martin, Bariton (1974); Schmieder Stefan, Trompete (1980); Schmidt Gaby, Flöte (1970); Urut Hassan, Schlagzeug (1981)
Zöglinge: Bächle Bernd, Saxophon (1981); Engelberg Simone, Klarinette (1982); Gebele Dorothe, Flöte (1981); Gebele Susanne, Flöte (1981); Gebele Ulrich, Trompete (1981); Köpfer Daniela, Klarinette (1982); Reinbold Regine, Klarinette (1981); Wörner Andrea, Flöte (1981)

Musikverein „Harmonie" e.V. Steinach

Gründungsjahr:	1881*
1. Vorsitzender:	Eduard Halter
Stellv. Vorsitzender:	Franz Hansmann
Schriftführer:	Lorenz Offenburger
Rechner:	Willi Maier
Beisitzer (Aktiva):	Alfred Dürrholder
	Manfred Lupfer
	Rudolf Schmieder
Beisitzer (Passiva):	Heinrich Diener
	Gustav Dold
Jugendvertreter:	Werner Müller
Dirigent:	Helmut Dold
Vizedirigent:	Lorenz Offenburger

Aktive: Benz Ulrike, Posaune (1973); Brucker Ewald, Klarinette (1952); Brucker Helmut, Flügelhorn (1963); Brucker Josef, Horn (1948); Brucker Xaver, Trompete (1966); Buchholz Jutta, Flöte (1973); Buchholz Norbert, Trompete (1973); Dold Andreas, Trompete (1977); Dold Dieter, Klarinette (1951); Dold Michael, Bariton (1977); Dürrholder Alfred, Tuba (1948); Frank Klemens, Flügelhorn (1977); Glauner Michael, Saxophon (1973); Greiner Uwe, Klarinette (1977); Halter Eduard, Klarinette (1948); Halter Josef, Klarinette (1966); Halter Markus, Klarinette (1977); Halter Xaver, Trompete (1969); Hansmann Wolfram, Posaune (1963); Heitzmann Brigitte, kl. Trommel (1973); Himmelsbach Roland, Posaune (1978); Isenmann Franz, gr. Trommel (1977); Isenmann Josef, kl. Trommel (1960); Leopold Bernhard, Flügelhorn (1973); Leopold Erich, Flügelhorn (1973); Lupfer Manfred, Bariton (1960); Maier Willi, Horn (1969); Millinger Bernd, Tenorhorn (1977); Moser Erwin, Saxophon (1973); Moser Margarete, Klarinette (1973); Moser Martin, Tenorhorn (1969); Müller Werner, Tenorhorn (1973); Offenburger Lorenz, Bariton (1973); Offenburger Pirmin, Saxophon (1973); Offenburger Willi, Tenorhorn (1966); Ryba Christoph, Flügelhorn (1977); Schmidt Hans-Joachim, Trompete (1969); Schmieder Klemens, Saxophon (1973); Schmieder Paul, Flügelhorn (1951); Schmieder Rudolf, Horn (1963); Schwendemann Bernd, Flügelhorn (1969); Schwendemann Bertin, Klarinette (1979); Schwendemann Emil, Tuba (1948); Schwendemann Michael, Klarinette (1977); Schwendemann Peter, Trompete (1960); Schwendemann Thomas, Trompete (1977); Schwendemann Xaver, Lyra (1975); Schwörer Norbert, Flöte (1977); Vögele Klaus, Klarinette (1973); Volk Johann, Posaune (1963); Wöhrle Hansjörg, Flügelhorn (1977).

Musikverein Unterentersbach

Gründungsjahr:	1968
1. Vorsitzender:	Rudolf Gutmann
Stellv. Vorsitzender:	Michael Dupke
Schriftführer:	Erich Keller
Rechner:	Helmut Gutmann
Beirat:	Heinrich Bruder
	Hubert Erdrich
	Franz Huber
	Werner Isenmann
	Helmut Lehmann
	Bernhard Pfaff
	Ludwig Vollmer
	Werner Vollmer
	Josef Zeferer
Dirigent:	Peter Schwendemann
Vizedirigent/ Jugendleiter:	Ludwig Vollmer
Notenwart:	Kurt Scherer
Ehrendirigent:	Josef Riehle

Aktive: Birk Franz, gr. Trommel (1968); Birk Martin, Flügelhorn (1968); Borho Bernd, Trompete (1968); Borho Rudi, Tenorhorn (1968); Braun Jürgen, Tenorhorn (1976); Bruder August, Flügelhorn (1968); Damm Wolfgang, Bariton (1979); Dupke Michael, Flügelhorn (1968); Durm Klaus, Schlagzeug (1976); Gissler Bertram, Trompete (1979); Gutmann Berthold, Becken (1968); Gutmann Rolf, Flügelhorn (1970); Gutmann Rudolf, Posaune (1968); Heine Christian, Flügelhorn (1976); Heizmann Franz, kl. Trommel (1973); Huber Alexander, Klarinette (1976); Huber Martin, Klarinette (1970); Isenmann Erwin, Posaune (1970); Isenmann Werner, Klarinette (1968); Kammerer Gustav, Tuba (1968); Keller Karl-Heinz, Posaune (1976); Kuderer Hermann, Klarinette (1976); Lehmann Christine, Klarinette (1982); Lehmann Helmut, Tuba (1968); Lehmann Michael, Trompete (1976); Pfaff Hubert, Trompete (1973); Pfaff Konrad, Tuba (1970); Rothmann Hubert, Trompete (1979); Rothmann Klaus, Flügelhorn (1979); Rothmann Paul, Horn (1973); Scherer Kurt, Bariton (1968); Schilli Konrad, Posaune (1976); Schilli Martin, Klarinette (1968); Schilli Reinhard, Horn (1970); Schilli Siegbert, Klarinette (1973); Schnaider Jürgen, Bariton (1976); Schwörer Klaus, Klarinette (1973); Vogt Günter, Saxophon (1968); Vollmer Georg, Trompete (1973); Vollmer Ludwig, Posaune (1968); Willmann Gephard, Klarinette (1973); Zeferer Bernd, Trompete (1979); Zeferer Christian, Klarinette (1979); Zeferer Josef, Horn (1968).

Musikverein
Unterharmersbach e.V.

Gründungsjahr:	1925
1. Vorsitzender:	Paul Keller
Stellv. Vorsitzender:	Werner Breig
Schriftführer:	Hans Schmider
Kassier:	Paul Hertig
Dirigent:	Bernhard Kienzle
Vizedirigent:	Rudolf Laifer

Aktive: Armbruster Alfred, Trompete (1964); Becker Mathias, Klarinette (1981); Benz Fritz, Tuba (1955); Braun Willi, gr. Trommel (1962); Breig Manfred, Posaune (1976); Breig Martin, Klarinette (1974); Breig Werner, Schellenbaum (1972); Duregger Thomas, kl. Trommel (1980); Fehrenbach Roland, Tenorhorn (1979); Fix Emil, Tenorhorn (1936); Fix Herbert, Tenorhorn (1963); Fix Werner, Saxophon (1963); Grimme Dieter, Posaune (1960); Harter Hubert, Tuba (1982); Hertig Gerhard, Horn (1974); Hertig Paul, Posaune (1969); Hug Hubert, Horn (1953); Joos Friedrich, kl. Trommel (1960); Kienzle Berthold, gr. Trommel (1975); Kienzle Franz, Tuba (1963); Kuderer Heribert, Trompete (1951); Kuderer Johannes, Flügelhorn (1974); Kuderer Manfred, Flügelhorn (1974); Kuderer Reinhard, Klarinette (1980); Laifer Rudolf, Posaune (1963); Maier Gerhard, Klarinette (1964); Pfaff Martin, Trompete (1976); Roth August, Tuba (1947); Roth Erwin, Tenorhorn (1968); Ruminski Lothar, Klarinette (1980); Schäfer Josef, Klarinette (1951); Schmider Hans, Klarinette (1959); Schmider Thomas, Horn (1976); Schneider Ludwig, Bariton (1958); Schwarz Hubert, Bariton (1979); Walter Manfred, Klarinette (1980); Wegner Jürgen, Flöte (1979); Wegner Uwe, Posaune (1979); Witt Michael, Becken (1952); Woisetschläger Thomas, Flügelhorn (1982)

Musikkapelle
Welschensteinach e.V.

Gründungsjahr:	1913
1. Vorsitzender:	Josef Obert
Stellv. Vorsitzender:	Jacob Walter
Schriftführer:	Franz Walter
Rechner:	Josef Walter
Beirat:	Alfred Krämer
	Anton Maier
	Josef Messmer
	Bernhard Obert
	Josef Stulz
	Paul Vollmer
	Martin Weber
Dirigent:	Peter Kornmaier
Jugendleiter:	Martin Weber
Notenwart:	Jürgen Klausmann
Instrumentenwart:	Bernhard Obert
Ehrenvorsitzender:	Jacob Mellert

Aktive: Beha Josef, Tenorhorn (1976); Dold Hans, Trompete (1972); Himmelsbach Helmuth, Posaune (1972); Klausmann Franz, Saxophon (1951); Klausmann Jürgen, Flöte (1976); Krämer Alfred, Posaune (1972); Krämer Anton, Flügelhorn (1974); Krämer Karl, Tenorhorn (1972); Kürz Helga, Klarinette (1976); Kupfer Christa, Klarinette (1972); Maier Andreas, Schlagzeug (1970); Messmer Benedikt, Flügelhorn (1974); Messmer Berthold, Flöte (1976); Messmer Josef, Posaune (1972); Obert Bernhard, Tuba (1965); Obert Georg, Trompete (1972); Obert Stephan, Klarinette (1976); Schmid Maria, Saxophon (1967); Schnetzer Hubert, Horn (1976); Stulz Josef, Flügelhorn (1933); Stulz Josef, Flügelhorn (1972); Vollmer Edmund, Klarinette (1976); Vollmer Paul, Klarinette (1967); Vollmer Raphael, Klarinette (1976); Walter Franz, Schlagzeug (1970); Walter Jacob, Tuba (1965); Walter Josef, Tuba (1965); Walter Willi, Tenorhorn (1959); Weber Christoph, Horn (1976); Weber Martin, Horn (1972); Weber Xaver, Trompete (1976)
Zöglinge: Bohnert Ludwig, Posaune (1980); Brücker Andrea, Klarinette (1980); Maier Manfred, Klarinette (1980); Meßmer Joachim, Klarinette (1980); Neumaier Paul, Trompete (1980); Obert Tobias, Tenorhorn (1980); Schultheiß Antonio, Trompete (1980); Schwendemann Albert, Trompete (1980); Striegel Josef, Klarinette (1980); Weber Josef (1980)

Stadtkapelle Wolfach

Gründungsjahr:	1808*
1. Vorsitzender:	Hans-Peter Züfle
	Bürgermeister
Geschäftsführer:	Alfred Schuler
Schriftführer:	Gerd Schillinger
Rechner:	Werner Herrmann
Reise-Kassier:	Waltram Oberfell
Beirat:	Manfred Kraeckel
	Berthold Lehmann
	Reinhard Oberfell
Dirigent:	Dieter Küstler
Vizedirigent:	Rainer Armbruster
Jugendleiter:	Max Schmieder
Notenwart:	Rainer Armbruster
Uniformwart:	Max Schillinger
Organisation:	Siegbert Armbruster
	Jürgen Heizmann

Aktive: Armbruster Christoph, Trompete (1978); Armbruster Rainer, Trompete (1964); Armbruster Siegbert, Tuba (1968); Bachelmayr Stefan, Trompete (1978); Bächle Bruno, Klarinette (1974); Dieterle Martin, Flöte (1973); Fritsch Rainer, Trompete (1974); Groß Frank, Posaune (1970); Groß Kurt, Tenorhorn (1978); Haas Joachim, Tenorhorn (1959); Haupt Frank, Trompete (1970); Heizmann Hans, Tambour (1926); Heizmann Jürgen, Horn (1966); Heizmann Konrad, Schlagzeug (1959); Heizmann Ludwig, Tuba (1930); Herrmann Manfred, Tambour (1966); Herrmann Walter, Klarinette (1963); Herrmann Werner, Klarinette (1963); Hesse Uwe, Posaune (1974); Hilberer Alfred, Klarinette (1975); Kiefer Engelbert, Horn (1971); Köck Willibald, Saxophon (1949); Kopp Thomas, Trompete (1975); Kräckel Karl-Friedrich, Flügelhorn (1945); Kräckel Manfred, Horn (1958); Lange Martin, Saxophon (1975); Lehmann Berthold, Klarinette (1963); Lehmann Klaus, Tenorhorn (1958); Lehmann Max, Tuba (1930); Mantel Peter, Schlagzeug (1975); Mantel Roland, Tuba (1977); Merk Uwe, Saxophon (1975); Mez Dieter, Trompete (1973); Mueller Claudia, Flöte (1981); Mueller Sonja, Tambourin (1972); Neef Karl-Heinrich, Flügelhorn (1950); Oberfell Alfred, Tenorhorn (1930); Oberfell Ludwig, Tambour (1935); Oberfell Reinhard, Trompete (1964); Oberfell Waltram, Schlagzeug (1960); Polus Horst, Flügelhorn (1966); Riester Joachim, Posaune (1972); Riester Patrik, Tenorhorn (1977); Rök Reinhold, Klarinette (1945); Sauer Bernd, Klarinette (1974); Scheuermann Willi, Tambour (1926); Schilli Roman, Klarinette (1971); Schillinger Bernhard, Flügelhorn (1945); Schillinger Christoph, Saxophon (1971); Schillinger Gerd, Klarinette (1969); Schillinger Max, Trompete (1950); Schmieder Franz, Horn (1958); Schmieder Georg, Klarinette (1972); Schmieder Margarete, Tambourin (1972); Schmieder Max sen., Flügelhorn (1950); Schmieder Max jun., Schlagzeug (1972); Schrempp Guntram, Saxophon (1968); Schuler Alfred, Bariton (1945); Stöckel Pius, Posaune (1954); Winterling Sabina, Klarinette (1979); Zeibig Oswald, Tuba (1950); Zeibig Theo, Tuba (1972)

Zöglinge: Armbruster Jochen, Trompete (1981); Backeler Carsten, Schlagzeug (1981); Baumann Jürgen, Horn (1981); Braun Ulrich, Klarinette (1981); Feurer Susanne, Flöte (1981); Hirt Sandra, Klarinette (1981); Kasper Bernd, Saxophon (1982); Köck Michael, Cornet (1982); Mantel Ralf, Posaune (1982); Merz Karin, Klarinette (1981); Riester Roland, Trompete (1981); Schillinger Katrin, Flöte (1981); Schmieder Christa, Klarinette (1981); Schröder Petra, Klarinette (1981); Schuler Markus, Posaune (1982); Staiger Hans-Peter, Saxophon (1982); Würth Beate, Klarinette (1981)

Stadtkapelle Zell am Harmersbach

Gründungsjahr:	1781*
1. Vorsitzender:	Hans Martin Moll
Stellv. Vorsitzender:	Heinz Göhringer
Schriftführer:	Manfred Bea
Stellv. Schriftführer:	Stefan Stehle
Rechner:	Heinrich Ober
Beirat:	Manfred Fischer
	Martin Kienzler
	Günther Lehmann
	Stefan Stehle
	Willi Willmann
Jugendvertreter:	Reinhard Schwendemann
Dirigent:	MD Ludwig Junkert
Vizedirigent:	Bernhard Kienzle
Notenwarte:	Hans-Peter Breig
	Reinhard Schwendemann
Ehrenvorsitzender:	Rudolf Brucher
Ehrendirigent:	Josef Riehle

Ehrenmitglieder: Walter Marx, Richard Sommer, Wilhelm Wagner

Aktive: Arndt Heidrun, Klarinette (1979); Bea Manfred, Tenorhorn (1959); Breig Hans-Peter, Klarinette/Saxophon (1977); Braun Josef, Tuba (1947); Fehrenbacher Bernd, Posaune (1974); Fehrenbacher Horst, Trompete (1978); Fischer Manfred, Klarinette/Saxophon (1954); Göhringer Heinz, Klarinette/Saxophon (1949); Halter Clemens, Trompete (1975); Heinz Mario, Trompete (1979); Heitzmann Gerda, Klarinette (1979); Himmelsbach Norbert, Tenorhorn (1966); Hiss Hans Jürgen, Tenorhorn (1979); Hug Manuela, Klarinette/Saxophon (1974); Jäger Stefan, Flügelhorn (1979); Joos Friedrich, Klarinette (1979); Kienzle Bernhard, Schlagzeug (1947); Kienzle Cordula, Klarinette (1977); Kienzler Martin, Saxophon (1962); Kienzler Alexandra, Trompete (1982); Kuderer Bernd, Trompete (1974); Kunner Karl-Michael, Klarinette/Saxophon (1974); Lehmann Daniel, Trompete (1979); Lehmann Günther, Horn (1951); Lehmann Werner, Tenorhorn (1947); Maier Josef, Posaune (1947); Maier Martin, Tuba (1975); Maier Robert, Trompete (1975); Matt Thomas, Horn (1974); Metzler Clemens, Posaune (1974); Ober Camilus, Flöte/Saxophon (1973); Ober Heinrich, Klarinette/Saxophon (1953); Proß Ulrich, Trompete (1979); Sättler Reinhard, Schlagzeug (1960); Schmidt Roland, Trompete (1966); Schrempp Franz, Klarinette/Saxophon (1957); Schweitzer Uwe, Trompete (1982); Schwendemann Reinhard, Klarinette/Saxophon (1974); Selinger Bernhard, Horn (1979); Selinger Markus, Posaune (1979); Sommer Heinz, Klarinette/Saxophon (1947); Specht Bernhard, Horn (1982); Stehle Stefan, Klarinette/Saxophon (1974); Tessmer Heinz, Klarinette/Saxophon (1952); Totzke Michael, Klarinette (1978); Weber Hans-Jürgen, Klarinette (1974); Willmann Achim, Flügelhorn (1970); Willmann Herbert, Tuba (1947); Willmann Willi, Bariton (1947)

Musikverein Zunsweier

Gründungsjahr:	1952 (Kapelle 1809)
1. Vorsitzender:	Josef Siefert
Stellv. Vorsitzender:	Horst Pichowski
Schriftführer:	Adolf Walz
Rechner:	Rudolf Wenk
Beirat:	Alfons Bau
	Alfred Draier
	Franz Gailer
	Adolf Laber
	Arno Lienhard
	Herbert Vetter
Dirigent:	Leonhard Walz
Notenwarte:	Franz Gailer
	Josef Vollmer
Instrumentenwart:	Alfons Bau
Ehrenvorsitzender:	Josef Feißt
Ehrendirigent:	Adolf Walz sen.

Aktive: Anselment Adelbert, Tuba (1946); Anselment Antonia, Klarinette (1978); Anselment Christian, Tenorhorn (1978); Anselment Dorothea, Klarinette (1978); Bau Alfons, Flügelhorn (1949); Bau Martin, Flügelhorn (1974); Berg Konrad, Horn (1953); Brenner Ferdinand, Klarinette (1961); Brüderle Albert, Trompete (1974); Brüderle Peter, kl. Trommel (1978); Bürkle Alfred, Posaune (1961); Gass Oliver, Saxophon (1978); Gass Silvia, Klarinette (1978); Geiler Franz, Klarinette (1960); Gross Michael, Bariton (1978); Günther Patrik, Tenorhorn (1978); Halder Paul, Bariton (1959); Halter Pirmin, kl. Trommel (1978); Huber Herbert, Tuba (1952); Huber Klaus, Posaune (1978); Huber Martina, Klarinette (1978); Hug Daniel, Flügelhorn (1978); Lienhard Arno, Saxophon (1974); Lienhard Arno, Trompete (1978); Lienhard Joachim, Saxophon (1974); Lienhard Paul, Tenorhorn (1950); Madlener Klaus, Bariton (1965); Madlener Maria, Klarinette (1974); Mai Jochen, Flügelhorn (1978); Maier Daniela, Flöte (1978); Maier Harald, Schlagzeug/Pauken (1974); Maier Konrad, Horn (1953); Maier-Walz Annette, Flöte (1974); Menzer Martin, Klarinette (1978); Möschle Karin, Klarinette (1978); Müller Joachim, Tuba (1978); Obert Albert, Trompete (1966); Pichowski Horst, Posaune (1956); Rexter Reinhard, Schlagzeug (1960); Roth Helmut, Tenorhorn (1963); Sachs Daniel, Horn (1978); Sauer Franz-Josef, Trompete (1974); Seeger Karl, Posaune (1953); Scherer Christian, Trompete (1974); Scherer Patrik, Klarinette (1978); Schwörer Alfred, Tenorhorn (1978); Schwörer Peter, Trompete (1978); Speck Andrea, Klarinette (1978); Stürzel Rainer, Saxophon (1978); Vetter Albert, Horn (1965); Vetter Herbert, Tuba (1966); Vetter Manfred, Tenorhorn (1974); Vetter Michael, Horn (1978); Vetter Willi, Flügelhorn (1955); Vollmer Andreas, Posaune (1978); Vollmer Josef, Flügelhorn (1972); Vollmer Martin, Tenorhorn (1978); Vollmer Petra, Klarinette (1978); Walz Adolf, Klarinette (1958); Walz Thomas, Klarinette (1978); Wenk Rudolf, Tenorhorn (1965); Werner Roland, Posaune (1965)

Markgräfler Musikverband

Das Präsidium

1. Präsident: Hugo Neymeyer
2. Präsident und Geschäftsführer: Kurt Ströhlein
Verbandsdirigent: Otto Daiger
Stellv. Verbandsdirigent: Ernst Bartos
Verbandsjugendleiter: Josef Heckle
Stellv. Verbandsjugendleiter: Hellmut Blaudszun
Rechner: Kurt Fröhlin

Ehrenpräsident: Peter Steinbrecher
Ehrendirigent: Karl Zettelmayer († 1978)

Der Verband hat 36 Mitgliedsvereine.
Zum Verband gehört noch der Musikverein Feldberg.

Sitzend von links nach rechts: Kurt Ströhlein, Ernst Bartos, Peter Steinbrecher, Hugo Neymeyer; stehend: Kurt Fröhlin, Hellmut Blaudszun, Josef Heckle, Otto Daiger

Musikverein Auggen e.V.

Gründungsjahr:	1893
1. Vorsitzender:	Victor Schulz
Stellv. Vorsitzender:	Bernhard Sahner
Schriftführer:	Hans Mayer
Rechner:	Werner Najork
Beirat:	Clemens Hermann
	Gerd Huber
	Reinhold Jäcklin jun.
	Werner Leininger
	Reiner Wilms
	Gerhard Zöllin
Dirigent:	Karl Albert Rombach
Vizedirigent:	Fritz Danner
Jugendleiter:	Fritz Danner
	Reinhold Jäcklin jun.
Notenwart:	Gerd Huber
Instrumentenwart:	Reinhold Jäcklin jun.
Ehrendirigent:	Erich Meier

Aktive: Bauer Markus, Trompete (1981); Broghammer Andreas, Horn (1981); Broghammer Heidi, Klarinette (1981); Brombacher Ulrike, Klarinette (1980); Danner Fritz, Trompete (1958); Dösserich Alfred, Tuba (1952); Dösserich Ute, Klarinette (1978); Falkenstein Gernot, Flügelhorn (1978); Gerbig Hans, Tenorhorn (1968); Gräßlin Ewald, Tenorhorn (1948); Gugelmeier Jürgen, Schlagzeug (1979); Hauswirth Gerd, Tenorhorn (1964); Hermann Clemens, Flügelhorn (1964); Huber Gerd, Flügelhorn (1968); Jäcklin Reinhold sen., Trompete (1932); Jäcklin Reinhold jun., Klarinette (1973); Kasper Lothar, Trompete (1975); Kittler Harald, Tuba (1975); Kleinfelder Werner, Klarinette (1974); Kneip Ulrich, Trompete (1978); Köbelin Willi, Tuba (1948); Mayer Hans, Horn (1955); Mayer Ute, Flöte (1981); Meier Wolfgang, Horn (1976); Meier Mario, Posaune (1981); Najork Werner, Klarinette (1957); Reinecker Frank, Flügelhorn (1981); Sahner Bernhard, Tenorhorn (1955); Sahner Susanne, Klarinette (1981); Schmiedlin Willi, Bariton (1952); Schulz Horst, Horn (1964); Schulz Ralph, kl. Trommel (1982); Schulz Thorsten, Trompete (1978); Sütterlin Karl, Flügelhorn (1965); Wilms Reiner, gr. Trommel (1949); Zimmermann Hans, Posaune (1981); Zöllin Gerhard, Posaune (1965)
Zöglinge: Böhler Frank, Tenorhorn (1980); Broghammer Daniela, Klarinette (1980); Broghammer Elke, Klarinette (1980); Danner Gerhard, Trompete (1980); Glenz Mattias, Saxophon (1980); Grünwald Ralph, Tenorhorn (1980); Hauswirth Ania, Klarinette (1980); Jäcklin Rouven, Klarinette (1980); Lang Michael, Posaune (1980); Mast Martina, Klarinette (1980); Mast Ulrich, Tenorhorn (1980); Meier Tobias, Flügelhorn (1980); Reinecker Beate, Flöte (1980); Schätzle Diana, Klarinette (1980); Siegwald Christine, Flöte (1980); Sommerhalter Günther, Klarinette (1980); Wagner Thomas, Posaune (1980)

Musikverein Bad Bellingen e.V.

Gründungsjahr:	1920
1. Vorsitzender:	Peter Senft
Stellv. Vorsitzender:	Gebhard Höferlin
Schriftführer:	Gebhard Weckerlin
Rechner:	Gerhard Schlecht
Dirigent:	Erwin Bornemann
Vizedirigent:	Manfred Kramer
Jugendleiter:	Erich Höferlin
Notenwarte:	Elmar Höferlin
	Markus Weckerlin
Instrumentenwart:	Kurt Weckerlin

Aktive: Amann Anton, Flügelhorn (1951); Amann Hanspeter, Horn (1973); Amann Markus, Tenorhorn (1973); Auer Karlheinz, Sousaphon (1956); Bierwirth Siegfried, Flügelhorn (1968); Bornemann Karin, Flöte (1976); Bornemann Martin, Flügelhorn (1979); Bornemann Susanne, Flöte (1981); Covini Uwe, Tenorhorn (1980); Dörr Christoph, Posaune (1971); Dörr Hansjörg, Tenorhorn (1974); Dosenbach Ralf, Trompete (1976); Escher Bernhard, Trompete (1970); Escher Thomas, Bariton (1969); Flutura Eduard, Posaune (1965); Fräulin Mathias, Flügelhorn (1971); Fräulin Udo, Schlagzeug (1979); Franke Egbert, Bariton (1978); Gawehn Susanne, Klarinette (1979); Heitz Benjamin, Klarinette (1971); Höferlin Andreas, Flöte (1974); Höferlin Egbert, Posaune (1950); Höferlin Elmar, Tenorhorn (1979); Höferlin Erich, Posaune (1970); Höferlin Gebhard, Trompete (1950); Höferlin Jörg, Trompete (1979); Höferlin Ludwig, gr. Trommel (1927); Höferlin Mathias, Trompete (1974); Höferlin Susanne, Klarinette (1980); Höferlin Werner, Tuba (1950); Hugenschmidt Manfred, Klarinette (1954); Hugenschmidt Roman, Saxophon (1963); Käufle Albert, Saxophon (1936); Kienzler Harro, Klarinette (1976); Klaas Friedrich, Tuba (1956); Kramer Joachim, Tuba (1964); Kramer Manfred, Trompete (1965); Kramer Willi jun., Flügelhorn (1965); Kramer Willi sen., gr. Trommel (1945); Raupp Jochen, Tenorhorn (1979); Schladerer Manfred, Klarinette (1955); Schlecht Gerhard, Klarinette (1969); Schlecht Günter, Tenorhorn (1967); Senft Peter, Saxophon (1970); Weckerlin Gebhard, Klarinette (1955); Weckerlin Kurt, Horn (1950); Weckerlin Markus, Horn (1978); Wehrle Alfred jun., Flügelhorn (1964); Wehrle Alfred sen., Tenorhorn (1945); Wenk Jürgen, Tenorhorn (1974)
Zöglinge: Amann Christina, Klarinette (1981); Amann Christoph, Trompete (1981); Bächlin Bruno, Klarinette (1980); Bornemann Andreas, Trompete (1981); Dosenbach Gudrun, Saxophon (1981); Franke Karin, Flöte (1981); Gründel Inge, Klarinette (1981); Höferlin Eberhard, Trompete (1980); Höferlin Michael, Bariton (1981); Höferlin Ute, Flöte (1980); Hugenschmidt Martin, Trompete (1981); Schladerer Manfred jun., Trompete (1980); Utz Christoph, Trompete (1981); Weckerlin Hansjörg, Klarinette (1981); Weckerlin Rudi, Horn (1981).

Gemeindekapelle
Bad Krozingen e.V.

Gründungjahr:	1864*
1. Vorsitzender:	Oskar Schönenberger
Stellv. Vorsitzender:	Manfred Uhli
Schriftführer:	Hermann Birk
Rechner:	Clemens Zotz
1. Beisitzer:	Peter Schäfer
2. Beisitzer:	Markus Kiefer
Dirigent:	Josef Heckle
Vizedirigent:	Helmut Siegel
Jugendleiter:	Hans Schaber
Ehrendirigent:	Adolf Schieß
Ehrenmitglied:	Robert Lingenfelser
Obmann:	Alfred Ruch
Fahnenträger:	Otto Albiez
	Arnold Fliegauf
	Paul Morath
Pressewart:	Rolf Rubsamen
Bürgermeister:	Dr. Wolfgang Fuchs

Aktive: Bautz Hans-Georg, Posaune (1962); Bieberstein Udo, Klarinette (1975); Birk Hermann, Posaune (1974); Bleile (I) Hubert, Horn (1969); Bleile (II) Hubert, Tuba (1975); Bleile Josef, Horn (1945); Breig Harald, Schlagzeug (1978); Breig Jürgen, Posaune (1978); Bremen Philipp, Flügelhorn (1977); Brengartner Hans-Joachim, Klarinette (1978); Brengartner Heinz, Klarinette (1950); Burgert Bettina, Flöte (1977); Diener Jochen, Saxophon (1978); Dittmann Gerald, Posaune (1970); Engler Hermann, Fagott/Trompete (1972); Fliegauf Renate, Saxophon (1970); Fliegauf Sonja, Flöte (1976); Gamb Harry, Klarinette/ Saxophon (1969); Glockner Jürgen, Flügelhorn/Trompete (1961); Heckle Peter, Trompete (1973); Kastner Jörg, Tenorhorn (1971); Kiefer Hansjörg, Tuba (1972); Kiefer Markus, Bariton (1970); Kleene Sabine, Flöte (1979); Kopf Andrea, Klarinette/Oboe (1978); Kropf Gerhard, Klarinette/Pauken (1977); Lamb Bruno, Flügelhorn (1951); Langer Jürgen, Tenorhorn (1973); Leberer Kai, Tuba (1972); Meise Alexander, Trompete (1974); Meise Thomas, Tenorhorn (1969); Oberist Ina, Saxophon (1977); Press Sabine, Klarinette/Saxophon (1979); Press Susanne, Klarinette/Saxophon (1979); Roth Jürgen, Horn (1971); Rubsamen Rolf, Saxophon (1971); Rubsamen Ulrika, Flöte (1970); Schaber Hans, Flügelhorn (1967); Schäfer Gregor, Flügelhorn (1967); Schäfer Peter, Trompete (1968); Schäfer Uwe, Horn (1974); Schiess Helmut, Saxophon (1974); Schlachter Jochen, Trompete (1972); Schönenberger Oskar, Horn (1950); Schröter Bärbel, Klarinette (1978); Siegel Helmut, Flöte (1973); Trescher Alexander, Klarinette (1975); Trescher Regina, Klarinette (1967); Trescher Rupert, Saxophon (1979); Uhli Manfred, Tuba (1951); Wendorff Florian, Trompete (1979); Zettler Alfred, Schlagzeug (1955); Zotz Clemens, Saxophon (1963)
Jugendkapelle: Bleile Ulrich, Klarinette (1975); Brengartner Martin, Trompete (1978); Büche Alexander, Tenorhorn (1976); Daiger Andreas, Bariton (1978); Faller Jürgen, Horn (1975); Faller Michael, Tenorhorn (1974); Glass Patricia, Flöte (1979); Glass Viola, Klarinette (1979); Heitz Jürgen, Trompete (1978); Lehner Benigna, Klarinette (1976); Mattmüller Christine, Klarinette (1978); Messmer Ralf, Flügelhorn (1976); Möhrke Felix, Trompete (1976); Riedel Markus, Posaune (1979); Roth Ute, Klarinette/Flöte (1977); Scherer Barbara, Klarinette (1975); Stoffel Markus, Flöte (1978); Zipperer Markus, Saxophon (1979)
Zöglinge: Billmann Thomas, Horn (1980); Bleile Jürgen, Klarinette/Saxophon (1982); Brender Jochen, Posaune (1982); Büsch Markus, Klarinette (1982); Burgert Oliver, Klarinette/Saxophon (1982); Gramespacher Barbara, Klarinette (1980); Hanser Christoph, Tuba (1980); Hass Michael, Schlagzeug (1982); Hettrich Anja, Klarinette (1980); Keil Steffen, Posaune (1982); Leicht Andreas, Klarinette (1980); Pfunder Arno, Schlagzeug (1980); Pietschke Florian, Klarinette (1982); Schäfer Karin, Flöte (1980); Schäfer Sabine, Klarinette (1980); Schott Patric, Trompete (1980); Siegel Ralf, Horn (1980); Stiefvater Gregor, Trompete (1980); Werner Georg, Klarinette (1980); Willemsen Anke, Klarinette (1982)

Trachtenkapelle Badenweiler e.V.

Gründungjahr:	1530*
1. Vorsitzender:	Fritz Vögtler
Stellv. Vorsitzender:	Fritz Löw
Schriftführer:	Alfred Frey
Rechner:	Willi Trautwein
Beisitzer:	Fritz Eberhardt
	Karl Leisinger
	Dieter Österle
	Herbert Rieger
Dirigent:	Ernst Süssner
Vizedirigent:	Fritz Eberhardt
Jugendvertreter:	Dieter Österle
Notenwart:	Herbert Leisinger

Aktive: Bauert Fritz, Tuba (1946); Bauert Monika, Trompete (1974); Becherer Adolf, Flügelhorn (1968); Böhringer Martin, Posaune (1972); Eberhardt Fritz, Flügelhorn (1946); Eberhardt Gabi, Flöte (1978); Eberhardt Wolfgang, Posaune (1978); Floß Lothar, Trompete (1968); Flury Willi, Tenorhorn (1968); Frey Alfred, Flügelhorn/Lyra (1928); Grenacher Fritz, Klarinette (1920); Greßlin Michael, Tenorhorn (1974); Gutmann Claudia, Klarinette (1977); Haas Jürgen, Klarinette (1977); Haas Thomas, Schlagzeug (1981); Held Edgar, Tenorhorn (1978); Hofmann Klaus-Dieter, Flügelhorn (1978); Imgraben Armin, Schlagzeug (1976); Kaltenbach Markus, Flügelhorn (1980); Klaas Artur, Flügelhorn (1959); Lau Stefan, Posaune (1980); Leisinger Bernd, Klarinette (1978); Leisinger Herbert, Klarinette (1946); Leisinger Karl, Tuba (1938); Leisinger Willi, Horn (1935); Löw Fritz, Klarinette (1948); Löw Renate, Klarinette (1979); Minarik Richard, Posaune (1969); Österle Dieter, Trompete (1964); Panzer Brigitte, Flöte (1979); Panzer Theodor, Horn (1956); Richert Herbert, Tenorhorn (1968); Richert Werner, Horn (1981); Rieger Herbert, Tenorhorn (1946); Schmitt Bernd, Horn (1974); Schmitt Lothar, Trompete (1974); Steinbrunner Fritz, Tuba (1974); Todemann Josef, Posaune (1972); Trautwein Willi, Bariton (1959); Vögtler Fritz sen., gr. Trommel (1973); Vögtler Fritz jr., Trompete (1978); Zähringer Dr. Albert, Fagott (1961); Zähringer Dr. Klaus, Flöte/Pikkolo (1968)
Zöglinge: Düll Tobias, Tenorhorn (1982); Greßlin Klaus, Klarinette (1982); Jauch Oliver, Trompete (1982); Kübler Markus, Tenorhorn (1982); Laner Carmen, Klarinette (1982); Laner Mario, Horn (1982); Leisinger Anja, Klarinette (1982); Mack Ingrid, Klarinette (1982); Richert Manuela, Klarinette (1982); Schmid Renate, Klarinette (1982); Schwald Hans-Dieter, Trompete (1980); Stephan Uwe, Tenorhorn (1982); Thoma Andreas, Flügelhorn (1982); Thoma Johannes, Klarinette (1981); Vetter Uwe, Trompete (1982); Wüst Artur, Tuba (1982); Zöllmer Dieter, Tuba (1982)

Musikverein Ballrechten-Dottingen e.V.

Gründungsjahr:	1855*
1. Vorsitzender:	Gottfried Löffler
Stellv. Vorsitzender:	Josef Helfesrieder
Schriftführer:	Paul Möllinger
Rechner:	Wolfgang Löffler
Beirat:	Helmut Fischer
	Hansjörg Karrer
	Dieter Schmidt
	Alfons Schütz
Dirigent:	Heinz Hamm
Vizedirigent:	Dieter Schmidt
Notenwart/	
Instrumentenwart:	Joachim Löffler

Aktive: Becker Hubert, Saxophon (1968); Bohn Thomas, Schlagzeug (1981); Fischer Frank, Posaune (1980); Helfesrieder Matthias, Klarinette (1979); Helfesrieder Sigrid, Trompete (1979); Hermann Rita, Klarinette (1979); Hess Herbert, Klarinette (1971); Karrer Hansjörg, Saxophon (1961); Löffler Birgitta, Klarinette (1979); Löffler Franz, Horn (1946); Löffler Georg, Tuba (1966); Löffler Gottfried, Tenorhorn (1954); Löffler Herbert, Tuba (1961); Löffler Joachim, Flügelhorn (1975); Löffler Karlheinz, Posaune (1954); Löffler Klemens, Horn (1975); Löffler Matthias, Tenorhorn (1975); Löffler Renate, Tenorhorn (1971); Löffler Wolfgang, Flügelhorn (1966); Schmidt Dieter, Posaune (1968); Schmidt Konrad, Horn (1968); Schmidt Marianne, Trompete (1975); Schwab Dietmar, Tenorhorn (1980); Seywald Barbara, Horn (1981); Steiert Michael, Schlagzeug (1981); Steiert Ulrike, Klarinette (1979); Triebswetter Christoph, Tenorhorn (1979); Willin Josef, Trompete (1961); Willin Paul-Heinz, Trompete (1981); Willin Peter, Tuba (1954); Zimmermann Helmut, Saxophon (1954)
Zöglinge: Arbogast Monika, Klarinette (1981); Kiefer Klaus, Klarinette (1981); Löffler Brigitte, Flöte (1981); Löffler Franziska, Klarinette (1978); Model Kerstin, Flöte (1981); Zimmermann Axel, Horn (1981); Zimmermann Christoph, Tenorhorn (1981); Zimmermann Markus, Trompete (1978)

Musikverein Biengen e.V.

Gründungsjahr:	1825*
1. Vorsitzender:	Linus Grethler
Stellv. Vorsitzender:	Martin Bleile
Schriftführer:	Edgar Kiesl
Rechner:	Adolf Spandel
Beirat:	Werner Bleile
	Erwin Grethler
	Wilfried Hanser
	Erich Hellstern
	Erika Menner
Dirigent:	Erich Fröhlich
Vizedirigent:	Jean Bruyère
Notenwart:	Alexandra Schröder
Instrumentenwart:	Adolf Spandel
Ehrendirigent:	Otto Daiger

Aktive: Blansche Otmar, Tenorhorn (1978); Bleile Armin, Posaune (1978); Bleile Werner, Tuba (1962); Bösch Christian, Tenorhorn (1978); Bösch Christine, Horn (1978); Bösch Manuela, Klarinette (1978); Bruyère Jean, Flügelhorn (1951); Dietzenbach Lothar, Flügelhorn (1972); Dietzenbach Norbert, Horn (1956); Ernst Thomas, kl. Trommel (1978); Galley Dieter, Flügelhorn (1968); Greifenberg Dietmar, Trompete (1972); Grethler Berthold, kl. Trommel (1978); Grethler Bruno, Posaune (1972); Grethler Linus, Tenorhorn (1946); Grethler Lucia, Klarinette (1972); Grethler Marita, Klarinette (1972); Grethler Otmar, Tuba (1966); Haas Markus, Tenorhorn (1981); Hanser Manfred, Posaune (1978); Hanser Meinrad, Tuba (1972); Hanser Wilfried, Bariton (1962); Herrenweger Hubert, Tenorhorn (1978); Kälble Beate, Klarinette (1978); Kammerer Gisela, Klarinette (1978); Kammerer Silvia, Horn (1978); Kiesl Dietmar, Trompete (1972); Kiesl Edgar, Horn (1972); Landauer Armin, Flügelhorn (1966); Lang Gebhard, Horn (1972); Mitreiter Silvia, Flügelhorn (1978); Noll Fritz, gr. Trommel (1954); Noll Helmut, Trompete (1975); Schröder Alexandra, Klarinette (1978); Schweinfest Gerald, Klarinette (1978); Schweinfest Reinhold, Klarinette (1957); Spandel Adolf, Klarinette (1968); Stein Stephan, Flügelhorn (1978); Stoll Helga, Klarinette (1978); Stoll Markus, Flügelhorn (1978); Sutter Hubert, Posaune (1978); Wehrle Sabine, Klarinette (1978); Wünsche Norman, Tenorhorn (1978); Zipfel Beatrice, Flügelhorn (1978); Zipfel Gabriele, Trompete (1978)
Zöglinge: Grethler Markus, Tenorhorn (1981); Selz Martin, Lyra (1982)

Musikverein Bremgarten e.V.

Gründungsjahr:	1888
1. Vorsitzender:	Edgar Link
Stellv. Vorsitzender:	Franz Leberer
Schriftführer:	Theo Riesterer
Rechner:	Gertrud Joseph
Beirat:	Horst Gutmann
	Beatrix Ritzenthaler
	Eugen Selz
	Johann Selz
Dirigent:	Lothar Hollweger

Aktive: Abillo Volker, Flügelhorn (1981); Bing Alfons, Bariton (1975); Bing Friedel, Klarinette (1975); Bing Josefa, Klarinette (1972); Brunner Claudia, Klarinette (1975); Brunner Franziska, Schlagzeug (1980); Goebel Heike, Klarinette (1975); Goebel Michael, Trompete (1975); Goebel Ralf, Trompete (1975); Grathwol Hans, Klarinette (1963); Grüne Hermann, Schlagzeug (1981); Gutmann Bernhard, Tenorhorn (1975); Gutmann Horst, Schlagzeug (1957); Gutmann Paul, Tenorhorn (1979); Kammerer Daniel, Klarinette (1975); Kammerer Harald, Trompete (1975); Knobel Hubert, Tenorhorn (1972); Knobel Thomas, Klarinette (1968); Krebs Thomas, Tenorhorn (1972); Lais Franz Josef, Horn (1972); Lais Herbert, Horn (1972); Lais Thomas, Horn (1975); Leberer Andreas, Trompete (1981); Leberer Franz, Tuba (1948); Leberer Harald, Trompete (1972); Link Armin, Trompete (1972); Link Bernd, Flügelhorn (1975); Link Edgar, Posaune (1958); Link Jochen, Trompete (1975); Neundorf Wolfgang, Horn (1975); Palikowski Olaf, Tenorhorn (1981); Riesterer Ewald, Tuba (1972); Riesterer Theo, Klarinette (1972); Ritzenthaler Beatrix, Flügelhorn (1975); Ritzenthaler Jeannette, Flügelhorn (1981); Schneider Franziska, Klarinette (1979); Selz Eugen, Horn (1958); Selz Johann, Posaune (1962); Selz Sonja, Flügelhorn (1975); Selz Uwe, Posaune (1975)
Zöglinge: Abillo Jeanette, Flügelhorn (1981); Albiez André, Tenorhorn (1981); Link Alexandra, Flügelhorn (1981); Tendler Kirstin, Trompete (1981)

Musikverein Britzingen

Gründungsjahr:	1865*
1. Vorsitzender:	Peter Stecher
Stellv. Vorsitzender:	Ernst Ludwig Kaltenbach
Schriftführer:	Markus Engler
Rechner:	Walter Eckerlin
Beisitzer:	Robert Engler
	Fritz Fröhlin, sen.
Dirigent:	Erwin Bornemann
Vizedirigent:	Edmund Jordan
Jugendleiter:	Peter Stecher
Notenwarte:	Gerhard Engler
	Andreas Schillinger
Instrumentenwart:	Frank Merz
Ehrenvorsitzender:	Albert Hofmann

Aktive: Behringer Peter, Flügelhorn (1975); Bornemann Martin, Trompete (1978); Braun Thomas, Trompete (1978); Dörflinger Fritz, Tuba (1954); Eckerlin Benno, Flügelhorn (1978); Eckerlin Thomas, Bariton (1975); Eckerlin Walter, Flügelhorn (1951); Ehret Klaus, Tenorhorn (1965); Engler Gerhard, Trompete (1978); Engler Harald, Tenorhorn (1978); Engler Markus, Klarinette (1975); Engler Otto, Horn (1946); Engler Robert, Trompete (1947); Engler Yvonne, Flügelhorn (1978); Fröhlin Fritz, sen., Horn (1946); Fröhlin Fritz jr., Trompete (1978); Fröhlin Jörg, Schlagzeug (1976); Glockner Manfred, Trompete (1969); Grether Ingrid, Flöte (1978); Issler Thomas, Klarinette (1980); Jenny Ernst, Posaune (1929); Jordan Edmund, Posaune (1976); Kaltenbach Ernst Ludwig, Tuba (1961); Kurz Ernst, Tuba (1979); Lichtblau Fritz, Flügelhorn (1951); Lichtblau Harald, Klarinette (1978); Merz Frank, Bariton (1978); Roser Armin, Posaune (1978); Schillinger Andreas, Klarinette (1975); Schneider Sandra, Klarinette (1978); Stecher Michael, Trompete (1971); Stecher Peter, Tenorhorn (1956); Stecher Susanne, Flöte (1976); Zeller Rainer, Posaune (1971); Zeyer Manuela, Klarinette (1978); Ziegler Renate, Klarinette (1978)
Jugendkapelle: Bienger Michaela, Klarinette (1980); Birnbreier Birgit, Klarinette (1980); Brenneisen Jochen, Horn (1980); Bürgelin Carmen, Flöte (1980); Citeroni Christian, Klarinette (1980); Cordes Cynthia, Klarinette (1980); Dellenbach Frank, Horn (1980); Dörflinger Bernd, Posaune (1980); Engler Heike, Flöte (1980); Fröhlin Heidrun, Flügelhorn (1980); Graf Patrick, Trompete (1980); Grethler Stephan, Klarinette (1980); Imgraben Reiner, Tenorhorn (1980); Kury Dietmar, Tenorhorn (1980); Kury Silke, Klarinette (1980); Maier Michael, Schlagzeug (1980); Malus Peter, Trompete (1980); Marx Daniel, Tenorhorn (1980); Marx Roger, Trompete (1980); Merz Thomas, Trompete (1980); Roser Veronika, Flügelhorn (1980); Schillinger Uwe, Klarinette (1980); Single Julia, Flöte (1980); Stephan Frank, Trompete (1980); Stephan Thomas, Posaune (1980); Wegling Uwe, Trompete (1980)

Musikverein Buggingen e.V.

Gründungsjahr:	1879*
1. Vorsitzender:	Gerhard Winter
Stellv. Vorsitzender:	Dieter Karle
Schriftführer:	Jürgen Fochler
Rechner:	Otto Lehmann
	Ralf Stump
Beirat:	Norbert Härtwig
	Bettina Meier
	Robert Müller
	Fritz Pässler
	Karl Panzer
	Alfred Sahner
	Heinz Volk
Dirigent:	Konrad Vonarb
Vizedirigent:	Hans Vollmer
Notenwart:	Fritz Pässler
Ehrenvorsitzender:	Eugen Zitzer
Ehrendirigent:	Karl Zipse

Ehrenmitglieder: Herbert Brenneisen, Kurt Gyss, Robert Müller, Alfred Sahner, Gerhard Schätzle, Matthäus Sterk, Heinz Volk, Hans Vollmer, Emil Wick
Aktive: Bolanz Joachim, Tenorhorn (1975); Brenneisen Markus, Posaune (1976); Brenneisen Wolfgang, Posaune (1976); Fochler Jürgen, Klarinette/Saxophon (1976); Fochler Sonja, Klarinette (1979); Gyss Rudolf, Bariton (1969); Haas Klaus, Horn (1964); Härtwig Norbert, Trompete (1968); Hauber Helmut, Trompete (1971); Hunzinger Bernd, Tenorhorn (1979); Karle Dieter, Klarinette (1972); Kettner Karl-Ernst, Klarinette (1958); Kettner Thomas, Klarinette (1975); Kurz Markus, Posaune (1971); Lehmann Otto, Flügelhorn (1968); Lorenz Barbara, Klarinette (1979); Machauer Norbert, Flügelhorn (1975); Maier Bettina, Klarinette/Saxophon (1975); Mond Edgar, Posaune (1967); Müller Hanspeter, Horn (1968); Pässler Fritz, Tuba (1963); Panzer Karl, Klarinette (1959); Panzer Melanie, Klarinette (1976); Ritter Dieter, Flügelhorn (1968); Ritter Hanswerner, Tuba (1969); Sahner Rainer, Horn (1968); Schätzle Gerhard, Posaune (1949); Sommer Cornelia, Klarinette (1976); Ströhlein Gerhard, Tenorhorn (1968); Stump Ralf, Flügelhorn (1975); Volk Heinz, Klarinette (1947); Vollmer Frank, Schlagzeug (1979); Vollmer Hans, Tenorhorn (1950); Winter Gerhard, Trompete (1964)
Zöglinge: Ausperger Alexandra, Klarinette (1981); Ausperger Bernhard, Bariton (1981); Di Carlo Santina, Klarinette (1981); Duwe Michael, Flügelhorn (1979); Horn Oliver, Trompete (1979); Müller Patrick, Klarinette (1981); Rieger Ulli, Flügelhorn (1979); Schopferer Gerald, Klarinette (1981); Schwarzwälder Andreas, Horn (1979); Stump Axel, Posaune (1981); Willin Bernd, Tuba (1981); Willin Frank, Tenorhorn (1979)

Feuerwehr- und Winzerkapelle Ehrenstetten

Gründungsjahr:	1865*
1. Vorsitzender:	Otto Nußbaumer
Stellv. Vorsitzender:	Josef Barth
Schriftführer:	Karl Meier
Rechner:	Werner Glockner
Beirat:	Max Knörr
	Eugen Nägele
Dirigent:	Horst Dieter Akermann
Vizedirigent:	Georg Hummel
Jugendleiter:	Bernhard Nägele
Notenwart:	Andreas Nußbaumer
Instrumentenwart:	Karl Knörr
Ehrendirigent:	Emil Meier

Aktive: Barth Erwin, Bariton (1952); Barth Josef, Tenorhorn (1949); Barth Wolfgang, Bariton (1977); Conrad Uwe, Klarinette (1975); Dischinger Elmar, Trompete (1977); Eckert Klaus, Flügelhorn (1973); Faller Norbert, Tenorhorn (1977); Fliegauf Theo, Flügelhorn (1972); Franke Christian, Klarinette (1977); Franke Manuel, Klarinette (1977); Freudemann Klaus, Tenorhorn (1981); Gangwisch Bernd, Trompete (1972); Glockner Cornelia, Saxophon (1981); Glockner Werner, Tenorhorn (1973); Hog Martina, Klarinette (1981); Hummel Erich, Posaune (1980); Hummel Georg, Flügelhorn (1946); Jehle Werner, Klarinette (1969); Knörr Josef, Schlagzeug (1946); Knörr Karl, Tuba (1968); Knörr Max, Horn (1972); Locherer Fritz, Schlagzeug (1955); Meier Karl, Trompete (1965); Meyer Hubert, Trompete (1977); Nägele Bernhard, Saxophon (1974); Nägele Birgitta, Flöte (1981); Nägele Eugen, Klarinette (1950); Nußbaumer Andreas, Flügelhorn (1981); Nußbaumer Josef, Klarinette (1952); Nußbaumer Otto, Trompete (1965); Ritter Erich, Klarinette (1949); Schlauderer Erwin, Posaune (1981); Schmutz Fritz, Tuba (1946); Schmutz Wolfram, Klarinette (1977); Schnekenburger Jürgen, Horn (1981); Trescher Markus, Flügelhorn (1977); Trescher Reinhold, Trompete (1968); Weckemann Richard, Horn (1969); Wirbel Bernd, Trompete (1980); Wirbel Klaus, Saxophon (1975); Wirbel Thomas, Posaune (1977)
Zöglinge: Dischinger Gabriele, Flöte (1982); Nußbaumer Michael, Schlagzeug (1982)

Musikverein Eschbach e.V.

Gründungsjahr:	1889
1. Vorsitzender:	Albert Gamb
Stellv. Vorsitzender:	Josef Lamb
Schriftführer:	Michael Isele
Rechner:	Erich Suger
Beisitzer (Aktiva):	Alfons Hiss
	Jürgen Lamb
	Josef Riesterer
Beisitzer (Passiva):	Albert Gamb sen.
	Hugo Isele
	Franz Weiß
Dirigent:	Werner Streicher
Vizedirigent/	
Jugendleiter:	Jürgen Lamb
Notenwart:	Erich Suger
Musiker-Ausschuß:	Monika Eisele
	Paul Gallus (Vorsitzender)
	Andreas Hiss
	Rainer Hiss
	Jürgen Lamb
	Theo Vorgrimmler

Aktive: Beringer Alfred, kl. Trommel (1962); Birmelin Andreas, Bariton (1979); Bleile Josef, Klarinette (1946); Brucker Egon, Flügelhorn (1970); Buchholz Jürgen, Bariton (1979); Eisele Martin, Flügelhorn (1979); Eisele Monika, Klarinette (1974); Fuchs Michael, Tuba (1979); Fuchs Siegfried, Saxophon (1963); Fok Ferdinand, Tuba (1938); Gärtner Barbara, Flöte (1979); Gärtner Petra, Klarinette (1979); Gallus Paul, Tuba; Gamb Albert, Schlagzeug (1967); Gamb Edmund, Flügelhorn (1970); Geiselbrecht Stefan, Schlagzeug (1979); Hiss Alfons, Trompete (1953); Hiss Andreas, Posaune (1974); Hiss Andreas, Flügelhorn (1979); Hiss Dagmar, Flöte (1974); Hiss Heike, Klarinette (1979); Hiss Rainer, Tenorhorn (1974); Höcker Herbert, Horn; Isele Jörg, Trompete (1972); Isele Michael, Flügelhorn (1970); Karrer Anette, Flöte (1979); Kech Markus, Tenorhorn (1972); Lamb Herbert, Horn (1974); Lamb Josef, Flügelhorn (1947); Lamb Jürgen, Trompete (1967); Lamb Tobias, Posaune (1979); Latz Beate, Klarinette (1974); Lauer Karl-Heinz, Tenorhorn (1974); Männer Irmgard, Posaune (1979); Martin Anton, Posaune (1967); Martin Nicole, Flöte (1979); Martin Sabine, Saxophon (1974); Morath Andreas, Klarinette (1974); Morath Gerald, Flügelhorn (1974); Reimann Herbert, Tuba (1973); Riesterer Josef sen., Bariton (1949); Riesterer Josef jun., Trompete (1979); Riesterer Michael, Klarinette (1979); Riesterer Sandra, Posaune (1979); Riesterer Thomas, Posaune (1979); Striegel Susanne, Klarinette (1979); Suger Erich, Horn (1954); Vogt Alfred, Horn (1982); Vorgrimmler Christine, Klarinette (1979); Vorgrimmler Daniel, Klarinette (1979); Vorgrimmler Theo, Saxophon (1959); Wiesler Robert, Flügelhorn (1963)

Musikverein Feldkirch

Gründungsjahr:	1921
1. Vorsitzender:	Willi Faller
Stellv. Vorsitzender:	Martin Hauß,
Schriftführer:	Werner Hauß
Rechner:	Bernhard Faller
Beirat:	Martin Faller
	Joachim Gassner
	Bernhard Linsenmeier
	Anita Rinderspacher
	Heinz Schweitzer
	Heinz Ströbel
Dirigent:	Ernst Bartos
Notenwarte:	Christine Hauß
	Marion Linsenmeier
Ehrendirigent:	Otto Daiger

Aktive: Bärmann Arnold, Horn (1946); Bauer Brigitta, Trompete (1978); Faller Beate, Klarinette (1978); Faller Bernhard, Tuba (1961); Faller Cordula, Klarinette (1978); Faller Martin, Flügelhorn (1951); Faller Willi, Flügelhorn (1961); Faller Wolfgang, Flügelhorn (1978); Frey Werner, Trompete (1982); Hauß Christine, Trompete (1973); Hauß Claudia, Klarinette (1978); Hauß Georg, Schlagzeug (1946); Hauß Martin, Tenorhorn (1968); Hauß Werner, Posaune (1975); Keysner Dietmar, Horn (1978); Klingele Uwe, Trompete (1981); Linsenmeier Bernhard, Klarinette/Saxophon (1950); Linsenmeier Marion, Trompete (1973); Pfeiffer Michael, Posaune (1982); Pfeiffer Siegfried, Tuba (1946); Rinderle Klaus, Schlagzeug (1979); Rinderle Paul, Tenorhorn (1947); Rinderspacher Anita, Klarinette (1973); Rinderspacher Josef, Horn (1947); Sparacio Anaritta, Klarinette (1978); Storck Alfred, Posaune (1978); Storck Armin, Horn (1978)
Zöglinge: Grathwohl Sonja, Klarinette (1982); Kleint Matthias, Klarinette (1982); Kling Oliver, Klarinette (1982); Kling Tanja, Klarinette (1982); Martin Barbara, Klarinette (1982); Martin Jürgen, Schlagzeug (1982); Volz Alexander, Horn (1982); Volz Walter, Trompete (1982); Wick Frank, Trompete (1982); Wick Michael, Trompete (1982); Wick Patrick, Tenorhorn (1982); Wingartz Marco, Klarinette (1982)

Musikverein „Eintracht" Grißheim e.V.

Gründungsjahr:	1879*
1. Vorsitzender:	Ernst Gramespacher
Stellv. Vorsitzender:	Werner Heil
Schriftführer:	Ottmar Kübler
Rechner:	Heinz Duffner
Beirat (Aktiva):	Heinz Beyer
	Günter Kübler
	Willi Riesterer
	Herbert Simon
Beirat (Passiva):	Ernst Kübler
	Willi Müller
	Ernst Simon
	Karl Weber
Dirigent:	Gerhard Braun
Vizedirigent:	Ottmar Kübler
Notenwart:	Andreas Ganter
Instrumentenwart:	Helmut Simon

Aktive: Beyer Heinz, Bariton (1958); Beyer Rainer, Trompete (1979); Diringer Lothar, Horn (1953); Dufner Siegfried, Bariton (1981); Freund Fritz, Tenorhorn (1979); Ganter Andreas, Tenorhorn (1979); Gramespacher Claudia, Klarinette (1982); Gramespacher Michael, Horn (1970); Gramespacher Reinhard, Klarinette (1973); Heil Werner, Trompete (1946); Karle Erwin, Klarinette (1977); Kern Anita, Klarinette (1982); Kern Helmut, Tenorhorn (1970); Kern Norbert, Posaune (1970); Kübler Ernst, Schlagzeug (1962); Kübler Fritz, Flügelhorn (1955); Kübler Günter, Horn (1953); Kübler Manfred, Flügelhorn (1962); Kübler Ottmar, Flügelhorn (1958); Leibe Sylvia, Klarinette (1967); Noll Brigitte, Posaune (1979); Noll Fritz, Schlagzeug (1981); Noll Sigrid, Klarinette (1979); Reimann Otto-Julius, Tuba (1973); Riesterer Willi, Tenorhorn (1946); Simon Anette, Klarinette (1982); Simon Helmut, Tuba (1957); Simon Herbert, Klarinette (1955); Wick Franz, Tuba (1946); Zehr Harald, Klarinette (1982)
Zöglinge: Fessenmeier Markus, Flügelhorn (1981); Gramespacher Katharina, Klarinette (1981); Lösch Karl, Flügelhorn (1981); Schwäble Michaela, Klarinette (1981); Simon Katja, Klarinette (1981)

Musikverein Grunern e.V.

Gründungsjahr:	1826*
1. Vorsitzender:	Manfred Weber
Stellv. Vorsitzender:	Peter Hanselmann
Schriftführerin:	Regina Riesterer
Rechner:	Stephan Hanselmann
Beirat:	Otto Fischer
	Alfred Ketterer
	Georg Schneider
	Hanno Seywald
Dirigent:	Otto Daiger
Vizedirigent/	
Notenwart:	Alfred Ketterer
Instrumentenwart:	Hanno Seywald
Ehrendirigent:	Nikolaus Marx
Ehrenvorstand:	Gerd Köpfer

Aktive: Fischer Franz-Josef, Trompete (1975); Fischer Mechthilde, Klarinette (1975); Gramelspacher Klaus, Klarinette (1949); Hanselmann Peter, Tuba (1954); Helfesrieder Walter, Bariton (1948); Ketterer Alfred, Trompete (1959); Köpfer Vinzenz, Posaune (1970); Lauber Gabriele, Trompete (1975); Riesterer Gerlinde, Trompete (1975); Riesterer Regina, Tenorhorn (1975); Rösch Berthold, Trompete (1972); Seywald Hanno, Flügelhorn (1960); Sink Oskar, Tenorhorn (1949); Wagner Karl, Tenorhorn (1960)
Zöglinge: Geiger Desire, Klarinette (1980); Gramelspacher Karin, Bariton (1982); Gramelspacher Monika, Klarinette (1982); Gramelspacher Thomas, Trompete (1980); Hanser Jürgen, Horn (1981); Ortlieb Thomas, Flügelhorn (1980); Peschel Sonja, Flöte (1980); Riesterer Axel, Horn (1982); Riesterer Carina, Tenorhorn (1980); Riesterer Ute, Klarinette (1980); Sink Markus, Horn (1980); Sink Petra, Klarinette (1980); Sixt Axel, Trompete (1980); Sixt Iris, Klarinette (1982); Zimmer Andreas, kl. Trommel (1980)

Musikverein
Trachtenkapelle Hartheim e.V.

Gründungsjahr:	1877*
1. Vorsitzender:	Josef Vögele
Stellv. Vorsitzender:	Franz Steininger
Schriftführer:	Otmar Stoffel
Rechner:	Kurt Link
Dirigent:	Edmund Jordan
Vizedirigent:	Konrad Vonarb
Jugendleiter:	Hansjörg Link
Notenwarte:	Anja Friedrich
	Stefan Kraushaar
Instrumentenwart:	Hermann van Steenis
Ehrenvorsitzende:	Martin Hauser
	Alfred Vonarb
Ehrendirigent:	Johann Zipfel

Beirat: Erwin Birkenmeier, Klaus Lais, Gabi Link, Adolf Pfrengle, Karlheinz Pfrengle, Rolf Sbrissa, Kurt Schmidt, Hermann van Steenis, Karl Stoffel, Alois Weiß
Aktive: Albitz Hubert, Schlagzeug (1977); Albitz Markus, Horn (1975); Haury Andrea, Flügelhorn (1975); Kaiser Ralf, Flügelhorn (1975); Kraushaar Helmut, Tenorhorn (1965); Lais Klaus, Bariton (1965); Link Dagmar, Flügelhorn (1975); Link Gabi, Saxophon (1974); Link Hansjörg Klarinette (1974); Link Harald, Trompete (1975); Link Heinz, Tuba (1948); Link Kurt, Saxophon (1949); Mangold Norbert, Tenorhorn (1966); Pfrengle Adolf, Bariton (1950); Pfrengle Karlheinz, Bariton (1964); Ritzenthaler Egbert, Lyra (1975); Sbrissa Michael, Flügelhorn (1977); Sbrissa Rolf, Horn (1955); Schmidt Kurt, Tuba (1963); Spitz Georg, Trompete (1974); Steenis van Hermann, Saxophon (1965); Steininger Peter, Posaune (1969); Steininger Stefan, Horn (1967); Stoffel Hubert, Tenorhorn (1974); Stoffel Jörg, Posaune (1975); Stoffel Karl, Klarinette (1950); Stoffel Otmar, Trompete (1975); Vögele Josef, Posaune (1965); Vonarb Konrad, Posaune (1963)
Jugendliche: Albitz Heidi, Klarinette (1979); Faller Petra, Klarinette (1980); Friedrich Anja, Klarinette (1978); Hanser Jane, Klarinette (1980); Hanser Patrik, Klarinette (1980); Haury Oliver, Klarinette (1979); Jordan Uwe, Tenorhorn (1980); Katzmann Nicole, Klarinette (1980); Kraushaar Stefan, Flöte (1977); Link Alexander, Flöte (1977); Link Christian, Klarinette (1982); Schmidt Corina, Klarinette (1980); Specker Heiko, Trompete (1980); Sütterlin Oliver, Trompete (1982); Vögele Sonja, Klarinette (1980)

Musikverein Heitersheim e.V.

Gründungsjahr:	1793*
1. Vorsitzender:	Eugen Walz
Stellv. Vorsitzender:	Hermann Höfler
Schriftführer:	Gerd Lampp
Stellv. Schriftführer:	Gerd Höfler
Rechner:	Bernd Lampp
Stellv. Rechner:	Horst Höfler
Dirigent:	Günter Stabenau
Vizedirigent:	Heiner Müller
Jugendleiter:	Horst Höfler
Notenwarte:	Uwe Brauch
	Gerd Lampp
Instrumentenwart:	Hanspeter Höfler
Ehrenvorsitzender:	Paul Zirlewagen
Ehrenkapellmeister:	Robert Walz

Beirat: Manfred Albrecht, Willi Brendle, Alfred Feuerstein, Barthel Fünfgeld, Rudolf Grass, Hanspeter Höfler, Fritz Lampp, Erwin Meyer
Ehrenmitglieder: Werner Fräulin, Eugen Höfler, Hermann Höfler, Fritz Lampp, Erwin Meyer, Adolf Späth, Eugen Walz, Karl Walz, Paul Walz, Walter Widmann, Gottfried Wolf
Aktive: Albrecht Wolfgang, Posaune (1981); Brauch Uwe, Bariton (1970); Brendle Axel, Posaune (1978); Brendle Gerlinde, Klarinette (1976); Brendle Peter, Schlagzeug (1976); Brendle Willi, Saxophon (1954); Burgert Margarethe, Flöte (1973); Feuerstein Silvia, Klarinette (1978); Fünfgeld Barthel, Tenorhorn (1948); Fünfgeld Erich, Flügelhorn (1954); Fünfgeld Hajo, Flügelhorn (1972); Fünfgeld Stefan, Trompete (1973); Gassenschmidt Doris, Flöte (1982); Gassenschmidt Rainer, Tenorhorn (1979); Grass Gebhard, Saxophon (1969); Gutmann Gerd, Saxophon (1978); Gutmann Heiner, Klarinette (1954); Hiss Josef, Flügelhorn (1960); Hiss Martin, Trompete (1979); Hiss Sabine, Flöte (1982); Höfler Bernd, Bariton (1964); Höfler Eugen, Schlagzeug (1945); Höfler Gerd, Klarinette (1969); Höfler Hanspeter, Tuba (1954); Höfler Heinrich, Saxophon (1950); Höfler Hermann, Klarinette (1945); Höfler Horst, Schlagzeug/Pauken (1968); Höfler Thomas, Klarinette (1969); Kimmich Thomas, Horn (1971); Lampp Alexandra, Flöte/Pikkolo (1978); Lampp Bernd, Trompete (1964); Lampp Fritz, Horn (1945); Lampp Gerd, Posaune (1968); Lampp Gisela, Flöte (1971); Lampp Hermann, Posaune (1952); Lampp Susanne, Klarinette (1976); Link Albert, Tenorhorn (1971); Link Martin, Tuba (1971); Martin Andrea, Flöte (1981); Martin Hubert, Trompete (1981); Martin Karl-Heinz, Saxophon (1981); Müller Harald, Klarinette (1979); Müller Heiner, Trompete (1954); Ortlieb Kerstin, Klarinette (1982); Oswald Karl, Horn (1968); Pies Joachim, Tenorhorn (1964); Riesterer Johannes, Horn (1981); Schlegel Hans, Klarinette (1954); Schneider Alois, Trompete (1971); Stamminger Markus, Trompete (1982); Vetter Richard, Posaune (1968); Walz Paul, Tuba (1945); Weiß Norbert, Klarinette (1968); Winterhalter Christian, Saxophon (1973); Winterhalter Hans-Heinrich, Tenorhorn (1971); Zimmermann Eva, Klarinette (1972); Zimmermann Karl, Tenorhorn (1968); Zirlewagen Christian, Trompete (1976); Zirlewagen Peter, Flügelhorn (1954); Zirlewagen Ralf, Flügelhorn (1973)

Musikverein Hügelheim e.V.

Gründungsjahr:	1870*
1. Vorsitzender:	Manfred Koch
Stellv. Vorsitzender:	Eugen Herrmann
Schriftführer:	Gerhard Koch
Rechner:	Heinz Gotzeina
Beisitzer:	Rudolf Jenne
	Helmut Rasch
	Gerhard Riese
	Robert Wacker
Dirigent:	Ulrich Winzer
Vizedirigent:	Dieter Welchlin
Jugendleiter:	Werner Fröhlin
	Ulrich Winzer
Notenwarte:	Werner Fröhlin
	Helmut Rasch
Ehrendirigent:	Ernst Röder

Aktive: Broscheit Hermann, Klarinette (1963); Bürgelin Karlfrieder, Posaune (1954); Egi Andreas, Posaune (1975); Emmler Susanne, Klarinette (1975); Frielingsdorf Wolfgang, Horn (1961); Fröhlin Horst, Posaune (1970); Fröhlin Werner, Klarinette (1963); Geppert Fritz, Klarinette (1934); Gotzeina Heinz, Posaune (1954); Haist Georg, Trompete (1974); Heid Egbert, Trompete (1981); Herrmann Eugen, Tuba (1954); Herrmann Rita, Klarinette (1976); Herrmann, Sonja, Klarinette (1973); Höcker Herbert, Horn (1961); Jenne Rudolf, Schlagzeug (1948); Kiefer Thomas, Trompete (1975); Koch Alfred, Flügelhorn (1951); Koch Manfred, Trompete (1965); Koch Monika, Flügelhorn (1969); Löffler Karl, Tuba (1949); Maurer Richard, Flügelhorn (1973); Rasch Helmut, Flügelhorn (1972); Riese Gerhard, Horn (1954); Vonthron Siegfried, Tenorhorn (1965); Wacker Jürgen, Bariton (1974); Wacker Robert, Horn (1911); Welchlin Dieter, Trompete (1959)
Zöglinge: Belle Nicole, Klarinette (1982); Drolshagen Christina, Flöte (1982); Drolshagen Thomas, Klarinette (1980); Emmler Thomas, Posaune (1980); Führer Andreas, Klarinette (1981); Gmelin Martina, Klarinette (1980); Herbster Bernhard, Horn (1980); Koch Lutz, Klarinette (1981); Koch Markus, Posaune (1981); Kummer Hans-Peter, Bariton (1980); Marget Hubert, Schlagzeug (1981); Matthis Frank, Schlagzeug (1980); Schillinger Heike, Klarinette (1980); Schillinger Markus, Posaune (1981); Scholer Peter, Tenorhorn (1981); Schulz Jürgen, Flöte (1981); Schulz Markus, Horn (1981); Schulz Roland, Tenorhorn (1981); Vetter Michael, Schlagzeug (1981)

Feuerwehr- u. Trachtenkapelle Kirchhofen

Gründungsjahr:	1740*
1. Vorsitzender:	Günter Pfeifer
Stellv. Vorsitzender:	Adolf Schneider
Schriftführer:	Peter Wagner
Rechner:	Reinhold Joos
Beirat:	Manfred Booz
	Rainer Federle
	Ernst Klingele
	Georg Schweitzer
Dirigent:	Heinrich Bruckert
Vizedirigent:	Werner Ruh
Notenwarte:	Markus Duffner
	Bernd Glockner
Ehrenmusiker:	Eugen Albert
	Josef Benkardt
	Franz Fritzenschaft
	Josef Knöbel
	Albert Ruh
	Karl Steiert
	Walter Venturini

Aktive: Barth Hubert, Flügelhorn (1971); Binninger Helmut, Tuba (1945); Binninger Jochen, Bariton (1979); Bohlinger Martin, Trompete (1980); Booz Manfred, Posaune (1972); Broghammer Martin, Trompete (1979); Conrad Petra, Klarinette (1975); Duffner Markus, Posaune (1979); Faller Manfred, Saxophon (1982); Federle Rainer, Posaune (1975); Fehrenbach Werner, Trompete (1953); Fritzenschaft Johannes, Trompete (1975); Gangwisch Georg, Horn (1948); Gangwisch Hubert, Posaune (1982); Glockner Bernd, Flügelhorn (1979); Herbster Franz, Horn (1975); Herbster Oskar, gr. Trommel (1960); Herbster Peter, Horn (1979); Hilfinger Alois, Tuba (1948); Hilfinger Hermann, Bariton (1950); Joos Reinhold, Klarinette (1965); Kindle Karl, Flügelhorn (1964); Klingele Ernst, Tuba (1965); Kneffel Heinrich, Bariton (1957); Leimgruber Gertraud, Klarinette (1979); Lorenz Hubert, Posaune (1975); Pfeifer Günter, Horn (1972); Reichenbach Hubertus, kl. Trommel (1979); Ruh Werner, Klarinette (1960); Schneider Adolf, Tenorhorn (1950); Schweitzer Georg, Flöte (1960); Selz Jürgen, Klarinette (1979); Thoma Dietmar, Trompete (1979); Wagner Arnold, Trompete (1945); Wagner Peter, Flügelhorn (1975); Wehrle Arnold, Tenorhorn (1949); Wiesler Hubert, Flügelhorn (1964); Wolf Siegfried, Klarinette (1953); Zehnder Margot, Flöte (1975); Zipfel Norbert, Posaune (1979)
Zöglinge: Bernhard Rainer, Flöte (1979); Binninger Annette, Flöte (1979); Blattmann Rainer, Tuba (1979); Cornelius Uwe, Flöte (1979); Engler Nicole, Klarinette (1979); Friedrich Nobert, Trompete (1979); Fürstos Marcel, Trompete (1979); Fürstos Philipp, kl. Trommel (1981); Hilfinger Elke , Klarinette (1979); Kneffel Jürgen, Bariton (1979); Leimgruber Bärbel, Klarinette (1979); Mark Matthias, Tenorhorn (1979); Müller Bettina, Klarinette (1979); Schmidle Joachim, Klarinette (1979); Selz Ralf, Trompete (1979); Sitterle Günter, Posaune (1979); Zwigard Thomas, Flügelhorn (1979)

Musikverein Liel e.V.

Gründungsjahr:	1921
1. Vorsitzender:	Eugen Meyer
Stellv. Vorsitzender:	Georg Meyer
Schriftführer:	Alfred Sprich
Rechner:	August Zimmermann
Stellv. Rechner:	Karlheinz Meyer
Beirat (Aktiva):	Erwin Hofhansl
	Karlheinz Lang
	Leopold Zimmermann
Beirat (Passiva):	Artur Ranft
	Hermann Zimmermann
	Viktor Zimmermann
Dirigent:	Fritz Geppert
Vizedirigent:	Eugen Meyer
Notenwart:	Mathias Meyer

Aktive: Ebner Rudolf, Horn (1977); Ebner Susanne, Klarinette (1977); Hofhansl Erwin, Flügelhorn (1962); Lang Karlheinz, Horn (1956); Matt Martin, Klarinette (1976); Meyer Christine, Klarinette (1976); Meyer Eugen, Klarinette (1927); Meyer Georg, Tuba (1951); Meyer Karlheinz, Bariton (1962); Meyer Mathias, Trompete (1977); Meyer Siegfried, Flügelhorn (1979); Meyer Thomas, Trompete (1976); Ranft Wolfgang, Trompete (1979); Sattler Thomas, Trompete (1979); Spitzer Peter, Tenorhorn (1966); Sprich Alfred, Tenorhorn (1962); Sprich Thomas, Trompete (1979); Zimmermann Alfred, Tuba (1975); Zimmermann Arno, Bariton (1979); Zimmermann August, Klarinette (1951); Zimmermann Beate, Klarinette (1976); Zimmermann Bernhard, Klarinette (1976); Zimmermann Dieter, Flügelhorn (1977); Zimmermann Felix, Flügelhorn (1972); Zimmermann Leopold, gr. Trommel (1969); Zimmermann Rolf, Posaune (1968)

Stadtmusik Müllheim e.V.

Gründungsjahr:	1812*
1. Vorsitzender:	Klaus Würmlin
Stellv. Vorsitzender:	Karl Heinz Blau
Schriftführerin:	Renate Blau
Rechner:	Helmuth Seemann
Beirat:	Kurt Holschuh
	Dieter Kanzok
	René Ritter
	Gerhard Würmlin
Dirigent:	Klaus Sick
Notenwarte:	Harald Strohmeier
	Jürgen Wacker
Instrumentenwart:	Lorenz Bürgin
Ehrenvorsitzender:	Lothar Müller

Aktive: Bürgin Lorenz, Trompete (1981); Coali Arturo, Klarinette (1969); Eberhard Fritz, Flügelhorn (1946); Eckert Friedhelm, Horn (1955); Fierhauser Rainer, Trompete (1981); Fochler Jürgen, Klarinette/Flöte (1976); Fouillet Phillippe, Tuba (1980); Fröhlin Werner, Oboe/Klarinette (1965); Gablitzka Hermann, Klarinette (1927); Gablitzka Peter, Klarinette (1976); Herrmann Eugen, Tuba (1978); Holschuh Claudia, Klarinette (1977); Holschuh Kurt, Tenorhorn (1955); Holschuh Martin, Posaune (1974); Holschuh Michael, Posaune (1976); Kanzok Dieter, Posaune (1956); Kanzok Ute, Horn (1981); Kletwig Franz, Tenorhorn (1922); Lauckner Christian, Flöte (1979); Löffler Karl, Tuba (1949); Magnus Lars, Horn (1977); Meier Edgar, Flügelhorn (1963); Minarik Richard, Posaune/Trompete (1926); Müller Lothar, Flöte/Pikkolo (1919); Seemann Helmut, Trompete (1948); Stich Fritz, Klarinette (1946); Strohmeier Harald, Klarinette (1976); Trefzer Ursula, Flöte (1981); Wacker Jürgen Bariton/Flügelhorn (1955); Wacker Robert, Horn/Flügelhorn (1925); Wälde Erich, Pauken (1979); Waibel Peter, Posaune (1977); Weidauer Georg, Schlagzeug (1950); Weinert Frank, Klarinette (1977); Wolf Rainer, Trompete (1978); Würmlin Klaus, Tenorhorn (1969); Würmlin Werner, Schlagzeug (1949); Zettelmayer Adolf, Flügelhorn (1948)

Schwarzwaldkapelle Münstertal e.V.

Gründungsjahr:	1885
1. Vorsitzender:	Josef Wiesler
Stellv. Vorsitzender:	Heinz Bauer
2. Stellv. Vorsitzender:	Trudpert Gutmann
Schriftführer:	Fritz Gutmann
Rechner:	Konrad Muckenhirn
Stellv. Rechner:	Horst Riesterer
Folklorereferent:	Fritz Stiefvater
Beirat (Aktiva):	Rudolf Schneider
	Hugo Steffe
Beirat (Passiva):	Andreas Gutmann
	Manfred Pfefferle
Dirigent:	MD Berthold Leiner
Vizedirigent:	Thomas Gutmann
Jugendleiter:	Christian Riesterer
Notenwart:	Heinz Bauer
Instrumentenwart:	Trudpert Gutmann

Aktive: Becker Richard, Horn (1963); Bender Günther, Posaune (1968); Bernauer Elmar, Flügelhorn (1968); Bernauer Wilfried, Trompete (1972); Gutmann Dietmar, Klarinette (1974); Gutmann Edgar, Saxophon (1963); Gutmann Elmar, Flügelhorn (1972); Gutmann Engelbert, Tuba/E-Baß (1968); Gutmann Fritz, Saxophon (1968); Gutmann Joachim, Trompete (1974); Gutmann Klaus, Posaune (1972); Gutmann Markus, Klarinette (1974); Gutmann Paul, Horn (1951); Gutmann Thomas, Saxophon (1968); Gutmann Trudpert, Horn (1960); Gutmann Werner, Klarinette/E-Gitarre (1972); Mörder Michael, Flügelhorn (1972); Muckenhirn Bernhard, Tuba (1949); Muckenhirn Klaus, Klarinette (1972); Nägele Bernhard, Klarinette (1981); Ortlieb Robert, Schlagzeug (1981); Pfefferle Herbert, Tenorhorn (1959); Riesterer Christian, Saxophon (1974); Riesterer Horst, Tenorhorn (1953); Schelb Berthold, Klarinette (1946); Scherer Kurt, gr. Trommel (1965); Schneider Georg, Klarinette (1972); Schneider Rudolf, Trompete (1957); Steffe Heinz, Tuba (1963); Steffe Hugo, Flügelhorn (1953); Steiger Walter, Schlagzeug (1972); Steinebrunner Josef, Trompete (1974); Weschle Astrid, Flöte (1980); Weschle Peter, Bariton (1976); Wiesler Gerhard, Klarinette (1974); Wiesler Josef, Saxophon (1959); Würmlin Klaus, Tenorhorn (1980)
Zöglinge: Gutmann Markus, Tenorhorn (1979); Gutmann Wolfgang, Klarinette (1979); Harmel Oliver, Klarinette (1981); Hauser Harald, Posaune (1981); Neymeyer Joachim, Klarinette (1979); Pfefferle Thomas, Tenorhorn (1979); Riesterer Carolin, Flöte (1979); Riesterer Sylvia, Flöte (1979); Scherer Uli, Klarinette (1979); Schmidt Christian, Klarinette (1980); Sprich Matthias, Klarinette (1979); Steffe Martina, Oboe (1979); Wiesler Johannes, Trompete (1979); Wiesler Jürgen, Klarinette (1981); Wiesler Markus, Trompete (1979)

Trachtenkapelle Münstertal

Gründungsjahr:	1863*
1. Vorsitzender:	Erwin Ortlieb
Stellv. Vorsitzender:	Oskar Burgert
Schriftführerin:	Petra Hauser
Rechner:	Erich Ruh
Beirat:	Josef Eckerle
	Erwin Geiger
	Manfred Geiger
	Eberhard Groß
	Günther Kaleß
	Hansjörg Ortlieb
	Hugo Ortlieb
	Kurt Pfefferle
	Siegfried Riesterer
	Virgil Riesterer
	Michael Rohn
	Hermann Stiegeler
Dirigent:	Dr. Hartmut Braun
Vizedirigent:	Josef Eckerle

Jugendleiter: Oskar Burgert; Notenwart: Hugo Ortlieb; Instrumentenwart: Erwin Geiger
Aktive: Beckert Rainer, Trompete (1974); Bleile Friedbert, Flügelhorn (1979); Burgert Emil, Tuba (1963); Burgert Fritz, Flügelhorn (1942); Burgert Gisbert, Trompete (1974); Burgert Markus, Trompete (1981); Burgert Oskar, Trompete (1963); Burgert Werner, Trompete (1956); Deris Harald, Saxophon (1970); Dietsche Walter, Trompete (1947); Eckerle Josef, Klarinette/Saxophon (1943); Geiger Artur, Tenorhorn (1970); Geiger Dieter, Trompete (1973); Geiger Eckard, Saxophon (1969); Geiger Erwin, Tenorhorn (1942); Geiger Friedmar, Tuba (1963); Geiger Johannes, Horn (1975); Geiger Manfred, Klarinette (1967); Geiger Roland, Horn (1981); Groß Markus, Klarinette (1981); Gutmann Viktor, Tuba (1957); Hasenauer Albert, kl. Trommel (1970); Hauser Fritz, Bariton (1942); Heinrich Wolfgang, Posaune (1981); Ortlieb Artur, Bariton (1941); Ortlieb Hans-Jörg, Klarinette (1977); Ortlieb Hugo, gr. Trommel (1952); Ortlieb Martina, Klarinette (1979); Pfefferle Egbert, Posaune (1975); Pfefferle Gert, Flügelhorn (1981); Pfefferle Hanspeter, Tenorhorn (1981); Pfefferle Kurt, Tenorhorn (1963); Pfefferle Michael, Bariton (1981); Pfefferle Roland, Flügelhorn (1979); Raab Horst, kl. Trommel (1968); Riesterer Barbara, Flöte (1977); Riesterer Dieter, Flügelhorn (1981); Riesterer Marianne, Klarinette (1978); Riesterer Richard, Klarinette/Saxophon (1947); Riesterer Siegfried, Posaune (1963); Rohn Holger, Klarinette (1981); Rohn Michael, Trompete (1976); Ruh Günter, Posaune (1981); Ruh Herbert, Posaune (1963); Schelb Eberhard, Trompete (1979); Schelb Stefan, Trompete (1979); Sell Christian, Posaune (1975); Wiesler Edwin, Horn (1970); Wiesler Helmut, Horn (1970); Zimmermann Albert, Klarinette (1963); Zimmermann Sonja, Klarinette (1981)
Zöglinge: Dietsche Rosche, Trompete (1980); Franz Uwe, Trompete (1980); Herr Marion, Schlagzeug (1980); Pfefferle Udo, Trompete (1980); Riesterer Trudpert, Schlagzeug (1980); Riesterer Veronika, Flöte (1980); Ruh Elke, Klarinette (1980); Ruh Monika, Klarinette (1980); Walter Markus, Trompete (1980); Walz Christian, Trompete (1980)

Stadtmusik Neuenburg e.V.

Gründungsjahr:	1863*
1. Vorsitzender:	Klaus Blank
Stellv. Vorsitzender:	Roland Weber
Schriftführer:	August Walz
Rechner:	Michael Frey
Beirat:	Rolf Anlicker
	Manfred Arnold
	Ernst Barny
	Norbert Boll
	Peter Fuss
	Joachim Leible
	Stefan Meisinger
Dirigent:	Günter Stabenau
Vizedirigenten:	Erwin Bornemann
	August Walz
Jugendleiter:	Klaus Blank
Notenwart:	Reiner Röcker
Instrumentenwart:	Ernst Barny
Ehrenvorstand:	Stefan Meisinger

Aktive: Anlicker Horst, Horn (1968); Anlicker Rolf, Horn (1959); Arnold Manfred, Tenorhorn (1975); Barny Ernst, Klarinette (1955); Bertraudt-Blank Martin, Flöte (1975); Bertraudt-Blank Martina, Klarinette (1980); Blank Klaus, Klarinette (1962); Boll Norbert, Tuba (1963); Bornemann Erwin, Posaune (1958); Brambau Nestor, Trompete (1974); David Karl, Tenorhorn (1975); Flutura Edmund, Posaune (1979); Frey Michael, Klarinette (1975); Fuss Peter, Klarinette (1961); Geiger Reinhard, Flügelhorn (1981); Grozinger Eva, Klarinette (1975); Kappeler Hans, Posaune (1963); Kappeler Klaus, Flügelhorn (1974); Landprecht Hans, kl. Trommel (1962); Leible Joachim, kl. Trommel (1968); Meier Edgar, Trompete (1964); Meisinger Emil, gr. Trommel (1949); Rock Horst, Bariton (1954); Röcker Eugen, Trompete (1976); Röcker Reiner, Trompete (1970); Schöpflin Martin, Posaune (1975); Studer Christian, Tenorhorn (1975); Studer Severin, Trompete (1976); Stumpp Karl-Heinz, Flügelhorn (1977); Thomann Karl-Heinz, Flügelhorn (1966); Walz August, Tenorhorn (1963); Weber Roland, gr. Trommel (1964); Winterhalter Andreas, Trompete (1975); Winterhalter Walter, Trompete (1977); Wolf Andreas, Flügelhorn (1976); Wolf Astrid, Klarinette (1975); Wolf Klaus, Tenorhorn (1976); Wolf Martina, Klarinette (1980); Wolf Rainer, Flügelhorn (1974); Wolf Reiner, Trompete (1975)

Musikverein Norsingen e.V.

Gründungsjahr:	1910
1. Vorsitzender:	Erhard Weik
Stellv. Vorsitzende:	Juliane Kraus
Schriftführer:	Hubert Ernst
Rechner:	Eckhard Schmutz
Beirat:	Otto Freßle
	Ernst Heinemann
	Josef Kraus
	Martin Kraus
	Xaver Krieger
	Erwin Schneider
	Gustav Stoll
	Dietmar Weik
Dirigent:	Piere Hadjikakou
Jugendleiter:	Dietmar Weik
Notenwart:	Armin Ernst
Fähnriche:	Eduard Ernst
	Franz Steiger
	Emil Steinle

Aktive: Andris Gerhard, Flügelhorn (1947); Andris Klaus-Dieter, Tenorhorn (1973); Blattmann Dieter, Klarinette (1980); Ernst Armin, Klarinette (1979); Ernst Hubert, Trompete (1966); Ernst Werner, gr. Trommel (1967); Feist Werner, Tenorhorn (1952); Harter Thomas, Flügelhorn (1976); Heinemann Ernst, Klarinette (1949); Knörr Herbert, Flügelhorn (1961); Kolberg Frank, Trompete (1979); Kolberg Ralph, Klarinette (1980); Kraus Ernst, Tenorhorn (1967); Kraus Hubert, Horn (1966); Kraus Juliane, Saxophon (1970); Kraus Konrad, Klarinette (1967); Kraus Martin, Tuba (1966); Liebenstein Hubert, Trompete (1978); Reiber Alexander, Tenorhorn (1950); Reiber Martin, Flügelhorn (1979); Schmutz Eckhard, Posaune (1966); Schneider Erwin, Flügelhorn (1947); Sonner Martin, Posaune (1980); Spahr Josef, Tenorhorn (1968); Steurenthaler Rudolf, Horn (1949); Stoll Armin, Tenorhorn (1979); Weik Dietmar, Trompete (1966); Weik Erhard, Saxophon (1948); Weik Harald, kl. Trommel (1972)
Zöglinge: Andris Günter, Trompete (1979); Dischinger Klaus, Trompete (1981); Dischinger Uwe, Klarinette (1981); Feist Corinna, Klarinette (1982); Feist Uwe, Posaune (1981); König Markus, Klarinette (1981); Körber Susanne, Klarinette (1982); Marotte Dirk, Posaune (1981); Reiber Christian, Trompete (1981); Schweizer Markus, Klarinette (1980); Steinle Klaus, Trompete (1981); Weik Frank, Trompete (1981)

Musikverein Obereggenen

Gründungsjahr:	1925
1. Vorsitzender:	Kurt Moritz
Stellv. Vorsitzender:	Markus Moritz
Schriftführer:	Bernhard Schwarzwälder
Rechner:	Walter Lacher
Beirat (Aktiva):	Wolfgang Moritz
	Peter Reichler
Beirat (Passiva):	Karl Barth
	Erich Müller
Dirigent:	Helmut Höllstin
Jugendleiter:	Willi Birmelin
Sachverwalter:	Pia Staible

Aktive: Barth Christine, Klarinette (1978); Barth Roland, Tenorhorn (1974); Birmelin Willi, Schlagzeug (1971); Eglin Adrian, Horn (1978); Eglin Johannes, Posaune (1978); Häfelinger Andrea, Klarinette (1974); Häfelinger Heike, Klarinette (1978); Häfelinger Helmut, Flügelhorn (1980); Hiß Roland, Tenorhorn (1972); Höllstin Bernd, Trompete (1978); Höllstin Wilfried, Bariton (1978); Keim Jürgen, Trompete (1982); Kromer Erhard, Horn (1974); Lacher Eckhard, Horn (1948); Lacher Helmut, Posaune (1947); Lacher Walter, Klarinette (1969); Moritz Bernd, Tenorhorn (1974); Moritz Heinz, Bariton (1948); Moritz Kurt, Tuba (1947); Moritz Markus, Klarinette (1969); Moritz Thomas, Klarinette (1974); Moritz Wolfgang, Posaune (1969); Müller Peter, Tenorhorn (1974); Reichler Fritz, gr. Trommel (1937); Reichler Peter, Flügelhorn (1967); Roßkopf Karl, Flügelhorn (1955); Schopferer Markus, Trompete (1972); Schwarz Karl, Trompete (1948); Schwarzwälder Bernhard, Posaune (1955); Staible Hans-Heinrich, Tuba (1952); Staible Heidi, Klarinette (1978); Staible Pia, Klarinette (1974); Staible Uli, Trompete (1978); Strübin Max, Tuba (1957); Wacker Klaus, Flügelhorn (1978)

Musikverein Offnadingen e.V.

Gründungsjahr:	1919
1. Vorsitzender:	Karl Schleer
Stellv. Vorsitzender:	Eckart Gysler
Schriftführer:	Bernhard Lorenz
Rechner:	Josef Fehr
Beirat (Aktiva):	Bernhard Herrenweger
	Martina Wanner
Beirat (Passiva):	Karl-Heinz Fehr
	Oswald Kunz
Dirigent:	Oskar Burgert
Vizedirigent:	Karl Linsenmeier
Notenwarte:	Markus Schleer
	Martina Wanner
Ehrendirigent:	Max Wehrle
Vereinsdiener:	Robert Wörner

Aktive: Faller Gerhard, gr. Trommel (1949); Fehr Bernhard, Horn (1966); Fehr Josef, Horn (1964); Fliegauf Julius, Tuba (1956); Frank Bernhard, Tenorhorn (1962); Gangwisch Walter, Posaune (1970); Gehri Ernst, Tuba (1964); Gehri Gustav, Bariton (1966); Gysler Eckart, Klarinette (1970); Herrenweger Bernhard, Flügelhorn (1956); Herrenweger Ernst, Flügelhorn (1951); Jakof Beate, Klarinette/Saxophon (1978); Keller Adolf, Tenorhorn (1949); Knoll Wolfgang, Posaune (1978); Kunz Christoph, Tenorhorn (1970); Kunz Johannes, Trompete (1970); Kunz Uwe, Tenorhorn (1978); Linsenmeier Karl, Klarinette (1956); Lorenz Bernhard, Klarinette (1978); Lorenz Susanne, Flöte (1979); Rehm Ulrike, Trompete (1978); Scherle Bernd, Flügelhorn (1976); Scherle Eugen, Trompete (1946); Schleer Jürgen, kl. Trommel (1980); Schleer Karl, Flügelhorn (1951); Schleer Markus, Klarinette/Saxophon (1976); Seelinger Hermann, Posaune (1958); Stoll Richard, Tenorhorn (1970); Stäuble Ulrich, Flügelhorn (1971); Strub August, Bariton (1958); Strub Oskar, Trompete (1956); Wanner Martina, Klarinette (1978); Wanner Regina, Klarinette (1978); Wintruf Christina, Flöte (1979)
Zöglinge: Brosmer Simone, Klarinette (1981); Fischer Katja, Klarinette (1981); Frank Andrea, Flöte (1981); Jakof Gerd, Flügelhorn (1981); Kannenberg Bettina, Klarinette (1981); Kannenberg Stefanie, Klarinette (1981); Müller Katharina, Flöte (1981); Tibo Michael, Tenorhorn (1981); Tibo Ralf, Trompete (1981); Wintruf Andreas, Flügelhorn (1981)

Musikverein Schlatt e.V.

Gründungsjahr:	1919
1. Vorsitzender:	Hubert Weber
Stellv. Vorsitzender:	Fritz Winterhalter
Schriftführer:	Albert Bär
Rechner:	Franz Isenmann
Beirat:	Kurt Eschbacher
	Karl Isenmann
	Walter Maier
	Gerhard Meßmer
	Franz Ritzenthaler
	Oskar Schmid
Dirigent:	Otto Daiger
Vizedirigent:	Fritz Winterhalter
Notenwart:	Peter Winterhalter
Ehrenvorsitzender:	Alfons Kind

Aktive: Armbruster Ulrike, Klarinette (1972); Bär Albert, Saxophon (1951); Bär Dieter, Tenorhorn (1977); Bär Irene, Flügelhorn (1977); Eschbacher Kurt, gr. Trommel (1951); Fögele Annette, Klarinette (1977); Fögele Dieter, Flöte (1972); Freund Ingrid, Klarinette (1972); Frey Daniela, Saxophon (1972); Gräßlin Gerhard, Tuba (1977); Gräßlin Martin, Bariton (1972); Isenmann Armin, Klarinette (1977); Isenmann Markus, Trompete (1977); Isenmann Martina, Klarinette (1972); Isenmann Severin, Saxophon (1972); Karrer Erwin, Tuba (1947); Karrer Stefan, Flügelhorn (1972); Kaucher Ernst, Flügelhorn (1977); Kind Peter, Tuba (1960); Kuttruff Jutta, Klarinette (1972); Maier Martin, Trompete (1972); Maier Walter, Horn (1947); Meßmer Andrea, Saxophon (1972); Müller Edgar, Posaune (1972); Nolde Frank, Horn (1972); Nolde Marco, Posaune (1972); Reinert Eduard, Horn (1972); Rhino-Isenmann Sigrun, Klarinette (1972); Ritzenthaler Franz, Klarinette (1951); Stein-Winterhalter Bärbel, Saxophon (1972); Uhle Manuela, Klarinette (1972); Waßmer Martin, Trompete (1972); Waßmer Wolfgang, Horn (1972); Will Karin, Klarinette (1977); Winterhalter Anita, Klarinette (1972); Winterhalter Fritz, Flügelhorn (1955); Winterhalter Iris, Flügelhorn (1977); Winterhalter Josef, Klarinette (1947); Winterhalter Peter, Tenorhorn (1971); Winterhalter Rudi, kl. Trommel (1972)
Zöglinge: Baumann Jörg, kl. Trommel (1980); Böhler Michael, kl. Trommel (1982); Frey Tanja, Klarinette (1980); Maier Sabine, Klarinette (1980); Reinert Sabine, Flöte (1980); Will Jutta, Flöte (1980); Winterhalter Susi, Flöte (1980)

Musikverein Schliengen

Gründungsjahr:	1888
1. Vorsitzender:	Camill Vomstein
Stellv. Vorsitzender:	Dietmar Schnee
Schriftführer:	Wolfgang Pfeiffer
Rechner:	Günter Lukas
Beirat:	Hugo Brendlin
	Georg Heißler
	Paulheinz Hemmer
	Karl Hummel
	Erwin Meyer
Dirigent:	Günter Stabenau
Vizedirigent:	Horst Mayer
Jugendleiter:	Georg Heißler
Notenwart:	Andreas Ceglarek
Instrumentenwart:	Erwin Mayer
Ehrenvorsitzender:	Heribert Heißler
Ehrendirigent:	Martin Basler

Aktive: Ceglarek Andreas, Klarinette/Saxophon (1969); Csiaczek Martin, Flügelhorn (1974); Dahlmann Bernd, Bariton (1974); Erdmann Joachim, Horn (1977); Flury Günter, Posaune (1957); Heißler Georg, Klarinette/Saxophon (1979); Heißler Stefan, Flügelhorn (1978); Hemmer Paulheinz, Posaune (1969); Hummel Karl, Klarinette (1957); Kessler Gerd, Flügelhorn (1978); Kessler Susi, Klarinette/Saxophon (1978); Kessler Otto, Horn (1953); Isele Wolfgang, Flügelhorn (1954); Maier Friedhelm, Trompete (1981); Maier Thimo, Trompete (1981); Mayer Erwin, Bariton (1953); Mayer Horst, Flügelhorn (1957); Mayer Martin, Tenorhorn (1980); Mayer Max, Tuba (1948); Mayer Otto I, Tenorhorn (1948); Mayer Otto II, Tuba (1979); Mayer Peter, Flügelhorn (1971); Mayer Rolf, Tuba (1971); Mayer Thomas, Tenorhorn (1982); Mayer Werner, Trompete (1951); Pfeiffer Wolfgang, Tenorhorn (1967); Rapp Anita, Klarinette/Saxophon (1974); Renkert Friedrich, Trompete (1978); Röcker Klaus, Trompete (1974); Sattler Gerhard, Schlagzeug (1962); Scherrer Cosmas, Tenorhorn (1977); Schnee Dietmar, Trompete (1964); Scholz Markus, Horn (1979); Senft Bernhard, Klarinette/Saxophon (1972); Tröndlin Hermann, Posaune (1970); Vomstein Cordula, Flöte/Saxophon (1970); Weis Franz, Horn (1951); Zimmermann Gustav, Flöte (1951)
Zöglinge: Bannwarth Daniel, Trompete (1980); Fritz Anja, Trompete (1980); Mayer Karin, Flöte (1980); Meier Claudius, Trompete (1979); Renkert Patrick, Trompete (1980); Sattler Martin, Schlagzeug (1979); Weber Roland, Trompete (1978); Weiß Bruno, Trompete (1979); Zimmermann Bernd, Klarinette (1979)

Stadtmusikverein Staufen e.V.

Gründungsjahr:	1724*
1. Vorsitzender:	Manfred Hürst
Stellv. Vorsitzender:	Helmut Zimmermann
Schriftführer:	Edmund Hermann
Rechner:	Roger Hartwig
Beirat (Aktiva):	H. Blaudszun
	K. Dietsche
	O. Fischer
	J. Kitzmann
	A. Riesterer
	B. Schäffner
Beirat (Passiva):	I. Eisenring
	K. Horstmann
	H. Kuhnert
	H. Rinderle
	A. Schätzle
	G. Werner
Dirigent:	Hellmut Blaudszun
Jugendleiter:	Roger Hartwig
Notenwart:	Albert Riesterer

Instrumentenwart: Jörg Kitzmann; Ehrenvorsitzende: Karl Riesterer, Walter Seng
Aktive: Andergassen Anton, Trompete (1960); Beckert Alexander, Schlagzeug (1975); Beckert Katharina, Posaune (1975); Bergmann Gaby, Flöte (1975); Binder Georg, Horn (1945); Burghard Andrea, Flügelhorn (1971); Burghard Christiane, Trompete (1969); Burghard Thomas, Tuba (1976); Dietsche Kurt, Flügelhorn (1952); Erler Alfred, Klarinette (1971); Erler Herbert, Flügelhorn (1957); Fischer Otto, gr. Trommel (1945); Freund Thomas, Flügelhorn (1975); Ganter Monika, Horn (1975); Gysler Priska, Klarinette (1976); Hartwig Roger, Horn (1964); Hermann Edmund, Posaune (1959); Hirt Agnes, Klarinette (1969); Hürst Andreas, Flügelhorn (1975); Hürst Jürgen, Tenorhorn (1966); Hürst Manfred, Flügelhorn (1948); Hürst Michael, Flügelhorn (1971); Hug Monika, Klarinette (1971); Jutzas Paul, kl. Trommel (1951); Keller Karlheinz, Tenorhorn (1966); Ketterer Freddy, Trompete (1959); Kitzmann Jörg, Tenorhorn (1964); Klepp Hanspeter, Tuba (1965); Krzok Manfred, Trompete (1975); Markwarth Jürgen, Klarinette (1978); Press Sabine, Klarinette (1976); Riesterer Albert, Flöte (1959); Riesterer Hermann, Klarinette (1948); Ritschel Wolfgang, Flügelhorn (1965); Schäffner Bernhard, Bariton (1948); Scheidthauer Rainer, Saxophon (1971); Schwemberger Egbert, Tuba (1965); Schwörer Daniela, Trompete (1974); Schwörer Mathias, Klarinette (1975); Stöckle Karl, Tuba (1966); Walz Bernhard, Tenorhorn (1974); Wedmann Erhard, Posaune (1971); Wedmann Renate, Klarinette (1975); Zimmermann Helmut, Posaune (1962)
Jugendkapelle: Blaudszun Mathias, Schlagzeug (1981); Bohn Thomas, Schlagzeug (1981); Bühler Ursula, Trompete (1976); Eisenring Jutta, Klarinette (1980); Erler Marietta, Klarinette (1981); Horstmann Wolfgang, Trompete (1976); Kolmogorow Tanja, Saxophon (1975); Link Ivo, Klarinette (1976); Löffler Elisabeth, Flöte (1981); Markwarth Petra, Klarinette (1981); Martin Andrea, Flöte (1976); Peschel Siegfried, Posaune (1977); Press Silke, Klarinette (1979); Riesterer Gerlinde, Trompete (1981); Riesterer Regina, Tenorhorn; Rinderle Sonja, Trompete (1979); Ritzenthaler Frank, Flügelhorn (1982); Sander Uwe, Tenorhorn (1975); Seng Martin, Tenorhorn (1975); Sink Petra, Klarinette (1980); Scheidthauer Dieter, Trompete (1976); Schötker Heidi, Flöte (1978); Smie Andreas, Trompete (1981); Vetter Andreas, Tenorhorn (1975); Walz Martin, Horn (1975); Weschle Nicole, Flöte (1979); Zimmermann Jörg, Tenorhorn (1976)

Trachtenkapelle Steinenstadt e.V.

Gründungsjahr:	1926
1. Vorsitzender:	Alfred Scherrer
Stellv. Vorsitzender:	Herbert Scherrer
Schriftführer:	Cosmas Scherrer
Stellv. Schriftführerin:	Karin Lang
Rechner:	Bernd Elsässer
Stellv. Rechner:	Cosmas Scherrer
Beirat:	Alfred Escher
	Josef Klaas
	Karl Möllinger
	Willi Mössner
	Alfred Schreiber
	Alfred Simon
Dirigent:	Edmund Jordan
Vizedirigent/ Jugendleiter/ Notenwart:	Johannes Dellers
Instrumentenwart:	Rainer Scheidereiter
Ehrenvorsitzender:	Otto Flury

Aktive: Dellers Johannes, Trompete (1979); Elsässer Bernd, Flügelhorn (1973); Escher Alfred, Schlagzeug (1981); Escher Olaf, Posaune (1971); Escher Willy, Trompete (1957); Fräulin Rene, Posaune (1971); Fürst Hans, Schlagzeug (1982); Godel Manfred, Flügelhorn (1982); Klaas Josef, Posaune (1977); Lang Helmut, Flügelhorn (1973); Lang Rudi, Horn (1973); Mössner Willy, Schlagzeug (1981); Oettlin Bernhard, Horn (1971); Rotzinger Otto, Posaune (1951); Scheidereiter Reiner, Trompete (1968); Scherrer Alfred, Flügelhorn (1968); Scherrer Anton, Flügelhorn (1928); Scherrer Cosmas, Bariton (1979); Scherrer Herbert, Tuba (1957); Simon Alfred, Bariton (1958)
Zöglinge: Furler Roland, Trompete (1981); Imm Elmar, Klarinette (1980); Imm Tobias, Flügelhorn (1978); Jordan Rudi, Horn (1981); Jordan Uwe, Trompete (1981); Krüßelin Iris, Klarinette (1978); Lang Karin, Klarinette (1978); Lang Rainer, Horn (1978); Martin Eberhard, Klarinette (1980); Pfister Ulli, Klarinette (1980); Rexhausen Martina, Schlagzeug (1979); Rotzinger Rolf, Trompete (1981); Scherrer Bernhard, Tenorhorn (1978); Waiz Anita, Klarinette (1978)

Musikverein Sulzburg e.V.

Gründungsjahr:	1871*
1. Vorsitzender:	Dr. Georg Knop
Stellv. Vorsitzender:	Werner Willy
Schriftführerin:	Christa Riesterer
Rechner:	Manfred Sütterlin
Beirat:	Heinz Bohnert
	Ludwig Hemmer
	Harald Lacher
	Gerhard Willy
Dirigent/ Jugendleiter:	Edmund Jordan
Notenwart:	Gerhard Willy
Ehrendirigent:	Ernst Bartos

Aktive: Bechtel Adolf, Posaune (1949); Bechtel Hans-Jürgen, Flügelhorn (1979); Blattmann Dietmar, Horn (1971); Bohnert Heinz, Trompete (1959); Bredbeck Hartwin, gr. Trommel (1959); Brenneisen Doris, Saxophon (1981); Ehret Georg, Bariton (1953); Engler Beate, Saxophon (1973); Engler Thomas, Trompete (1975); Gaag Regina, Flöte (1979); Gaag Sabine, Flöte (1979); Gallinger Kirsten, Flöte (1979); Goldschmidt Fritz, Cornet (1947); Grommek Andrea, Saxophon (1981); Güntert Jürgen, Flöte (1979); Hemmer Erika, Klarinette (1978); Imgraben Cordula, Saxophon (1979); Imgraben Thomas, Trompete (1979); Jordan Iris, Klarinette (1978); Lacher Harald, Tenorhorn (1954); Löffler Georg, Posaune (1976); Marquart Esther, Saxophon (1971); Marquart Friedhelm, Tenorhorn (1947); Marquart Maya, Saxophon (1971); Meyer Andrea, Flügelhorn (1971); Meyer Gerhard, Klarinette (1954); Öttlin Dieter, E-Baß (1956); Öttlin Ralf, Horn (1980); Puschitz Hans, Tenorhorn (1981); Reimann Herbert, Tuba (1973); Riesterer Christa, Klarinette (1971); Ruf Frieder, Posaune (1981); Sarther Gerhard, Saxophon (1979); Schaber Claudia, Klarinette (1971); Schätzle Gerhard, Posaune (1979); Schäublin Rolf, Horn (1956); Stark Reinhard, Tuba (1980); Sum Klaus, Trompete (1967); Thum Gerd, Trompete (1971); Vortherms Bernd, Posaune (1977); Willy Gerhard, Trompete (1971); Willy Martina, Klarinette (1978); Willy Norbert, Schlagzeug (1971); Willy Ulrike, Klarinette (1978)
Zöglinge: Becher Konrad, Flügelhorn (1981); Brugger Christian, Tenorhorn (1981); Danner Susanne, Horn (1981); Fiedler Katrin, Horn (1981); Gapp Sandra, Klarinette (1981); Hausmann Knut, Tuba (1981); Jedele Petra, Klarinette (1981); Jenny Bernd, Trompete (1981); Ruschmeier Marie-France, Posaune (1981); Sütterlin Birgit, Klarinette (1981); Wissner Ralf, Posaune (1981)

Musikverein Tunsel

Gründungsjahr:	1854*
1. Vorsitzender:	Bernhard Grotz
Stellv. Vorsitzender:	Richard Klein
Schriftführer:	Hermann Meier
Rechner:	Bernhard Litz
Stellv. Rechner:	Manfred Schlageter
Beirat (Aktiva):	Reinhard Edel
	Bernd Schlageter
	Klaus Winterhalter
Beirat (Passiva):	Edmund Klein
	Hugo Neymeyer
	Kurt Rüdenauer
Jugendvertreter:	Michael Klein
	Dietmar Lengle
Dirigent:	Dieter Schmidt
Vereinsbote:	Andreas Grotz
Fahnenträger:	Josef Hilfinger
	Edmund Klein
	Kurt Rüdenauer
	Edwin Vorgrimler

Jugendleiter: Günther Ritzel, Norbert Winterhalter; Notenwart: Manfred Schlageter; Ehrenvorsitzende: Erwin Freund, Hugo Neymeyer
Aktive: Eble Erhard, Posaune (1977); Edel Franz, Klarinette/Saxophon (1966); Edel Reinhard, Flügelhorn (1966); Grotz Andreas, Flöte (1978); Grotz Bernhard, Klarinette (1958); Hilfinger Christina, Klarinette (1977); Hilfinger Daniel, Klarinette/Saxophon (1978); Hilfinger Edgar, Trompete (1977); Hilfinger Helga, Klarinette (1977); Hilfinger Jörg, Posaune (1968); Hilfinger Jürgen, Trompete (1978); Hilfinger Siegfried, Bariton (1971); Huber Hubert, Tuba (1947); Klein Andreas, Flügelhorn (1971); Klein Barbara, Flöte (1981); Klein Christof, Posaune (1977); Klein Michael, Tenorhorn (1968); Klein Richard, Tenorhorn (1945); Klein Thomas, Flügelhorn (1968); Lengle Dietmar, Trompete (1977); Lengle Erhard, Schlagzeug (1966); Maier Ralf, Trompete (1981); Meier Hermann, Tenorhorn (1961); Meyer Manfred, Pauken (1978); Müller Karlheinz, Klarinette/Saxophon (1977); Mußler Günther, Flügelhorn (1977); Neymeyer Gebhard, Klarinette/Saxophon (1971); Ritzel Günther, Trompete (1968); Schlageter Bernd, Horn (1968); Schlageter Harald, Horn (1968); Schlageter Manfred, Bariton (1971); Specker Stefan, Schlagzeug (1971); Stein Rainer, Trompete; Suger Werner, Posaune (1968); Tamburini Sonja, Klarinette/Oboe (1977); Vetter Ulrich, Posaune (1981); Weiß Werner, Horn (1968); Winterhalter Josef, Tuba (1949); Winterhalter Klaus, Klarinette (1976); Winterhalter Norbert, Klarinette (1955)
Zöglinge: Cammerer Andreas, Trompete; Keiser Corinne, Klarinette; Keiser Raoul, Trompete; Ritzel Ralf, Trompete; Schmid Sybille, Klarinette; Schnitzer Peter, Tenorhorn; Winterhalter Markus, Horn

Musikverein Wettelbrunn e.V.

Gründungsjahr:	1866*
1. Vorsitzender:	Gerhard Philipp
Stellv. Vorsitzender:	Max Löffler
Schriftführer:	Bernhard Neymeyer
Rechner:	Ursula Willi
Beirat:	Josef Geiger
	Peter Hauser
	Manfred Klein
	Erhard Schwab
	Hans Willi
Dirigent:	Josef Maurer
Vizedirigent:	Josef Bleile
Ehrenvorsitzender:	Rudolf Neymeyer

Aktive: Bleile Josef, Klarinette (1961); Bohlmann Birgit, Klarinette (1978); Breitmayer Gottlob, Schlagzeug (1946); Brendle Erich, Horn (1955); Ernst Herbert, Schlagzeug (1960); Grathwol Stefan, Flügelhorn (1946); Hauser Peter, Trompete (1971); Hierholzer Gilbert, Schlagzeug (1976); Hierholzer Josef, Tuba (1946); Hierholzer Reinhold, Flügelhorn (1965); Kiefer Maritta, Klarinette (1978); Krause Kerstin, Klarinette (1979); Neymeyer Bernhard, Trompete (1976); Philipp Gerhard, Bariton (1957); Röthler Josef, Tuba (1946); Schwab Adalbert, Klarinette (1955); Schwab Elisabeth, Flügelhorn (1975); Schwab Erhard, Tenorhorn (1946); Schwab Gerhard, Tenorhorn (1975); Schwab Siegfried, Klarinette (1955); Schwab Wilfried, Flügelhorn (1976); Willi Gottfried, Horn (1964); Willi Hans, Trompete (1946)
Zöglinge: Brendle Martin, Klarinette (1979); Fuchs Edmund, Klarinette (1979); Fuchs Imrgard, Trompete (1979); Hierholzer Sonja, Klarinette (1979); Kern Simone, Klarinette (1979); Kiefer Tanja, Klarinette (1979); Neymeyer Michael, Trompete (1979); Willi Alexander, Trompete (1979); Willi Axel, Bariton (1979); Willi Michael, Posaune (1979)

Musikverein Wolfenweiler-Schallstadt e.V.

Gründungsjahr:	1892
1. Vorsitzender:	Hermann Burggraf
Schriftführer:	Fred Schneider
Stellv. Schriftführer:	Albert Graber
Rechner:	Elfriede Meihofer-Willmann
Beirat:	Adolf Danner
	Hermann Danner
	Willi Fotteler
	Albert Graber
	Walter Hassler
	Adolf Ingold
	Werner Ingold
	Heinz Kaiser
	Werner Ruby
	Helmut Seger
Dirigent:	Richard Mitternacht
Vizedirigent:	Willi Fotteler
Jugendleiter:	Werner Ruby

Notenwart: Corina Müller; Instrumentenwart: Albert Graber; Ehrendirigent: Walter Schreier
Aktive: Beutenmüller Roland, Saxophon (1976); Boll Hans-Jörg, Flügelhorn (1978); Burggraf Heinrich, Tenorhorn (1949); Burggraf Hermann, Flügelhorn (1946); Danner Adolf, Tenorhorn (1949); Danner Horst, Trompete (1949); Danner Petra, Klarinette (1977); Danner Werner, gr. Trommel (1946); Dufner Max, Trompete (1977); Fotteler Hans, Bariton (1946); Fotteler Willi, Saxophon (1949); Gamp Wilfried, Flügelhorn (1970); Graber Albert, Trompete (1970); Hanser Manuela, Flöte (1977); Hassler Walter, Klarinette (1965); Heuser Tillmann, Tuba (1978); Ingold Adolf, Horn (1946); Ingold Wolfgang, Horn (1970); Joos Gunther, Tuba (1954); Joos Herbert, Tenorhorn (1946); Jost Werner, Flügelhorn (1980); Kaiser Heinz, Klarinette (1949); Kasper Gottfried, Trompete (1947); Kopp Esther, Klarinette (1975); Meihofer Friedrich, Tenorhorn (1949); Meihofer Martin, Trompete (1930); Meihofer Willi, Klarinette (1932); Müller Corina, Saxophon (1976); Noack Dorothee, Flöte (1977); Rieger Anja, Klarinette (1977); Ruby Ursula, Klarinette (1977); Schneider Fred, Trompete (1975); Schumacher Walter, Flügelhorn (1947); Seger Helmut, Tuba (1946); Trefzer Otto, Posaune (1929)
Zöglinge: Borchert Hans-Jörg, Horn (1979); Borchert Hartmut, Trompete (1979); Dittes Petra, Klarinette (1979); Gassert Arno, Schlagzeug (1980); Kaiser Bernd, Posaune (1980); Kaiser Wolfgang, Posaune (1982); Koslik Markus, Horn (1979)

Musikverein Zienken e.V.

Gründungsjahr:	1929
1. Vorsitzender:	Rudolf Kaltenbach
Stellv. Vorsitzender:	Kurt Erhardt
Schriftführerin:	Beate Weltle
Rechner:	Angelika Selz
Beirat:	Franz Ganzmann
	Evi Kaltenbach
	Harald Tritschler
Dirigent:	Fritz Geppert
Notenwarte:	Helmut Brunner
	Angelika Selz
Instrumentenwart:	Harald Tritschler
Ehrendirigent:	Fritz Geppert
Ehrenvorsitzender:	Rudolf Kaltenbach

Aktive: Anlicker Rolf, Horn (1959); Baumann Lothar, Horn (1981); Brunner Helmut, Trompete (1974); Dörflinger Jürgen, Tuba (1968); Erhardt Kurt, Klarinette (1964); Frey Michael, Klarinette (1982); Ganzmann Franz, Bariton (1959); Göbel Udo, Trompete (1974); Jenne Heinz, Schlagzeug (1968); Kaltenbach Evi, Flügelhorn (1969); Kaltenbach Hans, Flügelhorn (1947); Kaltenbach Rudolf, Trompete (1936); Kappeler Gerold, Tuba (1982); Koch Manfred, Trompete (1965); Koch Margot, Klarinette (1968); Salathe Hermann, Klarinette (1968); Schmidt Heinz, Schlagzeug (1955); Schwarzwälder Kurt, Tenorhorn (1956); Selz Angelika, Klarinette (1968); Selz Kurt, Tuba (1965); Sick Klaus, Flügelhorn (1965); Tritschler Harald, Trompete (1975); Vonthron Ewald, Posaune (1963); Vonthron Siegfried, Tenorhorn (1964); Walz August, Tenorhorn (1963); Weltle Beate, Flügelhorn (1969); Weltle Ernst, Posaune (1947)
Zöglinge: Dörflinger Markus, Trompete (1979); Grünwald Ralf, Trompete (1979); Kalbach Julia, Klarinette (1979); Sick Mathias, Horn (1979); Tritschler Hardy, Bariton (1979); Vonthron Heino, Flügelhorn (1979); Weltle Johnny, Flügelhorn (1979)

Musikverband Mittelbaden e.V.

Das Präsidium

Ehrenpräsident: Klaus Volk
Ehrenmitglied: Herbert Knaupp

1. Präsident: Peter Brenner
Vizepräsident Süd: Gerhard Fritz
Vizepräsident Nord: Christian Müller
Verbandsdirigent: Alfons Kirsch
Verbandsjugendleiter und
stellv. Verbandsdirigent: Werner Haberstroh
Stellv. Verbandsjugendleiter: Richard Merz
Schriftführer (Presse, Gema und Versicherungen):
Albrecht Mock
Sachbearbeiterin für Ehrungs- und Stärkewesen:
Hildegard Bordasch
Schatzmeister: Kurt Schreiber

Bezirksvorsitzende:
Stadtgruppe Baden-Baden: Gerhard Seiter
Gruppe Hardt: Gustav Fütterer

Gruppe Murgtal: Karl Horsch
Gruppe Yburg-Windeck: Siegisbert Laforsch

Der Verband hat 66 Mitgliedsvereine.

1. Reihe von links nach rechts: Gerhard Fritz, Hildegard Bordasch, Peter Brenner, Christian Müller; 2. Reihe: Karl Horsch, Werner Haberstroh, Albrecht Mock, Gerhard Seiter, Richard Merz; 3. Reihe: Kurt Schreiber, Erwin Metz (stellv. Vors. Bezirk Hardt), Alfons Kirsch

Musikverein Altschweier e.V.
- Original Rebland-Musikanten -

Gründungsjahr:	1913
1. Vorsitzender:	Sigisbert Laforsch
Stellv. Vorsitzender:	Herbert Stößer
Schriftführer:	Willi Schwab
Rechner:	Alex Rübig
Stellv. Rechner:	Hanspeter Pfetzer
Beirat:	Karl Dusch
	Waldemar Frank
	Karlheinz Meier
	Hanspeter Pfetzer
	Ossi Rapp
	Leo Sester
Dirigent:	Walter Scholz
Vizedirigent/	
Jugendleiter:	Otmar Vollmer
Notenwart:	Franz Karch
Instrumentenwart:	Richard Hörth
Ehrenvorsitzender:	Bernhard Bauer

Aktive: Baumann Franz, Flügelhorn (1946); Bechtold Klaus, Flügelhorn (1981); Daum Christian, Trompete (1973); Daum Gunnar, Klarinette (1980); Doll Michael, Schlagzeug (1978); Dresel Bruno, Posaune (1968); Eberle Alfred, Tuba (1971); Fuchs Karl, Klarinette (1958); Gerth Manfred, Posaune (1965); Griesbach Heike, Klarinette (1973); Hörth Hubert, Posaune (1954); Hörth Richard, Flügelhorn (1967); Hörth Willi, Schlagzeug (1973); Huber Alois, Tenorhorn (1949); Ibach Günter, Flügelhorn (1967); Karch Franz, Klarinette (1958); Ketzel Pitt, Trommel (1981); Kirschner Erich, Flügelhorn (1958); Kübel Heinz, Flügelhorn (1958); Kunz Helmut, Becken (1975); Linz Fridolin, Klarinette (1954); Linz Herbert, Klarinette (1978); Linz Willi, Horn (1946); Maier Roland, Posaune (1958); Matousek Toni, Flügelhorn (1975); Meier Willi, Tuba (1972); Pfetzer Emil, Posaune (1969); Pontes Karl, Tenorhorn (1977); Schemel Klemens, Tenorhorn (1971); Schick Ralf, Klarinette (1975); Schmidt Karl, Klarinette (1949); Schrickel Ulli, Klarinette (1982); Schwab Willi, Horn (1956); Ulrich Rudi, Tuba (1949); Vollmer Herbert, Tenorhorn (1969); Vollmer Klaus, Tuba (1966); Vollmer Otmar, Bariton (1958)
Zöglinge: Bechtold Annette, Klarinette (1982); Fichtner Sabine, Klarinette (1981); Hörth Gabriel, Tuba (1981); Krause Christian, Trompete (1979); Krause Ines, Klarinette (1981); Linz Karl, Bariton (1982); Meier Andrea, Klarinette (1981); Meier Martin, Tenorhorn (1982); Neiß Herbert, Tenorhorn (1981); Schmidt Rolf, Tenorhorn (1981); Schweikert Götz, Flügelhorn (1979); Sprauer Petra, Klarinette (1981)

Musikverein Au am Rhein e.V.

Gründungsjahr:	1922
1. Vorsitzender:	Hermann Weisenburger
Stellv. Vorsitzender:	Ingbert Bauer
Schriftführer:	Fred Bauer
Rechner:	Ingbert Schorpp
Beirat:	Egon Bauer
	Uwe Bauer
	Thomas Klein
	Paul Renschler
	Walter Treier
	Gerold Weßbecher
	Richard Weßbecher
Dirigent:	Roland Felder
Vizedirigent:	Egon Bauer
Jugendleiter:	Bertram Busch
Notenwart:	Martin Bitterwolf
Instrumentenwart:	Ingbert Bauer
Ehrenvorsitzender:	Manfred Stolz

Aktive: Bauer Egon, Klarinette (1945); Bauer Frank, Schlagzeug (1976); Bauer Fred, Saxophon (1970); Bauer Ingbert, Tuba (1965); Bauer Konrad, Klarinette (1964); Bauer Peter, Posaune (1975); Bitterwolf Gerhard, Schlagzeug (1970); Bitterwolf Martin, Bariton (1970); Burger Hermann, Flügelhorn (1963); Burger Peter, Flügelhorn (1970); Busch Arthur, Tenorhorn (1979); Busch Bertram, Klarinette (1972); Busch Hans, Saxophon (1945); Busch Peter, Posaune (1970); Busch Reinhold, Flügelhorn (1972); Busch Richard, Saxophon (1949); Heck Theo, Horn (1970); Herzog Wolfgang, Horn (1958); Hettel Jörg, Trompete (1975); Klein Thomas, Saxophon (1968); Kraus Reinhold, Schlagzeug (1966); Lumpp Manfred, Tenorhorn (1970); Merz Erich, Klarinette (1968); Merz Harald, Trompete (1976); Merz Karin, Flöte (1975); Neu Thorsten, Trompete (1977); Oberle Jutta, Flöte (1974); Renschler Andrea, Tenorhorn (1973); Renschler Bruno, Tenorhorn (1976); Renschler Konrad, Bariton (1948); Renschler Paul, Tenorhorn (1952); Rose Nicole, Klarinette (1976); Schlager Horst, Horn (1970); Stolz Alfons, Flöte (1977); Stolz Andreas, Horn (1968); Stolz Klaus, Trompete (1972); Stolz Reinhard, Tenorhorn (1964); Treier Kurt, Klarinette (1963); Weisenburger Birgit, Flöte (1975); Weisenburger Edelbert, Posaune (1946); Weisenburger Karl, Trompete (1945); Weisenburger Theo, Posaune (1978); Weßbecher Gerd, Tuba (1968); Weßbecher Gerold, Tuba (1949); Weßbecher Ursula, Klarinette (1976); Wiezoreck Kurt, Trompete (1976)
Zöglinge: Bauer Birgit, Klarinette (1978); Bauer Jürgen, Trompete (1978); Bauer Martin, Klarinette (1980); Bauer Wolfgang, Horn (1980); Busch Dieter, Horn (1977); Ebert Martin, Klarinette (1978); Fahrner Gundram, Trompete (1978); Fahrner Markus, Trompete (1978); Horcika Ulrike, Flöte (1978); Kraus Armin, Klarinette (1978); Kraus Petra, Klarinette (1978); Kühn Jens, Klarinette (1979); Maier Jürgen, Trompete (1978); Merz Ralph, Posaune (1980); Sattler Ralph, Horn (1979); Schlager Christian, Trompete (1978); Tschan Armin, Klarinette (1977); Weiß Christian, Trompete (1977); Weßbecher Bettina, Klarinette (1978); Weßbecher Ludwig, Klarinette (1978)

Musikkapelle Au im Murgtal e.V.

Gründungsjahr:	1953
1. Vorsitzender:	Karl Moser
Stellv. Vorsitzender:	Walter Roth
Schriftführer:	Rudolf Fritz
Rechner:	Erich Rentschler
Beirat (Aktiva):	Manfred Fritz
	Alexander Gerstner
	Friedhelm Hörth
	Dieter Kast
	Waldemar Krieg
	Walter Roth
	Hans-Peter Schillinger
Beirat (Passiva):	Hans-Fritz Böhner
	Karl-Heinz Krieg
	Helmut Merkel
Dirigent:	Heiner Borsdorf
Vizedirigent:	Walter Roth
Jugendleiter:	Manfred Fritz
Notenwart:	Martin Bleier
Instrumentenwart:	Alexander Gerstner

Musikvorstand: Hans-Peter Schillinger; Ehrenvorsitzender: Karl Bleier

Aktive: Bleier Andreas, Posaune (1977); Bleier Hubert, Tenorhorn (1953); Bleier Klaus, Posaune (1953); Bleier Manfred, Tenorhorn (1960); Bleier Martin, Posaune (1976); Bleier Martina, Flöte (1979); Bleier Rainer, Klarinette (1955); Bleier Wolfgang, Horn (1959); Dettling Erhard, Tuba (1968); Fritz Manfred, Flügelhorn (1967); Gerstner Albrecht, Trompete (1976); Gerstner Albrecht, Tenorhorn (1977); Gerstner Alexander, Tenorhorn (1969); Gerstner Bernd, Trompete (1967); Gerstner Bernd, Posaune (1972); Gerstner Edmund, Flügelhorn (1975); Haitz Jürgen, Klarinette (1976); Haitz Wolfgang, Klarinette (1957); Hermann Norbert, Trompete (1965); Hörth Friedhelm, Schlagzeug (1957); Irth Friedrich, Flügelhorn (1953); Irth Jürgen, Flügelhorn (1977); Kammermeier Helmut, Trompete (1970); Kast Dieter, Klarinette (1979); Kast Harald, Flügelhorn (1977); Kast Sigmund, Tenorhorn (1953); Krieg Joachim, Klarinette (1981); Krieg Meinrad, Schlagzeug (1959); Krieg Siegfried, Tenorhorn (1953); Krieg Waldemar, Tuba (1959); Maurer Harald, Tuba (1965); Moser Heike, Flöte (1979); Roth Walter, Flügelhorn (1959); Schillinger Frank, Horn (1977); Schillinger Hans-Peter, Horn (1969); Schmidt Udo, Klarinette (1953)

Zöglinge: Bleier Bianca, Klarinette (1980); Bleier Ingo, Klarinette (1979); Haitz Achim, Klarinette (1979); Kast Jasmine, Klarinette (1980); Kammermeier Stefan, Trompete (1980); Krieg Andrea, Trompete (1980); Krieg Armin, Schlagzeug (1980); Krieg Elke, Klarinette (1980); Krieg Mathias, Trompete (1981); Krieg Stefan, Trompete (1980); Schick Ingo, Trompete (1980)

Musikverein „Harmonie" Baden-Baden-Balg

Gründungsjahr:	1923
1. Vorsitzender:	Emil Daul
Stellv. Vorsitzender:	Walter Hilbert
Schriftführer:	Peter Schmid
Stellv. Schriftführer:	Michael Späth
Rechner:	Emil Andre
Beirat (Aktiva):	Siegfried Mühlfeit
Beirat (Passiva):	Josef Krieg
	Karl Mack
	Günter Späth
Jugendvertreter:	Achim Bähr
	Brigitte Daul
Dirigent:	Gustav F. Seifert
Vizedirigent:	Rudi Eller
Jugendleiter:	Albin Pflüger
Notenwart:	Ilka Hilbert
Instrumentenwart:	Gerhard Weinelt
Ehrenvorsitzender:	Willi Metz
Musikervorstand:	Gerhard Weinelt

Aktive: Andre Emil, Tenorhorn (1932); Bähr Achim, Posaune (1975); Bindig Andreas, Klarinette (1978); Burgard Susanne, Klarinette (1979); Daul Brigitte, Klarinette (1978); Daul Rolf, Posaune (1975); Daul Stefan, kl. Trommel (1971); Daul Ulrike, Flöte (1977); Daul Werner, Tuba (1949); Eckerter Uwe, Trompete (1979); Eller Rudi, Tenorhorn (1952); Eller Siegbert, Bariton (1959); Früh Anton, Posaune (1952); Gang Andreas, Trompete (1978); Gang Klaus, Schlagzeug (1979); Gang Norbert, Klarinette (1975); Groß Gerhard, Klarinette (1961); Groß Peter, Klarinette (1978); Hilbert Ilka, Flöte (1979); Ihle Udo, Trompete (1971); Keppner Josef, Klarinette (1949); Keppner Jürgen, Trompete (1978); Kern Daniel, Horn (1979); Krieg Peter, Flöte (1964); Mayer Alexander, Trompete (1978); Metz Norbert, Posaune (1962); Metz Wolfgang, Tenorhorn (1964); Mühlfeit Jürgen, Flügelhorn (1979); Mühlfeit Siegfried, Flügelhorn (1952); Pflüger Albin, Horn (1949); Pflüger Paul, Flügelhorn (1953); Rothenstein Markus, Horn (1978); Seiler Franz, gr. Trommel (1959); Siffling Norbert, Trompete (1954); Späth Michael, Flügelhorn (1972); Weinelt Gerhard, Tenorhorn (1961); Weinelt Lothar, Tuba (1964)

Zöglinge: Burgard Manfred, Posaune (1981); Daul Holger, Trompete (1981); Eckerter Roland, Klarinette (1981); Eller Carsten, Trompete (1981); Früh Dominik, Tenorhorn (1981); Pflüger Michael, Trompete (1980); Setzler Christian, Klarinette (1981); Siffling Birgit, Klarinette (1981)

Musikverein Baden-Lichtental e.V.

Gründungsjahr:	1894
1. Vorsitzender:	Adolf Wilhelm Brodreiss
Stellv. Vorsitzender:	Franz Bernhard
Schriftführer:	Hugo Wipfler
Stellv. Schriftführer:	Hans-Jürgen Schnurr
Rechner:	Günter Koppe
Stellv. Rechner:	Bernhard Falk
Beirat:	Stefan Eichelberger
	Bernhard Falk
	Franz Graf
	Gerhard Mörmann
	Rudolf Renner
	Hans-Jürgen Schnurr
	Heinrich Weiler
Dirigent:	Jürgen Ramin
Vizedirigent:	Franz Bernhard
Jugendleiter:	Hans-Jürgen Schnurr
Notenwart:	Patrick Pirih
Instrumentenwart:	Bernhard Falk

Aktive: Bauer Christel, Tenorhorn (1980); Bauer Rainer, Posaune (1980); Bernhard Franz, Flügelhorn (1966); Bürkle Egon, Klarinette (1971); Buschert August, Klarinette (1929); Buschert Peter, Klarinette (1958); Buschert Stefan, Trompete (1977); Degler Roland, Trompete (1969); Eisenberg Jürgen, Bariton (1976); Falk Bernhard, Trompete/Tuba (1966); Falk Dieter, Klarinette (1977); Falk Jörg, Trompete (1978); Falk Jürgen, Tenorhorn (1981); Forcher Christian, Flöte (1978); Frei Angelika, Posaune (1976); Frei Bruno, Klarinette (1955); Frei Klaus, Trompete/Flügelhorn (1976); Gassenschmidt Hubert, Trompete (1970); Gassenschmidt Ursula, Flöte (1973); Gaus Ingmar, Horn (1980); Gommel Christian, Posaune (1976); Gommel Susanne, Klarinette (1980); Graf Axel, Trompete (1970); Haas Holger, Tenorhorn (1977); Haas Michael, Posaune (1977); Hanke Stefan, Trompete (1979); Hefter Alexander, Posaune (1978); Heller Herbert, Schlagzeug (1954); Hörth Rolf, Tuba (1950); Kienzle Erwin, Trompete (1979); Koppe Günter, Tenorhorn (1973); Krüger Gabriel, Trompete (1981); Leppert Sabine, Horn (1977); Maier Emil, Horn (1951); Maier Markus, Schlagzeug (1975); Maier Martin, Flügelhorn (1970); Maier Stefan, Klarinette (1973); Mehrbrei Josef, Schlagzeug (1981); Mehrbrei Jürgen, Bariton (1976); Möhrmann Erwin, Tenorhorn (1959); Mörmann Gerhard, Klarinette (1954); Mörmann Klaus, Posaune (1979); Pirih Patrick, Trompete/Tuba (1978); Reiff Thomas, Flöte (1976); Scheyder Frank, Klarinette (1981); Schlosser Rudolf, Flügelhorn (1976); Schnurr Hans-Jürgen, Flügelhorn/Cornet (1970); Seip Wilfried, Bariton/Posaune (1971); Steinle Karl-Heinz, Trompete (1970); Stoll Josef, Tenorhorn (1977); Trapp Bernhard, Flöte (1928); Ulrich Constanze, Klarinette (1979); Wagner Dominik, Klarinette (1979); Weiler Joachim, Trompete (1970); Werner Michael, Klarinette (1977); Wipfler Hugo, Pauken (1978); Wolter Beate, Klarinette (1981)

Musikverein „Harmonie" Baden-Oos

Gründungsjahr:	1920
1. Vorsitzender:	Klaus Kies
Stellv. Vorsitzender:	Karl-Heinz Eisen
Schriftführerin:	Waltraud Maurer
Stellv. Schriftführerin:	Carola Deißler
Rechner:	Manfred Straub
Stellv. Rechner:	Reinhold Kraft
Beirat:	Bruno Anderer
	Friedrich Gerstner
	Manfred Löw
	Willi Schmidt
	Franz Velten
Dirigent:	Siegfried Detschermitsch
Vizedirigent:	Claus Kasper
Jugendleiter:	Erwin Deißler
Notenwarte:	Bernhard Eisen
	Ludwig Lauer
Instrumentenwarte:	Anton Früh
	Bernhard Meier
Ehrenvorsitzender:	Alfred Kasper

Aktive: Bernauer Barbara, Flügelhorn (1973); Bias Johann, gr. Trommel (1980); Bias Jürgen, Posaune (1979); Burkhard Klaus, Tuba (1966); Deißler Carola, Flöte (1977); Deißler Erwin, Flügelhorn (1948); Deißler Ewald, Tenorhorn (1947); Deißler Martin, Flügelhorn (1976); Dick Matthias, Trompete (1982); Eisen Bernhard, Posaune (1970); Eisen Karlheinz, Tenorhorn (1965); England Petra, Klarinette (1978); Frank Markus, Trompete (1978); Früh Anton, Posaune (1977); Grüger Oliver, Posaune (1982); Hoffmann Paul, Trompete (1973); Hofmann Michael, Trompete (1982); Holzner Patrick, Trompete (1970); Ilg Torsten, Klarinette (1977); Kasper Claus, Flügelhorn (1967); Kasper Gaby, Flöte (1972); Kasper Martina, kl. Trommel (1979); Kraft Reinhold, Klarinette (1978); Krieg Jürgen, Klarinette (1963); Lauer Ludwig, Tenorhorn (1960); Lipina Georg, Horn (1981); Maurer Waltraud, Klarinette (1968); Meier Bernhard, Horn (1965); Schickinger Horst, Schlagzeug (1982); Schmalbach Kurt, Tuba (1964); Sommerfeld Uwe, Tuba (1979); Straub Manfred, Posaune (1970); Throm Jürgen, Flügelhorn (1980); Welker Harald, Trompete (1977); Wilhelm Karl, Klarinette (1923); Zeitvogel Elke, Klarinette (1978)

Musikverein
Bad Rotenfels 1886 e.V.

Gründungsjahr:	1886
1. Vorsitzender:	Robert Merklinger
2. Vorsitzender:	Thomas Bischoff
3. Vorsitzender:	Paul Rothenberger
Schriftführer:	Roland Hirth
Stellv. Schriftführerin:	Gisela Hähle
Rechner:	Fritz Weick
Dirigent:	Fritz Schubert
Vizedirigent/ Jugendleiter:	Herbert Fischer
Notenwart:	Manfred Hils
Instrumentenwart:	Bruno Merkel
Musikervorsitzender:	Klaus Bischoff
Ehrenverwaltungsrat:	Leo Bastian Wilhelm Hornung

Beirat: Gerhard Angerhofer, Herbert Fischer, Walter Fischer, Willi Geiges, Manfred Hils, Kurt Lehmann, Bruno Merkel, Alfred Moser, Wolfgang Obreiter, Rudi Rastätter, Robert Schweyda, Heinz Siegel, Ewald Studinger, Erhard Westermann
Aktive: Appel Ralf, Tenorhorn (1978); Baumstark Richard, Saxophon (1962); Bischoff Klaus, Posaune (1972); Dehof Martin, Klarinette (1978); Fischer Herbert, Flügelhorn (1951); Fischer Walter, Saxophon (1953); Frietsch Bernd, Tuba (1968); Frietsch Rolf, Trompete (1973); Fröhlich Lothar, Tuba (1952); Geiges Klaus Dieter, Tenorhorn (1972); Geiges Rainer, Posaune (1977); Geiges Thomas, Trompete (1977); Geiges Willi, gr. Trommel (1956); Geiges Wolfgang, Trompete (1951); Gottfried Peter, Flügelhorn (1976); Greiser Manfred, Flügelhorn (1980); Gutmann Karlheinz, Saxophon (1954); Hils Manfred, Tenorhorn (1968); Hirth Roland, Klarinette (1962); Hoffarth Heinz, Bariton (1956); Hornung Hermann, Flügelhorn (1962); Iffländer Markus, Horn (1980); Iffländer Thomas, Horn (1980); Jattke Andreas, Klarinette (1978); Krackenberger Doris, Flügelhorn (1973); Kuppinger Ursula, Klarinette (1979); Löffler Ralf, Trompete (1980); Ludwig Bernd, Posaune (1979); Ludwig Siegfried, Tenorhorn (1950); Merkel Andreas, Trompete (1980); Merkel Bruno, Klarinette/Saxophon (1965); Merklinger Heidrun, Flöte (1976); Metz Bruno, Horn (1960); Metz Klaus, Tenorhorn (1962); Moser Hans J., Posaune (1970); Mutter Benno, Trompete (1980); Obreiter Wolfgang, Tuba (1973); Rastätter Karin, Klarinette (1973); Reinecke Katharina, Klarinette (1979); Riedinger Thomas, Trompete (1981); Schweyda Hans Jürgen, Bariton (1979); Schweyda Marion, Klarinette (1979); Schweyda Robert, Tuba (1980); Seiser Fridolin, Tuba (1980); Stahlberger Michael, kl. Trommel (1979); Stephan Andreas, Horn (1976); Stephan Gerold, Klarinette (1976); Weick Reinhold, Schlagzeug (1963); Weiler Doris, Klarinette (1975); Westermann Erhard, Saxophon (1963); Westermann Harald, Klarinette (1975); Wieland Otto, Posaune (1949); Wunsch Jürgen, Tenorhorn (1970); Wunsch Rainer, Pauken (1970)

Musikverein „Harmonie"
Balzhofen e.V.

Gründungsjahr:	1926
1. Vorsitzender:	Arnold Schultheiß
Stellv. Vorsitzender:	Ludwig Götz
Schriftführer:	Hans-Jörg Meier
Stellv. Schriftführer:	Edmund Hensel
Rechner:	Pirmin Meier
Beirat:	Franz Braun
	Dyonis Friedmann
	Karl Hensel
	Robert Hensel
	Richard Jerger
	Josef Karcher
	Eugen Meier
	Stefan Reith
Dirigent:	Stefan Reith
Vizedirigent:	Richard Reith
Jugendleiter:	Stefan Reith
Notenwarte:	Richard Jerger
	Richard Reith

Instrumentenwart: Eugen Meier; Ehrenvorsitzender: Otto Krampfert
Aktive: Beier Emil, Klarinette (1926); Beier Erich, Klarinette (1949); Beier Erwin, Trompete (1950); Beier Otto, Schlagzeug (1926); Droll Jürgen, Flügelhorn (1974); Ehinger Ingrid, Klarinette (1975); Ernst Marion, Klarinette (1978); Ernst Renate, Horn (1980); Friedmann Helmut, Tuba (1955); Friedmann Werner, Schlagzeug (1959); Gartner Christine, Saxophon (1975); Gartner Klaus, Flügelhorn (1978); Gerber Eugen, Saxophon (1950); Gerber Josef, Bariton (1949); Götz Reiner, Flügelhorn (1972); Graß Johannes, Flöte (1976); Graß Markus, Bariton (1979); Haunß Bruno, Tuba (1971); Haunß Thomas, Tenorhorn (1978); Hensel Alfred, Posaune (1949); Hensel Bernhard, Flügelhorn (1975); Hensel Edmund, Flügelhorn (1950); Hensel Hans, Posaune (1949); Hensel Joachim, Tenorhorn (1979); Hensel Josef, Tuba (1949); Hensel Karl, Posaune (1952); Hensel Martina, Klarinette (1975); Hensel Rudolf, Trompete (1949); Hensel Thomas, Posaune (1974); Hensel Wolfgang, Trompete (1973); Jäger Gerhard, Horn (1955); Jäger Rudolf, Klarinette (1950); Jerger Richard, Saxophon (1965); Karcher Roland, Flügelhorn (1963); Kühnhöfer Joachim, Flöte (1975); Lempert Alois, Trompete (1972); Lempert Thomas, Schlagzeug (1977); Lienhart Willi, Saxophon (1965); Meier Eugen, Tenorhorn (1951); Meier Helmut, Tenorhorn (1963); Meier Jörg, Posaune (1971); Meier Pirmin, Horn (1962); Meier Ralf, Klarinette (1978); Ochs Ignaz, Tenorhorn (1926); Reith Artur, Klarinette (1953); Reith Günter, Schlagzeug (1957); Reith Josef, Horn (1972); Reith Richard, Klarinette (1953); Schultheiß Arnold, Trompete (1949); Schultheiß Georg, Trompete (1978); Schulz Klaus, Tuba (1980); Schulz Klaus-Dieter, Flügelhorn (1975); Seiler Karl-Heinz, Tenorhorn (1974); Seiler Wilfried, Trompete (1979)

Musikverein Bermersbach e.V.

Gründungsjahr:	1922
1. Vorsitzender:	Heinrich Wunsch
Stellv. Vorsitzender:	Rainer Krämer
Schriftführer:	Heinrich Wunsch
Rechner:	Georg Roll
Beirat (Aktiva):	Rolf Hoch
	Burkhard Stößer
	Luzia Stößer
	Bruno Striebich
	Albrecht Wunsch
	Karl Wunsch
Beirat (Passiva):	Fritz Germann
	Karl Kalmbacher
	Klaus Roll
	Franz Wunsch
Dirigent:	Friedel Seifert
Vizedirigent:	Rudolf Bauer
Jugendleiter:	Luzia Stößer
Notenwart:	Rolf Hoch
Musikervorstand:	Burkhard Stößer

Ehrendirigent: Fritz Schubert
Aktive: Bäuerle Günther, Tenorhorn (1981); Bäuerle Werner, Flügelhorn (1957); Bauer Rudolf, Flügelhorn (1960); Bundtke Kurt, Schlagzeug (1980); Hecklinger Bertram, Posaune (1972); Hoch Rolf, Trompete (1972); Kalmbacher Rainer, Posaune (1980); Roll Alfons, Flügelhorn (1955); Roll Georg, Tenorhorn (1958); Schoch Heinrich, Flügelhorn (1948); Stößer Alfred, Tuba (1973); Stößer Arnold, Tenorhorn (1967); Stößer Burkhard, Horn (1955); Stößer Christiane, Flöte (1977); Stößer Cornelia, Klarinette (1978); Stößer Frank, Trompete (1972); Stößer Heiko, Trompete (1977); Stößer Heinrich, gr. Trommel (1972); Stößer Lothar, Tuba (1948); Stößer Luzia, Klarinette (1978); Stößer Manfred, Flügelhorn (1949); Striebich Bruno, Saxophon (1971); Weber Karl-Heinz, Tuba (1960); Will Heinz-Rudi, Flöte (1976); Wunsch Albrecht, Saxophon (1949); Wunsch Andreas, Klarinette (1975); Wunsch Bruno, Bariton (1949); Wunsch Friedhelm, Horn (1978); Wunsch Günther, kl. Trommel (1958); Wunsch Hans, Saxophon (1960); Wunsch Heinrich, Klarinette (1949); Wunsch Heinrich, Horn (1974); Wunsch Hermann, Tenorhorn (1981); Wunsch Karl, Trompete (1960); Wunsch Leander, Posaune (1980); Wunsch Siegfried, Tenorhorn (1949)

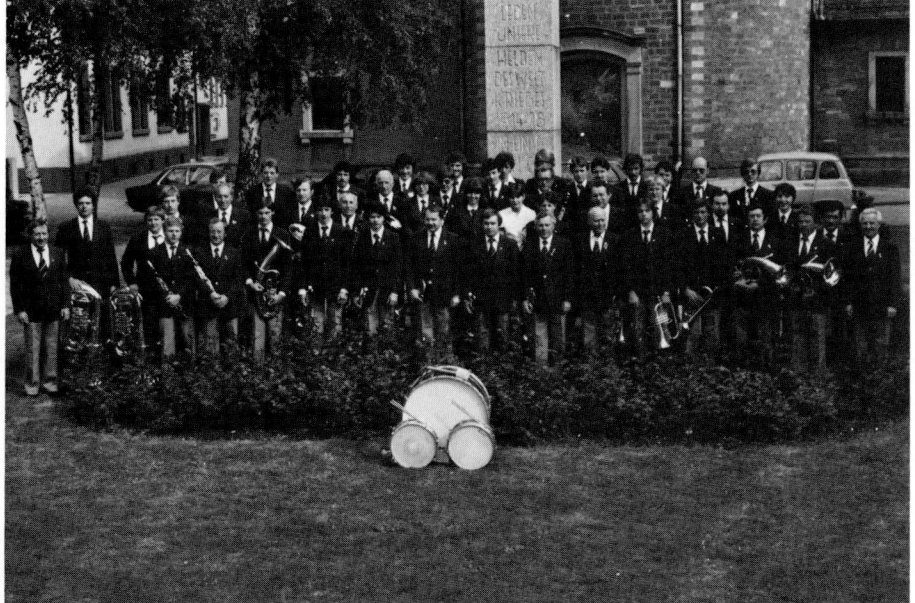

Musikverein Bietigheim e.V.

Gründungsjahr:	1901
1. Vorsitzender:	Gustav Dürrschnabel
Stellv. Vorsitzender:	Karl Enderle
Schriftführer:	Helmut Dürrschnabel
Rechner:	Artur Dürrschnabel
1. Musikvorstand:	Roland Fettig
2. Musikvorstand:	Jürgen Enderle
Beirat (Aktiva):	Erwin Bauer
	Udo Lehmann
	Helmut Rittler
	Karl Rittler
	Willi Seitz
Beirat (Passiva):	Franz Dürrschnabel
	Herbert Fettig
	Alfons Ganz
	Hein Koks
	Karl Matz
	Georg Rebel
Dirigent:	Heinz Kögel
Vizedirigent:	Erwin Bauer

Jugendleiter: Karl Heitz, Thomas Volz, Bernd Wild; Notenwarte: Thomas Fütterer, Michael Matz; Instrumentenwart: Jürgen Enderle
Aktive: Bauer Erwin, Klarinette (1938); Bertsch Peter, Klarinette (1970); Bertsch Stefan, Klarinette (1971); Dreixler Alois, Klarinette (1948); Dürrschnabel Artur, Trompete (1936); Dürrschnabel Gustav, Flügelhorn (1949); Dürrschnabel Hans, Posaune (1960); Dürrschnabel Harry, Posaune (1967); Dürrschnabel Helmut, Klarinette (1936); Dürrschnabel Klaus, Tenorhorn (1975); Enderle Jürgen, Tuba (1967); Enderle Peter, Klarinette (1971); Fettig Herbert, Klarinette (1969); Fettig Roland, Flügelhorn (1948); Fütterer Thomas, Klarinette (1975); Ganz Karlheinz, Trompete (1967); Ganz Lukas, Tenorhorn (1923); Ganz Willi, Klarinette (1932); Hartmann Klaus, Tenorhorn (1975); Hartmann Roland, Klarinette (1975); Heitz Karl, Flöte/Saxophon (1973); Jost Jürgen, Klarinette/Saxophon (1973); Kistner Manfred, Tenorhorn (1947); Kistner Norbert, Klarinette (1969); Kögel Christine, Klarinette/Saxophon (1979); Koks Christine, Klarinette/Saxophon (1970); Latusek Dieter, Horn (1975); Latusek Karin, Flöte (1977); Lehmann Udo, Trompete (1965); Lenz Thomas, Tenorhorn (1975); Ludwig Andreas, Klarinette (1930); Matz Dani, Flügelhorn (1973); Matz Michael, Tenorhorn (1972); Matz Michael, Horn (1975); Rapp Adolf, Bariton (1948); Rittler Helmut, Tenorhorn (1948); Rittler Jürgen, Trompete (1975); Rittler Karl, Trompete (1936); Ritze Bernhard, Schlagzeug (1975); Schadt Nikolaus, Schlagzeug (1960); Schenkel Franz, Horn (1948); Schenkel Toni, Tuba (1972); Seitz Willi, Schlagzeug (1966); Surey Kersten, Klarinette (1977); Volz Thomas, Trompete (1971); Volz Werner, Flügelhorn (1963); Wild Bernd, Posaune (1972); Wild Jürgen, Flügelhorn (1975); Wild Paul, Posaune (1953)
Zöglinge: Dürrschnabel Alexandra, Klarinette (1978); Kratzer Heiko, Horn (1979); Matz Daniela, Klarinette (1979); Würz Moreike, Klarinette (1979)
In theoretischer Ausbildung: Bertsch Alexander (1982); Biernatzki Christian (1982); Biernatzki Dagmar (1982); Braun Tania (1982); Ganz Beate (1982); Häfner Claudia (1982); Häfner Rosemarie (1982); Herzog Rainer (1982); Hesperle Jürgen (1982); Hübner Sascha (1982); Jovanovic Gabriele (1982); Jovanovic Josef (1982); Jung Rainer (1982); Jungwirt Nicole (1982); Kick Andreas (1982); Nagel Sandra (1982); Schmitt Claudia (1982); Surrey Torsten (1982); Wehrle Heike (1982)

Musikkapelle Bischweier 1905 e.V.

Gründungsjahr:	1905
1. Vorsitzender:	Herbert Rost
Geschäftsführender Vorstand:	Kurt Föry
Schriftführer:	Alfons Kottler
Protokollführer:	Karl-Heinz Fischer
Kassier:	Ferdi Föry
Stellv. Kassier:	Karl Hornung
Beirat:	Alfons Braun
	Emil Eberle
	Erich Fröhlich
	Heinrich Grabowski
	Lothar Herz
	Günther Kölmel
Dirigent:	Edgar Withum
Vizedirigent/ Jugendleiter/ Notenwart:	Helmut Herz

Präsident: Alfred Westermann; Ehrenvorsitzender: Dominik Rost
Aktive: Axtmann Guido, Bariton (1976); Broghammer Karl, Posaune (1976); Dörfler Leopold, Tenorhorn (1926); Dörfler Rudi, Tenorhorn (1958); Eberle Reiner, Trompete (1975); Fischer Karl-Heinz, Klarinette (1968); Föry Ferdi, Klarinette (1958); Föry Ferdinand, Tenorhorn (1924); Föry Hartmut, Klarinette (1972); Fröhlich Annette, Flöte (1976); Fütterer Herbert, Klarinette (1949); Glasstetter Martin, Horn (1951); Grabowski Heinrich, Horn (1963); Grau Bernd, Flügelhorn (1975); Grau Siegfried, Tuba (1964); Hatz Alexander, Klarinette (1978); Hatz Andreas, Trompete (1976); Hatz Hermann, Flügelhorn (1948); Herrmann Christoph, Posaune (1976); Herz Helmut, Trompete (1947); Herz Lothar, Tenorhorn (1947); Jüngling Michael, Trompete (1968); Kappenberger Andreas, Posaune (1977); Kölmel Günther, Tuba (1947); Kottler Alfons, Klarinette (1962); Kottler Theo, Posaune (1967); Krell Emil, Klarinette (1963); Mack Herbert, Klarinette (1949); Mack Hermann, Horn (1947); Mack Holger, Flügelhorn (1975); Mack Oliver, Tenorhorn (1975); Mörmann Kuno, Schlagzeug (1979); Raub Gudrun, Klarinette (1975); Rost Christian, Flügelhorn (1973); Rost Frank, Tenorhorn (1976); Rost Hans-Walter, Trompete (1975); Rost Herbert, Posaune (1951); Schiel Anton, Schlagzeug (1964); Schmitt Matthias, Klarinette (1977); Schneider Alfons, Bariton (1948); Schneider Richard, Bariton (1976); Schober Tilla, Flöte (1973); Weber Horst, gr. Trommel (1968); Westermann Dieter, Tuba (1975); Wick Peter, Posaune (1954)

Stadtkapelle Bühl (Baden)

Gründungsjahr:	1758*
Präsident:	Bürgermeister Gerhard Fritz
Stellv. Vorsitzender:	Emil Rapp
Schriftführer:	Hans Störk
Rechner:	Rudi Gartner
Beirat:	Manfred Dinger
	Roland Liebich
	Rudolf Meier
	Walter Schmitt
Dirigent:	Herbert Ferstl
Vizedirigenten:	Manfred Dinger
	Roland Liebich
Jugendleiter/ Notenwart:	Rudolf Meier
Instrumentenwart:	Walter Schmidt
Ehrenvorsitzender:	Fritz Witt
Ehrenmusiker:	Willi Vollmer

Aktive: Bechtold Manfred, Tenorhorn (1947); Brommer Franz, Tenorhorn (1972); Bsdurrek Rainer, Flügelhorn (1977); Bsdurrek Ralf, Horn (1977); Cicha Axel, Klarinette (1969); Dinger Manfred, Tuba (1956); Falk Edgar, Tenorhorn (1972); Falk Franz, Tenorhorn (1947); Frietsch Martin, Posaune (1977); Fritz Paul, Posaune (1957); Gantner Tristan, Klarinette (1981); Gartner Rudi, Trompete (1969); Hardt Harry, Schlagzeug (1960); Kleiner Klaus, Horn (1968); Kuderer Albert, Flügelhorn (1956); Kuderer Andreas, Trompete (1979); Lang Hans-Jürgen, Posaune (1981); Leukel Jürgen, Tenorhorn (1977); Liebich Mathias, Trompete (1977); Liebich Roland, Flöte (1955); Loy Hans, Trompete (1960); Martinez Manuel, Klarinette (1980); Martinez Werner, Klarinette (1980); Meier Peter, Trompete (1977); Meier Rudolf, Flügelhorn (1949); Müller Albrecht, Schlagzeug (1964); Müller Rolf, Flöte (1964); Priestaff Norbert, Trompete (1967); Rapp Emil, Bariton (1956); Rapp Roland, Posaune (1972); Reith Friedrich, Tuba (1968); Schmidt Otto, Flügelhorn (1954); Schmitt Herbert, Klarinette (1978); Schmitt Walter, Klarinette (1972); Schofer Wolfgang, Tenorhorn (1968); Seifried Franz, Tuba (1950); Seifried Franz, Tuba (1955); Seifried Jügen, Posaune (1981); Seifried Thomas, Tenorhorn (1977); Seifried Werner, Tuba (1977); Stiegeler Roland, Flügelhorn (1974); Störk Hans, Klarinette (1963); Velten Andreas, Klarinette (1978); Zeinhofer Josef, Posaune (1978); Zimmer Bernhard, Posaune (1980); Zimmer Roswitha, Horn (1968)

Musikverein Bühlertal – Bühlertäler Musikanten e.V.

Gründungsjahr:	Musikkapelle 1862*
	Musikverein 1912
1. Vorsitzender:	Erwin Braun
Stellv. Vorsitzender:	Klaus Zink
Schriftführer:	Johann Vogel
Protokollführer:	Daniel Geiges
Rechner:	Peter Vorreiter
Beirat:	Heinz Dinger
	Bernhard Geiges
	Egon Geiges
	Helmut Fehrenbacher
	Hans Karcher
	Eugen Meier
	Hans Meier
	Dr. Gerh. Sucher
Dirigent:	Werner Schulze
Vizedirigent/	
Jugendleiter:	Gerhard Sum
Notenwart:	Anton Braun

Instrumentenwart: Karl Falk; Ehrenmitglieder: Alois Geiges, Daniel Geiges, Emil Hils, Walter Kraus, Ewald Meier
Aktive: Braun Albert, Tuba (1952); Braun Anton, Bariton (1948); Braun Arnold, Horn (1955); Braun Daniel, Flügelhorn (1978); Braun Martin, Tenorhorn (1977); Braun Thomas, Posaune (1975); Brügel Anton, Horn (1951); Falk Karl, Trompete (1948); Ganter Bernhard, Tenorhorn (1977); Ganter Manfred, Schlagzeug (1975); Geiges Bruno, Bariton (1957); Gerspach Josef, Posaune (1977); Griesbach Anke, Klarinette (1978); Griesbach Silke, Trompete (1977); Hils Emil, Flügelhorn (1937); Huber Harald, Posaune (1979); Karcher Josef, Tenorhorn (1975); Keller Rolf, Trompete (1975); Kirschner Walter, Tuba (1964); Kögel Berthold, Klarinette (1952); Kögel Klaus, Klarinette (1977); Kögel Wolfgang, Schlagzeug (1979); Kohler Georg, Klarinette (1971); Kraus Elke, Horn (1977); Kunz Jürgen, Trompete (1975); Kunz Siegmar, Trompete (1949); Kunz Ulla, Flöte (1979); Merkel Alban, Flügelhorn (1952); Monetti Emmerich, Posaune (1932); Roth Dietrich, Trompete (1977); Schenk Gerhard, Tuba (1952); Schmidt Karlheinz, Posaune (1975); Schmid Rolf, Flügelhorn (1977); Steimel Tilo, Klarinette (1975); Stricker Erich, Flügelhorn (1949); Stricker Martin, Klarinette (1975); Sum Gerhard, Tenorhorn (1951); Trenkle Ralf, Klarinette (1977); Weis Jürgen, Tuba (1964); Weiser Patricia, Flügelhorn (1977); Ziegler Wilhelm, Horn (1951); Zink Dagmar, Trompete (1977)
Zöglinge: Braun Thomas, Flügelhorn (1980); Brügel Daniela, Klarinette (1980); Feuerer Christian, Klarinette (1980); Fritz Rolf, Posaune (1980); Geiges Ralf, Flügelhorn (1980); Geiges Udo, Flügelhorn (1980); Griesbach Thomas, Klarinette (1980); Huber Andreas, Posaune (1980); Keller Klaus, Schlagzeug (1980); Kern Annette, Horn (1980); Rupprich Thomas, Klarinette (1980); Spies Michael, Schlagzeug (1980); Steimel Thomas, Trompete (1980); Stricker Bernd, Flöte (1980); Wanten Andreas, Trompete (1980); Wilhelm Markus, Tuba (1980); Ziegler Wilhelm, Horn (1980)

Musikverein-Trachtenkapelle Bühl-Moos

Gründungsjahr:	1928
1. Vorsitzender:	Erwin Küstner
Stellv. Vorsitzender:	Willi Ernst
Schriftführer:	Hermann Nöltner
Rechner:	Walter Ruschmann
Beirat (Aktiva):	Gebhard Jerger
	Siegfried Küstner
Beirat (Passiva):	Karl Haungs
	Alfons Nöltner
Dirigent:	Siegfried Schulze
Vizedirigent:	Hermann Nöltner
Notenwart:	Andreas Friedmann
Instrumentenwart:	Werner Ruschmann
Ehrenvorsitzender:	Josef Lorenz

Aktive: Burger Joachim, Klarinette (1977); Ell Reinhard, Flügelhorn (1965); Ernst Hans-Peter, Klarinette (1968); Friedmann Andreas, Posaune (1977); Friedmann Hermann, Tuba (1967); Götz Karl, Tuba (1945); Götz Wolfgang, Trompete (1975); Graß Achim, Trompete (1979); Graß Heinz, Schlagzeug (1980); Graß Jürgen, Flügelhorn (1978); Graß Roland, Klarinette (1968); Günther Patrick, Posaune (1977); Haungs Bernhard, Flöte (1969); Haungs Karl, Tenorhorn (1965); Haungs Klaus, Klarinette (1964); Haungs Martin, Trompete (1980); Höß Andreas, Tenorhorn (1979); Jerger Gebhard, Bariton (1955); Jerger Jürgen, Flöte (1979); Jerger Roland, Flügelhorn (1979); Knebel Klaus, Flügelhorn (1969); Küstner Erwin, Tenorhorn (1961); Küstner Hubert, Horn (1967); Küstner Siegfried, Tuba (1952); Lienhart Klaus, Bariton (1968); Metzinger Mathias, Klarinette (1978); Metzinger Otto, Posaune (1949); Ruschmann Bernd, Schlagzeug (1981); Ruschmann Miachel, Klarinette (1978); Ruschmann Raimund, Posaune (1977); Ruschmann Walter, Trompete (1952); Ruschmann Werner, Horn (1956); Schulze Ingo, Trompete (1978); Straßburger Anton, Schlagzeug (1949); Straßburger Franz, Schlagzeug (1945); Trapp Manfred, Posaune (1977)
Zöglinge: Haungs Elmar, Tenorhorn (1980); Höß Patrick, Flügelhorn (1979); Kuttruff Reiner, Trompete (1981); Metzinger Dionis, Flügelhorn (1979); Ruschmann Armin, Horn (1979)

Musikverein Eisental e.V.

Gründungsjahr:	1911
1. Vorsitzender:	Franz Baumann
Stellv. Vorsitzender:	Gerhard Krauth
Schriftführerin:	Manuela Droll
Rechner:	Werner Seiter
Beirat:	Otto Bodemer
	Heinrich Ehreiser
	Max Ernst
	Willi Krauth
	Manfred Kunz
	Berthold Vollmer
Dirigent:	Erwin Wolf
Vizedirigent:	Berthold Feist
Notenwart:	Arno Wamsler
Instrumentenwart:	Gerhard Krauth
Ehrenvorsitzende:	Otto Krauth
	Wilfried Straub

Aktive: Baumann Bernd, Trompete (1973); Baumann Jürgen, Klarinette (1979); Borowski Ulrich, Flügelhorn (1961); Burgert Jürgen, Posaune (1975); Dresel Thomas, Klarinette (1970); Droll Manuela, Klarinette (1975); Ehreiser Helmut, Horn (1974); Eytes Bekir, Schlagzeug (1974); Feist Berthold, Klarinette (1959); Feist Hans-Jürgen, Flügelhorn (1968); Fritz Jürgen, Posaune (1975); Fritz Manfred, Horn (1975); Fröhlich Bruno, Posaune (1947); Gartner Peter, Flügelhorn (1951); Herm Andrea, Klarinette (1979); Herm Petra, Klarinette (1979); Herm Werner, Bariton (1961); Huber Klaus, Klarinette (1956); Huber Mathäus, Tuba (1947); Huber Thomas, Schlagzeug (1981); Krauth Gerhard, Schlagzeug (1961); Krauth Markus, Klarinette (1975); Krauth Willi, Flügelhorn (1950); Kunesch Marlene, Gesang (1979); Kunz Manfred, Posaune (1961); Lorenz Rudolf, Tenorhorn (1961); Meier Albrecht, Klarinette (1958); Meier Harald, Klarinette (1975); Meier Rudi, Tuba (1958); Meier Werner, Tenorhorn (1955); Mürb Manfred, Schlagzeug (1961); Späth Clemens, Bariton (1961); Straub Günter, Horn (1975); Wäldele Harald, Posaune (1975); Wamsler Arno, Flügelhorn (1975); Ziola Willi, Tuba/Gesang (1961)

Musikverein Elchesheim e.V. 1926

Gründungsjahr:	1926
1. Vorsitzender:	Fred Schorpp
Stellv. Vorsitzender:	Robert Fink
Schriftführer:	Peter Brenner
Kassier:	Norbert Weiler
Dirigent:	Reinhard Heck
Vizedirigent:	Rainer Schorpp
Jugendleiter:	Kurt Schreiber
	Ludwig Völlinger
	Bernd Weßbecher
Notenwart:	Gert Hartmann
Instrumentenwart:	Klaus Schlegl
Ehrenvorsitzender:	Adolf Herz
Ehrendirigent:	Eugen Hilger sen.
Ehrenschatzmeister:	Ludwig Weiler
Musikervorstand:	Alfred Heck
	Alois Heck
	Otto Heck

Stv. Musikervorstand: Egon Klumpp, Fridolin Pfaff, Klaus Schlegl
Aktive: Fink Doris, Klarinette (1978); Fink Harald, Klarinette/Saxophon (1975); Fink Jürgen, Klarinette/Saxophon (1972); Fink Karl, gr. Trommel (1938); Fink Rainer, Horn (1971); Fink Werner, kl. Trommel (1948); Fink Wolfgang, Tenorhorn (1971); Hartmann Gerd, Flügelhorn (1975); Heck Adolf, Trompete (1971); Heck Amandus, Tuba (1980); Heck Berthold, Tuba (1948); Heck Brigitte, Klarinette (1971); Heck Otto I, Tenorhorn (1935); Heck Otto II, Klarinette (1975); Neff Bernhard, Bariton (1971); Neff Heinrich, Horn (1971); Neff Rochus, Pauken/Schlagzeug (1971); Niklaus Gisela, Klarinette (1980); Pfaff Adolf, Horn (1948); Schlegl Klaus, Posaune (1958); Schorpp Lothar, Bariton (1961); Schorpp Rainer, Klarinette (1958); Umland Horst, Klarinette/Saxophon (1947); Völlinger Jürgen, Flügelhorn (1971); Völlinger Ludwig, Posaune (1946); Völlinger Rainer, Flügelhorn (1971); Völlinger Thomas, Posaune (1971); Weiler Norbert, Trompete (1951); Weßbecher Bernd, Klarinette/Saxophon (1967); Weßbecher Herbert, Trompete (1974); Weßbecher Marika, Trompete (1977); Weßbecher Paul, Trompete (1965)
Zöglinge: Bittdorf Ulrich, Klarinette (1980); Fink Klaus, Tenorhorn (1980); Fortak Jörg, Trompete (1980); Heck Gabi, Flöte (1980); Heck Kletus, Tuba (1980); Heck Michael, Flöte (1980); Hog Michael, Schlagzeug (1980); Kistner Mario, Trompete (1980); Lienhard Tobias, Horn (1980); Speck Claudia, Klarinette (1980); Völlinger Ralf, Posaune (1980); Zimmer Martin, Posaune (1980)

Musikverein Forbach

Gründungsjahr:	1843*
1. Vorsitzender:	Günter Fritz
Stellv. Vorsitzender:	Franz Kalmbacher
Schriftführer:	Albrecht Wunsch
Rechner:	Werner Fritz
Dirigent:	Josef Bach
Vizedirigent:	Reinold Ruckenbrod
Dirigent der	
Jugendkapelle:	Michael Weber
Jugendleiter:	Raimund Dieterle
Notenwarte:	Barbara Fritz
	Silvia Merkel
	Sabine Mohrlock
Instrumentenwart:	Berthold Merkel
Ehrenvorsitzender:	Rupert Dieterle
Ehrendirigent:	Leopold Falkenberg

Beirat: Wolfgang Kotulek, Berthold Merkel, Karl Merkel, Hans Mohrlock, Karl-Heinz Roth, Karl Spissinger, Hermann Steib, Fridolin Trentini
Aktive: Asal Bernd, Schlagzeug (1973); Asal Rolf, Trompete (1977); Bitterwolf Walter, Posaune (1972); Brecht Michael, Flügelhorn (1978); Deiner Franz-Günter, Trompete (1959); Dieterle Eugen, gr. Trommel (1942); Dieterle Raimund, Klarinette (1964); Finkbeiner Werner, Trompete (1977); Fritz Alois, Bariton (1977); Fritz Bärbel, Klarinette (1977); Fritz Horst, Tenorhorn (1977); Fritz Norbert, Tuba (1979); Fritz Peter, Posaune (1979); Fritz Werner, Posaune (1946); Gaisbauer Werner, Klarinette (1952); Gernsbeck Rainer, Flügelhorn (1979); Haas Erwin, Horn (1940); Koritnik Hans Peter, Tenorhorn (1979); Kotulek Andreas, Horn (1979); Merkel Berthold, Trompete (1953); Merkel Hubert, Klarinette (1963); Merkel Hugo, Posaune (1973); Merkel Jürgen, Posaune (1979); Merkel Silvia, Klarinette (1972); Michel Dieter, Posaune (1979); Mohrlock Sabine, Klarinette (1972); Müller Peter, Tenorhorn (1979); Reinthaler Waldemar, Flügelhorn (1951); Roth Karl-Heinz, Flügelhorn (1952); Roth Thomas, Trompete (1979); Ruckenbrod Reinold, Flügelhorn (1949); Ruckenbrod Robert, Schlagzeug (1979); Ruckenbrod Werner, Flügelhorn (1971); Schillinger Frank, Klarinette (1977); Spissinger Artur, Horn (1979); Spissinger Karl, Tenorhorn (1949); Spissinger Rolf, Tuba (1979); Spissinger Werner, Tenorhorn (1974); Steib Hermann, Horn (1952); Steinhart Thomas, Klarinette (1979); Steininger Michael, Tenorhorn (1979); Stephan Franz, Tuba (1947); Stephan Heinz, Bariton (1958); Stephan Peter, Tenorhorn (1979); Stephan Rolf, Flöte (1975); Trentini Arnold, Pauken (1965); Wagner Udo, Trompete (1971).
Zöglinge: Gernsbeck Christoph, Flügelhorn (1979); Gernsbeck Rainer, Flügelhorn (1979); Michelis Arno, Flöte (1979); Schneider Stefan, Horn (1979); Spissinger Artur, Horn (1979); Van der Meijden Bernd, Flügelhorn (1979); Wollschläger Holger, Tuba (1979)

Musikverein Stadtkapelle e.V. Gaggenau

Gründungsjahr:	1920
1. Vorsitzender:	Wolfgang Freidel
Stellv. Vorsitzende:	Wilfried Fritz
	Helmut Hirth
Schriftführer:	Edgar Hühns
Kassier:	Martin Köcker
Beirat:	Klaus Drützler
	Wilfried Riebel
	Manfred Wörner
	Udo Zetzsche
Dirigent:	Peter Fister
Vizedirigent:	Alfred Streeb
Jugendleiter:	Klaus Fütterer
Notenwarte:	Peter Eidam
	Oliver Schätzle
Ehrenvorsitzender:	Bastian Lothar
Ehrenbeisitzer:	Heinz Senger
	Franz Veit
Ehrendirigent:	Karl Steeb

Aktive: Becker Alfred, Tuba (1962); Biersack Franz, Posaune (1979); Bittmann Josef, Trompete (1980); Bordasch Horst, Saxophon (1955); Brod Beatrix, Klarinette (1969); Brünner Christine, Saxophon (1975); Brünner Gerhard, Fagott (1977); Eidam Peter, Flügelhorn (1977); Fister Birgit, Klarinette (1981); Fister Roland, Schlagzeug (1982); Frietsch Bernd, Fagott (1974); Fütterer Klaus, Klarinette (1980); Fütterer Vera, Flöte (1982); Goller Sabine, Klarinette (1977); Haberkost Gunter, Trompete (1980); Hartmann Ralf, Klarinette (1981); Henke Wulf, Posaune (1976); Hirth Helmut, Klarinette (1949); Hock Pascal, Trompete (1980); Hock Nicole, Klarinette (1982); Köller Angelika, Oboe (1980); Köller Ralf, Saxophon (1975); Kraft Alois, Tenorhorn (1981); Kraft Karl, Flügelhorn (1969); Kühn Anton, Tenorhorn (1955); Mayer Rudi, Tenorhorn (1953); Möhrmann Andreas, Schlagzeug (1982); Riebel Wilfried, Bariton (1957); Schätzle Oliver, Posaune (1979); Schnepf Adolf, Klarinette (1948); Schweizer Andrea, Klarinette (1982); Seeger Martin, Trompete (1981); Seeger Roland, Trompete (1981); Senger Heinrich, Horn (1970); Senger Heinz, Tuba (1954); Tettweiler Dorothee, Flöte (1980); Unji Franz, Flügelhorn (1963); Welsch Edwin, Flügelhorn (1966); Welsch Michael, Schlagzeug (1976); Werner Christoph, Tuba (1979); Werner Michael, Tenorhorn (1982); Wörner Manfred, E-Baß (1968); Zetzsche Carola, Flöte (1981); Zetzsche Udo, Posaune (1975).

Musikverein „Freudenklänge" Gausbach

Gründungsjahr:	1921
1. Vorsitzender:	Georg Krämer
Stellv. Vorsitzender:	Josef Gaisbauer
Schriftführer:	Heinrich Krämer
Kassier:	Willibald Mungenast
Beirat (Aktiva):	Rudolf Krämer
	Ewald Schillinger
	Otto Stampe
	Klaus Striebich
Beirat (Passiva):	Eugen Krämer
	Hermann Krämer
	Anton Mungenast
	Hermann Mungenast
	Augustin Spissinger
	Herbert Striebich
	Valentin Wunsch
Vizedirigent:	Eberhard Arntz
Jugendleiter:	Ewald Schillinger
Notenwart/	
Instrumentenwart:	Walter Schumacher

Aktive: Arntz Eberhard, Saxophon (1951); Elsenhans Katja, Klarinette (1978); Gaisbauer Josef, Saxophon (1963); Gerstner Peter, Posaune (1970); Krämer Heinrich, Flügelhorn (1940); Krämer Johann, Tenorhorn (1950); Krämer Roland, Tenorhorn (1952); Krämer Rudolf, Horn (1947); Krämer Wilfried, Horn (1950); Krug Achim, Flügelhorn (1972); Maier Klaus, Klarinette (1976); Mungenast Edwin, Tenorhorn (1950); Mungenast Egon, Trompete (1972); Mungenast Günter, Posaune (1957); Mungenast Harald, Flügelhorn (1975); Mungenast Michaela, Klarinette/Saxophon (1975); Mungenast Rainer, Bariton (1962); Mungenast Veronika, Klarinette (1975); Roth Engelbert, Tenorhorn (1957); Roth Klaus, Saxophon (1955); Schillinger Ewald, Trompete (1977); Schumacher Barbara, Saxophon (1975); Schumacher Walter, Tuba (1953); Spissinger Gerd, gr. Trommel (1958); Stampe Otto, Posaune (1954); Striebich Hans, Trompete (1975); Striebich Klaus, Tuba (1968); Wunsch Emil, Flöte (1955)
Zöglinge: Arntz Gunter, Klarinette (1980); Arntz Thomas, Trompete (1980); Arntz Volker, Schlagzeug (1982); Elsenhans Frank, Trompete (1980); Elsenhans Jörg, Schlagzeug (1982); Gerstner Phillip, Klarinette (1980); Mungenast Birgit, Klarinette (1980); Mungenast Guido, Horn (1980); Roth Thomas, Flügelhorn (1980); Wunsch Michael, Trompete (1980)

Stadtkapelle Gernsbach

Gründungsjahr:	1863*
1. Vorsitzender:	Dieter Pfrang
Stellv. Vorsitzender:	Rolf Oertel
Rechner:	Udo Fortenbacher
Beirat:	Horst Frankenhäuser
	Dieter Seeger
Dirigent:	Heinz Herrmannsdörfer
Notenwart/	
Instrumentenwart:	Rolf Oertel

Aktive: Adam Andreas, Klarinette (1981); Adam Gerhard, Flügelhorn (1954); Bender Michael, Horn (1976); Bender Otmar, Flügelhorn (1971); Binder Helmut, Flöte (1958); Bohnert Michael, Klarinette (1980); Boll Roland, Posaune (1964); Fiedler Heinz, Posaune (1942); Fortenbacher Udo, Klarinette (1960); Frankenhäuser Horst, Tenorhorn (1959); Götz Ludwig, Horn (1925); Heinze Thomas, Bariton (1980); Hurrle Heinz, Trompete (1950); Imse Detlef, Posaune (1966); Karcher Egon, Tenorhorn (1940); Kast Egon, Tenorhorn (1950); Lang Franz, Schlagzeug (1954); Lang Wilhelm, Bariton (1931); Lehmann Hans, Horn (1959); Lierheimer Karl-Heinz, Posaune (1959); Merkel Arnold, Tenorhorn (1956); Merkel Franz, Horn (1981); Merkel Friedrich, Bariton (1957); Merkel Ulrich, Trompete (1981); Merz Karl, Flöte (1947); Möhrmann Helmut, Posaune (1970); Nees Norbert, Klarinette (1971); Oertel Rolf, Flügelhorn (1960); Pfrang Dieter, Klarinette (1954); Retz Hans, Horn (1971); Scheible Werner, Klarinette (1971); Schleicher Lothar, Klarinette (1981); Schmid Frank, Schlagzeug (1982); Schmid Horst, Trompete (1950); Schmid Volker, Trompete (1978); Seeger Dieter, Tuba (1954); Seeger Gert, Tuba (1958); Warth Willibald, Tuba (1947); Welsch Heinrich, Flügelhorn (1960); Wildner Wolfgang, Trompete (1942); Wolfert Herbert, Schlagzeug (1965)
Zöglinge: Körner Stefan, Trompete (1982); Melloh Christian, Trompete (1982); Rehm Christoph, Flügelhorn (1982); Rheinschmidt Thomas, Trompete (1982)

Musikkapelle Geroldsau e.V.

Gründungsjahr:	1896
1. Vorsitzender:	Kurt Mitzel
Stellv. Vorsitzender:	Manfred Leuchtner
Schriftführer:	Reinhard Gschwender
Rechner:	Walter Seckler
Beirat:	Helmut Bleich
	Leonhard Boschert
	Franz Gerstner
	Wilhelm Schindler
	Eugen Seckler
	Ewald Seckler
Dirigent:	Prof. Josef Fackler
Vizedirigent:	Josef Bühler
Notenwart:	Ewald Seckler
Ehrenvorsitzender:	Wilhelm Schulze

Aktive: Bähr Franz, Flügelhorn (1952); Bähr Gerhard, Klarinette (1954); Bähr Michael, Klarinette (1976); Boschert Guido, kl. Trommel (1976); Braxmaier Stefan, Klarinette (1981); Brommler Bernd, Trompete (1962); Bühler Josef, Klarinette (1952); Gerstner Bernhard, Klarinette (1973); Götemann Dieter, Trompete (1975); Groß Fritz, Tuba (1949); Groß Marcus, Klarinette (1973); Großkinsky Daniel, Trompete (1977); Gschwender Reinhard, Klarinette (1970); Heck Fredy, Tenorhorn (1978); Hördt Barbara, Flöte (1982); Langenbacher Oliver, Trompete (1982); Meier Dieter, Trompete (1956); Metzmaier Benjamin, Flügelhorn (1954); Mitzel Andreas, Flügelhorn (1975); Mitzel Kurt, Posaune (1952); Mitzel Markus, Bariton (1979); Peter Jürgen, Trompete (1978); Peter Werner, Tenorhorn (1949); Schindler Wendelin, Tenorhorn (1955); Schneider Klaus, Posaune (1975); Seckler Eugen, Schlagzeug (1972); Seckler Ewald, Trompete (1970); Seckler Walter, Tuba (1949); Seiter Christian, Trompete (1973); Steinmann Bernd, Posaune (1982); Strickfaden Jürgen, Horn (1965)
Zöglinge: Bähr Ralf, Flügelhorn (1979); Engels Günther, Horn (1980); Götemann Angelika, Klarinette (1979); Groß Bettina, Klarinette (1979); Meermann Steven, Trompete (1979); Schnell Frank, Trompete (1979)

Musikverein Haueneberstein

Gründungsjahr:	1922
1. Vorsitzender:	Wilhelm Seiler
Stellv. Vorsitzender:	Siegmund Krell
Schriftführer:	Martin Seiler
Rechner:	Theo Koch
Dirigent:	Franz Hildenbrand
Vizedirigent/	
Jugendleiter:	Hans Reiß
Notenwart:	Wilfried Fichte
Instrumentenwart:	Anton Reiß
Musikervorstand:	Heinz Schäfer

Beirat (Aktiva): Emil Berlinger, Hans Reiß, Lothar Richter, Helmut Warth; Beirat (Passiva): Thomas Fink, Helmut Hertweck, Josef Hirth, Dieter Hock, Adolf Kammerer, Anton Mußler, Dionys Schäfer, Dionys Schmalbach, Heinz Warth, Michael Wieber, Artur Wieland
Aktive: Berlinger Emil, Flügelhorn (1952); Bohe Günther, Saxophon (1966); Fichte Wilfried, Trompete (1968); Fink Karl-Heinz, Klarinette (1972); Gantner Alfred, Horn (1953); Heck Richard, Tuba (1976); Hertweck Frank, Klarinette (1977); Hertweck Helmut, Klarinette (1954); Hertweck Herbert, Flügelhorn (1955); Heutle Rupert, Klarinette (1972); Hildenbrand Dieter, Schlagzeug (1975); Hildenbrand Erich, Trompete (1949); Jülg Michael, Trompete (1978); Jung Peter, Tenorhorn (1975); Kistner Ralf, Flügelhorn (1975); Kühn Hans, Horn (1952); Mußler Michael, Tuba (1972); Reiß Anton, Tenorhorn (1949); Reiß Hans, Posaune (1964); Reiß Michael, Tuba (1977); Reiß Thomas, Saxophon (1974); Reiß Willi, Klarinette (1972); Richter Lothar, Posaune (1957); Richter Patrick, Flügelhorn (1979); Schäfer Hans, Horn (1980); Schäfer Heinz, Klarinette (1948); Schäfer Stefan, Klarinette (1976); Schaum Edgar, Tenorhorn (1950); Schmidt Hans, Flügelhorn (1936); Seiler Bernhard, Flöte (1977); Seiler Josef, Posaune (1970); Seiler Martin, Klarinette (1972); Seiler Wilhelm, Bariton (1947); Steinhart Alfred, Saxophon (1953); Warth Helmut, Trompete (1949); Wieber Michael, Schlagzeug (1982); Zaum Wolfgang, Saxophon (1963)
Zöglinge: Emmert Roland, Trompete (1979); Gantner Peter, Trompete (1981); Hirth Michael, Trompete (1982); Kühn Klaus, Trompete (1980); Reiß Hubert, Tenorhorn (1980); Steinhart Axel, Tenorhorn (1978); Wieber Bruno, Trompete (1981)

Musikverein Hilpertsau e.V.

Gründungsjahr:	1924
1. Vorsitzender:	Leo Strobel
Stellv. Vorsitzender:	Hermann Merkel
Schriftführer:	Karlheinz Weßbecher
Rechner:	Klaus Krieg
Beirat:	Alfred Götz
	Wilfried Götz
	Wolfgang Krieg
	Gebhard Ruf
	Heinz Schmeiser
	Helmut Weiler
	Reinhold Wörner
	Werner Zäuner
Dirigent:	Manfred Hoch
Vizedirigent:	Peter Schmitt
Jugendleiter:	Wolfgang Krieg
Notenwart:	Werner Zäuner
Instrumentenwart:	Heinz Schmeiser

Aktive: Buchmann Hans-Jörg, Saxophon (1973); Burkhardt Manfred, Tenorhorn (1956); Dresel Kurt, Trompete (1969); Dresel Walter, Bariton (1951); Friedel Jürgen, Pauken (1977); Friedel Roswitha, Flöte (1978); Gerstner Hubert, Tuba (1978); Götz Alfred, Flügelhorn (1975); Götz Markus, Schlagzeug (1978); Götz Matthias, Klarinette (1978); Götz Siegfried, Tuba (1957); Gries Frank, Klarinette (1982); Gries Kaja, Saxophon (1980); Gries Sven-Erik, Klarinette (1974); Kalmbacher Rudolf, Posaune (1974); Kalmbacher Thomas, Trompete (1980); Kohler Werner, Saxophon (1976); Krieg Matthias, Trompete (1978); Krieg Wolfgang, Tenorhorn (1973); Lierheimer Volker, Flügelhorn (1982); Ritter Paul, Tenorhorn (1967); Ruf Gebhard, Saxophon (1955); Schäfer Jürgen, Saxophon (1976); Schmeiser Beate, Klarinette (1982); Schmeiser Heinz, Posaune (1960); Schmeiser Monika, Trompete (1982); Schmitt Beatrix, Klarinette (1982); Schmitt Hans-Peter, Klarinette (1963); Schmitt Udo, Trompete (1981); Schmitt Uwe, Flügelhorn (1982); Spissinger Bernhard, Horn (1982); Spissinger Martin, Horn (1981); Strobel Gebhard, Saxophon (1969); Weiler Christian, Flügelhorn (1975); Weiler Ferdinand, Tenorhorn (1950); Weiler Helmut, Horn (1956); Weiler Martin, Flügelhorn (1982); Weiler Wolfgang, Klarinette (1974); Weßbecher Helmut, Flöte (1981); Zäuner Werner, Posaune (1974)

Musikverein und Blasorchester Hörden e.V.

Gründungsjahr:	1879*
1. Vorsitzender:	Otmar Sänger
Stellv. Vorsitzender:	Julius Weber
Schriftführer:	Franz Senger
Kassier:	Georg Bauer
Dirigent:	Mathias Weigmann
Vizedirigent:	Hermann Nobs
Jugendleiter:	Siegbert Gerhard
Präsident:	Emil Karcher

Beirat: Günter Haitz, Karl Lang, Rudolf Lang, Artur Manz, Felix Rahner, Hermann Rahner I, Hermann Rahner II, Melchior Rahner, Günter Sailer, Josef Sailer, Felix Schäfer, Franz Stößer, Werner Zeltmann; Musikervorstand: Paul Schupp; Jugendvertreter: Joachim Lang, Gerd Rahner, Ralf Weber

Aktive: Bauer Katja, Klarinette (1979); Deppisch Heike, Flöte (1980); Faißt Hermann, Trompete (1974); Gerhard Annemarie, Klarinette (1980); Gerhard Siegbert, Posaune (1968); Karcher Franz, Flöte (1968); Karcher Ludwig, Posaune (1948); Kraft Markus, Klarinette (1979); Lang Heike, Trompete (1977); Lang Joachim, Trompete (1978); Lang Karl-Heinz, Trompete (1963); Lang Manfred, Klarinette (1963); Loris Mathias, Tuba (1982); Manz Sandra, Trompete (1979); Rahner Christoph, Tuba (1975); Rahner Felix, Klarinette (1948); Rahner Gerd, Trompete (1976); Rahner Hermann, Tenorhorn (1947); Rahner Johanna, Flöte (1977); Rahner Jutta, Flöte (1977); Rahner Melchior, Trompete (1947); Ruf Esther, Klarinette (1979); Sänger Otmar, Klarinette (1959); Sailer Günter, Tenorhorn (1963); Schnepf Heinz, Bariton (1947); Schupp Paul, Trompete (1950); Stößer Eugen, Horn (1949); Stößer Franz, Schlagzeug (1938); Ullrich Andreas, Schlagzeug (1978); Weber Andreas, Tenorhorn (1972); Weber Birgit, Klarinette (1978); Weber Hans-Dieter, Klarinette (1979); Weber Ralf, Trompete (1972)

Jugendkapelle: Bauer Katja, Klarinette (1979); Deppisch Heike, Flöte (1980); Karnath Rainer, Trompete (1976); Kraft Markus, Klarinette (1979); Lang Heike, Trompete (1977); Lang Joachim, Trompete (1978); Manz Sandra, Trompete (1979); Rahner Gerd, Trompete (1976); Ruf Esther, Klarinette (1979); Weber Andreas, Schlagzeug (1978); Weber Andreas, Tenorhorn (1972); Weber Birgit, Klarinette (1978); Weber Hans-Dieter, Klarinette (1979); Weber Ralf, Trompete (1972); Zeltmann Christian, Trompete (1977)

Zöglinge: Heinze Jörg, Trompete (1980); Orlovic Dalibor, Klarinette (1982); Ruf Thomas, Posaune (1978); Streb Mathias, Posaune (1982); Weber Stefan, Posaune (1982); Zeltmann Annette, Klarinette (1980)

Musikverein Hügelsheim

Gründungsjahr:	1901
1. Vorsitzender:	Ludwig Kreidenweis
Stellv. Vorsitzender:	Theodor Leppert
Schriftführer:	Fritz Lorenz
Kassier:	Paul Holzer
Dirigent:	Günther Krüger
Jugendleiter:	Killian Berger

Aktive: Berger Killian, Klarinette (1962); De Vries Gisela, Klarinette (1981); Dreher Luzia, Klarinette (1981); Eberenz Walter, kl. Trommel (1975); Eberle Martin, Tenorhorn (1978); Eberle Roland, Trompete (1975); Hatscher Jürgen, gr. Trommel (1976); Hatscher Thomas, Horn (1978); Heizmann Richard, Klarinette (1975); Holzer Uwe, Klarinette (1978); Jehle Horst, Tenorhorn (1968); Jehle Nico, Bariton (1981); Kreidenweis Günther, Trompete (1978); Kreidenweis Ludwig, Tuba (1949); Leppert Dietmar, Klarinette (1978); Leppert Edmund, Tenorhorn (1947); Leppert Fritz, Posaune (1947); Leppert Gerhard, Flügelhorn (1968); Leppert Jochim, Trompete (1975); Leppert Karl-Heinz, Horn (1954); Leppert Theo, Flügelhorn (1955); Leppert Ulrich, Klarinette (1968); Lorenz Fritz, Tenorhorn (1953); Lorenz Joseph, Posaune (1952); Lorenz Roland, Trompete (1978); Lorenz Volker, Trompete (1975); Maier Joachim, Posaune (1981); Moritz Hilmar, Klarinette (1952); Moritz Rolf, Lyra (1982); Naber Rolf, Flügelhorn (1961); Seckinger Jörg, Flügelhorn (1978); Seifried Karl-Heinz, Posaune (1966); Siegel Birgit, Klarinette (1981); Siegel Edwin, Horn (1975); Siegel Franz, Flügelhorn (1947); Siegel Martin, Bariton (1975); Siegel Mathias, Flügelhorn (1975); Walter Thomas, Trompete (1978); Wurz Lorenz, Posaune (1951); Wurz Robert, Tuba (1968); Wurz Walter, Tenorhorn (1961); Wurz Willi, Horn (1971)

Musikverein Hundsbach

Gründungsjahr:	1968
1. Vorsitzender:	Dr. Alfons Bernauer
Stellv. Vorsitzender:	Edmund Bauknecht
Schriftführer:	Eckhard Herrmann
Rechner:	Gerhard Herrmann
Dirigent:	Berthold Bäuerle
Jugendleiter:	Martin Schnurr
Notenwart/	
Instrumentenwart:	Herbert Herrmann

Aktive: Bauknecht Edmund, Tenorhorn (1968); Braunegger Emil, Bariton (1970); Herrmann Bruno, Schlagzeug (1968); Herrmann Eckhard, Klarinette (1968); Herrmann Ernst, Trompete (1969); Herrmann Fritz, Tenorhorn (1968); Herrmann Gerhard, Posaune (1968); Herrmann Herbert, Flügelhorn (1970); Herrmann Uwe, Flügelhorn (1975); Schnurr Ferdinand, Tenorhorn (1973); Schnurr Ferdinand, Trompete (1975); Schnurr Martin, Flügelhorn (1975); Siegwarth Eberhard, Klarinette (1968); Wacker Gerold, Tuba (1968); Wacker Lothar, Tuba (1971); Wacker Martin, Klarinette (1971); Wacker Peter, Trompete (1975)
Zöglinge: Herrmann Bianca, Trompete (1981); Herrmann Manuela, Posaune (1981); Schnurr Ingeborg, Trompete (1981); Schoch Kurt, Flügelhorn (1981); Siegwarth Jürgen, Flügelhorn (1981); Wacker Andreas, Tenorhorn (1981)

Musikverein Iffezheim e.V.

Gründungsjahr:	1925
1. Vorsitzender:	Horst Wild
Stellv. Vorsitzender:	Klemens Merkel
Schriftführer:	Manfred Schäfer
Rechner:	Lothar Wolf
Beirat:	Herbert Heitz
	Erich Huber
	Heinz Kronimus
	Erich Reinbold
	Heinz Schäfer
	Siegfried Sieger
Dirigent:	Franz Hildenbrand
Vizedirigenten:	Konrad Hauns
	Lothar Wolf
Notenwart:	Heinz Reinbold
Instrumentenwart:	Alwin Lorenz
Ehrenvorsitzender:	Stefan Merkel

Aktive: Becker Valentin, Horn (1952); Böhnert Klara, Saxophon (1980); Brenner Franz, Tuba (1949); Burkhard Manfred, Trompete (1980); Deris Axel, Trompete (1973); Deris Franz, Posaune (1948); Ehreiser Berthold, Flügelhorn (1935); Ehreiser Paul, Saxophon (1937); Etzkorn Stefan, Flügelhorn (1965); Früh Jochen, Klarinette (1981); Gress Fritz, Bariton (1954); Hauns Konrad, Posaune (1949); Heitz Harald, kl. Trommel (1980); Heitz Herbert, Posaune (1951); Herm Harald, Trompete (1975); Herm Jürgen, Trompete (1980); Herm Michael, Trompete (1980); Herr Helmut, Horn (1964); Kobialka Willi, Saxophon (1956); Krämer Sabine, Klarinette (1980); Kronimus Klaus-Peter, Klarinette (1973); Leuchtner Rudolf, Klarinette (1928); Lorenz Alwin, Trompete (1950); Lorenz Dirk, Klarinette (1968); Merkel Andreas, Flügelhorn (1974); Merkel Armin, Horn (1980); Merkel Ernst, Saxophon (1949); Merkel Roland, Bariton (1969); Müller Beate, Flöte (1981); Müller Thomas, Trompete (1972); Mundt Axel, Klarinette (1973); Mundt Rudi, Trompete (1954); Oesterle Edgar, Trompete (1946); Oppitz Franz, Tenorhorn (1923); Reinbold Erich, Flügelhorn (1946); Reinbold Heinz, Flügelhorn (1965); Schäfer Heinz, gr. Trommel (1947); Schäfer Manfred, Posaune (1953); Schäfer Manfred, Tenorhorn (1972); Schäfer Martin, Klarinette (1980); Schäfer Rüdiger, Flügelhorn (1970); Schneider Martin, Tenorhorn (1981); Stupfel Adolf, Tenorhorn (1954); Wild Horst, Posaune (1955); Witt Michael, Trompete (1974); Wolf Lothar, Tuba (1955); Ziller Karl, kl. Trommel (1954); Ziller Thomas, Trompete (1981)

Musikverein 1921 e.V. Illingen

Gründungsjahr:	1921
1. Vorsitzender:	Reinhold Minet
Stellv. Vorsitzender:	Artur Amann
Schriftführer:	Alfred Fütterer
Rechner:	Reiner Lachenmeier
Beirat (Aktiva):	Hans Baumann
	Alfons Deck
	Adolf Fütterer
	Reinhold Schmidt
Beirat (Passiva):	Hermann Böttger
	Manfred Jäger
	Ambros Lehel
	Egon Manz
Dirigent:	Siegfried Schulze
Vizedirigent:	Klaus Minet
Jugendleiter:	Bernd Schmidt
Notenwart:	Bernd Kühn
Ehrenpräsident:	Heinrich Manz

Aktive: Amann Artur, Klarinette/Saxophon (1959); Bauer Bettina, Klarinette (1977); Bauer Emil, Tenorhorn (1956); Baumann Hans, Trompete (1961); Baumstark Anton, Trompete (1947); Baumstark David, Klarinette (1947); Baumstark Hermann, Trompete (1950); Baumstark Peter, Horn (1971); Böttger Karl-Heinz, Trompete (1974); Bollweber Alexander, Posaune (1980); Deck Alfons, Flügelhorn (1947); Deck Jürgen, Klarinette/Pauken (1971); Deck Thomas, Klarinette (1974); Dorn Walter, Flöte (1975); Fütterer Adolf, Horn (1956); Fütterer Stefan, Flöte (1954); Hatz Hermann, Horn (1956); Heck Michael, Trompete (1980); Hübenthal Frank, Klarinette (1980); Jenkel Rüdiger, Trompete (1980); Kühn Bernd, Klarinette (1972); Lachenmeier Reiner, Flügelhorn (1967); Lachenmeier Roland, Tenorhorn (1962); Lehel Peter, Klarinette/Saxophon (1974); Manz Josef, Horn (1956); Minet Albert, Klarinette (1935); Minet Artur, Bariton (1947); Minet Heinz, Schlagzeug (1946); Minet Josef I, Posaune (1959); Minet Josef II, Posaune (1971); Minet Klaus, Klarinette/Saxophon (1964); Minet Peter, Posaune (1969); Minet Ralf, Trompete (1971); Minet Reinhold, Trompete (1960); Minet Richard, Klarinette/Saxophon (1964); Minet Robert, Tuba (1947); Nold Petra, Klarinette (1981); Schmidt Bernd, Tenorhorn (1965); Schmidt Bruno, Tenorhorn (1974); Schmidt Herbert, Trompete (1935); Schmidt Norbert, Tuba (1970); Schmidt Reinhold, Schlagzeug (1954); Schmidt Volker, Posaune (1974); Schulze Ingo, Trompete (1974); Stolz Bernd, Klarinette (1978); Wittmann Hermann, Posaune (1947)

Musikverein Kappelwindeck e.V.
„Kappelwindeck-Musikanten"

Gründungsjahr:	1811*
1. Vorsitzender:	Norbert Vollmer
Stellv. Vorsitzender:	Helmut König
Schriftführer:	Werner Spitzmesser
Rechner:	Hermann Nesselhauf
Stellv. Rechner:	Kurt Karcher
Beirat:	Alfred Denz
	Emil Hörnle
	Franz Straub
	Emil Vierling
	Siegfried Zeller
Jugendvertreter:	Andreas Krauth
Dirigent:	Ferenc Aszodi
Vizedirigent:	Alfred Riebel
Jugendleiter:	Albert Moser
Notenwart/ Instrumentenwart:	Helmut Rapp

Ehrenvorsitzende: Albrecht Mock, August Siefried; Musikervorstand: Roland Wolf
Aktive: Bäuerle Gerhard, Tuba (1972); Brommer Manfred, Flügelhorn (1958); Brommer Rudi, Lyra (1962); Denz Alfred, Saxophon (1963); Doll Peter, Tuba (1956); Eberle Gerhard, Posaune (1978); Feuerer Priska, Klarinette (1979); Fritz Jürgen, Trompete (1975); Gutmann Werner, Trompete (1975); Höll Michael, Schlagzeug (1973); Hörnle Thomas, Klarinette (1975); Huber Klaus, Klarinette (1976); Huber Thomas, Klarinette (1976); Karch Gerhard, Tuba (1956); Karch Klaus, Klarinette (1958); Karcher Roland, Klarinette (1974); König Alfred, Flügelhorn (1956); König Reinhard, Tenorhorn (1960); Krauth Andreas, Klarinette (1974); Krauth Michael, Schlagzeug (1981); Liebich Rainer, Klarinette (1975); Meier Günter, Flügelhorn (1968); Meier Thomas, Flügelhorn (1973); Moser Albert, Tuba (1956); Moser Hugo, Saxophon (1965); Naber Hubert, Bariton (1956); Pfundstein Albert, Posaune (1978); Rapp Helmut, Flöte (1956); Rapp Ingo, Flügelhorn (1968); Riebel Alfred, Flöte (1957); Schaufler Hubert, Posaune (1961); Schemel Heinz, Schlagzeug (1956); Schilli Herbert, Tenorhorn (1956); Schmiederer Fritz, Tuba (1961); Schubring Mathias, Tenorhorn (1975); Seifried Gerold, Saxophon (1956); Spitzmesser Kurt, Posaune (1956); Spitzmesser Werner, Posaune (1956); Straßburger Armin, Flügelhorn (1973); Streckfuß Martin, Klarinette (1978); Veith Jürgen, Posaune (1978); Vierling Karl-Heinz, Klarinette (1972); Wagner Roland, Klarinette (1975); Wolf Roland, Klarinette (1962)
Zöglinge: Berscheid Dieter, Trompete (1979); Braun Andreas, Trompete (1980); Karch Markus, Tenorhorn (1980); Lorenz Jürgen, Trompete (1979); Moser Joachim, Trompete (1979); Rapp Jürgen, Tenorhorn (1980); Schmidl Rainer, Trompete (1980); Schnurr Theo, Bariton (1979); Schubring Andreas, Tenorhorn (1980); Seifermann Wilfried, Bariton (1980); Spitzmesser Uta, Klarinette (1982)

Musikverein – Stadtkapelle 1902 e.V. Kuppenheim

Gründungsjahr:	1902
1. Vorsitzender:	Georg Dielmann
Stellv. Vorsitzender:	Josef Warth
Schriftführer:	Walter Lepold
Pressewart:	Thomas Schnurr
Kassier:	Werner Seiler
Stellv. Kassier:	Klaus Frosch
Dirigent:	Vitus Schüssler
Vizedirigent:	Manfred Dürringer
Jugendleiter:	Thomas Wendelgaß
Notenwart:	Bernhard Westermann
Instrumentenwart:	Alfons Walz
Ehrenvorsitzender:	Josef Rost

Beirat: Herbert Altenberger, Walter Frosch, Paul Mutter, Ludwig Nunn, Paul Philipp, Herbert Reiß, Reinhold Schlick, Peter Schmialek, Helmut Wetzel
Aktive: Balandies Alexander, Tenorhorn (1979); Baumstark Ernst, Flügelhorn (1950); Baumstark Frank, Flügelhorn (1974); Blöming Michael, Tenorhorn (1974); Burkhard Albrecht, Tuba (1974); Burkhard Ulrike, Flöte (1978); Dürringer Manfred, Tenorhorn (1966); Eger German, Klarinette (1971); Frosch Walter, Bariton (1970); Fütterer Christian, Klarinette (1978); Geissler Martin, Tuba (1970); Hatz Albert, Schlagzeug (1974); Hatz Jürgen, Flügelhorn (1974); Heil Roger, Schlagzeug (1980); Kiefer Rainer, Flügelhorn (1976); Lammers Andreas, Klarinette (1977); Legler Günter, Flügelhorn (1978); Lepold Walter, Tenorhorn (1962); Maier Wilfried, Trompete (1959); Mutter Paul, Klarinette (1957); Nunn Ludwig, Klarinette (1930); Richter Harald, Trompete (1977); Ridinger Dieter, Klarinette (1974); Scharer Oskar, Trompete (1962); Schlett Johann, Klarinette (1979); Schmialek Jens-Peter, Trompete (1974); Schnurr Egon, Trompete (1952); Schnurr Thomas, Posaune (1974); Sowa Helmut, Trompete (1974); Sowa Klaus, Bariton (1974); Sowa Kurt, Horn (1951); Urbans Walter, Klarinette (1971); Walz Alfons, Klarinette (1962); Weber Rainer, Klarinette (1974); Weber Simone, Flöte (1978); Wendelgaß Thomas, Posaune (1978); Wendelgaß Werner, Horn (1974); Westermann Bernhard, Flöte (1970); Westermann Erich, Posaune (1949); Westermann Günter, Horn (1966); Westermann Willi, Tuba (1950); Wetzel Helmut, Flügelhorn (1946)
Zöglinge: Aichinger Viola, Klarinette (1981); Axtmann Ramona, Flöte (1981); Bechmann Andrea, Flöte (1981); Bechmann Markus, Klarinette (1981); Bohe Bernhard, Trompete (1981); Fenske Karin, Klarinette (1982); Kählke Carmen, Klarinette (1978); Müller Andreas, Klarinette (1982); Rost Sonja, Klarinette (1981); Ulrich Claudia, Klarinette (1981); Ulrich Ellen, Klarinette (1982); Ulrich Klaus, Horn (1982); Wendelgaß Tanja, Klarinette (1980); Wilbur Stefan, Schlagzeug (1982)

Musikverein „Harmonie" Langenbrand

Gründungsjahr:	1924
1. Vorsitzender:	Kurt Wörner
Stellv. Vorsitzender:	Gerold Bauer
Schriftführer:	Valentin Gerstner
Rechner:	Paul Wörner
Stellv. Rechner:	Herbert Gerstner
Beirat:	Alfons Bauer
	Bruno Gerstner
	Kurt Gerstner
	Rudi Gerstner
	Wilfried Gerstner
	Alban Merkel
	Gerold Schoch
	Josef Schoch
Jugendvertreter:	Thomas Gerstner
Dirigent:	Franz Kappenberger
Vizedirigent:	Edgar Merkel
Notenwart:	Walter Wörner

Ehrenvorsitzender: Anton Merkel; Ehrendirigent: Valentin Gerstner; Ehrenkassier: Edmund Merkel
Aktive: Bauer Adrian, Tenorhorn (1981); Bauer Gerold, Tenorhorn (1955); Bauer Michaela, Klarinette (1978); Bauer Uwe, Trompete (1981); Fritz Hermann, Bariton (1952); Fritz Johannes, Klarinette (1982); Geiser Horst, Tuba (1955); Gerstner Alois, kl. Trommel (1952); Gerstner Benno, Klarinette (1972); Gerstner Bruno, gr. Trommel (1957); Gerstner Helmut, Trompete (1981); Gerstner Herbert, Klarinette (1950); Gerstner Joachim, Klarinette (1973); Gerstner Joachim, Klarinette (1982); Gerstner Kurt, Flügelhorn (1947); Gerstner Martin, Horn (1978); Gerstner Rolf, Bariton (1969); Gerstner Thomas, Horn (1978); Gerstner Udo, Flügelhorn (1973); Gerstner Valentin, Klarinette (1950); Gerstner Winfried, Tuba (1947); Haitzler Willi, Flügelhorn (1969); Klumpp Klaus, Klarinette (1957); Klumpp Walter, Klarinette (1957); Mayer Ingrid, Klarinette (1981); Mayer Walter, Flügelhorn (1972); Merkel Edgar, Posaune (1965); Merkel Gerhard, Horn (1965); Merkel Heinz, Tuba (1958); Merkel Roland, Posaune (1979); Merkel Stefan, Trompete (1981); Schaub Rudolf, Tenorhorn (1958); Schmitt Markus, Horn (1955); Schmitt Randolf, kl. Trommel (1981); Schmitt Valentin, Trompete (1955); Schoch Bernd, Klarinette (1978); Schoch Gerold, Klarinette (1954); Schoch Joachim, Posaune (1972); Schoch Josef, Flügelhorn (1952); Schoch Matthias, Trompete (1978); Wörner Annette, Flöte (1981); Wörner Kurt, Tenorhorn (1947); Wörner Theo, Trompete (1978); Wörner Walter, Tenorhorn (1973).

Musikverein Lautenbach e.V.

Gründungsjahr:	1925
1. Vorsitzender:	Helmut Wunsch
Stellv. Vorsitzender:	Luzian Mörmann
Schriftführer:	Hubert Jehnes
Kassier:	Jochen Schiel
Beirat (Aktiva):	Bernhard Gruhn
	Sigmund Mörmann
	Achim Rothenberger
Beirat (Passiva):	Norbert Mörmann
	Jörg Rothenberger
	Pius Rothenberger
Jugendvertreter:	Holger Wunsch
Dirigent:	Hugo Braun
Vizedirigent:	Luzian Mörmann
Notenwart:	Josef Fortenbacher
Instrumentenwart:	Fred Schiel

Aktive: Burgard Kurt, Tenorhorn (1948); Fortenbacher Alfons, Tuba (1965); Fortenbacher Josef, Klarinette (1965); Geiges Georg, Trompete (1965); Gruhn Bernhard, Tenorhorn (1980); Jehnes Hubert, Horn (1968); Kerner Stephan, Trompete (1981); Lingenfelder Bruno, Posaune (1948); Mörmann Andreas, Tenorhorn (1976); Mörmann Edgar, Trompete (1976); Mörmann Edwin, Tenorhorn (1953); Mörmann Franz, Klarinette (1951); Mörmann Luzian, Flügelhorn (1965); Mörmann Oliver, Trompete (1976); Mörmann Paul, Tuba (1951); Mörmann Robert, Klarinette (1954); Mörmann Sigmund, Bariton (1954); Rothenberger Achim, Klarinette (1971); Rothenberger Dieter, Flügelhorn (1963); Rothenberger Georg, gr. Trommel (1962); Rothenberger Markus, kl. Trommel (1932); Rothenberger Norbert, Klarinette (1953); Sämann Lothar, Posaune (1976); Schiel Bertold, Posaune (1950); Schiel Erwin, Schlagzeug (1965); Schiel Fred, Tenorhorn (1974); Schiel Jochen, Flügelhorn (1965); Schiel Leopold, Klarinette (1950); Schiel Patrick, Flügelhorn (1976); Schiel Peter, Horn (1976); Schiel Rudi, Tuba (1963); Schiel Rudolf, Trompete (1950); Schiel Xaver, Klarinette (1976); Schillinger Norbert, Flöte (1963); Wunsch Helmut, Flügelhorn (1951); Wunsch Holger, Tenorhorn (1976); Wunsch Peter, Posaune (1976).

Trachtenkapelle Lichtenau

Gründungsjahr:	1924
1. Vorsitzender:	Robert Britz
Stellv. Vorsitzender:	Hermann Bauer
Schriftführerin:	Waltraud Waffenschmidt
Rechner:	Egbert Hausperger
Stellv. Rechner:	Paula Bauer
Beirat:	Hermann Bauer
	Hans Hassmann
	Friedolin Meyer
	Heini Tschan
	Fritz Walter
Dirigent:	Werner Runge
Vizedirigent/	
Jugendleiter:	Robert Britz
Notenwart:	Richard Friedmann
Instrumentenwart:	Walter Waffenschmidt

Aktive: Bauer Sigmar, Posaune (1960); Bertsch Mathias, Schlagzeug (1975); Breuer Kurt, Posaune (1974); Britz Robert, Klarinette (1964); Fraß Markus, Trompete (1975); Friedmann Arnold, Klarinette (1956); Friedmann Gerd, Posaune (1974); Friedmann Hans-Jürgen, Flügelhorn (1981); Friedmann Richard, Klarinette (1975); Gerth Katharina, Klarinette (1974); Götz Thomas, Flügelhorn (1975); Hausperger Egbert, Tenorhorn (1956); Koch Ingrid, Klarinette (1974); Koch Karl-Heinz, Tenorhorn (1970); Kühn Walter, Schlagzeug (1974); Meyer Fridolin, Posaune (1955); Michielin Herbert, Tenorhorn (1982); Ruschmann Alwin, Tuba (1959); Schell Arndt, Klarinette (1980); Schell Martin, Trompete (1980); Schell Simone, Flöte (1979); Schmitt Kathrin, Klarinette (1975); Schneider Hans, Flügelhorn (1951); Tschan Heini, Trompete (1955); Waffenschmidt Walter, Tuba (1951)
Zöglinge: Barabas Attila, Klarinette (1980); Breuer Birgit, Saxophon (1979); Britz Dagmar, Flöte (1981); Fraß Stephan, Klarinette (1980); Friedmann Christian, Flügelhorn (1981); Friedmann Matthias, Klarinette (1980); Götz Christoph, Tenorhorn (1980); Künz Betina, Klarinette (1980); Meyer Nicole, Saxophon (1981); Speck Karl, Trompete (1980); Wälti Mira, Horn (1981); Zimpfer Thomas, Klarinette (1981)

Musikverein Loffenau e.V.

Gründungsjahr:	1921
1. Vorsitzender:	Kurt Mangler
Stellv. Vorsitzender:	Willi Mangler
Schriftführerin:	Ursula Schneider
Rechner:	Otto Braun
Beirat (Aktiva):	Reinhold Beck
	Jürgen Grimm
	Wolfgang Möhrmann
Beirat (Passiva):	Heinz Luft
	Horst Maier
	Erich Zeltmann
	Kurt Zeltmann
Dirigent:	Herbert Rieger
Jugendleiter:	Felix Rahner
Notenwart:	Siegfried Streeb
Instrumentenwart:	Kurt Mangler
Ehrenvorsitzender:	Willy Seeger

Aktive: Beck Reinhold, Sousaphon (1980); Braun Theo, Saxophon (1973); Eckstein Hugo, Saxophon (1964); Frey Günter, Tenorhorn (1976); Grimm Elke, Trompete (1976); Grimm Hermann, Tenorhorn (1948); Grimm Jürgen, Posaune (1969); Grimm Marlene, Trompete (1976); Kauschat Sonja, Klarinette (1974); Kilgus Heinrich, Horn (1968); Kilgus Rolf, Saxophon (1966); Klenk Mathias, Posaune (1976); Luft Hans, Posaune (1972); Luft Jürgen, Flügelhorn (1972); Maier Petra, Klarinette (1978); Mangler Joachim, Klarinette (1978); Mangler Julia, Trompete (1976); Mangler Kurt, Tenorhorn (1953); Mangler Willi, Tuba (1958); Merkle Reiner, Horn (1972); Möhrmann Jochen, Tenorhorn (1969); Möhrmann Martin, Flügelhorn (1976); Möhrmann Wolfgang I, Flügelhorn (1962); Möhrmann Wolfgang II, Schlagzeug (1966); Reule Alfred, Bariton (1952); Reule Kurt, Saxophon (1951); Reule Thomas, Klarinette (1978); Seeger Eugen, Trompete (1951); Seeger Günter, Posaune (1960); Seeger Joachim, Tenorhorn (1976); Schweikart Volker, Schlagzeug (1973); Schweikhardt Martin, Trompete (1966); Streeb Siegfried, Tenorhorn (1980); Zeltmann Erich, Flügelhorn (1951); Zimmermann Uwe, Saxophon (1973)
Zöglinge: Böhner Evelyne, Flöte (1982); Böttcher Heike, Klarinette (1981); Fieg Michael, Klarinette (1981); Greul Anja (1982); Herb Kerstin, Klarinette (1980); Kilgus Mike, Klarinette (1982); Mangler Alexandra, Klarinette (1981); Merkle Dagmar, Klarinette (1982); Oertel Frank, Klarinette (1982); Spreng Nicole, Klarinette (1982); Stickel Diana, Trompete (1980)

Musikverein Michelbach

Gründungsjahr:	1877*
1. Vorsitzender:	Erich Herm
Stellv. Vorsitzender:	Peter Rieger
Schriftführer:	Eugen Anselm
Stellv. Schriftführer:	August Schäfer
Rechner:	Emil Essig
Stellv. Rechner:	Martina Paul
Beirat:	Wendelin Bittmann
	Eugen Detscher
	Josef Kraft
	Wendelin Kraft
	Anton Latein
	Otmar Rieger
	Reinhold Seiser
	Alfred Traub
1. Musikervorstand:	Kurt Rieger
2. Musikervorstand:	Michael Kraft
Vereinsdiener:	Ralf Matz
Dirigent:	Hans Kühn
Vizedirigent:	Günter Schnepf

Jugendleiter: Horst Schneider; Notenwart: Kurt Rieger; Instrumentenwart: August Schäfer; Ehrenvorsitzender: Michael Herm
Aktive: Anselm Eugen, Flügelhorn (1960); Anselm Horst, Flügelhorn (1975); Baldes Jürgen, Tenorhorn (1960); Baldes Klaus, Posaune (1954); Bittmann Jörg, Trompete (1974); Bittmann Rupert, Tuba (1952); Colmelet Mathias, Klarinette (1978); Herm Willi, Flügelhorn (1968); Holfelder Kurt, Klarinette (1961); Koßmann Michael, Posaune (1978); Kraft Alfred, Tenorhorn (1960); Kraft Alois, Bariton (1930); Kraft Andreas, Tenorhorn (1973); Kraft Heinrich, Posaune (1959); Kraft Josef sen., gr. Trommel (1971); Kraft Josef jun., Schlagzeug (1973); Kraft Michael, Klarinette (1972); Kraft Wendelin, Posaune (1950); Kraft Wolfgang, Klarinette (1973); Lust Leo, Flügelhorn (1959); Matz Ralf, Trompete (1974); Merz Martin, Flügelhorn (1976); Rieger Eduard, Horn (1949); Rieger Hans-Jürgen, Trompete (1973); Rieger Joachim, Tuba (1973); Rieger Jürgen, Tenorhorn (1978); Rieger Kurt, Tenorhorn (1959); Rieger Manfred, Schlagzeug (1973); Rieger Otmar, Posaune (1954); Schiebenes Helmut, Tuba (1948); Schneider Horst, Trompete (1968); Schnepf Günter, Klarinette (1954); Seiser Leonhard, Horn (1973); Traub Christian, Flöte (1978)
Zöglinge: Matz Torsten, Klarinette (1979); Nufer Holger, Trompete (1979); Rieger Robert, Flügelhorn (1980); Traub Thomas, Horn (1978); Ullrich Mathias, Trompete (1979)

Musikverein e.V. Muggensturm

Gründungsjahr:	1891
1. Vorsitzender:	Ewald Unser
Stellv. Vorsitzender:	Hermann Lutz
Schriftführer:	Franz Kappler
Stellv. Schriftführer:	Wolfgang Fluck
Rechner:	Karl Schnepf
Stellv. Rechner:	Artur Westermann
Dirigent:	Peter Bresch
Vizedirigent:	Walter Schäfer
Jugendleiter:	Karl-Heinz Unser
Jugendausbilder:	Artur Walter
Notenwart:	Bernd Haller
Instrumentenwart:	Bernd Walter
Ehrendirigent:	Alfons Kirsch
Musikervorstand:	Bernhard Weßbecher
Vergnügungs- ausschuß:	
	Heiner Dahringer
	Erich Kirsch
	Edmund Maulbetsch
	Reinhold Schweinfurt

Gottfried Winter; Wirtschaftsausschuß: Franz Baumstark, Karl Götzmann, Manfred Knörr, Harry Rahner, Erich Schaub, Gerhard Scherer, Hugo Westermann
Aktive: Bauer Martin, Flügelhorn (1972); Baumstark Dieter, Trompete (1974); Beetz Horst, Tuba (1974); Beetz Joachim, Posaune (1974); Black Roland, Posaune (1952); Blum Martin, Posaune (1979); Dahringer Heiner, Horn (1946); Försching Renate, Klarinette (1970); Häusermann Erich, Horn (1933); Haller Bernd, Klarinette/Saxophon (1962); Haller Dieter, Klarinette/Saxophon (1962); Hornung Albert, Flügelhorn (1946); Hornung Rüdiger, Flügelhorn (1978); Huschka Hans, Tuba (1935); Jung Ilona, Trompete (1974); Jung Siegrun, Klarinette (1978); Kappler Franz, Klarinette (1929); Kirsch Erich, Schlagzeug (1929); Knörr Manfred, Klarinette (1958); Knörr Silke, Flöte (1980); Kölmel Werner, Horn (1952); Krupp Karl, kl. Trommel (1935); Kühn Armin, Trompete (1970); Lang Anette, Klarinette (1972); Lang Petra, Tenorhorn (1972); Lutz Hermann, Tenorhorn (1933); Maulbetsch Edmund, Posaune/Schlagzeug (1946); Merz Peter, Trompete (1978); Müller Edmund, Trompete (1961); Müller Peter, Bariton/Posaune (1960); Müller Rudi, Saxophon (1948); Rahner Hans, Flügelhorn (1948); Rahner Hugo, Horn (1954); Rahner Wolfgang, Bariton (1971); Rubel Hans, Tuba (1948); Schäfer Walter, Klarinette (1929); Schaible Andrea, Flügelhorn (1975); Scherer Birgit, Tenorhorn (1970); Scherer Heidrun, Flöte (1972); Schick Edeltraud, Klarinette (1978); Schick Reiner, Trompete (1978); Schnepf Karl, Flügelhorn (1949); Schraft Hans, Klarinette (1946); Schweinfurt Heinz, Trompete (1946); Schweinfurt Reinhold, Trompete (1961); Späth Gerhard, Posaune (1972); Unser Armin, Flügelhorn (1978); Unser Ewald, Posaune (1948); Unser Heiko, Klarinette (1980); Unser Josef, Klarinette (1948); Unser Jürgen, Klarinette (1975); Unser Karl-Heinz, Tenorhorn (1962); Unser Klaus, Klarinette (1948); Unser Werner, Trompete (1946); Walter Artur, Klarinette/Saxophon (1946); Walter Bernd, Klarinette/Saxophon (1962); Weingärtner Dieter, Klarinette (1974); Westermann Horst, Flöte (1965); Wolf Heidi, Trompete (1972); Wolf Karl, Schlagzeug (1964)

Musikverein Neuweier e.V.

Gründungsjahr:	Kapelle: 1900
	Verein: 1927
1. Vorsitzender:	Gerhard Seiter
Stellv. Vorsitzender:	Winfried Meier
Schriftführer:	Gottfried Oser
Rechner:	Stefan Seiter
Beirat (Aktiva):	Wolfgang Himmel
	Alois Keller
	Hermann Siebert
Beirat (Passiva):	Paul Himmel
	Josef Huck
	Augustin Sackmann
Dirigent:	Hans Himmel
Vizedirigent:	Michael Seiter
Jugendleiter:	Hans Himmel
Notenwart:	Seigfried Nesselhauf
Instrumentenwart:	Wolfgang Himmel
Ehrendirigent:	Richard Lörch

Aktive: Blödt Robert, Posaune (1953); Bruder Rita, Trompete (1977); Bühler Adolf, Tenorhorn (1955); Bühler Sabine, Flöte (1980); Dresel Martina, Flügelhorn (1979); Eckerle Werner, Tenorhorn (1962); Hasel Peter, Flügelhorn (1971); Herzog Rainer, Flügelhorn (1966); Himmel Edgar, Flügelhorn (1973); Himmel Wolfgang, Trompete (1964); Jung Eugen, Klarinette (1966); Jung Wendelin, Tuba (1956); Keller Alois, Tuba (1937); Keller Gottfried, Klarinette (1953); Keller Oswald, Posaune (1951); Knopf Martin, Bariton (1973); Meier Markus, Tuba (1978); Meier Stefan, Horn (1951); Meier Winfried, Flügelhorn (1959); Meister Alfred, Schlagzeug (1961); Meister Gerhard, gr. Trommel (1954); Meister Helmut, Saxophon (1959); Meister Siegfried, Tenorhorn (1950); Nesselhauf Siegfried, Klarinette (1956); Obrecht Klaus, Trompete (1978); Oser Gottfried, Klarinette (1961); Reiß Karin, Klarinette (1980); Seiter Albrecht, Klarinette (1971); Seiter Joachim, Klarinette (1973); Seiter Michael, Flöte (1967); Siebert Hermann, Horn (1957); Ursprung Franz, Bariton (1962); Veith Karl, Tenorhorn (1950); Vollmer Heinrich, Trompete (1960); Vollmer Leo, Horn (1962); Weisser Joachim, Trompete (1975); Winter Gunther, Flügelhorn (1975)
Zöglinge: Bühler Bernd, Klarinette (1980); Eckerle Matthias, Trompete (1981); Keller Manuela, Klarinette (1981); Meier Rolf, Tenorhorn (1979); Oser Michael, Schlagzeug (1981); Trefzger Florian, Klarinette (1981)

Musikverein Obertsrot e.V.

Gründungsjahr:	1892
1. Vorsitzender:	Martin Siebert
Stellv. Vorsitzender:	Siegfried Knigge
Schriftführer:	Paul Schmidt
Stellv. Schriftführerin:	Beate Lang
Rechner:	Günter Leber
Beirat:	Franz Ackenheil
	Arnold Götz
	Benno Götz
	Wolfgang Klumpp
	Ernst Kohler
	Heinz Kohler
	Paul Lohne
	Reinhard Lohne
	Alfons Schäfer
	Franz Schlosser
	Roland Schmidt
Dirigent:	Gerhard Hauns
Vizedirigent:	Arnold Bandel

Aktive: Ackenheil Franz, Tenorhorn (1947); Ackenheil Ralf, Posaune (1976); Bandel Arnold, Flügelhorn (1950); Bandel Marianne, Flöte (1980); Fortenbacher Joachim, Schlagzeug (1975); Fortenbacher Theresia, Flöte (1980); Götz Benno, Saxophon (1956); Götz Heini, Posaune (1959); Hauns Berthold, Tenorhorn (1978); Hauns Lothar, Klarinette (1978); Klumpp Wolfgang, Saxophon (1963); Knigge Bernd, Trompete (1976); Kohler Heinz, Posaune (1967); La Torre Albert, Trompete (1975); Lohne Reinhard, Trompete (1975); Neubauer Rudi, Bariton (1961); Pöhland Hartmut, Klarinette (1967); Roth Dieter, Posaune (1949); Schmid Jörg, Saxophon (1977); Schmidt Paul, Saxophon (1947); Schmidt Roland, Tenorhorn (1973); Schreiber Otto, Schlagzeug (1970); Siebert Andreas, Flügelhorn (1974); Siebert Elisabeth, Klarinette (1974); Siebert Jörg, Bariton (1980); Siebert Martin, Tuba (1949); Siebert Philipp, Flügelhorn (1980); Werdin Wolfgang, Horn (1962)
Zöglinge: Bandel Rudolf, Trompete (1980); Schäfer Manuela, Klarinette (1982); Siebert Michael, Trompete (1982); Vala Mirko, Trompete (1980); Weiß Carsten, Klarinette (1982)

Musikverein „Eichelberg"
Oberweier

Gründungsjahr:	1905
1. Vorsitzender:	Herbert Mack
Stellv. Vorsitzender:	Ernst Hertweck
Schriftführer:	Kurt Anselm
Kassier:	Hans Schwan
Unterkassier:	Manfred Schneider
Beirat (Aktiva):	Alfred Braun
	Anton Dehmer
	Robert Knörr
Beirat (Passiva):	Klaus Peter Appelt
	Bruno Gerstner
	Gerhard Lang
Musikvervorstand:	Arnold Mack
Stellvertreter:	Hugo Schneider
Dirigent:	Walter Schäfer
Vizedirigent:	Franz Kappenberger
Jugendleiter:	Hugo Schneider
Notenwarte:	Winfried Dörfler
	Robert Knörr
Ehrenvorsitzender:	Robert Blattmann

Aktive: Anselm Kurt, Posaune (1953); Appelt Erich, gr. Trommel (1953); Appelt Holger, Flöte (1980); Axtmann Urban, Klarinette (1972); Beetz Horst, Tuba (1980); Braun Alfred, Klarinette/Saxophon (1949); Braun Oliver, Trompete (1978); Braun Thomas, Posaune (1978); Braun Ulrike, Klarinette (1968); Dehmer Anton, Klarinette (1953); Dörfler Winfried, Flügelhorn (1966); Eisele Günter, Tenorhorn (1957); Eisele Udo, Klarinette (1974); Erhard Heinz, Trompete (1959); Erhard Kurt, Tenorhorn (1965); Förg Kurt, Tenorhorn (1959); Förg Otto, kl. Trommel (1932); Föry Bernd, Trompete (1976); Gleissle Gerhard, Bariton (1973); Götz Heinz, Horn (1961); Haller Gerhard, Saxophon (1970); Haller Rudolf, Tenorhorn (1929); Huck Günter, Flügelhorn (1970); Jung Harald, Posaune (1969); Kappenberger Alban, Trompete (1953); Kappenberger Bruno, Posaune (1978); Kappenberger Franz, Klarinette (1949); Kappenberger Jürgen, Klarinette (1972); Kappenberger Michael, Flügelhorn (1978); Knörr Robert, Bariton (1963); Kölmel Iris, Saxophon (1971); Lang Dieter, Tenorhorn (1975); Mack Arnold, Tuba (1957); Mack Dieter, Trompete (1973); Mack Herbert, Flügelhorn (1953); Mack Markus, Schlagzeug (1970); März Wilhelm, Horn (1969); Müller Alfred, Klarinette (1967); Rahner Roland, Tuba (1980); Reichert Oswald, Saxophon (1975); Reiter Walter, Tuba (1939); Roos Reinhard, Flöte (1971); Scherer Friedbert, Flügelhorn (1959); Schneider Hugo, Saxophon (1963); Schulz Ewald, Horn (1953); Schwan Jürgen, Flügelhorn (1978)
Zöglinge: Hatz Dietmar, Horn (1981); Scherer Simone, Klarinette (1982); Scherer Yvonne, Klarinette (1982); Schneider Uwe, Schlagzeug (1981)

Musikverein Ötigheim e.V.

Gründungsjahr:	1922
1. Vorsitzender:	Heinz Krück
Stellv. Vorsitzende:	Fritz Kölmel
	Gunter Kölmel
Schriftführer:	Heinz Metz
Stellv. Schriftführer:	Reinhard Kuhn
Rechner:	Emil Heid
Dirigent:	Konzertmeister
	Hellmut Ruder
Vizedirigenten:	Volker Gallion
	Hans Göhringer
Jugendleiter:	Werner Stolze
Ehrenvorsitzender:	Adolf Weinbrecht

Beirat: Klaus Ciecmieriwski, Torsten Heid, Lorenz Kleinkopf, Marina Kleinkopf, Paul Kleinkopf, Hans Kölmel, Richard Kölmel, Frank Krebs, Ambros Kühn, Rolf Rieger, Fritz Wild; Musikervorstand: Hans Reuter; Stellv. Musikvorstand: Friedrich Kühn
Aktive: Bachura Volker, gr. Trommel (1978); Battistini Robert, Saxophon (1979); Gallion Roman, Tenorhorn (1977); Gallion Volker, Flügelhorn (1976); Göhringer Hans, Flügelhorn (1960); Heid Martin, Klarinette (1977); Heid Torsten, Posaune (1971); Held Volker, Trompete (1977); Kleinkopf Helmut, Posaune (1960); Kleinkopf Marina, Klarinette (1971); Kleinkopf Paul, Bariton (1971); Kölmel Franz, kl. Trommel (1977); Kölmel Fritz, Tuba (1947); Kölmel Hans, Saxophon/Klarinette (1942); Kölmel Thomas, Schlagzeug/Pauken (1974); Kölmel Willi, Trompete (1942); Kölmel Wolfgang, Saxophon/E-Baß (1966); Kohm Lorenz, Tenorhorn (1953); Krämer Christian, Klarinette (1977); Krebs Frank, Trompete (1975); Kühn Erhard, Klarinette (1928); Kühn Friedrich, Tuba (1960); Kühn Herbert, Bariton (1946); Kühn Patrick, kl. Trommel (1978); Kühn Siegfried, Tenorhorn (1959); Kühn Uwe, Posaune (1977); Kuhn Reinhard, Klarinette (1966); Linsig Walter, Posaune (1966); Oberle Klaus, Klarinette (1971); Rau Martin, Posaune (1946); Rau Otto, Posaune (1976); Reuter Hans, Klarinette (1960); Reuter Otto, Flügelhorn (1934); Rieger Rolf, Trompete (1960); Schäfer Erwin, Tuba (1980); Schneider Otto, Posaune (1953); Stolze Markus, Trompete (1975); Stolze Mathias, Flöte (1975); Stolze Werner, Lyra (1947); Ströhm Mario, Tenorhorn (1979); Wegmann Kurt, Trompete (1960); Weingärtner Jörg, Saxophon (1977); Wild Fritz, Klarinette (1940)

Musikverein „Harmonie" Ottenau

Gründungsjahr:	1895
1. Vorsitzender:	Anton Oefler
Stellv. Vorsitzender:	Alois Kräuter
Schriftführer:	Adolf Herrmann
Rechner:	Reinhard Merkel
Dirigent:	Tobias Merkel
Vizedirigent:	Robert Merkel
Jugendleiter:	Erich Heck
Notenwarte:	Walter Flaig
	Hans Neidhardt
Instrumentenwart:	Leopold Bernecker
Ehrenvorsitzender:	Karl Wandler
Ehrenkassier:	Otto Herm

Verwaltung: Josef Brückel, Artur Detscher, Roland Fritz, Urban Haitz, Ewald Huck, Helmut Jäschke, Alois Kraft, Rudolf Kraft, Alfred Lang, Josef Lang, Hans Maier, Edgar Schleicher, Ferdinand Schmitt, Florian Schnaible, Karl Seiler, Rudolf Wüst
Aktive: Bernecker Leopold, Horn (1949); Flaig Walter, Klarinette (1951); Fritz Bernd, Schlagzeug (1977); Fritz Heinrich, Tenorhorn (1957); Fritz Heinrich, Klarinette (1973); Fritz Roland, Bariton (1948); Hatz Roland, Posaune (1964); Heck Erich, Saxophon (1949); Heck Norbert, Klarinette (1949); Himmel Martin, Trompete (1963); Huck Ewald, Trompete (1963); Karcher Martin, Posaune (1978); Kohler Robert, gr. Trommel (1974); Kräuter Alois, Pauken (1932); Kraft Dieter, Flügelhorn (1968); Kraft Dieter, Trompete (1972); Kraft Helmut, Tenorhorn (1971); Kraft Rolf, Trompete (1966); Kraft Wolfgang, Flügelhorn (1947); Kriegelstein Udo, Klarinette (1975); Lang Alfred, Trompete (1966); Maier Hans, Saxophon (1967); Maier Michael, Tenorhorn (1960); Mangler Mario, Tenorhorn (1979); Meckes Anton, Tuba (1948); Merkel Frank, Flügelhorn (1979); Merkel Heike, Klarinette (1980); Merkel Jörg, Trompete (1979); Merkel Nicole, Flöte (1979); Merkel Reinhard, Saxophon (1959); Merkel Robert, Flügelhorn (1951); Merkel Udo, Klarinette (1975); Neidhardt Dieter, Trompete (1972); Neidhardt Hans, Saxophon (1972); Oefler Burkhard, Flügelhorn (1963); Oefler Matthias, Klarinette (1972); Peters Harald, Flöte (1972); Schäfer Edwin, Posaune (1951); Schätzle Manfred, Tuba (1953); Schleicher Edgar, Tuba (1950); Schmidtke Ellen, Klarinette (1975); Schnaible Florian, Horn (1949); Schnaible Georg, Tuba (1981); Schnaible Stefan, Schlagzeug (1975); Schönamsgruber Peter, Trompete (1970); Seeger Martin, Flügelhorn (1981); Siebert Willi, Klarinette (1952); Volz Werner, Flügelhorn (1963); Wandler Klaus, Saxophon (1972); Wandler Udo, Posaune (1970); Weber Gerd, Tuba (1973); Wunsch Stefan, Tenorhorn (1976)
Zöglinge: Bastian Jürgen, Posaune (1981); Bastian Stefan, Klarinette (1981); Horcher Mario, Posaune (1981); Karcher Frank, Posaune (1981); Karcher Hubert, Klarinette (1981); Mangler Silke, Klarinette (1982)

Musikverein Ottersdorf e.V.

Gründungsjahr:	1925
1. Vorsitzender:	Adolf Becker
Stellv. Vorsitzender:	Heinz Mattes
Schriftführer:	Werner Herrmann
Rechner:	Wilfried Jung
Beirat:	Josef Brenner
	Peter Franz
	Fritz Groß
	Thomas Groß
	Walter Groß
	Eugen Jung
	Fritz Müller
	Eugen Zeitvogel
Dirigent:	Richard Merz
Jugendleiter:	Albin Fütterer
Notenwarte:	Rainer Ernst
	Günter Grötz
	Herbert Volz
Ehrendirigenten:	Hans Weyrauch
	Otto Wietfeld

Aktive: Brenner Josef, Flügelhorn (1954); Ernst Rainer, Posaune (1977); Frisch Corna, Klarinette (1977); Frisch Edeltraud, Trompete (1977); Fütterer Alwin, kl. Trommel (1967); Fütterer Gerold, Tenorhorn (1970); Grötz Günter, Horn (1977); Groß Alfred, Horn (1951); Groß Clemens, Schlagzeug (1977); Groß Edgar, Trompete (1968); Groß Frank, Trompete (1977); Groß Fritz, Tenorhorn (1950); Groß Hubert, Flügelhorn (1977); Groß Ludwig, Flügelhorn (1941); Groß Rainer, Horn (1970); Groß Richard, Trompete (1970); Groß Susanne, Pauken (1977); Groß Ute, Flöte (1977); Häfner Hermann, Trompete (1961); Huck Holger, Trompete (1977); Huck Karl-Heinz, kl. Trommel (1977); Jung Eugen, Trompete (1951); Jung Heinz, Tuba (1970); Jung Jochen, Posaune (1975); Jung Ulrike, Klarinette (1977); Jung Wilfried, Klarinette (1958); Jülg Annette, Flügelhorn (1977); Jülg Karl-Heinz, Horn (1974); Knabe Jens, Tenorhorn (1977); Köppel Hubert, Posaune (1968); Kraft Annette, Klarinette (1977); Kurz Otto, Trompete (1950); Lott Adolf, Posaune (1967); Lott Hugo, Tenorhorn (1957); Mauderer Markus, Klarinette (1979); Samov Norbert, Klarinette (1962); Stupfel Andreas, Tenorhorn (1977); Uhrig Lothar, Tuba (1961); Volz Herbert, Klarinette (1961); Weber Otto, Klarinette (1951); Zeitvogel Eugen, Schlagzeug (1954)
Zöglinge: Groß Klaus, Trompete (1980); Groß Silke, Blockflöte (1980); Herrmann Susanne, Flöte (1979); Knabe Oliver, Blockflöte (1980); Litfin Rainer, Trompete (1980); Mauderer Egbert, Posaune (1980); Müller Mike, Trompete (1980); Müller Tanja, Blockflöte (1980); Sauer Chrisitan, Trompete (1979); Schlosser Nic, Trompete (1980); Schramm Ulrike, Klarinette (1979); Steinacker Beate, Klarinette (1979); Straub Daniel, Trompete (1979)

Original Burg-Windeck-Musikanten Ottersweier

Gründungsjahr:	1850
1. Vorsitzender:	Helmut Sturm
Stellv. Vorsitzender:	Willi Lang
Schriftführer:	Werner Friedmann
Kassier:	Günter Koch
Beisitzer:	Konrad Burger
	Werner Doninger
	Herbert Engelmeier
	Karl Leppert
	Konrad Metzinger
	Siegfried Tosana
Dirigent:	Rudi Flierl

Aktive: Bauer Anton, Trompete (1981); Burger Edwin, Trompete (1962); Burger Konrad, Trompete (1953); Burger Roman, Horn (1964); Dämpfle Siegfried, Flügelhorn (1982); Dinger Walter, Trompete (1964); Doninger Werner, Bariton (1957); Engelmeier Herbert, Klarinette (1965); Friedmann Herbert, Tuba (1974); Friedmann Werner, Klarinette (1966); Fuß Gerhard, Bariton (1964); Fuß Lothar, Klarinette (1931); Fuß Manfred, Klarinette (1965); Glaser Elsa, Klarinette (1974); Glaser Renate, Klarinette (1974); Glaser Rudi, Posaune (1968); Gruber Barbara, Trompete (1974); Gruber Elisabeth, Klarinette (1974); Gruber Gertrud, Klarinette (1979); Höss Josef, Flügelhorn (1942); Jäger Bertold, Tenorhorn (1942); Jäger Helmut, Tenorhorn (1974); Jäger Ingrid, Tenorhorn (1980); Jäger Wilfried, Flügelhorn (1974); Karcher Erwin, Klarinette (1942); Karcher Martin, Trompete (1974); Koch Günter, gr. Trommel (1961); Kopf Helmut, Trompete (1968); Lang Willi, Flügelhorn (1960); Leppert Karl, Horn (1948); Lienhard Robert, kl. Trommel (1965); Metzinger Ferdinand, Tuba (1936); Metzinger Klaus, Posaune (1974); Metzinger Konrad (F), Posaune (1950); Metzinger Konrad (M), Tenorhorn (1954); Metzinger Rita, Klarinette (1974); Moser Norbert, Becken (1975); Pfeifer Hermann, Tuba (1950); Pfeifer Richard, Trompete (1970); Riebold Stefan, Schlagzeug (1974); Scheurer Josef, Posaune (1966); Schwab Heinrich, Flügelhorn (1974); Seifermann Manfred, Flügelhorn (1957); Straub Roland, Tuba (1974); Tosana Siegfried, Tuba (1951)
Zöglinge: Burger Adelbert, Posaune (1981); Burger Bettina, Klarinette (1981); Burkart Dieter, Horn (1981); Dinger Alexander, Klarinette (1981); Kannitzer Susanne, Flöte (1981); Kistner Harald, Klarinette (1981); Knapp Thomas, Klarinette (1981); Pfeifer Daniela, Klarinette (1981); Riehle Dietmar, Trompete (1981); Seifermann Michael, Bariton (1981); Sickinger Thomas, Bariton (1981); Sturm Alexander, Trompete (1981);

Musikverein Ottersweier-Unzhurst e.V.

Gründungsjahr:	1851*
1. Vorsitzender:	Artur Hensel
Stellv. Vorsitzender:	Emil Strack
Schriftführer:	Erwin Zuber
Rechner:	Bernhard Sauer
Beirat:	Franz Back
	Eugen Friedmann
	Franz Kopf jun.
	Günter Reith
	Wendelin Ruschmann
	Leo Schell
	Alfons Seiler
Dirigent:	Josef Weiler
Vizedirigent:	Erwin Zuber
Jugendbetreuer:	Elmar Back

Aktive: Back Elmar, Flügelhorn (1973); Back Franz, Klarinette (1969); Back Gerhard, Flügelhorn (1961); Bartnick Karl-Heinz, Trompete (1977); Burkard Josef, Horn (1936); Ehinger Theo, Horn (1976); Frank Franz, Trompete (1965); Frank Gottfried, Klarinette (1958); Frank Hubert, Flügelhorn (1977); Frank Hugo, Posaune (1979); Frank Robert, Posaune (1970); Frech Ottmar, Posaune (1978); Friedmann Eugen, Tuba (1961); Friedmann Paul, Posaune (1948); Gander Erich, Trompete (1948); Gander Günter, Tuba (1974); Hensel Artur, gr. Trommel (1976); Kopf Franz sen., Klarinette (1932); Kopf Franz jun., Klarinette (1961); Maurath Edgar, Flügelhorn (1973); Maurath Wilhelm, Horn (1958); Meier Manfred, Trompete (1976); Obert Edgar, Tuba (1975); Reith Alfons, Flügelhorn (1948); Ruschmann Albrecht, Horn (1961); Sauer Bernhard, Bariton (1970); Sauer Robert, Posaune (1958); Seiler Albert, Klarinette (1958); Seiler Bernhard, Klarinette (1970); Seiler Franz, Horn (1948); Seiler Ottmar, Klarinette (1970); Stein Karl-Friedrich, Trompete (1982); Strack Emil, Tenorhorn (1954); Trapp Josef, Trompete (1958); Zeller Heinz, Posaune (1964); Zuber Erwin, Klarinette (1959); Zuber Josef, Flügelhorn (1958)
Zöglinge: Bartnick Petra, Klarinette (1978); Ehinger Andrea, Klarinette (1978); Frietsch Juliane, Klarinette (1978); Hensel Patrick, Tenorhorn (1978); Reith Günther, Trompete (1978); Seiler Egon, Trompete (1978); Seiler Martin, Tenorhorn (1978); Seiler Silvia, Klarinette (1978); Strack Anette, Trompete (1978); Strack Helmut, Tenorhorn (1978); Strack Simone, Klarinette (1978); Trapp Bernd, Trompete (1978); Vetter Michael, Tenorhorn (1978); Weiler Martin, Klarinette (1978); Weiler Silvia, Lyra (1980); Weiler Veronika, Flöte (1980); Weiler Wolfgang, Trompete (1978); Zuber Anja, Flöte (1980); Zuber Dieter, Schlagzeug (1980)

Musikverein „Harmonie" Plittersdorf

Gründungsjahr:	1907
1. Vorsitzender:	Christian Müller
Stellv. Vorsitzender:	Karl Butz
Schriftführer:	Emil Oberle
Rechner:	Stefan Lorenz
Stellv. Rechner:	Alois Fritz
Beirat (Aktiva):	Siegfried Butz
	Dieter Köppel
	Joachim Meisch
Beirat (Passiva):	Fritz Gerhard
	Lorenz Gerhard
	Otto Götz
	Günter Herrmann
	Alois Müller
Dirigent:	Albert Oberle
Vizedirigent:	Johann Marx
Jugendleiter:	Norbert Fritz

Notenwart: Gerhard Fritz; Instrumentenwart: Christian Müller
Aktive: Balasch Walter, Trompete (1970); Butz Rainer, Klarinette (1970); Butz Siegfried, Tenorhorn (1954); Butz Walter, Tuba (1945); Dürr Bernd, Klarinette (1970); Fritz Ernst, Flügelhorn (1935); Fritz Gerhard, Horn (1954); Fritz Norbert, Flügelhorn (1965); Glatt Markaus, Posaune (1975); Götz Jürgen, Trompete (1978); Götz Ralf, Flügelhorn (1975); Goschy Josef, Tenorhorn (1949); Hense Edgar, Klarinette (1981); Himmel Frank, Posaune (1978); Käshammer Heinz, Tenorhorn (1958); Köppel Bernhard, Klarinette (1978); Köppel Dieter, Horn (1957); Köppel Helmut, Klarinette (1946); Kotzian Michael, Bariton (1939); Lichtenwalter Rainer, Trompete (1968); Marx Johann, Posaune (1932); Meisch Joachim, Tuba (1965); Meisch Klaus, Tenorhorn (1975); Meisch Kurt, Posaune (1953); Müller Andreas, kl. Trommel (1978); Müller Arnold, Trompete (1970); Müller Bernhard, Trompete (1965); Müller Franz-Josef, Klarinette (1975); Müller Lothar, Flügelhorn (1975); Müller Udo, Horn (1975); Müller Walter, Tenorhorn (1975); Müller Werner, gr. Trommel (1949); Neher Alfons, Tuba (1949); Riel Michael, Schlagzeug (1972); Schleser Armin, Flöte (1980); Uhrig Peter, Klarinette (1961); Unser Bernhard, Trompete (1978)
Zöglinge: Glatt Marliese, Klarinette (1981); Lohmeier Mark, Posaune (1981); Meisch Monika, Trompete (1981); Meisch Wolfgang, Flügelhorn (1978); Müller Martin, Flügelhorn (1980); Müller Thomas, Bariton (1981); Schneider Britta, Klarinette (1981); Unser Markus, Horn (1981)

Stadtkapelle Rastatt e.V.

Gründungsjahr:	1902
1. Vorsitzender:	Wolfgang Hirsch
Stellv. Vorsitzender:	Alfred Herz
Schriftführer:	Hans-Peter Leissler
Rechner:	Michael Himmel
Beirat:	Leopold Braun
	Norbert Braun
	Heinz Hetzel
	Hans Huber
	Michael Ibach
	Horst Reinhard
	Hellmuth Schmidt
	Manfred Zimmermann
Dirigent:	Werner Haberstroh
Vizedirigent:	Norbert Braun
Jugendleiter:	Manfred Zimmermann
Notenwart:	Michael Himmel
Instrumentenwart:	Manfred Zimmermann
Ehrenvorsitzender:	Otto Meister
Ehrendirigent:	Alfons Kirsch

Aktive: Baierl Rainer, Klarinette (1978); Braun Leopold, Flügelhorn (1948); Braun Norbert, Klarinette (1972); Braun Ralf, Klarinette (1981); Buchholz Rudolf, Klarinette (1970); Butz Walter, Tuba (1944); Dahm Holger, Trompete (1981); Düx Jakob, Klarinette (1931); Durm Axel, Saxophon (1978); Funk Klaus, Tenorhorn (1969); Geiges Joachim, Klarinette (1982); Gerlach Franz, Tuba (1978); Glattfelder Karin, Klarinette (1982); Göhringer Johann, Flügelhorn (1982); Graf Gerhard, Schlagzeug (1980); Gress Eva Maria, Flöte (1978); Herz Alfred, Trompete (1950); Hess Alfred, Trompete (1979); Himmel Michael, Tuba (1969); Huber Hans, Klarinette/Saxophon (1955); Ibach Michael, Bariton (1969); Kaufmann Martin, Klarinette (1979); Kaufmann Stefan, Fagott (1979); Kewitz Wolfram, Trompete (1975); Kiefer Berthold, Klarinette (1980); Koch Alfred, Horn (1932); König Lothar, Trompete (1980); Kreiser Christian, Klarinette (1980); Kusch Ines, Flöte (1982); Lazik Franz, Tuba (1969); Leppert Ursula, Flöte (1977); Metz Harald, Posaune (1969); Metz Werner, Trompete (1969); Müssig Rudi, Posaune (1975); Neichel Jürgen, Klarinette (1978); Nestler Bernhard, Flügelhorn (1940); Ott Peter, Trompete; Puchstein Helmut, Klarinette (1974); Puchstein Waldemar, Posaune (1969); Reuter Karl, Klarinette (1980); Schmauch Hilmar, Klarinette (1970); Schmauch Rolf, Flügelhorn (1947); Schmidt Hellmuth, Schlagzeug/Fagott (1928); Schmidt Rüdiger, Trompete (1981); Senn Bernhard, Tenorhorn (1975); Spitz Michael, Posaune (1980); Stiglmayr Andreas, Flöte (1980); Trautner Paul, Klarinette/Saxophon (1930); Wagner Arno, Saxophon (1979); Wagner Roland, Horn (1948); Welz Peter, Schlagzeug (1981); Wunsch Herbert, Flügelhorn (1951); Zimmermann Manfred, Trompete (1955)
Zöglinge: Blankenburg Gunter, Posaune (1978); Glattfelder Christian, Schlagzeug (1978); Hausmann Frank, Trompete (1980); Hirsch Karin, Flöte (1978); Janel Mathias, Trompete (1980); Müller Klaus, Klarinette (1980); Ott Max, Tenorhorn (1978); Schmelzle Anja, Klarinette (1980); Schmelzle Frank, Klarinette (1980); Zipp Claus, Klarinette (1980)

Musikverein „Edelweiß" Rauental e.V.

Gründungsjahr:	1906
1. Vorsitzender:	Erwin Metz
Stellv. Vorsitzender:	Kurt Steinmetz
Schriftführer:	Gottlieb Föry
Rechner:	Dieter Schonowski
Beirat (Aktiva):	Paul Heberling
	Rudi Seidel
	Siegfried Zeitvogel
Beirat (Passiva):	Lothar Agelek
	Hubert Braun
	Willi Metz
	Helmut Schäfer
Dirigent:	Richard Merz
Notenwart:	Rolf Schmauch
Instrumentenwart:	Kurt Föry
Ehrenvorsitzender:	Anton Gerlach
Ehrendirigent:	Alfons Kirsch

Aktive: Böttcher Rolf, Saxophon (1976); Fessler Friedrich, kl. Trommel (1949); Fessler Siegbert, Schlagzeug (1967); Föry Gottlieb, Trompete (1963); Föry Kurt, Trompete (1945); Gerlach Anton, Tenorhorn (1921); Gerlach Franz, Tuba (1959); Heberling Paul, Horn (1949); Heneka Ferdinand, Tenorhorn (1936); Heneka Josef, gr. Trommel (1936); Kienle Lothar, Horn (1945); Kühn Armin, Trompete (1972); Manara Klaus, Flügelhorn (1970); Manara Siegfried, Trompete (1971); Merkel Willi, Posaune (1956); Metz Angelika, Klarinette (1976); Metz Erwin, Posaune (1945); Metz Harald, Posaune/Bariton (1970); Metz Willi, Flügelhorn (1959); Müller Jürgen, Saxophon (1971); Schmauch Hilmar, Klarinette (1971); Schmauch Rolf, Flügelhorn (1950); Seidel Rudi, Saxophon (1945); Spindler Robert, kl. Trommel (1979); Steinmetz Kurt, Tuba (1975); Reichert Alexander, kl. Trommel (1979); Zeitvogel Siegfried, Tenorhorn (1967)
Zöglinge: Kreuz Jürgen, Klarinette (1981); Visentin Helmut, Klarinette (1981)

Musikverein „Orgelfels" Reichental

Gründungsjahr:	1955
1. Vorsitzender:	Ambros Wieland
Stellv. Vorsitzender:	Alfons Wieland
Schriftführer:	Guido Wieland
Rechner:	Stefan Wieland
Beirat:	Lothar Merkel
	Walter Merkel
	Edgar Sieb
	Oskar Weber
Dirigent:	Heinz Osygus
Vizedirigent:	Helmut Merkel
Jugendleiter:	Edgar Klumpp
Notenwart:	Bertram Wieland
Ehrenvorsitzender:	Hermann Berny
Ehrendirigent:	Valentin Gerstner

Aktive: Faißt Hermann, Trompete (1953); Fortenbacher Ingo, Horn (1977); Gerstner Josef, Horn (1962); Gerstner Josef, Trompete (1964); Klumpp Anton, Bariton (1977); Klumpp Edgar, Trompete (1974); Klumpp Erhard, Posaune (1974); Klumpp Heinrich, Flügelhorn (1962); Klumpp Klaus, Schlagzeug (1974); Knapp Bertram, Tenorhorn (1974); Knapp Martin, Flügelhorn (1980); Knapp Roland, Klarinette (1974); Körner Peter, Schlagzeug (1977); Kottler Josef, Klarinette (1968); Lipinski Paul, Bariton (1977); Merkel Edith, Klarinette (1980); Merkel Helmut, Klarinette (1946); Merkel Hubert, Klarinette (1977); Merkel Josef, Klarinette (1956); Merkel Josef, Posaune (1961); Merkel Walter, Tenorhorn (1956); Schmitt Karl, Posaune (1956); Schmitt Petra, Klarinette (1980); Schmitt Volker, Posaune (1977); Störtzer Wolfgang, Flügelhorn (1974); Weber Oskar, Schlagzeug (1984); Welsch Christian, Bariton (1980); Wieland Bertram, Flügelhorn (1964); Wieland Guido, Tenorhorn (1968); Wieland Joachim, Klarinette (1977); Wieland Klaus, Trompete (1968); Wieland Rainer, Tuba (1977); Wieland Stefan, Horn (1962); Wieland Wilhelm, Tuba (1968); Wörner Heiko, Horn (1974); Zapf Florian, Klarinette (1974)

Musikverein Sandweier e.V.

Gründungsjahr:	1921
1. Vorsitzender:	Gerd Kühl
Stellv. Vorsitzender:	Alfred Schulz
Schriftführer:	Robert Herr
Rechner:	Johann Isenmann
Beirat:	Harry Heberle
	Wendelin Klumpp
	Albert Schablitzky
	Manfred Schwab
	Heinz Straub
	Manfred Straub
	Eberhard Ullrich
	Markus Ullrich
	Theo Zeitvogel
Dirigent:	Siegfried Detschermitsch
Vizedirigent:	Hartmut Frietsch
Jugendleiter:	Harry Heberle
Notenwart:	Jürgen Throm
Instrumentenwart:	Wendelin Klumpp

Aktive: Binz Claudia, Klarinette (1978); Binz Martin, Horn (1972); Bleich Christoph, Flügelhorn (1978); Bleich Elke, Klarinette (1978); Bleich Ralf, Flügelhorn (1977); Braun Manfred, Klarinette (1981); Falk Rainer, Trompete (1969); Frietsch Hartmut, Tuba (1965); Heberle Harald, Trompete (1967); Heberle Harry, Trompete (1947); Heberle Michael, Trompete (1969); Huck Petra, Klarinette (1978); Huck Susanne, Klarinette (1978); Kippel Helmut, Flügelhorn (1948); Klumpp Wendelin, Posaune (1946); Kratzer Robert, Trompete (1949); Kühl Petra, Klarinette (1978); Kühn Herbert, Horn (1950); Lippert Günter, Trompete (1969); Müller Wilfried, Klarinette (1952); Rauch Wilfried, Klarinette (1948); Schablitzky Bernd, kl. Trommel (1972); Schulz Alfred, Tenorhorn (1962); Schulz Günther, Horn (1972); Schulz Norbert, Tenorhorn (1962); Späte Uwe, gr. Trommel (1981); Straub Heinz, Tenorhorn (1950); Straub Manfred, Bariton (1962); Throm Jürgen, Trompete (1969); Ullrich Andrea, Klarinette (1972); Ullrich Anja, Klarinette (1978); Ullrich Eberhard, Tuba (1962); Ullrich Klaus, Klarinette (1972); Ullrich Werner, Posaune (1954); Vettel Mathias, Trompete (1977); Weingärtner Joachim, Trompete (1972); Zeitvogel Armin, Tenorhorn (1978); Zeitvogel Elke, Klarinette (1972); Zeitvogel Manfred, Tenorhorn (1978)
Zöglinge: Georg Uwe, Flügelhorn (1979); Hauns Rüdiger, Posaune (1979); Kippel Thomas, Trompete (1979); Rallo Marielle, Klarinette (1979); Schulz Dirk, Flügelhorn (1979); Ullrich Annette, Trompete (1979); Ullrich Michael, Tenorhorn (1979)

Musikverein Schwarzach

Gründungsjahr:	1902
1. Vorsitzender:	Herbert Essig
Stellv. Vorsitzender:	Michael Fuder
Schriftführer:	Wolfgang Daniel
Kassier:	Werner Gantner
Beirat:	Heinz Daniel
	Franz Gantner
	Bruno Götz
	Herbert Götz
	Erwin Hoffmann
	Helmut Kleinhans
	H. Reinfried
Dirigent:	Norbert Braun
Vizedirigent:	Michael Fuder
Notenwart:	Lorenz Ehnes
Instrumentenwarte:	Ralf Jeckel
	Bernd Lorenz
	Markus Seifried
Ehrendirigent:	Erich Vogel

Aktive: Burkart Klaus, Flügelhorn (1976); Daniel Heinz, gr. Trommel (1947); Daniel Michael, Horn (1972); Daniel Wolfgang, Trompete (1972); Ehnes Helmut, Tenorhorn (1976); Ehnes Lorenz, Horn (1952); Essig Aribert, Trompete (1972); Essig Herbert, Tenorhorn (1946); Fuder Michael, Posaune (1968); Gantner Franz, Flügelhorn (1964); Gantner Thomas, Klarinette (1976); Gantner Werner, Klarinette (1948); Gantner Willi, Flügelhorn (1976); Gartner Erich, Tuba (1958); Götz Alfred, Tenorhorn (1962); Götz Bertold, Klarinette (1976); Götz Bertram, Flügelhorn (1976); Götz Bruno, Flügelhorn (1951); Götz Herbert, Klarinette (1952); Götz Roland, Posaune (1976); Hischmann Willi, Klarinette (1972); Jeckel Ralf, Klarinette (1976); Koch Albin, Trompete (1965); Kritzer Klaus, Klarinette (1962); Küpferle Franz, Bariton (1947); Küpferle Harald, Bariton (1972); Küpferle Richard, Tuba (1968); Lorenz Bernd, Tuba (1976); Nonnemacher Norbert, Posaune (1976); Ott Herbert, Klarinette (1952); Reinfried Edmund, kl. Trommel (1938); Seifried Artur, Horn (1955); Seifried Markus, Klarinette (1976); Sick Günter, Schlagzeug (1976); Streibich Karl-Heinz, Trompete (1965)
Zöglinge: Henkel Thomas, Flöte (1981); Koch Stefan, Flügelhorn (1979); Nöltner Maurice, Klarinette (1979); Strohmeier Klaus, Tenorhorn (1979)

Musikverein Selbach e.V.

Gründungsjahr:	1913
1. Vorsitzender:	Günther Wöhler
Stellv. Vorsitzender:	Otto Kraft sen.
Schriftführerin:	Gerd Wirth
Stellv. Schriftführerin:	Editha Weiler
Kassier:	Klaus Mühleck
Beirat:	Otto Fahl
	Harald Fritzinger
	Jürgen Karcher
	Horst Kraft
	Hartmuth Liebmann
	Alfred Schillinger
	Roland Späth
	Helmut Wacker
	Kurt Walter
	Martin Walter
	Erich Wirth
	Giso Wunsch
Dirigent:	Tobias Merkel
Vizedirigent:	Martin Fritzinger

Jugendleiter: Rudolf Fritz; Ehrenvorsitzender: Karl Hornung
Aktive: Anselm Thomas, Klarinette (1971); Braunagel Berthold, Flügelhorn (1962); Braunagel Günter, Flügelhorn (1961); Fritz Andreas, Klarinette (1974); Fritz Rudolf, Horn (1948); Fritz Thomas, Trompete (1968); Fritzinger Harald, Trompete (1961); Fritzinger Martin, Trompete (1961); Grütz Frank, Trompete (1978); Grütz Jörg, Posaune (1975); Hertweck Peter, Klarinette (1954); Himmel Dieter, Klarinette (1971); Himmel Kurt, Flügelhorn (1962); Hornung Erwin, Bariton (1949); Hornung Martin, Klarinette (1971); Kapischke Reinhard, Flügelhorn (1971); Karcher Andreas, Schlagzeug (1978); Karcher Jürgen, Tenorhorn (1968); Kraft Horst, Tuba (1951); Kraft Michael, Posaune (1975); Kraft Willi, Klarinette (1967); Liebmann Hartmut, Tenorhorn (1949); Merkel Günter, Lyra (1975); Nobs Hermann, Klarinette (1965); Sänger Alois, Trompete (1962); Schwan Werner, Posaune (1964); Ulrich Alfons, Tuba (1921); Ulrich Andreas, Trompete (1973); Wacker Frank, Saxophon (1973); Walter Kurt, Schlagzeug (1951); Walter Martin, Flügelhorn (1972); Walter Otto, Schlagzeug (1948); Weber Winfried, Tenorhorn (1960); Westermann Achim, Klarinette (1975)
Zöglinge: Hornung Andreas, Posaune (1980); Schillinger Olaf, Tenorhorn (1981); Ulrich Christian, Klarinette (1981); Westermann Tilo, Flügelhorn (1979); Wöhler Jens, Trompete (1979)

Musikverein Sinzheim e.V.

Gründungsjahr:	1923
1. Vorsitzender:	Willi Kopf
Stellv. Vorsitzender:	Karl Herrmann
Schriftführer:	Josef Möst
Rechner:	Eugen Hüfner
Stellv. Rechner:	Hubert Walter
Dirigent:	Herbert Beyer
Vizedirigent:	Hans Zuber
Jugendleiter:	Roland Gerstner
Notenwarte:	Wilhelm Huck
	Manfred Seiter
Instrumentenwarte:	Friedolin Boos,
	Walter Boos

Beirat (Aktiva): Walter Boos, Arnold Christ, Werner Gushurst, Wilhelm Huck, Herbert Schleif, Manfred Seiter, Kurt Urnauer, Alfons Walter; Beirat (Passiva): Egon Huck, Gerhard Huck, Richard Huck, Erich Rupp, Artur Schleif, Carl Walter, Klaus Zoller; Musikerausschuß: Herbert Beyer, Friedolin Boos, Walter Boos, Karl Herrmann, Herbert Schleif, Manfred Seiter, Kurt Urnauer, Hans Vogel, Hans Zuber
Aktive: Ahl Reinhold, Trompete (1974); Boos Friedolin, Tenorhorn (1949); Boos Walter, Tenorhorn (1948); Christ Arnold, Bariton (1950); Christ Klaus, Klarinette (1973); Droll Bernd, Klarinette (1974); Droll Josef, Klarinette (1972); Droll Klaus, Tuba (1972); Eckerle Jürgen, Flügelhorn (1968); Gushurst Werner, Tenorhorn (1953); Herrmann Karl, Flügelhorn (1952); Himmel Willfried, Posaune (1968); Huber Herbert, Trompete (1975); Huber Norbert, Tenorhorn (1980); Huck Christian, Flügelhorn (1976); Huck Hubert, Flügelhorn (1965); Huck Josef, Schlagzeug (1972); Huck Robert, Tenorhorn (1972); Huck Wilhelm, Horn (1958); Hübner Hubert, Tenorhorn (1967); Hüttenrauch Bernd, Trompete (1968); König Heike, Saxophon (1980); Rauch Emil, Tuba (1965); Rettig Jürgen, Tenorhorn (1975); Rupp Jürgen, Schlagzeug (1977); Schleif Herbert, Trompete (1975); Schmich Hubert, Schlagzeug (1974); Schmich Siegfried, Flöte (1969); Schnurr Uwe, Flügelhorn (1977); Schröder Gerhard, Horn (1953); Seiter Manfred, Posaune (1948); Urnauer Kurt, Tenorhorn (1954); Urnauer Peter, Bariton (1975); Vogel Hans, Posaune (1950); Vollmer Georg, Klarinette (1971); Walter Alfons, Tuba (1968); Walter Hubert, Trompete (1969); Walter Norbert, Trompete (1969); Zeitvogel Hubert, Flügelhorn (1975); Zeitvogel Jürgen, Posaune (1975); Zeitvogel Klaus, Flügelhorn (1971); Zeitvogel Rolf, Horn (1977); Zeitvogel Oswald, Flügelhorn (1948); Zuber Hans, Posaune (1948)
Zöglinge: Deubel Jürgen, Klarinette (1977); Ernst Martina, Klarinette (1979); Ernst Stefan, Bariton (1979); Fritsch Wolfram, Flügelhorn (1976); Ganter Annette, Klarinette (1977); Herrmann Mirjam, Klarinette (1980); Huck Manuela, Klarinette (1981); Keller Heiko, Klarinette (1980); Koch Günter, Trompete (1979); König Markus, Posaune (1980); König Ottokar, Horn (1980); König Rosel, Flöte (1980); Schäfer Mario, Flöte (1980); Schill Markus, Klarinette (1978); Schmälzle Wolfgang, Klarinette (1981); Schmidt Ralf, Tenorhorn (1981); Schneider Alexander, Klarinette (1981); Sulzer Michael, Tenorhorn (1978); Urnauer Walter, Klarinette (1981); Walter Georg, Klarinette (1978)

Musikverein „Harmonie" Söllingen

Gründungsjahr:	1952
1. Vorsitzender:	Emil Frietsch
Stellv. Vorsitzender:	Lothar König
Schriftführerin:	Ursula Leppert
Rechner:	Konrad Braun
Beirat:	Franz Birnesser
	Karl Braun
	Franz Ernst
	Richard Ernst
	Edgar Haungs
	Franz Leonhard
	Hans-Jörg Rippmann
Dirigent:	Josef Gebert
Vizedirigent:	Lothar König
Notenwart:	Karl Braun
Instrumentenwart:	Edgar Haungs
Ehrendirigent:	Alfons Ackermann

Aktive: Braun Daniel, Flügelhorn (1972); Braun Karl, Tenorhorn (1955); Braun Kilian, Flügelhorn (1977); Ernst Barbara, Klarinette/Saxophon (1978); Ernst Elvira, Flöte/Pikkolo (1978); Ernst Franz, Tenorhorn (1963); Ernst Michaela, Flöte/Pikkolo (1978); Frietsch Emil, Posaune (1952); Früh Thomas, Tenorhorn (1972); Geis Norbert, Posaune (1978); Haungs Beate, Klarinette/Saxophon (1974); Haungs Dieter, Flügelhorn (1974); Haungs Edgar, Tenorhorn (1954); Huck Eugen, Flügelhorn (1978); Keller Michael, Posaune (1974); König Lothar, Trompete (1970); Leppert Claudia, Flöte/Pikkolo (1974); Leppert Günter, Flügelhorn (1975); Leppert Martir, Tenorhorn (1975); Leppert Ursula, Flöte/Pikkolo/Saxophon (1974); Lorenz Irene, Klarinette (1978); Lorenz Josef, Posaune (1953); Meder Daniela, Klarinette (1978); Müller Thomas, Flügelhorn (1974); Rippmann Anita, Klarinette (1975); Rippmann Hans-Jörg, Klarinette (1958); Rippmann Manfred, Klarinette/Saxophon (1972); Rippmann Roland, Tuba (1972); Sandhas Hans-Peter, Trompete (1978); Schleif Andreas, Posaune (1977); Schleif Toni, Tenorhorn (1975); Schmalz Rudolf, Schlagzeug (1972); Stockhoff Timo, Schlagzeug (1975); Vogel Günther, Trompete (1970); Wagner Arno, Klarinette/Saxophon (1973); Wolf Bettina, Klarinette (1975)
Zöglinge: Ernst Isabella, Trompete (1980); Görmann Sandra, Klarinette (1980); Koch Christian, Posaune (1980); Leppert Sybille, Tenorhorn (1980); Seiter Alexandra, Trompete (1980); Stockhoff Tanja, Klarinette (1980); Velten Christine, Klarinette (1980)

Musikverein „Harmonie" Staufenberg

Gründungsjahr:	1921
1. Vorsitzender:	Günter Gilliard
Stellv. Vorsitzender:	Albert Baumgartner
Schriftführer:	Norbert Wörner
Rechner:	Brunhilde Fieg
Beirat:	Emil Fieg
	Selma Fieg
	Ludwig Stößer
	Siegfried Stoll
Musiker-Vorstand:	Friedhelm Bender
Dirigent:	Roland Hatz
Vizedirigent:	Rolf Kohler
Jugendleiter:	Rolf Sailer
Notenwart:	Rolf Kohler
Instrumentenwart:	Kurt Schmeiser
Ehrenvorsitzender:	Karl Kleeh

Aktive: Baier Stefan, Klarinette (1980); Bender Alexander, Trompete (1972); Bender Dirk, Schlagzeug (1979); Bender Erich, Klarinette/Saxophon (1961); Bender Friedhelm, Tenorhorn (1976); Bender Karl, Tenorhorn (1950); Boll Roland, Posaune (1961); Fieg Markus, Tuba (1979); Fischer Jürger, Klarinette/Saxophon (1972); Hecker Dieter, Posaune (1982); Kohler Frank, Flügelhorn (1979); Kohler Rolf, Flügelhorn (1957); Kugel Heiko, Flügelhorn (1975); Kugel Jörg, Horn (1975); Kugel Manfred, Tuba (1950); Mayer Klaus, Bariton (1961); Sailer Rolf, Flügelhorn (1976); Schenkel Heinz, Tuba (1948); Schiel Anton, Schlagzeug (1980); Schmeiser Franz, Klarinette/Saxophon (1950); Schmeiser Fred, Tenorhorn (1979); Schmeiser Jörg, Trompete (1975); Schmeiser Kurt, Posaune (1961); Schmeiser Oswald, Trompete (1961); Späth Bernd, Tenorhorn (1967); Späth Gerd, Tenorhorn (1967); Tschan Peter, Trompete (1961); Wörner Angela, Flöte (1982); Wörner Claudia, Flöte (1977); Wörner Michael, Klarinette/Saxophon (1975); Wörner Norbert, Posaune (1976)
Zöglinge: Baumgartner Oliver, Flügelhorn (1982); Bender Katja, Klarinette (1930); Bender Nicol, Klarinette (1982); Gogolin Susanne, Klarinette (1982); Müller Mike, Tenorhorn (1982); Peter Martin, Klarinette (1982); Zeller Christian, Tenorhorn (1982)

Musikverein/Stadtkapelle Steinbach e.V.

Gründungsjahr:	Kapelle: 1852*
	Verein: 1924
1. Vorsitzender:	Anton Harbrecht
Stellv. Vorsitzender:	Fritz Schulz
Schriftführer:	Albert Schneider
Rechner:	Karl Reiss
Beirat:	Siegfried Boos
	Erwin Hochstuhl
	Bruno Huck
	Franz Keller
	Renate Koch
	Lothar Volz
Dirigent:	Werner Haberstroh
Vizedirigent:	Josef Engler
Jugendleiter:	Adalbert Oser
Notenwart/	
Instrumentenwart:	Erwin Blödt
Musiker-Obmann:	Rolf Schneider

Ehrendirigent: Karl Volz; Ehrenmitglieder: Gottfried Birnbreier, Josef Krumm
Aktive: Birnbreier Harald, Trompete (1973); Birnbreier Heinz, Lyra (1946); Blödt Erwin, Trompete (1956); Bohn Ingrid, Pikkolo/Flöte (1974); Boos Siegfried, gr. Trommel (1979); Bruder Claudia, Klarinette (1975); Buchdunger Jürgen, Tuba (1980); Burkert Roland, Posaune (1975); Buse Sven, Trompete (1978); Degen Gottfried, Flügelhorn (1971); Dresel Thomas, Trompete (1974); Engler Josef, Saxophon (1932); Ernst Marianne, Flöte/Saxophon (1977); Fischer Andrea, Klarinette (1977); Friedrich Gerhard, Tenorhorn (1962); Graf Klaus, Flügelhorn (1974); Gropp Annette, Flöte (1978); Haberstroh Christiane, Klarinette/Saxophon (1973); Haberstroh Susanne, Klarinette (1973); Harbrecht Monika, Flöte/Saxophon (1977); Hiesl Reiner, Posaune (1975); Hochstuhl Erwin, Tuba (1973); Hochstuhl Gerhard, Klarinette (1962); Huck Bruno, Flügelhorn (1947); Huck Werner, Tenorhorn (1948); Koch Renate, Pikkolo/Flöte (1973); Linke Kurt, Posaune (1920); Maier Roland, Posaune (1962); Nikolitsch Johann, Klarinette (1973); Oser Adalbert, Schlagzeug (1948); Pfeifer Susanne, Klarinette/Saxophon (1974); Schneider Klaus, Tuba (1974); Schneider Marc, Flügelhorn (1973); Schneider Martin, Tenorhorn (1973); Schneider Rolf, Trompete (1948); Schnitzer Karin, Klarinette (1977); Schulz Fritz, Bariton (1953); Schumacher Ulrike, Klarinette/Saxophon (1973); Stolz Emil, Tuba (1979); Stolz Martin, Trompete (1979); Vollmer Knut, Schlagzeug (1977); Volz Lothar, Bariton (1953)
Jugendkapelle: Baur Christina, Klarinette (1979); Burkert Ulrike, Flöte (1979); Friedrich Sandra, Flöte (1981); Friedrich Silvia, Klarinette (1979); Gack Johanna, Flöte (1981); Gack Petra, Flöte (1981); Gack Reinhard, Tenorhorn (1981); Haberstroh Simone, Flöte (1979); Hasel Ute, Klarinette (1979); Hauter Andrea, Klarinette (1981); Hauter Harald, Posaune (1981); Kirchner Christine, Klarinette (1981); Krauleidies Anke, Flöte (1981); Nickweiler Christine, Saxophon (1981); Schultz Michael, Trompete (1979); Velten Dirk, Schlagzeug (1981); Wäldele Karin, Flöte (1981); Wäldele Thomas, Trompete (1981); Werr Jörg, kl. Trommel (1981); Werth Alexandra, Klarinette (1981); Werth Francesca, Flügelhorn (1981); Weyh Andrea, Flöte (1979); Wolf Marianne, Flöte (1981)

Musikverein Steinmauern

Gründungsjahr:	1951
1. Vorsitzender:	Gerhard Fettig
Stellv. Vorsitzender:	Oswald Hatz
Schriftführer:	Bernd Nold
Rechner:	Richard Götz
Beirat:	Richard Fortenbacher
	Stefan Fraß
	August Götz
	Bruno Götz
	Richard Götz
	Christian Joram
	Albert Kölmel
	Karl Ruf
	Roland Weidenbacher
	Dieter Wild
Dirigent:	Willy Schnepf
Vizedirigent/	
Jugendleiter:	Karlheinz Boos
Notenwart:	Albert Kölmel
Ehrenvorsitzender:	Friedrich Hatz
Ehrendirigent:	Anton Kemkemmer

Aktive: Bachofner Christian, Klarinette (1977); Bachofner Klaus, Klarinette (1978); Becker Roland, Schlagzeug (1975); Boos Alois, Klarinette (1960); Boos Karlheinz, Trompete (1966); Boos Martin, Trompete (1975); Fettig Otto, Flügelhorn (1950); Fortenbacher Richard, Trompete (1966); Götz Hildegard, Klarinette (1968); Götz Robert, Trompete (1975); Grünbacher Birgit, Flöte (1976); Grünbacher Richard, Tenorhorn (1973); Grünbacher Siegbert, Horn (1974); Joram Christian, Tuba (1974); Jung Kurt, Flügelhorn (1958); Kölmel Albert, Klarinette (1975); Kölmel Edmund, Posaune (1975); Kölmel Uli, Klarinette (1979); Larl Andreas, Posaune (1977); Merkel Elvira, Trompete (1968); Minet Klaus, Klarinette (1978); Nold Bernd, E-Baß (1978); Volz Hans-Peter, Bariton (1970); Westermann Jürgen, Schlagzeug (1974); Westermann Michael, Lyra (1975); Wild Dieter, Posaune (1971); Zoller Adrian, Posaune (1975); Zoller Michael, Bariton (1976)
Zöglinge: Bollweber Elke, Klarinette (1981); Fettig Martin, Tenorhorn (1981); Fischer Patrick, Trompete (1979); Hund Tanja, Horn (1980); Karali Ekrem, Tenorhorn (1981); Kölmel Kai, Trompete (1981); Kölmel Mathias, Posaune (1979); Kölmel Sigrid, Klarinette (1979); Lehmann Jürgen, Horn (1981); Natterer Alexandra, Flöte (1978); Richter Mario, Trompete (1981); Schwörer Stefanie, Klarinette (1980); Unser Mathias, Trompete (1981); Wagner Patricia, Klarinette (1981)

Musikverein Stollhofen

Gründungsjahr:	1954
1. Vorsitzender:	Bernhard Müller
Stellv. Vorsitzender:	Albert Schlageter
Schriftführer:	Lothar Stolz
Rechner:	Richard Friedmann
Stellv. Rechner:	Bernd Schmalz
Beirat (Aktiva):	Günther Hörth
	Rudolf Ruschmann
Beirat (Passiva):	Alois Ernst
	Norbert Schäfer
Dirigent:	Edgar Schwoll
Vizedirigent:	Rudolf Ruschmann
Jugendvertreter:	Manfred Gartner
	Andreas Reinfried
Notenwart:	Kurt Schuhmacher
Instrumentenwart:	Wolfgang Ernst
Ehrenvorsitzende:	Franz Bechtold
	Franz Gäßler
Ehrendirigent:	Anton Groß

Aktive: Bechtold Dieter, Flügelhorn (1979); Ehinger Uwe, Trompete (1974); Ehinger Walter, Posaune (1956); Ernst Wolfgang, Trompete (1963); Friedmann Gerald, Flügelhorn (1974); Friedmann Ralf, Klarinette (1979); Friedmann Richard, Horn (1954); Gäßler Franz, Klarinette (1954); Gäßler Peter, Tenorhorn (1954); Gall Max, Lyra (1958); Gartner Manfred, Tuba (1974); Götz Harald, Tenorhorn (1974); Hörth Günther, Tuba (1954); Ibach Karl-Heinz, Klarinette (1966); Lempert Erhard, Horn (1954); Lempert Karl, Tenorhorn (1955); Lempert Martin, Trompete (1974); Lempert Michael, Tenorhorn (1974); Müller Bernhard, Flügelhorn (1974); Müller Kurt, kl. Trommel (1954); Müller Markus, Klarinette (1973); Müller Roland, Flügelhorn (1963); Müller Sigbert, Bariton (1957); Reinfried Andreas, Schlagzeug (1974); Reinfried Erhard, Posaune (1958); Reinfried Frank, Klarinette (1979); Ruschmann Ingbert, Trompete (1979); Ruschmann Rudolf, Tenorhorn (1954); Schäfer Manfred, Klarinette (1979); Schäfer Norbert, Trompete (1956); Schlageter Albert, Flügelhorn (1955); Schmalz Bernd, Horn (1974); Schuhmacher Kurt, Posaune (1958); Seifried Lothar, Tenorhorn (1974); Stolz Lothar, Klarinette (1966)
Zöglinge: Albiez Thomas, Trompete (1982); Gessert Ansgar, Klarinette (1982); Götz Christian, Trompete (1982); Hermann Kilian, Klarinette (1982); Müller Stefan, Trompete (1982); Rastatter Christian, Klarinette (1982); Ruschmann Timo, Trompete (1982); Schäfer Frank, kl. Trommel (1982); Schlageter Thomas, Trompete (1982); Tschermak Marko, Trompete (1982); Wald Heiko, Flügelhorn (1982)

Musikverein Sulzbach e.V.

Gründungsjahr:	1920
1. Vorsitzender:	Günter Weber
Stellv. Vorsitzender:	Günter Fischer
Schriftführer:	Walter Dürr
Stellv. Schriftführer:	Ernst Schnepf
Rechner:	Dieter Weber
Stellv. Rechner:	Alfred Sieb
Dirigent:	Albert Weber
Vizedirigent:	Heinrich Bohe
Notenwart:	Johannes Weiler
Instrumentenwart:	Bernd Schnepf
Ehrenvorsitzender:	Heinz Weber

Verwaltungsratsmitglieder aktiv: Franz Braunagel, Norbert Wirth; passiv: Edgar Bastian, Engelbert Detscher, Otto Dürr, Erwin Fischer, Ferdinand Glatt (Wirtschaftsführer), Markus Klaiber, Edwin Schnepf, Helmut Schnepf, Roland Ulrich; Beisitzer: Franz Klumpp, Josef Krieg, Ernst Rauschenbusch
Aktive: Bittmann Thomas, Saxophon/Klarinette (1974); Bittmann Wendelin, Posaune (1947); Bohe Heinrich, Saxophon/Klarinette (1953); Borscheid Karl-Albert, Trompete (1958); Braunagel Andreas, Horn (1973); Braunagel Franz, Klarinette (1947); Detscher Helmut, Posaune (1971); Dürr Hubert, Tenorhorn (1976); Dürr Karl-Otto, Saxophon/Klarinette (1966); Dürr Walter, Tenorhorn (1963); Ebi Ralf, Schlagzeug (1981); Fischer Günter, Posaune (1971); Fischer Jürgen, Trompete (1975); Fischer Volker, Trompete (1973); Frickinger Charlotte, Flöte (1980); Frickinger Wolfgang, Klarinette (1978); Göhler Hans-Joachim, Schlagzeug (1963); Göhler Otto, Tenorhorn (1932); Haasmann Roland, Trompete (1953); Hatz Werner, Trompete (1947); Hauns Vera, Flöte (1980); Klehm Ralf, Klarinette (1978); Krug Robert, Horn (1973); Krug Thomas, Trompete (1980); Maier Hubert, Horn (1973); Merz Frank, Horn (1981); Riffel Werner, Tuba (1951); Schnepf Bernd, Saxophon/Klarinette (1955); Schnepf Ernst, Tuba (1969); Schulze Jürgen, Klarinette (1974); Tschan Otmar, Tenorhorn (1947); Vick Axel, Schlagzeug (1976); Voncina Walter, Klarinette (1980); Voncina Vito, Klarinette (1978); Warth Willibald, Tuba (1947); Weber Dieter, Klarinette (1973); Weber Felix, Flöte (1979); Weber Günter, Trompete (1963); Weber Karl, Trompete (1951); Weber Karl-Heinz, Tenorhorn (1963); Weber Martin, Trompete (1951); Weber Walter, Schlagzeug (1974); Weiler Johannes, Posaune (1950); Weiler Karl-Heinz, Trompete (1978); Weyhersmüller Reiner, Klarinette (1973); Wirth Norbert, Tuba (1971)
Zöglinge: Fischer Martin, Horn; Fischer Thomas, Horn; Horcher Udo, Klarinette; Warth Udo, Tuba

Musikvereinigung Varnhalt e.V.
– Varnhalter Winzerbuben –

Gründungsjahr:	1909
1. Vorsitzender:	Josef Schnell
Stellv. Vorsitzender:	Lothar Liebich
Schriftführerin:	Heidi Withum
Rechner:	Manfred Graf
Beirat:	Franz Dresel
	Bertold Eckerle
	Manfred Ernst
	Rolf Frank
	Josef Mast
	Klaus Meier
	Friedbert Velten
Musikervorstand:	Paul Binz
Dirigent:	Edgar Withum
Vizedirigent:	Rolf Frank
Jugendleiter:	Martin Dalgauer
	Rolf Frank

Aktive: Binz Paul, Flügelhorn (1953); Braun Axel, Trompete (1977); Doberschütz Michael, Tenorhorn (1978); Doberschütz Ralf, Flügelhorn (1978); Eckerle Andrea, Klarinette (1978); Eckerle Bertold, Tuba (1956); Eckerle Birgit, Klarinette (1979); Eckerle Wolfgang, Tenorhorn (1976); Ernst Arnold, Klarinette (1948); Ernst Klaus, Flügelhorn (1973); Ernst Manfred, Tenorhorn (1965); Ernst Roland, Flügelhorn (1969); Frank Rolf, Tuba (1969); Graf Manfred, Horn (1955); Graf Markus, Horn (1979); Graf Ralf, Posaune (1973); Greis Roland, Tenorhorn (1969); Gruber Hans, Klarinette (1975); Hasel Rudjard, kl. Trommel (1979); Himmel Hans-Jörg, Klarinette (1960); Jörger Johannes, Trompete (1980); Kopp Edwin, Flügelhorn (1950); Liebich Lothar, Tenorhorn (1965); Link Wolfgang, Flügelhorn (1978); Mast Pirmin, Posaune (1949); Meier Hans-Jörg, Flügelhorn (1977); Meier Klaus, kl. Trommel (1948); Meier Wolfgang, Klarinette (1973); Schmalz Andreas, Horn (1977); Schmalz Arnold, Tuba (1955); Schmalz Bernd, Tuba (1978); Schmalz Bertold, gr. Trommel (1960); Schmalz Martin, Posaune (1977); Schmalz Pirmin, Posaune (1955); Schmalz Thomas, gr. Trommel (1978); Schneebiegel Stefanie, Flöte (1981); Ullrich Adrian, Klarinette (1976); Ullrich Dietmar, Flügelhorn (1977); Ullrich Pirmin, Klarinette (1979); Velten Oliver, Flügelhorn (1978); Velten Ralf, Flügelhorn (1976); Weger Martin, Tenorhorn (1979); Weis Heidi, Klarinette (1978).

Musikverein Vimbuch

Gründungsjahr:	1904
1. Vorsitzender:	Hans-Peter Krumholz
Stellv. Vorsitzender:	Edmund Lienhart
Schriftführerin:	Gisela Gartner
Rechner:	Hans-Jürgen Burkart
Beirat:	Alfred Friedmann
	Alois Kistner
	Oskar Regenold
	Hans Straub
Vizedirigent:	Horst Rottmann
Jugendleiter:	Hans Neuchel
Notenwart:	Andreas Fritz
Ehrendirigent:	Josef Friedmann

Aktive: Burkart Achim, Tenorhorn (1979); Burkart Hans-Jürgen, Klarinette (1958); Burkart Walter, Tuba (1976); Denu Wilfried, Becken (1973); Droll Christian, Klarinette (1978); Droll Hubert, Trompete (1973); Ehinger Otto, Trompete (1960); Ernst Hans-Jürgen, Flügelhorn (1973); Ernst Michael, Trompete (1981); Falk Stefan, Tenorhorn (1980); Fellmoser Torsten, Posaune (1980); Friedmann Alfred, Posaune (1948); Friedmann Andreas, Flügelhorn (1981); Friedmann Bernhard, Klarinette (1950); Fritz Andreas, Horn (1978); Fritz Patricia, Klarinette (1979); Gartner Willi, Tenorhorn (1960); Graf Otmar, Tuba (1970); Hofmann Angelika, Flügelhorn (1981); Jörger Bernhard, Schlagzeug (1946); Jörger Johannes, Flügelhorn (1976); Kistner Alois, Flügelhorn (1946); Kistner Birgit, Klarinette (1981); Kistner Edgar, Klarinette (1976); Kistner Frank, Trompete (1976); Krampfert Manfred, Trompete (1974); Lay Harald, Posaune (1971); Lay Rainer, Bariton (1979); Lienhart Edmund, Tenorhorn (1950); Maier Gerhard, Klarinette (1971); Maier Roland, Trompete (1957); Meier Bernd, Horn (1977); Müller Erich, Posaune (1980); Neuchel Hans, Tuba (1957); Regenold Hans-Dieter, Trompete (1970); Regenold Thomas, Tenorhorn (1974); Regenold Viktor, Klarinette (1963); Reinke Herbert, Schlagzeug (1965); Rottmann Horst, Flöte (1974); Ruddies Karin, Klarinette (1977); Straub Lothar, Flügelhorn (1968); Stüwe Jürgen, Posaune (1975); Trabold Barbara, Klarinette (1977); Trabold Norbert, Posaune (1975); Vogt Andreas, Horn (1981); Vollmer Jürgen, Trompete (1978); Ziegler Elisabeth, Trompete (1981); Ziegler Monika, Klarinette (1981).
Zöglinge: Burkart Olaf, Bariton (1979); Friedmann Matthias, Flügelhorn (1981); Guiseppe Rosanna, Klarinette (1979); Heindorf Petra, Klarinette (1981); Royal Roland, Horn (1981); Striebel Dirk, Tenorhorn (1981).

Musikverein Waldprechtsweier

Gründungsjahr:	Musikkapelle: 1922
	Musikverein: 1948
1. Vorsitzender:	Albert Wipfler
Stellv. Vorsitzender:	Paul Laubenstein
Schriftführer:	Robert Jung
Rechner:	Gustav Fütterer
Beirat:	Jürgen Fütterer
	Artur Kühn
	Franz Kunz
	Konrad Mörmann
	Egon Strickfaden
Dirigent:	Siegfried Neumann
Vizedirigent:	Bernd Rubel
Jugendleiter:	Günther Fütterer
Notenwart:	Thea Karcher
Ehrenvorsitzender:	Josef Hitscherich

Aktive: Adam Ilona, Klarinette (1971); Bogesch Hardy, Posaune (1976); Dillmann Peter, Schlagzeug (1976); Eichmann Ralf, Klarinette (1971); Fütterer Günther, Schlagzeug (1966); Fütterer Jürgen, Tenorhorn (1956); Hausmann Brigitte, Klarinette (1971); Hausmann Fritz, Saxophon (1966); Hausmann Roland, Trompete (1971); Hennhöfer Hans, Trompete (1966); Hofart Artur, Schlagzeug (1967); Jung Friedbert, Trompete (1968); Jung Karlheinz, Saxophon (1966); Karcher Berni, Tenorhorn (1971); Karcher Stefan, Tenorhorn (1947); Karcher Thea, Flöte (1966); Kastner Andreas, Flügelhorn (1976); Klee Alfred, Saxophon (1956); Klee Andeas, Tuba (1971); Klee Annette, Klarinette (1976); Klee Martina, Klarinette (1976); Klee Thomas, Trompete (1971); Koch Franz, Tuba (1980); Kohm Michael, Horn (1971); Krotz Herbert, Schlagzeug (1950); Kühn Frank, Trompete (1976); Kühn Hugo, Flügelhorn (1937); Kühn Siegfried, Tuba (1966); Kunz Franz, Horn (1947); Kunz Kurt, Horn (1947); Kunz Manfred, Trompete (1966); Kunz Raimund, Trompete (1971); Kunz Rolf, Flügelhorn (1976); Laubenstein Guido, Trompete (1971); Laubenstein Martina, Flöte (1972); Laubenstein Paul, Tuba (1954); Lumpp Werner, Tenorhorn (1968); Muck Volker, Posaune (1956); Rubel Bernd, Flügelhorn (1966); Schnepf Bernhilde, Klarinette (1966); Schnepf Rolf, Tenorhorn (1966); Schnepf Werner, Flügelhorn (1960); Schüssele Bärbel, Klarinette (1976); Schüssele Jürgen, Klarinette (1976); Strickfaden Egon, Posaune (1954); Strickfaden Ludger, Tenorhorn (1971); Wipfler Albert, Tenorhorn (1947).
Zöglinge: Jost Claudia, Klarinette (1981); Jost Sabine, Klarinette (1981); Kastner Marcus, Trompete (1981); Klee Rosemarie, Flöte (1981); Kohm Beatrix, Trompete (1981); Kohm Doris, Klarinette (1981); Kohm Michael, Tenorhorn (1981); Kühn Patric, Posaune (1981); Mallorny Corina, Klarinette (1981); Mayer Michaela, Klarinette (1981); Muck Frank, Trompete (1981); Muck Katja, Flöte (1981); Neumann Bianca, Klarinette (1981); Postweiler Eva, Klarinette (1981); Radtke Alexandra, Trompete (1981); Schmitt Dagmar, Klarinette (1981); Schroll Ingo, Trompete (1981); Strickfaden Jutta, Flöte (1981); Strickfaden Mathias, Horn (1981); Zittel Carmen, Klarinette (1981).

Musikverein Weisenbach e.V.

Gründungsjahr:	1924
1. Vorsitzender:	Anton Miles
Stellv. Vorsitzender:	Anton Großmann
Schriftführer:	Oswald Gabauer
Rechner:	Karl Großmann
Beirat:	Alois Großmann
	Ferdinand Großmann
	Hermann Großmann
	Christoph Hürst
	Alfred Irth
	Willibald Krieg
	Egon Merkel
	German Miles
Dirigent:	Jürgen Demmler
Vizedirigenten:	Ferdinand Großmann
	Willibald Krieg
Jugendleiter:	Christoph Hürst
Notenwart/	
Instrumentenwart:	German Miles

Aktive: Bleier Georg, Klarinette (1954); Braun Karl-Heinz, Flügelhorn (1969); Gabauer Oswald, Klarinette/Saxophon (1964); Gerstner Andreas, Trompete (1975); Großmann Alois, Posaune (1954); Großmann Andreas, Flügelhorn (1959); Großmann Anton, Klarinette (1962); Großmann Ferdinand, Klarinette/Saxophon (1954); Großmann Hans, Flügelhorn (1978); Großmann Hermann, Schlagzeug (1959); Großmann Michael, Trompete (1982); Haist Ludwig, Becken (1954); Hürst Christoph, Flöte/Saxophon (1976); Hürst Ferdinand, Bariton (1948); Hürst Franz-Josef, Tenorhorn (1975); Hürst Johannes, Tenorhorn (1981); Hürst Matthias, Horn (1981); Hurrle Günter, Trompete (1959); Krieg Franz-Josef, Tenorhorn (1951); Krieg Rolf, Klarinette/Saxophon (1976); Krieg Willibald, Klarinette/Saxophon (1947); Mantei Alex, Posaune (1969); Mantei Armin, Tuba (1971); Merkel Andreas, Horn (1976); Merkel Bertold, Tuba (1976); Miles Fridolin, Klarinette (1948); Miles German, Flügelhorn (1966); Miles Hubert, Posaune (1978); Miles Roland, Klarinette (1976); Miles Theo, Klarinette/Saxophon (1964); Mungenast Karl-Heinz, Posaune (1947); Neichel Stefan, Klarinette (1981); Stefan Günter, Trompete (1969).

Musikverein Weitenung e.V.

Gründungsjahr:	1957
1. Vorsitzender:	Gerhard Ulrich
Stellv. Vorsitzender:	Willi Droll
Schriftführer:	Bruno Mußler
Rechner:	Alfons Ernst
Beirat:	Alfred Friedmann
	Gerhard Hettler
	Peter Huber
	Bernhard Kohr
	Josef Volk
Dirigent:	Franz Fehrenbach
Vizedirigent:	Willi Droll
Jugendleiter:	Peter Huber
Notenwart:	Paul Frietsch
Instrumentenwart:	Willi Droll

Aktive: Becker Frank, Horn (1975); Beier Georg, Trompete (1967); Bongen Hubert, Trompete (1972); Bongen Manfred, Trompete (1972); Deißler Uwe, Posaune (1975); Droll Franz-Martin, Schlagzeug (1975); Droll Willi, Posaune (1955); Friedmann Alfred, Tenorhorn (1957); Frietsch Alfons, Klarinette (1964); Frietsch Eberhard, Klarinette (1962); Frietsch Gerhard, Horn (1962); Frietsch Jürgen, Trompete (1975); Frietsch Paul, Flügelhorn (1956); Hertweck Jürgen, Flügelhorn (1975); Hettler Gerhard, Flügelhorn (1962); Hettler Thomas, Klarinette (1975); Hettler Waldemar, Flöte (1979); Hinz Rudi, Tenorhorn (1970); Huber Peter, Posaune (1975); Huck Wolfgang, Trompete (1975); Hurle Edmund, Trompete (1964); Hurle Elmar, Flügelhorn (1975); Jörger Klaus, Flügelhorn (1975); Knopf Klaus, Flügelhorn (1975); Kohr Sigbert, Tenorhorn (1972); Lampert Klaus, Klarinette (1981); Mußler Bruno, Tenorhorn (1955); Mußler Helmut, Tenorhorn (1959); Mußler Kurt, Posaune (1955); Reck Jürgen, Tuba (1980); Reck Otmar, Tuba (1955); Reck Uwe, Trompete (1975); Reith Bernhard, Tuba (1962); Reuel Bernd, Klarinette (1962); Steinel Gunther, Klarinette (1981); Steinel Stefan, Posaune (1952); Ulrich Gerhard, Schlagzeug (1957); Ulrich Wolfgang, Bariton (1970); Ziegler Bernd, Schlagzeug (1968)
Zöglinge: Frietsch Michael, Trompete (1982); Frietsch Peter, Klarinette (1982); Gütle Sigbert, Trompete (1982); Hauser Leander, Klarinette (1982); Huck Mathias, Trompete (1982); Mußler Jürgen, Horn (1982); Reck Stefan, Klarinette (1982); Theurer Jürgen, Flügelhorn (1982)

Musikverein Winden e.V.

Gründungsjahr:	1928
1. Vorsitzender:	Reinhard Lauther
Stellv. Vorsitzender:	Ludwig Zeitvogel
Schriftführer:	Rudi Braun
Rechner:	Heinz Zeitvogel
Beirat (Aktiva):	Wolfgang Friedrich
	Günther Hillert
	Rolf Leuchtner
	Herrmann Peter
	Josef Peter
Beirat (Passiva):	Eberhard Drapp
	Theobald Drapp
	Thomas Huck
Dirigent:	Bodo Kunth
Vizedirigent:	Herrmann Peter
Jugendleiter:	Karl-Heinz Wehrle
Notenwarte:	Wolfgang Friedrich
	Hermann Peter
Instrumentenwart:	Günther Hillert
Ehrenvorsitzender:	Franz Lauther

Aktive: Balzer Klaus, Flöte (1976); Bauer Alex, Schlagzeug (1978); Bernhard Klaus, Posaune (1976); Braun Harald, Klarinette/Saxophon (1969); Braun Rudi, Trompete (1969); Drapp Axel, Klarinette/Saxophon (1978); Faulhaber Kerstin, Klarinette (1979); Friedrich Wolfgang, Klarinette/Saxophon (1951); Glaser Daniel, Klarinette (1979); Hillert Beate, Klarinette (1978); Hillert Günther, Tenorhorn (1950); Krumm Heinz, Flügelhorn (1957); Lamprecht Otto, Bariton (1934); Leuchtner Rolf, Tuba (1970); Löscher Frank, Flügelhorn (1978); Löscher Thomas, Trompete (1975); Lorenz Alfred, Posaune (1947); Lorenz Helmut, Pauken (1951); Lorenz Martin, Flügelhorn (1978); Lorenz Rüdiger, Schlagzeug (1969); Maier Guido, Trompete (1975); Maier Rüdiger, Flügelhorn (1978); Müller Bernd, Klarinette (1978); Müller Iris, Klarinette (1978); Peter Christiane, Klarinette (1978); Peter Herrmann, Klarinette/Saxophon (1971); Peter Josef, Tenorhorn (1947); Peter Wolfgang, Posaune (1977); Rauch Kurt, Tuba (1952); Rheintal Jürgen, Tenorhorn (1980); Rheintal Petra, Klarinette (1979); Schickinger Oswald, Posaune (1947); Schickinger Wilfried, Horn (1948); Schnell Hans, Klarinette/Saxophon (1960); Schnell Martin, Flügelhorn (1967); Wehrle Karl-Heinz, Flügelhorn (1970); Zeitvogel Gert, Bariton (1980); Zeitvogel Heinz, Tuba (1959); Zeitvogel Karl, Horn (1934); Zeitvogel Ludwig, Flügelhorn (1947); Zeitvogel Peter, Trompete (1969)
Zöglinge: Ernst Thomas, Schlagzeug (1981); Pollinski Andreas, Horn (1981); Schickinger Michael, Posaune (1978); Zeitvogel Thomas, Flügelhorn (1981)

Musikverein Wintersdorf e.V.

Gründungsjahr:	1925
1. Vorsitzender:	Adolf Kassel
Stellv. Vorsitzender:	August Diebold
Schriftführerin:	Karin Gress
Stellv. Schriftführerin:	Gabi Diebold
Rechner:	Anton Kreiß
Beirat (Aktiva):	Harald Fritz
	Egon Reinbold
	Klaus Schaaf
Beirat (Passiva):	Peter Götz
	Otmar Hauns
	Klaus Obrist
	Herbert Otto
Dirigent:	Gerhard Hauns
Vizedirigent:	Alfons Ruf
Jugendleiter:	Joachim Ernst
Notenwart/ Instrumentenwart:	Bertold Hauns
Ehrendirigent:	Erich Vogel
Vereinsdiener:	Alfred Bober

Aktive: Burkart Karl-Heinz, Tuba (1972); Diebold Alexander, Schlagzeug (1981); Diebold Gabriele, Klarinette (1967); Diebold Heinz, Flügelhorn (1953); Ernst Alfred, Klarinette (1968); Ernst Christian, Trompete (1976); Ernst Hermann, Flügelhorn (1956); Ernst Joachim, Flügelhorn (1968); Fritz Harald, Trompete (1966); Fritz Thomas, Flügelhorn (1978); Gress Karin, Klarinette (1977); Gür Benno, Posaune (1977); Gür Tobias, Trompete (1980); Hauns Bertold, Tuba (1950); Hauns Bruno, Tenorhorn (1950); Hauns Franz, Tenorhorn (1966); Hauns Hermann, Tenorhorn (1939); Hauns Lothar, Klarinette (1967); Kreiß Anton, Trompete (1956); Müller Karl, Schlagzeug (1950); Müller Rainer, Horn (1966); Otto Harald, Klarinette (1967); Peter Mathias, Trompete (1978); Reinbold Egon, Flügelhorn (1952); Ruf Alfons, Tenorhorn (1958); Schaaf Klaus, Posaune (1958); Schaaf Norbert, Posaune (1971); Schaaf Trudbert, Trompete (1950); Seiser Uwe, Trompete (1970); Wolf Heinz, Tenorhorn (1966)
Zöglinge: Ahrens Daniela, Flöte; Diebold Simone, Klarinette; Hauns Mathias, Klarinette; Hauns Stefan, Posaune; Lange Heidi, Horn; Uhrig Johanna, Flöte

Musikverein „Harmonie" Würmersheim e.V.

Gründungsjahr:	1912
1. Vorsitzender:	Anton Helmstätter
Stellv. Vorsitzender:	Peter Dunz
Schriftführer:	Günter Störmer
Kassier:	Josef Schlager
Beitragskassier:	Franz Bauer
Beirat:	Karl Kölmel
	Anton Schlager
Musikervorstand:	Willy Heck
Dirigent:	Wilem Coolen
Vizedirigent:	Peter Bresch
Jugendleiter:	Joachim Heck
Notenwart:	Klaus Oberle
Instrumentenwart:	Willy Heck

Aktive: Alferi Markus, Schlagzeug (1982); Bader Claudia, Klarinette (1975); Bader Dietmar, Posaune (1975); Bader Walter, Posaune (1958); Bauer Beate, Flügelhorn (1982); Bauer Ingrid, Klarinette (1975); Bauer Martin, Horn (1975); Bauer Reiner, Klarinette/Saxophon (1963); Bresch Peter, Saxophon/Klarinette (1978); Chajnacki Gabi, Schlagzeug (1982); Dunz Peter, Saxophon/Klarinette (1959); Eglsoer Dietmar, Tuba (1975); Eichler Roland, Saxophon (1955); Eisen Claudia, Klarinette (1972); Eisen Frank, Klarinette (1975); Eisen Klaus, Schlagzeug/Pauken (1968); Eisen Leopold, Bariton (1948); Eisen Lucia, Flügelhorn (1972); Ganz Daniela, Trompete (1975); Görtz Peter, Horn (1975); Heck Anette, Flöte (1969); Heck Axel, Posaune (1967); Heck Horst, Trompete (1975); Heck Joachim, Trompete (1967); Heck Willy, Flügelhorn (1948); Heil Christine, Flöte (1979); Heil Helmut, Tenorhorn (1978); Helmstätter Knut, Klarinette/Saxophon (1972); Helmstätter Nicole, Flöte (1978); Hettel Thomas, Tenorhorn (1972); Hornung Christian, Flügelhorn (1975); Kassel Armin, Tuba/Bariton (1967); Kistner Petra, Flügelhorn (1967); Kölmel Alfred, Klarinette (1937); Körner Andreas, Trompete (1982); Oberle Klaus, Trompete/Tenorhorn (1963); Oberle Stefanie, Klarinette (1975); Peter Kurt, Tuba (1950); Reminder Emil, Horn (1927); Schlager Lothar, Trompete (1963); Schorpp Heidrun, Klarinette (1975); Schorpp Michaela, Klarinette (1975); Stürmlinger Martin, Tuba (1975); Stürmlinger Paul, Trompete (1958); Stürmlinger Rudi, Tenorhorn (1948)
Zöglinge: Deck Ulrike, Klarinette (1980); Hertling Andreas, Trompete (1980); Huck Anja, Klarinette (1978); Müller Uwe, Tenorhorn (1980); Nissler Olaf, Tenorhorn (1981); Schorpp Andreas, Flügelhorn (1978); Weiler Klaus, Trompete (1978); Witt Jochen, Trompete (1980)

Oberbadischer Blasmusikverband »Breisgau« e.V.

Das Präsidium

1. Präsident: Eugen Faller
Stellv. Präsident Süd: Peter Bank
Stellv. Präsident Nord: Hubert Bilharz
Verbandsdirigent: Otfried Weis
Verbandsjugendleiter: Hanspeter Rinklin
Schriftführer und Rechner: Eugen Hiss

Ehrenpräsident: Wilhelm Straub († 1967)
Ehrenmitglieder: Dr. Hermann Person, Hermann Jäger,
Josef Schmidt († 1983)

Bezirksobmänner:
Bezirk 1 Freiburg-Stadt: Friedrich Här
Bezirk 2 Hexental: Arnold Enzmann
Bezirk 3 Dreisamtal: Peter Bank

Bezirk 4 Glottertal/Gundelfingen: Ludwig Schneider
Bezirk 5 Elztal: Hermann Hepp
Bezirk 6 Emmendingen/Freiamt: Walter Kleißle
Bezirk 7 Kenzingen/Herbolzheim: Hubert Bilharz

Der Verband hat 75 Mitgliedsvereine.
Zum Verband gehören noch die Vereine Freiburg (Postmusik), Gundelfingen und Kappel.

Sitzend von links nach rechts: Eugen Hiss, Josef Schmidt († 1983), Eugen Faller, Hermann Jäger, Friedrich Här; stehend: Hanspeter Rinklin, Otfried Weis, Hubert Bilharz, Arnold Enzmann, Walter Kleißle, Dr. Hermann Person, Peter Bank, Hermann Hepp, Ludwig Schneider

Musikverein Au e.V.

Gründungsjahr:	1934
1. Vorsitzender:	Hans Ruf
Stellv. Vorsitzender:	Paul Heitzler
Schriftführer:	Hans-Georg Herr
Rechner:	Werner Rösch
Beirat (Aktiva):	Klaus Brunner
	Wilhelm Buttenmüller
Beirat (Passiva):	Elmar Bitzenhofer, Bgm.
	Georg Jörger
	Walter Siegwarth
Dirigent:	Arnold Brunner
Vizedirigent:	Hans-Georg Herr
Notenwarte:	Susanne Brunner
	Elke Siegwarth
Instrumentenwart:	Wilhelm Buttenmüller
Ehrenvorsitzender:	Josef Schmidt
Musikobmann (Seniorenkapelle):	Josef Behrle
Musikobmann (Jungmusiker):	Georg Buttenmüller

Aktive: Arndt Thomas, Klarinette (1980); Bauer Dieter, Trompete (1974); Bauer Fritz, Flöte (1953); Behrle Andrea, Klarinette (1974); Behrle Annette, Klarinette (1975); Behrle Josef, Horn (1951); Brunner Eugen, Tenorhorn (1949); Brunner Gerhard, Tuba (1952); Brunner Karlheinz, Flügelhorn (1964); Brunner Klaus, Saxophon (1951); Brunner Markus, Flügelhorn (1973); Brunner Martina, Klarinette (1974); Brunner Susanne, Tenorhorn (1975); Bullinger Erik, Klarinette (1981); Buttenmüller Georg, Posaune (1974); Buttenmüller Gernot, Pauken (1953); Buttenmüller Sabine, Klarinette (1974); Buttenmüller Wilhelm, Posaune (1953); Diesperger Ralf, Schlagzeug (1977); Dotterweich Sascha, Klarinette (1979); Fillbrandt Uwe, Trompete (1976); Heitzler Manuela, Flöte (1973); Heitzler Mathias, Klarinette (1974); Herr Hans-Georg, Trompete (1964); Herr Werner, Posaune (1968); Lais Andrea, Horn (1974); Lorenz Bruno, Tuba (1968); Martin Peter, Trompete (1981); Menskes Susi, Horn (1974); Pevec Christoph, Trompete (1980); Rösch Werner, Klarinette (1960); Schmidt Antje, Klarinette (1974); Siegwarth Elke, Saxophon (1974); Steiert Bernhard, Trompete (1974); Steiert Ewald, Klarinette (1951); Steiert Günter, Flügelhorn (1968); Steiert Michael, Trompete (1973); Steiert Peter, Schlagzeug (1951); Volk Margot, Saxophon (1968); Wangler Wolfgang, Saxophon (1968)

Jugendkapelle: Bitzenhofer Franziska, Flöte (1978); Bitzenhofer Gudrun, Klarinette (1979); Brunner Alexander, Tenorhorn (1976); Buttenmüller Kirstin, Flöte (1980); Buttenmüller Stefanie, Flöte (1976); Donner Brigitte, Oboe (1976); Ebner Stefan, Trompete (1976); Gerhard Annette, Klarinette (1976); Haury Michael, Tenorhorn (1979); Junele Claudia, Klarinette (1976); Kroeschell Felicitas, Klarinette (1979); Mantel Joachim, Klarinette (1976); Mantel Sonja, Flöte (1974); Meier Jürgen, Tenorhorn (1974); Schneider Florian, Posaune (1976); Steiert Martin, Trompete (1976)

Musikverein – Trachtenkapelle – Biederbach e.V.

Gründungsjahr:	1899
1. Vorsitzender:	Herbert Schwendemann
Stellv. Vorsitzender:	Emil Weber
Schriftführer:	Fridolin Volk
Rechner:	Nikolaus Wernet
Beirat:	Josef Allgeier (Obmann)
	Josef Allgeier, Bgm.
	Georg Allgeier
	Otto Eble
	Andreas Gehring
	Josef Gehring
	Fritz Rißler
	Erwin Schätzle
	Paul Schüssele
Dirigent:	Georg Allgeier
Vizedirigenten:	Bernhard Allgeier
	Lothar Allgeier
Notenwart:	Bernhard Allgeier
Ehrenvorsitzender:	Andreas Volk

Aktive: Allgeier Bernhard, Klarinette (1975); Allgeier Doris, Klarinette (1979); Allgeier Ewald, Klarinette (1961); Allgeier Georg, Tenorhorn (1958); Allgeier Hansjörg, Bariton (1979); Allgeier Josef, Bariton (1952); Allgeier Lothar, Flügelhorn (1975); Allgeier Luitgard, Klarinette (1979); Allgeier Maria, Pikkolo/Flöte (1979); Allgeier Paul, Horn (1969); Allgeier Paul, Trompete (1979); Allgeier Renate, Klarinette (1975); Burger Josef, Tenorhorn (1958); Burger Siegfried, Trompete (1970); Dufner Bernhard, Schlagzeug (1969); Gehring Andreas, Horn (1946); Gehring Bernhard, Trompete (1975); Gehring Josef, Posaune (1952); Hin Reinhard, Klarinette (1979); Joos Fridolin, Flügelhorn (1969); Reith Raphael, Posaune (1965); Rißler Friedrich, gr. Trommel (1927); Rißler Josef, Klarinette (1969); Rißler Klaus, gr. Trommel (1969); Rißler Wilfried, Tuba (1969); Ruf Georg, Flügelhorn (1965); Ruf Thomas, Tenorhorn (1975); Schätzle August, Horn (1965); Schätzle Josef, Flügelhorn (1969); Schätzle Martin, Tenorhorn (1965); Schüssele Paul, Tuba (1947); Schwendemann Herbert, Tenorhorn (1969); Schwendemann Josef, Tuba (1946); Singler Wilfried, Trompete (1975); Stöhr Hermann, Tenorhorn (1959); Volk Fridolin, Posaune (1969); Wernet Nikolaus, Horn (1970)

Trachtenkapelle
Musikverein Bleibach e.V.

Gründungsjahr:	1861*
1. Vorsitzender:	Theo Kaltenbach
Stellv. Vorsitzender:	Andreas Herr
Schriftführer:	Roland Wehrle
Rechner:	Josef Winterhalter
Beirat:	Josef Bucher
	Hans-Peter Dorer
	Dieter Fehrenbach
	Eberhard Lindinger
	Max Weber
	Otfried Weis
Dirigent:	Otfried Weis
Vizedirigent:	Andreas Herr
Jugendleiter:	Karl Tränkle
Notenwarte:	Richard Faller
	Rafael Rötzer
Instrumentenwart/	
Zeugwart:	Albert Baumer

Veranstaltungsorganisator: Hans-Peter Dorer; Sportwart: Roland Wehrle
Aktive: Baier Lothar, Posaune (1977); Baumer Albert, Horn (1963); Baumer Michael, Tenorhorn (1982); Blust Wolfgang, Flügelhorn (1982); Dorer Clemens, Klarinette (1965); Dorer Hans-Peter, Flügelhorn (1958); Dorer Klaus, Tuba (1974); Dorer Thomas, Klarinette (1976); Faller Richard, Trompete (1980); Fehrenbach Dieter, Bariton (1955); Fehrenbach Jürgen, Saxophon/Klarinette (1978); Fehrenbach Michael, Flügelhorn (1980); Fischer Augustin, Klarinette (1952); Fischer Clemens, Klarinette (1976); Fischer Hansjörg, Flügelhorn (1976); Funk Thomas, Flügelhorn (1970); Hamann Willi, Saxophon/Klarinette (1967); Herr Andreas, Posaune (1960); Hornuß Alexander, Trompete (1970); Hornuß Michael, Flöte (1978); Hug Bruno, Klarinette/Pauken (1978); Kaltenbach Theo, Posaune (1953); Lindinger Eberhard, Tenorhorn (1955); Lupfer Dieter, Trompete (1981); Metz Dieter, Posaune (1974); Middelmann Frank, Trompete/Lyra (1979); Neumeier Konrad, Trompete (1981); Nopper Dieter, Klarinette (1974); Nopper Hubert, Saxophon/Klarinette (1978); Reichenbach Franz, Posaune (1960); Rösch Andreas, Trompete (1981); Rösch Josef, Horn (1962); Rösch Michael, Posaune (1974); Rötzer Rafael, Trompete (1980); Schäfer Andreas, Klarinette (1978); Schäfer Peter, Trompete (1974); Schätzle Hans-Georg, Klarinette (1982); Schätzle Klaus, Horn (1978); Schneider Hubert, gr. Trommel (1963); Schuler Manfred, Tuba (1970); Schweizer Georg, Klarinette (1982); Schweizer Karl, Tenorhorn (1947); Stratz Peter, Schlagzeug (1979); Tränkle Karl, Horn (1964); Wangler Alexander, Klarinette (1964); Wehrle August, Tuba (1931); Wehrle Ernst, Tenorhorn (1976); Wehrle Klaus, Tenorhorn (1978); Wehrle Roland, Tuba (1963); Wehrle Thomas, Saxophon/Klarinette (1982); Winterhalter Josef, Trompete (1956)
Jugendkapelle: Ambs Konrad, Klarinette (1980); Baier Markus, Trompete (1980); Brutscher Armin, Trompete (1978); Fischer Michael, Klarinette (1977); Herr Mathias, Trompete (1981); Kaltenbach Daniel, Trompete (1978); Kaltenbach Stefan, Klarinette (1977); Künzel Helmut, Klarinette (1980); Mrosek Clemens, Trompete (1977); Senger Manuel, Klarinette (1981); Senger Patrik, Klarinette (1981); Tränkle Michael, Klarinette (1980); Tränkle Roland, Klarinette (1980); Trenkle Anton, Schlagzeug (1981); Wehrle Horst, Trompete (1978); Weis Ralf, Trompete (1977)

Musikverein Bleichheim e.V.

Gründungsjahr:	1885
1. Vorsitzender:	Otto Vetter
Stellv. Vorsitzender:	Josef Appenmaier
Schriftführer:	Pirmin Zähringer
Stellv. Schriftführer:	Alfred Kern
Rechner:	Josef Kapp
Beirat:	Raimund Behr
	Alfred Glöckle
	Camill Vetter
	Erwin Vetter
	Karl Vetter
Dirigent:	Karl Rombach
Vizedirigent:	Eckhard Held
Jugendleiter:	Alfred Kern
Notenwarte:	Erbo Vetter
	Patrik Vetter
Ehrenvorsitzender:	Ernst Wehrle

Aktive: Appenmaier Josef, Posaune (1948); Appenmaier Martin, Trompete (1974); Behr Edgar, Klarinette (1975); Behr Oskar, Flügelhorn (1974); Blum Regine, Flöte (1978); Blum Tobias, Flügelhorn (1974); Engler Erich, Horn (1955); Glaser Otmar, Tuba (1972); Gleichauf Armin, Klarinette (1976); Glöckle Alfred, Saxophon (1949); Glöckle Jürgen, Klarinette (1970); Held Daniel, Schlagzeug (1970); Held Eckhard, Saxophon/Trompete (1970); Kapp Franz, gr. Trommel (1982); Kapp Marianne, Klarinette (1978); Kapp Reiner, Bariton (1979); Kern Alfred, Tuba (1971); Kern Edgar, Tenorhorn (1974); Messerschmidt Uwe, Trompete (1979); Mutschler Klaus, Klarinette (1974); Pfaff Jürgen, Trompete (1972); Preis Willi, Posaune (1955); Schnell Lothar, Trompete (1966); Vetter Alfons, Tenorhorn (1952); Vetter Camill, Saxophon (1966); Vetter Erbo, Flöte/Pikkolo (1975); Vetter Helmut, Klarinette (1975); Vetter Jürgen, Posaune (1980); Vetter Matthias, Posaune (1980); Vetter Max, Flügelhorn (1951); Vetter Patrik, Klarinette (1970); Vetter Pius, Flügelhorn (1970); Vetter Siegfried, Horn (1949); Vetter Siegfried, Trompete (1970); Vetter Ursula, Flöte (1978); Wehrle Karl, Tenorhorn (1951); Wehrle Martin, Flügelhorn (1979); Wiest Ewald, Klarinette (1975); Wiest Harald, Klarinette (1974); Zähringer Pirmin, Posaune (1959)

Musikverein Trachtenkapelle Bollschweil e.V.

Gründungsjahr:	1863
1. Vorsitzender:	Willi Schweizer
Stellv. Vorsitzender:	Gerhard Disch
Schriftführer:	Josef Falk
Stellv. Schriftführer:	Meinrad Grammelspacher
Rechner:	Josef Schweizer
Beirat:	Hans Brunner
	Hans Disch
	Josef Schneider
Dirigent:	Oskar Schultheis
Vizedirigent:	Helmut Jehle
Jugendleiter:	Marco Schweizer
	Monika Weiser
Notenwarte:	Gabi Disch
	Fritz Moll
	Eckehard Schmelzer
Instrumentenwarte:	Fritz Moll jun.
	Mathias Schmieder

Ehrenvorsitzende: Friedrich Schweizer, Josef Schweizer
Aktive: Albert Hans-Peter, Flügelhorn (1972); Albert Philipp, Posaune (1974); Albert Roland, Tenorhorn (1972); Brunner Valentin, Trompete (1979); Disch Gabi, Klarinette (1974); Disch Gerhard, gr. Trommel (1958); Disch Hans, Bariton (1946); Disch Raimund, Bariton (1974); Goltz Anette, Flöte (1974); Grammelspacher Meinrad, Saxophon (1968); Jehle Helmut, Flügelhorn (1946); Jehnes Birgit, Klarinette (1974); Moll Fritz sen., Horn (1946); Moll Fritz jun., Horn (1974); Mündler Ewald, Posaune (1968); Potschull Karl, Posaune (1960); Reichenbach Bernhard, Posaune (1981); Riesterer Max, Flügelhorn (1968); Ruth Christoph, Klarinette (1974); Schätzle Xaver, Tuba (1968); Schell Philipp, Saxophon (1974); Schmelzer Eckehard, Flöte (1974); Schmieder Andrea, Klarinette (1972); Schmieder Mathias, Tenorhorn (1974); Schneider Elmar, Flöte (1974); Schneider Gudrun, Saxophon (1974); Schweizer Alexander, Schlagzeug (1972); Schweizer Anette, Klarinette (1972); Schweizer Berthold, Klarinette (1974); Schweizer Fritz, Tenorhorn (1960); Schweizer Marco, Saxophon (1972); Vogt Barbara, Klarinette (1981); Weber Anita, Klarinette (1974); Weber Christian, Horn (1974); Weber Franz, Tuba (1968); Weber Klaus, Horn (1968); Weber Martina, Flöte (1974); Weber Veronika, Klarinette (1974); Weiser Markus, Trompete (1979); Weiser Michael, Trompete (1974); Weiser Monika, Klarinette (1974); Weiser Silke, Klarinette (1982); Zahn Markus, Horn (1972)
Zöglinge: Albert Benedikt, Schlagzeug (1980); Albert Clemens, Klarinette (1980); Albert Markus, Tenorhorn (1980); Brunner Stephanie, Klarinette (1980); Goltz Susanne, Klarinette (1980); Jehle Daniela, Klarinette (1980); Mangold Josef, Posaune (1980); Mörs Torsten, Schlagzeug (1980); Ortmaier Thomas, Trompete (1980); Rüger Karin, Klarinette (1980); Schätzle Thomas, Trompete (1980); Schell Christoph, Klarinette (1980); Schmelzer Carina, Klarinette (1980); Schweizer Ursula, Klarinette (1980); Zahn Klaus, Trompete (1980)

Musikverein Bombach e.V.

Gründungsjahr:	1897
1. Vorsitzender:	Georg Rist
Stellv. Vorsitzender:	Karl Schneider
Schriftführer:	Rudolf Gagg
Stellv. Schriftführer:	Ewald Kromer
Rechner:	Konrad Schneider
Beirat:	Ralf Fischer
	Wolfgang Hurter
	Erich Lauk
	Horst Lorkowski
	Albert Rieger
	Franz Schüssele
Dirigent:	Hans-Jörg Kury
Vizedirigent:	Albert Herr
Jugendleiter:	Ralf Fischer
Notenwart:	Erich Lauk
Instrumentenwart:	Wolfgang Hurter
Ehrenvorsitzender:	Raimund Herr
Ehrendirigent:	Theodor Götz

Aktive: Bender Christian, Flügelhorn (1967); Bender Erhard, Klarinette (1966); Bender Lothar, Flügelhorn (1963); Dietrich Urs, Trompete (1978); Fieberg Armin, Horn (1967); Fischer Ralf, Tuba (1974); Fischer Uwe, Tenorhorn (1974); Gagg Rudolf, Klarinette (1967); Herr Albert, Trompete (1974); Hügle Martin, Posaune (1978); Hügle Rudolf, Trompete (1974); Hügle Ute, Klarinette (1977); Hurter Wolfgang, Bariton (1978); Kromer Ewald, Tuba (1967); Lauk Erich, Horn (1950); Limberger Elisabeth, Klarinette (1977); Limberger Stefan, Flügelhorn (1974); Meier Herbert, Tenorhorn (1967); Mülhaus Ulrike, Klarinette (1977); Müller Peter, Flügelhorn (1963); Rieger Birgit, Klarinette (1977); Rieger Daniel, Bariton (1973); Rieger Klaus, Posaune (1978); Rist Thomas, Klarinette (1973); Schmidt Werner, Trompete (1970); Schneider Eva, Klarinette (1977); Schneider Karl, gr. Trommel (1950); Schneider Konrad, Tenorhorn (1956); Schneider Lothar, kl. Trommel (1979); Schneider Ralf, Tenorhorn (1978); Schüssele Ruth, Klarinette (1977); Schwendenmann Siegfried, Klarinette (1954); Temmer Silvia, Klarinette (1977); Temmer Thomas, Flügelhorn (1978); Zwigart Sandra, Klarinette (1977)

Musikverein Buchenbach e.V.

Gründungsjahr:	1902
1. Vorsitzender:	Alfons Wißler
Stellv. Vorsitzender:	Richard Ketterer
Schriftführer:	Gottfried Eckmann
Rechner:	Artur Ruh
Beirat (Aktiva):	Hermann Helmle
	Willi Saier
	Josef Schuler
	Josef Steiert
	Heinrich Steinhart
	Klaus Wangler
Beirat (Passiva):	Theo Mäder
	Willi Saier
	Alfred Schwarz
	Erich Zipfel
Dirigent:	Karl Schuler
Vizedirigent/ Jugendleiter:	Josef Schuler
Notenwart:	Alfons Tritschler
Instrumentenwart:	Erwin Tritschler

Aktive: Baumer Brunhilde, Klarinette (1981); Eckmann Fritz, Posaune (1951); Eckmann Gottfried, Klarinette/Saxophon (1963); Eckmann Hubert, Tenorhorn (1977); Eckmann Josef, Tuba (1965); Eckmann Richard, Flügelhorn (1977); Frank Robert, Trompete (1980); Frank Werner, Klarinette (1975); Freßle Magdalena, Klarinette (1969); Fromm Elisabeth, Klarinette (1977); Fruttiger Klemens, Trompete (1975); Helmle Elfriede, Klarinette (1981); Helmle Erich, Tuba (1952); Helmle Gottfried, Bariton (1978); Helmle Hermann sen., Horn (1946); Helmle Hermann jun., Trompete (1980); Ketterer Bernhard, Horn (1980); Ketterer Fritz, Trompete (1960); Ketterer Manfred, Horn (1980); Ketterer Oskar, Trompete (1976); Ketterer Richard, Posaune (1952); Ruh Artur, Flügelhorn (1952); Saier August, Bariton (1963); Saier Wilhelm, Tenorhorn (1952); Schlupf Eduard, Schlagzeug (1969); Schuler Ekkehard, Klarinette/Saxophon (1978); Schuler Elisabeth, Klarinette (1981); Schuler Gerhard, Flöte/Pikkolo (1953); Schuler Gottfried, Flügelhorn (1946); Schuler Joachim, Tenorhorn (1976); Schuler Joachim, Saxophon/Pauken/Lyra (1980); Schuler Josef, Klarinette (1956); Schuler Michael, Klarinette (1975); Schuler Ursula, Flöte/Pikkolo (1978); Schuler Wolfgang, Flügelhorn (1978); Steiert Josef, Posaune (1950); Steinhart Heinrich, Schlagzeug (1969); Stratz Anton, Trompete (1975); Tritschler Alfons, Flügelhorn (1965); Tritschler Erwin, Horn (1965); Wangler Klaus, Posaune (1973); Dr. Willmann Karl, Klarinette (1960); Willmann Oskar, Trompete (1963); Wißler Alfons, Tuba (1946); Wißler Rudolf, Tenorhorn (1973)

Musikverein 1864 Buchholz e.V.

Gründungsjahr:	1864*
1. Vorsitzender:	Hermann Rudolf Schätzle
Stellv. Vorsitzender:	Peter Herbstritt
Schriftführerin:	Christine Schätzle
Rechner:	Franz Rebholz
Beirat:	Hubert Danner
	Ulrike Flaig
	Josef Kury
	Hans Mirwald
	Gerhard Silberer
	Bernhard Weis
	Georg Wernet
Dirigent:	Hubert Rambach
Vizedirigent:	Hansjörg Kury
Jugendleiter:	Franz Rebholz
Notenwart:	Hans Mirwald
Instrumentenwart:	Hermann Rudolf Schätzle
Ehrenvorstand:	Xaver Schwehr
Ehrendirigent:	Hubert Rambach

Aktive: Bayer Georg, Horn (1973); Bayer Maria, Trompete (1974); Bork Frank, Trompete (1976); Danner Hubert, Flügelhorn (1972); Fakler Frank, Lyra (1981); Fehrenbach Peter, Flügelhorn (1977); Flaig Hermann, Trompete (1978); Flaig Ulrike, Klarinette (1979); Heizmann Adelbert, Klarinette (1965); Herbstritt Peter, Saxophon (1955); Hinn Karlheinz, Saxophon (1975); Klausmann Karl, Tuba (1936); Klausmann Thomas, Posaune (1973); Kury Erwin, Becken (1975); Kury Hansjörg, Flügelhorn (1959); Kury Josef, Tuba (1952); Langenbach Anne, Flöte (1973); Langenbach Erwin, Trompete (1948); Meßmer Franz, Flügelhorn (1948); Mirwald Hans, Tenorhorn (1957); Mirwald Peter, Trompete (1979); Mirwald Susanne, Klarinette (1975); Moser Georg, Posaune (1965); Nopper Berthold, Tenorhorn (1973); Nopper Franz, Tenorhorn (1948); Rebholz Franz, Horn (1968); Rebholz Solveig, Flöte (1976); Reichenbach Rudolf, Trompete (1964); Ringwald Bruno, gr. Trommel (1967); Ruesch Sabine, Klarinette (1975); Schätzle Christine, Flöte (1972); Schätzle Hermann Albert, Posaune (1973); Schätzle Hermann Rudolf, Tuba (1948); Schätzle Josef, Posaune (1939); Schätzle Susanne, Klarinette (1973); Schwehr Xaver, Flügelhorn (1936); Seebacher Meinrad, Klarinette (1975); Silberer Gerhard, Saxophon (1965); Wahl Klemens, Schlagzeug (1975); Weis Bernhard, Tenorhorn (1965); Wernet Georg, Horn (1952)

Musikverein Denzlingen e.V.

Gründungsjahr:	1879
1. Vorsitzender:	Thomas Pfaff
Stellv. Vorsitzender:	Gerhard Frey
Schriftführerin:	Brigitte Schlegel
Kassier:	Jürgen Nübling
Beirat (Aktiva):	Gerhard Martin
	Reinhard Schlegel
Beirat (Passiva):	Hermann Halter
	Franz Moser
Jugendvertreterin:	Birgit Schumacher
Dirigent:	Gabriele Volk
Vizedirigent:	Gerhard Frey
Notenwart:	Winfried Haller
Instrumentenwart:	Erich Wöhrlin

Aktive: Abels Rainer, Klarinette (1975); Dilger Karl, Tuba (1934); Dittrich Antje, Klarinette (1979); Erhard Jörg, Klarinette/Saxophon (1970); Franz Thomas, Klarinette (1977); Frey Gerhard, Klarinette/Saxophon (1966); Frey Walter, Bariton (1966); Gutjahr Wilfried, Trompete (1973); Hahn Gerhard, Klarinette (1980); Haller Bettina, Klarinette/Saxophon (1975); Haller Winfried, Flügelhorn (1954); Harter Birgit, Klarinette (1980); Hauser Claudia, Klarinette (1976); Ketterer Angelika, Klarinette (1979); Kindt Andrea, Oboe (1976); Kindt Britta, Klarinette (1978); Kindt Carsten, Posaune (1979); Knobloch Clemens, Tenorhorn (1975); Knobloch Martina, Klarinette (1975); Kümmerle Adolf, Bariton (1923); Kümmerle Bruno, Trompete (1948); Linke Irina, Flöte (1981); Martin Gerhard, Posaune (1960); Mühlau Clemens, Flöte (1979); Nowakowski Sandra, Oboe (1981); Nübling Christine, Klarinette (1980); Nübling Edmund, Tuba (1933); Nübling Helmut, Posaune (1964); Nübling Jürgen, Tenorhorn (1973); Ostermann Matthias, Horn (1977); Oswald August, Tenorhorn (1934); Paul Jan, Tuba (1979); Paul Martin, Flöte (1979); Pfaff Thomas, Tuba (1976); Schlegel Jürgen, Schlagzeug (1977); Schlegel Norbert, Horn (1976); Schlegel Reinhard, Tenorhorn (1966); Schumacher Birgit, Klarinette/Saxophon (1975); Schumacher Martin, Flügelhorn (1978); Schwaab Rainer, Flügelhorn (1980); Schwaab Uwe, Tenorhorn (1981); Seesemann Thomas, Klarinette/Saxophon (1969); Sieber Georg, Tuba (1978); Sieber Stephan, Trompete (1979); Sillmann Erika, Horn (1972); Sillmann Gaby, Klarinette (1975); Stech Gerhard, Klarinette (1977); Steiger Gerwald, Flügelhorn (1976); Streicher Jens, Trompete (1980); Ulmer Susanne, Klarinette (1976); Wagner Silke, Klarinette (1975); Wagner Sybille, Klarinette (1975); Wöhrlin Elvira, Posaune (1977); Wöhrlin Erich, Trompete (1958); Wöhrlin Jutta, Flöte (1978); Wöhrlin Rudolf, Schlagzeug (1976); Wöhrlin Ulrike, Trompete (1975)
Zöglinge: Franz Christian, Flöte (1981); Gutjahr Markus, Trompete (1981); Kieninger Andrea, Klarinette (1980); Klingenschmidt Carsten, Klarinette (1982); Paul Celia, Flöte (1982); Schneider Ulrike, Klarinette (1980)

Musikverein Ebnet e.V.

Gründungsjahr:	1923
1. Vorsitzender:	Hans Dasch
Stellv. Vorsitzender:	Dieter Bauer
Schriftführer:	Hellmut Menner
Rechner:	Marita Reinhard
Beirat (Aktiva):	Franz Josef Biechele
	Karl Tassini
Beirat (Passiva):	Wilhelm Bauer
	Alfred Haury
Dirigent:	Frieder Stoll
Vizedirigent:	Herbert Triebswetter
Jugendleiter:	Markus Ruh
Notenwart:	Martin Schönstein
Instrumentenwart:	Uta Rotzinger
Ehrendirigent:	Jakob Baumgartl
Obmann der Kapelle:	Robert Pfaff
Stellv. Obmann:	Thomas Dufner
Veranstaltungswart:	Walter Hermann

Aktive: Albrecht Beate, Flöte (1977); Bangert Viktor, Saxophon (1964); Bauer Anja, Klarinette (1973); Bauer Sven, Trompete (1977); Biechele Franz-Josef, Trompete (1972); Dold Eugen, Saxophon (1947); Dold Silke, Flöte (1972); Drescher Jürgen, Posaune (1972); Dufner Thomas, Tuba (1964); Feldmann Eva, Klarinette (1977); Ganzmann Veronika, Tenorhorn (1980); Hagenberger Hans, Trompete (1966); Heizler Rudolf, Flügelhorn (1981); Heizler Thomas, Tenorhorn (1972); Henninger Karin, Horn (1978); Hermann Walter, Klarinette (1959); Holzer Hanspeter, Trompete (1968); Holzer Werner, Tuba (1968); Huber Horst, Klarinette (1959); Kempf Meinrad, Saxophon (1980); Kowalski Michael, Horn (1977); Kratz Ulrich, Flügelhorn (1972); Kühn Andreas, Flügelhorn (1977); Kühn Bernhard, Posaune (1977); Lederberger Michael, Flöte (1972); Lederberger Roland, Tuba (1947); Lederberger Thomas, Klarinette (1966); Maschauer Thomas, Klarinette (1981); Menner Frank, Klarinette (1977); Menner Hellmut, Schlagzeug (1964); Menner Martin, Horn (1977); Messmer Angela, Klarinette (1978); Pfaff Robert, Tenorhorn (1951); Reichenbach Bernhard, Tuba (1966); Rotzinger Engelbert, Saxophon (1960); Rotzinger Uta, Klarinette (1975); Ruh Markus, Flöte (1968); Ruh Willi, Klarinette (1972); Schmidt Andreas, Klarinette (1975); Schmidt Erwin, Tenorhorn (1957); Schönstein Christoph, Klarinette (1977); Schönstein Heinrich, Schlagzeug (1960); Schönstein Martin, Schlagzeug/Flügelhorn (1971); Schröder Martin, Posaune (1977); Steiert Peter, Tuba (1980); Tassini Karl, Flügelhorn (1959); Triebswetter Herbert, Posaune (1951); Tritschler Peter, Horn (1975); Volk Hansjörg, Saxophon (1964); Watson Richard, Oboe (1977); Wiedensohler Ralf, Flöte (1972); Wißler Richard, Posaune (1968); Wöhrle Michael, Trompete (1972); Zetsche Hartmut, Klarinette (1979)
Jugendliche: Drescher Uwe, Klarinette (1980); Hagmüller Holger, Klarinette (1980); Hauk Peter, Trompete (1981); Haury Manfred, Posaune (1980); Hummel Thomas, Tenorhorn (1977); Isele Patrik, Klarinette (1980); Kratz Stefan, Tenorhorn (1980); Kühn Dieter, Trompete (1980); Moser Christoph, Schlagzeug (1977); Musch Bernhard, Trompete (1980); Pfaff Christian, Trompete (1980); Reinhard Claudia, Klarinette (1980); Reinhard Frank, Trompete (1980); Rotzinger Udo, Klarinette (1977); Scherer Michael, Flügelhorn (1980); Schink Dirk, Flügelhorn (1980); Schmid Florian, Oboe (1980); Schönstein Andreas, Klarinette (1977); Triebswetter Heiko, Posaune (1980)

Musikverein Ebringen e.V.

Gründungsjahr:	1912
1. Vorsitzender:	Paul Gerteisen
Stellv. Vorsitzender:	Alfred Schüler
Schriftführer:	Albert Franz
Rechner:	Wilhelm Schüler
Beisitzer (Aktiva):	Winfried Guth
	Fritz Hensler
	Wilhelm Reichenbach
Beisitzer (Passiva):	Hubert Kiefer
	Josef Lang
	Max Schneider
Dirigent:	Ewald Antoni
Vizedirigent:	Richard Kuhn
Jugendleiter:	Emil Kuhn
Notenwart:	Winfried Guth
Ehrenvorsitzender:	Josef Lang
Ehrendirigent:	Leopold Rees

Aktive: Bäuerle Thimo, Posaune (1974); Bäuerle Walter, Posaune (1974); Beck Rudolf, gr. Trommel (1957); Burkart Jürgen, Tenorhorn (1978); Cona Ignazio, Klarinette (1971); Cona Johannes, Flügelhorn (1974); Dietsche Karl, Saxophon (1967); Fischer Bernd, Saxophon (1977); Franz Albert, Klarinette (1946); Franz Gerold, Saxophon (1967); Guth Winfried, Klarinette (1965); Hensler Fritz, Tuba (1962); Janzer Christoph, Trompete (1978); Jenne Christoph, Tenorhorn (1978); Kiefer Georg, Tuba (1977); Kuhn Annette, Flöte (1977); Kuhn Dagmar, Horn (1979); Kuhn Emil, Flügelhorn (1950); Kuhn Klaus, Flügelhorn (1978); Kuhn Norbert, Posaune (1980); Kuhn Richard, Trompete (1950); Kuhn Winfried, Klarinette (1974); Lang Klemens, Flügelhorn (1974); Lang Martin, Trompete (1974); Lodholz Heinrich, Klarinette (1957); Mayer Roland, Pauken (1981); Merkle Clemens, Flügelhorn (1974); Mißbach Ralf, Tenorhorn (1979); Reich Matthias, Horn (1980); Reichenbach Wilhelm, Trompete (1954); Reinle Klaus, Tenorhorn (1974); Reinle Martin, Tenorhorn (1977); Schläfer Sabine, Flöte (1979); Schmid Kerstin, Flöte (1977); Schneider Hans Peter, Tuba (1963); Schneider Pirmin, Bariton (1977); Schneider Reinhold, Klarinette (1974); Schnur Ralf, Bariton (1974); Schüler Alfred, Trompete (1965); Schüler Walter, Posaune (1967); Schüler Wilhelm, Horn (1964); Schwarz Rolf, Posaune (1978); Schweizer Frank, Schlagzeug (1974); Schweizer Franz, Horn (1950); Schweizer Silke, Klarinette (1979); Thoma Trudpert, Bariton (1949); Zähringer Wolfgang, Saxophon (1967); Zimmermann Anja, Klarinette (1980)
Zöglinge: Bäuerle Jürgen, Trompete (1981); Jenne Michael, Tuba (1980); Kiefer Andreas, Flügelhorn (1981); Kohrs Judith, Klarinette (1980); Reichenbach Diana, Trompete (1979)

Stadtmusik Elzach

Gründungsjahr:	1754*
1. Vorsitzender:	Kurt Wernet
Stellv. Vorsitzender:	Fritz Sailer
Schriftführer:	Thomas Lienemann
Stellv. Schriftführer:	Berthold Trenkle
Rechner:	Rolf Oschwald
Stellv. Rechner:	Bernhard Jägle
Beirat:	Paul Joos
	Gabriel Mayer
	Arno Schurgelies
Dirigent:	Walter Jäger
Vizedirigent:	Kurt Wernet
Jugendleiter:	Arno Schurgelies
Notenwart:	Paul Joos
Instrumentenwart:	Fritz Sailer
Jugendausbilder (Blechblasinstrumente):	Walter Jäger
Jugendausbilder (Holzblasinstrumente):	Franz Wernet

Aktive: Becherer Linus, Tuba (1975); Beh Mainrad, Trompete (1964); Beha Albert, Tenorhorn (1954); Biehler Nikolaus, Posaune (1960); Böcherer Walter, Horn (1952); Burger Erwin I, Klarinette (1946); Burger Erwin II, Klarinette (1955); Burger Josef, Horn (1956); Burger Meinrad, Klarinette (1975); Burger Roland, Posaune (1974); Dick Matthias, Tenorhorn (1978); Dick Stephan, Schlagzeug (1976); Dilberger Thomas, Posaune (1976); Dufner Kurt, Trompete (1938); Fischer Alfons, Tuba (1947); Fischer Harald, Horn (1973); Füchter Andreas, Klarinette (1981); Gäßler Fritz, Posaune (1956); Gehrung Karlheinz, Trompete (1978); Gißler Stefan, Klarinette (1981); Holzer Dietmar, Schlagzeug (1980); Jägle Bernhard, Horn (1960); Joos Paul, Schlagzeug (1946); Kern Christoph, Klarinette (1979); Kury Roland, Trompete (1981); Landwehr Fritz, Horn (1974); Lang Herbert, Tenorhorn (1956); Lienemann Herbert, Tuba (1957); Lienemann Thomas, Saxophon (1972); Maier Hans-Jürgen, Flügelhorn (1973); Maier Jürgen, Klarinette (1980); Maier Manfred, Trompete (1958); Mayer Gabriel, Trompete (1968); Mayer Meinrad, Flügelhorn (1968); Oschwald Rolf, Klarinette (1956); Oschwald Thomas, Klarinette (1979); Rieger Kurt, Flügelhorn (1952); Ruf Martin, Flügelhorn (1978); Sailer Fritz, Saxophon (1964); Schurgelies Arno, Bariton (1968); Trenkle Berthold, Pauken (1966); Weber Karl I, Klarinette (1945); Weber Karl II, Saxophon (1974); Weber Nikolaus, Flügelhorn (1954); Weber Rudolf, Bariton (1975); Wehrle Jürgen, Horn (1981); Wernet Karl, Posaune (1952); Wernet Kurt, Klarinette (1952); Winterhalter Fritz, Flöte (1946); Wisser Hubert, Trompete (1973); Wölfle Michael, Klarinette (1980)
Zöglinge: Burger Oliver, Flöte (1981); Disch Christian, Klarinette (1980); Fütterer Matthias, Bariton (1980); Holzer Armin, Klarinette (1980); Ketterer Alexander, Posaune (1980); König Harald, Trompete (1980); Maier Ralf, Klarinette (1980); Wernet Andreas, Trompete (1980)

Stadtmusikverein Emmendingen

Gründungsjahr:	1861*
1. Vorsitzender:	Theobald Wipfler
2. Vorsitzender:	Rudolf Kleißler
3. Vorsitzender:	Peter Lenz
Schriftführer:	Horst Keck
Rechner:	Dieter Kraft
Beirat (Aktiva):	Roland Benz
	Ingo Finkbeiner
	Wilfried Flamm
	K.-Heinz Kleißler
	Thomas Oesterle
	Bernd Oswald
Beirat (Passiva):	Franz Oberle
	Gernot Wibel
	Artur Ziebold
Jugendvertreterin:	Christine Groß
Dirigent:	Heinz Vosseler
Pressearbeit:	Lisa Meiners
	Harald Metzger
Notenwarte:	Wilhelm Götz
	Harald Metzger

Instrumentenwart: Alfred Schneider; Ehrenvorsitzender: Robert Burkhart; Obmann der Kapelle: Alfred Schneider; Vertreter der Stadt: Oberbürgermeister Hans-Peter Schlatterer; Vertreter der Freiw. Feuerwehr: Kurt Ohmberger, Rolf Schneider; Vertreter des Fanfarenzuges: Lothar Winterle.
Aktive: Amann Thomas, Schlagzeug (1976); Bär Bernhard, Klarinette (1950); Bayer Paul, Trompete (1948); Benz Roland, Bariton (1949); Bleile Heinrich, Tuba (1957); Bockstahler Michael, Trompete (1975); Caligari Peter, Bariton (1976); Clermont Marc, Trompete (1979); Dickele Werner, Saxophon (1976); Ebner Norbert, Saxophon (1976); Fichtner Reiner, Tenorhorn (1976); Finkbeiner Ingo, Posaune (1976); Fischer Werner, Schlagzeug (1976); Fischer Wolfgang, Klarinette (1976); Flamm Wilfried, Saxophon (1951); Fleig Andreas, Bariton (1976); Fleig Volker, Posaune (1978); Götz Wilhelm, Klarinette (1922); Groß Christine, Saxophon (1976); Haag Alfred, kl. Trommel (1925); Häfner Karin, Klarinette (1976); Hamann Hans, Klarinette (1956); Heimann Bernadette, Flöte (1976); Hillberg Martina, Klarinette (1976); Hilling Hubert, Oboe (1976); Hiss Eberhard, Posaune (1954); Kasper Engelbert, Flügelhorn (1958); Kirschner Erwin, Tuba (1931); Kleißler Karlheinz, Horn (1961); Kleißler Rudolf, Tenorhorn (1947); Kraft Dieter, Tenorhorn (1953); Limberger Alexander, Tuba (1978); Mahl Mario, Posaune (1976); Meiners Lisa, Klarinette (1978); Metzger Harald, Flügelhorn (1976); Oesterle Thomas, Posaune (1976); Oswald Bernd, Horn (1951); Oswald Wilfried, Klarinette (1951); Platz Oliver, Trompete (1979); Ruder Karlheinz, Flügelhorn (1957); Schenk Sabine, Klarinette (1976); Schlatterer Stefan, Trompete (1976); Schneider Alfred, Tuba (1947); Steiger Hans, Klarinette (1976); Sulzberger Karin, Klarinette (1978); Vosseler Michaela, Fagott (1976); Vosseler Rafael, Horn (1976); Vosseler Sylvia, Pauken (1976); Wilper Thomas, Saxophon (1976); Zander Erika, Flöte (1977); Zimmermann Rupert, Posaune (1978)
Jugendkapelle: Bär Markus, Saxophon (1980); Bieber Sabine, Klarinette (1978); Dresen Petra, Klarinette (1976); Emminghaus Karin, Saxophon (1976); Emminghaus Mathias, Saxophon (1976); Fischer Kay, Saxophon (1976); Flamm Volker, Schlagzeug (1976); Fleig Michaela, Klarinette (1978); Fleig Reiner, Trompete (1979); Gaess Oliver, Saxophon (1980); Gaess Stefanie, Klarinette (1980); Gehle Annette, Klarinette (1980); Günter Stefan, Posaune (1976); Hafner Christina, Klarinette (1980); Hafner Karl-Joseph, Horn (1976); Hoffmann Andreas, Saxophon (1980); Huber Christiane, Klarinette (1979); Hug Tatjana, Klarinette (1980); Kern Claudia, Trompete (1981); Klug Tina, Klarinette (1979); Knopf Christine, Flöte (1978); Knopf Mathias, Horn (1981); Kohlhase Marc, Schlagzeug (1978); Kuderer Ursula, Flöte (1980); Larsch Isabell, Trompete (1981); Lichtle Dirk, Horn (1982); Limberger Alexander, Tuba (1978); Limberger Josef, Flügelhorn (1981); Metzger Michael, Tenorhorn (1982); Metzger Ulrich, Klarinette (1976); Moos Frank, Tenorhorn (1978); Moos Thomas, Tuba (1979); Pfister Stefanie, Flöte (1981); Schlatterer Axel, Klarinette (1981); Schmidt Andreas, Trompete (1980); Schmidt Cornelia (1982); Schneider H. Martin, Klarinette (1980); Schulz Birgit, Flöte (1982); Schupp Stefan, Saxophon (1978); Schwörer Karin, Klarinette (1976); Stipsitz Melanie, Flöte (1981); Suckow Susanne, Oboe (1981); Sulzberger Karin, Klarinette (1978); Töpper Manfred, Fagott (1980); Wehrle Daniela, Klarinette (1978); Wolfsperger Clemens, Posaune (1978); Worret Jens, Flügelhorn (1976); Zimmermann Axel, Trompete (1980)

Musikverein Eschbach e.V.

Gründungsjahr:	1905
1. Vorsitzender:	Ortsvorsteher Max Spitz
Stellv. Vorsitzender:	Georg Mayer
Schriftführer:	Heinrich Schwär
Rechner:	Siegfried Strecker
Beirat:	Franz Fräßle
	Martin Rombach
	Rudolf Schwär
	Franz Würmle
	Hannelore Zahn
	Hermann Zipfel
Dirigent:	Karl Schuler
Vizedirigent/ Jugendleiter:	Manfred Gimbel
Notenwart:	Hannelore Zahn
Ehrenvorstands- mitglied:	Karl Scherer

Aktive: Albrecht Klaus, Bariton (1971); Berl Martin, Klarinette (1966); Fräßle Franz, Tenorhorn (1966); Gimbel Manfred, Klarinette (1966); Gschwind Peter, Posaune (1976); Hensler Erich, Posaune (1947); Hensler Markus, Trompete (1980); Hoffmann Peter, Klarinette (1979); Ketterer Wilhelm, Flügelhorn (1947); Koch Petra, Klarinette (1980); Kollmer Michael, Flöte (1980); Kollmer Seraphin, Flöte (1960); Kollmer Stefan, Flügelhorn (1980); Korp Adolf, Klarinette (1980); Läufer Hermann, Tenorhorn (1951); Läufer Hubert, Trompete (1976); Läufer Werner, Flügelhorn (1976); Maier Pius, Tuba (1947); Mayer Beatrix, Flöte (1980); Mayer Georg, Pauken (1958); Moder Christian, Klarinette (1980); Pfister Bettina, Klarinette (1980); Rombach Albert, Horn (1959); Rombach Anton, Trompete (1980); Rombach Harald, kl. Trommel (1980); Rombach Karl, Horn (1980); Rombach Martin, Bariton (1970); Rombach Mathias, Tuba (1970); Scherer Arnold, Tuba (1976); Scherer Max, Tuba (1980); Scherer Meinrad, Tenorhorn (1976); Scherer Rudolf, Flügelhorn (1980); Schuster Emil, Klarinette (1947); Schuster Günter, Klarinette (1980); Schuster Sonja, Klarinette (1980); Schwär Bernhard, Horn (1971); Schwär Erich, Flügelhorn (1969); Schwär Rudolf, Saxophon (1971); Schweizer Andreas, Trompete (1980); Schweizer Bernhard, Posaune (1980); Schweizer Werner, Tenorhorn (1980); Spitz Max, gr. Trommel (1936); Stern Petra, Flügelhorn (1971); Stern Susanne, Klarinette (1980); Strecker Markus, Klarinette (1971); Strecker Martina, Klarinette (1980); Strecker Siegfried, Horn (1953); Würmle Franz, Trompete (1947); Zähringer Brigitta, Saxophon (1980); Zahn Hannelore, Schlagzeug (1971); Zipfel Peter, Trompete (1976)

Musikverein „Freundschaft" Freiamt

Gründungsjahr:	1860*
1. Vorsitzender:	Adolf Schneider
Stellv. Vorsitzender:	Walter Schneider
Schriftführer:	Georg Schillinger
Rechner:	Walter Haas
Dirigent:	Walter Kern
Vizedirigent:	Chrispinus Schillinger
Jugendleiter:	Annemarie Kopp
Notenwart/	
Instrumentenwart:	Otto Schillinger
Ehrenvorsitzender:	Johann Georg Kern

Aktive: Buderer Jutta, Klarinette (1975); Bührer Bernd, Posaune (1976); Bührer Martin, Klarinette (1975); Burkhard Rudi, Tuba (1973); Gerber Dieter, Trompete (1976); Gerber Fritz, Tenorhorn (1949); Haas Christine, Flöte/Klarinette (1974); Haas Elmar, Schlagzeug (1978); Haas Georg, Trompete (1974); Haas Walter, Horn (1968); Herr Elfriede, Klarinette (1976); Kern Gerhard, Tenorhorn (1976); Kölblin Anita, Klarinette (1976); König Klaus, Tenorhorn (1974); Kuri Alfred, Klarinette (1954); Schillinger Christian, Tuba (1948); Schillinger Georg, Tuba (1968); Schillinger Otto, Flügelhorn (1948); Schneider Adolf, Bariton (1953); Schneider Hans-Günter, Flügelhorn (1974); Schneider Helga, Klarinette (1974); Schneider Matthias, Tenorhorn (1948); Schneider Richard, Posaune (1972); Schneider Roland, Tuba (1976); Schneider Walter, Trompete (1968); Schultz Silke, Klarinette (1978); Weiner Hermann sen., Horn (1948); Weiner Hermann jun., Saxophon (1968); Weiner Veronika, Klarinette (1978)
Zöglinge: Haas Thomas, Trompete (1979); Heller Markus, Klarinette (1979); König Sabine, Trompete (1979); Schumacher Markus, Trompete (1979)

Musikverein „Harmonie" Freiamt e.V.

Gründungsjahr:	1904
1. Vorsitzender:	Georg Böcherer
Stellv. Vorsitzender:	Heinz Buhl
Schriftführer:	Werner Herr
Rechner:	Hermann Kern
Beirat:	Emil Böcherer
	Ernst Haas
	Gerhard Kern
	Hans-Jürgen Steinke
Dirigent:	Walter Kern
Vizedirigent:	Annemarie Kopp
Jugendleiter:	Walter Kern
	Annemarie Kopp
Notenwart/	
Instrumentenwart:	Max Bühler
Ehrenvorsitzender:	Richard Bürklin

Aktive: Böcherer Georg, Horn (1952); Böcherer Hans, Posaune (1967); Böcherer Martin, Saxophon (1972); Böcherer Walter, Klarinette (1965); Böcherer Werner, Horn (1970); Buderer Siegfried, Tenorhorn (1975); Bühler Georg, Klarinette (1972); Bühler Max, Flügelhorn (1969); Buhl Heinz, Klarinette (1967); Herr Werner, Flügelhorn (1959); Kern Alfred, Klarinette (1948); Kern Dietmar, Flügelhorn (1968); Kern Georg, Horn (1975); Kern Gerhard, Schlagzeug (1966); Kern Hermann, Horn (1966); Kern Otto, Tuba (1955); Kern Thomas, Trompete (1975); Kern Walter, Saxophon (1968); Kirgis Ralf, Posaune (1980); Kopp Annemarie, Klarinette (1963); Linz Peter, Flöte (1979); Oestreicher Wilhelm, Bariton (1948); Reinbold Georg, Posaune (1974); Reinbold Gottlieb, Horn (1952); Reinbold Liesbeth, Trompete (1976); Reinbold Matthias, Horn (1963); Roser Ernst, Trompete (1965); Roser Hans, Bariton (1975); Schweikert Karlheinz, Tuba (1969); Steinke Hans-Jürgen, Tuba (1959); Steinke Manuela, Klarinette (1978)

Eisenbahner-Musikverein Freiburg

Gründungsjahr:	1931
1. Vorsitzender:	Adolf Wintermantel
Stellv. Vorsitzender:	Willi Reger
Schriftführerin:	Waltraud Dufner
Rechner:	Hubert Kracher
Beirat:	Horst Gräfe
	Wolfgang Hirt
	Adolf Hurter
	Karin Winski
Dirigent:	Jakob Lehmann
Vizedirigent:	Clemens Koch
Notenwart:	Waltraud Dufner
Instrumentenwart:	Willi Reger
Ehrenvorsitzender:	Georg Weiß

Aktive: Bach Johann, Tenorhorn (1974); Bauer Karl, Saxophon (1964); Bauer Karl, Klarinette (1969); Boos Max, Tuba (1950); Bühler Fritz, Klarinette (1964); Dufner Kurt, Klarinette (1957); Dufner Nathalie, Pikkolo (1982); Dufner Waltraud, Klarinette (1976); Herb Anton, Tuba (1946); Hirt Wolfgang, Saxophon (1969); Hurter Adolf, Posaune (1950); Jende Alois, Saxophon (1932); Koch Clemens, Flügelhorn (1969); Korp Adolf, Klarinette (1955); Ludwig Edgar, Trompete (1964); Mahler Uwe, Horn (1971); Meyer Gerd, Tuba (1982); Reger Willi, Schlagzeug (1968); Reiter Helmut, Schlagzeug (1964); Reiter Horst, Klarinette (1966); Reiter Josef, Bariton (1946); Rieger Gustav, Tenorhorn (1950); Sattler Günter, Flügelhorn (1964); Schultheiß Hermann, Tuba (1923); Stening Isabella, Klarinette (1978); Stening Marius, Trompete (1978); Tritschler Martin, Trompete (1967); Winski Karin, Klarinette (1979); Zaharanski Fritz, Horn (1982); Zimmermann Herbert, Tenorhorn (1974)
Zöglinge: Fröhner Heiko, Trompete (1982); Havryluk Michael, Horn (1982); Laub Jörg, Trompete (1981); Walter Claudia, Trompete (1982); Walter Jürgen, Trompete (1982)

Sanitätskapelle Freiburg

Gründungsjahr:	1924
1. Vorsitzender:	Claus-Dieter Gnann
2. Vorsitzender:	Thomas Fischer
Schriftführer:	Fritz Hosp
Rechner:	Friedrich Här
Beirat:	Felix Chivite
	Adolf Hauser
	Harry Hinn
Dirigent:	Friedrich Här
Vizedirigent:	Erwin Lemke
Jugendwart:	Volker Lemke
Notenwarte:	Heinz Knoop
	Edith Schöntag
Instrumentenwart:	Josef Nägele
Öffentlichkeitsarbeit:	Harry Hinn
Korpsführer:	Claus-Dieter Gnann
Ehrenkorpsführer:	Rudolf Hirth †

Aktive: Atzenhofer Elisabeth, Klarinette (1978); Blaudszun Hellmut, Trompete (1971); Chivite Felix, Flügelhorn (1963); Eberwein Rudolf, Tuba (1963); Ehreiser Walter, Horn (1958); Fischer Alexander, Trompete (1980); Fischer Thomas, Posaune (1974); Franzke Gerhard, Horn (1977); Gnann Claus-Dieter, Posaune (1975); Hauser Adolf, Tuba (1954); Hauser Anja, Klarinette (1979); Hauser Thomas, Trompete (1979); Hinn Harry, Klarinette (1975); Hosp Fritz, Schlagzeug (1957); Huber Norbert, Flöte (1976); Hummel Martin, Saxophon (1977); Kirner Josef, Klarinette (1960); Knoop Heimke, Klarinette (1980); Knoop Heinz, Trompete (1980); Knoop Jens, Schlagzeug (1980); Knoop Volker, Posaune (1980); Lemke Erwin, Klarinette (1953); Lemke Volker, Saxophon (1976); Maier Dennis, Tenorhorn (1980); Menner Hellmut, Trompete (1977); Müller Josef, Tenorhorn (1976); Nägele Josef, Schlagzeug (1967); Ringwald Erwin, Saxophon (1976); Ruf Michael, Klarinette (1981); Schöntag Edith, Horn (1978); Seng Hans, Tuba (1978); Skroch Uwe, Klarinette (1981); Spadaro Rocco, Flügelhorn (1965); Steiert Peter, Tuba (1968); Thoma Manfred, Flügelhorn (1981); Thoma Stefan, Saxophon (1981); Weber Johannes, Trompete (1981); Weigl Andreas, Klarinette (1978)
Zöglinge: Biermann Claus, Trompete (1980); Fischer Georg, Posaune (1982); Hamburger Klaus, Trompete (1981); Kraus Patricia, Flügelhorn (1981); Lieske Martin, Trompete (1980); Schindera Florian, Trompete (1979)

Volksmusikverein Freiburg e.V.

Gründungsjahr:	1963
1. Vorsitzender:	Franz Peter
Stellv. Vorsitzender:	Alfred Hörsch
Schriftführer:	Hermann Thoma
Stellv. Schriftführerin:	Hannelore Zoll
Rechner:	Elsa Roth
	Ute Walter
Beirat:	Willi Barth
	Erna Kind
	Siegfried Kind
	Alfons Ruth
	Bernd Ruth
	Manfred Simon
Dirigent:	Werner Hirth
Vizedirigent:	Alfred Hörsch
Jugendleiter:	Manfred Simon
Notenwart/ Instrumentenwart:	Bernd Ruth
Ehrenvorsitzender:	Karl Späth †

Aktive: Barth Willi, Schlagzeug (1981); Burrini Cornelio, Klarinette (1980); Chivite Felix, Flügelhorn (1975); Hirth Werner, Posaune (1979); Hörsch Alfred, Bariton/Tuba (1979); Hörsch Walter, Tenorhorn (1980); Kind Siegfried, Trompete (1965); Kramer Bernhard, Trompete (1981); Peter Franz, Horn (1963); Pfeifer Paul, Schlagzeug (1976); Roth Elsa, Lyra (1963); Ruth Bernd, Flügelhorn (1975); Schöntag Edith, Horn (1977); Seebacher Wolfgang, Flügelhorn (1981); Seng Hans, Tuba (1963); Simon Manfred, Trompete (1965); Thoma Hermann, Klarinette (1963); Zoll Christine, Klarinette (1980)
Zöglinge: Barth Alexandra, Klarinette (1980); Bartscht Anja, Klarinette (1981); Bartscht Heike, Klarinette (1981); Bianchi Claudius, Schlagzeug (1981); Bianchi Philip, Flügelhorn (1981); Karczewski Stefan, Posaune (1981); Seebacher Ulrike, Klarinette (1981); Zimmermann Susanne, Klarinette (1981)

Erstes Freiburger Jugendblasorchester im Musikverein Freiburg-Haslach e.V.

Gründungsjahr:	1921
1. Vorsitzender:	Walter Deuter
Stellv. Vorsitzender:	Kurt Merkel
Schriftführer:	Kurt Priester
Rechner:	Karl Scherzinger
Beirat:	Erich Benz
	Wolfram Bleich
	Eberhard Mann
	Margrit Merkel
	Stephan Sütterlin
Dirigent:	Albert Loritz
Jugendleiter:	Gert Blumenstein
	Rudolf Moser
	Peter Pfaff
	Franz Schindler
Notenwart:	Martha Huck
Präsident:	Karlheinz Thoman
Ehrendirigent:	Hans Gillhaus

Aktive: Albrecht Jörg, Horn (1980); Anderhuber Guy, Flöte (1979); Bär Bettina, Fagott (1980); Bär Nicole, Klarinette (1980); Berenbold Ulrike, Oboe (1978); Blank Daniela, Klarinette (1980); Bleich Christian, Klarinette (1979); Bleich Norbert, Oboe (1977); Braach Morna, Klarinette (1974); Deutsch Günther, Flügelhorn (1978); Dickert Christian, Schlagzeug (1974); Dobner Rainer, Klarinette (1981); Dürr Norbert, Saxophon (1974); Eberle Ulrike, Klarinette (1976); Faas Franz, Trompete (1974); Faas Wolfram, Posaune (1975); Flamm Johannes, Klarinette (1980); Föhrenbach Bernhard, Tuba (1979); Frei Beate, Flöte (1976); Frei Claudia, Flöte (1976); Frisch Patrick, Trompete (1977); Fuß Michael, Trompete (1979); Gießler Gabriele, Klarinette (1979); Gillhaus Volker, Trompete (1974); Granger Daniel, Trompete (1976); Hauser Guido, Klarinette (1975); Hauser Karine, Oboe (1975); Hechinger Andrea, Horn (1977); Hechinger Karin, Klarinette (1975); Hermann Esther, Saxophon (1976); Huck Beate, Klarinette (1974); Huck Sigrid, Horn (1975); Kaltenbacher Bernd, Schlagzeug (1977); Kaltenbacher Mathias, E-Baß (1976); Kammerer Jens, Saxophon (1979); Kehl Thomas, Posaune (1976); Kirner Axel, Flügelhorn (1975); Knoop Heimke, Klarinette (1978); Knoop Jens, Schlagzeug (1979); Knoop Volker, Posaune (1979); Kramer Thomas, Posaune (1979); Krams Elke, Klarinette (1974); Krams Vera, Klarinette (1975); Kremp Michael, Horn (1975); Kuderer Johannes, Trompete (1980); Leupolz Martin, Trompete (1974); Leupolz Michaela, Klarinette (1976); Leupolz Ursula, Flöte (1976); Lickert Erich, Tenorhorn (1975); Mann Eberhard, Saxophon (1974); Mann Frank-Ulrich, Trompete (1979); Merkel Angela, Saxophon (1975); Merkel Susanne, Tenorhorn (1976); Meyer Ralf, Trompete (1979); Minardi Isabella, Horn (1976); Moser Jörg, Tuba (1975); Paul Birgit, Klarinette (1975); Paul Steffen, Trompete (1975); Pfaff Margit, Fagott (1976); Pieper Henning, Posaune (1974); Priester Petra, Flöte (1979); Scheer Armin, Posaune (1980); Schilli Susanne, Horn (1982); Schindler Markus, Saxophon (1975); Schneider Paul, Schlagzeug (1979); Schreck Christoph, Trompete (1974); Schruba Wolfgang, Tenorhorn (1973); Seeger Hartmut, Bariton (1974); Siburg Karl-Friedrich, Klarinette (1978); Sieber Michael, Horn (1977); Siegel Martin, Saxophon (1976); Siegel Stefan, Tenorhorn (1978); Siegel Thomas, Tuba (1976); Soltész Ulrich, Trompete (1981); Stich Barbara, Pauken (1978); Stingl David, Bariton (1981); Sütterlin Stephan, Posaune (1975); Thamm Hanspeter, Flügelhorn (1973); Thoman Barbara, Flöte (1974); Thoman Bernadette, Klarinette (1979); Töpfer Sabine, Klarinette (1980); Wangler Michael, Klarinette (1977); Weisbrod Wolfgang, Flügelhorn (1978); Weißhaar Gerhard, Klarinette (1979); Wiegering Edgar, Saxophon (1975); Zentner Annette, Klarinette (1977)
Nachwuchsorchester: Aichele Sonja, Klarinette (1980); Basler Robert, Klarinette (1980); Bellemann Jens, Trompete (1979); Berenbold Daniel, Trompete (1976); Blumenstein Holger, Schlagzeug (1980); Brandt Katja, Klarinette (1980); Feuersenger Wolfgang, Trompete (1979); Flack Stefan, Trompete (1979); Föhrenbach Peter, Tenorhorn (1979); Grübl Sonja, Flöte (1980); Hauser Anja, Klarinette (1982); Hauser Thomas, Trompete (1982); Holler Andreas, Bariton (1979); Holler Marcellus, Saxophon (1980); Konrad Ralf, Klarinette (1980); Krebser Klaus, Trompete (1980); Kremp Andreas, Trompete (1979); Laible Thomas, Trompete (1982); Lauk Michael, Posaune (1980); Lentschewski Dirk, Klarinette (1980); Leypoldt Gerhard, Horn (1980); Lieberwirth Claus, Tuba (1975); Magiera Silke, Flöte (1981); Mertens Ingo, Posaune (1980); Meyer Michael, Saxophon (1980); Minardi Robert, Tuba (1977); Pfaff Volker, Horn (1979); Scherzinger Tanja, Klarinette (1980); Schinker Nils, Posaune (1981); Stingl Benjamin, Trompete (1980); Strack Bernd, Klarinette (1982); Wangler Claudia, Flöte (1979); Waßmer Christiane, Klarinette (1981); Wiegering Irena, Saxophon (1979); Wolf Steffen, Trompete (1981); Zentner Silke, Trompete (1979)
Zöglinge: Bösch Mireille-Claire, Klarinette (1981); Braun Sibylle, Klarinette (1981); Breyer Jürgen, Trompete (1981); Brunner Robert, Schlagzeug (1981); Dietrich Martin, Klarinette (1982); Golder Thomas, Klarinette (1981); Gremmelspacher Silke, Klarinette (1982); Hacker Annette, Horn (1982); Hauser Thomas, Trompete (1982); Huck Andreas, Trompete (1982); Huck Norbert, Klarinette (1982); Kammerer Miriam, Klarinette (1982); Koppitz Patrick, Klarinette (1982); Kullrich Sven, Tenorhorn (1982); Kunze Harald, Klarinette (1982); Lauk Daniel, Posaune (1980); Neininger Ralph, Klarinette (1981); Neulen Jan, Klarinette (1981); Probst Jochen, Klarinette (1981); Rösinger Jürgen, Schlagzeug (1980); Sanders Cornelia, Klarinette (1982); Siegel Sabine, Klarinette (1982); Speck Anja, Klarinette (1981); Winkler Tatjana, Klarinette (1982); Zentner Achim, Flöte (1982); Zentner Ralf, Schlagzeug (1982)

Musikverein Freiburg-Landwasser e.V.

Gründungsjahr:	1976
1. Vorsitzender:	Paul Gerhard Dees
Stellv. Vorsitzender:	Hermann Wöhrlin
Schriftführer:	Reiner Jäger
Rechner:	Josef Schmidt
Beirat:	Gerda Cuolt
	Bernd Greschel
	Karl Kern
	Rosmarie Schmidt
	Olaf Srowig
Dirigent:	Paul Schulze
Vizedirigent:	Erwin Grether
Notenwart:	Hermann Wöhrlin
Instrumentenwart:	Manfred Cuolt

Aktive: Akermann Roland, Trompete (1977); Baumann Matthias, Trompete (1978); Cuolt Christian, Trompete (1976); Cuolt Gerda, Klarinette (1977); Cuolt Manfred, Tenorhorn (1976); Dueck Gudrun, Trompete (1978); Gärttner Arnim, Trompete (1979); Greschel Bernd, Flügelhorn (1976); Grether Dietmar, Saxophon (1980); Grether Erwin, Trompete (1976); Grether Jürgen, Schlagzeug (1976); Hartlmaier Melanie, Klarinette (1979); Hurter Adolf, Posaune (1980); Jäger Bernd, Tenorhorn (1976); Kern Andrea, Klarinette (1980); Killy Lothar, Trompete (1980); Klein Benny, Trompete (1979); Lungwitz Petra, Klarinette (1977); Meyer Gerd, Tuba (1980); Pavan Bernd, Trompete (1977); Rieger Andreas, Trompete (1979); Schmidt Claudia, Klarinette (1977); Schmidt Joachim, Trompete (1979); Schultheis Hermann, Tuba (1978); Simons Heike, Klarinette (1978); Srowig Olaf, Tenorhorn (1976); Wagner Dieter, Posaune (1978); Wöhrlin Hermann, Klarinette (1977)
Zöglinge: Egner Jürgen, Posaune (1981); Frei Birgit, Klarinette (1981); Frey Claudius, Schlagzeug (1982); Lozar Roger, Schlagzeug (1981); Pavan Anette, Klarinette (1980); Schmidt Susanne, Saxophon (1980); Schumacher Torsten, Trompete (1980); Steigert Christian, Klarinette (1980); Vahlenkamp Moritz, Trompete (1981); Widera Andrea, Klarinette (1980)

Musikverein Lehen e.V.

Gründungsjahr:	1922
1. Vorsitzender:	Anton Lang
Stellv. Vorsitzender:	Benedikt Wirbser
Schriftführer:	Alois Löffler
Rechner:	Klaus Gloderer
	Artur Disch
	Karl Disch
	Edwin Löffler
	Ernst Zähringer
Dirigent:	Heinz Rebmann
Vizedirigent:	Benedikt Wirbser
Ehrenvorsitzender/	
Ehrendirigent:	Hermann Fraider

Aktive: Baader Jürgen, Flöte (1981); Beyer Regina, Klarinette (1979); Carli Andreas, Posaune (1977); Daum Christian, Tenorhorn (1979); Dienst Rudolf, Klarinette (1934); Disch Julius, Flügelhorn (1955); Disch Peter, Tenorhorn (1976); Disch Wolfgang, Tenorhorn (1963); Drescher Franz, Tenorhorn (1957); Drescher Michael, Tenorhorn (1979); Drescher Thomas, Flügelhorn (1979); Eberwein Rudolf, Tuba (1979); Fraider Wilhelm, Klarinette (1948); Gloderer Klaus, Trompete (1957); Herr Joachim, Klarinette (1973); Herr Volker, Posaune (1978); Klein Helmut, Flöte (1981); Kleißer Hubert, Tenorhorn (1979); Licht Helmut, Trompete (1980); Licht Rudi, Trompete (1963); Lier Uwe, Klarinette (1980); Lindinger Hermann, Klarinette (1948); Lindstedt Günter, Klarinette (1960); Löffler Alois, Horn (1950); Löffler Edwin, Flügelhorn (1948); Löffler Roland, Flügelhorn (1973); Mayer Uwe, Trompete (1981); Mösinger Heinz, Trompete (1956); Rebmann Heinz, Tenorhorn (1956); Sacherer Gerhard, Klarinette (1971); Sacherer Markus, Klarinette (1979); Schätzle Wilhelm, Tuba (1935); Schlaich Markus, Trompete (1978); Seibert Helmut, Tuba (1979); Seiffert Cati, Klarinette (1979); Seiffert Christine, Klarinette (1979); Steffen Markus, Horn (1975); Tritschler Wolfgang, Horn (1975); Weck Konrad, Schlagzeug (1951); Wirbser Andrea, Klarinette (1978); Wirbser Benedikt, Posaune (1976); Wirbser Sabine, Klarinette (1978); Zähringer Christian, Klarinette (1981); Zähringer Ernst, Flügelhorn (1950); Zähringer Wolfgang, Schlagzeug (1977)

Musikverein Littenweiler e.V.

Gründungsjahr:	1903
1. Vorsitzender:	Alfred Wehrle
Stellv. Vorsitzender:	Emil Frey
Schriftführer:	Peter Sumser
Stellv. Schriftführerin:	Anita Sumser
Rechner:	Klaus Mattes
Stellv. Rechner:	Bernhard Mattes
Beirat:	Anette Feigl
	Peter Kaltenbach
	Christoph Kehl
	Thomas Kehl
	Frank Kurz
	Karin Mayer
	Johannes Riegger
	Reinhard Riegger
	Bernd Rolfes
	Gunter Schmauder
Dirigent:	Konrad Lorek
Vizedirigent:	Bernd Rolfes
Jugendleiter:	Markus Riegger
	Mathias Schmauder

Notenwarte: Daniel Dilger, Robert Kurz; Instrumentenwart: Klaus Mattes; Ehrenvorsitzender: Arthur Zahoransky
Aktive: Banati Gabi, Klarinette (1969); Batsch Jochen, Schlagzeug (1981); Bredt Martin, Posaune (1980); Bühler Josef, Tuba (1980); Cattini Bernd, Flöte (1981); Dilger Daniel, Flügelhorn (1977); Feigl Anette, Klarinette (1979); Frey Emil, Horn (1948); Hin Andreas, Schlagzeug (1975); Hübsch Carl-Ludwig, Klarinette (1978); Jnhoffen Martin, Trompete (1978); Kaltenbach Iris, Klarinette (1980); Kehl Christoph, Posaune (1976); Kehl Thomas, Posaune (1976); Kremer Monika, Flöte (1981); Kurz Robert, Tenorhorn (1976); Mattes Barbara, Flügelhorn (1973); Mattes Bernhard, Flügelhorn (1974); Mayer Karin, Saxophon (1975); Müller Michael, Tenorhorn (1979); Müller Oliver, Klarinette (1979); Op gen Oorth Peter, Trompete (1979); Pfaff Bernhard, Tenorhorn (1974); Renner Andreas, Klarinette (1978); Riegger Johannes, Trompete (1974); Riegger Markus, Trompete (1974); Rolfes Bernd, Flügelhorn (1969); Schmauder Mathias, Horn (1974); Selbherr Gregor, Schlagzeug (1975); Steiert Josef, Tuba (1979); Stoffel Alex, Klarinette (1979); Sumser Peter, Horn (1953); Walther Hubert, Saxophon (1976); Weigel Andreas, Klarinette (1974)
Zöglinge: Duhr Cornelia, Klarinette (1981); Lengsfeld Stefan, Posaune (1982); Lindinger Franziska, Klarinette (1981); Markgraf Dunja, Klarinette (1981); Martin Ingo, Klarinette (1982); Sumser Alexandra, Klarinette (1981)

Musikverein Freiburg-St. Georgen e.V.

Gründungsjahr:	1743*
1. Vorsitzender:	Harald Kraus
2. Vorsitzender:	Wolfgang Bechtold
1. Schriftführer:	Siegfried Specker
2. Schriftführer:	Karl Vögele
1. Rechner:	Reinhold Ehm
2. Rechner:	Peter Burkard
Dirigent:	Bernward Feifel
Vizedirigent:	Gerhard Schaumann
Jugendleiter:	Peter Ehret
Notenwart:	Wolfgang Math
Instrumentenwart:	Josef Koch
Präsident:	Stadtrat Peter Wopperer
Ehrenpräsident:	Stadtrat a. D. Fritz Troll

Beisitzer: Willi Faber, Edgar Fuchs, Stefan Hercher, Josef Koch, Adelrich Kraus, Markus Kraus, Theo Liebherr, Hans Mader, Helmut Meier, Ulrika Realini, Gerhard Schaumann, Hans Schweitzer
Aktive: Bauer Robert, Trompete (1976); Bechtold Uwe, Trompete (1973); Bechtold Wolfgang, Tenorhorn (1956); Binder Michael, Flügelhorn (1967); Borell Ralf, Klarinette (1976); Ehm Reinhold, Tuba (1978); Ehreiser Helmut, Tuba (1960); Ehreiser Thomas, Tuba (1978); Ehret Peter, Schlagzeug (1956); Fuchs Edgar, Flöte (1951); Gersbacher Jürgen, Schlagzeug (1974); Gersbacher Walter, Posaune (1952); Hercher Stephan, Tenorhorn (1976); Imberi Clemens, Flügelhorn (1976); Imberi Josef, Posaune (1950); Joos Rolf, Klarinette (1968); Keller Bernhard, Trompete (1975); Keller Georg, Flügelhorn (1965); Koch Emil, Tuba (1955); Koch Heide, Klarinette (1976); Koch Josef, Becken (1950); Koch Karl, Bariton (1957); Kraus Adelrich, Flügelhorn (1950); Kraus Markus, Saxophon (1967); Kremp Elke, Saxophon (1980); Liebherr Theodor, Flügelhorn (1946); Maier Werner, Saxophon (1952); Math Wolfgang, Klarinette (1967); Mayer Ulrike, Flöte (1974); Mayer Walter, Saxophon (1950); Meier Helmut, Horn (1966); Mertha Hans-Jürgen, Horn (1955); Pavan Bernd, Trompete (1980); Realini Ulrika, Bariton (1976); Reichenbach Claudia, Flöte (1978); Schaumann Gerhard, Trompete (1969); Schittenhelm Thomas, Bariton (1976); Schmidt-Mockenhaupt Alfred, Klarinette (1980); Schneider Jürgen, Posaune (1972); Schneider Martin, Posaune (1978); Vögele Bernhard, Klarinette (1975); Vögele Karl, Tuba (1967); Vögele Regina, Klarinette (1976); Vögele Rudi, Schlagzeug (1946); Vögele Silvia, Horn (1976); Vögele Walter, Tenorhorn (1950); Wacker Rudolf, Saxophon (1948); Wießler Christine, Klarinette (1976); Wursthorn Heike, Saxophon (1974); Wursthorn Karin, Klarinette (1974)
Jugendkapelle: Bigott Boris, Klarinette (1978); Bretzinger Achim, Trompete (1978); Bretzinger Christian, Schlagzeug (1979); Cortes Stefan, Klarinette (1978); Ehm Claudia, Klarinette (1980); Ehret Daniel, Flöte (1978); Färber Ariane, Klarinette (1978); Frei Michael, Schlagzeug (1978); Fuchs Jürgen, Trompete (1978); Gautier Stefan, Trompete (1981); Gschwinder Martin, Trompete (1981); Hanser Alexandra, Klarinette (1978); Hanser Waltraud, Klarinette (1978); Keller Georg, Trompete (1977); Kiefer Peter, Tuba (1978); Kloß Karin, Horn (1980); Koch Birgit, Klarinette (1980); Koch Petra, Klarinette (1980); Kost Constanze, Klarinette (1981); Kost Miriam, Flöte (1981); Läufer Andreas, Posaune (1980); Maier Gabi, Flöte (1979); Maier Lothar, Schlagzeug (1980); Maier Silvia, Klarinette (1980); Mark Arnold, Trompete (1976); Mertha Jörn, Posaune (1980); Pfister Daniele, Klarinette (1981); Realini Elke, Klarinette (1982); Rest van Aiko, Trompete (1981); Reuschel Oliver, Trompete (1980); Riffel Hannes, Klarinette (1978); Rösch Sebastian, Flügelhorn (1981); Salb Tobias, Trompete (1981); Schmidt Marika, Klarinette (1981); Schneider Claudia, Flöte (1980); Stagneth Antje, Flöte (1978); Stagneth Sonja, Horn (1978); Thoma Ursula, Flöte (1978); Vögele Helga, Tenorhorn (1978); Vögele Manfred, Posaune (1978); Vögele Martin, Klarinette (1980); Vogel Norbert, Posaune (1981); Weiß Birgit, Horn (1980)

Musikverein Freiburg-West e.V.

Gründungsjahr:	1956
1. Vorsitzender:	Dr. Harald Bobeth
Stellv. Vorsitzender:	Martin Kuhn
Schriftführer:	Karl-Heinz Kurz
Rechner:	Hubertus Laufer
Beirat (Aktiva):	Siegfried Bürgin
	Hans Glunk
Beirat (Passiva):	Franz Flamm
	Wolfgang Kapferer
Jugendsprecher:	Thomas Bürgin
Dirigent:	Martin Kuhn
Vizedirigent:	Siegfried Bürgin
Jugendleiter:	Martin Kuhn
Notenwart:	Siegfried Brede
Instrumentenwart:	Albert Gugel
Präsident:	Karl Gugel

Aktive: Bobeth Harald, Posaune (1973); Boll Hansjörg, Trompete (1982); Brede Siegfried, Trompete (1979); Bürgin Siegfried, Tenorhorn (1978); Bürgin Thomas, Trompete (1977); Flamm Johannes, Klarinette (1979); Fösel Uwe, Flöte (1977); Furtwängler Roland, Flügelhorn (1960); Furtwängler Rolf, kl. Trommel (1956); Gießler Gabriele, Klarinette (1975); Gießler Martin, Trompete (1977); Glunk Hans, Posaune (1974); Gugel Albert, Tuba (1956); Gugel Gunter, Tenorhorn (1970); Gugel Karl, Schlagzeug (1956); Hoffmann Karl, Tuba (1978); Jost Werner, Flügelhorn (1956); Kapferer Bernd, Posaune (1980); Knörzer Clemens, Flöte (1976); Kopfmann Anja, Saxophon (1976); Kuhn Martin, Trompete (1962); Kurz Karl-Heinz, Schlagzeug (1977); Laufer Hans-Peter, Klarinette (1979); Mondadori Guido, Tenorhorn (1976); Ruggiero Oliver, Flügelhorn (1977); Schenk Heinrich, Klarinette (1982); Schoch Fritz, Bariton (1956); Schönfelde Elke, Klarinette (1976); Schönfeld Evelin, Klarinette (1976); Schönfeld Wolfgang, Flügelhorn (1976); Seibert Klaus, Schlagzeug (1980); Wegner Ursula, Saxophon (1976); Weigl Andreas, Klarinette (1982)
Zöglinge: Ackermann Mathias, Trompete (1980); Bayer Stefan, Klarinette (1981); Gallinger Rainer, Klarinette (1982); Graf Roland, Trompete (1982); Gutsche Mathias, Klarinette (1980); Heizmann Sabine, Klarinette (1980); Kapferer Peter, Trompete (1982); Klug Jesko, Klarinette (1981); Kolodziey Joachim, Posaune (1982); Müller Markus, Klarinette (1980); Schaupp Axel, Trompete (1981); Scherer Kirstin, Klarinette (1982); Süpé Dieter, Trompete (1982); Werner Axel, Schlagzeug (1980)

Musikverein Freiburg-Zähringen e.V.

Gründungsjahr:	1902
1. Vorsitzender:	Adolf Thoma
Stellv. Vorsitzender:	Ernst Weng
Schriftführer:	Gerhard Federer
Stellv. Schriftführer:	Berthold Rogg
Rechner:	Helmut Wohlgut
Beisitzer:	Else Bendzinski
	Ludwig Eckerle
	Elvira Kunz
	Josef Schneider
Dirigent:	Albert Loritz
Vizedirigent:	Heinz Federer
Jugendleiter:	Bruno Kunz
Notenwarte:	Marcus Vögtle
	Jürgen Vollmer
Instrumentenwart:	Klaus Kunz
Ehrendirigent:	Georg Scheppke
Organisation:	Richard Vögtle

Mitgliederpflege: Adelheid Vögtle; 1. Korpsführer: Thomas Strecker; 2. Korpsführer: Bernhard Siegrist; 1. Fähnrich: Kurt Beck; 2. Fähnrich: Karl Siegrist
Aktive: Andersch Gerhard, Horn (1966); Andris Fritz, Tuba (1949); Andris Georg, Tuba (1980); Bendzinski Else, Saxophon (1980); Birnbreier Werner, Klarinette (1947); Blum Karl-Anton, Saxophon (1979); Bubbers Annette, Klarinette (1976); Campos Arturo, Klarinette (1981); Carl Stefan, Bariton (1981); Eckerle Ludwig, Posaune (1959); Erhard Marion, Klarinette (1981); Federer Gerhard, Schlagzeug (1968); Federer Heinz, Horn (1947); Frizenschaf Marco, Tenorhorn (1978); Friedrich Gerhard, Klarinette (1975); Geier Claudia, Klarinette (1977); Götz Peter, Horn (1977); Harter Erhard, Tuba (1962); Hillenbrand Barbara, Flöte/Pikkolo (1981); Hüglin Manfred, Trompete (1974); Iwaskiewicz Iris, Klarinette (1977); Ketterer Karl, Bariton (1973); Kraft Stefan, Trompete (1981); Kraft Wolfgang, Oboe/Flöte (1963); Krieg Matthias, Saxophon (1965); Kunz Bruno, Klarinette/Saxophon (1965); Kunz Elvira, Flöte/Pikkolo (1978); Kunz Eva-Maria, Klarinette (1980); Kunz Klaus, Trompete (1963); Loritz Maria, Saxophon (1978); Lutz Hans-Ulrich, Posaune (1980); Maibaum Isabell, Klarinette (1980); Maurer Emil, Schlagzeug (1927); Rensing Hauke, Klarinette (1981); Rensing Natascha, Klarinette (1981); Richer Marc, Saxophon (1981); Rogg Berthold, Klarinette (1977); Rogg Sabine, Horn (1978); Schmidt Ulrike, Klarinette (1982); Schneider Josef, Horn (1963); Schubert Karin, Trompete (1981); Siegrist Bernhard, Saxophon/Klarinette (1975); Strecker Hermann, Tenorhorn (1947); Strecker Klaus, Tenorhorn (1981); Strecker Thomas, Flügelhorn (1967); Thoma Adolf, Tuba (1952); Thoma Gabriele, Flügelhorn (1975); Thoma Hermann, Klarinette (1952); Vögtle Erich, Flöte/Pikkolo (1934); Vögtle Marcus, Flügelhorn (1975); Vögtle Patricia, Flöte/Pikkolo (1972); Vögtle Richard, Tenorhorn (1962); Vollmer Jürgen, Klarinette (1976); Wieden Helmut, Bariton (1966); Wohlgut Helmut, Klarinette (1971); Wolf Eduard, Posaune (1981); Wolf Hedwig, Horn (1981); Wülker Cornelius, Flügelhorn (1980)
Zöglinge: Albrecht Clemens, Klarinette (1982); Bäumle Peter, Trompete (1982); Burchert Heidi, Klarinette (1982); Eckerle Andreas, Klarinette (1982); Eckstein Eddy, Klarinette (1982); Gottwald Kristian, Trompete (1982); Hanser Thomas, Klarinette (1982); Merz Matthias, Trompete (1982); Sartory Christian, Schlagzeug (1981); Schneider Bernd, Trompete (1981); Seidler Dominik, Posaune (1981); Sennlaub Florian, Saxophon (1982); Siegrist Alexandra, Posaune (1981); Weigl Lars, Trompete (1981)

Trachtenkapelle Glottertal e.V.

Gründungsjahr:	1826*
1. Vorsitzender:	Josef Herbstritt
Stellv. Vorsitzender:	Bernhard Würzburger
Schriftführerin:	Veronika Strecker
Rechner:	Werner Laule
Beirat:	August Hoch
	Karl Laule
	Walter Laule
	Heinrich Maier
	Anneliese Würzburger
Dirigent:	Otto Aebi
Jugendleiter:	Peter Reichenbach
Notenwart:	Berthold Hoch
Instrumentenwart:	Hubert Drayer

Aktive: Drayer Friedrich, Klarinette (1975); Drayer Hubert, Klarinette (1975); Eble Hans Georg, Bariton (1972); Herbstritt Bernhard, Flügelhorn (1972); Herbstritt Josef, Posaune (1952); Herbstritt Karl-Josef, Horn (1976); Herbstritt Lucia, Flöte (1974); Herbstritt Paul, Horn (1954); Hoch August, Klarinette (1946); Hoch Berthold, Klarinette (1975); Hülse Ottokar, Tuba (1954); Kapp Josef, Posaune (1979); Laule Karl, Trompete (1963); Laule Walter, Flügelhorn (1961); Laule Werner, Horn (1967); Laule Wilfried, Schlagzeug (1970); Lickert Heinrich, Klarinette (1965); Maier Heinrich, Bariton (1961); Meder Julius, Schlagzeug (1979); Reichenbach Christina, Klarinette (1969); Reichenbach Gabriele, Klarinette (1976); Reichenbach Hans-Peter, Flügelhorn (1967); Reichenbach Heinrich, Tenorhorn (1961); Reichenbach Josef, Trompete (1969); Reichenbach Klaus, Klarinette (1971); Rombach Andreas, Trompete (1976); Schätzle Berthold, Bariton (1976); Scheidler Josef, Trompete (1976); Schmidt Julius, Posaune (1976); Schmidt Monika, Klarinette (1975); Steger Meinrad, Posaune (1971); Strecker Hermann, Tuba (1961); Streifeneder Hansjörg, Bariton (1976); Über Franz, Lyra (1946); Volk Reinhard, Saxophon (1964); Weigold Markus, Posaune (1971); Wisser Georg, Klarinette (1974); Wisser Hubert, Bariton (1971); Wisser Klaus, Schlagzeug (1974); Wisser Konrad, Tuba (1974); Wisser Stefan, Horn (1976); Würzburger Anneliese, Saxophon (1971); Würzburger Bernhard, Trompete (1963); Würzburger Heinrich, Posaune (1974)
Trachtengruppe (Tänzerinnen und Tänzer): Drayer Friedrich (1975); Drayer Hubert (1975); Eble Hansjörg (1972); Feser Christa (1972); Herbstritt Regina (1977); Hoch Berthold (1975); Lickert Martha (1978); Linder Maria (1972); Reichenbach Klaus (1971); Rombach Monika (1976); Steger Meinrad (1971); Strecker Andrea (1972); Strecker Veronika (1970); Streifeneder Marianne (1978); Weigold Markus (1971); Würzburger Heinrich (1974)
Zöglinge: Dilger Karl, Schlagzeug (1979); Drayer Martin, Tenorhorn (1979); Eble Christoph, Horn (1979); Eble Gerhard, Posaune (1979); Eble Martin, Posaune (1979); Flamm Antje, Klarinette (1980); Flamm Christina, Klarinette (1980); Ganter Heike, Flöte (1979); Heist Frank, Klarinette (1978); Heizmann Annemarie, Klarinette (1980); Herbstritt Martina, Klarinette (1980); Hülse Martin, Trompete (1979); Kienzle Christina, Klarinette (1980); Lickert Klaus, Trompete (1978); Pinkowski Hans-Peter, Trompete (1980); Reichenbach Ulrich, Trompete (1980); Rombach Katharina, Flöte (1979); Weigold Andreas, Trompete (1978)

Musikverein Werkkapelle Gütermann e.V. Gutach

Gründungsjahr:	1882*
1. Vorsitzender:	Hermann Hepp
Stellv. Vorsitzender:	Werner Dorer
Schriftführer:	Peter Schnellbach
Rechner:	Bernhard Burger
Beirat:	Wolfgang Allgaier
	Walter Fischer
	Jürgen Lahmann
	Ewald Moser
	August Nopper
	Karl Oswald
	Peter Teuber
	Rupert Wackerbauer
Dirigent:	Helmut Wolfsperger
Vizedirigent/ Jugendleiter:	Berthold Hohler
Notenwart:	Arthur Krieg
Instrumentenwart:	Werner Klotzek
Ehrenpräsident:	Horst R. Gütermann

Aktive: Allgaier August, Horn (1966); Allgaier Volker, Flügelhorn (1980); Allgaier Wolfgang, Bariton (1969); Ambs Alf-Bernd, Trompete (1979); Burger Bernhard, Posaune (1948); Burger Dieter, Trompete (1954); Danner Franz, Posaune (1951); Danner Sonja, Klarinette (1980); Disch Bernd, Trompete (1977); Disch Erwin, Horn (1959); Disch Michael, Flügelhorn (1977); Dorer Werner, Klarinette (1956); Fahrländer Wilhelm, Tenorhorn (1971); Fischer Sabine, Flöte (1976); Fischer Walter, Flügelhorn (1949); Grünecker Gebhard, Bariton (1979); Grünecker Peter, Klarinette (1979); Hepp Hermann, Horn (1951); Hepp Thomas, Klarinette (1976); Hohler Berthold, Flöte (1949); Holzer Erich, Flügelhorn (1951); Käfer Markus, Flügelhorn (1979); Kammerer Andreas, Klarinette (1980); Klotzek Klaus-Dieter, Trompete (1969); Klotzek Thomas, Trompete (1979); Klotzek Werner, gr. Trommel (1956); Knobiel Kurt, Schlagzeug (1981); Krieg Arthur, Trompete (1949); Maier Michael, Klarinette (1977); Merkle Peter, Klarinette (1976); Möhlmann Heike, Flöte (1979); Mössner Hubert, Pauken (1981); Moser Ewald, Posaune (1972); Müller Peter, Klarinette (1964); Oswald Karl-Friedrich, Tuba (1972); Rutkewitz Gerhard, Klarinette (1969); Schätzle Josef, Tuba (1949); Schill Franz-Josef, Klarinette (1972); Schnellbach Michael, Klarinette (1979); Schnellbach Peter, Klarinette (1956); Schultis Andreas, Horn (1980); Schweickert Rudi, Flügelhorn (1980); Seitz Max, Posaune (1949); Stengel Max, Tuba (1966); Teuber Peter, Tuba (1976); Thomann Richard, Trompete (1961); Walter Rolf, Horn (1964); Weber Helmut, Tenorhorn (1949); Weber Silvia, Flöte (1979); Wöhrle Peter, Tenorhorn (1961)
Zöglinge: Bockstahler Jochen, Klarinette (1980); Dorner Stefan, Tenorhorn (1980); Friedrich Verena, Flöte (1980); Haberstroh Roland, Schlagzeug (1981); Karle Sabine, Flöte (1980); Kaufmann Rolf, Trompete (1980); Kulka Michael, Trompete (1980); Lohmayr Claudio, Schlagzeug (1981); Plohmann Sandra, Flöte (1980); Schill Peter, Posaune (1980); Schlageter Tanja, Klarinette (1980); Schöller Kai-Uwe, Trompete (1980); Siedle Dirk, Klarinette (1980); Singler Bernd, Posaune (1980); Weber Ruth, Klarinette (1980); Weis Armin, Trompete (1980); Wöhrle Joachim, Tenorhorn (1980)

Musikverein Hecklingen e.V.

Gründungsjahr:	1904
1. Vorsitzender:	Karl Eschbach
Stellv. Vorsitzender:	Franz Fortwängler
Schriftführer:	Martin Hirschbolz
Rechner:	Walfried Müller
Beigeordnete (Aktiva):	Pius Fortwängler
	Urban Hirschbolz
	Walfried Hirschbolz
	Fridolin Striegel
Beigeordnete (Passiva):	Hermann Eschbach
	Silvester Müller
Dirigent:	Albert Enz
Vizedirigent:	Pius Fortwängler
Jugendleiter:	Engelbert Weiß
Notenwart:	Erwin Hirschbolz
Instrumentenwart:	Rudi Jentz
Ehrenmitglieder:	Oswald Fortwängler
	Silvester Mayer

Aktive: Arnitz Dietmar, Trompete (1977); Arnitz Robert, Flöte (1977); Burkhard Albert, Lyra (1970); Burkhart Michael, Trompete (1972); Enz Christine, Saxophon (1973); Enz Philomena, Saxophon (1973); Eschbach Adalbert, Flügelhorn (1977); Eschbach Albert, Klarinette (1970); Eschbach Eberhard, Flügelhorn (1977); Eschbach Franz, Posaune (1958); Eschbach Hermann, Saxophon (1961); Eschbach Hubert, Klarinette (1977); Eschbach Karl, Tenorhorn (1951); Eschbach Lucia, Klarinette (1977); Fortwängler Franz, Tenorhorn (1961); Fortwängler Pius, Klarinette (1948); Gerlach Adolf, Schlagzeug (1951); Götz Harald, Flügelhorn (1977); Herr Andreas, Posaune (1970); Hirschbolz Christian, Trompete (1977); Hirschbolz Erwin, Flügelhorn (1954); Hirschbolz Martin, Klarinette (1970); Hirschbolz Urban, Posaune (1948); Hirschbolz Walfried, Tuba (1954); Hirschbolz Wilhelm, Trompete (1961); Jentz Rudi, Posaune (1972); Jentz Willi, Klarinette (1966); Jörger Roland, Tuba (1954); Jörger Werner, Flügelhorn (1948); Kopp Adalbert, Saxophon (1964); Kopp Bernhard, Trompete (1970); Müller Gudrun, Klarinette (1977); Müller Walfried, Klarinette (1970); Müller Walter, Horn (1969); Rischewski Manuela, Klarinette (1977); Röderer Joachim, Klarinette (1977); Striegel Bernhard, Posaune (1970); Striegel Dagobert, Tenorhorn (1977); Striegel Fridolin, Posaune (1948); Striegel Hubert, Horn (1966); Striegel Joachim, Tuba (1977); Strittmatter Alois, Horn (1971); Weiß Engelbert, Bariton (1969)
Zöglinge: Fortwängler Renate, Klarinette (1979); Hirschbolz Bernhard, Posaune (1979); Hirschbolz Bettina, Klarinette (1979); Hirschbolz Verena, Klarinette (1979); Hug Frank, Trompete (1979); Kopp Bertram, Trompete (1979); Litfin Margareta, Klarinette (1979); Rischewski Angela, Klarinette (1979); Rischewski Dominik, Trompete (1979); Schwarz Alexandra, Trompete (1979); Striegel Georg, Tenorhorn (1979); Striegel Katja, Klarinette (1979); Striegel Rolf, Tenorhorn (1979); Striegel Ute, Klarinette (1979); Weber Stefan, Horn (1979); Weiß Paul, Bariton (1979)

Musikverein Heimbach e.V.

Gründungsjahr:	1924
1. Vorsitzender:	Werner Schulz
Stellv. Vorsitzender:	Konrad Rein
Schriftführer:	Roland Martin
Rechner:	Gerhard Strub
Beirat:	Gerhard Fehrenbach
	Ernst Gerber
	Heinz Götz
	Fritz Groß
	Norbert Hügle
	Robert Hügle
Dirigent:	Gebhard Bär
Jugendleiter:	Dietmar Kopp
Notenwart:	Heinrich Bleile
Ehrendirigent:	Theodor Götz

Aktive: Bär Anette, Saxophon (1977); Bär Christoph, Trompete (1975); Bär Clemens, Flügelhorn (1977); Bär Daniela, Flöte (1973); Bär Josef, Flügelhorn (1948); Bär Marlies, Flöte (1977); Bär Stefan, Klarinette (1975); Bergmann Eugen, Posaune (1979); Bleile Heinrich, Tuba (1955); Brupbach Claudia, Klarinette (1977); Fehrenbach Gerhard, Bariton (1948); Fehrenbach Harald, Klarinette (1980); Fischer Andrea, Klarinette (1973); Fischer Daniel, Klarinette (1975); Gäßler Roland, Bariton (1975); Götz Fritz, Bariton (1981); Groß Berthold, Bariton (1952); Groß Fritz, Trompete (1952); Groß Ralf, Trompete (1975); Hoyer Volker, Horn (1956); Hügle Andreas, Schlagzeug (1949); Hügle Hubert, Horn (1973); Hügle Robert, Klarinette (1949); Hügle Walter, Bariton (1975); Kopp Dietmar, Saxophon (1973); Leicher Klaus, Flügelhorn (1973); Lutz Ulrich, Posaune (1982); Markstahler Stefan, Klarinette (1977); Merkle Gerhard, Posaune (1975); Rein Clemens, Tuba (1975); Rein Konrad, Posaune (1952); Rieder Andreas, Klarinette (1980); Schleer Bruno, Trompete (1975); Schoner Gerd, Posaune (1970); Schuhmacher Christian, Flügelhorn (1977); Schuhmacher Stefan, Trompete (1977); Strub Gerhard, Schlagzeug (1955); Trützler Michael, Saxophon (1973); Zander Erika, Flöte (1973)
Zöglinge: Bär Silvia, Klarinette (1980); Bergmann Klaus, Posaune (1980); Bleile Dieter, Trompete (1980); Hügle Johannes, Horn (1980); Hügle Josef, Posaune (1980); Hügle Ulrich, Trompete (1980); Kopp Mario, Trompete (1980); Kradepohl Peter, Flügelhorn (1980); Merkle Andrea, Klarinette (1980)

Stadt- und Feuerwehrmusik Herbolzheim

Gründungsjahr:	1847*
1. Vorsitzender:	Franz Herrmann
Schriftführer:	Bruno Person
Rechner:	Franz Berblinger
Beirat:	Richard Berblinger
	Klaus Fink
	Martin Fischer
	Günter Rees
	Rudolf Schneider
Dirigent:	Franz Kiesewetter
Vizedirigent:	Silvia Rees
Notenwarte:	Kurt Berblinger
	Martin Giner
Instrumentenwart:	Karlheinz Buchholz
Präsident:	Klaus Hoffmann, Bgm.
Ehrenvorsitzender:	Altbürgermeister
	Hermann Jäger

Aktive: Berblinger Franz, Tuba (1946); Berblinger Helmut, Tenorhorn (1973); Berblinger Josef, Posaune (1947); Berblinger Kurt, Bariton (1975); Berblinger Michael, Horn (1969); Berblinger Richard, Saxophon/Klarinette (1961); Brandstetter Klaus, Horn (1979); Brandstetter Rainer, Saxophon/Klarinette (1975); Dörle Klaus, Saxophon/Klarinette (1979); Eble Klaus, Trompete (1975); Enz Priska, Klarinette (1979); Fink Josef, Posaune (1947); Fink Klaus, Klarinette (1971); Fink Lothar, Klarinette (1978); Fischer Helmut, Saxophon (1972); Fischer Martin, Horn (1969); Giner Martin, Klarinette (1975); Guth Bernhard, Saxophon/Klarinette (1975); Hämmerle Thomas, Trompete (1975); Herbstritt Albrecht, Bariton (1959); Herbstritt Edelbert, Tenorhorn (1956); Herbstritt Otmar, Klarinette (1966); Hess Walter, Flügelhorn (1939); Hummel Karl, Trompete (1951); Jäger Adalbert, Klarinette (1950); Jäger Michael, Klarinette (1976); Kiesewetter Anette, Klarinette (1978); Moser Hans, Posaune (1973); Mutschler Paul, Flügelhorn (1966); Niklas Bernhard, Klarinette (1979); Palluch Alwin, Trompete (1978); Palluch Helga, Flöte (1970); Palluch Klaus, Tuba (1969); Person Bruno, Saxophon/Klarinette (1972); Person Erika, Flöte (1979); Person Franz, Tuba (1967); Person Karl, Sousaphon (1948); Rechnitzer Gerd, Saxophon/Klarinette (1973); Rees Eberhard, Trompete (1961); Rees Günter, Klarinette (1974); Rees Michaela, Klarinette (1980); Rees Silvia, Trompete (1974); Reichenbach Klaus, Posaune (1979); Schneider Rudolf, Horn (1959); Schneiderreit Gerhard, Trompete (1965); Vetter Thomas, Klarinette (1976); Vögt Günter, Flügelhorn (1961); Weber Herbert, gr. Trommel (1979)
Zöglinge: Enz Susanne, Tenorhorn (1980); Groß Christine, Horn (1980); Herrmann Ute, Flügelhorn (1980); Kiesewetter Anja, Flügelhorn (1980); Luem Markus, Tenorhorn (1980); Maurer Sibylle, Flügelhorn (1980); Motz Hubert, Schlagzeug (1980); Rees Michael, Flügelhorn (1980); Zeiser Sonja, Horn (1980)

Musikverein „Eintracht" Trachtenkapelle Heuweiler

Gründungsjahr:	1887
1. Vorsitzender:	Franz H. Schwörer
Stellv. Vorsitzender:	Hubert Blattmann
Schriftführerin:	Mechthild Schwehr
Rechner:	Herbert Fahrländer
Beirat:	Hermann Dörr
	Josef Dörr
	Josef Schwehr
	Harald Wehrle
Dirigent:	Gerhard Braun
Vizedirigenten:	Herbert Fahrländer
	Roland Mößner
Notenwart:	Josef Schwehr
Instrumentenwart:	Harald Wehrle
Ehrendirigent:	Albert Schätzl

Aktive: Blattmann Hubert, Klarinette (1966); Dörr Alfred, Flügelhorn (1948); Dörr Bernhard, Flügelhorn (1954); Dörr Hermann, Klarinette (1947); Dörr Josef, Tuba (1947); Dörr Josef, Horn (1951); Dörr Lothar, Tenorhorn (1972); Dörr Peter, Klarinette (1968); Engler Anton, Tuba (1947); Fahrländer Herbert, Flügelhorn (1947); Fahrländer Markus, Flügelhorn (1975); Geißler Günter, Trompete (1972); Heitzmann Alfred, Schlagzeug (1951); Holzer August, Posaune (1947); Holzer Josef, Horn (1954); Holzer Max, Bariton (1947); Kaltenbach Hermann, Flügelhorn (1966); Kaltenbach Karlfred, Trompete (1968); Lindinger Bruno, Tenorhorn (1957); Meder Hermann, Tuba (1957); Mößner Roland, Lyra (1972); Reichenbach Johannes, Flügelhorn (1975); Reichenbach Karlfred, Klarinette (1948); Rieder Peter, kl. Trommel (1963); Rombach Thomas, Bariton (1968); Scherzinger Bruno, Posaune (1968); Scherzinger Karlfred, Horn (1949); Scherzinger Oskar, Horn (1957); Scherzinger Peter, Trompete (1968); Scherzinger Vinzenz, Trompete (1947); Schwehr Josef, Tenorhorn (1947); Schwehr Mechthild, Klarinette (1972); Schwörer Susanne, Flöte (1972); Strecker Georg, Flügelhorn (1975); Strecker Michael, Tenorhorn (1972); Thoma Gottfried, Klarinette (1971); Wehrle Harald, Trompete (1963)
Zöglinge: Engler Georg, Trompete (1982); Heitzmann Petra, Klarinette (1982); Meder Martin, Tenorhorn (1982); Meder Reinhard, Trompete (1982); Meder Thomas, Flügelhorn (1982); Reichenbach Christoph, Tenorhorn (1975); Reichenbach Josef, Klarinette (1981); Reichenbach Monika, Klarinette (1981); Reichenbach Theresia, Klarinette (1981); Rombach Sabine, Klarinette (1981)

Musikverein „Harmonie" Horben e.V.

Gründungsjahr:	1911
1. Vorsitzender:	Josef Wießler
Stellv. Vorsitzender:	Wolfgang Rees
Schriftführer:	Eduard Zimmermann
Rechner:	Franz Zimmermann
Beirat:	Wolfgang Hauck
	Georg Kenk
	Georg Maier
	Rudolf Maier
	Bernhard Rees
	Emil Riesterer
Dirigent:	Rudi Wießler
Vizedirigent/ Jugendleiter/ Notenwart:	Wolfgang Zimmermann
Ehrendirigent:	Leopold Rees
Gründungsmitglied:	Hermann Rees

Aktive: Amann Georg, Klarinette (1952); Amann Georg, Tenorhorn (1979); Amann Siegfried, Trompete (1978); Amann Susanne, Klarinette (1980); Amann Theresia, Klarinette (1979); Asal Konrad, Posaune (1974); Billmann Jürgen, Trompete (1976); Dold Christian, Posaune (1975); Hauck Wolfgang, Saxophon (1975); Kenk Georg, Tenorhorn (1957); Kenk Hermann, Tuba (1963); Kury Ernst, Klarinette (1966); Mäder Josef, Flügelhorn (1975); Rees Bernhard, Horn (1970); Rees Wolfgang, Tuba (1967); Schneider Josef, Schlagzeug (1947); Steiert Franz, Tenorhorn (1978); Wießler Christina, Klarinette (1978); Wießler Martina, Flöte (1976); Wießler Matthias, Trompete (1976); Wießler Monika, Klarinette (1978); Zähringer Wolfgang, Flügelhorn (1978); Zimmermann Eduard, Horn (1945); Zimmermann Eugen, Flügelhorn (1945); Zimmermann Franz, Horn (1953); Zimmermann Karlheinz, Saxophon (1975); Zimmermann Markus, Saxophon (1975); Zimmermann Regina, Flöte (1978); Zimmermann Roland, Flügelhorn (1978); Zimmermann Wolfgang, Trompete (1974)

Musikverein Katzenmoos e.V.

Gründungsjahr:	1921
1. Vorsitzender:	Karl Fahrländer
Stellv. Vorsitzender:	Erich Moser
Schriftführer:	Bernhard Wisser
Rechner:	Otto Urwalek
Beirat (Aktiva):	Ernst Braun
	Franz Lupfer
	Kurt Nopper
	Hermann Schätzle
	Erwin Schultis
Beirat (Passiva):	Georg Maier
	Erwin Meier
	Anton Schätzle
Dirigent/ Jugendleiter:	Berthold Hohler
Notenwart:	Arnold Krummer

Aktive: Blessing Hansjörg, Flöte (1977); Blessing Thomas, Horn (1977); Fahrländer Hermann, Posaune (1953); Fahrländer Karl, Tuba (1947); Krummer Arnold, Trompete (1975); Lupfer Franz, Posaune (1973); Lupfer Klaus, Tuba (1977); Moser Erich, Trompete (1973); Moser Hubert, Schlagzeug (1975); Moser Richard, Tenorhorn (1975); Moser Wilhelm, Bariton (1934); Nopper Hansjörg, Klarinette (1977); Nopper Kurt, Becken (1979); Schätzle Hermann, Flügelhorn (1946); Schätzle Martin, Bariton (1977); Schneider Clemens, Trompete (1977); Schneider Erich, Klarinette (1946); Schneider Hanspeter, Flügelhorn (1977); Schneider Hubertus, Tenorhorn (1977); Schultis Erwin, Flöte/Pikkolo (1950); Singler Fridolin, Klarinette (1947); Singler Markus, Klarinette (1977); Wisser Bernhard, Flügelhorn (1959)
Zöglinge: Kienzler Angelika, Horn (1981); Kienzler Sonja, Flöte (1981); Krummer Gabriele, Flügelhorn (1981); Meier Ralf, Trompete (1981); Meier Thomas, Flügelhorn (1981); Nopper Michael, Klarinette (1981); Schätzle Joachim, Flügelhorn (1981); Schätzle Jutta, Klarinette (1981); Schätzle Margit, Horn (1981); Singler Mathias, Trompete (1981)

Stadt- u. Feuerwehrkapelle Kenzingen

Gründungsjahr:	1828*
1. Vorsitzender:	Hubert Bilharz
Stellv. Vorsitzender:	Ottmar Kühl
Schriftführer:	Pirmin Beck
Rechner:	Wilfried Mandel
Stellv. Rechner:	Franz Mutter
Beisitzer:	Fritz Däschner
	Harald Däschner
	Klaus Loesch
	Oskar Weißmann
Dirigent:	Otfried Weis, sen.
Vizedirigent:	Otfried Weis, jun.
Jugendleiter:	Walter Willaredt
Stellv. Jugendleiter:	Michael Bauernfeind
Notenwart:	Harry Adler
Instrumentenwarte:	Harald Bodemer
	Ottmar Kühl
Präsident:	Claus Kopinski, Bgm.

Ehrenmitglieder: Otto Mutter, Karl Schaudt, Fritz Zacharansky; Wirtschaftsrechner: Rudi Kaiser; Stellv. Wirtschaftsrechner: Harald Bodemer; Chronist: Roland Bär
Aktive: Adler Harry, Horn (1976); Bär Roland, Trompete (1973); Bauernfeind Michael, Trompete/Horn (1975); Beck Pirmin, Klarinette (1974); Bilharz Beatrix, Klarinette (1974); Bilharz Edgar, Posaune (1975); Bilharz Hubert, Tuba (1951); Bilharz Johannes, Trompete (1974); Bilharz Stefan, Tenorhorn (1972); Bodemer Harald, Flügelhorn (1964); Butz Manfred, Horn (1954); Däschner Harald, Tenorhorn (1968); Dietrich Heinz, Trompete (1957); Engler Wilfried, Saxophon/Klarinette (1966); Galm Kurt, Tuba (1970); Heß Martin, Posaune (1974); Höfer Helmut, Posaune (1968); Höfer Manfred, Flöte (1963); Hofstetter Stefan, Flöte (1972); Hornuß Michael, Flöte (1976); Kaiser Andrea, Klarinette (1976); Kaiser Michael, Tenorhorn (1976); Kaiser Ralph, Cornet (1977); Kaiser Rudi, Flügelhorn (1952); Kessler Jonny, Klarinette/Saxophon (1974); Körbel Rigobert, Schlagzeug (1973); Kühl Ottmar, Trompete (1965); Link Markus, Trompete (1974); Loesch Klaus, Posaune (1965); Mandel Wilfried, Klarinette (1966); Meurer Willi, Tuba (1943); Mutter Franz, Klarinette/Saxophon (1952); Mutter Ralph, Klarinette (1974); Nopper Hubert, Saxophon (1976); Reichenbach Andreas, Tuba (1973); Ringwald Herbert, gr. Trommel (1952); Rombach Bernhard, Klarinette/Saxophon (1969); Schaudt Karl, Klarinette (1929); Schlenker Sybille, Flöte (1975); Stramka Harald, Trompete (1971); Stratz Peter, Schlagzeug (1976); Troxler Lothar, Saxophon (1970); Walzer Hans, Posaune (1957); Weis Otfried jun., Klarinette/Saxophon (1971); Weismann Martin, Trompete (1974); Weismann Ute, Klarinette (1974); Werner Karl-Heinz, Tenorhorn (1971); Willaredt Artur, Tenorhorn (1974); Willaredt Walter, Tenorhorn (1970); Wisser Andreas, Tenorhorn (1975); Zacharansky Fritz, Horn (1957); Zeiser Karl-Heinz, Horn (1962)
Jugendkapelle: Bauernfeind Sonja, Saxophon (1980); Böcker Kirsten, Trompete (1981); Bold Jörg, Trompete (1977); Bürklin Volker, Flügelhorn (1979); Büsch Ralf-Peter, Klarinette (1978); Butz Andreas, Klarinette (1976); Butz Jörg, Trompete (1976); Czakalla Michael, Trompete (1980); Enghauser Anja, Flöte (1980); Enghauser Michael, Trompete (1979); Fehrenbach Horst, Klarinette (1977); Fischer Franz, Klarinette (1982); Fischer Stefan, Trompete (1982); Freier Sabine, Trompete (1981); Haase Katja, Klarinette (1979); Hämmerle Michael, Trompete (1977); Höfer Jürgen, Trompete (1980); Kaltschmidt Ralf, Trompete (1980); Kessler Annette, Flöte (1980); Kessler David, Tenorhorn (1977); Kessler Stefan, Horn (1980); Kimmi Tobias, Klarinette (1981); Kölblin Gertrud, Klarinette (1981); Linemann Markus, kl. Trommel (1981); Meurer Daniel, Trompete (1980); Meyer Torsten, Klarinette (1981); Morlok Thomas, Trompete (1981); Pruner Ulf, Klarinette (1979); Rein Bernd, Klarinette (1981); Ringwald Ralf, Klarinette (1979); Rübin Ralf, kl. Trommel (1979); Söhm Günther, Trompete (1979); Stramka Torsten, Trompete (1981); Walzer Martin, Tenorhorn (1981); Walzer Sabine, Klarinette (1979); Walzer Thomas, Trompete (1976); Weismann Markus, Posaune (1978); Wisser Jürgen, Trompete (1976); Zeiß Olaf, Trompete (1981)

Musikverein Winzerkapelle Köndringen e.V.

Gründungsjahr:	1905
1. Vorsitzender:	Emil Schnaiter
Stellv. Vorsitzender:	Walter Waizmann
Schriftführer:	Gerhard Fischer
Rechner:	Friedrich Sütterlin
Beirat:	Fritz Bär
	Alfred Bühler
	Bernhard Bührer
	Siegfried Grafmüller
	Erhard Lehmann
	Fritz Lehmann
	Willi Lehmann
	Martin Mößner
	Werner Schillinger
	Werner Waizmann
Dirigent:	Günter Huber
Vizedirigent:	Fritz Lehmann
Jugendleiter:	Dieter Schmidt

Notenwarte: Heike Lehmann, Veronika Schumacher; Instrumentenwart: Friedrich Sütterlin
Aktive: Bär Corina, Saxophon (1976); Bär Fritz, Bariton (1947); Baer Manfred, Horn (1950); Beck Stefan, Schlagzeug (1979); Bergmann Mathias, Klarinette (1946); Bergmann Rolf, Posaune (1972); Bolz Karlheinz, Posaune (1972); Bolz Ulrich, Trompete (1976); Bührer Bernhard, Tuba (1975); Di Rossi Werner, Tenorhorn (1973); Eckermann Brigitte, Klarinette (1978); Engler Almut, Klarinette (1979); Engler Irmgard, Klarinette (1976); Fischer Erwin, Flügelhorn (1946); Fischer Friedrich, Flügelhorn (1969); Fischer Gerhard, Bariton (1961); Fischer Jochen, Tenorhorn (1957); Fischer Manfred, Horn (1964); Fischer Ralf, Trompete (1976); Fischer Werner, Trompete (1949); Grafmüller Heinrich, Klarinette (1946); Grafmüller Rudolf, Horn (1964); Höfflin Michael, Horn (1976); Kühnle Wolfgang, Horn (1976); Lehmann Elke, Klarinette (1976); Lehmann Elmar, Klarinette (1972); Lehmann Fritz, Flügelhorn (1950); Lehmann Heike, Flöte (1976); Scheerer Reinhard, Schlagzeug (1961); Schillinger Fritz, Tuba (1946); Schillinger Werner, Flügelhorn (1969); Schmidt Alfred, Horn (1949); Schmidt Bernd, Flügelhorn (1976); Schmidt Dieter, Tenorhorn (1969); Schnaiter Andreas, Klarinette (1972); Schnaiter Emil, Klarinette (1946); Schumacher Veronika, Flöte (1975); Schumacher Willi, Tenorhorn (1978); Sütterlin Friedrich, Tuba (1952); Waizmann Heimo, Saxophon (1972); Waizmann Uwe, Schlagzeug (1970); Waizmann Volker, Trompete (1972); Waizmann Walter, Saxophon (1951); Weiss Holger, Posaune (1972)
Zöglinge: Bolz Michael, Klarinette (1981); Huber Anja, Horn (1981); Hügle Kai-Uwe, Trompete (1981); Kraus Robert, Klarinette (1981); Krikziokat Petra, Klarinette (1981); Markstahler Elke, Klarinette (1979); Paulix Miriam, Klarinette (1982); Waizmann Bruno, Klarinette (1981); Waldraff Heike, Klarinette (1981); Zipse Stefanie, Klarinette (1981)

Musikverein Kirchzarten e.V.

Gründungsjahr:	1825*
1. Vorsitzender:	Peter Bank
2. Vorsitzender:	Helmut Janz
3. Vorsitzender:	Erich Rombach
Schriftführer:	Jürgen Kälble
Rechner:	Erwin Maier
Ausschußmitglieder:	Oskar Bank
	Günther Huhn
	Rudi Schlegel
	Erhard Sigwarth
	Oskar Weiß
	Norbert Zähringer
	Erhard Zimmermann
Dirigent:	Joachim Volk
Vizedirigenten:	Wolfgang Göldner
	Hubert Klingele
Jugendleiter:	Fridolin Schuler
Notenwart:	Heinz Klingele
Instrumentenwart:	Erwin Göldner

Aktive: Baer Joachim, Klarinette (1969); Bank Matthias, Schlagzeug (1975); Bank Oskar, Posaune (1951); Bank Peter, Horn (1950); Bank Rudolf, Trompete (1967); Dold Thomas, Flöte (1977); Fuss Adolf, Tenorhorn (1949); Fuss Beate, Klarinette (1975); Göldner Wolfgang, Flöte/Pikkolo (1968); Grützner Silke, Oboe (1980); Hauser Karin, Flöte (1969); Hug Christof, Horn (1975); Huhn Günther, Bariton (1969); Janz Raphael, Posaune (1972); Janz Ulrike, Klarinette (1972); Kälble Franziska, Klarinette (1969); Kälble Manfred, Horn (1980); Ketterer Willi, Trompete (1952); Klingele Bernhard, Horn (1972); Klingele Heinz, Klarinette (1947); Klingele Hubert, Flügelhorn (1973); Kreutz Christa, Klarinette (1969); Maier Erwin, Klarinette (1965); Mayer Gallus, Tuba (1976); Mayer Hubert, Posaune (1971); Meder Alfons, Tuba (1937); Meder Carola, Klarinette (1971); Neumann Sigrid, Flöte (1972); Obergföll Paul, Flügelhorn (1968); Rebmann Joachim, Klarinette (1975); Rebmann Markus, Flöte (1975); Rebmann Willi, Klarinette (1947); Dr. Rieder Hanspeter, Klarinette (1960); Rombach Erich, Klarinette (1953); Rombach Roland, Tenorhorn (1969); Saier Petra, Klarinette (1978); Schlegel Rudi, Saxophon (1953); Schuler Fridolin, Tenorhorn (1965); Schweizer Eckhard, Klarinette (1968); Seggelke Jochen, Klarinette (1975); Seggelke Jörg, Tuba (1977); Steffi Martin, Trompete (1975); Steinhart Erich, Posaune (1959); Sumser Peter, Flügelhorn (1967); Thum Beatrix, Flöte (1976); Trenkle Winfried, Tuba (1957); Vogt Manfred, Schlagzeug (1975); Volk Margot, Saxophon (1978); Wehrle Josef, Flügelhorn (1952); Weiß Albert, Schlagzeug (1948); Weiß Edwin, Tenorhorn (1973); Weiß Günter, Trompete (1973); Weiß Oskar, Trompete (1965); Wissler Johannes, Posaune (1967); Zähringer Edwin, Tuba (1942); Zähringer Norbert, Trompete (1967); Zimmermann Christian, Flöte/Pikkolo (1970); Zimmermann Erhard, Saxophon (1960).
Jugendkapelle: Bank Andreas, Trompete (1981); Bank Martina, Klarinette (1980); Bank Rainer, Bariton (1979); Birkenmeier Petra, Klarinette (1979); Dachnowsky Cornelia, Flöte (1980); Ernst Thomas, Klarinette (1979); Fink Alexander, Klarinette (1981); Fischer-Gissot Heike, Flöte (1979); Gremmelspacher Frank, Trompete (1981); Hug Joachim, Saxophon (1975); Janz Clemens, Trompete (1976); Janz Patricia, Klarinette (1979); Karlin Hansjörg, Horn (1978); Klingele Jörg, Schlagzeug (1979); Kromer Marco, Klarinette (1977); Läufer Michael, Klarinette (1980); Liermann Andreas, Klarinette (1979); Maier Günther, Trompete (1980); Maier Jörg, Klarinette (1979); Mannhardt Marcus, Horn (1981); Ott Constanze, Horn (1979); Ott Martin, Trompete (1979); Röder Marion, Oboe (1979); Rombach Markus, Fagott (1980); Ruf Nikolaus, Flöte (1978); Ruf Thomas, Klarinette (1979); Schätzle Claudia, Saxophon (1981); Schlegel Christoph, Trompete (1977); Schlemmer Christine, Klarinette (1980); Seggelke Tanja, Flöte (1980); Thoma Jürgen, Posaune (1979); Thum Steffen, Posaune (1977); Tröscher Jürgen, Trompete (1977); Wegner Rüdiger, Klarinette (1981); Wehrle Lothar, Posaune (1980); Zipfel Antonia, Trompete (1978)

Musikverein Kollmarsreute e.V.

Gründungsjahr:	1934
1. Vorsitzender:	Hans-Peter Sprich
Stellv. Vorsitzender:	Martin Kern
Schriftführer:	Ewald Spöhre
Rechner:	Gustav Schillinger
Beisitzer:	Fritz Reinbold
	Manfred Reinbold
Dirigent:	Eugen Mench
Notenwarte:	Harald Gnädig
	Karin Spöhre
Instrumentenwart:	Erwin Schillinger
Kassenprüfer:	Walter Gutjahr
	Gerhard Kirschner

Aktive: Bührer Christian, Horn (1979); Bührer Stephan, Tuba (1979); Fischer Henry, Trompete (1969); Gerber Heike, Klarinette (1979); Gerber Monika, Klarinette (1975); Gertheis Boris, Schlagzeug (1977); Gnädig Harald, Trompete (1980); Goldschmidt Martina, Trompete (1977); Hagenmüller Elke, Tenorhorn (1980); Hohler Manuela, Klarinette (1979); Hohler Michael, Tenorhorn (1979); Huber Gernot, Trompete (1979); Kern Martin, Tenorhorn (1965); Kirschner Gerhard, Tuba (1948); Reinbold Gerlinde, Klarinette (1980); Reinbold Harald, Flügelhorn (1979); Reinbold Manfred, Tenorhorn (1957); Reinbold Uwe, Trompete (1979); Roser Udo, Flügelhorn (1979); Schell Gabriele, Trompete (1977); Schillinger Erwin, Horn (1970); Schrodi Renate, Klarinette (1975); Sommerhalter Ulrich, Klarinette (1975); Spöhre Ewald, Flügelhorn (1969); Spöhre Karin, Klarinette (1977)

Musikkapelle Kollnau

Gründungsjahr:	1871*
1. Vorsitzender:	Günter Schüler
Stellv. Vorsitzender:	Heinrich Schmieder
Schriftführer:	Walter Zimmermann
Stellv. Schriftführer:	Josef Brugger
Rechner:	August Wehrle
Beirat:	Ernst Baier
	Josef Brugger
	Richard Disch
	Hermann Eble
	Ernst Kaltenbach
	Clemens Maier
	Arne Moser
Dirigent:	Ronald Holzmann
Vizedirigent:	Ernst Kaltenbach
Jugendleiter:	Richard Disch
Notenwart:	Klaus Zimmermann
Präsident:	Dr. Georg Schindler
Ehrenvorsitzender:	Ernst Baier

Aktive: Baier Ernst, Posaune (1948); Blasl Lothar, Trompete (1953); Brugger Josef, Klarinette (1975); Bühler Frank, Klarinette (1980); Christ Karl, Klarinette (1980); Danner Martin, Horn (1978); Disch Richard, Flöte (1973); Fix Karl, Tuba (1968); Fix Michael, Trompete (1980); Ganz Karl, Flügelhorn (1949); Hasemann Egon, Posaune (1958); Hoch Gertrud, Trompete (1975); Hug Andrea, Flöte (1978); Kaltenbach Ernst, Trompete (1934); Kern Peter, Trompete (1980); Ledwig Georg, Tuba (1964); Lehmann Alexander, Horn (1975); Lemke Alfons, Posaune (1980); Mauricio de Marco, Klarinette (1980); Meier Clemens, Bariton (1970); Moser Arne, Flügelhorn (1969); Nickerl Georg, Oboe (1979); Nopper Gerhard, kl. Trommel (1954); Nopper Hansjörg, Klarinette (1977); Nopper Siegfried, Saxophon (1971); Oschwald Josef, Flügelhorn (1967); Oschwald Paul, Tuba (1967); Oschwald Peter, Trompete (1970); Oschwald Wolfgang, Trompete (1968); Reinhardt Wolfgang, Horn (1964); Schätzle Fritz, Klarinette (1948); Schmieder Andrea, Flöte (1978); Schmieder Heinrich, Bariton (1952); Schmieder Kurt, Klarinette (1948); Schindler Dieter, Klarinette (1980); Schüler Frank, Schlagzeug (1982); Schüler Günter, Posaune (1960); Schultis Andreas, Klarinette (1980); Schwendemann Martin, Flügelhorn (1975); Seitz Rudi, Flöte (1933); Siegel Carla, Saxophon (1979); Walter Bernhard, Klarinette (1927); Wehrle Martin, Trompete (1980); Wehrle Robert, Saxophon (1975); Weis Otfried, Klarinette (1978); Wisser Lothar, gr. Trommel (1954); Zimmermann Klaus, Posaune (1975); Zimmermann Paul, Tenorhorn (1977); Zimmermann Walter, Tenorhorn (1964)

Musikverein Maleck e.V.

Gründungsjahr:	1961
1. Vorsitzender:	Walter Kern
Stellv. Vorsitzender:	Werner Bühler
Schriftführer:	Michael Walz
Rechner:	Helmut Kern
Beisitzer (Aktiva):	Herbert Kern
	Friedbert Ketterer
Beisitzer (Passiva):	Reinhard Gutjahr
	Willi Wolfsperger
Dirigent:	Klaus Kern
Jugendleiter/ Notenwart/ Instrumentenwart:	Wilfried Sauer
Kassenprüfer:	Ottfried Bührer
	Hermann Schoofs
Ehrenvorstand:	Helmut Kern

Aktive: Bühler Werner, Flügelhorn (1965); Bührer Ottfried, Tuba (1971); Fleitz Christel, Horn (1969); Fleitz Günter, Tenorhorn (1966); Fleitz Werner, Bariton (1963); Gutjahr Beate, Posaune (1976); Gutjahr Karl-Heinz, Posaune (1969); Gutjahr Thomas, Klarinette (1976); Kern Harald, Horn (1962); Kern Helmut, Flügelhorn (1961); Kern Herbert, Tuba (1961); Kern Petra, Klarinette (1975); Kern Walter, Horn (1963); Kern Wolfgang, Schlagzeug (1977); Ketterer Friedbert, Posaune (1973); Ketterer Gerhard, Trompete (1973); Ketterer Uwe, Flügelhorn (1976); Leimenstoll Karin, Klarinette (1976); Leimenstoll Uwe, Trompete (1973); Mack Dieter, Flügelhorn (1977); Sauer Wilfried, Klarinette (1974); Trieg Michael, Horn (1977); Weber Arbogast, Trompete (1979); Weiland Gerhard, Tenorhorn (1965); Wolfsperger Birgit, Klarinette (1975); Wolfsperger Gerd, Flügelhorn (1969)

Musikverein Malterdingen

Gründungsjahr:	1928
1. Vorsitzender:	Josef Hügle
Stellv. Vorsitzender:	Kurt Wickersheim
Schriftführer:	Gerhard Hoffmann
Rechner:	Heinrich Leonhardt
Beirat:	Werner Dages
	Karl Huber
	Klaus Ikker
	Fritz Mutter
	Hermann Pfister
	Walter Pfister
	Felix Schöchlin
Dirigent:	Carl Kindle
Vizedirigent:	Kurt Löffel
Jugendleiter:	Frank Pfister
	Achim Roth
Notenwarte:	Elly Roth
	Peter Storz
Instrumentenwart:	Walter Pfister
Ehrenvorsitzender:	Otto Dages

Aktive: Bathelt Andreas, Klarinette (1981); Bickel Jochem, Tuba (1968); Breisacher Klaus, Tuba (1973); Dages Heiko, Tenorhorn (1978); Dages Herbert, Posaune (1965); Dages Manfred, Klarinette (1963); Dages Werner, Klarinette (1962); Dages Wolfgang, Horn (1977); Gerber Meinrad, Tuba (1959); Hoffmann Gerhard, Flügelhorn (1974); Hoffmann Thomas, Trompete (1974); Kern Manfred, Horn (1971); Leonhardt Heinrich, Horn (1951); Leonhardt Heinrich, Bariton (1967); Leonhardt Otto, Tenorhorn (1960); Löffel Kurt, Flügelhorn (1946); Löffel Peter, Flügelhorn (1975); Müller Willi, Bariton (1959); Mundinger Bertold, Posaune (1977); Mutter Karl-Heinz, Schlagzeug (1972); Pech Achim, Schlagzeug (1979); Pfister Frank, Trompete (1974); Pfister Hermann, Tenorhorn (1947); Pfister Jörg, Flöte (1979); Pfister Roland, Flöte (1976); Pfister Walter, Klarinette (1956); Roth Achim, Klarinette (1976); Roth Elly, Trompete (1979); Roth Torsten, Flügelhorn (1979); Schilling Karl, Trompete (1964); Schillinger Manfred, Horn (1958); Schöchlin Felix, Klarinette (1962); Schöchlin Manfred, Posaune (1958); Schöchlin Martin, Trompete (1968); Schrodi Kornelia, Klarinette (1967); Steiger Willi, Posaune (1958); Storz Peter, Flügelhorn (1979); Töws Jan, Tenorhorn (1976); Wickersheim Kurt, Flügelhorn (1955); Wickersheim Martin, Flügelhorn (1974); Wickersheim Sonja, Klarinette (1977)
Zöglinge: Steiger Katja, Flöte (1980); Toews Dirk, Klarinette (1980)

Musikverein Merzhausen e.V.

Gründungsjahr:	1881
1. Vorsitzender:	Arnold Enzmann
Stellv. Vorsitzender:	Gustav Adolf Kruse
Schriftführer:	Peter Magnussen
Stellv. Schriftführerin:	Annette Schmidt
Rechner:	Helmut Schwenk
Stellv. Rechner:	Doris Massie
Dirigent:	Werner Erhart
Vizedirigent:	Franz Kuner
Jugendleiter:	Beate Ehret
Notenwart/ Instrumentenwart:	Josef Käfer
Präsident:	Arnold Enzmann
Beirat:	Josef Brunner
	Werner Dammert, Bgm.
	Arnold Dilger
	Beate Ehret
	Erich Kopp
	Franz Kuner jun.

Josef Kuner jun., Kurt Massie, Richard Rosenberger, Johannes Rzany, Hans Salecker, Hermann Schill, Renate Trescher
Aktive: Bärtle Dagmar, Flöte (1975); Dammert Jutta, Klarinette (1977); Ehret Beate, Flöte/Pikkolo (1968); Enderle Willi, Saxophon (1950); Enzmann Arnold, Saxophon (1950); Gutmann Monika, Klarinette (1973); Haderer Adolf, Posaune (1955); Haderer Ulrike, Tenorhorn (1979); Häusler Ruth, Horn (1973); Isaak Christine, Klarinette (1977); Käfer Josef, Horn (1936); Kaiser Claudia, Horn (1980); Kiefer Georgia, Klarinette (1973); Kopp Susanne, Klarinette (1977); Kuner Franz, Trompete (1934); Massie Marion, Klarinette (1973); Massie Mathias, Klarinette (1970); Meinecke Henning, Horn (1971); Moll Werner, Tuba (1958); Rehm Herbert, Tuba (1951); Renz Karl, Tenorhorn (1955); Renz Kurt, Bariton (1963); Renz Oskar, Tenorhorn (1934); Renz Wolfgang, Trompete (1969); Riehle Hans, Tuba (1970); Rohrwasser Klaus Georg, Flügelhorn (1969); Rohrwasser Klaus Martin, Flügelhorn (1965); Rohrwasser Monika, Tuba (1973); Rosenberger Angelika, Posaune (1967); Rosenberger Richard, Trompete (1963); Rzany Johannes, Klarinette (1976); Salecker Hans, Posaune (1963); Salecker Waltraud, Bariton (1967); Schömmel Cornelia, Flöte (1975); Schwenk Beate, Oboe (1977); Schwenk Claudia, Klarinette (1973); Soltesz Till, Horn (1980); Soltesz Uli, Trompete (1980); Steiger Ina, Klarinette (1980); Stich Barbara, Schlagzeug (1973); Stich Mathias, Klarinette (1970); Trescher Renate, Tenorhorn (1971); Zander Harald, Tuba (1964)
Zöglinge: Bruckert Kerstin, Klarinette (1980); Eitel Mathias, Trompete (1981); Eitel Stefan, Trompete (1981); Glück Christiane, Klarinette (1980); Gutmann Clemens, Tuba (1980); Knöner Gabi, Flöte (1979); Köthner Lars, Trompete (1979); Kuner Majorie, Flöte (1980); Renz Patrizia, Oboe (1980); Rittinghausen Tatjana, Klarinette (1980); Schinker Nils, Posaune (1981); Steiger Sabine, Flöte (1982)

Musikverein Mundingen e.V.

Gründungsjahr:	1905
1. Vorsitzender:	Willi Monke
Stellv. Vorsitzender:	Roland Steinle
Schriftführer:	Georg Falk
Rechner:	Heinz Höldtke
Stellv. Rechner:	Sylvia Willaredt
Beirat:	Hartmut Künstle
	Reinhold Mayer
	Manfred Menzer
	Ursula Steinle
Dirigent:	Heinz Vosseler
Vizedirigent:	Roland Steinle
Jugendleiter:	Hans-Joachim Rieth
Notenwart:	Jürgen Neubold
Instrumentenwart:	Willi Ziser
Ehrenvorsitzender:	Emil Scheer
Ehrendirigent:	Walter Dick

Ehrenmitglieder: Ernst Gleichauf, Hermann Haas, Walter Hatt, Gustav Hauser, Walter Künstle, Heinz Martin, Mathias Schneider, Fritz Schüler, Fritz Stöhr sen.
Aktive: Bühler Alfred, Tenorhorn (1950); Bühler Erwin, Trompete (1975); Bührer Beate, Klarinette/Saxophon (1975); Falk Georg, Saxophon (1974); Haas Kurt, Trompete (1960); Herr Paul, Flügelhorn (1950); Höldtke Heinz, Tuba (1953); Künstle Elke, Klarinette (1976); Künstle Hartmut, Trompete (1975); Künstle Walter, Klarinette (1943); Lieberknecht Ute, Klarinette (1975); Lipp Diana, Saxophon (1975); Menzer Manfred, Saxophon (1963); Neubold Jürgen, gr. Trommel (1975); Neubold Werner, Horn (1951); Reinbold Birgit, Klarinette (1977); Reinbold Sylvia, Klarinette (1975); Rieth Hans-Joachim, Trompete (1969); Rieth Regina, Trompete (1977); Schaffhauser Hermann, Tuba (1952); Schaffhauser Ute, Klarinette (1975); Schneider Manfred, Flügelhorn (1952); Schneider Margit, Klarinette (1978); Schwendemann Sigrid, Flöte (1968); Steinle Helmut, Bariton (1965); Steinle Manfred, Klarinette (1965); Steinle Roland, Trompete (1963); Steinle Ursula, Trompete (1974); Stöhr Fritz, Horn (1960); Voigt Thomas, Trompete (1975); Weiß Elvira, Flöte (1978); Willaredt Sylvia, Saxophon (1974); Zimmermann Albrecht, Tenorhorn (1975); Zimmermann Heike, Klarinette (1971); Zipse Jutta, Horn (1975); Zipse Rolf, Schlagzeug (1971); Ziser Roland, Posaune (1969); Ziser Willi, Posaune (1944); Ziser Wolfgang, Tenorhorn (1970)
Zöglinge: Disch Christine, Klarinette (1980); Disch Olaf, Trompete (1980); Hess Christoph, Klarinette (1980); Monke Susanne, Klarinette (1980); Nutto Holger, Klarinette (1980); Steinle Ralf, Posaune (1980); Steinle Uwe, Trompete (1980); Trosien Peter, Klarinette (1980); Voigt Marcus, Tenorhorn (1978); Würstlin Martin, Posaune (1980); Würstlin Ute, Flöte (1980); Zipse Dirk, Tenorhorn (1980); Zipse Jürgen, Tenorhorn (1980)

Musikverein Niederhausen e.V.

Gründungsjahr:	1812*
1. Vorsitzender:	Max Stehlin
Stellv. Vorsitzender:	Josef Koßmann
Schriftführer:	Franz Maurer
Rechner:	Franz Hödle
Beirat:	Anton Früh
	Ernst Gitzinger
	Otto Maurer
	Konrad Metzger
	Oswald Stehlin
Jugendvertreter:	Peter Gitzinger
	Elke Meyer
	Peter Zeiser
Dirigent:	Willi Meyer
Instrumentenwart:	Anton Schönstein

Aktive: Ams Jürgen, Klarinette (1979); Ams Martina, Klarinette (1975); Ams Peter, Klarinette (1977); Ams Sabine, Flügelhorn (1979); Ams Stefan, Horn (1975); Baumann Robert, Schlagzeug (1978); Breithaupt Jürgen, Flügelhorn (1975); Früh Anton, Saxophon (1952); Früh Bertram, Klarinette (1979); Früh Jürgen, Bariton (1978); Früh Richard, Horn (1978); Gitzinger Ernst, Tenorhorn (1949); Gitzinger Jürgen, Tuba (1972); Gitzinger Peter, Posaune (1972); Gitzinger Rainer, Posaune (1975); Gitzinger Uwe, Klarinette (1979); Grösch Kilian, Flügelhorn (1979); Hödle Franz, Posaune (1950); Hödle Martin, Klarinette (1979); Hödle Walter, Horn (1974); Hoyndorf Hans-Peter, Tuba (1959); Koßmann Bernd, Trompete (1979); Koßmann Josef, Tenorhorn (1952); Koßmann Marianne, Flöte (1981); Löffler Gerd, Tenorhorn (1978); Löffler Jutta, Klarinette (1979); Lostia Marko, Trompete (1979); Maurer Bernadette, Saxophon (1975); Maurer Franz, gr. Trommel (1966); Maurer Franz, Flügelhorn (1974); Maurer Karl, Tuba (1954); Maurer Lioba, Klarinette (1975); Maurer Otto, Trompete (1957); Maurer Ralf, Trompete (1977); Maurer Theo, Flügelhorn (1972); Maurer Ulrike, Flöte (1981); Maurer Ursula, Klarinette (1972); Maurer Willi, Flügelhorn (1966); Maurer Willi, Tuba (1966); Metzger Konrad, Trompete (1954); Metzger Thomas, Trompete (1974); Meyer Elke, Saxophon (1972); Meyer Peter, Flügelhorn (1974); Rot Andrea, Trompete (1975); Schönstein Anton, Bariton (1966); Sedler Erich, Posaune (1955); Sprang Dietmar, Flügelhorn (1974); Stehlin Barbara, Klarinette (1975); Stehlin Max, Klarinette (1952); Steiner Andrea, Trompete (1975); Steiner Martin, Flügelhorn (1968); Steiner Matthias, Horn (1979); Steiner Renate, Flügelhorn (1979); Steiner Wolfgang, Schlagzeug (1968); Stephan Ernst, Saxophon (1957); Stephan Jürgen, Klarinette (1979); Stephan Rainer, Flügelhorn (1978); Stephan Silvia, Klarinette (1975); Trahasch Otmar, Bariton (1966); Villringer Franz, Horn (1972); Wehrle Gerhard, Klarinette (1974); Witt Anette, Klarinette (1977); Witt Bruno, Tenorhorn (1975); Witt Michael, Flügelhorn (1974); Witt Paul, Tenorhorn (1968); Zeiser Franz, Trompete (1975); Zeiser Peter, Klarinette (1974)

Musikverein Niederwinden e.V.

Gründungsjahr:	1861*
1. Vorsitzender:	Paul Schmieder
Stellv. Vorsitzender:	Gerhard Albrecht
Schriftführer:	August Kern
Rechner:	Karin Schill
Beirat:	Hermann Flach
	Berthold Gantert
	Wilhelm Häringer
Dirigent:	Josef Eschle
Vizedirigent:	Horst Ringwald
Jugendleiter:	Alois Becherer
Notenwart:	Horst Ringwald
Instrumentenwart:	Paul Schmieder
Ehrenmitglieder:	Franz-Josef Baier
	Emil Dufner
	Josef Eschle
	Hermann Flach
	Anton Häringer
	Erwin Nopper
	Eugen Rold
	Georg Spitz

Aktive: Albrecht Gerhard, Horn (1969); Albrecht Klaus, Flügelhorn (1969); Albrecht Ludwig, gr. Trommel (1975); Allgeier Rolf, Tuba (1977); Becherer Alois, Saxophon (1963); Burger August, Flügelhorn (1977); Eschle Bernd, Saxophon (1970); Flach Hermann, Tuba (1946); Flach Wolfgang, Bariton (1977); Gantert Berthold, Posaune (1969); Gantert Jonas, Tuba (1946); Gehr Helmut, Flügelhorn (1956); Hämmerle Thomas, Flügelhorn (1977); Häringer Alfons, Klarinette (1977); Häringer Leonhard, Schlagzeug (1977); Häringer Markus, Saxophon (1977); Häringer Ralf, Flügelhorn (1977); Imhof Thomas, Tenorhorn (1977); Kern August, Trompete (1969); Resch Willi, Klarinette (1962); Riesle Edwin, Klarinette (1977); Ringwald Horst, Saxophon (1956); Rold Adelbert, Tenorhorn (1970); Schill Karin, Klarinette (1969); Schmieder Erwin, Tenorhorn (1969); Schmieder Paul, Tenorhorn (1969); Spitz Hansjörg, Trompete (1970); Wahl Erwin, Trompete (1963); Weber Doris, Klarinette (1977); Weber Thomas, Trompete (1977); Weber Wolfgang, Flöte (1977); Weis Bernd, Posaune (1977)
Zöglinge: Best Alexandra, Klarinette (1981); Best Markus, Tenorhorn (1981); Birkle Gabriele, Klarinette (1981); Hämmerle Silke, Klarinette (1981); Häringer Albert, Posaune (1981); Imhof Dirk, Trompete (1981); Kern Stefan, Flügelhorn (1981); Thoma Patricia, Trompete (1981); Walter Thomas, Horn (1981); Weber Jochen, Flügelhorn (1981); Winterhalter Ingo, Posaune (1981); Wissler Bernd, Klarinette (1981)

Musikverein Nimburg-Bottingen e.V.

Gründungsjahr:	1927
1. Vorsitzender:	Ernst Iselin
Stellv. Vorsitzender:	Jochen Lautenschlager
Schriftführer:	Edwin Welz
Rechner:	Ernst Welz
Beirat:	Armin Iselin
	Hermann Jäger
	Herbert Meier
	Karl Mick
	Karl Schumacher
	Heinz Schwalbe
Dirigent:	Gebhard Bär
Jugendleiter:	Heidi Zängle
Notenwarte:	Erwin Iselin
	Eberhard Schopferer
Instrumentenwart:	Fritz Iselin

Aktive: Ahhy Heike, Flöte (1980); Bär Anette, Saxophon (1979); Bär Daniela, Flöte (1979); Bockstahler Benno, Posaune (1977); Danzeisen Martina, Klarinette (1980); Demmler Fritz, Tenorhorn (1948); Fischer Bernhard, Tenorhorn (1977); Gorzalka Lothar, Klarinette (1973); Hess Reiner, Trompete (1977); Iselin Armin, Bariton (1971); Iselin Erwin, Klarinette (1971); Iselin Fritz, Flügelhorn (1967); Iselin Gerd, Tuba (1971); Iselin Waltraud, Saxophon (1980); Jauch Jürgen, Tuba (1973); Knauf Simone, Klarinette (1980); Lautenschlager Jochen, Posaune (1967); Mac Nelly Harry, Trompete (1980); Mac Nelly Martina, Klarinette (1980); Meier Herbert, Schlagzeug (1977); Mick Karl, Horn (1960); Mick Rolf, Bariton (1971); Phillip Sonja, Klarinette (1980); Phillip Tanja, Klarinette (1980); Prax Franz, Klarinette (1979); Reifsteck Mike, Trompete (1980); Rinklin Bianca, Flöte (1977); Schopferer Adrian, Trompete (1980); Schopferer Berthold, Posaune (1980); Schopferer Eberhard, Flügelhorn (1977); Schopferer Viola, Flöte (1980); Schulz Andreas, Tenorhorn (1980); Schulz Wolfgang, Flügelhorn (1980); Schumacher Karl, Trompete (1948); Schwalbe Heinz, Schlagzeug (1952); Trotter Gregor, Posaune (1977); Welz Alexandra, Saxophon (1973); Welz Andreas, Saxophon (1973); Welz Edwin, Tuba (1971); Welz Ernst, Horn (1949); Welz Thomas, Flügelhorn (1977); Wild Erhard, Schlagzeug (1971); Wild Roland, Tenorhorn (1977); Zängle Dieter, Bariton (1980); Zängle Günter, Horn (1971); Zängle Heidi, Klarinette (1977)
Zöglinge: Fischer Diana, Klarinette (1981); Haug Ilona, Klarinette (1981); Hügle Susanne, Klarinette (1981); Jenne Karina, Flöte (1981); Prax Michael, Horn (1981); Reifsteck Claudia, Trompete (1981); Rolfes Anja, Klarinette (1981); Schneider Marion, Flügelhorn (1981); Schulz Helga, Klarinette (1981); Seywald Ute, Horn (1981); Wesche Christine, Klarinette (1981); Zängle Regina, Flügelhorn (1981)

Musikverein Nordweil e.V.

Gründungsjahr:	1925
1. Vorsitzender:	Franz Schätzle
Stellv. Vorsitzender:	Elmar Schätzle
Schriftführer:	Lambert Hügle
Stellv. Schriftführer/ Chronist:	Edgar Hensle
Rechner:	Reinhold Schwendemann
	Norbert Hensle
Beirat (Aktiva):	Wilfried Buselmeier
	Bernhard Götz
	Roland Götz
	Ewald Wacker
Beirat (Passiva):	Manfred Wild
	Gottfried Zöllner
Dirigent:	Franz Kiesewetter
Vizedirigent:	Reinhard Frank
Jugendleiterin:	Sylvia Schneider
Notenwart:	Joachim Schätzle
Instrumentenwart:	Roland Götz
Ehrenvorsitzender:	Otto Wacker
Vereinsbote:	Dieter Vögt

Aktive: Baumgartner Bruno, Saxophon (1964); Bilharz Brunhilde, Klarinette (1974); Bleier Klaus, Tuba (1950); Buselmeier Franz-Josef, Tenorhorn (1945); Buselmeier Jürgen, Trompete (1977); Buselmeier Wilfried, Flügelhorn (1969); Frank Reiner, Trompete (1977); Frank Reinhard, Klarinette (1955); Götz Bernhard, Klarinette (1955); Götz Otto, gr. Trommel (1951); Götz Roland, Tenorhorn (1961); Götz Tobias, Schlagzeug (1977); Götz Volker, Flügelhorn (1977); Götz Wilhelm, Flügelhorn (1954); Golz Stefan, Trompete (1977); Hensle Angelika, Horn (1977); Hensle Anton, Horn (1955); Hensle Daniel, Tenorhorn (1977); Hensle Edgar, Posaune (1974); Hensle Harald, Flügelhorn (1977); Hensle Jürgen, Klarinette (1977); Hensle Meinrad, Saxophon (1961); Hensle Norbert, Klarinette (1974); Hensle Rolf, Tenorhorn (1974); Horch Günter, Horn (1974); Hügle Eberhard, Klarinette (1974); Hügle Lambert, Tuba (1945); Kübler Kornelia, Klarinette (1977); Kuri Sigmar, Bariton (1977); Ritter Xaver, Tamburin (1978); Schätzle Eberhard, Klarinette (1969); Schätzle Elmar, Trompete (1969); Schätzle Franz, kl. Trommel (1961); Schätzle Joachim, Saxophon (1969); Schätzle Renate, Klarinette (1974); Schätzle Rüdiger, Trompete (1977); Schätzle Ulrich, Saxophon (1974); Schleer Thomas, Horn (1974); Schneider Rolf, Posaune (1977); Schneider Sylvia, Posaune (1977); Schwendemann Michael, Flügelhorn (1977); Schwendemann Reinhold, Flügelhorn (1955); Schwendemann Sonja, Klarinette (1974); Schwörer Eugen, Saxophon (1961); Schwörer Willi, Lyra (1950); Vögt Dieter, Tenorhorn (1977); Wacker Ewald, Tenorhorn (1953); Winterhalter Petra, Trompete (1977)

Musikverein Oberhausen e.V.

Gründungsjahr:	1825*
1. Vorsitzender:	Martin Weis
Stellv. Vorsitzender:	Josef Sprang
Schriftführer:	Werner Zimmermann
Rechner:	Gebhard Weis
Beirat:	Albert Burger
	Josef Hölderlin
	Franz Maurer
	Theodor Meier
	Michael Metzger
	Alois Stehlin
	Ewald Troxler
	Lothar Troxler
	Wolfgang Wehrle
	Johann Weis
	Robert Zängle
	Alfons Zimmermann
Dirigent:	Gerold Kunz
Notenwart:	Thomas Früh
Ehrendirigent:	Otto Höhn
Obmann:	Emil Stehlin

Aktive: Ansel Willi, Flügelhorn (1975); Bill Heinrich, Tenorhorn (1948); Blank Josef, Klarinette (1933); Burger Albert, Trompete (1950); Burger Bernhard, Flügelhorn (1973); Dallmer Martin, Tuba (1981); Duri Manfred, Klarinette (1982); Franz Josef, Trompete (1979); Früh Judith, Flöte (1982); Früh Thomas, Tenorhorn (1972); Höldin Bernhard, Flügelhorn (1969); Höldin Helmut, Horn (1975); Höldin Josef, Horn (1949); Hoelle Mattias, Flügelhorn (1981); Huber Andreas, Flügelhorn (1981); Lößlin Erwin, Tuba (1980); Maurer Franz, Horn (1962); Maurer Heinz, Horn (1974); Maurer Roland, Trompete (1972); Maurer Thomas, Posaune (1979); Maurer Thomas, Saxophon (1974); Maurer Thomas, Klarinette (1981); Meier Wolfgang, Flügelhorn (1974); Metzger Michael, Trompete (1973); Metzger Peter, Klarinette (1982); Metzger Ralf, Posaune (1979); Moser Maria, Klarinette (1975); Schindler Beate, Klarinette (1972); Schindler Walter, Posaune (1948); Sprang Bernhard, Posaune (1970); Sprang Josef, Flügelhorn (1963); Stehlin Emil, Tenorhorn (1955); Stehlin Jürgen, Tenorhorn (1980); Toischer Petra, Flöte (1982); Troxler Anja, Klarinette (1981); Troxler Ewald, gr. Trommel (1952); Troxler Lothar, Saxophon (1969); Vollmer Erwin, Horn (1970); Wehrle Wolfgang, Klarinette (1974); Weis Armin, Trompete (1974); Weis Christoph, Trompete (1979); Weis Johann, Tuba (1972); Weis Jürgen, Trompete (1979); Weis Marianne, Klarinette (1974); Weis Martin, Tenorhorn (1954); Weis Rainer, Klarinette (1977); Weis Walter, Posaune (1950); Zängle Franz, kl. Trommel/Pauken (1958); Zängle Linus, Flügelhorn (1970); Zängle Manfred, Klarinette (1974); Zeiser Peter, Klarinette (1980); Zimmermann Helmut, Saxophon (1970); Zimmermann Werner, Tuba (1959)
Zöglinge: Kaiser Christian, Klarinette (1981); Kunz Iris, Klarinette (1981); Maurer Martina, Klarinette (1981); Zimmermann Annette, Klarinette (1982); Zimmermann Sonja, Klarinette (1981)

Musikverein-Trachtenkapelle Oberprechtal e.V.

Gründungsjahr:	1885
1. Vorsitzender:	Bernhard Klausmann
Stellv. Vorsitzender:	Josef Jäkle
Schriftführer:	Georg Herr
Rechner:	Bernd Jäkle
Beirat:	Simon Allgeier
	Siegfried Blum
	Arno Burger
	Otto Burger, Bgm. i. R.
	Heribert Moser
	Günter Uhl
Dirigent:	Alfred Ringwald
Vizedirigent:	Josef Jäkle
Jugendleiter:	Siegfried Blum
Notenwart:	Josef Kern
Instrumentenwart:	Günter Uhl
Ehrenvorstand:	Karl Jäkle

Ehrenmitglieder: Thomas Armbruster, Bürgermeister i. R. Otto Burger, Richard Haas, Ambros Kern, Johann Kern, Karl Klausmann, Josef Läufer, Karl Läufer, Hermann Meier, Albert Uhl, Alfons Uhl, Geistlicher Rat Pfarrer Johann Vogt, Bruno Weber

Aktive: Allgeier Paul, Tenorhorn (1948); Allgeier Simon, Saxophon (1974); Biehrer Bernd, Flügelhorn (1980); Blum Siegfried, Saxophon (1952); Burger Arno, Flügelhorn (1968); Burger Bruno, Horn (1945); Burger Lukas, Posaune (1968); Disch Bernhard, Bariton (1969); Disch Franz, Posaune (1977); Disch Karl-Heinz, Klarinette (1968); Haas Adelheid, Klarinette (1980); Hänle Daniel, Trompete (1979); Herr Georg, Flügelhorn (1962); Jäkle Bernd, Tuba (1958); Jäkle Josef, Trompete (1953); Jäkle Karl-Heinz, Saxophon (1974); Jäkle Wolfgang, Trompete (1971); Joos Klaus-Dieter, Trompete (1980); Kern Heldemar, Posaune (1968); Kern Josef, Tuba (1945); Kern Jürgen, Schlagzeug (1976); Klausmann Bernhard, Flügelhorn (1963); Kuhn Sieglinde, Klarinette (1971); Läufer Leonhard, Horn (1979); Läufer Markus, Horn (1980); Läufer Ralf, Tuba (1980); Matt Michael, Klarinette (1977); Moser Heribert, Klarinette (1965); Moser Johann, Klarinette (1957); Moser Lothar, Schlagzeug (1968); Moser Martin, Flügelhorn (1980); Müller Roland, Tenorhorn (1980); Pleuler Helmut, Horn (1948); Ringwald Hubert, Klarinette (1975); Schmieder Ulrich, Posaune (1981); Schneider Fritz, Posaune (1977); Uhl Günter, Trompete (1971); Uhl Hubert, Bariton (1971); Weber Albert, Tuba (1963); Weber Edgar, Tenorhorn (1980)

Trachtenkapelle Oberried e.V.

Gründungsjahr:	1880*
1. Vorsitzender:	Alfons Saier
Stellv. Vorsitzender:	Peter Dold
Schriftführer:	Willi Lauby
Rechner:	Arnold Brender
Beirat:	Alfons Albrecht
	Adelbert Sandmann
	Rudi Wissler
	Otto Zähringer
Dirigent:	Karl Schuler
Vizedirigent:	Rudi Wissler
Notenwarte:	Franz Schweizer
	Roland Wissler
Ehrenvorsitzender:	Karl Freßle

Aktive: Albrecht Alfons, Saxophon (1956); Benitz Paul, Tenorhorn (1975); Brender Arnold, Klarinette (1961); Brender Beate, Flügelhorn (1975); Brender Ralf, Trompete (1978); Dold Peter, Flügelhorn (1956); Durst Hans-Jörg, Trompete (1975); Durst Ulrike, Flöte (1978); Freßle Hans Peter, Klarinette (1966); Freßle Josef, Tenorhorn (1959); Freßle Karl, gr. Trommel (1963); Freßle Karl, Klarinette (1961); Jautz Ewald, Klarinette (1968); Kehl Alexandra, Flöte (1978); Kleiser Ludwig, Horn (1978); Kleiser Raimund, Klarinette (1978); Lauby Willi, Posaune (1968); Lorenz Michael, Trompete (1975); Maier Johannes, kl. Trommel (1975); Maier Ulrich, Klarinette (1975); Rees Albert, Flügelhorn (1975); Rees Arnold, Klarinette (1978); Rees Ludwig, Flügelhorn (1975); Rees Martin, Tenorhorn (1978); Riesterer Christa, Klarinette (1981); Riesterer Eugen, Tenorhorn (1966); Riesterer Michael, Trompete (1978); Saier Alfons, Tuba (1956); Saier Anna, Lyra (1980); Sandmann Markus, Flöte (1975); Schlegel Judith, Klarinette (1975); Schneider Eugen, Bariton (1975); Schneider Ulrika, Klarinette (1975); Schwarz Erich, Saxophon (1963); Schwarz Helmut, Klarinette (1966); Schwarz Karl, Horn (1934); Schweizer Albert, Tuba (1949); Schweizer Franz, Posaune (1975); Schweizer Karl, Horn (1975); Tröscher Albert, Flügelhorn (1953); Tröscher Albert, Klarinette (1975); Tröscher Gerhard, Klarinette (1975); Tröscher Josef, Saxophon (1975); Tröscher Michael, Flöte (1975); Tröscher Paul, Tuba (1978); Winterhalter Alfons, Klarinette (1963); Winterhalter Bernhard, Trompete (1957); Winterhalter Paul, Trompete (1966); Wissler Erich, Posaune (1953); Wissler Roland, Klarinette (1975); Wissler Rudi, Bariton (1949); Zähringer Manfred, Tenorhorn (1978); Zähringer Otto, Posaune (1962); Zähringer Peter, Horn (1978)
Zöglinge: Pollex Jörg, Schlagzeug (1981); Saier Amadeus, Tenorhorn (1980); Schweizer Siegfried, Tuba (1978)

Musikverein
Obersimonswald e.V.

Gründungsjahr:	1866*
1. Vorsitzender:	Friedrich Helmle
Stellv. Vorsitzender:	Josef Stratz
Schriftführer:	Hermann Baumer
Stellv. Schriftführer:	Karl Stratz
Rechner:	Hermann Baumer
Beisitzer (Aktiva):	Hansjörg Schindler
	Hubert Wehrle
Beisitzer (Passiva):	Fritz Hoch
	Josef Weis
Jugendvertreter:	Michael Disch
	Anita Hug
Dirigent:	Erich Schwär
Vizedirigent:	Michael Disch
Jugendleiter:	Erich Schwär
Notenwart:	Hansjürgen Wehrle
Instrumentenwart:	Franz Josef Wehrle
Ehrenvorsitzender:	Franz Schindler

Ehrendirigent: Alfred Ringwald; Ehrenmitglieder: Lambert Baumer, Christian Fehrenbach sen., Franz Heitzmann, Albert Schindler sen.
Aktive: Baumer Hermann, Flügelhorn (1962); Brugger Silvia, Flöte (1974); Disch Barbara, Klarinette (1974); Disch Michael, Tenorhorn (1977); Dorer Friedrich, Klarinette (1950); Fehrenbach Christian, Klarinette (1960); Fehrenbach Susanne, Klarinette (1974); Fehrenbach Uwe, Trompete (1977); Heitzmann Eduard, Tuba (1977); Helmle Friedrich sen., Bariton (1946); Helmle Friedrich jun., Saxophon (1974); Helmle Norbert, Trompete (1974); Henzmann Christa, Klarinette (1974); Hoch Petra, Flügelhorn (1974); Hug Anita, Saxophon (1974); Hug Karl-Josef, Flügelhorn (1977); Hug Siegfried, Tuba (1974); Hug Wilhelm, Horn (1949); Rösch Konrad, Tuba (1947); Schindler Albert, Klarinette (1947); Schindler Angela, Klarinette (1974); Schindler Hansjörg, Bariton (1967); Schindler Lydia, Flöte (1974); Schonhardt Ralf, Tenorhorn (1974); Schuler Andreas, Schlagzeug (1977); Schuler Hermann, Posaune (1974); Schulz Werner, Posaune (1974); Stratz Carola, Klarinette (1974); Stratz Josef, Saxophon (1955); Stratz Karl, Klarinette (1960); Stratz Markus, Flügelhorn (1977); Trenkle Martin, Posaune (1977); Trenkle Paul, Posaune (1949); Trenkle Wolfgang, Posaune (1974); Venohr Helmut, Saxophon (1967); Wehrle Albert, Tenorhorn (1947); Wehrle Alfred, Horn (1958); Wehrle Franz-Josef, Trompete (1959); Wehrle Hans-Jürgen, Schlagzeug (1969); Wehrle Hubert, Tuba (1967); Wehrle Siegfried, Horn (1974); Wehrle Willi, Becken (1951); Weis Clemens, Trompete (1977); Weis Franz Josef, Klarinette (1948); Weiß Roman, Flügelhorn (1977)

Musikkapelle Oberwinden

Gründungsjahr:	1880*
1. Vorsitzender:	Hansjörg Faiss
Stellv. Vorsitzender:	Ludwig Burger
Schriftführer:	Peter Krieg
Rechner:	Josef Kapp
Beirat:	Friedbert Faiss
	Friedhelm Fakler
	Wilhelm Fischer
	Rüdiger Lach
	Bernd Volk
Dirigent:	Thomas Spitz
Vizedirigent:	Wilhelm Kapp
Jugendleiter:	Christoph Mosmann
Notenwart:	Manfred Dorer
Instrumentenwart:	Josef Faiss
Ehrenvorsitzender:	Wilhelm Becherer
Ehrendirigent:	Anton Kapp

Aktive: Burger Jürgen, Flügelhorn (1982); Burger Karin, Flöte (1977); Dalhoff Martin, Flöte (1977); Dorer Manfred, Posaune (1975); Faiss Alfons, Horn (1947); Faiss Friedbert, Klarinette/Saxophon (1974); Faiss Hansjörg, Bariton (1966); Faiss Josef, Klarinette/Saxophon (1957); Fakler Friedhelm, Trompete (1974); Fakler Walter, Klarinette/Saxophon (1964); Fischer Bernhard, Tuba (1968); Fischer Karl, Flügelhorn (1968); Fischer Wilhelm, Klarinette (1972); Herr Bernhard, Horn (1949); Kammerer Berthold, Flügelhorn (1975); Kammerer Erwin, Flügelhorn (1947); Kammerer Jürgen, Schlagzeug (1975); Kapp Christoph, Klarinette (1977); Kapp Georg, Flöte (1977); Kapp Josef, Trompete (1964); Kapp Wilhelm, Klarinette (1947); Krieg Peter, Horn/E-Baß (1981); Lach Rüdiger, Tuba (1975); Lach Thilo, Schlagzeug (1981); Lienemann Alfred, Tenorhorn (1956); Mosmann Christoph, Trompete (1975); Reich Friedbert, Horn (1976); Schindler Franz, Bariton (1975); Schmieder Reiner, Klarinette (1979); Schmieder Walter, Saxophon (1949); Schuldis Augustin, Trompete (1976); Schultis Arnold, Tuba (1952); Schultis Benjamin, Klarinette (1979); Schultis Manfred, Klarinette (1972); Schultis Silvia, Flöte (1966); Schwarz Ewald, Tuba (1966); Tränkle Alois, Posaune (1947); Tränkle Martin, Klarinette (1979); Volk Bernd, Klarinette/Saxophon (1974); Volk Dietmar, Trompete (1976); Volk Ralf, Tenorhorn (1976); Wölfle Andreas, Posaune (1956); Wölfle Pia, Klarinette (1979)
Zöglinge: Fehrenbach Christoph, Klarinette (1982); Fischer Anja, Klarinette (1982); Hug Christian, Klarinette (1982); Krieg Andreas, Posaune (1981); Lach Ricky, Tuba (1981); Lewedei Micha, Horn (1981); Pauck Thomas, Horn (1981); Schätzle Markus, Tenorhorn (1981); Schindler Hubert, Tenorhorn (1981); Trenkle Oliver, Trompete (1982); Volk Gerald, Flügelhorn (1981); Wölfle Silvia, Flöte (1982)

Musikverein Ottoschwanden e.V.

Gründungsjahr:	1872*
1. Vorsitzender:	Alfred Orda
Stellv. Vorsitzender:	Gerhard Jockmann
Schriftführer:	Klaus Ziebold
Rechner:	Hans Zuckschwerdt
Beirat:	Alfred Bühler
	Eugen Bührer
	Erich Jockmann
	Werner Pscheidt
	Fritz Reinbold
	Hermann Reinbold
	Heinrich Sillmann
Dirigent:	Klaus Kern
Vizedirigent:	Georg Bühler
Jugendleiter:	Gerhard Jockmann
Notenwart:	Heinrich Meier
Instrumentenwart:	Andreas Bühler
Ehrenvorsitzender:	Richard Kern

Aktive: Blust Willi, Trompete (1947); Böcherer Hans-Peter, Trompete (1977); Brucker Werner, Bariton (1977); Bühler Alfred, Tuba (1946); Bühler Alfred, Posaune (1960); Bühler Andreas, Flügelhorn (1968); Bühler Christian, Klarinette (1952); Bühler Georg, Bariton (1956); Bühler Hansjörg, Klarinette (1977); Bühler Matthias, Klarinette (1933); Bühler Werner, Horn (1960); Bührer Hans, Flügelhorn (1965); Hauber Martin, Flügelhorn (1977); Hauber Rudi, Bariton (1977); Hüglin Fritz, Klarinette (1947); Jockmann Fritz, Tuba (1947); Jockmann Gerhard, Schlagzeug (1968); Jockmann Jens, Posaune (1977); Kern Erwin, Posaune (1967); Kern Richard, gr. Trommel (1947); Kölblin Gerhard, Tenorhorn (1961); Kölblin Walter, Tenorhorn (1960); Mäder Arno, Trompete (1956); Mäder Hans-Jürgen, Bariton (1977); Meier Heinrich, Horn (1957); Orda Alfred, Flügelhorn (1960); Reinbold Fritz, Posaune (1960); Riese Peter, Tuba (1977); Rist Bernd, Trompete (1978); Rist Hans-Jürgen, Trompete (1977); Röderer Heinz, Flügelhorn (1954); Willaredt Eugen, Horn (1960); Woller Ernst, Tuba (1960); Ziebold Klaus, Klarinette (1968); Zuckschwerdt Hans, Klarinette (1968)
Zöglinge: Bührer Manfred, Klarinette (1981); Engler Martin, Tenorhorn (1981); Riese Manuela, Klarinette (1981); Sillmann Anja, Klarinette (1981)

Batzenberger Winzerkapelle Pfaffenweiler

Gründungsjahr:	1794*
1. Vorsitzender:	Josef Waibel
Stellv. Vorsitzender:	Manfred Lais
Schriftführer:	Gottfried Gutgsell
Rechner:	Karl Kiefer
Beirat (Aktiva):	Hermann Haury
	Alfons Mathiß
	Romano Venturini
Beirat (Passiva):	Karl Kiefer
	Richard Kunzelmann
	Kurt Neher
Dirigent:	Siegfried Bauchinger
Vizedirigent:	Paul Eckert
Jugendleiter:	Ortraud Faller
	Ludwig Muser
Notenwarte:	Alfons Mathiß
	Emil Schlegel
Instrumentenwart:	Josef Treyer
Fähnrich:	Werner Bösch

Ehrenvorsitzende: Adolf Bösch, Emil Eckert
Aktive: Bauchinger Jutta, Flöte (1981); Bette Angela, Flöte (1978); Bösch Friedrich, Tenorhorn (1948); Bösch Heidrun, Saxophon (1978); Bösch Martin, Bariton (1974); Bösch Paul, Schlagzeug (1961); Bösch Peter, Schellenbaum (1956); Bösch Walter, Posaune (1954); Dischinger Hermann, Horn (1951); Dischinger Inge, Klarinette (1974); Eckert Heinrich, Tenorhorn (1947); Eckert Michael, Schlagzeug (1977); Eckert Paul, Flügelhorn (1947); Gutgsell Gottfried, Saxophon (1965); Gutgsell Karl, Tuba (1953); Gutgsell Rainer, Klarinette (1974); Gutgsell Thomas, Trompete (1978); Hanser Anette, Flöte (1978); Hanser Heidi, Trompete (1978); Hanser Paul, Horn (1953); Haury Barbara, Klarinette (1974); Haury Hermann, Tuba (1947); Horst Alexander, Flügelhorn (1977); Horst Barbara, Klarinette (1980); Hüppe Heinz, Flügelhorn (1970); Hug Pius, Schlagzeug (1954); Kiefer Angelika, Klarinette (1973); Kiefer Karl, Tenorhorn (1951); Lais Manfred, Flügelhorn (1964); Lais Veronika, Trompete (1978); Mayer Werner, Trompete (1961); Muser Eckhard, Horn (1977); Neher Robert, Klarinette (1947); Schlegel Emil, Klarinette (1947); Uebelacker Gabi, Flöte (1974); Venturini Romano, Trompete (1970); Waibel Dietmar, Posaune (1974); Waibel Josef, Posaune (1953); Waibel Sonja, Klarinette (1974); Weber Alfons, Horn (1965); Weber Bruno, Posaune (1973); Weber Doris, Saxophon (1974); Weber Waldemar, Trompete (1970); Wirbel Edeltraud, Saxophon (1974); Wörner Karin, Trompete (1978); Wörner Karlheinz, Tenorhorn (1953)
Jugendkapelle: Baumgartner Dieter, Horn (1978); Baumgartner Jürger, Klarinette (1978); Bruchmann Markus, Horn (1978); Bruchmann Ulrike, Klarinette (1978); Bösch Armin, Flügelhorn (1978); Bösch Jürgen, Tenorhorn (1978); Dischinger Martin, Posaune (1978); Eckert Birgit, Klarinette (1978); Fabi Martin, Trompete (1978); Fabi Susanne, Klarinette (1978); Faller Roland, Tuba (1978); Gutgsell Christine, Klarinette (1978); Gutgsell Martin, Tenorhorn (1978); Gutgsell Thomas, Trompete (1978); Hengst Oliver, Saxophon (1978); Hilger Christine, Klarinette (1978); Hugge Sylvia, Klarinette (1978); Jenne Markus, Trompete (1978); Knörr Michael, Posaune (1978); Mayer Andreas, Trompete (1978); Seligmann Ralf, Trompete (1978); Thoma Ralf, Trompete (1978); Treyer Heiko, Posaune (1978); Treyer Silke, Klarinette (1978); Wagner Thomas, Saxophon (1978); Waibel Iris, Flöte (1978); Weis Ernst, Flügelhorn (1978); Weis Felix, Schlagzeug (1978); Wellinger Reiner, Trompete (1978); Wirbel Dieter, Posaune (1978); Wörner Mario, Lyra (1978)

Musikverein Prechtal e.V.

Gründungsjahr:	1921
1. Vorsitzender:	Leo Becherer
Stellv. Vorsitzender:	Josef Schill
Schriftführer:	Hermann Meier
Rechner:	August Joos
Beirat:	Hubert Fischer
	Hermann Läufer
	Helmut Schätzle
	Josef Trenkle
	Friedrich Volk
	Josef Volk
Jugendvertreter:	Gerhard Disch
Dirigent:	Josef Dufner
Vizedirigent/	
Jugendleiter:	Franz Schill
Notenwart:	Fritz Volk

Aktive: Allgeier Martin, Flügelhorn (1981); Becherer Alois, Tuba (1964); Becherer Leo, Tenorhorn (1961); Böcherer Wolfgang, Bariton (1978); Disch Gerhard, Saxophon/Klarinette (1974); Disch Klemens, Flügelhorn (1979); Disch Konrad, Tuba (1976); Dufner Nikolaus, Tuba (1978); Dufner Rosmarie, Klarinette (1978); Fischer Hubert, gr. Trommel (1970); Göppert Bernd, Trompete (1974); Herr Hubert, Flöte/Pikkolo (1970); Joos August, Klarinette (1956); Kaltenbach Willi, Horn (1960); Klausmann Armin, Trompete (1979); Klausmann Edgar, kl. Trommel/Pauken (1970); Klausmann Werner, Klarinette (1971); Kury Jürgen, Saxophon/Klarinette (1972); Läufer Franz, Posaune (1949); Maier Christof, Saxophon/Klarinette (1974); Maier Joachim, kl. Trommel (1975); Meier Hermann, Klarinette/Lyra (1934); Oswald Albert, Klarinette (1927); Oswald Dietmar, gr. Trommel (1979); Oswald Ulrike, Klarinette (1981); Schätzle Helmut, Trompete (1965); Scherer Ernst, Horn (1955); Scherer Nikolaus, Posaune (1972); Scherer Reinhard, Saxophon/Klarinette (1970); Schill Bernhard, Klarinette (1974); Schill Franz, Trompete (1952); Schill Jakob, Tenorhorn (1981); Schill Josef, Posaune (1956); Schill Karl, Posaune (1947); Schill Klemens, Flügelhorn (1982); Schill Stefan, Trompete (1982); Schmieder Franz, Tenorhorn (1951); Schmieder Karl, Tenorhorn (1973); Schmieder Martin, Tenorhorn (1979); Schultis Erich, Posaune (1946); Schultis Konrad, Klarinette (1954); Schultis Martin, Flügelhorn (1978); Volk Friedrich, Flügelhorn (1964); Volk Josef, Flügelhorn (1949); Volk Martin, Tuba (1978); Volk Mathilde, Klarinette (1978); Weber Anton, Horn (1947); Wernet Hermann, Klarinette (1968); Winterer Hansjörg, Horn (1979); Winterer Nikolaus, Flügelhorn (1965).
Zöglinge: Becherer Wolfgang, Flügelhorn (1980); Disch Harald, Posaune (1976); Füchter Tobian, Trompete (1980); Gehring Karl-Heinz, Horn (1978); Joos Christof, Klarinette (1979); Klausmann Udo, Flügelhorn (1975); Scherer Martin, Tenorhorn (1980); Volk Reinhard, Posaune (1978); Weber Alexander, Trompete (1980); Weber Dietmar, Flügelhorn (1980); Winterer Nikolaus, Trompete (1978).

Musikverein Reute e.V.

Gründungsjahr:	1949
1. Vorsitzender:	Ludwig Schneider
Stellv. Vorsitzender:	Helmut Mörder
Schriftführer:	Dietmar Bierer
Rechner:	Alfred Bierer
Beirat:	Eduard Heiny
	Manfred Heiny
	Rudolf Heiny
	Reinhard Schneider
	Stefan Steigert
	Walfried Witzigmann
Dirigent:	Günther Nowakowski
Vizedirigent:	Reinhard Schneider
Jugendleiter:	Matthias Mörder
Notenwart:	Helmut Kury
Ehrenmusiker:	Fritz Sammel
Obmann:	Alfred Rich

Aktive: Aigeldinger Ernst, Tuba (1958); Aigeldinger Harald, Trompete (1976); Aigeldinger Manuela, Flöte (1979); Bierer Alfred, Klarinette (1949); Bierer Dietmar, Klarinette (1973); Fesenmeier Petra, Klarinette (1982); Gebhard Siegfried, Klarinette (1963); Heiny Erwin, Trompete (1949); Heiny Oswald, Trompete (1973); Hettich Rolf, Schlagzeug (1963); Kleeb Petra, Flöte (1979); Koschani Uwe, Bariton (1979); Kury Christiane, Klarinette (1981); Kury Helmut, Tuba (1967); Kury Stefan, Flöte (1978); Mörder Betina, Klarinette (1976); Mörder Harald, Klarinette (1973); Mörder Heidi, Klarinette (1973); Mörder Matthias, Flügelhorn (1973); Mörder Michael, Posaune (1979); Mörder Werner, Horn (1950); Neumann Klaus, Posaune (1973); Rich Alfred, Tenorhorn (1950); Rich Hermann, Trompete (1963); Rich Karl Bernhard, Flügelhorn (1979); Rich Katharina, Flöte (1979); Riauffreyt Alfred, Posaune (1976); Rumbach Manfred, Trompete (1973); Sammel Fritz, Flügelhorn (1937); Schneider Cornelia, Flöte (1979); Schneider Joachim, Posaune (1976); Schneider Ludwig, Bariton (1954); Schneider Reinhard, Posaune (1964); Schönberger Bernd, Tenorhorn (1979); Schwitzer Arnold, Flügelhorn (1971); Schwitzer Regina, Klarinette (1975); Siegel Karl, Tuba (1954); Siegel Michael, Klarinette (1956); Siegel Michaela, Klarinette (1981); Siegel Tobias, Tuba (1976); Steigert Stefan, Horn (1953); Stratz Rudi, Tenorhorn (1973); Volk Josef, Tuba (1956); Volk Viktor, Klarinette (1950); Waldmann Gerda, Klarinette (1973); Witzigmann Frank, Flügelhorn (1976); Witzigmann Josef, Horn (1949); Witzigmann Karin, Flöte (1979); Witzigmann Rico, Flöte (1979); Witzigmann Walfried, Horn (1955).
Jugendkapelle: Bierer Stefan, Trompete (1982); Bierer Ute, Klarinette (1982); Fesenmeier Marion, Klarinette (1982); Hurtienne Adrienne, Flöte (1982); Hurtienne Yvonne, Klarinette (1982); Metzger Kerstin, Klarinette (1982); Mörder Daniel, Klarinette (1982); Morstadt Bernd, Trompete (1982); Riauffreyt Christine, Klarinette (1982); Rich Anja, Klarinette (1982); Siegel Stefani, Klarinette (1982); Steigert Margit, Klarinette (1982); Ungerer Marcel, Trompete (1982); Werner Gundula, Klarinette (1982).
Zöglinge (Rhythmusgeräte): Heiny Markus (1982); Kury Bertold (1982); Vogel Georg (1982); Volk Jochen (1982).

Trachtenkapelle St. Peter

Gründungsjahr:	1810*
1. Vorsitzender:	Franz-Josef Saum
Stellv. Vorsitzender:	Bernhard Schwär
Schriftführerin:	Lydia Faller
Rechner:	Adelbert Schwär
Beirat:	Norbert Ruf
	Josef Schwär
	Klaus Weber
	Urban Weber
Dirigent:	Heiner Schwörer
Vizedirigenten:	Franz-Josef Scherer
	Franz Weber
Notenwart:	Karl Gremmelspacher
Ehrendirigent:	Viktor Hasselmann

Aktive: Blattmann Egon, Saxophon (1975); Blattmann Georg, Klarinette (1962); Blattmann Heiner, Klarinette (1955); Blattmann Willi, Horn (1954); Dold Rudolf, Trompete (1956); Faller Heiko, Trompete (1982); Faller Lydia, Flöte (1981); Gremmelspacher Karl, Bariton (1975); Hartrampf Ute, Flöte (1980); Heilbock August, Tuba (1947); Heilbock Peter, Flügelhorn (1975); Ketterer Rudolf, Trompete (1974); Kürner Thomas, Trommel (1975); Löffler Andreas, Tenorhorn (1977); Löffler Franz, Flügelhorn (1968); Maier Christoph, Trompete (1979); Martin Thomas, Schlagzeug (1977); Neugebauer Josef, Lyra (1968); Rohrer Gottfried, Flügelhorn (1962); Rombach Josef, Horn (1943); Ruf Johannes, Tenorhorn (1982); Ruf Markus, Tenorhorn (1981); Ruf Norbert, Posaune (1974); Ruf Willi, Tenorhorn (1970); Saum Franz-Josef, Horn (1948); Saum Robert, Schlagzeug (1951); Scherer Franz-Josef, Posaune (1965); Scherer Georg, Posaune (1949); Schlegel Heidi, Klarinette (1980); Schreiber Michael, Klarinette (1978); Schuler Carola, Klarinette (1980); Schuler Paul, Saxophon (1953); Schuler Robert, Tuba (1952); Schwär Adelbert, Schlagzeug (1946); Schwär Adelbert, Tenorhorn (1955); Schwär Agnes, Saxophon (1980); Schwär Antonia, Saxophon (1974); Schwär Bernhard, Posaune (1968); Schwär Ferdinand, Bariton (1930); Schwär Heiner, Klarinette (1968); Schwär Josef, Trompete (1968); Schwär Karl, Tuba (1943); Schwär Max, Saxophon (1962); Weber Franz, Klarinette (1933); Weber Lorenz, Klarinette (1968); Weber Martina, Klarinette (1974); Weber Monika, Klarinette (1980); Weber Urban, Flügelhorn (1975); Wehrle Lothar, Flügelhorn (1966)
Zöglinge: Dold Rudolf, Posaune (1981); Hilger Joachim, Klarinette (1981); Rombach Barbara, Flöte (1981); Saum Clemens, Klarinette (1981); Schuler Dominika, Klarinette (1981); Unna Kirsten, Flöte (1981); Zimmermann Hans-Peter, Posaune (1981).

Musikverein Trachtenkapelle St. Ulrich e.V.

Gründungsjahr:	1913
1. Vorsitzender:	Wolfgang Gutmann
Stellv. Vorsitzender:	Walter Steiert
Schriftführer:	Herbert Sumser
Rechner:	Gerhard Schneider
Beirat:	Walter Buchholz
	Herbert Heine
	Bertold Männer
	Eugen Schneider
Dirigent:	Walter Schreier
Jugendwart:	Agnes Heine
Notenwart:	Walter Steiert
Instrumentenwart:	Alwin Gutmann
Ehrenvorsitzender:	Bertold Männer
Ehrenmitglieder:	Josef Birkle
	Heinrich Gutmann
	Alfons Heine
	Robert Jehle

Anna Karle, Eugen Lorenz, Bertold Männer, Konrad Männer, Ernst Schneider, Eugen Schneider, Hermann Steiert, Josef Steiert, Bernhard Sumser, Johann Sumser II, Trudpert Sumser, Wilhelm Sumser, Karl Wenzler, Rudolf Zähringer
Aktive: Beyer Oliver, kl. Trommel (1977); Buchholz Maria, Klarinette (1979); Frank Günter, Klarinette (1974); Gutmann Alwin, Posaune (1978); Gutmann Roman, Trompete (1978); Heine Agnes, Klarinette (1974); Heine Alfons, Tuba (1949); Heine Gerhard, Flügelhorn (1977); Karle Christoph, Trompete (1977); Karle Clemens, Flügelhorn (1971); Karle Johannes, Tenorhorn (1977); Karle Meinrad, Tenorhorn (1979); Lais Gebhard, Horn (1979); Lais Reinhard, Posaune (1969); Männer Bertold, gr. Trommel (1949); Schlegel Bernhard, Horn (1968); Schneider Edgar, Posaune (1976); Schneider Eugen, Tuba (1950); Schneider Gerhard, Klarinette (1966); Schneider Marianne, Trompete (1977); Schneider Walter, Flügelhorn (1965); Steiert Roland, Klarinette (1966); Steiert Walter, Tenorhorn (1968); Steinebrunner Marlene, Klarinette (1982); Sumser Bernhard, Horn (1949); Sumser Christoph, Horn (1980); Sumser Herbert, Flügelhorn (1961); Sumser Ingrid, Flöte (1978); Sumser Walter, Bariton (1973)
Zöglinge: Drexler Andrea, Klarinette (1981); Frank Christiane, Klarinette (1981); Gutmann Ilona, Trompete (1981); Maier Martina, Klarinette (1981); Schneider Johannes, Tenorhorn (1981); Sonner Valentin, Flügelhorn (1981); Sumser Jürgen, Trompete (1982).

Musikverein Sexau e.V.

Gründungsjahr:	1892
1. Vorsitzender:	Reinhold Bartosch
Stellv. Vorsitzender:	Bernhard Spöri
Schriftführer:	Hartmut Kern
Rechner:	Ingeborg Kern
Beirat:	Heinz Bergmann
	Herbert Holzer
	Richard Holzer
	Rolf Kern
	Franz Pfluger
	Walter Schrodi
	Hans Schumann
Dirigent:	Gabriele Volk
Jugendleiter:	Klaus Bergmann
Notenwart:	Heinz Bergmann
Instrumentenwart:	Hanspeter Zimmermann
Ehrenvorsitzender:	Hermann Schumacher

Aktive: Bartosch Reinhold, Horn (1978); Bastian Bernd, Tenorhorn (1972); Bergmann Heinz, Posaune (1970); Bergmann Ingrid, Klarinette (1974); Bergmann Klaus, Trompete (1972); Bergmann Werner, Bariton (1970); Braun Cornel, Flügelhorn (1975); Gehringer Angela, Klarinette (1978); Gehringer Manuela, Klarinette (1978); Holzer Richard, Flügelhorn (1959); Kern Alexandra, Klarinette (1974); Kern Hartmut, Tuba (1967); Kern Ingeborg, Horn (1969); Kern Karin, Klarinette (1978); Kern Rolf, Trompete (1972); Kolb Stephan, Klarinette (1978); Pfluger Franz, Posaune (1951); Preiß Manfred, Posaune (1967); Preiß Siegfried, Klarinette (1973); Rieser Karl, Tuba (1951); Schlenker Gudrun, Klarinette (1968); Schumann Jochen, Flügelhorn (1967); Spöri Bernhard, Klarinette (1967); Spöri Iris, Flügelhorn (1968); Spöri Manfred, Schlagzeug (1972); Spöri Martin, Horn (1978); Spörin Werner, Tenorhorn (1951); Stahl Thomas, Flügelhorn (1978); Thoma Konrad, Trompete (1975); Thoma Martina, Schlagzeug (1978); Zimmermann Hanspeter, Klarinette (1966); Zimmermann Michael, Trompete (1978).
Zöglinge: Bartosch Stephan, Posaune (1978); Bartosch Tatjana, Flöte (1981); Clesle Claudia, Klarinette (1978); Falter Bettina, Klarinette (1978); Herr Erika, Flügelhorn (1978); Holzer Ingrid, Trompete (1978); Jörger Simone, Flöte (1982); Kern Elke, Flöte (1981); Leimenstoll Elvira, Klarinette (1978); Schumacher Bernd, Bariton (1978); Uhlmeyer Dagmar, Flöte (1981); Wanzel Jens, Klarinette (1981); Wanzel Nils, Posaune (1981); Wörmann Claudia, Klarinette (1978); Wolfsperger Peter, Bariton (1978).

Musikverein Siegelau 1882 e.V.

Gründungsjahr:	1882*
1. Vorsitzender:	Josef Walter
Stellv. Vorsitzender:	Reinhard Hamm
Schriftführer:	Bernhard Haberstroh
Rechner:	Bernhard Reich
Beirat:	Wilhelm Burger
	Vitus Gehring
	Wilhelm Reich
	Albert Schneider
	Emil Schneider
	Erwin Singler
	Georg Weber
Dirigent:	Herbert Binninger
Vizedirigent:	Paul Seitz
Notenwart:	Thomas Kury
Instrumentenwart:	Paul Seitz
Ehrendirigenten:	Jakob Blum
	August Fahrländer

Aktive: Baier Georg, Bariton (1974); Bayer Xaver, Tuba (1969); Blattmann Franz-Josef, Klarinette (1968); Burger Meinrad, Horn (1974); Fahrländer Albert, gr. Trommel (1950); Fahrländer Bernhard, Flügelhorn (1955); Fahrländer Ernst, Flügelhorn (1964); Fahrländer Reinhard, Posaune (1974); Gehring Vitus, Posaune (1964); Haberstroh Bernhard, Horn (1968); Hamm Reinhard, kl. Trommel (1960); Kaltenbach Erwin, Tuba (1977); Kaltenbach Josef, Horn (1949); Kaltenbach Peter, Klarinette (1964); Kaltenbach Reinhard, Klarinette (1974); Kury Konrad, Klarinette (1977); Kury Thomas, Trompete (1977); Reich Bernhard, Tenorhorn (1955); Reichenbach Klaus, Trompete (1974); Resch Bernhard, Tenorhorn (1968); Resch Ingrid, Klarinette (1977); Resch Josef, Tenorhorn (1974); Resch Reinhard, Klarinette (1977); Schneider Albert, Bariton (1955); Schneider Gerhard, Trompete (1968); Schneider Josef, Tuba (1949); Seitz Paul, Klarinette (1966); Singler Erwin, Posaune (1968); Walter Josef, Klarinette (1964); Weber Franz-Josef, Flügelhorn (1974); Weber Georg, Trompete (1968); Wölfle Andreas, Tuba (1947); Wölfle Reinhard, Trompete (1974).
Zöglinge: Bayer Franz, Trompete (1980); Kaltenbach Franz, Trompete (1980); Resch Ludwig, Klarinette (1980); Schneider Hansjörg, Klarinette (1980); Schneider Jürgen, Klarinette (1980); Seitz Klaus, Klarinette (1980).

Musikkapelle Siensbach e.V.

Gründungsjahr:	1925
1. Vorsitzender:	Bernhard Schmieder
Stellv. Vorsitzender:	Reinhard Zernickel
Schriftführer:	Josef Jägle
Rechner:	Helmut Dorner
Beirat:	Anton Fackler
	Georg Hoch
	Reinhard Hoch
	Heinrich Reichenbach
Dirigent:	Alfons Teuber
Vizedirigent:	Gerhard Ams
Notenwart:	Georg Hoch
Instrumentenwart:	Richard Hamann

Aktive: Bannwarth Josef, Tuba (1964); Bayer Klaus, Flügelhorn (1977); Dietrich Petra, Flöte (1981); Dietrich Rainer, Bariton (1977); Dorner Bernd, Flöte (1974); Dorner Frank, Tenorhorn (1982); Dorner Helmut, Horn (1946); Dorner Michael, Klarinette (1981); Eichler Willi, Tuba (1975); Eichler Wolfgang, Tenorhorn (1977); Fackler Albert, Posaune (1946); Fackler Anton, Klarinette (1967); Fackler Armin, Klarinette (1981); Hamann Gabi, Klarinette (1977); Hamann Klaus, Posaune (1976); Hamann Richard, Klarinette (1946); Heizmann Hans Jörg, Posaune (1974); Heizmann Johann, Tenorhorn (1946); Heizmann Paul, Tenorhorn (1981); Heizmann Reinhard, Klarinette (1977); Hoch Georg, Klarinette (1964); Hoch Reinhard, Horn (1959); Jägle Josef, Trompete (1964); Kern Klaus, Flügelhorn (1977); Mack Josef, Schlagzeug (1962); Mathiszik Martine, Klarinette (1977); Nopper Alexander, Klarinette (1974); Nopper Angelika, Flöte (1977); Nopper Anton, Flügelhorn (1946); Nopper Barbara, Flöte (1980); Nopper Clemens, Klarinette (1974); Nopper Josef, Tuba (1952); Nopper Petra, Flöte (1977); Nopper Sybille, Flöte (1977); Rau Michael, Trompete (1982); Reichenbach Heinrich, Posaune (1976); Reichenbach Verena, Flöte (1976); Schmieder Anton, Klarinette (1952); Schmieder Bernhard, Trompete (1951); Schmieder Fr. Josef, Tuba (1952); Schmieder Helmut, Trompete (1982); Schneider Hermann, Schlagzeug (1946); Schonhard Wilhelm, Horn (1959); Weber Bernhard, Flügelhorn (1977); Weber Richard, Tenorhorn (1966); Wölfle Gerhard, Trompete (1967); Wölfle Thomas, Trompete (1977); Zernickel Reinhard, Flügelhorn (1964)

Trachtenkapelle 1798 Simonswald e.V.

Gründungsjahr:	1798*
1. Vorsitzender:	Hermann Furtwängler
Stellv. Vorsitzender:	Hubert Wehrle
Schriftführer:	Otmar Stalujanis
Rechner:	Heinrich Wehrle
Beirat (Aktiva):	Georg Schultis
	Karl-Fred Seng
	Hubert Wehrle
	Eugen Weis
	Georg Weis
	Siegfried Weis
	Georg Winterhalter
	Manfred Winterhalter
Beirat (Passiva):	Karl Dufner
	Karl Gießler
Dirigent:	Herbert Kohler
Vizedirigent:	Berthold Fehrenbach

Aktive: Baumer August, Posaune (1958); Baumer Rudi, Klarinette (1981); Baumer Karl-Fred, Tenorhorn (1962); Burger Jacqueline, Klarinette (1981); Dorer Georg, Klarinette (1947); Dorer Martin, Klarinette (1978); Fehrenbach Bernhard, Flügelhorn (1978); Fehrenbach Berthold, Trompete (1949); Fehrenbach Fritz, Tenorhorn (1974); Furtwängler Hermann, Lyra (1947); Guth Manfred, Trompete (1978); Häringer Franz, Flöte (1952); Hoch Markus, Klarinette (1971); Hug Hubert, Flügelhorn (1977); Karcher Franz, Saxophon (1975); Kern Josef, Tenorhorn (1950); Rieße Martin, Schlagzeug (1982); Ruf Bernhard, Tuba (1964); Ruth Albert, Bariton (1962); Ruth Eduard, Tuba (1969); Schindler Josef, Tuba (1967); Schonhardt Franz, Trompete (1962); Schultis Georg, Flöte (1960); Schultis Klaus, Bariton (1977); Schultis Manfred, Flöte (1978); Seng Karl-Fred, Flügelhorn (1958); Stalujanis Ötmar, Trompete (1978); Stratz Georg, Klarinette (1956); Tritschler Rolf, Horn (1981); Weis Albert, Tuba (1951); Weis Bernhard, Posaune (1961); Weis Eugen, Klarinette (1977); Weis Georg, Saxophon (1959); Weis Georg, Klarinette (1978); Weis Gudrun, Klarinette (1972); Weis Konrad, Posaune (1981); Weis Lambert, Saxophon (1959); Weis Siegfried, Trompete (1954); Wehrle Christian, Klarinette (1977); Wehrle Franz, Schlagzeug (1964); Wehrle Franz-Josef, Horn (1977); Wehrle Heinrich, Posaune (1929); Wehrle Hubert, Tenorhorn (1949); Wehrle Hubert, Klarinette (1968); Wehrle Martin, Horn (1947); Wehrle Thomas, Schlagzeug (1982); Wehrle Wilhelm, Klarinette (1957); Winterhalter Georg, Flügelhorn (1960); Winterhalter Hermann, Saxophon (1967); Winterhalter Josef, Trompete (1922); Winterhalter Josef, Klarinette (1960); Winterhalter Karl-Josef, Saxophon (1981); Winterhalter Manfred, Flügelhorn (1969)

Musikverein Sölden e.V.

Gründungsjahr:	1900
1. Vorsitzender:	Gernot Lang
Stellv. Vorsitzender:	Albert Knörr
Schriftführer:	Hans-Peter Kern
Rechner:	Alfons Winterhalter
Beirat:	Paul Becker
	Franz Rombach
	Adolf Salb
	Josef Schmid
	Thomas Schmidt
	Herbert Uhl
Dirigent:	Arnold Brunner
Vizedirigent:	Herbert Uhl
Jugendleiterin:	Sabine Sprich
Notenwart:	Carola Uhl
Ehrenvorsitzender:	Franz Schelb
Ehrendirigent:	Leopold Rees

Aktive: Burgert Markus, Schlagzeug (1981); Ehret Thomas, Posaune (1981); Fehrenbach Daniel, Trompete (1977); Hug Bernd, Tenorhorn (1981); Hug Fridolin, Horn (1959); Kern Edgar, Saxophon (1969); Kern Johannes, Tenorhorn (1981); Kern Konrad, Tenorhorn (1951); Kern Mathias, Flügelhorn (1977); Kern Michael, Tuba (1973); Knörr Albert, gr. Trommel (1963); Knörr Helga, Klarinette (1980); Knörr Jürgen, Trompete (1974); Natterer Adolf, Tuba (1948); Natterer Karin, Flöte (1974); Natterer Martin, kl. Trommel (1974); Rombach Eberhard, Klarinette (1975); Salb Bernhard, Flügelhorn (1981); Salb Gerhard, Horn (1955); Schmid Frank, Posaune (1981); Schmid Josef, Posaune (1953); Schmidt Norbert, Saxophon (1963); Schmidt Thomas, Tenorhorn (1966); Schmutz Andrea, Trompete (1978); Schmutz Manuela, Trompete (1978); Sprich Sabine, Flöte (1976); Uhl Carola, Klarinette (1974); Uhl Herbert, Bariton (1950); Uhl Renate, Klarinette (1974); Uhl Siglinde, Flügelhorn (1981); Uhl Thomas, Flügelhorn (1977); Vetter Ludwig, Posaune (1978); Weißhaar Adrian, Klarinette (1978); Weißhaar Otmar, Saxophon (1955); Weißhaar Stefan, Flöte (1982); Winterhalter Alfons, Klarinette (1957)
Zöglinge: Burgert Claudia, Klarinette (1982); Fehrenbach Oliver, Horn (1982); Halbritter Jürgen, Flügelhorn (1982); Salb Birgit, Klarinette (1982)

Musikverein Suggental e.V.

Gründungsjahr:	1857*
1. Vorsitzender:	Alois Ruf
Stellv. Vorsitzender:	Walter Ruff
Schriftführer:	Bernhard Schill
Rechner:	Hubert Kury
Stellv. Rechner:	Hermann Kury
Beirat (Aktiva):	August Schill
Beirat (Passiva):	Martina Drayer
	Markus Schill
	Georg Schonhardt
Dirigent:	Aurel Manciu
Vizedirigent:	Alois Ruf
Jugendleiter:	Markus Schill
Notenwart:	Martina Drayer
Ehrendirigent:	Alfons Teuber

Aktive: Ams Gerhard, Bariton (1971); Bayer Ernst, Klarinette (1950); Birkle Alfred, Klarinette (1946); Birkle Arno, Trompete (1973); Birkle Fritz, Bariton (1946); Birkle Iris, Flöte (1982); Birkle Klaus, Posaune (1978); Braun Thomas, Horn (1978); Drayer Albert, gr. Trommel (1946); Drayer August, Klarinette (1946); Drayer Christian, Horn (1967); Drayer Franz, Flügelhorn (1948); Drayer Hans, Posaune (1946); Drayer Martina, Flöte (1978); Flamm Hans, Horn (1955); Flamm Josef, Tenorhorn (1962); Hug Herbert, Schlagzeug (1967); Kaltenbach Clemens, Flügelhorn (1982); Kaltenbach Hermann, Flügelhorn (1958); Klimmek Elisabeth, Klarinette (1982); König Angela, Flöte (1974); Kury Barbara, Klarinette (1982); Kury Bernhard, Tenorhorn (1962); Kury Hermann, Klarinette (1935); Kury Hermann, Klarinette (1955); Kury Hubert, Horn (1967); Kury Martin, Flügelhorn (1982); Ruf Alois, Trompete (1950); Ruf Karin, Klarinette (1982); Ruf Markus, Klarinette (1978); Ruf Xaver, Trompete (1955); Ruff Heinrich, Tuba (1948); Ruff Walter, Posaune (1973); Saier Hans-Joachim, Posaune (1976); Saum Michael, Schlagzeug (1982); Schätzle Adolf, Tenorhorn (1973); Schätzle Gabi, Klarinette (1982); Schätzle Sylvia, Flöte (1979); Schill August, Tuba (1946); Schill Bernhard, Klarinette (1971); Schill Hubert, Klarinette (1971); Schill Marita, Flöte (1978); Schill Markus, Tuba (1973); Schill Richard, Flügelhorn (1946); Wehrle Franz, Trompete (1972)
Zöglinge: Kaltenbach Hubert, Trompete (1979); Ruf Christian, Trompete (1979)

Musik- und Feuerwehrkapelle Teningen e.V.

Gründungsjahr:	1864*
1. Vorsitzender:	Eugen Faller
Stellv. Vorsitzender:	Bernd Weiss
Schriftführer:	Günter Hess
Rechner:	Helmut Heidenreich
Dirigent:	Udo Reinhardt
Vizedirigent:	Willi Heitzmann
Jugendleiter:	Günther Volz
Notenwarte:	Rolf Meyer
	Ursula Rißler
Instrumentenwart:	Rolf Meyer
Vorstandsmitglieder:	Kurt Boltz
	Willy Bolz
	Otto Froß
	Gisela Heitzmann
	Willi Heitzmann
	Oskar Hess
	Hermann Jäger, Bgm.
	Andreas Jenne

Rolf Meyer, Heinz Müller, Heinz Rißler, Alfred Trautmann, Karl-Theo Trautmann, Günther Volz; Ehrenmitglieder: Friedrich Boltz, Willy Bolz, Karl Bührer, Eduard Bürkle, Paul Dick, Walter Dick, Hermann Eichin, Otto Froß, Oskar Hess, Wilhelm Ingold, Anton Merkle.

Aktive: Blum Frederic, Flügelhorn (1972); Bögelsbacher Horst, Trompete (1975); Bolz Werner, Tenorhorn (1955); Breisacher Jochen, Tenorhorn (1979); Brinks Kirsten, Klarinette (1977); Bürkin Alfred, Horn (1948); Bürkin Klaus, Bariton (1972); Dattler Klaus, Klarinette (1969); Dick Paul, Tenorhorn (1928); Dietrich Jahn, Tenorhorn (1978); Ehret Claudia, Flöte (1978); Flösch Martin, Horn (1977); Fritsch Silvia, Klarinette (1974); Froß Dieter, Tenorhorn (1971); Froß Rudolf, Trompete (1964); Fuchs Frank, Tuba (1978); Fuchs Klaus, Posaune (1972); Gerber Claudia, Flöte (1976); Gutjahr Joachim, Horn (1968); Heidenreich Helmut, Pauken (1953); Heidenreich Horst, Saxophon (1970); Heitzmann Gisela, Saxophon (1956); Heitzmann Willi, Trompete (1948); Heitzmann Willy, Schlagzeug (1973); Herr Sabine, Klarinette (1978); Hess Günter, Klarinette (1953); Hess Sabine, Klarinette (1975); Hiss Eugen, Tuba (1975); Hiss Gudrun, Klarinette (1970); Hodel Gabriele, Klarinette (1975); Jenne Andreas, Flügelhorn (1969); Jenne Reimund, Flügelhorn (1975); Kirgis Ralf, Tenorhorn (1977); Lauffer Britta, Flöte (1976); Marbler Claudia, Klarinette (1980); Meyer Rolf, Saxophon (1953); Meyer Sabine, Klarinette (1975); Mutter Bernd, Horn (1973); Mutter Helmut, Horn (1972); Pfuhl Thomas, Klarinette (1974); Ramadan Thomas, Trompete (1978); Reinbold Fritz, Klarinette (1947); Rißler Alexander, Bariton (1970); Rißler Bernhard, Trompete (1973); Rißler Ursula, Saxophon (1978); Rivera Stefan, Flügelhorn (1977); Rombach Martin, Posaune (1981); Ruf Werner, Tuba (1960); Schindler Susanne, Klarinette (1976); Schmidle Gerhard, Flöte (1973); Schopferer Emil, Tenorhorn (1953); Schwaab Uwe, Trompete (1953); Sexauer Elke, Klarinette (1976); Stöckel Manfred, Tuba (1949); Strauß Roman, Saxophon (1977); Strauß Rudi, Saxophon (1977); Strauß Simone, Flügelhorn (1977); Teufel Herbert, gr. Trommel (1947); Trautmann Alfred, Posaune (1949); Trautmann Elke, Klarinette (1979); Trautmann Erich, Tuba (1948); Trautmann Karl-Theo, Posaune (1963); Volz Günther, Klarinette (1969); Volz Otto, Klarinette (1947); Weiss Bernd, Trompete (1955); Weiss Thomas, Trompete (1976).

Musikverein „Harmonie" Vörstetten e.V.

Gründungsjahr:	1922
1. Vorsitzender:	Karl Scholl
Stellv. Vorsitzender:	Karl Heinz Beck
Schriftführerin:	Renate Sillmann
Rechner:	Michel Pauget
Beirat:	Otto Erschig
	Fritz Frey
	Ralph Götz
	Hermann Kaltenbach
	Wolfgang Kölblin
	Erwin Möbert
	Walter Schlegel
Dirigent:	Otfried Weis jun.
Vizedirigent/ Jugendleiter/ Notenwart:	Ralph Beck
Instrumentenwart:	Udo Erschig

Aktive: Barfert Sabine, Klarinette (1979); Beck Isabella, Flöte (1980); Beck Ralph, Klarinette (1978); Erschig Udo, Trompete (1972); Frey Fritz, Schlagzeug (1960); Frey Tobias, Tenorhorn (1982); Götz Dirk, Tenorhorn (1980); Götz Ralph, Posaune (1980); Hebner Erich, Trompete (1982); Höfflin Manfred, Flügelhorn (1981); Kaltenbach Hermann, Tenorhorn (1952); Kaltenbach Jürgen, Bariton (1972); Kaltenbach Volker, Schlagzeug (1972); Kölblin Jutta, Klarinette (1979); Marotzke Martina, Posaune (1972); Möbert Erwin, Klarinette (1948); Müller Michael, Tenorhorn (1980); Schlegel Klaus-Dieter, Trompete (1979); Schlegel Michael, Trompete (1980); Schlegel Walter, Flügelhorn (1951); Schmidt Sieglinde, Posaune (1963); Schmidt Werner, Posaune (1974); Sillmann Renate, Klarinette (1972); Walter Karl, Horn (1948); Weiß Thomas, Trompete (1980); Ziebold Hermann, Klarinette (1972); Zwißler Bettina, Flöte (1982); Zwißler Carmen, Trompete (1982). *Zöglinge:* Kölblin Ulrike, Klarinette (1980); Rarra Oliver, Schlagzeug (1980); Siebert Beate, Klarinette (1980); Stahl Melanie, Klarinette (1980); Weitkamp Karsten, Saxophon (1980).

Stadtmusik Waldkirch

Gründungsjahr:	1836*
1. Vorsitzender:	Manfred Moser
Stellv. Vorsitzender:	Dieter Maser
Schriftführerin:	Marion Schüler
Stellv. Schriftführer:	Hartmuth Bergmann
Rechner:	Martin Ams
Beirat:	Hermann Ambs
	Emil Baier
	Albert Bayer
	Jürgen Blum
	Horst Springweiler
Dirigent:	Musikdirektor Hanspeter Rinklin
Vizedirigent:	Aurel Manciu
Jugendleiter:	Jürgen Blum
Notenwart:	Hermann Ambs
Präsident:	Hugo Eisele, Bgm. a. D.
Ehrendirigent:	Alfons Teuber, MD.

Das Foto zeigt die im Jahre 1891 gegründete Jugendmusik Waldkirch

Aktive: Adamicekova Vladimira, Klarinette (1976); Ambs Hermann, Horn (1952); Ams Astrid, Flöte (1977); Ams Gerhard, Bariton (1958); Ams Martin, Tenorhorn (1974); Auer Gerhard, Saxophon (1966); Baier Emil, Flügelhorn (1956); Baier Günter, Flügelhorn (1969); Bammert Alfred, Trompete (1956); Bammert Gabriele, Klarinette (1981); Bayer Albert, Klarinette (1952); Bayer Ernst, Klarinette (1946); Bergmann Hartmut, Schlagzeug (1964); Bergmann Matthias, Posaune (1981); Blum Holger, Fagott (1981); Blum Jürgen, Tuba (1969); Brodacz Oliver, Tuba (1978); Eichler Wilhelm, Tuba (1966); Fahrländer Bernhard, Trompete (1976); Frey Britta, Klarinette (1980); Frohnmüller Martin, Horn (1976); Goby Alexander, Trompete (1976); Gute Markus, Saxophon (1978); Gute Monika, Klarinette (1978); Hartung Martin, Klarinette (1982); Hippach Richard, Tuba (1956); Hoch Achim, Posaune (1981); Joos Christian, Schlagzeug (1979); Joos Ernst, Horn (1952); Kachel Herbert, Flügelhorn (1961); Kaiser Gabriele, Saxophon (1976); Kaltenbach Horst, Horn (1964); Kammerer Thomas, Trompete (1971); Keitz Karin, Klarinette (1981); Keitz Martin, Schlagzeug (1981); König Angela, Flöte (1971); Lanz Markus, Schlagzeug (1979); Mäntele Berthold, Klarinette (1978); Maser Dieter, Tenorhorn (1981); Moser Manfred, Saxophon (1974); Noll Dominik, Trompete (1980); Resch Andreas, Trompete (1982); Resch Jürgen, Klarinette (1974); Reuschel Dorothea, Flöte (1977); Rinklin Stefan, Horn (1976); Rinklin Andrea, Oboe (1981); Rümmele Werner, Klarinette (1952); Ruf Alois, Flügelhorn (1957); Sauter Ralf, Saxophon (1980); Springweiler Armin, Tenorhorn (1980); Springweiler Horst, Tuba (1959); Springweiler Sabine, Posaune (1981); Scherer Karlheinz, Tenorhorn (1956); Schill Doris, Flöte (1981); Schmieder Bernhard, Trompete (1965); Schüler Marion, Klarinette (1974); Schuler Helmut, Posaune (1981); Schwilski Simone, Flöte (1981); Steiner Frank, Flügelhorn (1981); Waibel Sabine, Posaune (1977); Waldmann Renate, Klarinette (1981); Wehrle Heike, Flöte (1979); Wehrle Gabriele, Flöte (1981); Wehrle Peter, Klarinette (1956); Weidner Theo, Tenorhorn (1978); Würmle Peter, Klarinette (1956)

Städtisches Jugendblasorchester Waldkirch

Gründungsjahr:	1891
Träger:	Musikschule der Stadt Waldkirch
Dirigent:	MD Hanspeter Rinklin

Aktive: Adolph Thomas, Klarinette (1983); Allgeier Volker, Flügelhorn (1981); Armbruster Ralph, Trompete (1982); Bammert Gabriele, Klarinette (1977); Bammert Klaus, Flügelhorn (1981); Bayer Stefan, Klarinette/Baßklarinette (1979); Bergmann Matthias, Posaune (1979); Blum Holger, Fagott (1979); Cybulla Armin, Schlagzeug (1982); Cybulla Martina, Flöte/Pikkolo (1979); Danner Sonja, Klarinette (1983); Dietrich Petra, Flöte (1982); Dinkelmann Rosemarie, Flöte/Pikkolo (1982); Dormanns Bärbel, Flöte (1982); Dorner Frank, Tenorhorn (1982); Dorner Michael, Klarinette (1979); Dorner Ralf, Trompete (1982); Eichler Udo, Horn (1982); Fehrenbach Peter, Flügelhorn (1981); Fischer Monika, Horn (1980); Fuchs Peter, Oboe (1982); Gute Markus, Saxophon (1975); Gute Monika, Klarinette (1975); Haas Sonja, Klarinette (1982); Hambrecht Stefan, Klarinette (1979); Hamm Rainer, Schlagzeug/Xylophon/Vibraphon (1983); Hartung Martin, Saxophon (1980); Heizmann Paul, Tenorhorn (1982); Henn Andreas, Saxophon (1982); Hiller Tobias, Oboe (1978); Hindel Jürgen, Tuba (1982); Hoch Achim, Posaune (1979); Joos Susanne, Posaune (1982); Joos Yvonne, Klarinette (1982); Kammerer Andreas, Klarinette (1982); Kapp Bernd, Tenorhorn (1979); Keitz Karin, Klarinette (1976); Keitz Martin, Schlagzeug/Pauken (1980); Keitz Uwe, Tuba (1981); Klank Renate, Klarinette (1982); Klank Uwe, Klarinette (1982); Klausmann Jochen, Horn (1982); König Olaf, E.-Baß/Streichbaß (1978); Kuhnert Felix, Klarinette (1982); Linke Irina, Flöte (1983); Mayer Ilona, Trompete (1982); Mirwald Hanspeter, Trompete (1983); Mirwald Susanne, Klarinette (1979); Muffler Frank, Flügelhorn (1981); Noll Dominik, Trompete (1977); Nopper Thomas, Horn (1980); Querfurth Erich, Trompete (1981); Rappold Thomas, Trompete (1982); Resch Andreas, Trompete (1982); Rinklin Andrea, Oboe (1979); Rinklin Stephan, Horn (1974); Ruppenthal Ralf, Trompete (1981); Schätzle Michael, Tuba (1981); Scherer Manfred, Tenorhorn (1982); Schneider Clemens, Trompete (1982); Schrank Markus, Flügelhorn (1981); Schuler Helmut, Posaune (1980); Schultis Frank, Trompete (1978); Schumacher Eva, Oboe (1982); Schwark Uta, Fagott (1979); Schwilski Simone, Flöte (1979); Spengler Armin, Horn (1980); Spindler Claudia, Saxophon (1979); Steiner Frank, Flügelhorn (1979); Stöhr Susanne, Flügelhorn (1981); Thießen Britta, Klarinette (1979); Thoma Gregor, Tenorhorn (1979); Thoma Markus, Bariton (1982); Veidt Cora, Klarinette (1982); Wagner Martin, Schlagzeug (1982); Wagner Ralf, Posaune (1982); Wahl Klemens, Schlagzeug/Pauken (1977); Wernet Christian, Posaune (1982); Wölfle Siegfried, Trompete (1982)

Musikverein Wagenstadt e.V.

Gründungsjahr:	1910
1. Vorsitzender:	Günter Herrmann
Stellv. Vorsitzender:	Willi Thomann
Schriftführer:	Ludwig Hirsch
Stellv. Schriftführerin:	Christine Enz
Rechner:	Felix Schmidt
Beirat:	Fritz Brand
	Anton Enz
	Walter Gantert
	Walter Küntzler
	Rudolf Rombach
	Erwin Steinhauser
Jugendvertreter:	Georg Rist
Dirigent:	Albert Enz
Vizedirigent:	Willi Thomann
Notenwarte:	Georg Gantert
	Eberhard Herrmann

Aktive: Abreder Oskar, Tenorhorn (1949); Biehler Wilfried, Horn (1955); Brand Bruno, Flügelhorn (1978); Brand Fritz, Tenorhorn (1951); Brand Heinrich, Klarinette (1971); Bühler Matthias, Flügelhorn (1978); Buselmeier Andreas, Flügelhorn (1974); Enz Anton, Trompete (1955); Enz Arno, Flügelhorn (1974); Enz Bernhard, Trompete (1970); Enz Christine, Saxophon (1975); Enz Kai, Posaune (1979); Enz Marita, Klarinette (1978); Enz Philomena, Saxophon (1975); Enz Wilhelm, Trompete (1978); Gantert Georg, Flügelhorn (1978); Gantert Walter, Horn (1952); Giesin Hans, Lyra (1978); Goerg Walter, Klarinette (1952); Grafmüller Erich, Posaune (1974); Greschbach Robert, Tenorhorn (1950); Herrmann Eberhard, Trompete (1978); Herrmann Günter, Tuba (1951); Herrmann Martin, Trompete (1974); Hirsch Ludwig, Posaune (1969); Hirt Jürgen, Tuba (1976); Hirt Kuno, Bariton (1978); Hofstetter Peter, Trompete (1979); Jäger Elke, Klarinette (1979); Ketterer Peter, Klarinette (1979); Krause Jörg, Saxophon (1975); Küntzler Walter, gr. Trommel (1952); Oesterle Karl, Tuba (1961); Ringwald Rolf, Saxophon (1978); Rist Georg, Tenorhorn (1976); Rist Michael, Trompete (1978); Schmidt Felix, Bariton (1974); Steinhauser Christa, Klarinette (1978); Steinhauser Edgar, Klarinette (1970); Steinhauser Erwin, Klarinette (1964); Steinhauser Rudolf, Posaune (1974); Steinhauser Werner, Horn (1979); Thomann Martin, Schlagzeug (1974); Thomann Willi, Flügelhorn (1961); Weiner Annette, Klarinette (1979); Zimmermann Ernst, Klarinette (1970)
Zöglinge: Brand Dieter, Tenorhorn (1979); Enz Otmar, Trompete (1979); Herrmann Ingrid, Klarinette (1979); Hofstetter Christoph, Trompete (1979); Hofstetter Tobias, Bariton (1979); Krause Thomas, Trompete (1979); Schneider Patricia, Klarinette (1979); Wolschendorf Wilma, Flöte (1979)

Musikverein Windenreute e.V.

Gründungsjahr:	1907
1. Vorsitzender:	Hans Birkhofer
Stellv. Vorsitzender:	Gerd Mußmann
Schriftführer:	Karl-Heinz Hambrecht
Rechner:	Franz Riesterer
Beirat:	Otto Armbruster
	Gerhard Huber
	Elmar Kammüller
	Walter Vogel
Dirigent:	Ludwig Hügle
Vizedirigent:	Walter Vogel
Jugendsprecher:	Peter Burkhardt
Notenwart:	Werner Kohler
Instrumentenwart:	Erich Ziebold
Ehrenvorsitzender:	Karl Birkhofer

Aktive: Armbruster Siegfried, Trompete (1966); Back Sabine, Klarinette (1977); Birkhofer Andrea, Klarinette (1974); Birkhofer Hans, Posaune (1957); Birkhofer Karl, Posaune (1929); Brucker Bernd, Klarinette (1965); Bühler Reinhard, Horn (1965); Bührer Werner, Tenorhorn (1974); Burkhardt Peter, Posaune (1976); Burkhardt Rainer, Schlagzeug (1977); Dengler Wilfried, Bariton (1968); Duschek Daniela, Klarinette (1974); Duschek Matthias, Trompete (1974); Erschig Reinhard, Horn (1949); Flöther Walter, Horn (1965); Hambrecht Karl-Heinz, Tenorhorn (1961); Hambrecht Wolfgang, Klarinette (1966); Huber Gerhard, Trompete (1947); Kammüller Elmar, Tuba (1948); Kleissle Walter, Horn (1947); Kohler Peter, Bariton (1974); Kohler Werner, Flügelhorn (1967); Krebser Werner, Flügelhorn (1947); Maier Reinhilde, Trompete (1973); Münch Roland, Klarinette (1976); Münch Thomas, Klarinette (1968); Mußmann Gerd, Schlagzeug (1977); Scheer Hans-Peter, Trompete (1974); Schöchlin Birgit, Klarinette (1974); Schöchlin Dieter, Flügelhorn (1957); Schopferer Edgar, Klarinette (1971); Seiter Gerhard, Horn (1953); Vogel Karl, Flügelhorn (1967); Vogel Walter, Trompete (1932); Wörner Axel, Horn (1974); Zander Erika, Flöte (1975); Ziebold Erich, Klarinette (1947); Zimmermann Heinrich, Tuba (1964)
Zöglinge: Bacherer Anja, Trompete (1978); Bereketab Kebrab, Trompete (1981); Birkhofer Jörg, Trompete (1979); Dangel Anja, Klarinette (1981); Kiefer Andrea, Klarinette (1981); Kiefer Jan, Trompete (1981); Krenzel Michael, Klarinette (1981); Martin Melanie, Klarinette (1981); Rost Martin, Tuba (1979); Schippers Silke, Flöte (1981); Schruhl Myriam, Flöte (1981); Spöhre Bettina, Klarinette (1981); Ziebold Wolfgang, Trompete (1976)

Musikverein Wittental

Gründungsjahr:	1925
1. Vorsitzender:	Wilhelm Hug
Stellv. Vorsitzender:	Bernhard Rombach
Schriftführerin:	Cornelia Hug
Rechner:	Adolf Fehr
Beirat:	Josef Fehr
	Karl Heizmann
	August Löffler
	Josef Vogt
Dirigent:	Hans Gillhaus
Vizedirigent:	Wilhelm Hug
Jugendleiter:	Eugen Molz
Notenwart/	
Instrumentenwart:	Jürgen Vogt
Ehrendirigent:	Josef Kirner

Aktive: Birkenmeier Cornelia, Klarinette (1979); Blattmann Josef, Posaune (1970); Fehr Achim, Tuba (1977); Fehr Adolf, Flügelhorn (1950); Fehr Wilhelm, Horn (1946); Ganter Wilhelm, Bariton (1930); Göppetin Klaus, Posaune (1976); Hensler Dieter, Saxophon (1982); Hintereck Christoph, Klarinette (1981); Hintereck Gottfried, Posaune (1948); Hug Cornelia, Flöte (1976); Hug Georg, Klarinette (1982); Hug Klaus, Trompete (1979); Hug Markus, Saxophon (1981); Hug Markus, Posaune (1982); Hug Martha, Flöte (1970); Hug Martin, Horn (1970); Hug Max, Flügelhorn (1970); Hug Pius, Klarinette (1921); Hug Wilhelm, Trompete (1947); Ketterer Hubert, Flügelhorn (1982); Ketterer Thomas, Flügelhorn (1982); Klautscheck Rainer, Tenorhorn (1976); König Rüdiger, Trompete (1976); Löffler Andreas, Tenorhorn (1978); Löffler August, Tuba (1952); Löffler Martin, Bariton (1976); Mäder Petra, Klarinette (1976); Mainka Edmund, Saxophon (1966); Molz Eugen, Horn (1970); Mühlhaupt Ulrich, Saxophon (1963); Müller Edgar, Trompete (1982); Petermann Sabine, Saxophon (1981); Pfändler Veronika, Klarinette (1979); Raufer Wilhelm, Posaune (1982); Rombach Bernhard, Posaune (1971); Roth Claudia, Klarinette (1979); Saier Franz, Horn (1979); Schulze Marcel, Klarinette (1982); Schweizer Stefan, Klarinette (1971); Schweizer Ulrich, Bariton (1978); Steiert Peter, Trompete (1966); Steinhart Oskar, Klarinette (1953); Vogt Erwin, Tenorhorn (1947); Vogt Hans-Dieter, Flügelhorn (1976); Vogt Josef, gr. Trommel (1965); Vogt Jürgen, Trompete (1979); Vogt Rudi, Schlagzeug (1976)
Zöglinge: Bauer Martin, Klarinette (1982); Göppentin Lutz, Klarinette (1980); Rebmann Rudi, Trompete (1982); Rösch Nikolaus, Saxophon; Saier Franziska, Klarinette (1980)

Trachtenkapelle Wittnau

Gründungsjahr:	1843*
1. Vorsitzender:	Karl Pache
Stellv. Vorsitzender:	Otto Gutgsell
Schriftführer:	Eugen Schneider
Rechner:	Josef Gutmann
Beirat:	Klara Gutgsell
	Angelika Hermann
	Johann Hermann
	Willi Schlatterer
	Thomas Steiert
	Adalbert Vogt
Dirigent:	Albert Schreiner
Vizedirigent:	Eugen Steffi
Notenwart/	
Instrumentenwart:	Heinrich Batt
Ehrenvorsitzende:	Josef Kopp
	Eugen Schneider
Ehrendirigent:	Johann Buttenmüller

Aktive: Batt Heinrich, Tuba (1967); Batt Josef, Tuba (1931); Buchberger Andrea, Klarinette (1979); Buchberger Michael, Tenorhorn (1977); Burgert Angelika, Klarinette (1977); Buttenmüller Franz, Bariton (1960); Buttenmüller Josef, Flügelhorn (1960); Faller August, kl. Trommel (1955); Gutgsell Robert, Saxophon (1966); Gutmann Josef, Klarinette (1952); Gutmann Lucia, Klarinette (1977); Gutmann Thomas, Saxophon (1977); Hermann Angelika, Flöte (1972); Hermann Hans-Georg, Flügelhorn (1980); Hermann Manfred, Trompete (1977); Hermann Norbert, Tenorhorn (1949); Hug Christian, Trompete (1977); Hug Matthias, Klarinette (1977); Karle Andreas, Flügelhorn (1977); Kopp Johann, Klarinette (1960); Kopp Josef, Bariton (1949); Kury Erika, Klarinette (1977); Mörsberger Anette, Flöte (1980); Pierz Karl-Heinz, Trompete (1969); Riesterer Günter, gr. Trommel (1977); Schlatterer Wilhelm, Tenorhorn (1955); Schmid Wilhelm, Trompete (1966); Schneider Hubert, Tuba (1981); Schneider Klaus, Posaune (1967); Schneider Paul, Schlagzeug (1977); Steffi Andrea, Flöte (1978); Steffi Eugen, Flügelhorn (1969); Steiert Josef, Horn (1977); Steiert Roland, Posaune (1977); Steiert Thomas, Posaune (1972); Vetter Bernhard, Horn (1969); Weber Brigitte, Saxophon (1972); Wießler Josef, Trompete (1969)
Zöglinge: Hermann Marietta, Flöte (1980); Karle Christiane, Klarinette (1980); Keller Claudia, Flöte (1980); Kury Elfriede, Klarinette (1980); Kury Elisabeth, Klarinette (1980); Schmidt Lucia, Flöte (1980)

Musikverein Yach e.V.

Gründungsjahr:	1895
1. Vorsitzender:	Helmut Herr
Stellv. Vorsitzender:	Hugo Dold
Schriftführer:	Josef Fischer
Rechner:	Karl Kern
Beirat:	Alfred Burger
	Hubert Disch
	Hermann Kury
Dirigent:	Karl Fischer
Notenwart:	Richard Dorer
Ehrendirigent:	Helmut Herr

Aktive: Burger Alfred, Flügelhorn (1973); Burger Bernhard, Tenorhorn (1980); Dold Hugo, Klarinette (1950); Dold Thomas, Trompete (1973); Disch Bernhard, Trompete (1973); Disch Hansjörg, Trompete (1980); Disch Hubert, Klarinette (1973); Disch Josef, Klarinette (1973); Disch Karlheinz, Trompete (1980); Disch Klaus, Flügelhorn (1980); Disch Oskar, Klarinette (1950); Dorer Richard, Flügelhorn (1953); Fischer Alois, Klarinette (1968); Fischer Helmut, gr. Trommel (1934); Fischer Josef, Tenorhorn (1973); Fischer Klaus, Horn (1980); Fischer Leonhard, Tuba (1975); Gießler Karl, Posaune (1950); Herr Alois, Tuba (1958); Herr Gottfried, Tenorhorn (1980); Herr Helmut, Posaune (1933); Herr Hubert, Posaune (1975); Herr Josef, kl. Trommel (1973); Herr Klaus, Bariton (1971); Herr Markus, Bariton (1980); Herr Reiner, Posaune (1971); Herr Ulrich, Flügelhorn (1980); Hoch Clemens, Klarinette (1975); Kern Karl, Klarinette (1963); Klausmann Lucia, Klarinette (1974); Klausmann Mathias, Trompete (1980); Kury Alois, Tenorhorn (1964); Kury Hermann, Horn (1966); Läufer Reinhold, Flügelhorn (1975); Nopper Manfred, Tenorhorn (1973); Nopper Reinhard, Posaune (1975); Ringwald Josef, Flügelhorn (1973); Schmieder Josef, Tenorhorn (1950); Schmieder Josef, Bariton (1975); Schmieder Leonhard, Trompete (1975); Schmieder Siegfried, Tenorhorn (1975); Wahl Josef, Tuba (1953)

Blasmusikverband Odenwald-Bauland

Das Präsidium

Ehrenpräsident: Karl Sommer

1. Präsident: Franz Busch
2. Präsident: Rudolf Fischer
Verbandsdirigent: Max Muschiol
Stellv. Verbandsdirigent: Karl Steffan
Verbandsjugendleiter: Anton Renner
Stellv. Verbandsjugendleiter: Kurt Jaschek
Schriftführerin: Erika Thoma
Kassier: Roland Weber

Beirat: Roland Heilig, Roland Mader, Ewald Metzger, Gerhard Münch, Anton Renner, Hans Schüller, Jürgen Seitz, Georg Winkler, Anton Wittmann

Der Verband hat 62 Mitgliedsvereine.
Zum Verband gehören noch die Vereine Altheim, Ballenberg, Dittigheim, Gerlachsheim, Haßmersheim, Hüngheim, Dittwar, Hettigenbeuern, Merchingen, Messelhausen, Neckarsteinach, Unterschüpf und Wittighausen.

Sitzend von links nach rechts: Rudi Imhof, Franz Busch, Karl Sommer, Erika Thoma, Max Muschiol, Karl Steffan; stehend: Anton Wittmann, Roland Weber, Roland Heilig, Georg Winkler, Ewald Metzger, Hans Schüller, Kurt Jaschek, Anton Renner

Feuerwehr- und Stadtkapelle Adelsheim

Gründungsjahr:	1865*
1. Vorsitzender:	Helmut Rexroth
Stellv. Vorsitzender:	Walter Henn
Schriftführer:	Helmut Rexroth
Rechner:	Bernhard Grimm
Beirat:	Manfred Börkel
	Ludwig Hollik
	Eberhard Kipphan
	Günter Windhager
	Wilfried Zemke
Dirigent:	Kurt Jaschek
Vizedirigent:	Helmut Rexroth
Jugendleiter:	Kurt Jaschek
Notenwart:	Manfred Börkel
Instrumentenwart:	Alfred Leitner

Aktive: Baier Hagen, Schlagzeug (1956); Binder Gerhard, Trompete (1972); Blischke Horst, Flügelhorn (1953); Börkel Ernst, Klarinette (1953); Börkel Manfred, Klarinette (1973); Danz Robert, Trompete (1972); Friedlein Hansjörg, Trompete (1976); Friedlein Sabine, Flöte (1976); Gräf Monika, Klarinette (1976); Grimm Bernhard, Tuba (1960); Henn Walter, Tenorhorn/Gitarre (1966); Hofmann Elisabeth, Saxophon/Klarinette (1975); Hollik Ludwig, Flügelhorn (1966); Karpstein Volker, Flügelhorn (1976); Kipphan Eberhard, Flügelhorn (1964); Leitner Alfred, Posaune (1953); Lottermoser Ernst, Saxophon/Klarinette (1956); Müller Dirk, Saxophon (1981); Prokosch Heinz, Schlagzeug (1973); Rau Gerhard, Klarinette/Saxophon (1953); Rexroth Helmut, Tenorhorn (1963); Seewald Martin, Posaune (1974); Seewald Wolfgang, Posaune (1974); Strensiok Claudia, Klarinette (1973); Windhager Günter, Trompete (1958); Winkelhöfer Klaus, Klarinette (1974); Winkler Anton, Tuba (1960); Wörz Rainer, Saxophon/Klarinette (1976); Zeh Rolf, Trompete (1964); Zemke Wilfried, Bariton/Posaune (1967); Zimmermann Klaus, Saxophon (1976)

Jugendkapelle Adelsheim

Gründungsjahr:	1964
1. Vorsitzender:	Erich Mauer
Stellv. Vorsitzender:	Heinz Falkenstein
Schriftführer:	Kurt Jaschek
Rechner:	Alfred Schork
Ausschußmitglieder:	Hansjörg Friedlein
	Monika Gräf
	Volker Karpstein
	Martin Seewald
	Klaus Zimmermann
Dirigent:	Kurt Jaschek
Vizedirigent:	Helmut Rexroth
Notenwart:	Monika Gräf
Instrumentenwart:	Martin Seewald

Aktive: Baltruschat Nikolai, Saxophon (1981); Biber Ursula, Flügelhorn (1976); Eiller Sabine, Flöte (1976); Blaha Martin, Tenorhorn (1976); Blaha Steffan, Tenorhorn (1976); Bonn Jürgen, Trompete (1979); Deeg Heiko, Trompete (1979); Deeg Holger, Tenorhorn (1981); Deeg Roland, Tuba (1976); Dietrich Christine, Klarinette (1981); Dietrich Mathias, Trompete (1981); Duran Diana, Saxophon (1981); Duran Josef, Trompete (1981); Eismann Yvonne, Klarinette (1977); Falkenstein Anja, Klarinette (1976); Felix Anja, Flöte (1979); Friedlein Hansjörg, Trompete (1976); Friedlein Sabine, Flöte (1976); Geresch Margit, Klarinette (1976); Glock René, Trompete (1981); Gräf Marina, Flöte (1977); Gräf Monika, Klarinette/Saxophon (1976); Helber Jochen, Posaune (1980); Herbinger Antje, Trompete (1979); Horn Dieter, Posaune (1981); Huber Friedbert, Klarinette/E-Baß (1979); Karpstein Volker, Flügelhorn (1976); Kniehl Angelika, Klarinette (1981); Kniehl Astrid, Klarinette/Flöte (1976); Lottermoser Christian, Klarinette (1979); Lottermoser Stephanie, Flöte (1979); Ludwig Jürgen, Posaune (1981); Mauer Thomas, Trompete (1976); Müller Dirk, Saxophon (1980); Müller Markus, Saxophon (1981); Müller Susanne, Klarinette (1981); Müller Tanja, Flöte (1981); Pauli Gerhard, Klarinette (1980); Pohl Mathias, Klarinette (1981); Prokosch Heinz, Schlagzeug (1973); Sachs Christoph, Schlagzeug (1981); Schäfer Andrea, Klarinette (1976); Schäfer Sylvia, Klarinette (1979); Schäfer Thomas, Tenorhorn (1976); Scheuber Sven, Tuba (1976); Schmitt Holger, Klarinette (1976); Schmutz Karin, Klarinette/Saxophon (1976); Schneider Stephan, Klarinette (1979); Schork Tom, Trompete (1977); Schweizer Armin, Klarinette (1976); Schweizer Ulrich, Schlagzeug (1977); Seewald Martin, Posaune (1974); Seewald Wolfgang Posaune (1974); Simonides Ralf, Flügelhorn (1980); Skuljan Isabélla, Klarinette (1979); Späth Sylvia, Klarinette (1979); Wagner Jörg, Trompete (1979); Wörz Rainer, Saxophon (1976); Windhager Ralf, Schlagzeug (1981); Windhager Susanne, Flöte (1976); Zeh Bianka, Saxophon (1981); Zimmermann Birgit, Klarinette (1976); Zimmermann Klaus, Saxophon (1976); Zweschper Sonja, Saxophon (1976)

Musikverein Allfeld e.V.

Gründungsjahr:	1926
1. Vorsitzender:	Hermann Erdmann
Stellv. Vorsitzender:	Karl Ungerer
Schriftführer:	Georg Kern
Rechner:	Berthold Grosskinsky
Stellv. Rechner:	Franz Schreiner
Beirat:	Bernhard Dettlinger
	Hans Werner Egger
	Erhard Ellwanger
	Franz Metz
	Helmut Speicher
	Wilhelm Ullmer
Dirigent:	Heinz Langner
Vizedirigent:	Hermann Basik
Jugendleiter:	Wilhelm Ullmer
Notenwarte:	Roland Kern
	Michael Ullmer
Orchester-vorstand:	Hans Werner Egger
	Bernhard Dettlinger

Aktive: Basik Hermann, Trompete (1963); Baumgartner Andrea, Trompete (1974); Bender Dietmar, Klarinette/Saxophon (1970); Dettlinger Bernhard, Klarinette/Saxophon (1965); Egger Hans Werner, Trompete (1965); Ellwanger Gisbert, Flügelhorn (1974); Ellwanger Silvia, Flöte (1976); Fischer Brunhilde, Klarinette (1974); Fischer Otto, Flügelhorn (1950); Fleig Sylvia, Klarinette (1974); Grohme Rainer, Trompete (1970); Herold Berthold, Flügelhorn (1970); Herold Gudrun, Klarinette (1974); Kern Anton, Posaune (1979); Kern Clemens, Flügelhorn (1976); Kern Roland, Horn (1976); Maiba Harald, Horn (1976); Mayerhöffer Andreas, Tenorhorn (1970); Mayerhöffer Dieter, Flügelhorn (1965); Mayerhöffer Friedrich, Bariton (1963); Mayerhöffer Peter, Bariton (1974); Mayerhöffer Petra, Klarinette (1976); Metz Erhard, Tuba (1965); Röckel Jürgen, Schlagzeug (1974); Schleßmann Rainer, Klarinette/Saxophon (1965); Schmieder Heinz-Ludwig, Tenorhorn (1963); Speicher Rudolf, Pauken (1979); Trummer Simone, Posaune (1979); Ullmer Michael, Flügelhorn (1974); Ullmer Wilhelm, Klarinette/Saxophon (1950); Ungerer Wendelin, Posaune (1979); Wastl Gottlieb, Trompete (1974); Wastl Vinzens, Tenorhorn (1963); Wünsche Ralf, Tuba (1976); Zechmeister Werner, Posaune/Schlagzeug (1963)
Jugendkapelle: Ellwanger Achim, Tenorhorn (1979); Ellwanger Harald, kl. Trommel (1981); Erdmann Mathias, Klarinette (1978); Fischer Jürgen, Schlagzeug (1981); Fischer Werner, Trompete (1974); Hartmann Stefan, Trompete (1978); Hechtberger Annemarie, Klarinette (1978); Hondl Sylvia, Klarinette (1978); Hondl Thomas, Trompete (1978); Kern Heike, Klarinette (1978); Kirchgässner Michaela, Klarinette (1978); Klein Mathias, Tenorhorn (1978); Klein Thomas, Flügelhorn (1978); Kühnle Uwe, Horn (1978); Kuhn Andreas, Bariton (1978); Mayerhöffer Margarete, Klarinette (1978); Prochaska Jutta, Flöte (1978); Riehl Ralf, Tenorhorn (1979); Speicher Jürgen, Trompete (1978); Speicher Rolf, Horn (1976); Tächl Sabine, Flöte (1978); Ullmer Armin, Saxophon (1978)

Musikverein Billigheim e.V.

Gründungsjahr:	1924
1. Vorsitzender:	Martin Obermayer
Stellv. Vorsitzender:	Alois Stoiber
Schriftführer:	Reinhard Lorenz
Rechner:	Jürgen Sommer
Stellv. Rechner:	Otmar Henn
Beirat:	Heinrich Henn
	Artur Hetzler
	Gerold Knapp
	Arno Nagel
	Vincenz Speicher
Dirigent:	Ernst Blank
Vizedirigent:	Helmut Jung
Jugendleiter:	Arno Nagel
Notenwart/Instrumentenwart:	Alois Stoiber
Ehrendirigent:	Georg Kramml

Aktive: Helf Dieter, Flügelhorn (1976); Helf Frank, Klarinette (1979); Helf Herbert, Flügelhorn (1956); Hetzler Ludwig, Horn (1951); Jung Helmut, Bariton (1965); Knapp Gerold, Klarinette (1961); Kochendörfer Heiko, Flügelhorn (1980); Kochendörfer Michael, Schlagzeug (1979); Kochendörfer Rolf, Tenorhorn (1971); Lechner Jürgen, Schlagzeug (1974); Lenner Heiko, Klarinette (1971); Lorenz Frank, Trompete (1980); Mader Ulf-Marc, Bariton (1980); Nagel Arno, Trompete (1971); Obermayer Guido, Trompete (1973); Redaui Dominiqu, Klarinette (1980); Reichert Emil, Tuba (1958); Sommer Jürgen, Tenorhorn (1971); Stade Dieter, Klarinette (1980); Stoiber Alois, Schlagzeug (1969); Stoiber Ralf, Tuba (1971)

Musikverein „Umpfertal" Boxberg

Gründungsjahr:	1951
1. Vorsitzender:	Gerhard Herold
Stellv. Vorsitzender:	Karl Hofmann
Schriftführerin:	Ursel Ratz
Rechner:	Peter Greulich
Beirat:	Ewald Bechold
	Alfred Galonska
	Alfred Henninger
	Erich Pers
	Wolfgang Ruthard
	Berthold Wachter
Dirigent:	Albert Henn
Vizedirigent:	Hans Feldhoffer
Jugendleiter:	Ewald Metzger
Notenwart:	Berthold Wachter

Aktive: Adelmann Edgar, Schlagzeug (1975); Adelmann Jürgen, Flügelhorn (1980); Adelmann Sybille, Flöte (1980); Appel Beate, Flöte (1978); Appel Elmar, Trompete (1980); Appel Manuela, Klarinette (1980); Appel Walter, Tenorhorn (1975); Appel Willi, Posaune (1952); Bach Thomas, Trompete (1980); Bechold Ewald, Tenorhorn (1952); Belz Simone, Trompete (1982); Benninger Erik, Schlagzeug (1980); Feldhoffer Hans, Flöte/Klarinette (1963); Geilsdörfer Robert, Trompete (1980); Gerner Roland, Tuba (1978); Gerner Siegfried, Posaune (1978); Gerstberger Silke, Klarinette (1978); Greulich Martin, Horn (1980); Haun Ulrich, Tuba (1975); Hemmrich Heike, Klarinette (1978); Henninger Armin, Tenorhorn (1978); Henninger Benno, Trompete (1970); Herold Dietmar, Trompete (1975); Herold Richard, Horn (1955); Hobl Jürgen, Horn (1975); Hofmann Karl, Tenorhorn (1959); Hofmann Silke, Klarinette (1981); Hofmann Udo, Schlagzeug (1982); Holler Luzia, Klarinette (1980); Holler Rita, Horn (1980); Hostatt Tanja, Klarinette (1980); Kesel Markus, Tuba (1978); Kesel Michael, Schlagzeug (1975); Kesel Norbert, Trompete (1970); Knödl Armin, Klarinette (1975); Knödl Rudi, Trompete (1972); Konieczny Thomas, Trompete (1980); Krüger Gabi, Klarinette (1978); Merkert Marion, Klarinette (1978); Merz Arno, Horn (1978); Metzger Cornelia, Klarinette (1980); Metzger Dorle, Klarinette (1978); Metzger Ewald, Tuba (1970); Metzger Volker, Bariton (1978); Müller Bertram, Tenorhorn (1980); Müller Elmar, Tenorhorn (1980); Müller Hildtrud, Trompete (1980); Reichert Birgit, Klarinette (1975); Riegler Peter, Tenorhorn (1980); Ruck Dieter, Horn (1978); Ruck Günter, Horn (1978); Ruck Wolfgang, Trompete (1978); Schlesinger Gerd, Schlagzeug (1975); Schlesinger Kurt, Trompete (1970); Schorz Achim, Schlagzeug (1981); Schürle Constanze, Klarinette (1980); Schürle Steffen, Trompete (1978); Schwab Alois, Flügelhorn (1975); Seeberger Carola, Klarinette (1978); Stumpf Daniel, Trompete (1982); Volk Arno, Flügelhorn (1975); Volk Erwin, Horn (1954); Wachter Andreas, Trompete (1975); Wachter Berthold, Flügelhorn (1951); Wachter Martin, Tenorhorn (1975); Wachter Peter, Klarinette (1975); Weber Gerd, Flügelhorn (1980); Weber Harry, Flügelhorn (1978); Weber Jürgen, Tuba (1975); Weber Thomas, Bariton (1978); Wittmann Achim, Posaune (1975); Wittmann Daniel, Posaune (1980); Wittmann Iris, Flöte (1980); Wittmann Oliver, Posaune (1980); Wittmann Petra, Klarinette (1975); Wüst Siegfried, Trompete (1975)

Musik- u. Feuerwehrkapelle Bretzingen

Gründungsjahr:	1926
1. Vorsitzender:	Erich Fitz
Stellv. Vorsitzender:	Elmar Müller
Schriftführer:	Gerhard Schmiedl
Rechner:	Wolfgang Haberkorn
Dirigent:	Gerhard Schmiedl
Vizedirigent:	Bernhard Berberich
Jugendleiter:	Gerhard Schmiedl

Aktive: Bayer Martin, Posaune (1951); Berberich Bernhard, Klarinette (1973); Berberich Dieter, Flügelhorn (1973); Farrenkopf Alban, Horn (1953); Farrenkopf Wolfgang, Flügelhorn (1973); Fitz Berthold, Flügelhorn (1951); Fitz Christel, Klarinette (1977); Fitz Erich, Tenorhorn (1950); Fitz Hubert, Flügelhorn (1973); Fitz Norbert, Trompete (1962); Fuchs Richard, Posaune (1981); Haberkorn Wolfgang, Trompete (1966); Hack Raimund, Saxophon (1967); Hans Josef, Schlagzeug (1978); Müller Elmar, Bariton (1966); Reichert Albrecht, Schlagzeug (1968); Reinhard Willi, Horn (1951); Schmiedl Gerhard, Flügelhorn (1978); Schuh Günter, Tuba (1966).
Zöglinge: Farrenkopf Gerald, Trompete (1978); Geiger Jutta, Klarinette (1978); Haas Heidrun, Flügelhorn (1978); Haas Karlheinz, Trompete (1978); Haberkorn Günther, Saxophon (1978); Haberkorn Paul, Trompete (1978); Meisel Christiane, Klarinette (1978); Rösch Martina, Saxophon (1978); Schreck Hildegard, Flügelhorn (1978); Schwinn Ulrike, Flügelhorn (1978); Wolf Gudrun, Flöte (1978)

Musikverein Dainbach

Gründungsjahr:	1947
1. Vorsitzender:	Rudolf Müller
Stellv. Vorsitzender:	Adolf Fuchs
Schriftführerin:	Edeltraud Herm
Rechner:	Leo Wirsching
Dirigent:	Franz Zupfer
Vizedirigent:	Reinhold Kilian
Jugendleiter:	Edeltraud Herm
	Armin Kilian
Notenwart:	Josef Behr
Instrumentenwart:	Rudolf Müller
Ehrendirigent:	Engelbert Behr

Aktive: Behr Josef, Tenorhorn (1969); Behr Winfried, Trompete (1969); Deubel Bernhard, Klarinette (1969); Elleser Hermann, Trompete (1959); Frank Siegfried, Flügelhorn (1960); Fuchs Uwe, Tenorhorn (1973); Götz Walter, Flügelhorn (1969); Hefner Josef, Tuba (1947); Hefner Klaus, Tenorhorn (1956); Hefner Kurt, gr. Trommel (1964); Hefner Thomas, Tenorhorn (1973); Herbst Jörg, Posaune (1976); Herm Edeltraud, Klarinette (1973); Herm Günter, Tenorhorn (1959); Herm Jürgen, kl. Trommel (1973); Herm Renate, Klarinette (1973); Hösch Wolfgang, Klarinette (1973); Kilian Armin, Flügelhorn (1973); Kilian Reinhold, Flügelhorn (1951); Kilian Theo, Klarinette (1948); Müller Rudolf, Posaune (1961); Neu Klaus, Horn (1973); Neu Otto, Bariton (1959); Neu Rolf, Trompete (1973); Oehm Thomas, Trompete (1973); Wirsching Leo, Horn (1962); Wolpert Joachim, Klarinette (1973).
Zöglinge: Assel Petra, Klarinette (1979); Fritschke Anja, Klarinette (1979); Fuchs Carmen, Klarinette (1979); Hefner Anette, Klarinette (1979); Hefner Michael, Trompete (1979); Hefner Norbert, Tuba (1979); Hefner Rainer, Tenorhorn (1979); Herbst Ulrich, Tenorhorn (1979); Oehm Anette, Klarinette (1979).

Musikkapelle Distelhausen e.V.

Gründungsjahr:	1976/1929
1. Vorsitzender:	Klaus Neckermann
Stellv. Vorsitzender:	Helmut Beil
Schriftführer:	Helmut Hofmann
Rechner:	Dietmar Mallok
Beirat:	Andreas Becker
	Heinz Geisler
	Erich Weber
	Franz Weis
Dirigent:	Albin Barthel
Vizedirigenten:	Bruno Neckermann
	Erich Weber
Notenwart:	Andreas Weber

Aktive: Barthel Christof, Flügelhorn (1977); Becker Thomas, Tenorhorn/Posaune (1969); Beil Helmut, Tenorhorn (1961); Ditter Alfred, Horn (1961); Ditter Walburga, Klarinette (1976); Dörr Friedbert, Flügelhorn (1969); Englert Hubert, Posaune (1961); Geisler Heinz, Flügelhorn (1956); Graf Günther, Trompete (1961); Hartmann Werner, Klarinette (1958); Hofmann Helmut, gr. Trommel (1963); Honikel Gerhard, Tenorhorn/Bariton (1957); Knüttel Ramona, Klarinette (1976); Lauer Hans, Tuba (1957); Lauer Hermann, Flügelhorn (1977); Mallok Dietmar, kl. Trommel (1977); Neckermann Bruno, Horn (1956); Neckermann Klaus, Klarinette (1968); Schimpf Volker, Trompete (1977); Schumm Alfons, Klarinette (1965); Uihlein Fritz, Tuba (1969); Uihlein Karl, Tenorhorn (1961); Wachter Karl, Posaune (1961); Weber Andreas, Trompete (1977); Weber Erich, Bariton (1961); Weis Franz, Trompete (1955).
Zöglinge: Barthel Monika, Klarinette (1977); Becker Andreas, Trompete (1977); Höflein Joachim, Trompete (1978); Höflein Markus, Trompete (1978); Höflein Susanne, Klarinette (1977); Hönninger Claudia, Klarinette (1977); Kremer Günter, Trompete (1977); Lößl Johannes, Tenorhorn (1977); Naumann Anja, Klarinette (1977); Schimpf Claudia, Klarinette (1977); Staff Christian, Tenorhorn (1978); Staff Oliver, Trompete (1978); Weis Andreas, Trompete (1977); Weis Christiane, Flügelhorn (1977); Weis Christine, Trompete (1977); Weis Edgar, Trompete (1978); Zipf Gabi, Klarinette (1977).

Musikkapelle Eberstadt

Gründungsjahr:	1861
1. Vorsitzender:	Rudolf Häfner
2. Vorsitzender:	Bernd Fritschle
Schriftführer:	Dieter Gramlich
Kassenwart:	Günter Pfeiffer
Dirigent:	Franz Prokosch

Aktive: Arres Heimo, Bariton (1974); Bruckner Karin, Klarinette (1979); Burkhardt Jutta, Flöte (1979); Eberle Günter, Schlagzeug (1974); Eberle Klaus, Tuba (1965); Frey Hans-Jörg, Tuba (1979); Frey Heinz, Tuba (1960); Frey Martin, Flügelhorn (1979); Frey Rainer, Bariton (1979); Fritschle Arno, Flügelhorn (1974); Fritschle Bernd, Klarinette/Saxophon (1974); Fritschle Erwin, Horn (1948); Gramlich Dieter, Trompete (1974); Gramlich Peter, Klarinette/Saxophon (1979); Häfner Harry, Saxophon (1979); Häfner Karlheinz, Tenorhorn/Trompete (1948); Häfner Rudolf, Flügelhorn (1948); Lehnert Uwe, Flügelhorn (1979); Osterlein Roland, , Tenorhorn (1979); Pfeiffer Elmar, Trompete (1981); Pfeiffer Günter, Trompete (1965); Prokosch Benno, Klarinette/Saxophon (1979); Wagner Herbert, Posaune (1979)

Musikverein Gerichtstetten

Gründungsjahr:	1955
1. Vorsitzender:	Emil Herberich
Stellv. Vorsitzender:	Karl Künzig
Schriftführer:	Emil Münch
Stellv. Schriftführer:	Ralf Benz
Rechner:	Gottfried Linsler
Beirat:	Hermann Baumbusch
	Alois Fischer
	Reinhold Reinhard
	Ortsvorsteher Karl Scherer
	Pfarrer Albert Schwarz
	Bernd Textor
Dirigent:	Hans Gehrlein
Vizedirigent/ Jugendleiter:	Harald Killian
Notenwart:	Reiner Eckert
Instrumentenwart:	Fred Fischer

Aktive: Baumbusch Martina, Klarinette (1979); Baumbusch Hermann, Tuba (1955); Bechtold Karl, Flügelhorn (1981); Benz Ralf, Posaune (1979); Dörr Hubert, Trompete (1979); Eckert Rainer, Horn (1979); Fischer Daniela, Tenorhorn (1979); Fischer Fred, Horn (1979); Fischer Harald, Flügelhorn (1979); Fischer Martin, Flügelhorn (1979); Fischer Ute, Klarinette (1979); Gehrlein Andreas, Schlagzeug (1979); Gehrlein Michael, Schlagzeug (1979); Geiger Bernd, Trompete (1979); Geiger Holger, Trompete (1981); Geiger Hubert, Trompete (1962); Heilig Gerhard, Tenorhorn (1970); Heilig Wolfgang, Tenorhorn (1979); Herberich Birgit, Tenorhorn (1979); Herberich Ilona, Trompete (1981); Herberich Martina, Trompete (1979); Herberich Robert, Tenorhorn (1956); Herberich Simone, Tenorhorn (1981); Herberich Stefan, Klarinette (1981); Horn Arnold, Trompete (1979); Killian Harald, Posaune (1979); Kohler Bernd, Tuba (1979); Künzig Karl, Tenorhorn (1972); Künzig Rosemarie, Klarinette (1979); Linsler Gottfried, Flügelhorn (1955); Löffler Harald, Trompete (1979); Meyer Harry, Schlagzeug (1981); Meyer Jutta, Klarinette (1979); Müller Clemens, Schlagzeug (1979); Müller Thomas, Flügelhorn (1979); Müller Wilhelm, Klarinette (1955); Münch Emil, Posaune (1955); Reinhard Jürgen, Flügelhorn (1981); Reinhard Ralf, Posaune (1981); Reinhard Reinhold, Tenorhorn (1957); Reinhard Wolfgang, Tenorhorn (1981); Scherer Harald, Flügelhorn (1979); Schmieg Andrea, Klarinette (1981); Schmieg Barbara, Flöte (1979); Schmieg Harald, Tuba (1979); Scholl Carsten, Posaune (1981); Seitz Helmut, Trompete (1971); Seitz Manfred, Schlagzeug (1969); Seitz Werner, Tenorhorn (1967); Weniger Helga, Klarinette (1979); Weniger Peter, Tenorhorn (1981); Weniger Roland, Tenorhorn (1979); Wohlfarth Simone, Lyra/Xylophon (1979)

Musikverein Gissigheim e.V.

Gründungsjahr:	1855
1. Vorsitzender:	Roland Weber
Stellv. Vorsitzender:	Michael Gehrig
Schriftführer:	Franz Schreck
Stellv. Schriftführerin:	Gertrud Schreck
Rechner:	Paul Gehrig
Beirat:	Albert Greß
	Joachim Löffler
	Andreas Schreck
	Hans Steinbach
	Josef Weimert
	Eugen Zimmermann
Dirigent:	Roland Weber
Vizedirigenten:	Joachim Löffler
	Andreas Schreck
Jugendvertreter:	Georg Rapp
Ehrendirigent:	Alfred Baumann †

Aktive: Baumann Margit, Klarinette (1974); Ganz Dietmar, Trompete (1977); Gehrig Michael, Tuba (1967); Gehrig Paul, Posaune (1976); Greß Albert, Tenorhorn (1955); Greß Bernhard, Tenorhorn (1974); Heilig Yvonne, Tenorhorn (1977); Horn Thomas, Tuba (1974); Horn Ute, Saxophon (1977); Löffler Wolfgang, Posaune (1977); Rapp Georg, Klarinette (1974); Rapp Jürgen, Schlagzeug (1977); Rapp Ludwig, Flügelhorn (1974); Rapp Michaela, Flöte (1977); Ruck Claudia, Klarinette (1977); Schreck Alexander, Schlagzeug (1974); Schreck Andreas, Trompete (1972); Schreck Franz, Horn (1961); Schreck Gerhard, Saxophon (1967); Schreck Gertrud, Saxophon (1967); Schreck Martina, Klarinette (1974); Schwarz Iris, Flügelhorn (1977); Schwarz Sigrid, Flügelhorn (1977); Withopf Martina, Klarinette (1977); Zimmermann Dieter, Trompete (1974)

Musikverein Götzingen e.V.

Gründungsjahr:	1935
1. Vorsitzender:	Albert Künkel
Stellv. Vorsitzender:	Wilhelm Hartmann
Schriftführer:	Bernd Egenberger
Rechner:	Harald Holderbach
Beirat:	Ludwig Egenberger
	Erich Holderbach
	Ludwig Müller
	Gerhard Schmitt
Dirigent:	Alfons Schwarz
Notenwarte:	Bernd Egenberger
	Albert Künkel

Aktive: Aumüller Michael, Flügelhorn (1975); Bechtold Klaus, Klarinette (1978); Bechtold Roland, Trompete (1978); Ditter Burkard, Tenorhorn (1973); Egenberger Albert, Trompete (1975); Egenberger Bernd, Tuba (1971); Egenberger Kuno, Flügelhorn (1971); Felleisen Dieter, Trompete (1978); Fischer Bernhard, Schlagzeug (1969); Fischer Karlheinz, Klarinette (1971); Hartmann Rolf, Trompete (1975); Hartmann Wilhelm, Posaune (1949); Heffner Burkard, Posaune (1965); Holderbach Christian, Klarinette (1978); Holderbach Harald, Flügelhorn (1961); Holderbach Norbert, Klarinette (1978); Jaufmann Klaus, Klarinette (1975); Jaufmann Theo, Tenorhorn (1950); Künkel Albert, Tuba (1961); Link Achim, Posaune (1971); Link Udo, Flügelhorn (1961); Mayer Hermann, Flügelhorn (1965); Müller Klaus, Bariton (1971); Müller Ludwig, Tuba (1952); Öppling Emil, Schlagzeug (1971); Öppling Peter, Trompete (1975); Pfeffer Stefan, Schlagzeug (1979); Schifferdecker Achim, Flöte (1978); Schifferdecker Michael, Flügelhorn (1978); Schmitt Erhard, Klarinette (1965); Schmitt Gerhard, Trompete (1946); Schwarz Martin, Klarinette (1975); Steinmüller Wendelin, Tenorhorn (1958); Stieber Erhard, Klarinette (1971); Weimer Heinz, Tenorhorn (1965)

Musikkapelle e.V. Grünsfeld

Gründungsjahr:	1924
1. Vorsitzender:	Hans Schüller
Stellv. Vorsitzender:	Hellmuth Volkert
Schriftführer:	Valentin Kimmelmann
Rechner:	Erich Müller
Beirat:	Alfred Beetz
	Edgar Öttig
	Herbert Spengler
Dirigent:	Franz Alex
Vizedirigent:	Jürgen Häuslein
Jugendleiter:	Valentin Kimmelmann
Notenwart:	Gottfried Hehn
Ehrendirigenten:	Albert von Brunn
	Robert Faul

Aktive: Abel Claus, Tenorhorn (1971); Albert Werner, Bariton (1947); Beetz Alfred, Trompete (1959); Brünner Harald, Tuba (1971); Brunn, von Helmut, Posaune (1958); Dürr Ludwig, Posaune (1959); Ebert Rüdiger, Saxophon/Klarinette (1957); Engert Hans, Tenorhorn (1949); Engert Walter, Posaune (1966); Ettrich Jochen, Posaune (1977); Ettrich Stephan, Flügelhorn (1977); Fültz Matthias, Flügelhorn (1954); Gersitz Armin, Saxophon/Klarinette (1961); Guttmann Gerhard, Becken (1975); Häuslein Jürgen, Saxophon/Klarinette (1957); Hammer Peter, Trompete (1959); Hehn Gottfried, Klarinette (1957); Hinze Karl, kl. Trommel (1957); Hübner Friederike, Klarinette (1971); Kemmer Alfred, gr. Trommel (1960); Kimmelmann Valentin, Lyra/Orgel (1974); Kraft Elvira, Klarinette (1971); Kraft Erwin, Tenorhorn (1957); Kraft Margarete, Posaune (1971); Kraft Peter, Bariton (1959); Kraft Walter, Flügelhorn (1964); Kremer Armin, Tenorhorn (1971); Lauber Manfred, Schlagzeug (1966); Müller Erich, Tenorhorn (1957); Öttig Edgar, Trompete (1971); Pfeuffer Hans, Trompete (1957); Scheiner Ulrike, Posaune (1971); Schenk Lothar, Tuba (1958); Schenk Margit, Klarinette (1971); Schenk Peter, Flügelhorn (1971); Schenk-Dürr Christa, Klarinette (1966); Schmitt Carola, Posaune (1971); Schneider Andrea, Klarinette (1971); Schüller Hans, Tuba (1957); Semmler Ludwig, Horn (1957); Seubert Elvira, Saxophon (1971); Seubert Hermann, Horn (1960); Sommer Franz, Trompete (1959); Spengler Herbert, Tenorhorn (1971); Volkert Hellmuth, Tenorhorn (1957); Vollrath Karl-Heinz, Tenorhorn (1971); Weber Paul, Flügelhorn (1959); Weil Uwe, Saxophon/Klarinette (1976); Wenz Georg, Flügelhorn (1966)
Jugendkapelle: Albert Manfred, Flügelhorn (1976); Appel Bernhard, Schlagzeug (1976); Appel Gudrun, Klarinette (1976); Bamberger Bernhard, Trompete (1976); Beetz Irene, Klarinette (1976); Beetz Jürgen, Horn (1976); Beetz Manfred, Trompete (1976); Bieger Klaus, Trompete (1976); Bieger Ralf, Trompete (1976); Borst Alexander, Horn (1976); Borst Judith, Klarinette (1976); Brünner Christian, Posaune (1976); Brünner Michaela, Klarinette (1976); Derr Achim, Tenorhorn (1976); Derr Margret, Flügelhorn (1976); Endres Beate, Klarinette (1976); Endres Doris, Flöte (1976); Engert Michael, Tuba (1976); Engert Robert, Posaune (1976); Fellner Elke, Horn (1976); Förster Thomas, Posaune (1976); Geiger Ulrich, Posaune (1976); Heer Uwe, Tenorhorn (1976); Hofmann Jürgen, Flügelhorn (1976); Keller Christoph, Trompete (1976); Kraft Martin, Tenorhorn (1976); Kraft Ulrike, Flöte (1976); Kraft Wolfgang, Tenorhorn (1976); Kremer Christian, Saxophon (1976); Kremer Sybille, Saxophon (1976); Lauber Roland, Saxophon (1976); Michel Susanne, Klarinette (1976); Müller Claudia, Klarinette (1976); Müller Gerhard, Tenorhorn (1976); Ohlhaut Christina, Flöte (1976); Ohlhaut Markus, Tuba (1976); Pfeuffer Andrea, Saxophon (1976); Rotmeier Johannes, Tuba (1976); Schenk Isolde, Schlagzeug (1976); Schnabel Klaus-Dieter, Flügelhorn (1976); Schnabel Ulrike, Klarinette (1976); Schneider Bernhard, Posaune (1976); Schüller Anna-Maria, Flügelhorn (1976); Spang Helmut, Saxophon (1976); Spang Rainer, Trompete (1976); Spengler Christian, Flügelhorn (1976); Thurner Heike, Flöte (1976); Till Christian, Bariton (1976); Till Matthias, Klarinette (1976); Vitzthum Ralf, Klarinette (1976); Walz Claudia, Trompete (1976); Weiß Claudia, Klarinette (1976)

Musikverein Hainstadt e.V.

Gründungsjahr:	1974
1. Vorsitzender:	Georg A. Winkler
Stellv. Vorsitzender:	Jürgen Katzfuß
Schriftführer:	Jürgen Katzfuß
Rechner:	Helga Braun
Beirat:	Konrad Balles
	Fritz Bayer
	Bernhard Englmeier
	Franz Gebauer
	Edgar Henk
	Anton Kemkemer
	Georg Link
	Dietmar Mayer
	Kurt Münch
Dirigent:	Gerhard Kern
Vizedirigent:	Heinz Hohwieler
Jugendleiter:	Gerhard Kern
Notenwart/	
Instrumentenwart:	Thomas Hofmann

Aktive: Ackermann Bernhard, Posaune (1981); Balles Harald, Trompete (1975); Balles Leander, Trompete (1977); Balles Petra, Horn (1975); Bayer Fritz, Tenorhorn (1974); Bednarik Andrea, Klarinette (1975); Bleifuß Peter, Posaune (1980); Breunig Matthias, Trommel (1974); Cebulla Martina, Klarinette (1977); Englmeier Bernhard, Tuba (1974); Gebauer Markus, Trompete (1977); Gebauer Thomas, Tenorhorn (1975); Hammen Beate, Klarinette (1975); Hammen Dietmar, Schlagzeug (1975); Henk Edgar, Trompete (1974); Henk Ursula, Klarinette (1977); Hofmann Thomas, Flügelhorn (1976); Hohwieler Heinz, Saxophon (1974); Hohwieler Susanne, Trompete (1975); Kern Alexander, Trompete (1975); Kern Christiane, Klarinette (1975); Kern Judith, Flügelhorn (1975); Knörzer Rita, Klarinette (1975); Link Georg, Posaune (1975); Link Klaus, Tuba (1975); Mayer Dietmar, Trompete (1975); Münch Bernhard, Flügelhorn (1975); Münch Thomas, Tenorhorn (1977); Pflüger Emil, Tuba (1982); Pilster Harald, Posaune (1974); Schnorr Leo, Trommel (1974); Schöpf Achim, Flügelhorn (1975); Schöpf Roger, Flügelhorn (1975); Thoma Jörg, Trompete (1975); Winkler Alexander, Klarinette (1975); Winkler Gernot, Trompete (1977); Winkler Markus, Tenorhorn (1975)

Musikverein Heidersbach

Gründungsjahr:	1920
1. Vorsitzender:	Alois Schulz
Stellv. Vorsitzender:	Egon Rhein
Schriftführer/ Rechner:	Hubert Walter
Beirat:	Gerda Dörr
	Alois Hemberger
	Bruno Lutz
	Hermann Müller
	Peter Noe
	Achim Rhein
	Egon Rhein
	Roswitha Schulz
	Hubert Walter
	Erwin Wollner
Dirigent:	Lothar Keller
Vizedirigent:	Albert Ehrmann
Jugendleiter:	Walter Trunzer
Notenwarte:	Achim Rhein
	Roswitha Schulz
Ehrenvorsitzender:	Valentin Rhein

Aktive: Dörr Bernhard, Posaune (1968); Dörr Gerda, Klarinette (1973); Ehrmann Albert, Tenorhorn (1946); Grimm Gerald, Bariton (1973); Hemberger Alois, Tenorhorn (1963); Kunz Dieter, Flügelhorn (1973); Lösch Rudolf, Horn (1959); Lutz Bruno, Flügelhorn (1959); Lutz Harald, Tuba (1973); Lutz Ruprecht, Flügelhorn (1968); Müller Hermann, Flügelhorn (1963); Müller Josef, kl. Trommel (1972); Noe Peter, Flügelhorn (1957); Rhein Achim, Flügelhorn (1973); Rhein Egon, Tenorhorn (1956); Rhein Otmar, Trompete (1956); Rhein Roland, Tenorhorn (1972); Riehl Hansjörg, Flügelhorn (1972); Schindler Kurt, Posaune (1956); Schulz Arnold, gr. Trommel (1975); Schulz Berthold, Klarinette (1956); Schulz Peter, Klarinette (1971); Schulz Roswitha, Klarinette (1973); Walter Hubert, Posaune (1965); Weber Klaus, Horn (1969); Weis Konrad, Trompete (1973); Wollner Klaus, Horn (1973)
Jugendkapelle/Zöglinge: Dörr Klaus, Flügelhorn (1978); Egenberger Silvia, Klarinette (1978); Erfurt Dagmar, Klarinette (1978); Heck Petra, Klarinette (1980); Knapp Jürgen, Trompete (1980); Knapp Petra, Klarinette (1980); Langner Frank, Klarinette (1978); Lutz Dietmar, Posaune (1978); Lutz Jutta, Klarinette (1978); Lutz Ralf, Trompete (1978); Lutz Thomas, Tuba (1978); Müller Susanne, Trompete (1978); Münch Andreas, Flügelhorn (1980); Noe Silvia, Klarinette (1978); Noe Volker, Flügelhorn (1978); Riehl Andreas, Trompete (1978); Sauer Andreas, Tenorhorn (1980); Schindler Nicola, Klarinette (1978); Schulz Manuela, Klarinette (1978); Weber Dietmar, Flügelhorn (1978); Weber Hans, Posaune (1978); Weckbach Reiner, Tenorhorn (1978); Witthelm Patricia, Klarinette (1980); Wollner Karin, Trompete (1978); Wollner Thomas, Tenorhorn (1980); Wursthorn Anette, Trompete (1978); Wursthorn Heike, Trompete (1978)

Feuerwehrkapelle Heinsheim e.V.

Gründungsjahr:	1968
1. Vorsitzender:	Josef Eberhardt
Stellv. Vorsitzender:	Klaus Schädler
Schriftführerin:	Karin Richter
Rechner:	Willi Dreiseidel
Beirat:	Thomas Fuß
	Karlheinz Grauf
	Jürgen Neuwirth
	Ralf Neuwirth
Dirigent:	Bernhard Teschler
Notenwart:	Heinrich Lang
Ehrenvorsitzender:	Paul Deigner

Aktive: Bönisch Robert, Schlagzeug (1972); Deigner Paul, Flügelhorn (1968); Dreiseidel Willi, Bariton (1968); Eberhardt Josef, Klarinette (1968); Fuß Anton, Posaune (1968); Fuß Thomas, Bariton/ Posaune (1976); Grauf Karlheinz, Flügelhorn (1973); Kirstetter Ludwig, Tuba (1968); Kühner August, Flügelhorn (1968); Kühner Bernd, Flügelhorn (1976); Lang Heinrich, Tuba (1968); Lohr Willi, Tenorhorn (1976); Menges Günter, Flügelhorn (1976); Neuwirth Jürgen, Posaune (1976); Neuwirth Klaus, Trompete (1976); Neuwirth Ralf, Trompete (1976); Richter Karin, Klarinette (1976); Schädler Klaus, Posaune (1968); Senghas Theodor, Tenorhorn (1968); Städtler Thomas, Trompete (1976); Thalacker Edi, Posaune (1976); Wendl Helmut, gr. Trommel (1981); Winkler Alexander, Klarinette (1976); Winkler Andrea, Klarinette (1976); Winkler Marion, Klarinette (1976); Winkler Martina, Klarinette (1976); Wörner Franz, Tenorhorn (1968); Zimmermann Lothar, Horn (1976); Zimmermann Toni, Trompete (1976)
Zöglinge: Grauf Thomas, Trompete/Flügelhorn (1980); Klenk Carmen, Klarinette (1980); Klenk Peter, Trompete (1980); Rein Wolfgang, Posaune (1980); Wendl Beate, Klarinette (1980)

Musikverein Hettingen e.V.

Gründungsjahr:	1962
1. Vorsitzender:	Willi Ellwanger
Stellv. Vorsitzender:	Franz Müller
Schriftführer:	Karl Kuhn
Rechner:	Rudi Gremminger
Beirat:	Hermann Ellwanger
	Karl Ellwanger
	Erich Gremminger
	Norbert Gremminger
	Alfred Kern
	Eckehard Kirchgessner
	Paul Kirchgessner
	Walburga Kirchgessner
	Kurt Kuhn
	Bernd Mackert
	Lothar Mackert
	Willi Mackert
	Josef Müller
	Herbert Schmelcher
Dirigent:	Eckehard Kirchgessner

Vizedirigent: Hermann Ellwanger; Jugendleiter: Lothar Mackert; Notenwart: Paul Kirchgessner

Aktive: Beckert Wolfgang, Klarinette (1969); Bernauer Jochen, Posaune (1965); Ellwanger Diana, Saxophon (1969); Ellwanger Hermann, Flügelhorn (1938); Fischer Hans, Horn (1960); Heinbücher Harald, Trompete (1977); Heller Robert, Posaune (1965); Henn Alfred, Horn (1969); Kern Agnes, Saxophon (1969); Kern Sigrid, Flöte (1976); Kirchgessner Bernhard, Tuba (1965); Kirchgessner Paul, Posaune (1960); Kirchgessner Walburga, Saxophon (1969); Krause Arno, kl. Trommel (1969); Kuhn Rolf, Trompete (1969); Linsler Sylvia, Lyra (1977); Mackert Bernd, Tenorhorn (1964); Mackert Gabriele, Klarinette (1969); Mackert Günther, Flügelhorn (1969); Mackert Regina, Klarinette (1969); Mackert Volker, Trompete (1969); Mackert Willi, Posaune (1952); Mackert Wolfgang, Trompete (1977); Merkert Doris, Klarinette (1969); Müller Birgit, Klarinette (1969); Müller Franz, Tenorhorn (1952); Müller Josef, Horn (1969); Müller Ursula, Trompete (1969); Rau Sylvia, Klarinette (1969); Resch Armin, Flügelhorn (1965); Schmelcher Michael, Trompete (1977); Schmelcher Willi, Bariton (1952); Schmitt Kurt, Trompete (1965); Schmitt Manfred, gr. Trommel (1965); Spahr Beatrice, Saxophon (1977); Spahr Sylvia, Klarinette (1969)

Jugendkapelle: Bechtold Marco, Trompete (1977); Dittrich Nicole, Klarinette (1977); Gradt Andreas, Schlagzeug (1977); Gradt Christian, Tuba (1977); Gremminger Jürgen, Trompete (1977); Gremminger Michael, Tenorhorn (1977); Gremminger Michael, Klarinette (1977); Kern Martina, Klarinette (1977); Kirchgessner Alexander, Klarinette (1977); Kreuter Armin, Trompete (1977); Kreuter Thorsten, Schlagzeug (1977); Kuhn Wolfgang, Trompete (1977); Leitz Patrik, Klarinette (1977); Müller Andreas, Tenorhorn (1977); Rudolf Jürgen, Klarinette (1977); Schmelcher Michael, Trompete (1977)

Musikverein Hochhausen

Gründungsjahr:	1976
1. Vorsitzender:	Irmgard Zeller
Stellv. Vorsitzender:	Josef Ditzenbach
Schriftführerin:	Martina Geier
Geschäftsführerin:	Magda Schneider
Rechner:	Manfred Bach
Beirat:	Franz Blum
	Roland Schmauser
	Hans Schwarz
Dirigent:	Toni Zeller
Jugendleiter:	Rosi Bach
	Erich Knüttel
Notenwart:	Hans Schneider

Aktive: Bundschuh Karl, Posaune (1969); Bundschuh Klaus, Trompete (1976); Bundschuh Wendelin, Tenorhorn (1976); Ditzenbach Thomas, Flügelhorn (1968); Endrich Silvia, Flöte (1978); Epp Marion, Flöte (1978); Förter Klaus, Flügelhorn (1976); Freundschig Hilmar, Trompete (1976); Ganszki Jürgen, Saxophon (1976); Geier Matthias, Horn (1976); Höpfl Christian, Posaune (1978); Knüttel Timo, Flügelhorn (1979); Kraft Matthias, Saxophon (1976); Krank Robert, Schlagzeug (1968); Krimmer Silke, Flöte (1979); Kuhn Gernod, Tenorhorn (1976); Kuhn Judith, Klarinette (1980); Mechler Dietmar, Schlagzeug (1976); Ries Christoph, Tuba (1976); Rudolph Martin, Saxophon (1976); Schäfer Andrea, Saxophon (1979); Schäfer Birgitt, Klarinette (1976); Schmauser Roland, Posaune (1976); Schneider Andreas, Bariton (1976); Schneider Johannes, Trompete (1976); Schöllig Christian, Flügelhorn (1976); Schubert Gerold, Tuba (1968); Steffan Uschi, Flöte (1976); Stein Jochen, Flügelhorn (1979); Steinam Karl-Heinz, Posaune (1976); Teller Bertram, Saxophon (1978); Teller Christina, Klarinette (1980); Teller Johannes, Saxophon (1979); Wagner Ute, Flöte (1981); Weber Doris, Flöte (1979); Weber Judith, Flöte (1976); Weigand Andreas, Schlagzeug (1976); Weigand Clemens, Klarinette (1976); Wöppel Bernhard, Tenorhorn (1978); Wöppel Berthold, Posaune (1969)

Zöglinge: Blum Erika, Klarinette (1980); Brenneisen Michael, Flügelhorn (1982); Dietel Anja, Klarinette (1982); Feige Bernhard, Saxophon (1982); Fritz Diana, Klarinette (1982); Geier Andreas, Bariton (1980); Holzhauer Michaela, Klarinette (1982); Kettner Tanja, Klarinette (1982); Klebes Holger, Saxophon (1982); Klebes Rüdiger, Schlagzeug (1982); Knüttel Ina, Flöte (1982); Mechler Alexandra, Klarinette (1980); Mohr Alexandra, Flöte (1982); Mohr Michael, Trompete (1980); Münch Stefan, Trompete (1980); Reitlinger Brigitte, Klarinette (1980); Reitlinger Klaus, Klarinette (1980); Wolfarth Martin, Schlagzeug (1982); Wolfarth Nadja, Trompete (1982); Wolfarth Simone, Flöte (1982)

Musikverein Höpfingen e.V.

Gründungsjahr:	1925
1. Vorsitzender:	Josef Hauck
Stellv. Vorsitzender:	Ludwig Popp
Schriftführer:	Gerd Eiermann
Rechner:	Helmut Böhrer
Beirat:	Manfred Böhrer
	Anton Gerig
	Gerhard Hollerbach
	Elmar Kaiser
	Erich Kaiser
	Fritz Kaiser
	Otto Kuhn
	Kurt Schell
	Wolfgang Schell
	Andreas Steinbach
	Otmar Streckert
Dirigent:	Günter Dörr
Vizedirigent/	
Jugendleiter:	Friedrich Schmitt
Notenwart:	Wolfgang Schell

Instrumentenwart: Otto Kuhn; Ehrendirigent: Otto Dörr

Aktive: Albert Thomas, Trompete (1973); Bechthold Ralf, Posaune (1976); Böhrer Arno, Bariton (1968); Böhrer Erich, Tenorhorn (1973); Böhrer Helmut, Horn (1968); Böhrer Manfred, Trompete (1970); Brzostowsky Albert, Tenorhorn (1973); Brzostowsky Franz, Posaune (1956); Dörr Günter sen., Trompete (1952); Dörr Günter jun., Trompete (1975); Dörr Holger, Trompete (1975); Eiermann Gerd, Klarinette (1964); Farrenkopf Elmar, Schlagzeug (1968); Farrenkopf Helmut, Schlagzeug (1977); Farrenkopf Josef, Klarinette (1946); Farrenkopf Thomas, Klarinette (1973); Frank Bruno, Tenorhorn (1954); Greulich Wolfgang, Horn (1973); Häfner Karl, Tuba (1964); Hiller Bernd, Trompete (1975); Hilpert Ludwig, Tenorhorn (1936); Janson Markus, Klarinette (1973); Kaiser Elmar, Flügelhorn (1969); Kaiser Josef, Klarinette (1953); Kuhn Horst, Flügelhorn (1964); Kuhn Horst, Flügelhorn (1973); Kuhn Michael, Trompete (1973); Kuschel Frieder, Posaune (1973); Nohe Thomas, Tuba (1973); Popp Jürgen, Posaune (1976); Sauer Wolfgang, Horn (1973); Schell Jürgen, Tuba (1973); Schell Kurt, Horn (1955); Schell Wolfgang, Saxophon (1964); Schlegel Kurt, Tenorhorn (1968); Schmitt Elmar, Saxophon (1975); Schmitt Friedbert, Saxophon (1975); Schmitt Friedrich, Flügelhorn (1945); Schmitt Günther, Schlagzeug (1975); Schulz Herrmann, Tenorhorn (1968); Steinbach Andreas, Klarinette (1946); Steinbach Thomas, Trompete (1975)

Jugendkapelle: Dörr Anke, Klarinette (1980); Dörr Hubert, Trompete (1982); Eiermann Jochen, Tuba (1978); Göbes Martin, Tenorhorn (1977); Hauck Alexandra, Klarinette (1981); Hauck Christian, Flügelhorn (1977); Kaiser Michael, Flügelhorn (1976); Kaiser Veronika, Klarinette (1980); Link Susanne, Klarinette (1975); Mohr Iris, Flöte (1975); Nohe Annette, Klarinette (1974); Popp Karin, Klarinette (1980); Popp Rainer, Tenorhorn (1976); Schmitt Jürgen, Saxophon (1980); Schmitt Martin, Schlagzeug (1975); Seufert Jürgen, Posaune (1975); Streckert Jochen, Tenorhorn (1976); Streckert Michael, Flügelhorn (1977); Waltenberger Ralf, Saxophon (1980)

Feuerwehrkapelle Hüffenhardt

Gründungsjahr:	1886
1. Vorsitzender:	Adolf Hahn
Stellv. Vorsitzender:	Uwe Reimold
Schriftführer/	
Rechner:	Werner Volkert
Beirat:	Richard Hahn
	Anton Leimpek
Dirigent:	Anton Klaus
Notenwart:	Verona Reimold
Ehrenmitglieder:	Karl Hahn
	Hans Leimpek

Aktive: Bödy Stefan, Tenorhorn (1954); Bödy Andreas, Tenorhorn (1980); Fromme Birgitt, Trompete (1980); Hahn Adolf, Horn (1954); Hahn Doris, Klarinette (1978); Hahn Jürgen, Trommel (1974); Hahn Richard, Trompete (1958); Hahn Thorsten, Trompete (1973); Leimpek Anton, Flügelhorn (1961); Neff Walter, Flügelhorn (1975); Panzer Friedel, Tenorhorn (1979); Reimold Uwe, Tuba (1971); Reimold Verona, Klarinette (1973); Richter Sigrid, Klarinette (1978); Sigmann Andreas, Trompete (1975); Stark Steffen, Trompete (1978); Ubl Kirsten, Klarinette (1980); Ubl Reiner, Tenorhorn (1980); Volkert Werner, Flügelhorn (1972); Weber Ralf, Tenorhorn (1975); Wuscher Andrea, Klarinette (1981); Wuscher Gerd, Trompete (1981); Wuscher Hermann, Tenorhorn (1981); Wuscher Peter, Klarinette (1981)

Zöglinge: Momentan sind alle Zöglinge in der Kapelle integriert, eine Anfängergruppe wird im Frühjahr 1983 beginnen, die Namen stehen noch nicht ganz fest. Die Zöglinge sind jedoch noch alle unter 14 Jahren und erhalten zusätzlich noch Unterricht: Ubl Kirsten, Ubl Reiner, Stark Steffen, Fromme Birgitt, Bödy Andreas

Musik- u. Feuerwehrkapelle Ilmspan

Gründungsjahr:	1953
1. Vorsitzender:	Hugo Scheiner
Stellv. Vorsitzender:	Fritz Polifka
Schriftführer:	Bruno Scheiner
Rechner:	Rudolf Brennfleck
Beirat:	Norbert Endres
	Pfr. Kühner
	Rainer Oberst
	Ottmar Weniger
Dirigent:	Alois Jonetzko
Vizedirigent:	Rudolf Brennfleck
Notenwart:	Jürgen Brennfleck
Ehrendirigent:	Alois Stauder

Aktive: Brennfleck Alois, Posaune (1964); Brennfleck Jürgen, Klarinette/Saxophon (1975); Brennfleck Rudolf, Flügelhorn (1960); Brennfleck Walter, Klarinette/Saxophon (1975); Deckert Manfred, Schlagzeug (1980); Endres Thomas, Posaune (1977); Endres Ulrike, Klarinette (1980); Fitterer Linda, Klarinette (1977); Fleischmann Mathias, Bariton (1980); Hirth Birgit, Klarinette (1981); Klingert Edgar, Trompete (1974); Klingert Herbert, Trompete (1980); Konrad Otto, Tenorhorn (1953); Kuhn Maria, Klarinette (1977); Lesch Erich, Posaune (1973); Lesch Gerhard, Horn (1973); Polifka Alois, Horn (1973); Polifka Fritz, Tenorhorn (1953); Polifka Werner, Flügelhorn (1973); Scheiner Bruno, Bariton (1973); Scheiner Helmut, Tenorhorn (1973); Scheiner Hugo, Flügelhorn (1973); Schrank Hubert, Schlagzeug (1974); Weniger Ottmar, Tuba (1974)

Musik- u. Feuerwehrkapelle Königheim

Gründungsjahr:	1923
1. Vorsitzender:	Alois Schreck
Stellv. Vorsitzender:	Ludwig Achstetter
Schriftführer:	Berthold Bausback
Rechner:	Herbert Zugelder
Beirat:	Norbert Waltert
	Claudia Wölpper
	Robert Zimmermann
Dirigent:	Dieter Dewor
Vizedirigent:	Bernhard Uihlein
Notenwarte:	Ralf Dewor
	Stefan Lindtner

Aktive: Achstetter Ludwig, Flügelhorn (1965); Bauer Heinrich, Trompete (1973); Bauer Regina, Tenorhorn (1980); Bausback Berthold, Tuba (1966); Berthold Klaus, Klarinette (1967); Bohner Helmuth, Tenorhorn (1954); Dewor Axel, Horn (1980); Dewor Dieter, Posaune (1963); Dewor Ralf, Posaune (1973); Eckl Stefan, Bariton (1962); Engmann Klaus, Posaune (1973); Faulhaber Albert, Schlagzeug (1966); Faulhaber Alfred, Tenorhorn (1955); Faulhaber Bernhard I, Trompete (1965); Faulhaber Bernhard II, Tuba (1973); Faulhaber Klaus, Klarinette/Saxophon (1967); Faulhaber Leo, Tenorhorn (1973); Faulhaber Martin, Schlagzeug (1975); Faulhaber Michael, Flügelhorn (1977); Fertig Sabine, Flöte/Klarinette (1980); Geier Elmar, Trompete (1973); Geier Georg, Posaune (1980); Geier Michael, Bariton (1973); Dr. Gnadt Michael, Klarinette/Saxophon (1970); Häfner Manfred, Horn (1973); Häfner Wolfgang, Posaune (1980); Hess Bernhard, Posaune (1966); Hippler Hubert, Schlagzeug (1975); Hippler Irmtraud, Flöte (1977); Hippler Michael, Trompete (1980); Honikel Werner, Posaune (1973); Kauzmann Gebhard, Tuba (1951); Lindtner Silvia, Flöte/Klarinette (1977); Lindtner Stefan, Trompete (1977); Noe Jürgen, Horn (1980); Noe Stefan, Horn (1980); Reinhart Gerhard, Horn (1965); Rennhofer Uwe, Tenorhorn (1980); Schneider Matthias, Tuba (1973); Schreck Alois, Trompete (1957); Schreck Jutta, Trompete (1980); Seitz Bernhard, Klarinette (1980); Seitz Wolfgang, Schlagzeug (1975); Spielvogel Uwe, Klarinette (1980); Stang Jürgen, Tenorhorn (1980); Talics Thomas, Trompete (1980); Thoma Rainer, Klarinette (1980); Trabold Georg, Flügelhorn (1980); Trabold Hermann, Tenorhorn (1973); Uihlein Alexander, Tenorhorn (1980); Uihlein Bernhard, Bariton (1973); Uihlein Georg, Klarinette (1980); Waltert Andrea, Flöte (1977); Waltert Matthias, Klarinette/Saxophon (1980); Waltert Norbert, Flügelhorn (1973); Waltert Susanne, Flöte (1977); Walzenbach Günter, Posaune (1967); Wölpper Claudia, Trompete (1977); Zimmermann Martin, Horn (1973); Zimmermann Robert, Flügelhorn (1957); Zugelder Erwin, Flügelhorn (1966); Zugelder Herbert, Flügelhorn (1965)

Musikverein –
Trachtenkapelle Königshofen

Gründungsjahr:	1930
1. Vorsitzender:	Konrad Imhof
Stellv. Vorsitzender:	Jürgen Popp
Schriftführer:	Wolfgang Imhof
Rechner:	Kurt Popp
Vergnügungs-	
ausschuß:	Karl Fürst
Dirigent/	
Jugendleiter:	Rudi Imhof

Aktive: Fürst Agnes, Tenorhorn (1973); Fürst Hermann, Bariton/Posaune (1961); Fürst Karl, Klarinette (1950); Geiger Helmut, Tenorhorn (1965); Härterich Wolfgang, Klarinette/Saxophon (1982); Hennings Horst, Schlagzeug (1950); Imhof Konrad, Trompete/Flügelhorn (1948); Imhof Michael, Tenorhorn (1975); Imhof Rolf, Klarinette/Saxophon (1971); Imhof Rudi, Klarinette/Saxophon (1947); Imhof Wilhelm, Klarinette/Saxophon (1947); Imhof Wolfgang, Klarinette (1975); Jais Siegbert, Tenorhorn (1977); Landfried Peter, Flöte (1981); Liebenstein Ernst, Tuba (1962); Ludwig Thomas, Horn (1973); Martin Peter, Posaune (1981); Popp Jürgen, Tuba (1972); Popp Kurt, Horn (1951); Reininger Günther, Posaune (1970); Richter Arno, Trompete/Flügelhorn (1977); Richter Clemens, Schlagzeug (1981); Sack Thomas, Posaune (1972); Schmitt Erwin, Klarinette (1955); Ullrich Gerhard, Trompete (1976)
Zöglinge: Brändel Thomas, Klarinette (1980); Endres Volker, Trompete (1981); Ludwig Frank, Tuba (1981); Markert Marion, Klarinette (1980); Michelbach Martin, Klarinette (1980); Michelbach Thomas, Trompete (1981); Müller Gisela, Klarinette (1979); Richter Dirk, Trompete (1981); Sack Andreas, Trompete (1979); Schad Susanne, Klarinette (1977); Schenk Silvia, Trompete (1977); Stein Christine, Klarinette (1980); Wegert Hans-Dieter, Posaune (1981); Wirsching Anette, Klarinette (1982)

Stadtkapelle Krautheim

Gründungsjahr:	1928
1. Vorsitzender:	Bruno Bopp
Stellv. Vorsitzender:	Klaus Leidner
Schriftführer:	Roland Rüdinger
Stellv. Schriftführer:	Klaus Leidner
Rechner:	Karl Walz
Beirat:	Hubert Retzbach
	Hugo Rüdenauer
	Walter Schirmer
Dirigent:	Bernhard Walz
Vizedirigent:	Walter Schirmer
Jugendleiter:	Bernhard Walz
Ehrenvorsitzender u.	
Ehrendirigent:	Gustav Meyer
Ehrenvorsitzender:	Josef Leidner

Aktive: Bauer Klaus, kl. Trommel (1973); Bopp Bruno, gr. Trommel (1958); Bopp Herbert, Flügelhorn (1958); Dahlke Elke, Tenorhorn (1978); Gall Klaus, Posaune (1975); Hammel Karl, Klarinette (1958); Hartmann Alois, kl. Trommel (1933); Heuser Norbert, Trompete (1975); Humm Thomas, Posaune (1975); Kappes Emil, Flügelhorn (1952); Kappes Günther, Bariton (1973); Kappes Klaus, Trompete (1975); Kappes Thomas, Bariton (1978); Klärle Hermann, Tuba (1951); Kobalt Gerhard, Tuba (1960); Kowatsch Rudi, Horn (1958); Kuttner Rolf, Klarinette (1952); Leidner Josef, gr. Trommel (1919); Leidner Klaus, Tenorhorn (1958); Mayer Hubert, Klarinette (1958); Nied Heiner, Posaune (1970); Retzbach Hubert, Flügelhorn (1973); Rüdenauer Alfons, Tenorhorn (1975); Rüdenauer Alois, Bariton (1968); Rüdenauer Hugo, Horn (1952); Rüdenauer Robert, Bariton (1975); Rüdinger Roland, Trompete (1973); Schirmer Walter, Klarinette (1952); Stadtmüller Reinhold, Tenorhorn (1973); Stark Rolf, Lyra (1952); Stöcklein Gerhard, Flügelhorn (1952); Walz Josef, Trompete (1975); Walz Karl, Trompete (1968); Weirether Dieter, Klarinette (1952); Wellendorf Willi, Tuba (1958)
Zöglinge: Bopp Bernhard, Posaune (1980); Bopp Marcus, Tenorhorn (1980); Gall Karlheinz, Posaune (1980); Kappes Klaus, Tenorhorn (1980); Kappes Mathias, Flügelhorn (1980); Rüdenauer Rolf, Flügelhorn (1980); Stumpf Helmut, Posaune (1980); Walz Claudia, Flügelhorn (1980)

Musikverein „Eintracht" Külsheim

Gründungsjahr:	1925
1. Vorsitzender:	Alfons Grimm
Stellv. Vorsitzender:	Richard Adelmann
Schriftführer:	Meinrad Väth
Rechner:	Eberhard Geiger
Beirat:	Birgit Betzel
	Willibald Johannes
	Otto Spengler
Dirigent:	Max Spiesberger

Aktive: Adelmann Richard, Tuba (1978); Ballweg Jürgen, Klarinette/Saxophon (1978); Betzel Birgit, Flöte/Pikkolo (1978); Betzel Irene, Klarinette (1978); Betzel Peter, Posaune (1978); Betzel Rainer, Schlagzeug (1978); Dittmann Jutta, Flügelhorn (1981); Geiger Eberhard, Trompete (1978); Geiger Thomas, Tenorhorn (1981); Grimm Jochen, Schlagzeug (1978); Kaulartz Volker, Klarinette/Saxophon (1980); Lawo Helmut, Trompete (1978); Möller Svenja, Flöte (1982); Mohr Dagmar, Horn (1981); Müller Marion, Flöte (1981); Müller Michael, Trompete (1981); Müllner Alexander, Klarinette/Saxophon (1978); Müllner Elisabeth, Flöte (1981); Nunner Jürgen, Tenorhorn (1982); Ornfeld Heike, Trompete (1980); Pahl Dieter, Schlagzeug; Pauly Rita, Flöte (1978); Pauly Wolfgang, Tenorhorn (1978); Spengler Richard, Saxophon (1980); Spengler Stefan, Schlagzeug (1980); Spiesberger Max, Posaune (1978); Uihlein Joachim, Flügelhorn/Trompete (1978); Väth Meinrad, Flügelhorn/Trompete (1978); Wolpert Christoph, Trompete (1980); Zeh Matthias, Flügelhorn/Trompete (1982)

Musikverein 1863 Limbach

Gründungsjahr:	1863*
1. Vorsitzender:	Willi Gramlich
Stellv. Vorsitzender:	Otmar Schork
Schriftführer:	Walter Trunzer
Stellv. Schriftführerin:	Margit Bauer
Rechner:	Willi Schäfer
Beirat:	Margit Bauer
	Reinhold Gramlich
	Siegfried Hein
	Valentin Schweigert
	Otmar Speth
Dirigent:	Max Muschiol
Vizedirigent/ Jugendleiter:	Josef Backi
Notenwart:	Valentin Schweigert
Ehrenvorsitzender:	Karl Gramlich
Ehrenmitglieder:	Eduard Bachmann
	Linus Bopp

Aktive: Backi Josef, Klarinette (1981); Baier Werner, Horn (1969); Bauer Margit, Saxophon (1969); Blatz Ingrid, Klarinette (1969); Diemer Paul, Saxophon (1960); Gramlich Gerd, Flügelhorn (1972); Gramlich Heiko, Klarinette (1978); Gramlich Martina, Klarinette (1972); Gramlich Willi, Tuba (1951); Hein Siegfried, Trompete (1960); Herkert Manfred, Tenorhorn (1969); Kispert Herbert, Tuba (1972); Leitz Dieter, kl. Trommel (1978); Leitz Wolfgang, Flügelhorn (1972); Lenz Karl-Heinz, Tenorhorn (1963); Müller Karin, Saxophon (1978); Müller Martin, Streichbaß (1980); Müller Yvonne, Klarinette (1978); Nachtnebel Anton, Horn (1963); Noe Bettina, Klarinette (1978); Noe Bruno, Klarinette (1972); Noe Cornelius, Saxophon (1978); Noe Doris, Horn (1972); Noe Katharina, Flöte (1978); Noe Petra, Klarinette (1978); Potye Reiner, Tenorhorn (1972); Riedling Jutta, Saxophon (1978); Roos Karl, Horn (1956); Schäfer Hans Peter, kl. Trommel (1978); Schäfer Kurt, Tenorhorn (1951); Schäfer Willi, Flügelhorn (1951); Schmitt Norbert, Trompete (1972); Schork Hartmut, Flügelhorn (1972); Schork Otmar, Flügelhorn (1951); Schulz Anton sen., Trompete (1948); Schulz Anton, Klarinette (1978); Schulz Klaus, Trompete (1972); Schweigert Valentin, gr. Trommel (1951); Speth Werner, Trompete (1960); Stipp Hermann, Flügelhorn (1968); Stipp Volker, Bariton (1968); Trunzer Walter, Tenorhorn (1960); Valet Waltraud, Horn (1969); Weis Ralf, Posaune (1972); Zimmermann Peter, Trompete (1972); Zimmermann Werner, Trompete (1972)
Zöglinge: Hehl Jürgen, Klarinette (1979); Henning Siegrid, Flöte (1981); Kehl Marika, Klarinette (1979); Pfeifer Wolfram, Trompete (1978); Schmitt Linus, Flügelhorn (1978); Schulz Carina, Klarinette (1979); Schulz Reiner, Klarinette (1980); Speth Dietmar, Trompete (1978); Stefan Gert, Klarinette (1980); Weis Joachim, Trompete (1978)

Musikverein Mosbach e.V.

Gründungsjahr:	1930
1. Vorsitzender:	Herbert Schulz
Stellv. Vorsitzender:	Anton Kretz
Schriftführerin:	Karin Frank
Rechner:	Walter Leister
Beirat:	Helga Frank
	Ursula Gregori
	Harald Metzger
	Horst Röstel
	Erich Schulz
	Rüdiger Spohrer
Dirigent:	Gerhard Tröster
Spielmanns-zugführer:	Ursula Gregori
Notenwart:	Lothar Edin
Instrumentenwart:	Anton Kretz
Uniformwart:	Elsa Röstel
Ehrenvorsitzender:	Franz Kipphan

Aktive: Baering Heike, Saxophon/Klarinette/Flöte (1972); Banholzer René, Trompete (1979); Buchholz Bruno, Klarinette (1978); Edin Lothar, Klarinette/Saxophon (1973); Frank Karin, Flöte (1972); Galm Claudia, Klarinette (1977); Gellner Martin, Klarinette (1978); Gellner Thomas, Trompete (1974); Gregori Barbara, kl. Trommel (1970); Herter Hans-Christian, Flügelhorn (1976); Herzog Stefan, Klarinette (1979); Horvath Anja, Klarinette (1978); Huber Helga, Tenorhorn (1975); Janich Wolfgang, kl. Trommel (1972); Kaiser Christian, Klarinette (1975); Kaiser Jürgen, Saxophon/Klarinette (1974); Kaiser Klaus, Flügelhorn (1972); Kipphan Franz-Otto, Tenorhorn (1961); Kirschenlohr Roderich, Klarinette (1975); Kretschmer Jürgen, Klarinette (1979); Kretz Anton, gr. Trommel (1961); Kretz Thomas, Tenorhorn (1980); Leister Catharina, kl. Trommel (1976); Leister Roland, Tenorhorn (1974); Loser Andreas, Klarinette (1977); Martin Sibylle, Klarinette/Saxophon (1975); Metzger Dagmar, Klarinette (1978); Nürnberger Stephan, Tenorhorn (1976); Pfetzer Anja, Klarinette (1977); Pieper Thomas, Bariton (1975); Raditsch Martin, Klarinette (1979); Röstel Karlheinz, Klarinette (1976); Schulz Erich, Tuba (1971); Schwersenz Anatol, Posaune (1976); Spiller Oliver, Flügelhorn (1975); Spohrer Barbara, Klarinette (1982); Spohrer Stefan, Bariton (1981); Stumpf Matthias, Trompete (1982); Uhl Thomas, Flügelhorn (1978); Vafiadis Panagiotis, kl. Trommel (1981); Vick Jürgen, Posaune (1975); Vierling Ortrud, Klarinette (1976); Vierling Reiner, Flügelhorn (1973); Witzel Rainer, Klarinette (1979)
Mädchenspielmannszug: Bauer Martina, Trommelflöte; Berger Monika, Trommel; Blasi Sabine, Trommelflöte; Frank Doris, Trommel; Großkinsky Birgit, Lyra; Gueli Mina, Trommelflöte; Gueli Tina, Becken; Haag Michaela, Trommelflöte; Haueisen Gabi, Trommelflöte; Reimold Heike, Trommelflöte; Reimold Jutta, Trommelflöte; Rumig Vera, Pauken; Sienel Elvira, Trommelflöte; Violante Maria-Luise, Trommel.
Zöglinge: Bock Matthias, Trompete (1982); Braun Anke, Flöte (1981); Ehler Beate, Horn (1982); Galm Birgit, Horn (1982)

Musikverein „Harmonie" 1872 e.V. Mudau

Gründungsjahr:	1872*
1. Vorsitzender:	Erich Bucher
Stellv. Vorsitzender:	Ernst Deimel
Schriftführer:	Gerd Mayer
Stellv. Schriftführer:	Gerhard Kistner
Rechner:	Kurt Scheuermann
Stellv. Rechner:	Josef Fleischer
Beirat:	Anton Dambach
	Alfons Förtig
	Karl Götz sen.
	Roland Grimm
	Helmut Hört
Dirigent:	Gerhard Münch
Vizedirigenten:	Ralf Müller
	Kurt Scheuermann
Jugendleiter:	Ralf Müller
	Gerhard Münch
Notenwarte:	Paul Drabinski
	Stefan Müller
Instrumentenwart:	Norbert Dieterle

Ehrendirigent: Herbert Tritschler; Ehrenschriftführer: Karl Künzel
Aktive: Banschbach Norbert, Flügelhorn (1961); Dambach Anton, Schlagzeug (1946); Deimel Ernst, Horn (1965); Dieterle Bernhard, Tuba (1950); Dieterle Norbert, Posaune (1965); Drabinski Paul, Tenorhorn (1966); Elser Jeanette, Tenorhorn (1981); Fischer Gerhard, Trompete (1960); Fleischer Josef jr., Tenorhorn (1962); Galm Helga, Klarinette (1976); Galm Philipp, Flügelhorn (1966); Galm Thomas, Schlagzeug (1975); Galm Volker, Flügelhorn (1976); Grimm Michael, Tenorhorn (1974); Grimm Roland, Klarinette (1952); Haas Peter, Trompete (1976); Hört Dieter, Tenorhorn (1974); Knapp Willi, Tenorhorn (1960); Korger Richard, Tuba (1974); Maier Helmut, Schlagzeug (1965); Mayer Gerd, Tuba (1969); Mechler Corina, Trompete (1981); Müller Elisabeth, Klarinette (1974); Müller Elvira, Trompete (1981); Müller Ralf, Klarinette (1974); Müller Stefan, Horn (1976); Münch Klaus, Flügelhorn (1973); Münch Rainer, Tenorhorn (1972); Münch Reinhard, Posaune (1961); Münch Werner, Flügelhorn (1966); Ott Albert, Bariton (1948); Petru Ulrich, Bariton (1965); Plobner Clemens, Flügelhorn (1974); Rechner Hilmar, Trompete (1973); Roth Martin, Posaune (1966); Scheuermann Kurt, Klarinette (1973); Schlär Peter, Klarinette (1974); Schnorr Thomas, Klarinette (1974); Volk Bernhard, Trompete (1966); Volk Walter, Tenorhorn (1966); Wittischka Wolfgang, Klarinette (1977)
Zöglinge: Albert Claudia, Klarinette (1982); Albert Sonja, Klarinette (1982); Blaut Bernd, Tenorhorn (1982); Breunig Doris, Klarinette (1982); Breunig Volker, Tenorhorn (1982); Fabrig Ralf, Trompete (1980); Friedel Andreas, Horn (1980); Gaibler Dirk, Flügelhorn (1981); Ginter Alexander, Trompete (1982); Götz Carlo, Trompete (1980); Götz Nicole, Klarinette (1980); Haas Thomas, Horn (1977); Hartl Regina, Klarinette (1982); Heid Dietmar, Tenorhorn (1982); Heid Roland, Trompete (1982); Hilbert Andrea, Klarinette (1980); Hoffmann Andreas, Trompete (1977); Hohn Markus, Flügelhorn (1982); Kieser Jürgen, Klarinette (1980); Knapp Roland, Trompete (1979); Knapp Sonja, Klarinette (1980); Knapp Wolfgang, Klarinette (1980); Lorenz Harald, Bariton (1977); Maar Roland, Horn (1977); Maier Alexander, Tenorhorn (1980); Meixner Heino, Trompete (1978); Melkus Manfred, Tenorhorn (1981); Münch Michael, Tenorhorn (1982); Ohmert Kerstin, Klarinette (1981); Ohmert Reinhold, Trompete (1982); Pasour Andreas, Flügelhorn (1982); Rechner Klara, Klarinette (1980); Rechner Rosel, Klarinette (1980); Schäfer Volker, Flügelhorn (1979); Scheiwein Marco, Tenorhorn (1980); Scherer Alexandra, Klarinette (1981); Schnorr Birgitt, Klarinette (1980); Schwing Carmen, Horn (1982); Schwing Rolf, Trompete (1982); Volpp Karina, Klarinette (1980)

Musikverein Neudenau e.V.

Gründungsjahr:	1909*
1. Vorsitzender:	Wolfgang May
Stellv. Vorsitzender:	Heinrich Söhner
Schriftführer:	Günter Grasmeier
Kassier:	Gerhard Renner
Beirat (Aktiva):	Hermann Großkinsky
	Theodor Nenninger
Beirat (Passiva):	Paul Knotz
	August Schweinle
Kapellen-Obmann:	Jürgen Lüning
Dirigent:	Albert Thelen
Vizedirigent:	Karl Hamberger
Jugendleiter:	Anton Renner
Notenwart:	Bertram Brummer
Instrumentenwart:	Dieter Hamberger

Aktive: Baumann Roland, Klarinette (1969); Becker Arnfried, Saxophon (1976); Becker Diethelm, Tuba (1970); Bodach Andreas, kl. Trommel (1975); Bolg Dietmar, Tenorhorn (1970); Bolg Gernot, Flügelhorn (1976); Brummer Bertram, Klarinette (1973); Brummer Hubert, Klarinette (1957); Burkart Bernhard, Tenorhorn (1960); Burkart Karl, Pauken/Lyra (1957); Emert Joachim, Flügelhorn (1976); Fallmann Emil, Flöte/Pikkolo (1963); Fallmann Franz-Josef, Saxophon (1976); Geißler Regina, Flöte (1976); Grasmeier Günter, Horn (1957); Großkinsky Hermann, Flügelhorn (1954); Hamberger Dieter, Saxophon (1971); Hamberger Karl, Trompete (1952); Keim Elke, Klarinette (1976); Klimmer Gerhard, Horn (1963); Knotz Andrea, Klarinette (1976); Knotz Edith, Klarinette (1976); Knotz Gerold, Saxophon (1976); Knotz Hans, Trompete (1976); Knotz Patrick, Trompete (1976); Knotz Regina, Flöte (1976); Knotz Thomas, Flügelhorn (1976); Knotz Werner, Horn (1976); Knotz Willi, Horn (1969); Lüning Jürgen, Schlagzeug (1970); Mall Wolfgang, Tenorhorn (1976); May Reiner, Trompete (1976); May Wolfgang, Horn (1949); Morsch Volkmar, Posaune (1955); Nenninger Theodor, Tuba (1954); Nonnenmacher Herbert, Bariton (1955); Ochs Karl-Heinz, Posaune (1961); Pischinger Jürgen, Klarinette (1975); Renner Anton, Horn (1955); Renner Dieter, Saxophon (1973); Renner Edwin, Flügelhorn (1936); Renner Gerhard, Tuba (1957); Renner Jürgen, Fagott (1976); Rick Werner, Trompete (1969); Ruff Dieter, Klarinette (1976); Schmidt Rafael, Trompete (1978); Schneider Wolfgang, Flügelhorn (1966); Schönig Ulrich, Klarinette (1976); Schweinle Martin, kl. Trommel (1976); Söhner Leo, Klarinette (1956); Sperle Günter, gr. Trommel (1959); Vogt Volkhard, Tenorhorn (1976)

Musikkapelle Oberlauda

Gründungsjahr:	1835
1. Vorsitzender:	Werner Mohr
Stellv. Vorsitzender:	Ludwig Ott
Schriftführer:	Ludwig Ott
Rechner:	Josef Ernst
Beirat:	Jürgen Balbach
	Kurt Ebert
	Corinna Fröhlich
	Michael Gröh
	Leo Honikel
	Wolfgang Michenfelder
	Erich Oehmann
	Peter Schneider
Dirigenten:	Hans Beck
	Heinz Renk
Vizedirigenten:	Julius Bischoff
	Werner Mohr
Notenwarte:	Jürgen Balbach
	Reinhold Harich
	Alois Oehmann

Aktive: Balbach Jürgen, Trompete (1978); Bischof Julius, Tenorhorn (1928); Ebert Kurt, gr. Trommel (1964); Ebert Michael, kl. Trommel (1980); Ebert Peter, kl. Trommel (1975); Engert Armin, Trompete (1976); Ernst Josef, Tenorhorn (1947); Ernst Roswitha, Klarinette (1980); Fröhlich Corinna, Klarinette (1976); Fröhlich Rolf, Trompete (1979); Giesa Klaus, Posaune (1978); Giesa Rudolf, Posaune (1978); Gröh Michael, Flügelhorn (1979); Harich Reinhold, Tenorhorn (1960); Honikel Leo, Tenorhorn (1949); Jäger Rudolf, Tuba (1967); Katzer Adolf, Flügelhorn (1941); Loda Bruno, Klarinette (1970); Loda Uwe, Klarinette (1973); Michenfelder Wolfgang, Tenorhorn (1954); Mohr Jürgen, Trompete (1978); Mohr Maria, Klarinette (1981); Mohr Werner, Klarinette (1947); Mohr Wolfgang I, Trompete (1977); Mohr Wolfgang II, Trompete (1978); Oehmann Erich, Horn (1949); Ott Ludwig, Flügelhorn (1935); Reichel Hubert, Tenorhorn (1948); Reininger Günter, Posaune (1956); Renk Alfons, Trompete (1928); Renk Berthold, Posaune (1975); Renk Carmen, Klarinette (1974); Renk Heinz, Tenorhorn (1947); Renk Stefan, Tuba (1947); Schneider Peter, Trompete (1977); Schreck Karin, Klarinette (1980); Schreck Rolf, Trompete (1979); Schreck Wilhelm, Tuba (1936); Wirsching Berthold, Klarinette (1953)
Zöglinge: Balbach Udo, Trompete (1980); Dorstewitz Volker, kl. Trommel (1980); Engert Rüdiger, Trompete (1980); Fey Alexandra, Klarinette (1980); Fey Michael, Tuba (1982); Groß Jochen, Flügelhorn (1980); Hack Udo, Flügelhorn (1980); Hehner Tilo, Posaune (1980); Hellinger Gerold, Flügelhorn (1980); Hönninger Ulrich, Trompete (1980); Holler Jürgen, Posaune (1980); Honikel Udo, Tenorhorn (1980); Klingert Guido, Bariton (1980); Klingert Hans Jürgen, Posaune (1980); Mohr Rainer, kl. Trommel (1980); Mühling Harald, Flügelhorn (1980); Oehmann Volker, Tenorhorn (1980)

Musikverein „Frohsinn"
Oberschefflenz e.V.

Gründungsjahr: 1953
1. Vorsitzender: Karl Somogyi
Stellv. Vorsitzender: Wolfgang Häfner
Schriftführer: Bernhard Gramlich
Rechner: Hermann Eicholzheimer
Beirat (Aktiva): Karl Frey
           Josef Schmidt
Beirat (Passiva): Willi Kautzmann
           Willi Rüger
Dirigent: Anton Renner
Vizedirigent: Klaus Gramlich
Notenwart: Klaus Muthny
Instrumentenwart: Walter Gramlich
Ehrenvorsitzender: Karl Wörner

Aktive: Edinger Thomas, Tuba (1975); Eicholzheimer Bernhard, Tenorhorn (1975); Eicholzheimer Klaus, Saxophon (1975); Eiermann Carmen, Flöte (1975); Frey Karl, Klarinette (1963); Frey Willi, Horn (1963); Gedemer Alfred, Posaune (1971); Gimber Georg, Tenorhorn (1965); Gramlich Klaus, Klarinette (1967); Gramlich Thomas, Klarinette (1975); Gramlich Walter, Flügelhorn (1965); Häfner Rolf, Tuba (1967); Häfner Wolfgang, Schlagzeug (1965); Kappes Mathias, Posaune (1975); Kautzmann Lilo, Flöte (1971); Kirchknopf Günter, Trompete (1971); Kirchknopf Hubert, Tenorhorn (1965); Kraus Josef, Posaune (1972); Künkel Simone, Klarinette (1977); Kunzmann Jürgen, Flügelhorn (1975); Kunzmann Ralf, Flügelhorn (1975); Kunzmann Veronika, Flöte (1977); Millinger Waldemar, Klarinette (1965); Münch Berthold, Horn (1975); Muthny Klaus, Klarinette (1971); Neubauer Bernhard, Trompete (1963); Neubauer Günter, Trompete (1971); Rüger Renate, Saxophon (1975); Rüger Richard, Schlagzeug (1968); Salopek Christa, Klarinette (1971); Salopek Klaus, Posaune (1971); Salopek Roland, Trompete (1971); Schmidt Josef, Tuba (1964); Schork Diana, Flöte (1977); Schwalb Gabi, Saxophon (1975); Sommer Ludwig, Tenorhorn (1963); Steinbach Nicola, Flöte (1975); Szedlacsek Ines, Flöte (1977); Szigeth Bernhard, Trompete (1965); Tann Markus, Tenorhorn (1975); Wetterauer Klaus, Schlagzeug (1975); Wöltje Ulla, Saxophon (1975)

Musikverein Oberwittstadt e.V.

Gründungsjahr: 1964
1. Vorsitzender: Michael Putz
Stellv. Vorsitzender: Norbert Schmitt
Schriftführer: Roland Riegler
Rechner: Reinhold Meister
Beirat: Eugen Baumann
       Irmgard Frank
       Wolfram Karlein
       Martin Müller
       Josef Ullrich
       Herbert Walz
Dirigent: Michael Putz
Vizedirigent/
Jugendleiter: Tilman Götz
Notenwart: Michael Putz
Instrumentenwart: Bernhard Hügel

Aktive: Autratra Hans, Klarinette (1961); Frank Irmgard, Klarinette (1969); Götz Tilmann, Klarinette (1981); Gramlich Harald, Flügelhorn (1978); Gramlich Jürgen, Trompete (1978); Gramlich Wilhelm, Flügelhorn (1961); Henninger Vitus, Horn (1961); Hügel Bernhard, Horn (1969); Hügel Meinrad, Bariton (1978); Hügel Regina, Klarinette (1978); Karlein Diana, Klarinette (1981); Karlein Mathias, Schlagzeug (1978); Karlein Wolfram, Tuba (1978); Kohler Joachim, Tenorhorn (1978); Meister Reinhold, Trompete (1969); Müller Martin, Horn (1969); Müller Roland, Flügelhorn (1978); Renner Josef, Tenorhorn (1920); Riegler Birgit, Klarinette (1971); Riegler Manfred, Flügelhorn (1978); Riegler Roland, Flöte (1978); Roos Silke, Klarinette (1978); Schmitt Alois, Horn (1961); Schmitt Elisabeth, Saxophon (1972); Schmitt Klaus, Flügelhorn (1978); Schmitt Norbert, Flügelhorn (1969); Stern Arno, Klarinette (1978); Ullrich Adolf, Horn (1978); Ullrich Herwig, Schlagzeug (1981); Walz Bruno, Horn (1978); Wohlfahrt Gerd, Tenorhorn (1961); Wohlfahrt Michaela, Tenorhorn (1981); Wolf Michael, Tenorhorn (1978)

Musikverein Osterburken e.V.

Gründungsjahr:	1912
1. Vorsitzender:	Jakob Wörner
Stellv. Vorsitzender:	Josef Köpfle
Schriftführer:	Jakob Wörner
Rechner:	Oskar Dörr
Beirat:	Albert Dörr
	Harald Dörr
	Alois Heck
	Rudi Hofmann
	Albert Köpfle
	Bernhard Leitz
	Helmut Schmitt
	Karl Wehrle
Dirigent:	Karl-Heinz Langner
Vizedirigent:	Franz Polzer
Jugendleiter:	Franz Polzer
	Helmut Schmitt
Notenwart:	Helmut Schmitt
Instrumentenwart:	Jakob Wörner
Ehrenvorsitzender:	Franz Köhler

Aktive: Albrecht Sigrid, Saxophon (1980); Bauer Edgar, Saxophon (1946); Baumann Johannes, Flügelhorn (1959); Bernhard Karl, Saxophon (1980); Brümmer Elmar, Trompete (1980); Dörfler Reiner, Klarinette (1979); Dörfler Martin, Saxophon (1979); Dörr Adolf, Bariton (1946); Dörr Albert, Tuba (1946); Dörr Eberhard, Saxophon (1975); Dörr Harald, Posaune (1974); Dörr Waldemar, Flügelhorn (1976); Dressler Heike, Flöte (1980); Ebelle Josef, Tenorhorn (1951); Ebelle Klaus, Tenorhorn (1976); Hanreich Heike, Klarinette (1979); Hanreich Isolde, Saxophon (1981); Hanreich Klaus, Schlagzeug (1976); Hanreich Ralf, Trompete (1976); Heck Jürgen, Klarinette (1976); Hemberger Rudolf, Klarinette (1976); Hofmann Rudolf, Horn (1951); Kohut Michael, Klarinette (1976); Kowarek Klaus, Schlagzeug (1981); Kunesch Dirk, Flügelhorn (1976); Leitz Bernhard, Posaune (1967); Leitz Jürgen, Posaune (1978); Leitz Jutta, Flöte (1980); Petschenka Edwin, Posaune (1960); Polzer Franz, Klarinette (1930); Reichert Jürgen, Saxophon (1980); Schenk Michael, Trompete (1980); Schindler John, Saxophon (1980); Schindler Klaus, Schlagzeug (1981); Schindler Walter, Trompete (1980); Schmidt Dieter, Tuba (1980); Schmitt Helmut, Bariton (1946); Schwing Günter, Saxophon (1969); Schwing Thomas, Schlagzeug (1977); Seewald Gottfried, Flügelhorn (1976); Seewald Wolfgang, Flügelhorn (1981); Werle Karl, Klarinette (1946); Wild Bernhard, Posaune (1976); Wild Claudia, Klarinette (1979); Wörner Christian, Horn (1977); Wörner Markus, Tenorhorn (1979); Zeitschel Oliver, Horn (1978); Zemel Jürgen, Trompete (1975); Zimmermann Christian, Klarinette (1975)
Zöglinge: Blatz Silke, Klarinette (1980); Jansky Karin, Klarinette (1980); Klos Claudia, Klarinette (1980)

Musikverein Pülfringen

Gründungsjahr:	1952
1. Vorsitzender:	Kurt Bödigheimer
Stellv. Vorsitzender:	Norbert Gassenmann
Schriftführer:	Bernhard Haberkorn
Rechner:	Franz Kolovrat
Beirat:	Bernhard Baumann
	Sigrun Herberich
Dirigent:	Norbert Gassenmann

Jugendkapelle: Baumann Bernhard, Flügelhorn (1977); Baumann Gisbert, Horn (1977); Bödigheimer Jürgen, Flügelhorn (1977); Bödigheimer Reimund, Tuba (1977); Coleman Ralf, Schlagzeug (1977); Haberkorn Irmtrud, Klarinette (1977); Haberkorn Jürgen, Tenorhorn (1977); Haberkorn Jutta, Saxophon (1977); Haberkorn Sonja, Klarinette (1977); Herberich Karl-Heinz, Flügelhorn (1977); Herberich Sigrun, Klarinette (1977); Hock Anemarie, Klarinette (1977); Hock Bertram, Horn (1977); Knörzer Beate, Klarinette (1977); Knörzer Martin, Horn (1977); Knüll Herbert, Trompete (1977); Künzig Armin, Trompete (1977); Künzig-May Andreas, Bariton (1977); Künzig-May Christine, Klarinette (1977)

Musikverein Rinschheim

Gründungsjahr: 1969
1. Vorsitzender: Karl Göbes
Stellv. Vorsitzender: Robert Hollerbach
Schriftführer: Werner Hollerbach
Rechner: Franz Repp
Beirat: Gerhard Frank
Johann Hammerl
Edgar Holderbach
Wilhelm Löhr
Dirigent: Ewald Kreutter
Vizedirigent/
Jugendleiter: Werner Hollerbach

Aktive: Ballweg Klaus, Flügelhorn (1977); Blank Claudia, Trompete (1977); Blank Manfred, Horn (1977); Blank Michaela, Klarinette (1977); Eisenhauer August, Pauken (1969); Frank Gerhard, Tenorhorn (1972); Frank Thomas, Tenorhorn (1977); Göbes Hubert, Flügelhorn (1972); Göbes Karola, Klarinette (1977); Hammerl Isolde, Klarinette (1977); Hammerl Johann, Tuba (1969); Hauk Richard, Tuba (1972); Heinnickel Gabi, Klarinette (1977); Heinnickel Iris, Flügelhorn (1977); Heinnickel Stefan, Schlagzeug (1977); Hess Robert, Tenorhorn (1969); Hollerbach Beate, Trompete (1977); Holderbach Edgar, Trompete (1972); Hollerbach Mathias, Klarinette (1972); Hollerbach Regina, Klarinette (1977); Hollerbach Robert, Tenorhorn (1948); Hollerbach Werner, Bariton (1969); Hollig Ludwig, Flügelhorn (1979); Kreutter Ewald, Saxophon (1954); Linsler Clemens, Posaune (1977); Löhr Erwin, Flügelhorn (1969); Löhr Thomas, Trompete (1972); Münkel Alois, Schlagzeug (1948); Repp Franz, Trompete (1948); Repp Helmut, Becken (1975); Schachner Gilbert, Saxophon (1969); Stauch Alfred, Posaune (1977); Stauch Birgit, Flöte (1977)

Jugendmusikkorps der Schefflenz-Schule Schefflenz

Gründungsjahr: 1970
1. Vorsitzender: Anton Seidl
Stellv. Vorsitzender: Walter Schaal
Schriftführerin: Ursula Frey
Rechner: Hannelore Thomaier
Beirat: Irene Burkhardt
Ernst Egolf
Käthe Kühner
Albert Schmid
Josef Thumfart
Karl Utz
Helene Weiser
Dirigent: Robert Ehret
Vizedirigent/
Jugendleiter: Karl Frey

Aktive: Bauer Ursula, Saxophon (1971); Bischoff Markus, Posaune (1979); Bopp Hans-Jürgen, Trompete (1980); Bopp Walter, Trompete (1972); Burkhardt Guido, Tuba (1980); Burkhardt Holger, Klarinette (1969); Burkhardt Ingolf, Flügelhorn (1972); Egolf Beate, Klarinette (1980); Egolf Bettina, Klarinette (1979); Egolf Edwin, Horn (1971); Egolf Thomas, Tenorhorn (1971); Ernst Arno, Trommel (1971); Feil Martina, Klarinette (1972); Finn Christiane, Flöte (1980); Frey Karl, Saxophon (1981); Frey Ursula, Klarinette (1971); Heldt Heidi, Saxophon (1979); Keller Christine, Flöte (1979); Keller Ines, Posaune (1972); Keller Marion, Klarinette (1974); Körner Ellen, Klarinette (1971); Kühner Gerd, Flügelhorn (1971); Kühner Jürgen, Flügelhorn (1980); Letzguß Claudia, Saxophon (1971); Letzguß Roland, Horn (1971); Letzguß Susanne, Flöte (1972); Letzguß Udo, Tenorhorn (1971); Niedderer Elke, Klarinette (1971); Öhlschläger Rüdiger, Klarinette (1972); Reichert Emil, Tuba (1980); Reichert Renate, Flöte (1980); Schaal Udo, Tenorhorn (1979); Schaal Vera, Saxophon (1975); Scherer Nicol, Flöte (1981); Schmid Jürgen, Trompete (1980); Schumacher Ralf, Tenorhorn (1979); Seidl Anja, Saxophon (1980); Seidl Matthias, Flügelhorn (1976); Stapf Udo, Tuba (1979); Thumfart Franz, Trompete (1971); Thumfart Mathias, Schlagzeug (1975); Utz Torsten, Tenorhorn (1975); Weiser Edgar, Trompete (1971); Windrich Cornelia, Klarinette (1972)
Zöglinge: Bopp Jochen, Flügelhorn (1981); Czerny Simone, Trommel (1981); Heldt Michaela, Trompete (1981); Krämer Katja, Klarinette (1981); Parucs Sandra, Klarinette (1981); Reuthner Martin, Flügelhorn (1981); Schumacher Dirk, Trompete (1981); Seidl Bernhard, Flügelhorn (1981); Thumfart Juliana, Posaune (1981); Thumfart Stefanie, Klarinette (1981)

Musikverein Schlierstadt

Gründungsjahr:	1976
1. Vorsitzender:	Jürgen Breitinger
Stellv. Vorsitzender:	Roland Heffner
Schriftführer:	Artur Schölch
Rechner:	Klaus Genzwürker
Beirat:	Werner Ebel
	Thomas Heß
	Eckhard Link
	Markus Wallmann
Dirigent:	Theodor Ebel

Aktive: Breitinger Jürgen, Tuba (1976); Breitinger Karl-Heinz, Tenorhorn (1979); Dörr Michael, Horn (1976); Dörr Rolf, Flügelhorn (1976); Ebel Theodor, Klarinette (1976); Ebel Werner, Trompete (1976); Genzwürker Klaus, Flügelhorn (1976); Glandien Dieter, Trompete (1978); Heffner Roland, Tenorhorn (1976); Hess Thomas, Tenorhorn (1976); Hornung Thomas, Flügelhorn (1976); Kettemann Klaus, Tenorhorn (1976); Link Eckhard, Klarinette (1976); Matt Egon, Posaune (1976); Matt Willi, Flügelhorn (1976); Müller Volker, Trompete (1976); Schneider Wolfgang, Trompete (1976); Schölch Artur, Flügelhorn/Schlagzeug (1976); Sebert Otto, Trompete (1976); Türschel Dieter, Klarinette/Saxophon (1976); Türschel Roland, Tenorhorn (1976); Wallmann Markus, Tenorhorn (1976)
Zöglinge: Genzwürker Britta, Klarinette (1981); Gimber Birgit, Klarinette (1981); Hösker Bodo, Posaune (1981); Kettemann Jörg, Trompete (1981); Löw Claudia, Klarinette (1981); Mayer Roman, Tuba (1981); Schlager Mike, Tenorhorn (1981); Schreiber Rico, Flügelhorn (1981); Stieber Martin, Klarinette (1981); Zöller Mathias, Tuba (1981); Zöller Mario, Trompete (1981)

Musikverein Schloßau

Gründungjahr:	1934
1. Vorsitzender:	Wilhelm Lenhard
Stellv. Vorsitzender:	Dieter Mechler
Schriftführer:	Rolf Mechler
Stellv. Schriftführer/	
Pressewart:	Uli Benig
Kassier:	Alfred Baier
Stellv. Kassier:	Günter Mechler
Beitragskassier:	Hilmar Hemberger
	Günter Mechler
Jugendvertreter:	Edgar Eck
	Georg Moser
Dirigent:	Johann Moser
Vizedirigent:	Franz Maurer
Jugendleiter/	
Ausbilder:	Edmund Link
	Franz Maurer
	Werner Scheuermann
Notenwarte:	Kornel Eck
	Trudbert Mechler
Instrumentenwart:	Karl Piksa

Aktive: Baier Alois, Horn (1950); Balles Jürgen, Horn (1978); Benig Emil, gr. Trommel (1964); Benig Uli, Tenorhorn (1972); Czerny Heinz, Flügelhorn (1965); Eck Edgar, Flügelhorn (1975); Eck Kornel, Trompete (1975); Grimm Siegfried, Klarinette (1975); Hemberger Hilmar, Flügelhorn (1965); Hemberger Manfred, Trompete (1972); Klock Herbert, Tuba (1954); Klock Theodor, Tuba (1975); Lenhard Wilhelm, Tenorhorn (1946); Link Edmund, Klarinette (1972); Maurer Franz, Posaune (1961); Mechler Dieter, Flügelhorn (1957); Mechler Günter, Tenorhorn (1968); Mechler Klaus, Bariton (1975); Mechler Rolf, Trompete (1960); Mechler Trudbert, Posaune (1980); Moser Christian, Flügelhorn (1975); Moser Georg, kl. Trommel (1975); Müller Jürgen, Trompete (1978); Münkel Herbert, Klarinette (1961); Piksa Karl, Flügelhorn (1954); Scheuermann Werner, Klarinette (1975); Schüßler Meinrad, Klarinette (1979); Schüßler Ronald, Tenorhorn (1978); Stuhl Kurt, Tenorhorn (1964); Trunk Albrecht, Klarinette (1979)

Musikverein Schweinberg

Gründungsjahr:	1934
1. Vorsitzender:	Franz Busch
Stellv. Vorsitzender:	Gerhard Weiser
Schriftführer:	Karl Schäffer
Rechner:	Raimund Häfner
Beirat:	Gerhard Geiger
	Dieter Greß
	Norbert Herberich
	Albert Kanold
	Adolf Künzig
	Alois Volk
	Edgar Weidinger
Dirigent:	Karl Steffan
Vizedirigent:	Gerhard Weiser
Jugendleiter:	Elke Berberich
	Bernhard Schmitt
	Klaus Schneider
Notenwart:	Kurt Bundschuh
Instrumentenwart:	Albert Kanold
Ehrenvorsitzender:	Ernst Palmert

Ehrendirigent: Josef Bundschuh; Ehrenmitglieder: Josef Greß, Albert Greulich, Isidor Künzig

Aktive: Baumann Alois, Horn (1954); Baumann Friedgard, Flügelhorn (1970); Baumann Hans, Flügelhorn (1964); Beberich Doris, Klarinette (1975); Berberich Elke, Trompete (1973); Berberich Elvira, Trompete (1975); Brell Bernhard, Saxophon (1980); Bundschuh Gabriele, Trompete (1975); Bundschuh Kurt, Tenorhorn (1964); Bundschuh Thomas, Flügelhorn (1975); Busch Birgit, Klarinette (1975); Busch Silke, Klarinette (1975); Geiger Gerhard, Posaune (1951); Geiger Petra, Trompete (1975); Geiger Susanne, Bariton (1975); Greß Andreas, Horn (1973); Günther Beate, Horn (1975); Häfner Daniela, Klarinette (1975); Häfner Edgar, Flügelhorn (1973); Herberich Norbert, Tuba (1960); Herbst Heinz, Flügelhorn (1973); Hofmann Peter, Saxophon (1975); Hofmann Ursula, Klarinette (1975); Kanold Albert, kl. Trommel (1947); Keim Maria, Horn (1975); Künzig Carolin, Saxophon (1975); Künzig Dietmar, Tuba (1978); Künzig Martin, kl. Trommel (1975); Künzig Mechthilde, Horn (1975); Künzig Sylvia, Klarinette (1975); Lausch Cornelia, Klarinette (1977); Mayer Gregor, Posaune (1976); Mondel Franz, Tenorhorn (1954); Mondel Heidi, Klarinette (1973); Mondel Sonja, Trompete (1973); Nied Hubert, Horn (1970); Palmert Rainer, Saxophon (1975); Schmitt Bernhard, gr. Trommel (1975); Schmitt Wolfgang, Tenorhorn (1970); Schneider Jürgen, Saxophon (1975); Schneider Klaus, Bariton (1973); Steinbach Claudia, Flügelhorn (1976); Stolz Christine, Klarinette (1975); Weidinger Berthold, Posaune (1975); Weidinger Elke, Klarinette (1973); Weiser Gerhard, Flügelhorn (1955)

Jugendkapelle Schweinberg

Jugendkapelle: Baumann Rolf, Tuba (1981); Bechtold Mathias, Trompete (1981); Busch Alexandra, Flöte (1981); Busch Franz-Josef, Flügelhorn (1981); Diemer Andrea, Tenorhorn (1981); Dietz Rainer, Tenorhorn (1981); Dörr Simone, Horn (1981); Geiger Jörg, Posaune (1981); Geiger Katja, Saxophon (1981); Göbes Christiane, Klarinette (1981); Greß Barbara, Flügelhorn (1981); Greulich Sandra, Klarinette (1981); Günther Ulrike, Flöte (1981); Häfner Jürgen, Horn (1981); Henn Claudia, Klarinette (1981); Henn Thomas, Horn (1981); Herbst Birgit, Saxophon (1981); Hofmann Claudia, Saxophon (1981); Hofmann Margret, Trompete (1981); Honeck Cornelia, Flügelhorn (1981); Jodlowski Nicol, Klarinette (1981); Keim Ute, Klarinette (1981); Köhler Maja, Klarinette (1981); Künzig Axel, Posaune (1981); Künzig Eva, Flügelhorn (1981); Mondel Andrea, Flöte (1981); Rodemer Andrea, Klarinette (1981); Schäffer Andrea, Bariton (1981); Schäffer Claudia, Trompete (1981); Schäffer Sabine, Saxophon (1981); Scheurich Elmar, Trompete (1981); Schneider Birgit, Tenorhorn (1981); Schuster Dieter, Trompete (1981); Steinbach Gerald, Klarinette (1981); Steinbach Tanja, Klarinette (1981); Weidinger Beate, Klarinette (1981); Weidinger Roland, Posaune (1981)

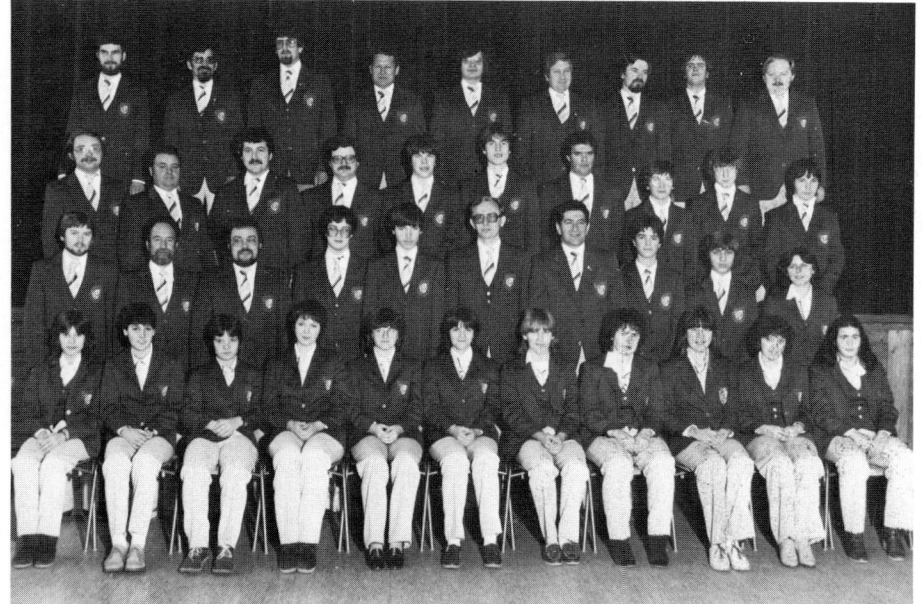

Musikverein 1926 Seckach

Gründungsjahr:	1926
1. Vorsitzender:	Horst Müller
Stellv. Vorsitzender:	Josef Kowatschitsch
Schriftführer:	Bernhard Nonnenmacher
Rechner:	Alois Schwing
Beirat (Aktiva):	Arnold Heß
	Werner Köpfle
Beirat (Passiva):	Rudolf Münch
	Adolf Schwing
Dirigent:	Rudolf Amend
Vizedirigent:	Konrad Schwing
Jugendleiter:	Josef Kowatschitsch
Ehrendirigent:	Karl Sommer

Aktive: Ackermann Winfried, Saxophon (1972); Amend Konrad, Trompete (1966); Genzwürker Elmar, Flöte (1977); Geppert Anette, Klarinette (1972); Geppert Martin, Trompete (1972); Götz Simone, Klarinette (1977); Hawerland Sigrid, Klarinette (1977); Henn Manfred, Posaune (1953); Heß Arnold, Tenorhorn (1966); Kast Martin, Flügelhorn (1977); Keller Thomas, Schlagzeug (1977); Köpfle Werner, Trompete (1959); Kowatschitsch Josef, Posaune (1959); Krahn Erich, Trompete (1966); Kraus Gerhard, Tuba (1972); Kreß Klarissa, Saxophon (1977); Lind Angelika, Saxophon (1977); Lind Herbert, Trompete (1974); Ludwig Thomas, Trompete (1980); Lusiarci Petra, Saxophon (1972); Müller Christina, Saxophon (1977); Müller Horst, Flügelhorn (1949); Müller Karl-Heinz, Flöte (1977); Müller Klaus-Georg, Posaune (1977); Nonnenmacher Bernhard, Flügelhorn (1964); Pitz Manfred, Pauken (1973); Reichert Konrad, Posaune (1959); Schmitt Ilona, Klarinette (1966); Schönit Daniela, Flügelhorn (1977); Schönit Wolfgang, Flügelhorn (1972); Schubert Erich, Schlagzeug (1959); Schwing Alois, Bariton (1949); Schwing Bertram, Tenorhorn (1977); Schwing Konrad, Trompete (1949); Schwing Meinrad, Tenorhorn (1959); Sommer Sabina, Klarinette (1972); Stahl Karl-Heinz, Tuba (1966); Weniger Ingrid, Saxophon (1977); Wesselsky Rosa, Klarinette (1977); Wohlgemut Knut, Klarinette (1977).
Jugendkapelle: Bundschuh Alexandra, Klarinette (1977); Cap Anke, Saxophon (1977); Cap Niko, Posaune (1977); Danner Markus, Schlagzeug (1978); Diefenbach Sandra, Saxophon (1977); Großkinsky Clemens, Tenorhorn (1977); Kast Jürgen, Tuba (1977); Kast Michaela, Saxophon (1977); Kast Ulrike, Klarinette (1977); Langer Harry, Posaune (1977); Lind Thomas, Schlagzeug (1977); Malcher Nadja, Klarinette (1977); Müller Kirstin, Klarinette (1977); Pollak Torsten, Tenorhorn (1977); Schöllig Dieter, Trompete (1977); Siegrist Kirstin, Klarinette (1977); Steuerwald Michael, Schlagzeug (1977)

Musikverein Stein am Kocher

Gründungsjahr:	1919
1. Vorsitzender:	Reinhold Trabold
Stellv. Vorsitzender:	Manfred Eckert
Schriftführer:	Bruno Rückert
Rechner:	Karl Kuhn
Beirat:	Reinhold Berger
	Walter Braun
	Harald Eckert
	Karl Jochim
	Karl Straub
	Willi Wirth
Dirigent:	Helmut Straub
Jugendleiter:	Manfred Eckert

Aktive: Berger Friedhelm, Tenorhorn (1976); Berger Jürgen, Flügelhorn (1976); Berger Wolfram, Tuba (1976); Brandt Wolfgang, Schlagzeug (1980); Braun Walter, Trompete (1961); Braun Wolfgang, Schlagzeug (1976); Eckert Edgar, Klarinette/Saxophon (1965); Eckert Harald, Flügelhorn (1961); Eckert Manfred, Bariton (1961); Englert Armin, Trompete (1976); Feil Gerlinde, Klarinette (1976); Gemende Götz, Horn (1976); Hock Michael, Posaune (1976); Hock Walter, Lyra; Jochim Axel, Posaune (1976); Jochim Manuela, Klarinette (1976); Jochim Martin, Saxophon (1976); Jochim Thomas, Trompete (1976); Knoll Dietmar, Bariton (1976); Laudenklos Ulrich, Schlagzeug (1976); Maul Gerald, Posaune (1976); Müller Sabine, Klarinette (1976); Rischert Christa, Klarinette (1976); Röser Hans, Flügelhorn (1961); Rückert Bruno, Tenorhorn (1965); Schadt Elmar, Flügelhorn (1973); Schmitt Cornelia, Klarinette (1976); Schmitt Hubert, Horn (1976); Straub Jürgen, Tenorhorn (1976); Straub Karl, Tuba (1961); Trabold Ferdi, Tenorhorn (1976); Trabold Reinhold, Posaune (1952); Trabold Stefan, Flügelhorn (1976); Winter Michael, Trompete (1981).
Zöglinge: Bauer Dominik, Klarinette (1981); Belz Bernhard, Flügelhorn (1981); Belz Ulrike, Klarinette (1981); Canta Ariana, Klarinette (1981); Canta Daniele, Tenorhorn (1981); Englert Heiko, Trompete (1981); Gemende Kira, Klarinette (1981); Henn Klaus, Trompete (1981); Hock Bernhard, Klarinette (1981); Jäckle Dora, Klarinette (1981); Knapp Heiko, Posaune (1981); Kratzmüller Markus, Trompete (1981); Mahl Bettina, Klarinette (1981); Pfeiffer Dirk, Horn (1981); Schall Markus, Flügelhorn (1981); Stahl Andrea, Klarinette (1981)

Musikverein Sulzbach e.V.

Gründungsjahr:	1951
1. Vorsitzender:	Karl Bundschuh
Stellv. Vorsitzender:	Andreas Zerbes
Schriftführer:	Albert Hitzfeld
Rechner:	Gerold Römer
Beirat:	German Egner
	Gerhard Fischer
	Kurt Heilig
	Raimund Keil
	Reinhold Keller
	Hugo Kraus
	Rudi Müller
	Kurt Walter
Dirigent:	Lothar Keller
Vizedirigent:	Norbert Müller
Jugendleiter:	Raimund Keil
Noten-/	
Instrumentenwart:	Albert Haaf
Ehrenmitglieder:	Anton Egner
	Wilhelm Keller

Aktive: Bundschuh Bernd, Bariton (1962); Bundschuh Gerd, Tenorhorn (1962); Bundschuh Karl, Klarinette (1953); Fischer Gerhard, Posaune (1948); Gimber Alexander, Posaune (1974); Großkinsky Kurt, Tenorhorn (1962); Haaf Albert, Flügelhorn (1970); Heilig Roland, Trompete (1953); Helmlinger Rafael, Klarinette (1980); Hitzfeld Albert, Klarinette (1959); Hoffmann Otto, Schlagzeug (1948); Hornjak Harald, Schlagzeug (1979); Jacob Reinhard, Posaune (1977); Karle Bettina, Horn (1974); Keil Raimund, Trompete (1970); Keller Bertold, Horn (1952); Keller Diana, Flügelhorn (1974); Keller Martina, Saxophon (1970); Keller Stefan, Schlagzeug (1969); Kellner Robert, Tuba (1974); Knoll Gisbert, Posaune (1962); Kraus Hugo, Horn (1952); Kraus Kurt, Bariton (1971); Kraus Silke, Horn (1974); Müller Norbert, Flügelhorn (1952); Müller Rudi, Tuba (1962); Polzer Rudi, Trompete (1962); Reiter Hans, Tenorhorn (1951); Römer Gerold, Tuba (1948); Rückert Alfred, Flügelhorn (1967); Zerbes Andreas, Flügelhorn (1928)
Zöglinge: Bundschuh Jürgen, Klarinette (1979); Heilig Frank, Trompete (1979); Heilig Ursula, Flügelhorn (1979); Keller Kai, Klarinette (1979); Knoll Annette, Klarinette (1979); Köhler Edith, Klarinette (1979); Niesner Anja, Tenorhorn (1979); Reinhard Steffen, Trompete (1979); Schäfer Holger, Trompete (1979); Sprenger Gitta, Trompete (1979); Vogel Andrea, Klarinette (1979); Walter Rolf, Tenorhorn (1979)

Musikverein Uissigheim

Gründungsjahr:	1954
1. Vorsitzender:	Klaus Kuss
Stellv. Vorsitzender:	Theo Fischer
Schriftführer:	Manfred Kaufmann
Rechner:	Clemens Haag
Beirat:	Walter Hesse
	Erhard Kaufmann
	Karl Krug
	Robert Winkler
Dirigent:	Walter Pfreundschuh
Vizedirigent:	Hermann Pfreundschuh
Jugendleiter:	Walter Pfreundschuh
Notenwart:	Gerhard Krug
Ehrenvorsitzender:	Alfred Krug

Aktive: Eisenhauer Hermann, Tuba (1954); Eisenhauer Wolfgang, Trompete (1975); Fischer Theo, Flügelhorn (1960); Goldschmitt Ingrid, Klarinette (1976); Goldschmitt Lorenz, Klarinette (1954); Gotsch Jürgen, Tenorhorn (1976); Haag Clemens, Trompete (1970); Kaufmann Erhard, Tenorhorn (1970); Kaufmann Manfred, Schlagzeug (1970); Krug Gerhard, Klarinette (1976); Krug Karl, Tenorhorn (1954); Krug Karl-Heinz, Tenorhorn (1970); Krug Manfred, Klarinette (1971); Kuss Klaus, Flügelhorn (1969); Martini Heike, Klarinette (1976); Martini Jürgen, Bariton (1976); Pfreundschuh Hans, Posaune (1954); Pfreundschuh Hermann, Bariton (1970); Pfreundschuh Sylvia, Flöte (1976); Pfreundschuh Walter, Bariton (1970); Schweidler Armin, Klarinette (1976); Uehlein Manfred, Flügelhorn (1976)

Musikkapelle Unterwittighausen

Gründungsjahr:	1902
1. Vorsitzender:	Manfred Bannert
Stellv. Vorsitzender:	Alfred Fuchs
Schriftführerin:	Karin Lang
Rechner:	Rainer Schenk
Dirigent:	Hans Lang

Aktive: Arbinger Hans, Schlagzeug (1977); Bannert Manfred, Flügelhorn (1951); Fuchs Alfred, Trompete (1962); Fuß Erich, Tenorhorn (1953); Fuß Oskar, Orgel (1980); Lang Hans, Saxophon (1954); Lang Karin, Saxophon (1970); Reichert Franz, Tuba (1951); Reichert Thomas, Trompete (1970); Schenk Rainer, Gitarre (1980); Schwägerl Alexander, Tenorhorn (1981); Schwägerl Alois, Posaune (1951); Schwägerl Karl, Gitarre (1980); Straub Franz, Schlagzeug (1951); Straub Herbert, Trompete (1970); Straub Jürgen, Schlagzeug (1976); Waldenberger Arthur, Posaune (1958); Zorn Felix, Posaune (1951)

Musikkapelle Vilchband e.V.

Gründungsjahr:	1921
1. Vorsitzender:	Martin Neckermann
Stellv. Vorsitzender:	Berthold Dissinger
Schriftführer:	Edwin Mark
Rechner:	Klaus Lutz
Beirat:	Alois Baumeister
	Erwin Baumeister
	Kilian Endres
	Josef Götz
	Edgar May
	Paul Thimm
Dirigent:	Eugen Endres

Aktive: Baumeister Erwin, Flügelhorn (1967); Baumeister Günter, Schlagzeug (1974); Derr Joachim, Horn (1979); Derr Petra, Klarinette (1979); Dissinger Berthold, Trompete (1965); Endres Eugen, Klarinette (1970); Endres Kilian, gr. Trommel (1949); Endres Roland, Horn (1979); Englert Anita, Klarinette (1979); Englert Edgar, Trompete (1964); Götz Josef, Horn (1963); Hayn Albin, Bariton (1979); Hayn Wolfgang, Tuba (1979); Herzog Andreas, Klarinette (1979); Herzog Stefan, Trompete (1979); Jörg Simone, Tenorhorn (1979); Jörg Wolfgang, Posaune (1976); Lutz Klaus, Trompete (1970); Mark Edwin, Posaune (1976); Mark Werner, Tenorhorn (1970); Markquart Josef, Trompete (1976); May Edgar, Tuba (1964); Neckermann Armin, Horn (1974); Neckermann Martin, Tenorhorn (1970); Neckermann Mathias, Tenorhorn (1976); Neckermann Silvia, Tenorhorn (1979); Neckermann Ulrich, Trompete (1979); Schlör Lothar, Trompete (1979); Schlör Thomas, Flügelhorn (1976); Thimm Paul, Trompete (1979); Weber Heinz, Klarinette (1979); Weber Michael, Trompete (1979); Zorn Elmar, Trompete (1976)

Musikverein „Eintracht 1928" Wagenschwend

Gründungsjahr:	1928
1. Vorsitzender:	Erich Schmitt
Stellv. Vorsitzender:	Josef Link
Schriftführer:	Hermann Schmitt
Rechner:	Pius Schäfer
Beirat:	Rudi Berger
	Valentin Grimm
	Bernhard Kraus
	Beate Link
	Günther Schork
	Robert Stich
Dirigent:	Gerhard Schäfer
Jugendleiter:	Werner Goldhahn
Notenwart:	Pius Schäfer
Instrumentenwarte:	Manfred Schäfer
	Horst Schork
Ehrenvorsitzender:	Josef Stephan

Aktive: Backfisch Werner, Klarinette (1974); Banschbach Manfred, Posaune (1968); Berger Klaus, Flügelhorn (1980); Berger Rudi, Horn (1968); Berger Siegfried, kl. Trommel (1980); Brech Dietmar, kl./gr. Trommel (1980); Galm Gerhard, Flügelhorn (1974); Galm Irene, Saxophon (1980); Gramlich Otto, kl. Trommel (1967); Heck Ilona, Klarinette (1980); Kaiser Arno, Klarinette (1975); Kaiser Ulrich, Horn (1976); Link Beate, Saxophon (1976); Link Josef, Tenorhorn (1965); Link Martina, Klarinette (1976); Link Petra, Klarinette (1976); Pornschlegel Beatrix, Saxophon (1976); Pornschlegel Clemens, Tenorhorn (1970); Pornschlegel Ludger, Trompete (1970); Poxleitner Carmen, Klarinette (1980); Schäfer Friedbert, Tenorhorn (1974); Schäfer Klaus, Tenorhorn (1974); Schäfer Manfred, Posaune (1978); Schäfer Pius, Tenorhorn (1928); Schmitt Erich, Tenorhorn (1958); Schmitt Lothar, Tuba (1981); Schmitt Margarete, Klarinette (1976); Schmitt Martin, Horn (1981); Schmitt Mechthild, Saxophon (1980); Schmitt Otmar, Posaune (1977); Schmitt Rainer, Horn (1981); Schmitt Sigrid, Saxophon (1980); Schneider Barbara, Klarinette (1981); Schneider Gerhard, Tenorhorn (1958); Schork Dieter, Flügelhorn (1978); Schork Günther, Trompete (1969); Schork Horst, Klarinette (1965); Schork Reinhold, Flügelhorn (1958); Schork Werner, Tenorhorn (1980); Schumpf Günther, Trompete (1969); Stich Robert, gr. Trommel (1960); Suhrmann Christine, Klarinette (1980); Wörner Manuela, Klarinette (1980); Zimmermann Bernd, Trompete (1980); Zimmermann Klaus, Tuba (1965)

Feuerwehrkapelle Waldkatzenbach

Gründungsjahr:	1963
1. Vorsitzender:	Heinrich Nuß
Stellv. Vorsitzender:	Karl Deschner
Schriftführer:	Walter Schölch
Rechner:	Manfred Henrich
Beirat:	Egon Haas
	Gerhardt Schölch
	Kurt Schölch
Dirigent:	Bernd Weis
Vizedirigent:	Rainer Schölch
Jugendleiter:	Georg Sündermann
Notenwart:	Karl-Heinz Schaefer
Instrumentenwart:	Hermann Österreicher
Ehrenvorsitzender:	Wilhelm Schölch

Aktive: Beldermann Hans, Posaune (1972); Deschner Herbert, Klarinette (1963); Deschner Karl, Flügelhorn (1963); Haas Egon, Tuba (1963); Haas Kurt, Posaune (1963); Henrich Manfred, Tenorhorn (1964); Konrad Erwin, Flügelhorn (1963); Münch Ludwig, Klarinette (1964); Nuß Heinrich, Flügelhorn (1963); Österreicher Hermann, Posaune (1964); Prilipp Gerd, Trompete (1978); Schaefer Karl-Heinz, Schlagzeug (1972); Schölch Georg, Tuba (1963); Schölch Gerhardt, Trompete (1976); Schölch Kurt, Tenorhorn (1964); Schölch Marietta, Gesang (1980); Schölch Rainer, Klarinette (1972); Schölch Walter, Tenorhorn (1972); Schölch Werner, Flügelhorn (1963); Thieme Manfred, Klarinette (1974); Weis Bernd, Trompete (1964)
Jugendkapelle/Zöglinge: Braun Michael, Klarinette (1978); Deschner Chris, Horn (1978); Deschner Frank, Tenorhorn (1981); Deschner Heike, Klarinette (1981); Dörr Karina, Klarinette (1978); Fehling Ronny, Flöte (1981); Haas Carola, Flöte (1981); Haas Markus, Horn (1978); Haas Ralf, Trompete (1978); Haas Thomas, Tuba (1981); Kaiser Achim, Bariton (1978); Kaiser Christina, Klarinette (1978); Kaiser Heike, Flöte (1981); Kaiser Jürgen, Schlagzeug (1978); Krause Bettina, Klarinette (1978); Krause Gerald, Tuba (1978); Müller Martin, Trompete (1978); Nuß Beate, Klarinette (1978); Nuß Holger, Trompete (1978); Rau Michael, Posaune (1978); Schölch Nicole, Klarinette (1978); Schölch Rainer, Schlagzeug (1978); Schölch Ralf, Flügelhorn (1978); Schölch Yvonne, Klarinette (1981); Schrittwieser Oliver, Flügelhorn (1978); Schulz Rainer, Tenorhorn (1978); Sigmund Volker, Posaune (1978); Sündermann Georg, Trompete (1978); Sündermann Steffen, Klarinette (1979); Thieme Roland, Tenorhorn (1978); Thoma Tanja, Flöte (1981); Vogl Alexander, Flügelhorn (1978); Vogl Stephan, Bariton (1978); Wagner Christiane, Klarinette (1978); Zimmermann Karl-Willi, Trompete (1978)

Musikverein Waldmühlbach e.V.

Gründungsjahr:	1948 Kapelle
	1970 Verein
1. Vorsitzender:	Rudolf Fischer
Stellv. Vorsitzender:	Klaus Egner-Walter
Schriftführer:	Roland Brechter
Rechner:	Alois Steinbach
Stellv. Rechner:	Joachim Schäfer
Beirat:	Siegfried Mader
	Walter Mader
	Helga Morsch
	Franz Neubauer
	Manfred Neuberger
	Rolf Scheurig
	Berthold Söhner
	Gerhard Waldenberger
	Hubert Zipf
Dirigent:	Kurt Jaschek
Vizedirigent/	
Jugendleiter:	Roland Mader
Notenwart:	Manfred Neuberger

Instrumentenwarte: Rudolf Fischer, Walter Mader; Ehrenmitglieder: August Morsch †, Franz Schmid †, Wilhelm Schönith-Müller, Anton Walz †, Karl Henn (Bgm) †; Ehrendirigent: Karl Herrmann †
Aktive: Brechter Horst, Posaune (1966); Brechter Roland, Posaune (1971); Csapo Stefan, Flügelhorn (1975); Fichter Bernhard, Horn (1970); Fichter Karl-Heinz, Schlagzeug (1966); Fischer Michael, Schlagzeug/Tenorhorn (1971); Fischer Peter, Flügelhorn (1970); Fischer Rudolf, Klarinette (1952); Hilbert Margarete, Flöte (1978); Konrad Agnes, Klarinette (1972); Macho Willi, Bariton (1954); Mader Peter, Schlagzeug (1971); Mader Roland, Trompete (1968); Mader Siegfried, Posaune (1968); Mader Walter, Flügelhorn (1953); Mader Wolfgang, Flügelhorn (1970); Morsch Egon, Klarinette (1966); Morsch Helga, Klarinette (1972); Neubauer Franz, Tuba (1954); Neuberger Manfred, Bariton (1960); Schäfer Joachim, Trompete (1970); Schreiweis Jürgen, Posaune (1971); Söhner Wolfgang, Tenorhorn (1970); Steinbach Alois, Flöte (1968); Steinbach Werner, Horn (1970); Waldenberger Gerhard, Tenorhorn (1948); Weimüller Clemens, Trompete (1971); Zipf Hubert, Tenorhorn (1966)
Zöglinge: Keller Dieter, Tuba (1978); Mader Gitta, Klarinette (1978); Mader Michael, Trompete (1978); Schäfer Bettina, Klarinette (1979); Schäfer Michael, Klarinette (1978); Söhner Erni, Trompete (1978); Waldenberger Armin, Flügelhorn (1978); Weimüller Franz, Tenorhorn (1978)

Musikkapelle Waldstetten e.V.

Gründungsjahr:	1921
1. Vorsitzender:	Wolfgang Wörner
Stellv. Vorsitzender:	Josef Meszaros
Schriftführer:	Otmar Prosenbauer
Rechner:	Hubert Wörner
Beirat:	Peter Fieger
	Bernhard Schäfer
	Dieter Schnepf
	Karl Wörner
Dirigent:	Adolf Marzini
Vizedirigent:	Josef Meszaros
Jugendleiter:	Adolf Marzini
Notenwart:	Markus Heffner

Aktive: Berberich Reinhold, Tenorhorn (1976); Farrenkopf Helmut, Tenorhorn (1975); Fieger Markus, Klarinette (1977); Fieger Peter, Tenorhorn (1969); Frisch Dieter, Tuba (1977); Frisch Walter, Schlagzeug (1977); Hartmann Josef, Posaune (1975); Heffner Konrad, Schlagzeug (1977); Heffner Markus, Horn (1975); Klotzbücher Hubert, Tenorhorn/Bariton (1970); Marzini Roland, Trompete (1979); Meszaros Josef, Flügelhorn (1957); Prosenbauer Otmar, Posaune/Bariton (1976); Pütz Harald, Klarinette (1979); Schäfer Bernhard, Schlagzeug (1975); Schäfer Dieter, Posaune (1975); Schäfer Kurt, Flügelhorn (1976); Schnepf Dieter, Flügelhorn (1976); Seber Bernhard, Trompete (1976); Seitz Kurt, Tenorhorn (1958); Wörner Hubert, Saxophon (1959); Wörner Karl, Saxophon (1957); Wörner Wolfgang, Trompete (1969); Wollenschläger Rainer, Saxophon (1970)
Zöglinge: Böhres Jaqueline, Saxophon (1979); Emmert Andreas, Tenorhorn (1982); Emmert Jürgen, Trompete (1982); Emmert Peter, Trompete (1979); Hartmann Daniela, Klarinette (1979); Hefner Petra, Klarinette (1979); Kuhn Heidi, Klarinette (1979); Kuhn Sonja, Klarinette (1979); Kuhn Stefan, Flügelhorn (1979); Löffler Simone, Trompete (1982); Michel Stefan, Tuba (1979); Münch Mathias, Trompete (1979); Münch Steffen, Horn (1979); Neubauer Michael, Saxophon (1979); Prosenbauer Marianne, Klarinette (1979d); Wörner Elke, Klarinette (1979)

Stadtkapelle Weinheim

Gründungsjahr:	1867*
1. Vorsitzender:	Hermann Rößling
Stellv. Vorsitzender:	Hermann Gräber
Rechner:	Hermann Rößling
Dirigent:	Karl Wolfshörndl
Vizedirigent:	Fritz Gräber
Jugendleiter:	Hermann Gräber
Notenwart:	Fritz Schaffert

Aktive: Bauer Hermann, Trompete (1951); Bartmann Werner, Schlagzeug (1962); Bortnik Alex, Flügelhorn (1949); Gärtner Matthias, Trompete (1971); Gräber Fritz, Klarinette (1938); Gräber Hermann, Trompete (1928); Groß Herbert, Saxophon (1974); Guldner Willi, Flügelhorn (1979); Häffner Willi, Tuba (1980); Hanf Paul, Klarinette (1950); Henn Rainer, Klarinette (1976); Hutzl Albert, Trompete (1978); Mohr Bernd, Trompete (1971); Müller Erich, Posaune (1959); Obert Christian, Klarinette (1974); Rößling Hermann, Klarinette (1930); Rückert Dieter, Klarinette (1982); Schaffert Fritz, Klarinette (1925); Schmitt Hermann, Horn (1926); Schneider Wilhelm, Posaune (1962); Schröder Wolfgang, Trompete (1975); Schulz Roland, Tenorhorn (1981); Schuster Franz, Tuba (1979); Ulbricht Günther, Posaune (1981); Wolfshörndl Karl, Tenorhorn (1962)
Zöglinge: Beller Klaus, Klarinette (1982); Korsch Eberhard, Trompete (1980); Lippert Henry, Trompete (1980); Neubauer Frank, Trompete (1977); Stöhrer Matthias, Trompete (1976)

Blasmusikverband Ortenau e.V.

Das Präsidium

Musikbeirat: Wolfgang Bast, Hans Kuhn, Alois Geiler
Jugendbeirat: Armin Hug

1. Präsident: Rüdiger Hurrle
Stellv. Präsident Bezirk 1: Walter Ptucha
Stellv. Präsident Bezirk 2: Max Härtenstein
Geschäftsführender Verbandsmusikdirektor:
Joachim Volk
Verbandsjugendleiter und Vorstand der Ortenauer
Bläserjugend: Manfred Kuhn
Stellv. Verbandsjugendleiter: Bruno Schmitt
Stellv. Vorstand der Ortenauer Bläserjugend:
Heinz Faulhaber
Schriftführer der Ortenauer Bläserjugend: Klaus Heidt
Geschäftsführer: Erwin Herr
Pressewart: Johannes Schulze
Kassier: Heiner Rödele

Der Verband hat 71 Mitgliedsvereine.
Zum Verband gehören noch die Vereine Goldscheuer, Lahr (Jugendmusikschule), Lahr-Dinglingen (Werkkapelle INA), Oberweier, Sulz, Schuttern und Schuttertal.

1. Reihe von links nach rechts: Wolfgang Bast, Max Härtenstein, Walter Ptucha, Rüdiger Hurrle, Hans Kuhn, Johannes Schulze, Joachim Volk;
2. Reihe: Bruno Schmitt, Heinz Faulhaber, Erwin Herr, Manfred Kuhn, Alois Geiler, Klaus Heidt, Armin Hug, Heiner Rödele

Musikverein Allmannsweier

Gründungsjahr:	1929
1. Vorsitzender:	Erich Vogel
Stellv. Vorsitzender:	Erwin Nierlin
Schriftführer:	Peter Böhringer
Rechner:	Benno Rieflin
Beirat:	Dieter Hundertpfund
	Heinz Leppert
	Ernst Leser
	Gerhard Philipp
	Hubert Weber
	Karl Weber
Dirigent:	Dieter Kammerer
Jugendleiter:	Uwe Vogelmann
Notenwart/	
Instrumentenwart:	Gottfried Grimmig
Ehrenvorsitzender:	Ernst Reitter
Ehrendirigent:	Karl Müller
Ehrenmitglieder:	Otto Fiehn
	Wilhelm Herrenknecht
	Emil Mundinger
	Wilhelm Stubanus

Aktive: Böhringer Peter, Flügelhorn (1979); David Artur, Horn (1977); Dürr Sabine, Klarinette (1979); Fischer Britta, Flöte (1979); Grimmig Cornelia, Klarinette (1977); Grimmig Gottfried, Tuba (1959); Grimmig Michael, Schlagzeug (1969); Heimburger Andreas, Horn (1950); Herrenknecht Elke, Flügelhorn (1977); Herrenknecht Elmar, Trompete (1979); Herrenknecht Klaus, Trompete (1974); Herrenknecht Kurt, Trompete (1955); Herrenknecht Theo, Tuba (1950); Herrenknecht Walter, Bariton (1950); Hundertpfund Günter, Klarinette/Saxophon (1966); Kammerer Dieter, Klarinette/Saxophon (1963); Kammerer Ute, Klarinette (1974); Karkossa Elvira, Klarinette (1974); Karl Rolf, Trompete (1955); Leppert Heinz, Trompete (1954); Leser Ernst, Tenorhorn (1949); Leser Rainer, Tenorhorn (1979); Nierlin Erwin, Flügelhorn (1949); Nierlin Thomas, Flöte (1979); Nierlin Wolfgang, Posaune (1979); Östermann Gaby, Flöte (1978); Pockrand Uwe, Horn (1979); Reitter Oliver, Klarinette (1977); Rieflin Benno, Tenorhorn (1969); Rieflin Britta, Klarinette/Saxophon (1973); Rieflin Frank, Tuba (1973); Rieflin Herbert, Tenorhorn (1949); Schäfer Herbert, Tuba (1960); Schäfer Oliver, Schlagzeug (1979); Schiff Meike, Posaune (1979); Schlager Daniela, Klarinette/Saxophon (1973); Simang Frank, Flügelhorn (1977); Steinle Susanne, Flöte (1973); Tiltmann Karl, kl. Trommel (1952); Vogel Erich, Posaune (1950); Vogelmann Uwe, Klarinette/Saxophon (1974); Vogt Sascha, Klarinette (1979); Wälde Hans-Jürgen, Klarinette/Saxophon (1977); Wälde Klaus, Trompete (1979); Watter Rudi, Tenorhorn (1978); Weber Hubert, Posaune (1977); Weichert Cornelia, Klarinette (1979); Zimmer Carmen, Klarinette (1978)

Musikverein Altdorf e.V.

Gründungsjahr:	1900
1. Vorsitzender:	Ludwig Hauger
Stellv. Vorsitzender:	Norbert Geppert
Schriftführer:	Klaus Oswald
Rechner:	Eberhard Oswald
Beirat:	Gotthilf Anhorn
	Leopold Biehler
	Erich Burg
	Hermann Möhringer
	Bernd Rauer
	Albrecht Sichler
	Werner Weber
	Josef Wursthorn
Dirigent:	Emil Spengler
Jugendleiter:	Alexander Klingler
Notenwart:	Hermann Möhringer

Aktive: Anhorn Gotthilf, Horn (1958); Bauer Felix, Trompete (1977); Beck Antonia, Klarinette (1977); Beck Bernhard, Trompete (1970); Burg Erich, Flöte (1950); Burg Roland, Klarinette (1977); Edelmann Klaus, Posaune (1956); Engel Manfred, Bariton (1951); Geppert Manuela, Klarinette (1980); Geppert Norbert, Posaune (1951); Geppert Petra, Flöte (1981); Geppert Ralf, Trompete (1976); Geppert Rüdiger, Posaune (1977); Geppert Wilhelm, Klarinette (1946); Goldschmied Ralf, Klarinette (1980); Hauger Harald, Trompete (1980); Hauger Ludwig, Klarinette (1947); Hebding Klaus, Klarinette (1981); Jäck Frank, Schlagzeug (1977); Jäck Harald, Klarinette (1977); Keckeis Simone, Klarinette (1980); Keckeis Ulrike, Flöte (1980); Kempf Michael, Posaune (1977); Kirn Karin, Trompete (1980); Kirn Marietta, Flügelhorn (1980); Klingler Alexander, Flügelhorn (1972); Möhringer Detlev, Tenorhorn (1980); Möhringer Hermann, Horn (1951); Möhringer Josef, Tuba (1957); Möhringer Markus, Klarinette (1977); Möhringer Rainer, Klarinette (1977); Mösch Armin, Trompete (1979); Mösch Bernhard, Trompete (1974); Mösch Hubert, Tenorhorn (1961); Mösch Konrad, Trompete (1959); Mösch Norbert, Tuba (1968); Mösch Reinhold, Klarinette (1960); Obert Frank, Horn (1977); Oswald Armin, Klarinette (1972); Rauer Bernd, Schlagzeug (1962); Rauer Franz, Flügelhorn (1966); Rietsche Albrecht, Tuba (1975); Schrempp Hermann, Posaune (1950); Schrempp Klaus, Tenorhorn (1967); Schwanter Manfred, Posaune (1968); Seidel Gerhard, Bariton (1950); Spengler Wolfgang, Flügelhorn (1977); Wursthorn Josef, Flügelhorn (1962)

Musikverein Trachtenkapelle Altenheim e.V.

Gründungsjahr:	1924
1. Vorsitzender:	Willi Fischer
Stellv. Vorsitzender:	Fritz Anselm
Schriftführer:	Klaus Dreyer
Stellv. Schriftführer:	Rudi Strosack
Rechner:	Wilhelm Duchilio
Stellv. Rechner:	Johann Engel
Korpsführer:	Gerhard Mild
Beirat:	Renate Duchilio
	Günter Hänsel
	Karin Herr
	Willi Riebel
	Ernst Rinkel
	Hans Strosack
	Klaus Weis
	Marianne Wurth
Dirigent:	Anton Menzer
Vizedirigent:	Klaus Dreyer
Jugendleiter:	Anton Menzer

Notenwart: Karin Herr; Instrumentenwart: Gerhard Mild; Ehrenvorsitzender: Jakob Bär; Ehrenkorpsführer: Wilhelm Mild
Aktive: Adam Günter, Tenorhorn (1962); Anselm Dagmar, Klarinette (1978); Anselm Gabi, Klarinette/Saxophon (1970); Baumann Ingeborg, Flöte (1978); Biegert Martin, Horn (1978); Brehm Kurt, Flügelhorn (1955); Brehm Martin, Bariton (1976); Brehm Ulli, Klarinette/Saxophon (1975); Dietrich Thomas, Flügelhorn (1974); Dreyer Klaus, Tenorhorn/gr. Trommel (1959); Duchilio Renate, Posaune (1965); Duchilio Volker, Klarinette (1969); Fiehn Dieter, Flügelhorn (1978); Fiehn Romeo, Horn (1978); Gerhardt Siegfried, Tenorhorn (1970); Goldschmidt August, Horn (1952); Graf Willi, Trompete (1954); Haas Jutta, Klarinette/Saxophon (1974); Hänsel Günter, Tuba (1959); Herr Karin, Klarinette/Saxophon (1962); Herrmann Elke, Klarinette (1978); Hubka Jörg, Flügelhorn (1970); Hügel Fritz, Bariton (1949); Kloke Rolf, Posaune (1978); König Jörg, Trompete (1974); Kremser Udo, Flügelhorn (1978); Lapp Roger, Trompete (1969); Lauel Wolfram, Trompete (1975); Mielke Simone, Klarinette (1974); Mild Christoph, Flügelhorn (1977); Mild Gerhard, Klarinette (1964); Reich Thomas, Tuba (1978); Reuter Armin, Tenorhorn (1975); Reuter Jürgen, Posaune (1975); Riebel Willi, Posaune (1962); Schweinfurth Jürgen, Schlagzeug (1979); Steiger Hubert, kl. Trommel (1967); Sterner Jürgen, Trompete (1969); Stoll Klaus, Horn (1970); Strosack Rudi, Posaune (1975); Utz Michaela, Klarinette (1978); Walter Bernd, Tenorhorn (1978); Walter Wilfried, Tuba (1968); Wurth Hans-Martin, Trompete (1978)
Zöglinge: Adam Angelika, Klarinette (1979); Briese Jochen, Klarinette (1979); Briese Torsten, Flügelhorn (1979); Dreyer Frank, Tenorhorn (1979); Dreyer Patrick, Trompete (1979); Heitz Elvira, Flöte (1979); Kloke Eva, Klarinette (1978); Meierhöfer Carmen, Flöte (1979); Strosack Nicole, Klarinette (1979)

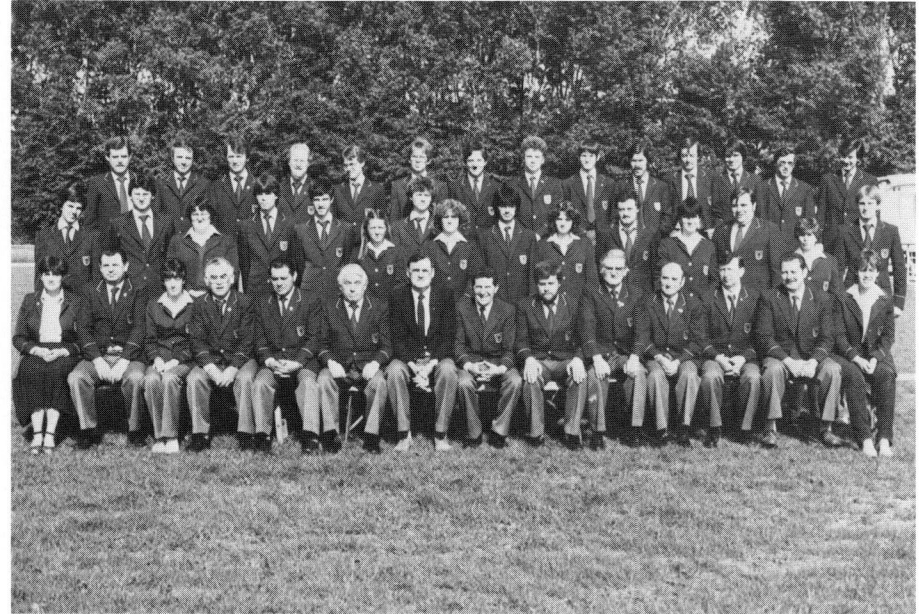

Musikverein Bodersweier e.V.

Gründungsjahr:	1913
1. Vorsitzender:	Wilhelm Treffinger
Stellv. Vorsitzender:	Karl-Heinz Steurer
Schriftführer:	Karl-Frieder Müll
Rechner:	Rüdiger Schilli
Beirat:	Hermann Heidt
	Walter Hummel
	Werner Kase
	Heinz Günter Lang
	Wilhelm Lasch
	Erwin Maurer
	Oswald Spenner
Vereinsdiener:	Christian Kase
Dirigent:	Robert Kinzel
Jugendleiter:	Helmut Arbogast
Notenwart:	Jürgen Kase
Ehrendirigent:	Adolf Müller
Korpsführer:	Kurt Lang

Aktive: Albrecht Frank, Tenorhorn (1976); Arbogast Bernd, Flügelhorn (1971); Arbogast Gerald, Klarinette (1976); Arbogast Hartwig, Schlagzeug (1972); Arbogast Helmut, Saxophon (1948); Baas Hubert, Horn (1977); Barthel Horst, Flügelhorn (1976); Böhm Horst, Klarinette (1976); Bohleber Dietmar, Bariton (1974); Britz Hans-Jörg, Tenorhorn (1980); Diem Karl, Klarinette (1950); Diem Richard, Klarinette (1980); Diem Susanne, Klarinette (1971); Ehrhardt Klaus, Posaune (1974); Ehrhardt Rolf, Tenorhorn (1975); Faulhaber Michael, Schlagzeug (1935); Faulhaber Ralf, Flügelhorn (1973); Faulhaber Rolf, Tenorhorn (1967); Hemmler Günter, Trompete (1968); Hermann Werner, Posaune (1963); Hermann Wolfgang, Posaune (1961); Hoffmann Ilona, Saxophon (1974); Kase Christian, Tenorhorn (1976); Kase Jürgen, Trompete (1976); König Karl-Heinz, Tenorhorn (1957); Krieg Daniel, Bariton (1976); Kunisch Christoph, Horn (1960); Lang Heinz-Günter, Trompete (1966); Lang Kurt, Horn (1939); Lang Toni, Horn (1976); Lasch Wilhelm, Tuba (1939); Lebrecht Ernst, Tuba (1947); Maurer Andrea, Klarinette (1973); Maurer Jutta, Klarinette (1973); Mertz Rainer, Flügelhorn (1978); Müll Alexandra, Klarinette (1980); Müll Edmund, Tenorhorn (1950); Müll Karl-Frieder, Flügelhorn (1970); Nock Hans, Saxophon (1946); Obrecht Gabi, Klarinette (1973); Preuss Kurt, Posaune (1954); Schilli Elke, Klarinette (1965); Schneider Roland, Posaune (1974); Schwarz Anke, Flöte (1978); Spenner Oswald, Saxophon (1960); Steurer Karl-Heinz, Bariton (1961); Treffinger Christine, Klarinette (1977); Veidt Günter, Trompete (1967); Veidt Rainer, Trompete (1968); Zeifang Rolf, Tuba (1974); Zier Marcel, Tenorhorn (1968); Zier Sabine, Flöte (1972)

Musikverein „Harmonie" Bohlsbach e.V.

Gründungsjahr:	1864*
1. Vorsitzender:	Franz Jokerst
Stellv. Vorsitzender:	Otto Braun
Schriftführer:	Alfred Muser
Stellv. Schriftführer:	Thomas Bahr
Rechner:	Joachim Litterst
Stellv. Rechner:	Karl Graß
Beirat:	Lorenz Goos sen.
	Karl Graß
	Franz Kränkel
	Klaus Ockenfuß
	Manfred Schneider
	Alfons Schwarz
	Hubert Späth
	Otto Störk
Dirigent:	Walter Rödele
Vizedirigent:	Otto Braun
Jugendleiter:	Joachim Litterst
Notenwart:	Frank Kohler
Instrumentenwart:	Markus Späth

Aktive: Appenzeller Wolfram, Lyra/Flügelhorn (1967); Bahr Karl-Heinz, Bariton (1961); Bahr Thomas, Flügelhorn (1974); Braun Otto, Flügelhorn (1948); Braun Sabina, Klarinette/Saxophon (1972); Braun Wilhelm, Posaune (1947); Dornuf Bernd, kl. Trommel (1980); Dornuf Erich, Horn (1955); Dornuf Volker, Flügelhorn (1974); Eggs Karl, gr. Trommel (1963); Erb Bernd, Trompete (1980); Goos Christian, Trompete (1982); Graß Bruno, Trompete (1955); Graß Karl, Tenorhorn (1952); Graß Rainer, Trompete (1980); Grünberger Stephan, Trompete (1980); Hügel Thomas, Posaune (1972); Jokerst Franz, Tenorhorn (1951); Kohler Frank, Posaune (1978); Kranz Helmut, Horn (1972); Link Bernhard, Klarinette (1972); Litterst Joachim, Trompete (1967); Muser Alfred, Tenorhorn (1967); Pöller Gabi, Flöte (1982); Pöller Guido sen., Klarinette (1960); Pöller Guido jun., Klarinette (1982); Ptucha Jürgen, Klarinette (1980); Rödele Fritz, Pikkolo (1927); Rödele Heiner, Posaune (1955); Schilli Heinrich, Tuba (1963); Schneider Manfred, Posaune (1953); Schwarz Günter, Schlagzeug (1972); Selent Uwe, Flöte/Saxophon (1972); Späth Hubert, Klarinette (1953); Späth Markus, Flügelhorn (1979); Späth Martina, Klarinette (1982); Störk Isabella, Klarinette (1980); Störk Otto, Flügelhorn (1951); Zimmer Berthold, Tuba (1951); Zimmer Laurenz, Klarinette (1980); Zimmer Oliver, Klarinette (1972)
Zöglinge: Huber Johannes, Klarinette (1982); Jokerst Markus, Klarinette (1982); Schullian Markus, Flügelhorn (1982); Schullian Thomas, Trompete (1982)

Musikverein Diersburg e.V.

Gründungsjahr:	1932
1. Vorsitzender:	Walter Meier
Stellv. Vorsitzender:	Hans-Peter Kälble
Schriftführer:	Heinz Schweizer
Rechner:	Jürgen Feißt
Beirat:	Hermann Feger I
	Hermann Feger II
	Franz Feißt
	Bernhard Kempf
	Karl Seger
	Herbert Wöhrle
Dirigent:	Adelbert Feger
Jugendausbilder:	Michael Kempf
	Jürgen Meier
Ehrenvorsitzender:	Josef Kießle
1. Ehrendirigent:	Albert Spitzmüller
2. Ehrendirigent:	Karl Feißt

Aktive: Baudendistel Artur, Saxophon (1976); Butz Bernhard, Tenorhorn (1955); Butz Nikol, Klarinette (1979); Butz Stefanie, Klarinette (1979); Cermak Andreas, Flügelhorn (1979); Durban Michael, Schlagzeug (1980); Erb Ewald, Flügelhorn (1974); Feger Adelbert, Klarinette (1955); Feger Emanuel, Horn (1979); Feger Franz, Tenorhorn (1970); Feger Gabriele, Klarinette (1977); Feißt Christoph, Trompete (1975); Feißt Franz, Horn (1949); Feißt Günter, Tenorhorn (1980); Feißt Inge, Klarinette (1975); Feißt Jürgen, Klarinette (1955); Feißt Karl, Tuba (1932); Feißt Kurt, Klarinette (1958); Feißt Manfred, Trompete (1980); Feißt Walburga, Klarinette (1967); Feißt Wolfgang, Trompete (1964); Hättig Herbert, Tenorhorn (1979); Hättig Rudolf, Tuba (1975); Hättig Thomas, Posaune (1975); Kälble Hans-Peter, Posaune (1965); Kempf Artur, Schlagzeug (1954); Kempf Bernhard, Tenorhorn (1967); Kempf Lothar, Horn (1979); Kempf Michael, Flügelhorn (1974); Kempf Pius, Tuba (1970); Meier Birgit, Flöte (1977); Meier Jürgen, Saxophon (1975); Moser Günter, Tenorhorn (1979); Schöpf Bernhard, Tenorhorn (1965); Schweizer Harald, Klarinette (1975); Seger Karl, Flügelhorn (1959); Spitzmüller Joachim, Trompete (1975); Spitzmüller Lothar, Posaune (1979); Vetter Silvia, Flöte (1980); Wagner Klaus, Posaune (1970); Wöhrle Herbert, Trompete (1959)
Zöglinge: Benthin Christiane, Posaune (1980); Benthin Jochen, Trompete (1980); Cermak Sonja, Klarinette (1980); Eckelt Simone, Horn (1980); Erb Claudia, Klarinette (1980); Feißt Edgar, Flügelhorn (1980); Feißt Katja, Trompete (1980); Föhrenbach Katarina, Klarinette (1980); Föhrenbach Johannes, Tenorhorn (1980); Kälble Arnold, Flügelhorn (1980); Kießle Frank, Tenorhorn (1980); Korsch Corina, Flöte (1980); Meier Elvira, Trompete (1980); Röderer Peter, Trompete (1980); Schäck Ulrich, Klarinette (1980); Schmidt Marion, Klarinette (1980); Spitzmüller Silvia, Trompete (1980)

Musikverein Trachtenkapelle Dörlinbach e.V.

Gründungsjahr:	1908
1. Vorsitzender:	Mathias Ohnemus
Stellv. Vorsitzender:	Hermann Faisst
Schriftführer:	Josef Singler
Rechner:	Wilhelm Singler
Beirat:	Adolf Billharz
	Philipp Busam
	Karl Kopf
	Anton Kürz
	Hermann Thoma
	Josef Wangler
	Karl Wangler
Dirigent:	Josef Busam
Vizedirigent:	Adolf Billharz
Jugendleiter:	Hermann Billharz
Notenwart:	Maria Ohnemus
Instrumentenwart:	Josef Singler

Aktive: Billharz Adolf, Klarinette (1946); Billharz Hermann, Horn (1973); Billharz Lioba, Klarinette (1973); Billharz Silke, Klarinette (1977); Billharz Thomas, Bariton (1973); Billharz Walter, Tenorhorn (1961); Busam Michael, Trompete (1977); Busam Philipp, Tenorhorn (1956); Busch Bernhard, gr. Trommel (1982); Busch Martin, Saxophon (1973); Busch Stefan, Posaune (1973); Fischer Hermann, Klarinette (1948); Fischer Martin, Klarinette (1971); Fischer Stefan, Schlagzeug (1973); Göppert Dietmar, Tenorhorn (1977); Göppert Josef I, Trompete (1961); Göppert Josef II, Trompete (1976); Griesbaum Hermann, Saxophon (1959); Griesbaum Jürgen, Horn (1977); Griesbaum Karl, Tuba (1936); Griesbaum Klaus, Flöte (1977); Griesbaum Rosemarie, Saxophon (1977); Held Helmut, kl. Trommel (1977); Hollstein Stefan, Posaune (1973); Kopf Karl sen., Tuba (1952); Kopf Karl jun., Posaune (1973); Ohnemus Bertold, Klarinette (1977); Ohnemus Ewald, Flügelhorn (1977); Ohnemus Hermann sen., Tuba (1946); Ohnemus Hermann jun., Klarinette (1977); Ohnemus Joachim, Posaune (1977); Ohnemus Johannes, Saxophon (1957); Ohnemus Maria, Flöte (1977); Ohnemus Mathias, Flügelhorn (1950); Ohnemus Werner, Tuba (1973); Redt Achim. Posaune (1977); Schüssele Andreas, Trompete (1968); Singler Eugen, Horn (1949); Singler Josef, Saxophon (1961); Singler Ulrike, Klarinette (1973); Völker Klaus, Tuba (1980); Wangler Elisabeth, Klarinette (1977); Wangler Gerlinde, Flöte (1973); Wangler Karl, Flügelhorn (1964); Wangler Manfred, Flügelhorn (1973); Wehrle Andrea, Klarinette (1977)

Trachtenkapelle Durbach e.V.

Gründungsjahr:	1869*
1. Vorsitzender:	Ludwig Müller
Stellv. Vorsitzender:	Franz Doll
Schriftführer:	Josef Gräßle
Stellv. Schriftführer:	Hermann Eckenfels
Rechner:	Ernst Bieser
Beirat:	Hermann Eckenfels
	Josef Grimmig
	Klaus Koger
	Hubert Leible
	Franz Männle
	Josef Männle
	Andreas Werner
	Heinrich Wörner
	Manfred Ziegler
Vereinsdiener:	Karl Gräßle
Dirigent:	Hans Kuhn
Vizedirigent:	Franz Doll
Jugendleiter:	Martina Weißhaar
Notenwarte:	Klaus Koger
	Heinrich Wörner

Ehrenmitglieder: Prof. Dr. Franz Burda, Baron von Neveu, Karl Gräßle, Wilhelm Roth, Anton Werner, Ernst Ziegler
Aktive: Benz Franz, Trompete (1975); Benz Gerlinde, Klarinette (1975); Busam Thomas, Posaune (1975); Doll Franz, Flügelhorn (1958); Dreier Hubert, Schlagzeug (1963); Geiler Hermann, Schlagzeug (1965); Geiler Viktor, Trompete (1975); Gräßle Thomas, Horn (1975); Grimmig Josef, Tenorhorn (1965); Halter Alfred, Flügelhorn (1975); Homburger Martin, Trompete (1975); Kiefer Bruno, Flügelhorn (1975); Koger Klaus, Horn (1968); Kuderer Felicitas, Klarinette (1975); Laible Arnold, Flöte/Saxophon (1968); Laible Leopold, Trompete (1975); Laible Robert, Klarinette/Saxophon (1965); Laible Eugen, Posaune (1968); Leible Hubert, Tenorhorn (1968); Leible Ludwig, Trompete/Flügelhorn (1966); Leible Oliver, Flügelhorn (1975); Leible Otto, Trompete (1968); Leible Priska, Klarinette (1975); Leitermann Erika, Klarinette (1975); Männle Heinrich, Tenorhorn (1968); Männle Heinrich, Trompete (1975); Männle Josef, Tenorhorn (1954); Männle Jürgen, Tenorhorn (1975); Männle Rüdiger, Trompete (1975); Müller Franz, Flügelhorn (1977); Müller Ludwig, Tenorhorn (1975); Müller Thomas, Trompete (1977); Schweiger Richard, Flügelhorn (1975); Weißhaar Alexandra, Klarinette (1975); Weißhaar Daniela, Klarinette (1975); Weißhaar Martina, Flöte (1975); Weißhaar Ralf, Posaune (1975); Werner Andreas, Horn (1975); Werner Heinrich, Flügelhorn (1975); Wörner Georg, Klarinette (1957); Wörner Heinrich, Tuba (1968); Wörner Josef, Klarinette (1975); Wörner Klaus, Tenorhorn (1975); Wörner Klaus, Tuba (1977); Ziegler Manfred, Flügelhorn (1966)
Jugendkapelle: Busam Konrad, Trompete (1980); Day Christof, Saxophon (1980); Doll Franz, Flügelhorn (1980); Doll Marlene, Klarinette (1980); Dreier Roland, Schlagzeug (1980); Eckenfels Martin, Tenorhorn (1980); Gmeiner Roland, Klarinette (1980); Gräßle Amanda, Flöte (1980); Gräßle Joachim, Posaune (1980); Kiefer Karin, Klarinette (1980); Kiefer Rupert, Horn (1980); Lott Ulrich, Flügelhorn (1980); Leible Christine, Posaune (1980); Männle Bernd, Tenorhorn (1980); Meißner Herbert, Tuba (1980); Seewald Ingrid, Flöte (1980); Späth Claudia, Flügelhorn (1980); Späth Hermann, Bariton (1980); Wachtel Andrea, Trompete (1980); Wörner Agnes, Flöte (1980); Wörner Annette, Flöte (1980); Wörner Christof, Klarinette (1980); Wörner Stefan, Trompete (1980); Ziegler Wolfgang, Trompete (1980)

Musikverein Ebersweier e.V.

Gründungsjahr:	1879*
1. Vorsitzender:	Gottfried Kuderer
Stellv. Vorsitzender:	Eduard Fleig
Schriftführer:	Albert Eckert
Rechner:	Wolfgang Hofer
Beirat (Aktiva):	Wendelin Eckert
	Leonhard Geist
	Karl Gütle
	Stefan Rössler
Beirat (Passiva):	Karl Huber
	Andreas Noll
	Heinrich Rössler
	Franz Zentner
Dirigent:	Klaus Eisenecker
Vizedirigent:	Klaus Eckert
Jugendleiter:	Bernhard Hoffmann
Notenwart:	Albert Eckert
Instrumentenwart:	Eduard Fleig
Ehrenvorsitzende:	Werner Beiner
	Heinrich Strodtbeck
Ehrendirigent:	Hugo Göhring

Aktive: Anti Monika, Klarinette (1976); Beiner Harald, Trompete (1976); Benz Franz, Flügelhorn (1958); Berger Eugen, Bariton (1949); Eckert Albert, Klarinette (1969); Eckert Jürgen, Posaune (1977); Eckert Klaus, Klarinette (1969); Eckert Wendelin, Saxophon (1948); Fleig Eduard, Tenorhorn (1949); Fleig Harry, Schlagzeug (1975); Fleig Martina, Saxophon (1973); Fleig Thomas, Posaune (1976); Geist Leonhard, Tuba (1974); Haffner Hans, Posaune (1971); Haffner Matthias, Flügelhorn (1979); Hauth Andreas, Posaune (1977); Hofer Martin, Flügelhorn (1973); Hofer Wolfgang, Bariton (1970); Hoffmann Bernhard, Trompete (1970); Hoffmann Wilhelm, Horn (1975); Huber Hans-Peter, Trompete (1974); Huber Karl-Ludwig, Klarinette (1948); Kirn Andreas, Trompete (1978); Kirn Matthias, Flügelhorn (1978); Kuderer Claudia, Flöte (1974); Kuderer Erwin, Tuba (1968); Kuderer Gottfried, Horn (1949); Kuderer Günter, Flügelhorn (1969); Kuderer Hugo, Trompete (1948); Kuderer Monika, Klarinette (1973); Kuderer Paul, Tuba (1980); Kuderer Pius, Schlagzeug (1948); Lienert Markus, Klarinette (1978); Limbert Herbert, Klarinette (1961); Litterst Albrecht, Schlagzeug (1949); Mayr Roland, Trompete (1958); Noll Bernhard, Posaune (1969); Noll Hermann, Saxophon (1964); Obrecht Alfred, Tenorhorn (1949); Obrecht Jürgen, Tenorhorn (1979); Rössler Oskar, Tenorhorn (1949); Rössler Stefan, Tenorhorn (1971); Siebert Wolfgang, Posaune (1977); Suhm Christa, Klarinette (1973); Suhm Josef, Tuba (1948); Vogt Robert, Trompete (1962)
Zöglinge: Anti Martin, Flügelhorn (1981); Anti Wolfgang, Horn (1981); Bächle Jörn, Horn (1981); Berger Angelika, Flöte (1981); Bruder Anita, Klarinette (1981); Brüderle Simone, Trompete (1981); Frank Daniel, Trompete (1981); Hiegel Alexander, Horn (1981); Huber Alexander, Flügelhorn (1981); Kirn Harald, Tuba (1981); Kirn Ulrike, Trompete (1981); Kuderer Sabine, Flöte (1981); Rössler Carola, Klarinette (1981); Rössler Robert, Tenorhorn (1981); Siebert Patrick, Posaune (1981); Wielage Thomas, Trompete (1981)

Musikverein e.V. Eckartsweier

Gründungsjahr:	1970
1. Vorsitzender:	Alfred Hetzel
Stellv. Vorsitzender:	Hans Ross
Schriftführer:	Horst Göpper
Rechner:	Klaus Blank
Stellv. Rechner:	Erich Nagel
Beirat:	Willi Hetzel
	Manfred Hügel
	Reinhard Kehret
	Mathias Roth
	Roland Schmidt
	Hermann Trautmann
Dirigent:	Heinz Koschill
Vizedirigent/	
Korpsführer:	Kurt Hetzel
Jugendleiter:	Thomas Hügel
Notenwart:	Horst Blank
Instrumentenwart:	Hans Ross
Kleiderwart:	Gerlinde Knauer

Aktive: Baas Rainer, Trompete (1970); Bernhard Danielle, Klarinette (1974); Blank Horst, Trompete (1970); Blank Klaus, Tenorhorn (1968); Geyer Wolfgang, Saxophon (1970); Göpper Horst, Flügelhorn (1968); Göpper Michaela, Klarinette (1974); Gulla Michael, Flügelhorn (1970); Guth Mathias, Klarinette (1976); Hetzel Klaus, Flügelhorn (1972); Hetzel Kurt, Trompete (1968); Hetzel Martin, Horn (1972); Hügel Thomas, Tenorhorn (1974); Kehret Reinhard, Schlagzeug (1968); Kimmer Klaus, Bariton (1968); Knauer Gerlinde, Klarinette (1968); Lutz Anette, Klarinette (1974); Lutz Reinhard, Klarinette (1972); Nagel Erich, Posaune (1968); Reuter Edgar, Tenorhorn (1968); Rieber Beate, Klarinette (1974); Rosga Michael, Horn (1972); Ross Hans, Tenorhorn (1968); Roth Claudia, Flöte (1974); Roth Mathias, Posaune (1972); Schäfer Elmar, Klarinette (1968); Schäfer Petra, Klarinette (1974); Schmidt Roland, Tuba (1968); Strosack Ilona, Trompete (1974); Trautmann Wolfgang, Saxophon (1974); Trentau Detlef, Posaune (1972); Walter Andrea, Flöte (1976); Walter Manfred, Flügelhorn (1970); Walter Reinhold, Schlagzeug (1972); Westermann Fritz, Tuba (1974)
Zöglinge: Baas Bernd, Flügelhorn (1980); Baas Holger, Klarinette (1980); Bornhold Sascha, Tenorhorn (1980); Frech Michael, Klarinette (1980); Hetzel Thomas, Trompete (1980); Mehne Andreas, Trompete (1980); Ross Heike, Klarinette (1980); Roth Markus, Tenorhorn (1980); Schäuble Bruno, Posaune (1980); Walter Jochen, Schlagzeug (1980); Wolff Timo, Flügelhorn (1980)

Musikverein Elgersweier e.V.

Gründungsjahr:	Kapelle 1864*
	Verein 1924
1. Vorsitzender:	Stefan Nosko
Stellv. Vorsitzender:	Kurt Hug
Schriftführer:	Raimund Lienert
Rechner:	Martin Kempf
Beirat:	Manfred Hug
	Walter Hug
	Berthold Junker
	Kurt Kaufmann
	Erich Kiefer
	Edgar Kirste
	Ottokar Kofler
	Karl-Heinz Kreutler
	Josef Lehmann
	Theo Vollmer
Dirigent:	Franz Kasper
Vizedirigent:	Heinz Jockers
Jugendleiter:	Franz Kaspar
Notenwart:	Erich Kiefer

Instrumentenwart: Joachim Kofler; Ehrenvorsitzender: Leo Kitiratschky; Ehrendirigent: Rudolf Jockers
Aktive: Bross Bernd, Trompete/Flügelhorn (1974); Dettle Dieter, Klarinette (1974); Gomez George, Flügelhorn (1974); Haß Raimund, Bariton (1974); Hilberer Dieter, Klarinette (1974); Hilberer Jürgen, Posaune (1974); Hug Armin, Klarinette/Saxophon (1974); Hug Kurt, Tuba (1963); Hug Roland, Klarinette (1974); Hug Walter, Schlagzeug (1949); Jockers Heinz, Klarinette/Saxophon (1963); Jockers Rolf, Schlagzeug (1968); Junker Thomas, Schlagzeug (1978); Kaufmann Kurt, Posaune (1949); Kaufmann Manfred, Posaune (1970); Kempf Martin, Tenorhorn/Saxophon (1963); Kempf Stefan, Schlagzeug (1978); Kiefer Erich, Tenorhorn/Saxophon (1970); Kiefer Ewald, Tuba (1970); Kirste Edgar, Bariton (1968); Kofler Bernhard, Tenorhorn (1974); Kofler Joachim, Trompete (1968); Kofler Karl, Posaune (1974); Kramer Markus, Flügelhorn (1974); Lehmann Herbert, Trompete (1963); Lehmann Josef, Tenorhorn (1936); Lienhard Uwe, Klarinette/Saxophon (1974); Maier Michael, Klarinette (1974); Morgalla Günther, Tenorhorn (1974); Nosko Matthias, Klarinette/Saxophon (1974); Nosko Ralf, Flöte (1974); Perktold Otto, Trompete (1950); Vetter Karl-Heinz, Tuba (1963); Vetter Werner, Trompete (1974).
Zöglinge: Buchner Wolfgang, Klarinette (1979); Heck Wolfgang, Trompete (1979); Hug Tanja, Flöte (1982); Kofler Klaus, Trompete (1979); Kramer Thomas, Klarinette (1979); Kreutler Michael, Bariton (1979); Kühne Dieter, Trompete (1979); Morgalla Winfried, Klarinette (1979); Quasnitschka Tobias, Klarinette (1979); Schulz Martin, Horn (1979).

Stadtkapelle Ettenheim

Gründungsjahr:	1852*
1. Vorsitzender:	Eugen Eisinger
Stellv. Vorsitzender:	Otto Enderle
Schriftführer:	Andreas Goldfinger
Rechner:	Reinhard Aust
Verwaltungsrat:	Thomas Geppert
	Leo Müller
	Karl Münchbach
	Klaus Stelter
Musikbeirat:	Friedhelm Baer
	Edgar Geppert
	Hermann Jäger
	Karl Münchbach
Dirigent:	Eduard Schleith
Vizedirigent:	Hermann Jäger
Jugendleiter/	
Notenwart:	Bernhard Henninger
Instrumentenwarte:	Hermann Jäger
	Leo Müller
Präsident:	Dieter Stellbrink, Bgm.
Ehrendirigent:	Otto Höhn

Aktive: Amann Andreas, Bariton (1976); Amann Franz, Klarinette (1980); Amann Monika, Klarinette/Oboe (1977); Amann Thomas, Klarinette (1978); Baer Friedhelm, Klarinette (1981); Band Joachim, Schlagzeug/Pauken (1974); Band Josef, Flügelhorn (1949); Broßmer Peter, Posaune (1974); Burg Karl, Tuba (1956); Enderle Klemens, Horn (1977); Enderle Otto, Horn (1949); Ernst Andreas, Klarinette/Saxophon (1974); Friedrich Herbert, Tuba (1952); Gäckle Jürgen, Posaune (1976); Geppert Edgar, Flügelhorn (1949); Geppert Kurt, Klarinette/Saxophon (1982); Geppert Simone, Klarinette/Saxophon (1982); Geppert Thomas, Posaune (1972); God Karl, Horn (1952); Goldfinger Andreas, Trompete (1980); Haser Dieter, Trompete (1977); Henninger Adolf, gr. Trommel (1936); Henninger Bernhard, Trompete (1973); Henninger Frank, Klarinette (1979); Herrmann Dorothea, Klarinette (1979); Jäger Antonia, Klarinette (1978); Jäger Bernd, Schlagzeug (1971); Jäger Gabriele, Klarinette (1979); Jäger Hermann, Klarinette/Saxophon (1941); Jäger Karin, Klarinette (1978); Kaufmann Viola, Flöte (1979); Kopf Georg, Flöte (1974); Krieg Jürgen, Tenorhorn (1978); Landherr Fridolin, Bariton (1974); Müller Jürgen, Tuba (1978); Müller Leo, Klarinette (1952); Münchbach Karl, Tenorhorn (1946); Oberle Achim, Trompete (1978); Reinbold Gottfried, Posaune (1981); Stelter Klaus, Tenorhorn (1963); Stubanus Thomas, Flügelhorn (1979); Vögele Michael, Posaune (1980); Winterer Karl, Posaune (1949).

Musikverein Ettenheimmünster e.V.

Gründungsjahr:	1903
1. Vorsitzender:	Hans-Peter Eckert
Stellv. Vorsitzender:	Karl Winterer
Schriftführerin:	Ulrike Hummel
Rechner:	Robert Hils sen.
Beirat:	Alfred Bährle
	Erich Fux
	Wilhelm Hummel
	Klaus Müllerleile
	Robert Ohnemus
	Richard Schneider
	Alban Singler
	Ruthard Singler
Dirigent:	Gerhard Jörns
Jugendleiter:	Hans-Peter Eckert
Notenwart:	Klaus Müllerleile
Ehrendirigenten:	Adolf Hummel
	Fridolin Singler

Aktive: Baumann Andrea, Trompete (1978); Baumann Günther, Posaune (1967); Baumann Hubert, Trompete (1971); Baumann Peter, Flügelhorn (1974); Berblinger Olga, Klarinette (1978); Dorow Dirk, Klarinette (1977); Dorow Heike, Flügelhorn (1978); Eckert Angelika, Klarinette (1978); Eckert Hans-Peter, Saxophon (1965); Eckert Helmut, Horn (1967); Fitz Clemens, Horn (1977); Fux Wilhelm, Posaune (1963); Gerlach Alfons, Tuba (1978); Goth Clemens, Flügelhorn (1978); Griesbaum Hubert, Trompete (1973); Hegar Alfred, Trompete (1962); Herr Alois, Bariton (1959); Hohneder Gabi, Klarinette (1971); Hummel Andrea, Klarinette (1978); Hummel Hans-Peter, Saxophon (1967); Hummel Klaus, Tenorhorn (1978); Hummel Lothar, Tenorhorn (1973); Hummel Ulrike, Posaune (1978); Hummel Wilhelm, Klarinette (1968); Ibig Berthold, Tenorhorn (1966); Kuch Uwe, Flügelhorn (1977); Kuhner Bernd, Klarinette (1967); Kuhner Michael, Schlagzeug (1978); Kuhner Paul, Tuba (1948); Müllerleile Klaus, Klarinette (1965); Ohnemus Johannes, Flügelhorn (1977); Ohnemus Robert, Tuba (1967); Rauer Diana, Saxophon (1978); Rauer Paul, Pauken (1979); Schneider Franz, Horn (1967); Schneider Willi, Bariton (1965); Schönstein Hans-Peter, Klarinette (1974); Schönstein Werner, Klarinette (1954); Seiler Cornelia, Klarinette (1978); Singler Albert, Flügelhorn (1949); Singler Carmen, Posaune (1978); Singler Christine, Trompete (1978); Singler Heinrich, Tenorhorn (1948); Singler Ruthard, Trompete (1967); Stöhr Armin, Trompete (1978); Wagner Josef, Trompete (1954); Weisbach Jürgen, Flügelhorn (1974); Winterer Jörg, Klarinette (1973); Winterer Martin, Klarinette (1967)
Zöglinge: Schneider Gisela, Klarinette; Singler Nicole, Klarinette; Wangler Susanne, Saxophon; Wangler Ute, Saxophon

Musikverein Fessenbach e.V.

Gründungsjahr:	1933
1. Vorsitzender:	Josef Köster
Stellv. Vorsitzender:	Alfons Kornmeier
Schriftführer:	Egon Kappel
Rechner:	Franz Litterst
Beirat:	Hans-Jörg Billharz
	Heinrich Braun
	Horst Bürkle
	Heinz Dahncke
	Henry Hornisch
	Hubert Kiefer
	Klaus Kornmeier
	Heinrich Leitermann
Dirigent:	Gerhard Herp
Notenwart:	Frank Hug
Instrumentenwart:	Horst Bürkle
Ehrenvorsitzender:	Johann Sälinger

Aktive: Anselment Adelbert, Tuba (1946); Basler Franz, Klarinette (1970); Basler Susanne, Flöte (1976); Braun Andreas, Horn (1973); Braun Gerhard, Horn (1971); Bühler Markus, Trompete (1976); Bürkle Horst, Tenorhorn (1948); Bürkle Jörg, Posaune (1976); Bürkle Stefan, Schlagzeug (1971); Busam Sabine, Klarinette (1979); Conrad Anette, Flöte (1976); Danner Ulrich, Klarinette (1978); Gebauer Christian, Tenorhorn (1980); Göring Bruno, Flügelhorn (1976); Hahn Stefan, Flügelhorn (1979); Heisch Christoph, Klarinette (1976); Heller Karl, Klarinette (1928); Holder Martin, Klarinette (1976); Hornisch Henry, Klarinette (1961); Hug Frank, Flügelhorn (1976); Hug Günter, Klarinette (1954); Hug Michael, Klarinette (1976); Hug Peter, Posaune (1957); Hugle Josef, Horn (1971); Hugle Otto, Flügelhorn (1947); Humpert Michael, Posaune (1978); Humpert Uwe, Trompete (1971); Kappel Walter, Flügelhorn (1964); Kornmeier Stefan, Tuba (1972); Lehmann Franz, Flöte (1963); Leitermann Claudia, Klarinette (1979); Leitermann Heinrich, Tenorhorn (1948); Leitermann Reinhard, Bariton (1971); Leitermann Siegfried, Trompete (1963); Leitermann Thomas, Klarinette (1970); Litterst Alexander, Tenorhorn (1978); Litterst Ulrich, Flügelhorn (1971); Litterst Walter, Posaune (1966); Mai Josef, Trompete (1967); Riehle Elke, Klarinette (1976); Riehle Erich, Tuba (1954); Sälinger Albert, Bariton (1923); Sälinger Johann, gr. Trommel (1928); Wilscher Regina, Klarinette (1976)

Stadtkapelle – Musikverein Freistett e.V.

Gründungsjahr:	1920
1. Vorsitzender:	Siegfried Eckerle
Stellv. Vorsitzender:	Friedrich Engel
Schriftführer:	Roland Steck
Stellv. Schriftführer:	Walter Dusch
Rechner:	Horst Siehl
Stellv. Rechner:	Willi Siehl
Dirigent:	Rolf Schneebiegl
Vizedirigent:	Willi Zimmer
Jugendleiter:	Siegfried Eckerle
Notenwarte:	Werner Meier
	Bernd Minet
Instrumentenwart:	Willi Zimmer
Ehrenvorsitzende:	Ewald Durban
	Karl Rahäuser

Beirat: Walter Grab, Roland Hänsel, Herbert Lasch, Emil Matthiß, Werner Meier, Peter Rahäuser, Karl Rusch, Siegfried Schmalz, Fritz Vogler, Horst Vogler, Kurt Vollet, Willi Zimmer, Artur Zimpfer
Aktive: Dalgauer Hans-Martin, Tenorhorn (1968); Dalgauer Werner, Tenorhorn (1972); Dusch Walter, E-Baß (1967); Eckerle Patric, Klarinette (1978); Engel Friedrich, Klarinette (1951); Fuhro Walter, Trompete (1964); Giner Egon, Flügelhorn (1951); Grab Walter, Flöte (1931); Hänsel Roland, kl. Trommel (1969); Hamm Alfred, Klarinette (1974); Hamm Andreas, Flöte (1978); Hauß Andreas, Horn (1979); Hetz Roland, Horn (1966); Hummel Kurt, Bariton (1950); Husemann Gerd, Flöte (1931); Jörg Frank, Flöte (1979); Karcher Klaus, Tuba (1966); Karcher Thomas, Horn (1976); Keck Gerd, Flügelhorn (1979); Kreß Hans-Peter, Flügelhorn (1969); Lasch Bruno, Trompete (1978); Lasch Herbert, Trompete (1940); Lasch Siegfried, Horn (1978); Matthiß Jürgen, Tenorhorn (1978); Meier Jochen, Pauken (1978); Meier Manfred, Tenorhorn (1954); Meier Werner, Saxophon (1954); Minet Bernd, Klarinette (1977); Minet Ernst, Horn (1946); Müller Robert, Flöte (1940); Neuschütz Michael, Klarinette (1979); Paulus Volker, Flügelhorn (1978); Rusch Oswin, Trompete (1979); Schmalz Siegfried, Flügelhorn (1949); Schmidt Heinz, Posaune (1969); Schmidt Ludwig, Tuba (1966); Schnee Uwe, Flügelhorn (1977); Schott Rudolf, Horn (1974); Siehl Horst, Posaune (1969); Siehl Willi, gr. Trommel (1967); Steck Roland, Klarinette (1958); Streibich Thomas, Posaune (1979); Urban Werner, Posaune (1974); Urban Wolfgang, Trompete (1969); Vogler Horst, Saxophon (1959); Vogler Reinhard, Tuba (1979); Wiederrecht Günter, Posaune (1968); Willems Achim, Flügelhorn (1975); Zimmer Klaus, Tenorhorn (1981); Zimmer Willi, Saxophon (1959)
Zöglinge: Axt Michael, Trompete (1981); Behrle Stefan, Klarinette (1981); Eckerle Karsten, Flügelhorn (1981); Fien Andreas, Klarinette (1981); Graf Mario, Trompete (1981); Hölzer Ingo, Klarinette (1981); Kist Alexander, Trompete (1981); Klinger Jochen, Schlagzeug (1981); Klinger Uwe, Posaune (1981); Kurz Mathias, Trompete (1981); Meier Mathias, Horn (1981); Sucher Achim, Tuba (1981)

Musikverein Friesenheim e.V.

Gründungsjahr:	1898
1. Vorsitzender:	Alfred Killius
Stellv. Vorsitzender:	Alfons Schlenk
Schriftführer:	Werner Pabst
Rechner:	Herbert Peters
Beirat:	Herbert Bieler
	Alfred Häs
	Rolf Hechinger
	Egon Kiesele
	Manfred Killig
	Otto Müller
	Hans Jakob Schafheitle
	Hans Schellinger
	Peter Vogt
	August Walter
	Hubert Wetterer
Dirigent:	Wolfgang Philipp
Vizedirigent:	Martin Vogt
Jugendleiter:	Alexander Schorpp
Notenwart:	Werner Pabst
Ehrenvorsitzender:	Erwin Armbruster

Aktive: Adam Gerhard, Tenorhorn (1949); Bieler Karl, Tenorhorn (1946); Ehret Herbert, Klarinette (1955); Ernst Klaus, Klarinette (1977); Frondel Armin, Klarinette (1977); Götz Ulrike, Klarinette (1979); Häs Alfred, Tuba (1954); Haverkate Markus, Horn (1978); Hertweck Bernhard, Bariton (1977); Hertweck Martina, Klarinette (1976); Hertweck Rupert, Posaune (1948); Hug Lothar, Trompete (1979); Killig Manfred, Flügelhorn (1948); Killius Harald, gr. Trommel (1978); Künstle Daniel, Klarinette (1979); Müller Manfred, Trompete (1967); Pabst Werner, Posaune (1949); Reitmayer Jörg, Trompete (1980); Röderer Karl-Heinz, Posaune (1975); Röderer Petra, Saxophon/Klarinette (1975); Röderer Rudolf, Tuba (1952); Rösner Achim, Horn (1981); Rudolf Cornelia, Klarinette (1976); Rudolf Wolfgang, Tenorhorn (1979); Russ Daniel, Horn (1978); Russ Ditmar, Schlagzeug (1976); Schellinger Hans, Horn (1952); Schellinger Uwe, Saxophon/Klarinette (1976); Schieni Roman, Horn (1981); Schlenk Alfons, Tenorhorn (1946); Schmid Edgar, Saxophon/Klarinette (1976); Schmoll Beate, Flöte (1970); Schorpp Alexander, Trompete (1970); Schwend Manfred, Flügelhorn (1975); Seckinger Andreas, Trompete (1976); Stückle Ann-Susan, Flöte (1977); Tag Michaela, Saxophon/Klarinette (1978); Vetter Georg, Klarinette (1979); Vetter Marc, Trompete (1976); Vogt Martin, Klarinette (1980); Vogt Peter, Flügelhorn (1948); Wetterer Hubert, Posaune (1967); Witt Martina, Trompete (1978); Zwach Timo, Fagott (1981)
Zöglinge: Bieler Susanne, Trompete (1981); Künstle Monika, Flöte (1982); Prokshy Sabine, Flöte (1980); Stückle Ann-Katrin, Blockflöte (1980); Stückle Sandra, Blockflöte (1980); Weis Werner, Klarinette (1981); Wiesenberg Patja, Flöte (1982); Witt Armin, Klarinette (1980)

Musikkapelle Grafenhausen

Gründungsjahr:	1824*
1. Vorsitzender:	Walter Ohnemus
Stellv. Vorsitzender:	Alfred Hägle
Schriftführer:	Emil Schaub
Rechner:	Klaus Hägle
Beirat:	Gudrun Hägle
	Manfred Kirner
	Bernhard Köbele
	Helmut Seilnacht
Dirigent:	Klaus Himmelsbach
Vizedirigent:	Richard Mutschler
Jugendleiter:	Franz Hägle
Notenwart:	Heinz Sattler
Instrumentenwart:	Wilhelm Schaub
Ehrendirigent:	Otto Höhn
Ehrenmitglieder:	Leopold Erny
	Stefan Höhn
	Erich Köbele
	Rudolf Kölble
	Josef Ludihuser
	Ferdinand Mutz

Aktive: Anselm Horst, Klarinette (1976); Anselm Thomas, Tenorhorn (1973); Baumann Armin, Horn (1979); Baumann Maritta, Klarinette (1976); Brucker Rolf, Schlagzeug (1973); Burger Helga, Klarinette (1976); Burger Klaus, Posaune (1975); Erny Werner, Tuba (1950); Feißt Josef, Flügelhorn (1945); Glaser Martin, Horn (1979); Hägle Alfred, Klarinette (1955); Hägle Erwin, Schlagzeug (1948); Hägle Franz, Trompete (1973); Hägle Gudrun, Klarinette (1976); Hägle Ilse, Klarinette (1979); Hägle Klaus, Trompete (1967); Hägle Oskar, Klarinette (1945); Hägle Otto, Posaune (1969); Hägle Reinhold, Bariton (1951); Hägle Wolfgang, Klarinette (1975); Holler Anette, Flöte (1977); Holler Josef, Horn (1968); Huck Ewald, Horn (1970); Kern Helmut, Tuba (1963); Kern Thomas, Tuba (1975); Kirner Manfred, Flügelhorn (1952); Köbele Bernhard, Flügelhorn (1974); Köbele Eduard, Klarinette (1975); Köbele Erwin, Trompete (1977); Kurz Bruno, Trompete (1968); Mutschler Richard, Posaune (1965); Mutz Günter, Pauken (1976); Mutz Ottmar, Flügelhorn (1950); Mutz Rainer, Schlagzeug (1975); Ohnemus Walter, Posaune (1960); Pfeiffer Dietmar, Tenorhorn (1975); Ringwald Hubert, Trompete (1975); Sattler Heinz, Trompete (1976); Sattler Kurt, Tuba (1950); Schaub Emil, Bariton (1960); Schaub Felix, Klarinette (1979); Schaub Gabriele, Klarinette (1979); Schaub Helmut, Klarinette (1976); Schaub Wilhelm, Trompete (1951); Schramm Rainer, Flöte (1979); Seilnacht Helmut, Flügelhorn (1969); Uhl Heidi, Flöte (1976); Wiedwald Achim, Trompete (1979)
Zöglinge: Erny Frank, Posaune (1982); Jäger Nicole, Blockflöte (1981); Ohnemus Melanie, Blockflöte (1980); Ohnemus Volker, Blockflöte (1980); Schaub Thorsten, Trompete (1981); Scheer Nadja, Klarinette (1981); Schöffel Patrik, Tenorhorn (1982); Steurer Alice, Blockflöte (1981); Steurer Frank, Blockflöte (1981); Steurer Michael, Blockflöte (1981); Wiedwald Falk, Bariton (1981)

Musikverein Eintracht Griesheim

Gründungsjahr:	1925
1. Vorsitzender:	Hans Lurker
Stellv. Vorsitzender:	Klaus Wacker
Schriftführer:	Josef Dobler
Rechner:	Heinz Breithaupt
Beirat:	Karl Allgeier
	Lukas Baßler
	Hermann Breithaupt
	Peter Ell
	Kurt Kellputt
	Bertold Litterst
	Fridolin Sachs
	Franz Siefert
	Herbert Stark
Dirigent:	Jörg Rieber
Vizedirigent/	
Jugendleiter:	Günter Kellputt
Notenwarte:	Markus Maier
	Elmar Meier
Instrumentenwart:	Klaus Wacker

Kulturwart: Franz Sachs; Ehrenbeisitzer: Fridolin Karcher
Aktive: Breithaupt Heinz, Klarinette (1959); Breithaupt Helmut, Posaune (1968); Breithaupt Hermann, Flügelhorn (1937); Breithaupt Hermann, Flügelhorn (1971); Britz Alfred, Trompete (1951); Britz Edwin, Trompete (1971); Dobler Josef, Klarinette/Saxophon (1958); Eggs Doris, Klarinette (1978); Eggs Wolfgang, Bariton (1974); Geist Manfred, Posaune (1971); Groß Martin, Tenorhorn (1961); Gürtler Olaf, Posaune (1978); Hermann Frieder, Flügelhorn (1968); Karch Rainer, Trompete (1978); Kellputt Günter, Posaune (1964); Kempf Frank, Posaune (1978); Krumm Michael, Posaune (1978); Litterst Bertold, Horn (1951); Litterst Norbert, Trompete (1976); Litterst Peter, Trompete (1977); Litterst Petra, Klarinette (1978); Lurker Hans, Tuba (1945); Lurker Hartmut, Flügelhorn (1967); Lurker Karl-Heinz, Horn (1974); Maier Markus, Klarinette (1974); Matz Wolfgang, Tuba (1958); Meier Elmar, Posaune (1974); Rieber Arnold, Flügelhorn (1968); Rinderspacher Kurt, Trompete (1980); Sachs Fridolin, Flügelhorn (1958); Sachs Jürgen, Klarinette (1974); Schmitt Selma, Klarinette (1976); Seitz Martin, kl. Trommel (1982); Siefert Karl, Horn (1965); Stark Herbert, Flügelhorn (1956); Wacker Christian, Tenorhorn (1974); Wacker Daniela, Klarinette/Flöte (1976); Wacker Hubert, Tenorhorn (1974); Wacker Klaus, Tenorhorn (1946); Wacker Manfred, Tuba (1965); Wörner Richard, gr. Trommel (1953)
Zöglinge: Broß Frank, Tenorhorn (1982); Bühler Peter, Flügelhorn (1977); Bühler Thomas, Trompete (1980); Ell Eva-Maria, Klarinette (1982); Hess Claudia, Klarinette (1982); Lauinger Sandra, Klarinette (1982); Litterst Uwe, Trompete (1982); Murr Andreas, Klarinette (1980); Oehler Rainer, Klarinette (1980); Rehm Christian, Schlagzeug (1982); Sachs Ralf, Flügelhorn (1977); Stölzel Diana, Klarinette (1982)

Musikverein Heiligenzell e.V.

Gründungsjahr:	1924
1. Vorsitzender:	Siegfried Pabst
Stellv. Vorsitzender:	Dieter Starp
Schriftführer:	Klaus Schlawinski
Rechner:	Gerhard Watter
Beirat:	Alex Fuchs
	Walter Gunzer
	Jürgen Kopp
	Giesbert Kroll
	Hubert Mußler
	Karl-Heinz Niebling
	Bernhard Seitel
	Bernhard Seitz
Dirigent:	Ferenc Geiger
Vizedirigent:	Hannes Steinebrunner
Jugendleiter:	Karl Heinz Pabst
Notenwart/	
Instrumentenwart:	Michael Kopf
Ehrenvorsitzender:	Josef Pabst

Aktive: Baumann Dieter, Saxophon (1968); Bröde Wolfgang, Schlagzeug (1965); Eble Bruno, Tuba (1949); Ehret Frank, Schlagzeug (1975); Eichhorn Gerold, Posaune/Bariton (1962); Eichhorn Helmut, Tenorhorn (1962); Endsbiller Silvia, Klarinette (1978); Fehrenbach Albrecht, Flügelhorn (1949); Fehrenbach Elke, Flöte (1976); Fehrenbach Roland, Flügelhorn (1972); Fuchs Alex, Saxophon (1962); Geiger Ferenc, Klarinette/Saxophon (1969); Geiger Stefan, Klarinette (1975); Haas Benno, Tenorhorn (1981); Heitzmann Oswald, Klarinette (1971); Hertweck Frank, Klarinette (1981); Hertweck Thomas, Trompete (1976); Hug Kurt, Tuba (1970); Karle Peter, Klarinette/Saxophon (1970); Keller Manfred, E-Baß (1977); Kinzinger Thomas, Schlagzeug (1976); Klee Annette, Klarinette (1976); Klee Irene, Klarinette (1975); Kobialka Yvonne, Trompete (1975); Kopf Berthold, Saxophon (1968); Kopf Michael, Flöte (1968); Kopf Paul, Trompete (1975); Kopp Hans Peter, Saxophon (1975); Kopp Jürgen, Saxophon (1968); Meckel Markus, Klarinette (1972); Meckel Silke, Klarinette (1976); Mosbach Josef, Horn (1949); Müller Wilhelm, Trompete (1966); Niebling Liane, Saxophon (1976); Niebling Sabine, Klarinette (1980); Oehl Franz sen., Horn (1928); Oehl Walter, Schlagzeug (1972); Pabst Irene, Klarinette (1975); Pabst Karl Heinz, Posaune/Bariton/Tuba (1975); Pabst Siegfried, Posaune (1967); Reichert Stefanie, Klarinette (1981); Reß Franz, Trompete (1962); Reß Oliver, Saxophon (1976); Sailer Ansgar, Posaune (1981); Sailer Claudius, Horn (1976); Schneider Gerold, Klarinette/Saxophon (1968); Schneider Josef, Posaune (1948); Schneider Klaus, Flügelhorn (1971); Schneider Roland, Tenorhorn (1972); Seitel Bernhard, Tenorhorn (1962); Seitel Brigitte, Flöte (1976); Seitel Franz, Posaune (1957); Seitel Thomas, Flügelhorn (1975); Seitz Bernhard, Saxophon (1968); Seitz Martina, Flöte (1975); Seitz Wilfried, Bariton/Posaune (1961); Starp Corinna, Oboe/Lyra (1976); Stein Frank, Klarinette (1975); Steinebrunner Hannes, Horn (1972); Tilk Gabi, Trompete (1978); Tilk Petra, Klarinette (1978); Watter Gerhard, Tuba (1949); Wernert Manfred, Klarinette (1972); Weschle Elmar, Klarinette/Saxophon (1958); Wotrel Sonja, Klarinette (1976)

Musikverein Hofweier e.V.

Gründungsjahr:	1924
1. Vorsitzender:	Otto Lindenmeier
Stellv. Vorsitzender:	Edmund Rottenecker
Schriftführer:	Franz Dietrich
Rechner:	Karl Jogerst
Beirat:	Rudolf Elble
	Richard Göppert
	Rita Hogenmüller
	Wolfgang Hogenmüller
	Franz-Josef Horn
	Meinrad Isen
	Franz Wörter
Musikerausschuß:	Christian Kirstein
	Horst Krämer
	Franco Mingolla
	Hubert Ruf
	Rupert Wörter
Dirigent:	Roland Weygold
Vizedirigent:	Meinrad Isen
Jugendleiter:	Christian Kirstein

Notenwart: Cordula Rudolf; Stellv. Notenwart: Joachim Herr; Instrumentenwart: Christian Kirstein; Stellv. Instrumentenwart: Martin Isenmann; Ehrenvorsitzender: Franz Wörter sen.
Aktive: Bürkle Elmar, Horn (1974); Fink Günter, Klarinette (1958); Göppert Albert, Posaune (1958); Göppert Bertram, Trompete (1967); Göppert Bruno, Schlagzeug (1973); Göppert Joachim, Tenorhorn (1967); Gut Susanne, Klarinette (1978); Gutmann Thomas, Flügelhorn (1971); Hänsle Fritz, Tuba (1961); Hänsle Jürgen, Saxophon (1977); Herr Joachim, Posaune (1978); Hogenmüller Rita, Saxophon (1976); Horn Franz-Josef, Klarinette (1954); Hug Jürgen, Saxophon (1974); Isen Meinrad, Trompete (1965); Isenmann Bertram, Tuba (1977); Isenmann Martin, Posaune (1978); Jogerst Ulrich, Klarinette (1974); Kirstein Christian, Flügelhorn (1974); Klumpp Jürgen, Flügelhorn (1979); Klumpp Stefan, Schlagzeug (1975); Krämer Horst, Saxophon (1976); Krämer Oliver, Trompete (1978); Lindenmeier Magdalena, Klarinette (1977); Mingolla Franco, Saxophon (1975); Rottenecker Edmund, Saxophon (1967); Rudolf Cordula, Flöte (1977); Rudolf Daniel, Tenorhorn (1978); Rudolf Edgar, Tenorhorn (1946); Rudolf Margot, Flöte (1981); Ruf Beate, Klarinette (1977); Ruf Hubert, Trompete (1974); Ruf Matheus, Tenorhorn (1955); Volmer Alexander, Horn (1979); Wörter Rupert, Tenorhorn (1958)
Zöglinge: Gässler Andreas, Schlagzeug (1979); Gegg Petra, Klarinette (1980); Rudolf Elmar, Flügelhorn (1980); Schulz Anja, Trompete (1981); Sester Jürgen, Schlagzeug (1981); Volmer Astrid, Trompete (1981)

Musikverein Ichenheim

Gründungsjahr:	1901
1. Vorsitzender:	Rupert Rudolf
Stellv. Vorsitzender:	Alfons Herrmann
Schriftführer:	Karl Seb. Wendle
Stellv. Schriftführer:	Dieter Pfeiffer
Rechner:	Konrad Weschle
Stellv. Rechner:	Richard Rudolf
Beirat:	Eugen Bläsi
	Günther Bläsi
	Gottfried Fischer
	Fridolin Jäger
	Leo Jäger
	Willi Müller
	Dieter Pfeiffer
	Richard Rudolf
Dirigent:	Walter Bläsi
Vizedirigent:	Edmund Grieshaber
Jugendleiter:	Günther Bläsi
Notenwart/	
Instrumentenwart:	Roland Herrmann

Aktive: Bläsi Eugen, Flügelhorn (1949); Bläsi Günter, Tenorhorn (1970); Bläsi Hans-Dieter, Klarinette/Saxophon (1967); Bläsi Marita, Horn (1969); Bläsi Susanne, Klarinette (1975); Bläsi Thomas, Posaune (1967); Bläsi Wolfgang, Klarinette (1979); Bilger Juliane, Oboe (1978); Bilger Sabine, Flöte (1976); Braunstein Ilona, Flöte (1980); Fäßler Angelika, Flöte (1969); Fäßler Claudia, Flöte (1974); Fäßler Edgar, Posaune (1970); Fäßler Heinz, Flöte (1974); Fäßler Josef, Trompete (1967); Gieringer Michael, Posaune (1973); Grieshaber Edmund, Klarinette/Saxophon (1968); Grieshaber Meinrad, Posaune (1973); Grieshaber Udo, Schlagzeug (1972); Helger Sigrun, Oboe (1978); Herrmann Roland, Posaune (1969); Herrmann Wolfgang, Posaune (1974); Jäger Fridolin, Tenorhorn (1948); Jäger Heinz, Horn (1961); Jäger Leo, Klarinette/Saxophon (1969); Jäger Martin, Klarinette (1972); Jäger Rolf, Horn (1973); Jäger Rudi, Trompete (1967); Jäger Walter, Schlagzeug (1968); Jäger Werner, Flügelhorn (1967); Kemmler Friedel, Tuba (1958); Kühnle Michaela, Klarinette (1969); Müller Dieter, Klarinette (1975); Müller Ralf, Flügelhorn (1972); Müller Willi, Flügelhorn/Saxophon (1955); Pfeiffer Dieter, Posaune (1958); Pfeiffer Ursula, Horn (1968); Raabe Kurt, Klarinette/Saxophon (1965); Rother Bernd, Trompete (1976); Rudolf Harald, Klarinette (1979); Rudolf Ralf, Trompete (1974); Rudolf Rippold, Tuba (1953); Rudolf Rupert, Tenorhorn (1948); Stückler Helmut, Horn (1959); Tomaschke Antje, Flöte (1978); Wendle Harald, Gitarre (1978); Wendle Udo, Tuba (1978); Weschle Hans-Peter, Flügelhorn (1969); Weschle Renate, Klarinette (1975); Winter Sabine, Klarinette (1975); Wurth Erich, Trompete (1959).
Zöglinge: Fischer Elke, Klarinette (1977); Fischer Karin, Flöte (1977); Helger Almut, Klarinette (1978); Herrmann Marion, Blockflöte (1981); Hoferer Manfred, Blockflöte (1978); Hoferer Peter, Trompete (1977); Jäger Angelika, Blockflöte (1980); Jäger Birgit, Blockflöte (1977); Jäger Karin, Blockflöte (1980); Jäger Uwe, Blockflöte (1980); Jecke Stefan, Blockflöte (1981); Pfeiffer Myriam, Blockflöte (1980); Rudolf Mona, Blockflöte (1980); Rudolf Peter, Blockflöte (1979); Schäfer Claudia, Blockflöte (1980); Schäfer Helmut, Blockflöte (1979); Schäfer Nicol, Blockflöte (1980); Schäfer Silvio, Blockflöte (1981); Schoderer Tania, Blockflöte (1980); Wegbecher Nicol, Blockflöte (1980); Wendle Carla, Flöte (1977); Wendle Claudia, Blockflöte (1980); Wendle Jochen, Blockflöte (1979).

Musikkapelle Kappel am Rhein

Gründungsjahr:	1820*
1. Vorsitzender:	Werner Hilß
Stellv. Vorsitzender:	Willi Löffel
Schriftführer:	Leo Trotter
Stellv. Schriftführerin:	Bettina Trotter
Rechner:	Roland Gräßle
Beirat:	Lothar Biehler
	Günter Fliehler
	Manfred Hassur
	Josef Klauser
	Karl Klauser
Dirigent:	Siegfried Ohnemus
Vizedirigent/ Jugendleiter:	Werner Wieber
Notenwarte:	Albrecht Büchele
	Blandine Bücheler
Instrumentenwart:	Siegfried Hecklinger
Ehrenvorsitzender:	Ferdinand Hassur

Aktive: Anselm Georg, Tuba (1970); Biehler Lothar, Saxophon (1969); Büchele Albrecht, Tuba (1973); Büchele Elmar, Schlagzeug (1980); Bücheler Blandine, Klarinette (1979); Bücheler Leo, Klarinette (1952); Bührle Walter, Klarinette (1953); Faißt Fritz, Bariton (1963); Finkbeiner Markus, Trompete (1980); Fliehler Günter, Flügelhorn (1959); Geimer Patricia, Flöte (1981); Gräßle Roland, Schlagzeug (1963); Greber Anja, Flöte (1981); Greber Franz, Tenorhorn (1948); Hassur Manfred, Flügelhorn (1958); Hassur Michael, Trompete (1975); Hecklinger Freddy, Schlagzeug (1982); Hecklinger Siegfried, Trompete (1973); Hilß Albrecht, Klarinette (1979); Hilß Markus, Flügelhorn (1976); Hilß Ulrich, Tenorhorn (1975); Hilß Werner, Flügelhorn (1949); Jäger Gerhard, Posaune (1953); Jäger Wolfgang, Bariton (1976); Junele Wolfgang, Posaune (1974); Klauser Frank, Flöte (1980); Klauser Josef, Tuba (1947); Klauser Karl, Horn (1947); Klauser Walter, Trompete (1972); Kölble Albert, Klarinette (1953); Kölble Annette, Klarinette (1980); Kölble Birgit, Klarinette (1980); Koßmann Achim, Tenorhorn (1965); Kupfer Jürgen, Posaune (1976); Löffel Willi, Posaune (1963); Saiger Peter, Horn (1977); Trotter Armin, Posaune (1973); Trotter Arnold, Posaune (1948); Trotter Bettina, Flöte (1978); Trotter Franz, Saxophon (1973); Trotter Harald, Tuba (1978); Trotter Heike, Klarinette (1979); Trotter Leo, Horn (1948); Trotter Michael, Tuba (1974); Trotter Thomas, Tenorhorn (1980); Trutt Michael, Flügelhorn (1979); Wieber Benno, Klarinette (1975); Wieber Elmar, Trompete (1973); Wieber Hans-Jürgen, Klarinette (1973); Wieber Karl, Saxophon (1952); Wieber Michael, Saxophon (1975); Wieber Reinhard, Trompete (1980); Wieber Werner, Klarinette (1947); Zeller Detlef, Trompete (1981); Zeller Hans-Peter, Trompete (1976); Zeller Jürgen, Klarinette (1978); Zetting Alwin, Saxophon (1973).
Zöglinge: Andlauer Isolde, Klarinette (1980); Huber Thomas, Trompete (1980); Kern Ralf, Tenorhorn (1980); Klauser Markus, Trompete (1980); Konzak Petra, Trompete (1980); Löffel Manuela, Klarinette (1980); Trutt Markus, Posaune (1980).

Stadtkapelle
Hanauer Musikverein e.V. Kehl

Gründungsjahr:	1896
1. Vorsitzender:	Rolf Sohns
Stellv. Vorsitzender:	Klaus Köbel
Schriftführer:	Andreas Stiebner
Rechner:	Manfred Geiler
Stellv. Rechner:	Frieder Schütterle
Dirigent:	Jaroslav Bayer
Vizedirigent:	Fritz Müller
Jugendleiter:	Gert Köbel
Notenwart:	Wolfgang Wendling
Instrumentenwart:	Edmund Köchlin
Leiterin der Kindertanzgruppe:	Anita Heck
Beisitzer (Aktiva):	Bernhard Beiser
	Bernhard Böse
	Klaus Köbel
	Klaus Lischka
	Fritz Schütterle
	Wolfgang Wendling

Beisitzer (Passiva): Herbert Eisenbeiß, Walter Gyrnisch, Erich Hildebrandt, Günter Mätz, Liesel Marx, Rolf Schütz, Hilde Wendling
Aktive: Baumert Jürgen, Trompete (1974); Baumert Martin, Klarinette (1974); Beck Armin, Trompete (1978); Beck Martin, Klarinette (1974); Beiser Bernhard, Flügelhorn (1969); Beyer Roman, Klarinette (1976); Böse Bernhard, Bariton (1968); Bohnert Lothar, Posaune (1973); Brischle Andreas, Flügelhorn (1973); Eisenbeiß Egon-Rudolf, Posaune (1955); Eisenbeiß Michaela, Klarinette (1979); Fimeyer Heidi, Flöte (1978); Fimeyer Karl-Heinz, Flügelhorn (1976); Galowski Bernd, Trompete (1971); Grün Herbert, Tenorhorn (1968); Iwannek Frank, Schlagzeug (1975); Kieffer Thomas, Flügelhorn (1977); Köbel Gert, Trompete (1969); Köbel Klaus, Tuba (1968); Köchlin Claudia, Klarinette (1980); Köchlin Edmund, Horn (1951); Krauß Bernhard, Klarinette (1977); Krauß Werner, gr. Trommel (1953); Lehner Günther, Bariton (1952); Lischka Klaus, Posaune (1956); Lischka Tanja, Saxophon (1980); Mätz Jürgen, Saxophon (1973); Merbitz Jürgen, Saxophon (1974); Müller Fritz, Klarinette (1947); Müller Martin, Horn (1978); Müller Stefan, Klarinette (1973); Pund Peter, Klarinette (1975); Rudolf Gabi, Flöte (1976); Rudolf Petra, Flöte (1977); Scheerer Klaus, Posaune (1979); Schreiner Manfred, Tuba (1960); Schütterle Fritz, Tuba (1950); Schutter Daniela, Klarinette (1977); Schutter Karl-Heinz, Tenorhorn (1950); Sester Hans, Posaune (1949); Sohns Peter, Saxophon (1973); Speiser Hubert, Saxophon (1970); Spiller Petra, Klarinette (1975); Stiebner Andreas, Flügelhorn (1971); Tiedemann Elisabeth, Flöte (1977); Tschöpe Konrad, Klarinette (1968); Wendling Ernst, Tenorhorn (1935); Wendling Wolfgang, Tenorhorn (1971)
Zöglinge: Arbogast Franck, Tuba (1981); Baumert Michael, Trompete (1981); Beck Hans-Jörg, Trompete (1981); Blum Angelika, Klarinette (1981); Domke Ute, Flöte (1979); Ehrenberg Karin, Flöte (1980); Ehrenberg Stefan, Saxophon (1982); Eisenbeiss Rainer, Schlagzeug (1981); Feitsch Claudia, Klarinette (1981); Kirrmann Mathias, Schlagzeug (1981); Kirrmann Rainer, Schlagzeug (1981); Müller Ulrike, Flöte (1981); Neumann Alexander, Schlagzeug (1981); Noel Sebastian, Schlagzeug (1979); Poßeckert Claudia, Klarinette (1981); Poßeckert Thomas, Posaune (1981); Schumpa Cyrus, Schlagzeug (1981); Schwartz Philipp, Trompete (1981); Schwörer Sascha, Trompete (1981); Sester Ralph, Klarinette (1981); Thrum Gabriele, Klarinette (1981); Weber Thomas, Trompete (1981)

Musikverein „Harmonie" e.V.
Kehl-Auenheim

Gründungsjahr:	1911
1. Vorsitzender:	Werner Steurer
Stellv. Vorsitzender:	Walter Clemens
Schriftführer:	Erwin Fuchs
Rechner:	Klaus Köhler
Beirat:	Hans Britz
	Johann Fuchs
	Ernst Köhler
	Manfred Roß
	Herbert Schneider
	Wilhelm Steurer
Dirigent:	Manfred Kuhn
Vizedirigent/ Jugendleiter/ Notenwart:	Wilhelm Manßhardt
Instrumentenwart:	Walter Clemens
Ehrenvorsitzender:	Albert Schurter

Aktive: Amicone Marino, Bariton (1981); Baas Dieter, Klarinette (1969); Baas Friedrich, Tuba (1947); Britz Hans, Klarinette (1947); Britz Reinhard, Klarinette (1968); Britz Robert, Flügelhorn (1947); Clemens Jakob, Tuba (1953); Clemens Robert, Bariton (1952); Clemens Walter, Schlagzeug (1947); Eirich Silke, Flöte (1978); Engler Oliver, Klarinette (1978); Engler René, Klarinette (1978); Fuchs Erwin, Bariton (1962); Hagemeister Armin, Horn (1965); Hagemeister Stefan, Posaune (1976); Hatz Rolf, Flügelhorn (1979); Heidt Erwin, Schlagzeug (1980); Heidt Hans, Tenorhorn (1961); Heidt Hans, Tuba (1961); Heidt Heinrich, Tenorhorn (1947); Honauer Antje, Klarinette (1978); Honauer Armin, Posaune (1978); Honauer Bruno, Flügelhorn (1960); Honauer Hilger, Schlagzeug (1978); Köhler Ernst, Klarinette (1960); Köhler Erwin, Tenorhorn (1947); Köhler Klaus, Saxophon (1960); Lutz Peter, Schlagzeug (1966); Lutz Werner, Klarinette (1951); Manßhardt Hans-Peter, Saxophon (1960); Manßhardt Sybille, Saxophon (1978); Manßhardt Wilhelm, Posaune (1947); Meyer Bruno, Flöte (1962); Riebs Petra, Flöte (1976); Roß Annette, Klarinette (1978); Roß Doris, Klarinette (1978); Roß Jürgen, Trompete (1977); Roß Manfred, Trompete (1961); Roß Petra, Horn (1978); Roß Thomas, Saxophon (1976); Ruf Ulrike, Klarinette (1977); Schäfer Erwin, Tuba (1961); Schneider Herbert, Trompete (1947); Schütterle Erwin, Posaune (1947); Stein Friedrich, Horn (1962); Steurer Gerhard, Trompete (1972); Steurer Rudolf, Horn (1947); Steurer Werner, Saxophon (1963); Stiefel Wilfried, Flügelhorn (1962); Stiefel Willi, Pauken (1952); Wellhäuser Mike, Tenorhorn (1978); Wellhäuser Silke, Flöte (1975)
Zöglinge: Clemens Bernd, Flügelhorn (1980); Habelt Christian, Trompete (1980); Heidt Armin, Bariton (1980); Heidt Marc, Trompete (1981); Heymann Christoph, Flügelhorn (1981); Honauer Jürgen, Tuba (1979); Keck Reinhard, Trompete (1980); Steurer Axel, Posaune (1981)

Stadtkapelle „Harmonie" e.V. Kehl-Sundheim

Gründungsjahr:	1911
1. Vorsitzender:	Kurt Pöschl
Stellv. Vorsitzender:	Günter Gromer
Schriftführer:	Dieter Falk
Rechner:	Alfred Veith
Stellv. Rechner:	Hermann Kurz
Beirat (Aktiva):	Robert Benchikh
	Günter Gerloff
	Reinhard Mehne
	Manfred Schätzle
	Uwe Walter
Beirat (Passiva):	Gerard Baltenweck
	Werner Groß
	Hans-Jürgen Janitschek
Dirigent:	Willi Schütz

Vizedirigent: Dieter Held; Jugendleiter: Werner Hain; Notenwart/Instrumentenwart: Robert Geiler; Ehrenvorsitzender: Karl-Heinz Liebhaber; Geschäftsführer: Jürgen Kohlstedt; Werbewarte: Hans Sommer, Reinhard Weug; Fahnenträger: Johann Walter
Aktive: Anselment Hans-Peter, Trompete (1971); Armbruster Herbert, Klarinette (1980); Baltenweck Martin, Klarinette (1978); Benchikh Robert, Tuba (1963); Bitzer Willi, Klarinette (1963); Brodowsky Frank, Flügelhorn (1972); Brodowsky Ralf, Horn (1974); Bürkel Rolf, Horn (1973); Dehmer Eric, Klarinette (1978); Dehmer Heinz, Saxophon (1948); Dreylich Thomas, Trompete (1976); Eckert Markus, Saxophon (1975); Eisenbeiß Herrmann, Schlagzeug (1935); Falk Bernhardt, Saxophon (1969); Falk Dieter, Saxophon (1967); Frank Kirsten, Klarinette (1975); Geiler Robert, Tuba (1951); Gerloff Günter, Klarinette (1955); Gromer Günter, Bariton (1961); Groß Reinhard, Posaune (1961); Hain Werner, Lyra (1970); Hassler Frank, Saxophon (1970); Held Dieter, Klarinette (1958); Herrmann Frank, Klarinette (1977); Herrmann Michael, Trompete (1979); Janitschek Jürgen, Flügelhorn (1974); König Horst, Flügelhorn (1957); Kohlstedt Thorsten, Posaune (1974); Kraus Andreas, Schlagzeug (1979); Kuhn Manfred, Posaune (1953); Kurz Herrmann, Pauken (1933); Lang Andrea, Flöte (1975); Matern Volker, Trompete (1976); Mehne Reinhard, Klarinette (1964); Möller Ulrich, Klarinette (1972); Müller Michael, Schlagzeug (1979); Nückles Hans, Tuba (1948); Nückles Uwe, Tenorhorn (1974); Oberle Günter, Trompete (1974); Oberle Ute, Klarinette (1975); Oesterle Berthold, Trompete (1970); Oesterle Wolfgang, Klarinette (1972); Overmann Peter, Flöte (1979); Paukstadt Ralf, Klarinette (1977); Paul Thorsten, Schlagzeug (1979); Peckold Andreas, Flügelhorn (1975); Rahäuser Frieder, Bariton (1953); Rauschenbach Andreas, Schlagzeug (1979); Rauschenbach Benno, Tuba (1973); Ritt Birgitta, Klarinette (1980); Ruf Herrmann, Posaune (1981); Schätzle Manfred, Horn (1961); Schoch Klaus, Posaune (1980); Schütterle Heinz, Flügelhorn (1950); Schwer Andreas, Schlagzeug (1979); Sommer Hans, Tenorhorn (1964); Stech Ralf, Tenorhorn (1979); Sutor Bernhard, Trompete (1977); Veith Holger, Tenorhorn (1976); Veith Wolfgang, Saxophon (1964); Walter Herbert, Tenorhorn (1947); Walter Uwe, Flügelhorn (1974); Wirth Philipp, Klarinette (1978); Wirth Willi, Klarinette (1972); Ziegeler Bernd, Trompete (1958)

Musikverein Kippenheim e.V.

Gründungsjahr:	1901
1. Vorsitzender:	Bernhard Studer
Stellv. Vorsitzender:	Bernhard Hatt
Schriftführer:	Norbert Ibach
Stellv. Schriftführer/ Pressewart:	Josef Kupfer
Rechner:	Konrad Oberle
	Fritz Vogt
Stellv. Rechner:	Siegfried Roßmann
Beirat (Aktiva):	Günter Bruder
	Wolfgang Straub
	Erwin Stulz
Beirat (Passiva):	Hans Burg
	Wilfried Gnädig
	Willi Mathis
	Josef Nowack
Dirigent:	Hans Löffler
Vizedirigent:	Bernhard Hatt
Jugendleiter:	Heinz Siefert
Stellv. Jugendleiter:	Ullrich Herzog

Notenwart: Bernd Ibach; Instrumentenwart: Otmar Hatt; Ehrenvorsitzender: Josef Nowack; Ehrendirigent: Landolin Wilhelm
Aktive: Baumgartner Christine, Klarinette (1980); Berner Anja, Klarinette (1980); Berner Roy, Flügelhorn (1973); Binz Siegbert, Posaune (1975); Blum Walter, Tuba (1933); Brachat Michael, Klarinette (1980); Bruder Günter, Tuba (1959); Bruder Werner, Saxophon (1961); Busse Ullrich, Gitarre (1976); Funk Timo, Klarinette (1980); Hall Willi, Horn (1973); Haller Stephan, Saxophon (1973); Hatt Bernhard, Horn (1951); Hatt Michael, Trompete (1980); Hatt Otmar, Tenorhorn (1951); Hatt Regina, Klarinette (1979); Heiter Clemens, Tenorhorn (1979); Herzog Ullrich, Klarinette (1979); Himmelspach Alfred, Pauken (1960); Himmelspach Karl, Tuba (1946); Hoch Hanspeter, Posaune (1955); Hoch Michael, Schlagzeug (1979); Ibach Bernd, E-Baß (1973); Ibach Michael, Trompete (1973); Ibach Norbert, Posaune (1951); Jörger Beate, Klarinette (1979); Jörger Patrick, Trompete (1980); Kasperski Volker, Horn (1973); Kirner Klaus, Tenorhorn (1980); Kirner Ralph, Flügelhorn (1980); Klem Mathias, Horn (1980); Klem Rudolf, Posaune (1980); Krämer Konrad, Trompete (1960); Kupfer Josef, Horn (1961); Löffler Cordula, Klarinette (1981); Löffler Hansjörg, Saxophon (1966); Loschwitz Martin, Saxophon (1974); Marweg Manuela, Flöte (1979); Naudascher Emil, Flügelhorn (1951); Naudascher Fabian, Trompete (1973); Neugart Bernd, Trompete (1982); Nowack Josef, Trompete (1973); Oberle Alois, Flöte (1954); Oberle Claudia, Klarinette (1979); Oberle Klaus, Posaune (1973); Oberle Konrad, Saxophon (1951); Pilz Harald, Trompete (1977); Preschle Franz, Trompete (1972); Raststetter Volker, Trompete (1977); Schlöter Jürgen, Oboe (1975); Schmieder Annette, Klarinette (1979); Schmieder Jörg, Klarinette (1980); Siefert Heinz, Trompete (1972); Straub Frank, Horn (1980); Straub Renate, Klarinette (1973); Straub Sonja, Flöte (1977); Straub Wolfgang, Bariton (1951); Studer Bernhard, Trompete (1947); Studer Clemens, Trompete (1973); Vogt Fritz, Saxophon (1949); Weckerlin Hubert, Saxophon (1955); Wiendl Oliver, Schlagzeug (1974); Zehnle Paul, Bariton (1961); Zipf Friedrich, Tenorhorn (1973)
Zöglinge: Bruder Heike (1982); Disch Thomas (1982); Disch Verena (1982); Fritsche Andrea (1982); Glading Claudia (1982); Günther Thomas (1982); Hauser Markus (1982); Heinrich Bruno (1982); Müller Ingo (1982); Naudascher Heike (1982); Oberle Alexandra (1982); Oberle Andrea (1982); Oberle Ralf (1982); Plaettner-Hochwarth Joachim (1982); Preschle Werner (1982); Studer Sibylle (1982)

Schützen-Musikverein Kippenheimweiler

Gründungsjahr:	1924
1. Vorsitzender:	Rudolf Gässler
Stellv. Vorsitzender:	Wilhelm Hertenstein
Schriftführer:	Ernst Heck
Rechner:	Bruno Hertenstein
Beirat:	Richard Baier
	Albert Dorner
	Eugen Heck
	Bernhard Preschle
	Hans-Georg Zipf
Dirigent:	Hans Zürcher
Vizedirigent:	Ingrid Siefert
Jugendleiter:	Richard Siefert
Notenwart:	Birgit Stubanus
Ehrenvorsitzender:	Friedrich Müller

Aktive: Bähr Renate, Flügelhorn (1975); Baier Veronika, Klarinette (1974); Dorner Albert, Schlagzeug (1976); Dorner Klaus, Flügelhorn (1979); Dorner Richard, Horn (1968); Fleig Juliane, Flöte (1977); Fleig Reinhilde, Flöte (1968); Gänshirt Harald, Tenorhorn (1974); Gänshirt Rolf, Trompete (1968); Gässler Beate, Trompete (1975); Gässler Carmen, Flöte (1979); Heck Dieter, Klarinette (1979); Heck Elmar, Horn (1979); Heck Ernst, Tenorhorn (1955); Heck Hans, Saxophon (1949); Herrenknecht Elmar, Trompete (1975); Hertenstein Bruno, Flügelhorn (1949); Hertenstein Iris, Saxophon (1980); Hertenstein Thomas, Posaune (1979); Hertenstein Thomas, Schlagzeug (1980); Hertenstein Volker, Posaune (1974); Hertenstein Wilhelm, Posaune (1950); Hurst Alfred, Klarinette (1951); Hurst Hans, Trompete (1949); Jung Marion, Flügelhorn (1979); Metzger Jürgen, Tuba (1975); Müller Claudia, Saxophon (1977); Normann Wilfried, Saxophon (1954); Schiff-Weis Rudi, Schlagzeug (1974); Siefert Günter, Posaune (1974); Siefert Helmut, Saxophon (1957); Siefert Ingrid, Klarinette (1974); Siefert Richard, Tuba (1957); Spathelfer Sonja, Flöte (1979); Stark Dieter, Horn (1975); Stark Günter, Trompete (1975); Stubanus Birgit, Klarinette (1976); Weis Ditmar, Tuba (1977); Weis Iris, Klarinette (1980); Weis Walter, Tenorhorn (1968); Zipf Friedrich, Trompete (1964); Zipf Hans-Georg, Tenorhorn (1968); Zipf Jürgen, Flügelhorn (1968); Zipf Manfred, Saxophon (1976)
Zöglinge: Deusch Birgit, Saxophon (1982); Fäßler Tobias, Posaune (1981); Hannebauer Ute, Saxophon (1982); Heck Sandra, Klarinette (1981); Hurst Bettina, Klarinette (1981); Jakob Drago, Tuba (1981); Siefert Karola, Klarinette (1981); Studer Thomas, Horn (1981)

Musikverein Germania Kork e.V.

Gründungsjahr:	1908
1. Vorsizender:	Karl Göpper
Stellv. Vorsitzender:	Ernst Zuflucht
Schriftführer:	Günter Schneider
Rechner:	Hans Haag
Beirat:	Werner Heinz
	Ludwig Jörger
	Ingo Kautz
	Kurt Lubberger
	Karl Müller
	Hans Riebs
	Walter Georg Selzer
	Helmut Sutter
Dirigent/ Jugendleiter:	Karl Göpper
Notenwart/ Instrumentenwart:	Helmut Britz

Aktive: Arbogast Günter, Trompete (1977); Baro Karl, Tenorhorn (1975); Boxel von Michael, Klarinette (1980); Britz Helmut, Saxophon (1947); Butz Frank, Flügelhorn (1978); Gerber Manfred, Posaune (1973); Gerber Reinhard, Bariton (1973); Göpper Markus, Klarinette (1978); Hummel Bernd, Trompete (1978); Hummel Luzia, Klarinette (1978); Kautz Ingo, Posaune (1974); Klein Simone, Klarinette (1978); Lubberger Hermann, Tenorhorn (1948); Lubberger Kurt, Tuba (1959); Müller Karl, Tuba (1947); Oeschger Volker, Klarinette (1978); Reiff Stefan, Tenorhorn (1972); Riebs Hans, Klarinette (1967); Riebs Peter, Schlagzeug (1975); Rill Paul, Saxophon (1972); Sänger Sabine, Saxophon (1976); Schneider Günter, Posaune (1962); Selzer Jochen, Trompete (1980); Selzer Walter, Flöte (1948); Sonntag Andrea, Klarinette (1978); Speidel Rolf, Flügelhorn (1972); Stähle Doris, Flöte (1980); Sutter Helmut, Flügelhorn (1973); Sutter Udo, Trompete (1971); Uebelacker Uwe, Trompete (1978); Ullrich Christian, Flügelhorn (1978); Veid Wilhelm, Flügelhorn (1956); Veit Gabriele, Klarinette (1978); Wörner Helmut, Tuba (1957); Zuflucht Ernst, Horn (1961)

Musikverein Kürzell

Gründungsjahr:	1909
1. Vorsitzender:	Josef Benz
Stellv. Vorsitzender:	Klaus Braun
Schriftführerin:	Claudia Freitag
Rechner:	Dieter Parotat
Beirat:	Ernst Geppert
	Anton Hermann
	Jürgen Killius
	Richard Kirner
	Felix Kopf
	Stefan Kopf
	Hermann Kürz
	Kurt Reichart
	Leonhard Rheinberger
	Alfred Weber
	Rolf Wingert
	Wolfgang Ziegler
Dirigent:	Wilhelm Müller
Vizedirigent:	Kurt Reichart
Jugendleiter:	Reinhard Krumm

Notenwart: Richard Kirner; Instrumentenwart: Leonhard Rheinberger; Ehrenmitglied: Fritz Billian
Aktive: Benz Silke, Saxophon (1980); Freitag Claudia, Klarinette (1971); Giedemann Gerhard, Trompete (1965); Gruseck Burghard, Trompete (1974); Gruseck Josef, Saxophon (1962); Gruseck Oskar, Trompete (1960); Gruseck Wolfram, Saxophon (1980); Heitzmann Anneliese, Flügelhorn (1971); Heitzmann Birgit, Trompete (1974); Heitzmann Martina, Flügelhorn (1974); Hermann Monika, Klarinette (1978); Hermann Stefan, Posaune (1971); Karotsch Richard, Tenorhorn (1956); Kienz Helga, Saxophon (1971); Killius Jürgen, Baß (1978); Killius Rainer, Klarinette (1978); Kirner Richard, Tuba (1967); Kopf Edgar, Flöte (1960); Kopf Felix, Horn (1957); Kopf Jürgen, Flügelhorn (1978); Kopf Susanne, Flöte/Pikkolo (1975); Krajnc Ferdinand, Horn (1961); Krajnc Sabine, Flöte (1980); Krajnc Thomas, Horn (1974); Krenkel Werner, Posaune (1961); Krumm Franz, Posaune (1971); Krumm Reinhard, Posaune (1971); Müller Adolf, Tenorhorn (1946); Müller Wilhelm, Trompete (1964); Parotat Klaus, Schlagzeug (1968); Parotat Werner, Flügelhorn (1962); Reichard Kurt, Saxophon (1957); Reichart Silke, Schlagzeug (1974); Rheinberger Leonhard, Trompete (1968); Richmann Andrea, Klarinette (1974); Schneckenbühl Hans-Peter, Tuba (1961); Schöbel Vera, Klarinette (1971); Schröder Ellen, Klarinette (1978); Sexauer Gregor, Bariton (1961); Schröder Jürgen, Tenorhorn (1978); Velte Jörg, Saxophon (1981); Velte Jürgen, Schlagzeug (1978); Vogel Albert, Tenorhorn (1978)
Jugendliche: Ehret Ulrich, Flügelhorn (1980); Fähndrich Georg, Posaune (1978); Geppert Alexander, Klarinette (1982); Geppert Daniel, Trompete (1982); Gruseck Gunther, Klarinette (1980); Heimburger Jochen, Trompete (1982); Heitz Tonja, Klarinette (1982); Heitzmann Bernd, Tenorhorn (1980); Krajnc Anja, Klarinette (1982); Kratzer Claudia, Klarinette (1981); Krumm Paul, Klarinette (1980); Kunz Andrea, Klarinette (1982); Reichart Ute, Klarinette (1982); Reichart Werner, Saxophon (1980); Rheinberger Tonja, Klarinette (1982); Schmieder Hanni, Flügelhorn (1978); Schöbel Doris, Flöte (1981); Vogel Claudia, Klarinette (1980); Wingert Kurt, Klarinette (1980)

Musikverein Kuhbach

Gründungsjahr:	1903
1. Vorsitzender:	Richard Rappenecker
Stellv. Vorsitzender:	Hans Briem
Schriftführer:	Dieter Barthruff
Rechner:	Erwin Rieger
Beirat:	Hans Baier
	Franz Beck
	Herrmann Bühler
	Manfred Eble
	Dieter Hetzinger
	Rudi Holzer
	Max Kaiser
	Herbert Krämer
	Ralf Krämer
	Heinz Liebert
	Albert Löffler
	Albert Pfeiffer
Dirigent:	Georg Weyerer
Vizedirigent:	Hans Briem

Jugendleiter: Manfred Krämer; Notenwart/Instrumentenwart: Franz Kramaska; Ehrenpräsident: Engelbert Reichert; Ehrendirigent: Hermann Kunz
Aktive: Barthruff Dieter, Tuba (1954); Barthruff Heike, Klarinette (1982); Beck Franz, Horn (1946); Bohro Heide, Klarinette (1980); Bohro Karin, Klarinette (1982); Briem Hans, Tuba (1945); Briem Rainer, Trompete (1975); Eble Manfred, Tenorhorn (1963); Engel Alfred, Flügelhorn (1939); Fäßler Josef, Trompete (1982); Faißt Marita, Klarinette (1982); Fehrenbach Roland, E-Baß (1971); Fuchs Markus, Schlagzeug (1980); Galla Heike, Klarinette (1981); Gießler Bernd, Horn (1975); Gießler Hanjo, Posaune (1975); Gießler Heide, Flügelhorn (1970); Gießler Sonja, Flöte (1978); Glatz Beatrix, Horn (1979); Göhrig Ruth, Klarinette/Saxophon (1979); Göhringer Jutta, Flöte (1978); Hetzinger Dieter, Schlagzeug (1964); Isenmann Sabine, Klarinette (1981); Jundt Bernd, Flügelhorn (1980); Jundt Fridolin, Tuba (1946); Kaiser Max, Flügelhorn (1939); Kaiser Winfried, Flügelhorn (1967); Krämer Gabi, Klarinette (1970); Krämer Herbert, Klarinette/Saxophon (1945); Krämer Manfred, Klarinette/Saxophon (1969); Krämer Ralf, Posaune (1975); Kramaska Franz, Schlagzeug (1960); Löffler Martin, Tenorhorn (1980); Löprich Rudi, Tenorhorn (1980); Mäntele Sibille, Klarinette (1980); Meier Stefan, Klarinette (1981); Müller Dieter, Gitarre (1979); Pfeiffer Albert, Flügelhorn (1946); Rappenecker Franz, Trompete (1955); Rappenecker Holger, Trompete (1976); Rappenecker Richard, Bariton (1945); Rieger Claudia, Klarinette (1978); Rieger Erwin, Posaune (1954); Rieger Michael, Trompete (1976); Schaub Volker, Klarinette/Saxophon (1976); Schmidt Nicole, Klarinette (1981); Schulte Christian, Klarinette (1979); Schwörer Reinhold, Trompete (1975); Stampf Stefanie, Klarinette/Saxophon (1978); Vogt Bernd, Trompete (1982); Wehner Frank, Trompete (1982); Weis Annette, Flöte (1980); Weis Werner, Tenorhorn (1953); Wonsak Friedhelm, Posaune (1974)

Stadtkapelle Lahr e.V.

Gründungsjahr:	1871*
1. Vorsitzender:	Karl-Heinz Müller
Stellv. Vorsitzender:	Reiner Michel
Schriftführer:	Alfons Pujol
Rechner:	Hans Kutschka
Beirat:	Fritz Müllerleile
	Hans Pfeiffer
	Quirin Schneider
Dirigent:	Joachim Volk
Jugendleiter:	Norbert Ehret
Notenwart:	Christian Flüge
Ehrenpräsident:	Wilhelm Schaible
Ehrenvorsitzender:	Ewald Körner
Ehrendirigent:	Karl Müller

Aktive: Boll Thomas, Klarinette (1981); Brucker Ralph, Flügelhorn (1977); Brucker Reinhold, Tenorhorn (1981); Brucker Susanne, Posaune (1981); Ehret Norbert, Flügelhorn (1973); Fabricius Axel, Klarinette (1975); Flüge Christian, Saxophon (1981); Flüge Gabi, Flöte (1981); Gawlitzek Sascha, Schlagzeug (1982); Goj Dirk, Posaune (1980); Huber Stefan, Klarinette (1975); Hutson Andreas, Posaune (1979); Jäger Karin, Klarinette (1982); Kalbfuß Adam, Bariton (1979); Körner Ewald, Tuba (1952); Kopf Birgit, Flöte (1977); Krauß Ulrike, Klarinette (1979); Kremling Andreas, Posaune (1976); Krygowski Elke, Klarinette (1975); Krygowski Franz, Schlagzeug (1981); Lackner Wilfried, Posaune (1971); Lischke Thomas, Posaune (1978); Manger Patrik, Tenorhorn (1979); Michel Reiner, Saxophon (1966); Michel Uwe, Trompete (1979); Moser Michael, Schlagzeug (1981); Müller Karl, Klarinette (1919); Müller Karl-Heinz, Tuba (1964); Müllerleile Peter, Schlagzeug (1975); Nebel Gernot, Klarinette (1981); Obert Armin, Klarinette (1976); Pröger Michaela, Klarinette (1980); Riedel Kai, Schlagzeug (1981); Riedel Olaf, Saxophon (1981); Rittweiler Stefan, Flügelhorn (1975); Schmidt Frank, Trompete (1979); Schneider Quirin, Trompete (1976); Schneider Silke, Flöte (1979); Schüssele Bernd, Tenorhorn (1981); Schulz Hans, Flügelhorn (1972); Seiler Harald, Saxophon (1979); Selzer Annette, Flöte (1979); Süptitz Stefan, Klarinette (1980)
Jugendkapelle: Bader Joachim, Schlagzeug (1981); Bernhardt Christine, Klarinette (1981); Bernhardt Martin, Schlagzeug (1981); Brucker Harald, Posaune (1979); Fehse Eric, Bariton (1981); Frank Michael, Tenorhorn (1980); Frank Tobias, Trompete (1980); Goj Birthe, Trompete (1981); Gommlich Markus, Posaune (1981); Gür Andrea, Klarinette (1981); Hubbes Elise, Klarinette (1979); Kleinow Heike, Klarinette (1981); Krieg Andreas, Trompete (1979); Krygowski Michael, Trompete (1978); Neubauer Frank, Horn (1978); Neubauer Thomas, Tenorhorn (1978); Schiff Stefan, Trompete (1981); Schmidt Susanne, Flöte (1980); Schmitt Nicole, Flöte (1981); Schwarzwälder Klaus, Trompete (1981)

Werkskapelle „GROHE" Lahr

Gründungsjahr:	1965
Verwaltung:	GROHE Thermostat GmbH
Schriftführer:	Hermann Schatz
Rechner:	Hermann Schatz
Dirigent:	Hermann Schatz
Vizedirigent:	Rudolf Schüssele

Aktive: Eichhorn Gerold, Bariton (1972); Griesbaum Hermann, Saxophon (1965); Häß Alfred, Tuba (1966); Hartmann Wolfgang, Trompete (1978); Hürster Rolf, Tuba (1967); Kiesele Walter, kl. Trommel (1965); Kunz Ewald, Klarinette (1968); Mosbach Josef, Horn (1966); Müller Adolf, Tenorhorn (1976); Mutz Walter, Saxophon (1965); Radlmayer Kurt, Trompete (1968); Remer Gerhard, gr. Trommel (1965); Schüssele Rudolf, Flügelhorn (1965); Sexauer Birgitt, Klarinette (1980); Stengg Fritz, Klarinette (1969); Woop Dieter, Flügelhorn (1969)

Musikverein „Harmonie" Lahr-Dinglingen e.V.

Gründungsjahr:	1914
1. Vorsitzender:	Waldemar Lind
Stellv. Vorsitzender:	Heinz Schindowski
Schriftführer:	Jürgen Siefert
Rechner:	Dieter Kappis
Beirat:	Martin Frank
	Eveline Haas
	Otto Rassler
	Harald Siefert
	Heinz Thiele
Dirigent:	Alfred Steiert
Vizedirigent/ Jugendleiter/ Notenwart/ Instrumentenwart:	Günter Winkel

Aktive: Billion Gabi, Klarinette (1968); Bischof Hans-Peter, Tuba (1973); Burgmeier Werner, Schlagzeug (1953); Dages Frank, Trompete (1973); Debacher Albert, Tuba (1947); Faißt Christiane, Trompete (1973); Frank Jürgen, Tenorhorn (1972); Frank Martin, Horn (1973); Frank Michael, Tuba (1976); Haas Eveline, Klarinette (1967); Heß Gisela, Klarinette (1978); Heß Martin, Posaune (1978); Holland Haiko, Klarinette (1972); Holzer Jürgen, Flügelhorn (1973); Holzer Petra, Klarinette (1974); Kappis Dieter, Tenorhorn (1950); Kappis Roland, Horn (1972); Krygowski Elke, Klarinette (1976); Lang Karl, Horn (1920); Laurent Gerhard, Flügelhorn (1966); Maier Markus, Trompete (1974); Nickert Christian, Flöte (1972); Rampelt Erwin, Trompete (1960); Reinbold Axel, Flügelhorn (1972); Rösch Antonia, Klarinette (1967); Schelling Max-Peter, Trompete (1973); Schülli Martin, Flügelhorn (1979); Schülli Simone, Klarinette (1979); Schwend Reinhard, Schlagzeug (1972); Siefert Jürgen, Bariton (1966); Siefert Oliver, Tenorhorn (1976); Surbeck Volker, Posaune (1972); Weidenbach Konrad, Trompete (1980); Winkel Gerlinde, Klarinette (1967); Winkel Günter, Posaune (1962); Woop Dieter, Flügelhorn (1959).
Zöglinge: Bader Annette, Klarinette (1980); Frey Annette, Klarinette (1980); Frey Hans-Dieter, Tenorhorn (1980); Funk Michael, Klarinette (1978); Herrmann Wolfgang, Flügelhorn (1979); Kern Sven, Trompete (1978); Manna Nicki, Schlagzeug (1980); Meyer Hans-Peter, Posaune (1978); Münch Axel, Klarinette (1980); Packmor Patrick, Trompete (1977); Porta Marko, Bariton (1978); Schwindt Christoph, Klarinette (1979); Siefert Mirko, Trompete (1979).

Radsport- u. Musikverein „Eintracht" Langhurst e.V.

Gründungsjahr:	1906/1926
1. Vorsitzender:	Paul Kempf
Stellv. Vorsitzender:	Roman Junker
Schriftführer:	Edwin Schnebelt
Rechner:	Alfons Ritter
Beirat:	Fritz Bayer
	Alfons Brüderle
	Manfred Lehmann
	Hans-Martin Matt
	Josef Ritter
	Richard Sester
	Wolfgang Wurz
Dirigent:	Horst König
Vizedirigent:	Helmut Studer
Jugendleiter/ Notenwart:	Willi Junker
Ehrendirigent:	Hugo Göhring
Ehrenkorpsführer:	Hermann Welle

Aktive: Braun Thomas, Flügelhorn (1977); Broß Waldemar, Trompete (1950); Brüderle Franz, Bariton (1962); Bürkle Armin, Horn (1977); Geppert Gerold, Klarinette (1975); Hardrath Dieter, Saxophon (1966); Heitz Hans-Jürgen, Posaune (1962); Junker Gerhard, Posaune (1947); Junker Willi, Flügelhorn (1965); Kempf Arnold, Klarinette (1969); Kempf Caroline, Flöte (1979); Kempf Dietmar, Flügelhorn (1977); Kempf Hubert, Tenorhorn (1950); Kempf Ralph, Klarinette (1981); Kramer Rolf, Posaune (1969); Kramer Susanne, Klarinette (1981); Kranz Klaus, gr. Trommel (1959); Mungenast Bernfried, Klarinette (1966); Oßwald Daniel, Trompete (1977); Oßwald Stephan, Klarinette (1977); Oßwald Wolfgang, Flöte (1981); Pesta Lothar, Tuba (1966); Ritter Alfons, Posaune (1968); Ritter Josef, Bariton (1978); Sester Horst, Horn (1950); Steiger Hubert, kl. Trommel (1973); Studer Helmut, Tuba (1962); Studer Kurt, Flügelhorn (1966).

Musikverein e.V. Legelshurst

Gründungsjahr:	1920
1. Vorsitzender:	Willi Göpper
Stellv. Vorsitzender:	Horst Kloo
Schriftführer:	Hermann Vogt
Stellv. Schriftführer:	Helmut Röhrig
Rechner:	Charlotte Schmidt
Beirat:	Jürgen Ammann
	Hans Klinnert
	Horst Kloo
	Willi Krägeloh
	Alfred Lebrecht
	Hermann Lux
	Helmut Röhrig
	Charlotte Schmidt
	Martin Schmieder
	Hermann Vogt
	Kurt Vogt
	Gerhard Weislogel
	Fritz Wüst
Dirigent:	Georg Weyerer

Jugendleiter: Martin Schmieder; Notenwart: Hans Klinnert; Instrumentenwart: Kurt Vogt

Aktive: Ammann Jörg, Tenorhorn (1979); Faulhaber Michael, Schlagzeug (1964); Fladt Evi, Klarinette (1971); Hartmann Rolf, Posaune (1974); Höhn Andreas, Gitarre (1966); Kittel Günther, Trompete (1964); Klinnert Hans, Horn (1964); Kloo Andreas, Trompete (1978); Kloo Diana, Klarinette (1979); Kloo Helmut, Posaune (1954); Kloo Horst, Klarinette (1955); Kloo Stefan, Trompete (1978); Knäbel Ewald, Posaune (1954); König Karl Heinz, Tenorhorn (1957); Lusch Edwin, Klarinette (1974); Manßhardt Walter, Trompete (1960); Moser Rainer, Trompete (1979); Mostberger Rainer, Tuba (1975); Sauer Wolfgang, Trompete (1979); Schmieder Martin, Tenorhorn (1966); Soth Friedrich, Klarinette (1935); Spitz Gisela, Saxophon (1967); Vogt Kurt, Trompete (1964); Weislogel Gerhard, Horn (1957); Wüst Fritz, Flügelhorn (1953)
Zöglinge: Baus Dirk, Schlagzeug (1980); Heimburger Sandro, Gitarre (1980); Karle Siegfried, Trompete (1981); Karle Stefan, Trompete (1981); Manßhardt Ulrich, Schlagzeug (1981); Mayer Gisbert, Trompete (1980); Mayer Oda, Klarinette (1979); Röhrig Birgit, Flöte (1979); Schertel Philip, Trompete (1980); Stölzel Axel, Posaune (1979)

Musikverein „Harmonie" Leutesheim

Gründungsjahr:	1924
1. Vorsitzender:	Helmut Gerhardt
Stellv. Vorsitzender:	Karl Hummel
Schriftführer:	Friedrich Hummel
Rechner:	Walter Schütt
Dirigent:	Dieter Baran
Vizedirigent/	
Jugendleiter:	Rainer Wörner
Notenwart:	Herbert Zimmer
Ehrenvorsitzender:	Friedrich Thorwarth
Ehrendirigent:	Kurt Grimmig

Aktive: Barthelme Hans, Klarinette (1979); Barthelme Jörg, Klarinette (1979); Baumert Armin, Trompete (1979); Doll Karl-Heinz, Tenorhorn (1977); Fuchs Doris, Trompete (1977); Gerhardt Friedrich, Saxophon (1972); Gerhardt Helmut, Tuba (1959); Gerhardt Jörg, Posaune (1975); Grimmig Stefanie, Klarinette (1979); Hauss Herbert, Tenorhorn (1966); Hauss Peter, Tenorhorn (1966); Hummel Dieter, Tenorhorn (1958); Hummel Edgar, Flügelhorn (1970); Hummel Emil, Posaune (1949); Hummel Ernst, Trompete (1949); Hummel Ernst, Klarinette (1949); Hummel Fritz, Bariton (1957); Hummel Karl, Tenorhorn (1937); Hummel Karl, Bariton (1964); Hummel Manfred, Schlagzeug (1974); Hummel Stefan, Trompete (1975); Hummel Uwe, Klarinette (1978); Kahrau Benno, Klarinette (1972); Kahrau Uwe, Klarinette (1973); Karch Emil, Horn (1949); Karch Martin, Schlagzeug (1978); Karch Reinhard, Saxophon (1972); Karch Werner, Posaune (1951); Karch Willi, Saxophon (1954); Kleinmann Ernst, Saxophon (1964); Kübler Heinrich, Posaune (1949); Kübler Ralf, Horn (1972); Müller Dietmar, Tuba (1975); Oberle Werner, Schlagzeug (1968); Preiß Gerd, Saxophon (1975); Ross Ernst, Trompete (1954); Ross Frank, Bariton (1977); Ross Fritz, Posaune (1954); Ross Günter, Flügelhorn (1964); Ross Jürgen, Trompete (1975); Schneider Fritz, Horn (1949); Schneider Jutta, Flöte (1975); Schütt Bettina, Flöte (1975); Schütt Walter, Klarinette (1954); Sutter Helmut, Posaune (1977); Wagner Gerhard, Klarinette (1966); Weislogel Erwin, Saxophon (1964); Weislogel Willi, Klarinette (1964); Wörner Rainer, Flügelhorn (1970); Wüsten Manfred, Horn (1979); Zeller Jürgen, Saxophon (1975); Ziegler Frank, Horn (1978); Zier Ralf, Tenorhorn (1975); Zimmer Dieter, Flöte (1963); Zimmer Herbert, Flügelhorn (1949); Zimmer Martin, Flügelhorn (1954); Zimmer Robert, Flügelhorn (1949); Zipfel Alexander, Klarinette (1977)

Musikverein „Harmonie" Linx e.V.

Gründungsjahr:	1930
1. Vorsitzender:	Albert Schoch
Stellv. Vorsitzender:	Rolf Gabriel
Schriftführer:	Michael Faulhaber
Rechner:	Werner Engel
Beisitzer (Aktiva):	Robert König
	Albert Lasch
	Günter Sänger
	Fritz Scheidecker
Beisitzer (Passiva):	Günter Düll
	Gert Morgenthaler
	Wilhelm Pfistner
Dirigent:	Hermann Kehret
Jugendleiter:	Heinz Faulhaber
Notenwart:	Klaus Büchel
Ehrenvorstand:	Georg Berger

Aktive: Büchel Gudrun, Flügelhorn (1979); Büchel Klaus, Tenorhorn (1955); Büchel Richard, Flügelhorn (1976); Burgmann Arnold, Klarinette (1953); Düll Ulrike, Klarinette (1979); Faulhaber Heinz, Tenorhorn (1968); Gabriel Heinz, Tuba (1961); Gabriel Martina, Flöte (1978); Gabriel Rolf, Bariton (1955); Haas Frank, Saxophon (1977); Haas Stephan, Trompete (1977); Härrer Christine, Klarinette (1979); Heidt Wilhelm, Trompete (1930); König Bernd, Pauken (1975); König Jürgen, Flöte (1976); König Klaus, Horn (1973); König Robert, Horn (1951); Köster Frank, Posaune (1979); Lacker Christian, kl. Trommel (1979); Lacker Kurt, Flügelhorn (1953); Lasch Albert, Horn (1935); Lasch Erwin, Flügelhorn (1959); Lasch Jürgen, Trompete (1976); Lasch Werner, gr. Trommel (1970); Lipp Roland, Saxophon (1977); Mannßhardt Bernd, Saxophon (1977); Mannßhardt Erwin, Tuba (1949); Mannßhardt Martin, Horn (1973); Mannßhardt Thomas, Posaune (1977); Marz Daniela, Klarinette (1979); Pfistner Wolfgang, Posaune (1973); Sänger Dieter, Posaune (1977); Sänger Friedrich, Trompete (1949); Sänger Günter, Posaune (1951); Sänger Klaus, Klarinette (1977); Sänger Marianne, Klarinette (1979); Schäfer Klaus, Saxophon (1977); Scheer Friedrich, Tuba (1931); Scheidecker Fritz, Tenorhorn (1935); Weber Hans, Trompete (1949); Weber Heidi, Trompete (1979); Weber Karl-Heinz, Bariton (1972); Weber Reinhold, Trompete (1969); Wichmann Norbert, Trompete (1981); Zimmer Andrea, Klarinette (1978); Zimmer Joachim, Klarinette (1978)
Zöglinge: Biauce Peter, Posaune (1979); Burgmann Ralf, Klarinette (1979); Engel Nicole, Klarinette (1979); Mannßhardt Michael, Tenorhorn (1979); Schoch Birgitt, Klarinette (1979); Zimmer Jutta, Klarinette (1979)

Musikverein Mahlberg

Gründungsjahr:	1898
1. Vorsitzender:	Ferdinand Kiesel
Stellv. Vorsitzender:	Rudolf Kalt
Schriftführer:	Albrecht Herzog
Rechner:	Ernst Schmidt
Beirat (Aktiva):	Bernhard Kopf
	Klaus Kromer
	Pius Weber
	Richard Wurth
Beirat (Passiva):	Anton Kalt
	Paul Ruder
Dirigent:	Reinhard Funk
Vizedirigent/	
Jugendleiter:	Albrecht Herzog
Notenwarte:	Andreas Ruder
	Harald Vetter

Aktive: Beck Andrea, Klarinette (1974); Bing Gerlinde, Flügelhorn (1975); Binz Jürgen, Schlagzeug (1982); Buser Helmut, Tenorhorn (1947); Buser Matthias, Klarinette (1972); Disch Udo, Klarinette (1977); Dosch Martin, Tuba/E-Baß (1978); Fässler Manfred, Tenorhorn (1978); Fischer Rita, Klarinette (1976); God Ulrich, Flügelhorn (1977); Günther Joachim, Flöte (1976); Günther Jürgen, gr. Trommel (1980); Heitzmann Ralf, Trompete (1979); Heitzmann Sandra, Klarinette (1979); Hertenstein Renate, Klarinette (1974); Herzog Albrecht, Tuba (1951); Herzog Nicola, Klarinette (1979); Herzog Wolfgang, Saxophon (1955); Huber Johannes, E-Baß (1978); Kalt Jürgen, Flügelhorn (1972); Kalt Rudolf, Trompete (1948); Kiesel Stefan, Trompete (1980); Kopf Bernhard, Flügelhorn (1947); Kopf Hermann, Saxophon (1968); Kromer Albin, Schlagzeug (1980); Kromer Frowin, Trompete (1972); Kromer Klaus, Klarinette (1956); Kromer Markus, Saxophon (1968); Künzler Clemens, Saxophon (1967); Lang Josef, Orgel (1978); Normann Klaus, Schlagzeug (1974); Obergföll Patrik, Tenorhorn (1976); Röderer Bertram, Posaune (1977); Ruder Andreas, Klarinette (1973); Sattler Frank, Klarinette (1978); Sattler Reinhold, Posaune (1976); Schuler Rainer, Trompete (1968); Steiner Edgar, Horn (1977); Vetter Harald, Klarinette (1975); Vetter Josef, Flügelhorn (1969); Vögele Leopold, Tuba (1974); Vögele Petra, Flügelhorn (1969); Wacker Armin, Posaune (1972); Wacker Ewald, Tenorhorn (1968); Warda Jürgen, Tenorhorn (1971); Weber Anette, Klarinette (1979); Weber Marcel, Flügelhorn (1979); Weber Pius, Flügelhorn (1962); Weber Robert, Klarinette (1965); Wurth Karin, Klarinette (1979); Wurth Pirmin, Trompete (1971); Wurth Richard, Tenorhorn (1947); Zipf Matthias, Horn (1972)
Zöglinge: Günther Daniela, Klarinette (1982); Herzog Thomas, Trompete (1982); Holderer Simone, Klarinette (1982); Leitz Beate, Klarinette (1982); Leitz Birgitt, Klarinette (1982); Weiswurm Petra, Klarinette (1979); Zehnle Bianca, Klarinette (1979)

Musikverein Trachtenkapelle Marlen e.V.

Gründungsjahr:	1906
1. Vorsitzender:	Kurt Lutz
Stellv. Vorsitzender:	Franz Moser
Schriftführer:	Heinz Krämer
Stellv. Schriftführer:	Friedrich Krumay sen.
Rechner:	Ottmar Fehrenbach
Stellv. Rechner:	Josef Moser
Beirat:	Adolf Boschert
	Sabine Bühler
	Erika Karg
	Karl Klem
	Ursula Marzluf
	Albin Oeschger
	Manfred Rith
	Michael Rith
Dirigent:	Hugo Braun
Fahnenträger:	Xaver Klem
	Herbert Rith

Vizedirigent/Jugendleiter: Werner Bühler; Notenwarte: Ludwig Boll, Edgar Udri; Instrumentenwart: Friedrich Krumay sen.; Ehrendirigent: Willy Kirpes
Aktive: Berl Michael, Schlagzeug (1977); Berl Siegfried, Posaune (1975); Boll Ludwig, Tuba (1934); Braun Michael, Saxophon (1976); Braun Roland, Schlagzeug (1972); Bühler Manuela, Klarinette (1978); Bühler Sabine, Saxophon (1973); Bühler Werner, Tenorhorn (1950); Dick Helmut, Saxophon (1956); Dick Rainer, Trompete (1979); End Michaela, Klarinette (1976); End Sylvia, Klarinette (1978); Fautz Raimund, Trompete (1978); Fellhauer Uwe, Flügelhorn (1973); Fischer Helmut, Horn (1964); Göppert Dietmar, Klarinette (1979); Grosse Matthias, Saxophon (1973); Haag Ernst, Tuba (1954); Jaletzky Lothar, Saxophon (1975); Jaletzky Rainer, Saxophon (1975); Karg Peter, Klarinette (1976); Klem Karl, Posaune (1962); Klem Werner, Trompete (1972); Krämer Heinz, Flügelhorn (1962); Krumay Corina, Flöte (1976); Krumay Friedrich sen., Lyra (1921); Krumay Friedrich jun., Flügelhorn (1952); Krumay Marisa, Flöte (1976); Leibiger Wolfgang, Trompete (1979); Mäder Michael, Posaune (1980); Marzluf Stefanie, Klarinette (1977); Maurer Alfred, Horn (1947); Meier Sabine, Klarinette (1976); Mendorf Eveline, Klarinette (1978); Mendorf Jürgen, Saxophon (1973); Moser Astrid, Flöte (1976); Moser Franz, Bariton (1932); Moser Thomas, Tenorhorn (1975); Muser Roland, Posaune (1961); Oertel Mario, Posaune (1975); Oeschger Albin, Flügelhorn (1973); Oser Rene, Flügelhorn (1979); Rahäuser Rainer, Schlagzeug (1977); Rith Manfred, Bariton (1962); Rith Michael, Tuba (1968); Schad Petra, Klarinette (1978); Schofer Theo, Tenorhorn (1948); Sievers Thomas, Trompete (1973); Udri Edgar, Posaune (1962); Udri Gunther, Flügelhorn (1964)
Zöglinge: Doms Jutta, Klarinette (1981); Egg Alexander, Klarinette (1980); Egg Natalie, Trompete (1981); End Birgit, Klarinette (1979); Fautz Robert, Horn (1981); Gilzer Carina, Klarinette (1981); Kern Alexander, Horn (1978); Krumay Silke, Flügelhorn (1981); Mang Bernhard, Trompete (1981); Mang Markus, Klarinette (1981); Meier Martina, Klarinette (1979); Schad Andreas, Horn (1981); Schad Michael, Horn (1981); Schäfer Jörg, Klarinette (1979); Schlenz Patrick, Klarinette (1981)

Musikverein e.V. Trachtenkapelle Meißenheim

Gründungsjahr:	1906
1. Vorsitzender:	Kurt Rinkel
Stellv. Vorsitzende:	Roland Heimburger
	Eberhard Hierlinger
Schriftführer:	Franz Kern
Stellv. Schriftführerin:	Renate Vollmer
Rechner:	Bernd Hannemann
Stellv. Rechner:	Bruno Heimburger
Beirat:	Rudi Bartkowiak
	Rainer Göpper
	Adolf Höfler
	Rolf Hürster
	Günter Huser
	Hans Kuhn
	Karlheinz Schmidt
Dirigent:	Hubert Geng
Vizedirigenten:	Roland Heimburger
	Dieter Wäldin

Jugendleiter: Theo Fischer, Sabine Höfler, Hugo Wäldin; Notenwarte: Uwe Rosewich, Gerhard Urban; Instrumentenwarte: Karlheinz Schmidt, Renate Vollmer; Ehrenvorsitzender: Oßwald Schlenker; Ehrenmitglieder: Max Blum, Oscar Bohnert, Kurt Fischer, Rudolf Lutz, Karl Rosewich, August Schlenker, Artur Velz, Adolf Waldmann, Ernst Würz
Aktive: Bartkowiak Susanne, Klarinette (1978); Baumann Ute, Flöte (1979); Bieger: Martin, Trompete (1963); Blum Albert, Trompete (1957); Blum Max, gr. Trommel (1950); Blum Sylvia, Saxophon (1973); Fischer Gerd, Trompete (1977); Fischer Theo, Posaune (1977); Geng Hubert, Trompete (1963); Göpper Rainer, Tuba (1962); Hannemann Martina, Klarinette (1981); Heimburger Bruno, Tenorhorn (1973); Heimburger Karin, E-Baß (1977); Heimburger Michael, Klarinette (1981); Heimburger Roland, Tenorhorn (1955); Heimburger Sabine, Saxophon (1973); Heimburger Walter, Pauken (1966); Hierlinger Bernd, Horn (1977); Höfler Horst, Posaune (1967); Höfler Sabine, Saxophon (1973); Hürster Rolf, Tuba (1959); Huser Achim, Saxophon (1977); Huser Uwe, Posaune (1980); Kern Bruno, Trompete (1977); Kern Franz, Flügelhorn (1954); Kern Ralf, Posaune (1973); Kern Ute, Flöte (1976); Kleis Thomas, Schlagzeug (1976); Klotz Ekkard, Flügelhorn (1976); Lohrer Walter, Horn (1954); Lohrer Werner, Tuba (1978); Metzger Martin, Klarinette (1979); Parotat Werner, Trompete (1980); Rinkel Hannelore, Gesang (1978); Rinkel Kurt, Tuba (1954); Rinkel Marianne, Klarinette (1976); Rinkel Volker, Trompete (1979); Rosewich Christiane, Klarinette (1976); Rosewich Sabine, Klarinette (1973); Rosewich Uwe, Schlagzeug (1973); Schäfer Beate, Klarinette (1977); Schlenker Alexandra, Klarinette (1981); Schlenker Conny, Saxophon (1976); Schlenker Helmut, Bariton (1968); Schmidt Anette, Klarinette (1976); Schmidt Karlheinz, Trompete (1968); Sensenbrenner Arno, Klarinette (1978); Sensenbrenner Bernd, Klarinette (1980); Sensenbrenner Britta, Klarinette (1979); Sensenbrenner Kuno, Saxophon (1963); Tatz Oliver, Klarinette (1980); Urban Gerhard, Flügelhorn (1977); Velz Artur, gr. Trommel/Becken (1950); Velz Kurt, Horn (1963); Vollmer Renate, Saxophon (1973); Wäldin Dieter, Gitarre (1979); Waldmann Adolf, Tenorhorn (1948); Wilhelm Helga, Klarinette (1976); Ziemann Alexander, Schlagzeug (1977); Zipf Friedrich, Trompete (1963); Zürcher Arno, Saxophon (1977); Zürcher Michaela, Klarinette (1976)
Zöglinge: Hierlinger Achim, Posaune (1981); Langenfeld Carsten, Klarinette (1981); Metzger Heike, Klarinette (1982); Schiff Holger, Trompete (1981); Siegel Harald, Trompete (1982); Weiß Andreas, Horn (1981); Wohlschlegel Carmen, Flöte (1982)

Musikverein Münchweier e.V.

Gründungsjahr:	1898
1. Vorsitzender:	Hans-Jörg Schmieder
Stellv. Vorsitzender:	Wolfgang Burger
Schriftführer:	Gustav Schmidt
Rechner:	Günter Hog
Beirat:	Eugen Enderle
	Arno Goldau
	Werner Hog
	Helmut Kollofrath
	Roland Pfisterer
	Emil Steiner
	Augustin Wangler
	Franz Wangler
Dirigent:	Werner Hug
Vizedirigent:	Hans-Jörg Schmieder
Jugendleiter:	Gerhard Weisbach
Ehrenvorsitzender:	Berthold Trenkle

Aktive: Bing Walter, Klarinette (1975); Breig Albrecht, Bariton (1964); Burger Wolfgang, Klarinette (1964); Enderle Eugen, Tuba (1955); Enderle Wolfgang, Klarinette (1977); Hog Günter, Tuba (1968); Hog Günter, Flügelhorn (1973); Hog Ingrid, Klarinette (1975); Hog Karl, Posaune (1965); Hog Martin, Posaune (1975); Ibig Klaus, Trompete (1968); Ibig Theodor, Horn (1960); Karle Jürgen, Schlagzeug (1975); Kollofrath Andreas, Flöte (1975); Kollofrath Helmut, Tuba (1973); Pfisterer Roland, Oboe (1968); Rothmann Marco, Flügelhorn (1977); Schmidt Gustav, Horn (1964); Schmieder Hans-Jörg, Tenorhorn (1960); Sieferer Harald, Trompete (1973); Speth Armin, Schlagzeug (1975); Still Hans, Schlagzeug (1977); Tränkle Renate, Klarinette (1975); Troxler Clemens, Tenorhorn (1975); Wangler Franz, Posaune (1953); Wangler Thomas, Posaune (1973); Weisbach Gerhard, Flügelhorn (1964)
Jugendliche: Billharz Dieter, Flügelhorn (1979); Bing Heidi, Klarinette (1980); Breig Klaus-Dieter, Schlagzeug (1979); Enderle Beate, Klarinette (1979); Enderle Christine, Klarinette (1979); Enderle Edwin, Schlagzeug (1979); Flösch Frank, Trompete (1980); Foßler Bettina, Flügelhorn (1980); Götz Heike, Horn (1980); Goldau Karin, Klarinette (1980); Greschbach Harald, Trompete (1975); Hog Birgitt, Horn (1980); Hog Thomas, Bariton (1980); Keusgen Heike, Klarinette (1980); Oswald Reinhard, Tuba (1975); Richter Monika, Flöte (1979); Schoch Gebhard, Tenorhorn (1975); Schoch Markus, Posaune (1980); Steiner Karin, Trompete (1980); Still Rebecca, Flöte (1978); Wangler Bernd, Posaune (1980); Wangler Harald, Trompete (1978); Wangler Wolfgang, Klarinette (1980); Wazeck Gerold, Klarinette (1978); Zanger Thomas, Schlagzeug (1979)

Musikverein Harmonie Niederschopfheim e.V.

Gründungsjahr:	1909
1. Vorsitzender:	Willi Löffler
Stellv. Vorsitzender:	Josef Harter
Schriftführer:	Helmut Tränkle
Rechner:	Paul Hahn
Beirat:	Adolf Eggs
	Alfons Ehret
	Josef Ehret
	Otto Ehret
	Willi Ehrhardt
	Franz Herrmann
	Albert Lehmann
	Alois Rottenecker
	Otto Seidel
	Herbert Tränkle
	Erich Wörter
Dirigent:	Hubert J. Kasper
Vizedirigent:	Ulrich Ehret
Jugendleiter:	Martin Gallus

Notenwart: Gerhard Stapf; Ehrenvorsitzender: Albert Bauer; Ehrendirigent: Alfred Möschle
Aktive: Bauer Alois, Posaune (1950); Brämer Bernd, Schlagzeug (1974); Braunstein Loretta, Klarinette (1973); Bürkle Herbert, Bariton (1953); Ehret Otto, Flügelhorn (1946); Ehret Ulrich, Klarinette (1967); Franz Martin, Schlagzeug (1980); Gallus Christoph, Klarinette (1974); Gallus Martin, Tenorhorn (1967); Gengenbacher Joachim, Flöte (1976); Gengenbacher Jürgen, Klarinette (1979); Gengenbacher Willibald, Flügelhorn (1948); Göppert Christof, Saxophon/Klarinette (1977); Harter Andrea, Klarinette (1981); Harter Josef, Trompete (1957); Himmelsbach Bernhard, Trompete (1979); Himmelsbach Rudolf, Saxophon/Klarinette (1966); Hug Helmut, Posaune (1979); Irslinger Frank, Schlagzeug (1975); Irslinger Helmut, Trompete (1951); Irslinger Markus, Klarinette (1979); Irslinger Ralf, Tenorhorn (1974); Irslinger Udo, Schlagzeug (1979); Kiefer Volker, Flügelhorn (1979); König Wolfgang, Tenorhorn (1974); Kopf Rainer, Tenorhorn (1977); Kopf Wendelin, Posaune (1946); Löffler Bruno, Saxophon/Klarinette (1979); Löffler Willi, Tenorhorn (1947); Mättler Ralf, Klarinette (1979); Marschner Detlef, Klarinette (1979); Mayer Stefan, Trompete (1980); Nötzel Joachim, Flöte (1954); Rösch Georg, Horn (1976); Rösch Markus, Horn (1980); Roth Josef, Tuba (1947); Rottenecker Gebhard, Saxophon/Klarinette (1974); Saar Gerhard, Tuba (1947); Schilli Karl-Heinz, Flügelhorn (1977); Seidel Otto, Tuba (1948); Simon Michael, Horn (1979); Stapf Gerhard, Horn (1952); Wörter Renate, Klarinette (1977)
Zöglinge: Bürkelbach Christine, Klarinette (1981); Grathwohl Sven, Trompete (1981); Harter Christian, Trompete (1982); König Rolf, Tenorhorn (1982); Schaub Elke, Klarinette (1982); Schöntag Jürgen, Tenorhorn (1982); Seidel Claudia, Klarinette (1981); Simon Eberhard, Horn (1981); Stapf Brigitte, Klarinette (1980)

Musikverein Oberschopfheim e.V.

Gründungsjahr:	1904
1. Vorsitzender:	Bruno Beiser
Stellv. Vorsitzender:	Alois Krämer
Schriftführer:	Otmar Jehle
Stellv. Schriftführer:	Hans-Peter Sutterer
Rechner:	Max Gißler
Stellv. Rechner:	Manfred Krüger
Beirat (Aktiva):	Alfons Krämer
	Siegfried Schaub
	Albert Spitznagel
	Albrecht Sunderer
Beirat (Passiva):	Hans Beiser
	Robert Beiser
	Xaver Beiser
	Josef Holzleiter
	Fred Schwederski
	Anton Stortz
	Willi Wetterer
Dirigent:	Wolfgang Geiger
Vizedirigent:	Bernhard Schwend

Jugendleiter: Martin Mussler; Notenwart: Wolfgang Wölfle; Instrumentenwart: Siegfried Schaub; Ehrenvorsitzende: Wilhelm Ackermann, Felix Geiger, Hans Kaiser; Ehrendirigent: Herbert Winkel
Aktive: Beck Günther, Flügelhorn (1980); Beck Martin, Tenorhorn (1980); Beiser Bruno, gr. Trommel (1956); Beiser Klaus, Flügelhorn (1972); Boy Eric, Posaune (1980); Braun Thomas, Flöte (1970); Braun Uwe, Tenorhorn (1977); Feißt Bruno, Flügelhorn (1980); Fischer Rolf, kl. Trommel (1980); Gallus Hermann, Horn (1967); Gallus Lucia, Klarinette (1980); Geiger Stefan, Klarinette (1977); Gißler Max, Saxophon (1967); Holzleiter Günther, Tuba (1975); Horn Franz, Tenorhorn (1975); Huck Erich, Posaune (1977); Jehle Otmar, Bariton (1967); Kaiser Albrecht, Saxophon (1952); Kaiser Bruno, Klarinette (1975); Keller Jochen, Trompete (1980); Kohler Stefan, Flügelhorn (1977); Krämer Alois, Posaune (1948); Krämer Hubert, Klarinette (1970); Krämer Michael, Trompete (1977); Krämer Reinhard, Bariton (1978); Krieg Klaus, Trompete (1980); Krieg Wilfried, Klarinette (1980); Krüger Alex, Trompete (1946); Krüger Manfred, Trompete (1967); Lässker Heinz, Trompete (1980); Lögler Pascal, Tenorhorn (1977); Lögler Reinhard, Trompete (1972); Mussler Bernd, Flöte (1975); Mussler Fritz, Tuba (1950); Mussler Klaus, Schlagzeug (1975); Mussler Martin, Klarinette (1970); Mussler Ulrich, Flügelhorn (1970); Röderer Ulrich, Tenorhorn (1970); Ruf Michael, Tenorhorn (1980); Schaub Siegfried, Klarinette (1957); Schwend Bernhard, Flügelhorn (1970); Spitznagel Albert, Trompete (1952); Spitznagel Michael, Klarinette (1977); Sunderer Albrecht, Horn (1952); Sunderer Roland, Flügelhorn (1977); Sutterer Hans-Peter, Flügelhorn (1970); Wetterer Hubert, Posaune (1975); Wölfle Helmut, Saxophon (1979); Wölfle Wolfgang, Tuba (1979)
Zöglinge: Beck Jürgen (1981); Beiser Nicole (1981); Boy Pascal (1981); Braun Volker (1981); Geiger Antje (1981); Haag Elmar (1981); Huck Axel (1981); Mast Sandra (1981); Schaub Martina (1981); Schneeberger Markus (1981)

Stadtkapelle Offenburg e.V.

Gründungsjahr:	1849
1. Vorsitzender:	Franz Männle
Stellv. Vorsitzender:	Rolf Weckerle
Schriftführer:	Werner Bohnert
Stellv. Schriftführerin:	Margit Haitz
Rechner:	Helmut Heizmann
Stellv. Rechner:	Hans-Peter Schütz
Beisitzer:	Peter Heller
	Bernhard Münchbach
	Helmut Singer
Dirigent:	Hans Lemser
Vizedirigent:	Hermann Kunz
Jugendwart:	Bruno Schmitt
Notenwart:	Franz Lehmann
Instrumentenwart:	Rolf Basler
Ehrendirigent:	Franz Lehmann

Aktive: Bährle Klaus, Tuba (1975); Basler Daniela, Flöte (1976); Basler Michael, Schlagzeug (1975); Basler Rolf, Horn (1958); Berl Hans-Martin, Flügelhorn (1981); Birchinger Fritz, Posaune (1953); Bohnert Werner, Trompete (1963); Bross Heinz, Saxophon (1947); Bürkle Horst, Tenorhorn (1950); Dürlich Gerhard, Klarinette (1978); Euler Peter, Flügelhorn (1979); Flick Gabriele, Flöte (1974); Gerhard Willi, Schlagzeug (1980); Haitz Margit, Saxophon (1969); Hassenstein Stefan, Horn (1979); Heizmann Helmut, Horn (1974); Heller Karl, Klarinette (1956); Heller Peter, Trompete (1960); Herberg Martin, Horn (1979); Hetzel Otto, Flügelhorn (1981); Holder Martin, Klarinette (1981); Huber Michael, Saxophon (1975); Huber Peter, Klarinette (1960); Hugle Otto, Flügelhorn (1955); Kirsten Alexander, Klarinette (1976); König Horst, Flügelhorn (1977); Krapf Michael, Horn (1979); Kunz Dieter, Klarinette (1963); Kunz Hermann, Klarinette (1954); Lauinger Manfred, Bariton (1980); Lehmann Franz, Flöte (1963); Lüwer Walter, Tuba (1981); Männle Heinrich, Klarinette (1957); Meier Stefan, Trompete (1976); Müller Frank, Posaune (1975); Müller Ralf, Bariton (1975); Münchbach Bernhard, Trompete (1975); Münchbach Manfred, Trompete (1975); Obermeier Helmut, Trompete (1968); Oesterle Helmut, Klarinette (1981); Rubin Martin, Saxophon (1963); Schley Josef, Tuba (1974); Schley Monika, Flöte (1975); Schmitt Bruno, Tenorhorn (1959); Schock Johann, Saxophon (1981); Schrempp Wolfram, Tuba (1981); Schütz Hans-Peter, Posaune (1969); Schuster Ulf, Trompete (1975); Singer Helmut, Saxophon (1955); Vogt-Zimper Ruth, Flöte (1975); Weckerle Rolf, Klarinette (1947); Weygold Roland, Flügelhorn (1978); Windisch Fritz, Klarinette (1948); Wolf Eberhard, Klarinette (1971)

Jugendblasorchester der Städtischen Musikschule Offenburg

Gründungsjahr:	1976
Musikschuldirektor:	Hans-Elmar Weigel
Stellv. Vorsitzender:	Günter Keller
Dirigent:	Horst König

Aktive: Adloff Johannes, Posaune (1978); Albermann Kai, Klarinette (1980); Amend Gregor, Horn (1979); Basler Daniela, Flöte (1978); Becker Clemens, Tenorhorn (1979); Braunstein Stefan, Klarinette (1979); Brixel Mathias, Horn (1978); Busam Ingrid, Flöte (1978); Busam Reinhard, Flügelhorn (1978); Degen Henrike, Flöte (1979); Delda Enzo, Flügelhorn (1982); Eidel Bernd, Flügelhorn (1982); Gebauer Christian, Bariton (1981); Gebauer Guido, Trompete (1981); Gißler Peter, Tenorhorn (1981); Göring Bruno, Flügelhorn (1981); Goos Christoph, Tenorhorn (1980); Haisch Christoph, Klarinette (1979); Heck Steffen, Klarinette (1979); Herr Joachim, Posaune (1979); Holder Martin, Klarinette (1979); Hollstein Markus, Klarinette (1982); Huber Johannes, Schlagzeug (1981); Huber Thomas, Trompete (1981); Hug Helmut, Posaune (1981); Junker Frank, Tenorhorn (1981); Kempf Dietmar, Trompete (1981); Kiefer Volker, Flügelhorn (1981); Kirsten Alexander, Saxophon (1979); Knodel Uwe, Klarinette (1979); Lampert Barbara, Klarinette (1980); Lüwer Walter, Tuba (1980); Mandel Michael, Tenorhorn (1981); Meier Stephan, Trompete (1980); Merker Nils, Trompete (1981); Mild Christoph, Flügelhorn (1980); Mikulash Peter, Schlagzeug (1982); Müller Jochen, Horn (1981); Müller Klaus-Jürgen, Saxophon (1980); Münchbach Ulrich, Flügelhorn (1981); Nosko Mathias, Klarinette (1979); Ohl Beate, Flöte (1980); Prazak Christian, Horn (1981); Putz Frauke, Klarinette (1981); Ratano Daniel, Saxophon (1982); Reichert Silke, Schlagzeug (1980); Schaich Günther, Flöte (1980); Scheurer Thomas, Trompete (1981); Schreiner Thomas, Posaune (1981); Schrempp Silvia, Oboe (1981); Schrempp Wolfram, Tuba (1981); Stefan Gerd, Klarinette (1981); Weidmann Michael, Trompete (1980); Weil Elvira, Tenorhorn (1981); Wetterwald Andreas, Klarinette (1980); Willmann Michael, Schlagzeug (1981)

Musikverein Ottenheim e.V.

Gründungsjahr:	1892
1. Vorsitzender:	Anton Ringwald
Stellv. Vorsitzender:	Willi Matthis
Schriftführer:	Fritz Völker
Rechner:	Johannes Müller
Beirat:	Bernhard Benz
	Theo Doll
	Dieter Gruseck
	Bernd Sailer
Dirigent:	Gerold Eichhorn
Vizedirigent:	Rudolf Schüssele
Jugendleiter:	Peter Gütle
Notenwart:	Richard Frenk
Ehrenvorsitzende:	Walter Kurz
	Konrad Ringwald

Aktive: Benz Bernhard, Trompete (1959); Benz Felix, Horn (1954); Blümle Hugo, Bariton (1959); Bruder Jürgen, Posaune (1975); Bruder Klaus, Saxophon (1953); Detscher Michael, Posaune (1979); Doll Jürgen, Flügelhorn (1972); Doll Martina, Klarinette (1978); Faißt Beatrix, Flöte (1974); Faißt Dietmar, Klarinette/Saxophon (1975); Farrujia Michael, Klarinette/Saxophon (1974); Fertig Michael, Schlagzeug (1979); Fertig Patrik, Flügelhorn (1977); Frenk Annette, Flöte (1979); Frenk Dieter, Horn (1979); Gnacke Paul, Saxophon (1960); Gütle Peter, Posaune (1971); Hamm Bernd, Flügelhorn (1978); Hamm Thomas, Flügelhorn (1976); Hatt Axel, Trompete (1972); Hatt Ulrich, Trompete (1976); Heimburger Rudolf, Trompete (1955); Hohendorf Wolfgang, Horn (1963); Hug Bernhard, Flöte (1978); Hug Karin, Klarinette/Saxophon (1972); Jundt Hans, Tuba (1947); Jundt Joachim, Posaune (1976); Kühne Marion, Flöte (1975); Kurz Brigitte, Klarinette (1972); Kurz Klaus-Dieter, Tuba/E-Gitarre (1976); Lehmann Franz, Tenorhorn (1951); Lehmann Tanja, Klarinette (1979); Lehmann Ute, Klarinette (1972); Leutner Mario, Klarinette (1977); Liermann Bernd, Posaune (1977); Liermann Ralf, Flügelhorn (1977); Müller Johannes, Schlagzeug (1960); Reiff Rainer, Trompete (1966); Sailer Bernd, Saxophon (1967); Sailer Heiko, Bariton (1977); Sailer Ralf, Klarinette (1978); Schmidt Isolde, Flöte (1979); Schüssele Rolf, Flügelhorn (1976); Schüssele Rudolf, Flügelhorn (1947); Siebrecht Meino, Posaune (1972); Stengg Fritz, Saxophon (1964); Sucher Thomas, Klarinette (1978); Sucher Wilfried, Tuba (1952); Trunkenbolz Willy, Schlagzeug (1951); Wagner Roman, Schlagzeug (1972); Walter Claudia, Klarinette (1976); Weide Uli, Schlagzeug (1979); Weiß Karin, Klarinette (1976); Weiß Susanne, Klarinette (1978); Zimmermann Frank, Bariton (1976); Zipf Christian, Bariton (1976)
Zöglinge: Benz Christina, Klarinette/Flöte (1981); Bruder Stefan, Klarinette (1981); Bühn Bettina, Klarinette (1981); Farrujia Jasmin, Flöte (1981); Oberle Andrea, Klarinette (1981); Schmidt Andre, Trompete (1981); Seiler Rita, Flöte (1981)

Musikverein e.V. Rammersweier

Gründungsjahr:	1913
1. Vorsitzender:	Helmut Rach
Stellv. Vorsitzender:	Franz-Werner Hugle
Schriftführer:	Alois Basler
Rechner:	Ernst Fey
Stellv. Rechner:	Hermann Huber
Beirat:	Rudolf Busam
	Helmut Duffner
	Heinz Eberherr
	Roland Fey
	Bernhard Frank
	Gerhard Günter
	Pius Kopp
	Willi Lehmann
	Heinz Mai
	Erich Rendler
	Alfons Spänle
	Peter Wenkert
Dirigent:	Dieter Kunz
Vizedirigent:	Hermann Kunz

Jugendleiter: Friedhelm Wiedemer; Notenwart: Heinz Mai; Präsident: Heinz-Jürgen Steiert; Ehrendirigent: Theo Merker
Aktive: Basler Kunibert, Tuba (1948); Baumgartner Tanja, Flöte (1978); Bayer Josef, Horn (1947); Busam Erich, Klarinette (1963); Busam Erwin, Trompete (1970); Busam Reinhard, Flügelhorn (1977); Busam Rudolf, Tuba (1953); Busam Wilfried, Tenorhorn (1963); Dörr Katja, Flöte (1980); Duffner Heike, Klarinette (1978); Duffner Helmut, Tenorhorn (1948); Duffner Ingo, Klarinette (1977); Duffner Max, Flügelhorn (1948); Eberherr Heinz, Horn (1956); Eberherr Helmut, Klarinette (1977); Eberherr Ralf, Posaune (1980); Eberherr Sylvia (1979); Eidel Bernd, Flügelhorn (1979); Eidel Michael, Klarinette (1978); Feillais Yann, Klarinette (1978); Fey Marianne, Klarinette (1964); Fey Peter, Flöte (1977); Fey Roland, Schlagzeug (1974); Friedrich Klaus, Klarinette (1977); Geiler Harald, Flügelhorn (1963); Geiler Ulrich, Posaune (1972); Giessler Peter, Tenorhorn (1978); Günter Gerhard, Flügelhorn (1947); Günter Josef, Schlagzeug (1952); Hasenfratz Frank, Flöte (1981); Herden Mathias, Schlagzeug (1978); Hess Stefan, Klarinette (1978); Hess Thomas, Flügelhorn (1978); Huber Walter, Tuba (1952); Hugle Franz-Werner, Trompete (1960); Hurst Arno, Trompete (1958); Hurst Hubert, Tuba/Klarinette (1981); Hurst Thomas, Tuba (1978); Kiefer Tobias, Flöte (1979); Klein Hans-Erich, Saxophon (1960); Koger Siegfried, Trompete (1977); Kurz Claudia, Klarinette (1978); Lauinger Manfred, Bariton (1952); Lehmann Willi, Tenorhorn (1948); Mai Heinz, Trompete (1953); Martin Helmut, Klarinette (1957); May Friedrich, Trompete (1947); May Hans-Dieter, Schlagzeug (1978); Näger Udo, Flügelhorn (1979); Noll Michael, Trompete (1972); Rach Gudrun, Saxophon (1976); Rach Helmut, Schlagzeug (1947); Rach Stefan, Klarinette (1977); Rendler Erich, Tuba (1947); Rendler Joachim, Posaune (1958); Rendler Sabine, Flöte (1978); Sauer Frank, Horn (1978); Schappacher Helmut, Posaune (1958); Schibalsky Holger, Trompete (1980); Schlenker Inge, Horn (1978); Schröder Dirk, Schlagzeug (1978); Schwiegershausen Tanja, Flöte (1981); Spänle Alfons, Saxophon (1947); Vogt Kay, Tenorhorn (1978); Weber Bernd, Tenorhorn (1963); Wenkert Peter, Saxophon (1957); Wiedemer Friedhelm, Saxophon (1957); Wiedemer Jürgen, Saxophon (1979); Wiedemer Kurt, Flügelhorn (1948); Wiedemer Thomas, Klarinette (1978)

Musikverein Reichenbach e.V.

Gründungsjahr:	1865*
1. Vorsitzender:	Albert Moritz
Stellv. Vorsitzender:	Edwin Feißt
Schriftführer:	Hubert Wacker
Rechner:	Erwin Hetzinger
Beirat:	Herbert Eble
	August Hassur
	Emil Horlacher
	Willi Oehler
	Günter Schüssele
Dirigent:	Wolfgang Bast
Vizedirigent:	Josef Ketterer
Jugendleiter:	Klaus Anton
Notenwart:	Erwin Hetzinger
Instrumentenwart:	Klaus Anton

Aktive: Anton Birgitt, Klarinette (1977); Anton Klaus, Klarinette (1952); Billian Martin, Trompete (1973); Börschig Harald, Schlagzeug (1982); Bühler Berthold, Saxophon (1973); Eble Herbert, Tenorhorn (1945); Eble Herbert, Horn (1955); Eble Ursula, Flöte (1979); Faißt Birgit, Klarinette (1982); Fehrenbacher Bernhard, Saxophon (1979); Fehrenbacher Elvira, Klarinette (1982); Feißt Edwin, Flöte (1953); Feißt Ewald, Flügelhorn (1957); Gehringer Markus, Schlagzeug (1982); Gertloff Sybille, Klarinette (1980); Gruber Alfons, Posaune (1961); Hetzinger Erwin, Schlagzeug (1947); Himmelsbach Angelika, Klarinette (1977); Ketterer Josef, Tenorhorn (1953); Kopp Roland, Trompete (1981); Maier Berthold, Bariton (1961); Maier Josef, Trompete (1935); Messmer Franz, Bariton (1956); Metzger Josef, Klarinette (1950); Moog Albert, Posaune (1947); Oberle Hermann, Tenorhorn (1970); Oehler Annette, Klarinette (1974); Rappenecker Josef, Posaune (1955); Rappenecker Siegfried, Trompete (1973); Rappenecker Winfried, Tuba (1959); Schäffer Harald, Horn (1978); Schüssele Claudia, Klarinette (1981); Schüssele Clemens, Tenorhorn (1978); Schüssele Daniel, Horn (1978); Schüssele Günther, Tuba (1955); Schüssele Roland, Schlagzeug (1982); Schwarzwälder Ulrich, Klarinette (1967); Tafler Anette, Klarinette (1973); Tafler Beatrix, Flöte (1975); Tafler Heike, Flöte (1982); Tränkle Clemens, Trompete (1979); Tränkle Monika, Flöte (1982); Wacker Hubert, Flügelhorn (1953); Wacker Sonja, Klarinette (1982); Wacker Ulrike, Flöte (1978); Wamser Christina, Klarinette (1977); Wiskow Ralph, Trompete (1979); Zehnle Wolfgang, Trompete (1968)
Zöglinge: Börschig Monika, Klarinette (1980); Depta Holger, Trompete (1980); Furtwängler Gerd, Posaune (1980); Gehringer Stefan, Trompete (1981); Herr Marion, Klarinette (1981); Maier Candy, Trompete (1981); Maier Michaela, Klarinette (1981); Reichow Mark, Trompete (1980); Rogowski Mario, Trompete (1980); Schrempp Volker, Posaune (1982); Stölker Christa, Klarinette (1980); Stölker Petra, Klarinette (1980); Vetterer Jutta, Klarinette (1982)

Musikverein „Frohsinn" Rheinbischofsheim e.V.

Gründungsjahr:	1876*
1. Vorsitzender:	Werner Zahn
Stellv. Vorsitzender:	Hans Bürkel
Schriftführerin:	Christa Sellin
Rechner:	Georg Trautmann
Beirat:	Hans Abel
	Walter Abel
	Wilhelm Beik
	Ernst Bliß
	Albert Geier
	Günter Hauß
	Walter Hauß
	Hans-Werner Helfer
	Helmut Kammerer
	Michael Wendling
Dirigent/ Jugendleiter:	Rudolf Matthiss
Notenwart:	Renate Kimmer
Instrumentenwart:	Walter Hauß

Ehrenvorsitzender: Hermann Harbrecht; Ehrenmitglieder: Walter Abel, Ludwig Eckert, Emilie Götz, Friedrich Jäger, Georg Matthiss, Max Ross, Hermann Zimpfer
Aktive: Abel Hans, Tuba (1947); Abel Rolf, Tenorhorn (1970); Bliß Ernst, kl. Trommel (1961); Bliß Karl, Saxophon (1953); Bliß Norbert, Flügelhorn (1975); Bürkel Astrid, Klarinette (1978); Bürkel Friedrich, Tenorhorn (1951); Bürkel Fritz, kl. Trommel (1975); Bürkel Ute, Klarinette (1977); Drischel Karl, gr. Trommel (1947); Ellwardt Andreas, Posaune (1977); Geier Albert, Tuba (1953); Hauß Gerlinde, Klarinette (1977); Hauß Günter, Flügelhorn (1953); Hauß Helmut, Tenorhorn (1960); Hauß Herbert, Flügelhorn (1977); Hauß Walter, Trompete (1947); Hauß Wolfgang, Trompete (1968); Kaiser Klaus, Flügelhorn (1977); Kaiser Kurt, Horn (1960); Kaiser Rainer, Klarinette (1974); Kaiser Rainer, Horn (1975); Kammerer Helmut, Tuba (1948); Kimmer Renate, Klarinette (1964); Klotter Jürgen, Posaune (1980); Klotter Thomas, Tenorhorn (1978); Lacker Ute, Saxophon (1977); Matthiss Georg, kl. Trommel (1948); Müller Günter, Flügelhorn (1966); Reimold Heidi, Flügelhorn (1977); Rußi Karl, Saxophon (1947); Schenk Wolfgang, Klarinette (1977); Scherwitz Theo, Klarinette (1977); Schmidt Jürgen, Trompete (1977); Schneider Jürgen, Tenorhorn (1977); Sellin Karl, Horn (1955); Stuhm Marion, Saxophon (1977); Vollet Karl, Posaune (1951); Weber Gerhard, Klarinette (1977); Weber Richard, Trompete (1977); Weber Viola, Klarinette (1977); Weik Dieter, Tenorhorn (1967); Wendling Birgit, Flöte (1977); Wendling Claudia, Flöte (1977); Wiehn Bernd, Klarinette/Saxophon (1970); Zimmer Klaus, Tenorhorn (1977)
Zöglinge: Beik Bernd, Horn (1980); Beik Bettina, Klarinette (1980); Beik Gerd, Tenorhorn (1980); Beik Martina, Horn (1980); Bliß Michaela, Flügelhorn (1980); Bürkel Volker, Flügelhorn (1981); Ellwardt Joachim, Trompete (1982); German Rupert, Klarinette (1981); Hauß Harry, Tenorhorn (1981); Heinzelmann Klaus, Posaune (1980); Hertich Silvia, Klarinette (1980); Junghans Monika, Klarinette (1980); Junghans Thomas, Saxophon (1980); Scherwitz Susanne, Trompete (1981); Schwarzwälder Claudia, Trompete (1981); Schweigert Birgit, Flügelhorn (1980); Schweigert Heike, Saxophon (1980); Stein Armin, Tenorhorn (1980); Stein Jürgen, Trompete (1981); Wendling Daniela, Klarinette (1980)

Musikkapelle Ringsheim

Gründungsjahr:	1851*
1. Vorsitzender:	Oskar Hog
Stellv. Vorsitzender:	Richard Müller
Schriftführer:	Herbert Müller
Stellv. Schriftführer:	Klaus Person
Rechner:	Arnold Biehler
Stellv. Rechner:	Bernd Ohnimus
Beirat:	Xaver Ringwald
	Alfons Spitz
	Bertold Stippich
	Manfred Weber
Dirigent:	Erich Uhl
Vizedirigent:	Leopold Schmidt
Jugendleiter:	Ambros Hog
Notenwart:	Leopold Schmidt
Instrumentenwart:	Bertold Stippich
Präsident:	Bürgermeister Ludwig Greber

Aktive: Biehler Artur, Tenorhorn (1971); Biehler Emil, Tuba (1947); Biehler Jörg, Flügelhorn (1977); Fahrländer Bernhard, Schlagzeug (1975); God Michael, Trompete (1979); Goldschmidt Arno, Tuba/Gitarre (1975); Goldschmidt Josef, Tenorhorn (1976); Goldschmidt Udo, Saxophon/Klarinette (1975); Hog Ambros, Saxophon/Klarinette (1968); Hog Andrea, Flöte (1978); Hog Hans-Georg, Trompete (1968); Hog Oskar, Horn (1948); Kölble Eberhard, Flöte/Gitarre/Orgel (1970); Kölble Martin, Schlagzeug (1969); Ludin Wolfgang, Flügelhorn (1967); Motz Pirmin, Flöte (1977); Müller Achim, Saxophon/Klarinette (1972); Müller Herbert, Klarinette (1958); Müller Martina, Klarinette (1972); Müller Richard, Tenorhorn (1947); Mutz Anders, Schlagzeug (1981); Mutz Armin, Flügelhorn (1974); Mutz Josef, Saxophon/Klarinette (1953); Mutz Sybille, Klarinette (1979); Ohnimus Bernd, Schlagzeug (1951); Person Klaus, Flöte (1972); Rauer Thomas, Trompete (1972); Reinberger Bernhard, Gitarre (1980); Ringwald Xaver, Saxophon/Klarinette (1965); Roth Bruno, Klarinette (1978); Sauter Harald, Flöte (1978); Sauter Michael, Posaune (1975); Schaber Volker, Tenorhorn (1976); Schmidt Georg, Schlagzeug (1976); Schmidt Leopold, Posaune (1951); Schmidt Markus, Trompete (1980); Spitz Alfons, Horn (1967); Spitz Gerhard, Tenorhorn (1975); Staenken Uwe, Posaune (1979); Stippich Bertold, Posaune (1967); Strickler Bernhard, Klarinette (1954); Voigt Manfred, Flügelhorn (1958); Weber Hans-Peter, Tuba (1977); Weber Manfred, Tenorhorn (1962); Weber Otto, Flügelhorn (1974); Weber Xaver, Schellenbaumträger (1953); Wieber Oswald, Trompete (1969)

Musikkapelle Rust

Gründungsjahr:	1854*
1. Vorsitzender:	Albert Obert
Stellv. Vorsitzender:	Artur Deibel
Schriftführer:	Klaus Bellert
Rechner:	Rudolf Deibel
Beirat:	Herbert Herdrich
	Ambros Lang
	Raimund Metzger
	Karl Schmider
Dirigent:	Wolfgang Peter
Vizedirigent:	Ralf Weber
Jugendleiter:	Herbert Herdrich
Notenwarte:	Andreas Lang
	Josef Schmider
Instrumentenwarte:	Ambros Lang
	Raimund Metzger
Präsident:	Erich Spoth, Bgm.
Ehrendirigent:	Otto Höhn

Ehrenmitglieder: Karl Bußhard, Gottfried Feißt, Ludwig Koch, Bonifaz Pfeffer, Erwin Renz, Eugen Schwarz
Aktive: Baumann Egon, Flügelhorn (1979); Bellert Franz, Posaune (1949); Bellert Klaus, Flügelhorn (1968); Burg Christoph, Schlagzeug (1981); Deibel Artur, Flügelhorn (1959); Deibel Rudolf, Flügelhorn (1954); Erny Erwin, Saxophon (1949); Erny Günter, Klarinette (1979); Feißt Rudi, Tenorhorn (1970); Herdrich Herbert, Tenorhorn (1970); Herdrich Wolfgang, Saxophon (1979); Huber Bruno, Horn (1964); Koch Burkhard, Trompete (1957); Koch Michael, Flügelhorn (1979); Lang Ambros, Horn (1947); Lang Andreas, Klarinette (1979); Lang Christian, Posaune (1979); Lang Fridolin, Posaune (1947); Lang Georg, Trompete (1979); Lang Pius, Tuba (1972); Melder Hans-Peter, Bariton (1970); Metzger Markus, Saxophon (1979); Metzger Raimund, Klarinette (1949); Obert Albert, Klarinette (1949); Peter Dietmar, Trompete (1980); Rein Paul, Saxophon (1947); Rein Wolfgang, Saxophon (1975); Rinkenauer Gerhard, Tenorhorn (1970); Sattler Ernst, Posaune (1955); Schießle Paul, Tuba (1951); Schmider Josef, Schlagzeug (1955); Schmider Karl, Tenorhorn (1967); Schwarz Reinhard, Horn (1966); Schwendemann Mathias, Schlagzeug (1980); Schwörer Joachim, E-Baß (1979); Utz Alfons, Saxophon/Lyra (1966); Weber Ralf, Trompete (1979)
Jugendliche: Erny Thorsten, Klarinette (1981); Feißt Martin, Tenorhorn (1981); Koch Andreas, Tenorhorn (1981); Koch Harald, Klarinette (1981); Lang Markus, Flügelhorn (1981); Lang Thomas, Klarinette (1981)
Zöglinge: Huber Ludwig, Flügelhorn (1982); Lang Meinrad, Flügelhorn (1982); Obert Thomas, Posaune (1982); Schindler Frank, Trompete (1982); Springer Rudi, Klarinette (1982)

Hanauer Musik- und Trachtenverein Sand e.V.

Gründungsjahr:	1925
1. Vorsitzender:	Werner Türkl
Stellv. Vorsitzender:	Volker Dietzel
Schriftführer:	Werner Schlenker
Rechner:	Richard Wendling
Beirat:	Fred Karch
	Artur Köchlin
	Dieter Köchlin
	Werner Rieber
	Karl Teufel
	Heinz Vetter
	Erich Vögele
	Hermann Wendling
Dirigent:	Werner Bühler
Vizedirigent:	Wolfgang Roth
Jugendleiter:	Werner Türkl
Notenwart:	Dieter Köchlin
Instrumentenwart:	Dieter Brehm
Ehrendirigent:	Otto Friedrich

Aktive: Bährel Alfred, Schlagzeug (1949); Bohleber Willi, Tenorhorn (1954); Brehm Bernd, Klarinette (1977); Brehm Dieter, Klarinette/Saxophon (1958); Dauphin Oliver, kl. Trommel (1977); Duchilio Uwe, Trompete (1974); Erhardt Gabi, Klarinette (1970); Erhardt Hermann, Tuba (1951); Focht Martin, Klarinette (1977); Frech Bernhard, Tuba (1971); Friedrich Eckard, Trompete (1968); Grosse Jürgen, Flügelhorn (1977); Hänicke Daniel, Flügelhorn (1977); Kassner Axel, Flügelhorn (1969); Köchlin Artur, gr. Trommel (1953); Köchlin Dieter, Bariton (1971); Köchlin Hans, Becken (1955); Köchlin Volker, Trompete (1976); Konrad Thomas, Klarinette (1977); Lallmann Patrik, Posaune (1977); Reis Michael, Tenorhorn (1977); Rieber Arnold, Horn (1970); Rieflin Michael, Klarinette (1977); Roth Wolfgang, Flügelhorn (1980); Schlenker Werner, Flügelhorn (1961); Schuster Michael, Tenorhorn (1977); Steinert Richard, Tenorhorn (1948); Türkl Walter, Posaune (1961); Türkl Werner, Horn (1961); Vogt Frieder, Klarinette/Saxophon (1948); Wendling Hermann, Tenorhorn (1949)
Zöglinge: Bürkle Frank, Tenorhorn (1982); Grosse Martin, Flügelhorn (1981); Schank Thomas, Klarinette (1981); Schuster Stefan, Klarinette (1981); Weiss Michael, Klarinette (1981); Wiebe Holger, Flügelhorn (1981)

Musikverein Schloßkapelle Schmieheim e.V.

Gründungsjahr:	1924
1. Vorsitzender:	Emil Adam
Stellv. Vorsitzender:	Eugen Wanner
Schriftführer:	Werner Blum
Stellv. Schriftführer:	Arno Marckstahler
Rechner:	Hans Keck
Stellv. Rechner:	Norbert Meier
Beirat:	Hermann Disch
	Jürgen Ernst
	Hans Meier
	Josef Rehm
Dirigent:	Hans Burg
Vizedirigent/	
Jugendleiter:	Wolfgang Hartmann
Notenwart:	Jürgen Meier
Instrumentenwart:	Wolfgang Hartmann
Ehrenvorsitzende:	Otto Keck
	Otto Marckstahler
Ehrendirigent:	Jakob Blum

Aktive: Ackermann Brigitte, Trompete (1978); Ackermann Volker, Schlagzeug (1977); Blum Werner, Bariton (1949); Burg Jürgen, Tenorhorn (1963); Ernst Andreas, Klarinette (1971); Gräßle Cornelia, Flügelhorn (1980); Häberle Gerhard, Klarinette (1955); Häberle Walter, Tuba (1972); Hartmann Dorothea, Klarinette (1971); Hartmann Michael, Tenorhorn (1972); Hartmann Wolfgang, Trompete (1968); Herold Kurt, Klarinette (1947); Huck Günter, Posaune (1972); Huck Ute, Saxophon (1976); Keck Hans, Horn (1955); Keck Rudi, Horn (1962); Kempf Martina, Klarinette (1976); Köbler Heinz, Posaune (1972); Kölle Heidi, Trompete (1976); Marckstahler Arno, Flügelhorn (1968); Meier Andreas, Tuba (1976); Meier Erich, Tenorhorn (1951); Meier Hans, Trompete (1936); Meier Harald, Flügelhorn (1973); Meier Jürgen, Flügelhorn (1978); Meier Norbert, Schlagzeug (1972); Meier Walter, Tuba (1956); Rehm Carmen, Trompete (1981); Sexauer Hans, Posaune (1966); Wanner Eugen, Schlagzeug (1968); Wolber Ursula, Saxophon (1976)

Musikverein Schutterwald e.V.

Gründungsjahr:	1920
1. Vorsitzender:	Gerhard Ritter
Stellv. Vorsitzender:	Winfried Ritter
Schriftführer:	Alfons Ritter
Rechner:	Franz Beathalter
Beirat:	Anton Hansert
	Artur Junker
	Otto Junker
	Josef Lang
	Meinrad Lindenmeier
	Meinrad Oßwald
	Erich Schley
	Martin Schley
Dirigent:	Adam Kalbfuß
Vizedirigent:	Günter Blachowski
Jugendleiter:	Martin Schley
Notenwart:	Thomas Gütle
Ehrenvorsitzender:	Ludwig Schley

Aktive: Armbruster Alfons, Tenorhorn (1970); Armbruster Christian, Flügelhorn (1976); Armbruster Konrad, Flügelhorn (1954); Biedermann Rolf, Horn (1963); Biedermann Thomas, Trompete (1976); Blachowski Günter, Klarinette (1952); Delakowitz Hubert, Trompete (1967); Gütle Thomas, Tenorhorn (1975); Haas Thomas, Trompete (1975); Hansert Klaus, Trompete (1948); Hartmann Alfred, Pauken/Schlagzeug (1952); Herzog Helmut, Posaune (1958); Heuberger Edgar, Bariton (1970); Junker Martin, Trompete (1979); Junker Volker, Flügelhorn (1979); Lehmann Eberhard, Flöte (1948); Lindenmeier Ester, Flöte (1976); Lindenmeier Meinrad, Flügelhorn (1949); Lipps Jochen, Schlagzeug (1979); Lipps Udo, Klarinette (1979); Oberle Alwin, Trompete (1960); Oehler Bernd, Tuba (1976); Oßwald Gustel, Flöte (1971); Oßwald Meinrad, Tuba (1952); Peter Manfred, Klarinette (1978); Peter Stefan, Flügelhorn (1975); Ritter Carmen, Klarinette (1976); Ritter Doris, Klarinette (1976); Ritter Konrad, Tenorhorn (1951); Ritter Stefan, Posaune (1978); Ritter Thomas, Klarinette (1979); Ritter Winfried, Bariton (1952); Schley Martin, Posaune (1970); Spinner Oswin, Tuba (1956); Werkmüller Heinz, Horn (1949).
Zöglinge: Deger Markus, Bariton (1982); Ehret Markus, Bariton (1982); Ehret Ralf, Flügelhorn (1982); Engler Patrick, Trompete (1978); Fuchs Christian, Trompete (1982); Geier Volker, Trompete (1982); Heitz Volker, Trompete (1982); Höll Veronika, Klarinette (1979); Kaeshammer Ralf, Schlagzeug (1982); Ritter Jürgen, Flügelhorn (1982); Ritter Martin, Tenorhorn (1982); Schley Dietmar, Trompete (1982); Wagner Martin, Flügelhorn (1982); Weidenthal Claudia, Flöte (1982)

Musikverein Schweighausen e.V.

Gründungsjahr:	1890
1. Vorsitzender:	Hermann Ohnemus
Stellv. Vorsitzender:	Georg Volk
Schriftführer:	Gerhard Winterer
Rechner:	Roman Göppert
Beirat (Aktiva):	Ludwig Göppert
	Hermann Hämmerle
	Johannes Striegel
Beirat (Passiva):	Alois Ohnemus
	Georg Striegel
	Hermann Winterer
Dirigent:	Gerhard Herp
Vizedirigent:	Ludwig Göppert
Jugendleiter:	Hermann Griesbaum
Ehrenvorsitzender:	Josef Geiger

Aktive: Geiger Roman sen., Tuba (1950); Geiger Roman jr., Flügelhorn (1979); Göppert Andrea, Klarinette (1979); Göppert Annette, Flöte (1979); Göppert Cordula, Klarinette (1976); Göppert Damian, Flügelhorn (1975); Göppert Daniela, Saxophon (1975); Göppert Eugen, Trompete (1979); Göppert Josef, Tenorhorn (1976); Göppert Ludwig, Trompete (1965); Griesbaum Barbara, Klarinette (1975); Griesbaum Beatrix, Klarinette (1979); Griesbaum Hermann, Tenorhorn (1968); Hämmerle Hannelore, Klarinette (1979); Hämmerle Hermann, Bariton (1952); Hämmerle Klaus, Flügelhorn (1968); Hämmerle Stefan, Schlagzeug (1975); Hummel Elisabeth, Klarinette (1975); Hummel Pius, Klarinette (1975); Kürz Anton, Horn (1957); Ohnemus Andreas, Lyra (1946); Ohnemus Markus, Tuba (1946); Ohnemus Markus, Trompete (1976); Ohnemus Veronika, Saxophon (1975); Pärschke Axel, Klarinette (1978); Schwörer Elke, Klarinette (1979); Spannagl Thomas, Horn (1979); Stöhr Waldemar, Posaune (1975); Striegel Johannes, Tenorhorn (1975); Weber Tamara, Klarinette (1979); Winterer Gerhard, Trompete (1960); Zehnle Hermann, Schlagzeug (1960); Zehnle Reinhard, Posaune (1975); Zehnle Reinhard, Horn (1975)
Zöglinge: Göppert Dietmar, Posaune (1980); Hummel Frank, Posaune (1980); Kürz Daniela, Klarinette (1980); Löbl Peter, Horn (1980); Pärschke Elke, Klarinette (1980); Zehnle Johannes, Schlagzeug (1980)

Musikverein Seelbach e.V.

Gründungsjahr:	1872*
1. Vorsitzender:	Walter Roth
Stellv. Vorsitzender:	Hubert Fehrenbach
Schriftführerin:	Elisabeth Weber
Rechner:	Rudi Faißt
Beirat:	Siegfried Baumann
	Alfons Hilberer
	Wolfgang Himmelsbach
	Siegfried Linnenberg
Dirigent:	Gerhard Geng
Vizedirigent:	Hubert Geng
Jugendleiter:	Lothar Jägle
Notenwart:	Josef Bitterer
Instrumentenwart:	Wolfgang Schmider

Aktive: Amberger Harald, Klarinette (1972); Bitterer Josef, Schlagzeug (1955); Bohnert Heinz, Tenorhorn (1950); Bohnert Kurt, Flügelhorn (1969); Braun Anita, Klarinette (1975); Braun Gaby, Klarinette (1978); Braun Günter, Tenorhorn (1972); Braun Walter, Saxophon (1955); Brückner Gerd, Klarinette (1969); Edte Birgit, Klarinette (1980); Edte Gerd, Klarinette (1969); Ewald Swen, Schlagzeug (1980); Fäßler Albert, Tuba (1962); Fäßler Werner, Klarinette (1978); Faißt Alfred, Horn (1946); Faißt Dieter, Bariton (1975); Faißt Erich, Gitarre (1978); Fehrenbach Alexander, Bariton (1975); Fehrenbach Hubert, Trompete (1965); Fehrenbach Rolf, Saxophon (1969); Friedrich Axel, Klarinette (1977); Gehrt Ronald, Trompete (1975); Geng Gabi, Flöte (1977); Geng Hubert, Flügelhorn (1970); Griesbaum Heike, Klarinette (1980); Griesbaum Walter, Posaune (1955); Gündner Gerhard, Schlagzeug (1966); Gündner Jürgen, Klarinette (1972); Gündner Walter, Tenorhorn (1946); Guldin Peter, Klarinette (1978); Himmelsbach Martin, Schlagzeug (1978); Himmelsbach Uli, Klarinette (1972); Jacobs Johannes, Tenorhorn (1966); Jacobs Pius, Horn (1966); Jägle Birgit, Klarinette (1978); Jägle Lothar, Trompete (1952); Jsenmann Wolfgang, Trompete (1974); Klatt Volker, Trompete (1975); Kopf Arno, Klarinette (1972); Kosmehl Marcus, Schlagzeug (1980); Kosmehl Ralf, Tenorhorn (1980); Kramer Hermann, Trompete (1952); Kramer Jürgen, Trompete (1975); Kux Martina, Klarinette (1980); Laeske Sandra, Flöte (1980); Lischka Werner, Trompete (1962); Lumsden Pamela, Klarinette (1980); Mallach Denis, Klarinette (1978); Mallach Thomas, Schlagzeug (1980); Mark Martin, Posaune (1975); Mech Günter, Klarinette (1966); Mech Wolfgang, Klarinette (1975); Miessmer Andreas, Trompete (1975); Miessmer Jutta, Flöte (1975); Nestler Franz, Tuba (1970); Pampuch Gregor, Posaune (1969); Radlmayer Kurt, Horn (1955); Radlmayer Markus, Schlagzeug (1980); Riehle Hermann, Tuba (1952); Riehle Martin, Bariton (1975); Riehle Sabine, Klarinette (1978); Roth Stefan, Schlagzeug (1972); Ruf Eberhard, Bariton (1975); Ruf Renate, Flöte (1978); Schäfer Ewald, Posaune (1969); Schmider Wolfgang, Trompete (1975); Schuber Ralf, Saxophon (1972); Schwendemann Karl-Heinz, Flügelhorn (1972); Schwendemann Ludwig, Horn (1955); Schwendemann Sabine, Klarinette (1977); Semmel Bettina, Oboe (1977); Singler Wolfgang, Trompete (1972); Spitz Thomas, Flöte (1969); Spothelfer Martina, Klarinette (1975); Spothelfer Reinhard, Trompete (1972); Spothelfer Thomas, Posaune (1975); Strütt Anja, Klarinette (1980); Vautländer Peter, Posaune (1975); Wangler Walter, Tuba (1969); Weber Astrid, Flöte (1976); Weber Carmen, Klarinette (1980); Welle Michaela, Klarinette (1980); Zepf Thomas, Bariton (1975); Zimmermann Stefan, Trompete (1972)
Zöglinge: Amberger Claudia, Klarinette (1980); Bartel Lars, Trompete (1980); Glatz Susanne, Klarinette (1980); Guth Anja, Klarinette (1980); Krieg Heike, Klarinette (1980); Linnenberg Susanne, Klarinette (1980); Nitz Martin, Trompete (1978); Radlmayer Simona, Klarinette (1980); Sur Gudrun, Klarinette (1980)

Musikverein „Harmonie" Wagshurst e.V.

Gründungsjahr:	1873*
1. Vorsitzender:	Hermann Berger
Stellv. Vorsitzender:	Helmut Ell
Schriftführer:	Heinrich Schütt
Kassier:	Alfred Ell
Beirat:	Alois Eckstein
	Franz Eckstein
	Martin Ell
	Franz Xaver König
	Karl Stäbler
Dirigent:	Dr. Raimund Haas
Vizedirigenten:	Johann Eckstein
	Reinhold Oser
Jugendleiter:	Reinhold Oser
Notenwarte:	Johann Ell
	Uwe Oser
Instrumentenwart:	Johann Eckstein
Ehrenvorsitzender:	Alois Eckstein

Ehrenmitglieder: Franz Eckstein, Leo Ell, Andreas Huber, Franz Hurst, Alfons Seiber, Anton Späth
Aktive: Baumert Ferdinand, Tuba (1969); Baumert Karl, Schlagzeug (1947); Baumert Konrad, Tenorhorn (1950); Baumert Rudolf, Schlagzeug (1947); Berger Edgar, Posaune (1971); Berger Hans-Peter, Saxophon/Klarinette (1976); Berger Joachim, Tuba (1975); Berger Thomas, Flügelhorn (1969); Doll Martin, Tenorhorn (1975); Dupps Otmar, Klarinette (1947); Eckstein Ansgar, Bariton (1969); Eckstein Franz, Trompete (1965); Eckstein Johann, Tuba (1947); Eckstein Klaus, Schlagzeug (1979); Eckstein Manfred, Trompete (1971); Ell Adalbert, Flügelhorn (1950); Ell Alfons, Tenorhorn (1947); Ell Alfred, Posaune (1969); Ell Bernhard, Tuba (1947); Ell Helmut, Flügelhorn (1959); Ell Johann, Pauken (1971); Ell Paul, Tuba (1969); Ell Ulrike, Klarinette (1976); Heß Adolf, Horn (1949); Höninger Ursula, Klarinette (1966); Huber Johann, Bariton (1947); Huber Karl, Horn (1947); Huber Winfried, Bariton (1979); König Bertold, Flügelhorn (1975); König Erwin, Saxophon/Klarinette (1975); König Franz Xaver, Posaune (1948); König Johann, Flügelhorn (1971); König Josef, Flügelhorn (1947); Mai Josef, Trompete (1968); Oser Ralf, Horn (1975); Oser Reinhold, Posaune (1966); Oser Uwe, Tenorhorn (1971); Schütt Heinrich, Klarinette (1965); Seiber Gerhard, Flügelhorn (1959); Späth Karin, Klarinette (1979); Stäbler Karl, Tuba (1959); Strübel Martina, Flöte (1975); Stüber Werner, Saxophon (1981)
Zöglinge: Bartmann Frank, Klarinette (1981); Eckstein Markus, Trompete (1981); Heß Rolf, Klarinette (1981); Hurst Richard, Posaune (1981); Jogerst Elmar, Posaune (1981); Jogerst Jörg, Horn (1981); Litsch Herbert, Klarinette (1981); Schütt Doris, Flöte (1981)

Musikkapelle Wallburg

Gründungsjahr:	1967
1. Vorsitzender:	Berthold Föhrenbacher
Stellv. Vorsitzende:	Landolin Sutterer
	Bruno Obert
Schriftführerin:	Lioba Geiger
Rechner:	Dietmar Wangler
Beirat:	Rudolf Geiger
	Wilfried Jehle
	Konrad Marko
	Wolfgang Marko
	Manfred Schöpf
	Gerd Tränkle
	Lothar Wild
Dirigent:	Gerhard Rehm
Jugendleiter:	Wolfgang Siefert
Notenwarte:	Georg Geiger
	Markus Ibert
Präsident:	Dieter Stellbrink, Bgm.

Aktive: Föhrenbacher Beate, Klarinette (1974); Föhrenbacher Klaus, Tuba (1969); Geiger Elke, Klarinette (1974); Geiger Engelhard, Posaune (1976); Geiger Ernst, Horn (1970); Geiger Georg, Trompete (1974); Geiger Lioba, Horn (1974); Geiger Monika, Flügelhorn (1976); Geiger Regina, Trompete (1976); Geiger Simone, Flöte (1976); Ibert Markus, Flügelhorn (1976); Jehle Frank, Tuba (1976); Kuhner Claudia, Flöte (1976); Kuhner Markus, Tuba (1976); Kuhner Renate, Klarinette (1976); Obert Bruno, Tenorhorn (1967); Obert Gerlinde, Flöte (1976); Obert Irma, Oboe (1974); Obert Tobias, Flügelhorn (1974); Obert Trudbert, Posaune (1979); Obert Ursula, Flügelhorn (1976); Riether Timo, Posaune (1979); Riether Trudbert, Posaune (1969); Siefert Wolfgang, Klarinette (1974); Sutterer Landolin, Schlagzeug (1968); Tränkle Gerd, Saxophon (1970); Vanhöfen Manfred, Klarinette (1976); Wangler Dietmar, Saxophon (1976); Wangler Simon, Trompete (1976); Wernert Günther, Tenorhorn (1975); Wolf Herbert, Flügelhorn (1967); Zanger Dietmar, Posaune (1979)
Zöglinge: Bellert Pierre, Horn (1979); Frey Patrik, kl. Trommel (1981); Geiger Ralf, Bariton (1979); Hägle Michael, Horn (1979); Ibert Armin, Lyra (1979); Luxem Yvonne, Klarinette (1979); Marko Anja, Klarinette (1981); Marko Silke, Saxophon (1979); Pfaff Uwe, Tenorhorn (1979); Rehm Robert, Trompete (1979); Rottmüller Frank, Tenorhorn (1979); Schöpf Anja, Klarinette (1981); Wagner Daniel, Trompete (1979); Wild Mark, Klarinette (1979); Wolf Timo, kl. Trommel (1981); Zanger Ronny, Klarinette (1979)

Musikverein Weier e.V.

Gründungsjahr:	1953
1. Vorsitzender:	Karl-Heinz Broß
Stellv. Vorsitzender:	Friedrich Obert
Schriftführer:	Dieter Kriegel
Rechner:	Erich Gaß
Beirat:	Marina Adam
	Johann Anti
	Josef Fink
	Hermann Frank
	Reinhard Joggerst
	Thomas Joggerst
	Karl Kurfürst
	Franz Neff
	Otto Wagner
Dirigent:	Roland Hille
Vizedirigent:	Dieter Kriegel
Jugendleiter:	Jürgen Fischer
Notenwart:	Hermann Frank
Instrumentenwart:	Erich Gaß
Ehrenvorsitzender:	Kurt Henninger

Aktive: Adam Axel, Flügelhorn (1968); Adam Marina, Klarinette (1972); Basler Otto, Trompete (1972); Brischle Anton, Tenorhorn (1953); Fischer Jürgen, Klarinette (1971); Fischer Marita, Klarinette (1973); Frank Bruno, Tenorhorn (1968); Frank Hermann, Tenorhorn (1953); Gaß Bernd, Flügelhorn (1968); Gaß Erich, Flügelhorn (1953); Gaß Oskar, Tuba (1953); Gaß Werner, Klarinette (1968); Härtel Hans, Schlagzeug (1958); Henninger Andreas, Trompete (1973); Henninger Kurt, Saxophon (1955); Hille Rolf, Posaune (1972); Joggerst Claudia, Flügelhorn (1978); Joggerst Markus, Schlagzeug (1977); Joggerst Reinhard, Tenorhorn (1953); Joggerst Thomas, Flügelhorn (1973); Kempf Agnes, Saxophon (1973); Kempf Georg, Flügelhorn (1971); Kempf Hermann, Trompete (1971); Kempf Peter, Posaune (1955); Kriegel Dieter, Saxophon (1960); Kurfürst Karl, Tuba (1968); Lichtenauer Karl-Heinz, Tuba (1975); Müller Jürgen, Klarinette (1978); Nägele Ralf, Flügelhorn (1967); Obert Friedrich, Horn (1955); Sachs Ursula, Klarinette (1977); Schmalz Heinrich, Horn (1958); Stahlberger Claudia, Saxophon (1973); Tampe Armin, Posaune (1973); Vetter Gerhard, Saxophon (1967); Wenkert Albert, Klarinette/Flöte (1968); Werner Carola, Klarinette (1976); Werner Dieter, Trompete (1971); Werner Erich, Tenorhorn (1967)
Jugendkapelle: Anti Harald, Flügelhorn (1978); Bertau Barbara, Flöte (1980); Broß Christian, Posaune (1980); Broß Matthias, Trompete (1978); Busam Ute, Klarinette (1981); Glaser Marcel, Trompete (1981); Groß Stefan, Flügelhorn (1978); Joggerst Hermann, Tenorhorn (1981); Kasoschke Jörg, kl. Trommel (1980); Laux Thorsten, Trompete (1981); Mosch Valentina, Klarinette (1981); Müller Martina, Klarinette (1978); Reichle Christiane, Flöte (1981); Sachs Simone, Klarinette (1981); Werner Bernd, Flügelhorn (1981); Werner Gerd, Tenorhorn (1981)

Musikverein „Konkordia" e.V. Willstätt

Gründungsjahr:	1926
1. Vorsitzender:	Hans-Dieter Mann
Stellv. Vorsitzender:	Karl Baro
Schriftführer:	Erwin Schwarz
Rechner:	Hartmut Grams
Stellv. Rechner:	Rita Eisenhauer
Beirat (Aktiva):	Werner Göppert
	Hans Hörnel
Beirat (Passiva):	Helmut Beyrle
	Robert Zimpfer
Dirigent:	Thomas Eckerle
Vizedirigent:	Karl Baro
Jugendleiter:	Bernhard Schneider
Notenwart:	Hans Hörnel
Instrumentenwart:	Werner Göppert
Ehrenvorsitzender:	Karl Irion

Aktive: Baro Karl, Tenorhorn (1930); Braun Alexandra, Klarinette (1980); Bürkel Daniel, Flügelhorn (1980); Dinger Ralf, Bariton (1976); Dold Ferdinand, Tenorhorn (1969); Eckerle Monika, Klarinette (1981); Eisenhauer Karlheinz, Tenorhorn (1973); Gebhardt Achim, Tuba (1980); Göppert Werner, Flügelhorn (1948); Göppert Wolfgang, Tenorhorn (1976); Grams Hartmut, Horn (1965); Grothmann Manfred, Klarinette (1976); Hallmeyer Werner, Tenorhorn (1959); Hennig Thomas, Schlagzeug (1980); Hetzel Werner, Posaune (1947); Hörnel Hans, Flügelhorn (1960); Mann Hans-Dieter, Bariton (1963); Mann Holger, Klarinette (1980); Mathis Ernst, Tuba (1965); Meyer Bruno, Flöte/Saxophon (1962); Müll Axel, Schlagzeug (1978); Müll Klaus, Tuba (1976); Müll Meinhard, Posaune (1947); Preuß Matthias, Trompete (1979); Richter Christian, Schlagzeug (1981); Sand Michael, Trompete (1981); Schlenz Gerhard, Tuba (1967); Schneider Bernhard, Trompete (1970); Schneider Dagmar, Klarinette (1980); Schwarz Erwin, Schlagzeug (1936); Siejak Alexandra, Klarinette (1980); Siejak Jörg, Trompete (1980); Warth Wolfgang, Flügelhorn (1980); Weisshaar Alexandra, Klarinette (1976); Weisshaar Martina, Flöte (1971); Wetzel Erich, Horn/Saxophon (1936)
Zöglinge: Faris Didier, Klarinette (1981); Groth Andreas, Posaune (1980); Hörnel Michael, Klarinette (1981); Krause Martina, Klarinette (1981); Morstein Peter, Klarinette (1981); Schlenz Mathias, Posaune (1981); Schubert Markus, Trompete (1981)

Musikverein Windschläg

Gründungsjahr:	1951
1. Vorsitzender:	Heinz Kühne
Stellv. Vorsitzender:	Gotthard Schaub
Schriftführer:	Hermann Wiedemer
Rechner:	Franz Schnebelt
Stellv. Rechner:	Heinrich Glatt
Beirat:	Ludwig Birk
	Wolfgang Gaß
	Walter Granitza
	Karl Kofler
	Hugo May
	Josef May
	Artur Müller
	Bernd Roos
	Werner Schwende
	Adolf Uhlmann
Dirigent:	Heinz Jockers
Vizedirigent:	Gotthard Schaub
Jugendleiter:	Eduard Birk
	Rolf Joggerst

Notenwart: Gotthard Schaub; Ehrenvorsitzender: Karl Schmidt; Ehrendirigent: Rudi Jockers
Aktive: Birk Eduard, Horn (1962); Birk Edwin, Posaune (1972); Braun Gunther, Klarinette (1978); Dierle Berthold, Posaune (1963); Ehmann Otto, Posaune (1973); Föll Jürgen, Klarinette (1975); Föll Patrick, Flöte (1979); Forster Martin, Flöte (1978); Gaß Walter, Posaune (1955); Gaß Wolfgang, Tenorhorn (1959); Glocker Peter, Posaune (1970); Granitza Siegfried, Tuba (1968); Gütle Rainer, Tuba (1973); Haß Hansjörg, Tuba (1975); Haß Joachim, Schlagzeug (1981); Haury Albrecht, Trompete (1975); Haury Hans, Klarinette (1978); Huber Joachim, Trompete (1978); Joggerst Andreas, Tenorhorn (1975); Joggerst Rolf, Flügelhorn (1968); Kofler Karl, Trompete (1953); Kolbe Dieter, Klarinette (1978); Kolbe Günter, Trompete (1973); Kränzle Joachim, Flügelhorn (1975); Kretschmann Ralf, Klarinette (1978); Kretschmann Uwe, Klarinette (1973); May Bernd, Trompete (1967); May Daniel, kl. Trommel (1978); May Edgar, Klarinette (1975); May Hugo, Horn (1947); May Josef, Saxophon (1950); Menzer Raimar, Horn (1969); Müller Artur, gr. Trommel (1947); Müller Horst, Flügelhorn (1968); Ockenfuß Martin, Klarinette (1975); Ockenfuß Stefan, Klarinette (1975); Schaub Gisbert, Flügelhorn (1978); Schaub Gotthard, Flügelhorn (1947); Schwarz Waltraud, Tenorhorn (1968); Seckinger Rudolf, kl. Trommel (1975)

Musikverein Wittelbach e.V.

Gründungsjahr:	1898
1. Vorsitzender:	Josef Wagner
Stellv. Vorsitzender:	Josef Willmann
Schriftführer:	Franz Kiesel
Rechner:	Matthäus Dilger
Beirat:	Franz Griesbaum
	Alfons Steiner
Musiker-Ausschuß:	Albrecht Ette
	Siegbert Himmelsbach
	Theodor Schmidt
Dirigent:	Wilhelm Meier
Vizedirigent:	Hermann Griesbaum
Jugendleiter/ Notenwart/ Instrumentenwart:	Albrecht Ette

Aktive: Beck Bernhard, Horn (1947); Brucker Günter, Horn (1977); Dilger Edgar, Tenorhorn (1977); Dilger Martin, Schlagzeug (1972); Dilger Matthäus, Tenorhorn (1947); Dilger Peter, Flügelhorn (1975); Eble Artur, Trompete (1950); Ette Albrecht, Tenorhorn (1969); Ette Ulrike, Klarinette (1975); Griesbaum Hermann, Trompete (1969); Himmelsbach Elisabeth, Flöte (1980); Himmelsbach Helmut, Tuba (1972); Himmelsbach Hermann, Posaune (1974); Himmelsbach Horst, Tenorhorn (1969); Himmelsbach Ingrid, Klarinette (1980); Himmelsbach Josef, Saxophon (1963); Himmelsbach Norbert, Posaune (1969); Himmelsbach Siegbert, Saxophon (1963); Hupfer Norbert, Tenorhorn (1975); Kuhn Martin, Trompete (1977); Meier Clemens, Trompete (1980); Meier Petra, Klarinette (1975); Primas Gerhard, Posaune (1953); Rombach Roland, Trompete (1972); Ruf Johannes, Klarinette (1977); Ruf Lioba, Klarinette (1980); Schmidt Bruno, Tenorhorn (1975); Schmidt Harald, Posaune (1980); Schmidt Herbert, kl. Trommel (1950); Schmidt Robert, Trompete (1975); Schmidt Theodor, Flügelhorn (1950); Spänle Angelika, Flöte (1980); Spänle Birgit, Flügelhorn (1980); Spänle Josef, Tuba (1960); Steiner Manfred, Saxophon (1972); Wagner Claus, gr. Trommel (1976); Willmann Barbara, Klarinette (1980); Willmann Bernhard, Klarinette (1954); Willmann Margit, Saxophon (1975); Willmann Susanne, Trompete (1980)

Musikverein „Harmonie"
Zell-Weierbach e.V.

Gründungsjahr:	1925
1. Vorsitzender:	Alois Geiler
Stellv. Vorsitzender:	Helmut Kopf
Schriftführer:	Roland Disch
Rechner:	Wilfried Ehrhard
Beirat:	Josef Acker
	Franz Bahr
	Karl Brüderle
	Wolfgang Dufner
	Fridolin Eckert
	Frieder Falk
	Harald Falk
	Hermann Geiler
	Gerhard Meibohm
	Dieter Schmid
	Heinz Schütz
	Hans Vogt
Dirigent:	Rudi Flierl
Vizedirigent:	Alois Geiler

Jugendleiter: Harald Falk; Notenwart: Gerd Bieser; Instrumentenwart: Josef Acker

Aktive: Acker Josef, Flügelhorn (1955); Beathalter Albert, Tuba (1947); Bieser Gerd, Klarinette (1976); Bieser Lothar, Trompete (1968); Brixel Katharina, Flöte (1982); Brixel Mathias, Horn (1974); Buchert Herbert, Trompete (1976); Buchert Werner, Klarinette (1980); Busam Ernst, Posaune (1946); Dreyer Werner, Schlagzeug (1982); Dufner Armin, Klarinette (1971); Dufner Bernd, Klarinette (1972); Dufner Wolfgang, Klarinette (1960); Ehrhard Werner, Posaune (1960); Ehrhard Wilfried, Tenorhorn (1960); Euhus Hartmut, Tenorhorn (1982); Euler Peter, Flügelhorn (1977); Falk Armin, Flügelhorn (1979); Falk Harald, Flügelhorn (1950); Fey Hans, Flügelhorn (1962); Gegg Rudi, Trompete (1949); Geiler Alois, Klarinette (1948); Geiler Daniel, Klarinette (1970); Geiler Hermann, Klarinette (1960); Hättig Martin, Flügelhorn (1982); Huber Werner, Klarinette (1967); Hugle Hans Peter, Trompete (1979); Königer Georg, Klarinette (1967); Kopf Helmut, Trompete (1950); Kopf Petra, Posaune (1975); Kornmeier Gustav, Tenorhorn (1948); Litterst August, Schlagzeug (1973); Litterst Rolf, Klarinette (1961); Probst Werner, Pauken (1946); Ritter Elmar, Tenorhorn (1975); Ritter Walter, Tuba (1947); Sälinger Albert, Bariton; Schley Erich, Flöte (1948); Schütz Heinz, Bariton (1964); Siefert German, Tenorhorn (1960); Siefert Heinz, Horn (1960); Spinner Oswin, Tuba (1953); Steinhart Marion, Klarinette (1975); Vogt Hansjörg, Posaune (1976); Vogt Mario, Trompete (1968); Waidele Gilbert, Trompete (1979); Wiegele Joachim, Posaune (1976)

Zöglinge: Ehrhard Vicky, Flöte (1981); Falk Silke, Flöte (1980); Falk Uwe, Trompete (1979); Gräber Kristian, Flügelhorn (1981); Gräber Oliver, Trompete (1980); Kiefer Andrea, Klarinette (1980); Lenz Herbert, Trompete (1980); Litterst Anette, Klarinette (1980); Litterst Christine, Klarinette (1980); Litterst Ulrike, Klarinette (1980); Schmidt Susanne, Flöte (1980)

Blasmusikverband Schwarzwald-Baar

Das Präsidium

1. Präsident: Ewald Merkle
Stellv. Präsident: Julius Mayer
Verbandsdirigent und stellv. Verbandsjugendleiter: Wolfgang Kunzelmann
Verbandsjugendleiter und stellv. Verbandsdirigent: Rupert Binder
Geschäftsführer: Hans Schleicher
Protokollführer/Gema-Sachbearbeiter: Erich Link
Pressewart: Kurt Giesin
Kassier: Artur Nolle
Vertreter im Kreisjugendring: Klaus Schmich, Rupert Binder

Beisitzer:
Bezirk I: Engelbert Schütz, Rolf Greitmann
Bezirk II: Peter Marx, Klaus Stadler

Bezirk III: Lothar Zähringer, Emil Rimmele
Bezirk IV: Helmut Glatz, Hans Epting
Bezirk V: Ferdinand Huber, Alois Neininger

Der Verband hat 64 Mitgliedsvereine.
Zum Verband gehören noch die Vereine Achdorf und Oefingen.

Sitzend von links nach rechts: Wolfgang Kunzelmann, Hans Schleicher, Julius Mayer, Ewald Merkle, Artur Nolle, Rupert Binder, Erich Link; stehend: Ferdinand Huber, Helmut Glatz, Rolf Greitmann, Lothar Zähringer, Emil Rimmele, Engelbert Schütz, Peter Marx, Klaus Schmich, Klaus Stadler

Musikverein Aasen e.V.

Gründungsjahr:	1954
1. Vorsitzender:	Adolf Rothweiler
Stellv. Vorsitzender:	Hubert Romer
Schriftführer:	Horst Hall
Rechner:	Karl-Heinz Bäurer
Beisitzer (Aktiva):	Hubert Stolz
	Gerhard Weißhaar
Beisitzer (Passiva):	Anton Baier
	Emil Hall
Dirigent:	Rudolf Wenghöfer
Vizedirigent:	Josef Bury
Jugendleiter:	Walter Kramer
Notenwart:	Günter Erndle

Aktive: Bäurer Karlheinz, Tenorhorn (1966); Buck Adolf, Flügelhorn (1954); Bury Josef, Posaune (1954); Erndle Günter, Tuba (1977); Gilli Hedwig, Klarinette (1968); Hall Fritz, Flügelhorn (1960); Hall Hans-Joachim, Trompete (1975); Hall Horst, Tuba (1968); Hall Josef, Trompete (1975); Hall Manfred, Trompete (1974); Happle Bernhard, Posaune (1974); Kramer Walter, Klarinette (1979); Märkle Karl, Horn (1962); Maus Andrea, Klarinette (1978); Maus Hansjörg, Trompete (1974); Müller Anton, Flügelhorn (1954); Münch Iris, Klarinette (1978); Munk Karl, gr. Trommel/Becken (1954); Ratz Emil, Posaune (1960); Reichmann Alfons, Trompete (1975); Romer Hubert, Bariton (1968); Rothweiler Hermann, Horn (1954); Rothweiler Sigrid, Trompete (1975); Schifferdecker Petra, Trompete (1975); Schneider Thomas, Tenorhorn (1977); Sieger Alois, Tenorhorn (1956); Stolz Hubert, kl. Trommel (1973); Weißhaar Gerhard, Tenorhorn (1954).
Zöglinge: Buck Volker, Flügelhorn (1980); Erndle Daniela, Flöte (1980); Höfler Inge, Klarinette (1980); Lutz Beate, Klarinette (1980); Märkle Stephan, Klarinette (1980); Reichmann Barbara, Klarinette (1980); Reichmann Markus, Posaune (1980); Rothweiler Daniela, Trompete (1980); Rothweiler Dieter, Horn (1980); Semmler Martin, Horn (1980); Vosseler Silvia, Klarinette (1980).

Musikverein Aufen e.V.

Gründungsjahr:	1928
1. Vorsitzender:	Hans Dufner
Stellv. Vorsitzender:	Franz Rist
Schriftführer:	Klaus Stadler
Rechner:	Georg Rist
Beisitzer (Aktiva):	Thomas Binder
	Fritz Schuhmacher
Beisitzer (Passiva):	Heinrich Hirth
	Johann Merz
Dirigent:	Leander Binder
Jugendleiter:	Heinrich Langenbacher
Notenwarte:	Michael Binder
	Norbert Dufner
	Andreas Merz
Instrumentenwart:	Thomas Binder
Ehrenvorsitzender:	Franz Limberger

Aktive: Amann Albert, Saxophon (1960); Amann Josef, Posaune (1957); Bäuerle Rainer, Posaune (1969); Bäurer Beate, Klarinette (1973); Bäurer Norbert, Flügelhorn (1965); Binder Holger, Trompete (1978); Binder Michael, Horn (1973); Binder Monika, Klarinette (1973); Binder Thomas, Klarinette (1969); Dufner Bernd, Posaune (1978); Dufner Hans, Klarinette (1943); Dufner Hansjörg, Saxophon (1965); Dufner Norbert, Klarinette (1973); Eisele Albert, Horn (1929); Eisele Sieglinde, Klarinette (1973); Emminger Bernhard, Flügelhorn (1949); Emminger Rainer, Flügelhorn (1978); Hauger Volker, Posaune (1981); Helbig Claudia, Klarinette (1973); Helbig Susanne, Klarinette (1973); Hildebrand Franz, Bariton (1962); Hirt Gisbert, Tenorhorn (1969); Hirt Klaus, Saxophon (1966); Jerlitschka Robert, Trompete (1976); Käfer Egon, Horn (1960); Käfer Markus, Horn (1978); Kaufmann Edwin, Posaune (1982); Kaufmann Karl-Heinz, Langenbacher Georg, Lyra/Pauken (1978); Langenbacher Heinrich, Tuba (1950); Langenbacher Mathias, Flöte (1978); Langenbacher Ulrike, Flöte (1978); Laufer Franz, Tenorhorn (1942); Laufer Roswitha, Klarinette (1978); Laufer Ursula, Klarinette (1973); Merz Andreas, Klarinette (1973); Merz Gabriele, Flügelhorn (1969); Merz Wilfried, Tuba (1969); Meyer Christine, Horn (1978); Meyer Christof, Tuba (1978); Meyer Erich, Horn (1960); Monin Patrick, Trompete (1978); Neininger Marianne, Trompete (1978); Neininger Walter, Flügelhorn (1942); Reich Andrea, Klarinette (1978); Reich Manfred, Klarinette (1955); Rist Edeltraud, Klarinette (1969); Rist Egon, Schlagzeug (1965); Rist Franz, Tuba (1965); Rist Georg, Trompete (1965); Rist Karola, Saxophon (1973); Rist Werner, Posaune (1966); Rosenstil Kurt, Flügelhorn (1969); Schächtele Bernd, Bariton (1969); Schächtele Eckart, Posaune (1950); Schächtele Ute, Klarinette (1969); Scheu Birgit, Trompete (1978); Schuhmacher Anton, Saxophon (1969); Schuhmacher Brigitte, Klarinette (1978); Schuhmacher Claudia, Klarinette (1973); Schuhmacher Fritz, gr. Trommel (1951); Simon Gerlinde, Saxophon (1978); Stadler Klaus, Tenorhorn (1960); Waldraff Helmut, Trompete (1958); Weisbrod-Helbig Anita, Flügelhorn (1969); Wehrle Karl, Posaune (1948); Wehrle Rolf, Saxophon (1969); Wehrle Vitus, Tenorhorn (1928); Weninger Roland, Trompete (1969); Witte Kersten, Saxophon (1978).

Musikverein Aulfingen e.V.

Gründungsjahr:	1903
1. Vorsitzender:	Artur Biehler
Stellv. Vorsitzender:	Klaus März
Schriftführer:	Kurt Geißer
Rechner:	Alfon Geißer
Beirat:	Rudolf Burgert
	Rudolf Frank
	Manfred Heizmann
	Ernst Meßmer
Dirigent:	Manfred Heizmann
Vizedirigent:	Klaus März
Jugendleiter:	Hans-Jürgen Meßmer
Notenwart:	Rudolf Frank
Instrumentenwart:	Albert Heizmann
Ehrenvorsitzender:	Hyronimus Huber

Aktive: Amma Armin, Flügelhorn (1978); Amma Bernd, Flügelhorn (1977); Amma Wolfgang, Saxophon (1977); Amma Wolfgang, Trompete (1978); Bernauer Erich, Posaune (1959); Beuerer Leo, Tenorhorn (1953); Biehler Artur, Tuba (1953); Biehler Elke, Klarinette (1978); Böschet Norbert, Flügelhorn (1964); Böschet Raimund, Tuba (1968); Burgert Adolf, Klarinette (1953); Burgert Andreas, Klarinette (1978); Duttlinger Volker, Tenorhorn (1977); Frank Georg, Trompete (1977); Frank Rudolf, Posaune (1952); Geißer Alfon, Flügelhorn (1964); Geißer Kurt, Bariton/Tenorhorn (1953); Grundmann Bernd, Schlagzeug (1978); Gut Uwe, Horn (1978); Heizmann Albert, Klarinette (1967); Heizmann Matthias, Schlagzeug (1979); Heizmann Paul, Schlagzeug (1965); Leute Herrmann, Trompete (1971); März Klaus, Flügelhorn (1952); Meißner Heinrich, Posaune (1966); Meßmer Alfred, Horn (1978); Meßmer Hansjörg, Klarinette (1972); Meßmer Richard, Saxophon (1975); Merz Klaus, Trompete (1974); Riedmüller Stefan, Posaune (1977); Riedmüller Thomas, Klarinette (1978); Sonntag Trutbert, Trompete (1969); Straub Theo, Flöte (1977); Weiler Ingbert, Flöte (1969); Weiler Norbert, Tenorhorn (1977); Weißer Martin, Saxophon (1978)
Zöglinge: Amma Markus, Flügelhorn (1981); Bernauer Martina, Klarinette (1982); Bernauer Thomas, Horn (1982); Biehler Edgar, Tenorhorn (1981); Duttlinger Iris, Klarinette (1982); Duttlinger Rainer, Horn (1982); Fluck Vroni, Klarinette (1981); Frank Anette, Trompete (1982); Gut Silke, Klarinette (1981); März Sabine, Flöte (1981); Schäufele Priska, Klarinette (1981); Weiler Stefan, Tenorhorn (1981)

Stadtkapelle Blumberg e.V.

Gründungsjahr:	1939
1. Vorsitzender:	Georg Happle
Stellv. Vorsitzender:	Heinrich Engesser
Schriftführer:	Fridolin Held
Rechner:	Hans Stockbauer
Stellv. Rechner:	Arbo Gutmann
Beisitzer (Aktiva):	Fritz Engesser
	Roland Schmid
Beisitzer (Passiva):	Max Schmieder
	Eugen Waimer
Jugendvertreter:	Gerd Feederle
	Markus Zimmermann
Kassenprüfer:	Eugen Weh
	Bernhard Zahn
Dirigent:	Paul Merz
Vizedirigent:	Werner Benz
Notenwarte:	Klaus Hettich
	Viktor Molnar
Ehrenvorsitzender:	Viktor Weber

Aktive: Amenda Johann, Trompete (1939); Anderhuber Konrad, gr. Trommel (1950); Benz Angelika, Klarinette (1972); Benz Werner, Posaune (1968); Bühler Beate, Klarinette (1974); Dewert Ralf, Tuba (1977); Engesser Fritz, Tenorhorn (1946); Feederle Gerd, Klarinette (1973); Feederle Karin, Flöte (1974); Feederle Manfred, Posaune (1950); Feederle Peter, Trompete (1968); Feederle Regina, Saxophon (1979); Friker Friedhelm, Bariton (1972); Gitschtaler Peter, Klarinette (1966); Götz Torsten, Trompete (1977); Happle Achim, Flügelhorn (1972); Happle Georg, Flügelhorn (1957); Happle German, Saxophon (1952); Happle Jürgen, Klarinette (1974); Happle Thomas, Klarinette (1977); Held Fridolin, Saxophon (1961); Henkel Dirk, Saxophon (1974); Hettich Klaus, Tenorhorn (1977); Ierg Michael, Klarinette (1973); Kaiser Udo, Klarinette (1974); Kühl Bernd, Bariton (1979); Martin Margit, Oboe (1972); Merz Iris, Klarinette (1974); Molnar Attila, Trompete (1977); Molnar Viktor, Flügelhorn (1977); Nadsdawek Klaus, Flügelhorn (1966); Sauter Roland, Saxophon (1973); Schafran Dirk, Schlagzeug (1979); Schafran Reinhold, Horn (1958); Schey Hans, Schlagzeug (1977); Schmid Hilmar, Pauken (1957); Schmid Roland, Klarinette (1957); Schmieder Harald, Tuba (1974); Schmieder Uwe, Posaune (1974); Sprengart Carmen, Klarinette (1977); Stockbauer Uwe, Trompete (1973); Stotmeister Pascal, Flöte (1974); Waimer Georg, Tenorhorn (1954); Wyrwa Andreas, Posaune (1950); Wyrwa Petra, Flöte (1977); Zahn Roland, Tenorhorn (1968); Zier Michael, Horn (1977); Zimmermann Markus, Posaune (1974)
Zöglinge: Benz Bettina, Klarinette (1979); Fritz Bärbel (1981); Jung Andrea (1981); Kuntz Andreas (1981); Leichenauer Iris (1981); Löffler Alicia, Saxophon (1979); Molnar Diana, Flöte (1979); Perkhun Sabine (1981); Rudloff Frank (1981); Scherer Clemens (1981); Schmid Markus (1981); Sonntag Liana, Klarinette (1979); Speer Martin (1981); Stammen Markus (1981)

Stadtkapelle Bräunlingen

Gründungsjahr:	1824*
1. Vorsitzender:	Julius Mayer
Stellv. Vorsitzender:	Hubert Brugger
Schriftführer:	Wilfried Nobs
Rechner:	Jürgen Dold
Beirat:	Otto Hirt
	Dieter Paganini
Dirigent:	Günter Fürderer
Vizedirigent:	Joachim Haas
Jugendleiter:	Günter Fürderer
	Joachim Haas
Notenwart:	Reiner Scheu

Aktive: Albert Franz, Trompete (1971); Andre Bernd, Trompete (1974); Barth Clemens, Schlagzeug (1979); Barth Franz, Posaune (1959); Barth Siegbert, Trompete (1979); Beck Jürgen, Schlagzeug (1976); Brugger Heinz, Horn (1957); Brugger Hubert, Klarinette (1950); Brugger Roland, Flügelhorn (1979); Dold Elmar, Trompete (1976); Dold Ferdinand, Tuba (1959); Dold Jürgen, Trompete (1973); Frank Oliver, Saxophon (1979); Frech Lothar, Klarinette (1962); Fritschi Hermann, Posaune (1969); Glatz Bruno, Tuba (1948); Haas Joachim, Tenorhorn (1959); Hirt Karl, Flöte (1955); Hirt Otto, Horn (1953); Hug Albert, Klarinette (1965); Hug Gottfried, Klarinette (1965); Hummel Hermann, Saxophon (1961); Krämer Alfred, Tenorhorn (1981); Mayer Christine, Flöte (1979); Mayer Julius, Horn (1950); Müller Egon, Flügelhorn (1969); Müller Karl, Schlagzeug (1952); Nobs Wilfried, Tuba (1962); Paar Joachim, Flöte (1973); Paganini Dieter, Klarinette (1969); Rech Franz-Xaver, Klarinette (1976); Rech Johann, Tuba (1976); Rech Karl, Klarinette (1975); Riesle Gerold, Bariton (1953); Riesle Willi, Tuba (1955); Riester Hermann, Saxophon (1981); Rimmele Joachim, Saxophon (1976); Rimmele Josef, Tenorhorn (1950); Rütschle Thomas, Posaune (1977); Rütschle Walter, Posaune (1953); Scherzinger Michael, Flügelhorn (1979); Scheu Reiner, Trompete (1976); Schuler Gerhard, Posaune (1949); Seger Erwin, Flügelhorn (1938); Wehrle Wilfried, Saxophon (1973); Wiehl Ernst, Saxophon (1973); Wintermantel Titus, Saxophon (1971)
Zöglinge: Andre Manfred, Klarinette (1980); Bollin Jörg, Schlagzeug (1980); Brugger Bruno, Tenorhorn (1980); Butkus Hans-Peter, Trompete (1980); Butkus Jürgen, Trompete (1980); Fehrenbach Ingo, Trompete (1980); Frank Holger, Klarinette (1980); Frank Walter, Klarinette (1980); Heberle Armin, Trompete (1980); Heraucourt Oliver, Trompete (1980); Hermann Heiko, Klarinette (1980); Hofacker Marcel, Klarinette (1980); Huber Thomas, Trompete (1980); Linder Michael, Klarinette (1980); Rütschle Simon, Schlagzeug (1980); Schwörer Achim, Klarinette (1980); Senkowitsch Josef, Posaune (1980); Strobel Andreas, Bariton (1980); Wernet Siegbert, Posaune (1980)

Trachtenkapelle Buchenberg e.V.

Gründungsjahr:	1925
1. Vorsitzender:	Hans-Martin Weisser
Stellv. Vorsitzender:	Wilhelm Weisser
Schriftführer:	Rudolf Weisser
Rechner:	Gerhard Meder
Stellv. Rechner:	Martin Weisser
Beirat:	Fritz Beck
	Horst Fichter
	Siegfried Heinzmann
	Albert Jauch
	Eduard Neumann
	Albrecht Zimmermann
Dirigent:	Willi Springmann
Vizedirigent:	Albert Jauch
Jugendleiter:	Andreas Weisser
Notenwarte:	Fritz Beck
	Horst Fichter
Instrumentenwart:	Siegfried Heinzmann
Ehrenvorsitzender:	Gottlieb Eßlinger

Aktive: Amann Eugen, Klarinette (1965); Arndt Bernhard, Schlagzeug (1976); Beck Fritz, Trompete (1975); Esslinger Gottlieb, Flügelhorn (1925); Fichter Horst, Klarinette (1975); Fichter Jürgen, Flügelhorn (1974); Fischer Erich, Horn (1950); Flakowski Ewald, Klarinette (1956); Grießhaber Ernst, gr. Trommel (1950); Haas Fritz, Flügelhorn (1960); Haller Mathias, Horn (1950); Heinzmann Siegfried, Tuba (1960); Jauch Albert, Flügelhorn (1950); Jauch Gerhard, Tenorhorn (1950); Jauch Günther, Posaune (1964); Jauch Uwe, Posaune (1971); Kaiser Richard, Tenorhorn (1950); Kiefer Wilhelm, Schlagzeug (1950); Meder Gerhard, Tenorhorn (1962); Obergfell Christian, Bariton (1950); Obergfell Siegfried, Tenorhorn (1974); Rapp Wolfgang, Trompete (1971); Schäfer Horst, Flügelhorn (1975); Schäfer Reinhard, Klarinette (1975); Stolbert Walter, Klarinette (1952); Weisser Andreas, Klarinette (1950); Weisser Gerhard, Posaune (1975); Weisser Hans-Martin, Posaune (1971); Weisser Klaus, Schlagzeug (1974); Weisser Rudolf, Trompete (1971); Weisser Werner, Klarinette (1971); Weisser Wilhelm, Tuba (1950); Weisser Wilhelm, Posaune (1975); Wendel Norbert, Trompete (1975); Zimmermann Albrecht, Trompete (1966)
Zöglinge: Blum Andreas, Klarinette (1979); Eßlinger Martin, Flügelhorn (1979); Fichter Klaus, Klarinette (1979); Fischer Berthold, Posaune (1979); Flakowski Stephan, Klarinette (1979); Flakowski Timo, Schlagzeug (1979); Gebert Claudia, Klarinette (1979); Geißler Tilo, Klarinette (1979); Jauch Bernd, Tenorhorn (1979); Jauch Birgit, Flöte (1979); Jauch Ilka, Akkordeon (1979); Jauch Jürgen, Flügelhorn (1979); Klausner Uwe, Klarinette (1979); Lauble Georg, Tenorhorn (1979); Lauble Martin, Posaune (1979); Meder Ulrike, Flöte (1979); Mößner Martin, Klarinette (1979); Müller Friedhelm, Trompete (1979); Rapp Klaus, Klarinette (1979); Schäfer Tobias, Posaune (1979); Weisser Andreas, Tuba (1979); Wiehl Roland, Bariton (1979)

Musikkapelle Dauchingen e.V.

Gründungsjahr:	1869*
1. Vorsitzender:	Walter Schneider
Stellv. Vorsitzender:	Bertold Obser
Schriftführer:	Gerhard Laufer
Stellv. Schriftführerin:	Cornelia Hauser
Rechner:	Helmut Laufer
Beirat:	Joachim Behrendt
	Walter Bertsche
	Ernst Burkard
	Cornelia Hauser
	Herbert Laufer
	Volker Zimmermann
Dirigent:	Leonhard Baumann
Vizedirigent:	Wilhelm Hauser
Jugendleiter:	Jürgen Behrendt
Notenwart:	Jochem Laufer
Instrumentenwart:	Wolfgang Storz
Ehrenvorsitzender:	Josef Zirn

Aktive: Bächler Walburg, Flöte (1979); Bauer Jörg, Saxophon (1974); Baumann Gerhard, Schlagzeug (1962); Behrendt Joachim, Posaune (1979); Behrendt Jürgen, Tuba (1980); Behrendt Rainer, Flügelhorn (1979); Bertsche Walter, Klarinette (1969); Bob Karl-Johann, Tuba (1967); Breitenbach Michael, Klarinette (1977); Breitenbach Udo, Klarinette (1977); Burkard Adolf, Becken (1976); Burkard Ernst, Posaune (1954); Foschiani Klaus, Trompete (1977); Freidel Michael, Horn (1977); Hanke Peter, Schlagzeug (1976); Hauser Andreas, Schlagzeug (1977); Hauser Cornelia, Saxophon (1968); Hauser Ferdinand, Tenorhorn (1949); Hauser Markus, Tenorhorn (1977); Hauser Wilhelm, Klarinette (1948); Hauser Willi, Horn (1957); Herbst Markus, Posaune (1977); Herbst Wolfgang, Tuba (1973); Hergeth Helmut, Posaune (1968); Hergeth Werner, Pauken (1977); Hummel Hans, Bariton (1952); Klotz Ulrich, Flügelhorn (1979); Laufer Gerhard, gr. Trommel (1946); Laufer Helmut, Horn (1952); Laufer Herbert, Tenorhorn (1968); Laufer Jochem, Bariton (1972); Laufer Udo, Klarinette (1974); Lorenz Emanuel, Klarinette (1956); Navratil Ronald, Klarinette (1977); Obser Bertold, Flügelhorn (1957); Österreicher Ingo, Trompete (1977); Schlenker Ernst, Klarinette (1980); Schlenker Werner, Trompete (1967); Schneider Walter I, Klarinette (1950); Schneider Walter II, Saxophon (1961); Storz Wolfgang, Horn (1952); Zimmermann Bernd, Horn (1977); Zimmermann Uwe, Tuba (1977); Zimmermann Volker, Flöte (1977)
Zöglinge: Baumann Egon, Trompete (1980); Baumann Hubert, Klarinette (1980); Hergeth Friedbert, Klarinette (1980); Hergeth Ralf, Klarinette (1980); Obser Silvia, Trompete (1981); Schmidt Axel, Trompete (1980); Schmidt Rolf, Klarinette (1981); Schneider Claudia, Flöte (1981); Zepf Dieter, Bariton (1981)

Musikverein Deißlingen e.V.

Gründungsjahr:	1892
1. Vorsitzender:	Bernd Sülzle
Stellv. Vorsitzender:	Manfred Schmeh
Schriftführer:	Erich Schilling
Rechner:	Anton Kramer
Ausschußmitglieder (Aktiva):	Erwin Albrecht
	Gerhard Hengstler
	Jürgen Merkle
	Bruno Stern
Ausschußmitglieder (Passiva):	Ewald Ernst
	Walter Kopp
	Wolfgang Pilz
	Erich Storz
	Albert Zimmer
Dirigent:	Otto Sauter
Vizedirigent:	Bruno Stern
Jugendleiter:	Bernd Sülzle
Notenwart:	Helmut Ernst
Instrumentenwart:	Hans Merkle

Aktive: Albrecht Erwin, Klarinette (1970); Baumann Rainer, Flügelhorn (1980); Bechtold Axel, Bariton (1974); Bechtold Dieter, Flügelhorn (1967); Bechtold Peter, Schlagzeug (1969); Bechtold Walter, Tenorhorn (1946); Blust Elke, Klarinette (1977); Bühl Siegfried, Klarinette (1968); Bühl Ulrike, Klarinette (1980); Bürk Frank, Saxophon (1971); Ernst Helmut, Trompete (1962); Faitsch Annette, Klarinette (1980); Faitsch Berthold, Bariton (1978); Faitsch Bettina, Klarinette (1976); Faitsch Franz, Horn (1953); Fietz Andrea, Klarinette (1976); Fischer Hans, Saxophon (1946); Gaiselmann Günther, Tenorhorn (1964); Gruler Marina, Klarinette (1977); Hengstler Gerhard, Flügelhorn (1967); Hengstler Norbert, Tenorhorn (1976); Hess Harald, Saxophon (1974); Hess Rainer, Klarinette (1976); Hirt Axel, Flügelhorn (1974); Hirt Belinda, Trompete (1980); Hirt Manfred, Horn (1956); Hirt Uwe, Schlagzeug (1974); Hugger Max, Posaune (1980); Kern Thomas, Tuba (1976); Laufer Heinz, Posaune (1968); Lissy Michael, Trompete (1980); Mayer Hans, Tuba (1981); Merkle Hans, Schlagzeug (1961); Merkle Jürgen, Tuba (1976); Moritz Erhard, Posaune (1978); Murello Johannes, Flügelhorn (1980); Obele Mike, Klarinette (1980); Rottweiler Gerd, Trompete (1972); Sauter Gabi, Saxophon (1980); Schmeh Manfred, Tuba (1964); Schraml Walter, Schlagzeug (1978); Sichler Elke, Klarinette (1980); Sülzle Bernd, Flügelhorn (1980); Sulzmann Alfons, Saxophon (1958); Sulzmann Bernd, Trompete (1974); Stern Bruno, Klarinette (1959); Stern Elfried, Horn (1932); Strohm Bernd, Tenorhorn (1980); Traber Jürgen, Posaune (1978); Würthner Frank, Schlagzeug (1980); Zepf Angelika, Klarinette (1980); Zepf Helmut, Posaune (1964)
Zöglinge: Faitsch Simone, Flügelhorn (1980); Haller Johannes, Klarinette (1979); Hauser Klaus, Posaune (1980); Hauser Thilo, Horn (1980); Hess Iris, Trompete (1980); Linsenmann Arndt, Saxophon (1980); Mink Achim, Klarinette (1980); Rottweiler Simone, Flügelhorn (1980); Schmidt Armin, Trompete (1980)

Musikverein Döggingen e.V.

Gründungsjahr:	1865*
1. Vorsitzender:	Arnold Hölderle
Stellv. Vorsitzender:	Manfred Rieple
Schriftführer:	German Maier
Stellv. Schriftführer:	Walter Grieshaber
Rechner:	Bernhard Rosenstiel
Stellv. Rechner:	Karl-Hans Schwarz
Beirat:	Erich Grieshaber
	Herbert Ketterer
	Heinz Schütz
Dirigent:	Erich Grieshaber
Vizedirigent:	Karl-Hans Schwarz
Jugendleiter:	Erich Grieshaber
	Karl-Hans Schwarz
Notenwart:	Martin Wetzel
Ehrendirigent:	German Grieshaber

Aktive: Bank Thomas, Trompete (1979); Bossert Robert, Trompete (1980); Grieshaber Benno, kl. Trommel (1973); Grieshaber Walter, Trompete (1950); Hirt Bernhard, Posaune (1979); Hirt Richard, Trompete (1979); Hölderle Arnold, Tenorhorn (1965); Hölderle Gerhard, Trompete (1973); Ketterer Harald, Klarinette (1975); Ketterer Herbert, Klarinette (1973); Kuhn Armin, Posaune (1979); Maier German, Tenorhorn (1965); Minzer Clemens, Tenorhorn (1975); Renz Thomas, kl. Trommel (1980); Rieple Georg, Klarinette (1979); Rieple Manfred, Tuba (1973); Rosenstiel Bernhard, gr. Trommel (1973); Rosenstiel Lothar, Klarinette (1975); Rosenstiel Willi, Flügelhorn (1974); Schorp Heinrich, Klarinette (1975); Schütz Georg, Trompete (1979); Schütz Heinz, Trompete (1956); Schütz Rolf, Posaune (1979); Schwarz Karl-Heinz, Flügelhorn (1975); Straub Hugo, Tuba (1946); Weh August, Flügelhorn (1973); Weh Hermann, Flügelhorn (1946); Wehinger Arnold, Posaune (1974); Wehinger Harald, Tenorhorn (1980); Wehinger Karl-Heinz, Tuba (1965); Wehinger Robert, Posaune (1979); Weißhaar Olaf, Klarinette (1979); Weißhaar Tobias, Klarinette (1979); Wetzel Joachim, Tenorhorn (1974); Wetzel Karl, Tenorhorn (1950); Wetzel Martin, Tenorhorn (1974)

Stadtkapelle Donaueschingen

Gründungsjahr:	1827*
1. Vorsitzender:	Heinrich Fottner
Stellv. Vorsitzender:	Detlef Pruter
Schriftführer:	Josef Burkhardt
Stellv. Schriftführerin:	Rosmarie Schilling
Rechner:	Heinrich Föhrenbach
Beirat:	Thomas Belstler
	Kornelia Föhrenbach
	Eva Rothweiler
Dirigent:	Holger Kämmerer
Vizedirigent:	Adolf Werner
Notenwarte:	Ruth Duldinger
	Klaus Müller
Instrumentenwarte:	Georgia Föhrenbach
	Michael Schlatter
Ehrenvorsitzender:	Helmut Wiehl
Ehrendirigent:	Rudolf Wenghöfer
Chronik:	Ruth Duldinger

Aktive: Bausch Manuela, Klarinette (1972); Belstler Thomas, Tenorhorn (1972); Buck Adolf, Flügelhorn (1954); Bürßner Rolf, Tenorhorn (1974); Burkhardt Josef, Saxophon (1968); Duldinger Johann, Posaune (1956); Duldinger Ruth, Klarinette (1972); Egger Christoph, Trompete (1974); Egger Markus, Posaune (1974); Föhrenbach Georgia, Flöte (1971); Föhrenbach Heinrich, Bariton (1950); Fottner Heinrich, Horn (1960); Gburek Eberhard, Trompete (1951); Haberer Heinrich, Tuba (1949); Heidinger Andreas, Flügelhorn (1974); Heidinger Johannes, Saxophon (1974); Hofmann Friedrich, Trompete (1939); Horn Mathias, Tenorhorn (1973); Kämmerer Holger, Posaune (1966); Kessler Jürgen, Saxophon (1973); Laun Reinhold, Saxophon (1969); Lehmann Klaus, Trompete (1974); Pruter Detlef, Saxophon (1969); Rahm Klaus, Posaune (1966); Rothweiler Eva, Klarinette (1974); Schilling Rosmarie, Klarinette (1966); Schlatter Michael, Schlagzeug (1974); Schulz Dieter, Tuba (1976); Weil Hans, Tenorhorn (1952); Weiß Jürgen, Flöte (1966); Werner Adolf, Flügelhorn (1956); Wintermantel Johann, Tuba (1957); Wolff Helmut, Flügelhorn (1972); Zeitvogel Roland, Posaune (1958)
Jugendliche: Duldinger Johann, Posaune (1978); Duldinger Jutta, Klarinette (1982); Föhrenbach Cornelia, Klarinette (1971); Groß Joachim, Schlagzeug (1977); Kaiser Sabine, Flöte (1975); Kuch Mathias, Klarinette (1982); Lehmann Petra, Klarinette (1982); Lohmann Jörg, Tuba (1975); Maier Regina, Klarinette (1980); Müller Klaus, Trompete (1975); Mynter Jan, Posaune (1981); Rothweiler Markus, Klarinette (1980); Rothweiler Tilman, Horn (1980); Schlutt Christiane, Klarinette (1975)

Blasorchester Bad Dürrheim e.V.

Gründungsjahr:	1863*
1. Vorsitzender:	Alois Neininger
Stellv. Vorsitzender:	Roland Baumann
Schriftführer:	Werner Sulzmann
Rechner:	Fritz Bury
Beirat:	Willi Grießhaber
	Werner Heinemann
	Dr. Georg Huber
	Claudia Isele
	Herbert Reichmann
	Otto Weißenberger
Dirigent:	Rudolf Tschabrun
Vizedirigent:	Thomas Wursthorn
Jugendleiter:	Heinz Rottler
Notenwart:	Otto Hall
Ehrenvorsitzender:	Lorenz Fehrenbacher

Aktive: Bäckert Helmut, Posaune (1968); Bartler Erwin, Posaune (1935); Bartler Heinz, Flügelhorn (1967); Baumann Roland, Klarinette (1959); Benz Gerhard, Tuba (1970); Braun Volker, Trompete (1977); Bury Fritz, Posaune (1940); Dechant Armin, Tuba (1975); Dievernich Franz Reiner, Trompete (1981); Fischer Karl, Saxophon (1972); Fruh Michael, Tenorhorn (1977); Glöckler Hans, Tenorhorn (1924); Grießhaber Willi, Flügelhorn (1974); Großmann Volker, Klarinette (1980); Hall Otto, Saxophon (1955); Hauser Thobias, Trompete (1977); Heinemann Markus, Schlagzeug (1976); Heinemann Werner, Bariton (1959); Hellstern Hansjörg, Trompete (1966); Isele August, Schlagzeug (1922); Isele Claudia, Klarinette (1975); Isele Marcus, Trompete (1970); Knörzer Roland, Schlagzeug (1980); Knörzer Werner, Tenorhorn (1978); Nann Werner, Trompete (1970); Neininger Alois, Flöte (1945); Neininger Martin, Saxophon (1974); Neininger Matthias, Flügelhorn (1974); Pflugrad Günther, Trompete (1979); Rabiniak Siegmund, Trompete (1965); Rautenberg Jürgen, Trompete (1977); Reichmann Herbert, Horn (1940); Reuter Wolfgang, Posaune (1980); Rottler Heinz, Tuba (1959); Rottler Karl, Tenorhorn (1977); Rottler Werner, Horn (1977); Ruhwald Michael, Trompete (1977); Schill Andrea, Klarinette (1977); Schillinger Patrik, Horn (1979); Sulzmann Sabine, Klarinette (1977); Sulzmann Werner, Klarinette (1954); Tamme Carsten, Schlagzeug (1977); Wursthorn Dietmar, Flügelhorn (1977); Wursthorn Paul, Saxophon (1954); Wursthorn Thomas, Posaune (1977).
Zöglinge: Bruch Bärbel, Klarinette (1981); Boyke Jasmin, Trompete (1981); Dufner Kai, Klarinette (1981); Emhart Barbara, Flöte (1981); Hall Ulrike, Trompete (1979); Kunath Anke, Klarinette (1981); Müller Regina, Klarinette (1981); Lehmann Dorothea, Klarinette (1980); Schimpf Uwe, Posaune (1980); Sulzmann Stefan, Flügelhorn (1981).

Musikverein Fischbach e.V.

Gründungsjahr:	1928
1. Vorsitzender:	Emil Stehle
Stellv. Vorsitzender:	Berthold Stern
Schriftführer:	Egon Stern
Rechner:	Konrad Obergfell
Stellv. Rechner:	Albert Bantle
Beirat:	Albert Bantle
	Walter Günter
	Georg Horvath
	Hans Letzkus
	Valentin Roth
Dirigent:	Bernhard Simon
Vizedirigent:	Albert Roth
Jugendleiter:	Armin Kaltenbach
Notenwart:	Lothar Schedwill
Instrumentenwart:	Harald Walter
Ehrendirigent:	Albrecht Broghammer

Aktive: Bihl Viktor, Tenorhorn (1964); Emminger Albert, Saxophon (1974); Götz Günter, Bariton (1973); Günter Walter, Posaune (1958); Hauger Artur, Tuba (1976); Hauger Martin, Bariton (1978); Horvath Paul, Klarinette (1976); Horvath Rolf-Dieter, Klarinette (1976); Kaltenbach Armin, Klarinette (1973); Kammerer Artur, Trompete (1950); Kammerer Barbara, Flöte (1978); Kammerer Bernd, Saxophon (1966); Kammerer Karl, Saxophon (1936); Letzkus Hans-Dieter, Klarinette (1975); Link Eckhard, Posaune (1966); Link Peter, Posaune (1963); Müller Irene, Trompete (1979); Müller Reinhold, Trompete (1970); Nickolmann Renate, Klarinette (1978); Obergfell Konrad, Tuba (1965); Petrolli Werner, Trompete (1976); Roth Albert, Flügelhorn (1962); Roth Antje, Klarinette (1978); Roth Bernd, Tenorhorn (1976); Roth Elvira, Klarinette (1978); Roth Oliver, kl. Trommel (1978); Roth Stephan, Saxophon (1970); Schäfer Oliver, Klarinette (1978); Schedwill Lothar, Horn (1958); Schlenker Stefan, gr. Trommel (1958); Schwochert Silvia, Klarinette (1978); Simon Thomas, Schlagzeug (1973); Stehle Emil, Trompete (1958); Stern Berthold, Trompete (1970); Stern Dietmar, Klarinette (1973); Stern Egon, Tuba (1958); Stern Karl-Heinz, Flügelhorn (1970); Stern Manfred, Horn (1981); Stern Reinhold, Klarinette (1966); Stern Walter, Saxophon (1966); Walter Harald, Horn (1962).
Zöglinge: Bühler Diana, Klarinette (1981); Letzkus Michaela, Flöte (1980); Link Herbert, Schlagzeug (1978); Lipp Robert, Klarinette (1981); Müller Simone, Klarinette (1982); Obergfell Heiko, Trompete (1978); Rigoni Enrico, Trompete (1978); Rigoni Jürgen, Klarinette (1978); Stehle Annette, Klarinette (1980); Stehle Jürgen, Flügelhorn (1982); Stern Hartmut, Trompete (1981).

Musikkapelle Fürstenberg e.V.

Gründungsjahr:	1921
1. Vorsitzender:	Heinz Mayer
Stellv. Vorsitzender:	Rudolf Gut
Schriftführer:	Bernhard Gut
Rechner:	Emil Preis
Beirat:	Reinhold Mayer
	Erwin Straub
	Josef Straub III
Dirigent:	Horst Mayer
Ehrenvorsitzender:	Josef Straub III

Aktive: Bäurer Beate, Klarinette (1974); Bäurer Christian, Posaune (1980); Bäurer Edgar, Trompete (1974); Bäurer Heinrich, Tenorhorn (1968); Bäurer Hubert, Flügelhorn (1974); Bäurer Manfred, Flügelhorn (1974); Bäurer Reinhard, Klarinette (1974); Bäurer Roland, Trompete (1974); Bäurer Werner, Klarinette (1976); Bäurer Winfried, Klarinette (1976); Erhard Markus, Trompete (1959); Erhard Wolfgang, Trompete (1980); Gut Bernhard, Klarinette (1973); Gut Jürgen, Klarinette (1980); Gut Leo, Tuba (1947); Gut Martin II, Tenorhorn (1952); Gut Martin III, Posaune (1969); Gut Michael, Horn (1974); Gut Rudolf, Klarinette (1968); Hensler Alfons, Bariton (1974); Hensler Armin, Tuba (1980); Hensler Hans, Bariton (1947); Hensler Helmut, Posaune (1956); Hogg Clemens, Tuba (1978); Mantel Erich, Schlagzeug (1961); Mantel Stefan, Schlagzeug (1974); Martin Josef, Horn (1974); Martin Paul, Posaune (1974); Mayer Andreas, Flöte (1980); Mayer Gabriele, Klarinette (1974); Mayer Heinz, Trompete (1963); Mayer Horst, Tenorhorn (1952); Mayer Mathias, Klarinette (1980); Mayer Reinhold, Klarinette (1963); Obergfell Jürgen, Trompete (1974); Potthast Karl-Martin, Tenorhorn (1974); Preis Emil, Tenorhorn (1968); Preis Franz, Klarinette (1968); Preis Mathias, Lyra (1968); Rothmund Heinz, Posaune (1968); Rothmund Joachim, Flügelhorn (1976); Rothmund Reinhard, Bariton (1976); Rothmund Wilfried, Trompete (1952); Straub Claudia, Flöte (1980); Straub Erwin, Tenorhorn (1948); Straub Irmgard, Klarinette (1974); Straub Josef III, Flügelhorn (1947); Straub Markus, Flöte (1980); Straub Norbert, Schlagzeug (1976); Straub Thomas, Flügelhorn (1980); Ullrich Walter, Saxophon (1974); Weißhaar Thomas, Tenorhorn (1974)

Stadtkapelle Furtwangen

Gründungsjahr:	1868*
1. Vorsitzender:	Ludwig Schwer
Stellv. Vorsitzender:	Siegfried Kammerer
Schriftführerin:	Rosmarie Weißer
Rechner:	Joachim Burger
Stellv. Rechner:	Gerwig Schwer
Beirat:	August Baier
	Bruno Baier
	Erich Kern
	Martin Moser
	Norbert Staudt
	Franz Straub
	Georg Wehrle
Dirigent:	Alois Huber
Vizedirigent/	
Jugendleiter:	Herbert Dold
Notenwarte:	Dieter Disch
	Martin Moser
	Carlos Rey
Instrumentenwart:	Bruno Baier

Aktive: Bäuerle Günter, Flöte (1974); Bäuerle Werner, Horn (1971); Baier August, Flügelhorn (1966); Baier Bruno, Bariton (1969); Bammert Erwin, Tenorhorn (1956); Bliestle Gabi, Trompete (1980); Böhler Roswitha, Klarinette (1980); Brugger Alfons, Tenorhorn (1951); Burgbacher Siegfried, Posaune (1955); Burger Joachim, Flügelhorn (1971); Disch Dieter, Trompete (1980); Disch Gerhard, Posaune (1955); Dold Herbert, Flügelhorn (1955); Dold Karl, Tuba (1957); Dold Karl-Martin, Trompete (1982); Dold Ulrike, Klarinette (1982); Dorer Christine, Klarinette (1971); Dorer Josef, Tenorhorn (1955); Dorer Konrad, Tuba (1955); Eckert Petra, Flöte (1980); Enz Christian, Klarinette (1980); Furtwängler Joachim, Klarinette (1970); Hummel Gerhard, Klarinette (1955); Kammerer Richard, Klarinette (1951); Kammerer Siegfried, Posaune (1960); Kern Erich, Tuba (1955); Kittelmann Silvia, Flöte (1981); Löffler Udo, Klarinette (1971); Moser Martin, Klarinette (1979); Nopper Jürgen, kl. Trommel (1980); Nopper Lothar, gr. Trommel (1949); Rey Carlos, Klarinette (1974); Riesle Thomas, kl. Trommel (1982); Rimbrecht Bernd, Klarinette (1970); Ruf Norbert, Posaune (1972); Schwer Gerwig, Horn (1969); Schwer Ludwig, Saxophon (1957); Schwer Norbert, Trompete (1982); Schätzle Thomas, Trompete (1979); Schönfelder Manfred, Pauken (1963); Seim Werner, Trompete (1979); Spiegelhalter Kurt, Horn (1954); Staudt Norbert, Klarinette (1970); Straub Franz, Posaune (1969); Straub Nikolaus, Saxophon (1978); Tolksdorf Uwe, Klarinette (1982); Walter Robert, Trompete (1954); Weckerlin Josef, Bariton (1956); Wehrle Georg, Saxophon (1956); Weißer Andreas, Trompete (1979); Weißer Bernhard, Tenorhorn (1981); Weißer Hermann, Horn (1980); Weißer Klaus, Posaune (1972); Weißer Rosmarie, Flöte (1971); Wild Georg, Flöte (1982)
Zöglinge: Brugger Bernd, Posaune (1979); Dinius Daniela, Klarinette (1981); Dinius Oliver, Flöte (1981); Dold Markus, Tuba (1982); Dold Roswitha, Tenorhorn (1982); Dorer Markus, Tenorhorn (1982); Dorer Stefan, Tuba (1981); Hemer Rüdiger, Tenorhorn (1981); Herb Nikole, Klarinette (1980); Hildebrand Dirk, Flügelhorn (1979); Hildebrand Katrin, Flöte (1980); Huber Doris, Trompete (1981); Huber Günter, Klarinette (1977); Iber Thomas, Flügelhorn (1978); Klingele Ilona, Klarinette (1977); Kuner Isabell, Trompete (1979); Kuner Raphel, Klarinette (1979); Machill Michael, Cornet (1978); Mussgnung Jochen, Flügelhorn (1979); Öhler Michael, Saxophon (1979); Scherzinger Markus, Trompete (1981); Schmidt Eva-Maria, Klarinette (1978); Schorpp Harald, Flügelhorn (1979); Seim Rolf, Klarinette (1978); Städner Franz, Flügelhorn (1981); Weißer Barbara, Klarinette (1979); Zandomeni Klaus, Cornet (1979)

Stadtmusik Geisingen

Gründungsjahr:	1822*
1. Vorsitzender:	Hans Sorg
Stellv. Vorsitzender:	Franz Fromm
Schriftführerin:	Brigitte Schick
Rechner:	Wolfgang Höfler
Stellv. Rechner:	Werner Degen
Beirat:	Karl-Heinz Fromm
	Günther Hemens
	Adolf Heppler
	Max Kramer
	Fritz Weber
Dirigent:	Stadtmusikdirektor
	Adolf Schmid
Jugendleiter:	Heidi Müller
Notenwart:	Riccardo Dünnebier

Aktive: Ball Volker, Horn (1979); Bühler Heinrich, Horn (1973); Bühler Karl-Heinz, Posaune (1975); Bühler Thomas, Fagott (1973); Buss Herbert, Klarinette (1961); Degen Rolf, Tenorhorn (1969); Degen Werner, Posaune (1968); Draxler Günther, Trompete (1973); Draxler Jürgen, Schlagzeug (1973); Dünnebier Riccardo, Posaune (1976); Fromm Barbara, Klarinette (1975); Fromm Franz, Tenorhorn (1954); Fromm Karl-Heinz, Flügelhorn (1961); Fromm Peter, Trompete (1972); Fühnus Fritz, Flügelhorn (1961); Grießhaber Birgit, Klarinette (1976); Hemens Günther, Schlagzeug (1961); Heppler Adolf, Tuba (1958); Heppler Udo, Tenorhorn (1979); Höfler Alexander, Trompete (1977); Höfler Wolfgang, Flügelhorn (1968); Huber Hermann, Tuba (1968); Huber Thomas, Flöte (1972); Kramer Max, Horn (1961); Kreuzer Thomas, Tenorhorn (1969); Meßmer Robert, Oboe (1976); Müller Heidi, Flöte (1973); Popp Ralf, Schlagzeug (1976); Riesle Karl-Heinz, Horn (1976); Schick Brigitte, Klarinette (1973); Schuler Günther, Klarinette (1958); Stoffler Norbert, Klarinette (1961); Tritschler Ralf, Klarinette (1976); Weber Brigitte, Klarinette (1977); Weber Fritz, Tuba (1955); Weh Reinhard, Trompete (1976)
Zöglinge: Bächle Andrea, Klarinette (1981); Fromm Guido, Trompete (1981); Fromm Mario, Flügelhorn (1981); Fromm Nicole, Flöte (1981); Fromm Volker, Flügelhorn (1981); Hafner Ulrich, Posaune (1980); Heppler Michaela, Klarinette (1981); Hogg Alexandra, Flöte (1981); Kienzle Holger, Trompete (1981); Maier Johannes, Posaune (1981); Mellwig Christian, Posaune (1981); Milunovic Bosco, Posaune (1981); Milunovic Shifko, Klarinette (1981); Schick Andreas, Klarinette (1981); Sorg Petra, Flöte (1981)

Musik- und Trachtenkapelle Gremmelsbach e.V.

Gründungsjahr:	1914
1. Vorsitzender:	Albert Zeifang
Stellv. Vorsitzender:	Herbert Hock
Schriftführerin:	Irmgard Dresp
Stellv. Schriftführerin:	Christa Schneider
Rechner:	Harald Bertsche
Stellv. Rechner:	Hermann Dold
Beirat (Aktiva):	Franz Kopf
	Karl Reuter
	Alfred Volk
Beirat (Passiva):	Alfons Dold
Dirigent:	Ewald Sluzalek
Vizedirigent:	Erich Kunz
Jugendleiter:	Cornelia Kaltenbach
	Reinhard Storz
Notenwarte:	Franz Dresp
	Robert King
Instrumentenwart:	Herbert Hock
Ehrendirigent:	Damian Dold

Aktive: Bertsche Harald, Posaune (1978); Dold Bernfred, Tuba (1969); Dold Hermann, gr. Trommel (1960); Dold Veronika, Klarinette (1978); Dresp Erna, Flöte (1976); Dresp Franz, Posaune (1976); Dresp Irmgard, Flöte/Pikkolo (1976); Dresp Monika, Flöte (1978); Duffner Gisela, Saxophon (1978); Finkbeiner Andreas, Schlagzeug (1978); Grieshaber Günter, Flügelhorn (1952); Harter Arthur, Tuba (1947); Harter Helga, Klarinette (1978); Hilser Cornelia, Klarinette (1978); Hilser Eberhard, Horn (1978); Hilser Nikolaus, Posaune (1969); Hock Gerhard, Schlagzeug (1975); Hock Herbert, Bariton (1969); Kaltenbach Cornelia, Trompete (1978); Kaltenbach Elisabeth, Trompete (1978); Kammerer Paul, Trompete (1982); Kienzler Alfred, Saxophon (1945); Kienzler Andreas, Flügelhorn (1978); Kienzler Bernd, Flügelhorn (1971); Kienzler Gerlinde, Klarinette (1977); Kienzler Michael, Schlagzeug (1977); King Alfons, Horn (1972); King Robert, Horn (1969); Kopf Franz, Saxophon (1966); Kopf Martin, Schlagzeug (1978); Kuner Josef, Horn (1975); Kunz Erich, Trompete (1948); Müller Dieter, Klarinette (1964); Reuter Karl, Trompete (1962); Reuter Marina, Klarinette (1978); Reuter Werner, Tenorhorn (1976); Schneider Christa, Klarinette (1976); Storz Heinrich, Tuba (1952); Storz Manuela, Klarinette (1978); Storz Reinhard, Tenorhorn (1972); Volk Alfred, Flügelhorn (1965); Weisser Helmut, Tenorhorn (1978); Weisser Willi, Bariton (1946); Zeifang Albert, Tenorhorn (1958); Zeifang Angelika, Klarinette (1976); Zeifang Eckhard, Flügelhorn (1976); Zeifang Roland, Klarinette (1976)
Zöglinge: Dold Claudia, Flügelhorn (1982); Grieshaber Rolf, Schlagzeug (1982); Kienzler Gerd, Flügelhorn (1982); Kienzler Liane, Trompete (1982); King Gabriel, Klarinette (1982); Oberparleiter Andreas, Posaune (1982); Oberparleiter Irmgard, Klarinette (1982); Ritter Tanja, Klarinette (1982); Volk Franz, Flügelhorn (1982); Volk Gisela, Klarinette (1982); Zeifang Sieglinde, Saxophon (1982)

Musikverein Grüningen e.V.

Gründungsjahr:	1961
1. Vorsitzender:	Willi Hirt
Stellv. Vorsitzender:	Heinz Doser
Schriftführer:	Josef Hirt
Kassier:	Helmut Maier
Stellv. Kassier:	Wolfgang Limberger
Ausschußmitglied (Aktiva):	Wilfried Dorer
Ausschußmitglied (Passiva):	Leo Limberger
Jugendvertreter:	Gerold Bolli
Dirigent:	Rudolf Glatz
Vizedirigent/ Jugendleiter:	Rudolf Doser
Notenwart/ Instrumentenwart:	Herbert Kromer
Gründungs- und Ehrenmitglieder:	Siegfried Fromm Hermann Winterhalter

Aktive: Bolli Gerold, Flügelhorn (1979); Bolli Isolde, Klarinette (1973); Dorer Wilfried, Klarinette (1961); Doser Egon, Flügelhorn (1961); Doser Heinz, Horn (1961); Doser Rudolf, Tenorhorn (1961); Ewadinger Linda, Klarinette (1979); Ewadinger Petra, Klarinette (1976); Hirt Alfred, Tuba (1961); Hirt Elmar, Trompete (1979); Hirt Gerhard, Trompete (1979); Hirt Josef, Tuba (1961); Hirt Manfred, Posaune (1973); Hirt Willi, Becken (1961); Keller Norbert, Klarinette (1977); Kromer Herbert, Schlagzeug (1965); Lange Gisela, Klarinette (1979); Limberger Alois, Klarinette (1973); Limberger Elvira, Klarinette (1979); Limberger Joachim, Klarinette (1973); Limberger Klaus, kl. Trommel (1969); Limberger Reinhilde, Klarinette (1971); Limberger Thomas, Flügelhorn (1973); Limberger Wolfgang, Tenorhorn (1967); Maier Armin, Tenorhorn (1979); Maier Bernhard, Flügelhorn (1979); Maier Helmut, Bariton (1961); Maier Rudolf, Tuba (1961); Mantel Martin, Horn (1973); Müller Manfred, Posaune (1973); Müller Norbert, Trompete (1965); Müller Peter, Flügelhorn (1968); Rothe Oliver, Flügelhorn (1979); Schrenk Herbert, Tenorhorn (1973); Seeburger Kurt, Trompete (1967); Winterhalter Hartmut, Posaune (1961); Zeller Michael, kl. Trommel (1973)

Musikkapelle Gütenbach e.V.

Gründungsjahr:	1863*
1. Vorsitzender:	Josef Schwär
Stellv. Vorsitzender:	August Fehrenbach
Schriftführer:	Otto Seng
Rechner:	Helmut Wagner
Beirat:	Engelbert Dorer Siegfried Scherzinger
Dirigent:	Ferdinand Scherzinger
Vizedirigent:	Gerold Scherzinger
Instrumentenwart:	Siegfried Scherzinger

Aktive: Dorer Engelbert, Horn (1953); Faller Bernhard, Klarinette (1960); Faller Clemens, Klarinette (1974); Faller Peter, Posaune (1980); Fehrenbach August, Trompete (1954); Fehrenbach Christoph, Klarinette (1975); Fehrenbach Norbert, Flügelhorn (1980); Fichter Alfred, Tuba (1953); Fichter Thomas, Tuba (1975); Fichter Ulrike, Klarinette (1977); Fischer Fritz, Flügelhorn (1948); Fischer Ulrike, Saxophon (1971); Füchter Sonja, Flöte (1975); Heim Erich, Flügelhorn (1955); Kapp Hugo, Tenorhorn (1948); Kapp Markus, Schlagzeug (1980); Kleiser Konrad, Trompete (1975); Löffler Otmar, Horn (1950); Löffler Waltraud, Klarinette (1977); Mahler Günther, Posaune (1956); Maier Bianca, Saxophon (1975); Maier Willi, Horn (1951); Probst Joachim, Trompete (1975); Riesle Franz, Bariton (1948); Riesle Walter, Tuba (1956); Scherzinger Gerold, Saxophon (1971); Scherzinger Herbert, kl. Trommel (1965); Scherzinger Martin, Posaune (1974); Scherzinger Primus, Klarinette (1924); Scherzinger Siegfried, Horn (1962); Schirmaier Hermann, Fauken (1981); Schirmaier Verena, Flöte (1971); Schlegel Helmut, Posaune (1975); Schwär Josef, Saxophon (1949); Seng Otto, Tenorhorn (1954); Trenkle Beate, Flügelhorn (1980); Trenkle Friedrich, Horn (1957); Wagner Helmut, Klarinette (1961); Waldvogel Dieter, Bariton (1967); Wehrle Ingrid, Posaune (1980); Wehrle Max, Flügelhorn (1964); Willmann Edelbert, Trompete (1980)

Donaumusikanten Gutmadingen e.V.

Gründungsjahr:	1968
1. Vorsitzender:	Erhard Bewer
Stellv. Vorsitzender:	Sigmund Hasenfratz
Schriftführer:	Roland Burger
Rechner:	Helmut Schmid
Beirat:	Hans Kramer
	Heinrich Ohnmacht
	Kurt Tribull
	Manfred Willmann
Dirigent:	Hans Kramer
Vizedirigent:	Helmut Schlesiger
Jugendleiter:	Heinrich Ohnmacht
Notenwart:	Helmut Schlesiger

Aktive: Auer Hubert, Bariton (1968); Baumann Hubert, Klarinette (1972); Burger Josef, Horn (1968); Burger Roland, Trompete (1968); Dilger Peter, Flügelhorn (1970); Draxler Günther, Flügelhorn (1977); Draxler Jürgen, Schlagzeug (1977); Feist Sarina, Schlagzeug (1981); Hasenfratz Sigmund, Lyra (1972); Hirt Bernhard, Posaune (1969); Hirt Ernst, Bariton (1970); Hotz Walter, Flügelhorn (1968); Kienzle Anton, Schlagzeug (1968); Küster Horst, Horn (1968); Küster Klaus, Klarinette (1970); Merk Otto, Klarinette (1968); Ohnmacht Heinrich, Tuba (1968); Ranzino Giovanni, Trompete (1970); Ranzino Patricia, Klarinette (1978); Schelling Karlheinz, Trompete (1975); Schlesiger Günther, Klarinette (1969); Schlesiger Helmut, Klarinette (1968); Schmid Fritz, Flügelhorn (1968); Schmid Joachim, Klarinette (1971); Schmidt Ekkehardt, Posaune (1971); Stania Heinz, Schlagzeug (1975); Tietz Bodo, Klarinette (1972); Wegranowski Hans, Tenorhorn (1971); Willmann Manfred, Tenorhorn (1968)
Jungmusiker: Geisert Sabine, Klarinette (1978); Huber Andrea, Klarinette (1978); Pratscher Elke, Klarinette (1978); Rapp Peter, Flügelhorn (1978); Schlesiger Andrea, Klarinette (1978); Stania Horst, Trompete (1978)
Zöglinge: Bewer Andreas, Trompete (1980); Bewer Kirsten, Klarinette (1980); Engesser Armin, Tenorhorn (1980); Engesser Jürgen, Trompete (1980); Kramer Manuela, Flöte (1980); Ohnmacht Christian, Tenorhorn (1980); Schmied Elke, Flöte (1980); Schmid Ina, Klarinette (1980)

Musikverein „Harmonie" Gutmadingen e.V.

Gründungsjahr:	1924
1. Vorsitzender:	Egon Münzer
Stellv. Vorsitzender:	Werner Weber
Schriftführer:	Reinhard Huber
Rechner:	Gerhard Keller
Beirat:	Lothar Huber
	Markus Huber
Dirigent:	Karl-Heinz Weber
Vizedirigent/	
Jugendleiter:	Gerhard Glunk
Ehrendirigent:	Friedrich Glunk

Aktive: Boll Carola, Klarinette (1979); Boll Karin, Klarinette (1979); Briel von Urs, Flöte (1979); Burger Karl-Heinz, Klarinette (1968); Glunk Gerhard, Klarinette (1968); Glunk Johann, gr. Trommel (1947); Glunk Karl, Posaune (1964); Glunk Werner, Flügelhorn (1964); Hirt Elmar, kl. Trommel (1968); Hirt Franz, Klarinette (1936); Huber Bernfried, Horn (1970); Huber Bernhard, Horn (1968); Huber Hermann, Flügelhorn (1970); Huber Hubert, Tuba (1968); Huber Lothar, Flügelhorn (1947); Huber Lucia, Klarinette (1979); Huber Reinhard, Trompete (1967); Huber Sieglinde, Flöte (1979); Keller Gerhard, Tenorhorn (1964); Keller Wilfried, Trompete (1959); Maier Herbert, Bariton (1970); Martin Herbert, Klarinette (1970); Martin Jürgen, Tuba (1970); Münzer Egon, Tenorhorn (1950); Münzer Jürgen, Horn (1979); Münzer Jutta, Klarinette (1979); Münzer Karl, Tenorhorn (1947); Münzer Karl-Heinz, Flügelhorn (1976); Schmid Steffen, Posaune (1979); Vöckt Hermann, Trompete (1955); Weber Ernst, Becken (1972); Weber Josef, Lyra (1955); Weber Jürgen, Horn (1978); Weber Werner, Posaune (1955); Willmann Hubert, Flügelhorn (1964)

Musikkapelle
Hausen vor Wald e.V.

Gründungsjahr:	1912
1. Vorsitzender:	Hans-Peter Münzer
Stellv. Vorsitzender:	Klaus Reichmann
Schriftführer:	Kurt Hauschel
Rechner:	Johann Straub
Beirat:	Adolf Albicker
	Peter Benz
	Werner Riegger
Dirigent:	Rudolf Teichner
Jugendleiter:	Reinhold Straub
	Rudolf Teichner
Notenwarte:	Helmut Martin
	Hubert Straub
Instrumentenwart:	Artur Binder
Ehrenmitglieder:	Erwin Albicker
	Josef Engesser
	Emil Happle

Aktive: Albicker Adolf, Posaune (1946); Albicker Jürgen, Schlagzeug (1974); Baumann Dietmar, Tenorhorn (1978); Baumann Hubert, Flügelhorn (1972); Baumann Klemens, Tenorhorn (1982); Benz Hans-Peter, Flügelhorn (1969); Binder Artur, Horn (1950); Binder Konrad, Tenorhorn (1982); Binder Roland, Bariton (1978); Boma Ralf, Klarinette (1982); Happle Anton, Tenorhorn (1957); Happle Emil, Bariton (1940); Hauschel Kurt, Posaune (1965); Keller Gerhard, Tenorhorn (1965); Martin Helmut, Trompete (1982); Martin Wolfgang, Horn (1972); Mayer Karl, Trompete (1955); Münzer Hans-Peter, Klarinette (1965); Münzer Hermann, Flügelhorn (1961); Peter Bernhard, Tuba (1957); Peter Markus, Flügelhorn (1961); Reichmann Hugo, gr. Trommel (1946); Reichmann Klaus, Trompete (1950); Reichmann Norbert, Klarinette (1972); Reichmann Mathias, Klarinette (1982); Riegger Christoph, Tenorhorn (1972); Riegger Werner, Tuba (1969); Straub Hubert, Posaune (1972); Straub Johann, Tenorhorn (1940); Straub Klaus, Flügelhorn (1978); Straub Paul, Horn (1972); Straub Reinhold, Klarinette (1972); Teichner Stefan, Trompete (1982); Wehinger Bernhard, Trompete (1972); Welte Anton, Tuba (1961); Zehle Bernhard, Trompete (1982)

Musikverein Hochemmingen e.V.

Gründungsjahr:	1901
1. Vorsitzender:	Josef Krickl
Stellv. Vorsitzender:	Siegfried Heisig
Schriftführer:	Manfred Engesser
Rechner:	Norbert Hauser
Beirat:	Josef Bartler jun.
	Günter Dahlke
	Arthur Dörflinger
	Kuno Engesser
	Helmut Fischerkeller
	Raimund Laufer
	Erich Münk
	Albert Romer
Dirigent:	Holger Kämmerer
Vizedirigent:	Günter Dahlke
Notenwarte:	Harald Dörflinger
	Raimund Laufer
Instrumentenwart:	Manfred Engesser
Ehrenvorstand:	Oskar Müller

Ehrenmitglieder: Erwin Bartler, Josef Bartler sen., Friedrich Wenzler
Aktive: Dahlke Günter, Tenorhorn (1951); Dörflinger Harald, Flügelhorn (1976); Engesser Kuno, Tenorhorn (1963); Engesser Manfred, Flügelhorn (1963); Fehrenbacher Albert, Tuba (1975); Fehrenbacher Karl, Klarinette (1977); Fischer Siegfried, Schlagzeug (1978); Fischerkeller Helmut, Klarinette (1949); Fischerkeller Udo, Schlagzeug (1971); Hauser Norbert, Klarinette (1963); Heisig Christina, Flöte (1980); Heisig Sabine, Flöte (1980); Heisig Siegfried, Trompete (1951); Hettich Alfred, Klarinette (1970); Keller Jürgen, Tenorhorn (1969); Laufer Raimund, Flügelhorn (1973); Müller Lydia, Flügelhorn (1977); Müller Regina, Klarinette (1975); Münk Erich, Posaune (1967); Münk Manfred, Tuba (1951); Münk Reinhard, Schlagzeug (1978); Schwarz Gerhard, Trompete (1967); Stiegler Franz, Tuba (1963)
Zöglinge: Fischbach Jörg, Horn (1981); Fischbach Tobias, Horn (1981); Kilian Siegfried, Trompete (1981); Liebermann Annerose, Klarinette (1981); Müller Rolf, Posaune (1981); Neumeier Frank, Trompete (1981); Obrowski Ingo, Tenorhorn (1981); Schreiber Bernd, Tenorhorn (1981)

Musikverein Hondingen e.V.

Gründungsjahr:	1951
1. Vorsitzender:	Gerhard Fluck
Stellv. Vorsitzender:	Bruno Regus
Schriftführer:	Albert Keller
Rechner:	Doris Baschnagel
Stellv. Rechner:	Thomas Bäurer
Ausschußmitglieder:	Josef Bäurer
	Kurt Erhart
	Helmut Fetscher
Dirigent:	Hermann Martin
Vizedirigent:	Albert Keller
Jugendleiter:	Manfred Reichle
Notenwart:	Klaus Hensler
Ehrenvorsitzender:	Hubert Münzer

Aktive: Bäurer Christine, Trompete (1977); Bäurer Gabi, Horn (1977); Bäurer Josef, Trompete (1951); Bäurer Thomas, Tuba (1974); Baschnagel Doris, Klarinette (1974); Bausch Edwin, Tenorhorn (1977); Bausch Josef, Trompete (1972); Bausch Roland, Klarinette (1972); Bogenschütz Agnes, Flügelhorn (1977); Bogenschütz Edelgart, Klarinette (1977); Bogenschütz Franz, Klarinette (1962); Erhart Kurt, Trompete (1957); Fetscher Franz, Bariton (1954); Fetscher Helmut, gr. Trommel (1970); Fetscher Richard, Tenorhorn (1951); Fluck Gerhard, Tenorhorn (1974); Freude Angela, Klarinette (1974); Freude Siegfried, Flügelhorn (1974); Hahn Hugo, Tenorhorn (1953); Hensler Christine, Klarinette (1974); Hensler Klaus, Saxophon (1968); Hofmann Gotfried, Horn (1968); Hofmann Josef, Horn (1965); Keller Albert, Flügelhorn (1962); Martin Edmund, Tuba (1977); Martin Heinz, Posaune (1974); Martin Manfred, Flügelhorn (1970); Müller Gerhard, Tenorhorn (1975); Münzer Hermann, Posaune (1962); Münzer Hubert, Horn (1954); Münzer Joachim, Saxophon (1977); Regus Bruno, Tuba (1965); Reichle Manfred, Saxophon (1951); Reichle Marion, Klarinette (1975); Reichle Winfried, Flügelhorn (1974); Rothermund Herbert, Saxophon (1966); Senz Ruth, Trompete (1977).
Zöglinge: Bäurer Manfred, kl. Trommel (1982); Blessing Emanuel, Horn (1982); Eigeldinger Georg, Lyra (1982); Erhart Natalie, Klarinette (1982); Fetscher Martin, Tenorhorn (1982); Fetscher Udo, Klarinette (1982); Gehringer Ralph, Flügelhorn (1982); Martin Bernd, Flügelhorn (1982); Martin Ralf, kl. Trommel (1982); Martin Rudolf, Posaune (1982); Martin Stefan, Bariton (1982); Meilhammer Bernd, Tenorhorn (1982); Meilhammer Klaus, Trompete (1982); Müller Horst, Flügelhorn (1982).

Stadtmusik Hüfingen e.V.

Gründungsjahr:	1631*
1. Vorsitzender:	Peter Marx
Stellv. Vorsitzender:	Josef Baschnagel
Schriftführer:	Bruno Burger
Rechner:	Ulrich Winiarz
Beirat:	Knut Dinter
	Meinrad Doser
Dirigent:	Hans Müller
Vizedirigent:	Berthold Thoma
Jugendleiter/ Notenwart/ Instrumentenwart:	Hans Müller
Präsident:	Max Gilly, Bgm.
Ehrendirigent:	Josef Hutzler

Aktive: Albert Peter, Tuba (1974); Amann Gustav, Horn (1956); Baschnagel Josef, Trompete (1973); Bausch Roland, Klarinette (1975); Bianchi Daniel, Trompete (1973); Boos Hermann, Schellenbaum (1962); Burger Arnold, Klarinette (1973); Burger Bruno, Klarinette (1973); Burger Eberhard, Klarinette (1953); Burghart Clemens, Klarinette (1973); Dinter Jens, Posaune (1975); Dinter Knut, Trompete (1974); Doser Meinrad, Tuba (1943); Dury Josef, Trompete (1947); Dury Wolfgang, Klarinette (1967); Faller Viktor, Flügelhorn (1976); Fischer Walter, Tenorhorn (1947); Fottner Thomas, Horn (1976); Grimm Michael, Schlagzeug (1976); Heizmann Gerold, Bariton (1954); Heizmann Michael, Klarinette (1976); Knupfer Martin, Klarinette (1973); Koßbiel Wilhelm, Tenorhorn (1947); Krausbeck Elmar, Tuba (1956); Laufer Stefan, Trompete (1978); Lutz Robert, Klarinette (1967); Martin Gerhard, Flöte (1974); Marx Peter, Tuba (1964); Mayer Christof, Klarinette (1976); Mayer Gerhard, Posaune (1974); Mayer Michael, Flügelhorn (1974); Mittner Hans-Peter, Klarinette (1972); Mittner Joachim, Trompete (1973); Moog Michael, Flügelhorn (1977); Moosmann Josef, Flügelhorn (1953); Moosmann Paul, Horn (1956); Müller Martin, Flöte (1973); Münzer Thomas, Tenorhorn (1971); Münzer Wilfried, Flügelhorn (1977); Pollinger Bernd, Bariton (1976); Rosenstiel Martin, Posaune (1979); Schmid Ernst, Schlagzeug (1941); Schrenk Martin, Trompete (1976); Schulz Wolfgang, Tenorhorn (1976); Stadler Andreas, Posaune (1976); Stadler Rainer, Posaune (1976); Stier Arno, Flöte (1951); Thoma Berthold, Flügelhorn (1942); Walter Eduard, Klarinette (1975); Walter Günter, Posaune (1956); Walter Joachim, Horn (1977); Winiarz Ulrich, Klarinette (1964); Wintermantel Bernhard, Flöte (1969).
Zöglinge: Böhm Martin, Schlagzeug (1981); Bogdanovic Volker, Trompete (1982); Fischer Jürgen, Trompete (1982); Fottner Stefan, Klarinette (1982); Gebhart Peter, Flügelhorn (1979); Gilly Alexander, Trompete (1982); Gilly Georg, Tenorhorn (1982); Götz Max, Posaune (1982); Heizmann Alexander, Klarinette (1982); Jäger Joachim, Klarinette (1979); Jäger Manfred, Klarinette (1979); Kaier Armin, Trompete (1979); Koßbiel Andreas, Trompete (1979); Krausbeck Jürgen, Klarinette (1979); Lindemuth Martina, Klarinette (1982); Reggentin Tanja, Klarinette (1982); Riegger Jürgen, Tenorhorn (1982); Rost Nicole, Klarinette (1982); Schneckenburger Volker, Klarinette (1979); Schwär Torsten, Klarinette (1982); Seger Adrian, Klarinette (1979); Sigle Jörg Peter, Trompete (1982); Springer Michael, Trompete (1982); Stern Marc, Klarinette (1982); Thoma Angelika, Klarinette (1979); Vetter Markus, Posaune (1982); Winterhalter Thomas, Trompete (1979); Weiß Martin, Klarinette (1976).

Trachtenkapelle Kappel e.V.

Gründungsjahr:	1891
1. Vorsitzender:	Gunter Sauber
Stellv. Vorsitzender:	Helmut Zehnder
Schriftführer:	Klemens Reich
Rechner:	Arnold Bayer
Beisitzer (Aktiva):	Roland Hauser
	Reimund Ruf
Beisitzer (Passiva):	Berthold Hauser
	Richard Laufer
Dirigent:	Walter Schmidt
Vizedirigent:	Klemens Reich
Jugendleiter:	Hartmut Heini
Notenwart:	Reimund Ruf
Instrumentenwart:	Roland Hauser
Ehrenvorstände:	Fritz Braun
	Wilhelm Huser
Ehrendirigent:	Karl Bucher

Aktive: Bayer Arnold, Posaune (1975); Braun Thomas, Flügelhorn (1981); Dinser Arnold, Trompete (1981); Dinser Bernhard, Klarinette (1974); Hauser Bertold, Tuba (1946); Hauser Hugo, kl. Trommel (1950); Hauser Martin, Tenorhorn (1981); Hauser Roland, Klarinette (1964); Hauser Wilhelm, Klarinette (1946); Hauser Wolfgang, Tuba (1974); Heini Dietmar, Posaune (1978); Heini Hartmut, Tenorhorn (1978); Käfer Edgar, Flügelhorn (1964); Käfer Martin, Horn (1937); Kolberg Stefan, Horn (1981); Kolberg Thomas, Klarinette (1978); Laufer Erwin, Tenorhorn (1948); Maier Andreas, Trompete (1950); Maier Anton, Horn (1963); Maier Erwin, Horn (1949); Maier Markus, Klarinette (1978); Reich Klemens, Flügelhorn (1967); Reich Siegfried, Tenorhorn (1974); Reiser Christoph, Flügelhorn (1981); Reiser Harald, Klarinette (1974); Ruf Leonhard, Posaune (1967); Ruf Reimund, Trompete (1972); Ruf Willibald, Bariton (1937); Schaaf Frank, Trompete (1981); Wipf Willi, Posaune (1964); Zehnder Helmut, Schlagzeug (1964)
Zöglinge: Fleig Elmar, Schlagzeug (1981); Möbius Janmarc, Schlagzeug (1981)

Musikverein Katzensteig e.V.

Gründungsjahr:	1951
1. Vorsitzender:	Oskar Dold
Stellv. Vorsitzender:	Rudolf Schwer
Schriftführer:	Bernhard Weiß
Stellv. Schriftführerin:	Ursula Nopper
Rechner:	Helmut Dold
Beirat:	Sigmund Dold
	Herbert Nopper
Dirigent:	Manfred Kieninger
Vizedirigent:	Otto Gäßler
Notenwart:	Alfons Brugger
Instrumentenwart:	Josef Dorer
Ehrenvorsitzende:	Alfred Brugger
	Karl Brugger

Aktive: Brugger Alfons, Bariton (1951); Brugger Angelika, Flügelhorn (1975); Brugger Franz, Tenorhorn (1975); Dold Antonia, Klarinette (1975); Dold Helmut, Klarinette (1961); Dold Oskar, gr. Trommel (1965); Dold Sigmund, Tuba (1962); Dorer Andreas, Trompete (1981); Dorer Josef, Trompete (1958); Dorer Michael, Posaune (1975); Fehrenbach Oskar, Tenorhorn (1958); Gäßler Otto, Flügelhorn (1961); Hermann Harald, Trompete (1975); Kieninger Dieter, Posaune (1974); Knaul Richard, Flöte (1967); Mai Monika, Trompete (1972); Nopper Herbert, kl. Trommel (1952); Nopper Ursula, Klarinette (1971); Schwer Adolf, Tenorhorn (1953); Schwer Karl, Posaune (1975); Schwer Martin, Trompete (1975); Schwer Rudolf, Flügelhorn (1952); Schwer Thomas, Flügelhorn (1981); Weiß Albert, Klarinette (1968); Weiß Bernhard, Klarinette (1968); Werner Matthias, Posaune (1981)

Musikverein Kirchen-Hausen e.V.

Gründungsjahr:	1959
1. Vorsitzender:	Franz-Josef Elsässer
Stellv. Vorsitzender:	Martin Elsässer
Schriftführer:	Gerhard Wehinger
Rechner:	Werner Elsässer
Beirat:	Paul Elsässer
	Karl Engesser
	Artur Schelling
	Max Schelling
	Richard Weh
Dirigent:	Justus Förster
Vizedirigent:	Andreas Honold
Notenwart:	Edwin Kühlwetter
Instrumentenwart:	Max Schelling
Ehrenvorsitzender:	Philipp Kienzler
Ehrenmitglieder:	Emil Roßhart
	Otto Schmutz

Aktive: Bächle Hubert, Tenorhorn (1976); Birk Anton, gr. Trommel (1959); Birk Bernhard, Trompete (1973); Edele Jochen, Tenorhorn (1973); Elsässer Anton, Trompete (1966); Elsässer Edgar, Tenorhorn (1973); Elsässer Klemens, Tenorhorn (1963); Elsässer Martin, Flügelhorn (1959); Elsässer Paul, Flügelhorn (1959); Elsässer Richard, Schlagzeug (1970); Elsässer Werner, Tuba (1959); Engesser Wolfram, Tenorhorn (1973); Frank Karl, Klarinette (1959); Fritsche Michael, Klarinette (1976); Gässler Günther, Flügelhorn (1976); Gruber Markus, Trompete (1980); Herbst Klaus, Flügelhorn (1976); Hör Karl-Heinz, Horn (1976); Honold Andreas, Saxophon (1966); Huber Klaus-Dieter, Klarinette (1980); Huber Rainer, Saxophon (1976); Huber Thomas, Posaune (1976); Huber Wolfgang, Klarinette (1976); Kühlwetter Edwin, Saxophon (1977); Lütte Reinhard, Trompete (1969); Roll Franz, Horn (1963); Schelling Dominik, Trompete (1980); Schelling Georg, Klarinette (1980); Schelling Helmut, Posaune (1963); Schelling Max, Tuba (1959); Schmutz Thomas, Klarinette (1980); Villringer Bernhard, Flügelhorn (1959); Weh Rudolf, Bariton (1976); Zahn Klaus, Saxophon (1973); Zürcher Engelbert, Trompete (1973)

Musikverein Klengen e.V.

Gründungsjahr:	1908
1. Vorsitzender:	Bernd Albert
Stellv. Vorsitzender:	Herbert Treyer
Schriftführerin:	Ingeborg Mink
Rechner:	Hans Bosch
Stellv. Rechner:	Harald Maute
Beirat (Aktiva):	Ernst Maute
	Bernhard Mayer
Beirat (Passiva):	Arnold Hirt
	Hans Käfer
Dirigent:	Gerhard Globig
Vizedirigent:	Balthasar Strobel
Jugendleiter:	Klaus Strobel
Notenwart:	Berthold Obergfell
Instrumentenwart:	Bernhard Mayer
Präsident:	Georg Käfer
Ehrenvorsitzender:	Emil Barter

Aktive: Albert Bernd, Trompete (1970); Bartler Raimund, Flöte (1978); Bosch Hans, Klarinette (1967); Bucher Walter, Tenorhorn (1977); Butz Hans-Peter, Klarinette (1971); Fünfschilling Lothar, kl. Trommel (1977); Fünfschilling Renate, Posaune (1973); Haas Hartmut, Pauken (1971); Häßler Ulrike, Trompete (1974); Hirt Klaus, Tuba (1972); Hirt Veronika, Klarinette (1974); Hirt Volker, Klarinette (1972); Käfer Ernst, Klarinette (1967); Käfer Georg, Tuba (1940); Kaltenbach Jürgen, Tuba (1970); Lange Roland, Trompete (1980); Laufer Bernd, Klarinette (1980); Maier Herbert, Horn (1971); Maute Ernst, Tuba (1962); Maute Harald, Tenorhorn (1971); Maute Manfred, gr. Trommel (1967); Mayer Bernhard, Posaune (1970); Mink Ingeborg, Flügelhorn (1974); Mink Sigrid, Klarinette (1974); Neumaier Siegfried, Horn (1962); Obergfell Berthold, Flügelhorn (1954); Rau Cornelia, Trompete (1974); Schleicher Erhard, Horn (1946); Schleicher Thomas, Flügelhorn (1977); Schultis Gerhard, Klarinette (1967); Stebinger Clemens, Klarinette (1978); Stebinger Klaus, Trompete (1971); Strobel Balthasar, Flügelhorn (1942); Strobel Christian, Posaune (1974); Strobel Klaus, Flügelhorn (1976); Strobel Otmar, Bariton (1976); Strobel Susanne, Flöte (1973); Strobel Wolfgang, Flöte (1973); Tränkle Franz, Posaune (1971); Tränkle Xaver, Bariton (1958); Treyer Herbert, Klarinette (1946); Weißhaar Angelika, Trompete (1971); Zipfel Manfred, Posaune (1962)

Jugendkapelle: Basler Stefan, Trompete (1981); Bausch Christa, Klarinette (1979); Bucher Gustav, Trompete (1978); Bucher Luzia, Klarinette (1977); Cielenga Manfred, Tuba (1980); Färber Markus, Klarinette (1978); Hirt Dieter, Posaune (1975); Hirt Wilfried, Klarinette (1977); Hoffmann Ralf, Klarinette (1980); Käfer Angelika, Trompete (1979); Laufer Franz, gr. Trommel (1980); Maier Heike, Klarinette (1980); Maier Manfred, kl. Trommel (1978); Maier Rolf, Tuba (1980); Obergfell Armin, Flügelhorn (1978); Rau Ulrike, Posaune (1977); Rist Gerhard, Trompete (1979); Schleicher Rosemarie, Flöte (1977); Schurt Volker, Tenorhorn (1977); Sieber Albrecht, Trompete (1976); Strobel Norbert, Klarinette (1978); Versemann Jörg, Klarinette (1980); Vogel Regina, Klarinette (1977); Weißhaar Christa, Trompete (1978)

Trachtenmusikverein Langenschiltach e.V.

Gründungsjahr:	1927
1. Vorsitzender:	Hans Epting
Stellv. Vorsitzender:	Klaus Maier
Schriftführerin:	Gerlinde Jäckle
Rechner:	Waltraud Müller
Beirat:	Anneliese Fleig
	Eugen Keufer
	Andreas Müller
	Günter Schultheiß
Dirigent:	Gerd Weißer
Vizedirigent:	Walter Weißer
Jugendleiter:	Bernd Müller
Notenwart:	Mathias Hildbrand
Inventarverwalter:	Karl Zuckschwerdt
Ehrendirigent:	David Weißer

Aktive: Bader Johann, Tuba (1976); Dold Bernd, Flügelhorn (1976); Epting Hans, Trompete (1957); Erdmann Margot, Klarinette (1968); Fleig Willi, Horn (1965); Gemsa Anita, Klarinette (1977); Gleitsmann Wolfgang, Flügelhorn (1974); Heinzmann Gudrun, Saxophon (1968); Hildbrand Helmut, Posaune (1950); Hildbrand Herbert, Saxophon (1973); Hildbrand Mathias, Tuba (1947); Hömseder Stefan, Trompete (1977); Hömseder Wolfgang, Trompete (1976); Kaiser Rolf, Bariton (1978); Kieninger Rolf, Horn (1976); Lehmann Annette, Schlagzeug (1981); Lehmann Walter, Flügelhorn (1967); Maier Klaus, Flöte (1976); Martin Johann, Tambour (1981); Müller Andreas, Saxophon (1965); Müller Bernd, Trompete (1968); Müller Waltraud, Klarinette (1968); Müller Wilhelm, Bariton (1937); Schneider Martin, Klarinette (1975); Schneider Werner, Posaune (1966); Stockburger Christel, Flöte (1976); Stockburger Gottlieb, Saxophon (1973); Storz German, Schlagzeug (1975); Wehrle Reinhold, Flügelhorn (1953); Weißer Andrea, Klarinette (1977); Weißer Gerd, Klarinette (1955); Weißer Walter, Tenorhorn (1949); Weißer Wolfgang, Klarinette (1975); Weißer Wolfgang, Tenorhorn (1975); Zuckschwerdt Karl, Tenorhorn (1969)
Zöglinge: Aberle Manfred, Tenorhorn (1979); Jundt Martin, Trompete (1979); Kunz Bernd, Posaune (1979); Kunz Reiner, Posaune (1979); Langenbacher Silke, Klarinette (1979); Maier Karin, Klarinette (1981); Sprich Ralf, Klarinette (1981)

Musikverein Mariazell e.V.

Gründungsjahr:	1919
1. Vorsitzender:	Heinz Dornis
Stellv. Vorsitzender:	Oswald Rapp
Schriftführer:	Albert Jauch
Rechner:	Moritz Haberstroh
Beirat:	Heinrich Broghammer
	Hans Jauch
	Klaus Preuss
	Herbert Reuter
	Joachim Schaumann
Dirigent:	Manfred Graf
Vizedirigent:	Paul Reuter
Jugendausbilder:	Heinz Dornis
	Manfred Graf
	Rüdiger Neumaier
	Klaus Preuss
Notenwarte:	Manfred Graf
	Paul Reuter
Ehrendirigent:	Otto Haas

Aktive: Auber Hans, Posaune (1959); Auber Martin, Trompete (1978); Auber Volker, Schlagzeug (1976); Braun Helmut, Klarinette (1971); Broghammer Heinrich, Flügelhorn (1959); Dornis Heinz, Tuba (1955); Flaig Martin, Flügelhorn (1947); Ganter Ferdinand, Horn (1967); Gerkens Wolfgang, Horn (1971); Haas Walter, Saxophon/Lyra (1962); Haas Wolfgang, Saxophon (1964); Haberstroh Moritz, Schlagzeug (1947); Hilser Georg, Trompete (1960); Hirt Siegmar, Bariton (1972); Jauch Albert, Tenorhorn (1947); Jauch Hans, Saxophon (1952); Koch Norbert, Tenorhorn (1978); Müller Klaus, Klarinette (1971); Nagel Siegfried, Trompete (1971); Neumaier Rüdiger, Flügelhorn (1974); Preuss Klaus, Saxophon (1955); Rapp Norbert, Trompete (1967); Rapp Oswald, Tuba (1955); Reuter Gerhard, Tenorhorn (1964); Reuter Herbert, Tenorhorn (1971). Reuter Paul, Trompete (1928); Schaumann Joachim, Bariton (1971); Schaumann Ottmar, Tuba (1971); Sekinger Joachim, Trompete (1971); Weber Thomas, Posaune (1974); Zehnder Hans, Posaune (1947); Zehnder Harald, Posaune (1978); Zehnder Wilhelm, Horn (1947)
Zöglinge bzw. Jungmusiker: Auber Heiko, Trompete (1981); Auber Jochen, Saxophon (1981); Auber Lutz, Trompete (1981); Auber Wolfgang, Tenorhorn (1981); Aue Wolfgang, Schlagzeug (1975); Bea Andreas, Klarinette (1981); Bea Claudius, Klarinette (1981); Echle Norbert, Trompete (1981); Echle Patrik, Klarinette (1981); Echle Sebastian, Trompete (1981); Echle Siegfried, Flügelhorn (1978); Flaig Stefan, Trompete (1981); Graf Thomas, Tuba (1981); Haberstroh Georg, Klarinette (1978); Heinemann Joachim, Klarinette (1978); Jauch Martin, Klarinette (1981); Jauch Wolfgang, Flügelhorn (1981); Kaczkowski Sven, Posaune (1981); Koch Gerold, Tenorhorn (1981); Neumaier Gerold, Trompete (1981); Preuss Frank, Saxophon (1978); Preuss Manuel, Saxophon (1981); Roth Hermann, Flügelhorn (1981); Schaumann Stefan, Posaune (1978)

Musikverein Mönchweiler e.V.

Gründungsjahr:	1879*
1. Vorsitzender:	Willi Reiner
Stellv. Vorsitzender:	Volker Förnbacher
Schriftführer:	Joachim Scheunemann
Stellv. Schriftführer:	Andreas Scheunemann
Rechner:	Werner Müller
Stellv. Rechner:	Horst Kurz
Beirat (Aktiva):	Marian Aister
	Hans Götz
	Helmut Lehmann
	Karl Lehmann
Beirat (Passiva):	Renate Adolf
	Egon Geilinger
	Johann Nadler
	Rudi Noe
Dirigent:	Walter Weiss
Jugendleiter:	Stefan Reiner
Notenwarte:	Uwe Loyall
	Jürgen Schwarzwälder
Instrumentenwart:	Volker Förnbacher
Ehrenvorsitzender:	Eligius Schmid

Aktive: Aister Marian, Tenorhorn (1968); Apelt Uwe, Flügelhorn (1976); Beller Emil, Becken (1975); Doser Thomas, kl. Trommel (1974); Förnbacher Erwin, kl. Trommel (1973); Förnbacher Rolf, Posaune (1973); Förnbacher Volker, Posaune (1972); Götz Hans, Tuba (1947); Hermann Sabine, Klarinette (1974); Hömseder Heinz-Dieter, Flügelhorn (1972); Kühling Axel, Tenorhorn (1972); Kühling Christof, Tuba (1981); Kühnle Jörg, kl. Trommel (1975); Lehmann Helmut, Klarinette (1970); Lehmann Karl, Bariton (1964); Loyall Uwe, Flöte (1977); Mauch Franz, Klarinette (1974); Mink Konrad, Flügelhorn (1954); Müller Manfred, Klarinette (1970); Müller Thomas, Klarinette (1974); Müller Werner, Flügelhorn (1965); Nadler Günter, Flügelhorn (1972); Noe Heiderose, Flügelhorn (1972); Rall Rainer, Bariton (1976); Reiner Achim, Klarinette (1974); Reiner Stefan, Klarinette (1974); Reiner Willi, Klarinette (1953); Rieder Georg, Horn (1977); Scheunemann Andreas, Trompete (1975); Scheunemann Michael, Horn (1978); Schmid Eligius, Tuba (1929); Schwarzwälder Jürgen, Posaune (1974); Schwarzwälder Rudi, Tenorhorn (1973); Storz Andreas, Trompete (1977); Storz Robert, Flügelhorn (1951); Wagner Günter, Tuba (1973); Wehle Rolf, Tenorhorn (1948); Weschle Hans-Dieter, Tenorhorn (1977); Wimmer Ute, Trompete (1972)
Zöglinge: Amma Helga, Flöte (1982); Bohnert Valeska, Klarinette (1981); Burger Klaus, Bariton (1981); Drescher Bernd, Trompete (1981); Frank Christian, Tenorhorn (1981); Hornstein Helga, Klarinette (1981); Kaiser Bruno, kl. Trommel (1981); Kaiser Markus, Trompete (1981); Kaiser Thomas, Trompete (1981); Kammerer Jörg, Flügelhorn (1978); Kauth Thomas, Tenorhorn (1981); Kölz Michael, kl. Trommel (1981); Kratt Uwe, Horn (1982); Lehmann Thomas, Posaune (1981); Müller Dirk, Klarinette (1981); Müller Harald, Posaune (1981); Noe Elke, Flöte (1982); Scheunemann Christine, Klarinette (1981); Storz Edgar, Klarinette (1981); Tihi Alen, Klarinette (1981)

Musikkapelle 1850 Mundelfingen e.V.

Gründungsjahr:	1850*
1. Vorsitzender:	Hermann Welte II
Stellv. Vorsitzender:	Helmut Trenkle
Schriftführerin:	Christa Mäder
Rechner:	Fritz Bader
Beirat:	Willi Speiser
	Konrad Welte
Dirigent:	Bernhard Holzer
Vizedirigent:	Bertram Merz
Notenwarte:	Ilona Merz
	Sandra Welte
Instrumentenwart:	Doris Merz
Ehrendirigent:	Hermann Bea

Aktive: Allaut Walter, gr. Trommel (1962); Bäurer Reinhard, Klarinette (1971); Bader Fritz, Tenorhorn (1971); Bader Karl, Flügelhorn (1971); Baumann Manfred, Horn (1973); Föhrenbacher Werner, Flügelhorn (1957); Gail Bernhard, Trompete (1974); Gail Joachim, Horn (1976); Geyer Helmut, Klarinette (1979); Glunk Adelbert, Klarinette (1982); Hasenfratz Hans, Tuba (1971); Hasenfratz Robert, Posaune (1957); Hepting Gerhard, Tenorhorn (1957); Jerg Wolfgang, Trompete (1976); Kindler Hans, Posaune (1971); Mäder Andreas, Horn (1949); Mäder Christa, Flöte (1974); Mäder Hartmut, Flügelhorn (1974); Mäder Reinhard, Klarinette (1971); Merz Annette, Klarinette (1974); Merz Arthur, Tenorhorn (1979); Merz Bernhard, Klarinette (1979); Merz Berthold, Tuba (1947); Merz Bertram, Trompete (1973); Merz Eberhard, Bariton (1957); Merz Emil, Klarinette (1966); Merz Doris, Saxophon (1975); Merz Ilona, Klarinette (1979); Merz Otto, Schlagzeug (1980); Merz Roland, Klarinette/Saxophon (1971); Mijolović Zdenko, Tuba (1978); Parthie Andreas, Horn (1976); Reiner Eduard, Flöte (1974); Schnotalla Dietmar, Klarinette (1979); Speiser Walter, Tenorhorn (1969); Speiser Willi, Trompete (1969); Trenkle Helmut, Posaune (1966); Uhrhan Christoph, Klarinette/Saxophon (1979); Uhrhan Jochen, Klarinette (1975); Welte Heribert, Flügelhorn (1946); Welte Hermann II, Flügelhorn (1954); Welte Konrad, Bariton (1969); Welte Sandra, Klarinette (1979)
Zöglinge: Föhrenbacher Wilfried, Klarinette (1980); Hasenfratz Luzia, Klarinette (1980); Hepting Bettina, Klarinette (1980); Mäder Arthur, Pauken (1981); Merz Raimund, Flöte (1980); Parthie Tobias, Schlagzeug (1980); Springindschmitten Markus, Klarinette (1980); Süß Klemens, Trompete (1979)

Musikkapelle Neudingen e.V.

Gründungsjahr:	1921
1. Vorsitzender:	Helmut Scheu
Stellv. Vorsitzender:	Edmund Weisser
Schriftführer:	Karl-Heinz Hogg
Rechner:	Günter Rist
Stellv. Rechner:	Kurt Keller
Beirat:	Bernd Bauer
	Günter Deusch
	Alfred Münzer
	Emil Strobel
Dirigent:	Martin Keller
Notenwart:	Thomas Hogg
Ehrenvorsitzender:	Karl Bauer
Ehrendirigent:	August Keller
Ehrenvorstand:	Franz Widmann

Aktive: Barth Hermann, Klarinette (1952); Barth Karl-Heinz, Klarinette (1977); Bauer Bernd, Flügelhorn (1972); Bauer Walter, Posaune (1972); Bühler Hans-Jürgen, Klarinette (1977); Bürer Rainer, Klarinette (1975); Deusch Günter, Bariton (1963); Eckert Adolf, Posaune (1969); Gieray Werner, Flügelhorn (1975); Gut Norbert, Tenorhorn (1975); Hall Karl, Flügelhorn (1969); Hensler Elmar, Trompete (1977); Hirt Martin, Tuba (1952); Hogg Karl-Heinz, Horn (1972); Hogg Thomas, Bariton (1977); Keller Kurt, Horn (1952); Kummerländer Günter, kl. Trommel (1980); Madenciler Alexandro, Trompete (1977); Männer Jürgen, Klarinette (1977); Männer Udo, Trompete (1975); Moreno Narzisso, Klarinette (1977); Münzer Alfred, gr. Trommel (1972); Münzer Franz, Flügelhorn (1961); Münzer Klaus, Posaune (1969); Münzer Reinhold, Trompete (1963); Münzer Thomas, Klarinette (1979); Oschwald Gerhard, Klarinette (1975); Rist Günter, Klarinette (1975); Rist Joachim, Posaune (1977); Rohrer Ernst, Tenorhorn (1956); Rosenstiel Hermann, Tenorhorn (1977); Schäffhauer Walter, Horn (1980); Scherzinger Thomas, Flügelhorn (1977); Scheu Helmut, Klarinette (1952); Strobel Emil, Tuba (1961); Wank Elisabeth, Flügelhorn (1977); Wank Regina, Flöte (1980); Weisser Bernd, Trompete (1980); Weisser Edmund, Trompete (1959); Werner Gerhard, Tenorhorn (1977); Widmann Hermann, Tenorhorn (1969); Zürcher Franz, Tuba (1972); Zürcher Helmut, Tenorhorn (1975)

Musik- u. Trachtenverein Neuhausen e.V.

Gründungsjahr:	1920
1. Vorsitzender:	Hans-Jörg Kammerer
Stellv. Vorsitzender:	Alfred Link
Schriftführer:	Günther Barth
Kassier:	Thomas Götz
Beirat:	Lothar Barth
	Ludwig Hummel
	Fritz Imminger
Dirigent:	Fritz Stärk
Vizedirigent:	Martin Hummel
Jugendleiter:	Dietmar Kammerer
Notenwart:	Bernd Hummel
Instrumentenwart:	Rudolf Rottler
Präsident:	Erich Link
Trachtentanzgruppe:	Ludwig Süß, Vortänzer

Aktive: Barth Georg, Bariton (1974); Barth Günther, Flügelhorn (1961); Barth Lothar, Tuba (1972); Baumann Joachim, Schlagzeug (1981); Brunner Ernst, Tenorhorn (1968); Dotter Anton, Flügelhorn (1954); Dotter Claudia, Trompete (1974); Dotter Manfred, Bariton (1957); Eppelt Roland, Posaune (1980); Eppelt Sabine, Klarinette (1977); Fischinger Dunja, Klarinette (1981); Gebert Helmut, Tuba (1953); Götz Thomas, Flöte (1971); Hummel Bernd, Trompete (1977); Hummel Franz, Trompete (1974); Hummel Ludwig, Tenorhorn (1971); Hummel Martin, Flügelhorn (1970); Imminger Andreas, Klarinette (1980); Imminger Michael, Posaune (1980); Kaiser Norbert, Posaune (1974); Kammerer Dietmar, Tenorhorn (1968); Kammerer Hans-Jörg, Tenorhorn (1968); Lehmann Beate, Klarinette (1981); Lehmann Ingrid, Flügelhorn (1977); Lehmann Margot, Klarinette (1976); Leuchtenmacher Jörg, Flügelhorn (1974); Link Alfred, Horn (1970); Müllhäuser Fritz, Tuba (1958); Rottler Rudolf, Horn (1963); Stärk Ernst, Posaune (1962); Stärk Rainer, Klarinette (1977); Stern Wolfgang, Schlagzeug (1972); Storz Konrad, gr. Trommel (1964); Storz Stefan, Tuba (1970); Ströbele Gerhard, Pauken/kl. Trommel (1963); Stucke Gerhard, Flügelhorn (1962); Süß Ludwig, Posaune (1953); Wacker Birgit, Trompete (1977)
Zöglinge: Barth Alfred, Klarinette (1980); Eigeldinger Sascha, Flügelhorn (1979); Eppelt Thomas, Trompete (1978); Erchinger Jürgen, Klarinette (1978); Erchinger Stefan, Klarinette (1980); Fischer Harry, Schlagzeug (1980); Heim Ellen, Klarinette (1980); Hildebrand Bettina, Klarinette (1978); Imminger Frank, Flügelhorn (1978); Kaluza Andrea, Klarinette (1980); Kreszan Patric, Flöte (1981); Link Silke, Klarinette (1978); Röcker Susanne, Klarinette (1978); Schneider Heike, Klarinette (1980); Schneider Sonja, Klarinette (1980); Stärk Michael, Trompete (1978); Wacker Curina, Flöte (1980)

Musikverein „Harmonie" e.V. Niedereschach

Gründungsjahr:	1891
1. Vorsitzender:	Siegmund Glatz
Stellv. Vorsitzender:	Thomas Riedlinger
Schriftführer:	Norbert Singer
Kassier:	Günther Brommer
Beirat:	Walter Frieß
	Walter Graumann
	Bernd Heim
	Hermann Krebs
	Rudolf Merkle
	Hermann Reich
	Wolfram Schütz
	Norbert Stange
Dirigent:	Kapellmeister
	Walter Graumann
Vizedirigent:	Siegmund Glatz
Jugendleiter:	Roland Glatz
	Harald Natschke
	Hermann Reich

Robert Riedlinger, Thomas Riedlinger, Helmut Rieger, Norbert Singer; Notenwart: Norbert Stange; Ehrenvorsitzender: Stefan Hirt; Ehrendirigent: Walter Graumann

Aktive: Brommer Günther, Flügelhorn (1959); Deifel Alex, Trompete (1972); Dilger Viktor, Posaune (1959); Frieß Hermann, Klarinette (1952); Frieß Urban, Klarinette (1952); Frieß Walter, Flöte/Pikkolo (1952); Glatz Armin, Bariton (1972); Glatz Beatrix, Klarinette (1972); Glatz Elmar, Horn (1976); Glatz Franz, Posaune (1959); Glatz Roland, Flügelhorn (1946); Glatz Sigmar, Horn (1972); Heim Bernd, Trompete (1959); Hock Bernd, Posaune (1955); Lindinger Alex, Schlagzeug (1976); Moosmann Harald, Klarinette (1972); Natschke Harald, Schlagzeug (1972); Rapp Walter, Schlagzeug (1964); Reich Hermann, Tenorhorn (1972); Riedlinger Robert, Trompete (1972); Riedlinger Thomas, Tuba (1972); Rieger Helmut, Tenorhorn (1972); Rist Bernd, Bariton (1972); Romer Klaus, Flügelhorn (1959); Schaumann Elmar, Horn (1972); Schütz Wolfram, Klarinette (1959); Schuler Dieter, Tuba (1972); Singer Norbert, Flügelhorn (1972); Spadinger Manfred, Tenorhorn (1966); Stange Norbert, Klarinette (1972); Zehnder Karl, Horn (1959)

Zöglinge: Blank Heike, Klarinette (1981); Briel von Udo, Schlagzeug (1981); Deifel Michael, Trompete (1981); Dörflinger Rüdiger, Posaune (1981); Emminger Ralf, Flügelhorn (1981); Eppinger Achim, Trompete (1981); Frieß Bernd, Trompete (1981); Glatz Frank, Schlagzeug (1981); Glatz Hansjörg, Tenorhorn (1981); Götz Volkhart, Tenorhorn (1981); Heim Jörg, Trompete (1981); Heim Martin, Trompete/Schlagzeug (1981); Herbst Holger, Tenorhorn (1981); Lindinger Stefan, Trompete (1981); Mager Mechthild, Klarinette (1981); Poleske Detlef, Posaune (1981); Reich Klaus, Schlagzeug (1981); Reinartz Knut, Klarinette (1981); Reiser Oliver, Flügelhorn (1981); Riedlinger Bernd, Trompete (1981); Schaumann Achim, Horn (1981); Schaumann Erwin, Tuba (1981); Stern Oliver, Flügelhorn (1981); Stojkowski Alexander, Klarinette (1981); Storz Michael, Horn (1981); Storz Reiner, Lyra (1981); Storz Stefan, Trompete (1981); Vosseler Klaus, Horn (1981); Vosseler Norbert, Flügelhorn (1981); Weisser Holger, Flöte (1981); Weisser Michael, Trompete (1981); Yagli Jim, Schlagzeug (1981)

Musikverein-Trachtenkapelle Nußbach e.V.

Gründungsjahr:	1893
1. Vorsitzender:	Günter Dold
Stellv. Vorsitzender:	Armin Schwarz
Schriftführer:	Paul Krämer
Stellv. Schriftführer:	Konrad Kammerer
Rechner:	Renate Storz
Stellv. Rechner:	Erwin Kienzler
Beirat (Aktiva):	Hubert Fehrenbach
	Rolf Nock
Beirat (Passiva):	Reinhold Dold
	Karl Rißler
Dirigent:	Siegfried Weisser
Vizedirigent:	Konrad Dold
Notenwart:	Annette Haberstroh
Instrumentenwart:	Hans-Georg Heizmann
Ehrenvorsitzender:	Erich Kienzler

Aktive: Brucker Bernhard, Tuba (1975); Dieterle Josef, Flügelhorn (1961); Dilger Wolfram, Posaune (1976); Dold Armin, kl. Trommel (1976); Dold Günter, Klarinette (1954); Dold Konrad, Bariton (1960); Fehrenbach Ewald, Trompete (1982); Fehrenbach Helmut, Trompete (1974); Fehrenbach Hubert, Flügelhorn (1951); Fehrenbach Manfred, Horn (1973); Fehrenbach Rolf, Horn (1975); Haberstroh Anita, Klarinette (1977); Haberstroh Annette, Klarinette (1974); Haberstroh Josef, Bariton (1950); Heizmann Hans-Georg, Horn (1974); Hery Gerhard, Posaune (1978); Kammerer Konrad, Posaune (1961); Kienzler Christof, Flügelhorn (1968); Kienzler Erwin, Tuba (1964); Kienzler Gerhard, Klarinette (1961); Kienzler Klaus, Trompete (1968); Krämer Paul, Horn (1967); Nock Franz, Horn (1965); Nock Rolf, Klarinette (1966); Roth Bruno, Klarinette (1950); Schmidt Frank, Klarinette (1978); Schuster Roland, Tenorhorn (1978); Schuster Thomas, Posaune (1978); Schwarz Armin, Trompete (1976); Schwertel Susanne, Flöte (1977); Schwörer Julia, Flügelhorn (1977); Storz Herbert, Tenorhorn (1960); Thiem Sigried, Klarinette (1978); Zech Fritz, gr. Trommel (1955)

Musikverein Oberbaldingen e.V.

Gründungsjahr:	1868
1. Vorsitzender:	Horst Schmid
Stellv. Vorsitzender:	Kurt Kantimm
Schriftführer:	Otto Brunk
Rechner:	Max Messner
Beirat:	Willi Götz
	Bernd Kastler
	Ewald Lohrer
	Heinz Wölfle
Dirigent:	Heinz Faller
Jugendleiter:	Bernd Kastler
Ehrendirigent:	Martin Sauser

Aktive: Dispiter Oliver, Tuba (1976); Glunz Gerold, Horn (1974); Götz Bernd, Horn (1978); Graf Joachim, Posaune (1979); Heppler Kurt, Tenorhorn (1978); Himmelsbach Rudolf, Trompete (1974); Kantimm Bernd, Schlagzeug (1975); Kantimm Heino, Flügelhorn (1979); Kantimm Kurt, Posaune (1974); Kantimm Waltraud, Klarinette (1975); Kastler Bernd, Flügelhorn (1974); Kienzle Anita, Klarinette (1979); Kienzle Armin, Horn (1977); Kienzle Rainer, Klarinette (1977); Kienzle Ralf, Trompete (1977); Kienzle Thomas, Trompete (1979); Kleinhans Ralf, Klarinette (1975); Kleinhans Rolf, Tenorhorn (1975); Kreutter Thomas, Posaune (1979); Lohrer Daniel, Trompete (1976); Lohrer Norbert, Trompete (1975); Lohrer Rolf, Tenorhorn (1975); Lohrer Rudi, Flügelhorn (1976); Lorenz Eugen, Tuba (1976); Mahler Carmen, Klarinette (1978); Mahler Michaela, Klarinette (1978); Messner Heike, Klarinette (1975); Messner Joachim, Tenorhorn (1975); Messner Kurt, Horn (1977); Schätzle Alexander, Bariton (1979); Schätzle Michael, Klarinette (1979); Schmid Carsten, Posaune (1975); Schmid Dietmar, Bariton (1975); Schmid Horst, Schlagzeug (1974); Schmid Silke, Flöte (1977); Schneckenburger Kuno, Tuba (1977); Stefanelli Antonio, Flügelhorn (1976); Stefanelli Roberto, Flügelhorn (1975); Wölfle Heinz, Trompete (1974); Wölfle Martin, Posaune (1975); Wölfle Michaela, Klarinette (1976)
Zöglinge: Armbruster Magdalena, Klarinette (1981); Faller Dagmar (1981); Glunz Dieter (1981); Götz Martin (1981); Graunke Yvonne, Klarinette (1980); Happle Christiane, Klarinette (1980); Himmelsbach Andreas (1982); Himmelsbach Rolf (1982); Kühle Jürgen, kl. Trommel (1980); Manger Ralf (1981); Münch Tobias (1981); Payunk Manuela, Klarinette (1981); Schätzle Andreas, Posaune (1980); Ulrich Michael, Tenorhorn (1981)

Musik- u. Trachtenkapelle Obereschach e.V.

Gründungsjahr:	1922
1. Vorsitzender:	Engelbert Schütz
Stellv. Vorsitzender:	Klaus Bußhart
Schriftführer:	Bernhard Schreiber
Stellv. Schriftführer:	Werner Zimmermann
Rechner:	Peter Laufer
Stellv. Rechner:	Adolf Burkhart
Beirat:	Hermann Blum
	Konrad Hummel
	Frank Lindner
	Rudi Rother
Dirigent:	Hans Schleicher
Notenwart:	Frank Lindner
Instrumentenwart:	Ulrich Haberer
Ehrenvorsitzende:	Willi Schlenker
	Engelbert Schütz
	Alfred Weiß

Aktive: Blum Hermann, Tenorhorn (1962); Bußhart Klaus, Posaune (1966); Beha Paul, Posaune (1970); Götz Willi, gr. Trommel (1964); Haberer Ulrich, Flügelhorn (1952); Haberer Thomas, Flügelhorn (1977); Hummel Konrad, Saxophon (1955); Hummel Stefan, Klarinette (1978); Heuft Frank, Klarinette (1979); Hauser Gerd, Trompete (1975); Hauser Günter, kl. Trommel (1978); Jäger Roland, Tuba (1976); Lindner Frank, Trompete (1975); Löttker Helmut, Pauken (1957); Laufer Peter, Bariton (1964); Merkle Bernhard, Posaune (1946); Mosbacher Klaus, Trompete (1977); Rother Rudi, Klarinette (1973); Schlenker Willi, Klarinette (1928); Schütz Engelbert, Horn (1946); Schreiber Bernhard, Horn (1968); Schreiber Berthold, Tenorhorn (1968); Weißer Werner, Flügelhorn (1958); Wolf Otto, Tuba (1960); Wolf Peter, Tenorhorn (1974); Wuttig Horst, Saxophon (1967); Zimmermann Willi, Tuba (1946); Zimmermann Jürgen, Tenorhorn (1975); Zimmermann Karl, Flügelhorn/Lyra (1950); Zimmermann Karl I, Posaune (1960); Zimmermann Werner, Klarinette (1958)
Zöglinge: Bausch Thomas, Flügelhorn (1978); Heuft Thilo, Klarinette (1981); Hummel Jürgen, Saxophon (1981); Huth Torsten, Flügelhorn (1980); Mauch Andreas, Flügelhorn (1979); Merkle Andreas, Klarinette (1979); Weißer Jürgen, Trompete (1979); Zimmermann Christoph, kl. Trommel (1980); Zimmermann Jörg, Posaune (1981)

Musik- und Trachtenkapelle e.V. Pfaffenweiler

Gründungsjahr:	1925
1. Vorsitzender:	Walter Sailer
Stellv. Vorsitzender:	Albert Schneider
Schriftführer:	Willi Gruber jun.
Rechner:	Xaver Schwörer
Beirat (Aktiva):	Franz Andris
	Josef Sieber
Beirat (Passiva):	Fritz Rauer
Dirigent:	Gerd Weißer
Vizedirigent:	Josef Kleiser
Notenwarte:	Margit Neininger
	Thomas Schwörer
Instrumentenwart:	Roland Hirt
Präsident:	Meinrad Zimmermann
Ehrendirigent:	Walter Graumann,
	Kapellmeister

Aktive: Andris Franz, Klarinette (1952); Andris Heidrun, Flügelhorn (1975); Andris Hubert, Klarinette (1974); Czeke Dieter, Trompete (1977); Gruber Frank, Klarinette (1978); Gruber Willi jun., Trompete (1968); Hirt Erhard, Posaune (1981); Hirt Hartmut, Flügelhorn (1977); Hirt Kurt, gr. Trommel (1946); Hirt Roland, Klarinette (1964); Kleiser Josef, Flügelhorn (1958); Kunzelmann Manfred, Posaune (1968); Kunzelmann Ulrike, Flügelhorn (1975); Kunzelmann Volker, kl. Trommel (1980); Kunzelmann Werner, kl. Trommel (1974); Lehmann Kurt, Horn (1950); Neininger Ewald, Tenorhorn (1954); Neininger Margit, Klarinette (1974); Rauer Albert, Klarinette (1948); Riesle Dieter, Flügelhorn (1971); Sailer Walter, Horn (1955); Schinnerling Gaby, Klarinette (1980); Schneider Albert, gr. Trommel (1974); Schwörer Angelika, Klarinette (1974); Schwörer Markus, Tenorhorn (1971); Schwörer Thomas, Tenorhorn (1974); Schwörer Xaver, Bariton (1969); Sieber Josef, Tuba (1948); Simon Berthold, Klarinette (1948); Simon Rudi, Tuba (1981); Straub Wolfgang, Flügelhorn (1964); Weißer Daniela, Klarinette (1976); Weißer Stefan, Trompete (1948); Zimmermann Meinrad, Tenorhorn (1946); Zimmermann Oswald, Tuba (1946).
Zöglinge: Apperrot Silke, Klarinette (1981); Gottlieb Gabriele, Klarinette (1981); Kunz Christoph, Flügelhorn (1977); Pacha Yvonne, Klarinette (1981); Pacha Ralph, Schlagzeug (1980); Roth Lars, Flöte (1981); Simon Katrin, Flöte (1981); Sommer Jürgen, Schlagzeug (1981); Sprysch Stefan, Klarinette (1980).

Feuerwehrkapelle Pfohren

Gründungsjahr:	1867*
1. Vorsitzender:	Günter Hauger
Stellv. Vorsitzender:	Fritz Fritschi
Schriftführer:	Herbert Bintert
Rechner:	Theo Fritschi
Beirat:	Siegfried Huber
	Franz Scherer
	Günter Seeburger
	Josef Zimmermann
Dirigent:	Otto Sauter
Vizedirigent:	Fritz Fritschi
Jugendausbilder:	Volker Fritschi
	Günter Seeburger
Notenwarte:	Walter Heiß
	Hubert Roth
Ehrenvorsitzender:	Martin Held
Ehrenmitglieder:	Karl Fehrenbacher
	Franz Fritschi
	Ferdinand Roth

Aktive: Biermann Ernst, Klarinette (1953); Bintert Herbert, Klarinette (1968); Brodhag Heinz, Tenorhorn (1968); Bührig Thomas, Klarinette (1979); Engesser Franz Josef, Klarinette (1953); Fehrenbacher Martin, Flügelhorn (1968); Frank Johann, Horn (1964); Fricker Bernhard, Tuba (1970); Fricker Werner, Posaune (1967); Fritschi Barbara, Klarinette (1979); Fritschi Fritz, Flügelhorn (1956); Fritschi Theo, Posaune (1970); Fritschi Volker, Posaune (1968); Groß Thomas, kl. Trommel (1982); Grossmann Detlef, Tenorhorn (1977); Hall Sylvia, Klarinette (1979); Hauger Günter, Flügelhorn (1959); Hauger Ralf, Trompete (1980); Heiß Walter, Trompete (1967); Huber Rudolf, Tenorhorn (1953); Huber Siegfried, Tenorhorn (1968); Hug Herbert, Klarinette (1968); Hug Karl, gr. Trommel (1950); Ketterer Roland, Trompete (1969); Kron Detlef, kl. Trommel (1978); Reichmann Franz Josef, Klarinette (1953); Reichmann Oskar, Trompete (1972); Reichmann Sylvia, Klarinette (1980); Renz Josef, Tuba (1980); Roth Hubert, Trompete (1972); Roth Jürgen, Flöte (1980); Säckinger Alexander, Horn (1979); Sauter Uwe, Trompete (1981); Scherer Franz, Tuba (1959); Scherer Susanne, Flöte (1980); Seeburger Günter, Klarinette (1967); Seeburger Karl, Becken (1966); Stadler Josef, Tenorhorn (1946); Steppe Arnold, Trompete (1980); Wiehl Franz, Horn (1969); Wiehl Werner, Klarinette (1970); Wolf Albert, Klarinette (1950); Zimmermann Josef, Posaune (1957).
Zöglinge: Fritschi Clemens, Trompete (1981); Koch Axel, Trompete (1981); Merz Siegfried, Posaune (1981); Säckinger Elke, Klarinette (1980); Schick Ralf, Trompete (1981); Schneckenburger Ralf, Trompete (1981).

Musikverein Randen e.V.

Gründungsjahr:	1863*
1. Vorsitzender:	Werner Gleichauf
Stellv. Vorsitzender:	Günter Müller
Schriftführer:	Elmar Sauter
Rechner:	Manfred Schmid
Beisitzer:	Franz Schmid
	Karl Tesch
Dirigent:	Hermann Liebert
Vizedirigent:	Otto Schneider
Notenwart:	Roland Böhringer
Ehrendirigent:	Martin Weh

Aktive: Böhringer Roland, Flügelhorn (1957); Gleichauf Peter, Tuba (1974); Gleichauf Volker, Trompete (1976); Gleichauf Werner, Bariton (1951); Greitmann Adolf, Horn (1972); Greitmann Albert, gr. Trommel (1954); Greitmann Gerhard, Horn (1969); Greitmann Markus, Klarinette (1979); Müller Thomas, Klarinette (1976); Müller Wolfgang, Trompete (1969); Sauter Elmar, Tenorhorn (1951); Sauter Harald, Posaune (1979); Sauter Rainer, Trompete (1976); Schmid Achim, Horn (1979); Schmid Bruno, kl. Trommel (1981); Schmid Franz, Tenorhorn (1932); Schmid Manfred, Tuba (1951); Schmid Walter, Klarinette (1979); Schneider Otto, Posaune (1950); Schobris Thomas, Tenorhorn (1976); Schweigler Dietmar, Flügelhorn (1974); Tesch Armin, Klarinette (1976); Tesch Hubert, Flügelhorn (1969); Tesch Siegfried, Flügelhorn (1979); Weh Bernd, Saxophon (1969); Weh Ewald, Tenorhorn (1969); Willauer Ralf, Saxophon (1972); Zepf Thomas, Trompete (1979)

Musikverein Riedböhringen e.V.

Gründungsjahr:	1896
1. Vorsitzender:	Fridolin Scheier
Stellv. Vorsitzender:	Adolf Fricker
Schriftführer:	Siegfried Müller
Rechner:	Lothar Degen
Dirigent:	Manfred Waldvogel
Vizedirigent:	Hermann Liebert
Notenwart:	Daniel Eisenring
Ehrenvorsitzender:	Emil Müller
Ehrendirigent:	Alfred Döschle

Aktive: Bach Hubert, Posaune (1980); Bach Otto, Tuba (1954); Bausch Achim, Saxophon (1974); Debatin Paul, Horn (1956); Degen Lothar, Trompete (1965); Eisenring Christoph, Horn (1980); Eisenring Daniel, Klarinette (1977); Eisenring Edgar, Trompete (1977); Fricker Adolf, Flügelhorn (1965); Fricker Reinhard, Bariton (1974); Greif Georg, Klarinette (1974); Greif Robert, Tenorhorn (1974); Greif Ulrike, Klarinette (1977); Honold Franz, kl. Trommel (1965); Honold Hubert, Posaune (1974); Keller Ulrika, Flügelhorn (1971); Klein Elmar, Tenorhorn (1981); Liebert Hermann, Saxophon (1947); Liebert Leopold, Tuba (1971); Merz Walter, Tenorhorn (1977); Metzger Emil, gr. Trommel (1956); Müller Jürgen, Klarinette (1980); Müller Norbert, Trompete (1965); Müller Siegfried, Klarinette (1961); Münzer Bernhard, Tenorhorn (1952); Münzer Robert, Trompete (1977); Rohmer Karl, Tenorhorn (1956); Scheier Fridolin, Posaune (1971); Strohmeier Ewald, Saxophon (1974); Weber Manfred, Horn (1961); Weinmann Josef, Flügelhorn (1974)

Musikverein „Frohsinn" e.V. Rohrbach

Gründungsjahr:	1923
1. Vorsitzender:	Ferdinand Schmid
Stellv. Vorsitzender:	Lothar Grieshaber
Schriftführer:	Horst Kern
Rechner:	Robert Grieshaber
Stellv. Rechner:	Ingrid Müller
Beirat (Aktiva):	Erwin Duffner
	Reinhard Grieshaber
	Bernhard Kaiser
Beirat (Passiva):	Alfred Hilser
	Klaus Muckle
Dirigent:	Erich Wehrle
Vizedirigent:	Bernhard Kaiser
Jugendvertreter:	Ilona Gurzan
Notenwart:	Martin Wehrle
Instrumentenwart:	Armin Kaltenbach
Ehrenvorsitzender:	Karl Blessing
Ehrenmitglieder:	Willi Gurzan
	Linus Kern

Gründungsmitglieder: Karl Hummel, Willi Hummel
Aktive: Bausch Günther, Posaune (1978); Duffner Erwin, Horn (1950); Duffner Siglinde, Saxophon (1976); Duffner Thomas, Posaune (1970); Faist Gerd, Posaune (1978); Grieshaber Helmut, Klarinette (1972); Grieshaber Lothar, Saxophon (1967); Grieshaber Reinhard, Tuba (1964); Grieshaber Robert, Horn (1937); Gurzan Ilona, Trompete (1976); Heitzmann Felix, Tuba (1978); Heitzmann Martin, Klarinette (1978); Hepting Jürgen, Schlagzeug (1982); Hilser Franziska, Horn (1977); Hin August, Klarinette (1955); Hummel Gerhard, Klarinette (1955); Kaiser Albert, Tenorhorn (1958); Kaiser Bernhard, Tenorhorn (1960); Kaiser Hubert, Tenorhorn (1979); Kaiser Stefan, Flügelhorn (1979); Kaltenbach Armin, Bariton (1976); Kaltenbach Arnold, Trompete (1972); Kammerer Roland, Posaune (1972); Kern Alex, Posaune (1979); Kern Edward, Flügelhorn (1979); Kern Horst, Flügelhorn (1970); Kern Hubert, Flügelhorn (1979); Kern Josef, Trompete (1977); Ketterer Hans-Peter, Trompete (1978); Ketterer Petra, Klarinette (1978); Kuner Werner, gr. Trommel (1966); Meier Martina, Flügelhorn (1979); Meier Wolfgang, Saxophon (1978); Schmid Ferdinand, Tuba (1963); Singler Alfons, Tenorhorn (1963); Thoma Birgit, Klarinette (1978); Wehrle Beate, Klarinette (1979); Wehrle Franz, Flügelhorn (1958); Wehrle Joachim, Flügelhorn (1976); Wehrle Karl, Bariton (1970); Wehrle Martin, Trompete (1973); Wehrle Otto, Becken (1970); Wehrle Renate, Flöte (1979)
Zöglinge: Bausch Jürgen, Tuba; Duffner Elke, Klarinette; Heitzmann Berthold, Klarinette; Kaiser Markus, Schlagzeug; Wehrle Stefan, kl. Trommel

Stadtmusik St. Georgen e.V.

Gründungsjahr:	1874*
1. Vorsitzender:	Walter Volk
Stellv. Vorsitzender:	Holger Soult
Schriftführer:	Norbert Baumann
Rechner:	Horst Schwarz
Stellv. Rechner:	Julius Kammerer
Beirat:	Alfred Besch
	Franz Disch
	Erwin Jäckle
	Hugo Jäckle
Dirigent:	Wolfgang Petzold
Vizedirigent:	Peter Castello
Jugendleiter:	Wolfgang Petzold
Notenwart:	Heinz Kitiratschky
Instrumentenwart:	Michael Hipp

Aktive: Bauknecht Ingbert, Posaune (1976); Baumann Norbert, Trompete (1969); Castello Peter, Klarinette (1960); Diessner Martin, Tuba (1975); Disch Rainer, Trompete (1974); Duffner Martin, Schlagzeug (1976); Duffner Wolfgang, Posaune (1975); Granacher Martin, Trompete (1976); Graumnitz Ursula, Trompete (1977); Hausch Thomas, Saxophon (1976); Herzog Valentin, Flügelhorn (1973); Hilser Michael, Tuba (1976); Hipp Mario, Klarinette (1973); Hipp Michael, Trompete (1968); Hipp Roland, Flügelhorn (1970); Hipp Willi, Tuba (1970); Höltel Werner, Posaune (1975); Hörmann Gabriele, Saxophon (1975); Jäckle Erwin, Saxophon (1946); Jäckle Hugo, Flügelhorn (1946); Kammerer Julius, Schlagzeug (1950); Kieninger Thomas, Klarinette (1978); Kitiratschky Heinz, Saxophon (1946); Klassen Sabine, Flöte (1975); Kleiner Andreas, Posaune (1975); Kleiner Corin, Flügelhorn (1975); Kleiner Michael, Klarinette (1973); Kleiner Quido, Tenorhorn (1973); Kleofas Bernhard, Tenorhorn (1971); Kommert Klaus, Schlagzeug (1974); Kopp Michael, Trompete (1980); Leo Albrecht, Saxophon (1978); Müller Rolf, Saxophon (1960); Pfaff Sabine, Klarinette (1975); Pittelkow Regina, Klarinette (1976); Reuter Andrea, Klarinette (1974); Reuter Bernd, Klarinette (1970); Reuter Klaus, Saxophon (1976); Reuter Lothar, Tenorhorn (1948); Samland Werner, Flöte (1975); Schwarz Christina, Klarinette (1966); Schwarz Horst, Posaune (1954); Schwer Stefan, Trompete (1976); Soult Holger, Trompete (1970); Sprich Heinz, Trompete (1949); Stockburger Siegfried, Bariton (1966); Timmler Beate, Klarinette (1975); Waldvogel Karl, Saxophon (1967); Weißer Gabriel, Saxophon (1979); Weißer Regina, Klarinette (1975); Zuckschwerdt Uwe, Trompete (1976)
Jugendkapelle/Zöglinge: Allgeier Heidi, Klarinette (1980); Bauknecht Claudia, Schlagzeug (1976); Blum Stefan, Trompete (1981); Bökenkamp Ekkehard, Trompete (1977); Castello Anja, Flöte (1976); Duffner Stefan, Posaune (1979); Engler Stefan, Trompete (1979); Erchinger Kai, Saxophon (1980); Fleig Achim, Flöte (1979); Husseck Heidi, Flöte (1978); Jungnickel Martin, Klarinette (1980); Jungnickel Tamara, Klarinette (1981); Jungnickel Thomas, Trompete (1981)); Kammerer Markus, Klarinette (1980); Kammerer Ulrich, Saxophon (1978); Kitiratschky Jochen, Trompete (1977); Kleiner Christof, Klarinette (1978); Kurz Christiana, Klarinette (1977); Lamp Stefan, Klarinette (1978); Losch Martina, Flöte (1976); Ludsteck Wolf-Richard, Saxophon (1975); Luik Corinna, Trompete (1979); Maier Alexander, Schlagzeug (1980); Meder Manfred, Schlagzeug (1979); Müller Michael, Saxophon (1980); Münchberg Frank, Trompete (1979); Pitelkow Ralf, Saxophon (1978); Raith Paul, Saxophon (1980); Rieckmann Hanspeter, Tenorhorn (1977); Rothkopf Susanne, Klarinette (1979); Rudiger Elisabeth, Klarinette (1977); Santalucia Guido, Tenorhorn (1976); Schäuble Werner, Trompete (1979); Schneider Jürgen, Klarinette (1980); Scholz Holger, Posaune (1980); Sollmann Ilona, Klarinette (1980); Spitz Joachim, Trompete (1975); Steinmann Axel, Klarinette (1979); Storz Martina, Tenorhorn (1979); Struß Andrea, Klarinette (1980); Stubljar Marjan, Trompete (1978); Tollardo Daniela, Klarinette (1976); Tollardo Ute, Klarinette (1979); Trebbin Frank, Saxophon (1976); Wieland Ralf, Flöte (1976); Wintermantel Ralf, Posaune (1978); Wißler Sigrid, Flöte (1978)

Musikverein/Trachtenkapelle Schabenhausen e.V.

Gründungsjahr:	1950
1. Vorsitzender:	Rudi Schöller
Stellv. Vorsitzender:	Horst Staiger
Schriftführer:	Gerd Schöller
Rechner:	Rudolf Exner
Stellv. Rechner:	Heinz Kammerer
Beirat (Aktiva):	Günter Lehmann
	Fritz Wälde
Beirat (Passiva):	Walter Grießhaber
	Eugen Kammerer
Dirigent:	Wolfgang Kunzelmann
Notenwarte:	Willi Aberle
	Udo Staiger
Ehrenvorsitzender:	Willi Ketterer

Aktive: Aberle Willi, Tuba (1975); Bauerfeind Ulrike, Klarinette (1978); Baumann Rudolf, Horn (1954); Exner Rudolf, Flügelhorn (1960); Frank Uta, Klarinette (1980); Grießhaber Klaus, Trompete (1978); Herr Sylvia, Klarinette (1979); Kammerer Andreas, Posaune (1950); Lehmann Günter, Tenorhorn (1955); Lehmann Hans, Flügelhorn (1950); Lehmann Rudi, Trompete (1962); Müller Hans-Georg, Tenorhorn (1957); Mutschler Friedrich, Tuba (1960); Nitz Helmut, Horn (1979); Nitz Martina, Klarinette (1979); Schöller Gerd, Posaune (1967); Schöller Rolf, Horn (1960); Schöller Rudi, Tenorhorn (1964); Serowy Frank, Klarinette (1971); Singler Sabine, Klarinette (1981); Sommer Josef, Becken (1976); Staiger Freddy, Flügelhorn (1978); Staiger Horst, Trompete (1954); Staiger Jürgen, Schlagzeug (1977); Staiger Udo, Flügelhorn (1972); Wälde Fritz, Bariton (1965); Willmann Cordula, Klarinette (1980).
Zöglinge: Heimburger Oliver, Klarinette (1981); Mutschler Fritz, Tuba (1979); Riederich Dirk, Trompete (1980); Widlowski Alexander, Klarinette (1980); Widlowski Michael, Klarinette (1980); Wolf Thomas, Flügelhorn (1979).

Musikverein Schönenbach e.V.

Gründungsjahr:	1924
1. Vorsitzender:	Hugo Gulde
Stellv. Vorsitzender:	Franz Lehmann
Schriftführerin:	Franziska Rosenberger
Rechner:	Siegfried Schwarz
Beirat (Aktiva):	Hans-Peter Dotter
Beirat (Passiva):	Ernst Schlosser
Dirigent:	Otto Dufner
Vizedirigent:	Kuno Gulde
Jugendleiter:	Herbert Fehrenbach
Notenwart:	Werner Gulde
Instrumentenwart:	August Hug

Aktive: Armbruster Ernst, Bariton (1941); Armbruster Michael, Posaune (1973); Armbruster Norbert, Tenorhorn (1966); Armbruster Roland, Horn (1968); Armbruster Thomas, Saxophon (1973); Becker Hartmut, Trompete (1973); Dotter Hans-Peter, Flügelhorn (1971); Dotter Werner, Saxophon (1975); Duc Willy, Posaune (1968); Dufner Franz, Flügelhorn (1963); Eckerle Emil, Tuba (1957); Fehrenbach Fritz, gr. Trommel (1962); Fehrenbach Harald, Bariton (1975); Fehrenbach Herbert, Trompete (1950); Gulde Hugo, Klarinette (1947); Gulde Kuno, Saxophon (1948); Gulde Werner, Saxophon (1962); Hättich Erika, Klarinette (1975); Hättich Walter, Horn (1964); Hepting Christof, kl. Trommel (1975); Hepting Jürgen, kl. Trommel (1979); Hermann Manfred, Trompete (1961); Hoch Günter, Klarinette (1955); Hug August, Tuba (1953); Hug Michael, Klarinette (1979); Kemmerle Alexander, Trompete (1975); Kemmerle Jürgen, Tenorhorn (1965); Klausmann Alfons, Posaune (1953); Lehmann Franz, Tuba (1961); Puchinger Christof, Posaune (1975); Puchinger Horst, Trompete (1969); Rosenberger Franziska, Klarinette (1975); Schirmaier Ralf, Klarinette (1975); Schwarz Martin, Flügelhorn (1975); Schwarz Siegfried, Flügelhorn (1957); Trenkle Karl-Heinz, Flügelhorn (1964); Trenkle Oskar, Tenorhorn (1953); Trenkle Rene, kl. Trommel (1979); Waldvogel Michael, Trompete (1975); Wehrle Erich, Tuba (1965); Weißer Andrea, Klarinette (1975); Weißer Konrad, Posaune (1955); Zähringer Johannes, Klarinette (1973).
Zöglinge: Hug Andreas, Flügelhorn (1980); Trenkle Christian, Flügelhorn (1980); Volk Thomas, Flügelhorn (1980); Weißer Joachim, Flügelhorn (1980).

Musikverein Schönwald e.V.

Gründungsjahr:	1835*
1. Vorsitzender:	Emil Rimmele
Stellv. Vorsitzende:	Eugen Bruker
	Karl Dold
Schriftführer:	Günter Schuler
Rechner:	Eugen Feiertag
Dirigent:	Gerhard Feiertag
Vizedirigent:	Gerhard Hettich
Jugendleiter:	Gerhard Feiertag
Notenwart:	Alfred Scherzinger
Instrumentenwart:	Engelbert Hummel
Uniformwart:	Albert Weis
Ehrenvorstand:	Hermann Kaltenbach
Ehrendirigent:	Josef Papa
Ausschußmitglieder:	Franz Burger
	Edgar Dold
	Josef Duffner
	Xaver Dufner
	Adolf Fehrenbach
	Anton Fehrenbach

Alex Ganter, Robert Herrmann, Eberhard Hirt, Engelbert Hummel, Alois Kaiser, Elsa Kaltenbach, Herbert Kaltenbach, Friedbert Kuner, Erwin Mayer, Karl Pinzka, Rudi Schätzle, Alfred Scherzinger, Karl Wehrle, Albert Weis

Aktive: Allgaier Klaus, Trompete (1977); Allgaier Thomas, Trompete (1977); Allgaier Willi, Bariton (1949); Bruker Eugen, Tenorhorn (1964); Bruker Petra, Klarinette (1977); Bünning Alf, Trompete (1981); Duffner Barbara, Klarinette (1978); Duffner Karin, Saxophon (1970); Duffner Leo, Tuba (1951); Duffner Monika, Trompete (1976); Fehrenbach Anton, Flügelhorn (1947); Feiertag Manfred, Trompete (1974); Hettich Bernhard, Tuba (1953); Hettich Gerhard, Schlagzeug (1970); Hettich Irene, Saxophon (1979); Hirt Anja, Saxophon (1979); Hirt Beate, Saxophon (1974); Hirt Eberhard, Klarinette (1951); Hummel Engelbert, Horn (1950); Hummel Martin, Horn (1972); Kaltenbach Elsa, Schlagzeug (1970); Kaltenbach Werner, Horn (1979); Kirner Simone, Flügelhorn (1973); Koch Armin, Saxophon (1979); Kuner Friedbert, Posaune (1970); Maier Ralf, Schlagzeug (1979); Mayer Arnold, Posaune (1970); Mayer Erwin, gr. Trommel (1957); Mayer Petra, Saxophon (1976); Mayer Ralf, Tenorhorn (1980); Papa Josef, Klarinette (1923); Pfaff Rainer, Klarinette (1972); Ruth Rainer, Saxophon (1977); Rütschle Markus, Klarinette (1979); Schätzle Rudi, Posaune (1974); Scherzinger Alfred, Saxophon (1968); Schreiber Thomas, Trompete (1977); Vogel Andrea, Klarinette (1974); Vogel Daniela, Klarinette (1974); Weis Albert, Flügelhorn (1955); Weis Gerhard, E-Baß/Saxophon (1974); Weis Hans-Peter, Tenorhorn (1972); Zeifang Edgar, Klarinette (1979)

Zöglinge: Böttcher Martin, Trompete (1982); Bonnert Christina, Flöte (1982); Duffner Ulrike, Klarinette (1982); Elik Sezgiw, Tenorhorn (1982); Hettich Susanne, Trompete (1982); Kopfmann Nicol, Klarinette (1982); Lieckfeldt Michael, Trompete (1982); Maier Elke, Saxophon (1982); Maier Heike, Trompete (1982); Nagel Susanne, Flöte (1982); Rütschle Michael, Posaune (1982); Scherzinger Tanja, Klarinette (1982); Scheuble Jan, Posaune (1982); Voll Christine, Klarinette (1982)

Musikverein-Kurkapelle Schonach 1839 e.V.

Gründungsjahr:	1839*
1. Vorsitzender:	August Fehrenbach
Stellv. Vorsitzender:	Edgar Joos
Schriftführer:	Arnold Kuner
Rechner:	Helmut Herr
Stellv. Rechner:	Friedrich Herr
	Alexander Hipp
	Hermann Pfaff
Beirat (Aktiva):	Helmut Burger
	Gerhard Dold
	Werner Herr
	Manfred Pfaff
Beirat (Passiva):	Xaver Ruf
	Bruno Schwab
Dirigent:	Kurt Schmidt
Vizedirigent/	
Jugendleiter:	Michael Kaiser
Notenwart:	Werner Herr
Ehrenvorsitzender:	Siegfried Kaltenbach

Aktive: Bau Manfred, Flügelhorn (1965); Berberich Berthold, Posaune (1977); Berberich Gerhard, Posaune (1956); Beyermann Manfred, Bariton (1975); Braun Otto, Horn (1948); Burger Helmut, Posaune (1954); Dold Christoph, Trompete (1978); Dold Gerhard, Tuba (1972); Dold Lothar, Posaune (1952); Duffner Bernhard, Tuba (1965); Duffner Hubert, Tenorhorn (1965); Duffner Johann, Bariton (1965); Eschle Gebhard, Klarinette (1974); Fehrenbach August, Posaune (1955); Fehrenbach Axel, Tenorhorn (1980); Fehrenbach Kuno, Trompete (1953); Feldmaier Thomas, Flügelhorn (1970); Fleig Bruno, Horn (1967); Fleig Franz, Tenorhorn (1955); Herr Helmut, Bariton (1955); Herr Reiner, Klarinette (1980); Herr Werner, Klarinette (1955); Hettich Anton, Klarinette (1955); Hettich Erwin, kl. Trommel (1947); Hipp Alexander, Tuba (1972); Hipp Thomas, Trompete (1973); Hock Egon, Horn (1953); Hock Fritz, Klarinette (1930); Hock Rolf, Flügelhorn (1980); Hofmaier Gottfried, Horn (1965); Joos Edgar, Klarinette (1953); Joos Jürgen, Klarinette (1975); Kaiser Guido, Tuba (1953); Kaiser Michael, Trompete (1973); Kammerer Paul, Flügelhorn (1971); Kammerer Urban, Klarinette (1967); Kienzler Wolfgang, Flügelhorn (1975); Kuner Arnold, Posaune (1968); Müller Joachim, Tenorhorn (1977); Pfaff Edgar, Flügelhorn (1955); Pfaff Manfred, gr. Trommel (1968); Piendl Alfred, Flügelhorn (1959); Probst Hans, Tuba (1963); Rainer Bruno, Klarinette (1953); Ruf Alfred, Klarinette (1970); Ruf Johannes, Trompete (1972); Schätzle Markus, Flügelhorn (1980); Scherer Frank, Klarinette (1975); Schmidt Alexander, Tenorhorn (1980); Schmidt Rolf, kl. Trommel (1973); Schmidt Stefan, Klarinette (1979); Schmieder Bernd, Bariton (1975); Schüssele Thomas, Klarinette (1978); Spath Werner, Bariton (1972); Werneth Peter, Tuba (1979); Wissler Peter, Bariton (1976)

Zöglinge: Dold Frank, Tenorhorn (1978); Dold Jürgen, Klarinette (1979); Dold Peter, Tenorhorn (1978); Dold Rolf, Tenorhorn (1980); Eisenmann Achim, Tenorhorn (1978); Feiß Axel, Tuba (1979); Feuchtmaier Dieter, Tenorhorn (1979); Kienzler Frank, Trompete (1980); Kohler Oliver, Trompete (1980); Kunze Georg, Trompete (1979); Ringwald Heinz, Trompete (1979); Rippe Klaus, Tenorhorn (1979); Ruf Josef, Klarinette (1978); Schmidt Michael, Trompete (1979); Schmieder Dieter, Klarinette (1978)

Musikverein Sumpfohren e.V.

Gründungsjahr:	1925
1. Vorsitzender:	Ewald Hasenfratz
Stellv. Vorsitzender:	Albert Wartmann
Schriftführerin:	Edeltraut Käfer
Rechner:	Walter Laufer
Dirigent:	Alois Laufer
Vizedirigent:	Fritz Meier

Aktive: Albicker Karl, Klarinette (1969); Batsching Ancilla, Klarinette (1976); Bolli Gerhard, Flügelhorn (1976); Bolli Johann, Bariton (1947); Feist Friedbert, Flügelhorn (1973); Häßler Gerhard, Trompete (1977); Häßler Petra, Trompete (1980); Häßler Theo, Horn (1952); Halter Hermann, Tenorhorn (1956); Hasenfratz Anita, Posaune (1979); Hasenfratz Ewald, Posaune (1952); Hasenfratz Renate, Trompete (1977); Laufer Adolf, Trompete (1964); Laufer Alexander, Klarinette (1976); Laufer Josef, Tenorhorn (1980); Laufer Richard, Flügelhorn (1976); Laufer Walter, gr. Trommel (1962); Meier Adolf, Tuba (1964); Meier Erich, Klarinette (1962); Meier Fritz, Klarinette (1946); Meier Norbert, Flügelhorn (1976); Meyer Alfred, Tenorhorn (1968); Meyer Herbert, Flügelhorn (1962); Rokoschoski Clemens, Tenorhorn (1963); Schacherer Edgar, Flügelhorn (1980); Schacherer Mathias, Trompete (1976); Schacherer Michael, Klarinette (1980); Schacherer Stefan, Posaune (1980); Schacherer Thomas, Tenorhorn (1976); Schmid Reinhard, Klarinette (1976); Schöndienst Hans-Günter, Trompete (1981); Schwörer Georg, Flügelhorn (1977); Schwörer Ulrich, Tenorhorn (1977); Wartmann Albert, Klarinette (1964); Wullich Roland, Horn (1976)

Musikverein Sunthausen e.V.

Gründungsjahr:	1928
1. Vorsitzender:	Herbert Veit
Stellv. Vorsitzender:	Hans Hauser
Schriftführer:	Hubert Engesser
Stellv. Schriftführer:	Herbert Hauger
Rechner:	Gerhard Lohrer
Beisitzer (Aktiva):	Anton Gail
	Josef Hauger
	Manfred Krüger
Beisitzer (Passiva):	Rudi Reichmann
	Engelbert Weißhaar
Beisitzer der Ehrenmitglieder:	Hubert Merz
Dirigent:	Walter Burkhard
Vizedirigent/ Jugendleiter/ Notenwart:	Hans Hauser

Aktive: Bossert Hans, Flügelhorn (1949); Engesser Hubert, Tuba (1961); Fritsche Gabi, Klarinette (1973); Gail Anton, Klarinette (1949); Gail Armin, Klarinette (1978); Gail Eduard, Tuba (1952); Gail Heinrich, Horn (1973); Gail Lothar, Klarinette (1970); Gail Norbert, Klarinette (1970); Görke Bernhard, Posaune (1970); Hauger Cornelia, Trompete (1979); Hauger Herbert, Posaune (1967); Hauger Josef, Trompete (1964); Hauser Hans, Tenorhorn (1951); Hauser Ute, Klarinette (1973); Howe Klaus, Tenorhorn (1972); Jäger Gerhard, gr. Trommel (1980); Krüger Manfred, Tenorhorn (1962); Lohrer Gerhard, Tenorhorn (1966); Milkowski Reiner, Trompete (1970); Münzer Bernhard, Bariton (1949); Münzer Hans, Posaune (1967); Müller Arnold, Horn (1960); Schlenker Uwe, Posaune (1976); Veit Herbert, Flügelhorn (1964); Winterhalter Rolf, Schlagzeug (1978); Wölfle Reinhard, Flügelhorn (1972); Zürcher Anton, Flügelhorn (1972)
Zöglinge: Eicher Manuela, Trompete (1981); Gail Clemens, Tenorhorn (1979); Grodjahn Holger, Tenorhorn (1979); Hall Juliane, Klarinette (1979); Hauser Dietmar, Posaune (1979); Huber Silke, Klarinette (1979); Krüger Claudia, Klarinette (1979); Merz Hardy, Tenorhorn (1979); Müller Markus, Trompete (1981); Reichmann Birgit, Flügelhorn (1979); Reichmann Martin, Horn (1979); Reinhardt Mischa, Posaune (1981); Schlenker Jürgen, Flügelhorn (1979); Sirna Alfia, Klarinette (1981); Kuscheck Tadjana, Klarinette (1981)

Musikkapelle Tannheim

Gründungsjahr:	1858*
1. Vorsitzender:	Rupert Blessing
Stellv. Vorsitzender:	Norbert Neininger
Schriftführer:	Josef Neininger
Stellv. Schriftführer:	Helmut Neininger
Rechner:	Lothar Zimmermann
Beirat:	Helmut Riedmüller
	Franz Wehrle
Dirigent:	Erich Zimmermann
Vizedirigent:	Norbert Neininger
Jugendleiter:	Bernd Steiner
Notenwart:	Ralf Kaltenbach
Präsident:	Johann Werne
Ehrenvorsitzender:	Anton Neininger

Aktive: Bischof Andreas, Flügelhorn (1975); Blessing Dietmar, Klarinette (1980); Blessing Erich, Tenorhorn (1953); Blessing Jürgen, Tenorhorn (1975); Blessing Jutta, Klarinette (1980); Blessing Martin, Tenorhorn (1980); Blessing Rupert, Tuba (1953); Blessing Walter, Klarinette (1957); Frech Lothar, Posaune (1964); Gora Werner, Klarinette (1980); Kaltenbach Ralf, Tuba (1980); Kaltenbach Werner, Flügelhorn (1966); Keller Rolf, Trompete (1977); Kreuz Josef, Tenorhorn (1963); Müller Johannes, Trompete (1975); Müller Klaus, Flügelhorn (1955); Neininger Anton, Bariton (1929); Neininger Helmut, Horn (1951); Neininger Josef, Trompete (1973); Neininger Norbert, Trompete (1960); Neininger Theo, Trompete (1980); Neininger Volker, Flügelhorn (1980); Rauer Stefan, Horn (1975); Riedmüller Helmut, Horn (1955); Riegger Robert, Horn (1968); Riesle Hilmar, Trompete (1975); Schwörer Heinrich, Posaune (1975); Schwörer Margarete, Klarinette (1980); Steiner Barbara, Klarinette (1980); Steiner Bernd, Flügelhorn (1973); Storz Willi, Tenorhorn (1966); Wangler Josef, Posaune (1976); Wehrle Christine, Klarinette (1980); Wehrle Cornelia, Klarinette (1980); Wehrle Franz, Posaune (1950); Wehrle Gerlinde, Klarinette (1980); Weisser Herbert, kl. Trommel (1950); Zimmermann Edwin, Tuba (1961); Zimmermann Helmut, Flügelhorn (1975); Zimmermann Herbert I, Tenorhorn (1955); Zimmermann Herbert II, Klarinette (1970); Zimmermann Hubert, gr. Trommel (1960); Zimmermann Lothar, Posaune (1950)
Zöglinge: Bischof Susanne, Flügelhorn (1982); Blessing Bernd, Trompete (1981); Blessing Ralf, Tenorhorn (1981); Blessing Reiner, Posaune (1981); Gora Robert, Tenorhorn (1981); Müller Georg, kl. Trommel (1981); Obergfell Hubert, Klarinette (1982); Riedmüller Elke, Klarinette (1982); Riedmüller Petra, Trompete (1982); Zimmermann Silke, Klarinette (1982)

Musikverein „Frohsinn" e.V. Tennenbronn

Gründungsjahr:	1884
1. Vorsitzender:	Bernhard Haas
Stellv. Vorsitzender:	Heinrich Fleig
Schriftführer:	Rudolf Moser
Stellv. Schriftführer:	Felix Moosmann
Rechner:	Oskar Zehnder
Stellv. Rechner:	Dieter Moosmann
Beirat:	Gerhard Broghammer
	Robert Hermann
	Ekkehard Kaltenbacher
	Martin Kaltenbacher
	Rolf King
	Josef Moosmann
	Karl-Egon Roth
Dirigent:	Karlheinz Moosmann
Vizedirigent/	
Jugendleiter:	Josef Fleig
Notenwart:	Rolf King
Instrumentenwart:	Josef Fleig

Ehrendirigent: Helmut Bräuer, Musikdirektor; Ehrenvorsitzender: Karl Moosmann
Aktive: Allgeier Josef, Horn (1947); Amann Josef, Klarinette (1947); Bohro Reinhard, Posaune (1975); Broghammer Bernhard, Klarinette (1976); Broghammer Franz, Tuba (1946); Broghammer Gerhard, Flügelhorn (1972); Broghammer Helmut, Flügelhorn (1951); Broghammer Josef, Flöte (1967); Broghammer Klaus, Klarinette (1976); Broghammer Manfred, Tuba (1972); Broghammer Siegfried, kl. Trommel (1975); Brucker Gerhard, Posaune (1968); Fleig Alois, Horn (1968); Fleig Bruno, Posaune (1952); Fleig Erich, Tuba (1946); Fleig Georg, Flügelhorn (1972); Fleig Heinrich, Flöte (1952); Fleig Heinrich, Tenorhorn (1968); Fleig Josef, Pauken (1970); Fleig Jürgen, Posaune (1976); Fleig Richard, Flügelhorn (1946); Fleig Siegfried, Flöte (1972); Fleig Stefan, Horn (1974); Günter Erich, Klarinette (1947); Günter Josef, Flügelhorn (1968); Günter Reinhard, Klarinette (1974); Haas Bernhard, Tenorhorn (1967); Haas Helmut, Klarinette (1968); Haberstock Thomas, Saxophon (1975); Hermann Robert, Oboe (1967); Kaltenbacher Ekkehard, kl. Trommel (1969); Kaltenbacher Manfred, Trompete (1968); Kaltenbacher Martin, Tuba (1967); Kaltenbacher Walter, Horn (1969); King Peter, Klarinette (1968); King Rolf, Trompete (1954); Moosmann Dieter, Tuba (1968); Moosmann Felix, Horn (1953); Moosmann Helmut, Trompete (1972); Moosmann Joachim, gr. Trommel (1975); Moosmann Thomas, Posaune (1972); Moser Rudolf, Posaune (1968); Rapp Ernst, Trompete (1951); Rapp Rudolf, Tuba (1950); Reinke Udo, Tenorhorn (1975); Samland Bernd, Tuba (1976); Schweizer Alex, Horn (1975); Schweizer Hermann, Saxophon (1954); Wehrlein Rainer, Trompete (1972); Zehnder Oskar, Tenorhorn (1953); Zehnder Stefan, Trompete (1975)
Jugendkapelle: Allgeier Stefan, Horn (1978); Bäuerle Martin, Posaune (1978); Bohro Thomas, Bariton (1975); Broghammer Daniel, Trompete (1981); Broghammer Jörg, Trompete (1978); Cech Hans-Jürgen, Trompete (1978); Dold Herbert, Klarinette (1976); Dold Reinhard, Klarinette (1978); Fleig Christof, Klarinette (1981); Fleig Michael, Klarinette (1978); Fleig Reinhard, Tuba (1978); Fleig Rochus, Horn (1975); Fleig Roland, Flügelhorn (1981); Günter Manfred, Flöte (1978); Haas Bernd, gr. Trommel (1979); Hug Jürgen, Posaune (1978); Kaltenbach Volker, Trompete (1978); Kaltenbacher Konstantin, Klarinette (1978); Kaltenbacher Stefan, Flügelhorn (1980); Kienzler Bernd, Bariton (1975); Kienzler Clemens, Tenorhorn (1978); King Udo, kl. Trommel (1979); Moosmann Klaus, Trompete (1981); Moosmann Peter, Klarinette (1981); Moosmann Roland, Trompete (1981); Pollak Frank, Klarinette (1978); Rauscher Markus, Flügelhorn (1981); Samland Rolf, Tenorhorn (1978); Schweizer Martin, Flügelhorn (1981); Schweizer Robert, Posaune (1978); Schweizer Stefan, Klarinette (1978); Zehnder Thomas, Klarinette (1978)

Musikverein „Harmonie" e.V. Tennenbronn

Gründungsjahr:	1909
1. Vorsitzender:	Fritz Grießhaber
Stellv. Vorsitzender:	Gerhard Merz
Schriftführer:	Fritz Langenbacher
Rechner:	Peter Steidinger
Stellv. Rechner:	Karin Sunderer
Beirat (Aktiva):	Heinz Borowski
	Hans Langenbacher
	Eugen Lauble
	Horst Purr
Beirat (Passiva):	Ernst Fichter
	Erich Stockburger
	Andreas Weisser
Dirigent:	Herbert Scheer
Vizedirigent/	
Jugendleiter:	Hermann Merz
Notenwarte:	Martin Grießhaber
	Karin Sunderer
Instrumentenwart:	Herbert Scheer

Ehrenvorsitzender: Eugen Lauble; Ehrendirigent: Eugen Müller

Aktive: Beyrer Monika, Klarinette (1976); Boos Kurt, gr. Trommel (1976); Boos Roland, Flügelhorn (1975); Borowski Frank, Trompete (1976); Borowski Heinz, Klarinette (1952); Borowski Stefan, Trompete (1976); Brandl Michael, Flügelhorn (1973); Breithaupt Werner, kl. Trommel (1971); Deusch Johann, Posaune (1947); Faißt Ralf, Tuba (1975); Fichter Jürgen, Bariton (1975); Grießhaber Ernst, Posaune (1959); Grießhaber Fritz, Flügelhorn (1956); Grießhaber Martin, Flöte (1975); Grießhaber Ulrich, Tenorhorn (1976); Kaltenbach Rainer, Posaune (1975); Kopp Rudolf, Klarinette (1975); Langenbacher Fritz, Tuba (1952); Langenbacher Hans, Tenorhorn (1959); Lauble Eugen, Klarinette (1933); Lauble Manfred, Klarinette (1963); Merz Gerhard, Bariton (1963); Merz Hermann, Klarinette (1934); Müller Gustav, Fagott (1922); Müller Hedwig, Klarinette (1973); Müller Reinhold, Flügelhorn (1970); Oehl Erich, Saxophon (1964); Ohnmacht Bernd, Tuba (1973); Peter Egon, Flügelhorn (1949); Peter Michael, Klarinette (1973); Peter Thomas, Flügelhorn (1976); Pfaff Wolfgang, Trompete (1976); Purr Horst, Posaune (1975); Röck Dirk, Klarinette (1975); Scheer Helmut, Saxophon (1952); Schmid Oskar, Klarinette (1935); Schondelmaier Gerhard, Tenorhorn (1975); Simons Uwe, Trompete (1976); Sunderer Karin, Trompete (1973); Sunderer Rudolf, Trompete (1961); Staiger Ewald, Trompete (1979); Staiger Roland, Trompete (1979); Steidinger August, Tuba (1932); Steidinger Peter, Tuba (1959); Weisser Friedrich, Tuba (1946); Weisser Karl-Friedrich, Bariton (1970); Weisser Walter, Horn (1971).
Zöglinge: Brüstle Roland, Klarinette (1979); Bühler Andreas, Horn (1979); Bühler Hansjörg, Klarinette (1979); Bühler Volker, Trompete (1979); Faißt Matthias, Tenorhorn (1979); Faißt Volker, Tuba (1981); Felber Andrea, Klarinette (1979); Fichter Michael, Trompete (1981); Fleig Jürgen, Trompete (1980); Grießhaber Elke, Trompete (1979); Heinzmann Wolfgang, Flöte (1979); Langenbacher Jan, Trompete (1981); Lauble Stefan, Trompete (1981); Nguyen Binh Van, Trompete (1982); Purr Stefan, Flügelhorn (1979); Storz Martin, Posaune (1981); Wälde Jürgen, Tenorhorn (1979)

Stadt- und Kurkapelle 1769 Triberg e.V.

Gründungsjahr:	1769*
1. Vorsitzender:	Georg Jourdan
Stellv. Vorsitzender:	Karl Almstetter
Schriftführer:	Jossi Kaiser
Rechner:	Kurt Lietzmann
Beirat (Aktiva):	Jürgen Eschle
	Michael Hummel
	Reinhold Kuner
	Hugo Lang
	Rolf Werner
Beirat (Passiva):	Alexander Jäckle
	Bruno King
	Fritz Klausmann
Dirigent:	Ignatius Patscheck
Vizedirigent:	Hans Mohr
Ehrendirigent:	Ewald Sluzalek

Aktive: Almstetter Karl, Klarinette (1946); Armbruster Werner, Posaune (1973); Dold Damian, Klarinette (1932); Eitner Gabriele, Flöte (1978); Eitner Thomas, Klarinette (1978); Eschle Jürgen, Flügelhorn (1973); Fischer Peter, Flügelhorn (1961); Friese Michael, Tenorhorn (1978); Gilg Georg, Trompete (1978); Greza Stefan, Saxophon (1973); Hehl Andreas, Trompete (1980); Hehl Wolfgang, Schlagzeug (1958); Hornung Arno, Klarinette (1973); Hummel Michael, Klarinette (1973); Junker Hans, Klarinette (1961); Klausmann Richard, Horn (1950); Kuner Reinhold, Tenorhorn (1961); Lang Hugo, Horn (1956); Lietzmann Kurt, Saxophon (1977); Mayer Helmut, Flöte (1961); Möllerke Hans, Bariton (1952); Mohr Hans, Trompete (1954); Mohr Reinhard, Tuba (1961); Oklmann Emil, Posaune (1961); Oklmann Klaus-Dieter, Klarinette (1975); Peschke Annegret, Klarinette (1977); Probst Uwe, Schlagzeug (1980); Rapp Herbert, Saxophon (1961); Sautter Manfred, Flöte (1981); Schätzle Herbert, Posaune (1956); Schätzle Sabine, Flöte (1973); Siedle Peter, Horn (1977); Werner Rolf, Tuba (1961).
Jugendkapelle: Amberg Andreas, Schlagzeug (1982); Birk Markus, Posaune (1982); Böhm Claudius, Flügelhorn (1982); Dold Walter, Tuba (1981); Effinger Armin, Tenorhorn (1981); Erden Muzaffer, Posaune (1982); Giessler Angelika, Klarinette (1979); Giessler Sandra, Klarinette (1982); Gilg Andrea, Klarinette (1978); Götz Alexander, Tenorhorn (1979); Heinz Frank, Posaune (1982); Heitzmann Knut, Bariton (1982); Henninger Jutta, Flöte (1982); Hindinger Judith, Klarinette (1979); Hoch Andrea, Flöte (1981); Kienzler Alexander, Tenorhorn (1982); Kienzler Bernhard, Tenorhorn (1979); Kienzler Christof, Horn (1982); Kienzler Claudia, Klarinette (1982); Kienzler Franz-Josef, Flügelhorn (1979); Kienzler Susanne, Klarinette (1982); Kummle Christian, Trompete (1979); Lang Christine, Klarinette (1982); Lang Thomas, Schlagzeug (1981); Lobreyer Stefan, Posaune (1982); Maurer Benno, Trompete (1980); Mohr Petra, Klarinette (1979); Muschal Tanja, Klarinette (1981); Österreich Frank, Horn (1980); Osterholzer Monika, Klarinette (1981); Pfaff Lukas, Flöte (1980); Radig Sigrid, Klarinette (1981); Roman Juan, Trompete (1982); Schätzle Bernd, Schlagzeug (1981); Sirch Ulrike, Flöte (1980), Stockburger Hansjörg, Tenorhorn (1980); Storz Dorothea, Klarinette (1981); Stümpfl Ralf, Schlagzeug (1982)

Musikverein Unterbaldingen

Gründungsjahr:	1952
1. Vorsitzender:	Ferdinand Huber
Stellv. Vorsitzender:	Hugo Huber
Schriftführer:	Helmut Moser
Stellv. Schriftführerin:	Beate Schwarz
Rechner:	Hubert Götz
Stellv. Rechner:	Herbert Seifried
Beirat:	Hans Götz
	Erich Hasenfratz
	Robert Huber
	Jürgen Schwarz
	Eugen Seifried
Dirigent:	Adolf Schmid
Vizedirigent:	Robert Huber
Jugendleiter:	Jürgen Schwarz
Notenwart:	Hubert Götz
Instrumentenwart:	Karlheinz Schacherer

Aktive: Brodscholl Kuno, Trompete (1974); Eisele Franz, Trompete (1978); Götz Bernd, Tuba (1974); Götz Hubert, Tenorhorn (1964); Götz Marlis, Flügelhorn (1976); Hasenfratz Erich, Klarinette (1953); Hasenfratz Rita, Klarinette (1981); Heitzmann Markus, Horn (1981); Hirt Franz, Schlagzeug (1954); Hirt Fritz, Horn (1956); Huber Adolf, Horn (1952); Huber Clemens, Posaune (1976); Huber Ferdinand, Posaune (1952); Huber Gabriele, Flöte (1974); Huber Hugo, Tuba (1953); Huber Jürgen, Trompete (1978); Huber Robert, Flügelhorn (1954); Huber Volker, Trompete (1981); Kaiser Rolf, Klarinette (1954); Keller Heidi, Klarinette (1976); Koch Franz, Tenorhorn (1954); Koch Uwe, Trompete (1981); Kuttruf Armin, Flügelhorn (1978); Kuttruf Norbert, Schlagzeug (1967); Moser Helmut, Posaune (1964); Schacherer Gotfried, Posaune (1964); Schacherer Karlheinz, Klarinette (1964); Schacherer Paul, Klarinette (1966); Schneider Willi, Horn (1952); Schwarz Beate, Flöte (1976); Schwarz Jürgen, Trompete (1970); Seifried Bernhard, Klarinette (1964); Seifried Herbert, Trompete (1964); Wiesendorfer Klaus, Trompete (1981)

Musikverein Unterkirnach e.V.

Gründungsjahr:	1839*
1. Vorsitzender:	Peter Lange
Stellv. Vorsitzender:	Willi Furtwängler
Schriftführer:	Edelfried Müller
Stellv. Schriftführer:	Gottfried Weißer
Rechner:	Josef Furtwängler
Stellv. Rechner:	Ottmar Weißer
Beirat (Aktiva):	Herwig Wahl
Beirat (Passiva):	Josef Storz
Beirat Jugend:	Bernd Mager
Dirigent:	Helmut Glatz
Vizedirigent:	Willi Furtwängler
Jugendleiter:	Helmut Glatz
Notenwart:	Fritz Fuhr
Instrumentenwart:	Wolfgang Manske
Ehrenvorsitzender:	Otto Bächle
Ehrendirigent:	Ernst Hölzle

Aktive: Baumann Heike, Flöte (1975); Dold Albert, gr. Trommel (1969); Duffner Franz, kl. Trommel (1950); Fischer Lothar, Tenorhorn (1958); Fuhr Friedrich, Trompete (1952); Fuhr Ludwig, Bariton (1969); Furtwängler Bernhard, Posaune (1969); Furtwängler Dieter, Trompete (1969); Furtwängler Hubert, Klarinette (1962); Furtwängler Josef, Tenorhorn (1937); Furtwängler Manfred, Tuba (1964); Furtwängler Willi, Flügelhorn (1964); Glatz Oswald, Trompete (1969); Häusler Gerhard, Trompete (1969); Häusler Gudrun, Saxophon (1973); Hönig Elmar, Schlagzeug (1975); Ketterer Bruno, Tenorhorn (1966); Krieger Ewald, Klarinette (1974); Manske Wolfgang, Horn (1970); Moser Alois, Tuba (1947); Moser Andreas, Posaune (1975); Müller Siegfried, Klarinette (1982); Neugart Claus, Tenorhorn (1969); Neugart Karin, Flügelhorn (1977); Neugart Siegfried, Posaune (1968); Peukert Reiner, Trompete (1971); Reiner Manfred, Posaune (1958); Richardi Melitta, Klarinette (1969); Roser Lothar, Bariton (1977); Salzer Gotthold, Horn (1982); Schuler Gerhard, Tenorhorn (1973); Storz Franz, Horn (1939); Storz Manfred, Flügelhorn (1971); Storz Manuela, Saxophon (1976); Talweiser Reiner, Trompete (1974); Wahl Herwig, Tuba (1969); Weißer Arno, Trompete (1981); Weißer Eduard, Saxophon (1974); Weißer Gerhard, Klarinette (1951); Weißer Gottfried, Klarinette (1947); Weißer Ottmar, Posaune (1950)
Jugendkapelle: Aberle Thomas, Trompete (1981); Angster Michael, Klarinette (1981); Baumann Heike, Flöte (1975); Baumann Jürgen, Flügelhorn (1975); Baumann Petra, Klarinette (1975); Bausch Claus, Tuba (1975); Bausch Ulrich, Horn (1979); Baha Hubert, gr. Trommel (1977); Beha Silke, Klarinette (1981); Benzing Jörg, Klarinette (1981); Brinkmann Michael, Klarinette (1980); Duffner Heike, Klarinette (1976); Dufner Gesche, Saxophon (1978); Dufner Matthias, Flügelhorn (1975); Eble Jonatan, Flügelhorn (1979); Günter Achim, Trompete (1979); Günter Anette, Klarinette (1980); Gutmann Claudia, Klarinette (1982); Häusler Gudrun, Saxophon (1973); Hafner Peter, Klarinette (1981); Koch Andreas, Tuba (1976); Mager Bernd, Posaune (1976); Neugart Karin, Flügelhorn (1977); Prete Phillipo, Trompete (1981); Quitt Beate, Tenorhorn (1978); Quitt Marion, Trompete (1980); Quitt Robert, Posaune (1980); Reich Alexandra, kl. Trommel (1980); Rieber Marcus, kl. Trommel (1980); Schumacher Andreas, Trompete (1981); Sondersorg Carsten, Posaune (1982); Storz Manuela, Saxophon (1976); Storz Reinhold, Trompete (1979); Unbscheiden Thomas, Flöte (1977); Weißer Christine, Klarinette (1981); Weißer Eduard, Saxophon (1974); Weißer Jürgen, Tenorhorn (1980); Weißer Martin, Horn (1979); Weißer Matthias, Tenorhorn (1977); Weißer Michael, Trompete (1981); Weißer Pirmin, Saxophon (1975); Weißer Roland, Trompete (1974); Welker Jürgen, Schlagzeug (1976); Züfle Jürgen, Trompete (1979); Züfle Thomas, Klarinette (1979)

Stadtharmonie Villingen e.V.

Gründungsjahr:	1924 Stadtharmonie
	1927 Jugendkapelle
1. Vorsitzender:	Ewald Merkle
Stellv. Vorsitzender:	Hans Schleicher
Schriftführer:	Friedrich Tröndle
Stellv. Schriftführer:	Heinrich Wursthorn
Rechner:	Artur Nolle
Stellv. Rechner:	Walter Hettich
Dirigent/	
Stadtharmonie:	Wolfgang Kunzelmann
Vizedirigent/	
Jugendkapelle:	Hans Schleicher
Jugendleiter:	Hans Schleicher
Tambourmajor:	Hermann Beha
Notenwarte:	Jürgen Maulbetsch
	Dieter Winterhalter
Instrumentenwart:	Karl Eigeldinger
Ehrendirigent:	Walter Graumann

Beirat: Fritz Eisenmann, Herbert Fehrenbach, Manfred Fischer, Karl Hanßmann, Wolfgang Henseleit, Siegfried Lössel, Rolf Schleicher, Claus Schmich, Werner Schunk, Rudi Streit, Willy Tempel, Anton Wehrstein; Beirat Jugendkapelle: Claus Schmich, Anton Wehrstein; Fähnrich: Jürgen Menzel (1964)
Aktive: Armbruster Bernhard, Trompete (1974); Baumann Konrad, Tuba (1958); Berger Volker, Saxophon (1959); Bergmann Horst, Trompete (1967); Broghammer Willi, Flügelhorn (1979); Burgbacher Peter, Schlagzeug (1973); Diepolder Karl-Heinz, Klarinette (1946); Ebner Albrecht, Trompete/E-Baß (1965); Eigeldinger Berthold, Saxophon (1969); Eigeldinger Karl, Tuba (1953); Eigeldinger Martin, Flügelhorn (1973); Eisenmann Christine, Klarinette (1982); Epting Rudi, Klarinette (1968); Fehrenbach Herbert, Trompete (1951); Ferro Manfred, Posaune (1968); Fichter Mathias, Tenorhorn (1948); Fischer Manfred, Posaune (1970); Ganschow Hans-Peter, Klarinette (1973); Gerlinger Fritz, Tenorhorn (1973); Gilbert Hermann, Schlagzeug (1933); Grauer Erich, Posaune (1975); Haug Karl, Posaune (1974); Haug Manfred, Flügelhorn (1974); Heitzmann Robert, Saxophon (1955); Held Jürgen, Posaune (1976); Henseleit Wolfgang, Saxophon (1957); Hertz-Eichenrode Ingbert, Tuba (1976); Himmelsbach Richard, Klarinette (1973); Hirt Markus, Klarinette (1975); Kammerer Gert, Trompete (1969); Kammerer Jürgen, Posaune (1976); Kellner Franz, Flügelhorn (1979); Kessler Peter, Tuba (1964); Kilzer Norman, Flöte (1965); Konegen Clemens, Horn (1968); Kress Ernst, Posaune (1969); Leschinski Bernward, Tuba (1974); Lindner Andreas, Posaune (1977); Lindner Frank, Schlagzeug (1977); Löchle Lothar, Trompete (1962); Lösselt Bernd, Flügelhorn (1969); Lösselt Siegfried, Flügelhorn (1948); Löw Jens-Ulrich, Flöte (1976); Mössmer Christof, Bariton (1974); Mössmer Eckart, Klarinette (1964); Mössmer Kuno sen., Trompete (1950); Mössmer Kuno jun., Horn (1970); Modler Hubert, Trompete (1975); Molczyk Bruno, Tuba (1966); Munz Ronald, Schlagzeug (1970); Niedermeier Ralf, Flöte (1973); Nolle Artur, Klarinette (1950); Parthenschlager Paul, Klarinette (1958); Radtke Uwe, Posaune (1973); Reininghaus Frank, Klarinette (1978); Reser Herbert, Flügelhorn (1977); Rohrer Jürgen, Klarinette (1972); Ruß Bernd, Posaune (1977); Schleicher Hans, Tenorhorn (1932); Schleicher Manfred, Tenorhorn (1958); Schleicher Rolf, Schlagzeug (1970); Schleicher Rolf, Horn (1948); Schmich Claus, Klarinette (1969); Schreiber Manfred, Tuba (1976); Sieck Lothar, Horn (1978); Sommer Günter, Horn (1973); Stoll Michael, Bariton (1971); Tröndle Fritz, Klarinette (1959); Waizenegger Peter, Bariton (1960); Wehrstein Anton, Schlagzeug (1980); Winterhalter Dieter, Klarinette (1960); Zimmermann Kurt, Trompete (1934); Zimmermann Wolfgang, Flügelhorn (1967)
Spielmannszug: Beha Günter, Flöte/Fanfare (1971); Dettling Walter, Trommel (1961); Eisenmann Fritz, Flöte/Fanfare (1957); Fehrenbach Herbert, Flöte/Fanfare (1951); Günther Horst, Flöte/Fanfare (1964); Haas Dieter, Trommel (1969); Hettich Walter, Trommel (1969); Hug Rudolf, Flöte (1952); Kerber Peter, gr. Trommel (1981); Krebs Theo, Trommel (1955); Krebs Wilfried, Flöte/Fanfare (1957); Nierholz Dieter, Flöte/Lyra (1973); Nierholz Waltraud, Flöte (1981); Rappenegger Klaus, Fanfare (1964); Schmieder Karl-Heinz, Trommel (1969); Schmid Peter, Flöte (1979); Vosseler Kuno, Trommel (1951); Weber Karl, Trommel (1960); Wehrstein Urban, Trommel (1979); Zuckschwert Volker, Trommel (1969); Zwerschina Rudolf, Flöte/Fanfare (1975)
Jugendkapelle: Auch Thomas, Klarinette (1977); Baumer Andreas, Flöte (1980); Benzing Stefan, Posaune (1981); Burger Ralf, Tenorhorn (1981); Eisenmann Hans-Jörg, Trompete (1980); Eppinger Tilmann, Klarinette (1978); Epting Detlef, Tenorhorn (1976); Glatz Martin, Posaune (1980); Grauer Andreas, Trompete (1978); Henseleit Michael, Schlagzeug (1981); Hermle Rainer, Klarinette (1979); Hirt Dieter, Horn (1977); Jischke Holger, Schlagzeug (1980); Jurischitz Andreas, Bariton (1976); Kilzer Benno, Flöte (1980); Kimmich Jörg, Klarinette (1976); Lösselt Michael, Klarinette (1978); Mauch Robert, Posaune (1981); Maulbetsch Jürgen, Trompete (1976); Maulbetsch Knut, Horn (1980); Mössmer Christof, Tenorhorn (1974); Müldner Rainer, Flügelhorn (1976); Pfaff Roland, Klarinette (1982); Reichert Andreas, Tuba (1980); Ruß Michael, Posaune (1977); Schäfer Elmar, Klarinette (1978); Seidel Jörg, Klarinette (1978); Strittmatter Urs, Schlagzeug (1981); Strohmeier Elmar, Trompete (1976); Strohmeier Georg, Klarinette (1980); Winterhalter Jürgen, Tenorhorn (1976); Zimmermann Christof, Schlagzeug (1981)
Zöglinge: Baumann Peter, Trompete (1981); Gienger Steffen, Schlagzeug (1982); Hahn Andreas, Klarinette (1980); Huber Bernhard, Trompete (1979); Keller Kivi-Mikael, Trompete (1982); Kempf Markus, Horn (1982); Krebs Ralf, Klarinette (1981); Krieger Jürgen, Tenorhorn (1976); Lautner Ralf, Schlagzeug (1981); Luchner Ralf, Trompete (1979); Trillse Eric, Trompete (1981)

Musikverein Weilersbach e.V.

Gründungsjahr:	1888
1. Vorsitzender:	Wolfgang Laufer
Stellv. Vorsitzender:	Eduard Stucke
Schriftführer:	Rolf Hirt
Rechner:	Peter Schleicher
Beirat:	Erich Grießhaber
	Hilar Heini
	Josef Herbst
	Alfred Hirt
	Franz Hirt
	Rudi Käfer
	Eugen Laufer
	Paul Schleicher
	Gotfried Stucke
Dirigent:	Herbert Prager
Vizedirigent:	Eugen Laufer
Jugendleiter:	Bernd Grießhaber
Notenwart:	Paul Neininger

Aktive: Grießhaber Bernd, Posaune (1970); Grießhaber Erich, Posaune (1954); Heini Alfred, Bariton (1975); Herbst Josef, Flügelhorn (1947); Herbst Manfred, Tuba (1970); Herbst Stefan, Horn (1951); Herbst Xaver, Tenorhorn (1946); Hirt Franz, Klarinette (1954); Hirt Rolf, Klarinette (1966); Hirt Stefan, Tenorhorn (1973); Huber Klaus, Posaune (1980); Kornhaas Bernd, Tenorhorn (1963); Laufer Edgar, Tenorhorn (1970); Laufer Eugen, Flügelhorn (1963); Laufer Wolfgang, Posaune (1970); Neininger Paul, Flügelhorn (1970); Patz Bernhard, Klarinette/Lyra (1970); Patz Wolfgang, Klarinette (1978); Schey Ulrich, Schlagzeug (1963); Schleicher Lothar, Klarinette (1976); Schleicher Paul, Schlagzeug (1946); Schleicher Peter, Trompete (1976); Schleicher Rudolf, Schlagzeug (1976); Schleicher Wilfried, Tuba (1975); Stucke Eduard, Trompete (1962); Wiehl Matthäus, Tuba (1937)
Zöglinge: Bannagott Hubert, Tuba (1980); Bartler Frank, Trompete (1981); Grieshaber Norbert, Trompete (1980); Hauger Roland, Trompete (1980); Huber Stefan, Klarinette (1980); Käfer Stefan, Klarinette (1980); Laufer Sandra, Flöte (1980); Patz Dietmar, Flügelhorn (1978); Schleicher Brigitte, Klarinette (1981); Stern Doris, Flöte (1981); Stern Ulrike, Klarinette (1981); Stucke Stefan, Flügelhorn (1978); Weber Henrik, Klarinette (1980); Weber Matthias, Klarinette (1980)

Stadt- u. Bürgerwehrmusik Villingen

Gründungsjahr:	Bürgerwehr 1810*
	Stadtmusik 1889
1. Vorsitzender:	Gerhard Hirt
Stellv. Vorsitzender:	Rolf Greitmann
Schriftführer:	Bernd Schermann
Rechner:	Martin Rottler
Dirigent:	Rupert Binder, Stkpm.
Vizedirigent:	Roland Bässler
Jugendleiter:	Rupert Binder, Stkpm.
Notenwarte:	Thomas Möwius
	Günther Schwörer
Instrumentenwart:	Lothar Fuchs
Ehrenvorsitzender:	Kurt Bader
Ehrenmitglieder:	Waldemar Bartler
	Gerhard Kapp
	Siegfried Kolb
	Hubert Moser
	Rudi Schneider
	Karl Schwörer
	Hubert Volz

Aktive: Ahren Bernd, Klarinette (1975); Appel Bernd, Klarinette (1970); Bader Kurt, Tuba (1947); Bässler Roland, Saxophon (1981); Bartler Heinz, Flöte (1959); Breinlinger Willy, Bariton (1972); Bucher Franz, Saxophon (1976); Dürrhammer Roland, Trompete (1972); Eschbach Philipp, Flügelhorn (1971); Ettwein Thomas, Schlagzeug (1974); Fritz Harald, Klarinette (1973); Ganschow Marita, Klarinette (1971); Gihr Jürgen, Klarinette (1971); Greitmann Rolf, Klarinette (1972); Haese Günter, Flügelhorn (1980); Hässler Günter, Oboe (1973); Häßler Günther, Klarinette (1972); Haltmaier Günther, Schlagzeug (1979); Hanke Peter, Lyra (1980); Hauser Frank, Tuba (1979); Heil Monika, Flöte (1975); Heil Norbert, Horn (1962); Heil Siegfried, Trompete (1960); Hirt Annette, Klarinette (1975); Hirt Klaus-Peter, Fagott (1971); Hirt Ulrike, Flöte (1974); Hupfer Peter, Tenorhorn (1977); Irion Albert, Posaune (1975); Kade Peter, Horn (1980); Kammerer Detlef, Trompete (1969); Kapp Armin, Klarinette (1974); Kapp Gerhard, Horn (1946); Kessler Heinz, Trompete (1972); Kiefer Werner, Klarinette (1962); Kluth Frank, Saxophon (1975); Könitzer Klaus-Walter, Posaune (1980); Kolb Siegfried, Tuba (1950); Kolb Thomas, Trompete (1969); Kromer Rudolf, Posaune (1981); Leute Werner, Posaune (1970); Lichtblau Lothar, Tenorhorn (1961); Lutz Elke, Klarinette (1972); Mischon Wolfgang, Trompete (1973); Möwius Thomas, Klarinette (1972); Moser Hubert, Flügelhorn (1941); Rottler Bernfried, Klarinette (1972); Rottler Martin, Klarinette (1973); Rottler Werner, Flügelhorn (1975); Schermann Bernd, Klarinette (1965); Schinzel Pia, Flöte (1980); Schinzel Rolf, Horn (1979); Schneider Rudi, Schlagzeug (1937); Schulz Clemens, Trompete (1974); Schwarz Reinhold, Flügelhorn (1971); Schwörer Günther, Bariton (1975); Schwörer Karl, Posaune (1950); Streibert Uwe, Horn (1975); Teschner Arnold, Saxophon (1973); Trillen Michael, Tenorhorn (1977); Volz Hubert, Tuba (1957); Waldvogel Uwe, Schlagzeug (1974); Walter Rupert, Posaune (1978)
Trommlerzug: Amann Ulrich (1974); Blandin Detlef (1965); Borchert Bernd (1979); Burger Kuno (1963); Ganter Hans-Peter (1978); Gottschalk Bernd (1972); Gottschalk Udo (1974); Madl Thomas (1976); Müller Martina (1981); Müller Monika (1981); Penl Hans-Peter (1966); Richter Klaus (1972); Schmidtke Christian (1970); Sommer Jürgen (1980); Spille Ralf (1979); Strohmaier Manfred (1962); Willmann Peter (1962)
Jugendkapelle/Zöglinge: Breinlinger Michael, Posaune (1981); Eck Matthias, Posaune (1981); Fischer Andrea, Klarinette (1980); Gatscher Martin, Klarinette (1980); Geiss Rüdiger, Tenorhorn (1978); Hafner Bernd, Tenorhorn (1981); Halupzeck Ute, Klarinette (1981); Hanke Bernd, Saxophon (1978); Hanke Thomas, Schlagzeug (1981); Hein Michael, Trompete (1974); Hofmann Brigitte, Flöte (1981); Hummel Gabriele, Flügelhorn (1981); Hupfer Clemens, Klarinette (1981); Kaiser Edgar, Flügelhorn (1980); Kalwitz Holger, Tuba (1981); Kammerer Katja, Klarinette (1976); Kamp Jochen, Klarinette (1979); Kohler Axel, Flügelhorn (1977); Konopka Jörg, Tenorhorn (1980); Korczak Marc, Schlagzeug (1981); Korczak Waldemar, Bariton (1979); Krümmel Oliver, Klarinette (1980); Krümmel Tobias, Flöte (1981); Lotis Harald, Klarinette (1981); Marquardt Ulf, Posaune (1981); Mertin Gudrun, Klarinette (1981); Müller Christiane, Klarinette (1981); Pfeifer Norman, Trompete (1975); Quast Manuela, Klarinette (1980); Riedmüller Markus, Horn (1981); Rosenfelder Klaus, Klarinette (1980); Schäfer Angelika, Trompete (1980); Schäfer Stefan, Schlagzeug (1980); Schermann Thomas, Klarinette (1977); Schinzel Monika, Klarinette (1980); Schmalhorst Jan, Klarinette (1980); Schmid Markus, Trompete (1981); Schnee Frank, Posaune (1978); Seibold Christian, Klarinette (1979); Simon Annette, Flöte (1981); Stöckle Markus, Tenorhorn (1981); Streibert Axel, Klarinette (1975); Thalhammer Olaf, Trompete (1980); Vett Michael, Tuba (1981); Vollmer Matthias, Flügelhorn (1977); Vollmer Roland, Posaune (1980); Warth Manuela, Klarinette (1981); Warth Markus, Horn (1981); Weiß Jens, Trompete (1980)

Musikkapelle Wolterdingen

Gründungsjahr:	1862*
1. Vorsitzender:	Kurt Giesin
Stellv. Vorsitzender:	Bruno Mantel
Schriftführer:	Edgar Held
Rechner:	Isolde Doser
Beirat:	Rolf Dufner
	Ernst Held
	Wolfgang Köhler
	Josef Ringwald
Dirigent:	Heinz Kallweit
Vizedirigent/	
Jugendleiter:	Rolf Dufner
	Wolfgang Köhler
Notenwart:	Rolf Dufner
Instrumentenwart:	Wolfgang Köhler
Ehrendirigent:	Josef Troll

Aktive: Beha Dirk, Klarinette (1981); Doser Isolde, Klarinette (1974); Doser Manfred, Schlagzeug (1956); Doser Walter, Klarinette (1981); Doser Wolfgang, Klarinette/Saxophon (1976); Dufner Rolf, Flöte/Saxophon/Pikkolo (1969); Friedrich Herbert, Tenorhorn (1979); Giesin Kurt, Flügelhorn (1950); Hauger Lothar, Trompete (1981); Held Bernd, Posaune (1979); Held Edgar, Posaune (1968); Held Ernst, Posaune (1939); Held Hubert, Schlagzeug (1939); Held Siegfried, Trompete (1947); Jägle Heinrich, Klarinette/Saxophon (1967); Kaiser Christoph, Klarinette (1979); Kromer Andreas, Trompete (1979); Kromer Eberhard, Trompete (1956); Kromer Stefan, kl. Trommel (1947); Köhler Georg, Tuba (1981); Köhler Herbert, Posaune (1981); Köhler Siegfried, Horn (1975); Köhler Rolf, Trompete (1981); Köhler Walter, Tuba (1968); Köhler Waltraud, Flügelhorn (1975); Köhler Wolfgang, Flügelhorn (1968); Mantel Bruno, Klarinette (1935); Mantel Helmut, Tenorhorn (1979); Neininger Werner, Tuba (1956); Ringwald Josef, Tenorhorn (1956); Ruf Andreas, Schlagzeug (1979); Ruf Waldemar, Horn (1956); Suppanz Markus, Flügelhorn (1981); Troll Horst, Tenorhorn (1952); Troll Josef, Bariton (1925); Welte Alma, Klarinette (1974); Welte Ernst, Tuba (1920); Welte Hubert, Saxophon (1949); Welte Josef, Posaune (1946); Welte Peter, Trompete (1979)
Zöglinge: Amann Michael, Posaune (1981); Blessing Thomas, Trompete (1981); Doser Dagmar, Flöte (1981); Jansa Monika, Flöte (1981); Kromer Markus, Posaune (1981); Mietz Jörg, Klarinette (1981); Schilling Harald, Trompete (1981); Schrenk Bernhard, Klarinette (1981); Vogt Harald, Flügelhorn (1981); Vogt Klaus-Werner, Klarinette (1981)

Stadtkapelle Vöhrenbach e.V.

Gründungsjahr:	1818*
1. Vorsitzender:	Wilfried Rösch
Stellv. Vorsitzender:	Felix Hummel
Schriftführer:	Manfred Blessing
Rechner:	Karl Hepting
Beirat:	Rolf Grießhaber
	Erich Rißler
	Felix Rißler
	Fritz Schwörer
	Bernd Zähringer
Dirigent:	Ladislaus Murzko
Vizedirigent:	Heinz Kallweit
Notenwart:	Felix Hummel
Instrumentenwart:	Wolfgang Spiegelhalder
Fahnenträger:	Peter Weisser
Ehrenvorsitzender:	Lothar Zähringer

Aktive: Bammert Achim, Trompete (1980); Bammert Friedemann, Saxophon (1952); Bammert Oliver, Flügelhorn (1981); Blessing Manfred, Saxophon (1970); Blessing Tobias, Trompete (1977); Bliestle Pascal, Klarinette (1980); Bornhauser Karl, Bariton (1969); Braun Thomas, Klarinette (1972); Bruder Albin, Posaune (1959); Dilger Otmar, Saxophon (1956); Dold Hubert, Klarinette (1981); Domhardt Bernd, Klarinette (1982); Domhardt Manfred, Klarinette (1981); Feiß Willi, Trompete (1952); Fink Pascal, Trompete (1982); Fischer Reinhold, Horn (1956); Fritsch Karl-Heinz, Horn (1977); Grießhaber Hubert, Bariton (1982); Grießhaber Rolf, Trompete (1956); Haberstroh Rainer, Posaune (1978); Hartmann Hansjörg, Saxophon (1960); Hauschel Helmut, Posaune (1978); Heizmann Karl, Posaune (1952); Hepting Karl, Bariton (1948); Hummel Felix, Tenorhorn (1972); Jauch Ralf, Klarinette (1981); Jockers Hansjörg, Flügelhorn (1980); Jockers Karl-Heinz, Klarinette (1973); Kallweit Heinz, Tuba (1938); Kaltenbach Jürgen, Schlagzeug (1980); Kern Hansjörg, Klarinette (1971); Ketterer Hansjörg, Tenorhorn (1978); Ketterer Wolfgang, Posaune (1972); King Manfred, Trompete (1980); King Thomas, Saxophon (1976); Kopp Joachim, Klarinette (1981); Kühn Hagen, Flöte (1979); Lehmann Matthias, Trompete (1977); Mannhardt Roland, Posaune (1972); Möller Andreas, Horn (1982); Möller Ferdinand, Klarinette (1982); Rissler Alex, Trompete (1974); Rißler Clemens, Klarinette (1981); Rißler Felix, Klarinette (1973); Rissler Walter, Bariton (1955); Rösch Thomas, Flügelhorn (1979); Rösch Wilfried, Tuba (1957); Schmidt Roland, Klarinette (1975); Schuhmacher Hermann-Josef, Klarinette (1976); Schuhmacher Matthias, Saxophon (1976); Schyle Manfred, Flügelhorn (1974); Spiegelhalder Petra, Klarinette (1981); Spiegelhalder Wolfgang, Schlagzeug/Tuba (1956); Wiedel Willi, Tuba (1946); Winker Georg, Schlagzeug (1973); Winker Manfred, Tenorhorn (1958); Winker Reinhold, Klarinette (1966); Winker Rudolf, Horn (1936); Winker Thomas, Flöte (1975); Zähringer Bernd, Flügelhorn (1958); Zwirner Hans, Schellenbaum (1959)
Zöglinge: Haberstroh Mark, Posaune (1981); Hollstein Nicole, Flöte (1981); Hummel Klaus, Klarinette (1981); Kempf Petrik, Schlagzeug (1981); Kienzler Martin, Posaune (1980); Kleiser Dirk, Klarinette (1980); Rösch Heike, Flöte (1981); Saier Horst, Klarinette (1981); Schepker Jan, Trompete (1981); Schyle Hansjörg, Klarinette (1980); Sickinger Bernd, Horn (1981); Spiegelhalder Brita, Flöte (1981); Wehrle Rainer, Klarinette (1980)

Musikverein Zimmern e.V.

Gründungsjahr:	1931
1. Vorsitzender:	Wilhelm Wieser
Stellv. Vorsitzender:	Xaver Stolz
Schriftführer:	Oskar Scherzinger
Rechner:	Josef Stern
Beirat:	Willi Fetzer
	Ernst Holzer
	Walter Jöcks
	Günter Klostermann
	Alfred Meßmer
	Fritz Münzer
	Siegfried Rothweiler
	Helmut Schnee
	Emil Stolz
	Eugen Zeller
Dirigent:	Klaus Speck
Vizedirigent:	Oskar Scherzinger
Notenwart:	Elmar Vögele
Instrumentenwart:	Karl Deusch
Ehrenvorsitzender:	Robert Gut

Aktive: Braun Gustav, Trompete (1978); Deusch Karl, Saxophon (1962); Heizmann Günter, Klarinette (1975); Heizmann Thomas, Trompete (1968); Hör Reiner, Tenorhorn (1978); Hofstetter Heike, Trompete (1978); Jöcks Jürgen, Trompete (1978); Kauschinger Silvia, Trompete (1978); Kilian Andreas, Schlagzeug (1978); Klostermann Günther, Trompete (1967); Lang Edmund, Saxophon (1958); Lang Siegfried, Tuba (1975); Lang Ulrike, Trompete (1978); Lang Walter, Tuba (1950); Meßmer Andreas, Tenorhorn (1978); Meßmer Bernd, Tenorhorn (1968); Müller Michael, Horn (1975); Münzer Fritz, Tuba (1948); Münzer Johann, Trompete (1958); Raab Erhard, Tuba (1952); Reichmann Adalbert, Klarinette (1978); Rothweiler Siegfried, Posaune (1970); Scherzinger Edgar, Flügelhorn (1965); Scherzinger Oskar, Flügelhorn (1928); Schimmig Michael, Tenorhorn (1975); Schnee Birgit, Klarinette (1978); Stärk Bernhard, Klarinette (1972); Stern Josef, Saxophon (1950); Stolz Emil, Flügelhorn (1947); Stolz Paul, Becken (1948); Stolz Xaver, Tenorhorn (1936); Tritschler Siegfried, Trompete (1963); Vögele Elmar, Horn (1965); Waldvogel Wolfgang, Klarinette (1963); Weiler Erich, Horn (1949); Weisenburger Arthur, kl. Trommel (1946); Wieser Hansjörg, Tenorhorn (1978); Wieser Karl-Heinz, Posaune (1970); Wieser Wilhelm, Posaune (1962); Zaczyk Arnold, Posaune (1976); Zeller Eugen, Posaune (1946); Zeller Georg, Klarinette (1976)

Blasmusikverband Bodenseekreis e. V. im BVBW

Das Präsidium
(Stand 1. 1. 1983)

1. Präsident:	Johannes Boedecker
Vizepräsident:	Alois Müller
Verbandsdirigent:	Rudi Seifert
Verbandsjugend-leiter:	Hermann Keller
Stellv. Verbands-jugendleiter:	Bertram Metzger
Geschäftsführer:	August Ellegast
Rechner:	Peter Karpf
Ehrenpräsident:	Karl Gratz
Beisitzer:	Josef Dingler
	Karl Waldvogel
Bezirks-vorsitzende:	
Bezirk 1:	August Ellegast
Bezirk 2:	Hubert Viellieber
Bezirk 3:	Albert Vogler
Bezirk 4:	Adolf Zerlaut

1. Reihe v. li. n. re.: August Ellegast, Peter Karpf, Johannes Boedecker, Karl Gratz, Alois Müller, Josef Dingler, Adolf Zerlaut.
2. Reihe: Rudi Seifert, Albert Vogler, Hubert Viellieber, Bertram Metzger, Hermann Keller, Karl Waldvogel

Folgende Mitgliedsvereine des Blasmusikverbandes Bodenseekreis sind im Landesteil Baden beheimatet:

Ahausen	Hagnau	Meersburg	Riedheim
Altheim	Hödingen	Mimmenhausen	Roggenbeuren/Urnau
Bermatingen	Homberg/Limpach	Mühlhofen	Sipplingen
Beuren	Immenstaad	Nesselwangen	Überlingen
Bonndorf	Ittendorf	Neufrach	Weildorf
Daisendorf/Stetten	Kluftern	Nußdorf	Wintersulgen
Deggenhausen/Lellwangen	Lippertsreute	Oberuhldingen	
Frickingen	Markdorf	Owingen	

Der Kreisverband Freudenstadt e.V. im BVBW hat 36 Mitgliedsvereine, die alle im Landesteil Baden beheimatet sind.

Der Kreisverband Rhein-Neckar e.V. im BVBW betreut 64 Mitgliedsvereine im Landesteil Baden.

Der Kreisverband Sigmaringen im BVBW hat 64 Mitgliedsvereine, von denen 21 Vereine ihren Sitz im Landesteil Baden haben.

Musikverein
Bermatingen e.V. 1821

Gründungsjahr:	1821*
1. Vorsitzender:	Berthold Stehle
Stellv. Vorsitzender:	Hans Grupp
Schriftführerin:	Maritta Kleiner
Rechner:	Kaspar Wicker
Stellv. Rechner:	Edgar Sauseng
Beirat (Aktiva):	Roland Endres
	Edgar Neubrand
	Eberhard Schuler
Beirat (Passiva):	Florian Meier
	Erwin Müller
	Otto Wagishauser
Dirigent:	Franz Steiner
Vizedirigent:	Heinz Berger
Jugendleiter:	Jürgen Amann
Jugendausbilder:	Helmut Lorenz
Notenwart:	Berthold Möglich
Instrumentenwart:	Oskar Schellinger

Fahnenträger: August Amann, Fahnenbegleitung: Monika Kornetzky, Franziska Schorer
Aktive: Albrecht Wolfgang, Horn (1980); Amann Georg, Klarinette (1955); Amann Jürgen, Klarinette (1970); Ames Michael, Klarinette (1977); Arnold Hubert, Schlagzeug (1977); Becker Berthold, Trompete (1971); Bellgardt Bernd, Horn (1972); Berger Heinz, Saxophon (1964); Endres Markus, Flügelhorn (1977); Endres Roland, Flügelhorn (1971); Fleig Kai, Trompete (1977); Geiger Edeltraud, Trompete (1972); Grau Hubert, Tenorhorn (1977); Grupp Hans, Tuba (1949); Grupp Uwe, Bariton (1971); Häßler Claus, Trompete (1977); Häßler Martin, Posaune (1977); Härle Roland, Flügelhorn (1977); Harder Manfred, Klarinette (1967); Heimgartner Erhard, Bariton (1951); Hirlemann Josef, Posaune (1966); Hug Roland, Schlagzeug (1972); Kleiner Maritta, Trompete (1972); Kunemann Josef, Klarinette (1967); Löhle Ewald, Trompete (1963); Lorenz Manfred, Trompete (1971); Meier Dieter, Posaune (1971); Meschenmoser Anton, Tenorhorn (1951); Meschenmoser Hans, Saxophon (1960); Möglich Berthold, Tenorhorn (1954); Müller Alfons, Klarinette (1977); Müller Gerd, Flöte (1957); Neubrand Edgar, Horn (1963); Romminger Helmut, Schlagzeug (1967); Rüba Karsten, Trompete (1977); Sauseng Edgar, Posaune (1954); Schellinger Oskar, Flügelhorn (1953); Schmid Heinz, Trompete (1965); Schorer Arno, Schlagzeug (1977); Schuler Eberhard, Klarinette (1963); Stähle Franz, sen., Tuba (1954); Stähle Franz, jun., Saxophon (1977); Stähle Stefan, Posaune (1977); Stehle Berthold, Tuba (1949); Steiner Bruno, Flügelhorn (1971); Steiner Hermann, Posaune (1977); Tobey Uwe, Trompete (1977); Wagishauser Armin, Klarinette (1977); Wagishauser Karl, Saxophon (1951)
Zöglinge: Albrecht Ralf, Tenorhorn (1980); Bleier Alexander, Schlagzeug (1981); Botzkowski Michael, Klarinette (1980); Hilber Werner, Trompete (1980); Hilbert Harald, Flöte (1980); Keller Jürgen, Klarinette (1981); Löhle Thomas, Klarinette (1980); Lorenz Andreas, Flügelhorn (1980); Lorenz Michael, Trompete (1980); Mahler Boris, Trompete (1980); Merk Stefan, Horn (1980); Merk Thomas, Tuba (1980); Möglich Alexander, Tenorhorn (1980); Stehle Bernd, Flügelhorn (1980); Wagishauser Thomas, Tenorhorn (1980)

Musikkapelle Hagnau e.V.

Gründungsjahr:	1814*
1. Vorsitzender:	Roland Bertsch
Stellv. Vorsitzender:	Tilo Schaal
Schriftführer:	Siegfried Gutemann
Kassier:	Ferdinand Berger
Beirat:	Benno Drossel
	Walter Frey
	Josef Ibele
	Klaus Keller
	Helmut Müller
Dirigent:	Hermann Urnauer
Vizedirigent:	Heinz Schnekenburger
Jugendleiter:	Thomas Urnauer
Notenwart:	Peter Wetzel

Aktive: Bader Edgar, Horn (1978); Bader Ferdinand, Horn (1949); Baur Hans-Peter, Tenorhorn (1963); Berger Arthur, Saxophon (1963); Berger Ferdinand, Saxophon (1968); Berger Gerd, Trompete (1978); Bertsch Roland, Posaune (1961); Bieser Jörg, Schlagzeug (1982); Dimmeler Alwin, Tenorhorn (1978); Dimmeler Christoph, Flügelhorn (1978); Dimmeler Hermann, Schlagzeug (1978); Dimmeler Paul, Posaune (1953); Ehrlinspiel Anton, Posaune (1974); Frey Dieter, Bariton (1982); Frey Walter, Tuba (1952); Ganser Alex, Klarinette (1978); Ganser Fritz, Tuba (1958); Ganser Heinrich, Klarinette (1949); Ganser Renate, Klarinette (1982); Gutemann Hubert, Flügelhorn (1978); Gutemann Siegfried, Klarinette (1958); Hauser Ernst, Klarinette (1958); Hiestand Frank, Saxophon (1974); Hiller Franz, Tuba (1982); Horn Alwin, Horn (1973); Huber Gerhard, Tenorhorn (1958); Hund Anita, Flöte (1982); Hund Ernst, Flügelhorn (1968); Hund Johannes, Tuba (1963); Keller Klaus, Trompete (1962); Kibele Dieter, Tuba (1974); Losch Jürgen, Schlagzeug (1974); Losch Karl-Ernst, Schlagzeug (1969); Meichle Fritz, Bariton (1968); Meichle Ludwig, Flügelhorn (1963); Meichle Roswitha, Klarinette (1974); Müller Helmut, Flügelhorn (1963); Pauli Gerlinde, Klarinette (1974); Ritter Hermann, Posaune (1965); Saupp Franz, Saxophon (1962); Schaal Tilo, Saxophon (1962); Schaal Udo, Saxophon (1974); Schneider Mathias, Klarinette (1982); Schnekenburger Heinz, Trompete (1961); Sonntag Josef, Trompete (1982); Urnauer Thomas, Trompete (1974); Wetzel Peter, Posaune (1968)
Zöglinge: Ehrlinspiel Andreas, Tenorhorn; Ehrlinspiel Herbert, Horn; Ehrlinspiel Markus, Tenorhorn; Ehrlinspiel Michael, Posaune; Ehrlinspiel Peter, Flügelhorn; Gutemann Walter, Klarinette; Hiestand Klaus, Flügelhorn; Hund Ulrike, Flöte; Kopp Dietmar, Klarinette; Losch Andreas, Klarinette; Preysing Thomas, Flügelhorn; Schnekenburger Carmen, Flöte; Sterk Christoph, Trompete; Urnauer Mathias, Trompete

Musikverein Immenstaad e.V.

Gründungsjahr:	1801*
1. Vorsitzender:	Karl Rauber
Stellv. Vorsitzender:	Heinz Bauer
Schriftführerin:	Helga Bauer
Rechner:	Günther Rist
Dirigent:	Bernhard Grieble
Vizedirigent:	Heinz Bauer
Jugendleiter:	Klaus Mecking
Notenwarte:	Georg Pottrick
	Matthias Röhrenbach
Instrumentenwart:	Hubert Schöllhorn
Ehrendirigent:	Gerhard Brüssow
Ehrenvorstand:	Hermann Veeser

Ehrenmitglieder: Alfred Berger, Gebhard Berger, Willi Berger, Paul Dickreiter, Josef Frank, August Langenstein, Willi Langenstein, Johann Müller, Alois Rebstein, Berthold Rössler, Egon Sauter, Ludwig Schmidt, Berthold Birkhofer; Fähnrich: Bernd Thoma; Fahnenbegleiterinnen: Gertrud Glatthaar, Anni Heberle; Beirat: Franz Dikreuter, Albert Endres, Karl Heberle, Gerhard Jehle, Hubert Knoblauch, Klaus Mecking, Georg Pottrick, Sigmar Rosenberger, Hubert Schöllhorn, Bernd Thoma, Heinz Vogel

Aktive: Bauer Heinz, Trompete (1951); Bauer Helga, Saxophon (1966); Bauer Manfred, Trompete (1979); Berger Klaus, Bariton (1973); Berger Willi, Horn (1944); Birkhofer Hermann, Saxophon (1964); Birkhofer Karl, Bariton (1973); Bosch Robert, Klarinette (1978); Braun Kai, Trompete (1975); Brügel Hermann, Bariton (1941); Dikreuter Franz, Schlagzeug (1965); Eberle Alfred, Saxophon (1946); Eisele Hans, Trompete (1963); Endres Albert, Klarinette (1946); Fürst Hans-Peter, Trompete (1970); Fürst Leo, Trompete (1939); Glatthaar Karl, Trompete (1937); Graf Reinhold, Bariton (1949); Haas Günther, Klarinette (1944); Haug Andreas, Flügelhorn (1970); Haug Fritz, Klarinette (1940); Heberle Albert, Tuba (1966); Heberle Artur, Tuba (1970); Heberle Karl, sen., Posaune (1941); Heberle Karl, jun., Schlagzeug (1973); Huber Edgar, Tuba (1978); Huber Jürgen, Flöte (1971); Huber Oswald, Oboe (1947); Huber Rainer, Tuba (1949); Jehle Gerhard, Horn (1958); Klöck Beate, Klarinette (1975); Knoblauch Hubert, Flügelhorn (1958); Mecking Josef, Klarinette (1944); Mecking Klaus, Klarinette (1970); Mecking Peter, Posaune (1978); Mecking Thomas, Klarinette (1970); Müller Paul, Posaune (1966); Pottrick Georg, Flügelhorn (1967); Rauber Karl, Flügelhorn (1963); Rauber Max, Tuba (1963); Rauber Walter, gr. Trommel (1939); Rist Günther, Klarinette (1965); Röhrenbach Matthias, Klarinette (1974); Rosenberger Sigmar, Tenorhorn (1966); Sauter Alfred, Schlagzeug (1968); Sauter Artur, Saxophon (1943); Sauter Karl, Saxophon (1970); Sauter Reinhold, Flöte (1946); Schilt Eugen, Klarinette (1925); Schmidt Manfred, Posaune (1955); Schneider Berthold, sen., Horn (1946); Schneider Berthold, jun., Posaune (1973); Schneider Peter, Horn (1956); Schneider Siegfried, Horn (1956); Schöllhorn Hubert, Tenorhorn (1966); Veeser Hans, Posaune (1965); Vogel Heinz, Flügelhorn (1948); Weißhaupt Alois, Posaune (1959)

Jugendkapelle/Zöglinge: Baumgart Georg, Trompete (1979); Berger Sandro, Posaune (1978); Berger Thorsten, Trompete (1979); Birkhofer Clemens, Tenorhorn (1979); Budde Arne, Horn (1981); Burkhardt Klaus, Klarinette (1981); Exner Thilo, Klarinette (1979); Finkbeiner Matthias, Klarinette (1981); Finkbeiner Oliver, Trompete (1979); Glatthaar Karl, Trompete (1978); Handloser Bernd, Klarinette (1979); Heberle Dietmar, Flügelhorn (1978); Heberle Hubert, Tenorhorn (1979); Haug Bernd, Trompete (1979); Haug Peter, Tenorhorn (1978); Haug Stefan, Flügelhorn (1979); Hoch Georg, Klarinette (1979); Hoch Verena, Klarinette (1978); Höhn Armin, Trompete (1978); Joos Siegbert, Tenorhorn (1978); Kiefer Martin, Klarinette (1978); Lafontaine Marc, Klarinette (1978); Langenstein Alexandra, Flöte (1978); Mecking Andreas, Tenorhorn (1979); Meichle Christian, Trompete (1978); Mohr Alexander, Trompete (1979); Odenwald Waltraud, Flöte (1979); Schmidt Thomas, Trompete (1978); Schneider Christoph, Posaune (1978); Thum Silvia, Flöte (1979); Trautwein Jörg, Klarinette (1979); Überbacher Wolfgang, Trompete (1978); Ulke Burkhard, Trompete (1979); Vogel Uwe, Klarinette (1979); Weißenberger Axel, Horn (1981); Wolf Martin, Schlagzeug (1979)

Musikverein „Harmonie" Lippertsreute e.V.

Gründungsjahr:	1874*
1. Vorsitzender:	Siegfried Lorenz
Stellv. Vorsitzende:	Ernst Schairer
	August Klotz
Schriftführerin:	Steffi Scheiwein
Rechner:	Klaus Maier
Beirat:	Wendelin Jung
	Otto Kempter
	Konrad Möhrle
	Alois Rauch
	Artur Steidle
	Franz Weber
	Horst Zapf
Dirigent:	Hugo Keller
Vizedirigent:	Helmut Kohllöffel
Jugendleiter:	Peter Hahn
Ehrenpräsident:	Georg Raible

Ehrendirigenten: Hans Nähr, Emil Ruther, Karl Waldvogel; Fähnrich: Bruno Gut; Fahnenbegleiter: Franz Freistetter, Walter Ruther

Aktive: Bähner Michael, Trompete (1972); Bosch Helmut, Saxophon (1966); Bosch Willi, Tenorhorn (1965); Dellinger Karl, Tuba (1921); Fuchs Roland, Tenorhorn (1975); Groß Rudolf, Posaune (1956); Grünbacher Udo, Trompete (1977); Gut Hans-Peter, Posaune (1981); Gut Magdalena, Klarinette (1977); Gut Thomas, Flügelhorn (1975); Gut Tobias, Trompete (1981); Hahn Ernst, Trompete (1972); Hahn Peter, Horn (1972); Hahn Rudi, Schlagzeug (1957); Heinrichs Jürgen, Trompete (1967); Keller Fritz, Lyra/Oboe (1968); Keller Monika, Klarinette (1974); Kempter Alfred, Tuba (1975); Knepple Ronny, Saxophon (1978); Köbach Manfred, Posaune (1952); Kohllöffel Helmut, Klarinette (1956); Kretzer Walter, Horn (1964); Leistle Ernst, Flügelhorn (1962); Lorenz Siegfried, Flöte (1963); Maier Hugo, Posaune (1965); Maier Klaus, Tuba (1961); Martin Gerhard, Klarinette (1979); Mayer Eva-Maria, Trompete (1981); Möhrle Bernhard, Bariton (1975); Möhrle Klaus, Tenorhorn (1981); Möhrle Konrad, Horn (1956); Möhrle Konrad, Flügelhorn (1981); Müller Dieter, Tenorhorn (1954); Müller Johann, Klarinette (1976); Rainauer Horst, Klarinette (1958); Ruther Josef, Schlagzeug (1966); Ruther Walter, Flügelhorn (1952); Scheiwein Erwin, Posaune (1957); Scheiwein Manuela, Saxophon (1977); Scheiwein Regina, Tenorhorn (1981); Schinzel Kathrin, Flöte (1979); Schinzel Wolfgang, Klarinette (1976); Scholz Erika, Flügelhorn (1979); Schwellinger Hubert, Flöte (1981); Schwellinger Karin, Flöte (1973); Sick Roland, Klarinette (1975); Sick Rudi, Posaune (1975); Sick Siegfried, Schlagzeug (1969); Steidle Arthur, Saxophon (1956); Vögele Michael, Schlagzeug (1979); Walser Erika, Saxophon (1973); Weber Siegfried, Trompete (1972); Wengle Claudia, Saxophon (1981); Wengle Helmut, Flügelhorn (1955); Wengle Karin, Flöte (1981); Wiedmann Dieter, Tuba (1982); Wiedmann Martin, Flügelhorn (1978)

Knabenmusik Meersburg

Gründungsjahr:	1953
1. Vorsitzender:	Rudolf Landwehr
Kassier:	Heinz Bühler
Elternbeirat:	Inge Schley
	Hans Jochen Schorn
	Hans-Jörg Wall
Dirigent:	MD Werner Asmacher
Vizedirigent:	Werner Klose
Korpsführer:	Hubert Möhrle
Notenwart:	Marko Faller
Ehrendirigent:	Toni Haile

Aktive: Asmacher Martin, Trompete (1980); Becker Michael, Trompete (1979); Berlin Peter, Fagott (1979); Bittner Jürgen, Klarinette (1979); Boese Christian, Klarinette (1979); Boese, Trompete (1980); Bötcher Wolfgang, Posaune (1979); Boll Christian, Horn (1976); Bühler Dirk, Bariton (1977); Bühler Volker, Trompete (1972); Busch Matthias, Posaune (1979); Busch Stefan, Tuba (1976); Corban Michael, Flöte (1974); Dornstetter Simon, Klarinette (1976); Dreher Gregor, Tuba (1976); Dreher Ulli, Tenorhorn (1972); Faller Dirk, Horn (1976); Faller Marco, Trompete (1976); Geißelhardt Wolfgang, Klarinette (1976); Gessler Ralf, Schlagzeug (1979); Goeße Claudius, Oboe (1976); Händel Uwe, Trompete (1979); Heinrich Jens, Tuba (1979); Heinrichs Patrik, Trompete (1981); Ibele Hubert, Trompete (1971); Jaschke Heiner, Oboe (1979); Kaiser Michael, Klarinette (1975); Kleißle Andreas, Tenorhorn (1979); Löchle Uwe, Klarinette (1978); Maurer Markus, Saxophon (1979); Maurer Matthias, Saxophon (1979); Meesmann Lars, Flöte (1980); Möhrle Erwin, Oboe (1972); Möhrle Gerhard, Klarinette (1976); Möhrle Hubert, Klarinette (1972); Müller Arndt, Schlagzeug (1976); Niedermeyer Ullrich, Saxophon (1974); Okkert Matthias, Klarinette (1979); Paatsch Thomas, Flöte (1976); Pfeiffer Oliver, Klarinette (1979); Reichle Manfred, Saxophon (1974); Salomon Gregor, Posaune (1979); Schauber Axel, Posaune (1979); Schley Thomas, Tuba (1980); Schmitz Matthias, Trompete (1976); Schmitz Oliver, Schlagzeug (1977); Schneider Christian, Trompete (1979); Schorn Stefen, Saxophon (1979); Schüßler Frank, Saxophon (1981); Strommayer Wolfgang, Saxophon (1978); Szmodis Schandor, Trompete (1980); Tolksdorf Peter, Horn (1979); Wadepohl Markus, Posaune (1980); Waibel Johannes, Klarinette (1972); Waibel Markus, Klarinette (1978); Wall Jochen, Trompete (1979); Walser Matthias, Klarinette (1980)

Musikverein Oberuhldingen

Gründungsjahr:	1900
1. Vorsitzender:	Fritz Stefan
Stellv. Vorsitzender:	Albert Beil
Schriftführer:	Johannes Boedecker
Rechner:	Emil Nipp
Beisitzer:	Alfred Abt
	Siegfried Gumberger
	Leo Rimsperger
Ausschußmitglieder:	Gustav Bechinger
	Kurt Hoppe
	Herbert Krug
	Kurt Löhle
Dirigent:	Günter Müller
Vizedirigent:	Erwin Stengele
Ehrendirigent:	Kurt Hoppe

Aktive: Abt Rolf, Klarinette/Saxophon (1954); Barz Jörg, Flöte (1960); Barz Rudi, Schlagzeug (1962); Beil Albert, Horn (1947); Beil Franz, Tuba (1971); Berner Helmut, Bariton (1966); Boonekamp Alfred, Tuba (1960); Dillmann Reinhold, Trompete (1979); Geißer Daniel, Trompete (1977); Glöckner Klaus, Trompete (1980); Glöckner Ralf, Trompete (1980); Heiler Andreas, Klarinette (1972); Henke Konrad, Schlagzeug (1954); Hertkorn Armin, Klarinette (1979); Keßler Alfred, Trompete (1960); Kettner Günter, Horn (1976); Kettner Ralf, Posaune (1976); Kriegelstein Thomas, Klarinette (1977); Ley Hubert, Horn (1973); Ley Manfred, Horn (1960); Löhle Karlheinz, Klarinette/Saxophon (1956); Nipp Andreas, Horn (1979); Puschke Jürgen, Trompete (1979); Roth Reinhold, Trompete (1966); Scheidegg Gerhard, Klarinette (1968); Scheidegg Reinhard, Klarinette/Saxophon (1965); Schraivogel Otto, Posaune (1965); Schröder Jürgen, Horn (1979); Speth Berthold, Trompete (1973); Speth Rudolf, Horn (1978); Stefan Robert, Bariton (1971); Thom Frank, Schlagzeug (1975); Wanner Norbert, Tuba (1965); Weigelt Reiner, Horn (1959)
Zöglinge: Hagner Andreas, Klarinette (1980); Heidenreich Dieter, Horn (1980); Hermann Thomas, Trompete (1980); Kessler Alexander, Flöte (1980); Lattner Werner, Horn (1980); Mroczek Karsten, Trompete (1980); Preusch Markus, Klarinette (1980); Rominger Jochen, Posaune (1980); Schädler Harry, Trompete (1980); Schröder Jochen, Horn (1980); Trepte Wulf, Trompete (1980)

Musikkapelle Aach-Linz
(Kreisverband Sigmaringen im BVBW)

Gründungsjahr: ca. 1860*
1. Vorsitzender: Werner Schraudolf
Stellv. Vorsitzender: Bertold Blocherer
Schriftführerin: Ulrike Nesensohn
Rechner: Markus Schmid
Beirat: Otto Berwarth
                           Karl Weishaupt
Dirigent: Eugen Schraudolf
Vizedirigent: Thomas Keller
Jugendleiter: Josef Hämmerle
Notenwart: Paul Nesensohn
Instrumentenwart: Eugen Schraudolf
Fähnrich: Thomas Löhle
Ehrenmitglieder: Josef Blocherer
                           Hans Bohler
                           Eugen Freudemann
                           Bernhard Kernler

Aktive: Bächle Otto, Tuba (1958); Bauhofer Emil, kl. Trommel (1964); Berwarth Otto, Tenorhorn (1965); Blocherer Bertold, Flügelhorn (1954); Blocherer Egon, Klarinette/Lyra (1981); Blocherer Ingrid, Trompete (1981); Bohler Hans, Tenorhorn (1947); Boschenrieder Kurt, Tuba (1965); Endres Franziska, Klarinette (1968); Frick Karl, Tenorhorn (1962); Gommeringer Christine, Klarinette (1982); Gommeringer Klaus, Bariton (1982); Gröner Wolfgang, Klarinette (1982); Hämmerle Josef, Trompete (1971); Jungert Anton, Posaune (1981); Keller Thomas, Klarinette (1975); Künstle Erwin, Horn (1975); Künstle Klaus, Posaune (1974); Lang Edgar, Tuba (1979); Lohr Alfons, Bariton (1965); Lohr Walter, Horn (1975); Lohr Werner, Tenorhorn (1982); Maier Irmgard, Klarinette (1971); Nesensohn Paul, Flügelhorn (1975); Nesensohn Ulrike, Trompete (1975); Schmid Markus, Posaune (1971); Schraudolf Werner, Tenorhorn (1967); Schreiber Bruno, gr. Trommel (1954); Schwellinger Manfred, Flügelhorn (1981); Walk Thomas, Horn (1971); Weishaupt Karl, Flügelhorn (1967); Weishaupt Werner, Klarinette (1981)

PERKEO-Fanfarenzug Heidelberg
Historische Landsknechtsgruppe der Perkeo-Ges.
Heidelberg e.V. 1907

Mitglied im Verband
Südwestdeutscher Fanfarenzüge e.V.

Gründungsjahr: 1953
Vorsitzender: Herbert Neundorf
Dirigent: Otto Kirchgäßner

Der historische Fanfarenzug setzt sich wie folgt zusammen: Fahnenschwinger, Standartenträger, Fanfarenbläser – Naturfanfaren, Landsknechtstrommler, Kanoniermannschaft

Register